교회용어사전

Glossary of Christianity

기획 · 편집 **가스펠서브**

🕯생명의말씀사

Glossary of Christianity

Projected · Edited by *Gospel Serve* Publishing Co.
Korean Edition published by Word of Life Press, Seoul 2013.
Printed in Korea.

교회용어사전

ⓒ 생명의말씀사 2013
2013년 9월 16일 1판 1쇄 발행
2022년 10월 31일   5쇄 발행

펴 낸 이	김창영
펴 낸 곳	생명의말씀사
등 록	1962. 1. 10. No.300-1962-1
주 소	서울 종로구 경희궁1길 6(03176)
전 화	(02)738-6555(본사) · (02)3159-7979(영업)
팩 스	(02)739-3824(본사) · 080-022-8585(영업)
기획편집	*Gospel Serve*
디 자 인	최윤창
인 쇄	영진문원
제 본	보경문화사

ISBN 978-89-04-01044-8 (03230)

저작권자의 허락없이 이 책의 일부 또는 전체를
무단 복제, 전재, 발췌하면 저작권법에 의해 처벌을 받습니다.

※ 이 책의 내용에 관한 문의 사항은 가스펠서브에 연락하시기 바랍니다.
  Tel : (031) 591-7627 e-mail : gospelserve@naver.com

간행사

"사람은 그 입의 대답으로 말미암아 기쁨을 얻나니 때에 맞는 말이 얼마나 아름다운고"(잠 15:23)

언어는 그 사람의 생각과 사상을 전달하는 도구입니다. 그런 점에서 정확하고 시의 적절한 용어를 사용하여 자신의 생각을 상대방에게 전하고 또 상대방의 의사를 제대로 전달받는 일은 우리 일상에서 참으로 중요한 부분이라 할 것입니다.

그런데, 교회 안에서 이뤄지는 대화를 보면 성도의 대화라고 하기에는 염려스러울만큼 상스럽거나 세속적이고 심지어 이교적인 표현들이 마치 신앙적인 용어인양 여과없이 사용되는 것을 종종 경험하게 됩니다. 이러한 잘못과 구태를 우리는 분명히 개선해야 하고 또 바로잡아야 합니다.

선교 100년이 훨씬 넘어가는 시점에 한국 교회와 성도의 일상에서, 구원받은 자로서의 자존감과 상대방을 배려하는 마음이 묻어나는 고급한 대화가 오고가는 성숙함이 있었으면 합니다. 그리고 때와 상황에 맞는 정확하고 올바른 용어 사용을 통해 성도 개개인의 삶의 질과 폭이 한층 고양되고 넓어질 뿐만 아니라 그것을 통해 기독교 문화의 품격이 한껏 높아졌으면 합니다.

이러한 소망의 일환으로 생명의말씀사에서 이번에 「교회용어사전」을 펴내게 되었습니다. 바라기는, 독자 제위께서 「교회용어사전」을 널리 활용하심으로써 성도 상호간에 올바른 언어 사용 환경이 정착되고, 그것을 기반으로 교회 내 문화적 교류와 소통이 더욱 건강하게 창달되었으면 합니다. 그에 더하여 지금껏 혼란하고 정리되지 못한 교회 내의 술어와 개념들이 명확히 정리되고 통일되는 기회가 되었으면 합니다.

끝으로, 「교회용어사전」이라는 귀한 작업을 마무리할 수 있도록 은혜롭게 간섭해오신 하나님의 선한 손길에 무한 감사를 드립니다. 그리고 오랫동안 묵묵히 이 작업을 위해 헌신해 주신 가스펠서브 연구진들에게도 깊은 사랑의 마음을 전합니다.

발행인 **김 창 영**

「교회용어사전」을 출간하면서 …

오늘날처럼 언어환경이 혼탁해진 적이 없는 이때에 올바른 언어·문자 생활을 하는 일은 교양 있고 성숙한 시민의 기본적인 의무 가운데 하나라고 여겨지는 바, 이 일은 신뢰할만한 용어사전에 기대지 않고는 불가능하다고 생각됩니다.

교회 내에서도 이 같은 요구는 충분히 고려해야 할 사항이라 봅니다. 성도 상호간에 사용하는 용어들은 어쩌면 또 하나의 전문분야 용어라 할 수 있습니다. 그런 점에서 단어 하나, 표현 하나 사용하는 일에도 정확함과 적절함이 요구된다고 할 것입니다.

가스펠서브 편집진에서는 수년 동안 위와 같은 고민에 직면하여 교인들이 사용하는 언어들을 총합하고 분석해보고픈 생각이 간절했습니다. 그리하여 교회 내에서 사용되는 수많은 언어군들을 수집하여 여러 모양으로 살핀 결과 최종적으로 일곱 섹터로 나누고 그것을 「사전」이라는 옷을 입혀 방대한 작업을 진행하였습니다.
즉, ① 교회 일상 용어 ② 교리 및 신앙 용어 ③ 행정 및 교육 용어 ④ 예배 및 예식 용어 ⑤ 교파 및 역사 용어 ⑥ 교회 회의 용어 ⑦ 올바른 용어 등으로 나누어 총 7,500여 항목의 단어 술어들을 정리하고 해설하였습니다.

「사전」 작업을 진행하면서 가장 어려웠던 것은 수많은 교파(교단)들이 산재해 있는 한국 교회 현실에서 각 교파들이 사용하는 단어가 서로 상이할 때에 어떻게 그 내용을 풀어나가느냐 하는 점이었습니다. 이 일을 위해 각 교단의 공식 문서들을 하나하나 추적해 나가는 노력과 아울러 각 교단의 권위자들(신학자, 교회행정가, 현장목회자 및 영어권에 상주하는 목회자와 신학자 등)의 자문과 그분들의 저술을 통해서 어려움을 해결해 나갈 수 있었음을 밝혀 둡니다.

「사전」은 판을 거듭할수록 좋아지는 법입니다. 그런 면에서 우리 편집진들은 이번 책으로 만족하지 않고 완성을 위해 끊임없는 노력을 계속할 것입니다. 독자께서도 혹시 책의 내용 중에 미진한 부분이나 왜곡된 사실, 실수의 요소 등이 발견되면 가차없이 매를 들어 꾸짖어주시고, 또한 건전한 방향을 제시해 주시면 우리 편집진들은 그 고언을 달게 받고 더 나은 책으로 보답할 수 있을 것이라 생각됩니다.

매번 큰 작업을 마무리하면서 고백하게 되는 것은 하나님의 은혜 아니고서는 설 수 없고, 쓸 수 없었다는 사실입니다. 이번 **「교회용어사전」**은 더더욱 그분의 돌보심과 위로의 힘이 그 어느 때보다 컸음을 고백합니다. Sola Gratia!

가스펠서브 편집 실무위원 김성은 이동준

일러두기

I. 책의 구성

본서는 모두 7개의 주제로 구성되어 있다. ① 교회 일상 용어 ② 교리 및 신앙 용어 ③ 행정 및 교육 용어 ④ 예배 및 예식 용어 ⑤ 교파 및 역사 용어 ⑥ 교회 회의 용어 ⑦ 올바른 용어

1. 교회 일상 용어
교회에서 자주 사용되는 표현이나 성도가 알아야 할 성경의 주요 용어들을 포괄적으로 취급하였다.

2. 교리 및 신앙 용어
기독교의 핵심 교리와 각 교파의 주요 교리, 또 이와 연관된 주요 신학 용어들을 다루었다.

3. 행정 및 교육 용어
교회 행정 및 조직, 교회 재판 등과 관련된 용어들을 다루면서 표현은 같으나 교단간에 상이한 내용들은 서로 비교했다. 또 부록으로 이명증서, 교적부, 개인기록카드, 목사청빙 청원서, 고소(고발)장, 답변서 등 행정 및 권징 서식을 소개했다.

4. 예배 및 예식 용어
교회의 예전이나 절기, 기념 행사와 관련된 용어들을 다루고 부록으로 결혼예식, 장례예식 등 예식 모범을 소개하였다.

5. 교파 및 역사 용어
과거에서 현재에 이르기까지 국내외의 주요 교단(교파)과 연합 기관, 기독교 관련 학교와 단체, 이단·사이비 등 유사 기독교, 교회사의 중요한 사건 등을 소개하였다.

6. 교회 회의 용어
제직회, 당회, 노회, 연회, 대회, 총회 등 교회 회의와 회의 용어들을 정리하고 회의 규칙들을 설명했다.

7. 올바른 용어
오늘날 교회에서 잘못 사용하고 있는 표현들의 바른 표기와 용례를 제시하였다.

2. 표제어

표제어는 각 주제마다 가나다 순서로 배열하며 한자와 영어를 병기했다. 또 경우에 따라 히브리어와 헬라어도 표기하였다. 인·지명 등에서 여러 읽기가 가능한 것은 대표적인 항목에 설명을 달고 다른 읽기도 새 항목으로 소개하여 어느 항목에서나 쉽게 찾아볼 수 있게 하였다.

3. 집필 방향과 편집 원칙

1. 성경에 나오는 표제어나 표현들은 개역개정판 성경을 기본으로 사용하였다.
2. 표제어에서 파생된 여러 표현들은 표제어 하단에 취급하여 표제어의 용례를 배가시켰다.
3. 표제어의 한글 표기는 같지만 의미가 다른 항목은 어깨 숫자와 영어, 한자를 병기하여 구분하였다.
4. 다양한 관점에서 더 많은 정보를 취할 수 있도록 각 항목 설명의 제일 끝에 '→'를 사용하여 관련 항목으로 안내하였다.
5. 특별히 독자들이 궁금해 하거나 중요한 내용은 토픽화하여 눈에 띄게 정리하였다.
6. 다양한 여러 교파의 교리와 학설, 신학과 제도 등은 가능하면 개관적으로 소개하는 것을 원칙으로 하여 독자들이 비교·판단할 수 있게 하였다. 그러나 기독교(프로테스탄트) 이외의 종교나 이단·사이비 종교에 대해서는 기독교적 입장에서 분명한 견해를 제시하였다.

4. 색인
전체 항목을 가나다 순으로 정리하여 책의 활용도를 높였다.

5. 참고 도서

1. 교회 일상 용어 :
개혁주의신학해설사전(생명의말씀사), 기독교대백과사전(기독교문사), 기독교사전(기독교문사), 라이프성경사전(생명의말씀사), 비전성경사전(두란노), 성결교회신학용어사전(서울신학대학교), 성경관용어사전(생명의말씀사), 성서공회간 해설성경(부록/용어해설), 신학용어핸드북(소망사) etc.

2. 교리 및 신앙 용어 :
가톨릭교회교리서비평(기독교문서선교회), 개혁파교회 정치신강(총신대학교출판부), 교사통신대학 기본과정 교재2 침례교회(침례회출판사), 기독교 교육행정(대한예수교장로회총회), 기독교신학개론(성광문화사), 비이엠문서(한국장로교출판사), 새신자 훈련총서 제4권 교회의 생활(요단출판사), 섬기며 봉사하는 집사와 권사(기독교대한감리회 교육국편), 신앙·역사·희망(성공회대학교출판부), 알고 가는 믿음의 길1(도서출판 kmc), 오중복음과 삼중축복(서울말씀사), 웨스트민스터 신앙고백(성림문화사), 이슬람을 경계하라!(한국기독교법교단이슬람대책위원회), 주교교육학(정음출판사), 집사의 사명(침례회출판사), 찬송가 對 현대복음송(기독신보), 총회보고서(대한예수교장로회 81회~97회), 침례교인이 되는 길(기독교한국침례회 교회진흥원, 침례회출판사) etc.

3. 행정 및 교육 용어 :
Book of Order(Presbyterian Church in USA), 교리와 장정(기독교대한감리회), 교회 임원 훈련교재(세미한, 감리교), 교회 임원지침(기독교대한감리회), 교회정치 문답조례(대한예수교장로회총회), 교회행정편람(침례신학대학교출판부), 교회헌법정해(성광문화사), 긴급호출, 해답은 여기에 있다(한국교회문제협력상담소), 대한성공회 헌장 및 법규(대한성공회교무원), 대한예수교장로회합동, 총회헌법해설서(킹덤북스), 셀 목회의 유형과 핵심(실천신학연구소), 총회 주요결의 및 교회회의(대한예수교장로회총회), 헌법(2000년 개정판, 대한예수교장로회합동총회), 헌법(기독교대한성결교회), 헌법(기독교대한하나님의성회), 헌법(대한예수교장로회고신총회), 헌법(대한예수교장로회통합총회), 헌법(한국기독교장로회총회), 헌장 정리와 해설(예수교대한성결교회) etc.

4. 예배 및 예식 용어 :
Book of Common Worship(Westminster/John Knox Press), Book of Occasional Services(Geneva Press), 간추린 예배학(세종문화사), 감리교인을 위한 세례문답 해설서(개정판, 기독교대한감리회홍보출판부), 감리교인을 위한 세례문답집(개정판, 도서출판 kmc), 목회자 지침서(도서출판 감신), 예배학(대한예수교장로회총회), 예배학원론(요단출판사), 은혜로운 해설찬송가(복음주의연합서원), 한영찬송가(한국찬송가공회, 생명의말씀사) etc.

5. 교파 및 역사 용어 :
감리교회 형성사(도서출판 감신), 개혁신학과 WCC에큐메니즘(목양), 근대교회사(은성), 기독교교회사(한국기독교문화원), 대학문화사(동화문화사), 대한예수교장로회 총회100주년사(대한예수교장로회총회), 세계교회협의회(WCC)의 실상을 밝힌다(언약), 제주기독교회사(제주선교 100주년 기념, 생명의말씀사), 중세교회사(은성), 초대교회역사(기독교문서선교회), 한국기독교회사(대한기독교서회), 한국장로교회사(베다니) etc.

6. 교회 회의 용어 :
통상회의법(대한기독교서회), 회의진행 가이드(엘멘), 회의진행법(도서출판 영문) etc.

7. 올바른 용어 :
교회에서 쓰는 말 바로 알고 바로 쓰자 2권(신앙계), 교회와 우리말(교회용어 바로펴쓰기 모임), 교회용어 바로 쓰기 1(영문), 교회용어 바로 쓰기 2(영문), 기독교용어 Q&A77(카이로스), 변경된 새로운 기독교 용어(한국장로교출판사) etc.

히브리어 문자표

문자(어미형)	명칭	영문표기	한글표기	문자(어미형)	명칭	영문표기	한글표기
א	알레프	ʼ	ㅇ	מ(ם)	멤	m	ㅁ
ב	베트	b	ㅂ	נ(ן)	눈	n	ㄴ
ג	기멜	g	ㄱ	ס	사멕	s	ㅅ
ד	달레트	d	ㄷ	ע	아인	ʻ	ㅇ
ה	헤	h	ㅎ	פ(ף)	페	p	ㅍ
ו	와우	w	우	צ(ץ)	차데	ts	ㅊ
ז	자인	z	ㅈ	ק	코프	q	ㅋ
ח	헤트	h	ㅎ	ר	레쉬	r	ㄹ
ט	테트	t	ㅌ	שׂ	신	s	ㅅ
י	요드	y	이	שׁ	쉰	sh	ㅅ
כ(ך)	카프	k	ㅋ	ת	타우	t	ㅌ
ל	라멧	l	ㄹ				

헬라어 문자표

대문자	소문자	명칭	영문표기	한글표기	대문자	소문자	명칭	영문표기	한글표기
Α	α	알파	a	ㅏ	Ν	ν	뉘	n	ㄴ
Β	β	베타	b	ㅂ	Ξ	ξ	크시	ks	ㅋㅅ
Γ	γ	감마	g	ㄱ	Ο	ο	오미크론	o	ㅗ
Δ	δ	델타	d	ㄷ	Π	π	피	p	ㅍ
Ε	ε	엡실론	e	ㅔ	Ρ	ρ	로	r	ㄹ
Ζ	ζ	제타	z	ㅈ	Σ	σ(ς)	시그마	s	ㅅ
Η	η	에타	e	ㅔ	Τ	τ	타우	t	ㅌ
Θ	θ	데타	th	ㄷ	Υ	υ	윕실론	ü	ㅟ
Ι	ι	이오타	i	ㅣ	Φ	φ	피	ph	ㅍ
Κ	κ	캅파	k	ㅋ	Χ	χ	키	ch	ㅋ
Λ	λ	람다	l	ㄹ	Ψ	ψ	프시	ps	ㅍㅅ
Μ	μ	뮈	m	ㅁ	Ω	ω	오메가	o	ㅗ

편집자 주: 본 교회용어사전의 히브리어, 헬라어는 학계에서 보편적으로 통용되는 위 문자표에 따라 발음·표기하였다.

성경 약자표

구약전서(THE OLD TESTAMENT)

창	창세기	Ge	Genesis	전	전도서	Ecc	Ecclesiastes
출	출애굽기	Ex	Exodus	아	아가	SS	Song of Songs
레	레위기	Lev	Leviticus	사	이사야	Isa	Isaiah
민	민수기	Nu	Numbers	렘	예레미야	Jer	Jeremiah
신	신명기	Dt	Deuteronomy	애	예레미야애가	La	Lamentations
수	여호수아	Jos	Joshua	겔	에스겔	Eze	Ezekiel
삿	사사기	Jud	Judges	단	다니엘	Da	Daniel
룻	룻기	Ru	Ruth	호	호세아	Hos	Hosea
삼상	사무엘상	1 Sa	1 Samuel	욜	요엘	Joel	Joel
삼하	사무엘하	2 Sa	2 Samuel	암	아모스	Am	Amos
왕상	열왕기상	1 Ki	1 Kings	옵	오바댜	Ob	Obadiah
왕하	열왕기하	2 Ki	2 Kings	욘	요나	Jnh	Jonah
대상	역대상	1 Ch	1 Chronicles	미	미가	Mic	Micah
대하	역대하	2 Ch	2 Chronicles	나	나훔	Na	Nahum
스	에스라	Ezr	Ezra	합	하박국	Hab	Habakkuk
느	느헤미야	Ne	Nehemiah	습	스바냐	Zep	Zephaniah
에	에스더	Est	Esther	학	학개	Hag	Haggai
욥	욥기	Job	Job	슥	스가랴	Zec	Zechariah
시	시편	Ps	Psalms	말	말라기	Mal	Malachi
잠	잠언	Pr	Proverbs				

신약전서(THE NEW TESTAMENT)

마	마태복음	Mt	Matthew	딤전	디모데전서	1 Ti	1 Timothy
막	마가복음	Mk	Mark	딤후	디모데후서	2 Ti	2 Timothy
눅	누가복음	Lk	Luke	딛	디도서	Tit	Titus
요	요한복음	Jn	John	몬	빌레몬서	Phm	Philemon
행	사도행전	Ac	Acts	히	히브리서	Heb	Hebrews
롬	로마서	Ro	Romans	약	야고보서	Jas	James
고전	고린도전서	1 Co	1 Corinthians	벧전	베드로전서	1 Pe	1 Peter
고후	고린도후서	2 Co	2 Corinthians	벧후	베드로후서	2 Pe	2 Peter
갈	갈라디아서	Gal	Galatians	요일	요한일서	1 Jn	1 John
엡	에베소서	Eph	Ephesians	요이	요한이서	2 Jn	2 John
빌	빌립보서	Php	Philippians	요삼	요한삼서	3 Jn	3 John
골	골로새서	Col	Colossians	유	유다서	Jude	Jude
살전	데살로니가전서	1 Th	1 Thessalonians	계	요한계시록	Rev	Revelation
살후	데살로니가후서	2 Th	2 Thessalonians				

목 차

간행사 · 3
「교회용어사전」을 출간하면서 · · · · · · · · · · 4
일러두기 · · · · · · · · · · · · · · · · · · · 5
히브리어 문자표, 헬라어 문자표 · · · · · · · · · 7
성경 약자표 · · · · · · · · · · · · · · · · · 8

본 문

1. 교회 일상 용어 · · · · · · · · · · · · · · · 11
2. 교리 및 신앙 용어(성경 · 신학) · · · · · · · · 243
3. 행정 및 교육 용어(조직 · 재판) · · · · · · · · 407
 · 부록 / 행정 및 권징 서식 · · · · · · · · · · 507
4. 예배 및 예식 용어(예전 · 절기 · 기념행사) · · · · 517
 · 부록 / 예식 모범 · · · · · · · · · · · · · 595
5. 교파 및 역사 용어(제도 · 기관 · 유사기독교 등) · · · · · 597
 · 한국 주요 교단 주소 (610-613)
 · 한국장로교회 계보도 (650-651)
 · 미국의 주요 신학교 (671-678)
6. 교회 회의 용어 · · · · · · · · · · · · · · 791
 · 부록 / 회의규칙 일람표 · · · · · · · · · · 826
7. 올바른 용어 · · · · · · · · · · · · · · · · 829

색 인

전체 색인 · · · · · · · · · · · · · · · · · · 881

1
교회 일상 용어

가나안 (땅) (Canaan) ~ 힘 (force, strength)

가나안 (땅)(Canaan) 가나안 땅은 하나님께서 '약속하신 땅'(히11:9)으로서, '아름답고 광대하며, 젖과 꿀이 흐르는 땅'(출3:8)이고, '영화로운 땅'(단8:9)이며, '여호와의 땅'(호9:3)이요, '거룩한 땅'(슥2:12)이다. 더욱이 하나님의 백성이 최종적으로 들어가게 될 '하나님의 나라' 곧 '천국'을 상징하는 곳이기도 하다(찬송가 246, 376, 377장). 일명 가나안 복지(福地)(찬송가 538장).

가난한 자(- 者, the poor) ① 물질적으로 빈궁하여 살림살이가 어려운 자(레14:21)나 ② 인격적으로 억압받고 사회적으로 멸시받으며 육신적으로 연약한 자를 가리킨다(시40:17). ③ 또 심령이 가난한 자도 있다(마5:3). 이는, 자신의 죄를 철저히 참회하여 늘 심령이 맑고 정결하며 하나님의 나라와 의를 사모하는 심령 상태를 지닌 자이다(사66:2). 주님께서는 이런 자를 가리켜 '실제로는 부요한 자'라 칭찬하셨다(계2:9).

가라지(an empty ear) 곡식의 낟알을 채우지 못한 쭉정이. 겉모습은 신앙인과 비슷하지만 그 속은 하나님의 말씀이 결실치 못한 그릇된 교인을 상징한다. 천국이 완성되는 그날(최후 심판의 날), 알곡 곧 참 신앙인은 천국 잔치에 참여하지만, 가라지는 하나님의 준엄한 심판을 피할 수 없을 것이다(마13:24-30; 찬송가 587장).

가롯 유다(Judas Iscariot) '가롯 사람 유다'란 뜻으로, 예수님을 배반한 제자 유다를 가리킨다. 그는 예수님의 제자로 부름받았고(마10:1-2; 막3:19; 눅6:13), 제자들의 무리 중에서 회계 관리자(요12:6; 13:29)로 재정 일을 맡아보았다. 그러나 예수님의 지상 왕국에 대한 기대가 무너지자 은 30에 예수님을 팔므로써(마27:3) '반역자', '배신자'의 전형으로 영원히 낙인 찍혔다.

가상칠언(架上七言, the Seven Words) 예수께서 죽음 직전 십자가 위에서 고통 중에 하신 말씀. 이를 정리하면 ① "아버지 저들을 사하여 주옵소서 자기들이 하는 것을 알지 못함이니이다"(눅23:34). ② "내가 진실로 진실로 네게 이르노니 오늘 네가 나와 함께 낙원에 있으리라"(눅23:43). ③ "여자여 보소서 아들이니이다 … 보라 네 어머니라"(요19:26-27). ④ "엘리 엘리 라마 사박다니"(나의 하나님, 나의 하나님, 어찌하여 나를 버리셨나이까, 마27:46; 막15:34). ⑤ "내가 목마르다"(요19:28). ⑥ "다 이루었다"(요19:30). ⑦ "아버지 내 영혼을 아버지 손에 부탁하나이다"(눅23:46).

가스펠(Gospel) '좋은 소식'(good news), '기쁜 소식', '복음'이란 의미다. 즉, 하나님께서 예수 그리스도를 통해 죄인을 구원하신다는 기쁘고 복된 소식을 말한다(막1:15). → '복음'을 보라.

가스펠 송(Gospel Song) 축약해서 '가스펠'이라고도 부른다. → '복음 성가'를 보라.

가시(thorn, splinter) 식물의 바늘처럼 뾰족히 돋아난 부분이나 가시 있는 관목(bramble). 성경에서 가시(나무)란, 특정 수종을 가리키기보다 팔레스타인 전역에서 발견되는, 땅을 황폐케 하고 사람이나 짐승을 고통스럽게 하는 가시 돋은 쓸모없는 식물을 총칭한다. 기껏해야 땔감(시58:9)이나 울타리(호2:6; 미7:4)로 사용될 뿐이다. 성경문학적으로 가시는 교만하고 완악하여 하나님을 대적하고, 타인에게 상처를 입히는 타락한 인간을 상징한다(민33:55; 사5:6; 호10:8). 영적으로 하나님과 그 말씀, 그분의 백성을 대적하는 세력(나1:10)이나 죄로 인한 불화와 저주(창3:18)를 상징한다.

가시관(- 冠, a crown of thorns) 가시를 엮어서 만든 둥근 관. 예수님을 십자가에 매달기 전 고통을 주려고 로마 병사들이 예수님께 씌운 것(마27:29). 그들은 '유대인의 왕'이라 하신 예수님의 자기 증언을 조롱하고자 왕관 대용으로 가시관을 만들어 씌웠다. 따라서 가시관은 고통과 함께 멸시와 조롱의 의미도 담겨 있다(찬송가 33, 145장).

■**가시면류관**(- 冕旒冠, a crown of thorns)

– '가시관'에 대한 개역한글판 성경에 언급된 표현이자(막15:17, 요19:5), 예수님께서 쓰신 '가시관'을 높여 부른 표현(찬송가 153, 278장).

가인(Cain) 아담의 첫째 아들이며 농부(창4:1). 동생 아벨을 죽인 인류 최초의 살인자이다(창4:8). 동생 살인 후, 에덴 동쪽 놋 땅에서 살며 그 후손과 함께 인류 최초의 여러 기술 문명을 일으켰다(창4:16-24). 그는 형제를 미워한 대표적 인물이자 사탄에게 속한 전형적 악인으로 언급된다(요일3:12; 유1:11). 또 히브리서 기자는 믿음의 중요성을 가르치면서, 그의 제사가 하나님께 상달되지 못한 것은 믿음 없이 드렸기 때문이라 가르친다(히11:4).

가증하다(可憎 -, abominate) 주로 하나님의 입장에서 사용되는 단어로, '몹시 싫어하고 구역질이 날 정도로 혐오하다'(시88:8), '역겨운 냄새처럼 혐오하고 미워하다'(잠21:27), '몹시 싫어하고 지긋지긋하게 여기다'(잠28:9)는 뜻. 하나님은 가증한 일을 용서치 않으신다(겔5:11-13). 교회 안에서는 이를 좀 더 확대하여, 신앙과 도덕적인 면에서 하나님과 사람에게 불쾌감을 주고 구역질 나게 하거나, 괘씸하고 얄미운 일을 가리킨다.

가지(branch) 식물의 줄기에서 갈라져 나온 가는 줄기(창30:37). 민족(사17:10; 겔17:6), 줄기인 그리스도에게 붙어 있는 성도(요15:5; 롬11:16), 메시야(시80:15; 사11:1; 슥3:8) 등을 상징한다.

각성(覺醒, quick) 문자적으로는 '살아 있는.' (깨어나 정신을 차린다는 뜻에서) '정신적 방향에서 자기의 갈 바를 깨달음', '잘못을 깨달아 정신을 차림'이란 의미로 쓰인다. → '깨다'를 보라.

간섭(干涉, interfere, intervene) 주로 '남의 일에 참견함'이라는 다소 부정적인 의미로 사용된다(창39:6; 잠26:17; 딤전5:22; 벧전4:15). 그런데 이 말은 때로 교회 안에서, 역사와 온 우주를 친히 그리고 항상 주장하시는 하나님의 섭리(보살핌, 개입)를 나타낸 표현으로 쓰이기도 한다. 이때는 '간섭'보다는 '주관', '주장'이라고 쓰는 것이 좋다.

간음(姦淫, adultery) 합법적인 부부관계를 이탈하여 다른 상대와 성적 관계를 가지는 일. 예수님은 육체적 간음뿐 아니라 마음에 음욕을 품는 것조차 간음으로 간주하셨다(마5:27-29). 성도의 유일한 신앙 대상인 하나님을 저버리는 우상숭배 행위도 영적 간음에 해당한다(요8:3-7).

간증(干證, testimony) 지은 죄를 고백하거나 믿음을 고백하는 일(딤전1:12-17). 간증에는 ① 예수 그리스도를 구주로 고백하기 전에 지었던 죄와 허물을 고백하는 참회의 간증, ② 하나님의 은혜로 하나님 나라 백성이 된 사실을 소개하는 구원 간증, ③ 특별한 상황과 환경 혹은 평범한 환경 중에서도 하나님의 사랑을 확인한 일에 대한 은혜 간증, ④ 심신의 치료를 경험한 치유 간증 등이 있다.

갈대(reed) 볏과의 다년초로, 습지나 냇가에 흔히 숲을 이루어 자란다. 줄기는 곧고 가늘며 속이 비어 바람에 쉽게 꺾이고 넘어지는 특성이 있다. 따라서 힘없고 연약한 상태(사42:3), 변덕스러운 것(마11:7), 허약한 존재(왕하18:21) 등에 비유된다.

■**갈대 상자**(- 箱子, a papyrus basket) – 아기 모세가 나일 강물에서 생명을 보존할 수 있었던 구원의 그릇. '하나님의 보호와 구원'을 상징하는 도구(출2:3). 노아의 구원 방주(창7:13-16)와 신약의 교회(마16:18; 엡5:32)를 연결하는 구속사적으로 중요한 도구다. 줄여서 '갈 상자'라고도 한다.

갈보리(Calvary) '갈보리'는 예수께서 십자가에 달리신 곳을 가리키는 라틴어의 영어식 표현. 라틴어로 '칼바리아'(Calvaria). 이는 '해골'을 가리키는 헬라어 '크라니온'을 번역한 것이다. 또 이 두 단어는 모두 해골을 뜻하는 히브리어 '굴골레트'와 아람어 '굴굴타'를 번역한 것으로, 헬라어식으로는 '골고다'이다. 아마도 예루살렘 성곽에서 그리 멀지 않은 이 언덕이 해골 형상을 하고 있었기 때문에 붙여진 지명으로 보인다(마27:33).

갈보리는 죄인을 구원하시기 위해 하나님의 피 뿌린 현장이요, 구속과 은혜의 빛나는 증언장이다(찬송가 148, 150, 251장). → '골고다'를 보라.

감동(感動, emotion, incite, inspiration) 깊이 느껴져 마음이 움직임. 주로 하나님의 거룩한 영에 사로잡힌 상태 곧 성령의 감동을 받는 경우를 말한다(찬송가 310장). 구속사적으로 획을 긋는 중요한 시점에 이런 하나님의 섭리가 나타났다(삿14:6; 삼상11:6; 대하36:22). 참고로, 성경은 하나님의 감동으로 기록된 거룩한 말씀이다(딤후3:16).

감람(나무)(橄欖 -, olive) 올리브 나무와 그 열매를 통칭한다. 생장이 느려 10~14년이 경과해야 열매 맺고, 30년이 지나야 수확다운 수확을 하게 된다. 따라서 제대로 된 열매를 얻는 것은 복과 평화를 상징하는데, 결실하기까지 긴 기간 동안 대적의 침공과 약탈이 없어야 가능하기 때문이다.
감람나무의 웅장한 외모와 풍성한 결실은 아름다움과 수려함(호14:6), 힘과 번영, 하나님으로부터의 복과 평화를 상징한다(시52:8; 128:3; 렘11:16; 호14:6). 특히 성경문학적으로 이 수목은, 하나님의 사랑과 은혜를 받는 선민 이스라엘을 상징한다(롬11:17-21,24). 예언서에서 '감람나무'는 온 세상을 주관하시고 섭리하시는 하나님 앞에 선 거룩한 존재, 하나님과 세상 사이의 중재자, 기름 부음받은 영적 지도자를 가리키는 것으로 소개되며(슥4:3,14; 계11:4-6), 일부 이단의 교주들은 자신을 이 같은 '감람나무'라 주장한다.

감람산(橄欖山, Mount of Olive) 예루살렘 동쪽 기드론 시내(여호사밧 골짜기) 건너편, 곧 예루살렘에서 1.1km 정도(안식일에 가기 알맞은 길, 행1:12) 떨어진 해발 814m의 산. 스가랴 선지자는 예루살렘 멸망을 선포할 때 이곳을 언급했다(슥14:4). 또, 예수님은 공생애 기간 중 낮에는 성전에서 가르치시고 밤에는 감람산 한적한 곳에서 기도하며 휴식하셨다(눅21:37; 요7:53; 8:1). 그리고 최후 만찬 뒤 제자들과 함께 감람산 겟세마네 동산에서 공생애를 마감하는 기도를 하신 뒤 무리에게 체포되셨다(막14:26). 이곳은 부활하신 예수께서 승천하신 곳이요(행1:9-12), 재림하실 장소로 암시된 곳이다(슥14:4; 행1:11). 일명 '감람원'(행1:12).

감사(感謝, thanks) 고마움에 대한 감정을 나타내는 말이나 행위. 구원받은 성도의 제일 되는 삶은 하나님께 감사 드리는 삶이다. 그런 맥락에서 바울은 데살로니가 교인에게 '범사에 감사하라'(살전5:18) 권했고 믿음의 동지들을 향해 하나님께 감사하는 자가 되라 권했다(엡5:4; 골3:15).

감사는 참 신앙을 반증하는 좋은 자료요(롬1:21), 예수님 안에서 주어진 은혜에 대한 신앙적 응답이다(고전15:57). 감사 찬송(느12:46; 시35:18), 감사 기도(단6:10; 마26:27; 빌4:6), 감사 예배(시56:12; 렘33:10), 감사 헌신(고후11:12; 골3:15-17; 살전3:9), 감사의 말과 감사 생활(엡5:4; 살전5:8; 딤전4:4)로 감사를 표시할 수 있다.

감찰(鑑察, inspection) 살펴봄(시7:9). 특히, 우주와 역사와 인생을 살피시는 하나님의 거룩한 행위를 말한다. 따라서 '감찰하시는 하나님'(살피시는 하나님, 창16:13)은 하나님의 성호 중 하나다. 하나님은 세상 어디에나 편재하시며, 능치 못함이 없는 전능하신 분으로서, 모든 인간의 행위와 삶(창16:13), 심령(잠16:2; 21:2), 죄악(시130:3), 억울함(삼하16:12), 고난(출4:31) 등을 낱낱이 살피신다.

감화(感化, influence) 남에게서 받는 정신적 영향으로 마음이나 행동이 바람직하게 변화하거나 변화시키는 일(고후6:6). 인생을 근본적으로 변화시키는 유일한 힘은 하나님, 곧 그분의 거룩한 영향력이다(찬송가 15,190,212,359,453,605장).

값없이(free of charge) 국어사전에는 '너무 천하거나 흔하여 값어치가 없다'는 뜻과 함께 '너무 훌륭하거나 고귀하여 그 값어치를 헤아릴 수가 없다'는 뜻으로 소개되어 있다. 교회 안에서는 이런 의미보다 '무료로'(대가없이), '거저', '대가를 치르지 않고' 등의 뜻으로 많이 쓰이는 것을 볼 수 있다(고전9:18; 찬송가 311,532장).

강권하다(强勸 -, urge, compel) 억지로(강력하게) 권하다(룻1:16). 상대방에게 필요성을 인식시키면서 간곡하게 설득하다(눅14:23; 고후5:14).

강생(降生, incarnation) 하나님이 인간으로 태어나심(요1:14). 강탄(降誕), 강세(降世).
■**강생 구속**(降生 救贖) - 하나님이신 성자 예수께서 인간의 몸을 입으시고 이 땅에 태어나시어(찬송가 10장), 십자가의 보혈로 인류의 죄악을 대속하심으로써 인류를 구원하신 일을 가리킨다.

강청(强請, persistence) 무리하게 청함(왕하

2:17). 부끄러움을 개의치 않고 간곡하게(혹은 당당하게) 요구함(눅11:8). 생명과 진리에 대한 확신을 가진 자로서 불신자에게 천국 복음을 전할 때에 취하는 자세로 자주 언급된다.

강퍅하다(obstinate) '강퍅하다'의 잘못.

강퍅하다(剛愎 -, obstinate) 완고하고 고집이 세어 도무지 뉘우치지 않는 돌 같은 심령 상태, 또는 하나님과 하나님의 거룩한 뜻을 느끼지도 받아들이지도 못하는 자세를 말한다. '굳다'(겔2:4), '거만하다'(애3:65), '완악하다'(출4:21; 신9:27; 삼상6:6; 시81:12; 렘3:17; 유1:15), '완고하다'(신2:30; 히3:8)로 번역할 수 있다. 사람이 스스로 자기를 강퍅하게 할 수도 있지만(출8:15; 시95:8), 때로 하나님께서 한 대상에게 주권을 행사하심으로써 그 심령이 강퍅하게 되는 경우도 있다(출10:1-2; 11:9-10). 하나님은 강퍅한 자를 물리치신다.

강한 성(强 - 城, a Mighty Fortress) 구원이요 안전한 바위이시며 피난처이신 하나님을 뜻하는 시적 표현(시18:2; 찬송가 585장). '요새', '산성', '피난처'라고도 한다(삼하22:2-3; 시31:2-3).

개가(凱歌, triumph) 전쟁, 경기 등에서 승리한 기쁨과 감격을 이기지 못해 터져나오는 함성(삼하1:20). 승리를 축하해 부르는 노래, 곧 승전가(찬송가 351, 352장). 개선가(凱旋歌).

개선가(凱旋歌, triumph) 개선의 노래. 승리의 노래(찬송가 166장). 준말은 '개가.'

개심(改心, reform, repentance) 마음을 바르게 고침. 그릇되고 악한 데서 돌이켜 바른 생각과 건전한 삶을 추구하는 일. 특히, 죄인이 자신의 지난 허물을 참회하고 그리스도에게로 나아오는 일.

개종(改宗, conversion, proselytism) 믿던 종교를 그만두고 다른 종교를 믿음.
　■**개종자**(改宗者, a convert) - ① 이방인으로서 선민 이스라엘에 편입된 자(출12:19; 레17:8,10; 신5:14). ② 이방인으로서 유대교로 전향한 사람(마23:15). ③ 예수의 증거와(요4:46-54) 오순절 성령 강림 사건(행2:11), 사도들의 복음 전파에 힘입어 유대교도 중에 복음을 듣고 예수를 구주로 고백하며 기독교로 개종하는 자들(행6:5; 8:27; 9장; 13:43; 16:1-3). 이들을 통해 2차, 3차 개종자들(성도)이 수없이 생겨났다(행16:14-15). ④ 불신자로서 구주 예수를 영접한 사람(행16:31-34). ⑤ 이와는 반대로 예수를 믿는 믿음을 저버리고 세상으로 나아간 경우도 있다(딤전1:9; 히6:4-6).

개척(開拓, reclamation, cultivation) 거친 땅을 일구어 농경지를 만드는 일. 아무도 손대지 않은 분야를 열어 그 부문의 길을 닦음. 어려움을 이기고 나아갈 길을 헤쳐 엶(수17:15,18).
　■**개척교회**(開拓敎會) - 거친 땅을 일구어 논밭을 개간하듯, 복음의 황무지에 생명과 진리를 전하기 위해 새롭게 세운 교회. 설립한 지 얼마되지 않아 인적, 재정적 자립을 이루지 못한 미자립 교회. →[3. 행정 및 교육 용어] '미자립 교회'를 보라.
　■**개척선교**(開拓宣敎) - 아직 복음이 닿지 않은 곳, 미접촉 미전도종족을 대상으로 복음을 전하는 일(롬5:18-21). 아무도 손대지 않은 분야나 영역에 나아가 복음의 씨를 뿌리는 일.

개혁(改革, reform, renovation, new order) 새롭게 고침. 새 질서를 세우는 일. 특히 성경에는 일시적인 구약 율법의 한계성에 대비(對比)해, 그리스도의 속죄 사역에 의한 영구적이고 완전한 새로운 질서를 강조한다(히9:10). 개혁의 대표적 인물로, 예수 그리스도(마21:12; 요12:15), 우상을 폐하고 종교개혁을 단행한 유다 왕 아사(왕상15:12-13), 바벨론 포로에서 귀환한 뒤 율법 정신을 회복한 에스라와 느헤미야(스10:10-11; 느13:23-25) 등이 있다. 오늘날 교회 안에서 '개혁'이라고 할 때, 새로운 사상을 도입하는 것이라기보다 복음 진리에서 벗어난 왜곡되고 부패한 질서와 생활을 청산하고 철저하게 성경 중심으로 삶을 전환하고 성경으로 돌아가는 것(back to the Bible)을 의미한다(느8-9장). '오직 성경으로'(sola Scriptura), 이것이 종교개혁의 모토였다. →[5. 교파 및 역사 용어] '개혁 교회', '종교개혁'을 보라.

갱신(更新, renewal, regeneration) 다시 새로워지거나 다시 새롭게 하는 일(고후4:16). 새로

움은 늘 하나님 중심이어야 하며, 그 기준은 항상 하나님의 말씀이 되어야 한다(창35:1-4; 시51:10; 119:9; 롬12:2; 엡4:23-24; 골3:9-10).

■**교회갱신**(敎會更新, **church renewal**) - 철저한 반성과 참회를 통해 교회 개혁을 추구하거나, 성경적 교회상으로 건강성 회복을 꾀하는 일.

거듭난 자(- 者, **a new birth, a new creation**) 새롭게(다시) 태어난(born again) 사람. 새 사람. 성경적으로는, 죄 때문에 영적으로 죽어 있던 존재가 성령의 역사로 새 생명을 얻어 전 인격적이고 근본적으로 변화한 자, 곧 '중생(重生)'을 체험한 자, '성령으로 난 사람'을 말한다(요3:3-8; 벧전1:3). 이는 하나님의 주권적 은혜로만 가능하다. 그래서 성경은 거듭난 자를 '하나님께로부터 난 자'(요1:13; 요일3:9), '하나님의 자녀'(요1:12), '새로 지으심을 받은 자'(갈6:15), '새로운 피조물'(고후5:17)이라고 한다. → '새 사람'을 보라.

거룩(**holiness**) 하나님의 속성 중에 가장 중심되는 요소요, 성도에게 첫 번째로 요구되는 명령이다(레11:44-45; 19:2; 벧전1:15-16). 성경 원문에는 다양한 단어들이 사용되는데, 그 기본 의미는 '구별하다', '분리(구분)하다', '깨끗하게 하다', '유일하다'는 공통점을 갖고 있다. 즉, 죄악과 부정으로부터 철저히 분리된 것, 오직 하나님의 소유가 되는 것, 하나님에게 접붙이는 것, 자신을 구별하여 하나님께 온전히 드리는 것, 세속과 구별되고 변화되어 정결해진 상태 등을 의미한다. 특히, 세상의 속되고 부패한 행실이나 풍습에서 탈피하여(구별되어) 하나님의 법대로 살아가는 것(레11:44), 죄악과 구별된 정결한 삶(요17:19), 세속적이고 비신앙적인 것에서 자신을 엄격히 구별하는 경건함을 말한다(벧전1:15; 벧후3:11). → [2. 교리 및 신앙 용어] '성결', '성화'를 보라.

■**거룩한 길**(**the way of holiness**) - 하나님께로 나아갈 수 있는 길로서, 오직 구속받은 자만이 걸어갈 수 있는 생명의 길을 말한다(사35:8; 찬송가 40,242장). 이 길은 인생이 하나님께로 나아갈 수 있는 유일한 길이신 예수 그리스도를 상징한다(요14:26). 또한, '거룩한 길'이란 거룩한 생활(행실)을 상징하기도 한다(찬송가 187,266장).

■**거룩한 땅**(**holy land**) - 하나님께서 선민(選民) 이스라엘에게 주신 약속의 땅(출15:13; 슥2:12). 하나님께서 모세를 부르시고 율법과 계명을 주신 시내 산(출3:5). 물론 근본적으로는, 하나님이 임재하여 계신 모든 곳이 거룩한 땅이다. 참고로, 성경문학적으로 하나님의 처소인 하늘은 '거룩한 처소'(신26:15; 대하30:27)로 소개된다.

■**거룩한 백성**(**holy people**) - 하나님이 선택하신 이스라엘(출19:5-6; 사62:12; 단7:27). 구원받은 성도. 하나님의 소유 된 자는 모두 거룩하다(사62:12; 벧전2:9).

■**거룩한 산**(**holy mountain**) - 하나님의 지상 임재처인 성전이 있는 시온 산(시2:6; 단9:16).

■**거룩한 성**(**holy city**) - 예루살렘의 별칭(마27:53). 현재 아랍인들도 예루살렘을 '엘 쿠즈'(el-kuds), 곧 '거룩한 장소'라 한다. 궁극적으로 성도가 들어가게 될 처소를 상징한다(계21:2).

■**거룩한 옷**(**beauty of holiness**) - 거룩히 구별된 의복. 제사장들이 하나님을 섬길 때(제사) 착용한 거룩한 예복(대상16:29; 대하20:21; 시29:2; 96:9). 장차 구원받은 성도가 하나님 앞에 설 때에 입게 될 거룩한 예복을 상징한다(시110:3; 계19:8).

■**거룩한 이름**(**holy name**) - 영광스럽고 존귀한 하나님의 이름을 가리킨다(대상16:35; 시97:12; 겔20:39). 성경문학적으로 '이름'은 그 존재 자체를 뜻하는 말로서, 결국 '거룩한 이름'은 거룩한 하나님을 가리킨다고 볼 수도 있다.

■**거룩한 자**(**the Holy One**) - 이스라엘의 거룩한 자. 구약성경에는 '하나님 여호와'를 가리키는 명칭으로(사1:4; 5:19,24; 10:17,20), 신약성경에는 메시야에게 적용된다(막1:24; 요2:20; 행3:14).

■**거룩한 전쟁**(**holy war**) - 출애굽 후 이스라엘이 수행했던 가나안 정복 전쟁을 말한다. 하나님께서 자기 백성에게 땅을 약속하시고 친히 군대를 이끄셨으므로 그 전쟁은 하나님이 주도하시는 거룩한 전쟁이었다(출14:14; 17:16; 수5:13-15). 이 전쟁에 부름받은 이스라엘은 엄격한 규율을 좇아 마치 예배에 참여하는 것처럼 정결과 성실로 참전해야 했다(신23:9-14).

거짓(**lying**) 사실과 어긋나게 말하거나 사실처럼 꾸밈(untruth). 성경은 거짓을 삼갈 것을 명했고(출20:16; 시119:29; 잠12:22), 거짓을 매우 악한 것으로 간주했다(시58:3; 요일2:21). 하나님은 거짓이 없으시며(삼상15:29), 거짓을 미워하실 뿐 아니라, 거짓을 반드시 심판하신다(시5:6; 잠19:5).

■**거짓 그리스도(false Christ)** – 자칭 메시야, 곧 그리스도라 자처하며 사람들을 속이는 자(마24:5). 특히 종말의 혼란한 때에 등장하며, 혼란을 야기하기도 한다(마24:24; 막13:22; 행5:36). 이들은 그리스도의 구원 사역을 모방하고 성도를 미혹한다는 점에서는 적그리스도와 유사하지만 그리스도와 하나님 나라를 적극적으로 대적하지 않는다는 점에서 구별된다(행5:36-37).

■**거짓말(lie)** – 사실과 다르게 꾸며서 하는 말(왕상22:22; 시5:6; 렘7:4; 골3:9). 속이는 말. 진리에서 나오지 않은 말. 거짓말하는 것은 마귀의 특징 중 하나로(요일2:22; 계3:9) 진리이신 하나님은 거짓말을 하실 수 없다(민23:19; 히6:18).

■**거짓 맹세(swear falsely)** – '거짓으로 하는 맹세'의 차원을 넘어 '지키지 못할 헛된 맹세'를 말한다(렘5:2). 맹세는 하나님을 증인으로 세우는 것과 다를 바 없기에 맹세를 깨는 것은 하나님께 거짓말하는 것으로 간주된다(레19:12; 겔16:59).

■**거짓 사도(false apostle)** – 하나님에게서 사도로 부름받지 않고 사도로 자칭(사칭)하는 자(고후11:13,23). 이들은 흔히 사도의 권위를 내세우면서, 사도 행세를 하고, 자신의 이익을 추구하며, 교회에 이단적인 가르침을 전파하고, 도덕적 타락을 초래해, 궁극적으로 교회를 혼란케 하고 성도를 구원의 길에서 벗어나게 했다(고후11:1-15).

■**거짓 선생(false teacher)** – 거짓을 가르치는 자(벧후2:1). 거짓 선생은 구주 예수의 신성을 부인하고, 경건치 못한 생활로 성도를 유인한다. 이런 거짓 선생의 출현은 종말에 나타날 징조 중 하나다(딤전1:14-15; 4:1-3; 딤후4:3-4; 벧후3:3).

■**거짓 선지자(false prophet)** – 하나님의 뜻을 바르게 전하지 않는 선지자. 즉, 자기 이익과 대중의 인기에 영합해 거짓을 예언하면서도 자칭 하나님의 계시를 전파한다고 주장하는 자(마7:15; 24:11,24; 행13:6; 계16:13). 예수님은 거짓 선지자들을 '양의 옷을 입고 나아오나 속은 노략질하는 이리'(마7:15)라 하셨고, 열매(삶의 행실)로 이들을 판단하여 미혹되지 말도록 경고하셨다(마7:16-20; 12:33-37).

■**거짓 증거(false witness)** – 법정에서 거짓으로 증언해 상대에게 피해를 주거나 자신의 이익을 꾀하는 일. 위증(僞證). 이는 하나님이 미워하시는 일로(잠6:16, 19), 엄히 금하셨다(출20:16; 신5:20).

■**거짓 증인(false witnesses)** – 법정에서 사실이 아닌 것을 내세워 상대방을 모함하는 사람(마26:60). 위증자. 이들은 거짓을 말할 뿐만 아니라(잠6:19; 12:17), 무고한 자를 죽음에 이르게 할 수도 있기 때문에(잠25:19), 이들에게 주어질 것은 멸망뿐이다(잠21:28). 율법에서 피고인을 해치려고 위증하다 진실이 밝혀지면 위증자는 피고가 받을 형벌을 자신이 감수해야 했다(신19:16-21).

■**거짓 형제(false brethren)** – 형제가 아님에도 형제라 꾸며 행동하는 자. 성도 사이에 신의와 미덕을 저버리는 자. 복음 사역을 방해하고, 주님의 십자가의 도를 헛되게 하는 자(고후11:26). 이들은 교회와 성도를 혼란케 한다(갈2:4).

거침돌(obstacle stone) 일명 '걸림돌.'

걸림돌(obstacle stone, a stone that causes man to stumble) 걸려 넘어지게 하는 돌(롬9:33). 나아가는 도중에 막히게 하거나 걸리게 하는 장애물. 일의 진행을 방해하는 세력이나 환경(사57:14; 롬11:9). 영적으로 사람을 실족(타락)시키는 장애물(세력)을 상징한다(사8:14; 겔7:19).

걸음(walk) 두 발을 번갈아 떼어 옮기는 동작(창33:14). 또한 '걸음'은 동작의 진행 속도(사5:28)나 횟수(삼하6:13), 사이의 거리나 길이(삼상20:3), 활동 영역(삼하22:37; 시18:36), 삶의 처지나 분깃, 운명(욥14:16; 시37:23; 잠10:9; 렘10:23), 생활과 행동(시17:5) 등을 뜻하기도 한다.

검(劍, sword) 길고 큰 칼. 굳이 칼(刀)과 구분한다면, '칼'은 한쪽 면을 날카롭게 하여 자르거나 베는 데 사용되는 생활 도구인 데 비해, '검'은 양날을 날카롭게 한 전쟁용 무기다. 성경에는 거의 구분 없이 사용된다. '검'은 살상용(殺傷用) 무기로, 전쟁(렘5:12), 하나님의 심판(겔14:17; 마26:47; 계6:4; 19:15), 정신적 고통(눅2:35), 사악한 말(시57:4; 64:3), 재앙(삼하12:10), 하나님의 말씀(엡6:17; 히4:12) 등을 상징한다.

검불(chaff) 마른 풀이나 나뭇잎(dry grass or

leaves) 또는 추수 때에 나오는 지푸라기, 겨, 밀짚, 건초 등을 통칭한다(욥21:18; 시1:4; 사17:13; 호13:3; 습2:2). 일순간 사라져버릴 하찮고 가치 없는 것들, 최후 심판 때에 영원한 불못에 던져질 불경건한 자들을 상징한다(시1:4; 83:13; 마3:12).

검은 구름(dark cloud) 두텁고 짙은 구름. 먹구름. 인생을 우울하게 만드는 큰 근심과 걱정, 생의 뿌리를 흔들어 놓는 절망과 위기 등을 상징한다(찬송가 83, 242, 381, 394, 397장).

검은 머리(black hair, vigor) 검은 색깔의 머리카락. 활력이 넘치는 건강하고 젊은 시절을 상징한다(전11:10).

겉 사람(outward man) 육신의 욕심과 본능을 좇는 인간 고유의 부패한 본성. 시간이 갈수록 쇠락해가는 육체. 특히, 그리스도 안에서 중생하여 거듭난 '속사람'과 대조되는 표현이다(고후4:16). → '속사람'을 보라.

겟세마네(동산)(Gethsemane) 기름 짜는 틀'이란 뜻으로, 예루살렘 동쪽 기드론 시내 건너편, 곧 예루살렘에서 여리고로 가는 도로 윗쪽인 감람산 서편 기슭에 위치한 동산(마26:36).
예수께서 자주 찾아 기도하시며 하나님과 교제하신 곳으로(눅22:39-40), 십자가를 지시기 전 마지막으로 기도하신 후(마26:36-40), 체포되신 곳(마26:57; 막14:43-50; 요18:1-12). 기도의 중요성과 그리스도의 거룩한 희생을 일깨워주는 장소이다(찬송가 135, 154, 157, 324장).

겨(chaff) 벼, 보리, 조 등의 곡식을 찧어낸 껍질. 낟알의 껍데기. '마른 풀, 짚.' 상징적으로 '악인'(욥21:18; 시1:4), '무가치한 것'(사33:11), '거짓 교훈'(렘23:28), '하나님의 심판'(사17:13), '종말에 사라질 악인들의 운명'(마3:12) 등을 가리킨다.

겨울(winter) 가을과 봄 사이의 사계절 중 가장 추운 계절. 팔레스타인에는 여름과 겨울이 두드러지고 가을과 봄은 뚜렷하게 구분되지 않는다(시74:17; 슥14:8). 겨울은 활동과 생장에 제약을 받는 시기로(막13:18; 행27:12; 딤후4:21), 인생의 겨울 곧 말년의 시간(마지막 때)을 상징한다.

겨자씨(mustard seed) 갈릴리 지방에서 많이 자생하는 십자화과(科) 식물(눅13:19)의 씨. 눈에 보이지 않을 만큼 작아서 '지극히 작은 것'(마17:20)의 대명사로 언급되나 성장하면 키가 4-5m나 되는 특징을 가진다. 영적으로, 눈에는 보이지 않지만 점진적으로 그 영역을 넓혀가는 하나님 나라에 비유된다(마13:31-32; 17:20; 눅17:6).

견고한 진(堅固 - 陣, stronghold) 매우 단단한 요새(要塞). 성도가 대적해야 할 사탄이나 불신 세력의 막강한 힘을 상징한다(고후10:4).

견책(譴責, rebuke) 허물이나 잘못을 꾸짖음. 그릇된 것을 바로 잡기 위해 훈계함. 징계함. 비행(非行)이나 과실을 꾸짖고 나무람(시39:11; 잠15:12; 사27:8). 성경은 견책을 싫어하는 자의 최후는 파멸과 죽음이요(잠15:10), 견책을 받을 때에 주께 부르짖고 기도하라고 가르친다(대하20:9).

결단(決斷, decision, determination) 딱 잘라 결정하거나 단안을 내리는 일. 특히, 신앙적 측면에서, 인간이 자신의 전존재와 관련해 행하는 선택의 행위를 말한다(수24:15; 행4:19). 신앙적 갈등과 도덕적 혼란에 빠졌을 때에 인간은 결단을 내려야 한다. 이때 그 결단이 하나님의 뜻과 부합하는가, 성경적인가, 그 결과는 바람직한가 따위를 신중히 살펴야 한다.

결실(結實, fruit) 열매 또는 열매를 맺음(갈5:22-24). 일이 성공을 거둠(success). 상징적으로 '자식'(시128:3), '믿음의 열매'(시128:1)를 가리키기도 한다. → '열매'를 보라.

겸비(謙卑, humbleness) 스스로를 낮추는 겸손, 자신을 괴롭히고 복종시키는 자기 부인(출10:3), 온유한 자세(meekness) 등을 뜻한다(왕상21:29; 렘44:10).

겸손(謙遜, humility) 자신(마음)을 낮추며 상대방을 인정하고 높이는 욕심 없는 마음 상태. 자신의 죄성과 한계를 인정하고 하나님께 의지하는

경건

자세(눅15:17-21; 18:13-14). 겸손의 모범을 보이신 분은 하나님이시되 육신을 입고 이 땅에 내려오셔서 십자가에 달려 죽기까지 죄인들을 사랑하시고 구원하신 예수 그리스도이시다(빌2:5-8). 겸손은 성경 전체를 통틀어 하나님의 백성에게 가장 요구되는 신앙 덕목이다(신8:2; 대하7:14).

경건(敬虔, godliness) 공경하는 자세로 삼가고 조심함. 성경에는 하나님께 예배하는 것처럼 살아가는 믿음의 자세 또는 세상적인 생각과 언행을 멀리하고 하나님을 기쁘게 하며 하나님을 의지하는 태도를 말한다.

원어적으로 '하나님을 두려워하다', '하나님께 경배(예배)하다'는 뜻이 담겨 있다. 곧 경건한 삶(경건 생활)이란 하나님의 거룩한 성품을 닮아가는 것이며, 구원의 은혜를 베푸신 하나님께 뜨거운 사랑과 충성의 자세를 견지하는 것을 가리킨다(시86:2).

■**경건의 시간**(Quiet Time) - 조용하고 내밀한 시간과 장소에서 말씀과 기도로 하나님과 교제하는 시간. 흔히 영어의 첫 글자를 따서 '큐티'(QT)라고 부른다. → '큐티'를 보라.

경건 생활의 비결

경건 생활은 ①하나님의 말씀을 삶의 표준 삼고(딤후3:14-17), ②기도에 힘쓰며(딤전2:1-2), ③망령되고 허탄한 교훈을 버리고(딤전2:16), ④경건의 훈련을 쌓으며(딤전4:7), ⑤경건한 부모의 신앙 교육을 받고(삼상1:11), ⑥그리스도의 재림을 소망함으로써(딛2:11-14) 가능하다.

경륜(經綸, dispensation) 일정한 목표를 가지고 일을 조직적으로 계획함. 세상을 다스림. 이는 헬라어로 '오이코노미아'인데, '집'을 뜻하는 '오이코스'와 '관리하다'는 뜻의 '노메오'가 결합된 표현으로, '집을 관리하고 다스리는 것', 즉 일차적으로는 '청지기 직분'(stewardship)을 시사한다(눅16:2).

신학적으로는 하나님의 거룩하신 뜻(계획)과 다스림과 관련해, 세상 만물의 운행과 질서를 주장하시고 온 역사를 주관하시며, 인간 구원의 계획과 실행 등에 관여하시는 하나님의 거룩한 역사(섭리)를 가리킨다(엡1:9; 골1:25; 딤전1:4).

경성(警醒, watch) 정신을 차려 그릇된 행동을 하지 않도록 타일러 깨닫게 함. 이 단어는 '밤을 새우다, 항상 살피고 주의하다'(렘31:28; 44:27), '(교훈과 훈계를 목적으로) 경고하다'(사8:11), '(파수꾼이 적의 침입에 대비해) 잠을 자지 않고 경계 태세 취하다'(히13:17)는 뜻으로 쓰이고 있다. → '깨어 있음'을 보라.

경신(輕信, credulity, light of belief) (진리 아닌 것을) 경솔하게 믿어버리는 것. (어떤 대상을) 쉽사리 믿음.

경외(敬畏, fear, reverence) 공경하고 어려워함. 주로 하나님과 관련해 사용되며, 무서움과 공포로서가 아닌 하나님의 주권과 영광을 인정하는 자가 가지는 거룩한 두려움, 곧 경건한 공경심을 일컫는다. 따라서 '경외'란 '존경하는 마음으로 삼가 조심함'이란 의미가 담겨 있다(느7:2).

경전(經典, the Scriptures, the Bible) (영원히 변치 않는 법식과 도리를 적은 서적이라는 뜻으로), 성인(聖人)의 가르침이나 행실 또는 종교의 교리를 적은 책. 기독교에서는 하나님의 거룩한 말씀인 '성경'을 가리킨다.

계교(計巧, plot, plan) 깊이 있게 생각하고 궁리해 짜낸 꾀. 기발한 군사 전략 등 긍정적으로 쓰이기도 하나(왕하18:20) 대부분 은밀히 진행되는 음모나 악한 꾀 등 부정적인 면에서 언급된다(욥5:12; 잠6:18; 사30:1-2; 찬송가 87장). '음모'(삼상23:9; 시21:11), '계략'(욥5:13)으로도 번역된다.

계명(誡命, commandment) 하나님의 명령으로서, 그 백성이 지켜야 하는 규정(창26:5; 출15:26). 하나님이 위임하신 사명. 마땅히 행하도록 위탁받은 명령(책무). 구약성경에서는 '율법과 십계명'을, 신약성경에서는 보다 광범위하게 하나님께서 성도에게 주신 모든 명령을 의미한다. 예수께서는 계명의 근본 정신을, 위로 하나님을 사랑하고 아래로 이웃을 사랑하는 것이라 가르치셨다

(마22:35-40; 막12:28-34; 요일3:22).

계명성(啓明星, **morning star, Day star**) 새벽녘 동쪽 하늘에 뜨는 지극히 밝은 별. 금성(金星). 교만한 바벨론 왕(사14:4,12), 하나님을 대적하다 땅으로 쫓겨난 천사(Lucifer, 눅10:18), 곧 사탄으로 보기도 한다. 이와는 반대로 그리스도의 재림을 예고하는 별 곧 '샛별'(벧후1:19), 교회를 돌보시는 그리스도를 상징하는 '새벽 별'(계22:16)로 보기도 한다. → '새벽별' 을 보라.

계시(啓示, **reveration**) 원어의 뜻은 '베일을 벗기다, 덮개를 열다.' 즉, 감추어진 것들을 드러내어 명확하게 밝히는 것을 말한다. 기독교에서는, 하나님께서 자기에게 속한 구원의 신비와 거룩한 진리, 또는 자신의 뜻과 섭리를 사람들에게 친히 나타내 보여 주시는 거룩한 행위를 가리킨다(고후12:1; 엡3:3; 골1:25-27). 일명 '묵시'(默示).

예수 그리스도는 계시의 주체요, 내용이며, 완성자이시다(계1:1). 그리고 하나님께서는 성령의 감동으로 전하고 이루신 계시의 내용을 책으로 기록하게 하셨다(사8:19-20; 딤후3:15-16; 벧전1:21). 그것이 바로 '성경' 인데(욥1:1; 나1:1; 암1:1), 이런 점에서 성경을 '계시의 책' 이라 한다. → [?. 교리 및 신앙 용어] '계시' 를 보라.

■**일반계시와 특별계시** - 하나님께서 자연이나 역사, 양심 등을 통해 하나님 자신과 그 뜻을 알리셨는데 이러한 방법을 가리켜 '일반계시' 라 한다(행17:22-31; 롬1:20,22,32). 그런데, 일반계시로는 하나님이 누구시요, 어떤 분이시며 죄와 사망 아래 있는 우리 인간을 어떻게 구원하고 계신지 알기에는 부족하다. 따라서 하나님이 자신을 분명하게 알 수 있도록 계시한 것이 바로 '특별계시' 이다(살전2:13; 히4:12-13). 그리고 이 특별계시를 하나님의 영감으로 훼손됨(오류) 없이 문서화 한 것이 바로 성경이다.

계약(契約, **covenant, treaty**) 조약. 협정. 생명을 담보로 한 약속(창26:28). 특히, 하나님께서 인간을 구원하시기 위해 인간에게 제시하신 특별한 의사 곧 언약(言約). 성경에는 하나님과 인간 사이(창2:16-17; 22:16)에 맺은 약속은 물론, 인간과 인간 사이(창21:25-30; 29:15-20; 삼상18:3-4), 국가와 국가 사이에 맺은 계약(왕상5:9-11; 15:18-19)도 언급된다. → '언약' 을 보라.

고난(苦難, **suffering**) 괴로움과 어려움. 고초(苦楚). 인생길에서 만나는 온갖 수고와 고통과 어려움(경제적, 육체적, 사회적, 인격적)을 통틀어 일컫는다(toil). 고난은 일차적으로 죄에 대한 하나님의 형벌이지만(창3:16-19; 삿10:6-10; 삼상12:9-10), 공중 권세 잡은 사탄이 지배하는 이 세상을 사는 성도에게 고난은 피할 수 없는 현실임을 직시해야 한다(딤후1:8; 히11:25). 고난받을 때에 우리 위해 고난당하신 예수를 생각하며(히2:10; 4:15), 하나님께 위로를 받고(사49:13; 고후1:4-5), 장차 얻을 복을 생각하며(욥8:21), 도우심을 사모하고(딤후4:17; 히2:18), 하나님께 감사하며 영광 돌릴 수 있어야 한다(벧전4:15-16). → '고통' 을 보라.

■**고난의 길**(**the way of suffering, the bitters of life**) - 세상과 타협하거나 죄악에 무릎 꿇지 않고 오직 하나님의 말씀을 좇아 살아가는 경건한 신앙인의 인생 길을 가리킨다. 예수께서는 이를 '좁은 길' 이라 하셨다(마7:13-14).

한편, 예수께서 십자가를 지시고 빌라도의 재판석에서 골고다 언덕까지 걸어가셨던 길을 '고난의 길'(via Dolorosa)라고 한다(마27:26-33). 그 길은 '슬픔의 길' 이요 '쓰라린 경험의 연속' 처럼 보였지만 사실은 죄인을 구원하는 희망의 길이었다.

■**고난의 바다**(**sea of trouble**) - 고통의 바다. 고생의 바다. 고해(苦海). 거칠고 고단한 인생 항로를 염두에 둔 표현이다(슥10:11).

■**고난의 잔**(**the cup of suffering**) - 예수께서 십자가를 지시기 전날 겟세마네에서 기도하실 때에 성부 하나님께 지나가기를 간구하셨던 것으로(마26:39), 십자가의 형벌(고통과 죽음)을 상징한다(찬송가 154장).

■**고난의 종**(**Suffering Servant**) - 인간의 죄를 대신 지시고 멸시와 저주와 죽음을 당하시면서 기록한 희생 제물이 되신 메시아 예수를 가리키는 표현(사53장).

고락간(苦樂間, **both in joy and in sorrow**) 괴로우나 즐거우나 간에. 괴롭거나 즐겁거나 가릴 것 없이. 이 땅에서 경험하는 모든 형편과 처지를 일컫는 말(찬송가 373장).

고르반(Corban) 히브리어 '코르반'('하나님께 드리기 위해 구별해 둔 예물'이란 뜻)의 헬라어 음역(레1:2-3; 2:1; 3:1; 민7:12-17). 원래 '하나님께 바친 헌물'이란 뜻인데, 구약 후기로 오면서 무엇이든 하나님께 드려진 것이면 사람이 그것을 함부로 쓸 수 없다는 뜻의 금지와 억제를 위한 맹세문으로 사용되었다. 그런데, 신약 시대 바리새인들은 이 '고르반' 맹세를 악용해 그 맹세한 것이 부모를 부양하는 데 필요한 것이라도 취소하지 않음으로써, 결국 부모 공양 의무를 피하면서 자기 소유는 그대로 유지하는 수단으로 삼았다(막7:11).

고백(告白, confession) 마음속에 숨기고 있던 것을 '털어놓음', '숨김없이 사실대로 말함', '자복(自服). 이외에도, '믿음으로 하나님의 존재와 권위를 인정하거나 자신이 범한 죄를 인정하는 것'(요1:20; 행24:14; 히11:13), '하나님의 은혜에 감사해 찬양하고 증거하는 것'(롬14:11; 히13:15)을 뜻하기도 한다.
특히, 신약에서는 주로 예수 그리스도가 구주이심을 인정하는 신앙 행위에 초점이 맞춰진다. 예수님을 향해 '주는 그리스도시요, 하나님의 아들'이심을 인정한 베드로의 신앙고백이 대표적인 경우다(마16:16). 오늘날 예배 시간마다 암송하는 사도신경은 바로 성도의 전통적인 신앙고백이다.

고범죄(故犯罪, willful sin) 알면서도 고의로(의지적으로) 저지른 죄(시19:13). 하나님을 향해 적극적으로 저항하며 교만히 행하는 범죄. 이는 실수로 범한 죄보다 그 벌이 크다(민15:26-31).

고자(鼓子, eunuch) 생식기(生殖器)가 불완전한 남자. 남성으로서의 기능을 잃은 자(마19:12). 고대 왕실에는 이런 자로, 왕비(왕의 가족)의 침실을 경호하게 했다. 율법에 고자는 하나님의 총회에 들어갈 수 없었으나(신23:1) 메시야 시대에 이런 자들도 구원의 대상이 된다(사56:4). 한편, 천국을 위해 '스스로 고자 된 자'도 있는데, 이는 하나님께 헌신하기 위해 독신으로 사는 자를 가리킨다(마19:12; 고전7:7-8,32-35).

고통(苦痛, pain) (몸, 마음이) 괴롭고 아픔(창3:16; 삼하1:9). 전염병 등 하나님으로부터 오는 육체적 형벌을 가리키기도 한다(눅7:21). 고통이 주는 유익은 ① 하나님께만 소망을 두고 부르짖게 한다(시106:44). ② 하나님의 위로와 구원을 얻는 계기가 된다(시107:6; 118:5). ③ 하나님의 선한 경륜을 깨닫게 된다(욥42:5; 사38:17). ④ 모든 일에 자중, 근신하게 된다(렘38:15). ⑤ 공동체 안에서 서로를 돌아보게 된다(고전12:26). ⑥ 종말의 때가 가까움을 알게 된다(딤후3:1). → '고난'을 보라.

고행(苦行, penance, ascetic practices) 육체를 고통스럽게 하면서 그것을 견디어 냄으로써 신앙의 성숙과 거룩한 깨달음에 이르려는 수행(修行). 즉, 경건한 목적을 위하여 신체적인 고통과 정신적인 수고를 감당하는 일. 대표적으로, 그리스도의 십자가의 고난을 직접 경험하고 하나님의 은혜에 감사하기 위한 고행이 있다.
고행의 방법으로 금식, 금욕, 불면, 채찍질과 같은 육체적 괴롭힘, 침묵, 고립, 순례, 기도문 낭독, 교회의 예전에 참석, 규약을 지키는 일 등이 있다.

고향집(故鄕 -, home) 고향의 안식처(찬송가 301장). 이 땅에서 나그네로 살아가야 하는 성도가 마침내 들어가게 될 하늘 본향(本鄕)을 가리킨다(요14:1-4; 히11:16; 벧전5:10).

곡과 마곡(Gog and Magog) 에스겔 선지자는 노아의 손자가 세운 마곡 왕국(창10:2)의 통치자 '곡'(겔38:2)이 북방 군대를 인솔해 이스라엘을 공격하나 하나님의 권능으로 멸망하게 될 것을 예언한 바 있다(겔38장). 요한계시록에서는 이를 배경으로 하여, '곡'과 '마곡'(앗수르어로 '곡의 땅'이란 뜻, 혹은 민족 명)이 불신 세력을 규합해 하나님의 백성을 대적하는 지상 최후의 전쟁, 곧 아마겟돈 전쟁을 일으킬 적그리스도 세력으로 묘사하고 있다(계20:8). → '아마겟돈'을 보라.

곤고한 자(困苦 - 者, the afflicted) 물질적·사회적으로 가련하며, 심령이 고통 중에 있는 자. 곧 전 인격적인 구원과 도움(관심과 사랑)이 필요한 자(욥36:15; 시34:2).

골고다(언덕)(Golgotha) '해골'이란 뜻의 아람어 '굴굴타'의 헬라어 음역이다. 예루살렘 성

다메섹 문 북동쪽 230m 지점에 있는 약 20m 높이의 작은 언덕으로 추정된다. 예부터 처형 장소로 사용되어 해골이 많았거나 혹은 그 지형이 해골처럼 생긴 데서 이런 지명이 유래한 듯하다. 일명 '갈보리'(Calvary). 예수께서 십자가에 못 박히신 곳으로, 인류 구원을 위한 핏빛 역사의 현장이다(마27:33-35). → '갈릴리'를 보라.

골방(-房, inner room, closet) 안방이나 건너방 등에 딸린 작은 방(마6:6). 사람의 눈에 잘 띄지 않도록 만든 깊은 밀실(마24:26; 눅12:3). 조용하고 깊은 묵상이 가능하며, 하나님과 일대일로 교제할 수 있는 내밀한 처소를 상징한다.

곳간(庫間, treasury, garner, barn) 물건을 모아두는 저장소(신32:34). 곡식이나 금은 보화를 보관하던 창고(수6:19; 느13:12-13), 군기고(사22:8), 왕실에서 쓸 물건을 보관해 두는 저장고, 혹은 성전에 바쳐진 각종 예물이나 기물들을 보관해 두는 거룩한 장소(왕하12:18; 대상28:12; 느12:44). 고대 히브리인들은 우주의 일정한 공간에 눈, 우박, 물 등을 보관하는 곳간이 있다는 우주관을 가지고 있었다(욥38:22; 시33:7). → '창고'를 보라.

공궤(供饋, serving tables, feeding) 윗사람에게 음식을 드림. 원뜻은 '가져오다'로, '먹을 것과 입을 것 등 생활에 필요한 모든 것을 제공함', '극진히 섬기며 보살핌'이란 의미이다. 구제나 봉사와 관련해서 주로 사용된다(삼하19:32; 행6:2).

공동선(共同善, the common good, commune bonum) 모든 이에게 두루 미치는 선(善) 즉, 개인을 포함한 공동체 전체를 위한 선(善). 공익성을 강조한다는 점에서 일명 '공공선'(公共善), 혹은 사회 구성원 전체에 공통되는 이익(public interest)이라는 점에서 '공공복지'(公共福祉)라고도 한다. 이 같은 공동선의 추구는 다양한 구성원과 복잡한 사회 체계를 구축한 현대 사회를 건강하게 움직일 수 있게 하는 핵심적인 원리이다. 인간은 사회 속에서 함께 살아가야 하는 공존적 존재(共存的 存在)이기 때문에 개개인이 공익보다 사익을 앞세우면 공동체는 혼란에 빠지고 그 사회는 와해되고 만다.

하지만, 공동선을 지나치게 앞세워 개인의 존엄성을 침해하는 변질된 집단주의나 권력 지향주의는 반드시 경계해야 한다. 공동선이라는 가치의 추구도 결국은 인간 개개인의 가치와 존엄성 존중은 물론, 모든 구성원이 다함께 인간다운 삶을 영위하자는 데 그 목적이 있다.

공동체(共同體, community) '생활과 운명을 같이하는 조직체', '혈연이나 지연 또는 공동의 이해관계나 목적을 바탕으로 이루어진 사회집단'으로 '공동사회'라고도 한다. 교회 안에서 '공동체'라 함은 예수 그리스도를 중심으로 하나 된 사람들의 연합체 혹은 교회를 말한다. 이 공동체는 성격상 두 가지로 구분되는데, ① 공동생활은 하지 않으나 상호간의 친밀한 형제애로서 영적, 정신적, 경제적인 교제와 나눔은 물론 함께 울고 함께 웃는 공동 운명체로서 굳건한 관계성을 이룬다. 초대교회가 그 전형을 보여 준다(행2:42-47). ② 공동의 이해 관계나 목적을 가지고 공동생활을 전제로 하는 일종의 사회집단을 말한다. 우리나라의 두레마을, 예수원, 다일 공동체 그리고 외국의 라브리 공동체나 떼제 공동체가 그 대표적인 경우다.

공로(功勞, merits, service) 어떤 일에 이바지한 공적과 노력(찬송가 44,144,149,269,270,279장). 자신의 힘으로 무엇을 이루어놓는 일과 그 성취물(찬송가 204,252,284장). 죄인이 구원얻는 비결은 오직 주 예수 그리스도의 보혈의 공로뿐이다(벧전1:18-19).

공의(公義, right) 선과 악을 정확하게 분별하고 통제하며 다스리시는 하나님의 거룩한 성품 가운데 하나(레19:15; 신9:4; 왕상10:9). '심판', '법', '권리', '정의', '의' 등으로 해석될 수 있다.
성경에는 하나님의 의로우심이나 성도의 올바른 마음과 삶의 태도를 강조할 때 주로 사용되며, 사회나 국가적 차원에서 언급될 때는 주로 '정의'란 표현으로 사용되는 경향이 있다.

공적(功績, work, merit) 쌓은 공로. 이는 '일'(work), '행동'(action), '행위'(deed)란 뜻으로 쓰이며, 특히 '믿음의 행위', '믿음으로 행한 일'이라는 뜻을 담고 있다(고전3:13-15). 일명 '공력.'

공중(空中, air, sky, space) 하늘과 땅 사이의 빈 공간. 지구를 둘러싼 공간(창2:19; 삼하18:9). 일명 '궁창', '하늘.' 히브리인들은 공중을 대략 3개 층으로 인식했는데, ① 제일 낮은 곳은 사람이 숨 쉬는 공기를 포함한 대기권의 하늘로, 새들이 날아다니고, 비, 바람, 우레, 이슬 등이 보관된 장소로 보았다(시147:8; 잠23:5). ② 그 다음은 해와 달과 별이 붙어 있는 우주 공간(욥38:31; 시33:6), ③ 가장 높은 곳은 하나님과 천사들의 거처로 보았다(시33:14; 사57:15). → '궁창', '하늘'을 보라.

> **용어상식**
>
> ### 공중 권세 잡은 자
> (the ruler of the kingdom of the air)
>
> 신약적 세계관에서, 지상은 사람의 거처요, 천상은 하나님과 천사들의 거처이며, 공중 곧 하늘과 땅 사이에 있는 영역은 악령들의 거처라 인식되었다(눅10:18). 그래서 사탄은 종종 '공중의 권세 잡은 자'(엡2:2)라 묘사된다. 여기서 '공중의 권세 잡은 자'란 '악마' 곧 '불순종의(하나님과 맞서는) 아들들 안에서 활동하는 악마의 영'을 가리킨다. 그는 하나님을 대적하는 자로서 공중(영적인 세계)에서 하나님의 일을 훼방하고 인간을 미혹하는 능력과 권세를 행사하고 있다. 그러나 세상 종말에 주님께서 이 악한 영 곧 사탄의 세력을 물리치고 재림하시어 공중에서 성도를 영접하실 것이다(살전4:17).

공평(公平, justice, honesty) 어느 한쪽에 치우치지 않고 공정함(judgement, 레19:36; 욥31:6; 시17:2). 원래 천칭 한쪽의 추와 다른 한쪽의 물건 무게가 똑같이 일치하는 상태(equality)를 가리킨다. 이는 하나님의 성품 중 한 면으로서, 하나님의 백성이 추구해야 할 삶의 태도이다(겔18:25,29; 33:17-20; 요5:18; 롬8:32; 빌2:6).

공회¹(公會, Council) 일반적으로 선민 이스라엘 공동체(민19:20)를 지칭하는 '총회'(總會)를 가리키며(신31:30), 좁게는 종교적·법적 문제를 논의하기 위해 모이는 70명(의장 포함 71명)의 이스라엘 백성의 지도층을 가리킨다(민11:16). 신약에서는 유대인의 최고 의결 기구인 '산헤드린'(마26:59; 행5:34)과 '하급(지방) 법정'(마10:17; 막13:9)을 가리키기도 한다. 참고로, 예수님 당시 로마 정부는 산헤드린 공회의 세속적인 권한은 제한했으나 종교적인 결정에 있어서는 그 권위를 인정해 주었다. → '산헤드린'을 보라.

■**공회(의)원**(公會議員, Council member) – 공회를 구성하는 사람. 산헤드린에 참여하는 일원(막15:43). 공회의원(눅23:50). 공회는 대제사장이 의장이며 공회원은 바리새인, 사두개인(제사장 계급을 독점), 서기관, 장로 등 백성의 대표 71명(의장 포함)으로 구성되었다.

공회²(公會, Universal Church) → [2. 교리 및 신앙 용어] '공교회'를 보라.

관(冠, crown) 관복이나 예복을 입을 때 머리에 쓰는 모자의 일종(레8:9; 에1:11; 시8:5). 대제사장의 관, 임금이 쓰는 왕관 등을 말한다. 이때는 '면류관'으로도 묘사된다(잠4:9). 이외에 평민의 머리 수건을 일컫기도 한다.
관은 존귀와 영광(잠4:9; 히2:7; 벧전5:4), 권세와 위엄(렘13:18; 계4:4), 의로움(딤후4:8), 생명(약1:12), 성도의 사랑(빌4:1), 노인의 흰머리(잠16:31) 등을 상징한다. → '면류관'을 보라.

관상기도(觀想祈禱, contemplation) → [4. 예배 및 예식 용어] '관상기도'를 보라.

관용(寬容, gentleness) 원뜻은 '양보하다, 참아주다'로서, 타인을 향해서 하나님의 백성이 가져야 하는 품성을 말한다. 즉 ① '(상대방을) 너그럽게 용납하거나 인내하거나 용서함'으로 해석할 수 있다(행24:4; 고후10:1; 빌4:5; 딤전3:3). 또한, ② 자신을 대적하고 비난하는 자들을 향해 스스로 자제하며 공정성을 잃지 않는 마음 상태를 뜻하기도 한다(롬9:22; 약3:17). 그리고 ③ 상대방과 나와의 차이를 인정하며 열린 마음으로 상대방을 있는 그대로 받아들이는 것을 말한다.

광명(光明, daylight) 밝은 빛. 밝고 환함(욥3:9; 잠4:18). 성경에는 해, 달, 별이나 낮, 여명 등의 물리적인 빛(욥31:26; 사18:4) 외에 생명과 기쁨, 번영 등을 상징하는 말로도 사용되었다(출10:23; 욥24:13; 계22:16).

■ **광명한 새벽별**(the bright Morning Star) – 이른 새벽에 떠오르는 밝은 새벽별(계22:16). 어두운 밤이 지나고 곧 새 날이 동터올 것을 시사하는 하늘의 큰 빛이다. 이는, 어두움의 주관자인 사탄과 대조되는 표현으로, 빛과 진리요 생명의 주인이신 예수 그리스도를 일컫는 비유적 표현이다(민24:17; 계2:28).

■ **광명한 천국**(the bright Heaven) – 밤과 어두움이 전혀 없는 영광스럽고 복된 천국의 실상을 묘사한 표현으로(찬송가 606,610장), 이는 '그 성은 해나 달의 비침이 쓸 데 없으니 이는 하나님의 영광이 비치고 어린 양이 그 등불이 되심이라'(계21:23)는 계시록의 말씀을 근거한 내용이다.

광야(曠野, wilderness) 넓고 거친 들판. 인적 없는 황무지. 농사짓기에 부적합한 크고 넓은 대지(민20:5). 이곳은 인적 없는 쓸쓸한 곳(렘2:6), 짐승이 부르짖는 크고 두려운 곳(신1:19; 32:10; 사13:21; 막1:13), 약탈자들이 출몰하는 위험한 곳(렘3:2; 애4:19; 고후11:26)이다. 동시에 이곳은 이스라엘을 애굽에서 이끌어 내신 하나님의 구원 행위(출15:22)를 떠올리게 하고, 궁극적인 구원의 여망을 일깨워주는 장소이며(호2:14-15), 하나님과 조용히 교제할 수 있는 은밀한 교제의 처소이다.

■ **광야교회**(曠野敎會, assembly in the desert) – 광야 안의 교회. 출애굽 직후 광야 생활을 하는 동안 하나님께서 지키시고 보호하신 '선민 이스라엘 백성', 곧 '하나님의 인도하심을 받는 이스라엘 백성의 총회'(신18:16)를 가리키는 신약적 표현이다(행7:38). 이는, 이스라엘 백성이 솔로몬 시대 이전까지 율법에 따라 성막을 세우고 예배를 드렸던 교회를 가리키기도 한다(출5:1,3; 7:16).

광음(光陰, time, ray and shine, sun and moon) ('해와 달'이라는 뜻으로) '시간이나 때'를 의미한다(찬송가 552장). 눈 깜박할 사이에 지나가는 '빠른 세월'을 기리기도 한다(찬송가 450장).

광채(光彩, brightness) 눈부시고 찬란한 빛. 주로, 하나님의 거룩하신 임재나 초월한 영광을 나타낼 때 사용된다(출34:29; 삼하22:13; 시80:7). 예수 그리스도의 영광과 존엄을 찬송하는 표현으로 쓰이기도 했다(찬송가 109,153,415장).

광풍(狂風, squall, violent gale, strong wind) 거칠고 강한 바람(시50:3; 사28:2). 폭풍. 돌풍. 회오리 바람. 광풍은 바다를 항해하는 배에 큰 피해를 준다(욘1:4). 그래서 광풍은 '하나님의 분노'(렘23:19), '질풍노도 같은 대적의 침공'(겔1:4), 갑작스런 파멸'(잠1:27) 등을 상징한다.

괴수(魁首, ringleader, the worst) 악당의 우두머리. 수괴. 못된 짓을 하는 무리의 두목(왕상11:23-25). 사도 바울은 '나사렛 이단의 우두머리(괴수)'로 고발되었지만(행24:5), 그는 오히려 자신을 '죄인 중에 괴수'(딤전1:15)라 했다.

교도(敎徒, believer, follower) 종교를 믿는 사람. 신앙을 가진 사람. 신자(信者). 신도. → '신도'를 보라.

교만(驕慢, arrogance, pride) 잘난 체하며 겸손하지 않고 버릇없이 행함. 능력을 과시하며 자기를 최고로 자랑하는 일. 오만(傲慢). 거만(倨慢). 교만은 하나님의 은혜와 도움을 부인하는 최고의 범죄 행위로서(시18:27; 잠29:23; 렘50:31), 여호와께서는 교만한 자를 미워하신다(잠16:5).

교사(敎師, teacher) 학생 또는 무리에게 학문이나 기술을 가르치며 돌보는 사람. 신약 시대 때 사도, 선지자, 목사와 함께 하나님의 교회를 섬기며 성도를 지도하던 직분 중에 하나(고전12:28; 엡4:11). 넓은 의미에서 복음 진리를 선포하는 모든 전도자도 교사로 본다. 사도 바울 역시 자신을 가리켜 복음의 반포자요, 사도요, '교사'라고 하였다(딤후1:11). 물론, 교사 중에 교사는 예수 그리스도시요(마23:10), 성도를 자라게 하시고 열매 맺게 하시는 분은 성령 하나님이시다(고전3:6).

교우(敎友, a church member, a fellow believer) 교회 안에서 함께 신앙 생활하는 믿음의 형제 자매들. 신앙 공동체 내의 일원.

교육(敎育, education) 사람의 몸과 마음을 성장시키고 인격 함양을 위해 지속적으로 가르치며 지도하는 일. 성경이 제시하는 교육은, 하나님께서 주신 거룩한 언약(계약) 내용을 통해, 하나님이 창조하신 이 세상에서, 하나님을 알게 하고, 그 언약을 이루어 나가게 하는 것이다(출10:2; 12:26-27). 즉, 하나님의 말씀으로 양육하고 그것을 지키게 함으로써 하나님의 사람으로 온전케 되도록 하는 데 교육의 주된 목적이 있다(마28:19-20; 딤후3:16-17). 교육은 일차적으로 가정에서 부모가 담당했고(출2:8-9; 12:26-27), 공동체적으로는 제사장, 레위인, 선지자에 의해 이뤄졌다(신31:10-11). 이외에 선지자 학교처럼 체계화 된 교육 기관이 있었다(삼상10:5,10; 19:20). 포로기 이후에 세워진 회당에서 회당장이나 랍비가 율법 교육과 함께 읽기, 쓰기, 셈하기 등의 초등 교육을 실행했다. 또, 교회 안에서는 교사 직분을 맡은 이에 의해 교육이 이뤄졌다(고전12:28; 엡4:11).

교인(敎人, a convert, a believer) 종교를 믿는 사람. 신자(信者). 개종자. 신약성경에서 처음 이 표현은, 이방 종교에서 유대교로 개종(입교)한 사람을 가리켰으나(마23:15; 행2:10; 6:5), 초대교회를 거치면서 유대교에서 기독교, 이방 종교(불신자)에서 기독교로 개종한 사람(성도)을 가리키게 되었다. 오늘날은 그리스도를 주(主)로 고백하는 거룩한 교회의 한 일원(a member of a church)이요 지체를 가리켜 '교인'이라 부른다.

교제(交際, fellowship) 서로 사귐(대하20:35; 행10:28). 이 말은, 구약에서 하나님과 이스라엘 백성 사이에(출19:5-6), 부부 사이에(잠2:17), 친구 사이에(전4:10) 주로 사용되었다. 신약에서는 성도의 헌신이나 결속을 나타낼 때(행2:42), 거룩한 의식에 참예할 때(요일1:3), 같은 목표와 가치관을 가지고 같은 공동체 내에서 함께 생활할 때 주로 사용되었다(요일1:7).
죄인이 하나님과 교제할 수 있는 것은 전적으로 하나님의 은혜의 결과다(고전1:9). 그리고 성도 간의 교제는 하나님과의 교제(화목)를 기초로 하며(요일4:20-21) 하나님과의 교제(화목)는 곧 그리스도의 모범과 희생으로 말미암는다(빌2:2-8).
성도가 피해야 할 교제 대상은, 악행자(잠1:10-15), 탐심자(잠28:7), 미련한 자(잠14:7), 자주 화내는 자(잠22:24), 음녀(잠7장), 도둑(잠29:24), 분란자(롬16:17-18), 음행자(고전5:5-7,9-11), 말씀에 불순종하는 자(살후3:14), 불신자(고후6:14-17), 미

혹하는 자(적그리스도, 요이1:10-11) 등이다. →[2. 교리 및 신앙 용어] '코이노니아'를 보라.

교통(交通, fellowship, confidence) 사람과 사람, 한 공동체가 다른 공동체와 서로 왕래하며 의사를 교환하고, 교제를 나누는 일. 서로 막힘 없는 관계로서, 긴밀히 나누는 사귐. 구약성경에는 '하나님의 도우심'이란 의미로(잠3:32), 신약성경에는 '그리스도 안에서 성도 간에 나누는 교제'나 '그리스도(성령)와 성도 간의 신령한 교제'를 의미한다(고후13:13). → '교제'를 보라.

교화(敎化, edification) (덕성, 정신, 교양, 도덕 등을) 가르치어 감화시키는 일. 즉, 무지하고 뒤떨어진 것을 교도하며 계몽시키거나, 그릇되고 불완전한 것을 일깨워 온전하게 이끄는 일. 이를 '교도'(敎導), '훈도'(訓導)라고도 한다.

교회(敎會, Church, ecclesia) 원뜻은 '밖으로 불러 모으다'로서, 죄악 세상에서 불러 모아진 성별(聖別)된 자들의 모임, 곧 예수님을 주로 고백하는 성도의 모임을 가리킨다(엡1:22-23; 히2:12). 이는 거룩한 신앙 공동체로서 '무형 교회'를 의미한다. 이에 비해 거룩한 공동체가 하나님께 예배하며 복음을 바르게 전하기 위해 모이는 일정한 장소 역시 교회로 불리는데, 이를 '유형 교회'라 한다. '교회'를 뜻하는 헬라어 '에클레시아'란, 베드로가 예수님을 향해 '주는 그리스도시요, 하나님의 아들이시니이다'는 고백 후 베드로의 신앙고백 위에 '교회'가 세워질 것이라 하신 예수님의 말씀에서 처음 언급된다(마16:18; 18:17).
결국, 교회는 사람들의 집단이지만 근본적으로 예수 그리스도를 주로 고백하는 거룩한 모임인 것이다. 따라서 교회의 머리는 예수 그리스도시요, 그 구성원인 성도는 그분의 몸이며 지체이다(롬12:5; 고전12:12; 엡4:4,12,16). 성도가 머리 되신 그리스도를 중심으로 서로 연합하고 교제함으로 유기적인 통일을 이루어 나갈 때 교회는 온전하게 선다(엡4:11-16). 물론, 교회가 그리스도의 장성한 분량에까지 성장하는 것은 성령의 역사로 가능하다(엡1:23; 벧전2:2,9). →[2. 교리 및 신앙 용어] '교회'를 보라.

■**교회의 별명**(alias of Church) - ① 하나님

의 성전(고전3:16) ② 그리스도의 몸(고전12:27; 엡1:22-23) ③ 하나님의 거하실 처소, 예루살렘(갈4:26; 엡2:22; 히12:22) ④ 진리의 기둥과 터(딤전3:15) ⑤ 신령한 집(벧전2:5) 등으로 불린다.

■**교회의 사명(mission of Church)** - 교회의 사명은 ① 구원의 은혜를 전하여 죽어가는 영혼을 소생시키는 것이다. 곧 교회는 복음을 선포하며(막16:15), 화해의 사역을 수행하고(고후5:19), 하나님께 속한 구원의 비밀을 세상에 알려야 한다(고전4:1). ② 또, 교회는 하나님의 영광을 찬양하는 사명을 지녔다(엡1:5-6,11-12,15; 2:7). 하나님을 찬양하는 일은 교회의 의무 이전에 복이다(요일3:2).

■**예배 처소로서의 교회 명칭** - 기독교가 이 땅에 전래되면서 예배 처소를 '설교당'(說敎堂, Preaching Hall)(「대한성서공회사」 제1권 106쪽), '례배당'(禮拜堂), '교당'(敎堂), '복음당'(福音堂), '교회당'(敎會堂) 등으로 호칭하였다.

교의학적으로 '교회'는 '부름받은 성도의 집단(무리)'을 의미하고, '예배당'은 성도가 예배하는 (하나님과 교제하는) 처소를 뜻한다. 또, 이 '예배당'(교회당)은 부르심을 받은 공동체로서의 교회의 본질적인 모습을 외형적으로 증거하는 곳이며, 곤고한 사람들의 피난처이자, 죄와 병든 사람들의 안식처요, 슬픔을 당한 사람들의 위로처이기도 하다. 그러므로 외형적이고 가시적인 교회당을 가리킬 때 단순히 '○○교회'라고 부르기보다 '○○교회 예배당'이라고 하는 것이 좋을 듯하다.

교회사회복지(敎會社會福祉, **social works in church**) 인간이 고통과 절망(탄식)에서 벗어나는 길은 어떤 물질적 시혜나 제도의 개선을 통해서가 아니라 그 고통의 근본적인 뿌리인 인간의 죄 문제를 해결하고 구원하는 기독교 구원사상에 기초하는 사회복지를 말한다. 그와 더불어, 교회 사회복지는 지역사회의 문제와 이웃의 고통에 대해 교회가 시간, 돈, 노력, 시설, 인적자원을 자발적으로 제공하여 도움과 문제를 해결해 주는 사랑의 실천행위를 말한다.

교회 세습(敎會 世襲) 목회 승계의 한 형태로 교회 목양 권한을 친족에게 물려주는 일. 주로, 자신이 담임하던 목양지와 그에 따르는 권한을 아들, 사위 등에게 물려주는 것. 특히, 이 일이 대형 교회에서 심각하게 진행됨으로써 교회의 사유화, 교인의 우민화라는 비난을 면치 못하고 있다.

구도자(求道者, **seeker**) 진리(道)를 구하는 사람. 아직 구원을 얻지 못하고, 예수 그리스도를 구주로 고백하지 못한 자로서, 영적인 갈급함으로 생명의 도를 찾는 자. 한편, 예수교대한성결교회에서는 '교회의 공예배에 참석하는 자로서 구도자 명부에 게재된 사람'으로 규정하기도 한다. → [4. 예배 및 예식 용어] '구도자 예배'를 보라.

구령(求靈, **saving a man's a soul, saving the world**) 신앙으로 영혼을 구원하는 일. 절망과 탄식과 어둠으로 헤매는 이 세상(사람)을 그리스도 예수를 믿는 신앙으로 구원하는 일.

■**구령 사업**(求靈 事業) - 전도(선교)와 섬김, 희생과 나눔 등을 통해 죄와 사망 아래서 신음하는 영혼을 생명의 세계로 구원해 내는 일. 일명 '영혼구원 사역.'

구름(**cloud**) 대기 중에 수분이 엉겨 작은 물방

 용어상식

구름이 비유하는 것

● '구름이 덮이는 것'은 강력한 기세로 침략해오는 내외의 위력과 그 징벌을(겔30:18, 애2:1). ● '구름이 머무는 곳'은 하나님이 친히 임재해 계시는 곳이나 하나님이 인도하신 처소를(민9:17). ● '구름이 사라짐'은 죄의 용서를(사44:22). ● '빨리 사라지는 구름'은 인생의 무상함과 허무함을(욥7:9; 30:15; 호6:4; 찬송가 74장)

● '셀 수 없이 많은 구름'은 인간 지식의 유한함과 하나님의 전능하심을(욥26:8-9; 38:37). ● '구름의 날'은 재앙과 절망의 날 곧 하나님의 심판날을(겔30:3). ● '아침 구름 같다'는 곧 소멸되는 존재나 쉽게 잊혀지는 허무한 것, 죄인의 빠른 소멸을(호6:4; 13:3). ● '비 없는 구름'은 허탄함을(잠25:14) 상징한다. ●이외에 '구름'은 근심과 위기, 의심(찬송가 60,289장), 예수님의 재림(찬송가 174,180장) 등을 상징한다.

교회 일상 용어

울이나 빙점(氷點)의 상태로 되어 떠 있는 것을 말한다. 성경에서 '구름'은 종종 하나님의 임재(동행)와 영광을 상징한다(시97:2; 왕상8:10-11). 하나님은 시내 산에서 모세에게 율법을 수여하실 때(출19:9), 성막 봉헌 때 구름 가운데 임재하셨다(출40:34). 또한 이스라엘의 광야 생활 중에는 구름기둥으로 그들을 인도하셨다(민10:34; 12:5).

■**구름 기둥(pillar of cloud)** - 하나님께서 이스라엘 백성의 출애굽 때부터 광야 생활 내내 그들과 함께하시고 그들을 인도하셨던 임재와 보호의 상징물이다(민9:15; 느9:12,19). 즉, 하나님은 광야에서 낮에는 구름기둥으로 그늘을 만들어 이스라엘의 행진을 도와 주셨고, 밤에는 불기둥으로 길을 밝혀주셨다(출13:21-22). 이 같은 하나님의 거룩한 임재와 보호는 광야 같은 이 세상을 살아가는 성도에게도 여전히 유효하다(찬송가 376장). → '불과 구름 기둥'을 보라.

구세주(救世主, the Savior, Saviour) 세상(인류)을 죄악과 죽음에서 구원하시는 주(主)로서 '예수 그리스도'를 일컫는 말. 구주(救主). 메시야(Messiah). 찬송가 스물아홉 장에 걸쳐 등장할 만큼 성도가 부르는 찬양의 주요 주제이다(찬송가 18,24,26,30,31,46,76,87,101,106,113,115,117,131, 162,178,261,279,298,320,335,342,361,391,424, 462,536,540,569장). → '구주'를 보라.

구속(救贖, redemption, salvation) 예수 그리스도의 십자가 희생으로 죄인을 속량하는 일(롬3:24). → [2. 교리 및 신앙 용어] '구속'을 보라.

구습(舊習, former way of life) 옛부터 내려오는 관습. 거듭나기 이전의 옛적 버릇(엡4:22). 그리스도로 인해 거듭난 자가 버려야 할 것이다.

구약 시대(舊約 時代, a period of the Old Testament) 하나님께서 천지를 창조하신 때부터 메시야 예수께서 태어나시기 전까지의 율법 시대를 이르는 말.

구원(救援, salvation) 죄와 사망의 권세로부터 건져내어 영원한 생명을 누리게 하는 일(엡2:13-18). → [2. 교리 및 신앙 용어] '구원'을 보라.

구절(句節, passage) (긴 글의 한 부분인) 토막글. 성경의 구와 절(행8:32).

구제(救濟, alms) 가난한 자나 어려움에 처한 이웃을 돕는 일. 고통(재난)당한 자의 처지를 불쌍히 여겨 도움을 주는 행위(눅11:41; 고전16:2; 고후8:3). 구약성경에는 사회적으로 가난한 자나 약자에게 관심과 도움의 손길을 펼 것을 명했다(잠31:20).
예수께서는 구제란 천국 시민의 마땅한 도리로서(마19:21) 은밀한 구제를 명하셨다(마6:2-4). 이 구제는 하나님께서 반드시 기억하시는 아름다운 행위요(행10:4,31), '의(義)'와 동의어로 사용될 만큼 필수적인 신앙 행위라 할 수 있다(마6:1-2; 19:21; 눅12:33).

■**구제비(救濟費, relief expenses)** - 교회 안팎에 있는 어려운 사람이나 기관(단체)을 돕는 데 사용되는 비용.

구주(救主, the Savior, the Redeemer, the Messiah) 인간의 영육을 죄와 사망에서 건져내시는 분(찬송가 14,23,31,60,85장). 죄와 허물로 타락하고 부패한 온 세상을 회복하여 온전히 보존하시는 자. 구속주. 구원자. 성경에서 이 단어는 오직 하나님과 메시야 예수에게만 적용되는 거룩한 단어다(시44:3,7; 사43:11; 45:21; 60:16; 렘14:8; 호13:4; 딤후1:10; 딛1:4; 2:13; 3:6; 벧후1:1,11; 2:20; 3:2,18; 요일4:10). → '구세주'를 보라.

굴레(bridle) 말이나 소의 고삐에 걸쳐 얽은 줄. 가축을 제어하는 데 사용되는 도구. '구속(拘束)', '속박(restraint)', '통제' 등을 상징한다(시32:9; 잠26:3; 약1:26;3:2; 계14:20).

굵은 베(sackcloth) 굵고 거친 실로 짠 천(왕상20:31; 느9:1; 욜1:13). 마대(麻袋) 곧 아마포로 만든 삼베 옷감이나 염소털로 만든 올이 거친 천을 가리킨다. 주로, 애통하는 자(삼하3:31; 왕하19:1-2), 심판을 선포하는 선지자(사20:2; 계11:3), 포로(왕상20:31)의 의복으로 쓰였고, 애도(창37:34), 회개(왕상21:27), 금식(사58:5)할 때 입던 옷이었다. 그런 점에서 '굵은 베'는 참회와 탄식과 자기 부인을 상징하는 옷이다.

궁창(穹蒼, expanse, sky, firmament) 지구를 둘러싸고 있는 대기권의 넓은 공간(창1:6; 신33:26). 창공(蒼空). 히브리인들은 궁창(하늘)이 땅 위에 세워진 기둥(높은 산) 위에 걸쳐진(암9:6) 단단하고 평평하며 넓게 펼쳐진 공간이라 생각했다(잠8:27; 겔1:22). 아무튼 궁창은 하나님의 창조의 영광과 그분의 영원성과 초월성 및 절대 주권을 나타내는 가시적 근거라 할 수 있다(신33:26; 시19:1; 찬송가 67장). → '공중', '하늘'을 보라.

권고(勸告, warn, exhortation) '타이르고 권하다'는 뜻(잠12:15)과 함께 '잘못을 지적하여 스스로 깨닫고 부끄럽게 여기게 하다'는 의미를 지닌다(마18:15). 한 개인 또는 공동체에 대해 의무를 촉구하거나, 그릇되거나 왜곡된 행동을 삼가도록 촉구하는 직접적인 호소의 한 형태. 특히, 말씀을 통한 강단에서의 권고와 권면은 성도의 바른 신앙생활에 중요한 길잡이가 된다.

권능(權能, power) 권력(권세)과 능력. 성경에서는 주로 유한한 인간의 힘과는 비교될 수 없는 하나님의 탁월하고 위대하신 능력을 가리키는 말로 쓰인다(출8:19; 13:14; 15:6; 느1:10; 찬송가 9장). 하나님의 권능은 우주 만물의 창조와 경영(시65:6; 66:7; 102:25; 요1:3,10; 골1:16; 찬송가 78,79장)뿐 아니라 공의로 악을 심판하시며(욥37:23), 긍휼과 자비로 죄인을 구원하시는 데까지(요5:21,25-26; 벧전1:5) 나타나고 있다.
■**권능자**(權能者, the Mighty One) – 권력(권세)과 능력을 소유하신 분, 곧 하나님을 가리킨다(막14:62).

권도(權道, concession) 불변의 진리는 아니나 결과로 보아 정도(正道)에 맞는 처리 방도. 목적을 이루기 위한 편의상의 수단. 원어상으로는, '허락'(permission, 고전7:6), '용인'(容認), '권면', '동의와 협조를 구한다'는 의미를 갖는다.

권면(勸勉, encouragement) 무슨 일을 권하고 격려하여 힘쓰게 함(행15:32; 롬12:8; 빌2:1). '격려, 간청, 위로, 위안'이란 의미와 함께, '성도의 삶을 바르게 이끌어 가기 위한 도움'이란 의미도 담겨 있다. 성도에게 위로자요 보호자며 권면자인 '성령'이란 단어가 이 말에서 파생되었다(요14:16; 15:26).

권병(權柄, dominion) 권력으로 사람을 좌우할 수 있는 힘이나 신분. 권세. 통치. 특히, 하나님의 절대 주권을 나타낸 말이다(단4:3).

권세(權勢, authority) 권력과 세력(might). 권위. 권능(權能). 하나님과 관련해서는 피조 세계에 대한 보편적이고 영원한 지배력(왕권)을(롬9:21), 사람과 관련해서는 하나님이나 상급 권위자 혹은 권위 있는 기관으로부터 허락받은 권위, 즉 '위임된 권세'를 가리킨다.
모든 권세는 하나님이 정하신 것이다(롬13:1). 위임된 권세는, 국가나 정부의 권세(눅22:25; 롬13:1-6), 아내에 대한 남편의 권세(고전11:7-10; 딤전2:12), 종교 지도자의 권세(행26:10-12), 만물을 다스리는 권세(창1:26-28), 불신 세상에 대한 성도의 권세(단12:7) 등이 있다.
또한 상징적 용례로는, '혀의 권세'(잠18:21), '칼의 권세'(욥5:20), '악인의 권세'(시125:3), '음부(스올)의 권세'(시49:15), '흑암의 권세'(골1:13), '짐승의 권세'(계17:12-13), '사망의 권세'(계6:8) 등이 있다.

권속(眷屬, household, one's whole family) 원어상으로 '장막, 집, 거주지'를 가리킨다. 비유적으로 사용되어 그 집에서 함께 사는 '가족', '일가', '집안 사람들', '한 가장이 다스리는 집에 속한 모든 식솔', '한 가문'을 뜻하기도 한다(창18:19; 레20:5; 민18:31; 롬16:10). 또 같은 믿음을 가진 성도는 주 안에서 한 가족으로 이해되어 신앙 공동체 역시 하나의 권속으로 이해된다(엡2:19).

권위[1](權威, majesty, power, authority) 권력과 위세(위엄, 딛2:15). 개인적인 덕망이나 문벌 등으로 생겨난 사회적 세력 곧 외적인 권위와 도덕적이고 영적인 힘에 의해 주어지는 내적인 권위가 있다. 그런데, 간과하지 말아야 할 사실은 하나님만이 참된 권위를 지니신 분이라는 사실이다. 그 외의 모든 권위는 이 하나님의 권위에 기초하여 위임된 것에 불과하다(요19:11; 롬13:1). 하나님의 권위는 다른 존재에 의해 부여된 것이 아니라 스스로

권위²

본래부터 지니고 계신 것이다(시93:1).
- **권위 의식**(權威 意識) - 마치 자신이 권위(권세)를 소유한 자인양 스스로 생각하는 것. 자신만이 권위를 지니고 행사할 수 있다고 마음에 둠. 권위 의식에 마냥 젖어들면 교만해질 수밖에 없다.
- **권위자**(權威者, an authority, an expert, a specialist, master) - 전문 분야에서 지식이나 기술이 뛰어난 사람. 전문가(專門家). 대가(大家).
- **권위주의**(權威主義, authoritarianism) - 권위에 대해 맹목적으로 복종하거나, 권위를 휘둘러 남을 억누르려고 하는 사고방식이나 행동양식.

권위²(勸慰, encouragement)
권면하고 위로함. 충고하고 권면함(행4:36; 롬12:8).
- **권위자**(勸慰者, Son of Encouragement) - 원뜻은 '위로의 아들'(행4:36)이란 뜻으로, 권면과 위로의 사람을 가리킨다. 전도자 '요셉'의 별명인 '바나바'라는 이름의 뜻이다(행11:19-24; 13:1).

권징(勸懲, promoting virtue and reproving vice, examine)
착한 행실은 권장하고 악한 일은 징계함. '권선징악'(勸善懲惡)의 준말. 자기 백성을 살피고 간섭하시는 하나님의 선한 행위를 나타내기도 한다(욥7:18). → [3. 행정 및 교육 용어] '권징'을 보라.

궤사(詭詐, unfaithfulness, deceitfulness)
교묘한 거짓으로 속임. 남을 해칠 목적을 가지고 계획적으로 진리와 사실을 외면한 채 시도하는 악한 음모나 거짓된 행동(잠13:2). 사탄은 이 같은 '궤사'를 배후에서 조종하는 악한 존재이다(딤전2:14; 계20:8-10). 그러나 주님께서는 궤사가 없으신 분이다(벧전2:22).

궤술(詭術, cunning)
간사한 술책. 원어가 뜻하는 바는 '사기, 기만, 속임수'(엡4:14).

궤휼(詭譎, deceit, craftiness)
야릇하고 간사스럽게 속임. 목적을 달성하기 위해 교활하고 야비한 수단을 사용함. 간교. 거짓. '교활'(욥5:12), '거짓'(욥27:4; 시4:2; 시57:4; 합1:13; 나3:1; 습1:9; 벧전3:10), '속임'(욥13:7; 시36:3; 잠12:5; 고후4:2), '속임수'(단8:23; 호11:12), '속이는 일' (렘9:6), '계략'(욥5:13), '기만'(벧전2:1), '꾀'(고전3:19), '속셈'(욥21:27), '우둔'(사32:5), '구부러진 말'(잠4:24), '간사'(잠2:22), '악행'(시73:15), '배신'(사48:8) 등의 뜻을 지니고 있다.
- **궤휼자**(詭譎者, the treacherous) - 부정한 자. 배신자. 특히, 하나님 앞에서 부패하고 불경건한 존재(사24:16).

귀순(歸順, submission)
반항(반역)하려는 마음을 버리고 스스로 돌아서서 따라오거나 복종함(대하30:8). 반항하지 않고 따라와 순종함. 굴복함. 겸손히 순종하여 자신을 온전히 드림.

귀신(鬼神, demon)
사탄의 지배 아래 있는 타락한 천사들. 악령(惡靈). 악신(devil). 사신(詐神). 하나님을 대적하는 더러운 영적 실체(신32:17; 슥13:2; 마7:22). 때로 '이방신' 또는 '우상'을 가리키기도 한다(눅4:35).

귀신은, 하나님과 그분의 거룩하신 사역을 방해하고, 진리를 왜곡시키며, 세상은 물론 인간의 마음과 육체를 지배하여 타락시키고, 시기와 다툼이 일어나게 하며, 끝내 멸망하게 하는 파괴적인 속성을 지녔다(막9:22; 눅8:26-36; 약3:13-15). 또한, 귀신은 더럽고(막1:23), 수가 많으며(막5:8-9), 악하고(마12:45), 강하다(눅8:29). 하지만 귀신은 하나님께서 허락하신 범위 안에서만 활동할 수밖에 없다(삿9:23; 삼상16:14).
- **귀신들린 자**(demon-possessed man) 귀신에게 사로잡힌 자. 귀신의 영향력 아래서 고통당하는 자. 정신병자와 유사한 형태를 띠는데(막5:15; 눅8:35), 귀신의 힘을 빌어 초자연적 능력을 행하기도 하고(막5:4), 마술을 하기도 한다(행8:9-11). 또, 거칠고 폭력적이며 기괴한 행동을 반복하며(마8:28-34; 막5:1-20; 눅8:26-39), 육체적 질병으로 나타나기도 한다(마 9:32; 12:22).
- **귀신 축출**(鬼神 逐出, exorcism) - 귀신을 쫓아내는 일. 일명 '축사'(逐邪). 불신 세계에서 귀신의 도움으로(마12:27) 혹은 예수의 이름을 빙자하여 귀신을 쫓아내는 일도 있었다(마7:22; 행19:13-16). 예수께서는 성령(마12:28)과 권위 있는 말씀(막8:16)으로 귀신을 쫓아내셨다. 이 능력은 제자들에게 주어졌고(막6:7), 제자들은 예수의 이름으로 귀신을 쫓아내었다(막16:17).

규례(規例, rule, decree, ordinance) 일정한 규칙(출12:14; 레16:34). 하나님이 친히 세우고 명령하신 법률이나 규범(신4:1,5). 하나님이 인생을 다스리시는 거룩한 법(계명, 법도). 하나님의 백성이 반드시 지키고 따라야 할 절대적인 규칙과 예법(대상24:19). 하나님은 이 거룩한 기준에 따라서 형벌과 상급을 내리신다.

규모(規模, custom, order, way, norm) 본보기가 될 만한 제도. 하나님의 백성의 생활과 관습의 기초가 되는 율법. '법도'(에1:8), '관습'(행21:21), '질서 있게 행하는 것'(골2:5), '모본'(롬2:19) 등으로 번역된다.
■규모 없다(idle) – '생활에 질서나 계획성이 없고 게으르다'(살전5:14; 살후3:6), '무질서하다'(살후3:7).

규범(規範, standard, region) 사물의 본보기가 되는 것. 모범. 표준. 규칙(rule, 고후10:15-16).

규율(規律, instruction) 행위의 기준이 되는 것. 금령. 계명. 명령(렘35:18).

규정(規定, rules) 어떤 일을 하나의 고정된 규칙으로 정함. 또는 그 규칙. 법령으로 정해진 조항(렘11:8; 30:18).

그늘(shadow) 볕이나 불빛이 가려진 곳(욥7:2; 시80:10). 햇볕이 강한 중근동 지방에서 그늘은 휴식처요, 편안히 쉴 수 있는 안전한 장소로 인식되었다. 따라서 그늘은 보호와 안식(삿9:15; 시57:1; 사25:4; 34:15; 겔17:23; 막4:32), 안전한 피난처요(시17:8; 57:1), 숨겨진 처소(욥34:22)로 상징된다.
■주의 날개 그늘 아래에(in the shadow of Lord's wings) – 하나님의 적극적인 보호와 돌보심으로써 절대적인 안정과 평안이 주어진 최상의 피난처를 가리킨다(시17:8; 36:7; 57:1; 63:7).

그루터기(stump) 초목을 베고 남은 부분(출5:12; 단4:15,26). 나무의 밑동치. 혹은 추수 후 들판이나 밭에 남은 풀이나 곡초. 이는, 하나님의 심판과 징계를 받았으나 영영히 멸망하지 않고 회복할 가능성이 있는 이스라엘의 '남은 자'를 상징한

다(사6:13; 47:14).

그룹(Cherub) 하나님의 영광과 존엄과 거룩을 파수하는 일종의 호위 천사(출25:18; 민7:89; 겔9:3). 하나님은 그룹 사이에서 그 모습을 드러내신다(삼상4:4). 특히, 시편과 사무엘서에는 하나님이 그룹을 타고 날으신다고 묘사했다(시18:10; 삼하22:11). 또 에스겔서에는 하나님의 영광이 그룹에 머물러 있다고 했다(겔9:3).
이처럼 그룹은 항상 하나님의 영광과 관련되며, 하나님의 엄위하심과 지존하심 및 그분의 능력의 탁월하심을 강조할 때 주로 등장하는 영적 존재로서, 하나님의 보좌를 지키는 사명을 맡은 피조물이다(왕하19:15; 시99:1). → [2. 교리 및 신앙 용어] '천사'를 보라.

그른 자(– 者, the one in the wrong) 하나님의 말씀을 기준했을 때 옳지 못한 자. 가망성이 없는 자. 하는 짓이 싹수가 없는 자. 잘못한 사람(출2:13).

그릇¹(bucket, jar, bag, vessel) 물건을 담는 제구의 총칭(창42:25). 비유적으로 사람의 인품, 인격, 행실(삼상21:5; 행9:15; 롬9:20-24; 고후4:7), 또는 연약하여 보호하고 사랑해 주어야 할 아내를 나타내기도 한다(벧전3:7).

그릇²(unintentionally, wrong) 틀리게. 옳지 않게(민15:22; 롬1:27; 딤후2:18). 일(상황)이 잘못되게. 부주의나 실수로 인해 죄와 허물을 저지르거나 방황하게 되는 것을 뜻하기도 한다(레4:2).

그리스도(Christ) → '예수 그리스도', [2. 교리 및 신앙 용어] '그리스도'를 보라.
■그리스도 안에서(in Christ) – 사도 바울이 자신의 서신 중에 모두 164회 사용했던 유명한 관용구 중에 하나. '그리스도 안에서'는 그리스도에 속하며, 그리스도의 소유가 되는 것을 말한다. 이런 자는 그리스도의 죽음과 부활에 동참함으로써 하나님께서 그리스도를 통해 약속하신 모든 복에 참여하는 은혜를 입게 된다(롬5:1-9; 고후5:17). 동시에 그리스도 안에 있는 자는 항상 그리스도를 구주로 모시며, 그리스도의 마음을 품고, 그리스도

와 더불어 살아가는 자를 가리킨다.

>  용어상식
>
> ### 그리스도인
> (Christian)
>
> 헬라어로 '크리스티아노스'(χριστιανός) 곧 '그리스도에게 속한 (사람)'이란 뜻이다. 이는 '그리스도의 소유로서 그분을 믿고 구주로 고백한 자', '그리스도를 따르는 사람', '예수님의 제자', '기독교인', '성도', '하나님의 백성'을 말한다.
> 이처럼 거룩한 호칭인 '그리스도인'은 초대교회 당시 수리아 안디옥 교회 성도에게 처음 사용되었다(행11:26; 26:28). 즉, 사도 바울과 바나바가 안디옥에서 1년 동안 하나님의 말씀을 가르쳤을 때 주위 사람들이 예수 믿는 사람들을 보고 '그리스도인'이라 부른 것이다. 처음 그 호칭은 경멸의 뜻, 멸시의 뉘앙스로 사용되었다(행2:45). 바울이 아그립바 왕에게 전도할 때에 아그립바가 바울이 자신을 그리스도인으로 만들려고 한다고 할 때도 분명 홀대의 호칭으로 사용하였다(행26:28).
> 그러나 이 호칭은 점차 영광스럽고 복된 이름으로 쓰이게 된다. 사도 베드로는 고난받는 성도를 향해 그리스도인으로 고난받는 것을 부끄러워 말고 오히려 그리스도인이라는 영광스런 이름으로 하나님께 영광 돌리라 권면하면서 그리스도인이란 이름이 얼마나 영광스런 것인지를 강조한 바 있다(벧전4:16).

그림자(shadow) 햇빛이나 불빛이 가려 나타난 검은 모양. 햇살이 비칠 때만 잠시 생겨나는 그림자의 특성상 유한하고 덧없는 인생(대상29:15; 전8:13)을 상징한다. 또한, 하나님의 은혜(사4:6; 51:16), 육체적·영적 죽음(욥10:21; 사9:2; 마4:16), 하나님의 불변하심(약1:17) 등을 비유하는 데 쓰인다.

극락(極樂, joy and delight, Elysium) 매우 즐겁고 아무 걱정이 없는 상태. 최상의 기쁨(시43:4). 하나님은 인생에게 참 기쁨을 주시는 분이요, 최고의 기쁨이 되시는 분이다.

근본(根本, beginning, foundation) 사물의 본바탕(겔16:3). 시간과 공간이 창조되기 이전 상태, 즉 태초의 상태(미5:2). 시작. 첫 번째. 첫 열매. 원인과 출처(미1:13). 근원(빌2:6). 성경에는 지혜와 지식의 근본(시111:10; 잠1:7), 힘의 근본(삿16:9), 교회의 근본(골1:18), 창조의 근본(계3:14) 등으로 쓰였다.

근신(謹愼, prudence, self-control) 몸과 마음을 삼가서 조심함. 사리분별. 자제. 자기를 반성하고 자제하며 말과 행동을 주의하고 삼가는 자세로, 성도가 갖춰야 할 품성 중 하나다(잠1:4; 5:2; 슥7:3; 벧전1:13). '신중'(딤후4:5), '절제'(딤후1:7), '정신 차림'(살전5:6) 등으로 번역할 수 있다.

근원(根源, headwater, spring, source) 물줄기의 근본(fountain, 창2:10; 26:19; 수18:15; 왕상18:5). 어떤 사건이나 생명체, 혹은 물질의 근거나 기원(base, root, 창3:23; 삿16:9). 여성 생리의 출처인 음부(陰部)를 가리키기도 한다(레20:18).

근친상간(近親相姦, incest) 가까운 혈연 사이의 성 관계. 율법은 이를 엄히 금하며, 이런 자들을 사형으로 다스렸다(레20:11-17). 성 관계 금지 대상은, 어머니(레18:7), 아버지의 아내(계모, 레18:8), 자매(레18:9), 손녀나 외손녀(레18:10), 이모나 고모(레18:12-13), 숙모(레18:14), 며느리(레18:15), 살아 있는 형제의 아내(레18:16), 처제나 처형(레18:18), 재혼한 아내가 데려온 전 남편의 딸(레18:17) 등이다.

글(letter, writings, text, Script) 어떤 생각이나 일 등의 내용을 글자로 나타내 놓은 것(신9:10; 왕하5:5; 대상29:29; 스4:6; 사29:11). 때로 '성경'(마26:56; 막12:26; 행24:14), '계시, 예언'을 뜻하기도 한다(단12:4; 나1:1).

금(金, gold) 누른색의 빛나는 금속. 귀금속의 하나. 금은 부귀와 영화를 대변하는 물질로(욥28:15-16), 변치 않는 것, 존귀한 것(마2:11)을 상징하는 값진 보물이다. 성경은 금보다 귀하고 영원한 것이 있다고 했는데, 그것은 ① 여호와의 법 곧 하나님의 말씀(시19:9-10; 119:72) ② 주를 경외하는 지혜와 명철(욥28:12-28; 잠3:13-26) ③ 연단된 믿음(벧전1:7) 등이다. → '은'을 보라.

■**금 그릇**(gold article, gold dish) - 순금으로 만든 그릇(민7:14; 삼하8:10; 왕하24:13; 딤후2:20). 존귀와 영광을 상징한다.

■**금면류관**(金冕旒冠, **crown of gold**) - 금으로 만들거나 장식한 관. 금관(金冠). 왕의 존귀와 영광을 상징하는데(에8:15; 계14:14; 찬송가 36,37장), 사도 요한은 하늘 보좌 둘레에 서 있는 24장로들이 금관(금면류관)을 쓰고 있는 환상을 보았다(계4:4). 금면류관은 이 땅에서 충성을 다한 성도가 마지막 날 얻게 될 영광과 존귀와 승리를 상징하기도 한다(찬송가 150,315,360장).

■**금향로**(金香爐, **golden censer**) - 향을 피우는 금으로 만든 향로. 지성소 휘장 앞 분향단에 놓여 있던 성물. 이곳에서 조석(朝夕)으로 분향이 이뤄졌는데 이는 성도의 기도를 상징한다(계8:3).

금광석(金剛石, **diamond, flint, the hardest stone**) 순수한 탄소로 된 정팔면체의 단단하고 투명한 결정물. 다이아몬드. 광물 중에 가장 경도(硬度)가 높고 광택이 뛰어나기에 '단단한 것'(겔3:9; 슥7:12), '아름다운 것'(겔28:13)을 상징한다.

금생(今生, **present life**) 현재의 생명. 성도에게 '금생' 은 이 세상에서 숨쉬며 살아가는 생명(시17:14) 그 이상으로, 그리스도를 믿음으로써 누리는 복된 삶(딤전4:8)이자, 장차 누리게 될 영원한 생명(내생)에 잇닿아 있는 것이기도 하다.

금송아지(金 -, **gold calf**) 어린 수소 모양으로 조각한 금신상(출32:4; 왕상12:28). 힘과 풍요를 가져다 준다고 여겨진 애굽의 우상(Apis, Mnevis)과 연관된 신상(神像). 출애굽한 이스라엘은 시내 산 아래서 금송아지 우상을 만들어 숭배함으로써(출32장) 유일신 여호와 신앙을 훼손하였다. 이후 '금송아지' 는 자신의 편의와 욕심을 채우기 위해 하나님 대신에 만든 인위적인 신, 유일신 여호와 신앙에 정면으로 맞서는 가증스런 범죄를 상징하는 우상으로 자리매김했다(신9:16,21; 왕상12:28-33; 왕하10:29; 대하13:8; 호8:5-6).

금수(禽獸, **birds and animals**) 날짐승과 길짐승. 곧 모든 짐승. 주로 인간을 하찮게 낮추어 부를 때 비유적으로 언급된다(롬1:23).

금식(禁食, **fast**) 음식을 먹지 않음. 종교적 계율이나 서원한 것을 지키기 위해서, 혹은 개인적인 결심이나 의지를 드러내기 위해서 음식물을 먹지 않는 일. 성경에서 금식은 경건한 신앙 행위로, 하나님 앞에서 자신을 철저히 부인하고 낮추며 오직 하나님만을 의지하는 표로 간주되었다(레16:29; 사58:6).

특별히, 고통 중에 참회할 때(삼상7:6), 고인에 대한 슬픔의 표시로(느1:4), 절박하고 간절한 요청(기도)을 위해(삼하12:16), 하나님 앞에서 성직을 수행할 때(출34:28) 금식이 시행되었다. 참고로, 금식하는 자는 남에게 보이려는 외식을 삼가고 오직 하나님만을 의식해야 한다(마6:16-18).

■**금식기도**(禁食祈禱, **the fast prayer**) - 일상적인 음식을 모두 끊고 기도하는 일(눅2:37). 육체의 즐거움을 억제하고 영을 맑게 하여 하나님과 대화하는 교제의 행위. 오직 하나님께만 해답이 있음을 알고 자신의 생명을 내어놓고 하나님께 자신과 자신의 문제를 온전히 맡기는 신앙 행위이다(삼상7:6; 삼하12:16).

■**금식일**(禁食日, **a day of fasting, a fast day**) - 금식하도록 선포한 날. 음식으로 대표되는 육적이고 세속적인 일을 끊고 오직 하나님의 뜻을 구하기로 정한 날(렘36:6-9).

율법에 의하면, 공식 금식 기간은 1년에 단 한 번뿐이지만, 개인적으로는 칠 일(삼상31:13), 삼 일(에4:16), 사십 일(출34:28), 하루 낮이나 밤 동안(삼하3:35) 자신이 기간을 정하고 금식할 수 있었다. 그리고 바벨론 포로 이후 이스라엘에서는 공식적으로 1년에 네 차례 금식일이 선포되었다(4월금식: 예루살렘 멸망 관련, 5월금식: 예루살렘 성전 소실 관련, 왕하25:3-4; 7월금식: 참혹한 학살 관련, 왕하25:8; 10월금식: 예루살렘 포위 관련, 왕하25:1-2). 훗날 신약 시대에 와서 바리새인들은 그것도 부족해 주 2회 금식일(월, 목)로 정하고 금식했다(마6:16-18; 눅18:12). 그리고 사도 시대의 전통에 따르면, 부활절 이전이나 세례식 이전에 금식이 이뤄졌고, 수요일과 금요일마다 금식하기를 권면한 것으로 전해진다.

■**문화 금식**(文化 禁食, **a cultural fast**) - 평상시 즐기던 문화 소비를 줄이거나 아예 접촉을 멈추는 것을 말한다. 즉, 일정 기간 문화적 욕망 곧 자신이 좋아하는 영화, 연극, 음악, 드라마, 전시회

는 물론 스포츠와 오락 같은 모든 즐길거리를 내려놓고 자신의 삶을 돌아보거나, 그 동안 자신이 소홀히 여겼던 부분들(하나님과의 영적인 교제, 가난한 이웃과 함께하는 일, 자연과 주변을 살피는 일 등)을 돌아보는 기회를 갖는 것을 말한다.

■**미디어 금식**(a fasting of media) - 하나님과의 교제를 차단하고 거룩과 경건한 삶을 방해하는 인터넷, 방송(TV, 라디오), 휴대폰, 온라인 게임, 각종 영상물 등과의 접촉을 멈추는 것을 말한다. 미디어 금식의 제일 되는 목적은 하나님과의 거룩한 관계 회복이며, 더 나아가 하나님의 형상을 닮은 자로서 세속의 흐름에 지배당하지 않고 오히려 세상을 다스릴 수 있는 거룩한 특권을 회복하는 것이라 할 수 있다.

금요일(金曜日, Friday) 기독교에서는 전통적으로 한 주간 중에 금요일을 예수님의 수난을 기념하는 날로 지켜왔다. 이 날에 근신과 절제(금식)를 통해 자신을 돌아보고, 구제와 섬김을 통해 이웃을 돌아보는 시간을 가졌다.

금욕(禁慾, mortification, self-denial) 일체의 육체적·정신적인 욕구나 욕망을 억제하는 자기 부인(自己 否認)의 행위(골3:5). 육욕(肉慾)을 금하는 일. 통상적으로, 금식, 절제, 독신생활, 또는 신체에 고통을 가함(자학) 등으로 나타난다.
성도에게서 금욕의 목적은 죄 아래 있는 인간의 육체적 욕망을 억제함으로써 영혼을 정화하고, 하나님과의 거룩한 교제를 이루는 데 있다고 하겠다. →[2 교리 및 신앙 용어] '금욕주의'를 보라.

긍휼(矜恤, pity, compassion, sympathy, mercy) 가엾게 여겨 돌보아 줌(신7:16; 30:3; 고후4:1). 다정히 사랑하며 측은히 여김(삼상23:21; 시25:6). 불쌍히 여겨 동정함(마5:7). 상대방에 대해 불붙는 마음으로, 상대를 있는 그대로 받아주고 은혜를 베풂(출33:19; 느9:28; 눅1:54). '긍휼'은 언약에 기초한 하나님의 성실하고 변함없는 사랑을 적절하게 나타내며(시51:1; 사33:2; 단9:18), 또 하나님의 자비롭고 은혜로우신 성품을 잘 드러내주는 표현이다(시25:6).
이 긍휼하심이 가장 온전히 나타난 사건이 예수님의 성육신과 십자가 사건이다(엡2:4; 딛3:5-6;

벧전1:3). 죄인이 구원얻고 하나님의 자녀요 천국 백성이 된 것은 모두 하나님의 긍휼하심의 결과다(롬9:23; 벧전2:10). 하나님의 백성이 이 세상에서 긍휼을 베풀며 살아가야 하는 이유가 바로 여기에 있다(마18:33; 골3:12). → '불쌍히 여김'을 보라.

기갈(飢渴, thirst) 배고프고 목마름. 굶주림과 목마름. 주님의 말씀을 듣지도 못하고 깨닫지도 못하는 영적 목마름을 나타낼 때 쓰인다(암8:11).

기경(起耕, plowing) 지금까지 묵혀 두었던 땅을 갈아 엎어서 논밭을 만듦(창45:6). 상징적으로 묵은 죄를 청산하고 신앙의 새 출발을 촉구하는 의미로 사용되었다(호10:12).

기념(記念, memorial, commemoration) 오래도록 기억하여 잊지 않음(출12:14; 시145:7). 뒤에 어떤 일을 상기할 근거로 삼음(민16:40). 지난 일을 상기하여 기억을 새롭게 함(고전11:25).

■**기념물**(記念物, remembrance, memorial portion, souvenir) - 기억나게 하는 표상이나 물품(민16:40). 기념해 드리는 제물(레2:2). 대개 기념물에는 기억해야 할 이름이나 의미, 사건 등이 기록되는데 특히, 하나님의 구원의 역사를 영원히 잊지 않고 기념하며, 그 권능을 높이 드러내기 위한 목적이 담겨 있다(출16:32-33; 28:12; 민16:39-40; 수4:19-22; 삼상21:9).

■**기념책**(記念冊, scroll of remembrance) - 문자적으로 '기억나게 하는 책.' 즉, 하나님의 보좌 앞에 놓여 있는, 인간의 행실을 낱낱이 기록하여 심판과 상급의 근거로 삼으시는 책을 가리킨다(말3:16). 일명 '생명책'이라고도 일컬어진다(시69:28; 계20:12).

■**기념표**(記念標, symbol) - 이스라엘 집의 출입문(문과 문설주)에 붙여두는 하나님의 말씀을 적은 두루마리를 담은 작은 상자(신6:1-9). 히브리인들은 전통적으로 문과 문설주 위에 기념표(사57:8), 곧 하나님의 말씀(출13:1-10,11-16; 신6:4-9; 11:13-21)을 적은 두루마리를 담은 조그만 상자, 일명 '메주자'(mezuzah)를 붙여 놓았다.

기도(祈禱, prayer, devotions) 마음으로 바라는 바가 이루어지기를 하나님께 비는 일이나 그 의식. 예수 그리스도의 이름으로 소원하는 바를 하나님께 고하고 그분의 뜻에 합당한 것을 간구하여 죄를 자복하며 그분의 자비하신 모든 은혜를 감사하는 신앙 행위. 성도와 하나님과의 영적인 교제 혹은 대화.

기도는, 인간이 진정으로 생명을 얻는 영혼의 호흡이자 온 인격으로 드리는 예배다(시119:164). 영(靈)이신 하나님은 기도를 통해 인생을 만나주시며, 영적인 대화를 통해 교제하며 인간의 바람에 귀기울이시고 또 하나님 자신의 뜻을 인생에게 알리기를 기뻐하신다(렘33:3; 빌4:6; 살전5:18; 요일1:9). 따라서 기도는 철저히 하나님 중심의 거룩한 행동이어야 하며, 하나님의 뜻을 받들어 섬기는 행위여야 하고, 언제든지 하나님의 은혜와 긍휼에 힘입지 않고서는 바른 기도를 할 수 없다.

■**기도와 응답** - 하나님께서는 부르짖는 자에게 기꺼이 응답하실 것이라 약속하셨다(시50:15; 렘33:3; 찬송가 86장). 응답받는 기도를 위해서는, ① 믿음으로(마17:20; 막11:23-24; 히11:6; 약1:6) ② 예수 그리스도의 이름으로(요14:13; 15:16) ③ 하나님의 뜻에 복종하며(요일5:14-15) ④ 성령의 지시와 능력 아래서(마20:22; 요4:10; 롬8:26-27; 유1:20) ⑤ 죄를 고백하고 버리며(시66:18; 잠28:9; 사59:1-2) ⑥ 용서하는 마음으로(마6:12-15; 18:21-35; 막11:25-26; 약5:14-16) ⑦ 조화로운 인간 관계를 이루며(마5:23-24; 18:19; 벧전3:1-7) ⑧ 끈기 있게(눅11:5-8; 18:1-8) ⑨ 집중적이며 간절한 마음으로(약5:16-18) 기도할 때 응답 받는다.

■**기도의 유익** - 기도는, ① 하나님의 구속 계획을 이루어 나가는 중요한 수단이 된다(딤전2:1-4). ② 하나님과의 교제를 통한 영혼의 성장과 비전의 성취, 그리고 능력과 복의 원천이 된다(렘33:3). 따라서 기도는 드리는 자에게 유익이 되는 신앙 행위로서 즐겨 기도하며, 결코 쉬지 말아야 한다(눅18:1; 엡6:18; 빌4:6; 살전5:17; 딤전2:1). 기도 부족은 죄로 나아가는 첩경이다(삼상12:23).

■**기도의 자세** - 성경에 소개된 기도 자세는 다양했다. ① 머리를 숙이거나 땅에 엎드려서(창24:26; 출4:31; 34:8) ② 무릎을 꿇고(스9:5; 시95:6; 행20:36) ③ 손을 펴서 들고(왕상8:22; 딤후2:8) ④ 일어서서(출33:10; 삼상1:26; 막11:25) ⑤ 가슴을 치며(눅18:13) ⑥ 하늘을 쳐다보며(요11:41) ⑦ 낯을 벽으로 향하여(왕하20:2) 기도했다.

기도의 정의

기도란, ①하나님과의 교통 곧, 생명이신 하나님과 친밀한 관계를 가지는 신앙 행위(시63:1-8; 73:25-26; 눅6:12; 요일1:3; 계3:20). ② 하나님의 위대함과 선하심을 찬양하는 행위(눅2:28-32). ③하나님의 은총과 자비에 근거해 구원과 소원을 아뢰며 하나님께 충성과 헌신을 다짐하는 행위(시103편). ④ 죄에 빠진 인간이 자신의 불순종을 인정하는 고백(시51편). ⑤ 이웃의 행복과 평안을 비는 기원(롬9:1-2; 10:1). ⑥자신의 욕망을 포기하고 자신을 하나님께 내어맡기는 복종 행위(마26:39)이다.

■**기립기도**(起立祈禱, **standing prayer**) - 무릎을 꿇거나 앉지 않고, 일어서서 하는 기도. 기도를 하는 자나 그 기도에 동참하는 자 모두가 서서 기도하되, 종종 두 손을 들고 얼굴을 하늘로 향한 채 간절한 자세로 기도한다(눅18:11-13).

■**대표 기도**(代表祈禱, **representative prayer**) - 소수의 무리나 공동체를 대표하여 하나님께 드리는 기도. 이때는 사적인 내용의 기도보다 공동체의 관심사에 집중하여 간략하고 명료하게 기도할 필요가 있다. →[4. 예배 및 예식 용어] '대표기도'를 보라.

■**도고기도**(禱告祈禱, **intercession prayer**) - 다른 사람을 대신해서 하나님께 드리는 간구(딤전2:1). 즉, 자기 이외에 형제(이웃)를 위해 드리는 이타적인 기도. 일명 '이웃을 위한 기도'(약5:13-18). → '도고'를 보라.

■**릴레이기도**(- 祈禱, **relay prayer**) - 공동의 기도 제목을 두고, 시간과 시간을 이어가면서 중단없이 지속적으로 기도하는 것. 이때 차례를 정하고 각자에게 할당된 시간에 약속된 특정 장소 또는 각자의 처소에서 기도하게 된다.

■**목회기도**(牧會祈禱, **shepherd prayer**) - 말씀 선포에 앞서 예배를 인도하는 목회자가 예배에 참석한 교인들 곧 자신이 목양하는 교회를 위하여 하나님께 간구하는 일종의 의뢰(의탁)의 기도이다. 일명 '목양기도.'

■**묵상기도**(默想祈禱, **silent prayer**) - 소리를 내지 않고 마음속으로 하는 기도. 일명 '묵도.'

특히, 예배를 시작하면서 드리는 묵상기도는 예배의 필수 요소이다.

■**산상기도**(山上祈禱, **prayer on the mount**) – 복잡한 일상을 떠나 조용한 산 속으로 들어가서 하는 기도. 산 위에 올라가서 마음껏 부르짖는 기도. 아무런 방해를 받지 않고 하나님과 깊은 영적 교제를 나눌 수 있다는 장점이 있다.

■**새벽기도**(– 祈禱, **dawn prayer**) – 동틀녘 곧 하루의 일과가 시작되기 전의 시간에 하나님을 찾고 하나님과의 영적인 교제를 통해 힘을 얻고 그 날의 삶을 맡기는 기도.

■**안수기도**(按手祈禱, **laying on hands**) – 상대방의 머리에 손을 얹고 축복 또는 영력이 주어지기를 기도하는 것(창48:14-20; 신34:9). 안수기도는 주로, 임직(민27:18,23; 행6:6; 딤전4:14), 권한 수여(창48:14-20), 죄의 전가(레16:21), 징벌(레24:14), 축복(마19:13,15), 건강 회복(치유) 기원(마9:18; 행9:12,17) 등에서 실행된다.

■**연기도**(連祈禱, **continuous prayer, a litany**) – 마치 한 사람이 기도하듯이, 여럿이 차례로 문장을 이어가며 드리는 기도. 맨 마지막 순서자가 "예수님의 이름으로 기도합니다."로 마감한다. 이외에 일련의 탄원 기도로 예배 집례자나 찬양대가 선창하고 신자들이 응답하는 형태의 기도를 일컫기도 한다. 일명 '연도'(連祈)라고도 한다.

■**은밀기도**(隱密祈禱, **secret prayer**) – 사람들의 시선에서 벗어나 오직 하나님과 일대일로 은밀히 드리는 기도. 그 한 예로, 골방에서 드리는 기도가 있다(마6:6).

■**이웃을 위한 기도**(– 祈禱, **prayer for neighborhood**) – 자기 이외에 형제(이웃)를 위해 드리는 이타적인 기도. 일명 '도고 기도'(딤전2:1; 약5:13-18). → '도고'를 보라.

■**주의 기도**(主 – 祈禱, **Lord's Prayer**) – 주 예수께서 가르쳐 주신 기도(마6:9-13; 눅11:2-4).

■**중보기도**(仲保祈禱, **mediatory prayer**) – 하나님과 인간의 유일한 중보자(Mediator)이신 예수 그리스도께서 우리 인생들을 위해 간구하시는 기도(롬8:34). 일명 '대도'(代禱). 이는, 성도가 이웃을 위해 기도하는 '도고'와 구별되어야 한다. → '대도', '도고'를 보라.

■**철야기도**(徹夜祈禱, **vigil, watch-night prayer**) – 잠을 자지 않고 밤을 새워가며 행하는 기도. 이 기도는 예수께서 공생애 기간 중에 밤을 새워 기도하셨던 모범(눅6:12)과 주님의 재림이 밤 중에 이뤄질 것이라는 신앙 때문에 시작된 것으로 보인다. 주로, 중차대한 문제 해결을 위해서, 또는 중요한 절기 전야(前夜)에 철야기도가 이뤄진다.

■**청원기도**(請願祈禱, **prayer for petition**) – 바라는 바를 말하고 이를 이루어지게 해 달라고 기도를 요청하는 것(골4:3; 살후3:1-2).

■**축복기도**(祝福祈禱, **blessing**) – 권위를 갖고 사람들에게 하나님의 은총을 선포하는 것. 주일 예배 마지막에 하는 기도(축도) 이외에 예전적으로 성찬식 직전 사람들의 마음을 준비시키려는 목적에서 이뤄지는 것, 성찬식 후 아론의 기도(민6:24-26)를 인용해 이뤄지는 것, 귀신 축출이나 병자에게 기름을 붓고 행하는 기도 등에서 이뤄졌다. →[4. 예배 및 예식 용어] '기도', '축도'를 보라.

■**통성기도**(洞聲祈禱, **concerted prayer**) – 여럿이 공동의 기도 제목을 두고 목소리를 합하여 함께 하는 기도. 오늘날의 통성기도는 1907년 평양 대부흥회 때에 시작된 것으로 알려졌다. 그 해 1월 6일부터 시작된 성회는 성령의 강림으로 놀라운 역사가 일어나고 그 다음 토요일 밤 이길함(Graham Lee) 선교사가 설교를 마친 다음 누구나 성령께서 인도하시는 대로 두세 분이 기도하라고 하였다. 그 때 20여 명이 일어나 서로 기도를 함으로 "그렇다면 다 같이 기도합시다."고 한 것이 한국교회의 특징인 통성기도의 시작이 되었다고 한다. 그 후 '통성기도'는 '동시기도', '합심기도', '통공기도'라고도 불려지게 되었다.

■**합심기도**(合心祈禱, **unity prayer**) – 몇몇이 또는 큰 집단이 마음을 한데 모아(일심 동체가 되어) 하나님께 간절히 드리는 기도(마18:19; 행1:14). 이는 '통성기도'로도 표현할 수 있다.

기독(基督, **Christ**) 중국 사람들이 '그리스도'를 한자로 음역(音譯)한 표현.

기독교인(基督敎人, **Christian**) → '그리스도인'을 보라.

기둥(**pillar, post**) 물건을 받치거나 버티는 수직으로 세워진 것(왕상10:12). 건축물로서의 기둥 외에 소금기둥(창19:26), 불과 구름기둥(출14:19–

24), 기념물(창28:18; 삼하18:18), 언약의 증거물(출24:4-8), 우상의 주상(신16:22)이나 제단(신12:3) 또는 경계석(수15:6; 삼상20:8), 방향 표지물(삼상20:19) 등을 가리키기도 한다.

기둥은 확고함과 불변함을 나타내는 교회를 상징한다(딤전3:15). 또한 기둥은 신앙의 승리자(계3:12)나 교회의 중심되는 인물(갈2:9)을 나타내기도 한다. 특히, 중심 인물이라 함은 교회를 하나님의 성전에 빗대어 표현하는 것을 상기시키며(고전3:16; 계3:12), 교회 공동체를 받치고 있는 중요 구성원이라는 점을 시사한다.

기름(oil) 성경에서 기름이라 함은 대개 감람유(olive)를 말한다(에2:12의 '몰약 기름', 아1:12의 '나도 기름'을 제외). 이는 포도주와 함께 팔레스타인의 주요 농산물이다.

기름은 비유적으로 기쁨(시45:7), 풍부(신32:13), 흥겨운 잔치(겔23:41), 사치(잠21:17; 암6:6), 후하게 대접함(시23:5; 눅7:46) 등을 나타낸다. 따라서 이 기름이 부족한 것은 하나님의 진노의 한 증거였다(욜1:10). 한편, 신약에서는 기름이 '성령'을 상징하는 것으로 묘사되고 있다(요일2:20,27).

■**기름 부음**(anointment) - 사물이나 사람(머리 또는 몸)에게 기름을 바르거나 붓는 일. 일명 '도유'(塗油). 이렇게 하여 그 대상은 더 이상 세속적인 일에 사용될 수 없고 거룩한 존재로서 하나님과 그 영광을 위해 사용된다(창28:18; 출30:23-33; 레8:10-12).

따라서 기름 붓는 일은 '하나님의 특별한 소유로 구별하다', '하나님으로부터 신적 권위를 부여받다', '하나님에게서 특별한 책무를 부여받다'는 의미가 담긴 행위이다. 특히, 사람에게 적용될 때에, '하나님의 거룩한 뜻과 섭리를 수행할 사역자로 부름받다'는 상징적인 의미를 지닌다(민4:3-4; 18:8).

구약 시대 제사장(레4:16), 선지자(왕상19:16), 왕(삼상9:16)으로 세움받을 때에 기름 부음이 이뤄졌다. 여기서 '기름 부음을 받은 자'란 뜻의 '메시야', 곧 '그리스도'라는 개념이 유래하였다. 신약에서는 기름 부음이 성령의 임재(내재)로 상징된다(요일2:20,27).

■**기름 준비**(prepare a oil) - 예수님께서 가르치신 열 처녀 비유(마25:1-13)에 언급된 결혼 잔치의 관습에서 유래한 표현(찬송가 175,178장). 그리스도의 재림이 언제 이뤄질지 모르니 주님을 사모하는 성도는 언제나 깨어 있어야 하고, 혹시 그 날이 늦어지더라도 그때까지 견딜만한 충분한 기름(믿음, 신앙)을 가지고 있어야 한다고 가르친다.

기묘자(奇妙者, Wonderful) 원어가 뜻하는 바는, '경이로운 일', '불가사의한 것'이다. 인간의 이성과 지혜, 상상과 감각으로써는 도저히 받아들일 수 없는 분, 초월적인 능력과 성품으로 오묘한 섭리를 수행하시는 분, 곧 '하나님'에 대한 별칭이다(삿13:18). 이사야 선지자는 장차 오실 '메시야'에게 이 단어를 사용했다(사9:6).

기복 신앙(祈福 信仰, faith for blessing) 복을 기원함을 목적으로 믿는 신앙. 즉, 신앙 대상인 하나님의 뜻을 추구하는 것보다 자신의 형통과 소원 성취와 입신양명(立身揚名), 무병장수와 자손번영 등을 최고의 목적으로 삼는 초보적이고 현세적(現世的)인 신앙 행태를 말한다.

기쁜 소식(- 消息, good tidings, good news) 즐겁고 반가운 소식(살전3:6). 암울하고 부정적인 요소를 모두 제하는 생명과 기쁨이 넘치는 소식. 구원과 해방과 평안의 복된 소식(사41:27). 성경문학적으로 '기쁜 소식'이란, 인간의 죄를 사하시는 하나님의 은혜의 소식이자, 어두움 속에서 신음하던 인간을 해방시키는 구원의 소식 곧 '복음'을 일컫는다(시40:9; 눅2:14).

기쁨(joy, delight, pleasure) 마음이 평화, 만족, 희망, 즐거움으로 차 있는 상태를 말한다(출4:14; 대상12:40; 사12:3; 빌2:4). 기쁨에는 육체적 기쁨(전9:7,9), 일시적 기쁨(마13:20), 어리석은 기쁨(잠15:21) 등 유한한 기쁨도 있지만, 최후에 누릴 기쁨(행20:24), 장차 얻을 기쁨(마25:21,23) 등 영적이며 영원한 기쁨도 있다. 전자의 기쁨은 모든 사람이 맛볼 수 있는 것이지만 후자의 기쁨은 주 안에서 거듭난 자만이 누릴 수 있다.

거듭난 자로서 누리는 기쁨은 하나님의 선물이요(시4:7), 하나님께서 믿는 자에게 주시는 '성령의 열매'다(갈5:22-23). 또 이 기쁨은 하나님의 말씀을 통해(시1:2), 예배를 통해(왕상1:39), 기도하는 중에(사56:7), 성도의 교제를 통해(빌1:25), 예수 그리스도로부터(눅13:17), 성령으로부터 오는 선물이다(벧전1:6-8). 따라서 하나님의 백성은 환난 가운데서도 오히려 말할 수 없는 기쁨을 누릴 수 있다(살전1:6).

기사(奇事, **wonder**) 기이하고도 경이로운 일. '이적'(異蹟, 시9:1), 또는 무엇을 입증할 만한 '표적'(表蹟, 출11:9). 장래 일에 대한 징조나 암시를 뜻하기도 한다. 사실 인간의 시각에서 보면, 하나님이 이뤄내신 모든 역사와 섭리가 '기사'가 아닐 수 없다. → '표적'을 보라.

기신자(旣信者, **a believer**) 이미 그리스도를 구주로 고백하고 교회의 일원으로 등록한 사람. 교회에 처음 출석하는 '새신자'와 대응 관계를 이루는 표현이다. → '새신자'를 보라.

기업(基業, **inheritance**) 부모나 근친에게 물려받은 재산이나 사업(heritage) 혹은 소유. 고대 이스라엘에서는 토지가 주된 기업이자, 유산이었다(창17:8; 레14:34). 그 기업(땅)은 하나님이 자기 백성에게 베푸신 선물로 간주되었으므로 그것을 함부로 양도할 수 없었다(신21:15-17). 그런데, 레위인에게는 이 땅의 기업 대신에 하나님이 친히 그들의 기업이 되어 주셨다(민8:14-19).

신약에서 기업은 예수 그리스도의 성육신과 구속 사역에 관련되어 있다. 예수께서는 성육신을 통해 하나님의 아들로서 만물의 상속자가 되셨고(막12:7; 히1:2), 구속 사역을 완성하심으로 이를 믿는 자들이 하나님의 자녀(양자) 되는 길을 열어 놓으셨다(롬8:17; 갈4:7; 엡3:6). 예수를 통해 누리게 될 성도의 기업은 생명의 주를 소유한 것이요(찬송가 435장), 영생이며, 하나님의 나라에 들어가는 것이다(마19:29; 고전6:9; 갈5:21). 이 기업은 현재 이 땅에서 누릴 수 있고, 또 궁극적으로 세상 종말에 영원히 누리게 될 것이다(롬8:17-23; 히11:3; 벧전1:3-4).

기적(奇蹟, **miracle, marvel, mystery**) 상식으로 생각하거나 행할 수 없는 신기한 일. 인간의 힘으로 불가능한 일을 하나님의 능력을 힘입어 행하는 일(출11:9-10; 시10:5; 살후2:9). 이적(異蹟).

하나님은 창조의 기적을 시작으로 우주 만물의 운행과 역사, 인간의 모든 삶을 통해 기적을 이루고 계신다.

기적에는 거짓 기적 곧 사탄이 행하는 기적도 있다. 이런 기적은 하나님과 맞서며(출7:10-12), 혼란하게 하고(삼상16:14), 거짓말하고 실패하게 하며(왕상22:23), 각종 질병을 일으키는 등(마9:32; 행5:16) 사람들에게 패배와 고통과 죽음과 분쟁을 가져오며 궁극적으로 하나님을 대적하게 한다.

기적의 목적

기적은 ① 하나님 자신을 계시하기 위해(출7:5), ② 믿음을 위해(출14:31; 민14:11), ③ 경외(출14:31; 삼상12:17-18)와 순종을 위해(출19:4-5), ④ 하나님이 함께하심을 보여 주기 위해(출4:2-5; 요3:2), ⑤ 의로운 자를 지키기 위해(단3:28-29), ⑥ 거룩한 뜻을 드러내고자(요5:30; 행10:10-16), ⑦ 특별한 사명을 부여하기 위해(출3:2; 행9:3-9), ⑧ 예수께서 메시아임을 증거하기 위해(요2:23), ⑨ 하나님 나라가 임함을 나타내고자(마12:28), ⑩ 하나님의 영광을 드러내기 위해(마9:8; 요2:11), ⑪ 사탄의 권세를 깨뜨리기 위해(눅13:16) 기적이 행해진다.

긴하다(緊 -, **principal**) 요긴하다. 찬송가 35장에 나오는 표현으로, 믿음의 자손이 주님의 나라에 중요하고 필요한 존재가 되어줄 것을 소망하는 마음이 담겨 있다.

길(**way, road**) 사람, 짐승, 수레 등이 다닐 수 있도록 만들어진 곳(창3:24; 삿5:6). 상징적으로, 사람이 지켜야 하는 도리(시119:9), 인생의 여정(수1:8; 시37:5), 행위(민22:32), 하나님의 구원에 이르는 길(요14:6) 등의 의미를 갖는다.

깊음(**deep**) 겉에서 안까지, 또는 위에서 밑까지의 사이가 멂. 성경에서는, 바다(느9:11), 혼돈(창1:2), 바다의 가장 깊은 곳(창49:25), 무덤(시28:1), 함정(겔19:4,8), 무저갱(눅8:31; 계9:1; 11:7), 구덩이(욥33:18-28; 시7:15), 물 웅덩이(대하26:10) 등을 뜻한다. 그 외에 사람의 판단이나 감각으로는 이해될 수 없는 초월한 것들, 특히 하나님의 거룩한 의지, 목적, 능력을 묘사하는 말로 쓰인다(욥11:8; 단2:22; 롬11:33). 때로 '높다'는 말과 연결되는 '하늘'과 반대 개념으로 언급되기도 한다(창49:25; 신33:13; 시107:26).

깨끗하다(clean, pure, consecrate) 때나 먼지가 없다(사66:20). 잡것이 섞이지 않아 맑고 산뜻하다. 거룩하다(레20:7). 더럽지 않고 순결하다(출29:36; 시119:9; 약4:8; 요일1:7). 완전히 치유되다(왕하5:10). 올바르고 떳떳하다(창20:5).
  ■**깨끗한 자**(a righteous one, the pure) - 흠과 티가 없는 자(전9:2). 율법을 범하지 않은 자(레7:19). 행실이 바르고 마음이 청결한 자(삼하22:27; 욥17:9). 죄사함을 받은 성도. 하나님과 바른 관계를 유지하는 자(잠21:8). 거룩한 주의 백성(계19:8).

깨다(awake) 잠이나 꿈, 졸음 등에서 벗어나다(창28:16). 술기운이 사라지고 정신이 맑아지다(창9:24). 특히, 영적 무지와 나태에서 벗어나 맑고 정결한 정신으로 경성하다(고전15:34; 마25:13). 영적인 각성과 긴장을 통해 하나님의 뜻에 민감하게 반응하다(마24:42).
  ■**깨어 있음**(awakening) - 영적인 각성과 확고한 영적 경계심을 의미한다. 이는 실제로 잠을 자지 않는 것을 말하는 것이 아니라 영적으로 잠자는 상태에 빠지거나 나태해지지 않는 것을 의미한다(마24:42; 25:13; 26:38,40,41; 눅21:36; 골4:2). 동시에 진리의 파수꾼으로서 영적인 예민함을 항상 간직해야 한다는 뜻이다(마13:33-37; 벧전5:8). → '영적 각성'을 보라.

꿀(honey) 꿀벌이 꽃에서 따다가 먹이로 저장해 두는 달콤하며 끈적이는 액체(아4:11; 겔3:3; 계10:9). 상징적으로는 하나님의 말씀(시19:10), 하나님의 복(출3:8), 지혜(잠24:13-14), 선한 말(잠16:24), 음녀의 달콤한 유혹(잠5:3) 등을 나타낸다.

꿈(dream, vision) 잠을 자는 동안에 깨어 있을 때처럼 여러 가지 일을 보고 느끼는 현상. 어떤 바람이나 소망. 성경이 완성되기 전에 하나님께서 사용하셨던 계시의 한 방법으로(창20:3; 28:12; 37:5-11; 40:5; 단2:4; 마1:20), 일종의 이상(異像)을 가리킨다. 그런데 성경은 거짓 선지자들의 꿈 이야기에 귀기울이지 말고(렘23:25-32), 허탄한 (거짓된) 꿈을 꾸지 말라고 경고한다(슥10:2). → '이상', '환상'을 보라.
  ■**꿈결**(dream) - 꿈꾸는 동안. 찬송가 71장에 등장하는 표현으로, '덧없이 짧거나 빠른 사이'를 비유하여 이르는 말이다.
  ■**꿈꾸는 자**(dreamer) - 꿈이나 이상을 통해 신의 영감을 받고 장래 일을 말하는 자(신13:1). 꿈을 통해 하나님의 계시를 받았다고 주장하는 거짓 선지자(렘27:9). 이런 자는 하나님의 심판을 피할 수 없다(신13:3,5). 그 외에 꿈을 잘 꾸는 자나 몽상가(창37:19), 또는 드러누워서 공상만 하는 게으른 자를 지칭하기도 한다(사56:10).

끝(end, finish, conclusion) 물건의 맨 바깥쪽 부분(출28:7; 39:17; 왕상6:24). 일이나 차례의 맨 나중. 정한 기간의 완료(신31:10; 단8:19). 어떤 사건의 대결말(마13:40; 고전1:8).
  성도가 끝까지 해야 할 일은 환난 중에도 견디며(마10:22), 영생의 소망을 굳게 잡고(히3:6), 처음 믿음을 변치 않으며(히3:14), 끝까지 충성하는 일이다(계2:10). 이렇게 끝까지 견디는 자는 구원을 얻고(마24:13), 영생에 이르며(롬6:22), 생명의 면류관을 받는다(계2:10).
  ■**끝날**(the end of the days) - 시작에 대비되는 마지막 날. 시간적으로 훗날. 어느 기간의 마지막 날. 특히, 하나님의 계획이 성취되는 날(창6:13; 단12:13). 이 날은 그리스도의 재림, 심판, 하나님 나라의 완성, 고난과 박해의 종결 등을 포함한다(마24:21-22; 막13:19). → '종말', [2. 교리 및 신앙용에 '종말'을 보라.

나그네(stranger, traveler, wayfarer) 제 고장을 떠나서 여행 중에 있거나 딴 곳에 임시로 가 있는 사람(창23:4; 출2:22; 시119:19). 성경에는 '이방 나그네'(출22:21), '거류민'(레23:22), '타국인'(신1:16; 겔47:21 23) 등으로 불린다. 영적 측면에서, 나그네는 하늘나라를 본향 삼고 이 땅을 살아가는 신자의 신분을 상징한다(엡2:19; 히11:13; 벧전1:1,17; 2:11; 요삼1:5; 찬송가 376,485장).
  ■**나그네 길**(pilgrimage) - 여행자의 길. '인생행로'(人生行路), '지나온 삶의 행적' 등을 비유한다(창47:9).

나라(kingdom) 왕의 통치가 미치는 영역. 국가(창10:5; 17:20; 신29:16; 마12:25). 성경은 나라의 주초를 세우시는 분은 역사의 주인이신 하나님임을 강조한다(신32:8).

그런데, 신약에서는 주로 하나님의 통치 개념으로 나라를 이해한다(마6:33; 12:28; 20:21). 그렇다면 하나님 나라는, 세상 끝날 들어갈 영원한 하늘 나라를 가리키는 동시에 이 세상에서 왕 되신 하나님의 다스림을 받으며 사는 성도의 모든 영역을 가리킨다. 이런 면에서 사도 바울은 성도를 이 세상 국가와 하늘나라에 동시에 속한 이중 국적자라 가르친다(빌3:20). → '하늘나라'를 보라.

나무(tree, wood) 줄기와 가지가 목질로 된 다년생 식물(창1:11; 출9:25; 신16:21). 성경에는 100여 종의 나무가 언급된다. 나무는 선박(왕상9:26), 수레(삼상6:14), 탈곡기(대상21:23), 멍에(렘27:2), 각종 식기류(출7:19; 딤후2:20), 악기(왕상10:12), 우상 제작(신12:3)에 쓰였고, 마른 가시나무는 땔감(연료)으로, 가지가 무성한 나무는 우상 숭배 처소로 쓰였다(신12:2; 렘2:20).

상징적으로, 나무는 특별한 나라(백성), 생명과 소망의 실체(욥14:7-9), 믿음(마3:10), 하나님 나라(마13:32) 등을 나타낸다.

■**나무 우상(idoles of wood)** - 나무를 새겨 만든 우상(사45:20). 섬기기 위해 세운 나무 기둥 형태의 우상. 목상(木像). 아세라 목상이 대표적이다(신7:5). 이를 섬기는 것은 금지되었고(출23:24), 찍어버리거나 불태워야 했다(왕하10:26).

■**나무 토막(block of wood)** - 나무의 토막. 나무의 큰 덩어리. 생명 없는 허무한 우상을 나타낸다(사44:19).

나사렛 사람(Nazarene) 나사렛에서 성장한 예수 그리스도를 비하하는 호칭(행10:38). 이런 호칭은 예수님의 제자들에게도 적용되었다(행24:5). 복음서 기자 마태는 그 예언의 구체적인 출처는 밝히지 않았지만, 예수이 '나사렛 사람'으로 불리는 것이 하나님의 뜻의 성취라 기록했다(마2:23).

나사렛 예수(Jesus of Nazareth) 나사렛 출신 예수님을 일컫는 말(마26:71; 막1:24; 눅18:37; 요18:5,7; 행2:22; 6:14). 나사렛은 이방 땅과 가까운 갈릴리 지역의 작은 마을이라는 점에서 유대인들은 나사렛을 이방 땅으로 간주했고, 또 나사렛 출신을 경멸했다(요1:46; 7:41,52; 행24:5).

하지만, 예수님이 이곳 나사렛에 와서 자라셨고 활동하심으로써 이방의 흑암에 앉은 백성이 큰 빛을 보게 되었다(마4:13-16). 더욱이 예수께서 '나사렛 예수'라 불리움으로써 이방을 향한 하나님의 구원 계획(유대인뿐만 아니라 이방인의 구주 되심)이 명확하게 드러났다.

나사렛 이단(- 異端, the Nazarene sect) 신약 시대 당시 통치 권력이던 로마제국의 인가없이 전하는 종교라는 의미로, 기독교를 일컫던 말. 즉, '나사렛 이단'이란 기독교를 폄훼하던 불명예스러운 호칭으로서, 예수님의 고향 이름을 본 따서 붙여진 이름이다(행24:5). 이 명칭은 후에 바나바와 바울이 사역했던 안디옥 교회에서 '그리스도인'이라는 또 다른 이름으로 불려지게 된다(행11:26). → '그리스도인'을 보라.

나실인(- 人, Nazirite) 평생 혹은 한시적으로 세상과 단절하고 스스로를 구별하여 하나님께 자신을 봉헌한 자. 평생 나실인으로는 삼손(삿13:5), 사무엘(삼상1:28), 레갑 자손(렘35:6), 세례 요한(눅1:15) 등이 있다. 한시적 나실인의 경우는 하나님께 헌신하기를 원하는 모든 자에게 적용된다.

나실인은 특별히 세 가지를 금해야 했다(민6:1-21). ① 포도나무에서 나는 소산물은 먹지 말 것. ② 시체를 가까이하지 말 것. ③ 서원 기간 동안 머리에 삭도를 대지 말 것. 이는, 오직 하나님만을 위해 존재하는 사람이라는 표시였다.

나중 된 자(- 者, who are last) 뒤늦게 참여한 사람. 뒤처진 자(스8:13; 마19:30). 특히, '이 세상에서 두각을 나타내지 못하는 사람', '찌꺼기 같은 존재'(고전4:13)를 시사한다.

나팔(喇叭, horn, trumpet) 쇠(철)나 짐승의 뿔로 만든 관악기. 세속적인 행사뿐 아니라 종교 의식에서도 자주 사용되었다. 특히, 말씀을 선포할 때, 집회 시작을 알릴 때(민10:1-2,9-10), 성전 찬양용(대하5:12; 시98:6)으로 쓰였고, 종말의 때를 알리는 경고 메시지로 언급되기도 했다(살전4:16;

계8-9장).

또한, 나팔은 하나님의 현현과 관계가 있고, 임박한 위험과 재난과 심판의 경고를 시사하기도 한다(출19:16). 그리고 전쟁시 나팔을 부는 것은 전쟁을 대비케 함은 물론 전쟁에 앞서 하나님을 의지하는 경건한 행동이었다(수6:20; 욜2:1; 마24:31).

낙심(落心, **downcast, discourage, melt with fear**) 바라던 일을 이루지 못해 맥이 빠지고 마음이 상함(민32:7; 삼하17:10). 낙망(落望). 성경에는 낙심할 만한 때에 소망의 근거이신 하나님을 바라보라고 권면한다(시42:5,11; 눅18:18).

낙엽(落葉, **leaf, fallen leaves**) 말라서 떨어지는 나뭇잎. 매우 하찮고 가치 없는 존재를 상징한다(욥13:25).

낙원(樂園, **paradise**) 과실이 풍부하고 꽃들이 만발한 동산(정원)을 일컫는 고대 페르시아(오늘날의 이란)어 '파이리다에샤'(pairidaesa)에서 차용된 표현이다. 원래 왕의 아름다운 정원이나 잘 가꾸어진 공원을 가리켰으며, 좀 더 확장되어 지복(至福)의 공간을 의미했다(창2:8; 3:23; 13:10; 전2:5; 아4:12).

성경문학적으로, '낙원'은 하나님이 통치하시는 영적이고 종말적인 영원 복락의 처소 곧 이 땅을 떠난 성도가 거하는 신령한 처소인 '천국'과 동의어로 사용된다(눅16:22-26; 23:42-43; 고후12:4; 계2:7). → '천국'을 보라.

낙토(樂土, **the pleasant land, a desirable land**) 근심 걱정 없이 살기 좋은 땅. 성경적 표현으로 '기쁨의 땅', '아름다운 처소', '은총을 입은 땅'을 의미하며, 특히 약속의 땅 '가나안'을 일컫는다(시106:24; 렘3:19; 12:10).

날(**day, time, date**) 24시간을 가리키는 '하루' (창1:14; 마6:34). 일출에서 다음 일출 때까지. 히브리인들은 일몰에서 다음 일몰까지를 하루로 계수했다(출12:18; 레23:32). 어떤 상태가 지속되는 시간. 특히 '인생'을 말할 때도 쓰였다(욥7:6; 17:1; 시102:11; 렘20:18). 또한 하나님의 진노와 심판의 때와 같이 특정한 사건이 발생하는 시점을 가리키는 경우도 있다(시20:1; 110:3; 사2:12; 겔30:9; 욜2:1). 그리고 거룩하게 구별해 하나님께 드린 날, 곧 안식일이나 절기를 가리키기도 한다(창2:3; 출12:14; 레23:24; 신16:9-12; 에9:20-31).

종말론적으로 세상 마지막 날과 관련해서도 사용된다. 즉, 그리스도의 재림(고전1:8; 5:5; 고후1:14; 빌1:6; 2:16), 심판(살후2:2; 벧후3:10-13), 구원(고후6:2) 등과 관련해 '날'이 언급된다.

날개(**wings**) 새나 곤충 따위의 몸에 붙어서 날아다니는 데 도움을 주는 기관(창1:21; 출19:4; 욥39:26; 시55:6; 나3:16).

상징적으로는 '하나님의 보호와 인도하심'(신32:11; 룻2:12; 시17:8; 91:4; 찬송가 21, 215, 419장), '영적인 힘'(사40:31), '번영과 평화'(시68:13), '재빠르고 신속한 행동'(시18:10; 찬송가 67장), '구원'(출19:4), '사랑'(마23:37), 그리고 사람의 손으로 잡을 수 없는 '인생의 연수'(시90:10), 허망하게 사라지는 '재물'(잠23:5) 등을 묘사할 때 쓰인다.

남색(男色, **male prostitution, sodomy**) 남자끼리 나누는 성 행위(창19:4-5). 이방 신전의 남자 사제(司祭)와 제사 의식의 일환으로 이루어지는 성 행위를 비롯해 동성끼리의 매춘 행위(음행)를 포함한 말. 성경에는 이런 자를, '남창'(男娼, 신23:17; 욥36:14), '남색하는 자'(왕상14:24), '개 같은 자'(신23:17-18)로 표현했다.

율법에 엄히 금지된 죄악으로(레18:22; 신23:17), 이런 자는 사형에 처해졌다(레20:13). 특히, 이런 자들은 하나님의 법에 따라 심판받을 뿐만 아니라(딤전1:10) 하나님 나라를 유업으로 얻을 수 없다(고전6:9).

남은 자(- 者, **remnant**) 고통과 재난 가운데서 살아남은 자(레26:36; 민24:19). 특히, 하나님께서 죄인을 벌하실 때에 멸망치 않고 살아남은 소수의 사람을 가리킨다(사10:20; 렘31:7). 이런 자들은 고난 중에도 죄악과 짝하지 않고 끝까지 하나님을 의지해 믿음의 승리를 이룬 자들이다.

하나님께서 이런 자를 남겨 두신 일차적인 목적은 이들의 구원에 있지만, 궁극적으로 이들을 통해 구속 역사를 이루어 가시려는 데 그 목적이 있다(창6:5-8; 출2장; 민14:29-30; 왕상19:18; 사

10:20-22; 미2:12-13). 참고로, 사도 바울은 환난 중에도 끝까지 믿음을 지키며 구원을 대망하는 자를 '남은 자'로 정의했다(롬9:27).

남자답다(男子 -, **be man of courage, manly**) 구약의 '용기 있고 담대한 사람으로 존재하다'(수10:25; 삼하13:28; 시30:25)는 뜻의 신약적 표현이다(고전16:13).

남편(男便, **husband**) 혼인하여 여자의 짝이 된 남자. 아내의 배우자(配偶者). 남편은 순결을 지키고 육신을 정결케 하며(레20:10; 신22:22; 잠5:15-17) 아내에 대한 성적인 의무에도 충실해야 한다(고전7:3-4). 또한, 아내를 자기보다 더 연약한 그릇으로 알아 보호하며 생명의 은혜를 함께 이어받을 자로서 귀히 여겨야 한다(벧전3:7).

그리고, 남편은 배우자와 가정에 대해 주의 말씀을 가르쳐야 할 영적 가장으로서의 의무도 지닌다(고전14:34-35). 성경에는 남편과 아내는 하나님과 이스라엘(사54:3; 렘3:14; 호2:19)의 관계로 또한, 아내에 대한 남편의 사랑을 교회를 위한 그리스도의 사랑에 비견했다(마9:15; 고후11:2; 엡5:25,28; 계19:7). → '아내'를 보라.

낮(**day, noon**) 해가 뜰 때부터 질 때까지 햇빛이 비치는 시간. 한낮. 낮은 일하는 시간이고(요9:4) 동시에 한낮의 더위를 피해 휴식하는 시간이기도 했다(아1:7). 그래서 이때는 자칫 대적의 기습을 받을 위험이 따르는 시간으로 여겨졌다(렘6:4; 15:8). 또 빛과 광명 아래서 주의 말씀에 순종해 살아가는 시간을 상징하기도 한다(롬13:13; 살전5:8).

낮은 자(- 者, **the lowly, the least**) 지위나 신분이 높지 않은 자(렘42:1; 겔21:26; 히7:7). 미천한 자(시138:6). 세상에서 냉대와 업신여김을 받는 자. 마음이 겸손한 자(레26:41). 하나님은 교만한 자를 낮추시지만(삼하22:28), 자기를 낮추며 하나님을 소망하는 자에게 은혜를 베푸신다(대하7:14).

낯(**face, visage, looks**) 얼굴. 남을 대할 만한 체면. 비유적으로 ① '낯을 벽으로 향하는 것'은 세상적 방법을 포기하고 하나님께 매달리는 행동을(왕하20:2) ② '낯을 봐주는 것'은 잘 봐주는 것을(잠24:23) ③ '낯을 보지 않는 것'은 편견을 가지고 사람을 대하지 않는 것을(욥32:21) ④ '낯이 뜨거운 것'은 부끄러워 하는 것을(스9:6) ⑤ '낯을 가리는 것'은 교제나 관계 단절을 뜻한다(사8:7).

■**낯빛**(**face, complexion**) - 얼굴에 나타나는 표정(욜2:6) 곧, 안색(顔色).

내림(來臨, **attendance, presence, a visit**) 주 예수 그리스도의 탄생, 곧 성자 하나님이신 예수께서 성육신하여 이 땅에 임하시어(incarnation) 우리 인간의 삶 가운데 거하심을 일컫는 말. → [2. 교리 및 신앙 용어] '성육신'을 보라.

내생(來生, **the life to come**) 문자적으로 '장차 올 세상에서의 생명' 곧 '죽음 이후 세상에서의 삶과 영원한 생명'을 가리킨다(딤전4:8). '내세'와 동의어처럼 사용된다.

내세(來世, **the coming age**) 문자적으로 '오는 시대(시간)'란 뜻. 장차 올 세상(막10:30; 눅18:30; 히6:5). 죽음 이후의 세계. 죽음 이후의 영원한 세상. 이는 성도가 장차 들어가 살게 될 천국은 물론, 불신자들이 마침내 맞이하게 될 지옥 세상을 포함한 표현이다.

내일(來日, **tomorrow**) 오늘의 바로 다음날(수11:6; 에5:8). 명일(明日). '미래', '훗날'을 비유적으로 이르는 말. 성경에서 '내일'은 하나님이 주장하시는 시간으로, 인생에게는 내일을 염려하지 말고 주어진 하루를 성실히 살아갈 의무만 있을 뿐이다(잠27:27; 마6:34; 약4:13-16).

내적 치유(內的 治癒, **inner healing**) 정신, 영혼 등의 내면 세계의 치유와 회복을 가리킨다. 대개 지난날 외부(다른 인격체나 환경 등)로부터 받은 상처나 잘못된 경험으로 인해 두려움, 거부, 분노, 죄의식, 절망감, 피해의식 등의 내적인 문제를 가진 사람이 기독교 신앙을 통해(성령의 은혜로운 개입과 인도를 통해) 치유와 용서와 화해와 회복을 경험하는 것을 말한다.

이런 내적 치유는 예수 믿기 전의 거친 옛 자아가 성령의 거듭남의 역사를 통해서 중생(重生)의 은혜를 체험하고 회복되어 하나님의 거룩한 형상으로 만들어져가는 성화(聖化)의 한 과정으로 볼 수도 있다(엡4:22-24). 특히, 기독교에서 내적 치유란, 인간 내면의 문제를 성경적인 방법으로 해결하는 것을 말한다.

① 협의적 의미의 내적 치유 : 성장시나 그 후에 삶의 현장에서 경험했던 거절감, 소외감, 열등감 등은 사람들 안에 깊은 뿌리를 내려서 계속해서 영향력을 주면서 고통을 제공한다. 이 뿌리의 근원을 찾아서 그것을 주님의 십자가 앞에 내려놓고 용서와 용납, 회개를 통해 건강한 마음으로 회복시키는 일을 말한다.

② 광의적 의미의 내적 치유 : 삼위일체 하나님이 하시는 모든 일이 내적 치유이다(시147:1-3). 즉, 하나님의 형상으로 창조된 후 범죄하여 타락한 인간에게 하나님의 형상을 다시 회복하는 구원의 모든 역사가 내적 치유에 해당한다.

내적 치유를 필요로 하는 삶의 증상들은 대개, 대인관계의 어려움, 낮은 자존감, 부정적인 태도, 자기 연민과 우울증, 완벽주의와 지나친 자기 보호 본능, 하나님에 대한 불신앙, 지나친 자기 과시와 열등감, 영적인 침체와 비판적인 신앙생활 등이다. → '치유'를 보라.

내주(內住, **presence**) 하나님께서 모든 시·공간 안에 머물러 계시는 일. 한 인격이나 한 공동체 안에 하나님이 거하심. 일명 '임재'(臨在). → '임재'를 보라.

넓은 문, 넓은 길(**broad gate, broad road**) '좁은 문, 좁은 길'(마7:13-14)과 대조를 이루는 것으로, 쉽게 드나들며 다니기 편한 세속적(육신적)인 삶의 방식을 가리킨다(찬송가 521장). 이 길의 결국은 멸망이다. → '좁은 문, 좁은 길'을 보라.

네트워크(**network**) 통신이나 컴퓨터 관련 용어로는 통신망·회로망·방송망을, 경제적 측면에서는 상점 따위의 체인을, 사회적 관점에서는 연락망·인맥(人脈)·개인의 정보망 등을 뜻한다. 이 용어가 교회 안으로 들어오면서, 교인들이 지닌 재능과 은사를 발견하여 적재적소에 배치하고 효율적으로 활용하는 프로그램을 가리키는 말로 쓰이고 있다. 일명 '은사 배치.'

네트워크는 대개 3단계로 이뤄지는데 ① 1단계는 개인의 은사나 관심사, 재능 등을 파악하고, ② 2단계는 교회 지도자와 협력하여 자신에게 적합한 사역을 찾아내며, ③ 3단계는 그 사역에 배치되어 교육과 훈련을 통해 실제적인 봉사에 나아가는 일련의 과정이다. → '은사 배치'를 보라.

노방 전도(路傍 傳道, **street missions**) 길거리로 나아가 복음을 전하는 일. 길거리 전도. 전도지(傳道紙) 등을 통한 일대일 전도나 다수의 행인들을 향하여 큰 소리로 복음을 전하는 구령 행위. → '전도'를 보라.

노엘(**Noel**) 생일을 뜻하는 라틴어 '나탈리스'(natalis)에서 유래한 말. '탄생', '성탄절', '(주님의 탄생을 축하하는) 기쁨의 외침', '(기쁜) 소식' 등의 의미를 담고 있는 말로서, 주 예수의 탄생을 기뻐하고 축하하는 말로 쓰이고 있다(찬송가 123, 128장).

노을(**a glow in the sky, a red sky**) 해가 뜨거나 질 때 하늘이 벌겋게 물드는 현상. 찬송가 가사에 종종 등장하는 표현으로, 슬픔을 상징하거나 아름다운 자연을 나타낸 말(찬송가 158, 570장).

노인(老人, **the old, the aged**) 나이가 많은 사람. 성경에는 오래 산 늙은이(렘6:11)를 가리킬 뿐 아니라 장로나 우두머리, 지도자 등을 뜻하기도 한다(사24:23; 렘19:1; 겔8:12). 성경에서는, 노인이 되는 것을 일종의 복으로 간주했고(잠16:31; 20:29), 자식으로서 부모에게 순종한 상급으로 노인의 반열에 설 수 있음을 가르치고 있다(출20:12). 또 노인에 대해 존경할 것을 명하고 있다(레19:32; 욥32:4-5).

한편, 노인을 존대했던 한문 문화권에서 노인 호칭은 긍정적이었다. 공자는 50세를 하늘의 뜻을 아는 나이라 하여 '지명'(知命), 60세를 모든 것을 순리대로 이해하게 된다 하여 '이순'(耳順), 70세를 욕심에 기울지 않고 어떤 언행도 궤도를 벗어나지 않는다 하여 '종심'(從心)이라 했다. 「예기」(禮記)에는 50세를 머리색이 약쑥처럼 희어진다 하여 '애년'(艾年), 60세를 손가락만 놀려 부린다 하여 '지사'(指使)라 했고, 시인 두보(杜甫)는 70세를 예부터 드물게 맞는 나이라 하여 '고희'(古稀), 「회 남자」(淮南子)에서는 49세까지 옳고 그름을 모르던 것을 50세에야 비로소 알게 된다 하여 '지비'(知非)라 했다.

참고로, 노인을 섬기는 동양문화권에서 한 해라도 일찍 노인이 되고 싶어 40대를 '초로'(初老), 50대를 '중로'(中老), 60대를 '기로'(耆老)라고 했다. 오늘날 수명이 길어지면서 '노인' 대신에 현대적인 표현으로 '실버'(silver)라 칭하곤 한다. 그런데 일부에서는 '실버'란 표현을 쓰지 말자는 의견이 있다. 이유는 그 용어가 일본인들이 만들어 사용해오고 있는 것이기 때문이라고 한다. 그래서 세계적으로 통용되는 '그레이'(gray)나 '시니어'(senior)로 바꿔 쓰는 경향도 많이 나타나고 있다.

높은 마음(arrogance) 오만한 마음. 교만하고 잘난 체하는 마음(롬11:20). 이는 하나님께서 미워하시는 것이다(잠6:16-17).

높은 이름(the highest name) 존귀하고 거룩한 하나님의 성호. 특히, 성경문학적으로 '이름'은 그 존재 자체를 나타내는 표현이라는 점에서, 영광과 찬양을 받으시기에 합당한 주님을 일컫는 말이다(찬송가 80, 164장).

높은 자(- 者, the highest) 신분이나 지위가 높은 사람(렘42:1; 히7:7). 마음이 교만한 사람(욥21:22; 41:34; 사2:11; 10:33). 하나님께서는 마음이 높은 자 곧 교만한 자를 미워하신다(잠16:5). 하나님은 세상의 그 어떤 자보다도 높은 존재시요 만유의 주재가 되신다(전5:8).

높은 자리(the most important seat) 통치와 심판의 자리, 곧 하나님의 보좌(시7:7). 모인 사람 중에 가장 귀한 자의 자리, 곧 상석(上席, 시62:4; 마23:6; 눅14:7). 영예롭고 존귀한 자리.

누룩(leaven, yeast) 밀을 굵게 갈아 반죽하여 띄운 것으로 빵이나 술을 만들 때 부풀게 하는 발효제. 누룩의 강한 발효성은 종교적 측면에서 대별되는 두 개념으로 소개된다. ① 부정적 측면에서, 부패와 죄성을 암시한다(고전5:6-8). 따라서 진리를 왜곡하는 종교 지도자의 잘못, 정치 집단의 악함이나 위선(마16:6,12; 22:16-21, 23, 29; 23:13-36; 막3:6; 8:15; 눅12:1), 이단 사설을 퍼뜨리는 거짓 교사의 위험성(갈5:9)을 경고할 때 묘사되었다. ② 긍정적 측면에서, 천국의 보편성과 복음의 확장성을 강조할 때 이 단어가 사용되기도 했다(마13:33; 16:6; 눅13:21).

눈¹(eye) 사람이나 동물의 감각 기관. 눈은 신체의 구성 요소 중에 가장 가치 있는 것으로 여겨진다(마6:22). 그래서 총기 넘치는 자를 '눈이 빼어나다'(삼상16:12), 용모가 뒤떨어지는 자를 '시력이 약하다'(창29:17)고 묘사했다. 예부터 여성들이 눈썹과 속눈썹, 그리고 눈 주변을 짙게 화장해 아름다움을 부각시켰던 것도 이런 사실과 무관하지 않다(왕하9:30; 렘4:30; 겔23:40).

그리고 인간의 지식, 감정, 건강, 영적 상태는 눈을 통해 표현된다(삼상14:27). 인간 세상에 죄가 들어오게 된 매체도 눈을 통해서였다(창3:6-7). 악한 눈(잠28:22), 붉은 눈(잠23:29), 교만한 눈(잠6:16-17), 음심이 가득한 눈(벧후2:14) 등은 죄가 몸으로 들어오는 통로가 눈임을 보여 준다.

반대로, 눈이 하나님의 말씀과 진리를 보고 배우는 수단이 될 수도 있다(시69:3; 119:82; 131:1; 잠22:9). 그래서 예수님은 눈이 범죄하면 뽑아 버리고 천국에 가는 것이 더 낫다 하셨고(마6:23), 자기 눈 속의 들보는 보지 못하고 형제의 작은 티를 보는 자를 꾸중하셨다(눅6:42). 또 사도 바울은 에베소 교인을 향해 마음의 눈을 밝히라고 권면했다(엡1:18).

■**눈가림**(eyeservice, deceit) - 문자적으로 '보이기 위해, 즉 눈을 즐겁게 하기 위한 봉사'라는 뜻. 이는 어떤 선한 동기에서 나온 것이기보다 겉죽만 꾸며 남을 속이려는 위선적인 행위를 말한다(엡6:6; 골3:22).

눈²(snow) 기온이 영하일 때 대기의 상층에서 수증기가 응결하여 땅에 내리는 흰 결정체. 눈은 죄가 없는 깨끗하고 정결한 상태를 상징하는데(시51:7; 사1:18), 특히 천사(마28:3), 그리스도(계1:14)와 관련하여 비유적으로 언급되었다.

눈동자(- 瞳子, the apple of one's eye) 눈 중앙에 있는 안구(眼球). 동공(瞳孔). 눈동자는 눈꺼풀에 의해 보호되며, 진귀한 것이나 가장 소중한 것을 상징한다(잠7:2). 또한, 하나님의 보호를 받는 택한 백성임을 묘사하는 비유적 표현으로 쓰인다(신32:10; 슥2:8).

눈물(tears) 여러 자극(슬픔, 흥분 등)이나 정신적 감동에 의해 눈에서 나오는 분비액(왕하13:14; 욥16:20). 무색의 액체이며 염화나트륨이 주성분이다.

성경에는 육체적 고통보다 정신적 비탄이나 철저한 회개를 묘사할 때에 이 용어가 쓰인다(왕하20:5; 시6:6; 39:12; 56:8). 조국의 멸망을 탄식하며 애가를 불렀던 예레미야는 '눈물의 선지자'(Weeping Prophet)란 별명을 얻었고(렘14:7; 31:16; 애1:2; 2:11), 예수께서도 공생애 기간 중 구속 사역을 위해 심한 통곡과 눈물로 성부께 간절히 기도하셨으며(히5:7), 사도 바울도 복음 전파와 성도 섬기는 일을 위해서 밤낮 눈물을 흘렸다(행21:19,31; 딤후1:4).

■**눈물 골짜기**(the valley of Weeping) – 히브리어로 '에멕 하바카' 인데, 직역하면 바카 골짜기'(the Valley of Baca, 시84:6 난외주)다. 바카 골짜기는 발삼나무(고무나무, 한글성경에는 '뽕나무'로 표기함)가 많은 골짜기를 말하며, 순례자들이 팔레스타인 북방에서 예루살렘으로 갈 때 통과하는 힌놈의 골짜기 북쪽의 어느 작은 골짜기로 본다(삼하5:23-24). 70인역(LXX)은 히브리어 '바카' 를 '눈물' 로 해석해 '눈물 골짜기' 라 했고, 한글성경 역시 70인역(LXX)을 따라 '눈물 골짜기' 라 했다. 그런데, 이 '눈물 골짜기' 는 고통과 탄식, 시련으로 점철된 경건한 인생길을 상징한다(찬송가 492장).

■**눈물 없는 곳**(a tearless place) – 완성된 하나님의 나라를 나타내는 표현으로, 더 이상 죄와 사망의 영향력 아래 머물지 않아, 고통과 저주와 절망과 탄식과 갈등과 상실이 없는 빛나는 천국의 실상을 한 마디로 묘사한 말이다(찬송가 236,244장). '… 하나님께서 그들의 눈에서 모든 눈물을 씻어 주실 것임이라' (계7:17), '모든 눈물을 그 눈에서 닦아 주시니 다시는 사망이 없고 애통하는 것이나 곡하는 것이나 아픈 것이 다시 있지 아니하리니 …' (계21:4).

능력(能力, power, capacity) 어떤 일을 감당하거나 수행해 내는 힘. 지성, 감정, 기억 등에 정신이 일정한 작용을 할 수 있는 힘. 이 말은, 하나님의 권능이나 전능(신3:24; 대상16:27; 시147:5; 사40:26), 이적을 베풀고 구원하시는 그리스도의 힘(마9:28; 빌3:21; 히7:25), 통치자의 권세(에10:2) 등에 사용되었다.

하나님은 무엇이든지 하실 수 있는 능력의 소유자로서(시147:5), 특히 창조와 역사, 세상을 다스리시는 경륜과 섭리, 구원과 심판 등을 주관하시는 능력을 지니셨다(신4:37; 출4:21; 시66:7; 렘10:12). 이 크신 능력에 비해 인간은 보잘것없는 존

뉴에이지
(New Age)

신비주의나 점성술(占星術) 등이 유행하는 새로운 시대. 즉, 영적인 상실감과 공허감에 젖은 현대사회에 새로운 신문화운동으로 대두된 것으로, 유일신 사상을 부정하고, 범신론적이며, 개인이나 작은 집단의 영적 각성을 추구하는 반기독교적인 경향을 말한다. 뉴에이지 운동은 개개인의 영적 변화, 즉 인간의 내적 능력을 개발시켜 우주의 차원에 도달하는 것이 바로 '구원' 이라 생각한다.

그러나 이 운동의 주된 관심사는 종교의 진리 추구가 아니다. 그들은 인간 안에 있는 무한한 잠재력과 신적 능력을 개발시켜 자기 무지에서 해방되고 치유 받고자 할 뿐이다. 이 운동은 1875년 러시아 출신 미국 여성인 헬레나 페트로바 블라바츠키에 의해 시작된 것으로, 그 기본 노선은 '모든 것은 하나' 라는 일원론(一元論, monism)이다. 이 일원론에서 범신론이나 만유 내재신설(萬有 內在神說, panentheism)을 도출해 낸다. 즉, '신은 만물 안에 존재하고 만물은 신' 이라는 것이다.

이러한 사상은 동양의 종교인 힌두교와 불교의 영향과 심리학에 기반을 둔 것이다. 그와 더불어 진화론을 바탕으로 한 과학주의, 초월적 하나님 사상을 부정하는 그노시스주의와 쾌락주의, 인간이 신이라는 인본주의를 배경으로 하는 반기독교적 운동으로서, 일종의 혼합종교라 할 수 있다.

재로서 오직 하나님의 능력을 구하고(시31:10), 의지해야 한다(단8:22,24).

특별히 교회 안에서 이뤄지는 모든 봉사와 섬김과 교제와 나눔에는 성령에 의해 주어지는 능력이 필수적이다(행1:8; 10:38; 엡1:9; 3:20; 빌4:13).

늦은 비(later rain, spring rain) 팔레스타인에는 1년에 두 번의 우기(雨期)가 있는데, 이를 이른 비와 늦은 비라 한다. 여기서 '늦은 비'는 봄에 내리는 비로, 곡식의 결실을 좌우하는 요긴한 비이다(신11:14; 잠16:15; 렘3:3; 호6:3; 약5:7). 이는 하나님의 적절하고 풍족한 은혜를 상징한다. → '이른 비와 늦은 비'를 보라.

다락방(- 房, upper room) 본건물과 천장 사이에 이층처럼 만들어 물건을 넣어 두거나 사람이 올라가 쉬게 된 곳(왕상6:5; 17:19; 대상28:11; 행20:8). 특히, 팔레스타인에서는 다락방을 지붕 위 옥상에 짓기도 했고, 건물 2층에 베란다처럼 만들어서 계단을 통해 오르내리도록 한 공간을 가리키기도 했다. 큰 집에서는 맨 윗층 방을 말하기도 한다(행20:8-9). 때론, 수십 명 이상이 모일 수 있을 만큼 큰 곳도 있다(막14:15; 행1:13).

다락방은 휴식이나, 침실 공간(삿3:20-24; 왕상17:19; 왕하4:10), 기도 또는 집회 장소(단6:10; 행20:8), 식사 등 교제의 장소(막14:15; 눅22:12), 우상 숭배 처소(왕하23:12)로 이용되었다.

다른 교훈(- 敎訓, false doctrines) 예수께서 가르치신 복음과 다른 거짓 가르침. 이단 사상(갈1:6; 딤전1:3; 6:3). 초대교회 당시 교회를 혼란케 한 영지주의나 갈라디아 교회에 만연했던 유대주의적 복음(예를 들면, 할례를 받아야 구원을 얻는다는 사상) 등이 여기에 해당된다.

다른 신(- 神, other gods) 하나님 외의 다른 신적 존재(출20:3; 삿2:12; 사45:21; 호13:4). 이방신. 외국의 신. 우상. 그러나 실상은 하나님 이외에 다른 신(섬김의 대상)은 존재하지 않는다(신4:35).

다림줄(plumb line) 가옥이나 건물을 지을 때 수평이나 수직 여부를 가늠하는 데 사용하는 추 달린 줄. 줄에 납이나 돌로 된 원뿔 모양의 추를 매달아 사용했다.

다림줄은, 하나님께서 자기 백성을 판단하시며 심판하실 때에 그 기준 삼으시는 하나님의 의(義)를 상징한다(왕하21:13; 사28:17). 그리고 '다림줄'을 가지고 쌓은 담'이란 진리로써 견고히 세운 하나님 나라를 상징한다(암7:7). 스가랴서의 '다림줄'은 성전 재건 때가 임박했음을 알리는 상징성을 지닌다(슥4:10). → '측량줄'을 보라.

다문화 사회(多文化 社會, multicultural society) ① 보편적으로 문화적 다양성과 평등성이 강조된 '다원문화사회'라는 개념과 ② 인구학적(혈통적, 인종적) 구조와 변동의 의미가 강조된 '다민족(인종)사회'라는 두 가지의 개념을 포괄하는 용어로 쓰인다. 현재 한국사회는 급격한 '다문화 사회' 그중에서도 특히 '다민족문화사회'로의 이행 도상에 있다고 본다. 현재 국내에는 130만 명의 외국인 거주자와 21만 가구의 다문화가정(결혼 이주자를 통한 가정 형성)을 이루고 있다고 한다.

다성음악(多聲音樂, polyphony) 둘 또는 그 이상의 독립적 성부(聲部)를 동시에 노래하는 것을 가리키는 음악용어. 대표적인 곡이 헨델의 '메시야.' 단선율(單旋律)의 모노포니(monophony)와 대조되는 말. 참고로, 호모포니(homophony)는 둘 이상의 성부를 갖는다는 점은 같지만 각 성부가 독립되어 있지 않다는 점에서 차이가 있다.

다윗(David) '사랑받은 자'라는 이름의 뜻을 지닌 다윗은 유다 지파 보아스와 모압 여인 룻의 증손이며(룻4:18-22), 이새의 여덟 아들 중에 막내로(삼상16:4,10), 사울의 뒤를 이어 통일 왕국 이스라엘의 2대 왕위에 올랐다(B.C.1010-970년경). 다윗은 목자요, 군인이며, 왕이자, 탁월한 시인이었다. 그는 시적(詩的) 감각과 음악성이 뛰어났고, 악기 연주에도 탁월한 능력을 발휘해 시편 150편 중에 73편의 시를 지었다.

또한, 그는 하나님과의 언약(다윗 언약)을 통해 영원한 메시야의 모형이 되기도 했다(삼하7:1-17). 이 사실에 기초해 성경에는 다윗과 메시야의 연관성을 언급했고, 히브리인들은 다윗의 후손으로 오실 메시야를 대망했다. 특히, 예언서에는 다윗과 메시야의 일체성을 시사하고(사9:7; 16:5; 렘23:5;

30:9; 33:15,17; 겔34:23-24; 37:24-25; 호3:5), 회복될 이스라엘의 영광을 다윗 왕국의 재건과 연관시켰다(암9:11; 슥12:7-12; 13:1). 그외에 구약성경에서는 메시야의 전형으로서 다윗과 그의 왕국에 관한 예언이 여러 차례 소개된다(민24:17-19; 대하13:5; 21:7; 사9:7; 16:5; 22:20-25; 렘 23:5).

신약성경에서도 메시야 예수는 다윗의 자손이라 밝힌다(마1:1; 9:27; 12:23; 막10:48; 12:35; 눅 18:38-39; 20:41; 롬1:3; 딤후2:8; 계22:16). 그리고 예수는 다윗의 상속자요 다윗의 뿌리이며(계 3:7; 5:5; 22:16), 예수에게서 다윗에 대한 하나님의 언약이 온전하게 성취되었음을 가르친다(눅 1:32,69; 행2:29,34; 13:36-37).

■**다윗의 길(the way of David)** – 하나님의 마음에 합당한 믿음의 삶'을 일컫는 관용적 표현 (왕하22:2; 대하34:2). 이런 칭송을 받은 유다의 왕으로는 여호사밧, 히스기야, 요시야 등이 있다.

■**다윗의 동네(the town of David)** – 다윗의 출생지요 성장지인 베들레헴(눅2:4,11)을 가리키는 관용적 표현(삼상16:1-13; 17:12-15). 다윗이 살던 베들레헴'(요7:42)이라 일컬어지던 이곳에서 미가 선지자의 예언대로 그리스도 예수께서 탄생하셨다(미5:2; 마2:6).

■**다윗의 뿌리(the Root of David)** – '이새의 뿌리'라는 표현(사11:1,10)에서 유래된 말(계5:5; 22:16). 다윗이 이새의 혈통을 통해 나온 왕이듯, 메시야가 다윗의 혈통을 통해 나오실 것을 나타낸 표현. 즉, 다윗의 자손으로 오실 메시야를 가리키는 호칭이다. 여기서 '뿌리'란 그루터기에서 새로 돋아난 가지를 말한다. 다윗의 왕통은 끊어졌을지라도 다윗과 맺으신 하나님의 구속 언약은 다윗의 자손 메시야 예수를 통해서 성취됨을 보여 준다.

■**다윗의 열쇠(the key of David)** – 하늘 예루살렘, 곧 천국의 문을 열고 닫을 수 있는 권세와 능력이 오직 다윗의 후손이신 예수에게만 있음을 보여 주는 관용적 표현(계3:7-13). 여기서 '열쇠'는 권세와 통치를 나타낸다(사22:22).

■**다윗의 자손(the Son of David)** – 유대인들이 대망하던 '메시야'의 대명사로서, 다윗의 자손으로 와서 인류를 구원하신 예수 그리스도를 가리킨다(마1:1; 9:27; 15:22; 21:15; 막10:47; 눅18:38). 이 표현은 단순히 '다윗의 혈통'이라는 의미로도 사용된다(마1:20; 눅1:27).

■**다윗의 장막(David's tent, the house of David)** – 일차적으로는 다윗으로 대표되는 이스라엘 왕국을, 궁극적으로는 다윗의 자손으로 오신 예수 그리스도의 메시야 왕국을 가리킨다(사16:5; 행15:16). 예수 그리스도를 믿는 자(구주요 왕으로 고백하는 자)는 누구나 이 다윗의 장막 안에 머물 수 있다. 즉, 누구나 그 왕국의 백성이 된다.

■**다윗의 혈통(the descendant of David, bloody of David)** – 다윗의 계보를 좇아 육신으로 오신 예수 그리스도의 혈육적 계통을 나타낸 말 (롬1:3). 그러나 성령으로 잉태하신 예수께서는 다윗의 피를 직접 이어받은 것은 아니다(마1:18-23; 눅20:44).

단 마음(a joyful mind, wholeheartedly, good mind) 진심에서 우러나오는 기쁜 마음. 누가 시키는 억지 상태가 아니라 스스로 하고픈 열정적인 심령 상태 곧 자원하는 마음을 말한다(엡6:7).

단비(shower, a welcome rain) 적기(適期)에 내리는 충분한 비(미5:7). '땅을 적시는 소낙비'(시 72:6), '소나기'(렘14:22) 등으로도 번역된다.

이런 비는 곡식의 결실을 풍성하게 하고, 생활을 윤택하게 하며, 마음에 더할 수 없이 큰 기쁨을 준다. 특히, 단비는 '하나님의 말할 수 없는 은총, 풍성한 은혜'(시65:10; 렘3:3), '영혼을 소생시키는 하나님의 교훈'(신32:2) 등을 상징한다. → '비'를 보라.

단식(斷食, fasting) 건강상의 이유도 있으나, 대개 종교적 목적을 위해 일정기간 의식적(意識的)으로 음식물(심지어 물까지도)을 완전히 끊어 버리는 것을 말한다(삼상7:6; 느1:4; 욜2:12). 단식은, 하나님의 일을 수행하며 하나님의 뜻을 구하는 일(행10:30)에 있어 기도와 밀접한 관계를 가진다(마17:21; 행13:3). 또한 하나님을 섬기는 일에 부름받을 때(마4:2; 행13:3), 겸손히 참회할 때(왕상 21:27; 시35:13) 단식한다.

이처럼, 단식은 오직 하나님께만 해답이 있음을 알고 행하는 경건한 신앙행위로서(사58:3-5), 종교적 자기 자랑과 자기 의를 드러내는 수단으로 전락하는 것을 늘 경계해야 한다(슥7:5; 마7:5; 눅 18:12). → '금식'을 보라.

단죄(斷罪, judgment of a crime, conviction) 죄를 심판함. 죄상에 대하여 단호하게 심판함. → '정죄'를 보라.

달란트(talent) 원뜻은 '한 덩어리', '저울, 계량된 것'이라는 의미로, 무게의 최대 단위이자 화폐 단위를 말한다. 성경에서 달란트는 통화(상거래)의 단위로서 뿐만 아니라 용서하는 일의 중대성을 일깨우는 데(마18:21-35), 하나님께서 각 개인에게 부여하신 재능이나 능력(기회)을 나타내는 말로도 사용되었다(마25:15-28). → '은사'를 보라.

닭(rooster, hen) 머리에 벼슬이 달린 꿩과의 새. 집에서 기르는 가축. 수탉은 때를 맞추어 잘 울며 암탉은 알을 잘 낳는다. 하나님의 사랑과 보호를 비유하는 데 종종 등장한다(마23:37). 또, '닭의 알 흰자위'란 맛이 없는 음식으로 종종 고난을 상징한다(욥6:6). 유대인들은 닭의 울음소리로 시간을 구분했는데, '닭 울 때'(막13:35)란 자정에서 새벽 3시 사이의 시간을 가리킨다. 베드로가 예수님을 부인하였던 때가 바로 그 시각이다(마26:34; 막14:30; 눅22:34; 요13:38).

담(wall, fence) 울타리. 집이나 성의 둘레에 일정한 공간을 둘러막기 위해 나무나 흙, 돌, 벽돌 등으로 높이 쌓아 올린 것(창49:22; 시18:29). 가정집의 경우 담에는 옥상으로 올라갈 수 있도록 계단이 붙어 있었다. 고대 팔레스타인에서는 대개 흙담이나 흙집이 주류를 이루었기 때문에 밤에 도둑이 담이나 집의 벽을 뚫고 침입하는 경우도 있었다. 그래서 도둑질을 가리키는 말로 '담 구멍을 뚫다'는 관용어가 생겨났다(렘2:34).
이외에 '흔들리는 담'(시62:3)은 '대적에게 둘러싸인 사람'을, '담에서 부르짖다'(합2:11)는 '원한이 담에까지 사무쳤다', '담이 되다'(삼상25:16)는 '보호자와 파수꾼으로서 안전을 지켜주다'는 의미를 갖는다.

담당(擔當, take away) 문자적으로 '무거운 짐을 들어 올리다', '무거운 짐을 짊어지고 나르다'는 뜻. 어떤 일을 맡음(출18:22; 민11:17). 어떤 일을 해결하기 위해 힘을 쏟음.
■**죄를 담당하다**(bear one's sins) - '누구의 죄를 대신 짊어지다'(레19:8; 민30:15; 사53:6; 겔18:19; 벧전2:24), '죄를 제거하다, 죄악을 말끔히 없애다, 허물을 완전히 치우다'(히9:28), '죄에 대해 책임을 지다'(민18:23; 겔23:35,49)는 뜻이다.

당파(黨派, the party, sect) 같은 목적과 뜻을 가진 사람들의 집단. 원래 부정적 의미는 아니나 부정적으로 사용되는 경우가 많다. 성경에는 주로 '바리새파'(행15:5; 23:9), '사두개파'(행5:17), '할례당'(행11:2; 갈2:12; 딛1:10) 등에 사용된다.
구약에서는 '모인 무리'(민16:1; 시106:17)를, 신약에서는 '대치되는 무리' 혹은 '불의한 자들의 집단'을 가리키는데, 단순한 의견 차이가 아니라 진리와 비진리로 대치되는 무리를 지칭한다(롬2:8; 고후12:20; 갈5:20; 약3:13-15; 유1:19). 그리스도의 몸 된 교회 안에서는 이러한 당파 의식이 완전히 제거되어야 한다(고전1:10-17).

닻(anchor) 선박을 해면(海面)에 고정시키기 위해 밧줄에 매어 물 속에 가라앉히는 항해용 기구(행27:29-40). 히브리서 기자는 하나님 나라를 약속받은 성도의 안전하고 든든함을 항구에 닻을 내리고 정박해 있는 배에 비유하고 있다(히6:19).
■**닻줄**(anchor, cable) - 닻을 매단 줄. 찬송가 302장에 등장하는 표현으로, 적극적인 선교(전도) 열의를 강조하는 표현이다.

대개(大蓋, for, for that, because) 왜냐하면. 그러므로. 주기도문에 등장하는(헬라어 본문에는 '호티') 접속 부사(마6:9-13; 눅11:1-4).

대면(對面, face to face) 서로 얼굴을 마주봄. 만남. 서로 만나서 싸움(왕하14:8). 하나님과의 인격적 만남이나 하나님의 친밀함을 강조할 때(출33:11; 민14:14; 신5:4; 34:10), 또는 하나님의 두렵고 엄위하신 심판(겔20:35)을 묘사할 때 사용된다.

대속(代贖, redemption) 노예나 죄인을 자유케 하기 위해 그 빚(죄)을 대신 갚음. 남의 죄나 고통을 자기가 대신 당함(출13:13; 민18:15; 갈1:4). 궁극적으로는, 예수께서 십자가의 보혈로 죄인들의 죄를 대신 감당하시고 구원하신 일을 말한다(벧전1:18-19; 찬송가 79,90,311장). → '속량'을 보라.

■ **대속자**(代贖者, **Redeemer**) - 남의 빚이나 허물(죄)을 대신해 자신이 당하거나 책임지는 자. '구속자'(욥19:25). 인류의 죄와 허물을 대신 짊어지시고 십자가의 희생제물이 되신 예수 그리스도를 가리킨다.

대속물(ransom)

대속물(代贖物)이 뜻하는 바는 '자유롭게 하는 것', 곧, 부채(빚), 속박(노예 상태), 죄의 상태에서 자유를 얻도록 대신해서 부담하는 대가(代價)를 말한다(출21:30; 레19:20; 25:25-26; 민3:40; 18:15; 사35:10).

구약에 제시된 각종 대속물 제도는 신약에서 죄의 종노릇하며 영원한 죽음의 형벌 아래 놓인 인류를 구원하고 자유를 주시기 위해 자신을 화목제물로 내어주신 그리스도의 구속 사역의 그림자라 할 수 있다(히9:15,28). 즉, 신약에서 '대속물'은 철저히 죄인을 위해 자기 몸을 희생하신 예수 그리스도께 초점이 맞춰져 있다(마20:28; 26:28; 막10:45; 갈1:4; 딤전2:6; 벧전2:24).

대언자(代言者, **advocate, a mouthpiece, one who defend**) 타인을 대신해 변호하는 자. 타인의 뜻을 대신 전하는 자(출7:1). 대변자(代辯者). 이 말은 히브리어로 '나비'인데, 번역하면 '선지자'(prophet)다. 따라서 넓은 측면에서 하나님의 말씀을 백성 앞에서 선포한 선지자는 모두 여기에 해당된다(겔37:4).

신약에서는 죄인을 위해 세상에 오셨고, 십자가를 지셨고, 부활 승천하셔서 지금도 우리를 위해 하나님 앞에서 간구하고 계시는 예수님을 가리키는 단어로 쓰이고 있다(요일2:1). 이에 대해 요한은 '예수의 증언은 예언의 영이라'(계19:10)고 하였다.

한편, '대언자'를 가리키는 헬라어 '파라클레토스'는 '보혜사'(保惠師)로 번역되기도 하며, 요한복음에서는 여러 차례 이를 '성령'으로 번역했다(요14:16,26; 15:26; 16:7). "이와 같이 성령도 우리의 연약함을 도우시나니 우리는 마땅히 기도할 바를 알지 못하나 오직 성령이 말할 수 없는 탄식으로 우리를 위하여 친히 간구하시느니라"(롬8:26).
→[2. 교리 및 신앙 용어] '보혜사'를 보라.

대제사장(大祭司長, **high priest**) 성막(성전)에서 제사 일을 담당했던 레위 지파 제사장들 중에 최고의 신분. 하나님 앞에서 이스라엘 백성을 대표했고 제사에 관한 제반 사항을 관장했다(출27:21). 최초의 대제사장으로 아론이 임명되었고(출27:21), 이후 아론의 직계가 그 직무를 계승했는데, 율법상 결격 사유가 없으면 장자가 대를 이어 종신 사역하였다(레21:16-23).

대제사장은 성소를 감독하고 봉사와 회계를 주관했다(왕하22:4). 또 우림과 둠밈으로 하나님의 뜻을 물었고(민27:21), 1년 1차 대속죄일에 지성소에 나아가 백성을 위한 속죄제를 드렸다(레16:34). 신약에서는 산헤드린 공회의 의장 역할을 했다(마26:57; 행5:21).

한편, 히브리서 기자는 예수 그리스도야말로 궁극적으로 우리 죄인들의 죄 문제를 완전하고도 영구히 해결하신 영원한 대제사장이시라고 가르쳤다(히5:5; 6:20).

대주재(大主宰, **Sovereign Lord**) 최고 권세를 가진 군주. 온 세상을 주장하시는 분. 우주 만물을 창조, 운행하시고 질서를 주관하시고 끝내 심판하시는 절대자 '하나님'을 가리킨다(행4:24; 계6:10; 찬송가 68, 78장). 때론 '그리스도'(벧후2:1; 유1:4)를 일컫기도 한다.

대형 교회(大型 敎會, **a large-sized church, a mammoth church**) 인적 자원이나 건물의 규모 등이 일정 수준 이상의 큰 교회를 말한다. 교회의 대형화는 도시화와 물질 문명의 발달이 가져다 준 현대 교회의 한 특징으로 간주된다.

대형 교회는 인적, 재정적으로 풍족하므로 각종 선교 사역이나 봉사와 나눔 및 연합사업에서 큰 역할을 하는 순기능적 면모를 보이고 있다. 하지만 방대한 규모로 인해 교회 본질적인 사명을 상실한다거나 인위적 조직 운영, 세속적 성공주의 등으로 인한 폐해를 겪는 등의 역기능적 현상도 만만치 않다.

대환난(大患難, **general conflagration**) 예수 그리스도의 재림 때 곧 세상 마지막날에 임할 우주적인 재앙과 감당할 수 없는 큰 고통의 경험을 가리킨다. 성경에는 이때에 불로써 갑자기 세상 질서가 무너지고 지상의 모든 것이 멸망할 것이라 경고한다(벧후3:7,10). 그런데 이 큰 환난은 만물의 새롭고도 나은 상태, 곧 하나님의 백성이 들어갈 완성된 천국으로(벧후3:13) 나아가기 위한 필수적인 과정임을 잊지 말아야 할 것이다.

더럽다(unclean, defile, pollute) 때가 묻다. 언행(言行)이 야비하다. 보기에 싫다. 불결하다. 성경에는 레위기 정결 규례상 부정한 것으로 규정된 식물을 가리킬 때 종종 언급된다(레21:1; 단1:8; 요18:28). 또한, 도덕적인 면에서 음행과 음란을(엡4:29), 영적인 면에서 타락과 우상 숭배를 가리킬 때 자주 사용된다. → '부패', '타락'을 보라.

■**더러운 것(defilement, uncleanness)** - 오물(레1:16), 쓰레기처럼 깨끗지 못한 것. 윤리(도덕)적으로 청결하지 못한 것(잠30:12). 종교적(영적)으로 부패하고 타락한 것(스6:21; 마23:27; 고후7:1). 세속적이고 죄악된 것(벧후3:21). 가증스런 우상 및 그와 관련된 것(대하29:5; 호9:3). 그 외에 레위기 정결 규례에서 금하는 음식, 또는 우상의 제물(호9:3) 등을 가리킨다.

■**더러운 땅(pagan country)** - 하나님께서 언약하신 거룩한 땅과 반대되는 개념으로, '이방인의 땅'을 말한다(암7:17).

■**더러운 영(evil spirit, the sprit of impurity)** - '더러운 귀신', '악귀(惡鬼)', '악령'(惡靈) 곧 인간을 의식적으로 더럽게 만드는 영(슥13:2; 마10:1; 막1:23-27; 행5:16). 이는 사탄에 의해 지배된다. 더러운 귀신은 사람을 유혹해 죄짓게 하며, 사람의 인격(정신)과 육체의 질병을 유발시킨다. 그리하여 결국에, 한 인격으로 하여금 하나님과의 교통을 단절시키고 멸망하게 만든다.

덕(德, virtue, goodness) ① 인간이 하나님께서 주시는 은총의 결과로 이루게 되는 고상한 품위와 인격(롬14:19; 살전5:11). ② 고매하고 너그러운 도덕적 품성. ③ 윤리적 의지대로 행동할 수 있는 인격적 능력 등을 가리킨다.

특히, 그리스도인의 덕목은 하나님께서 요구하시는 것으로서, ① 생활 속에서 당연히 갖추어야 할 것(갈5:22-23)과 ② 하나님의 성품을 닮아가는 것 등이 있다(빌4:8; 벧후1:5). 이는 신약에 언급된 '덕'이 하나님의 선하심과 위대한 구원 능력을 가리키기도 한다는 사실에서 분명해진다(벧전2:9; 벧후1:3). 이렇듯 성경이 가르치는 '덕'은 단순히 세상에서 가르치는 윤리 도덕의 차원을 넘어 하나님이 주시는 능력을 힘입어 하나님의 선하심을 닮아가는 성품임을 알 수 있다.

데스칸트(descant) 다성 악곡(多聲 樂曲)에서 최고의 음부(가장 높은 음역)를 가리킨다.

도(道, way, truth, teachings) 사람이 마땅히 지켜야 할 도리나 근본이 되는 가르침. 성경은 '길', '진리'와 같은 맥락에서 언급하며, 하나님의 율법이나 명령(시25:4; 77:13; 119:14-15), 예수님의 말씀이나 그 말씀에 순종하는 것을 말한다.

주로 '주의 도'(시25:4; 77:33; 119:14-15), '하나님의 도'(마22:16; 막12:14; 행18:26), '그리스도의 도'(히6:1), '십자가의 도'(고전1:18), '진리의 도'(벧후2:2), '의의 도'(마21:32) 등의 용례로 쓰인다. 잘못된 가르침, 악한 교훈을 일컫는 '우상의 가르침'(렘10:8)이란 표현도 있다.

도가니(crucible, melting pot) 금, 은 등의 금속이나 철광석을 제련하기 위해 진흙으로 만든 용기(시12:6). 용광로. '시험, 연단, 심판' 등을 상징한다(잠17:3; 27:21).

도고(禱告, intercession) 다른 사람을 대신해서 하나님께 간구하고 청원하는 일(딤전2:1). →[4. 예배 및 예식] '도고'를 보라.

도성인신(道性人身, the Word become flesh) 말씀(Logos, 하나님)이신 예수 그리스도께서 인간의 몸을 입으시고 이 땅에 임재하신(임마누엘, Immanuel) 성육신(成肉身, Incarnation)의 진리를 나타낸 말(마1:23; 요1:1,14). →[2. 교리 및 신앙 용어] '성육신'을 보라.

도움(help) 남을 돕는 일(삼하22:42; 욥6:13; 시28:7; 46:1). 조력(助力). 성경은, 인생에게는 도울 힘이 없고(시146:3), 오직 하나님에게서만 도움이 온다고 가르친다(대하14:11; 시33:20; 121:1-2).

하나님의 도움을 얻는 방법은, 간구하고(대하20:4; 약5:15-18), 바라며(시42:5,11; 43:5), 주님의 얼굴을 찾고(시27:8-9), 보좌 앞에 나아가며(히4:16), 하나님을 의지하고(시37:40), 그 법도를 존중하며(시119:173), 하나님을 자기 도움으로 삼는 것이다(시146:5).

도유(塗油, **anointment**) → '기름 부음'을 보라.

도전(挑戰, **challenge, defiance**) ① 싸움을 걺. ② 보다 나은 수준에 이르도록 분투함. 죄악된 이 땅에서 하나님 나라를 소망하며 살아가는 성도의 삶 그 자체가 도전이며, 그 삶의 현장은 날마다 거룩한 싸움을 치루어야 할 전장(戰場)이다(찬송가 354, 359장).

도피성(逃避城, **city of refuge**) 부지중에 살인한 자가 피의 보복(피살자의 가장 가까운 형제나 친지의 보복)을 피해 생명을 건지기 위해 도피할 수 있도록 마련된 성읍(민35:6; 수20:2). 이는 살인자 중에서도 고의성 여부를 가려 형벌을 내리거나 애매한 죽음을 방지하기 위한 제도이다. 이곳에 피신한 자는 생명의 안전과 함께 공정한 재판을 받을 수 있었다.
이 도피성 제도는 궁극적으로, 죄인들의 영원한 구주요 안전한 피난처가 되시는 예수 그리스도를 예표한다(히6:18). → '피의 보복자'를 보라.

독경대(讀經臺, **a Scriptures stand**) 성경을 올려놓고 읽는 대. 일명 '성경대'(聖經臺).

독생자(獨生子, **the One and Only, His only begotten Son**) 성삼위 하나님 중 한 분이신 예수 그리스도. 그는 본질상 하나님과 동등하신 분이지만, 인류 구원을 위해 하나님의 유일하신 아들 신분으로 성육신하셨다(요1:14,18; 3:16). 특히 '독생자'라 함은 하나님과의 관계에서 특별하게 나신 분임을 강조하기 위해서다. 그는 만들어졌거나 창조된 것이 아니라 성부에게서 나오신 것이다. →[2. 교리 및 신앙 용어] '독생자'를 보라.
■**독생성자**(獨生聖子, **the Holy One and Only**) - 하나님의 거룩하신 자'(요6:69) 곧 하나님의 유일무이하신 아들인 구원자 예수 그리스도. 줄여서 '독생자'라고도 한다.

독선(獨善, **self-righteousness, self-complacence**) ① 자기 혼자만이 옳다고 믿고 행동하는 일. ② 자기 한 몸의 처신만을 온전히 하는 일. 그리스도인에게는 이 같은 독선보다 관용과 사랑과 배려의 마음이 필요하다(빌4:5).

독수리(**eagle**) 수릿과(科)의 맹조(猛鳥). 날개 길이만 무려 1m 가량되는 큰 새. 세찬 날개로 높고 빨리 날으며(삼하1:23; 시103:5; 겔10:14; 합1:8) 높은 나무 위나 낭떠러지 높은 곳에 보금자리를 짓고(욥39:27-29; 렘49:16) 새끼도 조류의 왕답게 훈련시킨다(신32:11).
그 용맹과 강한 힘과 빠른 몸놀림으로 인해, 독수리는 힘과 위엄(출19:4; 신32:11-14; 사40:31), 절대 권력자를 상징한다(사46:11). 그리고 하나님께서 자기 백성을 보호하고 훈련시키는 모습을 묘사할 때도 언급되었다(출19:4; 신32:11-12).

독신(獨身, **celibacy, single**) 배우자가 없는 사람. 홀몸. 결혼하지 않고 혼자 사는 사람. 사도 바울은 주를 위한 독신, 곧 복음 전도를 위해 하나님께서 특별히 독신 은사를 주신 자가 있음을 말했다(고전7:1-24). 예수께서도 '천국을 위해 스스로 고자 된 자'를 말씀하시면서 독신으로 사는 경우를 인정하셨다(마19:12).
이 경우를 제외하고 성경은 결혼을 가르친다. 초대교회 이단들 중에 결혼을 금하고 금욕을 주장하는 사례가 있었는데 이는 그릇된 가르침으로 엄히 경계되었다(딤전4:1,3). → '금욕'을 보라.

독실하다(篤實 -, **sincere, faithful, honest**) 열성 있고 진실하다. 정성스럽고 참되며 믿음직하다. 사심(邪心)이나 거짓이 없고 극진하다. 인정 많고 친절하다. 확실하다(창42:11,19,31,33). 꾸준하다(욥17:9).

돈(**money**) 물건을 사고 파는 데 사용하는 교환 가치를 정한 매개물(창17:12; 출22:17; 신2:28; 대하34:9). 돈은 일상사에 요긴하고 유익을 주는 도구이지만 그것을 지나치게 탐닉하는 것은 오히려 많은 부작용을 낳고 믿음 생활을 해친다(암8:5; 마26:15; 27:3-6; 요2:15). 그래서 성경은 돈을 사랑하다 미혹에 빠져 믿음에서 떠난 자들을 예로 들어 경고하면서(딤전6:10), 돈을 사랑하지 말 것을 권면한다(딤전3:3; 6:10; 히13:5). → '물질'을 보라.

돌(stone) 자갈, 바위, 광석(창11:3; 수4:20; 잠26:27). 석재(石材). 견고하고 단단함(욥41:24), 힘과 기운(욥6:12), 흔한 것(왕상10:27), 뉘우치지 않는 굳은 마음(겔11:19; 36:26), 고요함(합2:19), 황무함(욥15:28) 등을 상징. 특히 구원의 기초요 반석이신 그리스도(마16:18; 고전3:11)를 상징한다.

■**돌단**(a stone pillar, an altar of stones) - ① 돌로 세운 기둥. ② 돌을 쌓아 만든 제단(신27:5; 수8:31). ③ 일종의 돌 기념비 등. 형이 받을 복을 탈취하고 달아나던 야곱이 벧엘(루스)에서 돌로 베개를 삼고 꿈을 꾸었던 사건(창28:10-22)에 언급된 돌 기둥을 가리키기도 한다(찬송가 338장). 이는 고난 중에서도 하나님과의 교제의 중요성과 언약의 확실성을 증거해 주는 것이라 하겠다.

■**돌밭**(rocky places) - 흙이 적고 돌이 많은 밭. 팔레스타인의 밭은 돌이 많아 농작물의 성장을 막는다고 한다. 예수님의 비유 중에 돌밭은 신앙 성장을 방해하는 장애로 묘사되었다(마13:20).

■**돌베개**(stone underhead) - 돌로 머리를 괸 것. '고생, 시련의 시간' 등을 상징(찬송가 338장).

돌이키다(turn aside, turn away, pass) (몸이나 고개를) 돌리다(창9:23). 방향을 달리하다(민20:21). 본디 모습으로 돌아가다(왕상13:33). 마음을 고쳐 달리 생각(행동)하다(욥14:13; 엡4:28).

돕다(help, support) 구제하다(행20:35). 위험이나 괴로움에서 벗어나게 하다(삼하10:11). (몸의 기운을) 좋아지게 하다(아2:5).

■**돕는 배필**(a helper suitable for) - 서로 세워주고 도움이 되어주는 배우자. 반려자(伴侶者). 특히 '아내'를 가리키는 성경문학적 표현(창2:18).

■**돕는 자**(helper) - 도움이 필요한 자에게 힘이 되어 주는 사람(대상12:18; 고후1:24). 필요를 채우고, 고통(위험)을 해소해 주는 자(빌2:25). 바른 길로 나아가게 하는 조력자(助力者). 특히, 성도의 일상을 도우시며 지키시고 인도하시는 하나님을 가리키는 표현(시30:10; 121:1-8; 히13:6).

동방박사(東方博士, Magi) 예수님의 탄생을 축하하려고 팔레스타인 동쪽에서 온 이방 현인(賢人), 혹은 별을 연구하는 점성가(마2:1-10). '동방'은 바벨론, 바사 혹은 아라비아로 추정된다. 그 지역들은 천문학, 점성술이 발달된 곳이었다. 예수님을 찾아온 동방박사의 숫자에 대해 성경은 구체적으로 언급하지 않으나 이들이 가져온 선물이 세 가지인 것에 기초해 세 사람으로 추정하지만 정확한 것은 아니다(찬송가 123장). 전승에는, 동방박사들의 이름은 '멜카이어'(Melchior), '벨사르르'(Balthasar), '카스파'(Caspar) 등이었다고 한다.

동성애(同性愛, Homosexuality) 같은 성(性)을 가진 사람들 간의 성적 끌림. 남성 동성애자는 게이, 여성 동성애자는 레즈비언(롬1:26-27).

동성애자 축복(同性愛者- 祝福, Same Sex Blessing) 동성애자들의 결혼.

동역자(同役者, fellow worker) 같은 목적으로 함께 일하는 자. '주의 복음을 위해 함께 애쓰는 자'(골4:11), '진리를 위해 함께 수고하는 자'(요삼1:8), '하나님의 일꾼'(살전3:2) 등을 가리킨다.

동정녀(童貞女, virgin) 아직 남자 경험이 없는 여자. 예수님의 육신의 어머니 마리아를 수식하는 말로 쓰인다(마1:18-25; 눅1:26). 동정녀 곧 온전한 처녀라는 표현 속에는, 순결과 무구의 개념이 내포되어 있다(신22:14-15; 고후11:2-3). → '처녀', [2. 교리 및 신앙 용어] '동정녀 탄생'을 보라.

동터오다(dawn, break) (새벽에) 동쪽 하늘이 밝아오다. 이는 '하나님의 때, 구원과 회복의 시간'(찬송가 61장), '이 땅의 고통이 다하고 주님의 나라가 임하는 때'(찬송가 417장), '주님의 은혜로 맞는 매일의 기쁨과 행복'(찬송가 604장)을 상징.

동해보복법(同害報復法, Lex Talionis) '생명에는 생명으로, 눈에는 눈으로, 이에는 이로, 손에는 손으로, 발에는 발로'(신19:21)라는 법규정을 한 마디로 일컫는 말. 즉, 동일한 상해(傷害)나 배상 원칙을 적용한 일종의 처벌법이다(출21:23-25; 레24:17-21). 고대 '함무라비(Hammurabi) 법전'과 로마 성문법인 '십이동판법'(十二銅版法) 조항과 흡사하다. 이 법이 제정된 목적은, 범법자 규제를 통해 사회 정의와 질서를 유지하는 것이지만, 더 근본적으로는 보복의 악순환을 막고 억울한 피해를 예방하는 데 있었다.

예수께서는 율법이 정한 최소한의 사회 질서 유지 기능에 만족하지 말고, '오른편 뺨을 치거든 왼편도 돌려 대라'는 사랑과 화평의 법, 용서와 인내의 법을 가르치셨다(마5:38-44; 롬12:14-21). 십자가는 바로 그 이상(理想)을 정확히 실현한 것이다(요15:13).

동행(同行, walk with) 길을 같이 감(창33:12). 친밀한 관계를 유지하며 인격적 교제를 나눔(창5:22,24; 6:9; 22:6; 찬송가 162장). 하나님과 동행하는 자는 하나님에게서 복을 받고(민10:29,32), 필요한 것을 공급받는다(행20:34).

그러나 성경은 '노하기 잘하는 자'(잠22:24), '미련한 자'(잠13:20), '간사한 자'(시26:4)와는 동행을 삼가도록 경고한다.

돼지(pig) 멧돼지과의 포유동물(잠11:22; 사66:3; 마7:6). 다리와 꼬리가 짧고 뼈죽하며 발굽이 갈라졌고 새김질을 못한다. 율법에 부정한 짐승으로 규정했다(레11:7; 신14:8). 또 성경에는 혐오스럽고 가증한 것으로 간주해 경원시했다(사66:17; 마8:28-34; 눅15:16). 분별없는 여인, 타락하고 방종한 것(잠11:22), 원수, 파괴자(시80:13), 복음(하나님)을 거부하는 자(마7:6), 가증한 자(사65:4), 이단(벧후2:22) 등을 묘사할 때 자주 등장한다.

■**돼지고기**(flesh of pig) - 율법에는 부정한 것으로 간주되어 먹는 것이 금지되었다(사65:4; 66:17). 오늘날도 삼가야 하는가? 율법의 완성이신 예수께서는 '모든 식물은 깨끗하다'(막7:18-19) 하셨다. 사도 바울도 '음식물은 하나님이 지으신 바니 … 하나님께서 지으신 모든 것이 선하매 감사함으로 받으면 버릴 것이 없다'(딤전4:3-4)고 했다.

두 마음(divided mind, double-minded, deception, deceitful) 한 곳으로 나아가지 못하는 혼란한 마음(대상12:33). 불신과 신앙의 세계를 오가는 이중적 인격(시12:2; 약1:8). 두 주인을 동시에 섬기고자 하는 그릇된(불충성스러운) 마음(시119:113). 하나님과 세상을 함께 품는 마음(호10:2).

말과 행동이 상이한 진실하지 못한 마음(약4:8). 남을 속이고자 하는 마음.

득죄(得罪, wrong) 잘못을 저질러 죄를 얻음(삼상19:4). '죄를 범함'(창39:9; 42:22), '범죄함'(대하6:39; 합1:11)으로도 번역할 수 있다.

들(판)(field) 평평하고 넓게 트인 땅(창27:5; 삼상20:11). 광야(왕상2:34; 욥24:5), 평지(왕상7:46), 전토(레25:31), 밭(신32:32), 빈 들(겔34:25), 거친 들(아3:6), 황무지(삿1:16) 등으로 번역된 말. 이곳은 살인이 자행되는 위험한 곳(창4:8)이고, 선지자가 하나님의 영광을 본 곳이자(겔3:22), 묵상과 기도의 장소(마14:13; 눅1:80)이기도 하다.

들가시(desert thorns) 들판에 야생하는 떨기나무. 혹독한 징벌을 상징한다(삿8:7,16).

들감람나무(- 橄欖 -, wild olive) 야생 올리브 나무. 일명 돌감람나무(롬11:17). 초막의 재료로도 사용된다(사41:19). 사도 바울은 하나님의 구원 섭리를 설명하면서 이방인을 일컬어 참감람나무(유대인)에 접붙여진 돌감람나무로 비유했다(롬11:17,24)

들나귀(a wild donkey) 길들이지 않은 야생 나귀. 사람 없는 들이나 광야에 산다(사32:14). 이는 지각 없는 허망한 자(욥11:12), 보호자 없는 처량하고 불쌍한 존재(창16:12), 끊임없는 욕정으로 가득 찬 자(렘2:24) 등을 비유한다.

들보(plank) 집 지을 때 중심 되는 두 기둥을 가로질러 걸치는 나무(왕하6:2; 대하3:7; 아1:17; 마7:5). 벽, 지붕, 문들을 지탱했다. 성경에서 이 단어가 베틀채나 직조기의 몸체(삿16:14; 삼상17:7; 대상11:23)로 번역되기도 했다. 이런 맥락에서 들보란 통상 '크고 두꺼운 목재'를 가리키는 듯하다.

들보는 성경문학적으로, 하나님의 초월한 권능이나(시104:3), 복수의 소리(합2:11), 상대의 작은 허물에 비교도 되지 않는 자신의 큰 결점을 비유하는 말로 쓰인다(마7:3; 눅6:42).

들사람(a man of the open country) 들(평

들짐승

원, 광야)이나 산에서 주로 활동하는 사람(창 25:27). 성경에서는 '사냥꾼'을 지칭한다.

들짐승(a wild animal) 들에서 사는 짐승(출 23:11; 레5:2; 삼하21:10). 야생의 동물들. 하나님께서 창조하신 피조물 가운데 하나(창2:19). 성경에서는 하나님의 심판, 형벌, 멸망 그로 인한 폐허와 관련되어 자주 언급된다(레26:22; 사13:21; 18:6; 렘12:9; 겔39:4).

들포도(- 葡萄, bad fruit, wild grapes) 거칠고 상품 가치가 없는 야생 포도. 하나님의 선민 유다가 범죄하고 타락해 하나님 앞에서 가치 없고 하찮은 존재로 전락했음을 경고할 때 사용된 표현(사5:2,4).

들풀(the grass of the field) 들판이나 산에 자생하는 각종 풀. 잡초(마6:30; 눅12:28). 이는 '하찮고 보잘것없는 것', '짧고 허무한 인생' 등을 상징한다.

등(燈, lamp) 불을 켜서 어두운 곳을 밝게 하는 기구와 불(시132:17). '등잔'(출21:37), '등불'(욥 18:6)이라고도 한다. 유대인 가정에서는 접시 모양으로 된 토기에 기름을 사용해 불을 밝히곤 했다. 야간 외출시 헝겊 뭉치에 기름을 묻히고 긴 장대에 매달아 횃불처럼 사용했다(마25:7; 요18:3). 그리고 등을 켜서 올려 두는 등경(등잔대)이 있었다.

등불은 하나님의 말씀, 하나님의 인도, 사람의 양심과 영혼, 구원, 생명, 소망, 약속, 복과 번영, 메시야 등을 상징한다(삼하21:17; 왕상11:36; 욥 18:5).

■**등불빛**(the light of the lamp) – 등에 켠 불에서 비취는 빛. 가정의 '기쁨과 행복'을 상징한다(렘25:10).

디아코니아(diaconia, service) '봉사'로 번역되는 헬라어 '디아코니아'(διακονία)는, 한때 교회의 자선사업 분담과 가난한 사람들을 구제하기 위한 목적으로 교회 옆에 지은 지정 건물을 뜻했었다. 결국 '디아코니아'는 '자선과 구제'의 의미를 포함한 말로서, 주님의 몸 된 교회 안에서 이뤄지는 '봉사'라는 의미를 담고 있다.

그런데, 이 단어가 기독교에서는 봉사하는 일꾼으로서의 '집사'(deacon)를, 가톨릭에서는 사제의 보좌역인 '부제'(副祭)를 가리키기도 한다.

땅(land, earth) 지구의 겉을 이룬 흙과 돌의 총칭(창2:7; 왕하5:17). 하나님께서 창조하신 세상에서 바다를 제외한 표면(창1:10; 시119:90). 동식물이 자라는 곳(창27:28; 시104:14). 사람이 사는 처소(사45:18; 롬10:18). 세상(신28:1; 시119:64). 토지(창47:18-26; 출23:19).

고대 히브리인들은 땅이 네 기둥으로 받쳐진 평평한 단면으로 이루어져 있고(욥9:6; 시75:3), 땅 아래 죽음의 세상(스올)이 있는 것으로 생각했다. 신약성경에서 '땅'은 영적인 것에 반대되는 불신 세상으로 간주하여 경계의 대상으로 자주 묘사된다(마5:35; 6:19; 고전8:5; 골3:2).

성경에서 땅은 하나님의 소유로 간주했고(느9:6; 욥38:4; 시65:9; 72:8; 74:17), 세상 종말에는 타락하고 부패한 하늘과 땅이 모두 사라지고 새 하늘과 새 땅이 조성될 것이라 했다(벧후3:13).

■**땅 끝**(the ends of the earth) – 지구의 끝(삼상2:10, 지구가 크고 편편한 땅으로 되어 있고 그 끝은 낭떠러지로 이뤄졌다고 믿은 히브리인들의 우주관을 반영한 표현). 아주 먼 지방(신28:49; 시 2:10). 이외에 '온 세상, 온 천하'(욥28:24; 막 13:27), '성전이 있는 예루살렘에서 아주 멀리 떨

용어상식
등불(lamp, light)

등에 켠 불. 등잔불. 등화. 등불은 성소 안을 밝혀주는 '등대'(출25:37; 대하4:20; 슥4:2), 가정용 '등불'(마5:15), 야간 전투나 외출시 길을 밝혀주는 '횃불'(삿7:20; 마25:1) 등의 용도로 사용되었다.

등불은 상징적으로 '빛과 진리 되신 하나님'(삼하22:29; 시18:28), '어린양 예수'(계21:23), '주님의 말씀'(시119:105; 잠6:33; 벧후1:19), '이스라엘의 왕'(삼하21:17), '성도의 착한 행실'(마5:15), '눈'(마 6:22), '자손'(왕상11:36; 15:4), '목숨'(잠13:9), '사람의 영혼'(잠20:27), '공의'(습1:12), '구원'(사62:1) 등을 나타낸다.

참고로, 등불이 꺼지는 것은 멸망과 저주와 심판을 의미한다(욥21:17; 잠20:20).

어진 곳 (시61:2) 등을 나타낸다.

■**땅 밑**(the earth beneath) – 땅 아래 지하 세계(신5:8). 히브리인들은 지하 세계를 죽은 자들의 처소인 '음부'로 보기도 했다(마11:23).

때(time, days, occasion) 시간의 어떤 점이나 부분(창2:4; 욥24:1). 알맞은 시기(출18:22). 어떤 경우. 시대. 그 당시. 성경에는 ① 하나님의 약속, 그리스도의 오심, 주의 날 등과 관련해 '하나님의 때'가 소개되고(전3:1; 막1:15; 갈4:4), ② 새벽(출14:24), 아침(창1:19), 낮(시55:17), 저녁(창1:19), 저물 때(막13:35), 밤중(막13:35) 등 '하루를 구분하는 때'가 소개된다(마6:34; 막5:5; 눅18:7). ③ 농사철이나 이른 비와 늦은 비가 내리는 시기 등 '사람의 일상 생활과 관련된 때'(신11:14)가 있는가 하면 ④ '정해진 절기를 지키는 기간을 가리키는 때'도 있다(민9:2-3,7).

이 모든 때는 시간을 만드시고 역사를 주관하시는 하나님의 손에 달려 있다(창1:15-18; 전3:11; 시136:7-9). 따라서 하나님의 백성은 때를 따라 역사하시는 하나님의 섭리를 인정하고 순종하며, 또 시간을 맡은 청지기로서 주어진 때를 선용하고(시89:47, 세월을 아끼는 지혜가 필요하다(엡5:16).

■**때가 참**(the time is comming) – 하나님께서 특별히 정하신 그 시간(구원표에 따른 시간)이 이르렀음을 나타낸 표현(갈4:4; 엡1:9).

떡(bread) 곡식 가루를 찌거나 굽거나 부쳐서 익혀 만든 음식을 통칭한다(창14:18; 신8:3). '빵', '과자'도 여기에 포함되며, 광야에서의 만나(민11:8)도 해당된다.

떡은 상징적으로 이스라엘 12지파(레24:5), 더러움(말1:7), 부정(겔4:13), 고생(왕상22:27), 불의(잠4:17), 환난(사30:20), 눈물(시80:5), 수고(시127:2) 등을 의미한다. 특히, 예수께서는 자신을 하늘에서 내린 '참 떡'(요6:32), 곧 '생명의 떡'(요6:48-52)이라고 가르치셨다(눅22:19; 고전10:16). → '양식', '일용할 양식'을 보라.

■**떡을 뗌**(the breaking of bread) – 떡은 식사의 기본 재료일 뿐 아니라 교제의 도구였다. 따라서 '함께 떡을 뗀다'함은 아름다운 친교와 격이 없는 나눔을 의미한다(렘16:7; 마14:19; 눅24:35; 행2:42; 20:11). 그리고 마지막 만찬 때에 예수께서 떡을 떼어 제자들에게 나눠주신 것은, 십자가상에서 자신의 몸을 찢어 구원의 길을 여신 그리스도의 거룩한 희생을 상징한다(고전11:24). 초대교회 당시는 성만찬 예식을 '떡을 뗌'이라고 부르기도 했다(행2:42,46; 20:7,11; 고전10:16). → [4. 예배 및 예식 용어에 '성만찬'을 보라.

똥(offal, dung) 음식물을 소화시킨 찌끼(욥20:7). 배설물. 부정한 것으로 간주되어 희생 짐승의 똥은 제사드리기 전에 제거해야 했고(출29:14), 광야 생활 때 화장실은 진영 밖에 마련해야 했다(신23:12-14).

'똥'(혹은 그와 유사한 쓰레기)은 국가가 처한 종말적 상황(왕하9:37; 시83:10)이나 극단적인 치욕(말2:3) 등을 상징한다. 사도 바울은 예수 그리스도를 아는 지식이 너무 고상하여 다른 모든 것들을 배설물(똥)처럼 여겼다고 고백했다(빌3:8).

뜬구름(a cloud drift, a floating cloud) 하늘에 떠다니는 구름. 덧없는 인생이나 인생사(人生事)에 비유하여 쓰인다(찬송가 74장).

라가(Raca) '가치 없는, 어리석은'이란 뜻의 아람어 '레카'의 헬라어 음역. '속(머리)이 빈 사람', '돌대가리', '헛된 사람', '미련한 놈', '가치 없는 사람'이란 뜻으로, 유대인들이 상대방을 경멸하거나 욕할 때 썼던 용어(마5:22). 예수께서는 이런 욕이라도 그 죄가 가볍지 않다고 하셨다(마5:21-26).

라합(Rahab) '자랑하는, 거만한'이란 뜻. 고대 근동 신화에 등장하는 바다 괴물의 이름으로, 구약의 시적 표현에서 자주 발견된다. 즉, '리워야단'(욥3:8), '바다 괴물'(욥7:12), '애굽'(시87:4; 사30:7) 등 하나님과 택한 백성을 대적하고 괴롭히는 존재에 사용된다. 하나님은 라합을 살육하시고(욥9:13; 시89:10), 찢어 토막을 내신다(사51:9). 이처럼 하나님은 아무리 강력하고 교만한 존재라도 능히 물리치신다(욥26:12).

레바논 백향목(– 柏香木, the cedars of Lebanon) 팔레스타인 전역에서 가장 아름답고 귀한 나무(왕상4:33; 시92:11). 고고한 자태와 위엄 있는 외모를 지니고 있어, 성경에는 영화로운 존재, 권세자나 지도자 등을 상징하기도 한다(삿 9:15). → '백향목'을 보라.

레노바레
(renovare)

'레노바레'는 라틴어로 '다시 새롭게 하다', '회복하다'는 뜻이다. 레노바레는 미국의 베스트셀러 작가요 영성 신학자인 리처드 포스트(Richard J. Foster)에 의해 시작된 교파를 초월한 세계적인 교회 갱신 운동으로, 성도의 삶의 모든 영역에서 예수 그리스도의 몸 된 교회의 갱신을 돕는데 초점을 두고 있는 '교회 기반다지기'(infra-church) 운동이다.

한편, 레노바레는 2천 년 교회 역사와 기독교적 삶에서 발견한 여섯 가지 위대한 전통이라 할 수 있는 '기도로 충만한 생활'(묵상, contemplative), '덕이 있는 생활'(성결, holiness), '성령 충만한 생활'(카리스마, charismatic), '자비로운 생활'(사회정의, social justice), '말씀 중심의 생활'(복음 전도, evangelical), '성례의 생활'(성육신, incarnational)의 전후 관계 속에서 영성개발(spiritual formation)을 강조하는 일을 계속해오고 있다. 일각에서는 이 레노바레의 신비주의 내지 혼합주의적 경향성과 로마 가톨릭의 영성 전통 수용 등을 문제 삼기도 한다.

레위인(- 人, Levite, the tribe of Levi) 레위 지파 사람 곧 레위의 후손에게 주어진 명칭(출 6:16-25). 이스라엘의 다른 지파들을 대신해 성전에서 봉사하며, 또 하나님께 백성의 죄를 대속하는 제반 업무를 수행했다(민8:16).
한편, 정확한 표현은 아니지만 오늘날 교회 안에서 예배의 여러 요소에서 섬기거나(설교, 찬양 등) 각종 봉사에 참여하는 권속들을 가리켜 '레위인'이라 부르기도 하는데, 적절치는 않다.

루시퍼(Lucifer, morning star) '빛을 지닌 자'란 뜻. 하나님을 가까이 섬기며 찬양하던 천사였다가 하나님께 반역하여 쫓겨난 영적인 존재로 본다(사14:12-15). '루시퍼'란 말은 이사야 14:12에 '계명성'(새벽별)이라 번역된 히브리어 '헤렐'의 라틴어 번역이다. 이사야서 본문에는 자기를 지존자로까지 높이는 교만한 바벨론 왕을 조롱하는 어조로 쓰였는데, 마치 새벽별이 잠시 반짝이다가 아침이 오면 사라지듯, 그 운명이 곧 끝날 것임을 시사한다. 이 단어가 하나님의 대적자인 '사탄'(Satan)에 적용된 것이다(눅10:18). → '사탄'을 보라.

리더십(leadership) 지도자로서의 능력이나 자질. 즉, 한 단체나 공동체의 구성원들에게 미래의 비전을 제시하고 그들이 자발적으로 그 비전에 참여하고 그 비전을 성취하도록 움직이게 하는 지도자로서의 능력이나 영향력을 말한다. '지도력', '통솔력'(統率力)이라고도 한다.

리워야단(Leviathan) '꼬불꼬불하다, 접어두다'는 뜻을 지닌 아라비아어에서 유래된 말로 '몸이 길어 휘감기는(사리는, 꼬이는) 동물'을 가리킨다. 성경에는 인간이 쉽게 제압할 수 없는 존재로서 '악어'(욥41:1,12; 시104:26), 신화적 괴물인 '라합'(욥26:12; 사30:7), '꼬불꼬불한 뱀 리워야단'(사27:1), '바다 괴물'(욥7:12), '큰 용'(계12:9) 등으로 언급된다.
이상에서 보듯이, 성경에서는 종종 하나같이 두려운 이방 세력이나 하나님을 대적하는 힘세고 악한 존재로 비유된다. 하지만 아무리 강하고 악할지라도 하나님의 권능에 짓밟히고 말 존재에 불과하다(시74:14; 사27:1). → '용'을 보라.

마귀(魔鬼, devil) 원어의 뜻은 '대적자, 고소자'를 가리킨다. 이는 귀신들의 왕인 '사탄'의 별칭이다(마12:24; 계12:9). 마귀는 초자연적인 능력으로 사람들을 유혹하여 하나님을 대적하게 한다(눅22:3). 또 인간의 죄를 하나님께 고발하며 사람의 영혼을 노략질한다(벧전5:8). 하지만 마귀는 하나님의 주권 안에서만 활동한다(욥1:6). 그리고 마지막 심판날에 마귀는 영원한 유황 불못에 떨어지게 된다(계20:7-10). → '사탄'을 보라.

마녀(魔女, witch) 악마의 수하에서 그의 마력(魔力)으로 악을 행하며 이단사설을 퍼뜨린다고 믿어진 사악한 여자. 신접한 여자. 각종 주술이나 주문을 통해 사람들을 현혹하고 동물로 변신하기도 했다고 한다. 율법에는 마녀 같은 존재를 엄히 금했다(출22:18; 레19:31).

한편, 서양 기독교 역사에서 십자군 원정이 실패한 후 사회불안이나 종교적 위기를 타개하기 위해 12세기말부터 소위 '마녀 사냥'이 시작되어 18세기 초까지 계속되었다. 이때에 교회를 대적하는 자나 눈엣가시 같은 존재를 없애기 위한 수단으로, 또는 부정한 이득을 취하기 위해 이웃을 마녀로 고발하는 사례가 많았다. 또한, 마녀로 낙인 찍힌 자에 대한 종교재판 과정에서 숱한 고문과 처형이 자행되었다.

마돈나(Madonna, the Madonna) 로마 가톨릭에서 숭상하는 성모 마리아 또는 그 상(像). 기독교 미술에 있어서 동정녀 마리아에 대한 묘사를 연상시키는 용어. 이러한 형상이나 그림은 비역사적인 배경 가운데서 마리아를 조명하여 새로운 교리나 정서를 나타내고자 한 것이다. 마돈나는 흔히 아기 예수를 안고 있는 모습으로 표현된다.

마라나타(Marana tha) '주님, 오시옵소서'(Come, O Lord!), '우리 주님께서 오십니다'라는 뜻의 아람어 '마라나 타'의 헬라어 음역(音譯). 예수님의 재림을 간절히 사모하는 초대교회 성도의 신앙과 소망이 함축된 기도문이자 성도 사이의 인사말(고전16:22; 계22:20).

마술(魔術, sorcery) 사람의 마음을 호리고 눈을 속이는 이상한 술법. 마법이나 주문 등으로 귀신을 쫓아내는 행위(나3:4). '요술'(출7:11; 대하33:6), '술수'(왕하9:22)라고도 표현된다.
마술은 하나님을 대적하고 귀신을 좇는 행위이기 때문에, 이스라엘에서 마술사나 마술사를 찾는 자를 사형에 처했다(레20:27; 신18:10-14). 그러나 이스라엘 역사 내내 마술은 근절되지 않았다(사3:20; 겔13:18-20).

마음(mind, heart) 지식·감정·의지 등 사람의 모든 내면적 정신 활동. 선악을 판단하는 힘. 품고 있는 솔직한 생각. 외부의 자극에 대한 느낌이나 기분. 주로 '심령, 영혼, 인격'을 함축하는 말로서, 사람의 뜻이나 계획, 소망, 생명, 양심, 기쁨, 슬픔, 사랑, 미움, 번뇌, 공포, 의심 등을 모두 아우르는 한 인간의 전인격을 통칭한다(창6:5; 출4:14; 신6:5-6; 삼상16:7; 왕하6:11; 시22:26; 잠6:18; 렘4:9; 마5:8; 12:34; 롬7:25; 고전4:5; 골2:18).
따라서 '마음'은 생명의 힘이 일하는 장소이고, 종교·윤리(도덕) 생활의 중심이며, 하나님과의 관계가 가능한 교제의 처소요, 하나님의 계시를 수용할 수 있는 통로다. 그런 맥락에서, 마음은 하나님의 사랑과 하나님의 영이 머무는 처소(고후1:22; 4:6)인 동시에 하나님께 반항하는 악한 활동의 근원지이기도 하다(롬1:24). 참고로, 히브리인들은 '마음'을 신체의 일부(내장)로 생각하는 경향이 있었다(사16:11).

■**두 마음(double-minded)** – ① 마음이 나뉘어진 상태(약1:8). ② 선택의 기로에서 머뭇거림(대상12:33). ③ 겉과 속이 다른, 속이는 마음(시12:2; 119:113). ④ 하나님과 세상(우상)을 겸하여 섬기는 그릇된 태도(왕상18:21; 호10:2). 이상의 것들은 성도가 엄히 삼가야 할 자세다.

■**마음대로(presumptuously)** – 하고 싶은 대로. 생각나는 대로. 대개 하나님의 뜻과 계획에 반하는 행위를 가리킬 때 그 수식어로 쓰인다(겔13:17; 단11:36; 행5:4; 롬1:28).

■**마음 먹다(intend, resolve)** – 하고 싶은 뜻이나 생각을 가지다. 결심하다(고전4:6).

■**마음 문(heart's door)** – '마음'을 강조한 비유적 표현. 회개를 촉구하며 주님 영접을 권면할 때 사용되었다. 요한계시록 3:20을 배경으로 작사된 찬송가 102장, 529장, 530장 등에 언급된다.

■**마음에 두다(keep in mind)** – 잊지 않고 기억해 두다. 가슴에 간직하다(창37:11).

■**마음에 맞다(after one's own heart)** – 마음에 들다. 마음을 흡족하게 하다. 특히, 하나님의 뜻에 한치 어긋남 없이 하나님의 마음을 흡족하게 한 온전한 인생을 설명할 때 사용된 표현이다(삼상13:14; 행13:22).

■**마음에 합하다(after one's own heart)** – 마음에 들다. 만족하다(렘3:15). '마음에 맞다'와 동일한 표현이다(행13:22).

■**마음을 같이하다(be of one mind)** – ① 한 마음이 되다(삼상14:7; 고후13:11). ② 하나로 결합되다(행1:14). ③ 서로 조화를 이루다(롬12:16; 벧전3:8). ④ 같은 생각을 가지다(빌2:2).

■**마음을 높이다(be arrogant)** – 생각이 거만하다(단5:20; 딤전6:17). 이는 높은 지위와 많은 재물을 소유한 자들이 빠지기 쉬운 마음 상태다.

■마음을 다하다(with all one's heart) - 진실된 마음으로 온 정성을 쏟아붓다(신6:5; 삼상12:20; 왕상2:4; 시108:1; 잠3:5; 마22:37). 성경은 무슨 일을 하든지 마음을 다하여 주께 하듯 하라고 가르친다(골3:23).

■마음을 두다(set one's heart on, pay attention to) - 관심을 집중하다(시62:10; 전7:21; 롬12:16). 세심한 주의를 기울이다(잠27:23). 마음에 새기다(신6:6).

■마음을 쓰다(care) - 애정을 가지고 보살피다(삼하18:3). 안타까운 마음으로 애쓰다(단6:14).

■마음을 찢다(rend heart) - 가슴을 치고 철저히 뉘우치다. 애통하며 죄를 회개하다(욜2:13).

■마음을 품다(be inclined to, mind) - 마음 가운데 생각을 가지다(신15:10; 렘23:26; 롬11:20; 갈5:10; 빌2:2; 히3:12). 생각을 한쪽으로 기울이다. 하고 싶어하는 마음을 가지다(전9:3).

■마음의 할례(circumcision of the heart) - 마음의 변화를 통한 전 인격적 거듭남을 일컫는 관용적 표현이다. 이스라엘 백성은 육신의 할례를 자랑했지만 사도 바울은 마음의 할례를 하라고 가르쳤다(롬2:29). 또한, 선지자 예레미야는 '마음 가죽을 베라'(렘4:4)고 권고했다. 참고로, '손으로 하지 아니한 할례'(골2:11)도 같은 뜻이다.

■마음이 타다(deeply moved, yearn) - 마음이 몹시 달다. 간절하여 애가 타다. 몹시 걱정이 되어 조바심이 나고 답답하다(창43:30).

■마음판(tablet of heart) - 원뜻은 '양심, 마음, 심장.' 십계명의 두 돌판에 빗댄 표현(출34:4). 주로 여호와를 떠나 버린 사악한 마음을 경고할 때 사용되었다(렘17:1).

마지막 날(the last day) 종말의 때. ① 개인적으로는 인생을 마감하는 죽음의 순간을, ② 우주적으로는 하나님께서 온 세상을 최후 심판하시는 날이자 부활의 날(요6:39-40, 44, 54; 11:24; 12:48). 마지막 날의 다른 표현으로는, '말일'(사2:2-5), '여호와의 날'(욜3:14; 암5:18; 습1:7), '여호와의 큰 날'(습1:14), '예수 그리스도의 날'(고전1:8; 빌1:6), '구원의 날'(엡4:30), '주의 날'(살전5:2), '말세'(벧전1:20), '하나님의 날'(벧후3:12) 등이 있다.

마지막 날에 나타날 현상들로는, 큰 재앙(계15:1), 천재지변(벧후3:10), 그리스도의 재림(히1:2; 벧전1:20), 심판(요12:48; 히9:27) 등이 있다. → 종말, [2. 교리 및 신앙 용어] '종말'을 보라.

마지막 때(last hour, last times, time of the end) 어떤 일이나 사건이 완료되는 때. 정해진 기한이 끝나는 때. 세상 종말의 때(단11:40; 요일2:18; 유1:18).

막대기(staff) 가늘고 긴 나무나 대. 목자가 양 떼를 지킬 때 쓰는 방어 무기(시23:4). '힘, 권력, 왕권'(겔48:17), '징계나 형벌'(잠26:3), '하나님의 심판 도구'(사10:5) 등을 상징한다.

만경창파(萬頃蒼波, the boundless expanse of water) 한없이 넓은 푸른 바다나 호수의 맑은 물결을 가리킨다. 마가복음 4:35-41을 배경으로 한 찬송가 345장에 사용된 표현으로, 광풍이 몰아치는 고해(苦海) 같은 인생을 비유적으로 일컫는다.

만고(萬古, all ages) 아주 오랜 옛적. 한없이 오랜 세월. 개역개정판은 '영원'(유1:25).

만국(萬國, all the nations) 온 세상의 모든 나라들. 주로 하나님을 알지 못하는 이방 나라나 이방 세계를 가리킨다(신28:25; 대상16:26; 막13:10).

■만국 백성(萬國 百姓, all peoples) - 온 세상 사람들. 하나님께 경배 돌려야 할 마땅한 의무가 있는 세상 모든 사람들(찬송가 75, 115장). 이외에 세상 마지막 날 하늘 보좌 앞에서 영원토록 하나님을 찬양할 구원받은 성도를 가리키기도 한다(찬송가 40, 234장).

만군(萬軍, all the host) 수많은 군대. 우주에 존재하는 모든 것. 만물. 주로 '천사'(수5:14; 대하18:18; 시103:21), '피조물'(사34:4) 등을 일컫는다. '만상'(시33:6), '만물'(창2:1), '천군'(느9:6)으로도 번역할 수 있다.

■만군의 여호와(the Lord Almighty) - 온 세상 만물을 창조하시고 다스리시는 권능으로 가득 찬 하나님(창2:1; 시84:8; 사45:12). 누구도 견줄 수 없는 초월한 힘과 권세를 지닌 분(시89:8), 공의로

세상을 다스리시며 정의로운 심판을 행하시는 분(암3:13-15), 작정하신 모든 것을 이루시는 분(사10:23; 14:24,27; 17:3)을 강조하는 거룩한 하나님의 호칭이다.

만나(manna) '이것이 무엇이냐?'는 뜻. 이스라엘 백성이 광야 40년 동안 하나님으로부터 공급받았던 특별한 양식. 일명 '하늘 양식'(시105:40). 공급되는 방법이나 내리는 시간, 안식일을 대비한 보관 요령 등 모든 것이 인간의 상식을 초월했기 때문에 기적의 음식으로 여겨졌다(출16:20-30; 신8:3). 이는 생명의 떡이신 예수 그리스도를 예표한다(요6:49,58). → '양식'을 보라.

만대(萬代, all generations, eternity) 여러 대에 걸친 오랜 세월. 영원한 세월(사41:4; 골1:26). 만세(萬世). 만고(萬古). 참고로, '만대를 불러내다'(사41:4)는 '시대마다 사람을 불러내다', '역사의 과정을 정하다'란 뜻이다.

만물(萬物, all things) 세상에 존재하는 모든 물건. 하나님이 창조하신 모든 피조물. 만유(萬有). 하나님의 주권 아래 머무는 온 우주(시8:6). 이는, 하나님의 경륜과 섭리의 대상이요(롬11:36), 하나님에게 속한 소유물이다(신10:14).
 ■**만물의 머리**(head over all) - 하나님이 우주 만물의 창조주시요, 주인 되시며, 운행을 주관하시는 섭리자이심을 강조하는 표현. 일명 '만유의 머리'(대상29:11).
 ■**만물의 찌꺼기**(the refuse of the world) - 이 세상의 쓰레기처럼 비천한 존재를 일컫는 비유적 표현이다(고전4:13).

만민(萬民, all nations) 모든 백성. 모든 사람. 이는, 하나님의 구원 대상(욜2:28)인 동시에 하나님을 경배해야 할 의무를 가진 자들이다(시150:6).

만방(萬邦, all nations on earth) 세상 모든 나라(사2:2). 만국(萬國). 주로, 하나님을 알지 못하는 이방 나라나 백성을 일컫는다.

만복(萬福, all blessings, blessedness) 많은 복. 이 세상의 모든 복. 하나님만이 만복의 근원이 되신다(찬송가 1, 28, 279장).

만사(萬事, everything, every part) 모든 일(삼하23:5; 전11:5). 세상 사람들이 경험하는 여러 가지 많은 일. 성경은 범사에 기한이 있고 만사에 다 때가 있다고 가르친다(전3:1).
 ■**만사형통**(萬事亨通, do all things well) - 온갖 일이 모두 뜻한 대로 잘됨. 길과 진리와 생명이 되신 예수 그리스도의 인도하심을 따르는 것이 만사형통의 비결이다(찬송가 384장).

만세¹(萬歲, long live, hurrah) 오랜 세월. 오래오래 살면서 번영함. 대개 상대방에게 오래 살고 잘 되기를 축복할 때, 개선 군사들을 환대하여 환호할 때 감탄사(구호)로 사용되었다(삼상10:24; 삼하16:16).
 ■**만세 전**(萬歲 前, before the world begin) - 세상이 존재하기 전. 우주 만물이 창조되기 전. 일명 '영원 전'(잠8:23; 합1:12). 하나님의 영원성과 선재성(先在性)을 함축한 표현이다.

만세²(萬世, ages, all generations) 영원한 세월. 영원한 시간. 만대(萬代). 흔히 '만세 전'(萬世 前)으로 표현되며(고전2:7; 골1:26), 하나님의 구원 계획, 그리스도의 신성과 관련해 '세상 창조 이전'의 뜻으로 쓰인다. 드물게 '대대로, 모든 세대에 걸쳐'란 뜻도 갖는다(시45:17; 눅1:48).
 ■**만세 반석**(萬世 磐石, Rock of Ages) - 영원히 의지할 수 있고 변함이 없는 반석과 같은 분. 이는, 여호와 하나님(혹은 그리스도)의 별칭이다. 이사야 26:4, 마태복음 7:25, 고린도전서 10:4 등을 배경으로 하는 찬송가 가사에 등장한다(찬송가 74, 204, 386, 417, 494장).

만왕의 왕(萬王 - 王, King of kings) 세상 모든 왕들 가운데 가장 높으신 왕. 온 우주 만물을 다스리는 왕. 이스라엘 백성이 절대 유일하신 하나님을 가리키던 거룩한 호칭(단8:25). 신명기 10:17을 배경으로 한 표현이다. 신약에서는 '만주의 주'(딤전6:15)란 표현과 함께 예수 그리스도에게 사용된다(계17:14; 19:16).

만유(萬有, all, all things) 우주에 존재하는 모

든 것. 우주 만물(시149:5; 요10:29; 행3:21; 고전15:28; 엡4:6; 히1:2).

■**만유의 주**(Lord of all) - 세상 우주 만물을 다스리시는 주님(행10:36; 고전15:28). '예수 그리스도(또는 하나님)'의 별칭이다(찬송가 116장).

■**만유의 주재**(Lord of all things) - 우주 만물의 운행을 주관하며 다스리는 통치자(찬송가 32장).

만주의 주(萬主－主, Lord of lords) 세상 모든 주관자(통치자)들 가운데 가장 높으신 분(딤전6:15; 계17:14; 19:16). 만왕의 왕이신 예수 그리스도를 가리키는 별칭이다.

만홀히 여기다(漫忽－, spurn) 무심하고 소홀하다. 업신여기다. 여기서 '만'(漫)은 '문득 생각나는 대로 함'이란 뜻이다. 결국 '만홀'은 그때그때 생각나는 대로 함부로 하는 버릇 없는 행실을 일컫는다. 이는, 하나님을 경멸하는 불신적인 태도를 경고할 때 사용된다(사1:4).

맏아들(older son, firstborn) 첫 아들. 큰아들. 장남(창27:1; 마21:28). 고대 이스라엘 사회에서 맏아들은 다른 형제보다 두 배의 몫을 상속받았다. 성경문학적으로 '맏아들'은 '이스라엘 백성'(출4:22; 시89:25), '그리스도'(롬8:29; 골1:13-15,18; 계1:5), '성도'(히12:23) 등을 가리킨다.

말세(末世, the last days) 구약에서는 세상 종말적 의미보다는 '먼 미래'나 '훗날'을 가리키는 경우가 많다(신32:29). 신약에서는 종말적인 의미가 매우 강한데, 신학적으로는 '예수 그리스도의 부활 승천 이후 재림하기까지의 모든 기간', 그리고 그와 함께 '종말에 발생할 모든 징조와 재앙, 미래적 사건' 등을 통칭해서 일컫는다(행2:17; 히1:2; 벧전1:20). 결국 신약 시대는 넓은 의미에서 '말세'라 할 수 있고, 특히 주님께서 다시 오실 날이 더욱 가까운 오늘날을 소위 '말세지말'(末世之末)이라 할 수 있다. 유사한 표현으로 '마지막 날'(호3:5), '끝날'(미4:1), '말일'(사2:2), '주의 날'(살전5:2), '심판날'(요일4:17) 등이 있다.

말씀(Word) 하나님께서 뜻과 계획과 목적을 인간에게 알리시고, 또 섭리와 경륜에 따라 세계를 인도하시면서 목적하신 바를 성취시키는 데 사용하신 특수 수단(특별계시)을 말한다. 하나님의 말씀은 그 자체가 절대 권위를 지니며, 하나님은 한번 하신 말씀을 반드시 이루신다.

구약 시대에 하나님의 말씀은 '율법'(律法)과 '예언'(豫言)으로서 믿음의 족장(창15:1)과 모세(출4:30; 20:1), 및 선지자들(민22:38; 삼상15:10; 왕상17:2; 왕하7:1; 사1:10)을 통해 사람들에게 전달되었다. 그리고 신약 시대에는 구약의 율법(마15:6), 구약 성경구절(요10:35; 시82:6), 인류를 위한 하나님의 계획(눅11:28; 롬9:6; 골1:25-27), 그리스도의 교훈(설교, 설명, 메시지, 마4:17; 막2:2; 눅5:1; 8:11; 요5:38; 행4:31; 16:31-32; 계1:2)을 의미하기도 한다. 또 요한복음이나 요한서신에서는 '말씀'이 '그리스도' 자신을 가리키기도 한다. 즉, 그리스도는 '말씀'이며, 창조와 계시에 있어서 하나님의 대행자로서 '하나님의 말씀'으로 선포된다(요1:1-18; 요일1:1-14; 5:8; 계19:13). 결국 그리스도는 궁극적이며 최종적인 하나님의 능력의 말씀(계시)이시다(히1:1-3). → [2. 교리 및 신앙 용어] '로고스'를 보라.

말씀을 가리키는 표현들

하나님의 말씀을 가리켜, '성경'(요5:39; 롬1:2; 고전15:3; 딤후3:15), '두루마리 책'(시40:7), '여호와의 책'(시34:16), '율법책'(느8:3; 갈3:10), '율법의 말씀'(느8:9,13), '여호와의 말씀'(시12:6; 18:30), '여호와의 율법'(시1:2), '하나님의 도'(시18:30), '증거의 말씀'(시8:16), '진리의 글'(단10:21), '천국 말씀'(마13:19), '하나님의 말씀'(눅11:28; 롬3:2; 딛2:5; 히4:12; 벧전4:11), '영생의 말씀'(요6:68), '은혜의 말씀'(행14:3; 20:32), '주의 말씀'(행8:25; 13:49), '복음의 말씀'(행8:4), '구원의 말씀'(행13:26), '그리스도의 말씀'(롬10:17), '성령의 검'(엡6:17), '선포된 말씀'(딤후4:17), '진리의 도'(벧후2:2), '화목하게 하는 말씀'(고후5:19), '하나님의 선한 말씀'(히6:5), '생명의 말씀'(빌2:16), '진리의 말씀'(고후6:7; 딤후2:15), '구원의 복음'(엡1:13), '의의 말씀'(히5:13), '믿음의 말씀'(롬10:8), '책'(계22:19) 등이라 한다.

말일(末日, **the last days**) 정해진 기간의 마지막 때. 주로 종말론적 입장에서 '세상 마지막 날'을 가리킨다(사2:2; 렘49:39). → '말세'를 보라.

맘몬(**Mammon**) 셈어에서 기원한 것으로 보이는 이 말은 '부'(富), '돈', '재물', '이익'이라는 뜻을 지닌다. 예수님의 말씀 중에 나오는 이 말은(눅16:9,11), 단순히 '재물, 부'(mammon)를 가리키기도 하고 '재물의 신'(Mammon)을 가리키기도 한다. 예수님은 하나님과 재물(맘몬)을 겸하여 섬기지 못한다고 말씀하셨다(마6:24). → '돈', '물질'을 보라.

망령되다(妄靈 -, **godless, profane**) 국어사전에는 '늙거나 정신이 흐리어 말이나 행동이 정상적인 상태에서 벗어나 있다'고 해석했다. 기독교에서는 본질상 '거짓되고 공허한' 것, 신앙윤리상으로 '이교도적이며 타락하고 부정한' 것, 하나님과 관련해서는 '신성을 모욕하고 경건하지 않은' 것을 뜻하는 말로 쓰인다(출20:7; 삼상13:13; 대하28:19; 시15:4; 잠6:19; 렘10:15; 딤전1:9; 4:7; 6:20; 히12:16).

■**망령된 일(행실)** - 하나님의 뜻을 거스르는 불경스럽고 신성 모독적인 제반 언행을 말한다. 예를 들면, 우상 숭배(대하28:2-3,16-19; 렘10:14-15), 음행(삿19:22-24; 렘29:23), 헛된 맹세(신5:11), 사술(신18:9-14), 거짓 증언(잠6:19; 19:28) 등이 여기 속한다. 이런 행실들은 하나님을 노엽게 하여(사9:17), 결국 심판을 받고(수7:15,25-26), 죽음에 이르게 한다(삿20:6).

매인 자(- 者, **slave**) 자유가 없고 속박된 자. 누구의 소유가 된 자. 곧 '노예'나 '종'을 가리키는 완곡한 표현이다(왕상14:10; 21:21; 왕하14:26).

맹세(盟誓, **oath**) 꼭 이루거나 지키겠다고 다짐함. 하나님 앞에서 약속한 바를 반드시 이루겠다는 서약(신7:8). 혹은 신의를 지키기 위해 사람과 사람 사이에 행하는 약속(창26:28). 성경에는 성급하고 경솔하게 함부로 맹세하지 말라고 가르친다(마5:33-36; 약5:12). 한편 하나님께서 친히 맹세하시는 경우도 있다. 물론 하나님은 자신보다 더 높은 존재가 없으시기 때문에 스스로를 두고 맹세하신다(신32:40; 시89:35; 렘44:26).

머리(**head**) 사람이나 짐승의 목 위 부분. 두부(頭部, 창3:15). 사물의 꼭대기나 정상(출36:38; 민21:20). 강이나 거리, 길이의 처음이나 시작(창2:10; 출12:2; 사51:20). 왕이나 족장 등 무리(공동체)의 지도자나 우두머리(사7:8).

■**교회의 머리**(**the head of the church**) - '교회의 머리'란 교회를 주관하시며 경영하시는 분, 곧 예수 그리스도를 가리킨다(엡1:22; 골1:18).

■**머리와 관련된 관용적 표현** - ① '머리를 들다'는 '존귀하게 되다'(시27:6), ② '내 머리의 투구'는 '나의 보호자'(시60:7), ③ '머리가 되다'는 '탁월한 존재가 되다'(신28:13), ④ '머리가 그 몸에 붙어 있다'는 '죽지 않고 살아 있다'(왕하6:31), ⑤ '머리가 물이 되다'는 '눈물로 뒤범벅이 되다'(렘9:1), ⑥ '머리가 위태하다'는 '생명이 위급하다'(대상12:19), ⑦ '머리 둘 곳이 없다'는 '편히 쉬며 안식할 곳이 없다'(마8:20), ⑧ '머리를 가리다'는 '극도의 슬픔과 수치를 당하다'(삼하15:30), ⑨ '머리를 높이 들다'는 '교만하며 우쭐대다'(욥10:16), ⑩ '머리를 밀다'는 '과거의 그릇된 삶을 청산하다'(신21:12), ⑪ '머리를 싸다'는 '큰 수치와 모욕을 당해 실의에 빠지다'(에6:12), ⑫ '머리를 치다'는 '교만을 꺾다'(렘23:19), ⑬ '머리에 기름을 바르다'는 '몸을 단정히 치장하다'(마6:17), ⑭ '머리에 재를 뿌리다'는 '애통하고 탄식하다'(수7:6; 삼하14:2; 욥2:12), ⑮ '머리 위로 타고 가다'는 '모욕과 압제를 가하다'(시66:12), ⑯ '센(흰) 머리'는 '백발 노인'(창42:38; 레19:32), ⑰ '핀 숯을 머리에 놓다'는 '부끄럽게 만들다'(잠25:22; 롬12:20), ⑱ '머리를 흔들다'는 '조롱하다'(시22:7; 렘18:16; 애2:15; 마27:39) 등이 있다.

머릿돌(**capstone**) 건축물의 근간이 되는 기초석. 정초석(定礎石). 교회의 기초석이신 예수 그리스도(시118:22; 마21:42; 막12:10; 눅20:17)를 상징한다. '모퉁이의 머릿돌'로도 표현된다(행4:11; 벧전2:7). → '모퉁잇돌'을 보라.

먼저 나신 이(**firstborn**) 세상이 창조되기 이전 곧 모든 피조물보다 먼저 계신 자(골1:15,18). 영원 전부터 계시는 자. 예수 그리스도의 신성(神性)

을 나타내는 별칭(요1:1). → [2. 교리 및 신앙 용어] 그리스도의 선재를 보라.

먼저 된 자(- 者, first) 먼저 복음을 들은 자(마19:30; 20:16). 모든 면에서 다른 사람보다 뛰어나다고 자부하는 자. 특히, 먼저 선택받은 유대인을 가리키기도 한다(막10:31; 눅13:30). 예수께서는 마지막 심판의 때에 "먼저 된 자로서 나중 되고 나중 된 자로서 먼저 될 자가 많다."고 선언하심으로써 믿음의 자만을 경계하시는 동시에 이 땅에서 하찮게 보이는 신앙인들에게 믿음의 용기를 북돋워 주셨다(마19:30).

먼지(dust) 가늘고 부드러운 티끌(사40:15). 하찮고 미미한 것을 상징하며, '티끌'로도 번역된다(행13:51; 22:23; 계18:19). → '티끌'을 보라.

■ **발의 먼지를 떨다**(shake the dust off one's feet) - 이방인의 땅에서 여행하고 돌아온 유대인이 본토 곧 거룩한 땅으로 들어가기 전에 발의 먼지를 제거하는 습관에서 나온 표현으로, 부정한 것은 지극히 사소한 것이라도 제거하려는 유대인의 철저한 정결 의식(意識)을 대변해 준다(마10:14; 막6:11; 눅9:5).

즉, 이 같은 행동에는 '나와 부정한 이방인과는 아무 상관이 없다', '상대방과의 교제를 완전히 끊는다'는 뜻이 담겨 있다. 또한, 복음을 거절하는 무리에 대한 하나님의 심판을 상징하는 행동이기도 하다(마10:14).

멍에(yoke) 두 마리의 소나 나귀 목에 얹어 쟁기나 수레를 끄는 목재 도구(민19:2; 삼상6:7). 전쟁 포로나 노예의 목에 씌우는 굴종의 도구(왕상12:9; 대하10:4). 이것은 '억압, 복종, 강제 노역, 죄짐'(왕상12:4; 렘5:5; 28:13; 애1:14; 딤전6:1) 등의 상징적인 의미를 지닌다. 반대로, '멍에를 벗는다'는 자유와 구원을 상징한다. 참고로, 함께 멍에를 멘 두 마리의 가축을 '겨리'라고 한다(삼상14:14; 왕상19:19,21; 욥1:3; 42:12).

■ **멍에를 같이한 자**(yokefellow) - ① 같은 신앙을 가진 믿음의 동역자(빌4:3). ② 혼인한 부부(고후6:14).

■ **멍에를 벗다, 멍에를 꺾다**(take off one's yoke, break off one's yoke) - 얽매였던 것, 짐스러웠던 것에서 벗어나다. 특히, 구원이나 해방을 상징한다(창27:40; 렘2:20; 마11:29-30).

■ **멍에의 빗장**(the bars of yoke) - 두 마리 가축에게 멍에를 씌울 때 어깨 위에 눌러 멍에가 흔들리지 않도록 단단히 고정시키는 가로대. 혹독한

멘토링
(mentoring)

'멘토링'은 지혜와 경험, 도울 수 있는 능력과 따뜻한 마음을 가진 멘토(mentor)와 조언과 정서적 지원 등을 필요로 하는 멘티(mentee 또는 mentoree)가 만나 믿음과 신뢰로 서로를 지지해 주는 과정을 뜻한다. 이때 멘토는 학습이나 기술 전수만 담당하는 것이 아니라 친구로 지지자로 혹은 성실한 조언자와 현명한 스승으로서의 역할을 담당하게 된다.

이에 비해 멘티는 멘토의 도움을 받아 자신의 일, 조직생활과 관련된 지식과 태도 등을 포함해 인생을 살아가는 과정에서의 개인적 고민 상담과 코칭(coaching), 피드백(feedback)까지 받는 사람으로, 멘토를 롤 모델(role model)로 삼아 그를 닮아가기도 한다.

멘토링은 1:1의 상호작용 관계라 할 수 있으나 현실적으로 다양한 수의 멘토와 멘티가 관계하는 멘토링도 있다. 모세와 여호수아, 엘리야와 엘리사, 예수님과 12제자, 바울과 디모데가 좋은 예이다.

■ **멘토링의 유래**(the origin of mentoring) - 고대 그리스의 작가 호머(Homeros, B.C.800?-750년)의 서사시 '오디세이'(the Odyssey)에 나오는 이타카 왕국의 오디세우스(Odysseus) 왕의 가장 친한 친구였던 멘토르(Mentor)가 오디세우스 왕이 20여년 동안 전쟁을 치르는 동안 왕의 아들 텔레마쿠스를 맡아 그의 친구요 스승이자 상담자, 때로는 아버지가 되어 그를 훌륭한 사람으로 양육한 것에서 유래했다.

그 후로 '멘토'라는 이름은 지혜와 신뢰로써 한 사람의 인생을 이끌어주는 인생의 안내자요 지도자, 본을 보이는 사람, 자기 내면을 드러내놓고 고민을 나눌 수 있는 상담자, 훌륭한 스승이라는 의미로 사용되고 있다. 멘토링은 멘토가 왕의 아들을 훌륭히 양육하기까지의 과정에서 비롯된 표현이다.

폭정과 압제를 상징한다(레26:13).

메마른 땅(parched land, thirsty ground) 사람이나 동식물이 거처하기 힘든 광야나 사막 등을 일컫는 시적 표현(욥30:3; 사35:1,7). 이는, 하나님의 명령을 거역하는 자들이 당할 형벌이나 비참한 상황을 일컫는다(시68:6; 찬송가 391장). → 광야를 보라.

멜기세덱(Melchizedek) '의(義)의 왕'이란 뜻. 살렘(예루살렘)의 왕이며 제사장. 부모도, 족보도, 출생일도 알 수 없고, 생명도 끝이 없어 신적 존재를 방불케 하는 자다(히7:3). 가나안 북방 연합군과의 싸움에서 이기고 돌아온 아브라함을 환대하고 지극히 높으신 하나님의 이름으로 아브라함을 축복했다. 이에 아브라함은 그에게 전리품의 십분의 일(십일조)을 바쳤다(창14:18-20).
다윗은 시편에서 이 멜기세덱을 왕이요, 영원한 제사장이라 부름으로써(시110:1,4), 그를 장차 올 메시야의 예표적 인물로 보았다. 히브리서 저자는 멜기세덱이 ① 왕과 제사장이란 이중 직책을 가진 점, ② 그의 이름대로, 그가 '의(체덱)의 왕(멜렉)'이며, 또 '살렘'('평강'이란 뜻)의 왕이며, 지극히 높으신 하나님의 제사장이란 점, ③ 출신, 부모, 족보, 나이도 알 수 없고 갑자기 역사에 등장했다가 사라진 신비한 인물이란 점, ④ 아브라함보다 더 높은 신분이란 점, ⑤ 다윗이 레위 계통의 제사장이 아닌 멜기세덱 계열의 또 다른 제사장을 언급하고 있다는 점(시110:4)을 들어 멜기세덱을 영원한 대제사장이신 예수 그리스도의 예표로 보았다(히5:6-10; 6:20; 7장).
■**멜기세덱의 반차**(- 班次, the order of Melchizedek) - 멜기세덱의 계통(계열, fixed order)을 잇는 예수님의 신적 기원(히5:6,10; 6:20; 7:11)을 설명할 때 사용된 표현. 여기서 '반차(班次; order)'란 반열(班列), 곧 '차례, 순서, 서열'이란 뜻이다(히5:6,10).

면류관(冕旒冠, crown) 왕 또는 높고 존귀한 자가 정복(正服)을 입을 때나 연회 때 쓰는 화려한 관(冠, 대하23:11; 잠4:9). 고대 올림픽 경기를 비롯한 운동 경기에서 승리자에게 주던 영예로운 관(고전9:25; 딤후2:5). 이들에게는 대개 야생종 화란반디(미나리 일종)나 월계수로 된 화관(花冠)이 수여되었다. 성경에서 면류관은 '영광과 존귀', '권위와 승리', '자랑' 그리고 하늘의 상급을 상징한다(빌4:1; 살전2:19; 계2:10). → '상급'을 보라.

면책(面責, rebuke) 마주 대하여 책망함. 앞에서 직접 말로 꾸짖음(시80:16; 잠27:5). 위신이나 체면을 봐주지 않고 면전에서 잘못을 따지며 나무라는 것을 가리킨다(갈2:11).

멸망(滅亡, destruction, ruin) 망하여 없어짐. 파멸(破滅). 구약에서는 주로 '죽음'이나 '스올'(음부, 무덤)의 뜻을 가지며(삼하22:5; 욥26:6; 시18:4; 88:11; 사38:17), 전쟁이나 재앙, 다툼 등의 표현과 함께 언급된다. 신약에서는 '지옥'이나 '영원한 형벌'과 동의어로 사용된다(빌1:28; 벧후3:7).
■**멸망의 구덩이**(pit of destruction) - '지하 세계나 음부'를 일컫는 시적 표현이다(사38:17). '무덤'(시88:11), '스올'(욥26:6)이라고도 한다.
■**멸망의 빗자루**(broom of destruction) - 빗자루로 쓸어 버리듯이 남김없이 말끔하게 심판한다는 뜻의 시적 표현이다(사14:23).
■**멸망의 자식**(the one doomed to destruction) - 스승을 배신하고 목숨을 끊은 가룟 유다의 별명(요17:12). '멸망의 아들'(살후2:3)이라고도 한다. '적그리스도'의 별칭이기도 하다(살후2:3).
■**멸망자**(滅亡者, ravage) - 멸망시키는 사람. 대적이나 원수를 일컫는 시적 표현(시35:17).

멸하는 자(滅 - 者, destruction) 멸망시키는 자. 이는 ① 원수, 대적자, 적의 군대(욥15:21; 사49:17; 렘4:7; 22:7)를 가리키기도 하고, ② 하나님의 거룩한 뜻을 받들어 심판을 수행하기 위해 보냄 받은 죽음의 천사(하나님의 사자)를 가리키는 경우도 있다(출12:23; 삼하 24:15-16; 왕하 19:35; 고전 10:10).

명담(名談, saying) 사리에 맞고 공감할 수 있는 훌륭한 말. 유명한 격언. 특히, '전도자들의 가르침'을 말한다(전12:11 난외주).

명철(明哲, understanding) 총명하고 사리가 밝음(창41:39; 대하2:12; 욥12:12; 시49:3). 종종 지

혜와 함께 언급되거나 지혜와 동의어로 쓰이는데, 하나님이 주신 선물로 여겨진다(잠2:6).

모독(冒瀆, blaspheme) 침범하여 욕되게 함. 주로, 하나님의 거룩한 신성을 더럽히고 욕되게 하는 불경죄를 뜻한다(레24:11; 눅12:10; 행26:11). → '신성모독'을 보라.

모략(謀略, sense) 타인을 해치려고 쓰는 꾀나 속임수(삼하15:34). 책략(策略). 지혜 또는 지혜로운 조언이나 충고(신32:28; 잠20:5).

모사(謀士, counselor) 남을 도와 꾀를 내는 사람. 계책을 세우는 사람. 지략이 뛰어난 왕의 상담자 내지 조언자(삼하15:12; 에1:14; 사1:26; 단3:2). 왕 다음가는 2인자를 가리키기도 한다.

모사는 넓은 의미에서 '부모'(잠1:8), '장로'(겔7:26), '선지자'(대하25:16), '지혜자'(렘18:18)를 가리키기도 한다. 그리고 성경문학적으로, 모사 중에 최고의 모사는 '하나님'(시16:17; 32:8; 73:24)이시요, '성령' 이시다(요14:16; 롬11:34).

모태 신앙(母胎 信仰, be born a faith) 문자적으로 '어머니의 태(胎)에 있을 때부터 가지게 된 신앙'이란 뜻으로, 자기 의지나 결정권과는 상관없이 태어나면서부터 부모(혹은 모친)에게서 전수받은 신앙을 가리킨다(딤후1:5).

모퉁잇돌(capstone, conerstone) 건물의 모퉁이에 놓여 벽을 지탱해주는 큰 주춧돌. 건물에서 가장 중요한 기초석 역할을 한다(욥38:6; 시144:12). 이는, '안전한 기반', '보호' 등을 상징한다(욥38:6; 사28:16; 렘51:26). 신약에서는 교회의 기초되실 머리가 될 뿐 아니라 유대인과 이방인을 하나 되게 하시는 예수 그리스도를 상징한다(마21:42; 행4:11; 엡2:20-21; 벧전2:4,5,7). → '머릿돌'을 보라.

목(neck) 척추동물의 머리와 몸통을 잇는 부분. 목구멍의 준말. 상징적 용례로는, ① '목을 굳게 하다'는 고개를 숙일 줄 모르고 거만하다(느9:16). ② '목을 꺾다'는 죽이다(출13:13). ③ '목을 발로 밟다'는 완전하게 굴복시키다(신33:29; 수10:24; 고전15:25). ④ '목이 곧다'는 완악하고 패역하다(신31:27; 대하36:13; 잠29:1). ⑤ '늘인 목(사3:16)은 잔뜩 힘을 주며 으스대는 교만한 상태. ⑥ '상아 망대 같은 목(아7:4)은 매우 아름답고 우아한 자태. ⑦ '목이 눌린다'는 핍박(애5:5). ⑧ '목에 멍에가 채워진다'는 속박(창27:40; 렘27:8,11-12; 행15:10). ⑨ '목에서 멍에가 벗겨진다'는 포로에서 해방(렘30:8; 호11:4). ⑩ '목을 잡는다'는 정복과 위협(창49:8). ⑪ '목에까지 미치다'는 급박한 상황이 닥치다(사8:8; 30:28). ⑫ '목이 갈하다'는 욕망이나(렘2:25) 영적 갈증(시69:3). ⑬ '목에 칼을 두다'는 절제(잠23:2)를 뜻한다.

목격자(目擊者, eyewitness) 눈으로 직접 본 사람. 특히, 생명을 걸고 진리를 증언하는 '증인'(證人)을 뜻한다. 사도 요한은 자신이 주 예수님의 복음 사역에 관한 모든 것을 직접 목격한 증인이라 소개한다(눅1:2).

목마르다(thirsty) 갈증이 심해 물이 몹시 마시고 싶다(신28:48; 사48:21; 요4:13). 무엇을 간절히 소망하다(마5:6). 물이 부족한 팔레스타인의 기후와 연관되어 자주 사용되는데, 특히 '목마른 자'란 영적인 갈증(기갈)을 느끼는 경건한 인격을 가리킨다(사55:1; 찬송가 526장).

목사(牧師, pastor) 교회를 맡아 다스리고 성도를 지도하는 교역자(엡4:11). 같은 원어가 양을 먹이고 보살피는 '목자'에게도 사용되었다(마9:36; 25:32; 26:31; 막6:34; 요10:2). 특히 '그리스도'는 양무리를 이끄는 선한 목자로 불렸다(마26:31; 막14:27; 눅2:8; 요10:2; 히13:20; 벧전2:25). 사도 바울과 베드로는 목사의 직분이 양(성도)을 먹이고 기르는 데 있음을 분명하게 가르친다(행20:28; 벧2:25; 5:1-4). 일명 '가르치는 장로.' → [3. 행정 및 교육 용어] '목사', '장로'를 보라.

목자(牧者, shepherd) 양치는 사람. 양을 먹이고, 맹수나 도둑으로부터 지켜야 할 책임이 있었다(삼상17:34-35; 사31:4; 암3:12). 그래서 때론 밤을 낮 삼아 양을 지켜야 했고(눅2:8), 심지어 목숨을 걸고 위험에 노출된 양들을 구해야 했다(요10:11-17).

이런 모습에서 목자는 때로 '하나님'(시23:1; 사40:11), '예수 그리스도'(마26:31; 요10:1-18; 히13:20), '백성의 지도자'(삼하5:2; 시78:70-72; 사44:28; 렘3:15; 23:4), '교회의 지도자'(행20:28-30; 벧전5:2-4) 등에 비유된다. 특별히 예수 그리스도는 '양들의 큰 목자'(히13:20)요, '목자장'(벧전5:4)으로 묘사된다.

■**목자장**(牧者長, the Chief Shepherd) - 양치는 목자들의 우두머리(삼상21:7; 벧전5:4). '양들의 큰 목자'(히13:20)이신 '그리스도 예수'(벧전5:4)를 지칭한다.

목장(牧場, pasture) 양이나 마소 등을 치거나 놓아 기르는 넓은 땅(창47:4; 대상4:39-41; 시32:14). 가축이 풀을 먹을 수 있도록 초지(草地)가 잘 발달된 넓은 들이나 나즈막한 산. 푸른 초장(草場). 성경에서 목장은 '가나안 땅'(시83:12), '하나님 나라'(시79:13; 사49:9-10), '생활의 넉넉한 터전'(시65:11-13) 등을 상징하곤 한다. 오늘날 교회 행정 조직의 최소 단위에 해당하는 '구역'(셀, 순, 다락방, 속회 등)을 가리키는 말로도 쓰였다. →[3. 행정 및 교육 용어] '구역', '목장'을 보라.

목회(牧會, pastoral care) → [3. 행정 및 교육 용어] '목회'를 보라.

목회자(牧會者, pastor) → [3. 행정 및 교육 용어] '목회자'를 보라.

몸(body) (사람이나 동물의) 머리에서 발까지 또는 거기에 딸린 것을 통틀어 일컫는 말. 사람의 몸은 흙으로 이루어졌지만(창2:7; 3:19), 하나님께서 친히 만드셨기 때문에 소중하게 여겨졌다(창1:26-27; 5:1,3; 9:6; 시139:4). 구약의 히브리인들은 육신과 영혼을 구분하지 않고 몸 자체를 사람의 전인격으로 이해했다(합3:16). 그래서 몸이 부정하면 곧 전인격이 부정한 것으로 생각했다. 또 몸의 한 기관인 심장, 창자, 신장(腎臟) 등은 인간의 감정이 거하는 처소로 보았다.

한편, 오늘날처럼 영혼과 육신을 구분하게 된 것은 구약 시대 후반에서 신약 시대로 오면서부터다(마10:28; 약2:26). 그래서 신약에서 몸은 세상에 속한 것이며, 일시적이고, 연약한 것으로 묘사되었다(롬6:12; 7:24).

■**몸의 용례** - ① 유한하고 소멸된다는 측면에서 '장막 집'(고후5:1), '흙 집'(욥4:19), '장막'(벧후1:13), '질그릇'(고후4:7)이라 했다. ② 거룩한 측면에서 '하나님의 성전'(고전3:16-17)이요 '성령의 전'(고전6:19)이라 했다. ③ 그리스도와 교회와의 관계에서 보면, '교회'는 '그리스도의 몸'으로, '그리스도'는 '교회의 머리'로 묘사된다(엡1:22-23; 4:4; 5:23; 골1:18-24). 또 교회는 많은 지체로 이뤄져 있고(롬12:5; 고전12:12), 성도는 그리스도 안에서 한 몸이요 한 지체이다(고전10:17).

몽학선생(蒙學先生, supervision, schoolmaster) 어린아이들을 가르치는 선생. 헬라에서 주인의 자녀가 6-7세 되면서부터 성인(보통 12살 혹은 15-16세)이 될 때까지 일상적인 시중(의복, 식사, 교양 등)을 들고 학교까지 안전하게 인도하며, 성인이 될 때까지 후견인으로서 책임을 맡았던 전문 노예를 말한다. 복음 시대 이전에 주 예수께로 인도한 율법의 초보적인 역할을 말할 때 사용되었다(갈3:24-25). 일명 '초등 교사.'

무거운 짐(heavy burden) 무게가 많이 나가는 짐(삼하14:26). 감당하기 어려울 만큼 힘겨운 부담이나 책임(욥7:20; 마23:4). 정도가 심하고 대단한 것(잠27:3). 인생이 감당해야 할 수고롭고 귀찮은 일(사1:14; 마11:28; 찬송가 191장). 고된 노역(출1:11; 사10:27). 죄악의 중대함(시38:4; 찬송가 246장) 등을 나타낸다. → '죄'를 보라.

무궁하다(無窮 -, infinite, forever) 끝이 없다. 한이 없다. 이는 하나님의 능력, 지혜, 사랑 등 하나님의 속성(욥36:5; 시102:24; 사9:7)이나 심판의 영원함(단12:2)을 나타내며, '영원 무궁하다'(출15:18; 시10:16; 엡3:21), '세세 무궁하다'(롬16:27; 빌4:20; 딤후4:18; 히13:21; 벧전5:11)로 표현된다. → '영원'을 보라.

무릎(knee) 정강이와 넓적다리 사이의 관절 앞부분. 비유적으로, ① '떨리는 무릎'은 겁에 질려 용기를 잃다(사35:3), ② '무릎이 약한 자'는 심신이 쇠약한 자(욥4:4)를, ③ '무릎을 꿇다'는 존경의 예를 표하거나 경배할 때의 자세를 말한다(왕상

19:18; 왕하1:13). 그래서 이스라엘 백성은 기도할 때 무릎을 꿇고 손을 하늘로 폈으며(왕상8:54), 예수께서도 겟세마네에서 최후의 기도를 하실 때 무릎을 꿇으셨다(눅22:41).

무소부재(無所不在, Omnipresence, Ubiquity) 존재하지 않는 곳이 없음. 어디에나 다 있음. 이는 하나님의 초월성과 편재성을 강조할 때 사용되는 표현이다(왕상8:27; 렘23:24). 물론, 하나님은 모든 시공간에 내주하시지만 조금도 구속받지 않으신다(시139:8; 행17:27). 그러므로 만물 속에 신이 존재한다는 범신론(汎神論)과 구별된다. → [2. 교리 및 신앙 용어] '범신론'을 보라.

무소불능(無所不能, can do all things) 능히 하지 못할 것이 없음. 못하실 일이 없음(욥42:2). 무소불위(無所不爲). 이는 하나님의 우주적이고 초자연적인 능력이나, 하나님의 전능하심을 강조할 때 사용되는 표현이다(욥40:15; 41:1).

무지개(rainbow) 대기중에 떠 있는 무수한 물방울이 햇빛, 공기와 절묘한 조화를 이루며 반사·굴절 현상을 일으켜 태양과 반대 방향 하늘에 고운 일곱 색의 반원형으로 나타나는 현상. 노아 대홍수 후 다시는 물로 세상을 심판하지 않겠다는 하나님의 언약의 표시다(창9:13-17). '평화, 하나님의 영광'(겔1:28; 계4:3) 등을 상징한다.

무질서(無秩序, disorder) 질서 없고 어지럽거나 불안정하고 혼란한 상태. 주로 ① 정치·사회적인 혼란(눅21:9), ② 근심으로 인한 마음의 어지러움(고후6:5), ③ 다툼과 분쟁으로 인한 교회의 동요와 소란스러움(고전14:33)에 언급된다. '어지러움'(고전14:33), '규모 없음'(살후3:7)이라고도 함.

무할례자(無割禮者, uncircumcised man) 할례 받지 않은 자. 이방인을 가리키는 관용적 표현이다(행11:3). 유대인에게 육체적 할례는 선민의 표시이며 구원의 필수 조건이었다. 그러나 사도 바울은 육신의 할례가 아닌 마음의 할례가 참 할례라 가르쳤다(롬2:28-29).

무화과나무(無花果 -, fig tree) 뽕나뭇과(科)의 낙엽 관목. 키는 3-5m 가량 크며 매끄러운 나무 껍질로 덮인 가지에는 넓은 손바닥 모양의 수많은 잎들이 달린다. 암수로 된 꽃이 피지만 겉으로는 꽃이 보이지 않아 무화과나무라 한다. 소아시아의 건조 지대가 원산지로, 팔레스타인에 일찍이 이식되어 널리 재배되었다. 그래서 팔레스타인 지방을 '무화과나무와 포도나무의 땅'이라 부른다(민13:23).

팔레스타인을 대표하는 3대 식물 중에 하나인 무화과나무는 '평화와 번영'(왕상4:25; 미4:4; 슥3:10)을, '무화과나무 아래 앉는 것'은 지극히 이상적인 환경을(미4:4), '마른 무화과나무'는 국가의 재난을(렘5:17; 호2:12; 욜1:7,12), '열매 없는 무화과나무'는 결실 없는 신앙을 각각 상징한다(마21:19; 눅13:6-9).

무흠(無欠, nothing wrong) 흠이 없음. 법적으로 결격 사유가 없고, 윤리 도덕적으로 정결하며, 영적으로 온전함을 나타낸다(히8:7).

묵상(默想, meditation) 마음속으로 묵묵히 기도함. 정신을 모아 잠잠히 생각함. 묵상은 예배나 영적 갱생은 물론, 정신적인 재충전이나 영혼의 만족과 즐거움, 명철과 형통함 그리고 하나님과의 교제를 위한 매우 유익한 신앙 행위이다(창24:63; 수1:8; 욥15:4; 시63:56; 77:3,6; 104:34; 119:99). → '큐티'를 보라.

묵은 땅(unplowed ground) 오랫동안 방치되어 잡초가 무성하고 가시와 엉겅퀴가 우거져 파종할 수 없는 땅. 잡초나 해충을 박멸한 후 땅을 다시 기름지게 만들기 위해 씨를 뿌리지 않고 묵혀 둔 땅(출23:11; 레26:34-35; 잠13:23). 영적으로는, 부패하고 완고한 마음 상태를 상징한다(렘4:3).

■**묵은 땅을 기경하다**(break up one's unplowed ground) - 지난날의 죄악되고 패역한 삶을 청산(회개)하고 하나님을 찾으며 영적으로 적극적인 개혁의 자세를 취하다는 뜻이다(호10:12).

묵허(默許, tacit permission, connivance) 아무 말 하지 않고 넌지시 허락함. 보고도 모른 체하고 그대로 넘어감. 묵인(默認). 있는 그대로 하는 그대로 놓아두거나 방임함(행14:16). 역사를 주관하시는 하나님의 통치의 한 방법이기도 하다.

문(門, **gate, door**) 여닫게 해 놓은 물건. 건물의 출입을 용이하게 만든 곳. 대개 나무로 만들어졌으나 성문과 같이 넓고 큰 것은 금속으로 제작되기도 했다(시107:16; 사45:2). 또 넓은 문은 가운데 한 번 접도록 되어 있었으며(사45:1), 통제를 용이하게 할 수 있도록 빗장(신3:5; 삼하13:7)과 자물쇠가 있었다(삿3:23).

문은 단순히 출입구 이상의 의미를 가진 것으로서, 가족이나 한 집단의 소속 또는 안전과 보호를 상징했다(출12:7,13,22-23). 그래서 문 이외의 다른 곳으로 출입하는 자는 악한 존재로 인식되었다(요10:1-2).

■**문과 관련된 비유적 표현** – ① 원수의 성문을 가리키는 '대적의 문'(창22:17), ② 하늘 도성의 문을 일컫는 '영원한 문'(시24:7), ③ 죽음의 문턱을 일컫는 '사망의 문'(시107:18), ④ 의로운 자만 출입할 수 있는 '의의 문'(시118:19), ⑤ 의인의 호의를 뜻하는 '의인의 문'(잠14:19), ⑥ 예루살렘을 가리키는 '만민의 문'(겔26:2) 등이다. 그외에 '문'은 '입술'(시141:3; 미7:5), '자궁'(욥3:10), '타인의 아내'(욥31:9)를 풍자하기도 한다.

■**문빗장**(**bolt of gate**) 문을 잠글 때에 가로지르는 쇠 막대기나 나무 막대기. 이는, 강력한 국방력을 상징한다(신33:25; 렘51:30).

■**문설주**(**side of the doorframe, post**) – 문짝을 끼워달려고 중방과 문지방 사이 문의 양편에 세운 기둥. 일명 '설주'. 출애굽 당시 이스라엘 백성은 문설주에 유월절 어린 양의 피를 발라 애굽에 내린 장자 재앙을 면할 수 있었다(출12:1-13). 그 후 모든 이스라엘 백성은 오직 여호와만 사랑하라는 신명기 6:4-9과 11:13-21 말씀을 기록한 메주자(Mezuzah)를 문설주에 달고 하나님의 말씀을 기억한다.

문서선교(文書宣敎, **Literature mission work**) 각종 출판물을 매체로 하여 전개되는 복음 전파 사역을 가리킨다. 선교 매체로 쓰여지는 출판(인쇄)물로는, 전도지나 교회 주보(소식지) 등과 같은 소규모의 인쇄물로부터 기독교 잡지나 신문 등의 정기간행물 및 기독교적인 메시지를 담고 있는 일반잡지나 신문, 또한 기독교 출판사들의 단행본이나 기독교적 성격을 띤 일반출판사의 단행본들, 그리고 성경 번역이나 성경 해석서들 및 성경 출판 등이 포함되어 있다.

문안(問安, **greeting, an inquiry after one's health**) 상대방에게 안부를 묻거나 예를 표하다. 성도 간의 문안은 단순히 인사 이상으로 그리스도의 몸 된 교회 안에서 이뤄지는 신령한 교제요 형제애의 표현이다. 성경 시대 사람들은, 직접 찾아가서 대면하거나(삿18:15; 마10:12), 대신 사신을 보내거나(삼상25:5,14), 편지를 통해(롬16:21-23) 문안하곤 했다.

■**문안의 방법** – 성경시대 사람들이 문안할 때에 ① 입을 맞추거나(고후13:11), ② 간단하게 머리를 숙이거나 목을 껴안고 입을 맞추거나(창33:4; 눅15:20), ③ 발 아래 엎드리거나(마2:11), ④ 얼굴을 땅에 대고 절하거나(사49:23), ⑤ 몸을 땅에 굽

문화충격
(culture shock)

완전히 다른 문화환경이나 새로운 사회환경을 접했을 때 감정의 불안을 느끼거나 무엇을 어떻게 해야 하는지 모르는 판단 부재의 상태에 놓이는 것을 가리켜 문화충격 (文化衝擊)이라 한다. 이 용어는 인류학자 칼베로 오베르그(Kalvero Oberg)가 1954년에 처음 소개한 것으로, 문화충격을 일종의 상호작용의 한 부분인 의사소통과 관련된 현상으로 보고 있다.

문화충격은 개인에게 상당한 정신적 스트레스나 괴로움, 갈등 등을 체험케 하며, 심지어 자살 충동에까지 이르게 한다. 문화충격을 제대로 관리하는 것이 중요한데, 문화충격을 느낀 사람 중에는 ① 새로운 환경에 동화되기를 거부하고 거기서 벗어나거나 혹은 ② 새로운 문화에 매료되어 그 속으로 직극 진입 동화하기도 한다.

기독교인이 가치관과 생활 방식이 다른 세상과 소통할 때 수많은 문화충격을 감당해야 한다. 신앙적 훈련을 통해 내적 성숙을 이룸으로써 세상을 등지기보다 그 속에서 빛과 소금의 역할을 감당해야 한다.

히거나(창33:3), ⑥ 발을 붙잡고 입을 맞추었다(마 28:9; 눅7:38).
■**문안할 때의 인삿말** – ① 하나님의 복을 빌거나(창43:29; 룻2:4; 3:10; 삼상15:13), ② 평강을 빌거나(마28:9; 눅1:28; 10:5; 24:36), ③ 장수를 기원했다(왕상1:31; 느2:3; 단2:4; 3:9; 5:10; 6:6).

물(water) 산소와 수소의 화합물로서 냄새나 색깔, 맛이 없는 투명한 액체. 동식물체의 70-90%, 인체의 70%, 지구 표면의 72%가 물로 구성되어 있어 생물체에게 필수품이다. 물은 때로, 바다나 호수, 강 등을 두루 일컫는다.
한편, 물은 죄를 용서하시며 우리를 먹이고 입히시는 하나님의 무한한 은혜에 비유되기도 한다(겔16:4; 요3:5; 엡5:26; 히10:22; 요일5:6,8). 반면에 안정적이지 못한 유동적 특성 때문에 불완전하고 연약함을 상징하기도 한다(창49:4; 겔21:7).
■**물가(beside the waters)** – (강, 내, 못, 바다 등) 물이 있는 곳의 가장자리. 물 주변. '생명과 기운이 왕성한 자리', '하나님의 은혜와 사랑이 미치는 곳', '식물이 생장하기 좋은 최고의 장소'로 본다(시1:3; 23:2; 민24:6).
■**물 댄 동산(a well-watered garden)** – 물이 풍부하여 초목이 무성하고 아름다운 동산. 하나님이 베푸시는 영육간의 풍성한 삶을 상징한다(사58:11; 렘31:12).

물질(物質, matter, substance, material) 물건의 본바탕. 우주 전체를 구성하고 있는 비정신적인 요소(벧후3:10,12). 사람이 생존하는 데 필수적인 의식주(衣食住)와 관계된 모든 재물들. 철학에서, 정신에 대하여 인간의 의식 바깥에 존재하는 것. 성경은 이 물질을 죄악시하거나 경원시하지 않는다. 왜냐하면 이 물질은 창조주 하나님이 친히 만드신 것이기 때문이다(롬11:36; 딤전4:4). 다만, 이 물질의 노예로 전락하여 하나님을 저버리는 것을 엄히 경계하고 있다(마6:19-34).
■**물질(만능)주의(物質主義, materialism)** – 정신적(영적)인 것을 무시하고 의식주 따위의 물질 문제를 중히 여기는 주의. 물질로써 모든 것을 다 이룰 수 있고(안 되는 것이 없고), 물질만 채워지면 만족한다고 여기며, 물질을 최우선 가치로 여기는 물질 지상주의를 가리킨다.

미구아(未救兒, previous redemptive one) 아직 구원얻지 못한 아이(사람). 일종의 '전도 대상자'를 가리킨다.

미덥다(reliable) 믿음성이 있다. 신뢰할만 하다. 모든 것이 변하고 소멸되는 이 땅에서 하나님만이 참으로 미더운 존재라 할 수 있다. 따라서 그 하나님을 신앙하는 인격과 공동체는 복될 수밖에 없다(신4:4,39; 수24:15; 찬송가 558장).

미련(stupidity) ① 어리석고 둔함(삼상25:25). ② 일이 잘못되었음에도 터무니없이 고집을 부리며 뻗대는 행동과 자세. ③ 하나님의 법에서 벗어나 자행자지(自行自止) 하거나 도덕적으로 몰염치한 것(시107:17; 잠1:7; 마25:2).
■**미련한 자(fool)** – 어리석고 우둔한 자. 하나님의 법에서 벗어나 하나님을 불신하고 대적하며 교만히 행하여 멸망을 자초하는 자(잠14:7; 26:1). 이런 자는 하나님의 존재나 주권을 인정하지 않는다. '어리석은 자'(잠14:8), '우매한 자'(시38:5), '지혜 없는 자'(잠7:7)로도 불린다.

미말(微末, end of the procession) 아주 작음. 마지막. 맨 끝. 끄트머리. 특히, 사람들이 눈여겨 보지 않는 가장 보잘것없고 미천한 존재를 가리킨다(고전4:9).

미쁘다(faithful) 믿음직스럽다. 확실하다. 주로, 하나님과 관련하여 언약을 끝까지 지키고 이루시는 신실한 분임을 강조하는 말로 사용된다(행13:34; 고후1:18; 살전5:24; 딤후2:11; 히10:23).

미전도종족(未傳道種族, Unreached People) → [5. 교파 및 역사 용어] '미전도종족', '미접촉 부족'을 보라.

미지근하다(lukewarm) 차지도 않고 뜨겁지도 않다. 태도나 행동이 소극적이다. 무사 안일주의에 빠져 불신자와 다를 바 없는 라오디게아 교인의 영적 상태를 경고할 때 사용되었다(계3:16).

미혹하다(迷惑 -, wander, astray) 마음이 흐려 무엇에 홀리다. 정신이 헷갈려 갈팡질팡 헤매다. 이는, 속임을 당해 진리의 길에서 떠나 죄악 가운데 헤매고 방황하는 것을 가리킨다(겔14:11; 마24:24; 요7:12; 히3:10; 약5:19; 벧후2:15; 요일2:26).

믿음(faith) 신앙의 대상을 인식하고 신뢰하는 전 인격적 행위. 곧, 단순한 지식의 차원을 넘어 구주 예수를 삶의 주인으로 인정하고 삶의 방향을 그분에게로 전환하며 모든 것을 이루시는 분은 오직 하나님이심을 신앙하는 것을 말한다. 그런데 이 믿음은 구원에 이르는 유일한 방법으로서, 이 같은 믿음은 인간 스스로의 노력(행위)으로 주어지는 것이 아니라 하나님의 전적인 은혜 곧 그분의 주권적인 선물로 주어지는 것이다(엡2:8-9).

따라서 믿음을 소유한 자는 항상 그리스도와 인격적으로 교제하며, 겸손히 그분의 도우심을 소망해야 한다. 그리고 삶(행위)을 통해 그 믿음을 확증하며 때론 주님을 위해 고난에 동참하고 끝까지 인내하며 주님의 재림을 대망할 수 있어야 한다. 이것이 산 믿음이요 믿음을 완성해 가는 길이다(롬8:11; 고후3:17-18; 히11:1; 약2:26; 벧후3:13-14). → '신앙'을 보라.

■**믿음의 때**(the time of faith) - 율법의 시대가 끝나고 믿음의 시대가 시작되는 때. 곧, 구약 율법의 완성이신 예수 그리스도가 오시는 때를 말한다(갈3:23).

■**믿음의 분량**(the measure of faith) - 믿음의 크고 작은 것, 높고 낮은 것을 일컫는 말이 아니라 하나님께서 성도 각자에게 맡기신 역할, 직분, 은사 등을 통칭하는 말이다(롬12:3; 마25:14-30).

■**믿음의 조상**(the forefather of faith) - 아브라함을 가리키는 말. 하나님의 부르심을 받고 약속의 땅 가나안으로 이주했던 아브라함에게 하나님께서 언약을 맺으시고 그에게 믿음의 가문을 이룰 것을 약속하셨다(창15:1-21). 영적으로 오늘 모든 성도는 아브라함의 자손이다(갈3:7).

■**믿음이 작은 자**(one of little faith) - 믿음이 연약하여 쉽게 넘어지는 자. 마음속에 일어나는 작은 의심의 풍랑으로 인해 그 신앙이 파선 위기에 놓였던 제자들을 향해 예수께서 꾸짖으실 때 쓰셨던 표현이다(마8:26). 제자들에게는 바다의 큰 풍랑보다 그리스도의 주 되심을 온전히 믿지 못한 연약한 믿음이 더 시급히 해결해야 할 문제였다.

용어상식

믿음의 내용

우리가 신앙하는 믿음의 내용을 정리하면, ① 하나님을 신뢰하고 그분이 천지의 창조주요 주관자이심을 믿고 그 이루신 일을 신앙하는 것. ② 예수 그리스도의 인격과 그분의 가르침, 그리고 구속 사역, 곧 예수 그리스도의 성육신과 십자가 죽음과 부활, 재림과 최후 심판을 확신하고 그분이 유일한 구주이심을 신앙으로 받아들이는 것. ③ 보혜사 성령을 신뢰하는 것. ④ 주님께서 지금도 우리와 함께 하시며 마지막날까지 인도하심을 믿는 것. ⑤ 영생과 부활과 최후 승리를 확신하는 것이다(행1:11; 롬10:9; 고전15:3-4; 빌3:10-11; 살전4:14; 요일 5:1). 이상 믿음의 내용을 요약하여 신앙 고백한 것이 사도신경이다.

바다(sea) 지구 표면에서 염분이 섞인 물로 덮인 부분. 지표면의 4분의 3을 차지하며, 평균 깊이는 3,800m. 성경문학적으로는, 두렵고 무서운 악한 짐승(세상 권세)들의 출처(욥7:12; 단7:2-3), 악인(사57:20-21), 적그리스도(계12:17; 13:1), 의심 많은 자(약1:6), 거짓 선생(유1:13) 등을 상징한다.

바람(wind, air) 기압의 변화로 일어나는 대기의 움직임. 성경에서 바람은 하나님이 만드셨고(암4:13), 불게 하시며(시147:18), 모으시고(잠30:4), 조절하신다고 했다(시107:25). 바람은 비유적으로 생의 덧없음(시78:39), 가벼움이나 가볍게 여김(렘5:13), 하나님의 준엄한 심판(렘18:17), 흩어지게 하는 재난(렘49:36), 사람을 미혹하는 교훈(엡4:14) 등을 나타낸다.

■**바람 날개**(the wings of the wind) - 바람을 운행하게 하시고 또 원하시는 방향으로 바람을 보내시는 곧 대자연을 지배하시는 하나님의 위엄찬 섭리를 나타내는 성경문학적 표현이다(삼하22:11; 시18:10; 104:3; 찬송가 67장).

바르다(correct, right) 생각과 행동이 정직하고 사리에 맞다(신32:4; 삼하15:3; 시119:128; 딤후3:16). 사물이 굽지 않고 곧다. 주로, 도덕적으로 옳은 상태나 하나님의 의와 관련해 쓰인다.

■**바른 길**(a straight way, the path of righteousness) - 쭉 곧은 길. 옳고 정당한 길. 도덕에 맞는 길. 참된 도리. 특히, 하나님의 법에서 벗어나지 않는 경건한 정로(正路, 찬송가 93, 261장).

바리새인(- 人, Pharisees) '분리된 자, 거룩한 자'란 뜻. 율법을 철저히 지키며 불결하고 부정한 것으로부터 분리해 나온 무리를 말한다. 사두개파, 엣세네파와 함께 유대교의 3대 종파 중 하나다(마12:2; 행15:5; 빌3:5). 엄격한 율법 준수와 모범으로 유대인에게 큰 신망과 존경을 받았고, 회당 조직을 통해 전 유대 사회에 지대한 영향력을 끼쳤다(마23:2-7). 대표적 인물로 '니고데모'(요3:1), 랍반 '가말리엘'(행5:34; 26:3)이 있다. 바울 역시 회심 전에는 바리새인 중의 바리새인이었다(빌3:5).

그러나 바리새인은 형식주의, 율법주의, 극단적인 분리주의, 그리고 권위주의적인 특권 의식에 빠져 예수님으로부터 책망을 받았다(마6:2-5; 12:34; 15:12-14; 23:1-36; 눅7:36-50; 요8:44). 오늘날도 '바리새인'이라 함은 겉과 속이 다르게 외식하는 자, 형식적 경건주의자, 권위의식에 사로잡힌 자를 비꼬는 말로 쓰인다.

바벨론(Babylon) '혼란'이란 뜻. 갈대아의 수도(마1:11; 계14:18). 바그다드 남쪽 50km 지점 유브라데 강변에 위치했던 고대 성읍. 훗날에는 이 성읍을 중심으로 건설된 바벨론 제국을 가리킨다.

그런데, 바벨론은 묵시문학에서 하나님 나라를 대적하는 로마 제국, 세상 나라, 멸망당할 사탄 및 사탄의 왕국, 우상 숭배와 배교(背敎) 등으로 상징된다(벧전5:13; 계14:8; 17:5; 18:2,10).

바벨탑(- 塔, tower of Babel) 노아 홍수 후 시날 땅에 세워진 탑. 당시 사람들은 흩어짐을 막고 자신들의 이름을 높이 드러내고자 이 탑을 세웠다. 그러나 언어의 혼란으로 완공되지 못했다(창11:1-9).

바벨탑은 창조주 하나님을 향한 피조물(인간)의 교만과 반란을 나타내는 건축물이자(창11:3-4), 인간의 오만함을 꺾으시는 하나님의 심판의 현장이며, 끝내 이뤄지지 못하는 어리석은 인간들의 계획, 헛된 영광, 보장받지 못하는 안정, 언어의 대혼란 등을 함축하고 있는 상징물이다.

바알(Baal) 문자적으로 '주인, 남편, 소유'란 뜻. 비와 폭풍을 주관하는 곡물(농사)의 신. 가축떼를 주관하는 풍요와 다산(多産)의 신. 전쟁을 주관하는 셈족 최고의 신으로 가나안 원주민의 주신(主神)이다. 배우자 신은 아스다롯(삿2:13; 6:30).

이스라엘 백성의 인명(人名, 삿6:32; 대상27:28)이나 지명(地名, 삿20:33; 호9:10)에도 자주 사용될 정도로 히브리 역사와 밀접한 관계를 가지고 있다(대상5:5; 8:30). 오늘날 물질 만능주의에 병들어가는 신앙인들이 참된 주인이신 하나님을 등지고 추구하는 것이 바로 이 바알임을 잊지 말아야 한다.

■**바알세불**(Beelzebul) - 구약 당시 블레셋에서 섬기던 '바알세붑'('하늘의 주'란 뜻. 왕하1:2)의 헬라어 음역(音譯). 이스라엘 사람들은 이를 '파리의 주'라는 뜻으로 풀이했다. 유대교에서는 이를 '바알세불'('오물의 신'이란 뜻)로 고쳐 귀신의 우두머리인 사탄의 별칭으로 사용했다(마10:25; 12:26-27; 막3:22; 눅11:15,18-19). 바리새인들은 귀신을 쫓아낸 예수님을 바알세불(귀신의 왕)이라 불렀다(마12:24; 막3:22; 눅11:15).

바위(rock) 부피가 매우 큰 돌. 반석(창49:24). 간혹 산(山)을 가리키는 경우도 있다(삼상23:25-26). 바위는, 전망대(민23:9), 경계석(삿1:36), 제단(삿6:20,26; 13:19-20), 피난처(삼상13:6; 렘4:29; 계6:15), 사형장(대하25:12), 기념 비석(욥19:24), 임시 거처(욥24:8), 가난한 자의 주거지(욥30:6), 시원한 그늘(사32:2), 우상 숭배처(사57:5), 집의 기초(마7:24-25; 눅6:48), 무덤(마27:60; 막15:46; 눅23:53) 등으로 사용되었다.

■**구원의 바위**(the Rock of one's Savior) - 고통과 재난을 피해서 생명을 보존받을 수 있는 피난처. 결국 인생의 유일한 구원자시요 진정한 피난처가 되신 하나님을 일컫는 은유적 표현이다(시89:26; 삼하22:3).

박애(博愛, philanthropy, charity, humanity) 뭇사람을 차별 없이 두루 사랑함. 인류애(人類愛). 인류를 한 가족으로 보아 모든 구성원의 행복과 복지를 증진시키고자 하는 성향 또는 적극적인 노력을 말한다. 이는 죽을 수밖에 없는 죄인들을 위해 자신을 기꺼이 내어주신 예수 그리스도의 거룩한 희생과 사랑에서 그 전형을 찾을 수 있다(고후5:14-16). → '사랑', '아가페'를 보라.

박해(迫害, persecution, oppression) 약한 사람을 괴롭히거나 해를 입힘. 핍박. 특히, 믿음을 말살시키거나 개종(改宗), 배교(背敎)를 강요하기 위해 개인이나 집단에 육체적, 정신적으로 형벌을 가하는 행위를 가리킨다(왕상19:1-8; 렘37:11-21; 단6:1-23). → '핍박'을 보라.

반구(斑鳩, dove) 산비둘기. 작은 비둘기. 목에 둥근 띠를 두르고 연한 회색을 지닌 팔레스타인의 철새(아2:12; 렘8:7). 대개 '산비둘기'(창15:9; 레5:7), '멧비둘기'(시74:19)로도 표현된다. 식용이 가능하고, 가난한 자의 희생제물로도 사용된다(레5:7; 눅2:24). '봄의 전령사'(아2:12; 렘8:7), '이스라엘'(시74:19), '사랑스런 연인'(아2:12)을 상징한다. → '비둘기'를 보라.

반석(磐石, rock) 넓고 편편한 큰 돌. 상징적으로 보호자요 피난처가 되신 '하나님'(신32:4; 시18:2; 71:3; 합1:12), 구원의 확고 부동한 기초가 되신 '그리스도'(마7:24; 16:18; 고전10:4), 혹은 '완고하고 악한 심령'(렘5:3; 23:29)을 가리킨다. → '바위'를 보라.

발(foot) 몸을 지탱하고 이동하는 데 중요한 역할을 하는 신체 기관. 땅과 접촉되는 부분이라 더럽고 불결한 것을 상징한다. 건조하고 먼지가 많은 중근동에서는 손님에게 제일 먼저 발 씻을 물을 내어주는 것이 예의였다(요13:5; 딤전5:10). 게다가 발을 물로 씻고 그 발에 입을 맞추는 것은 최고 존경의 표시였다(눅7:38).
그런데 발을 씻는 일이나 신발끈을 푸는 일은 말단 하인의 몫이었다(삼상25:41; 눅3:16; 요1:27). 따라서 주인이 이런 일을 하는 것은 겸손한 행위로 간주되었다. 예수께서는 친히 제자의 발을 씻기셨고(요13:3-17), 세례 요한은 주님의 신발끈을 푸는 것도 감당할 수 없는 존재임을 고백했다(막1:7). 참고로, 발 아래 엎드리는 것은 매우 겸손한 행위로서 대개 무엇을 간절히 요청할 때 이런 자세를 취했다(신33:3; 막5:22; 계1:17).
■**발을 금하다**(keep one's feet) - 행동을 삼가다(시119:101). 행위에 주의하다. 조신(操身)하게 행동하다. 스스로를 제어하다(사58:13). 특히, 악한 행동이나 나쁜 길로 나아가는 것을 멈추다(전5:1).

발걸음(footsteps) 발을 옮겨서 걷는 걸음. '행보'(行步). 사람의 됨됨이를 상징한다. 성경문학적으로, 다른 사람의 발걸음을 살피는 것은 비겁한 행위로(시17:11), 자신의 발걸음을 하나님의 말씀 위에 굳게 세우는 것은 신실한 행위로 여겨졌다(시119:133).

발등상(footstool) 발을 올려놓는 발판. 왕의 보좌나 신분이 높은 자의 의자 앞에 놓여 있었다(대하9:18; 약2:3). 고대에는 승전국의 장수나 왕이 패전국 장수나 왕의 머리를 발등상처럼 짓밟기도 했다(수10:24). 그런 맥락에서 성경에는, '원수를 발등상으로 삼는다'(시110:1; 마22:44; 눅20:43; 히1:13)는 표현이 등장하는데 이는 궁극적으로 예수께서 사탄의 세력을 꺾고 영원한 승리를 거두실 것을 예언한 말이다(히10:13).

밤(night) 해가 진 이후 다음날 동틀 때까지의 어두운 시간. ① 긍정적 측면에서, 하나님 앞에서 자신을 성찰하고(욥33:5-7; 시16:7), 기도하며(눅6:12), 하나님을 찬양하는 시간이다(시92:2; 행16:25). 또 하나님의 계시를 발견하는(창28:11; 46:2; 삼하7:4; 왕상3:5) 은총의 시간이다(사16:3). ② 부정적 측면에서, 불륜(창19:33,35), 도둑질(렘49:9), 배신(요13:2,31; 18:5) 등 범죄가 자행되는 시간(롬13:12; 살전5:5-7), 죽음의 시간(욥9:4), 사탄이 지배하는 시간으로 묘사된다(엡6:12).

밥(food) 끼니로 먹는 음식. 동물의 먹이. 정해진 몫. 희생의 대상. 성경에서는 '높은 수준의 교훈'이란 의미로 1회(고전3:2) 쓰였고, 대부분 '짐승의 먹이'란 뜻으로 사용되었다(신28:26; 렘16:4).
■**밥상**(table) - 음식을 차려 놓는 상. 교제와 친교의 자리를 상징한다(단11:27). 그런데, 고통 중에 있던 다윗은 원수의 밥상이 저주의 자리가 되기를 기원했다(시69:22; 롬11:9).

방송선교(放送宣敎, Broadcast mission work) 각종 방송 매체(라디오, TV, 인터넷 등)를

통해 복음을 전파하는 일. 일명 '매스컴 선교' 라고도 일컬어지는 방송선교는, 전파나 인터넷 망이 국경을 손쉽게 넘나든다는 점에서 북한이나 사회주의 계열의 국가 주민들 또는 이슬람권과 같은 복음의 오지에 활발히 선교할 수 있는 요긴한 선교 도구가 되고 있다.

방언(方言, tongues) 특정 지역에서 사용하는 특유의 언어. 사투리. 두 종류의 방언을 들 수 있다. ① 각 지방 언어들(느13:24; 사36:13; 슥8:23; 계7:9). 곧 외국어(행2:4-11). ② 성령의 역사로 습득한 일이 없는데도 무아지경(無我之境)에서 말하는 신비한 언어. 이는 하나님께서 특별한 사람에게 주시는 성령의 은사이다(고전14:2,21-22). 따라서 회심한 모든 사람에게 방언 현상이 나타나는 것은 아니다(행8:35-38; 9:3-18; 16:14-15; 17:4).

■**방언의 은사를 주시는 이유** - ① 하나님의 큰 일을 듣기 위해(행2:11), ② 복음을 널리 전하기 위해(행2:1-41), ③ 신앙의 유익을 위해(행10:45-46; 19:6; 고전14:22).

■**방언하는 자가 유의할 점** - ① 방언으로 가르치지 말 것(고전14:6,9,19). ② 적당하게 하고 질서 있게 할 것(고전14:27,33,39-40). ③ 통역하는 자가 없으면 하지 말 것(고전14:13-19,28). ④ 방언을 금하지 말 것(고전14:39). ⑤ 교회(신앙 공동체)의 덕을 세울 것(고전14:23-26). ⑥ 방언의 은사보다 더 큰 사랑의 은사를 구할 것(고전12:31-13:3).

■**은사로서의 방언** - ① 성령의 은사지만(막16:17 고전12:3-4,10), 성도가 모두 다 경험하는 보편적 은사는 아니다(고전12:30). ② 사람에게 하지 않고 영으로 하나님께 비밀을 말하는 것이다(고전14:2). ③ 통역의 은사를 필요로 한다(고전14:5,13).

방주(方舟, ark) 노아가 대홍수를 피하기 위해 제작한 직육면체 무동력선(無動力船, 창6:14-16). 재질은 내구성이 강한 고페르 나무이며 역청으로 안팎을 칠하여 방수(防水) 처리되었다(창6:14). 내부는 상·중·하 3층으로 되었고, 지붕 바로 밑 사면에는 창문이 있어 채광(採光)과 환풍이 용이했다. 방주는 120년(심판이 보류된 기간, Aalders) 동안 건조되었고(창6:3), 노아의 가족 8명은 함께 승선한 동물들과 1년 17일 동안 머물면서(홍수는 1년 10일간, 창7:9-11) 생명을 보존했다(창8:14,18-19).

구속사적인 맥락에서 방주는, 범죄한 인간에 대한 하나님의 계획이 완전하고 철저한 멸망이 아니라 그들을 죄에서 구원하여 거룩하게 보존하려 하셨음을 보여주는 구원의 영원한 표상이다.

방주와 신약교회

방주와 신약교회는 다음과 같은 유사성을 지니고 있다. ①하나님이 친히 계획하시고 성취하셨다(요10:15-16). ②죄악을 막고 심판을 면하는 유일한 피난처이다(행4:12). ③구원과 영혼의 온전한 보존을 목적하는 생명의 모선(母船)이다(행2:47). ④하나님이 주관자시며, 운행자로서 홀로 영광받으신다(요17:15-26). ⑤하나님의 은혜로 살아가는 자들의 거룩한 공동체이다(벧전3:20-22). ⑥하늘나라로 향하는 창(窓)이 열려 있다(벧전1:3-5).

방초동산(芳草-, garden of fragrant grass) 향기로운 풀이 무성한 아름다운 동산. 목자장이신 주님께서 친히 택한 백성을 먹이시고 기르시는(시23:1-2; 겔34:31) 아름다운 동산을 일컫는 시적 표현이다(찬송가 378장).

방탕(放蕩, self-indulgence) 주색(酒色)에 빠져 행실이 추저분함. 절제하지 못하고 허영이 가득하며 삶의 규모가 없고 그 내면에 가치 있는 것이라고는 찾아볼 수 없는 타락한 자의 그릇된 행태를 가리킨다(잠12:11). 이런 자는 하나님 앞에 무가치한 존재로 심판과 형벌을 면치 못한다. 주로 '술취함' (신21:20; 갈5:21), '음란과 호색' (롬13:13), '향락' (벧전4:3)이란 말과 짝을 이룬다.

방패(防牌, shield, buckler) 칼, 창, 화살 등을 막는 데 쓰인 고대의 방어 무기. 나무에 가죽을 씌우고 기름을 발라 가죽이 마르거나 갈라지는 것을 방지하는 동시에 적의 화살이나 칼날이 미끄러지도록 고안되었다(삼하1:21; 사21:5).

비유적으로, 하나님의 절대적인 보호(창15:1; 삼하22:3,31,36; 시3:3; 잠2:7; 찬송가 67,88,585장), 하나님의 은혜(시5:12), 하나님의 도우심(신33:29), 하나님의 구원(시18:35) 등을 상징한다.

밭(field, ordinary field) 물을 대지 않고 작물을 심어 가꾸는 땅. 무엇이 가득 들어찬 땅. 단지 식물을 재배하는 땅(룻2:2; 시107:37)만 아니라 가축을 기르는 '목초지'(창34:5; 민22:4), 사냥을 하는 넓은 '들판'(창27:5)까지를 말한다. 밭은 '세상'(마13:38,44), '세상 일'(마22:1-5), '구원받지 못한 자의 심령'(마13:3-7; 요4:35) 등을 상징한다.

배교(背敎, rebellion) 믿던 종교를 버리거나 다른 종교로 개종함. '배도'(背道). 일신상의 유익이나 박해를 피하기 위해 신앙을 저버리는 행위를 말한다. 이는, 종말의 가장 큰 특징 중에 하나다(살후2:3).
  ■**배교자**(背敎者, faithless man) - 믿음을 저버리고 변절한 사람(시101:3). 곧, 믿음에서 떠나 세상으로 나아가거나 미혹하는 영과 귀신의 가르침을 따르는 자(딤후4:1). 대표적으로 후메내오와 알렉산더(딤전1:19-20), 데마(딤후4:10) 등이 있다.

배도(背道, rebellion) → '배교'를 보라.

배설물(排泄物, rubbish, excrement) 똥(人糞, 신23:13), 오줌, 땀 등 몸에서 배설된 물질. 쓰레기, 음식 찌꺼기 등 전혀 가치가 없는 것을 가리키기도 한다. 사도 바울은 그리스도를 아는 지식 이외의 모든 전통이나 가치를 다 배설물로 여겼다(빌3:8). → '똥', '오물'을 보라.

배신의 수요일(背信- 水曜日, Spy Wednesday) 고난주간 내 수요일을 일컫는 말. 이날 가룟 유다가 스승인 예수님을 배반한 데서 비롯되었다(마26:14-16).

배역(背逆, turn away) 은혜를 저버리고 배반함. 특히, 하나님과 맺은 언약을 배신하고 믿음을 저버리는 행위(렘3:6,8; 호11:7; 14:4), 또는 배신하는 차원을 넘어 적극적으로 하나님께 도전하는 불신앙적 행위를 가리킨다(수22:18).

백성(百姓, people) '국민'의 예스러운 말. 나라에 속한 무리. 문벌이 낮은 보통 사람. 주로 '이스라엘 백성'(출1:20), '외국인'(창10:5), '하나님의 백성'(신26:15)으로 묘사되며, 때론 경제적 측면에서 '가난하고 천한 자'(왕하24:14)를 가리키기도 한다. 참고로, 바벨론 포로기 이후 '(땅의) 백성'(슥7:5)이란 표현은 주로 민족적 순수성이나 여호와 신앙을 상실하여 이방인과 구별되지 않는 불신앙적인 이스라엘 백성을 일컫는다.

백합화(百合花, lily) 백합의 꽃. 주로 팔레스타인 들판에서 피는 꽃을 가리킨다(마6:28; 눅12:27). 즉, 아네모네(아5:13)나 수선화(아2:1), 또는 애굽의 큰 연꽃 등 여러 꽃들을 포함한 아름다운 화초(crocus)를 통틀어 일컫는다.
  백합화는 '힘, 영화로움, 아름다움' 등을 상징하여, 성전의 두 기둥(야긴과 보아스)이나 건축물 기둥머리에 문양으로 새겨지기도 하였다(왕상7:19,22,26; 대하4:5). 또 여자의 아름다움, 신부의 순결함(아2:1-2; 5:13; 7:2)을 상징하여 은유적으로 묘사되기도 했다(아6:2). 그리고 '사론의 수선화, 골짜기의 백합화'는 성경문학적으로 그리스도 예수를 상징한다(아2:1).

백향목(柏香木, cedar) 소나뭇과(科)의 상록수. 특히, 레바논 삼목을 가리킨다. 다 자란 나무는 높이가 약 40m, 둘레가 10m 이상 될 만큼 위용이 대단하여, 팔레스타인에서는 수목(樹木)의 왕자라 불린다(사2:13; 겔17:22).
  백향목은 '힘찬 기상과 아름다움'(아1:17; 5:15), '장엄함'(왕상4:33; 슥11:1-2), '위엄'(사2:13; 겔17:22; 암2:9), '영광'(시80:10; 렘22:7), '이스라엘의 번영'(민24:5-6), '의인의 영영한 성장과 번성'(시92:12-13), 또는 '교만'(사2:12-13; 슥11:2)이나 '사치'(삼하7:2) 등을 상징한다.

뱀(serpent, snake) 파충강(綱) 뱀목(目)에 속하는 척추동물을 통틀어 이르는 말. 몸은 가늘고 길며 온통 비늘로 덮였다. 다리, 눈꺼풀, 귓구멍 등이 없고, 혀가 길며 끝이 둘로 갈라졌다. 대부분 난생(卵生)하며 변온 동물로 온대 지역에서는 동면(冬眠)한다.
  뱀은 비유적으로, 민첩함(창49:17), 타락한 이방 문화의 폐해(신32:33-34), 치명적 해악(시58:3-4; 사59:5), 일상적인 위험(시91:13), 술의 해독(잠23:32), 예상치 못한 불행(전10:8), 사악하여 소멸될 이방 세력(사14:29; 렘46:22; 미7:17), 하나님의 원수(창3:14-15; 사27:1), 하나님의 심판 도구(렘8:17), 복음의 훼방꾼(마3:7; 12:34; 23:33), 사탄(사27:1; 계12:9-15; 20:2,10) 등을 상징한다.

번개(lightning) 양전기와 음전기를 띤 구름 사이에 발생하는 방전 현상으로, 몹시 빠르게 번쩍이는 빛. 전광(電光). 이 역시 하나님이 조성하신 것으로(욥36:30,32; 계4:5), 성경에서는 대적을 능히 쳐부수는 '하나님의 강력한 무기'(신32:41; 겔21:10,28), '하나님의 준엄한 심판'(시18:14; 합3:11; 계8:5), '하나님의 초월한 능력'(삼하22:15; 시97:4) 등을 상징한다. 그래서 '하나님의 불'(욥1:16)로도 불린다. 또 동작이 아주 빠르고 날랜 사람이나 사물을 나타내기도 한다(겔1:14; 나2:4; 3:3; 눅10:18).
한편, 예수께서는 자신의 재림과 관련하여 마치 번개가 번쩍임같이 온 세상 사람이 한눈에 볼 수 있게 이 땅에 다시 오실 것이라고 가르치셨다(마24:27; 눅17:24).

번제(燔祭, burnt offering) 희생 제물을 가죽만 빼고 모조리 불에 태워 그 향기로써 하나님을 기쁘시게 해드리는 제사(레1:2-9). 제사 행위의 가장 완전한 형태를 갖춘 제사 곧 온전한 제사라 할 수 있다. 번제단에서 드려졌다 하여 '번제'라고 하였다.
번제는, 하나님과의 바른 관계를 회복하고, 예배자의 전 인격을 하나님께 드리는 헌신을 상징하는 제사이다. 제사에 있어서 하나님의 관심은 드리는 제물이 아니라 드리는 자의 심령(감사)이다. 이것이 제물의 본뜻이다(시50:12-14).

벌(罰, punishment) 죄를 짓거나 잘못을 저지른 사람에게 잘못을 깨닫게 하거나 징계할 목적으로 자유를 억제하거나 괴로움을 주거나 상응하는 대가를 치르게 하는 일. 징계(懲戒). 특히, 하나님의 뜻을 거역하거나 그분의 법을 고의로 어긴 불순종과 불법(신18:19; 고후10:6), 우상 숭배나 배교(민25:1-15; 렘5:7-9), 교만과 거짓과 위선 등 내면의 죄(잠16:5; 사10:12), 각종 윤리·도덕적 범과(레18:25; 잠11:21)에 따른 징벌을 말한다. → '징계', '형벌'을 보라.
■벌을 주는 목적 - ① 악의 확산을 방지함(신13:10-11), ② 악의 근절(신17:12-13), ③ 주의 백성의 성결과 거룩성 회복에 있다(겔18:30).

벌레(worm) 곤충이나 기생충 등 하등 동물을 통틀어 이르는 말. 버러지(출16:20; 레22:5). 곤충. 매우 무가치하고 보잘것없는 존재, '하찮은 인간'을 상징한다(욥25:6; 시22:6).

범과(犯過, offense, guilt, mistake, fault) 각종 범죄와 허물과 과오. 종교적인 범죄와 윤리 도덕적인 허물을 모두 포함하는 개념이다. → '범죄', '허물'을 보라.

범사(凡事, all matters, everything, every way) 모든 일. 매사(每事, 창24:1; 신15:18). 평범한 일. 특히, 역경 중이든 순풍을 만난 때이든 상황을 불문한 그 모든 순간들(살전5:18).

범죄(犯罪, sin, offense, crime) 법에 어긋난 죄를 저지름. 법률에 따라 형벌을 받아야 할 위법 행위. 특히 하나님의 거룩한 뜻에 올바로 반응하지 못한 상태(창3:1-24), 또는 하나님에게서 떠나거나 관계가 단절된 상태를 일컫는다(왕상11:9). 즉, ① 하나님 없이 살아가는 것, ② 하나님의 법에서 벗어난 모든 생활, ③ 믿음에서 떠난 일체의 상태가 바로 범죄이다.

법(法, law, rule, regulation) 국가의 강제력이 따르는 온갖 규범. 예의나 도리. 방법이나 방식. 특히, 하나님의 거룩한 명령이나 교훈(훈계)을 총칭하는 말(시40:8; 94:12; 119:34).
■**법규**(法規, laws) - 법률의 규정, 규칙, 규범을 통틀어 일컫는 말. 일반 국민의 권리와 의무를 규정한 법률. 성경에서는, 의로우신 하나님이 세상을 다스리시는 규범으로서의 법과 그 법이 정한 규례 곧 '율례'(律例)를 말한다(출21:1,31).
■**법도**(法道, laws) - 법률과 제도. (생활상의) 예법. 특히, 하나님께서 친히 가르치시고 교훈하신 선민(選民)의 도덕 원칙. 좁게는 십계명이나 모세 오경 같은 특별 명령만을 뜻하기도 한다. '규례와 법도'(the decrees and laws)로 번역될 수도 있다(레26:46; 신4:1,5; 5:1; 7:11; 26:6; 33:10).
■**법령**(法令, decree) - 법률과 명령(사10:1).

■**법률**(法律, law) - 사회 생활을 유지하기 위해 국가가 제정한 강제 규범. '율법'(민31:21). ① 하나님의 법 곧 '율법'이나 '구약성경'(신17:11; 스7:6; 마12:5; 요10:34). ② 국가가 통치와 질서 유지를 위해 정한 법(에1:13,19) 등이 있다.

■**법칙**(法則, law) - 지켜야 할 규범. 사물 사이에 일반적으로 성립하는 보편적, 필연적 관계. 특히, 우주 만물의 운행과 자연 질서에 관한 법칙을 가리킨다(욥28:26; 38:33; 렘33:25).

베옷(linen garment, sackcloth) 베로 지은 옷. ① 세마포(fine linen)로 만든 옷. 즉, 커다란 직사각형 모양의 아마 천을 말한다. 이것을 옷이나 덮개(이불)로 사용하였다(삿14:12-13; 잠31:24; 사3:23). ② 염소나 낙타 털로 만든 올이 거칠고 색상이 짙은 천. 곧 '굵은 베'(창37:34). 참회하거나 심히 애통할 때(삼하3:31; 왕상21:27; 시35:13; 마11:21), 선지자가 심판을 선포할 때(사20:2; 단9:3; 계11:3), 포로된 자들(왕상20:31)이 주로 입었다.

벨리알(Belial) 문자적으로 가치 없다, 무익하다'는 뜻. 구약에서는 '불량배'(신13:13; 삿19:22), '악인'(나1:15), '행실이 나쁜 자'(삼상2:12)를 가리키는 보통 명사로 사용되었다. 신약에서는 영적 측면에서 하나님의 백성을 괴롭히고, 하나님의 거룩한 사역을 훼방하는 '사탄이나 그 하수인'을 지칭하는 고유 명사로 사용되었다(고후6:15). 사도 바울은 그리스도와 벨리알을 대비하여 신자와 불신자가 근원적으로 하나 될 수 없음을 가르쳤다.

변론(辯論, reason) 사리를 밝혀 옳고 그름을 말하다. 욥과 세 친구(욥13:6), 바울과 아덴 철학자(행17:17), 바울과 유대인 사이에서 벌어진 변론(행18:19)이 대표적인 경우다.
이 용어가 하나님에게 사용될 경우에는 하나님이 주도하시는 일방적이고 사법적인 의미를 갖는다. 곧 하나님이 범죄한 이스라엘을 추궁하시고 소송을 제기하시는 것을 말한다. 이런 변론은 형벌이 목적이 아니라 택한 백성을 회개시켜 온전케 하시려는 하나님의 사랑에 기인한다(사1:18).

변증(辯證, prove, demonstration) 변별(辨別)하여 증명함. 상대의 논리를 반박하여 자신의 옳음을 증명함. 특히, 복음을 위해 변론하는 것을 말한다(고후7:11; 빌1:16; 딤후4:16). → [2 교리 및 신앙 용어] '변증학'을 보라.

변찮다(變 -, not change) 변하지 않다. 마음이 바뀌거나 본성이 변질되지 않다. 하나님의 변함 없는 성품과 택한 백성을 향한 하나님의 영원불변한 사랑을 노래할 때 자주 사용된다(찬송가 197, 270, 393, 481장). 하나님은 변함이 없으시고 회전하는 그림자조차 없으신 분이다(약1:17).

별(star) 태양, 지구, 달을 제외한 천체(天體). 때론 하늘에서 빛을 내는 모든 물체를 일컫는다. 별은 하나님이 창조하신 피조물이며(창1:16; 느9:6; 시8:3; 암5:8), 하나님의 소유로(사14:13), 하나님의 통제하에 질서 있게 운행한다(사40:26; 45:12; 렘31:35). 따라서 이스라엘 사회에서 별을 이용해 점을 치거나(사47:12-13; 렘10:2-3) 별을 숭배의 대상으로 삼는 것은 엄히 금지되었다(신4:19; 17:3-7; 렘8:2; 19:13; 겔8:16; 습1:4-6). → '점성술'을 보라.

■**별이 상징하는 것** - 별은 ① 그리스도 예수(벧후1:19; 계2:28; 22:16) ② 세상의 힘 있는 군왕(삼하8:2,14; 단8:10) ③ 하나님의 백성 이스라엘(창15:5; 나3:16) ④ 성도의 영광(단12:3) ⑤ 하늘의 상급(계2:28) ⑥ 하나님의 무한한 능력과 권세(신1:10; 히11:12) ⑦ 사악한 세상 통치자 혹은 사탄(사14:13) 등을 상징한다.

별세(別世, departure, decease, demise) 세상을 떠남. '소천,' '죽음'의 완곡한 표현(눅9:31). 때로 이 말은 '탈세속화'(脫世俗化)라는 뜻으로 쓰이기도 한다. → '소천'을 보라.

병(病, disease, sickness, illness) 생물체의 온몸 또는 일부의 정상적인 생리 기능이 파괴되어 건강에 이상이 생기거나 고통을 느끼게 되는 현상. 발병(發病)의 원인으로는, 과로(빌2:25-30), 노환(창48:1,10), 술(호7:5), 형벌(삼하12:15; 시107:17; 사3:17), 과실(왕하1:2), 사탄의 유혹(욥2:7), 세속적 근심(전5:13-14,17), 낙담(잠13:12), 정욕(삼하13:1-4), 지나친 사랑의 감정(아2:5; 5:8), 주의 영광(요9:3; 11:3-4), 하나님의 섭리(고후

12:7-9) 등이 있다.

특별히, 하나님은 병을 징계의 도구로 사용하기도 하시고(민12:9-10; 16:22,46; 시107:17-18; 사3:17), 혹은 심판에 대한 경고로(레26:16; 신7:15), 하나님 나라 확장을 위해(마10:1; 막16:18) 사용하기도 하신다.

■**병 낫기를 위한 노력** - 병에 걸린 자는 치료를 위해 하나님의 긍휼을 사모하며(빌2:27), 하나님께서 고쳐주시기를 소망해야 한다(출15:26; 23:25; 대하16:12). 또 예수님의 이름에 의지해 믿음과 눈물로 기도해야 한다(사38:1-8; 마8:13; 9:29; 행3:6; 약5:14).

동시에 일반 은총적 측면에서 의사를 찾고(마9:12; 대하16:12) 약을 사용하는 등의 일상적 치료 행위도 소홀히 해서는 안 된다(왕하20:7; 사1:6; 38:21; 렘8:22; 30:13; 눅10:34). 그것 역시 하나님의 은총의 한 측면이기 때문이다.

■**병마**(病魔, **the demon of ill health, the curse of a disease**) - 병을 악마(惡魔)에 비유하여 이르는 말. 혹은 병을 일으키는 마귀란 뜻. 이는 병의 원인이 전적으로 마귀의 영향으로 이뤄진 것이라는 생각에서 비롯되었다. 모든 병이 마귀의 간섭이나 장난에 의해 이뤄지는 것이 아니다. 그런 점에서 이 표현은 가능한 삼가는 것이 좋다. → [7. 올바른 용에] '병마'를 보라.

보금자리(**nest, roost, home**) 원래는 '새가 깃들이는 둥지'란 뜻(신22:6; 욥39:27; 렘49:16). 비유적으로 '편안하고 아늑한 삶의 터전'(민24:21), '고향'(잠27:8), '요충지'(렘49:16; 옵1:4), '현재의 위치나 이 세상'(욥29:18), '손쉬운 일'(사10:14) 등을 의미한다.

보물(寶物, **treasure**) 보배로운 물건. 매우 귀하고 드문 물건. 보화. 금, 은, 보석, 향료, 향품, 전리품에 이르기까지 광범위하게 쓰인 말(수6:24; 사39:2). 이는 '이스라엘 백성'(출19:5; 신7:6), '지혜'(욥28:12-20; 잠2:4), '영적 은혜'(잠20:15), '여호와 경외'(사33:6), '하나님 나라'(마13:44-46), '상급'(마19:21), '지혜와 지식'(골2:3), '예수 그리스도'(고후4:6-7) 등에 비유된다.

보배(**treasure**) 아주 귀하고 소중한 물건(대하 32:27; 슥8:27; 전2:8; 호13:15). 이는 '아주 귀중한 사람'을 일컫는가 하면, '하나님의 백성'(신26:18), '지혜로운 입술'(잠20:15), '하나님을 경외하는 마음'(사33:6), '구원의 복음'(고후4:7), '산 돌이신 그리스도'(벧전2:4) 등을 상징하기도 한다.

■**보배롭다**(**precious, valuable**) - 보배로 삼을 만한 가치가 있다. 무엇으로 대치할 수 없을 정도로 매우 귀중하다(신26:18; 왕하20:13; 시36:7; 벧전2:4; 벧후1:1; 계18:19).

■**보배 피**(**dear blood**) - 보배로운 피(벧전1:19). 보혈(寶血). 예수 그리스도께서 죄인을 구원하시기 위해 십자가에서 흘리신 고귀한 피(찬송가 144,146,261,292,313장).

보복(報復, **vengeance, revenge**) 다시 갚음. 앙갚음. 율법은 제한된 범위에서 같은 수준의 보복을 허용하나(동해보복법, 레24:20) 근본 정신은 모든 보복을 하나님께 맡기는 것이다(렘11:20; 롬12:19-21). 예수께서도 복수를 금하고 선으로 악을 갚으라고 가르치셨다(마5:38-48; 18:22).

보석(寶石, **jewel**) 색채와 광택이 아름답고 산출량이 적어 장식용 등으로 귀중히 쓰이는 광물. 보석은 귀하고 값지며 변하지 않는 가치를 지녀, '하나님의 지혜'(잠3:15), '하나님 나라'(마13:45-46), '새 예루살렘'(계21:11,18-21) 등 아름답고 영화로운 것에 비유된다. 반면, '세속적인 것'(딤전2:9)이나 '뇌물'(잠17:8) 등을 대표하기도 한다.

보은(報恩, **gratitude, repay kindness**) 은혜를 갚음. 인간과 인간 사이에 은혜 갚는 일은 소중한 일이다. 그러나 하나님께서 우리에게 베푸신 구원과 회복이라는 선물은 근본적으로 갚을 수 없는 것이다. 그것은 다만 은혜로 주어진 것이기 때문이다(찬송가 143,494장).

보응(報應, **punishment**) 선악의 행위에 따라 받게 되는 복과 화(잠13:21; 애3:64; 눅23:41; 롬11:9). 보응의 주체는 하나님이시다(사65:6). 하나님은 각 사람에게 그 행한 대로 갚으신다(잠24:12; 호12:2; 롬2:6). 결국 '보응'은 하나님의 거룩하고 엄준한 심판의 또 다른 표현이다(사59:18; 요5:29; 살후1:6-9; 유1:7).

그런데 이 보응은 '즉시로'(신7:10), 때론 '몇 대(代)로'(출34:7), 때론 '세상에 사는 동안 내내'(잠11:31) 이루어지기도 한다. 그리고 궁극적으로는 하나님이 정하신 보응의 날 곧 심판의 날에 완전하게 이뤄진다(출32:34; 호9:7; 고후5:10; 벧후3:7).
→ '심판', '응보'를 보라.

보좌(寶座, **throne**) 권력자(통치자)가 앉는 권위와 위엄의 자리. 주로 '왕의 보좌', '하나님의 보좌'를 말한다. 왕의 보좌에서는 국사(國事)와 재판 등이 이뤄지는데, 이때 보좌는 공의에 의해 견고히 서며(잠16:12; 25:5), 인자와 진리로 유지된다(잠20:28; 사16:5).

이에 비해, 하나님의 보좌란 창조주요 역사의 주관자이시며, 마지막 날 세상을 심판하실 하나님의 통치 자리를 말한다(시113:5-6). 그 보좌는 하늘에 있으며(시11:4; 103:19; 사66:1; 마5:34), 구름에 가려 있고(욥26:9), 거룩(시47:8)과 영광이 충만하며(사6:1-3), 의와 공의가 기초를 이루고(시89:14; 97:2), 옛부터 견고히 서 있다(시93:2). 하나님은 거기서 세상 만물을 다스리시며(시103:19; 113:4-6; 단4:25,34-35), 공의로 심판하신다(시9:4,7-8; 계4:3-10; 20:11; 21:5; 22:1-3).

보증(保證, **guarantee, assurance**) (타인의 신분, 생명 또는 어떤 사물에 대해) 틀림 없음을 증명함(창38:17-18; 잠11:15; 20:16). 채무자가 채무를 이행하지 않을 경우 보증을 선 사람은 채무를 부담해야 할 책임이 있다.

신약에서는 보증을 위해 미리 내는 1회분의 금액 곧 '1회 납입금', 또는 '보증금'(공탁금, 담보물, 저당물)을 가리키기도 한다(고후1:22; 5:5; 엡1:14). 이 단어는, 택한 백성을 안전히 보존하시고 끝까지 책임져 주시는 하나님(히6:17), 십자가 속죄 사역으로 새 언약의 보증이 되신 그리스도(히7:22), 구원을 보증하시고 이루시는 성령(고후1:22; 5:5; 엡1:14)에게도 사용된다.

보혈(寶血, **precious blood**) 예수께서 십자가에서 흘리신 고귀한 피. 죄인들을 위해 십자가에서 자기 몸을 아낌 없이 내어주신 예수님의 구원의 은혜를 상징한다(찬송가 149,282,283장). 이 보혈의 공로로 우리가 구원을 얻었다(벧전1:18-19).

복(福, **blessing, fortune**) 편안하고 만족한 상태와 그에 따른 기쁨. 행복(幸福). 성경에서는 주로 하나님의 은혜와 선물을 일컫는다. 특히, 복의 근원은 하나님이시며(시3:8; 사65:16; 애3:38) 가장 큰 복은 바로 하나님 자신이라고 가르친다(시16:2; 33:12).

한편, 구약에서는 물질적이고 현세적인 복, 즉 실존적인 행복에 관해 많이 언급한다(신6:24; 30:15; 시32:1-2; 65:4). 이에 비해, 신약에서는 예수 그리스도를 믿고 구원받은 자가 하나님으로부터 받을 하늘의 신령한 복, 곧 영적인 복을 강조한다(마11:6; 13:16; 요20:29). 이 복은 사죄의 은총을 입고, 의롭게 되며, 하나님과 교제하고, 심령의 평안을 누리며, 영생에 이르는 복이다. 예수께서 가르치신 팔복(八福)은 이 땅의 성도가 추구해야 할 최고의 복들이다(마5:3-12; 눅6:20-23).

복귀(復歸, **restore, return**) 본래의 자리나 상태로 돌아가다. '영토를 회복하여 자국 영토에 귀속시키다'는 뜻으로도 쓰였다(왕하14:22). 사망 권세 아래 있던 인생이 사죄의 은총을 입고 하나님의 자녀로 거듭나서 하나님 나라의 일원이 되는 것이 야말로 가장 귀한 복귀이다.

복락(福樂, **delight**) 행복과 즐거움. 특히, 하나님께서 베푸신 완전하고도 영원한 즐거움을 말한다(시36:8).

복락원(復樂園, **Paradise Regained**) 영국의 작가 존 밀턴(John Milton, 1608-1674년)의 서사시로 「실락원」(Paradise Lost)의 후속작. 사탄에 의해 그리스도께서 광야에서 시험당하신 사실을 다룬다.

복수(復讐, **vengeance, revenge**) 앙갚음. 해를 입힌 자에게 억울함을 풀기 위해 되갚는 일종의 '징벌'(민35:12; 시149:7). 일명 '보복'(신32:35; 사59:17; 렘5:9).

하나님께서는 구약 시대에 가까운 친족의 억울한 죽음을 위해 제한적으로 복수를 허용하기는 하셨다(민35:19,21,27). 하지만 사사로운 복수를 허용하지 않으셨다. 왜냐하면 복수는 또 다른 복수라는 악순환을 낳을 뿐이며, 무엇보다 모든 복수는 하나님께 속한 것이기 때문이다(신32:35). 특히 하나님은 택한 백성의 구원을 위해 친히 세상을 보복(심판)하실 것이다(롬12:19; 히10:30).

복술자(卜術者, **diviner**) 점이나 술법으로 인간의 운명이나 미래를 예견하는 자(삼상6:2; 사3:2; 슥3:2). '점쟁이'(신18:10). 하나님은 이런 자를 가증스럽게 여기신다. → '점쟁이'를 보라.

복음(福音, **Gospel**) 전쟁의 승전보나 자녀 탄생 소식 등 매우 기쁘고 반가운 소식. 특히, 하나님께서 예수 그리스도를 통해 인간을 구원하신다는 기쁨의 복된 소식을 가리킨다. 즉, 복음은 그리스도가 십자가에 달려 돌아가심으로 죄인이 구원을 얻게 되었다는 소식이요, 또 그리스도가 부활하심으로 우리가 영생복락을 누리게 되었다는 소식이다(요3:16; 14:16; 롬3:25; 골1:20).

이는 인간의 공로가 아니라 전적으로 하나님의 은혜이며, 성경의 핵심 주제이고 핵심 메시지다(엡2:4-10). 그래서 복음은 '하나님의 복음'(롬1:1; 살전2:2), '그리스도의 복음'(막1:1; 롬1:16; 빌1:27), '하나님의 은혜의 복음'(행20:24), '구원의 복음'(엡1:14), '천국 복음'(마4:23), '영광의 복음'(고후4:4), '평안의 복음'(엡6:15) 등으로 표현된다.

그러므로 복음을 받아들이고(요1:12), 마음으로 믿으며(요3:18-20; 롬1:16; 10:9-10), 순종하고(롬1:5; 6:17), 분명히 기억하며(고전15:2; 히3:6), 전파하는 것이(막16:15; 고전15:1) 복음에 대한 바른 자세다. → [2. 교리 및 신앙 용어] '복음서'를 보라.

■**복음 사역자**(福音 使役者, **evangelist**) - 전문적으로 복음을 전하는 사람. 복음을 위해 헌신한 복음 전도자.

■**복음화운동**(福音化運動, **evangelization movement**) - 복음주의 계열의 하나님 나라 확장 운동의 일환으로 이루어지는 움직임을 말한다. 어떤 대상(지역이나 사회, 국가, 세계 등)을 목표 삼아 복음전도, 사회봉사, 선교 등을 펼침으로써 복음의 확산을 추구한다.

한국에서는 '민족복음화운동'으로도 널리 알려진 이 운동은 주로 보주주의적 교회 지도자들을 중심으로 추진되어 왔다. 이는, 진보적 신학을 근거로 교회일치, 사회참여, 하나님의 선교, 타종교와의 대화를 내용으로 하는 에큐메니칼운동과 대칭을 이룬다고 본다.

복음송(福音頌, **Gospel Song**) → '복음성가'를 보라.

복종(服從, **obedience, submission**) 남의 명령이나 요구·의지를 좇는 일. 성도가 복종해야 할 대상은, 하나님(민32:22; 히12:9), 그리스도(고후10:5), 하나님의 말씀(신27:10), 복음(살후1:8), 하나님의 의(롬10:3), 권세 잡은 자(딛3:1), 부모(딤전3:4) 등이다. 반면에, 복종하지 말아야 할 대상으로는 우상(왕상21:26), 이단(갈2:5), 천사(히2:5) 등이 있다.

복음성가
(Gospel Song)

교회 음악의 여러 장르를 기반으로 하되 이 시대의 철학과 문화의 영향을 인정하고 또 세상의 음악 언어와 기법을 적극 수용한 교회의 유행가를 복음성가(福音聖歌)라 한다. 일명 '복음송'(福音頌), '가스펠송.'

이 복음성가는 원래 미국의 대부흥운동이 일어났던 19세기 후반 대중 전도집회를 인도하던 사람들이 (대표적으로 D.L. Moody의 전도집회를 도왔던 Ira D. Sankey가 있다) 복음의 메시지를 쉽게 전달하면서 회중의 흥미를 이끌어내고, 또 쉽게 배워 함께 부를 수 있도록 작곡한 대중적인 성격의 찬양곡을 가리킨다.

당시에는 '복음찬송'(Gospel Hymn)이라고 했다. 이것이 20세기에 들어 교회 음악의 여러 장르 및 대중음악의 흐름과 손을 잡으면서 다양한 형태로 교회 안에 정착하게 되었다. 참고로, 오늘날 이 가스펠송이 현대 대중음악의 영향을 더욱 과감히 수용한 것을 씨씨엠(CCM)이라 부른다.

한편, 대다수 복음성가들은 가사 내용이 단순하고, 반복적이며, 신앙적·교리적으로 완성도가 약한 경우가 많다. 또, 곡조들은 세속적인 흐름과 많이 닮아 있다. 그렇지만, 그중에서도 일부 곡들은 찬송의 원리에 합당한 곡이라고 평가되기도 한다. → '씨씨엠'을 보라.

복지(福地, blessed land, Promised Land) 행복하게 잘 살 수 있는 땅. 약속의 땅 곧 하나님께서 선민 이스라엘에게 약속하신 젖과 꿀이 흐르는 가나안 땅. 성도가 마침내 들어가 살게 될 영생 복락의 처소인 천국의 별칭이다(찬송가 538장).

본보기(本 -, example, model) 본을 받을 만한 것. 본으로 보여 줄 만한 것. 전형(典型). 교훈(거울)으로 삼을 만한 것. 상징이나 예표로 제시되는 모범. 바울은 고린도 교회를 향해 출애굽한 이스라엘 백성이 불신앙으로 광야에서 모두 죽임당한 사실을 상기시키면서 이를 신앙의 본보기로 삼도록 권면했다(고전10:6,11).

본분(本分, one's duty) 지켜야 할 신분. 마땅히 감당해야 할 책임(욥32:17; 찬송가 285,312장). 성경에는 사별한 형수에 대한 아우의 본분(창38:8), 사람의 본분(전12:13), 왕의 본분(겔45:17) 등이 언급되었다.

본성(本性, nature, one's true character) (사람의) 본디 성질이나 성품. 학습하지 않고 본래 타고난 성질이나 기질(롬2:14; 11:24; 고전11:14; 갈4:8). 양심. 사람의 내적 충동에 의해 드러나는 성품. 외적 요인으로 발생하는 것과는 대조적인 천성적(天性的) 본능.

본질(本質, nature, essence, substance) 본래부터 가지고 있는 사물의 독특한 성질. 특히, 성경에서는 죄 가운데 태어난 인간의 타락한 본성을 가리킨다(갈4:8; 엡2:3).

본체(本體, true nature, substance) 사물의 실제 모습(본바탕). 내적이며 중심되는 부분. 현상의 밑바탕을 이룬 실체. 주로, 예수 그리스도의 신적 속성이나 거룩한 성품을 가리키는 말로 쓰인다(빌2:6; 히1:3).

본토(本土, land of birth, the mainland) 자기가 태어나서 살아가고 있는 본고장. 그 나라의 주된 국토. 단순히 '땅'의 차원을 넘어 '고향, 고국, 삶의 터전'이란 의미를 갖는다(창11:28). 특별히, 포로기 당시에는 하나님께서 이스라엘 백성에게 조상과 언약을 맺고 친히 인도해 주신 젖과 꿀이 흐르는 약속의 땅 가나안을 일컫는다(겔34:13).
■**본토인**(本土人, native-born) – 본래부터 그 고장에서 태어나 사는 사람. 성경에서는 '이방인'과 대조되는 말로서 약속의 땅의 주인인 이스라엘 백성을 일컫는다(출12:48-49; 레16:29; 수8:33).

본향(本鄕, homeland) 본디 살던 고장. 고향(왕상22:36; 사13:14). 장차 성도가 들어갈 영원한 안식처인 천국을 가리킨다(히11:14-16).
■**본향집**(homeland) – 장차 성도가 들어갈 천국 및 그곳에서 누리게 될 안식과 즐거움을 강조한 시적 표현(찬송가 150,239,379장).

봄비(rain in the spring time) 봄에 내리는 비. 팔레스타인에서는 봄철 곧 3-4월경에 내리는 '늦은 비'를 말한다. 결실기인 여름에 접어들기 전에 내리는 비로서, 곡물 성장에 지대한 영향을 미치며 그해 수확량을 결정짓는다. 이 '봄비'(슥10:1)는 대부분은 '늦은 비'로 표현된다(신11:14; 욥29:23). 봄비(늦은 비)는 이른 비와 더불어 하나님의 사랑과 은총을 상징한다. → '이른 비와 늦은 비'를 보라.

봉사(奉仕, service) 한 공동체(사회, 국가)나 이웃을 위해 자신의 이해를 돌보지 않고 노력이나 힘을 바쳐 친절히 보살펴 줌. 보상 없이 섬기거나 도와주는 행위.
구약에서는 자신이나 가족의 삶을 위한 수고나 육체적 노동(창29:18,20), 성전에서 하나님을 섬기는 일(민1:50) 등을, 신약에서는 교회에서 맡은 바 직무를 수행하거나 성도를 돕고 보살피는 행위를 가리켰다(행1:25; 엡4:12; 벧전4:10). 참고로, 하나님을 향한 봉사(섬김)의 구체적 표현 가운데 하나가 바로 예배이다(빌2:17; 3:3). → '섬김'을 보라.

봉직(奉職, public service) 공직(公職)에서 일함. 특히, 거룩한 직분(성직)을 맡아 섬기는 일을 가리킨다.

봉헌(奉獻, dedication) (존귀한 분에게) 물건(예물)을 바침(말1:13; 2:13; 찬송가 433장). 제단이나 성전, 성벽 등을 완공하여 그것을 하나님께 드리는 행위(민7:10; 느12:27). 나아가 자기 몸을 드려 하나님께 봉사하거나 예배 드리는 일까지를 포함한다(출13:2; 19:6; 민3:12).

부(富, **wealth, riches**) 많은 재물. 부귀. 특정한 경제 주체에 딸린 재화의 총계. '부'는 하나님에게서 오는 것이다. 따라서 그 자체가 악한 것은 아니다(창26:12-13; 신28:8-9; 시24:1). 다만 악한 방법으로 '부'를 얻으려는 것(욥20:15; 호12:8; 미6:10-13), '부'로 인해 탐심과 교만이 가득한 것(잠18:23; 겔28:5)은 엄히 경계해야 한다(딤전6:17). 예수께서도 '부'의 위험성을 경고하셨다(마6:24; 막4:19).

그러므로 '부'는 하나님의 영광을 위해(눅12:21), 가난하고 궁핍한 이웃을 위해(시112:9; 눅18:22-23; 요일3:17), 하나님의 나라 건설에(출30:15; 대상29:3; 딤전6:18) 사용되어야 한다. 이것이 하늘나라에 '부'를 축적하는 지혜로운 방법이다(마6:19-21). → '재물'을 보라.

부귀영화(富貴榮華, **wealth and prosperity**) 재산이 많고 지위가 높으며 영화로움. 부귀와 영화는 전적으로 하나님에게서 온다(잠8:18). 그런데 세상 부귀영화는 유한하나 하늘 영광은 영원 불변하다(찬송가 322, 341, 423, 483, 521, 541장).

부끄럽다(**be ashamed**) (잘못, 결점 등을 강하게 의식하여) 남을 대하기가 떳떳하지 못하다. 스스로 느껴서 수줍어하다. 양심에 거리껴 남을 대할 낯이 없다. 불신앙(대하30:15), 성적으로 부도덕한 행실(겔16:27), 벌거벗음(사3:17), 도둑질(렘2:26), 구걸(눅16:3) 등이 이에 해당한다.

■**부끄러운 말**(**filthy language**) - 상스러운 말. 음담패설(淫談悖說) 등 외설스런 말이나 남의 허물을 들춰내거나 비난하는 욕설. 이는 성도가 삼가야 할 악덕 중에 하나다(골3:8).

■**부끄러운 일**(**disgrace**) - 성적으로 불결하고 음탕한 행위. 특히, 근친상간(近親相姦), 수간(獸姦), 동성애(同性愛) 등 인류를 파괴하는 모든 종류의 성범죄를 일컫는다(레20:17).

부드럽다(**soft**) 거칠거나 딱딱하지 않고 무르거나 매끄럽다(시65:10; 아2:10; 사1:6l; 마11:8; 눅7:25). 됨됨이나 마음씨가 곱고 순하며 붙임성이 있다(욥41:3).

■**부드러운 마음**(**a heart of flesh**) - '살(몸)의 마음'이란 뜻으로, 돌같이 단단하고 완고한 마음과 대조된다. 이는 잘못을 뉘우칠 줄 아는 온유한 마음이요, 하나님의 말씀에 겸손히 순종하는 마음을 가리킨다(겔11:19; 36:26).

■**부드러운 말**(**pleasant words**) - 상대방이 듣기 좋고 마음을 상하게 하지 않는 말. 기분 좋은 말(사30:10).

■**부드러운 혀**(**a gentle tongue**) - 부드러운 언사(言辭). 이는 상대방의 분노도 누그러뜨리는 힘이 있다(잠25:15).

부딪히는 돌(**stone that causes to stumble**) 보행에 장애가 되는 돌. 걸려서 넘어지게 하는 돌. 비유적으로 세상의 가치관으로서는 도저히 받아들일 수 없는 구주 예수를 가리킨다(롬9:32-33; 벧전2:8). '걸려 넘어지게 하는 바위'(벧전2:8), '거치는 바위'(롬9:33)도 같은 표현이다.

부르심(**calling**) 하나님께서 인간을 구원의 길로 부르시는 행위(찬송가 528장). 혹은 하나님께서 구원받은 자에게 특별한 사명을 맡기기 위해 부르시는 행위(사6:1-13; 빌3:14).

부르심의 주체는 하나님이시며, 하나님의 부르심은 하나님의 주권적 선택인 예정과 예지를 기초로 한다(롬8:30; 9:11-12). 따라서 하나님에게서 부르심 받은 자는 그분이 부르신 선한 뜻과 목적을 살피고 순종하는 자세가 필요하다(엡4:1). → '소명'을 보라.

부모(父母, **parents**) 아버지와 어머니. 양친(兩親). 어버이. 부모는 하나님을 대신하여 자녀를 신앙으로 양육할 책임을 맡은 자요(신6:7, 20) 자녀를 위해 기도하고 축복할 수 있는 영적 권위를 부여받은 자다(창18:18-19).

따라서 부모의 제일 되는 책임은 자녀에게 믿음의 본을 보이고(창22:1-19; 왕상22:43; 왕하15:3, 34), 하나님의 말씀을 가르쳐 지키게 하는 일이다(출10:2; 신6:6-7; 엡6:4). 또한 부모는 자녀를 보호하고(히11:23), 자녀의 영혼을 위해 기도하며(삼상1:27; 욥1:5), 잘못을 교정해 주고(신21:18-

21), 때론 징계도 주저하지 말아야 한다(잠3:12; 19:18; 딤전3:4-5; 히12:7).

부비(浮費, **extra expense**) 일을 할 때 드는 돈. 비용(費用). 개역한글판 성경에 쓰인 단어로, 선한 사마리아인의 비유에서 강도 만난 사람을 보살피는 대가로 여관 주인에게 지불된 경비를 가리키는 말이다(눅10:35). 오늘날 공적인 활동을 할 때 생기는 필요 경비(비용)를 가리키는 말로 사용되기는 하지만 거의 사어(死語)나 다름없다.

부인(否認, **denial, negation**) 그러지 않다고 보거나 주장하다. 모른다고 하다(마10:33). 성경은 그리스도를 부인하지 말고 자기를 부인하고 자기 십자가를 짐으로 주님의 제자가 되라고 가르친다(마16:24). 그리고, 사도 바울은 경건의 능력을 부인하고 행위로 하나님을 부인하는 위선적 신앙을 경고했고(딤후3:5; 딛1:16), 사도 요한은 하나님과 그리스도를 부인하는 자를 적그리스도로 규정했다(요일2:22-23; 요이1:7).

■**자기 부인**(自己 否認, **deny oneself**) – 문자적으로 '자기 자신과 아무 관계가 없는 사람인 것처럼 행동하다'는 뜻으로(마16:24), '자기 자신은 이미 죽은 사람처럼 취급하고 행동하다'(갈2:20), '자신의 인간적인 욕심과 행복과 평안에 대한 본능적인 욕구를 거부하다', '자아를 깨뜨리다'(눅9:23)는 등의 의미를 갖는다.

부정(不淨, **uncleanness**) 깨끗하지 못함. 정결하지 못함. 하나님께서 혐오하시거나 멀리 하실 만한 것. 예배(제사)에 참석하지 못하게 하는 모든 것. 특별히 종교 의식상(레위기 정결 규례) 더럽고 불결하다고 여겨지는 행위나 사물을 말한다. 이 부정에 대한 규례는 하나님의 백성이 부패한 삶에서 벗어나 거룩한 삶을 살도록 하기 위한 것이다(레11:45; 19:2; 20:7).

한편, 먹는 것과 관련하여 구약 율법 시대에는 부정한 것으로 제한된 음식물이 많았다(레11장). 그러나 사도 바울은 그리스도 안에서는 무엇이든지 속된 것이 없고 다만 속되게 여기는 그 사람에게는 속될 뿐이라고 했다(롬14:14-16). 또, 음식물은 하나님이 지으신 것이기에 모든 것이 선하며, 감사함으로 받으면 버릴 것이 없고, 하나님의 말씀과 기도로 거룩하여진다고 했다(딤전4:3-5).

부패(腐敗, **corruption**) 미생물의 작용으로 단백질이 악취를 내며 썩거나 분해되는 현상. 법규나 제도가 문란해 바르지 못함. 특히, 개인이나 사회, 국가가 윤리(도덕), 종교적으로 타락한 상태를 말한다(신31:29; 전3:16; 렘5:28).

부패의 원인은 '마음의 욕심'(엡4:22), '육신의 정욕'(벧후1:4), '시기심'(잠14:30), '어리석은 생각'(시14:1) 때문이다. 이 모두의 근본 원인은 하나님의 말씀을 떠난 데 있다(출32:7; 신9:12; 사1:4). 그래서 성경은 말씀을 따라 경건하게 살고(딤전6:3-5), 스스로 깊이 삼가며(신4:15-17), 세속에 물들지 말고(신4:25), 항상 마음을 그리스도에게 두라(고후11:3)고 가르친다.

부흥(復興, **renewal, revival, restoration**) 쇠(衰)하였던 것이 다시 일어남. 다시 새롭게 하여 생명력을 회복함. 이전의 영광을 재현함(합3:2).

■**부흥 운동**(復興 運動, **revivals of religion**) – 신자들의 침체된 신앙을 일깨우고, 신앙 공동체의 영성을 회복하며, 죄로 인해 고통당하는 자들을 참회의 자리에 서게 하고, 불신자들을 그리스도를 구주로 영접하게 하는 일종의 신앙운동이다. 이 운동의 주체는 성령이시다(행2장). → [4. 예배 및 예식 용어] '부흥사경회', '부흥회'를 보라.

분깃(**portion**) '제비를 뽑아 나눠진 것'(lot), '몫으로 나누어진 부분'을 가리킨다. 특히, 구약에서는 가나안 영토 분배 때 이스라엘 각 지파가 제비를 뽑아 분할받은 땅(영토)을 분깃이라 했는데 제사장을 위시한 레위 지파에게는 분깃이 없이 그 일을 하는 것 자체를 분깃이라 했다(민18:20; 신14:27).

한편, 하나님께서는 만민 중에서 특별히 선택하여 사랑하시는 자기 백성을 분깃이라 하셨고(신32:9), 하나님이 나의 모든 것 되심을 고백하는 뜻으로 '여호와는 나의 분깃'(시73:26; 119:57)이라 했다. 신약에서는 하나님 나라에서 얻게 될 상급과 복을 분깃으로 보기도 했다(롬8:17; 갈4:7).

분노(憤怒, **anger, rage, wrath**) 분하여 몹시 성을 냄. 분노는 죄의 원인이 되며, 사람을 파멸로 이끌기도 한다. 그래서 성경은 분노를 삼가고 마음을 지키도록 교훈한다(잠14:17,29; 16:32; 27:4; 29:22). 그런데 하나님과 관련해서, 불의를 향한 하나님의 의로운 분노 곧 준엄한 심판이나 징계는 하나님의 공의를 이루기 때문에 선한 것으로 여겨진다(출32:19; 레10:16; 민31:14; 삼하12:5; 왕하13:19; 시2:5; 애4:11; 요11:33,38; 행17:16).

하나님께서는 죄인에게 분노하시는데, 이는 그가 회개하고 돌아오기를 원하시는 하나님의 사랑의 또 다른 표현이라 할 수 있다(신6:15; 시79:5; 막3:5). 이렇듯 사람의 분노는 하나님의 의를 이루지 못하지만(약1:20) 하나님은 거룩한 분노를 통해 자신의 공의로운 뜻을 이루신다(롬1:18).

■**분노의 잔(the cup of wrath)** – 범죄한 자를 향한 하나님의 준엄한 심판, 임박한 재난을 나타내는 문학적 표현이다(사51:17).

분수(分數, proportion) 원뜻은 '비율, 배당.' 자신의 처지(주어진 위치)에 맞는 한도(한계, 민16:3; 고후10:13,15; 살전4:6). 사물을 분별하는 슬기. 특히, '하나님으로부터 받은 은사의 분량'이란 뜻으로도 쓰인다(롬12:6).

분열(分裂, dissension) 찢어져 갈라짐. 의견이 일치하지 않아 서로의 영역을 확실히 구분짓는 것을 말한다. 성경에서는 분열을 부정적인 측면, 곧 육체의 욕심을 따르는 자의 특징으로 간주하였다(갈5:20; 유1:19). → '당파'를 보라.

본토(糞土, filth, refuse, dung) 썩은 흙. 주로 똥이나 거름, 쓰레기, 아주 하찮은 것을 말한다(사5:25; 렘9:22; 습1:17; 찬송가 148, 423, 483장).

불(fire, blaze) 물질이 열이나 빛을 내면서 타는 현상. 또는 그때 생기는 열, 빛, 불꽃. 성경에서 불은 언약을 맺으며, 말씀하시며, 심판하시는 하나님의 사역과 밀접한 관계가 있다. 그래서 불은 다양한 상징성을 갖는다. 곧, '하나님의 영광'(출24:17; 단7:9), '하나님의 임재와 현현'(출3:2; 19:18; 신18:16; 겔1:27), '하나님의 동행'(출13:21-22; 느9:12,19; 시78:14), '하나님의 능력'(출9:24), '하나님의 거룩한 진노와 심판'(창19:24; 시89:46; 렘4:4; 암5:6; 계1:14), '언약의 보증'(창15:17), '하나님의 보호'(출13:22; 사31:9; 슥2:5), '하나님의 보복'(히12:29), '하나님의 말씀'(렘5:14; 23:29) 등을 의미했다.

이외에 불은 '정결'(사6:6-7; 마3:11), '연단'(슥13:9; 벧전1:7; 계3:18), '박해'(눅12:49-53; 고전3:12-15), '환난'(사43:2), '정욕'(잠6:27-28), '질투'(습3:8), '지옥불'(마5:22) 등에 비유된다.

■**불과 구름 기둥(the pillar of fire and cloud)** – 하나님께서 출애굽한 이스라엘 백성이 광야 생활하는 동안 함께하시며 보호하시고 인도해 주신 상징물(출13:21-22; 14:24; 신1:33). 이는 하나님의 백성에게는 '하나님의 거룩한 임재와 보호와 인도하심'을, 악인들에게는 '심판하시는 초월자로서의 현현'을 나타낸다(찬송가 246, 377장). → '구름 기둥'을 보라.

불결(不潔, uncleanness) 깨끗하지 않고 더러움. 주로 의식법상 부정하거나(레15:33) 영적으로 타락한 상태를 일컫는다(렘19:4).

■**불결기(不潔期, period of uncleanness)** – 정결하지 않은 기간. 여성의 '생리 기간'을 가리키는 완곡한 표현. 생리는 자연스런 현상이긴 하나 생명되는 피를 쏟아내는 것이 죄의 결과인 죽음을 연상한다는 점 때문에(창9:4-6) 부정한 것으로 간주되었다(레15:25).

불경건(不敬虔, godless) 원뜻은 '속되다, 더럽다'로서, 불경스럽고 속되며, 신성을 모독하고 저속한 것을 가리킨다. 한 마디로, 하나님의 거룩하신 성품을 거스르는 모든 생각과 행실을 가리킨다(욥27:8). → '경건'을 보라.

불량배(不良輩, wicked man) 성질이나 행실이 나쁜 무리. 즉, '쓸모없고 무익한 존재', '불량하고 불의한 자', '망령된 자'를 말한다(신13:13; 삿19:22; 20:13; 삼상10:27). 같은 원어가 마귀의 별칭인 '벨리알'(고후6:15)로도 번역된다. 일명 '잡류', '비류.' → '벨리알'을 보라.

불멸(不滅, indestruction) 멸망하지 않음. 영원히 없어지지 않음(히7:16). 영생(永生) · 영존(永存)의 상태를 말한다. 하나님은 영원 불멸하신 분이다(딤전6:16). 또 세상 마지막 날 부활할 성도의 몸 역시 영원 불멸하다(고전15:53-54).

불못(lake of fire) 불과 유황으로 타는 못(계21:8). 세상 종말에 악인이 들어갈 영원한 형벌 장소인 지옥을 가리킨다(계19:20; 20:10).
불못에 던져질 자로는 '거짓 선지자'(계19:20; 20:10), '마귀'(계20:10), '사망과 음부'(계20:14), '생명책에 기록되지 못한 자'(계20:15), '흉악하고 가증스런 죄인들'(계21:8) 등이 있다.

불법(不法, lawlessness, illegality) 법에 어긋남. 불법에는 ① 단순히 과실로 인해 남의 권리나 인격에 손해를 끼치는 행위나 남을 넘어지게 하는 행위(마13:41), ② 외식하는 것(마23:28), ③ 예수 그리스도를 대적하고 하나님 나라를 무너뜨리는 행위(살후2:3,7-8), ④ 하나님의 뜻(계명)을 거역하는 죄(욥13:23; 겔22:9; 마7:23; 롬4:7; 고후6:14; 요일3:4), ⑤ 하나님을 믿지 않는 것(고후6:14) 등이 있다.
■**불법의 사람(all who do evil)** – 진리에서 떠나 불의와 죄악에 머물도록 유혹하는 자. 하나님의 법을 거스르는 자. 사탄이나 그 하수인인 적그리스도 세력(마13:41; 살후2:3). 이런 자는 하나님 나라가 이 땅에 임하는 것을 훼방하고 그리스도의 구속 사역을 적극 저지하는 특성이 있다.

불변(不變, immutability, unchangeableness) 변하지 않음. 하나님의 거룩한 속성 가운데 하나로, 하나님은 완전하심으로 그의 본질, 의지, 목적, 작정, 약속에 있어서 어떤 변화도 없으시다(시33:11; 102:27; 말3:6; 약1:17).

불 세례(- 洗禮, baptism of fire) 성령 세례의 다른 표현(행2:3). 성령의 역사로 거룩하고 정결하게 되기를 사모하는 찬송가 192장에 사용된 표현이다. 이와는 달리 누가복음 3:16의 표현에서 언급된 '불의 세례'는 하나님의 준엄한 심판의 불로 보기도 한다. 이때 성령의 세례는 생명(구원과 회복)의 세례로 본다.

불 시험(- 試驗, the painful trial) 불타는 것 같은 힘겨운 시련(연단). 그런데 이 시련은 마치 금속을 불 속에서 제련하여 순수한 물질을 얻어내듯 시련당하는 자의 신앙과 인격을 더 온전하게 하는 값진 경험이 된다(약1:2-4; 벧전4:12). 초대교회 성도는 믿음을 지키기 위해 무서운 불 시험도 마다하지 않았다(히11:33-38).

불신자(不信者, unbeliver) 신앙을 가지지 않은 사람. 하나님을 향한 참 믿음을 소유한 신실한 성도에 대칭되는 표현(고전10:27; 딤전5:8). 특히, 그리스도를 구주로 믿고 영접하지 않은 자로서, 영원한 심판이 예비된 자를 말한다. '믿지 아니하는 자'(고전6:6; 7:12; 14:22; 딛1:15)로도 쓰인다.
■**불신 가정(不信 家庭, a household of unbelief)** – 예수 그리스도를 구주로 영접하지 않은 가정. 기독교 신앙을 소유하지 않은 가족을 구성원으로 한 집안.

불쌍히 여김(compassion) 원뜻은 '창자가 끊어지는 것 같은 고통'(막6:34)으로, '상대방을 가엾게 생각하여 동정함', '민망히 여김'(막1:41). 죄 가운데서 고통하는 무리를 향한 예수님의 심정을 나타낼 때 자주 사용되었다. 하나님의 불쌍히 여기심은 인간 구원의 근원적인 동인이라 할 수 있다. '친절'(욥6:14; 잠19:17; 28:8), '자비'(마18:33), '관용'(신7:16), '연민'(애4:10) 등은 모두 불쌍히 여기는 마음에서부터 출발한다. → '긍휼'을 보라.

불의(不義, wickedness, sin) 옳지 아니한 일. 사람의 도리에 벗어난 일. 성경에서 말하는 불의는, ① 물리적 폭력과 정신적 탄압으로 타인에게 심신(心身)의 상처를 안기거나 재산상 손해를 입히는 행위(잠22:16; 애3:34-35; 약5:4), ② 하나님이 요구하시는 기준에서 벗어나거나 하나님을 대적하는 모든 행위, ③ 하나님을 떠난 일체의 일(사32:6; 롬1:18; 고전6:9; 고후6:14). 따라서 '죄'의 다른 말로 이해할 수 있다.
하나님께서는 불의한 자와 의로운 자에게 동일한 일반 은총을 베푸시지만(마5:45) 마지막 날에는 반드시 악한 자의 불의를 심판하신다(벧후2:13; 계22:11). 그리고 하나님은 죄를 자백하는 자를 모든 불의에서 깨끗하게 해 주신다(요일1:9).

붉은 용(- 龍, red dragon) 요한계시록에서 하나님을 대적하는 사탄을 상징한다(계12:3). 특히 용의 색깔이 붉은 것은 사탄의 무자비하고 잔혹하며 무서운 일면을 암시한다. 즉, 붉은색은 전쟁이나 파멸을 상징한다고 본다(계6:4).

블루 오션
(blue ocean)

문자적으로 '고기가 많이 잡힐 수 있는 넓고 깊은 푸른 바다'란 뜻으로, 현재 존재하지 않거나 알려져 있지 않아 경쟁자가 없는 유망한 시장을 일컫는다. 즉, 아직 시도된 적이 없는 광범위하고 깊은 잠재력을 지닌 시장을 비유하는 표현이다. 블루 오션에서는 시장 수요가 경쟁이 아니라 철저히 자기 내부의 창조와 혁신을 통해 얻어지며, 여기에는 높은 수익과 빠른 성장을 가능하게 하는 엄청난 기회가 존재한다.
참고로, 이와 반대로 이미 잘 알려져 있어 매우 치열한 경쟁을 이루는 시장을 일컬어 레드 오션(red ocean)이라고 한다.

비(rain) 대기 중 수증기가 식어서 물방울이 되어 땅 위로 떨어지는 것. 성경에서 때를 따라 내리는 단비는 하나님의 은혜요(신28:12; 렘5:24; 호6:3), 비의 단절 곧 기근과 가뭄은 하나님의 심판으로 간주되었다(신11:17; 왕상8:35-36; 렘3:3).
또한, '비'는 죽은 영혼을 소생시키시는 '하나님의 말씀'(신32:1-3; 사55:10-11), '영적인 복'(시72:6), '주님의 보편적인 사랑'(마5:45), '하나님의 선하심'(신28:12), '주님의 심판'(창7:4; 욥20:23; 겔38:22), '공의'(호10:12) 등에 비유되기도 한다.
→ '이른 비와 늦은 비'를 보라.

비둘기(dove, pigeon) 비둘기목(目)에 딸린 새를 통틀어 이르는 말. 크게 야생종과 집비둘기로 나뉜다. 머리가 작고 둥글며 부리가 짧고 성질이 온순해 길들이기 쉽다. 특히 날개의 힘이 강해 멀리 날 수 있다(시55:6). 귀소성(歸巢性)을 이용하여 원거리 통신에 쓰이기도 한다. 이것은 가난한 자의 번제물로도 드려졌다(창15:9; 레1:14; 5:7; 12:2,6,8; 민6:10).
성경문학적으로 비둘기는 '평화'(창8:8-12), '순결'(아10:16), '성령'(마3:16; 막1:10; 눅3:22; 요1:32), '처절한 슬픔'(사38:14; 59:11; 겔7:16; 나2:7), '어리석음'(호7:11), '안식'(시55:6), '사랑스러움'(아1:15; 2:14; 4:1; 5:2,12; 6:9) 등 많은 상징성을 갖는다.

비몽사몽(非夢似夢, trance) 꿈인지 생시인지 어렴풋한 상태를 말한다. 헬라어로는 '엑스타시스'인데, 이는 한동안 정신이 나간 상태(행10:10; 11:5; 22:17), 즉 황홀경(극치, 무아의 경지)에 빠지거나 거룩한 환상을 보는 것을 의미한다(삼상19:23-24; 왕상22:19-23; 겔1:1-3:15). → '엑스타시', '입신'을 보라.

비밀(秘密, secret) 남에게 보이거나 알려서는 안 되는 일의 내용. 숨겨져 있어서 외부에서는 알 수 없는 상태나 그 내용. 아직 밝혀지지 않은 사실 또는 알려지지 않은 속내. 하나님의 계시에 의하지 않고서는 알 수 없는 일. 혹은 하나님의 거룩한 목적과 하나님의 구원 계획(고전4:1; 골2:2; 계10:7) 등을 가리킨다.
하나님의 비밀은 오묘하여(신29:29) 인간의 지혜로는 측량하기 어렵고(롬11:33-36) 깨닫지 못한다(고전2:14-16). 그래서 하나님은 예언자를 통해 이 비밀을 드러내셨으며(단2:47; 암3:7; 롬16:26; 엡3:5; 벧전1:10-12), 그리스도(엡3:3-5)와 교회(엡3:9-10)를 통해 밝히 보여 주셨다. 또 지금도 성령을 통해 성도에게 보이고 가르치며 깨닫게 하신다(고전2:10; 엡3:3-5; 골1:26).
■하나님에게 속한 비밀들 – 하나님의 나라(막4:11; 눅8:10), 복음(엡6:19), 그리스도(엡3:3-5; 골1:27; 2:2), 구원의 경륜(롬11:25; 엡3:3,6; 골1:27), 그리스도의 재림 시기(마24:36), 경건(딤전3:16)과 믿음(딤전3:9), 마지막 때의 놀라운 변화(고전15:51-52) 등이 있다.

비바람(wind and rain, storm) 비와 바람. 비를 몰고 오는 바람. 인생의 모진 풍파를 비유한다. 주님만이 험한 세파(世波)에서 안전을 얻게 하는 유일한 소망임을 노래한 찬송가에 자주 언급된다(찬송가 345, 387, 419, 473, 514, 558, 570, 592장).

비유(比喻, parable) 어떤 사물의 모양이나 상태 등을 보다 효과적으로 표현하기 위해 그것과 비

숱한 다른 사물에 빗대어 표현하는 것. 일상 경험에 기초하여 잘 알려져 있는 내용과 전혀 알려지지 않은 영적 진리를 쉽게 설명하는 방법 중에 하나다. 성경에는 수많은 비유들로 가득 차 있다(민 23:7-10; 삿9:7-15; 삼하12:1-4; 욥27-29장; 사 5:1-7; 겔37:1-14; 요3:29-30 등).

특히, 예수께서는 하나님 나라의 비밀을 제자들에게는 알게 하시고, 동시에 믿음이 없는 청중들에게는 숨기시기 위해 비유를 즐겨 사용하셨다(마 13:10-16; 막4:33-34).

■비유의 종류 - ① 단순히 은유나 직유를 통해 두 개체를 서로 비교하는 단순한 형식의 비유(시 49:4; 78:2; 마13:18). ② 속담(삼상10:12; 24:13; 겔 12:22-23; 16:44; 18:2-3)이나 잠언(왕상4:32; 잠 26:7,9), 노래(민23:7,18; 사24:4; 미2:4), 수수께끼(시49:4; 겔17:2) 등의 형식을 빌은 비유도 있다.

■비유를 사용하는 이유 - ① 흥미 있는 형식으로 진리를 계시하며 보다 생생하고 구체적으로 메시지를 전달하기 위해(잠6:9-11; 마13:10-11,16). ② 실례를 들어 요점을 전하기 위해(눅10:25-37). ③ 확신을 가지고 말하기 위해(삼하12:1-6). ④ 무관심하고 반대하는 자들에게는 숨기고 진리를 사랑하는 자에게는 진리를 더하기 위해(마13:11-15).

비전(vision) ① 앞날을 향해 품는 꿈(포부). ② 마음속에 그린 이상(상상). ③ 보이지 않는 것(아직 성취되지 않은 것)을 마음속에 그리는 상상력(선견)이나 장래의 변화를 예측할 수 있는 예지력과 통찰력. ④ 하나님이 주시는 이상(異像).

이러한 비전은 한 개인에게는 헌신과 열정을 불러일으키는 동인이 되고, 한 공동체에게는 리더에 대한 신뢰감을 돈독히 하고 공유된 비전으로 인해 더욱 단합하게 하며 희생하게 하는 동인이 된다. → '이상' 을 보라.

■비전 센터(vision center) - 꿈과 이상을 실현시켜 줄 수 있는 각종 활동 중심지. 교회 내에서는 교회딩 본건물에 부속되어 있거나 독립되어 있는 일종의 '교육관', '선교관', '봉사관', '문화관' 등의 기능을 하는 복합 건물을 가리킨다.

■비전 트립(vision trip) - 선교와 섬김(봉사)의 꿈을 실현하려는 의도를 가지고 행해지는 선교지 방문(체험) 여행을 가리킨다. 주로, 소그룹 형태의 단기(短期) 여행 형태로 이뤄진다. → '선교', '선교 여행' 을 보라.

빈 들(desert) 사람이 살지 않는 넓고 황량한 벌판. 들짐승들의 거처(욥24:5; 39:4; 겔34:25). '광야', '황량한 땅', '폐허' 를 뜻하기도 하고(찬송가 182,323장), '(세상과 단절된) 한적한 곳', '묵상하기에 적절한 고요한 환경' 을 의미하기도 한다(찬송가 364장). 예수님은 이런 빈 들에서 오병이어의 기적을 행하셨고(마14:15), 세례 요한은 공생애를 시작할 때까지 빈 들에서 신앙 훈련을 쌓았다(눅 1:80; 3:2). → 광야 를 보라.

빈 무덤(an empty tomb) 시신이 놓여있지 않고 비어 있는 무덤. 이는 부활의 한 증거로 간주된다. 즉, 장사된 지 사흘만에 부활하신 예수께서 더 이상 죽음의 상태에 머물러 있지 않다는 확실한 증표 중의 하나로 빈 무덤이 언급된다(눅24:2-3).

빈손(empty-handed) 아무것도 가진 것이 없는 손. 혹은 (돈이나 물건 등) 아무것도 소유한 것이 없는 상태(출3:21; 룻3:17). 이는 하나님을 섬길 준비가 되어 있지 않은 불성실한 자세를 상징한다(출23:15). 이와 대조적으로, 모든 것을 내려놓은 겸손하고 절박한 심령 상태를 대변하는 표현으로 쓰이기도 한다(찬송가 494장).

빛(light, shine, rays) 육안으로 느껴지는 자연 광선. 하나님이 천지 창조 첫째 날 만드신 피조물 가운데 하나(창1:3-5; 시74:16; 사45:7; 고후4:6). 빛에는 햇빛(삼하23:4; 욥31:26; 계22:5), 달빛(사 13:10; 30:26), 별빛(렘31:35; 단12:3), 천체의 빛(시 136:7), 번개(욥36:32) 등이 있다.

■빛과 소금(light and salt) - 영적인 면에서 어둡고 부패한 이 세상을 살아가야 하는 성도가 지녀야 할 본분과 역할 및 자세를 나타낸 표현이다(마5:13-16).

여기서 '빛' 이라 함은 참 생명의 빛이신 예수님(요8:12)의 모범을 좇아 살아가는 거룩하고 온전한 삶이나 예수의 제자로서의 빛된 본질 및 선교적 사명을 나타낸다. 그리고 '소금' 이란 예수를 섬기는 자들이 지녀야 할 자기 희생적 삶과 그리스도인으로서의 사회적 사명을 강조한다.

■빛난 옷(elegant robe, shining clothes) -

화려하고 값비싼 의복. 왕이나 권력자, 부자가 입는 옷(겔27:24; 눅23:11). 천상의 존재들이 입는 옷(행10:30).

■**빛의 아들**(son of light) - 참 빛이신 예수 그리스도를 믿고 따르는 성도(요12:36). 빛이신 하나님의 자녀 곧 '빛의 자녀'(엡5:8). 죄와 사망의 어두운 권세에서 벗어난 '거듭난 인생'을 가리키는 비유적 표현이다(눅16:8; 살전5:5).

용어상식
빛이 상징하는 것들

빛은 많은 상징성을 갖는다. ① 하나님(욥24:13; 시27:1; 사60:19-20; 약1:17; 요일1:5; 계22:5). ② 하나님의 임재(욥36:30,32; 37:15; 시44:3; 딤전6:16). ③ 예수 그리스도(눅2:32; 요1:5; 8:12; 9:5; 12:46). ④ 복음의 진리(고후4:4,6). ⑤ 생명(욥3:9; 24:13; 사49:19; 잠4:18; 요1:4). ⑥ 하나님의 말씀(욥24:13; 시119:105; 잠6:23; 벧후1:19). ⑦ 지혜와 명철(단5:11,14). ⑧ 공의(시37:6). ⑨ 성도(마5:14). ⑩ 거룩과 순결(롬13:12; 요일1:6-7). ⑪ 구원(사42:6; 49:6; 말4:2; 마4:16). ⑫ 의(행26:18; 벧전2:9). ⑬ 영적 지혜(시119:130; 사2:5; 벧후1:19) 등.

뼈(bone) 척추동물의 얼개를 이루어 몸을 받치면서, 골세포와 그 사이를 채우는 기질(基質)로 이루어진 단단한 조직. 살(肉)과 상대되는 의미의 골(骨)을 가리킨다. 간혹 시신(屍身)을 나타내기도 하고(수24:32) 때로는 전인격을 나타내기도 한다. 그래서 뼈를 무덤에 매장하는 것은 죽은 자에 대한 예의요(출13:19; 수24:32; 삼하21:12-14), 땅에 노출시키는 것은 경멸적 처사였다(렘8:1).

잠언에서 '뼈를 썩게 한다'(잠12:4), '뼈를 마르게 한다'(잠17:22), '뼈를 꺾는다'(잠25:15), '뼈를 윤택하게 한다'(잠15:30), '뼈에 양약이 된다'(잠16:24)는 표현들은 모두 뼈의 전인격적 측면을 보여 준다.

■**뼈가 상징하는 것** - '한 몸 된 부부'(창2:23), '혈족'(창29:14), '같은 지파'(대상11:1), '시체'(수24:32; 겔37:1-14), '내적인 부패'(마23:27), '마음의 고통'(욥7:15), '신체적 고통'(용30:17; 시6:2; 렘50:17), '고통스런 형벌'(시51:8) 등을 상징한다.

■**뼈 중의 뼈**(bone of bones) - 가장 소중하고 사랑스런 존재를 말한다. 하와를 향한 아담의 고백에서 나온 표현이다(창2:23).

뿌리(root) 식물을 떠받치고 땅 속의 수분이나 양분을 빨아 올리는 식물의 밑둥으로 땅 속에 박힌 부분. 이는, '이스라엘의 남은 자'(왕하19:30; 사37:31), 가계의 혈통' 또는 '사물의 원인'(사11:1; 14:30; 호9:16; 말4:1), '메시야'(사11:1,10; 롬15:12; 계5:5; 22:16), '언약'(롬11:17-18), '마음 중심'(잠12:3), '믿음의 확신'(마13:6,21), '견고함'(렘12:2; 엡3:17), '번영'(호14:5), '심판과 파멸'(왕상14:15; 대하7:20; 시52:5; 마3:10) 등을 상징한다.

뿔(horn) 동물의 머리나 얼굴에 딱딱하게 돌출된 물질(창22:13; 출21:29; 신14:5; 시22:21; 단8:5). 뿔은 힘의 근원이라는 점에서, 절대자 하나님(삼하22:3; 시18:2), 그리스도(시132:17; 눅1:69), 그리스도의 권능(계5:6), 능력과 권세(삼상2:1,10; 시89:17,24; 겔29:21; 암6:13), 권력(겔34:21), 왕 또는 제국(단7:24; 8:4,9; 계17:3,7,12,16), 위엄과 영광(신33:17), 악인의 힘(시22:21), 적그리스도(단7:8,21; 계13:1) 등을 상징한다.

사귀(邪鬼, spirit of impurity) 요사스러운 귀신(슥13:2). 사신(邪神). 악령(惡靈). '더러운 귀신'(마10:1; 막5:2)으로도 불린다. → '귀신', '악귀', '악령'을 보라.

사귐(associate, make friends) 서로 가까이 하여 얼굴을 익히고 사이좋게 지냄. 기독교에서 사귐이라 함은, 단순한 인간적 친교나 교제 차원을 넘어 가난한 자를 돕고 물질을 공유하는 구체적인 사랑의 행위를 일컫는가 하면 성도 간의 긴밀한 영적인 공감대를 형성하는 것을 말한다. 또한 하나님과의 신령한 교제를 가리키기도 한다(요일1:3). 사실 죄로 단절되었던 하나님과의 관계를 회복하고, 예수 그리스도의 주권 아래서 연합된 구속받은 사람들의 사귐이 바로 교회이다(엡2:14).

이와는 대조적으로, 성경은 악한 자(욥34:8), 미련한 자(잠13:20), 험담하는 자(잠20:19), 노를 품는 자(잠22:24), 술을 즐기는 자(잠23:20), 음행하는 자(고전5:9-11), 복음에 순종치 않는 자(살후3:14)와의 사귐(교제)은 금한다.

사단(Satan) → '사탄' 을 보라.

사도(使徒, apostle) 권세자로부터 특별한 사명과 메시지를 위임받아 멀리 파견된 자. 특히, 천국 복음 전파를 위해 주님께 부름받고 보냄받은 12제자를 말한다(눅6:13).
　사도의 조건은 ① 예수님의 공생애를 함께 보내고, ② 그리스도의 부활을 목격한 증인이어야 했다(행1:8). 그런데, 바울처럼 부활하신 예수님을 만나는 신령한 체험을 통해 사도로 부름받은 경우도 있었다(고전9:1; 갈1:1). 이외에 복음 전파를 위해 거룩한 공동체(교회)에서 위임된 전도자, 즉 안디옥 교회에서 선교사로 파송되었던 바나바, 예수님의 형제 야고보도 '사도' 로 불렸다(행14:14; 고전15:7; 갈1:19). 또 드물게는 인류 구원을 위해 하나님으로부터 세상에 보내심을 받은 예수님을 '사도' 라 불렀다(히3:1).
　사도의 사명은, 부활하신 예수님의 지상 대명령(마28:18-20)을 따라 복음 전파를 통해 하나님 나라를 확장해 나가는 것이다(마10:5-7). 따라서 넓은 의미에서 주님의 전권 대사로 복음을 전하고 가르치며 하나님 나라를 든든히 세워가는 모든 주의 일꾼은 '사도' 라 할 수 있다(눅24:48; 고전1:17; 고후5:20; 엡6:20).

사두개파(- 派, Sadducees) B.C.2세기경 하스모니안 왕조 때 사독의 후예임을 자처하는 다수 제사장들에 의해 형성된 유대교 당파 중 하나. 종교와 정치의 구심점이라 할 수 있는 대제사장을 중심으로 귀족의 권익을 대변하는 일종의 정치 집단이었다.
　이들은 종교적으로 보수적이고 로마 정부에 대해 비판적이며 대중의 인기를 한 몸에 받았던 바리새파와는 극명한 대조를 이루었다. 이들은 성문화(成文化)된 율법(모세 오경)만 받아들이고 구전(장로의 전승)은 거부했다. 또 부활이나 천사, 영생, 영혼의 존재는 믿지 않았다(막12:18; 눅20:27; 행23:8). 그러나 납세 등 현실 문제에는 관대하여 '물질주의자' 혹은 '현실주의자' 라는 비난을 받았다(마3:7-8; 16:6-12).

사람(man) 하나님께서 창조하신 피조물 중에 가장 으뜸 되고 뛰어난 존재. 하나님의 형상대로 창조되었고(창1:26-27), 몸과 영(혼)을 가지고 있다(창2:7). 사람은 본디 하나님을 의지하며 하나님과 더불어 호흡하고 살아가야 하는 존재로 만들어졌다(마6:26-30). 하지만 사람은 하나님의 명령을 어김으로써 범죄하여(창3장) 영원히 죽을 수밖에 없는 존재로 전락하였다(롬5:12,17). 그러나 하나님께서는 예수 그리스도를 통해 구원의 길을 열어 주셨다(롬3:21-22).
　성경에서는 '사람' 과 관련된 표현으로, '속사람' 은 영혼(엡3:16), '겉 사람' 은 인간의 육신(고후4:16), '첫 사람' 은 인류의 조상인 아담(고전15:47), '둘째 사람' 은 예수 그리스도' (고전15:47)를 가리킨다.
　■**새 사람**(the new self) - 구원의 은총을 입은 자를 가리켜, '새 사람' 이라 한다. 새 사람은 하나님이 예수 안에서 이루신 구속 사역을 통해 재창조 하신 자, 곧 진리 가운데 거듭난 인생(엡4:24)을 말한다. 이런 새 사람의 가장 큰 특징은 옛 사람에서 벗어나 내주하시는 성령의 지배를 받는 것이다(롬13:12-14). → '거듭난 자' 를 보라.
　■**옛 사람**(the old self) - '옛 사람' 이란 거듭나기 전의 인생(롬6:6; 엡4:22), 곧 타락한 본성을 좇아 살며, 거짓과 죄악을 일삼다 결국 심판을 받고 멸망할 존재를 가리킨다(고전2:14).

사랑(love, affection) 아끼고 위하며 정성을 다하는 마음. 동정하여 너그럽게 베푸는 마음. 하나님의 최고 본질(요일4:8,16)이며 기독교의 가장 큰 덕목이요(고전13:13) 성경의 핵심적인 가르침이다. 성경이 가르치는 사랑은, 한 마디로 예수 그리스도께서 십자가에서 보여 주신 신적(神的)인 사랑, 곧 아가페적 사랑이다(요3:16). 이 사랑을 힘입을 때 비로소 자기를 돌보지 않고 이웃을 위해 자기를 희생할 수 있게 된다(요일4:10). 모든 사랑은 하나님의 사랑에서 출발한다. 이 사랑에 근거함으로써 성도는 이웃을 섬기며(갈5:13), 거짓 없는 사랑을 하고(롬12:9), 행함과 진실함으로 사랑할 수 있다(요일3:18).
　참고로, 사랑을 나타내는 헬라어로, ① '에로스' (남녀간 육정적이고 성적인 사랑, '열정' 이 내포됨), ② '필리아' (친구간의 사랑, 우정이나 우애, 약4:4), ③ '스트로게' (가족간 사랑, 부모 자식 간 사랑, 특히 자식을 향한 부모의 다함없는 사랑), ④

'아가페'(하나님의 거룩한 사랑, 롬5:5) 등이 있다. → '아가페'를 보라.

사랑방 전도(舍廊房 傳道, the reception room evangelism) 최초의 사랑방 전도는 미국 북장로교 선교사인 배위량(William M. Baird, 1862-1931년)에 의해서였다. 그는 남녀가 유별한 한국의 문화를 깊이 이해했고, 남성들의 전유 공간(대화와 교제의 공간)인 사랑방의 기능을 적극적으로 수용하여 사랑채를 짓고(1892년 6월경 완공한 선교관) 그곳을 누구든지 모일 수 있는 열린공간으로 개방하였다. 그곳에서 집회와 기도 모임을 가졌고, 기독교 문서를 번역하여 방문자들에게 배포하는 열심을 보였다.

결국, 한국 기독교 초기 사랑방 전도는 성인 남자들을 전도하기 위한 소중한 통로였었다. 그런데, 오늘날 '사랑방 전도'란 구역(순, 셀, 목장 등)에서 진행하는 전도의 한 형태로, 복음을 믿지 않는 이웃을 자기 집으로 초대하여 사랑방 같은 분위기에서 교제를 나누며 자연스럽게 복음을 전하는 전도 기법으로 활용되고 있다.

사례(비)(謝禮費, remuneration, recompense) 언행이나 금품으로 감사의 뜻을 나타내는 것. 감사의 뜻으로 전하는 돈. 특히, 교회 내에서 교역자나 유급 봉사자에게 지급하는 급여나 보수 또는 초청 인사에게 제공하는 강사비나 거마비(車馬費)를 말한다.

사론(Sharon) 지중해 연안의 욥바에서 갈멜 산까지 넓은 해안에 펼쳐진 대평원(남북으로 약 80km, 동서 너비가 약 9-19km). 이곳은 만발한 화초와 목초지로 유명하다(대상27:29). 따라서 이곳을 '비옥하고 풍요로운 곳', '신실하고 영화로운 곳' 등으로 묘사한다(아2:1; 사35:2; 65:10,17).

■**사론의 수선화**(a rose of Sharon) - 사랑받는 술람미 여인이 자신을 은유적으로 표현한 꽃으로(아2:1), 사론의 들판에 핀 꽃을 말한다. 이 꽃은 사람의 손길에 의해 자라는 것이 아니라 순전히 하나님께서 친히 기르시는 꽃이다. 이 사론의 수선화는 성경문학적으로 인류가 흠모할 예수 그리스도를 상징한다(찬송가 89,225장). → '백합화'를 보라.

사마리아인(- 人, Samaritan) 북이스라엘의 수도 사마리아 성읍이나 사마리아 지역에 사는 사람을 말한다. 사마리아는 북이스라엘의 호세아 왕 때에 앗수르의 살만에셀 5세에게 포위 공격을 받고(왕하17:3-6; 18:9-10) 3년째 되던 해(B.C.722년) 사르곤 2세에게 멸망당했다. 이때 북이스라엘 지도층이 앗수르 제국 고산에서 메대 지방에 이르는 여러 지역으로 끌려갔고, 앗수르 관리들과 백성이 사마리아에 들어와 살면서 잡혼(雜婚)이 이루어져 혈통의 순수성을 상실하고, 신앙도 변질되었다.

이런 역사적 배경 때문에 유대인은 사마리아인을 이방인과 동일하게 취급하여 멸시하였다(요4:9; 8:48). 그래서 유대인들은 북방으로 여행할 때에 가까운 사마리아를 통과하지 않고 요단 동편 베레아 지역으로 멀리 우회하여 지나갔다.

하지만, 예수께서는 친히 사마리아를 찾아가 복음을 전하시고(요4장) 사마리아 전도를 당부하셨다(행1:8). 그 후 주님의 명을 받은 사도와 성도에 의해 사마리아에도 교회들이 세워지게 되었다(행8:1-25; 9:31; 15:3). → '선한 사마리아인'을 보라.

사막(沙漠, desert) 땅이 메마르고 모래와 자갈로 뒤덮혀 작물을 경작할 수 없는 불모지(不毛地). '광야'로도 불린다. 시내 광야나 아라비아 사막에 둘러싸인 팔레스타인은 사막 기후의 영향을 많이 받았다.

성경에서 이 사막은 물이 없고 사람이 살기 어려워 쓸쓸하고 고통스런 상황을 상징한다(시78:40; 렘2:6; 찬송가 277장). 그에 비해, 사막에 물이 흐르고 꽃이 피는 것은 하나님의 은혜와 회복의 역사, 메시야 시대의 도래 등을 나타낸다(사35:1; 40:3; 43:19; 찬송가 242장). → '광야'를 보라.

사망(死亡, death) 생명을 잃음. 일차적으로는 육신의 죽음으로 인한 삶의 종말을 의미한다(창15:15; 28:8; 삿8:32). 이 사망은 아담의 범죄로 인해 세상에 들어왔다(롬5:12). 곧, 인간이 타락함으로써 죄가 세상에 들어왔고, 죄로 인해 모든 사람이 사망에 이르게 되었다(창2-3장). 그러나 예수께서 사망 권세를 깨뜨리셨기 때문에 더 이상 사망이 인간의 삶을 좌우할 수 없다(요5:24; 롬6:23). 따라서 예수를 믿는 자들에게는 예수께서 몸소 보여 주신 부활의 소망과 영생이 보장된다(롬8:2; 딤후1:10).

그런데 이 사망은 단순히 육체적인 죽음만이 아니라 하나님을 떠난 모든 삶을 의미하기도 한다. 즉 육신은 살아 있을지라도 하나님과 거룩하고 신령한 교제가 단절된 자는 죽음 상태에 있는 것과 같다(삼하22:6; 잠24:11; 계6:8). 이런 자는 결국 영원한 사망에 이르게 된다. 이 같은 맥락에서 불신자는 영적으로 이미 죽은 자요 또 종말적인 죽음이 예고된 자이다. → '죽음'을 보라.

■**사망의 그늘**(the deepest gloom) - 죽음의 그림자(욥34:22; 시107:14). 이는 '지옥'(어둡고 죽음의 그늘진 땅, 욥10:21)이나, 말할 수 없는 혹독한 고통'(죽음의 그늘, 욥12:22)을 상징한다.

■**사망의 장자**(death's firstborn) - 치사율이 매우 높은 무서운 전염병(욥18:13). 오늘날도 중동에서는 악성 질병을 '사망의 아들, 죽음의 딸'로 표현한다.

사명(使命, task, mission, errand) 주어진 임무. 받은 명령. 하나님께서 특별히 맡기신 거룩한 책무. 사도 바울은 하나님의 은혜의 복음을 전하는 일이 자신이 주님께 받은 사명이라고 고백했다(행20:24; 고전9:17).

사모¹(思慕, desire, longing, yearing) 그리워하거나 우러러 받듦(대상29:3; 시119:131). 무엇을 얻기 위해 간절한 열망을 가지고 좇음(히11:16). 간절히 원하고 소망함(창3:16; 4:7; 삼하23:15). → '소망'을 보라.

사모²(師母, one's teacher's wife) 스승의 부인이라는 뜻. 교회에서는 이 호칭이 목사의 부인에게 적용되어 쓰인다. → [7. 올바른 용어] '사모(님)'를 보라.

사사(士師, judge) 이스라엘을 보호하고 다스리기 위해 하나님이 세우신 군사·정치 지도자(삿2:16-18). 여호수아 사후(死後)부터 이스라엘 초대 왕 사울의 등장 때까지 활동했다.

이들은 소송과 분쟁을 해결하는 '재판관' 성격이 강했으나, 점차 정치나 군사 분야로 역할이 확대되었다(삿2:16). 그중에서도 특히 이스라엘을 위기에서 구하는 구원자 성격이 강했다.

사술(邪術, sorcery, enchantment) 요사스런 술법. 주문이나 마술, 요상한 소리를 내며 점치는 행위, 점괘로 행·불행을 가늠하거나 장래사를 판단하는 행위, 마법으로 사람을 호리는 행위 등을 말한다(민23:23; 사47:9). 이는 하나님을 거역하는 것으로(삼상15:22-23) 하나님이 가증히 여기시며(신18:10-11) 하나님을 격노하게 한다(왕하17:17).

사신¹(邪神, demon) 귀신. 악신(惡神). 죄로 부패하고 타락한 인간의 영육을 지배하는 사탄과 그의 세력들(삼상15:23). '마귀'나 '이방 우상신'을 가리키기도 한다(시106:37).

사신²(使臣, messenger) 임금이나 국가로부터 사명을 부여받고 외국에 파견된 신하. 이들은 보낸 이의 권력과 권위까지 부여받아 임무(상대국과

사명선언문
(mission statement)

'사명선언문'(使命宣言文)이란 한 개인이나 단체가 이루고자 하는 핵심 가치를 설명하고, 그것을 달성하기 위해 단계적으로 어떻게 해 나갈 것인가를 명료하게 기록한 글을 말한다. 일종의 '비전선언문'이라 할 수 있다.

사명선언문에는 자신의 세계관과 가치관, 과거·현재·미래에 대한 통찰 등 삶의 전 영역이 포함된다. 또한 세상에 알리고 싶은 자신만의 미래상이 확실히 드러나야 한다.

사명선언문은 간결하고, 명확·명쾌하며, 자극적이며, 매력적이어야 하되, 결연하고 비장한 의지가 압축해서 담겨야 한다. 또, 구체적인 행동 목표를 설정할 때 실질적으로 적용할 수 있는 것이어야 하며, 포기하고 싶은 순간에도 그 선언문을 통해 의욕을 다시 북돋울 수 있는 표현을 사용하는 것이 좋다.

이 사명선언문은 각자의 사명감과 의욕 및 자긍심을 높여주며, 공동체의 역량과 협동심 등을 결집시켜 주는 역할을 한다.

사십

의 외교적 협상, 선전 포고, 평화 조약 등)를 수행했다(민20:14,17-19; 수9:3-4; 왕상5:1-12; 20:1-12). 신약에서, 복음 전도자를 그리스도의 사신(고후5:20; 엡6:20)에 비유했다. → '사자'를 보라.

사십(四十, forty) 마흔(40). 이 숫자는 '훈련받고 준비하는 인내와 연단의 기간', '고난'(신25:3), '인간이 감당할 수 없는 한계'(고후11:24) 등을 상징한다. 모세는 이스라엘 지도자로 부름받기 전 미디안에서 40년간 훈련받았고(출7:7; 행7:23), 예수님은 광야에서 40일 금식 기도를 마치신 후에 공생애 사역을 수행하셨다(눅4:1-2).

사악(邪惡, evil) 도리에 어긋나고 악독한 것. 악한 일을 도모함(호6:9). 히브리어로는 '벨리알'로, '악독'(신13:14; 삿19:22), '파멸, 파괴'(나1:11), '악인'(삼하23:6; 욥34:18)을 뜻한다. 이 단어는 '사탄'의 별칭이기도 하다(고후6:15). 주로, '경건하지 못한 것', '이교'(異敎), '우상 숭배'(사32:6) 등과 관련하여 사용된다.

사역(使役, forced labor, ministry) 남을 써서 일을 시킴. 노예(종)에게 부과되는 강제 노역(왕상5:16), 하나님의 거룩한 일(사28:21; 행21:19), 말씀을 전하고 가르치는 일(행6:4), 주님을 위한 봉사(고전12:6) 등을 가리킨다.

■**사역자**(使役者, minister) - 일하는 사람. 어떤 일에 쓰임받는 자. 구약에서는 주로, '(왕의) 부하'(삼상27:12), '수종자'(수1:1), '하나님을 섬기는 자'(스8:17), 신약에서는 '하인'(마20:26), '그리스도의 일꾼'(고후11:23), '집사'(딤전3:8,12), '하나님의 일꾼'(롬13:6), '목회자'(고전3:5), '사자'(使者, 빌2:25), '통치자'(롬13:4) 등을 나타낸다.

사유(赦宥, forgiveness) 죄를 용서함. 곧, 죄를 용서하고 모든 것을 원래대로 회복하는 것을 말한다. 이는 인간의 노력과 공로가 아니라 오직 죄인을 사랑하시는 하나님의 무조건적이고 무한한 은혜로만 가능하다(대하6:30; 느9:17; 시86:5; 미7:18; 찬송가 262장). → '죄 사함'을 보라.

사이비(似而非, false, pseud, mock) 겉으로는 그것과 같아 보이지만 실제로는 전혀 다르거나

아닌 것을 가리키는 말. 주로, 생명과 진리의 참 종교인 기독교 흉내를 내는 거짓 종교를 가리키는 말로 쓰인다. → [5. 교파 및 역사 용어] '사이비종교'를 보라.

사자(使者, messenger, envoy) 소식을 전하는 자. 왕명(王命)을 받은 사신(삼상6:21), 하나님이 보내신 선지자(학1:13; 말2:7; 마11:10), 천사(창22:12; 눅23:43; 계1:20), 사도를 비롯한 복음 전도자(고후8:23; 빌2:25) 등을 말한다. 이와는 대조적으로, 하나님을 대적하는 사탄의 사자도 있다(고후12:7).

하나님이 보내신 사자의 사명은 ① 하나님의 말씀을 온전히 전하고 가르치며(학1:13), ② 하나님의 백성과 교회를 보호하는 것이다(출14:19; 사63:9; 계22:16). 따라서 하나님의 백성은 하나님의 사자를 배척해서는 안 되며(대하36:16), 그 목소리를 청종해야 한다(출23:21).

사제(司祭, priest, celebrant) 미사나 성찬식의 종교의식을 집례하는 사람. 로마 가톨릭에서 주교(主敎)와 신부(神父)를 통틀어 일컫는 말. 또는, 주교 아래 부제(副祭)의 위에 해당하는 가톨릭의 성직을 가리킨다.

사죄[1](赦罪, forgiveness, pardon) 죄나 허물을 용서함(사33:24; 시86:5). 인간의 죄를 사할 수 있는 것은 오직 예수 그리스도의 십자가 대속의 보혈밖에는 없다(히9:12,22; 10:19-22; 찬송가 252장). → '사유', '죄 사함'을 보라.

사죄[2](謝罪, apology) 자신이 지은 죄나 허물에 대하여 상대방에게 용서를 빎. 자신의 실수로 피해를 입은 자에게 용서를 구함.

사탄(Satan) 문자적으로 '방해자'(훼방자), '적대자'라는 뜻. 개역한글판에서는 '사단'으로 묘사하고 있다. 보통명사로는 개인이나 국가의 적대자(민22:22), 고유명사로는 초자연적 존재 곧 귀신의 우두머리를 지칭한다(마12:24,26). 즉 하나님을 대적하거나 사람을 유혹하여 하나님을 대적하게 하는 악한 영(靈)의 우두머리다.

사탄은 하나님을 섬기던 천사장이 타락해서 된

존재라고 한다(사14:12-15; 유1:6). 본래 선하게 창조된 천사 중 일부가 교만하여 타락함으로써 하나님을 섬기는 고귀한 신분을 박탈당하고 마귀(악령)가 되었다고 본다(벧후2:4). 사탄은 바로 이 악한 천사들의 우두머리다(마25:41).

그런데, 사탄이 하는 모든 일은 하나님의 주권하에서 제한적으로 이루어진다(욥1:6; 2:7). 하나님이 사탄의 악행을 허락하시는 것은 성도로 하여금 더 큰 은혜를 체험하게 하기 위함이다(욥1:12; 42:10-17; 눅13:16).

이렇듯 사탄은 지상에서 한시적으로 활동할 뿐 세상 종말에는 그리스도에 의해 멸망당하고(요일3:8), 결국 무저갱에 갇히며(계20:1-3) 영원한 불과 유황못에 던져진다(계20:10).

■**사탄의 별칭** – '시험하는 자'(마4:3; 살전3:5), '바알세불'(마12:24), '악한 자'(마3:19), '원수'(마13:28,39), '거짓의 아비'(요8:44), '거짓말쟁이'(요8:44), '살인한 자'(요8:44), '이 세상의 임금'(요12:31; 16:11), '세상 신'(고후4:4), '벨리알'(고후6:15), '공중의 권세 잡은 자'(엡2:2), '대적'(벧전5:8), '아바돈'(계9:11), '아볼루온'(계9:11), '온 천하를 꾀는 자'(계12:9), '큰 용'(계12:9), '옛 뱀'(계12:9), '형제들을 참소하던 자'(계12:10) 등.

사탄이 하는 일

훼방자요 대적자인 사탄은 ①주의 백성을 유혹하여 하나님의 말씀에 불순종하게 한다(창3:4-5). ②서로 비방하게 한다(욥1:9-11). ③질병과 고통을 가져다 주기도 한다(욥2:7; 눅9:39). ④의로운 자를 대적하고 하나님께 고발한다(슥3:1). ⑤시험한다(마4:1). ⑥믿음의 열매를 맺지 못하도록 방해한다(마13:19,38-39). ⑦거짓말을 즐겨 한다(요8:44). ⑧악한 생각을 넣어 죄를 짓게 충동질한다(요13:2). ⑨하나님의 복된 말씀을 깨닫지 못하게 한다(고후4:4). ⑩두루다니며 삼킬 자를 찾는다(벧전5:8).

사특(邪慝, **wickedness**) 못되고 악함. 특히, 하나님의 거룩한 뜻에서 벗어나 타락한 본성과 부패한 욕정에 따라 마음대로 사는 모습을 말한다. '사악'(삼하22:27; 시106:6; 잠4:14; 렘13:27; 나1:11), '간교'(욥5:13), '경건치 못함'(욥34:30)이라는 뜻을 지닌다. 잠언은 사특한 자와 동행하지 말고 그 행동을 본받지 말라 경고한다(잠4:14; 11:3).

사하다(赦 –, **forgive**) 용서하다. 특히, 하나님과 인간 사이를 가로막는 죄를 하나님께서 손수 제거해 주시는 것을 뜻한다(시65:3). → '사유', '죄사함'을 보라.

사형(死刑, **put to death, capital punishment**) 죄 지은 사람의 생명을 끊는 형벌. 구약 시대 사형에 해당하는 자는 우상 숭배자(배교자, 신17:2-7), 무당이나 신접한 자를 찾는 자(출22:18; 레20:6,27), 거룩한 절기를 지키지 않는 자(출12:15; 민9:13), 안식일을 범하는 자(출31:14; 35:2), 여호와를 훼방하는 자(레24:11-16), 부모를 저주하고 때리는 자(출21:15-17), 유괴자(출21:16), 계획적인 살인자(출21:12-14), 짐승과 음행하는 자(수간자, 출22:19), 간통을 비롯한 근친상간자(레18:6-29; 20:10; 신22:22-30), 남색자(동성애자, 레20:13) 등이었다.

한편, 예수께서는 '사형에 해당한 자'(마26:66)라는 정죄를 받아 십자가형을 받으셨고, 초대교회 때에도 사형이 집행되었다(행12:2). 그리고 사도 바울은 '모든 불의, 추악, 탐욕 … 하나님께서 미워하시는 자 … 무자비한 자' 등이 사형에 해당한다고 지적했다(롬1:28-32). 그런데, 일각에서는 생명을 거두는 권한이 오직 하나님께만 있는 것이라면서 인간의 판단에 따른 사형을 반대하고 있다. 오늘날 이 같은 사형 제도의 찬반 논쟁이 계속되고 있다.

■**사형 방법** – ① 불로 태우는 '화형'(창38:24; 레21:9), ② 목을 매다는 '교수형'(창40:22; 신21:22-23), ③ 돌을 던져 죽이는 '투석형'(출19:13; 레20:2,27; 민14:10), ④ 칼로 베어 죽이는 '참살형'(斬殺刑, 출22:21-24; 신13:15; 행12:2), ⑤ 목을 자르는 '참수형'(斬首刑, 마14:10), 그리고 ⑥ 가장 잔혹한 방법으로 십자가에 매달아 고통 중에 서서히 죽게 하는 '십자가형'(마27:35) 등이 있다.

사화(私和, **reconciliation, settle matter**) 송사의 당사자끼리 서로 원한을 풀고 화해함(마5:25). 원한을 품고 있는 사람끼리 원통한 감정을 풀고 서로 화해함.

사회복음(社會福音, social gospel) 개인구원 보다 사회구원에 초점을 두어 전개하는 신학 운동. 고통과 결핍이 건전치 못한 사회 환경에서 비롯된다고 보는 데서 출발한다. 따라서 사회악과 부조리를 청산함으로써 이 불의한 세상에 하나님 나라를 구현할 수 있다고 본다.

이 운동은 인간의 근원적인 절망을 해결하는 근본적인 해결책인 그리스도의 속죄 사역보다 사회 개혁을 더 중시하며, 반종말적 세계관을 추구하는 등의 문제점을 내포하고 있다.

사회참여(社會參與, social participation, public intellectual) 사회 문제에 관심을 가지고 그 일에 간섭하거나 참여하는 일. 세상의 빛과 소금의 역할을 감당해야 할 교회가 사회의 불의와 부정을 보고 침묵한다면, 결과적으로 그러한 불의에 동참하는 것에 다름 아니다. 그런 점에서 교회는 이 사회가 안고 있는 불합리한 구조와 모순, 그로 인한 압제와 고통에 관심을 가져야 하고, 또 일정 부분 관여하는 것이 필요하다.

물론 그렇다고 교회가 모든 사회 문제에 개입하는 것은 바르지 못하다. 교회의 사회참여에서 가장 주안점을 두어야 할 곳은 생명과 인권의 문제이다. 특히, 가난한 자나 소외 계층 등의 사회적 약자들의 인권과 생존과 복지에 꾸준한 관심과 도움을 주어야 한다. 물론, 폭력적 방법으로의 사회 개입은 삼가야 한다. 그것은 그리스도께서 가르쳐주신 방법이 아니기 때문이다(마26:52).

삯꾼(hired man, wage earner) 삯을 받고 일하는 사람. 주인에게 완전히 종속된 노예와는 달리, 주인과 계약을 통해 고용된 일꾼. 특히, 의무는 게을리하면서 대가만 탐내는 성실지 못한 목자(주의 종, 거짓 선지자)를 상징한다(요10:12-13).

산(山, mountain) 육지의 표면이 주위보다 훨씬 높이 솟은 부분. 산은 일상사에서 피난처(창14:10; 마24:16), 우상 숭배처(신12:2), 경계표(민34:7-8), 집회 장소(수8:30-33), 기도처(마14:23)로 이용되었다. 그중 시내 산(신33:2)이나 시온 산(시68:16) 등 특정 산은 하나님의 거처이며 계시의 장소로 거룩하게 여겨졌다.

성경문학적으로, 산은 영원함과 신실함(창49:26), 힘과 안전(시30:7)을 상징하며, 인생의 험한 난관에 비유되기도 한다(슥4:7; 마17:20).

산고(産苦, labor, travail) 아이를 낳는 괴로움(창35:16-17). 종종 '패망의 두려움'(렘48:41), '심판의 고통'(사13:8; 렘50:43), '뼈를 깎는 노력'(갈4:19) 등에 비유된다.

산성(山城, stronghold) 높은 언덕이나 산 위에 세워진 견고한 성채(대상27:25). '안전한 장소', '하나님의 보호'(시9:9; 18:2; 28:8; 37:39)를 상징한다(찬송가 88, 409, 585장).

산 제사 (제물)(- 祭祀, living sacrifices) 산 제물로 드리는 제사. 살아 있는 제사. 죽은 제물을 드리는 구약의 제사와 달리 예수 그리스도의 십자가 대속의 은혜를 믿으며 헌신적이고 순종적인 삶으로 드리는 제사를 가리킨다. 이는 단순히 소극적으로 죄를 짓지 않는 정결한 삶뿐 아니라 적극적으로 자기 몸을 하나님께 드리며 헌신하는 경건한 삶을 의미한다(롬12:1; 찬송가 211장).

산헤드린(Sanhedrin) 원뜻은 '함께 둘러 앉다.' 유대인의 최고 의결(통치) 기관으로서, 흔히 '산헤드린 공회'라고 한다. 모세가 임명한 70인 장로회(민11:16)에 그 기원을 둔다. 산헤드린 공회는 대제사장이 의장이며 공회원은 바리새인, 사두개인(제사장 계급을 독점), 서기관, 장로 등 백성의 대표 71명(의장 포함)으로 구성되었다.

로마 통치하에서도 정치 문제를 제외한 유대 사회의 입법과 사법을 총괄하는 최고 정책 의결 기구였다. 모든 안건은 만장일치로 결의하였다. 주로 율법을 해석하고, 종교 재판을 주관하며, 성전 치안 문제 등을 다루었다. → '공회'를 보라.

살¹(flesh) 동물의 몸을 이루는 근육 조직의 하나. 피부에 덮여 뼈를 싸는 골격근으로 이뤄진 부분. 주로 '사람의 육신'을 가리키며(창2:21; 왕하5:10; 단1:15), 때론 '영혼'에 상대되는 개념으로 쓰였다(눅24:39).

흔히 죄악이 거하는 처소로 간주된다(롬7:5; 8:3). 이외에도 혈연 관계나 혈통(요1:13; 롬9:3), 죽을 수밖에 없는 연약하고 유한한 존재(고전

15:50; 고후4:11) 등을 상징한다.

살²(arrow) 화살. 활시위를 이용하여 멀리 날아가게 하는 물건. 사냥 도구, 살상용 무기, 점치는 도구(겔21:21)로 사용되었다. '빠르고'(슥9:14), '날카로우며'(시120:4; 사5:28), '빛나고'(사49:2), '인명을 살상하는'(잠26:18) 특징이 있다.
그래서 상징적으로 '독한 말'(시64:3), '거짓말하는 혀'(렘9:8), '극심한 고통'(시38:2), '든든한 자녀'(시127:4), '구원과 심판'(왕하13:17; 욥6:4) 등을 뜻한다.

살인(殺人, **murder**) 사람을 죽임. 살인은 단순히 부도덕하며 비윤리적 범죄 차원을 넘어 하나님의 형상대로 지음받은 인간을 파괴하는 행위다. 그래서 살인은 생명의 주인이신 하나님의 주권과 존엄성을 훼손하는 심각한 신성 모독적 행위로 간주된다(창9:6).
성경에서는, 고의로 살인한 자(민35:19-21)와 실수로 살인한 자는 구별하여 다루고 있다(민35:22-25). 또 살인범을 재판할 때에는 적어도 두 사람의 일치된 증언이 있어야 유죄로 판결할 수 있었다(민35:30; 신17:6). 예수께서는 마음으로 형제를 미워하는 것도 살인으로 규정하심으로써 좀 더 고귀한 인간애와 윤리의식을 하나님의 사람들에게 요구하셨다(마15:19-22; 요일3:15; 계9:21).

삶의 수레바퀴(whole course of one's life) 수레바퀴처럼 쉬지 않고 달려가는 인생 행로. 야고보는 함부로 놀리는 혀의 위험성을 지적하면서, 혀가 자칫 생(生)의 바퀴를 모조리 태울 수 있다고 경고했다(약3:6).

상(賞, **prize, reward**) 훌륭한 일이나 잘한 일을 기리기 위해 주는 영예로운 표적. 때로 보응이라는 측면에서, 의인이 받을 상급뿐만 아니라 악인이 받을 내가(형벌)까지를 모두 포함하여 이르기도 한다.
그런데, 선한 상을 받기 위해서는 ① 끝까지 인내하고(고전9:24-27) ② 규칙을 준수하며(딤후2:5) ③ 푯대를 향해 끝까지 좇아가고(빌3:14) ④ 시험을 참아야 한다(약1:12). 이런 자에게 주님께서 심판날에 큰 상을 베푸신다(살전2:19-20; 계2:23).

→ '상급', '심판'을 보라.

■**상벌**(賞罰, **reward and punishment**) - 상과 벌. 잘한 것에는 상을 주고 잘못한 것에는 벌을 주는 일. 주님 다시 오시면 세운 공로 따라 영영한 상벌을 주실 것이다(마25:14-46). 따라서 이 땅에 살아가는 성도는 주님 오시는 그날까지 주님의 말씀에 순종하며 살아야 한다(찬송가 204장).

상고하다(詳考 -, **examine**) 자세히 생각하고 검토하다. 조사하듯이 하나하나 세밀히 연구하고 깊이 묵상하다(신4:32; 행17:11; 벧전1:11). '연구하다'(요5:39), '찾다'(요7:52)로도 번역된다.

상급(賞給, **reward**) 상으로 줌. 하나님께 충성한 자에게 하나님이 주시는 것. 구약에는 현세적인 상급, 곧 땅(토지)이나 많은 자손에 대한 상급이 주류를 이룬다(수1:7-9; 시127:3). 이에 비해, 신약에서는 내세(來世)에 받을 상급 곧 하늘 나라(마6:20; 막10:21)와 영생의 상급을 말한다(갈6:8; 계14:12-13).
사도 바울은 주의 일에 충성한 일꾼들에게 '썩지 아니할 관'(고전9:25), '의의 면류관'(딤후4:8), 야고보는 '생명의 면류관'(약1:12), 베드로는 '영광의 관'(벧전5:4)이 주어질 것이라 했다. 그런데 이 모든 상급을 받고 누리는 것은 사람의 노력이 아니라 궁극적으로 하나님의 은혜이다.

상벌(賞罰, **reward and punishment**) → '상'을 보라.

상속(相續, **inheritance, succession**) 신분이나 재산, 지위 등을 이어받는 일. 지파나 민족이 조상으로부터 영토와 전통과 언약을 물려받는 것을 뜻한다(창15:2; 시25:13). '기업', '유업', '후사'(後嗣)도 같은 의미다.
참고로, 성도는 그리스도와 더불어 하늘나라를 상속받을 상속자이다(마25:34; 갈5:21; 약2:5). 이 일은 성령께서 친히 보증해 주신다(고후5:5; 엡1:14). → '기업'을 보라.

상심(傷心, **brokenhearted, grief**) 슬픔, 걱정 등으로 속을 썩임. 마음이 몹시 상함. 상한 마음(삼하13:33; 시147:3).

상징

상징(象徵, symbol, emblem) 어떠한 사상이나 개념 등에 대하여 그것을 상기시키거나 연상시키는 구체적인 사물이나 감각적인 말로 바꾸어 나타내는 일, 또는 그 사물이나 말. 특히, 종교적 측면에서는, 어떤 것(사물이나 사상 등)을 단순히 드러난 객관적 사실로 해석하기보다 더 깊은 영적인 의미로 해석하는 것을 말한다.

성경에서는 구약의 각종 제사나 숫자, 색깔 등에서 상징성이 두드러진다. 예수 그리스도께서도 자신을 가리켜 빛, 떡, 목자, 길, 포도나무 등의 상징어로 묘사하셨다(요6:35; 10:11; 12:46; 14:6; 15:1). 그런데 이 상징은 그 속에 담긴 본질(원개념)을 소개하는 도구에 불과하다는 사실을 잊지 말아야 한다. 즉, 상징 자체가 절대시 되거나 우상화 되어서는 안 된다. → [2. 교리 및 신앙 용어] '상징주의'를 보라.

상천하지(上天下地, heaven above or on earth below) 위에 있는 하늘과 아래에 있는 땅(신4:39; 왕상8:23). 온 천하. 여호와는 상천하지에 유일하신 하나님이시다(수2:11). 이는 모세(신4:39), 라합(수2:11), 솔로몬(왕상8:22-23) 등의 신앙고백이다.

상하다(傷 -, wound, be hurt) 다치거나 헐거나 깨어지거나 썩다(삼상31:3; 눅10:30). 근심, 슬픔, 노여움 따위로 마음이 언짢게 되다(시143:4; 고전8:12; 벧후2:8).

■**상한 갈대**(bruised reed) - 세상에서 가장 약한 것. 무기력한 존재. 유한하고 연약한 인생을 상징한다(사42:3). 때로 그 운명을 다한 '애굽'을 가리키기도 한다(왕하18:21).

■**상한 심령**(broken spirit) - 죄와 허물로 몹씨 상심한 마음(영혼). 죄를 뼈저리게 회개하고 허물로 가득 찬 자아를 철저히 부인하는 심령(시51:17; 찬송가 105, 262장).

새 계명(- 誡命, new command) 새로운 계명. 예수께서 친히 주신 사랑의 계명(요13:34). 율법을 가리키는 '옛 계명'에 대비된 표현이다. → '계명', '옛 계명'을 보라.

새 땅(new earth) 구원받은 하나님의 백성이 장차 들어가 살게 될 처소(사65:17; 66:22; 벧후3:13; 계21:1). '새 예루살렘', '천국'(天國) 등을 가리킨다고 할 수 있다.

새로운 피조물(- 被造物, new creation) 성령의 거듭나게 하시는 역사로 인격이나 신분이 완전하게 변화된 구원받은 자(고후5:17). 아담으로 인해 입은 죄성을 벗고 둘째 아담(고전15:47)인 그리스도를 통해 새롭게 거듭난 자(찬송가 436장).

새 마음(new heart) 새로운 마음(삼상10:9; 겔36:26). 변화된 마음(롬12:2). 이는 회개한 자에게 주시는 하나님의 선물이다. 여기서 '새롭다'는 것은 근본적인 변화를 말하는데, 그것은 성령의 역사로만 가능하다(찬송가 76장).

새벽(daybreak, dawn) 밤이 거의 지나고 날이 밝을 즈음. 구약 시대 구분법으로는 새벽 2시에서 해 뜨기 직전까지의 시간을 가리켰다.

새 노래
(new song)

여기서 '새(로운)'(카이노스)란 질적인 면에서의 새 것이라는 뜻이다. 옛 노래 곧 세상 노래와 본질적으로 다른 노래(시149:1), 즉 신령한 노래를 가리킨다. 이는, 새로 지은 노래가 아니라 하나님의 구원을 체험한 자들이 은혜에 감격하며 새롭게 변화된 심령으로 드리는 거룩한 구속의 노래를 말한다. 결국 새 노래란 변화된 심령만이 부를 수 있는 '찬송'을 뜻한다(시33:3;

98:1; 144:9; 사42:10; 계14:3).

새 노래는 확실히 옛 노래, 세상 노래, 속된 노래와는 반대된다. 새 노래란, 일상 부르는 같은 찬송이라도 내 심령이 새롭게 되어 은혜를 받아 찬송의 가사와 곡조의 뜻을 새로 깨달아 부를 때에 그 찬송은 각자에게 새 노래가 된다. 구약에서는 하나님의 구원(구출, 구속)과 복된 역사가 일어날 때 새 노래를 불렀다. 신약에서는 예수 그리스도의 보혈로 구속받은 무리가 구속의 은총을 감사하여 부르는 찬송이다(계5:9-10).

새벽은 신체 리듬이 취약한 시간대이기 때문에 상대방을 기습 공격하는 군사 작전을 감행하기 좋은 때이고(출14:24,27; 삿16:2; 수6:15; 삼상11:11; 17:22; 30:16-17), 환자에게는 더없이 지리한 고통의 시간이기도 하다(욥7:4).

반면에, 경건한 자에게는 찬미와 기도(시57:8), 말씀 묵상의 시간이다(느8:3). 예수께서는 공생애 기간 동안 늘 새벽에 기도하시며 하나님과 신령한 교제를 나누셨다(막1:35).

■**새벽별**(morning star) – 새벽에 동쪽 하늘에 빛나는 샛별. 금성(金星). 태양과 달을 제외하고는 가장 밝은 별이다. 새벽 별은 가장 아름답고 빛나지만 아침에는 사라지고마는 특성이 있다. 이런 맥락에서 선지자 이사야는 교만하지만 졸지에 멸망할 바벨론 왕을 새벽별에 비유했다(사14:4,12). 신약에서는 재림주 그리스도를 '샛별'(벧후1:19), '광명한 새벽 별'(계22:16)로 묘사한다. → 계명성을 보라.

■**새벽 송**(hymn at dawn, christmas carol) – 성탄을 축하하여 성탄절 이른 새벽에 성도의 각 가정을 돌며 아기 예수의 탄생 소식을 전하며 부르는 노래. 이때 성도 각 가정에서는 준비한 선물이나 간단한 음식으로 새벽 송을 도는 무리를 격려하며 함께 성탄을 기뻐하는 시간을 갖는다.

새 부대(– 負袋, new wineskin) 사용한 적 없는 가죽 부대. 새것이라 튼튼하기 때문에 갓 담근 발효성 강한 음료를 넣어 보관했다. 새 부대는 새 시대(사상, 정신)에 맞는 새로운 환경을 상징한다. 그런 측면에서 예수께서는 "새 포도주는 새 부대에" 넣어야 한다고 강조하셨다(마9:17). → '새 술'을 보라.

새 사람(new self, new man, reborn person) 그리스도를 믿고 성령으로 새롭게 변화된 사람(엡4:24; 골3:10). 이는 육체의 욕심(롬8:4), 사욕(벧전1:14), 본성(고전2:14), 율법에 매인 삶(롬7:6)을 사는 '옛 사람'(엡4:22)과 대조된다. 성경에서 '새 사람'은 '새로운 피조물'(고후5:17; 갈6:15), '새로 태어난 자'(벧전1:23; 2:2), '거듭난 자'(요3:3,7)와 같은 개념이다. → '거듭난 자'를 보라.

새 생명(– 生命, new life) 그리스도를 믿고 중생한 사람의 생명(롬6:4; 골3:10; 딛3:5). 예수님을 구주로 영접한 자에게 하나님께서 성령을 통해 새 생명을 주신다(요3:5; 롬1:4; 5:21).

새 소망(– 所望, new hope) 예수 그리스도를 믿음으로 가지게 된 신령한 소망(행23:6; 찬송가 80,112장). 이 소망은 이 땅의 썩어질 것에 대한 열망이 아닌 영원하고 시들지 않는 하늘 나라와 그곳에서의 영광을 내포한다(롬8:24; 15:12-13; 골1:5; 딤전4:10; 찬송가 212장).

새 술(new wine) 갓 담근 새 포도주. 발효성이 강해 새 부대에 넣어 보관했다. 이는 왕성한 생명력을 지닌 예수님의 복음을 상징한다(눅5:38). '새 포도주'(마9:17; 막2:22), '포도주'로도 번역된다(삿9:13). → '새 부대'를 보라.

새 신(– 神, new gods) 낯선 신. 경건한 믿음의 선조들이 전혀 몰랐거나 경험하지 못했던 이방 우상들을 가리킨다(신32:17; 삿5:8).

새신자(– 信者, new believer, catechumen) 예수 그리스도를 구주로 갓 영접한 사람. 교회 예배에 참석한 지 얼마되지 않은 사람. 대개, 교회 교인으로 등록한 후 세례받기 전까지의 신자를 일컫는다.

새 언약(– 言約, new covenant) 그리스도의 십자가 보혈로 세운 언약. 예수 그리스도의 보혈의 공로를 믿는 자는 구원을 얻게 된다는 약속(눅22:20; 고전11:25; 히9:15; 11:24). → [2. 교리 및 신앙 용어] '언약'을 보라.

새 영(– 靈, new spirit) 성령의 내주하심으로 하나님의 뜻에 전적으로 복종하는 변화된 마음(겔11:19). 하나님을 거역하는 돌 같은 '굳은 마음'과 대조된다(겔36:26).

새 예루살렘(new Jerusalem) 장차 예수님의 재림으로 이뤄질 새 하늘과 새 땅에서의 하나님의 영원한 도성(계3:12; 21:2). 죄와 아픔과 눈물이 없는 영원무궁한 하늘 예루살렘(히11:10; 12:22). '천국'(계21:4), '거룩한 성'(계21:2)으로도 불린다.

새 옷(new clothes) 예수 그리스도의 십자가 대속의 은혜로 구원받은 자가 입게 되는 옷. 의(義)의 옷(롬13:14; 갈3:27; 찬송가 167장). 장차 승리한 자가 입게 될 영광스런 옷(계3:4-5; 19:14). 참고로, 요한계시록에서 '옷'은 흔히 신앙 혹은 신앙의 정절을 상징한다(계16:15).

새 이름(new name) 새롭게 주어진(붙여진) 이름. 새로운 지명(민32:38). 새롭게 변화된 성품(사62:2). 구원받은 죄인에게 주어지는 '성도'라는 거룩한 이름(계2:17). 이름이 새롭게 주어진다는 것은 그 존재의 새로운 출발이나 그 인생의 중대한 변화를 의미한다(창17:5).

새 일(new thing) 지금까지 보지 못했던 크고 놀라운 일(민16:30; 사42:9; 43:19; 렘31:22). 인류 역사에서 예수님의 십자가 사건보다 더 크고 놀라운 '새 일'은 없다.

새 집(new house) 주 예수께서 자기 사람들을 위해 예비해두신 천국의 복된 거처를 가리킨다(요14:2-3; 찬송가 489, 607장).

새 창조(- 創造, new creation) 죄로 오염된 이 세상이 예수 그리스도의 재림으로 완전히 무너지고 이전에 경험하지 못한 완전히 새로운 질서와 세계가 만들어지는 것(사65:17; 히1:10-12; 벧후3:13; 계21:1-5). 죄와 사망의 권세 아래서 신음하던 자연인이 그리스도의 대속의 은총으로 거듭나 새로운 피조물로 창조되는 것(고후5:17).

새 포도주(- 葡萄酒, new wine) 새로 담근 포도주. 발효성이 강해 새 가죽 부대에 보관했다(마9:17). '곡식'과 함께 풍요를 상징한다(신33:28; 시4:7; 호2:8). → '새 술'을 보라.

새 하늘과 새 땅(a New Heaven and a New Earth) 새로운 세상. 죄로 오염된 기존의 질서가 완전히 무너지고 새롭게 창조될 온전한 세상. 신천신지(新天新地), 곧 천국. 구원받은 자들이 들어가 살게 될 영원한 하나님 나라를 말한다(사65:17; 계22:1-5). 세상 종말에 그리스도의 재림으로 이루어지게 된다(마19:28; 벧후3:13; 계21:1-17). → '천국'을 보라.

새 힘(new strength) 여호와를 앙망하는 자에게 주어지는 놀라운 힘과 용기(사40:31). 하나님께서는 연약한 인생, 탄식하고 절망하는 심령에 새 힘 주시기를 기뻐하신다(찬송가 286, 299, 301장).

샘물(well of water) 물이 땅에서 나오는 샘(spring)에서 솟아나는 물(창21:19; 민33:9; 삿1:15). 메시야 시대의 도래를 상징하는 것이자(찬송가 242장), 모든 죄를 온전히 씻어내는 예수님의 속죄의 피를 상징한다(찬송가 258, 259, 269장).

샛별(morning star) 새벽별. 금성. 계명성. 재림주 예수 그리스도의 별칭이다(벧후1:19). → '새벽별', '계명성'을 보라.

생각(intention, thinking) 사고(思考, 창6:5; 행10:19), 배려(창19:29; 30:22; 삼상25:31), 판단(삼상27:1), 기억(마5:23), 욕심(골2:18; 딤전6:4), 그리워하는 마음(히11:15) 등을 뜻한다. 사람의 마음은 '육신의 생각'과 '영의 생각'으로 구분된다. 전자는 부패하고 타락한 인간 본연의 생각이며(롬8:5), 후자는 성령이 주시는 생각이다(롬8:6).

생기(生氣, breath) 싱싱하고 힘찬 기운. 그 존재를 활동하게 하고 살아가게 하는 힘과 생명력. 이는 생명의 근원 되시는 창조주 하나님에게서 온다(창2:7; 겔37:5; 계11:11). 그런데, 허무한 우상에게는 아무 생기도 없다(합2:19).

생령(生靈, living soul) 생명. 산 사람의 영혼. 살아 있는 존재. 흙으로 지어진 아담은 하나님께서 코에 생기(生氣)를 불어넣자 비로소 생령이 되어 하나님과 교제할 수 있는 존재가 되었다(창2:7). → '생기'를 보라.

생명(生命, life) 살아가는 데 힘의 바탕이 되는 것. 목숨. 주로 영원한 생명을 가리킨다. 성도는 예수 그리스도를 믿는 믿음을 통해 영원한 생명을 얻는다(롬2:7; 고후5:4). 이것은 육신의 죽음에 구애받지 않는다(살전5:10). 이 복된 생명은 하나님이 주시는 선물이다(요3:36; 5:24; 롬5:10; 6:23; 요일

5:12). 반면 불신자도 영원한 생명을 가지지만 이는 영원한 형벌을 받기 위한 것이다(계20:10). 그러기에 이런 생명은 죽음보다 못한 것이다.

■**생명길(path of life)** – 영원한 생명을 얻는 길. 영원히 사는 길(찬송가 338,397,430장). 잠언 기자는 음녀를 멀리하고(잠2:19) 하나님의 말씀에 순종하는 것이 생명을 얻는 길이라 했다(잠10:17).

■**생명나무(tree of life)** – 에덴 동산 중앙의 나무. 그 열매를 먹으면 영생하는 특별한 나무다(창2:9,22,25). 새 예루살렘에는 생명나무가 있어 달마다 열두 과실을 맺고, 그 나뭇잎은 만국을 소생시키는 힘이 있다(계22:7; 찬송가 243장). 하나님은 승리한 자들에게 이 생명나무 열매를 주시겠다고 약속하셨다(계2:7).

■**생명록(生命錄, the book of life)** – '생명책'의 다른 표현. 혹은 교인들의 이름(또는 신상)을 기록한 '교인 인명부'를 가리키는 예스런 표현. → [3. 행정 및 교육 용어] '교인명부'를 보라.

■**생명문(生命門, door of life)** – 영원한 생명으로 들어가는 문. 천국문. 십자가 죽음과 부활로 영생에 이르는 문을 활짝 열어놓으신 예수님을 말한다(찬송가 437,615장).

■**생명선(生命船, lifeboat)** – 목숨을 구조하는 배. 영원한 생명으로 인도하는 구원의 방주되신 예수 그리스도. 또는 생명을 구원하는 진리의 말씀(찬송가 510장).

■**생명수(生命水, water of life)** – 생명을 유지하는 데 필요한 물. 하나님과 그리스도의 보좌에서 나오며(계22:1), 주님을 갈망하는 자에게 값없이 주어진다(시63:1; 계21:6; 22:17). 예수께서 흘리신 대속의 보혈(찬송가 250,387장), 성도가 천국에서 누릴 '영생' 혹은 하나님이 성도 각자에게 부어 주시는 '성령'을 상징하는 것으로 본다(찬송가 192,245,320장).

■**생명수의 강(생명 시내)(the river of the water of life)** – 생명의 도성 곧 새 예루살렘에 있는 어린 양(예수 그리스도)의 보좌로부터 흘러나온 생명수가 강을 이룬 것(계22:1; 사46:4). 영원한 생명과 넘치는 복락과 흔들리지 않는 영구한 안식을 담고 있는 하늘 나라 전경을 상징적으로 나타내 주고 있다(찬송가 579장).

■**생명 싸개(bundle of living)** – 사람의 생명을 품고 보호하시는 하나님의 품(삼상25:29). 하나님은 살리기로 작정한 사람을 생명 싸개에 싸서 철저하게 보호해 주신다(출32:32-33; 시69:28; 단12:1).

■**생명 양식(生命 糧食, food for life)** – 생명을 유지하기 위해 먹는 음식. 특히, 영생에 이르기 위해 날마다 먹어야 할 영혼의 양식. 이런 신령한 양식은 하나님에게서 공급된다(찬송가 179장).

■**생명의 도(living word)** – 생명에 이르는 길. '살아 있는 말씀' (행7:38). 하나님이 제정하고 수여하신 생명의 법. 살고 죽는 모든 것은 하나님의 도(율례)에 순종하느냐의 여부에 달려 있다(겔33:15).

■**생명의 떡(bread of life)** – 인류 구원을 위해 십자가 희생 제물로 내어주신 예수 그리스도의 몸(요6:48). 이를 먹는 자(신앙으로 고백하고 믿음으로 받아들이는 자)만이 영원히 주리지 않는다(요6:50-51; 찬송가 230장).

■**생명의 면류관(crown of life)** – 이 땅에서 성도의 삶을 충성되게 살아 승리한 자들이 천국에서 받게 될 영광과 존귀, 하늘의 상급을 상징한다(계2:10; 찬송가 597,607장). → '면류관'을 보라.

■**생명의 주(Lord of life)** – 생명의 근원자. 죽고 사는 것을 결정하는 생명의 주인. 영원한 생명을 주관하시는 예수님의 별칭이다(행3:15; 찬송가 154,167,306,443,481장).

■**생명줄(life line)** – 목숨을 구하는 줄. 생명을 구하는 수단. '복음 전도'를 일컫는 시적 표현이다 (찬송가 500장).

■**생명책(生命冊, the book of life)** – 하나님께서 택한 백성의 이름이 기록된 책(출32:32; 시69:28; 찬송가 483장). 예수를 믿음으로 구원을 약속받은 자의 이름이 기록된 영생의 책(계13:8). 생명책의 이름은 하나님께서 친히 기록하신다(빌4:3; 계3:5; 21:27). 따라서 생명책에 한 번 기록된 이름은 영원히 지워지지 않는다(계20:15; 21:27).

생수(生水, living water) 샘에서 솟아나는 물. 생명수. 인생에게 영원한 생명을 주시는 예수 그리스도(요4:10-15; 렘2:13; 찬송가 526장), 혹은 생기를 불어넣어 주시는 성령을 가리킨다(요7:38-39; 찬송가 192,193장). 구약에서는 아내에게서 얻는 성적 즐거움을(아4:15), 그리고 물을 도둑질하는 것은 매춘 행위를 암시한다(잠9:17).

샤론의 꽃(Rose of Sharon) 예수님의 사랑과 은혜를 가리키는 은유적 표현이다(찬송가 89장). '샤론'은 '사론'의 다른 표기. → '사론의 수선화', '백합화'를 보라.

서광(曙光, twilight) 해 뜨기 전의 새벽 빛. 어둠 속에서 처음 비치는 밝은 빛. 아직 일어나지 않은 일에 대한 기대나 희망을 나타낸다(사21:4).

서약(誓約, oath) 맹세하고 약속함. 하나님 앞에서의 특별한 맹세. 참고로, '서원'이 적극적이고 긍정적인 내용을 다룬다면, '서약'은 금지나 절제와 같은 다소 소극적이고 부정적인 내용을 다루는 특징이 있다(민30:2; 수2:17-21).

서원
(vow, oath, pledge)

서원(誓願)은 ①소원하는 것을 맹세하고 이루어지기를 기원하는 일, ②하나님께 무엇을 하겠다고 (하지 않겠다고) 자발적으로 약속하는 것을 말한다. 그런데 이 서원에는 두 종류가 있다. ①소원이 이뤄지면 무엇을 드리기로 하는 서원(창28:20-22; 삿11:30-40; 삼상1:11). ②아무 조건 없이 헌신 차원에서 하는 서원(시132:2-5).

서원은 하지 않아도 흠이 되지 않으나, 일단 서원한 것은 해로울지라도 반드시 갚아야 한다(신23:23). 또, 서원을 취소한 경우에는 속죄제를 드려 잘못을 용서받아야 했다(레5:4-6). 서원은 그것을 하는 자에게는 신앙의 성장과 헌신의 기쁨을 맛보게 한다. 그러나 하나님과의 약속이라는 점에서 함부로 해서는 안 된다.

석양(夕陽, evening shadow, setting sun) 저녁 햇빛. 서쪽으로 넘어가는 해. 낙조(落照). '인생의 말년'을 상징한다(시109:23; 찬송가 608장).

석의(釋義, comments, commentary) 글의 뜻을 풀이하는 일. 특히, 성경 본문의 내용을 풀어 해석하는 일을 말한다. → '주석', '주해'를 보라.

선(善, good) 착하고 올바름. 하나님을 기쁘시게 하며 그분에게 가장 합당하고 올바른 행위. 하나님이 공급하시는 은혜와 사랑을 의미하기도 하며, '악'의 반대 개념으로 가치 있고 올바르며 좋은 것을 가리키기도 한다.

예를 들면, '친절'(창26:29; 전7:20), '아름다움'(창6:2), '상냥함'(창3:6; 아1:2), '행복'(시112:5; 전5:4), '즐거움'(왕상8:66; 에8:17), '풍부함'(호10:11), '장수'(창15:15) 등을 말한다.

이렇게 선을 이루며 살기 위해서는 하나님을 의뢰하고(시37:3), 인내하고(롬2:7), 낙심치 않고(갈6:9), 열심히 선(벧전3:13)과 의를 행하고(고전15:34), 악에서 떠나야 한다(벧전 3:11). → '착하다'를 보라.

선견자(先見者, seer) 앞 일을 내다보는 능력을 가진 사람. 꿈이나 환상을 보고 하나님의 뜻을 분별하는 사람. 선견자는 ① 하나님의 뜻을 백성에게 전파하고 가르치며(삼상9:9; 왕하17:13), ② 왕에게 하나님의 말씀을 직언하고(대하19:2), ③ 지도자를 세워 기름을 부으며(삼상9:16), ④ 왕의 행적을 족보에 기록하는 일을 했다(대상29:29; 대하12:15).

성경에서 사무엘(삼상9:19; 대상9:22), 갓(대상21:9), 잇도(대하9:29; 12:15), 예후(대하19:2), 아모스(암7:12), 아삽(대하29:30), 헤만(대상25:5), 사독(삼하15:27), 하나니(대하16:7), 여두둔(대하35:15) 등이 선견자로 불린다.

참고로, '선지자'(先知者)는 '주의 뜻을 백성에게 전달하는 자'를 말한다. 결국 선견자는 계시를 받는 측면이, 선지자는 선포하는 측면이 강조되는 것 외에 차이가 없다(삼상9:9). → '선지자'를 보라.

선교(宣敎, mission, missonary work) 예수 그리스도의 구원의 복된 말씀(복음)을 널리 전하는 일. 혹은 이 일을 위해 보냄을 받는 것. 선교의 최고 모델은 하나님께서 세상을 구원하기 위해 예수 그리스도를 이 세상에 보내신 일이다(요3:16). 또 예수께서도 십자가 구원 사역을 감당하시고 부활, 승천하시면서 이 땅의 모든 성도에게 선교사로서의 사명을 위임하셨다(마28:18-20; 요17:18; 행1:8). 그런 측면에서 선교는 교회의 필수 사명 중 하나이다.

그 추구하는 방향에 따라 다양한 형태의 선교사

업이 있다. 예를 들면, ① 그 교회나 개인이 속한 지역 사회를 복음화하는 '지역 선교', ② 입원 환자들을 돌아보고 병원의 여러 일들에 도움을 줌으로써 복음을 전하는 '병원 선교', ③ 고아원과 양로원 같은 소외된 자들을 돌아보는 '소외자 선교', ④ 입대한 군인들을 위문하고 군목들을 지원하는 '군 선교', ⑤ 미션스쿨의 교목 활동을 지원하거나 일반 학교에 복음 전파 활동을 하는 '학원 선교', ⑥ 재소자나 출소자 등을 돌보는 '교도소 선교', ⑦ 은퇴한 교역자들을 보살피는 '은퇴 선교', ⑧ 그리고 미전도종족 등 복음을 접하지 못한 지역에서 선교 활동하는 선교사들을 돕고 각종 선교 프로그램을 진행하는 '해외 선교' 등이 있다. → [3. 행정 및 교육 용어] '선교사', [5. 교파 및 역사 용어] '선교단체'를 보라.

■**단기 선교**(短期 宣敎, short period mission, short-term mission) - 짧은 기간 동안 선교지에 투입되어 선교 사역을 경험하고 선교 역사에 동참하는 일종의 체험 선교 훈련이라 할 수 있다. 대부분 기존의 장기 선교사들의 선교 현장에 동참하여 선교 사역을 돕는 방식이거나 혹은 비전 트립으로 진행되고 있다.

단기 선교의 성공 여부는 철저한 사전 계획과 장기적인 사후 관리가 관건이다. 단순히 일회성 이벤트로는 오히려 선교에 대한 관심과 그 동력 및 추진력을 떨어뜨릴 위험성이 있다. → '비전 트립'을 보라.

■**도시산업선교**(都市産業宣敎, urban industrial mission) - 산업사회의 발전에 따른 근로자의 권익을 보호하고 산업사회에 기독교 정신을 구현시키는 것을 목적으로 하는 기독교 운동. 즉, 산업기관에서의 복음전파, 국내의 종교기관과의 연합사업 실시, 근로자의 경제적 사회적 지위향상, 회원간의 상부상조, 올바른 기업윤리 조성 및 정의 구현을 위한 활동 등을 주요 사업으로 한다.

■**방송선교**(放送宣敎, broadcasting mission) - 전파를 통해 복음을 전하는 일. 오늘날 가장 효과적인 메시지 전달 수단이라 할 수 있는 매스미디어, 그 중에서도 방송이라는 매개체를 통해 이뤄지는 선교사업을 말한다. 극동방송, 아세아방송, 기독교방송 등 우리나라 선교 방송의 주축을 이루고 있는 큰 흐름인 라디오 방송들과 함께 기독교 관련 TV방송 등이 속속 생겨나고 있다.

■**선교 여행**(宣敎 旅行, mission trip) - 선교에 관심을 가진 사람(타문화권 선교에 대한 소명을 갖고 헌신할 지역과 영역을 모색 중인 자), 또는 그 이전 단계에 있는 자들을 대상으로 선교 현장의 실태와 타문화권에 대한 경험을 쌓게 하는 데에 그 목적을 가진 여행. '선교 현지 답사', '선교 정탐 여행', '선교 탐방 여행' 또는 '비전 트립'(vision trip)이라고도 한다. 짧게는 1주간, 길게는 한 달 정도 소요되며, 2주간의 여행이 주류를 이룬다. → '비전 트립'을 보라.

■**선교 전략**(宣敎 戰略, missions strategy) - 특정 선교지역을 위한 인적·물적 자원을 효율적으로 사용하기 위해 시간적·환경적 상황과 선교지의 실정에 맞는 계획을 수립하는 것을 말한다.

■**선교 정탐**(宣敎 偵探, research trip) - 선교 현장에 본격적으로 투입되기 전에 미리 대상지를 방문하여 현장을 조사하거나 각종 자료나 정보를 통해 그 현장의 상황을 면밀히 살피는 일. 그런 후에 구체적인 선교 자원 투입 일정을 정하는 일.

■**선교 후원**(宣敎 後援, mission aid) - 선교 현장에 투입되는 선교사나 선교 단체 등의 일선의 사역을 돕는 일종의 후방 지원 사역(영적, 물질적, 관계적 후원)을 말한다. 즉, 가는 선교사로서가 아니라 보내는 선교사로서의 역할을 가리킨다.

선물(膳物, gift, present) 순수한 마음에서 호의를 표하는 예물(삿3:15; 삼하8:2-6). 언약을 확증하기 위해(창21:27-32), 존경의 표시로(삿6:18-21), 우정을 나누기 위해(삼상30:26-31), 방문할 때(마2:11) 선물이 제공되었다. 뇌물 성격의 선물도 있다(잠18:16).

한편, 시의 적절한 비(레26:4-5), 충분한 수면(잠3:24), 안식(신12:10), 먹고 마시고 입을 것(마6:25) 등은 하나님이 모든 사람에게 차별 없이 주시는 선물이다. 그런데 하나님의 백성에게만 주시는 선물도 있다. 그것은, 회개하는 겸손한 마음(행11:18), 구원의 은혜(롬5:15-21; 엡2:8-9), 구원을 이루는 성령의 은사(롬1:11; 고전1:7; 12:1-14; 벧전4:10) 등이다.

선민(選民, the chosen, the elect) 선택받은 백성. 택한 민족. 하나님에 의해 택함을 받은 거룩한 민족. 구약에서는 이스라엘(히브리) 민족을 가리킨다(오늘날까지도 이스라엘 사람들은 스스로를 선민이라 자부하고 있다). 선민은 그들 스스로에게 어떤 가치가 있어서가 아니라 전적으로 하나님의 주권적인 은혜에 따른 결과였다(신7:6-8). 하나님은 그들을 통해 만민에게 복 주기를 원하셨다(창12:2-3).

그러나 이스라엘은 하나님의 거룩한 명령에 부응하지 못하여 실패하고 말았다(신10:12-22; 암3:2). 하나님은 이스라엘의 이 같은 실패에도 불구하고 인류 구원의 거룩한 뜻을 넓혀가셨다(롬9-11장). 그리하여 신약에서는 예수 그리스도 안에서 하나님께 부름받은 교회, 즉 성도를 선민이라 일컫게 되었다(갈6:16; 벧전2:9).

선생(先生, **teacher**) 스승. 가르치는 사람. 학식이 풍부한 사람. 상대에 대한 높임말(행16:30). '예수님'(마8:19; 요1:38), '성령'(눅12:11-12), '부모'(신6:7), '사도'(행5:42), '교사'(약3:1)에게 사용되었다. 성경에는 선생으로서의 책임과 부주의할 때의 위험성에 대해 경고한다(약3:1; 마23:6-8).

선악(善惡, **good and evil**) 착함과 악함. 올바른 것과 그릇된 것(창3:22; 전12:14). 특히, 성경에서는 하나님의 거룩한 뜻에 합치하는 것과 그렇지 못한 것을 선악의 판별 기준으로 삼기도 한다(왕상3:9; 전12:14; 고후5:10).

■**선악과**(善惡果, **the fruit of the Tree of Knowledge**) - 선악을 알게 하는 나무에서 결실한 과실. 일명 '금단(禁斷)의 열매.' 하나님께서는 최초의 인류 아담과 하와에게 이 열매의 먹는 것을 엄히 금하셨으나 그들은 그 명령을 어기고 따 먹어 에덴 동산에서 추방되었고 또 고통과 죽음을 맛보게 되었다(창2:15-3:24).

■**선악을 알게 하는 나무**(**the Tree of Knowledge of good and evil**) - 좋은 것과 나쁜 것, 옳은 것과 그른 것을 알게 하는 나무. '선악과(善惡果)나무', 혹은 '지식의 나무'로 불린다. 하나님이 에덴 동산에 두신 특별한 두 나무 중 하나. 하나님은 이 나무의 실과를 먹으면 반드시 죽을 것이라 경고하셨다(창2:9,17).

이 선악을 알게 하는 나무는, 인간을 맹목적인 존재가 아니라 스스로 생각하고 판단하며 결정할 수 있는 책임 있는 존재로 만드셨음을 말해 준다. 또 순종과 불순종에 따르는 결과를 스스로 택하게 하시는 하나님과 인간 사이에 맺은 언약의 가시적(可視的) 형태라 할 수 있다.

선종하다(善終 -, **die**) 좋게 끝을 맺다. 숨을 거두다. 특히, '타고난 수명을 다 누리고 평안하게 죽다'는 의미로서(욥29:18), 로마 가톨릭에서는 사람이 임종할 때에 성사(聖事)를 받아 대죄(大罪)가 없는 상태에서 죽는 일을 가리켜 이렇게 말한다.

선지자(先知者, **prophet**) 앞의 일을 내다보고 예견하는 사람. 하나님으로부터 계시를 받아 그분의 뜻과 섭리를 전하는 대언자(代言者). 선지자는 하나님의 말씀을 받아 백성에게 전달하는 일(왕하17:13; 렘1:4-10; 겔3:17)과 미래에 이루어질 일에 대해 예언하는(암3:13-15) 두 가지 사역을 수행하였다. 성경에서 아브라함을 '최초의 선지자'로(창20:7), 모세를 '탁월한 선지자'로 일컬었으나(신18:18), 선지자 직분은 사실상 사무엘에서부터 시작된 것으로 본다.

구약의 선지자는 ① 이사야·예레미야·에스겔·다니엘과 같은 대선지자와 ② 열두 명의 소선지자 등 문서로 기록을 남긴 선지자들이 있는가 하면, ③ 나단·엘리야·엘리사 등 기록을 남기지 않은 선지자들도 있다. 신약에서도 예언의 특징과 형태, 사역을 볼 때 구약의 선지자와 같은 사명을 감당한 자들이 있다. 말라기 선지자 이후 400여년만에 등장한 세례 요한이 대표적이다. 하지만 예수 그리스도야말로 진정한 의미에서 선지자 중의 선지자라 할 수 있다(마13:57; 눅13:33). → '선견자'를 보라.

■**선지자의 글**(**the Prophets**) - 선지자들이 기록한 문서들(눅24:44; 행13:15). 넓게는 구약성경, 좁게는 구약의 선지서(예언서).

■**선지생도**(先知生徒, **company of the prophets**) - 문자적으로 '선지자의 아들들.' 선지자의 추종자. 선지자의 제자. 예언의 은사를 받은 자들. 또는 선지 학교 학생들(왕하2:3,5,7). 선지 생도는 선지자와 부자(父子) 같은 친밀한 관계를 유지하며, 선지자의 임무를 보조하고, 때가 되면 선지자의 직분을 승계하였다. 선지 학교는 사무엘에 의해 시작된 것으로 보인다. →[7. 올바른 용어에] '선지동산, 선지생도'를 보라.

선택(選擇, choice, selection) 둘 이상의 것 중에 마음에 드는 것을 골라서 뽑음. 성경에서는 하나님의 기쁘신 뜻에 따라 민족이나 개인을 구원과 생명의 길로 부르시는 하나님의 주권적 행위를 말한다. 구약에서 선택 대상은 이스라엘 백성(출19:5-6; 신7:6)과 남은 자(사1:9; 37:32) 등 주로 집단적인 데 비해 신약에서는 개인적이다. 그러나 각각의 개인이 아니라 '교회'로 부름받은 개인이다(벧전2:9).

이러한 하나님의 선택은 인간의 행위에 따른 것이 아니다(고전1:27-31). 오직 하나님의 주권적 은혜에 의한 것이며(롬9:11) 영원 전에 이미 이루어진 은혜의 산물이다(엡1:4). 따라서 하나님으로부터 선택받은 사람은 복종과 신앙으로 화답해야 하며(신6:24-25; 롬11:28-30), 받은 바 주님의 은혜와 사랑을 온 세상에 전하여야 할 의무가 있다(막16:15-16). → '택하다', [2. 교리 및 신앙 용어] '선택'을 보라.

선한 말(善 -, kind word) 동정과 위로의 말. 친절한 말. 이런 말은 꿀처럼 달아서 사람의 마음을 즐겁게 한다(잠12:25; 16:24). 하나님께서 계시해 주신 말씀을 가리키기도 한다(렘13:14).

선한 목자(善 - 牧者, the good shepherd) 양을 진실되게 아끼고 사랑하는 참된 목자. 선한 목자는 양을 배불리 먹이고 안전하게 보호하며 양을 위해 생명까지도 내어놓는다. 이는 양을 이용해 이익만 챙기는 악한(삯군) 목자와 반대된다. 성경에서 '선한 목자'란 참 목자이신 '예수 그리스도'의 별칭으로 쓰인다(요10:11; 히13:20; 찬송가 95,569장).

선한 사마리아인(善 - 人, a good Samaritan) 예수께서 누가 우리의 이웃인가에 대한 가르침으로 제시하신 비유에 등장하는 인물(눅10:30-37). 그는 사회적 인습이나 한계를 초월하여 강도 만난 자에게 다함없는 친절과 사랑을 베풂으로써 사랑의 가치와 이웃의 범위를 확인시켜 주었다. 그런 맥락에서 '선한 사마리아인'은 (괴로워하는 사람에 대한) 자비와 친절의 대명사이자, 계산하지 않고 상대방의 필요를 좇아서 활동하는 자선가(慈善家)를 상징한다. → '사마리아인'을 보라.

선한 싸움(善 -, good fight) 진리를 지키기 위한 경건한 싸움. 하나님 나라를 세우기 위해 원수 마귀를 대적하는 싸움(딤전1:18; 6:12; 딤후4:7; 찬송가 164,360장). 선한 싸움에서 승리한 자는 영생을 상급으로 받는다. 이는, 세상 유익을 위해 혈과 육으로 하는 싸움과는 반대된다(엡6:12).

선한 양심(善 - 良心, good conscience) 결코 부끄러움이 없는 깨끗한 마음. 선악을 구별하는 깨어 있는 영적 상태(딤전1:5; 히13:18). 선한 양심을 가진 자만이 하나님과 이웃을 거짓 없이 사랑할 수 있다. → '양심'을 보라.

선한 일(善 -, good works) 하나님의 일. 하나님이 이루시는 선한 사업(요5:29; 행10:38; 롬12:17; 엡2:10). 특히 성도에게 있어서 '선한 일'은, 하나님께서 명하신 말씀을 전하고 지키고 순종하는 일을 가리킨다.

선한 일꾼(善 -, good minister) 주님께 즐겨 순종하는 충성된 일꾼(찬송가 515장). 주님께서 기뻐하시는 일꾼. '좋은 일꾼'(딤전4:6), '그리스도 예수의 좋은 병사'(딤후2:3)와 같은 의미다.

선한 청지기(善 - 廳 -, faithful administrator) 주님의 나라와 의를 위해 헌신과 충성을 다하는 하나님의 일꾼(벧전4:10). '청지기'는 주인의 집과 재산, 종들을 맡아 주인의 뜻대로 관리하는 사람을 말한다. → '청지기'를 보라.

선행(善行, good works) 착한 행실. 성도의 생활 규범 중 하나로서(딛2:7) 마땅히 해야 할 본분이다(엡2:10; 딛2:14). 이는, 사랑에서 우러나오는 것이어야 한다(딤후3:17). 선행이 구원받기 위한 공로는 될 수 없지만, 하나님께 영광을 돌리는 방법이요(마5:16), 구원받은 자의 믿음의 표현이다(약2:26). 선행에는 상급이 약속되어 있지만(고전3:14; 계22:12), 상급이 목표가 되어서는 안 된다.

설복(說伏, 說服, persuasion) 알아 들을 수 있게 여러 말로 깨우침. 설득(說得). 자기 주장이나 뜻하는 바를 상대방에게 설명하여 동의를 구함. 간곡히 요청함(왕하18:32; 잠25:15; 행12:20).

섬김(service) 잘 모시어 받듦. 힘써 거들어 줌. 성경에서는 다양한 의미로 쓰였다. ① 하나님의 말씀을 좇아 하나님과 함께 걸음(창24:40). ② 노역이나 조공(朝貢)을 바침(창14:4). ③ 종이 주인의 명령을 기다리며 대기함(렘40:10). ④ 하나님을 위해 일함(수24:18). ⑤ 제사나 예배를 드림(히9:14). ⑥ 성도를 돕고 그들을 위하여 애쓰고 희생함(롬15:25; 고후9:1; 히6:10). → '봉사'를 보라.

성결(聖潔, holiness) 거룩하고 깨끗함. 하나님께 드리기 위해 특별히 깨끗하게 구별된 것. 또는 하나님 앞에 합당하도록 몸과 마음을 깨끗게 준비하는 것(출19:10; 수7:13; 삼상16:5). 성결은 하나님의 거룩하심에 기인하는 것이므로 항상 하나님과의 관계에서만 생각할 수 있다(레19:2; 20:7). 그래서 모든 율법의 기준은 성결에 있다(레11:45).

그런데 구약의 성결 규례는 한시적일 뿐 영원히 정결하게 할 수는 없다. 특히 죄악 가운데 태어나 부패한 세상을 살아가는 인생에게는 이것이 영원한 과제일 수밖에 없다. 바로 이를 위해 흠 없고 죄가 없으신 예수께서 이 땅의 죄를 도말하기 위해 오셨다. 따라서 그분 앞에 모든 죄를 고하고 사죄의 은총을 입은 자는 하나님 앞에서 성결한 존재로 인정받게 된다.

이 성결은 그리스도의 구속의 은혜로 주어지는 것이다. 성도가 거룩하신 하나님 앞에 감히 나갈 수 있는 것도 바로 이런 이유 때문이다(눅1:75; 고후7:1; 살전3:13). → '거룩'을 보라.

성경(聖經, the Bible) 하나님의 영감에 의해 기록된 하나님의 말씀(딤후3:16). 하나님께서 자신과 자신의 뜻을 사람에게 계시해 주신 말씀. 성도의 신앙과 생활의 법칙이요 규범이 되는 책이며 구원의 길을 제시하는 생명의 책이다. → [2. 교리 및 신앙 용어] '성경'을 보라.

성구(聖句, passage, phrase) 성경 본문 가운데 한 구절. 긴 성경 내용 중에 한 토막(행8:32).

성극(聖劇, Biblical drama, scriptural play) 성경에 나오는 사실을 소재로 한 종교극. 즉, 신구약성경에 등장하는 신앙 인물들이나 사건들을 소재로 하거나 특히, 신약성경에 소개된 예수 그리스도의 탄생과 가르침(비유), 고난과 십자가 처형 및 부활 등을 소재로 꾸민 교회 연극을 말한다.

오늘날에는 단순히 성경 내용을 소재로 하여 메시지 전달 효과를 꾀하는 대사 중심의 교회 연극에서 벗어나 창작적인 스토리에 춤과 노래가 함께하는 일종의 뮤지컬 형태의 종합 종교 예술극이 유행하고 있다.

성도(聖徒, saint, disciple of Christ) '거룩한

성경의 특성과 별칭

■성경의특성
① 구원에 이르게 한다(딤후3:15).
② 마음의 생각과 뜻을 감찰한다(히4:12).
③ 거듭나게 한다(벧전1:23).
④ 행실을 깨끗하게 한다(시119:9).
⑤ 범죄하지 않게 한다(시119:11).
⑥ 인생의 앞길을 인도한다(시119:9,105; 잠6:23; 벧후1:19).
⑦ 거룩하게 한다(요17:17).
⑧ 생명을 얻게 한다(요20:31).
⑨ 악한 자를 물리치게 한다(엡6:16-17).
⑩ 앞길이 평탄하고 형통하게 한다(수1:8; 시119:105).
⑪ 진리 가운데서 자유하게 한다(요8:32).
⑫ 영혼을 소성케 한다(겔37:7; 행19:20).

■성경의별칭
'모세의 율법책'(수8:31), '주의 율법'(느9:26), '율법과 선지자'(마22:40), '두루마리 책'(시40:7; 계22:19), '여호와의 책'(사34:16), '말씀'(약1:21-23; 벧전2:2), 하나님의 말씀'(잠30:5; 롬3:2; 벧전4:11; 엡5:16), '생명의 말씀'(빌2:16), '진리의 말씀'(딤후2:15), '의의 말씀'(히5:13), '은혜의 말씀'(행14:3), '생명책'(계22:18-19), '경'(經, 벧후1:20), '언약'(고후3:6-15; 히8:7), '진리의 글'(단10:21), '성령의 검'(엡6:17), '선지자들의 글'(롬16:26) 등.

무리'란 뜻. 즉, 그리스도를 믿고 하나님의 자녀가 되어 거룩한 공동체의 일원으로 부름받은 자들을 가리킨다. 구약에서는 하나님의 선민 '이스라엘'(신33:2; 대하6:41)을, 신약에서는 '모든 신자'를 가리킨다(롬15:26; 고전1:2; 엡1:1).

결국 성도란 하나님의 백성이요, 하나님의 자녀 된 모든 거룩한 자를 말한다(시16:3; 106:16; 벧전2:5). 이 성도는 온전히 하나님에게만 속한 하나님의 소유이다(행9:13; 고전16:1; 고후1:1).

■**성도의 다른 이름** – '믿는 자'(행5:14), '하나님의 사랑하심을 입은 자'(롬1:7), '형제'(마23:8), '하늘에 계신 아버지의 아들'(마5:45), '살아계신 하나님의 아들'(롬9:26), '약속의 자녀'(롬9:8), '빛의 자녀'(눅16:8), '택하신 족속'(벧전2:9), '택한 그릇'(행9:15), '하나님의 후사'(롬8:17), '거룩한 백성'(사62:12), '거룩한 제사장'(벧전2:5), '그리스도인'(행11:26; 26:28).

■**성도의 교제** – 성도의 교제란 서로 교통하고, 나누며, 돕고, 의지하며, 각기 받은 바 은사대로 맡은 바 직분을 따라 섬기며, 같은 신앙고백하에 주님의 성찬에 함께 참여하여 주님의 살과 피를 영적으로 먹는 생활로서, 성도의 신앙생활에 있어 가장 중요한 일이다.

성도의 교제는 겸손한 정신으로 이뤄지는 신령한 교제이며, 순수한 감정으로 이뤄지는 교제요, 아름다운 마음으로 이뤄지는 교제며, 같은 신앙(믿음)으로 이뤄지는 교제이다. 또한 남녀노소의 구별이 없는 폭넓은 교제요, 빈부귀천의 차별이 없는 평등한 교제이다(빌2:1-4). → [2. 교리 및 신앙 용어] '코이노니아'를 보라.

성령(聖靈, Holy Spirit) 거룩한 영. 창조주 하나님의 영. 삼위일체 하나님 중 아버지 하나님, 아들이신 그리스도와 구별되는 제3위격(位格, 마28:19; 고후13:4). '하나님의 영'(창1:2), '여호와의 영'(사11:2), '하나님의 성령'(마3:16), '예수의 영'(행16:7), '보혜사'(保惠師, 요14:16) 등으로 불린다. → [2. 교리 및 신앙 용어] '성령'을 보라.

■**성령 강림**(聖靈 降臨, Pentecost) – 성령께서 지상에 임하시는 일(마3:16). 특히, 예수께서 승천하시면서 보내시겠다고 약속하신 성령이 초대 교회에 임했던 일을 말한다(행2:1-4). → [4. 예배 및 예식 용어] '성령강림절', '오순절'을 보라.

■**성령 세례**(聖靈 洗禮, baptism of the Spirit) – 오순절 성령 강림 사건(눅3:16; 행1:4-5; 2:1-4)과 개인 성도의 구원 경험(고전12:13)을 동시에 의미한다.

■**성령의 검**(聖靈 – 劍, the sword of the Spirit) – '하나님의 말씀'을 가리킨다(엡6:17). 하나님의 말씀은 사탄의 공격을 막아내는 강력한 방어용 무기일 뿐 아니라 유일한 공격용 무기로서, 영적 전투에서 요구되는 최고의 병기다(히4:12; 계1:16).

■**성령의 열매**(the fruit of the Spirit) – '육체의 일'과 대조를 이루는 말로서(갈5:19), 성령의 역사로 인해 성도가 그 삶을 통해 맺어가는 열매(사랑, 희락, 화평, 오래 참음, 자비, 양선, 충성, 온유, 절제 등)를 말한다(갈5:22-23). 이는 성령의 능력을 부어주시는 하나님의 은혜로써 맺어지는 열매요, 하나님의 은혜를 입은 성도가 생활 속에서 그 은혜에 보답하여 맺어가는 결실을 가리킨다.

■**성령의 은사**(聖靈 – 恩賜, Spiritual gifts) – 성령께서 베푸시는 신령한 선물 곧 다양한 은사들을 말한다(롬12:6-8; 고전12:4-11; 찬송가 196,197장). 이 은사들은 몸의 지체(肢體)와 같이 서로 유기적으로 관련되어 있다(고전12:12-26).

이 같은 은사를 주시는 목적은 교회에 유익을 주기 위함이다. 즉, 신앙 공동체 구성원간의 유익과 교회 전체의 거룩한 이익을 위한 것이다(고전12:7; 14:12).

■**성령의 전**(聖靈 – 殿, a temple of the Holy Spirit) – '성도의 몸'을 가리킨다(고전6:19). 성도의 몸은 성령이 거주하시고 또 역사하시는 성령의 처소라는 말이다. 하나님의 영이신 성령께서 성령 세례를 통해 그리스도와 연합한 각 성도 안에 내주하시고 그를 통치하심으로써 각 성도는 하나님의 임재 처소가 된다(고전3:16). 그래서 성도의 몸은 거룩하게 유지되어야 한다(레11:44-45).

■**성령 충만**(聖靈 充滿, fullness of the Holy Spirit) – 성령의 감화와 인도와 역사가 한 인격체 위에 충만함을 말한다. 즉, 성령께서 성도를 절대적으로 주장하시며 완전히 지배하시는 상태를 가리킨다(엡5:18).

성령의 충만이 필요한 이유는, 그것을 통해 지혜로운 자가 되어 주님의 뜻을 이해하며 순종할 수 있기 때문이다. 성령의 충만은 곧 그리스도의 충만이요 하나님의 충만으로서, 성도를 가장 온전하고 복되게 세워준다.

참고로, 성령세례는 성도가 그리스도를 구주로 처음 믿을 때 받는 것으로 단회적인 것이라면(고전 12:13), 성령 충만은 성도가 계속해서 누릴 수 있는 신령한 복이다.

■**성령 훼방죄**(聖靈 毁謗罪, **a sin of speaks against the Holy Spirit**) - 일명 '성령 모독죄.' 성령을 모욕하고 성령으로 하여금 역사(役事)하지 못하도록 계획적으로 방해하는 죄(마12:31). 명백하게 드러난 성령의 역사임에도 이를 계속 부인하고 대적하는 악한 언행, 성령의 구원 역사를 고의적으로 방해하거나 핍박하는 것, 하나님의 뜻에 순종치 않고 거역하는 것, 성령을 사칭하여 자신의 이익을 추구하는 것 등이 이에 속한다.

그런데, 성령 훼방죄가 사함받지 못하는 이유는, 하나님의 구원의 은혜를 적극적으로 거부하는 악행이요 그로 인해 사망에 이르는 죄가 되기 때문이다(요일5:16).

성물(聖物, **holy things, sacred gifts**) 거룩히 구별된 물건들. 구약 시대 성전 기물이나 희생제물. 법궤를 위시한 성전 내의 성별한 모든 물건을 말한다(출28:38; 레12:4; 민5:9; 신12:26).

그런데, 성물들이 예표하는 바 그 실체이신 예수 그리스도께서 이 땅에 오신 이후 물질적 측면에서의 성물은 존재하지 않는다(히8:1-13). 따라서 각종 성상(聖像)이나 성물(聖物)을 경외시(우상시)하는 로마 가톨릭의 전통을 기독교에서는 용납할 수 없다.

성미(誠米, **offering rice**) 각 가정에서 매끼마다 밥을 짓기 전에 식구수대로 쌀을 한 수저씩(한 줌씩) 떠서 준비된 단지나 천으로 된 주머니에 그것을 구별해 두었다가 주일에 헌물로 바치는 정성어린 쌀을 말한다.

이렇게 모아진 쌀은 교역자의 식생활 보조나 생활 형편이 어려운 교인들의 구제, 기타 교회행사 등에 쓰였다. 이는 초기 한국교회의 아름다운 풍습으로, '헌미'(獻米) 또는 '기도미'(祈禱米), '쌀 연보' 라고도 하였다. → [4. 예배 및 예식 용어] '연보' 를 보라.

성민(聖民, **holy people**) 거룩히 구별한 백성. 하나님이 특별히 선택하신 무리인 이스라엘 백성을 가리킨다(신7:6; 26:19; 28:9). 신약적 관점에서는 그리스도를 구주로 영접한 새 이스라엘 공동체 곧 모든 성도가 성민에 해당한다(벧전2:9). → '선민' 을 보라.

성별(聖別, **separation**) 거룩히 구별하여 둠(겔 48:11,14). 하나님의 소유로 삼음(레3:13). 하나님께 대한 예배나 봉사 등 거룩한 목적을 위해 사람이나 사물을 특별히 구별하는 것(레27:30; 민8:5-6). 하나님이 친히 선택하여 거룩히 구별하신 것은 더 이상 세속적 목적으로 사용할 수 없다.

성부(聖父, **Holy Father**) 성삼위의 제1위인 하나님(요17장; 고후13:13; 찬송가 1-10장). → '하나님', '아버지', [2. 교리 및 신앙 용어] '성부' 를 보라.

■**성부의 집**(**the Palace of King**) - 성도가 장차 들어갈 천국, 곧 하나님이 통치하는 거룩한 성 새 예루살렘을 말한다(계21:2-7; 찬송가 608장).

성소(聖所, **the sanctuary**) 거룩하게 구별된 장소. 하나님께서 택한 백성 가운데 임재하시기 위해 특별히 거룩하게 구별하신 장소(시114:2; 150:1; 사8:14; 겔11:19). 하나님께 예배 드리는 거룩한 처소.

한편, 성경에서 성소란 ① 좁은 의미에서, 성막의 본체로서 지성소와 구분된 처소를 가리킨다. ② 넓은 의미에서, 성막이 세워진 장소(성읍)를 가리킨다. 이 경우 최초의 성소는 성막이 세워진 시내 산이라 할 수 있다(왕상6장). ③ 영적 의미에서, 하나님께서 영광을 나타내시고 능력을 베푸시는 모든 영역을 가리킨다. 이 경우 성소란 지금도 살아 역사하시는 하나님께서 다스리고 통치하시는 모든 성도와 온 세상을 일컫는다고 할 수 있다(요 4:21-24; 고전3:16).

성숙(成熟, **maturity**) 몸이나 마음이 완전히 자람. 곡식이나 과일 등이 무르익음. 경험이나 훈련을 쌓아 익숙해짐. 특히, 교회 내에서 '성숙' 이라 함은, 각 성도(교회)가 그리스도의 장성한 분량이 충만한 데까지 이르는 것을 말한다(엡4:13). 성도(교회)의 성숙은 자기 완성에 있지 않고, 언제나 그리스도를 그 목표로 해야 한다. 즉, 그리스도의 충만 곧 완전에 이르러야 한다(빌3:12-16).

이를 위해 각 성도는 자기를 부인하고 자기 십자가를 지고 그리스도를 좇아야 하며(마16:24), 내 안에 그리스도가 살 수 있게 해야 한다(갈2:20). 그리고 곡식의 결실이 그러하듯, 어떤 고난에도 인내하며 비록 지리한 일상이라도 하나님 나라가 완성되는 그날까지 그리스도의 사람으로 성실히 살아가야 한다. →[2 교리 및 신앙 용어] '성화'를 보라.

성신(聖神, the Spirit, Holy Ghost) 성령의 구약적 표현. '하나님의 영', '하나님의 신', '여호와의 신'으로도 불린다. 개역개정판에는 '성령'으로 통일했다(대상12:18; 시51:11; 사63:10). → '성령', [2. 교리 및 신앙 용어] '성령'을 보라.

성실(誠實, faithfulness) 정성스럽고 참되어 거짓이 없는 성품. 하나님의 거룩한 속성 중 하나다(창24:27; 사11:5; 애3:23). 하나님은 택한 백성의 배교와 불충에도 불구하고 그들과 맺으신 약속을 이행하심으로써 성실하심을 보이셨다(시36:5; 사25:1). 성실은 하나님과 인간, 인간과 인간 사이에 나누는 인격적 교제에 가장 중요한 요소이다.

성심(誠心, wholeheartedness, conscientiousness) 정성스러운 마음. '부족함이나 흠이 없는 준비된 마음'(대상29:9; 대하29:34). 이는 특히 예배드리는 자가 갖추어야 할 자세다.

성역(聖役, holy work) 하나님을 위해 헌신하는 일. 그리스도의 몸 된 교회를 위해 섬기고 봉사하는 제반 사역을 말한다. 특히, 교회의 직분 맡은 자들이 그 직분을 감당하기 위해 수고하고 희생하는 것을 말한다. 그리고 넓은 의미에서, 하나님의 사람으로 부름받아 이 땅에 살아가는 모든 삶이 '성역'에 해당한다고 볼 수 있다.

성은(聖恩, heavenly blessings, the goodness of Heaven, Grace) 하나님께서 베풀어주신 은혜(민11:23; 롬5:15). 은혜로 주어지는 하나님의 사랑과 복. 초월한 하나님의 은총.

성의(가운)(聖衣, sacred garment) 거룩한 옷. 제사장이 제사 등 성직을 수행할 때에 입는 예복(출29:29). 오늘날은 예배나 예식 때에 순서를 맡은 자들이 평상복과 구별하여 차려 입는 제복(uniform)이나 예복(gown)을 가리킨다.

성일(聖日, sacred day) 거룩하게 구별된 날(느8:9-11). 하나님께 예배 드리도록 지정된 날. 구약에서는 안식일을 비롯한 모든 절기가 성일이었다(출20:11; 시42:4). 이 날에 노동을 금하고 하나님께 예배하며, 하나님 안에서 큰 기쁨으로 지내야 했다. 오늘날은 예수께서 십자가에 달리신 후 무덤에서 부활하신 안식일(토) 다음날을 '주님의 날' 곧 '주일'(主日)로 부르며(계1:10) 성일로 지킨다. → '주일', [4. 예배 및 예식 용어] '주일', '주일성수'를 보라.

성자(聖子, the Son) 성삼위 가운데 제2위이신 예수 그리스도(고후13:13; 찬송가 1-10장). → [2 교리 및 신앙 용어] '예수 그리스도'를 보라.

성전¹(聖殿, Sanctuary, a sacred shrine) 하나님의 거룩한 지상 임재 처소이자 주의 백성이 하나님께 예배(제사)하는 공식적인 처소. 예루살렘 성전. 구속사적 맥락에서, 성전은 인류의 죄를 담당하신 구속주요, 죄인이 하나님께 나아가는 유일한 길이 되신 예수 그리스도를 예표한다(요2:21). 그리고 성령 강림 후 하나님의 백성 각자는 하나님의 거룩한 임재 처소인 성전이 되었다(고전3:16). →[7. 올바른 용어] '성전'을 보라.

성전²(聖戰, holy war) 거룩한 사명을 띤 전쟁. 대표적으로, 출애굽한 이스라엘이 약속의 땅 가나안을 쟁취하는 과정에서 치룬 전쟁을 들 수 있다(수1:1-9). 그러나 오늘날 성전이라 할 때, 종교적 이데올로기를 위한 전쟁 곧, 전쟁을 합리화하기 위해 종교적 목적을 내세우는 경우가 대부분이다. 이 같은 전쟁은 가장 추악하고 집요하며 파괴적인 성격을 지닌다.

성정(性情, nature, man) 타고난 성질과 성품. 인간이 태어나면서부터 지니고 있는 본성(약5:17). 감정, 감각, 정서 곧 지정의(知情意)를 가진 '인간'을 가리키는 완곡한 표현이다(행14:15).

성지(聖地, Holy Land) 거룩한 땅. 하나님께서 특별히 구별하신 땅으로, '예루살렘'의 별칭(렘 31:40). 넓은 의미에서는 성경 역사의 배경이 되는 팔레스타인 전역과 이집트, 소아시아, 유럽 등을 가리킨다.

■**성지 순례**(聖地 巡禮, a pilgrimage to the Holy Land, Jerusalem Tour) – 구주 예수의 탄생과 생애와 죽음과 부활의 배경이 되는 가나안 땅(팔레스타인)을 위시하여 성경 역사의 주무대가 되는 지역들(초대교회의 주무대가 된 소아시아 등)을 경건한 마음으로 두루 돌아보면서, 직접 눈으로 확인하고 발로 밟으며 거룩한 뜻을 되새기는 여정을 말한다.

성직(聖職, the ministry, holy orders) 거룩한 직분. 교회의 규칙과 공식적인 절차에 따라 하나님께 봉사하는 직무. 또는 그 직분. 넓은 의미에서 하나님의 사람으로 부름받은 자들이 부여받은 모든 직무(직분)를 성직이라 할 수 있다.

■**성직자**(聖職者, churchman, clergyman) – 종교적 직분을 맡은 사람. 기독교 외에 타종교의 공식적 봉사자나 지도자들(신부, 승려 등)도 성직자라 부른다. 교회 내에서는 '주님께 속한 사람', '주님께서 세워 사용하시는 일꾼'이라는 뜻으로, 대부분 목사, 선교사, 전도사 등 신학교육을 받고 공식적으로 하나님을 섬기도록 세움받은 직분자를 가리킨다. 소위 '평신도'라는 말과 대칭적인 의미로 사용하기도 한다. → '평신도'를 보라.

성품¹(性稟, soul) 태어날 때부터 가지고 있는 성질. 주로 '인간의 선한 의지적 측면'을 말하는데, 주로 하나님을 섬기는 바른 마음 자세와 관련하여 언급된다(수22:5; 왕상2:4).

성품²(性品, nature) 사람이나 사물이 지니는 고유한 성질이나 됨됨이. 성경에서는 하나님의 거룩한 '본성'에 한 번 사용되었다(벧후1:4).

성호(聖號, holy name) 거룩한 이름. 하나님의 영광스럽고 거룩하고 위엄있는 이름. 이 성호는 하나님의 절대 권위와 위엄을 나타낸다(레20:3; 시103:1; 105:3; 106:47; 145:21). 그래서 율법에서는 하나님의 이름을 망령되이 일컫는 행위를 엄히 금한다(출20:7). 하나님의 성호를 의지하고(시33:21), 송축하며(시103:1; 145:21), 대대로 자랑하는 것이 성도의 마땅한 도리다(대상16:10). → [2. 교리 및 신앙 용어] '하나님의 이름'을 보라.

성회(聖會, holy assembly) 거룩한 모임(출12:16; 레23:2-3). 하나님이 정하신 특별한 날, 곧 안식일, 유월절, 무교절, 칠칠절, 나팔절, 속죄일, 초막절 등에 갖는 모임(레23:22,24,27,35-36; 민28:8,25-26).

이 날 이스라엘 백성은 노동을 금하고 하나님께 제사를 드리며 제사장이 낭독하는 율법을 듣고 하나님의 말씀을 배웠다. 이를 통해 그들은 하나님의 백성이 누릴 안식의 큰 기쁨을 이 땅에서 맛보며 장차 하나님 나라에서 누리게 될 복된 삶에 대한 확신을 가지게 되었다. 그런 점에서 오늘날 주일(主日)에 모이는 모임도 성회라 할 것이다. → '성일'을 보라.

성흔(聖痕, stigmata) 신체의 특정 부분에 지니고 있는 상처나 흔적. 사도 바울은 자신의 몸에 '예수의 흔적을 지니고 있다'(갈6:17)고 했다. 참고로, 로마 가톨릭에서는 13세기부터 십자가에서 못박히신 예수 그리스도의 상흔(傷痕)에 특별한 의미를 두어 예수의 성흔에 집착하는 경향이 있다. → '스티그마'를 보라.

세대(世代, generation) 한 사람의 일생. 어떤 연대(年代)를 갈라서 나누는 층. 성경에서는 '세상'(눅16:8), '일정한 기간'(신32:7), '가족이나 가문'(창25:13)의 의미로 많이 사용된다. 또 '믿음이 없고 패역한 세대'(마17:17), '악한 세대'(신1:35), '악하고 음란한 세대'(마12:39), '지나간 세대'(행14:16) 등 상징적으로도 표현된다.

세력(勢力, power, might, strength) 다른 사람을 누르고 마음대로 행동할 수 있는 힘. ① 사람이나 자연의 힘, ② 지위에 따른 권력의 힘, ③ 하나님, 그리스도인, 사탄과 관련하는 영적인 힘. 신약에서는 주로 영적인 힘을 나타낸다(눅10:19; 엡2:2; 골2:15; 살후2:9; 딤후1:7).

세리(稅吏, tax collector) 세무에 종사하고 세

금을 징수하는 관리. 유대 사회에서 이들은 권한을 남용하여 착복하는 사례가 많아 동족의 원성을 샀다. 또 직업상 이교도와 거래가 잦아 율법상 부정한 자로 규정되었고, 압제자(로마)의 하수인 노릇을 하여 반역자로 낙인 찍혔다. 그래서 세리는 창기, 이교도, 죄인과 같은 부류로 취급되었다(마 9:10-11). 마태는 이런 세리 출신이었다(마9:9).

세마포(細麻布, **linen**) 가는 삼실로 짠 아주 고운 삼베. 제사장·레위인·귀인들의 의복 재료, 성전의 휘장, 시신을 싸는 수의(壽衣) 재료 등으로 이용되었다(출28:5-42; 삼하6:14; 대하3:14; 5:12; 마27:59). 이는 부귀(눅16:19), 영적 순결, 거룩한 행실을 상징한다(계19:8,14).

세말(歲末, **year end**) 한 해의 마지막 때. 세밑(출34:22). '연말' 로도 번역된다(신11:12).

세상(世上, **world, society**) ① 생명체가 살아가는 땅(창1:10; 고전7:31; 약4:4; 요일2:15). ② 시대나 세대(눅16:8; 롬12:2). ③ 조직화된 사회(고전2:12; 골2:8). ④ 자연계나 생물의 세계(눅21:26; 히1:6). 세상은 하나님에 의해 창조되었다(창1:1; 행17:24). 하나님께서는 만물을 창조하시고 인간에게 생육하고 번성하며 다스리고 정복하며 지배하라는 문화 명령을 주셨다(창1:28).
그러나 인간의 타락으로 세상은 공중 권세 잡은 사탄이 지배하는 처소로 전락했다(요18:36; 약4:4; 요일2:15-16). 이런 세상에서 성도는 필연적으로 어려움을 당하고 미움을 받게 된다(요15:18-19). 하지만 성도는 세상을 본받지도 사랑하지도 말아야 하며(딤후4:10), 하나님의 거룩하고 선하신 뜻을 이루어 나가야 할 책임이 있다(마5:13-16; 롬12:2; 요일2:15-16).
■**세상 길**(**way of the earth**) - 모든 사람이 필연적으로 갈 수밖에 없는 인생의 행로 곧 '죽음의 길' (수23:14; 왕상2:2; 찬송가 243, 419장).
■**세상 끝날**(**the end of the world**) - 이 세상 역사가 종결되는 날(찬송가 253, 447장). 예수 그리스도의 재림으로 온 세상 만물이 풀어지고 녹아짐으로써 기존 질서가 모두 소멸되는 때(벧후3:1-13). 종말의 때. 주의 날(살전5:1-2).
■**세상 떠나가는 날**(**the day of death**) - 죽는 날(찬송가 494, 563장). '세상을 떠나다' 는 '죽다' 의 관용적 표현이다.
■**세상 백성**(世上 百姓, **the nations of the world**) - 하나님을 믿지 않는 이방인. 불신자(사24:4; 눅12:30). 이들은 물질을 좇고 하나님을 신뢰하지 않는 특징이 있다.
■**세상 장막**(世上 帳幕, **the veil of world**) - 하늘의 영원한 집과 대조되는 개념으로, 이 땅에 살아가는 인생들이 입고 있는 육체 곧 죽을 운명에 놓인 몸을 가리킨다(고후5:1). 여기서 '장막' 은 이동이 용이한 임시 처소로서 인간의 몸을 상징하는 성경문학적 표현이다(사38:12; 벧후1:13-14).
■**세상 주관자**(世上 主管者, **the supervisor of world**) - 죄로 오염된 이 세상을 지배하며, 세상을 불신앙으로 인도하는 사탄과 그 수하 무리를 가리킨다(엡6:12; 고후4:4). 이들의 최종 운명은 심판과 영원한 멸망이다(요12:31).
■**세상 줄**(**cord on earth**) - '사람이 살아가는 데 필요한 모든 수단' 을 일컫는 문학적 표현(찬송가 485장).
■**세상 풍속**(世上 風俗, **the way of world**) - 세상 곧 하나님을 배반하는 악한 시대(죄악된 불신 무리)의 사상이나 관습. 혹은 이들이 만든 부패한 환경(엡2:2).
■**세상 풍파**(世上 風波, **the storm of life**) - 인생살이의 어려움과 고통. 하나님은 세상 풍파 중에도 우리의 보호자가 되시며(찬송가 71장), 이길 힘을 주시고(찬송가 162장), 눈물 없는 영화로운 곳으로 들어가게 하신다(찬송가 401장).

세세(世世, **for ever**) 대대(代代). 거듭된 세대. '영원히, 오래도록' (사34:10).
■**세세 무궁**(世世 無窮, **for ever and ever**) - 영원토록 다함이 없음(롬16:27; 계14:11). 영원토록 변함없는 것으로 '하나님의 구원' (사51:8), '주의 보좌' (애5:19), '주님이 받으시는 찬양' (롬9:5), '하나님의 영광' (롬11:36; 빌4:20; 딤후4:18), '성도의 구원과 존귀한 신분' (계11:15; 22:5) 등이 있다.

세속(世俗, **the world, common customs**) 세상의 풍속. 죄의 영향 아래 놓인 이 세상. 즉, 인간의 범죄로 악에 오염되어 하나님의 새롭게 하는 역사로 변화되어야 하는 세상을 말한다(약1:27).

■**세속화**(世俗化, secularization) - 두 가지 관점이 있다. ① 거룩에 대한 대립 개념으로, 일종의 종교적 타락으로 보는 것. ② 인간이 신으로부터 이 세상을 위임받아 인간이 자유와 책임을 가지고 적극적으로 살아가는 삶의 기회로 보는 것.

세월(歲月, the years, time) 흘러가는 시간이나 때. 흘러온 인생의 여정. 야곱은 바로 앞에서 자기 인생의 고단함을 '험악한 세월'로 표현했다(창47:9). 신약에서는 '기회'나 '때'란 뜻으로 '짧은 시간', '결정적 상황'을 나타낸다(엡5:16; 골4:5).

세초(歲初, beginning of year) 새해의 첫날. 연초(年初, 신11:12). 연시(年始).

세파(世波, the storm of life) 세찬 파도처럼 거친 세상살이의 어려움. 세상에서 경험하는 온갖 고난(환난)과 어려움(찬송가 292, 456장).

셋째 하늘(third heaven) 하늘 위의 하늘. 가장 높은 하늘. '낙원'(눅23:4; 계2:7)으로 보기도 한다. 사도 바울은 '셋째 하늘'에 올라간 신비한 체험을 간증한 바 있다(고후12:2).
유대인은 하늘을 세 층으로 이해했는데, ① 사람이 눈으로 볼 수 있는 하늘(첫째 하늘). 이는 새가 날아다니는 하늘을 말한다. ② 해와 달과 별이 떠 있는 창공(둘째 하늘). ③ 하나님의 거룩한 보좌가 있는 하늘(셋째 하늘, 시2:4; 11:4; 사40:22).

소금(salt) 짠맛을 내는 조미료의 하나. '변치 않음'을 상징한다. 음식의 간을 맞추거나 부패를 방지하는 데(욥6:6; 사30:24; 막5:13), 제사 드릴 때(레2:13; 겔43:24), 소독할 때(겔16:4), 언약을 맺을 때(민18:19; 대하13:5), 점령한 성읍의 파멸을 선언할 때(삿9:45) 사용되었다.
소금은 고대 세계에서 매우 중요한 생필품으로서, 품삯으로 지급되기도 했다(스4:14). 예수님은 제자들에게 '세상의 소금'(마5:13; 막9:50; 눅14:34)이 되라고 당부하셨다.

■**소금 구덩이**(salt pit) - 풀 한 포기 나지 않는 불모지. 하나님의 심판을 상징한다(습2:9).

■**소금 기둥**(pillar of salt) - 소금으로 된 원주(圓柱)나 화석상(化石像). 하나님의 명령을 거스르는 자가 맞이할 비참한 최후를 보여주는 역사적 유물이다(창19:26; 눅17:32).

■**소금 땅**(land of salt) - 생물이 살 수 없는 땅(겔47:11). 남에게 아무 유익도 주지 못하는 쓸모없는 존재를 상징한다.

■**소금 언약**(covenant of salt) - 영원 불변한 하나님의 언약. 결코 파기될 수 없는 언약(레2:13; 민18:19; 대하13:5). 부패와 변질을 방지하는 소금의 항구성에 빗대어 하나님의 영원·신실성을 강조한 표현. → [2. 교리 및 신앙 용어] '언약'을 보라.

소나기(shower) 갑자기 세게 퍼붓는 큰비. 이스라엘에서는 지중해에서 몰려왔다(눅12:54). 심령의 갈급함을 만족시키는 은혜의 단비를 상징한다(신32:2). '소낙비'(시72:6), '단비'(렘3:3).

소도마이트(Sodomites) 동성애자. 원뜻은 '소돔 사람들.' → '소돔'을 보라.

소돔(Sodom) 문자적으로 '에워싸인 장소'란 뜻. 아브라함 당시 사해 연안 싯딤 골짜기의 성읍. 아브라함의 조카 롯이 거주한 곳(창13:1-13). 고모라와 함께 유황불 심판으로 멸망당했다. 이곳은 타락과 부패, 사악과 심판의 상징으로 경각심을 주는 곳이다(창19:5-9; 사1:9-10; 3:9; 렘23:14; 애4:6; 겔16:46; 마10:15; 계11:8).
참고로, 영어에서 'sodomy'(소돔 사람의 행실)는 '남색'(男色), '수간'(獸姦)이란 뜻으로, 당시 소돔의 성적(性的) 타락상을 엿볼 수 있게 한다.

소망(所望, hope, wish, desire) 바라는 바. 소원(所願). 현실적으로 존재하지는 않지만 장래에 실현될 것을 기대하는 것. 성경에서는 특히, 단순한 기대나 갈망의 차원을 넘어 믿음과 신뢰를 가지고 하나님을 의지하는 것을 뜻한다(롬15:13).
이 소망은 하나님의 선택과 부르심을 받은 자들의 필수적인 특성이요(고전13:13), 그들이 갖는 영광스런 바람이며(엡1:18), 주께서 구원을 완성하시는 날 성도에게 영화롭게 성취된다(롬8:30). 바울은 이를 '하늘에 쌓아둔 소망'(골1:5)이라 했다.

■**소망의 나라**(haven of hope) - 이 땅에서 눈물과 탄식의 세월을 보내는 성도가 궁극적으로 소망하는 안식처 곧 천국을 가리킨다(찬송가 432장).

■**소망의 닻**(anchor of hope) - 결코 흔들리거나 쇠하지 않는 소망 또는 그 소망을 견고히 유지시켜 주는 존재 곧 주님을 말한다(찬송가 488장).

소멸하는 불(燒滅 -, a consuming fire) 삼키는 불. 멸절시키는 불(신4:24). 배도자(背道者)를 향한 하나님의 준엄한 심판 의지를 나타내는 상징적 표현이다.

소명(召命, calling) 왕이 신하를 부르는 명령. 특수한 신분으로 봉사하도록 권위자에게 부름받는 일. 기독교에서는 '죄인이 하나님의 백성으로 부름받는 일'(롬1:6-7; 8:28; 살전4:7; 벧후1:10), '하나님이 특별히 쓰시기 위해 부르시는 일'을 말한다(사6:1-13; 행9:1-19).
종교개혁자들은 단지 거룩한 봉사를 위해 특수한 신분(목사, 선교사 등)으로 부름받는 일뿐 아니라 각자의 직업과 생활 현장으로 보냄받아 하나님의 뜻을 추구하는 일까지도 모두 소명으로 간주했다(민1:16; 롬1:5-7; 고전1:1; 7:24; 엡4:4; 히5:4). → '부르심'을 보라.

소수 민족(少數 民族, a minority race) 한 나라를 이룬 여러 민족 가운데 인구가 적고, 인종이나 언어 풍습 등이 다른 민족.

소아시아(小 -, Asia Minor, Anatolia) 흑해와 지중해 사이의 넓은 고원 곧 지금의 터키 지방을 가리킨다. 초대교회 당시 로마의 행정 구역상 아시아, 비두니아, 갑바도기아, 길리기아, 갈라디아, 루가오니아, 루기아, 리디아, 무시아, 밤빌리아, 브루기아, 본도 등이 여기에 속해 있었다. 이 지역은 초대교회 사도들이 선교에 힘쓴 지역인데, 특히 사도 바울의 제1차 선교여행지로 유명하다. 오늘날 이슬람 권역으로 변해 있지만, 그럼에도 성지 순례 지역으로 인기를 얻고 있다.

소외자 선교(疎外者 宣敎, a mission for alien) 빈민이나 고아원, 양로원, 난치병 치료기관 등 사회로부터 관심을 받지 못하거나 주위에서 꺼리며 따돌림 받는 개인이나 무리를 대상으로 펼치는 선교 활동을 말한다. 교회는 잃어버린 양 한 마리를 찾아가는 목자의 심정으로 이들 선교 대상들을 찾아가 관심과 돌봄과 사랑을 베풀어야 한다(마18:5-14; 눅19:10).

소욕(所欲, lust) 바라는 바. 하고자 하는 바. 특히, 죄악을 향한 열렬한 육체적 욕망 곧, '정욕'과 '탐욕'을 말한다(시112:10; 잠10:13). 이런 욕망은 성령의 뜻을 거스른다(갈5:17). → '탐욕'을 보라.

소위(所爲, work) 행한 일. 이룩해 놓은 일(만든 것, 렘44:8). 행위(창31:28; 출23:24; 왕상16:7; 사66:18; 겔36:17; 호4:9; 암8:7). 소행(삿6:29).

소임(所任, duty) 맡은 바 직책. 국가나 상관으로부터 부여받은 임무(행24:27).

소자(小子, little one) 아들이 부모 앞에서 자신을 낮추어 부르는 말. '작은 자'(마9:2)란 뜻. 성

외적 소명과 내적 소명
(external calling and internal calling)

■**외적소명**(外的 召命)
하나님의 말씀이 다만 죄인들의 귀에만 들려지고 구원에는 이르지 못하는 소명을 말한다. 즉, 죄인들에게 그리스도의 구원을 선포(제시)하는 일로서, 사죄와 영생을 얻기 위해서는 믿음으로 그리스도를 받아야 한다는 진실한 권고라 할 수 있다(요3:32). 이는 강제적으로나마 하나님의 의(義)를 나타내보임으로써 죄인들로 핑계치 못하게 하는 목적을 갖는다(롬1:20).

■**내적소명**(內的 召命)
하나님의 말씀이 귀에 들려질 뿐 아니라 성령이 중생케(거듭나게) 하시는 역사가 동반되어 구원에 이르는 결과를 낳는다. 따라서 일명 '유효적 소명'(有效的 召命, effectual call), 또는 '효과적 소명'이라고도 한다(롬8:30; 고전1:9; 엡1:10). 내적 소명을 통해서 비로소 죄인이 하나님의 거룩한 뜻을 수용할 수 있고 하나님과 교제할 수 있다.

경에서는 ① 소년이나 젊은이(창43:29; 마10:42; 18:6), ② 심신이 어리거나 연약한 사람(마9:2; 막 2:5), ③ 제자를 다정하게 부르는 애칭(요13:33) 등으로 쓰였다.

소천(召天, calling, death, demise) 하나님께서 부르신다는 뜻으로 '죽음'을 가리키는 기독교적 용어이다. 성경에는 '데려가신다'(창5:24), '도로 찾는다'(눅12:20), '영원한 집으로 돌아가다'(전 12:5), '아버지 집으로 돌아간다'(창28:21)는 기록이 있다. 이는 하나님께서 부르신다는 의미가 밑바탕에 깔려 있는 표현들이다. → [7. 올바른 용어에] '소천하셨다'를 보라.

용어상식

죽음을 가리키는 표현들

인간의 죽음을 가리키는 다양한 표현들이 있다. ① 타계(他界) - 인간계를 떠나 딴 세계로 간다는 뜻. ② 별세(別世) - 세상을 떠난다는 뜻. ③ 사망(死亡) - 죽어 없어진다는 뜻. ④ 기세(棄世) - 세상을 버린다는 뜻. ⑤ 하세(下世) 또는 하계(下界) - 지상에서 지하의 세계로 간다는 뜻. ⑥ 영면(永眠) - 영원히 잠을 잔다는 뜻. ⑦ 영서(永逝) - 영원히 떠나가 버린다는 뜻. ⑧ 영결(永訣) 또는 영별(永別) - 영원한 이별이란 뜻. ⑨ 사별(死別) - 여의어 이별한다는 뜻. ⑩ 사거(死去) - 죽어서 세상을 떠난다는 뜻. ⑪ 서거(逝去) - 존경하는 사람의 죽음을 높이어 이르는 말. ⑫ 붕어(崩御) - 임금이 세상을 떠난다는 뜻. ⑬ 졸서(卒逝) 또는 졸거(卒去) - 죽어서 멀리 간다는 뜻. ⑭ 장서(長逝) - 영원히 가서 다시 돌아오지 아니한다는 뜻.

소향(所向, own direction) 향하여 가는 곳. 가고자 하는 방향. 특히, 하나님과 상관 없이 자기의 의지와 뜻대로 행하는 것(제 길을 가는 것)을 말한다(사47:15).

속담거리(ridicule) 속담이 될 만한 내용이나 소재. 곧, 놀림거리나 조롱거리(왕상9:7; 욥17:6). '이야깃거리'(시44:14), '말거리'(시69:12; 렘24:9; 겔36:3)라고도 한다.

속되다(俗 -, secular, impure, worldly) 품위가 없고 고상하지 못하다. 세속적이고 더럽다. 성경에서는 주로 위생적인 불결함보다 정결 규례상 부정하다는 의미로 사용된다. 즉, 자신을 거룩하게 구별하지 않고 죄악과 부패에 그대로 노출하여 죄악과 일반이 된 상태를 말한다(레10:10; 겔 22:26; 계21:27).

속량(贖良, redemption) 몸값을 받고 죄인을 풀어 자유인이 되게 함. 이는 ① 이스라엘 백성을 애굽에서 건져내신 하나님의 구속 행위(신24:18), ② 채무로 종이 된 형제를 대신해 값을 치르고 해방시켜 주는 일(레25:48-49). ③ 형제가 저당잡힌 땅을 다시 찾아주는 일(레25:25). ④ 후사(後嗣) 없이 죽은 형제의 대(代)를 이어주는 행위(룻3:12-13). ⑤ 인류의 죄를 용서하기 위해 십자가를 지신 그리스도의 구원 행위(눅1:68; 갈3:13; 4:5; 6:16) 등을 가리킨다. → [2. 교리 및 신앙 용어] '구속'을 보라.

속사람(inner being) 예수 안에서 죄사함을 받아 새롭게 창조된 새 사람(엡4:24). 그리스도 안에서 거듭난 심령(롬7:22). 이런 자는 성령의 능력으로 날마다 새로워지는 은혜를 경험하며 산다(엡 3:16). '숨은 사람'이라고도 하며(벧전3:4), 여전히 죄의 지배를 받는 '겉 사람'과 반대된다(고후4:16). → '겉 사람'을 보라.

속죄(贖罪, atonement, ransom) 값을 치르고 죄나 속박에서 해방됨. 하나님의 은혜로 말미암는 구원 행위(출13:15; 마20:28). 값을 치르고 노예를 속량하는 관행에서 비롯된 표현으로, 구약에서는 동물의 대속적 희생을 통해 속죄가 이뤄졌다(출 30:10; 레1:4; 4:20-21). 이런 속죄는 불완전하여 죄를 지을 때마다 매번 반복해서 희생 짐승을 통한 속죄 제사가 드려져야 했다.

이에 비해, 예수 그리스도께서 십자가에서 대가를 지불하심으로써 영원히 단번에 속죄가 이뤄졌다. 따라서 이를 믿는 모든 사람은 저주와 심판에서 해방되어 영원한 생명과 자유를 얻게 된다(막 10:45; 롬3:25; 히9:12; 골1:14; 벧전1:18-19). 더욱이 예수 그리스도의 십자가 대속의 은총을 통하여 성취된 바 하나님과 사람 사이의 깨어진 관계를 회복하게 되었다. 이런 측면에서 속죄는 구원론(救援論, soteriology)에 속한다.

■**속죄주**(贖罪主, **Lord of Atonement**) – 죄를 대속해 주시는 주님. 구속주(救贖主). 인류의 죄를 대속하기 위해 십자가를 지신 예수 그리스도의 별칭이다(찬송가 98장).

손뼉(**strike one's hands, the flat of the hand**) 손바닥을 마주쳐서 소리를 내다. 박수하다. 손뼉을 치는 경우로는, ① 분노할 때(욥34:37; 겔21:17), ② 기쁨이 넘칠 때나 즐겁게 찬양할 때(시47:1; 사55:12) ③ 찬성하거나 경멸할 때(욥27:23; 애2:15), ④ 비통함과 안타까움과 극한 슬픔을 나타낼 때(겔6:11), ⑤ 야유할 때(겔25:6; 나3:19) 등. → [7. 올바른 용어] '박수'를 보라.

손유희(– 遊戲, **hand's rhythm**) 율동(律動)과 말 못하는 청각장애인의 언어인 수화(手話, sign language)를 혼합한 것. 주로, 함께 모여 어린이 찬양이나 복음송을 부를 때 사용한다. 물론, 손유희와 수화는 구별된다. 청각장애인들의 수화는 의사소통의 수단이요 중요한 방편으로서, 입으로 말하지 못하니 손짓으로 하고, 입으로 찬양하거나 귀로 듣지 못하니 눈으로 손동작을 보면서 하나님을 찬양하는 것이다.

솔라피데(**sola fide, solifidianism**) 라틴어로서 '오직 (그리스도에 대한) 믿음으로만' 의롭다 함을 얻는다는 신앙고백을 나타낸 말. 종교개혁자 루터가 로마서 3장 28절 말씀을 번역하면서 '믿음으로' 라는 표현에 '오직' 이라는 단어를 추가하여 내세운 것으로, 당시 선행(善行)의 공적(功績)을 가르치던 로마 가톨릭의 그릇된 사상에 대항해 종교개혁의 슬로건으로 내세웠다. → [5. 교파 및 역사 용어] '마틴 루터', '종교개혁' 을 보라.

송사(訟事, **lawsuit**) 분쟁(紛爭)에 대해 판결을 구하는 일. 성경은 형제와 세상 법정에서 송사하지 말고 손해를 보더라도 사랑의 마음으로 화해하라고 권면한다(마5:25-26; 눅12:58-59; 고전6:1,6-7). 한편, 송사를 맡은 자는 다수(多數)를 좇거나 무조건적인 동정심에 의해 편파적으로 판결하지 말고 공정하게 재판해야 한다(출23:2-6).

송축(頌祝, **praise**) 경사스러운 일을 기리고 축하함. 특히, 하나님 앞에 몸과 마음을 바쳐 감사와 찬송을 드림. 성경에서 ① 송축의 대상은 항상 '하나님'(대하2:12; 시16:7)과 '하나님의 거룩한 이름' 이다(시96:2). ② 송축의 내용은 삶 가운데 보여주신 하나님의 역사와 사랑에 감사하고 찬양하는 것이다(대상16:36). → [4.예배 및 예식 용어] '송영' 을 보라.

쇠풀무(**iron furnace**) 쇠를 녹이거나 제련하는 용광로나 원통형 화덕(잠27:21; 겔22:20-22). 애굽에서의 고역(신4:20; 렘11:4), 선민으로서의 연단(사48:10)을 상징한다. → '풀무' 를 보라.

수(數, **number**) 셀 수 있는 사물의 많고 적음. 성경에서는 많은 경우, 상징적이고 관용적인 뜻을 갖는다. 대표적으로 ① '1' 은 유일성(신6:4), ② '2' 는 증인의 수(신17:6; 마18:19), ③ '3' 은 하늘의 수로 완전(사6:3), ④ '4' 는 지상의 수(겔7:2), ⑤ '6' 은 불완전한 수요, 사람의 수(수6:3; 삼상5:19), ⑥ '7' 은 완전과 안식(창2:3; 계8:2), ⑦ '8' 은 새로운 시작(창21:4), ⑧ '10' 은 완전수(창26:12; 레26:8; 신24:3), ⑨ '12' 는 신적 권위와 하나님의 능력(출24:4; 마10:1-4), ⑩ '40' 은 고난과 연단(마4:2), ⑪ '70' 은 충만함(출15:27; 24:1; 눅10:1), ⑫ '666' 은 사탄(짐승)의 권세(계13:18), ⑬ '1,000' 은 많은 수(창24:6; 레26:8), ⑭ '144,000' 은 시온 산에 선 성도의 수 곧 구원받은 자(계14:1) 등을 상징한다.

수고(受苦, **labor**) 애를 쓰고 힘을 들임. 수고는 범죄의 결과로 주어졌지만(창3:16) 넓게 보면 하나님의 창조 섭리에 속한다(창1:28). 또 신령한 수고도 있다. 곧, 복음을 위한 수고(고후6:5; 빌2:22), 말씀을 가르치는 수고(딤전5:17), 성도를 양육하는 수고(갈4:19; 골1:28-29), 좋은 상급을 얻기 위한 수고(전4:9), 사랑의 수고(살전1:3)가 그것이다.

하지만 하나님을 떠난 수고는 모두 헛되다(시105:44; 전10:15). 전도서 기자는 이런 헛된 수고를 가리켜 바람을 잡으려는 수고 (전2:11)라 했고, 사람을 피곤하게 할 뿐이라고 가르쳤다(전10:15).

■**수고의 떡**(**toil for food**) – 힘겹게 얻는 양식. 고달프게 일하고 얻는 음식(시127:2). 그런데 하나님이 함께하시지 않는 수고와 열심은 헛되다.

수렁(mire, morass) 흙이 많이 괴어 몹시 질퍽질퍽한 땅. 도무지 헤어날 수 없는 고난과 시련의 질곡을 상징한다(시40:2; 69:2,14).

수모(受侮, disgrace, scorn, contempt) 업신여김을 받음. 불명예나 치욕. '멸시'(욥31:34), '욕'(시70:2), '모욕'(렘29:18), '능욕'(히11:26) 등으로 표현할 수도 있다.

수욕(羞辱, shame) 부끄러움과 욕됨. 훈계를 저버리는 자(잠13:18), 우상을 만드는 자(사45:16), 주의 백성을 해치는 자(사71:13), 하나님의 뜻을 저버리는 자(사30:3)에게는 수욕이 따른다.

수종(隨從, servant) 높은 사람을 따름. 또는 따르는 사람(신복, 종). 노동이나 섬김으로 상대방을 시중드는 행위(창40:4; 삼상2:22; 눅17:8). 특히, 하나님의 영광을 위하여 봉사하고 헌신하는 거룩한 행위를 가리킨다(대하8:14; 마8:15; 눅4:39). → '순종'을 보라.

수진 성도(守眞 聖徒, a true saint) 주 예수께 대한 믿음을 저버리지 않고 온갖 박해와 고난 중에서도 끝까지 신앙(진리)을 지킨 성도(계2:9-10; 3:10-11). 일종의 살아 있는 순교자라 할 수 있다.

수태고지(受胎告知, the Annunciation) 천사 가브리엘이 성령에 의한 메시야의 잉태를 처녀 마리아에게 알려준 일(눅1:26-38).

수한(壽限, span of life) 타고난 수명(삼하7:12; 잠5:9; 사65:20). 생애. 삶. 특히, 하나님께서 각 인생에게 허락하신 삶의 기간을 말한다. 히스기야 왕은 하나님께 간절히 기도하여 자신의 수한을 15년이나 더 연장받았다(사38:5). → '생명', '장수'를 보라.

수혼(嫂婚, Levirate marriage) 죽은 사람의 동생이나 가장 가까운 남자 친척이 죽은 형의 아내(형수)와 결혼해 아이를 낳아 형의 이름으로 후손을 이어주는 관습(창38:8). 이는 단순히 형제의 후사를 이어주는 차원을 넘어 형제의 가문이나 유산을 유지시키고(민27:7-11), 나아가 신앙 전통을 계승시키는 수단이 되었다. 또한 이 제도는 사회 보장 제도가 발달하지 못한 고대 사회에서 자식 없는 과부를 보살펴 준다는 취지도 있었다(룻1:11; 3:1-4). 일명 '형사취수제'(兄死取嫂制).

이것은 구약 율법이 정한 제도(신25:5-10)로서, 형제의 아내를 범하는 근친상간과 구별된다(레18:16; 20:21). 룻과 보아스의 결혼은 수혼 제도의 발전된 형태를 보여 준다(룻4:1-17). 신약 당시 사두개인들은 부활 신앙을 배격하며 예수님을 시험에 빠뜨리는 방법으로 수혼 제도를 거론한 바 있다(마22:23-33).

순(筍, branch, shoot) 식물의 길게 돋은 싹(민17:8). 다윗의 자손으로 오실 '메시야'에게 적용된 거룩한 칭호(슥6:12). '가지'(렘23:5; 33:15), '싹'(슥3:8)으로도 묘사된다. 오늘날 소그룹 단위의 모임(조직)을 일컫는 표현으로 쓰이기도 한다.

순결(純潔, purity, integrity, innocence) 섞인 것 없이 순수함. 더러운 것이 없는 깨끗함. 성경에서는 불순물이 없는 성막의 등유(레24:2), 흠이 없는 주의 계명(시12:6; 19:8), 믿음을 지킨 온전한 성도(계14:4) 등에 쓰였다. 이는 '지혜'와 함께 전도자(교회 일꾼)가 갖추어야 할 자격 중 하나다(마10:16). → '정결'을 보라.

순교(殉敎, martydom) 신앙을 (지키기) 위해 핍박을 당하고 목숨을 바침. 하나님과 주의 몸 된 교회를 위해 자기를 내어놓는 거룩한 희생.

■**순교자**(殉敎者, martyr, martyress) - 하나님을 믿고 그분을 위해 생명을 바침으로써 신앙을 지키고, 또 그리스도를 끝까지 따르며 증거한 신자. '증인'과 동의어. 예를 들면, 아벨(창4:3-8), 스가랴(사가랴, 대하24:21-22; 마23:35), 세례 요한(막6:18-28), 스데반(행22:20; 계17:6), 사도 야고보(행12:2), 선지자와 성도(롬11:3; 히11:32-37), 주의 동생 야고보, 베드로, 바울 등이다. 이런 자는 영원토록 주님과 함께 왕 노릇하게 된다(계20:4).

순금(純金, pure gold) 불순물이 섞이지 않은 순수한 금(사13:12). 정금(正金). 무엇과도 바꿀 수 없는 지혜의 소중함을 강조할 때 언급된다(욥28:12,19). → '금'을 보라.

순례(巡禮, pilgrimage) 성지(聖地)를 차례로 찾아다니며 하나님이 이루신 일을 기억하고 예배하며 신앙을 점검하는 행위. 히브리인들은 성전이 세워지기 전에는 시내 산, 세겜, 벧엘, 실로 등을 순례했고, 예루살렘 성전이 세워진 후로는 유월절, 칠칠절, 초막절에 성전을 찾아가 하나님께 예배드렸다. 이때 불린 시편이 '성전에 올라가는 노래'(시120-134편)이다. 이런 전통은 신약 시대를 거쳐 지금까지 계속된다(행2:5-11).

■**순례자**(巡禮者, pilgrim) – 두 가지 개념으로 볼 수 있다. ① 성지(聖地)를 순례하는 사람. ② 하늘나라에 소망을 두고 그 본향(本鄕)을 바라보며 이 땅에서 나그네와 같은 자세로 살아가는 성도(히11:16; 찬송가 377,480장).

순리(順理, natural) 마땅한 이치. 도리에 순종함. 원뜻은 '자연의 질서' 곧 창조주 하나님이 자연계에 세우신 '질서'를 말한다. 특히, 남녀 관계나 부부 사이의 결혼 질서나 사회 질서를 뜻한다(롬1:26-27).

순복(順服, submission) 순순히 복종함. 군사 용어로서, 노예나 부하가 주인의 명령에 절대 복종함을 말한다(약4'7). 성도가 복종해야 할 대상은 하나님(약4:7), 하나님의 말씀(렘42:13), 국가 제도(벧전2:13), 주인(벧전2:18), 남편(벧전3:1), 장로(벧전5:5) 등이다. → '순종'을 보라.

순적하다(順適 –, favorable, give success) 일이 순조롭게 잘 되다(창24:12; 27:20). 일이 뜻대로 잘 되다. 매사가 형통하게 진행되다.

순전(純全, integrity, pureness) 다른 성분이 섞이지 않고 순수함. 흠이나 티가 없는 완전 무결한 신앙 상태를 상징한다(출20:7; 23:7; 신5:11; 왕하24:4; 렘2:34). 성도는 ① 하나님의 말씀을 받을 때(잠30:5; 고후2:17; 벧전2:2), ② 성도 간의 교제(행2:46; 고전5:8)와 ③ 일상 생활(딛2:5) 및 ④ 하나님 앞에 순전해야 한다(욥8:20; 시51:4).

순종(順從, obedience, submission) 순순히 따르고 좇음. 성도가 순종해야 할 대상으로는 하나님(창26:5; 신13:4), 하나님의 말씀(창26:5), 하나님의 명령(신30:8), 하나님의 부르심(히11:8), 복음(롬10:16), 진리(벧전1:22), 부모(골3:20), 스승(잠5:12-13), 주인(벧전2:18), 통치자(롬13:1-2) 등이 있다. 그리스도께서도 친히 하나님의 말씀에 순종하는 모범을 보여 주셨다(빌2:8).

한편, 순종은 믿음과 밀접한 관계가 있다(롬1:5; 4:3). 이렇듯 순종의 중요성은 '순종이 제사보다 낫다'(삼상15:22-23)는 말씀에서도 잘 나타난다. 하나님은 물질적 의식적 섬김보다 온 인격으로서의 섬김을 기뻐하신다. 순종을 통해 옳다 인정받은 자는 영생하는 복을 누리게 된다(요일2:17).

순풍(順風, fair wind, free wind) 순하게 부는 바람. 배의 진행 방향으로 부는 바람. 고난이나 역경이 없고 순탄한 인생 항로를 기원하는 찬송에서 등장한다(찬송가 386장).

술(wine, liquor, alcoholic drink) 알코올이 함유되어 마시면 취하는 음료의 총칭. 물이 귀한 팔레스타인에서는 일상 생활에 술의 효용도가 높았다(시104:15). 또 제사에(민15:10), 잔치나 축제 때(요2:1-11), 마취나 의약품으로(막15:23; 눅10:34; 딤전5:23) 사용되기도 했다.

그와 동시에 성경은 술의 남용을 엄히 경고하며, 술 취하는 것을 삼가고 대신 성령 충만할 것을 권한다(레10:9; 신21:20; 잠23:21,30; 사5:11; 미2:11; 롬13:13; 고전5:11; 6:10; 갈5:21; 벧전4:3). → '포도주'를 보라.

■**술이 주는 해악** – 실수(창9:20-23), 성적인 타락(창19:30-38), 질병(호7:5), 가난(잠21:17; 23:21), 마음을 빼앗김(호4:11), 판단력이 흐려짐(사28:7), 분별력이 떨어짐(마24:48-51), 이웃을 조롱함(시69:12), 거만함(잠20:1), 공의를 굽게 함(사5:22-23), 나라를 망하게 함(단5:1-4), 경건성을 상실함(살전5:6-7), 하나님을 거역함(호7:14), 하나님 나라를 유업으로 받지 못함(고전6:9-10).

숭경(崇敬, admiration, adoration) 숭배하고 존경함. 지극히 높여 숭배함. 오직 하나님만이 성도의 숭경 대상이다(수24:15). 하나님을 하나님으로 겸손히 인식하고 그분의 이름에 합당한 영광을 돌리는 것은 죄에서 구원받은 성도가 취하여야 할 가장 기본적인 태도이다.

숭배(崇拜, worship, cult) (종교적 대상을) 우러러 받들고 섬김. 성경에서는 주로 우상 숭배에 대한 금지나 경고에 이 단어가 사용된다(겔36:25; 고전5:10; 갈5:20; 엡5:5; 골2:18; 벧전4:3). → '우상 숭배'를 보라.

■**숭배자**(崇拜者, worshipper, idolater) - 우상을 섬기는 사람. 이런 자는 하나님 나라를 유업으로 받지 못하고(엡5:5) 영원한 불못에 들어가게 된다(계21:8; 22:15). → '우상 숭배자'를 보라.

숭상(崇尙, respect, veneration) 높여서 소중히 여김. 숭배보다 좀 더 포괄적으로 사용된다. 다윗은 허탄한 거짓을 숭상하는 자들을 미워하고 오직 여호와만 의뢰하겠다고 고백했다(시31:6).

쉼(rest, stop) 하던 일을 잠시 그만 둠. 피로를 풀려고 몸을 편하게 둠. 잠을 잠. 쉼에는 ① 육체적 노동으로부터의 휴식(잠20:11; 레23:3; 히4:4), ② 마음의 평안과 영원한 안식(시23:2; 사32:18)이 있다. 그리스도는 '참된 쉼'을 주시는 유일한 분이다(마11:28-29).

그런데, 성도가 쉬지 말아야 할 것도 있다. 예를 들면, 기도(살전5:17), 찬송(계4:8), 전도(행5:42), 감사(살전2:13), 말씀 교육(행20:31), 진리를 지키는 일(사62:6) 등이다. → '안식'을 보라.

■**쉼터, 쉴 곳**(resting place) - 쉴 만한 처소. 휴식처(休息處). 주로 편히 안주할 만한 장소(창49:15; 신28:65), 잠시 머물 처소(민10:33), 휴식할 만한 곳(마12:43), 영원한 안식처(시132:14) 등을 가리킨다. 여행객을 위한 휴식처나 일상을 벗어나 쉴만한 자연 공간, 혹은 사회나 가정으로부터 소외된 사람들을 받아들여 생활하게 하는 안식처라는 뜻으로 쓰인다.

스승(teacher, mentor) 가르쳐 올바르게 이끌어주는 사람. 교사. 선생(마8:19). 특히 사리를 분별하여 이끌어 주는 교사라는 의미가 강하다(딤후1:11). 바울이 이방인에게 복음 전하는 자신을 가리켜 사용하기도 했다(딤전2:7). → '멘토링'을 보라.

스올(Sheol) 죽은 사람이 가는 처소. 혹은 무덤. 형벌과 고난의 장소를 상징한다(욘2:2). '죽음, 지옥, 무덤, 무저갱, 음부'(마11:23; 눅8:31; 16:23) 등으로도 번역된다. 한번 가면 돌아올 수 없는 곳이다(욥7:9). → '지옥'을 보라.

스토아(Stoics) 아덴(아테네)에서 사도 바울과 열띤 논쟁을 벌였던 헬라(그리스) 철학의 일파(행17:18). 이는 B.C.300년경 치티움의 제논(Zenon, B.C.335-263년경)에 의해 창설되었다.

이들 학파는 이성을 강조하며 이성에 기초한 덕을 최고의 선(善)으로 여겼다. 또 엄격하고 금욕적인 윤리를 강조하며 범신론적 유물론을 주장했다. 그래서 그리스도의 십자가 죽음은 비이성적이며 어리석은 것으로 간주했다(고전1:18-25). → '에피쿠로스'를 보라.

스티그마 (stigma)

고대 헬라 사회에서 노예나 죄수, 범죄자, 반란자 등 범법자나 윤리·도덕적으로 용납할 수 없는 존재나 사회적으로 지탄의 대상이 되는 자들에게 찍는 일종의 '낙인'(烙印)을 가리켰다. 이는 치욕(恥辱), 오명(汚名), 오점(汚點), 불명예, 흠, 결점 등을 상징하는 단어로서, 다른 사람들의 얼굴을 외면하게 만들고 배척하게 만드는 부정적인 성향을 지닌 '흔적'이다.

참고로, '스티그마'의 복수형태인 '스티그마타'(stigmata)는 로마 가톨릭 등에서 '성흔'(聖痕, 성인 등의 몸에 나타나는 십자가 상에서 예수 그리스도께서 입으셨던 것과 비슷한 상처 자국)을 뜻하는 용어로 사용하기도 한다. 사도 바울은 자기 몸에 예수의 '흔적'(스티그마)을 지니고 있다고 증언한 바 있다(갈6:17). → '성흔'을 보라.

슬픔(sorrow, sadness) 서럽거나 불쌍하여 마음이 괴롭고 답답함. 낙심이 되고 괴로움. 원통하고 분함. 절망, 고통 등으로 생기는 감정. 성경에서는 육체적인 수고나 근심, 염려 등 포괄적으로 쓰이는가 하면(삼하19:2; 시31:10), 영적 고난이나 신앙 생활에서 오는 고통을 뜻하기도 한다(눅22:45; 히12:11). 사도 베드로는 주님을 위해 고난을 받을 때에 하나님을 생각함으로 슬픔을 참는 것은 아름답다고 하였다(벧전2:19).

승리(勝利, victory, triumph) 겨루어 이김. 전쟁에서 승리하고 개선하는 것은 군인, 특히 지휘관에게 최고의 명예였다(고후2:14; 골2:15). 물론 이 모든 승리는 하나님께 달려 있다(신33:29; 대상29:11). 성도에게 특히 중요한 것은 영적 승리이다. 성도는 십자가에서 승리하신 주님을 본받을 때(골2:15) 신앙 생활에서 승리할 수 있다(고후2:14; 요일5:4).

성도가 싸워 승리해야 할 대상으로는 '세상'(요16:33), '마귀'(약4:7), '죄'(롬6:6-7), '사망 권세'(롬6:6-9), '세상 근심'(요16:22-24), '육체적 욕망'(갈5:16-21) 등이 있다. 이런 것에서 승리한 자만이 이 땅에서 참된 평안을 누리며(요16:33), 종말에 생명의 면류관을 받고(고전9:25), 영생을 누리게 된다(딤전6:12). → '최후 승리'를 보라.

승전가(勝戰歌, sound of victory) 전쟁에서 이긴 군대가 개선할 때 부르는 노래(출15:1-27; 삿5:1-31; 삼상18:6-7; 삼하22:1-51). 이 세상 가운데 살아가는 성도가 영적 전쟁에서 승리하고서 기쁨을 담아 부르는 승리의 찬송(찬송가 64,166장).

■**승전고**(勝戰敲, drum of victory) - 전쟁에서 승리했음을 알리는 북 또는 그 소리(찬송가 350장).

승천(昇天, ascension, go into heaven) 하늘로 올라감(왕하2:11). 하나님의 강권적인 능력에 의해 하늘로 이끌려 올라가는 것을 의미한다. 에녹과 엘리야는 죽음을 맛보지 않고 승천했다(창5:24; 왕하2:11). 주님의 경우는 죽음에서 부활·승천했다는 점에서 위의 두 인물과는 차이가 있다(막16:19; 눅24:51; 행1:9). → [2 교리 및 신앙 용어] '승천'을 보라.

시기(時期, time, date) 한정된 때나 기간. 주로 결정적이며 긴박한 시간으로 종말론적 의미를 담고 있다. 특히 하나님이 징하신 시간 곧, 그리스도의 재림, 구원의 날, 주의 날 등 긴박한 심판의 때와 관련해 언급된다(롬13:11; 살전5:1-2).

시대(時代, age, period, times) 일정한 기간. 시간을 역사적으로 나눈 특정한 기간. 구약에서는 주로 왕의 통치 기간과 관련해서(출1:6; 삼하21:1; 왕상10:21; 왕하13:22), 신약에서는 종말론적 차원에서 '현 세상'(마16:3; 눅12:56)이란 의미로 사용된다. → '때'를 보라.

시련(試鍊, test, trial, probation) 견디기 어려운 시험과 단련. 금속 덩어리를 풀무불에 넣어 제련하듯 믿음의 진위(眞僞)를 확인하기 위해 연단시키는 것을 말한다(벧전4:12-13). 시련은 때로 인간의 이성으로는 이해하기 어렵고(욥1:7-22), 가혹하여 살 소망마저 끊어지게 한다(고후1:8-10). 하지만 하나님은 감당할 만한 시련만 주시며, 동시에 피할 길도 주신다(고전10:13).

특히, 시련은 성도를 넘어뜨리는 것이 아니라 겸손케 하여(고후12:7-9) 생명의 길로 인도하는 복의 통로이다(마5:11-12). 욥(욥1:20-21)이나 사도 바울(고후11:23-33)은 시련을 믿음으로 이겨낸 신앙의 대표적인 인물이다. → '고난', '박해', '연단', '핍박'을 보라.

시온(Zion) '요새'란 뜻. 예루살렘 성이 있는 해발 약 790m의 산. 원래 여부스 족속의 거주지였으나(삼하5:6-9) 다윗이 점령해 성곽을 쌓고 '다윗성'이라 불렀다. 다윗은 법궤를 시온 산으로 옮겨왔고(삼하6:10-12), 솔로몬은 이곳에 성전을 세웠다(왕상8:1-11).

이후로 시온은 '예루살렘 전체'(왕하19:21; 시48편; 69:35; 133:3; 사1:8), '이스라엘 회중이나 국가'(시126:1; 129:5; 사33:14; 34:8; 49:14; 52:8)를 가리키는 명칭이 되었다. '거룩한 산'(시2:6), '여호와의 산'(미4:2), '거룩한 자의 시온'(사60:14), '왕의 성'(시48:2) 등으로도 불린다. 영적으로는 '천국'(히12:22; 계14:1), '피난처'(사16:1,4), '구원의 처소'(시20:2) 등을 상징한다.

■**시온 성**(Zion city) - ① 하늘 예루살렘 성. 천성(天城). 영원 복락의 처소를 상징한다(찬송가 83,240,249장). ② 어떤 세력도 넘어뜨릴 수 없는 하나님의 교회를 상징한다(찬송가 210장).

■**시온의 딸들**(the women of Zion) - ① 예루살렘에 거주하는 주의 백성. ② 예루살렘 주민들. ③ 예루살렘 여성들. 특히, 예루살렘이 하나님께서 특별히 선택한 성읍이며, 우아하고 아름다운 성읍임을 강조한 시적(詩的) 표현이다(슥2:10). '처녀 딸 시온'(왕하19:21), '딸 시온'(시9:14; 사

1:8; 미1:13)으로도 표현된다.

시은좌(施恩座, **Mercy Seat**) 은혜를 베푸는 자리. 하나님께서 임재하여 죄를 용서하고 은혜를 베풀어 주시는 장소. 지성소 안에 있는 '속죄소'의 별칭(출25:18 난외주). → '은혜의 보좌'를 보라.

시종(始終, **from beginning to end**) 처음과 나중. 시작과 마침(대하9:29; 20:33; 26:22; 28:26). 처음부터 끝까지(대상29:29; 대하12:15).

시험(試驗, **test, temptation**) 능력이나 진실성을 살펴봄. 성경에서는 ① 신앙의 연단을 위해 하나님께서 보내시는 '시련'(test)과 ② 인간이 자기 욕심에 이끌리거나 사탄이 꾀는 '유혹'(temptation) 두 종류가 있다.
전자의 경우 아브라함이나 욥의 시험을 들 수 있다(창22:1; 욥23:10). 같은 이유로 하나님은 여전히 자기 백성을 시험하신다(벧전1:7; 4:12-13; 약1:2,12). 후자의 경우는 사탄이 에덴에서 뱀을 통해 아담과 하와를 유혹한 것이나(창3장; 딤전2:14-15), 예수님의 세 차례에 걸친 시험을 들 수 있다(마4:1-11). 이런 사탄의 유혹은 지금도 쉼 없이 계속된다(벧전5:8).
따라서 시험에서 승리하기 위해서는 항상 깨어 기도하고(마26:41), 인내하며(벧전1:7; 4:12-13), 하나님의 말씀(약속)을 굳게 믿고 위로하시는 주님의 도움을 의지해야 한다(히2:18; 4:15-16). 그러할 때에만 사탄의 시험을 능히 물리칠 수 있다(찬송가 26, 342장). → '시련', '유혹'을 보라.

시후(時候, **season**) 계절의 징후. '적절한 시기'란 뜻으로 쓰인다(레26:4).

식물(食物, **food**) 먹을 수 있는 것(출16:22). 동물성과 식물성으로 구분된다. 노아 시대 이전까지는 식물(植物)만 식용이 허락되었으나 대홍수 이후 제한적으로 동물도 허용되었다(창9:1-3). 율법에는 식용 식물(食物)이 제한되어 있었으나(레11장), 율법을 완성하신 예수 그리스도 이후에는 하나님이 주신 모든 음식물을 선한 것으로 믿고 감사함으로 받으면 버릴 것이 없다(딤전4:4). → '양식'을 보라.

신(神, **God, gods**) 숭배 대상이 되는 초자연적 힘을 지닌 존재. ① 유일신 하나님(출15:11). 대개 '여호와', '주', '하나님' 등으로 불린다. ② 이방신(출12:12; 18:11; 행7:43; 고전8:5). ③ 우상(창31:30). 유일신 하나님 이외의 신은 거짓 신 곧 단지 인간이 고안하고 손으로 만든 우상에 지나지 않는다(출20:3).

신격화(神格化, **deification, apotheosis**) 신(神)으로 섬기는 일. 신으로 받들거나 모셔진 것. 신성시(神聖視). 단지 피조물에 불과한 인간을 신으로 미화하여 절대화하는 것.

신고(辛苦, **toil, labor**) 매운 것과 쓴 것. 말할 수 없는 고통이나 수고. 특히, 노예 생활에서 오는 혹독한 육체적 고통을 말한다(신26:7).

신교(新敎, **Protestantism, the Reformed Faith**) 구교(舊敎) 즉 로마 가톨릭에 저항하여 오직 말씀 중심의 신앙 체계로 새롭게 출발한 기독교(Christianity), 곧 개신교(改新敎)를 가리킨다. → [5. 교파 및 역사 용어] '개신교'를 보라.
■**신교도**(新敎徒, **a Protestant**) - 개신교 신자를 달리 이르는 말. 이에 상응하는 말은 '구교도.'

신당(神堂, **temple**) 우상들을 안치해 둔 집(삼상31:9; 왕하5:18). → '신사', '신전'을 보라.

신덕(信德, **belief virtue**) 하나님의 가르침을 굳게 믿는 덕. 믿음 생활을 통해 구축한 신앙상의 덕목.

신도(信徒, **believers**) 신앙을 가진 자들(무리). 교도(敎徒). 예수께서 주님 되심을 고백하며 죄를 회개하고 세례를 받은 무리. 예수 그리스도를 좇는 제자들. 예수 그리스도를 믿고 그의 명령에 복종하며 교회의 모든 규정에 순종하는 자들. '성도'를 가리켜 한 번 언급되었다(행2:41). → '성도'를 보라.

신랑(新郞, **bridegroom**) 갓 결혼한 남자. 동서고금을 막론하고 신랑은 '기쁨이 충만한 자', '해같이 아름다운 존재'(시19:5)로 묘사된다. 신랑은 선민 이스라엘과 결혼한 하나님(겔16:8-14; 호2:16), 신부 된 교회(성도)와 혼인한 그리스도(마9:15; 막2:19-20; 눅5:34-35)에 비유된다. → '남편'을 보라.

신령하다(神靈 -, spiritual) 신기하고 영묘함. 거룩하고 영화로우며 결코 죽거나 소멸되지 않는 영의 본성적 특징을 가리킨다. 신령하게 되려면, ① 먼저 신령한 것을 사모하며(고전14:1,12), ② 성령의 가르침을 받고(고전2:13), ③ 날마다 성령께 기도로 간구하며(골1:9), ④ 하나님의 말씀 가운데 거하여야 한다(골3:16). 이런 자에게 성령께서는 신령한 은사를 부어주신다(롬1:11).
■ **신령한 몸**(spiritual body) - ① 성령이 그 안에 거하여 새 생명을 얻으므로 성령의 명령과 지시에 순종하며 사는 사람. ② 전적으로 성령에 사로잡힌 존재. 이런 자는 부활의 생명을 누리게 된다(고전15:44-50). '신령한 집'(벧전2:5)이라고도 표현된다.
■ **신령한 복**(spiritual blessing) - 주님이 주시는 영적인 복. 또는 '영생'(엡1:3).
■ **신령한 음료**(spiritual drink) - 죄인을 위해 십자가에서 흘리신 그리스도의 보혈(고전10:4). 또는 그것을 기념하고 상징하는 성찬의 포도주. 구약에서 므리바 반석에서 나온 물을 가리키기도 했다(민20:11). 물론 이 역시 생명수 되신 그리스도를 상징한다.

신뢰(信賴, trust, confidence, reliance) 믿고 의지함. 이는 성도가 하나님에 대해(대하20:20; 시32:10; 71:5), 성도 상호간에 가져야 할 태도다(고후7:16). 하나님을 신뢰하는 자는 구원을 얻고(렘39:18), 하나님의 자비 가운데 거하며(시32:10), 늘 강건하고(사30:15), 그 인생이 형통하게 된다(대하20:20).
그런데, 불의한 친구(시41:9), 연약한 자신의 육신(빌3:3-4), 유한한 이웃이나 형제(렘9:4; 미7:5)는 신뢰하지 말아야 한다. 하나님 이외의 다른 것을 신뢰하는 자는 배신당하고(시41:9), 아무 유익을 얻지 못하며(사30:5), 수치를 당하게 된다(사30:3,5). 성경은 '여호와께 피함이 사람이나 고관을 신뢰함보다 낫다'고 가르친다(시118:8-9). → '믿음'을 보라.

신망애(信望愛, faith, hope and love) 성도가 항상 겸비해야 할 '믿음, 소망, 사랑'의 세 가지 덕목을 가리키는 말(고전13:13).

신묘막측(神妙莫測, maturity) 신령하고 기묘하여 감히 측량할 수 없음. 하나님의 초월하고 신비로운 능력을 강조한 표현이다(시139:14).

신부(新婦, bride) 결혼한 지 얼마 안 되는 새색시. 또는 곧 결혼할 여자. '신부'는 성도나 교회(요3:29; 계19:7-8; 22:17; 찬송가 176장) 또는 성도가 장차 살게 될 새 예루살렘을 상징하기도 한다(계21:2,9-10). → '아내'를 보라.

신비(神秘, mystery) 숨겨져 있어서 알 수 없는 신묘한 비밀(롬11:25; 16:26). 하나님께서 직접 계시하시지 않으면 알 수 없는 하나님의 거룩한 목적, 하나님의 구원 계획, 그리스도의 재림, 하나님 나라, 복음 등을 가리켜 사용되었다. 예를 들면 성령을 통한 거듭남의 역사(요3:8), 하나님의 주권적 섭리(롬11:33), 그리스도와 교회의 연합(엡5:32), 그리스도의 성육신(딤전3:16) 등이다.
하나님과 관련해서는, 하나님의 전능하심(욥37:23), 하나님의 깊고 오묘하신 성품(욥11:7), 하나님의 지혜와 명철(사40:28; 롬11:34; 고전2:16) 역시 유한한 인생에게는 신비에 속한 부분이다.
또한, 사람과 관련해서는, 인생은 한치 앞을 모르며(전10:14), 언제 죽을지(전9:12), 죽은 후에 어떻게 될지(전8:7), 하룻밤 사이에 무슨 일이 있을지(잠27:1), 내일 무슨 일이 일어날지(약4:14) 알지 못한다. 이 모든 것이 신비에 속한다. 이런 신비로운 일은 하나님께만 속해 있다(신29:29). → '비밀'을 보라.

신사(神社, temple) 신들을 모신 신당. 신전(神殿, 롬2:22). 대체적으로 신사에는 우상의 형상과 제단이 있으며 주변에는 사제들의 거처를 비롯한 각종 부속 건물들도 있었다. 참고로, 규모가 큰 것은 '신궁', 작은 것은 '신사'로 분류할 수도 있다.
■ **신사참배**(神社參拜) - 일제 강점기에 일본이 내선일체(內鮮一體, 일본과 조선은 하나라는 주장)를 강조하면서, 일본 황실의 조상이나 국가 공훈자들을 신으로 모신 사당인 신사를 참배하게 한

일. 그 핵심사상은 우상 숭배이다. 그럼에도 일부 기독교 지도자들은 신사참배는 신앙행위가 아니라 일종의 국가의식이라는 일본의 강요에 굴복하여 신사를 참배하는 치욕을 범하기도 했다. → [5. 교파 및 역사 용어] '신사참배', '신사참배 반대운동'을 보라.

신상(神像, image of god) 신의 형상을 나타낸 그림이나 조각. 우상(偶像). 날카로운 도구로 나무(사44:15), 돌(단5:23), 은(출20:23), 금(출20:23), 동(단5:23), 철(단5:23) 등을 깎아 만들거나 주물로 부어 만들었다(사44:16-17; 45:20). 성경에는 어떤 형상도 새기지 말며(출20:23), 신상을 부어 만들지 말고(출34:17), 찍어 불사르라고 가르친다(신7:25). → '우상'을 보라.

신성¹(神性, Deity) 신의 성품. 신의 속성. 영원하여 시작과 끝이 없고 전지전능, 무소부재, 완전한 분으로서 인격적이신 유일신(唯一神) 하나님의 성품을 말한다(시33:11; 마9:3; 롬1:20; 히1:12; 약1:17).

신성²(神聖, Divine) 신과 같이 성스러움. 거룩하고 존귀함. 주로, 하나님께 속하거나 하나님과 관계된 것을 일컫는다(벧후1:4).

■**신성모독**(神聖冒瀆, blasphemy) - 하나님의 거룩한 성품과 권위를 더럽히고 욕되게 함. 일명 '참람'(僭濫, 마26:65). 하나님의 주권을 경멸하고 더럽히는 불경죄를 말한다(막14:64; 눅5:21; 요10:33; 계13:1).

이에 해당하는 죄는, ① 하나님보다 높임 받으려는 행위(단11:36-37; 살후2:4). ② 하나님을 무시하고 경멸하는 행위(사29:15-16; 말3:13-14). ③ 하나님의 거룩하신 전을 함부로 대하는 태도(말1:12-13). ④ 우상 숭배(레18:21). ⑤ 하나님의 이름으로 거짓 맹세하는 행위(레19:12). ⑥ 하나님의 법을 거스르는 행위(암2:7-8). ⑦ 안식일을 범하는 행위(느13:17-18). ⑧ 성령 훼방(마12:31-32; 눅12:10) 등이 있다. → '참람하다'를 보라.

■**신성불가침**(神聖不可侵, sacred and inviolable) - 거룩하고 존귀하여 함부로 침범할 수 없음. 그 권한이 천부적(天賦的)인 것이어서 어떤 인간적인 권세도 넘볼 수 없음을 강조한 표현.

신실(信實, faith) 속이거나 사악함이 없고 순수하고 진실함. 이는 순수성, 진실성, 정직성, 신뢰성, 경건성과 연관된 말이다(수24:14; 고전5:8; 고후1:12; 2:17). 특히 하나님의 구원 사역의 불변성(신7:9), 하나님의 자녀 된 자들의 신앙 생활과 관련해 언급된다(렘33:6).

신심(信心, belief, devotion, faith, piety) 종교를 믿는 마음. 신앙심(信仰心).

신앙(信仰, belief, faith) 하나님을 믿고 가르침을 따르는 일. 신앙의 주체와 대상은 모두 하나님이시다. 따라서 신앙이란 하나님을 알고, 그분의 주권을 인정하며, 그분의 경륜을 신뢰하고 하나님의 창조와 섭리 그리고 구속 사역, 곧 예수님의 십자가 죽음과 부활, 재림과 최후 심판을 믿음으로 받아들이는 행위이다(요3:11-15; 행1:11; 롬10:9; 고전15:3-4; 빌3:10-11; 살전4:14; 요일5:1). → '믿음', [2. 교리 및 신앙 용어] '신앙'을 보라.

■**신앙고백**(信仰告白, a creed, a confession of faith) - 자기가 믿는 신앙을 공개적으로 드러내어 고백하는 일(딤전6:12-13). 신앙의 교의적(敎義的) 내용을 스스로 명백히 확인하고 인정하는 일 또는 그와 관련된 기록. 대표적으로 '사도신경', '웨스트민스터 신앙고백서' 등이 있다. → [2. 교리 및 신앙 용어] '신경', '신조'를 보라.

■**신앙공동체**(信仰共同體, a community of believer) - 같은 신앙을 고백하는 자들로서, 생활이나 운명을 같이하는 조직체. 가장 두드러진 형태가 교회이다(행2:42-47).

■**신앙생활**(信仰生活, a religious life, a life of faith) - 하나님을 신앙하는 경건한 자세로 모든 행동이나 활동을 하며 살아가는 것을 가리킨다. 신앙생활을 위한 거룩한 습관 몇 가지를 살펴보면, ① 성경을 읽을 것(렘15:16). ② 기도할 것(요14:13-14). ③ 교회 모임에 참석할 것(히10:25). ④ 봉사할 것(롬12:9-13). ⑤ 헌금할 것(말3:10). ⑥ 복음을 전할 것(딤후4:2).

■**신앙심**(信仰心, faith) - 종교를 믿고 그 가르침을 따르는 마음. 신심(信心). 하나님을 믿고 경외하며 그분의 말씀을 기쁘게 순종하는 마음.

■**신앙인**(信仰人, believer) - 신앙생활을 하는 사람. 하나님을 믿고 그분의 가르침에 순종하는

자. 신자(信者). 교인(敎人).

■**신앙 치료**(信仰 治療, **faith cure**) - 육체나 정신상의 고통(고뇌)을 신앙으로 완화시키거나 치료하는 일.

신약 시대(新約 時代, **a period of the New Testament**) 예수께서 세상에 탄생하신 때부터 재림하실 때까지의 전 기간을 이르는 말.

신우회(信友會, **the society of believer**) 회사나 특정 기관, 조직체 등에서 같은 신앙을 고백하는 사람들이 같은 고민과 비전을 나누며 신앙생활의 유익을 위해 결속한 모임.

신원하다(伸冤 -, **revenge, redress**) 억울함을 알려서 풀다. 법정에서 진실 여부를 명확하게 가려 억울하게 뒤집어 쓴 죄를 푸는 것을 말한다. 특히, 하나님은 고아와 과부를 신원해 주시는 분이다(신10:18; 시72:4; 사1:17).

신유(神癒, **healing**) 신앙으로 질병을 치료함. 하나님의 보호로 육신이 항상 건강한 것과 병날 때에 하나님께 기도함으로써 병고침을 받는 경험. '신유'는 예수께서 공생애 때 베푸신 이적 중 하나이며(마8:13; 9:2; 15:28; 찬송가 470-474장), 초대교회 때 교회 공동체의 신앙 유익을 위해 주어진 성령의 은사 중 하나다(고전12:7-9).

신은(神恩, **the grace of God**) 하나님의 은혜. 신의 은총(恩寵). → '성은'을 보라.

신의(信義, **faith, truthfulness**) 믿음과 의리. 주로, 부부간의 정절(민5:12)이나 하나님을 향한 믿음(사26:2)을 가리킨다.

신자(信者, **believer**) 어떤 종교를 믿는 사람. 특히, 예수를 구주로 믿는 그리스도교 신앙을 가진 사람. → '신도', '교인'을 보라.

신적(神的, **godlike, godly**) 신과 같은 (것). 신에 관한 (것). 신에게 합당한 (것). 거룩한. 존엄한.

신전(神殿, **temple**) 신에게 제사하기 위해 신상을 모신 전각(殿閣). 성전과 구별되는 이방 신전(삿9:46; 삼상5:2,5; 사37:38; 행19:27). → '신사'를 보라.

신접자(神接者, **mediums**) 주술로 죽은 사람의 혼을 불러내어 장래를 예언하는 자(사8:19). 영매(靈媒, 사8:19). 하나님의 백성에게는 이들과의 접촉이나 이들을 의뢰하는 일이 엄히 금지되었다(레19:31; 신18:9-14). → '영매'를 보라.

신종(信從, **faith and follow**) 믿고 따름. 하나님을 믿는 사람의 바른 신앙 자세를 말한다.

신혼(身魂, **body and soul, flesh and spirit**) 신체와 정신. 몸과 영혼. 사람의 전인격. 그 사람 전체를 일컫는 표현이다.

신화(神話, **myth**) 고대에 신들을 중심으로 전개되는 꾸며진 이야기. 헛되고 무가치한 이야기나 가공된 이야기. 초대교회 때 유대주의 기독교인 가운데 성행했고(벧후1:16) 거짓 교사들에 의해 지속적으로 유포되었다(딤후4:4; 딛1:14). 이들의 주장은 망령되고 허탄하여(딤전4:7) 자주 논란의 대상이 되었다(딤전1:4). → '이야기'를 보라.

신후사(身後事, **what will happen after one**) 죽은 뒤의 일. 즉, '죽은 뒤에 일어날 일'(전3:22), '나중에 일어날 일'(전10:14)을 가리킨다.

실락원(失樂園, **Paradise Lost**) 영국의 시인 밀턴(*John Milton*, 1608-1674년)이 개인적인 고통(아내 사망, 자기 실명 등) 중에 지은 서사시(1667년 발행). 세상의 악과 불의의 근원을 탐구하고자 했던 이 서사시는, 창세기에 소개된 아담과 하와의 원죄를 중심으로 전개되는데, 인간은 죄를 지은 후 그 비참함을 느끼고 죄의 고뇌를 알게 됨으로써 비로소 신의 은총과 섭리를 체험할 수 있다는 내용으로, 인간에 대한 하나님의 법을 설명하려 한 작품이다. → '복락원'을 보라.

실로(**Shiloh**) '안식의 장소'란 뜻. 고통과 죽음의 처소인 이 세상에 참 안식과 평강을 가져다 줄 '메시야'의 고유명사(창49:10).

실록(實錄, book of the annals) 사실을 그대로 적은 기록. 왕의 업적을 기록한 역사 문서(왕상 11:41; 대상9:1; 대하33:18).

실재(實在, actual existence, real being) 실제로 존재함. 인간의 인식이나 경험과는 상관없이 독립하여 존재하는 것.

실족(失足, a false step, a misdeed, a failure) 발을 잘못 디뎌 미끄러짐. 원뜻은 '올가미, 함정'이며, 유혹으로 죄에 빠지는 것을 뜻한다(시66:9; 마5:29-30; 요16:1; 고전8:13; 고후11:29). 믿음대로 행치 않을 때(롬9:32-33), 말씀에 순종하지 않을 때(벧전2:8) 실족한다.

심령(心靈, spirit) 육체와 구별되는 마음의 주체. 영혼. 인간의 모든 정신적 작용이 일어나는 곳이며, 하나님을 인식하고(렘31:25; 행20:22), 찬양하며(시108:1), 충성을 다짐하는(시119:167) 자리. 히브리인은 심령이 육체와 대립된 것이 아니라 보완적인 것으로 보았다. → '마음', '영혼'을 보라.
■**심령술**(心靈術, spiritualism, spiritism) – 죽은 사람에게서 위로와 영적 지도를 구하는 일. 물질 세계를 지배하여 비정상적이고 초능력적인 각종 심령 현상들을 일으키는 독특한 방법. 성경에서는 이러한 행위를 악한 것으로 단죄하고 엄히 금하고 있다(삼상28장; 사8:19-22; 갈5:20; 딤전4:1-2; 계22:15).

심방(尋訪, home visitation, visit, call) 목회자가 교인 또는 그 가정을 방문하여 위로하고 권면하는 행위. 심방의 근원은 범죄한 인간을 찾아 구원하시기 위해 육신을 입으시고 이 땅에 오신 성자 예수의 열심에서 찾을 수 있다. 목회자의 심방도 목회사역을 이루기 위해 사랑과 섬김으로 성도를 찾아가 하나님의 말씀과 위로와 권면으로 신앙 성장을 돕는 목회적 활동으로 이해해야 한다. 특히, 한국 교회에서 심방은 목회자의 목회활동 중 설교에 못지 않는 중요 사역이다. → [7. 올바른 용에] '심방'을 보라.
■**심방대원**(尋訪隊員) – 목회자가 인도하는 심방에 함께 참여하여 돕는 교인들을 가리킨다.
■**심방의 종류** – 심방은 춘계(추계)대심방 등과 같이 정기적으로 이뤄지는 경우도 있지만, 많은 경우 부정기적으로, 수시로 이뤄진다. ① 구역(속회) 모임을 위한 심방. ② 전도를 위한 계획 심방. ③ 어려움(질병, 시험, 경제적, 가정적)당한 가정을 돕고 위로하기 위한 심방. ④ 경조사(慶弔事)에 따른 심방. ⑤ 이사 및 사업장 개설 등에 따른 심방.
■**심방의 중요성** – ① 교인들의 영육간의 문제와 어려움을 보살핌. ② 자주 만나 꼭 필요한 때에 기도로 도움을 줌. ③ 믿음이 연약한 성도에게 믿음과 용기를 주고, 낙심한 자에게 소망을 주어 신앙생활에 활기를 찾게 함. ④ 성도의 영적 질병을 조기 진단하여 대책을 세울 수 있는 기회가 됨. ⑤ 전도의 기회를 얻음. ⑥ 성도와 교회 간의 다리 역할을 함. ⑦ 교회를 부흥시키는 데 필수적인 활동.

심방 때에 주의사항

성도의 가정을 돌아보는 심방에 있어서 주의해야 할 사항들을 살펴보자. ① 심방 전에 가급적 전화로 알리고 약속 시간에 방문한다. ② 심방한 가정에 실례가 되지 않도록 예의를 갖춘다. ③ 예배 드리기 전에 분위기를 산만하게 하거나 은혜스럽지 못한 말들을 많이 하지 않도록 한다. ④ 대화할 때 성의있게 잘 들어주어야 하며 말할 때에 바르게 조심해서 한다. 특히, 대화 내용을 함부로 옮겨서는 안 된다. ⑤ 심방한 가정의 생활 형편이나 집안 내역, 살림살이 등에 필요 이상의 관심을 삼가야 한다. ⑥ 심방 때에 오직 그 가정의 영육간의 어려움에 집중해야지, 금전적이고 경제적인 부담을 주는 일은 절대 삼가야 한다. ⑦ 심방은 가능한 두 명이 한 조를 이루는 것이 좋고, 거절당할 경우 부드럽게 다음을 기약하고 나와야 한다. ⑧ 심방시 나눈 개인적 비밀은 어떤 경우에도 노출시키지 말고 지켜야 한다. ⑨ 너무 오래 머물지 말고 적절한 시간에 일어서야 한다. ⑩ 심방 후 교회(목회자)에 알릴 사항이 있으면 즉시 전화로 또는 직접 만나 자세히 보고하여 목회사역에 도움이 되도록 해야 한다.

심비(心碑, tablets of heart) 마음의 비석. 마음판(고후3:3). 십계명 두 돌판에 빗댄 표현이다(출34:4).

심장¹(心腸, mind, heart) 마음의 속내. 감정이 우러나는 속자리. 원뜻은 '콩팥(내장).' 히브리인들은 사람의 내장에 인격과 의지와 성품이 깃들어 있다고 보았다(렘17:10; 20:12; 빌1:8). '애정, 사랑'이란 상징적 의미로 쓰이며, '마음과 양심'(시7:9), '양심'(시16:7), '마음'(렘11:20)으로도 번역된다. → '마음'을 보라.

심장²(心臟, mind, heart) 혈액을 온몸으로 보내는 기관. 주로 '마음의 중심'이란 의미로 쓰인다(렘17:10; 빌1:8). '마음', '염통'(왕하9:24; 시45:5; 호13:8), '양심'(시73:21)으로도 번역된다.

심판(審判, judgment) 선악간에 옳고 그름을 판단하는 일(히9:27). 아담의 후손인 모든 인류는 범죄하여 하나님의 영광에 이르지 못하기 때문에 하나님의 심판을 피할 수 없다(롬3:19~23). 오직 예수를 믿는 자만이 정죄의 심판을 면하며, 멸망하지 않고 영생을 얻을 수 있다(요3:16~18; 롬8:1, 31~39). → [2. 교리 및 신앙 용어] '심판'을 보라.
  ■**심판 날**(day of judgment) – '하나님의 공의로운 심판이 임하는 날'(벧후2:9). '주의 날'(살전5:2). 마태복음(마10:15; 11:22,24; 12:36)과 베드로후서(벧후2:9), 요한일서(요일4:17)에만 나오는 표현으로 모두 '최후 심판 날'을 말한다.
  이 종말론적인 심판의 날은 산 자와 죽은 자 모두에게 해당되며, 예수님의 재림 때에 이루어진다(마16:27; 행17:31; 롬2:16). 이날은 하나님께서 지상의 모든 죄와 사망의 세력을 심판하시는 크고 두려운 날인 동시에 그리스도의 나타나심을 소망하는 모든 자들에게는 승리와 구원을 베푸시는 은혜의 날이다(사13:6; 욜2:11; 습1:7).
  ■**심판대**(審判臺, judgement seat) – 재판관이 논증과 변명을 듣고 선고를 내리는 자리. 법정. 재판석. 선악간에 판결이 내려지는 자리. 종말에 하나님께서 최후 심판을 하실 보좌(롬14:10; 고후5:10; 찬송가 324장).
  ■**심판자**(審判者, judge) – 사건을 심리하고 판결하는 자. 최후의 심판자시요 만민의 심판자이신 '하나님'에게 두 번 사용되었다(욥23:7; 히12:23).
  ■**심판장**(審判長, judge) – 재판의 최고 책임자. 재판장(사33:22). 최후 심판의 권세를 가지신 여호와 하나님(욥19:29; 시50:6).

  ■**심판주**(審判主, judge) – 심판의 주체. 만유를 심판하실 그리스도를 가리킨다(약5:9).

심포지엄(symposium) 토의(討議) 방법의 한 가지로, 하나의 주제에 대해 특별한 지식을 가진 3~6명의 전문가가 미리 원고를 준비하여 강연식으로 발표하고, 이를 바탕으로 참석자와 청중이 질의 응답을 하는 형식의 토론회.

십사만 사천(十四萬 四千, one hundred and forty-four thousand) 구원받은 모든 영적 이스라엘 백성의 숫자(계7:4; 14:1). 하나님의 주권적인 은혜로 구원받은 자가 셀 수 없을 정도로 큰 무리를 이루게 될 것을 시사하는 상징적 숫자다.

십이 사도(十二 使徒, Twelve Apostles) → '열두 제자'를 보라.

십자가(十字架, cross) 십자 모양으로 된 사형 도구. 고대 카르타고, 페르시아, 애굽, 앗수르에서 고문하고 사형을 집행할 때 사용한 형구(刑具). 예수께서는 인류의 죄를 대속하기 위해 중죄인의 형틀인 십자가의 고통과 저주를 친히 감당하셨다. 이로 인해 예수 그리스도의 십자가는 사랑과 희생과 구원의 표상이 되었고(갈2:20; 5:24), 나아가 복음의 대주제요 구원의 방주인 교회의 상징으로 자리매김하게 되었다(고전1:18; 2:2; 갈6:14).
  ■**십자가 군병**(十字架 軍兵, soldier of cross) – 복음 증거를 위해, 믿음의 선한 싸움을 위해 예수 그리스도의 군사로 부름받은 성도를 가리킨다(엡6:11; 딤후2:3; 찬송 351~360장).
  ■**십자가 그늘**(shade of cross) – 십자가로 상징되는 죄사함, 하나님과의 관계 회복, 영원한 평안과 안식, 절대적인 보호 등의 은혜를 얻어 누리는 것을 나타내는 문학적 표현이다(찬송가 415장).
  ■**십자가의 도**(the message of the cross) – 예수 그리스도의 십자가 죽음과 부활로 완성된 구원의 진리 곧 복음을 가리킨다(고전1:18).

싸움터(battlefield) 싸움이 벌어지는 곳. 전장(戰場). 죄와 사망의 권세가 지배하는 이 세상은 성도에게 매일 매순간 영적 전투를 치루어야 할 싸움터이다(찬송가 358장). 물론, 이 전투를 진두지

휘하시는 분은 이미 승리하신 예수 그리스도이시다(찬송가 355, 356장).

쑥(wormwood) 매우 쓴맛을 내는 다년초 식물. 주로 광야나 사막에 자생하는데 맛이 쓰고 먹을 수 없어 '저주받은 식물'로 불렸다(신29:18; 렘9:15), '부정, 형벌, 심한 고통, 재앙, 심판'을 상징한다(렘9:15; 23:15; 암5:7). '담즙'(애3:19), '쓸개'(암6:12), '쓴 뿌리'(히12:15)도 같은 의미다.

쓴 뿌리(bitter root) 사람을 고통스럽게 하고 멸망에 이르게 하는 죄악. 신앙 공동체를 부패하게 만드는 그릇되고 악한 교훈과 거짓 교리, 또는 그러한 것을 전파하는 자를 가리킨다(히12:15). 이는 '독초와 쑥의 뿌리'라는 신명기 29:18 말씀에서 유래한 표현이다.

씨(seed) 식물이나 동물의 종자. 사람의 자손을 낮추어 일컫는 말. 주로 식물의 품종(창1:11; 레11:37-38), 부도덕한 행실(사1:4), 사람의 혈통(창4:25; 47:19)을 일컫는다. 이외에 '거룩한 씨'(사6:13), '아브라함의 씨'(갈3:16)는 선민 이스라엘이나 구원받은 백성을 가리킨다.

한편, 예수께서는 '천국'(눅8:5-11), '복음'(마13:24-38), '하나님 말씀'(막4:31)을 '씨'에 비유하여 가르치셨다(마13:24, 38).

씨씨엠(CCM, Contemporary Christian Music) 요즘 유행하는 '현대복음송'이라 할 수 있다. 이는 복음성가(가스펠송)보다 가사면이나 곡조면에서 훨씬 더 세속 문화적인 경향을 띤다. 즉, 복음성가가 그나마 하나님을 찬양하는 찬송의 정신에 부합된 내용들을 포함하고 있다면, '씨씨엠'은 이 시대의 문화에 속하는 모든 영역의 음악을 여과 없이 교회 음악에 들여온 것이기 때문에 더욱 세속화된 경향을 지녔다고 할 수 있다. 현대복음송에는 소위 기독교 록음악(Christian Rock Music)도 포함되어 있다. → '복음성가'를 보라.

씻음(washing) 물로 더러운 것을 닦아냄. 이처럼 씻는 것은 하나님의 백성에게 있어서 중요한 정결 의식 중에 하나였다(출30:19, 21; 레6:27-28; 막7:34). 중근동에서는 외출 후 집에 들어오면 발에 묻은 먼지를 떨고 물로 씻는 풍습이 있었다(창18:4; 삼상25:41; 딤전5:10).

그런데, 예수께서는 이처럼 사람의 겉을 씻는 것보다 마음속의 정결을 더 중시하셨다(막7:1-4). 한편, 성경에서는 '씻는 것'을 영적으로 죄 사유와 중생의 은총을 상징하는 행위로 간주했다(딛3:5).

아가페(Agape) 신약성경에서 '사랑'을 가리키는 말 중에 대표적인 단어. 죄 아래 있는 인류에게 나타난 하나님의 사랑, 그중에서도 예수를 통한 하나님의 사랑(롬5:8)과 그 사랑에 대한 반응으로써 하나님께 응답하는 사랑(롬8:28; 고전8:3; 살후3:5) 및 그 사랑을 본받아 인간에게 행하는 성도의 사랑(요13:34; 롬13:8; 골3:14)을 가리킨다.

성경에서 하나님은 사랑으로 일컬어진다(요일4:8). 즉, 그분이 행하신 모든 일이 그분의 사랑에서 비롯된 것이다. 하나님은 자기를 믿음으로 영접한 자에게 그 사랑을 소유하는 기쁨을 주시고, 그 사랑을 행할 수 있도록 은혜를 베푸신다. 하나님이 나타내 보인 그 사랑은 아무 방해도 받지 않는 사랑이요(롬8:31-39), 우선적으로 남의 필요와 관심사를 채워주는 진실되고 선한 의지이며(고전10:33), 하나 됨을 이루는 유일한 비결로서 그것만으로도 영원한 관계를 지속시켜 준다(요13:35; 17:21-23; 엡3:17-18). → '사랑'을 보라.

아골 골짜기(the valley of Achor) 여리고 성 남쪽에 있는 골짜기. 가나안 정복 전쟁 당시 범죄자 아간과 그 일가가 돌에 맞아 처형된 곳(수7:24-26). 이 골짜기는 일종의 공동 묘지 같은 곳으로 절망과 죽음의 땅, 황폐한 처소로 상징된다(겔37:1; 찬송가 323장). 하지만, 언약적 관점에서 이곳은 이스라엘의 회복을 상징하는 곳이자(사65:10), 괴로움이 소망으로 전환되는 회복의 처소를 상징하는 곳이다(호2:15).

아내(wife) 결혼하여 남편의 짝이 된 배우자(配偶者, 창2:24; 마19:3). 부인(夫人). 성경은 부부간의 인격이 동등함을 가르친다(창2:18, 24). 다만, 그 직능과 질서상, 아내는 남편에게 복종하되 교회가 그리스도에게 복종하듯 하며, 또 남편은 아내를 사랑하되 그리스도가 교회를 사랑하듯 하라 가르친다(엡5:21-33).

성경에서 아내를 '돕는 배필'(창2:18,20), '결실한 포도나무'(시128:3), '우물, 샘'(잠5:15-17), '지아비의 면류관'(잠12:4), '눈에 기뻐하는 것'(겔24:16), '짝'(말2:14-15), '더 연약한 그릇'(벧전3:7), '생명의 은혜를 함께 이어받을 자'(벧전3:7)라 했고, 성도를 '어린 양의 아내'(계21:9)라고도 했다. → 남편 을 보라.

아담(Adam) '붉다, 사람'이란 뜻. 최초 인류. 하와의 남편이며 가인, 아벨, 셋의 아버지(창4:1-2,25). 에덴 동산에서 뱀(사탄)의 유혹으로 타락하여 인간 세상에 죄와 사망이 들어오게 한 장본인(창3장).

■첫 사람 아담과 마지막 아담 - '첫 사람 아담'을 통해 들어온 죄와 사망의 권세를 십자가 죽음으로써 깨뜨리고 구원을 베푸신 예수 그리스도를 '마지막 아담'(고전15:45)이라 칭한다.

양자의 관계는, ① 생령(生靈)과 살려주는 영(고전15:45) ② 육 있는 자와 신령한 자(고전15:46) ③ 땅에서 난(흙에 속한) 자와 하늘에서 나신 자(고전15:47) ④ 첫 사람과 둘째 사람(고전15:47) ⑤ 죄를 범한 자와 죄와 무관하신 자(롬5:12-21; 벧전2:22) ⑥ 순종치 않은 자와 순종하신 자(롬5:15,19; 고후5:21; 히10:10-14; 벧전2:24) ⑦ 사망을 가져온 자와 생명을 가져오신 자(롬5:12,17; 고전15:21) ⑧ 죄를 더하게 한 자와 은혜를 넘치게 하신 자(롬5:10,20).

아도나이(Adonai) '주님', '나의 주'란 뜻. 하나님을 가리키는 영광스럽고 존귀한 호칭이다. 유대인들은 하나님의 거룩한 이름을 함부로 불러서는 안 된다는 계명을 문자적으로 고수했고, 하나님의 이름을 부르는 대신에 바벨론 포로기 이후부터 '주'(主, Lord)라는 뜻의 '아도나이'를 불렀다.

한편, 하나님의 신성한 이름인 יהוה 를 표기만 한 채 발음하지 않음으로써 정확한 음가(音價)가 전해지지 않고 있다. 다만, 바벨론 포로기 이후 יהוה 를 나타내는 자음에 '아도나이'의 모음을 붙여 '여호와'(야훼)라는 발음이 생겨나게 되었다. 이러한 읽기는 초대교회를 거쳐 종교개혁 무렵에 더욱 힘을 받아 오늘날 많은 성경 번역본에서 그 발음을 채택하고 있다. → '여호와', [2. 교리 및 신앙 용어] '하나님의 이름'을 보라.

아들(son) 사내아이(男兒, 창16:15), 혹은 자기 자식(창27:1). 성경에는 보다 넓은 의미로 ① 손자나 몇 대를 포함한 자손을 가리키거나(대상1:5; 말3:6; 눅1:16) ② 연장자가 어린 사람에게 애정어린 호칭으로(삼상3:6,16; 삼하18:22) ③ '메시야'(그리스도)를 뜻하는 고유명사로(삼하7:14; 시2:7; 막1:11; 9:7; 13:32) ④ 자신을 따르는 사람(민21:29; 신14:1) ⑤ 아들의 자격을 갖춘 자(삼상25:17; 눅10:6) ⑥ 양자(출2:10) ⑦ 한 지역이나 성읍 주민(애4:2) ⑧ 같은 직업의 동료나 제자(왕하2:3,5; 느3:8) ⑨ 영적인 아들(딤전1:18) ⑩ 어떤 계열에 속한 자(창6:2) ⑪ 어떤 특성을 가진 자(눅10:6) 등을 일컫기도 했다.

그외에 천사들을 '하나님의 아들들'(욥1:6; 38:7), 불신자와 신자를 '이 세대의 아들들'과 '빛의 아들들'이라 일컫기도 했다(눅16:8).

아름다운 땅(good land) 하나님께서 주시겠다고 하신 약속의 땅 가나안을 가리킨다(민14:7; 신3:25; 4:21; 6:18). '아름답다'는 것은 그곳 토양이나 환경이 좋다는 뜻도 있지만, 하나님이 함께 하시는 복된 곳이라는 점에서 그곳은 아름다운 땅이다. → '가나안(땅)'을 보라.

아름다운 소식(- 消息, good news, good tidings) 좋은 소식. 복되고 가치 있는 소식. 특히 ① 승리와 기쁨의 소식(왕상1:42; 왕하7:9), ② 구원과 회복의 소식(사40:9; 61:61; 나1:15), ③ 생명과 소망의 복음(눅2:10; 롬10:15) 등을 뜻한다.

아마겟돈(Armageddon) 히브리어 '하르 메깃돈'의 헬라식 표현으로, '므깃도의 산(언덕)'이란 뜻. 므깃도는 팔레스타인 중부 에스드렐론 평야, 곧 예루살렘 서북쪽에 있는 갈멜 산 아랫쪽의 군사 전략지였다(삿5:19). 이스라엘 역사에서 수많은 전쟁이 치러진 곳이다(삿5:19-20; 삼상31:8; 왕하9:27; 23:29-30; 대하35:22).

에스겔 선지자는 종말에 곡과 마곡이 하나님의 백성과 전투를 벌일 장소를 '므깃도'라 했고(겔39:1-6), 사도 요한은 계시록에서 인류 최후의 대격전장, 곧 악의 세력이 결집하여 전투를 벌일 곳으로 이곳을 언급했다(계16:16). 이처럼 '아마겟돈'은 묵시문학에서 선과 악의 세력이 싸울 최후 전쟁터요, 사탄의 세력이 영영히 패망하는 곳으로 이해되고 있다. → '곡과 마곡'을 보라.

아멘(Amen) '의지하다, 믿다, 의뢰하다, 그렇다'는 뜻의 히브리어 '아만'에서 파생된 단어로(계1:6), '진실로, 참으로, 온전하게'란 의미다. 이 단어는 구약성경은 물론 유대인의 회당에서 하나님을 경배하는 예전적 용어로 사용했다.

기독교에서도 이 전통을 이어받아 기도, 송영 등에 사용해 '믿습니다', '그렇게 되기를 소원합니다'는 뜻의 간절함을 나타낸다(고전14:16). → [4. 예배 및 예식 용어] '아멘'을 보라.

아버지(father) '아버지'를 가리키는 대표적인 단어로 히브리어 '아브'와 헬라어 '파테르'가 있다. 그중 '아브'는 1,191회, '파테르'는 417회 언급되었다. 성경에서 '아버지'가 많이 언급된 것은, 그만큼 이스라엘 사회에서 아버지와 아버지를 중심한 가정의 역할이 중요했고, 한 집안의 전통과 가치와 질서가 그 사회를 구성하는 주요 요인이었음을 시사한다.

더욱이 성경에서 '아버지'는 단순히 육신의 아버지(창27:18) 이상으로 종교, 문화적으로 풍부한 내용을 담고 있는 용어이다.

■**아버지라는 용어의 쓰임새** - ① 혈육 관계의 친아버지(창28:13; 42:13) ② 집안 어른(출6:14) ③ 친부(親父) 이상의 조상(창15:15; 사22:21; 롬9:5) ④ 영적 의미의 조상(눅16:24; 롬4:11-12). '너희 아비 마귀'라는 표현처럼 악한 측면에서도 사용됨(요8:44) ⑤ 신앙적인 면에서 탁월한 선조(막11:10; 요8:39) ⑥ 존경받는 연장자(삼상10:12; 요일2:13-14) ⑦ 보호자, 은인(恩人), 부모처럼 친절을 베푸는 자(삿17:10; 욥29:16; 시68:5) ⑧ 생활 양식의 창시자(창4:20-21) ⑨ 사물의 기원, 원천(욥38:28) ⑩ 왕의 조언자나 나라의 지도자(창45:8) ⑪ 초대 교회의 순교자들(벧후3:4) ⑫ 존경을 나타내는 경칭으로 쓰여 왕(삼상24:11), 국부(國父, 왕하13:14), 스승(왕하2:12), 제사장(삿18:19), 고급 관료(창41:8), 주인(왕하5:13) ⑬ 하나님(마6:9; 갈4:6; 약1:17) 등을 의미한다.

■**아버지의 집(father's house)** - 아버지를 가장(家長)으로 하는 가족이 거주하는 공간(창12:1; 삼상18:2). 가족, 가문, 종족을 가리키기도 하고(창24:7; 민1:2; 대상7:2,7), 집안 식구 곧 가족 공동체를 뜻하기도 한다(창46:31; 50:22; 삿11:2).

신약성경에서 많은 경우 하나님을 경배하는 거룩한 처소(성전)와 동일시했고(눅2:49; 2:16; 행7:47,49) 하나님이 거하시는 영원한 나라 곧 천국(요14:2; 찬송가 525장)을 가리키기도 한다.

■**하나님 아버지(God the Father)** - 하나님은 신앙적 측면에서 뿐 아니라 존재론적 측면에서 '아버지'가 되신다(요6:27). 하나님은 우리의 창조자요 보호자며 양육자이자 통치자란 점에서 '아버지'로 부를 수 있다(신32:6; 사63:16; 64:8; 렘3:4,19; 31:9; 말1:6; 2:10). 특히 선민(選民) 이스라엘의 입장에서(렘31:9), 또 언약적 관점에서 그 관계성을 강조하는 말로 '아버지'를 언급할 수 있다(신7:6-12; 사1:2). 그리고 성경에서는 하나님의 강한 부성애(父性愛)가 강조된다(출4:22; 19:4; 신32:11; 시103:13; 잠3:11-12; 호11:1).

하나님의 '아버지' 되심은 기독교 신앙의 핵심으로서(요6:27; 롬1:7; 고전1:3; 8:6; 고후1:2-3; 갈1:1-4), 성육신하신 예수님을 통해 완전한 모습으로 계시된다. 즉, 예수님은 성부 하나님과의 절대적 관계성(하나 됨)과 그 위격(位格)의 구별성을 나타내시면서 하나님을 '아버지'로 묘사하셨다(막14:36; 요5:17; 17:11,25). 이는 신자가 하나님을 가리켜 '아버지'라 부르는 것과는 차이가 있다. 신자가 '아버지'라 함은 하나님의 무조건적인 사랑과(요일3:1) 그리스도의 구속의 은혜에 의해 가능했고(마11:26; 요1:12-13; 20:17; 엡2:18), 성령의 역사에 의해 '아버지'라 부를 수 있게 되었다(롬8:15; 15:6).

아브라함의 품(Abraham's side) 사람의 사후(死後)에 들어가는 낙원(樂園) 곧 복된 땅. 신구약 중간기의 유대 묵시문학에서 나오는 표현으로, 유대인들은 죽은 사람이 최후 심판을 받기 전까지 대기하는 곳을 '낙원'이라 했고 조상 아브라함은 죽은 뒤 천사들에게 받들려 낙원으로 갔다고 여겼다(눅16:22-23).

참고로, 성경에서 '품'(bosom)은 가장 애정 깊고 친밀한 관계를 뜻하는 말로 사용되곤 한다(마8:11; 요13:23). → '낙원'을 보라.

아빠(Abba) 아람어 '압바'를 그대로 음사(音

寫)한 헬라어 표현으로(여기에 일치하는 히브리어는 '아브'임), 아버지를 정답게 부르는 일종의 애칭(愛稱, 막14:36; 롬8:15; 갈4:6). 우리말의 '아빠'에 해당한다(사8:4).

■**아빠 아버지(Abba, Father)** - '아빠, 즉 아버지'라고 풀이를 단 것. 이는 하나님을 친근히 부를 때 사용한 호칭으로, 신약성경에 세 번 언급된다(막14:36; 롬8:15, 갈4:6).

인간이 거룩하고 지엄하신 하나님을 가리켜 '아빠'라 부를 수 있는 것은, 하나님과 인간 사이에 단절감이 해소되고 친밀한 관계가 회복되었음을 시사하는 바요, 근본적으로 새로운 개념(주종, 군신 관계가 아닌 사랑으로 하나 된 가족)이 이뤄졌음을 뜻한다(갈4:7). 이런 관계 회복은, 하나님의 구원 사업의 완성을 뜻한다.

아사셀(Azazel, scapegoat) '아사셀'은 이스라엘의 죄와 허물을 짊어지고 황량한 광야로 떠나가는 염소를 말한다(레16:8,10). 즉, 대속죄일 의식을 위해 두 마리의 염소가 선택되고, 그중에 제비를 뽑아 한 마리를 광야로 내보내는데 그것이 바로 '아사셀'이다.

이것은 성소에서 진행된 피뿌림의 효과가 부족해서라기보다 피뿌림 의식을 통해 죄와 허물이 완전히 정화되었으나, 거기에 더하여 상징적으로 백성의 죄를 전가시킨 산 염소를 광야로 내보냄으로써 더 이상 백성의 죄가 남아 있지 않고 모든 죄악이 완전히 제거되었음을 확인시키는 일종의 속죄 의식이다.

그런 면에서 아사셀의 역할은, 인류의 모든 죄악을 홀로 짊어지시고 예루살렘 성 밖 갈보리 십자가 제단으로 나아가신 그리스도의 한 표상이라 할 수 있다(사53:6,11-12; 롬3:24-26).

아웃도어(outdoor) '야외' 또는 '집 밖'이라는 뜻과 함께 그런 의미를 넘어 '일상공간과 자신으로부터의 탈출'이라는 의미도 함축된 말. 이를 통해 자신을 객관적으로 관조(觀照)하는 가운데, 자신 밖에 존재하는 타자(他者)들과 우주의 물상들의 존재와 운용법칙의 오묘함과 그 너머에 있는 신적인 존재에 눈을 돌리게 만든다. 그리하여 자신이 우주 자체일 뿐 아니라 우주의 일부임을 알고 유기체적 사고에 기초하여 감사와 책임감을 통감하게 한다. → '인도어'를 보라.

아웃리치(out reach) 일명 '전도여행'(傳道旅行). → 전도여행을 보라.

아침(morning) 동이 트고 하루가 시작되는 시간(창28:18), '날이 샐 때부터 오전 반나절까지의 시간(전10:16)을 말하며, '새벽'이라는 말과 혼용되기도 한다(욥3:9; 시119:147). 상징적으로, 아침은 하나님의 인자와 성실을 경험하는 시간이요(시90:14; 92:1-3; 애3:22-23), 하나님께 도움을 구하는 시간이며(사33:2), 하나님의 공의가 실현되는(습3:5), 기쁨의 시간이다(시30:5). 즉, 고난과 절망으로 대변되는 어두움이 가시고 밝은 햇살이 비취는 아침은, 마침내 하나님의 구원이 이른 소망의 때이다(시90:14; 143:8; 찬송가 42,552장).

종교적으로, 아침은 상번제를 드리는 시간으로(출29:38-39) 대개 9시경에 행해졌다. 예수께서 십자가에 못박히신 바로 그 시각이다(막15:25). 또 기도와 찬양을 드리는 경건의 시간이며(시5:3; 59:16; 88:13; 막1:35), 말씀을 듣기 위해 성전으로 가는 시간이다(눅21:38).

■**아침의 아들(son of the dawn, morning star)** - 가나안 신화에 등장하는 표현으로, 일차적으로 자기를 지존자로 여긴 교만한 바벨론(통치자)을, 궁극적으로는 그 배후에서 역사하며 하나님을 대적하는 사탄(Satan)을 가리킨다(사14:12; 눅10:18; 계8:10; 9:1). 가나안 신화에서 '아침 신의 아들'을 '계명성'(헬랄) 곧 '샛별(金星, Lucifer)이라고 한다. 이 샛별은 새벽 하늘에서 두드러지게 빛나고 아름답지만 아침이 되면 곧 사라진다. → 계명성을 보라.

아타락시아(ataraxia) → '에피쿠로스'를 보라.

악(惡, evil, wickedness, vice, wrong) ① 선(善)에 대립되는 나쁘고 부정적인 것, ② 인간에게 유익을 주지 못하며 해롭고 바람직하지 못한 것, 또는 ③ 결핍이나 부족 등을 뜻하는 광범위한 개념이다(창6:5; 19:7; 레18:25; 신4:25; 삼상12:19; 시7:9; 롬12:21).

특히, 성경에서는 하나님을 떠난 상태나 하나님을 떠나서 행하는 모든 것을 '악'이라 정의한다.

그리고 인간적 측면에서는 상호 선한 관계성을 파괴하는 '악행'이나 '악한 생각(계획)', '그릇된 욕심', '(정치적·물리적인 힘을 겸비한) 악한 세력', '악인' 등을, 자연적 측면에서는 '열매 맺지 못하는 나무'나 '질병', '자연 재해' 등 죄의 결과로 인해 나타난 파괴적 현실을 일컬을 때 사용된다.

■**악과 죄**(evil and sin) - 악은 죄와 관계가 있으나 동일한 개념으로 볼 수는 없다. 죄는 이 세상에서 영적, 육체적 또는 자연적인 악의 원인에 속한다(창3:14-19). 따라서 죄 문제의 해결은 곧 악의 근절(악에서의 해방)을 뜻한다(계21:3-8).

죄는 의(義)와 대립되는 개념이지만, 악은 죄를 포함한 좀 더 포괄적인 개념이다. 즉, 죄는 주로 하나님 앞에서 인간의 책임에 관계되는 내용을 갖지만, 악은 그 죄를 포함할 뿐 아니라 한걸음 더 나아가 인간의 무익이나 인간을 못쓰게 하고 타락시키며 해롭게 하는 모든 행위, 역경, 재난, 고통, 슬픔, 불행, 죽음 등 인간성을 파괴시키며, 하나님의 형상으로서의 인간의 존엄을 망각케 만들고, 인간에게 절망을 가져오는 모든 구체적이고 현실적인 원인들을 가리킨다(마25:26; 행5:3; 6:2).

악귀(惡鬼, evil spirit) 아주 몹쓸 귀신. 사탄의 영향력 아래서 활동하는 악한 영(靈). 의사 출신인 누가는 악귀 든 상태와 일반 질병을 구별하여 표현했다(눅7:21; 8:2; 행19:12-13,15-16).

악독(惡毒, wickedness) 남을 해하려는 악한 마음(malignity)이나 교활함(craftiness), 악의를 가지고 하는 제반 행동(evil)을 말한다(시55:11). 원어적으로 '쓴 맛'(행8:23), '맹독'(신32:33)이란 뜻을 지니며 '원한, 적의'(롬4:31), '교활함, 악한 생각'(롬1:29), '악한 행동'(막7:22) 등을 가리킨다.

악령(惡靈, evil spirit) 하나님과 그 백성을 대적하는 존재(벧전5:8). 이는 하나님의 주권하에서만 활동할 수 있다(삼상16:14; 욥1:12). 그리고 최후에는 영원한 불에 던져지고 만다(마25:41; 계20:2-3,10). '마귀'(대상21:1; 마4:1), '귀신'(마4:24; 막1:16), '사탄'(마4:10) 등으로도 묘사된다.

악마(惡魔, devil, demon, Satan) 악한 마귀란 뜻으로, '사탄'의 별칭(찬송가 88장). → 마귀를 보라.

■**악마주의**(惡魔主義, Satanism, diabolism) - 퇴폐, 괴기, 추악, 전율, 공포 등에서 미(美)를 즐겨 찾으려고 했던 19세기 말에 나타난 문예 또는 사상의 한 경향. 악마를 숭배하는 태도.

악성 종양(惡性 腫瘍, gangrene) 신체의 일부가 괴사(壞死)하는 질병. 현대 의학적으로 일종의 '암'(cancer)을 말한다. 사도 바울은 마치 암적인 존재처럼 교회를 어지럽히고 그릇된 가르침을 퍼뜨려 교회를 병들게 하는 거짓 교사들을 철저히 배격하고 금하라는 교훈에서 이 표현을 사용했다(딤후2:17).

악심(惡心, evil heart, unbelieving heart) 나쁜(악한) 마음. 인격적, 도덕적으로 그릇된 생각을 지니는 것. 성경에는 하나님에게서 멀어지려는 마음, 믿지 않으려는 생각 등을 말한다(히3:12).

악어(鰐魚, monster, leviathan) 강이나 습지에 서식하는 길이 8-10m 가량의 파충류(욥41:1; 시74:13-14). '악어'는 고대 중근동 사람들이 기억하는 가장 큰 짐승(괴물)을 일컫는 것으로 본다(시104:26). 비유적으로, 사나운 대적 곧 하나님을 대적하는 원수(겔29:3), 하나님의 백성 이스라엘을 괴롭히는 무서운 이방 국가(군주), 즉 앗수르(사27:1), 애굽(겔32:2) 혹은 그 통치자를 상징한다. → '리워야단'을 보라.

악의(惡意, depravity, evil intention) 나쁜 의도. 극단적인 원한이나 사악함을 지닌 성품 곧 타인의 고난과 고통을 조장할 뿐만 아니라 그것을 즐기는 심성을 말한다(롬1:29; 엡4:31; 골3:8).

악인(惡人, the wicked, evildoer) 죄에 사로잡혀 계획적으로 악을 행하는 자. 성질이 악한 사람. 성경에는 하나님의 거룩한 성품이나 태도와 상반되는 삶을 사는 자 곧 하나님과 관계가 단절되어 있고 본질적으로 하나님을 대적하는 자(시1:4), 하나님의 권위를 무시하고 그 말씀을 순종치 않는 모든 존재를 가리킨다(렘30:23).

악인은 ① 교만하고(시10:2-4), ② 가증하며(딛1:16), ③ 완고하고(겔3:7), ④ 영적으로 무지하며

(엡4:18), ⑤ 신성을 모독하는(계16:9) 특징을 갖는다. 하나님은 이런 자를 미워하시며(시11:5; 사1:10-15), 마침내 멸하신다(시145:20).

악한 날(惡 -, **a day of disaster**) 재난(큰 불행)을 당하는 날. 심판 날. 주님은 악인을 위해 이 날을 준비하신다(잠16:4). → '재앙의 날' 을 보라.

악한 영(惡 - 靈, **evil spirit**) 악령(惡靈), 곧 사탄의 영. 성경에는 하나님께서 '악한 영을 보내셨다' 고 기록했다(삿9:23). 이는 사탄의 영을 하나님이 친히 파견했다는 뜻이 아니라 악한 영의 활동을 잠시 허용하셨다는 뜻이다.

악한 자(惡 - 者, **the wicked**) ① 생각과 언행이 부패하고 도덕적으로 그릇된 인생(삼상30:22; 왕상8:32; 욥3:17; 38:13). ② 영적으로 타락하고 좋은 결과를 맺지 못하는 자(마25:26). ③ 도덕적으로 불온하며 심리적으로 강퍅하고 법적으로 흉악한 존재(출10:10). ④ 하나님의 뜻을 배신하고 자행자지하는 불경건한 인생(잠1:10). ⑤ 때로 '사탄'(마귀)이나 '어두움의 세력' 을 가리키기도 한다(마13:19; 엡6:16; 살후3:3; 요일2:13; 3:12; 5:18; 계2:2). → '벨리알' 을 보라.

안락사
(euthanasia, mercy killing)

'안락사' (安樂死)란 '좋은 죽음', '안락한 죽음' 이란 뜻. 일명 '자비사' (慈悲死)라고도 한다. 살아날 가망이 없는 병자의 고통을 덜어 주기 위해 인위적으로 죽음에 이르게 하는 일. 환자의 승낙없이 후견인(개인 또는 공적 자격을 갖춘 특정인)에 의해 결정되는 강제적 형태와 환자 본인에 의한 자의적 형태가 있다. 의사가 직접 환자의 생명을 종결시켜 주거나(적극적 안락사) 환자가 죽을 수 있도록 장치나 약제 등을 준비해 줌으로써 환자가 자살하는 행위(소극적 안락사)를 도와주게 된다.

그런데, 기독교 내에서는 생명의 종결권은 오직 하나님만이 갖는다는 점에서 이 같은 안락사를 거부하며, 적극적으로는 안락사를 살인으로 간주한다. → '존엄사' 를 보라.

안보(安保, **security**) 아무 탈 없이 안전히 지키고 보호함. '안전 보장' 의 준말. 특히, '하나님의 주권적인 간섭과 그로 인한 절대적인 보호' 를 나타낸다(찬송가 191, 406장).

안식(安息., **rest, repose**) 몸과 마음을 편히 쉼. 천지 창조 후 안식하신 하나님의 안식에 그 기원을 둔다(창2:2; 히4:4). 즉, 인간이 누리는 모든 안식은 바로 이 하나님의 안식에 참여함으로써 가능하다. 따라서 인간은 언제나 하나님과의 바른 관계를 통해 안식을 누리며(시23:2; 마11:28), 오직 이 안식을 통해서만 영적인 평안과 육체적 휴식 및 원기 회복을 얻을 수 있다. 더 나아가 죽음까지도 초월하는 안식을 경험할 수 있다(계14:13).

한편, 하나님이 주신 안식은 하나님의 백성에게는 거룩한 의무인 동시에 특권이자 구원의 한 증표이다(레23:3; 신5:15; 렘31:1-2). 그리고 성도가 이 땅에서 누리는 안식은, 궁극적으로 세상 끝날 완성될 새 하늘과 새 땅에서의 영원하고 궁극적인 안식의 그림자이다(히4:9-11; 계21:2-3).

■**안식처**(安息處, **shelter, asylum, heaven**) - 편안히 쉴 수 있는 곳. 하나님과 영원히 함께 거하는 천국', 또는 '하나님이 허락하신 참된 평안과 복을 누리는 삶' 을 나타낸다(찬송가 182, 556장).

안위(安慰, **comfort, consolation**) 문자적으로 '영혼을 편케 하다' 는 뜻(창5:29). 상대방으로 하여금 마음이 평안하도록 권면하고 위로함. 이는, 자기 백성을 위로하시는 하나님의 선한 행위(사12:1; 슥1:17)나, 환난과 핍박을 받는 자에게 격려와 용기를 북돋워 주는 권면(빌2:19; 살전2:11; 5:14) 등에 사용되었다(찬송가 290, 393, 542장). → '위로' 를 보라.

안전한 포구(安全 - 浦口, **safety estuary**) 거친 파도나 각종 위험이 근접할 수 없는 안전한 창구(港口) 또는 그 입구. 하나님의 절대적인 보호와 돌보심' 을 시사한다(찬송가 406장).

안찰(按察, **put one's hands on**) 상대방의 특정 신체 부위에 손을 얹거나 어루만지는 일. 이는 권위나 능력이 다른 사람에게 전달되기를 소원하거나, 치료하시는 하나님의 은혜가 전달되기를 바

라는 상징적인 행동이다(레16:21; 왕하13:16). →
[4. 예배 및 예식 용어] '안수'를 보라.

알곡(wheat, cereals) 쭉정이나 잡것이 섞이지 않은 곡식. '알갱이'(grain)로도 묘사된다(암9:9). 성경에는 쭉정이와 반대 개념으로 쓰여, 마지막 심판 때 하나님 나라에 들어갈 성도를 지칭하는 말로 쓰였다(마3:12; 눅3:17; 찬송가 587장). → '추수'를 보라.

알렐루야(Alleluia) '(너희들은) 여호와를 찬양하라'는 뜻. 히브리어 '할렐루야'의 라틴식 발음. 찬양을 나타내는 전례적인 표현이자 일종의 종교적 감탄사이다(시104-106; 111-118; 120-136; 146-150편). → '할렐루야'를 보라.

알파벳 시(- 詩, acrostic) 각 행의 처음과 끝 글자를 맞추면 특정한 어구(語句)가 되는 시(詩). 이를 이합체 시(離合體 詩)라 한다. 성경에서는 연속되는 각 행이나 절의 첫 문자가 원어의 알파벳 순서로 진행되는 시작법(詩作法)을 가리킨다. 대표적 알파벳 시로는 시편 9, 10, 25, 34, 37, 111, 112, 119, 145편, 잠언 31:10-31, 예레미야애가 1-4장 등이 있다. 나훔 1:2-8 등에서 불완전하게 알파벳 시 흔적이 발견된다. 신약성경에는 알파벳 시가 없다.

알파와 오메가(the Alpha and the Omega) 헬라어 알파벳의 첫 글자(A)와 끝 글자(Ω)를 나타낸 말로서 '처음과 나중', '완전함', '충만함', '전 존재' 등을 상징한다. 성경에서는 하나님 자신(계1:8; 21:6) 또는 예수 그리스도(계22:13)를 가리키는 신(神)의 명칭으로 쓰였다. 창조자시요 완성자시며, 유일무이(唯一無二)하시며 절대적인 존재이신 하나님을 뜻하는 말이다(사41:4; 44:6). → '처음과 나중'을 보라.

암초(暗礁, blemishes) 물속에 숨어 있는 바위. 항해하는 배에 방해가 되는 장애물(행27:29). 비유적으로는 교회를 어지럽히고 신앙을 무너뜨리려 하는 그릇된 신앙인을 가리킨다(유1:12).

암흑(暗黑, darkness) 주위 일대가 어둡고 캄캄함. 캄캄한 어둠(욥29:3; 시143:3; 사42:16). 또는 시야를 가리는 어둡고 두터운 구름(출20:21). 영적(정신적)으로나 사회적으로 질서가 혼란스럽고 왜곡됨으로 인해 희망을 가질 수 없는 '절망과 죽음', '우울함과 비참함'을 시사하며, 그와 함께 '죽은 자들의 처소인 스올'을 가리키는 말로도 쓰였다. → '어두움', '스올'을 보라.

앙망(仰望, wish, hope, look to) 간절한 마음으로 우러러봄(시34:5; 145:15), '인내하면서 바라봄'(사22:11). '사모하고 인내하며 도움(구원)을 기다림'(사40:31). 대체로 '하나님에게 시선을 고정시키고 온 마음으로 하나님을 사모하다'는 의미를 지닌다(사51:5; 렘14:22).

앙모(仰慕, inquiry, look for, admiration) 기본 의미는 '찾다, 열망하다, 창백해지다'로, '(하나님 뵙기를) 간절히 바라고 찾다'(출33:7; 찬송가 354장), '얼굴이 수척해질 정도로 심히 갈망하다'는 뜻이다(시63:1).

앙화(殃禍, trouble, divine wrath) 원래 의미는 '깨뜨리다, 악하게 되다.' 죄악의 결과로 주어지는 '슬픔', '재난', '위험', '곤경' 등을 가리킨다(잠12:21).

앞서 가신 자(- 者, who went before us) '앞에서 달리는 자'란 뜻. 이에 해당하는 헬라어 '프로드로모스'는 원래 군사용어로 전령(傳令)이나 척후병(斥候兵)을 말한다. 히브리서에서 이 단어는 예수 그리스도를 가리키는 말로 사용되었다(히6:20). 곧 그리스도는 성도보다 먼저 십자가의 고난과 부활의 영광을 경험하신 자요, 또 먼저 하늘에 올라가신 선구자요 길 안내자요 길을 예비하시는 자라는 말이다(요14:1-4).

애가(哀歌, lament) '슬퍼하는(애통하는) 노래', '애도의 노래', '애곡(哀哭)'을 의미한다. 이는 고난과 애통 중에 부르는 슬픈 노래로, 국가적 위기 상황에 직면해 탄식하며 거국적으로 회개할 때나 장례식에서 고인(故人)의 덕을 생각하며 또 상주(喪主)를 위로할 목적으로 부르는 짧은 형식의 노래를 말한다(삼하3:33-34; 대하35:25; 렘

9:20; 겔19:1-9; 28:12). 예언적 메시지를 담고 있는 애가도 있다(사14:1-32; 렘7:28-34; 겔27:2-36; 눅19:41-44; 계18:1-24).

약속(約束, **promise**) 피차 간에 어떤 일을 정해 놓고 어기지 않기로 다짐하는 일. 앞으로 있을 특별한 일에 대해 지킬 것을 상대방에게 다짐하거나 서로 확인하는 일.

구약성경에서 '약속'이란 단어가 구체적으로 언급되지 않고 대개 '말하다'는 의미의 히브리어 동사가 '약속(언약)하다'는 말로 번역된다(출12:25; 왕하8:19; 시105:42; 119:38). 이는 말 자체가 곧 진실의 보증이라는 의미로 이해할 수 있다. 하나님께서 '내가 말한다'고 하셨을 때 그것은 하나님이 친히 '약속하신다'는 의미로 볼 수 있다. 하나님의 약속은 하나님 자신의 이름(명예, 권위)을 담보해 하신 것이며, 하나님의 성품(신실하시고 자애로우시며, 말을 바꾸지 않으시는, 민23:19)을 기초하여 주어진 것이다.

신약성경에서 '약속'이란 용어가 다양하게 사용된다. 특히, 신적(神的) 개념을 지닌 용어로 자주 사용된다(행7:17; 롬4:14). 즉, '약속'이란, 하나님의 아들이 그 백성을 구원하시러 이 땅에 찾아오시는 하나님의 구속 계획의 실현을 뜻하는 전문 용어로 자주 쓰인다. 이 약속은 일찍이 에덴의 범죄 현장에서 주어진 것이며(창3:15), 공식적으로는 아브라함에게 약속하셨고(창12:1-3,7; 15:1-21), 그 후 아브라함의 자손인 다윗에게 반복되었으며(삼하7:12-13,28), 또 구약성경 여러 곳에서 거듭 확인되었다(사2:2-5; 4:2; 55:5). 이 약속들은 신약에 이르러 그리스도 안에서 성취되었고(행13:16-33; 롬4:1-25; 9:4; 고후1:20; 갈3:15-23; 엡3:6), 또 성령으로 성취되고 있다(행2:1-33). → [2. 교리 및 신앙 용어] '언약'을 보라.

■**하나님께서 자기 백성에게 약속하신 것** - 하나님의 백성에게 '약속의 땅 가나안'(창12:1-3; 민14:40; 행7:5), '아브라함의 자손의 번영'(창17:2), 하나님의 백성 가운데 이루어진 왕국'(약2:5), '영생'(마19:29; 요6:47; 10:28; 딤전3:8; 딛1:2), '복음'(롬1:2), '천국'(히4:1; 벧후3:13), '재림'(벧후3:9), '유업'(갈3:29), '생명의 면류관'(약1:12), '그리스도 안에서 함께 상속자가 됨'(엡3:6) 등 신약성경에만도 500여 가지로 약속되어 있다.

약전(略傳, **account**) 한 개인의 역사를 간략하게 적은 전기(傳記). '계보'(系譜), '족보'(族譜), '(개인 또는 가정의) 역사'(창37:2)를 가리킨다. → '족보'를 보라.

양(羊, **sheep**) 성경에 가장 자주 등장하는 가축으로 건조 지대에서 잘 자라는 솟과(科)의 초식성 짐승. 학명은 '면양'(綿羊). 온몸에 가늘고 곱슬곱슬한 털이 빽빽하며 소화력이 왕성하다. 임신 5개월 만에 한두 마리의 새끼를 낳는다(1년 두 차례 출산 가능). 주로 무리(떼)를 지어 생활한다.

양은 성질이 온순하고 인내심이 강하며 늘 순종적이고(사53:7), 쉽게 정이 들며(삼하12:3), 주인이 그 이름을 불러주면 잘 따르고(겔34:11-12; 요10:3-5), 스스로를 방어하거나 공격하지 못하며(사53:7; 렘11:19; 미5:8; 마10:16; 요10:3-4), 혼자서는 장애물에 빠지기 쉽기 때문에(마12:11) 돌보아주는 목자의 보호를 필요로 한다(민27:17; 겔34:5; 마9:36; 26:31). 양이 필요로 하는 것은 목자(요10:4,27) 이외에 물(창29:8-10)과 초장(출3:1; 시23:2), 보호(욥30:1)와 휴식(시23:2)이다.

양은 ① 목자의 보살핌이 필요한 '이스라엘 백성'(시74:1; 겔34:11-12,15), ② '하나님의 자녀'(요21:15-17; 히13:20), ③ 늘 고난에 직면해 있는 '성도'를 의미하며(요10:1-16; 벧전5:2-3), 또 ④ 무죄(無罪, 삼하24:17), ⑤ 의인(義人, 마25:32-33), ⑥ 구원(마26:31-34), ⑦ 험악한 세상 가운데 보내진 복음 전파자(마10:16; 눅10:3), ⑧ 교회(행20:28) 등을 상징한다. 또한 부정적으로는 ① 악인(시49:14), ② 진리에서 떠나간 자(렘50:6), ③ 악한 본성을 좇는 죄인(사53:6; 마9:36; 10:6; 벧전2:25) 등을 상징한다.

한편, 이사야 선지자는 메시야의 나라가 완성되는 그날 이리와 어린 양이 함께 먹고 거하는 비전을 제시하기도 했고(사11:6; 65:25), 신약성경에는 그리스도를 가리켜 '하나님의 어린 양', '유월절 양'이라 소개했다(요1:29; 고전5:7; 계5:6-8). → '유월절 양'을 보라.

■**양과 목자**(**sheep and shepherd**) - 성경에서는 목자와 양의 관계를 통해 그리스도와 성도 간의 긴밀한 연대성을 강조했다(요10:1-18; 시23편). 그리스도는 공생애 동안 자신을 따르는 무리를 보시고 그들이 목자 없는 양 같음으로 인해 불쌍히

양극화
(polarization, both extremes)

 용어상식

양극화(兩極化)란 말은 다음과 같은 의미를 담고 있다. ① 서로 다른 계층이나 집단이 점점 더 차이를 나타내고 관계가 멀어지는 것. ② 둘 이상의 물체나 사람 또는 집단이 일치될 수 없는 경향성을 띠면서 분리되는 현상. ③ 사회의 제반 세력이 서로 대립되는 2개의 극(중심핵)으로 분화, 집중되는 현상. ④ 조직의 구성원들이 어떤 문제나 정책을 놓고 양편으로 대립하여 조직이 의사결정을 할 수 없는 상태에 이르는 과정. 일명 '분극화'(分極化)라고도 한다.

양극화는 때로 조직에 활력소를 제공하기도 한다. 즉, 양극화를 통해 조직에 뜨거운 경쟁력을 불어넣고, 조직원들의 보다 적극적인 참여를 유도할 수 있으며, 파벌 간의 강력한 협력을 이룰 수도 있고, 각 경쟁 집단 내부의 협조와 충성을 유도해냄으로써 집단의 목표를 달성해갈 수도 있다. 물론, 이 같은 긍정적 결과를 위해서는 양극화를 다루는 고도의 집중적인 노력과 숙련된 전문가의 도움이 필요하다.

한편, 양극화란 용어가 경제적·사회적 측면에서 사용될 때에, 양자는 서로 밀접한 관계를 보인다. 즉, 경제적 양극화에 의해 빈곤, 불평등, 차별이 생겨나고 이것이 점차 심화되면 사회적 양극화(격차 사회)로 나타난다. 이를 극복하기 위해서는 나눔을 실천하고(부의 재분배), 사회적 약자에 대한 깊은 관심과 배려가 요구된다.

여기시고 그들을 가르치시며 사랑하셨다(막6:34). 히브리서 기자는 그리스도를 가리켜 '양들의 큰 목자이신 우리 주 예수'(히13:20)라고 했다.

■**양 우리**(sheepfold, sheepcote) - 양을 가두어 두거나 가두어 기르는 곳(시68:13). 자기 백성을 향한 하나님의 절대적인 보호와 돌보심을 상징한다(겔34:13-15; 요10:9).

■**양의 무리**(sheeps, flock) - 양 떼(출2:16; 대상17:7). 선한 목자이신 주님을 따르는 성도를 일컫기도 한다(요10:1-16; 시23편).

■**양의 문**(the gate for the sheep) - 양 우리의 출입구(요10:1,7). 하나님 나라에 들어가기 위한 유일한 관문으로서 '예수 그리스도'를 가리킨다.

양선(良善, goodness) 원뜻은 '호의'(好意)로, 단순히 마음이 부드러운 차원을 넘어 적극적으로 선을 행하는 상태를 말한다(갈5:22). '선행', '유익', '선량함' 등으로 이해할 수 있다(엡5:9; 살후1:11). 특히, 양선은 성령의 열매 중 하나로 간주되는데 이는, 그리스도에게 자신을 맡기고 성령에 지배되는 삶을 사는 성도가 그 생활에서 선을 행하고, 남에게 유익을 끼치는 상태를 언급한 것이다.

양성애(兩性愛, Bisexuality) 이성애(異性愛)와 동성애(同性愛)의 욕망을 함께 가진 상태.

양식(糧食, food, provisions, supplies) ① 사람이 살아가는 데 요구되는 먹을거리(창14:11). 식량(食糧). ② 지식, 사상 등 정신 활동을 하는 데 밑거름이 되는 소양(素養).

성경에서 먹을 양식으로는, 떡(창18:8; 출13:6; 요6:7), 양이나 소의 젖(신32:14; 삿4:19; 고전9:7), 버터(신32:14; 삼하17:29), 치즈(삼상17:18), 과실과 열매(암8:2), 말린 열매(삼상25:18), 육류(레11:3; 삿6:19; 왕상4:23), 물고기(마7:10; 눅24:42), 기름(신12:17; 잠21:17), 채소(민11:5), 꿀(창43:11), 메뚜기(마3:4), 만나와 메추라기(출16:14-31; 민11:32), 포도주 등의 음료(삼하16:2) 등이 언급된다.

성경은 이런 양식들이 전적으로 하나님으로부터 주어진 것임을 알고(시136:25; 호2:8), 일용할 양식 주시기를 기도하며(잠30:8; 마6:11), 가난한 이웃과 함께 나눌 것을 명하고 있다(시132:15). → '일용할 양식'을 보라.

■**생명의 양식**(生命 - 糧食, the bread of life) - 죽을 인생에게 영원한 생명을 제공하는 예수 그리스도와 하나님의 말씀을 가리키는 성경문학적 표현으로 일명 '영의 양식'이라고도 한다(요6:35; 마4:4). 인간은 매일의 물질적 양식뿐 아니라 영의 양식(생명의 양식)을 구해야 한다. 한편, 영의 양식이란 죄로 죽었던 영혼을 살리며 영원한 생명을 제공하는 양식으로서, 하늘에서 내려온 산 떡이자 신령한 음료이신 예수 그리스도(요6:51; 고전10:3-4)와 살아 계신 하나님의 말씀(욥23:12; 시119:103; 렘15:16; 마4:4)을 가리킨다. 이 생명의 양

양심(良心, conscience) 사람으로서 마땅히 가져야 할 바르고 착한 마음. 사물의 선악(善惡)을 구별하고 판단하는 마음의 기능이나 도덕적인 정서. 하나님의 뜻을 통찰하고 죄를 책망하며 선을 추구하려는 선한 능력. 헬라어 '쉬네이데시스'는 '쉰'(함께)과 '에이도'(알다)의 합성어로, '같은 생각', '공통의 깨달음', 즉 민족, 언어, 신분, 성별에 관계없이 누구나 공통적으로 느끼는 감정이나 생각, 혹은 만인이 다같이 옳다고 느끼는 생각을 말한다(행24:16; 딤후1:3).

양심은 다른 사람의 영향을 받기 쉽고(고전10:28-29), 쉽게 약해지고 더러워질 수 있으므로(고전8:7,10-12), 예수의 피로 씻음받아야 하고(히9:9,14), 항상 거리낌 없도록 힘써야 하며(행24:16), 하나님을 향해 늘 선한 양심을 가질 수 있어야 한다(롬2:14-15; 고전8:10).

■**양심의 역할** - ① 선악을 분별하며(롬2:15), ② 하나님 앞에서 부끄러움 없는 양심으로 각 사람의 양심에 호소할 때 설득력이 있게 하고(고후4:2; 5:11), ③ 죄를 책망하며(요8:9; 히10:22), ④ 기쁨의 근원이 되고(고후1:12), ⑤ 성령 안에서 증거하며(롬9:1-2), ⑥ 하나님을 향하게 한다(벧전3:21).

■**양심이 작용해야 할 때** - ① 행동할 때(행23:1; 벧전3:16), ② 말할 때(고전10:29), ③ 순종할 때(롬13:5) ④ 증거할 때(고후1:12), ⑤ 하나님을 섬길 때(행23:1; 딤후1:3), ⑥ 일상 생활을 할 때(고전10:25).

양약(良藥, good medicine) '온전히 치료하는 것', '효과가 탁월한 약', '원기를 회복시키는 것'(잠12:18)을 말한다. 특히 마음의 평화와 삶의 도움을 가져다 주는 것을 뜻하는데, 이런 면에서 잠언 기사는 여호와를 경외하는 것(잠3:7 8), 지혜로운 자의 혀(잠12:18), 충성된 사신(잠13:17), 선한 말(잠16:24), 마음의 즐거움(잠17:22) 등을 양약이라고 했다.

양육(養育, nurse, bring up) 돌보아 길러 자라게 함. 몸과 마음이 온전하게 성장하도록 돌보아 줌(창50:23; 민11:12; 에2:20; 엡6:4; 딤전4:6). 성도의 영적 성장은 오직 양육하시는 하나님의 은혜로 되는 일이다(사1:2; 딛2:12).

어두움(darkness) 빛이 없어 캄캄함. 어두움 역시 하나님이 창조하신 것 중에 하나다(욥38:9; 시104:20; 사45:7). 하나님의 창조 사역이 완성되기 이전 흑암의 상태(창1:2)나 밤과 같은 물리적 측면의 어두움을 말한다.

그리고 상징적이고 비유적인 어두움 곧 죄악(타락)이나 불순종, 영적 무지(無知), 사탄의 세력 등 빛 되신 그리스도나 구원과 반대 개념으로 언급되기도 한다. 천국에서는 이 모든 어두움이 사라진다(계22:5). → '암흑', '흑암'을 보라.

■**어두움이 나타내는 것** - ① 빛이 없는 상태(창1:2-3; 암5:20) ② 시각 능력을 잃음(창19:11; 신28:29; 행9:8) ③ 하나님의 임재 같은 초월적 상태(출20:21; 사8:22; 마10:27) ④ 하나님을 떠난 영적 무지(잠2:13; 마8:12; 롬1:21; 살전5:1-8) ⑤ 영적 소경 상태(사9:2; 요1:5) ⑥ 고난과 슬픔의 상태(시23:4; 사13:10) ⑦ 방탕하고 타락한 생활(잠4:19; 롬13:12-13; 엡5:11) ⑧ 거짓과 죄악의 세력(엡6:12-17; 계16:10) ⑨ 기적적이고 초자연적 상황(출10:21; 계8:12) ⑩ 버림받은 자의 거처(마8:12; 유1:13) ⑪ 죽음의 처소(욥10:21-22) ⑫ 그리스도의 재림의 징조(사60:2; 암5:8; 행2:20) ⑬ 심판과 형벌의 상태(욥2:1-5; 사8:22; 마22:13; 유1:6-7) 등을 상징한다.

■**어둔 밤**(a dark night) - 빛이 없어 앞을 분간하기 어려운 밤. 일차적으로는 새벽이 오기 전의 시간을, 상징적으로는 고통과 시련의 때, 종말의 때, 하나님의 도움이 절실히 필요한 시간을 가리킨다(찬송가 42,59,129,297,330,392,502,516,582,620장).

■**어둠의 권세**(darkness reigns) - 어두움 곧 죄와 고통과 절망과 죽음으로 상징되는 '사탄' 또는 '사탄의 권세'(눅22:53; 찬송가 159,398장).

어리석은 자(- 者, the fool, a foolish man, the simple) 지혜가 없고 우둔한 사람. 무식하고 고집스런 사람. 미련하고 잘 속는 사람(삼하13:13; 욥5:2; 잠1:22). 가장 어리석은 자는 마음에 '하나님이 없다'고 하는 자다(시53:1). → '우매'를 보라.

어린 양(- 羊, lamb) 생후 1년 미만의 새끼 양. 어린 양 고기는 연하고 맛이 있어 진미(珍味)로 여겨졌고(신32:14; 삼하12:3-6; 암6:4), 따라서 그것을 잡는 것은 중요한 일이었음을 의미했다. 일찍부터 하나님께 드리는 제사 제물로 어린 양이 사용되었다(창4:2-4; 출29:38-39; 민28:9-10).

비유적으로는, 하나님의 백성(사5:17; 40:11; 요21:15), 복음 전파자(눅10:3), 온순함(렘11:19), 메시야가 통치하는 나라(사11:6; 65:25), 세상 죄를 대신 지신 예수 그리스도(요1:29; 벧전1:18-19; 계5:6-8), 적그리스도(계13:11) 등을 시사한다.

■**어린 양의 혼인잔치**(the wedding supper of the Lamb) - 예수님의 지상 사역에서 이미 예표된 것으로(눅5:30; 15:2), 하나님의 어린 양이신(요1:29) 예수께서 십자가상에서 이루신 대속의 은총을 받은 성도가 내세에서 맞게 될 용서와 사랑, 화해와 기쁨, 그리고 무한한 영광의 큰 잔치를 가리킨다(계19:9). 즉, 예수님의 재림 때에 이루어질 어린 양 예수와 교회 사이의 완전한 연합을 비유적으로 나타낸 표현이다(찬송가 175, 247장).

한편, 이 땅에서의 성만찬(聖晩餐, 고전11:23-26)은 하나님과 인간 사이의 화해를 상징하는 동시에 장차 하늘나라에서의 어린 양 혼인잔치에 참여할 복된 예표가 된다(계3:20).

어머니(mother) 자신을 낳거나 양육한 사람(창24:67; 43:29). 이와 더불어 할머니, 여자 조상을 통칭하여 일컫기도 한다(창3:20; 왕상15:13).

상징적으로, '어머니'는 타인에게 유익을 주는 여자(삿5:7), 국가(사50:1; 렘50:12; 겔19:2,10; 계17:5), 크고 중요한 도시(삼하20:19; 호4:5), 하늘 처소(갈4:26) 등을 뜻하기도 한다. 또 '땅'을 모든 사람의 어머니에 비유한 말로도 쓰였다(욥1:21).

언행심사(言行心事, words and deeds and thoughts) 말하고 행동하고 생각하는 모든 것. 인간 생활의 전 부분. 특히, '하나님의 보살핌으로만 가능한 온전한 인간의 삶', 또는 '하나님께 드릴 산 제물로서 인간 삶의 전 부분'(찬송가 53, 215장).

얼굴(face, visage) 눈, 코, 입 등이 있는 머리의 앞 부분. 용모(容貌). 신체에서 감정을 가장 잘 표현하는 지체. 때로 남을 대하기가 떳떳한 처지나 체면을 뜻하기도 한다. 성경에서 '낯'(창4:14), '안색'(顔色, 창4:5)으로도 번역되며 간혹 '인격'이나 그 사람(존재) 자체를 상징한다.

한편, 하나님은 영(靈)으로서 얼굴은 물론 그 어떤 형상도 취하지 않으셨다. 대신에 신인동형동성론(神人同形同性論)적인 표현을 통해 하나님의 인격성과 그분의 행동, 성품을 가시화하여 인간의 이해를 돕고 있다. 그런 점에서 '하나님의 얼굴'은 성경문학적으로 하나님의 거룩한 의지와 성품, 영광, 그분의 깊은 관심, 포괄적으로 그분 자신을 상징한다(민6:25; 찬송가 14, 240장).

엄위(嚴威, awesome, stern) '놀랍고 기이함', '초월하고 존엄함', '준엄함'이란 뜻(시65:5)과 함께 '죽은 가지를 잘라내듯 하나님이 죄인을 단호하게 심판하심'이란 뜻도 지닌다(롬11:22).

에덴 동산(Garden of Eden) '기쁨의 동산', '극락의 정원'이란 뜻. 하나님이 친히 계획하여 만드신 하나님의 동산이다(창2:8-15). 범죄하기 이전 아담과 하와가 거했던 복된 처소로, 동산 가운데 생명나무와 선악을 알게 하는 나무가 있었고(창2:9), 동산을 적시는 네 강(비손, 기혼, 힛데겔, 유브라데)이 발원했다(창2:8-10). 하나님의 명령을 어긴 인간이 추방된 후 그룹들과 두루 도는 불 칼이 에덴 동산을 지켰다(창3:22-24).

에덴은 역사적으로 실재한 장소로, 선지자들의 입을 통해 하나님이 회복하실 지극히 복된 처소요(사51:3), 살기 좋은 땅(겔36:35; 욜2:3)으로 묘사되었다. 성경문학적으로, 회개한 인간이 마지막날 이르게 될 최종 목적지(천국)를 상징한다. 그런 점에서 '에덴 동산'은 '낙원'(樂園), '천국'을 뜻하는 '파라다이스'(paradise)와 동일한 개념으로 본다. → '낙원'을 보라.

에이즈(A.I.D.S.) 'Acquired(후천성), Immune(면역), Deficiency(결핍), Syndrome(증후군)'의 약자. '후천성면역결핍증.' 문란한 성생활로 발생하는 질병이다.

에클레시아(ecclesia) 문자적으로는 '밖으로 불러 모으다'는 뜻으로, 죄악 세상에서 불러 모아진 성별(聖別)된 자들의 모임, 곧 예수 그리스도를 구주로 고백하는 성도의 모임을 가리킨다(엡1:22-23; 히2:12). 이는 거룩한 신앙 공동체로서의 '교회'를 의미한다. → '교회', [2 교리 및 신앙 용어] '교회'를 보라.

에피쿠로스(Epicurean) 그리스 동부 에게 해에 있는 사모스 섬 출신의 그리스 철학자 에피쿠로스(*Epicuros*, B.C.341-271년). 또는 그를 추종하는 자들. 에피쿠로스는 처음에 플라톤 철학을 배웠으나 만족하지 못하고 그리스 철학자 데모크리토스(*Demokrithos*)의 물질적 원자론을 접한 후 큰 자극을 받아 독자적 사상을 형성하게 된다. 활동 초기 소아시아에서 가르쳤지만 B.C.306년경 아테네로 무대를 옮겨 한 동산에서 학교를 개설하고 많은 제자를 교육했다.

에피쿠로스가 지향하는 것은, 대화와 사색을 통해 '행복'을 구하는 것이다. 따라서 윤리학이 그 철학의 중심을 이뤘고, 논리학과 자연학이 뒷받침했다. 논리학에서는 인식의 근본적인 기준이 감각적 지각에 있다고 믿었고, 이 감각적 지각이야말로 모든 진리의 유일한 판단 기준이라 여겼다. 또 우주의 기원이 원자라고 여기는 물질적 원자론에 기초한 자연학을 통해, 미신적인 신 개념이나 죽음의 공포에서 벗어날 수 있다고 생각했다.

이렇게 하여 얻어진 현실적인 마음의 평안(아타락시아, ataraxia : 잡념에 사로잡히지 않고 동요가 없이 고요한 마음의 상태'란 뜻, 정신의 평정〈안정〉과 냉정, 무감동을 가리킨다)과 분별력이 바로 에피쿠로스가 추구하는 행복 곧 '쾌락'의 내용이다. 즉, 인간의 쾌락은 심신(心身)의 내적 평안을 말하며 이것이 최고의 선(善)이라 믿었다. 따라서 금욕주의를 주장하던 스토아 학파와는 사상적으로 대립했다.

한편, 사도 바울이 아테네에서 철학자들을 만났을 때 통속화 된 에피쿠로스들과 논쟁했다(행17:16-33). 그들은 사도 바울이 전하는 진리(창조, 심판, 부활 등)의 가르침을 냉담하게 거부했다. → '스토아'를 보라.

엑스타시(ecstasy) 의식이 전체 또는 부분적으로 정지되고, 자아가 하나님의 영에 의해 인도되며 지배받는 정신 상태를 가리킨다. 일종의 '입신(入神)'을 말한다. → '입신'을 보라.

엘(El) 모든 셈 족 언어에서 '신'을 가리키는 용어로 쓰이며, 기본 의미는 '강한 존재'다. 하나님을 가리키는 단어로 쓰이지만, '엘로힘'보다는 사용 빈도가 낮다(주로 시가서에서 사용되어, 욥기에 48회, 시편에 69회 언급된다).

'엘'은 참 되신 하나님을 가리키는 고유명사('엘 엘로헤 이스라엘', 창33:20)로써 뿐 아니라 하나님의 거룩한 속성을 묘사하는 데('엘 샷다이', 창17:1), 그리고 신적인 요소를 가미한 사람의 이름(엘리야, 이스라엘 등)에 사용된다. → [2 교리 및 신앙 용어] '하나님의 이름'을 보라.

엘로힘(Elohim) '전능하신 하나님'이란 뜻. 여러 어원이 제기되나 대체로 '강한'(strong), '능한'(mighty) 또는 '앞에 있는'이란 뜻으로 본다. 이것은 초월한 신적 능력 및 그 어느 것과도 비교될 수 없는 그 존재의 탁월성을 강조해준다. 성경에는 보편적으로 하나님(God)을 가리키는 단어로 쓰였고, 간혹 이방의 '신들'(gods, 창35:2; 출18:11; 20:3; 수24:20)이나 '천사들'(angels, 욥1:6; 시8:5; 97:7), '행정장관들'(magistrates, 출21:6; 삼상2:25) 등을 가리키는 명칭으로 사용되었다. 이 때의 '엘로힘'은 의미상 복수형이 된다.

그런데 하나님과 관련해서는 비록 그 형태가 복수형을 취하지만 단수의 의미를 지닌다. 이는, 고대 세계에서 공동체의 대표자를 말할 때에 대체로 복수형을 쓰는 것이 관례였고, 히브리어에서 하나님을 가리키는 복수형 표현은 수적인 다수를 뜻하는 것이 아니라 그 존재의 위대함(장엄함)과 탁월성을 나타내는 관용적 용법에 해당하기 때문에 이런 표현 방식을 취했을 것이다(창1:1). → [2 교리 및 신앙 용어] '하나님의 이름'을 보라.

엘 샤다이(El Shaddai) '전능하신 하나님'(God Almighty)이란 뜻(창17:1; 출6:3 난외주). 그 어떤 존재와도 비교될 수 없는 하나님의 초월성과 은혜의 충만성, 그리고 영원 신실하심이 내포된 신명(神名)이다. 하나님은 친히 아브라함과 이삭과 야곱에게 이 이름으로 자신을 드러내셨다(출6:3; 창17:1; 28:3).

여덟째 날(the eighth day) 이스라엘에서는 아이가 태어난 지 8일만에 할례를 하거나(창17:12;

눅2:21), 위임식, 봉헌식 또는 절기를 치른 후의 제8일째 제사를 드리거나(레9:1; 민29:35; 왕상8:66; 대하7:9; 느8:18), 부정에 의한 7일간의 구별 끝에 제8일에 정결례를 행하는(레12:3; 14:10; 민6:10) 등 그 의미가 컸다.

성경문학적으로 여덟째 날은, 예수 그리스도의 부활과 함께(마28:28; 요20:1) 새롭게 시작하는 새 생명을 상징하는 날이다.

여로보암의 길(the way of Jeroboam) 이스라엘의 분열을 주도한 자요 북이스라엘 왕국의 초대 왕(B.C.930-910년)인 여로보암의 악행(예루살렘 성전을 버리고 단과 벧엘에 금송아지 우상을 세워 예배처로 삼고, 하나님의 법도를 마음껏 유린하고, 산당을 세워 백성을 타락시킨 죄악)을 그대로 답습했던 북이스라엘의 통치자들을 가리켜 한 말로, '죄악의 길', '우상 숭배의 악습'을 가리킨다(왕상15:26; 16:19; 22:52; 왕하3:3; 10:29; 13:2,11; 14:24; 15:9). → 다윗의 길 을 보라.

여선지자(女先知者, prophetess) נְבִיאָה(잇솨 네비야) '이솨'(여자)와 '네비야'(여선지자)가 결합된 단어로 예언의 은사를 나타내었던 여성 선지자를 가리킨다. 여기서 히브리어 '네비야'는 '예언(대언)자', '선지자'를 뜻하는 '나비'(נָבִיא)의 여성형으로, 간혹 '선지자의 아내'로 번역되기도 한다(사8:3).

구약성경에는 미리암(출15:20), 드보라(삿4:4), 훌다(왕하22:14) 등이, 신약성경에는 안나(눅2:36), 빌립의 딸들(행21:8-9) 등이 여선지자로 소개된다. 한편, 거짓 여선지자로는 노아댜(느6:14)와 이세벨(계2:20)이 언급된다. 성경에서는 축약형으로 '여선지'라고도 묘사된다. → '선지자'를 보라.

여성도, 여신도, 여신자(女聖徒, 女信徒, 女信者, female believer) 여자 성도, 여성 신도, 여성 신자(빌4:3; 딤전3:11). → '성도', '신도'를 보라.

여신(女神, goddess) 여성성(女性性)을 지닌 신(神). 남자 신의 배우자 신. 성경에는 이방 우상을 언급할 때 사용되는데(렘44:17-18), 시돈 사람의 여신인 아스다롯(왕상11:5,33), 에베소의 수호신 아데미(행19:37) 등이다. 이외에도 바벨론에서 숭배되던 '하늘의 여왕'이 있다(렘7:18).

여우(fox) 갯과(科) 여우속(屬)의 포유 동물. 이리보다 작으며 털이 많고 꼬리가 길며 빠르고 교활하다. 자연 동굴 또는 스스로 판 굴에 기거하며(애5:18; 눅9:58) 야행성이고 떼 지어 서식하지 않는 특징을 지녔다(겔13:4). 잡식성(곤충, 열매, 작은 짐승 등)으로 특히 과즙을 좋아하기 때문에 포도원을 망치기도 한다(아2:15).

비유적으로 사랑을 방해하는 것, 영적으로 교회를 대적하는 세상이나 사탄의 세력(아2:15), 자기 이익만 추구하는 거짓 예언자(겔13:4), 또는 교활하고 음흉한 것을 상징하는 말로 쓰였다(눅13:32). 그리고 매우 하찮고 보잘것없음을 강조하는 말로도 사용했다(느4:3).

여인, 여자(女人, 女子, woman) 남자의 상대 개념으로, 첫 사람 아담이 최초로 하와에게 붙인 호칭(창2:23). 여자는 남자를 돕는 배필이요 그를 완성시키는 데 필수적인 존재(창2:18,20-25)인 동시에 하나님의 형상을 따라 지음받은 독립적이고 고유한 인격의 소유자이다(창1:27-28). 남자와 상대하며 서로 보완하고 사랑으로 하나 됨으로써 함께 하나님의 뜻을 이뤄가며 함께 생명의 은혜를 유업으로 받을 존재이다(벧전3:7).

성경에서 여자는 죄가 인간 세상에 들어오는 과정에서 중요한 역할을 한 존재요 남자를 죄로 이끈 자로 언급된다(창3:1-6; 고후11:3; 딤전2:14). 동시에 성경은 여자의 후손을 통해 하나님의 구원 역사가 이뤄질 것을 예언하고 있다(창3:15; 갈4:4). 또한 성경문학적으로 여자는, 그리스도의 교회(요3:29; 엡5:31-32; 시45:2-15)요, 정결한 성도(마25:1-4; 고후11:2; 계14:4)를 상징하는가 하면, 때로 악(惡, 슥5:7-8; 계19:2), 악한 자들(사32:9,11; 마25:1-13), 혹은 배교(背敎)를 상징하기도 한다(렘6:2; 계17:4,18).

■**여인에게서 태어난 사람**(Man born of woman) - 자연적인 출생 방법에 따라 태어난 사람들, 곧 '모든 인류'를 가리킨다(욥14:1). 이는 인간의 연약함과 그 한계 및 죄성(罪性)이라는 개념이 내포된 표현이다.

■**여자의 후손**(woman's offspring) - 문자적으로 '여자의 씨(자손)'란 뜻. 즉, 남자의 씨를 통한

자연적 잉태 과정을 거치지 않은 동정녀 탄생을 암시하는 말이다. '원시 복음', '최초의 복음'이라 일컫는 창세기 3:15에서 언급된 표현이다. 이는 성육신하시되 죄와 무관하게 이 땅에 오신 메시야 예수를 예시한다(갈3:16,19).

여호와(Jehovah, LORD) → [2. 교리 및 신앙용어] '여호와'를 보라.

역대사가(歷代史家, the bygone historian) 지나온 날들의 각 세대에 활동했던 역사학자나 역사 기술가를 두루 이르는 말.

역사(役事, work, labor) 육체적 노동과 관련하는 '일', '공사'(출1:14; 대상28:20; 스2:69). 토목이나 건축 공사(출5:4-5; 왕하22:9; 느5:16). 성경에는 국가적인 대사(大事)나 공공을 위한 큰 일 또는 인류 구원을 위한 하나님(그리스도)의 거룩한 사역(마16:20; 고전12:6; 골2:12; 찬송가 240,243장)을 가리키는 말로 사용되었다. 그리고 하나님의 뜻을 방해하는 사탄의 일에도 이 같은 말을 사용했다(살후2:10-11).

연단(鍊鍛, test, refine) 금속을 태워 불순물을 제거하거나 육체 또는 인격, 신앙 등을 단련해 성숙한 상태로 만드는 것(사48:10; 단11:35; 슥13:9; 말3:2-3; 롬5:4; 히5:14; 계3:18). 일명 '제련'(製鍊, 욥28:1).
성경에서 연단 곧 고난과 환난, 징계로 이뤄지는(사48:10; 렘9:7; 히12:11) 연단은 신앙상 여러 유익을 가져준다고 보았다. 즉, ① 정결하게 하고(단11:35; 12:10), ② 불순함을 제거하며(말3:3), ③ 소망을 이루고(롬5:4), ④ 선악을 분별하게 하며(히5:14), ⑤ 의의 평강한 열매를 맺게 한다(히12:11). → '시련', '훈련'을 보라.

연락(宴樂, pleasure) '즐거움', '회락'이라는 뜻(창31:27; 신28:47; 대하30:26)과 함께 '기쁨의 잔치', '잔치를 베풀고 즐기는 일'이란 의미도 지닌다. 성경에서는 긍정적인 의미보다 부정적인 뜻으로 더 많이 사용되는데, '육체적이고 세속적인 쾌락과 향락'(잠21:17; 전7:4; 사43:14), '호화롭게 먹고 마시며, 사치와 쾌락과 탐욕스런 삶을 사는 것'(약5:5), '사치스럽고 호사스런 잔치'나 '방종과 방탕한 삶'(벧후2:13) 등을 묘사한다.

연보(捐補, contribution, collection, gift) ① 하나님께 드리기 위해 가져오는 예물(대하34:9). ② 순수하게 베푸는 호의나 은혜라는 측면에서 형제를 돕기 위해 바치는 선물(기부) 곧 구제 헌금(고전16:1; 고후8:2,20; 9:5,11,13). ③ 신앙 공동체의 필요를 채우며, 교회의 필요 경비에 쓰기 위해 정한 예배 시간에 성도가 자원하여 드리는 헌물. 헌금(獻金). → [4. 예배 및 예식 용어] '연보'를 보라.

연조(年條, years) 살아온 햇수. 지내온 세월(창47:9). 사람의 수명(壽命). 어떤 일에 종사한 햇수. 사물의 역사나 유래.

연합(聯合, union, combination) 둘 이상의 것이 하나가 됨. 두 개 이상의 것을 합쳐 하나의 조직을 만듦. 성경에서는 ① 결혼으로 남편과 아내가 한 몸을 이루는 일(창29:34), ② 공동의 역사를 이루기 위해 서로 협조하는 것(민18:2-4), ③ 군사적인 동맹을 이루는 일(시83:8), ④ 함께 머무는 것(전8:15), ⑤ 서로 조화롭게 하나를 이루는 일(골2:2,19), ⑥ 공동의 운명체가 되는 것(롬6:5; 갈2:20) 등을 말한다.

연휼(憐恤, pity, mercy) '동정심을 가지고 대함', '불쌍히 여겨 호의(은혜)를 베풂', '애석해 함', '은혜를 베풂'이란 뜻(시102:14; 109:12).

열납(悅納, acceptance) 기쁘게 여기고 받아들임, 만족하며 기꺼이 받아들임'(창4:4; 레1:3-4; 시19:14; 사58:5). 이는 '향기로운 제물', '하나님을 기쁘시게 한 것'(빌4:18)과 같은 뜻으로 본다.

열두 보좌(- 寶座, twelve thrones) 세상이 새롭게 되어 예수 그리스도께서 영광의 자리에 앉으실 때에 그분을 믿고 따르는 성도에게 주어지는 하늘나라에서의 영광스런 자리(마19:28). 이는, 이스라엘 열두 지파를 심판하는 자리이다.

열두 사도(- 使徒, the Twelve, the twelve apostles) 예수님의 공생애 기간 동안 부름을 받

고 그분의 가르침을 배우고, 그 행적을 직접 목격했을 뿐 아니라 그분으로부터 복음의 일꾼으로 직접 세움을 받은 12명의 제자들(눅9:12; 계21:14). → '열두 제자', '사도'를 보라.

열두 제자(- 弟子, the twelve disciples) '열두 사도'와 동의어(마10:2). 예수님의 공생애 기간(눅6:12-16), 그리고 종말(심판)의 때에(마19:28) 예수님을 도와 인류 구원을 위한 하나님의 거룩한 역사를 이루도록 주께서 친히 선택하여 가르치고 또 파견하신 제자들의 무리.

성경에서는 단순히 '열둘'이라고도 했다(마26:14,47; 막14:10,17,43). 베드로, 세베대의 아들 야고보와 요한, 안드레, 빌립, 바돌로매, 마태, 도마, 알패오의 아들 야고보, 다대오, 가나안 사람 시몬, 가룟 유다 등이 이에 속한다. 이들은 초대교회의 기둥 같은 존재들이었고, 하나님 나라 건설의 기초석이었다(행2:14-47). → '제자'를 보라.

열두 지파(- 支派, the twelve tribes) 야곱의 열두 아들을 족장으로 하는 열두 가문(창49:28; 출28:21). 이들을 '하나님의 백성', '선민'(選民), '이스라엘'이라 칭한다. 초기에 르우벤, 시므온, 레위, 유다, 스불론, 잇사갈, 단, 갓, 아셀, 납달리, 요셉, 베냐민 지파를 가리켰으나 레위 지파가 하나님의 소유가 되면서(민1:47-54; 2:12) 요셉 지파를 그의 두 아들 므낫세와 에브라임 지파로 분리함으로 열두 지파를 유지하게 된다(신27:12-13).

한편, '열둘'이라는 숫자는 완전수를 상징하며, 동시에 새 하늘과 새 땅에서의 구원받은 모든 백성을 상징한다(계21:12-14). → '지파'를 보라.

열매(fruit) 과실. 땅의 소산물. 가축의 새끼. 팔레스타인의 대표적인 열매로 포도, 감람, 무화과 열매가 있고 그외에 석류, 사과 등이 있다.

성경에서 '열매'라는 단어는, 사람의 말이나 행실 특히 도덕적 행위(잠12:14; 히13:15), 악행에 따른 결과(호10:13; 롬6:19) 등 상징적으로나 은유적으로 광범위하게 쓰인다(신7:13; 잠1:31; 요4:36). 예를 들면, ① 자녀를 '태의 열매'(시127:3), ② 하나님의 신실하심을 강조하는 표현으로 '입술의 열매'(사57:19), ③ 보응으로서 '열매'(렘17:10)가 언급된다. 그리고 ④ 의인이 받을 결과물을 '의인의 열매'(잠11:30)라고 하였다. 또 ⑤ 행위에 따른 악한 결과(마3:10; 7:15-20; 눅6:43-44)나 선한 결과(시104:13; 마3:8; 롬7:4)로서의 '열매'와 ⑥ 복음 전파의 결과물로서의 '열매'(롬1:13; 15:28; 빌1:22), 그리고 ⑦ 성령께서 주시는 다양한 은사 곧 성도가 그 삶을 통해 결실해야 할 '성령의 열매'를 언급하기도 한다(갈5:22-23). 이런 맥락에서 성경은 '열매'로 그 사람을 알 수 있다고 단언한다(마7:16,20).

열방(列邦, nations) 세상 나라들. 모든 민족(사11:12). 열국(列國). 성경에서는 모든 민족에 대한 하나님의 통치를 나타내는 말로 자주 쓰이며, 때로 '불신 세계'(不信 世界, 이방 나라들)를 상징하기도 한다(렘10:2). → '이방'을 보라.

열쇠(key) 자물쇠(잠긴 것)를 푸는 도구(삿3:25). 은유적으로 문제를 푸는 핵심을 가리킨다. '권위'(사22:20-22; 마16:19; 계1:18), '지배력'(계3:7; 9:1)을 상징하기도 한다. 그런 점에서 예수 그리스도는 사망과 음부의 권세(열쇠)를 가지고 계시며(계1:18), 사도들은 천국 열쇠를 위탁받았다(마16:18-19).

열심(熱心, zeal, fervor) 어떤 일에 생각과 정신과 의지를 모두 집중하는 일(삼하21:2; 왕상19:10). 성경에는 특히 ① 죄인을 구원하시고 택한 백성을 보호하시며 죄악을 심판하시는 하나님의 의로우신 성품(왕하19:31; 사9:7; 겔5:13), ② 성부 하나님의 뜻을 온전히 받드신 성자 예수의 거룩한 열정(요2:17; 4:34; 9:4), 그리고 ③ 하나님과 바른 관계를 맺고 하나님의 뜻을 좇아 이 땅에 살아가는 성도의 삶의 자세를 강조하는 표현으로 쓰였다(행18:25; 롬12:11; 고후11:2).

염려(念慮, anxiety, fear, concern) 문자적으로 '마음이 편하지 않다', '마음이 여러 갈래로 나뉘다'는 뜻으로, 생각과 감정 등이 나뉘어 마음이 산란하고 근심하는 상태를 말한다(마6:25; 눅12:22). 성경에는 ① 하나님과 그 나라(교회)를 위한 거룩한 염려(고전7:34; 고후11:28), ② 아무 소용없고 무익한 세상 염려(마13:22; 눅8:14) 등 두 종류가 언급된다.

영(靈, spirit, Holy Spirit) 하나님이신 '성령'(聖靈, 사40:13), 또는 피조물이자 비물질적인 실존(겔10:17), 혹은 육(肉)과 대조되는 속사람의 실체로서 '영혼'(靈魂)의 준말(요3:6). '영'으로 번역되는 히브리어 '루아흐'(רוּחַ)와 헬라어 '프뉴마'(πνεῦμα)는 공히 '바람', 혹은 '숨'으로도 번역된다. 그리고 신구약 모두 하나님과 인간에게 동시에 '영'이라는 표현이 사용된다. 물론, '영'의 개념을 한 마디로 정의내리기는 힘들다. 예수께서는 니고데모와의 대화 중에, 그 효과는 볼 수 있지만 실체는 볼 수 없는 바람과 같은 것이 '영'이라 설명하셨다(요3:8).

한편, 하나님과 관련하여 '영'은 대체로 '성령 하나님'을 가리키며(창1:2; 시139:7; 사30:1-2), 인간과 관련해서는 주로 인간 속에 내재된 신적 요소로서 하나님과 관계하는 정신 영역을 일컫기도 하고, 또 인간의 사고나 이해, 감정, 태도, 의지 등을 포함하는 기능들의 폭넓은 범위를 일컫기도 한다(욥10:12; 사19:14; 전3:21; 12:7; 살전5:23; 히4:12). 그리고 '영'은 선하고 악한 비물질적 존재들에 대해서도 사용된다(삼상16:14; 시104:4; 엡2:2; 딤전4:1).

■**영 분별**(靈 分別, discerning of spirit) - 성령께서 성도에게 주시는 능력으로서, 하나님의 영으로 말하는 자와 악령에 사로잡힌 자를 구별하는 능력을 가리킨다(고전12:10; 요일4:1-3).

영감(靈感, spirit, inspiration) '하나님께서 성령을 통해 주시는 지혜나 생각', '예언자의 마음을 이끌고 성도의 심령을 고무시키는 성령의 사역'(눅2:27), '한 개인이나 특정 집단에게 부여하는 재능이나 분별력'(출35:34; 민11:16-17), '계시 의존적 사색' 등을 일컫는다. 그외에 엘리사가 엘리야에게 요구했던 '영감', 즉 선지자로서 필요한 신령한 권능과 지혜를 말한다(왕하2:9).

하나님은 인생들에게 영감을 주시되 내적인 충동으로(삿13:25; 렘20:9), 음성으로(계1:10), 꿈(단7:1)이나 이상(겔11:24-25) 등 여러 모양으로 주신다(히1:1). 영감을 주시는 이유는 ① 하나님의 비밀을 계시하시기 위해(암3:7; 고전2:10), ② 진리를 가르치고 증인 삼으시기 위해(미3:8; 행1:8), ③ 미래를 계시하시기 위해서다(행1:16; 벧전1:10-12).
→ [2. 교리 및 신앙 용어] '영감'을 보라.

■**하나님의 영감으로 이뤄진 성경** - 하나님의 영감은 기록된 성경에서 그 정점을 이룬다. 성경은 어느것 하나 사람의 뜻으로 만들어진 것이 없다. 철저히 하나님의 감동(영감)으로 기록되었다(딤후3:16; 벧후1:21).

따라서 성경은 하나님의 권위와 뜻을 드러내며(마4:4,7,10), 영원하고(마24:35), 신뢰할 만하며(시119:160), 하나하나가 정확하고(마22:32,43-46; 갈3:16), 폐하지 못하며(요10:34-36), 온전히 성취되어(렘28:15-17), 우리에게 유익을 준다(딤후3:16-17). 그리고 하나님의 감동으로 기록된 성경이 온전히 받아들여지고 깨달아지기 위해서는 성령의 도우심 곧 성령의 내적 조명이 필요하다(고전2:14-16).

영광(榮光, glory, honor) 빛나는 영예. 인간이 감당할 수 없는 초월한 빛. 하나님의 임재나 긍휼, 완전성을 찬양하며 높이 드러내는 행위 등을 나타내며(출16:7; 24:16; 레9:6), 사람이나 사물과 관련해서는 '아름다움', '뛰어남', '명성' 등의 의미로 사용된다(눅12:27; 고후5:12).

■**하나님의 영광**(glory of God) - '영광'은 본질적으로 하나님에게 속한 것으로(시19:1), 오직 하나님만이 영광을 받으실 분이다(사42:8). 특히, 하나님은 자기 이름(신28:58; 느9:5)과 위엄(욥37:22; 시93:1; 사2:10), 권능(출15:1; 롬6:4), 역사(시19:1; 111:3), 거룩함(출15:11)을 통해 영광을 나타내셨고, 그 무엇보다 성자 예수에게서 그 영광을 나타내셨다(요1:14; 고후4:6; 히1:3). 또 하나님은 거룩한 임재시에 영광을 나타내셨고(눅2:9), 하늘과 온 우주 가운데 나타내셨고(시8:1; 113:4), 신실한 일꾼들(출34:5-7; 행7:55)과 거룩한 공동체 안에(신5:24; 시102:16; 계21:11,23) 나타내고 계신다. 종말에는 온 세상 중에 하나님의 영광을 인정하는 것이 가득하게 하실 것이다(합2:14). 그리고 모든 성도는 마지막 날 그 하나님의 영광 앞에 설 것이다(유1:24).

■**그리스도의 영광**(glory of Christ) - 예수님은 창세 전에 성부 하나님과 함께 영광을 가지셨고(요17:5), 또 성부로부터 영광을 받으셨다(요17:22; 벧후1:17). 따라서 예수님 안에서 하나님의 영광을 볼 수 있다(요1:14).

한편, 예수님은 이 땅에서 표적과 십자가를 통해

영광을 나타내셨지만(눅24:26; 요2:11; 히2:9-10) 결코 자기 영광을 구하지 않으셨고(요8:50), 오직 성부 하나님을 영화롭게 하셨다(요7:18; 17:1,4-5). 성부는 죽으신 그리스도를 살리시고 또 하늘로 올리심으로 그리스도를 영화롭게 하셨고(딤전3:16), 하늘에서 영광을 받으시게 하셨다(계5:11-12). 또 그리스도는 영광 중에 다시 오실 것이다(마16:27; 25:31).

이 사실을 믿는 성도는 영원한 영광에 부름받은 자로서(살후2:14), 장래에 영광받기로 예비된 존재이다(롬9:23; 고전15:43; 빌3:21). 따라서 그리스도를 영광의 소망으로 삼는 성도는(골1:27), 이 땅에서 고난을 받을지라도 실망치 말고(롬8:18; 고후4:17), 오히려 그 고난을 영광으로 삼고(엡3:13) 이 땅에서 무엇을 하든지 하나님의 영광을 위해 살아가야 한다(고전10:31).

■**세상의 영광**(glory of the world) - 사람들은 이 땅에서 영광을 얻으려고 노력하지만(마6:2; 살전2:6) 그것은 궁극적으로 유익하게 하지 못할 뿐 아니라 마귀의 시험거리가 된다(마4:8). 현세의 모든 영광은 마치 들의 꽃과 같이(눅12:27; 벧전1:24) 순간적이요 일시적이며(고전15:40; 고후5:12), 죽음과 함께 끝이 난다(시49:17). 영광의 주체이신 하나님을 외면한 그 어떤 영광도 수치(호4:7)와 파멸(사5:14; 13:19)로 종결될 것이다.

그러므로 자신의 영광을 구하기보다 매사에 하나님의 영광을 구하며 그분의 영광에 참여하기를 소망해야 한다(롬8:21; 벧전1:7). 하나님은 자기를 사모하는 자들에게 참된 영광을 안겨 주신다(시84:11).

■**영광길**(glory path) - 예수님의 대속의 은총을 입은 성도가 누리게 되는 존귀와 복과 영화로움으로 가득 찬 인생 행보(찬송가 536장). 이는 '거친 세파에서도 흔들리거나 쇠하지 않는 하나님 자녀의 영광스러운 정체성'과 '마침내 완성될 하나님 나라에서의 영광된 삶'을 내포하고 있다.

영구(永久, permanent, forever, lasting) 오래 계속되어 끊임이 없음. 다함이 없이 영원함. 길고 오램. 영원함과 연속성을 강조한 표현이다(레25:23; 레18:8; 시72:17; 히10:34; 13:14).

영매(靈媒, spiritualistic medium) 악한 영혼이나 죽은 망령(亡靈)에 접신(接神)하여, 그들을 대신해서 말을 하거나 하는 일, 또는 그런 사람(삼상28:3-25). 일명 '신접자'(神接者). → '신접자'를 보라.

영물(靈物, spiritual being) 사람의 지혜로는 짐작할 수 없을 만큼 훌륭하고 신비스러운 물건이나 생명체, 또는 육체가 없는 영적인 실체를 가리켜 이르는 말. 주로, 하나님의 거룩과 영광을 훼손하는 영적인 실체(우상)를 가리키는 말로 쓰인다.

영벌(永罰, eternal punishment) 그리스도를 통해 나타내보인 하나님의 사랑을 거부한 자들에게 주어질 영영한 형벌(마25:46; 요3:18-19). 영벌의 최종적인 장소는 불과 유황의 못이다(계19:20; 20:10,14-15). 이를 가리켜 '영원한 멸망의 형벌'(살후1:9), '영원한 불'(마18:8; 25:41), '영원한 결박'(유1:6), '둘째 사망'이라고도 한다(계14:9-11; 20:6). → '벌', '지옥'을 보라.

영생(永生, eternal life) 예수께서 주시는 영원한 생명(눅10:25; 요3:16), 또는 예수 그리스도 자신(요일1:2). 성경에서는 단순히 죽음에서 탈피한 불멸의 생(生) 곧 그저 영원히 죽지 않는 삶을 가리키지 않고 죄와 사망 권세로부터 완전히 해방된 구원, 자유, 기쁨으로 가득 찬 생명을 일컫는다. 더욱이 장차 임할 천국에서의 삶만이 아닌 그리스도를 믿은 이후 이 세상에서 누리게 되는 영원한 삶을 가리키기도 한다.

결국 영생이란, ① 그리스도를 믿고 하나님과의 새롭고 영속적인 관계에 들어가는 것이요(요17:3; 롬5:21), ② 새로운 생명을 덧입는 것이며(요5:24; 롬6:11), ③ 하나님과 예수 그리스를 아는 것이고(요17:3), ④ 예수를 믿음으로써(요17:2-3; 갈2:20) 얻는 거듭남과 함께 시작되는 경험이요(딛3:4-7), ⑤ 세상 마지막 날 완성되는 것이다(요6:40).

이 영생은 하나님께서 영원 전부터 약속하신 것이며(딛1:2; 요일2:24-25), 하나님의 은사로서(롬6:23), 하나님의 아들이신 예수님을 통해 주신 것이다(요10:28; 17:2; 요일5:11). 따라서 그 어떤 자라도 성경의 진리를 좇아(요5:39; 20:31) 예수 그리스도를 믿기만 하면 영생을 얻게 된다(요3:15-16; 6:47; 11:25-26).

■**영생 길**(eternal life path) – 하나님께서 보여주신 영원한 생명의 길(찬송가 158장). 그 길은 죄인들로 하여금 영원한 생명의 길로 나아가게 하시는 '예수님'을 의미한다(요14:6).

■**영생복락**(永生福樂, eternal life and blessing) – 구원얻은 성도가 얻게 되는 영원한 생명과 복된 삶(찬송가 327장). 하나님과 동행하는 자에게 주어질, 이 땅에서 결코 얻을 수도 누릴 수도 없는 '신령한 행복'을 나타낸다.

■**영생수**(永生水, water of eternal life) – 하나님께서 구원얻은 성도에게 이미 허락하신 결코 고갈되거나 변질되지 않는 영원한 생명의 물(찬송가 309,408장). '인생으로 하여금 진리와 거룩에 반응하게 하며 영원히 목마르지 않게 하시는 하나님이 베푸신 생명의 기운', 또는 '성도의 심령에 내주하셔서 끊임없이 생명을 공급하시는 성령의 사역'을 뜻한다(요4:10-14).

영세(永世, eternity, all generations, long ages) 인간이 계산할 수 없는 오랜 시간. 인간이 경험하지 못한 오직 하나님에게 속한 시간(롬 16:25). '대대로 영원히' (창9:12), '영원히' (사 45:17)라고도 할 수 있다.

■**영세 전**(永世 前, long ages past) – 하나님께서 천지를 창조하시기 이전. 하나님에게 속한 시간(롬16:25). 태초(太初, 요1:1).

영영 상벌(永永 賞罰, eternal reward and punishment) 더 이상 변경할 수 없는 영원한 성격의 상과 벌(찬송가 204장). 예수 그리스도의 재림으로 이뤄질 최후의 심판 때에 의인은 영원한 상(영생, 상급)을 악인은 영원한 벌(고통, 멸망)을 받게 될 것'을 나타낸다(마25:46; 계20:13-15).

영원(永遠, eternity, everlasting) 무시간적(無時間的)인 초월성을 뜻하는 것만이 아니라 시간이 한없이 지속되는 상태, 곧 무한대의 과거와 미래를 포함한 모든 시간 영역을 말한다. 이는 하

영성
(spirituality)

영성(靈性)이란(성경에는 언급되지 않지만), ① 하나님을 믿고 거듭난 모든 자녀들에게 주어진 영적인 성품을 말한다. ② 성령의 역사하심으로 예수 그리스도를 통하여 이루어진 하나님의 모든 은혜와 은총을 경험하는 자에게서 나타나는 자연스럽고 경건한 성품이다. ③ 성령의 충만한 은혜 속에서 성령의 지배를 받고 살아가는 영적인 사람의 속성을 말한다(엡 3:16,20). ④ 이는 하나님과의 바른 관계에서 이뤄지는 것으로(요일1:3), 이를 통해 하나님과 인간에 대한 온전한 사랑, 말씀에 기초한 도덕적 통찰과 능력, 그리고 하나님의 깊은 신비에 대한 신령한 지식과 지혜를 겸비하게 된다.

한편, 이 '영성'을 종교다원주의적 입장에서 단지 육체와 구별되는 영적인 속성이나 인간 내면의 문제, 또는 신비주의적 경향성에 대한 것으로 이해하는 경향도 있다. 즉, 로마 가톨릭, 이슬람, 불교에서도 영성에 대한 지대한 관심을 가지고 있고, 바로 그런 점에서 '영성'은 타종교가 기독교의 담을 쉽게 넘는 도구가 되고 있다. 오늘날 한국교회에 영향을 주고 있는 소위 영성의 대가들(토마스 머튼, 헨리 나우웬, 리차드 포스터, 유진 피터슨, 필립 얀시 등)은 그들의 프로필과 글에 나타난 접근방법은 서로 달라 보여도, 그들은 신비주의적 가톨릭 영성이나 인간의 내면 문제를 추구하는 동양 종교의 영성과 기독교의 영성 간에 담을 허물어 놓고 교인들을 종교다원화의 길로 안내하고 있다.

■**영성 훈련**(靈性 訓鍊, the discipline of the spirit) - 그리스도인들이 자신의 가치관과 삶의 의미를 재발견하고, 하나님과의 바른 관계를 더욱 깊이하며, 하나님의 뜻을 구별(discernment)하고, 깨닫고 돌이킨 대로 살아가게 하는 일종의 신앙 (성숙)훈련이다.

이를 위해서는 내적 훈련 (말씀묵상, 기도, 경건한 독서, 예배와 성찬, 죄의 고백과 자기성찰, 영적 갈등 해소 등)과 외적 훈련 (섬김과 사랑, 공동체를 통한 나눔, 연합, 겸손과 긍휼, 청지기적 삶 등)을 겸하여 실시해야 한다. 이런 훈련을 통해서 하나님 앞에 자신을 온전히 내려놓게 만들고, 하나님의 거룩한 형상을 회복함으로써 하나님의 말씀에 더욱 신종(信從)하는 성숙한 신앙인으로 만들어져가게 된다.

나님의 주권에 속한다(느9:5; 시90:2).

한편, 이 세상에서 영원(永遠)한 것은 아무것도 없다. 오직 '하나님'(신33:27; 시90:2; 렘10:10)과 '그리스도'(미5:2), '성령'(히9:14)만이 영원하시다. 그리고 하나님으로부터 비롯된 '생명'(요일1:2), '언약'(창17:7; 렘32:40), '말씀'(마24:35), '의'(시119:142; 고후9:9), '하나님의 나라'(시145:13; 히12:27-28), '복음'(계14:6), '영광'(시104:31), '경륜'(엡3:9-11) 등이 영원하다.

이와 함께 하나님이 베푸신 속죄(히9:12)와 구원(사45:17; 히5:9), 영생(요3:15)과 기쁨(사35:10; 51:11), 그리고 그분의 위로(살후2:16)와 보상(요4:36), 기업(창17:8; 히9:15)과 영광(벧전5:10), 하나님 나라의 백성 된 것(벧후1:11) 등이 영원하다. 또한 하나님이 악인에게 베푸시는 심판(히6:2)과 형벌(살후1:9) 및 수욕(렘20:11; 단12:2)과 죄악 세력을 태우는 지옥의 불(마18:8; 25:41; 유1:7) 등이 영원할 것이다.

■**영원무궁**(永遠無窮, **for ever and ever, eternity**) - 영원하여 다함이 없음(출15:18; 시10:16; 렘7:7). 공간과 시간이 끝이 없음. 영영무궁(찬송가 2,73,135장).

■**영원 복락**(永遠 福樂, **eternal blessing and pleasure**) - 다함이 없는 복과 쇠함이 없는 즐거움(찬송가 534장). '예수 그리스도를 믿는 성도가 현재 누리고 있고, 또 장차 천국에서 누리게 될 영원한 행복과 즐거움'을 나타낸다(계21:3-4).

■**영원한 반석**(**the Rock eternal**) - 그 어떤 세파에도 흔들리거나 함몰당하지 않는 견고한 보호처로 절대 신뢰할 만한 분이신 하나님(사26:4), 또는 예수 그리스도(찬송가 620장)를 가리킨다.

■**영원한 생명**(**eternal life**) → '영생'을 보라.

■**영원한 심판**(**eternal judgment**) - 종말론적 심판 곧 최후의 심판을 염두에 둔 표현으로(히6:2), 그 대상은 산 자와 죽은 자, 그리고 신자와 불신자 모두에게 적용된다. 물론, 신자는 영원한 천국에 들어가기 위한 심판이요 그 행위에 따른 상급을 확인하는 심판일 것이지만, 하나님을 거역하는 자에게는 영원한 파멸(지옥)에 들어갈 심판이 이뤄질 것이다(벧후3:7-14).

■**영원한 집**(**eternal home**) - 그리스도께서 성도를 위해 예비해 두신 처소 곧, 성도가 이 땅의 삶을 마치고 들어가게 될 영원한 천국을 가리킨다(요14:2-3; 찬송가 272,528장).

■**영원한 형벌**(**eternal punishment**) → '영벌', '영영 상벌'을 보라.

영장¹(伶長, **director of music**) 기본 의미는 '우수(탁월)하다.' 성전 예배시 음악 지휘를 담당하는 '찬양대 지휘자', '지휘하는 사람'(합3:19), '인도자'(시4편). 주로 시편 제목들에서 발견된다(시4,6,8-9,11-14,18-22,31,36,39-42,44-47, 49,51-62,64-70,75-77,80-81,84-85,88,109, 139-140편).

영장²(靈長, **lord**) 가장 뛰어나 영묘한 능력을 지닌 것. 사람을 가리켜 '만물의 영장'이라고 한다(창1:26-30).

영적(靈的, **spiritually**) '하나님이 보시기에 합당한'(롬12:1), '육체에 상응하는 영혼에 관계된 것'(롬15:27), '성령 하나님의 역사를 통해 이뤄지는 신령적인 것'(고전2:13; 14:12), '거룩하고 신령한 관점에서'(계11:18)란 뜻.

■**영적 각성**(靈的 覺醒, **spiritual awakening**) - 죄(부패)와 나태로 점철되어 있는 자신의 잘못을 깨달아 철저히 참회하고 영적으로 새로움을 모색함. 참된 영적 각성은 자신 또는 자기가 속한 공동체의 죄성(罪性)을 깨닫는 데서 시작하여, 하나님의 뜻을 분별하고 순종하는 데까지 나아가는 것이다(엡4:17-24). → '깨어 있음'을 보라.

■**영적 봉헌**(靈的 奉獻, **spiritual dedication**) - 하나님께 자신의 전인격을 드리는 일(롬12:1).

■**영적 자선행위**(靈的 慈善行爲, **spiritual works of mercy**) - 어려움에 처한 이웃을 돕되, 특히 영적인 문제와 관련하여, 죄인을 회개시키고 구원의 도를 가르치며, 영적으로 무지한 자에게 빛된 진리를 전하고, 애통하며 신음하는 자에게 위로를 전하며, 믿음에 의심이 있는 자에게 확신을 심어 주고, 행악자를 용서하고 사랑하며, 세상의 핍박에 인내하고 그리스도의 사랑을 전하며, 불신 영혼을 위해 기도하는 일 등이다.

■**영적 재충전**(靈的 再充電, **spiritual refreshment**) - 바쁘고 혼란한 일상을 잠시 멈추고 휴식을 하거나 기도와 말씀묵상 등을 통해 영적

인 활력을 되찾거나 영적인 실력을 기르는 일(마 14:23).

■**영적 전쟁**(靈的 戰爭, **spiritual war**) – 죄와 사망의 권세가 장악하고 있는 이 세상을 살아가는 성도가 매일 치루어야 하는 거룩한 전쟁. 그 상대는 이웃이나 환경이 아니라 그것들을 통해 유혹하거나 시험(핍박)하고 마침내 죄악과 파멸로 이끄는 어둠의 주관자들과 악의 영들이다(엡6:12-18; 찬송가 355,358장).

영적 전쟁에서 승리하는 유일한 길은 하나님의 전신갑주를 입고 예수 그리스도를 대장 삼아 그분의 뒤를 온전히 좇는 것이다(찬송가 352장).

■**영적 조명**(靈的 照明, **illumination**) – 하나님의 기록된 말씀 곧 성경의 진리를 밝혀주는 성령의 거룩한 활동을 일컫는 말이다. 하나님의 감동(영감)으로 기록된 성경은(딤후3:16) 영적 조명을 통해서만 그 기록된 것들의 의미를 이해할 수 있다. 이런 맥락에서 중생하지 않은 자는 이런 경험을 할 수 없다. 왜냐하면 그들은 하나님의 진리에 대해 어두운 존재이기 때문이다(고전2:14).

주께서는 신자들에게 이와 같은 성령의 활동을 약속하고 계시며(요16:13-16), 또 하나님의 깊은 것이라도 깨달을 수 있도록 하신다(고전2:10; 엡1:19; 3:9).

영접(迎接, **meet, welcome**) 우호적인 마음으로 손님을 맞아 기쁘게 접대함(창14:17; 19:1; 삼상10:10). 주님을 영접하고(계3:20), 주님의 일꾼을 영접하며(마10:40-42; 막6:11; 요13:20), 불쌍한 이웃과 나그네를 영접하는 것은(마18:5-6; 25:31-45; 히13:1-3) 성도의 도리다.

여기서, '주님을 영접한다'는 것은 주님을 구주로 믿는다는 의미이며(요1:11-12), 주님과 영적인 교제를 나눈다는 뜻이다(계3:20). 이 같은 일은 성령께서 역사하실 때에 가능하다(요3:5-8; 고전2:4-5). 한편, 주님께서는 마지막 날 자신을 믿는 모든 인생들을 영원한 '생명의 나라로 영접하실 것이다(요14:1-3).

영존(永存, **everlasting**) '영원히 지속적으로 존재하거나 머무름' (시102:26; 사9:6; 히1:11), '영원히 삶' (시49:9). 성경에는 없어질 피조물과 대비되는 하나님의 영존하심(창21:33; 시102:26; 히

1:11)과 메시야(사9:6)의 영원성을 강조하는 말로 쓰였다.

영혼(靈魂, **soul, spirit**) 인간의 정신 작용(감정, 소원, 의지, 욕망 등)을 지배하는 기관(출23:9; 민21:5; 시86:4). 영혼은 하나님이 지으신 것이요(창2:7; 렘38:16), 하나님께 속한 것으로서(겔18:3-4), 불멸(不滅)하며(마10:28), 천하보다 귀한 가치를 지닌다(마16:26). '생명' (삼상18:1,3; 24:11), 마음' (시42:1-2,4)으로도 표현된다.

특히 성경에는, 살아 있는 존재로서의 인간에게서 그 영혼은 몸과 분리될 수 없는 하나의 통일체로 보고, 또 둘을 상호 보완적인 것으로 여긴다(약2:26). 하지만 육체가 죽으면 그 육체에 깃들여 있던 영혼은 분리되는 것이라 본다(창35:18; 마27:50; 계6:9; 20:4).

> **용어상식**
>
> ### 영혼의 기능
>
> 인간의 영혼은 괴로움 당하기도 하고(욥7:1; 시35:13), 외로움(시35:12), 낙망(시42:5), 피곤(시107:5), 주림(시107:26), 즐거움(시71:23; 사61:10), 절망(시107:26) 등을 경험하기도 한다. 또한 하나님을 자랑하고(시34:2) 갈망한다(시25:1; 62:1; 63:1).
>
> 하나님께서는 자기를 기다리는 영혼에게(시130:5) 소생의 은혜를 베푸시고(시23:3), 피난처가 되어주시며(시57:1), 그 영혼을 보호하시고(시97:10; 121:7), 강하게 하시며(시138:3), 그 영혼을 기쁘고 즐겁게 하시고(시86:4; 94:19), 또 영원토록 함께하신다(계20:4).

영화(榮華, **honor, glory, majesty**) 존귀하게 되어서 세상에 드러나고 이름이 빛남. 권력과 부를 마음껏 누리는 일. 긍정적인 측면의 자랑, 긍지, 자부심, 고귀함 등을 넘치도록 포함하고 있는 복된 상태(창45:13; 욥40:10; 시8:5; 잠20:29).

■**영화롭다**(**glorified, exalted, prosper**) – 영화가 있다. 더할나위없이 아름답고 존귀하고 빛난 상태가 되다(출15:1; 느9:5; 시50:15). 주로, 하나님 또는 하나님과 관련된 것(인물 포함)에 붙여지는 수사다(시72:19; 91:15). 하나님은 친히 부르신 자들을 의롭게 하시고 또 영화롭게 하신다(롬8:30).

예루살렘(Jerusalem) יְרוּשָׁלַיִם(예루솰라임) Ἰερουσαλήμ(이에루살렘). '예루'(터, 기초)와 '살렘'(평안, 평강)의 합성어로 '살렘(평화)의 기초', '평강의 소유'란 뜻. 일반적으로 '평화의 도시'로 이해되고 있다. 하나님의 구속 역사 가운데 가장 중요한 위치를 차지하며, 팔레스타인 남북(헤브론에서 사마리아 연결)과 동서(요단 계곡의 여리고와 지중해 연안의 욥바 연결)를 잇는 교통의 요지에 위치한 팔레스타인 제1의 도시요 거룩한 성전이 있는 이스라엘의 수도.

시편의 '산들이 예루살렘을 두름과 같이'(시125:2)라는 표현에서 볼 수 있듯이, 예루살렘은 어느 방향으로 접근하든지 높은 구릉을 거쳐야만 한다. 서쪽과 남쪽에는 힌놈의 골짜기, 동쪽에는 감람산과 기드론 골짜기, 북쪽에는 중앙 산맥이 이어져 내려오고 있어 천혜의 요새를 이룬다. 이중에 북쪽에서의 접근이 가장 용이하여, 역사적으로 예루살렘을 침공했던 외적들은 거의 북쪽 통로를 이용했음을 보게 된다.

■**하늘의 새 예루살렘** - 예루살렘은 하나님이 거하시는 거룩한 도성으로서 영적으로는 천국을 상징한다. 무너져내린 이 땅의 옛 예루살렘(계11:2; 20:9)과는 달리 신약에서는 '거룩한 성 새 예루살렘'에 대한 이상이 분명히 나타난다.

특히 요한계시록에서는 '새 예루살렘'을 '하나님의 성 곧 하늘에서 내 하나님께로부터 내려오는 새 예루살렘'이라 했다(계3:12; 21:2). 이 표현은 공간적 측면에서 이해하기보다 그 근원이 하늘(하나님의 처소)에 있고 그 기원이 철저히 신적(神的)이라는 사실('하나님께로부터 내려오는')에 초점이 맞춰져야 한다. 즉, '새 예루살렘'은 만물을 새롭게 하신 하나님의 절대 주권 아래서(새 질서 속에서) 지배받게 될 복된 상황을 나타낸 것이다(계21:1-2).

이 같은 '새 예루살렘'에 대한 비전은 단지 신약 시대에만 국한된 것이 아니었다. 구약의 선지서나 유대 묵시문학에서 볼 수 있듯이, 이스라엘 민족에게 있어서 종말론적으로 최고의 복은 새 예루살렘 시민이 되는 것이었다(사52:1; 54:11-12; 60:2-3; 65:18; 겔40-48장). 그런데 신약의 성도(어린 양의 신부)에게 바로 이 '새 예루살렘'의 시민 되는 복된 약속이 주어진 것이다(갈4:26,31; 빌3:20; 히11:10,16; 12:23; 계19:7-8).

■**예루살렘의 별칭** - 성경 역사에서 수많은 사건과 인물들을 거쳐온 도시답게 다양한 호칭을 지녔다. 모리아(창22:2), 여부스(수18:28), 시온(왕하19:21; 슥9:13), 살렘(창14:18; 시76:2), 아리엘(사29:1), 헵시바(사62:4), 오홀리바(겔23:4), 여호와삼마(겔48:35) 등. 이외에도 다윗 성(삼하5:7), 유다 성읍(대하25:28), 하나님의 성 곧 지존하신 이의 성소(시46:4), 큰 왕의 성(시48:2), 신실하던 성읍(사1:21), 의의 성읍, 신실한 고을(사1:26), 여호와의 산(사30:29), 여호와의 성읍, 이스라엘의 거룩한 이의 시온(사60:14), 찾은 바 된 자요 버림받지 아니한 성읍(사62:12), 여호와의 보좌(렘3:17), 좋은 열매 맺는 아름다운 푸른 감람나무(렘11:16), 여호와는 우리의 의(렘33:16), 온전한 영광(애2:15), 모든 세상 사람들의 기쁨(애2:15), 주의 성(단9:16), 거룩한 산(단9:16,20), 진리의 성읍(슥8:3), 거룩한 성(사48:2; 계11:2) 등의 별칭이 있다. 그리고 하나님께서 친히 '나의 성읍'(사45:13), '내 거룩한 산'(사11:9)이라고 부르기도 하셨다.

예물(禮物, **offering, gift**) 하나님(제사)과 관련해서는, 감사와 속죄와 화목을 위해 사용된 '희생제물'과 '봉헌물'을, 사람과 관련해서는, 존귀한 자나 사랑하는 자에게 주는 '선물'과 상호간 '약속의 증거물'로 사용되는 각종 물건'을 말한다(출36:3; 시45:12).

구약 시대 선지자들은 형식적 예물보다 하나님의 뜻에 순종하고 의를 추구할 것을 촉구했다(렘7:21-23; 암5:21-24; 미6:6-8). 또 예수님은 제단에 예물을 바치는 행위 이전에 인간 상호간 화목이 더 시급하다고 가르치셨다(마5:23-24). 사도 바울은 하나님의 은혜에 감사해 자신을 온전히 드리는 삶 자체가 하나님이 기뻐하시는 귀한 예물임을 역설했다(롬12:1-2).

성경에서 예물이 사용된 곳을 보면, ① 언약을 확증하고자(창21:28-30; 삼상18:3-4), ② 화해를 위해(창32:20; 잠21:14), ③ 결혼을 위해(창24:53), ③ 어려움에 처한 친구를 위해(욥42:10-11), ④ 음모나 실수를 감추고자(삿3:15-23), ⑤ 선지자의 예언을 듣기 위해(왕상8:7-10), ⑥ 피정복자가 정복자에게 조공을 바치기 위해(왕하17:3-4), ⑦ 우정을 표시하기 위해(왕하20:12-13) 등이다. → '선물'을 보라.

예배(禮拜, worship) 하나님을 향한 존경과 경외심이 수반된 엄숙한 섬김과 교제의 행위를 말한다(요4:20). 즉, 유일한 예배 대상인 하나님을 의식하며 전 인격에서 우러나오는 경외심을 가지고 경배하고, 하나님의 높으심과 그 은총을 찬양하며, 섬기며 순종하고 교제하는 거룩한 행위가 바로 예배이다. →[4. 예배 및 예식 용어] '예배'를 보라.

예복(禮服, fine robes, ceremonial dress) 특별한 예식(의식) 때 입는 옷. 제사장(레21:10), 왕과 왕비(에5:1), 노래하는 자(대하20:21), 부자나 귀족(사3:22), 종교예식 참여자(왕하10:22), 신랑 신부 및 그들을 축하하러 온 손님(마22:1-12)이 예복을 입었다.

성경문학적으로, 예복은 때로 사치(사3:22), 순결(슥3:4), 회개 및 회개에 합당한 열매(마22:11)를 상징한다. → '성의'를 보라.

예수 그리스도(Jesus the Christ, Jesus Christ) 성자(聖子) 하나님의 거룩한 이름(고유명사)이자, '예수는 그리스도이시다', '그리스도이신 예수'라는 초대교회 신앙고백의 준말이다(롬1:1). →[2. 교리 및 신앙 용어] '예수 그리스도'를 보라.

예언(豫言, prophecy) 하나님에게서 직접 계시된 것을 사람들에게 전하는 일. 이 일은 하나님이 택하신 선지자(예언자)에 의해 이루어졌다(신18:18; 겔3:17-19; 암3:7-8). 이때 선지자는 성령의 역사와 충만함으로 예언했고(민12:6; 눅1:67; 벧후1:20-21), 그 예언은 하나님의 감동으로 기록되었다(딤후3:16).

구약 예언의 초점은 메시야 예수에게 맞추어졌고, 신약은 그 예언의 성취를 보여 준다(눅24:26-27,44). 하나님께서 그 권위로써(사41:22-23) 전하신 예언은 반드시 성취된다(마5:18; 24:35). 따라서 그 예언은 사사로이 풀어서는 안 되며(벧후1:20), 인간의 생각과 판단으로 바꿔 기록해도 안 된다(계22:18-19).

■**예언서**(豫言書, the Prophets) - 하나님께서 계시하신 메시지를 기록한 예언자들의 문서들(눅24:44; 행13:15). 넓게는 구약성경, 좁게는 구약의 선지서를 가리킨다.

■**예언자**(豫言者, Prophet) - 하나님의 뜻을 전하는 사람(렘28:9). 선지자. → '선지자'를 보라.

예표(豫表, symbol, portent) 미리 알려주는 표징. 장래의 완전한 것(실체)을 미리 나타내 보여 주는 현재의 미미한 것(그림자)을 뜻한다(사8:18; 20:3; 슥3:8). 유월절의 어린 양이 우리의 속죄 제물 되신 예수 그리스도를 예표하며(요1:29), 광야의 이스라엘이 세상 속에 존재하는 신약의 교회를 예표한다(행7:38). →[2. 교리 및 신앙 용어] '예표론'을 보라.

옛것(old things) 구약성경(마13:52), 또는 그리스도를 믿기 이전의 것 곧 죄와 사망의 권세 아래서 신음하던 때의 인생이나 그 삶의 방식을 가리킨다(고후5:17; 찬송가 436,554장).

옛 계명(- 誡命, old command) 예수께서 친히 주신 새 계명인 사랑의 계명(요13:34)으로 완성된 계명. '율법'을 가리킨다(요일2:7). → '계명', '새 계명'을 보라.

옛길(the ancient paths) 지난날 지나다니던 길. 지난날의 습관(렘18:15).

옛 사람(people old age, old self) 성경에는 두 종류의 '옛 사람'이 언급된다. ① 문자적으로 '지나간 세대의 사람들(고인을 포함)이나 조상들'(삼하20:18; 마5:21). ② 영적으로 '그리스도 안에서 새 생활하기 이전의 인생을 특징짓는 거듭나지 못한 본성과 거기에 기초한 악한 활동들'(롬6:6; 엡4:22; 골3:9-10).→ '자연인', '새 사람'을 보라.

오는 세대(- 世代, the next generation) 앞(어버이) 세대를 잇는 다음 세대. 현존하는 이 세상을 이어받을 새로운 세대(젊은이 혹은 후손).

오락(娛樂, pleasure, amusement) 마음에 즐거움을 주는 놀이. 성경에는 주로 비신앙적 측면에서의 놀이(사58:3,13-14; 고전10:6-8; 딤전5:6), 즉 쾌락이나 환락(전2:1-8), 술취함(암6:1-6), 잡담(행17:21) 등의 의미로 많이 사용된다. 따라서 오락이 널리 유행하는 때는, 말세(딤후3:1,4) 곧 그리스도 재림의 때(마24:38-39)요 멸망의 때(계

18:21-24)라 경고한다.

오래 참음(patience) 하나님과 관련해서는 '보복하는 것에서 느리고 부드럽다'(롬2:4), '형벌을 늦추다'(마18:26)는 의미를 지닌 말로서, 죄인을 향해 노하기를 더디하시는 하나님의 거룩한 인내를 강조한 표현이다(출34:6; 시86:15; 딤전1:16; 벧후3:9). 물론 이 인내는, 죄악을 눈감아 주는 것이 아니라 오래 참음으로 마침내 죄인들로 회개케 하여 자기 품으로 맞으시려는 하나님의 거룩한 의지에 기인한다(벧전3:20).

이 표현이 사람에게 적용될 때는 '분노를 멀리 두다, 화를 가라앉히다'(고전13:4), '오래 견디다'(행26:3), '불행이나 고통에서 끈기 있고 용감하게 견뎌내다'(히6:15; 약5:8), '모욕이나 무례함을 참는 데 고통하다'는 의미가 담겨 있다. 이는 하나님의 사랑을 덧입은 자요 거듭난 자로서의 거룩한 품성(고전13:4; 엡4:2; 골3:12)이자, 성령의 열매 중에 하나이다(갈5:22). → '인내'를 보라.

오른편(- 便, **right**) 오른쪽. 오른쪽 방향. 성경에는 대개 '위엄과 영광', '존귀와 생명', '지혜와 힘의 근원'을 상징한다(왕상2:19; 시45:9). 반면 '왼편'은 '저주와 사망', '미련하고 어리석음', '기만과 살의' 등을 상징한다(삿3:15,21; 삼하20:9-10; 마25:31-46).

참고로, 오른편은 고대 세계 법정에서 보호하러 온 사람이 서는 방향이다(시16:8; 109:31; 121:5). 그러나 때론 고소하는 자가 피의자 오른쪽에 서서 재판을 받기도 했다(시109:6).

■**오른손(right hand)** – 오른쪽 손. '권능(능력)' 또는 '성공(번영), 우수함'(출15:6-12; 시98:1), '영광'(왕상2:19), '강력한 힘'(욥30:12; 시17:7; 마24:33; 눅6:6), '복'(삿3:15)을 상징한다. 또 오른손은 축복하는 손이기도 했다(창48:14; 출29:20; 겔21:22).

한편, '하나님의 오른손'이란 하나님의 창조의 권능(사48:13)과 자기 백성을 구원하시는 능력(신33:2; 시89:13)을 뜻한다. 그리고 징계의 손길(사62:8; 애2:4)을 나타내기도 하는데, 이때 하나님이 오른손을 거두심은 심판과 재앙을 거두심을 의미한다(시74:11; 77:10).

■**오른팔(right arm)** – 오른쪽의 팔. 상징적으로 큰 힘과 보호와 사랑을 나타낸다(아2:6). → '오른손'을 보라.

오만(傲慢, **arrogance, haughtiness**) 태도가 건방지고 행동이 거만함(삼상2:3; 시75:4). 오만한 자는 하나님이 없다고 여겨 어리석고 교만한 태도를 취하며(시1:1), 자기를 드러내기를 즐기면서 떠벌인다(시94:4). 그러나 인생은 하나님 앞에서 오만한 말을 삼가야 한다(삼상2:3). 오만한 자는 결국 끊어지고 낮아질 것이기 때문이다(사5:15; 13:11; 29:20). 따라서 성도는 오만한 자들을 결코 부러워하거나 두려워할 필요가 없다(시73:3). → '교만'을 보라.

오메가(omega) 헬라어 알파벳에서 마지막 문자(Ω). 이 말은 '최종적'이라는 뜻 외에 '모든 것을 다 포함한다'는 의미로도 쓰였다(계1:8; 21:6; 22:13). → '알파와 오메가'를 보라.

오묘(奧妙, **riddle, depth, abstruseness**) 심오하고 미묘함. 성경에서 이 말은, 하나님의 신비로운 계시(오직 하나님만 아시고 인간에게는 숨겨져 있는 하나님의 뜻과 섭리), 지혜의 탁월성, 측량할 수 없는 그분의 위대성을 가리킨다(욥11:6-7; 시49:4; 잠1:6).

오물(汚物, **unclean thing**) 원뜻은 '몹시 싫은 것, 더러운 것, 부정한 것, 불결.' 더럽고 불결한 쓰레기나 죽은 시체 같은 것을 말한다. 특히, 종교적으로는 하나님이 역겨워하시고 가증히 여기시며, 멀리하시는 (도덕적으로나 영적으로) 부정한 것을 의미한다(겔7:19-20). → '똥', '배설물'을 보라.

오병이어(五餠二魚, **five loaves of bread and two fish**) 예수께서 빈들(벳새다)에서 5천 명을 먹이시는 이적을 베푸실 때에 그 재료로 사용된 한 아이가 가져온 '보리떡 다섯 개와 물고기 두 마리'를 가리킨다(마14:13-21; 막6:30-44; 눅9:10-17; 요6:1-14).

오병이어 사건은 굶주린 무리를 불쌍히 여기시는 예수님의 긍휼과 사랑의 깊이를 확인시켜주며, 또 이적을 베푸신 예수님이 바로 생명의 양식이심을 보여주는 예표적 성격을 지닌다(요6:51).

용어상식

오이코스
(oikos)

기본 의미는 '집.' 신약성경에 두루 사용된 이 단어는 성도로 구성된 거룩한 공동체를 뜻한다. 즉, '집'이라는 뜻의 일반 명사를 성도가 삶과 인격을 나누는 공동체를 가리키는데 차용하였다.

초기 기독교인들의 모임은 가족과 일가와 같은 한 혈통을 가진 공동체였다. 즉, 기독교 공동체는 하나님의 사랑 안에 뿌리 내린 한 가족이며 그리스도를 머리로 하는 인격적 공동체였다(행2:42-47). 초대교회의 전도자들은 이교도들의 오이코스에 들어가서 복음을 전했고 복음을 듣고 그리스도인이 된 사람은 과거 자신이 속했던 오이코스에서 떠날 수밖에 없었으며, 결국 그는 주님의 몸(교회)이라는 새로운 오이코스의 구성원이 되었다. 만일 그가 이 믿음을 견고하게 잡으면 '신령한 오이코스'의 구성원이 되며, 더 나아가 그 자신이 바로 하나님의 오이코스가 된다.

옥(獄, **prison, jail**) 죄인을 가두는 장소(창39:20). 감옥(監獄). '고통과 억압(속박, 굴레)', '절망과 형벌'을 상징하기도 한다(전7:26).

옥토(沃土, **good land, good soil**) '비옥한(기름진) 땅', '좋은 땅'(신1:35; 왕상14:15; 마13:8,23)이란 뜻. ① 하나님께서 이스라엘 백성에게 선물로 주신 약속의 땅 가나안의 별칭이요(신8:10), ② 유다 왕국의 부흥(겔17:5,8)을 나타낸 말로도 쓰였고, 또한 ③ 하나님의 말씀을 받아들여 순종하고 열매맺는 복된 심령을 가리키기도 한다(마13:23; 찬송가 332, 582장).

온누리(**the whole world**) 온 세상. 모든 처소(시66:1). 특히, '세상 모든 곳, 하나님의 주권이 미치는 온 땅과 모든 나라(민족)'를 나타낸다(찬송가 358, 558장).

온유(溫柔, **gentleness, mildness**) 마음이 부드럽고 행동이 친절함. 마음씨가 따뜻하고 성질이 온화함. 성경에는 마음이 가난하고 애통해 하는 자세 곧 주께 순종하는 자세로 이웃을 대하는 마음 가짐, 혹은 고통이나 억울함 심지어 굴욕에도 내면적으로 부드러운 심령을 견지하고 겸손히 참아내는 고상한 인격을 뜻한다(민12:3; 시25:9).

신약성경에는 성령의 열매 중 하나로 묘사하며(갈5:23), 예수 그리스도의 품성이라 소개한다(마11:29; 고후10:1). 따라서 그리스도를 좇는 주의 백성은 마땅히 이 같은 거룩한 품성을 본받아야 한다(엡4:2; 골3:12; 벧전3:15). 정녕, 온유한 사람만이 천국에 들어갈 수 있다(시37:11; 마5:5).

온전(穩全, **perfection, flawlessness**) 조금도 부족함 없고 흠 없는 완벽하고 완성된 상태. 마음 자세와 동기가 순수하고, 행위가 진실하고 올곧으며, 그 목표하는 바가 흔들림 없는 상태.

성경에는 이 '온전'함이란 철저히 하나님에게서 비롯되며(살전5:23), 하나님이 그 원형이시며(마5:48), 또 하나님만이 우리를 온전하게 하실 수 있다고 가르친다(겔27:4; 히7:25; 벧전5:10). 하나님은 온전하신 분으로서(신32:4), 그 백성 된 성도 역시 온전한 품성과 행실을 갖춰야 한다(잠2:7; 계3:2). → 완전을 보라.

올무(**snare, noose**) 새나 짐승을 잡는 덫(올가미), 함정 또는 사냥용 구덩이(출23:33; 삼상18:21; 겔12:13). 성경문학적으로, '악인의 유혹 (잠7:23), '사망'(삼하22:6), '고난'(롬11:9), '고통과 멸망'(수23:13), '실족시키거나 범죄케 하는 유혹거리'(딤전6:9) 등의 상징적 의미를 갖는다. 그리고, 성도를 실족시키는 사탄의 역사(교만과 불순종 등)를 '마귀의 올무'(딤전3:7; 딤후2:26)라 표현한다.

옳은 길(**the right path**) 도덕이나 규칙에 벗어남이 없는 바른 생활. 빛과 진리의 도리(道理). 하나님이 기뻐하시며 참 생명에 이르는 바른 삶의 방식 또는 그 같은 삶을 가능케 하시는 예수 그리스도를 가리킨다(찬송가 516장; 요14:6). → 바른 길을 보라.

옷(**clothes, garments**) 몸을 가리거나 꾸미기 위해 몸에 걸치거나 입는 물건. 의복(衣服). 창조 당시 사람은 옷을 걸치지 않았다. 하나님, 인간, 자연과의 완전한 조화 속에서 벗었으나 부끄러움이 없었고 입지 않았으나 신체의 저항력이 떨어지지 않았다(창2:25). 그러던 것이 아담과 하와가 범죄하여 자신들의 부끄러움을 감싸기 위해 무화과 잎을 치마 삼아 몸에 두름으로써(창3:7) 옷이라는 개념이 생겨나게 되었다.

성경 시대 사람들은 옷과 그 옷을 입은 사람의 신분(지위)은 서로 밀접한 관계가 있다고 여겼다. 그런 점에서, 성경문학적으로 새 옷을 입는 것은 새 존재가 되었음을 시사한다(사61:10). 또한, 그리스도인이 새로운 지위에 오르게 된 것이나(계3:4; 7:14; 22:14) 믿는 자들에게 일어난 변화(갈3:27; 엡4:24; 골3:9-10)를 말할 때에도 옷의 비유를 사용했다.

옷과 관련된 비유와 상징

① 구원(사61:10)과 칭의(슥3:3-5), 부부 사이의 육체적 관계, 혼인 약속(겔16:8), 사람의 의(사64:6)와 정결(계3:4-5), 하나님의 위엄(시104:2), 새시대의 도래(마9:16; 눅5:36) 등을 나타낸다.

② 옷자락을 떨치는(세게 흔드는) 행위는 약속(맹세)을 어겼을 경우 반드시 저주당하게 될 것을 강조한 행동이다(느5:13).

③ '옷을 벗었다' 함은 '잠자리에 들었다'는 뜻이다(아5:3).

④ 성도가 벗어야 할 옷으로는 더러운 옷(사64:6; 슥3:4), 수치와 욕의 옷(시109:29; 132:18), 저주의 옷(시109:18-19)이 있고

⑤ 반드시 착용해야 할 옷으로는 사죄의 옷(창3:21), 피 뿌린 옷(계19:13), 성결의 옷(계3:4; 19:14), 승리와 영생의 흰 두루마기(계6:11), 찬송의 옷(사61:3), 아름답고 빛난 옷(슥3:4; 행10:30) 등이다.

완고하다(頑固 -, deaden, stubborn) 성질이 완강하고 고루하다. 마음이 강퍅하고 목이 곧아 순종치 않는 상태(신2:30; 시78:8). 즉, 길들이지 않은 암소처럼(호4:16) 고집 세고 다루기 힘들며(시78:8), 마음이 강퍅하고(삼상15:23), 결코 깨우침이나 뉘우침 없는 돌 같은 무감각한 심령 상태를 말한다(요12:40). 특히, 하나님께 대한 적극적이고 지속적인 적대 행위를 의미한다(삼상15:23). → '강퍅하다'를 보라.

완악하다(頑惡 -, callous, stubborn) 악하고(렘24:2), 순종을 모르며(시78:8), 마치 살이 쪄서 아무 느낌도 없는 것처럼 죄악에 물들어 양심의 감각을 상실한 상태(마13:15; 행28:27). 대리석처럼 굳어버린 심령(롬11:7). 완고하고 거칠며, 강퍅하고 냉담한 심령 상태를 말한다(마19:8; 롬11:7).

완전(完全, perfection, completeness) ① 모든 면에서 부족이나 결핍이 없음(골1:28). ② 하나님을 향하여 행동이 올바르고, 비난할 수 없을 만큼 하나님의 말씀 앞에서 온전한 상태를 유지함(창6:9; 시18:23; 119:1). ③ 영적으로 순결하고 도덕적으로 흠이 없는 삶(blameless, 시101:2). ④ 목적한 바를 충분히 이루고 성숙한 상태에 이름(마5:17). ⑤ 하나님과 화합해 바른 관계를 이룸(왕상8:61).

특히, 완전은 이상적인 전체나 완성의 상태로서 하나님의 성품 중에 하나로 묘사된다(삼하22:26). 그리고 성도는 하나님의 완전하심과 같이 완전하라는 요구를 받는다(창17:1; 신18:13; 히6:1-2). → '온전'을 보라.

왕(王, king) 왕정(王政) 국가에서 최고 통치자. 고대 세계에서는 작은 성읍의 군주, 한 지역의 통치자, 한 민족(부족)을 다스리는 왕, 넓은 영토와 수많은 인종들을 아우르는 대제국을 통치하는 왕도 있었다. 성경에서 최초의 왕으로 볼 수 있는 사람은 니므롯이고(창10:8-12), 이스라엘 최초의 왕은 사울이다(삼상10:17-24). 물론, 이스라엘은 국가로 처음 태동할 때부터 하나님이 친히 왕이 되신 신정 체제를 추구했다(출19:5-6; 신33:5).

성경에서 '왕'이라 함은 단순히 인간 통치자 외에 '하나님'(출15:18)과 다윗의 왕권을 가지신 이상적인 왕 '메시야'(렘30:9), 곧 '그리스도'(계11:15), '성도'(벧전2:9)를 가리키기도 한다.

특히, 마지막 날 이 세상 질서가 무너지고 새 하늘과 새 땅이 도래하면 성도는 그곳에서 하나님과 더불어 왕 노릇할 것이다(계22:5).

■**왕의 역할** - 왕은 ① 이 땅의 질서를 바로잡고(삿17:6; 21:25), ② 든든한 국력을 바탕으로 나라를 보존하며(삼상8:18-22; 15:4-5), ③ 정의로운 재판을 통해 불법을 바로잡고 선을 장려하고(삼하12:1-6; 14:4-7; 잠20:26; 29:14; 31:8-9), ④ 올바른 정치를 통해 나라를 안정되게 경영해가야 한다

(삼상8:5-6).

■**왕 같은 제사장(a royal priesthood)** – 왕되신 주님에게 속한 사람 곧 '성도'를 일컫는 영광스런 명칭이다(벧전2:9). 즉, 주님을 왕으로 생각하며 그 왕에게 속한 황실 제사장이라는 뜻으로, 성도는 하나님께 속한 자들로서 모두가 거룩하고 영광스런 제사장의 자격을 지녔다(벧전2:5).

■**왕 노릇(reign)** – 왕으로서 마땅히 해야 할 일(롬5:14,17,21; 고전4:8; 15:25; 딤후2:12; 계5:10). 왕 노릇 하는 자로는, 예수 그리스도(고전15:25; 계11:15,17), 성도(롬5:21; 딤후2:12; 계20:6; 찬송가 351장), 죄(롬5:21), 사망(롬5:14,21) 등이 있다.

■**왕의 왕, 만왕의 왕(King of kings)** – 모든 왕들 중에 가장 위대하고 강한 왕(단8:25) 곧 만유의 주관자이신 하나님(Almighty God, 딤전6:15). 만인을 구원하시는 왕이신 예수 그리스도를 지칭한다(찬송가 6,14,25,33장).

왕성(旺盛, **strong, thrive**) 한창 성함(창26:13; 스9:12; 시72:16; 행6:7). 힘과 기세가 번성함(찬송가 138,351장).

외국인(外國人, **alien, stranger, foreigner**) 그 나라 국적을 가지지 않은 다른 나라 사람. 성경에는 이방인(출12:49; 삼하1:13; 욥1:11), 나그네(창23:4), 또는 나와 상관없는 존재(창31:15), 참된 고향인 하늘에서 떠나 일시적으로 세상에 체류하는 성도(히11:13) 등의 뜻으로 쓰였다. → '나그네'를 보라.

■**외국인 근로자 선교**(外國人 勤勞者 宣教, **foreigner workers mission**) – 한국의 경제발전과 함께 80년대를 기점으로 한국에 들어온 외국인 노동자(결혼 이민자 포함)를 대상으로 하는 선교. 처음에는 주로 공단 지역을 중심으로 선교활동이 전개되었는데, 1992년부터 교회나 선교단체를 중심으로 무료 진료나 상담(인권, 노동 등), 한글학교, 신앙훈련 등을 통해 복음을 전하며 그들의 생활을 돕는 역할을 하고 있다.

외국으로 찾아가는 선교도 중요하지만, 찾아온 외국인들을 선교하여 그들로 본국에 돌아가서 복음 일꾼으로 사역하게 하는 것이 좀 더 효과적이고 구체적인 목적을 이룰 수 있다는 점에서 국내에 체류하는 외국인 근로자들에 대한 선교가 중요하다.

외식(外飾, **hypocrisy**) 원뜻은 '~인 체하다'로서, 원래 가면을 쓰고 자기가 아닌 다른 사람의 모습으로 생각하고 말하고 행동하는 사람, 즉 '연극배우'를 가리키는 말이다. 성경에는 남에게 보이기 위해 거짓으로 행동하는 것, 곧 종교적(도덕적) 가식(假飾)이나 위선(僞善)을 뜻한다(마6:5; 눅6:42; 갈2:13).

예수께서는 외식하는 자들을 책망하셨는데, 구제(마6:2), 기도(마6:5), 금식(마6:16), 판단이나 비판(마7:5), 부모 공경(마15:5-7), 그리고 하나님을 섬기거나(마15:8), 율법을 준수하는 일(마23:23)에서 표리부동(表裏不同)함을 지적하셨다. 이처럼 외식하는 자들은 그 하는 일에 이미 상을 받았기 때문에 천국에서 상을 기대할 수 없다(마6:2,5).

외식을 피하기 위해서는 무엇을 하든지 하나님을 의식하며, 무슨 일을 하든지 은밀히 살피시는 하나님 앞에서 행한다는 마음가짐으로 해야 한다(마6:6,18).

■**외식하는 이유** – ① 하나님보다 사람들의 눈을 먼저 의식하기 때문이며(마6:4-6,18; 23:28), ② 타인에게서 영광과 칭찬을 받고자 하기 때문이고(마6:2; 23:5,7), ③ 마음이 하나님으로부터 멀리 떠났기 때문이며(마15:7-8), ④ 간사함과 악함과 불의가 충만하기 때문이고(마22:18; 23:25,28), ⑤ 믿음을 배반했기 때문이다(딤전4:1-2).

외아들(only son, only child) (형제가 없는) 오직 하나뿐인 아들(잠4:3; 눅9:38). 독자(獨子). 때로 예수 그리스도(마16:16; 요3:16)를 가리키기도 한다(찬송가 294장). 그러나 그분을 단순히 '외아들'(독자)이라고 부르기보다 성부 하나님과의 특별한 관계성에 비추어 '독생자'(獨生子)라 칭하는 것이 바른 표현이다. 한글 개역성경 본문에서는 그리스도를 '외아들'(독자)이 아닌 '독생자'라 칭하고 있다(요1:14,18; 3:16,18; 요일4:9). → [2 교리 및 신앙 용어] '독생자'를 보라.

왼편(– 便, **left**) 왼쪽 방향(왕하23:8; 느8:4). 지리적으로는 북쪽(창14:15; 겔16:46). 오른편과 함께 쓰여 모든 방향(욥23:9)이나 완성(겔4:4,6) 혹은 바른길에서 벗어난 상태(신2:27; 17:20)를 가리킨다. 또한 오른편보다 못한 복(창48:13-19), 나약하거나 미숙함(삿3:21; 욘4:11), 어리석거나 악함(전

10:2; 마25:33,41) 등을 상징한다. → '오른편'을 보라.

요단 강(- 江, **Jordan river**) '아래로 흐르는 것', '빨리 흘러 내리는 시내', '단(Dan)에서 흐른다' 는 뜻. 레바논 북쪽 헤르몬 산(약 2,769m)에서 발원해 훌레 호수(너비 약 3.2km, 길이 약 4.8km)로 흘러들었다가, 다시 16km 정도를 흘러 갈릴리 호수로 접어들고, 갈릴리 호수를 거쳐 팔레스타인을 종단해 최종 종착지인 사해로 흘러 들어간다. 강의 전장(全長)은 약 130km이지만 구불구불한 굴곡을 모두 포함하면 약 320km가 넘는다.

■요단 강의 영적 의미 - 약속의 땅 가나안의 동쪽 경계를 이루는 요단 강은(민34:12) 영적인 측면에서, ① 죄를 씻는 곳이요(막1:4-5), ② 죄악 세상에서 천국으로 건너가는 곳이며(왕하2:8,11; 찬송가 83,86장), ③ 복된 처소로 들어가는 통과문이고(신3:25), ④ 하나님이 예비하신 처소에 이르는 길목이자(신11:31; 12:10; 찬송가 189,240장), ⑤ 옛 자아가 죽고 거듭나는 곳(요3:22-23)이라는 상징성을 지녔다.

요새(要塞, **stronghold**) 적의 공격을 방어하기 위해 구축한 방어 진지 혹은 구조물. 요새화 하기 위해 성벽을 쌓거나(신3:4-5; 삼하20:15), 높은 망대를 세워 주변을 잘 감시하도록 했고(왕하18:8; 습1:16), 성문을 단단히 했으며(사45:1-2; 107:16), 각종 군사적 방어시설을 마련했다(신20:19-20; 사25:12; 겔17:17). 그외에도 견고한 바위나 동굴 등 자연 지형을 이용해 요새를 구축하기도 했다(삿6:2; 사33:16).

요새는 영적으로 '하나님의 절대적인 보호와 안전', '피난처'(시18:2; 91:2; 렘6:27)를 상징하며, 그와 더불어 불신자의 '교만'을 나타내기도 한다(사25:12).

욕(辱, **disgrace, dishonor, insult**) '욕설'(辱說, 시31:11). '모욕'(창16:5), '능욕'(삿19:25), '수치'(잠3:35), 남을 저주하고 명예를 더럽히는 말(reviling). 남을 조롱하고 수치를 주며 낙심시키고자 하는 모욕이나 비난, 책망(시31:11; 잠11:2; 사13:16; 고전15:43; 히10:29; 벧전2:23). 성경은 욕을 욕으로 갚지 말며(벧전3:9), 주의 이름으로 욕 먹으면 복되다고 가르친다(마5:11-12).

■**욕되다**(**violative, shameful, dishonor**) - 명예롭지 못하거나 면목 없다(창34:2; 삼상20:34). 정절이 더럽혀지다. 성도는 하나님의 이름을 욕되게 말아야 하며(레18:21; 잠30:9), 부모를 욕되게 말아야 한다(잠28:7).

욕심(慾心, **desire, avarice, greed**) 무엇을 향한 절실한 바람이나 욕구(민15:39). 강렬한 성적인 욕망(롬1:24; 딤후3:6). 마음을 거기에 두고 얻고자 하는 소원이나 집착(시10:17). 자기 이익과 즐거움을 추구하는 마음(시78:30; 롬6:12). 이처럼 성경에는 주로 부정적인 의미로 쓰였다(출20:17; 민11:4; 잠1:19).

욕심이 생기는 원인은, 마귀가 그 마음속에 역사하기 때문이요(엡2:2-3), 옛 자아가 살아 있기 때문이며(엡4:22), 또한 부하고자 하기 때문에(딤전6:9), 유혹에 이끌려(딤후3:6; 벧후2:18) 욕심이 일어난다. 이 욕심은, 말씀의 열매를 맺지 못하게 하고(막4:19), 시험에 들게 하며(딤전6:9; 약1:14), 성령을 거스르게 하고(갈5:16-17), 죄를 낳게 하며(약1:15), 결국 멸망에 이르게 한다(딤전6:9).

이런 욕심에서 벗어나려면, 그것을 피하며(딤후2:22), 자신을 십자가에 못 박고(갈5:24), 육신의 일을 추구하지 말며(롬13:14), 그리스도로 새 옷을 입고(롬13:14; 엡4:24), 성령을 좇아 행하여야 한다(갈5:16). → '정욕'을 보라.

용(龍, **dragon**) 상상의 괴물인 '용'(사27:1). '큰 뱀', '큰 물고기', '바다 괴물'(욥7:12) 등을 가리킨다(시74:13; 148:7; 사51:9; 계12:3-4; 20:2).

상징적으로 간악한 '애굽'이나 '앗수르'(사51:9), '바벨론'(렘51:34), '적그리스도' 곧 '사탄'(계12:3) 등 주로 하나님을 대적하는 세력 즉, 하나님의 나라를 파괴하려 하지만 결국 멸망하고 말 악한 세력을 뜻한다(시74:13). → '리워야단'을 보라.

용광로(鎔鑛爐, **furnace**) 금속을 녹이는 뜨거운 가마. 일명 '풀무'(말4:1). 하나님의 소유된 성도에게는 극심한 고통과 시련을(단3:19-27), 죄인들에게는 하나님의 준엄한 심판을 상징한다.

용납(容納, **contain, bear, tolerant**) 받아들이

고 수용함(민21:23; 욥36:2; 롬2:4). 성경에는 단순히 상대방을 받아들이고 인정하는 것(신18:11; 시101:5) 외에 넉넉한 마음으로 상대방을 인정하거나 있는 그대로 받아들여 함께 짊져 주는 상태(고후11:19; 엡4:2; 히5:2), 또는 상대방의 뜻을 전적으로 수용하는 상태(히13:22)를 뜻하기도 한다.

용서(容恕, forgiveness, pardon) 상대방의 허물이나 과실을 눈감아 줌. 또는 그 책임을 면제해 주거나, 관계를 회복시켜 줌. 특히 하나님과 관련해서 죄인의 허물과 죄를 용납하고 없애는 것뿐 아니라 그 용서의 대상을 완전히 새롭게 하여 의로운 상태로 만드는 것까지를 포함한 하나님의 거룩한 구원 행동을 말한다(창18:24; 롬3:25).

이 용서란 하나님의 주권적인 은혜와 사랑에 기초한다(시86:5; 눅7:42; 요3:16). 그리고 죄인들에 대한 용서의 근거는 그리스도 예수의 십자가 대속의 죽음(구약의 모든 피 제사는 그리스도의 십자가 죽음을 예표함)에 기초한다(골1:14; 히9:22). 죄인들은 이 십자가 대속의 은혜를 믿고 회개로써 반응할 때 하나님은 그 어떤 죄악과 허물도 용서해 주신다(시32:3-5; 51:1-19; 요일1:5-2:1).

그리고 용서의 은혜를 받은 자는 마땅히 하나님께서 그리스도 안에서 우리를 용서하신 것처럼 우리도 서로 불쌍히 여기며 용서할 수 있어야 한다(엡4:32; 골3:13). → '사유', '죄 사함'을 보라.

우거(寓居, living) 문자적으로 '체재하다', '(여행자로서) 묵다', '(어느 기간) 머물러 지내다'는 뜻. 정착하지 않고 임시적으로 거주함. '거류'(居留, 창12:10; 룻1:1; 히11:9), '체류'(滯留, 눅24:18), '유숙'(留宿, 행10:6)이라고도 한다.

성경에는, ① 이방인으로서 타국 영토에 옮겨 살게 된 것, ② 혈통적으로나 문화적으로 다른 외국인이 나그네로서 타민족의 거처에 잠시 머물거나 정착하기 위해 생소한 곳에 터를 마련해 사는 것을 말힌다(신28:43; 수20:9).

우레(thunder) 천둥. 팔레스타인에는 11-3월경 우기(雨期)에 자주 발생한다. 여름 수확기 때에 발생하는 우레는 흉조(凶兆)로 여겨졌다. 우레는 특히 하나님의 임재나 그 위엄(출19:16)을 의미하거나 심판의 수단(출9:23)으로 간주되기도 한다(출19:16; 삼상2:10). → '천둥'을 보라.

■**우렛소리**(thunder) – 문자적으로 '소리, 음성'이란 뜻. '뇌성'(雷聲). 성경에서는 주로 하나님과 관련해서 '하나님의 거룩한 음성'(출9:23,28)이나 '하나님의 현현', '율법의 엄숙성'(출19:16), '창조의 역사'(시104:7), '하나님의 임재'(요12:29), '하나님의 위엄 찬 통치'(계4:5) 및 '(악인에게는) 멸망 혹은 (의인에게는) 구원'(삼상7:10) 등을 상징한다.

우로(雨露, dew and rain) 비와 이슬(삼하1:21; 왕상17:1). 지상에 수분을 공급하는 중요한 자연 현상으로, 1년 강수량이 절대 부족한 팔레스타인에서, 때를 따라 내리는 비와 이슬은 하나님의 은혜로 간주되었다. 특히, '우로'는 모든 강수(降水)를 일컫는 말로도 쓰였는데, 히브리인들은 이 우로의 중단을 하나님의 심판으로 간주했다. → '비', '이슬'을 보라.

우로나 좌로나(右- 左-, to the right or to the left) 이것이냐 저것이냐 선택의 귀로에 섰을 때나, 정로(正路)에서 벗어나 그릇된 삶을 살아가는 것을 염두에 둔 표현이다(수1:7; 23:6). 비슷한 표현으로 '우로든지 좌로든지'(창24:29), '좌로나 우로나'(신2:27; 17:11; 삼하14:19) 등이 있다.

우림과 둠밈(Urim and Thummim) '우림'은 '빛, 광채, 불꽃'이란 뜻인 '우르'의 복수형이며, '둠밈'은 '완전, 성실, 온전함, 고결, 순진'이란 뜻인 '톰'의 복수형이다. 두 단어는 하나님의 거룩한 성품을 반영한 표현으로, 특히 히브리 알파벳의 첫 글자 '알렙'(א)과 끝 글자 '타우'(ת)로 구성되어 있어, 하나님이 처음과 나중이시요, 모든 역사의 원인과 결과가 되신다는 신앙적 메시지가 담겨 있다고 보기도 한다(계1:8,17; 21:6; 22:13).

'우림과 둠밈'은 하나님의 뜻을 묻는 신탁(神託) 도구로서 대제사장의 판결 흉패 안에 보관되었다(레8:8). 그 모양이나 재질이 어떤 것인지 밝혀져 있지 않으나 대체로 (매끄러운) 돌로 추정한다(출28:30). 대제사장은 국가적으로 중대한 문제가 발생할 때마다 자신이 착용했던 흉패 속의 우림과 둠밈을 꺼내어 하나님의 뜻을 분별했다. → [2. 교리 및 신앙 용어] '신탁'을 보라.

우매(愚昧, foolishness) 어리석고 사리에 어두움. 성경에는 ① 지적으로 무지하고 어리석은 것과 함께, ② 신앙적으로 하나님에 대해 무지한 (불경건한) 상태나 ③ 참과 거짓을 가리는 분별력이 없는 상태를 일컫는다(시38:5; 39:8; 69:5; 겔13:3; 롬1:31). 특히, 전도서에는 '지혜롭다'는 말과 대칭을 이룬다(전2:13; 5:1; 6:8).

우물(well) 땅이나 바위에 구멍을 파서 지하수를 얻도록 개발된 수리(水利) 시설. 사람들의 중요한 식수원이자(창24:16; 요4:6), 짐승들의 물 공급처인(창24:20) 우물은 보통 단순히 물을 저장하는 물웅덩이나, 물 근원에서 사시사철 물이 흘러나오는 샘, 또는 그곳에서 물을 흘려 보내는 샘물 등과 구별이 명확하지 않다(수15:9; 렘2:13).
성경문학적으로, ① 물이 풍부한 우물은 영생(시36:9; 잠13:14; 요4:14), 구원(사12:3), 자기 아내(잠5:15-17), 의인의 입(잠10:11), 명철(잠16:22), 풍요(렘2:13), 연인이나 사랑(아4:12,15) 등을 뜻하고, ② 반면에 물이 없는 마른 우물은 심판(렘51:36; 호13:15), 사람을 속이는 거짓 교사(벧후2:1,17) 등을 상징한다.

우박(雨雹, hail) 적란운(積亂雲)에서 내리는 싸락눈 혹은 지름 5mm 이상의 딴딴한 얼음 덩어리(hailstone). 종종 우레를 동반하며 팔레스타인이나 애굽에서는 우기(雨期)인 겨울에(11-3월경) 뇌성을 동반한 우박이 간혹 떨어진다(출9:18). 봄철의 우박은 드문 일로 작물에 큰 피해를 준다.
우박은 하나님의 심판과 형벌을 상징했고(출9:18; 10:5; 욥38:22; 사28:2; 계8:7; 11:19), 때로 하나님의 구원의 도구로 사용되기도 했다(수10:11).

우상(偶像, idols) 우상은, ① 예배 대상으로 삼기 위해 금, 은, 나무, 돌 등으로 새겨 만든 사람이나 그밖의 형상. ② 형태가 없고 생명이 없는 신을 형상화한 것. ③ 하나님보다 더 의지하고 사랑하는 모든 것 등을 가리킨다. 그런데 성경에 언급된 우상 숭배자들은 대개 눈으로 보여지는 것을 숭배 대상으로 삼아 신격화한 것을 볼 수 있다(창31:19; 신4:15-24).
하나님은 우상을 만드는 것뿐 아니라 섬기는 것을 엄히 금하셨고(출20:4-5; 신5:8-9). 심지어 신약성경에는 '탐심'(貪心) 등 정신적 영역까지도 우상으로 규정하고 그것을 숭배하는 것을 엄히 금하고 있다(엡5:5; 골3:5). 사실, 하나님을 대치하거나 하나님께 속한 영광을 다른 존재에게 바치는 행위가 바로 우상 숭배이다(롬1:21-23).
■**우상의 특징** - ① 인간에게 아무 도움(영향력)을 주지 못하며(신32:27-28; 삼상12:21; 시115:4-7; 렘2:28; 10:5), ② 무익하고(사44:9-10; 합2:18), ③ 허탄하며(레26:1; 삼상5:2-4; 시96:5), ④ 부정한 것이며(고후6:16-18), ⑤ 결국 파괴되고 버려질 것이다(출23:24; 사2:20).
■**우상 숭배**(偶像 崇拜, idolatry) - 우상을 높이 우러러 존경하는 일(겔36:25; 벧전4:3). 보이는 것들의 형상이나 보이지 않는 것들을 형상화한 것을 신으로 믿고 섬기는 일. 특히 '탐심'은 우상 숭배의 일종이다(골3:5). 이는 '너는 나 외에 다른 신들을 네게 두지 말라. … 그것들을 섬기지 말라'는 계명을 범하는 것이 된다(출20:3-5).
우상 숭배는 육체를 좇아 행하는 악행으로(갈5:20), 새 사람 곧 하나님의 뜻을 따라 사는 자에게 합당치 않다(벧전4:3). 하나님의 백성에게 우상 숭배는 절대 삼가야 할 일이며(고전10:14), 하나님과의 관계 회복에서 전제 조건은 우상 숭배에서 정결하게 되는 것이다(겔36:25).
■**우상 숭배자**(偶像 崇拜者, idolater) - 우상을 믿고 섬기는 사람. 성도는 하나님과 우상이라는 두 주인을 함께 섬길 수 없다. 또 우상 숭배자와 사귀지 말아야 한다(고전5:10-11).
우상 숭배자는 스스로 더럽히고 범죄하며(왕하21:7; 시106:36; 겔22:3), 욕을 당하고(사45:16), 저주를 받는다(신11:28). 또한, 그에게 하나님의 진노가 임하고(대하24:18; 합2:19), 하나님에게서 버림받아(왕상9:6-9) 마침내 멸망당하게 된다(신8:19-20). 무엇보다 우상 숭배자는 하나님 나라를 유업으로 받지 못하며(고전6:9), 그 나라 밖 곧 불과 유황으로 타는 못에 던져지는 둘째 사망에 처해질 것이다(계21:8; 22:15).

우슬초(牛膝草, hyssop) 박하과의 향기 좋은 약용 식물(출12:22; 레14:4). 주로, 돌 틈이나 가옥의 담벽에서 자란다(왕상4:33). 우슬초는 가지가 많고 꽃다발을 맺는 줄기에는 털이 많아 물을 잘 흡수한다. 따라서 거룩한 예식 곧 정결 의식 때 물이나 피를 적셔 뿌리는 도구로 사용했다(레14:4,6; 민19:6,18; 히9:19).

성경에서 우슬초는 정결한 일에 대한 형용적 의미로 사용되기도 하는데, 다윗은 자신의 범죄가 나병(癩病)과 본질상 다를 바 없음을 고백하면서 '우슬초'를 언급했다(시51:7). → '정결'을 보라.

우애(友愛, brotherly love, friendship) 형제간 또는 친구간의 도타운 정과 사랑(롬12:10; 벧후1:7).

우유(牛乳, milk) 암소의 젖. 대개 포유류 가축에서 얻는 젖을 통칭한다(창18:8). 성경에는 염소(잠27:27), 양(신32:14), 낙타(창22:15), 소(삼상6:7) 등에서 젖을 얻는 것을 보게 된다.

우유는 비유적으로 '영혼의 양식'(고전3:2; 벧전2:2), '악인의 입'(시55:21), '복음'(사55:1-2), '초보적인 신앙'(히5:12-14), '비옥하고 풍요로움'(출3:8; 렘32:22) 등을 뜻하기도 한다. → '젖'을 보라.

우주 만물(宇宙 萬物, the whole creation, all things in the universe) 우주 공간에 존재하는 모든 만물(찬송가 16,72,77장). 온 세상 모든 만물을 친히 창조하시고 또 다스리고 계시는 하나님의 위대성과 그 크신 섭리를 찬양하는 말로 자주 언급된다(시19:1; 145:10).

우택(雨澤, seasonable rainfall) 비가 주는 혜택(시104:16). 하나님의 백성에게 풍성히 임하는 하나님의 은혜를 비유한다. → '비'를 보라.

우화(寓話, fable, allegory, parable) 동물이나 무생물을 의인화하여 꾸며낸 짧은 이야기. 구약성경에는 두 개의 우화가 소개된다(삿9:7-15; 왕하14:9). 그리고 신약성경에서는 신화(神話)와 같이 주로 꾸며낸 이야기(fiction), 곧 사실과 관계 없는 이야기로 소개된다(딤전1:4; 4:7; 딤후4:4; 딛1:14; 벧후1:16). → '신화'를 보라.

운명¹(運命, fate, destiny) ① 인간을 지배하는 필연적이고 초월적인 힘. ② 인간을 둘러싼 선악, 길흉, 화복 등의 온갖 것이 인간의 의지와는 관계 없이 어떤 힘에 의해 이뤄지고 지배되는 그 섭리. ③ 이미 결정된 것의 자동적인 작용. 인간의 운명은 생명의 주인이신 그리스도와 어떤 관계를 가지느냐에 따라 결정된다(행16:31).

■**운명론**(運命論, fatalism) - 자연 현상이나 인간사는 이미 모두 정해진 운명이기 때문에 변경시킬 수 없다고 믿는 이론(갈4:3). 숙명론(宿命論). 기독교는 맹목적인 운명론을 거부하는 대신 이지적이고 인격적인 하나님의 섭리하에 이뤄지는 예정론(豫定論)을 인정한다. → [2. 교리 및 신앙 용어] '예정론'을 보라.

운명²(殞命, death, breathe one's last) 사람의 목숨이 끊어짐. 죽음. 숨짐(막15:37; 눅23:46).

울음(weeping) 소리 내며 눈물을 흘림. 슬프거나(삼상1:7-8; 삼하15:30) 기쁜 감정에서(창43:40; 스3:12-13) 뿐 아니라 두려움과 분노로 인한 울음도 있다(겔27:31-32; 암5:16-17). 성경에는 자신의 허물과 죄에 대한 '회개'와 관련해 많이 언급된다(스10:1; 렘50:4; 욜2:12; 마26:25). 참회의 눈물은 영혼의 찌든 때를 씻어내는 정결한 물 같아서 하나님이 기쁘게 받으신다(삼하12:21-23; 시51:17).

눈물은 단순히 나약함이나 절박함의 상징일 뿐 아니라 긍휼(연민)과 나눔과 사랑의 마음을 대변하는 것이기도 하다. 그런 점에서 예수께서는 지상에 계셨을 때 우셨다(요11:35-36). 또 사도 바울은 그리스도인의 생활에 대해 권면하면서 성도에게 "우는 자들과 함께 울 수 있어야 한다"고 했다(롬12:15). → '슬픔'을 보라.

울화(鬱火, frustration) 원뜻은 '답답하고 괴롭고 고고하다.' 좌절과 실망 등으로 욕구불만이 생겨남을 뜻한다. 곧 마음에 화가 치밀어 올라 생기는 병(삼하13:2). 일명 '심화'(心火).

움켜쥐다(hold tight in one's hand) 손가락을 구부리어 꼭 쥐다. 자기 손에 든 것을 야무지게 지니다. '인색하게 행하다'(tightfisted)는 뜻으로 쓰인다(신15:7).

웃음(laughing, smile, derision) 기쁜 빛(환한 표정)을 얼굴에 나타내는 일(창17:17; 18:12; 잠1:26). 입을 벌리고 소리내어 기뻐함(욥8:21). 갖잖

게 여기어 경멸하거나 조롱함(시2:4; 59:8).
  웃음은 하나님께서 베푸시는 은혜와 복으로 인한 기쁜 반응일 때도 있지만(창21:6; 시126:2), 때로 성도가 경계해야 할 세속적 즐거움이나 교만함을 시사하기도 한다(약4:9).
  ■**웃음거리(laughingstock)** - 조소(조롱, 비난)의 대상(욥12:4). 말거리(시44:14). 세상 사람들의 비웃음거리가 되는 일.

  워십 댄스(worship dance) 성경 내용이나 성경적 메시지 또는 자신의 신앙을 표현하는 한 방법으로서, 찬송가나 복음성가 등의 가락에 맞추어 춤(몸의 동작)으로 나타내거나 춤과 함께 노래함으로써 하나님을 경배하는 것을 가리킨다(출15:20-21). → [4. 예배 및 예식 용어] '워십', '경배와 찬양'을 보라.

  원가지(原 -, **natural branches**) 원줄기에 처음부터 붙어 있는 굵은 가지. 아브라함의 허리에서 난 자들 곧, 유대인들(혈통적 이스라엘인)을 가리키는 말로 쓰였다(롬11:21,24).

  원감람나무(原橄欖 -, **an olive tree that is wild by nature**) 원래 자연(야생) 상태에서 자라는 감람나무. 근본적으로 죄 아래서 죽을 운명에 놓인 자연인(이방인)의 본질을 나타낸 표현이다(롬11:24).

  원기 왕성(元氣 旺盛, **prime**) 문자적으로 '수확기'(추수기)를 나타내는 단어로, 특히 성경에서는 한 인생에 있어서 최고의 전성기(全盛期), 곧 절정기를 나타낸다(욥29:4).

  원년(元年, **first year**) 나라를 세운 해. 임금이 즉위한 해(왕하25:27; 대하36:22). 어떤 일이 처음 시작되는 해.

  원수(怨讐, **enemy, foe**) 자신이나 자신이 속한 나라(가족)를 대적해 해(害)를 끼치는 자나 그로 인해 원한이 맺힌 자(창3:15; 삿16:23; 갈4:16). 예수께서는 개인적 원한이나 복수를 삼가고 원수를 사랑하고 기도할 것을 역설하셨다(마5:43-44).
  성경에는 인간이 죄로 인해 하나님과 원수 되었다고 선언한다(엡2:14-15). 그리고 '하나님을 대하는 자'(렘46:10), '하나님의 뜻을 거스르는 자'(사1:24-25), 생명과 진리의 원수인 '마귀' 곧 '사탄'(마13:39; 행13:10; 찬송가 351,386장)을 원수라 규정했다. 특히, 사망은 마지막 날 최후로 멸망할 원수라고 했다(고전15:26). → '적'을 보라.
  ■**원수 갚는 날(the day of vengeance)** - 하나님께서 심판하시는 날(사63:4). 마지막 심판 날. 일명 '원수 갚는 보복일'(렘46:10). 이 날은 이중적 성격을 지닌 날로서, 악인에게는 심판의 날이지만 성도에게는 구속(구원)의 날이다.

  원욕(願慾, **desire**) 문자적으로 '마음이 쏠리다'는 뜻. '인간의 기본적인 욕망(식욕, 성욕 등)', '정욕'이나 '소원'을 뜻한다(전12:5).

  원천(源泉, **fountain**) 물이 흘러 나오는 근원(사35:7). 물이 귀한 팔레스타인에서 샘물이나 지하수는 매우 소중한 것으로, 물의 근원이 마르지 않는 것은 큰 복이었다(창49:25).
  한편 '원천'이란 어떤 사물이 나거나 생기는 근원을 가리키기도 한다. 즉, 시편 기자는 '생명의 원천이 주께 있다'고 노래함으로써 이 단어를 '삶의 근원'이란 의미로 사용했다(시36:9).

  위경(危境, **crisis, grave**) '위험한 지경'(시107:20), '위기'(시119:109).

  위광(威光, **honor**) 원뜻은 '들어올리다.' 누구도 범할 수 없는 탁월한 권위(명예, 명성)나 영광스런 위엄. 위풍(威風, 창49:3).

  위기(危機, **take one's life in one's hands**) 문자적으로 '자신의 생명(영혼)이 자신의 손바닥 안에 있다'는 뜻으로, 생사가 달려 있는 위험한 상황 곧 죽음 앞에 있는 절체절명의 상황을 암시하는 표현이다(시119:109). '위경'(危境).

  위대하다(偉大 -, **great**) 크고 웅대하며 존귀와 찬양과 영광을 받을 만하고, 그 행적이나 품성이 거룩하고 훌륭하다(시93:4). '크다'(출11:3; 시93:4), '존귀하다'(삼하7:9), '광대하다'(삼하7:22; 대상16:25; 느8:6; 시35:27; 겔31:18), '풍성하다'

(고후10:15)라고도 할 수 있다.

위로(慰勞, **comfort, consolation**) ① 괴로움을 씻어주고 마음을 즐겁게 함(창24:67; 룻1:9). ② 낙심하고 절망한 자를 긍휼히 여기며 그 마음에 새 힘을 주고 격려함(대하32:6). 참된 위로는 위로의 근원이신 하나님께서 친히(욥15:11; 시86:17), 그리스도를 통해(사61:1-3; 고후1:5), 혹은 성령을 통해 주시는 위로이다(요14:16-17; 행9:31).
그런데, '위로'를 뜻하는 헬라어 '파라클레시스' (παράκλησις)는 문자적으로 '곁으로 부르다'로서, 이는 성령을 가리키는 '보혜사 (파라클레토스)'와 같은 어근을 가진 단어다. 즉, '위로'라는 말 속에 곁으로 불러 보살피고 권면하시는 성령의 자상하고 부드러운 속성이 잘 담겨 있다(고후1:6). 같은 원어가 '권면'(빌2:1; 히13:22)으로도 번역되었다. → '안위'를 보라.
■**위로자**(慰勞者, **comforter**) - 괴로움을 어루만져 주고 수고를 인정하며 격려하고 칭찬해주는 사람. 좀 더 적극적인 면에서, 고단한 처지를 불쌍히 여길 뿐 아니라 그 처한 비극에서 구원해 줄 자를 뜻한다. 이것이 '위로자' 되신 하나님의 모습이다. 하나님은 우리를 위로하실 뿐 아니라 위로받은 그 은혜로 환난 중에 있는 다른 이들을 능히 위로하게 하신다(고후1:3-4).

위선(僞善, **hypocrisy**) 겉으로는 착한 체, 경건한 체 하지만 그 속은 악과 불의가 가득한 것, 또는 겉치레로 보이는 선행(善行)을 말한다(마23:2-12). → '외식'을 보라.

위안(慰安, **consolation, comfort**) 위로하여 안심시킴(시119:76; 골2:2). 인생이 누리는 참된 위안의 근거는 하나님이시다(시94:19).

위엄(威嚴, **majesty, dignity**) '범접할 수 없는 지위와 존엄', '탁월한 명성', '초월적인 주권' 등을 뜻한다(출23:27; 사33:21; 행9:27; 유1:25). 성경에는 대부분 하나님과 관련해 사용되며, 주로 '영광', '존귀'와 함께 쓰인다(신5:24; 대상16:27).

위임(委任, **ordain, trust, commission**) 문자적으로 '손에 가득 채우다'는 뜻. ① 사명을 맡기고 거룩한 직분에 임명함(출28:41; 민3:3). ② 어떤 일을 책임 지워 맡김(출28:41; 레16:32). 성경에는 '위탁'(창39:4), '성별'(레21:12)이라고도 했다. → [3. 행정 및 교육 용어] '위임'을 보라.

위정자(爲政者, **ruler, administrator**) 정치를 하는 사람. 통치자(統治者, 눅12:11). 참고로, 모든 권세는 하나님에게서 비롯된다(롬13:1). → '권세', '통치자'를 보라.

위증(僞證, **malicious witness**) 거짓으로 증명함(출23:1; 신19:16). 거짓 증거. 법정에서 증인이 허위 진술로 진실을 왜곡함(시27:12). → '거짓 증인'을 보라.

유념(留念, **pay more careful attention**) 마음에 기억하여 둠. 더욱 간절하게 마음을 돌려 깊이 주의함. 특히, 성경에서는 들은 것(복음)을 마음 깊이 새겨 청종하다는 뜻으로 쓰였다(히2:1).

유다(**Judah**) '찬양(감사, 신앙)하다'는 뜻. '유다 왕국'을 가리키는 말(왕상12:23; 왕하3:7). 솔로몬 때에 가장 번성했던 통일 왕국 이스라엘이 솔로몬 사후 르호보암 때 남과 북, 두 왕국으로 분열되었다. 이때 여로보암을 중심한 10지파가 북쪽의 이스라엘 왕국을 건설했고, 남쪽은 유다와 베냐민 두 지파가 연합해 유다 왕국을 유지했다.
유다는 예루살렘 성전을 중심으로 역사상 부침을 계속하다가 B.C.586년경 바벨론에 의해 멸망한다(대하36:15-21). 한편, 성경에서 '유다'는 야곱의 넷째 아들을 뜻하는 동시에 유다 왕국이나 유다 지파 사람 및 유다 지파가 차지한 땅을 가리키기도 한다(삼상11:8; 삼하5:5; 왕상1:35).
■**유다인**(**Jews, men of Judah**) - 유다 지파에 속한 사람(에2:5; 렘4:4; 52:28). 유다의 후손. 유다 왕국(남왕국 유다)의 백성.

유다 지파(- 支派, **the tribe of Judah**) 야곱의 넷째 아들인 유다의 세 아들과 두 손자에게서 나온 다섯 종족으로 구성된 지파. 이스라엘의 영적인 장자 지파인 이 유다 지파에게서 왕들과 영원한 왕 메시야 예수가 태어나게 된다. 12지파 중에 인구가 가장 많았고, 가나안 정복 후 남방의 넓은 땅을 할당받았다(수15:1-12).

그런데, 이스라엘 왕국이 분열될 당시 유다 지파는 베냐민 지파와 함께 남왕국 유다를 건설하게 된다. 신약성경에서는 '유대 지파' (계5:5)로도 표기된다.

유대(Judea) 바사(페르시아) 왕국의 한 관할구. 요단 강 서쪽의 남부 지역을 말하며 '유다 도'(스5:8)라고도 한다. 바벨론 포로지에서 귀환한 자들 대부분이 유다 지파에 속했기 때문에 그들을 '유대인'이라 불렀고 그들이 거주한 땅을 '유대'라 칭하게 된다.

신구약 중간기에 유대는 잠시 독립을 맞았지만(B.C.167-66년) B.C.63년경 로마 제국의 통치하에 들어가면서 예루살렘이 완전히 멸망하기까지(A.D.70년) 헤롯 가문의 분봉왕들과 로마 제국에서 파견한 총독들에 의해 지배당한다.

■**유대인의 왕**(the king of the Jews) — 메시야 곧 구원자이신 예수 그리스도를 가리키는 말. 유대인들이나 로마 정복자들은 정치적 측면에서 이 표현을 썼으나, 예수께서는 하나님의 아들로서 자신이 만왕의 왕이심을 증거하는 측면에서 이 표현을 사용하셨다(마2:2; 27:11).

유대인(Jews)

구약 시대 유다 왕국에 속한 사람(유다와 베냐민 지파)을 가리켰다(왕하16:6; 25:25). 물론 유다 왕국이 바벨론에 멸망하기 전까지 '유다인'으로 불렸다. 포로기 이후 '유대인'이란 호칭이 사용되었는데, 포로 이후 히브리인들은 지파를 초월하여 (북왕국 지역에 거주하는 자들조차) 유대인이라 불리게 되었다.

신약 시대에는 혈통적으로 이스라엘 사람 외에 유다 지역 주민 및 유대교로 개종한 사람까지 통칭하는 말로 쓰였다(마2:2). 또, 다른 민족이나 유대 지역 외에 다른 거주지에 속한 자라는 뜻의 '이방인'과 대조되는 말로도 쓰였다(요2:6; 행10:8; 고전1:2).

초대교회 당시에는 기독교에 반대하는 유대인들을 가리켜 '진리를 거스르는 자', '교회를 대적하는 자'와 동의어로 사용되기도 했다(갈1:13-14; 딛1:14).

유력(有力, mighty) 세력이 크고 능력이 있어 주위에 큰 영향력을 미침. 강하고 위대함. 가능성이 많음. 대개 '부자', '용사', '(물질, 군사, 사회적으로) 능력 있는 자', '덕 있고 도덕성이 뛰어난 사람'을 일컫는 말로 쓰인다(룻2:1; 삼상9:1; 행25:5).

유령(幽靈, ghost, who is dead) '육신이 죽은 영혼', 곧 '음부 아래 떨어진 존재', '죽은 후에 마치 그림자 같은 존재'(시88:10), 혹은 '허깨비'나 '귀신', '유혼'(幽魂) 등을 가리킨다. 갈릴리 호수에서 예수님의 제자들은 자신들이 탄 배를 향해 물 위를 걸어오시는 예수님을 보고 유령으로 생각했다(마14:25-26).

유리¹(流離, wander) 유랑(流浪). 정처없이 떠돌아다님(창4:12; 왕하21:8; 시56:8; 잠27:8; 겔34:6; 히11:37).

유리²(琉璃, glass) 규사, 소다회, 석회를 섞어 녹인 다음 급히 냉각시켜 만든 물질. 단단하고 투명하나 깨지기 쉽다. 투명하고 맑은 특징 때문에 일찍부터 여성들의 악세사리나 장식물에 사용되었다. 성경에는 지혜의 값에 비교할 수 없는 값진 귀중품 중에 하나로(욥28:17-18), 하나님의 도성의 아름다움을 표현할 때 사용되었다(계21:18). 때로, '수정'(水晶, 욥28:17)이라고도 했다.

■**유리 바다**(sea of glass) — 수정같이 맑고 투명하며 영롱한 새 하늘 나라 성전의 빛나는 전경을 나타낸 말. 즉, 사도 요한은 환상 중에 하늘 영광을 목격하면서 하나님의 보좌 앞에 놓인 수정처럼 투명한 '유리 바다'를 보았다(계4:6; 15:2).

여기서 '바다'란 성전 마당 번제단과 성소 사이에 배치된 큰 대야(물두멍)를 말한다(왕상7:23-26). 이는 하나님의 보좌 앞에 나아가는 데는 죄씻음과 성결이 선행되어야 함을 시사한다.

유명(幽冥, death and destruction) '파멸'(파괴, 멸망) 또는 '파멸의 장소', '죽음', '심연'(深淵), '지옥' 등을 뜻한다(잠15:11; 27:20). 그런 점에서 히브리어 '하데스', '스올' 등과 동의어로 볼 수 있다. 성경에는 주로 깊고 그윽하며 어두운 곳(심연), 혹은 멸망과 잊어버림의 처소인 음부(陰府, abaddon)를 가리킨다. → '스올', '지옥', [2

교리 및 신앙 용어] '음부'를 보라.

유목 생활(遊牧 生活, a nomadic life) 일정한 거처를 정하지 않고 물과 목초(牧草)를 따라 가축을 치거나 사냥을 하면서 초원을 옮겨다니는 생활. 지형이나 기후, 또는 집단의 구성원과 그들이 지닌 힘(전투력, 기술력 등)이 유목 생활의 유형(목축, 농경, 채집, 사냥, 반유목 등)을 결정짓는다(창4:20; 26:12; 31:33; 37:25).

또한, 이 유목 생활은 ① 지도자의 절대 권한, ② 정착민과의 갈등 및 타협으로 인한 생존, ③ 침략에 대한 응징(복수), ④ 집단 내의 강한 규율 등을 특징으로 하고 있다.

유산(遺産, inheritance) 선대(先代)로부터 물려받은 재산. '유업'(遺業, 전7:11; 마21:38), '산업'(産業, 창48:6; 민24:18), '업'(業, 삼하20:1), '기업'(基業, 스9:12; 시106:5). 성경에는 대부분 하나님이 주신 선물로서의 기업 혹은 한 개인이나 집단이 차지하게 되는 몫을 가리킨다. → '기업', '유업'을 보라.

유순하다(柔順 -, gentle) 원뜻은 '부드럽다.' 부드럽고 온화한 대답이나 성질, 또는 겸손하고 상냥한 행동 등을 나타낸다(잠15:1; 살전2:7). '온유하다'(신28:56), '부드럽다'(욥41:3)고도 한다.

유언(遺言, will, the last words) 임종(臨終) 때 자손 등에게 남기는 마지막 말(대상23:27). 일반적으로는 분배 곧 유산 상속 행위와 관련된 표현으로 사용되나(사38:1) 성경에는 '언약', '말씀', '계약' 등의 의미로도 쓰였다(눅1:72; 행3:25; 롬11:27). 유언은 유언을 한 사람이 죽어야만 그 효력이 발생하는 특징을 가진다(히9:16).

유업(遺業, inheritance) 대대로 물려받은 사업, 기업 (신4:20). '유산'(遺産, 창31:14; 전7:11), '상속'(相續, 계21:7). 성경에는 '상속 재산', '재산', '땅', '소유'라는 뜻(시2:8; 눅12:13; 히11:9) 외에, 영적으로 '천국' 혹은 '천국을 상속받을 하나님의 백성'을 가리킨다(고전15:50; 갈3:18,29; 4:7; 약2:5). → '기업', '유산'을 보라.

■**유업을 이을 자**(heir) - 상속자(갈3:29; 4:1).

계승자. 후계자. 특히, 약속하신 하나님 나라를 소유할 하나님의 백성(약2:5).

유월절 양(逾越節 羊, Passover Lamb) 세상 죄를 지고 십자가에서 희생제물이 되신 하나님의 어린 양 예수를 가리킨다(요1:29; 고전5:7). 신약성경은 유월절을 철저히 예수의 메시야적 사역과 연관시켜 설명한다.

즉, 마태복음에는 구약의 유월절이 신약의 십자가 사건과 거룩한 성만찬으로 연결되고 또 히브리인들과 하나님과의 옛 언약은 그리스도를 통한 새 언약으로 이어진다는 사실을 설명해 준다(마26:26-29). 마가복음은 어린 양 예수의 희생으로 이뤄진 유월절을 새로운 출애굽 사건으로 재해석하고자 했다(막14:12-25). 또한 요한복음은 예수의 십자가 죽음은 유월절에 일어났다고 하였고(요18:28; 19:14). 유월절 어린 양은 세상 죄를 지신 어린 양 예수로 소개한다(요1:29).

사도 바울은 그리스도를 유월절 양에 비유했고(고전5:7), 베드로의 첫 번째 서신은 유월절에 대한 많은 관심으로 인해 유월절 전례문으로 여겨지기도 한다(벧전1:2-3,19; 2:18-25; 3:18-22; 4:12-5:10). 그리고 히브리서 기자는 유월절 양이신 예수께서 십자가 대속의 피로 세운 새 언약을 설명하면서 그 새 언약은 구약의 옛 언약보다 낫다고 강조한다(히4:14-10:18). 즉, 유월절 양이신 예수께서 십자가 대속의 죽음을 통해 한 번에 영원한 제사를 드림으로써 더 이상 대속의 양이 필요 없게 되었다는 것이다. 이제 모든 죄인은 오직 예수님의 십자가 보혈을 믿음으로써 영원한 속죄와 구원의 은총을 받게 될 것이다(찬송가 265장). → [4. 예배 및 예식 용어] '유월절'을 보라.

유일(唯一, the only, the sole) 다른 것은 없는 오직 하나. 즉, 존재론적 측면에서 '첫째' 곧 여럿 가운데 '첫째'란 뜻이 아니라 다른 것이 없는 '오직 하나'란 뜻이다(신6:4).

성경에는 주로 하나님의 유일성을 강조하는 표현으로 쓰인다(사37:16; 막12:29). 즉, 많은 신들 중에 하나가 아니라 세상에 다른 신은 없고 오직 하나님만이 홀로 존재하시는 유일무이(唯一無二)하신 분이요, 홀로 영광받으실 초월적 존재가 되시는 분이란 뜻이다(시35:17; 요5:44; 17:3). → [2. 교

유일신 리 및 신앙 용어] '유일성'을 보라.

유일신(唯一神, the One and Only God) 다른 신적 존재는 없고 오직 하나밖에 없는 신. 성경에 계시된 여호와 하나님을 가리킨다(삼상2:2). → '유일', [2. 교리 및 신앙 용어] '유일신론'을 보라.

유토피아(Utopia) '아무데도 존재하지 않는 곳' 또는 '아주 좋은 처소'란 뜻으로, 이 땅에서는 존재하지 않는 이상의 나라 곧 이상향(理想鄕)을 말한다. 영국의 인문주의자요 작가인 토마스 모어(Sir Thomas More, 1478-1535년)의 공상소설 「Utopia」(1516년)에서 유래한 표현이다. 기독교적 관점에서 유토피아적 소망은, 눈물과 탄식이 없는 복된 처소 곧 세상 종말에 완성될 하나님의 나라와 연관되어 있다(계21:1-4).

유혹(誘惑, deceitfulness, enticement) ① 남을 꾀어서 정신을 어지럽게 함(민25:18; 욥31:9). ② 그릇된 길로 꾐(신7:4; 눅22:40). 이 땅에서 성도를 유혹하는 것은, 사탄 마귀(창3:1-6; 벧전5:8), 죄(히3:13), 세상의 염려와 재물(마13:22), 그릇된 종교인(벧후2:13-14), 세속의 간사한 사조(엡4:14), 그릇된 지도자(사3:12), 음녀(잠5:3-5) 등이다. → '시험'을 보라.

유황(硫黄, sulfur) 화약, 성냥, 약용, 표백제, 고무 등의 원료로 사용되는 잘 부스러지며 가연성을 지닌 황색 비금속 원소(brimstone). 성경에는 '불'과 함께 하나님께서 죄인을 심판하시는 형벌 수단으로 언급된다(창19:24; 욥18:15). 즉, 소돔과 고모라 사건에서(창19:24; 눅17:29) 볼 수 있듯이, 하나님의 극렬한 분노와 징계의 수단으로 묘사되고 있다(사34:9; 겔38:22; 계14:10; 20:10). 특히, 사탄과 그 추종 세력들이 최후 심판 때에 결국 들어갈 영원한 형벌의 처소로 '유황불 붙는 못'(계19:20)이 언급되고 있다. → '지옥'을 보라.

육(肉, flesh, body) 육체(肉體). 사람의 육신(창2:21). 짐승의 고기(고전15:39). 성경에는 ① '창조된 모든 생물'(창7:15)이나 ② '인류 전체'(창6:12; 마24:22; 벧전1:24), ③ '동물이나 인간의 육체'(출21:28; 레15:27), ④ '혈통'이나 '민족'(롬4:1), ⑤ '사람 그 자체'(시145:21; 고후3:3)를 일컫는 말로 쓰였다.

또한, 하나님께 속한 신령한 것이나 '영'의 반대 개념으로 보기도 하며(시56:4; 사40:7), 거듭나기 전의 타락한 인간이나 죄의 속성을 유전하는 자연적 출생(요3:6; 롬7:5; 8:3), 성령의 역사를 거스르며 죄악을 행하는 본거지(갈5:16-21), 혈연(창37:27; 레18:6)이나 죄 아래 있는 인간의 연약함(갈4:13), 무기력함(롬8:3), 불완전함(고후5:16), 헛된 욕망(롬13:14; 갈5:24), 죄에 물든 인간의 본성(롬8:5-8; 갈5:19-21)이나 본능(엡2:3), 한계성(롬8:3; 고후4:16) 등을 나타내는 말로도 쓰였다.

그런 점에서 육신을 좇지 말고(롬8:1,4), 육신대로 살지 말 것(롬8:12-13)과 육체의 정욕을 제어하며(벧전2:11), 육체를 십자가에 못 박을 것(갈5:24), 육신의 일을 도모하지 말고(롬13:14), 그리스도의 남은 고난을 자신의 몸에 채울 것을 권면한다(골1:24).

물론, 성경은 근본적 측면에서 육체를 도외시하거나 죄악시하지 않는다. 하나님이 친히 인간의 육체를 만드셨고(창2:7), 또 예수께서 성전 되신 자신의 몸을 말씀하신 적도 있다(요2:19-20). 이와 함께 사도 요한은 예수께서 육신이 되어 우리 가운데 거하셨고(요1:14), 그분이 육체로 오신 것을 부인하는 자는 적그리스도라 경고했다(요일4:3). 사도 바울은 성도의 몸을 하나님이 거하시는 거룩한 성전(고전3:16)이요 예수님의 재림 때 변화된 몸으로 변화될 것이라고도 가르친다(고전15:42-53).

■**육에 속한 사람**(the man without the Spirit, who follow mere natural instincts) - 하나님의 은혜로 거듭나 성령께서 가르치시는 것을 좇아 살아가는 성도와 구별되는 죽을(멸망할) 육체의 한계에 갇힌 존재(고전2:14; 유1:19). 그 속에 성령께서 거하지 않는 존재.

■**육의 마음판**(tablets of human hearts) - 사람의 마음판(고후3:3). 일명 '육의 심비(心碑).' 살아계신 하나님의 영으로 쓴 것 곧, 복음으로 나타난 그리스도의 편지가 기록된 곳을 가리킨다.

육백육십육(六百六十六, 666, six hundred and sixty six) '666'에 대한 해석 방법이 다양하나 일반적으로 기하학(Gematria)적 해석법을 취하는 경향이 있다. 그에 따르면, 대체로 로마의 악한 황제 네로 카이사르 혹은 사도 요한 당시 기독교를 박해하던 로마 제국을 상징하는 숫자로 볼 수 있고, 궁극적으로는 말세에 교회와 성도를 박해하는 적그리스도를 상징하는 숫자로 볼 수 있다(계 13:18). → '적그리스도', [2. 교리 및 신앙 용어] '적그리스도'를 보라.

육신(肉身, flesh, body) 사람의 몸(신5:26; 대하32:8; 잠14:30; 마26:41). 육체. → '육'을 보라.
■**육신의 장막**(the fleshly tent, the earthly tent) - 인간이 이 땅에 사는 동안 잠시 입고 있는 '육체'를 가리킨다(고후5:1-4; 찬송가 260장). 특히, 장막이라 한 것은, 육체적 생명이 임시 거주지에 불과한 장막처럼 곧 쓰러질 것임을 시사한다.

육욕(肉慾, carnal desires, the appetites of the flesh, animal passions) 육체적인 욕망. 이성(異性)의 육체에 대한 욕망. 정욕(情慾). 특히, 성령의 뜻을 그스르는 육체적 욕심(갈5:16-17). → '원욕'을 보라.

육정(肉情, human decision, the will of the flesh) 남녀간의 성적(性的)인 욕구나 동기. 하나님의 자녀가 되는 것이 인간의 육체적(성적) 과정에 의해서가 아니라 하나님의 은혜와 섭리로 되는 것임을 강조할 때 사용되는 표현(요1:13).

육체(肉體, flesh, body) 사람의 몸(창6:17; 레17:11; 시136:25). 육신(肉身). → '육'을 보라.
■**육체에 가시**(a thorn in one's flesh) - 육체를 괴롭히는 치명적 질병이나 정신적 고통(고후12:7). 여기서 '가시'란 바늘처럼 뾰족하게 돋아난 가시뿐 아니라 '말뚝', '파편'이라는 의미도 담겨 있어, 그 육체적 고통의 정도가 얼마나 컸던가를 짐작게 한다.
한편, 사도 바울의 '육체에 가시'와 관련해 여러 견해가 있다. ① 바울의 전도를 방해하는 대적자들의 계략, 곧 사탄의 술수를 일컫는 상징적 표현. ② 바울의 마음속에서 끊임없이 일어나는 온갖 생각들, 즉 교만이나 자랑. ③ 바울을 괴롭히던 육체적 고통, 곧 질병(안질, 간질 등). 이중에 어떤 것인지는 정확히 알 수 없다. 다만, 바울은 고통스런 가시를 자신을 교만하게 만들지 않으시려는 하나님

의 은혜로운 간섭으로 받아들였다(고후12:9).
■**육체의 소욕**(sinful nature) - 육체의 욕심. 즉, 성령의 뜻을 그스르는 욕망을 가리킨다(갈5:16-17). 육체가 욕망하는 것은 성령의 뜻에 반대되는 것이요, 성령께서 원하시는 바는, 인생으로 하여금 육체의 타락한 본능을 제어하고 하나님께로 바로 인도되게 하는 것이다. 성도가 늘 성령의 충만함을 입어야 하는 이유가 바로 여기에 있다.

육축(六畜, livestock) 여섯 가지 가축(소, 말, 돼지, 양, 닭, 개 등)을 통틀어 이르는 말. 오늘날은 대개 '가축'(家畜)으로 일컬어진다(창1:24; 잠12:10; 슥2:4; 찬송가 108, 114장).

율동(律動, rhythmic movement) 가락에 맞추어 추는 춤. 특히, 찬송가나 복음성가 등의 리듬에 맞추어 규칙적인 몸동작을 하는 일을 말한다. → '워십 댄스'를 보라.

율례(律例, regulation) 원뜻은 '선포(선고, 규정)하다, 심판하다, 다스리다.' ① 율법이 정한 규례 혹은 사례. ② 법도(수24:25). ③ 재판의 판별 기준이 되는 법령, 법규, 성문법(출21:1). 이는 '하나님의 법도'를 뜻하는 동시에 '사회적 규범'이라는 뜻도 담겨 있다(시94:20).

율법(律法, law) 하나님의 백성으로 하여금 세상에서 구별되어 거룩히 살도록 하기 위해 하나님이 친히 세우신 법(요7:19; 롬10:4). 율법이란, 일차적으로 ① 십계명(출20:3-17; 신5:6-21)을 포함하여 하나님께서 시내 산에서 모세에게 주신 법(계명, 법령, 규례, 교훈, 명령), 또는 ② 구약성경(요10:34; 12:34), 좀 더 포괄적으로는 ③ 신·구약에 나타난 하나님의 백성의 생활과 행위에 관한 하나님의 명령 전체를 가리킨다.
율법은 이스라엘 백성의 정치, 문화, 종교 등 생활 전반을 지배하는 거룩한 하나님의 명령이다. 따라서 구약 시대 이스라엘 백성은 율법을 지키는 것으로 여호와께 대한 자신들의 신앙을 나타내었다. → [2. 교리 및 신앙 용어] '율법'을 보라.

은(銀, silver) 구리족(族)에 딸린 청백색의 귀금속. 화폐(물물교환 수단, 창23:15-16), '장신구

(출11:2), '악기'(민10:2), '그릇'(창44:2; 잠25:11), '망대'(아8:9), '줄'(전12:6), '왕관'(슥6:11), '성소의 성물'(출26:19), '우상'(출20:23; 시115:4) 등의 제작에 사용되었다.

은은, 성도의 연단과 성결(시66:10), 전능자(욥22:25), 하나님의 말씀(시12:6), 지혜(잠3:14), 훈계(잠8:10), 은총(잠22:1), 하나님의 백성(겔22:20-22), 우상(시115:4), 타락(사1:22), 재산(전5:10), 버려진 존재(렘6:30), 돈이나 소유(행3:6), 각 사람의 공적(고전3:12-13), 없어질 것(벧전1:18), 세상의 자랑거리(계18:12,14) 등을 상징한다.

한편, 죄인의 구주이신 예수께서는 노예 한 사람의 몸값인(출21:32) '은 30'에 팔리셨다(마26:14-16). → '금'을 보라.

■**은금**(銀金, **silver and gold**) - 은과 금. 값진 보물이나 값나가는 재물을 대표하며, 이 땅의 영화와 번영을 상징한다(신8:13; 왕상20:3; 사60:9).

은비한 일(隱秘 -, hidden things)
'숨겨진 은밀한 일들'이란 뜻. 즉, 사람들에게는 감추어져 있고 오직 하나님만 알고 계신 사실들을 말한다(사48:6). 대표적으로, 메시야를 통한 인류의 구원이라는 하나님의 거룩한 계획과 섭리를 들 수 있다. → [2. 교리 및 신앙 용어]에 '섭리'를 보라.

은사(恩賜, gift)
하나님께서 값없이 주시는 선물. 그 선물은 '구원'(롬5:15), '영생'(요4:10), '성령'(행2:38), '예수 그리스도'(롬8:32), '신령한 능력'(고전12:8-11; 약1:17) 등이다.

이외에 성도에게 주어지는 은사로는, 예언(롬12:6), 섬기는 일과 가르치는 일(롬12:7), 권위와 구제와 다스리는 일과 긍휼(롬12:8), 독신(고전7:7), 지혜와 지식의 말씀(고전12:8), 믿음과 병고침(고전12:9), 능력 행하는 일과 영의 분별과 각종 방언 및 방언 통역(고전12:10), 전도(고후1:11), 연보(고후9:12-15), 거룩한 직분(딤전4:14; 딤후1:6), 사랑(고전12:31-13:1) 등이 있다. → [2. 교리 및 신앙 용어]에 '은사주의'를 보라.

■**은사를 주신 목적** - ① 믿음을 굳게 하고(롬1:11), ② 안위를 얻게 하며(롬1:12), ③ 그리스도를 증거하고 복음을 전하기 위해(막16:17-20; 행1:6-8; 롬15:18-19), ④ 교회를 온전히 섬기게 하려 함이다(롬5:15-16; 고전12:7).

용어상식
은사 배치
(spiritual gift based ministry, network)

'은사 배치'(恩賜 配置)란 미국 윌로우크릭커뮤니티 교회가 교회 봉사자를 위한 훈련 프로그램으로 처음 개발한 것으로, 교회 내에서 성도로 하여금 각자의 은사와 재능을 발견하게 하여 교회를 온전히 섬기게 하는 사역을 말한다.

은사 배치는 일반적으로 세 단계 프로그램으로 진행된다. ① 각 개인의 관심사나 재능, 취향 등을 점검하여 하나님이 주신 자신의 모습을 발견하게 한다. ② 지도자와 상담하여 가장 적합한 사역을 발견하게 한다. ③ 적합한 사역에 배치받아 실질적 훈련과정을 거친 후 봉사를 하게 한다.

은총(恩寵, favor, grace)
하나님께서 내려 주시는 특별한 사랑(아가페). 성경에는 구속사적인 맥락에서 특별히 사죄와 구원의 은혜라는 뜻으로 많이 쓰인다(창32:10). → '은혜', '아가페'를 보라.

은택(恩澤, benefit, good pleasure)
은혜로운 덕택. 거저 주어진 덕이나 혜택. 특히, 하나님이 베푸신 사랑과 호의(시51:18; 103:2; 잠19:12).

은행(銀行, bank)
성경 시대 은행은 돈을 교환해 주는 환전상(성전세 낼 때 외국환은 금지되었기 때문, 마21:12; 요2:15)이나, 맡긴 돈에 이자를 주거나 빌려준 돈에 이자를 받는 예금 및 대출 기능을 수행했다(마25:27).

그런데, 율법에는 가난한 자들을 돕기 위해 돈을 꾸어줄 수 있었지만(신15:7-11), 동족 이스라엘인에게는 이자를 받는 것이 금지되었다(출22:25). 다만, 이방인에게는 이자를 받고 빌려줄 수 있었다(신23:20).

은혜(恩惠, grace, divine favor)
성경에서 은혜란 '기쁨, 상냥함, 사랑스러움' 혹은 '호의, 친절, 자비, 긍휼' 또는 '윗사람이 아랫사람에게 베푸는 친절이나 사랑' 등을 의미한다. 그중에서도 하나님께서 값없이 베푸신 선물(창6:8), 특히 아무런 조건 없이 죄인을 용서하고 구원과 영생을 주시는 하나님의 초월한 사랑이라는 뜻으로 많이 사용된다. 그런 점에서 예수님의 성육신(成肉身)과 십자가 대속은 하나님의 은혜의 최고봉이다(요3:16).

한편, 이 은혜는 ① 죄인이 구원을 얻는 유일한 통로(수단)이자 성도에게 구원과 영원한 생명을 보장해 주시는 하나님의 주권적인 행동이다(엡2:5; 딛2:11). 그리고 ② 하나님의 거룩한 속성으로서(벧전5:10; 약4:6), ③ 오직 예수 그리스도로부터 성도에게 임한다(요1:14,17). 이 은혜는 ④ 행동으로 나타난 하나님의 사랑과 긍휼이며(요3:16), ⑤ 인간은 하나님의 은혜에 의해 의롭다 하심을 받는다(롬3:24; 엡1:7). 또한 이 은혜는 ⑥성도로 하여금 경건과 거룩한 삶을 유지하게 하는 지속적인 힘이 되며(행11:23; 20:32; 고후9:14), ⑦ 구원의 보증이 된다(고후1:5). ⑧ 성도에게 있어서 이 하나님의 은혜는 만족하며 충분하다(고후12:9).

■**은혜롭다(gracious)** - 은혜가 크다. 호의적이고 자비롭다. 그 행한 일들이 모두 은혜이다(출34:6; 눅4:22). 은혜를 입어서 매우 고맙게 여기다.

■**은혜의 보좌(throne of grace)** - 일명 '시은좌(施恩座), 곧 '은혜의 자리', '하나님께서) 은혜를 베푸시는 자리.' 언약궤 위 두 그룹 사이 곧 속죄소를 가리킨다(출25:22). 이곳은 하나님의 임재 처소로, 하나님께서 이곳에서 이스라엘 백성의 죄를 용서하시고 은혜를 베푸신 데서 유래된 표현이다.

구약 시대 대제사장은 백성의 죄를 대신해 피흘린 제물을 가지고 은혜의 보좌 앞으로 나갈 때에 백성의 죄가 사함받았다. 이는 곧 예수 그리스도의 대속 사역 곧 그분의 십자가 공로를 믿고 그 앞에 나오는 자는 누구든지 죄사함받는 은혜 누림을 예표하는 것이었다(히4:14-16).

음녀(淫女, **prostitute, adulteress**) 원뜻은 '팔기 위해 내어놓은 물건'이다. 즉, 돈이나 성(性)을 목적으로 몸을 파는 여자, 부도덕하고 음란한 여자(harlot)를 가리킨다. 성경에는 단순한 '창기'나 '창녀' 라는 뜻(잠6:26; 23:27) 외에도 영적으로 죄악과 짝하며 사치와 향락에 빠져 있는 세속 도시나 불신 집단을 상징한다(계17:1,5,15).

음란(淫亂, **lewdness, salacity**) 음탕하고 난잡함. 혼외 정사(婚外情事), 매춘(harlotry), 변태, 미혼 남녀의 성교 등 모든 비정상적인 성적 문란 행위를 말한다(롬13:13; 벧전4:3). 영적으로는, 하나님 한분만을 섬기지 못하는 신앙의 부정(不貞)이나 우상 숭배 등을 뜻한다(출34:15; 호4:12; 마12:39).

음부(陰府, **grave, Sheol, the depths**) 땅 속 지하 세계(시86:13). 모든 죽은 자의 사후 거처(창37:35; 시31:17; 사38:10). 죽은 자들은 거기서 그림자 같은 존재로 살아간다(시6:5; 사28:15; 겔32:17-32). → '스올', '지옥'. [2. 교리 및 신앙 용어] '음부'를 보라.

음심(淫心, **adultery**) 음탕한 마음. 음심이 가득한(음욕을 품은) 눈은 음행(淫行)으로 나아가는 원인이 된다. 이는 술취하고 방탕하는 자들에게 자연적으로 따르는 일이다(벧후2:14). → '음욕', '음행'을 보라.

음악(音樂, **music**) 소리로 인간의 감정이나 사상을 표현하는 예술(겔33:32). 성경에서 음악은 대부분 하나님을 찬양하는 일과 관련해 소개된다(출15:20; 삼하6:5; 시150편). 즉, 음악은 하나님께 예배하거나(시33:1-3; 엡5:19; 히2:12) 종교적 행사(대상13:6-8)에 주로 사용되며, 그 외에도 일할 때(민21:17), 춤출 때(마11:17), 결혼식(렘7:34)이나 장례식(삼하1:17-18), 왕의 즉위식(왕상1:39-40), 잔치(사5:12), 전쟁 수행이나 전쟁 승리 때(삿5:1-3; 대하20:20-22), 작별할 때(창31:27), 우상 숭배 때에도 동원되었다(단3:4-7).

한편, 이 음악은 지상에서 뿐 아니라 천상에서도 울려퍼지며, 현세에서는 물론 영원한 내세에서도 하나님을 찬양하는 일에 사용될 것이다(계5:8-9; 14:2-3; 15:2-3).

■**음악 선교**(音樂 宣敎, **music mission work**) - 복음 전파를 목적으로 음악을 사용하는 것. 일선에서 직접 음악으로써 메시지를 전달하기도 하고, 찬송가나 복음성가 등이 번역 사업을 통해 복음을 전하기도 한다.

음욕(淫慾, **lust, desire**) 음탕한 욕심(마5:28). 그릇되고 타락한 정욕(사57:5; 겔16:28). 성적인 욕망(롬1:27). 색욕(色慾). 예수께서는 간음을 언급하시면서 실제 행위로써 뿐 아니라 마음속의 음욕조차 단죄하셨다(마5:27-28).

음행(淫行, **adultery**) 정조를 깨뜨리는 음란하고 난잡한 행실. 육체적인 성범죄나 성적인 타락(민25:1). 성경에는 하나님 이외의 다른 신을 숭배하거나 하나님보다 세상을 더 사랑하는 것을 영적인 음행이라 경고한다(겔23:29; 호2:2; 계18:3).

음행하는 자는 자기 몸에 죄를 짓는 자요(고전6:18), 불법을 행하는 자이다(딤전1:8-10). 이런 자는 하나님 나라의 기업을 얻지 못하며(엡5:5), 하나님의 심판을 받게 된다(히13:4). 성경에는 이런 자와의 교제를 금한다(고전5:9).

응보(應報, **retribution**) 선악의 행위에 따라 되돌려 받게 되는 길흉화복(吉凶禍福)의 갚음. 일명 '보응'(報應). 이는 하나님의 거룩한 통치 방식을 이해하는 데 사용되는 개념이며, 하나님의 공의롭고도 공평하신 성품을 반영하는 것이다(출21:23-25; 고후5:10).

하지만 실제 삶에서는 악인이 잘 되고 의인이 고난받는 불공평한 상황을 보게 되는데, 이에 대해 성경은 종말론적인 심판(응보) 곧 궁극적인 하나님의 통치를 가르치고 있다(마25:46; 계22:12). → '보응', '심판' 을 보라.

의(義, **righteousness**) 윤리·도덕상의 올바른 행실이나 착함. 공정하고 참되며, 경건하고 정직함. 죄와 관계 없는 상태(출9:27; 욥22:3; 잠11:5; 13:6). 성경에서 가르치는 '의' 는 무엇보다 '하나님의 의' 이다. 즉, '의' 란 하나님의 거룩한 속성이며(대하12:6; 시4:1; 사45:24), 하나님은 그 의로써 이 세상을 경영하시며, 또 구원 역사를 이뤄가신다(사61:11; 습3:5; 롬1:17; 8:33).

동시에 하나님은 인간들에게 의를 요구하신다. 본질상 타락하고 부패한 인간은 이런 하나님의 요구에 반응하지 못하고 의를 이루지 못한다(롬3:19-20). 그래서 하나님은 한 의로운 방법으로써 절망 중에 있는 인간들을 구원하셨다. 그것이 곧 죄 없으신 예수를 십자가 대속제물로 내어주신 일이다(롬5:21; 딛3:5). 인간은 십자가를 지시고 대속제물이 되어 마침내 하나님의 의를 이루신 예수로 말미암아 의롭다 함을 얻는다. 이를 '칭의'(稱義)라고 한다. 즉, 실상은 의롭지 못하지만 의롭다고 인정받는 것, 실제로 흠이 없는 완전무결한 상태가 아니라 비록 흠은 있지만 흠이 없는 것으로 인정(선언)받은 상태를 말한다(롬3:28; 갈2:17; 약2:25). 이것은 그리스도를 믿는 자에게 주어지는 하나님의 주권적인 은혜로서 '율법의 행위' 와는 대조된다.

따라서 의롭게 되는 길은 인간에게 원인이나 조건이 있지 않고, 오직 십자가 구속의 은혜에 대한 영혼의 응답, 즉 '믿음' 에서만 가능하다(롬3:28). 물론 믿음이 의롭게 되는 조건이기는 하지만 그렇다고 그것이 공로로 여겨지는 것은 절대 아니다. 믿음은 단지 그리스도의 십자가 공로가 인간에게 받아들여졌음을 확인하는 도구적인 측면에서는 조건일 뿐이다. 의롭게 됨 곧 칭의의 최종적 근거는 그리스도의 십자가 사역이다. 따라서 우리의 '의' 는 궁극적으로 예수를 통해, 예수 안에서만 완성된다.

한편, '의' 를 뜻하는 원어를 보면 ① '체데크' : '체다카' (똑바르다, 의롭다, 진실하다)에서 파생. 올바르고 공정하며 참되고, 경건하며 정직하다는 뜻. 죄와 관계 없는 상태(시17:15; 23:3; 89:15). ② '야쇼르' : 원뜻은 '곧다, 바르다.' 비유적으로 '마음에 들다, 눈에 합당하다.' 윤리적 측면에서 '옳다, 좋게 여기다.' 즉, 하나님의 눈에 합당하고 하나님이 옳다고 인정하실 만한 상태(신12:25). ③ '디카이오스' : 원뜻은 '올바른, 공의로운, 무죄한.' 정해진 법이나 기준에 어긋나거나 예외 없이 그대로 공평하게 적용되는 것(요5:30). ④ '디카이오오' : '디카이오스' 에서 파생. 실제로 의롭지 못하고 흠은 있지만 '의롭다고 선언(인정)하다' , '의로움을 보이다' 는 뜻(롬3:28; 갈2:17; 약2:25). → [2. 교리 및 신앙 용어] '의롭다함을 얻음' 을 보라.

■**의로운 자**(**the righteous**) - 흠과 티가 없는 거룩한 사람(출23:7). 죄와 부패에서 벗어난 존재. 하나님이 자기 백성에게 자신의 뜻을 알리신 율법에 맞추어 사는 사람(시1,37편). 신약적 개념으로는, '십자가를 통한 그리스도의 의를 힘입어 의롭다 함을 얻은 자.' 곧, '구원얻은 성도' 를 가리킨다(마5:45; 롬3:19-28; 히11:4; 계22:11).

■**의의 길**(**righteous way**) - 하나님의 뜻에 합당한 삶(의 방식). 주 예수께서 걸어가신 거룩하고 온전한 길. 궁극적으로 영생에 이르는 참된 도리(마7:14; 찬송가 516장).

■ **의의 면류관**(the crown of righteousness) – 그리스도 안에서 하나님의 부르심을 받은 자로서, 의롭다 함을 입은 자들, 곧 믿음을 온전히 지킨 자들에게 주어지는 하늘의 상급을 말한다(딤후 4:8). 이는 그리스도 예수의 재림 때에 주어질 것이다(약1:12; 찬송가 360장). '생명의 면류관' (약1:12), '생명의 관' (계2:10), '영광의 관' (벧전5:4)과 유사한 표현이다.

의뢰(依賴, trust, commission) 남에게 부탁하거나 의지함(레26:26; 삼하22:30; 시37:3; 습 3:2). 인생은 누구에게 자신과 자신의 문제를 내어 맡기느냐에 따라 그 운명이 결정된다. 하나님은 자기를 의뢰하는 자를 붙드시고 복을 주신다(시55:22; 렘17:7). → '의탁' 을 보라.

의료 선고(醫療 宣敎, Medical mission work) 의료인이 의술로 병을 고치는 제반 활동을 통해 궁극적으로 그리스도의 사랑과 복음을 전하는 일. 한국의 의료 선교는 1884년 9월에 내한한 미국 북장로교 출신의 알렌에서 시작되었다. 그는 의료 활동을 통해 궁중과 교분을 쌓았고(왕실 전의로 임명되고, 세브란스병원의 전신인 광혜원(제중원)을 설립함), 그리하여 한국 개신교의 선교 문호 개방에 결정적인 공헌을 하였다.

의심(疑心, doubt) 마음이 둘로 나뉘어져 서로 판단하는 상태(롬4:20). 즉, 마음이 확고하지 않고 흔들리는 상태를 가리킨다(행10:17). '의혹 (疑惑, 민5:14)이라고도 한다. 성경에서는 진리 위에 확고히 서지 못한, 신앙이 연약한 상태를 일컫는 말로 자주 쓰인다(눅24:38; 유1:22).

의인(義人, the righteous) 구약성경에서는 하나님과 바른 관계를 가지고 생활한 인생, 즉 하나님의 뜻에 따라 살고 율법의 요구에 순종하려고 힘쓴 경건한 자를 말한다(창6:9, 욥1:1; 겔14:14). 신약성경에서는 그리스도(십자가 대속의 은혜)를 믿음으로 하나님으로부터 옳다고 인정받은 신자를 가리킨다(롬1:17).
특히, 성경에서 '의인' 이라 함은 본질적으로 의롭고 착하며 고결한 인격자라는 뜻이 아니라 하나님의 은혜로 용서받은 죄인을 가리킨다. 이 의인은 소극적 측면에서 죄 용서를 받은 자이지만, 적극적인 면에서는 하나님의 자녀가 되고(요1:12; 롬8:15-16) 영생의 복락을 누리게 된 영화로운 신분이다(롬8:17; 벧전1:4). 그런데 이러한 의인들의 가장 큰 특징은 은혜로 시작하여 믿음으로 사는 것이다(합2:4; 롬1:17). → '의' 를 보라.

의탁(依託, trust, reliance) 남에게 맡기어 부탁함. 남을 신뢰하고 온전히 의존함. 특히, 신앙적으로는 자신의 죄나 고민, 그리고 인생의 무거운 짐 등을 하나님에게 모두 내맡기는 일을 가리킨다(시22:8). 이는 하나님께 대한 절대적인 신뢰를 바탕으로 하는 행위이다(대하14:11).

이교(異敎, paganism, heathenism) 자기가 믿는 종교 이외의 종교. 특히, 계시종교인 기독교적 관점에서 예수 그리스도를 구주로 고백하지 않고 인간의 측면에서 신을 구하는 기독교 이외의 모든 타종교(비기독교)를 가리킨다. → [2. 교리 및 신앙 용어] '이교주의' 를 보라.

이기주의(利己主義, egoism, egotism) 다른 사람이야 어떻든 자기의 이익만을 추구하는 방식이나 태도. 자기 자신이 모든 인간행위의 목적이며 중심이고 자아를 떠난 것은 무가치하다고 여기는 자기 중심주의. 이타주의(利他主義)와 대립된다. → '이타주의' 를 보라.

이단(異端, heresy) 정통 학파나 종파에서 벗어나 다른 학설을 주장하는 일이나 교파를 가리킨다. 오늘날 '이단' 이라 함은 대부분 복음에서 떠나 다른 복음(그릇된 가르침)을 좇거나 교회 내에서 당파심을 불러 일으켜 교회의 분란을 조성하는 경우에 국한해서 사용된다. → [2. 교리 및 신앙 용어] '이단' 을 보라.

이른 비와 늦은 비(autumn and spring rains) '이른 비' 는 가을(태양력으로 10월경)에 내리는 첫 비를 말한다. '이른 비' 를 기점으로 겨울 우기(雨期)가 시작되며, 이 비가 내림으로써 건기(乾期) 동안 메마르고 굳어졌던 땅을 무르게 해주어 경작과 파종을 가능하게 만든다. '늦은 비' 는 봄(태양력으로 4월경)에 내리는 비로, 곡식의 결실을 좌우하는 요긴한 비이다.
결국 '이른 비와 늦은 비' 이 둘은 인간을 향한 하나님의 적절하고도 풍족한 은혜와 그분의 선하심과 신실하심을 상징하는 도구이다(신11:14; 시84:6; 렘5:24; 욜2:23).

이름(name) 사람이나 사물에 붙이는 고유한 칭호(창2:11). 인격이나 성격, 특성 등을 근거로 붙여진다. 히브리인들은 생후 8일째 할례 시에 이름을 지어 불렀다. 여기서 이름 짓는 일은 그 대상에 대한 후원자로서 소유권이나 지배권을 가진 존재가 했다(창2:19; 삼하12:28; 왕하23:34; 사4:1).

■이름이 지닌 의미 - ① 단순한 호칭 이상으로, 기념할 만한 명성과 영예를 뜻한다(사14:22). ② 전 인격을 대표하고 상징한다(전9:5). ③ 본질적 성격이나 특징을 표시한다(창27:36; 마1:21,23). ④ 권세나 능력을 나타낸다(출9:16; 시54:1; 약5:14). ⑤ 영광과 지위를 나타낸다(삿13:17-18; 전7:1; 엡1:20-21). ⑥ 어떤 소원이나 예언을 나타낸다(사8:1-4; 호1:4). ⑦ 이름의 존속은 그 존재의 계속성을, 이름을 제함은 멸망을 상징한다(신7:24; 사56:5). ⑧ 다른 사람의 이름으로 말하거나 대표(대리)하는 것은 그의 권위에 참여하는 것을 뜻한다(왕상21:8; 마10:41; 고후5:20). ⑨ 누구의 이름으로 세례받는다는 것은 그의 소유가 됨을 뜻한다(마28:19; 행8:16; 고전1:13,15). ⑩ 이름의 변화는 인격(성격) 또는 신분(지위)의 변화를 뜻한다(창17:5,15; 마16:17-18).

■하나님의 이름과 관련해서 - 하나님은 스스로를 나타내시는 한 방법으로 자신의 이름을 계시하셨다(창17:1; 출3:14). 즉 그 이름을 통해 하나님의 거룩한 성품과 능력, 초월한 계획과 섭리 등을 이해할 수 있다.

그런 측면에서, 하나님의 이름과 관련해 다양한 의미가 내포되어 있다. ① 하나님의 이름을 부름은 '그분을 신뢰한다'(창26:25), '그 이름을 찬양하고 영광 돌린다'(창4:26; 12:8), '그분께 기도를 간구를 한다'(왕상18:24)는 뜻이 담겨 있다. ② 하나님의 이름은 곧 그분의 권위와 능력을 함축한다(창17:1; 삼상17:45). ③ 하나님의 이름은 그분의 임재를 상징한다(신12:11; 왕상8:12-21). ④ 하나님의 이름은 그분의 영광과 명예, 거룩함을 나타낸다(레18:21; 말1:6-7). ⑤ 하나님의 이름을 잊어버림은 곧 그분과의 결별(관계단절)을 뜻한다(렘23:27). ⑥ 하나님의 이름은 믿음의 대상이 된다(요2:23; 요일5:13). ⑦ 예수님의 이름으로 구하면 하나님께서 그 기도를 들으신다(요14:13-14; 16:23-26). ⑧ 하나님의 이름으로 사람들을 축복할 수 있다(대상23:13). ⑨ 예수의 이름으로 하나님의 자녀가 되며(요1:12), 심판을 면하고(요3:18), 죄사함 얻으며(요일2:12), 구원받고(롬10:13), 영생 얻으며(마19:29), 하나님의 영이 함께하게 되고(벧전4:14), 그 이름이 생명책에 영원히 기록된다(눅10:20; 계3:5). → [2. 교리 및 신앙 용어] '하나님의 이름'을 보라.

이머징 처치 (emerging church)

'이머징'이란 사전적으로 '최근 생겨난', '최근에 만들어진'이란 뜻이다. '이머징 처치'란 새롭게 출현한 예배 형태(참여적 예배, 공동체적 예배)를 추구하는 교회, 즉 포스트모더니즘 시대 곧 새로운 세대의 경향성을 보여주는 교회라 할 수 있다. 최근에 미국과 영국에서 생겨난 교회 형태로서, 대중적이며 청년지향적이고, 현대문화와 관계를 맺는 새로운 형태의 교회이다.

이머징 처치의 특징으로는 ① 하나님 나라를 추구하고 ② 섬김과 나눔의 삶을 강조하며 ③ 영과 육, 정신과 육체의 이원론을 극복하며 ④ 영성과 ⑤ 공동체를 강조한다. 그런데, 현대의 문화와 흐름을 적극 수용하면서 창의적 예배를 지향한다는 미명하에 전통적 예배나 질서를 거부하거나, 말씀의 권위와 대등하게 성도 개개인의 영성을 강조, 의존한다는 점에서 비판적 평가를 받고 있다.

이방(異邦, foreign, foreign land, the Gentiles) 다른 나라. 타국(他國). 하나님의 백성을 중심한 세계관에서 ① '이스라엘, 히브리인, 유대인' 이외의 민족(나라, 왕상11:1), ② '가나안 땅'을 벗어난 곳(세상, 창15:13; 출18:3), ③ '하나님의 백성의 거룩한 생활과 풍속'을 벗어난 타락하고 가증한 삶의 행태나 풍습을 가리킨다.

■이방신(異邦神, foreign gods) - 문자적으로 '생소하거나 낯선 신'이란 뜻(삼상7:3; 시81:9). 여호와 하나님 이외의 다른 모든 신, 또는 이방 민족

이 섬기는 우상에 대한 총칭이다(삼상7:3; 렘2:25; 3:13; 5:19; 말2:11). → '우상'을 보라.

■**이방인**(異邦人, **foreigner, Gentile**) - 전통적으로 이스라엘 백성이 자국민 이외의 타민족을 가리켜 일컫던 표현(사42:1; 말1:11; 마10:5). 유대교인 입장에서 기독교인(이교도)을 가리킬 때도 이 표현을 사용했다. 그리고 신약성경에는 불신자를 뜻하는 표현으로도 사용되었다(고전5:1; 12:2; 벧전2:12). 유사한 말로 '외국인'(外國人, 레22:25), '열방'(列邦, 사11:10) 등이 있다.

이삭(**ear, gleaning**) 벼나 보리 등 곡식의 열매(창41:5). 곡물의 낟알(렘9:22). 율법에는, 추수 때 땅에 떨어진 이삭은 인도적 차원에서 필요한 자(가난한 자나 나그네)가 주워가도록 규정했다(레19:9-10; 신24:19; 룻2:7,15).

성경문학적으로는, 악인의 멸망(욥24:24), 하나님 나라의 성장(막4:28), 하나님의 심판(사17:5-6), 대량 학살(삿20:45) 등과 관련된 표현에서 이삭 혹은 이삭 줄기가 언급된다.

이상(異像, **vision**) 신령한 꿈이나 환상, 징조나 묵시 등 초자연적 방법이나 자연적 방법으로 하나님께서 인간에게 자신의 뜻을 보여 주시는 계시 수단(창46:2; 민12:6; 삼상3:1; 시89:19; 행2:17). 환상은 주로 낮에(겔8:3), 꿈은 밤에 나타나며(욥4:13; 20:8; 사29:7), 대개 선지자나 하나님이 특별히 선택한 자들에게 이상이 주어진다.

하나님은 이상을 통해 자기 백성을 인도하셨고(창46:2-5), 경고하셨으며(삼상3:15-18; 사21:2-6), 지시하셨고(행16:9-10), 용기를 주셨으며(행18:9-10), 소명을 주셨다(행26:19-20). 그리고 가까운 장래의 일들을 예시하셨을 뿐 아니라 하나님 나라의 확장과 완성 등과 같은 아주 먼 미래의 사실들을 예시하기도 하셨다(겔1:1-3; 단9:23-27). → '환상'을 보라.

이새의 뿌리(**the Root of Jesse**) '이새'는 다윗의 아버지를, '뿌리'는 '자손'을 가리키는 문학적 표현이다. 따라서 '이새의 뿌리'란 다른 말로 '다윗의 자손'을 일컫는다. 이는 다윗 왕조의 부흥을 일컫는 표현인 동시에 메시야이신 예수를 일컫는다(롬15:12; 계22:16). → '다윗의 뿌리'를 보라.

이새의 줄기(**the stump of Jesse**) '줄기'란 '나무를 베어 넘어뜨리다'는 뜻에서 유래한 말로, '(쓰러진) 나무 줄기'를 말한다. '이새의 줄기'란 왕이 되기 전의 비천하고 약했던 다윗의 모습을 시사하며, 동시에 다윗의 후손이신 메시야의 낮고 비천한 모습을 예시한다(사11:1).

이생(- 生, **this life**) 사람이 살아가는 세상(눅8:14). 이 세상에 살아 있는 동안. 현세(現世). 이 세상의 삶(고전15:19). 내세와 반대되는 개념으로, 영생과는 무관한 삶을 상징한다(요일2:16).

■**이생의 자랑**(**the boasting of what he has and does**) - 문자적으로 '생활의 자랑'이란 뜻. 즉, 부유한 재산이나 높은 신분, 이 세상에서의 활약상 등 세상 환경이나 조건에 대한 허탄한 자랑을 말한다(요일2:16).

■**이생의 풍파**(**life's storms**) - 성도가 이 땅에 살아가는 동안 겪게 되는 온갖 고통과 어려움(요16:33; 고후1:4; 찬송가 272장).

이스라엘(**Israel**) 문자적으로 '하나님과 겨루어 이김'이란 뜻. 야곱이 얍복 나루에서 하나님의 천사와 겨루어 이긴 후 부여받은 새 이름(창32:28; 35:10; 호12:12).

역사적으로 '이스라엘'이란 ① 출애굽과 가나안 정복을 전후한 시기에는 '히브리의 열두 지파의 자손'(창49:28; 출3:16; 호12:13)을, ② 통일 왕국 시대에는 '이스라엘 백성이나 그 영토'(왕상5:13)를, ③ 분열 왕국 시대에는 '북왕국 이스라엘'(삼상11:8; 호4:15)을, ④ 북왕국 멸망 후에는 '남유다 왕국'(사5:7)을, ⑤ 바벨론 포로기 이후에는 '귀환한 유다인들'(스9:1; 느9:2)을 각각 뜻했다. ⑥ 신약 시대에 와서 영적으로는 '아브라함의 믿음을 가진 모든 자들' 곧 '예수 그리스도를 구주로 믿는 모든 성도'를 지칭한다(요1:47; 롬9:6; 갈6:16).

■**이스라엘의 거룩한 자**(**the Holy One of Israel**) - 무흠하고 온전하여 누구에게도 도전받을 수 없는 여호와 하나님을 가리킨다(왕하19:22; 시71:22). 특히, 선지자 이사야가 자주 언급했는데, 이는 이사야서의 중심 사상을 이루는 중요한 표현이다(사5:16,24; 6:3).

■**이스라엘의 아들**(**the sons of Israel**) - 좁게는 '이스라엘 12지파의 근간이 되는 야곱의 열두

아들'을, 넓게는 '언약 백성인 이스라엘의 모든 후손'을 말한다(대상2:1).

■**이스라엘의 하나님**(the God of Israel) – 선민 이스라엘과 언약 관계에 있는 하나님이심을 강조하는 때에 주로 쓰인 거룩한 명칭(출5:1; 24:10; 수7:13; 스5:1; 6:14; 렘7:3,21).

■**이스라엘 집**(the house of Israel) – 하나님을 아버지로 하는 언약 백성 곧 이스라엘 백성을 일컫는 비유적 표현이다(렘10:1).

이슬(dew) 지상의 수증기가 찬 공기와 만나 형성된 물방울. 포괄적으로 운무(雲霧)나 단비를 일컫기도 한다. 연간 강수량이 크게 부족한 팔레스타인에서 이슬은 농작물, 목초지 등에 더없이 귀한 선물로(창27:28; 슥8:12), 이슬이 없으면 곧 한발(旱魃)과 그로 인한 기근을 초래하게 된다(왕상17:1). 따라서 이슬이 없다는 것은 저주요 불행으로 간주되었다(삼하1:21).

성경문학적으로 이슬은 '번영' (욥29:19), '은택' (욥29:22; 잠19:12), '하늘의 복' (창27:28; 슥8:12), '하늘의 보물' (신33:13)이라 표현되었다. 그리고 말씀' (신32:2), '형제의 사랑과 연합' (시133:1,3), '하나님의 은혜로 인한 부활' (사26:19), '신선함' (시110:3), 기력의 회복과 소생' (미5:7)으로, 또한 '은밀한 기습 공격' (삼하17:12), '변덕스러운 인간의 사랑' (호6:4), '멸망' (호13:3), '덧없음' (잠19:12) 등을 시사한다. → '우로' 를 보라.

이야기(story, speaking, words, myth) 일정한 줄거리가 있는 긴 말. 신화나 전설 등 옛부터 전해 내려오는 말(딤후4:4; 딛1:14). 현실 생활에서 경험한 일을 새롭게 꾸며서 하는 말(벧후1:16). (사상, 생각, 느낌, 감정 등을) 전하는 내용(욥15:3; 눅9:11). 어떤 문제나 주제를 가지고 하는 이런 말 저런 말(출33:11). → '신화' 를 보라.

■**이야깃거리**(object of ridicule) – 문자적으로 '(칼을) 뾰족하게 하다, 날카롭다' 는 뜻에서 유래한 표현. 비유적으로 상대방의 감정과 인격에 깊은 상처를 입히는 '독한 말', '조롱(비웃음)거리' 라는 뜻이다(왕상9:7; 대하7:20; 겔23:10).

이웃(neighbor, the next door) 거리상으로 주변 가까이 사는 사람(출3:22; 합2:15)을, 관계상으로 어려움에 처한 상대방에게 도움이 되는 모든 존재를 말한다(눅10:29,36). 히브리인에게 이웃이란 좁게는 '혈족', 넓게는 '동족' 을 뜻하며, 이방인은 철저히 제외시켰다.

특히, 후대 유대인들은 '이웃을 사랑하라' (레19:18)는 율법의 요구를 동족에게만 국한시킨 채 오히려 '적(이방인)을 미워하라' 고 가르칠 정도였다. 하지만 예수께서는 이웃 사랑의 교훈을 통해 이방인(원수)까지 이웃으로 규정하시며 사랑하라 가르치셨다(마5:43-44).

이적(異蹟, miracle) 단순히 기이하고 놀라운 일(출15:11; 눅5:26)이나 이상한 일(마21:15)을 의미할 뿐 아니라 하나님의 권능(출7:3-4; 신4:34; 행4:28), 하나님의 영광을 나타내는 일(눅3:17), 혹은 그 배후에 어떤 초자연적인 실재나 영향력이 있음을 나타내는 능력(마12:38), 또는 기사와 표적(행7:36)을 가리키기도 한다.

성경에서 보듯이, 이적은 주로 하나님의 백성을 보호 인도하고(단3:19-27), 그들로 하여금 확고히 하나님을 신앙하게 하는 역할을 한다(출14:21-31).

 용어상식

이적, 표적, 기사

이 세 가지는 성경에서 거의 동일한 의미로 쓰이지만, 약간의 차이가 있다.

① '이적 (異蹟)은 상식적이고 이성적으로 설명할 수 없는 초자연적이거나 초이성적인 비상한 사건(일)을 가리킨다.

② '표적 (表蹟, sign)은 초자연적 능력에 의해 외부로 나타난 현상을 말한다. '표징' 과 동의어로 쓰인다.

표적은 이적을 실현하는 자의 신분과 그 이적이 뜻하는 바를 밝히는데 목적이 있다(막16:20; 행14:3).

③ '기사 (奇事, wonder)는 기이하고 경이로운 일 또는 장래 일에 대한 징조나 암시를 가리킨다(시106:22; 단6:27; 마24:24). 놀라운 일을 경험한 자의 입장에서 나타낸 표현으로, 주로 그 사건의 신비성에 강조점을 둔다.

또한, 하나님의 일꾼의 권위를 세우는 데도 동원된다(출4:21). 그리고 하나님 나라의 역동성을 나타내며, 복음의 진실성과 생명력을 증거하는 일에 동원되기도 한다(마10:1; 행3:1-10; 28:1-10).

무엇보다 예수의 성육신과 십자가 대속과 부활, 하나님 나라의 도래와 종말적 구원의 완성, 메시야 예수의 권능에 찬 역사 곧 왕적 통치의 실현(마12:28; 눅4:16-21)과 그로 인한 사탄의 나라가 붕괴됨을 드러내 보이는 데도 사용된다(눅10:18). → '기사', '표적'을 보라.

이주민 선교(移住民 宣敎, **migrant mission, an immigrant mission**) (문화, 언어, 역사, 토양, 종교 등이) 다른 지역에서 옮겨와서 사는 외국인을 대상으로 펼치는 선교 활동. 선교 대상자들 대부분은 결혼 이주자들로서 다문화 가정을 이루고 있다. 현재 국내에서는 130만여 명의 외국인이 거주하며, 21만 가구의 다문화 가정이 존재한다. → '다문화 사회'를 보라.

이타주의(利他主義, **altruism**) 다른 사람의 행복의 증진을 도덕적 행위의 표준으로 하는 주의. 일명 '애타주의(愛他主義)'. 이기주의와 대립하는 개념으로서, 이웃을 자기 몸과 같이 사랑하고(마22:39), 원수까지도 사랑하라(눅6:27)는 성경의 가르침과 맥을 같이하는 사상. → '이기주의', [2. 교리 및 신앙 용어] '이타주의'를 보라.

이혼(離婚, **divorce**) 생존하고 있는 부부가 상호간의 합의나 재판상의 청구에 의해 부부 관계를 끊는 일(레21:7). 성경에는 원칙적으로 이혼을 금한다(막10:8-9; 눅16:18; 롬7:2-3). 특히, 하나님께서는 부당한 이혼을 미워하신다(말2:14-16). 율법에서 몇몇 경우에 이혼이 허락되기는 했으나 그것은 사람의 완악함으로 인해 허락된 것일 뿐이다(신24:1; 마19:8). 히브리 사회에서 이혼은 주로 남편 쪽에서 주도권을 쥐고 있었다.

이혼이 가능한 때는, ① 간음했을 경우(마19:9; 막10:11-12), ② 아내가 수치스런 일을 행한 경우(신24:1), ③ 이방 여인과 결혼하는 등 종교적인 경우(스10:11-16; 고전7:12-15). 그외에도 더문 경우이지만 ④ 아내가 자식을 낳지 못하는 경우도 있었다. 그런데 예수께서 인정하신 이혼 사유로는 간음에 한정되었다(마5:31-32). 그리고 사도 바울은 이혼 후에 혼자 살든지 아니면 본래 남편과 결합하는 것이 좋다(고전7:10-17)고 권했고, 남편이 사망한 여인은 자유롭게 재혼(再婚)할 수 있다고 했다(롬7:2-3).

인(印, **seal**) '인장'(印章), '도장'(圖章). 개인이나 단체를 나타내기 위해 특정 재료(나무, 돌, 금속, 진흙, 밀랍, 보석 등)에 이름이나 문자, 혹은 도안을 새겨 놓은 것. 끈에 매달아 목이나 팔에 걸고 다니거나(창38:18) 반지 도장도 있었다(창41:42; 에3:12).

인은 편지나 문서의 진정성과 권위의 표로(왕상21:8), 계약시의 상호 약속의 증표로(렘30:10; 32:11-14), 권세와 위엄을 확인하고 상대방에 대한 신임을 나타내는 표시로(창41:42; 학2:23), 내용물을 보호하기 위해 봉인할 때(단6:17; 계5:1), 문을 잠글 때(마27:66), 권리 곧 소유권을 나타낼 때 사용되었다(계7:2). 또한, 가축이나 노예의 어깨, 이마 등에 불도장으로 낙인을 찍기도 했다.

성경문학적으로 '인'은 '하나님의 인정과 보증'(요6:27; 롬4:11; 엡1:13), '소유권'(딤후2:19; 계7:2-4), '확증'(신32:34), '확실함'(욥33:16), '부부간의 깊은 애정'(아4:12), '비밀'(단12:9; 계5:1), '감춰진 것'(사29:11), '소중함'(렘22:24), 막강하고 완전함'(겔28:12) 등의 상징적 의미를 지닌다.

■**인봉**(印封, **seal**) - '도장'이라는 뜻에서 파생된 말로, 도장을 찍어 열어보지 못하게 하다는 뜻. 일명 '봉인'(封印). 공개할 수 없는 문서나 책의 비밀을 유지하기 위해 촛물로 봉하고 그 위에 일곱 도장을 찍어 봉인하는 관습이 있었다(렘32:10-11; 계10:4; 22:10). 또 돌무덤을 만들던 성경 시대 풍습에는 시신의 훼손을 막고 안전한 보관을 위해 돌문을 밧줄로 묶고 접착제로 밀봉한 뒤, 때로 그 위에 도장을 찍어 열지 못하게도 했다(마27:66).

■**인을 치다**(**affix a seal**) - 도장을 찍어 봉하다'는 뜻. 공시적으로 인정하고 보증함(롬4:11; 고후1:22)이란 뜻과 함께, 약속의 확실성과 영원성(느9:38)을 강조하거나, 그 사실을 의심없이 인정하거나(요3:33; 고전9:2), 그 대상에 대한 절대적인 권리(소유권)를 나타내는 데 사용된 표현이다(엡1:14; 4:30; 계7:2-4; 9:4).

■**인장 반지**(印章 班指, **signet ring**) - '도장

을 새긴 반지'를 말한다(창41:42; 렘22:24). 왕의 인장 반지는 일종의 국새(國璽)로, 왕의 권한 곧 권세와 신뢰를 상징한다(에3:10; 8:2).

■**인침을 받은 자**(who were sealed) - 도장으로 누구의 권리 곧 소유권 표시를 받은 자. 성경 시대에는 가축이나 노예의 어깨, 이마 등에 불도장으로 낙인을 찍기도 했다. 이런 풍습에서 차용하여 '인침을 받은 자'(계7:4-5,8)는 하나님의 소유가 된 자를 가리키며, 여기서 '인'이란 '하나님의 인정'(요6:27; 롬4:11). '소유권'(딤후2:19; 계9:4) 등을 나타낸다.

■**천국 인**(天國 印, heavenly seal) - 영원히 변경되지 않는, 하나님 나라의 시민임을 인정하는 표시(찬송가 28장; 계3:5).

인간(人間, man, human being) 사람(벧전2:13). 하나님의 형상대로 창조되었고(창1:26), 하나님께서 영화와 존귀로 관을 씌운 존재였다(시8:3-8). 그러나 사탄의 유혹을 받아 하나님께 불순종함으로써(창3:1-5; 롬5:12-19), 고통과 사망의 저주 아래 놓이게 되었다(창3:16-24; 고전15:22).

그런 점에서 성경에 '인간'을 '육신'(롬8:5), '옛 사람'(골3:9)이라 칭하며, 특히 범죄로 죽을 수밖에 없는 연약하고 허물 많고 하나님을 기쁘시게 할 수 없는 존재로 자주 언급된다(창6:5; 렘17:9; 롬8:8; 엡4:22; 골3:5; 약4:17).

성경은 인간이 본질상 하나님의 영광에 이르지 못하며(롬3:23), 전적으로 부패한 존재임을 강조한다(사1:5-6). 이런 절망적인 상태의 인간이 치유될 수 있는 유일한 길은 예수 그리스도를 통해 새 사람으로 거듭나는 것이다(고후5:17; 엡2:5; 요일3:2-3). → [2. 교리 및 신앙 용어] '인간론', '이분설', '삼분설'을 보라.

인격(人格, personality, character) 온갖 행위를 함에 있어서 스스로 책임을 질(자율적인) 자격을 가진 독립적 개인. 다른 무엇과도 교환될 수 없고 독자적으로 존재하는 개인의 전인적(全人的) 존재. 어떤 한 개인을 특정 짓는 비교적 안정적이고 예측 가능한 전반적인 행동 경향과 사고 및 감정적 성향.

한편, 인격은 영적인 존재의 실체로서, 지·정·의로 구성되어 있다고 보는데, 그 각각은 상호 깊은 관계를 갖고 영향을 주며 내면의 조율과 성숙뿐 아니라 외부 환경에 대해 역동적으로 대처해 가는 체계로 되어 있다.

기독교는 하나님과 인간을 인격적인 존재로 보며, 양자 사이의 교제가 가능함을 인정한다(고전1:9). 물론, 이때 인간의 인격은 새 사람으로 거듭나 그리스도의 마음을 갖고 그리스도를 좇아 살아가는 특성을 지닌다. 즉, 거듭난 인생만이 하나님과 대화하며 교제를 나눌 수 있다.

 용어상식

인격장애
(personality disorder)

인격장애(人格障碍)란 ① 부적절하며 반사회적인 행동양식이 계속되는 특정한 상태. ② 정신생활의 표현으로서, 표출되는 성격이 주위 환경과 협조(적응)가 안 되거나 곤란할 때 손상을 입게 된 상태. ③ 사회적 적응이 불능할 정도의 성격적 장애. 일명 '성격장애'라고도 한다. 성격이 보통 사람과 다르다는 것만으로는 마음의 병이라고 할 수 없지만, 그 때문에 자신과 사회가 괴롭힘을 당하게 되면 사회적 반응을 할 수 없게 되므로 정신장애가 되는데, 이를 '정신병질(精神病疾, psychopathic personality)이라고도 한다.

이러한 인격장애를 가진 사람들의 문제성 있는 성격은 깊게 체질화되어 있고 확고하여 융통성이 없기 때문에 자신과 주변 환경에 대해 지각하거나 관계를 맺는 데 있어서 비적응적인 양상을 보인다. 또, 타인에 대한 배려나 이해심이 없어 다른 사람을 화나게 하여 결국 관계가 악화되는 일이 반복되고, 일에 열중하거나, 건강하게 타인과 사랑을 나눌 수 있는 능력이 매우 부족하게 된다.

그런데, 인격장애는 특징적 행동이 비슷한 것들끼리 모아서 크게 A, B, C 세군으로 나눌 수 있다. ① A군 : 편집성, 분열성, 분열형 인격장애 가 포함되며 괴상하고 별난 경향을 보인다. ② B군 : '히스테리성, 자기애적, 반사회적 및 경계형 인격장애'가 해당되며 대체로 극적이고 감정적이며 변덕스럽다. ③ C군 : '회피성, 의존적, 강박적 인격장애'로, 억제되어 있고 불안해하고 두려움을 가진 것처럼 보인다.

인과율(因果律, the law of cause and effect) 원인이 되는 어떤 상태가 일어나면, 결과적인 다른 상태가 필연적으로 따라 일어난다는 법칙. 대표적인 예로, 죄로 인해 사망이 결과된 것을 들 수 있다(롬5:12).

인권(人權, human right) 사람이라면 누구나 태어나면서부터 가지고 있는, 생명 · 자유 · 평등 등에 관한 기본적인 권리. 기독교에서 말하는 인권의 기본적인 배경은, 모든 인간이 하나님의 형상으로 지음받은 존재라는 것(창1:27; 9:6; 약3:8)과 그리스도 안에서 모든 인간이 평등한 존재라는 것(갈3:18)에 있다. → [2. 교리 및 신앙 용어] '천부인권설'을 보라.

인내(忍耐, patience, endurance) 참고 견딤. 성경에는 하나님 편에서의 오래 참으심(출34:6; 민14:18; 시103:8)과 인간 편에서의 시련을 견디는 태도 곧 어려움 가운데서 하나님의 능력을 기다리고, 주를 대망하는 자세를 나타내는 말로 쓰인다(시37:7; 약5:11).

특히, 하나님은 인간의 구원을 위해(벧후3:15), 인간의 회개를 위해(사55:6-7; 롬2:4; 벧후3:9), 의를 나타내 보이시기 위해(롬9:22; 벧전3:20), 영광을 받으시기 위해(롬15:5-6) 오래 참으신다.

그리고, 인간이 하나님을 바라며 기다리는 신앙적 인내는, 성부(롬15:5) 성자(살후3:5) 성령(갈5:22) 하나님의 도우심이 있을 때만 가능하다. 그 인내는 단순히 환경을 참아내는 것이 아니라 참는 가운데 거룩한 목표를 이루기 위해 전진하는 적극적 행동까지 포함한다(눅8:15; 롬8:25). 인내의 한계는 주께서 아시기까지(계2:2,19), 심지어 순교할 때까지(계13:10) 참고 견뎌야 한다(약1:4). → '오래 참음'을 보라.

인도어(indoor) 실내의 갇힌 공간을 가리키는 동시에 그 공간에 형성되는 자기 중심적이며 폐쇄적인(egozentrisch) 세계관을 포함하여 이르는 말. 여기에 심취될 때 이기주의적이며 자아도취적이고 자아중심적인 가치관과 생활방식에 지배당하게 된다. → '아웃도어'를 보라.

인류(人類, nation, men) 세상 모든 사람들을(욥 34:29; 렘32:19-20). 사람을 다른 동물과 구별하여 이르는 말. 특히, 하나님이 창조하신 모든 인생을 가리킨다(찬송가 269, 475장). → '인간'을 보라.

인생(人生, a man, life) 생명을 지닌 채 살아가는 사람(시9:19). 이 땅에서의 인간 생활. 사람의 살아 있는 동안. 그리고 '피조된 인간, 연약한 존재'를 나타내기도 한다(민23:19; 사2:22).

■**인생길**(the path of one's life) - 사람이 일생 동안 이 세상에서 살아가는 행보(行步). 삶의 여정. '인생의 갈 길'(찬송가 607장). 특별히, '고통스럽고 힘든 인생살이'를 시사한다(찬송가 83, 479, 609장).

■**인생의 채찍**(floggings inflicted by men) - 하나님의 백성이 죄를 범할 때 하나님께서 가하시는 징계의 한 방편으로서, 주변 사람들을 통해 시련과 고통을 주시는 것을 말한다(삼하7:14). 이것은 마치 부모가 자녀를 훈육하는 것과 같은 사랑의 막대기요 은총의 채찍이다(히12:5-11).

인애(仁愛, mercy, kindness) 어질고 자비로움. 이는 언약에 기초한 하나님의 불변적인 사랑이라는 의미를 지닌 히브리어 '헤세드'(חֶסֶד)를 번역한 것으로(창47:29; 신7:9), (인간에 대한 하나님의) 은혜, 은총, 자비, 인자, 호의, 친절, 긍휼 등을 나타낸다(창19:9; 호2:23). 이 단어가 인간에게 적용될 때는, 인간 서로 간의 친절이나 동정, 긍휼, 자비, 이웃 사랑 등을(창20:13; 잠31:26; 호6:4; 마9:13) 의미한다. → '사랑', '은혜'를 보라.

인자¹(人子, Son of Man) 두 개념으로 이해된다. ① '사람의 아들'이란 뜻. 본질상 죽을 수밖에 없고 변하기 쉬운 존재로서의 사람을 가리킨다(민23:19; 시8:4; 잠8:4; 겔2:1). ② 예수께서 자신을 일컬을 때, 예수의 인성(人性)이 강조될 때(단7:13-14; 마8:20; 막14:62; 눅5:24; 22:69; 요1:51; 행7:56; 계1:13) 사용되는 호칭(the Son of Man). 예수 그리스도의 공생애, 그중에서도 특히 종말적인 메시야로서 구속주와 심판주이심을 강조할 때 주로 사용된다. → '예수 그리스도'를 보라.

인자²(仁慈, mercy, kindness) 어질고 자애로움. 자비(慈悲). '인애'와 마찬가지로 언약에 기초

일

한 하나님의 불변적인 사랑이라는 의미를 지닌 히브리어 '헤세드'를 번역한 단어이다. 언약을 지키기 위해 용서하시고 궁휼을 베푸시는 하나님의 자비로운 성품이나 그분의 은총, 호의, 사랑, 궁휼(불쌍히 여김), 신실함, 거룩한 열심 등을 나타낸 말이다(출34:7; 민14:18; 시5:7). → '인애'를 보라.

일(work, job, task, mission) 어떤 가치를 창조하기 위한 활동이나 작업. 노동(창2:2). 임무나 주어진 과업. 생업(욘1:8). 공사(왕상7:14,22). 행적(대상29:29). 성경은 일을 가치 있고 명예롭게 생각할 것을 가르친다(시128:2; 살전4:11).

그리하여, 게으르지 말고(마21:28-29), 충성스럽게(마21:28-29; 고전4:2), 힘을 다해 일할 것을 권한다(전9:10). 무엇보다 하나님의 영광을 위하는 일에 힘쓸 것을 가르친다(고전10:31). 그리고 일하기 싫어하거든 먹지도 말 것을 경고하기도 한다(살후3:10).

일곱(seven) 여섯에 하나를 더한 수. 칠(七). 완전수. 하늘의 숫자 '3'(삼위 하나님에게서 유래하는 것으로 봄)과 땅의 숫자 '4'(동서남북 땅의 네 방향에서 유래한 것으로 봄)를 합해진 것으로 보아 '완전함', '무한함', '충만함', '거룩함'을 상징한다(민19:4; 수6:4; 잠9:1; 사30:26). → '수'를 보라.

일구이언(一口二言, double-tongued) 이에 해당하는 헬라어 '딜로고스'(δίλογος)는 '디스'(두 번)와 '로고스'(말)의 합성어로, '같은 말을 두 번 반복하다', '모호하다'는 뜻이다. 여기서 말로 속이는 행위 즉, 거짓말이나 표리부동(表裏不同)하고 신실치 못하다는 뜻이 파생되었다(딤전3:8).

일꾼(worker, servant, minister) 품팔이하는 사람(마9:37). 전문성을 가지고 일을 솜씨 있게 처리하는 사람(왕하12:15). 중요한 일을 담당하는 사람(고후6:4). '하인'(요2:5), '섬기는 자'(마20:26)로도 표현된다.

그런데, '일꾼'을 가리키는 단어 중 신약성경에 소개된 '디아코노스'(διάκονος)란 단어는 '집사', '사역자' 등 '사명을 띠고 일하는 봉사자'라는 뜻으로, '교회의 일꾼'(롬16:1; 골1:25), '그리스도의 일꾼'(고전4:1; 고후11:23), '새 언약의 일꾼'(고후3:6), '하나님의 일꾼'(고후6:4), '신실한 일꾼'(엡6:21; 골4:7), '복음의 일꾼'(골1:23) 등으로 묘사되고 있다. → '청지기'를 보라.

일대일 제자훈련(一對一 弟子訓鍊, man to man discipline) 한 지도자가 한 사람의 제자로 하여금 예수 그리스도를 따르는 성숙한 제자가 되도록 훈련하는 일(왕상19:19-21; 딤전4:6-16). 이를 위해, 양자간의 인격적인 신뢰와 공동의 목표가 바탕 되어야 한다. → '제자훈련'을 보라.

일용할 양식(日用 - 糧食, daily bread) 날마다 필요로 하는 양식(출16:4). 인생이 매일 생존하는 데 필수적인 물질(육신적 필요, 겔16:27). 예수께서는 기도를 가르치시면서 '일용할 양식'을 구할 것을 명하셨다(마6:11; 눅11:3). 하나님께 일용할 양식을 구하는 것은, 이 땅에서 물질(세속)의 노예로 전락하지 않는 비결이요(잠30:8), 매일의 삶을 하나님께 맡기는 거룩한 순종이며, 인생의 모든 필요를 채울 수 있는 분은 오직 하나님뿐임을 고백하는 신앙적 행위이다(찬송가 393,635장). → '양식'을 보라.

일월성신(日月星辰, the sun, the moon and the stars) 해와 달과 별들(눅21:25). 곧, 하늘의 모든 천체(신4:19). 이는 창조주 하나님이 만드신 것이다(창1:16; 느9:6; 시33:6; 사40:26). 해, 달, 별은 메소보다미아 지역과 가나안 땅에서 숭배의 대상이 되기도 했는데(신17:3; 느9:6) 특히, 북왕국 이스라엘(왕하17:6)과 남왕국 유다(왕하21:3)는 앗수르로부터 천체 숭배 사상을 유입해 가증스런 제사를 일삼았다(왕하21:4-5; 23:11; 대하33:3-5). 예수께서는 종말의 징조를 말씀하시면서 '일월성신'을 언급하신 바 있다(눅21:25). → '우상숭배'를 보라.

일점일획(一點一劃, the smallest letter, the least stroke of a pen) 구약성경의 원어인 히브리어 철자가 '점과 획'으로 구성되어 있는 데서 유래된 것으로, '가장 작은 것', 또는 '지극히 작고 사소한 것'을 가리키는 성경문학적 표현이다(마5:18). 그런 점에서 '율법의 일점일획'이라는 말은 구약성경의 작고 세세한 부분마저도 놓치지 않은 모든 말씀을 가리킨다고 하겠다.

일치(一致, unity, agreement) 서로 어긋남이 없이 꼭 맞음. 서로 하나가 됨(막14:56; 눅14:18; 행15:15; 고후6:16). 하나로 연합함(막14:56). 한편, 예수 그리스도의 십자가와 부활로 죄인이었던 인생이 하나님과 하나(일치)가 되며, 그리스도와 공동 운명체(일치)가 될 수 있다(엡2:16; 골3:3-4). 이러한 하나 됨을 근거로 하여 성도는 그리스도 안에서 성령의 은혜로 모두가 하나(일치)가 되는 것이다(요3:5; 엡2:22; 4:4,6). → '하나되다' 를 보라.

일향(一向, remain, from day to day) ① 날에서 날까지' 란 뜻으로, 여러 날이 지나도록 '꾸준히', '지속적으로' 란 뜻(민30:14). ② '머무르다' 는 뜻을 지닌 단어로, 어떤 조건이나 상황에 구애됨 없이 '항상' 이란 뜻(딤후2:13).

잃은 양(- 羊, a lost sheep) 양 무리에서 떨어져나가 길을 잃고 방황하고 있는 양(시119:176; 마18:12-14). 이는 비유적으로 불신자를 가리키는 것이 아니라 믿음을 잃어가고 있는 성도 혹은 제대로 보호받고 양육받지 못한 채 버려져 있는 연약한 인생을 가리킨다. 목자 되신 주님께서는 이들을 반드시 찾아내어 양우리에 들이실 것이다(겔34:11-16; 찬송가 188, 297장).

임마누엘(Immanuel) 문자적으로 '하나님이 (엘) 우리와(마누) 함께하심(임)' 이란 뜻. 처녀가 아들을 낳으리라는 선지자 이사야의 예언을 좇아 그 탄생이 예고된 한 아들의 이름(사7:14; 8:8,10). 마태복음에는 이 예언이 메시야 예수에 의해 성취되었다고 설명한다(마1:23).

선지자 이사야는 수리아와 에브라임(북왕국 이스라엘)의 침공으로 위기에 처한 남왕국 유다의 왕과 백성을 위로하고 소망을 주기 위해, 유다 왕 아하스에게 수리아와 북이스라엘 연합군의 침공이 좌절될 것을 언급하고, 그러한 약속의 일환으로 한 가지 증표를 제시했다. 하지만, 아하스가 그 약속을 신뢰하지 못했으므로 하나님 자신이 친히 징조가 되어주실 것을 천명하셨다.

물론, 이사야 7:14에 제시된 하나님의 '임마누엘' 약속은 단순히 위기에 대한 구원뿐만 아니라 하나님이 친히 인간 세상에 임재하여 함께하여 주실 것이라는 복음 중에 복음이 되는 약속이다. 마태는 이런 이사야 선지자의 글을 인용해, 예수 그리스도야말로 '임마누엘' 의 성취로서, 하나님 자신이심을 역설하고 있다(마1:23). → [2. 교리 및 신앙 용어] '성육신' 을 보라.

임박하다(臨迫 -, approach, swift, draw near) 어떤 시기가 가까이 닥쳐오다(대하28:11; 사21:3). 개인적인 종말(죽음)과 함께 온 우주적 종말의 때를 염두에 두고 사용되는 표현이다(왕상2:1; 고전7:26; 벧후1:14; 2:1). → '종말' 을 보라.

임의로(任意 -, be free to, voluntarily) ① '자유롭게 (창2:16), ② '계책대로, 꾀 그대로' (시81:12), ③ '자기가 소원(즐거)하는 대로, 자기 뜻대로' (느9:24), ④ '자기 의지를 따라 하고 싶은 대로, 자의로, 제 마음대로' (고전9:17)란 뜻. 타락한 인간의 악한 본성 그대로를 좇아 행하는 것을 가리키며, 이는 스스로를 멸망시키는 지름길이 된다.

임재(臨在, come, presence) 문자적으로 '~위에 존재하다' (겔37:1), '오다' (요이1:7), '이르다, 만나다' (삼상3:10), '방문하다, 도착하다' (마24:27)는 뜻이다. 이 표현은 주로, ① 하나님의 초월한 권능이 나타나는 때(겔37:1), ② 하나님이 친히 자신을 계시하실 때(삼상3:10), ③ 예수 그리스도의 성육신 사건(요이1:7)이나 ④ 그분의 재림의 때(마24:27)를 가리키는 표현으로 사용된다. → '내림', [2. 교리 및 신앙 용어] '강림' 을 보라.

입(mouth) 음식을 먹고 마시며(삿7:6; 삼상14:26-27), 맛을 구별하고(욥34:3), 말이나 노래 등의 소리를 내며(창45:12; 마5:2), 마음속에 담긴 감정이나 속에 쌓은 선악을 표출하는 신체 기관(마12:34; 눅6:45).

비유적으로는, 땅(창4:11; 민26:10), 무덤(시141:7; 사5:14), 샘이나 우물(창29:2-3,8), 웅덩이(시69:15), 자루(창42:27-28), 골짜기(렘48:28), 동굴의 입구(수10:22,27) 등을 의미한다.

특히, 신인동형동성론적(神人同形同性的) 표현으로 하나님은 입을 통해 말씀을 내시며(신8:3; 사45:23; 마4:4), 불을 내시고(삼하22:9), 또 화와 복을 내신다(애3:38). 그리고 그 입에서 좌우에 날선 검이 나와 세상을 심판하신다(계1:16; 19:15).

■**입 기운(breath, blast)** – 입에서 나오는 숨의 기운. 숨결. 비유적으로 상대방에게 미치는 영향력을 뜻한다. 하나님과 관련해 사용될 때는, ① 하나님의 극심한 분노와 준엄한 심판을 나타내며(욥4:9; 시33:6), ② 사탄을 단숨에 멸하시는 재림주의 막강한 능력을 나타낸다(살후2:8).

■**입맞춤(kiss)** – 사랑, 우정 혹은 친근감, 존경심을 나타내는 한 수단이며 오랜 인사 예법 중에 하나다. 이는, 애정 표시이기도 했고(창29:11), 우정이나 깊은 신뢰감을 바탕으로 한 인사이기도 했다(룻1:9; 삼상20:41; 눅7:45). 또, 신하가 왕에게, 패배자가 정복자에게 복종과 충성을 약속하며 존경과 헌신을 다짐하는 몸짓이기도 했다(창27:26; 시2:12). 비유적으로는, 하나님께 대한 온전한 순종(시2:12), 악에 대한 굴복이나 복종(호13:2), 우상숭배(왕상19:18), 지극한 사랑(아1:2), 일치(시85:10), 적당한 말로 대답하는 것(잠24:16), 공동체 안에서의 깊은 연대감(행20:37; 롬16:16; 벧전5:14) 등을 나타낸다.

입술(lips) 입의 아래위에 붙은 살. 성경에는 말을 내는 언어 기관이라는 점에서 '입'과 동일한 용례로 쓰이며(민30:8), 특히 시편과 잠언에서 많이 언급된다(시12:2; 40:9; 51:15; 잠5:2-3; 10:13; 12:13,19). 입술은 때로 전 인격의 부패함과 죄악됨을 나타내는 말로 쓰이기도 했다(출4:10; 사6:5; 렘1:6). 그런 점에서, '입술이 깨끗하다' 함은 회개하고 그 입술로 더러운 것(우상, 가증스런 것)을 부르지 않게 되었다는 뜻이 된다(합3:9).

■**입술의 막대기(the rod of one's lips)** – 메시야의 입에서 나오는 능력에 찬 말씀을 뜻한다(사11:4). 말씀은 인간의 혼과 영과 관절과 골수를 쪼개기까지 하는 위력을 지녔다(히4:12).

■**입술의 말(mere talk)** – '단지 입술뿐인 말'이란 뜻으로, 행동이 따르지 않고 말만 앞세우고 말만 무성한 것을 가리킨다(잠14:23).

■**입술의 열매(the fruit of one's lips)** – 심령이 곤고하고 부패했던 자가 하나님의 은혜로 거듭난 이후 그 은혜에 감격하여 하나님께 돌려드리는 진실된 참회와 신앙고백, 그리고 마음 중심에서 울려나오는 감사와 찬양을 가리킨다(사57:19; 호14:2; 말1:12).

■**입술의 자원제물(the willing praise of one's lips)** – '자원제물'이란 화목제의 한 형태로, 기쁜 마음으로 자발적으로 드리는 제사를 말한다. 따라서 '입술의 자원제물'이란 하나님께 입술로 드리는 기쁨의 제사, 곧 '감사의 기도와 찬양'을 가리킨다(시119:108).

■**입술의 재난(the trouble one's lips)** – '입술 곧 말로써 입히는(가하는) 피해(악행, 상처)'를 뜻한다(시140:9). 즉 상대방에 대한 악담, 비방, 저주 등을 가리킨다.

입신(入神, ecstasy) 국어사전에서는 '(지혜나 기술이 신묘하여) 신의 경지에 이르다'는 뜻으로 소개되었다. 기독교에서는 자아가 하나님의 영에 의해 인도되며 지배받는 초월의 정신 상태'를 가리킨다. 이런 상태의 지속 시간은 단지 몇 분에서 며칠 동안 계속되는 경우도 있다.

이는 일종의 '엑스타시'(황홀경) 현상을 말하는데, 다윗이 언약궤 앞에서 춤을 춘 것이나(삼하6:12-23), 이사야가 보좌에 앉으신 하나님을 본 것(사6:1-4), 그리고 베드로의 환상(행2:2-4), 바울의 삼층천 경험(고후12:2-4) 등을 예로 들 수 있다. → '엑스타시'를 보라.

잉태(孕胎, conception) 아이를 뱀. 임신(妊娠). 이스라엘 사회에서 잉태는 하나님이 주신 복으로, 불임(不姙)은 저주로 간주되었다(창1:28; 21:6-7; 삼상1:1-12; 사54:1). 즉, 아이를 갖는 것은 하나님의 특별한 관심과 은총의 결과이지만(삿13:5; 히11:11), 잉태하지 못하는 것은 하나님의 징벌과 무관심으로 간주되었다(삼상2:5).

상징적으로, 재앙을 배거나(시7:14), 악행을 잉태하고(사59:4), 마음에 거짓말을 잉태하는가 하면(사59:13), 허망한 겨를 잉태하기도 하고(사33:11), 심지어 욕심을 잉태한다고도 묘사했다(약1:15).

잊음의 땅(the land of oblivion) 지난날에 대한 기억이 사라져버리는 망각의 처소(음부). 곧, 무덤(지하 세계)을 가리킨다(시88:12). → [2. 교리 및 신앙 용어] '음부'를 보라.

잎(leaf) 식물의 영양 기관의 한 가지. 호흡과 탄소 동화작용을 하는 곳. 잎사귀. 나뭇잎(창8:11). 성경문학적으로, 마르지 않는 푸른 잎은 '번영'과 '왕성한 생명력'을(시1:3; 잠11:28; 단4:12,21; 계22:2), 마른 잎은 '인간의 부패'와 '쇠락', '두려움'과 '무기력함'을(레26:26; 사1:30; 렘8:13; 겔17:9) 상징한다.

자고(自高, conceit) 스스로 자기를 높임(마23:12; 고후11:20). 교만하고 거만함(렘48:29). 교만(출9:17). 자만(自慢, 고후12:7; 딤후3:4). 이런 자는 결국 패망하게 된다(잠16:18). → '교만', '오만', '자만'을 보라.

자긍(自矜, pride, self-conceit) 스스로 긍지를 가짐. 성경에서는 주로, 교만하고 그릇된 인생을 가리키는 말로 쓰였다(대하25:19). '스스로 자랑함'(삿7:2), '자만'(욥19:5), '자랑'(시97:7; 롬11:18; 딤후3:2)으로도 번역된다.

자기 부인(自己 否認, self-denial) '자기 자신과 아무런 관계가 없는 사람인 것처럼 행동한다'는 뜻. 즉, 자기 자신을 이미 죽은 사람처럼 취급하고 행동하는 것을 말한다. 이는 자신의 인간적인 안전이나 행복, 이익 등에 대한 본능적인 요구를 거부하는 것을 말한다(마16:24). 자기 부인은 그리스도를 좇는 자들이 취해야 하는 경건한 삶의 태도이다(마20:20-28; 눅9:23; 갈2:20).

자녀(子女, sons and daughters, children) 아들과 딸(스10:44). 자녀는 하나님의 선물이요(창17:16; 시107:38), 여호와의 기업이며(시127:3-5), 노인의 면류관이다(잠17:6).
비유적으로는 '천국 시민'(마19:14-15), 가르침을 받는 제자(갈4:19; 요일2:1,28)를 나타낸다. 그리고 성경에서, '빛의 자녀'는 '하나님의 자녀', 곧 성도를(눅16:8; 롬8:16-17; 엡5:8; 히2:13-14), '진노의 자녀'는 '마귀의 자녀' 곧 불신자를 일컫는다(엡2:3; 요일3:10).

자랑(boast, pride) 자신이나 자기 것을 남에게 드러내어 뽐냄(왕상20:11). 대개 교만의 한 표현으로 쓰이는데 이런 자랑을 즐겨 하는 이유는 세상 유행을 좇고(요일2:16), 어리석고 악하며(고후11:17; 약4:16), 이웃에 대한 사랑이 없기 때문이다(고전13:4). 이런 자는 결국 하나님으로부터 징벌을 받아(사10:2-3; 롬1:28,30) 수치와 화를 당하게 된다(왕상20:11; 사20:5).
반면에, 성도가 자랑해야 할 것은 오직 '하나님의 이름'(대상16:10; 시20:7; 44:8)과 '하나님과 그 행하신 일들'(렘9:24; 롬15:17), 그리고 '주님의 십자가'(갈6:14; 찬송가 415장)뿐이다.

자력 전도(自力 傳道, self-propagation) 자기 직업에 종사하면서 이웃에게 그리스도를 전하는 일. 또는, 한 사람을 그리스도에게 인도하면 그를 떠나지 않고 끝까지 붙들어 그가 개인 전도하는 일꾼이 되기까지 이끌어주는 소위 '네비우스 선교정책'(Nevius Methods)을 가리킨다. → '자비량', [5. 교파 및 역사 용어] '네비우스 선교정책'을 보라.

자만(自慢, boast, exalt oneself) 스스로 자랑하며 거만하게 굶(욥19:5; 시94:4; 고후12:7). 이는 결국 하나님을 대적하고 그분의 권세를 거스르는 불경스런 행위다(렘48:42). 자만하는 자의 특징은, ① 자기 지혜나 명철을 의지하고(잠3:5,7; 렘8:8; 9:23), ② 높은 데 마음을 두며(롬12:16), ③ 아무것도 되지 못하고서도 된 줄로 생각한다(갈6:3). → '자고'를 보라.

자백(自白, confess, acknowledge) 스스로 죄를 고백함. '자신의 행위를 인정한다'는 뜻이 담겨 있다. 죄 용서와 화해를 위해서는 죄에 대한 자백이 선행되어야 한다(겔12:16). 죄를 자백하는 자에게 하나님은 용서의 은총을 베푸신다(요일1:9). → '고백'을 보라.

자복(自服, confession) 자백하고 복종함. 죄와 허물, 심지어 원죄(原罪)까지도 숨기지 않고 모두 쏟아내어 뉘우치며 고백하는 것을 말한다(레5:5; 시32:5; 마3:6; 눅5:8; 행19:18).
하나님은 죄를 자복하는 자를 불쌍히 여기시며(잠28:13), 용서하시고(시32:5; 요일1:9-10), 관계를 회복시켜 주시며(시51:12-19; 렘3:13-15), 모든 기도와 간구에 응답해 주신다(약5:16).

자비(慈悲, mercy, kindness) 깊이 동정하며

불쌍히 여김(눅6:36; 약5:11). 성경에서 말하는 자비는 ① 하나님이 진노를 그치시고 죄인을 용서하시며 은혜를 베푸시는 것(느9:17; 딛3:4-7), ② 원수나 이방인을 적대시하지 않고 관용을 베푸는 것(레19:34; 눅6:34-35), ③ 사회적으로나 신체적으로 약자 또는 경제적으로 가난한 자에 대한 동정심이나 그들을 도와주려는 긍휼의 마음(욥6:14; 시5:8; 25:6; 잠14:21), ④ 슬픔이나 부족을 위로하는 친절(빌2:1), ⑤ 이웃을 측은히 여기는 마음 등을 가리킨다(출22:27; 눅6:36; 약5:11). → '긍휼', '사랑', '인애', '은혜', '인자'를 보라.

자비량(自費糧, **one's own expense**) 원래는 로마 군인이 월급으로 받던 빵이나 고기를 가리키는 말로서, 성경에서는 '양식을 스스로 갖춤', '스스로 노력해서 얻은 수입', '스스로 쓸 비용을 충당함'이란 뜻으로 쓰였다. 교회에 물질적 후원을 요구하지 않고, 동역자 브리스길라와 아굴라와 함께 장막 만드는 일을 하며 복음을 전했던 사도 바울이 자비량 선교의 대표적 인물이다(고전9:7; 행18:3; 20:34-35). → '자력 전도'를 보라.

자살(自殺, **suicide**) 스스로의 의지로 자기 목숨을 끊는 행위. 자결(自決). 자살은 내면적인 문제나 외부적인 갈등과 긴장이 그 원인이 될 수 있다(삼상31:4-5; 삼하17:23; 마27:5). 기독교에서는 이 자살을 생명의 주관자이신 하나님의 권위와 뜻을 거스르는 인간의 교만과 반역으로 간주하여 자살을 금하고 있다.

자성(自省, **self-examination, introspection**) 자기가 한 일에 대하여 옳고 그름을 되돌아봄. 자기를 살피는 일 곧 자기 성찰(自己 省察). 신앙 생활에서 스스로에게 자신이 누구이며, 왜 살며, 무엇을 목적하고 있는지, 어디서 와서 어디로 가고 있는지를 계속해서 물음으로써 나태와 퇴보를 극복하고 성숙의 길로 나아갈 수 있다(고전11:28; 고후13:5).

자애¹(慈愛, **affection, love, kindness**) 자식에 대한 어버이의 사랑과 같은 깊은 사랑. 믿음이 연약한 자나 하나님을 모르는 자들, 도움이 필요한 자에게 이런 자애심이 필요하다(마26:34-40).

자애²(自愛, **self-love**) 자기 자신을 스스로 아끼고 사랑함. 진정한 자기 사랑은 먼저 하나님을 사랑하고 이웃을 자기 몸과 같이 사랑하는 것이다(마22:37-39). 그리고 그리스도를 위하여 자기 목숨을 기꺼이 내어놓는 것이다(마10:39).

자연인(自然人, **natural man**) 하나님과 관계가 단절된 채 죄와 허물로 죽음을 운명처럼 안고 살아가는 인간을 가리킨다. 즉, 거듭나기 이전의 죄로 타락한 본성을 좇아 살아가는 죄인을 가리킨다(롬3:10-18). → '옛 사람'을 보라.

자원(自願, **willing, volunteering**) 스스로 원해서 나섬. 어떤 일을 자기 스스로 하고자 바라거나 즐겨 나섬(시51:12). 성경에서는 특히 주님을 위해 자발적으로 헌신하는 것을 말한다(출35:21,29; 36:3). 하나님은 자원하는 심령의 헌신을 기쁘게 받으신다(고후8:3; 9:7).

자원봉사(自願奉仕, **voluntary service, volunteer work**) 스스로 원해서 나라나 사회 또는 타인을 위해서 자신의 이해를 돌보지 않고 몸과 마음을 다하여 헌신하는 행위. 어떤 일을 대가없이 자발적으로 참여하여 도움, 또는 그런 활동.

자유(自由, **freedom, liberty**) 구속받지 않고 자기 의지대로 행동할 수 있는 상태(마17:26; 롬6:20; 고전9:1). 구약에서는 노예나 포로의 신분에서 해방(신15:12; 렘34:8) 또는 의무(납세, 노역 등)를 면제받고 자유롭게 된 상태(삼상17:25)를 가리킨다. 신약에서는 주로 죄에서 자유, 곧 구원을 말한다(요8:34-36; 롬6:20-22; 8:21).

이 자유는 진리(요8:32)와 성령(롬8:2; 고후3:17)과 예수 그리스도(사61:1; 요8:36; 갈5:1; 히2:14-15)를 통해 주어진다. 따라서 그리스도 안에서 자유를 얻은 성도는 그 자유로 육체의 기회를 삼아도(갈5:13), 악행의 구실로 사용해서도 안 된다(벧전2:16).

■**자유인**(自由人, **freedman**) - '종'과 반대 개념으로, 남의 간섭을 받지 않고 자유롭게 자기 일을 처리하는 사람. 자유의 몸으로 태어났거나 원하는 곳에 갈 수 있는 존재. 사회적·정치적으로 남에게 속박되지 않은 자(갈4:22-23,30; 골3:11;

계6:15), 특히 어둠의 권세에서 벗어나 그리스도에게 속한 자(고전7:22), 성령 세례를 받은 자(고전12:13)를 가리킨다.

자제(自制, **deny oneself, self-control**) 감정이나 욕망을 스스로 억제함. 자신을 겸손히 낮추거나 자기를 부인하는 자세를 말한다(민30:13). → '절제'를 보라.

자족(自足, **self-sufficiency, content**) 스스로 넉넉함을 느낌. 스스로 만족하게 여김. 신앙적 측면에서 자족은 모든 일과 상황에서 하나님의 섭리를 인식하는 데서 비롯된다(출2:21; 시23:1-6). 사도 바울은 어떤 형편에 처하든지 자족하는 법을 배웠다고 했다(빌4:11). 자족은 그리스도께서 그 인격과 삶 속에 사시는 자의 한 특징으로서(고후4:7-15), 경건생활에 큰 유익이 된다(딤전6:6-8).

자책(自責, **self-reproach, conscience-striken**) 스스로 자기를 책망함. 양심의 가책을 받아 자신을 꾸짖고 뉘우치는 행위를 말한다(삼하24:10; 고전4:4). → '자성'을 보라.

작정(作定, **decision, intention**) 마음으로 어떤 일을 결정함. 그렇게 되도록 정함(욥23:14; 행17:31). 한편, 우주 만물에 대한 보편적인 계획으로서의 '하나님의 작정'은, 앞으로 발생하게 될 일체의 사건들에 대하여 미리 정하신 하나님의 영원하신 계획과 목적을 가리킨다(시39:4-5; 엡1:11). → [2. 교리 및 신앙 용어] '작정'을 보라.

잔(盞, **cup**) 물, 차, 술 등 음료를 담거나 따라 마시는 작은 그릇(창40:11; 44:2,12; 출25:29). 금, 은, 구리, 청동 등의 금속제 외에 진흙이나 유리로도 만들어졌다.
상징적 표현으로 '사랑의 잔'(마10:42), '위로의 잔'(렘16:7), '분노의 잔'(시51:17; 렘25:15; 계16:19), '심판의 잔'(시11:6; 슥12:2; 계18:6), '패망의 잔'(겔23:31-33), '탐욕의 잔'(마23:25-26), '고난의 잔'(마20:22-23; 요18:11) 등이 있다.

잠(**sleep**) 의식 없이 몸과 마음이 휴식을 취하는 상태(창2:21). 잠은, 평화로운 안식(겔34:25), 영적 나태나 타락(막13:36; 롬13:11; 엡5:14; 살전5:6), 영적 무지(사29:10-11; 마25:4-5), 덧없는 인생(시90:5), 육신의 죽음(신31:16; 마9:24; 살전4:13), 멸망(시13:3; 76:5-6; 렘51:39) 등을 상징한다.

잠언(箴言, **proverbs**) 진리를 알기 쉽고 오래 기억하도록 단순 명쾌한 비유를 통해, 혹은 유사하거나 상반되는 대구를 통해 의미를 전하는 교훈. 금언(金言). 격언. 비유(삼상10:12; 잠1:1; 전12:9; 겔12:2; 17:2). 대개 짧은 이야기나 노래, 시 형식을 취한다(민23:7; 욥27:1). 구약성경의 잠언서를 가리키기도 한다.

장래(將來, **future, the time to come**) 앞으로 닥쳐올 날(삼하7:19). 미래(시71:18). 후일(後日, 출13:14). 장래는 인간의 시간이 아니라 전적으로 하나님의 시간에 속한다(전7:14; 찬송가 133, 212장).
■ **장래 일**(**things to come**) – 미래의 일. 곧, 세상 종말에 이루어질 일(롬8:38; 골2:17). 이에 대해서는 능히 알기 어렵고(전7:14; 10:14), 알려 줄 사람도 없다(전8:7). 장래 일은 오직 여호와 하나님께 달려 있다(사45:11). 그리고 진리의 성령은 장래 일을 알려 주시기 위해 세상에 오셨다(요16:13).

장막(帳幕, **tent**) 천막(天幕). 유목민, 목자, 군인, 대상(隊商) 등이 사용한 이동식 주거지(창4:20; 삿8:11; 아1:8; 히11:9). 동물 가죽이나 올이 굵고 거친 직물, 그리고 검은 염소털로 꼬아 만든 실이 사용되었다(아1:5).
성경에서는, 영혼의 임시 거처인 인간의 '육신'(고후5:1; 벧후1:13-14; 찬송가 236, 260, 489, 608장), '짧고 덧없는 인생'(욥4:21; 사38:12) 등에 비유되기도 한다. 그리고 장막은 하나님의 지상 임재 처소인 '성막'(聖幕, 출25:8; 26:1)을 가리키기도 하는데, 영적으로는 '하나님의 보호'(시27:5; 31:20)와 '하나님 나라'(히8:2,5; 9:11)를 상징한다.

장망성(將亡城, **the City of Destruction**) '멸망의 성읍', '파멸의 도시'란 뜻. 즉, 장차 망할 성읍을 가리킨다. 성경에는 애굽에 있는 한 성읍의 예언적 이름으로 소개되며(사19:18), 기독교에서는 종말의 때에 마침내 멸망하게 될 '이 세상'을 가리키는 말로 쓰이고 있다(롬3:16-17).

이 표현은 기독도가 장망성을 떠나 천성에 이르기까지의 경험을 알레고리적인 인물들과의 만남을 중심으로 쓴 존 번연(John Bunyan)의 「천로역정」(天路歷程)에서 언급되기도 했다.

장수(長壽, long life, longevity) 목숨이 긺. 오래 삶(창15:15). 장수는 인생이 누릴 수 있는 큰 복 가운데 하나로(신22:7; 잠3:16) 인간의 노력의 산물이 아니라 생명의 주관자이신 하나님에게서 주어진다(신30:20; 시61:6; 91:16).

성경에서는, 하나님을 경외하고(전8:12; 잠10:27), 부모를 공경하며(출20:12; 엡6:1-3), 말씀에 순종하고(신4:40; 30:20), 욕심을 버리는 것(잠28:16)이 장수의 비결이라 가르친다. → '생명', '수한'을 보라.

장자(長子, firstborn, the eldest son) 맏아들(창10:15). 장남(長男, 창41:51). 성경에서는 '이스라엘 백성'(출4:22; 시89:27; 렘31:9), '그리스도'(롬8:29; 고전15:20; 골1:13-15,18; 계1:5), '성도'(히12:23)를 비유하기도 한다.

■**장자의 명분**(right as firstborn) - 장자에게 주어진 권리(창25:31-32). 즉, ① 가정을 대표하는 가장의 권위를 계승하고(창48:18-19; 대상7:1-4), ② 다른 형제보다 2배의 몫을 상속받으며(신21:15-17), ③ 하나님의 언약을 후손에게 전수하는 신앙 계승자로서의 특권을 말한다(창27:29).

재(ash) 불에 타고 남은 찌꺼기. 유대인들은 회개하거나(욥42:6; 사 58:5; 욘3:6), 큰 슬픔을 당했을 때(삼하13:19; 에4:1-3; 사61:3), 그리고 금식할 때에(단9:3) 옷을 찢고 재를 뒤집어 쓰는 관습이 있었다. 비유적으로 '재'는 '보잘것없는 인생'(창18:27; 욥30:19), '무가치하고 헛된 것'(욥13:12; 시44:20)을 상징한다.

■**잿더미**(the dust) - 재가 쌓여 있는 더미. 혹은 불에 타서 재만 남은 자리. 고통과 슬픔, 큰 재난을 상징한다. 특히, '잿더미에 뒹굴다' 함은(렘25:34) 지극한 탄식과 비애를 시사한다.

■**잿물**(lye) - 식물을 불에 태운 재를 물이나 올리브유에 타서 비누 대용으로 사용한 세제나 표백제(욥9:30; 렘2:22; 말3:2). '속죄와 정결'을 상징한다(민19:12).

재림(再臨, Parousia, the second coming of Christ) 부활·승천하신 예수께서 구원을 완성하시기 위해 마지막 날에 이 땅에 다시 오시는 것(행1:11). 신약성경에서 300회 이상 언급된 예수님의 재림은 신앙 공동체의 가장 큰 소망이며(딛2:13), 구속 사역의 정점이요 완성이다. → [2. 교리 및 신앙 용어] '재림'을 보라.

■**재림주**(再臨主) - 구원을 완성하시고 이 세상을 심판하시기 위해(마24:36-51; 딤후4:8) 마지막 날 천군천사들과 함께 지상에 임하시는 구주 예수 그리스도를 가리킨다(살전4:13-18). 재림이 가까울수록 거짓 그리스도 곧 자칭 그리스도라 하는 불법한 자들이 많이 나타날 것이다(살후2:8-12).

재물(財物, wealth) 돈이나 값지고 보배로운 물건. 재물을 얻고 그것을 누리는 것은 하나님의 은혜이다(신8:18; 전5:19). 따라서 재물 그 자체가 악한 것은 아니다. 그러나 재물은 자칫 하나님을 저버리게 만들거나 하나님의 역사를 가로막는 장애가 될 수 있다(막10:23-27).

그러므로 재물을 의지하거나(시62:10; 렘49:4) 재물에 소망을 두거나(딤전6:17) 재물을 자랑하지 말고(시49:6) 재물을 맡아 관리하는 청지기의 자세로 재물을 주님 위해 선하게 사용해야 한다(행4:32; 요일3:17). 그것이 하늘에 보화를 쌓는 일이다(딤전6:17; 히11:26). → '부'를 보라.

재앙(災殃, plague, disaster, calamity) 천재지변으로 겪는 불행한 변고(창19:19). 하나님께서 내리시는 치명적인 재난(창12:17-20; 민8:19). 특히, 죄에 대한 하나님의 심판과 그로 인한 고통을 말한다(출7:4; 레26:21; 민14:37).

하나님은 말씀을 훼손하거나 불순종하는 자들(렘4:15; 계22:18-19), 악인과 포악한 자들(욥21:17; 시140:11; 잠13:21), 하나님을 훼방하고 그 백성을 괴롭히는 자들(렘2:3; 계16:21), 교만하거나 은혜에 감사치 않는 인생들에게(삼하24:10,21) 재앙을 내리신다.

■**재앙의 날**(the day of disaster) - 지은 죄로 인해 심판받는 날(삼하22:19; 시18:18; 렘51:2). '환난날'(신32:35), '악한 날'(잠16:4), '흉한 날'(암6:3), '여호와의 날'(사13:6; 욜 2:11)이라고도 한다. → '악한 날'을 보라.

재판(裁判, judgment) 옳고 그름을 밝히고 심판함. 성경은 모든 재판이 하나님에게 속해 있음을 강조하면서(신1:17), 공의로운 재판과 함께(레19:15; 잠18:5) 뇌물로 판결을 굽게 하는 것(출23:8; 잠17:23), 외적 조건으로 판단하거나 사람의 얼굴을 보고 봐주는 행위(출23:3,6; 잠24:23-24; 요7:24), 다수를 따라 부정을 저지르는 일(출23:2) 등 불의한 재판을 엄히 경고한다(레19:15,35).

■ **재판장**(裁判長, judge) - 법원에서 합의체를 대표하는 법관. 공의로 판단하시는 '하나님'의 별칭이기도 하다(삿7:11; 요5:30; 벧전2:23). 하나님은 소외된 인생을 돌보시는 재판관이요(시68:5) 인간의 행위를 따라 판단하시는 최고의 권위를 지니신 재판장이다(욥3:12-14; 벧전1:17). 세상 마지막 날 그리스도는 의로운 재판장으로서 최후의 심판 자리에서 인생들을 심판하실 것이다(딤후4:8).

저녁(evening) 해가 지는 시간(창1:5). 일반적으로 오후 6시경. '저물 때'(창19:1), '해 지고 저물 때'(막1:32)라고도 한다. 히브리인에게 저녁은 하루를 마감하는 시간이며 동시에 다른 하루가 시작되는 시간이다(창1:5).

특히, 이때는 하루 일과가 종료되는 때로(삿19:16) 일꾼이 집으로 돌아가 휴식하는 시간이며(창30:16; 마20:8), 성문을 닫는 시간이다(수2:5). 또한 경건한 사람이 기도하는 시간인(창24:63; 마14:23) 동시에, 음녀가 어리석은 사람을 유혹하는 시간이기에 경계가 요구되는 시간이기도 하다(욥24:15; 잠7:9-10).

저속하다(低俗 -, godless) 품위가 낮고 속되다. 매사에 하나님을 도외시한 채, 타락하고 불경스럽게 살아가는 자의 삶을 가리킨다(욥8:13).

저울(scale) 무게를 재는 기구(레19:36; 사46:6). 저울대 양 끝에 접시를 매단 접시 저울(천평칭, 天平稱)이 대표적이나(사40:12). 하나님의 위대하심과 인간의 보잘것없음(사40:12,15), 인간의 무가치함(시62:9), 정직함(신25:13), 하나님의 심판과 큰 재앙(겔6:2; 31:6), 하나님의 세밀하심(잠24:12) 등에 비유된다.

■ **저울질**(weigh) - 저울로 물건을 재는 일. 사람의 속내를 헤아려 봄. 성경에는 주로 후자의 의미로 쓰였다. 마음을 저울질하시는 하나님은 사람의 모든 형편과 처지를 잘 아신다(잠24:12).

■ **저울추**(weight) - 저울의 한쪽 판에 올려 놓는 일정한 무게의 추. 성경에는 상업윤리를 나타낼 때 주로 쓰였는데, 남을 속이기 위해 두 종류의 다른 저울추를 쓰지 말고 공정한 추를 사용하라고 가르친다(신25:13,15; 미16:11).

저자(marketplace) 시장이나 장터. 또는 물건을 파는 가게. 저자는 행정 관청이 있는 성읍의 중심지요(행16:19; 17:5) 사람이 많이 모이는 장소(광장)로서 교제나 모임, 집회, 재판, 교육 등이 이루어지기도 했다. 일명 '장터'(행16:19; 17:17), '광장'(행28:15)이라고도 한다.

저주(詛呪, curse, imprecation) 재앙이나 불행이 임하기를 비는 일. 원수가 잘못 되게 하나님께 비는 일(렘29:22; 26:74). 하나님께서 범죄한 인간에게 내리시는 저주도 있다(창3:14). 곧, 죄로 인해 영원히 죽을 수밖에 없는 형벌이 그것이다. 예수께서는 우리를 대신해 십자가에서 친히 이 저주를 받으심으로써 이를 믿는 모든 사람을 바로 이 저주에서 해방시켜 주셨다(신21:23; 갈3:13).

이런 은혜를 입은 자는 늘 감사하는 자세를 잊지 말아야 하고 또한 남을 저주하지 말아야 하며, 오히려 자기를 저주하는 자를 위해 복을 빌어주어야 한다(눅6:28; 롬12:14).

적(敵, enemy, foe) 전쟁의 상대. 원수가 되는 사이(대하26:13). '대적'(창14:20), '원수'(마13:25). 국가나 개인의 대적에 쓰이기도 하지만, 영적 원수인 사탄을 가리키기도 한다(고전15:25). → '원수'를 보라.

적그리스도(敵 -, antichrist) 그리스도를 대적하는 세력(살후2:4; 요일2:18,22; 4:3; 요이1:7). 적그리스도는 진리를 훼손하고(요일4:3), 세상을 미혹하며(마24:5,23-24; 요이1:7; 계19:20), 성도를 넘어뜨린다(계13:7). 물론 종말이 가까울수록 적그리스도는 더욱 기승을 부리지만, 그리스도의 재림으로 결국 멸망하게 되며(계19:20), 영원히 지옥에 갇히게 된다(계20:10,15). → [2. 교리 및 신앙 용어] '적그리스도'를 보라.

적신(赤身, nakedness) 벌거벗은 몸(겔16:22). 아무것도 걸치지 않은 알몸(욥1:21; 겔16:7). 이는 때로 황폐함 또는 죽음 직전의 처참한 상태를 상징하기도 한다(롬8:35).

전갈(全蝎, scorpion) 전갈과(科)의 절지동물. 주로 광야(사막)에 사는데, 길이는 6cm 정도로 꼬리 끝에 치명적인 독침이 있다(계9:5,10). 성경에서는 때로, 채찍 끝에 가시를 박은 고문 도구를 가리키기도 한다(왕상12:11). 뿐만 아니라 전갈은 무거운 멍에나 혹독한 통치(대하10:11), 무서운 대적(겔2:6), 사탄의 세력(눅10:19; 계9:3) 등을 상징한다.

전능(全能, almighty) 어떤 일이든 하지 못하는 것이 없음. 무슨 일이든지 능히 할 수 있는 절대적인 능력. 절대자 하나님에게만 사용되는 표현이다(창17:1; 고후6:18; 계4:8).

■**전능왕**(全能王, Almighty King) – 창조주이시며 우주 만물의 운행과 질서를 주관하시고, 인생의 생사화복을 주장하시는 절대자요 만왕의 왕이신 하나님의 별칭이다(시47:7; 계4:8; 찬송가 10,21,141장).

■**전능자**(全能者, Almighty) – 무슨 일이든지 못하는 일이 없으신 분. 약속하신 것을 능히 이루시는 능력의 소유자. 자신의 능력을 제한받지 않고 완전하게 행하시는 분. 원하시는 모든 것을 다 이루시는 가장 강하고 절대적인 권능을 가지신 존재(창17:1; 욥5:17; 엡1:11). 이는 그 어떤 존재와도 비교될 수 없는 하나님의 초월성과 은혜의 충만성, 그리고 영원하심과 신실하심이 내포된 신명(神名)이다. '전능하신 주'(고후6:18), '전능하신 하나님'(창17:1; 출6:3; 시68:14)으로도 불린다.

전도(傳道, preaching, missionary work, evangelism) 복음을 전파하여 불신자로 하여금 주님을 믿게 하는 일(마11:1). 하나님께서 죄인들에게 복된 말씀을 전하시기 위해 사용하시는 거룩한 방법이다(고전1:21; 딛1:3).
한편, '전도'라는 말은 '선교'(宣敎)와 혼용되어 사용되는데 구태여 그 차이를 구분하자면, '선교'는 복음 전파를 위한 교회 공동체의 모든 활동을 광의적으로 일컫는 데 비해, '전도'는 주로 불신자를 대상으로 한 복음활동에 한정적으로 사용된다. 전도의 핵심 요지는 메시야이신 예수 그리스도의 죽으심과 부활 곧 십자가의 도(道)와 예수 그리스도만이 유일한 구원자이심을 선포하는 것이다(고전2:2). → '선교'를 보라.

■**바른 전도법** – 전도는 ① 성경(복음)을 근거로 하고(눅4:16-21; 행2:14-36; 고전15:3-4), ② 성령을 힘입어 하고(마28:19-20; 행1:8; 엡1:13), ③ 예수께서 다시 오실 때까지(고전11:26), ④ 기회를 얻든지 못 얻든지 해야 한다(딤후4:2).

■**전도여행**(傳道旅行, out reach) – 복음을 접하지 못한 지역이나 영적으로 열악한 환경에 놓인 곳을 중심으로 두루 돌아다니며 불신자들에게 생명의 도(道)를 전하는 일. 사도 바울은 세 차례의 전도여행을 통해 소아시아 지역에 복음을 전하고 많은 교회를 세웠다(행13-21장). 오늘날에는 특정한 선교단체의 훈련 과정 중에 하나로 이것이 실시되거나 각 교회의 청년 수련회의 일환으로 진행되는 등 다양한 형태로 이뤄지고 있다.

■**전도운동**(傳道運動, evangelistic movement) – 복음의 확산을 통해 지역 및 사회에 궁극적으로 복음화를 실현하는 제반 활동을 말한다. 이는 "너희는 가서 모든 민족을 제자로 삼아 아버지와 아들과 성령의 이름으로 세례를 베풀고 내가 너희에게 분부한 모든 것을 가르쳐 지키게 하라"(마28:19-20)는 예수님의 지상 대명령을 온전히 수행하는 일이다.
전도운동은 100년이 넘는 역사를 가진 한국 교회의 뚜렷한 특징이자 성장의 근본 요인 중에 하나라고 할 수 있다. 한국 교회는 선교 초기부터 선교사와 한국인 전도인들에 의해 전도운동이 적극 펼쳐졌다. 특히, 1907년 평양의 대부흥운동은 한국 교회 발전의 큰 획을 긋는 일이었다. 이때를 전후하여 국내는 물론 국외까지 전도운동이 크게 확산된다.

■**전도자**, **전도인**(傳道者, evangelist) – 복음을 전하는 사람. 하나님의 말씀을 선포하며 가르치는 자(행21:8; 딤후4:5; 전1:2,12). 전도자는 철저히 메신저(messenger), 곧 복음의 심부름꾼으로서의 역할만 수행해야 하며, 자기 생각이나 주장은 절대 삼가야 한다(행4:18-20).

■**전도지**(傳道紙, gospel news, evangelistic paper) – 복음을 전하기 위해 글, 그림 등을 사용하여 구원의 도리를 간단 명료하게 요약한 한 장의

종이. 대표적인 전도의 도구이다.

■**전도집회**(傳道集會, **missionary meeting**) - 영혼 구원과 구원의 확신을 목적으로 불신자나 교회에 등록은 했으나 구원의 확신이 없는 자 또는 오래 전 교회에 다닌 적이 있지만 지금은 신앙생활을 중단하고 있는 사람 등을 초청하여 예수 그리스도의 주 되심을 전하는 모임.

■**전도책자**(傳道冊子, **evangelistic book**) - 복음을 전하기 위해 글, 그림 등을 사용하여 구원의 도리를 설명한 책자. 주로 소책자 형식으로 꾸며진다.

■**전도폭발**(傳道爆發, **evangelism explosion**) - 평신도로 하여금 체계적으로 복음을 배우게 하며, 자신이 전도자로서 훈련을 받은 후에 또 다른 사람을 전도자로 세우도록 훈련하는 방식으로, 이를 통해 제자의 수가 기하급수적으로 증가한다는 점에서 '폭발'이라는 명칭을 쓰게 되었다. 이는 미국의 제임스 케네디(James Kennedy) 박사에 의해 개발된 전도방법론으로, 훈련자와 준훈련자 그리고 훈련생이 한 팀을 이루어 배운 바 전도이론을 현장 실습하거나 방문 전도를 한 후에 중간 점검을 함으로써 숙련된 전도자로 세워져 가게 한다.

■**전도학교**(傳道學校, **missionary school, mission school**) - 복음전도자(선교사)를 양성하는 학교, 또는 선교를 목적으로 선교단체가 경영하는 학교를 가리킨다.

■**치유전도**(治癒傳道, **healing evangelism**) - 관계 전도의 일종이다. 처음 단계는 서로 인사하면서 알고 교제하다가 점차 자녀나 가정의 문제를 나누고 상담하면서 결국에는 신앙과 기도를 통해 인생 문제를 해결해가는 단계에까지 나아가는 것이다. 이처럼, 인생의 문제를 상담해 주고 심신이 경험하는 고통의 치료를 도와주는 것 자체가 치유전도이다. 이런 단계에 이르면 교회에 그 사실을 알려 교회와 연결시키는 것이 바른 대처법이다.

■**포화전도**(飽和傳道, **saturation evangelism**) - 한 마을이나 도시 전체를 복음으로 가득 채운다는 의미로서 미국 버지니아 주 린치버그에서 교회(Thomas Road Baptist Church)를 개척했던 제리 폴웰(Jerry Falwell)이 처음 사용한 용어이다. 그는 개척 당시 교회 부지에서 1마일 안에

전도의 종류

전도에는 다음과 같이 몇 가지 종류로 나눌 수 있다.

① '축호전도'(逐戶傳道): 예수님의 제자들이 둘씩 짝을 지어 나가서 복음을 전할 때처럼 각 가정에 들어가 개인과 개인으로 인격적인 대화를 통한 개인 전도이다(마10:11-15).

② '노방전도'(路傍傳道): 길거리에서 외치며 전도하는 것으로 무작위 대중을 위한 공개적인 전도 방법이다.

③ '문서전도'(文書傳道): 전도지나 책자, 팜프렛, 성경(쪽복음)을 나누어 주며 전도하는 것이다.

④ '방송선교'(放送宣敎): 매스 커뮤니케이션의 발달로 방송매체를 통해 복음을 전하는 것이다.

⑤ '특수선교'(特殊宣敎): 특수 집단을 대상으로 하는 전도로, 농어촌 집중 선교, 산업선교, 군선교, 학원선교, 병원선교, 외항선교, 외국인노동자 전도 등이 있다.

⑥ '관계전도'(關係傳道): 직접적인 선포나 교회로의 초청 이전에 먼저 교제를 통해 인격적 관계를 맺음으로써 상대방으로 하여금 자신과 자신이 믿는 신앙에 호감을 갖게 만드는 전도법이다.

⑦ '순회전도'(巡廻傳道): 일정 기간 동안 여러 곳을 차례로 돌아다니면서 복음을 전하는 일. 미국 북장로교 선교사인 배위량(William M. Baird, 1862-1931년)은 한국에서 선교활동을 하는 40여 년 동안(1891-1931년) 부산, 경남 지역을 순회전도하면서 그곳의 복음화에 힘쓴 것으로 유명하다.

⑧ 기타: 기독교가 이 땅에 전래되면서 시작된 전도 활동 중에는 개인전도, 권찰대전도, 주일오후전도, 대전도, 날연보로 날전도인을 파송하는 전도 등이 있었다. 또, 마망전도란 것이 있었는데, 봄, 여름, 가을 그중에서도 특히 여름철에 마당에다 모깃불을 피워놓고 또 초롱불을 빨랫줄이나 장대 끝에 매달아 놓고 동네 사람들을 초청해서 전도하는 풍습이었다(달 밝은 밤에는 초롱불 없이도 전도 강연을 했다). 전도 강연이 끝난 다음에는 삶은 고구마나 감자를 나눠먹으면서 교제를 나누기도 하였다고 전한다.

있는 모든 가구에게 복음을 전했다. 그 다음에는 2마일, 3마일, 4마일 … 10마일 안에 있는 모든 가구들에게 복음을 전했다. 마치 사도들이 복음으로 예루살렘을 가득 채운 후(행5:28) 사마리아와 땅끝까지 나아갔듯이 행한 것이다(행1:8).

■**학원전도**(學園傳道, **campus mission**) - 학교와 기타 교육기관을 아울러 그 대상으로 삼고 진행하는 전도 활동. 학원복음화의 일종으로서, 배우는 학생뿐만 아니라 가르치는 선생 및 교육기관 종사자 전부를 전도 대상으로 한다.

전문인 선교(專門人 宣敎, **expert ministry, careerman ministry**) 훈련과 경험으로 아주 숙련된 재능과 전문 지식을 갖춘(의사, 간호사, 교수, 엔지니어 등) 평신도 전문가(직업인)에 의한 선교사역을 말한다. 직업 선교사나 목사의 입국 및 선교활동을 허락하지 않는 소위 X국 등지에서 전문인 선교사에 의한 선교가 매우 효과적이고 지혜로운 방법으로 활용되고 있다.

전신갑주(全身甲冑, **full armor**) 온몸을 감싼 갑옷과 투구(엡6:11,13). 갑옷은 대개 어깨, 가슴, 허리와 다리 부위로 크게 삼분(三分)되어 공격과 방어시 전신(全身)을 보호하도록 고안되었다. 사탄을 상대로 거룩한 영적 전쟁을 수행해야 할 성도의 신앙 자세를 상징한다(엡6:14-17).

전심(全心, **all one's heart**) 온 마음. 순수하고 진실된 마음. 여호와 하나님을 대하는 마음 자세를 말한다(삼상7:3; 왕상14:8; 시9:1).

전염병(傳染病, **plague**) 다른 사람에게로 옮기는 전염성이 있는 질병. '염병'(染病)이라고도 한다. 성경에서 전염병은 하나님을 대적하고 범죄하거나 회개치 않는 자에게 주어지는 무서운 형벌로 여겨졌다(민14:12; 삼하24:13; 시78:50). 이와는 달리, 각처로 다니며 복음을 전파하고 그리스도의 부활을 증거한 사도 바울은 유대 사회에서 '전염병과 같은 자'로 낙인 찍혔다(행24:5).

전원교회(田園敎會, **garden church**) 도시 근교 또는 시골의 전원지에 세워진 일종의 대안 교회라 할 수 있다. 특히, 주5일 근무제가 실시되면서 주일에 도시를 벗어나 자연을 벗삼아 야외로 여행을 즐기는 가족과 연인들이 늘어나면서 그들을 위한 예배와 기도 공간을 마련코자, 좀 더 시대에 맞게 편리를 제공해 주자는 취지에서 시작된 교회 형태이다.

전원교회는, 도시 교회와는 상대적으로 시간적, 공간적인 여유가 있다는 장점을 살려, 공동체 훈련이나 깊은 교제의 시간, 또는 창조질서 회복 프로그램 등을 진행하기도 한다.

전쟁(戰爭, **war**) 영토 확장 등을 목적으로 국가나 부족 간에 무력을 동원해 싸우는 행위(삼하3:6; 마24:7). 구약에서 전쟁은 주로 하나님의 뜻을 수행하거나 하나님의 심판을 위한 방편(수단)으로서, 일종의 '성전'(聖戰) 개념을 지녔었다. 따라서 전쟁은 여호와께 속하였고(삼상17:47), 여호와는 친히 전쟁을 주관하시는 용사로 묘사되었다(시24:8; 사42:13).

신약에서는 죄악과의 싸움(고후10:4), 곧 영적인 측면에서 사탄과의 전쟁을 자주 언급한다(엡6:12; 계19:19). 한편, 전쟁은 '인생의 비참한 상태나 고역'을 상징하기도 한다(욥7:1).

전통(傳統, **tradition**) 과거로부터 전승되어 오는 사상, 관습, 행동 양식이나 정신. 모세 시대부터 장로들을 통해 구전되어온 율법(마15:2). 이 전통(구전 율법)은 시대를 거듭하면서 점점 해석이 덧붙여져 신약 시대에는 막대한 양의 불문율(不文律)로 자리잡았다. 심지어 성문화된 모세 율법과 해석이 다른 경우 오히려 전통이 더 권위가 있어 하나님의 말씀을 저버리는 부작용도 만만치 않았다(마15:6). 일명 '유전'(遺傳, 마15:2; 막7:3; 고전11:2; 갈1:14; 골2:8; 살후2:15; 3:6). → [2. 교리 및 신앙 용어] '유전'을 보라.

전파(傳播, **proclaim**) 널리 전하여 퍼짐. 복음을 공개적으로 전하는 것(마24:14; 막1:14). 예수께서는 하나님 나라의 복음, 곧 자신이 세상에 오심으로 하나님 나라가 도래한 사실을 전파하셨다(막1:15). 사도들은 여기에 더하여 예수님이 구약에서 예언된 메시야라는 사실, 그리고 그리스도의 십자가 죽음과 부활을 전파했다(행2:14-40; 13:16-41). → '전도'를 보라.

절(bow) 공경의 뜻으로 몸을 굽혀 예의를 표하는 일. 몸을 굽혀 인사함. 주로 하나님께 경배할 때(창24:52; 미6:6), 우상을 섬길 때(출20:5), 왕에게 예의를 표할 때(창42:6), 친구(친족)나 이웃에 대해 문안할 때(창23:12) 절을 했다. 상징적으로는, 경배와 존경(창19:1; 출18:7), 복종과 굴복(창42:6; 49:8; 계3:9), 감사(룻2:10; 삼하9:8), 간청(마8:2; 9:18) 등의 의미를 갖는다.

절제(節制, self-control) 방종에 빠지지 않도록 이성으로 감정을 조절하고 자기 자신을 다스리는 것(고전9:25; 벧후1:6). 성령의 열매 중 하나로(갈5:23) 정결하고 경건한 성도가 갖추어야 할 덕목이다(행24:25). 참된 절제는 인간의 본성으로는 불가능하며 오직 성령을 통해서(갈5:22-23), 주의 말씀을 좇아(딛2:1-2), 하늘의 것을 소망할 때만 가능하다(고전9:25). 성도가 절제해야 할 것으로는, '술'(레10:9; 잠23:31; 단1:8; 눅1:15; 롬14:21), '언행'(言行, 딤전3:11; 딛2:2; 약3:2), '육신의 정욕'(롬6:12; 고전7:9), '자기 자랑과 과시'(고전13:4; 딤후2:23-24), '분냄'(엡4:26) 등이 있다.

점(占, divination) 자연 현상을 통해 인생의 길흉화복(吉凶禍福)이나 운명 등을 판단하는 주술 행위(창44:5,15). 점술에는, ① 주문 ② 꿈을 통한 예언 ③ 제비뽑기 ④ 별을 관측하고 예언하는 점성술(占星術) ⑤ 특정 사물(짐승의 내장 등)의 형태나 변화를 통해 미래를 판단하는 일 ⑥ 접신하여 장래 일을 예언하는 강신술(降神術) 등이 있다(겔13:23; 행16:16).
하나님의 백성에게는 이런 행위가 엄히 금지되었다(레19:26; 신18:9-13; 사19:3; 행16:16). 왜냐하면 감추어진 장래 일은 오직 여호와 하나님께만 달려 있기 때문이다(신29:29).
　■**점쟁이**(占 -, fortuneteller, diviner) - 남의 운명을 점쳐 주는 일을 업으로 삼은 사람(신18:10). 짐을 치거나 악령에 붙잡혀 미술을 히기나, 꿈이나 신비한 일들을 해석하여 장래사를 예언하는 자. 복술자(卜術者). 하나님은 이런 자를 가증스럽게 여기시며 엄히 금하신다(신18:9-14; 사8:19; 행19:18-19). → '복술자'를 보라.

점성가(占星家, Magi, wise man) 우주 천체의 운행과 현상을 관찰하는 자연 과학자. 천문학자. 별을 보고 예수님을 찾아와 경배한 동방의 박사들이 대표적이다(마2:1 난외주). 그러나 점성가 중에는 천문으로 길흉을 점치는 자들도 많아 '마술사나 박수'를 가리키는 말로 통용되기도 했다(행13:6,8).

점성술(占星術, astrology) 천체(별, 달, 해)의 상대적인 위치를 연구하여 미래를 예측하는 일. 점성술은 별이 인간의 운명에 결정적인 영향을 미친다는 전제하에 별의 현상에 따라 세계와 인간의 운명을 점치는 일종의 종교요 신앙이다. 따라서 이는 과학적 연구의 대상으로 삼아 천체를 관측하는 천문학과는 다르다. 점성술은 하나님의 백성에게는 엄히 금지된 사술(邪術)이었다(신4:19; 사47:13). → '별'을 보라.

점술(占術, sorcery) 점을 치는 술법. 점을 치거나 마법·마술 등을 통해 장래 일을 알아내는 주술 행위. '사술'(邪術, 민23:23; 24:1), 또는 '복술'(卜術, 렘14:14)이라고도 했다.
　■**점술가**(占術家, magician) - 점술로 길흉화복(吉凶禍福)을 살피고 장래사를 예언하는 사람. '술객'(창41:8; 계21:8) 또는 '술사'(수13:22).

접붙임(接 -, graft) 나무의 줄기나 눈을 다른 나뭇가지에 옮겨 붙임. 새로운 생명에의 역사를 시사하는 것으로, 사도 바울은 이스라엘로 인하여 구원의 복음을 듣게 된 이방인을 가리켜 참감람나무에 접붙임받은 돌감람나무에 비유했다(롬11:17-24).

접시 저울(scale) 접시가 달린 천칭(天秤). 명칭(皿秤, 잠16:11). 대개, 가벼운 물건을 측량하는 도구로 쓰인다. 우주 만물의 조성자요 운행자며 주관자이신 하나님의 절대 주권을 묘사할 때 비유적으로 언급된다(사40:12). → '저울'을 보라.

접신하는 자(接神 - 者, medium) 죽은 자의 영혼을 통해 길흉을 점치는 영매자(靈媒者). 신접(神接)한 자. 율법에서는, 이런 자들은 반드시 죽여 이스라엘에서 악한 풍습을 제거해야 했다(레19:31; 신18:11). → '신접자', '영매'를 보라.

정결(淨潔, cleanness) 맑고 깨끗함. 위생적으로, 신체적으로, 윤리 도덕적으로 광범위하게 사용된다. 성경에서는, 주로 하나님 앞에서의 순결, 죄로부터의 단절을 말한다. 그래서 구약 시대에는 '정결 규례'가 마련되어 있었다(레위기).

하지만 이런 예법은 주 예수께서 오시기까지 한 시적인 것으로 근본적으로는 죄로부터의 정결을 가져다 주지 못했다. 오직 예수 그리스도의 대속의 피만이 인간을 모든 죄로부터 온전히 정결하게 하는 능력이 있다(히9:14; 찬송가 261, 264장). → '순결'을 보라.

정금(精金, pure gold) 불순물이 섞이지 않는 순수한 금(왕상10:18). 순금(純金, 단2:32). '지혜'(욥28:15,17; 잠3:14), '귀하고 소중한 것'(사13:12; 애4:2) 등을 상징한다.

정사(政事, government, rule) 정치에 관한 일이나 관리들의 임면(任免)에 관한 일. '통치권, 권세, 주권'을 상징한다(사9:6). 때로 '통치'(고전15:24; 엡1:21)로도 번역되는데, 이 경우 하나님을 대적하는 세상 권세를 비롯한 악한 적대 세력을 총칭한다.

■**정사 잡은 이**(ruler) – 권세를 잡은 자. 곧, 세상 통치자. 위정자(爲政者, 눅12:11). → '권세', '위정자'를 보라.

정성(精誠, sincerity, wholehearted devotion) 참되고 성실한 마음. 특히, 하나님의 계명과 권면과 율례를 온전히 지키려는 독실한 마음(대상29:19). → '독실하다'를 보라.

정수리(頂 -, top of head) 머리 위의 숨구멍이 있는 자리. '정상, 꼭대기'를 상징한다. 성경문학적으로, '발바닥부터 정수리까지'는 '온몸'을 나타내는 관용적 표현이며(신28:35; 삼하14:25), '정수리까지 넘친다'는 '분량이나 정도가 하늘까지 가득 찬 상태'를 가리킨다(스9:6).

정숙¹(貞淑, propriety) 여자로서 행실이 곧고 마음씨가 착함. '정절'(딤전2:15), '단정함'(딤전3:1). 교회를 섬기는 여자 성도가 갖추어야 할 바른 자세로 소개된다.

정숙²(靜肅, stillness, quiet) 고요하고 엄숙함. 하나님의 말씀을 듣는 자가 갖추어야 할 자세를 말한다(느8:11).

정신(精神, mind, spirit) 사고나 감정의 작용을 다스리는 인간의 마음. 물질적인 것을 초월한 영적인 존재. 사물을 느끼고 생각하는 마음(신28:65; 수2:11). 성경에서는, '기력'(삿15:19; 삼상30:12), '전인격'(사19:3), '사랑'(렘32:41) 등을 뜻하기도 한다.

■**정신병**(精神病, confusion of mind) – 정신 장애로 인해(이상이 생겨) 말이나 행동이 정상이 아닌 병적 상태를 말한다. 성경에서는 단순히 놀라고 당황하여 마음이 혼란한 상태를 가리키기도 한다(신28:28).

정오(正午, noon, midday) 낮 12시. 낮을 넷으로 구분한 히브리인들의 시간 계산법으로는 '날이 뜨거운 때'(창18:1) 곧 오전 10시에서 오후 3시경(시37:6)을 말한다. 이는 '인생의 중간기'를 상징하기도 한다(욥11:17). → '낮'을 보라.

정욕(情慾, lust) 쾌락을 추구하는 무절제하고 감각적인 욕망(롬1:24; 잠21:25). 이성에 대한 강렬한 성적 욕망(약4:1). 포괄적으로 '세상적인 헛된 소망', '끊임없는 욕구'를 가리킨다. 이런 그릇된 열망은 부패와 타락을 초래한다(벧후1:4; 2:10). → '욕심', '탐욕'을 보라.

정의(正義, righteousness) 사람이 마땅히 지켜야 할 바른 도리. 정의는 하나님의 속성인 동시에 하나님 나라의 기초이다(욥8:3; 시37:28; 사42:1,3; 9:7). 따라서 정의의 기준은 하나님이시며(창18:25; 신32:4), 하나님은 택한 백성에게도 정의로운 삶을 살도록 요구하신다(렘22:3).

그런데, 정의는 인간의 삶에서 여러 형태로 표현된다. 곧, 법정에서는 공정한 재판으로(출23:6), 고아와 과부에게는 구제로(신10:18), 하나님 앞에서는 우상 타파로(대하14:2; 31:20) 나타난다. 참고로, 선지자 아모스는 하나님의 정의를 선포한 대표적 선지자이다(암5:24).

정절(貞節, purity, propriety) 여자의 곧은 절

개. 성경에서는 남녀를 불문하고 추구해야 할 육체적·영적 순결을 의미한다. 특히, 주님을 섬기는 모든 자가 갖추어야 할 신앙 덕목 중에 하나다(딤전2:9; 4:12). → '순결'을 보라.

정조(貞操, sentiment, faith) 깨끗한 절개. 성적 순결을 보존하는 일. 기독교에서는, 하나님을 향한 신앙의 정조 곧 '믿음'을 말한다(호5:7).

정죄(定罪, condemnation) 죄인으로 규정함. 죄가 있다고 공시적(公示的)으로 선언함. '의롭다고 선언함'이란 뜻의 '칭의'(稱義)와 반대 개념이다. 정죄는 하나님과의 관계에서 언급된다(신25:1; 욥9:29). 곧 하나님 앞에서 범죄(마27:3; 롬5:16-18), 교만(딤전3:6), 그리스도를 부인함(막16:16), 회개치 않음으로써(눅11:31-32) 정죄받게 된다.
하지만 하나님은 인생들에 정죄하기를 원치 않으신다. 그래서 아들을 이 땅에 보내셨다(요3:17). 따라서 정죄에서 벗어나기 위해서는 죄와 허물을 참회하고(시32:1-2), 그리스도를 믿고 그 안에 거해야만 한다(요5:24; 롬8:1,3). 그리고 하나님으로부터 용서받고 의롭게 된 자는 결코 어느 누구로부터도 정죄받지 않는다(롬8:34).

정직(正直, justice, uprightness) 마음이 곧고 바름. 원뜻은 '좌우로 치우치지 않음.' 하나님은 선하고 정직하시며(시25:8) 공의와 정직으로 만민을 심판하신다(시9:8). 그래서 하나님은 말씀을 좇아 선량하고 정직하게 사는 자에게 복을 내리신다(신6:18-19; 13:18; 왕상15:11).

젖(milk) 사람이나 포유류 동물에게서 분비되는 유즙(乳汁). 짐승의 새끼나 어린 아기들의 양식(삼상7:9). 특히 소, 양, 염소, 낙타 등의 젖은 고대 팔레스타인 유목민의 주된 식품이었다(창21:7; 신32:14; 잠27:27; 사7:22).
영적으로는 '초보적인 진리나 미성숙함'(고전3:2; 히5:12-13), '신앙 성장에 유익이 되는 하나님의 말씀'(벧전2:2), '이스라엘에 대한 보호'(사60:16), '풍성함'(신32:14; 사55:1; 욜3:18)을 의미한다. 그리고 비유적으로는 흰 치아(창49:12), 흰 피부(애4:7), 연인의 고운 자태(아4:11; 5:12) 등을 상징한다. → '우유'를 보라.

■**젖과 꿀이 흐르는 땅**(a land flowing with milk and honey) - 약속의 땅 가나안을 일컫는 관용적 표현(출3:8; 렘11:5). '젖'은 '우유' 곧 풍부한 목축을, '꿀'은 풍요로운 식물 곧 농업을 의미한다. 따라서 '젖과 꿀이 흐르는 땅'은 풍성한 목초지 위에서 수많은 소 떼와 양 떼가 젖을 내고, 오곡백과와 화초가 만발하여 벌들이 꿀을 풍부히 생산하는 풍요로움을 암시한다. 특히 이 말은, 가나안 복지(福地)를 일컫는 말로서 하나님이 약속하신 가나안의 넘치는 번영과 충만한 복을 상징한다(레20:24; 민14:8; 신27:3). → '가나안(땅)'을 보라.

제단(祭壇, altar) ① 구약 시대 하나님께 제사 드리던 단(출20:25-26; 27:1-8). 하나님께 나오는 자는 반드시 이 제단에서 희생 짐승의 피로 제사를 드려야 했다(신12:1-28). ② '금단'(金壇)으로도 불리는(민4:11) 향단(香壇, 출30:1-10). 이 단에 향을 사르는 것은 성도의 기도를 상징한다(계8:3). ③ 로마 가톨릭에서 미사를 드리는 단을 '제단' 또는 '제대'(祭臺)라 하나, 기독교에서는 말씀을 선포하는 단을 '강단'(講壇), '강대상' '설교단', 성찬을 베푸는 단을 '제대'(祭臺, communion table), '성찬대'라 부른다. → [4. 예배 및 예식 용어] '제대', '성찬대'를 보라.

제물(祭物, offering) 하나님께 제사 드릴 때 사용되는 희생 짐승이나 곡물(창4:3). 제물은 죄를 속하기 위해서, 하나님과의 친교를 위해서, 하나님의 의(義)를 만족시키기 위해서 드려졌다.
예수께서는 자신을 '대속제물'이라 하셨고(막10:45), 믿음이 동반되지 않는 제물의 무효함과 제물보다 화목이 우선해야 함을 가르치셨다(마5:24; 23:23). 또한, 사도 바울은 자기 몸을 하나님이 기뻐하시는 산 제물로 드릴 것을 강조했다(롬12:1).

제비(lot) 하나님의 뜻을 묻기 위해 사용된 일종의 신탁 도구(레16:8). 돌이나 나무, 종이 등을 이용하여 땅 위에 던지거나 용기에서 추첨하는 형식의 제비가 널리 사용되었다.
제비뽑기는 주술과는 다른 것으로 세상에 우연한 일은 하나도 없으며 모든 일의 결정은 하나님의 절대 주권에 달려 있다는 신앙에서 출발된 제도다(민26:55; 잠16:33). 제비뽑기의 결과는 하나님이

제사(祭祀, sacrifice) 하나님께 예배드리는 구약의 의식(창4:3-4; 31:54). 제사의 주된 목적은 '하나님을 향한 감사와 찬양', '하나님과의 거룩하고 신령한 교제', '속죄(贖罪) 등이다. '희생'(犧牲)으로도 표현된다.

한편, 구약의 모든 제사는 유월절 어린 양이신 예수 그리스도의 희생과 그분의 구속 사역을 예표한다(히9:12). 그리하여 예수 그리스도의 구속 사역이 완성된 신약 시대에는 제사의 모든 기능과 역할이 예배와 성찬으로 대치된다(요4:21; 롬12:1; 히9:9-10; 10:18-25).

제사장(祭司長, priest) 하나님께 제사 드리고(민16:40), 백성의 신앙을 지도하며(대하15:3), 하나님의 뜻을 묻고 전달하는 사명을 맡은 자(출28:30). 족장 시대에는 아브라함과 이삭, 야곱 등 가장(家長, 창8:20; 26:25; 31:54)이, 율법이 주어진 이후에는 레위 지파의 아론 계열(출19:22; 28:1)이 담당했다.

한편, 구약의 제사장 제도는 신약에서 영원하고 유일한 참 대제사장이신 그리스도의 사역을 예표한다(히5:5; 7:20-26; 9:25-28; 10:12). 사도 베드로는 예수 그리스도의 구원 은총을 힘입어 하나님 앞에 직접 나아가 예배드리는 모든 성도를 '왕 같은 제사장' 이라고 했다(벧전2:5,9; 계20:6).

■**제사장 나라**(kingdom of priest) - 하나님을 섬기기 위해 특별히 선택된 하나님의 백성(출19:6). '이스라엘'의 별칭. 신약에서는 하나님의 구원의 복음을 널리 선포해야 할 '성도'에게 사용된 거룩한 호칭이다(벧전2:9).

제삼일(第三日, third day) 예수께서 부활하신 날. 예수께서 십자가에 돌아가신 후 제3일에 부활하셨다는 것은 사도들의 신앙고백의 근거였다(행10:40; 고전15:3-4). 예수께서도 친히 제3일에 부활하실 것을 여러 번 예언하셨다(마16:21; 20:19; 눅9:22).

제식(祭式, cultus) 제사 등 하나님을 섬기는 일에 있어서 구비해야 할 필수적인 형식이나 통제해야 할 일정한 규범을 말한다(출20:4-5).

제의(祭儀, cult, cultus) 종교의 외형적 세 요소(제의 또는 예배, 교리 또는 신조, 행위 또는 윤리) 가운데 하나로, 종교상의 예식이나 제사를 말한다. 즉, 하나님과 회중과의 만남과 교제가 성립되게 하는 거룩한 의식(儀式)을 가리킨다.

제자(弟子, disciple) 제자를 가리키는 헬라어 '마테테스'는 '따르는 자, 배우는 자'란 뜻이다. 즉, 스승에게서 가르침과 훈련을 받고 그를 따르는 자를 말한다. 이는 단순히 배우고 학습하는 자가 아니라 스승의 가르침을 가감없이 그대로 받아들이고 깨달으며 자기 행동의 지표로 삼는 자, 곧 스승의 철저한 추종자를 말한다(마13:52; 요9:28).

기독교에서는, 좁은 의미에서 예수 그리스도의 12제자(마10:1)를, 넓은 의미에서는 예수를 그리스도로 고백하고 그분을 좇는 모든 성도(행6:1,7; 9:19)를 말한다.

그런데, 예수 그리스도의 제자가 되려면 그분의 가르침에 거해야 하고(요8:31), 서로 사랑해야 한다(요13:35). 이 일은 자신의 모든 것을 포기하고 심지어 자기 목숨까지도 미워하며, 자기 십자가를 져야 하는 일이기 때문에 결코 쉽지 않다(눅14:26-27). 그래서 초대교회에서 '제자'는 '순교자'란 말과 동의어로 쓰였다(Ignatius).

■**제자도**(弟子道, discipleship) - 스승이신 예수 그리스도의 제자로서 성도가 추구해야 할 가치 및 삶의 자세와 그 내용. 특히, 예수께서는 제자들에게 "누구든지 나를 따라오려거든 자기를 부인하고 자기 십자가를 지고 나를 따를 것이니라."(마16:24)고 천명하셨다. 예수를 좇는 일이 고난의 길이요 심지어 자기 목숨까지도 희생하는 일임을 가르치신 것이다(막8:34-35; 10:28; 눅14:27).

이외에도 예수께서는 제자들에게 최우선 가치로 하나님의 나라와 그 의를 추구할 것(마6:33)과 복음 전파를 통해 모든 민족으로 제자를 삼을 것(마28:19), 그리고 세상에는 빛과 소금으로(마5:13-16), 이웃에게는 사랑과 섬김으로 살아갈 것을 요구하셨다(마5:43-48; 19:19-21; 20:28).

■**제자화 선교**(弟子化 宣敎) - 단순히 복음을 전하는 기초적인 단계를 넘어, 한 사람의 그리스도인을 그리스도의 성숙한 제자로 세우는 일을 말한다. 즉, 신학교(성경학교)나 제자훈련학교, 또는 선교사훈련원 등을 통한 실제적인 제자 육성을 목

적으로 하는 선교 활동을 가리킨다.
■**제자훈련**(弟子訓鍊, **disicple training, discipline**) - 한 사람의 그리스도인을 스승인 예수 그리스도를 온전히 좇는 성숙한 제자가 되도록 훈련하는 과정을 말한다(마16:24). 이는 예수님의 제자 훈련 방법이나 초대교회 사도들의 헌신과 사역을 모델로 한 것으로, 각 교회나 선교단체 등에서 다양한 프로그램으로 실시되고는 있으나 그 내용과 방법은 모두 성경에 기초하고 있다.

제자훈련의 목적은 ① 하나님의 사람으로 온전케 만들기. ② 봉사의 일을 하게 하기. ③ 공동체를 세우기. ④ 복음의 증거자가 되기.

제자훈련의 내용은 ① 전도자(복음을 알고 전한다). ② 정체성(자신의 정체성을 회복하고 이웃을 이해함). ③ 멘토링(공동체를 이해하고 모델링이 될 수 있는 멘토를 세움). ④ 리더십(공동체에 영향을 미치는 인격체로 세움).

조물주(造物主, **Creator**) 온 우주 만물을 말씀으로 창조하신 하나님을 일컫는 호칭(롬1:25). '창조주'(벧전4:19)라고도 한다. → '창조주'를 보라.

조상(祖上, **father**) 할아버지 이상 대(代)의 어른. 가장(家長), '선조' 등으로 광범위하게 쓰인다(창47:9). 때론 하나님의 언약 계승자를 가리키기도 하며(출3:6; 행3:25), 어떤 문화나 산업을 시작한 인물을 가리키기도 한다(창4:20-21).

한편, '조상의 하나님'이라는 표현은 하나님을 신앙하는 이스라엘의 믿음의 역사성을 시사해 준다(출3:6; 행3:13). 그리고 아브라함은 모든 성도에게 '믿음의 조상'이다(롬4:12-13,16-18).

■**조상 숭배**(祖上 崇拜, **ancestor worship**) - 죽은 자의 영혼을 섬기는 '사령숭배'(死靈崇拜)의 일종으로서, 가족이나 씨족 또는 민족의 조상을 높이 받들어 제사 지내는 종교적 신앙과 관습을 말한다.

조상 숭배의 핵심은, 죽은 자의 계속적인 현존 및 산 자의 삶에 계속 영향을 미치고 있는 죽은 자와 산 자 사이의 밀접한 관계에 대한 신앙에 있다. 특히, 죽은 조상은 각종 재난으로부터 후손을 보호하는 수호신적인 역할을 하는 것으로 믿고 있다. 이 같은 조상 숭배는 유교적 전통이 짙은 한국 내에서 거의 종교적 차원으로 자리매김하고 있어, 죽은 영혼 숭배를 거부하는 기독교의 복음 전파에 큰 걸림돌이 되고 있다.

조언자(助言者, **counselor**) 도움이 되는 말을 하거나 깨우침을 주는 사람. 지혜와 훈계로 당면한 문제를 해결해 주고 또 상담과 의논을 통해 올바른 결정을 내릴 수 있도록 안내하는 일종의 고문(顧問, 사41:28). '모사'(謀士). → '모사'를 보라.

족보(族譜, **genealogy**) 가문의 혈통 관계를 기록한 책. 한 가문의 조상과 후손의 이름을 수록한 '계보'(系譜). 족보는 혈통 관계, 상속권, 직무의 계승, 또는 인종적, 지리적 관계성 등 다양한 자료들을 담고 있다. 그런 맥락에서 족보는 일종의 간추린 역사책이라 할 수 있다.

특히, 성경의 족보는 구속 역사의 한 시대를 마감하고 새로운 시대가 개막되기에 앞서 그 중심되는 인물의 역사성을 확인시켜 주는 역할을 한다(창5:1-32; 10:1-32; 11:10-32; 35:22-39; 36:1-43; 46:8-27; 대상1-9장; 스2:1-63; 8:1-20; 느7:7-63; 마1:1-16; 눅3:23-38).

족장(族長, **head of family, chief**) 가족이나 가문의 어른. 가장(家長). 또는 종족의 조상(출6:14). 한 집안(가문)의 중심으로서(창35:2), 각종 제사와 종교 행위를 관장하였고(창12:8; 17:10-14), 가족에게 축복과 저주를 선언할 권한이 있었다(창27:27-40). 또 하나님의 뜻을 가르치는 책무를 맡기도 했다(창18:18-19).

존귀(尊貴, **honor**) 지위나 신분이 높고 귀함(창34:19; 시16:3). 보통 '영광'이라는 말과 함께 사용되며 '하나님'(대상16:27; 딤전1:1)이나 '예수 그리스도'(벧후1:17)를 묘사할 때 사용된다. 하나님은 인생에게 존귀로 관을 씌워 주시고(시8:5), 겸손한 자에게 존귀를 상급으로 주신다(잠15:33). '존영'(尊影, 잠5:9), '위압'(대상29:11), '영광'(욥40:10), '영화'(시45:3), '존경'(에1:20)으로도 번역된다.

■**존귀한 자**(**the Most High, glorious one**) - 지위가 높고 중요한 위치에 있는 자. 벼슬이 높은 관리나 학식과 덕망이 높은 자, 또는 용사. 대표적으로 다윗(삼하22:14)을 들 수 있으며, 성도에게도 이 호칭이 사용된 바 있다(시16:3).

존엄사
(death with dignity)

존엄사(尊嚴死)란, 환자가 혼수상태 또는 그와 유사한 의학적 상태에 처해 있어서 자기 의사를 명시적으로 표현할 수 없는 경우에, 단지 인공 음식물 투여장치나 인공호흡기와 같은 인공 연명장치에 의존해 육체적 생명만을 가까스로 유지하는 것은 인간으로서의 품위를 상실한 삶의 모습이라 판단하고, 인간의 품위와 존엄을 지키기 위해 인공 연명장치를 제거하고 생명을 종결시키는 행위를 가리킨다. 그러나 혼수상태나 뇌사상태에 있는 환자도 영혼이 살아서 몸과 함께 있고 신체도 살아있는 생명체라는 점에서, 더욱이 존엄사가 안락사를 미화하는 또 하나의 전략적 용어로 간주하여 기독교에서는 이를 거부한다. → '안락사'를 보라.

존영(尊榮, respect, honor) 지위가 높고 영화로움. 성경에서 유덕한 여자(잠11:16), 경계를 받는 자(잠13:18)는 존영을 얻는다고 했고, 가르침을 멀리하는 자는 존영을 잃는다고 했다(잠5:9).

존재(存在, existence) 실재로 있음, 또는 있는 그것(욥3:16; 행17:28). 철학에서는, 의식으로부터 독립하여 외계에 객관적으로 실재(생존, 현존)하는 것을 가리킨다. 세상에 존재하는 모든 것은 창조주 하나님에 의해 만들어진 것이며, 또 하나님에 의해 운행되거나 실재하는 것이다(창1:31; 롬11:36). → [2. 교리 및 신앙 용어] '실존'을 보라.

좀(moth) 빈대좀과(科)의 하등 곤충. 몸길이는 1cm 정도로 작다. 습기 차고 어두운 곳을 좋아하며 의복이나 종이 등을 못쓰게 만든다(욥13:28; 시39:11; 마6:19). 비유적으로 '영광이나 기력의 쇠퇴'(욥13:28; 시39:11), '일시적이며 덧없음'(욥27:18), '내적인 부패'(사50:9; 약5:2), '하나님의 심판'(호5:12) 등을 상징한다.

좁다(small, narrow) (공간이나 틈이) 작고 가늘다. 특히 영토의 비좁음을 말한다(수17:15; 왕하6:1). 상징적으로는 '시련이나 고통'(욥36:16), '옹졸한 마음'(고후6:12), 영적으로는 성도가 걸어가야 할 고단한 인생길(마7:13)을 나타낸다.

■**좁은 문**(narrow gate) - 크기와 폭이 작은 문. 이런 곳은 좁고 길이 협착하여 사람들이 찾기를 즐겨하지 않는다. '고난의 길(삶)'을 상징한다. 그렇지만 그곳이야말로 영원한 생명을 얻을 수 있는 문이다(마7:13-14; 찬송가 521장). 결국 '좁은 문'은 괴로움과 핍박이 상존하는 곳이란 의미로서, 영생의 나라 천국에 이르기 위해서는 환난과 핍박이 수반됨을 암시한다(행14:22; 히12:1).

종(servant, slave) 남을 섬기는 위치에 있는 자(창9:25). 종은 주인의 소유로서(창15:2), 오직 주인에게 순종만 있을 뿐이다(엡6:5-8). 또 그의 생살여탈권(生殺與奪權)은 전적으로 주인에게 있다. 그런 점에서, '하나님의 신실한 일꾼'을 '종'이라 부르기도 한다(창26:24; 출14:31; 사42:1; 빌1:1; 벧후1:1; 계22:3).

종교(宗敎, religion) 국어사전에는 '신이나 절대자를 인정하여 일정한 양식 아래 그것을 믿고, 숭배하고, 받듦으로써 마음의 평안과 행복을 얻고자 하는 정신 문화의 한 체계'라고 했다. 종교는 원시시대부터 지금까지 인간사에 깊이 개입하여 왔다. 종교의 기원에 대해 자연숭배설, 주물숭배, 애니미즘, 토테미즘, 사회의식설 등이 있으나, 기독교 신학에서는 하나님 중심의 계시종교(기독교, 유대교 등)와 인간 본위의 자연종교로 대별한다.

한편, 성경에서 종교라고 할 때, 여호와만이 유일한 신이며 여호와 종교만이 참 종교이기 때문에 다른 신이나 종교의 존재를 인정치 않는다. 따라서 종교란 하나님을 믿고 예배하며 복종하고 섬기는 모든 일을 가리킨다. 종교라는 말을 사도 바울이 전파하는 진리(복음)에 한 번 언급한 바 있다(행25:19). 이 말은 '경건'(약1:26-27), '숭배'(골2:18)로도 번역된다.

■**종교가**(宗敎家, a man of religion, a religionist) - 어떤 종교를 믿고 그것의 전도나 포교를 위해 힘쓰는 사람.

■**종교개혁**(宗敎改革, religious reformation, the Reformation) - 16세기 로마 가톨릭 교회의 폐해를 비판하고, 이의 개혁을 주장하여 프로테스탄트 교회를 세운 기독교의 개혁운동. → [5. 교파 및 역사 용어] '종교개혁'을 보라.

■**종교계**(宗敎界, the religious world) – 종교가들의 사회. 종교를 중심으로 형성되는 사회.

■**종교교육**(宗敎敎育, religious education) – 종교적 관심사 곧 영적, 제의적, 윤리적 교훈과 실천에 대한 가르침. 종교의 포교를 목적으로 그 종교가 지닌 진리 체계를 가르치는 일.

■**종교극**(宗敎劇, a religious drama) – 종교의식의 한 갈래로서 종교행사와 함께 펼치는 연극. 종교적 내용을 다룬 연극.

■**종교단체**(宗敎團體, a religious organization) – 자기가 속한 종교의 유익과 발전 등을 공동의 목적으로 하여 모인 두 사람 이상의 모임.

■**종교문학**(宗敎文學, religious literature) – 종교적 내용을 다룬 문학을 통틀어 이르는 말.

■**종교부지**(宗敎敷地, a site of religion) – 종교 활동을 목적으로 건물을 짓거나 시설물을 만드는 데 쓰이는 땅.

■**종교성**(宗敎性, a religious sentiment) – 사람이 갖는 종교적 성질이나 감정. 종교가 가지는 독특한 성질.

■**종교심**(宗敎心, a religious mind) – 종교를 믿고 절대자에게 순종하는 경건한 마음. 신을 두려워하는 마음(행17:22).

■**종교음악**(宗敎音樂, sacred music) – 종교의식이나 포교상의 필요에 따라 발달한 음악. 종교적 내용을 다룬 연주회용 음악.

■**종교의 자유**(freedom of religion) – 각 개인이 원하는 종교를 자신이 원하는 방법으로 신앙할 수 있는 자유. 종교의 자유에는 종교와 관련한 행사, 집회, 결사의 자유와 선교활동과 종교교육의 자유 및 신앙을 갖지 않을 자유, 종교행사에 강제받지 않을 자유 등이 포함되어 있다. 종교의 자유는 국가에 대하여 종교와 정치를 분리하고 특정 종교에 특혜나 차별대우를 철폐하도록 하는 끊임없는 투쟁의 결과로 얻어진 것이다.

■**종교인**(宗敎人, a religious man) – 특정 종교를 신앙, 전파하는 사람. 독실한 신앙인. 수도자.

■**종교재판**(宗敎裁判, the Inquisition) – 12-16세기경에 로마 가톨릭 교회를 옹호하기 위해 설치했던 종교상의 재판. 소위 이단자 내지 마녀로 일컬어지는 자들을 많이 처형하였다. → [5. 교파 및 역사 용어] '종교재판소'를 보라.

■**종교전쟁**(宗敎戰爭, religious war) – 종교상의 충돌로 말미암은 전쟁. 오늘날 가장 추악한 전쟁으로 일컬어지고 있다.

■**종교철학**(宗敎哲學, philosophy of religion) – 철학의 한 분야. 종교의 본질, 가치, 진리 따위를 철학적 처지와 방법으로 연구하는 학문.

■**종교탄압**(宗敎彈壓, religious persecution) – 힘이나 권력 따위로 종교를 믿는 사람들이나 종교기관 등을 괴롭히거나 해를 입히는 일.

■**종교학**(宗敎學, the science of religion) – 여러 종교 현상을 비교 연구하여 종교의 본질, 가치, 의의 따위를 밝히는 학문.

■**종교학교**(宗敎學校, an academy of religion, mission school) – 종교를 널리 전할 사람을 양육하는 학교. 종교 단체에서 자신들의 가치와 이상을 구현하기 위해 경영하는 학교.

■**종교회의**(宗敎會議, a religious conference, an ecclesiastical meeting) – 종교 기관 내외의 각종 문제나 그 종교가 해결해야 할 현안들을 놓고 벌이는 회의.

종단(宗團, a religious order) 같은 종교 안에서, 한 종파를 이루는 단체.

종말(終末, end, eschatology) 시간이나 사건의 끝. 마지막. ① 개인적으로는 인생의 끝(민23:10; 시39:4). ② 우주적으로는 세상이 끝나는 시간(신32:29). ③ 구속사적으로는 하나님 나라가 완성되는 때(마24-25장). → [2. 교리 및 신앙 용어] '종말'을 보라.

좇다(follow) 뒤를 따르다. 복종하다. 주로 ① 하나님께 순종하다(수14:14), ② 행실을 그대로 본받다(왕하9:25), ③ 정해진 질서를 따르다(대상9:23)는 의미로 쓰인다.

좋다(good, nice, fine) 기쁘고 즐겁다. 훌륭하고 마음에 들다. 바르고 착하다. 슬기롭다. 적당하다. 좋은 느낌을 가지다. 주로 ① 부유하고 넉넉한 상태(사32:12), ② 지극히 만족스럽고 흡족한 상태(창1:4; 수22:30), ③ 최고로 좋은 상태(창23:6), ④ 맑고 화창한 상태(마16:2), ⑤ 영적으로 성숙한 상태(딤전4:6) 등의 다양한 용례로 쓰인다.

■**좋은 땅**(good soil) – '돌밭'(마13:5)이나 가

좌우에 날선 검(左右 - 劍, a sharp double-edged sword) 날카로운 양날을 가진 칼(히4:12; 계1:16; 2:12). 하나님의 말씀이 지닌 강한 능력과 이중적 효과를 나타낸다(사49:2; 엡6:17). 즉, 하나님의 말씀은 구원얻은 백성에게는 생명을 주시는 하나님의 능력이 되지만(롬1:16-17), 하나님을 거역하는 불신자들에게는 정죄와 심판의 칼날과도 같다(고후2:15). → [2. 교리 및 신앙 용어] '성경' 을 보라.

죄(罪, sin, crime, blame, offence) 윤리・종교적인 범죄나 법률・사회적인 규범(질서)의 위반을 통틀어 일컫는 말. 성경에서는 특히 하나님과 분리된 상태 곧, 하나님 없는 자의 부패한 본성과 그 영향력, 하나님의 뜻과 명령을 거역하는 모든 악한 행위를 말한다. '불의, 허물, 죄과' 등으로도 번역된다.
한편, 하나님은 선하신 분으로서 죄를 창조하지 않으셨고 알지도 못하신다(고후5:21; 요일3:5; 벧전2:22). 현실 세계에 존재하는 죄는 사탄의 유혹에 넘어간 첫 사람 아담의 불순종으로 세상에 들어왔다(롬5:12; 유1:6). 따라서 아담의 자손으로 태어난 인류 가운데 의인은 한 사람도 없으며(시14:3; 143:2; 롬3:10-12) 모든 사람은 하나님의 심판 아래 있다(롬1:16; 3:19,23; 요일1:8-10). → [2. 교리 및 신앙 용어] '죄' 를 보라.

■ **죄값**(consequence of sin) - 지은 죄에 대해 치르는 대가. 죄의 결과(민18:22).

■ **죄 고백**(罪 告白, confession of sin) - 자신이 지은 죄와 허물을 숨김없이 내어놓고 진술함(눅18:13; 약5:16). → '고백' 을 보라.

■ **죄과**(罪過, transgression) - 죄와 허물. 사람이나 하나님에 대해 신의를 저버리고 배반하거나 약속을 깨뜨리는 행위를 가리킨다(삼상24:11; 시51:3; 103:12; 잠17:19). '죄' 와 동의어처럼 쓰인다.

■ **죄목**(罪目, charge) - 범죄 사실의 명목(名目). 범죄의 종류. 사도 바울은 유대인에 의해 기소되었으나 로마 총독은 죄목을 찾지 못해 석방시키려 하였다(행28:18).

■ **죄벌**(罪罰, punishment) - 범죄에 대한 형벌. 지은 죄에 대한 징계(창4:13). 불법(죄악)이라는 뜻과 함께 징벌(형벌)이라는 의미도 담겨 있다.

■ **죄 사함**(罪 赦-, forgiveness of sin) - 죄를 용서함. 하나님께서 인간의 죄를 용서하시고 무죄로 선언하시는 행위. 특히 죄인의 허물과 죄를 용서하고 없애는 것뿐만 아니라 회개하는 자를 완전히 새롭게 하여 의로운 상태에 이르게 하는 것까지를 포함한다. 이런 죄사함은 인간의 노력이나 의지보다 용서하시는 하나님의 절대 주권과 무한한 은혜의 결과이다(시86:5; 눅7:42; 요3:16). 그리고 이 용서의 근거는 예수 그리스도의 십자가 대속의 죽음에 기초한다(행2:38; 골1:14; 히9:22). → '사유' 를 보라.

■ **죄 속함**(罪 贖-, atonement) - 죄에 대한 값을 치르고 용서받아 하나님과 화목한 관계가 됨(찬송가 258장). 이는 예수 그리스도의 십자가 보혈의 은총을 통해서만 가능하다(롬5:8-9; 히9:28). → '속죄' 를 보라.

■ **죄수**(罪囚, prisoner) - 죄를 짓고 옥에 갇힌 사람(창39:20; 왕하25:29; 마27:15). 죄인. 수인(囚人). '갇힌 자' (딤후1:8)로도 번역된다.

■ **죄 씻음**(罪 -, cleansing from sin) - 마치 구약 시대 정결례를 통해 부정한 것들에서 깨끗이 되는 것처럼(레13-15장) 죄와 허물의 문제를 말끔히 해결함으로써 고통과 절망에서 놓여남(찬송가 250장). 죄를 씻는 유일한 도구는 예수 그리스도의 십자가 대속의 피이다(엡1:7; 계1:5; 7:14).

■ **죄악**(罪惡, wickedness) - 죄가 될 만한 악한 짓. 특히 의도적이며 의식적인 범죄를 가리킨다(창6:5). 참고로, '죄' 가 본질적이고 근원적인 것이라면, '죄악' 은 죄의 종류나 내용을 일컫는다.

■ **죄얼**(罪孼, guilt) - 죄악에 대한 재앙. 하나님께 대한 범죄나 허물 혹은 그 죄의 대가. '허물' (레4:3), '죄' (시36:1)로도 번역된다.

■ **죄 없으심**(罪 -, sinlessness) - 예수 그리스도의 영원한 무죄성을 강조한 표현(고후5:21; 벧전2:22; 요일3:5). 즉, 대속주로서의 예수님의 완전무결한 자격을 확증해주는 것으로, 죄인은 죄인을 구원할 수 없고 오직 죄 없으신 분만이 그 일을 행할 수 있다. 한편 이는 그리스도의 인격과 가르침에는 모순이 없음과 그분은 우리 인간과 구별된 존재임을 확인시켜주는 표현이기도 하다(히4:15).

■**죄짐**(罪-, sins) – 모든 인생이 고통스럽게 감당하고(짊어지고) 있는 죄. 혹은 죄의 형벌(사 43:24). '죄'(창44:32)로도 번역된다. → '무거운 짐'을 보라.

■**죄책**(罪責, guilt) – 율법을 범하거나, 잘못을 저지른 데 따르는 책임(출28:38; 잠30:10).

죄인(罪人, sinner) 죄를 지은 사람. 특히 근본적인 죄 곧 하나님을 알지 못할 뿐 아니라 하나님을 떠나 하나님의 뜻을 거역하며 하나님 없이 살아가는 모든 사람을 가리킨다(창13:13; 눅15:18; 롬5:8-19). 이외에도 율법적 측면에서 하나님의 법을 어기거나 하나님의 뜻을 대적하는 자도 죄인으로 간주되었다. 한편, 예수께서 육체를 입으시고 이 땅에 오신 목적은 바로 이 죄인을 구원하시기 위함이다(마9:13).

■**죄인 중에 괴수**(the worst of sinners) – 죄인 중에 가장 큰(못난) 죄인. 회심 전에 교회를 박해했던 사도 바울의 참회인 동시에 자신이 하나님으로부터 가장 크게 은혜받은 자임을 나타내는 감사의 표현이다(딤전1:15).

주(主, Lord) 사람과 하나님께 모두 사용된 존경과 위엄과 권위(권세)와 능력을 나타내는 호칭. 창조주 하나님(LORD, 창15:2), 세상 군주(삼상17:32), 무리의 어른(창27:29,37), 노예의 주인(lord, 창45:8), 스승(요13:25), 남편(벧전3:6), 예수 그리스도(행2:36) 등에게 사용되었다. 성경에서는 대부분은 '하나님'과 관련해 언급되며(창4:14; 마1:22; 막5:19; 행7:33), 특히 예수 그리스도에게 사용될 경우에는 신앙고백적인 의미가 담겨 있다(막16:19; 눅24:3; 행1:21; 롬1:4; 14:8; 고전12:3; 빌2:6-11; 몬1:5; 히13:20).

■**주 그리스도 예수**(the Lord Jesus Christ) – 예수 그리스도를 신앙의 대상이나 경배의 대상으로 부를 때 사용되는 호칭이다. 특히 예수를 삶의 주관자요 메시야이며 구속주로 믿는 믿음을 근간으로 하는 내용으로서 사도 바울이 즐겨 사용한 표현이다(롬1:4,7; 5:1,11; 고전1:2-3; 6:11; 16:23; 고후1:2-3; 8:9,11; 갈1:3; 6:14; 엡1:2-3; 5:20; 빌1:2; 골1:3; 살전1:1,3; 살후1:1-2; 2:1; 딤전6:3,14).

■**주 날개 밑**(under Lord's wings) – 병아리에게 있어 어미 닭의 날개 품을 연상시키는 표현으로, 하나님의 다함없는 사랑의 보살핌과 절대적이고 각별한 보호를 상징한다(룻2:12; 시61:4; 91:4; 찬송가 382, 411, 419장).

■**주 예비하신 집**(a place in heaven for me) – 주 예수께서 승천하시기 전 제자들에게 약속하셨던 하늘나라(천국)를 가리킨다. 예수께서는 마지막 날 다시 오셔서 우리를 그곳으로 영접하실 것이다(요14:2-3; 찬송가 608장).

■**주의 길**¹(Lord's Way) – 하나님께서 성도에게 명령하시고 그렇게 살기를 요구하시는 도리. 인생을 온전하고 바르게 인도하는 생명의 길(출33:13; 시5:8; 25:5; 27:11; 계15:3). 예수께서는 자신을 가리켜 '내가 곧 길이요 진리요 생명'이라고 하셨다(요14:6).

■**주의 길**²(the way for the Lord) – 주님께서 구원과 회복을 위해 우리 마음과 삶 속에 임재하심을 시사하는 표현. 따라서 '주의 길을 예비한다'함은 주님께서 우리 마음에 임하실 수 있도록 참회를 통해 우리 속에 있는 죄악을 모두 제하여 정결한 심령을 갖는 것을 말한다. 이는, 고대 왕의 행차 시에 왕이 도착하기 전 수행하는 관리가 앞서 나가면서 왕의 행차 길을 정리하고 보수했던 관례에서 비롯된 표현으로(눅3:5; 요1:23), 선지자 이사야가 선포했던 '여호와의 길'(사40:3)을 세례 요한은 '주의 길'로 묘사했다(마3:3).

■**주의 나라**(His Kingdom) – 왕이신 하나님이 친히 다스리시는 나라(시45:6; 마20:21; 히1:8). 하나님 나라. 천국(天國).

■**주의 날**¹(Lord's Day) – 예수 그리스도께서 부활하신 한 주일의 첫날(마28:1; 눅24:13-49; 요20:1-25). 초대교회는 부활의 기쁜 소식을 전한 이 날을 '주의 날'로 일컬었고(계1:10), 그 날을 기념하여 하나님께 예배드리기 시작했다(행20:7; 찬송가 45장). → [4. 예배 및 예식 용어] '주일', '주일성수'를 보라.

■**주의 날**²(Day of the Lord) – '여호와의 날'로도 묘사되며(암5:18), 마지막 날 곧 최후 심판의 날을 가리킨다(사2:6-22; 13:6-13). 특히, 이 날은 영광의 주 예수께서 재림하시는 날이자(살전5:2; 벧후3:10), 하나님 나라와 성도의 구원이 완성되는 날이기도 하다(행2:20; 찬송가 307장).

■**주의 도**(主 – 道, Lord's Paths) – 죄를 깨닫게 하고 하나님의 뜻을 분별케 하는 정확 무오한

하나님의 말씀(시25:4). '십자가의 도'라는 표현과 유사하다(고전1:18).

■**주의 만찬**(主 - 晩餐, **the Lord's Supper**) - 예수께서 정하신 성찬예식(고전11:20). → [4. 예배 및 예식 용어] '주의 만찬', '성찬'을 보라.

■**주의 사자**(主 - 使者, **angel of the Lord, Lord's servant**) - ① 하나님의 거룩한 뜻을 전하는 천사(마1:20; 눅1:11). ② 하나님의 준엄한 심판을 수행하는 천사(행12:23). ③ 하나님으로부터 사명을 받고 하나님의 거룩한 뜻을 좇아 섬기는 주의 종(왕상8:53).

■**주의 앞**(**in Lord's presence**) - 하나님의 관심권 내(內). 하나님의 면전(面前). 하나님의 실존(왕상8:23; 시16:11; 22:27; 88:13; 139:7). 부패한 이 세상 가운데 살아가는 성도가 늘 '하나님 앞에서'(coram Deo) 살아간다는 의식을 지니는 것이야말로 참 경건을 유지하는 방법이다.

■**주의 얼굴**(**face of the Lord**) - 하나님의 거룩한 의지와 품성을 반영하거나 하나님의 거룩한 임재 또는 현현하신 주님을 나타내는 성경문학적 표현이다(민6:25). 또, 주님의 자비로우심과 주님의 세밀한 관심을 상징하기도 한다(시4:6; 31:16).

■**주의 영**(主 - 靈, **the Spirit of the Lord**) - 하나님의 영 곧 성령(聖靈, 느9:30; 시139:7; 143:10; 겔3:12; 행5:9; 8:39; 고후3:17). 또는 하나님이 제공하시는 생명의 기운(시104:30).

■**주의 오른쪽**(**Lord's right hand**) - 성부 하나님의 오른편. 이곳은 영화로운 자리요, 어느 누구도 빼앗거나 훼손할 수 없는 주님의 절대 권능을 강조한 표현이다(시16:11; 110:5).

■**주의 이름**(**name of the Lord**) - 하나님의 거룩하신 이름. '하나님'을 일컫는 완곡한 표현이다(삼하7:26; 22:50; 행2:21). 이름은 그 존재의 실체와 속성을 나타낸다는 점에서 때론 하나님의 능력이나 권세를 의미하기도 한다(마7:22).

■**주의 종**(**Lord's servant**) - 하나님으로부터 택함을 입고 특별한 사명을 부여받은 자(신9:27; 삼상3:9; 행4:25). 하나님의 교회를 섬기는 사역자(딤후2:24).

■**주의 주**(主 - 主, **Lord of lords**) - 세상에 유일무이하신 하나님. 만왕의 왕이시요 만주의 주가 되신 하나님의 절대 주권과 유일성을 강조한 표현이다(신10:17).

■**주의 팔**(**Lord's arm**) - 하나님의 절대 주권과 무한한 능력을 나타낸다(출15:16; 시89:13; 찬송가 191, 405, 406장). '주의 손'과 유사한 표현이다(행13:11).

주관(主管, **govern, supervision, management**) 주(主)가 되어 어떤 일을 관리하고 다스림. 일을 책임 맡아 주장함. 이 단어는, 우주 만물의 주권자이신 하나님(창1:16; 시119:133; 136:9), 나라를 다스리는 왕(왕상11:34)의 통치 행위, 자연계에 대한 인간의 지배권 등을 가리킨다.

■**주관자**(主管者, **ruler, a supervisor**) - 지배하고 다스리는 통치자. 성경에서는 주로 '세상 군주'(잠28:2)와 '사탄'(엡6:12)을 가리키는 데 쓰였다. 어떻든 하나님은 온 우주 만물과 역사의 주관자로서 오늘도 세상을 경영하고 계신다(롬11:36).

주권(主權, **dominion, sovereignty**) 주인이 되는 권리. 일정 범위 안에서의 최고 권력. 모든 주권은 여호와 하나님께 속해 있다(대상29:11; 욥25:2). 그리고 하나님께서는 자기 의지대로 스스로 주권을 행사하신다(롬9:19-21).

주기도문(主祈禱文, **Lord's Prayer**) 예수께서 제자들의 요청으로 가르쳐 주신 기도. 일명 '주의 기도.' 모든 기도의 표준이 되는 '모범 기도'(the model prayer)이다. 주기도문은 간결한 문체로 이뤄져 있으나, 그 속에는 기도의 대상, 기도의 내용, 기도 순서 등이 분명하게 나타나 올바른 기도의 모델을 제시해 주고 있다. 마태복음과 누가복음 두 곳에 나타난다(마6:9-13; 눅11:2-4). → [4. 예배 및 예식 용어] '주기도문', [7. 올바른 용어] '주기도문'을 보라.

주님(主 -, **LORD**) '하나님'을 높여 부르는 호칭. 신약에서는 '예수 그리스도'에게도 사용되었다(마14:28; 요20:28; 행22:8). → '주'를 보라.

주문(呪文, **potent spells, incantations**) 술사가 악령을 추방하거나 병을 고치기 위해 술법을 부릴 때 외는 글. 마법(魔法). 이사야 선지자는 바벨론을 향해 어떤 주문이나 주술로도 하나님의 심판을 피할 수 없다고 경고했다(사47:9, 12).

주보(週報, weekly news) 교회에서 주 1회씩 발행하는 공식 전달 문서. 여기에는 예배 (시간)안내나 교회소식 및 통계 등의 정보가 담겨 있다.

주술(呪術, sorcery, charm) 요술이나 마술. '방술'(方術, 전10:11), '사술'(邪術, 사47:9), '술수'(術數, 갈5:20)라고도 한다. → '사술'을 보라.

주야(晝夜, day and night) ① 낮과 밤(창7:4). ② '끊임없이, 항상'이란 의미로도 쓰인다(수1:8; 왕상8:29; 시1:2).

주의 기도(主 - 祈禱, Lord's Prayer) → 주기도문을 보라.

주인(主人, master, lord) ① 주종 관계에서 상전(창18:12), ② 군신(君臣) 관계에서 임금(왕상11:23; 22:17), ③ 부부 관계에서 남편(창18:12), ④ 한 집안의 가장(家長, 출22:8)을 가리킨다. 그리고 '하나님' 혹은 '예수 그리스도'를 지칭하기도 한다(마9:38; 막13:35; 요15:15).

주일(主日, Lord's day) 예수께서 부활하신 날. 초대교회에서는 이 날을 기념하여 매 주일마다 모여 예배 드리며 성찬 예식을 거행하였다. 이 날은 '그 주간의 첫날'이 시작되는 날이다(행20:7). 오늘날 성일로 지키는 주일의 기원이 된다. 사도 요한은 밧모 섬에서 주의 날 곧 주일에 환상을 보고 계시록을 기록했다(계1:10). → [4. 예배 및 예식 용어] '주일', '주일성수'를 보라.

주장(主掌, charge) 책임지고 맡아서 처리함. 성경에서는 '권세를 얻어 다스림', '권리를 행사함'이란 뜻으로 쓰인다(롬6:9; 고전7:4; 벧전5:3). 감독(대하34:12)으로도 번역된다.

주재(主宰, Lᴏʀᴅ) 어떤 일 또는 공동체를 주장하거나 그러한 권세를 지닌 통치자. 혹은 무엇에 대한 절대 소유권을 지닌 자(단2:47; 눅2:29). 하나님은 천지의 주재이시며(창14:19,22; 대상29:12; 시22:28; 찬송가 32,68장), 예수께서는 성도의 주재가 되신다(유1:4). 이 단어는 단순히 높은 지위의 사람이나 권력자를 뜻하기도 한다(출2:14).

용어상식

주전, 주후
(B.C. and A.D.)

'주전'(主前) 곧 B.C.는 '그리스도의 탄생 전(before Christ)이라는 뜻이며, '주후'(主後) 곧 A.D.는 '주님이 오신 후' 또는 '주님의 해로부터'란 뜻(Anno Domini)이다. 여기서 보듯, 예수 그리스도의 탄생이 역사의 정점이자, 전환점이 되고 있다.

참고로, 교회에서는 '서기'라는 말 대신에 '주전' 또는 '주후'라고 하는 것이 바른 표현이다. 서력기원(西曆紀元)의 줄임말인 '서기'(西紀)는 일본 사람들이 지어낸 말로 개념상 정확한 표현은 아니다.

주홍(朱紅, scarlet) 매우 진하고 밝은 계열의 붉은색. 시리아와 지중해 등에서 자생하는 털가시나무(Holm Oak)에 사는 연지벌레(일명 키르미즈)에서 추출한 염료를 가리킨다.

주홍(붉은색)은 '존귀와 화려함'의 대명사로(아4:3), 붉은색 천은 성막 휘장(민4:8), 대제사장 의복(출39:1), 왕과 귀족의 의복에 사용될 만큼 귀했다(삼하1:24; 마27:28; 계18:12,16). 또한 붉은색은 '죄와 부패'를 상징하는데, 선지자 이사야는 죄를 '주홍빛'에 비유하면서 주께로 돌아오면 흰눈같이 정결함을 얻게 될 것이라 하였다(사1:18; 찬송가 255, 261, 413, 444장).

죽음(death, demise, decease) 생명을 잃고 숨이 끊어진 상태. 물리적으로 동작(활동)이 멈출 뿐 아니라 생물학적으로도 더 이상 반응하지 못하는 것을 말한다.

죽음은 자연스런 생명의 소멸이 아니라 죄에서 비롯된 하나님의 형벌이다(창2:17; 3:19; 롬6:23). 그리고 죽음은 누구도 빗겨갈 수 없는 필연적인 것이다(삼하14:14; 히9:27). 물론, 모든 인생이 맞이하는 필연적인 죽음이지만 가룟 유다 같은 불행한 죽음(마27:3; 행1:18-19)이 있고 에녹(창5:24)이나 엘리야(왕하2:11)같이 영광스럽게 생을 마치는 이도 있다.

한편, 죽음에는 육체적 죽음만이 아니라 하나님과의 관계가 단절되는 영적 죽음도 있다. 인간은 아담의 범죄로 하나님과의 교제가 단절되었고(창3:22-24), 아담뿐 아니라 그 후손인 모든 인생이 사망의 권세 아래 놓이게 되었다(롬5:12; 고전 15:22). 따라서 모든 인생은 전적으로 부패하여 영적인 진리를 분별하거나 선을 행할 능력을 완전히 상실한 영적 죽음을 맞게 되었다(창6:5; 시14:2-3; 요3:36; 롬3:10-12; 6:23). 이렇게 하나님과 무관한 인생은 하나님의 진노를 사(살전1:10) 영원한 멸망의 형벌을 피할 수 없게 된다(마25:46; 살후1:9; 벧후2:12,17; 계20:10,15).

이런 영원한 심판을 해결할 수 있는 유일한 길은 부활이요 생명이신 그리스도를 신앙하는 것뿐이다(요5:24; 고전15:53-57; 엡2:1,5; 계1:18). → '사망'을 보라.

■죽은 자(the dead) - ① 육신의 죽음을 맞이한 자(고전15:22). ② 영적으로 죽은 자(마8:22).

■죽은 행실(- 行實, act that lead to death) - 죽음으로 이끄는 행동. 성령으로 거듭나기 전의 죄된 옛 모습이나 습관(히6:1). '땅의 것'(골3:2), '옛 사람'(엡4:22)도 같은 의미다.

■죽음의 권세(- 權勢, the power of death) - 생명과 진리를 훼손하려 애쓰는 사탄의 세력을 가리킨다(마16:18; 찬송가 168장).

■죽음의 그늘(deep shadow, shadow of death) - '음부, 무덤, 지하 세계, 지옥'을 뜻하는 성경문학적 표현이다(욥12:22). 이는 '사망의 그늘'(시44:19), '사망의 음침한 땅'(렘2:6), '사망의 음침한 골짜기'(시23:4) 등과 유사한 표현이다.

■죽음의 길(the way of death) - 결국에는 사망에 이르게 하는 길. 하나님의 뜻을 거부하고 악을 추구하며, 자기 중심적이고 육신의 편리를 좇아 살아가는 세속적인 인생과 그 인생의 결말을 시사하는 표현이다(마7:13; 잠11:19; 14:12; 찬송가 272장).

중보(中保, aid, Mediator) 적대적 관계나 시시비비가 있는 양자 사이에서 화해와 일치를 도모하는 일. 특히 하나님과 인간 사이를 화목케 하고 화평을 가져오게 하는 일을 말한다(사38:14). '중보자'(갈3:19-20; 딤전2:5; 히8:6)로도 번역된다. → [2. 교리 및 신앙 용어] '중보자', [4. 예배 및 예식 용어] '중보기도'를 보라.

중생[1](衆生, all, living things) 모든 인간을 포함한 일체의 살아 있는 것들. 특히 '모든 사람'을 가리킨다(시145:15).

중생[2](重生, rebirth) 새 사람이 되어 다시 태어남. 특히 '영적(靈的)으로 거듭난 구원 상태'를 가리킨다(딛3:5). → '거듭난 자', [2. 교리 및 신앙 용어] '중생'을 보라.

중심(中心, heart) 한가운데. 가장 중요한 역할을 하는 곳. '마음, 심중(心中), 의사(意思), 뜻.' 특히 지·정·의가 함께 깃든 인간의 내면(시51:6).

중언부언(重言復言, babbling, say over again) 했던 말을 자꾸 되풀이 함. 성경에서는 ① 말을 더듬거나, ② 생각하지 않고 함부로 주절대거나, ③ 이방의 술사(術士)들이 주문을 외우듯이 웅얼거리거나, ④ 어린아이들이 못 알아 듣는 말로 반복하여 지껄이는 것을 뜻한다. 이는 성도가 기도할 때 삼가야 할 것 중에 하나다(마6:7).

중재(仲裁, intervene) 당사자 사이에서 분쟁을 조정하거나 해결하는 일(욥16:21; 시106:30).

■중재자(仲裁者, one to intervene, peace-maker, mediator) - 분쟁을 조정하거나 해결하는 사람. 하나님 앞에서 중재 사역을 감당하기 위해 보냄받은 '메시야'를 가리킨다(사59:16).

중죄(重罪, great sin) 양적으로 크고 많은 죄. 질적으로 무겁고 흉악한 죄악. '큰 죄'(출32:21). 특히, 영적 간음(우상 숭배)이나 육체적 간음은 하나님 앞에서 중죄에 해당된다(출20:3-5; 욥31:11).

증거(證據, testify, testimony, witness) 진실이나 실체를 입증할 만한 근거. 구약에서는 하나님의 언약(약속, 창9:12-13; 신31:19)이나 하나님의 말씀(시119:14,88,99)과 관련하여 많이 쓰였다. 그런 맥락에서 언약궤 안에 있는 돌판을 '증거판'(출25:21)이라고도 했다. 이와는 별개로 율법에서는 거짓 증거하지 말 것을 가르친다(출23:2). 신약에서는 복음과 관련하여 여러 번 언급되었다(마10:18; 24:14).

한편, 성도가 증거해야 할 내용은, 예수 그리스도의 십자가와 부활 및 그로 인한 구원의 체험을 세상 앞에 증언하는 일이다(행1:22; 고전1:23-24;

딤전6:12-13). 이 일에 증인으로 세움받은 자는 고난과 순교를 각오해야 한다(고후1:23; 딤후1:8). → '전도'를 보라.

증언(證言, **testimony**) 말로써 사실을 증명함. 증인으로서 사실(진실)을 말함. 사람들 앞에서 어떤 일의 진실 여부를 확인시켜 주는 일(출22:13; 23:2; 신17:6; 삼상12:3). 특히, 예수 그리스도의 주(主) 되심과 그분이 죄인을 구원하기 위해 하나님께서 이 땅에 보내신 참 메시야이심을 증거하는 것을 말한다(요1:7; 행3:15; 롬3:21). 이 일은 인간적인 열심으로써 되는 것이 아니라 우리 속에서 능력으로 역사하시는 하나님의 간섭과 도우심으로 가능하다(골1:28-29).

증인(證人, **witness**) 목격한 사건을 증언하기 위해 부름받은 사람(창23:11; 룻4:1-11). 재판에 출석해 증언하는 자(출23:1; 잠18:17). '순교자'와 동의어. 율법에서 증인은 두세 명 이상이어야 했다(신19:15; 마18:16; 고후13:1; 딤전5:19; 히10:28). 그리고 거짓 증인은 결코 용납되지 않았으며(출20:16; 신5:20), 무거운 징벌이 가해졌다(신19:16-18). 한편, 신약에서는 복음의 진리 곧 예수 그리스도의 십자가 죽음과 부활을 증거하는 사람(전도자)을 '증인'이라 했는데(행1:8,22), 주로 '사도들'이 이에 해당되었다(행2:32; 5:32; 10:39; 22:15; 26:16; 살전2:10; 딤후2:2).

지극하다(至極-, **most, extreme**) 더 없이 극진하다. 하나님과 그분의 성품이나 속성 및 하나님과 관련된 거룩한 성물에 제한적으로 사용된다(창14:18; 출30:10; 레2:3; 신32:8; 스3:11; 눅1:32).
■ **지극히 높으신 이**(**the Most High**) - 만물의 창조주요 운행자이시며 심판주이신 절대자 하나님에 대한 별칭(단4:17,24; 행7:48).

지도자(指導者, **leader, teacher**) 어떤 목적이나 방향에 따라 무리(공동체)를 가르치고 이끌어 주는 사람. 주로, 이 용어는 족장이나 왕, 종교 지도자 등에게 사용되었다(출16:22; 삼상9:16; 요3:1). 지도자는 신분 만큼이나 책임도 따르기 때문에 성경은 지도자로 칭함받기를 즐겨하지 말라고 가르친다(마23:10; 약3:1).

지명(指名, **nomination, choice, designation**) 여러 사람 가운데서 누구를 선택하여 그 이름을 가리킴. 사람이나 물건의 이름을 지목하여 가리킴(출31:2). 주로, 하나님께서 필요한 일꾼이나 구원할 자를 부르시는 통치 행위를 가리킨다(출35:30; 대상16:41; 사43:1).

지상대명령(至上大命令, **the Great Commission**) 절대로 복종해야 할 위대한 명령. 누구나 따라야 할, 무조건적이며 보편타당성 있는 도덕적 명령이요, 정언적 명령(定言的 命令)이다. 성경에서 대표적인 것은, 예수께서 승천하시기 전 제자들을 향해 분부하신 명령이다. 즉, 예수께서는 "가서 모든 민족을 제자로 삼아 아버지와 아들과 성령의 이름으로 세례를 베풀고 내가 너희에게 분부한 모든 것을 가르쳐 지키게 하라"(마28:19-20)고 명령하셨다. 이것은 예수 그리스도께서 다시 오시는 그날까지 이 땅의 성도가 받들고 준행해야 할 지상 대위임령 곧 선교의 대사명이다.

지식(知識, **knowledge**) 사물(사실)을 아는 능력. 단순히 이성적인 깨달음이나 인지 능력 이상으로 체험적이며 주관적인 앎을 가리킨다. 예를 들면, 하나님을 안다고 할 때 하나님의 존재를 이성적(지적)으로 아는 차원이 아니라 하나님의 역사를 신앙으로 체험하고 그분을 찬양하는 데까지 이르는 전인적이고 통시적인 앎을 말한다(잠1:7; 시73:11; 벧전3:7). 이런 지식은 하나님이 주시는 은사요 은혜다(고전1:5; 고후8:7).
또한 '지식'은 구원과 영생에 이르게 하는 참된 지식, 즉 '복음'을 일컫기도 한다(롬10:2). 하지만 세상의 망령되고 허탄한 지식은 성도가 피해야 할 것 중에 하나다(딤전6:20).
■ **지식의 나무**(**the Tree of Knowledge**) → '선악을 알게 하는 나무'를 보라.

지옥(地獄, **hell, Hades**) 회개하지 않은 죄인이 세상 마지막 날 최후 심판 때에 가게 되는 저주와 형벌과 고난의 장소(마5:29). 이에 해당하는 헬라어 '게엔나'(γεεννα)는 히브리어 '게헨나'('힌놈의 골짜기'란 뜻)의 음역이다(막9:43). 예루살렘 서쪽에서 남쪽으로 걸쳐 있는 힌놈의 골짜기는 몰렉 숭배자들이 자식을 불에 태워 인신 제사를 행하는 사당이 있던 곳이다(대하28:3; 33:6).

유다의 요시야 왕은 종교개혁을 단행하면서 이방 신상의 쓰레기들을 이곳 힌놈의 골짜기에 가져다 버렸다(왕하23:13-14). 이후 이곳은 쓰레기 소각장이 되어 항시 예루살렘의 쓰레기를 태우는 불길이 치솟았다고 한다. 신약에서 지옥이 영원히 꺼지지 않는 불못으로 상징되는 것도 이런 배경 때문이다(마5:22; 약3:6).

한편 '지옥'은 하나님과의 영원한 분리와 그것으로 인한 고통을 상징하는 형벌의 장소로서(마5:29; 24:51), '스올'(민16:30,33; 신32:22), '영원한 불'(마18:8-9), '꺼지지 않는 불'(마3:12; 막9:44), '불못'(계20:14), '구더기도 죽지 않고 불도 꺼지지 않는 곳'(막9:48), '불과 유황으로 고난을 받는 곳'(계14:10), '바깥 어두운 데'(마8:12; 22:13; 25:30), '성 밖'(계22:15) 등으로 묘사된다. → '스올', '음부', [2. 교리 및 신앙 용어] '음부'를 보라.

지정의(知情意, **intellect, emotion and volition**) 인간의 세 가지 심적 요소(정신 활동의 근본 기능)인 '지성'(知性), '감정'(感情), '의지'(意志)를 아울러 이르는 말. 한 마디로 그 사람 자체 곧 '전인격'(全人格)이라 할 수 있다.

지존하다(至尊 -, **exalt**) 지극히(더없이) 존귀하다. 영화롭고 탁월하며 위엄이 있는 존재를 가리키는 말로, 성경에서는 '하나님'에게만 사용된다(시92:8; 97:9; 111:9).

■**지존무상**(至尊無上, **high and lofty**) - 누구와도 비교될 수 없을 만큼 지극히 존귀함. '초월한 영광과 탁월한 능력을 지니신 하나님'(삼상15:29; 시107:11), '감히 누구도 비교될 수 없는 존귀하신 하나님'을 가리키는 말에 쓰인다(사57:15).

■**지존자**(至尊者, **the Most High**) - 더할나위 없이 존귀하신 분. 하나님의 별칭 중에 하나다(삼상15:29; 시73:11; 83:18; 91:1).

지진(地震, **earthquake**) 지각(地殼) 내부의 급격한 변동으로 일정 기간 땅이 흔들리거나 땅이 갈라지는 현상(암1:1; 슥14:5). 예수께서 십자가에 달려 돌아가실 때에 지진이 발생했는데(마27:54), 이 지진은 하나님의 진노의 한 표현이기도 하고(사29:6; 겔38:19), 세상 종말을 알리는 징조 가운데 하나이기도 하다(마24:7).

지체(肢體, **members, the limbs**) 팔다리와 몸. 신체의 각 부분(욥17:7; 약3:5). 죄에 지배되기 쉬운 약한 인성(人性)을 상징한다(롬6:13; 골3:5). 사도 바울은 지체 비유를 사용하여 성도를 교회의 지체로 설명했고(고전6:15; 엡4:15-16; 5:23; 골1:18), 또 성도 간의 유기적인 연합과 조화를 교훈했다(롬12:4-8; 고전12:12-21). 이런 맥락에서 교회의 각 지체는 공동 운명체라 할 수 있다.

지파(支派, **tribe**) 집단으로서의 민족을 이루는 지손(支孫)의 파. 성경에서는 이스라엘 백성이 사회를 구성하는 기본 단위를 가리킨다(출31:2). '부족' 개념과 흡사하다. 이스라엘은 야곱의 열두 아들로부터 출발하여 모두 열두 지파로 구성되었다(창49:1-28; 신33:6-29).

열두 지파로는 르우벤, 시므온, 레위, 유다, 스불론, 잇사갈, 단, 갓, 아셀, 납달리, 요셉, 베냐민 지파가 있다. 후에 요셉 지파는 에브라임과 므낫세가 승계하여 두 지파를 이루며 삼촌 지파들과 어깨를 나란히 했고(창48:1-22), 대신 레위 지파는 성전 봉사에 전념하느라 기업(영토) 분배에서 제외됨으로써 여전히 열두 지파의 골격을 유지할 수 있었다(민1:47-54; 3:12).

한편, 이 가운데 유다 지파와 에브라임 지파는 훗날 왕국 분열 때 각각 남쪽 왕국(유다)과 북쪽 왕국(이스라엘)의 중심 지파가 되었다. → '열두 지파'를 보라.

지팡이(**rod**) 걸을 때 걸음을 도우려고 짚는 막대기. 성경에서는 ① 몸을 의지하거나(출21:18-19; 슥8:4), ② 신변 보호를 위한 호신용(삼상14:27; 삿9:25; 눅10:30), ③ 목자가 가축을 지키는 도구(레27:32; 시23:4) 등으로 사용되었다. 형태는 다르지만 왕이 소지한 단장(短杖), 즉 화려하고 값진 '규' 혹은 '홀'(笏)은 왕의 권위를 상징했다(창49:10; 민21:18; 에4:11; 암1:5, 8; 슥10:11).

성경문학적으로, 지팡이는 '하나님의 능력'(출4:2-5), '절대적인 안전과 보호'(시23:4), '메시야의 통치'(사11:1), '엄중한 징계와 심판'(사10:5,15), '세상의 허망한 힘'(왕하18:21; 렘48:16-17; 겔

29:6) 등을 상징한다.

지푸라기(tumbleweed, straw) 짚의 오라기나 부스러기. 성경문학적으로, 일순간에 사라져 없어질 허약한 존재를 상징한다(출15:7; 욥41:27; 시83:13; 욥1:18; 나1:10). → '초개'를 보라.

지하(地下, earth below) 땅 속. 땅 밑 세계. 무덤이나 스올(음부)을 가리키며 '죽음'을 상징함(겔31:14,16,18; 32:18,24). → '스올', '음부'를 보라.

지혜(智慧, wisdom) 사물의 도리나 선악을 잘 분별하는 마음의 작용. 지혜는 하나님이 주시는 은사이며, 학습을 통해 얻어지기도 한다(시111:10). 종종 인격화되어 '예수 그리스도'를 가리키기도 한다(고전1:30).
하늘로부터 나는 지혜는 성령의 계시를 통해 깨달아진다(고전2:10; 약3:17). 그래서 야고보는 지혜가 부족한 자는 후히 주시고 꾸짖지 아니하시는 하나님께 구하라고 권했다(약1:5).

직고하다(直告 -, give an account of) 바른대로 고해 바치다. 자기 죄를 자기 입으로 직접 말히디(롬14:12). '진술하다'(잠29:24), '사실대로 고하다'(벧전4:5)로도 번역된다.
참고로, 존 웨슬리가 조직한 초기 감리교회 내 속회에서는 '직고'(accountability)라는 제도가 있었다. 이는 자기의 잘못을 숨김없이 서로 고하는 것을 가리킨다. 즉, 일주일에 한 번 속회로 모일 때 속장에게 숨김없이 서로 의논함으로써 그 문제를 놓고 같이 기도하고 신앙지도를 받고, 또 이를 통해 성화(聖化)의 과정을 성실히 밟을 수 있었다고 한다.

직무(職務, duty, service) (직업상) 맡아서 하는 일. 전문적으로 전담하여 감당하는 사역. 구약에서 직무란 주로 종교적 과업 곧 하나님으로부터 부여받은 임무나 직임을 가리킨다(민3-4장; 눅1:8,23). 신약 시대에는 사도들에게 복음을 전하는 전도 사역의 직무가 주어졌다(행1:17,25; 롬15:16; 고후9:12-13; 딤후4:5).

직분(職分, duty, charge, leadership) 직무상의 본분. 마땅히 해야 할 본분을 가리킨다. ① 구약에서는 성전을 중심하는 제사장 직분(출28:1; 겔44:13), 찬송하는 직분(대상6:31; 9:33), 성막 문지기 직분(대상9:22), 성전을 섬기는 직분(대상23:28; 겔44:8), ② 신약에서는 사도직(행1:20; 롬1:5), 또는 감독(딤전3:1), 목회자(골4:17), 집사(딤전3:13) 등 교회를 섬기며 봉사하는 일(고전12:5)과 관련되어 사용된다.

직업(職業, occupation, profession, vocation) 생계를 위해 일상적으로 하는 일(창46:33). 정신적, 육체적 노동을 통해 그 보수로 받는 경제적 이익으로 생활을 유지하는 지속적인 사회활동. 그런 점에서 단순히 취미생활이나 불로소득(不勞所得)과는 구분된다.
성경은 '누구든지 일하기 싫어하거든 먹지도 말게 하라'(살후3:10), '조용히 일하여 자기 음식을 먹으라'(살후3:12)면서 직업을 통한 생산활동을 권하는 동시에 게으름을 경계한다.

직원(職員, officer) 일정한 직무를 맡아보는 사람(대하23:18). ① 교회 내에서 세움받은 여러 직분자들을 가리키기도 하고, ② 교회의 각종 사무와 관리를 책임지고 섬기는 유급 인력을 가리키기도

직업 소명
(職業 召命, a calling)

하나님은 천지창조시 인간에게 노동(일)을 부여하셨다(창1:27-28). 따라서 노동은 신성하며 그에 따른 직업 역시 신성하다. 그런 맥락에서 종교개혁자 루터(Luther)는 모든 직업은 하나님이 부여하신 소명(calling)임을 강조했고, 칼빈(Calvin) 역시 그 어떤 직업도(비록 세속적 직업마저도) 하나님의 영광을 위한 봉사의 현장임을 역설했다. 이것이 직업소명론이다.
따라서 자기에게 적절한 직업을 가짐으로써 생계를 유지하고, 재능과 기회를 선용하여, 사회에 기여 · 헌신하는 것은 하나님의 사람으로서 마땅한 것이요, 그것이 궁극적으로는 하나님 나라 건설에 일익을 담당하는 일이라 하겠다.

한다. →[2. 교리 및 신앙 용어] '교회 직원'을 보라.

직임(職任, work) 직무상 맡은 책임(민7:5; 대상25:8; 대하31:15).

직장 선고(職場 宣敎, business mission, work mission, mission of one's post) 소명 의식(召命意識)을 가지고 필요한 훈련을 통해 신앙적으로 잘 무장된 직장인 그리스도인들이 시간적, 공간적으로 그리스도와 단절된 동료 직장인들에게 효과적으로 복음을 전하고 그들을 영적으로 세워가는 일을 말한다.

이 같은 직장 선교를 통해, 무한 경쟁과 이기주의의 현장으로 전락할 수 있는 직장 내 분위기를 사랑과 섬김과 희생의 기독교 정신으로 거듭나게 할 수 있으며, 직업 현장에서 겪는 다양한 문제들에 대한 성경적 해답을 제시할 수 있다. 그리고 기업인들과 직장인들 모두에게 바른 직장 문화와 신앙에 기초한 직업(기업)윤리를 세워갈 수 있다.

■**직장 선교회**(職場 宣敎會, the society of believer) - 일명 '신우회.' → '신우회'를 보라.

직책(職責, ministry, one's duty) 직무상의 책임(대상26:19). 직무상 수행해야 할 역할. 예를 들면, 교회 내에서 각 위원회 임원을 들 수 있다.

진노(震怒, wrath, fury) 존엄하신 분이 몹시 노함(잠20:2). 하나님의 진노는 사람의 경우처럼 감정적인 문제가 아니라 하나님의 선한 뜻을 이루지 못하는 악이나 악한 행위에 대한 의로운 심판의 의미를 갖는다(신9:7; 사13:9; 롬1:18; 엡5:6; 히3:8,15-16; 계14:10,19).

그러나 사람의 진노는 육체에 속한 일로서(창30:2; 삼상17:28; 갈5:20) 그 자체가 악한 일이다(고후12:20). → '분노'를 보라.

■**진노의 날**(the day of wrath) - 여호와께서 진노하시는 날. 종말론적 의미에서 '심판의 날'을 뜻한다(욥21:30).

진리(眞理, truth) 참된 도리. 누구나 인정할 만한 보편 타당한 지식(잠12:17). 진리는 하나님의 거룩한 속성 중에 하나다(신32:4; 사65:16). 즉, 하나님은 변함이 없으시며 영원히 진실하시고 참되시다(출34:6; 시25:5; 146:6; 계15:3). 또 하나님의 행사는 진실하시며(시33:4), 그분의 판단(롬2:2)과 그분의 말씀은 진리이다(시119:160; 요17:17). 그래서 하나님은 진리로 인생을 구원하시며 보호하신다(시57:3; 91:4).

이렇듯 구약에서 진리란 주로 하나님께서 보여주시는 '뜻'이나 '의지', 혹은 '하나님의 말씀'을 의미한다(시19:9; 86:11). 이에 비해, 신약에서 진리는 대부분 그리스도 자신이며, 그분의 복음을 의미한다(요14:6,17). 이 진리는 죄인을 구원하고(엡1:13; 살후2:13), 거듭나게 하며(엡4:24; 약1:18), 보호할 뿐만 아니라(시61:7; 잠20:28) 거룩하게 하며(요17:17-19), 그 영혼을 죄악에서 깨끗하게 한다(벧전1:22).

진멸(殄滅, destruction) 무찔러 모조리 없애 버림. 특히, 죄인을 향한 하나님의 무서운 심판을 뜻한다(수10:40).

진보(進步, progress, advance, improvement) 사물이나 사상의 내용이나 정도가 점차 발전되거나 향상되는 일(빌1:25). '성숙함'(딤전4:15), '진전'(빌1:12)으로도 번역된다.

진실(眞實, truth, faithfulness) 거짓이 없고 참됨. 이는 본질적으로 하나님의 성품 가운데 하나로서(시33:4), '영원히 변치 않고 확실하여 신뢰할 수 있음'을 뜻한다. 특별히 인간과 맺은 약속을 이행하시는 하나님의 모습에서 잘 나타나고 있다(출34:6; 신32:4). 동시에 이런 성품은 하나님을 섬기는 사람이 마땅히 갖추어야 할 자세이기도 하다(출18:21; 수24:14; 시51:6).

■**진실로 진실로 네게 이르노니**(Truly, truly, I say to you) - 예수께서 진리를 가르치실 때 말씀의 중요성을 강조하는 관용적 표현이다. 여기서 '진실로'란 히브리어로 '아멘'에 해당한다. 예수께서 율법을 해석하시거나 하나님의 약속을 선포하실 때 그것이 참된 하나님의 뜻임을 강조하는 의미로 '진실로, 진실로'란 말을 사용하셨다(마5:18; 요1:51). 이는 흠이 없고 완전하신 예수님의 신성과 세상을 향하여 명령하시는 그분의 절대 권위가 함축된 표현이다(요1:51; 3:3; 5:19; 6:26; 8:34; 10:1; 12:24; 13:16; 14:12; 16:20; 21:18).

■**진실무망**(眞實無妄, **trustworthy**) – 망령되지 않고 참됨(출18:21). '진실하고 거짓이 없음'(신32:4), '진실하고 성실함'(렘42:5). 특히, 심지(心志)가 견고하여 하나님께 충성되고 사람에게 참되다는 뜻.

진심(眞心, **all one's heart, sincerity**) 거짓이 없는 참된 마음. 불순한 생각이 섞이지 않은 순수하고 온전한 마음(렘3:10).

진정성[1](眞正性, **authenticity**) '거짓이 없고 참됨'을 강조한 말. 특히, 성경과 관련하여 하나님의 완전한 계시와 그 계시를 정확무오하게 기록한 저자의 작품이라는 점에서 권위가 있는 상태를 일컫는 말이다. 성경의 진정성은 무엇보다 진실하고 참되신 원저자의 권위와 연관을 가진다. 하나님은 존재 자체가 진실하시므로(출34:6) 인간에 대한 그분의 계시(啓示)도 진실하시다(시117:2). 그러므로 하나님은 그의 백성에게 주신 언약 곧 말씀을 진실되게 지키신다(신7:9).

진정성[2](眞情性, **one's true heart, sincerity**) '참되고 애틋한 정이나 마음을 가지고 있음'이란 뜻. 하나님 앞에 나아가는 인간이 지닌 순결하고도 허탄함이나 거짓이 없는 마음, 또는 하나도 남김없는 온전한 헌신의 자세를 가리킨다(삿16:17-18; 느9:13). 그리고 인간과 인간 사이에 신뢰감을 줄 만한 내면적 상태를 가리키기도 한다.

진토(塵土, **dust**) 먼지, 티끌(잠8:26; 욥40:13). '절망적인 상태'(시119:25), '아무 쓸모없고 무가치한 것'(왕상16:2; 왕하13:7; 시103:14), '인생의 허무함'(삼상2:8) 등을 상징한다. → '먼지', '티끌'을 보라.

질그릇(**pot, clay**) 진흙을 빚어 유약을 바르지 않고 구운 용기(容器, 레11:33). 윤기가 없고 다소 무른 것이 흠이다. '연약하고 무가치한 존재나 한계가 분명한 인간의 육신'(사22:15; 사45:9; 고후4:7; 찬송가 67장), '가치 없는 물건'(딤후2:20), '준엄한 심판'(사30:15) 등을 상징한다.

질투(嫉妬, **jealousy, envy**) 시기하고 증오함. '시기'(욥5:2)로도 번역된다. 분쟁의 원인이 되며 당파심을 야기시킨다(약5:2; 고전3:3; 고후12:20). 사랑에 기초한 하나님의 거룩한 질투심에도 사용되었다(민25:11). → '투기'를 보라.

■**질투의 하나님**(**jealous God**) – 하나님 이외에 다른 신의 숭배를 결코 용납하지 않으시는 하나님의 성품을 강조한 표현. 즉, 택한 백성을 향한 하나님의 뜨거운 열심과 순수한 사랑을 역설적으로 강조한 말이다(출20:5; 34:14; 시106:16).

물론 이는 하나님의 지극한 사랑의 표현이자(신29:20; 사42:8; 48:11), 자신의 사람에게서 전적인 헌신을 원하시는 하나님의 간절한 마음의 표시이다(신4:24; 겔35:11; 36:5-6).

짊어지다(**carry, suffer, wear**) 짐을 어깨에 지다. ① 죄를 짊어지다(출28:43; 레7:18; 겔4:4). ② 병을 짊어지다(마8:17). ③ 죽음을 짊어지다(고후4:10). ④ 치욕을 짊어지다(히13:12).

짐(**load, burden**) 다른 곳으로 옮기려고 챙기거나 꾸려놓은 물건. 책임지고 완수해야 할 무겁고 힘든 일. 과도한 임무. 혹은 인생고(人生苦). 이와 같이 물리적인 부담뿐 아니라 정신적인 고통, 개인이나 국가가 당하는 재난 등에 광범위하게 사용된다(시55:22; 66:11; 고후5:4; 갈6:2; 계2:24). 예수께서는 인생의 무거운 짐진 자들을 초대하시며 그들에게 안식(쉼)을 약속하셨다(마11:28).

짐승(**wild animal, beast**) 사람과 구별되는 길짐승과 날짐승의 총칭(창1:29-30; 시147:9; 행28:5). 특히 묵시문학에서 짐승(맹수)은 ① 하나님을 대적하는 사탄(적그리스도)이나 ② 그 추종 세력 혹은 ③ 하나님의 교회를 박해하는 세상 권세를 상징한다(단7장; 계11:7; 13:1-10,18).

집(**house, home**) 사람이 생활하는 공간. 가족이 함께 거주하는 곳(창24:23; 행16:34). 넓게는 '가정, 가족, 공동체'(창14:14; 행16:31)나 '자손, 가문, 왕조, 백성'을 뜻한다(창6:14; 사7:13; 눅2:4). 이외에 집은 '무덤'(욥30:23), '육체'(고후5:1), '신앙 공동체'(딤전3:15; 히10:21), '세상살이'(시119:54), '하늘나라'(요14:2), '성도의 거룩한 몸'(벧전2:5) 등을 상징한다. → '오이코스'를 보라.

■**집에 있는 교회**(church in home) - 집에서 모이는 가정 교회. 초대교회의 대표적인 교회 형태이다. 당시는 단독 건물을 갖춘 교회가 없었고, 유대교 등의 심한 견제를 받고 있는 형편인지라 공개적인 신앙 모임을 갖기란 쉽지 않았다. 따라서 신앙을 가진 신실한 성도의 집에서 모임을 갖고 예배를 드렸다(행1:13; 2:2,46; 롬16:5; 고전16:19; 골4:15; 몬1:2).→ [3. 행정 및 교육 용어] '가정교회', [4. 예배 및 예식 용어] '가정 예배'를 보라.

집회(集會, assembly, congregation, meeting) 여러 사람이 공통된 목적으로 일정한 때에 일정한 장소에서 모임을 갖는 일. 회합(會合). 성경에서는 시내 산 아래 모인 이스라엘 백성의 '거룩한 모임'을 가리켜 선한 뜻으로 한 번 언급되었을 뿐(사4:5) 대부분 좋지 못한 목적으로 모이는 '악한 집회'를 가리킬 때 사용되었다(창49:6; 시26:5; 사14:13; 행19:40).

징계(懲戒, discipline) 뜻을 거스르는 자를 바로잡기 위해 훈육하고 벌함. 죄를 뉘우치고 회개하도록 꾸짖고 채찍함. 이는, 하나님께서 범죄한 백성을 뉘우치게 하여 죄로부터 돌이키게 하는 한 방법이다(렘30:11). 이외에도 부모나 선생이 자녀나 학생을 바르게 가르치는 교육 방법으로도 소개된다(잠13:24; 히12:5). → '연단', '훈련'을 보라.

징벌(懲罰, punishment, chastisement) 경계나 응징의 뜻으로 벌을 줌. 징벌의 대상은 나라(창15:14)나 민족(레16:18), 개인(룻1:21; 시39:10) 등 다양하다. 사도 베드로는 악한 자를 징벌하고 선한 자를 상 주기 위해 하나님이 세우신 통치자와 모든 제도에 순복하라고 가르친다(벧전2:13-14).

징조(徵兆, sign, precursor) 미리 보이는 조짐. 전조(前兆). 하나님의 뜻을 나타내는 수단 중에 하나(삼상10:7; 왕상13:5; 사7:14). '이적'과 동의어로 쓰이며(시78:43; 105:27), 신약에서는 그리스도의 재림과 관련하여 종말에 나타날 현상들을 가리킨다(마24:3,30; 눅21:7). → '이적', '기사', '표적'을 보라.

징책(懲責, punishment) 징계하고 꾸짖음. 죄 악에 대한 하나님의 형벌과 책망. '징벌'(懲罰, 레26:28; 시39:10), '벌'(시89:32; 호5:2), '징계'(렘30:11)로도 표현된다.

징표(徵表, warning sign) 어떤 사물을 다른 사물과 구별하는 표시. 어떤 사물을 특징짓는 성질. 특히, 경계거리로 삼을 만한 사건. '징계'(민26:10), '징조'(徵兆, 왕하20:8-9; 사44:25)로도 표현된다.

쭉정이(chaff) 껍질만 있고 속이 빈 곡식. 탈곡 후 알곡과 분리하여 연료로 사용되었다. 가치 없는 것', '형벌'을 상징한다(호13:3).

찌꺼기(dross) 좋은 것이나 쓸만한 것을 골라낸 후 남겨진 쓸모없는 것들(시119:119). 금속을 정제하고 남은 불순물(잠25:4). 혹은 액체의 침전물(시75:8). 일명 '찌끼'(렘48:11). 성경문학적으로, 쓸데없고 무가치한 것, 중요하지 않은 하찮은 것을 상징한다. 사도 바울은 복음을 위해 자신이 만물의 찌꺼기처럼 되었다고 고백했다(고전4:13).

차꼬(stocks, shackles) 죄수를 움직이지 못하게 매어 두는 형벌 도구. 족쇄나 수갑을 통틀어 이르는 말(욥13:27; 시105:18; 행16:24). 일명 '철고랑'(시149:8), '쇠사슬'(눅8:29). 형벌(욥33:11)이나 환난(욥36:8), 복종(시149:8) 등을 상징한다.

차량 봉사(車輛 奉仕, vehicles service) 차량과 관련된 각종 활동에 몸과 마음을 아끼지 않고 적극 참여하고 섬기는 일. 특히, 교회당 안팎의 주차 관리나 교인들의 예배 출석을 위한 자기 차량 동원 및 교회 소유의 차량을 교회 행사를 위해 자원하여 운행하는 일 등이 있다.

차별(差別, differentiation, distinction) 차등을 두어 구별함. 성경에서는 각 개인에 대한 인격적 차별을 금하고 있는데 특히 재판은 하나님께 속해 있기 때문에 외모를 보지 말고 차별 없이 해야 한다고 가르친다(신1:17). 또 하나님의 의는 유대인이나 이방인 모두에게 결코 차별이 없으며(행15:9; 롬3:22), 예수 그리스도를 통한 구원에도 차별이 없다고 선언한다(롬10:12).

차선(次善, the second best) 최선(最善)의 다음. 최선에 버금가는 좋은 방도.

차착(差錯, mistake, error, fallacy) 어그러져서 순서가 틀리고 앞뒤가 맞지 않음. '잘못'이나 '실수'(창43:12) 또는 잘못으로 인한 뚜렷한 허물을 가리킨다.

착념하다(着念 -, devote oneself to, bear in mind) 한 가지 일에 집중하여 끝까지 주력하다. '마음에 두다'(렘31:21), '몰두하다'(딤전1:4), '전념하다'(딤전4:13), '따르다'(딤전6:3)로도 표현했다.

착취(搾取, extortion, squeezing) 꼭 누르거나 비틀어서 짜냄. 억압이나 강탈하거나 불법을 행함. 율법은 사회적·경제적 약자를 보호하기 위해 착취 행위를 엄히 금한다(레6:2,4; 19:13).

착하다(good, kind-hearted) 마음이 곱고 어질다. 선하다. 하나님의 속성 중에 하나. 특히, 죄인을 위해 구원을 계획하시고 끝까지 이루시는 하나님의 성품을 나타낸다(빌1:6). 따라서 하나님의 자녀 된 성도에게도 이러한 성품이 요구된다(마5:16). → '선'을 보라.

찬미(讚美, praise, glorification) 기리어 칭송함. 여호와 하나님을 높이고 찬양하는 일(마21:16). '찬송'으로도 번역된다(엡1:6; 골3:16; 히13:15). → [4. 예배 및 예식 용어] '찬미'를 보라.

찬송(讚頌, praise, glorification) 하나님께 감사와 기쁨의 감정을 표현하는 행위(시118:14). 혹은 하나님을 예배하거나 그분께 영광을 돌리기 위해 부르는 거룩한 노래나 연주. '찬양', '찬미'로도 표현된다. →[4. 예배 및 예식 용어] '찬송'을 보라.

찬양(讚揚, praise) → '찬송'을 보라.

참감람나무(- 橄欖 -, olive tree) 접붙이지 않은 순수한 감람나무. 하나님께 먼저 선택받았던 유대인을 가리킨다. 사도 바울은 구원의 도리를 설명하면서 이방인을 참감람나무(유대인)에 접붙여진 돌감람나무에 비유했다(롬11:17).

참다(persevere, be patient, bear, endure) 굳은 마음으로 어려움을 견디다. 구약에서는 주로 사람의 성품에 언급되었다(욥6:11). 특히 잠언에서는 참는 것을 지혜의 한 부분으로 가르친다(잠12:16). 신약에서는 죄인이 돌아오기를 기다리시는 하나님의 거룩한 성품을 나타내는 말로 쓰였다(롬2:4). 이처럼 하나님의 오래 참고 기다리심으로 구원의 은혜를 입은 성도 역시 참고 인내함으로 구원을 온전히 이루는 데까지 나가야 한다(딤후2:10, 12; 히12:3). → '인내'를 보라.

참되다(truthful, true) 거짓이 없고 진실되다. '하나님의 말씀'(삼하7:28), '예수 그리스도'(마22:16), '하나님'(요3:33; 롬3:4), '하나님께 드리는 예배'(요4:23) 등에 사용된 표현. 사도 바울은 빌립보 교인에게 무슨 일에든지 참되게 행하라 당부했다(빌4:8).

참람하다(僭濫 -, blaspheme, arrogant) 분수에 맞지 않고 지나치다. 특히, 가치 없는 말로써 상대방의 명예나 인격을 모독하는 행위를 뜻한다. 성경에서는 주로, 하나님의 절대 주권을 경멸하고 더럽히는 신성 모독적 불경죄를 가리킨다. '신성을 모독하다'(마9:3; 계13:1)로도 표현한다. → '신성모독'을 보라.

참 빛(true light) 빛의 근원이요, 쇠함도 어두움도 전혀 없는 영원하고 온전한 빛. 이는 진리와 구원의 빛이 되시는 예수 그리스도의 별칭으로 쓰인다(요1:9; 요일2:8).

참소(讒訴, slander, calumny) 악한 말로 남을 헐뜯고 고소함. 참월(僭越). 거짓말로 죄를 꾸며 고해 바침(잠25:23). '중상'(中傷, 잠10:18), '모함'(謀陷, 딤전3:11; 딤후3:3)이라고도 한다.

■**참소하는 자**(slanderer, accuser) - 참소(비방, 중상모략)를 일삼는 자. 사탄 혹은 마귀의 별칭. 특히, 성도의 죄와 허물을 들추어 하나님께 고발하는 사탄의 특성에서 붙여진 별명(계12:10).

참 신(- 神, true God) 오직 하나님만이 올바

참 신과 참 사람(true God and true Man) – 죄 아래 있는 인류를 구원하시기 위해 인간의 몸을 입으시고 이 땅에 임하신 성자 하나님을 가리키는 표현(요1:14; 요일4:2; 찬송가 122장). 예수께서는 완전한 인간이시자 완전한 하나님으로 이 땅에 임마누엘하셨다(마1:23).

참여(參與, participation) 참가하여 관계함. 성도가 참여해야 할 일로는, 주님의 살과 피(고전10:16), 주를 위한 고난(고후1:7; 벧전4:13), 복음을 위한 일(빌1:5), 장차 나타날 주님의 영광(벧전5:1), 거룩한 성(城, 계22:9), 천국 잔치(눅13:29) 등이다. 반면, 사도 바울은 열매 없는 어두운 일에는 참여하지 말라고 가르친다(엡5:11).

참회(懺悔, repentance, contrition) 뉘우쳐 마음을 고쳐 먹음. 하나님께 죄를 고백하고 회개함. 하나님은 참회하는 자의 죄를 용서하시고 심령에 평안을 주신다(시51:17; 눅18:13; 찬송가 9장). → '회개'를 보라.

창대하다(昌大 –, great) 세력이 아주 성대하다. 특히, 부나 명성, 권력이 높아지는 것을 뜻한다(창12:2; 에9:4; 시71:21). 모든 일에 창대케 하시는 분은 하나님이시다(대하1:1).

창세(創世, the creation of the world) 세상을 처음으로 만듦. 세상의 시작(마13:35; 롬1:20). 천지 창조를 비롯한 세상과 인간, 민족의 기원을 기술한 책이 창세기다.

■**창세 전**(創世 前, before creation of the world) – 하나님께서 세상을 창조하시기 이전의 때. 예수께서는 이미 창세 전부터 우주와 세계가 존재하기 전부터 영원히 하나님과 함께 계셨다(요17:5,24; 엡1:4; 벧전1:20). 또한 이때는 하나님께서 구원할 자를 예정하신 때이기도 하다(엡1:4).

창수(漲水, stream) 불어서 넘치는 물. 예수께서 비유에서 말씀하셨듯이, 비가 내리고 창수가 나고 바람이 불어도 반석 위에 세운 집은 결코 넘어지지 않는다(마7:25). 한편, 구약에서는 '범람하는 악의 세력'을 가리켜 종종 '창수'에 비유하곤 했다(삼하22:5; 시18:4).

창시자(創始者, author, originator) 무엇을 처음 시작했거나 앞에서 인도하거나 혹은 다스리는 사람. '설립자', '지도자', '군주', '주'(主)를 뜻한다(히2:10).

창애(net, trap, snare) 미끼를 놓아 짐승을 잡는 덫이나 올무(올가미)의 일종(암3:5). 영적으로, 하나님께서 인생을 징벌하시기 위해 마련해 놓으신 심판 도구를 가리키기도 한다(욥18:9).

> **용어상식**
>
> ### 창의적 접근지역
> (creative access area)
>
> 창의적 접근지역(創意的 接近地域)이란, 지혜와 인내로써 접근하여 복음을 전해야 하는, 기독교를 적대시하는 지역을 가리키는 선교 용어이다.
> 이런 곳은 기독교는 거부하지만 그 지역 또는 자국의 발전에 필요한 기술이나 인력을 환영하기 때문에 창의적인 접근법을 통해 복음을 전해야 한다. 공산·사회주의 국가, 배타적인 민족주의 국가 혹은 이슬람 근본주의국가 등이 그 대상이다.

창자(intestines, bowels) 소장(小腸)과 대장(大腸)을 통틀어 일컫는 말. 성경에서는 사람의 '내장', '심장', '가슴', '배', 또는 '영혼'(사16:11)이나 '마음'(고후7:15), '깊은 애정'(빌1:8) 등을 뜻하기도 한다. 이런 이중적 개념은 사람의 내장이 마음(양심, 영혼)의 자리라고 여겼던 히브리인의 사상을 반영한다.

그런 점에서 창자는 '깊은 감정'(욥20:27), '혈육의 정'(창43:30), '극심한 고난'(시22:14), '영적으로 깊은 근심'(애1:20), '큰 관심'(렘31:20) 등에 비유적으로 사용된다.

창조(創造, creation) 만유의 주인이신 하나님께서 온 우주 만물과 시간을 만드신 일. 하나님은 태초에 말씀으로 세상, 곧 천사들과 하늘에 있는 모든 것들(시148:2,5; 골1:16)과 천지 만물(요1:3;

엡3:9)을 친히 창조하셨다(창1:1; 시33:6; 히11:3). 이때 성령과 성자께서도 동역하셨다(시104:30; 요1:1-3; 히1:2). 이 같은 창조 사역을 통해 하나님은 자신의 주권과 영광과 신성을 드러내셨다(시19:1; 롬1:20; 계4:11).

한편, 신약에서는 누구든지 예수를 믿으면 새로운 피조물이 된다고 가르친다(고후5:17). 이는 첫 사람 아담으로 인한 죄가 씻겨지고 하나님과 끊어졌던 관계가 회복되는 거듭남의 역사, 즉 새 창조의 역사를 뜻한다(갈6:15; 엡2:10). 이 새 창조는 옛 창조의 완성이며 마침내 완성될 하나님 나라의 시작이기도 하다(롬6:4; 엡2:15; 계21:5).

■**창조물**(創造物, works) - 하나님께서 창조하신 우주 만물. 만드신 것(욥40:19), '피조물'(골1:15)이라고도 한다.

■**창조자**(創造者, Creator) - 천지 만물을 창조하신 하나님을 일컫는 별칭(사43:15). '창조주.'

■**창조주**(創造主, Creator) - 우주 만물을 창조하시고 주관하시는 만물의 주인이신 하나님에 대한 신앙고백적 호칭이다(전12:1). '조물주'(벧전4:19). 하나님의 절대성과 초월성, 및 예정과 섭리를 믿는 모든 신앙은 하나님을 창조주로 인정하고 고백하는 데서부터 출발한다.

창초(創初, the beginning, when God created the world) 사물(온 우주 만물)이 시작된 맨 처음. 태초. '하나님이 창조하신 시초'(막13:19). → '태초'를 보라.

창파(滄波, sea waves) 큰 바다의 푸른 물결. 넓고 거친 고해(苦海) 같은 인생 행로를 상징한다(찬송가 302장). → '세파'를 보라.

채찍(whip) 사람을 벌하거나 심문할 때, 또는 가축을 모는 데 사용하는 제구(諸具). 대개 나뭇가지(지팡이)나 짧은 막대기에 가죽끈을 달아 사용하였다(잠19:29; 행22:24). 비유적으로 '견디기 힘든 고통과 환난'을 뜻하기도 한다(수23:13; 욥5:21; 9:23; 사10:26; 28:15,18).

■**채찍질**(flogging) - 채찍으로 때리는 일. 율법에는 죄인에게 채찍질하는 것을 허용했지만, 죄수의 인격과 생명을 보호하기 위해 40대 이하로 제한했다(신25:3; 마10:17; 행5:40). 신약 시대 로마에서 사용한 채찍은 끝에 동물의 뼈조각이나 납덩이가 달린 가죽끈 채찍이었다. 이 채찍에 맞으면 살점이 떨어져 나가고, 심하면 충격과 출혈로 죽는 경우도 있었다고 한다(막10:34; 행22:24). 아무튼 성경에서는, 교육과 훈련을 위해서는 매(회초리)가 허용되었다(잠20:30).

채플(chapel) 큰 교회나 학교, 병원, 개인 저택 내의 예배당(예배실). 대학 등에서 이뤄지는 예배 또는 그 예배에 출석하는 일.

채플린(chaplain) 학교나 병원 등의 특수 기관에 속한 목사. → [3. 행정 및 교육 용어] '기관목사'를 보라.

책망(責望, rebuking) 상대방의 허물이나 잘못을 꾸짖고 타이름. 성령의 주요 사역 중에 하나이며(요16:8; 계2:4,14,20), 성경의 기능 가운데 하나이다(딤후3:16). 참고로, 사도 바울은 책망받을 일이 있는 자는 직분자로 적합하지 않다고 하였다(딤전3:2,10). 성도는 주님 오시는 날 책망받을 것이 없는 자로 주님 앞에 서도록 늘 자신을 돌아보아야 한다(딤전6:14). → '통책'을 보라.

책벌(責罰, punishing) 잘못을 나무라고 벌함. 특히, 하나님이 범죄한 인생에게 내리시는 형벌을 가리킨다(사37:3; 겔25:27). → '징계'를 보라.

처녀(處女, virgin) 혼인하지 않은 결혼 적령기의 여자(출22:16; 레21:3). 남자 경험이 없는 젊은 여자(창24:16; 사7:14). 비유적으로 순결한 하나님의 백성 이스라엘(사62:5; 렘14:17), 시온 곧 예루살렘(왕하19:21; 애1:6), 신약의 교회(마25:1-13; 고후11:2), 순결한 성도를 나타낸다(계14:4). 종종 '국가'나 '도시'를 뜻하기도 한다(사23:12; 렘18:13). → '동정녀'를 보라.

처소(處所, dwelling) 곳. 자리. 사람이 살거나 짐승이 머무는 곳(창24:31; 출35:3; 시44:19). 특히, 하나님이 계시는 거룩한 장소를 가리키는 경우가 많다(출15:13; 신26:15; 시68:5). 사도 바울은 성도의 몸을 가리켜 하나님이 거하시는 거룩한 처소라 하였다(엡2:22).

처음(beginning, start) 일의 시작(대상29:29; 욥42:12). 순서상 첫째(출34:4). 태초(사41:4), 하나님(사41:4; 44:6), 그리스도(계1:17)를 가리키기도 한다.
■**처음과 나중**(the Alpha and the Omega) - 역사의 주인이시요, 만물의 탄생과 결말을 주관하시는 하나님의 영원성과 초월성을 강조한 표현(사41:4; 44:6). 유사한 표현으로 '처음이요 나중'(계1:17)이 있다. → '알파와 오메가'를 보라.
■**처음 난 자**(firstborn) - 사람이나 동물 중 처음 태어난 것을 가리키는 문학적 표현. 초태생(初胎生). 처음 태어난 것은 하나님의 것으로 거룩하게 구별하여 하나님께 드려야 했다(출13:2).
■**처음 사랑**(first love) - 두 가지로 이해된다. ① 처음 신앙을 받아들일 때 가졌던 열정과 순수한 사랑. ② 본질적인 사랑의 문제, 곧 사랑의 근원이신 하나님 사랑과 그분이 요구한 형제 사랑에 대한 적극성. 무엇이 되었든 주님께서는 에베소 교회를 향해 이 '처음 사랑'을 버린 것에 대해 엄히 책망하시고 회개할 것을 촉구하셨다(계2:4-5).
■**처음 익은 열매**(firstfruit) - 그 해에 수확한 첫 산물(잠3:9). 첫 결과물(고전15:22; 찬송가 161장). 또는 복음 전도를 통해 맨 처음 결실한 성도, 곧 최초의 회심자(롬16:5). → '첫 열매'를 보라.

천(千, thousand) 백(百)의 열 곱절. 완전수 또는 충만한 때(기간)를 상징한다(사60:22). 예를 들면, ① '천 년'(千年)은 '오랜 세월'이나 '무한히 긴 시간'을(시90:4; 전6:6), ② '천 대'(千代)는 '영원'을(신7:9; 시105:8), ③ '천 배'(千倍)는 '상상할 수 없을 만큼 많음'을(신1:11), ④ '천천'(千千)은 '감히 근접할 수 없고 막강한 세력이나 셀 수 없이 많은 수'를 상징한다(삼상18:8; 23:23). → '수'를 보라.
■**천 년**(千年, a thousand years, millennium) - '오랜 세월'을 상징한다(시90:4; 전6:6). 하나님 앞에서는 아주 짧은 기간이며(벧후3:8), 마지막 날에 사탄이 결박당해 무저갱에 갇혀 있는 기간이기도 하다(계20:2). 주로 종말론에서 천년왕국과 관련하여 언급된다(계20장). → [2. 교리 및 신앙 용어] '천년왕국'을 보라.
■**천년만년**(千年萬年, countless years) - 천년이나 만년. 천만년. '아주 오랜 세월'을 상징한다. 주님 앞에서는 천년이 한 날과 같다(벧후3:8; 찬송가 71장).

천거(薦擧, recommendation) 인재를 어떤 자리에 쓰도록 추천함(롬16:1; 고후4:2).
■**천거서**(薦擧書, letter of recommendation) - 추천서(고후3:1). → '추천서'를 보라.

천국(天國, Heaven, the kingdom of God, the kingdom of Heaven, Paradise) 하늘나라. 하나님께서 다스리시는 나라(마3:2; 4:17). 천국은 예수께서 전한 메시지의 핵심이요 요약이다. 이 천국은 메시야의 초림을 통해 부분적으로 실현되었고(마13:1-52), 재림을 통해 궁극적으로 완성된다(마22:1-14; 25:1-46). → [2. 교리 및 신앙 용어] '천국'을 보라.
■**천국 길**(the path-way to Heaven) - 천국에 이르는 길. 천국에 들어갈 수 있는 통로(찬송가 421장). 오직 예수 그리스도를 통해서만이 하나님 나라에 들어갈 수 있다(요14:6).
■**천국 문**(天國 門, gate of Heaven) - 천국으로 들어가는 문. '구원에 이르는 문' 곧 '구원의 길'을 상징한다. 바리새인과 서기관들은 자신뿐 아니라 다른 사람도 천국에 들어가지 못하게 방해하여 주님께 꾸중을 들었다(마23:13).
■**천국 창고**(the store of Heaven) - '하늘 곳간.' 이는 천국을 추수한 곡식을 모아들이는 곳으로 비유한 표현이다(찬송가 589장). 하나님께서는 마지막 때에 알곡 곧 하나님이 친히 택하신 백성, 하나님의 뜻을 좇아 살아가는 경건한 성도를 천국 창고에 모아들이실 것이다(마3:12; 13:30).

천군(天軍, heavenly hosts, the multitudes of heaven) 하늘 군대. ① 하나님의 창조물인 해, 달, 별 곧 일월성신(日月星辰)과 천둥, 번개 등의 천체현상(느9:6; 시103:21). ② 하나님의 뜻을 수행하는 영적 존재인 천사(대하18:8; 단4:35; 눅2:13). → '천사', [2. 교리 및 신앙 용어] '천사'를 보라.

천당(天堂, Heaven, the palace of Heaven, Paradise, the kingdom of Heaven) '천상에 있는 하나님의 집'이라는 뜻. 일명 '천국', '하늘나라.' → '천국'을 보라.

천둥(thunder) 벼락이나 번개가 칠 때 하늘이 요란하게 울리는 일. 혹은 그때 나는 큰 소리. 우레. 주로, 하나님의 위엄찬 음성이나 공의로운 역사 개입을 나타낸다(욥37:4; 요12:29). → '우레'를 보라.

천로(天路, the path-way to Heaven) 천국으로 가는 길. 천국에 이르는 방법. 주로 가톨릭에서 사용하는 단어로, 선을 행하고 공을 세우는 일을 가리킨다. 성경에서는 예수 그리스도만이 천국에 이르는 유일한 길이라 천명했다(요14:6).

천막(天幕, tent) 비나 바람, 햇볕 등을 막기 위해 친 장막. 텐트. 이스라엘 백성이 가나안에 정착하기 이전까지 유목 생활할 때 주로 사용한 대표적 주거 형태다(민24:2). 사도 바울은 천막 만드는 일을 업으로 삼으며 자비량 선교를 했다(행18:3).
성경문학적으로, 천막은 하나님께서 창조하신 하늘(사40:22), 또는 인간이 생명 있는 동안 입고 사는 육체를 상징하기도 한다(고후5:1-7).

천만(千萬, thousands upon thousands) 만(萬)의 천 배. 아주 많은 수를 상징한다(히12:22).
■**천만인**(千萬人, the tens of millions of people) - 한없이 많은 사람. 질적으로는 강력한 세력을, 양적으로는 헤아릴 수 없이 많은 사람들을 나타낸다(시3:6).

천부(天父, Heavenly Father) 하나님을 친근히 일컫는 표현(찬송가 280장). 성경에서는 주로, 성자 예수께서 사용하신 표현이다. 존귀하시며 인자하신 '하늘 아버지', '하나님 아버지'를 가리킨다(마6:14; 눅11:13). → '하나님', [2. 교리 및 신앙 용어] '하나님'을 보라.

천사(天使, angel) 하나님의 뜻을 전하기 위해 보냄받은 사자(칭18장). 히나님을 찬송하고 높이며 수종 드는 영적이고 초자연적인 존재다(히1:14). 때로는 하나님의 뜻을 직접 수행하여 하나님의 백성을 보호하거나 악한 자를 벌하는 사역도 감당했다(창19:1; 출3:2; 마18:10; 행5:19; 12:11). → [2. 교리 및 신앙 용어] '천사'를 보라.
■**천사장**(天使長, archangel) - 천사들의 우두머리. 성경에서는 가브리엘(단8:16; 9:21)과 '미가엘'(단10:13-21; 유1:9) 등이 언급된다. 참고로, 외경(外經)에 또 다른 천사장으로 '라파엘'(Raphael, '하나님이 치유하신다'는 뜻으로 치유의 천사로 알려짐)이 언급된다. 그리고 일각에서는 타락한 천사장으로 '루시퍼'(Lucifer) 곧 사탄(Satan)이 거론되기도 한다. → '루시퍼'를 보라.

천성(天城, Heaven) 하나님이 친히 다스리시는 하늘 나라. 영광스럽고 복된 하나님의 도성(찬송가 87, 208, 289, 338장).
■**천성 길**(Heavenly pathway) - 천국 가는 길. 이 길은 좁고 험하다(마7:13-14). 그러나 주님은 우리를 인도하여 결국에는 천국에 이르게 도와주신다(찬송가 512장).
■**천성문**(天城門, Heaven's gate) - 천국으로 들어가는 문. '천국'을 상징한다. 성도는 죄와 고통이 점철된 이 세상에 사는 동안 천성문을 바라보며 담대하게 살아나가야 한다(찬송가 359장).

천지(天地, heaven and earth) 하늘과 땅. 특별히 하나님께서 창조하신 세상. 우주 만물. 곧, 모든 피조세계를 가리킨다(창1:1; 출31:17; 신31:28; 시69:34; 146:6; 사37:16; 마24:35; 행17:24).
■**천지만물**(天地萬物, the heavens and the earth and all things) - 하나님께서 창조하신 모든 피조물. 온 우주와 그 속에 실재하는 모든 존재들(창2:1; 찬송가 14, 18, 48, 167장).
■**천지의 주재**(Lord of heaven and earth) - 하늘과 땅의 모든 일을 맡아 주관하시는 분. 창조 주요 주권자이며 심판자이신 하나님의 거룩한 호칭이다(마11:25). '천지를 지으신 여호와'와 유사한 표현이다(시115:15; 121:2; 124:8; 134:3). → '주재'를 보라.

천하(天下, under the heaven) 하늘 아래 온 세상. 이는 ① 하나님이 창조하신 모든 피조물(눅4:5). ② 사람이 사는 세상(창6:17; 18:18; 막14:9). ③ 타락한 피조 세계(행17:31) 등을 뜻한다.
■**천하만국**(天下萬國, all the kingdoms of the earth) - 하늘 아래 모든 나라. 온 세상. 여호와께서는 천하 만국에 오직 홀로 하나님이시다(왕하19:15).

■ **천하 만민**(天下 萬民, all nations on earth) – 하늘 아래 모든 백성. 온 세상 사람. 하나님은 아브라함과 그의 씨를 통해 천하 만민이 복을 받게 될 것이라고 약속하셨다(창18:18; 22:18).

철(鐵, iron) 구리(동)에 이어 인류가 오래 전부터 가장 널리 사용해온 금속의 하나. 최초로 철을 다룬 인물은 두발가인이다(창4:22). 철은 견고함이나 강함(굳셈)을 비유하는 말로 자주 쓰이는데, 성경에서는 특히 불모지(신28:23; 시28:23), 고통(겔22:18-22), 형벌(삼하23:7), 극심한 기근(레26:19), 정치·군사적인 힘(렘15:12; 단2:33), 막강한 권세(시2:9), 파괴적인 힘(단7:7), 강인하고 든든함(단2:41), 완고하고 요지부동한 성격(사48:4) 등을 나타낸다.

■ **철벽**(鐵壁, iron wall) – 쇠로 만든 벽. '철성'(鐵城). 침략자들이 성을 함락시키기에 앞서 탈출자를 막기 위해 성 주변에 두른 물샐틈없는 울타리(방어망)를 강조한 말로, 철저한 파괴와 멸망을 암시한다(겔4:3).

■ **철장**(鐵仗, rod of iron) – 쇠로 만든 지팡이. '쇠막대'(욥40:18). 강한 권세와 능력을 상징한다(시2:9). 특히 요한계시록에는 사탄의 권세를 능히 쳐부술 그리스도의 초월한 권능을 나타낸다(계2:27; 12:5).

■ **철퇴**(鐵槌, war club) – 쇠몽둥이. 하나님의 강력한 심판 도구라는 뜻으로, 남유다를 멸망시킨 바벨론이 하나님의 철퇴로 묘사되었다(렘51:20).

■ **철필**(鐵筆, iron tool) – 끝이 뾰족한 쇠붓. 펜. 문자나 도장을 새기는 칼. 주로 석재(돌)에 글을 새기기 위한 도구로 소개된다(욥19:24). 예레미야 선지자는 유다 백성의 죄가 지워지기 어려움을 강조하기 위해 그 죄악이 금강석 끝 철필로 기록될 것이라 하였다(렘17:1).

철야기도(徹夜祈禱, vigil) 자지 않고 밤을 새우며 행하는 기도. → '기도'를 보라.

철학(哲學, philosophy) 헬라어 '필로소피아'(철학)는 '필레인'('사랑하다'는 뜻)과 '소피아'('지혜'란 뜻)의 합성어로 '지혜를 사랑하는 학문'을 가리킨다. 만물의 근원이나 인간의 실존 등을 탐구하며 최고의 선(진리)을 추구하는 학문.

사도 바울은 골로새 교인들에게 철학은 사람의 전통과 세상의 초등학문에 지나지 않는다고 주의를 당부했다(골2:8). 이때 철학은 기독교와 헬라 사상을 결합한 혼합주의 사상이나 영지주의 사상에 관한 내용이었다. 한편, 바울 당시 철학의 중심지였던 아덴에서는 쾌락을 추구하는 에피쿠로스 학파와 이성을 추구하는 스토아 철학자들이 양립했고, 바울은 그들과 논쟁을 벌이기도 했다(행17:18-34). → [2. 교리 및 신앙 용어] '스토아주의', '에피쿠로스주의'를 보라.

첫(first, new, maiden) '처음', '첫 번째', '최고의 자리', '가장 중요한' 등의 의미를 나타내는 말(창4:4; 눅2:23; 요2:10; 행16:12).

■ **첫 계명**(first commandment) – 으뜸이 되는 계명. 반드시 지켜야 할 하나님의 명령. 부모 공경에 관한 계명을 가리켜 한 번 언급된다(엡6:2).

■ **첫날**(first day) – 처음이 되는 날. 특히, 안식 후 첫날 곧 주님의 부활 사건과 관련해서 언급된다(마28:1; 막16:9).

■ **첫 사람**(the first man) – 최초의 인류인 아담을 가리킨다. 특히, 마지막 아담인 예수 그리스도와 대비되어 죄로 인해 죽을 운명에 놓인 존재를 가리킨다(고전15:45, 47).

■ **첫 성전**(former temple) – 처음 지어진 성전. 솔로몬 성전을 가리킨다(스3:12).

■ **첫 언약**(first covenant) – 하나님께서 모세를 통해 이스라엘 백성에게 주신 율법. 예수 그리스도의 십자가 대속의 역사로 세워진 '새 언약'과 대비된다(히8:7; 9:1, 15, 18).

■ **첫 열매**(firstfruit) – 그해에 처음 익은 곡식이나 열매. 이스라엘 백성은 모든 첫 열매를 하나님께 드렸는데, 이는 땅에서 수확한 모든 결실이 하나님의 것임을 인정하고 감사한다는 의미가 담겨 있었다(출22:29; 23:19; 겔48:14).

'첫 열매'는 부활의 첫 열매이신 그리스도(고전15:20), 처음 주를 믿는 새 신자(롬16:5), 그리스도를 믿는 모든 성도(약1:18), 택한 백성 이스라엘 등을 상징한다(롬11:16).

첫째(first) 순서상 맨 처음(창1:5). 무엇보다 우선되고 가장 중요한 것(마22:38).

■ **첫째 부활**(the first resurrection) – ① 성도

의 육신의 부활. ② 성도의 거듭남의 체험. 전자는 전천년설, 후자는 무천년설에 근거한 견해다(계 20:5-6). → [2. 교리 및 신앙 용어] '천년왕국설'을 보라.

청결(淸潔, **purity**) 맑고 깨끗함. 특히, 거짓이 없고 정직한 심령을 가리킨다(욥8:6; 시24:4; 잠20:11). 마음이 청결한 자는 하나님을 볼 수 있는 복을 누린다(마5:8).

청년(靑年, **young man, youth**) 생물학적으로 20-30세 전후의 젊은 사람. 넓게는 소년에서 장년(壯年) 초기에 이르는 혈기 왕성한 남자. 일반적으로 여자를 포함한 젊은이를 일컫는다. '장정'(사40:30), '젊은 자'(잠20:29)로도 표현된다.

청년기는 새벽 이슬처럼 신선하고 기력이 왕성한 때로서(시110:3) 하나님 나라를 위해 봉사할 수 있는 가장 복된 시기이다. 요셉(창41:46), 모세(출2:11), 다윗(삼하5:4-5), 솔로몬(왕상4:7), 이사야(사6:1), 사도 바울(행9:1-19), 디모데(딤전4:12) 등은 모두 청년기 때 하나님의 부르심을 받았다.

그러나 청년의 때는 세속에 쉽게 동화되거나 그릇된 유혹에 빠져 인생을 허비할 수 있는 불안정한 시기이기도 하다(시119:9; 잠1:4,8,10,15; 2:1; 3:1; 전11:9). 그러기에 청년의 때에 창조주 하나님을 기억하는 일은 무엇보다 중요하다(전12:1).

청빈
(honest poverty, honorable poverty)

'청빈'(淸貧)이란, ① 성정(性情)이 청렴하여 살림이 구차함, ② 성품이 깨끗하고 재물에 대한 욕심이 없어 가난함이란 뜻이다. 예수께서는 성도에게 자족하는 삶과(눅3:14; 딤전6:8) 더불어 청빈하고 절제된 삶을 권하고 있다(마10:9-10; 19:21; 눅3:11).

한편, 부자가 천국에 들어가기가 어렵다는 말씀(마19:23)이 있지만, 부의 정당한 축적이 죄가 아니라는 측면에서 청부(淸富)의 삶, 곧 깨끗하고 정직하며 사랑 넘치는 부자의 삶을 언급하기도 한다(잠31:10-31).

청아하다(淸雅 -, **graceful, sweet**) (티가 섞이지 않고) 맑고 아담하다. 주님의 음성(찬송가 442장), 하늘나라에서 불려질 찬양(찬송가 234장)의 아름다움을 묘사할 때 언급된다.

청지기(聽 -, **steward**) 청지기란, 주인(소유권자)이 맡긴 것들을 주인의 뜻대로 관리하는 위탁관리인을 말한다(창43:16). 하인의 우두머리로서 하인을 감독하고 주인의 자산을 관리하며(창39:4; 롬16:23), 주인의 자녀 교육까지 담당했다(창15:2; 39:4-6; 눅8:3; 롬16:23). 청지기가 자신에게 맡겨진 것들을 관리할 때는 항상 맡긴 주인의 뜻 즉, 주인이 제시한 관리지침을 따라 관리해야 한다.

신약 시대에는 교회의 감독이나(딛1:7), 모든 교회 구성원을(벧전4:10) 가리키기도 했다. 이렇게 청지기 된 성도는 자신의 몸과 시간과 은사와 재능과 물질 등 자신의 모든 것을 드려 주님께 충성해야 한다(눅12:42; 엡3:2).

체질(體質, **constitution, frame**) ① 사람의 몸 구조나 신체상의 특질(시103:14). ② 헬라 철학에서 물, 불, 흙, 공기 등 만물을 구성하는 네 가지 근본 요소. '물질'(벧후3:10,12)로도 번역된다.

체휼하다(體恤 -, **sympathize**) 아픔과 슬픔을 공유하고 깊은 연민으로 불쌍히 여기다. '동정하다'(벧전3:8)로도 표현된다. 특히, 상대방의 형편과 처지를 전 인격적으로 이해하는 것을 말한다. 주님은 사람의 몸으로 이 세상에 오셔서 인생의 모든 질고를 경험하심으로써 인간의 연약함을 친히 체휼하셨다(히4:15). → '긍휼', '불쌍히 여김'을 보라.

초개(草芥, **chaff**) 지푸라기(사25:10). '안정되지 못하고 일순간에 사라져 버리는 것', '매우 하찮고 무가치한 존재' 등을 상징한다(욥41:28; 렘13:24). '짚'(창24:25), '겨'(렘23:28), '검불'(욥21:18), '지푸라기'로도 번역된다(출15:7; 옵1:18). → '겨', '지푸라기'를 보라.

초대교회(初代敎會, **Early Church**) 기독교가 로마 국교로 인정되기 전까지 A.D.30년에서 4세기까지 존재하고 활동했던 교회를 일컫는 말. 무수한 박해가 있었지만 교회는 오히려 진리를 지키며 신앙의 순수성을 잃지 않아 현대 교회에 신앙

의 귀한 모범을 보여주고 있다(찬송가 318장). →
[5. 교파 및 역사 용어] '초대교회'를 보라.

초등학문(初等學問, **the basic principles of the world**) 가장 기초가 되는 학문. 초보 단계의 학문. 즉, 자연 숭배나 천체(해, 달, 별 등) 숭배와 같은 고대의 우주관과 운명론을 기초로 한 원시적인 학문이나 종교(갈4:3; 골2:8,20). 또는 복음을 믿기 전에 배웠던 율법 혹은 이단 사상으로도 볼 수 있다(갈4:9).

초림(初臨, **the first coming of Christ**) 예수께서 죄와 허물로 죽은 인간들을 구원하시기 위해 인간의 몸을 입으시고 이 땅에 오신 일(마1:18-2:23; 눅1:5-2:39; 요1:14). → [2. 교리 및 신앙 용어] '강림', '초림'을 보라.

초막(草幕, **shelter, straw-thatched hut**) 풀(짚, 검불)이나 나뭇가지 등으로 지붕을 이은 작은 임시 처소(레23:42; 마17:4). 초가(草家). 자유와 해방'(레23:42-43), '보호와 안식'(시27:5), '악인의 불안전함'(욥27:18), '가치 없고 쉽게 무너질 것'(애2:6) 등을 상징한다. → [4. 예배 및 예식 용어] '초막'을 보라.

초보(初步, **elementary**) 첫 걸음. 특히 ① 학문과 기술 등의 첫 걸음. 흙, 물, 불, 공기 등 만물의 근원(기초)을 가리키는 헬라의 철학 용어. ② 기독교 교리의 초보적 수준 곧 가장 낮고 유치한 단계에 머물러 있는 신자와 그 신앙을 가리키기도 한다(히5:12; 6:1).

초승달 지역(- 地域, **fertile crescent**) 페르시아 만에서 시작하여 팔레스타인의 지중해 연안 지역을 거쳐 애굽의 나일 강 유역에 이르는 초승달 모양의 땅. 주변 지역은 황폐하나 이 지역은 비옥하여 일찍부터 인류 문명이 발생하였고, 헬라 시대에 이르기까지 문명의 중심 역할을 했다.
성경의 중심 무대이기도 한 이스라엘은 이런 메소보다미아 문명과 이집트 문명 사이에서 하나님의 구속 역사를 수행하기 위해 일찍부터 하나님의 관심과 사랑을 받았다. 일명 '비옥한 초승달 지역'으로도 불린다.

초신자(初信者, **a new believer, an incoming believer, catechumen**) 처음 신앙 생활을 시작한 사람. 예수 그리스도를 구주로 영접한 지 오래 되지 않아 믿음의 연조(年條)가 깊지 않은 사람. 대개, 교회에 나온(등록한) 지 얼마되지 않아 세례(침례)를 받고 공식적인 입교인이 아직 되지 못한 신자 곧 신입(新入) 교인을 가리킨다.

총독(總督, **governor**) 식민지에서 정치·종교·군사의 모든 통치권을 가진 행정관리. 절대군주가 임명했고(스5:14), 군주의 지휘 아래 특정 지방을 다스렸다(스6:13; 느3:7).
통치 영역 내에서 세금을 부과하고(느5:15), 군대를 지휘하며(마27:27), 백성을 재판하고(마27:19; 행19:38; 24:1), 사형권을 행사하는 등 그야말로 막강한 권력을 지녔었다(눅23:32).

총명(聰明, **insight, understanding**) 총기가 있고 명민함. 영리하고 기억력이 좋음. '총명'은

 용어상식

초월명상
(transcendental meditation, TM)

완전한 내면적 평정상태에 도달함으로써 상식적인 의식 세계를 초월하고 마침내 삶의 본질과 비경(秘境)을 깨닫는 것을 목표로 하는 일종의 정신 수양. 최근 교회 지도자들 중 이런 시도를 하는 자들이 있다. 하지만 이는 기독교 정통 진리와 분명한 차이가 있다.
초월명상은 박티요가(만트라 수행법)에 기원을 둔 것으로, 1959년 인도의 과학자인 마하리시 마헤시 요기(Maharish Mahesh Yogi)에 의해 미국에 유입되어 많은 연구가 이루어진 명상 형태이다. 마헤시에 의하면 (1963년) 초월 상태란 수면이나 꿈과 같이 인간의 생명 유지에 절대 필요한 생리학적 상태로서 스트레스나 긴장, 두려움으로부터 벗어나게 하며 몸과 마음을 회춘시켜 주는 작용을 하는 것으로, 초월명상은 이런 초월 상태에 이르도록 해주는 수단이라고 한다.
그러나 인간은 죄 아래 있는 피조물로서, 참된 평안과 기쁨은 오직 십자가의 은총을 통해서만 가능하다.

하나님께서 주시는 은사다(출31:3). 총명한 인물로는, 성막을 지은 '브살렐과 오홀리압'(출36:1), '아비가일'(삼상25:3), '솔로몬'(왕상3:12; 4:29) 등이 대표적이다.

총회(總會, council, general assembly) 기관이나 단체에 소속된 구성원의 전체 모임. 구약에서는 '하나님의 택한 백성 이스라엘'(민16:2; 삿20:2; 시89:7), 신약에서는 '하나님의 교회'(히12:23)를 가리킨다. → [3. 행정 및 교육 용어] '총회'를 보라.

최고선(最高善, highest good, summum bonum) 윤리학에서, 인간 행위의 가장 높은 도덕적 이상이나 가치를 이르는 말. 지고선(至高善). 아리스토텔레스는 '행복'을, 에피쿠로스 학파는 '쾌락'을, 견유학파는 '덕행과 자족'을, 스토아 학파는 '덕'(德)을 최고선으로 보았다. 전통적인 기독교 신학에서는 '하나님과 연합하는 것'을 최고의 선으로 본다.

최후(最後, last of all, the end) 맨 마지막. 맨 뒤(마22:27; 막12:6). 최종 결말(히6:16). 목숨을 다할 때. 특히, 우주적인 종말이든 개인적인 종말이든 마지막 심판의 때와 연관지어 많이 언급된다(요6:54; 12:48; 벧전4:7). → '마지막 때', '종말', [2. 교리 및 신앙 용어] '종말'을 보라.

■**최후 승리**(最後 勝利, the last victory) - 마지막 심판의 날에 얻게 될 최종적인 승리(딤후4:7-8; 계20:1-15; 21:1-4). 곧 구원과 영생과 하나님 나라에서의 영광과 상급과 기쁨을 가리킨다(찬송가 150,350장).

■**최후의 만찬**(the Last Supper) - 예수께서 십자가에 달리시기 전날 밤 예루살렘의 한 다락방에서 열두 제자들과 나누신 마지막 식사(마26:17-30; 막14:12-26; 눅22:7-38; 요13:1-30). '성찬(식)', '주의 만찬', '성만찬'으로도 불린다. → [4. 예배 및 예식 용어] '주의 만찬', '성찬'을 보라.

추계 대심방(秋季 大尋訪, autumn home visitation) 교회의 정기적인 행사 중 하나로, 가을에 목회자가 교인의 가정을 방문하여 위로하고 권면하는 행위. → '심방'을 보라.

추모(追慕, cherish memory) 죽은 사람을 생각하고 그리워함. 고인에 대한 추억을 늘 간직함(찬송가 612장). → [4. 예배 및 예식 용어] '추모예배'를 보라.

추수(秋收, harvest) 익은 곡식을 거두어 들이는 일(창45:6). 팔레스타인에서는 4월경에 이른 보리를, 5월경에 밀을, 그리고 7-8월경에는 포도와 올리브, 무화과를 주로 수확했다. 그리고 보리 추수 후에는 유월절(출23:16; 신16:9)을, 밀 추수 후에는 맥추절(출23:16; 출23:16; 34:22; 레23:15-21)을, 과일 추수 후에는 수장절 곧 초막절을 지키며(출34:22; 레23:39; 신16:13) 하나님께 감사하는 일을 잊지 않았다. 또 추수할 때에 고아와 과부, 나그네를 위해 곡식이나 과일의 일부를 남겨 두었다(레19:9; 신24:19-22). 한편, 추수는 성경문학적으로 '임박한 하나님 나라'(마9:31), '하나님의 심판'(잠25:13; 렘50:16; 마13:30; 계14:15), '보상이나 상급'(시126:5-6; 갈6:8-9) 등을 상징한다.

■**추수꾼**(reaper) - 곡식을 수확하는 사람(왕하4:18; 약5:4). 비유적으로, 하나님의 심판을 대행하는 자(마13:30), 복음 전파자(마9:37-38), 천사(마13:39) 등을 나타낸다.

추종자(追從者, one's man, servant) ① 남을 섬기며 따르는 사람. 왕이나 장군, 주인에게 예속된 신하나 부하, 일꾼(삼하2:3; 요2:5,9). ② 사상이나 가르침을 좇는 사람(롬15:8). '종자'(從子, 삼하2:3), '수종자'(隨從者, 롬15:8)라고도 한다.

추천서(推薦書, letters of recommendation) 추천의 말을 적은 서류. 추천장. 소개서(고후3:1). '천거서'(薦擧書). 이단이나 거짓 교사가 난무하던 초대교회 당시에는 선교사를 파송할 때 추천서를 써 주어 이들의 신분과 활동을 보장해 주었다(행15:22-23; 롬16:1-2; 고전16:10; 고후8:22).

축귀(逐鬼, exocism) 사람이나 사물에서 귀신(귀신의 세력)을 쫓아내는 행위. 예수께서는 열두 사도를 파송하시기에 앞서 그들에게 귀신을 쫓는 능력 곧 '축귀'의 능력을 주셨다(마10:1). 열두 사도는 성령의 능력을 힘입어 귀신을 쫓아내며 하나님 나라의 복음을 힘있게 전하게 된다(눅4:18-19).

축복(祝福, blessing) 하나님의 은혜와 복을 다른 사람에게 빌어주는 일(창12:3; 14:19; 24:60). 축원(祝願). 혹은 성찬 예식과 관련하여 '하나님을 향한 감사'(감사 기도, 고전10:16). 성경에는 제사장이나 가장(家長), 경건한 신앙 위인들이 나라와 민족, 가정을 위해 하나님의 복과 은혜를 비는 사례들이 많이 소개된다(창9:26-27; 27:27-29,39-40; 49:1-28; 레9:22; 민6:22-27; 신10:8; 33장; 대하30:27; 마5:44; 빌4:7; 히13:20-21; 벧전3:9).

참고로, 국어사전에서는 '축복'이라는 명사형으로 '복', '행복'이라는 뜻으로 그 의미를 넓혀 놓고 있다. 그렇더라도 동사형어미를 붙여 '축복하다'라고 할 때는 분명히 '어떤 존재에게 누구의 행복을 빌다'는 뜻이 되므로, 하나님께 '축복하여 달라'는 것은 그릇된 표현이라 할 수 있다. 하나님은 우리를 대신하여 또 다른 어떤 존재에게 복을 빌어주는 분이 아니다. 오직 하나님은 복의 근원이시며 복을 내리시는 분이다(창12:3). 그래서 우리가 하나님께 '복'을 빌 뿐이지 그분을 향해 '축복해 주십시오'라고 요구해서는 아니 된다.

■**축복기도**(祝福祈禱, blessing) - 하나님께 세움받은 목회자가 성삼위 하나님의 이름으로 복을 선포하는 행위. 일명 '축도.' → [4. 예배 및 예식 용어] '축복', '축복기도'를 보라.

축사(祝謝, blessing) 축복하거나 하나님께 감사하고 찬양하는 일. 혹은 하나님을 향해 감사 기도하는 일(삼상9:13; 마14:19; 행27:35; 고전11:24). 축사는 유대인 가정에서 식사 전에 가장(家長)이 관습적으로 늘 하던 일이었다. 예수께서는 공생애 동안 자신을 좇는 무리의 목자요 새로운 신앙 공동체의 가장으로서 즐겨 축사하셨다(마14:19; 15:36; 막6:41; 8:6; 눅9:16; 24:30; 요6:11,23). 그리고 최후의 만찬 때에도 축사하시고 제자들에게 떡을 떼어 주셨다(고전11:24). 초대교회 때부터 지금까지 식사 전에 축사(감사 기도)하는 것은 이런 전통에서 비롯된 것이다(행27:35).

축원(祝願, prayer, blessing) 하나님께 복을 비는 일(잠11:11). 축복(祝福). → '축복'을 보라.

축제(祝祭, festival, fete, gala, feast) 경축하여 벌이는 큰 잔치나 행사를 이르는 말. 교회 내에서는 가능한한 사용하지 않는 것이 좋을 듯하다. → [7. 올바른 용어] '축제'를 보라.

축호전도(逐戶傳道, every home visit missions) 마치 저인망(底引網)식으로, 한 집 한 집 방문하여 복음을 전하는 일. 이는, 예수님의 제자들이 둘씩 짝을 지어 나가서 복음을 전할 때처럼 각 가정에 들어가 개인과 개인으로 만나 인격적 대화를 통해서 전도하는 것을 말한다. 일종의 개인 전도이다(마10:11-15). → '전도'를 보라.

춘계 대심방(春季 大尋訪, spring home visitation) 교회의 정기적인 행사 중 하나로, 봄철에 목회자가 교인의 가정을 방문하여 위로하고 권면하는 행위. → '심방'을 보라.

출교(黜敎, put out of the synagogue) 교적에서 삭제하고 내어쫓음(요9:22). 출교에는 일시적 출교와 영구적 출교 두 종류가 있다(눅6:22; 요9:34-35). 교회의 순결성과 신앙의 온전함을 유지한다는 측면에서, 그리스도께서 출교를 명하셨고(마18:15-18), 사도들도 가르치며(고전5:11; 딛3:10) 시행하였다(딤전1:20). → [3. 행정 및 교육 용어] '출교'를 보라.

출애굽(出 -, Exodus) 야곱 일가가 애굽으로 간 지 약 430년 동안의 애굽 생활을 청산하고 하나님의 인도로 노역의 땅 애굽을 떠나 약속의 땅 가나안으로 출발한 사건(출12:41). 이는 하나님께서 아브라함에게 이미 언약하신 일의 성취였다(창15:12-21). 출애굽 때의 지도자는 모세, 모세의 대언자는 아론이었다. 하나님은 10가지 재앙으로 애굽의 바로를 굴복시키신 후 이스라엘 백성을 애굽에서 구출해 내셨다.

이스라엘은 애굽을 떠나(출12:37) 숙곳을 향해 남동쪽으로 여정을 시작했다. 이스라엘은 광야 40년 유랑 생활 동안 구름기둥과 불기둥을 통해 하나님의 보호와 인도를 받았다(출13:21-22). 하나님은 홍해의 물을 갈라 이스라엘을 건너게 하셨고 그들을 추격하던 바로의 군대를 바닷물에 수장시킴으로써 이스라엘을 애굽 세력에서 완전히 벗어나게 하셨다(출14:15-31). 또 바위에서 물을 내시고 만나와 메추라기를 공급하심으로써 이스라엘의 광야 생활을 가능하게 하셨다(출16-17장).
　출애굽 사건을 통해 하나님은 이스라엘에게 자신의 이름을 '여호와'로 계시하셨고, '유월절'을 제정하셨으며, 십계명을 위시한 '율법'을 주셨고, 각종 제사제도와 제사장 및 성막을 완성하셨다. 이 같은 출애굽 사건은 죄인을 사망의 권세에서 구속하시는 하나님의 구원 행위의 모형이라 할 수 있다(고전10장).

출입(出入, coming in and out) 나감과 들어옴(창34:24). 드나듦. ① 일상적인 모든 활동(수14:11; 시121:8; 찬송가 73,383장). ② 공적 업무 수행(삼하3:25; 대상11:2). ③ 통치 행위(삼상12:2; 삼하5:2) 등을 이르는 말.

충만(充滿, fullness, abundance) 가득하게 참. 특히, '완전한 상태', '완성된 상태', '총체'를 말한다(창1:22; 요1:16). 주로 '그리스도의 은혜'(요1:16), '그리스도의 신성'(골2:9) 때가 찬 하나님의 경륜'(갈4:4), '믿는 자의 궁극적 구원'(롬11:12, 25), '만군의 여호와의 영광'(사6:3)의 충만함 등에 사용된다.

충성(忠誠, faithfulness) 참마음에서 우러나오는 정성. 국가 등의 조직이나 주인, 왕 등 한 개인을 향한 변함없고 지극한 마음(롬13:1-2). 특히 '하나님'께 대한 신실함(성실성)과 정직함을 가리킨다(마10:17-25; 행4:19,29; 5:29). 한편, 충성은 하나님의 일을 맡은 자의 기본적인 도리로서(고전4:2; 히2:17), 지극히 작은 일에서도 충성해야 한다(눅16:10). 이렇게 충성한 자는 주인의 즐거움에 참여하며(마25:23) 많은 상급(창15:1; 시19:9,11)과 생명의 면류관을 얻는다(계2:10). 성경에서 모세는 '하나님의 온 집에 충성하는 자'(민12:7)로 불렸다.

충심(衷心, spirit, one's true heart) 속에서 우러나는 참된 마음. '중심'(中心, 시34:18). 주로 '마음속'이나, '심령', '온 인격'을 뜻한다. → 중심'을 보라.

취하다¹(取 -, take) 버리지 않고 가지다. 어떤 태도나 행동을 하다. ① 손에 넣다(창2:21; 민17:2). ② 땅이나 성을 정복하다(민13:30; 수8:8). ③ 인재를 뽑거나 선택하다(신1:15). ④ 전리품으로 삼다(신7:25; 수6:18). ⑤ 사냥하여 얻다(신22:6-7). ⑥ 전당잡다(신24:10; 잠20:16). ⑦ 포로로 잡다(시68:18). ⑧ 이득을 얻다(고후12:17; 딛1:11).

취하다²(醉 -, get drunk) 술이나 약 기운으로 정신이 흐려지다. 잠언 기자는 술에 취하고 음식을 탐하는 자는 가난해질 것이라 하였다(잠23:21). 또 사도 바울은 종말을 사는 성도에게 술 취하지 말고 성령의 충만을 받으라고 권면했다(롬13:13; 고전6:10; 엡5:18). → '성령 충만'을 보라.

측량줄(測量 -, measuring rod) 측량에 사용되는 도구. '먹줄'(슥1:16). 갈대의 곧은 줄기로 된 '측량하는 장대'(겔40:3,5; 42:16-19)와 '삼줄' 등이 있다(겔40:3). 거리를 재거나 담이나 벽의 수직 여부를 가늠하는 데 사용되었다(렘31:39; 슥2:1). 이 측량줄은 하나님의 심판 행위와 관련해 자주 등장한다(겔40:5-48; 45:5-6; 47:3-5; 47:18). → 다림줄'을 보라.

치료(治療, healing, treatment, cure) 병을 잘 돌보아 낫게 함. 상처를 다스려 회복하게 함. 하나님은 '치료하는 여호와'(출15:26)로 불린다. 이는 하나님이 육신의 질병뿐 아니라 모든 죄 문제를 해결하시는 유일한 분임을 시사한다(호7:1). 성자 예수께서는 공생애 기간 중에 치유의 이적을 통해 죄인들에게 질병과 죄 문제를 해결해 주셨다(마9:12-13). → '치유'를 보라.

■**치료하는 광선**(治療 - 光線, healing light) - 병든 자의 육체적 고통과 죄인의 영혼을 아울러 치유하는 초월적 능력. 이는 마치 시들어가는 식물을 소성케 하는 햇빛처럼, 사망의 그늘 아래 있는 인생을 살리시고 새롭게 하시는 종말에 임할 메시야의 능력(생명)을 시사한다(말4:2).

치리(治理, reign, govern) 주도권을 쥐고 다스림(창41:33; 눅20:20). 통치함(잠8:15). → '통치'를 보라.

치소(恥笑, scoff, ridicule) 비웃고 모욕을 줌(습2:15). 멸시하며 조롱함. '조소'(합1:10), '웃음거리'(렘18:16), '비웃음'(렘25:18)으로도 표현된다.

치욕(恥辱, insult, disgrace) 수치와 모욕(삼상17:26; 사54:4; 렘3:25; 히13:13). 신약성경에서는 특히, 복음을 위해 그리스도의 이름으로 당하는 수치와 모욕을 말한다(벧전4:14).

치우치다(turn aside) 균형이 맞지 않고 한쪽으로 쏠리다. 성경은 하나님의 말씀을 지켜 좌로나 우로나 치우치지 말라고 가르친다(수1:7; 23:6; 잠4:27). 이는 하나님께서 좌우로 치우침이 없으신 분이기 때문이다(대하19:7).

치유(治癒, cure, healing) 치료하여 병을 고침(신28:27; 사58:8). → '내적 치유'를 보라.

■ **치유목회**(治癒牧會, healing pastoring) - 교회 각 구성원들의 육체적, 영적(정신적) 질환 및 각종 사회적인 장애로부터 벗어나 하나님의 형상으로 온전하게 회복되게 하는 것에 초점을 맞춘 목회를 말한다. 치유목회는 목회상담과 함께 현대 목회의 중요한 영역으로 자리매김하고 있다. → [3. 행정 및 교육 용어] '목회상담'을 보라.

친교(親交, fellowship, friendship) 친밀한 사귐. 교제(交際). 특히, 주 안에서 나누는 성도 간의 교제를 말한다(갈2:9). → '교제'를 보라.

■ **친교실**(親交室, fellowship room) - 예배당에 딸린 부속 공간으로, 성도 간에 교제를 나눌 수 있도록 마련된 처소. 일종의 교회 내 사랑방이라 할 수 있다.

친구(親舊, friend, companion) 오랫동안 친밀하게 사귄 벗. 서로 마음이 통하는 오래 된 벗(미7:5). 이에는 환난날에 친구를 외면하는 명목상의 친구(잠19:4)와 친형제보다 더 친밀하고 진실한 친구(잠18:24) 두 부류가 있다. 친구 사이에 가장 소중한 요소는 '신뢰'와 '사랑'이다. 대표적 인물로 다윗과 요나단을 들 수 있다(삼하1:26). 예수께서는 죄인들의 친구가 되기 위해 이 땅에 오셨고, 그들을 위해 자신의 목숨을 기꺼이 내어놓는 큰 사랑을 보여 주셨다(요15:13-15; 찬송가 88,90,394장).

칠(七, seven) 일곱. 완전수(完全數). '희생제물의 숫자'(창7:2; 민28:11), '제단의 수'(민23:1-2), '피 뿌리는 횟수'(레4:6-7; 민19:4) 등은 모두 7과 관계가 있다. 또 부정이 해소되는 기간(레15:19,28; 민19:11,14), 여호수아 군대가 여리고 성 주변을 돈 횟수(수6:4,8,13) 나아만이 요단 강에서 목욕한 횟수(왕하5:10) 등도 7과 관계 있다. 여기서 보듯 7은 '완성, 온전함, 완료, 충만'을 뜻하며 '거룩과 신성'이라는 상징성을 갖고 있다. 이외에도 7은 매우 큰 수나 아주 많은 양(量)을 뜻하기도 한다(신7:1; 시12:6; 행20:6). → '수'를 보라.

칠십문도(七十門徒, seventy disciples) 예수께서 예루살렘으로 파송하신 70명의 제자들을 일컫는 말(눅10:1-6). 유대인들에게 숫자 '70'은 '충만'과 '완전'을 상징했다(출24:1; 눅10:1).

칠십이레(七十-, Seventy 'sevens', the seventy weeks) 칠십 주간. 즉 490일. 이는 하나님의 구속 역사가 성취되는 한 기간을 상징한다(단9:24-27). 이 기간 중에 예수님의 구속 사역, 이스라엘의 구원(롬11:26), 영원한 의의 통치가 실현된다(사60:21; 렘31:31-34).

침(spit, sputum) 입 안의 침샘에서 분비되는 소화액. 고대에는 의료 행위에도 사용되었다(막7:33; 8:23; 요9:6). 그리고 유대인 사회에서는 침을 뱉는 것은 모욕과 수치를 가하는 행위로 여겨졌다(민12:14; 신25:9; 마26:67; 눅18:32). 성경문학적으로 '침 삼킬 동안'이란 아주 짧은 순간을 의미한다(욥7:19).

침노하다(侵擄-, forcefully advance, raid, invade) 쳐들어가서 노략질하다. 구약에서는 주로 '갑자기 달려들어 치다', '약탈하다'는 뜻으로 쓰였다(삼상27:8; 시144:14). 신약에서는 많은 사람에게 열려 있다는 뜻에서 천국의 역동성을 역설적으로 묘사할 때 언급되는데(마11:12), '강한 능력으로 힘차게 뻗어나가다'는 의미로 쓰였다.

침륜하다(沈淪-, plunge) 침몰(沈沒)하다. 몰락하다(렘51:64), 파멸하다(딤전6:9), 멸망하다(히10:39). 주로, 피할 수 없는 하나님의 심판이나 형벌을 뜻한다(딤전6:9; 히10:39).

침소(寢所, bed-room, marriage bed) 잠을

자는 처소. '침실'(전10:20). 고대 이스라엘에서 평민은 부모, 자녀 심지어 하인까지 한 방을 쓰면서 침대만 달리하는 경우가 흔했다(눅11:7). 한편, '침소를 더럽히다'는 말은, 혼인의 신성함을 깨뜨리다는 뜻이다(히13:4).

침향(沈香, aloe) 팥꽃나뭇과(科)에 속하는 상록 교목. 또는 그 나무에서 채취해 만든 향품. 몰약과 마찬가지로 방향성이 뛰어난데(아4:13-14) 애굽산(産)이 특히 우수하다(잠7:17). 몰약과 섞어 시체의 방부제로도 쓰였다(요19:39). 침향은, 하나님의 백성인 이스라엘과 그들의 번성(민24:5-6), 교회의 영광(시45:8) 등을 상징한다.

칭송(稱頌, praise, applause) ① 공덕을 칭찬하여 기림. 사람들에게서 칭찬이 자자함(행2:47; 5:13). ② 특히, 하나님을 섬기고 찬양하는 것을 말한다(대상16:4; 대하30:21).

칭찬(稱讚, praise, admiration) 좋은 점을 일컫어 기림. 잘 한다고 추어올림. ① 지혜나 능력, 외모 등이 뛰어난 사람에게 하는 칭찬(삼상25:33; 삼하14:25)과 ② 하나님이 사람에게 하는 칭찬이 있다. 특히, 하나님을 경외하는 자(잠31:30)나 연단을 통해 믿음이 옳다고 인정받은 자(벧전1:7)는 하나님으로부터 칭찬을 받는다. 한편, 칭찬은 사람의 됨됨이를 시험하는 도구가 될 수 있다는 점에서 늘 주의하고 자신을 살펴야 한다(잠27:21).

칭호(稱號, name, title) 지위나 신분을 나타내는 이름. 기억하고 기념할 만한 명칭. 이스라엘을 택하신 하나님의 거룩한 이름 '여호와'와 하나님께 선택받은 백성 '이스라엘'을 가리킬 때 주로 사용되었다(출3:15; 사45:4).

칼(sword, knife) 고대 전쟁에서 사용된 공격용 살상 무기(삼상17:51). '검'(창3:24)으로도 번역된다. 초기에는 돌칼이, 가나안 정복 즈음에는 청동제 칼이, 사사 시대를 전후한 때에 철로 만든 길고 곧은 칼이 사용되었다. 칼은 양날로 된 것이 있는가 하면(삿3:16; 히4:12) 한쪽 날로 된 것도 있다(삼상31:4-5). 비유적으로 '전쟁'(시76:3; 렘5:12), '회개치 않는 자를 향한 하나님의 심판'(시7:12),

'의인을 지키시는 하나님의 보호'(시17:13), '고통'(눅2:35), '아픔'(시42:10), '절제를 위한 노력'(잠23:2), '사람을 죽이는 권세'(계6:4), '사악한 자의 꾀'(욥5:13,15), 압제(잠30:14) 등을 상징한다.

캄캄하다(dark, gloomy) 빛이 사라져 몹시 어둡다. 앞날에 희망이 없고 절망적인 상태에 놓이다. 도무지 아는 것이나 깨닫는 것이 없다. 비유적으로는 고통스럽고 불행하며 슬픔이 넘치는 상황을 의미한다(전11:8). 또한, 성경에서 '캄캄한 데(곳)'는 '어두운 구름'을 가리키는 말로서 특히 하나님의 임재 처소를 의미하는 동시에 인간의 접근을 불허하는 하나님의 초월성과 지존성을 시사한다(왕상8:12; 대하6:1). → '어두움'을 보라.

캠프(camp) 산이나 들에 지은 임시 막사. 또는 거기서 지내는 생활. 익숙하고 편안한 환경 또는 복잡하고 치열한 일상의 생활을 잠시 접고 최소한의 장비로써 야영(野營)하는 일. 캠프는 혼자 또는 소규모 친한 사람들과 함께하는 경우도 있고, 많은 수의 다양한 구성원과 함께하는 대규모 캠프도 있다. 캠프를 통해 자아를 발견하게 하거나, 단체 생활을 함으로써 타인을 이해하고 협동심을 기르며, 창조적이고 교육적인 경험을 할 수 있게 한다. 그중에서도 교회에서 주관하는 캠프는 그 자체가 목적이 아니라 주로 캠프를 통해 하나님의 사람으로서 자기의 정체성을 확인하고, 신앙의 훈련과 성장을 목적으로 한다.

커리큘럼(curriculum) '교과 과정'이란 뜻으로, 어떤 특정한 교육이 목표하고 있는 체계적인 계획과 수행 과정을 말한다. 교회 내에서 이뤄지는 교육 과정은 교육자이든 피교육자이든 언제나 기독교 신앙에 근거한 교육을 그 목표로 한다.

커뮤니케이션(communication) 사람끼리 말이나 글자, 음성, 몸짓 등으로 사상이나 감정을 전달하는 일. 친밀한 교제(왕래, 연락, 관계맺음). 교회 내에서 복음 전파(설교, 전도 등)나 교육 활동 및 각종 회의나 봉사 등에서 커뮤니케이션은 중요한 역할을 한다. 막힘 없는 활발하고 정직한 커뮤니케이션이 이뤄질 때 교회는 건강성을 유지할 수 있다(엡2:13-22).

커뮤니티(community) 정치, 문화, 역사를 함께하는 사회. 일정한 구역 안의 지역사회(地域社會). 사상이나 이해 따위의 공통성 또는 재산의 공유를 목적으로 결집된 공동체(共同體). 특히, 기독교에서는, 특정한 교파(敎派)나, 일정한 계율에 따라 공동 생활을 하는 집단(religious community)을 가리킨다.

코이노니아(koinonia, fellowship) 헬라어로 '코이노니아'(κοινωνία)는 '교제, 사귐'(요4:9; 행10:28)이라는 뜻과 함께 '참예함'(고전10:16; 고후8:4; 빌3:10; 4:5; 딤전4:13; 요일1:11), '나눠줌'(히13:16), '친구, 동무'(고후8:23; 몬1:17) 등으로 다양하게 번역된다. 그런데 이 단어의 원래 뜻은 '(좋은 것을) 함께하다'(갈6:6)로 볼 수 있다. 이는 결국 한 개체와 다른 개체와의 친밀한 교제를 시사한다.

따라서 코이노니아의 참된 의미는 구체적인 생활면에 나타나는 물질, 사랑, 희생 등을 매개로 한 참된 대인관계의 모습이라 할 수 있다. '코이노니야'라는 단어가 때로 '동정'(원조, 롬15:26)이나 '나눠주는 일'(히13:16), '섬기는 일에 참여'(고후8:4) 등으로 번역되어 있는 것은 이러한 사실을 잘 반영해 준다. → [2. 교리 및 신앙 용어] '성도의 교제'를 보라.

쾌락(快樂, pleasure) 감각적인 즐거움. 인생이 누리는 낙(樂). 육체적(관능적) 쾌락의 위험성과 허무함, 인생의 한계 등 부정적인 측면에서 많이 언급된다(욥21:12-13; 전2:1-3,10-11; 눅8:14; 딛3:3-5; 약4:3; 5:1,5). 바울 사도는 쾌락을 말세의 특징 중에 하나로 지적했다(딤후3:4).

큐티(quiet time, Q.T.) 조용한 시간과 장소에서 기도와 말씀묵상으로 하나님과 일대일로 교제하는 시간을 말한다. 큐티에는 3요소가 있는데 ① 묵상, ② 적용, ③ 나눔이 그것이다. 즉, 큐티를 한다 함은 나만의 조용한 시간을 통해, 성경 말씀을 깊이 묵상하고, 그 묵상한 내용들을 삶에 적용함으로써 삶의 변화와 성숙을 이루며 동시에 그러한 영적인 은혜를 이웃과 나눔으로써 공동체 전체를 세우게 된다. '큐티'를 '경건의 시간', '주님과 나만의 시간'이라고도 한다. → '묵상'을 보라.

크리스천(christian) '그리스도에게 속한 자', '그리스도를 따르는 자'라는 뜻. 그리스도인(人). 사도 바울 당시 수리아 안디옥 교회 성도에게 처음 사용되었던 용어다(행11:26). 처음에는 불신자들 사이에서 사용되어 그리스도를 믿는 자들에 대한 다소 멸시하는 의미의 용어로 사용되었다. 그러나 후에는 '그리스도를 구주로 고백한 무리', '그리스도를 좇는 성도'라는 복 되고 영광스런 호칭으로 사용되고 있다. → '그리스도인'을 보라.

큰 날(the great day) ① 하나님께서 이 땅을 심판하는 날로서(습1:14; 유1:6), '여호와의 날'과 동의어로 쓰인다(사2:12; 13:6). ② 초막절, 유월절 등과 같이 유대인들에게 있어서 큰 명절을 가리킨다

코칭
(coaching)

코칭이란, 지도하여 가르치는 행위를 말한다. 즉, 발전하고자 하는 의지가 있는 개인이나 그룹이 가진 잠재능력을 최대한 개발하여 그들 스스로 사고하고 움직이는 주도적인 인재로 성장시키며, 발전 프로세스를 통해 현재 있는 지점에서 그들이 바라는 목표를 설정하고, 전략적인 행동을 통해 결과의 성취를 이루도록 인도해 주는 기술이자 강력하면서도 협력적인 관계를 말한다.

코칭은 ①행동의 변화를 유발하며, ②학습자가 능력이나 지식을 갖고 있음에도 성과가 떨어질 때 이를 다시 상승시킬 수 있게 하는 매우 유용한 방법이다.

한편, 코칭의 어원은 헝가리의 도시 'Kocs'에서 만들어진 네 마리의 말이 끄는 마차에서 비롯되었다. 즉, 여러 사람을 태워 현재 있는 곳에서 목적지까지 데려다 주는 마차에서 유래한 것이다. 이 단어는 처음 스포츠 용어에 적용되었고, 점차 음악과 미술 분야로까지 확대되다가 오늘날에는 경영이나 학습에도 적용되어 여러 기업이나 단체에서 조직의 성과나 학습 능력을 높이고 구성원의 성장을 동시에 달성해가고 있다. → '멘토링'을 보라.

(요7:37; 19:31). → '여호와의 날'을 보라.

큰 선지자(- 先知者, **Great prophet**) 선지자들 중에서 가장 위대한 분이라는 뜻으로, 예수 그리스도를 지칭한다(눅7:16).

큰 자(- 者, **the greatest, the older**) ① 부모에게 유산을 물려받고 가문의 대를 잇는 장자(롬9:12). ② 지위나 신분이 높은 자(마23:11). ③ 하나님께 귀하게 쓰임받는 일꾼(눅1:15).

키질(**winnowing**) 타작된 곡식의 낟알을 겨와 분리시키기 위해 까부는 행위. 타작 마당에서 타작기계를 이용해 떤 곡식을 키(winnowing fork)를 이용해 삽질하듯 바람에 날리면 알곡은 땅에 떨어져 쌓이고 겨는 흩어진다(룻3:2; 사30:24). 키질은 하나님의 무서운 징계와 심판을 상징한다(사30:24; 렘15:7; 51:2; 마3:12).

타락(墮落, **fall, corruption**) 품행이 바르지 못하여 나쁜 길로 빠짐. 죄를 범해 부패하고 불신 생활에 빠짐. 특히, 하나님에게서 돌아서거나 하나님에게서 떨어져 나가 심판 아래 놓이게 됨을 가리킨다. 최초의 인간은 사탄의 유혹에 빠져 하나님의 말씀을 거역함으로써 타락하게 되었다(창2:16-17; 3:1-6; 욥31:33; 사43:27; 고후11:1-3). 그 결과 인간은 하나님으로부터 분리되었고, 모든 후손도 저주를 받게 되었으며(롬5:12), 하나님의 영광에 이르지 못하게 되었다(롬3:23).

타문화권(他文化圈, **other cultures**) 자기가 속한 무리나 자신의 생활권 내의 문화를 '자문화'(自文化)라 한다면, 타인, 외부 또는 외국의 문화를 '타문화'라 한다. 그리고 그러한 타문화를 형성하고 있는 일정한 지역을 가리켜 '타문화권'이라 한다. 자신의 문화권 내에 사는 한은 대체로 그 문화를 인식하지 못하지만, 새롭고 낯선 문화권에 들어가면 다른 사람들이 다르게 산다는 것을 예민하게 느끼게 된다. 처음에는 의복, 음식, 언어, 행동의 차이를 보다가, 이어서 감정이나 믿음, 가치관의 차이를 경험하게 되고, 종국에는 세계관에서 근본적인 차이가 있음을 인식하게 된다.

이처럼 타문화권 속에서 만나게 되는 각기 다른 문화를 복음전파에 장벽이라고 생각해서는 안 된다. 오히려 이질적인 문화야말로 복음의 필요성을 확인시켜주는 것이요, 복음을 효과적으로 전달할 수 있는 하나의 통로로 보아야 한다. 사실, 선교란 '다른 사람들'에 대한 사역이기 때문이다.

타작(打作, **threshing**) 곡식 이삭을 떨어서 알곡을 거두어 들이는 일(레26:5). 이스라엘에서는 ① 막대기나 도리깨로 치거나(룻2:17; 욥41:30), ② 소나 나귀로 하여금 곡식을 밟게 하거나(신25:4; 호10:11; 고전9:9), ③ 마당질하는 도구(삼하24:22)나 수레바퀴(나무 썰매)를 지나게 하여(잠20:26; 사28:27) 곡식을 떨었다. 이때 철 타작기가 사용되기도 했다(사41:15).

성경문학적으로 타작은, 하나님의 심판(사21:10; 41:15; 미4:12-13; 고전9:10), 혹은 형벌(잠20:26)이나 잔인함(암1:3) 등을 상징한다.

■**타작마당**(**threshing floor**) - 곡물을 타작하는 장소. 바람이 잘 통하는 언덕이나 산 허리에 바닥을 고르고 둘레에 일정한 높이의 돌을 쌓아 알곡이 밖으로 떨어지지 않도록 만들었다. 타작마당은, 풍요로움(욜2:24), 심판(마3:12), 소멸(왕하13:7), 행음(호9:1-2), 회복(미4:12) 등을 상징한다.

탄생(誕生, **birth**) 사람이 태어남. 특히, 귀인(貴人)의 출생을 높여 이르는 말. 예수 그리스도의 탄생과 관련해 언급된다(찬송가 112, 113, 115장).

탄식(歎息, **groaning, sigh**) 한탄하며 한숨을 내쉼(욥3:24; 23:2; 시55:17; 102:20). 주로, 고통스럽거나(출2:23) 근심이 있을 때 탄식하게 된다(시12:5; 55:2). 하나님의 백성에게는 세상의 부패와 악의 득세로 인해 탄식하는 경우가 많다(잠29:2; 벧후2:7-8). 그런데 이 탄식에는 긍정적인 의미의 기능이 있다. 즉, 우리가 마땅히 빌 바를 알지 못할 때에 성령께서는 말할 수 없는 탄식으로 우리를 위해 간구하신다(롬8:26).

탄원(歎願, **petition, entreaty, appeal**) 사정을 말하며 도움을 요청함(렘37:16-20). 간절한 부탁. 애원. 간청. 청원. 특히, 우리 자신에게 필요한 것을 하나님께서 허락해 주시기를 간절히 기원하는 일. 이는, 하나님만이 우리의 필요를 채워주실

탄일(誕日, **birthday**) 탄생일(찬송가 116장). 태어난 날. 탄신(誕辰). 생일(창40:20).

탈선(脫線, **deviation, go astray**) 목적에서 벗어나 딴 길로 빠짐. 말이나 행동이 나쁜 방향으로 빗나감. 특히, 간음 등과 같은 성적인 타락 상태를 일컫는다(민5:12, 19).

탐심(貪心, **greed, cupidity**) 탐내는 마음. 남의 것을 가지려는 부당한 욕심(출20:17; 눅12:15; 롬7:7; 엡5:5; 골3:5). 바울 사도는 탐심을 우상 숭배요(골3:5) 죄라 하였다(롬7:8).

탐욕(貪慾, **avarice, selfish gain**) 남의 것을 가지려는 지나친 욕심. 무엇을 얻고자 하는 지나친 갈망(시78:18; 마23:25; 엡5:3). 시편 기자는 탐욕 부리는 자는 여호와를 배반하여 멸시한다 했고(시10:3), 사도 베드로는 이런 자를 저주의 자식이라 했다(벧후2:14). 사도 바울은 탐욕은 입 밖에도 내어서는 안 되며(엡5:3), 교회 직분자는 탐욕이 없는 자라야 한다고 했다(딤전3:2-3; 3:8-9; 딛1:7).
→ '욕심'을 보라.

탓(**responsibility, cause, fault**) 일이 잘못된 원인이나 까닭. 연고(緣故). 다윗이 아히멜렉 제사장 일가가 몰살당한 것이 자기 탓임을 고백하며 탄식할 때에 언급된 바 있다(삼상22:22).
■**탓하다**(**contend, find fault**) - 핑계나 구실을 대고 남을 원망하다(욥40:2). 이는, 최초 인류 아담과 하와가 범죄한 현장에서 보인 나약한 태도였다(창3:12-13).

탕자(蕩子, **prodigal, debauchee**) 방탕한 사람. 탕아(蕩兒). 예수님이 가르치신 탕자 비유에 나오는 집 떠난 둘째 아들을 가리킨다(눅15장). 그의 가장 큰 잘못은 방탕한 생활보다도 아버지의 품을 떠나간 것이었다. 한편, 이 탕자는 하나님의 사랑을 저버리고 죄악 세상 가운데 방황하는 자를 상징한다(찬송가 515장).

태(胎, **womb**) 뱃속의 생명체를 싸고 있는 태반과 탯줄의 총칭(창20:18). 여인의 자궁(子宮)을 가리키기도 하며, '모태'(母胎)로도 번역된다(민12:12; 시58:3). 하나님은 태를 조성하시고(욥31:5), 태를 열고 닫아 출생을 주장하신다(창30:22; 시22:9). 따라서 태가 닫혀 아이를 배지 못하는 것은 큰 저주로(호9:14), 반대로 태가 열려 잉태하는 것은 하나님의 은혜로 여겨졌다(창29:31).

태신자(胎信者, **unborn beliver**) 구원을 목적으로 전도자가 마음에 잉태한 잠재적인 신자를 가리킨다. 즉, 일종의 '전도 대상자'를 말한다.

태양(太陽, **sun**) 지구에 열과 빛을 보내는 태양계의 중심 항성. 일명 '해'(계21:23; 욥31:26). 하나님이 창조하신 피조물 중에 하나로서(시74:16) 낮을 주관하고(창1:16), 온기를 내며(시19:6), 결실을 도운다(신33:14).
성경은 태양 숭배를 금하고 숭배와 관련된 물건들을 파괴하도록 명령한다(레26:30; 대하14:5; 사17:8; 겔6:4,6). 태양은, '소망과 기쁨'(삿5:31), '장래의 영광'(마13:43), '공의로우신 메시야'(말4:2), '빛의 근원이신 하나님'(계21:23), '하나님의 사랑과 은총'(마5:45) 등을 상징한다.

태음(太陰, **moon**) 달(月)의 다른 표현. 태양, 별들과 함께 하나님을 찬양하도록 지음받은 피조물 가운데 하나다(시148:3). 태양과 더불어 식물의 결실을 도와준다(신33:14).

태초(太初, **beginning**) 시간이 시작된 우주의 맨 처음. 천지가 창조된 때(창1:1; 히1:10). 하나님께서 천지를 창조하심으로 시작된 시간의 출발점. 만물의 마지막 때와 상대되는 개념이다(계1:8; 21:1,6). 사도 요한은 그리스도께서 태초부터 이미 존재하셨고 지금도 영원하신 하나님과 함께 계시는 분으로 소개한다(요일1:1-2; 2:13-14).

택정(擇定, **designation, set apart**) 여럿 중에서 선택하여 정함. '구별하다, 임명하다'는 뜻. 사도 바울은 하나님의 주권적인 판단과 직접적인 선택에 의해 자신이 사도로 택정함을 입었다고 고백했다(롬1:1; 갈1:1). → '택하다', [2. 교리 및 신앙 용어에 '선택'을 보라.

택하다(擇 -, choose, prefer, pick, take) 고르다. 선택하다. 성경에서는 대부분 민족과 개인에 대한 하나님의 선택 행위(구원)를 가리킬 때 사용되는 신학적으로 중요한 단어다. 특히 구약에서는 인류 구원의 도구로 민족 차원에서 이스라엘 백성의 선택과 관련하여(사43:10-12), 신약에서는 개인 차원에서 성도의 선택(구원)과 관련하여 주로 사용되었다(롬8:30).

이 선택은 전적으로 하나님의 절대 주권과 은혜로 이루어진 것이지 사람의 노력이나 공로에 의한 것은 아니다(신7:6-8; 10:15; 롬11:5; 엡2:1-9).

■ **택하신 기업**(alloted inheritance) - 하나님으로부터 특별하게 선택받은 백성을 가리키는 관용적 표현으로, 이스라엘 백성의 별칭(신32:9).

■ **택하신 족속**(chosen people) - 하나님께 택함받은 무리. '구원받은 성도'를 가리킨다(벧전2:9). 의미상으로는 '택하신 기업' (신32:9)과 같다.

 인간을 택하신 목적

하나님이 인간을 선택하신 목적은 ① 죄악에서 구원하시기 위해(살후2:13), ② 자기 백성으로 삼으시려고(신7:6), ③ 영생을 주시기 위해(딛1:1), ④ 그리스도의 형상을 본받게 하려고(롬8:29), ⑤ 주의 이름을 전하게 하려고(행9:15), ⑥ 복음을 위해(롬1:1), ⑦ 흠이 없고 거룩하게 하려고(엡1:4; 골3:12), ⑧ 선한 일을 도모하게 하려고(엡2:10), ⑨ 예수 그리스도의 영광에 참여하게 하려고(살후2:14), ⑩ 주님의 영광을 나타내게 하기 위함이다(고후8:19).

터(foundation) 건물의 기초. 일의 기반. 주로 건축물의 기초(눅6:48; 행16:26), 또는 토지(대상21:25), 지반(地盤, 신32:22; 시18:7; 미6:2)을 가리킨다. 성경문학적으로, '하나님의 견고한 터'는 '교회'를(딤후2:19), '하나님의 경영하시고 지으실 터'는 영원한 예루살렘, 곧 '천국'을 의미한다(히11:10; 계21:2).

터부(taboo, tabu) 종교상의 금기(禁忌). 폴리네시아어 'tapu'('특별하게 구분짓다'는 뜻)에서 유래한 말로, 신적인 존재나 그 힘이 미친 대상물(특정한 사람, 물건)에 접촉하거나 특정한 행위를 함으로써 입을 수 있는 재앙이나 피해를 방지하려는 데서 비롯된 습관이다. 원시종교에서 비롯된 미신적 신앙행위 중에는 다양한 금기사항이 있다.

텐포티 윈도우(ten-forty window) 선교용어로, 북위 10도에서 40도 사이의 직사각형 창문 모양지역에 포함되는 서아프리카에서 동북아시아까지의 모든 국가들을 가리킨다. 이곳은 세계 영토의 3분의 1을 차지하며 세계 인구의 3분의 2가 거주하는 곳이자 미전도종족의 95%가 살고 있고, 더욱이 세계 주요 종교들(불교, 이슬람교, 힌두교)의 중심부가 위치한 그야말로 선교 전략상 매우 중요한 지역이다.

토기장이(土器 -, potter) 토기를 만드는 사람. 토기장이는 진흙을 반죽해(사41:25) 녹로 위에 놓고(렘18:2-3) 녹로를 발로 밟아 돌리면서 손으로 여러 모양의 그릇을 빚었다(사64:8; 렘18:6). 만약 이 과정에서 그릇에 흠이 생기면 반죽을 다시 하여 그릇의 모양을 만들었다(렘18:4). 만든 후에는 토기의 품질이나 모양에 따라 귀하게 쓸 그릇과 하찮게 쓸 그릇으로 구분했다(롬9:21). 이런 점에서 토기장이는, 절대 주권을 가진 하나님에 비유되기도 한다(사29:15-16; 64:8; 롬9:20-21).

토색(討索, swindle) 금품을 억지로 달라고 조름. 남의 물건을 강제로 탈취함(눅18:11). 성경시대에 이런 행위가 만연했었다(느5:15; 사10:2; 16:4; 겔22:12; 45:9; 단11:20). 이처럼 토색한 것으로 드리는 예물은 하나님께 결코 상달되지 못한다(말1:13). 또, 토색하는 자는 하나님의 나라를 유업으로 받지 못한다(고전6:10). 한편, 주님을 영접한 삭개오는 지난 삶을 회개하며 토색한 것이 있으면 네 배나 갚겠다고 고백했다(눅19:8-9).

토설(吐說, confession) 숨겨진 사실을 밝혀서 말함. 처음으로 입을 열어 진실을 아룀. 성경에서는 '죄를 고백하다'는 뜻으로 사용된다(시32:3).

토지(土地, land) 땅이나 흙. 또는 논과 밭 등의 경작지. '밭'(행1:18), '땅'(요4:5)으로도 번역된다(출23:19). 토지는 사람이 양식을 얻고 살아가도록(사55:10) 하나님께서 친히 만들어주셨다(창1:1,9-

13). 그러기에 토지의 근본 소유주는 하나님이시다. 인간은 다만 그 토지를 관리하는 청지기요 거기에 잠시 머물다 가는 거류민에 불과하다(레 25:23; 대상29:15). 그래서 이스라엘 백성은 토지에서 나는 모든 산물과 열매가 하나님께로부터 왔음을 고백하며 토지의 첫 열매(출23:19; 느10:35)와 소산(所産)의 십일조(신14:22)를 하나님께 드렸다. → '땅', '밭'을 보라.

토착화(土着化, indigenization) 바벨탑 사건 이후 오랜 역사를 지내오는 동안 각 지역의 풍습과 각 나라의 문화적 배경 및 전통 등이 각각 다르게 형성되어 왔기 때문에 특정 지역 내에서는 다른 지역의 문물과 세계관에 대해 배타적일 수 있다.

이런 상황을 전제하여, 복음을 전달하는 과정에서 복음이 거부당하지 않고 효과적으로 수용되도록 하기 위해 그 문화(관습, 풍속 등)와의 동일화를 모색하는 과정을 '토착화'라 한다. 물론, 토착화는 복음전달의 실효성과 방법론에 관한 문제이지, 복음의 본질적인 변화를 일컫는 말은 아니다. → [2. 교리 및 신앙 용어] '토착화'를 보라.

토하다(吐 -, vomit) ① 먹었던 것을 다시 내어놓다. 개우다. 과식한 사람이나 술취한 자 그리고 개나 큰 물고기 등이 자기가 먹은 것을 다시 내뱉을 때 사용되었다(잠25:16; 사19:14; 욘2:10). ② 마음속에 담긴 것(시62:8), 진정(삿16:17-18), 원통함(시142:2), 허탄한 자랑이나 불만(벧후2:18; 유1:16) 등을 쏟아놓다. 이외에도 ③ 향기가 온 지면을 덮는 것(아1:12), ④ 마음을 털어놓고 기도하는 것(시62:8), ⑤ 심판받아 주민이 땅에서 추방되는 것(레18:25), ⑥ 가진 것을 모두 잃는 것(잠26:11) 등을 묘사할 때 비유적으로 사용되었다.

통곡(痛哭, weep, lamentation) 큰 소리로 가슴을 치며 울부짖음(마2:18; 눅8:52). 주로 ① 마음이 괴로울 때(삼상1:10; 사65:14) ② 개인이나 국가적 위기 때(에4:3; 계1:7) ③ 죄를 회개할 때 통곡한다(왕하20:3; 사38:3). 하나님은 택한 백성의 통곡에 귀기울이신다(왕하22:19). → '울음'을 보라.

통달하다(通達 -, be conversant, understand) 어떤 일에 숙달되어 막힘이 거침이 없이 환히 알다. 진리나 도(道)를 꿰뚫어 알다. 어떤 도의 경지에 이르다(사40:14; 단1:4).

통독(通讀, perusal, read from cover to cover, read through) 책이나 문장 따위를 처음부터 끝까지 내리(훑어) 읽음.

통역(通譯, interpretation, interpreter) 서로 통하지 않는 사람들의 말을 번역하여 그 뜻을 알려줌. 주로 '통역자'를 가리킨다(창42:23). 신약에서는 성령의 은사 중에 방언으로 말한 것을 해석해 주는 통역의 은사를 말한다(고전12:30; 14:28).

통용(通用, currency, sharing everything, common) 세상에서 널리 쓰임. 참고로, ① 구약시대에 일반적으로 통용(유통)된 화폐는 은(銀)이었다(창23:16; 왕하12:4). ② 선지자 이사야는 앗수르군의 침입에 대한 예언을 누구나 읽고 이해할 수 있도록 큰 판 위에 통용문자로 기록했다(사8:1). ③ 한편, 초대 예루살렘 교회에서는 교인들이 물건을 서로 통용하며 소유권을 주장하지 않았는데, 여기서 '통용'은 '같이 사용하거나 공유하다'는 의미이다(행2:44; 4:32).

통일(統一, unity) 서로 나누어진 것을 묶어 하나로 만듦. 특히, 그리스도의 사역 중에 하나로, 부패하고 오염된 우주 만물이 그리스도를 머리로 하여 하나가 되고 질서와 조화를 이루는 것을 말한다(엡1:10; 4:6).

■**통일왕국**(統一王國, a united kingdom) - 솔로몬 사후 르호보암 때 이스라엘 왕국이 남북으로 분열되기 이전, 초대 왕 사울(B.C.1050-1010년경)에서 다윗(B.C.1010-970년경), 솔로몬(B.C.970-930년경) 때까지의 이스라엘을 가리킨다.

통찰(洞察, perception, discernment) 전체를 꿰뚫어 보고 살핌. 환히 내다봄. 인생의 행동은 물론 그 마음과 영혼을 낱낱이 살피시고 지키시는 하나님의 초월한 능력과 권세를 나타내는 말이다(잠24:12). → '감찰'을 보라.

통책(痛責, wound) 엄하게 꾸짖음. 원뜻은 '상처를 내다.' 진심에서 우러난 책망 곧 '아픈(날카로운) 책망'을 말한다(잠27:6). → '책망'을 보라.

통촉하다(洞燭 -, observe, consider) 높은 사람이나 웃어른의 행동에 관해 쓰는 말로) '형편이나 처지를 헤아려 살피다'는 뜻. 특히, 하나님의 보호와 인도를 간구할 때 사용되며 하나님의 전지성(全知性)이 함축되어 있다(시5:1; 11:4; 139:2).

통치(統治, dominion, reign) 거느리고 다스림. 지배자가 주권을 행사하여 국토와 국민을 다스림. 대부분 만유를 다스리시는 하나님의 통치와 관련해 언급된다(대상16:31; 시145:13).
■**통치자**(統治者, ruler, sovereign) - 나라를 다스리는 사람. 하나님, 메시야, 세상 통치자에 대해 쓰였다. ① 하나님은 최고의 통치자이시며(출15:18; 시103:19), 이 모든 세상 만물은 하나님에 의해 의와 공평으로 다스려진다(삿5:11; 대상16:31; 시93:1). ② 세상 종말에는 메시야가 하나님과 더불어 이 세상을 의와 공평으로 영원히 통치하게 된다(사32:1; 슥6:12-13; 마2:6; 계11:15). ③ 한편, 이 땅에는 또 다른 통치자 곧 세상 통치자들이 있는데, 이들은 최고의 통치자이신 하나님으로부터 통치권을 위임받은 존재로서(롬13:1), 정의를 행하고 선을 장려하며 악을 징벌하여 백성이 평화롭게 살도록 통치할 책임을 가진 자들이다(벧전2:13).

통한(痛恨, grief) 가슴 아프게 깊이 뉘우침. 깊은 고뇌(슬픔, 비통)나 죄에 대한 철저한 탄식과 애통을 가리킨다(고전5:2).

통회(痛悔, contrition) 깊이 뉘우침. 단지 지난 일을 회개하는 것이 아니라 지은 죄를 철저히 회개하고 죄악된 생활과 완전히 단절하는 것을 말한다(시51:19; 사66:2; 마26:75; 눅18:13). 하나님은 충심으로 통회하는 자를 용서하시고 멸시하지 않으신다(시34:18; 51:17). → '자복', '회개'를 보라.

퇴보(退步, waywardness) 이전 상태보다 못하거나 뒤떨어짐. 특히, 하나님을 배반하고 죄악의 길로 되돌아가는 것을 말한다(수23:12; 잠1:32).

투기(妬忌, jealousy) 질투하는 감정. 자기보다 우월한 사람을 인정하지 못하고 미워하는 감정을 말한다. 이는 인간의 죄악된 본성으로서(갈5:21), 인간 관계를 악화시켜 분쟁의 원인이 된다(욥5:2; 아8:6; 고전3:3; 고후12:20). '시기'(마27:18), '질투'(겔35:11)로도 번역된다. → '질투'를 보라.

특송(特頌, special praise) '특별 찬송'의 준말. 교회 예배 순서에서 공식적으로 드리는 찬양대의 찬양 이외의 특별 찬송. 각종 예배나 모임에서 하나님을 영화롭게 하기 위해 특별히 순서를 맡은 자(개인 혹은 그룹)가 부르는 찬송.

특심(特甚, very zealous) 특별히 심하거나 아주 뛰어남. 일정한 수준보다 훨씬 탁월함. 매우 유별함'(왕상19:10), '참으로 큼'(애5:22), '매우 찬란함'(단2:31) 등으로 이해할 수 있다.

틈(foothold, crack, chance, discord) 벌어져서 사이가 뜬 자리. 기회. 간격. ① 땅이나 바위 등의 갈라진 틈(출33:22; 시60:2; 아2:14; 사7:19), ② 정탐꾼이나 대적, 마귀 등이 노리는 기회나 헛점(창42:9; 엡4:27), ③ 고소하기 위한 근거(욥33:10), ④ 인간 관계의 불화 등을 말한다(겔27:9; 고전7:5). '근거'로도 번역된다(단6:4).

티(speck of sawdust) 재나 흙, 겨 등의 조그

티와 들보(speck and log)

유대인들은 자신의 큰 허물은 보지 못하고 남의 작은 허물을 트집잡는 행위를 가리켜 "남의 눈에 티, 자기 눈에 들보"라고 말한다. 이 표현은 다소 과장된 문학적 표현으로 이해할 수 있으나 유대인들의 상황에서 살펴보면 좀 더 생생한 느낌을 준다.
즉, 유대인들은 율법 가운데 매우 작고 사소한 율법을 '틱'라 하는데 원어(카르포스)의 뜻으로는 '가시', '작은 알갱이'를 가리킨다. 또 가장 중요하고 뼈대를 이루는 큰 율법을 '들보'라 하는데, 원어(도코스)의 뜻으로는 '통나무'를 말한다.
예수님 당시 종교 지도자들은 들보처럼 중요한 모세 율법과 계명은 쉽게 어기면서 다른 사람들이 지극히 작고 사소한 장로의 유전을 어기면 가혹하게 정죄하다 결국 예수께 책망을 들었다(마7:3-5).

티끌

만 부스러기나 찌꺼기. 특히 조그마한 흠집. 즉 타인의 작은 허물이나 결점(마7:3-5; 눅6:41), 윤리 도덕적인 잘못(오점)이나 흠결을 말한다(엡5:27). → '허물'을 보라.

티끌(dust) 먼지나 티 등 매우 작고 가벼운 물질. '먼지'(막6:11), '흙'(창3:14) 등으로도 번역된다. 하나님께서는 땅의 티끌로 인간을 만드셨다(창2:7; 3:19,23; 전3:20). 그래서 사람이 죽으면 티끌로 돌아간다(창3:19; 욥10:9; 시90:3).

성경에서 티끌은 비유적으로 가치 없고 사소한 것'이나 '많은 양'(창13:16; 28:14; 민5:17; 삼상2:8; 왕하13:7; 대하1:9), '인간의 죽을 운명'(창3:19), '가치 없고 허무한 존재'(욥2:12; 4:19; 10:9), '심판'(신28:24), '영광의 쇠락'(사5:24), '무력함'(사17:13), '멸절'(시18:42), '무덤'(사26:19) 등을 상징한다.

그리고 상징적으로 '티끌에 앉는 것'은 자기 자신을 부인하는 회개의 자세요(삼상4:12; 욥42:6), '티끌을 날리는 것'은 저주와 분노와 슬픔의 표현이며(삼하16:13; 욥2:12; 행22:23), '발에서 티끌(먼지)을 털어내는 것'은 상대방과의 관계 단절이나 거절을 의미한다(마10:14; 행13:51; 22:23). → '먼지'를 보라.

팀 사역(- 使役, team mission) 일정한 과업을 한 개인이 수행하는 것이 아니라, 팀을 이루어 더불어 수행하는 일. 이를 위해서는, ① 공동의 목표를 소유하는 일과 함께 ② 하나 됨을 위한 노력(배려, 협력, 조화, 신뢰, 희생, 섬김 등)이 절실히 요구된다.

팀워크(teamwork) 공동의 목표를 이루기 위한 협력 또는 협동심(단체정신). 통제하에 있는 협동작업.

파(派, sect, party) 동일한 사상을 가지고 행동을 같이하는 집단이나 단체. 종파(宗派). 성경에서는 유대교의 분파인 사두개파나 바리새파(행5:15,17), 기독교(행28:22), 고린도 교회의 파벌(고전1:10-17) 등을 언급할 때에 이 표현을 사용했다. '파당'(고전11:19), '이단'(행24:5; 벧후2:1)으로도 번역된다. → '편당'을 보라.

파기(破棄, worthless, nullify) 깨뜨리거나 찢어서 없애버림. 계약이나 약속을 취소하여 무효로 만듦. 신실하신 하나님께서 택한 백성과 맺은 구원 언약은 다른 어떤 것으로도 결코 파기될 수 없다(롬3:31; 4:14).

파도(波濤, wave) 큰 물결. 거칠고 센 물결. 이는 극심한 환난이나 인생의 위기를 상징한다(시42:7; 88:7; 찬송가 251장). 이런 거친 파도는 때론 하나님에게서 오기도 한다(렘31:5). 아무튼 인생의 파도를 잠잠케 하실 수 있는 유일한 분은 하나님이시다(막4:39; 찬송가 371장).

파선(破船, shipwreck) 배가 풍파나 암초(暗礁)로 인해 깨어짐(고후11:25). 신앙을 저버리고 완전히 믿음을 상실한 상태를 가리키는 비유적 표현으로 쓰인다(딤전1:19).

파송(派送, dispatch, sending) 어떤 임무를 맡겨 임지(任地)로 보냄. 파견(派遣). ① 하나님께서 이스라엘 백성의 죄를 지적하고 회개를 촉구하기 위해 선지자들을 보내신 일(눅13:34). ② 예수 그리스도를 체포하기 위해 유대 지도자들이 일단의 무리를 내어보낸 일(마26:47). ③ 오늘날은 복음 전파를 위해 선교사나 성도에게 사명을 주어 파견하는 것을 말한다(마28:19-20; 막16:15).

파수(把守, watch, guard) 경계하여 지킴(합2:1). 또는 지키는 사람(행12:10).

■**파수꾼**(watchman, look-out, guard) 성벽이나 망대에서 적의 침입을 사전에 경계하고 감시하는 보초(삼상14:16; 사21:11-12)나 경비병(마27:65-66). 야간에 순찰을 돌며 주민을 보호하고 밤에 시간을 알리는 역할도 하였다(아5:7). 때론 산림이나 들판, 포도원을 지키는 망대지기를 일컫기도 한다(사56:9-10). 특히, 이스라엘 백성의 영혼을 지키고 보살피는 선지자로서의 사명을 강조할 때 비유적으로 사용된다(렘6:17; 겔3:17; 33:2).

파피루스(papyrus) 나일 강 습지에서 자라는 갈대의 일종. 또는 파피루스 줄기로 만든 종이. 줄기를 좌우로 겹쳐 놓고 반듯하게 눌러 종이처럼 썼는데 주로 서신이나 계약서 등에 사용했다. 또 이들을 두루마리로 엮어서 문서 기록에도 이용했다(욥8:11 난외주).

판결(判決, judgment) 일의 옳고 그름을 가려서 판단하는 일. 소송 사건에서 법원이 법률에 따라 재판하는 일. 판결을 주관하는 자는 재판장(출21:22), 제사장(신21:5), 사사(삿4:4-5), 왕(왕상3:28), 황제(행25:21), 각 고장의 장로(신22:13-21) 등이었다.
　물론, 최고의 재판장은 하나님이시다(사2:4; 시76:8; 미4:3). 성경은 '재판은 하나님께 속한 것'이라고 선언한다(신1:17; 삼상24:15; 시76:8; 사2:4). 따라서, 재판을 맡은 자는 하나님 앞에서(민27:21) 행하는 것으로 알고 좌로나 우로 치우치지 말아야 하며(신27:11), 진리대로(사59:4), 공정하게 하며(신1:16), 특히 뇌물을 받고 왜곡되게 판결해서는 안 된다(삼상8:3). → '재판'을 보라.

판단(判斷, judgment, vindication) 전후 사정을 종합해 자기 생각을 마음으로 정함. 구원 역사를 주관하시는 하나님의 주권적 섭리(롬11:33)나 범죄한 자에게 내리시는 하나님의 준엄한 심판 행위(시96:10; 롬2:3)와 관련해 자주 언급된다. 한편, 사람은 외모로 판단하나 하나님은 그 중심을 보신다(삼상16:7; 요7:24; 롬2:11).

팔¹(arm) 손목에서 어깨에 이르는 신체 부분(삿15:14; 아8:6). 대부분 상징적인 의미로 쓰이는데 ① 하나님과 관련해서는 '구원과 심판'(출6:6; 삼상2:27,31; 시89:10; 사30:30), '통치'(사40:10), '보호와 돌보심'(신33:27; 사40:11), '영광'(사63:12), '능력'(눅1:51), '막강한 힘'(삼하22:35; 렘21:5) 등을, ② 사람과 관련해서는 '협력자나 동지'(겔31:17), '학대와 탄압'(욥35:9), '인간의 한계'(시44:3), '끝내 꺾이고 말 세력'(시37:17; 렘48:25), '교만과 사악함'(욥38:15; 시10:15) 등을 상징한다.
　■편 팔(an outstretched arm) - 쭉 뻗은 팔. 행동의 적극성을 나타내는 표현으로, 특히 하나님의 능동적이고 긴급한 도우심과 적극적인 간섭을 의미하는 의인법적 표현이다(출6:6).

팔²(八, eight) 여덟. 새로운 시작을 나타내는 수. 히브리인들에게 '8'이란 전통적으로 '새로움' 과 '새 출발'을 의미하는 숫자였다. 즉, 아이가 태어난 지 8일 만에 할례를 행함으로써 언약 백성임을 확인했고(창17:12; 레12:3; 눅2:21), 불결한 자는 제8일에 이르러 정함을 인정받고 제사 드릴 수 있었으며(레15:28-29), 희생제물로 쓰이는 동물은 난 지 8일 이후에야 비로소 여호와께 화제로 쓰임 받을 수 있었다(레22:27). 또, 안식년 제도에 따라 토지는 안식년이 지난 제8년째에 파종을 할 수 있었다(레25:22). 히스기야 왕은 8일 동안 성전 정화 작업을 했고(대하29:17), 예수께서는 안식 후 첫날 곧 제8일째 되는 날에 부활하셨다(마28:1). → '수'를 보라.

팔레스타인(Palestine) '블레셋 족속의 땅'이란 뜻. 고대에 갑돌(그레데) 섬에서 가나안으로 건너온 블레셋 족속. 혹은 이들이 사는 지역을 가리킨다. 가나안(창12:5; 민33:51), '히브리 땅'(창40:15), '약속의 땅'(행7:5; 히11:9) 등으로도 언급된다. 좁게는 북쪽 '단'에서 남쪽 '브엘세바'까지 230여km에 이르는 범위지만(삿20:1; 삼상3:20), 넓게는 동쪽으로 유브라데 강, 서쪽으로 애굽 강, 남쪽으로 신 광야, 북쪽으로 하맛 어귀에 이르는 광활한 지역을 말한다(창15:18; 민13:21).
　팔레스타인은 메소보다미아에서 시작되는 비옥한 초승달 지역의 끝자락에 위치해 중근동에서 지정학적으로 매우 중요한 곳이었다. 군사·전략적 요충지이기도 한 팔레스타인은 북방 민족의 남진(南進)이나 남방 민족의 북진 정책이 충돌하는 위치에 있었기 때문에 항시 국제 분쟁의 영향을 받았다. 그래서 일찍부터 요단 동편에 있는 '왕의 큰 길(대로)'이나 지중해 연안을 따라 남북으로 이어진 '해안 도로'가 발달하였다. 오늘날은 우리나라의 경기도보다 조금 큰 약 15,000㎢의 땅에 200만여 명이 사는 이스라엘 공화국 영토이나 팔레스타인과의 분쟁은 끊이지 않는다. → '가나안'을 보라.

패역(悖逆, guilt, deceit, perverse) 인륜에 어긋나고 불순함. 특히, 하나님의 사랑과 은혜를 저버리고 하나님의 권위와 법을 업신여기는 일체의 행위를 말한다(신21:18; 수22:19; 삿2:19; 잠14:2; 렘5:11-13). 즉, 배교(背敎) 행위(호14:4), 기만과 술수(잠6:14), 행악과 불의(왕상8:47; 대하6:37), 불순종(시68:18; 사30:1-2), 음행(민14:33), 다투기를 좋아함(겔20:21), 하나님을 대적함(민5:6), 진리를 왜곡함(마17:17) 등이 모두 패역한 행실에 속한다. 개역한글판에서는 '패려하다'(잠16:28), '패리하다'(사29:16)로도 표현된다.

■**패역자**(悖逆者, the rebellious) - 도리에 어긋나고 불순한 사람. 특히, 하나님께 불순종하며 끝까지 회개치 않고 고집 부리는 사악한 자를 말한다(사46:8; 호5:2). '반역자'(시68:18)라고도 한다.

편견(偏見, partiality, prejudice) 공정하지 못하고 한쪽으로 치우친 생각. 합당한 증거나 직접 경험과는 무관하게 특정 대상에 대해 품고 있는 지나치게 호의적이거나 비호의적인 감정이나 태도. 이 같은 편견은, 법정 재판이나 교회 치리에서 특히 피해야 할 요소다(딤전5:21).

편당(偏黨, difference, faction) 한 무리의 당파. 혹은 무리를 지음. 일명 '파당'(派黨). 사도 바울이 고린도 교회의 분파주의를 꾸짖을 때 사용된 표현(고전11:19). 당시 고린도 교회는 바울파, 아볼로파, 게바(베드로)파, 그리스도파로 분열되어 있었다(고전1:11-12). → '파'를 보라.

■**편당심**(偏黨心, prejudice) - 편을 나누고 차별하는 마음. 주님의 십자가 사랑으로 화해를 이룰 때 이 같은 마음은 사라진다(찬송가 475장).

편만하다(遍滿 -, scatter over, spread out) 널리 가득 차다. 구석구석까지 꽉 차다. 군사들이 온 들판에 가득 찬 상태나(삿15:9; 삼상30:16; 삼하5:18), 복음이 땅끝까지 널리 퍼져 나가는 형국을 묘사한다(롬15:19).

편벽(偏僻, favoritism, partiality) 공정하지 못하고 한쪽으로 지나치게 기울어짐. '치우침'(대하19:7), '불공평'(딤전5:21), '편견'(약3:17). 이는, 법정에서 재판관이 가장 경계해야 할 태도다(출23:3). 또한 사도 바울이 성도가 특별히 조심해야 할 마음자세 중에 하나로 꼽았다(딤전5:21). 성경은 오직 하나님만이 편벽 됨이 없으시다고 말한다(대하19:7).

폄론하다(貶論 -, gossip, judge) 헐뜯다. 모함하다. 비판하다. 성경에서는 가치 없고 의미 없는 말을 하다'(딤전5:13; 요삼1:10), '정죄하다'(골2:16), '비방하다'(요삼1:10), '쓸데없는 말을 하다'(딤전5:13)는 뜻으로 쓰인다.

평강(平康, peace) 마음에 걱정이 없고 편안함. 샬롬 곧 평안(평화). 내용에 따라 '안전'(욥21:23), '쉴 곳'(애1:3)으로도 표현된다. 하나님은 평강의 하나님으로서, 자기 백성과 늘 함께 계시며(롬15:33; 고후13:11), 그 마음과 생각을 지켜주신다(빌4:7). → '평안'을 보라.

■**평강의 왕**(the Prince of Peace) - 탄식과 절망 중에 있는 이 세상에 평화를 주기 위해 오신 메시야 곧 예수 그리스도를 가리킨다(사9:6; 히7:2). 십자가상에서 이 땅에 죄와 사망을 가져온 사탄의 권세를 깨뜨리고 참된 평화와 안식을 주신 예수님의 사역은 평강의 왕이라는 칭호에 잘 어울린다(찬송가 112장).

평교인(平敎人, a general believer) 특정 신분이 아닌 일반(보통)의 신자를 가리킨다. 즉, 교회의 영적 지도자나 중직자(직분자)가 아닌 일반 성도를 가리킨다. → '평신도'를 보라.

평신도(平信徒, layman, laity) '백성'을 뜻하는 헬라어 '라오스'란 말에서 유래한 용어. 이는 원래 하나님의 모든 백성을 가리켰으나, 교회역사를 통해 성직자가 아닌 '일반 교인'을 가리키는 말로 쓰였다. 평신도와 성직자를 구분하기 시작한 것은 A.D.2세기경 클레멘스(Clemens of Rome)가 처음으로 고린도에 보낸 편지에서 장로(감독), 집사, 평신도라는 세 칭호를 사용한 데서부터 비롯된다.

중세 시대까지 평신도는 모든 종교행위의 피동적 참여자로서, 오직 가르침을 받고 복종하며 헌금하는 일만 요구될 정도로 그 권한은 계속 제한되었었다. 평신도의 권한을 되찾아 준 것은 16세기를 전후 해 활동한 종교개혁자들에 의해서였다. 특히, 루터는 만인제사장직을 강조하면서 하나님 앞에서 모든 성도는 차별없이 거룩한 제사장임을 일깨웠다(벧전2:9; 계1:6).

■**평신도 사도직**(平信徒 使徒職, lay apostolate) - 교회 내 평신도가 교회의 복음증거 사역에 절대적으로 필요한 존재로서 그 역할이 매우 중

대함을 강조한 표현. 예수께서는 자신의 몸인 교회를 통해 지금도 천국 확장의 대 역사를 펼쳐가신다. 그 몸에 속한 지체 곧 평신도는 그 몸의 성장과 일치와 협력에 일익을 담당하고 있다.

■**평신도 사역자**(平信徒 使役者, **lay minister**) – 평신도 가운데 자신이 지닌 재능을 개발하여 교회의 지체들 곧 다른 사람들을 훈련하고 가르치는 역량을 지니게 된 사람을 가리킨다.

■**평신도 선교사**(平信徒 宣敎師, **lay missionary**) – 전문적인 선교 훈련을 받고 공식 절차를 좇아 선교사로서 세움을 입지는 않았지만, 선교 현장에서 자신의 직업과 재능을 활용하여 복음 전파 사역에 헌신하는 평신도를 가리킨다.

■**평신도 훈련**(平信徒 訓練, **training of layman**) – 일반 신도를 성숙한 교회의 일꾼으로 성장시키기 위한 훈련. 훈련 내용으로는, 소그룹 성경공부, 기도훈련, 전도훈련, 봉사훈련 등으로 구성되는데, 일종의 '제자화 훈련'이라 할 수 있다.

평안(平安, **peace, calmness**) 모든 것이 원만하여 마음에 걱정이 없는 상태. '평강', '평화'로도 번역된다. 히브리어로는 '쌀롬'인데, ① 국가간에 전쟁이나 분쟁이 없는 평화로운 상태(삿8:9; 삼상7:14; 왕하9:17; 대하14:6), ② 가정에서 불화가 없는 행복한 상태, ③ 가난과 궁핍 등 경제적 고통에서 자유로운 상태(시147:14) 등을 의미한다.

히브리인은 이런 평안을 갈망하여 '쌀롬'을 일상적인 인삿말로 사용했다(창29:6; 삼상25:6; 눅10:5-6; 벧전1:2). 그런데 이 평안은 궁극적으로, 평화의 왕이신 예수 그리스도(사9:6)를 통해서 죄사함을 얻고 하나님과 화목하게 될 때 비로소 누릴 수 있다(요14:27; 롬5:1). → '평화'를 보라.

■**평안에 들어가다**(**enter into peace**) – '영원히 안식하다', '죽어서 하나님의 품에 안기다'는 뜻(사57:2).

■**평안한 복지**(**the mansions of rest**) – 예수 그리스도께서 예비해 두신 하늘 아버지 집 곧, 천국을 가리키는 말(요14:1-3; 찬송가 538장). 이곳은, 다시는 사망이 없고 애통하는 것이나 아픈 것이 없는 절대 평안의 곳이다(계21:4).

평온(平穩, **peace, quietness**) 평화롭고 안온함. 전쟁이 그치고 평화로운 상태(삿3:11,30; 대상22:9). 이 같은 평온은 하나님이 주시는 선물이다(대상22:18).

평화(平和, **peace**) 평온하고 화목함. '평안', '평강', '화평' 등으로도 표기된다. 구약에서는 근심이 없는 상태(창15:15; 출18:23; 시4:8), 분쟁이 없는 화목한 상태(창13:8; 시133:1), 전쟁을 종식하는 화친(수9:15; 왕상20:18), 건강이나 안식(시38:3), 삶의 평강(잠3:2), 형통함(시73:3) 등 인간의 모든 활동 영역에서 구체성을 띠는 복된 상태를 나타낸다.

이런 평화는 하나님과의 바른 관계가 전제될 때에만 가능하다(민6:26; 시85:8; 사26:3; 렘16:5; 겔34:25; 말2:5). 즉, 평화는 하나님과의 관계를 깨뜨리는 불의와 죄악을 제거함으로써 실현된다(시72:7; 사32:17). 그런 점에서 진정한 평화란 하나님께서 죄를 제거하시고 용서하시며 구원을 베풀어 주실 때에만 가능하다(시119:165-166; 사53:5; 54:9-10).

이 평화는 신약에서 예수 그리스도에 의해 실현되었다(눅2:11,14). 곧, 예수께서 십자가에 달려 화목제물이 되심으로써 하나님과 단절된 관계를 회복시켜 주셨기 때문에 우리는 하나님과 평화를 누릴 수 있게 되었다(롬 5:1-11; 엡 2:14-17; 골 1:20). 바로 이 평화에 기초할 때 진정한 평화가 임하게 된다(마5:9; 엡2:18-19; 히10:19-24; 약3:17-18). 이런 평화를 추구하는 것이야말로 마지막 날 완성될 평화의 나라를 소망하는 성도의 바른 신앙 자세다(롬14:17-19; 골3:15; 딤후2:22; 히12:14).

■**평화의 사신**(**the envoys of peace**) – 전쟁을 막고 화친하기 위해 파견된 사신(使臣). 대표적으로 유다 왕 히스기야가 앗수르 왕 산헤립에게 평화 조약을 체결하고자 선물과 함께 보낸 사신이 있다(사33:7). 한편, 신약의 모든 성도는 하나님과 원수 된 이 세상에 파견된 하늘나라의 '평화의 사신'이며(롬10:15), 또 모든 사람과 더불어 평화해야 할 책임을 맡은 자들이다(롬12:18).

■**평화의 왕**(**the King of Peace**) – 죄와 사망 아래서 신음하는 인류에게 참된 평안을 전하기 위해 이 땅에 오신 예수 그리스도를 가리킨다(찬송가 120, 124, 453, 462장). → '평강의 왕'을 보라.

포구(浦口, **estuary**) 배가 드나드는 강의 어귀.

종종 영원하신 주님의 팔은 '안전한 포구'(찬송가 406장)에, 이 세상은 '멸망의 포구'에 비유된다(찬송가 272장).

포도(葡萄, grape) 포도나무의 열매. 원어는 '포도'와 '포도나무'의 구분이 없다. '송이'(신32:32), '포도송이'(사65:8)로도 번역된다. 올리브(감람), 무화과와 함께 팔레스타인의 3대 주요 과실 중에 하나로 팔레스타인 전역에서 재배되었다(신6:11). 유명한 포도 산지로는, 에스골 골짜기(민13:23-24), 세겜(삿9:26-27), 딤나(삿14:5), 실로(삿21:20-21), 이스르엘(왕상21:1), 엔게디(아1:14), 바알하몬(아8:11), 사마리아(렘31:5), 레바논(호14:7) 등으로 팔레스타인 내 거의 모든 지역에서 포도가 재배되었음을 알 수 있다.

성경문학적으로, 포도는 '큰 기쁨'(호9:10), '풍성한 생산력'(아7:8; 호10:1), '풍부'(욜2:22), '번성'(시80:8-10; 호14:7), '평화와 행복'(왕상4:25; 슥3:10; 계21:25-26), 또는 '하나님의 준엄한 심판'(욥15:33; 렘49:9; 욜3:13; 옵1:5; 계14:18-19)과 관련해 비유적으로도 자주 언급된다.

■**포도나무(vine)** - 선민 이스라엘을 상징하는 수종(樹種, 창49:22; 렘2:21; 호10:1). 포도나무는 더위를 잘 견디며 뿌리를 땅 속 깊숙이 내리는 식물의 특성상 어지간한 광야 지역이나 경사진 산지에서도 열매를 잘 맺어 팔레스타인과 같이 덥고 건조한 기후와 산악 지역이라는 불리한 조건에서도 잘 자란다.

그래서 히브리 사회에서 포도나무는 안정된 생활, 평화와 번영을 상징했다(왕상4:25; 미4:4; 슥3:10). 이외에도 포도나무는 신실하고 경건한 아내(시128:3), 타락한 인간(신32:32), 그릇된 선민(렘2:21) 등을 상징했다. 한편, 신약에서 예수님은 자신을 '참 포도나무', 하나님 아버지를 '농부'에 비유하셨다(요15:1-11).

■**포도를 거두는 자(grape picker)** - 심판자. 하나님의 심판을 수행하는 도구로 사용되는 '침략군'을 일컫는 관용적 표현(렘49:9). '포도 밟는 자'와 같은 의미로 쓰이기도 했다(렘25:30).

■**포도 밟는 자(who tread the grapes)** - 포도즙을 내기 위해 포도송이들을 발로 밟는 자. '심판주로서의 하나님'을 일컫는 관용적 표현(렘25:30). 팔레스타인에서는 포도가 익으면 농부는 포도를 따서 포도주 틀에 넣은 뒤 발로 밟아 포도즙을 짰다.

포도원(葡萄園, vineyard) 포도를 재배하는 과수원. 포도밭. 포도원은 이스라엘 백성의 삶과 밀접한 관계가 있어 '이스라엘 땅', '하나님의 백성', '하나님의 나라'와 관련된 비유나 상징에 자주 언급된다(마20:1-8; 21:28-32; 눅13:6-9). 특히, 이사야 선지자가 이스라엘 백성의 죄악을 책망한 '포도원의 노래'는 유명하다(사5:1-7).

■**포도원 주인**(葡萄園 主人, owner of vineyard) - 예수께서 가르치신 포도원 비유에 나오는 심판주 하나님의 별칭. 하나님은 마치 포도송이를 수확하는 농부처럼, 종말에 선인과 악인을 구분하여 의로운 자는 천국에 들어가게 하시고 불의한 자에게는 영원한 형벌을 내리신다(마20:8).

포도주(葡萄酒, wine) 포도를 주 원료로 하여 발효시킨 술. 포도주는 식수가 부족한 팔레스타인을 비롯한 중근동에서는 음료처럼 이용되었다(룻2:14). 포도주는 ① 절기나 제사 의식(출29:40; 레23:13), ② 손님 접대나 결혼식 등 잔치나 연회(창21:8; 삿14:10; 요2:1-11), ③ 소독약(눅10:34)이나 위장약(딤전5:23), 마취제(마27:34; 막15:23) 등 약품(잠31:6), ④ 선물로 활용되었다(삼상25:18; 삼하16:1). 하지만 지나치게 포도주를 즐기는 것은 삼가야 했다(레10:9; 민6:3; 잠20:1; 렘35:6; 롬13:13; 고전5:11; 엡5:18; 딤전3:8; 벧전4:3).

한편, 성경문학적으로 포도주는 '하나님이 주신 복과 은총'(창27:28), '신앙 생활의 기쁨'(사55:1), '지혜의 기쁨'(잠9:2,5), '인생의 쾌락'(아4:10), '하나님의 심판'(렘51:7), '가증한 행위'(계14:8) 등을 상징한다.

표(標, mark) 겉으로 두드러지게 나타나 보이는 특징. 고대에 소유권을 표시하기 위해 가축이나 노예의 몸에 찍은 도장이나 색인을 의미한다. 성경에 언급된 표를 보면, ① 하나님께서 가인의 보호를 위해 주신 표지(창4:15). ② 유대인들이 미간에 붙인 경문(출13:3-10; 13:11-16; 신6:4-9; 11:13-21 등의 말씀을 기록하여 담은 작은 통). ③ 할례의 흔적(롬4:11). ④ 적그리스도를 추종하는 자들이 이마나 오른손에 새긴 표(계13:16; 16:2).

표상(表象, pattern) 어떤 것의 본질을 나타내는 원래의 형상이나 표본. 일명 '모형'(模型). 사도 바울은 최초의 인류요 죄인인 아담을 가리켜 장차 오실 자, 곧 죄사함의 은총을 베푸시는 새 생명의 근원인 예수 그리스도의 표상이라 했다(롬5:14).

표적(表蹟, miraculous signs) 초자연적 능력에 의해 외부로 나타난 현상. '표징' 과 동의어로 사용된다. 대부분 하나님이나 예수님, 선지자와 사도들에 의해 행해진 놀라운 이적과 관련해 언급된다(출4:8; 12:13; 신22:17,20; 시78:43; 86:17; 105:27; 135:9; 렘32:20-21). 특히 신약에서는 예수께서 메시야이심을 나타내는 이적을 일컫는 표현으로 쓰인다(마12:38; 요6:30; 20:30). → 기사를 보라.

표징(表徵, sign) 겉으로 드러나는 두드러진 특징. 특히, 하나님의 능력과 역사를 증거할 만한 표시를 가리킨다(창17:11). → '표적' 을 보라.

푯대(標 -, goal) 목표로 세우는 기둥. 행동을 통해 달성하려는 목표물. 원래는 마라톤 경주의 최종 결승점. 신앙의 최종 종착점인 하늘나라를 상징한다(빌3:14).

푸르다(blue, flourish) 하늘빛이나 풀의 빛과 같다. 푸른색은 자주색과 함께 지체 높은 사람이 입는 관복에 사용되었다(에8:15). 또 가지가 푸른 것은 나무의 건강한 상태를 나타내며 형통과 번영을 상징한다(욥15:32).

풀(grass, herb) 줄기가 연하고 나무의 성질을 띠지 않는 초본식물(草本植物)의 총칭. 풀은 아무 곳에서나 왕성하게 잘 자라는(삼하23:4; 시72:16; 92:7) 대신에 쉽게 시들어(시102:4) 베어진다(시90:6). 하지만 이런 풀조차도 하나님이 친히 입혀 주신다(마6:30).
이런 특성들 때문에 풀은 '유한한 인생과 그 영화' (시90:5-6; 사51:12; 마6:30; 눅12:28; 약1:10-11; 벧전1:24), '악인의 허망함' (시37:2; 92:7), '하나님의 심판' (신29:23; 계8:7), '왕성한 생명력' (삼하23:4), '회복될 하나님의 나라' (사35:7) 등을 상징한다.

■풀밭(pasture) - 잡초가 많은 땅. 초장(草場). 풍요와 안식을 상징한다(시23:2). 그러나 때론 파멸과 심판을 나타내기도 한다(습2:6).

풀다(untie, solve, vindicate, rescue) ① 묶이거나 얽힌 것을 끄르다(창43:21; 사7:25; 막11:4; 행27:40). ② 이치를 밝히거나 문제의 답을 얻다(삿14:12; 눅24:32; 행18:26). ③ (소원이나 억울함 등) 마음에 품은 것을 이루다(삼상24:15; 시72:4; 잠23:11; 눅18:3). ④ 제한된 상태를 자유롭게 하다(시71:2; 렘52:31).

> **용어상식**
>
> ## 풀무
> (furnace)
>
> 금속을 용해하고 제련하는 용광로(잠17:3; 렘6:29; 겔22:20). 쇠풀무(신4:20; 왕상8:51; 렘11:4) 이외에, 점토로 된 도가니, 돌풀무 등이 있다. 주로 금속을 정제하는 용광로(마13:42), 떡을 굽는 화덕(레24; 느3:11; 시31:9), 불을 때는 아궁이(마6:30), 사람을 불에 태워 죽이는 화형 도구(단3:15)를 일컫는다.
> 성경에서 풀무는, '속박' (신4:20), '불 같은 심판' (겔22:20), '끊이지 않는 정욕' (호7:4), '혹독한 시련' (왕상8:51; 시21:9), '영적인 단련' (시12:6; 잠17:3; 사48:10), '최후의 불심판과 지옥' (말4:1; 마13:42; 계9:2) 등을 상징한다.

품(breast, bosom) 두 팔을 벌렸을 때 그 사이의 가슴(요13:23). 유방을 일컫기도 한다(겔23:3). 품은 '사랑' (잠5:19), '보호' (사40:11), '안정과 평화' (눅16:22-23) 등의 상징적 의미를 갖는다. 특히 '아브라함의 품' 은 더할 수 없는 지극한 행복과 복락을 나타낸다(눅16:22).

품위(品位, dignity, a fitting way) 사람이 지닌 성품(인품). 또는 물건이 지닌 성질. 욥기에서는 '숭고함', '고귀함' 의 의미로(욥30:15), 바울서신에서는 '알맞게', '교양 있고 단정하게' 등의 뜻으로 쓰였다(고전14:40).

품하다(稟 -, bring one's case before) 웃어른의 의견을 듣기 위해 말씀을 여쭙다. 아뢰다. 특히, 하나님께 예물을 드리거나 하나님의 거룩한 뜻을 여쭙기 위해 하나님 앞에 가까이 나가는 것을 가리킨다(민27:5).

풍랑(風浪, **storm**) 바람과 물결. 바람결에 따라 일어나는 물결(행27:18,20). 한편, 풍랑은 인생이 만나는 각종 시련과 환난(찬송가 63,182,345,381장)이나 시험(찬송가 400장), 근심(찬송가 288장), 의심(찬송가 443장) 등을 상징한다. → '파도'를 보라.

풍부(豊富, **rich, abundance**) 넉넉하고 많음. 주로, 재물이나 소유의 풍부함에 대해 쓰였다(창36:7). 시편 기자는 재물이나 소유의 풍부함을 의지하지 말라고 권면했고(시49:6), 사도 바울은 옥에 갇혀서도 풍부함을 누릴 줄 아는 일체의 비결을 배웠다고 고백했다(빌4:12).
■**풍부한 곳**(**a rich land**) – 젖과 꿀이 흐르는 '가나안 땅'의 별칭(시66:12; 민13:23).

풍비(豊備, **rich, abundance**) 풍성하고 넉넉하게 준비함. '풍성함'(시22:29). 특히, 우주 만물의 조성자요 섭리자요 그 소유주이신 하나님께서 자연 만물을 통해 인간을 풍성하게 먹이고 입히시는 역사를 말한다(욥36:31).

풍설(風說, **rumor, false report**) 항간(巷間)에 떠돌아다니는 말이나 소문. 풍문(風聞). 근거 없는 말. 율법에서는 거짓된 풍설을 퍼뜨리는 악행을 엄히 금한다(출23:1).

풍성(豊盛, **abundance**) 넉넉하고 많음. 가득하고 충만함. 하나님의 풍성한 은혜와 자비(롬2:4; 엡1:7), 희생제물의 풍성함(대상29:21), 수확과 재물의 풍성함(창27:28; 눅12:16), 예수 그리스도의 구원 은총의 풍성함(엡3:8) 등에 사용되었다. → '풍부', '풍요'를 보라.

풍속(風俗, **custom, practice**) 옛적부터 지켜져 내려오는 생활 습관이나 사회적 관습. 즉, ① 전통이나 관습법(왕상18:28; 왕하11:14; 행25:16), ② 개인적인 습관이나 도덕 양식(레18:3; 삿2:19; 대하13:22; 눅22:39), ③ 규정된 절차(레6:11).

풍요(豊饒, **wealth**) 매우 넉넉함. 풍부하고 많음. 전도서 기자는 오직 하나님을 경외하는 자만이 범사에 풍요로움을 누리게 된다고 가르친다(전5:10).
■**풍요를 사랑하는 자**(**who loves money**) – 재물을 인생의 최고 가치로 삼는 자. 돈을 사랑하는 자. 이런 자는 아무리 소득이 많아도 결코 만족할 줄 모른다(전5:10).

풍우(風雨, **rainstorm, wind and rain**) 바람과 비. 만물을 조성하시고 자연 세계를 다스리시는 하나님의 오묘한 섭리를 묘사할 때 언급된다(욥36:33). 때로, 성도가 이 땅을 살아가면서 만나게 되는 거친 시련과 고통을 나타내기도 한다(찬송가 387,419,473장). → '비바람'을 보라.

풍조(風潮, **wind, tide, tendency**) 바람에 따라 흐르는 조수(潮水). 세상이 되어가는 형세나 사조(思潮). 특히, 세속적인 유행이나 이단 사설과 같은 거짓된 가르침 등을 통칭한다(엡4:14). 참고로, '세상 풍조'(엡2:2)란 '세상의 죄악된 유행이나 전통', 혹은 '육신의 정욕을 좇아 세속적인 삶을 추구하는 불신 생활'을 뜻한다(찬송가 490장).

풍족(豊足, **abundance**) 풍성하고 넉넉함. 의로운 자(시37:19), 구제를 좋아하는 자(잠11:25), 여호와를 의지하는 자(잠28:25)는 풍족하게 된다.

풍파(風波, **storm, the wind and waves**) 세찬 바람과 거센 물결. 인생의 온갖 고초와 역경을 상징한다(찬송가 413,429장). → '파도'를 보라.

피(**blood**) 혈액(血液). 성경에서는 '혈연', '혈통', '혈기' 등의 의미를 갖는다. 특히 '피'는 생명의 근원이요 본질(창9:4; 레17:11)로서 매우 귀하게 여겨져 살인한 자는 반드시 피의 대가를 피로 갚아야 했다(창9:6). 여기에 속죄 원리가 있다. 그래서 하나님께 범죄한 자들은 희생 짐승의 피를 제단에 쏟고 그 제물을 하나님께 드리는 속죄 제사를 통해서만 죄용서를 받을 수 있었다. 따라서 각종 제사에서는 반드시 희생 제물의 피가 요구되었다(출29:16; 레3:2; 4:5-7). 이 원리는 신약에서 예수 그리스도의 대속의 죽음 곧 십자가에서의 피흘리심에도 그대로 이어진다(히9:14,22).

성경문학적으로 피는 '승리' (시58:10), '생명' (시72:14), '속죄와 구속' (레17:10-14; 슥9:11; 히9:14), '회복' (사4:4), '새 언약' (마26:28), '순교' (왕하9:7; 마23:30,35; 계17:6; 19:2), '파괴' (겔35:6), '학살' (렘46:10), '보응' (사49:26), '무자비함과 압제' (합2:12), '죄책' (레20:9; 삼하1:16; 겔18:13), '심판' (겔16:38; 계16:6) 등을 상징한다.

■**피 권세**(- 權勢, the power of blood, the ransomed) - 예수께서 십자가에 못박혀 피흘려 죽으심으로써 모든 죄을 구속하신 그 능력과 섭리를 가리킨다(찬송가 258장).

■**피 근원**(- 根源, the source of flow) - 생리 중에 있는 여자의 하체를 가리키는 완곡한 표현. 율법은 생리 중인 여자와 동침하는 것을 부정한 행위로 규정한다(레28:10).

■**피땀**(blood and sweat) - 피와 땀. 온갖 힘을 다 들이는 수고와 노력을 시사하는 말. 겟세마네 동산에서 땀을 핏방울처럼 흘리시며 기도하신 예수 그리스도의 마지막 기도 모습을 묘사할 때 언급된 표현이다(눅22:44; 찬송가 324장).

■**피로 사다**(do purchase) - 야외 장터(아고라)에서 물건을 사고파는 데서 유래한 단어로, 예수께서는 우리의 죄를 대속하기 위해 자신의 보혈을 대가로 지불하고 우리를 자신의 소유로 삼으셨다. 그리하여 죄의 노예로 하여금 하나님의 자녀가 되게 하셨다(행20:28; 계5:9; 찬송가 320장).

■**피를 흘린 자**(man of blood) - '살인자' 를 일컫는 완곡한 표현(삼하16:7). 때론, 반란이나 정변을 일으켜 정권을 잡은 자를 가리킨다.

■**피와 물**(blood and water) - 사람의 생명을 유지하는 가장 기본적인 구성물. 생명 그 자체를 상징한다(창9:4-5). 한편, 로마 군사들이 십자가에 달리신 예수님의 옆구리를 창으로 찔렀던 사건에서 '피와 물' 이 언급된다(요19:34). 여기서의 '피와 물' 은 메시야적 구속의 완성을 확증해 주는 증표라 할 수 있다.

■**피와 불과 연기 기둥**(blood and fire and billows of smoke) - 세상 종말에 임할 각종 재난들을 대표하는 표현. 동시에 하나님의 임재를 상징하기도 한다(욜2:30). '피' 는 죽음, '불' 은 전쟁, '연기 기둥' 은 각종 재앙들을 암시한다.

■**피의 보복자**(the avenger of blood) - 피살된 친족을 위해 피의 복수를 해야 할 의무를 가진 자(민35:9-34). 억울하게 살해당한 피해자의 형제나 가장 가까운 친족이 여기 해당한다(수20:3). 이 제도는 복수를 권장하거나 피의 악순환을 조장하려 함이 아니라 공권력이 미약했던 고대 사회에서 살인 등의 범죄나 불법 행위를 사전에 방지하여 사회 정의를 구현하려는 데 목적이 있었다.

하지만, 실수로 사람을 죽인 자도 피의 보복자에 의해 살해될 위험이 있었다. 그래서 마련된 보완책이 바로 '도피성 제도'다. 개역한글판은 '피의 보수자' (수20:3). → '도피성' 을 보라.

■**피의 어머니**(mother of blood) - 낳아준 어머니. 육신의 어머니(겔19:10).

■**피의 전제**(libation of blood) - 피를 먹거나 몸에 바르는 타락한 우상 종교의 제사 의식(시16:4). '전제 (奠祭)란 원래 희생제물 위에 포도주나 독주를 곁들여 드리는 제사를 말한다(출29:40).

■**피투성이**(bloodiness) - 피가 온몸에 묻은 모양. 비유적으로는, 갓 태어난 어린아이를 일컫는다(겔16:6,22).

■**핏값**(account for blood) - 무고한 사람을 죽이고 얻은 대가. 특히, 악을 저지른 자가 받는 보응(창42:22).

■**핏빛**(bloody) - 피처럼 붉은 빛. 달이 핏빛같이 변하는 것' 은 우주 천체에 임할 무서운 종말적 재앙을 말한다(욜2:31).

■**핏소리**(voice of blood) - 억울하게 죽은 자의 간구나 호소(피의 절규)를 뜻하는 시적 표현. 아벨의 죽음과 관련하여 언급된다(창4:10).

피곤(疲困, tiredness, fatigue) 몸이 지쳐서 고달픔. 성경에는 육신적 피곤(창25:29; 출17:12), 정신적인 피곤(시38:8), 영적인 피곤(시107:5; 119:81; 143:7) 등을 소개한다. 이렇듯 사람은 끊임없이 피곤한 인생을 살아가나, 하나님은 피곤하지도 곤비하지도 않으시며, 도리어 피곤한 자에게 힘과 능력을 주시는 분이다(사40:28-29).

피난처(避難處, a place of refuge, shelter) 위험으로부터 몸을 안전하게 숨길 수 있는 처소. 재난을 피해 옮긴 거처. 주로 '견고하고 안전한 요새지' (사14:32; 나3:11), '동맹국 (사30:2)을 가리킨다. 좁은 의미에서는 비나 바람을 피할 수 있는 바위틈'이나 '동굴'을 가리키기도 한다(욥24:8; 사 32:2). 인생의 환난날에 유일한 피난처는 하나님이시다(시7:1; 18:1-2; 46:1; 94:22; 렘16:19). 한편, 거짓을 자신의 피난처로 삼아 위기를 모면하려는 자는 결국에는 멸망하고 말 것이다(사28:15-19).

피조물(被造物, creature, a created thing) 하나님에 의해 창조된 만물(萬物, 약1:18). 창세기 1-2장에는 세상 모든 만물이 하나님에 의해 창조되었음을 분명하게 가르친다(행4:24; 17:24; 엡3:9; 골1:16). 곧 하나님은 우주 만물의 창조주요, 조성자이시다(롬11:36). 이 피조물에는 세상 만물뿐 아니라 하나님의 형상으로 지음받은 인간도 포함된다.

그런데 죄 가운데 타락하여 모든 피조물까지 부패하게 만든 인간은 더 이상 하나님 앞에 직접 나갈 수도 없고 하나님과의 인격적 교제도 불가능한 존재가 되었다. 사도 바울은 이런 타락한 인간이 새롭게 되는 길은 오직 예수 그리스도를 통해 죄사함을 입고 구속의 은혜를 받아 새로운 피조물로 거듭날 때만이 가능하다고 했다(고후5:17; 갈6:15). → '창조'를 보라.

피차(彼此, one another, each other) 이것과 저것. 서로. 성도가 상호간에 피차 해야 할 일로는, 사랑(롬13:8), 복종(엡5:21), 용서(골3:13), 권면(살전5:11) 등이 있다.

핍박(逼迫, persecution, pressure, tightness) 육체적, 물질적, 정신적 고통을 주며 괴롭힘. 성도의 경우, 십자가 진리를 전하다가(갈5:11), 하나님을 위해 살다가(마13:21; 딤후3:12) 핍박을 당하는 경우가 흔히 있다. 이렇게 주님을 위해 무고하게 핍박당한 자들로는, 아벨(창4:8), 엘리야 시대의 경건한 선지자들(왕상18:4,10), 예레미야(렘33:1), 세례 요한(마14:3-12), 스데반(행6:9-15), 신약의 사도(계1:9) 등이 있었다.

예수께서는 전도자나 사역자, 그리고 성도가 당할 핍박을 예견하시고 의를 위해 핍박받는 자가 복이 있다 하셨다(마5:10). 또 핍박 중에도 기뻐하고 즐거워하며(마5:12), 서로를 위해 기도하라고 가르치셨다(마5:44). '박해'로도 표현된다. → '박해', '시련'을 보라.

하감하다(下鑑 -, see) 윗사람이 보거나 높은 곳에서 내려다 보다. 성경에는 하나님께서 '자세히 내려다 보시며 그 사정을 살피신다', '깊은 관심을 가지고 주목하신다', '굽어보신다'는 의미로 사용되고 있다(신26:7; 행4:29).

하나(one, only one) 수의 첫 번째. 일(一). 한 가지. 일체(一體). 성경에는 오직 하나, 곧 유일한 것을 가리킬 때 자주 사용되었고(마23:8-10; 말2:15), '연합하다, 함께하다'는 의미로도 쓰였다(삿20:11; 행4:32; 롬12:4-5; 엡2:14; 4:3). 그리고 '하나도'의 형태로 쓰여, '도무지, 조금도'라는 뜻으로도 사용되었다(창39:11; 출8:31; 신2:36). 그리고 예수께서는 하나님과 '본질적으로 동등하다'는 의미로 이 표현을 쓰셨다(요10:30). → '수'를 보라.

하나님(God, the Lord) 온 세상(만물과 역사)의 창조자(조물주)요(창1:1-2:4; 출20:11; 시24:1-2; 121:2; 계4:11), 섭리(경영, 통치)자이며(잠21:1; 단4:35; 엡1:11; 히11:10), 구속주(시130:8; 사43:14; 63:16)요, 심판(완성)자(창18:25; 벧전4:5)로서 영원히 찬양과 경배를 받으실 유일한 분이다. → '아도나이', '엘로힘', '여호와', '주', [2. 교리 및 신앙용어] '하나님'을 보라.

■**하나님과의 교제**(communion with God) - 하나님과 인간 사이의 친밀하고 내밀한 교제. 하나님은 창조 당시 자신과 교제할 수 있는 존재로 자신의 형상대로 인간을 만드셨다. 하지만 인간의 범죄로 교제가 단절되고 말았다. 그럼에도 하나님은 타락 이후부터 줄곧 여러 방법으로 인간과의 교제를 진행해 오셨다(창3:21; 히1:1-2). 그리고 마침내 그 교제의 정점인 예수 그리스도를 이 땅에 보내심으로써 하나님과 인간 사이에 놓인 장벽을 허무시고 그리스도 안에서 완전한 소통과 영원한 교제를 가능케 하셨다(요14:6; 엡1:3-14; 히4:15-16). 이 교제는 장차 새 하늘과 새 땅에서 이뤄질 하나님과 인간 사이의 완전하고도 충만한 교제의 예표요 보증이라 할 수 있다(계21:3-4).

■**하나님 아버지**(God the Father) - 성부(聖父) 하나님을 가리킨다(빌2:11; 골3:17; 약1:27). 온 우주의 창조주시요 주인이시며(마5:45; 고전8:6; 엡3:14; 히12:9), 모든 믿는 자들의 구원자요 날마다 함께하시는 아버지 되심을 나타내는 표현(마

6:32; 롬8:15; 갈4:5). → '아버지' 를 보라.

■**하나님 우편**(the right hand of God) – 십자가 대속 사역을 완성하고 부활 승천하신 그리스도의 현재 위치를 나타낸 말(막16:19; 행7:55-56). 성경문학적으로 우편(오른쪽)은 영광과 권위, 위엄과 능력의 자리다(시45:9). → '오른편' 을 보라.

■**하나님의 뜻**(God's will, God's purpose) – ① 하나님께서 뜻하신 바. ② 하나님의 거룩하고 선하신 목적. ③ 하나님의 계획과 바람(스7:18; 막3:35; 눅7:30; 롬8:27). 하나님은 성경을 통해 자신의 뜻하신 바를 우리 인간에게 알리고 계신다(딤후3:15-17). 하나님의 백성은 하나님의 뜻을 좇아 살며 그 뜻에 순종해야 한다(시119:97-112).

■**하나님의 말씀**(the word of God, a message from God, an oracle) – 하나님께서 하신 말씀(민24:4; 잠16:10; 눅8:11). 성경은 하나님의 말씀을 기록한 책이다(요10:35). 다른 표현으로, '진리의 말씀' (시119:43; 약1:18), '말씀' (시119:50; 약1:21-23), '주의 말씀' (시119:105), '여호와의 말씀' (시12:6; 사2:3), '성경' (요5:39; 딤후3:15-17), '율법' (시1:2; 119:142), '두루마리' (렘36:6; 계22:19), '두루마리 책 (시40:7; 렘36:2) 등이 있다.

■**하나님의 백성**(the people of God) – 하나님이 친히 택하신 무리. 하나님의 은혜로 구원받은 자들. 하나님 나라에 속한 사람(삼하14:13; 시47:9; 히4:9). 구약적인 표현으로는 선민(選民) 이스라엘을, 신약적 표현으로는 그리스도 예수를 구주로 믿고 고백하는 성도를 뜻한다(벧전2:9-10).

■**하나님의 사람**(the man of God) – 하나님이 택하여 부리는 일꾼(신33:1). 하나님께서 영예와 권위를 부여해 주신 존귀한 자(삿13:6; 삼상9:6). 하나님의 뜻(명령)을 전하는 사자(使者, 왕상12:22). 선지자(왕하4:25). 하나님을 믿는 성도(딤전6:11; 딤후3:17).

■**하나님의 사랑**(God's love, the love of God) – 인간을 향한 하나님의 주권적인 은혜(느13:26; 롬1:7; 5:5; 요일2:5). 하나님의 자발적이고 신실하며 영원 불변한 사랑(신10:15; 대하9:8). 죄인을 구원하시기 위해 아들을 아끼지 않으신 다함 없는 사랑(요3:16). 세상의 그 어떤 존재라도 방해할 수 없는 능력에 찬 사랑(롬8:39).

■**하나님의 사자**(an angel of God) – 하나님이 인간에게 보내신 영적인 존재(창21:17; 삿6:11-20; 눅15:10). 하나님이 택하여 세우신 일꾼. 하나님의 뜻을 전하도록 파견된 심부름꾼(messenger, 행10:3; 27:23).

■**하나님의 성령**(the Spirit of God) – 성령 하나님을 가리킨다(마3:16; 고전2:14; 엡4:30). 특히, 이 표현은 성부 하나님과 성령(요15:26) 그리고 성자 하나님과 성령(요16:7)의 긴밀한 관계성을 강조한다. → '성령' 을 보라.

■**하나님의 아들**(the Son of God) – 성자 예수를 가리킨다(마4:3; 8:29; 막1:1; 요11:4; 행9:20; 갈2:20; 히4:14). 때로, 구원받은 성도를 가리키기도 한다(마5:9; 롬8:14; 갈3:26). 이때 성도는 양자의 영을 받은 존재를 말한다(롬8:15).

■**하나님의 아들들**(sons of God) – 하나님께서 창조하신 모든 인간들을 일컫는다. 창세기에 언급된 하나님의 아들들은 일반적으로 셋 계통의 자손으로 본다(창6:1-4). 욥기에는 천사 곧 영적 존재들을 가리켜 사용했다(욥1:6; 2:1). 사도 바울은 '하나님의 영으로 인도함을 받는 자들이 하나님의 아들들' (롬8:14)이라 하여, 중생하지 못한 자들과 구별하여 '중생한 자들' 을 하나님의 아들들이라 불렀다(골3:4; 요일3:2).

■**하나님의 어린 양**(the Lamb of God) – 세례 요한은 예수님을 가리켜 '세상 죄를 지고 가는 하나님의 어린 양 (요1:29,36)이라고 선포함으로써 예수 그리스도가 인류의 죄를 대속하기 위해 세상에 오신 분임을 천명했다. 이 표현은, 구약의 두 사건을 배경으로 한다. 즉, ① 출애굽 전날 밤 죽음의 천사로부터 이스라엘 백성의 생명을 지켜준 유월절 어린 양(출12:46). ② 이사야 선지자의 도살장으로 끌려가는 어린 양의 비유(사53:7).

예수님은 흠과 티가 없는 성결한 분이요(벧전1:29, 온유하고 거짓과 허물이 없는 분으로서(사53:9; 눅23:25; 벧전2:21-23), 만민의 죄를 지고 자신을 희생제물로 드린 하나님의 어린 양이시다(요1:36).

■**하나님의 의**(God's righteousness) – 하나님의 거룩한 본성으로서의 의(義)를 가리키는 동시에 하나님께 속한 의로움에 근거해 죄인을 의롭다 칭하시는 '칭의' (justification)와 거룩하게 하시는 '성화' (sanctification)의 개념도 포함한 말이다. 즉, 하나님 의가 그리스도를 통해 나타나서 죄로 죽었던 인간을 회복하여 새롭게 하고, 또 구원

받은 성도로 하여금 경건과 거룩으로 살게 하는 힘으로 작용한다(롬1:17; 3:5, 22; 10:3; 고후5:21). 또한, 율법의 행위에 근거한 '나의 의'와는 대립되는, 믿음을 통해 우리에게 거저 주어진 선물을 뜻하기도 한다(빌3:9).

■ **하나님의 자녀(God's children)** – ① 하나님의 친 백성 곧 이스라엘. ② 하나님께서 친히 택하시고 사랑하시는 사람들(신32:5; 눅20:36; 요1:12; 롬8:16; 요일3:1). ③ 구원받은 성도. 하나님의 자녀가 되는 것은 사람의 의지로서가 아니라 오직 하나님의 뜻에 따른 영적인 거듭남을 통해 이뤄진다(요1:12-13; 3:3-8).

■ **하나님의 전(the house of God)** – 하나님의 지상 임재 처소(대상25:6; 대하3:3; 미4:2). 하나님의 집. 영이신 하나님은 무소부재하신 분으로, 어느 제한된 공간에 갇혀 있을 수 없다(행17:24-25). 그러나 하나님은 시공간의 제한을 받는 인간의 한계를 이해하시고 자신을 드러내시는 한 방법으로 하나님의 전에 거하시며, 그곳에서 자기 백성을 만나주신다(출25:22; 삼하7:13). 예수께서는 십자가 고통을 당하시고 사흘 만에 부활하실 자신의 육체에 이를 비유하셨다(요2:19-22).

■ **하나님의 종(the servant of God)** – 하나님의 신실한 사역자. 하나님께서 목적하신 바가 있어 친히 세우신 일꾼(수1:1). 하나님의 종은 주장하는 자세가 아니라 늘 섬기는 자로서 겸손히 하나님과 그 뜻하신 바를 좇아 일해야 한다.

■ **하나님의 집(the house of God)** – 하나님의 지상 임재 처소인 '성전'(聖殿)을 뜻한다(창28:17; 수9:23; 대상6:48). → '하나님의 전'을 보라.

■ **하나님의 형상(image of God)** – 하나님은 자기 형상을 따라 인간을 지으셨다(창1:26-27; 고전11:7; 엡4:24; 골3:10; 약3:9). 성경은 이 형상의 본질에 대해 구체적으로 설명하지 않는다. 더구나 하나님은 영으로서 육체(물질)적인 형태로는 존재하지 않는다. 다만, 하나님의 형상이란 창조시 하나님이 인간에게 부여하신 그 어떤 것(피조 세계에 대한 지배권, 도덕적 성품 등)이라고 추정해 볼 수 있다. 즉, 하나님의 형상은 이성적이며 자의식적이고 도덕률에 복종하며, 하나님과 교제할 수 있는, 인간의 정신적이고 도덕적 속성들 중에 찾을 수 있다고 본다. 인간의 범죄로 훼손되었던 하나님의 형상은 예수 그리스도의 구속의 은혜로 온전히 회복되었다(엡4:24; 골3:10).

하나되다(unity) 일체가 되다(엡4:3). 뜻(마음)을 같이하다. 연합하다. 한 몸이 되다. 한 공동체(교회)를 이루다(고전12:12-31). → '일치', '하나', '공동체'를 보라.

하늘(heaven, sky) 하나님이 천지창조 때 말씀으로(시33:6,9), 지혜로(시136:5) 만드신, 땅에서 높은(시103:11) 공간(창1:1; 2:1; 시42:5). 궁창(창1:8). 우주 공간. 창공(蒼空).
히브리인들은 하늘이 여러 층으로 되어 있다고 여겼고, 각 층마다 고유한 기능과 현상을 나타낸다고 믿었다. 후대에 7천층이란 개념이 생겨났으나 대개 3층천으로 본다(고후12:2). ① 첫째 하늘 : 사람이 호흡하는 공기를 포함한 공간인 대기권으로서의 하늘. 새가 날고 구름과 비, 이슬이 형성되는 곳(창1:8; 시147:8). ② 둘째 하늘 : 해, 달, 별 및 각종 천체가 붙어있는 공간. 즉, 광대한 우주(창15:5; 사13:10). ③ 셋째 하늘 : 보이지 않는 하늘 곧 하나님(창28:17; 시80:14)과 천사(마24:36; 계18:1)의 거처. 성도는 언젠가 그곳에서 구속의 은혜(완성)를 찬양하게 될 것이다(엡3:15; 계18:20).
눈으로 목격하는 하늘 곧 대기층과 우주 공간은 인간의 죄로 오염되었고 탄식하고 있다(롬8:22). 장차 예수께서 재림하시어 구속 역사를 완성하는 날 모든 것은 새 하늘과 새 땅으로 변화할 것이다(사65:17; 벧후3:13; 계21:1).
한편, 성도가 마지막으로 가게 될 고향이자 하나님이 마지막 심판 때에 택한 백성을 불러 모으실 안식처라는 점에서 하늘을 '곳간'(마3:12), '낙원'(눅23:43), '본향'(히11:16), '아버지 집'(요14:2-3), '아버지의 나라'(눅12:32), '영원한 집'(고후5:1), '예비된 나라'(마25:34)로 묘사한다. 비유적으로, '하나님'(행3:21), 또는 '하나님의 통치'(마16:19)와 '하나님의 심판'(사34:4)을 상징하기도 한다. → '새 하늘과 새 땅'을 보라.

■ **하늘 양식(the grain of heaven)** – 하늘에서 공급된 양식(시78:24). 출애굽한 이스라엘에게 광야 40년 동안 하나님께서 내려주신 만나와 메추라기를 말한다. 이는, 인생의 본질적 배고픔을 해소하고 영원한 생명을 공급하는 참 떡이신 예수 그리

스도를 예표한다(요6:31-35).

■하늘 위로(the comfort of heaven) – 하늘로부터 주어지는 참된 위로(찬송가 384,473장). 이는, 고달픈 이 세상을 살아가는 성도에게 때마다 시마다 위안과 격려와 소망을 주시는 하나님의 넘치는 긍휼과 자애를 나타낸 표현이다(시85:16-17; 119:50; 고후1:3-4).

하늘나라(Kingdom of God) 하나님이 거하시며, 통치하시는 거룩한 나라. 성경에는 '주의 나라', '하나님의 나라', '천국(天國)' 등으로 묘사했다(찬송가 12,14,18,30,76,99,199,202,213,224, 234,240,266,306,308,365,384,395,433,438,464, 479,514,534,564,573,602,611장).
하늘나라는 영원하며(마25:46), 안식과 위로를 얻는 곳이자(눅16:25; 계14:13), 눈물이 없고(계7:17), 저주가 없으며(계22:3), 밤이 없고(계22:5), 다시는 죽지 않는 곳이다(눅20:36). 성도는 장차 그곳에서 영광을 얻으며(롬8:17-18), 하나님을 영원히 섬기게 될 것이다(계7:15). → '하나님 나라', '천국'을 보라.

하룻길(a day's journey) 성인 남자 기준으로 걸어서 낮 하루 동안 갈 수 있는 거리(민11:31)로, 상황이나 걷는 사람의 상태에 따라 차이가 있겠지만 하루 8시간 걷는다는 가정하에 32km(1시간에 약 4km) 정도를 말한다(출31:8; 왕상19:4; 욘3:4; 눅2:44). 이 '하룻길'은 짧은 인생 행로를 뜻하기도 한다(찬송가 239장).

학자(學者, a learned man, teacher) 학문을 연구하는 사람이나 남을 잘 가르치거나 학문이 뛰어난 사람(스7:6; 사50:4).

■학자의 혀(an instructed tongue) – '익숙하고 숙달한 혀'란 뜻. 곧 사람을 잘 가르치고 인도할 수 있는 능숙한 언변(言辯)을 의미한다(사50:4).

한량없다(限量 -, without limit) '정해진 한계가 소멸되다', 곧 '끝이 없다, 그지없다'는 뜻(찬송가 135,303장). 이 말은, 하나님의 징계로 인한 재난의 참혹함을 묘사할 때 쓰였다(사5:14). 그런데 이 말이 성령에 적용되어 '제한(한도)이 없이', '아낌없이'란 의미로도 쓰였고(요3:34), 하나님의 무한하신 은총과 사랑을 언급할 때도 사용된다(찬송가 25,28,40,264장).

한마음(one mind, being like-minded, together) 분산되지 않고 하나가 된 마음. 같은 생각과 뜻(시83:5; 행4:24; 빌1:27; 2:2). 변하지 않는 마음.

할렐(Hallel) '(주를) 찬양하여라'는 뜻. 여호와께 영광돌리는 '찬양의 노래'를 가리킨다. '할렐'이라는 명칭은 전통적으로 유대인들이 중요한 절기나 일상적인 아침예배를 위해 정해 놓은 몇몇 시편에 특별히 붙인 것으로 통칭 '할렐시'라고 한다. → '할렐루야'를 보라.

할렐루야(Hallelujah) 세 히브리어 단어로 구성된 합성어이다. 즉, '할랄'(찬양하다, 경축하다, 영광 돌리다, 노래하다, 자랑하다)과 '루'(너희)와 '야'(여호와)로 구성되었다. 따라서 '할렐루야'는 '너희들아, 여호와를 찬양하여라'(Praise ye Jehovah, Praise the Lord)는 뜻이 담겨 있다. 라틴어로는 알렐루야(Alleluia)로 발음되기도 한다. 이 단어는 구약에 약 160회 이상 기록되었는데 하나님께 사용될 때는 '하나님을 찬양(찬미)하다, 경축하다, 자랑하다, 영광을 돌리다'는 뜻이다.
특히 할렐루야는 시편 기자가 모든 사람을 예배에 초청하여 하나님께 노래로 영광을 돌릴 때 감탄사로 사용했고(시104:35; 105:45; 106:1,48; 111:1; 112:1; 115:18; 116:19; 135:1,21), 시편의 많은 경우 처음과 끝에 이 단어를 사용했다(시106편; 113편; 117편; 146-150편). 그런 점에서 찬송은 노래로 하나님을 찬양하고, 하나님께 영광을 돌리고, 하나님을 자랑하는 것이다.
한편, 시편 104-106, 111-118, 120-136, 146-150편 등에서(각 시편 시작 또는 마지막에) '할렐루야'가 사용되는데, 이들 시편을 '할렐시'라 한다. 이스라엘 3대 절기(유월절, 오순절, 초막절)에는 할렐시가 정기적으로 불렸다. 특히, 유월절에 사용되는 시편 113-118편은 '애굽 시편'이라고 불리는데, 출애굽 때 이스라엘이 경험했던 하나님의 구원 역사를 담고 있기 때문인 것으로 보인다. 또 '대할렐'이라 불리는 시편 120-136편은 여호와 하나님의 돌보심을 노래하고, '성전에 올라가는 시'라는 부제가 붙은 시편 146-150편은 성전에서 매일 아침 제사 때 사용된 것으로 보인다.

신약에서는 세상 마지막 때에 바벨론으로 상징되는 사탄의 세력이 심판받고 어린 양의 혼인 잔치가 베풀어지는 때에 승리한 큰 무리가 구원과 영광과 능력의 하나님을 향해 크게 외쳐 부를 때 '할렐루야'가 언급될 것이다(계19:1,3,4,6). 그리고 초대 교회 이후 오늘날에 이르기까지 시편 낭독의 후렴구로, 교회 절기에서, 기쁨이나 감격을 표현할 때에 여전히 '할렐루야'가 즐겨 사용되고 있다.

할례(割禮, circumcision) 남성 음경의 포피를 절제하는 의식. 하나님과 아브라함(아브라함으로 대표되는 선민 이스라엘 전체) 사이에 처음 체결된 언약의 증표로 제정된 의식(창17:10-14). 이는, 하나님이 이스라엘의 하나님이 되시고 그들은 특별히 선택되어 하나님의 소유된 백성임을 확인하는 표시로, 오직 하나님만을 예배하고 복종하겠다는 의미를 담고 있다.

이스라엘 모든 남자아이에게는 태어난 지 8일 만에 할례식이 이뤄졌고(창17:12; 레12:3), 할례의 중요성 때문에 안식일 집례도 허용되었다(요7:22-23). 외국인이든 나그네이든 개종한 자는 할례를 통해 언약 공동체의 일원이 될 수 있었다(출12:48). 하지만 혈통상 이스라엘인일지라도 할례를 받지 않으면 언약 공동체에서 끊어졌다(창17:14). 출애굽 이후 40년 광야 생활 동안 계속 행진해야 하는 특별한 상황이었으므로 광야에서 태어난 아이들은 할례를 행할 수 없었고 가나안 땅에 들어가서 곧바로 할례가 이뤄졌다(수5:2-5). 히브리인들은 할례받지 않은 자 곧 무할례자를 경멸하여 그들과의 교제를 엄히 금하였다(삿14:3; 삼상14:6; 사52:1).

신약 시대에는, 그리스도의 십자가 피 공로를 믿는 믿음 안에서 율법이 정한 한시적 제도인 할례의 종결(폐지)이 선언되었다(행15:5-29; 롬4:9-11; 고전7:18-19; 갈2:3-4; 엡2:11,15; 골2:11). 물론 초대 교회 당시 과도기적 상황에서 방편상 할례가 행해지기도 했지만(행16:3), 구원과 관련된 할례의 효력은 철저히 부인되었다(고전7:18-19). 예수 안에서는 할례나 무할례가 효력이 없고 오직 믿음뿐이요(갈5:6), 오직 예수 안에서 새로 지으심을 받아야 할 것 뿐이다(갈6:15).

따라서 할례를 육체의 자랑거리로 삼는 것(갈6:13), 할례받아야 구원 얻는다는 생각(행15:1), 육신의 할례가 진정한 할례라고 생각하는 것(롬2:28) 등을 삼가야 한다. 참된 할례는 마음 가죽을 베는 것(렘4:4) 곧 마음에 하는 것으로(신10:16; 롬2:29), 그것이 곧 그리스도의 할례(예수 그리스도로 인해 거듭나고 구원받음)라 할 수 있다(갈5:2; 골2:11).

용어상식

함께
(with, together)

'서로 더불어', '같이'란 뜻. 성경에서 이 말은 명사, 부사 외에 동사, 전치사 등으로 다양하게 사용된다. 특히, 하나님과 인간의 관계를 보여 주는 표현에서 하나님이 인간과 함께한다는 것(삿6:12; 삼상3:19; 18:14; 행15:4)과 하나님이 함께 계심으로 인생이 바른 삶, 승리하는 삶을 산다는 것이다.

그러한 존재론적인 바탕 위에 성도 상호간의 나눔이 이루어지는데(엡2:11-22), 그것은 '함께함'으로 이루어진다. 곧 함께 갇히고(롬16:7; 몬1:23), 함께 다니고(행1:22), 함께 모이고(고전5:4), 함께 수고하고(빌2:25; 요삼1:8), 함께 종이 되어(골1:7; 4:7) 함께 하는 삶(고전16:24; 갈6:6), 그리고 울고 웃는 일에 있어서 함께 나누는 삶(롬12:15)이 그리스도를 따르는 성도의 삶이다.

함부로(quick, reckless, thoughtlessly) 마음 내키는 대로 마구. 성급하게. 생각 없이 아무렇게나. 분별력 없이(레5:4; 잠12:18; 전5:2).

합력(合力, work together) 흩어진 힘을 한곳으로 모음. 함께 일함. 문자적으로 '한 목표를 향해 서로 협조하는 것'을 뜻한다(롬8:28). 유사한 표현으로 '합심'(삿20:11), '합세'(행4:27) 등이 있다.

합심(合心, unity, agreement) 여럿이 마음을 한데 모음(삿20:11; 마18:19). 서로간의 생각이나 의지가 하나 됨. 협심(協心).

합창(合唱, choral) 여러 사람이 여러 성부(2부, 3부, 4부 등)로 나뉘어 서로 화성을 이루면서 각각 다른 선율로 노래하는 것. 여러 사람이 소리를 맞추어 부르는 노래.

교회에서 합창음악이 예배의 일부로 사용된 것은 14세기 미사 제도가 정착되면서 본격화되었다. 즉, 14세기 프랑스 작곡가 기욤 드 마쇼가 작곡한 4부 미사곡을 시작으로 르네상스 시대에 그 절정을 이룬다. 계속해서 16세기 초 시작된 모테트(성경 내용을 전달하는 음악 장르)가 합창음악으로 교회 예배에 등장했고, 그 즈음 영국 성공회는 종교개혁 이후 앤덤(Anthem)이라는 독자적인 합창음악을 만들어 내었으며, 독일 루터교회를 배경으로 다양한 내용의 칸타타(Cantata)와 오라토리오(Oratorio)가 만들어져 대편성 오케스트라 반주에 맞추어 합창음악의 진수를 드러내었다.

해외 선교(海外 宣敎, overseas mission) 한국 교회는 복음이 처음 전파되던 소위 한국의 초대교회 당시부터 해외 선교를 시작하였다. 초기 선교 대상지는 주변국 일본, 중국, 러시아 등지였고, 그 대상도 일제 강점기를 전후하여 해외로 흩어진 한인들을 중심으로 펼쳐졌다.

그러다가 한인들이 미주(美洲)로 진출하게 되자 우리에게 복음을 전한 미주 지역에도 선교사역을 펼쳤고, 또 한반도 주변국들에 거주하는 교포뿐 아니라 그곳 현지인들에게도 복음을 전하게 된다. 해방 이후 그 범위는 더욱 확대되어 동남아, 중동권 및 아프리카 지역에까지 선교 범위가 넓혀졌고, 지금은 전 세계의 외국인을 상대로 활발하게 선교사역을 펼치고 있다. → '선교'를 보라.

행복(幸福, good, welfare, happiness) 마음에 차지 않거나 부족함이 없이 기쁘고 넉넉하고 푸근한 상태. 성경에서는 의에 대한 보상이나 하나님의 은혜로 주어지는 즐겁고 복된 상태를 말한다(신10:13). 건강, 성공, 생명, 많은 자손, 풍성함 등은 하나님의 선물로 주어지는 행복의 내용들이다(신33:29; 시1:1-3; 128:2; 잠8:34-36; 사32:20). 신약에서는 하나님 나라에 참여함으로써 오는 특별한 즐거움을 행복이라 가르친다(마5:3-12).

행사(行事, work) 어떤 일을 행함. 또는 그 일(삼상8:8). '하나님의 사역'(시77:12)과 '사람의 일'(시17:4) 모두에 사용된다. → '사역'을 보라.

행위(行爲, works, acts, conduct) 사람이 행하는 것, 특히 자유 의지에 따라 하는 모든 행동들(창6:12; 신18:9). 인간생활에 있어서 목적을 지닌 모든 활동들. 성경에서는 특히 율법을 지키는 일 곧 하나님의 의를 만족시키기 위한 인간의 노력과 공로를 가리키는 말로 자주 쓰였다(신4:1; 수1:7-8; 겔35:15; 롬3:27-28; 갈2:16; 8-9).

그런데 성경은 행위로 의롭게 될 자가 아무도 없다고 선언한다(롬3:20). 그리고 율법의 행위로써가 아니라 오직 믿음으로써만 의롭게 된다고 가르친다(롬3:20-28; 갈2:16; 엡2:8-9). 이와 더불어, 행위가 뒷받침되지 않는 믿음은 죽은 것이라 선언한다(약2:26). 그리고 행위 곧 말씀을 좇아 사는 일은 믿음의 결과로 규정한다(요일2:3-11).

사람들은 자기가 보기에는 그 행위가 깨끗한 것 같으나(잠16:2; 21:2) 실상은 악함을 잊지 말아야 한다(요3:19). 하나님은 인간의 행위를 낱낱이 감찰하시며(렘16:17), 보응하시고(렘17:10; 겔16:43), 반드시 심판하실 것이다(겔7:3,8; 계20:12-13).

행위언약(行爲言約, the Covenant of Works) 하나님께서 천지창조 직후 최초 인류 아담과 맺으신 언약으로 일명 '선악과 언약'(창2:16-17), '율법 언약'을 가리킨다. 즉, 선악을 알게 하는 나무의 열매를 먹지 말라는 하나님의 명령을 중심으로 말씀의 순종과 불순종에 따라 영생과 죽음을 인간 의지 앞에 놓았던 하나님의 첫 언약을 말한다.

이 언약의 유일한 조건은, 하나님의 말씀에 대한 완전한 순종 여부였다(레18:5). 이 언약은 둘째 아담인 예수 그리스도에 의해 성취되고 복음 아래서만 해소된다(롬3:19-28). → [2. 교리 및 신앙 용어] '언약'을 보라.

행음(行淫, commit adultery) 부정한 남녀 관계. 도덕에 어긋난 성적(性的) 행위를 통틀어 이르는 말(창38:24). 성경에서 이 단어는, 남녀 간의 부정에 관한 것만이 아니라 여호와를 저버리는 일 곧 신앙적 배교 행위에 대해서도 사용된다(렘2:20; 겔16:25; 호3:3; 4:15; 계17:2; 18:3).

향(香, incense) 향료식물에서 추출되는 향기로운 냄새가 나는 것. 향료식물에서 추출된 복합체

향기

의 통칭. 성막에서 하나님을 위해 태워지는 거룩한 향은 소합향과 나감향, 풍자향의 향품을 섞고 거기에 소금을 쳐 성결케 하여 사용했다(출30:34-35). 또 상등 향품은 몰약, 육계, 창포, 계피와 함께 감람기름에 섞어 거룩한 관유로 사용하기도 했다(출30:23-25; 35:8).

향은 대개 제사(출25:1-6)와 분향(출30:34-38; 레16:11-13), 장례(요19:40) 등 의식을 위해 사용되었다. 특히, 거룩한 향은 화장이나 미용 등 개인적인 용도로 사용하는 것을 금하였다(출30:37-38).

성경에서 향은 비유적으로 '성도의 기도'(시141:2; 계5:8), '하나님께서 받으실 만한 아름다운 봉사'(엡5:2), '경배'(말1:11), '그리스도의 공로'(계8:3-4), '사람의 마음을 즐겁게 하는 것'(잠27:9) 등을 나타낸다.

향기(香氣, aroma, odor) 향기로운 냄새. 각종 나무나 풀, 꽃(나드, 포도나무, 백향목, 꽃, 육계) 등에서 나는 자연의 향기(아1:12; 2:13; 5:13; 호14:6). 그외에 성경에서는 정결한 제물을 '향기로운 제물'(시66:15; 말1:11), 기쁘게 드린 헌금이나 속죄제물 되신 예수 그리스도를 (하나님의 관점에서) 받으실 만한 '향기로운 제물'이라 했고(빌4:18; 엡5:2), 또한 성도를 가리켜 하나님 앞에서 '그리스도의 향기'(고후2:15)라고 했다.

허랑방탕하다(虛浪放蕩 -, profligacy, indulgence, wild living) 성경에서 '탕자의 비유'에 나오는 표현으로(눅15:13), 이에 해당하는 헬라어 '아소토스'는 부정 접두어 '아'와 '소조'(보존하다)의 합성어로, '저축하지 않다, 무절제하다, 경솔하다, 비도덕이다, 낭비벽이 심하다'는 뜻을 담고 있다.

허리(loin, waist) 몸의 갈비뼈(늑골)와 골반 사이의 부분. 허리띠를 띠고 칼을 차는 곳(출12:11; 삼하20:8). 성경에서 허리는 육체적 힘의 원천으로 본다(욥40:16; 시66:11; 나2:1). 그래서 ① 고통과 공포로 인한 나약함을 '허리가 약해지고 떨렸다'(시38:7; 66:11; 69:23; 렘30:6), ② 수고와 봉사의 자세를 '허리를 묶다', '허리를 동이다'(왕상18:46; 욥38:3; 벧전5:5), ③ 슬픔의 표시를 굵은 베로 허리를 동이다'(사32:11; 렘48:37), ④ 진리를 의지해 힘을 얻는 것을 '진리로 허리띠를 띠다'로 표현했다(엡6:14).

이외에 허리는 '후손'(창35:11), '권세'(신33:11; 왕상12:10), '하나님의 징계'(시38:7), '깨어 있음'(눅12:35; 엡6:14), '하나님께 속해 있음'(렘13:11) 등을 상징한다.

■**허리띠**(belt) - 허리에 두르는(매는) 띠(욥38:3; 사5:27). 가죽(왕하1:8), 아마포(렘13:1), 금(단10:5; 계15:6) 등으로 만들었다. 허리띠는 ① 일하거나 민첩히 행동할 때 겉옷을 동이기 위해(왕상18:46; 왕하4:29), ② 칼이나 활을 찰 수 있도록(삼상18:4; 삼하20:8), ③ 힘 있게 하는 데(잠31:17) 사용되었다. 비유적으로, '기쁨'(시30:11), '공의'(사11:5), '힘'(사22:21), '앞일에 대한 준비와 근신함'(눅12:35; 벧전1:13), '진리'(엡6:14) 등을 나타낸다.

허망하다(虛妄 -, malicious) 원어는 '속이 비었거나 황폐하게 된 것'을 뜻한다. 대개 '거짓되고 망령되다'(출23:1), '거짓되어 믿음이 가지 않다', '악의적이고 심술궂다'(사58:9)는 뜻으로 쓰인다.

허무(虛無, emptiness, hollowness) 문자적으로 '아무것도 없고 텅 빔', '무가치(무의미)하고 헛됨'이란 뜻과 함께 마음이 비고 아무 생각이 없는 상태', '하나님 앞에서 거짓되고 망령됨'이란 뜻을 담고 있다(신5:11; 욥15:31; 시89:47; 94:11; 잠11:18; 롬8:20). '허무한 것'을 뜻하는 히브리어 '헤벨'은 '증기', '숨', '호흡'이란 뜻으로 쉽게 사라지고 말 것을 가리킨다. 성경에서는 특히, 허망한 '우상'을 지칭하는 표현으로 종종 사용되었다(신32:21; 왕하17:15).

허물(transgression) 잘못. 그릇된 행실이나 실수. 특히, 스스로 알면서 반항하는 의지와 행위를 가리킨다. 따라서 허물은 단순한 실패나 실수와 구별되며, 죄의 범주에 속한다(창50:17; 사53:8). 심지어 죽음의 원인이 되기도 한다(엡2:5).

하나님은 우리 인생들의 허물을 깨닫게 하시고(욥36:9), 예수 그리스도를 통해 허물을 용서해 주시며(사53:5,8; 히9:12-14), 완전히 도말해 주신다(사43:25; 44:22). 따라서 허물을 깨달은 자는 그 사실을 받아들이고(욥19:4), 하나님 앞에 회개하며

(느9:2; 시51:1-17), 기억지 말아 달라고 간구해야 한다(시25:7). 다윗은 '허물의 사함을 받고 자신의 죄가 가려진 자는 복이 있도다'(시32:1)라고 노래한 바 있다.

■**허물하다**(slander, blame) - 허물을 들어 나무라다(시15:3; 롬9:19). 잘못을 지적하며 책망하다. 욕하거나 중상하다. 잘못을 지적하다(히8:8).

허사(虛事, vain thing) 헛된 일(신32:47). 열심을 내어도 결과를 얻지 못하는 일. 처음부터 알맹이가 없는 일(삼상25:21).

허사로 간주되는 것은, 인생(시144:4), 인생의 날(욥7:16), 우상과 우상을 섬기는 일(신32:21; 렘3:23; 10:14-15), 세상적인 영화(갈5:26), 불의한 방법으로 이익을 탐하는 일(잠1:17-19), 사람의 구원(시60:11) 등이다.

허영(虛榮, conceit) 분수에 넘치는 필요 이상의 사치나 겉치레(빌2:3). 자만(自慢), 지나친 야심, 환각, 과오에 의한 허영을 뜻하기도 한다. 이런 허영은 교회를 허무는 악이다(빌2:1-4).

허탄(虛誕, vanity) 문자적으로 '빨리 지나가 버림', '아무것도 없이 공허(허무)함', '무가치(무의미)함', '진리나 타당성이 없이 거짓되고 미덥지 않음'(시24:4; 31:6; 사44:20; 겔12:24), '무익함'(욥27:12)이란 뜻.

■**허탄한 이야기**(myth) - 거짓 교사들이 지어낸 허황된(허구의, 거짓된) 이야기. '신화'(딤전4:7), '거짓 교훈'(딤전1:4) 등을 가리킨다. 또한, 이 말은 계시된 신앙과 관계 없는(진리가 아니고 생명력이 없는, 딤후4:4) 사변(思辨)들을 가리킨다.

헌금(獻金, gift, contribution) 문자적으로 '선물, 예물', '봉헌한(바친) 것'이라는 뜻. 하나님의 은혜에 감사하여 하나님께 드리는 예물(눅21:1). '연보'라고도 한다(롬15:26).

헌금은, 은혜로 구원받아 하나님의 백성 된 자의 당연한 의무요 특권으로, 구약 시대부터 내려오는 신앙적 행위이다(민31:50). 구약 시대에는 율법에 따라, 십일조와 예물을 하나님께 바쳤고(레27:30; 대하34:9), 초대교회 시대에는 예배 때, 성례전(聖禮典)에 쓸 빵과 포도주 등을 가지고 와서 드리거나 가난한 자들을 구제하기 위해 하나님께 예물을 드렸다(고후9:8-15).

구원의 은혜를 경험한 성도는, 자신이 소유의 최종권자가 아니라 단지 하나님의 청지기로서 하나님의 것을 관리한다는 의식을 가지고, 얻은 수익을 하나님의 사업을 위해 기쁘게 사용할 수 있어야 한다. → '연보', [4. 예배 및 예식 용어] '연보', '헌금'을 보라.

헌물(獻物, offering) 십일조 외에 하나님께 바치는 예물(레23:38). 봉헌물(말1:13). 헌물의 기원은 이스라엘 백성이 성막을 짓기 위해 즐거운 마음으로 예물을 낸 것에서 비롯된다(출25:2). 이 '즐거운 마음'은 성막 건축만이 아니라 하나님께 드리는 모든 예물 드림에 있어서 요구되는 태도이다(출35:21-22,29). → '예물'을 보라.

헌신(獻身, devotion) 이에 해당하는 히브리어 '네다바'는 '자극하다', '자원하다', '(즐거이) 드리다'는 뜻을 지닌 '나다브'에서 유래한 말로(삿5:2), '자발적인 행동(봉헌)'이나 '아낌없이 바치는 것'(시110:3)을 가리킨다. 또한, '손을 충만히 채우다'는 뜻의 히브리어 '야드 말라'(출32:29)를 '헌신하다'로 번역하기도 했는데, 이는 '무엇을 봉헌하여 섬기다'는 의미를 갖는다. 특히 이 표현은, 레위인의 헌신(성직 수행)과 관련해서 언급되는데(출32:29), 이는 단순히 '자신을 바치는 행위'만이 아니라 '온전한 봉사'라는 의미도 함축하고 있다. → [4. 예배 및 예식 용어] '헌신예배'를 보라.

헛것(meaningless, futileness) 숨결처럼 잡히지 않는 것. 즉, '공허한 것', '덧없음', '무가치', '무익', '허황하여 믿기 어려운 것', '부적합', '하찮은 것', '쓸데없는 것' 등을 의미한다(삼상12:21; 욥7:3; 시39:5-6; 고전3:20; 엡4:17; 벧후2:18). 성경은 사람이나 사람의 날(욥7:16; 시144:4), 우상이나 이방신(레19:4; 대상16:26; 렘10:15)은 인생에게 아무런 도움을 주지 못하는 '헛것'이라 선언했다.

헛됨(meaningless, vanity) 보람이나 실속이 없음. 덧없음. 허황하여 믿지 못함. 공허함. 무익함. 무가치함(레26:16; 삼상12:21; 시39:5; 127:1; 전1:2; 롬8:20; 벧후2:18). 이 말은 ① 고의적으로 하나님의 말씀을 거부하는 자들의 삶(시78:33) ② 하나님을 떠난 인생(왕상17:15; 시94:11) ③ 우상이나 우상 숭배(렘18:15) ④ 하나님의 섭리를 벗어난 삶(사30:28; 호12:11) ⑤ 거짓이나 현혹(잠30:8; 겔13:6-9) 등을 가리킨다.

솔로몬이 지적한 바, 덧없는 인생의 수고 곧 하나님 없이 성취하는 이 땅의 모든 노력과 소유와 쾌락 등이 헛됨을 잊지 말아야 한다(전1:2,13-18; 2:22-23,26; 4:4,8,16; 5:10-11).

헛 맹세(- 盟誓, false oath, break one's oath) 진실성이 결여된 거짓 약속(마5:33). 거짓 증거. 헛 맹세는 사람을 속이는 것은 물론 하나님을 속이는 일로서, 분명히 범죄에 해당한다.

헬퍼십
(helpership)

'헬퍼십'이란 리더십(leadership)도 아니고 펠로워십(fellowership)도 아닌 또 다른 리더십. 일인자(一人者)의 위치가 아닌 이인자(二人者)의 위치에서 윗사람을 온전히 보좌하고 구성원들이 하나의 목표를 향해 나아갈 수 있도록 도와주는 리더십을 가리킨다. 즉, 이는 '섬기는 리더십(servant leader-ship)'으로서, 사람들을 명령이나 카리스마로써가 아니라 사람들과의 조화와 균형을 유지하여 그 영향력을 행사하는 능력이라고 할 수 있다.

성경에는 아론, 갈렙, 요나단, 세례 요한, 바나바와 같은 많은 헬퍼십의 모델이 소개되고 있다. 이러한 헬퍼십은 교회 공동체를 건강하게 유지해가는 데 매우 중요한 역할을 한다.

혀(tongue) 신체의 일부분으로, 맛을 보고 소리를 내는 기관(삿7:5; 시35:28). 비유적으로 '언어, 방언'(창10:5,20; 신28:49; 행10:46), 같은 언어를 사용하는 사람 또는 민족(사66:18; 단3:4; 계5:9) 등을 나타내기도 한다. 주님의 동생 야고보는 작지만 대단한 파괴력을 가진 혀의 위력을 통해 교사 역할의 중요성과 올바른 언어 습관에 대해 교훈한 바 있다(약3:1-12).

현몽(現夢, dream) 꿈에 나타남. 꿈을 통해 계시함. 즉, 현몽은 하나님의 계시의 한 방편으로서, 꿈 속에서 하나님이 직접 또는 천사를 통해 인간에게 거룩한 뜻을 전하시곤 하셨다(창20:3; 31:24; 마1:20; 2:13,19).

현세(現世, present age, this world) 내세(來世)의 반대 개념으로, '지금 세상', '현재', '금세'(今世, 막10:30).

현숙(賢淑, noble character) 마음이 어질고 성숙함. 원뜻은 '강하다, 확고하다'로, 믿음이 확고하고, 도덕적으로 덕이 있으며, 심지가 굳고, 능력이나 재능이 탁월한 것을 말한다. 성경 잠언의 예에서 보듯이 현숙함은 여인에게서 최고로 꼽는 미덕 중에 하나다.

현숙한 여인의 특성은 ① 남편에게 선을 행하고(잠31:12) ② 부지런히 집안 일을 돌보며(잠31:13-24) ③ 궁핍한 자를 도와주고(잠31:20) ④ 말을 지혜롭게 하며(잠31:26) ⑤ 여호와를 경외하고(잠31:30) ⑥ 근면하며 검소하다(딤전2:9-10). 현숙한 여인은 결국, 가정과 남편을 세우며(잠12:4; 14:1; 31:11), 뭇사람들로부터 칭찬을 받고(잠31:31), 존귀와 영화를 얻게 된다(잠11:16). 성경에서, 룻과 사라가 대표적인 인물이다(룻3:11; 벧전3:1-7).

현실참여(現實參與, actuality participation) 현실의 문제를 회피하거나 부정하기보다 적극적으로 참여하여 해결하고 개선해 가려는 움직임. 이는 정치, 사회의 구조적인 모순을 타개하려는 기독교 사회운동의 한 양태이다. 일명 '사회참여'라 한다.

한국의 기독교에서는 일찍이 일제하의 국권회복운동이나 105인 사건, 3·1운동 등을 통해 사회 문제들에 참여하였고, 특히 1960년대 초반부터 진보적인 교단들을 중심으로 '현실참여'라는 용어가 구체적으로 쓰이면서 군사정권에 대한 저항이나 한일국교 비준에 대한 반대운동, 1970년대 이후부터 산업선교와 빈민, 농어촌 선교와 민주화와 인권 및 환경과 사회 갈등 문제 등에 대한 적극적인 의사 표시가 전개되고 있다.

혈(血, blood) 피. 하나님 나라 그리고 썩지 않을 것과 대비되는 것(고전15:50). 즉, 영원하신 하나님과는 질적으로 구별되는 인간이 지닌 한계성의 한 표현(사40:6,8; 갈1:16). → '피'를 보라.

혈기(血氣, wantonness, pleasure, self-will) 생명을 지탱하는 피와 기운. 문자적으로는 '육체', '살', '몸'이란 뜻이다(창9:15; 욥34:15; 겔20:48; 요5:3). 때로, 육신의 욕망이나 타락한 인간의 좋지 못한 성품, 또는 절제되지 못한 감정 등 부정적 측면에서도 사용된다(찬송가 350장). 참고로, 창세기 49:6의 '혈기대로'라는 표현은 '자기 마음대로'라는 의미이다.

혈육(血肉, flesh) 자기 소생의 자녀. 피와 살 혹은 피와 살로 이뤄진 몸(창6:19). 때로는 '혈기'와 동의어로 쓰인다(창9:15). 성경은 혈과 육으로는 예수님을 하나님의 아들로 고백할 수 없고(마16:17), 하나님 나라를 유업으로 받을 수도 없다고 가르친다(고전15:50). → '혈기'를 보라.

혐오(嫌惡, detestation) 싫어하고 아주 미워함. 원어적으로 '역겹고 구역질 날 정도로 미워하다'는 뜻으로, 하나님께서 미워하시는 우상에 대하여 자주 쓰인다. '가증함'이라고도 한다(레11:12,20; 왕상15:13). → '가증하다'을 보라.

형극(荊棘, thorn) 나무나 덩굴의 가시(사5:6; 7:23). 비유적으로 '고난'을 상징하며(사7:23; 10:17; 27:4), 예수님이 쓰신 '가시 면류관'이 대표적이다. → '가시'를 보라.

형벌(刑罰, punishment) 죄를 지은 사람이나 공동체에 내려지는 제재. 이에는 ① 국가 등 공적 기관에서 범죄한 자에게 가하는 벌. 주로 사람과 사람 사이에서 행해지는 보응이다(출21:18-25). ② 하나님의 법과 거룩을 범한 인생에게 주어지는 징계(레22:16). ③ 하나님께서 범죄한 인생에게 내리는 징벌 또는 심판(스9:13; 사53:8) 등이 있다.
한편, 성경은 죄에 대해서 기계적인 형벌이나 심판만을 강조하지 않고, 그리스도의 대속적 희생을 통한 사죄, 및 죄인의 회개를 통한 용서도 강조되고 있다(마18:22). → '벌'을 보라.

형상(形象, 形狀, image) 원어의 뜻은 '닮음', '모양', '모방'으로, 사물(사람) 특유의 형체와 생긴 모양, 본질적인 형태 그 자체를 가리킨다(겔43:10; 빌2:6-7; 히1:3). 성경에서 '형상'은 하나님의 임재를 표현하거나(민12:8), '닮은 것'을 뜻하며(대하4:3; 시106:20), 다른 물체를 모방했다는 의미로도 언급된다(롬5:14; 히7:15; 약3:9). 또한 하나님의 거룩한 성품(인격)이나 속성과 관련해 사용되었고(창1:26; 롬8:29; 고후4:4; 골1:15; 3:10), 또 우상의 형상과 관련해 언급되기도 했다(출20:4; 신4:16).

형제(兄弟, brother) 형과 아우. 같은 부모 아래서 태어난 아들들(창42:13). 친족(창14:14; 31:54), 혹은 동족이나 같은 지파 사람(출2:11). 보다 넓게는 '동맹자'(민20:14; 암1:9), 같은 믿음을 가진 신자'(마23:8; 행9:17), '동등한 서열'(왕상9:13), 나아가 '온 인류'에게도 사용된다(마7:3-5; 히2:17).
■**형제 사랑**(brotherly love) - 신약성경에만 사용된 표현으로, 육신의 형제애를 넘어서 주 예수를 믿고 거듭남으로써 새로운 공동체를 형성하게 된 신자들이 나누는 거룩한 사랑을 말한다. 이는 초대교회 성도의 특징이자 의무였다(살전4:9; 히13:1). 곧, 성도는 모두 그리스도 안에서 한 형제요(마23:8) 서로 사랑해야 할 사람들이라는 것이다(요13:34; 롬12:3; 벧후1:7).

형질(形質, character, formed body) 그 생물이 지닌 유전적인 성질. 생긴 모양과 그 바탕(시139:16).

형체(形體, frame, bodily) 원어적으로 '몸'이란 뜻. 곧 물건의 생김새와 바탕이 되는 몸을 말한다(시139:15). 창세기 1:2 난외주에도 이 표현이 언급되는데, 성경 본문에 '혼돈하고'를 난외주에는 '형체가 없는'이라 했다.

형통(亨通, prosperity) 모든 일이 뜻한 바와 같이 잘 되는 것을 말한다(창24:42; 찬송가 246, 301, 384장). 이 형통은 하나님의 백성이 하나님의 명령과 언약을 지키고 순종할 때 약속된 복이다(신29:9; 수1:7; 대상22:13).
그런데, 세상에는 악한 자들이 형통하는 것을 보게 된다(렘12:1). 하지만 성경은 악인의 형통을 부러워하지 말고(잠24:1,29), 하나님의 자녀 된 도리를 다하라고 권면한다(대하31:21; 시128:2). 왜냐하면, 악인의 형통은 일시적이며(시37:35-36), 결국 파멸에 이르기 때문이다(시73:17-18).

호리(毫釐, penny) 매우 적은 분량'을 비유하여 이르는 말(삿20:16). 원어로는 '고드란테스.' 즉, 로마 화폐 단위인 '고드란트' 인데 이는 앗사리온의 4분의 1에 해당한다. 앗사리온은 육체 노동자 하루 품삯인 데나리온의 16분의 1에 해당한다 (마5:26; 눅12:59).

호산나(Hosanna) '오, (우리를) 구원해 주시옵소서' 라는 뜻. 본래 '구하옵나니 이제 구원하소서' (시118:25)라는 짧은 기도문이며, 때로 찬양의 외침으로도 쓰인다. 구약 시대에는 초막절에 제단 주위를 돌면서 환호성과 함께 '호산나'를 외쳤다고 한다. 신약에서는 예수께서 예루살렘에 입성하실 때에 길가에 섰던 군중이 외친 함성 중에 나온다. 이는 메시야의 구원을 간구하는 동시에 그 구원의 은혜를 찬양하고 감격하는 의미를 담고 있다 (마21:9-15; 막11:8,10; 요12:13).

호색(好色, lasciviousness) 여색(女色)을 좋아하여 방탕함. 성적 욕구가 지나치게 과도한 상태. 성욕이 지나치거나 절제력이 약해 과도하게 쾌락을 추구하는 것. 성도가 금해야 할 악덕 중에 하나다(롬13:13; 고후12:21; 벧후2:2).

호신부(護身符, charm) 문자적으로 '속살거림', '작은 소리로 하는 기도' 란 뜻으로, 주술적 효력을 지닌 부적이나 애장품을 가리킨다. 이사야 선지자 당시 예루살렘의 귀부인들은 호신부를 몸에 지니고 다녔는데, 선지자는 심판날에 이런 것들이 결코 아무런 도움을 주지 못할 것이라 경고했다(사3:20,23).

호심경(護心鏡, breastplate) 전투시 가슴을 보호하기 위해 갑옷의 가슴에 대는 구리 조각(엡 6:14). '갑옷'(사59:17), '흉배'(엡6:14; 살전5:8), '흉갑'(계9:9,17)이라고도 한다. → '흉배'를 보라.

호흡(呼吸, breath) 숨을 내쉬거나 들이마시는 것. 혹은 그 숨(창7:22; 단5:23). 성경에는 '새로운 생명'(겔37:5-10), 또는 정반대로 '바람'과 같이 헛되고 급격히 변화하여 걷잡을 수 없이 지나쳐 버리는 모든 허무한 것을 상징한다(욥7:7).

혼(魂, soul, spirit) 넋. 정신. 얼(창35:18). 성경에서는 일반적으로 인간의 비물질적 자아를 가리킨다. 곧, '생명', '목숨', '마음', '정신'으로 이해할 수 있다. 특히, 하나님과 관계할 때에 '영'(靈)이라 부른다(고전5:4-5).

원어적으로 구분한다면, '혼'은 히브리어로 '네페쉬', 헬라어로 '프쉬케'로, 대개 사람이나 짐승이나를 막론하고 정신적인 측면을 가리킨다. 따라서 혼은 사람과 짐승 등 모든 피조물들에게 공통적

호스피스
(hospiece)

의학적으로 더 이상 치료 효과를 기대할 수 없어 죽음을 앞둔 불치의 말기 환자에게 연명(延命) 의술 대신 평안한 임종을 맞도록 위안과 안락을 베풀며, 또 그 남은 가족을 사랑으로 돌보는 삶과 죽음에 대한 총체적인 봉사활동을 말한다.

즉, 환자가 남은 생애 동안 인간으로서의 존엄성과 일정한 삶의 질을 유지할 수 있도록 신체적, 정신적, 사회적, 영적인 돌봄을 통해 마지막 순간을 평안히 맞을 수 있게 하며, 사별 후 가족이 갖는 고통과 슬픔을 잘 극복할 수 있도록 돕는 돌봄(holistic care)을 뜻한다.

환자 사망 후 남은 가족이 느끼는 충격이 심각할 수 있기에 대개, 사망 후 1년까지 지속적으로 가족을 보살핀다.

한편, '호스피스' 란, 라틴어 '호스페스'(hospes, 이는 host(접대하는 사람, 집주인)와 gust(손님)의 합성어)에서 유래한 말로, 원래 중세 성지 순례자들이 하룻밤을 쉬어가던 곳이었다. 그러던 것이 예루살렘 성지 탈환을 위한 십자군 전쟁 당시 많은 부상자들이 호스피스에 수용되어 수녀들이 그들을 치료하였고, 부상자들 중에 그곳에서 임종하게 되면서 '호스피스'는 임종을 앞둔 사람들의 안식처라는 의미로 쓰이기 시작했다.

으로 있는 정신적인 영역이다(창2:19).
 이에 비해, '영'은 히브리어로 '루아흐', 헬라어로 '프뉴마'인데, 하나님과의 관계에서만 이루어지는 세계로 하나님의 부름에 반응하고 응답하는 등의 영역에 속한다.
 한편, '혼'은 정신적 측면을 가리키지만 그것이 육체와 분리되어 독립적인 것이 아니라 항상 육체와 함께하고 또한 육체를 대표한다(마16:26). 그러면서도 혼은 육, 영과 함께 한 인간의 전 인격을 형성한다(살전5:23).

 혼돈(混沌, **formless**) 천지가 아직 나눠지지 않은 상태(창1:2). 사물의 구별이 도무지 되지 않는 상태(시107:27). 문자적으로 '무형(無型)', '텅빔'이란 뜻. 성경에서는 '혼란', '공허', '허망', '황야', '텅 빈 곳'이라는 의미로서(창1:2; 사45:18; 렘4:23), 주로 천지가 창조되기 이전의 상태를 묘사할 때 사용된다. 영어성경 KJV, RSV는 'without form'(형태가 없는)으로 번역했다.

 혼미(昏迷, **astray, confusion**) 사리에 어둡고 마음이 흐리멍덩함. 마음이 어지러워서 희미함(잠5:23; 사29:24).

 혼인(婚姻, **marriage**) 장가들고 시집가고 하는 일. 남녀가 부부가 되는 일(신7:3; 왕상3:1; 시78:63). 일명 '혼례'(婚禮), '결혼.' 성도는 마땅히 주 안에서 결혼함이 옳다. 그리고 한 남자와 한 여자로 결혼하되 성경에 금한 혈족과 친족 범위 안에서는 용납되지 않는다. 혼인은 충분한 증인들 앞에서 행해야 하며, 결혼을 주례한 목사는 결혼한 자들에게 혼인 증서를 주게 된다.
 성경시대 팔레스타인에서는 혼인 잔치가 성대히 행해져 1주간 계속되는 경우도 있었다(창29:27; 삿14:12). 대개 잔치가 벌어지는 7일간은 금식이나 경문을 다는 의무 등이 면제되었다(막2:19).
 한편, 예수님의 혼인 잔치 비유를 비롯해 혼인 잔치는 성경에서 종말과 관련해 자주 언급된다. 곧 혼인 잔치 비유(마22:1-14), 깊은 밤중에 찾아온 혼인집 주인(눅12:36), 혼인 잔치 자리의 좌석 순서(눅14:8), 어린 양의 혼인 잔치(계19:9) 등이 그것이다. 여기에서 교회를 신부로, 그리스도를 신랑으로 인식했던 초대교회의 교회관이 형성되었

고, 신약의 교회는 그리스도와 교회 사이의 유기적인 연합을 혼인 관계로 이해했다.
 ■**혼인 명부**(婚姻 名簿) - 결혼한 사람들의 이름(남녀 쌍방)과 그 날짜와 장소 및 결혼을 주례한 자의 이름 등을 상세히 기록하여 둔 기록지(장부). 교회는 이를 비치하여 후일 요구하는 자의 열람에 편리하게 해야 한다.

 홍수(洪水, **flood, inundation**) 큰물. 큰물의 범람. 대표적으로, 노아 때의 대홍수를 들 수 있다. 특히, 노아 대홍수는 범죄하고 회개치 않는 자들에 대한 하나님의 준엄한 심판과 함께 하나님의 말씀에 겸손히 순종하며 심판의 때를 준비하는 자의 구원이라는 하나님의 이중적 섭리를 보여 준다(창6:5-8:22; 벧후2:5-6). 그래서 노아 홍수는 예수님의 재림이 있을 심판과 구원의 전조가 된다(마24:39; 눅17:27-29; 벧후3:6-7).
 성경문학적으로 홍수는, '불경건한 사람들'(삼하22:5), '환난'(시32:6), '멸망받을 세상의 나라들'(시93:2-4; 렘46:7-8), '예루살렘의 멸망'(단9:26), '하나님의 심판'(나1:8), '박해'(마7:27; 계12:15-16), '예수 그리스도의 재림'(마24:38-39) 등을 시사한다.

 홍포(紅布, **scarlet robe**) 붉은 옷. 홍의(紅衣, 사63:1). 붉은색은 부와 권력의 상징이었다. 로마 군병들은 예수 그리스도를 희롱하기 위해 십자가에 달리기 전 그분에게 홍포를 입혔다(마27:28; 찬송가 278장).

 화(禍, **woe**) 몸이나 마음, 일 등에 뜻밖의 변고를 당해 받는 괴로움이나 해(害). 재난(창34:30). 혹은 범죄하고도 회개치 않는 자를 향한 하나님의 준엄한 심판을 나타낸 말이기도 하다(신30:15-17). 때론, 거룩하신 하나님 앞에 선 인간의 불의하고 부정한 자신의 상태를 자각한 자의 두려움과 탄식을 나타낸 말로도 쓰인다(사6:5).

 화목(和睦, **reconciliation, peace, concord**) 서로 뜻이 맞으며, 정답고, 하나가 됨. 원어의 뜻은 '덮어 주다'로, 거룩하신 하나님의 공의가 만족되어 하나님의 진노를 덮고 죄를 용서받는 것을 뜻한다(propitiation). 즉, 화목이란 하나님의 용서를

받고 그분과의 관계가 회복된 상태를 가리킨다(욥 22:21; 엡2:16).

예수께서는 하나님과 인간의 화목을 이루시기 위해(고후5:18-19) 친히 화목제물이 되사 십자가를 지셨다(롬3:25; 5:10-11; 요일2:2; 4:10). 결국 하나님과의 화목은 예수 그리스도의 구원 사역의 결과인데, 이런 점에서 화목과 구속은 동전의 양면과도 같다. 이 화목이 기초가 되어 사람과 사람과의 화목이 가능하다(엡2:17-22; 4:1-32; 골1:20; 약3:17-18). → '화평' 을 보라.

화육(化肉, Incarnation) 영원하신 하나님께서 죄 아래 있는 인류를 구원하시기 위해 역사 곧 인간의 세계 속으로 들어오신 사랑의 행위. 말씀이 육신을 입으신 사건을 가리킨다(요1:14; 롬8:3; 골1:22; 딤전3:16; 벧전4:1; 요일4:2; 요이1:7). '수육'(受肉), '육화'(肉化), '성육신'(成肉身)이라고도 한다. → [2. 교리 및 신앙 용어] '성육신' 을 보라.

화인(火印, seal with a hot iron) '불도장', '인두' 곧, 불에 단 인두, 또는 그것으로 짐승이나 노예의 살갗에 찍은 흔적을 말한다. 이 화인은 '소유'를 나타내는 표시인 동시에 불 인두로 지져져 피부 기능이 마비된 상태를 뜻하기도 한다.

사도 바울은 말세에 거짓 교사와 그 추종자를 가리켜 '화인 맞은 양심'(딤전4:2)이라 했는데, 이는 진리에 대한 무감각과 사탄의 소유물(사탄의 제자)이란 이중적인 의미를 갖는다. 이와는 대조적으로 사도 바울은 자신의 몸에 '예수의 흔적', 곧 그리스도와 복음을 위해 받은 고난의 흔적이 새겨져 있다고 고백했다(갈6:17).

화평(和平, peace) 화목하고 평온함. 온화하고 태평함. 화해와 일치로 인해서 평화가 유지되는 것(신20:10; 삿4:17; 왕상2:13). 히브리어로 '쌀롬', 헬라어로 '에이레네'인데, '안전', '평화', '화친'이란 뜻이다. 이는 외형적이고 일시적인 평안을 넘어 궁극적인 평화 곧 죄사함을 얻고 하나님과 끊어진 관계를 회복함으로써 누리는 영원하고 참된 평화를 말한다(나1:15; 롬5:1). 이 화평 위에 사람과 사람 간의 참된 평화가 가능하다(롬14:18-19; 엡2:13-19).

이런 화평은 그리스도로 말미암은 것(행10:36; 고후5:18-21; 골1:20)이요, 성령의 열매로서(갈5:22; 약3:17-18), 하나님께서 베풀어주시는 은혜이며 복이다. 성경에는 '화목' 과 동의어처럼 사용된다. → '화목' 을 보라.

■**화평왕**(和平王, the King of Peace) - 하나님과 원수 되었던 죄인을 화목시키기 위해 친히 십자가에서 화목제물이 되신 예수 그리스도를 가리킨다. 그리스도 예수만이 참 평화와 안식을 주신다(찬송가 516장). → '평화의 왕' 을 보라.

■**화평케 하는 자**(peacemaker) - 미움이 있는 곳에 평화를 조성하고, 분열이 있는 곳에 화해와 일치를 추구하는 자를 말한다(마5:9). 산상수훈(山上垂訓)의 8복 중에 언급된 표현으로, 이런 자는 하나님의 아들이라는 일컬음을 받는다.

화해(和解, composition, reconciliation) 소원한 관계가 다시 회복되어 하나가 되고, 화목케 되는 것. 성경에는 주로 하나님과 인간의 화해를 다루고 있다. 아담의 타락 이후 인간은 하나님과 관계가 단절되었다. 인간은 하나님과 원수 되었고(롬5:10), 늘 악을 행하며(골1:21), 선을 행할 능력마저 상실한 상태로 전락했다(롬5:6,8).

이에 하나님은 죄인들이 하나님과 화해할 수 있는 방법을 제시해 주셨다. 구약 시대에는 희생제물을 통해 하나님께 나아올 수 있게 하셨고(레8:15; 겔45:15), 신약 시대에는 보다 확실한 방법, 곧 단번에 영원히 화해할 수 있는 길을 열어주셨다. 바로 예수를 화목제물로 세상에 보내신 것이다(마5:6-11; 요일2:2). 예수께서 세상에 오셔서 죄인을 대속해 피흘려 십자가에 죽으심으로써(엡2:13,16; 골1:20) 이를 믿는 모든 사람은 하나님 앞에 나갈 수 있는 길이 열리게 되었다. 곧, 하나님과 화해의 길이 열린 것이다(히4:14-16).

한편, 성경은 하나님과 화해한 자는 세상에서 사람들 사이에서도 화목을 이루도록 가르친다(롬11:7-32; 고전7:11; 엡2-3장). 특히, 예수께서는 제사(예배) 이전에 형제와 먼저 화해할 것을 명하셨다(마5:23-26).

확신(確信, confidence) 확실히 믿음. 굳게 믿고 의심치 않음. 충만한 믿음(고후1:15). 이런 확신은 언약과 그 언약을 주신 하나님을 믿는 믿음에 기초할 때(롬4:20-21), 그리고 성령의 증거와 가르

확증(確證, **examination**) 충분히 증거함. 확실히 증명함(왕상1:14). 증거한 바를 굳게 함(마18:16). 엄숙히 확언함(행2:40). 자신의 뜻을 굳게 세움(롬5:8). 강하게 주장함(딤전1:7). 약속을 입증함(히2:3). 특히, 용광로에서 불순물을 걸러내어 순수한 금속을 뽑아내듯이 시험 과정(연단)을 거쳐 믿음이 인정받는다는 의미로도 쓰인다(고후13:5).

환난(患難, **distress, tribulation**) 근심과 재난. 고난. 고통(욥38:23; 마13:21; 요16:33). 성경에서 환난은 죄 아래 있는 모든 인간이 인생을 살아가면서 겪는 삶의 고통(롬12:12; 약1:27), 범죄에 대한 하나님의 징벌의 일환(롬2:9), 믿음을 지키기 위해 당하는 핍박(살전3:4) 등을 가리킨다.

■**환난날**(**day of calamity**) - 일반적으로 악인이 심판받는 날을 가리키는데, '여호와의 날'(사13:6,9; 욜1:15; 암5:18,20)과 한가지로 종말론적인 뜻에서 '재앙의 날'을 뜻하기도 한다(창35:3; 신32:35; 시50:15; 나1:7).

마지막 날에 이 땅 위에 임할 대환난은 지금까지 나타난 환난과는 비교가 되지 않는 우주적이며 종말적인 것으로 영원한 새 하늘과 새 땅을 준비하기 위한 지상 최후의 대환난이 될 것이다(단12:1; 마24:21).

■**환난풍파**(患難風波, **tempest and storms of distress**) - 세찬 바람이 불어 일어나는 험한 물결 같은 환난과 그에 따른 고통(찬송가 74,386,462,469장). 성도가 이 세상에서 당하는 모든 고통

환난에 처했을 때

환난 중에 있는 자가 취할 바른 자세는, ①주님의 발자취를 좇는다는 심정으로(벧전2:21), ② 끝까지 참고 인내하며(롬12:12), ③ 두려워하지 말고(계2:10), ④ 낙망치 말며(엡3:13), ⑤ 담대하며(요일6:33), ⑥ 오히려 즐거워하고(롬5:3), ⑦ 기뻐해야 한다(고후7:4). 환난을 견디고 옳다 인정받은 자에게는 하늘나라에 들어가는 은혜를 얻고(행14:22), 큰 상급을 받으며(히10:33-35), 주님으로부터 큰 위로를 받게 된다(고후1:4).

과 질고의 거친 바람을 나타낸다. 이는, 주님의 사람임을 입증하는 증거인 동시에 천국행 돛을 더욱 강하고 빠르게 하는 힘찬 바람임을 잊지 말아야 한다(요16:33).

환상(幻想, **vision, illusion**) 문자적으로 '보다, 주시(응시)하다'는 뜻을 지닌 말로, '이상'(異常, 곧 현실에 없는 것을 있는 것같이 느끼는 현상을 말한다. '꿈'과 함께 하나님의 계시가 전달되는 한 방편으로 이해된다(욥20:8; 사29:7; 행2:17; 12:9; 18:9).

환상은 ① 하나님께서 자신의 뜻을 보여 주고 사역을 맡기기 위해(행9:10; 고후12:1), ② 국가의 장래를 보여 주기 위해(사1:1), ③ 세상 종말에 이루어질 일을 알리기 위해(단8:1), ④ 진리를 교훈하기 위해(행11:5), ⑤ 기도 응답으로(행10:2-3) 주어졌다. → '이상'을 보라.

황금(黃金, **gold**) (누른 빛을 띤) 금. 동방의 박사들이 아기 예수께 드린 예물들 중에 하나(마2:11). → '금'을 보라.

■**황금길**(**the streets of gold**) - 영광스럽고 찬란한 천국(하늘나라, 시온성)의 전경을 나타낸 말. 특히, 눈물과 고통, 부패와 쇠락으로 점철된 이 세상과 대조되는 천국의 영화와 기쁨 그리고 하나님의 부르심을 받고 천국에 이른 성도가 누리게 될 영화와 감격을 상징하는 표현이다(계21:1-4,21; 찬송가 92,240,249,267장).

■**황금률**(黃金律, **Golden Rule**) - 예수님의 산상보훈 가운데서 '남에게 대접을 받고자 하는 대로 너희도 남을 대접하라'(마7:12; 눅6:31)는 가르침을 말한다. 이는 성도가 세상을 살아가면서 대인 관계에서 가장 염두에 두어야 할 대원칙, 곧 보석으로 따지자면 마치 황금과도 같은 만고 불변의 소중한 진리이기에 학자들 사이에서 이런 별명이 붙여진 것으로 보인다.

■**황금문**(黃金門, **golden gate**) - 새 하늘과 새 땅 곧 영원한 천국(거룩한 예루살렘)에 들어가는 입구 문(찬송가 237장). 이는 영광스럽고 존귀하신 하나님의 거룩한 처소에 이르는 관문을 상징한다(계21:10-21).

■**황금 물결**(**the waves of ripened grain**) - 마치 황금이 일렁이듯 추수를 앞둔 벌판의 곡식 물

결을 가리킨다(찬송가 589장). 이는 하나님이 베푸신 은혜로 풍성히 결실한 추수 현장과 그 현장에서 느끼는 만족과 기쁨을 나타낸다(요4:35).

■**황금 빛**(the golden sun) - 황금색 태양이 일렁이듯 추수 곡식으로 가득 찬 벌판의 반짝이는 정경을 나타낸다(찬송가 592장). 이는 풍년을 주신 하나님의 은혜가 얼마나 놀랍고 풍성한 지를 비유한 표현이다(창41:47-49).

■**황금종**(黃金鐘, the golden bells) - 천국에서 울려퍼지는 기쁜 종소리를 암시하는 표현(찬송가 237장). 이는 성도 한 사람이 천국에 입성할 때에 천국 전체가 기쁨과 즐거움으로 넘쳐날 것을 시사한다(계21:1-7).

황무지(荒蕪地, wilderness) 버려두어 거칠어진 땅. 불모(不毛)의 땅(수18:12; 삿1:16). 성경에서 황무지는 하나님의 저주의 결과로 주어진 열악한 현실을 나타내는 경우가 많다(사5:6; 슥7:14). → '광야'를 보라.

황홀경(恍惚境, overwhelm, ecstasy) 눈이 부실 정도로 찬란하거나 화려한 광경. 무엇에 정신이 팔리어 넋을 잃고 멍하게 된 지경(대하9:4). '비몽사몽 간에'(행10:10; 11:5)라고도 표현되며, 일종의 '엑스타시'를 가리킨다. → '엑스타시'를 보라.

회개(悔改, repentance, penitence) 잘못을 뉘우치고 고침. 죄에 대한 자각과 하나님께 죄를 지었다는 깨달음, 그리고 죄인을 구속하시는 하나님의 은혜로 자신의 죄성(罪性)을 깊이 깨닫고 죄로부터 결정적으로 돌이키는 신앙 행위. 즉, 회개는 죄를 포기하는 것으로서, 거룩한 생활을 가능케 하는 성령의 역사를 수용하는 것이다. 따라서 참된 회개에는 죄를 미워하는 마음의 변화와 죄에서 떠나는 생활의 변화가 포함되어 있어야 한다(욥42:6; 고후7:9; 히6:1).

예수께서는 천국을 맞는 자의 선결 조건으로 회개를 가르치셨고(마3:2,8; 4:17), 사도 바울과 베드로는 하나님께 대한 회개를 진정한 구원과 동력으로 언급했다(행20:21; 벧후3:9).

한편, 성경에는 옷을 찢는 회개가 아닌 마음을 찢는 회개를 강조하고 있다(욜2:13). 그리고 입술의 회개는 물론, 그 회개에 따르는 변화된 생활, 곧 회개에 합당한 열매를 맺으라고 강조한다(마3:8; 눅19:8; 행26:20).

회당(會堂, synagogue) 구약성경을 가르치고 강해하기 위한 유대인들의 집회소(마4:23; 막1:39; 행9:20). 바벨론 포로 기간 중에 디아스포라 유대인들에 의해 시작된 것으로 보이며(스8:15), 주로 안식일에 예배를 드리고(막1:21; 눅4:16; 행13:43; 약2:2), 자녀 교육과 재판(눅12:11; 행9:2) 등이 행해졌다. 소아시아 등지와 지중해 연안 전역에 걸쳐 유대인들이 머무는 곳이면 거의 회당이 세워졌다. 회당 내부는 강대상이 있는 강단, 성경 보관함, 회중석, 등불과 나팔, 예배를 주관하는 회당장석 등이 있었다.

회당 예배에는 기도, 성경낭독(특히, 민15:37-41; 신6:4-9; 11:13-21 등이 많이 낭독됨), 설교, 축도 등으로 이루어졌고(마4:23), 이런 형식은 기독교 교회에서도 채택되었다. 신약 시대에 팔레스타인 주변의 이방 지역뿐 아니라 이스라엘의 각 성과 촌(마9:35; 눅4:44), 심지어 예루살렘(행6:9)에도 회당이 있었다. 예수께서도 공생애 기간 중 이곳 회당에서 예배하시며(눅4:16-21), 가르치시고(요18:20), 무리의 병을 고쳐주셨다(마12:9-13; 막1:23-28). 또 이곳은 사도들의 복음 전파 장소로도 활용되었다(행13:5; 18:19). → [4. 예배 및 예식 용어] '회당'을 보라.

회복(回復, restoration, recovery) 이전 상태로 돌이킴. 성경에는 주로 상실한 주권이나 권세를 본래 목적대로 되돌리거나 파괴된 관계를 재건하는 것을 가리킨다. 특히, 구약성경에는 하나님에 대한 이스라엘의 관계 회복을 지칭하는 특별한 용어로 쓰였고(시16:5; 렘15:19; 호11:11), 신약성경에는 그리스도 승리의 완전함(요1:29; 롬5:18; 고전15:22-28)을 의미하는 말로 쓰였다.

회심(回心, conversion) 문자적으로 '옮겨진다, 떠난다, 다른 데로 향한다'는 뜻으로, 마음을 돌이켜 나쁜(악한) 것으로부터 떠나는 것'을 말한다(신30:9-10). 즉 하나님을 떠나 다른 신을 믿는다든가 신앙에 불성실했다가 마음을 돌이켜 더욱 철저히 하나님을 믿는 것을 의미한다.

그러므로 회심(행3:19; 26:20)은 믿음(행11:21)과 관련되는 바, 소극적으로는 죄에서 돌아서는 것이지만 적극적으로는 돌이키는 대상(그리스도)을 믿는 것이다(행20:21). 따라서 회심은 인간의 행위처럼 보이지만 실상은 하나님의 은혜로 인한 마음의 결단이자(행3:26), 죄에서 하나님께로 돌아서는 구원의 첫 단계라 할 수 있다. → '돌이키다'를 보라.

회중(會衆, **assembly, congregation**) 군중(群衆). 무리. 성경에는 하나님의 백성 또는 어떤 특별한 목적을 위해 부름받은 신앙 공동체(거룩한 공회, 왕상8:65), 곧 이스라엘 백성 전체의 모임(또는 그 일부)을 지칭한다(출12:3,6; 민16:3).

회직(會職, **duty, charge, leadership**) 교회의 지도급에 있는 직분자(목사, 장로, 조사)를 가리키는 옛 표현. 교인들을 말씀으로 양육하고 다스리며 그 형편들을 돌아보는 역할을 했다.

회칠(灰漆, **cover with whitewash**) 회(석회, 회반죽)를 사물의 겉에 발라 빛깔이나 광택을 냄. 또는 그러한 일(겔13:10-15).
■**회칠한 담**(the wall covered with whitewash) – 부실한 부분을 감추기 위해 석회 등으로 도색한 담(성벽)을 가리킨다(겔13:14; 겔23:3). 이는 겉과 속이 다른 즉, 표리부동(表裏不同)한 인생의 그릇됨(허물)을 비유한다.
■**회칠한 무덤**(whitewashed tomb) – 겉과 속이 다른 위선적 신앙을 꼬집는 말(마23:27). 즉 외모는 경건한듯 단장했으나 내면은 썩은 시체가 악취를 풍기듯 안팎이 다른 이율배반적이고 가증스런 신앙 자세를 지적한 표현이다. 유대인들은 고인을 추모하거나, 무덤을 눈에 잘 띄게 하여 사람들이 부주의해 무덤에 접촉함으로써 부정을 범하는 일이 없도록 하기 위해 1년에 1차씩(유대력 아달 월 15일) 무덤에 회(灰)를 칠했다고 한다.

후견인(後見人, **guardian, tutor, curator**) 법률 용어로, 미성년자의 몸과 재산에 대해 법적으로 보호하거나 대신할 책임이 있는 성인을 가리킨다. 갈라디아서 4:2에서는 '보호자'나 '가정 교사'의 의미로 쓰였다. 같은 원어 '오이코노모스'는 '청지기'(마20:8) 혹은 '맡은 자'(고전4:2)로도 번역되고 있다. → '멘토링'을 보라.

후광(後光, **halo, glory, aureole**) 성화(聖畵)에서 성인(聖人)의 머리 둘레에 표현하는 금빛 광채나는 원이나 원반. 빛의 상징을 통해 영적 특성을 나타내려는 데 목적이 있다. 이러한 방식은 이교적(異敎的)인 데 기원을 두었으므로 초대 기독교 예술작품에는 사용되지 않았으나 중세 가톨릭 예술 작품에서는 예수 그리스도, 천사, 성인들을 표현하는 데 대부분 사용되었다.

후사(後嗣, **heir, successor**) 대(代)를 잇는 아들. 법적으로, 공식적으로 재산 상속권을 가진 아들. 후계자(後繼者). 상속자(창15:3; 삼하2:20). → '상속', '기업'을 보라.

후세(後世, **the days to come**) 장차 올 세상(사30:8; 욜1:3; 벧후2:6). 앞으로 닥쳐올 날. 장래(將來). '종말'(시49:13)이라고도 한다.

후손(後孫, **offspring**) 자손. 성경은 후손에 대한 하나님의 복이 현재의 신앙과 밀접한 관련이 있고(창3:15; 신4:40; 시132:12; 렘32:39), 후손의 번성은 하나님이 주시 복이라고 가르친다(시18:50; 102:28). 또한 사도 바울은, 아브라함의 후손은 혈통상 아브라함의 자손, 곧 유대인이 아니라 세상에 있는 모든 믿음의 자손이라 말한다(롬4:13,16).

후패하다(朽敗 -, **rot, perish**) 썩어서 못쓰게 되다. 낡아지다(욥13:28). 특히, 인간의 부패성이나 쇠약해가는 과정을 설명한 말이다.

후회(後悔, **regret, repentance**) 이전의 잘못을 깨닫고 뉘우침(민23:19). 이는 '회개'와 구분되는데, '회개'란 죄를 철저하게 뉘우치고 주님께로 돌아서는 것을 가리킨다. 이에 비해 '후회'는 새로운 결단 유무와는 상관없이 감정상의 뉘우침이라 할 수 있다(고후7:7-8,10). 주님을 부인한 사도 베드로의 회개(마26:75)와 가룟 유다의 후회(마27:3-5)는 좋은 대조를 이룬다.
성경에는 하나님께서 사울을 왕으로 세우신 것을 후회하시는 내용도 나온다(삼상15:11,35). 이는 하나님의 심정을 인간의 감정에 빗댄 표현일 뿐 실

훈계

제로 하나님은 후회도, 변개하는 일도 없으신 분이다(삼상15:29).

훈계(訓戒, **counsel, admonition, lecture**) 문자적으로 '타이르다, 매질하다'는 뜻. 타일러서 경계하는 것. 특히, 하나님의 언약을 전제한 교육적인 목적을 가진 경계나 책망, 교훈 등을 의미한다(시16:7). 훈계의 기초석은 하나님의 말씀이어야 한다(전12:11-12; 고전10:11; 골3:16). → '책망'을 보라.

훈련(訓練, **discipline, training, schooling**) 기술이나 학문, 인격과 덕성 등을 실지로 활용할 수 있도록 배워 익힘. 성경에서 훈련은, '교육'이나 '양육' 또는 '훈계'나 '지식의 전수'라는 뜻과 함께 '책망'이나 '처벌' 또는 '교정을 위한 징계'란 뜻이 함축되어 있다(신22:18; 왕상12:11,14; 잠3:11-12; 히12:5-13).

기독교에서 훈련은 ① 하나님의 사람으로 온전케 하며(딤후3:14-17), ② 범죄한 자에게는 회개를 통해 하나님과 바른 관계에 이르도록 하는 데 있다(계3:19). → '연단', '징계'를 보라.

휘장¹(揮帳, **curtain, tent**) 둘러치는 막. 일상적인 천막(사54:2) 이외에 성막의 덮개(출26:1), 성전의 지성소와 성소를 가리는 '막'(출26:31-32)이나 안뜰과 성소를 구분하는 성소의 출입문(출26:37), 성막의 경계(울타리)를 나타내는 휘장(출27:9) 등이 있다.

특별히 지성소를 가리는 휘장은 예수께서 십자가에 달려 돌아가실 때 위에서 아래로 둘로 찢어졌는데, 히브리서 기자는 이것이 예수의 육체를 상징하는 것이라 가르친다(히6:19; 10:20). 한편, 성경문학적으로 하늘은 하나님께서 치신 휘장으로 비유되기도 한다(사40:22). → '장막'을 보라.

휘장²(徽章, **badge, emblem**) 직무나 신분, 명예를 나타내기 위하여 옷이나 모자 따위에 붙이는 표를 일컫는 말이다. 우리나라를 상징하는 태극기도 휘장의 하나이다. 그런데, 각 교단에 따라 노회나 총회 때에 '휘장 분배'가 회순에 들어있는데, 이때의 휘장은 소속이 표시된 명찰과 배지를 가리킨다. → [7. 올바른 용어] '휘장 분배'를 보라.

흉계(凶計, **sly way**) 흉악한 꾀. 간사스러운 꾀와 기만. 속임수. 궤계(詭計). 특히, 예수 그리스도와 하나님의 백성을 대적하는 자들의 교활한 속임수를 일컫는다(마26:4; 막14:1; 찬송가 359장).

흉년(凶年, **famine**) 농작물이 잘 되지 않은 해(창26:1; 41:27; 룻1:1; 눅15:14; 행7:11; 계6:8). 기근(창12:10; 41:30; 삼하21:1; 왕하8:1). 강수량이 절대 부족한 팔레스타인에서 비는 하나님의 은혜로 간주되는 데(렘14:22) 반해 흉년(기근)은 죄에 대한 진노로 간주되었다(삼하21:1; 왕상17:1; 시105:16). 그리고 때로 흉년은 종말의 징조 중에 하나이기도 하다(마24:7; 막13:8; 눅21:11; 계6:8; 18:8).

흉배(胸背, **breastplate**) 가슴을 보호하는 갑옷의 일종. 일명 '호심경'(엡6:14). 가죽으로 만들어진 짧은 상의에 부착되거나 그 위에 덧입혀졌다(왕상22:34; 대하18:33). 신약에는 '의의 흉배'(엡6:14)와 '믿음과 사랑의 흉배'(살전5:8) 등 마귀를 대적해 영적 전쟁을 수행하고 있는 성도가 갖추어야 할 영적 무기(하나님의 말씀)로 묘사된다(사59:17). → '호심경'을 보라.

흉흉하다(洶洶 -, **the waves are high, filled with alarm**) 물결이 몹시 세차게 일어나다. 인심이 몹시 어수선하다. 성도의 현주소라 할 수 있는 이 세상에서의 거칠고 험난한 삶을 나타낸다(찬송가 368, 432장). 물론, 이 흉흉한 삶은 곧 끝이 날 것이다(요16:33; 벧전5:8-9).

흑암(黑暗, **darkness**) 무척 어두움. 해가 진 이후 어두운 상태(창15:17) 이외에 빛이 창조되기 이전 상태(창1:2), 죽음의 세계(시88:18; 애3:6), 초월적인 어두움(출10:21-22; 마27:45), 심판 때에 사탄이나 악한 자들이 들어갈 영원한 형벌의 처소(삼상2:9; 마22:13) 등을 가리킨다. 흑암 중에 있는 인생이 빛을 발견하는 것은 절박한 가운데 오는 하나님의 도움(구원)의 손길을 상징한다(시139:12; 사5:20; 찬송가 499장). → '암흑', '어두움'을 보라.

흙(**earth, dust, soil, clay, mud**) 지구의 표면을 이루는 가루. 토양(土壤). 성경에서 흙은 인간(창2:7; 시146:4), 동물(창2:19), 토판(렘17:13), 질그

릇(출1:14; 욥4:19; 10:9; 나3:14) 등을 만드는 재료로 소개되며, 단순히 '땅'을 가리키기도 한다(창3:14; 레14:41; 욥8:19; 전12:7; 마13:5; 막4:5).

■**흙에 속한 자**(- 者, **man of the dust**) – 문자적으로 '흙으로 만든 사람.' 이는 '육에 속한 사람', '유한하고 연약한 존재'임을 시사한다. 특히, 첫 번째 사람인 아담을 가리키는 말로서, 하늘에서 온 두 번째 사람 예수 그리스도와 대조되는 존재임을 강조한 표현으로 쓰인다(고전15:47).

■**흙집에 살다**(**live in house of clay**) – 문자적으로 '흙으로 만든 집에 사는 자들'을 가리킨다. 흙으로 빚어진 육체를 입고 살아가는 연약한 인생을 뜻한다(욥4:19).

흠(欠, **defect, flaw, crack**) 성하지 않은 부분. 불완전한 부분(출12:5). 특히, 신체상의 장애나 결함, 혈통상 순수하지 못한 것을 말한다. 율법에 흠(결함)이 있는 희생제물은 하나님께 드릴 수 없었고(레1:13), 제사장도 육체적으로 흠이 없어야 했다(레21:16-24). 신약에서 이 말은 주로 도덕적 결함에 사용되었다(엡5:27).

■**흠 없다**(**without defect**) – 흠과 티가 없이 완전하다. 하나님께 드릴(하나님께서 받으실) 만한 온전한 상태를 가리킨다(레3:1; 겔43:22; 빌2:15; 골1:22; 살전2:10; 히9:14; 벧전1:19). → '온전', '완전'을 보라.

흠모(欽慕, **desire, admiration, adoration**) 마음이 끌려 자기도 모르게 사모함. 공경하고 사모함(찬송가 25, 508장). 한편, 이사야 선지자는 고난당하는 종의 노래에서 외형적인 아름다움을 찾아볼 수 없는 메시야의 모습을 언급할 때 이 표현을 쓰고 있다(사53:2).

흠향하다(欽饗 -, **smell**) 제물이나 향을 태울 때 나는 향기를 맡다. 하나님께 드린 제사(예배)가 열납됨(기쁘게 받아들여짐)을 나타내는 완곡한 표현이다(창8:21; 레26:31).

흥왕하다(興旺 -, **promote**) 문자적으로 '터 뜨리다'는 뜻으로, 싹이 트거나 꽃이 피는 모습을 연상케 하는 말이다. 곧 '(모든 면에서) 무성히 성장하고, 크게 번영하는 것'을 가리킨다(시92:13).

희다(**white**) 눈(雪)의 빛과 같이 밝다. 정결함과 순결함(시51:7), 거룩함과 영광을 상징한다(계3:4).

■**흰 눈**(**white snow**) 하늘에서 내리는 깨끗하고 새하얀 눈(찬송가 261, 269, 413, 423, 426, 444, 476, 483장). 예수 그리스도의 십자가 속죄 사역을 통해 우리의 모든 더러운 죄를 씻음받은 정결하고 온전한 상태를 나타낸 말(사1:18).

■**흰 돌**(**white stone**) 하얀 돌. 백석(白石). 소아시아 일곱 교회 중 버가모 교회에 준 돌. 신앙 승리자에게 주는 하늘나라의 상급이자 성도를 향한 그리스도의 초청의 표시다(계2:17).

■**흰 머리**(**gray head**) 하얗게 센 머리(창44:29). 특히, 노인의 센 머리는 경륜과 권위를 상징한다(레19:32).

■**흰 보좌**(**white throne**) 영광스럽고 장엄하고 거룩한 보좌(계20:11). 하나님의 심판석. 곧, 인간 개개인의 영원한 운명을 결정하는 심판의 보좌를 가리킨다(롬14:10). 이는, 인간이 근접할 수 없는 하나님의 완전하신 순결성과 거룩함, 절대 권위, 그리고 최후 심판의 엄격성과 공정성 및 절대성을 상징한다.

■**흰 옷**(**white clothes**) 아무런 색소를 넣지 않은 새하얀 빛깔의 옷. 밝은 옷. 성경에서 흰 옷은

희년
(Year of Jubilee)

'희년(禧年)'이란 히브리어로 '요벨'인데, '뿔 나팔 소리'란 뜻이다. 나팔을 불어 자유의 기쁨을 선포하는 해'라 하여 이런 이름이 붙여졌다. 희년이란, 매 50년마다 돌아오는 '해방과 회복의 해'로서, 모든 노예가 자유를 얻고, 빚을 탕감받기도 하며, 또 모든 소유가 원주인에게로 되돌려지고, 모든 경작지는 휴경하게 된다(레25:10-17).

한편, 희년은 선지자 이사야에 의해 '해방의 해', '은혜의 해', '보복의 해'로 선포되었다(사61:1-2). 그리고 예수께서는 자신을 가리켜, 죄로 인해 고통당하는 모든 사람에게 참된 자유와 회복의 희년을 가져오는 분으로 선언하셨다(눅4:18-19).

희락(喜樂, **joy**) 기뻐하고 즐거워함(전10:19). '기쁨', '환희', '즐거운 연회(잔치)' 등을 의미한다. 한편, 성경에는 희락을 성령의 열매 중에 하나로 언급했으며(갈5:22), 하나님의 나라를 가리켜 '먹는 것과 마시는 것이 아니요 오직 성령 안에 있는 의와 평강과 희락이라' 고 했다(롬14:17). → '기쁨'을 보라.

영광의 옷으로서, 부활(변화)하신 예수 그리스도(마17:2; 28:3), 천사들(요20:12; 행1:10), 하늘에 사는 자 등이 입는 의복으로 소개된다.

희망(希望, **hope, wish**) 일을 이루거나 얻고자 바라는 기대. 소망 혹은 소원(사21:4; 행2:26). 성경에는 대체적으로 '소망' 으로 번역되어 있다. → '소망'을 보라.

희생(犧牲, **sacrifice**) 살아 있는 것으로 하나님께 드리는 희생제사에 사용된 제물(신12:11). 양, 소, 염소 따위가 사용되었다. 이 같은 희생을 드림으로써 드리는 자의 죄과(罪過)가 제물에 전가되는 것으로 간주되었다. 이때 제물은 거룩하신 하나님께 드려지는 것이기 때문에 정결하고 흠이 없어야 했다. '희생제사' (창46:1), '제사' (출3:18), '제물' (출23:18)이라고도 한다. → '제물'을 보라.

힉가욘(**higgaion**) הִגָּיוֹן(힉가욘, '정숙한 소리' 란 뜻) 음악 용어(기호)로 추정된다(시9:16). 이 표시 지점에서 연주되는 하프의 '정숙한 소리' 와 관련된 듯하다(시92:3). 혹은 '명상하다' 는 의미로 해석해, 이 부호가 있는 곳에서 잠시 쉬며 명상하라는 지시로 보기도 한다.

힐링(**healing**) 몸과 마음(영혼)의 치유와 회복. → '치료', '치유', '회복'을 보라.

힘(**force, strength**) 물리적인 강압이나 설득에 의해 다른 대상을 통제, 강요, 규제하는 세력이나 능력. 혹은 자타(自他)를 움직이게 하는 원인이 되는 작용(might, power). 성경에는 이런 일반적 의미의 힘 이외에 특별히 눈에 보이지는 않지만 크게 역사하는 능력을 가리키기도 하는데, 구원을 이루시는 하나님의 능력(롬1:16)이 그 좋은 예이다.

참고로, '힘' (고후8:3), '권능' (행1:8), '능력' (행8:10) 등을 나타내는 헬라어 '뒤나미스' 는 역경과 위험 속에서도 굴하지 않는 강하고 담대한 믿음을 주시는 성령의 힘과 죄인을 회개케 하여 하나님의 자녀로 변화되게 하는 복음의 능력을 묘사할 때 사용되고 있다. 그리고 영어에서 'dynamic' (힘의 원동력), 'dynamite' (다이너마이트)의 어원이 되는 말이다.

2
교리 및 신앙 용어

-성경·신학-

가견적 교회(可見的 敎會, visible church) ~ 히브리어(- 語, Hebrew)

가견적 교회(可見的 敎會, visible church) '보이지 않는 교회' 즉 '불가견적 교회'(invisible church)와 대립을 이루는 용어로서 '유형교회' 라고도 한다. 이는 육신의 눈 앞에 나타나 있는 교회(회원의 신앙고백과 행위에 있어서 말씀과 성례전의 집행, 그리고 외적인 조직과 직분, 정치에 있어서 눈에 보이는 조직체로서의 교회)이다.

이 '가견적 교회' 는 지상에 존재하는 교회로서, 그 안에는 참된 그리스도인과 거짓된 신자가 혼합되어 있다(마13:24-30). 그리고 '가견적 교회' 는, 현존하는 '전투적 교회'(흑암의 권세와의 거룩한 전투에 부르심을 받아 봉사하는 교회, 엡6:12-13)와 짝을 이룬다. '전투적 교회' 는 장차 완성될 하늘에 있는 '승리적 교회'(계21:4)와 비교되는 개념이다. → '불가견적 교회' 를 보라.

가경(假經, pseudepigrapha) 구약성경의 정경(正經)과 외경(外經)에 들지 않은 문서들에 대한 총칭. 일명 '위경'(僞經). → '위경' 을 보라.

가르치는 교회(- 敎會, ecclesia docens) 로마 가톨릭에서 기독교 신앙을 가르치는 일에 임명된 성직자들을 '가르치는 교회' 라 칭했다. 이에 비하여 평신도를 '듣는 교회' 또는 '배우는 교회'(ecclesia discens)라 구별했다. 제2차 바티칸 공의회 이후부터 양자의 구별이 다소 완화되었다.

가톨리시즘(Catholicism) 포괄적으로는, 기독교(신앙, 생활, 예배의 통합체로서)의 완전성과 전체성을 가리키는 동시에 하나님의 교회 공동체의 이상을 표현하는 개념이다. 그러나 협의적으로는 종교개혁을 통해 로마 가톨릭에서 독립한 개신교를 반대해 빈둥 종교개혁을 주장하는 교회들(주로 예수회)이 자신들을 가리키는 말로 사용한 용어이다. 그런 점에서 이 용어는 분파적이고 배타적인 의미를 지녔다고 본다.

오늘날에는 로마 가톨릭교회의 내부적 특질(신앙, 생활 등)보다 그들의 외적 활동(정치, 경제, 문화, 사회 등)을 통해 주장하는 견해나 입장을 가리키는 말로 쓰이고 있다.

가톨릭(Catholic) '보편적', '공동적' 이라는 뜻의 헬라어 '카돌리코스'에서 유래한 말. '카돌리코스' 는 '언제나, 어디서나, 언제까지든지 같다' 는 뜻을 지닌다. 때문에 '가톨릭' 이란 말은, '보편성' 또는 '공동성', '보편공동적' 으로 번역된다. 안디옥 주교로서 순교한 교부 이그나티우스(Ignatius, A.D.35-117년)에 의해 처음 기독교 용어로 사용된 이 단어는, 개개의 교회가 아닌 보편적 전체로서의 교회 즉, 어디서나(세계적), 언제나(전통적), 누구에 의해서나(보편적) 믿을 수 있는 신앙 체계를 지닌 참된 공동성(가톨릭)을 가리켰다(사도신경의 '공회' 또는 '공교회'). 이 기준은 훗날 '로마 가톨릭' 을 정의하는 용어로 널리 사용된다.

한편, 로마 가톨릭 고유의 특징은, 마리아 신앙과 성찬의 화체설(빵과 포도주가 사제의 말씀과 동시에 그리스도의 실제 살과 피로 변한다는 설. 이러한 화체설은 성찬 자체에 구원이 있다고 하여 유아 성찬을 행하는 일로도 나타났다. 이것은 또 다른 우상숭배에 해당한다), 비적(영세, 견신, 성체, 고해, 결혼, 서품, 병자〈종유〉 등 7개의 성례전), 교황의 절대 권위, 행위의인(行爲義人), 그리고 신부 독신성(獨身性) 등이다. → '보편적', [3. 행정 및 교육 용어] '칠성례', [5. 교파 및 역사 용어] '로마 가톨릭교회' 를 보라.

가현설(假現說, docetism) 성육신(成肉身)하신 예수께서 실제로 물질적 육체와 인간성을 갖지 않았고, 단지 환영(幻影)처럼 유령의 몸을 갖고 이 땅에 임하셨다고 가르치는 이단 사상. 이를 주장하는 자들은 예수의 지상 사역 중에 인간적인 행위들은 환상에 불과하다고 한다.

이 가현설은 초월과 물질 세계를 선과 악의 대립 구조로 이해한 영지주의자들을 중심으로 주장되어 온 것으로, 신적 존재인 예수께서는 잠시 인간의 몸을 빌어 그 안에 거했을 뿐 본질적으로는 인간의 육신을 입지 않았고 따라서 죽지도 않았다고 한다. 사도 요한은 이런 이단적 주장을 엄히 경계했다(요일4:1-6). → '영지주의'를 보라.

각성(覺醒, quick, awakening) 문자적으로는 '살아 있는'이란 뜻으로, '깨어나 정신을 차리다', '소생하다'는 의미로 쓰인다. 18세기 전후에 일어난 영적 대각성 운동 등을 가리킬 때, 또는 개인적으로 정신적 방황에서 자기의 갈 바를 깨닫거나 자신의 허물과 죄를 깨달아 참회하고 하나님과의 바른 관계를 정립하는 일을 가리킨다.

갈리아 신앙고백(- 信仰告白, Gallican confession) 프랑스 프로테스탄트 교회의 신앙고백. 박해받던 프랑스의 프로테스탄트 교인들이 1557년 칼빈에게 보낸 신앙진술과 칼빈의 35개조 신앙고백을 기초로 하여 1559년에 작성한 40개 조항의 신앙고백이다. 이 신앙고백은 라 로셸르 교회회의(1571년)에서 확정되었다.

강림(降臨, advent, descent) '(높은 곳에서 낮은 곳으로) 내려옴'이란 뜻. 하나님의 임재와 현현을 뜻한다. ① 구약에서는 하나님의 지상 임재와 관련해(출19:18; 느9:13; 사66:15), ② 신약에서는 주로, 예수 그리스도의 초림 및 재림과 관련해 언급된다(고전15:23; 약5:7; 요일2:28). 그리고 ③ 오순절 성령강림(the advent of the Holy Spirit, 행2:1-13)과 관련해서도 이 용어가 사용된다.

개역개정판(改譯改訂版, New Korean Revised Version) 한국교회에서 가장 많이 사용되고 있는 성경이다. 1998년 원어적 완성도와 한자 어투의 개선 및 현대 어법에 맞는 성경 번역을 목적으로 대한성서공회에서 개역한글판을 개정하여 출간한 '개역개정판 성경전서'를 가리킨다. 이 본문은 1998년 이래 수차례 개선 작업을 통해 보완을 계속해오고 있다(2013년 현재 제4판 발행 중).

개역판(改譯版, Revised Version <of the Bible>) 1611년에 나온 영어 흠정역(Authorized Version, KJV)의 개정판. 1881년에 신약성경이, 1885년에 구약성경이 발행됨. → '영역본'을 보라.

개역한글판(改譯 - 版, Korean Revised Version) 1938년 완성되었던 「성경 개역」을 1948년 확정된 한글맞춤법 통일안에 따라 두 차례 수정하여(6.25전쟁 직후 일본에서 첫 번째 수정하여 인쇄 발행했고, 이를 재수정함) 1956년 최종적인 결정판으로 낸 것이 「성경전서 개역한글판」이다. 발행처는 대한성서공회이며 번역자는 성서개역자회이다. 구약 1,331쪽, 신약 423쪽이며 2단 내려쓰기로(21.5×15cm) 편집되었다. 이 성경은 1998년 「개역개정판」 성경이 출판 보급되기 전까지 한국교회에서 가장 널리 사랑받던 성경 본문이다.

개인구원과 사회구원(個人救援- 社會救援, individual salvation and social salvation) 1970년대에 들어 한국교회의 큰 이슈가 되었던, 복음의 본질이 개인 구원(변화)에 있느냐 아니면 사회 정의와 공동체 구원에 있느냐 라는 논쟁을 말한다. 즉, 김의환의 '개인변화 다음에 사회개조를'(신학사상, 1975년 9월호), 박봉배의 '사회적 정치적 참여는 인간구원의 행위'(신학사상, 1975년 9월호)라는 논설로 전개된 논쟁이다. 이는 개혁주의 보수신학과 진보적 자유주의 신학과의 입장 차이를 확연히 드러낸 문제로서 결론을 내리지 못한 채 지금도 대립각을 세우고 있는 신학적 주제이다.

개인주의(個人主義, individualism) 두 가지 관점에서 생각해 볼 수 있다. ① 자신의 권리와 안위만을 위하는 철저한 자기 중심의 이기주의. 공동선(共同善)이나 타인들의 안녕에는 관심이 없다. ② 어떤 공동체(국가, 사회 등)보다도 각 개인의 존엄성과 자유, 인권, 우월적 존재감 등을 강조한 사상으로, 하나님의 형상으로서의 한 개인의 존엄을 강조하는 기독교 정신과 맥을 같이한다.

개종주의(改宗主義, proselytism) 다른 종교(교파)에 속한 사람을 억지로 강요하여 자기가 속한 종교(교파)로 오게 하는 강압적 전도 방법이나 주장을 말한다.

개종주의는 자기 이외에 다른 사람의 신앙을 폄훼하고, 타인이 속한 종교집단의 의식이나 행위들에 악의적인 공격을 일삼으며, 어떤 수단 방법을 동원해서도 타인을 개종시키는 것을 최고의 가치로 삼는 전투적(파괴적) 성향을 지녔다. 이 같은 행동 의식 속에는 복음 전파와 구원이 철저히 성령의 능력과 은혜로써 되는 것이 아니라 인간적인 노력의 결과로 보는 경향성이 있다. →[1. 교회 일상 용어] '개종자'를 보라.

개혁신학(改革神學, Reformed theology) 하나님의 말씀으로서의 성경의 권위를 회복하려는 신학 체계를 말한다. 여기에는 하나님의 초월성과 주권, 영광, 자유 및 거룩한 하나님과 피조물에 불과한 인간과의 질적 차이가 사상의 근간을 이루며, 특히 계시 매체로서의 하나님의 말씀, 예수 그리스도, 교회 등이 강조된다. 이것과 관련해 예정의 교리가 개혁파 신학사상의 밑바탕을 형성하며, 그와 함께 성경에 기초한 철저한 윤리 의식이 자리매김한다. 개혁신학을 추구하는 교회들이 중시하는 신앙고백에는 웨스트민스터 신앙고백, 갈리아 신앙고백, 벨기에(벨직) 신앙고백, 하이델베르크 교리문답 등이 있다. → '개혁주의'를 보라.

거듭남(regeneration, born again) 새롭게 태어남. 새 사람이 됨. 성경적으로는, 죄 때문에 영적으로 죽어 있던 존재가 은혜로 새 생명을 얻어 전 인격적이고 근본적으로 변화하는 것, 곧 '중생'(重生)을 말한다(요3:3; 벧전1:3). 이는 하나님의 주권적 역사로만 가능하다. 그래서 성경은 거듭난 자를 '하나님께로부터 난 자'(요1:13; 요일3:9), '하나님의 자녀'(요1:12), '새로 지으심을 받은 자'(갈6:15), '새로운 피조물'(고후5:17)이라고 한다.

거듭남은 ① 예수 그리스도를 믿음으로 가능하고(요14:6), ② 한 번으로 영원한 효과를 지니며(롬6:4), ③ 영적인 성장의 출발점(엡4:24)이 되는 동시에 ④ 종말에 있을 완전한 구원과 연결된다(벧전1:3-12). → '중생'을 보라.

거룩(holiness) → '성결'. [1. 교회 일상 용어] '거룩'을 보라.

게마라(Gemara) 히브리어와 아람어로 쓰여진 '미쉬나'(Mishinah)의 강해서. 즉, 고대 팔레스타인과 바벨론의 랍비학교에서 미쉬나에 관해 토론한 내용을 가리키는 말이다. 게마라와 미쉬나가 합해져서 탈무드를 형성했다. → '미쉬나'를 보라.

게일번역성경(- 飜譯聖經, Gale version of the Bible) 한국 선교 초기에 성경번역을 하던 3개의 성서공회(스코틀랜드 성서공회, 미국 성서공회, 대영 성서공회)가 있었는데, 이들은 여러 해 협력하여 성경을 한국어로 번역하는 일을 힘쓰다가 후에 스코틀랜드 성서공회는 철수하고 대영 성서공회를 통해 재정적인 도움만 주었다. 1901년에는 신약전서가 완역되었고 1904년에는 그 교정판이 나오게 되었다. 구약전서는 1910년 4월 2일에 완

개혁주의
(reformism, Calvinism)

'개혁주의'(改革主義)는 문자 그대로 '늘 새롭게 고쳐나간다'는 개혁 사상을 가리킨다. 즉, 성경에 비추어 바르지 못한 것들을 늘 개혁해 나가며, 하나님 앞에 바로 설 수 있도록 하겠다는 것이 개혁주의이다. 그런데 '개혁주의'란 말이 매우 광범위한 의미로 사용되고 있기에 개혁주의를 한 마디로 요약하기엔 어려움이 있다.

흔히, 루터의 종교개혁을 배경으로 신교(新敎)가 시작되었다고 보는데, 신교가 '종교개혁'을 배경으로 출발하였기에 신교를 통틀어서(장로교, 감리교, 성결교 등 모든 개신교 교파 포함) '개혁주의'라고 칭한다. 이는 광의적인 의미에서의 개혁주의라 할 수 있다. 이에 비해, 협의적인 의미에서의 '개혁주의'는 종교 개혁자 칼빈(John Calvin, 1509-1564년)의 사상 및 그 감화를 받은 프로테스탄트주의의 개혁사상을 의미하고, 교회적으로는 개혁파 또는 장로파라고 하는 교회조직의 신앙과 신학을 가리킨다. 이런 맥락에서 '개혁주의'를 일명 '칼빈주의'라고도 한다.

한편, 협의적인 의미의 개혁주의가 지닌 특징은 무엇보다 하나님의 주권 중시, 성경 중심주의, 하나님의 은혜에 의한 신앙, 오직 믿음으로 구원받는다는 신앙 및 의인(義認)과 성화(聖化) 등을 신조로 삼고 있으며, '오직 하나님의 영광을 위해' 존재하는 것을 신앙의 목표로 삼고 있다.

개혁주의 5대 강령을 보면, ① 인간의 완전한 타락(전적인 부패) ② 무조건적 선택(예정) ③ 제한적 속죄(선택 구원) ④ 불가항력적 은혜 ⑤ 성도의 견인(보호, 완전 구원) 등이다. → '칼빈주의'를 보라.

역 출판되었다. 성경 번역위원인 언더우드, 게일, 레이놀드 세 사람은 번역이 끝나기까지 555회나 회합했다. 처음 출판하던 해에 800권이 팔렸다고 한다. 그 후 게일 목사(Rev. J.S. Gale)가 성경을 보다 더 이해하기 쉽게 구어체로 번역했고 그것을 1925년에 출판한 것이 「게일번역성경」이다. 이때 출판비는 평신도 사업가 윤치호 씨가 담당했는데, 위원회 간의 합의를 얻지 못해 성서공회에서 출판하지 못했기에 사비로 출판한 것이다(곽안전, 한국 교회사 147쪽). 수년 전, 영국에 있는 그의 딸이 번역 당시 철필원고를 서울 연동교회에 기증해 와 현재 연동교회 사료실에 전시·보관되어 있다.

게헨나(Gehenna) 히브리어 '게 힌놈'(גי הנם)을 헬라어 '게엔나'(γέεννα, '힌놈의 골짜기')로 음역한 지명. 예루살렘 서쪽에서 남쪽에 걸쳐 있는 골짜기(수15:8; 18:16; 느11:30). 이곳에는 자녀를 불에 태워 희생제물로 드리는 인신 제사, 곧 몰렉 숭배가 성행했다. 유다 왕 아하스(왕하16:3; 대하28:3)와 므낫세(왕하21:6; 대하33:6)는 자기 아들들을 몰렉에게 제물로 바치기도 했다(렘32:35). 유대 묵시문학에서는 우상 숭배로 인한 역한 냄새가 나는 이곳을 구약 시대 이후 지옥의 입구, 혹은 지옥 자체로 칭했고, 신약성경에서는 '지옥'을 일컫는 말로 사용되었다(마5:22, 29-30; 막9:43-47). → [1. 교회 일상 용어] '지옥'을 보라.

견유학파(犬儒學派, Cynics) B.C.4세기에 시작되어 로마 제국 시대에 융성했던 일단의 철학파들. 일명 '퀴닉스 학파.' 이 명칭은 소크라테스의 제자로 이 학파의 창시자인 안티스테네스의 학교 소재지인 'Kynosarges'(아테네 교외)라는 명칭에서 유래된 것이라는 설이 있고, 그보다는 그의 후계자인 시노페의 디오게네스(B.C.412?-323)로 대표되는 '개와 같은 생활'(kynicos bios) 때문에 비롯된 것이라고 보는 설도 있다.

이 학파의 가르침의 핵심은, ① 행복은 유덕한 생활에 있고, ② 유덕한 생활이란 외적 조건에 좌우되지 않는 생활이며, ③ 이는 강인한 의지로 욕망을 억제함으로써 달성될 수 있다는 것이다. 또한 ④ 아무것도 필요로 하지 않는 것이 신(神)의 특징이며, ⑤ 필요한 것이 적을수록 신에 가까운 자유로운 인간이라는 것이 그들의 생각이었다. 따라서 자족(自足)을 내세우며 가장 간소한 식사와 짧은 망토, 지갑, 지팡이 같은 개인 소지품으로 만족했다. 이 학파는 후에 스토아 학파에 많은 영향을 미쳤다. 초대 기독교와 이 학파 사이에는 비슷한 점이 많았다. 특히 바울의 고난(고후6:9-10), 그의 자족(빌4:11) 등에서 그 유사성을 발견할 수 있다.

견인(堅忍, perseverance of the saints) (영원한 구원에 이르는) 궁극의 구제. 특히, 구원에서 하나님의 절대 주권인 은혜를 주장하는 칼빈주의 5대 교리 가운데 다섯 번째 교리를 말한다. 이 '성도의 견인' 교리는 진정으로 회개한 자는 성령의 지속적인 보호로 인하여 궁극적으로 그들의 구원을 잃게 될 만큼 타락할 수 없다는 칼빈주의의 주요 교리이다(롬8:37-39). 알미니안주의는 이 교리를 반대한다. → '성도의 견인', [5. 교파 및 역사 용어] '칼빈주의', '칼빈주의 5대 신조', '알미니안주의'를 보라.

결정론(決定論, determination) 모든 사건은 어떤 원인에 대한 필연적인 결과라는 인과율(因果律)의 법칙에 예속되어 있다고 보는 철학적 견해. 이 견해는 여러 가지 이유로 인해 오랫동안 옹호되어 왔다. 즉, 유물론이나 신령주의적 범신론이 결정론을 내포하고 있기 때문에, 또는 하나님이 모든 것을 미리 알고 앞으로 일어날 일을 미리 정해 놓았다는 신학적 이유로 인해 지지되기도 했다.

특히, 결정론은 자유의지와의 관계 때문에 신학에서 자주 논의되고 있다. 즉, 하나님의 지혜와 지식, 능력, 섭리 및 그에 상응하는 인간의 자유의지(행위)와의 관계, 그리고 죄와 은혜의 문제 등과 관련해 결정론이 등장하곤 한다. 한편, 신학자들 중에는 하나님의 전능하신 능력이 순수하게 독립적인 이차적인 원인들과 반드시 배치되지는 않는다고 주장하기도 한다. → '예정론'을 보라.

경건주의(敬虔主義, pietism) 17세기 독일 루터교회 안에서 일어난 신앙운동. 당시 30년 전쟁의 여파와 정통파의 판에 박힌 듯한 형식적 신앙생활로 인해 많은 교회들이 복음주의적 생명력을 잃은 상태였다. 이에 대한 반동으로서 1675년 스페너(P.J. Spener)가 6개조의 신앙 개혁안을 담은 「Pia Desideria」(경건한 욕망)를 발행했다. 그는 이 개혁안을 좇아 경건회(collegia pietatis)를 만들고 영적 부흥 활동을 전개했는데, 그중에는 기도하는 일과 성경 연구 및 정통 교리 전수, 충성스런 그리스도인의 생활을 육성하는 일 등이 있었다. 바로 이것이 경건주의 운동의 모체가 되었다.

한편, 스페너의 제자인 프랑케(A. H. Francke)가 라이프찌히 신학자들의 교육방법과 교과과정을 비판하면서 기성 교회가 경건주의자들을 적대시하는 계기를 만들었다. 결국, 프랑케는 기성교회와 분리되었고, 프레데릭 3세의 지원을 받아 할레대학을 설립하여 그곳을 경건주의 운동의 본거지로 삼았다. 할레대학에서는 철저한 참회와 은총 및 중생을 강조한 엄격한 경건주의 훈련을 실시하였고, 병원, 출판사 등도 설립하였다.

할레대학에서 비롯된 경건주의 운동은 진젠도르프(N. L. von Zinzendorf)에 의한 '모라비아 형제단' 운동을 촉발시켰고, 이 모라비아 형제단은 영국의 존 웨슬리에게 영향을 끼쳐 감리교 운동이 일어나게 하였다. 이외에 스칸디나비아 반도와 러시아 및 미국 등 특히 영미권 세계에서 경건주의 운동을 확산시켜 다양한 경건주의 교파를 탄생시켰다. 경건주의 운동은 신학발전에도 영향을 끼쳤고, 오늘날도 복음주의 운동에는 대부분 경건주의 운동에서 파생된 많은 특징들이 담겨 있다.

경륜(經綸, **dispensation**) 일정한 목표를 가지고 일을 조직적으로 계획함. 세상을 다스림. 이는 헬라어로 '오이코노미아' 인데, '집'을 뜻하는 '오이코스'와 '관리하다'는 뜻의 '노메오'가 결합된 표현으로, '집을 관리하고 다스리는 것', 즉 일차적으로는 '청지기 직분'(stewardship)을 시사한다(눅16:2). 신학적으로는 하나님의 거룩하신 뜻과 계획, 즉 세상 만물의 운행과 질서, 인간 구원의 계획 등 하나님의 거룩한 섭리를 의미한다(엡1:9; 골1:25; 딤전1:4). → '섭리'를 보라.

경전(經典, **the Scriptures, the Bible**) (영원히 변치 않는 법식과 도리를 적은 서적이라는 뜻으로) 성인(聖人)의 가르침이나 행실 또는 종교의 교리를 적은 책. 기독교에서는 하나님의 거룩한 말씀인 '성경'을 가리킨다. → '성경'을 보라.

경험신학(經驗神學, **empirical theology**) 모든 지식은 궁극적으로 경험에서 유래한다는 철학적 지식에 기반한 신학. 이는 휴머니즘과 무신론의 도전에 대해 인간의 경험과 과학적 지식을 근거로 응전하려는 시도이기도 하다. 20세기 초 미국에서 자유주의 신학의 일부로 출현했다.

경험신학의 두 가지 전제를 보면, ① 모든 신학의 명제는 어떤 종류이건 종교적 경험에 관한 혹은 그로부터 추론된 명제이어야 한다. ② 모든 신학적 명제는 공적인 경험(질서, 조화, 도덕적 의무, 마음과 실재의 관계 등)의 사실로부터 추론한 것이어야지, 단지 개인의 종교적 경험 그 자체로부터만 나오면 안 된다.

계명(誡命, **commandment, religious precepts**) ① 지켜야 하는 규정. ② 하나님의 명령(창26:5; 출15:26). ③ 하나님이 위임하신 사명. ④ 마땅히 행하도록 위탁받은 명령(책무). 구약성경에서는 '율법과 십계명'을, 신약성경에서는 보다 광범위하게 하나님께서 예수 그리스도를 통해 성도에게 주신 모든 명령을 말한다. 예수님은 계명의 근본 정신을, 위로 하나님을 사랑하고 아래로 이웃을 사랑하는 것이라 가르치셨다(마22:35-40; 막12:28-34; 요일3:22). → '율법'을 보라.

계몽주의(啓蒙主義, **enlightenment**) 계몽주의란 17, 18세기 이성을 진리 판단의 기준으로 삼아 불합리를 제거하고 세계를 합리적으로 개선하여 인간의 무지와 몽매를 계몽하려던 사상 운동이다. 유럽을 휩쓸었던 이 운동은 르네상스 이후 지속적으로 전개되어 온 사회적, 사상적 변화에 기초하는데, 영국에서의 자연과학적 경험주의 그리고 프랑스에서의 인식론적 합리주의가 이 운동의 사상적 토대를 이룬다. 이후 18세기 초 독일에 유입되어 칸트(Immanuel Kant, 1724-1804년)에 의해 계몽주의 사상이 완성된다. 칸트는 「계몽이란 무엇인가」(Was ist Aufklärung)라는 글에서 계몽주의를 '미자각 상태에서 잠들고 있는 인간에게 이성의 빛을 던져주어 편견이나 미망(迷妄)에서 벗어나게 하는 것'이라고 정의했다.

이 계몽주의와 계시종교 사이에는 처음부터 긴장관계가 형성되었다. 특히, 영국의 계몽주의는 이신론(理神論)적 성향을 지녔고(하나님의 창조는 인정하되 하나님의 현재적 섭리는 불인정함), 또 로크의 이론을 좇아 한 사람 한 사람의 고유한 자유권(인권)을 강조했다(이것은 미국은 물론 현대의 모든 헌법 특히 기본법의 뿌리가 된다). 이에 비해 프랑스 계몽주의는 급진적인 성향을 지녔는데(무신론과 유물론 사상) '이성과 자유와 진보를 위해서'라는 가치 아래 기독교를 개선의 대상이 아니라 제거와 타파의 대상으로 삼았다. 이 사상은 18세기 프랑스 사상의 자유를 이루어 마침내 프랑스 대혁명의 원리를 제공하였다.

계시(啓示, revelation) 감추어진 것들을 드러내어 명확하게 밝힘. 특히, 하나님께서 자기에게 속한 구원의 신비와 거룩한 진리, 또는 자신의 뜻과 섭리를 인간에게 친히 나타내 보여 주시는 거룩한 행위를 말한다(고후12:1; 엡3:3; 골1:25-27). 일명 '묵시'(黙示). 사실, 죄로 점철된 인간의 제한된 지식으로써는 영원 무한하신 하나님을 알 수 없다. 따라서 인간이 이성이나 감각으로 하나님을 알고자 한다면 하나님은 언제나 불가해(不可解)한 존재로 남아 있을 뿐이다. 하나님께서는 이러한 인간에게 자신을 스스로 드러내시는데 이것이 곧 계시(啓示)이다. 하나님은 인간에게 자신을 모두 드러내시지 않으나 인간 구원에 필요한 만큼 충분하고도 완전하게 자신을 드러내신다. 그리하여 인간으로 하여금 하나님을 찾고 예배하게 하신다.

예수 그리스도는 하나님이 드러내신 계시의 주체요, 내용이며, 완성자이다(계1:1). 그리고 하나님께서는 성령의 감동으로 전하고 이루신 계시들을 책으로 기록하게 하셨다(사8:19-20; 딤후3:15-16; 벧후1:21). 그것이 바로 '성경'인데(욥1:1; 나1:1; 암1:1), 이런 점에서 성경은 '계시의 책'이라 한다.

하나님의 계시는 그 방법에 있어서 '자연계시'와 '초자연적계시'로 구분되며, 그 내용과 목적에 있어서 '일반계시'와 '특별계시'로 구분된다. 즉, 하나님께서 자연이나 역사, 양심 등을 통해 하나님 자신과 그 뜻을 알리셨는데 이러한 방법이 '일반계시'이다(행17:22-31; 롬1:20,22,32). 그런데, 일반 계시로는 하나님이 누구시요, 어떤 분이시며 죄와 사망 아래 있는 우리 인간을 어떻게 구원하고 계신지 알기에는 부족하다. 하나님이 자신을 분명하게 알 수 있도록 계시한 것이 바로 '특별계시'이다(살전2:13; 히4:12-13).

■**계시록**(啓示錄, revelation) - 사도 요한이 밧모 섬에 유배되었을 때 하나님의 계시를 받아 기록한 책인 '요한계시록'의 약자.

■**계시문학**(啓示文學, apocalyptic literature) - 일명 '묵시문학'(黙示文學). 성경과 그 외경(외경, 위경)에 소개되어 있는 종교문학의 한 장르. 대개 예수의 탄생과 예루살렘 패망을 전후한 시대(B.C.2세기 – A.D.100년경)의 저작으로, 내용은 세상 종말, 최후 심판, 메시야 재림, 성도의 구원, 하나님 나라의 최후적 승리를 그리고 있다.

■**계시신학**(啓示神學, apocalyptic theology) - 하나님을 인식하는 것은 오직 계시에 근거하고 계시에 의해서만 성취된다고 하는 신학. 자연신학에 반대되는 개념이다. → '자연신학'을 보라.

■**계시종교**(啓示宗敎, a revealed religion) - 인간의 자의지(自意志)나 깨달음을 통해 구원의 경지에 이르는 종교가 아니라 오직 신(神)의 계시에 의해 태동되고 신의 계시를 통해서만 구원의 도리를 확인하는 종교. 유대교 및 기독교가 이 범주에 속한다.

계약(契約, treaty, covenant, agreement) 조약. 협정(창26:28). 생명을 담보로 한 약속. 하나님께서 인간을 구원하시기 위해 인간에게 표시하신 특별한 의사. 언약(言約). 성경에서는 하나님과 인간 사이의 언약(창2:16-17; 22:16), 인간과 인간 사이의 약속(창21:25-30; 29:15-20; 삼상18:3-4), 국가와 국가 사이에 맺은 계약(왕상5:9-11; 15:18-19) 등이 나타난다. → '언약'을 보라.

계약신학(契約神學, covenant theology, federal theology) 하나님과 인간 사이에 맺은 계약(언약), 즉 계약 당사자 간에 공식적으로 맺은 쌍방계약을 구속력을 지닌 법적 약속의 형태로 표현하는 신학사상을 말한다. 일명 '언약신학'(言約神學). 이 사상은 영국 청교도 중에서 시작되어 미국 청교도에게도 전달되었고, 유럽에서는 16세기 후반 독일 개혁신학자들 중에서 처음 확립되었다.

계약신학자들의 견해에 따르면, 하나님께서는 인류의 대표인 아담과 계약을 맺으셨으나(행위언약, 창2:16-17) 아담은 그 계약을 파기했다. 그래서 하나님은 둘째 아담인 예수 그리스도와 계약을 맺으셨고(은혜언약, 롬5:12-21) 예수께서는 그 계약을 온전히 이행하셨다.

고등비평(高等批評, **higher criticism**) 성경의 각 문서들을 그들의 원 역사적 배경과 관련해 연구하려는 학문적 자세. 즉, 성경 각 책의 자료, 연대, 저자 및 역사적·사상적 배경 등을 학문적으로 연구하는 방법. 그런 점에서 고등비평은 외적인 증거보다는 내적인 증거에 더 의존한다. 이는, 하등비평(저급비평)에 대립되는 말로 일명 '상층비평'(上層批評)이라고도 한다.

한편, 하등비평이 성경 원문에 관한 연구인데 비해, 고등비평은 성경 본문의 저작연대와 저자 또는 역사적·사상적 배경, 성경에 관한 문학적·역사적 비평연구를 주로 한다는 점에서 '문학비평' 또는 '역사비평'이라고도 한다. → '문학비평', '역사비평', '성경비평'을 보라.

고백(告白, **confession, profession**) 마음속에 숨기고 있던 것을 털어놓음. 숨김없이 사실대로 말함. 자복(自服). 성경에는, ① 믿음으로 하나님의 존재와 권위를 인정하거나 자신이 범한 죄를 인정하는 것(요1:20; 행24:14; 히11:13), ② 하나님의 은혜에 감사하여 찬양하고 증거하는 것(롬14:11; 히13:15)을 뜻한다. 특히, ③ 신약에서는 예수 그리스도가 구주이심을 인정하는 신앙 행위에 쵸점이 맞춰진다. 예수님을 구주로 고백한 자로는 세례 요한(마3:11), 나다나엘(요1:49), 마르다(요11:27), 도마(요20:28), 바울(행9:20) 등이 있다. 그 중에서도 '주는 그리스도시요, 하나님의 아들'이심을 인정한 베드로의 신앙고백이 유명하다(마16:16). 한편, 오늘날 예배 시간마다 암송하는 사도신경은 바로 성도의 전통적인 신앙고백이다.

고범죄(故犯罪, **willful sin, presumptuous sin**) 행위자가 그 행위를 나쁜 일인 줄 알면서도 고의(故意)로 범하는 경우의 죄를 가리킨다. 즉, 한 개인의 의식적이며 자발적인 범죄를 말한다. 일명 '고범'(故犯). 이것은 하나님께 대항하는 교만한 행위로서 실수로(비고의적으로, 부지불시간에) 지은 죄보다 그 책임과 형벌이 크다(민15:26-31). 다윗은 시편 19편에서 자신이 고범죄를 짓지 말게 해 달라고 노래했다(시19:13).

공관복음서(共觀福音書, **Synoptic Gospel**) 신약성경의 사복음서 중에 마태, 마가, 누가복음 세 권을 통틀어 일컫는 명칭. 사복음서 모두가 예수님의 생애와 교훈을 전하지만, 특히 앞의 세 권에서 유사점이 많고, 또 거의 같은 관점에서 쓰여졌다고 해서 '공관복음서'라고 부른다. 즉, 요한복음이 예수님의 가르침에 대한 해설에 중점을 두어 기록했다면, 마태, 마가, 누가복음은 사건의 순서, 문체, 예수님의 가르침에 대한 교훈이 거의 같은 관점에서 쓰였다. 이처럼 마태, 마가, 누가복음 세 복음서를 공관복음서라 처음 지칭한 학자는 '그리스바하'(Griesbach, 1745-1812년)였다. 참고로, 요한복음은 공관복음서와 비교할 때 부분적으로만 일치할 뿐 기사의 배열이나 내용상 차이가 나기 때문에 '제4복음서'(the Fourth Gospel)라 한다.

공교회(公敎會, **Catholic Church, Universal Church**) 공교회를 뜻하는 단어 '가톨릭'이란 원래 헬라어 '카톨리코스'(우주적, 보편적, 공동적, 일반적, universal, general)에서 유래한 말이다. 일명 '보편적 교회.' '공교회'는 사도들이 고백한 그 신앙고백을 고백하는 우주적이고 보편적인 교회를 말한다. 이는 그리스도를 머리로 하는 몸인 교회의 '사도성'(마16:15-19; 엡2:20)과 '일치성'(고후6:14-16; 엡4:4-6; 골1:24), '거룩성'(요17:17,19; 고후7:1; 엡5:27; 벧전2:9)을 내포한 표현이다. 이 교회는 과거나 현재나 미래에 있어서 머리이신 그리스도를 중심하여 모이는 모든 택한 백성으로 구성된다. 즉, 이것은 만물 안에서 만물을 충만하게 하시는 예수 그리스도의 신부요, 몸이며, 충만이다(엡1:10,22-23; 5:23,27,32; 골1:18).

소위 '보이는 교회'도 역시 복음시대에 있어서 공교회 또는 보편적 교회라 할 수 있다. 이는, 율법시대처럼 한 민족에게만 국한된 것이 아니라, 전 세계를 통해 참 신앙을 고백하는 모든 사람과 그들의 자손들로 구성된다. 이 교회는 예수 그리스도의 왕국이요, 하나님의 집이며, 가족으로서 이 교회를 떠나서는 구원의 가능성은 없다(행2:47).

공교회에 속하는 개교회는 복음의 교리를 가르침과 받아들임, 규례와 집행, 그리고 공적 예배가 얼마나 순수하게 시행되느냐에 따라 그 교회의 순수성에 차이가 있다(고전5:6-7; 계2:3). 물론, 세상에 있는 가장 순수한 교회도 혼합과 잘못에서 벗어날 수 없으며, 심지어 어떤 교회는 그리스도의 교회라기보다 사탄의 회라 책망받을 정도로 타락하기도 한다(롬11:18-22; 계2:9). 그럼에도 지상에는 하나님의 뜻을 따라 하나님께 예배하는 교회가 항상 있을 것이다.

끝으로, 예수 그리스도 외에는 교회의 머리가 없다(엡1:22; 골1:18). 로마의 교황도 교회의 머리가 아니다. 누구든지 교회에서 그리스도를 대항하여 자신을 높이는 자와, 하나님이라 불리우는 모든 자는 적그리스도요, 죄악의 사람이며, 멸망의 자식이다(마23:10; 살후2:3-4,8-9; 계13:6). → '가톨릭', '보편적', [1. 교회 일상 용어] '교회'를 보라.

공동번역성서(共同飜譯聖書, **Common Translation Bible**) 세계성서공회연합회와 로마 교황청 성서위원회의 합의에 의해 만들어진 신·구교(新舊敎) 연합 성경. 한국에서는 1968년 1월에 개신교회와 가톨릭교회가 함께 공동번역위원회를 조직하였고, 1971년 4월에 신약성경이 출판되었으며, 1977년 4월 부활절에 2,420페이지에 달하는 방대한 분량의 번역을 완료하여 「공동번역성서」라는 이름으로 간행되었다.

이 성경이 발간되자 개신교, 특히 보수진영에서는 하나님을 '하느님'으로 호칭한 것과 교리 및 해석학의 관점에서 반감을 나타냈고 가톨릭에서는 제2경전을 외경으로 취급한 것에 반발했다. 태생적 한계를 드러낸 성경 본문이지만, 교회 일치를 추구했다는 의미에서, 또 읽기 쉽고 알기 쉬운 번역이 나왔다는 점에서, 특히 성경이 활발히 보급되지 못한 가톨릭에서 널리 읽히게 될 것이라는 점에서 새로운 기원을 이룬 성경이라 할 수 있다.

공동서신(共同書信, **the Catholic Epistles**) 신약성경 중에 바울서신 외에 야고보서, 베드로전·후서, 요한1·2·3서, 유다서를 가리키는 명칭. 학자에 따라서는 '히브리서'를 공동서신에 포함하기도 한다. 일명 '일반서신'(一般書信, the General Epistles), '교회서신'(敎會書信, the Church Epistles)이라고도 한다.

'공동서신'이란 말은 위의 서신들 대부분이 초대 공(公) 교회(early Catholicism)의 출현과 관련되었기 때문으로 보인다. 그와 동시에 위의 서신들이 어느 특정한 교회나 개인에게 보내진 것이 아니라 전체 교회를 위한 내용이라는 점에서 그렇게 사용된 것 같다.

공동서신은 히브리서와 함께 초대교회 내에서 바울서신과 흐름을 달리하는 기독교 사상을 보여주고 있다는 점에서 중요한 의미를 가진다. 이 용어는 '유세비우스'(*Eusebius*, 263-339년)에 의해 처음으로 일컬어졌다. → '일반서신'을 보라.

공인영역성경(公認英譯聖經, **Authorized Version**) 교회로부터 공식 인정을 받은 영어번역성경. 영국의 정치가인 크롬웰이 요청해서 커버데일에 의해 번역된 〈대성경〉(Great Bible, 1539년), 대주교 파커가 주교들의 도움을 받아 만든 〈비숍성경〉(Bishop's Bible, 1568년), 제임스 1세의 명령에 따라 만들어진 〈흠정역성경〉(King James Version, 1611년) 등이 있다. 영국에서는 KJV를 'Authorized Version'(권위역) 또는 약자 AV로 사용한다. → '영역본'을 보라.

공재설(共在說, **coexistentialism, consubstantiation theory**) → '공체설'을 보라.

공중(空中, **air, sky, space**) 하늘과 땅 사이의 빈 공간. 지구를 둘러싼 공간(창2:19; 삼하18:9). 성경에는 '궁창'이나 '하늘'로 묘사하기도 했다. 히브리인들은 지상이 사람의 거처요, 천상이 하나님과 천사들의 거처, 공중은 악령들의 거처라 생각했다(눅10:18). 그래서 사탄은 종종 '공중 권세 잡은 자'(엡2:2)로도 묘사된다. 사도 바울은 세상 종말에 주님께서 사탄의 세력을 물리치고 재림하여 공중에서 성도를 영접하실 것이라 했다(살전4:17).

■**공중에서 주를 영접함**(**rapture**) - 예수 그리스도 편에서는 공중에 임하시는 것 곧 '공중 재림'(찬송가 391장)을, 성도 편에서는 공중으로 들어 올림받음 곧 '휴거'(携擧, 찬송가 176,180장)를 가리키는 말이다(살전4:17). 한편, 공중으로 들어 올림받은 성도는 어린 양의 혼인잔치(계19:9)에 참여하게 될 것이다. → '휴거'를 보라.

■**공중의 권세**(**power of air**) - 사탄 곧 마지막 심판 때까지 죄악 세상을 지배할 강력한 힘을 지닌 사탄을 가리킨다(엡2:2). 여기서 '공중'(空中)은 단순히 눈에 보이는 하늘이란 뜻이기보다 어두움의 영역(사탄의 거처)이나 흑암의 세력 또는 악한 영들과 성도의 전쟁터(엡6:12)를, '권세'(權勢)란 하나님을 대적하는 사악한 힘을 가리킨다.

■ **공중 재림**(空中 再臨) – 승천하여 하늘 보좌 우편에 계시는 예수 그리스도께서 마지막 심판 날에 하늘로부터 강림하시는 것(살전4:16-17). 이때에 하늘로부터 여러 징조들(호령, 천사장의 소리, 하나님의 나팔소리 등)과 함께 주께서 친히 오실 것이다. 공중재림의 목적은, ① 자기 백성을 영접하시기 위해(요14:3; 살전4:17) ② 불법의 비밀을 막는 자를 폐하시기 위해(살후2:6-8) ③ 심판과 상을 내리시기 위해서다(요5:24). 이 공중 재림의 때와 시기는 하나님 외에는 아무도 모른다(막13:32). 다만, 그때가 가까이 이르렀을 때 지상에는 여러 징조들이 있을 것인데(마24:3-14), 그런 점에서 주의 백성은 영적으로 늘 깨어 있어야 한다(마24:42). → '재림'을 보라.

공체설(共體說, coexistentialism, consubstantiation theory) 성찬 시 떡과 포도주의 본체는 그대로 있고 그리스도의 살과 피의 본체가 떡과 포도주 '안에', '함께' 연합된다는 주장. 즉, 그리스도께서 성찬 음식에 실재로 임재하신다는 견해.
이러한 연합이 예전(禮典)의 행위에 한정되는 것이며, 영속되는 것은 아니고 또 그와 같은 결합의 원인도 로마 가톨릭교회와 같이 사제(司祭)의 성별 기도가 아니고 하나님의 말씀 가운데 있다고 본다. 참고로, 상이한 두 실체가 공재해 있다고 해서 '공재설(共在說)'이라고도 한다. 이는 종교개혁자 루터가 로마 가톨릭의 화체설에 반대해 주장했다. → '화체설'을 보라.

과정신학(過程神學, process theology) 아직 완전한 구원에 이르지(완성되지) 못한 인간과 세계의 진화적 성격을 강조하여, 하나님도 변화해 가는 세계와의 영적 교류를 통해 발전과정에 있다고 생각하는 신학적 경향. 전통적인 하나님의 속성을 재해석한 것으로, 그 근본적인 속성이 초월성이나 자존성이 아니라 사랑이라고 주장하면서, 하나님은 영원하실 뿐만 아니라 현세적이라는 사실을 강조하고 있다.

관계신학(關係神學, relationship theology) 20세기 초에 등장한 것으로, 신앙의 모든 내용을 '관계'라는 관점에서 바라보는 신학적 경향. 이런 맥락에서 신학은 '인간과 관계를 맺고 계시는 하나님에 관한 진리'이고, 복음은 '새로운 관계를 형성케 하는 선물'이라고 본다. 그리고 교회, 성만찬, 세례, 교회교육 등 대부분의 주제도 '관계'라는 측면에서 바라보고 해석한다.

관주성경(貫珠聖經, Reference Bible) 관주 기호를 표시한 성경. 즉, 성경 본문에 기록된 주요한 내용이나 용어 중 같거나 비슷한 것 또는 인용되거나 비교할 만한 사항을 다른 본문에서 찾아볼 수 있도록 간단한 부호로 표시해 놓은 성경.
한국의 관주성경은 1910년 동양선교회(OMS) 선교사 카우만(E.C. Cowman)이 중국 상하이에서 출판한 「부표관주신약전서」(附表貫珠新約全書; Marked New Testament Reference)가 처음이다. 그는 이를 다시 일본의 요코하마에서 출판했다(1916년). 이 성경은 국반판 830쪽으로, 본문 위에 관주기호를 아라비아 숫자로 표기했고 장(章)마다 다시 1부터 시작했다. 이것은 부표(附表; mark)를 사용한 것이 그 특징이다(죄에 대한 내용은 붉게 '罪'라고 표시했고, 심판에 대한 내용은 저울 모양의 그림을, 회개에 대한 내용은 화살 모양의 그림을 넣어 읽으며 전도하기 편하게 되어 있음). 1912년에는 이익채 편찬으로 「관주신약전서」(貫珠新約全書)가 출판되었고, 1926년에는 대영성서공회에서 정태용이 편찬한 「관쥬구약젼셔」(貫珠舊約全書)와 이익채 편찬을 합해 「선한문관쥬성경젼셔」(鮮漢文貫珠聖經全書)를 발행했다. 1936년 발행한 제6판 관주성경에서는 창세기, 출애굽기, 레위기 3권은 개역(改譯)을 사용하였다. 1930년에 대영 성서공회에서 발행한 「관쥬신약젼셔」는 순 한글로 20절판(切版) 621쪽으로 되어 있다. 관주기호는 「선한문관쥬성경젼셔」와 같다.
일제 말기 한글판 성경 발행이 금지된 바 있다. 그 후 여러 과정을 거쳐 관주성경이 출판되다가 1956년에 「관주성경전서, 한글개역판」과 1964년 「관주성경전서, 간이국한문한글판」이, 1998년 「관주성경전서, 간이국한문 개역개정판」이 대한성서공회에서 발행되어 지금까지 사용되고 있다. 관주기호로는 자음(ㄱ, ㄴ …)과 모음(ㅏ, ㅑ …)을 사용하고, '보'는 보라, '비'는 비교, '인'은 인증, '?'는 의문, '히'는 히브리어, '헬'은 헬라어 등의 약칭을 썼다. 이상의 '관주성경'은 성경을 공부하고 연구하는 데 좋은 길잡이가 된다.

광신주의(狂信主義, **fanaticism**) 어떤 사상이나 종교적 신념 등을 미친듯이 덮어놓고 믿는 극단적이고 비이성적인 태도나 경향. 일명 '열광주의.' 이 용어는 개인이든 특정 공동체든 간에 그들의 종교적 우매성을 비웃는 경멸적인 의미로 쓰인다(왕상18:28; 요19:15; 행9:1). 기독교 내에서는 일정 부분 광신적 경향을 지닌 요소가 있는가 하면 그러한 성향을 뚜렷이 드러내는 부류가 있기도 하다. 따라서 어느 선에서 광신주의로 규정해야 할지 애매한 부분도 없지 않다. 한국교회는 성경적인 신앙 원리에 기초한 건전한 교회들이 대부분이지만 간혹 방언이나 예언, 안수나 치유, 입신 등 특정 부분을 지나치게 강조함으로써 광신주의자라는 비난을 스스로 감수하는 사람들도 적지 않다.

교리(敎理, **doctrine**) 종교상의 신조(信條)나 그 교파가 추구하고 가르치는 교훈의 핵심을 말한다. 특히, 신학에 있어서 교리란 종교적 체험의 이론적인 부분을 총칭하는 말이다. 이는, 이성적으로 이해된 믿음을 신앙 공동체가 옹호함으로써 신앙에 대한 주요한 통찰을 개념화하는 과정을 말한다. 그래서 교리는 종교가 교육하고 훈련하고 포교하고 논쟁하는 데 길잡이가 될 지적인 이론을 제공해 준다. 사도 바울은 건전한 교훈 곧 올바른 교리가 교회의 질서와 건강성을 유지하는 데 큰 힘이 된다고 보았다(딤전1:10; 딛2:1). → '교의' 를 보라.

■**교리문답**(敎理問答, **catechisms**) - 종교상의 원리나 이치를 서로 묻고 대답하는 일. 특히, 세례나 학습 등 성례에 임하면서 주고받는 교리에 관한 문답을 말한다. → '요리문답' , [3. 행정 및 교육 용어]'교리문답' 을 보라.

■**교리와 장정**(敎理 - 章程, **Doctrine and Discipline**) - 감리교의 교회법을 통칭하는 말. → [3. 행정 및 교육 용어]'교리와 장정' 을 보라.

교리신학(敎理神學, **dogmatics**) 일명 '교의학.' → '교의학' 을 보라.

고부철학(敎父哲學, **patristic philosophy**) 교부들이 추구했던 철학체계. 기독교 초기에는 인간의 지혜와 철학을 경원시했으나 점차 사상적 발전을 이루면서 기독교를 옹호하고 다양한 세계관에 거주하는 이방 나라들에 복음을 전파하며 진리를 설명하기 위해서는 철학용어나 철학적 배경이 필요하게 되었다.

이런 맥락에서 무신론적이고 유물론적인 사상을 제외한 헬라 철학을 받아들이게 되었고, 그 결과 교부철학이 탄생하게 되었다. 물론 이 당시는 기독교 진리만이 최고의 가치이며 유일한 철학이라는 입장이었다. 어거스틴에 이르러 최고조에 이르렀고, 스콜라 철학에 큰 영향을 미쳤다. → [5. 교파 및 역사 용어]'교부' 를 보라.

고부학(敎父學, **patristics, patrology**) 교부

교권주의(clericalism)

'교권주의'(敎權主義)란 일종의 성직자(성직권) 존중주의로서, 일찍이 로마 가톨릭에서 교황지상주의(papocaesarismus, 교황이 그 직책과 관련해 신앙과 도덕에 대해 엄숙한 선언할때에 오류를 범할 수 없다는 사상으로, 교회정치적 측면에서는 성직자 서임권이 오직 교황에게 속해 있다고 여김)로 표출된 교회 권력의 절대화 또는 성직자의 부당한 정치적 세력화를 가리키는 말이다. 즉, 교권주의란 부패한 교회지도자들이 자신들의 지위를 일반 신자들과는 다른 특별한 성직이라고 강조하면서(성직자 지위를 우상화함) 권력을 세력화하고 제도화하며, 부와 명예 그리고 세속적 성공을 추구하며 진리를 왜곡하고 교인들 위에 군림하려는 사상이다. 이 같은 교권주의 근저에는 인간의 탐심과 죄성이 자리잡고 있다. 따라서 교권주의자들은 입으로는 하나님과 교회를 위한다고 하지만 정작 자신의 사욕을 채우는 일에 항상 몰두한다. 그리고 그 같은 목적 달성을 위해 성경을 자의적으로 해석하고 자신에게 유리하도록 말씀을 왜곡시켜 적용한다.

■**반교권주의**(反敎權主義, **anticlericalism**) - 교회나 성직자들의 빗나간 권위주의에 반대하는 기독교 사상. 대표적인 반교권주의는 종교개혁자들이 '오직 성경으로'(Sola Scriptura)를 주장하며 종교개혁을 감행할 당시 로마 가톨릭의 권위주의(교황지상주의)를 반대한 일들을 들 수 있다.

들의 저술인 교부문학을 연구하는 신학의 한 분야. 교부들의 저술에 대한 연구는 교회사(敎會史)와 초대교회 교리 연구와 밀접한 관계를 가진다. →[5. 교파 및 역사 용어] '교부문학'을 보라.

고의(敎義, dogma) 문자적으로 '선하게 보이는 것', '권위를 가지고 선언된 것'이란 뜻으로, 기독교 공동체가 신적 계시로부터 유래된 것이라 인정하고 고백하는, 전통적으로 확립된 종교적 진리를 말한다. 이는, 교리들 중에 핵심적인 것으로서 모든 교회 공동체 구성원들 사이에서 신앙상 본질적인 것으로 고백된 기본적이고 주요한 원리들을 가리킨다.

그런 점에서 '교의'는 '교리'(敎理, doctrine)나 '교훈'(teaching)보다 그 범위가 좁다. 특히, '교리'가 권면의 성격을 띤다면, '교의'는 강제적 성격을 지닌다. 즉, 교리를 의미하는 헬라어 '디다스칼리아'는 기본적인 가르침들을 가리키고(디모데전후서), 교의를 뜻하는 '도그마'는 공적인 판결이나 칙령이라는 뜻으로만 사용되고 있다(행16:4; 엡2:15; 골2:14).

고의학(敎義學, dogmatics) 교의(敎義) 형태로 교회에 존재하는 모든 기독교 진리를 그 대상으로 하는 학문. 즉, 기독교 공동체가 신적 계시로부터 유래된 것으로 인정하고 고백하는 확립된 종교적 진리에 대한 학문적 진술을 말한다. '조직신학'(組織神學, systematic theology)과 동의어로 쓰이기도 한다. → '조직신학'을 보라.

고조(敎條, dogma) ① 기독교에서 교회가 공인한 교의(敎義), 또는 그 교의의 조목. ② 비판의 여지가 없는 신성불가침의 진리라고 주장되는 신앙의 내용을 나타내는 명제.
■**교조주의**(敎條主義, dogmatism) - 특정한 권위자의 교의(敎義)나 사상을 절대적인 것으로 여겨, 이성적인 판단 없이 현실을 무시하고 이를 기계적으로 적용하려는 생각. 기독교에서는 교리, 신조, 원리 등에 의해 수정되거나 비판됨이 없는 독단적인 주의를 말한다. 원래 이 말은, 사회주의에서(수정 사회주의자들의 관점에서) 사회적인 변화나 수정을 전혀 인정하지 않는 보수적인 견해를 가리키는 용어였다. 그런 점에서 '무비판적인 독단주의', '독단론'이라고도 하며, 이와 대립되는 개념이 '상대주의', '수정주의', '다원화'라고 할 수 있다.

고파주의(敎派主義, denominationalism) '교파'란 말은 원래 '기호이름'(bezeichnung)이라는 뜻으로 어떤 사물이나 사람에 대해 특별한 이름이나 기호를 붙여 그 특색을 나타내는 것을 말한다. 기독교에서는 종교적(신앙적) 견해를 같이하는 사람들의 집합체를 가리킨다. 그런 점에서, '교파주의'란 신앙의 공동 근거를 추구하기보다 교리, 신조, 예배의식, 신앙생활의 특이성과 차이점을 강조하는 입장과 원리를 가리키는데, 교파의 발생과 교파주의의 이유는 주로 교리에 대한 신앙의 차이, 진리에 대한 곡해, 예배의식의 차이, 정치적, 민족적, 문화적 이유 등으로 나타난다.

한국교회에 나타난 교회분열은 서로 견해를 달리하는 당파들의 신학적 노선의 차이로만 설명되지 않고 그 이면에는 교회 지도자들의 주도권 쟁탈이 원인이 되기도 했다. →[5. 교파 및 역사 용어] '교파'를 보라.

교회(敎會, church, ecclesia) 하나님께서 친히 택하시고 부르셔서 지난날 죄와 허물로 죽었던 것과는 달리 구별된 삶을 살기로 작정한 사람들이 모인 모임을 말한다. 이는, 하나님의 언약에 근거한 구원 공동체라 할 수 있다(행2장; 고전3:11; 엡2:20-23). →[1. 교회 일상 용어] '교회'를 보라.
■**교회만능주의**(敎會萬能主義, ecclesiasticism) - 교회의 관습이나 행정의 외부적 세목들에 대해 지나치게 관심을 갖는 것. 또는, 교회 조직체의 내부적인 이익만을 생각하여 형성된 관점.
■**교회의 머리**(敎會 -, head of the church) - 사도 바울은 서신서 여러 부분에서 예수 그리스도를 '교회의 머리'로 묘사한 바 있다(엡1:22; 5:23; 골1:18). 이는, 그리스도의 절대 소유권과 권위, 탁월하심, 그리고 그분에 대한 교회의 완전한 의뢰 등을 뜻한다(찬송가 96,172장).
■**교회의 속성**(敎會 - 屬性, the attributes of the church) - 교회가 지닌 속성들은 주로 무형교회(無形敎會)에 속한 내용들이다.
① 통일성 : 교회의 통일성은 기본적으로 영적 성격을 지닌다. 한 몸의 통일체 즉 그리스도를 머

리로 하고 모든 신자는 각기 지체가 되어 궁극적으로 한 몸을 이루는 신비적 관계를 말한다. 이에 비해 로마 가톨릭은 전세계에 퍼져 있는 조직체로서의 교회의 통일성 곧 유형교회(有形敎會)의 통일성을 강조한다.

② 거룩성 : 프로테스탄트 교회에서는 거룩의 개념을 교회 회원들에게 적용한다. 즉, 성도는 예수로 인해 새 생명을 얻고 의롭다 함을 얻었으므로, 원리면에서 교회의 성도에게 거룩성을 둔다. 이에 비해 로마 가톨릭은 교리, 교훈, 미사, 권징과 같은 교회의 외적 형식에서 거룩성을 찾으려 한다.

③ 보편성 : 무형교회만이 진정한 보편적 교회로 본다. 이유는 그것만이 모든 시대, 모든 신자를 다 포함하기 때문이다. 이에 비해 로마 가톨릭은 유형교회의 보편성을 주장하여 자기네만이 온 세계에 널리 퍼져서 존재하는 교회라고 강조한다.

이상의 세 가지 속성에 덧붙여 로마 가톨릭은 '사도성'(使徒性, apostolicity)을 주장한다. 즉, 사도성의 기원을 사도들에게 두고, 그 교리를 사도적 전통에다 기초하며, 교황과 주교들을 사도들의 법적 계승자로 삼는다. 특히, 교황권이 베드로 사도로부터 기원되었고, 베드로만이 천국 열쇠를 소유했다고 주장하며(마16:18-19), 교황은 그 권한을 이어받은 자로 본다. 그러나 프로테스탄트 교회에서는 교회의 설립이 복음에 대한 사도들의 공헌을 매개로 하며, 교회가 사도들의 가르침에 성실하므로, 교회적 구조에 있어서 사도성이 끊기지 않고 보존되어야 할 필요는 없다고 본다.

■**교회의 표지**(敎會-標識, **the notes or characteristic marks of the church**) - 유형 교회의 증표 곧 교회의 외적인 특성을 가리키는 말로서, 이것은 참 교회와 거짓 교회를 구별해 준다. 개혁파 교회는 세 가지 표지를 항상 말한다. ① 말씀의 참된 전파(요8:31-32,47; 14:23; 요일4:1-3; 요이 1:9). 이것은 교회의 가장 중요한 표지로 교회는 반드시 그 말씀 전파가 완전하며, 절대적으로 순수해야 한다. ② 성례(聖禮)의 정당한 집행(마28:19; 막16:16; 행2:42; 고전11:23-30). 성례는 로마 가톨릭처럼 하나님의 말씀에서 분리시켜서는 안 된다. 사실상 이 성례는 말씀의 유형적 전파라 할 수 있다. ③ 권징(勸懲)의 신실한 실행(마18:18; 고전5:1-5,13; 14:33,40; 제2:14-15,20). 이는 교리를 순수하게 유지하며, 성례를 거룩히 보수하는 데 매우 필요한 항목이다.

교회학(敎會學, **ecclesiology**) 성경에서 가르치는 교회를 정의하며, 교회의 본질에 대해 논하는 학문. 일명 '교회론'. → '교회', [1. 교회 일상 용어]'교회'를 보라.

구속(救贖, **redemption, salvation**) 대가(代價)를 지불하고(대속하여) 소유권을 회복하거나 자유(석방)와 구원을 얻는 일(출15:13; 삼하7:23; 느1:10; 사1:27; 43:1; 호13:14; 슥10:8; 눅21:28). 예수 그리스도의 십자가 희생으로 죄인을 속량하는 일. 일명 '대속'(代贖), '속량'(贖良), '구원'(救援)이라고도 한다.

구약에서는 가까운 형제가 다른 형제의 저당잡힌 땅이나 각종 소유권을 찾아줄 때 혹은 몸값을 치르고 자유를 되찾아 줄 때, 억울한 죽음을 대신해 복수할 때, 신약에서는 돈을 주고 노예를 사서 해방시켜 주는 일을 설명할 때 많이 사용된 단어이다. 영적 측면에서 죄인들을 위해 행하신 하나님의 은혜롭고도 희생적인 행동, 그중에서도 예수 그리스도의 십자가 희생을 통해 죄인을 구원하신 행위를 묘사한다(롬3:24; 엡1:7,14; 벧전1:18-19). → [1. 교회 일상 용어] '대속', '속량'을 보라.

■**구속사**(救贖史, **salvation history, history of Redemption, Heilsgeschichte**) - '구원역사'(救援歷史), '구원사'라고도 하며, 성경에 나타난 하나님의 모든 행위가 인간 구속의 역사들을 전개한 것이라고 본다. 이 용어를 처음 사용한 사람은 독일의 벵겔(J.A. Bengel, 1687-1752년)이며 동시대에 미국의 조나단 에드워즈(Jonathan Edwards, 1703-1758년)도 같은 맥락의 견해를 폈다. 즉, 성경은 단순한 연대기적 사건 나열이 아니라 목적론적 원칙에 의해(구속사적 관점에서) 기록된 책으로 보아야 한다는 것이다. 한편, 예수 그리스도는 구속사의 중심이요 정점이시다.

■**구속의 질서**(救贖-秩序, **order Salvation**) - 하나님께서 인간을 구원하시기 위해 예비하신 계획과 그 성취의 과정을 말한다. '구원의 순서' 또는 '구원의 서정'이라고도 하는데, 이는 시간적인 순서라기보다 논리적 순서로 본다. → '구원의 서정'을 보라.

■**구속자**(求贖者, **the Redeemer**) - 구약에서

는 주로 하나님을 가리켰는데, 출애굽 때 이스라엘의 해방과 관련해(출6:6; 15:13), 바벨론 포로 때 본토 귀환 약속과 관련해(사41:14; 43:1), 개인적인 환난(창48:16; 욥19:25), 죽음(시69:18), 압제(잠23:11) 등과 관련해 나타난다. 이에 비해 신약에서는 죄에게 종으로 팔린 죄인들을 구원해 주신 분, 곧 구주(구원자) 예수를 가리켰다(눅24:21).

구약(舊約, **Old Testament**) 옛 약속(언약, 고후3:14). 구약성경(舊約聖經). 예수 그리스도께서 오시기 전까지 선민 이스라엘 백성에게 주신 하나님의 구원 약속. 이 옛 언약(구약)은 시대와 상황은 다르지만 메시야(그리스도)에게 초점이 맞추어져 있다. 이 구약 내용이 기록된 성경이 바로 구약성경이다. 구약성경은 일부 아람어로 기록된 것을 제외하고(스4:8-6:18; 7:12-26; 렘10:11; 단2:4-7:28) 모두 히브리어로 기록되어 있다.

예수님을 비롯한 사도나 신약의 성도가 읽은 성경은 모두 히브리어로 된 구약성경이었다. 히브리어 구약성경은 크게 셋으로 구분되는데, 율법서(토라), 예언서(선지서, 네비임), 성문서(케투빔)로 분류된다. 원래는 단순히 '성경'으로 불렸으나 훗날 신약성경이 기록되면서 이를 구분하기 위해 2세기 말부터 '구약성경'이라 불리게 되었다. → '성경'을 보라.

구약신학(舊約神學, **Old Testament theology**) 구약성경을 자료로 해서 구약에 나타나는 진리와 가르침 곧 구약성경이 제공하는 근본 메시지를 연구하는 학문.

구약학(舊約學, **Old Testament study**) 구약성경에 관해 총체적으로 연구하는 학문. 즉, 구약 연구에는 어떤 분야가 있고 그 연구방법은 어떤 것이 있는가를 학문적으로 탐구해가는 작업이다. 여기에는 구약언어학(히브리어, 아람어 및 고대 근동 언어 등), 구약개론(구약의 각 책들을 누가 언제 어떻게 왜 무엇을 기록했는가를 살핌), 구약사(히브리 민족의 역사와 중근동의 역사 등), 구약주석학(구약의 각 책들을 언어, 역사, 신학적으로 분석하고 주해함), 구약신학 등이 있다.

구원(救援, **salvation, redemption, deliverance**) 노예 상태나 곤란한 처지에 있는 사람을 건져내어 자유를 주는 행위(창19:19; 출14:13; 신20:4; 삼상2:1). 죄와 사망의 권세로부터 건져내어 영원한 생명을 누리게 하는 일(마1:21). 구약 시대 구원은 주로 어떠한 위험이나 악으로부터 '구출되는 것' 곧, 패전(출15:2), 고통(시34:6), 폭행(삼하22:3), 조롱(시57:3), 포로(시106:47), 사망(시6:4), 죄(겔36:29)로부터의 구출을 의미했다. 출애굽 사건이 그 대표적인 예이다. 구약 후반부로 오면서 메시야 사상이 발전하여 구원 개념은 점점 '죄로부터의 구원'과 '메시야 왕국의 도래'라는 개념으로 발전했다(사52:13-53:12).

신약에서 구원은 예수 그리스도의 고난과 십자가 죽음을 중심으로 소개된다(엡2:13-18). 물론 질병이나 가난, 고통, 위험으로부터의 구원 개념이 없는 것은 아니나(마9:21-22; 24:22; 막5:23; 요11:12; 행4:9; 27:20) 이런 고통 역시 죄사함과 더불어 해결되는 사례들을 볼 때 결국 신약에서의 구원은 죄를 사하기 위해 세상에 오신 예수 그리스도의 사역과 밀접히 연관되어 있다(롬5:9).

■**구원의 서정**(救援- 序程, **order Salvation, ordo Salutis**) '구원의 순서'라고도 한다. 기독교에서는 구원의 서정을 내면적인 것으로 본다. 초기 루터 파에서는 회개, 믿음, 선행을 구원의 과정으로 보았다. 이후에 루터 파 신학자들이 이를 좀 더 구체화하여 개혁파의 구원의 서정과 유사한 과정을 이루었다. 개혁파의 구원의 서정 곧 성도의 구원의 단계를 보면, 사도 바울의 가르침을 좇아(롬8:29-30) '하나님의 미리 아심'(예지, 豫知) → '작정하심'(예정, 豫定) → '부르심'(소명, 召命) → '의롭다 하심'(칭의, 稱義) → '거룩하게 하심'(성화, 聖化) → '영화롭게 하심'(영화, 榮化)의 단계로 묘사한다. 물론, 이중에는 동시에 일어나는 것도 있기 때문에 구원의 서정은 시간적 순서라기보다 논리적 순서로 보아야 한다.

참고로, 로마 가톨릭에서는 구원의 서정을 성례전적 관점에서 파악하는데 순서로는 영세(세례, 영혼의 중생을 표현함) → 견신(영세받은 자가 성령의 은사를 받은 것을 표현함) → 성찬(떡과 포도주로 화체된 그리스도의 살과 피에 참여함을 표현함) → 고해성사(수세 후 타락한 자들에게 그리스도의 죽음의 은총이 적용됨을 표현함) → 종유(죽음에 대한 준비와 남은 죄에서 깨끗케 됨을 표현함) 등으로 이해한다.

■**구원의 확신**(救援 - 確信, **confidence of salvation**) 자신이 그리스도의 구속의 은혜로 구원받았다는 사실을 확실히 믿음. 이런 확신은 언약과 그 언약을 주신 하나님을 믿는 믿음에 기초할 때(롬4:20-21), 그리고 성령의 증거와 가르침으로써 가능하다(요일4:13-19; 5:8-10).

■**구원자**(救援者, **deliverer**) - 고통과 죄와 사망 아래 있는 인류를 건져내는 자. 이 용어가 구약에서는 사사나 지도자에게도 사용되었다(삿3:9,15; 18:28). 동시에 이들 구원자를 보내시며 궁극적으로 승리케 하시는 분, 곧 하나님을 가리키기도 했다(왕하13:5; 사43:11; 45:21; 렘14:8).

신약에서는 성부 하나님에게 사용되기도 했으나(딤전1:1), 대부분 육신을 입고 세상에 와서 십자가에 달려 돌아가심으로써 죄인을 구원의 길로 인도하신 예수님을 지칭하는 용어로 쓰인다(마1:21; 눅2:11; 롬11:26).

구원론(救援論, **Soteriology**) 성부 하나님께서 계획하시고 성자 예수께서 이루신 인간 구원의 사역이 성령의 특별한 역사를 통해 죄인의 마음과 생활에 어떻게 적용되는지를 연구하는 조직신학의 한 분야. 좀 더 포괄적으로는 인간의 타락과 죄, 하나님의 구속사역, 예수 그리스도의 속죄, 인류의 최후의 운명 등을 포함한 연구를 가리킨다. → '구원의 서정', [1. 교회 일상 용어] '속죄'를 보라.

국한문성경(國漢文聖經, **Mixed Script**) 한글과 한자를 혼용하여 발행한 성경. 최초의 국한문성경은 1906년 유성준이 언더우드, 게일 등과 함께 편찬한 「국한문신약젼서」로, 고종 황제에게 헌상되기도 했다. 1926년에는 「선한문관주성경젼서」를 발행했다. 1931년에는 홍순탁 목사의 사역으로 「간이선한문신약젼서」가, 1936년에는 성서공회에서 최경식에 의해 「간이개혁선한문구약」이 발행되었다. 이것이 발전하여 1964년에는 대한성서공회에서 「관주성경젼서 간이국한문한글판」이 1998년에는 「관주성경젼서 간이국한문 개역개정판」이 발행되어 오늘까지 사용되고 있다.

그노시스주의(- 主義, **Gnosticism**) A.D.2세기경 홍수처럼 교회에 침입하여 기독교의 근본을 흔들어놓은 극히 위험한 이단 사상. 일명 '영지주의'(靈知主義). → '영지주의'를 보라.

그리스도(**Christ**) '크리스토스'(Χριστός). 기름 부음을 받은 자'라는 뜻. 히브리어 '마쉬아흐'(מָשִׁיחַ, 메시야)의 헬라어 명칭이다. 기름 부음을 받는다'는 것은 곧 '하나님의 것(소유)으로 거룩히 구별되다'는 의미와 함께 '성직 수여'의 뜻이 담겨 있다. 구약 시대에는 제사장이나 왕, 선지자 등 하나님께 구별된 일꾼들이 기름 부음을 받았다.

예수님을 가리켜 그리스도, 곧 메시야라 칭하는 것은 예수님이 인간 구원을 위해 선지자요, 왕이며, 제사장으로서 세 가지 직분(삼중직)을 모두 부여받은 분이며, 구약에서 증거하고 있는 구원자 '메시야' 이심을 명확히 보여 준다(행10:38). 그래서 신약에서 예수님은 종종 '그리스도'로 불렸고(마1:16; 요20:31), 예수님 자신도 스스로를 '그리스도'라 밝힌 바 있다(요4:26). 기독교 신앙의 기초는 예수를 그리스도로 고백하는 데서 비롯된다(마16:16). → 메시야', '예수 그리스도'를 보라.

■**그리스도 안에서**(**In Christ**) - '엔 크리스토'(ἐν Χριστῷ). 이는 사도 바울이 자신의 서신 중에 모두 164회 사용했던 유명한 관용구의 하나. '그리스도 안에서'는 '그리스도에 속하며, 그리스도의 소유가 되는 것'을 말한다. 이런 자는 그리스도의 죽음과 부활에 동참함으로써 하나님께서 그리스도를 통해 약속하신 모든 복에 참여하는 은혜를 입게 된다(롬5:1-9; 고후5:17). 동시에 그리스도 안에 있는 자는 항상 그리스도를 구주로 모시며, 그리스도의 마음을 품고, 그리스도와 더불어 살아가는 자를 가리킨다.

■**그리스도와의 연합**(- 聯合, **Indentification with Christ, Union with Christ**) - 죄 아래 있는 자연인은 아담과 연합되어 있으나(창5:3; 롬5:12-19), 성도는 그리스도와 연합되어 있다(롬7:1-4). 그리스도와의 합일(合一) 곧 그리스도와 성도 사이의 새로운 관계를 처음 언급하신 분은 그리스도 자신이시다(요14:20). 그리스도와 성도의 연합은 하나님의 능력으로 인한 신비적이며 초자연적인 방식으로 성령에 의해서 이루어지며, 바로 이러한 이유로 '신비적 연합'이라 불린다. 따라서 이 연합은 그리스도와 그분의 사람들 사이의 친밀하고도 생동적이며 영적인 연합으로 정의될 수 있

다. 이는 포도나무와 가지(요15:5), 건물의 기초와 건물(벧전2:4-5), 남편과 아내(엡5:23-32), 머리와 몸의 지체(엡1:22-23; 4:15-16)의 연합에 비유될 수 있다.

이처럼, 성도가 그리스도와 함께 하나가 될 수 있는 것은, 그분의 죽으심(롬6:1-11), 장사되심(롬6:4), 부활(골3:1), 승천(엡2:6), 통치(딤후2:12), 및 그분의 영광에 의해(롬8:17) 합일된다. 이 연합의 성격은 ① 그리스도가 성도 안에 있고, 성도는 그리스도 안에서 존재하는 유기적 연합이다(요15:5; 엡1:22-23). ② 죄와 허물로 죽은 존재가 영적인 연합으로 영원히 사는 생명적 연합이다(갈2:20; 요일5:12). ③ 성령께서 중재하신 연합이다(요3:5). ④ 이후 신앙생활은 하나님과 인간의 연합의 결과로 이루어진다(요14:23; 계3:20). ⑤ 성도 각자와 그리스도가 직접 연합한다(요14:20; 고후5:17). ⑥ 연합으로 인해 타락으로 잃어버렸던 하나님의 형상을 다시 회복한다(빌3:21; 골3:10).

■**그리스도의 겸비**(- 謙卑, **Self-humiliation of Christ**) - '그리스도의 겸비'란, 인간을 구원하시기 위해 온 세상 만물의 주권적 통치자이신 그리스도께서 신적 위엄을 스스로 버리고 인성을 취하심으로써 율법의 제정자가 오히려 율법의 요구와 저주 아래 놓인 상태 곧 그리스도의 '자기 비하'(自己卑下), '낮아지심'을 가리킨다. 그리스도께서 자기를 비워 겸손하게 하신 것은 스스로 신성(神性)을 포기하신 것이 아니고 신성을 완전히 감추시어 많은 사람들의 눈에 신성을 가지지 않은 존재로 나타내신 것이다(마11:25-27).

그분의 겸비는 다음과 같이 나타났다. ① 성육신(成肉身) : 영원 전부터 말씀으로 존재하셨던 하나님의 아들이(요1:1,14) 구약의 예언대로(사7:14; 미5:2) 동정녀 마리아를 통해(마1:16) 인간의 몸을 입으신 일(요1:14; 고후8:9; 히2:14). ② 율법에 복종하심 : 성육신하신 그리스도는 모든 율법을 기쁘신 뜻을 좇아 자발적으로 복종하셨다(롬5:19; 갈4:4-5). 율법의 제정자가 율법의 제한을 받는 자리에 스스로 놓이신 것이다. ③ 고난 : 구약의 예언대로(사53:4) 그리스도는 탄생 때부터 십자가 때까지 하나님의 뜻에 따라 고난을 받으셨다(마26:53-54; 눅9:22). ④ 죽으심 : 그리스도의 죽음은 비하의 절정을 이룬다(빌2:8). 이 죽음은 수치와 저주의 죽음이었지만(갈3:13), 동시에 인류 구속을 위한 필연적인 과정이었다(시69:21; 히9:28). ⑤ 장사되심 : 장사되심은 비하의 마지막 단계이며 승귀의 전주곡이었다. 그리스도는 비록 죽음에 드셨지만 몸은 썩지 않았고 궁극적으로 사망의 종노릇을 하지 않으셨다(행2:25-32; 갈6:8). ⑥ 지옥 강하(降下) : 개혁파의 일반적 견해는 앞선 장사되심이 비하의 최종단계로 보나 일부 개혁파 학자 중에는 그리스도의 지옥 강하를 마지막 단계로 보기도 한다. 특히, 루터 파는 그리스도가 지옥에 내려가서 흑암 권세에 대한 승리를 선포하셨다고 주장한다(벧전3:18-19; 시16:8-10). → '림보'를 보라.

■**그리스도의 대명령**(- 大命令, **the Great Commission**) - 예수께서 승천하시기 전 제자들을 향해 분부하신 명령 곧 '가서, 모든 족속으로 제자 삼고, 세례를 주고, 말씀을 가르쳐 지키게 하라'는 명령을 가리킨다(마28:19-20). 이것은 인간 구원을 위한 하나님의 계획의 일부로서(눅24:46-48), 예수 그리스도께서 다시 오시는 그날까지 이 땅의 성도가 받들고 준행해야 할 지상 대위임령 곧 선교의 대사명이다.

■**그리스도의 몸**(**body of Christ**) - 그리스도와 그에게 속한 자들 곧 성도와의 관계(연합)를 나타내는 용어. ① '그리스도의 몸'의 각 지체들은 자기 자신을 그리스도에 결합된 존재로 여긴다(고전6:12-17; 빌1:20). ② 그리스도는 몸(신체) 가운데 머리로서, 몸을 다스리고 사랑하며 성장시키고 그 몸을 거룩하게 하며, 그 몸을 위해 죽으시며, 충만케 하신다(엡1:23; 골1:19). 교회는 하나님의 충만으로 채워지고(엡3:19), 그리스도의 충만으로 성장하며(엡4:13), 성령으로 충만해진다(엡5:18). 특히, 사도 바울은 그리스도를 만물 위에 머리이고 동시에 '몸인 교회의 머리' 곧 '교회는 그분의 몸'으로 보았다(엡1:22-23; 4:15-16; 5:23; 골1:18).

■**그리스도의 선재**(- 先在, **Pre-existence of Christ**) - 그리스도의 신성(神性)을 언급한 표현으로, 그리스도는 세상이 창조되기 이전부터 존재하신(선재하신) 분임을 강조한 내용이다(요1:1; 17:5,24; 골1:15,17). 한편, 일부 교파에서는 인간 예수의 선재를 말하기도 하지만, 개혁파적 전통에서는 하나님의 때가 찬 경륜에 따라 성육신하신 영원한 생명 곧 하나님의 로고스에 대한 설명적 용어로 본다.

■**그리스도의 승귀**(- 昇貴, **Ascension of**

Christ) – 그리스도께서 가장 낮은 인간의 위치로 자기를 비하(卑下)하시고 인간 구원의 역사를 온전히 이루신 후에 다시 신적인 본래 위치로 돌아가신 것을 말한다. 그 내용을 보면,

① 부활(復活) : 그리스도의 부활은 죄와 사망 권세에 대한 승리를 뜻하고, 구원의 확실성을 보증하며, 그가 하나님의 아들이심을 확증해 준다(롬 1:4; 4:25; 고전15:55-57). 그리고 그것은 신자들의 영원한 부활에 대한 보증이다(고전15:20; 고후 4:14). 그리스도의 부활은 초대교회 설교의 핵심내용이었고(행1:22; 4:2,23; 17:18), 그리스도의 죽음과 더불어 반드시 고백해야 할 신앙의 내용이었다(롬10:9). 따라서 그리스도의 죽음과 부활은 기독교 신앙의 요체라 할 수 있다.

② 승천(昇天) : 그리스도께서 부활하신 후 40일 동안 제자들에게 보이시며 하나님 나라의 일을 말씀하신 뒤(행1:3) 하늘로 올라가셨다(행1:9). 그리스도의 승천은 인성과 신성을 포함한 전인적인 승천이요, 성경에 기록된 문자 그대로의 하늘로 올라가신 것이다(막16:19, 눅24:51). 그리스도의 승천은 본래 하나님의 처소로 올라가신 것이며, 인간 구원 사역의 완성을 보여준 사건이다. 또한 그리스도의 승천은 성령을 보내시기 위한 과정이며(요 16:7), 주의 백성이 장차 거할 처소를 마련하기 위한 일이었다(요14:2-3).

③ 하나님 우편에 앉으심 : 성경은 승천하신 그리스도께서는 하나님의 오른편에 앉아계신다고 증언한다(마26:24; 행2:35-36; 엡1:20; 벧전3:22; 계22:1). 이는 장소적인 의미로 해석하기보다 승리와 영광이라는 상징성을 띤 표현으로서, 하나님으로부터 하늘과 땅의 모든 권세를 위임받은 상태를 가리킨다고 보아야 할 것이다. 그리스도는 하나님 우편에서 우리의 대언자가 되어 주시며(요일2:1), 성령을 보내어 진리를 깨닫게 해 주신다(요14:26).

④ 재림(再臨) : 하나님 우편에 계신 그리스도께서 이 땅에 다시 오실 것이라는 사실을(행1:11) 신약성경에서 300회 이상 언급했다. 즉, 그리스도께서 십자가에 달리시기 전날 밤 제자들에게 친히 말씀하셨고(마25:31; 요14:3), 승천하실 때 두 천사들은 재림의 구체적인 방법까지 언급했다(행1:10-11). 또 성령강림 후 사도들은 힘있게 주님의 재림을 선포했다(행3:20; 딤전6:14). 예수님의 재림은 신앙 공동체의 가장 큰 소망이며(딛2:13), 구속 사역의 정점이요 완성이다. 이 재림을 통해, 모든 인간이 부활할 것이며(요5:28-29), 성도를 공중으로 불러올리실 것이며(살전4:15-17), 온 인류에 대한 최종적 심판을 행하실 것이다(마24:36-51).

■**그리스도의 신성**(- 神性, **Divinity of Christ**) - 그리스도는 인간의 몸으로 이 땅에 임하셨지만 그 본질은 하나님이시다는 교리(요 10:34-36; 롬9:14; 빌2:6; 딛2:13). 그리스도는 만왕의 왕이시요 만주의 주로서(계19:16), 전능하시고(마28:18) 전지하시며(요1:48), 하나님으로서 창조(요1:3)와 보존(골1:17), 죄의 용서(눅7:48)와 심판(요5:27)을 주관하신다. 그리고 무소부재하시며(마18:20), 죽은 자를 살리시는(요5:25) 완전한 하나님이시자 하나님의 아들이시다(마16:16).

■**그리스도의 인성**(- 人性, **Humanity of Christ**) - 그리스도는 완전한 하나님이신 동시에 모든 면에서 완전한 인간이시다는 교리(사7:14; 요 1:14; 8:39-40; 고전15:21; 히5:8). 그리스도는 완전한 인간이셨으나 모든 인간이 지닌 죄성(罪性)은 가지지 않으셨다(히4:15; 벧전2:22; 요일3:5). 물론 참 신이요 참 인간이신 그리스도는 완전한 하나님이시자 완전한 인간이기는 하셨지만 양자가 모순을 일으키지 않고 통일된 인격을 가지셨다.

■**그리스도의 직무**(- 職務, **Offices of Christ**) - 그리스도의 가장 핵심되는 직무는 '중보자' (Mediator)라고 할 수 있다. 중보자는 죄인들을 대신하여 하나님의 징벌을 받아야 하므로 반드시 인간이어야 하며(히2:14-15), 택한 백성의 죄값을 단번에 지불하고 그들에게 영원한 대속의 은총과 생명을 주기 위하여는 반드시 하나님이어야 한다(히 9:25-28). 또한 다른 사람의 죄값을 대신 감당하기 위해서는 반드시 죄없는 존재여야 한다(롬 3:10). 그리스도는 바로 이 같은 중보자의 조건을 유일하게 만족시키는 분이시다.

그리스도의 중보자로서의 직무는 세 가지로 구분된다. ① 선지자직(先知者職) : 흑암과 죄에 얽매인 인간들에게 하나님의 거룩한 뜻을 전하며 참 생명의 기쁜 소식을 전하신 완전하고도 특별한 선지자이시다(사61:1; 마21:31; 23:8,10). ② 제사장직 (祭司長職) : 하나님 앞에서 인간의 대표자로서 완전한 속죄와 화목의 제사를 드리신 영원한 제사장이시다(롬5:10-11; 히8:4-5; 9:23). 특히, 그리스도는 제사장이면서 동시에 대속의 제물이 되시어 단

한 번의 제사로 인간의 모든 죄를 속량하셨다(사 53:5-6; 엡5:2). ③ 왕직(王職) : 그리스도는 하나님으로부터 우주를 통치하는 권한과 그분의 몸 된 교회를 주관하시는 권한을 부여받은 존재로서 우리의 영원한 왕이시다(마1:20-22; 골1:13-14). 구약성경은 오실 메시야(그리스도)를 왕으로, 그가 다스릴 나라를 왕국으로 예언했고(사9:6; 단7:13-14; 미5:2), 신약성경에서도 이를 인정했다(마3:2; 눅1:31-33).

그리스도교(- 敎, Christianity) → [5. 교파 및 역사 용어] '기독교'를 보라.

그리스도 단성론(- 單性論, Monophysitism) 동방교회에서 널리 인정되던 개념으로, 그리스도는 단 한 가지 성질만 가진다는 주장. 즉, 그리스도는 인간이 된 신성(神性)밖에는 없다는 이단적 주장이다. 이 주장은 유티케스에 의해 처음 제기되었고, 알렉산드리아의 총대주교인 디우스코루스가 지지했다. 그러나 451년 소집된 칼케돈 공의회에서 '그리스도는 2성을 가진다' 는 결론과 함께 이단으로 배척되었다.

그리스도 단의론(- 單意論, Monotheletism) 단성론자들과의 타협안으로 생겨난 이단적 주장. 즉, 단성론과는 달리 그리스도에게 두 본성(신성과 인성)이 있음을 인정하지만 그는 단 하나의 능력(의지)으로 활동한다는 주장. 콘스탄티노플 공의회 제6차 회의(680-681년)에서 '그리스도는 두 가지 의지를 가지며, 인간으로서의 의지는 그의 하나님으로서의 의지에 종속한다' 는 결론과 함께 이단으로 배척되었다.

그리스도론(- 論, Christology) → '기독론' 을 보라.

그리스도 양성론(- 兩性論, Dyophysitism) 단성론과 대립을 이루는 주장으로, 그리스도의 한 위격(位格) 안에 신성과 인성의 두 본성이 공존한다는 기독교 정통 신앙관. 451년 칼케돈 공의회에서 마련된 신조에서 이를 공인했다.

그리스도 양의론(- 兩意論, Dyotheletism) 그리스도는 두 가지 의지를 가지며, 양자는 상호 분리되거나 혼란을 빚는 것이 아니라, 인간으로서의 의지는 하나님으로서의 의지에 종속한다는 교리. 이는, 콘스탄티노플 공의회 제6차 회의(680-681년)에서 단의론의 이단적 주장을 단죄하고 확립된 정통적 교리이다.

금욕주의(禁慾主義, asceticism) 금욕주의란 '훈련', '수련' 이란 뜻의 헬라어 '아스케시스' 라는 말에서 유래했는데 특히 육체에 관계되는 자기 훈련의 실천적 측면을 의미하고 있다. 즉, 인간의 본성(본능)적인 욕망을 의지나 이성으로 억제하고 삼가므로써 도덕이나 종교상의 이상을 구현하려는 사상이나 태도를 말한다.

금욕주의는 신앙상의 유익을 가져오는 긍정적 측면이 많다. 특히 영성의 향상을 위해 육체적, 지적, 문화적 생활면에서 자기 자신을 고립시키는

근본주의
(fundamentalism)

근본주의(根本主義)란 급속한 자유주의적 경향성에 대한 반작용으로 20세기 초에 생겨난 보수주의 신학운동. 협의적으로는 성경의 무오성과 축자영감설을 주장하는 것에 연관되나(성경의 문자적 해석을 주장함), 광의적으로는 보수주의적인 성향의 복음주의 체계를 이르는 말이다. 1919년 미국의 필라델피아에서 결성된 '세계기독교근본주의협회'를 중심으로 발전해왔고, 특히 우리나라를 위시한 아시아권에서는 엄격한 보수주의로 인식되고 있다.

근본주의의 5대 주장은, ①성경의 무오(無誤) ②그리스도의 동정녀 탄생 ③그리스도의 대속적 죽음 ④육체의 부활 ⑤그리스도의 재림 등이다.

근본주의는 성경연구와 전도의 열심 등으로 미국내 교회들의 부흥과 해외 선교에 많은 열매를 거두기도 했다. 하지만 그와 더불어 교리적 축소주의와 방법적 편협주의라는 비난을 감수해야 했고, 그로 인해 보수진영 안에서도 근본주의에 대한 자기 성찰과 비판 활동이 일어났다. → '신복음주의' 를 보라.

데로 이끌어 가거나, 봉사와 섬김을 위해 자신의 기득권이나 재산을 포기하는 등의 일을 통해 신앙의 성숙을 도모할 수 있다. 성경에는 건전한 금욕주의의 입장을 인정하고 있다. 구약의 경우를 보면, 시내 산에서 율법을 받기 전에 부부관계를 금해야 했고(출19:15), 나실인 서약 중에 포도주와 독주를 금하는 등의 근신이 요구되었으며(민6:1-12; 삿13:4-5), 엘리야는 호렙 산으로 가는 도중에 40일을 단식했다(왕상19:8). 특히, 신앙상의 단식은 하나님 앞에서 회개하며 겸손히 자기를 낮추는 상징적 행동이었다(욜2:15). 신약에서도 금욕주의 경향을 찾아볼 수 있다. 세례 요한은 의식(衣食)에 관해 엄격한 금욕주의를 고수했고(마3:4), 예수께서도 금식 후 공생애를 시작하셨으며(마4:1-2), 거룩한 직무를 수행하기 위해 기본적인 재산이나 가족 관계까지도 단념하셨다(막3:31-35). 또 주를 위한 독신이나 가족 관계를 포기하는 일을 인정하셨다(마19:12,29). 사도 바울 역시 독신제의 가치를 인정하고(고전7:32,38-40), 자신은 그리스도의 선한 군사 또는 종으로서 엄격히 자기 훈련을 계속했음을 고백했다(고전9:27; 딤후2:3-4).

한편, 금욕주의는 스토아주의와 견유학파를 대표할 만한 사상으로 여겨졌고, 알렉산드리아의 클레멘스(Clemens of Alexandria, 150-215년경)와 오리게네스(Origen, 185-254년경)가 금욕주의의 신학적 이론에 기초를 놓은 교부로 알려져 있다. 그들의 사상에는, 그리스도의 고난을 본받기 위해 금욕을 추구해야 한다는 생각이 근저를 이룬다. 초대교회를 지나면서(특히 1-3세기에) 금욕주의는 많은 순교자와 동정녀를 배출했고, 4세기에는 금욕적 공동체라 할 수 있는 수도원들이 속속 등장하다가 중세에 이르러 극단적인 금욕이 행해졌다. 그러나 르네상스와 종교개혁을 통해 금욕주의에 대한 반발이 일어났는데, 그것은 휴머니즘과 믿음에 의해 의롭게 된다는 이신득의(以信得義) 사상이다. 역사적으로 극단적 금욕주의는 몬타누스주의, 영지주의, 마니교 등을 들 수 있으며, 청교도들도 금욕주의를 신조로 삼았다.

참고로, 금욕주의와 관련하여 다음 세 가지 사실을 주의해야 한다. ① 절제·단념할 것(음식, 재산, 결혼, 가족관계 등)은 본질적으로 악한 것이 아니라는 점이다. ② 금욕주의는 보편적 규칙도, 영구적 규칙도 아니라는 점이다. ③ 금욕주의는 그 자체에 목적이 있는 것이 아니라 좀 더 적극적이고 고급한 데(회개, 하나님의 말씀을 듣는 일, 봉사와 헌신 등) 그 목적이 있다는 점이다.

기념책(記念册, **scroll of remembrance**) 문자적으로 '기억나게 하는 책.' 즉, 하나님의 보좌 앞에 놓여 있는, 인간의 행실을 낱낱이 기록하여 심판과 상급의 근거로 삼으시는 책을 가리킨다(말3:16; 계20:12).

기독교(基督敎, **Christianity**) → [5. 교파 및 역사 용어] '기독교'를 보라.

기독론(基督論, **Christology**) 예수 그리스도에 관한 신학 이론. 즉, 넓게는 그리스도의 존재와 사역을 집대성한 신학 이론이라 할 수 있다. 그러나 '구원론'에서 인간 구원을 위한 그리스도의 사역을 집중적으로 다루므로, '기독론'이라 함은 전통적으로 그리스도의 품격을 탐구하는 영역에 국한되어 소개된다. 그리스도의 품격이란 그분의 신성(神性), 인성(人性), 신인 양성(神人 兩性)의 문제를 말한다.

기독론은 과거 무수한 이단의 공격에서 점검되고 체계화된 교리이다.

① A.D.1세기 말부터 2세기경의 사도교부들은 엄밀한 의미의 기독론을 전개하지는 않았으나 간결하게 그리스도의 신성과 인성을 증거했다. 특히 이 시대에 육체를 무시하는 헬라의 인간관에 근거해 예수께서 육체로 오신 것이 실재가 아니라 외견상이라는 그노시스주의자들에 의한 가현설이 등장했고, 또 다른 면에서 유대 사상에 근거해 그리스도의 신성을 약화시키고 인성을 고집함으로써 그리스도를 다만 신격화된 인간에 불과하다는 에비온 파가 등장했다. 이런 상황에서 사도교부인 이그나티우스(Ignatius, 35-107년경)는 그리스도의 신성과 선재(先在)를 명확히 했고, 이레니우스(Irenaeus, 97-147년경)는 그리스도의 수육(受肉) 곧 하나님의 말씀의 성육신을 강조했으며, 유스티누스(Justinus, 100-167년경)는 로고스 기독론을 주장했다.

② 2세기 말부터 3세기 중엽에 걸쳐 알렉산드리아 학파(클레멘스, 오리게네스)와 북아프리카 학파(터툴리아누스, 키프리아누스) 등이 일어나면서 로

고스 기독론을 발전시켰다. 특히 터툴리아누스(터툴리안, *Tertullianus, Tertullian*, 160-225년경)는 '삼위일체'라는 말을 처음 사용하면서 삼위일체론과 관련해 기독론을 전개했고, 그리스도의 무죄성을 구속론적으로 설명했으며, 인격과 본질이라는 용어를 사용하였다. 또 오리게네스(오리겐, *Origen*, 185-254년경)는 아버지로부터의 아들의 출생을 '영원한 출생'으로 보아 시간적 시작을 의미하는 출생이라는 말의 한계를 극복했다. 따라서 아들은 아버지에게 종속적이기는 하나 영원자이신 하나님이 되는 것이다.

③ 4,5세기에 들어 기독론 논쟁은 극렬해지기 시작했는데, 그 중심에는 오리게네스 학파의 분열 곧 좌익의 아리우스 파와 우익의 아타나시우스 파 사이의 갈등이 있었다. 아리우스는 아들(성자)과 성부 하나님은 이질적(異質的) 존재로 보고, 아들은 단지 피조물에 불과하다면서 그 신성을 한정하였다. 이에 대해 콘스탄티누스 황제가 주선한 니케아 공의회(325년)에서 '아들인 그리스도는 아버지인 하나님과 동질(同質) 곧 본질을 같이한다'고 주장한 아타나시우스의 주장을 채택하고 아리우스 파의 견해를 정죄했다. 4세기 말경에는 라오디게아의 주교인 아폴리나리우스(*Apollinarius*)가 아리우스에 반대하고 그리스도의 완전한 신성을 강조하기 위해 그분의 육체와 혼은 인간이었으나 이성적인 영은 하나님의 로고스로 대체되었다고 주장함으로써 그리스도는 완전한 인간이 아닌 불완전한 인간에 불과하다고 주장했다. 이것은 제1차 콘티노플 공의회(381년)에서 배척되었다.

④ 5세기에 들어 안디옥 학파의 네스토리우스(*Nestorius*)는 아폴리나리우스에 대한 반동으로 그리스도의 신성과 인성의 구별을 지나치게 강조한 나머지 한 인격 안에서의 통일성을 위태롭게 하여 알렉산드리아의 키릴루스(*Cyrillus*, 376-444년)로부터 격렬한 공격을 받았고 결국 에베소 공의회(431년)에서 정죄되었다. 이와는 대조적으로 콘스탄티노플 근교의 한 수도원장이었던 유티케스(*Eutyches*, 378-453년)는 네스토리우스에 대한 반동으로 양성의 통일과 혼합을 주장함으로써 인성이 신성에 흡수되어 버리는 결과를 초래했다. 이에 대해 칼케돈 총회(451년)에서는 그를 정죄하고 '그리스도는 참 하나님이시며 참 사람'이라고 선언하고 '신인 양성은 혼합되지 않으며 분리되지 않는다'는 사실을 천명함으로써 정통파 교리의 기초를 세웠다.

⑤ 칼케돈 총회 이후에 유티케스의 견해는 단성론과 단의론으로 무장되어 여전히 지지를 받아 2세기 동안 지속되기는 했으나 제3차 콘스탄티노플 공의회(681년)는 '비록 인적 의지가 신적 의지에 종속된다 하더라도 그리스도에게는 두 본성적 작용과 두 의지가 존재한다'고 선언함으로써 유티케스와 네스토리우스의 주장을 정죄했다. 결국 기독론 논쟁은 칼케돈 총회와 콘스탄티노플 공의회에서 종결되었다고 본다.

⑥ 니케아로부터 칼케돈의 기독론은 중세의 유일한 정통적 기독론으로 보았으며, 동방에서는 다메섹의 요한네스, 서방에서는 토마스 아퀴나스가 그에 대한 대표적 주창자들이었다. 그런데 종교개혁기에 들어서 성찬론 논쟁을 계기로 또다시 기독론 논쟁이 대두되었다. 루터는 공재설(共在說) 곧 그리스도의 실재적 임재를 주장함으로써 편재성이라는 신성의 속성이 인성에도 적용된다고 보았고 이것을 '속성의 교류(융통)'라고 했다. 이에 비해 칼빈은 속성의 교류를 반대하고 '신성과 인성의 구별'을 강조했다. 물론 양자의 주장은 성찬론에서 강조점의 차이를 드러낸 것일뿐 상호 이단으로 정죄하는 데까지는 이르지 않았다.

⑦ 근세에 이르러 빌립보서 2:6에 근거하여, 그리스도가 자의적으로 자신의 신성의 전부나 일부를 포기하고 지식의 한계를 포함한 인간의 삶의 모든 상황과 조건을 자신의 것으로 받아들였다는 소위 케노시스주의가 등장했다. 또 현대에 이르러는 '역사적 예수 연구'(기독교 전통 안에서 선포되어 온 꾸며진 예수가 아닌 참된 예수 곧 실제로의 예수를 엄격한 역사 연구를 통해 알고자 함)와 선교의 주제로서의 예수를 다루려는 등의 다양한 시도가 진행되고 있다. 하지만 정통 기독교에서는 칼케돈 신조에 근거한 종교개혁자들의 기독론을 그대로 수용하고 있다.

기초신학(基礎神學, fundamental theology) ① 모든 신학 분야의 전제가 되는 계시(啓示)의 사실성에 대하여 과학적, 객관적 인식 및 증명을 적극적으로 제시하려고 하는 신학. ② 종교의 비합리성, 비과학성을 꼬집어 탓하는 사람들에 대하여, 종교는 초이성적(超理性的)인 것이며 반이

성적인 것이 아니라고 설명하는 신학의 한 분야.

따라서 기초신학은 신적(神的) 계시의 신빙성을 여러모로 음미하여, 계시를 수용하는 것이 이성에 합치하는 것이며, 또 그것이 필연적임을 제시한다. 그리고 계시 자체의 존재와 가능성 및 성격을 연구하는 것을 그 임무로 삼는다. 그런 맥락에서 기초신학은 성경 본문이나 교회의 가르침(순수 신학)에서 결론을 이끌어내지 않고, 형이상학(특히 철학적 인간학), 역사학, 존재론, 인류학 등의 도움을 받아 학문적 성과를 이뤄내고 있다.

기초신학은 가톨릭 신학의 한 분야로 인정되고 있는데, 과거에는 '호교론'(護敎論, aplogetica)이라고 일컬어지기도 했다. 이는, 개신교 신학에서의 교의학 서론 내지 변증학과 맥을 같이한다. 물론, 변증학이 방어적 의미에서 소극적인 측면을 나타낸다면, 기초신학은 포괄적이고 적극적인 개념을 지닌다.

난외주(marginal note)

'난외주 (欄外註)란, 성경본문 중 어떤 부분을 이렇게 번역할 수도 있음을 밝힌 것이다. 즉, 어떤 부분의 뜻을 보충하거나 설명하거나 혹은 빠진 본문을 채워넣기 위해 본문 바깥 쪽(주로 하단)에 주(註)를 단 것을 말한다.

개역성경은 본문과 바깥에 같은 숫자를 넣어 난외주를 표시했는데, 거기에는 다른 번역, 다른 사본과의 비교, 원어 읽기, 원어로 음역한 단어의 뜻, 인명과 지명 등을 게재하였다.

낱장 복음(- 福音, a leaf Bible) 한 장 곧 2페이지로 된 성경을 가리킨다. 1882년 만주 심양에서 복음서가 인쇄되었으나 그것을 배포하는 것이 문제였다. 당시 조선은 외국 종교서적의 유입을 금하고 있었다. 그러던 중 개종자들과 그의 친구들이 무보수로 성경을 전달하는 일을 자청했고, 별 사고 없이 수백 권의 복음서가 의주로 흘러 들어갈 수 있었다.

그러던 중에 로스 선교사로부터 몇 십 권의 복음서와 기독교서적을 가져가던 한 개종자가 사고를 당해 투옥되는 사건이 발생했다(1883년, 로스의 편지). 따라서 성경 반입에 신중을 기하지 않을 수 없게 되었고, 여러 가지 방법을 강구하던 중 한 가지 묘안으로, '그 때에 조선 상인들이 정기로 봉천에 와서 관용(官用)의 고지(古紙)를 많이 무역했는데, 인쇄된 복음을 제본하지 않고 그 상인의 고지와 동봉해 검사하는 관리의 주목을 피하는 것이었다. 이렇게 미제본(未製本)의 복음서 낱장이 편견과 두려움이 세워 놓은 장벽을 넘어 각 가정의 창호지로 장식됨으로 집을 드나드는 사람들에게 읽히게 되었다(「대한성서공회사」 1-92쪽).

내림(來臨, advent) 구주 예수께서 이 땅에 임하시는 것을 말한다. 영어 advent는 라틴어 '아드벤투스'(adventus)에서 유래한 말로서, 이는 헬라어 '파루시아'(παρυσια)에 상당하는 단어이다. '파루시아'는 신약에서는 주로 '재림'(再臨)을 지칭하는 말로 쓰였는데, 2세기경 기독교 문헌들에서는 그리스도의 '초림'(初臨)에도 적용된 것을 볼 수 있다.

그리스도의 내림은 절망과 탄식으로 매일 죽음을 경험해야 하는 인류에게 새 생명과 함께 하나님과의 화해라는 귀한 선물을 제공해 주었고, 영원한 하나님 나라의 입성과 안식이라는 기쁨을 안겨 줄 것이다. → '초림', '강림', '재림'을 보라.

내세(來世, the coming age) 문자적으로 '오는 시대(시간)'란 뜻. 장차 올 세상. 죽음 이후의 세계. 죽음 이후의 영원한 세상(막10:30; 눅18:30; 히6:5). 이는 성도가 장차 들어가 살게 될 천국 곧 새 하늘과 새 땅은 물론, 불신자들이 마침내 맞이하게 될 지옥 세상을 포함한 개념이다(계20:12-15; 21:1-8). → '종말', '종말론'을 보라.

내재(內在, immanence) 신(神)이 이 세계 안에 함께하심, 즉 세계와 역사와 인류의 삶 한 가운데 하나님이 내주(內住)하심을 가리킬 때 쓰이는 용어. 상대 개념은 '초월'(超越, transcendence)로서, 표면적으로 이 두 개념은 배타적이며 함께 존재할 수 없다고 여겨진다. 그러나 기독교의 신관(神觀)은 이 두 개념을 동시에 내포한다. 즉, 신은 하나님께서 모든 곳에 현재(現在)하시며(시139편) 자연의 질서는 오류없이 그분의 손과 섭리와 영원한 능력과 주권을 계시하고 있다는 점에서(롬1:20) 내재하신다. 또한, 하나님이라는 존재의 존엄에 있어서 시·공간적, 인격적인 모든 것을 무한히 초월하여 존재하신다는 의미에서 초월적인 것이다(롬11:33-36).

내적 소명(內的 召命, **internal calling**) 죄인에 대한 하나님의 초청에는 외적 소명(죄인에게 복음을 전하는 것)과 내적 소명(인간을 중생으로까지 이끄는 성령의 역사)이 있다. 내적 소명은, '효과적 소명', '유효적 소명'이라고도 일컬어지는데, 이는 죄인을 중생케 하시는 성령의 간섭으로 유효성이 있고 불변하다(롬8:30; 고전1:9; 고후1:10). 즉, 성령께서 성부 하나님이 영원 전에 미리 정하신 자를 구원이라는 확실한 목적을 가지고 그리스도 안에서 은혜로 부르신 것이다(롬8:29-30; 엡1:4). → '유효 소명', '외적 소명', [1. 교회 일상 용어] '부르심', '소명'을 보라.

네스토리우스주의(- 主義, **Nestorianism**) 그리스도의 신인격에 있어서 신성과 인성은 엄격히 구별되어야 하며(그리스도 안에 신성과 인성이 유기적으로 연합됨을 부인함), 양자는 다만 윤리적 굴레에 결합되어 있음에 불과하다는 그리스도의 이성설(二性說)을 신봉하는 교리와 교회. 이들은 성육하신 그리스도 안에는 신이며 동시에 인간인 하나의 격이 있다는 정통 교리에 의해 이단으로 비판받았다.

안디옥 학파에 속한 네스토리우스(*Nestorius*, ?-451년경)는 428년에 콘스탄티노플의 대주교가 된 이래 강력한 의지를 가지고 자기 관할 내에서 이단 척결에 힘썼다. 그는 이른바 신모설(神母說)에 반대하여 성모 마리아는 예수 그리스도의 어머니이지만 신의 어머니는 아니라는 비성모설(非聖母說)을 주장하면서, 마리아를 가리켜 '데오토코스'('신의 어머니'란 뜻)라는 칭호로 부르기를 거부하였다. 네스토리우스와 그를 추종하는 자들은 이러한 신념을 좀 더 확대 발전시켜, 심지어 그리스도의 신성을 부정하면서 인간 예수를 예배할 수 없다든지 그리스도의 인격의 통일성은 진정으로 본질적인 것이 아니며 오히려 의지적인 결합이라고 말할 정도로 부주의한 표현을 한 것으로 보인다. 결국 네스토리우스는 에베소 공의회(431년)에서 이단으로 규정되었고 435년에는 추방되어 페트라(Petra)에 망명, 그 뒤에 이집트에서 사망한 것으로 추정된다. 그러나 그의 사상을 좇는 일파는 시리아의 에뎃사를 본거지로 활약하다가 5세기 말 페르시아의 니시비스로 옮겨 교회를 일으켰고, 그 후에 인도, 몽골, 중국 등지에서 포교하였다. 중국 당나라 때에 '경교'(景敎)라는 이름으로 한때 성행하기도 하였다. → [5. 교파 및 역사 용어] '경교'를 보라.

네오 오도독시(**Neo-Orthodoxy**) → '신복음주의'를 보라.

니케아 신조(- 信條, **the Nicene Creed, Symbolum Nicaenum**) 325년 니케아 공의회에서 채택된 신조. 1차 니케아 공의회에서는 2편의 신조가 제출되었는데, 아리우스 파인 니코메디아의 유세비우스가 제출한 것은 폐기되고 예루살렘 '세례신조'를 기초로 성부 성자의 동질성에 관한 어구를 보완한 '교회사의 아버지'라 불리는 가이사랴의 유세비우스(*Eusebius of Caesarea*, 260-340년경)가 제출한 신조가 채택되어 이것을 기준으로 니케아 신조가 제정되었다.

이 신조는 성삼위일체에 대한 믿음을 간결하게 표현하고 있는데, 특히 성자와 성부의 동일 실체(그리스도의 신성과 인성의 결합을 '호모우시오스'〈homoousios〉라 규정함), 성자의 강생, 죽으심, 부활을 강조하며, 그 끝에 아리우스 파에 대한 파문 선언을 덧붙였다.

신조의 전문은 다음과 같다. "우리는 전능자시요, 보이는 것과 보이지 않는 모든 것의 창조주이신, 유일하신 하나님 아버지를 믿노라. 우리는 또한, 유일하신 주이시며, 하나님의 아들이신 예수 그리스도를 [믿노니], 이는 성부에게서, 곧 성부의 본질로부터 태어나신 독생자이시며, 하나님에게서 나온 하나님, 빛에서 나온 빛, 참된 하나님에게서 나온 참된 하나님이시고, 출생하셨으나, 창조되지는 않으셨으며, 성부와 동일 본질이시고, 이를 통해 하늘에 있는 것이나, 땅에 있는 모든 것이 지은 바 되었으니, 이는 우리 인간을 위하여, 우리의 구원을 위하여 내려오사, 육신을 입고 인간이 되셨으며, 고난당하신 지 사흘만에 다시 살아나사, 하늘에 오르셨고, 산 자와 죽은 자를 심판하러 오시리라. 우리는 또한, 성령을 믿노라. 그러나 '성자께서 존재하지 않은 때가 있었다'든지, '그가 태어나시기 전에는 그가 계시지 않았다' 든지, '그가 무(비존재)로부터 생성되었다' 고 말하거나, '성자가 다른 히포스타시스(hypostasis, 본체)나 우시아(ousia, 본질)로부터 유래했다' 든지, '피조물' 이라든지, '변할 수 있다' 라든지, '달라질 수 있다' 고 주장하는 자들을, 보편되고 사도로부터 이어오는 교회가 파문하노라."

니케아 신조를 고백하는 교회에서는 일반 예배 시에는 대부분 '사도신조'(사도신경)를 사용하며, 대림절이나 성탄절, 사순절, 부활절기 또는 축제일 등의 특별한 날에는 니케아 신조를 사용한다. → [5. 교파 및 역사 용어] '니케아 공의회' 를 보라.

니케아 콘스탄티노플 신조(- 信條, the Nicene-Constantinopolitan Creed, Symbolum Nicaeno-Constantinopolitanum) 381년 제1차 콘스탄티노플 공의회에서 아리우스주의를 배척하고 정통신앙을 수호하기 위해 채택한 신앙고백문. 니케아 신조를 계승·보완하여 제정된 것이라는 점에서 약술하여 '니케아 신조' 라고도 일컫는다. 이 신조는 오늘날 신·구교, 동·서방교회를 가리지 않고 모든 기독교에서 인정되고 받아들여지고 있다.

니케아 신조와 기본 구조는 같으나 그리스도의 인격에 대한 두 번째 부분이 길고, 성령에 대한 고백에 뒤이어 교회, 세례, 죽은 자의 부활과 영생에 관한 조항이 삽입되었다. 이 신조는 라틴 전례 또는 동방 전례 형태로 오늘날까지 고백되고 있다. 특히, 라틴 전례에서는 이보다 짧은 '사도신경' 으로 대체되기도 한다. 성공회에서는 감사성찬례 때에 니케아 신조를 통해 신앙을 고백하고, 저녁기도 때에는 사도신경을 사용한다.

대한 성공회의 번역을 좇은 신조의 원문은 다음과 같다. "우리는 믿나이다. 한 분이시며 전능하신 하느님 아버지, 하늘과 땅과 유형무형한 만물의 창조주를 믿나이다. 오직 한 분이신 주 예수 그리스도를 믿나니, 모든 세대에 앞서 성부께 나신 하느님의 외아들이시며, 하느님에게서 나신 하느님이시요, 빛에서 나신 빛이시요, 참 하느님에게서 나신 참 하느님으로서 창조되지 않고 나시어, 성부와 일체시며, 만물이 다 이분으로 말미암아 창조되었으며, 우리 인간을 위하여, 우리의 구원을 위하여, 하늘에서 내려오시어, 성령으로 동정녀 마리아에게 혈육을 취하시고 사람이 되셨으며, 본티오 빌라도 치하에서 우리를 위하여 고난을 받으시고, 십자가에 못 박히시고 묻히셨으며, 성서 말씀대로 사흘만에 부활하시고, 하늘에 올라 성부 오른편에 앉아 계시며, 산 이와 죽은 이를 심판하러, 영광 속에 다시 오시리니 그분의 나라는 끝이 없으리이다.

주님이시며 생명을 주시는 성령을 믿나니, 성령은 성부(와 성자)로부터 나오시며, 성부와 성자로 더불어 같은 경배와 영광을 받으시며, 예언자들을 통하여 말씀하셨나이다. 하나이요 거룩하고 사도로부터 이어오는 공교회와, 죄를 용서하는 하나의 세례를 믿으며, 죽은 이들의 부활과, 후세의 영생을 믿고 기다리나이다. 아멘." → [5. 교파 및 역사 용어] '콘스탄티노플 공의회' 를 보라.

다섯 두루마리서(- 書, the Five Rolls, Megilloth) → '두루마리서' 를 보라.

다원론(多元論, pluralism) 세계를 이루는 근본 실체는 하나가 아니라 여럿이며 이 여러 요소들은 서로 독립적이어서 다른 것으로 환원될 수 없다는 형이상학적인 이론.

일원론과 반대되며, 궁극적인 두 실재만을 강조하는 이원론과도 차이를 이룬다. 즉, 이는 철학적 현상과 사물을 설명하는 데 있어 두 개 이상의 궁극적인 존재나 원리, 개념, 방법 등을 생각하는 입장(경향)에 대한 묘사로, 물질주의적(유물론적) 다원론과 정신주의적(유심론적) 다원론이 있다. → '종교다원주의', '일원론', '이원론' 을 보라.

다원주의(多元主義, pluralism) 개인이나 집단이 갖고 있는 저마다의 가치관, 이념 또는 추구하는 목표가 서로 다를 수 있음을 인정하는 입장. 즉, 특정한 하나의 것만을 주류로 간주하려는 사고방식과 반대되는 개념으로, 단 하나의 접근방식이 전폭적인 지지나 관심의 대상이 되지 않고 다수의 양식이 공존함을 인정하는 것을 말한다.

철학적 측면에서는 '둘 이상의 근본적인 실재 또는 원리를 세워 그로부터 세계를 설명하려는 입장' 이라 정의할 수 있고, 정치학적 측면에서는 '국민은 누구나 국가 존립을 위태롭게 하지 않는한 사상, 언론, 집회, 결사 등의 자유를 허용하는 체제를 다원주의라 할 수 있다.

특히, 기독교적 입장에서는 계시의 근거를 성경보다 종교 경험에 두고, 성경은 타종교에 대해 구속력이 없고, 성육신 교리를 신화의 산물로 보고, 모든 종교에 구원이 있음을 인정하며, 모든 종교의 명목상 신을 수용하는 입장이다. 이는 개혁신학에서 절대 용납할 수 없는 비성경적, 반성경적, 반사도신경 고백적, 반정통적, 반역사적 주장이다. → '종교다원주의'를 보라.

단성론(單性論, monophysitism) → '그리스도 단성론'을 보라.

단의론(單意論, monotheletism) → '그리스도 단의론'을 보라.

단일신교(單一神敎, henotheism) 종교학자 막스 뮐러가 1860년 처음 사용한 용어인데, 원시 신앙의 한 형태로서, 오직 유일한 단 하나의 신(神)만을 믿는 유일신과는 다른 신앙 내용을 갖고 있다. 즉, 여러 신들의 존재를 인정하나 그럼에도 자신들(가족, 씨족, 종족 등에서)이 숭상하고 예배하는 특정한 신을 최고의 신으로 삼고, 다른 신들의 능력과 가치를 무시하는 경향을 띤다.

단일신론(單一神論, monarchianism) 하나님의 단일성을 강조함으로써 삼위일체 하나님의 속성을 부정한 이단 사상. 일명 '독재신론', '군주신론.' 원래는 다원적인 영지주의에 대한 반응으로 성경에서 가르치는 유일신 사상을 옹호하기 위해 출발했으나(2-3세기경), 그 생각이 지나쳐 성부 하나님은 절대 군주이기 때문에 그리스도는 본래적 의미의 하나님의 아들이 아니라는 성자의 열등성을 강조하게 되었다.

이러한 단일신론은 두 가지 형태로 나타났는데, ① 예수 그리스도는 하나님의 영의 능력으로 하나님의 아들이 되었다는 '동적 단일신론'(dynamic monarchianism)과 ② 그리스도와 성령의 완전한 신격을 부정하지는 않으나 이는 단지 하나의 하나님의 양태 내지 활동에 불과하다고 보는 '양태적 단일신론'(mode monarchianism)이 있다. 특히, 후자는 터툴리안 등의 정통 교부들로부터 아버지는 아들에게서 고난을 받고 있다는 소위 '성부수난설'이라는 비난을 받았다.

대고리문답(大敎理問答, Larger Catechism) → '요리문답', [3. 행정 및 교육 용어] '대요리문답'을 보라.

대망적 교회(待望的 敎會, church expectant) 로마 가톨릭의 교회관을 반영한 것으로, 연옥(煉獄)에서 정화의 과정을 성실히 통과하고 있는 신자들을 일컫는다. 이는 지상의 보이는 교회인 '전투적 교회'(church militant)와 지상의 삶을 끝내고 하나님의 영원한 품 속에 거하는 '승리적 교회'(church triumphant)와 구분된다. → '전투적 교회', '승리적 교회'를 보라.

대선지서(大先知書, Major Prophets) → '대예언서'를 보라.

대성경(大聖經, the Great Bible) 영국에서 크롬웰의 요청으로 1539년 인쇄된 영어성경. 즉, 그에 앞서 나온 「매튜성경」(1537년)의 개정판을 「대성경」이라 하는데, 특히 그 크기 때문에 「대성경」이라 불렸다. 성경 본문은 틴델의 번역을 채용했으며, 편집과 인쇄는 커버데일이 맡았고, 서문은 크랜머가 썼다. → '역본'을 보라.

대예언서(大豫言書, Major Prophets) 구약성경의 예언서 중에 이사야, 예레미야, 에스겔, 다니엘서를 일컫는다. 소예언서(소선지서)에 비해 그 내용이 장문(長文)으로 구성되었기 때문에 붙여진 명칭. 일명 '대선지서.' → '소선지서'를 보라.

대요리문답(大要理問答, Larger Catechism) → '요리문답', [3. 행정 및 교육 용어] '대요리문답'을 보라.

대표설(代表說, recapitulation) 라틴어 '레카피투라티오'(recapitulatio, '요약하다'는 뜻)에서 유래한 말로서, 기독론과 구원론의 기초가 되는 개념을 말한다. 즉, 영원하고 신적인 '로고스'(Logos)가 완전한 사람이 되셨고(요1:14), 그는 첫 사람 아담과는 본질적으로 다른 존재이되, 출생부터 죽음까지 인생의 모든 단계를 철저히 순종하며 사신 분이다. 그리하여 그는 하나님께서 인간에게 요구하신 모든 것을 '요약'함으로써 하나님 앞에서 새로운 인간의 대표자가 되신 것이다(롬5:12-21). → '충족설'을 보라.

데오도티안역(- 譯, Theodotian) 2세기경에 데오도티안에 의한 문서로, 70인역(LXX)의 개역판. → '칠십인역'을 보라.

도그마(dogma) → '교의'를 보라.

도그마티즘(dogmatism) → '교조주의'를 보라.

도덕률(道德律, moral law) 도덕적 행위의 가장 이상적인 규준이 되는 법칙. 일명 '도덕법.' 고대로 갈수록 도덕률과 종교의 가르침과의 경계선이 모호했다. 서양의 도덕률로 보면, 중세에는 기독교의 교리(그중에서도 산상수훈)가 도덕률의 기준이 되었고, 문예부흥을 거치고 근대에 이르러 인간 중심의 도덕률이 자리잡게 되었는데, 인간의 이성과 양심이 도덕률의 중요한 근거가 되었다.

도덕폐기론(道德廢棄論, antinomianism) 문자적으로 '율법에 대항하는 이론'이란 뜻이다. 율법과 규례와 명령들(십계명 등)의 중요성을 최소화시키고 대신에 성령의 인도를 중요시하고 그것을 강조하여 기독교인의 삶을 살아야 한다는 입장이다. 도덕폐기론자들은 기독교인의 행위나 공로(업적)보다는 오직 믿음만을 강조한다.

도르트 신조(- 信條, Canon of Dort) 네덜란드의 도르트(Dortrecht)에서 개최된(1618-1619년) 네덜란드 개혁교회회의 때에 채택되었던(1619년 4월 23일) 규범을 말한다. 그 내용은, ① 무조건적 선택 ② 제한적 속죄 ③ 인간의 전적인 타락 ④ 불가항력적인 은혜 ⑤ 성도의 마지막 견인 등을 확인한 것으로, 칼빈주의 교리를 담은 것이다. → [5. 교파 및 역사 용어] '도르트 교회회의'를 보라.

독생자(獨生子, the One and Only, His only begotten Son) 성삼위 하나님 가운데 한 분이신 예수 그리스도를 가리킨다. 그리스도는 본질상 하나님과 동등하신 분이지만, 인류 구원을 위해 하나님의 유일하신 아들 신분으로 성육신(成肉身)하셨다(요1:14,18; 3:16). 즉, 하나님과의 관계에서 특별하게 나신 분으로 인간의 몸을 입고 이 땅에 오신 것이다. 그는 만들어졌거나 창조된 것이 아니라 성부에게서 나오신 것이다. 그로 말미암아 온 만물이 창조되었다. 이런 점에서 그리스도는 세상 어떤 존재 곧 만유보다 더 높고 지극히 존귀하신 분이시다.

성경에서 모두 5회 언급되는데(개역한글판 히11:17에서는 '이삭'을 독생자라 했으나 엄밀히는 '독자'(獨子) 곧 '외아들'이 맞다. 개역개정판에는 '외아들'로 묘사) 그 모두 예수 그리스도를 가리킨다(요1:14,18; 3:16,18; 요일4:9). '독생자'를 뜻하는 헬라어 '모노게네스'는 헬라 사회에서 '유일무이한 자(것)'라는 뜻으로, 다른 어떤 것과도 감히 비교할 수 없고, 비교의 대상이 되지 않는 아주 독특한 자(것)를 말한다. 그는 '아버지 품 속에 있는 독생하신 하나님' 이신 것이다(요1:18).

이에 대해 니케아 신조는 '유일하신 주 예수 그리스도는 하나님의 독생자시며, 온 우주에 앞서 나셨고, 참 신이시며, 참 빛이시며 … 하나님에게서 나셨다.' 콘스탄티노플 신조는 '오직 한 분이신 주 예수 그리스도는 하나님의 독생자이시며, 모든 세대에 앞서서 아버지에게서 나신 분이며 … 참 하나님으로부터 나신 참 하나님이시며' 라 했고, 칼케돈 신조는 '시간이 시작하기 전에 그의 신성은 성부에게서 독생하셨고, 그의 인성은 우리의 본질을 타고 나셨다'고 선언했다. → '발생'을 보라.

독신주의(獨身主義, celibacy) 라틴어 '카엘레브스'(caelebs, '결혼하지 않은, 미혼의, 혼자'란 뜻)에서 유래한 용어로, 처음엔 주로 결혼하지 않은 상태로 살아가는 것을 가리켰으나 세월이 흐르면서 종교적 신념이 있어 혼자 살기로 결정하거나 서약한 남자를 가리키는 말로 쓰였다.

로마 가톨릭교회에서는 성직자의 직분과 수도원의 규칙을 통해(교황 그레고리우스 7세는 1075년 성직자의 독신생활을 강조한 전면적 개혁을 단행함) 독신을 주장하고 있다. 그러나 프로테스탄트 교회는 성직자의 독신주의를 인정치 않는다. 특히, 루터는 성직자의 결혼은 자유임을 강조했고 (1520년), 웨스트민스터 신앙고백에서는 모든 사람들이 결혼하는 것은 합법적임을 선언했다.
 한편, 독신주의는 성경의 가르침을 좇은 것이라고는 하나(마19:12; 고전7:8,26,38) 하나님께서는 창조시 생육하고 번성하라는 명령과 함께 결혼제도를 만드신 분이다(창1:28; 2:18-25). 그런 점에서 사도 바울의 권면대로 독신에 관한 '주께서 각 사람에게 나눠주신 대로, 하나님이 각 사람을 부르신 그대로'(고전7:17) 행하는 것이 가장 바람직하다.

동방신학(東方神學, **theology of Eastern**) 동방 정교회(Eastern Church, 러시아 정교회, Orthodox Church of Russia)가 추구하는 신학. 서방교회의 정통적 신학 해석이 좀 더 합리적·윤리적 경향성을 띤 데 비해, 정교회(正敎會)의 신학은 신앙의 신비성과 형이상학적인 것을 강조한다는 점에서 구별된다.
 동방 정교회의 신학에 있어서 자료와 규범은 성경(구약 외경을 포함)과 전승(傳承)이지만 그에 못지 않게 그들에게서 '리타지'(liturgy, 聖體禮義)는 중요한 규범이었다. 또한, 삼위일체론도 정교회 신학의 중심으로서(이는 성경적 개념과 신플라톤주의적 형이상학이 결합된 신비주의적 방법으로 해석됨), 교회 예배의 기원과 중요한 존경 대상이었다. 또한, 기독론의 중심 교리는 일위격(一位格) 중에 양성이 결합되어 있다는 신비요 이것만이 신앙의 기반이었다. 그래서 예수의 역사적 개인 인격에는 거의 무관심했다. 인간 속죄는 그리스도의 죽음과 부활을 통해서 성취되었다고 믿었는데, 그것은 신학에서만 아니고 리타지(liturgy)와 일반적 경견에 있어서도 지배적인 주제였다. 그와 더불어 성모(聖母)는 정교회 신학에서 탁월한 위치를 점유했으며 매년 8월 15일에 성모의 피승천(被昇天)이 축하되고 있다.
 동방신학의 창조론, 인간론은 비교적 원죄(原罪)에는 무관심했다는 점과 상세한 은혜론이 결핍되었다는 점에서 서방교회와 큰 차이를 이룬다. 예수의 수육강생(受肉降生)의 결과로 인간은 그리스도 안에서 타락 이전의 상태로 회복되며 다시 더 나아가 신화(神化)될 수 있다고 믿었다. 동방신학에서 이 같은 신화란 의인(義認)과 성화(聖化)의 동의어였다. 그리고 인간 구원을 위하여 '인간의 노력'과 '하나님의 공동적 은혜'가 함께 활동한다는 '공동설'을 주장하였다. 그리고 사람은 교회(하나님에 의해 정해지고 정통신앙, 하나님의 법, 제사성, 예전을 통해 맺어진 사람들의 공동체) 속에서 또한 교회를 통해 구원된다. 이러한 교회는 천상과 지상의 모든 그리스도인들을 포괄하며, 그같은 초자연적 교제는 여러 성인(聖人)을 숭배하는 데서 상징화 되었다.
 한편, 동방신학에서는 지상 교회를 성직과 신도로 나누었다. 주교직과 사도 전승을 중요시한다는 점에서 서방교회와 같지만, 교회의 교제의 완전성에 필요한 직위로서 신도의 직위를 강조한다는 점에서 차이를 보인다. 그리고, 예부터 두 가지 성례(sacramento)를 인정했으나 중세에 들어오면서 서방교회에서 배워 7성례(七聖禮)를 채용하게 되었다. → '서방신학', [5. 교파 및 역사 용어] '정교회'를 보라.

동정녀 탄생(童貞女 誕生, **virgin birth**) 동정녀란 아직 남자 경험이 없는 여자를 가리키는데, 예수님의 육신의 어머니 마리아를 수식하는 말로 쓰인다(마1:18-25; 눅1:26). 이는 예수께서 성적 관계로 인해 태어나신 것이 아니라 성령의 초자연적인 '덮음'(눅1:35)에 의해서 아버지 없이 인간의 삶 속으로 들어오신 것, 즉 육체가 되신 하나님의 신비를 증거하는 말이다(찬송가 101,122장).
 '동정녀'란 말은 사도신경에 언급('이는 성령으로 잉태하사 동정녀 마리아에게 나시고')된 표현으로(마1:18-25; 눅1:26-2:7), 예수 그리스도의 동정녀 탄생은 ① 첫 사람 아담으로부터 전가되었던 원죄의 단절을 시사하는 동시에, ② 죄 아래 있는 인간을 구원하러 인간의 몸을 입으신 하나님의 성육신(成肉身, incarnation)의 신비를 묵묵히 드러내주고 있는 은혜로운 사건이라 할 수 있다.

두루마리(**scroll**) 가죽(양피지, parchment)이나 종이(파피루스, papyrus) 등을 길게 이어서 문서를 만들고 돌돌 말아서 보관하던 물건(민5:23; 스6:2; 렘36:2,4; 겔3:1-3; 슥5:1-2). 가로와 세로가 각각 약 20cm, 30cm 정도 되는 것을 길게 잇고 양쪽 끝에 두개의 마름대를 만들어 두루마리를 말고 풀 때 용이하게 했다. 펼친 길이는 1m에서 길게는 10m에 이르는 것도 있었다. 대개는 한쪽 면만 사용했으나 드물게는 양쪽 면을 다 사용하는 경우

■**두루마리 책**(- 冊, the scroll) 두루마리로 된 양피지나 종이에 적어둔 기록물. 대개 율법서(시40:7), 하나님의 말씀을 기록해둔 책(렘36:2,4), 앞날의 일들을 기록한 묵시책(겔2:9)을 가리킨다. 특히, 신약성경에서는 '두루마리 책' 이란 표현을 신약의 내용을 예언한 '구약성경' 을 일컫는 말로 쓰기도 했다(히10:7).

도 있었고(겔2:10; 계5:1), 주로 도기 항아리에 보관되었다.

두루마리서(- 書, Megilloth, the Five Rolls) 비교적 짧은 구약의 다섯 책을 뜻하는 바, 아가, 룻기, 예레미야애가, 전도서 그리고 에스더서 등이다. 아가가 두루마리서의 선두에 등재된 것은 이스라엘 종교절기 중 가장 중요한 유월절에 아가를 낭독(애독)했기 때문이라고 한다. 하나님과 그의 백성 사이를 사랑의 관계로 연결시키는 아가는 다른 두루마리서보다 고난 당하는 이스라엘 백성에게 실감있는 은혜의 방편으로서, 고난을 통해 하나님의 은혜와 사랑을 확인한 유월절에 애독한다. 그리고 룻기는 오순절에, 예레미야애가는 예루살렘 성전 훼파와 선민의 분산(포로됨)을 탄식하는 날에, 전도서(지혜문학)는 장막절에, 에스더서는 부림절에 각각 낭독한다.

둘째 사람(the second man) 최초의 인간 아담에 대칭되는 표현으로 성자 예수에 대한 별칭. '둘째 아담', '마지막 아담'(고전15:45)으로도 불린다. '첫째 사람' 아담은 땅에서 나고 흙에 속한 자요(창2:7), 세상에 죄를 들어오게 한 장본인이며, 실패의 사람이라면 '둘째 사람' 예수 그리스도는 하늘에서 나셨고 죄와 무관한 분이시기에 영원한 존재라 할 수 있다(요1:1; 골1:15-18; 히1:2). 또한 그분은 죄로부터 인류를 구원한 승리하신 분이다(고전15:47). 바울은 고린도전서 15:20-49에서 첫 사람 아담과 둘째 사람 그리스도를 비교하여 교훈하고 있다. 한편, 둘째 사람이란 종말론적 표현으로는 마지막 사람이다(고전5:45). 그는 하늘로부터 오는 존재로서, 다니엘 7:13의 인자의 모습을 연상시킨다. → [1. 교회 일상 용어] '예수 그리스도' 를 보라.

둘째 사망(- 死亡, the second death) 죄 가운데 태어난 모든 인간이 겪는 육신의 죽음(첫째 사망)에 비견되는 말로, 세상 종말에 하나님의 최후 심판 때에 이루어질 영원한 멸망을 가리킨다(계20:14). 하나님을 믿지 않는 자, 우상 숭배자, 악행하는 자, 행음과 사술하는 자, 거짓말하는 자, 생명책에 기록되지 못한 자, 심지어 사망과 음부까지 둘째 사망에 이르게 된다(계20:14-15; 21:8).

반면에, 주님을 증거하고 하나님의 말씀으로 인해 목베임 당한 자, 우상에게 경배하지 아니한 자, 주님께 죽도록 충성한 자는 영광스런 첫째 부활에 참여하므로 둘째 사망의 권세에서 벗어나 영원한 생명의 상급을 받게 된다(계20:4,6).

둘째 아담(the second Adam) → '둘째 사람' 을 보라.

들려올리움(rapture) → '휴거' 를 보라.

디다케
(didache)

'디다케' 란 '가르침' 이란 뜻이다. 이는 초대교회의 문서 중에 하나로 문답식 교육이나 예배, 목회 등에 필요한 지시사항을 담은 일종의 교훈서를 말한다. 다양한 자료들을 하나로 편집한 것이라 볼 수 있다. 1056년에 기록된 필사본의 표제는 '12사도의 가르침 (12사도 교훈《敎訓》)'이었고, 부제는 '12사도를 통해 이교도에게 주신 주님의 교훈' 이었다.

내용상으로는, 1-6장은 두 가지 대비되는 길(생명의 길과 사망의 길)의 대조와 그 예시들, 7장은 삼위일체 하나님의 이름으로 시행하는 세례, 8장은 일주일에 2회(수,금) 금식할 것을 권함, 9-10장은 교회에서 이뤄지는 공동식사 전후에 드릴 감사기도의 형식, 11-13장은 사도들을 영접하는 법, 14-15장은 주일마다 정규적으로 시행해야 할 성찬, 16장은 주님의 재림의 징조 및 그와 관련된 묵시적 경고들이 집약되어 있다.

라틴어성경(- 聖經, Latin Versions) 라틴어로 번역된 성경. 그중에 가장 중요한 고대 역본은 알렉산드리아의 교부 제롬(Jerome, 346-420년)이 번역한 '벌게잇' (불가타, Vulgate)이다. 벌게잇

성경이 사용되기 전에 여러 라틴어성경이 남부 갈리아와 북아프리카에서 사용되었는데, 이들을 고(古) 라틴어성경(Old Latin Versions, 200년경)이라고 부른다. 히브리 원문에서 직접 번역한 것이 아니라 헬라어성경(70인역)에서 라틴어로 번역한 것이므로 역문으로서의 권위는 약하다. 이 성경들은 벌게잇처럼 중요시 되지는 않았지만 벌게잇의 기초가 되었다는 점, 그리고 당시 라틴어를 사용하는 백성들 사이에서 복음 전파에 요긴한 역할을 한 점은 주목할 만하다. 이들의 사본이 매우 다양한데, 제롬은 그 차이에서 생기는 불편을 없애보려고 벌게잇역에 착수했다. 현재 라틴어성경이라고 하면 일반적으로는 벌게잇을 가리킨다. → 벌게잇역 을 보라.

로고스(logos) λόγος(로고스, '말씀'이란 뜻) 성경 여러 부분(요1:1; 요일1:1; 계19:13)의 난외주에 등장하는 표현으로, '우주와 그 질서에 영향을 주는 이성의 역동적인 원리', '하나님과 인간 사이의 매개 역할을 하는 중보자(예수 그리스도)' 등을 뜻하는 철학적이며 신학적인 용어다. 특히 불완전하나마 '말씀'이라는 단어로 그 의미가 전달되고 있다. 즉 성경에서는, '말'(마5:37; 7:24), '이 말씀'(막8:32), '일'(막1:45), '이 일'(행15:6), '이유'(마5:32), '직고함'(롬14:12) 등으로 묘사되고 있다. 그리고 복음의 메시지를 뜻하는 '말씀'(행14:25; 갈6:6), '도'(막2:2), '십자가의 도'(고전1:18), '화해의 말씀'(고후5:19), '생명의 말씀'(빌2:16), '진리의 말씀'(딤2:15) 등과 같이 로고스이신 예수를 전하고 그분을 위해 구원의 복음을 선포하는 것과 밀접히 관련되어 사용된 경우도 있다. 뿐만 아니라 하나님(그리스도)에 관하여 한 말씀이라는 의미로, '하나님의 말씀'(요10:35; 고후2:17), '주의 말씀'(살전4:15), '말씀'(딛1:3)으로도 표현되었다.

구약적 측면에서도 '로고스'란 우주 만물을 창조하신 하나님의 말씀(창1:1), 모세를 통해 주신 율법(신6:6), 선지자들을 통해 계시하는 하나님의 말씀(왕하7:1) 등을 가리킨다고 볼 수 있다. 이를 정리하면, '로고스'란 단순히 전해진 하나님의 말씀이라는 뜻 이상으로 '무엇인가를 행하시는 능력'(창1:3; 시33:6,9; 사55:11)이며 이 세상을 통치해 가시는 하나님의 지혜(잠8:1-9)임을 알 수 있다. 그 로고스가 세상을 창조하시고 모든 것을 경영하시고 주장하고 계신다(전9:1).

한편, 사도 요한은 자신의 복음서에서 '예수 그리스도'를 직접 가리키는 용어로 '말씀'(로고스)을 언급했다(요1:1,14). 사도 요한은 이 '말씀'이 태초부터 하나님과 함께 계셨고, 하나님은 이 말씀으로(더불어) 우주 만물을 창조하셨으며, 또 이 말씀이 육신을 입고 세상에 내려오사 인류 구원을 위한 하나님의 뜻과 섭리를 온전히 성취하신 분임을 강조하고 있다(요일1:1; 계19:13). → [1. 교회 일상 용어] '말씀'을 보라.

루터주의(- 主義, **Lutheranism**) 루터(1483-1546년)의 종교개혁에 의해 시작된 루터 파 교회와 그 교회가 지닌 특색을 일컫는 용어이다. 루터주의는 구약과 신약의 정경(正經)은 하나님의 성령에 의해 영감된 바 오류없는 하나님의 말씀이며 신앙과 생활의 유일한 원천(기준)임을 믿으며(Sola Scriptura, '오직 성경만이'), 초대교회의 공동 신조(사도신경, 니케아 신조, 아타나시우스 신조)와 루터교회의 고유한 신앙고백(개정되지 않은 아우그스부르크의 변증론-1531년 / 슈마르카르텡 조항-1537년 / 루터의 대소교리문답서-1529년 / 화협신조-1577년)를 성경적 교리의 참된 선언으로 받아들이다.

루터주의의 중심 교리는 선의론(宣義論)과 구원론 즉, 오직 세상 죄를 구속하신 완전하신 하나님이시자 완전하신 사람이신 그리스도를 믿는 신앙을 통해서(Sola Fide, '오직 신앙으로') 은혜로 말미암아(Sola Gloria, '오직 은혜로') 구원을 받는다고 하는 가르침이다. 루터주의는 율법과 복음을 하나님의 명령과 약속의 말씀으로 믿고 있다. 특히, 그리스도의 거저 주시는 완전한 속죄의 복음을 성경의 중심 교리로서 강조하고 있다.

한편, 루터주의는 아담의 타락 이래 인간의 본성이 전적으로 부패하였다고 가르치며, 영적인 사실에 관해서는 나면서 그대로의 인간의 자유의지를 부정한다. 또한 유아세례, 제한 성찬, 교회와 국가의 원칙적인 분리를 강조하며 신조주의적인 입장이다. 또한, 루터 파 교회는 교구 학교나 교회학교에서의 기독교 교육을 옹호하며, 예전적 예배를 하나님의 말씀을 도와서 북돋우는 것으로 여겨 장려하며, 견신례(堅信禮)를 성례전이 아닌 교회의 한 의식으로 인정하고 있다.

리빙 바이블(Living Bible) 현대영어로 번역한 일종의 쉬운 성경. 미국의 테일러(K. Taylor)가 처음에는 American Standard Version(ASV, 1901년판)을 기본 자료로 번역을 시작했으나, 점차 ASV를 포기하고 독자적인 번역을 통해 한 부분씩 한 부분씩 17년간의 세월 동안 출판하였다.

리빙 바이블은 성경의 메시지를 메시야적으로 해석했으며, 그 문체는 구어체를 사용하여 읽기 쉽게 번역했다는 데 그 특징이 있다. 1970년대 리빙 바이블이 출간되었을 때에 성경 중 가장 많은 이슈를 제공했으면서도 동시에 상업적으로 가장 성공을 거두었다고 평가받은 바 있다. → '영역본'을 보라.

림보(Limbo) 로마 가톨릭에서 주장하는 중간 내세(來世). 소위 지옥의 변방(邊方) 곧 지옥과 천국 사이에 있는 그리스도를 믿을 기회를 얻지 못했던 착한 사람(선조 림보, limbus patrum : 옛 언약의 백성이 휴식을 취하고 있는 곳으로, 그리스도께서 죽음과 부활의 사이에 이곳으로 내려가셨다고 가르침)이나 영세를 받지 못한 어린아이 등의 영혼이 머무는 곳(유아 림보, limbus infantium : 영아들이 슬픔이 없는 순수한 자연적 행복의 상태에 있다고 여김). 개혁파 교회에서는 이를 인정치 않는다. →[5. 교파 및 역사 용어] '림보'를 보라.

마르키온주의(- 主義, Marcionites) 144년 로마 교회로부터 파문당한 마르키온(Marcion, 85?-160?년)에 의해 세워진 비정통적인 사상이나 그 무리를 말한다. 마르키온은 기독교 최초의 개혁자(기독교 내의 유대적 요소를 배척하고 교회의 근본적인 개혁을 주장함)이자 동시에 이원론(二元論)과 그리스도 가현설(假見說)을 주장한 대표적인 이단이다. 그는 구약성경의 하나님(폭력과 보복의 신)과 신약성경의 하나님(그리스도가 말하는 하나님은 사랑과 정의의 신)은 다르다고 주장했다. 그리하여 신약성경을 구약성경과 분리할 것을 역설했고(복음서 중에 구약의 하나님과 관련된 부분을 삭제함) 구약과 신약의 모순을 규명한 대조표(Antithesis)를 저술했다.

그는 바울서신과 누가복음의 정경성만을 인정했고, 자칭 바울의 후계자로 여겼다. 또한 그는 성만찬을 집전하면서 떡과 포도주를 떡과 물로 대체할 정도로 그리스도의 인성을 인정치 않았고, 이러한 그의 그리스도론은 가현설(도케티즘)로 발전하였다. 그는 영지주의(Gnosticism)로부터 부분적으로 영향을 받아 영선물악(靈善物惡)을 주장했고, 육체적 부활을 부인했고, 고행(苦行)을 강조했다. → '가현설', '영지주의', '이원론'을 보라.

만인구원론(萬人救援論, universalism) 일명 '보편구원론'(普遍救援論). 모든 사람의 궁극적인 행복과 구원을 주장하는 이론. 여기에는 이교적인 만인구원론과 기독교 내에서 다뤄지고 있는 만인구원론이 있다. 먼저 이교적인 구원론은, 모든 사람은 나면서 신(神)에 의해 지음받은 자이며 신의 자녀이므로 궁극적으로 구원을 얻는다는 주장이다.

기독교 내에서 다뤄진 만인구원론에는 크게 두 가지가 있다.

① 그리스도는 모든 인류의 죄와 각 개인의 특수한 모든 죄를 위해 죽었다는 주장이다. 그러나 이를 믿는 자만이 이 은총에 참여한다고 한다. 이는 알미니안주의자들의 주장이며, 제한적 속죄를 주장하는 칼빈주의자들의 견해와 대립된다.

② 하나님의 피조물인 모든 인간은 죄 가운데 타락하여 하나님의 형상을 상실하고 있지만 그리스도의 보편적인 속죄에 의해 궁극적으로 구원받는다는 주장이다. 죽을 때 즉시 구원이 성취된다는 설과 심판받은 후에 구원이 성취된다는 설이 있다. 이는 오리게네스가 처음 주장했는데(254년), 그는 영원한 형벌이라는 개념을 거부하면서 악마를 포함한 사악한 자들도 어떤 기간 동안 지옥의 고통을 겪은 후에 천국에 들어가기 위해 깨끗함을 받으러 나오게 된다고 주장했다. → '알미니안주의', [5. 교파 및 역사 용어] '오리게네스'를 보라.

만인제사장설(萬人祭司長說, priesthood of all believers) 모든 신자는 대제사장이신 그리스도를 통해 하나님께 직접 나아갈 수 있으며 따라서 제사장(사제, 중재자)은 필요없다는 주장이다(벧전 2:9; 계1:6; 5:10). 이는 로마 가톨릭에 대한 프로테스탄트의 확고한 신념 곧 종교개혁의 기본적이며 핵심적인 원리 중에 하나다.

만인제사장설의 내용 속에는, ① 모든 신자는 하나님 앞에서 다른 사람을 위해 기도할 수 있고, ②

하나님에 관한 것들을 다른 사람에게 가르칠 자격이 있다는 메시지가 포함된다. 따라서 ③ 하나님 앞에서 특수한 직위나 권위를 지닌 특별한 성직자나 집단은 있을 수 없다는 의미도 담겨 있다. 물론, 성경에서 언급된 공적인 사제직을 인정하기는 하나 그것은 예배(제사)를 위한 직무상의 직책일 뿐임을 강조한다.

한편, 재세례파는 여기서 한 걸음 더 나아가 성직자와 평신도 간의 모든 기능적 차이조차도 완전한 철폐를 주장한다. → [5. 교파 및 역사 용어] '재세례파'를 보라.

만족설(滿足說, **satisfaction theory**) 일명 '충족설.' → '충족설'을 보라.

맛소라 사본(- 寫本, **Massoretic text**) 히브리어 구약성경의 전통적인 본문을 가리키는 말이다. 즉, 5-9세기에 활약했던 맛소라 학파로 불리는 학자들이 히브리어 구약성경의 본문을 정확하게 보존하기 위해 전승에 기초해 연구한 사본을 말한다. 원래 히브리어성경은 자음만으로 기록되었는데, 히브리어가 일상어로 쓰던 시대에는 불편없이 읽을 수 있었다. 하지만 일상에서 헬라어를 사용함으로써 히브리어가 사어(死語)가 되자 올바른 전통적 독법을 상실하게 되었다.

그래서 성경학자들이 히브리어 본문에다 맛소라 기호, 즉 모음부호와 억양법, 발음부호 및 평주(評註)를 부기(付記)하여 사본을 만들었다. 여기에는 팔레스타인에서 성립된 것과 바벨론에서 성립된 두 종류가 있으며, 현재의 맛소라 사본은 팔레스타인 방식의 것을 표준본문으로 사용하고 있다. → '사본'을 보라.

메시야(**Messiah**) 마쉬아흐(מָשִׁיחַ, '기름 부음받은 자'란 뜻). 헬라어로 번역하면 '크리스토스'(Χριστός, 그리스도). 이 단어는 원래 하나님의 뜻을 수행하기 위해 하나님이 선택하시고 기름 부어 세운 자들, 곧 '제사장'(출30:22-30; 레4:3,5; 시133:2), '선지자'(왕상19:16), '왕'(삼상24:10; 왕상19:15)에게 사용된 직명(職名)이다. 다윗 시대 이전까지는 이상의 세 직분을 수행하는 자들에게 보편적으로 사용되었다.

그러던 것이 다윗 시대 이후에는 이상적인 왕이자 인류가 대망하는 유일한 구세주라는 개념을 갖게 되었다(삼하7:1-17). 그 후 분열 왕국 시대를 거치면서 구원자, 곧 메시야에 대한 기대감이 더욱 커져 갔다(사7:10-17; 9:6; 11장; 렘23:5-6; 겔34:23-24; 37:22; 단7:13). 놀라운 사실은 대부분의 선지자들이 장차 오실 메시야를 강력한 힘을 바탕으로 한 정복자의 이미지가 아니라 고통과 대속(代贖) 죽음을 통해 하나님의 백성을 구원으로 인도할 '고난의 종'으로 묘사했다는 점이다(사52:13-53:12). 이런 메시야 대망 사상은 왕국 멸망으로 인한 포로기와 포로 귀환기를 거치면서 절정에 달했다.

그런데 이때의 메시야 사상은 두 가지로 극명하게 대립된 것을 볼 수 있다. ① 절망적인 이 세상과 현실을 초월한 천상의 메시야 왕국 곧 내세를 강조한 메시야 사상이다. ② 이 땅에서 악한 이방 세력을 물리치고 메시야가 다스리는 나라가 임하기를 사모하는 정치적인 메시야 사상이다. 메시야 대망 사상은 신약 시대 유대인에게도 그대로 이어졌다. 한편으로는 쿰란 공동체(에세네 파)와 같은 탈세속(脫世俗)과 고립 및 경건주의에 몰입한 이들이 있었는가 하면, 현실 세계에서 정치적 해방자로서의 메시야를 고대하는 이들도 있었다. 그중에서도 당시 유대에는, 막강한 군사력과 정치력을 기반으로 이방 압제자들을 물리침으로써 몰락한 다윗 왕조를 부흥시키고, 다윗 때의 영화와 번영을 회복할 해방자요 초월자로서의 정치적 메시야를 고대하는 이들이 많았다(마2:2-3; 21:6-11; 눅3:15; 요1:20).

예수께서는 이러한 정치적 메시야(해방자)를 소망하는 군중의 요구에 동조하지 않으셨다(마16:1-4; 눅23:36-43). 오히려 예수께서는 구약성경이 예언한 메시야는 자신을 비워 종의 모습으로 세상에 와서 십자가에 대속제물로 자신을 내어주고 인류의 죄를 대신 짊어지는 자라는 사실을 분명하게 가르치셨고(사53장), 또 자신도 그렇게 메시야로서의 사역을 수행하셨다(마20:18-19, 25-28; 눅9:18-27). 이후 제자들이 전파한 복음의 핵심도 바로 이런 메시야 사상을 뒷받침한다(행2:36; 4:27; 5:42; 10:38). → '예수 그리스도'를 보라.

메시야니즘(**Messiahnism**) '메시야 신앙'으로도 일컬어진다. 대체로 불평등, 죄악, 부패, 폭압 등으로 가득 찬 이 세상을 심판하고 공평과 정의와 행복을 약속하는 새로운 질서를 가져올 구세주가 나타날 것으로 믿는 종교적 신념. 이것은 사회가 어둡고 소망이 없어 보일 때 흔히 급진적이고 그릇된 종말론과 결부되어 나타나는 종교 현상이다.

면죄(免罪, **absolution, penance**) 로마 가톨릭의 전통적인 술어로, 고해성사의 필수적인 한 과정을 말한다. 넓은 의미로는 '죄사함을 선포하는 행위'를, 좁은 의미로는 '한 개인 또는 여러 사람들의 죄를 일정한 참회 행위를 통과한 후에 사함 받았다고 선포하는 것'을 가리킨다. → [4. 예배 및 예식 용어] '고해성사'를 보라.

모세오경(- 五經, **Pentateuch**) 영어 pentateuch는 헬라어 '펜타튜코스'(πεντάτευχος)의 음역이다. 이는 '다섯 권(five volumed books)'이라는 뜻을 지닌 단어인데, '창세기, 출애굽기, 레위기, 민수기, 신명기' 등의 다섯 책을 총칭하는 것으로 '오경'이라는 말과 부합된다. 2세기경에 '펜타튜코스'란 말이 등장했는데, 실제적으로는 알렉산드리아의 교부 오리겐(Origen)에 의해 처음 사용되었다.

오경의 저자가 모세라고 하는 것은 성경의 많은 증거들(출24:4; 신31:9,24-26; 왕상2:3; 대하34:14; 스3:2; 6:18; 단9:11,13; 말4:4; 마8:4; 19:8; 막7:10; 눅16:31; 행3:22; 롬10:5,19; 히10:28)과 오랜 역사적 신앙과 전통 위에 근거를 둔다. 고대 유대교 학계에서와 초대 기독교회가 하나같이 오경의 저자는 모세라고 믿어왔으며 이 전통은 현대에도 성경을 하나님의 말씀으로 믿는 기독교를 통해 전승되고 있다.

한편, 오경에 대한 히브리 명칭은 '토라(חָרוֹת)'인데 이는 '야라'('던지다'는 뜻)에서 온 명사이다. 따라서 '토라'의 문자적인 의미는 '던져진 것'으로, 여기서 뜻이 발전되어 '지시, 교훈, 율법' 등의 의미로 쓰이게 되었다. 즉, 히브리 사회에서는 '토라'를 단순히 '율법'(수1:7) 이상의 좀 더 광범위한 뜻으로 사용되었는데, '지시, 교훈, 교리, 습관, 행동, 율법' 등 많은 뜻을 나타내는 말로서 이스라엘 백성의 종교 및 일상 생활에 지침이 되는 필요한 교훈이요 삶의 준거라고 할 수 있다.

성경에는 '오경'을 '율법'(수1:7), '그 율법의 책'들(수8:34), '모세의 율법책'(수8:31), '하나님의 율법책'(수24:26), '여호와의 율법책'(대하17:9), '모세의 율법'(왕상2:3) 등 다양한 이름들이 있다. 신약에서도 '율법의 책'(갈3:10), '모세의 책'(막12:26), '주님의 율법'(눅2:23), '모세의 율법'(눅2:22) 등 여러 가지 이름들이 있다. 오늘날 '오경' 즉 '토라'를 통칭 '율법서'라고 부르는데, 그 이유는 이 다섯 권의 책을 이루고 있는 주요 내용이 대부분 율법적 요소로 구성되어 있기 때문이다. → '오경'을 보라.

■**모세오경의 문서설**(- 五經- 文書說) - 오경이 각각 상이한 저자들에 의해 작성된 여러 문서들로 구성되었다는 '문서설'이 18세기 말부터 고등비평학자들에 의해 제창되었다. 문서설이란 오경이 J문서(여호와문서), E문서(엘로힘문서), D문서(신명기문서), P문서(제사장문서, 혹은 'H문서'〈성결문서〉) 등의 결합체로서, B.C.4세기경 이 작업이 완성되었다는 설이다.

① J문서(Jehovistic Code) : B.C.850년경 남왕국에서 형성된 것으로, 하나님을 '여호와'라 묘사한 것이 특징이다. 문체는 소박하고 객관적이며 예언자적이고, 신관은 의인법(擬人法)으로 묘사했고, 이스라엘의 선민의식이 강하다.

② E문서(Elohistic Code) : B.C.750년경 형성된 것으로, 하나님을 '엘로힘'으로 묘사한 것이 특징이다. 내용은 J와 유사하며, 아브라함 역사에서 시작되고 그를 선지자로 높이며(창20:7), J문서의 의인법은 없어지고, 하나님은 환상이나 기적으로 나타나며, 기사는 보다 객관적인 특징을 지닌다.

③ D문서(Deuteronomic Code) : B.C.650년경에 형성되었고, 대체로 신명기를 중심한 법전서이다. 그 문체는 유창하고, 내용은 권고조이며, 군주제도의 정치체제와 예루살렘의 성전예배로 통일하는 예배의식을 이상으로 추구하고 있다.

④ P문서(Priestly Code) : B.C.450년경 형성되었고, 레위기 전부와 창세기 일부가 포함되었다. 신관(神觀)은 초연적이고 문체는 형식적인 특징을 지닌다.

한편, 문서설은 이 4대 문서들이 B.C.700년경 J와 E가 합해 JE가 되고, 그것이 B.C.550년경 D와 합해 JED가 되며, 그것이 또 B.C.400년경 P와 합해 오경의 현재 모습을 이뤘다고 본다.

위의 문서설에도 불구하고 오경을 모세의 저작

으로 인정하는 전통적 견해는 여전히 힘을 얻고 있다. 그 이유는 오경의 중심인물이 모세가 분명하며, 오경은 문자 그대로 '율법'으로서 그 율법을 받아 선포한 사람은 모세였다. 물론, 모세가 오경의 저자라고 해도 그가 혼자 전부를 기록했다고 볼 필요는 없을 것이다. 아마 몇 사람의 필자가 모세의 말을 받아 기록했을 것이다(예를 들면, 신명기 끝부분). 그리고 무엇보다 성경의 내적 증명이 너무도 뚜렷이 모세가 율법을 기록한 것이라 적시하고 있기 때문이다. 예수께서도 이를 인정하셨다(마 19:7-8; 눅5:14; 요5:46).

모형론(模型論, **typology**) '모형'(模型, type)이란 마치 틀(pattern)이나 사본(copy)처럼 원형의 그림자로서, 하나가 다른 하나를 표시해 주는 것을 가리킨다. 따라서 모형은 항상 그 원형(原型, original type)을 가지고 있게 된다. 이처럼 모형과 원형의 관계를 연구하는 학문이 바로 모형론이다. 일명 '예표론'(豫表論)이라고도 한다.

모형론에 있어서, 구약의 여러 모형들은 '본유적 모형'(本有的 模型, innate type)과 '추리적 모형'(推理的 模型, inferred type)으로 나눠진다.

① 본유적 모형 : 구약의 사건이 신약의 모형적 사건으로 신약성경에 분명하게 언급된 것들(모세의 놋뱀, 유월절 어린 양, 하늘의 만나, 광야의 성막 등)을 가리킨다.

② 추리적 모형 : 그러한 본유적 모형에 근거하고 준해서 추리적으로 구약의 인물, 사건, 물건 등에서 신약의 모형의 의의를 찾는 것을 말한다. 그러나 이 추리적 모형으로 구약의 자자구구(字字句句)에서 모형적 의의를 도출하는 극단적 방법(예컨대, 알레고리칼한 풍유적인 해석방법)은 삼가야 한다. 그리고 구약의 인물, 사건, 물건들 속에서 그리스도 중심의 모형적 의의를 발견할 때 분명하게 모형되는 점만을 취해야 한다(다윗의 경우, 여호와 신앙과 하나님께 대한 순종의 자세를 그리스도의 모형으로 취할 수 있으나 우리야의 아내 밧세바와의 불륜 등은 모형으로 취해서는 안 된다). 구약의 (혹은 지상의) 인물, 물건, 사건들은 모두 불완전한 것으로서 그리스도의(혹은 천상의) 완전한 모형이 될 수 없다.

따라서 모형은 그리스도 혹은 장차 이루어질 천상의 것들에 대한 불완전한 그림자로서 부분적인 것일 수밖에 없다. 하지만 비록 부분적일지라도 우리가 구약이나 지상의 것들을 통해 그리스도에 관한 진리를 깨우치고 또 그를 통해 신앙의 성숙이 될 수 있다는 데 모형론의 의의가 있다(요3:14; 롬 5:14; 벧전3:21). → '예표론'을 보라.

목회서신(牧會書信, **Pastoral Epistles**) 사도 바울이 기술한 디모데전서와 디도서, 디모데후서를 가리키는 말이다. 즉, 형식은 각 개인에게 보낸 개별적인 서신이지만 그 내용은 목회 현장에서 수고하는 동역자들에게 필요한 권면과 목회적 지침을 전해준다는 점에서 '목회서신'이라 부른다(18세기에 와서 이 명칭이 사용됨).

그중에 ① 디모데전서는 전적으로 목회적 서신이며 목회 일선에서 두루 적용할 수 있도록 기록된 것이며, ② 디도서는 주로 목회적 교훈을 제공하는 동시에 명령과 상기(想起)의 메시지를 전하고 있고, ③ 디모데후서는 주로 개인적인 권면들을 주면서도 목회적 메시지를 제공하는 서신으로 꾸며져 있다.

목회서신의 주된 내용은, 교회의 지도자나 일꾼(장로나 집사)의 임명과 사명, 이단이나 공동체를 위협하는 자들에 대한 대처와 바른 구원론 등 교리적인 가르침과 신앙적 순결 유지를 위한 권면 등 교회제도 유지에 필수적인 교훈과 메시지들을 제공하고 있다.

목회신학(牧會神學, **Pastoral theology**) 일명 '목회학.' 실천신학의 한 분야로서, 목회 행위 전반에 관한 이론을 다루는 학문이다. 그렇다고 논리 중심이 아니라 활동 및 기능 중심의 신학이다. 즉, 목회(목양)적 측면에서 목사의 자격, 사역, 기능(역할) 등에 관하여 전문적으로 연구하는 학문이다. 이론신학과 다른 점은 방법면에서 목사의 활동에 관심을 집중시키고 있다는 것이다.

또 이 신학은 교회와 교인의 실제 생활과 밀접한 관련이 있으므로 말씀 선포인 설교, 그것에 대한 학문적 연구인 설교학, 성례와 기도에 관한 예배학, 말씀을 가르치는 교리문답학, 교회의 조직과 관리의 기능과 관계된 교회행정학 등이 여기에 포함된다. 최근에는 특별히 심리학적인 관점을 강조하면서 영혼을 돌보는 일에 중점을 두고 이에 관한 이론적 실천적 부문을 다루는 목회상담학을 중요시하고 있다. 아무튼, 목회신학은 다른 신학과 마찬가지로 계시된 하나님의 말씀에 기초를 둔다. 특히, 바울의 목회서신은 목회신학의 개요라 할 수 있다. → '실천신학' 을 보라.

목회학(牧會學, Pastoral theology) → '목회신학' 을 보라.

몬타누스주의(- 主義, Montanism) 창시자 몬타누스(Montanus, 170년경)의 이름을 좇아 부른 2세기 후반의 성령운동 혹은 묵시주의운동을 가리킨다. 초기의 지지자는 '후르기야 파' 또는 '가다후르기야 파' 로 불렸다. 또한 몬타누스가 두 사람의 협력자(프리스가와 맥시밀러)와 함께 예언하였던 장소인 부르기아 지방의 페프자에 따라서 '페프자 파' 라고도 불렸다.

교리적으로는, ① 보혜사 성령이 오늘날의 교회 가운데 능력으로 임재하여 강하게 역사하고 계시다는 믿음(성령은 특히 황홀상태의 예언자에 의해 성령 자신을 그 시대에 초자연적으로 나타내고 있다고 믿음)과 함께 ② 엄격한 금식과 성윤리를 강조했고, ③ 재혼을 금했으며, ④ 박해를 피해 도망하는 것조차도 배교행위로 간주할 정도로 신앙의 정절을 강조했다. 또한 ⑤ 만인사제직을 지향했고, ⑥ 영적인 내적교회와 주교가 지배하는 외적교회를 구별했으며, ⑦ 주께서 머지않은 때에 다시 오신다는 강력한 재림신앙으로 무장했다. 터툴리안(Tertullianus, 150-220년경)은 몬타누스주의의 대표적인 신봉자이다.

무변성(無邊性, immensity) 하나님의 속성 중에 광대 무한하심을 나타내는 신학용어. 하나님은 어느 장소에도 제한되지 않으시고, 제한되거나 포함되지도 않으시며, 모든 공간을 꿰뚫으시며, 또한 온전히 채우시는 분임을 강조한다(대하2:6; 시139:7-10; 행7:48-49). → '하나님의 비공유적 속성' 을 보라.

무신론(無神論, atheism) 신(神)의 존재를 부정하는 사상. 이 용어는 사도 바울이 이방 출신 성도를 가리켜 회심하기 전에는 '하나님도 없는 자이더니' 라는 표현에서(엡2:12) 비롯된 것으로(헬라어로 ἄθεος 곧 '참된 하나님이 없다' 는 뜻), 이는 원래 국가가 인정하는 신을 거부하는 것에 사용된 표현이다. 그런 점에서 초대교회 당시 그리스도인들도 이교도로부터 '무신론자' 라고 일컬어졌다. 하나님의 존재를 부정하는 것으로 '무신론' 이라 칭하게 된 것은 르네상스시대 곧 계몽주의시대에 이르러서다.

무신론을 말할 때에 신의 개념이 무엇이냐에 따라 다양한 범주의 무신론이 등장한다. 즉, 신을 유일신으로 본다면 범신론이나 다신론도 무신론에 속한다. 이에 비해 수많은 신들의 존재를 인정하는 입장이라면 무신론은 단지 신의 존재를 부정하는 것에 제한된다. 그러나 통상적으로 무신론을 두 가지(유물론적, 인본주의적) 측면에서 본다. ① 유물론적 무신론은 자연주의적인 입장에서 신을 부정하는 태도(데카르트, 볼테르, 포이에르바하 등) ② 인본주의적 무신론은 자기의 주체적 결단에 의해서 순간을 살아간다는 신념 곧 인간을 하나님의 위치에 대치하는 태도(마르크스, 샤르트르, 까뮈 등)이다.

용어상식

무교회주의
(Non-Congregationalism)

무교회주의(無教會主義)란, 하나님의 말씀이 성경을 통해서만 주어지고 구원은 율법의 행위가 아닌 신앙에 의해서만 이루어진다는 복음주의의 내용은 받아들이지만, 외적인 형태의 교회당(예배당)이나 교회의 제도적인 것 즉, 의식, 전례, 신조 등은 거부하는 신학적 입장을 말한다. 교회의 모든 외적 형식은 인간적 요소를 신적 요소보다 높이는 결과를 가져오고 또 마침내 퇴화하므로 거부되어야 한다고 보았다.

역사적으로, 영국 국교의 형식주의에 대한 반동으로서 생겨났던 '퀘이커 파' (Quakers)와 '달비 파' (Darbyites)가 대표적이다. 일본에서는 신학자 우찌무라 간조(內村鑑三)와 그의 문하생들에 의해 시작되었으며, 한국에서는 김교신, 함석헌, 송두용, 정상훈, 유석동, 양인성 등이 1927년 7월 동인지 「성서조선」을 창간하고 성경연구집회를 가짐으로써 한국에서 무교회주의운동을 전개했다.

무오성(無誤性, infallibility) 문자적으로 '잘못이 없는, 절대 확실한, 무과실성, 무류(無謬)' 라는 뜻. 이 용어는 인류에게 절대 확실한 구원의 길을 계시하고 있는 성경의 무오함과 예수 그리스도를 통한 하나님의 섭리의 정확무오함을 강조하는 말로 쓰였다. 이는 기독교 신앙의 근본을 이루는 내용이다.

이와는 별개로 로마 가톨릭에서 교황의 무오류성을 주장할 때에도(1870년에 무오성을 정의함) 이 용어를 사용하고 있다. 즉, 교회가 지상에서 그리스도의 대리자로서 오류가 없음을 강조하는 것으로 이에 대해서는 크나큰 오류를 담고 있다. → [5. 교파 및 역사 용어] '교황' 을 보라.

무율법주의(無律法主義, antinomianism) 율법을 반대하는 입장을 말한다. 일명 반율법주의 라 한다. '무율법주의' 란 말은 종교개혁자 루터가 처음 언급한 것으로, 그의 옛 친구인 요한 아그리콜라(J. Agrricola, 1492-1566년)가 '그리스도인은 율법 즉 모세로 말미암아 기록된 도덕 율법으로부터 전적으로 자유하다' 고 가르쳤을 때 루터가 이 같은 입장을 '무율법주의' 라고 불렀다.

아그리콜라는 '그리스도인은 더 이상 십계명을 지키도록 요구받지 않는다' 고 했다. 그는 행위에 의한 의(義)를 지나치게 두려워한 나머지 이 같은 극단적인 입장을 취하였다. 즉, '믿음으로 의롭게 된다' 는 의인(義認) 사상은 곧바로 무율법주의를 요구하는 것이라고 잘못 생각했던 것이다. 종교개혁자들은 '선행은 의인(義人)을 만드는 것이 아니다. 그렇지만 의인은 선행을 행한다' 고 가르쳤다. → '의롭다함을 얻음' 을 보라.

무저갱(無低坑, Abyss) 바닥이 없이 깊은 구덩이 란 뜻으로(눅8:31; 계9:11), 죽은 사람이 가는 곳을 말한다. '스올' (음부), '지옥' 이라고도 한다(롬10:7). 불순종의 영들 곧 사탄과 그의 부하들이 들어갈 영원한 형벌 장소이다(마25:41; 계20:1,3). → [1. 교회 일상 용어] '지옥' 을 보라.

무천년설(無千年說, A-Millennialism) 예수 그리스도의 재림의 시기 및 천년왕국과 관련된 학설로(계20:1-6), '천 년' 을 문자적으로 존재한다고 보지 않고 '완전한 기간' 즉 그리스도의 초림 때부터 재림 때 사이의 전체 기간(신약 시대)을 상징한 것으로 보는 견해이다.

바로 그 기간 동안 이 땅의 교회는 그리스도와 더불어 왕노릇한다고 보고 있다. 이 학설의 대변자로는 어거스틴(Augustine), 칼빈(J. Calvin), 벌코프(L. Berkhof), 게할더스 보스(G. Vos), 해밀턴(Floyd E. Hamilton), 카이퍼(A. Kuyper), 바빙크(H. Bavinck), 머레이(George L. Murray), 헨드릭슨(W. Hendriksen) 등이 있다. → 천년왕국설 을 보라.

무형교회(有形敎會, invisible church) 눈에 보이지 않는 교회. 즉, 교회의 구별법 중에 신앙고백이나 교회 조직, 행정, 복음 사역 및 교회 건물 등 눈으로 식별할 수 있는 가시적(可視的) 교회인 유형교회(有形敎會)와 대조되는 불가시적인 교회를 말한다. 무형교회는 진정한 의미에서 구원에 동참할 수 있는 자격을 갖춘 자들로 구성된 교회이다. → [1. 교회 일상 용어] '교회' , [3. 행정 및 교육 용어] '교회' 를 보라.

묵시(默示, apocalypse, revelation) '묵시' 를 뜻하는 헬라어 '아포칼립시스(ὁποκάλυψις) 는 '덮개를 벗기다' , '감추인 것을 드러내 보이다' , '비밀을 폭로하다' 는 뜻을 지닌 명사형으로, 하나님께서 감춰진 뜻을 성령을 통해 알려주시는 것을 말한다. 따라서 이 말은 '계시' (啓示)라고도 번역될 수 있다.

하지만 '계시' 란 말이 넓은 의미로 피조 세계에 대한 하나님의 모든 구속사적인 뜻을 나타내 보이는 것이라면, '묵시' 란 그 가운데서도 특별히 세계 끝날의 일, 곧 종말적인 문제를 집중 거론하고 나타내 보이는 것을 가리킨다. 즉, 묵시는 계시의 일부로서 대개 세상 종말, 특히 미래에 도래할 하나님 나라와 관련된 사건을 회화적으로 묘사한 일종의 문학적 술어다.

묵시는 꿈(왕상3:5)과는 달리 주로 깨어 있는(의식이 있는) 상태에서 선지자(대하26:5; 사21:2; 합2:2)를 통해 주어지는 경우가 많다. 그러나 예레미야 선지자 당시에는 묵시를 받지 못한 거짓 선지자(애2:9)나 그릇된 묵시를 본 선지자(애2:14)가 많았다. 이들은 자기 마음의 생각을 묵시라 하며 백성을 미혹한 것이다(렘23:16).

묵시록(默示錄, the Revelation) 사도 요한이 밧모 섬에 유배되었을 때 하나님의 계시를 받아 기록한 책인 '요한계시록'의 별칭. 일명 '묵시서', '계시서'라고도 한다.

묵시사상(默示思想, apocalypticism) 고통받는 의로운 자들에게 용기를 주고, 종말론적인 확신과 비전을 제시하는 가운데 하나님 나라의 도래가 머지않았음을 알리기 위한 경건한 목적으로 이루어진 종말론적인 견해와 운동들을 일컫는 용어. 이 사상은 일찍이 유대교에서 발전되었으며 초대 기독교에 큰 영향을 끼쳤고, 그것이 기독교 신앙에서 중요한 요소로 오늘에까지 이어져 왔다.
이 묵시사상은 반대되는 두 개의 우주적 세력인 하나님과 사탄의 존재를 믿으며 현재와 미래로 구별되는 두 개의 시대를 믿는 이원론적 우주적 종말론적 신앙으로 정의될 수 있다. 비록 현재는 사탄이 의인들을 핍박하는 악한 시대이나, 미래는 하나님이 그 세력을 꺾음으로써 의인들이 영원히 복을 받는 시대라고 본다. 이 묵시사상의 특징으로 ① 종말론적 이원론, ② 현재와 미래의 단절, ③ 염세주의적 역사관, ④ 결정론적 사고, ⑤ 윤리적 수동성 등을 들 수 있다.

문서가설(文書假說, documentary hypothesis) 모세가 오경(창세기-신명기)을 기록했다는 사실을 부정하는 자유주의적, 비판적 견해이다. 즉, 모세 생존 이후 최고 900년에 이르기까지 몇 세기 동안 구전으로 내려온 것들 중에 여러 익명의 저자들이 다섯 권의 책들을 편집했다고 주장한다.
이런 견해의 지지자들 중에 가장 영향력 있는 사람이 율리우스 벨하우젠(Julius Wellhausen, 1844-1918년)이었다. 그는 정교한 교리(유일신 하나님, 십계명, 성막 등)를 다루었던 구약성경의 일부를 살아계신 하나님에 의해 계시된 진리가 아니

묵시문학
(Apocalyptic Literature)

'묵시문학'(默示文學)이란 성경(정경), 외경(外經), 위경(僞經) 등에 들어 있는 유대 종교문학의 한 유형. B.C.2-A.D.100년경 종교적 박해와 전란(戰亂)의 피해 등 민족적 수난 중에 기록되었고, 그 내용은 악이 관영하는 이 세상과 다가오는 세계의 구별로서, 세상의 종말, 최후의 심판, 메시아의 도래, 성도의 구원, 하나님 나라의 최후 승리 등이다.
이런 내용을 자연계의 이상, 환상, 숫자, 동물 등에 의한 우의(寓意)나 천사와의 대화 등의 형식을 빌어 풍부한 상상력을 구사하면서 그려낸 것이 특징이다. 작자의 이름이 대개 가명(假名)인 것도 한 특징이다. 성경(정경)에서는 다니엘서와 요한계시록이 이에 속하고, 그외에 외경의 에녹서, 바룩서 등이 있으며 사해 사본 중에도 단편적으로 많이 나타나고 있다.

■묵시문학의 특징
① 구약의 예언자들이 하나님의 영의 감동을 받아 메시지를 선포했다면 묵시문학의 저자들은 각자가 설정한 꿈과 환상적 천국 순례 등을 통해 계시의 메시지를 산출해 냈다.

② 묵시문학의 저자들은 대부분 구약 선지자들(특히 다니엘)의 환상을 모방하여 하나님의 계시라는 미명으로 그 내용을 구성했는데, 따라서 그것은 개인적 바람이나 소원의 경건한 윤색에 불과했다.

③ 구약의 예언자들은 자신의 이름으로 직접 메시지를 선포했으나 묵시문학의 저자들은 자신의 이름은 숨긴 채 경건한 구약의 위인들(에녹, 욥, 모세 등)이나 위대한 선지자들(이사야, 예레미야 등)의 이름으로 책을 써냄으로써 내용의 권위를 높이고자 했다.

④ 구약의 선지자들은 각자 실재의 역사적 상황과 무대 위에서 메시지를 선포했으나, 묵시문학은 대부분 비역사적 내지 초역사적 관점에서 그 내용이 서술되었다.

⑤ 묵시문학은 구약의 선지자 다니엘이나 에스겔 같은 환상의 영향을 받아 거의 대부분 상징들을 많이 사용했다. 이렇게 함으로써 계시 내용을 적대자들로부터 숨기고, 또한 신비화하기를 원했던 것이다. 참고로, 묵시문학의 저자들이 주로 사용한 상징들은 구름, 나팔, 말(馬), 각종 짐승들과 색깔들, 그리고 각종 숫자들이다.

라 다신교(polytheism), 정령설(animism), 조상숭배 등 낮은 상태의 사고 수준으로부터 발전된 것이라고 주장한다. 따라서 모세 이후의 저자들을 찾거나 가상의 견해를 조성할 필요가 있었다.

주요 주장 중에 하나는 '모세 시절에 아마도 이 성경 구절들은 아직 창작되지 않았다'는 것이었다. 따라서 문서가설은 창세기의 창조, 타락, 홍수 이야기뿐 아니라 이스라엘 족장들 전체의 역사적 사실성을 침해하고 있다. 그것은 구약성경 전체가 하나의 거대한 문학적 조작을 전제로 하고, 모세의 온전함뿐 아니라 하나님의 신실하심을 의심케 한다. → '모세오경의 문서설'을 보라.

문학비평(文學批評, **literary criticism**) 성경비평학의 한 분야로서, 성경의 문학적인 특징을 비평하는 작업을 말한다. 즉, 성경 본문을 분석해 그 구문과 구조를 밝혀내며 본문에 사용된 기초 자료를 추정하고, 그 본문의 통일성과 문체를 결정짓는 비평 방법이다. 문학비평은 고등비평의 한 분야인 역사비평과 연계되며, 문학적 이슈가 부각되면 될수록 양식비평에 가까워지게 된다. → '고등비평'을 보라.

문화신학(文化神學, **theology of culture**) 기독교 정신에 비추어 문화를 분석하고 비판하는 실천신학의 한 분야. 독일 출신 신학자이자 루터교 목사인 틸리히(Paul Tillich, 1886-1965년)에 의해 만들어지고 사용된 용어이다. 그에게 있어서 문화란 한 시대 한 공간에 주어진 인간 정신의 표현들(언어, 예술, 과학, 철학, 기술 등)을 총칭하는 것으로 보았으며, 그런 맥락에서 종교란 '의미를 부여하는 문화의 실체'이고, 문화는 '종교의 형식'이라고 여겼다.

물활론(物活論, **hylozoism**) 모든 물질은 그 자체 속에 생명(활력, 혼 또는 마음)을 갖고 있어서 생동한다고 하는 철학상의 학설. 범심론(汎心論)의 한 형태로서 일명 '질료생명론(質料生命論)', '만물유생론'(萬物有生論), '원소생활론'(原素生活論)이라고도 한다. 물, 무한자, 공기, 불을 하나의 살아 있는 원물질(아르케)로 보고 여기에서 만유의 생성, 모든 운동과 변화가 유래한다고 생각했다. 이 생각이 물활론의 원형을 이룬다.

물활론은 헬라철학을 확립한 탈레스(*Thales*, B.C.624?-547년), 아낙시메네스, 헤라클레이토스 등 이오니아학파인 자연학자들에 의해 설명되고, 스토아 철학자들에게 계승된다. G. 브루노 등 르네상스기 이탈리아의 자연학자들과, 20세기 초에 E.H. 헤켈 등이 물활론자였다.

특히, 탈레스는 자석이 쇠를 끌어당기는 것은 영혼을 갖고 있기 때문이라고 했고, 물은 만유에게 생명과 활력을 주기 때문에 신적이며 그렇기 때문에 '만물은 신들로 가득 차 있다'고 주장했다.

미국개역표준판성경(美國改譯標準版聖經, **RSV**) Revised Standard Version (of the Bible). → '영역본'을 보라.

미국표준신판성경(美國標準新版聖經, **NASV**) New American Standard Version (of the Bible). → '영역본'을 보라.

미드라쉬(**Midrash**) 고대 팔레스타인의 랍비학교에서 기원된 성경주석에 붙여진 명칭. '찾다, 조사하다'는 뜻의 히브리어 '드라쉬'에서 유래한 말로, 성경해석방법 및 그 내용을 담고 있다. 미드라쉬의 목적은 성경 본문의 의미를 밝혀 거기에 내포된 의미를 간파하고 그로부터 새로운 율법과 원리를 이끌어내며, 그와 관련시켜 권위있는 종교적 윤리적 교리를 세우는 것에 있다.

미드라쉬에는 성경의 율법 부분을 다룬 '할라카'와 비율법적 부분을 다룬 '학가다'가 있다. 이런 자료들은 수많은 개작과 확대를 거쳐 독립된 수집본들로 정리되었다. 유대인의 전승에 의하면 미드라쉬는 에스라에게서 시작되었다고 한다. 현존하는 최고(最古)의 미드라쉬 문헌은 A.D.2세기의 것이다. → '할라카', '학가다'를 보라.

미쉬나(**Mishnah**) 구전(口傳)된 유대인들의 율법을 문서화한 것을 일컫는 용어. 마가복음 7:3-15의 '(장로들의) 전통'은 미쉬나를 가리킨다. 족장 랍비 유다(A.D.135년 출생)에 의해서 편집된 구전 율법의 수집본으로서 6부로 구분되어 있으며, 각 부는 63개의 논문 또는 소책자로 정리되어 있다. 이 책에는 편집될 당시까지 팔레스타인의 학교에서 가르친 유대인들의 종교, 율법의 모든 전통과 체계가 담겨 있어 탈무드의 핵심적인 기초가 되었다. → '탈무드'를 보라.

민중신학(民衆神學, **Minjung theology**) 한국 개신교 고유의 신학으로, 일종의 실천신학이자 진보신학이다. 특히, 민중신학은 민중을 역사의 주체로 보는 신학운동이다. 민중신학에서는 출애굽기의 출애굽 설화를 성경적 근거로 하며, 민중을 역사의 주체와 사회의 실체로 해석하며, 마가복음서를 예수가 갈릴리에서 민중운동을 한 내용을 담은 경전으로 해석한다. 또 민중신학에서는 예수의 공생애를 본받아, 교회가 민중과 함께 해야 함을 주장한다. 그리고 민중이 주도하고 주인이 되는 공동체가 참 교회이고, 민중에 의해 실현되는 해방의 실체가 곧 하나님 나라이며, 지배자와 가진 자의 구원도 이 민중을 통해 달성된다고 믿었다. 결국 민중신학은 민중의 역사적 경험, 즉 정치적 억압, 사회 경제적 불의, 문화적 압박과 소외 등이 주요한 신학적 소재가 된다.

민중신학은 1970년대 중반 이후 성경신학자 안병무, 조직신학자 서남동, 현영학, 서광선, 통일일꾼 문익환 등을 중심으로 국내의 군사독재 정권하에서의 인권운동과 맞물려 형성되고 발전되었다. '민중신학'이란 용어는 1979년 한국에서 열린 CCA신학협의회에서 처음 사용되었고 그 후 라틴 아메리카의 상황신학인 해방신학과 마찬가지로 한국적 상황신학으로 국제적으로 인정받게 되었다. 그 후 민중신학은 특히 제3세계의 신학계에 신선한 충격으로 받아들여졌다.

민중신학은 소위 '정통신학'과는 대척점을 이루는 신학으로서, 정통신학에는 이미 박제되고 죽어버린 '말씀'만이 있을 뿐이라고 공박하고 그 '말씀'이 다름 아닌 지배자의 눈으로 본 신학임을 지적한다. 나아가 한국의 고난 현실을 낳은 여러 문제들과 이에 대한 민중의 저항을 '민중사건'으로 신학화한다(사건의 신학). 또 그들 자신은 민중을 이끄는 무엇이 아니라 계속되는 기층민중들의 고난을 '민중사건'으로 증언하고 민중의 고난으로 구원받는 존재임을 고백한다(증언의 신학). 그들에 따르면 민중의 고난의 역사와 함께하는 것, 그것이 살아 숨쉬는 성경의 메시야이며, 구원에 이르는 길이다. 예수 자신이 민중이었고 그러한 구원의 길을 실천한 메시야였기 때문이다. 민중은 고난당하고 죽임당하는 예수의 모습 속에서 자신의 모습을 발견하고 예수와의 연속성을 확인했으며, 수난당하는 자신들이 세상에 대해 메시야의 역할을 수행하고 있다는 놀라운 자각을 하게 되었다.

바울서신(- 書信, **Pauline epistles, Paul's letters**) 신약성경 중 바울에 의해 쓰여진 편지들을 총칭하는 말. 학자들 사이에 이견이 있기는 하지만(히브리서를 바울이 기록한 것이라 보기도 함) 대개 로마서에서 빌레몬서까지의 13통의 편지를 가리킨다. 이중에 '로마서, 고린도전·후서, 갈라디아서'는 〈4대 서신〉으로 불리며, '에베소서, 빌립보서, 골로새서, 빌레몬서'는 〈옥중서신〉, '디모데전·후서, 디도서'는 〈목회서신〉으로 구분된다. 그리고 9편의 편지가 교회들에 보내진 편지(로마서, 고린도·후서, 갈라디아서, 에베소서, 빌립보서, 골로새서, 데살로니가전·후서)이며, 4편의 편지가 개인들에 보내진 편지(디모데전·후서, 디도서, 빌레몬서)이다.

연대순으로 나열하면, 대략 ① 갈라디아서 ② 데살로니가전서 ③ 데살로니가후서 ④ 고린도전서 ⑤ 고린도후서 ⑥ 로마서 ⑦ 골로새서 ⑧ 빌레몬서 ⑨ 에베소서 ⑩ 빌립보서 ⑪ 디모데전서 ⑫ 디도서 ⑬ 디모데후서 순이다.

바울서신은 두 가지 목적으로 기록되었다고 본다. ① 교회지도자로서 목회적 목적으로 기록하였다. 즉, 바울은 교회에 전한 진리를 다시 설명하고 가르쳐 그릇된 가르침으로부터 성도를 보호하고, 교회의 건강성을 유지토록 하기 위해 기록했다. ② 변증적 목적이었다. 교회 내·외부에서 복음의 내용을 변질시키고 사도로 부름받은 바울을 비방하는 세력들에 대해 변증하기 위해 기록했다.

반율법주의(反律法主義, **antinomianism**) 일명 '무율법주의.' 구원받은 성도는 하나님의 은총에 의해 어떤 도덕적 율법에서도 자유롭다는 신학적 입장을 말한다. 초대교회 당시 니골라당과 같은 영지주의자들이 대표적인 반율법주의자들이었다(계2:2,15). 그리고 사도 바울에게 그 적대자들이 바울을 '반율법주의자'라고 비방하였다(롬3:8). → '무율법주의'를 보라.

반펠라기우스주의(半 - 主義, **semi-Pela-**

gianism) 4-5세기에 유행했던 신학 사조. 일명 '마실리우스 파', '몰리나주의.' 당시 첨예하게 대립했던 두 신학자 어거스틴과 펠라기우스 사이의 중도 입장을 취하고 있는데, '인간의 영혼 구원에는 하나님의 은총이 절대 필요하다는 사실을 부인하지 않지만, 그것을 받아들일 것인지는 첫째로 인간의 자유의지에 달렸으며, 하나님의 은총은 부수적인 것'이라고 주장하였다. 이는 어거스틴의 은총교리('영혼을 구원하는 데는 원죄가 있는 인간에게는 하나님의 은총이 선행적으로 절대 필요하다'는 견해)와 인간 본성의 선함과 인간의 자유의지를 강조한('영혼의 구원을 위해서는 인간의 노력만으로도 충분하다'는 견해) 수도사 펠라기우스(354?-418?년)의 양극단에 대한 중용으로 나타난 것이다.

420년경 마르세이유의 수도사 카시아누스가 대표적인 반펠라기우스주의 신학자였고 남부 갈리아지방의 수도원들도 이를 적극 지지했다. 6세기 초 반펠라기우스주의 저작 「De Gratia」(Faustus of Riez)에 대한 논쟁이 로마와 콘스탄티노플에서 벌어졌고 결국 529년 이른바 제2차 오랑주 공의회에서 반펠라기우스주의가 정죄받음으로써 가톨릭교회는 어거스틴의 은총교리를 정통신학으로 확립하였다. 그럼에도 반펠라기우스주의는 중세의 금욕적 율법 편중적 신앙태도와 융화되어 로마 가톨릭교회 내에서 오래도록 존속되고 있다.

발생(發生, generation) 영원하신 성자(聖子, Logos)와 성부(聖父)의 관계를 묘사하기 위해, 그리고 '독생하신'(only begotten)의 의미를 설명하기 위해 전통적으로 사용되어온 신학 용어. 즉, 성부는 다른 원천을 가지고 있지 않고, 성자는 성부의 실체로부터, 오로지 성부로부터 나오시는데 이것을 '발생'이라 한다(시2:6-7; 요1:14,18; 히1:5-6,8). 이 '발생'은 성자 예수가 성부 하나님과의 관계에서 특별하게 나신 분임을 나타낸다. 즉 성자는 만들어졌거나 창조된 것이 아니라 성부에게서 나오신 것이다. 이처럼 성부의 고유성은 성자를 낳으심에 있고, 성자의 고유성은 성부로부터 나심에 있다. → '독생자'를 보라.

발출(發出, procession, spiration) '~로부터 나오다'는 뜻으로, 그 존재의 기원을 나타내는 신학적 용어. 특히, 하나의 하나님 안에서 세 위격의 현존을 파악하는 도구로 사용된 용어이다. 주로, 성령께서 '성자 그리고 성부로부터의 영'이심을 나타낼 때 사용되며, 하나님의 내적 신비를 규명하는 데 기여한 표현이다.

이외에도 하나님으로부터 비롯된 의지적 정신적 산출 행위를 '발출'로 묘사하기도 한다. 특히, 중세 가톨릭교회의 대표적 철학자인 토마스 아퀴나스(Thomas Aquinas, 1224?-1274년)는 하나님 안에서 말씀(知性)과 사랑(愛志)의 두 발출 이외에 다른 발출은 가능하지 않다고 보았다. 그리고 이 때의 발출을 '출생'(出生, 출산자는 자신과 유사한 것을 출산한다는 측면에서)이라고 규정했다. → '성령의 발출'을 보라.

배타주의(排他主義, exclusivism) 일명 '제한주의'(restrictivism). 오직 성경 중심, 오직 그리스도 중심, 오직 하나님 중심으로 '천하에 구원을 얻는 길은 예수밖에 없다'(행4:12)는 개혁신학의 입장이다. 종교다원주의자들은 개혁주의 신학을 배타주의라 칭하며 신학과 구원에 있어서 독선(獨善) 혹은 광신(狂信)적이라 비아냥거린다. 그러나 사실은 개혁주의는 '성경 절대주의' 혹은 '그리스도 유일주의'라고 하는 것이 옳다.

백보좌 심판(白寶座 審判, a white throne judgment) 세상 마지막 날 현존하는 질서가 완전히 무너지는 때에(벧후3:10) 하나님께서 우주 어느 곳에 크고 흰 보좌(심판대)를 두시고 그곳에 앉으시어(계20:11) 온 인류를 심판하실 것이다. 이것이 백보좌(흰 보좌) 심판이다.

그 보좌 앞에 모든 죽은 자들이 부활하여 서게 되는데, 그때에 보좌 앞에는 책들이 펴지고 그 책들 속에는 모든 죽은 자들의 행실이 낱낱이 기록되어 있어 결코 속일 수 없게 될 것이다. 그리고 또 한 책 즉 생명책이 펴져 있을 것인데 하나님은 의로우신 분으로서 인생들이 의롭지 못한 행실을 낱낱이 지적하신 후, 생명책을 펼쳐놓고 그들의 이름이 생명책에 없음을 확인시켜 주실 것이다. 이 예수 그리스도의 생명책에 이름이 없는 사람은 아무 변명도 하지 못하고 불못으로 낙엽처럼 떨어지게 되는데 이것이 둘째 사망 곧 영원한 사망이다(계20:14; 막9:48-49). → '최후 심판'을 보라.

버림받음(reprobation) 배척받고 거부된 것(렘6:30; 7:29). '(시련에 견디지 못하여) 자격이 박탈되거나 실격되거나 도덕적으로 더럽거나 어떠한 선한 공적에도 부적당한 것'(롬1:28; 고후13:5-7; 딤후3:8; 딛1:6; 히6:8)을 가리킨다. 일명 '유기(遺棄)'. 특히, 신학적으로 하나님의 뜻에 복종할 것을 완고하게 거부하는 인간의 비뚤어진 마음의 결과로 주어진 '영벌(永罰)'로서 하나님으로부터 거절되고 버림받은 것을 가리킨다(고전9:27). → '유기'를 보라.

범신론(汎神論, pantheism) 헬라어 '판'(전, 全)과 '데오스'(신, 神)가 결합된 말로서, 우주를 신과 동일시하는 종교적 신앙 혹은 철학적 견해이다. 영국의 이신론자(理神論者)인 존 토랜드(J. Toland, 1670-1722년)가 처음 사용한 용어로, 그는 '신은 우주의 마음이며 혹은 혼이다'고 정의했다. 이는 신과 우주의 질적 대립을 인정하지 않는다는 점에서 유신론과 다르다. 대표적인 학자는 네덜란드의 철학자 스피노자(Baruch Spinoza, 1632-1677년)이다.

한편, 성경의 하나님은 피조물과 동일시 되어서는 안 된다. 하나님은 온 우주와 만물의 창조자이시고 심판자로서(절대 유일신으로서) 그들을 초월해 계신다(롬1:18-23; 11:36). → '유신론'을 보라.

범심론(汎心論, panpsychism) 물환론(物活論)처럼 모든 물질이 살아 있다고(생명을 소유하고 있다고) 주장할 뿐만 아니라 더 나아가 우주만물에는 인간의 마음과 유사한 심적인 성질이 깃들어 있다고 보는 철학상의 학설. 범심론에 의하면 어떤 물질도 영혼이 없이 실재할 수 없고, 어떤 영혼도 물질이 없이 실재하거나 작용할 수 없다고 본다. 결국, 넓은 의미로 유기적 생명론적 자연관을 갖는 모든 철학이 포함된다. 브루노, 헤르더, 괴테의 철학이 그 대표적인 예다. → '물활론'을 보라.

베드로 위임설(- 委任說, Peterine theory) 로마 가톨릭에서 교황의 수위권을 주장할 때 그 근거로 삼는 교리. 마태복음 16:18의 '너는 베드로라 내가 이 반석 위에 내 교회를 세우리니'라는 구절에 근거를 두고 있다. 그러나 기독교에서는 이 교리를 인정치 않는다. 즉, 예수께서 하신 그 말씀은 예수께서 베드로 개인에게 허락하신 권위가 아니라 베드로의 신앙고백(마16:16)에 근거해 교회를 세울 것을 밝힌 말씀으로 해석한다.

벨기에 신앙고백(- 信仰告白, Belgic confession) 1561년에 채택된 신앙고백. 프랑스 프로테스탄트 교회의 신앙고백인 '갈리아 신앙고백'(1559년)을 기초로 하여 작성되었고, 네덜란드 정

용어상식

벌게잇역
(Vulgate)

70인역(LXX)과 구약성경의 사본을 기초로 하여 번역 작업된 라틴어성경. 이는 교부 제롬(Jerome, 342?-407년) 곧 라틴명으로 유세비우스 히에로니무스(Eusebius Hieronymus)에 의해 베들레헴 동굴 등지에서 약 20여년간(383-405년)의 노력 끝에 완성된 성경이다. 그는 처음(383년)에 교황 다마수스의 명령을 좇아 70인역과 고 라틴역(Old Latin Version)을 기초로 하여 신약성경과 시편을 라틴어로 번역하였으며, 385년 교황이 죽고 안디옥, 이집트, 팔레스타인 등지를 방문한 후 386년 베들레헴에 정착하여 한 수도원을 관할하면서, 성경번역과 저술 작업을 계속하여 405년에 마침내 라틴어성경 번역을 완성할 수 있었다. 제롬은 번역과정에서 구약원문인 히브리성경에서 직접 번역할 필요성을 느끼고 베들레헴의 한 유대인 학자에게서 히브리어를 공부하기도 했다.

라틴 벌게잇은 처음에 상당히 반대가 많았으며(당시 헬라어역인 70인역을 신성시하는 풍조가 있었음), 심지어 어거스틴도 제롬에게 헬라어성경을 따르라고 권고할 정도였다. 그러나 제롬 사후 7세기부터 그 가치가 인정되어 로마 가톨릭교회의 공인성경으로 채택되었고, '벌게잇'(Vulgate, '통속'이란 뜻)이라 불리게 되었다(라틴어로는 「불가타」(Vulgata)로 읽는다).

한 가지 유감스러운 것은, 제롬 자신은 가경을 정경처럼 신적 권위를 인정하지는 않았다고 하더라도 토빗(Tobit), 유딧(Judith) 등 외경을 벌게잇 번역에 포함시켰기 때문에 후대에 혼란을 일으키게 되었으며, 오늘날에도 로마 가톨릭에서는 7권의 외경을 그들의 성경(정경)에 포함시키는 오류를 낳게하였다.

부를 설득하기 위해 재침례파를 비판하는 내용으로 꾸며져 있다. 이 고백은 '앤드워프 교회회의'(1566년)에서 채택되었고, '도르트 교회회의'(1619년)에서 다시 채택되었는데, 이는 네덜란드가 칼빈주의 신앙원리를 수용한 마지막 시도였다. → [5. 교파 및 역사 용어] '벨직 신앙고백'을 보라.

변증학(辯證學, apologetics) 헬라어 '아폴로기아'에서 유래한 말로서, 그 의미는 '방어' 혹은 '변호한다' 는 뜻이다. 따라서 '변증학' 이란, 기독교인들이 교회 밖의 사람들(비기독교인, 타종교, 불신자, 세상)에게 받는 신앙(신학, 교리)적 공격에 대해 자신을 방어하고 변호하는 학문을 말한다. 즉, 기독교 변증학은 베드로전서 3:15-16에 기록된 명령 곧 성도로 하여금 '소망에 관한 이유를 묻는 자에게 대답할 것을 항상 준비하도록' 그 방법을 가르치는 학문이라 할 수 있다.

변증학이 신학의 한 분야로서 독자적인 학문체계를 이룬 것은 18세기 후반경이다. 물론, 초대교회 때부터 변증의 흔적을 찾아볼 수 있다. 즉, 신약성경에서 유대율법주의나 이교도, 세상 권세들에 대한 변증 활동을 찾아볼 수 있다(행24:10; 25:8). 또한 초대교부 시대에 아리스티데스, 유스티누스, 타티아누스 등은 기독교가 반국가적이고 부도덕하다는 비난을 받자 이에 대해 변증서를 제출함으로써 기독교 신앙과 생활에 대한 오해를 바로 잡았다. 중세에 이슬람교의 도전이 있자 토마스 아퀴나스는 기독교 신앙을 성공적으로 변호했고(특히 그의 〈신학대전〉에서 절정을 이룸), 그의 변증은 이후 수세기 동안 기독교를 변호하는 가장 강력한 무기가 되었다. 그러던 것이 18세기에 이신론자들과 자연주의자들의 공격이 시작되고, 이에 J. 버틀러(Bishop Butler, 영국 성공회 감독)와 파스칼 등이 기독교 신앙과 교리를 옹호했다. 이 시대 이후 기독교 신앙과 교리는 끊임없는 공격을 받았다.

한편, 19세기 이후에는 자유주의 신학의 공격과 보수주의 신학의 방어라는 기독교 내의 신앙 변증이라는 독특한 양상으로 변증학이 발전하였다. 결국, 현대적인 의미의 변증학은 기독교 외부로부터의 공격에 답변하는 것만이 아니라 내부적인 오해와 잘못된 해석에 대해서 설명하고 교정하는 역할도 하는 학문으로 자리잡게 되었다. 그런 점에서 변증학과 교의학은 서로 밀접한 관련이 있는 학문

영역이다. 20세기에 전통적 신조를 고수한 보수적 변증학자로는 메이첸(John Gresham Machen), 반틸(Cornelius Van Til), 카이퍼(Abraham Kuyper), 바빙크(Herman Bavinck) 등이 있다.

변증학은, 기독교 신앙이 참 진리라는 사실을 변호하거나 그 증거를 제시할 수 있도록 지성적 훈련이 요구되는 학문 분야이다. 한편, 변증학의 역할은 ① 기독교인들의 신앙을 지지해 준다. 즉, 기독교 신앙이 논리적으로 일관성이 없다고 비판하고 배척하는 이론들을 반박하는 것이다. 이를 '부정적(negative) 혹은 방어적(defensive) 변증학' 이라 한다. ② 복음전파를 도와준다. 기독교 신앙에 대한 긍정적인 논리들을 제시하고 창조주 하나님과 그리스도에 대한 논리적 설명과 온전한 복음을 제시한다. 이를 '적극적(positive) 혹은 공격적(offensive) 변증학' 이라 한다. ③ 복음에 대한 각종 공격을 논리적으로 해체한 다음, 성경적인 대안을 제시함으로써 기독교의 진리를 효과적으로 방어하고 파수한다.

보수주의(保守主義, conservatism) 진보주의 또는 자유주의에 대립되는 개념. 원래 정치학 용어로서, 전통, 역사, 관습, 사회조직 등을 중요시하며 현상 유지를 근본 원칙으로 하는 사상 태도를 말할 뿐, 정확하게 어떤 사상 내용을 함축하고 있다고 규정할 수는 없다. 따라서 보수주의는 자신의 경향성 속에 내재한 여러 사상적 특수성을 안고 있다고 보아야 한다.

신학에 있어서 '보수주의' 라 할 때에도 여러 보수적 성향을 기초로 하는 신학사상을 가리킨다. 즉, 복음주의(福音主義), 근본주의(根本主義), 개혁주의(改革主義, 혹은 칼빈주의)를 모두 포함하는 보수주의라 할 수 있다. 보수신학 혹은 보수주의 신학이란, 한국교회에서 애용하는 표현이지만 그것이 지닌 포괄성 때문에 간단하게 정의 내릴 수 없다. 그럼에도 사전적 정의를 내린다면, 보수신학은 역사적 기독교의 본질적인 신앙과 교리를 옹호하며 지키는 신학이라 하겠다.

한편, '보수주의' 라는 말은 아시아 여러 나라에서는 '근본주의'(fundamentalism)라고 하며, 영국 등 유럽에서는 '복음주의'(evangelicalism)라는 말로 통용된다. 한국에서는 이런 표현들보다 '보수주의' 라는 말을 더 선호한다. 그런데 문제는

그 '보수주의' 라는 말 속에 담긴 내용이 매우 다양하고(근본주의인지, 복음주의인지, 개혁주의인지) 혼란스럽다는 점이다. 대부분의 경우 이를 명확히 하지 않은 채 마구 사용하고 있다. 더욱이 한국 보수주의 성향의 교회들에는 경건주의와 신비주의, 세대주의 등 제요소들을 함께 지니고 있어서 혼란을 가중시킨다.

그러나 한국교회 특히 장로교회가 의미하는 보수주의 신학은 엄격하게 말해서 '개혁주의'(혹은 '칼빈주의')라 부르는 것이 타당하다. 왜냐하면, 한국에 처음 복음을 전한 초대 미국 선교사들이 한결같이 개혁주의 신앙과 신학을 전해주었고, 한국교회는 그러한 토양 위에 지금껏 부흥 성장해 왔기 때문이다.

오늘날 일반적으로 '보수적 신학'으로 불려지는 것 중에는 지나친 '교조주의'(教條主義)적 경향을 띠거나, 성경해석에 있어서 극단적인 문자적 해석법을 취하고, 교회의 전통과 관습, 심지어 권위주의적 입장을 중요시하는 경향이 있다. 그리하여 개혁의 의지를 상실한 채 신학과 교회의 고정화(固定化)의 결과로 빚어진 독선적 정통주의가 되어가고 있다. 물론, 신학은 어떤 의미에서 근본적으로 보수적인 성향을 띨 수밖에 없지만 그렇더라도, 하나님과 성경의 절대 사수가 아닌 교권(教權)의 사수나 집단이기주의를 뜻하는 보수주의는 반드시 개선되어야 한다.

보편구원론(普遍救援論, **universalism**) → 만인구원론'을 보라.

보편적(普遍的, **catholic**) '보편적'이라는 뜻의 영어 catholic은 헬라어 '카돌리코스'의 음역으로 '전체를 통하여', '일반의', '우주적', '보편적', '공동적'이라는 뜻을 지닌다. 이 낱말은 교회역사에서 여러 의미로 사용되어 왔다.

① 초기 교부 시대에는 '세계적'이라는 의미를 지녔다. 처음 이 말이 기독교에서 사용될 때는 '예수 그리스도께서 임재하는 곳에는 어디든지 〈공동의 교회〉이다'는 뜻을 지녔다. 즉, 〈전세계의 보편적인〉 위임통치로서의 교회를 말한다. 또, 순교자 저스틴의 '보편적' 부활에 대한 설명에 따르면, 그것은 모든 사람의 부활을 가리킨다. 이 낱말은 니케아 신조에서 '하나의 거룩한 공동의 사도적 교회'로 나타나며, 사도신조에서도 '거룩한 공동의 교회'로 나타나고 있다(450년). 신약의 '공동서신'이라는 말 속에도 그 서신들이 단지 지방의 특정한 무리 앞으로만이 아니라 전교회를 위하여 쓰여진 것임을 나타낸다.

② 2세기 후반 이단의 위협이 맹렬할 때 '가톨릭'이라는 말은 '정통적'이라는 의미와 동의어로 쓰였다. 므라토리 단편(170년)에는 어떤 문서에 대해 언급하면서 '정통적인(가톨릭) 교회에서는 받아들일 수 없다. 왜냐하면 담즙은 꿀과 섞일 수 없기 때문이다'고 기록하고 있다. 또 레란의 켄티우스는 그의 금언 가운데 '모든 시대에 어디서든지 모든 사람이 믿었던 일은 진리였다고 생각하지 않으면 안 된다'고 하여 보편성과 정통성의 개념을 결부시켰다.

③ 종교개혁 시대에 이 낱말은 교황정치를 고수하려는 교회의 표지가 되었고, 그렇게 함으로써 가톨릭이라 칭하는 자신들과 프로테스탄트들과 대비시켰다. 특히, '로마 가톨릭'이라 부르게 된 것은 로마와 영국 국교회와의 논쟁과 관련해서였다. 영국 국교회는 '가톨릭'이란 용어를 자기들과 고대 사도의 교회와 연결하여 사용하는 권리를 강조했었다. 이에 대해 로마는 조직상의 연속성으로 말하면서 자기들만이 참된 교회라고 주장했다. 교회는 로마 교권주의의 정치에 굴복하지 않고서는 '가톨릭'의 이름에 합당하게 인정될 수 없다는 것이 로마편의 강한 주장이었다. 이 전통은 오늘에까지 이르고 있다. → '가톨릭', '공교회'를 보라.

보편적 교회(普遍的教會, **Catholic Church, Universal Church**) → '공교회'를 보라.

보혜사(保惠師, **Counselor**) 보살피며 은혜를 베푸시는 분. 즉, 신자들을 강하게 하고 그들을 진리 가운데로 인도하는 하나님의 영 곧 성령을 가리키기 위해 사용된 이름. '위로자'(Comforter), '중보자'(Mediator), '탄원자'(Supplicator), '돕는 자'(Helper), '상담자'(Counselor)란 의미로 사용되며, 이는 주로 '성령 하나님'(요14:16,26; 15:26; 16:7)을 가리킨다. 성경에는 '예수 그리스도'에게도 이 용어가 한 번 적용되었다(요일2:1).

■**보혜사의 사역(the work of Counselor)** - 보혜사는 ① 우리와 영원히 함께하시며(요14:16),

② 가르치시고 주의 말씀을 생각나게 하신다(요14:26). ③ 그리스도를 증거하시고(요15:26), ④ 죄와 의와 심판에 대해 세상을 책망하시며(요16:7-8), ⑤ 우리를 진리로 인도하시고(요16:13), ⑥ 그리스도를 영화롭게 하시며(요16:14-15), ⑦ 우리의 기도를 도우신다(롬8:26). ⑧ 그리고 우리의 대언자가 되어 주신다(요일2:1). → '성령'을 보라.

복음서(福音書, Gospels) 신약성경 앞부분을 이루는 마태, 마가, 누가, 요한복음을 가리키는 말. '사복음서'(四福音書)라고도 한다. 이중에 마태, 마가, 누가복음'은 비슷한 관점에서 기록했다고 하여 〈공관복음서〉로 불린다. 복음서의 주된 내용은 예수 그리스도의 교훈(말씀)과 그 행적이며, 그 핵심은 그리스도의 십자가에서의 죽으심과 부활이다. 복음서가 추구하는 바는, 세상의 모든 인생들에게 하나님이시요 인간으로 오신 구주 예수를 믿게 하고 그로 인해 하나님이 예비하신 복과 은혜를 누리게 함이다.

복음서 기자들은 각각의 고유한 시각으로 기록했는데, 이러한 고유함은 불일치와 모순을 의미하는 것이 아니라 그리스도의 공생애와 메시지를 다각도로 조망하게 함으로써 그분이 이루신 구속의 역사를 더욱 풍성하고 은혜롭게 전달해 주는 역할을 한다. 각각의 특성을 보면, ① 마태는 예수를 오실 왕(메시야)으로(수신자는 유대인), ② 마가는 섬기는 자(종)로(수신자는 로마 전역의 사람들), ③ 누가는 참 사람으로 성육신하신 분으로(수신자는 헬라 지역 사람들), ④ 요한은 영원 전부터 성부와 함께하신 근본 하나님으로(수신자는 온 세상 사람들) 묘사하고 있다. 각 책의 문체를 보면, 마태복음은 설교체로, 마가복음은 전기(傳記)체로, 누가복음은 역사서술로, 요한복음은 교리적 형태로 기술되어 있다. →[1. 교회 일상 용어] '복음'을 보라.

복음주의
(evangelism, evangelicalism)

복음주의(福音主義)의 기본 신앙은 하나님께서 인간을 위해 속죄를 준비해 주셨다는 좋은 소식 또는 기쁜 소식을 믿는 데 있다. 그것은 죄로부터 구원이 하나님의 은혜로 말미암아 얻어지는 것으로서 선한 행실에 의해 얻어진다든가 인간 편에 있는 공적(功績)을 위하여 부여해 준다는 것이 아님을 증언하고 있다.

복음주의는 ①삼위일체, ②그리스도의 신성(神性)과 인성(人性) 및 ③성령의 인격성, ④성경의 완전영감(축자영감설), ⑤ 주님께서 백성의 죄를 구속하기 위해 이루어주신 구속사역 즉 죄인을 대신하여 고난과 죽으심, 무덤에서 부활, 승천하심 그리고 인자의 모습으로 영광 중에 재림하심, 전인류의 부활과 심판, 천국과 지옥 등 기독교의 기본 교리 전반을 채택한다.

복음주의와 다른 사상 사이에 가장 중대한 논쟁점은 '성경의 권위 문제'이다. 복음주의는 성경은 기록된 하나님의 말씀이며 그렇기 때문에 오류가 없음을 주장한다(이에 따라 예전보다는 설교에 중점을 두는 경향을 띰). 이와 같은 교리가 승인되는 경우에 다른 복음주 신앙의 제반 교리들은 당연한 결과로 그 뒤를 따른다.

■복음주의란…

오늘날 '복음주의'라는 용어는 다양한 의미로 읽히고 있다. ①유럽에서는 로마 가톨릭에 대한 프로테스탄트적 신앙을 의미한다. 즉 전통과 의식을 중시하는 가톨릭에 대해 성경적 복음의 신리들 주상한다는 점에서 복음주의라 한다. ②자유주의 신학에 대한 보수주의적 입장을 말한다. 물론, 성경의 무오성(無誤性)에 대한 교리적 보수성 여부에 따라 유럽과 미국의 복음주의에 차이가 있다. 유럽에서는 바르트와 라트까지도 복음주의자로 보나 네덜란드와 미국에서는 그들을 자유주의자로 여긴다. ③이론적 신학 연구보다 성경 중심의 생활과 체험을 강조하는 입장을 말한다. 이런 측면에서 복음주의는 경건주의 운동과 맥을 같이한다. ④영어권 나라에서는 침체된 교회와 교인들에게 영적 부흥을 일으키는 복음적 정신을 가리킨다. 웨슬리, 에드워즈, 무디 등의 부흥운동이 이런 류에 속한다. ⑤ 독일과 스위스 등지에서는 칼빈 파에 대한 루터 파 교회의 명칭으로 쓰인다. 그외에 ⑥ 웨슬리의 메소디스트운동을 가리키거나, 영국국교회에서 그리스도의 속죄적 죽음에 대한 신앙에 입각해 개인의 회심과 구원을 강조하는 학파, 극단적 성경주의 또는 성령체험을 강조하는 입장 등이 있다.

본문(本文, text) 성경이 처음 기록된 본디의 글. 즉, 구약의 히브리어 원본과 신약의 헬라어 원본을 가리킨다. 그런데 현재 성경의 원본은 존재하지 않는다. 본문 곧 성경 원문은 찾지 못해도, 그 원래의 본문이 어떤 것이었는가 하는 본문연구는 본문전승의 역사를 연구하는 작업과 필사상의 오류를 분류하고 그 오류를 수정하는 작업을 통해 계속 진행되어 오고 있다. → '성경'을 보라.

본문비평(本文批評, text criticism) 성경비평학의 한 분야로서, 성경사본을 비교함으로써 성경 원문(原文)에 필사본의 내용이 얼마나 충실히 접근했는가를 확인하는 작업을 말한다. 현재 원래의 구약 히브리어 원본이나 신약 헬라어 원본이 존재하지 않는다. 따라서 원본은 찾지 못해도 그 원래의 본문이 어떤 것이었는가 하는 본문연구는 본문전승의 역사를 연구하는 작업과 필사상의 오류를 분류하고 그 오류를 수정하는 작업을 통해 계속 진행되어 왔다.

거기에 고대 번역본들에 대한 연구 역시 본문연구에 도움을 주고 있다. 구약의 경우 서기관들의 우발적인 필사오류나 본문에 대한 부주 때문에 생겨난 잘못과, 신약의 경우 신학적 또는 교리적 이유 때문에 생겨난 잘못이 있음을 전제하고, 사본들이나 역본들을 비교·연구함으로써 원래의 본문(原本)을 확인해 내는 작업이 본문비평의 역할이라 할 수 있다. → '성경비평'을 보라.

본죄(本罪, actual sin) 일명 '자범죄'(自犯罪)라고도 하는데, 각 개인이 의식적이며 자발적으로 저지른 내적, 외적 범죄를 말한다. 본죄는 '원죄'(原罪, original sin)의 오염과 그 죄책으로 인해 파생되는 범죄라 할 수 있다.

성경에서는 본죄의 다양한 종류와 그 죄에 따른 책임을 제시하고 있다. ① 알고 지은 죄와 모르고 지은 죄 : 하나님의 법을 알고 범죄한 자는 모르고 범죄한 자보다 더 큰 벌을 받는다(롬2:12). ② 과실죄와 고범죄 : 인간이 고의로 짓는 죄는 실수로 짓는 죄보다 그 책임이 크다(민15:26-31). ③ 용서받지 못할 죄 : 모든 본죄는 회개를 통해 용서받을 수 있지만, 성령을 훼방하는 죄는 하나님이 제시하신 용서의 방법까지 무시한 것이므로 영원히 용서받지 못한다(마12:31-32). → '원죄'를 보라.

본질(本質, essence) 어떤 사물에 있어서 없어서는 안 될 핵심내용으로서, 그것을 부정하면 사물 그 자체를 부정해 버리는 것. 사물의 궁극이 무엇인가를 규정하는 것. 철학에서는 다양한 속성으로부터 구별되는 사물의 근본적이고 본질적인 부분을 가리킨다. 특히, 토마스 아퀴나스는 현존에 대하여 그 보편적인 본성을 가리킨다고 보았고, 현대 철학에서는 실존과 대립적인 개념으로서 본질을 말하고 있다.

신학적으로는 하나님의 나뉘지 않는(분할될 수 없는) 하나의 실체 또는 근원에 있는 세 개의 실재적이며 고유한 존재들 가운데서 어느 하나를 설명하는 용어로 사용되었다. 그래서 칼케돈 신조는 하나님에 대해 '세 개의 본질(hypostasis) 안에 하나의 본체'라고 정의했다. 이를 좇아 정통교리는, 한 분이신 하나님의 존재와 아버지, 아들, 성령의 세 인격으로 알려진 하나님을 고백하고 있다.

본질주의(本質主義, essentialism) 문화적 유산의 본질적 가치가 모든 사람에게 전달되어야 한다고 주장하는 20세기 미국 사회의 한 교육 사조. 본질은 실존하며, 직관적으로 알 수 있고, 구체적인 존재보다 우선한다는 철학적 학설로서, 실재론과 관념론을 포괄하고 있다. → '항존주의', '재건주의'를 보라.

본체(本體, substance) 그 사물의 실제 모습(본바탕). 철학에서는 이성에 의해서만 파악할 수 있는 현상의 바탕이 되어 있는 존재를 뜻한다. 즉, 현상이 가변적임에 반하여 근본에 있는 항존적(恒存的) 존재를 가리킨다. 성경에서는 내적이고 보이지 않는 근본을 가리키는 용어로 쓰였다(빌2:6).

부르심(calling) → [1. 교회 일상 용어] '부르심', '소명'을 보라.

부정신학(否定神學, Apophatic theology, Negative theology) 하나님은 본질적으로 인간의 이해력으로 완전히 이해할 수 없고 인간의 언어로 다 묘사하실 수 없는 초월적인 분이시기에 다만 부정적인 표현으로 서술될 수밖에 없다고 생각하는 신학사상. 중세의 신비주의자인 에크하르트(Meister Eckhart)와 동방 정교회의 사상에서 엿

볼 수 있다. 부정신학자들은 '하나님은 ~가 아니시다'로 표현하는 것은 가능하나 '하나님은 어떤 분이시다'고 규정하는 것은 불가능하다고 본다. 이는 불가지론(不可知論, agnosticism)과는 다른데, 그 이유는 하나님께서 부정적인 모습으로나마 자신의 존재와 행위를 계시했다고 믿기 때문이다.
→ '불가지론'을 보라.

부활(復活, resurrection) 죽은 자가 다시 생명을 얻어 되살아남. 특히, 기독교의 부활은 다시는 죽는 일 없이 썩지 않는 몸으로 다시 사는 것을 가리키는데, 이는 그리스도의 부활과 관련되어 있다(요6:39; 롬6:9; 고전15:12-13,42-54). 부활은 사도들의 증거와 초대교회 설교의 핵심내용이었고(행1:22; 4:2,23; 17:18), 구원을 얻는 데 있어 그리스도의 죽음과 함께 반드시 고백해야 할 신앙 내용이었다(롬10:9). 그러므로 그리스도의 죽음과 부활은 기독교의 양대 기둥이라 하겠다.

구약성경에는 부활 사상이 확실하게 나타나지 않았지만 욥(욥19:25-27), 다니엘 선지자(단12:2-3,13), 다윗(시16:9-10; 17:15; 71:2), 고라 자손(시49:15), 아삽(시73:24), 이사야(사26:1,19), 호세아(호6:2; 13:14) 등이 부활에 대한 믿음을 가지고 있었다. 이런 부활 사상은 바벨론 포로기 이후 신구약 중간기에 오면서 좀 더 분명하고 구체적인 사상으로 발전하였다. 예수님 당시 유대 종교계에는 부활을 철저하게 부인하는 사두개파와 부활을 분명하게 인정하는 바리새파가 있어 부활 사상이 극명하게 대립되어 있었다(마22:23).

한편, 죽었다가 다시 생명을 얻어 일시적인 부활(다시는 썩지 않는 영광의 몸으로 변화한 것이 아니기에 엄격히 말해서 '부활'이라는 호칭을 사용하기에는 무리가 따름. 부활의 전조로 볼 수 있다)을 경험한 자들도 있다. 사렙다 과부의 아들(왕상17:17-24), 수넴 여인의 아들(왕하4:32-35), 엘리사의 뼈에 닿은 사체들(왕하13:20-21), 죽은 야이로의 딸(막9:23-25), 나인 성 과부의 외아들(눅7:11-15), 베다니 마을의 나사로(요11:43-44), 욥바에 사는 여성도 도르가(행9:36-40), 삼층 다락에서 떨어져 죽은 유두고(행20:9-12), 예수님의 십자가 죽음 직후 무덤에 있던 많은 성도(마27:52-53).

■**부활한 몸의 특징** - ① 썩지 않는다(고전15:42-44,54; 빌3:21; 요일3:2). ② 그리스도와 같이 영광스런 형체로 변화한다(고전15:43; 빌3:21). ③ 신령한 몸이다(고전15:44). ④ 변화한다(고전15:51). ⑤ 결혼하지 않고 하늘에 있는 천사와 같다(마22:30; 눅20:36). ⑥ 시·공간의 제약을 받지 않는다(요20:19-26). ⑦ 사망에 매여 있지 않는다(행2:24). ⑧ 하늘에 속한 자의 형상을 입는다(고전15:49). ⑨ 다시는 사망이 없고 애통하는 것이나 곡하는 것이나 아픈 것이 없다(눅20:36; 계21:4).

■**예수님의 부활** - 부활의 절정은 예수님의 부활 사건이다. 예수님의 부활 직후부터 부활을 불신하려는 시도들이 많이 있었다. 그러나 주님의 부활을 입증하는 증거들은 많이 있다(마28:11-15). ① 예수님의 빈 무덤(눅24:3,12; 요20:2). ② 천사들의 증언(마28:5-7; 막16:6; 눅24:6). ③ 파수꾼과 장로들, 대제사장들과 군병들의 증언(마28:11-15). ④ 부활하신 주님의 현현(눅24:39; 요20:20,27; 21:12-14; 행10:41). ⑤ 바울과 베드로, 요한의 증언(행4:1-2; 17:18,31-33; 23:6,8; 24:14-15; 26:6-8; 고전15:19-23). ⑥ 또 주님의 부활을 친히 목격한 자들이 수없이 많다. 막달라 마리아(막16:9; 요20:18), 무덤을 찾은 여자들(마28:9; 눅24:10), 베드로(눅24:34; 고전15:5), 엠마오로 가는 두 제자(눅24:13-15), 도마와 열 사도(눅24:33-43; 요20:20-24), 열한 사도(마28:16-17; 눅24:50-51; 요20:26), 일곱 사도(요21:1-2), 오백여 형제(고전15:4,6), 야고보(고전15:7), 바울(행9:3-6; 22:17-19; 23:11; 고전15:8), 순교자 스데반(행7:55), 사도 요한(계1:9-10) 등이다.

■**예수님의 부활과 종말** - 예수님의 부활은 모든 육체의 부활에 대한 보증이요 그림자이다(마27:52-53; 롬6:5; 8:11). 그리스도께서 재림하실 때에는 죽은 자들이 모두 부활하게 된다(요5:28; 행24:15; 고전15:20-21,50-51; 계20:13). 그때에는 그리스도 안에서 죽은 자들(순교자 등)이 먼저 부활하고(살전4:16; 계20:4-5), 다음으로 살아 있는 자들이 부활체로 변화하게 된다(살전4:17). 이때 그리스도를 믿지 않고 죽은 자는 형벌을 받기 위해, 그리스도를 영접한 자는 영생을 얻기 위해 부활하게 된다(마10:28; 요5:29; 계20:11-15).

분리주의(分離主義, separatism, schism) 교회는 완전해야 된다는 생각이 동기가 되어 지상의 불완전한 교회를 떠나거나 자신들만의 파당을 만드는 자들의 태도. 교회의 일치를 파괴한다는 비난을 받는다(고전1:10; 11:18). 일명 '분열주의'(分裂主義), '분파주의'(分派主義)라고도 한다. 이들은 교리적으로 어떤 결정적인 차이를 드러내어 함께할 수 없는 것이 아니라 대개 감정적인 이유 때문이거나 어떻게 하는 것이 옳은가라는 실천적 문제 때문에 분열을 겪게 된다. 결국, 이러한 분열은 서로간의 오해나 이해 부족, 포용력과 사랑의 결핍 때문에 빚어지는 것이라 본다(빌4:2).

분열(分裂, schism) 자신을 교회의 연합에서 자의적으로 분리시키는 행위로, 분리주의자들의 행태를 일컫는다. 로마 가톨릭은 분열을 신앙에 대한 죄가 아니라 사랑에 대한 죄로 여긴다. 그런 점에서 분열되어 나간 주교라도 계속해서 사제의 직을 유지할 수 있게 한다. → '분리주의'를 보라.

불가견적 교회(不可見的 敎會, invisible church) '보이는 교회' 즉 가견적 교회'(visible church)와 대립을 이루는 용어로서 '무형교회'(無形敎會)라고도 한다. 이는, 진정한 의미에서 구원받은 신자들(구원에 동참할 수 있는 자격을 갖춘 자들)로 구성된 불가시적인 교회이며, 성령의 띠로 연합된 하나의 살아 있는 유기체라 할 수 있다(고전12:13). 이 불가견적 교회는, 이미 악을 이긴 승리적 교회인 천상(天上)의 교회와 짝을 이룬다(계21:4). → '가견적 교회'를 보라.

불가지론(不可知論, agnosticism) ① 초경험적인 것의 존재와 본질은 인식 불가능하다고 하는 철학상의 입장. ② 일반적으로 사물의 궁극적인 실재(절대자, 무한자, 신)는 알 수 없다고 주장하는 입장. ③ 세계의 인식가능성을 부인하고, 인간은 의식으로부터 독립한 객관적 실재에 대해서는 확실한 것은 아무것도 알지 못한다는 반(反)유물론적 주장. 이 같은 불가지론은 '신의 본체는 알 수 없다'는 중세의 신학사상에서 비롯되었다고 볼 수 있다. 즉, 인간은 일종의 지적 직관(신비적 지식)인 그노시스(gnosis)에 의하여 신의 본체를 직접 알 수 있다는 그노시스 파나 본체론자의 주장에 대하여 그노시스를 부정하는 것이 불가지론이다. 로마 가톨릭은 '신의 존재는 인간이 태어나면서부터 이성에 갖추게 되는 자연의 빛에 의하여 알게 되지만, 신의 본체 자체는 알 수 없다'고 하여 그노시스를 부정했다.

불가지론은 근세에 들어서, 인간은 유한한 존재로 그 지력도 한정되어 있어, 세계 그 자체가 무엇인가를 알 수는 없다고 말한 철학설에 다시 등장한다. 즉 자연의 속성은 무한하지만, 그중에서 사람이 인식할 수 있는 것은 연장(延長, 物體)과 사유(思惟, 精神)뿐이라고 주장하는 스피노자의 설이나, 의식의 외부에 '물자체(物自體)'가 존재한다는 것은 인정하지만 그 진실한 모습은 인간에게 인식되지 않는다고 하는 칸트의 주장이나, 인간의 지식은 인상(印象)과 관념에 한정되어 있어 그것을 초월한 사항은 지식의 대상이 되지 않는다는 D. 흄의 주장도 어떤 면에서 불가지론이다.

'불가지론'이란 말을 처음 사용한 T. H. 헉슬리는 1869년의 저술 〈사도행전〉에서 agnosticism의 agnostic(알 수 없는)이라는 말과 관련하여, 사도 바울이 아테네에서 전한 '알 수 없는 신에게'(헬, 아그노스토 데오)라고 새겨진 제단에 대한 자기의 입장을 말한 강연이 그 기원이 된다. 이외에도 인간의 인식을 유한한 것의 경험으로 제한하며, 무한하고 절대적인 신에 대해서는 학적인 인식은 있을 수 없으며 단지 신앙에 의한 도덕적 확신을 이용할 뿐이라고 주장하는 W. 해밀톤, '사람은 알 수가 없다고 하는 사실을 잊어서는 안 된다'고 주장함으로써 부정적인 회의론자의 입장을 고수한 H. 스펜서 등이 불가지론자에 속한다.

불가타성경(Vulgata) 히에로니무스(제롬)가 번역한 라틴어성경. → '벌게잇역'을 보라.

불변성(不變性, immutability) 하나님의 속성을 가리키는 전통적인 신학용어로서, 하나님은 완전하시므로 그의 본질, 의지, 약속에 있어서 어떤 변화나 부족함도 없으시다. 이 불변성은 오직 하나님께만 적용되는 것인데, 그 까닭은 오직 하나님만이 절대 완전하시기 때문이다(삼상15:29; 시33:11; 102:26-27; 말3:6; 약1:17).

비상 섭리(非常 攝理, extraordinary providence) → '섭리'를 보라.

비신화화(非神話化, demythologizing) 독

일의 신약학자 불트만(Rudolf Karl Bultmann, 1884-1976년)이 출판한 논문 「Neues Testament und Mythologie」('신약성경과 신화론', 1941년)에서 제안한 실존론적 신약 해석방법론. 독일어로는 Entmythologisierung이라 한다. 이는 신약성경의 기사들(특히 그리스도와 관계된 케리그마)이 고대인들의 사고와 세계관에 의해 신화론적으로 표현되었기 때문에, 그 신화가 현대의 세속적 인간에게는 걸림돌이 된다는 관점에서 출발했다. 따라서 신약의 순수한 케리그마를 발견하기 위해서는 성경을 비신화화, 즉 시대에 제약된 신화적 표상(表象)의 형식에서 해방시켜야 한다고 주장한다. 그런데 그 신화는 고대인의 종교적 실존 이해가 신화적으로 대상화된 것이기에, 현대인 역시 그것을 실존론적으로 해석함으로써 고대인의 실존이해를 자기화할 수 있다고 본다.

결국, 비신화화는 신약의 신화적 언어를 인간학적 혹은 실존론적 개념으로 재해석함으로써 성경이 본래 뜻하는 말을 믿고 따르는 것을 의미한다. 이는 현대의 성경해석방법에 큰 영향을 미치는 동시에 격렬한 논쟁을 불러왔다.

사도성(使徒性, **apostolicity**) → '교회의 속성'을 보라.

사도신경(使徒信經, **the Apostles' Creed, Symbolum Apostolicum**) 교회에서 사용하는 가장 대표적인 신앙고백문. 즉, 기독교인들이 믿어야 할 기본적인 교의(敎義)를 간결하게 요약한 신앙고백. 일명 '사도신조'(使徒信條). 하나님, 예수 그리스도, 성령 3부로 구분된다. 사도신경은 초대교회 세례문답의 기본 골격으로서, 오늘날 기독교회에서 고백하는 사도신경의 근간은 그리스도교 최고의 신앙고백으로 알려져 있는 〈로마신조〉(A.D.150년경)로 인식되고 있다. 처음에는 '신앙의 상징'(symbol of faith)으로 불렸고, 주로 세례문답을 할 때 질문의 형태로(예를 들면, "그대는 전능하사 천지를 만드신 하나님 아버지를 믿는가?" 등의 형태로) 사용되었다.

지금과 거의 같은 형태의 사도신경이 채택된 것은 여러 차례의 교회회의(325년 니케아 종교회의, 381년의 콘스탄티노플 회의, 431년의 에베소 회의, 451년의 칼케돈 회의)를 거치면서였다. 매 회의를 통해 여러 차례 수정(修訂) 되었는데, 그때마다 당시의 이단적 교리에 대한 변증적 차원에서(예수는 영원한 존재가 아니며 아버지와 같은 관계이지만 본질이 아니라고 주장한 아리우스에 대해 예수 그리스도는 바로 하나님이라고 가르친 아타나시우스의 견해를 담음. 또한, 모든 육체와 물질세계를 죄악시 하며 영적 구원만을 강조한 영지주의적 사상으로부터 기독교 신앙을 지켜내기 위해 사도신경이 만들어짐) 다듬어졌다고 할 수 있다. 이런 점에서 사도신경을 일컬어 '니케아 신경'이라고 말하는 사람도 있다. 칼케돈 회의 이후 대부분의 정통 교회들이 신조로 채택하여 사용했다. 중세 때는 세례 예식과 초신자 교육에 사용되다가 12세기에 서방교회의 공식 신조로 정착되었다.

한편, 로마 가톨릭에서는 지금도 사도신조를 전례에 포함시켜 각종 예식이나 미사 때마다 신앙을 고백하고 있고, 성공회에서는 그리스도인으로서의 신앙을 되새기는 세례 계약을 다짐할 때와 만도(晩禱) 즉, 저녁기도 할 때 사도신조로 믿음을 고백한다. 또한 루터교회에서는 예전적 예배를 드리므로, 정해진 예식에 따라 매주 사도신조로 신앙을 고백한다. 그리고 대부분의 개신교 예배모범에는 예배 초반에 사도신경으로 신앙을 고백하는 것을 원칙으로 한다(현대에 들어 찬양예배에 의한 예배순서 변경이나, '교리적 선언'과 같은 다른 신앙고백으로 대체하는 경우도 있지만). 사도신경은 신앙의 가장 기본적인 요소들로 구성되어 있어, 신자는 말할 것도 없고 초신자나 개종자가 신앙의 핵심을 배우는 기준이 되고 있다.

교회 공동체 안에서 사도신경을 함께 암송하는 이유는 ① 기독교 복음의 본질적인 진리이기 때문이다. 사도신경은 성경교리의 축소판, 즉 기독교의 기본 진리를 간단하고도 명확하게 나타낸 신앙의 요약문이라 할 수 있다. ② 교회는 사도신경의 신앙고백 위에 세워졌기 때문이다. 올바른 신앙고백이 없다면 올바른 교회가 될 수 없다. 사도신경은 교회를 교묘히 파괴하려는 이단의 침투에서 성도를 지켜준다. 사도신경은 기독교의 표준적인 신앙이기에, 사도신경에서 고백되는 신앙 내용을 인정하지 않는 단체나 개인은 잘못된 이단임이 분명하다. ③ 사도신경은 공적인 신앙고백이기 때문이다. 사도신경은 어떤 개인적 신앙고백문이 아니다. 즉, 개인의 종교적 신념이나 자기 중심적 신앙 표현이나 주장이 아니다. 사도신경은 신앙 공동체인 교회의 전통적이고 공식적이며 성경적인 신앙고백이기 때문이다. → '신경'을 보라.

사도신조(使徒信條, the Apostles' Creed) → '사도신경'을 보라.

사마리아역(- 譯, Samaritan Text) 고대 사마리아어로 번역된 사마리아 문서의 성경. → '사마리아 오경'을 보라.

사마리아 오경(- 五經, Samaritan Pentateuch) 사마리아인들이 유일한 경전으로 여기는 구약성경의 오경(창세기, 출애굽기, 레위기, 민수기, 신명기). 고대 사마리아어로 번역된 것으로, 단편들까지 합쳐서 150여 개의 두루마리들이 오늘날까지 전해지고 있다. 사마리아 오경이 작성되기는 그들이 그리심 산에서 예배를 시작한 때(B.C.400년)라고 보는 것이 일반적인 견해인데, 전해지는 본문 중 최고의 것은 9세기경에 기록된 것이며, 대부분 14-15세기의 것들이다. 이중에서 가장 권위 있는 것으로 꼽히는 사마리아 오경은 세겜의 그리심 산 기슭에 있는 사마리아 회당에 보관된 것으로, 아론의 증손자 이름을 따서 '아바샤 두루마리'라 불린다.

사마리아 오경은 B.C.108년에 하스모네 왕조의 히르카누스 왕이 그리심 산의 사마리아 성전을 파괴한 이후 기존의 오경과는 신학적 차이를 보이는 독자적 경전으로 발전되기 시작했다. 사마리아 오경은 약 1,900군데에서 맛소라 오경보다 칠십인역의 오경과 유사한 면을 보인다. 따라서 많은 학자들은 칠십인역과 사마리아 오경이 같은 자료에서 유래했다고 본다.

그런데, 사마리아 오경이 맛소라 오경과 가장 큰 차이점은, ① 하나님의 복수형 이름인 '엘로힘' 대신 단수형 '엘라'를 사용한 것이나 ② 여호와를 의인화한 표현들을 고치는 등 유일신 개념을 확고히 하는 데 힘썼고, ③ 모세를 비롯한 이스라엘 조상들의 권위를 부각시키기 위해 그들의 인간적 약점들이 언급된 구절들을 의도적으로 고쳤고, ④ 하나님이 성별하신 장소는 예루살렘이 아니라 세겜의 그리심 산이라 한 점 등이다. 특히, 출애굽기 20장과 신명기 5장의 십계명 끝부분에 그리심 산에 제단을 쌓고 그곳에서만 제사를 드려야 한다는 별도의 규정을 명시하고 있다.

사본(寫本, manuscript) 손으로 기록한 필사본(筆寫本), 즉 성경 원문(원본)을 필사한 본문을 가리킨다. 필사(筆寫)는 인쇄술이 발달하기 전의 문서 기록 수단이었는데, 그 재료로는 점토, 가죽, 천, 나무껍질 등이 사용되었다. 그중에서도 나일 강변에서 쉽게 얻었던 파피루스(papyrus, B.C.11세기경부터)나 양가죽(혹은 송아지가죽, B.C.2세기말경부터) 등이 보편적으로 사용되었다. 특히 양피지(羊皮紙)는 종이가 출현한 A.D.15세기까지 널리 쓰였다.

성경은 많은 필사본들을 가지고 있는데, 그중에서도 1947년 사해 근방에서 발견된 사해사본이 가장 오래된 성경(구약)사본으로 인정되고 있다. 그 외에 맛소라 사본, 사마리아 사본 등이 있다. 그리고 신약의 사본에는 헬라어의 대문자를 단어와 단어 사이에 간격을 두지 않고 계속해서 쓴 대문자 사본(바티칸 사본, 시내 사본, 알렉산드리아 사본, 에브라임 사본 등)과 현재의 헬라어성경처럼 띄어쓰기와 구두점이 있는 소문자 사본(약 2,300여 가지)이 있다. → '성경의 원본, 사본, 역본'을 보라.

사신신학(死神神學, the death of God theology) '하나님이 죽었다'고 선언하는 현대 신학의 한 부류. 주로, 미국 개신교 계열의 젊은 신학자들을 중심으로 1960년대에 일어난 급진적인 신학운동. 일명 '신 죽음의 신학.'

제1, 2차 세계대전 이후 서구 사회는 더 이상 전통적 의미의 하나님을 느끼지 못하는 세속화된 사회가 되었다. 이런 배경에서 1960년대 미국에서 태동한 사신신학은 하나님을 부정하며, 신 없는 신학 특히 하나님 없는 기독론을 전개했다. 하나님이 예수 안에서 전적으로 인간이 되었으므로 더 이상 형이상학적이고 초월적인 신은 없으며, 역사적 예수에 대해서만 집중해야 한다고 강조했다. 하나님의 죽음에 대한 논의는 2세기경부터 시작되었지만 그 사상의 뿌리는 19세기 L. 포이에르바흐(1804-1872년), G.W.F.

헤겔(1770-1831년), F. 니체(1844-1900년) 등에게서 찾을 수 있다.

사신신학은 다양한 견해들을 포함하고 있지만, 그들 모두에 있어 공통적인 것은, 하나님께 대한 신앙이 현세계에서는 불가능하거나 무의미하며 인간의 성취는 하나님이 아니라 세상에서의 세속적인 삶에서 실현되어야 한다는 것이다. 대표적 신학자로는 「급진 신학과 신의 죽음」(Radical Theology and the Death of God, 1966년)을 함께 저술한 해밀턴(W. Hamilton)과 알타이저(T.J. Altizer)로서, 알타이저는 '전통적인 하나님은 십자가 사건에서 실제로 죽었으며, 따라서 전통적 신관은 무가치하다'고 주장했고, 해밀턴은 '하나님의 속박에서 인간을 자유케 하며 인간의 책임과 행위를 완전히 가능하게 하기 위해 신은 죽어야 한다'고 했다. 또한 '초월적 실체인 하나님과 관계를 갖거나 대화하는 것은 불가능하기에 하나님에 대해 말하는 것은 언어적으로 무의미하다'고 주장한 반 뷰렌(Van Buren), '신은 인간적 언어로 알려진 신이니만큼 그것은 근본적으로 우상일 수밖에 없다'고 하였던 바하니안(W. Vahanian) 등이 대표적이다.

1970년대에 들어 '하나님의 죽음' 이라는 용어는 별로 사용되지 않았는데, 결국 사신신학은 1960년대 미국의 신학계를 잠시 휩쓴 신학 사조로 볼 수 있다. 하지만, 그 본질적 관심과 정신은 급진적인 신학자들 사이에서 오늘날까지 계속되고 있다고 본다.

사중복음(四重福音, Foursquare Gospel) 성결교회의 주요한 전도 표제로 중생(重生), 성결(聖潔), 신유(神癒), 재림(再臨)을 말한다. '중생' 이란 예수를 믿음으로서 새 생명을 얻는 것이며, '성결' 은 성령의 역사로 내면의 부패성으로부터 정결해짐이다. '신유' 는 육체적인 질병의 치유만이 아닌 정신적 치유를 포함한다. '재림' 은 예수가 다시 오심(전천년설과 휴거 이론을 믿는다)을 의미한다. 19세기 미국의 성결파 운동의 전도 표제를 심프슨 박사가 정리한 것이다. 심프슨은 1887년 올드 오챠드 총회의 첫 번째 설교에서 '사중복음' 이란 제목으로 말씀을 전할 때 처음으로 이 용어를 사용했다. 그 후 킬보른, 카우만에 의해 계승되어 발전되었다.

사탄(Satan) שָׂטָן(사탄, '방해자, 적대자' 란 뜻) 보통명사로 쓰일 때는 개인이나 국가의 '적대자' (삼하19:22), 고유명사로 쓰일 때는 초자연적 존재로 '귀신의 우두머리' 를 말한다(마12:24,26). 곧 하나님을 대적하거나 사람을 유혹하여 하나님을 대적하게 하는 악한 영(靈)의 우두머리다. 사탄은 하나님을 섬기던 천사장이 타락해서 된 존재라고 한다(사14:12-15; 유1:6). 즉, 본래 선하게 창조된 천

사죄권
(power of the keys)

'사죄' (赦罪, absolution)란 고해성사를 집전하는 사제 또는 주교가 죄를 회개했다고 인정받을 만한 사람에게 그리스도의 용서를 선언하는 행위를 말한다. '사면' (赦免)이라고도 한다. 신약성경은 사죄의 은총이 구주 예수 그리스도의 인격으로부터 비롯된 것임을 밝혀준다(막2:5-11). 로마 가톨릭교회에서는 이 같은 사죄의 은총이 안수받은 성직에 의해 회개한 죄인들에게 임한다고 가르친다(근거 성경구절로 마9:1-8; 16:19; 18:18; 요20:21,23; 고전6:5; 고후2:10 등을 예로 든다). 즉, 그리스도의 사죄권은 사도들에게 위임되고 계속해서 사도들의 후계자들에게 계승되어 왔다고 한다. 그러나 프로테스탄트 교회들은 일반적으로 성직자의 사죄권을 인정치 않는다.

초대교회에서 죄인이 공중 앞에서 회개한 후에 사죄를 선언했다. 그러다가 몇몇 켈트 수도원에서 행해지던 개인적 고백과 사죄가 점차 통상적인 사죄방법으로 정착되었다.

사죄의 방법에는 ① 직설적 방법으로 사제가 개인에게 '내가 네 죄를 사하노라' 고 선언하는 것이고 ② 사제가 개인 또는 회중의 죄를 사해달라고 하나님께 간구하는 방법이다. 로마 가톨릭교회는 전자를, 영국 성공회와 러시아 정교회는 주로 후자를 택한다. 그러나 만인제사장직(萬人祭司長職) 교리를 따르는 프로테스탄트 교회들은 성직자의 사죄권을 부정하면서, 사죄는 하나님과 인간 사이에 이뤄지는 은총의 관계로만 해석한다.

사 중 일부가 교만하여 타락함으로써 하나님을 섬기는 고귀한 신분을 박탈당하고 마귀(악령)가 되었다(벧후2:4). 사탄은 바로 이 악한 천사들의 우두머리이다(마25:41). → [1. 교회 일상 용어] '사탄'을 보라.

■**사탄의 별칭** - '시험하는 자'(마4:3; 살전3:5), '바알세불'(마12:24), '악한 자'(마3:19), '원수'(마13:28,39), '거짓의 아비'(요8:44), '거짓말쟁이'(요8:44), '살인한 자'(요8:44), '이 세상의 임금'(요12:31; 16:11), '세상 신'(고후4:4), '벨리알'(고후6:15), '공중의 권세 잡은 자'(엡2:2), '대적'(벧전5:8), '아바돈'(계9:11), '아볼루온'(계9:11), '온 천하를 꾀는 자'(계12:9), '큰 용'(계12:9), '옛 뱀'(계12:9), '형제들을 참소하던 자'(계12:10) 등.

■**사탄이 하는 일** - ① 주의 백성을 유혹하여 하나님의 말씀에 불순종하게 한다(창3:4-5). ② 서로 비방하게 한다(욥1:9-11). ③ 질병과 고통을 가져다 준다(욥2:7; 눅9:39). ④ 의로운 자를 대적하고 하나님께 고발한다(슥3:1). ⑤ 시험한다(마4:1). ⑥ 믿음의 열매를 맺지 못하게 방해한다(마13:19,38-39). ⑦ 거짓말을 즐겨 한다(요8:44). ⑧ 악한 생각을 넣어 죄를 짓게 충동질한다(요13:2). ⑨ 하나님의 복된 말씀을 깨닫지 못하게 한다(고후4:4). ⑩ 두루다니며 삼킬 자를 찾는다(벧전5:8).

■**사탄의 한계** - 사탄의 모든 일은 하나님의 절대 주권하에서 제한적으로만 이루어진다(욥1:6; 2:7). 하나님이 사탄의 악행을 허락하시는 것은 성도로 하여금 더 큰 은혜를 체험하게 하기 위함이다(욥1:12; 42:10-17; 눅13:16). 이렇듯 사탄은 지상에서 한시적으로 활동할 뿐 세상 종말에는 그리스도에 의해 멸망당하고(요일3:8), 결국 무저갱에 갇혀(계20:1-3) 영원한 불과 유황못에 던져진다(계20:10).

사탄 숭배(- 崇拜, **Satanism**) 사탄(악마)을 숭배하는 사상이나 일체의 행위. 전통적으로 기독교에 적대적인 행위로 간주되며, 이원론적 신앙에 근거해 선과 악을 적대적이며 동등한 세력으로 간주하는 경향을 띤다. 중세 기독교인들은 마니교, 보고밀파, 알비 파 등을 사탄 숭배자들로 간주했고, 15-18세기에는 흑마술이나 마녀적인 요소들을 사탄 숭배자로 취급했다. 사탄을 숭배하는 신앙이 본격화된 것은 19세기 말이었다.

사탄 숭배에는 크게 두 파로 나뉘는데, ① 하나님이 인류를 배신했다고 하면서 고의적으로 하나님을 무시하는 의식들로 사탄을 숭배하는 '사탄 숭배파', ② 아도나이(여호와)를 어둠의 하나님이요 악의 본질로 보고 루시퍼를 빛의 하나님이요 선의 본원으로 보면서 루시퍼를 숭배하는 '루시퍼 숭배자들'이다. 특히, 후자는 팔라디움(Palladium)이라는 우상을 숭배한다고 해서 '팔라디움파'로도 불린다. 이 같은 사탄 숭배자들은 대부분 사회와 거리를 둔 은둔자들이기에 그들이 추구하는 의식이나 무리를 이끄는 지도자들은 거의 베일에 가려 있다.

사하심을 받지 못하는 죄(赦- 罪, **unpardonable sin**) 성령을 거역한 죄에 대해 사용되는 용어(마12:31-32; 막3:28-29). 이 죄의 의미에 관한 여러 견해들이 있으나 통상적으로, 예수 그리스도의 인격과 사역에 대한 성령의 증거를 거부하는 죄 곧, 인간 구원을 이루시는 예수 그리스도의 인격과 사역에 대한 성령의 증거를 결정적이며 궁극적으로 거부하는 죄를 뜻하는 것으로 추측한다.

사해사본(死海寫本, **Dead Sea Scrolls**) 일명 '사해 두루마리.' 1947년 쿰란동굴에서 아랍족에 속한 베두인 사람들에 의해 발견된 사본. 1947년 2월, 아랍계열의 한 베두인 소년이 잃어버린 염소를 찾아 여리고 남쪽 13.6km 사해 서안의 절벽 위에 있는 여러 동굴(쿰란동굴) 안을 수색하다가 그 중 한 동굴에서 아마포(亞麻布)에 잘 싸인 가죽 두루마리가 들어 있는 높이 64.875cm, 지름 25cm 정도의 여러 항아리들을 발견했는데, 이들 두루마리 중 5개를 시리아의 예루살렘 정교회(正敎會)의 대주교 마르아타나시우스 사무엘이 샀고, 나머지 3개는 예루살렘의 헤브라이대학교 E. 수케닉 교수가 매수했다. 1954년 수케닉의 아들 Y. 야딘이 사무엘 대주교로부터 5개의 두루마리도 사들여 현재는 이들 두루마리 전부가 이스라엘 국가의 소유로 (대부분 예루살렘의 성서기념관 소장) 되어 있다.

현재까지 사본들은 열한 개의 동굴에서 발견되었고, 그것들의 대부분은 B.C.1세기와 A.D.1세기의 것으로 추정된다. 적어도 382개의 사본들은 제4동굴에서만 출토된 단편들이다. 그 가운데 현재 100개의 사본들은 성경사본으로 알려져 있다. 이것들은 에스더서를 제외한 히브리어성경 전체의 거의 완전한 상태 혹은 단편들을 포함하고 있다. 정경 외에도 외경의 단편들과 외경서들, 주해서, 감사의 시편, 그리고 몇 종파들의 문헌들이 발견되었다. 거기서 발견된 항아리 파편의 양(量)으로 보아 그 동굴에는 약 20개의 두루마리가 감추어져 있었던 것으로 생각된다.

동굴 근처에는 에세네 파로 불린 유대인들의 한 수도 종파의 중심지였던 거대한 수도원의 유적들이 있었다. 쿰란동굴에서 발견된 자료들은 일반적으로 성경(구약)연구에 중요한 자료들이다. 더욱이 그것들은 히브리어성경이나 70인역 성경의 본문을 연구하는 데 있어서 매우 중요한 것들이다. 그것들은 또한 신약과의 관계에서 볼 때도 매우 중요하다. 세례 요한과 예수 그리스도의 설교에 대한 배경을 제공해 주기 때문이다. → '사본'을 보라.

사회복음(社會福音, social gospel) 개인구원보다 사회구원에 우선순위를 두는 신학운동. 남북전쟁 후 미국에서 공업화와 도시화에 따라 자본주의가 야기한 사회문제들이 표면화 되었을 때(19-20세기에), 기독교 복음의 관점에서 사회문제를 바라보면서 해결을 시도한 개신교 내의 신학운동. 이는, 인간의 결함이 건전치 못한 환경의 영향에 기인한다는 시각에서 출발한다. 그래서 하나님의 나라는 사회악과 부조리 등의 척결을 통해 사회유기체를 구원하고 지상생활을 하늘나라의 생활에 조화시키는 데 있다고 주장하면서, 아동 노동의 폐지, 노동조합 결성, 노동자 복지, 부의 평등화 등에 앞장 섰고 교육과 사회봉사와 정치개혁 등을 통해 교회 내에서 사회의식을 불러일으키는 데 큰 공헌을 하였다.

결국 이는 미국 내 기독교 행동주의를 탄생시켰는데, 이에는 반개인적이고 반종말론적인 요소와 그리스도의 속죄보다 사회개혁을 중시하는 문제점이 내포되어 있다. 대표적 지도자로 오하이오주 회중파교회 목사로 「사회적 구원」(1902년)을 쓴 글래든(Washington Gladden, 1836-1918년), 하버드 대학의 신학교수로 유니테어리언 파의 목사 피바디(Francis G. Peabody, 1847-1936년), 신시내티 회중파교회의 목사로 복음파동맹의 총간사로서 운동을 조직화한 스트롱(Josiah Strong, 1847-1916년), 사회적 복음을 사람들의 마음에 호소한 북침례파의 로체스터 신학대학교수 라우센부시(Walter Rauschenbusch, 1861-1918년) 등이 있다. 특히, 라우센부시의 「그리스도교와 사회적 위기」(1907년)나 「사회적 복음의 신학」(1917년)은 많은 사람들에게 자극을 주었다.

1908년에는 초교파적 조직인 〈교회연맹〉이 설립되었는데, 점차로 조직화된 노동운동에 그 역할을 빼앗겼다. 또한 1929년의 대공황 이후 그의 낙관적 인간관 등이 신학자 R. 니버 등에 의해 신랄하게 비판되었다.

사회신경(社會信經, Social Creed) 감리회의 독특한 법 표현. 이는, 하나님의 뜻을 따라 정의로운 사회 구현을 위해 제정된 사회생활의 표준으로, 1930년 제1회 총회에서 채택되었다.

1997년 개정된 '사회신경'의 서문을 보면 "… 우리는 오늘의 시대가 안고 있는 새로운 문제들을 앞에 놓고 우리의 사회적 삶의 새로운 실천 원칙을 받아야 할 시점에 도달하였다. 예수 그리스도를 구주로 믿는 우리 감리교인은 우리에게 선한 의지를 주시는 하나님의 은혜에 힘입어 우리의 가정, 사회, 국가, 세계 그리고 생태적 환경 속에서 빛과 소금의 역할을 수행하기 위해 다음과 같이 선언하는 바이다. 우리는 만물을 선하게 창조하시고, 섭리하시는 성부, 성자, 성령, 삼위일체 하나님을 믿으며, 이 땅에 하나님의 뜻을 실현하는 일에 부르심을 받았다."

이어서 ① 하나님의 창조와 생태계 보존 ② 가정과 성, 인구정책 ③ 개인의 인권과 민주주의 ④ 자유와 평등 ⑤ 노동과 분배 정의 ⑥ 복지사회 건설 ⑦ 인간화와 도덕성 회복 ⑧ 생명공학과 의료윤리 ⑨ 그리스도의 유일성과 정의사회 실현 ⑩ 평화적 통일 ⑪ 전쟁 억제와 세계 평화 등 11항목의 실천강령을 제시하고 있다.

사후멸절설(死後滅絕說, annihilationism) 이는 라틴어 '니힐'(nihil, '無' 곧 '아무것도 없다'는 뜻)에서 유래한 것으로서, 인간이 죽은 후에 그 존재가 완전히 소멸되고 만다는 신학적 견해를 말한다.

여기에는 다시 세 가지 형태로 나뉘는데, ① 모든 인간은 죽을 때에 필연적으로 완전 소멸되고 만다는 설(유물론) ② 인간은 본래 죽어야 할 것이지만 하나님은 구속받은 자에게 불사(不死)의 은총을 선물하시고 그 외에 하나님을 모르는 자는 무(無) 곧 완전 소멸될 것이라는 설(조건적 불사론) ③ 인간은 불사의 존재로 창조되었으나 구원을 통해서 그 목표에 도달할 수 있다. 그렇지만 버림받은 자는 하나님의 직접 활동에 의해 혹은 악의 부식적(腐蝕的)인 효력에 의해 비존재 상태로 떨어진다는 설(본래 사후 멸절설).

성경이 가르치는 바는, 인간의 육체가 사후(死後)에는 흙으로 돌아가 썩게 되나(창3:19; 행13:36) 영혼은 불멸적인 본질을 가지고 있기 때문에(결코 죽거나 잠들지 않음) 그것을 주신 하나님께로 즉시 돌아간다(전12:7). 즉, 의인의 영혼은 죽는 순간에 거룩함으로 완전케 되어 지극히 높은 천국에 들어가 거기서 빛과 영광 가운데 하나님의 얼굴을 뵈오며, 몸의 완전한 구속을 기다린다. 그러나 사악한 자의 영혼은 지옥에 던져져서 거기서 고통과 깊은 어두움 가운데 지내며, 마지막 심판 날을 기다리게 된다(눅16:23-24; 23:43). 성경은 육신이 죽은 후에 영혼이 갈 곳으로 이 두 장소(천국과 지옥) 외에는 아무 곳도 인정하지 않는다(행3:21; 고후5:1,8; 엡4:10; 빌1:23; 히12:23; 벧전3:18-19; 요일3:2; 유1:6-7).

산상보훈(山上寶訓, the Sermon on the Mount) 예수께서 갈릴리 호숫가 산 언덕에서 가르치신 교훈(마5-7장). 천국 시민으로서 가져야 할 올바른 삶의 핵심 내용이다. 산상보훈은 '성경 중의 성경'이라 일컬어질 만큼 기독교의 핵심 메시지를 담고 있으며, 그런 점에서 '기독교의 대헌장'이요 '기독교 윤리의 근본'이라 할 수 있다. '산상설교', '산상복음', '산상수훈'(山上垂訓)으로도 불린다. 누가복음 6:20-49에는 이보다 짧은 형태의 병행 기사가 소개된다.

전승에 따르면, 가버나움과 디베랴 사이의 한 언덕을 산상보훈의 산으로 전하고 있으며 갈릴리에 내려오는 한 전설은 그 산 이름을 '핫틴 산'이라고 하나 그 모두가 분명하지 않다. 아무튼, 고대의 많은 주석가들은 모세가 시내 산에서 율법을 받은 것과 예수께서 산에 올라가 새로운 계명을 가르치신 산상보훈과의 관련성을 언급하곤 했다. 그런 점에서 산상보훈의 산을 흔히 '신약의 시내 산'이라 일컫기도 한다. 결국, 예수께서 가르치신 메시지는 율법의 완성으로서의 복음이었고, 예수께서는 모세보다 위대하신 말씀의 실체이셨던 것이다.

삼분설(三分說, trichotomy) 인간의 본질적인 구성 요소에 대한 견해로서, 헬라어의 '셋으로'(τρίχα)와 '나누다, 베다'(τεμνέιν)란 단어를 결합한 표현이다. 즉, 인간은 '몸'(身體, Body)과 '혼'(魂, Soul)과 '영'(靈, Spirit) 등 세 요소로 이뤄졌다고 본다.

여기서 ① '몸'은 헬라어로 '소마'(σῶμα)로서, 물질적 요소이며 인간의 본능적인 욕구(식욕, 성욕, 수면욕 등)와 관련되고, ② '혼'은 헬라어로 프슈케(ψυχή)로서, 정신적 요소이며 지성과 감정과 의지 및 지식, 명예, 사랑, 우정, 친교 등 '자아'를 이루는 요소에 관여한다. ③ '영'은 헬라어로 프뉴마(πνεῦμα)로서, 하나님과 교통하는 기관이며, 영적인 일, 직관, 양심, 영원한 것을 추구하는 것 등과 관련되어 있다. 인간이 죽을 때에 몸은 흙으로 돌아가고, 혼은 없어지며, 영은 부활 때 몸과 결합하기 위해 남는다고 한다. 이에 대한 성경적 근거로는 창세기 2:7의 '생기'라는 표현이 있는데, 히브리어 원문에서 복수형으로 쓰였고, 이는 결국 영과 혼의 실재를 암시한다.

한편, 삼분설의 상당 부분은 헬라의 형이상학과 중세의 스콜라주의(scholasticism)의 영향을 받은 것인 동시에 그 토대는 일부 성경 구절들에서 근거를 찾고 있다(살전5:23; 히4:12; 고전2:14-3:4). 삼분설은 교회사 초기의 알렉산드리아 교부들(클레멘트, 오리겐 등) 사이에서 특히 널리 퍼져 있었다. 후에 2분설(二分說)을 취하는 학자들(어거스틴, 터툴리안 등)에 의해 비판을 받았으나 근대 이후, 특히 독일의 신학자들 사이에서 이 학설의 지지자들이 많이 나왔다. → '이분설'을 보라.

삼신론(三神論, tritheism) 초대교부 시대에는 다양한 이단적 신관(神觀)이 나타났다. 그 중에서도 아리우스의 삼신론과 사벨리우스의 양태론(樣態論)이 당시 기독교회 내에서 상당한 반향을 일으켰다.

먼저, 아리우스(Arius)는 하나님을 세 분으로 보고, 세 분이 모두 신이기는 하지만 본질과 등급에 차이가 있는 세 종류의 신이라는 소위 '삼신론'을 주장했다. 즉, 성부는 영원하나 성자는 세계 창조를 위해 그 직전에 창조된 존재로 성부와는 품격이 다른 이등급 신(theos deuteros)이며, 성령은 그보다 열등하다고 했다. 또 성부와 성자와 성령은 서로 본질에 차이가 있는 세 종류의 신임을 강력히 주장했다. 이런 견해는 다신론적 배경을 가진 로마와 헬라 지역의 기독교인들에게 상당한 설득력을 가지고 퍼져나갔지만, 니케아 종교회의에서 이단으로 정죄되었다.

이에 비해, 사벨리우스(Sabellius)는 유일신론적인 배경에서 하나님이 결코 세 분일 수 없으며, 성부와 성자와 성령께서는 한 분 하나님이 세 가지 모습으로 나타난 것이라는 '양태론'(modalism), 즉 삼위 양식설을 주장했다. 양태론은 성부 하나님과 성자 하나님, 성령 하나님이 동시에 존재함을 믿지 않고 단지 환경에 따라서 다른 방식으로 자신을 표현하시는 한 분 하나님의 세 가지 나타남이라고 한다.

결국, 하나님의 본질이 셋이라는 점을 극단적으로 강조하면 삼신론에 이르게 되며, 하나님이 하나이심을 극단적으로 강조하면 양태론에 이르게 된다. 이 양자는 모두 이단적인 견해로 정통교회에서 배척되고 있다. 하나님은 절대 독립성을 갖는 세 분이신 동시에 절대 구분되지 않는 오직 한 분이신 하나님이시다.

삼위(三位, the Three Persons) 하나님의 존재 양식을 일컫는 표현이다. 즉, 하나님은 그 존재 양식상 각각 아버지(성부)와 아들(성자)과 성령으로 존재하신다. 아버지(성부)는 누구에게서도 발생하거나 발출되지 않는 데 비하여, 아들(성자)은 아버지로부터 영원히 나시고(發生, generation), 성령은 아버지와 아들로부터 영원히 나오신다(發出, procession / 發送, spiration). 물론 이 같은 존재 양식은 인간의 존재 양식과 같은 생산 개념이 아니라 시간을 초월하는 삼위의 구별의 문제이다. 이 삼위 하나님 사이에는 어떤 우열이나 선후(先後)의 관계는 없다. 즉, 삼위 하나님은 모두 동일한 본성을 지니신 절대자로서 상호간에 어떤 존위의 우열이나 시간의 선후가 절대 존재하지 않는다.

성경은 이 같은 삼위의 경륜적(經綸的) 순서를 언급하는데, 곧 만물은 성부 '에게서'(out of) 나오고, 성자로 '말미암고'(through), 성령 '안에'(in) 있다고 한다. 또한, 구원 사역에 있어서도 삼위 하나님의 사역은 구별된다. 물론, 인간 구원은 어떤 한 위의 독점적 사역이 아니라 삼위 하나님의 공동사역이요 연합사역이다.

그렇더라도 각 위에게 특별히 돌려지는 주된 사역이 있다. 즉, ① 성부 하나님은 인간 구원을 계획하시고 ② 성자 하나님은 십자가를 지심으로 그 계획을 성취하시며 ③ 성령 하나님은 그 효과를 개인에게 적용하시는 사역을 각각 감당하신다. 이런 맥락에서 성자 예수는 십자가 상에서 (성부의 계획을) '다 이루었다' (요19:30)고 말씀하셨고, 부활 승천하신 후에 보혜사 성령을 보내주실 것을 약속하셨다(요15:36; 16:5-14).

삼위일체(三位一體, Trinity) 하나님은 삼위(성부, 성자, 성령)로 존재하시되 하나의 신적 본체(本體)를 갖는다는 하나님의 존재 양식을 보여주는 교리이다. 즉, 삼위(三位)는 하나님께서 성부·성자·성령이라는 각각 구별된(내적인 관계에서의 구별성과 독자성) 세 분으로 존재하심을 보여주고, 일체(一體)는 하나님께서 세 분이심에도 동시

삼신론과 삼위일체 교리

삼신론과 건전한 삼위일체 교리를 비교하면,

① **구분** - 삼신론은 다신론, 삼위일체 교리는 유일신론.

② **신적 본질** - 삼신론은 각각 다른 세 개의 신적 본질을 주장하는데 비해, 삼위일체 교리는 한 신적 본체 안에 있는 세 인격을 말함.

③ **존재 속성** - 삼신론은 두 신이 다른 신에 비해 열등하다고 보는데 비해, 삼위일체 교리는 삼위가 신적 본질·능력·영광 등 모든 면에서 동등하다고 봄.

④ **상호 관계** - 삼신론은 각 신들 사이에 의견의 불일치 및 다툼이 야기될 개연성이 있는 데 비해, 삼위일체 교리는 삼위간에 모든 면에서 완벽한 조화와 통일을 이룸.

⑤ **존재 시점** - 삼신론은 세 존재 모두 또는 두 신이 존재하지 않았던 때가 있다고 보는 데 비해, 삼위일체 교리는 삼위가 모두 영원 전부터 함께 계심을 강조한다.

상대주의

에 동일한 한 분 하나님이심을 보여준다.

다시 말하면, 한 하나님께서는 세 '위격'(位格, persona, subsistentia)으로 존재하시는데, 이 위격들은 분리될 수 없는 하나의 신적 본성(本性, natura)이고, 하나의 신적 본질(本質, essentia)이며, 하나의 신적 실체(實體, substantia)로서 성부, 성자, 성령은 모두가 동일한 힘과 영광을 지닌다는 기독교의 교의(敎義)이다. 역사적으로는 니케아 종교회의(Nicea, A.D.325년) 때에 공인되었다. 이 삼위일체설은 기독교 신앙의 주축을 이루는 교리이다.

한편, 삼위일체는 성경에 직접 표현된 교리는 아니지만 그 사상은 성경 여러 부분에서 나타난다(창1:1-3,26; 민6:24-27; 마28:18-20; 고후13:13). 성경에 따른 삼위일체 하나님의 순수한 계시를 보면, 하나님은 ① 유일하신 한 하나님으로서(신6:4; 사44:6; 롬3:30; 고전8:4; 갈3:20; 딤전2:5) ② 신격(Godhead)의 세 위격(Person, 창1:26; 사6:8; 마28:19; 벧전1:2; 계1:4-5)으로 존재하시며 ③ 셋 모두가 하나님이시고(엡1:17 · 아버지가 하나님이심, 히1:8 · 아들이 하나님이심, 행5:3-4 · 성령이 하나님이심) ④ 셋 모두가 영원하시며(사9:6 · 아버지가 영원하심, 히1:12; 7:3 · 아들이 영원하심, 히9:14 · 성령이 영원하심) ⑤ 셋 모두가 동시에 존재하시고(마3:16-17; 요14:16-17; 엡3:16-17; 고전12:4-6; 고후13:13) ⑥ 셋 모두가 하나(상호 내재하심)이시다(사9:6; 마10:19-20; 요14:16-20; 롬8:9-12; 고전15:45; 고후3:17-18; 계5:6).

이와 같은 삼위일체 교리는 엄격한 의미에서의 절대 신비(絶對 神秘, mysterium absolutum)로서 실증적 계시와 독립해서 인지될 수 없으며, 계시된 다음에도 인간 이성(理性)에 의해 온전히 간파되거나 해석될 수 없는 기독교 신앙의 절대 신비요, 건전한 기독교 신앙으로 들어가는 가장 기본적인 신비이다. 이 교리는 니케아 종교회의에서 성경에 근거한 정통 기독교 교리로 공식 인준된 이후 바른 기독교와 이단을 구분하는 기준이 되었고, 기독교 신학의 심장이요 왕관으로서 조직신학 전체의 기초를 형성할 만큼 중요한 위치를 차지하게 되었다.

상대주의(相對主義, relativism) 절대적 표준, 가치, 판단, 진리를 인정하지 않는 주의. 즉, 이것도 맞고 저것도 맞으며, 그것이 왜 맞는가를 묻는 것도 맞다고 보는 주의이다. 따라서 상대주의는 표준, 가치, 진리가 달라질 수밖에 없다. 이 상대주의적 사상은 절대주의가 무너지면서 발생했는데, 절대적 가치관과 진리를 상실한 다원주의, 포스트모더니즘의 일면을 보여주는 개념이다. → '다원주의', '포스트모더니즘'을 보라.

상징설(象徵說, symbology) 성찬(聖餐)에 관한 해석으로, 떡과 포도주는 어떠한 의미로도 실체적으로 변화되지 않으며 그것이 그리스도의 몸과 피라는 것은 상징적 언급에 불과한 것으로 보는 견해. 로마 가톨릭의 화체설(化體說)과는 정반대 견해이다.

스위스 종교개혁가 쯔빙글리(Ulrich Zwingli, 1484-1531년)는 자신의 저서 「Commentarius de Vera act Falsa Religione」(1525년)를 통해서 이 같은 입장을 피력했는데, 이 일로 공체설(공재설)을 취하는 루터 파와 대립하게 되었다. 이것은 프로테스탄트 진영에서 최초의 중대한 신학적 분열로 기억된다. → '공체설', '화체설'을 보라.

상징주의(象徵主義, symbolism) '상징'이라 함은 하나의 이미지가 그것을 암시하거나 환기하는 다른 또 하나의 관념(이념)과 연결되어 있고, 그 관념(이념)은 신비적인 실재(實在)이거나 초월적인 실재라고 할 수 있다. 일반적으로 '상징주의'는 직접 표현하지 않거나 또 구체적 이미지에 대한 직유(直喩)를 통해 암시하지 않고 어디까지나 이해하기 어려운 상징을 활용하는 것을 말하는데, 개인의 사상과 감정을 환기하는 경우를 '개인적 상징주의'(private symbolism), 보편적 · 초월적 이상세계를 암시하는 경우를 '초월적 상징주의'(transcendental symbolism)라 한다. 상징은 매개인 사물과 그 매개가 암시하는 의미의 이중성을 갖는다는 점에서, 겉으로 비유와 유사한 구조이나 무한하고 다양한 내적인 유추(類推, analogie)를 갖는다는 점에서 다르다.

한편, '상징'이나 '상징주의'의 어원은 '증표'를 뜻하는 헬라어 '심발레인'(συμβαλλἑιν)에서 비롯된 말이다. 고대 세계에서 계약을 체결할 때 당사자 두 사람이 하나의 물체를 나눠가지는 관례가 있었다. 각 당사자는 한 쪽의 '증표'(symbol)를 소유하고 있어서 어느 한편이 물체의 한 쪽을 제시함으로써 계약 당사자임이 틀림없음을 증거로 삼았다. 이런 전통이 교회 어법(語法)에 적용되어, 상호간에 동일한 신앙을 확인하기 위한 증표(고백)로 이해되었다. 즉, 한 개인(또는 공동체)이 제시한 'symbol'에 의해서 그 사람의 신앙고백의 입장을 확인할 수 있었다. 그러한 맥락에서 사도신조는 4세기 이후 'symbol'(Symbolum Apostolicum)로 불리게 되었다.

한편, 상징의 기능은 의미를 전하기 위한 것이지만, 또한 진리를 숨기기 위해서도 사용되었다. 예를 들면, 물고기 표시는 초대교회 당시부터 기독교 적대 세력이 있는 곳에서 연락을 취하기 위하여 사용된 상징이었다. 즉, 물고기 표시 안에 헬라어로 익수스(ἰχθύς)는 '예수 그리스도, 하나님의 아들, 구주'(Jesus Christ, Son of God, Saviour)라는 의미를 담고 있는 상징어였다.

성경에는 여러 상징들이 있다. 십자가, 선한 목자, 하나님의 어린 양 등이 그것이다. 그런데 성경에 소개된 이적들을 무조건 상징과 비유로 보는 시각은 경계해야 한다. 예를 들면, 오병이어의 기적을 '어린아이가 음식을 내놓으니 그 자리에 있던 사람들이 다같이 음식을 내놓아 12 광주리나 남았다' 고 해석함으로써 역사적 실재를 인정치 않고 하나의 상징적 사건으로 해석하려는 것 등이다. 이처럼 지나친 상징주의는 성경의 진리를 왜곡할 수도 있고, 또한 불건전한 신비주의적 경향으로 나아갈 수도 있다. → [1. 교회 일상 용어] '상징' 을 보라.

상호내재설(相互內在說, **coinherence**) 삼위일체 교리를 설명하는 데 쓰이는 용어. 즉, 한 하나님 안의 세 위격은 상호 내재(상호 침투)의 관계에 있으므로, 각 위격이 다른 위격과 구별되지만 동시에 깊이 상관되어 있다는 교리를 설명하는 데 쓰인다. 그런 점에서 하나님의 본질은 하나이며 서로 분리할 수 없는 것이다. 이 용어는 기독론에서 그리스도의 신성과 인성의 상호 침투를 묘사하는 데에도 쓰인다. → '삼위일체' 를 보라.

상황윤리(狀況倫理, **situation ethics**) 보편적인 윤리 규범을 부정하면서, 구체적인 상황에 처한 개인은 자신의 윤리적 당위(當爲)를 스스로의 직관을 통해 식별해야 하거나 윤리 규범을 글자 그대로 따라야 한다고 주장하는 윤리 학설. 성공회 소속 신부이자 윤리학자였던 플레처(Joseph Fletcher) 교수가 '새 도덕'(the New Morality)을 설명하면서 제시한 윤리사상으로, 그는 인간이 살아가는 삶의 공간에는 경직된 율법적 태도로 '옳다 그르다, 선이다 악이다' 를 판단하기 어려운 '회색지대'(the gray area)가 있다고 했다. 따라서, 어떤 행위의 정당성은 법이나 보편적 관습에 의해서 보다는 발생된 상황과의 관계에서 판단되어야 한다고 주장한다.

상황윤리는 크게 '율법 제일주의' 와 이에 대한 반발에서 생겨난 현대의 '반율법주의'(무법주의)로 나뉘며, 좁은 의미의 상황윤리는 주로 후자를 말한다. ① '율법 제일주의' 는 어떠한 상황에서도 윤리 규범을 따라야 한다고 하며, ② '무법주의' 는 구체적이고 특수한 상황에서는 무엇이 옳고 그른가를 개인의 양심만이 식별할 수 있다고 하면서 보편적 윤리 규범을 부정하거나 배격한다.

한편, 플레처는 상황윤리가 무원칙의 원리가 아니라 이웃에 대한 사랑의 원리에 의해 선택하고 결정하는 윤리라고 말한다. 사랑만이 시시각각으로 변하는 상황에서 결단의 원리요 기준이 되며, 따라서 상황윤리는 사물을 문제삼는 것이 아니라 인간관계와 인간을 문제삼는다고 한다.

그러나 이것은 ① 이웃 사랑을 강조한 나머지 하나님에 대한 사랑을 잃어버리며 ② 정의(절대적 진리)를 상실하는 오류를 범할 수 있게 한다. 이러한 형태의 상황윤리는 현대 기독교 윤리의 가장 큰 위협 중에 하나이다.

상황화(狀況化, **contextualization**) 선교용어로서, 선교를 진행하면서 기독교 복음의 정체성을 잃지 않으면서도 선교 현장에 있는 사람들이 그 복음을 들을 때에 그것이 자신들의 공동체와 상관 없는 것으로 여기지 않고 그것이 바로 자신들을 위한 것으로 느껴지고 받아들여질 수 있도록 만드는 것은 참으로 중요한 일이다. 이런 점에서 '상황화' 란 상황에 맞는 복음 전달의 방법을 추구하는 작업이라 할 수 있다.

'상황화' 라는 단어는 원래 1972년 교역을 위한 인간의 교육과 변화라는 관점에서 출발한 세계교회협의회(WCC)의 신학교육기금(Theological

Education Fund) 문서 중에서 '목회와 상황'(Ministry in Context)이라는 제목으로 처음 사용되었다. 여기서 '상황화'란, 자신의 상황이라는 틀 안에서 복음에 대해 의미 있게 응답하는 능력으로 묘사되었다.

상황화의 궁극적인 목표는 말씀이신 예수가 인간의 상황 가운데서 경험된다는 것이 무엇을 의미하는가에 대한 이해를 찾고자 하는 것이다. 즉, 상황화는 예수가 그의 문화 가운데서 살았던 것이 참인 것처럼, 오늘날 인간의 모든 문화 중에서 말씀이 육화되어야만 된다는 의미를 담고 있다. 복음이 특정 시간, 특정 장소에 살고 있는 특정한 사람들에게 대답을 제공할 때 복음은 기쁜 소식이다. 이것은 그 사람들의 세계관이 커뮤니케이션을 위한 틀을 제공하며, 그 사람들의 질문들과 필요들이 메시지의 강조에 대한 안내자가 되며, 그 사람들의 문화적 산물들이 표현의 매개체가 된다는 것을 뜻한다. 이런 점에서 '상황화'는 '현장화'(現場化)라 할 수 있으며, '순응'(accommodation), '적응'(adaptation), '문화화'(inculturation), '토착화'(indigenization)라는 용어들과 깊은 연관성을 갖는다.

20세기 중반까지 서구 중심 선교가 서구문명과 복음을 구별하지 못하고 하나의 문화적 패키지로 전한 것에 대한 반발과 반성에서 '상황화'가 시대의 흐름을 탔다. 즉, 이전까지의 선교가 복음의 수용자들이 소유하고 있던 문화에 대한 무지, 무시, 편견으로 특징 된다면 결국 이전까지의 서구 중심 복음화란 기독교화와 문명화로 요약할 수 있다. 복음을 전하고 교회를 세우는 것은 교파를 확장하거나 선교자의 문화를 현지에 강제 이입시키는 또 하나의 제국주의로 여겨지게 되었다.

이런 환경에서 교회설립을 목표로 하는 소위 '토착화' 원리는 더 이상 시대적으로 어울리지 않는 개념이 되고 말았다. 결국, 복음을 효과적으로 전하고 자립 교회를 세우는 것을 목표로 하는 토착화를 대신할 다른 원리의 출현이 필요하게 되었고, 이런 배경에서 '상황화'가 탄생하게 되었다.

여기서 '토착화'란 삼자원리(자치, 자립, 자전) 혹은 네비우스 방법 등으로 요약될 수 있다. 상황화는 바로 이 토착화에 근간을 두고 출현했다. 물론 상황화는 토착화와 여러 면에서 차이를 보인다. 즉, 상황화란 기본적으로 토착화의 개념을 포함하면서도 토착화의 오류, 편견, 틈새 등을 교정하면서 새로운 시대 상황에 맞는 선교원리로 제시된 것이다.

두 원리는 교회 상황에 대한 전제에서도 차이를 보인다. 토착화는 기본적으로 아직 교회가 스스로 설 수 없는 어린 교회를 전제하는 데 비해 상황화는 자립할 수 있을 정도로 성장한 교회를 전제한다. 또한 둘 사이의 주된 관심 분야도 차이를 보인다. 토착화는 어떻게 하면 복음을 효과적으로 전할까 하는 데 주된 관심이 있으므로 자연히 성경과 이를 해석하는 성경신학에 관심을 지니는 데 비해, 상황화는 현장의 문제를 어떻게 해결할까에 관심을 지니므로 주로 현장의 문제가 무엇인지를 파악하는 사회과학과 실천신학에 깊은 관심을 가진다. 즉, 토착화는 현지인의 마음에 말씀을 심고 현지인들로 하여금 그 말씀에 따라 삶을 살도록 하게 하는 것이 주된 관심이라면, 상황화는 주로 현실적인 사회문제 해결과 구조 변혁 등에 관심이 많다. → '토착화'를 보라.

새국제성경(– 國際聖經, **The Holy Bible, New International Version**) 약자는 'NIV.' 1950년대 초부터 흠정역(KJV)의 고어체에 대해 문제점을 느끼고 있던 복음주의 학자들이 흠정역을 대신할 수 있는 새로운 영어번역본 성경의 필요성을 느끼고 뉴욕성서공회를 통해 1978년 출판한 성경. 'KJV가 그 당시 했던 일을 오늘 우리 시대를 위해 행하자'는 목표하에 팔머(Edwin Palmer) 박사를 위원장으로 한 15명의 학자가 계획 및 최종 승인을 했고, 캐나다, 영국, 호주, 아일랜드, 뉴질랜드 등의 영어권 나라에서 초청된 약 100여 명의 학자들이 번역 작업에 참여했다.

번역 원칙은 ① 공인본문을 기초로 원어에 충실하고 ② 의역을 피하며, ③ 공중예배와 개인연구에 다같이 효과적이게 한다는 것이었다. 2개의 편집위원회를 통해 번역된 본문을 검토하고, 영문학자와 각계 전문가들을 통해 교열과 자문을 거쳐 그 적응성이 시험된 후, 실행위원회가 최종 승인하여 출판하기에 이르렀다.

1970년에 요한복음이 처음 나왔고, 1973년에 신약이, 1978년에 구약이 완성되었다. 문체는 품위 있고 약간 형식적이며 문어체 영어를 반영하고 있다. → '영역본'을 보라.

샤머니즘 (shamanism)

'샤머니즘'이란 치병(治病)이나 접신(接神)의 능력을 가졌다고 믿어지는 샤먄(무당)을 중심으로 하는 하나의 종교 현상을 가리킨다. 범신론(汎神論)적 신관을 가지고 있고, 자연숭배, 주물신앙, 조상숭배, 정령숭배 차원에 있다.

시베리아의 원주민인 퉁구스족(族)의 토착어 '샤먄'(Shaman, '아는 자' 란 뜻으로 '무당, 의사, 예언자'를 가리킴)에서 유래했다. 샤먄적 기질(감수성이 강하거나 신경이 예민하거나 현상들에 대한 위기의식이 강한 자)을 가진 자가 선택받아 엄격한 수행을 거친 후 신내림과 같은 특별한 접신 과정을 통해 주술적 카리스마를 획득함으로써 샤먄이 될 수 있다.

샤먄은 춤과 노래가 수반된 제의행위 중에 황홀과 무아(無我)의 상태로 들어가 신(神)을 접하게 되는데, 신령(神靈)과 사령(死靈), 정령(精靈) 등과 직접적으로 신비적인 교감(交感)을 수행하면서 주문을 외우고, 그 체험 내용을 속세의 무리에게 전하기도 하고 신탁을 수행하기도 한다. 고대 세계로 올라갈수록 샤먄은 부족의 지도자를 겸하는 등 종교사회적 관할자로 역할하였다.

한편, 샤먄은 선신(善神)에게 제사하고 악령을 추방하며 병을 몰아내며 길흉을 예언하는 일을 감당했는데, 지역에 따라서는 악령과 교통하는 흑색 샤먄과 선신과 교통하는 백색 샤먄이 구별되어 활동했다고 한다. 이러한 종교적 현상은 시베리아 및 우랄알타이, 중앙아시아, 극동아시아, 남북아메리카, 인도 동남부, 호주 등 세계 전역에서 널리 발견되는데, 가장 민속적인 문화로 발달한 곳이 한국이다.

한국에서 '무속'(巫俗, 혹은 무교)으로 불리는 샤머니즘은 한국인의 생활과 사고 속에 깊숙이 뿌리내려 있으며, 토착종교인 샤먄에 불교, 유교, 기독교의 일부가 혼합되어 독특한 종교현상으로 존재하고 있다.

서방신학(西方神學, theology of Western)

기독교는 동방에서 발생하여 서방으로 이식되어 서방 중심의 종교로 발전했다. '서방'과 '동방'의 차이는 일찍이 로마의 클레멘스(Clemens, 150-215년)와 안디옥의 이그나티우스(Ignatius, 35-117년) 가운데서 싹이 돋기 시작했다. 전자의 견해는 보수적, 노모스적, 윤리적, 신율법주의적인 서방신학으로 발전하였으며, 후자의 견해는 창시적, 사색적, 신비적, 그리스도론적인 동방신학으로 발전하였다.

서방신학의 발생은 사실상 로마가 아니고 북아프리카였고, 그중에 터툴리안(Tertullian, 150-220년)이 시조라 할 수 있다. 그 이전에는 서방에서 활동한 저스틴(Justine, 100-165년)과 이레니우스(Irenaeus, 130-200년)가 있는데 이들은 동방 출신이었다. 동방신학 사상은 소아시아에서 태동했으며 2세기 말 이후부터 알렉산드리아학파가 흥왕하게 되었다. 이와 때를 같이하여 카르타고의 터툴리안에 의해 북아프리카학파가 발생하였다. 전자는 철학과 기독교의 조화를 구하면서 신학을 발전시켰고, 후자는 양자의 차별을 주장하면서 신학을 고양시켰다.

동방신학과 서방신학의 확실한 분리는 그리스도의 신성을 부정한 아리우스(Arius, 250-336년)와 그에 맞선 아타나시우스(Athanasius, 295-373년)의 논쟁에서 비롯되는데, 서방신학의 중심인 로마교회는 아타나시우스의 견해를 정통사상으로 받아들였다(니케아 종교회의). 그리하여 343년 아타나시우스와 마르켈로스(Markellos) 등의 정통성을 결의하기 위해 콘스탄스(정통파)와 콘스탄티우스(아리우스파) 두 황제에 의해 소집된 사르디카 종교회의(Council of Sardica)에서 동서 교회의 분열은 가속화되었고, 그 후 헤로디콘 논쟁(단성론자와 정통파의 일치를 꾀하기 위한 신학명령서, 484-519년), 필리오퀘 논쟁(filioque, '및 아들에 의하여'란 뜻으로, 성령은 아버지 및 아들로부터 발출한다는 복수 발출론의 중심개념), 화상논쟁(畫像論爭, 7-9세기에 걸쳐서 화상숭배의 가부논쟁, 순교자를 기념하는 관습이 점차 성인숭배, 유물숭배로 변해감, 726년), 포티오스 논쟁(콘스탄티노폴리스 총주교, 867년) 등에 의해 마침내 두 교회는 결정적으로 역사상 분리되고 말았다(1054년).

서방신학의 뚜렷한 신학적 특색은 실천적 윤리성에 있었다. 그것은 동방신학에서 시작된 수도원이 서방에서 완성된 것을 보아서도 알 수 있다. 수도원의 수도사들은 사회개혁, 선교, 사자(寫字),

공공사업, 자선사업 등에 공헌하였는데, 고대로부터 중세에 걸쳐서 서방의 위대한 신학자나 선교사들은 거의가 수도사 출신이었다. → '동방신학'을 보라.

석의(釋義, **exegesis**) 해석학과 관계 있는 일종의 '해석의 과학'(the science of interpretation)이다. 해석학은 성경의 해석을 지배하는 여러 원칙을 확립하려는 것이지만, 석의는 개개 성경 본문의 진술과 자구의 의미를 결정하려는 것이다. 성경연구가 조직신학의 기초가 되듯이, 석의라는 연구부분은 성경신학의 기초를 이룬다. 석의는 성경 본문에 언급된 각 단어들의 의미나 각 품사의 용법 등을 면밀하게 연구하여 저자의 의도와 그 문맥이 요구하는 사상 및 성경 전체에서 구하는 가르침을 밝히는 데 관심을 갖는다.

성경 석의는, ① 말씀에 의해 정확하게 전달하는 일이 가능하며, ② 하나님께서 말씀을 통해 자신의 뜻을 알리고자 하신다는 사실을 인정하고 그 일이 인간에게 최고로 중요한 일이라는 기본적인 가정하에 출발한다.

선교신학(宣敎神學, **Mission theology**) 선교신학은 현실에서 실행하는 교회의 선교활동을 연구하는 학문으로, 선교활동에 대한 성경적·역사적 가르침을 탐구하고 현시대 상황에서 더 효과적인 선교 방법을 연구하는 학문이다.

풀러신학교의 선교학 교수인 벤 엥겐(Charles Van Engen)은 '선교란, 하나님의 백성이 의도적으로 교회로부터 교회가 없는 곳으로, 신앙이 있는 곳에서 신앙이 없는 곳으로 장벽을 넘어가는 것'이라면서, 따라서 '선교신학은 하나님의 백성과 열방 간의 경계선에서 일어나는 역동적인 상호관계에 대한 연구이며 이러한 관계에 대한 선교적 성찰이다'고 정의했다.

선교신학의 네 가지 기본 요소는 ① 성경신학과 ② 교회신학 그리고 ③ 경험신학과 ④ 컨텍스트(context)이다. 그리고 선교신학의 중심에는 항상 예수 그리스도가 있다. 그것은 교회가 수행하는 선교는 언제나 그리스도와 그 신앙의 연장선상에 위치하기 때문이다.

선교학(宣敎學, **missiology**) '전도학'(傳道學)이라고도 일컬어지는 선교학은, 선교개념과 성경에 언급된 교회의 사명과 선교의 역사 및 선교의 제 문제에 관한 것을 다루는 학문이다. 물론, 선교활동에 관한 학문이지만 선교 사업과 관련된 모든 가능한 상황과 조건을 다루는 실천적 학문이다.

따라서 선교학은 ① 기독교 선교사의 메시지와 노고를 탐구하는 실천신학 분야, ② 기독교 세계와 다른 문화권 간의 소통에 관한 과학(필연적으로 문화인류학과 연관됨), ③ 세계 선교에 대한 연구, ④ 기독교 확장운동에 대하여 성경적으로, 역사적으로 연구하는 학문이며, 동시에 ⑤ 하나님 나라의 실현을 위해 전도 방법을 연구하는 학문이기도 하다. 이 학문은 성경신학, 인류학, 역사학뿐 아니라 심리학, 사회학 등과도 관계되어 있다.

선재(先在, **pre-existence**) 세상이 창조되기 전에 예수 그리스도께서 영원 전부터 존재하고 계셨다는 사상(골1:15,17; 미5:2). 이는 그리스도의 신적 특성을 나타내는 것으로, 때가 차서 성육신하신 영원한 생명 즉 '로고스'의 존재에 대한 신학적 전문용어로 쓰이고 있다(요1:1; 17:5,24).

한편, '선재'라는 용어를 인간에게 적용하여 인간의 영혼이 이 땅의 삶을 시작하기 전, 즉 영혼이 육체와 결합되기 이전에 이미 존재하고 있었다는 사상으로 쓰이기도 한다. 정통 기독교 신학에서는 영혼의 선재 사상을 용납하지 않는다. 성경적 근거가 없을 뿐 아니라 원죄(原罪)를 설명하는 데도 불필요하기 때문이다.

선재적 은총(先在的 恩寵, **prevenient grace**) → '선행 은총'을 보라.

선지서(先知書, **Prophets**) 일명 '예언서'(豫言書). 오늘날 구약성경으로 일컬어지는 39권의 책들은, 유대교에서는 '토라(율법서)와 네비임(선지서)과 케투빔(성문서)'이라는 긴 명칭으로 불렀다. 여기서 네비임(선지서)은 다시 '전기 선지서'(네비임 리쇼니임)와 '후기 선지서'(네비임 아하로니임)로 나뉜다. 〈전기 선지서〉에는 여호수아서, 사사기, 사무엘서, 열왕기가 포함되고, 〈후기 선지서〉에는 이사야서, 예레미야서, 에스겔서, 열두 소선지서가 포함된다(다니엘서는 케투빔 곧 성문서에 속함).

전기 선지서는 주로 이스라엘 민족이 애굽에서 탈출한 이후 여호수아의 영도하에 시작된 이스라엘의 가나안 정복 역사에서 신정국가 제도의 건설 과정과 바벨론 포로기까지의 역사적 기사를 취급한 책들이다. 대략 700년간의 기간이 포함된다. 이를 선지서로 취급한 것은 ① 그 역사 자체가 신정국가 건설이요, 하나님께서 자기 백성을 직접 인도하시는 하나의 구원 역사로서 선지서적인 교훈을 주기 때문이며, ② 그 책들의 저자들이 선지자의 위치에 있었기 때문이다. 또한, ③ 모세가 토라(율법) 곧 오경에서 예언한 하나님 나라의 청사진이 전기 선지서에서 실현 진전되기 때문이기도 하다. 전기 선지서는 오경의 교훈을 계승하는 역할을 할 뿐 아니라 후기 선지서에서 전개되는 하나님의 메시지와 연결을 지어주는 역할도 한다.

한편, 후기 선지서는 전기 선지서와 다르게 좀 더 정확한 의미에서 예언 중심의 책들이다. 즉, 후기 선지서를 이스라엘 선지활동의 중요한 시대의 기록으로 보고 이 선지서에 관련된 선지자들을 '기록하는 선지자들'(writing prophets)이라고 일컫기도 한다. 이 선지자들은 자기가 전하는 말씀들을 기록했고(사8:1; 합2:2), 영구히 보존하기 위해 노력했다(렘30:2).

선택(選擇, election, choice) 골라서 뽑는다는 뜻. 특히, 하나님의 기쁘신 뜻에 따라 민족이나 개인을 구원과 생명의 길로 부르시는 하나님의 택하시는 행위를 말한다. 선택의 일차적 목적은 택한 자의 영원한 구원이나 궁극적인 목적은 하나님의 영광에 있다(엡1:6,12,14).

이 같은 선택의 특징은 ① 인간의 행위에 따른 것이 아니라 하나님의 주권적 의지(기쁘신 뜻)에 기인한다(롬9:11; 고전1:27-31; 엡1:9; 딤후1:9). ② 취소되거나 변경됨 없이 불변적이다(롬8:29-30; 딤후2:29). ③ 영원 초월하신 하나님의 지혜로 이뤄진 선택은 창조 이전에 이미 된 것이고(엡1:4-5), 그 결과는 영원히 지속된다(롬8:29-30). ④ 선택의 조건을 인간에게 찾지 않으시고 하나님의 뜻에 따라 무조건적으로 이루시는 은혜로운 역사이다(롬9:11; 엡2:8,10). ⑤ 인간이 거부할 수 있는 것이 아닌 불가항력적인 것이다(시110:3; 빌2:13). 따라서 하나님으로부터 선택받은 사람은 복종과 신앙으로 화답해야 한다(신6:24-25; 롬11:28-30).

한편, 구약에서 선택의 대상은 이스라엘 백성(출19:5-6; 신7:6)과 남은 자(사1:9; 37:32) 등 주로 집단적인 데 비해 신약에서는 개인적이다. 물론, 각각의 개인이 아니라 '교회'로 부름받은 개인이다(벧전2:9).

선행 은총(先行 恩寵, prevenient grace) 인간의 어떤 선한 행위나 노력에 앞서서 행하시는 하나님의 은총을 말한다. 즉, 사람이 하나님을 찾을 수 있기(죄인이 하나님에 대한 올바른 지식을 가질 수 있기) 이전에 하나님께서 먼저 사람을 찾으시고 구원의 은총을 베푸셨다는(그 사람 안에 빛을 조명해 주셨다는) 교리. 일명 '선재적 은총.'

성경은, 인간이 먼저 하나님을 사랑한 것이 아니라 하나님이 우리를 먼저 사랑하셔서 예수를 이 땅에 보내셨고(요3:16; 요일4:19), 하나님께서 그의 기쁘신 뜻을 따라 우리에게 소원을 두고 행하도록 우리 안에 역사하신다고 가르친다(빌2:13).

선험적 타락(先驗的 墮落, transcendent fall) 플라톤주의나 영지주의에서 발견되는 이론으로, 인간이 이 땅에 피조된 그 자체를 초월적인 선함의 상태에서 타락한 것으로 보는 견해이다. 즉, 본래 순수하고 선한 영혼으로 존재했던 인간이 천상의 영역에서 이 땅으로 떨어짐으로써 순수하지 못한 인간의 육체 안에 갇히게 되었다고 본다. 이것은 하나님이 이루신 창조 역사가 선한 일이요, 그 만드신 물질계와 인간이 선하고 아름답다는 기독교의 신앙관과 대치된다(창1:31).

섭리(攝理, providence) 하나님께서 영원 전부터 혹은 창조 당시에 가지신 목적을 달성하기 위해 피조세계 전체에(시103:10; 마5:45; 갈1:15-16) 행하시는 사역의 전내용을 섭리라 한다. 즉, 하나님께서 모든 피조물을 보존하시며, 세계에서 생성하는 모든 일에 행동하시며, 만물을 그 정해진 목적으로 인도하시는 하나님의 사역을 말한다. 이는 라틴어의 '프로'(pro, '앞에'란 뜻)와 '비데레'(videre, '본다'는 뜻)가 결합된 용어로, 눈 앞에서는 하나님의 배려가 전혀 없는 것같이 보이지만 하나님은 그 일을 미리 준비하시며 성취해가고 계신다는 뜻이다. 이것이 곧 '섭리'이다.

성경에서는 '섭리'라는 직접적인 표현은 없으나

성결

'모든 일을 그의 뜻의 결정대로 일하시는 이의 계획을 따라 우리가 예정을 입어 그 안에서 기업이 되었으니'(엡1:11), '구하기 전에 너희에게 있어야 할 것을 하나님 너희 아버지께서 아시느니라'(마6:8)고 하신 구절 등 만물에 대한 하나님의 통치와 인간에 대한 끝없는 돌보심이 명백히 기록되어 있으므로, 섭리는 성경적인 교리라 할 수 있다(마5:45; 롬8:32). → '경륜'을 보라.

■**섭리의 성질** - 성경이 시사하는 섭리는 다음과 같다. ① 보편성(普遍性) : 하나님의 섭리는 시간(과거, 현재, 미래)과 공간과 존재를 초월한다(행17:20; 엡4:6; 히1:3). ② 주밀성(周密性) : 모든 대상의 세부적인 부분에까지 하나님의 섭리는 적용된다(시147:9; 마6:30; 10:29). ③ 주권성(主權性) : 만물에 대해 섭리하시는 일에 하나님은 스스로의 기쁘신 뜻에 따라 결정하시고 실행하신다(마11:26). ④ 허용성(許容性) : 모든 것이 섭리의 대상이나 죄에 관해서만은 허용적이시다. 즉, 하나님은 죄를 조장하지 않으시므로(피조물의 자유 선택에 두심) 그에 대한 책임이 없으시다.

■**섭리의 요소** - 섭리에는 세 가지 요소가 담겨 있다. ① 보존(保存, preservation) : 창조 사역을 마치신 하나님께서 자연법칙을 정하신 후에도 여전히 신적 활동을 통해 만물을 유지시키심을 말한다. ② 협력(協力, concurrence) : 피조물의 활동 배후에서 이를 가능케 하는 신적 사역을 말한다. 즉, 하나님의 절대적 의지와 능력이 자연 세력이나 인간 의지와 같은 종속적인 능력과 합력하여 일을 이루시는 신적 사역을 가리킨다. ③ 통치(統治, government) : 우주와 만물의 주인이신 하나님께서 피조세계를 그 존재 목적에 맞게 다스리시는 신적 활동을 말한다.

■**섭리의 종류** - 섭리는 그 구분에 따라 몇 가지로 대별된다. 먼저, 신적 섭리의 대상에 따라 ① 일반섭리(一般攝理) : 우주 및 전체 인간에 대한 하나님의 통치를 뜻한다(마5:45). ② 특별섭리(特別攝理) : 하나님을 믿는 자들의 삶과 활동에 대한 하나님의 돌보심을 뜻한다(롬8:32). 이는 모든 섭리의 중심으로서, 하나님의 자녀로 부름받은 자에 대한 기도 응답, 고통에서의 구원, 위험에서의 보호 등으로 나타난다.

다음은, 신적 섭리의 방법에 따라 ① 통상섭리(通常攝理) : 하나님의 뜻이 이뤄지되, 물질계에서는 하나님이 정하신 자연법칙을 통해, 정신계(또는 영계)에서는 하나님이 주신 마음의 특성에 따라 그 목적하신 바가 이뤄지는 것으로, 하나님의 거룩한 뜻이 제2원인(第二原因)의 매개를 통하지 않고 이뤄지는 것을 말한다. ② 비상섭리(非常攝理) : 하나님이 만드신 통상적인 법칙을 초월하여 일어나는 하나님의 초자연적이며 임시적인 역사를 말한다. 즉, 이는 제2원인의 피조물 자체가 주체가 되지 않고, 또 피조물의 작용이나 활동을 거치지 않고 하나님께서 직접 역사하심을 통해 일어나는 특이한 결과를 말한다. 이를 흔히 '이적'(異蹟)이라 일컫기도 한다.

성결(聖潔, **holiness**) '성결'(혹은 거룩)은 종교적인 용어로서, 전적으로 하나님과 관련된다. 이는 히브리어 '구별', '분리'의 의미를 갖는 어근에서 파생된 말을 번역한 것이다.

이 용어는 일차적으로 하나님께 사용되는데, 하나님을 가장 하나님 되게 하는 특성인 그분의 신성(神性)과 동의어처럼 쓰인다. 이차적으로는 거룩하신 하나님과 관련된 사람이나 사물, 장소, 일 등에 대한 개념으로 쓰인다.

일차적인 의미의 성결은 절대적이며, 이차적 의미의 성결은 상대적이다. 하나님은 자신을 가리켜 '이는 내가 하나님이요 사람이 아님이라 네 가운데 있는 거룩한 이니'(호11:9)라고 천명하셨다. 이것은 하나님의 타자성(打者性) 곧 어떤 피조물과도 비교할 수 없는 초월성과 존엄성을 강조한다. 이처럼 성결은 하나님 자신과 관련될 뿐 아니라 그분이 관계 맺기 위해 구별하신 것들과 관련된다. 따라서 이차적인 의미의 성결을 언급할 때에는 항상 하나님과의 관련성 때문임을 기억해야 한다. 성도(聖徒)라는 칭호만 보더라도 그들 각자의 도덕적 정절이나 순결성 때문이 아니라 하나님과의 관계 곧 그리스도의 속죄와 성령의 성별 때문에 그렇게 불리는 것이다.

기독교 신학에서 전통적으로 논의되어 온 '성결'은 주로 이차적 의미의 성결, 특히 하나님과 관계된 인간의 거룩함에 관한 것이다. 그런 점에서 성결은 '하나님의 형상으로서의 회복', '하나님과 인간을 분리시키는 죄 문제 해결(그리스도의 속죄 사역을 통한)', '하나님이 요구하시는 바 순결함'이 포함되어 있다고 본다. 결국 성결은 하나님의 본질이지만 그리스도의 속죄를 통하여 믿는 자들에게 전달되는 것이다. 그래서 하나님은 오늘도 '내가 거룩하니 너희도 거룩할지어다'(레11:44; 벧전1:16)라고 요구하고 계신다. →[1. 교회 일상 용어] '거룩'을 보라.

성경(聖經, the Bible, the Scripture, Holy Scripture) 하나님께서 자신과 그 뜻하시는 바를 인류에게 계시해 주신 영감의 기록을 성경이라 한다(딤후3:16). 성경은 기독교의 유일한 경전으로서 교회는 이 성경을 믿음과 행위(신앙과 생활)의 표준으로 삼고 있다. '성경'이란 말은 원래 '두루마리', '문서', '책' 등을 뜻하는 헬라어 '비블리아'(βιβλία)에서 온 말로 70인역(LXX)에서 단순히 '경전'(經典)을 가리키는 데 쓰였으나 5세기경에 와서 하나님의 거룩한 말씀인 '성경'을 지칭하는데 쓰이게 되었다.

성경은 '구약'(舊約, the Old Testament, 39권)과 '신약'(新約, the New Testament, 27권)으로 이루어져 있는데, 여기서 구약(舊約)은 그리스도 이전의 내용을 담고 있고, '신약'(新約)은 그리스도 이후의 내용을 담고 있다. 또한 약(約)이라 함은, 인간에 대한 하나님의 구원의 언약(言約, Covenant)을 가리킨다(구약은 옛 언약, 신약은 새 언약을 뜻함). 구약과 신약을 함께 묶어 하나의 책으로서 '성경'이라 처음 불려진 것은 안디옥 출신으로 콘스탄티노플의 주교였던 크리소스톰(Chrysostom, 347?-407년)에 의해서였다.

성경은 구약에서 신약까지 약 1,400여 년에 걸쳐 시대와 직업과 교육 수준 등이 서로 다른 30여 명의 저자에 의해 기록되었다. 물론, 이러한 다양성에도 불구하고 하나님의 사랑, 그분의 우주적 통치, 메시야(예수 그리스도)의 구원 사역 등이 통일성을 이루고 계시되고 있다.

■**성경은 하나님의 말씀** – 성경이 하나님의 말씀이라 할 때 그것은 다음의 뜻을 가진다. ① 하나님의 계시 : 성경은 인간의 뜻이 개입되지 않은 하나님의 직접적인 계시이다(벧후1:20-21). ② 살아 있는 능력 : 성경은 단순한 이론이나 언어행위가 아니라 살아 있는 하나님의 말씀으로서 살아 있는 능력이다(롬1:16; 히4:12). ③ 구원의 복음 : 성경은 죄인을 구원하기 위한 진리, 곧 구원의 기쁜 소식을 전하는 복음이다(요20:31). ④ 성문화된 기록 : 말씀의 근원은 하나님 자신으로서, 성경은 그 하나님의 특별한 계시를 성문화한 기록이다. 하나님은 성문화하는 과정 곧 성경 기록 과정에 영감으로 개입하셨다(딤후3:16).

한편, 성경이 하나님의 말씀이라는 증거는 〈내적 증거〉에서 ① 통일성 : 성경의 각 책은 주어진 시·공간과 역사적 배경이 다르며 각 기록자의 인격이 다르나 그 내용과 목적이 서로 완전 통일을 이루어 예수 그리스도를 중심으로 구원의 진리를 조화있게 보여준다. ② 유효성 : 성경은 창조주 하나님의 말씀이므로 피조된 인간의 전인적 구원에 유효한 적응성을 갖는다. ③ 절대성 : 성경은 인생의 지침을 제공하며(선과 악, 옳음과 그름의 절대적 근거를 제시함) 성경 이외의 그 어떤 사상 체계도 이 같은 기준을 제공하지 못한다. 〈외적 증거〉에서 ① 예언의 증거 : 성경의 예언은 모두 성취되었고 또 성취되어가고 있다. ② 이적의 증거 : 자연 질서를 초월하는 창조주 하나님의 주권이 발현된 이적은 성경의 권위를 확증해 준다. ③ 감화력의 증거 : 창조주로서 모든 피조세계의 평안과 행복을 추구하는 하나님의 거룩한 손길을 감화력으로 깨닫게 해준다(마5:45).

■**성경의 완전성** – 성경이 스스로 가지고 있는 완전하고 충만한 성격을 몇 가지로 확인할 수 있다. ① 권위성 : 성경에는 하나님으로부터 주어진 신적 권위가 있다. 이 권위는 교회나 인간이 아니라 성경 자체에 의해 증명된다(사8:20). 단지 인간은 이 권위를 인정하며 그 말씀에 절대적인 순종을 해야 할 뿐이다. ② 필요성 : 성경은 교회에 유용한 책으로 머무는 것이 아니라 인간에게 구원에 이르게 하는 은혜를 베푸는 방편으로 절대 필요하다(딤후3:15). ③ 명료성 : 성경 가운데는 인간이 이해하기 어려운 신비로움이 있는 것은 사실이나 진실하게 구원을 갈망하는 자에게 필요한 구원의 지식은 명료하게 드러나 있다. 그러므로 교회나 사람의 해석에 의존하지 않고도 구원의 도리를 알 수 있다(시119:105,130). ④ 로마 가톨릭이 전통과 교회의 규칙을, 재세례파가 내적 조명의 필요성을 주장하나, 성경은 그 자체로 개인과 교회의 영적, 도덕적 욕구를 충족시킬 수 있다.

■**성경의 정경성** – 프로테스탄트 교회는 39권의 구약성경과 27권의 신약성경만을 정경(正經, Canon)으로 삼고 있다. '정경'을 가리키는 영어

성경

Canon은 '규준, 표준'을 뜻하는 헬라어 '카논' (κανών)에서 유래한 용어로서 (라틴어 '노르마' ⟨norma⟩와 같은 뜻임), 이는 측량 도구로 쓰인 갈대를 가리키는 셈어 '카네'에서 유래한 것이다. 이 용어가 성경에 적용되어 '정경' 즉, '규준 또는 권위를 가진 본문'이라는 뜻으로 쓰이게 되었다.

성경 66권이 정경으로 인정되기까지는 오랜 세월이 걸렸다. ① 구약 33권의 성경이 정경화되기까지는 3단계로 구분된다. 즉, 구약의 율법서(토라)는 B.C.400년에, 예언서(선지서, 네비임)는 B.C.300-200년경에, 성문서(케투빔)는 B.C.160-105년에 정경으로 채택되었다 한다(R. Pfeiffer). 그러나 최종적으로 A.D.90년 벤 자카이(Johanan ben Zakkai)의 주도하에 모인 랍비들의 모임인 얌니아(Jamnia) 공의회에서 39권의 구약 정경이 최종 확인되었다. ② 신약 27권이 정경화되는 데는 몇 가지 기준(주 예수 그리스도를 증거하는 것, 사도적인 것, 영감성, 보편성)이 적용되었다. A.D.1세기 말에 이미 몇 권은 정경으로 공인되어 있었고, 2세기 말에는 현존 4복음서가 권위있는 것으로 택해졌다. 특히, 교회 내 이단의 출현은 신약 정경화 작업의 필요성을 급속히 요구하게 되었다. 그리하여 신약 27권이 모두 정경으로 인정된 것은 카르타고 교회회의(Councils of Carthago, A.D.397년)에서 결정되었다.

이러한 정경의 형성은 인위적이거나 외부의 강제에 의한 것이 아니었다. 성경 본문 스스로가 가지고 있는 권위성과 진리성 및 설득력에 의해 이뤄진 것이며, 교회의 오랜 신앙적 합의를 통해 자연스럽게 정경으로 인정되었다.

■**성경의 언어** - 구약성경 대부분은 히브리어로 기록되었고, 그중 일부만(스4:8-6:18; 7:12-26; 렘10:11; 단2:4-7:28) 아람어로 기록되었다. 이 아람어는 포로기 이후에 사용된 고대 근동의 통상적인 일상어였다. 신약성경은 당시 통속어였던 코이네(κοινή, '공통'이란 뜻) 헬라어로 쓰였다. 코이네 헬라어(헬레니즘 시대의 언어)는 고전 헬라어(B.C.300년 이전 언어)와는 다르고, 문법구조 등이 단순하며 강조적이고 모험적 표현에 즐겨 쓰였다.

■**구약과 신약** - 성경은 하나님의 말씀이고, 성경 전체는 유기적으로 상호 밀접히 연결되어 있다. 그런 점에서 구약과 신약은 모형과 실체, 예언과 성취라는 연관성을 지닌다고 볼 수 있다. 성경은 66권(구약 39권, 신약 27권)으로 이뤄져 있는데 이것은 70인역(LXX)의 구분법에 따른 것이다. 그런데 히브리성경에서는 원래 사무엘서, 열왕기, 역대기, 소선지서, 에스라, 느헤미야서가 각각 한 권으로 계산되어 구약은 24권으로 이뤄져 있었다. 히브리성경은 전통적으로 율법서(토라), 선지서(네비임), 성문서(케투빔) 등 세 큰 단위로 배열되어 있다.

한편, 한글개역성경에서 ① 구약성경은 천지창조에서 이스라엘 민족의 발생과 성장을 다룬 율법서(창세기-신명기), 가나안 정착에서 왕국 건설 패망 및 포로생활을 다룬 역사서(여호수아-에스더), 하나님의 구원섭리에 대한 인간의 반응(찬양, 감사, 간구 등)을 다룬 성문서(욥기-아가), 왕국 분열기에서 멸망에 이르는 동안 하나님의 거룩한 뜻을 추구했던 선지자들의 글을 다룬 선지서(이사야-말라기) 등으로 이뤄져 있다. ② 신약성경은 메시야(예수 그리스도)의 생애와 가르침을 다룬 복음서(마태복음-요한복음), 하나님의 섭리로 태동하고 부흥한 교회의 성장과정을 다룬 역사서(사도행전), 그리스도의 가치와 의미 및 성도의 올바른 삶의 원리를 다룬 바울서신(로마서-빌레몬서)과 공동서신(히브리서-유다서), 그리스도의 재림과 세계 종말 및 신천신지에 대한 비전을 다룬 예언서(요한계시록) 등으로 이뤄져 있다.

결국, 성경은 내용상으로 '태초에 하나님이 천지를 창조하시니라'(창1:1)에서 시작하여, '또 내가 새 하늘과 새 땅을 보니 처음 하늘과 처음 땅이 없어졌고'(계21:1)로 끝나고 있다. 그 사이에 하나님의 인류 구원 사역과 그리스도의 십자가 대속을 통한 인류 구원 역사가 소개되고 있다(요3:16).

■**성경의 원본, 사본, 역본** - 성경은 하나님께서 직접 계시하신 내용을 최초로 기록한 '원본'(原本)과 그 원본을 옮겨 쓴 '사본'(寫本)이 있다. 그리고 원래 히브리어, 아람어로 기록된 구약성경과 코이네 헬라어로 기록된 신약성경을 각 나라말로 번역한 '역본'(譯本)이 있다. 오늘날 원본은 존재하지 않으며, 사본은 박물관 등지에 수많은 형태로 존재하고 있고, 역본은 수 천의 인류 언어로 번역되어 있다. → '사본', '역본'을 보라.

■**성경과 성서(the Bible and the Scripture)** - 한국교회 내에서 하나님의 거룩한 말씀을 가리키는 표현으로 '성경'(聖經)과 '성서'(聖書)라는

말을 혼용해서 사용하고 있다. 주로, 거룩한 하나님의 말씀이라는 경전적 권위를 강조하는 측면에서 '성경'이라 부르고, 하나님의 말씀이 기록된 권위있는 책(문서)이라는 점을 강조하는 측면에서 '성서'라 부르는 경향이 있지만, 이것 역시 명확한 근거가 있는 판단은 아니다. 그런데 대한성서공회가 1923년에 발행한 대한성서공회사 제9쪽 범례를 보면, '성경'이란 표현은 일반적인 성경의 총칭으로 사용하고(예: 성경사업, 성경번역, 단편성경 등), '성서'는 공회의 기구 명칭에만 사용한다(예: 성서공회, 성서위원회, 성서주일 등)고 되어 있다.

성경비평(聖經批評, Biblical criticism) 성경 연구에 비평적 연구방법을 적용하는 학문적 경향을 말한다. 여기에는 '저등비평'이라고 하는 '본문비평'(사본들 혹은 역본들을 비교 연구함으로써 원래의 본문을 확인해 내는 작업)과 '고등비평'(성경 본문과 관련된 문서들을 그들의 원 역사적 배경과 관련해 이해하려는 학문적 자세)이라고 하는 '역사비평', '양식비평', '편집비평' 등이 있다. → '고등비평', '본문비평'을 보라.

성경사본(聖經寫本, manuscripts of the Bible) → '사본'을 보라.

성경신학(聖經神學, Biblical theology) '성경신학' 또는 '성서신학'(聖書神學)은 종교개혁 이후 성경의 교리적인 접근보다는 구속 계시의 점진적인 발전을 연구하는 분야라 할 수 있다. 게블러(J.P. Gabler)에 의해 교의신학에서 독자적 신학 분야로 처음 분리된 이래 이 성경신학은 근대에 프린스턴 신학교의 게할더스 보스(Geerhardus Vos)와 같은 신학자들에 의해 크게 발전하였다.
성경신학은 성경 자체가 가진 신학내용을 연구하려는 학문이다. 조직신학(組織神學)이나 교의학(教義學)의 보조적 역할을 하는 데 지나지 않았던 성경신학이, 성경의 문학적 연구라는 가치 아래 근대적 학문으로서 출발한 것은 19세기 이후의 일이다. 그 동안 성경 자체의 역사적 연구는 교의학이라는 두꺼운 벽에 가로막혀 왔었다.
성경신학은 성경 속에 있는 신학적 진리와 계시를 발굴하는 것을 그 책무로 하고 있다. 또한, 성경신학은 가능한 한 성경의 질서와 구조를 보존하는 것을 그 임무로 한다. 이런 맥락에서, 성경신학은 종합적이고 논리적인 방식으로 제목별 배열을 위해 성경적 형식에 구애받지 않는 조직신학과는 구별되며, 성경 전체를 과정이나 배경을 중심으로 연구하는 구약학이나 신약학과도 구별된다. 결국, 성경신학은 성경을 성경대로 보기 위한 학문이라고 할 수 있다.

> **용어상식**
>
> ### 성경신학의 전제와 기본원리
>
> 성경신학을 연구할 때 그 전제와 기본 원리들은 다음과 같다.
> ① 계시의 권위 : 성경은 계시된 하나님의 말씀이다.
> ② 계시의 무오성 : 절대 완전하신 하나님의 계시인 성경은 하나님의 완전한 영감으로 주어진 절대무오한 진리이다.
> ③ 계시의 점진성 : 성경의 특별계시는 역사적 점진성을 통해 드러난다.
> ④ 그리스도 중심의 계시 : 이 역사적 점진성을 통해 나타나는 성경의 특별계시는 구원(언약)사적 이해와 그리스도 중심으로 해석된다.
> ⑤ 계시의 통합성 : 성경의 다양성과 통일성, 즉 하나님의 계시의 유기성을 함께 고려하는 통합적 해석 또는 이해를 추구한다.
> 이와 같이, 성경신학은 계시를 일시에 완성된 것이 아니라 구속의 완성을 향한 점진적인 것으로 이해하기에 역사적이며, 하나님의 계시를 취급한다는 점에서 신적이고, 계시가 하나님의 백성의 구속과 관련되어 있다는 점에서 구속적이다.

성경역본(聖經譯本, versions of the Bible) → '역본'을 보라.

성경영감설(聖經靈感說, inspirationism of Scripture) 성경이 기록될 때 하나님께서 그 기록자인 인간으로 하여금 오류 없이 하나님의 뜻을 기록하도록 능력으로 간섭하셨다는 신학적 이론. 즉, 성령께서 성경 기자들의 자유로운 문필활동을 방해하는 일 없이, 더욱이 기록해야 할 하나님의 사상의 전부를 그릇됨이 없이 교시하시고, 그 사상을 표현하는 언어까지도 인도하셔서, 기자들을 오류에서 지켜주셨다는 것이다.

이처럼, 성경 기록의 모든 과정이 성령의 역사로 인해 진행됨으로써 성경은 곧 하나님의 말씀이며, 오류 없는 진리의 말씀이요, 신적 권위를 가진 말씀이 되는 것이다. 이 영감의 교리는, 성경 자신의 주장이다. '모든 성경은 하나님의 감동으로 된 것으로 교훈과 책망과 바르게 함과 의로 교육하기에 유익하니'(딤후3:16). 더욱이 하나님의 말씀(사30:1; 호2:21; 살전2:13)인 성경은 하나님의 지시에 의해 기록되었으므로(출17:14; 민33:2; 사30:8; 겔24:20) 절대 신빙성이 있고 인간이 임의로 해석할 수 없는 것이다(벧후1:20-21).

■**영감의 범위** - 성령께서 성경 기록자에게 영감을 주시되 어디까지 감화하셨는가에 대해서는 이견이 있다.

① 사상 영감설 : 하나님의 영감은 인간의 사상에만 적용되었고, 표현된 언어는 인간 기록자의 의지와 선택에 따랐다는 견해. 그러나 언어가 사상을 표현하는 수단이며, 사상과 불가분의 관계이므로 사상의 영감만은 설득력이 약하다.

② 부분 영감설 : 성경 중에 어떤 부분(교리적 문서, 도덕적 문서, 신약성경)은 영감된 반면, 다른 부분(역사적 과학적 연대적 부분, 구약성경)은 영감되지 않았다는 견해. 그러나 성경의 기록들은 상호 밀접히 연관되었으므로 부분만 영감되었다는 주장은 성경의 영감을 부정하는 것과 같다.

③ 완전 영감설 : 성경 전체가 영감되었다는 견해. 이는 모든 성경이 하나님의 영감으로 된 것이라는 바울의 주장에 의해서도 확인된다(딤후3:16). 더욱이 성령께서는 성경에 쓰인 용어, 문체, 표현까지 영감하셨으므로(축자영감설) 성경 각 부분, 각각의 단어에 이르기까지 하나님의 뜻과 의지를 발견할 수 있다(마22:43-45; 요10:35; 갈3:16).

■**영감의 성질** - 여러 견해가 있으나 극단적인 입장인 기계적 영감설이나 동력적 영감설보다는 유기적 영감설이 성경의 지지를 받는다.

① 기계적 영감설(mechanical inspiration) : 성경의 기록자 입장에서 정신 활동이 중단된 채 성령이 이르는 대로 기계적으로 받아 썼다는 견해. 그러나 성경 중에는 각 기록자들 나름의 독특한 문체나 개인적 경험 등이 드러나고, 때로는 기록자의 의도적인 자료수집이 언급된 것을 보더라도(왕상11:41; 14:29; 대상29:29; 눅1:1-4) 이 이론은 한계가 있다.

② 동력적 영감설(dynamical inspiration) : 성경 기록자가 신의 영감을 받되 단지 심적(영적) 활동에 대한 고무에 불과한 정도의 영감을 받았다는 견해. 이는 성경의 오류 가능성을 내포한 주장이며, 특별영감의 영역이 모호해지는 한계가 있다.

③ 유기적 영감설(organic inspiration) : 성령의 유기적인 영감에 의해 성경 기록자의 기질, 경험, 문체, 교육정도 등의 손상 없이 성경을 기록했다는 견해. 물론, 성경 기록 당시 성령께서는 기록자를 강하게 감동하시어 그들의 능력이 죄의 영향에 의해 잘못되지 않도록 심지어 용어 하나에까지 간섭하셨다는 것이다. 따라서 성경은 기록자 개인적 특성과 그 시대적 배경을 안고 있으나 오류에 이르지는 않는다.

성경의 무오(聖經 - 無誤, inerrancy of the Bible) 성경에는 하나님께서 인간에게 전하시고자 하는 내용이 오류없이 정확하게 계시되었고 또 전달되었다는 견해. 성경 기록자들이 오류를 범하지 않도록 성령께서 기록 과정까지도 감화하시고 영감을 주셨다는 주장을 통해 무오성이 더욱 강조된다. 이는 소위 '축자영감설'의 견해와 입장을 같이 한다. → '영감', '축자영감설'을 보라.

성경의 장절(聖經 - 章節, chapters and verses of the Bible) 성경 원본에는 장이나 절의 구분이 없었다. 그러던 것이 후대 성경 기록자들이 찾고 읽기에 편리하도록 구분을 하기 시작했다. ① 탈무드 이전 시대 : 유대인들은 성경을 인용하기 편리하도록 구약성경을 자신들만의 고유한 작은 구분들로 나누어 기록했다. 즉, 율법은 '파라숏', 선지서는 '합타롯'이라는 부분들로 구분했고, 오늘날의 절(節)과 비슷한 '프슈킴'이라는 구분도 있었다. ② 영국의 캔터베리 대주교였던 랭튼(Stephen Langton, 1150-1228년)에 의해 현재 사용되는 장(章) 구분이 이뤄졌다. ③ 프랑스의 인쇄업자인 스티븐스(R. Stephens)에 의해 1551년 출판된 헬라어 신약에서 신약의 절(7,959절) 구분이 이뤄졌다. ④ 계속해서 그는 1555년 구약 전체(23,214절)에 현재와 같은 장절 구분을 한 라틴 벌게잇을 출판했다. ⑤ 오늘날과 같은 장절 구분을 한 최초의 영어성경은 '제네바성경' (1560년)이다.

성경적 문자주의(聖經的 文字主義, literalism) 성경적 문자주의란 기독교의 유일한 경전인 성경에는 어떠한 오류도 들어 있지 않다는 신앙적 신념을 특징으로 한다. 즉, 기록된 성경에는 모든 면에서 오류가 전혀 없기 때문에 문자 그대로 진실하며 절대적인 권위를 지닌다. 따라서 문자 그대로 믿고 따라야 한다는 것이다.

이는 기독교 근본주의자들이나 세대주의자들 중에 극단적인 입장을 취하는 자들의 한 특징으로 여겨지는데(성경을 문자적으로 해석할 것을 주장함), 지나친 문자주의는(예를 들면, 만일 네 오른 눈이 너로 실족하게 하거든 빼어 내버리라' 〈마5:29-30〉) 오히려 하나님께서 주시고자 하는 메시지의 핵심을 놓치는 우를 범하게 하며, 성경 전체의 가르침과 정신을 훼손하는 오류를 범하게 된다.

성경전서 개역한글판(聖經全書 改譯 - 版, THE HOLY BIBLE Old and New Testament Korean Revised Version) → '개역한글판'을 보라.

성경주의(聖經主義, Biblicism) 오직 성경만을 신앙의 유일한 척도요 기준이며 원천으로 삼는 신앙관. 원래 이 용어는 '무비판적이고 비학문적인 경건주의적 맹신'이라는 경멸적 차원에서 사용되었다. 그러나 성경에 대한 순수하고 소박한 자세로 인해 좋은 의미로도 사용되며, 보수주의 신학 형성의 대전제가 된다.

성경주해(聖經註解, exegesis) 영어 exegesis는 '의미를 밝히는 것'이란 뜻인 헬라어 '엑세게시스'에서 유래한 말로서, 성경 본문이 가진 본래의 의미를 이해하기 위해 본문을 연구하는 과정을 말한다. 주해가 필요한 것은 ① 본문의 시간과 그 본문을 읽는 독자의 시간상 간격으로 인해 그 사이의 문화적, 언어적, 사회경제적인 차이 ② 본문 전달의 변천 과정 ③ 기록자의 불명확한 표현 ④ 성경 본문 간에 상충되는 듯한 내용 ⑤ 본문의 뜻이 왜곡된 채 그릇 인용되는 등의 이유 때문이다.

성경 주해는 신학의 발전과 성경 본문 연구의 발전(본문비평, 역사비평, 양식비평 등)으로 인해 좀 더 체계적이고 과학적인 접근을 통해 통찰력 있는 결과물들을 만들어내고 있다. 참고로, 주해가 본래의 의미를 추적한다는 점에서, 본문의 의미(오늘날을 위한 메시지)를 찾는 강해와 구별된다. → '주석'을 보라.

성구집(聖句集, rectionary) 교회력(敎會歷)에 따른 예배에서 사용되는 성경 구절을 모아놓은 낭독 선집.

성도의 견인(聖徒 - 堅忍, perseverance) 하나님으로부터 선택받은 성도가 은혜의 상태에서 떨어질 수 없다(구원을 상실할 수 없다)는 칼빈주의적인 교리 중에 하나. '성도의 궁극적인 구원'이라고도 한다. 여기서 '견인'이란 '성령께서 신자의 마음속에서 하나님의 은혜의 역사를 시작하시고, 계속하시어, 마침내 그것을 완성하시는, 성령의 계속적 역사'라 하겠다.

즉, 하나님의 영원한 섭리에 의해 선택되고 성령으로 거듭난 자들은 하나님의 은총으로써 보호받기 때문에 비록 그들이 유혹받고 죄를 짓기도 하지만 결코 '양자의 은총'을 잃거나, '의인의 신분'을 빼앗기거나, '죽음에 이르는 죄'를 범하게 되지 않는다는 것이다. 이처럼, 성도는 마지막 영화를 얻을 때까지 하나님의 인도와 보호를 받을 것이며, 언제든지 그러한 사실을 확신할 수 있다. 이에 대해 성경은 여러 부분(요10:28-29; 롬11:29; 빌1:6; 살후3:3; 딤후1:12; 4:18; 요일3:9; 5:18)에서 그 사실을 강조하고 있다.

한편, 이 교리는 성도를 거짓 평안과 태만, 방종, 부도덕으로 이끈다는 비난을 간혹 받는다. 물론, 성경은 성도가 하나님의 은혜로 보호받지만 그렇다고 인간 편에서의 주의와 열심과 기도를 도외시한 채 보호받는다고 가르치지 않는다. 성도는 하나님의 견인의 사역에 믿음으로 협력해야 한다(행27:25). 또한 하나님은 견인의 목적을 이루시기 위해 성도에게 두덕적 반응을 요구하신다. 성화(聖化)가 요구되는 대목이다. 도르트 신조와 웨스트민스터 신앙고백서에서 이 교리에 대한 진술을 찾아볼 수 있다. → '칼빈주의 5대 교리'를 보라.

성도의 교제(聖徒- 交際, fellowship) 그리스도 안에서 이뤄지는 사귐과 교통(交通)을 말한다. 성도의 교제가 실현되는 영역은 ① 하나님과의 교제(요일1:6) ② 예수 그리스도와의 교제(고전1:9; 요일1:3) ③ 성령과의 교제(고후13:13; 빌2:1) ④ 성도 상호간의 교제(행5:13; 몬1:6; 요일1:7) 등이다.

그렇다면, 죄로 인해 절망 가운데 있는 인간이 어떻게 감히 하나님과 사귈 수 있는가? 그것은 성부 하나님께서 자신의 독생자 예수를 십자가의 대속제물로 내어주시기까지 인간을 사랑하셨고(요3:16), 성자 예수께서 성부의 뜻에 전적으로 순종하심으로써(빌2:6-8; 골1:20; 히9:15) 가능했다. 사도 바울은 그리스도의 피로 말미암는 구속 곧 죄사함의 결과라고 증언한다(엡1:7). 예수께서도 공생애 동안 자신은 죄인을 부르러 오셨음을 천명하시면서, 친히 그들의 친구가 되어 주셨다(마9:12-13; 요15:13-15).

따라서 주 예수의 부르심을 받은 성도는 모두 형제요 자매로서 거룩한 교제를 이룰 수 있다(행2:42). 이것이 '코이노니아'이며 이 교제가 구체화된 것이 성만찬이다(고전11:23-26). → [1. 교회 일상 용어] '코이노니아'를 보라.

성도의 궁극적인 구원(聖徒 - 窮極的 - 救援, **perseverance**) → '성도의 견인'을 보라.

성령(聖靈, **Holy Spirit**) 거룩한 영. 창조주 하나님의 영. '성신'(聖神)이라고도 한다. 삼위일체(三位一體) 하나님 중 아버지 하나님, 아들이신 그리스도와 구별되는 제3위격(第三位格, 마28:19; 고후13:4). '하나님의 영'(창1:2), '여호와의 영'(사11:2), '하나님의 성령'(마3:16), '예수의 영'(행16:7), '보혜사'(保惠師, 요14:16) 등으로 불린다.

성령은 성부, 성자와 함께 창조 사역을 하셨고, 성도의 구원을 이루고 완성하시며 성도 가운데 함께 계신다(눅11:13; 요일4:13). 또한, 성령은 의지(고전12:11), 마음(롬8:27), 생각, 지식, 말(고전2:10-13), 사랑(롬15:30) 등 인격적 속성을 가지고 계신다. 따라서 거짓말이나 시험하는 것(행5:3-4,9), 거스르는 것(행7:51), 근심하게 하는 것(엡4:30), 욕 되게 하는 것(히10:29), 훼방하는 것(마12:31)은 모두 성령을 대적하는 죄악이다.

■**성령의 사역**(**the work of Holy Spirit**) - 성령께서는 창조와 구속에서 하나님의 일을 적용, 완성케 하신다. 즉, 성령은 인류 구속 사업을 위해 그리스도를 준비하시고 그리스도에게 권능을 주신다(눅1:35; 3:22; 요3:34; 히10:5-7). 그리고 성령께서는 성경을 영감하시고, 영적 조명을 통해 밝히신다(고전2:10,13; 벧후1:21). 또한 성령은 교회를 형성하시고 확장하시며 교회 안에서 새 생명의 원리로 내재하신다(엡1:22-23; 2:22; 고전3:16; 12:4). 그리고 교회를 가르치시며 보호하시고 모든 진리 안에서 교회를 인도하신다(요14:26; 15:26; 16:13-14; 엡5:32; 히10:15; 요일2:27).

이외에도 성령께서는 ① 우리로 하여금 하나님께 나오게 하심(엡2:18). ② 죄로부터 자유롭게 하심(고후3:17). ③ 하나님의 사랑을 부어주심(롬5:5). ④ 성도끼리 서로 교제하게 하심(빌2:1). ⑤ 하나님의 법을 지키게 하심(겔36:27). ⑥ 권능을 주심(미3:8). ⑦ 거듭나게 하심(요3:3,5). ⑧ 함께 동행하심(요14:16-19). ⑨ 그리스도를 증거하심(요15:26). ⑩ 진리 가운데로 인도하심(요16:13). ⑪ 죄와 사망의 법에서 해방시키심(롬8:1-2). ⑫ 하나님의 자녀임을 증거하심(롬8:16). ⑬ 소망을 갖게 하심(롬15:13). ⑭ 거룩하게 하심(롬15:16). ⑮ 은사를 주심(고전12:3-11). ⑯ 열매 맺는 삶을 살게 하신다(갈5:22-23).

■**성령의 특성**(**the nature of Holy Spirit**) - 성령 하나님에 대한 오해를 불식시키기 위해 다음 몇 가지를 기억할 필요가 있다.

① 성령의 인격성(人格性) : 교회 역사 중에 성령의 인격성이 의심받고 부정된 적이 많다(초대교회의 이단들, 종교개혁 시대의 소시니안 파, 유니테리언 파, 근대주의자, 사벨리우스주의자 등). 그들은 성령을 단순히 하나님의 능력이나 감화력으로만 생각했다. 하지만 성경은 성령이 분명 인격성을 지닌 존재임을 일깨운다(요14:16-17,26; 15:26; 롬8:26). 또 인격성의 한 요소로 지혜와 지식(요14:26; 15:26; 롬8:16; 애정(사63:10; 엡4:30), 의지(행16:7; 고전12:11)를 지니셨으며, 인격적 행동들(발언, 탐구, 증거, 명령, 계시, 노력, 조정 등)을 하신다고 증언한다(창1:2; 눅12:12; 요16:8; 행13:2; 롬8:11; 고전2:10-11). 그리고 성령께서는 성도에게 내주하시며 교제하시기를 기뻐하신다(롬8:9-10; 고전3:16; 갈2:20).

② 성령의 신성(神性) : 성경은 성령을 가리킬 때 신적 명칭들로 그분의 신성을 증언한다(행5:3-4;

고전3:16; 딤후3:16). 또 신적인 초월성과 탁월성과 완전성을 언급한다(시139:7-10; 사40:13,15; 고전2:10-11; 12:11; 롬15:19; 히9:14). 그리고 신적 사역을 행하는 분으로 묘사하며(욥26:13; 시104:30; 요3:5-6; 딛3:5; 롬8:11), 신적인 존영을 그분에게도 허락한다(마28:19; 롬9:1; 고후13:14).

③ 성부와 성자와의 관계 : 성령은 성부와 성자에게서 발출(發出)하셨다(요15:26). 따라서 성령은 성부, 성자와 더불어 가장 친밀한 관계를 지니신다. 성령은 하나님의 깊은 것까지도 탐지하신다(고전2:10-11). 한편, 성령은 성자 예수의 영으로서(롬8:9; 갈4:6), 그리스도에 의해 파송되신다(요15:26; 16:7).

성령의 발출(聖靈 - 發出, **procession of the Holy Spirit**) 성령의 존재 기원을 나타내는 동시에 하나의 하나님 안에서 세 위격의 현존을 파악하는 도구로 사용된 신학 용어. 주로, 성령께서 '성자 그리고 성부로부터의 영 이심을 나타낼 때 사용되며, 하나님의 내적 신비를 규명하는 데 기여한 표현이다.

성경은 성령을 '하나님의 영' (고전2:12), '아들의 영' (갈4:6), '그리스도의 영' (롬8:9; 빌1:19; 벧전1:11)이라고 하였다. 성부 하나님께서는 그리스도의 이름에 의해 성령을 보내셨다(요14:26). 그리스도 자신도 승천하시면서 보혜사 곧 돕는 자를 보내주신다고 약속하셨다(요15:26; 16:27). 또한, 요한복음 20:22에서 예수께서는 제자들에게 숨을 내쉬면서 '성령을 받으라' 고 하셨다. 이와 같이 성경에는 성령의 발출에 있어서 성부와 성자의 밀접한 결합관계를 보여주고 있다.

그럼에도 성령의 발출과 관련하여 교회사적으로 수많은 논쟁이 벌어졌다(대표적으로는, 그레고리우스가 '성자를 통하여 성부로부터' 라는 동방교회의 전형적인 발출사상을 강조했다). 그러다가 1017년에 이르러 공식으로 승인된 니케아-콘스탄티노플 신조에서 '필리오케(filioque, '그리고〈및〉 성자로부터')라는 라틴어가 추가됨으로써 서방교회의 성령 발출설이 공식 확립되었다. → '발출', '삼위' 를 보라.

성령 충만(聖靈 充滿, **fullness of the Holy Spirit**) ① 성령께서 성도를 완전히 지배하시는 상태. ② 하나님의 신에 온전히 감동되는 것(행7:55). ③ 삶 전체가 전적으로 하나님의 지도 아래 있게 된 상태(눅1:15,41,67; 행2:4; 9:17). ④ 그리스도인에게 주어지는 성령의 감화와 인도와 역사의 충만함을 말한다. 성령의 충만은 곧 그리스도의 충만이요 하나님의 충만으로서, 성도를 가장 온전하고 복되게 하며 능력 있게 한다(행13:9-10). 성령이 충만한 자는 그 삶이 자신의 옛 본성(자아)에 좌우되지 않고 오직 하나님과 그분의 뜻으로 충만하게 될 것이다(엡5:18).

성경에서 성령이 충만한 사람들을 보면, 요셉(창41:38-39), 브살렐(출31:2-3; 35:31), 모세(민11:17,25), 여호수아(민27:18), 옷니엘(삿3:9-10), 기드온(삿6:34), 입다(삿11:29), 삼손(삿14:6,19; 15:14), 사울(삼상11:6), 다윗(삼상16:13), 에스겔(겔2:2; 3:24), 다니엘(단4:8-9; 5:11-14), 스데반(행7:55), 빌립(행8:29), 백부장 고넬료와 가족(행10:45), 세례 요한(눅1:15), 예루살렘 교회 성도(행2:1-4), 바나바(행11:24), 바울(행13:9), 사도 요한(계1:10) 등이 있다.

성문서(聖文書, **Hagiographa**) 헬라어로는 '하기오그라파' 곧 '거룩한 글들' 이란 뜻이며, 히브리성경의 분류법에 따라 율법서(토라)와 선지서(예언서, 네비임)에 이은 세 번째 부분인 '케투빔'('기록된 글들' 이란 뜻)을 가리키는 말이다. 율법서와 선지서에서 취급된 책들 이외에 각각 다른 시기에 정경으로 인정된 전 구약성경의 남은 11권의 책들을 일컫는다.

성문서는 '시가서' (시편, 잠언, 욥기), '두루마리서' (아가, 룻기, 애가, 전도서, 에스더서), '역사서' (다니엘서, 에스라서, 느헤미야서, 역대기) 등 세 부분으로 나뉜다. 특이하게도 다니엘서가 선지서적인 요소가 많으나 역사서로 분류된 것은, 내용이 역사적 기사 위주로 되어 있고, 다니엘이 선지자로 임명된 적이 없다는 사실이 주요 원인인 듯하다. 또한 욥기가 사건 중심의 책이나 시가서에 들어간 것은, 문체가 시어체(詩語體) 위주로 되어 있기 때문이다.

그리고 다섯 권으로 된 두루마리서는 '메길롯' (megilloth)이라 불리며 이스라엘의 5대 절기(유월절-아가, 오순절-룻기, 애가-아브월 제9일, 장막절-전도서, 부림절-에스더서)에 회당에서 읽혀졌다. 참고로, 한글개역성경은 히브리성경의 분류법과는 달라, 성문서라 할 때 '욥기에서 아가까지'의 다섯 권을 가리킨다.

성부(聖父, the Father) 하나님에게 적용된 이 '성부'라는 이름은 성경에서 항상 동일한 의미로 사용되지는 않는다. 하나님은 신앙적 측면에서 뿐 아니라 존재론적 측면에서 '성부' 곧 '아버지'가 되신다.

즉, ① 하나님은 우리의 창조자요 보호자며 양육자이자 통치자란 점에서 '성부'로 부를 수 있다(신32:6; 사63:16; 64:8; 렘3:4,19; 31:9; 말1:6; 2:10; 고전8:6; 엡3:14-15; 히12:9).

② 또한, 선민(選民) 이스라엘의 입장에서(렘31:9), 또 언약적 관점에서 그 관계성을 강조하는 말로 '성부'를 언급할 수 있다(신7:6-12; 32:6; 사1:2; 63:16; 64:8; 렘3:4; 말1:6; 2:10).

③ 특히, 하나님의 영적 자녀인 신자들의 아버지로서 하나님의 강한 부성애(父性愛)가 강조된다(출4:22; 19:4; 신32:11; 시103:13; 잠3:11-12; 호11:1; 마5:45; 6:6-15; 롬8:15; 요일1:3).

④ 그러나 한층 더 근본적인 의미에서, 이 명칭은 삼위일체의 제2위와 관련해 제1위에게 적용된다(요1:14,18; 5:17-26; 8:54; 14:12-13). 즉, 하나님의 '성부' 되심은 기독교 신앙의 핵심으로(요6:27; 롬1:7; 고전1:3; 8:6; 고후1:2-3; 갈1:1-4), 성육신하신 예수님을 통해 완전한 모습으로 계시된다. 즉, 예수님은 성부 하나님과의 절대적 관계성(하나 됨)과 그 위격(位格)의 구별성을 나타내면서 하나님을 '아버지'로 묘사하셨다(막14:36; 요5:17; 17:11,25). 이는 신자가 하나님을 가리켜 '아버지'라 부르는 것과는 차이가 있다. 신자가 '아버지'라 함은 하나님의 무조건적인 사랑과(요일3:1) 예수의 구속의 은혜에 의해 가능했고(마11:26; 요1:12-13; 20:17; 엡2:18), 성령의 역사에 의해 '아버지'라 부를 수 있게 되었다(롬8:15; 15:6).

성부 하나님은, 그가 영원으로부터 성자를 발생하셨다. 그리고 인류의 구속사업을 계획하시고, 창조와 섭리와 구원 설계에서 삼위일체를 대표하는 사역을 감당하신다. 물론 이 모든 일들은 다른 두 위(位)도 함께 참여하시지만 그럼에도 특수적으로는 성부의 일로 돌려진다. → '삼위', '삼위일체'를 보라.

성삼위(聖三位, the Three Persons) → '삼위'를 보라.

성삼위일체(聖三位一體, Trinity) → '삼위일체'를 보라.

성서(聖書, the Scripture, Holy Scripture) → '성경'을 보라.

성서비평(聖書批評, Biblical criticism) → '성경비평'을 보라.

성신(聖神, the Spirit, Holy Ghost) 거룩한 영 곧 성령의 구약적 표현. '하나님의 영', '하나님의 신', '여호와의 신'으로도 불린다. 개역개정판에는 '성령'으로 통일했다(대상12:18; 시51:11; 사63:10). → '성령'을 보라.

> **용어상식**
>
> ### 성육신
> (Incarnation)
>
> '성육신'(成肉身)이란, 예수께서 육신을 입고 세상에 오신 일(롬8:3; 딤전3:16). 곧, 하나님이신 그리스도께서 사람의 몸을 입고 동정녀를 통해 탄생하신 인류 구원의 역사적 사건을 말한다(골2:9). 사도 요한은 이를 '말씀(로고스)이 육신이 되어 우리 가운데 거하시매 …'(요1:14)라고 했다. 이를 '수육'(受肉), 또는 '화육'(化肉), '도성인신'(道成人身)이라고도 한다.
>
> 성육신은 하나님의 자기 계시의 절정이다(히1:1-2). 물론 이것은 자신의 존재를 드러내시는 데 그 목적이 있는 것이 아니라 죄인을 구속하는 데 근본 목적이 있다. 즉, 십자가에서 죽으심으로 죄인을 그 죄와 절망에서 구원하시고자 성육신하신 것이다(히2:14-15).
>
> 이처럼, 성육신은 무한한 존재(초자연적인 존재)가 유한한 세계(자연계)에 개입하신 것으로, 그 본질에 있어서는 성육신 이전이나 이후가 변함 없다. 말씀(로고스)이 육신을 덧입은 것이며, 따라서 그 말씀(로고스)은 성육신 후에도 영원한 존재로 위치하신다(요1:14).

성자(聖子, the Son) 성삼위(聖三位)의 제2위

인 예수 그리스도를 가리킨다. → '예수 그리스도'를 보라.

성직권주의(聖職權主義, clericalism) 성직자(성직권) 존중주의. 일명 '교권주의'(敎權主義). 종교적인 계급제도의 힘을 유지하거나 증가시키려는 정책 및 주의. 종종 부정적인 의미로 사용되어, ① 성직자의 권력화와 부당한 정치적 세력화, ② 성직자의 세속화로 인한 과도한 직업적 태도, ③ 평신도가 성직자의 태도를 지나치게 모방하는 것, ④ 교회 밖의 일에 과도하게 영향을 행사하려 하는 것 등에 사용되었다. →[1. 교회 일상 용어] '성직'을 보라.

성직주의(聖職主義, sacerdotalism) 성직 제도를 옹호하거나 성직권을 존중하는 주의. 내용상 '성직권주의'와 흡사하다.

성체공재설(聖體共在說, coexistentialism, consubstantiation theory) → '공체설'을 보라.

성화(聖化, sanctification) 죄악된 옛 본성을 벗고 죄의 더러움에서 분리되어 하나님을 향하여 거룩하게 되어가는 것. 즉, 죄사함을 얻고 구원받은 인간(유효적으로 부르심을 받고 중생한 자)이 하나님의 거룩한 성품을 닮아가는 과정을 말한다. 이는 칭의에 뒤따라서 성도의 마음과 삶 속에서 지속되는 하나님의 사역이다. 즉, 거룩함 가운데 자라는 과정으로, 개인의 성품과 삶 가운데 실제적인 변화가 나타난다.

이 '성화'는 '칭의' 곧 '의롭다고 인정받는 것'(justification)처럼 단번에 이뤄지는 것이 아니다. 구원받은 후 오랜 기간 거룩한 생활을 통해 성숙되어 감으로써(성화의 과정을 거침으로써) 끝날에 '영화'(glorification)를 얻게 될 것이다. 그런 점에서 '성화' 역시 하나님의 은혜로 가능한 일이다.

한편, '주 예수 그리스도로 옷 입다'(롬13:14), '범사에 그에게까지 자라다'(엡4:15), '완전한 데로 나아가다'(히6:2)는 모두 성화를 묘사한 말씀이다. 이 말씀들에서 보듯이, 성화는 하나님이 주도하시는 사역이지만 동시에 인간의 협력과 선한 반응을 필요로 한다. 성도는 은혜 안에서 자라면서 하나님을 두려워함으로 거룩을 온전히 이뤄가야 한다(빌2:12).

세대주의(世代主義, dispensationalism) 1830년경 영국과 아일랜드에서 시작된 전천년주의자들의 운동. 일명 '계약기 분할주의'(契約期分割主義). 교파 및 교회의 형식적 제도와 조직을 경시하는 교회갱신 운동 단체인 플리머드 형제단(Plymouth Brethren)에서 유래했고, 대표적 지도자는 아일랜드 출신의 다비(J.N. Darby, 1800-1882년)였다. 그리고 그들의 사상을 전파하는 매체는 스코필드관주성경이었다.

세대주의자들은 ① 지나치게 성경의 문자적 해석을 추구하고 ② 구약 이스라엘과 신약 교회의 무관계성을 주장하며 ③ 전천년왕국설을 근간으로 이 세상을 일곱 경륜으로 구분했다. 즉, 무죄시대, 양심시대, 인류통치시대, 약속시대, 율법시대, 은혜시대, 왕국시대로 구분했다(각 시대는 아무런 관련성이 없다고 봄).

이들의 교리는 많은 부분에 칼빈주의적 성향을 지니고 있고 또 복음주의적 교회에 널리 전파되었다. 그러나, 세대주의적 신앙관은 결국 성경과 교회와 하나님의 구원의 단일성에 치명상을 안겼고, 더욱이 지나친 문자주의로 성경의 일부만 취사 선택함으로써 결국 비성경적인 입장에 서는 문제를 남겼다.

세속주의(世俗主義, secularism) 사회에 대한 종교적 영향력 제거를 주장하는 이론. 기독교에서는 하나님이 죽으셨고 존재하지 않으시는 것처럼 인생을 사는 것을 말한다.

'세속주의'란 표현이 처음 등장한 것은(1851년) 종교나 신학과는 관계없이 인간개량(人間改良)의 가능성을 주창한 홀리오크(G.J. Holyoake)에 의해서이다. 즉, 그가 제기한 소위 공리주의(功利主義) 윤리의 한 형태(일종의 인생철학적 사상태도)로 세속주의가 언급되었다. 그가 강조하는 바는, 교회(교권)에 의한 인간 생활의 지배나 통치에 대한 거부와 반항이었다. 그는 당시의 과학기술을 지나치게 신뢰함으로써 인간은 신(神) 없이도 살아갈 수 있다고 보았다.

결국, 이 사상은 초자연이나 신의 은총, 혹은 사후 세계 등을 부정하고 인간의 노력만으로도 무한히 발전해 나갈 수 있다는 입장이다.
　오늘날의 세속주의는 하나님보다는 특수한 시대정신을 둘러싸고 있는 생활의 통합을 말하고 있다. 그것은 마치 물질적 질서가 지상 최고의 가치로서, 하나님은 존재하지 않는 것과 같은 생활 양상이다. 결국, 세속주의는 이론적 무신론을 언급하지는 않지만 실제적으로는 무신론과 무신앙, 무종교를 표방한다. → [1. 교회 일상 용어] '세속(화)'을 보라.

소명(召命, calling) → [1. 교회 일상 용어] '부르심', '소명'을 보라.

소선지서(小先知書, Minor Prophets) 소선지서(소예언서)는 '열두 책' 또는 '열두 선지자(예언자)의 책'으로도 불린다. 히브리어성경에서는 한 권의 책으로 되어 있고, 이사야서와 에스겔서 같은 장문의 선지서 뒤에 그리고 성문서(케투빔) 바로 앞에 위치한다. '소선지서'라는 말은 이사야서와 예레미야서 등 장문의 선지서와 비교한 데서 유래된 것으로 보는데, 그것은 '덜 중요하다'는 의미가 아니라 '비교적 내용이 짧다'는 의미이다.
　소선지서의 배열은 70인역(LXX)에서 호세아, 아모스, 미가, 요엘, 오바댜, 요나 순으로 되어 있다(책의 길고 짧음을 감안한 배열로 추정). 이와는 달리 오늘날의 배열은 아마도 시대순으로 배열된 것으로 추정한다. 즉, ① 초기 앗시리아 시대(호세아, 요엘, 아모스, 오바댜, 요나, 미가) ② 앗시리아와 바벨론 시대(나훔, 하박국, 스바냐) ③ 페르시아 시대(학개, 스가랴, 말라기) 등이다. 이 선지서들은 대략 B.C.350-200년경에 모아진 것으로 보인다.
　소선지서에서의 강조점은 '메시야의 오심'과 '심판의 날을 선포하는 것'이다. 대선지서에서 보편적으로 볼 수 있는 범죄한 선민의 고난과 남은 자의 회복, 이방국가의 종국적 멸망, 하나님의 정의가 실현되는 최후의 심판 등의 사상이 소선지서에서도 압축적으로 명백히 드러나고 있다.

소예언서(小豫言書, Minor Prophets) → '소선지서'를 보라.

소요리문답(小要理問答, shorter catechism) → '요리문답', [3. 행정 및 교육 용어] '소요리문답'을 보라.

속성의 교류(屬性- 交流, communion of the properties) 성삼위 중 제2위격인 예수 그리스도 안에 있는 신성(神性)과 인성(人性)은 구분되면서도 합일을 이루고 상호 교류한다는 교리. 이는 '인격의 고유성(단일성)'과 '각 본성의 교류'라는 이질적 이론을 연결시키고자 의도된 교리로서, 하나님이시자 인간이신(神人) 그리스도의 나뉘지 않으나 풍성하고 완전한 생애와 사역을 시사한다. 이 교리는 주로, 성만찬과 관련해 루터교에서 주장하고 있다.

속죄(贖罪, atonement, ransom) → '구속', [1. 교회 일상 용어] '속죄'를 보라.

수리아역(- 譯, the Syriac Peshitta) 일명 '페쉬타역'(Peshitta, '단순하다, 통속'이란 뜻). 수리아역이 성경원문의 뜻을 간단 명료하게 드러낸다는 데서 유래된 명칭이다.
　A.D.2세기 후반 그리스도인에 의해 번역되었고, 기독교 번역의 효시로 꼽는다. 고대 번역 중 가장 정확한 것으로 '번역의 여왕'이라 불린다. 수리아어는 북부 수리아와 메소포타미아의 통용어로 아람어와 같은 방언이다. 또, 수리아어는 팔레스타인 북방에 거주한 기독교인들이 사용한 방언이므로 '기독교 아람어'라고도 한다.

수메리아어(- 語, Sumerian) 셈족 계통의 언어가 아닌 설형(쐐기)문자로 쓰여진 글인데, 고대 바빌로니아 남부에서 사용되던 언어를 말한다.

수양(收養, adoption) 입양에 의해 아들의 지위를 얻음. 양자(養子)로 삼음. 하나님께서는 의롭다 함을 입은 모든 자들을 독생자 예수 안에서 양자 되는 은혜에 참여하도록 하신다(갈4:5). 즉, 이 양자 됨에 의해 그들은 하나님의 자녀의 수에 들어가고, 그에 따르는 자유와 특권을 누린다.
　또한 하나님의 이름을 그들 위에 붙이며, 양자의 영을 받고, 담대히 하나님의 은혜의 보좌 앞으로 나아가며, 아빠 아버지라 부를 수 있게 되고, 하나님의 불쌍히 여김을 받으며, 보호를 얻으며, 필요한 것을 공급받는다. 물론, 아버지로서 하나님께서 내리시는 징계를 받으나(히12:5-11), 결코 버림을 당하지 않고, 구속의 날까지 인침을 받으며, 또 영원한 구원의 후사로서 모든 약속들을 물려받는다. → '양자'를 보라.

수육(受肉, incarnation) → '성육신'을 보라.

숙명론(宿命論, fatalism, necessitarianism) 모든 자연 현상(사물)이나 인간사(人間事)는 이미 정해진 운명이기 때문에 변경시킬 수 없다고 믿는 이론. 일명 '운명론', '필연론'. 기독교의 예정론을 숙명론의 일부로 보는 견해도 있으나, 근본적으로 숙명론은 비인격적이요 인간의 자유의지를 배제한다는 점에서 예정론과 차이를 보인다. 즉, 예정론은 인격적인 하나님의 섭리에 의한 것이며, 하나님의 예정과 섭리에 모순 없고 오히려 조화되는, 인간의 자유의지를 인정한다는 점에서 숙명론과 차이를 이룬다. → '예정론'을 보라.

쉐마(the Shema) '너희는 들으라'는 뜻이다. 신명기 6:4의 초두에 있는 말씀으로, 히브리인들의 신앙고백이요 교육지침이 된 말이다. 랍비들의 전승에 따르면, '쉐마'는 원래 신명기 6:4만을 가리켰으나 후에 신명기 6:5-9까지 포함한 것이 되었고, 더욱이 제2부분(신11:13-21)과 제3부분(민15:37-41)까지를 포함한 넓은 의미의 '쉐마'를 가지게 되었다고 한다.
한편, '이스라엘아 들으라'로 시작되는 신명기 6:4 말씀은 모세가 선포하고자 하는 모든 율법의 근원이자 신앙의 대상이신 여호와 하나님의 유일성에 대한 신앙고백이다. 히브리인들은 이 신앙고백을 자신들이 가진 신앙의 본질로 삼아 매일 아침과 저녁으로 쉐마를 암송하는 의식을 지키고 또한 가르쳤다(신6:7). 그럼으로써 선민으로서의 민족적 정체성을 확인하였다.

쉐키나(shekinah) '거주'란 뜻으로, 여호와 하나님의 가시적 임재, 영광스런 보좌 곧 속죄소(贖罪所, mercy seat)에 나타난 하나님의 광휘(영광, 광채)에 찬 모습을 가리킨다. 이 용어는 성경에 직접적으로 언급되지는 않았으나 다양한 장면에서 소개되고 있다. 특히, 하나님의 거룩한 임재 처소인 성전(왕상8:29)과 그분의 지상 보좌라 할 수 있는 언약궤(민10:35-36)에서 그 같은 장면을 시사하고 있다.

스스로 있는 자(I AM WHO I AM) 시내 산에서 하나님께서 모세에게 친히 가르쳐 주신 하나님 자신의 이름(출3:13-14). 이 이름 속에는 하나님의 지존하시고 영존하시며 완전하신 본질, 그리고 절대적이고 독립적인 성품이 담겨 있다. 곧 이 이름은 하나님께서 변함 없으시며 타인의 힘을 필요로 하지 않으시고, 스스로 그 뜻하신 바를 성취하시며 모든 존재의 근원자이심을 나타낸다(계1:4,8). 결국, 이 이름은 '여호와'에 대한 의미를 일정 부분 설명해 주는 명칭이다. 한편, 요한복음에 언급된 예수 그리스도의 자기 선언('나는 … 이다', 요6:35; 10:7; 14:6)은 이 출애굽기의 구절을 반영하고 있다고 여겨진다. → '여호와'를 보라.

스올(Sheol) 죽은 사람들이 가는 처소(경건한 자나 악인이 다같이 동일한 운명에 처하게 되는 장소)를 가리키는 구약적 명칭. 신약적 명칭으로는 '하데스'가 있다. 엄밀하게 따져서 이 용어는 특정한 장소를 표시하는 것이 아니라 단순히 육체와 영혼의 분리상태인 죽음의 형편을 나타낸다고 할 수 있다.
그런데 이 용어가 형벌과 고난의 장소를 상징할 때는 '지옥'이라는 개념을 가지며(욘2:2), 단순히 '무덤'을 가리킬 때는 한번 가면 돌아올 수 없는 곳으로서(욥7:9), 주로 선한 자들의 영혼과 관련된 용어로 쓰인다. 신약성경에서는 '죽음, 지옥, 무덤, 무저갱, 음부'(마11:23; 눅8:31; 16:23) 등으로 혼용해서 번역된다. → '음부', [1. 교회 일상 용어] '지옥'을 보라.

스콜라주의(- 主義, scholasticism) 기독교 신앙을 체계적으로 정리하고 이를 이성(理性)을 통해 입증하고 이해하려 했던 중세의 철학체계를 말한다. 스콜라주의의 특징은 ① 이성과 신앙의 일치, ② 포괄적인 체계 수립, ③ 철학의 '신학의 시녀화'라 할 수 있다. 신학을 위해 철학을 사용했다는 점에서 교부철학까지 포함한 전반적인 기독교 철학을 지칭하는 용어로도 사용되나 구체적인 내용과 시기에서 교부철학과 차이가 있다.
스콜라주의는 신학을 뛰어넘어 중세 지식인들의

사유(思惟)와 삶에 중요한 역할을 했으며 이후 근대 철학의 발달에 근간이 되었다. 신앙과 철학을 포함해 중세의 정치, 경제, 문화 등의 현실문제와 깊게 관여했기 때문에 '스콜라주의'라는 넓은 의미의 명칭으로 불렸다. 그러나 일반적으로는 중세 신학과 철학을 가르치던 수도원 학교(스콜라)의 교사나 학생을 의미하는 라틴어 '스콜라스티쿠스'(scholasticus)에서 유래된 용어로, 수도원 학교에서 표현된 신학적 철학적 사변의 총합적인 체계화를 가리킨다(중세 저명한 스콜라 학자들 대부분은 이런 학교에서 배우고 학생들을 가르쳤으며, 신앙과 관련된 다양한 철학 이론들은 이 수도원 학교 즉 중세 대학을 중심으로 활발히 논의되었고 사회 전반으로 퍼져나갔다).

좀 더 협의적으로는 11-15세기에 성황을 이룬 서방의 기독교 철학체계를 가리킨다. 이를 3기로 나눌 수 있다.

① 초기 스콜라주의(11-12세기) : 교부철학 시대를 통해 마련된 기독교 근본 교리에 대해 스콜라 철학적 탐구가 시작된 시기. 이때는 교부철학을 발전시킨 플라톤적 경향의 신학과 철학이 성행했다. 대표자는 안셀무스(Anselm of Canterbury, 1033-1109년)로 그는 '알기 위해 믿는다'고 함으로써 신앙이 지식의 전제 조건임을 주장하면서 스콜라주의의 길을 열었다.

② 중기 스콜라주의(13세기) : 아리스토텔레스의 저작(자연학서, 自然學書)이 유입됨으로써 종래의 신학으로부터는 독립된 지적(知的) 연구가 일어났고, 이에 스콜라주의의 전성시대를 맞았다. 이때 주지주의적 사상가들이 많이 배출되었는데, 그 대표자는 신앙의 권위를 인정하면서도 이성을 중요시한 토마스 아퀴나스(Thomas Aquinas, 1225-1274년)이다. 그는 스콜라주의를 종합하고, 집대성하고 완성시킨 것으로 유명하다.

③ 후기 스콜라주의(종교개혁 시대로 끝이 남) : 이성과 권위가 분리되면서 스콜라주의가 쇠퇴하게 된 시기였다. 그 후 스콜라주의는 사라져버린 듯하다가 19세기에 다시 활기를 되찾게 된다. 이를 '신스콜라주의'라 칭한다. → '교부철학', '신스콜라주의'를 보라.

스토아주의(- 主義, **stoicism**) 헬라 철학의 한 학파. 이 학파의 시조는 제논(Zeno of Citium, B.C.335-263년)이며, 아테네의 '스토아 포이킬레'(Stoa Poikile)라는 벽화가 그려진 주랑에서 강론했기 때문에 이 같은 이름이 붙여졌다. 스토아주의는, 세계가 정신과 물질로 이루어졌고 이것은 궁극적 실재의 서로 다른 면이라고 주장했다. 최고선은 '덕'(德)이며, 죄와 악의 근원은 무지와 이성의 결핍에 있다고 보았다.

한편, 스토아주의의 금욕적 윤리사상은 B.C.4세기 말부터 3세기 초에 나타났는데, '인생의 궁극적 목적인 최고선과 행복은 모든 욕망을 끊어버리고 어떤 것에 의해서도 마음이 움직이지 않는 부동심의 경지에 있다'고 보았다. 즉, 스토아주의에서는 '정념이 없는 마음 상태'(apatheia)를 누리기 위해 자연의 법칙에 따라 이성의 힘으로 욕정을 억제하는 생활을 해야 한다고 강조했다. 일체의 만물은 신적인 '이성'(理性, logos)에 의해서 지배되고, 인간의 본성에도 이러한 로고스가 구비되어 있기 때문에, 이성에 따르는 삶만이 유일의 선(善)이라는 것이다. 그리고 그 같은 상태에 도달한 사람만이 유덕하고 현명한 사람이고, 정념의 노예가 된 사람은 부덕한 사람이라고 했다.

특히, 신(神)은 로고스 또는 이성이며, 우주에는 신적 이성이 충만해 있기 때문에 이에 참여한 모든 인류는 한 형제라는 세계동포주의를 주장했다. 이와 같은 스토아주의의 윤리사상은 당시 로마의 만민법과 중세 및 근세의 자연법 사상에 이론적 기초를 제공했고, 범신론적 윤리사상의 형성에도 큰 영향을 끼쳤다. 이들이 중요시한 것은 논리학, 윤리학, 자연학이었는데, 논리학은 인식론으로서의 감각론, 윤리학은 금욕주의, 자연학은 범신론적 유물론의 입장을 취했다. 기독교와 관련해서는 로고스 기독론, 자연신학, 금욕주의 등 기독교 사상에 많은 영향을 주었다. 스토아주의를 대표할 만한 인물로는, 키케로, 세네카, 에픽테투스, 마르쿠스 아우렐리우스 등이 있다.

승귀(昇貴, **ascension**) → '그리스도의 승귀'를 보라.

승리적 교회(勝利的 敎會, **the triumphant church**) 이 땅에서의 모든 눈물과 탄식이 끝나고 완성된 하나님 나라에서의 교회(천상 교회)를 가리키는 표현이다. 천상의 교회는 창검이 승리의 종려나무로, 싸움의 함성은 승리의 노래로 변하며, 또한 눈물과 탄식은 거룩한 기쁨과 교제로, 십자가는 영광의 관으로 대치될 것이다(계2:7,10-11,17,26-28; 3:4-5,11-12,20-21; 21:1-7). 이 같은 승리적 교회가 있기까지 지상의 전투적 교회에서 피흘려 충성해야 할 것이다(계2:10). → '전투적 교회'를 보라.

승천(昇天, ascension, go into heaven) 이 땅의 삶에서 하늘의 삶으로 옮겨지는 일(행1:2). 성경에는 에녹(창5:24)과 엘리야(왕하2:11)의 승천 장면이 소개된다.

이에 비해 예수 그리스도의 승천은 특별하며 독자적이다(막16:19; 눅24:51; 요3:13,16; 행1:9; 3:21). 이 승천은 기독교 신앙의 핵심 교리요 신앙고백의 내용으로, 이로써 십자가 죽음과 부활 및 승천으로 이뤄진 그리스도의 구속 사역이 완성되는 것이다(엡1:21).

그리스도는 승천하셔서 하나님 우편에 앉으셨는데(벧전3:22), 이는 장소적 의미보다는 그 기능적 의미로서 하나님의 주권이 그리스도에게 맡겨지고 전세계와 역사의 주가 되심을 시사한다(골3:1).

그리스도의 승천의 의미

그리스도의 승천에는 몇 가지 은혜로운 사실이 담겨 있다.
①하늘로 올라가신 그리스도는 아버지 앞에서 우리들의 대언자로 간구하며 계신다(롬8:34; 히7:25; 요일2:1).
②우리들의 머리 되신 그리스도께서 그의 지체가 된 우리들을 위엣 세계로 끌어올려 주시는 확실한 보증이 되신다(요14:2; 히6:20, 하이델베르크 교리문답).
③그리스도께서 약속하신 바 그 보증으로 그의 영(靈)을 보내주신다(요7:39; 행2:33-34). 그리하여 시상에서 아직 싸우고 있는 우리들과 함께 하신다(막16:19,20).
④그리스도의 승천은 그분이 다시 오시리라는 소망의 근거가 된다(행1:11; 계22:20).

시가서(詩歌書, Poetry) 구약성경을 히브리식으로 나눌 때 율법서, 선지서, 성문서 등 세 부분으로 나눈다. 여기서 다시 성문서는 시가서, 두루마리서, 역사서로 분류한다. 그리고 시가서에는 시편, 잠언, 욥기 세 권의 책이 포함되어 있다.

구약성경에서 시문체(詩文體)로 된 부분은 여러 곳에서 발견된다. 선지서나 역사서 내에서도 히브리 선지자들은 산문체나 시문체로 예언하거나 기록한 일이 있어 시적인 부분이 적지 않다. 더욱이 히브리 작품에서 산문체와 시문체가 아주 흡사하기 때문에 그 정확한 구분은 쉽지 않다. 아무튼, '시가서'라 할 때 두루마리서에 포함되어 있는 지혜문을 구분하는 수도 있고, 함께 부르는 경우도 있다. 일반적으로 시가서는 '시편, 잠언, 욥기'를 가리킨다. → '성문서'를 보라.

시노드(synod) 교회 안에 중요한 문제가 있을 때 이를 해결하기 위해 함께 모여 토론하고 결정하는 자문기구의 성격을 띤 회의. 라틴어로 '시노두스'(synodus)라고 한다. 헬라어에 어원을 둔 이 말은 '함께, 같은 장소에, 동시에'를 뜻하는 단어 '쉰'(σύν)과 '길, 여정, 방법'을 뜻하는 단어 '에도스'(ἔθος)가 결합된 말로, '함께 하는 여정'을 뜻한다. 초대교회 이래 교회의 당면문제를 해결하기 위해 함께 모여 토론하고 결정하던 교회회의가 모태이다.

프로테스탄트 교회에서는 이 용어를 초교파적 회집(공의회)과는 대조되는 회의로서, 특정 교파(들)의 대표들로 구성된 교회회의를 가리킨다. 루터교와 장로교에서는 이 용어를 전문적 의미로 사용하고 있으며, 러시아 정교회에서는 최고 통치체제를 '성의회'(聖議會, Holy Synod)라 부른다.

한편, 프로테스탄트 교회들에 있어서 몇몇 시노드는 그 영향력이 지속적이고 광범위하여 교회사적으로 중요한 회의로 인정받고 있다. 그중 네덜란드 개혁교회가 알미니안주의를 다룬 '도르트 교회회의'(Synod of Dort, 1618-1619년)와 영국 국교회의 개혁을 목적으로 회집되었던 '웨스트민스터 회의'(Westminster Assembly, 1643-1649년)가 있다.

시오니즘(Zionism) 일명 '시온운동', '시온주의', '유대주의.' 세계 각지에 흩어져 있던 유대인이 그들 선조의 땅인 팔레스타인에 조국을 재건하려던 운동. 1948년에 이스라엘의 독립으로 그들의 오랜 꿈이 이루어졌다. → [5. 교파 및 역사 용어] '시오니즘'을 보라.

시프라(Sifra) 일명 '토라트 코바님'(Torat Kobanim). 4세기 말에 팔레스타인에 있던 현인(賢人)들이 레위기에 관한 미드라쉬 주석서를 편찬하여 부른 것.

신격(神格, divinity) 하나님의 신적인 존재 양식을 나타내는 표현. 일명 '위격'(位格). 이는 신적 존재를 구별짓는 것, 즉 신적 존재를 통합하고 있는 본질적인 것을 표현한 것이다. 하나님의 신격에는 '성부, 성자, 성령' 삼위(三位)가 계신다. 그리고 이 삼위는 참되시고 영원하신 한 분 하나님이시며, 각 위의 고유성은 다를지라도 그 본질은 같으시며, 능력과 영광에 있어서는 동등하시다(마 3:16-17; 요10:30; 고후13:13; 요일5:7). → '위격'을 보라.

신경(信經, creed) 교회가 공인하여 신자(信者)로 하여 믿고 고백하게 한 일종의 신앙고백문(信仰告白文)을 말한다. 영어의 '크리드'(creed)는 라틴어 '크레도'(credo)에서 유래했다. '크레도'는 '내가 ~을 믿는다'(I believe in …)는 뜻의 1인칭 단수이다. 결국 '신경'이란 일차적으로 하나님에 대한 개인적 신앙의 고백이며, 동시에 전 교회가 역사적으로 인정하는 신앙고백이기도 하다.
참고로, 신앙을 고백하기 위해 기독교 교의의 요체를 간추려 적은 공식적이고 권위 있는 진술 곧 그 공동체가 믿는 바를 요약한 것을 '신조'라 한다면, '신경'은 그 신조의 핵심 요소를 기록해 놓은 고백문(경문)이라 할 수 있다.
그러나 통상적으로는 이 양자를 구분없이 사용하고 있다. 교회 역사상 가장 먼저 형성된 신경은 '사도신경'(the Apostles' Creed)이며 그외에도 '니케아 신조'(the Nicene Creed), '아타나시우스 신경'(Athanasian Creed) 등이 있다. → '신조'를 보라.

신구약(新舊約, the Old and New Testament) 하나님의 말씀인 '구약성경과 신약성경'을 아울러 이르는 말. → '성경'을 보라.

신도게요서(信徒揭要書, the foundations of believer) 신자들의 신앙생활(교회생활) 전반에 걸쳐 마땅히 알아야 할 핵심적인 내용들을 가르치고 알리기 위해 설명·요약한 일종의 교리 표준(신앙 기준서)을 가리킨다. 이는 웨스트민스터 신앙고백서를 지칭하는데, 선교사 윌리엄 베어드(William Baird, 1862-1931년)가 1925년 웨스트민스터 신앙고백서를 우리말로 처음 번역하여 이를 '신도게요서'라고 명명하였다. 즉, 이는 최초 형태의 전문 33장으로 된 전통적 웨스트민스터 신앙고백서를 가리킨다.
한편, 미국장로교회 내에서는 웨스트민스터 신앙고백서 개정 문제로 한때 홍역을 치렀고 1903년에는 '선언적 서론'을 통해 신앙고백서 내용을 정통적 칼빈주의의 입장을 완화시키는 방식으로 읽어야 한다는 점을 주지시켰으며, 더욱이 내용 중에 삭제하거나 첨가하는 방식으로 신앙고백서를 개정하였다. 즉, 최초에 전문 33장으로 되어 있던 신앙고백서를 1842년에 미국 남장로교회가 34장(성령에 관하여)과 35장(하나님의 사랑의 복음과 선교에 관하여)을 추가했고, 1903년에는 미국 북장로교회도 이를 수용하게 된다.
그러나 정통 칼빈주의 신앙과 신학을 추구하는 일단의 교단에서는 수정된 내용을 거부하고, 최초 33장으로 된 웨스트민스터 신앙고백서를 사용하고 있다. → '웨스트민스터 신앙고백'을 보라.

신론(神論, the doctrine of God) 하나님에 대하여 논하는 학문. 하나님은 영원 자존(自存)하시며 모든 존재의 근원으로서 우주와 역사와 인생을 창조하시고 섭리하시는 분이요, 인간 구원 사역의 역사적 법적 기원이 되시며, 온 인류와 세상의 최후 심판자가 되신다. 여기에는 ① 하나님의 존재(하나님의 본질, 명칭, 속성, 삼위일체 등)와 ② 하나님의 사역(신적 작정, 예정, 창조, 섭리 등)에 관한 내용이 담겨 있다. → '하나님', [1. 교회 일상 용어] '하나님'을 보라.

신복음주의(新福音主義, new evangelism, neo-orthodoxy) 근본주의에 대한 일종의 수정주의 운동으로, 20세기 중엽부터 미국 신학계에서 대두되었던 신학적 경향을 이르는 말. 즉, 근본주의가 안고 있던 교리적 축소주의와 방법적 편협주의를 극복하기 위해 이성과 과학을 무시하지 않고 인정함으로써 학적 수준의 향상을 꾀했고, 지나친 영혼구원의 강조에서 복음의 현실성을 강조하여 사회에 대한 다양한 관심과, 보수신학에 대한 적극적 변증 등을 내세우며 보수진영 내에 새로운 바람을 일으켰다.

신복음주의 특징을 요약하면, ① 신복음주의는 근본주의에 대해 학문성과 사회문화성 및 역사성 결여, 반교파주의, 세대주의, 부정주의 등의 말로 가혹히 비판한다.

② 신복음주의는 신정통주의와 타협하는 경향이 있다. 즉, 자유주의 신학의 내재성을 비판하고 초월성을 강조하나 과학적 탐구와 가설을 정당시하고 성경 비평을 인정하는 신정통주의적 입장을 일정 부분 수용한다.

③ 신복음주의는 과학과 성경의 조화를 중시한다. 그것은 성경의 무오성을 변호하기 위한 하나의 논리적 귀결이라 할 수 있다. 기존의 성경 해석과는 다른 해석을 통해 과학과 일치를 이루려는 특징을 보인다. 신복음주의자들은 자연과학적 증거가 나왔다 하더라도 성경에 반하는 것은 거부한다. 하나님의 말씀이 갖는 권위를 더 신뢰하기 때문이다.

④ 신복음주의는 정치적 문제에 대해 중립적 자세를 취한다. 사회복음을 거부하면서도 사회적 변혁에 관심이 많다. 즉, 그들은 개인의 전도를 통해서 구원을 받고, 그 개인이 사회를 변혁해야 한다고 본다. 그래서 신복음주의자들은 민권 투쟁, 빈민 행진 등 과격한 사회정치 활동에 참여한다.

⑤ 근본주의자들이 교리의 순수성에 몰두했다면 신복음주의자들은 전도와 선교를 굉장히 중요시했다. 그렇기 때문에 교리가 조금 달라도 복음을 전하기 위해서 협력적인 전도를 수용했다. 신복음주의자들은 자유주의자들과 우호적, 협력적 관계를 가지고 교단을 떠나지 않고 그 안에 머문다. 그들은 자유주의자들과 신학적 대화를 원하고 그들을 상사로 초청한다. 또 빌리 그레이엄의 경우와 같이, 자유주의자들이나 오순절 계통의 교회들과 협력하여 전도 대회를 연다. → '근본주의'를 보라.

신본주의(神本主義, the God-oriented) 문자 그대로 하나님이 모든 것의 근본이 되심을 인정하는 신앙적 입장을 말한다. 또한, 하나님을 유일한 주인으로 삼아 펼치는 가치관과 세계관 등을 가리키며, 이런 점에서 '신주주의'(神主主義)라고도 한다.

역사적으로 신본주의란 말은, 하나님 중심의 세계관(Theistic world-view) 내지 신정정치(神政政治)를 이상으로 했던 중세 기독교 왕국의 근본 이념으로 이해되어 왔다. 그런 점에서 흔히, '인본주의'(人本主義, humanism)와 상반되는 개념으로 사용되고 있다. 인본주의란 인간중심 사상과 행위를 말한다. 즉, 하나님보다 사람이 앞서며, 사람을 위하고 높이는 생각이나 행위들을 가리킨다. 이에 비해 신본주의는 하나님 중심주의로서, 하나님 중심이라 할 때 하나님께서 사물이나 인간 행위에 기본이 되시며, 신앙적으로는 하나님이 절대 가치이며, 범사의 척도(尺度)이고, 삶에서 최고의 자리, 최우선 순위자가 되심을 의미한다(막12:30).

신비주의(神秘主義, mysticism) 신(神)이나 절대자 등 궁극적 실재(absolute reality)와의 직접적이고 내면적인 일치의 체험을 중시하는 형이상학적 철학 또는 종교사상을 말한다. 여기서 '신비'(mystic)란 '눈이나 입을 닫는다'는 뜻의 헬라어 '미스티코스'에서 유래한 것으로, 기독교에서는 이성적(理性的) 인식이나 자연적인 통로를 따르지 않고, 초월한 형태로 직접 신에 접촉하는 것을 의미한다.

이처럼 초자연적인 내적 경험에 의해 신과의 일치를 추구한다는 점에서는 다른 종교에서 다루는 신비주의와 공통적인 요소를 가지나, 신과 일치하는 경험이 인간적 활동(금욕 등)의 결과가 아니라 신의 특별한 간섭에 의한 것이며, 또 경험된 신이 비이성적 초월자가 아니라 인격성을 지닌 존재라는 점에서 기독교의 신비주의는 다른 종교에서의 신비체험과는 다르다.

한편, 기독교에서는 신비주의적 요소가 신구약 성경 여러 곳에서 발견되고 있으나 4세기 헬라 교부(敎父) 시대(어거스틴도 마음속의 신의 현존에 대해 말한 바 있다)에 와서 신비주의가 하나의 운동으로 자리잡게 되었다. 중세에 와서는 주로 어거스틴의 계통을 잇는 신학자나 사상가(안셀무스, 베르나르두스, 보나벤투라, 및 빅토르 학파 등)가 신비신학의 발전에 기여했다. 14세기에는 특히 사변적(思辨的) 신비주의가 번성했고, 16세기에는 스페인에서 자신의 신비체험에 관한 저서를 남긴 텔레지아와 십자가의 요한 등이 유명하다. 근세의 신비주의 운동으로는 경건주의가 있는데, 이 운동은 칸트나 괴테를 낳은 근세 독일문화의 한 계기가 되었다.

한국에서는 1907년 평양 대부흥운동에서 신비주의적 한 경향성이 나타났고, 보다 본격적으로는 1930년대 이용도(李龍道)의 사상과 그가 주도한 부흥회에서 나타났으며, 1933년 백남주(白南柱)·한준명(韓俊明)·유명화(劉明花) 등의 원산 신학파에서 한때 절정을 이루었다. 해방 후에는 신비주의적 경향을 띤 여러 신흥종파가 출현하여 기독교에 혼란을 가져오다 소멸되기도 했고, 때로는 극단적인 이단으로 변모하기도 했다.

신성(神性, **Deity**) 신(神)의 성품, 또는 신만이 가지는 거룩한 속성(屬性)을 가리킨다. → '하나님', [1. 교회 일상 용어] '하나님'을 보라.

신스콜라주의(新 -主義, **neo-scholasticism**) 신앙의 권위를 인정하시면서 동시에 이성의 중요성을 강조한 토마스 아퀴나스(*Thomas Aquinas*, 1225-1274년)의 사상 체계를 중심으로 한 중세의 스콜라 철학 정신을 부흥시키고자 로마 가톨릭 진영에서 일어난 철학운동. 일명 '신토마스주의'(neo-Thomism).

파괴적인 비합리주의와 유물론 등이 나타나던 변환기적인 상황에서 교황 레오 13세의 권유로 시작된 이래(1879년), 유럽 각 지역에서 유행했다. 신앙과 이성의 조화 속에 신앙의 기초로서의 이성적 진리를 추구하는 데 그 특징이 있다. → '스콜라주의'를 보라.

신신학(新神學, **new theology**) 지금껏 정통주의라 일컬어지던 신학 체계를 뒤흔들만한 새로운 사조의 신학을 가리킨다. 소위 보수주의 신학편에서 본 자유주의 신학 및 급진주의 신학을 일컫는 표현이다.

신앙(信仰, **belief, faith**) 신앙이란 믿음과 확신이요, 믿는 것에 대한 결단력 있는 행동과 지속적인 태도를 말한다. 성경에서 '신앙'이라 칭할 때 다음과 같은 다양한 의미를 내포하고 있다.

① 하나님과 그분이 보이신 계시에 대한 인간의 긍정적인 반응. 즉, 신앙의 대상인 하나님을 신뢰하고 그분의 계시를 진리로 받아들이며 자신을 포함한 모든 세계를 위해 그분을 전적으로 의뢰하는 것을 뜻한다. ② 신앙은 전적으로 하나님의 증거(약속, 언약)에 의존하는 일이다. 즉 신앙은 하나님의 언약인 말씀에 전존재를 걸고 신뢰하는 것이다(창15:6; 딛1:2; 요일5:9). ③ 신앙은 어떤 사실 이전에 하나님(혹은 예수 그리스도)의 인격과 관련되어 있다. 즉, 신앙은 인격적인 신뢰의 행위이지 단순한 객관적 지식과 정보에 대한 긍정이 아니다. ④ 신앙은 초자연적인 하나님의 선물이다. 즉, 하나님의 거저 주시는 은혜가 아니고서는 아무도 하나님을 알 수도 믿을 수도 없다(고후4:6; 엡2:8). ⑤ 신앙은 구원의 필수 조건이다(요1:12; 엡2:8). 즉, 신앙을 소유하지 않고서는 예수 그리스도의 주(主) 되심을 고백할 수 없고 또 하나님의 나라에 들어갈 수도 없다. ⑥ 신앙은 하나님을 의지하고 오직 그분에게 소망을 두며 그분에게 피하는 일이다(시42:5; 벧전1:5-9). ⑦ 신앙은 단순한 지적 동의에 그치지 않고 전 삶을 통해 하나님께 반응하는 것이다(약2:14-26; 갈5:6; 딤전5:8).

한편, 교회사적으로 종종 정통적인 신앙관 이외에 다양한 신앙관이 나타나곤 했는데, 중세교회는 신앙을 교권(敎權) 유지 수단으로 이용했고, 알미니안주의는 신앙이 인간의 행위에 따른 것임을 강조했으며, 자유주의 신학자들은 신앙을 심리학적으로 해석하여 신앙이란 그리스도를 통해 무한자와 조화를 이루는 만족감 또는 그리스도의 교훈을 따르기로 하는 단호한 결단이라고 여겼다. → [1. 교회 일상 용어] '신앙'을 보라.

신앙규범(信仰規範, **rule of faith**) 기독교 교리의 판단기준이나 표준을 가리키며, 일명 '신앙기준.' 이는 원래 기독교로 입교하고자 하는 자들을 가르치는 일종의 예비자를 위한 '교리 요약'을 가리켰다. 이것이 오늘날 로마 가톨릭에서는 자신들이 가르치는 확정된 교리를 가리키고, 프로테스탄트 교회에서는 '성경'을 의미한다. 성경은 '신앙과 행위의 유일한 기준'이기 때문이다.

신앙요리문답(信仰要理問答, **catechisms**) 기독교의 핵심 교리를 문답식으로 가르치는 행태나 그 수단인 문답서(冊). → [3. 행정 및 교육 용어] '교리문답', '웨스트민스터 요리문답'을 보라.

신앙주의(信仰主義, fideism) 진리의 궁극적인 기준을 신앙으로 보고 종교진리를 파악하는 이성의 힘을 극소화시키는(실재〈實在〉는 이성으로 파악할 수 없다고 봄) 신학적 철학적 입장. 사바티에(A. Sabatier)와 메네고(E. Menegoz)가 제시한 용어이다.
여기에는 두 견해가 있는데 ① 엄격파 : 진리의 발견이나 이해에 이성은 불필요하며 신앙만이 요구된다고 주장한다(터툴리안, 키에르케고르 등). 그들의 입장에서 보면 맹목적인 신앙이 확실성과 구원에 이르는 최상의 길이다. ② 온건파 : 얼마의 진리는 신앙으로 개명된 이성으로 알 수 있고 따라서 이성이 필요하다는 입장이다(파스칼). 즉, 종교적 진리의 추구에서 이성이 역할을 할 수 있고, 또 해야 한다는 것이다.

신약(新約, New Testament) '새 언약 (약속, 마5:17; 히1:1-5). '신약성경'(新約聖經). 예수 그리스도께서 성육신(成肉身)하신 후부터의 역사로, 50년경에서 150년경 사이에 기록된 기독교회의 27권의 정경을 말한다. 신약도 구약과 마찬가지로 하나님께서 인류를 구원하시기 위해 세운 언약 즉, 하나님의 구원의 뜻을 기록한 글로서, 시간상으로는 구약이 신약에 앞서 기록되었지만, 신·구약은 합하여 하나님의 구원의 뜻을 계시하고 있고, 신·구약이 하나로 되어 구원이 완성되는 것이다. 그런 점에서 신약은 구약과 관계 지으면서 읽어갈 필요가 있다.
한편, 신약은 복음서(마태, 마가, 누가, 요한)와 역사서(사도행전), 바울서신(로마서, 고린도전·후서, 갈라디아서, 에베소서, 빌립보서, 골로새서, 데살로니가전·후서, 디모데전·후서, 디도서, 빌레몬서 등 13권)과 공동서신(야고보서, 베드로전·후서, 요한1·2·3서, 유다서 등 7권, 학자에 따라서는 '히브리서'를 공동서신에 포함시키기도 함), 예언서(요한계시록) 등이다. 참고로, 신약성경 내에서 '성경'(책)이라 표현한 것은 '구약성경'을 일컫는다. → '성경'을 보라.

신약신학(新約神學, New Testament theo-logy) 신약성경을 자료로 해서 신약에 나타는 진리와 가르침 곧 신약성경이 제공하는 근본 메시지를 연구하는 학문.

신약학(新約學, New Testament study) 신약성경에 관해 총체적으로 연구하는 학문. 즉, 신약 연구에는 어떤 분야가 있고 그 연구방법은 어떤 것이 있는가를 학문적으로 탐구해가는 작업이다. 여기에는 신약언어학(헬라어, 고전 헬라어가 아니라 헬레니즘 시대 때 지중해 세계에 널리 보급되었던 코이네로 불리는 헬라어), 신약개론(신약의 각 책들을 누가 언제 어떻게 왜 무엇을 기록했는가를 살핌), 신약사(新約史), 신약주석학(신약의 각 책들을 언어, 역사, 신학적으로 분석하고 주해함), 신약신학 등이 있다.

신의론(神義論, theodicy) 악의 존재에 관해서 하나님의 의로움을 변증하는 이론을 말한다. 일명 '신정론'(神正論). → '신정론'을 보라.

신의 죽음의 신학(神- 神學, the death of God theology) → '사신신학'을 보라.

신의 현현(神 - 顯現, theophany) 영이신 하나님의 가시적인 출현을 가리키는 말. 구약성경에서는, 하나님은 때로 인간의 모습(창32:22-30), 주의 천사(창18장), 상징적인 모습(사6:1-5; 겔1:26-28), 꿈(창28:12-17), 불과 구름(출3:2; 시78:14), 폭풍(시18:10-16), 세미한 음성(왕상19:12) 등을 통해 나타난다. 특히 구약에서는 삼위 가운데 제2위이신 하나님의 현현이 두드러진다(창16:13; 31:11; 출23:20-23; 말3:1). 신약성경에도 환상(행7:55; 9:3)이나 음성(마3:16; 요12:28) 등에서 하나님의 현현을 발견할 수 있다.
신의 현현이 가지는 의미는, ① 자기 비하(自己卑下)를 통한 하나님의 크신 사랑과 자비가 드러나는 일이며(요1:1-3,14,18; 롬5:8), ② 하나님의 직접적인 계시, 특히 언어적인 메시지를 통한 계시를 들 수 있다.

신인동형동성론(神人同形同性論, anthropomorphism) 신이 인간과 똑같은 모양(동형)과 같은 성정(동성)을 가졌다고 생각하는 사상. 이 용어는 헬라어 다신론(多神論) 사상에서 유래했지만 이미 그 용어가 있기 전에 고대 문명의 신(神) 개념에서 나타나는 한 특징이었다.

성경에서도 하나님의 손과 발, 그분의 분노와 후회하심 등을 묘사함으로써 신인동형동성론적 표현을 사용하고 있다. 이는 하나님의 실재를 나타낸 말이기보다 하나님의 다양한 속성과 활동과 의지를 반영한 일종의 성경문학적 표현이라 할 수 있다. 즉, 성경은 하나님이 전적으로 영적인 존재로서 그 어떤 형상도 취하지 않음을 강조한다. 그럼에도 하나님의 가시적 행동이나 인간의 신체 부위와 동일한 표현이 사용되는 것은 인격적 존재이신 하나님에 대한 종교적 경험의 비이성적 측면을 이성적으로 묘사하기 위한 문학적 방법인 것이다.

그와 함께 하나님과 인간이 모두 지·정·의를 가진 인격적 존재라는 측면에서 양자간의 유사성이 있다고 본다. 따라서 인간은 하나님을 인격적 실재로 대할 수 있는 것이다. 물론, 성경은 인간이 비록 하나님의 형상으로 지음받은 존재이지만 본질적으로 창조자와 피조물, 절대자와 상대자로서의 질적 차이가 엄연히 존재함을 일깨운다. 그러므로 성경에 묘사된 신인동형동성론적인 표현을 접할 때마다 그 상징하는 바와 하나님의 실체를 동시에 바라볼 수 있어야 한다.

신인식(神認識, **knowledge of God**) 하나님은 모든 존재와 역사와 사건의 근원자요 궁극적인 기원으로서, 그 모든 것들을 통해 자신을 나타내신다. 그러나 죄 아래 있는 인간은 하나님이 나타내신 그 실체를 온전히 확인할 수 없다. 지금은 다만 간접적으로 희미하게 그림자로서 단편적인 실체만을 볼 수 있을 뿐이다. 세상 끝날에는 얼굴과 얼굴을 대하여 보듯 직접적으로 온전한 하나님 실체를 볼 수 있을 것이다(고전13:12).

하나님에 대한 인식은 인간의 노력에 따른 결과가 아니라 하나님이 자기를 계시(현시)하는 곳에서 일어나는 현상이다. 즉, 하나님이 자신을 드러내신 만큼 인간은 그 하나님을 알 수 있을 뿐이다. 헤겔 학파의 좌파를 대표하는 독일 철학자 포이에르바하(Feuerbach Luwig Andreas, 1804-1872년)는 '하나님은 인간의 정신의 소산'이라고 함으로써 계시와 상관 없는 인간의 신인식을 강조하기도 했다.

신인협동설(神人協同說, **synergism**) 문자적으로는 '함께 일하다'(working together)는 뜻으로, 개인의 구원사업에 있어서 사람과 하나님이 협력한다는 주장. 즉, 사람이 거듭나고 구원얻는 것은 자신의 노력과 함께 하나님의 은혜가 같이 작용함으로써 이루어진다는 사상이다.

이 같은 생각은 ① 반(半)펠라기우스주의에서 볼 수 있다. 즉, 그들은 인간의 의지는 하나님의 율법을 준수하는 데 완전한 능력을 지닌다고 믿는 펠라기우스의 견해를 좇으며, 동시에 사람이 스스로 신앙과 희망과 사랑을 나타냄으로써 자신의 구원을 확증하지 않으면 안 된다고 주장하였다. 이는 로마 가톨릭 신학에서도 발견되는 생각이다. ② 알마니안주의에서 볼 수 있다. 즉, 인간은 거듭나게 하시는 하나님의 은혜를 받아들일 수도 있고 받아들이지 않을 수도 있는 자유를 지니고 있다고 주장한다.

그러나 성경은 인간 구원은 전적으로 하나님의 은혜에서 기인한다고 선언한다(엡2:4-10). 어거스틴은 이 같은 성경의 주장을 좇아 'monergism'(하나님만이 작용한다는 사상)의 교리를 추구했다. 즉 인간의 구원에 있어서 하나님은 유일하신 행위자라는 것이다.

신자유주의(新自由主義, **neo-liberalism**) 지난날의 자유주의에서 두드러졌던 몇 가지 주제들을 회복시키면서 새로운 자유주의를 부르짖은 신학운동. 대표적인 주장으로, 구원에 있어서 계시의 중요성은 인정하지만 그 계시를 받아들이고 이해하는 데는 이성의 능력을 필요로 하며 이성의 작용으로 계시의 진리를 시대사상에 비추어 해석해야 한다는 것이다.

신정론(神正論, **theodicy**) '신'(神, 데오스)과 '의'(義, 디케)를 뜻하는 두 헬라어의 합성어로서, 세상에 존재하는 악과 고통의 문제에 대해 하나님의 의로우심과 선하심을 변호하려는 시도. 일명 '신의론'(神義論)이라고 한다. 즉, 하나님이 존재하시는데 세상이 이처럼 모순투성이인지, 왜 계속 죄악이 맹위를 떨치는지, 그렇다면 하나님은 공의로우신 분이 맞는지 등의 문제를 다루는 신학적 입장이다.

크게 두 가지 견해로 나눠지는데 ① 피조물이 자

유를 남용한 결과 악이 이 세상에 존재하게 되었다고 본다(Origen, Aquinas). ② 이 세상은 모든 가능한 세계의 최선으로서 악은 전체의 아름다움과 조화를 돋보이게 하기 위해 사진의 그림자처럼 필연적 요소라고 본다(Leibnitz).

이에 대해 성경의 사상은 ① 하나님은 결코 죽음이나 고통받는 존재로 인간을 창조하지 않으셨고, 또 적극적으로 악(惡)을 조성하는 분이 아니다. 고통은 오직 인간의 범죄의 결과일 뿐이다. 또 죄악은 하나님의 뜻을 거스르는 것이다. 따라서 인간은 아무 상관없는 자신이 억울하게 고통당한다고 항변할 수 없다. ② 하나님은 고난과 악조차도 자신의 섭리의 방편으로 삼으사 성도에게 궁극적으로 선(善)이 되게 하신다(롬8:28). ③ 하나님은 여러 가지 이유로(모든 인생에게 회개할 기회를 주시며, 고통을 통해 더욱 온전하게 만드시기 위해, 자신의 영광을 위해) 심판을 유보하신다. 그러나 세상 끝날 선과 악을 구별하시며 준엄히 심판하실 것이다. 즉, 고난과 악의 존재는 영원하지 않다는 사실이다(계21:4).

따라서 성도는 이해할 수 없는 고난과 악의 거친 물결 중에서 절망하거나 회의하기보다 그 모든 것에 궁극적으로 선을 이루시는 하나님을 끝까지 신앙하는 자세가 필요하다.

신정통주의(新正統主義, **neo-orthodoxy**) 19세기의 자유주의 신학에 대한 반동으로 제1차 세계대전 직후 스위스 신학자인 칼 바르트(Karl Barth, 1886-1968년)에 의해 시작된 신학사상.

신학적 모티브가 종교개혁의 원리들에서 나왔기 때문에 '신정통주의'라 하나 그렇다고 종교개혁으로의 복귀운동은 아니다. 자유주의 신학의 내재성을 비판하고 초월성을 강조하기는 하지만, 과학적 탐구와 가설을 정당시하고 성경비평을 인정한다는 점에서 정통주의와는 다르다. 일명 '신개혁주의', '위기신학', '변증법적 신학', '말씀의 신학'이라고도 일컬어진다. → '위기신학'을 보라.

신조(信條, **creed, confession**) 신앙의 핵심 내용(기독교 교의)으로서, 교회에서 공식적이고 권위있게 가르치고 고백하게 해야 할 참된 진술을 가리킨다. 엄격히 구분하자면, '신조'는 '믿고 고백하는 바'를, '신경'(信經)은 '그 신조를 기록해 놓은 경문'을 가리킨다(이외에 '신경'은 예배와 의식에 넣기 위해 작성했다면 '신조'는 신학적 문서로서 교리교육용 성격이 강하다. 또한 '신경'은 하나님을 향한 내용이므로 하나님과 하나님의 진리를 주로 언급하는 데 비해 '신조'는 동일 신앙자들을 향한 내용이므로 신학적으로 다른 견해를 열거하고 논박하는 동시에 자기 집단의 입장을 표명한다. 그리고 '신경'은 교회가 한 신앙으로 일치되었음을 나타내는 데 비해 '신조' 특히 종교개혁이나 그 후의 신조들은 교회가 분립되었음을 나타낸다). 그러나 일반적으로 '신조'와 '신경'이라는 말을 혼용해서 사용한다.

한편 '신조'란 헬라어 '심발레인'(σιμβαλλᾱν), 라틴어로 '심볼룸'(symbolum)에서 온 것으로 '기장', '증표', '상징' 등의 의미를 지닌다. 또한 영어로 신조는 'creed'인데, 이는 라틴어의 '크레도'(credo)에서 유래했고, '크레도'는 'I believe in'(나는 ~을 믿는다)라는 뜻이다. 즉, 신조는 믿음의 내용을 성경적으로 요약한 것이다. '교리'(敎理)가 성경의 진리와 교훈을 신학적으로 축약한 것이라면, '신조'는 신학적 주제에 대하여 성경에 있는 내용을 정리하는 것이라 할 수 있다. 또한 '신앙고백'(信仰告白)이 개인적인 경험에 기초한 신앙생활의 증언인 동시에 교회의 정당한 규범 내에서 승인된 것을 말한다. 이 신앙고백이 규범화된 것이 '신조'이다. 신조가 되면 그것은 법적인 성격을 지닌다.

한편, 신조는 성경 진리를 신앙고백적으로 체계화하여 바른 믿음 생활을 하게 하며 세상의 죄악과 악한 권세 특별히 이단에 대한 분별력을 가지고 믿음을 지키고 진리를 수호하게 하였다. 교회사적으로 대표적인 신조는, 하나님에 관한 정통 교리를 정립한 '니케아 신조'(324년), 성령에 대한 정통교리를 정립한 '니케아 콘스탄티노플 신조'(381년), 구원론을 정립한 '에베소 공의회'(431년), 기독론에 대한 정통교리를 정립한 '칼케돈 신조'(451년) 등이다. 또한 16세기 종교개혁의 주옥같은 산물인 루터의 교리문답서와 칼빈의 신앙교육서 등이 있다. 그 후, 불링거의 스위스 신앙고백서, 루터 파 교회의 아우구스부르크 신조, 독일의 하이델베르크 신앙문답서, 영국의 39개 신조(Thirty-nine Articles)와, 개혁교회의 벨기에 신조, 웨스트민스터 신앙고백 등이 있다. → '신경'을 보라.

신지학(神知學, theosophy) 신학 및 종교철학상으로 합리주의에 반하여 인간적인 모든 지식과 인식능력을 초월하여 신비적인 계시와 직관에 의해서 신(神)과 직접 교제하면서 그 같은 신비를 다 지려는 학문이다. 철학상으로는 신플라톤주의와 그노시스의 신비적 직관에서 시작되었으며, 중세의 기독교 신지학과 근세 독일 신비주의, 더 나아가 인도의 파니샷트나 요가 등에 비교적 광범위하게 확대되었다. 이런 주장이 종교화한 것을 '신지교'(神知敎) 내지 '접신교'(接神敎)라고 한다.

신탁
(oracle)

문자적으로는 '말, 선언' 등을 뜻한다. 즉, '신탁(神託)'이란 인간이 어떤 행위를 결정함에 있어서 요구되는 신의 의지 또는 신의 고지(告知) 즉, 인간이 판단할 수 없는 어려운 문제의 해결을 위한 인간의 물음에 대한 신(神)의 응답(지시)을 가리킨다. 신탁은 고대 원시 세계에서 주로 나타나던 현상인데, 일반적으로는 신과 사제(司祭) 사이에 교신이 행해지고(일종의 접신(接神) 현상), 그에 따라 사제에 의해 신탁이 주어진다.

신탁의 방법에는 직접적이고 명료한 언어 행위 이외에 점, 점성(占星), 해몽, 신들림 등과 결합되어 행해지는 수가 많았다(이외에 제물로 바친 짐승의 내장의 형상을 보고 판단하는 일, 사자(死者)를 이용하는 방법, 제비를 뽑는 방법 등). 초기 이스라엘의 신탁에는 '우림과 둠임'이 사용되었다.

한편, 성경에서의 신탁은 주로 예언자들을 통해 전달되기는 했지만 하나님의 직접적인 계시와 거의 동일하게 인식되었고(합1:1; 슥9:1), 그런 점에서 하나님의 말씀을 일컫는다고 할 것이다.

신학(神學, theology) 문자적으로 '신'을 가리키는 헬라어 '데오스'와 말, 진리, 이성'을 가리키는 헬라어 '로고스'가 결합되어 '신들(gods)의 이야기' 곧 '신에 관한 학문', '신의 가르침'을 의미한다. 대체적으로, 하나님께서 계시하신 진리를 신앙과 이성으로 파악하려는 학문적 노력, 신에 관한 조직적 서술, 실천적 해설, 그리고 철학화를 포괄하는 개념으로 쓰인다.

특히, 기독교에서는 신학을 하나님이 자신의 뜻을 인간에게 계시하셨다는 사실에서 출발한다. 이 계시를 인간이 받아들임으로써 하나님과 인간 사이에 인격적 관계가 성립되지만 그 신앙의 내용을 알고자 하는 지성적 욕구는 그 계시를 더욱 연구하게 하며 이것이 신학의 동기가 된다. 신학의 소재는 하나님의 거룩한 뜻이 기록된 성경이다(물론 자연신학도 있지만, 엄밀히 따져서 성경을 도외시한 신학은 존재할 수 없다).

그럼에도 '신학'이란 용어는 성경에 나오지 않는다. '신학'이란 원래 고대 헬라 철학자들이 신들에 대한 철학적 논설에 사용한 말이었다. 이것이 기독교 교리를 설명하는 용어로 채택되었고, 여러 종교에서도 그들 나름대로의 신학이 있으나 일반적으로 기독교 신학을 가리키는 용어가 되었다.

① 어거스틴(Augustine) 전후 시대 : 신학은 헬라·로마 세계를 지배하던 인문학(humanitus)의 교육 모형에 종속되어 있었다. 이런 배경하에 동방교부들은 보다 신비주의적, 존재론적, 철학적 신학을 발전시켰다. 그리고 어거스틴에 이르러 헬라의 전통에 따라 스토아 학파가 구별했던 신화적, 합리적, 시민적 신학이 비판받으면서 합리적 신학의 중요성이 강조되었다.

② 교부 시대 : 기독교 사상계 안에 '신학'이라는 용어가 본격적으로 사용되기 시작했다. 특히 이 시대는 삼위일체론과 기독론 등의 필수적인 신학의 뼈대가 다져진 시대였다. 오리겐(Origen)은 기독교 신앙과 구별하여 하나님께 관한 기독교의 이해를 가리켜 '신학'이라 정의하였고, 클레멘트(Clement of Alexandria)는 진정한 철학은 신학과 일치한다고 생각했다.

③ 중세시대 : 종교적 교권주의가 기승을 부리던 소위 암흑시대 일컬어지는 중세시대는 비교적 신학의 불모(不毛) 시대라 할 수 있다. 그럼에도 과거의 학식을 미래 시대로 전한 여러 학자들의 노력을 간과할 수 없다. 사실상 후세의 많은 학문적 발달은 이 시대의 사상에 기초한 것이었다. 이 시대를 대표하는 스콜라주의에서도 확인할 수 있듯이, 이때는 기독교 교리의 철학적 취급을 신학으로 이해한 시기였다.

④ 종교개혁 시대 : 시대적 요청에 의해 이 시대의 신학은 '성경신학'(聖經神學)을 가리키는 단어였다. 성경을 알며 그것을 해석하는 일이 가장 시

급했던 시대였다. 즉, 신학 곧 하나님에 관해 말할 때 맨 먼저 하나님에게서 가르침을 받을 필요가 있음을 깊이 자각하던 때였다. 따라서 신학은 항상 성경연구의 연장선상에서 이뤄지는 결과물이었다. 이렇게 함으로써 스콜라주의적인 병폐와 교부들의 그릇된 신학관을 극복할 수 있었다.

⑤ 종교개혁 이후 시대 : 개신교의 신학은 다종교적 상황과 다학문적 상황에서 기독교적 신학의 정체성을 구축할 필요성을 느끼게 되었다. 이러한 배경에서 신학은 다른 학문과 엄격히 분리되는 과정을 거치게 된다.

한편, 신학은 좁게 생각하면 하나님을 대상으로 하는 학문이지만 좀 더 포괄적으로 보면 하나님과의 관련성 때문에 다른 모든 사물들도 신학의 대상이 된다. 신학은 그 대상과 원리에 따라서 몇 가지로 나눌 수 있다. ① 성경신학 : 하나님의 계시와 선포된 말씀에 대한 연구. ② 조직신학 : 역사적으로 전승된 자료의 해석과 체계적 이해에 역점을 두는 연구. ③ 역사신학 : 성경 및 기독교 역사의 측면을 다룸. ④ 실천신학 : 교회와 성도의 실천적 과제를 다룸. 물론, 이런 분류는 그 주제와 목적성에 따른 분류이지만 내용상으로는 서로 유기적인 관계를 맺고 있다.

신현(神顯, theophany) → '신의 현현'을 보라.

신화(神話, myth) 문자적으로 진리의 진실성과는 상반되는 '조작된(만들어낸) 말의 허구'를 의미한다(딤전4:7; 딤후4:4; 딛1:14; 벧후1:16). 기독교(성경)에서 말하는 신화란 단순한 전설이나 민담 혹은 허황된 옛 이야기나 꾸며낸 이야기가 아니다. 그것은 인간을 초월한 신을 대상으로 하는 이야기로서, 그 내용이 기원(시작)과 관련한 것을 말한다. 그런 점에서 신화는 주로 창조신화나 기원신화를 언급한 것으로 본다(딤전1:4).

현대신학에서 신화란 성경외 비신화화(非神話化) 즉 성경에 기록된 역사적 사실 중에서 신화적인 요소를 모두 잘라버리고 삭제하는 일과 관련하여 언급되고 있다. 이는 독일의 신약학자 불트만 (Rudolf Karl Bultmann, 1884-1976년)이 주장한 견해로서, 그는 "기독교 신앙이 역사적 예수가 아닌 교회의 케리그마에 대한 신앙인바 역사적 예수보다 초월적인 그리스도에게 관심을 두어야 한다"고 주장했다. 물론, 이 견해는 예수 그리스도의 역사성과 성경 속에 소개된 그리스도(로고스)의 진실성(사실성)을 믿는 개혁주의 교리에서는 수용되지 않고 있다.

실존(實存, existence) '구체적·실질적으로 존재하고 있음'을 말한다. 이는 철학 특히 실존주의 철학 용어로, 가능적 존재로서의 본질(essence)에 대응하는 것을 가리킨다. 원래 중세철학에서 '실존(existential)이란 '~(로부터) 나가다', 또는 '~(로부터) 나와서 현재 있다'를 의미했고, 이에 대응하는 '본질'(essential)은 영원불변의 것을 가리켰다. 근대철학은 이 영원불변한 본질을 구하였고 헤겔(G.W.F. Hegel, 1770-1831년)은 그 완성자였다. 그리고 모든 철학의 기초라고 일컬어지고 있는 플라톤(Platon, B.C.427-347년) 이래 '본질'이 '실존'에 앞서고, 본질을 원형으로 하여 실존이 만들어졌다는 생각이 지배적이었다.

그런데, 인간의 주체적 존재를 강조한 실존철학의 창시자인 키에르케고르(S.A. Kierkegaard, 1813-1855년)는 헤겔철학의 합리성을 철저히 배제하고 신에 직면하는 단독자로서의 인간의 실존적 주체성을 강조했다. 그에게 있어서 실존은 인간의 존재를 말하는데 이 존재는 보통의 경험적인 인간의 존재가 아니라, 실현되고 있지 않는 잠재적인 인간의 내적 존재를 가리키며, 신(God)과 무(無) 사이의 중간자를 말한다. 이러한 실존은 불안과 고독과 절망 속에 있는 단독자로서의 존재이다. 이 실존은 독일의 철학자인 야스퍼스(Karl Jaspers, 1883-1969년)와 같이 '한계 상황'에 있어서 자기를 분명하게 하고 '초월자'인 신(神)에게 자기를 결합하거나, 무신론적 실존주의자인 하이데거(Martin Heidegger, 1889-1976년)와 같이 '세계-나-존재'로서 자기를 확인하거나, 사르트르(Jean-Paul Sartre, 1905-1980년)와 같이 '실존은 본질에 앞선다'고 하여 자기의 자유로운 선택에 의해 자기 형성을 수행하는 것에서 실존은 참된 상태로 된다고 본다. 물론 이상의 어느 경우에서도 불안과 고독과 절망이라는 자기의식이 그 밑바닥에 깔려 있음을 부인할 수 없다.

이처럼 '실존'이란 말은 매우 다양하게 쓰인 용어이기 때문에 한마디로 정의(定義)하기는 쉽지 않다. 대체적으로, ① (관념이나 인식에 의한 허상과는 상관없이) 실제로 존재하는 일. ② (불변적 존재인 본질에 대응하여) 가능적 존재. 즉, 신이나 초월자가 본질이라면 인간 개개인의 존재는 실존이다. ③ 인식의 주체자로서의 자아(自我)인 '나'를 가리킨다고 할 수 있다.

실존주의(實存主義, existentialism) 주체적 존재로서의 인간 실존의 본질과 구조를 밝히려는 철학적 입장. 분석철학과 함께 현대철학의 양대 조류를 이룬다.

실존주의는 20세기 전반기에 프랑스와 독일을 중심으로 일어난 철학 사조의 한 가지로, 19세기에 유행했던 합리주의와 실증주의에 대한 반동으로 시작되어, 사물이나 인간에 관한 보편적·추상적인 본질을 부정하고(인간이나 사물의 본질을 이성이나 정신 등의 보편적 원리로 규정하는 것을 반대함) 개별적·구체적인 실존(현실존재)을 다룬다. 유신론적 실존주의(키에르케고르, 야스퍼스)와 무신론적 실존주의(하이데거, 사르트르)로 구분한다. → '실존'을 보라.

실증신학(實證神學, positive theology) 교회의 역사적 사실, 교회의 성장과 전통(관례), 법령, 도그마와 교리 등에 관련된 내용을 다루는 신학의 한 유형. 이 신학은 인간의 이성과 경험에서 유래된 원리들을 다루는 자연신학이나 철학적(사변적) 신학과는 대조를 이룬다.

실천신학(實踐神學, practical theology) 교회활동의 실천부분에 관한 이론을 연구하는 신학의 한 분야. 대개는 목회신학(牧會神學)이 그 근저를 이루는데, 목회·설교·예배·교회법·선교·교회교육학 등을 망라한다.

실천신학의 역사는 신약성경에서부터 시작되며 (행2:36-47; 딤전4:14; 약5:14), 초대교회 당시의 '디다케'(Didache, 문답식교육·예배·목회 등에 필요한 지시사항을 수록한 초대교회 문서 중 하나)는 최초의 실천신학 문서로서 예배학, 신조학, 교리문답, 성직자론, 교회의 기능 등을 다루었다.

이에 비해, 중세의 실천신학은 주로 예전학과 교회법에 치중했으며, 종교개혁 이후에는 목회학이 관심의 초점이 되고 목사와 설교를 중시했다. 즉, 프로테스탄트 교회의 실천신학은 예전이 아닌 설교학이 중심이 되어 신학적 연구의 대상이 되었고, 경건주의운동 이후 교리문답서가 실천신학의 필수적인 요소로 인정되었다.

18세기말부터 19세기 초에는 실천신학의 학문적 논의가 시작되어 '실천신학'이란 용어가 공식 사용되기 시작했고, 후반에는 실증적 연구가 깊어졌다. 20세기에 들어와서는 이론보다 실용주의적인 학문으로서 발전하였다. 학문다운 면모와 위치를 굳힌 것은 20세기 중반부터였다. 현대신학의 원조로, '실천신학의 아버지'로 불리는 슐라이에르마허(F. Schleiermacher, 1768-1834년)는 일찍이 이 학문을 모든 '신학의 왕관'이라 표현했다(그 이유는 실천신학이 다른 모든 신학을 현실화하기 때문이다). 또한, 20세기의 대표적 실천신학자인 보렌(R. Bohren)은 '모든 신학 분야의 전제가 되어야 한다'고 주장했다. 지금까지 이 분야는 교회 안에서 교회를 위하여 봉사하는, 이른바 임상적(臨床的)인 일을 연구하는 신학으로 이해되었으나, 근래에 와서는 일종의 응용신학으로서, 교회의 선교적 사명과 교회의 다양한 행정적 기능 및 목회적 상담까지 이 실천신학의 영역으로 확대 이해되고 있다. → '목회신학'을 보라.

실체(實體, substance) 갖가지로 변화하는 물(物)의 근저에 있는 지속적인 것, 또는 그 같은 변화에 의해 양태를 바꾸면서도 동일성을 유지하고 잇달아 나타나는 여러 성질의 소유자로 생각되는 것을 말한다. 실체를 나타내는 헬라어 '우시아'는 '있다'는 뜻의 동사 '에이나이'에서 파생된 말로 바로(틀림없이) 있는 것'을 가리킨다. 플라톤은 변하는 가시세계(可視世界)의 근저에 있으면서 항상 변하지 않는 불가시(不可視)의 이데아를 '우시아'라고 생각하였다.

실체에 관해 처음으로 상세하게 논한 사람은 아리스토텔레스인데, 그는 구체적인 개체의 위치에만 있는 '제1실체'('우시아 프로테', 자존하는 존재로서 주어는 되지만 술어는 되지 않는 것)와 그 실체를 바탕으로 하여 존재하는 '제2실체'('우시아 도이테라')로 구별했다. 이 같은 구별은 중세 스콜라학파에 계승되었고 근세에 이르러 데카르트는 실체를 '그 자신에 의해 존재하는 것, 그 존재를 위해 다른 것을 필요로 하지 않는 것'으로 정의했다. 그리고 절대적 실체(하나님)와 피조적 실체인 제2자를 구별했다.

기독교에서는 이 '실체'라는 용어를 두 가지 측면에서 사용하고 있다. ① 삼위일체의 중요한 용어로, 하나님의 유일성을 나타내는 데 사용했다. 특히 터툴리안은 삼위일체 하나님을 주장하며 아버지와 아들과 성령은 삼 위격(personae)이지만 하나의 실체(substantia)라 했고, 이 삼자는 신성이라는 하나의 실체를 공유한다고 했다. ② 중세 교회의 성찬론에서 실체란 말이 쓰였는데, 성찬에서 떡과 포도주가 그리스도의 몸과 피로 화한다는 실체의 변화(화체설)를 설명하기 위해 사용되었다.

심판(審判, judgement) 선악간에 옳고 그름을 판단하는 일(히9:27). 기독교에서는 이 땅의 삶에 있어서 또는 역사의 종말에 있어서 내려지는 그리스도에 의한 하나님의 준엄한 판결을 가리킨다. 그리고 이 하나님의 심판의 예시적 형태로서 이 땅에서 하나님의 심판의 대행자로 세워진 자들이 있었다. 고대 이스라엘 사회에서는 주로 하나님의 권위를 위탁받은 자들 곧 왕, 제사장, 선지자에 의해 백성의 일상 행위와 종교 행위 전반에 걸쳐(우상숭배, 살인, 도둑질, 약자를 외면함, 종교적 사회적 불의 등) 심판이 이뤄졌다. 이러한 심판은 모두 하나님의 면전에서 이뤄지는 것으로서, 본래 하나님 자신이 선에 대해서는 복을 주시며 악에 대해서는 징벌하시는 궁극적인 심판자이시기 때문이었다(창18:25; 민20:5-6).

왕국시대와 포로시대를 거치면서 하나님의 심판은 역사의 종말에 있어서 결정적으로 이뤄진다는 신앙을 가지게 되었다. 그것은 이스라엘의 회복과 대적의 멸망을 의미했고, 또한 불의한 자들의 멸망을 의미했으며(암5:18-20), 궁극적으로는 우주적인 멸망과 새로운 이스라엘 왕국의 수립을 시사했다(단7:26-27; 욜2:30-32). 그리고 신약 시대에 이르러 하나님의 심판 사상은 더욱 확고하게 정립되어, 역사의 종말에 두려운 심판이 있을 것과 만인이 하나님의 거룩한 심판대 앞에 서게 될 것을 강조하고 있다(막13:14-27; 롬3:19-20).

신약성경에 언급된 심판이 지닌 특징은, ① 예수 그리스도에 의해 그 마지막 때는 시작되었다(막1:15; 눅17:21). ② 하나님의 궁극적인 구원의 역사와 그에 따른 심판은 미래적인 것만이 아니라 지금 인간의 역사 속에서 행해지고 있다는 신앙이다(요3:19; 롬1:18,22,24; 계18:8). 그리고 ③ 아담의 후손인 모든 인류는 범죄하여 하나님의 영광에 이르지 못하기 때문에 하나님의 심판을 피할 수 없고(롬3:19-23), 오직 예수 그리스도를 믿는 자만이 정죄의 심판을 면하며, 멸망하지 않고 영생을 얻을 수 있다는 사실이다(요3:16-18; 롬8:1,31-39).

십계(十誡, Ten Commandments) '십계명'을 가리킨다(출34:28). → '십계명'을 보라.

십계명(十誡命, Ten Commandments) 모세가 출애굽 후 시내 산에서 하나님께 받은 열 가지 계명(출34:28; 신4:13). 윤리 도덕이나 생활 규범을 법률로 규정한 것이라기보다 하나님과 이스라엘 백성 사이의 언약 관계에 기초하여 구원받은 백성이 하나님 앞에서 어떻게 응답하며 살아가야 할지를 가르치는 '열 마디 말씀'이다(출20:3; 신5:7-21). 두 돌판에 기록되어 있었고, 내용상 둘로 구분된다. ① 제1-4계명은 하나님께 대한 계명이고, ② 제5-10계명은 인간에 대한 계명이다. 십계명은 모든 율법의 근간이 되는데, 예수님은 이를 한 마디로 '하나님을 사랑하고 이웃을 사랑하는 법'이라 정의하셨다(마22:36-40).

십이신조(十二信條, the twelve creeds) 보편적이고 정통적인 한국의 장로교회가 승인하고 고백하는 일종의 12항목의 신앙고백문. 즉, 1907년 한국 장로교 독노회가 성립되던 그 해에 '인도 자유 장로회'에서 채택한 것과는 전문을 제외하고는 똑같은 내용의 12항목의 신조를 말한다. 1조는 성경관을, 2-3조는 신론, 4-5조는 창조론, 6조는 인죄론, 7조는 기독론, 8-9조는 구원론 또는 성령론, 10-11조는 성례론, 12조는 종말론을 다룬다. 이것은 웨스트민스터 신앙고백서를 요약한 것이다. 결국, 한국 장로교회 교리를 처음 확립할 때에 칼빈의 사상이 절대적으로 영향을 미쳤음을 볼 수 있다. 그 내용을 요약하면,

●성경관 ① 신구약성경은 하나님의 말씀이니 신앙과 본분에 대하여 정확 무오한 유일한 법칙이다.

●신론 ② 하나님은 한 분뿐이시니 오직 그분만 경배할 것이다. ③ 하나님은 본체에 삼위가 계시

니 성부 성자 성령이신데 이 세 위는 한 하나님이시다.

● 창조론 ④ 하나님께서는 모든 유형물과 무형물을 그 권능의 말씀으로 창조하사 보존하시고, 주장하시나 결코 죄를 내신 이는 아니시다. ⑤ 하나님이 사람을 남녀로 지으시되 자기의 형상대로 지식과 의와 거룩함으로 지으사 생물을 주관하게 하셨다.

● 인죄론 ⑥ 우리의 시조가 선악간 택할 자유한 능력이 있었는데 시험을 받아 하나님께 범죄했다. 아담으로부터 보통 생육법에 의해 출생하는 모든 인종들은 금세와 내세에 하나님의 공평한 진노와 형벌을 받는 것이 마땅하다.

● 기독론 ⑦ 인류의 죄와 부패함과 죄의 형벌에서 구원하시고, 영생을 주고자 하사 하나님께서 무한하신 사랑으로 그의 영원하신 독생자 주 예수 그리스도를 세상에 보내셨으니, 그로만 하나님께서 육신을 이루었고, 또 그로 말미암아서만 사람이 구원을 얻을 수 있다.

● 구원론 또는 성령론 ⑧ 성부와 성자로부터 오신 성령께서 인생으로 구원에 참여하게 하시나니 인생으로 죄와 비참을 깨닫게 하시며, 그 마음에 밝혀 그리스도를 알게 하시고, 그 의지를 새롭게 하시고, 권하시며 권능을 주어 복음에 값없이 주마 하신 예수 그리스도를 받게 하시며, 또 그 안에서 역사하여 모든 의(義)의 열매를 맺게 하신다. ⑨ 하나님께서 세상을 창조하시기 전에 그리스도 안에서 자기 백성을 택하사 사랑함으로 그 앞에서 거룩하고 흠이 없게 하시고, 그 기쁘신 뜻대로 저희를 미리 작정하사 예수 그리스도로 말미암아 자기의 아들을 삼으셨으니, 그 사랑하시는 아들의 안에서 저희에게 후하게 주시는 은혜의 영광을 찬미하게 하려는 것이되, 오직 세상 모든 사람에게 대하여는 온전한 구원을 값없이 주시려 하여 명하시기를 너희 죄를 회개하고 주 예수 그리스도를 자기의 구주로 믿고 의지하여 본받으며, 하나님의 나타내신 뜻을 복종하여 겸손하고 거룩하게 행하라 하셨으니 그리스도를 믿고 복종하는 자는 구원을 얻을지라.

● 성례론 ⑩ 그리스도께서 세우신 성례는 세례와 성찬이라, 세례는 물을 가지고 성부와 성자와 성령의 이름으로 씻음이니 우리가 그리스도와 병합하는 표적과 인침인데 성령으로 거듭남과 새롭게 하심과, 주께 속한 것임을 약속하는 것이라. 주의 성찬은 그리스도의 죽으심을 기념하여 떡과 잔에 참예하는 것이니, 이는 믿는 자가 그 죽으심으로 말미암아 나는 유익을 받는 것을 인쳐 증거하는 표라. ⑪ 모든 신자의 본분은 입교하여 서로 교제하며, 그리스도의 성례와 기타 법례를 지키며, 주의 법을 복종하며, 항상 기도하며, 주일을 거룩하게 지키며, 주를 경배하기 위하여 함께 모여 주의 말씀으로 설교함을 자세히 들으며, 하나님께서 저희로 하여금 풍성하게 하심을 좇아 헌금하며, 그리스도의 마음과 동일한 심사를 서로 표현하며, 또한 일반 인류에게도 그와 같이 할 것이요, 그리스도의 나라가 온 세상에 확장되기 위하여 힘쓰며, 주께서 영광 가운데서 나타나심을 바라고 기다려야 한다.

● 종말론 ⑫ 죽은 자가 세상 끝날에 부활함을 받고 그리스도의 심판하시는 보좌 앞에서 이 세상에서 선악간 행한 바를 따라 보응을 받을 것이니, 그리스도를 믿고 복종한 자는 현저히 사함을 얻고 영광 중에 영접을 받으려니와, 오직 믿지 아니하고 악을 행한 자는 정죄함을 입어 그 죄에 적당한 형벌을 받을 것이다.

아그라파(agrapha) '아그라파' (ἄγραφα)는 문자적으로 기록되어 있지 않은 것', '쓰여 있지 않은 것'이란 뜻이다. 이는 정경(正經)으로 인정된 복음서 외에 예수님의 말씀으로 여겨지는 것을 가리킨다. 대개가 의심스러운 내용이거나 위작(僞作)이며, 그 숫자도 많지 않다. 신약성경의 고대 사본들이나 초대 교부들의 저서 또는 외경 복음서 등에서 발견되는 내용들이다.

아람어(- 語, Aramaic) 성경 히브리어와 가장 밀접한 셈족 계통(서부 셈어)의 언어. 일명 '수리아어.' 히브리어 외에 베니게어와 밀접한 관계가 있다(창31:47). 아람어는 원래 유목민의 언어였으나 이 유목민이 메소보다미아와 수리아 지역을 점령하고 왕국을 건설하면서 언어를 유포시킴으로 고대 중근동의 국제 통용어로 자리매김한다. 아람(수리아)이 B.C.8세기경 앗수르에 정복되었음에도 아람어는 소멸되지 않고 앗수르를 비롯해 주변국과 이후 제국들(바벨론과 바사 등)의 외교 언어로 사용되었다(왕하18:26; 사36:11).

 **용어상식**

아디아포라
(adiaphora)

헬라어로 '아디아포로스'(ὁδιάπορος, 대수롭지 않은, 중요하지 않은'이란 뜻)로서, 이는 하나님께서 명령하시지도 그렇다고 금지하시지도 않은 행동들을 가리킨다. 즉, 그것은 ① 실행해도 그만, 행하지 않아도 죄가 되지 않는 대수롭지 않은 문제로서, ② 본질적으로 선악과 관련되지도 않을 뿐 아니라 ③ 구원의 문제와도 직결되지 않은 것이다. 때문에 ④ 성도 각 개인의 경건한 사색에 의한 판단과 양심의 자유에 맡겨야 할 내용들이다.

아디아포라의 대상은, 주로 의식이나 행위에 관련된 문제이다. 특히 율법을 문자적으로 시행할 뿐 아니라 세세한 부분까지 행동 규범을 정하고 사람을 종교적으로 옭아매었던 유대 사회 앞에서 예수께서 보여주신 가르침과 행동에서 많은 경우를 발견하게 된다. 예수께서는 하나님 앞에서 진정으로 생명을 위하고 내적인 성결을 이룬다면 외적인 의식을 준수하는 일은 대수롭지 않은 것으로 보셨다(막3:4). 사도 바울 역시 이런 맥락에서 기독교인의 자유를 강조했다. 그는 하나님 나라와 별로 상관없는 것들에서 적극적으로 자유로워야 한다고 가르친다(롬14:17; 고전6:12, 8:8; 갈5:6; 골2:20). 더욱이 그는 주의 만찬을 제외하고 어떤 형식도 인정치 않았고, '모든 것을 품위 있게 하고 질서 있게 하라'는 권면으로 자신의 입장을 정리했다(고전14:40). 하지만 그는 비록 개인에게 허락된 자유일지라도 그 자유보다 우선하는 윤리적 원칙이 있음을 강조했다. 그것은 남을 배려하고 섬기는 도, 곧 참된 자유의 가르침이다(롬14:2-23; 고전6:12; 8:9; 10:23-24). 결국, 기독교인의 모든 행동은 자기 중심적이거나 자기 유익을 위한 것이 아니라 항상 하나님을 위하고 이웃을 위해 금하기도 하고 행하기도 해야 한다.

한편, 중세 로마 가톨릭 교회에서 프로테스탄트 특히 루터 파 교인들을 회유하기 위해 프로테스탄트적 교리와 로마주의적 색채를 적당히 혼합한 협정을 만들어내었다. 이때 소위 아디아포라주의자들은 로마 교회에의 양보를 비본질적인 것 즉, 중요하지 않은 것으로 만들어 종교개혁의 의지를 꺾어보고자 했다. 그러나 이들 아디아포라주의자들의 견해는 분명 개혁파(칼빈주의) 교회의 원리와는 모순되는 것이었다.

특히, 아람어는 성경시대와 그 이후 시대에도 크게 영향을 미쳤던 언어이다. 즉, 대부분이 히브리어로 기록된 구약성경 중에서도 일부분(스4:8-6:18; 7:12-26; 렘10:11; 단2:4-7:28)은 아람어로 기록되었다. 이 아람어는 포로기 이후 근동의 통상적인 일상어였다. 그와 더불어 탈굼과 게마라와 미드라쉬 문학의 여러 부분도 바로 이 아람어로 쓰였다. 신약성경에서도 아람어가 여러 번 등장하는데(성경 난외주에서도 등장함) '달리다굼'(막5:41), '에바다'(막7:34), '엘리 엘리 라마 사박다니'(마27:46; 막15:34), '마라나타'(고전16:22), '아빠'(막14:36; 롬8:15; 갈4:6) 등이다. → '성경의 언어'를 보라.

아르미니우스주의(- 主義, **arminianism**) 일명 '알미니안주의'라고도 한다. → '알미니안주의'를 보라.

아리우스주의(- 主義, **arianism**) 4세기경에 유행했던 이단 사상. 알렉산드리아의 사제였던 아리우스(Arius, 250-336년)에 의해 제시된 교리로, '그리스도는 성부의 본질에서 낳은 것이 아니라 무에서 창조된 자로서, 그가 우주를 창조하였으며, 그가 존재하지 않았을 때도 있으나 피조물 중에는 최초이며 가장 완전한 자'라는 주장. 이는 그리스도의 신성을 부정하는 사상이다.

니케아 공의회(325년) 때 이단으로 규정되었으나 아리우스가 황제 콘스탄티누스에 접근하여 생존했고, 콘스탄티누스 2세 때는 로마 제국 전역에 이 사상을 전할 수 있었다. 하지만 ① 성자가 성부를 닮지 않았다는 아노모이오스 파와 ② 성자가 성부를 닮았다는 호모이안 파 ③ 성부와 성자의 본체는 같으나 존재는 같지 않다는 호모이우시안 파 등의 내부 분열과 황제의 죽음(361년)으로 급격히 몰락했으며, 제1차 콘스탄티노플 공의회(381년)에서는 니케아 신조를 재확인함으로써, 아리우스 파는 재차 이단으로 정죄되어 이후 다시는 이 문제가 제기되지 않았다.

아카드어(- 語, **Akkadian**) 고대 메소포타미

아 왕국의 말로 사용되었던 셈족 계통의 언어. 주요 방언들은 바빌로니아나 앗시리아에서 사용되었다.

아타나시우스 신조(- 信條, Athanasian Creed, Symbolum Athanasianum) 초대교회 이후부터 중세에 걸쳐서 서방교회에서 널리 사용되던 삼위일체론 및 성육신론적인 신조를 말한다. 첫 문장이 'quicumque rult'(믿는 자만이 구원될 수 있다)로 시작되어 '퀴쿰케 신경'으로도 알려져 있다. 본 신조의 저자자가 암부로시우스, 히라리우스, 비기리우스, 뷘켄티우스, 베난티우스, 폴튜나도스, 아타나시우스 등으로 알려져 있으나 정확하지는 않다.

중세 이후 아타나시우스의 이름을 붙여서 '아타나시우스 신조'라 불렸으나 보스(G.J. Vos)의 연구(1642년) 이후 그의 저작설이 부정되고 있다. 40개 조목의 2부로 된 신조인데, 전반부에는 삼위일체와 성육신에 대해, 후반부에는 사도신경과 유사한 그리스도의 구속사역에 대한 내용을 담고 있다. 사도신경, 니케아 신조와 함께 서방 기독교의 대표적인 신조로 인정받고 있다. 그러나 동방교회는 그 권위를 인정하지 않는다.

알레고리(allegory) '풍유'(諷諭), '비유', '우의'(寓意), '상징'(emblem) 등의 뜻을 지닌 말로, 추상적인 개념을 직접 표현하지 않고 다른 구체적인 대상을 이용해 표현하는 문학 형식. 성경에는 이 용어가 '비유'라는 말로 단 한 번 사용되었다(갈4:24). 해석방법으로는 본문을 사실 그대로 문자적인 의미로 이해하지 않고 그 용어 뒤에 숨겨져 있는 새로운 의미(영적인 비유 등)를 찾으려는 방법을 말한다.

교부 오리겐을 비롯한 알렉산드리아 학파가 즐겨 이 방법으로 성경을 해석했고 오늘날도 이 방법을 사용하는 사람들이 있기는 하다. 그러나 지나치게 유형적이거나 교훈적일 수도 있고, 또 본문 원래의 의미를 잃어버릴 위험성도 있기 때문에 종교개혁가들은 이 방법을 거부하기도 했다(루터는 알레고리의 위험성을 지적하는 동시에 알레고리 특성을 지닌 본문에는 적용할 수 있는 해석방법으로 이해했다). 참고로, '알레고리'란 표현은 한국에서 '영해'(靈解, allegorical interpretation)라고 일컬어지기도 한다.

알미니안주의(- 主義, arminianism) 칼빈의 예정론 즉 '하나님은 어떤 자는 구원하시고 어떤 자는 멸하시기로 예정하셨다'는 주장에 반대하는 네덜란드 개혁교회의 신학자였던 야곱 알미니우스(Jacob Arminius, 1560-1609년)의 학설. 그는 하나님의 구원은 모든 인류에게 보편적으로 주어진 것이며 이를 거부하는 것은 인간의 '자유의지'에 따른 것이라고 했다. 또한, 인간은 타락의 영향을 받기는 했지만 영적 선(善)을 행할 수 없을 만큼 타락한 것이 아니며, 복음을 받아들여 구원을 얻고자 한다면 인간의 자력(自力)으로 하나님을 믿을 수 있다고 주장했다. 그의 사후 그의 주장을 추종하는 46명의 목사들이 1610년 '5개조 항의문'(Remonstrance)이라는 형태의 탄원문을 의회에 제출하여 신앙고백 및 요리문답을 수정해 줄 것을 요청했는데, 이것이 알미니안주의의 주요 신조다.

① 조건적 선택 : 하나님은 개인의 신앙과 불신앙의 예지에 근거해 선택과 유기를 결정하신다. 즉, 하나님은 복음의 부르심에 응답하리라고 예지하신 각 사람을 선택하시는데, 이것은 조건적 선택이다.

② 보편적 대속 : 구원받는 자는 그리스도를 믿는 자뿐이지만 그렇다해도 그리스도는 모든 인류를 구원하시고 속죄하시기 위해 죽으셨다.

③ 인간의 무능력 : 인간은 타락하였으므로 신앙 혹은 여하한의 선행을 위해서는 하나님의 은혜가 필요하다.

④ 항력적 은혜 : 하나님의 은혜는 거절될 수도 있다. 즉, 인간의 중생과 회심은 성령의 역사이기는 하지만 인간 의지의 제한을 받는다. 성령께서 사람을 그리스도께 이끌기 위해 역사하실 때에 실질적으로는 거부당할 수도 있고 또 성령의 뜻이 좌절될 수도 있다. 죄인이 자진해서 성령을 받겠다고 하지 않는 한 성령께서는 중생의 역사 및 회심의 역사를 베푸실 수 없다.

⑤ 은총으로부터의 타락 가능성 : 믿는 자라고 모두 확실히 견인되는 것이 아니라 은총으로부터 타락할 가능성도 있다. 즉, 구원받은 사람이라도 종국에 가서는 구원을 상실할 수도 있다.

이상의 주장은 네덜란드 의회에 의해 소집된 도르트 회의(Synod of Dort, 1618년)에서 검토되어 칼빈 파에 의해 배척되고 추방되었다. 그러나 이런 주장은 계속 전파되어 '자유주의화 된 알미니안주의'와 '복음주의적 알미니안주의'로 발전해 갔다. 그리고 18세기에 존 웨슬리에 의해 설립된 감리교회는 복음주의적 알미니안주의를 채택하여 오늘에까지 이르고 있다. → '칼빈주의'를 보라.

애니미즘(animism) 자연계의 모든 사물에 영혼이 깃들어 있다는 생각이나 사상. 즉, 나무나 돌과 같은 물질에도 영(靈)이 있어 움직이며 인간 생활에 영향을 끼친다는 고대 원시인들의 신앙에 대한 학술 용어. '정령신앙'(精靈信仰), '물활론'(物活論) 등으로 일컬어진다. → '물활론'을 보라.

애타주의(愛他主義, artruism) 윤리학에서, 다른 사람의 행복의 증진을 도덕적 행위의 표준으로 하는 주의. 프랑스의 철학자 꽁트(Auguste Comte, 1798-1857년)가 처음 사용한 용어. 이기주의와 반대되는 개념이며, 이웃을 자기 몸과 같이 사랑하고 원수까지 사랑하라는 성경의 명령과 일치하는 사상이다. 일명 '이타주의'(利他主義), '타애주의'(他愛主義). → '이타주의'를 보라.

양성론(兩性論, dyophysitism) 문자적이 의미는 '두 본성(本性).' 즉, 예수 그리스도의 위격 안에 두 본성(신성과 인성)이 공존한다는 정통파 곧 칼케돈 신조의 지지파 입장을 가리키는 말. 이는 소위 '단성론자'들이 정통파 입장에 선 자들을 가리키며 한 표현이다.

양식론(樣式論, modalism) 삼위일체 교리를 설명함에 있어서, 성부·성자·성령 하나님은 각각 다른 세 인격체가 아니라 단지 현현이 상호 다른 세 양식(양태)에 불과하다는 교리. 일명 '양태론'(樣態論).
3세기 초 사벨리우스(Sabellius, ?-260?년)가 처음 주장했는데, 이 지지자들은 정통파의 견해인 '삼위일체론'에 대한 전면적인 부정으로, 하나님의 완전하고 분리할 수 없는 주권을 주장하면서 하나님을 성부·성자·성령으로 구별하는 것을 거부했다. 교황 카리스투스 1세에 의해 이단으로 선고받고 파문당했으나, 역설적이게도 이 이론은 오히려 정통파 신학 발전에 큰 영향을 주었다.

양식비평(樣式批評, form criticism) 성경의 비평적 연구 중에 하나로, 성경 본문과 관련된 문서들을 그들의 원 역사적 배경과 관련해 이해하려는 소위 '고등비평'에 속하는 연구방법이다.
이 연구 방법은 성경에서 구약(모세오경, 시편 등), 신약 모두 함께 적용되어 왔으나 특히 신약의 복음서에 대해 집중적인 연구를 해왔다. 즉, 성문화된 복음서 및 문학적 자료의 배후를 찾아서 복음서의 구전(口傳)의 단계를 주목하고, 그와 같은 구전에 있어서 표현된 사건과 기록 및 어록(語錄) 등과 같은 여러 양식과 형태를 구별하여 조사하려는 학문적 경향이나 그 노력을 양식비평이라 한다. → '고등비평'을 보라.

양의론(兩意論, dyotheletism) → '그리스도 양의론'을 보라.

양자(養子, adoption) 이에 해당하는 헬라어 '휘오데시아'(υἱοθεσία)는 로마의 법률용어로 '휘오스'(아들)와 '디데미'(자리에 두다)의 합성어인데, 입양을 통해 아들의 권리를 부여받은 자를 말한다(요1:12; 롬8:15). '양자'는 아들로서의 특권을 갖는 동시에 아들로서의 의무도 져야 했다.
양자 제도는 로마뿐 아니라 고대 세계에서 흔한 풍습으로(창15:2-3; 출2:10; 왕상11:20; 에2:7,15) 친아들과 마찬가지의 신분과 권한을 가진다. 동시에 양자 된 자는 자신의 생부(生父)로부터 상속 권리는 물론 그 어떤 빚에서도 책임을 면한다. 결국 그는 자신의 생가(生家)에 관해 완전히 죽은 자가 된다.
성도가 양자 된 것은 하나님의 약속에 근거한 것이요(롬9:8; 갈3:29; 엡3:6), 하나님의 은혜와 섭리의 결과에 따라서다(엡1:4-6). 즉, 하나님의 주권에 의해 선택되고 양자 되었다(롬8:12-17,29). 하나님은 성도를 양자 삼으실 때에 성도 안에 성령을 부어 주셨고, 그 성령의 인도하심으로 성도는 하나님을 '아빠 아버지'라 부르게 되었다(롬8:14-16). 성도는 양자로 새로 태어남으로써(고후5:17-18) 아버지 되신 하나님의 영광스런 상속자가 되고(롬8:16-18) 또한 그분에게서 징계도 받게 된다(신8:5-6; 삼하7:14; 잠3:11-12; 히12:5-11).
뿐만 아니라, 하나님의 오래 참으시고 긍휼히 여기시는 감독 대상이 되고(렘31:1,19-20), 새 이름

(민6:27; 시62:2; 엡3:14-15; 요일3:1; 계3:12), 새 기업(마13:43; 롬8:17; 벧전1:3-4), 안전한 피난처(잠14:26)를 얻게 된다. 무엇보다 예수 그리스도와 영적인 연합체로서(요17:11,21), 그의 형제가 되는 영광을 얻는다(요20:17; 히2:11-12).

양태론(樣態論, modalism) 일명 '양식론.' → '양식론'을 보라.

언약(言約, covenant, testament) 쌍방간(두 명이나 그 이상의 사람들)의 합의에 의해 이뤄지는 약속(계약, 맹세). 하나님과 사람, 사람과 사람, 민족과 민족 간의 약속이 주류를 이루며, 특히 성경은 하나님께서 인간과 인격적으로 맺으신 구원 언약(testament)이 중심 주제이다.

구약성경에 언급된 언약 형태로는 ① 계약 당사자 모두 그 동의된 내용을 받아들이는 '쌍방 언약'(창31:43-46; 삼상18:3-4; 말2:14). ② 권위나 능력 등에서 유력한 위치에 있는 쪽에서 주도하는 '일방 언약'(겔17:13-14). 형식적으로는 서로간 동의에 의한 쌍방 언약이지만 내용상으로 명령과 순종, 약속과 믿음으로 이뤄지는 일종의 '편무(片務) 언약'이다(창9:8-17; 출19:5; 신23:16). ③ 죄인을 구원하시기 위해 하나님이 친히 제시하시고 이뤄가시는 '구속 언약'(신7:6-8; 시89:3-4). 피로써 맺은 언약으로(출24:6-8), 인간의 공로나 노력이 배제된 채 오직 하나님에게 그 언약의 원인과 이유와 결과가 있을 뿐인 언약이다(엡2:1-22; 히13:20-21).

신약성경에서는 주로 하나님의 구속적인 사랑을 나타내는 도구로서 '언약'이 언급되며(고후3:6; 히9:16-18), 그 언약의 증표로써 구약의 선지자들이 예언한 바 있는 메시야 예수(사42:6; 49:8)를 통한 새 언약(렘31:31-34)이 소개된다. 예수께서 십자가 상에서 속죄제물이 되심으로 언약을 새롭게 하셨고(마26:28; 고전11:25) 이 새 언약 안에서 인간은 비로소 죄 문제를 해결할 수 있고, 하나님과 바른 관계에 놓이게 된다(고후3:6-18; 히7:22; 8:6-13; 9:11-23). 이 언약은 영원한 효력을 발생한다(히10:11-18; 13:20). → '계약', [1. 교회 일상 용어] '약속'을 보라.

언약신학(言約神學, covenant theology, federal theology) 언약신학이란 개혁주의나 칼빈주의의 전통에 따른 신학의 한 형태로서, 성경의 모든 사상을 언약 또는 계약(covenant)이라는 개념을 중심으로, 조직적으로 형성한 신학체계를 말한다. 일명 '계약신학(契約神學)이라 한다. 이 신학은 16세기 말에 시작되어, 17세기 후반에 영국의 청교도주의에서 열매를 맺었다.

언약신학은 크게 두 가지로 구분되는데 ① 하나님이 인류의 대표인 아담에게 언약하신 '행위언약(行爲言約), ② 둘째 아담, 즉 마지막 아담으로 오신 예수 그리스도와 맺으신 '은혜언약(恩惠言約)이다. 이 같은 언약신학을 한 마디로 요약하면, 예수 그리스도의 십자가 구속(救贖)이 모든 시대에 적용된다는 개념이다. 그런 점에서 하나님의 백성에게 있어서 옛언약과 새언약은 구분 없이 모두 하나이다. 또한 민족적인 구분(이스라엘과 이방인) 없이, 모두가 영적인 이스라엘이다.

한편, 언약신학의 본질을 '하나님과의 관계'라고 이해한다. 즉, 하나님이 인간과 관계를 맺으려고 인간과 세상을 창조하셨는데, 죄는 그 관계의 상실이고, 속죄는 관계의 회복이며, 성화(聖化)는 관계의 성장이고, 영광과 종말은 그 관계의 완성이라고 믿는다. 또한 언약신학은 성경을 구원에 대한 책으로 보기에(요20:31), 성경의 가장 큰 주제와 관심사를 하나님의 왕국이 아닌, 구원론(救援論)이라고 믿는다. → '계약신학'을 보라.

엄숙주의(嚴肅主義, rigorism) 몇 가지로 구분해서 정의할 수 있다. ① 구체적인 조건이나 상황을 고려하지 않고 원리, 원칙을 고집하는 극단적으로 엄격한 고정적 사고 및 행동 양식. ② 감각적·본능적(자연적) 요소를 배제시키고 이성을 도덕적 생활의 주도적 힘으로 평가하는 윤리적 이상주의. ③ 18세기 교회의 법과 도덕을 문자 그대로 엄격하게 해석하려 했던 신학 윤리. 일명 '엄격주의'(嚴格主義).

고대 헬라철학의 견유학파와 스토아학파에서 그 유래를 찾을 수 있으며, 중세 수도원제도의 금욕주의도 같은 맥락에서 해석될 수 있다. 또한 칸트의 반쾌락적 윤리체계에서 엄숙주의의 면모를 찾아볼 수 있다. 칸트는, 도덕 법칙은 어떤 경우에도 의무적 성격을 갖는다고 주장하고 의무를 최고의 것으로 생각했다.

에반젤리즘(evangelism) ① 복음 전도, 복음의 선포. ② 전도자적인 열의(熱意). ③ 복음주의(福音主義) 등을 포함한 개념이다. → '복음주의'를 보라.

에큐메니즘(ecumenism) '모두 함께 거하는 세계'라는 의미를 지닌 헬라어 '오이쿠메네'에서 유래한 용어로, 교회가 전 세계에 대해 공동의 선교목적을 가지고 있음을 함축하고 있는 용어.
에큐메니칼운동이 회원교단의 신학과 주장이 차이를 보이더라도 그것을 무시하고 유기적으로 일치시키는 데 최고의 가치를 두는 소위 '미니몰리즘'(minimallism)에 목적을 두고 있지만, 에큐메니즘은 각 교파의 특성들을 그대로 유지하면서 조직적인 교회의 결합보다는 각 교파간의 긴밀한 협동을 증진시키는 것이다. 즉, 교파적 협동을 목적으로 한 교파적 합동이 아니라 예수 그리스도의 지상 대명령을 수행하기 위한 교회의 일치 정신이라 할 수 있다. → [5. 교파 및 역사 용어] '에큐메니칼운동'을 보라.

에클레시아스티시즘(ecclesiasticism) 교회의 관습이나 교회 행정의 외부적 세목들에 지나친 관심과 열심을 보이는 경향을 일컫는 말. 즉, 조직체인 교회의 이익만을 추구하고자 하는 것으로서, 소위 '교회 만능주의'라고도 한다.

에피쿠로스주의(- 主義, Epicureanism) 헬라 철학의 한 학파로, 에피쿠로스(Epicuros, B.C. 342-270년)에 의해 형성된 윤리 철학체계. 에피쿠로스는 모든 관념의 유일한 근거로 '감각'을 제시하며, 감각이야말로 모든 진리의 유일한 판단 기준이라 했다. 특히, 명상에 잠기는 삶과 세속적인 사건들로부터의 도피를 가르쳤고, 행복이란 일종의 정신적 쾌락이며, 그것을 구하고 그것을 얻는 것이 인생의 목표라 보았다. 여기서 쾌락이란 단순히 그때그때의 일시적 즐거움으로 만족한 것이 아니라 언제 어떤 때에도 마음이 '어지럽혀지지 않은 상태'로 여기고 그것을 '쾌(快)'로 보았다. 이 같은 근거에서 그는 데모크리토스의 물질적 원자론을 재강조했고, 영혼불멸을 부인했다.
이 학파의 우주론에 의하면 모든 실재는 물질적이며, 존재하는 궁극적인 것은 원자로서, 이 원자들의 복합체가 우주 만물을 형성하고 있다는 것이다. 또한, 에피쿠로스는 신의 존재를 부인하지 않았지만 신들은 인간사와는 아무 관계가 없는 존재들이라 했다. 그의 가르침은 당시 많은 호응을 얻었는데 대표적인 제자로는 아폴로도투스, 시돈의 제노, 루크레티우스 등이 있다. 사도 바울이 아테네 방문 당시에 이들과 논쟁을 벌인 바 있다(행 17:18).
한편, 에피쿠로스주의는 본래 에피쿠로스의 철학설을 가리키는 말이었지만 그가 주장하는 쾌락주의가 전용되어 감각적 향락주의, 즉 육체 탐닉이나 식도락 등을 의미하게 되었고, 에피쿠로스주의자라는 명칭도 이러한 향락주의자를 가리키는 것으로 되었다. 또한 이것은 관념론자들이 유물론을 공격하는 재료로도 삼아 왔다. 그리고 원자론이나 무신론이라는 의미로도 쓰인다.

여호와(Jehovah, LORD) '스스로 있는 자, 나는 나다(I AM WHO I AM)'란 뜻. 하나님의 영원하심과 자존(自存)하심, 그리고 원인이 없으신 절대 유일하신 존재임을 강조하는 하나님의 고유한 성호(聖號)요 영광스러운 신명(神名)이다(창2:4; 출 3:14-15; 6:3). '여호와'는 자기 백성과 관계되는 구원이나 언약 성취 그리고 하나님 자신의 신실하심과 인자하심과 관련해 주로 사용된다. 이에 비해 '엘로힘'(하나님)은 이방인을 포함한 모든 세계를 대상으로 하는 창조주요 통치자(지배자)로서 그 절대적인 힘과 권위를 지니신 하나님이심을 나타내는 거룩한 호칭이다(대하18:31).
하나님의 신성한 이름인 'יהוה'는 히브리 전통상, 표기만 하고 발음은 하지 않음으로써 정확한 음가(音價)가 전해지지 않고 있다(한글성경에 묘사된 '여호와'라는 발음은 정확한 것이라 볼 수 없다). 이유는, 유대인들은 십계명 중 '너는 네 하나님 여호와의 이름을 망령되게 부르지 말라'(출 20:7)는 제3계명을 엄격하게 지켰기 때문이다(레 24:16). 그래서 바벨론 포로 이후에는 거룩한 이름인 '여호와'를 부주의하게 부르는 불경죄를 범하지 않기 위해 아예 그 거룩한 이름을 발음하지 않기로 결정했다.
따라서 여러 가지 대용(代用) 명칭이 사용되었는데 그중에서도 '주님'(LORD)을 의미하는 '아도나이'(אֲדֹנָי)라는 단어가 주로 사용되었다. A.D.6-7

세기경에 확정된 맛소라 사본의 학자들 역시 히브리성경을 복사하면서 네 개의 히브리어 자음(HWHY)만 베껴 쓰고는 그것을 발음하지 않았다. 그 이름을 읽어야 할 때는 יהוה의 자음에 '아도나이'의 모음을 결합한 인공적인 이름이 생겨나게 되었다. 우리가 '여호와', '예호와', '야웨'(야훼)로 발음하는 것은 바로 이 전통에서 유래되었다. 이 전통이 70인역(LXX)에서 그대로 채택되어 יהוה에 해당하는 거룩한 이름이 '주님'을 뜻하는 Κύριος(퀴리오스)로 번역되었다. 이러한 읽기는 초대교회를 거쳐서 종교개혁 무렵에 더욱 힘을 받아 오늘날 많은 성경 번역본에서 그 발음을 채택하고 있다(KJV, RSV, NIV 등에서는 '여호와' 대신에 대문자만 사용하여 'LORD'로 번역했다). → '하나님', '아도나이', '스스로 있는 자'를 보라.

■ '여호와'와 결합된 여러 표현들 – 한글성경에 그대로 번역된 '여호와 닛시', '여호와 샬롬', '여호와 삼마', '여호와 이레' 외에 '여호와 로프에카'('너희를 치료하는 여호와', 출15:26), '여호와 메카디쉬켐'('너희를 거룩하게 하는 여호와', 출31:13), '여호와 체바오트'('만군의 여호와', 삼상1:3), '여호와 엘욘'('지존하신 여호와', 시7:17), '여호와 로이'('여호와는 나의 목자', 시23:1), '여호와 치드케누'('여호와 우리의 의', 렘23:6; 33:16) 등이 있다.

■ 여호와 닛시(Jehovah-Nissi, The LORD is my Banner) – '여호와는 나의 깃발'이란 뜻. 모세가 르비딤에서 아말렉 군대와 싸워 승리한 기념으로 세운 제단에 붙여진 이름(출17:15). 이는 승리케 하시는 하나님을 신뢰하고 찬양하는 이름으로 널리 사용되고 있다.

■ 여호와 삼마(Jehovah-Shammah, THE LORD IS THERE) – '여호와께서 거기에 계시다'는 뜻. 에스겔의 이상 중에 언급된 하늘 예루살렘에 붙여진 이름(겔48:35). 비록 택한 백성이 범죄하여 이방 땅에 포로로 끌려갔더라도 하나님은 그들을 떠나지 않으시고 그들과 함께하신다는 뜻이 담겨 있다. 결국 에스겔은 임마누엘 되시는 하나님의 모습을 상기시킴으로써 포로로 잡혀간 유다 백성에게 큰 소망과 위로를 주었다.

■ 여호와 샬롬(Jehovah-Shalom, The LORD is Peace) – '여호와는 평강이시다'는 뜻. 사사 기드온이 하나님과 자기 사이에 모든 일이 화평하게 된 것을 기념하여 오브라에 있는 제단에 붙인 이름(삿6:24). 이 평안의 주체는 여호와 하나님이시다.

■ 여호와 이레(Jehovah-Jireh, The LORD will Provide) – '여호와께서 준비(예비)하심'이란 뜻. 아브라함이 하나님의 명령을 좇아 모리아 땅에 있는 한 산으로 가서(창22:1) 믿음으로 이삭을 번제로 바치려고(히11:17-19) 준비한 곳에 붙여진 이름(창22:14). 아브라함을 위해 숫양을 준비하신 하나님은 우리를 위해 어린 양 예수님을 준비해 두고 계셨다.

■ 여호와의 날(the day of LORD) – 하나님의 나라가 완성되는 말일(末日)을 가리키는 종말적인 단어(사2:2; 렘23:20). 일명 '주의 날.' 이 날은 하나님께서 지상의 모든 죄악과 사망의 세력을 심판하시는 크고 두려운 심판의 날인 동시에 자기를 바라는 자들에게 승리와 구원을 베푸시는 은혜의 날이다(사13:6; 욜2:11; 습1:7).

이날에는 모든 차별이 없어지고(사2:12-21), 죄가 소멸되며(벧후3:11-13), 하나님의 준엄한 심판이 집행될 것이다(계4:1-19:6). 그리하여 성도가 소망하는 새 하늘과 새 땅이 완성될 것이다(사65:17; 66:22; 계21:1).

■ 여호와의 사자(the angel of the LORD) – '하나님께서 보내신 자'란 뜻. 하나님의 거룩한 뜻(저주, 복 등)을 전달하거나 실행하도록 하나님이 친히 파견하신 존재. 여기에는 피조물인 천사(민22:22; 왕상13:18)나 곤경에 처한 하나님의 백성을 돕기 위해 하나님으로부터 긴급히 파견된 '하늘 군대의 우두머리'(시34:7), 혹은 하나님의 심부름꾼으로서의 선지자(대하36:15) 등이 있다.

이와는 별개로 하나님과 똑같은 권위로써 나타나 말씀하신다는 점에서 하나님 자신 특히 구약 시대 곧 성육신(成肉身)하시기 전 역사 속에 현현하신 성자 하나님으로 보기도 한다(창16:7; 출3:2; 삿2:1; 왕하1:3). → '천사'를 보라.

■ 여호와의 손(the hand of the LORD) – 성경에서 '손'이란 대체로 '힘과 활동', '능력과 영향력', '적극적인 후원'을 지칭하는 말이다(삼상7:13; 대상28:19; 욥12:9). 따라서 '여호와의 손'은 '하나님의 강권적인 영향력', '하나님의 감화 감동', '하나님의 열심', '능력에 찬 하나님의 후원' 등으로 이해할 수 있다. 특히, 악인에게는 재앙과 징벌과 심판을, 의인에게는 도우심과 은총을 베푸

는 주의 능력을 나타낸다(수22:31; 룻1:3).

■**여호와의 신**(The Spirit of the LORD) - '여호와의 영(靈)' 곧 '성령 하나님'을 가리킨다(삿3:10; 15:14; 사11:2).

■**여호와의 은혜의 해**(the year of the LORD's favor) - 하나님께서 은혜를 베푸시는 때(사61:2). 곧 은혜의 때인 신약 시대를 가리킨다(고후6:2). 나아가 이 은혜의 해는 하나님께서 주권적인 은혜로 죄에서 우리 인생을 해방시키는 때 곧 '메시야의 시대'를 시사한다(눅4:19).

■**여호와의 이름**(the name of the LORD) - 하나님의 거룩한 칭호(창4:26; 왕상18:24; 욜2:32; 습3:9). 성경문학적 측면에서 좀 더 넓은 의미로 하나님의 거룩한 성품과 인격, 존재와 능력, 또는 영광과 권위 등을 나타내는 것이기도 한다(출20:7; 신5:11; 28:10; 32:3; 대상23:13; 렘3:17). 따라서 하나님의 이름은 언제나 찬송과 존귀와 영광의 대상이다(욥1:21; 찬송가 19,68장). 또한 그 이름을 의지하는 자는 항상 은혜를 얻는다(습3:12).

■**여호와의 종**(the servant of the LORD) - 하나님께서 친히 택하시고 쓰시는 일꾼(수1:1; 왕하9:7). 특히, 하나님의 구원 역사를 이뤄가실 메시야를 가리키는 표현이다(사42:1-4; 53장).

역본(譯本, versions of the Bible) 성경이 처음 기록되었을 때의 원문서를 '원본'(原本) 또는 '원전'(原典)이라고 한다면, 시대나 지역적 변화로 인해 그 원전의 언어로 읽기 어렵거나 전혀 읽을 수 없는 사람들을 위해 성경의 일부 혹은 전체를 번역할 필요가 생겨났고, 그런 필요에 따라 여러 언어로 된 '역본' 곧 '번역본'(飜譯本)이 생겨나게 되었다. 성경 역본은 오랜 기간 동안 수많은 번역자들에 의해 제작되어 오고 있다. 전체적이든 부분적이든 20세기 중엽까지 1,500여 종 이상의 언어와 방언으로 번역된 것으로 알려졌다.

① **고대역본** : 헬라어역본(70인역, 아퀼라역, 레오도티온역, 심마쿠스역 등), 아람어역본(탈굼역), 라틴어역본(고 라틴어역본, 벌게잇역), 수리아역본(페쉬타역, 필레크세누스역, 디아테사론역), 및 고대 이집트어인 콥트어역본, 아르메니아어역본, 에티오피아어역본, 슬라브어역본 등이 있다.

② **중·근세 유럽역본** : 독일어역본(고트어성경, 몬제의 프랑크역 마태복음, 루터역성경, 취리히성경, Menge Bibel), 프랑스어역본(왈도의 복음서 및 바울서신, 파리대학의 번역본, 칼빈이 라틴어로 서문을 한 올리베땅의 번역본), 네덜란드어역본(10세기 초의 시편번역, 1526년판 번역), 이탈리아어역본(13-14세기의 공관복음서, 브루치올리의 번역본, 디오다티의 번역본), 헝가리어역본(프란시스코회 수사인 토마스와 발렌티누스의 번역본, 카롤리의 번역본-비졸리성경) 등.

③ **영어역본** : 위클리프역성경(1382년), 틴들역본(1525년), 커버데일역본(1535년), 매튜성경(1537년), 매튜역개정판(대성경, 1539-1541년), 태버너성경(1539년), 제네바역본(1560년), 대성경과 제네바성경을 절충한 비숍성경(1568년), 두에이-랭스성경(1610년), 흠정역(KJV, 1611년), 영어개역성경(ERV, 1885년), 미국표준역성경(ASV, 1901년), 영어개역표준판성경(RSV, 1952년), 스코틀랜드교회의 새영어성경(the New English Bible, 1970년), 테일러에 의해 상업적 성공을 거둔 리빙바이블(1971년), 프랑스어를 영어로 번역한 예루살렘성경(1974년), 가톨릭의 주관하에 번역된 새미국성경(NAB, 1974년), 쉬운 번역성경인 오늘의 영어성경(Today's English Version, Good News Bible, 1976년), 흠정역의 권위를 회복시키려 한 새국제성경(NIV, 1978년) 등이 있다.

④ **한글역본** : 스코틀랜드 연합장로교회 존 로스(J. Ross)에 의해 1887년 한국 최초의 신약전서인 〈예수성교젼셔〉 5천 부가 심양(봉천) '성경 문광서원 활판'으로 간행되었다(대한성서공회사). 물론, 최초의 한글 성경은 1882년 스코틀랜드 연합장로회 선교사 로스(J. Ross)가 번역하고 만주 문광서원에서 간행한 〈예수성교누가복음젼셔〉이다. 계속해서 1887년에는 신약전서 전체가 번역되어 최초로 묶어진 〈예수성교젼셔〉가 출간되었다. 1900년에는 한국성경번역자회에서 신약전서를 간행하여 1906년에 한국 최초의 공인성경으로 인정받았다. 1910년에 이르러 성경번역위원회가 구약 전체의 번역을 완성하였고, 그 이듬해 구약전서를 묶어 출판하기에 이르렀다. 그리하여 1911년에 신·구약이 합쳐진 최초의 성경전서가 나왔다. 이는 1906년 공인된 신약성경과 1910년 번역이 완성된 구약성경을 한 권으로 묶은 것으로 대한성서공회가 발행하고 일본 요코하마에서 인쇄하였다. 또한 1906년에 유성준 장로가 편집하고 일본 요코하마

에서 인쇄한 최초의 국한문 혼용성경이 나왔으며, 1910년에는 카우만이 편집한 한국 최초의 관주성경이 동양선교회 간행으로 중국 상해에서 인쇄되었다. 또 한국 최초의 사역(私譯) 신약성경은 1919년 대한기독교회 창시자 펜윅(M.C. Fenwick)이 번역하여 원산 대한기독교회가 발행하고 일본 요코하마에서 인쇄하였다.

한편, 1947년 사해사본이 발견된 이후 각 나라에서는 새 번역성경이 쏟아져 나왔다. 한국에서도 원문에 충실한 번역서 요청이 있어 언어의 변화와 젊은층을 위한 현대어역의 필요성으로 대한성서공회가 〈새번역신약전서〉를 출판했고(1967년), 그 후 가톨릭교회와 공동번역이 합의되어 1977년 부활절을 기해 〈신구약합본 공동번역성서〉를 출간하기에 이르렀다. 이와는 별개로, 개신교 내에서는 1900년에 완역된 신약성경과 1911년에 완역된 구약성경을 개역해 1938년 〈성경 개역판〉을 내게 된다. 이를 거듭 손질해 한글맞춤법통일안에 따라 표기를 고쳐 출판한 첫 판이 1952년에 나온 〈성경전서 개역한글판〉이며, 그 후 번역 내용과 표기법을 더 손질한 것이 1961년판 성경전서 개역한글판이다. 그리고 성경전서 개역한글판을 대폭 수정하여 오늘날의 어법에 맞게 전면 개정한 것이 1998년의 〈성경전서 개역개정판〉이다.

역사비평(歷史批評, historical criticism) 성경의 비평적 연구 중에 하나로, 성경 본문과 관련된 문서들을 그들의 원 역사적 배경과 관련해 이해하려는 소위 '고등비평'에 속하는 연구방법이다. 즉, 성경의 역사적 배경과 그 역사적 사실성(저작연대와 저자)을 비평하는 신학적 연구를 말한다. → '고등비평'을 보라.

역사신학(歷史神學, theology of history, historical theology) 신학의 한 분과로서 기독교 신학의 역사성, 즉 기독교의 역사적 연구에 주안점을 두는 신학의 한 분야. 역사신학은 하나님께서 역사를 주관하시고 섭리하신다는 믿음과 계시의 점진성에 근거하는데, 성경신학, 조직신학, 실천신학 등과 비견되는 신학의 한 분야이다. 역사신학이 관심을 가지는 것은 교회사(敎會史), 교리사(敎理史) 및 선교사(宣敎史), 신조사(信條史), 성경역사 등이다.

역사적 예수(歷史的 -, historical Jesus) 비역사적 예수 즉 신약 이후 기독교 전통에서 선포되어 왔던 예수(교리적 그리스도, kerygma)와 대조를 이루는 말로서, 1세기 팔레스타인에서 실재했던 나사렛 예수에 대한 기독교 신학의 연구이다.

이와 같은 기독론은 근대 서구 신학계에서 자유주의 신학에 영향을 주었던 17-18세기 유럽의 합리주의와 계몽주의의 영향으로 등장하였다. 이 같은 연구는 18세기 후반 독일의 신학자인 라이마루스(H.S. Reimarus, 1694-1768년)에게서 시작되었고, 독일계 프랑스의 신학자인 슈바이처(Albert Schweitzer, 1875-1965년)의 「Von Reimarus zu Wrede」(1906년)를 영역(英譯)한 「The Quest of the Historical Jesus」(1910년)에서 그 용어가 채택되었다.

그 중심적 내용은, 교회가 선포해 온 예수의 상(像)을 면밀히 연구하면 그중에는 후대에 꾸며낸 요소들이 있을 것인데, 그 요소들을 제거하고 나면 역사상 실재한 예수상 즉 이제까지의 예수상과 사뭇 다르거나 심지어 모순되는 예수상도 찾을 수 있을 것이라는 추론이다. 이러한 재구성은 예수 그리스도의 생애에 대한 1차 사료인 복음서 본문에 대한 성경 비평적 분석에 그 기초를 두며, 그가 살았을 당시의 역사적이고 문화적인 맥락을 연구하는 데서 비롯된다.

그러나 캘러와 불트만의 연구결과에 의해 역사적 예수를 찾는 것은 불가능할 뿐 아니라 부적합한 작업으로 판명되었다. 즉, 결론적으로 많은 부분 밝혀냈지만 또 결정적인 증거들은 아무것도 없다는 것이 역사적 예수 연구의 결론이다.

역설(逆說, paradox) 표현 구조상으로나 상식적으로는 모순되거나 불합리한 말이지만, 실질적인 내용은 진리를 나타내고 있는 상징적이자 과장된 표현 방법을 말한다. 예수께서는 종종 역설을 통해 중요한 진리를 깨우치셨고(마5:39-42; 10:39; 13:22; 20:16; 막10:25; 요11:25-26), 사도 바울도 자신의 신앙적 자세를 피력한 바 있다(고후 6:9-10).

역설에는 수사적(修辭的) 역설과 논리적(論理的) 역설이 있는데 ① 수사적 역설은 타인의 추론에 반대하여 그 사람을 놀라게 하여 논제(論題)에 빛을 던지기 위해 사용하는 표현 방법이다. 예수께서 말씀을 전하실 때 이 수사적 역설을 종종 사용하셨다. ② 논리적 역설은 인간 이성에 의해 경험의 다양한 면을 통일하거나 일치시키려는 시도에서 생겨난다. 즉, 현실의 다양성과 복잡성, 그리고 유한하고 죄 많은 인간 이성의 한계로 인해, 실제로는 진리인 것이 인간의 사고작용에서는 모순으로 받아들여지거나 외견상 모순임에도 진리인 것으로 받아들여지는 현상을 가리킨다.

유신론적 비평가들 중에는 역설이 하나님의 무한한 본질을 파악하려는 인간 이성의 무능력을 의미하고 비합리주의와 반계몽주의를 위한 은신처를 제공해 주므로 신학자들은 이 역설을 피해야 한다고 생각한다. 그러나 실존주의 철학자 키에르케고르(S.A. Kierkegaard, 1813-1855년)는 역설이 열정을 깨우쳐주고 유지해주는 특별한 능력이 있으므로 믿음의 대상으로 적합하다고 했다. 결국, 역설은 논리적 혼동의 산물이 아니며 깊은 진리가 일상적 의견과 충돌되면 될수록 그에 대한 설명은 역설적일 수밖에 없다는 것이 인정되고 있다.

열광주의(熱狂主義, fanaticism, enthusiasm) 비이성적인 광신주의(狂信主義)나 비성경적이고 몰상식적인 열심으로 흐르는 경향이나 왜곡된 신앙적 태도를 일컫는다. 열광주의에 사로잡힌 자들은 때로 과격한 행동이나 집단화를 통해 사회적인 지탄의 대상이 되기도 한다.

물론, 기독교 신앙 안에는 '열심'과 '온전한 헌신'의 요소가 내재되어 있기 때문에 어디까지를 열광주의로 간주하느냐 하는 것은 쉬운 일이 아니다. 성경의 예로, 갈멜 산상에서의 바알 숭배자들의 행위(왕상18:28), 예수를 십자가에 내몬 유대인들의 적의(요19:15), 교회를 핍박했던 회심 전의 바울(행9:1) 등을 들 수 있다.

참고로, 감리교 역사상 웨슬리 당시 지나치게 종교적 극단주의로 치달은 형식을 일컬어 '열광주의'(enthusiasm), 그리고 광신적인 사람을 가리켜 '열광주의자'(enthusiast)라고 부르기도 했다.

염세주의(厭世主義, pessimism) 인간과 세계에 대해 비관적 견해를 가지면서 앞날에 희망을 갖지 않는 입장. 즉, 인생에게 행복이란 없으며, 개선의 여지가 없으므로 차라리 태어나지 않은 것이 좋고 태어났으면 빨리 죽는 것이 행복하다고 생각하는 것으로, 낙관주의의 반대 개념.

이러한 비관적 인생관과 세계관을 형이상학적으로 이론화한 대표적인 철학자가 주관적 관념론자인 독일의 쇼펜하우어(Arthur Schopenhauer, 1788-1860년)이다. 그는, 세계의 비참함과 인생의 괴로움은 신(神)의 맹목 때문이며, 세계에 있어서 악의 지배를 벗어날 수 없는 것으로 보고, 신음하는 세계와 인생으로부터의 해탈(解脫)을 관념론적 인심술윤리(人心術倫理)에서 구하였다. 이 염세주의는 신(神)을 상실한 허무주의(虛無主義, nihilism)와 맞닿아 있다. → 허무주의 를 보라.

영감(靈感, inspiration) 문자적으로 '하나님의 숨결이 불어넣어진 것'이란 뜻. 이는 ① 하나님께서 성령을 통해 주시는 지혜나 생각, ② 예언자의 마음을 이끌고 성도의 심령을 고무시키는 성령의 사역(눅2:27), ③ 한 개인이나 특정 집단에게 부여하는 재능이나 분별력(출35:34; 민11:16-17), ④ 계시 의존적 사색 등을 일컫는다. 그외에 하나님의 일꾼(선지자)으로서 필요한 신령한 권능과 지혜를 가리키기도 한다(왕하2:9). 이러한 성령의 역사로 인해 성도는 영적인 기쁨을 누리게 되거나 여러 직무(사명)를 감당하게 되고, 그 결과 공동체의 친교가 유지되고 강화된다(출35:34; 왕하2:7; 마22:43).

그런데 일반적으로 '영감'이란 용어는, 성경의 영감과 관련해서 사용된다. 즉, 하나님께서 인간을 통해 성경을 기록하실 때 인간 기자(記者)로 하여금 오류없이 그 뜻하신 바를 쓰도록 능력으로 간섭하신 것을 성경의 영감이라 한다. 모든 성경은 하나님의 감동으로 기록되었다고 선언한다(딤후3:16). 성경이 성령으로 영감된 글이라는 것은 성경의 신적 기원과 신적 권위를 뜻하는 것으로, 이는 성경이 인간을 위한 신앙과 행위의 무오한 법칙임을 시사한다.

한편, 성경 기록상 성령께서 어떻게 얼마나 영감시켰는가에 대해서는 의견이 분분하다. 먼저, 영감의 성질을 보면 몇 가지로 나뉜다.

① 기계적 영감설(機械的 靈感說, mechanical inspiration) : 성경의 기자들이 하나님이 불러주시는 것을 기계적으로 그대로 받아 썼다는 이론. 그러나 성경 중에 기자에 따라 독특한 문체, 개인 경험 등이 나타나고, 때로는 의도적 자료수집이

영역본

이뤄졌으므로(왕상11:41; 14:29; 대상29:29; 눅 1:1-4) 이 견해는 설득력이 없다.

② 동력적 영감설(動力的 靈感說, dynamical inspiration) : 성령이 기자를 감동시켰으나 그것은 심적, 영적 활동에 대한 고무에 불과한 간접 행위라는 이론. 이는 성경 오류 발생의 가능성을 인정하는 것이 되고 특별 영감의 영역이 없어지는 결함이 있다.

③ 유기적 영감설(有機的 靈感說, organic inspiration) : 하나님께서 기자들의 성품과 기질, 은사와 재능, 교육과 교양, 어법과 문체 등을 그대로 사용하시되 죄의 영향에 의해 오류가 발생하지 않도록 보호하셨다는 이론. 대체로 이 견해가 보편적으로 받아들여진다.

다음으로, 영감의 범위를 보면, ① 사상 영감설(思想 靈感說) : 사상은 영감되었으나 그 언어는 기자의 선택에 따랐다는 이론.

② 부분 영감설(部分 靈感說) : 성경 중에 어떤 부분(교리적 문서, 도덕적 문서, 신약성경 등)은 영감된 데 비해, 다른 부분(역사적 과학적 연대적 부분, 구약성경 등)은 영감되지 않았다는 이론.

③ 완전 영감설(完全 靈感說) : 성경의 전체가 영감되었다는 이론(딤후3:16).

④ 축자 영감설(逐字 靈感說) : 성경의 언어(글자) 하나하나까지(용어, 문체, 표현 등) 영감이 되었다는 이론.

일반적으로 자유주의 신학 계열에서는 전자의 두 영감설(사상, 부분)을, 보수주의 신학 계열에서는 후자의 두 영감설(완전, 축자)을 주장한다.

영역본(英譯本, **english versions**) 영어로 번역된 성경은 그 역사만큼이나 많고 다양하다. 대표적인 영역본을 살펴보면, ① John Wycliffe's Version(위클리프역성경, 1382년) : 위클리프가 라틴어로 된 벌게잇성경을 번역한 것으로, 최초의 영역 성경이다. 로마 가톨릭에 반대하여 일반 신도에게도 성경을 전하겠다는 목적으로 번역했으나 이 일로 인해 이단자로 몰려 처형되었다. ② Tyndale's Version(틴델역성경, 1525-1535년) : 히브리어와 헬라어에서 직접 번역한 성경. 틴델도 화형당했다. ③ Coverdale Version(커버데일역성경, 1535년) : 틴델의 제자. 최초로 인쇄된 영역본을 출간했다. ④ Matthew's Version(매튜성경, 1537년) : 커버데일의 친구 매튜가 틴델역과 커버데일역을 개정한 것. ⑤ The Great Bible(대성경, 1539-1541년) : 크롬웰과 크랜머 대주교가 커버데일에게 부탁해 만든 매튜성경의 개정판이다. ⑥ Taverner Bible(태버너성경, 1539년) : 대성경과 비슷한 시기에 평신도 태버너가 번역함. 영국에서 인쇄된 최초의 영역 성경. ⑦ Geneva Bible(제네바성경, 1560년) : 영국 메리 여왕의 가톨릭 우대 정책으로 제네바에 피신했던 신교도들이 출간한 성경이다. 160판을 거듭하면서 큰 인기를 누렸다. ⑧ The Bishop's Bible(비숍스성경, 1568년) : 대성경이 강단에서, 제네바성경이 일반 대중에게 인기를 얻자 이를 절충할 필요를 느껴 파커 대주교의 지시로 만들어진 성경. 성경 집필 참여자 대부분이 주교들이었기에 비숍스성경이라 불려짐. ⑨ The King James Version(KJV, Authorized Version, 흠정역성경, 권위역성경, 1611년) : 영국 왕 제임스 1세의 지시로 대성경과 제네바성경의 결점을 검토해 전면적으로 개정된 성경. 영역 성경의 금자탑이자, 영문학사에도 큰 영향을 미친 성경. 발행 후 300년간 최고의 성경으로 군림함. ⑩ English Revised Version(ERV, 영어개역성경, 1885년) : 고어체(언어의 낙후성)와 성경 사본의 발견으로 개정이 필요하게 되어 만든 성경이다. ⑪ American Standard Version(ASV, 미국표준판성경, 1901년) : 영어개역성경에 협력한 자들이 미국의 상황에 알맞게 출판한 성경. ⑫ Revised Standard Version(RSV, 영어개역표준판성경, 1952년) : ASV 이후 10년이 못되어 개역의 필요성이 생겨났고 이에 새로 번역에 착수해 출간한 성경. ⑬ The New English Bible(NEB, 새영어성경, 1970년) : 스코틀랜드 교회가 그 당시 박력있는 문체의 영국 영어로 번역한 성경. ⑭ The Living Bible(LB, 리빙바이블, 1971년) : 테일러에 의해 상업적으로 성공을 거둔 성경. ⑮ New American Standard Version(NASV, 미국표준신판성경, 1971년) : 미국의 복음주의자들이 최신의 사본과 자료들을 종합해서 원문에 충실하게 축어적으로 번역한 성경. 주로 미국의 보수교단에서 많이 사용한다. ⑯ The Jerusalem Bible(JB, 예루살렘성경, 1974년) : 프랑스어판을 영어로 재번역한 성경. ⑰ The New American Bible(NAB, 새미국성경, 1974년) : 가톨릭 계열의 주관하에 번역된 성경. ⑱ Today's English Version(TEV, 오늘의 영어성경, 1976년) : 쉬운 번역성경이다. ⑲ The New International Version(NIV, 새국제성경, 1978년) : 보수적 입장에서 흠정역(KJV)의 권위를 회복시키려 한 성경. 복음주의자들이 초교파적으로 우아하고 부드러운 문장으로 의역한 성경. ⑳ New King James Version(NKJV, 새흠정역성경, 새권위역성경, 1979년) : 권위역이지만 고어체로 된 KJV의 현대화를 꾀한 성경이다. ㉑ The Revised English Bible(REB, 개역영어성경, 1989년) : NEB의 철저한 개정으로 이루어진 성경. 보다 일관성 있게 만들어져, 현재 영국 교회에서 많이 쓰이고 있는 본문이다. ㉒ New Revised Standard Version (NRSV, 새영어개역표준판성경, 1989년) : 대다수 영어권 신학교에서 공식적으로 사용하는 영어성경. 신학적으로 가장 적절하게 번역되었다는 평가를 받는다. ㉓ New Living Translation (NLT, 1996년, 2004년 재판) : 일상적인 언어로 가장 매끄럽게 표현한 성경으로 평가되며, 평신도가 쉽게 성경을 읽고 이해할 수 있게 한다는 데 번역 목적이 있다.

영원한 출생(永遠-出生, **eternal generation**) 아버지인 하나님과 아들이신 하나님과의 관계인 삼위일체의 위격(位格) 간의 질서를 나타내기 위해 사용된 표현. 여기서 '출생'이란 성육신 전에 하나님으로서의 아들이 존재하시며(요1:18; 요일4:9), 유일하신 신격 안에 위격의 구별이 존재함(요5:26)과 아버지와 아들의 위격 사이의 질서가 존재함을 시사하는 용어이다(요5:19; 8:28).

그리고 '영원'이란 자연적(시간적) 혹은 인간적 출생의 범주로써 해석할 수 없는 본질적 사실을 명확히 나타내고자 하는 장치이자, 하나님의 영구하고도 온전하신 경륜적 의미를 담고 있는 표현이다. 물론, 이러한 영원적 출생으로 말미암아 아버지이신 하나님과 아들이신 하나님은 둘이 아니라 영원히 하나이시다(요10:30). 이 같은 사상은 니케아 콘스탄티노플 신조에서 성자 예수를 '만물이 있기 이전에 아버지에게서 나신 바 된 자'로 고백되고 있다.

영적 임재설(靈的 臨在說, **spiritual presence**) 성찬시 떡과 포도주에 그리스도께서 영적으로 임재하신다는 주장. 이 사실을 믿음으로 받아들일 때, 떡과 포도주 그 자체는 변하지 않지만 성령께서 그것들을 통해 그리스도의 살과 피의 공로와 능력을 전달해 주신다고 한다. 그런 점에서 이를 '버추얼리즘'(virtualism)이라고도 한다. 이것은 쯔빙글리의 '상징설'과 루터의 '공체설'의 중간적 입장으로 간주되는 칼빈의 주장이다. → '공체설', '상징설'을 보라.

영지주의(靈知主義, **gnosticism**) 신적 계시와 현몽에 의한 초자연적 지식(그노시스)을 소유할 때 구원받는다는 사상. 즉, 영지주의라는 말은 '지식'(gnosis)이라는 헬라어에서 비롯된 것인데, 영지주의자들은 자신들만이 구원에 이르게 하는 '비밀스러운 지식'을 가졌다고 주장했다. 영지주의는 이러한 헬라 철학과 동양의 이교 사상, 그리고 애굽, 인도, 페르시아의 이원론적 우주론에 유대교 사상이 가미된 혼합주의 철학 체계로 발전했는데, 심지어 기독교 사상까지도 영지주의 사상에 포함시켜 새로운 종교 철학을 수립하려 했다. A.D.1세기 중엽에 발흥해 2-3세기를 풍미하다가 4세기경 마니교에 흡수되었다. 특히 2세기에서 3세기 초에는 로마 제국 내 수많은 지성적 그리스도인들이 이 사상에 영향을 받아 교회 내부에 큰 혼란을 초래했다.

영지주의의 중심 사상은 ① 영(혼)은 선하고 순수하며 신비적인 데 반해 물질(육체)은 악하고 타락한 것이라는 이원론적 사상. 이 사상에 기초해 세계는 하나님에 의해 창조된 것이 아닌 저급한 조물주에 의해 만들어졌다고 주장한다. 즉, 이 세상은 하나님을 배신하고 자신의 독자적인 세계를 창조하려 했던 한 천사의 미완성 작품이라고 믿었다. ② 극단적 금욕주의를 추구하거나 때로 쾌락주의(극단적 도덕폐기론)를 주장하기도 한다. ③ 영의 신비성을 강조했으므로 신비 종교의 성질을 가진다. 그들은 영혼의 구원은 소수의 사람들에게만 허락된 '비밀스러운 지식'을 통해서 가능하기에, 이를 전하기 위해 예수가 이 땅에 보내진 것이라 믿었다. ④ 육체를 죄악시한 결과 예수의 인성(人性)과 성육신(成肉身, incarnation)을 부인하고 예수는 단지 사람처럼 보여진 것에 불과하다는 가현설(假現說, docetism)을 주장한다. 즉, 그들은 예수는 잠시 인간의 모습만 빌렸을 뿐 진짜 인간은 아니었다는 것이다. 온전한 영적 존재는 죄로 가득 찬 육신 속에 갇혀 있을 수 없다는 것이 그 이유였다.

성경에서는 그들이 자유를 남용하고(고전6:12-18), 몸의 부활을 부인하며(고전15:12,35), 신화와 족보에 집착했고(딤전1:4), 거짓되이 일컫는 지식을 가졌으며(딤전6:20), 극단적 금욕주의자(딤전4:3)인 동시에 성적 방종을 일삼고(딤후3:6), 그리스도가 육체로 이 땅에 오신 사실을 부인했다고 지적했다(요일4:1-3).

한편, 영지주의자들은 기독교 복음을 각 나라와 각 계층의 다양한 사상과 조화시켜 모든 민족들이 공감할 수 있는 보편 타당한 진리 체계를 만들려고 시도했다. 하지만 이 사상은 결국 기독교 진리를 심하게 왜곡시켰고, 복음과는 상관없는 이단 사설에 불과했다.

이러한 영지주의적 사상으로부터 기독교 신앙을 지켜내기 위해 사도신경이 고백되었다. 첫 번째 구문의 '전능하사 천지를 지으신 하나님'은 이 세상이 악한 영적 존재에 의해 창조되었다는 영지주의 사상을 거부한다는 선언이었다. 두 번째 구문의 '나시고, 고난 받으시고, 죽으시고, 다시 살아나셨다'는 고백은 예수께서 인간의 모습만 취했을 뿐 실제로는 인간이 아니었다는 영지주의 사상을 거부한다는 선언이었다. 특히, '동정녀 마리아에게 나시고'라는 고백도 마리아가 동정녀였다는 사실을 말하기 위함보다 '예수께서 완전한 인간으로 태어나셨다'는 사실을 강조한 것이었다.

영해(靈解, allegory, allegorical interpretation) 영해는 어느 본문이 겉으로 분명하게 말하고 있는 내용 그 이상의 어떤 다른 것을 의미하는 것으로 취급하는 해석 방법을 말한다. 일명 '알레고리.' → '알레고리'를 보라.

영혼(靈魂, soul, spirit) → [1. 교회 일상 용어] '영', '영혼'을 보라.

영혼가면설(靈魂假眠說, psychopannychy, soul sleep) 죽음을 맞았을 때, 영혼이 육체의 죽음과 부활 사이의 기간 동안에 수면(睡眠) 상태에 들어간다는 견해. 이는 성경에서 때로 죽음을 가리켜 '잔다'고 표현한 것에 근거한 교리이다(마9:24; 요11:11; 고전15:58).

그러나 이와 대조적으로, 성경에서는 죽음 이후의 영혼의 활동에 대해서 그리고 이 세상과 새 세상에 대한 뚜렷한 대비를 언급함으로써 가면설을 간접적으로 부인하기도 하였다(눅16:19, 24; 23:43; 고후5:8; 빌1:23). 일부 재세례파 사람들이나 안식교에서 이 교리를 받아들이지만 칼빈은 이를 인정치 않았다.

영혼멸절설(靈魂滅絕說, annihilationism) 죽음으로 영혼이 멸절되거나 무의식적인 비존재 상태로 된다는 견해. 즉, 인간의 영혼은 죽지 않게 창조되었으나 죄 아래서 계속 생활한 영혼은 하나님의 준엄한 심판으로 불사의 은총을 박탈당하여 멸망된다는 것이다. 물론, 세상에서 선한 모습을 견지한 영혼은 멸망치 않는 은혜를 누린다는 것이다. 이런 점에서 일명 '조건적 불사설'(條件的 不死說)이라고 하고, 또 '영혼절멸설'(靈魂絕滅說)이라고도 한다. 안식교와 여호와의 증인에서 이 견해를 받아들인다.

영혼불멸설(靈魂滅絕說, immortality of the soul) 인간이 죽음 후에도 그 영혼은 자각적, 인격적으로 계속 존재한다는 견해. 물론, 유물론자들이나 실증주의자들은 아예 영혼의 존재 자체를 부정하므로 영혼불멸에 관여할 만한 입장은 못 된다. 이 영혼불멸설은, 인간이 하나님의 형상으로 지음받은 존재로 하나님의 영원한 삶에 동참한다는 사실을 굳게 믿는 기독교에서나 유신적(有神的) 철학에서 확고한 진리로 받아들여진다. 성경은 여러 곳에서 영혼의 불멸을 강조하고 있다(눅16:22-23; 요5:25-29; 계20:12-15).

영혼삼분설(靈魂三分說, trichotomy) → '삼분설'을 보라.

영혼선재설(靈魂先在說, pre-existence of the soul, pre-existentianism) ① 인간의 영혼이 전세(前世)에 존재했는데, 이 영혼이 현재의 영혼이 되었다는 견해. ② 인간의 영혼이 물질적인 육체보다 먼저 존재하다가 잉태 또는 출산과 함께 육체와 결합한다는 견해. 한때 이 견해는 인간이다 죄인으로 태어났다는 사실을 가장 자연스럽게 설명해주는 생각이라고 여겨졌었다. 그러나 성경에는 그 어떤 부분에서도 아담 이전에 인간이 창조되었다는 사실을 언급하지 않고 있기 때문에 이 사상은 환영받지 못하고 있다. 오늘날 몰몬교에서 이 견해를 추종하고 있다.

영혼유전설(靈魂遺傳說, traducianism) 인간의 영혼이 부모에게서 자식에게 전달된다는 견해. 즉, 인간 영혼은 출생될 때 육체와 함께 번식한다. 따라서 영혼은 부모에 의해 자녀들에게 전달된다는 것이다. 일명 '영혼전달설'(靈魂傳達說), '영혼전이론'(靈魂轉移論).

이 견해는 원죄(原罪)의 전래나 영과 혼의 불가분성이라는 장점을 지니고 있으나 부모가 자녀의 영혼의 창조자가 된다든지(부모의 영혼을 여러 사람의 영혼으로 나눌 수 있다든지), 각 개인의 영과 하나님과의 직접적인 관계를 약화시킨다든지, 예수 그리스도의 무죄성(無罪性)을 변호할 수 없게 된다는 등의 약점이 있다. 이 견해는 닛사의 그레고리우스와 터툴리안, 어거스틴 등에 의해 지지를 받았으나 교황 아나스타시우스 2세는 갈리아 주교들에게 보낸 서신에서 '개개의 영혼은 하나님의 독특한 창조행위에 의해 만들어진다'는 입장에서 이를 단죄했다(498년). 참고로, 루터는 이 견해에 상당히 긍정적인 입장을 취하기도 했다.

영혼윤회설(靈魂輪廻說, metempsychosis) 죽음으로 인간의 영혼이 소멸되는 것이 아니라 그 영혼이 다른 육신을 입고 다시 재생한다는 견해. 불교나 힌두교의 윤회사상과 맞닿아 있고 영지주의자들과 초기 기독교도 및 일부 신비주의자들 사이에 지지되었던 생각이다. 특히, 엘리야가 세례 요한으로 다시 왔다는 성경 구절을 근거로(마11:4; 17:10-12) 영혼윤회설을 주장하나 그것은 엘리야의 심령과 능력을 가졌다는 사실을 언급한 것에 불과하다(눅1:12). 성경은 근본적으로 이 윤회설을 절대 부인한다(요9:23; 히9:27).

영혼전달설(靈魂傳達說, traducianism) → 영혼유전설 을 보라.

영혼전이론(靈魂轉移論, traducianism) → 영혼유전설 을 보라.

영혼절멸설(靈魂絕滅說, annihilationism) → 영혼멸절설 을 보라.

영혼창조설(靈魂創造說, creationism) 각 개인의 영혼은 하나님에 의해 창조된다는 견해. 즉, 하나님은 각 개인의 잉태 또는 출생시에 새로 영혼을 창조하시어 그 즉시 육체와 결합시켜 주신다는 것이다. 영혼창조설은 하나님과 각 개인의 영혼과의 관계를 강화시키는 장점이 있다. 이는 중세에 가장 보편적으로 받아들여진 학설이며 로마 가톨릭의 공식 교리이다. 영혼창조설에 근거를 둔 성경 구절로는 민수기 16:22, 이사야 42:5, 스가랴 12:1, 히브리서 12:9 등이다. 토마스 아퀴나스는 분명히 이 견해를 가르쳤고, 루터가 영혼유전설을 긍정한 데 비해, 칼빈은 영혼창조설을 긍정하는 입장이었다.

 용어상식

영화 (glorification)

'영화'(榮化)란, 구속(救贖)의 현실적 적용에 있어서 최종 단계를 말한다. 그것은 유효적인 소명을 가지고 시작된 구원 과정을 완성하는 것으로, 구원의 전 과정의 완성 곧 영광스러운 변화를 의미한다(롬8:17; 고전15:51-52,54). 특히, 구원의 순서에 있어서 ① '중생'과 '칭의'는 그것으로 구원이 보장되었으므로 '과거적 구원'이라고 하고, ② '성화'는 진행 중이므로 '현재적 구원'이라고 한다면, ③ 죄와 그 결과로부터 완전히 해방되어(히12:23) 즉시 성결한 자리(그리스도의 보좌 앞)에 이르는 '영화'는 '미래적 구원'이라 할 수 있다.

그리고 영화에는 ① 성도가 죽을 때에 영혼이 죄와 허망한 것들에서 완전히 벗어남으로 발생하는 영혼만의 영화와 ② 육체적 부활을 동반한 영육(靈肉)이 영화가 있다. 이 영육의 영화는 마지막 성도의 부활 때에 일어난다. 이 영화의 상태는 부활하신 예수 그리스도의 모습과 유사할 것으로 생각된다(눅24:16,30; 요20:19; 계21:4).

예배학(禮拜學, liturgics, liturgiology) 기독

교의 전례, 의식 등의 원리 및 방법에 관해 연구하는 학문으로, 실천신학의 한 분야이다. 일명 '전례학'(典禮學). 여기에는 예배(전례)의 정의 및 그 역사적 변천사, 예배와 성례, 예배의 각 요소들(기도, 찬송, 설교 등)과 순서, 예배와 관련된 교회력, 각종 예배와 예식 등을 학습 내용으로 한다. 올바른 예배학의 연구는 예배의 본질을 보다 명확히 하고, 이를 통해 하나님께 바른 예배를 드릴 수 있게 한다. → '예전학'을 보라.

예수 그리스도(Jesus Christ, Jesus the Christ) 성자(聖子) 하나님의 거룩한 이름(고유명사)이자, '예수는 그리스도이시다', '그리스도이신 예수'라는 초대교회 신앙고백의 준말이다(롬1:1). 여기서 '구원자'란 뜻의 '예수'는 히브리어 '예호수아'('여호와는 구원이시다'는 의미, 마태는 '그가 자기 백성을 그들의 죄에서 구원할 자'〈마1:21〉라고 해석했다)의 단축형인 '예수아'의 헬라어 표현이다. 이 이름은 그의 인성(人性)을 나타낸 칭호로, 특히 성육신(成肉身)하신 목적이 무엇인지를 단적으로 보여 준다(마1:21; 눅1:31). 그리고 '그리스도'는 '기름 부음을 받은 자'(구약 당시 왕, 선지자, 제사장의 위임식에서 머리에 기름을 부었던 관습에서 유래된 표현)란 뜻의 히브리어 '마쉬아흐'(메시야)의 헬라어 음역으로, 주 예수가 구약에서 예언된 메시야임을 강조한 성호이자 그분의 신성(神性)을 강조한 거룩한 직분명이다.

예수 그리스도는 B.C.4년을 전후한 때에 처녀 마리아의 몸을 통해 베들레헴 구유에서 태어나셨다(눅2:4-7). 이후 헤롯의 칼날을 피해 애굽으로 잠시 피신했다가 갈릴리 나사렛으로 가셔서 사셨다. 그러므로 '나사렛 사람'으로 알려져 있다(마 2:11). 그곳에서 육신의 부친인 요셉의 가업을 이어 공생애 전(30세)까지 목수로 일하셨다(마13:55; 막6:3). 모친은 마리아이며, 4명의 형제와 2명 이상의 자매가 있었던 것으로 보인다(마6:21).

예수께서는 공생애를 시작하기에 앞서 세례 요한에게서 세례를 받고 성부 하나님과 성령 하나님의 임재 가운데(마3:13-17) 갈릴리 지방을 중심으로 하나님 나라의 복음을 전파하시며 각종 병자들을 치유하셨다(마2:2; 6:55-56). 그리고 열두 명의 제자들을 불러 그들을 집중 교육시켜 사도로서 하나님 나라를 확장하는 일의 핵심 일꾼으로 세우셨다(마10:1-15). 갈릴리 사역을 통해 수많은 사람들이 예수님을 영접하게 되었고 동시에 예수님의 세력을 시기하는 기존의 종교 기득권층들의 반발이 점차 커져 갔다(요5:16; 8:40; 11:48). 갈릴리 사역을 마친 후 예수께서 성전이 있던 예루살렘으로 올라가 그곳에서 가룟 유다의 배신으로 대적들의 손에 팔리셨고(마26:15-16), 로마 총독 빌라도에 의해 사형선고를 받고 갈보리 언덕에서 십자가에 못 박혀 돌아가셨다(마27:11-26). 이로 인해 제자들은 흩어졌으나 예수께서 약속하신 대로 사흘만에 부활하시어 흩어진 제자들에게 부활하신 몸을 나타내 보이셨다(마28:1-20). 제자들은 부활의 권능을 덧입고 또 예수께서 약속하신 또 다른 보혜사 성령의 은혜를 덧입고 순교를 불사하면서까지 하나님 나라 확장 사업에 임하게 된다(행1:6-2:47).

이처럼 예수께서는 하나님의 독생자(the One and Only)이시며 죄인들의 구주(Savior)로서, 사람의 모양을 입고 이 땅에 오셨고, 하나님 나라의 복음을 전하셨으며, 십자가 상에서 돌아가시어 우리 죄와 허물을 속량하셨다. 또 부활하시어 우리에게 영생의 은혜와 천국의 소망을 보장해 주셨고, 승천하시어 하나님 우편에 앉아 지금도 역사하시는 만유의 주요 만왕의 왕이시다. 더욱이 그리스도 예수는 마지막 날 심판주로 이 땅에 다시 오셔서 산 자와 죽은 자를 심판하실 것이며 의인들로 하여금 새 하늘과 새 땅에서 영원한 복락을 얻게 하실 것이다.

■**성자 하나님이신 예수 그리스도** - ① 예수께서는 태초부터 하나님과 함께 계셨고(요1:1-2,14) ② 때가 찬 경륜에 따라 하나님이 세상에 보내신 분이요(요3:34-35) ③ 하나님의 아들로서(마 26:63-64; 롬8:32; 히1:2-3) ④ 이 땅에서 하나님 나라를 증거하셨고(마4:17) ⑤ 하나님을 아버지라 부르셨으며(마26:39) ⑥ 아버지와 하나이심을 선언하셨다(요10:18,25). ⑦ 하나님의 본체시요(빌 2:6) ⑧ 하나님의 형상이신 그리스도는(고후4:4,6; 골1:15,19) ⑨ 항상 하나님과의 관계에서 역사하시며(요20:17) ⑩ 여호와의 영 곧 성령의 후원을 받고 일하신다(사42:1; 행10:38). ⑪ 성부 하나님은 성자 예수를 죽은 자 가운데서 일으키셨고(행 13:37; 엡1:17,20-22; 벧전1:21) ⑫ 하늘로 올리우셨으며, 영광의 보좌에 함께 앉히셨다(요16:5; 계 3:21). ⑬ 하늘 보좌에 앉아 계신 성자 예수는 아버

지께로서 성령을 이 땅에 보내셨고(요14:16; 15:26) ⑭ 지금도 세상 만물을 보존하고 계시며(골1:17; 히1:3) ⑮ 영원토록 살아 역사하실 것이다(요1:15) ⑯ 그리스도는 마지막 날 심판자로서 이 땅에 임하셔서 산 자와 죽은 자 모두를 심판하실 것이다(고전4:5; 딤후4:1).

■**성육신하신 예수 그리스도** - ① 예수님은 여자의 후손이요(창3:15; 갈4:4) 인자(人子)로서(마8:20) 참 사람이 되신다(딤전2:5). ② 예수께서는 인간의 족보를 지니셨고(마1:1-16; 히7:14) ③ 인간의 이름을 가지셨다(마1:21,23). ④ 완전한 인간의 모습을 취하셨고(시22:22; 히2:9-10,14-18) ⑤ 십자가에 못 박혀 죽으실 하나님의 어린 양으로서 인간과 똑같은 육신을 지니셨다(마26:12; 요일4:2). ⑥ 예수께서는 인간의 몸에서 수태되시고 태어나셨으며(마1:18,23,25; 눅1:31) ⑦ 자라나셨고(눅2:40,52) ⑧ 직업에 종사하셨으며(막6:3) ⑨ 시험받기까지 하셨다(마4:1; 히2:18). ⑩ 예수님은 인간의 본성을 지니셔서 목마르고 시장하셨으며(마21:18; 요19:28) ⑪ 피곤하여 주무시기도 하셨고(마8:24; 요4:6) ⑫ 노하기도 하셨으며 눈물을 흘리기도 하셨다(막3:5; 히5:7). ⑬ 사람들을 불쌍히 여기시고 사랑하셨다(막10:21; 요11:33). ⑭ 그리고 인간과 같이 죽어 무덤에 장사되시는(마27:59-60) 등 모든 점에서 사람들과 같이 되셨다(히2:17).

■**예수 그리스도의 공생애 사역** - ① 구약의 예언을 성취하시고 율법을 완성하셨다(마5:17; 눅24:25-26; 히1:1-2). ② 죄인들을 불러 회개시키시며(마9:13) ③ 모든 죄에서 구원하셨고(마26:28; 엡1:7) ④ 참 자유를 주셨다(롬8:2; 고후3:17). ⑤ 하나님의 뜻을 행하시며 아버지를 영화롭게 하셨다(요4:34; 17:4). ⑥ 복음을 전파하시고 각종 병을 고치셨으며(눅4:18) ⑦ 특히 인류의 모든 고통을 짊어지셨다(벧전2:24). ⑧ 사탄의 권세 곧 죄와 사망 권세를 깨뜨리셨다(롬6:9; 히2:14-15). ⑨ 죄인들이 하나님께로 나아갈 수 있는 새로운 살 길을 열어 놓으셨다(엡2:18; 히10:19-22). ⑩ 모든 사람들의 대속물이 되시어(마20:28) ⑪ 하나님과 인간 사이에 화평을 이루셨다(골1:20-22). ⑫ 부활의 소망을 주시고 또 빛과 풍성한 생명(영생)을 주셨다(요10:10; 12:46-47; 롬6:8). ⑬ 택한 백성을 불러 의롭게 하시고 영화롭게 하셨다(롬8:30). ⑭ 옛 언약을 폐하시고 새 언약을 세우셨다(골2:14-17).

■**예수 그리스도와 성도의 관계** - ① 목자와 양(요10:1-29; 행20:28) ② 포도나무와 가지(요15:5) ③ 교회와 터(고전3:11) ④ 집 모퉁이의 머릿돌과 산 돌(행4:11; 엡2:20-22; 벧전2:5) ⑤ 몸의 머리와 각 지체(엡4:15-16) ⑥ 선생과 제자(요13:13-14) ⑦ 형제(마12:50; 요20:17) ⑧ 친구(마11:19; 요15:13-14) ⑨ 신랑과 신부(마25:1-3; 계19:7-8).

■**예수 그리스도의 별칭** - 주(마3:3; 막1:3), 구주(행5:31), 영(고후3:17-18), 규(창49:10), 산 돌(벧전2:4), 아멘(계1:7; 3:14), 여호와의 사자(출3:2; 사63:9), 사도(히3:1), 여호와의 팔(사51:9), 믿음의 주요 온전하게 하시는 이(히12:2), 가지(렘23:5; 슥3:8), 생명의 떡(요6:35), 구원의 주(히2:10), 목자장(벧전5:4), 하나님의 그리스도(눅9:20), 이스라엘의 위로(눅2:25), 모퉁이 돌(엡2:20; 벧전2:6), 인도자(사55:4), 기묘자, 모사, 전능하신 하나님, 영존하시는 아버지, 평강의 왕(사9:6), 다윗(겔34:23), 돋는 해(눅1:78), 구원자(사63:8; 롬11:26), 모든 나라의 보배(학2:7), 양의 문(요10:7), 임마누엘(사7:14; 마1:23), 영원한 생명(요일1:2), 처음과 나중, 알파와 오메가(계1:17; 21:6), 하나님(사40:9; 요20:28), 선한 목자(요10:11), 큰 대제사장(히4:14), 다스리는 자(마2:6), 교회의 머리(골1:18), 만유의 후사(히1:2), 거룩한 자(시16:10; 요일2:20), 구원의 뿔(눅1:69), 의인(행7:52), 왕(슥9:9; 마21:5), 이스라엘의 임금(요1:49), 유대인의 왕(마2:2; 27:37), 만국의 왕(계15:3), 만왕의 왕(계17:14), 어린 양(요1:29; 벧전1:19; 계5:6), 생명(요14:6; 골3:4; 요일1:2), 세상의 빛(요8:12), 만유의 주(행10:36), 중보자(딤전2:5), 언약의 사자(말3:1), 메시야(단9:25; 요1:41), 광명한 새벽별(계22:16), 나사렛 사람(마2:23), 다윗의 자손(마9:27), 독생자(요1:14), 유월절 양(고전5:7), 생명의 주(행3:15), 선지자(눅24:19), 대속물(딤전2:6), 구속자(사59:20), 부활이요 생명(요11:25), 반석(고전10:4), 다윗의 뿌리(계22:16), 이새의 뿌리(사11:10), 구주(벧후2:20), 종(사42:1), 영혼의 목자와 감독(벧전2:25), 실로(창49:10), 하나님의 아들(눅1:35), 인자(마8:20), 별(민24:17), 의로운 해(말4:2), 참 하나님(요일5:20), 참 빛(요1:9), 참 포도나무(요15:1), 진리(요14:6), 길(히10:20), 말씀(요1:1; 요일1:1; 계19:13), 마지막 아담(고전15:45), 대언자(요일2:1), 의로우신 재판장(딤

후4:8), 오실 자(히10:37), 대제사장(히3:1), 안식일의 주인(마12:8), 하나님의 형상(히1:3), 창조자(요1:3), 하늘에서 내려온 자(요3:13), 손대지 아니한 돌(단2:34), 양의 큰 목자(히13:20), 화목제물(요일2:2), 아버지의 아들(요이1:3), 죄인의 친구(마11:19), 신랑(마9:15), 소망(딤전1:1), 샛별(벧후1:19), 맏아들(히1:6), 랍비(요1:49), 산 떡(요6:51).

예수성고문답, 예수성교요령(- 聖敎問答, catechisms) 한글로 인쇄된 최초의 기독교 문서는 1881년 10월 초에 존 로스(J. Ross) 목사가 중국 심양 문광서원에서 인쇄한 「예수성교문답」과 「예수성교요령」이다(대한성서공회사, 1993, 1-62쪽). 이는 로스 목사가 성경 인쇄에 들어가기 전에 소책자를 먼저 시험적으로 인쇄했던 것이다. 현재 우리가 찾을 수 있는 최초의 한글본 교리서이다.

「예수성교문답」은 스코틀랜드교회 요리문답서를 로스가 요약·번역하고 한국의 문화생활에서 쉽게 이해할 수 있도록 적절하게 수정을 가한 것인데 '십자가를 통한 구원'을 중심으로 성경의 주요 교리를 요약한 교리문답서이다(상게서 1-63쪽). 현재 런던 캠브리지 대학 BFBS 도서관에 그 첫 부분 4페이지가 보관되어 있는데 '하느님이 뉘뇨' '하느님이 어느 곳에 잇너뇨' 라는 등 문답식으로 되어 있다. 개신교 문서에 나타나는 최초의 이름은 '하느님' 이다. 이 표기는 「예수성교요령」과 1882년의 「예수성교 누가복음젼셔」, 「예수성교 요안내복음젼셔」까지만 사용되고 1883년부터는 '하나님' 이 사용되었다(상게서 1-63쪽).

「예수성교요령」은 '신약전서의 대강' 으로서 매킨타이어와 한국인들이 공역(共譯)한 4페이지의 짧은 소책자이다(상게서 1-64쪽). 이들 두 책은 한국인들의 기독교복음 이해를 위해 인쇄된 최초의 한글 소책자요, 한국인에게 기독교를 소개하기 위한 최초의 교리서 혹은 신앙고백서라는 점에서 그 가치가 높이 평가되고 있다.

예수의 이름으로(in the name of Jesus) 성경에서 이름은 그 사람의 존재와 밀접한 관계를 지닌다. 특히, 예수의 이름은 신약에서 예수 자신과 동의어로 사용되어, 예수의 성품과 권위를 나타낸다. 신자가 기도할 때마다 마지막으로 '예수님의 이름으로 기도합니다' 라고 하는 것은, 예수께서 친히 '내 이름으로' (in my name) 기도할 것을 명하셨기 때문이다(요14:13). 예수의 이름으로 기도한다는 것은 곧 그분의 권위와 중재(仲裁)에 호소한다는 것이며 또 그분에게 전적으로 의존한다는 것을 의미한다. 이처럼 주를 전적으로 인정하고 신뢰하는 영혼에게 주께서는 기쁨으로 응답해 주실 것이다(잠3:5-6; 렘33:3).

한편, 사도들은 '예수의 이름으로' 즉 그분의 권능으로 이적을 행하거나 귀신을 쫓아내었고(막9:38; 행4:30), 또 '예수의 이름으로' 세례를 주기도 했다(행2:38; 8:16). 그리고 주 예수 그리스도의 이름으로 죄씻음의 은혜가 주어짐을 가르쳤다(고전6:11).

예언서(豫言書, Prophets) → '선지서' 를 보라.

예전학(禮典學, Liturgiology) '예전' (liturgy)이란 원래 공동체의 유익을 위해 실행하는 어떤 행위를 의미하는 말이었으나, 이것이 성전에서 사제들이나 레위인들에 의해 수행되는 직무를 지칭하는 동시에 교회가 인정하는 공식적인 예배나 의식을 가리키는 말로 받아들여졌다. 따라서 '예전학' 이란 교회가 공식적으로 수행하는 '공적인 예배' 즉, 교의 또는 관례, 전통에 따라 규정된 공적인 장소에서 드리는 예배나 성만찬 같은 각종 의식과 예식(성사) 및 그에 따르는 의식문, 기도서, 음악 및 예식법 등을 다루는 학문을 가리킨다. → '예배학' , [4. 예배 및 예식 용어] '예전' 을 보라.

예정론(豫定論, predestinarianism) '예정' 이란 말은 헬라어 동사 '프로오리조' (προορίζω)에서 유래했는데, 이 동사는 '어떤 것을 미리 결정한다' 는 뜻이며, 신약에 여러 번 나타난다(행4:28; 롬8:29-30; 고전2:7; 엡3:11). 예정은 '죄인들의 구원과 더불어 이와 관련된 모든 일들에 대한 하나님의 계획이다' 고 정의할 수 있다(A.A. Hodge). 즉, 예정은 외부와 상관없는 하나님의 단독 사역이다. 예정의 대상은 구원받은 자, 구원에서 제외된 자, 범죄의 동기를 제공하는 악한 천사와 선한 천사 그리고 구원자 되시는 예수 그리스도까지 포함된다. 그리고 이 같은 예정은, 삼위일체 하나님의 공동사역이다(벧전2:8). 성부·성자·성령께서는 의지

(will)가 완전히 동일하시므로 그 계획과 결과에 있어서도 완벽한 일치를 보인다.

그런데 하나님의 사역에 있어서 삼위의 구분이 가능하다는 사실을 전제한다면 예정은 삼위 가운데 특별히 성부 하나님의 주도적인 행동이라 할 수 있다. 즉, 성부가 예정하심에 따라 성자에게 택한 백성을 주시고(요17:6,9), 성도는 하나님 아버지의 미리 아심을 따라 택하심을 입은 것으로 보는 것이다(벧전1:2). 이런 맥락에서 '예정론'이란, 좁게는 하나님께서 한 인간의 구원의 여부를 미리 정해 놓고 계시다는 이론이며, 넓게는 개인과 사건의 미래를 미리 결정하고 계시다는 이론('신적 작정', '영원한 성정〈聖定〉'이라고 함)이다. 신학에서 주로 논의되는 예정론은 전자에 해당한다.

예정론은 근본적으로 구원의 선택이 인간의 조건과 자격에 의해서가 아니라 전적으로 하나님의 은혜에 따른 것이라는 입장을 취한다. 기독교 역사상 처음 몇 세기 동안은 예정론이 별로 관심을 받지 못했다. 당시 교부들은 영지주의자들 및 스토아 철학의 운명주의와의 논쟁에서, 하나님의 은혜 안에서 자유의지를 강조했고, 하나님은 믿을 자를 미리 아시고 그들을 구원하도록 미리 결정하셨다는 정도의 견해를 취했었다.

그러던 것이, 어거스틴(Augustine)에 이르러 예정론이 본격 발전하게 되었다. 그는 초기에 운명론을 주장하는 마니교에 대항해 인간의 자유의지를 강조했으나, 인간이 자유의지로 구원을 선택한다는 펠라기우스(Pelagius)와의 논쟁을 통해 자유의지에 대한 견해를 바꿔 '오직 하나님의 예정에 의해서만 구원이 주어진다'고 주장했다. 특히, 반(半) 펠라기우스주의자들(semi-Pelagians)과의 논쟁에서 하나님의 선택에 의해서 구원받을 자와 그렇지 못한 자가 정해진다는 예정설을 주장했다.

종교개혁 시대에 루터(Martin Luther)는 하나님이 만세 전에 미리 예지하시고 예정하셨다는 '예지 예정설', 또는 '조건적 예정론'을 주장했다. 종교개혁자 중에 최고의 예정론자인 칼빈(John Calvin)은 그의 첫 번째판 「기독교강요」에서는 선택에 대한 항목이 없었지만, 자유의지론자와의 논쟁 중에 어거스틴의 입장을 더 강화하여 '이중예정론'을 강조하므로 「기독교강요」 최종판에는 예정(선택)론이 칼빈의 중요한 교리가 되었다. 그는 예정론을 '무서운'(horrible) 교리로 인정하면서 인류는 동일한 운명을 가지도록 창조되지 않았고, 태어나기 전부터 어떤 자는 영생에 어떤 자는 영멸에 각각 예정되었다고 설명했다. 즉, 하나님이 구원과 멸망을 각각 예정하셨다는 '선택'과 '유기'의 '이중예정설' 및 '무조건적 예정설'을 강조하였다.

이런 예정론에 반대하여 인간의 자유의지와 구원의 보편성을 주장하는 것이 알미니안주의이다. 알미니안주의자들은 구원의 조건은 하나님의 구원의 은혜를 긍정적으로 받아들이는 인간의 실존적 믿음이라고 보았다. 이와는 별개로, 로마 가톨릭은 16세기 트렌트 종교회의(synod of Trent, 1545-1563년)에서 '예정'을 '거룩한 신비'라고 보면서 영멸(永滅)로의 예정을 주장하는 것은 하나님을 모욕하는 것으로 여겼으며, 이런 논지는 이후 가톨릭의 정통교리가 되었다. → '알미니안주의', '칼빈주의'를 보라.

예지(豫知, **foreknowledge**) 하나님께서 장래에 일어날 제반 사건의 전 과정을 미리 아시거나 미리 내다보시는 선견(先見)과 통찰력(洞察力)을 뜻한다. 성경에서는 끊임없이, 하나님은 과거와 현재, 미래에 이르는 현실적인 것은 물론 가능적 일체의 것들을 알고 계시다는 사실을 밝히고 있다(시33:11; 90:4; 사46:9-10). 즉, 하나님의 예지는 무한하고, 초시간적이며, 직관적이고, 본래적이며, 즉각적이다. 하나님은 시간 위에 계셔서 시간을 보시고 계시지만 그 시간에 제약받지 않으신다. 그러나 인간 및 피조세계는 하나님의 시간에 제약받고 있다.

한편, 예지에 관한 교리에서 가장 곤란한 문제는, 인간의 자유한 행위와 도덕적 책임에 관한 내용이다. 성경은 하나님의 주권성(하나님은 모든 일 어날 것을 알고 계시며 통제하고 계심)을 인정하는 동시에 인간의 자유한 행위(하나님의 주권 아래서 인간은 선택하며 도덕적 책임을 지게 됨)를 가르치고 있다(눅22:22; 행4:27-28; 롬8:29-30; 엡1:11). 이러한 양자간의 긴장은 오직 하나님의 신비에 해당하는 것이다.

예표론(豫表論, **typology**) 일명 '모형론'(模型論). 성경에서 예표론적인 연구를 가능케 하는 표현으로, ① 본래의 원형에 대한 복사(모형), 기준, 견본(見本), 예표(롬5:14; 고전10:6,11). ② 실체에 준하는 그림자, 물체의 희미한 윤곽이나 영상(골2:17; 히8:5; 10:1). ③ 형틀이나 설계도와 같은 모사(模寫)나 모범(히8:5; 9:23). ④ 증표, 기호, 상징 그 자체 또는 숨겨진 능력과 진리의 밖으로 나타나되 보이지 않는 표적(마12:39). ⑤ 자연계와 인간생활에서 인용되는 비유(히9:9; 11:19). ⑥ 상(像), 형태, 흔적, 원형의 사본(히9:24; 벧전3:21) 등이 있다.

예표론에는 다음과 같은 특징이 있다. ① 항상 역사에 뿌리를 두고 있다. 가설이나 신화에 기초한 것이 아니라 실재한 사건과 인물에 기초한다(마12:40; 요3:14). ② 본래 예언적인 성격을 지닌다. 그 목표는 항상 메시야와 그의 시대에 맞춰진다(창14장; 시110편; 히7장). ③ 예표론은 구원사(救援史)의 일부로 자리매김한다(고전10:1-11). ④ 그리스도 중심적이다. 모든 사건과 인물이 그리스도를 중심으로 흐르고 있다(눅24:25,44; 행3:24). ⑤ 예표론은 신구약 시대 모든 주의 백성에게 영적인 의미를 지니며, 그 모든 메시지는 신앙 건덕상(建德上) 유익하다(신30:6; 호14:2; 슥6:9-15). → '모형론'을 보라.

오경(五經, Pentateuch) 성경 자체에서는 이 용어가 언급되지 않으나 일반적으로 구약성경의 처음 다섯 권(창세기, 출애굽기, 레위기, 민수기, 신명기)을 가리키는 명칭이다. 오경은 히브리어성경의 구분법으로 '토라'(Torah) 곧 '율법'에 해당하는 책이다.

오경 각 책들의 정경성은 유대인은 물론(특히 사두개인은 이 오경만을 성경으로 인정했음), 기독교에서도 의심없이 인정되고 있다. 오경은 그 역사적 사료와 구속사적인 흐름, 성경문학적 중요성으로 인해 신약성경은 물론 구약성경의 배경이 되고 있다. 연대기적으로 오경은 창조 때부터 인류 문명의 태동기와 족장 시대, 그리고 출애굽 시대를 거쳐 모세의 생애 마지막 순간에(가나안 입성 직전) 이르는 긴 기간을 포함하고 있다.

한편, '오경'이라는 말을 처음 사용한 사람은 오리겐(Origen, 185-253년경)이며, 하나님께서 모세에게 주어 기록하게 하셨다고 해서 이를 '모세오경'(Books of Moses), 또는 '모세의 글'이라고도 한다. 근래에 들어 모세의 오경 저작설을 인정치 않고 여러 문서들의 편집으로 구성되었다는 문서가설이 제기 되기도 했지만, 전통적으로는 여전히 모세가 저자라는 견해를 지지받고 있다. → '모세오경'을 보라.

옥중서신(獄中書信, the captivity epistles) 사도 바울이 생애 말년에 옥중에 있을 때에 기록한 것으로 알려진 4개의 서신(에베소서, 빌립보서, 골로새서, 빌레몬서)을 가리킨다. 집필 당시 사도 바

외경
(Apocrypha)

'외경'(外經)은 문자적으로 '숨겨진 〈책들〉'이란 뜻으로, 헬라어는 '아포크뤼파'(Ἀπόκρυφα)이며, 이는 '숨겨진'이란 뜻의 헬라어 '아포크뤼포스'에서 유래한 말이다(마4:22; 골2:3). 이 단어가 책에 적용될 때는 '사용하지 않는다'는 뜻이다. 일명 '외전'(外典).

'외경'이란, 성경의 정경(正經)을 결정할 때에 함께 수집되었으나 정경으로 인정되지 않은 약 15권의 책 또는 제문서(諸文書)를 말한다. 라틴 벌게잇(Vulgate) 역에는 정경과 함께 들어있으나, 히브리어성경에는 들어 있지 않다.

'아포크뤼파'라는 단어를 처음 위경(僞經)과 구분 없이 사용한 사람은 오리겐(Origen, 185-253년경)이었으며, 히에로니무스(Hieronymus, A.D.420년 사망)가 지금과 같은 개념으로 사용했다. 가톨릭교회는 트렌트 종교회의(1546년)에서 15권 중 '에스드라상·하'와 '므낫세의 기도'를 제외한 모든 책을 정경으로 인정하고 그중 7권을 구약성경에 첨가하였다(→ [5. 교파 및 역사 용어] '가톨릭 성경'을 보라).

외경에는 '에스드라상·하', '토비트서', '유딧서', '에스델서', '솔로몬의 지혜', '벤시락의 지혜', '바룩서', '예레미야의 서간', '불 가운데서 아사랴의 기도와 세 아이의 노래 (다니엘서 추가), 그리고 '수산나 이야기'(다니엘서 추가), '벨과 용의 노래'(다니엘서 추가), '므낫세의 기도', '마카베오상·하' 등이 있다. 그러나 프로테스탄트 교회(Christianity)에서는 루터(Luther) 때부터 외경 15권의 정경성을 부인했다.

울이 갇혀 있던 곳이 A.D.61-63년경 로마의 감옥이었다는 학설이 유력하다(에베소나 가이사랴라는 주장도 있으나 설득력이 부족하다).

네 서신들은 각각의 특징과 집필 방향이 있으면서도(에베소서는 교회론, 빌립보서와 골로새서는 기독론, 빌레몬서는 용서와 화해라는 메시지 등), 동시에 현실적으로 이단들이 발흥해 교회를 어지럽히고 또 악한 세력이 핍박해 오는 상황에서 신앙생활하는 성도를 독려하고, 교회를 일치시키기 위한 공통의 목표 의식을 담고 있다. → '바울서신'을 보라.

외적 소명(外的 召命, **external calling**) 하나님의 초청에 있어서 그리스도의 복음을 모든 사람에게 전달하는 것을 말한다. 즉, 죄인들에게 예수 그리스도의 구원을 선포·제시하여 사죄를 얻기 위해서는 믿음으로 그리스도를 받아들여야 한다는 진실한 권고를 말한다. 이때에 성령의 거듭나게 하시는 역사(내적 소명)가 뒤따르지 않는다면 그는 구원에 이르지 못한다(막16:15-16; 마22:2-14; 요3:36; 살후1:8).

이 외적 소명은 죄인을 향한 하나님의 긍휼과 사랑의 증표인 동시에 하나님께서 죄인을 정죄하시는 일이 정당함을 증명해 주는 근거가 된다(롬10:14-17). → '내적 소명', '유효 소명', [1. 교회 일상 용어] '부르심', '소명'을 보라.

외전(外典, **apocrypha**) 일명 '외경'(外經). 로마 가톨릭과 영국 국교회에서는 15권의 외전 중 13권을 정경으로 인정하고 있으나, 개혁 신학자들은 외전을 가치가 없는 것, 받아들일 수 없는 것, 정경의 교리와 모순되는 것으로 반대하여 이를 물리쳤다. 그러나 루터는 이를 정경으로 받아들이지는 않았지만 '읽어서 유익한' 문서로 인정하였다. → '외경'을 보라.

요리문답(要理問答, **Catechisms**) 웨스트민스터 회의(Westminster Assembly, 1643. 7. 1-1649. 2. 22) 기간 중에서 작성된 장로교회의 신앙문답서. 교역자를 위한 '대요리문답'(Larger Catechism, 196문답)과 평신도를 위한 '소요리문답'(Shorter Catechism, 107문답)이 있다. 그 내용은 십계명 및 주기도문의 해설과 칼빈주의의 형태를 따른 교리체계의 독자적 진술로 되어 있고, 사도신경이 부록으로 첨가되어 있다. 특징으로는, 간결함과 철저한 논리를 들 수 있다.

한국 장로교회는 1907년 독노회가 조직됨과 동시에 웨스트민스터 요리문답을 교회의 표준서로 채용했다. 대한 장로교회 신경 서문에 '대한 장로교회에서 이 아래 기록한 몇 가지 조목으로 신경을 삼아 목사와 및 인허 강도인과 장로와 집사로 하여금 청종케 하는 것이 대한교회를 설립한 본 교회의 가르친바 취지와 표준을 버림이 아니요, 오히려 찬성함이니 특별히 웨스트민스터 신경과 성경요리문답 대소책자는 성경을 밝히 해설할 책인즉 우리 교회와 신학교에서 마땅히 가르칠 것으로 알며 그 중에 성경요리문답 적은 책을 더욱 교회 문답으로 삼느니라.'(제1회 독노회 회의록 24쪽)고 했다. → [3. 행정 및 교육 용어] '교리문답'을 보라.

요한서신(- 書信, **the epistles of John**) 사도 요한이 기록한 세 편의 서신(요한1서, 요한2서, 요한3서)을 가리킨다. 이는 신약의 '공동서신'에 속한다.

① 요한1서 : 본 서신은 사도 요한이 요한복음을 기록한(A.D.80-90년경) 이후, 그리고 요한계시록을 기록하기(A.D.95-96년경) 전 어떤 시점(A.D.90-95년경)에 에베소에서 기록된 것으로 추정된다. 본 서신만큼 장엄한 복음의 진수를 간결 명료하게 표현한 글도 없을 것이다. 본 서신은 신학사상을 체계화한 바울 사상과 믿음의 행실을 강조한 야고보의 사상을 그리스도의 사랑으로 조화시킨 서신으로 평가된다.

사도 요한은 본 서신에서 영지주의 이단에 대해 논하면서 기독교 사상을 체계 있게 변증하는 동시에 형제 사랑의 실천을 통해 그리스도의 교회를 온전히 보전하도록 권면한다. 이런 점에서 본 서신은 '사랑과 변증의 서신'이란 별명을 갖고 있다.

② 요한2서 : 요한1서와 거의 동시대에(A.D.90-95년경) 기록된 것으로 보인다. 또 요한이 말년에 에베소에서 목회에 전념했음을 볼 때 본 서신 역시 에베소에서 기록되었을 것이다.

본 서신은 예수님의 성육신을 강조하고 이를 부인하는 자들의 이단성을 지적하는데, 앞의 요한1서 축소판이라 할 정도로 요한1서의 내용과 매우 유사하다. 특히, 아주 간결한 필치와 짧은 분량의 서신이지만 본 서신이 부르짖는 이단 배격은 매우 단호하다.

③ 요한3서 : 본 서신은 에베소에서 목회하던 사도 요한이 지역 교회에 파송한 순회 전도자(데메드리오)의 보고를 받고 지역 교회에 보낸 일종의 '회람 서신'이다. 그렇다면 본 서신 역시 이전 요한1서나 요한2서와 비슷한 시기에 에베소에서 기록된 것으로 보인다.

요한2서가 진리와 사랑 가운데 거하기를 당부하는 메시지를 담고 있다면 본 서신은 순회 전도자를 진리와 사랑으로 접대한 모범적 지도자 가이오에 대한 칭찬을 담고 있는 개인적 성격의 서신이다. 덧붙여, 사도 요한은 진리와 사랑으로 행치 않는 디오드레베의 악행을 지적하면서 신앙의 경계로 삼도록 당부한다. 본 서신은 신약성경에서 가장 짧은 분량이지만 순회 전도자를 통해 복음이 전파되던 당시의 교회사를 연구하는 데 훌륭한 자료를 제공해 준다는 면에서 사료적(史料的) 가치가 매우 높다.

우가리트어(- 語, Ugaritic) B.C.2000년 전, 북서방 시리아의 지중해 해변에 위치한 고대 도시국가 우가리트(Ugarit)의 유적지 라스 샴라(Ras Shamra)에서 발견된 자음으로 된 설형(쐐기)문자로, 셈족 계통의 언어이다. 이 언어는 성경에 기록된 히브리어와 히브리 문학에도 영향을 미쳤다.

우주발생론(宇宙發生論, cosmogony) 우주가 어떻게 생겨났는가를 밝히는 이론. 크게 네 가지 학설이 있다. ① 우연설 : 우주가 우연에 의해 생성되었다는 설. ② 이원론 : 우주가 두 대립된 원리(빛과 어두움, 음과 양 등)에 의해 생겨났다는 설. ③ 진화론 : 우주가 오랫동안의 진화 활동으로 생성 발전했다는 설. ④ 창조론 : 우주가 인격적인 하나님에 의해 계획되었고, 만들어졌으며, 운행되고 있다는 믿음. → '진화론', '창조론'을 보라.

운명론(運命論, fatalism) 일명 '숙명론, 필연론.' → '숙명론'을 보라.

원부패(原腐敗, original corruption) 첫 인류 아담과 하와의 범죄로 인해(창3장; 고후11:3), 그들은 자신들의 원의(原義)와 하나님과의 교제에서 떨어졌고(창2:17; 3:7-8), 죄에서 죽은 자가 되었고(롬5:12; 엡2:3), 또 영혼과 신체의 모든 기능과 부분들에서 전적으로 더러워졌다(창6:5; 시58:1-5; 렘17:9; 롬3:10-19; 8:6-8).

그들은 온 인류의 시조였으므로, 그들로부터 보통 생육법으로 출생하는 그들의 모든 후손에게 이 죄의 책임이 전가되었고(행17:26; 롬5:15-19; 고전15:21-22,45,49) 또 동일한 죄에서의 죽음과 부패한 성질이 전하여졌다(창5:3; 시51:5; 요3:6; 롬3:10-18). 이것이 바로 '원부패'의 실상이다.

그런데, 우리를 모든 선에 대해서 싫증나게 하며, 불능이며, 반대하고, 전적으로 모든 악으로 기울어지게 한 이 '원부패'로부터(창8:21; 요3:6; 롬5:6; 8:7; 7:18) 모든 본죄가 나온다(마15:19; 약1:14-15). → '원죄', '본죄'를 보라.

원의(原義, original righteousness) 인간이 범죄하기 이전에 지녔던 하나님의 형상을 닮은 자로서의 온전하고 순수한 상태 즉, 하나님이 맨 처음 인류를 창조하실 때 허락하셨던 죄와 부패에 오염되지 않은 의로운 상태를 가리킨다(창1:26-31).

원죄(原罪, original sin) 첫 인류인 아담의 범죄로 인해(창3장) 그의 후손으로 태어나는 모든 인류가 생래적(生來的)으로 지니게 되는 본질적인 죄를 가리킨다. 즉, 인류의 대표자인 아담이 범한 죄는 인류의 영적 연대성에 의해 모든 인류에게 영향을 미치며 결국 모든 인간은 아담의 원죄를 지닌 채 태어난다. 따라서 인간 스스로의 힘으로써는 구원을 이루지 못하며, 오직 하나님의 은혜 곧 그리스도의 대속적 죽음으로써만 그 원죄를 해결할 수 있다.

이 같은 원죄 개념은 사도 바울에 의해 구체적으로 설명되었고(롬5:12-21), 어거스틴(Augustine)에 의해 발전되었다. 이 원죄는, 출생 이후 각자가 짓는 모든 본죄(本罪) 곧 자범죄(自犯罪, actual sin)의 근본적인 원인이 된다. → '본죄'를 보라.

웨스트민스터 신앙고백(- 信仰告白, Westminster Confession) 웨스트민스터 회의(Westminster Assembly, 1643.7.1.-1649.2.22.) 기간 중에 작성된 장로교회의 신앙고백서. 원래 영국과 스코틀랜드 청교도들의 교리적 통일과 유럽 대륙 내의 개혁파 교회들과의 연결을 목적으로 작성된 것으로, 1643-1647년에 전문 33장으로 만들어졌다. 그 후 스코틀랜드(1647년)와 영국 의회에서(1648년) 인준을 받았다. 이 고백서는 스코틀랜드의 종교개혁가인 존 낙스(John Knox, 1514-1572년)의 신앙고백과 제네바 신앙고백서의 영향을 많이 받았으며, 전체적으로는 칼빈주의적 입장을 취하고 있다.

전문 33장으로 되어 있는 고백서(이후 1842년에 미국 남장로교회가 34장〈성령에 관하여〉과 35장〈하나님의 사랑의 복음과 선교에 관하여〉을 추가했고, 1903년에 미국 북장로교회도 이를 수용함. 그러나 정통 칼빈주의 신앙과 신학을 추구하는 일단의 교단에서는 수정된 내용을 거부하고, 최초 33장으로 된 웨스트민스터 신앙고백서를 사용하고 있음)가 담고 있는 주요 내용으로는, ① 성경의 절대적 권위 ② 하나님의 절대 주권 ③ 양심의 권리 ④ 교회 자체의 치리권 등이다. 이 신앙고백서는 오늘날 대부분의 장로교회들이 채택하고 있다. → '신도게요서', [5. 교파 및 역사 용어] '웨스트민스터 신앙고백'을 보라.

웨스트민스터 요리문답(- 要理問答, Westminster Catechism) → '요리문답'을 보라.

웨슬리주의(- 主義, Wesleyanism) 존 웨슬리(John Wesley, 1703-1791년)에 의해 가르쳐지고 강조된 신학과 교리 체계 및 그의 신앙 사상을 계승 발전한 신학, 교리체계, 교회체제 등을 가리킨다. 오늘날 '웨슬리주의'라는 표현보다는 '웨슬리 신학'(Wesleyan theology, theology of John Wesley)이라는 표현을 더 즐겨 쓴다. 그리고 한때는 웨슬리 신학이 네덜란드의 신학자 알미니우스(Jacobus Arminius, 1560-1609년)로부터 많은 영향을 받았다고 해서 '알미니안-웨슬리안 신학'(Wesleyan-Arminian theology), '웨슬리안-알미니안 신학'(Arminian-Wesleyan theology)이라고 일컬어지기도 했다.

아무튼 웨슬리주의는 칼빈주의와 대조를 이루면서 많이 거론된다. 특히, 예정론 교리에서 창세 전 하나님의 예정에 의한 구원을 주장한 칼빈의 예정론에 맞서 웨슬리는 지금 여기서 믿는 자의 구원을 주장했고, 또 하나님의 절대 주권에 대한 칼빈의 견해에 대해 웨슬리는 하나님의 주권을 인정하면서도 하나님의 주권에 의해 위임된 인간의 자유와 책임성을 강조했다. 이런 신학적 전제에 의한 논리적 귀결로서 웨슬리주의는 '복음적 신인협동설'(福音的 神人協同說, evangelical synergism)을 주장했다. → '알미니안주의'를 보라.

위격(位格, persons) 하나님의 존재 양식을 나타내는 삼위일체 교리에서 신성의 복수성(複數性)을 언급하기 위해 사용된 표현. 이 단어는 원래 라틴어 '페르소나'(persona)에서 유래한 것으로, 이는 배우의 역할 혹은 그에 따른 가면을 뜻했다. 이것이 발전하여 인간의 성품이나 역할을 의미하게 되었다.

이 용어를 신학적으로 처음 사용한 사람은 터툴리안(Tertullian, 150-220년경)이었는데, 그는 삼위일체 교리를 설명하기 위해 '하나님의 본질에 세 위격'이 있음을 고백하였다. 여기서 '위격'이라 함은, 신적 존재를 구별짓는 것 곧 신적 존재를 통합하고 있는 본질적인 것을 가리킨다. 이에 비해 어거스틴(Augustine)은 실제적이고 내재적이지만 서로 상관되어 있는 신적인 관계라고 보았고, 보에티우스(Boethius)는 합리적 본성의 개별적 존재라고 보았다. → '신격'을 보라.

위경
(Pseudepigrapha)

'위경(僞經)이란, 문자적으로 '가짜 표제'란 뜻이다. 구약 히브리 정경이나 외경에 들지 않는 B.C. 2세기에서 A.D.1세기경에 기록된(주로 유대와 알렉산드리아 지방에서 히브리어, 아람어, 헬라어 등으로 집필) 유대교 문서를 총칭하는 말이다. 일명 '가경(假經). 구약 시대의 위대한 인물을 저자로 삼아 구약 정경을 흉내낸 것이 대부분이다.

위경에는 이사야 승천기, 모세 승천기, 에녹서, 요벨서, 헬라어 바룩 묵시록, 아스테아스의 편지, 마카베오 3·4서, 솔로몬의 시편, 에녹의 비밀서, 시빌 신탁, 수리아어 바룩 묵시록, 바룩 서신, 12족장의 유언 등이 있다. 그 진정성을 인정할 수는 없으나 신·구약 중간기의 유대교와 유대인들의 사상과 생활을 이해하는데 도움이 되고 있다.

위기신학(危機神學, crisis theology) 제1차 세계대전 직후에 소위 신정통주의 신학자로 불리는 스위스의 칼 바르트(Karl Barth, 1886-1968년)를 중심으로 창안된 신학. 일명 '변증법적 신학'(辯證法的 神學). '위기'란 말은 임박한 '하나님의 심판'을 의미하는데, 19세기의 내재론적 낙관주의적인 신학이 붕괴한 것과 독일의 신학이 처한 위기적 현실을 대변한 표현이기도 하다. → '신정통주의'를 보라.

위클리프성경(-聖經, Wycliffe's Version) 영국의 신학자이자 종교개혁가인 위클리프(John Wycliffe, 1330-1384년)가 '성경만이 그리스도인의 신앙과 실천의 유일한 기초가 되며 당연히 자신들의 글인 영문(英文)으로 읽고 각자가 자유로 해석할 수 있어야 한다'는 믿음으로 성경의 영어번역에 착수하여 자신의 제자 헤레포드의 니콜라우스의 도움으로 최초의 영어 완역본 성경을 완성했는데, 이를 '위클리프성경'이라 부른다.
신약성경은 1380년에, 신구약 전체는 1382년에 발간했다. 위클리프가 영역본 성경의 기본자료로 삼은 것은 라틴 벌게잇역이었는데, 1400년경 존 퍼비에 의해 수정된 라틴어 본문에 기초하여 개정 위클리프성경이 발행되었다. → '영역본'을 보라.

유기(遺棄, reprobation) 버려지는 것. 하나님께 내어버려진 상태(고전9:27; 히6:8). 예정의 긍정적 상태가 '선택'이라면 부정적 상태는 '유기'이다. 즉, 원죄(原罪)로 인한 전적 타락 상태에 있는 자에게 선택이라는 신적 외부 행위가 가해지지 않는다면 그 인간은 유기로 인한 멸망이라는 필연적인 상태에 놓인다. 그리고 선택이 멸망받을 수밖에 없는 인간을 구원하려는 하나님의 적극적인 계획인 데 비해, 유기는 멸망받을 수밖에 없는 인간을 그 상태 그대로 버려둔다는 의미를 내포하는 소극적 의미를 지닌다.
유기에는 두 가지 요소가 포함되어 있다. ① 간과(看過, preterition). 유기는 멸망받지 않아도 될 사람을 강제로 멸망의 자리로 내려앉히는 것이 아니라 구원의 특별은총을 베풀지 않고 간과하는(지나쳐 버리는) 것을 말한다. ② 정죄(定罪, conviction). 죄인을 죄인의 자리에 그대로 버려두어 그들로 죄에 대해 하나님의 공의로운 심판을 받게 함을 뜻한다.
또한, 유기는 ① 하나님의 공의를 보여준다. 즉, 하나님이 정하신 기준에서 벗어난 죄를 결코 간과치 않으시고 이를 징벌하시고 그 결과를 보여주심으로써 하나님의 공의를 나타낸다. ② 하나님의 사랑을 보여준다. 즉, 하나님의 적극적 선택이 없었다면 멸망받을 수밖에 없음을 택한 자로 하여금 깨닫게 하고 하나님의 사랑에 감사케 한다. ③ 죄에서 떠나게 한다. 선택받은 자로 하여금 유기된 자와 구별된 생활 태도를 갖게 할 동기를 부여한다. → '버림받음'을 보라.

유기체로서의 교회(有機體 - 敎會, the organic church) 지상에 존재하는 유형교회에서 적용되는 구별로서, 외형적인 조직체로서의 교회에 상응하는 개념이다. 즉, 비록 직위나 성례의 집행과 같은 규모를 갖춘 외적인 체계가 없다 하더라도 신자 개개인들의 거룩한 교제와 신앙고백 및 죄악 세상과의 공동 전선(戰線) 등을 통해 한 몸을 이루는 신자들의 공동체로서의 교회를 '유기체로서의 교회'라 부를 수 있다. → '가견적 교회', '교회의 속성'을 보라.

유대교(猶太敎, Judaism) 유태교. 바벨론 포로 이후 율법과 전승을 근간으로 형성된 유대인들의 민족 종교. 율법과 할례를 중시하는 유일신교(갈1:13-14). 「유대 백과사전」(Jewish Encyclopedia)에 따르면, '하나님을 아버지로 믿고 그의 계시를 믿는 신앙에 근거한 생활 양식'으로 정의하고 있다. 유대교는 유대인들의 종교인 동시에 국교(國敎)인 셈이다. 구약성경을 경전으로 사용하지만 좀 더 정확하게 말하면, 유대교의 생활 규범은 오랜 세월을 지내는 동안 형성된 전통과 유전에 기인한다. 이 규범은 주로 바벨론 포로에서 귀환 후, 곧 에스라 시대부터 서기관들이 모세오경을 법규화하면서부터 본격적으로 시작되어 신약시대에까지 이어져 내려온다.
유대교는 장로들의 전통과 규범을 철저히 준수함으로써 종교적 의(義)를 이루는 데 주된 관심을 가지고 있고, 결국 성경 말씀보다 전통과 유전을 더 중시하는 데까지 나아가 예수님으로부터 심한 꾸지람을 듣기도 했다(막7:3-13). 메시야 대망 사상을 가지고 있었지만, 정작 신약성경의 예수님을 부인했다. → '유전'을 보라.

유대주의(- 主義, **Judeaism**) 일명 '시오니즘'(Zionism), '시온운동', '시온주의.' 세계 각지에 흩어져 있던 유대인이 그들 선조의 땅인 팔레스타인에 조국을 재건하려던 운동. → [5. 교파 및 역사 용어] '시오니즘'을 보라.

유물론(唯物論, **materialism**) 현실은 모두 물질적인 것으로부터 구성되어 있다고 생각하며 따라서 영혼, 정신, 사상도 물질의 힘 혹은 운동의 하나로 이해하는 세계관. 유심론(唯心論) 또는 관념론(觀念論)과 대치되는 개념이다. 유물론에는 크게 이론적 유물론과 윤리적 유물론으로 나눈다.
① 이론적 유물론 : 자연과학적 유물론과 사적 유물론(史的 唯物論)으로 나눈다. 전자는 물리학, 화학, 생리학 등으로부터 지지받는 이론이며 그 내용에 따라서 기계적 유물론이나 생리학적 유물론으로도 불린다. 후자는 독일의 사회주의자 칼 마르크스(Karl Marx, 1818-1883년)에 의해 제창된 유물론으로 마르크스주의(Marxism)라고도 부른다.
② 윤리적 유물론 : 물질적 가치 특히 금전이나 재산, 감각적 향락 등이 정신적 가치보다 중요시되는 인생관을 말한다. 이는 한편으로는 쾌락주의와 공리주의(功利主義)가 되며, 또 다른 한편으로는 합리주의적 태도와 결합해 근대 자본주의에 있어서 영리욕(營利慾)의 본질이 되기도 했다.
오늘날 자연과학적 유물론은 과학 발전의 이론적 토대가 되었고, 사적 유물론은 사회주의(공산주의) 국가의 철학적 교조(敎條)가 되었다. 그래서 윤리적 유물론은 비속한 인생관과 같은 의미로 사용되는 일이 많다.
한편, '유물론'이란 용어는 18세기 영국과 프랑스의 계몽주의 학자들을 중심으로 처음 사용되었는데, 그 기원은 고대 헬라 철학의 원자론까지 거슬러 올라간다. 당시는 물질과 정신의 구별이 명확지 않았고, 물활론(物活論)적 색채를 띠고 있었다. 이어서, 정신과 물질의 이원론을 피력한 프랑스의 데카르트(Rene Descartes, 1596-1650년)와 영국의 베이컨(Albans Francis Bacon, 1561-1625년)에 의해 싹트기 시작한 소위 '고전적 유물론'은 근대 유물론의 기초를 이룬 시대였다. 19세기에 독일에서는 마르크스와 엥겔스가 변증법적 유물론을 확립해 사회주의(공산주의) 계열의 사상 운동에 큰 영향을 미쳤다. 유물론이 지향하는 바는, 과학주의요, 결정론과 감각론이요, 무신론적 경향성을 띤다.

유비(類比, **analogy**) 서로 다른 사물의 상호간에 대응적으로 존재하는 유사성 또는 동일성을 이르는 말. 일명 '유추'(類推). 논리학에서는 '추론'(推論)의 형식을 말한다. 즉, 어떤 대상이 몇 가지 점에서 다른 대상과 유사할 때 그것은 모름지기 다른 점에서도 유사할 것이라는 추론이 가능하다. 이런 맥락에서 기독교 변증학에서는 인간의 지식은 하나님 지식의 유비라 보고 있다.

유사(類似, **similitude, likeness**) 서로가 닮다는 뜻으로, 성경에서는 ① 형태나 실사(實寫)와는 다른 추상적인 닮음(창1:26; 약3:9) ② 동일 지위 또는 동등 입장(立場)에서의 유사(히4:15; 7:15) ③ 닮도록 만들어진 것(신4:12; 계9:7). 특히, 두 가지 사물의 형체적 유사만이 아니라 구체적인 정황에서의 유사를 의미한다(롬5:14).
그리스도께서 죄 있는 육신 즉 완전한 인간의 모습을 취하셨다는 것은 그리스도와 우리 사이의 지위 및 모습이 유사한 것만이 아니라 더 나아가 그분의 성육신의 때에 육신에 있어서 그리스도와 우리와의 구체적인 합일(일치)까지도 포함하는 것이다(롬8:3; 빌2:7). 이는 우리가 세례로 말미암아 그리스도의 죽음과 부활의 모습에 참여하는 것을 확증해주는 것이기도 하다(롬6:5).

유신논증(有神論證, **the arguments for the existence of God**) 하나님이 존재하신다는 사실을 인간의 이성적 사고 활동과 논리로서 증명하려는 이론. 대표적으로 중세 가톨릭 철학자인 토마스 아퀴나스(Thomas Aquinas, 1225-1274년)가 귀납법적으로 하나님을 증명하려고 할 때 썼던 다섯 가지 논증(① 도덕론적 증명, ② 목적론적 증명, ③ 우주론적 증명, ④ 존재론적 증명, ⑤ 종속론적 증명 등)이 있다.
대부분의 기독교 내에서 유신논증은 단지 일반계시의 차원에서 인정할 뿐이며, 하나님의 존재를 확인할 수 있는 최고의 증거로 성경을 꼽고 있다.

유신론(有神論, theism) 신(神)의 존재를 인정하는 철학적 신학적 입장. 협의적으로는, 이신론이나 범신론을 제외하고 초자연적인 존재로 세계를 지배하는 신을 인정하는 이론을 말한다. 이에는 다신론(多神論, polytheism)과 단일신론(單一神論, henotheism)이 있는데, 단일신론에서 유일신론(唯一神論, monotheism)이 독립했다고 할 수 있다.

그런데, 유일신론을 수용하는 기독교는 하나님의 존재와 그 인식을 대전제로 한다. 하나님이 존재하신다는 전제가 없다면 기독교는 무의미한 것이 된다. 하나님은 자존적(self-existent)이며, 자의식적(self-conscious), 인격적(personal)인 실유(Being)로 계시다는 것이 대전제가 된다.

웨스트민스터 소요리문답에서는 '하나님은 그의 존재와 지혜, 능력, 거룩, 의로움, 선하심, 진실하심에 있어서 무한, 영원, 불변의 영으로 계시다'고 정의했다. 유신론과 대립하는 이론으로 무신론(無神論) 및 그와 짝을 이루는 불가지론(不可知論)이 있다. → '무신론', '불가지론'을 보라.

유신적 진화론(有神的 進化論, theistic evolution) 과학적으로 밝혀진 지구와 생명의 진화론상의 역사를 대부분 수용하고, 이 모든 과정이 신의 섭리에 의한 창조의 과정이라 해석하는 이론. 이를 주장하는 사람들은, 창세기의 창조기사는 자연과학적 설명을 위주한 것이 아니기에 진화론을 반대할 필요가 없다고 한다. 일명 '창조적 진화론.' 이는, 과학과의 갈등 요소를 해소하고, 신학적으로도 어느 정도 인정받는 해석으로, 진화론과 항상 대척점에 서 있던 기존 창조론의 대안으로 부각되고 있다.

그러나 창조론과 진화론 논쟁에서 기독교 근본주의자들은 유신적 진화론을 기독교 창조론이 아닌 진화론의 한 형태로 간주한다. 이유는, 과학적 진화론을 그대로 받아들이기 때문이라는 것이다.

유신적 진화론의 사상적 근거는, 일부 교부들의 6기간적 견해, 아리우스주의에 기초한 유니테리언, 범신론적 아리스토텔레스의 자연관을 수용한 스콜라 철학 및 퀴비에의 다중격변설, 근세의 자연발생설과 세속 인본주의 및 벨하우젠의 문서가설, 베르그송의 생의 철학 등에 영향을 받았다고 본다. 이들의 영향을 받아 19세기 말부터 개신교와 로마 가톨릭은 물론 유대교와 이슬람의 내부로 유신적 진화사상은 급속히 확산되었다.

유신적 진화론의 공통된 주장은, ① 신이 창조의 주체이나 진화를 통해 만물을 만들었다. 따라서 지금도 신이 만든 자연법칙에 따라 창조는 계속되고 있다. 신은 창조사역에 개별적으로 관여하지 않고, 모든 자연계의 작용은 자연법칙에 따라 일어난다. ② 최초의 인류가 탄생하기 전 긴 지질연대가 있었다. 그 지질시대에 살던 생물들이 그 해당하는 지층 속에 묻히면서 무기질과 치환된 것이 오늘날의 화석이다. ③ 신이 한 유인원에게 생기를 불어넣어 현생 인류를 만들었다. ④ 창세기는 창조에 대한 과학적 기록이 아닌 문학의 장르다.

그러나, 이런 주장에 대해 반대하는 자들은 다음의 이유를 들어 위의 이론을 거부한다. ① 성경을 상징적이거나 상황적으로 해석한 것이 잘못이다. ② 특별계시(성경)보다 자연계시(자연법칙)를 더 중시한다. ③ 과학과 성경을 분리하는 이분법적 해석에 근거한다. ④ 하나님이 창조에 수천만년을 소요했다. ⑤ 각 동·식물을 독립적 개체로 창조하지 않았다. ⑥ 인간이 생리적인 면에서 하등동물에게서 유전되었다. ⑦ 성경적 의미의 타락이 없다. 더욱이, 유신적 진화론의 뿌리가 진화론이며, 과도하게 진화론적 입장을 취했다는 점에서 기독교 내에서 점차 관심을 얻지 못하게 되었다.

유심론(有心論, spiritualism) 인식론에서 관념론(觀念論, idealism)과 동의어로 사용되는 경우도 있고, 실재 본질에 관한 존재론(存在論, ontology)의 용어로 쓰이기도 한다. 이는 유물론(唯物論)과는 대립을 이룬다. 아무튼, 유심론이란 세계의 참 실재(정신·물질)는 궁극에 있어서 심적(정신적)인 것이며, 존재보다도 정신이 근원적이라고 보는 형이상학적인 견해라 할 수 있다.

기독교는, 모든 존재의 기반이신 하나님을 영적 실재로 보는 것에서 유심론과 통한다. 한편, 근대 자유주의 신학은 유심론에 대한 상당한 접근을 시도하였으나, 현대 신학에서는 양자의 차이를 명확하게 하려는 노력이 계속되고 있다. → '유물론'을 보라.

유아구원설(幼兒救援說, infant salvation) 세례받지 않은 유아가 '천국에서 제외되는가'라는 문제를 두고, 세례의 유무와 상관없이 유아는 내세에서 구원받는다는 교리. 이는 세례받지 않은 자는 그 누구도 구원받을 수 없다는 어거스틴의 입장에 정면 대치되는 것으로, 인간 구원은 세례와 무관하다고 처음 주장한 사람은 쯔빙글리이며, 칼빈은 선택된 유아들만 구원받는다고 강조했다.

그런데, 알미니안주의자들은 선택된 사람들 중에 유아들을 포함시키고 있다. 유아 구원에 관한 성경적 견해는, 신앙을 지적으로 깨닫고 수용할만한 처지에 없을지라도 그 마음속에 역사하시는 하나님의 신비한 활동에 의해 모든 선택된 유아는 구원받을 수 있다는 것이다. →[4. 예배 및 예식 용어] '유아세례'를 보라.

유일성(唯一性, unity, only oneness) 하나님의 고유한 속성(비공유적 속성) 가운데 하나로, 하나님은 절대 자존하시며, 불변하시고, 무한하신 하나의 영(신4:35)이시다(단수성). 그러므로 신적 본질은 나뉘어 있지 않고 또 나눌 수도 없다(단순성). 하나님께서는 절대 유일하시므로 나눌 수 없다는 이 주장은 삼위일체 교리와 모순되지 않는다. 왜냐하면, 전자는 본질과 관계된 문제이고, 후자는 존재 양식과 관계된 문제이기 때문이다. → [1. 교회 일상 용어] '유일'을 보라.

유일신론(唯一神論, monotheism) 유신론 중에서도 오직 한 분의 신(神)만을 인정하는 입장. 종교학자들은 이 유일신론을 인간의 종교적 의식의 진화과정에서 가장 발달한 마지막 단계로 본다. 유대교, 기독교, 이슬람교가 여기에 속한다. 이는 여러 신들 가운데 최고의 신을 인정하는 단일신론(單一神論, henotheism)과는 다르다.

아무튼, 성경은 하나님은 유일한 신이시요 인간이 경배할 오직 한 분이심을 강조하고 있다(창1:1; 신6:4; 롬1:20; 히1:1-2). → '일신교'를 보라.

유전(遺傳, tradition) 유대 조상들 또는 장로들에 의해 구전(口傳)해 오는 율법. 이 구전 율법은 에스라 이후 서기관들에 의해 613개 조문으로 성문화되었고, A.D.2세기 중엽에 집대성되어 유대교 제2의 경전인 미쉬나(Mishnah)가 되었다. 일명 '전통'(傳統). 예수님 당시 바리새인들은 이 유전에 성경보다 더 큰 권위를 부여함으로써 예수님의 책망을 받기도 했다(마15:2-11). → '미쉬나', '유대교'를 보라.

유출(流出, emanation) 신적 실재의 본체로부터 유한한 존재가 유래하거나 흘러나온다는 철학, 또는 신학적 이론. 유한한 존재가 무한한 존재로부터 유래한다는 사상은 하나님의 말씀에 의해 무(無)로부터 세상이 창조되었다는 성경의 창조 사상과 대립된다.

이 유출설은 그노시스주의(영지주의)와 신플라톤주의 사상에서 중요한 역할을 했고, 또 이 두 사상은 초기 기독교에 많은 영향을 미쳤다. 특히, 신플라톤주의에서는 모든 유한한 사물은 유출의 정도에 따라 여러 계층(계열)을 보여준다고 했다. 예를 들어, 영혼은 물질보다 높은 서열에 위치해 있다는 것이다. 그러나 이 유출설은 범신론 쪽으로 기울어지고 무로부터 창조했다는 진리와 양립할 수 없기 때문에 기독교에서 단호히 거부된다. → '영지주의'를 보라.

유형교회(有形敎會, visible church) 눈에 보이는 교회. 즉, 건물로서의 교회로서 전 세계에 산재해 있다. 유형교회는 하나님의 자녀로 부름받은 성도가 회집하여 한마음으로 하나님을 찬양하고 예배 드리는 처소이며, 하나님의 구원 사역을 이 땅에서 이루어 나가는 선교의 중심지이다. 반면, 눈에 보이지 않는 교회가 있으니 이를 '무형교회'(無形敎會)라 한다. → [1. 교회 일상 용어] '교회', [3. 행정 및 교육 용어] '교회'를 보라.

유화(宥和, propitiation) 하나님이 받으실 만한 제물을 드려서 그분의 진노를 가라앉히고 그리하여 속죄를 얻는 것'을 가리킨다.

이는 대속교리의 중심을 이루는 개념으로, 거룩하신 하나님께서 죄인을 아무 징벌도 없이 용서해 주시는 것은 그의 공의에 어긋나므로 죄에 대한 하나님의 진노는 반드시 만족할 만한 대가를 요구한다. 그런데 인간 스스로는 그 죄값을 치를 능력이 없으므로 하나님께서 아무 흠이 없는 예수를 통하여 이를 가능케 하셨다. 예수는 인간의 죄를 위하여 유화의 제물이 되신 것이다(롬3:25; 요일2:2; 4:10). → '구속', '충족설', [1. 교회 일상 용어] '대속'을 보라.

유효 소명(有效 召命, effectual calling) 하나님께서 죄인을 초청하시되 성령의 역사를 통하여 목적하신 구원을 효과적으로 완성하게 하시는 부르심을 말한다. 일명 '내적 소명.'

이는 ① 성령의 역사를 통해 하나님의 말씀이 구원으로 적용되는 소명이요(고전1:23-24), ② 구원에 반드시 이르게 하는 능력 있는 소명이며(행13:48; 고전1:23-24), ③ 이 일을 시작하신 하나님의 편에서 후회가 없으며 변화되지 않으며 취소되지 않는 소명이다(롬11:29). 이 소명을 받은 사람은 확실히 구원을 받게 될 것이다.

하나님께서 생명 주시기로 예정하신 모든 사람들을, 그들만을, 그분이 정하시고 열납하신 때에 그분의 말씀과 성령에 의해서, 그들이 나면서부터 처해 있는 죄와 죽음의 상태에서, 예수 그리스도에 의한 은혜와 구원으로 유효적으로 부르시기를 기뻐하셨다(롬8:30; 11:7; 살후2:13). 즉, 그들의 마음을 영적으로 또는 구원적으로 밝혀서 하나님의 일들을 이해하게 하시고, 또 그들에게서 돌 같은 마음을 제거하시고 부드러운 마음을 주시며, 그들의 의지를 새롭게 하시고, 그분의 전능하신 권능으로 그들이 선을 행할 결심을 주시고, 그들을 예수 그리스도에게 효과 있게 이끄시되, 오히려 그들이 하나님의 은혜를 의지하게 되어 가장 자유롭게 오게 하신다.

이 유효 소명은 오직 하나님의 값없으며 특별한 은혜에서 나오는 것이요, 결코 사람 안에 선견된 어떤 것에서 나오는 것이 아니다. 사람은 성령에 의해 살아나고 새로워져서 이 소명에 응답하며 또 이것에서 제공되고 전달된 은혜를 받아들이기가 가능하게 되기까지는 온전히 수동적이다. → '내적 소명', [1. 교회 일상 용어] '부르심', '소명'을 보라.

육경(六經, Hexateuch) 모세오경에 '여호수아서'를 추가하여 이르는 말. 여호수아서가 오경을 기록한 저자와 동일인에 의해 편집되었다는 가정하에 주장된 이론으로, 1792년 알렉산더 게데스에 의해 처음 제기되었다. 이 이론은 오늘날 크게 호응을 받지 못하고 있다.

윤리신학(倫理神學, ethical theology) 인간의 도덕적 삶과 가치관에 대한 신학적 입장을 밝히는 것으로, 로마 가톨릭 신학자들이 즐겨 쓰는 용어. 개신교 신학자들은 대체적으로 '기독교 윤리'라는 표현을 사용한다.

율법(律法, law) חוֹרָה(토라) '던지다, (물을) 뿌리다'는 뜻의 '야라'에서 유래한 말로, '지시, 교훈, 법령, 계명, 법, 관습'이라는 의미를 지닌다(민15:16; 시19:8). '율법'을 가리키는 헬라어 '노모스'(νόμος)는 '분배(할당)하다, 나누다, 분리시키다'는 뜻의 '네모'에서 파생된 말로, 하나님의 백성으로 하여금 세상에서 구별되어 거룩히 살도록 하기 위해 하나님이 친히 세우신 법을 말한다(요7:19; 롬10:4). 율법이란, 일차적으로 십계명(출20:3-17; 신5:6-21)을 포함해 하나님께서 시내 산에서 모세에게 주신 법(계명, 법령, 규례, 교훈, 명령), 또는 구약성경(요10:34; 12:34), 좀 더 포괄적으로는 신·구약에 나타난 하나님의 백성의 생활과 행위에 관한 하나님의 명령 전체를 가리킨다. 복음서에는 주로 창세기, 출애굽기, 레위기, 민수기, 신명기 등 모세가 기록한 오경을 가리켜 언급했다(마5:17; 8:12; 눅16:16; 요7:19).

율법은 이스라엘 백성의 정치, 문화, 종교 등 생활 전반을 지배하는 거룩한 하나님의 명령이다. 그리고 율법은 하나님께서 자기 백성을 세상으로부터 거룩하게 구별하기 위해 친히 세우신 법이다. 따라서 구약 시대 이스라엘 백성은 율법을 지키는 것으로 여호와께 대한 자신들의 신앙을 나타내었다. 그러나 율법으로써는 의롭다 함을 얻을 자가 아무도 없었다(롬3:20). 율법은 인간에게 그 죄악성을 드러내며 죄인 됨을 보여 줄 뿐이었다.

율법의 궁극적인 기능은 죄인을 그리스도께로 인도하는 것이다(갈3:24). 그리스도께서는 율법 아래 나셨고 또 율법대로 사셨으며, 십자가에 달리심으로 율법의 저주를 받아 율법의 요구를 온전히 이루심으로 율법 아래 있는 모든 죄인을 속량하셨다(갈4:4-5). 따라서 구약의 모든 율법은 그리스도의 복음 안에서 완전하게 되었다(마5:17). 그리하여 그리스도의 십자가 대속의 은혜를 믿고 의지하는 자는 의롭다 함을 얻게 되었다(갈3:10-14).

■**율법의 명칭과 성격** - 율법은 '여호와의 율법'(시1:2; 112:1; 119:35), '주의 율법'(시119:44), '하나님의 율법'(단6:5), '율법서'(신17:18), '모세의 율법책'(수8:31-32), '자유케 하는 온전한 율법'(약1:25), '불 같은 율법'(신33:2), '자유의 율

법'(약2:12) 등으로 묘사한다. 이 율법은 진리이며(시119:142), 율법을 세우신 이는 하나님이시다(사33:22). 따라서 율법은 의롭고(시119:172), 선하며(롬7:12; 딤전1:8), 거룩하고(롬7:12), 신령하다(롬7:14). 또 공의롭고(신4:8), 완전하다(시19:7).

■ **율법의 구분** – 구약의 율법은 크게 세 가지로 구분된다. ① 하나님과의 관계에서 주어진 제사법(의식법), ② 인간과 인간 사이에서 발생하는 각종 분쟁(문제)을 다룬 민법(소송법 포함), ③ 도덕법. 이중 제사(의식)법은 그리스도 십자가 희생으로 인해 완전히 폐지 혹은 완성되었으나(히10:1-14) 민법 또는 도덕법은 그 정신적, 교훈적 측면에서 구원받은 자에게 여전히 그 효력이 미친다.

그런 면에서 그리스도인들도 여전히 율법을 지켜야 한다. 그러나 의롭다 함을 얻기 위해서가 아니라 하나님의 백성으로서의 거룩한 생활과 온전한 행위의 지침으로 지켜야 한다. 즉, 율법 준수를 통해 하나님의 주권을 인정하고 하나님과 바른 관계를 이룰 수 있어야 한다.

■ **율법의 목적** – ① 율법은 인간의 죄를 드러내며(롬5:13), ② 죄를 깨닫게 한다(롬3:19-20; 5:13; 7:7; 갈3:19). ③ 죄를 더하게 하며(롬5:20), ④ 하나님의 의를 나타낸다(롬7:12-13). ⑤ 결국에는 그리스도에게로 인도한다(갈3:24-25). 즉, 모두 율법은 그리스도에게로 그 초점이 맞춰져 있다(눅24:27,44; 요1:45; 5:46; 행26:22-23; 28:23). ⑥ 따라서 율법은 그리스도의 복음을 예표한다(히10:1).

■ **율법의 한계** – 율법은 죄를 전제해 주어진 것으로(갈3:19), 옳은 자를 위해 주어진 것이기보다 법을 어긴 자들에게 주어진 것이다(딤전1:9). 율법의 행위로써는 의롭다 함을 얻을 자는 아무도 없다(행13:39; 롬3:20; 갈2:16,21; 3:11; 5:4). 또 율법으로써는 부패한 육체에서 건짐받지 못하며(롬7:24), 영원한 속죄를 이루지 못하고(히7:11,19; 9:9-15), 사망에서 능히 놓임을 받지 못한다(롬5:12). 더욱이 하나님과 화목하지 못할 뿐 아니라(롬5:10), 하나님을 아버지라 부르게도 못한다(롬8:15). 그리고 능히 구원치 못하며(롬10:9), 유업을 얻지 못하고(롬4:14), 온전케 하지도 못한다(히7:19).

■ **율법과 그리스도** – 율법은 임시적이요(렘3:16; 단9:27; 눅16:16), 낡아지고 쇠하지며(히7:12; 8:13), 장차 오는 좋은 일의 그림자에 불과하다(히10:1,9). 예수께서는 바로 이 율법 아래 나셨으며(갈4:4), 율법을 완전케 하려고 이 땅에 오셨고(마5:17), 율법을 온전히 성취하심으로(행13:39; 롬10:3-4; 엡2:15), 죄인들을 율법의 저주로부터 완전히 속량하셨고(갈3:13), 율법의 마침이 되셨다(롬10:4).

■ **율법과 새 언약(복음)** – 믿음이 오기 전에는 율법 아래 매여 있었다(갈3:23). 그러나 그리스도의 대속의 은혜로 율법에 대해 죽임당했고(롬7:4; 갈2:19), 율법에서 자유케 되었다(롬7:6; 고후3:6,17; 갈2:3-4; 5:18). 즉, 더 이상 율법 아래 있지 않고 은혜 아래 있게 되었다(롬6:14). 물론 이것은 율법을 지킴으로써 구원과 의(義)에 이르지 못한다는 의미일 뿐이지, 예수로 인한 새 언약(복음) 곧 믿음의 법, 생명의 성령의 법을 등한시해도 된다는 뜻은 아니다(롬8:1-4). 즉, 모세 율법을 통해 하나님의 뜻을 추구하고 하나님과 관계를 유지하려는 자는 실패할 것이다(롬7:1-25). 그러나 새 언약의 방법으로 하나님과 관계를 갖는 자는 율법의 의에 대한 요구가 예수 그리스도의 생명 안에서 충만하게 충족됨을 확인하게 될 것이다(롬8:1-4).

■ **율법에 대한 올바른 태도** – ① 율법은 하나님의 말씀으로서 그 백성 된 자는 반드시 배워야 하며(출24:12), ② 들어야 하고(느8:1), ③ 늘 묵상해야 하며(시1:2; 119:97), ④ 온 인격을 다해 지켜야 한다(출16:4; 신30:10; 수1:7; 22:5; 왕상2:3; 시119:44). 하나님은 율법을 지키는 자에게 복을 주시며(신30:10), 어디 가든지 형통케 하실 것이다(수1:7-8; 왕상2:3). 또 율법을 굳게 지키는 자는 영혼이 살고 지혜롭게 되며(시19:7; 잠28:7), 기도가 외면당하지 않고(잠28:9), 하나님께 잊혀지지 않는다(호4:6).

예수께서는 율법의 문자적 준수보다 그 정신과 원리를 더 강조하셨다(마5:17-48). 그런 맥락에서 율법에 대한 외적인 순종 여부가 중요한 것이 아니라 내적이고 인격(관계)적인 신뢰와 순종 그리고 동기의 순수성에 더 큰 의미를 부여해야 한다. 그리고 모든 율법은 '하나님 사랑과 이웃 사랑'으로 요약할 수 있음을 기억해야 한다(마22:35-40).

율법주의(律法主義, legalism, nomism) 율법의 문자주의라 할 만큼, 율법의 정신보다 율법 조문의 여자적(如字的) 해석과 그에 따른 율법 실행에 집착하는 입장을 말한다. 또 다른 면에서는 율법 준수나 선행을 의로움이나 구원의 조건으로 보는 이론을 가리킨다. 예수님 당시의 율법 교사들이나 바리새인들이 이에 해당했다.

예수께서는 율법의 문자적 해석이나 여자적 실행보다 율법이 요구하는 원래의 목적이나 율법의 원 정신을 강조하셨다(마5:21-48; 23:1-39). 사도 바울 역시 율법의 여자적 실행으로써가 아니라 예수 그리스도를 믿음으로써 의롭게 된다고 강조했다(갈2:16). → '율법'을 보라.

은사주의(恩賜主義, **charismatism**) '은사주의'는 진리를 통한 구원보다 성령체험, 방언, 신유, 귀신쫓음 등 성령의 은사를 받은 것을 구원의 징표로 삼는 경향을 말하며, 20세기 초에 미국에서 시작되어 세계적으로 큰 영향력을 떨치고 있다. 이 '은사주의'는 '신비주의' 및 '종교혼합주의'와 맥이 닿아 있기도 하다.

방언과 신유를 강조하면서 일어났던 오순절 운동 이후 1960년에 새로 일어난 은사주의 운동은 오순절 운동의 기본 교리들을 공유하는 동시에 교회 연합에 대해 '안에 머무는' 정책보다 밖으로 나가는' 정책을 고수했다. 여기에는 여러 개신교 교회들뿐 아니라 로마 가톨릭교회도 포함하고 있다. 누군가가 방언을 말할 수 있거나 신유를 경험했다면 은사주의자들은 그가 속한 교회 교단이나 교리적 이탈에 관계없이 받아들인다.

그러나 '은사주의'는 기적들을 자랑하고 또 종종 어떤 자의 메시지나 행위가 비성경적인데도 기적들을 그 메시지와 행위를 유효하게 하기 위한 토대로 삼는다. 이는 적그리스도의 위장 전술임을 간과해서는 안 된다(살후2:9-11). 아무튼, 진리를 외면하고 개인의 영적인 체험에 의존하는 것은 이 세상에 가득한 흑암의 영들의 영향을 받을 수 있는 위험한 일이며, 말세에 배교로 가는 지름길이 될 수 있다.

은혜언약(恩惠言約, **the covenant of grace**) 언약의 주체이신 하나님께서 그 상대인 인간(택함 받은 자)과 더불어 그리스도를 중보자로 하여 맺으

음부
(grave, the depths, hell, Sheol)

'음부(陰府)'란, ① 땅 속 지하 세계(시86:13). ② 모든 죽은 자의 사후 거처(창37:35; 시31:17; 시38:10). 히브리인들은 우주가 하늘, 땅, 땅 속 지하(음부) 등 3층으로 구성되었다는 우주관을 가졌다. 이중에 음부는 지하의 어둡고(시143:3), 소리도 없는 적막한 곳이며(시94:17), 잊혀진 망각의 처소(시88:12)로 여겨졌다. 그리고 일단 음부에 들어간 자는 산자들의 땅에 되돌아 올 수 없고(삼하12:23; 시26:14), 또 이 땅의 산 자들과 교통할 수도 없다. 더욱이 그곳은 하나님과의 교통도 단절된 곳이다(시6:5; 시88:4-12; 시38:18).

그런데, 신약에서 이 개념은 좀 더 발전해 '지옥'(Hades)으로 번역되는데, 지옥은 음부에 간 영혼 중 불신 영혼과 마귀, 사탄이 최후 심판을 받는 장소이다(막9:43-47). 일명 '무저갱(無底坑, 바닥이 없는 깊은 구덩이'란뜻)으로도 불린다(계9:1). 한편, 예수께서는 음부에서도 주(主)가 되시며(행2:24-27; 엡4:9; 빌2:10), 음부의 열쇠를 가진 분이다(계1:18). 따라서 주 예수를 믿고 죽은 자에게는 영원한 죽음이 아닌 심판날 부활이 약속되어 있을 뿐 아니라, 마침내 사망 권세도 능히 물리칠 수 있다(롬6:1-14; 고전15:21-50).

개역개정판은 원어를 그대로 사용해 '스올'(창37:35; 잠2:18; 전9:10; 이86)로 번역하기도 했다.

원어를 보면, ① '쉐올' : 원뜻은 '요구하다, 구걸하다.' 죄아래 있는 모든 인생에게 요구되는 '죽음', 혹은 '죽은 자들이 필연적으로 들어가는 어두운 지하세계', '무덤', '구덩이'를 뜻한다(창37:35; 삼상2:6; 시6:5; 시5:14). ② '하데스' : '야(부정접두사)와 '에이도'(보다)의 합성어로 눈에 보이지 않는 곳'이란 뜻. 히브리어의 '스올'에 해당하는 신약 용어. 구약에서는 '무덤', '땅 속'이란 뜻으로 모든 죽은 자들이 가는 곳을 말하나, 신약에서는 불신자들이 최후 심판을 받기 전까지 대기하는 장소를 뜻한다(마11:23; 눅10:15; 16:23; 행2:27). 낙원에 대비되는 개념이다. ③ '아뷔쏘스' : '야(강조적 접두사)와 '뷔도스'(깊은)의 합성어로 '끝이 없이 깊은 수렁', 즉 '무저갱'. 악한 영을 비롯한 불신자들이 최후 심판을 받기까지 대기하는 어둠의 처소를 가리킨다(롬10:7). → [1. 교회 일상 용어] '지옥'을 보라.

신 언약을 말한다.

이 은혜언약은 ① 구원에 관한 인간의 희생과 노력을 요구하지 않는 언약이며 ② 구원의 계획과 성취와 적용에 있어서 삼위 하나님께서 모두 역사하시는 언약이고(요16:7-8; 19:30; 엡1:3-5) ③ 시간이 지나도 결코 변하거나 폐기되지 않는 영원한 언약이며(창17:9; 삼하23:5) ④ 세상 모든 사람을 대상으로 한 것이 아니라 하나님께서 친히 택하신 사람만을 대상으로 하는 특수언약이고 ⑤ 신앙과 순종을 조건으로 하지만(여기서 조건이라 함은 공적이 아니라 근거로서의 조건임) 인간의 공로가 필수적이 아니라는 점에서 무조건적이며(엡2:8) ⑥ 언약 당사자 가운데서 하나님의 일방적인 호의로 성립되는 편무 언약(片務言約, 히6:17)이며 ⑦ 하나님이 우리의 하나님이 되시고, 우리는 하나님의 백성이 되는 언약이다(창17:7; 렘31:33).

음부 강하(陰府降下, **descent into hell**) 일명 '지옥 강하'라고도 한다. 사도신경의 고대 본문에는 없었으나 A.D.400년경 라틴 신학과 교회사를 연구한 신학자 루피누스(*Rufinus*, 345-410년)에 의해 번역된(말셀루스의 헬라어 사도신경을 라틴어로 번역함) 사도신경에는 '그가 음부(지옥)에 내려가시고'라는 문구가 첨가되었다고 한다.

이 말은 여러 가지로 해석되고 있다. ① 로마 가톨릭교회 : 그리스도께서 죽으신 후 구약 성도가 갇혀 있는 선조(先祖) 림보(limbus patrum)에 내려가셔서 그들을 해방하여 천국으로 데려가신 것이라 본다. ② 루터 파 : 그리스도의 승귀(昇貴)의 첫 단계로 보아, 죽음과 부활 사이에서 흑암의 권세에 대한 완전한 승리를 축하하기 위해 개선(凱旋)적 행진을 한 것으로 본다. ③ 영국 국교회 : 그리스도의 신체가 무덤에 머물고 있는 동안 그의 영혼은 의인의 영혼이 머물고 있는 낙원이라는 음부(죽은 자들이 머무는 곳)에 가서 그들에게 진리를 보다 더 충분히 해석하였다고 본다. ④ 개혁파 교회 : 그리스도께서 겟세마네와 십자가 상에서 음부(지옥)의 고통을 당하셨다는 사실을 관념으로 표현한 것으로 보아 보통 상징적으로 해석한다.

이상의 내용들을 종합해서 결론을 내리면 ① 그리스도는 겟세마네와 십자가에서 음부(지옥)의 고통을 당하셨다. ② 그리스도는 죽음이라는 가장 심각한 비하(卑下)의 상태에 들어가셨다. 참고로, 음부 강하의 교리가 기초하고 있는 성경 구절들은 다음과 같다. 시편 16:8-10; 에베소서 4:9; 베드로전서 3:18-19; 4:6.

의롭다함을 얻음(義 -, **justification**) 사도 바울은 '일을 아니할지라도 경건하지 아니한 자를 의롭다 하시는 이를 믿는 자에게는 그의 믿음을 의로 여기시나니'(롬4:5)라고 하여, 죄인이 의인 되는 것 곧 죄인이 '의롭다 함을 인정(선언)받는 것'은 하나님의 주권적인 의지의 결과요, 또 그것은 의롭다함을 받는 것이 믿음으로 되는 것이지 행위로 의롭다함을 받는 것이 아님을 강조했다(롬5:1). 즉, 그리스도를 믿는 사람은 비록 죄가 있지만 의로우신 재판장이신 하나님의 선언에 의해 의롭다함을 얻는다는 것이다. 이를 '의인'(義認), 또는 '칭의'(稱義)라고 한다.

이 '칭의'(justification)란 말 속에는 다음의 몇 가지 의미가 담겨 있다.

① 심판과 형벌에서의 사면(赦免) 곧 용서 : 의롭다 인정받은 자는 율법의 요구로부터 자유를 얻는다. 왜냐하면, 죄인은 비록 율법으로는 하나님의 의의 기준에 이르지 못하지만(롬1-3장; 갈3:11) 예수께서 십자가 상에서의 죽음을 통해 율법의 요구를 모두 충족시키심으로 하나님께서 믿는 자들을 의롭다 하실 수 있는 근거를 삼으셨고,(롬3:21-4:25; 갈3:13-14), 따라서 더 이상 율법의 형벌이 믿는 자들에게 부과되지 않게 하셨다(롬6:7). 이로써 우리는 범죄에도 불구하고 예수 안에서 그 죄가 모두 용서되었다고 하나님이 선언하신 것이다.

② 은혜를 통한 회복 : 예수 안에서 의롭다고 선언받은 자들은 예수의 의(義) 안에 있는 존재로 인정받게 되며, 그 의를 근거로 하나님과 화목하게 된다. 즉, 그리스도 안에 있는 자들은 죄를 용서받을 뿐 아니라 하나님께 담대히 나아갈 수 있게 된다(히10:1-22).

③ 믿는 자에게 전가된 그리스도의 의(義) : 하나님이 그리스도를 통해 성취하신 구원의 역사는, 그리스도의 의가 믿는 자들에게 전가되는 것으로 온전히 성취된다(롬3:25-26; 고후5:21).

④ 하나님 앞에서 새로운 존재 : 예수를 믿는 자들은 더 이상 죄인이 아니요 하나님의 아들의 명분을 얻은 영광스러운 신분이 된다(갈4:5). → '칭의', [1. 교회 일상 용어] '의'를 보라.

의식주의(儀式主義, ritualism) 의식(儀式, ritual)을 절대화하는 입장. 기독교회 내에서 이뤄지는 예배를 위시한 각종 모임이나 활동에서 의식적인 요소가 필수적이기는 하지만 그 의식이 완전히 고정되어 특정한 의식을 단지 의식을 위해서 행하는 경우를 일컫는다. 결국 의식은 절대화되어, 의식에 충실하지 못할 때는 죄책을 느끼게 되고, 의식에 충실할 때는 그로 인해 스스로 경건하다는 자의식에 빠지게 된다. 이는, 영국 국교회 의식파의 관행을 두고 하는 말로서, 영국 국교회에서 고교회파가 로마 가톨릭교회를 닮아서 여러 의식적 전례를 강조한 데서 이렇게 불렀다.

의인(義認, justification) → '의롭다함을 얻음'을 보라.

이교주의(異敎主義, paganism) paganism 이란 단어는 라틴어 '파가누스'(paganus, '시골뜨기'란 뜻)에서 유래한 말로 일종의 무시와 경멸의 뜻이 담겨 있다. '이교'란 대체로, 자기가 믿지 않는 다른 종교를 가리키거나 특별히 유대교 혹은 기독교에서 자신들이 신앙하는 종교 이외의 종교를 가리키는 말로 쓰인다.
그런 맥락에서 '이교주의'란 시대의 변천에 따라 몇 가지 의미로 이해된다. ① 기독교 이전 시대의 종교적, 윤리적 체계 특히 고전문화의 체계를 나타내기 위해 사용된 용어. 즉, 예수 이전의 사람들(예를 들면, 소크라테스, 플라톤, 아리스토텔레스, 키케로, 세네카 등)이 가졌던 종교에 관한 여러 개념을 시사하는 말로 본다. ② 성경이 제공하는 구원을 거부해 버린 사람들의 종교적 도덕적 철학적 견해에 대해 쓰였다. 이는 때로 물질주의, 쾌락주의, 인본주의, 실존주의 등과 동의어로 사용되었다. 이는 복음을 철저히 외면하는 경향으로서, 인간이 중심이 되는 세계관과 인생관을 세우려는 시도이다. ③ 복음이 널리 전파된 오늘날에도 여전히 복음을 들어보지 못한 불신앙이나 미신, 우상숭배 등의 암흑 속에 있어 마음이 완고해진 상태로 생활하고 있는 자들과 그들의 가치관을 가리키기도 한다. ④ 신학적으로는 계시종교와는 달리 인간의 측면에서 신을 구하는 것을 가리킨다.
오늘날에는 '이교', '이교주의'란 말 대신에 '타종교', '비기독교' 등으로 많이 표현하고 있다.

이단(異端, heresy, heterodoxy) 정통 학파나 종파에서 벗어나 다른 학설을 주장하는 일이나 교파. 헬라어 원어 '하이레시스'(αἵρεσις)의 기본 의미는 '선택, 의견'으로, 단순히 '분파', '파' 등을 일컫는 경우(행22:22)와 '교회 내에서의 편당'(고전11:19)을 뜻하는 경우, '다른 교리를 주장하는 이단'(벧후2:1) 등 세 가지 의미를 갖는다.
초대교회 때 기독교는 당시의 정통 종교라 할 수 있는 유대교에 의해 '이단'으로 불렸다(행24:14; 28:22). 또한, 그릇된 교훈을 가르치는 '이단'을 의미하는 또 다른 원어 '하이레티코스'(αἱρετικός)는 '하이레오'(선택하다)와 '헤테로스'(다른)의 합성어로, '다른 것을 선택하다'는 뜻인데, 이는 복음 이외의 다른 가르침을 가르치거나 좇는 행위를 일컫는다(딛3:10).
오늘날 '이단'이란 표현은 거의 대부분 성경의 근본 진리 곧 복음에서 떠나 다른 복음을 좇거나 교회 내에서 당파심을 불러 일으켜 교회의 분란을 조성하는 경우에 국한해서 사용된다.
성경은 거짓 교훈을 가르치는 '이단'을 '거짓 선지자'(마7:15), '사나운 이리'(행20:29), '가만히 들어온 거짓 형제들'(갈2:4), '그리스도 십자가의 원수'(빌3:18), '발람의 길을 따름'(벧후2:15; 유1:11), '가만히 들어온 사람'(유1:4), '가인의 길에 행함'(유1:11), '고라의 패역을 따름'(유1:11), '적그리스도'(요일2:18), '거짓 선생'(벧후2:1), '자칭 사도'(계2:2), '자칭 유대인'(계2:9), '자칭 선지자'(계2:20), '사탄의 회당'(계3:9) 등이라 했다.
■**이단의 특징** - ① 하나님으로부터 새롭고 특별한 계시를 받았다고 주장한다. 또한 독자적인 성경해석과 성경 이외에 자신이 직접 체험한 신적인 역사를 계시와 동등시한다. ② 지도자의 권위를 신격화하여 절대시하며 맹종을 요구하고 비윤리적이며 비인격적인 리더십을 드러낸다. ③ 기존 교회의 가르침에 대항해 자신들의 가르침을 주장하고 기존 신자를 흔들며 유인하는 환란을 야기시킨다. ④ 종말사상에 깊은 관심을 보이며 예언에 심취하는 경향이 있다. ⑤ 그들 교주를 심판의 주로 신격화한다.
■**이단의 판단 기준** - 근본적으로 성경 66권이 이단의 판단 기준이며 이단 규정의 근거이다. 특히 성경과 계시사상이 중요하며, 신관을 비롯하여 하나님의 창조사상, 성경적인 인간이해와 기독론,

구원론, 성령론, 교회론, 종말론 등이 이단 판단의 중요한 잣대가 된다. 그리고 공교회의 신앙고백인 사도신경과 기독교 신앙의 근본교리를 판단기준으로 삼아야 한다. 웨스트민스터 신조나 하이델베르크 신앙문답서 등은 이단을 판단하는 좋은 자료가 된다.

■**이단성**(異端性, **heretical**) - 이단적, 사이비적인 요소가 많아 '정도(程度)'의 측면에서 사용할 경우 '이단'이라는 표현 대신 '이단성'이라는 용어로 대체할 수 있다.

이단의 정의

이단이란 다음과 같은 내용으로 정의할 수 있다.
① 성경 외에 다른 경전이나 다른 계시를 주장하거나 지금도 계시가 계속되고 있다고 주장하는 것. 그 이유는 성경의 완전성과 충족성을 깨뜨리기 때문이다.
② 삼위일체 하나님을 부인하거나 왜곡하는 것.
③ 예수 그리스도의 신성과 인성을 부인하거나 예수 그리스도의 십자가 대속을 부정하거나 다른 구원자를 내세우는 것.
④ 사람을 신격화시키거나 자신을 계시의 수여자 혹은 하나님의 대리자로 주장하는 것. 자신이 직접 하나님과 통한다는 직통계시를 주장하는 것.
⑤ 믿음으로 구원받는다는 이신득의 외에 또 다른 구원의 방법을 주장하는 것.
⑥ 성경을 자의적(自意的)으로 해석하거나 비정상적인 방법으로 해석하여 성경말씀에 의미를 부여하는 것.

이분설(二分說, **dichotomy**) 인간의 본질적 구성 요소에 대한 견해로서, 인간이 물질적 요소인 '몸'과 비물질적 요소인 '영'(또는 '혼', '영혼')으로 구성되어 있다고 본다(전12:7; 마6:25; 10:28; 고전5:3,5). 여기서 '영'과 '혼'은 인간의 두 가지 다른 요소를 의미하는 것이 아니라 한 영적 실체를 나타내기 위해 두 가지 다른 견지에서 사용된 것으로 '영'은 '혼'의 영적 존재양식을 나타내거나 '혼'과 마찬가지로 몸을 가진 인간 자신을 뜻하기도 한다. 물론, '몸'과 '영' 이 둘은 완전히 결합되어 있으므로 죽음을 통해서만 나누어진다.

영혼이 하나님의 창조물인 것과 마찬가지로 육체도 선하게 창조된 귀중한 요소이다. 따라서 육체를 악한 것으로 보는 영지주의(gnosticism)의 주장은 잘못이다. 이분설은 교회사 초기시대부터 제안되었으며 381년 콘스탄티노플 회의 이후에 점차 더 인기를 얻다가 마침내는 교회의 보편적인 교리가 되었다.

이분설의 성경적 근거는 ① 몸과 구분되는 표현들 즉 '생기', '기운' 등은 모두 이분설을 지지한다(창2:7; 욥27:3; 32:8). ② 인간의 영 또는 영혼이 하나님의 영으로부터 창조되었다(슥12:1; 고전2:11; 히12:9). ③ 인간의 영(혼)이 그 거처가 되는 몸과 구분된다(창35:18; 약2:26). ④ 성경은 영과 혼이란 용어를 구분없이 사용한다(창41:8; 시42:6; 요12:27). 결국 이분설을 따를 때 혼과 영은 별개가 아니고 한 존재에 대한 두 명칭임을 알 수 있다.

한편, 이분설의 논증은 삼분설이 근거로 삼는 성경 구절을 이렇게 해석한다. 즉, 데살로니가전서 5:23(영, 혼, 몸)과 히브리서 4:12(혼, 영, 관절과 골수, 마음의 생각과 뜻)에 나오는 개별적 표현이 독립된 실재를 뜻하는 것이라고 해석한다면 성경의 다른 구절을 이해하는 데 어려움이 발생한다는 것이다. 즉, 누가복음 10:27에서 예수님은 "네 마음을 다하며 목숨을 다하며 힘을 다하며 뜻을 다하여 주 너의 하나님을 사랑하라"고 하셨는데, 여기서는 세 개의 실재가 아닌 네 개의 실재가 등장한다. 그리고 이 네 개의 실재는 데살로니가전서 5:23 등에 나오는 세 개의 실재와 일치하지 않는다. 또 영과 혼은 종종 동의어로 사용된다(눅1:46-47). '영'이 번민한다고도 하고(창41:8; 요8:21), '혼'이 번민한다고도 한다(시42:6; 요12:27). 그리고 때로 '혼'이란 단어는 인간의 자아 또는 생명과 동의어로 쓰이기도 한다(마6:25; 16:26).

결국, 인간을 구성하는 실체를 삼분설로 이해하기보다 이분설로 해석하는 것이 타당하며, 이것이 성경에서 제시하는 바른 해석이라고 본다(전12:7; 마10:28). 다만, 이 같은 구분과 해석은 주께서 이루시는 구원에 영향을 주는 것은 아니며 성경에 기초한 인간의 해석에 불과하다는 점을 간과해서는 안 된다. → '삼분설'을 보라.

이상주의(理想主義, **idealism**) ① 인생의 의의를 도덕적·사회적 이상의 실현에 두고 그것을 목표로 삼는 입장 또는 그러한 인생관. ② 인간의 무한한 가능성을 믿고 최고의 인격적 가치를 실현하려는 도덕적 지향. ③ 현실 세계를 어떤 궁극적 가치나 초월적 이념과의 관계에서 최고의 이상으로 삼으려는 사고방식이나 세계관 등을 말한다. 일명 '관념주의'(觀念主義).

이설(異說, a different theory, a divergent opinion, heterodoxy) 정통 교리에서 벗어난 이론이나 주장. 비성경적인 가르침이나 이단적인 교훈 곧 일종의 '다른 복음'(갈1:6). 개인적인 체험을 극대화하거나 성경에서 벗어난 기괴하고 허망한 교훈들을 보편화시킬 때 이설이 생겨난다.

이신득구(以信得救, Salvation by faith alone) → '이신득의'를 보라.

이신득의(以信得義, justification by faith) '오직 믿음으로써 의롭게 된다'는 뜻으로, 일명 '이신득구'(以信得救), '이신칭의'(以信稱義)라고도 한다. 본래 인간은 죄와 사망의 권세 아래 놓인 절망의 존재였지만 예수 그리스도를 믿음으로 죄 문제가 해결된 의로운 자로서의 자격이 주어진다는 교리이다(롬1:17; 3:21; 갈2:16).

믿음과 칭의와의 관계와 관련해서 ① 믿음은 흔히 칭의의 도구인(道具因, the instrumental cause)으로 불려진다. 즉, 믿음은 죄인 안에서 칭의를 일으키시는 하나님의 은사이다. 이 믿음의 수단을 통해 하나님께서는 죄인의 마음속에서 용서의 선고를 내리신다. ② 믿음으로 말미암아 죄인이 그리스도의 의(義)를 받아들여 하나님 앞에서 의롭게 된다. 믿음은 그것이 그리스도를 소유하는 범위에 있어서만 정당화되는 것이다.

루터는 '오직 믿음'(sola fide)으로 의롭게 되며, 인간의 공로(선행)로는 구원에 이를 수 없다고 선언했다. → '의롭다함을 얻음', '칭의'를 보라.

이신론(理神論, deism) 원래 신이 없다고 믿는 '무신론'(無神論) 또는 많은 신을 믿는 '다신론'(多神論) 혹은 '범신론'(汎神論)과 구별되는 개념으로 쓰였지만, 정확하게 어떤 교리인지 밝히기는 쉽지 않다. 엄밀히 말하면, 17세기 중엽부터 18세기 중엽에 걸쳐서 주로 영국에서 나타난 합리주의(계몽주의) 사고 방식의 운동을 가리킨다고 본다.

긍정적인 측면에서 이신론은(이신론의 아버지로 불리는 하아버드, 1583-1648년) ① 우주의 창조자요 통치자이신 인격적 신이 존재함을 믿는다. ② 신을 예배해야 하는 의무. ③ 도덕적 생활의 의무. ④ 죄로부터의 회개의 필요성. ⑤ 지상과 사후의 영혼세계에서의 하나님의 보상과 형벌을 믿는다.

그러나 부정적으로는 ① 창조자는 존재하나 세상과는 무관하다(신의 역사 개입 부정). ② 인격적인 하나님을 고백했지만 삼위일체, 성육신, 성경의 신적 권위, 속죄, 이적, 선민(이스라엘, 교회 등), 역사에서 초자연적 속죄 사역 등을 부인한다.

아무튼, 이신론자들은 '언제든지, 어디서든지, 모든 사람으로부터' 받아들일 수 있는 상식적 종교관을 추구했으며, 베드로후서 3:4의 말씀에 그 이론적 근거를 두었다.

이신칭의(以信稱義, justification by faith alone) → '이신득의'를 보라.

21세기 대한예수교장로회 신앙고백서(二十一世紀 大韓 - 敎長老會 信仰告白書) 대한예수교장로회(통합) 제82차 총회(1997년)의 헌법 개정 결의에 따라 새로 작성된 신앙고백서. 이 신앙고백서는 기존 헌법에 들어 있는 사도신경, 12신조, 요리문답, 웨스트민스터 신앙고백서 및 대한예수교장로교회 신앙고백서(1986년)에 하나 더 첨가된 것이다. 이 신앙고백서를 작성한 동기와 목적은 대한예수교장로회가 21세기 상황에 대응하는 신앙과 신학을 표명하고 고백하는 데에 있다.

21세기 신앙고백서는 둘로 만들어졌는데 ① 그 중 하나는 여섯 항목으로 축약된 짧은 신앙고백서로서 공적 예배시에 사용될 수 있게('예배용'으로) 만들었다. ② 총회 헌법개정위원회 신앙고백과 교리 분과위원회가 21세기 한국장로교회의 신앙과 신학을 가늠하는 연구논문들을 모아 책으로 발간한 바 있는데, 이것에 근거해 위원회가 이 시대의 징조들을 읽으면서 21세기에 꼭 필요한 신학적 주제들을 심의하여, 21세기 대한예수교장로회 신앙고백서를 작성한 것이다. 앞의 '예배용' 축약본에 비교해 일종의 원본이라 할 수 있다.

이원론(二元論, dualism) 두 가지 서로 대립

하는 원리나 요인에 의해 세계나 사물의 형세를 해석하고자 하는 이론. 해석의 원리(요인)를 하나로 보는 일원론(一元論)과 다수로 보는 다원론(多元論)과는 대조를 이룬다.

대체적으로, 선의 신과 악의 신을 두 원리로 하는 조로아스터교와 마니교(윤리종교적 이원론), 우주와 그 현상들은 상호 소멸되지 않는 두 요소(독립적인 두 실체) 즉 정신과 물질, 또는 데카르트처럼 사유(思惟)와 연장(延長)으로 생각하는 이론(형이상학적 이원론), 사물 자체와 현상을 구별한 칸트(인식론적 이원론) 등이 있다.

기독교는 유일신 사상 곧 하나님의 절대 주권을 신앙하기에 일원론적 입장이다. → '일원론', '다원론'을 보라.

이위일체론(二位一體論, **binitarianism**) 하나님의 신격(神格)에는 이위(二位)만 있다고 보는 신학적 입장. 이는 성령의 신성(神性)을 인정치 않고 성부 하나님과 성자 하나님의 관계에만 관심을 두는 견해로서, 교리사가인 루프스(F. Loofs)에 의해 처음 사용되었다(1898년). 그러나 이는 삼위일체 교리를 주장하는 정통 기독교에서 용납될 수 없는 이론이다.

이율배반(二律背反, **antinomy**) 서로 모순·대립되는 두 명제가 동등한 타당성을 가지고 주장되는 일. 이 용어는 고대 헬라의 엘레아 학파에서 처음 사용되었으며, 근세에 들어 독일의 철학자 칸트(Immanuel Kant, 1724-1804년)에 의해 심화되었다. 칸트는 인간의 인식능력에서 세계를 인식(순수이성)의 대상으로 여길 때 이율배반이 생긴다고 했다. 참고로, 도덕적 존재론을 확립한 독일의 철학자 하르트만(Nicolai Hartmann, 1882-1950년)은 윤리학과 종교 사이의 이율배반을 자유와 섭리의 관계로 파악했다.

이중발출론(二重拔出論, **double procession of the Holy Spirit**) 성령이 성부 및 성자에게서 영원히 발출한다는 교리. 이는 교부들(알렉산드리아의 키릴루스, 제롬, 암브로시우스, 어거스틴 등)에 의해 주창되었으며 서방교회에서 인정된 교리로, 요 16:13-15, 롬 8:9, 갈 4:6 등을 근거로 삼는다. → '발출', '성령의 발출'을 보라.

이중예정론(二重豫定論, **double predestination**) 만물의 주인이신 하나님께서 온 우주를 창조하시기 전에 영생을 얻을 사람과 영원히 멸망할 사람을 미리 예정하셨다는 교리. 특히, 종교개혁자 칼빈에 의해 강조된 이론으로, 그는 이를 '무서운' 교리로 인정했다.

여기서 다소 온건한 입장을 취하는 단일예정론이 있는데, 그것은 하나님께서 주권적인 의지로 선택한 자들에 대해서는 긍정적인 입장을, 선택하지 않은 자들에게는 부정적인 태도(그들의 죄의 결과인 고통 속에 내버려두심)를 취하실 뿐이라는 이론이다. → '예정론'을 보라.

이타주의(利他主義, **altruism**) 자기를 희생하여 남을 이롭게 하는 주의. 윤리학에서는 다른 사람의 행복의 증진을 도덕적 행위의 표준으로 하는 주의를 말한다. 일명 '애타주의'(愛他主義), '타애주의'(他愛主義). '네 이웃을 네 자신과 같이 사랑하라'(마19:19), '사람이 친구를 위하여 자기 목숨을 버리면 이보다 더 큰 사랑이 없다'(요15:13)고 하신 예수님의 가르침에 맞닿아 있는 이론이다. → '애타주의'를 보라.

인간론(人間論, **the doctrine of man in relation to God**) 사람에 대해 고찰하며 논의하는 이론으로서, 특수하게 하나님과 관련된 인간, 즉 하나님의 계시에 나타난 인간을 다루는 조직신학의 한 분야를 말한다. 그런 점에서 하나님을 배제한 상태에서 단지 인간의 여러 측면을 연구하는, 즉 인간을 그 대상으로 하는 학문인 '인간학' 또는 '인류학'(anthropology)과는 차이를 보인다.

인간론의 주제는 ① 인간의 본질적인 요소, ② 인간 영혼의 기원, ③ 하나님의 형상으로서의 인간, ④ 행위언약 속에 있는 인간, ⑤ 죄의 본질과 기원, ⑥ 인간과 죄(원죄와 본죄)의 관계, ⑦ 은혜언약 안에 있는 인간 등이다.

인격주의(人格主義, **personalism**) 윤리학적인 용어로서, 자각적이고 자율적인 인격을 최고의 가치라 보며, 이것에 입각해서 일체의 것의 가치를 판정하고 행위를 결정하는 입장을 말한다.

이 입장을 대표하는 것으로 독일의 철학자 칸트의 인격주의가 유명하다. 그는 도덕의 입법자로서의 인격은 '목적 그 자체'라고 하여 여기에 최고의 가치를 두고, 일체의 다른 가치는 그것을 규준(規準)으로 하여 재었다. 그리고 '너의 인격 및 모든 타인의 인격에서 인간성을 항상 동시에 목적으로 취급하고, 결코 단순히 수단으로 취급하지 않도록 행동하라'는 유명한 도덕법칙을 제창하였다.

인격주의는 독자적 개성을 인정하지 않는 '국가주의'나, 고립되어 남에게 자신을 열지 않는 '개인주의', 그리고 인간 삶의 여러 조건을 직시하지 않는 '정신주의'와 크게 대조된다. 참고로, 종교철학에서는, 범신론(汎神論)에 대하여 인격적인 신에 대한 신앙을 의미하는 말로 '인격주의'를 언급하기도 한다.

인도주의(人道主義, humanitarianism) 모든 인간은 동등하다는 입장에서 인류의 공존과 복지의 실현을 꾀하려는 박애적인 사상. 일명 '휴머니즘'(humanism). 이 사상은 특히, 인종이나 국적·종교를 초월해 사회적인 약자나 어려움에 처한 자에게 구원(도움)의 손길을 내미는 박애적인 자선 운동으로 표출된다.

한편, 인도주의적 운동이 사회적 반향을 불러일으켜, 그것이 사회개혁 운동과 연결되는 경우도 있었다. 그 대표적인 경우가 18세기 영국에서의 일이다. 범죄자에 대한 잔혹한 형벌(刑罰) 폐지, 산업혁명에 따른 노동조건 개선, 연소자의 노동금지를 위한 운동으로 인도주의가 발현되었던 것이다.

그리고 인도주의는 무저항주의, 평화주의, 사해동포주의, 세계주의, 애타주의 등을 포함하는 개념으로, 러시아의 대문호 톨스토이의 도덕적인 경향의 문학활동이나 인도의 간디에 의한 민족운동, 로망 롤랑의 평화 사상, 슈바이처에 의한 아프리카에서의 의료 사업 등도 이에 해당된다. → '인문주의', '휴머니즘'을 보라.

인류일원론(人類一元論, monogenism) 모든 인류의 생물학적 연원을 밝히는 이론으로, 오직 한 쌍의 조상으로부터 인류 전체가 확산되었다는 견해. 여러 조상으로부터 현존 인류가 조성되었다는 인류다원론(人類多元論, polygenism)과는 대립각을 세운다.

인문주의(人文主義, humanism) 중세 문예부흥기(르네상스)에 스콜라적이며 교회적인 세계관에 대한 반동으로서 일어났던 정신 운동. ① 인간 또는 인간에 관한 것을 가장 중시하는 정신 태도. ② 인간의 존재를 중요시하고 인간의 능력과 성품 그리고 인간의 현재적 소망과 행복을 무엇보다 귀중하게 생각하는 정신. ③ 인간성 존중과 문화적 교양의 발전을 주장으로 삼은 운동. 이 외에도 인문주의에 대한 다양한 견해가 있지만, 그 모든 이론의 근저에는 인간의 가치를 긍정해서 인생의 존재 의의를 명확히 하고자 하는 바람이 담겨 있고, 그것은 인간역사의 발전과 호응해서 끊임없는 반성과 관심의 대상이 되어 왔다. 따라서 휴머니즘이란, 특정의 체계적 사상을 가리키기보다 인간을 존중하는 윤리적 태도라 볼 수 있다.

한편, 이보다 좁은 의미의 휴머니즘(인문주의)이란, 특정의 역사적 개념을 가리킨다. 그것은 서구 르네상스 시기, 특히 15세기의 이탈리아를 정점으로 개화한 인간 긍정의 지적 운동으로, 고대의 재발견과 결부되어 중세적 정신 형태로부터의 탈피를 지향하며, 지상에 존재하는 인간의 활동과 인격을 재평가함으로써 새로운 시대의 문화·사상을 방향지었다. 이 운동은 프랑스를 비롯한 전유럽으로 확산되었고, 르네상스에서 종교개혁을 거쳐 계몽주의 시대로 발전하는 근대적 인간관 확립의 중심 역할을 했다.

'휴머니즘'(인문주의)이란 라틴어 '후마니스타'(humanista, '인간성, 인간다움'이란 뜻)에서 유래된 말로, 1808년 독일의 교육철학자 니에트하머(Friedrich Immanuel Niethammer, 1766-1848년)가 그의 저서에 '후마니스무스'(humanismus)라고 표현함으로써 오늘날의 '휴머니즘' 개념이 시작되었다고 한다. 그는 당시의 자연과학 편중의 시류에 항거해서 '인간성'을 회복하며, '전인격의 형성'을 지향하는 학문의 중요성을 제창하고, 고전을 매개로 하는 교육에 의해서 이를 실현하자고 했다. 일명 '인본주의'(人本主義) 또는 '인간주의'(人間主義), '인도주의'(人道主義)라고 한다.

휴머니즘 곧 인문주의는 유럽에서의 '르네상스'(Renaissance)의 특징적 경향을 지칭하기도 한다. 즉, 인간 고유의 가치를 지닌 창조적 표현으로서의 예술·종교·철학·과학·윤리학 등을 존중하고 이러한 것을 짓밟으려는 모든 압력으로부터 이런 가치들을 옹호하는 노력을 말한다.

이 인간성 옹호(수호)의 휴머니즘은 본질적으로 인간성을 신(神)의 굴레로부터 해방하려는 노력에서 시작되어 14-15세기 이탈리아 르네상스를 계기로 개화하였다. 당시 이탈리아 사회는 형식화된 종교적 내세주의(來世主義)에 집착했고, 십자군(十字軍) 원정 이후 새로운 상공업 도시 발달과 그에 따른 시민 계급 형성 등에 의해 급격히 변화해 갔다. 따라서 단테(A. Dante)를 선구로 해서, 페트라르카(F. Petrarca), 복카치오(G. Boccaccio) 등을 중심한 휴머니스트들은 그리스·로마의 고전 문화를 매개로 하여 인간의 개성을 해방하고 완성하려는 노력을 전개한다.

이 휴머니스트들은 낡은 기독교의 내세주의적 암울함으로부터 인간 해방을 부르짖었고, 개인의 권리와 존엄을 옹호했으며, 낡은 금욕주의적 규범으로부터 건전한 인간성의 자유로운 발휘를 주장했다. 이러한 사상적 경향은 반(反) 중세적(中世的)이며 반 종교적 내용을 담은 복카치오의 「데카메론」(Decameron) 등에서 두드러지게 나타난다. 또, 이 사상은 독일, 네덜란드, 영국 등으로 전파되어 후텐(U. Hutten), 에라스무스(D. Erasmus), 모어(T. More)를 낳았다. 그 중에서도 네덜란드의 에라스무스에 의해서 인문주의는 더 한층 인간 본연이 자유의지와 관용의 정신으로 고양되어 근대에 계승되었다(라블레나 몽테뉴 등의 회의주의적 인문주의도 이러한 정신적 기저 위에 성숙했다).

계속해서 휴머니즘은 프랑스로 유입되어 라블레(F. Rabelais)와 같은 풍자 작가를 배출하여 프랑스 휴머니즘의 기초가 되게 하였다. 또한 이 사상은 18세기 프랑스의 몽테스키외(Montesquieu), 루소(J.J. Rousseau) 등에 영향을 끼쳤고, 독일의 괴테(J.W. Goethe)나, 실러(F.V. Schiller), 빈켈만(J.J. Winckelmann) 등의 사상 형성에 도움을 주었다. 19세기 후반에는 인간의 참된 본성(本性)을 수호하기 위한 새로운 휴머니즘이 형성되어 니체(F. Nietzsche), 톨스토이(L.N. Tolstoy), 롤랑(R. Roland) 같은 철학 문학자들이 출현했고, 동시에 인간의 현실적 존재에 깊은 관심을 가진 하이데거(M. Heidegger), 야스퍼스(K. Jaspers) 등이 출현했으며 이어서 비인간적인 파시즘에 대항해 인간성 옹호를 부르짖는 사르트르(J.P. Sartre) 등의 실존 철학으로 이어졌다. → '휴머니즘', '인도주의', '인본주의'를 보라.

인본주의(人本主義, humanism, anthropocentrism, humanitarianism) ① 인간이 모든 것의 중심이 된다는 사상. 즉, 신(神) 중심적인 세계관과 대조적으로 인간 중심적인 교의에 적용되는 말. ② 인간의 가치를 주된 관심사로 삼는 주의. 즉, 신의 실재 혹은 신의 비인간적 목적을 무시하거나 거부하며, 인간의 본성에 가치를 부여하고 인간의 이상을 실현하는 방편으로 종교적 감성 또는 덕성을 활용한다.

'인본주의'라 할 때 대체로 다음의 몇 가지 입장에서 받아들이고 있다. ① 인간의 고통을 극소화하고 복지를 증진시키려는 모든 도덕적·사회적 운동을 통칭하는 것으로 본다. ② 신(神)이나 자연이 숭배 대상이 아니라 오직 인간성(humanity)만이 존귀하다고 믿는 실증주의적 인간성 숭배의 사상을 일컫는다. ③ 예수그리스도의 신성(神性)을 부인하고 그 인격성(人格性)만을 주장하는 신학사상을 일컫는다. ④ 신학의 중심을 신·계시·성경·그리스도보다 인간의 이성·의지·양심·감정 등에 두는 경향을 일컫는다.

'인간은 만물의 척도'라고 한 헬라의 궤변론자인 프로타고라스(Protagoras, B.C.485-415년), '경건의 대상은 신이 아닌 인간이어야 한다'고 주장한 꽁트(Auguste Comte, 1798-1857년), '세계는 우리가 만드는 것이다'라고 한 영국의 철학자요 프래그머티즘(pragmatism, 실용주의)의 신구자인 실러(F.C.S. Schiller, 1864-1937년), 무신론적 실존주의를 표방한 니체나 사르트르 등이 대표적인 인본주의자라 할 수 있다.

인식론(認識論, epistemology, theory of knowledge) 인식이나 지식의 기원·구조·대상(범위)·방법 및 진리란 무엇을 의미하는가 등을 연구하는 철학의 한 부문. 여기서 지식의 기원에 관해서는 영국의 경험론과 대륙의 합리론 사이 대립이 있었고, 칸트(Immanuel Kant, 1724-1804년)가 구성주의를 통해 대립의 해소를 시도했다. 그리고 지식의 대상에 관해서는 관념론과 실재론이 대립하고 있다.

한편, epistemology라는 말은 스코틀랜드 출신 철학자인 페리어(J.F. Ferrier, 1808-1864년)가 1854년 자신의 저서 「형이상학 요강」(Institutes of metaphysics)에서 처음 사용했고, 또 독일어의 erkenntnistheorie는 칸트 직후 그 철학의 계승자인 라인홀트(Reinhold)에 의해서라고 알려져 있다. 그러나 인식론적 고찰은 철학의 역사를 통해 고대로부터 이미 행하여져 온 것임을 알 수 있는데, 헬라 철학, 중국의 유교, 기타 인도의 철학, 불교 등에서 보여지고 있다. 다만, 인식론이 독자적인 문제로서 철학의 중심 부문을 차지하게 된 것은 근대에 이르러 영국 경험론의 대표적 철학자인 로크(John Locke, 1632-1704년)에 의해서다.

참고로, 인식론을 주제로 한 근대철학사를 개관하면, 제1기는 합리론과 경험론의 대립(17-18세기), 제2기는 칸트의 비판주의(18세기 말), 제3기는 신칸트학파와 실증주의, 실재론, 현상학, 분석철학 등의 대두(19세기 말부터 현재)로 나눌 수 있다.

인지학(人智學, anthroposophy) 1913년 독일의 철학자이며 계몽주의자인 슈타이너(Steiner)에 의해 시작된 인지학회를 중심으로 일어난 정신운동. 그들은 초감각적인 힘에 의해서 파악될 수 있는 초물질적 실존의 존재를 주장하여 계몽주의적 인간관, 유물론적 인간관에 반대했다.

인지학은 인식의 중심에는 인간이 서 있다는 점에서 신지학과는 다르나, 종교적 신비주의, 사변적(思辨的) 관념론인 점에서는 같은 사상적 흐름을 지닌다. → '신지학'을 보라.

일반계시(一般啓示, general revelation) 하나님의 계시의 성격과 대상과 관련하여 '일반계시'와 '특별계시'로 나눠진다. 일반계시란 하나님께서 인간에게 자연법칙이나 역사, 인간의 정신과 문화 등 일반적인 방편을 통해 스스로를 계시하는 것을 말한다(시19:1-2; 롬1:20). 물론, 인간의 타락으로 일반계시가 영향력이 제한되었으나 인간의 타락 이전 하나님께서 인간에게 주신 원시 계시이며, 오늘날에도 이를 통해 하나님의 역사가 성취된다는 점에서 그 가치를 부인할 수 없다.

일반계시의 내용들을 살펴보면, ① 피조물을 통해 그것을 만드신 하나님의 영원하신 능력과 신성을 드러내심(롬1:19-20), ② 자연 속에 나타난 계시를 통해 성경 말씀의 진정성이 확고히 됨, ③ 인간의 양심에 작용하여 사회의 질서를 유지케 함, ④ 죄인으로 하나님을 찾고 간구하게 하는 동기를 부여함(행17:27-28), ⑤ 인간이 타고난 본성으로 율법이 명하는 일을 수행할 수 있음(롬2:14) 등이다. → '자연계시', '특별계시'를 보라.

일반서신(一般書信, the General Epistles) 신약에서 바울서신 외에 야고보서, 베드로전·후서, 요한1·2·3서, 유다서를 가리키는 명칭. 학자에 따라서는 '히브리서'를 일반서신에 포함하기도 한다. 일명 '공동서신'(共同書信, the Catholic Epistles), '교회서신'(敎會書信, the Church Epistles). 일반서신은 특별한 개인이나 특정 교회에 보내진 것이 아니라 교회 일반에 보내진 것, 즉 이 교회에서 저 교회로 옮겨지며 읽히도록 기록한 소위 회람용 서신을 말한다. → '공동서신'을 보라.

> **용어상식**
>
> ### 일반은혜
> (common grace)
>
> 하나님께서 값없이 자발적으로 베풀어주시는 사랑의 선물을 은혜라고 한다. 이를 다시 일반은혜와 특별은혜로 구분한다. 일반은혜는 하나님께서 모든 사람에게 구별없이 베풀어 주시는 것으로(마5:44-45; 행14:16-17), 세상 보존 및 권선징악 등의 목적을 갖고 있다(롬13:1-4). 즉, 일반은혜는 모든 인류 가운데서 죄의 파괴적 진행을 억제하며, 비록 인간의 중생(重生)의 변화를 일으키지는 못하나 인간에게 우주에 감추어져 있는 능력을 개발시켜서 최초 인간인 아담을 통해(낙원에 있어서의 인간에게) 주어졌던 문화명령(文化命令)을 성취하도록 적극 후원한다.

일신교(一神敎, monotheism) 유일신(唯一神) 신앙을 나타내는 말. 아예 신(神)이 없다는 '무신론'(無神論)이나 여러 신 또는 다수의 신이 있다는 '다신교'(多神敎)와는 구별되며, 또 한 분 신을 지고하게 예배하지만 그밖에 다른 신을 부정하지 않는 '일신숭배'(一神崇拜)나 신들 가운데서 하나의 신을 선택하여 최고의 지위를 부여하는 '단일신교'(單一神敎)와 구별된다. 유대교, 기독교, 이슬람교가 일신교에 속한다. → '유일신론'을 보라.

일원론(一元論, monism) 사물의 기원이나 실체 및 그것들을 인식하는 방법에 관한 이론으로서, 여러 사물이나 현상의 근원이 오직 하나라는 입장을 말한다. 즉, 오직 하나의 원리로서 우주를 설명하려는 견해를 가리킨다. 이는 이원론(二元論) 및 다원론(多元論)과 대립되는 개념이다. → '이원론', '다원론'을 보라.

1위 2성(一位二性, **one person with two natures**) 예수 그리스도는 신성과 인성이 연합된 한 인격적 존재임을 나타내는 말로서 정통 교회의 교리이다.

자료비평(資料批評, **source criticism**) 성경 비평학의 한 분야로, 성경 저자가 사용한 문서나 구전 형태의 집필자료들을 비평하는 것을 말한다. 일명 '문헌비평'(文獻批評). 자료비평은, 성경 본문이 한 저자에게서 단번에 기록된 것이 아니라 수백, 수천 년간 형성된 것임을 전제한 작업으로, 과연 원본문이 어떤 자료인지를(최종 본문의 가장 오래된 핵심을) 찾을 때까지 분석하는 것을 말한다.

자범죄(自犯罪, **actual sin**) 작위적이든 부작위적이든 각 개인의 의지에 따른 자유로운 인격적 행위와 그 결과로 성립되는 죄. 일명 '본죄'(本罪). → '본죄'를 보라.

자연계시(自然啓示, **natural revelation**) 자연인으로서 인간의 의식(양심)과 자연 현상을 통해 하나님께서 자신(거룩한 뜻)을 드러내시는 방법. 일종의 '일반계시'에 포함되는 개념이다. 자연계시는 하나님으로부터 온 계시임에는 틀림없지만 인간 구원에 효력을 미치지 못하고 참된 하나님의 지식에 이르지 못한다는 점에서 특별계시와 구별된다. 자연종교나 자연철학에 진리의 흔적이 남아 있다고 할지라도 그것은 타락하고 불완전한 단편에 불과하다. 인간의 죄와 죽음 문제는 하나님의 특별계시와 특별은혜로써만 해결될 수 있다.

그렇더라도 모든 인간은 자연계시를 통해 하나님의 영원하신 능력과 신성을 알 수 있다(롬1:20). 따라서 자연계시를 받은 모든 인류는 하나님께 핑계할 수 없다. → '일반계시', '특별계시'를 보라.

자연숭배(自然崇拜, **naturism, nature cult, nature worship**) 자연의 사물이나 그 현상(現象)을 신(神)으로 숭배하는 일. 자연숭배 신앙은 자연이 인간 생활에 절대적인 의미를 갖고 있는 조건에서 비롯하는 것으로 자연과 인간 사이의 긴밀한 유대를 보여주며, 자연에 깊이 의존하는 농업 사회일수록 그러한 경향이 더욱 두드러진다.

자연숭배를 크게 나누면, ① 천공(天空)과 천체에 관한 것, 즉 하늘와 해, 달, 별, 바람, 비, 번개 등에 대한 숭배와 ② 지상의 모든 현상, 즉 대지, 계절, 물, 불, 산악, 삼림, 강, 바다, 암석 등에 대한 숭배의 두 가지로 대별할 수 있다. 이외에 동물과 식물에 대한 숭배는 자연숭배에 포함시키는 경우도 있고, 제외하는 경우도 있다.

기독교적 세계관으로 볼때, 분명히 자연은 하나님에 의해 창조된 2차적 소산이며, 따라서 인간이 지배하고 통제하는 것이 마땅하다(창1:26-30). 따라서, 자연과 같은 감각적으로 파악할 수 있는 것을 신성시(神聖視)하는 것은 그 자연을 만드신 창조주 하나님에 대한 무례요 죄가 된다(롬1:21-25).

자연신학(自然神學, **natural theology**) 계시(啓示)와 상관없이 구축된 신학. 즉, 신(神)의 존재와 그 진리의 근거를 초자연적인 계시나 이적에서 구하지 않고, 순수하게 인간의 이성이나 경험에서만 기초하여 탐구하려는 신학을 가리킨다. 자연신학을 지지하는 자들은 몇몇 성경 구절(롬1:18-32; 행14:15-17; 17:22; 시19,104편 등)을 근거로 삼는다. 하지만 온전한 형태의 자연신학은 기독교 내에서 존재하지 않으며 더욱이 존재할 수도 없다. 왜냐하면 기독교는 하나님의 계시(성경)에 절대 의탁하여 존재하는 신앙체계이기 때문이다. 따라서 기독교 신학에서 자연신학은 계시신학에 대한 보조 역할 및 예비적인 것에 불과하다.

아무튼, 하나님에 대한 온전하고 부족함 없는 지식은 하나님의 자연계시와 더불어 그분의 특별계시인 성경 및 그에 더하여 깨닫게 하시는 성령의 조명(illumination)이 주어질 때 가능하다.

자연주의(自然主義, **naturalism**) ① 물리학 및 화학적 실체와의 관계에서 우주를 설명해 낼 수 있다고 해석하는 주장. ② 자연을 중심으로 인식과 도덕, 인간과 역사, 문화와 예술 등을 이해하려는 입장. 특히, 문학적으로는 인생의 사실을 있는 그대로 묘사하려는 문학사조를 말하며, 철학적으로는 자연과학의 세계관에서 물질을 유일한 실존으로 보는 실재론을 가리키고, 신학적으로는 초자연주의와 대립각을 이루는 개념으로 계시의 초자연적 성격을 부정하고 자연의 질서에 맞도록 짜여진 범주만을 정당한 것으로 본다.

한편, 자연주의는 종교를 배제하지는 않는다. 다만, 종교의 제반 요소 중에 궁극적으로는 우주의 어떤 비물질적 구조(신적 정신, 우주 전체를 하나로 해석하는 우주의 목적론적 해석, 육체가 부패한 후에도 존재하는 영혼 등)에 의존하는 것을 배제한다.

자유복음주의(自由福音主義, liberal evangelicalism) 영국 국교회 내에서, 복음주의적 부흥운동과 영적인 유사성을 유지하면서도(인간 구속과 성경의 권위에 관한 전통적 진리들을 인정함) 현대의 사상과 보다 잘 조화된다고 생각되는 술어들로 새롭게 진술하는 데 관심을 두는 사람들의 견해를 일컫는 말이다.

자유의지(自由意志, free will) ① 윤리학에서, 외부의 제약이나 구속을 받지 않고 어떤 목적을 스스로 세우고 실행할 수 있는 의지를 이르는 말. ② 심리학에서, 두 가지 이상의 동기에 대한 선택과 결정은 자신이 자유로이 할 수 있다는 의지를 이르는 말. ③ 철학에서, 유심론(唯心論)에 근거를 두어 우주의 일체인 정신이 목적을 가지고 스스로 생각하고 결정하는 의지를 이르는 말. ④ 종교적 관점에서, 인간이 신(神)에 의해 창조될 때 부여되었다는 의지를 이르는 말. 특히, 기독교에서는 어떤 외부적 영향없이도 인간 스스로 구원과 선(善)을 선택할 수 있는 능력을 가리킨다.

타락한 인류에게 자유의지가 있느냐, 있어도 제대로 작동하느냐 하는 문제로 역사상 대표적인 신학 논쟁들이 있었다. ① 펠라기우스와 어거스틴의 논쟁 ② 에라스무스와 루터의 논쟁 ③ 알미니우스와 칼빈의 논쟁 등이 그것이다. 이 세 논쟁에서 전자들(펠라기우스, 에라스무스, 알미니우스)은 대체로 자유의지의 가능성을 인정했고, 후자들(어거스틴, 루터, 칼빈)은 부정했다. 왜냐하면, 전자들은 원죄를 인정하지 않거나 타락했어도 자유의지가 그대로 작동한다고 보았고, 뒤의 인물들은 인류 전체는 원죄로 인해 자유의지를 망실하여 구원이나 선을 행할 능력을 잃어버렸다고 생각하기 때문이다.

자유주의[1](自由主義, liberalism) 개인의 자유를 존중하여 국가나 권력의 압력 및 타인으로부터의 간섭을 최대한으로 줄이려는 사상이나 태도. 즉, 중세 봉건적 속박에서 해방되려던 근세 시민사회의 중심 사상으로서, 개인의 자유를 보호하고 확대하여 각 개인으로 하여금 구속없는 상태를 추구하려는 사상과 운동을 말한다.

자유주의라는 용어는 19세기경에야 쓰이기 시작했지만, 개인적 자유를 요구하는 사상은 르네상스 및 종교개혁 때에 이미 시작되었다. 절대 권력화된 교회의 권위에 저항해 성경에 기초한 각 개인의 신앙과 양심의 자유를 추구하는 이러한 노력들은 결국 근대 시민사회 탄생의 모티브가 된다.

자유주의[2](自由主義, latitudinarianism) 교리보다는 실천을 강조하던 18세기의 신학 및 신앙적 사조. 자유주의자들은 교리보다 복음에 따라 도덕적으로 사는 것이 중요하다고 믿었다. 그래서 그들은 성경이나 기독교 교리를 해석하는 데 어느 정도 자유로운 입장을 견지했다.

자유주의 신학(自由主義 神學, liberal theology) 19세기에 유행했던 합리주의적이고 개인주의적인 자유주의 사상에 기초하며 또한 교조적 정통주의에 대한 반동으로 일어난 신학적 조류를 말한다. 대체로 '정통주의 신학'에 대립해 사용하는 용어로, 성경이나 교회의 교리를 객관적으로 주장하는 데서 발생하는 강제 또는 억압에 대해 인간의 주체적인 활동의 의의와 여지를 인정하려는 신학을 말한다. 따라서 자유주의 신학에 있어서 성경과 그리스도와 신앙의 이해는, 필연적으로 비판정신과 과학적인 역사연구 및 종교적 경험과 신앙의 실존적 파악 등과 결부된다. 자유주의 신학은 크게 세 시기로 분리해 볼 수 있다.

① 독일 신학계를 중심으로 계몽시대 이후에 발달한 신학적 조류. 처음 그 길을 연 사람은 쉴라이에르마허(Schleiermacher, 1768-1834년)이고, 리츨(Albrecht Ritschl, 1822-1889년), 하르낙(Adolf von Harnack, 1851-1930년), 벨하우젠(Julius Wellhausen, 1844-1918년) 등이 주도적

역할을 했다. 주로, 기독교 해석의 궁극적인 권위를 성경보다 이성에 두고, 초자연적인 것을 배제하며 기독교를 현실적이고 윤리적인 것으로 파악하며, 낙관적 세계관을 가졌다. 이 사상은 미국으로 전파된 후 사회복음운동으로 나타났다.

② 이전의 자유주의 신학에 대한 반동으로 제기된 소위 현대주의 또는 신자유주의 신학. 칼 바르트(*Karl Barth*, 1886-1968년)와 브룬너(*Emil Heinrich Brunner*, 1889-1966년) 등의 변증법적 신학에 의해 시작되었고, 실존주의적 신학으로 무장한 독일의 신약학자인 불트만(*Rudolf Karl Bultmann*, 1884-1976년)이 여기에 기여했다. 이전의 자유주의가 기독교의 초자연적 교리와 신조들을 부정하고 인간의 본성과 인류의 미래에 대해 낙관적 사상을 가진 것에 비해, 여기서는 초자연적 신앙을 인정하되 그것을 현대인의 과학적 역사적 비판적 지식에 근거하여 재해석함으로써 현대인의 지성과 경험에 합치되도록 했으며, 죄 속에 있는 인간의 실존과 하나님의 은혜의 필요성을 강조했다.

③ 급진적인 현대 자유주의 신학. 초자연적이고 절대적인 신 존재 자체를 과감히 부인하거나 기독교의 본질을 사회참여에 두는 신학적 조류들이다. 여기에는 소위 '사신신학', '세속화신학', '상황윤리', '해방신학', '토착화신학' 등이 있다.

한국교회에서의 자유주의 신학은 대체로 보수주의(근본주의, 정통주의) 신학과 대립각을 이루는 신학으로 이해되어왔다. 그 연원은 제1차 세계대전(1914-1918년) 이전의 자유주의 신학 계열의 선교사 입국 및 1925년경 자유주의 신학을 배경으로 하는 캐나다연합교회의 한국 진출 그리고 미국과 일본 등지에서 자유주의 신학을 공부한 신학자들의 귀국 등으로 볼 수 있다.

한편, 자유주의 신학의 특징을 살펴보면, ① 신학의 토대를 인간의 경험에 두었다. 성경이나 신조를 신학의 출발점이나 궁극적 규범으로 삼지 않았다. ② 그리스도의 인간성을 강조했다. 따라서 자유주의 신학은 그리스도의 선재성, 동정녀 탄생, 부활 승천에 대한 전통적인 교리를 포기하거나 거부했다. ③ 하나님의 내재성을 강조했다. 자유주의 신학은 하나님과 인간, 하나님과 세계, 신앙과 이성 사이의 연속성을 주장했다. 그와 함께 기독교와 타종교 사이에 연속성이 있다 하여 종교적 관용의 태도를 취했다. ④ 낙관주의적 인간관을 지녔다. 인간의 본성과 인간의 미래에 대해 낙관적이었다. ⑤ 기독교의 윤리적, 사회적 의미를 강조했다. ⑥ 현대 과학과 기독교의 전통적인 교훈을 중재하려고 시도했다. 즉, 인간 이성의 능력을 신뢰하여 과학의 업적뿐 아니라 진리에 대한 접근 수단으로 과학적 탐구 방법을 수용했다('자유주의 신학의 특징'은 서울신대 목창균 교수의 「자유주의 신학의 태동」 중에서 발췌함).

 용어상식

자존자
(self-existence one)

자존자(自存者)란, 외부의 힘에 기대지 않고 스스로의 힘으로 존재하는 분. 이는 하나님을 지칭하는 표현으로, 하나님은 그 자신의 존재의 필연성에 의해 존재하시기 때문에 필연적으로 존재하시며, 또 인간과 같이 외부의 어떤 것에 그의 존재를 의존하지 않으신다. 즉, 하나님은 그 존재에 있어서 독립성(independence)을 지닐 뿐 아니라 그의 모든 덕(德)과 행위에 있어서도 독립적이어서, 모든 피조물로 하여금 그에게 의존케 하시는 분이다. 이 개념은 하나님께서 친히 계시하신 '스스로 있는 자'(I am who I am) 곧 '여호와'라는 이름에 내포되어 있다(출 3:14; 요 5:26).

이 같은 개념은 하나님이 ① 그의 사상에서(롬 11:33-34), ② 그의 의지에서(단 4:35; 롬 9:19; 엡 1:5; 계 4:11), ③ 그의 능력에서(시 115:3), ④ 그의 계획에서(시 33:11) 독립하신다고 분명히 밝히고 있는 구절들에서 확인할 수 있다. 또한 이 개념은 하나님이 만물에서 독립하시며, 만물은 하나님을 통해서만 존재한다는 선언에서 밝혀지기도 했다(시 84:8-12; 사 40:18-26; 행 17:25).

작정(作定, **decree**) 하나님께서 하시는 일은 크게 네 가지(작정, 예정, 창조, 섭리 등)로 구분된다. 이러한 하나님의 사역은 모든 피조물의 존재와 활동에 미치나 특히 인간 구원 사역에 그 초점이 모아진다.

한편, '하나님의 작정'이란 하나님이 장차 하실 모든 일에 대해 미리 정하신 '영원하신 신적 계획'(Eternal Divine Decrees)이라 할 수 있다. 하나님은 유일하신 초월적 자존자로서 오직 자신의 뜻으로 천하와 인생을 창조하시기로 결정하시고, 절대 유일의 주권자로서 역사를 경륜하시며, 결국에 그 심판자가 되실 것이다. 즉 천하 만물은 하나님의 정하신 뜻, 작정하신 계획에 따라 운행된다(엡1:11). 따라서 작정 교리는 하나님의 주권을 인정하는 한 반드시 논의될 수밖에 없다.

그럼에도 펠라기우스주의(Pelagianism)나 소시니안주의(Socinianism)에서는 이를 거부하며, 알미니안주의(Arminianism)에서는 조건적 작정이라는 말로 이를 애매히 취급한다.

그러나 성경은 천하 만상의 모든 존재와 그 현상과 운행이 실현되는 배경에는 하나님의 거룩한 뜻이 내재되어 있음을 강조한다. 성경은, 온 세계 모든 존재와 모든 일이 하나님의 뜻에 따라 처리되며 이를 금하거나 돌이킬 자가 없다고 선언한다(사14:26-27; 단4:35; 엡1:11). 또 하나님의 도모는 영영히 서며(시33:11), 그 경영은 반드시 이루어진다는 것이 성경의 사상이다(사46:11). 그리고 한 개인의 생명(욥14:5), 죽음(욥21:19) 및 인간의 자유로운 행동 배후에도 신적 작정이 있음을 증언한다(창50:20; 사44:28; 엡2:10).

■**작정의 특성(the characteristics of the Divine decrees)** – 하나님에 의해 이뤄지는 작정은 하나님의 속성과 조화를 이루며 독특한 특성들을 지닌다.

① 신적인 지혜와 자유에 기초한다(잠3:19; 마11:26; 엡1:11). ② 시간적 제한 없이 영원적이다(행15:18; 엡1:4). ③ 효과적이다. 즉, 하나님의 작정은 미래에 대한 모든 환경과 그 성취의 방법까지 포함되어 있으므로 반드시 이뤄진다(시33:11; 잠19:21). ④ 불변적이다. 완전한 신적 지혜와 능력에 기초한 하나님의 계획은 외부의 영향으로 취소되거나 변하지 않는다(욥23:13-14; 사46:10; 눅22:22). ⑤ 무조건적이다. 인간의 신앙이나 불순종에 상관없이 하나님의 고유한 결정은 반드시 이뤄진다(행2:23; 엡2:8; 벧전1:2). ⑥ 포괄적이다. 인간의 선행(엡2:10)과 악행(잠16:4; 행4:27-28), 우발적 사건(창45:8; 잠16:33), 목적과 수단(살후2:13; 엡1:4), 인간 생명의 길이(욥14:5; 시39:4), 인간의 거처(행7:26)까지 하나님의 작정에 포함된다. ⑦ 죄에 관해 허용적이다. 모든 것이 작정에 포함되므로 미래에 일어날 죄에 대하여도 작정이 있음은 분명하다. 그러나 범죄에 대한 하나님의 계획은 피조물의 자유로운 행동을 예견하시는 소극적 작정에 머문다. 즉, 죄는 하나님 자신이 실행하지 않으시며 단지 피조물의 결정과 실행을 방해하지 않으시고 결과를 조정하시며 관할하실 뿐이다(시78:29; 106:15; 행14:16; 17:30). 이것을 '허용적 작정'(許容的 作定, permissive decrees)이라 한다.

■**작정 교리에 대한 반론(objections to the doctrines of the decrees)** – 작정 교리가 신학의 다른 부분과 조화를 이룸에도 개혁교회 밖에서는 거의 환영받지 못했다. 펠라기우스 파와 소시니안 파는 그것이 비성경적이며 비합리적이라 하여 거절했고, 알미니안 파는 그것을 전적으로 무시하든가 혹 그것이 하나님의 예지에 근거했다고 한다. 이에 작정 교리에 반하는 논리를 소개한다.

① 인간의 도덕적 자유와 모순된다는 주장 : 인간은 자기 판단과 요구에 따라 행동하며 능력에 따라 일을 성취한다. 따라서 인간 행위의 동기는 인간의 자유의지에 있으며 신적 작정과 무관하다고 한다. 하지만, 신적 작정 중에 인간의 자유의지가 포함되어 있으므로 이는 상호 모순되지 않는다. 즉, 하나님은 인간의 자유로운 판단과 행동 속에 내재한 법칙을 아시고 이를 활용하여 미래를 작정하시므로 결과적으로 인간의 자유를 침해하지 않으신다(창50:19-20).

② 구원에 관한 인간의 노력과 그 동기를 제거하므로 인간을 나태하게 한다는 주장 : 모든 일이 하나님의 작정에 따라 이뤄진다면 인간은 자기 향상이나 구원을 위해 노력할 필요가 없다는 주장이다. 하지만, 실제적으로 인간은 하나님의 작정을 모를 뿐 아니라 작정 속에는 인간의 노력도 포함되어 있으므로 이런 주장은 타당성이 없다. 또 인간이 하나님의 작정을 안다면 이를 이루는 수단으로서 자신의 역할도 아는 것이므로 오히려 작정은 인간의 정당한 노력을 격려한다(엡2:10; 빌2:13).

③ 숙명론과 유사하다는 주장 : 숙명론(宿命論, fatalism)은 모든 일이 필연적 인과관계에 따라 일어나고 인간은 불가항력적으로 이에 적응할 뿐이라고 본다. 작정 역시 유한한 인간의 행동이 전지전능하신 하나님의 계획에 따라 이뤄지므로 이와 유사한 면이 있다고 한다. 하지만, 숙명의 개념은 비이성적 존재에 의한 맹목적 의사 결정과 그에 따르는 반의지적 수행을 말하는 것으로, 인간에게

행동에 따른 책임이 돌아가지 않을 여지가 있다는 점에서 작정과 구별된다(행2:23).

④ 하나님을 죄의 조성자로 만든다는 주장 : 만물에 대한 작정이 성립한다면 현실적으로 존재하는 죄의 최종적인 책임이 하나님에게 있다고 한다. 하지만, 죄와 관련된 작정은 유효적이 아니라 허용적이므로 하나님은 죄의 조성자가 아니다. 즉, 하나님은 직접적인 신적 유효성에 의해 죄를 생산할 것을 작정하지 않으셨다. 하나님은 인간의 자유의지를 허용하실 뿐 하나님이 죄를 관계하지 않으신다. 하나님은 거룩하신 분으로서, 피조물로 하여금 죄를 금하시며 성결을 요구하신다(시92:15; 약1:13).

장로교 12개 신조(長老敎 十二個 信條, **the twelve creeds**) → '십이신조'를 보라.

재건주의(再建主義, **reconstructionism**) 모든 답은 성경에 있다는 전제하에 '(신약)성경으로 돌아가자'(back to the Bible)고 부르짖는 일종의 성경 회복주의(복구주의) 운동을 가리킨다. 대표적으로, 1832년 미국에서 시작된 '그리스도의 교회'(Churches of Christ)가 위와 같은 '성경으로 돌아가자'는 기치 아래 신약성경 시대 당시의 교인들과 똑같이 믿고 실천하려는 소위 '재건주의' 운동을 전개하려 했다.

그들이 내건 원칙은 신약성경에서 찾을 수 없는 것은 하지 말자는 것이다. 그래서 그리스도의 교회는 신약성경에 음악 중에서도 악기가 보이지 않는다는 이유로 예배에 악기를 사용하지 않았다. 즉, 찬송가는 부르지만 반주는 없이 불렀다.

한편, 또 다른 의미에서의 '재건주의'는 진보주의와 본질주의, 및 항존주의를 비판하면서 현대 문명의 위기를 극복하고 이상세계를 건설하려는 교육철학을 가리키기도 한다. 이때의 '재건주의'는 철저히 미래지향적이다. → '진보주의', '항존주의'를 보리.

재림(再臨, **Parousia, the second coming of Christ**) 부활 · 승천하신 예수께서 구원을 완성하시기 위해 마지막 날에 이 땅에 다시 오시는 것(행1:11). 신약성경에서 300회 이상 언급된다. 곧, 예수께서 십자가에 달리시기 전날 밤 제자들에게 친히 말씀하셨고(마25:31; 요14:3), 예수께서 승천하실 때 두 천사들은 재림의 구체적인 방법까지 언급했다(행1:10-11). 또 성령강림 후 사도들은 힘있게 주님의 재림을 선포했다(행3:20; 딤전6:14). 예수님의 재림은 신앙 공동체의 가장 큰 소망이며(딛2:13), 구속 사역의 정점이요 완성이다.

'재림'이 무엇이냐에 대해서는 여러 해석이 있다. 즉 ① 오순절 성령강림. ② 죄인이 참회할 때 주께서 그 죄인의 마음속에 임하는 것. ③ 예루살렘 멸망 때(A.D.70년)의 심판. ④ 신자가 죽을 때 그리스도께서 신자를 영접하시는 것. 그러나 성경이 가르치는 재림은 ⑤ 그리스도가 마지막 날에 세상을 심판하고 구원을 완성하시기 위해 인격적 · 육체적 가시적 모습으로 지상에 임하신다는 것이다(행1:11; 벧후3:4-7).

■**재림의 시기**(**the time of the second coming**) - 초대교회에서는 주님의 재림이 임박하다는 사상을 갖고 있었다. 그러나 예수께서는 그 시기는 아무도 모르고 오직 하나님만이 그 때를 아신다고 가르치셨다(마24:36).

다만, 성경은 ① 천국 복음이 온 세상에 전파되고(이방인의 부르심, 마24:14), ② 이스라엘 곧 하나님의 언약 백성의 회심이 있으며(슥12:10; 13:1; 롬11:25-29; 고후3:15-16), ③ 불법의 사람이 나타난 후(적그리스도의 출현, 살후2:2-3), ④ 각처에서 이적과 기사와 징조가 나타나고 큰 환난이 임할 것이고(마24:29-30; 막13:24-25; 눅21:25-26), ⑤ 마지막 나팔이 울릴 때에(고전15:51-52) 예수께서 다시 오신다고 한다.

■**재림의 방법**(**the process of the second coming**) - 재림은 생각지 않은 때에(마24:44), 갑자기(막13:36), 번개가 번쩍이듯이(마24:27), 밤에 도둑같이(살전5:2; 벧후3:10; 계16:15) 홀연히 임한다. 그때 예수께서는 승천하신 그대로(행1:9-11), 구름을 타고(마24:30; 26:64), 불꽃 중에(살후1:7-8), 영광과 큰 능력으로(마16:27; 24:30), 천사들과 거룩한 성도와 함께(마16:27; 25:31; 막8:38; 살전3:13; 살후1:7; 유1:14) 재림하실 것이다. 그때에는 세상 모든 사람들이 일시에 그분을 보게 된다(계1:7).

■**재림에 수반되는 현상**(**the appearance of the second coming**) - 재림 때에 일어날 일들로는 ① 하나님의 백성이 모일 것이고(막13:27; 요

14:3; 살후2:1), ② 공중에 들림받을 것이며(살전4:17), ③ 죽은 자의 부활이 있을 것이고(고전15:22-23; 살전4:16), ④ 천년왕국이 개시되며(계20:5), ⑤ 심판과 보상이 주어질 것이고(딤후4:8; 계22:12), ⑥ 만물과 기존 질서가 완전히 무너지는 동시에 새로운 세계와 질서가 이뤄질 것이다(막13:24; 행3:21; 벧후3:10).

재림을 준비하는 자세

재림이 더딘 것은 하나님이 죄 아래 있는 인생들이 회개하기를 기다리시기 때문이다(마25:5,19; 벧후3:8-9). 그러나 마침내는 그리스도의 재림이 이뤄질 것이다. 재림을 맞는 자세로는,
① 재림 신앙을 가져야 한다(욥19:25-26).
② 늘 재림이 머지않았다는 생각으로 살아야 한다(롬13:11-12; 빌4:5; 벧전4:7).
③ 그렇다라도 일상을 방관하지 말고, 자신에게 주어진 삶과 역할에 대해 청지기의 자세로 성실히 감당해야 한다(마25:14-30).
④ 신앙적으로 늘 깨어 있어야 한다(마24:44; 막13:35-37; 고전1:7; 빌3:20; 살전1:10; 딛2:13).
⑤ 재림의 날을 바라보고 간절히 사모해야 한다(딤후4:8; 벧후3:12).
⑥ 끝까지 인내해야 한다(살후3:5; 약5:7-8).

재창조(再創造, **recreation, regeneration**) 기독교에서 말하는 '재창조'는 대략 다음의 두 가지 뜻이 담겨 있다.

① 죄로 죽었던(엡2:1) 영적 생명을 본인의 의지와 상관없이 성령께서 역사하시어 새로운 피조물이 되게 하는 일(고후5:17). 이를 통해, 하나님과 교제(기도)할 수 있게 되었으며, 하나님의 나라를 보고 들어갈 수 있게 되었고(요3:3,5), 주를 영접할 수 있게 되었다(요1:12). 즉, 재창조란 성령이신 하나님에 의하여(엡4:24; 딛3:5), 영혼 속에 만들어진 완전하고도 근본적인 변화(롬12:2; 엡4:23)를 가리킨다. 이렇게 변화된 새 사람(엡4:24; 골3:10)은 하나님의 거룩한 형상에 따라 참된 지혜와 거룩으로 옷입을 것이다(롬12:2).

② 모든 만물을 대표하는 인간의 타락은 결국 모든 피조물의 타락과 부패로 이어졌다(롬8:18-25). 하나님은 그리스도의 재림을 통해 만물을 회복하실 것이다(행3:21; 고후5:2). 즉, 하나님은 재창조를 통해 기존의 세계와 질서가 무너지고 새로운 하늘과 땅을 완성하실 것이다(계21:1-4). → '거듭남', '중생'을 보라.

적그리스도(敵 -, **antichrist**) '안티크리스토스'(ἀντίχριστος, '그리스도를 반대하는'이란 뜻). 즉, '그리스도를 대적하는 세력', '그리스도의 원수', '그리스도의 이름이나 권위를 침해하는 자'를 가리킨다(살후2:4; 요일2:18,22; 4:3; 요이1:7). 적그리스도는 진리를 훼손하고(요일4:3), 세상을 미혹하며(마24:5,23-24; 요이1:7; 계19:20), 성도를 넘어뜨린다(계13:7).

적그리스도란 표현은 요한서신에만 등장하지만 성경 전체를 통해 그 사상이 나타난다. ① 시편에는 '여호와와 그의 기름 부음받은 자를 대적하는 자'에 관한 묘사가 있다(시2:2). ② 예언서에는 이 대적자들의 활동이 다뤄지고 있다(겔38-39장; 슥12-14장). ③ 특별히 다니엘은 메시야를 대적하는 강력한 세력(적그리스도)에 대해 '작은 뿔', '왕'으로 생생하게 표현한다(단7:8,24; 8:9,23; 11:36). ④ 예수 그리스도께서도 친히 적그리스도를 가리켜 '인자(人子)와 성령을 대적하는 자'라 하셨다(마12:24-32; 13:37-39). 그리고 이들은 할 수만 있다면 하나님이 선택하신 자들을 미혹할 것이라 경고하셨다(마24:24; 막13:22). ⑤ 사도 요한 역시 요한계시록에서 적그리스도를 '세 짐승'이라 불렀다(계12-13장).

그런데 이런 적그리스도는 종말이 가까울수록 더욱 기승을 부릴 것이다. 하지만, 그리스도의 재림으로 적그리스도는 멸망하게 되며(계19:20), 결국 영원히 지옥에 갇히게 된다(계20:10,15).

성경에서 적그리스도를 가리키는 다른 이름들을 보면, '멸망의 아들'(살후2:3), '불법한 자'(살후2:8), '벨리알'(고후6:15), '거짓말하는 자'(요일2:22), '작은 뿔'(단7:8,24; 8:9,23), '왕'(단11:36), '무저갱으로부터 올라온 짐승'(계11:7; 13:1-2,5) 등이 있다.

전가(轉嫁, **imputation**) 자신의 허물이나 책임 등을 남에게 덮어씌움. 신학적으로는, 의도적

으로 한 개인의 의로움이나 죄과 및 인간적인 책무를 다른 사람에게 돌리는 것을 말한다(롬3:21-30; 5:1-21; 갈3:21-22). '전가'의 개념은 이신칭의(以信稱義) 교리를 세워주는 것으로, 최초 인류 아담의 불순종(범죄)이 온 인류에게 죄와 사망으로 영향을 미쳤듯이, 둘째 아담 곧 예수 그리스도의 복종과 의로우심의 전가를 통해 그를 믿는 모든 자는 의롭다 인정을 받게 되는 것이다.

전기 선지서(前期 先知書, the preceding term Prophets) '전기 예언서' 또는 '전선지서'라고도 한다. 유대인 정경의 구분 중 첫 번째(토라)에 이어 두 번째(네비임)에 속하는 부분. 특히 그중에서도 여호수아서에서 열왕기서까지의 앞 부분을 '전기 선지서'(네비임 리쇼니임)라고 한다. → '선지서'를 보라.

전승사비평(傳承史批評, tradition criticism) 성경비평학의 한 분야로서, 성경 본문의 최종적인 형태가 이루어지기까지 문서와 구전(口傳) 자료로 전승되어온 경로 즉, 성경 본문이 단계별로 이뤄진 전승과정에 비추어 그 문헌을 분석하는 방법. 일명 '전승사'(傳承史, tradition history)라고도 한다. 전승사비평은 본문비평을 출발점으로 하며, 양식비평의 도움에 크게 의존한다.

전승사비평은 역사적 정확성을 추구하는 작업이라기보다 본문 속에 왜 그런 설화가 기억되었고 왜 그것이 변화되었으며 그 변화에 어떤 요인들이 반영되었는지를 살피는 데 관심을 갖는다. 즉, 사실적 역사성을 발굴해내는 것이 아니라 전승사에 나타난 다양한 관계를 확인하는 데 그 목적이 있다.

전적 무능(全的 無能, total inability, natural inability) 범죄(타락)의 결과로 인간은 하나님의 거룩한 뜻을 행할 능력을 완전히 상실했다는 교리. 이는 어거스틴이 수립한 교리로서 칼빈주의 절대적인 지지를 받고 있다.

전적 부패(全的 腐敗, total depravity) 하나님 앞에서 인간은 아무런 공적(功績)을 갖고 있지 않음을 나타내는 신학적 용어이다. 일명 '전적 타락'(全的 墮落). 이는 아담의 범죄로 인한 부패가 인간의 본성(本性) 모든 부분에까지 퍼져서, 인간 속에는 자신을 하나님의 의(義)에 대해 내어놓고 자랑할 만한 것이 하나도 없다는 것이다.

이는 칼빈주의자들의 견해로서, 이에 대립하는 알미니안주의자들은 전적 타락이나 원죄(原罪)의 죄책 및 자유의지의 상실 등을 부정하고 있으며, 아담의 죄와 인류의 관련성에서 아담의 죄는 인류에게 죄의 성질을 부여한 것이 아니라 단지 죄로의 경향(傾向)을 부여했다는 정도까지만 긍정하고 있다. → '칼빈주의 5대 교리'를 보라.

전적 타락(全的 墮落, total depravity) → '전적 부패'를 보라.

전지(全知, omniscience) 하나님의 고유한 속성 중에 하나요 '전능'(全能)의 한 기능을 의미하는 것으로, 하나님은 과거 · 현재 · 미래의 모든 것을 완전하고도 불변하게 알고 계심을 가리킨다(시139:1-8; 147:5; 잠15:11; 사46:10). 따라서 하나님의 눈동자 앞에서 우리 인간이 숨길 수 있는 것은 아무것도 없다.

그런데 이 '전지'의 개념을 자유의지 내지 결정론과 결부시킬 때 여러 문제를 남긴다. 그래서 '전지'를 모든 지식을 소유했다는 뜻이기보다 하나님의 끝없는 사랑과 관심, 주권적이고 통찰력있는 사랑의 눈길 등으로 해석하기도 한다. → '하나님'을 보라.

전천년설(前千年說, Pre-Millennialism) 그리스도의 재림의 시기 및 천년왕국과 관련된 학설로(계20:1-6), 천년왕국이 임하기 전에 그리스도의 재림이 먼저 있다는 견해이다. 일명 '천년왕국 전(前) 재림설'이라고 한다. 이 학설은 '천 년'을 문자적인 1,000년으로 보며, 그리스도의 재림 후에 천년왕국이 실현된다는 것이다.

이 학설을 주장하는 사람들 간에는 어떤 부분에서 이견(異見)이 있다. 그 이견은 크게 두 가지로 볼 수 있는데, 마지막 지상의 대환난과 관련하여 ① 교회가 그 환난을 통과한다는 주장과 ② 통과하지 않고 휴거한다는 주장이 그것이다. 전자를 역사적 전천년설이라 하고, 후자를 세대주의적(世代主義的) 전천년설이라 한다.

즉, ① 역사적 전천년설은 교회의 대환난 동참과 예수 그리스도의 단회적(單回的)인 재림만을 주장한다. 대표적인 학자로는 벵겔(J.A. Bengel), 랑게(J.P. Lange), 고뎃(F. Godet), 잔(Zahn), 호프만(J. Hofmann), 알포드(H. Alford), 엔드류스(Andrews), 무어헤드(Moorhead), 트랜취(R.C. Trench), 엘리콧(C.J. Ellicott) 등이 있다.

② 세대주의적 전천년설은 대환난 전 교회의 공중 휴거와 그리스도의 이중적(二重的) 재림(공중 재림과 지상 재림)을 주장한다. 대표적 학자로는 달비(S. Darby), 켈리(W. Kelly), 스코필드(C.I. Scofield), 블랙스톤(Blackstone), 그레이(J. Gray), 불링거(E.W. Bullinger), 그랜트(F.W. Grant), 라일리(Riley) 등이 있다. → '천년왕국설'을 보라.

전택설(前擇說, supralapsarianism) 하나님의 선택과 유기(遺棄) 그리고 '하나님의 창조와 인간의 타락' 중에 무엇이 선행하는지에 관해 두 가지 입장이 있다. 즉, 인간의 최초 범죄가 하나님의 예정 가운데 포함되었는지 여부에 따라 ① 타락 전 선택설과 ② 타락 후 선택설로 나누인다. 도르트회의(synod of Dortrecht, 1618-1619년)에서는 후택설(後擇說)을 취했고, 칼빈은 전택설 입장을 견지했다.

전택설은 하나님의 절대적 주권을 강조하는 성경 구절들의 지지를 받는다(시115:3; 사10:15; 렘18:6; 마11:25; 롬9:17). 그리고 후택설보다 논리적이고 통일적이란 장점을 갖는다. 전택설은 과정상 ① 하나님은 앞으로 창조할 피조물들의 일부를 구원하여 자신의 은혜를 나타내며 일부를 유기하여 자신의 공의를 나타내기로 작정하셨다. 그런 후 ② 선택자와 유기자를 창조하셨다. ③ 인간의 타락을 허용하셨다. 그리고 ④ 선택자에게는 의롭게 하시고 유기자에게는 정죄하시기로 작정하셨다.

참고로, 이 견해를 거부하는 자들은, 만약 그렇다면 하나님께서 죄의 창조자일 수도 있고, 또 죄를 짓지 않고 창조되지도 않은 자를 정죄의 대상으로 삼는 분이라는 취약성을 지녔다고 주장한다. → '후택설'을 보라.

전통주의(傳統主義, traditionalism) 앞선 세대로부터 전해 내려오는 전통을 존중하여 굳게 지키려고 하는 보수적인 생각. 기독교 역사상, 르네상스 이후 19세기에 접어들면서 계몽주의의 급진적인 경향에 맞서 전통, 특히 로마 가톨릭교회의 전통을 중심으로 하는 종교적 전통에서 진리를 구하려는 입장을 말한다.

전투적 교회(戰鬪的 敎會, a militant church) 교회는 이 땅 위에 존재하는 한, 전투하는 교회이다. 즉, 이 교회는 거룩한 전쟁에 부름받아 현실적으로 그 전투에 종사하고 있는 것이다. 일명 '투쟁적 교회.' 이 교회는 모든 형태의 악(惡)의 세력과 어두움의 세력을 대항하여 끊임없이 전투를 수행해야 한다(엡6:10-20). 이 전투를 통해 마침내 승리적 교회에 이르게 될 것이다. → '승리적 교회'를 보라.

절대자(絶對者, the Absolute, the absolute being) 아무것에도 제약받음이 없고 의존하지도 않으면서 일체의 조건과 타자와의 관계에서 독립하며, 만물의 근원을 이루는 존재. 하나님의 다른 이름. 준말은 '절대.' 하나님의 거룩한 속성에 해당하는 자존(自存), 완전(完全), 신성(神性), 궁극(窮極), 무제한(無制限) 등과 함께 어울려 일컬어지곤 한다.

절대주의(絶對主義, absolutism) ① 진리나 가치 등의 객관적 존재를 인정하고 그 절대성을 주장하는 주의. 반대개념으로는 '상대주의'(相對主義). ② 군주(君主)가 절대적인 권력을 잡고 국민을 지배하고 통치하는 정치 형태. 이는, 세습에 의해 정통성을 부여받은 한 개인이 무제한의 권력을 거머쥐고 통치하는 권력 지향 구조로서, '절대 왕정'이라고도 한다. 중세 봉건주의 사회에서 근대 자본주의 사회로 이행하는 과정에서 생겨난(16-18세기에는 스페인, 영국, 프랑스에서, 18세기 후반에는 프로이센, 오스트리아, 러시아 등에서) 전환기적 정치 형태이다.

정경(正經, Canon) 기독교회의 유일한 경전으로서, 참되고 영감있는 책으로 인정된 책들(구약 39권, 신약 27권). 유대교에서는 구약 정경만을 인정하고, 로마 가톨릭에서는 외경을 추가하여 정경이라 부른다. → '성경', '외경'을 보라.

정령숭배(精靈崇拜, spiritism) 사람이나 짐

승의 혼령 또는 산천, 초목 등의 정령이 생활에 커다란 영향을 끼친다고 믿어, 화(禍)를 피하기 위해 이를 숭배하던 원시종교의 한 형태. 여기서 '정령'이라 함은, 원시종교에서 산천, 초목, 무생물 등에 붙어 있다고 믿던 혼령(魂靈) 또는 만물의 근원이 된다고 하는 불가사의한 기운을 가리킨다.

정숙주의(靜淑主義, quietism) 일명 '정적주의'(靜寂主義). 내면 신앙을 강조하는 신비주의 종교에서 흔히 볼 수 있던 경향으로, 그 맥은 종교개혁시대 재세례파(再洗禮派) 등으로 이어진다. 이들의 주장은, 신자로서 흠 없는 사람이 되기 위해서는 인간의 경건한 노력 곧 능동적 행위에 있다기보다 자기를 완전히 하나님께 맡겨 이뤄지는 영혼의 정적 상태 곧 완전한 수동성에 있다고 보았다. 즉, 정숙주의의 근본 원리는, 인간의 노력을 부정하는 것이다(모든 행태의 노력은 자아에 무익하고 유해한 것으로 봄).

즉, 완전에 이르려면 완전한 수동성과 자의지(自意志)의 소멸, 심지어 자기 구원까지도 포기할 수 있을 만큼 하나님의 의지에 절대 순복해야 한다는 것이다. 그런 상태에서 기도에 들어가면, 예수님의 사랑, 덕성, 삼위일체에 대한 흠모 같은 것조차 생각하지 않고, 단순히 '순수한 신앙'으로 하나님 안에서 휴식하게 된다고 보았다.

이런 완전에 이르면, 자연히 외부로 도덕적인 행동이 흘러나온다고 한다. 이것이 소위 '완전주의'이다. 완전하고 신비적인 상태에 이르면 죄를 지을 수도 없고, 생각하고 행하는 것마다 하나님의 일이 된다는 것이다. 물론, 자의지가 사라졌으므로 마귀의 유혹을 받기는 하지만 다른 사람에게는 죄가 되는 행위도 완전 상태에서는 죄가 되지 않는다고 보았다. 그들이 가장 경계했던 것은 산심(散心) 곧 '정숙을 깨뜨리는 일'이었다.

정숙주의를 대표하는 인물은 스페인 발렌시아 지방의 가톨릭 신부인 미구엘 몰리노스(Miguel De Molinos, 1628-1696년)이다. 그는 「성령의 인도」(Guida spirituale)(1675년)라는 책에서 "영혼이 정적 상태에 도달한 사람에게는 절제도 성사(聖事)도 필요치 않다."고 하며, 수녀들과 부도덕한 성행위를 자행하기도 했다. 이런 몰리노스의 주장에 대해 교황 인노첸티우스 11세는 그와 그의 사상을 이단으로 단정하고(1687년), 몰리노스에게 종신금고형을 선고했다. 이처럼 이단으로 선언되었으나 그의 가르침은 네덜란드, 프랑스, 독일 등 유럽 각지로 전파되어 정숙주의 형성에 큰 영향을 주었다. 그리고 가톨릭 국가들의 정숙주의는 후에 프로테스탄트의 경건주의(敬虔主義)에 직·간접적인 영향을 미쳤다.

정치신학(政治神學, political theology) 신앙의 모든 제재(題材)들을 정치적으로 해석하는 학문으로, 제1차 세계대전 이후에 나타난 신학의 한 흐름이다. 지금까지의 신학이 주로 개인 구원 위주에 머물러 있었다고 비판하면서, 사회를 떠난 인간이란 생각할 수 없으므로, 정치와 무관한 신학은 무가치함을 역설했다. 결국, 적극적으로 정치적 활동에 참여하여 불의와 불법을 일소하고 불합리함을 해결해 감으로써 좀 더 나은 세계를 만들어 가는 것이야말로 인류의 구원에 동참하는 일이라고 주장했다.

세계대전을 통해 인간 이성의 불완전함과 한계를 확인하면서 태동한 정치신학은, 이후 약자와 소외계층을 대변하는 신학들(흑인신학, 해방신학, 여성신학 등)의 출현에 중요한 토양이 되었다. 정치신학자로는, 본회퍼, 메츠, 몰트만, 콕스, 칼 슈미트 등을 들 수 있다.

정통주의(正統主義, orthodoxy, legitimism) 이단(異端)과 이설(異說)에 반대되는 것으로 '올바른 신앙'을 뜻하는 용어이다. 즉, 성경에서 가르치는 기독교 신앙을 성실하게 고수하는 입장을 말한다. '정통(파)'이라는 개념은 A.D.2세기를 전후한 때의 영지주의자들의 발흥에 따른 기독교회의 방어 과정에서 생겨났다. 건전한 기독교 신앙의 보존을 위해서는 정통파의 주장이 필요하게 되었고, 정통파의 신앙을 정리·요약한 것이 바로 교리라고 할 수 있다.

하지만, 우세한 교권(敎權)을 잡은 무리의 교리를 정통으로 받아들인다면, 발전 과정에서 정통이 이단이 될 수도 있고 이단이 정통이 될 수도 있다는 추론이 생긴다. 역사적으로, 동방(그리스, 러시아)교회는 스스로를 '정(통)교회'(the Orthodox Church)라 부르며 서방교회를 비정통교회로 정죄했다. 따라서 '정통'이라는 표현은 매우 예민하게 사용할 필요가 있다.

그런 점에서 협의적인 측면에서 '정통'이라 할 때는 주로, 하나님의 영감으로 이뤄진 성경을 믿고 그에 따른 신조를 고백하며 역사적 정통성에 충실한 교회 또는 가르침을 '정통'이라 할 수 있다.

제네바성경(- 聖經, the Geneva Bible) 소위 '피의 여왕'으로 불리는 영국 메리 여왕의 가톨릭 우대 및 개신교 지도자들에 대한 극렬한 박해 정책으로, 제네바에 피신했던 영국 신교도들의 교회 지도자들이 영어로 번역한 성경(1560년 출간). 이렇게 출간된 '제네바성경'은 영국 칼빈주의자들의 신앙 형성에 절대적인 영향을 미쳤다.

제네바성경은 세 사람이 번역을 주도했는데, 윗팅햄은 뛰어난 헬라어 학자였고, 길베이와 굳윈은 히브리어에 능통한 사람이었다. 이 세 사람 외에도 마일스 커버데일, 존 폭스 등이 함께 성경번역 작업에 참여했다. 번역자들은 틴델이 1534년에 개정한 번역본을 재수정하여 1577년에 신약성경을 출판했다(이 번역본 대부분은 윌리엄 윗팅햄이 맡음). 그리고 1560년에 히브리어와 헬라어에 기초하여 번역된 완전한 개정판 제네바 신·구약성경이 출판되었다. 그런데 1560년 판에 실린 신약 본문은 1557년에 나온 윗팅햄의 번역본이 아니었다. 윗팅햄과 함께 성경 번역작업을 하던 동료들이 그의 초역을 놓고서 아주 세밀하게 연구하여 수정을 가한 것이다.

'제네바성경'은 여왕 엘리자베스 1세에게 헌정되었고, 영국에서 1575년에 인쇄되었다. 이 성경은 출판되자마자 청교도의 열렬한 환영을 받았고, 160판을 거듭하면서 큰 인기를 누렸다. → '영역본'을 보라.

조직신학(組織神學, systematic theology) '조직신학'이란 신학의 한 분야로서 일반적으로는 '교의학', '윤리학', '변증학' 등을 포함하며 소위 '이론 부분'의 총칭으로 사용되고 있다. 원래 기독교 신앙의 진리 체계와 내용을 계통적으로 논술하는 임무를 지고 왔기 때문에 통상적으로 '교의학'(敎義學, dogmatics)과 동의어로 쓰인다.

아무튼 '조직신학'은, 기독교 신앙의 내용을 학문의 대상으로 하여 신학 전반의 역사적 이해와 신학적 방법과 문제점 등을 합리적, 이론적, 체계적, 종합적으로 이해하고 분석연구하는 학문을 말한다. 그 연구 대상은 주제별로 신론, 인간론, 기독론, 구원론, 교회론, 종말론 등으로 나뉜다.

조직신학은 초기에는 이단 또는 이교와의 진리 논쟁과 변증의 과정을 통해 형성되었고, 이후 일반 철학의 영향을 받으면서 성경에 계시된 진리의 전 영역을 하나의 조직으로 나타낼 수 있는 학문의 필요성을 느끼게 되어 오늘날과 같이 점차 조직화되었다. 로마 가톨릭 신학의 조직에 영향을 미친 토마스 아퀴나스의 「신학대전」이나 프로테스탄트 신학의 조직에 영향을 미친 칼빈의 「기독교강요」 등이 대표적인 조직신학적 저작물로 유명하다.

 용어상식

종교경험
(religious experience)

'종교경험'(宗敎經驗)이란, 신의 무한한 능력을 직접적으로 체험하거나 우주의 무한함에 대한 경이로움 같은 특별한 경험 및 일상생활에서의 변화들(① 신전의식(神前意識)에서 느끼는 경외와 신비감, ② 신에 의존함으로써 가지는 경건한 감정들, ③ 보이지 않는 질서나 죄의식, ④ 신의 공의로운 심판과 형벌에 대한 두려움, ⑤ 신의 용서로 인한 평화와 심리적 안정 등)이 신으로부터 비롯되었다고 의식하는 것을 말한다. 일명 '종교체험.' 이런 의식은 이성이나 감정, 행동 가운데 어느 하나가 아닌 전 인격적으로 반응해야 가능하다.

구체적인 형태는 체험하는 사람의 개인적인 관심사나 태도, 가치관 등에 따라 달라지나 대체로 신에 대한 경건한 두려움 곧 외경심(畏敬心), 거룩에의 열망, 종교적 희열과 만족(안정감) 등 정서적인 변화를 수반하는 것이 특징이다. 이런 체험은 마음을 정화시켜 삶을 신성하게 만들어주며, 신에 대한 신뢰와 절대적 복종으로 신의 은총을 찬미하게 하고, 신에게 자신을 드리는 예배와 헌신의 형태로 나타난다.

종교다원주의(宗敎多元主義, religious pluralism) '종교다원주의'라는 말에는 ① 단순히 여러 종교가 공존한다는 종교다원화 상황을 가치중립적으로 바라보는 것에 그치는 것이 아니라, ② 여러 종교는 공존할 수 있으며 공존해야 한다는 가치판단이 포함된다. 따라서 '종교다원주의'란 문화적 상황의 다양성을 의미하는 것이 아니라 모든 종교는 여러 상이한 구원의 종교적 체계가 있다는 다원적 구원의 가능성을 개방하는 것, 즉 '절대적 종교란 있을 수 없고 모든 종교는 상대적이라는 주장'이라고 할 수 있다.

종교다원주의의 가장 중심적이고 공통된 사상은 '기독교 외에 다른 종교에도 구원이 있다'는 사상이다. 이러한 종교다원주의는 기독교의 자기부정으로 생겨났다. 즉, 19세기와 20세기 초에 서구 기독교와 그 문화에 대한 반발 혹은 상대화 되어 버린 역사적 상황에서 나온 자유주의적 종교 신학 운동에서 그 연원을 찾을 수 있다.

종교다원주의에 대한 여러 견해를 보면, ① '종교다원주의는 종교적 중심성을 타종교를 목적격으로 이해하지 않고 주격(主格)으로 이해하는 것'(Bernhardt), ② '기독교만이 유일한 종교가 아니라 모든 고등종교가 다 절대자에게 이르는 동일한 길이기 때문에 기독교는 그 종교들 가운데 하나일 뿐이라고 주장하는 것'(서철원), ③ '단순히 종교문화의 다양성을 주장하는 차원을 넘어서 성경적 신관, 기독론, 성령론, 구원론을 상대화시킴으로써 기독교 핵심 진리를 왜곡시키는 것'(김영한), ④ '모든 종교가 동등한 구원의 길이 있다고 믿게 함으로써 기독교를 궤멸시키려고 덤벼드는 적이요, 거짓 교사요, 이단자들이다'(최덕성), ⑤ '기독교 신앙을 전통문화 혹은 타종교와 융합시킴으로써 복음의 본질을 변질, 왜곡, 세속화시켜 기독교 유일신앙을 파괴하는 반기독교 운동'(박용규) 등으로 설명하고 있다.

이처럼 종교다원주의는 절대 기독교 진리에 대한 반신학적 사상과 운동으로서, 모든 종교에 구원의 길이 있고, 궁극적 목적이 동일하다고 보는 '보편 구원론 운동'이라고 볼 수 있다.

종교혼합주의(宗敎混合主義, **syncretism**) ① 기독교 내의 각 교파를 합동시키려는 노력. 그 대표적인 경우로 시빙교회와 동방교회의 재 합동 추진 노력이나 종교개혁 이후 교회의 일치를 유지하려는 시도를 말한다. 이런 측면에서 '종교혼합주의'는 긍정적인 의미를 지닌다. ② 기독교와 비기독교 사상을 조화시키려는 시도를 일컫는다. 특히, 고대 헬라시대 말기의 통속윤리학자인 플루타르코스(Plutarchos, A.D.46-120년)는 공동의 원수 앞에서 서로 싸우는 형제들을 화해시키는 데 이 같은 용어를 사용했다.

종말(終末, end, eschatology) 시간이나 사건의 끝. 마지막. 이는, ① 개인적으로는 인생의 끝(민23:10; 시39:4), ② 우주적으로는 세상이 끝나는 시간(신32:29), ③ 구속사적으로는 하나님 나라가 완성되는 때(마24-25장)를 가리킨다.

한편, 구약 시대의 종말관은 대체적으로 이중 구조로 이뤄져 있다. 즉, 종말이란 지상에서의 당면한 재난이 종결되는 때이며, 동시에 하나님의 종 메시야로 인해 이뤄질 평화로운 세계의 완성을 의미한다(사7:10-25; 렘23:5-6). 다시 말하면, 종말은 심판과 징계의 날인 동시에(사11:11-16; 욜3:16-21) 하나님의 구원과 회복의 날이다(사29:6; 35:4).

이에 비해, 신약 시대의 종말관은 철저히 예수 그리스도를 중심으로 언급된다. 즉, 구약 선지자들이 예언한 메시야 예수께서 오셨다는 그 자체가 종말적 사건이요 마지막 때의 증거가 된다(사26:19; 렘33:15-16; 요5:25). 특히, 예수께서는 감람산에서 예루살렘 성전의 멸망을 예언하시면서 여러 비유를 들어 종말에 있을 큰 환난과 재림과 심판, 그리고 이에 대비하는 자세를 설명해 주셨다(마24-25장). → '종말론'을 보라.

■**종말의 진행과정** - ① 예수 그리스도의 재림(눅21:5-36; 살전4:16; 살후1:7; 계1:7), ② 죽은 자들의 부활(롬8:11), ③ 최후 심판(마25:45-46; 계20:12), ④ 세상의 종말(벧후3:1), ⑤ 하나님 나라의 완성(벧후3:13; 계21:1-2) 등으로 이어진다.

■**종말의 징조** - 종말을 알리는 징조로는, 전쟁(마24:6), 지진(눅21:11), 기근(막13:8), 무서운 환난(마24:9,21-22), 적그리스도와 불법한 자들의 출현(살후2:3; 요일2:18), 배교(背敎, 마24:10-12; 살후2:1-3), 온 세상에 복음이 전파됨(마24:14) 등을 들 수 있다.

■**종말을 가리키는 표현** - 성경에서 '종말'이란 말을 다양하게 표현하고 있다. 즉, '끝날'(미4:1), '말일'(사2:2), '후일'(단2:28), '말세'(행2:27; 벧전1:20), '여호와의 날'(암5:18), '주의 날'(행2:20; 살전5:2), '주 예수의 날'(고후1:14), '그리스도의 날'(빌1:10), '그리스도 예수의 날'(빌1:6), '하나님의 날'(벧후3:12), '그날'(호2:16,18,21; 딤후

1:18), '그 때' (사35:5-6), '그 후' (욜2:28), '이 모든 날 마지막' (히1:2) 등으로도 묘사한다.

종말론(終末論, eschatology) 세계와 인류에게 끝이 있음을 전제로, 그들 운명의 궁극에 관한 문제를 다룬 교리를 가리킨다. 그리스도의 재림과 인류의 부활 및 최후의 심판과 새 하늘과 새 땅 등으로 이어지는 종말의 진행 과정을 밝히는 종말론은, 크게 ① 죽음과 부활, 또는 중간상태 및 영원한 심판과 영원한 생명과 같은 '개인의 운명' 곧 '개인적 종말론' (individual eschatology)을 다룬 것과 ② 주님의 날(주님의 재림의 날), 온 우주의 기존 질서의 와해, 천년왕국, 최후 심판, 변화된 새 세계와 최후의 상태와 같은 '역사의 운명' 곧 '일반적 종말론' (general eschatology)을 다룬 것으로 구분된다.

구약 시대 종말론은 사후(死後) 세계 곧 음부 개념(시88:19; 139:8)과 민족적 부활(사26:19; 겔37:11)에 대한 소망으로 정착되다가 마침내 '여호와의 날'에 대한 사상으로 발전하였고(암5:18-20), 이것이 바벨론 포로기와 신구약 중간기를 거치면서 '메시야 대망 사상'으로 발전하게 된다(단7:13). 그리고 신약 시대에는 예수 그리스도야말로 구약성경이 예시한 바로 그 메시야임을 확인하고, 그의 초림(初臨)을 종말의 시작으로, 재림(再臨)을 종말의 완성으로 보았다. 그런데, 예수 그리스도의 승천 이후 고대하던 재림이 지연되자 초대교회는 종말을 하나님의 시간 중에 있는 먼 미래로 바라보면서, 종말을 세계와 역사의 궁극적인 완성으로 이해하려 했다.

계몽주의 시대를 지나 합리주의적 사고로서 신앙체계를 바라보게 된 18-19세기 이후부터 종말론은 하나님의 구속역사의 개념으로서가 아니라 세속화된 종말론으로 변환되어 단지 이 세계의 문화·사상적인 완성으로 종말을 이해하게 되었다. 즉, 일종의 역사철학으로 종말론을 받아들이게 된 것이다.

한편, 전통적으로 종말론은 조직신학의 마지막 부분에 위치해 왔으나, 최근에 이르러 성경신학이 강조됨으로써 종말론의 위상에 큰 변화를 보이고 있다. 즉, 기독론과 인간론 및 교회론까지 종말론적 관점에서 재해석하려고 함으로써, 종말론은 기독교 신학에서 중요한 위치를 차지하게 된 것이다. → '종말'을 보라.

종속설(從屬說, subordinationism) 삼위일체 교리를 왜곡시키는 주장으로서, 제2위격인 로고스는 신적 성질을 가진 분이기는 하지만 하나님 자신은 아니며 단지 성부에게 종속된 관계로 보거나, 혹은 성령을 성부와 성자에 종속된 관계로 보는 입장. 이는 아리우스와 그 추종자들의 고유한 주장이었다.

그러나 이것은 삼위의 고유성 및 동등성을 인정하는 정통적 삼위일체 교리에서 벗어난 이단적 주장으로 정죄되었다(성자와 관련해서는 니케아 종교회의에서, 성령과 관련해서는 제1차 콘스탄티노플 공의회에서). → '삼신론', '삼위일체'를 보라.

죄(罪, sin) ① 윤리·종교적인 범죄나 법률·사회적인 규범(질서)의 위반. ② 피조물이 창조주의 거룩한 성품을 나타내지 않거나 위반하는 것. ③ 하나님과 분리된 상태 곧, 하나님 없는 자의 부패한 본성과 그 영향력, 하나님의 뜻과 명령을 거역하는 모든 악한 행위를 말한다. 신약에서 죄를 나타내는 대표적인 용어로 '하마르티아'가 있는데, 이는 '표적을 벗어나다'는 뜻으로, 결국 죄란 하나님의 거룩한 뜻에서 벗어나는 것 또는 하나님께 대한 신앙을 벗어나는 것으로 이해할 수 있다. 일명, '허물, 죄과' 등으로도 번역된다.

성경은 인간의 죄를 하나님을 믿지 못하고 행하는 '불신'(不信, 요16:7-11; 롬14:23), 모든 것에 의롭지 못한 '불의'(不義, 요일5:17), 하나님의 거룩한 법을 지키지 않거나 거부하는 '불법'(不法, 요일3:4), 선을 알고도 행하지 않는 '불선'(不善, 약4:7) 등으로 묘사하고 있다.

하나님은 선하신 분으로서 죄를 창조하지 않으셨으며 알지도 못하신다(고후5:21; 요일3:5; 벧전2:22). 현실 세계에 존재하는 죄는 사탄의 유혹에 넘어간 아담의 불순종으로 세상에 들어왔다(롬5:12-19; 유1:6). 따라서 아담의 자손으로 태어난 인류 가운데 의인은 아무도 없으며(시14:3; 143:2; 롬3:10-12) 모든 사람은 하나님의 심판 아래 있다 (롬1:16; 3:19,23; 요일1:8-10). → [1. 교회 일상 용어] '죄'를 보라.

■**죄의 본질과 특성** - 죄는 하나님을 떠나는 것이요(신29:18; 시95:10; 롬1:28), 그분의 존재나 권

위를 인정하지 않고(롬1:18-23,28) 그분을 구하지도 않으며(대하12:14), 오히려 하나님을 저주하고(레24:15) 그분의 명령을 거부하며 범하는 것이다(삼상15:23; 호6:7-8; 약2:10-11). 결국, 죄란 불의(롬1:18)요 불법(딛2:14; 요일3:4)이며 불순종(롬5:19)으로 정의할 수 있다.
■ 죄의 행태 - 죄는 본질적으로 파괴적인 성격을 지니고 있는데(시34:21; 잠8:36), 하나님과의 관계를 멀어지게 하고(신31:17-18; 롬8:7), 인간을 지배하여 종으로 삼는다(요8:34; 롬3:9). 그리고 인간을 더럽히며(시51:2,7; 사1:18) 완고하게 만들고(히3:13), 결국에는 사망에 이르게 한다(롬5:12, 21; 엡2:1; 약1:15).
■ 죄의 종류 - 죄에는 원죄(原罪)와 자범죄(自犯罪)가 있다. ① '원죄'는 최초 인류인 아담과 하와가 사탄의 유혹에 넘어가 하나님께 불순종한 죄다(창3장; 롬5:12-17). 원죄의 영향력은 온 인류에게 적용된다(롬5:12). ② 이에 비해 '자범죄'는 원죄 아래 있는 인간이 스스로 짓는 죄를 말한다(롬4:15; 약1:15; 요일3:4). 또 자범죄를 세분해 보면, 고의적인 범죄와 과실로 인한 범죄(민15:27-30; 히10:26-27), 용서받을 수 없는 죄와 사망에 이르지 아니하는 죄(마12:31-32; 요일5:16-17), 자기만 아는 죄(시51:3)와 자기도 모르는 숨은 죄(시19:12)가 있다. 이외에 마음과 생각으로 짓는 죄(잠24:9; 마5:28), 행위의 죄(엡4:17,19), 입으로 짓는 죄(전5:6; 롬3:13-14), 은밀한 죄(전12:14), 밝히 드러난 죄(딤전5:24) 등이 있다.
■ 죄의 결과 - 하나님과 분리되며(사59:2), 양심이 타락하고(잠30:20), 마음에 평강을 잃고 고통을 당하게 된다(사57:20-21; 렘4:18). 그래서 진리와 선한 것을 받아들이지 못하고(렘4:18; 고후4:3-4), 하나님의 나라를 유업으로 받을 수 없으며(고전6:9-11; 갈5:19-21), 심판을 받아 멸망에 이르게 된다(창6:5-7; 마23:33; 롬6:23; 히2:3).
■ 죄 문제를 해결하는 방법 - 어떤 사람도 스스로의 죄를 해결할 수는 없다(렘2:22). 예수 그리스도는 세상을 심판하기 위해 오신 것이 아니라(요3:17), 잃은 자를 찾고 죄인을 용서하며 죽은 자를 살리기 위해 이 땅에 오셨다(눅15:7,10; 고전15:3-4; 요일2:1-2). 죄를 해결할 수 있는 유일한 길은 예수 그리스도의 십자가 공로뿐이다(롬3:12-8:39; 엡1:7; 히9:22-28; 요일1:7).

죄 없으심(罪 -, sinlessness) 예수 그리스도의 무죄성(無罪性)은 모든 죄인을 구속하시는 대속주로서 그분의 자격을 확증해 주는 성경적 교리이다(고후5:21; 벧전2:22; 요일3:5). 사실, 죄인으로서는 죄인을 구원할 수 없기 때문이다.
한편, 예수 그리스도의 죄 없으심은 곧 그분의 말씀과 인격과 그 행하심과 가르치심에 불순함이나 모순이 있을 수 없음을 시사하는 것이기도 하다(히4:15). 이에 비해, 인간으로서 죄 없는 자는 이 세상에 아무도 없다(롬3:23; 요일1:8,10).

주관주의(主觀主義, subjectivism) ① 개인의 생각·느낌·태도·주장만이 옳다는 주장. ② 주관을 떠나 객관적 진리나 가치를 일절 인정치 않는 입장. ③ 인식이나 실천의 근거를 주관에 두어 지적(知的), 미적(美的), 도덕적 가치의 주관성을 내세우는 주의. 주관주의는 객관성을 결여한다.

주석(註釋, commentary, exegesis, annotation) 일반적으로 본문의 낱말이나 문장의 본래 의미를 알기 쉽게 풀이하는 일을 가리킨다. ① 영어 exegesis는 '의미를 밝히는 것'이란 뜻의 헬라어 '엑세게시스'에서 유래한 말로, 본문 사이에 주를 달아서 그 의미를 밝히는 것을 가리킨다. ② 영어 commentary는 '메모', '요약하여 적다'는 뜻의 헬라어 '콤멘토르'에서 유래한 말로서, 일종의 '주석서'를 가리킨다. ③ 성경에서는 신앙적인 관점에서 역사를 해석하고 그에 따른 교훈을 적은 글을 '주석(책)'(book of annotation)이라고 하였다(대하13:22; 24:27). 유대인들의 '미드라쉬'(Midrash)가 여기에 해당한다. 참고로, 성경 본문의 의미를 밝히는 작업인 '주석'은 '성경주해'라는 말로도 쓰인다. → '성경주해'를 보라.

주의주의(主意主義, voluntarism) 라틴어의 '볼룬타스'(voluntas, '의지'라는 뜻)라는 말에서 유래한 단어로, 감정이나 지성보다 의지를 앞세우는 사고방식을 말한다. 특히, 철학에서는 의지를 존재의 본질이라고 보는 입장을, 심리학에서는 의지를 심적 생활의 근본 기능으로 보는 견해를, 윤리학에서는 의지가 양심이나 이성을 초월하여 모든 윤리적 과제의 중심이라고 여기는 견해를, 신학에서는 의지를 모든 종교 활동의 근원으로 보는 입장을 말한다. 일명 '주의설'(主意說)이라고 한다. 대표적인 주의주의자로는 스토아 학파, 어거스틴, 칸트, 피히테, 쇼펜하우어, 니체 등이 있다.

주정주의(主情主義, emotionalism, emotivism) 인간의 정신활동에서 이성이나 지성보다 감정이나 정서를 중시하는 입장. 극도의 합리주의나 비인간적인 억압 또는 과학 위주의 세계관 등에 대한 반발로 생겨났다. 문학이나 기타 예술에서 낭만주의가 이 경향을 대표한다. 일명 '주정설'(主情說)이라고 한다. 대표적인 주정주의자로는 루소, 노발리스 등이 있다.

주지주의(主知主義, intellectualism) 감정이나 의지보다 이성이나 지성을 더 중시하는 사고방식. 특히, 철학에서 인식이나 존재의 근본 또는 도덕적인 의지 등은 이성이나 지성에 기초한다는 입장을, 문학에서는 감정이나 정서보다 이지(理知)를 더 중시하는 경향을 말한다. 일명 '주지설'(主知說)이라고 한다. 대표적인 주지주의자로는, 아리스토텔레스, 토마스 아퀴나스, 스피노자, 헤겔 등이 있다.

주해(註解, exegesis) → '성경주해'를 보라.

죽음의 신학(- 神學, the death of God theology) '하나님이 죽었다'고 선언하는 현대 신학의 한 부류. → '사신신학'을 보라.

중간 상태(中間 狀態, the intermediate state) 육체의 죽음과 부활 사이에 영혼이 존재하는 영역 또는 그 상태. 중간 상태가 연옥적인 성격을 지니고 있는가, 그곳에서 개선 곧 회개의 기회가 주어지는가, 영혼이 의식을 가지고 자신이 처한 상황을 인지할 수 있는가 아니면 잠을 자는가, 영혼이 머무는 곳은 과연 어디인가 등과 관련된 중간 상태의 성격에 대해 학자들이나 교단에 따라서 여러 다른 의견들을 갖고 있다.

성경에는 죽음 이후의 인간의 자리에 대해 명확한 자료를 제시하지 않고 있지만, 유대인들은 선한 자나 악인이나 할 것 없이 죽으면 모두가 '음부' 곧 '스올' (신약에서는 '하데스')이라는 어두운 지하세계에 들어가게 된다고 믿었다. 여기는 천국도 지옥도 아닌 단지 약화된 의식의 장소요, 침체된 무생활의 장소이며, 삶의 기쁨이 사라진 장소이다.

이에 비해 로마 가톨릭은 육체가 죽은 후 그 영혼은 정화를 위해 연옥(煉獄)이나 주님의 재림 때까지 머물게 되는 림보(limbus)로 간다고 주장한다. 그러나 성경적인 근거는 미약하다. 아무튼, 중간 상태는 주 예수의 재림 때까지 휴식의 상태요 불완전한 상태(영혼과 육체의 결합이 없는)이다. 영혼의 행방에 대해 영혼가면설, 영혼멸절설, 영혼불멸설, 영혼유전설, 영혼윤회설 등이 있다. → '영혼가면설', '영혼멸절설', '영혼불멸설', '영혼유전설', '영혼윤회설', [5. 교파 및 역사 용어] '림보', '연옥'을 보라.

중보자(中保者, Mediator, Intercessor) 사이가 멀어진 사람들을 중간에서 화목시키는 역할을 하는 사람(삼상2:25; 욥33:23). 일명 '중재자'(仲裁者, intervener). 히브리어로는 '멜리츠' 곧 '판결자'란 뜻으로 쓰였고(욥9:33; 사38:14), 헬라어로는 '메시테스'(중재자) 곧 관계를 회복시켜주는 자라는 뜻으로 쓰였다(갈3:20; 딤전2:5; 히8:6; 9:15; 12:24). 구약 시대에는 아브라함(창15:18-21), 모세(출3:7-12), 대제사장(히5:1) 등이 하나님과 그의 백성 사이에서 중재 역할을 담당했다.

하지만 하나님과 인간 사이의 참된 중보자는 예수 그리스도 한 분뿐이시다(갈3:19-20; 딤전2:5; 히8:6; 9:15; 12:24). 그 이유는 그리스도 예수만이 거룩한 하나님이시자 완전한 인간으로서 중보자의 자격을 갖추셨기 때문이다(히1:3; 4:14-16). 곧, 참 신이요 참 인간이신 예수께서 친히 속죄 제물이 되심으로써 거룩하고 공의로우신 하나님과 죄인된 인간 사이에 가로놓였던 담을 허무시는 중보자 사역을 성취하셨다(엡2:14; 히7:26-28; 8:4). 따라서 중보자는 오직 예수 그리스도만을 가리키는 호칭으로서 이 단어 속에는 성육신하시어 십자가의 죽음으로써 이루신 그분의 구속 사역과 화해의 역사가 담겨 있다(엡1:7; 골1:20; 요일2:2; 4:9). 우리는 이런 주님의 중보 사역에 힘입어 하나님께 직접 나갈 수 있게 되었다(요15:16; 16:23).

중생(重生, rebirth, regeneration) 새 사람이

되어 다시 태어남. 특히 '영적(靈的)으로 거듭난 구원 상태'(딛3:5). 즉, 죄로 인해 영원히 죽게 된 자가 그리스도의 보혈의 공로를 믿음으로 영생을 얻게 되는 거듭남의 도(道)를 말한다. 이 일은 일순간에 이루어지며 전 인격적인 변화를 가져오고 지속적이다(요3:1-17).

유사한 표현으로는 '거듭나다'(요3:3,5,7), '하나님께로부터 나다'(요1:13; 요일3:9; 4:7; 5:1), '위로부터 나다'(요3:3), '살아나다'(엡2:1,5), '사망에서 생명으로 옮기다'(요5:24; 요일3:14), '중생의 씻음'(딛3:5), '새롭게 되다'(롬12:2; 딛3:5) 등이 있다. 그런데, 이 용어는 인간이 범죄하여 타락할 때 인간의 지배권 아래 있다가 함께 타락한 만물의 회복에 대해서도 사용된다. 즉, 중생이란 신자들의 인격적·존재론적 변화와 회복(엡4:23-24)은 물론 장차 이뤄질 만물의 회복(계21:5)을 함축하고 있는 용어이다. '중생'이란 단어를 좀 더 세밀히 구분하면 다음 세 가지로 생각할 수 있다.

① 주관적 중생 : 성령께서 주권적으로 신자 안에 예수의 부활의 생명 곧 영생을 전달함을 의미한다. 여기에는 믿음을 통해 죄와 사망에서 생명으로 옮겨지는 것, 물과 성령으로 나는 것(요3:5), 하나님에게서 나는 것(요1:13), 양자의 영을 받아 하나님을 '아빠 아버지'로 부르는 것(롬8:15), 새로운 피조물이 되는 것(고후5:17), 의와 진리의 거룩함으로 지으심을 받은 새 사람을 입는 것(엡4:24; 골3:10) 등이 포함된다.

② 객관적 중생 : 하나님께서 우리를 위해 그리스도의 위격(位格) 안에서 이루신 새 창조를 가리킨다. 새 창조는 그리스도가 이루신 것으로서, 그리스도를 믿는 모든 사람에게 전가된다.

③ 우주적 중생 : 신자들의 중생의 결과 만물이 새롭게 되는 것을 가리킨다(롬8:19-23). 이를 '포괄적 중생'이라고도 한다.

지옥 강하(地獄 降下, descent into hell) → '음부 강하', [I. 교회 일상 용어] '지옥'을 보라.

진보주의(進步主義, progressivism) 보수주의(保守主義)에 대립되는 개념으로, 사회적 모순을 변혁시키고자 꾀하는 전진적(前進的)인 사상. 지금까지 보편적 가치로 받아들여져 오던 전통적 가치나 체제, 정책, 논리 등에 반박하여 그를 자체를 허물고 새로운 가치나 내용의 창조를 주장하는 사상 또는 태도. 일명 '혁신주의(革新主義). 신학에서 진보주의란 개혁주의 정통 신학 사상에서 수용할 수 없거나 훨씬 벗어나 있는 새로운 학문적 접근들을 일컫는다.

한편, 진보주의는 절대적인 개념이 아니라 시대적, 역사적 배경에 따라 상대성을 띠는 개념이다. 예를 들면, 지난날 자유민주주의가 상당한 진보주의에 속한 것이었다면, 오늘날은 자유민주주의는 보수주의에 속한 개념으로 인식되고 있다.

진화론(進化論, evolution) 모든 생물은 원시적인 종류의 생물로부터 진화해 왔다는 학설. 즉, 모든 생명체는 외계의 영향과 내부의 발전 과정을 통해 단순에서 복잡으로, 하등에서 고등으로 진화·발전했다는 이론. 일명 '다위니즘'(Darwinism).

그 연원은 아리스토텔레스의 '공상적 진화론'에서 찾을 수 있지만, 18세기까지 기독교적 세계관에 영향을 받아 학문적 발전은 거의 없었다. 그러던 것이 19세기에 들어서면서 프랑스의 생물학자인 라마르크(Jean de Lamarck, 1744-1829년)에 의해 처음 체계화되었고(1809년의 그의 저서 「Philosophie Zoologique」를 통해), 이후 영국의 박물학자인 다윈(Charles Darwin, 1809-1882년)에 의해 그 이론이 완성되었다(1859년의 그의 저서 「the Origin of Species」를 통해).

이 진화론은 기독교의 창조론과 정면으로 배치되는 이론으로서 아예 이를 무신론적 견해로 단죄하는 사람들이 있는가 하면, 소위 '유신적 진화론'이라 하여 진화를 하나님의 창조 방법 중에 하나로 받아들이는 사람들도 있다. → '유신적 진화론'을 보라.

쪽복음서(- 福音書, a piece of Gospels) 66권으로 된 성경 전체를 수록한 것이 아니라 사복음서 또는 7중에 한두 복음서를 묶은 것이나 복음서의 내용 중에 일부분을 발췌하여 편집해서 책으로 꾸민 변형본 성경을 말한다.

지난날, 최초로 한국에 성경을 보낸 단체는 스코틀랜드 성서공회였다(1865년 토마스 목사가 내한할 때 그에게 성경을 들여보냄). 이 공회는 1879년 쪽복음서의 출판을 위해 활자를 대어 달라는 로스 목사의 요청을 들어 주었다. 1880년에는 영국 성서공회와 협력하여 요한복음과 누가복음 두 복음서 곧 '쪽복음서' 3천부를 찍기 위한 활자를 대 주었다. 이 쪽복음서는 일본 성서공회를 통해 한국에 보내졌다.

스코틀랜드 성서공회는 한국인을 위한 복음서를 제일 먼저 인쇄했을 뿐 아니라, 한국에 대리인을 제일 먼저 보낸 단체이기도 했다. 그 대리인은 일본 동경에 있던 성서공회 직원으로서 나가사까(中坡)라는 일본인이었다. 나가사까는 1883년 6월 부산에 도착하여 한국어로 된 쪽복음서와 전도지를 반포하였다.

한편, 영국 성서공회는 1883년 로스번역의 네 쪽 복음서와 사도행전을 출판했다. 신약 쪽복음서가 나오자 공회는 중국 봉천에 있던 로스 목사의 책임하에 서상륜을 권서인(勸書人)으로 삼고 한국에 성경을 반포하기 시작했다. 초기 권서인들이 쪽복음서를 반포할 때 그냥 공짜로 주지 않고 반드시 얼마라도 돈을 받고 주었다. 그것은 복음의 귀중성을 알게 하려는 의도였다. 권서인들이 복음서를 반포하는 일은 1950년대 후반까지도 행해졌다. → '복음서', [3. 행정 및 교육 용어] '권서인' 을 보라.

창조론(創造論, creationism, doctrine of creation) 우주 만물의 생성과 기원을 밝히는 이론 중, 신적 존재인 조물주(造物主)의 주권적 행위에 의해 우주 만물이 조성되었다는 견해. 즉, 인간, 삶, 지구, 우주, 역사가 신의 개입에 의한 기원을 가진다는 주장. 이는 우주와 그 속에 존재하는 만물들이 자연발생이나 진화의 과정을 통해 조성되었다는 견해에 맞서는 이론이다. 대표적인 것으로, 바벨론의 천지창조설(메소포타미아의 우주론적 사본인 '에누마 엘리쉬'에 수록된 내용)과 수메르의 엔키 신화, 애굽의 주신(主神)인 레(Re, Ra)에 의한 우주 창조 등이 있다.

하지만, 기독교는 유일신 하나님의 주권적이고 자의적인 계획과 의지와 섭리에 의해, 말씀으로써 무(無)에서 온 우주 만물을 창조하셨다는 하나님의 창조론을 강조한다. 이 창조론은 성경의 맨 첫 번째 선언인 '태초에 하나님이 천지를 창조하시니라'(창1:1)는 말씀에 근거한다. 하나님과 그분의 말씀과 섭리를 신앙하는 자들은 믿음으로 모든 세계가 하나님의 말씀으로 지어진 줄을 안다(히11:3).

이 같은 기독교적 창조론의 특징을 보면 다음과 같다.

① 무로부터(ex nihilo)의 창조 : 하나님의 창조는 이미 존재해 있던 어떤 물질을 사용해 창조한 것이 아니라 완전한 무에서 유(有)로의 창조다(롬4:17; 고후4:6).

② 삼위 하나님의 공동 사역 : 창조는 삼위일체, 즉 성부, 성자, 성령께서 함께 참여하신 사역이다(요1:1-3; 고전8:6; 창1:2; 욥26:13).

③ 하나님의 주권적이고 자발적인 의지의 산물 : 창조는 오직 하나님의 자발적인 의지에 의해 선하고 충분한 이유로 이루어진 것이다. 그리고 창조의 목적은 하나님의 영광이며, 창조된 세계는 하나님의 뜻을 수행하여 하나님을 영화롭게 한다(롬11:36).

④ 전포괄적인 창조 : 세계의 어느 한 부분이 창조된 후 나머지 것들이 다른 것에서 기원하도록 한 것이 아니라 모든 실체가 본질적으로 하나님의 창조를 통해 존재하게 된 것이다. 즉, 성경에서 '태초에 하나님이 천지를 창조하시니라'(창1:1)의 '천지'를 '존재하는 모든 것'으로 해석한다.

⑤ 본질적 악의 거부 : 하나님에 의해 창조된 어떤 것도 본질적으로 악하지 않다. 창조 기사에는 '보시기에 좋았더라'는 언급이 반복되며(창1:10, 12,18,21,25) 창조 후에는 하나님께서 피조물들을 보시고 '심히 좋았더라'(창1:31)고 하셨다. 즉, 창조된 처음의 피조 세계 안에는 악한 것이 없었고 모두 선한 것들뿐이었다.

오늘날 생명의 창조론을 과학으로 증명하려는 '창조과학'이라는 기독교적 노력이 진행되고 있다. 그리고, 창조과학의 한 부류로서 '지적설계 운동'도 대두되고 있다. 이와 함께, 진화론과 창조론의 간격을 좁히기 위한 시도로 '유신적(有神的) 진화론'이 제기되기도 한다. → '유신적 진화론'을 보라.

처녀 탄생(處女 誕生, virgin birth) → 동정녀 탄생을 보라.

천국(天國, Heaven, the Kingdom of heaven) 하늘나라. 하나님의 나라. 하나님께서 다스리시는 나라(마3:2; 4:17). 마태복음에서는 하나님이라는 말을 함부로 쓰기를 주저하는 유대인들을 대상으로 한 복음서라는 점에서 대부분 '천국'으로 표현한 것이라 본다.

'천국'은 예수 그리스도께서 전하신 메시지의 핵심이요 요약이다. 이 천국은 메시야의 초림을 통해 부분적으로 실현되었지만(마13:1-52), 재림을 통하여 궁극적으로 완성된다(마22:1-14; 25:1-46). 즉, 천국은 세상에 '이미'(already) 왔지만 '아직'(not yet) 완성되지 않은 상태이다.

'천국'은 특정한 영토를 가리키는 말이 아니라 하나님의 주권적 통치가 미치는 모든 영역을 가리킨다(마5:3). 곧, 천국은 한 지점에 머물러 있는 정적인 장소가 아니라 하나님의 뜻이 실현되는 살아 움직이는 모든 공간이다. 어느 곳 어떤 때라도 하나님이 그 권세와 능력으로 통치하시면 그곳은 하늘나라인 것이다.

이렇듯 하늘나라는 현존하는 이 세상에서 점진적으로 성장하지만 동시에 이 세상을 초월한 것이요 이 세상 질서에 대한 강력한 부정이며 도전이다. 예를 들면, 하나님의 통치가 미치는 곳에서는 이 세상의 죄악과 고통과 불의가 소멸되는 것이다(마5:20; 7:21; 계21:1). 그런 점에서 예수께서 귀신을 쫓아내시고 병든 자를 고치시고, 더욱이 죄인들을 구원하시기 위해 친히 십자가에 달리시고 또한 사망의 권세를 이기고 부활하신 사건은 바로 하늘나라가 이 땅에 힘있게 실현되고 있는 하나의 증표라 할 수 있다.

그런 맥락에서, 회개하고 그리스도의 복음을 믿음으로써 하나님의 통치를 받게 된 성도는 이 땅에서 하나님 나라의 건설에 참여하는 권리와 책임을 가지는 동시에 궁극적으로 완성될 미래의 영원한 천국을 확신하고 소망할 수 있는 것이다.

■**천국의 특징** - 천국은 이 세상에 속한 나라가 아니기 때문에(요18:36), 믿지 않는 자에게는 그 나라의 비밀이 허락되지 않는다(눅8:10). 그러나 그리스도를 믿는 자들 가운데는 천국이 내재하고(눅17:21) 능력으로 역사한다(고전4:20). 이런 천국은 회개한 자(마3:2), 심령이 가난한 자(마5:3), 거듭난 자(요3:5), 의(義)를 행하며 의를 위해 핍박받는 자(마3:2; 5:3,10,20; 7:21), 하나님 나라를 최우선 순위에 두는 자(눅18:29-30)에게 임한다.

■**천국의 명칭** - 성경에는 천국을 일컫는 다양한 표현들이 소개되고 있다. '하나님의 나라'(눅21:31), '하나님의 집'(히10:21), '낙원'(눅23:43; 고후12:4), '아들의 나라'(골1:13), '영광의 나라'(살전2:12), '영원한 나라'(벧후1:11), '곳간'(마13:30), '성도를 위한 거처'(요14:2), '안식처'(히4:9-10), '새 예루살렘'(계3:12), '시온 산'(계14:1), '아브라함의 품'(눅16:22), '새 하늘과 새 땅'(벧후3:7,13; 계21:1). → '하나님 나라'를 보라.

천년왕국설(千年王國說, **Millennialism**) 현존하는 세상과 장차 임할 새 하늘과 새 땅의 세계 사이에 그리스도와 하나님의 백성에 의해 통치되는 1,000년간의 지상 왕국이 있다고 믿는 학설. 이같은 학설은 신구약성경 전반에 걸쳐 약간씩은 그 편린을 찾아볼 수 있지만, 결정적으로 요한계시록 20:1-6에 근거하고 있다. 왜냐하면, 그곳에서 '천년'이라는 낱말을 직접적으로 5회 이상 찾아볼 수 있기 때문이다. 하지만 요한계시록은 그 성격상 단순한 문자적인 해석을 초월하므로 요한계시록 20:1-6의 사건을 어떻게 이해하며, 특히 '천 년'이란 기간을 어떻게 해석할 것인가 하는 점은 결코 쉬운 문제가 아니다. 더욱이 천년왕국설은 독립적으로 존재하는 것이 아니라 여타의 종말 사건들과 관련하여 함께 고찰되어야 하므로 더욱 복잡한 양상을 띤다.

그 결과 정통적 기독교 신학계 진영에서도 천년왕국설에 관한 견해가 다양하다. 물론 천국과 지옥, 그리고 그리스도의 인격적인 재림을 부정함으로써 천년왕국 역시 종말 역사의 한 단계로 보지 아니하고, 그저 최후의 지상 낙원(유토피아) 정도로 인식하는 자유주의적 견해는 전혀 비성경적이므로 논외로 한다.

역사적으로 복음주의 신학자들에 의해 주장되어 온 천년왕국설은 세 가지로 구분할 수 있다. 즉, ① 천년왕국이 임하기 전에 주님의 재림이 먼저 있을 것이라는 '전천년설'(前千年說) ② 주님의 재림이 있기 전에 먼저 천년왕국이 실현된다는 '후천년설'(後千年說) ③ 천년왕국의 존재는 인정하되 천년이라는 문자적인 의미로 존재하는 것이 아니라 상징적인 혹은 영적인 의미의 천년왕국을 가리킨다고 보는 '무천년설'(無千年說) 등이 있다. 이처럼 천년왕국에 대한 견해가 복음주의 학자들 간에도 각기 상이한 것은 그것이 신조나 교리에 관한 문제가 아니라 성경 해석에 관한 문제이기 때문이다. 그것도 계시문학인 요한계시록의 해석에 관한 문제이기 때문이다. 따라서 천년왕국에 대한 각자의 입장을 가지되, 다른 입장을 이단시해서는 안 된다. 왜냐하면, 궁극적으로 천년왕국의 문제는 인간 이성의 한계로 인해 모든 것이 얼굴과 얼굴을 마주 대하고 보는 것처럼 명료해질 그때까지는 마치 거울로 보는 것처럼 희미하게만 볼 수 있기 때문이다(고전13:12).

한편, '소(小) 계시록'이라 불리우며, 요한계시록 해석의 닻이라 할 수 있는 마태복음 24장(막13장, 눅21장)에 근거하면, 비교적 단순한 종말의 역사를 제시하고 있는 '무천년설'이 유력하다. 하지만, 유대의 묵시문학적인 형태로 기록된 요한계시록의 기록 자체를 충실히 따르면 종말의 역사가 보다 세분화된 '역사적 전천년설'이 유력하다. 그렇지만 어느 것이 옳다고는 단정할 수 없다. 따라서 성도는 천년왕국에 대한 지나친 관심보다는 주님의 재림을 사모하며, 그 주님을 영접하는 일에 더욱 관심을 기울이는 것이 신앙생활에 한결 유익할 것이다. → '무천년설', '전천년설', '후천년설'을 보라.

천부인권설(天賦人權說, **theory of nature rights**) 모든 사람은 태어나면서부터 하늘이 준(선천적인) 자연의 권리, 즉 자유롭고 평등하며 행복을 추구할 수 있는 권리를 가진다는 학설. 홉스나 로크와 같은 18세기 계몽사상가들에 의해 주창되었으며, 이는 미국의 독립 선언이나 프랑스의 인권 선언의 사상적 배경이 되었다. '천부인권론'이라고도 한다.

천사(天使, **angel**) 천사를 가리키는 영어 angel은 '알리다', '알리는 자', '심부름꾼'이라는 뜻을 지닌 라틴어 '앙겔루스'(angelus)에서 유래한 단어다. 천사는 하나님의 뜻을 알리는 존재 곧 하나님의 뜻을 전하기 위해 보냄받은 사자를 말한다(창18장). 또한, 하나님을 찬송하고 높이며 수종 드는 영적이고 초자연적인 존재이다(히1:14). 그리고 때로는 하나님의 뜻을 직접 수행하여 하나님의 백성을 보호하거나 악한 자를 벌하는 사역도 감당한다(창19:1; 출3:2; 사63:9; 마18:10; 행5:19; 12:11). 물론, 하나님과 사람 사이에 서서 자기 맡은 일을 하되 그 이상의 선을 넘지는 않는다. 천사는 주님을 찬송하고 높이며 수종드는 역할을 할 뿐만 아니라 (마4:11; 눅2:8-14; 22:43) 구원받은 자들을 수종 들거나(히1:14), 보호하기도 한다(마18:10; 행5:19; 12:11; 사63:9).

천사들 가운데는 나름대로의 역할과 지위가 있다. 창세기 19:1부터 계시록에 이르기까지 하나님의 백성을 보호하는 사명을 가진 하나님의 사자로 등장하는 천사는 '섬기는 영으로서 구원 받을 상속자들을 위하여 섬기라고 보내심'(히1:14)을 받은 일꾼으로 나오는데, 그중에서도 '미가엘'은 호위 군사인 천군의 우두머리로(단10:13; 12:1; 유1:9; 계12:7), 하나님 앞에 섰는 '가브리엘'은 천사의 우두머리로 표현된다(단8:16; 9:21; 눅1:19). 말하자면, 미가엘과 가브리엘은 많은 무리를 거느린 '천사장'이다.

한편, 초대교회 당시 거짓 교사들은 구원얻기 위해 그리스도의 대속의 은총뿐 아니라 천사의 중보 사역도 필요하다면서 천사 숭배를 강요했다. 그러나 성경에서는 천사 숭배를 엄히 금하고 있다(골2:16-19).

■**천사의 특징** - 본질적으로 하나님이 지은 피조물로서(시148:2,5; 골1:16) 하나님께 순종하고 경배하는 존재다. 따라서 숭배 대상이 될 수 없다(시103:20; 히1:6). 또 사람보다 먼저 창조되었고(욥38:7), 영적인 존재요(히1:14), 불멸의 존재이며(눅20:36), 결혼하지 않는다(마22:30). 하늘에 거처를 두나(마22:30; 엡3:10), 때로 사람 눈에 보이기도 한다(눅2:13; 요20:21). 그리고 천사의 숫자는 헤아릴 수 없이 많고(시68:17; 히12:22), 계급과 서열이 있다(살전4:16; 벧전3:22; 유1:9).

천사는 하나님에게서 초능력적 힘과 지혜를 부여받았지만(삼하14:17,20; 막13:32; 살후1:7; 벧후2:11), 전지(全知)한 존재도 완전한 존재도 아니다(욥4:18; 마24:36; 벧전1:12). 또한 천사는 범죄하고 타락할 수도 있다(벧후2:4).

■**천사의 사역** - ① 하나님과 관련해서는, 하나님을 모시고 섬기며(시103:20-21; 계5:11), 하나님의 말씀을 인간에게 전달하고(행7:53; 갈3:19; 히2:2), 하나님의 심판 사역을 수행하며(사37:36; 행12:23; 계15:6), 예수 그리스도의 재림 때 주님을 호위한다(살후1:7). ② 성도와 관련해서는, 하나님의 뜻을 나타내며(눅1:11-13,19), 성도를 섬기고(왕상19:5-8; 히1:13-14), 보호·인도하며(창24:7-9; 시91:11-12; 단6:22), 어려울 때 도와준다(시34:7;

행5:19; 12:7-11). 또 갈 길을 인도하며(출23:20), 낙심될 때에 위로한다(행27:23-24).

■**천사의 명칭** - 성경에서 천사를 가리키는 다양한 표현들이 소개된다. '하나님의 사자'(창32:1), '하나님의 군대'(창32:2), '천군'(시103:21), '군대'(시148:2), '하나님의 아들'(욥38:7), '섬기는 영'(히1:14), '스랍'(사6:1-3), '그룹'(겔11:22) 등.

초림(初臨, the first coming of Christ) 예수 그리스도께서 죄와 허물로 죽은 인간들을 구원하시기 위해 인간의 몸을 입으시고 이 땅에 오신 일을 말한다(마1:18-2:23; 눅1:5-2:39; 요1:14). 이는 장차 있을 예수 그리스도의 재림(再臨)에 대조하여 이르는 말이다. 즉, 초림이란 우주의 주권적 통치자이신 그리스도가 자신의 신적 위엄을 포기하시고 종의 형체로 인성(人性)을 취하신(성육신하신) 일종의 자기 비하의 사역을 말한다(마3:15; 갈3:13; 4:4; 빌2:6-8).

한편, 그리스도는 초림을 통하여 ① 임마누엘 하나님의 은혜를 현실에서 드러내 보이셨고(마1:23; 요1:14), 또 ② 자신을 십자가 대속제물로 내어놓으심으로써 인간의 죄 문제를 해결하였으며(신21:23; 갈3:13), ③ 부활하심으로써 자기를 믿는 모든 자들에게 영생의 은총을 선물하셨다(고전15:20; 엡1:20; 골2:12). → '강림'을 보라.

초월(超越, transcendence) ① 어떤 한계나 영역 또는 표준을 뛰어넘음. ② 능력이나 지혜 따위가 초인간적으로 탁월함. ③ '내재'(內在)와 반대되는 개념. ④ 세상의 명예와 이익에서 의연하게 초탈(超脫)함. ⑤ 인간으로서는 절대 경험할 수 없는 영역을 이르는 말. ⑥ 특히, 모든 존재의 근원이 되시는 하나님처럼 모든 유한한 존재를 초월하는 존재를 가리키는 말로 쓰인다(히1:1-13). 즉, 모든 존재에 대한 하나님의 독립성(獨立性)과 타자성(他者性) 및 원격성(遠隔性)을 강조한 표현이다(사55:8-9; 호11:9).

물론, 하나님은 지극히 높은 영광 가운데 존재하시지만 그와 동시에 피조물과 가까이 계시며(시139편), 또 그리스도의 몸 된 교회와 하나로 연합하여 계신다(골1:18; 2:9-10).

초자아(超自我, superego) 오스트리아의 정신의학자 프로이트(Sigmund Freud, 1856-1939년)가 정신분석학의 인격이론 중 구조론에서 사용한 말로, 정신을 구성하는 세 요소로 '이드'(id, 본능의 영역), '자아'(自我, 의식적 주체), '초자아'(무의식적 주체)를 제시했다. 이 초자아는 본능이나 자아를 도덕이나 양심 등으로 억제하는 높은 정신 현상으로 보고 있다. 혹자는, 초자아를 종교(신앙)를 받아들이며 신앙을 유지하게 하는 심리구조로 보지만, 이는 기독교적 신앙관과 차이를 이룬다.

초자연(超自然, supernatural) ① 감각경험의 영역 위에 존재하거나 그것을 뛰어넘어 존재하는 영역. ② 자연의 법칙을 초월한 신비적인 존재나 힘 또는 자연적 원인이 낳을 수 없는 것을 가리킨다. 대체로, 일상경험의 세계 배후에 영(靈) 또는 하나님의 세계가 있다는 신앙을 반영하는 표현으로 쓰인다.

한편, 기독교 신학에 있어서 초자연은, 무한(無限), 영원의 영, 하나님의 영역을 말한다. 물론, 기독교 사상은 자연신학보다는 하나님의 계시로 주어진 지식에 더 의존한다.

■**초자연 계시**(超自然 啓示, supernatural revelation) - 자연 현상을 넘어선 계시. 즉, 하나님의 특별한 간섭이나 의도적 출현을 통해서 또는 자연 질서를 일시적으로 극복한 이적과 기사를 동해서 계시가 주어지는 것을 말한다.

초자연주의(超自然主義, supernaturalism) ① 인간의 인식능력에 의해서 설명할 수 없는 실재를 인간과 우주의 설명원리로 삼는 학설. 즉, 초이성적 혹은 초현실적 세계의 실재(實在)를 상정하고 이를 신앙이나 직관 등의 능력에 의해서, 혹은 신의 계시에 의해서 설명하고자 한다. ② 신비적인 것이 세계 전체를 지배하고 있다고 보는 입장. ③ 신학적 견지에서는, 18세기 후반과 19세기 초에 자연주의와 합리주의에 대항하여 계시의 초자연적 성격과 자연적 이성으로 이해될 수 없는 지식의 원천으로서의 계시의 특별한 중요성을 변호하기 위해 대두된 여러 가지 신학적 경향을 일컫는다.

최후 심판(最後 審判, the Last Judgement) 예수께서 마지막 날에 재림주로 오셔서 행하시는 최후 최종적인 심판(마5:45; 행24:25; 히9:27). 이는, 단회적인 심판으로서(요5:28-29; 계20:12-15), 이때에 산 자와 죽은 자는 모두 주님의 심판대 앞에 서게 될 것이다(마5:45; 7:23; 13:29; 고후5:10; 계19:11-16).

이 심판은 이중적인 성격을 지니는데, ① 사탄(계20:7-10)과 그 사자들(마25:41; 눅8:30-31) 및 주님을 믿지 않는 자들(전12:14; 마13:36-42)은 영벌의 심판을 받아 영원한 지옥불에 던져진다. ② 반면 이미 구원받은 성도는 영생의 심판을 받아 하나님이 예비하신 상급을 받고 하늘 영광에 참여하게 된다(고전3:11-15; 딤후4:7-8; 계22:12). → '백보좌 심판'을 보라.

축자영감설(逐字靈感說, **verbal inspiration**) 성경의 언어 하나하나까지(용어, 문체, 표현 등) 영감되었다는 이론. 즉, 하나님께서 인간 저자에게 성경의 말씀을 기계적으로 받아 쓰도록 하셨다는 뜻이 아니라 하나님께서 성경의 저자로 하여금 그들의 용어와 표현을 선택함에 있어서 오류에 빠지지 않도록 보호하시고, 그들의 단어를 무시하거나 혹은 문체와 표현의 개성을 억제하지 않으시고 보호하셨음을 전제한 것이다(렘1:9; 고전2:13; 딤후3:16).

충족설(充足說, **satisfaction theory**) 속죄설의 하나로, 영국의 캔터베리 대주교였던 안셀무스(Anselm of Canterbury, 1033-1109년)가 주장한 일명 '만족설'(滿足說). 이를 요약하면, '첫 인류 아담의 범죄로 말미암아 하나님의 창조목적에 차질이 생겨서 하나님의 거룩과 영예가 극히 훼손되었다. 이 세상에서 이를 회복하기란 불가능한데, 이유는 피조물 중에는 아무도 그 일을 수행할 수 없기 때문이다. 따라서 하나님께서 신인(神人)인 예수 그리스도를 십자가의 대속제물로 죽게 하심으로써 인간이 담당해야 할 형벌을 대신 담당하게 하셨다. 이로써 하나님은 만족하시고 인간의 모든 죄를 용서하셨다'는 것이다.

이 학설은, 하나님의 거룩과 죄의 심각성을 통찰하게 한다는 점에서 높이 평가되었으나, 하나님의 사랑이 약화되었고 또한 죄가 비인격적으로 이해되고 있다는 비평을 받고 있다. 이를 보완하기 위해 소위 '윤리적 충족설'(대표설)이 주창되기도 했다. → '대표설'을 보라.

칠년대환난(七年大患難, **the great tribulation for seven years**) 천년왕국이 임하기 전의 말세 7년 동안에 있게 될 상상을 초월한 큰 환난을 이르는 말이다. 이는 다니엘의 '70이레'(seventy weeks) 환상(단9장) 중에 '마지막 한 이레'(단9:27)와 관련된 개념으로, 요한계시록 11, 12장에 언급된 내용을 중심으로 요약될 수 있다.

여기서 '마흔 두 달'(계11:2), '1,260일'(계11:3), '한 때와 두 때와 반 때'(계12:14)라는 표현이 나오는데, 이는 모두 '3년 반'을 일컫는다. 요한계시록은 환난이 '전 3년 반'(계11:2-3, 계8장에서 11:14까지 내용)과 '후 3년 반'(계12:6-17, 계12:6-19장까지 내용)이 있을 것이라 시사했는데, 이를 모두 합치면 '7년'이 된다. 세상 끝날에 7년간의 대환난이 있을 것이라는 사실은 요한계시록의 이 같은 증언에 기초한 것이다.

그런데, 이 '칠년대환난'이라는 개념은 정통교회가 모두 수용하는 내용은 아니다. 더욱이 환난의 기간이 꼭 '7년간'이라는 뜻이기보다 '7'이라는 숫자가 지닌 상징성(완전, 완성, 절정 등)에 기초하여, 세상 끝날에 완전하고도 확실하며 피할 수 없는 큰 환난이 닥칠 것이라는 뜻으로 보는 견해가 더 우세하다.

칠십인역(七十人譯, **Septuagint, LXX**) 가장 오래된 헬라어역 구약성경(삼상12:11 난외주). 지중해 연안국에 흩어져 사는 히브리어를 모르는 유대인을 위해 유대인 학자 70여 명이 B.C.250-200년경 애굽의 알렉산드리아에서 번역한 성경. 즉, 헬라의 알렉산더 대제(Alexander, B.C.356-323년)가 국어정책을 수립하여 제국내 피정복민들은 헬라어를 사용해야 했다. 이 정책에 따라 애굽의 알렉산드리아에 식민한 유대인들도 헬라어를 사용하게 되었고 그로 인해 자신들의 고유한 언어를 잊어버리게 되었으며, 그 결과 구약성경의 헬라어역이 필요하게 되었다.

BC. 250년 톨레미 2세(Ptolemy Philadephus, B.C.285-247년 애굽 왕으로 재위)는 유대 율법의 헬라어 번역본을 그가 자랑하는 알렉산드리아 도서관에 소장하기를 원했다. 그래서 당시 예루살렘의 대제사장 엘르아살(Eleazer)의 도움을 받아 이스라엘 각 지파에서 6명씩 72명을 택하여 율법 두루마리와 함께 애굽으로 데려왔다. 이들 학자들은 알렉산드리아에 마련된 72방에서, 72일간 자기가 맡은 율법서를 번역한 것을 하나로 모았는데, 이것을 '70인역'이라 부른다. 70인역은 그 후도 계속 번역되어 B.C.130년경 아퀼라(*Aquila*)에 의해 구약성경의 헬라어역이 완성되었다고 전한다. 그 후 2세기에 데오도션(*Theodotion*), 2세기 말 심마쿠스(*Symmachus*), 3세기 오리겐(*Origen*) 등에 의해 수정이 계속되었다.

70인역은 성경의 본문연구에 큰 역할을 해왔는데 특히, 본문의 연대가 오래되었다는(히브리어의 맛소라 원전보다 10세기나 앞섬) 점에 그 중요성이 크다. 그리고 신약성경의 구약성경 인용도 대부분 70역에서 인용한 것이고, 또 현재 통용되는 구약성경의 구분도 70인역에 의한 것이다. 참고로, 초대교회는 대부분 헬라어를 사용하던 지역의 회당을 중심으로 모였기 때문에 자연스레 70인역 성경을 자기들의 경전으로 받아들이게 되었다.

칭의(稱義, **justification**) 인간에 관한 신적(神的) 선언 곧, 예수 그리스도를 믿는 사람을 의롭다 선언하시는 하나님의 행위를 가리킨다(롬3:24). 즉, 구원의 한 과정으로서 하나님께서 그리스도의 의에 근거하여 우리 인간의 죄를 용서하시고, 그 의를 우리에게 전가하시므로 의롭다고 인정하시는 은혜의 행위이다. 이는, 하나님께서 심판자의 자격으로 죄로 인해 죽을 수밖에 없는 인간을 의롭다고 선언하시는 것이다.

종교개혁자 루터(*Martin Luther*, 1484-1546년)는 "칭의란 인간의 선행에 따른 것이 아니라 오직 믿음으로 말미암은 것이며, 그리스도가 우리의 의로움이 되셨고(고전1:30), 그것은 신자에게 외부에서 주어지는 '낯선 의'(*iustitia aliena*)"라고 보았다. 칼빈(*John Calvin*, 1509-1564년) 역시 그의 기독교강요에서 칭의를 은혜로 간주하여 "칭의란 우리가 마치 의롭기나 한 것처럼 하나님께서 우리를 자기의 은혜 속에 들어오도록 받아주심을 뜻한다"고 했다. 그리고 칭의는 '죄 용서와 그리스도의 의의 전가로' 구성된다고 했다.

웨슬리(*John Wesley*, 1703-1791년)는 "칭의의 성경적 정의는 죄의 용서이다. 칭의는 하나님 아버지의 역사로서 아들의 피로 인하여 이룩된 화해에 근거하여 전에 지은 우리의 죄를 사하심으로 자기의 의로우심을 나타내는 일이다"고 하였다. →

'의롭다함을 얻음', [1. 교회 일상 용어] '의'를 보라.

칭의의 성질

죄가 가져다 주는 저주와 형벌로부터 벗어나 의롭다 선언함을 받은 성도의 칭의에는 다음과 같은 성질이 있다.

① 칭의는 인간의 공로에 의한 것이 아니라 전적으로 하나님의 은혜에 따른 것이다(롬3:20-24; 갈2:16; 빌3:9).
② 중생(거듭남)이 죽은 심령에서 되살아나는 상태의 변화라면, 칭의는 죄인에서 의인으로 신분이 변화되는 법적 지위의 갱신이다.
③ 칭의는 인간이 죄의 영향을 받기도 하고 실제로 죄를 짓고 있으나 그를 의인으로 간주하신다는 하나님의 주권적이고 선언적 행위이다.
④ 하나님은 칭의의 근거로서 그리스도를 대속 제물로 내어놓으시고 그의 의(義)를 성도에게 전가시키셨다(롬5:18-19).
⑤ 칭의는 성령으로 거듭나서 그리스도를 영접할때 즉시 성취된다.
⑥ 성도를 성화시키는 분은 성령이시며, 의롭다고 선언하시는 분은 성부하나님이다.
⑦ 그리스도로부터 전가된 의 곧 칭의로서 인간의 모든 죄(과거, 현재, 미래)를 용서받는다(시103:12; 롬5:21; 히10:14).
⑧ 칭의로 인해 하나님은 성도를 자녀 삼으시며(요1:12-13; 롬8:15-16), 영생하도록 하신다(벧전1:4).

카리스마(**charisma**) '무상(無價)의 선물', '자유로운 은사'란 뜻. 성령께서 각자에게 주시는 제반 은사나 특수한 능력을 말한다. 이는, 인간편의 가치나 공로에 의존하지 않고 오직 하나님의 영을 통하여 은혜로 주어진다.

구약 시대에는, 하나님의 영이 인간에게 부어질 때 그 사람에게 특별한 은사(능력)가 부여되어 하나님의 백성을 구원하는 사명으로 표출되었다(창41:38; 신34:9; 삿13:25; 삼상10:10; 사11:1). 신약 시대에는, 사도 바울이 즐겨 사용한 말로서, 죄로부터의 구원과 영원한 생명을 주시는 하나님의 선물(롬5:15; 6:23), 신앙의 선물(롬1:11), 창조주 하나님의 은혜로 인해 각 개인에게 주시는 자연적 선물(고전7:7), 그리스도의 몸 된 교회를 섬기기 위해 성령을 통해 성도 각자에게 특별하게 주어지는 구체적인 은사(선물) 등을 가리킨다(고후12장).

칼빈주의(- 主義, Calvinism) 프랑스의 종교 개혁자 칼빈(John Calvin, 1509-1564년)과 그 신학을 추종하는 자들에 의해 형성된 프로테스탄트 사상. 특히, 칼빈의 저서 「기독교강요」(Institutio Christianae Religionis)를 중심으로 형성된 신학 체계다. 장로파 혹은 개혁교회 신학의 근거가 되었다는 점에서 '개혁주의'(改革主義, reformed theology, reformism)라고도 한다. 즉, 칼빈주의가 종교개혁 당시 개신교 주류의 신학으로 자리매김하면서 유럽 전역에 개혁교회(改革敎會)가 점차 자리 잡아갔다. 이들 개혁교회를 통해 칼빈주의는 꽃을 피웠고, 이렇게 해서 수립된 개혁교회의 전통까지 포함한 더 큰 의미의 칼빈주의를 말할 때에는 '개혁주의'라는 표현을 쓴다.

칼빈은 종교개혁 1세대인 루터의 사상을 계승하는 동시에 독자적인 사상을 발전시켰다. 칼빈주의의 특징은, 무엇보다 하나님의 절대적 주권을 중시하는 신관(神觀)과 성경 중심주의를 지향하며 (신앙의 유일한 규준(規準)으로서의 성경), 아담 이후 인간의 자유의지를 부정하는 것(타락한 인간은 자기 의지로는 하나님을 선택하지 않는다는 사상), 행위와 관계없이 오직 믿음으로 의롭다 함을 얻는 교리에 있어서는 루터의 사상과 공통점을 이룬다. 그러나 불가항력적인 하나님의 은혜, 성도의 견인 곧 확실하게 이루어지는 성도의 구원, 구원받을 자와 멸망에 이를 자는 영원 전부터 하나님에 의해 선택되었다는 절대 예정론 및 교회관과 성례관에서는 루터의 신학과 확실한 차이를 보인다.

그리고 신앙생활에 있어서는, 자기를 단지 하나님의 용기(容器)로 본 루터의 수동적인 경건에 대해, 칼빈은 자기를 하나님의 영광을 위한 도구로 본 활동주의적인 경건사상을 가졌고, 이는 사회생활에서의 적극적인 태도를 창출하였다. 즉, 칼빈주의의 표어라 할 수 있는 '오직 하나님의 영광을 위해' 존재하는 신앙은 의인(義認)은 물론 성화(聖化)의 단계에까지 적용함으로써 신앙인의 모든 생활은 하나님에 대한 감사와 봉사의 장으로서 칼빈주의의 사회적 · 정치적 적극성을 제시하게 된다.

후에 독일의 사회학자 베버(Max Weber, 1864-1920년)는 근대 자본주의의 특질을 규명하면서 그것은 칼빈의 예정교리 및 직업 소명관에 기초한 프로테스탄티즘과 관련되었다고 주장한다. 또한, 루터가 국가 권력을 영광화(榮光化)하는 경향을 띤 데 비해, 칼빈은 권력에 대한 저항권을 인정하고 국가에 대한 교회의 자유를 확보하였다.

국가에 대한 교회의 자율성의 주장은, 정치적 권력에 대한 비판 정신이나 저항권 사상을 육성하여 직 · 간접으로 근대 민주주의의 정신적 모태가 되었다. 더욱이 영국의 교회개혁은 칼빈주의의 영향을 받아 17세기의 청교도혁명에 이르렀으며, 아메리카 개척(1620년을 전후하여 청교도의 신대륙 이주)과 독립의 정신적 기반이 되었다.

칼빈은 예배에 있어서도 예전을 중심한 로마 가톨릭교회의 미사를 폐지하고 설교 중심의 예배로 전환하였으며, 교회제도에 있어서는 목사 · 교사 · 장로 · 집사 등 4개의 직무를 정하고, 목사와 장로로 이루어진 콘시스토리움(Consistorium)에 따라 교회가 운영되도록 하였다.

칼빈주의 신학 체계는 1566년 제2차 스위스신앙고백(Helvetic confession)을 통해 정리되었고, 스위스뿐만 아니라 유럽 각 지역의 비 루터 파 교회들이 이를 폭넓게 수용했다. 즉, 프랑스에서는 위그노 파(Huguenots)가, 스코틀랜드에서는 장로파가, 네덜란드에서는 칼빈주의적 개혁교회가 각 나라를 대표하는 교회로 정착되었다. 물론, 칼빈주의는 영국의 종교개혁에도 영향을 미쳐 영국 국교회의 39개 신조(1563년) 속에 칼빈주의적 요소가 발견되기도 하지만 칼빈주의가 감독제를 거부하였기 때문에 정착하는 데는 어려움이 있었다. 그러나 스코틀랜드에서는 존 낙스(John Knox, 1514-1572년)에 의한 칼빈주의적 종교개혁이 성공하여 장로교회의 전통이 수립되었다. 미국에서는 스코틀랜드 장로교회와 영국의 청교도, 네덜란드 개혁교회 이민자에 의해 다양한 칼빈주의적 전통이 수립되었고, 19세기에 활발한 해외 선교를 통해 아시아와 아프리카 등지에 확산되었다.

이러한 칼빈주의의 전개 속에서 신학적인 발전과 변모를 볼 수 있는데, 주요한 것으로, 신의 예정을 인류의 조상인 아담의 타락 이전으로 보는 고마루스 파(Gomarists)와 이후로 보는 알미니안 파(Arminians)와의 대립, 그리스도의 죽음을 구원받기로 정해진 자만을 위한 것으로 보는 견해와 만인을 위한 것으로 보는 견해와의 대립, 천지창조로부터 완성까지를 하나님과 인간과의 계약 실현 과정으로 보는 계약신학(언약신학)의 성립 등이다. 이 같은 발전과정에서 칼빈주의는 근대 서유럽 문화, 경제, 교육, 정치 그리고 복지를 포함한 근대 사회를 형성하는 데 큰 역할을 했으며, 근대 민주주의 형성과 근대주의 '정신'에 지대한 영향을 미쳤다. →[5. 교파 및 역사 용어] '칼빈'을 보라.

■**칼빈주의 예정론** – 칼빈의 절대 예정론은 하나님의 절대 주권과 은총론을 바탕으로 성립된 것이다. 즉, 타락과 창조 이전에 이미 하나님에 의해 구원받을 자와 멸망할 자가 예정되었다는 것이다. 칼빈은 이러한 절대 예정론을 배경으로 멸망받을 자뿐 아니라 멸망에 이르게 하는 죄악도 철저히 배척하면서 종교개혁 당시 스위스 제네바에서 엄격한 신정 정치를 펼쳐나갈 수 있었다. 물론, 이런 예정론이 후기 칼빈주의 신학자들에 의해 완화된 형태로 해석되기는 했지만, 예정론이야말로 칼빈주의 신학의 특징을 명확히 보여주는 교리라 할 수 있다.

■**칼빈주의 성찬론** – 성찬(聖餐)에서 떡(빵)과 포도주가 실제로 예수의 살과 피로 변한다고 믿는 로마 가톨릭의 소위 '화체설'(化體說, transubstantiation)을 부정하고, 떡(빵)과 포도주 속에 그리스도가 실제적으로 임재하신다는 소위 '공재설'(共在說, co-existentialism)을 주장한 루터의 견해도 배제하고, 쯔빙글리가 말하듯 그것들이 성찬에서 그리스도께서 실제로 임재하는 것이 아니고 성찬은 그리스도의 혈육을 상징하며 그리스도의 죽음에 대한 기념이고 상징이라는 소위 '상징설'(象徵說, symbolism)을 좇지 않았다. 칼빈은 성찬에 그리스도께서 영적으로 임재하신다고 믿었다. 즉, 눈으로 보이는 실재와 형식의 깊이에 있어서 영적 실재를 보아야 한다고 주장했는데, 이를 영적 임재설(靈的 臨在說, spiritual presence)이라고 한다. ,'영적 임재설'을 보라.

칼빈주의 5대 교리(– 主義 五大 敎理, the Five Points of Calvinism, TULIP) 알미니안주의와의 논쟁을 거치면서 확정된 칼빈주의 신학의 기본적인 다섯 가지 신조를 말한다. 흔히, 각 항목 영어의 첫 글자를 따서 꽃 이름인 '튜립'(TULIP)이라고도 하는데 이를 정리하면, ① 인간의 전적 부패(Total Depravity) ② 무조건적 선택(Unconditional Election) ③ 제한 속죄(Limited Atonement) ④ 불가항력적 은혜(Irresistible Grace) ⑤ 성도의 견인(Perseverance of Saints) 등이다.

■**칼빈주의 5대 교리의 배경** – 종교개혁 이후 네덜란드 교회는 유럽의 다른 주요 프로테스탄트 국가들과 마찬가지로 '벨직 및 하이델베르크 신앙고백'(the Belgic and Heidelberg Cofessions of Faith)을 지켜왔고, 위의 두 고백서는 종교개혁의 교의를 정확히 반영한 것이었다. 그러나 알미니우스의 제자들은 스승이 세상을 떠난(1609년) 다음 해에 위와 같은 종교개혁의 교의들을 배척하고, 그 고백에 반대하는 소위 '항론파(抗論派) 교회'(the Remonstrant Church)를 설립하고 5대 교리(신조)를 발표했다.

알미니안주의 5대 교리가 발표되자 1618년 11월 13일부터 다음해 5월 9일까지 네덜란드 도르트(Dort, Dortrecht)에서 '범 개혁주의 교회 대회'(the Pan-Reformed Synod of Dort)가 소집되어 성경에 비추어 '알미니안주의 5대 교리'를 검토하게 되었다. 도르트 대회는 7개월에 걸쳐 154차례나 회의를 거듭한 끝에 알미니안주의가 하나님의 말씀에 위배되는 교리임을 선언했고, 동시에 이에 대조되는 '칼빈주의 5대 교리'를 공식적으로 발표하게 된다. → 알미니안주의'를 보라.

■**인간의 전적 부패**(人間 – 全的 腐敗, Total Depravity) – '전적 타락'이라고도 한다. 인간은 영적으로 무능력하고 전적으로 타락했다. 거듭나기 전의 아담의 모든 후손은 죄의 노예이며, 사탄에 사로잡혀 있고, 진리가 무엇인지 모르고 스스로는 자신을 구원할 수 없다. 하나님은 아담을 의롭게, 죄없이 지으셨으나 아담의 불순종으로 인해 그 피를 이어받은 후손은 죄인이 되었고 사망 아래 놓이게 되었다.

아담의 후손은 세상에서 모든 선택의 자유는 있으나, 죄악 중에 출생했기 때문에 선과 악을 선택할 능력을 가지지 못한다. 사람의 의지는 죄의 본성에 매여 있어서 성령으로 거듭나기 전에는 스스로 회개도, 믿음도, 사탄에게서 벗어날 수도 없고, 하나님께로 나아갈 수도 없으며, 진리도 가질 수 없고, 깨달을 수도 없다. 오직 하나님께로부터 구원을 받아야 한다(시51:5; 요5:42; 롬5:12; 7:18,23; 고전2:14; 엡2:1).

■**무조건적 선택**(無條件的 選擇, Unconditional Election) – 첫 인류 아담이 타락한 이후, 그의 모든 후손은 죄 가운데 태어나고, 사망의 권세 아래 놓였다. 그들은 창조주 하나님을 마음에 두기를 싫어하며, 이 세상을 좇고, 공중 권세 잡은 자의 뜻을 따라 살기를 즐겨한다. 그러므로 하나님께서 인간을 죄와 사망 아래 놓아두시는 것은 당연하다. 이처럼 죽어 있고 죄 아래 놓인 인간이 스스로 살아날 수는 없다. 이 모든 상태에 대한 치료책은 오직 하나님뿐이다. 즉, 어떤 사람이 영적으로 살아나기(거듭나기) 위해서, 그 스스로는 이 일을 성취할 수 없기 때문에 그를 살리신 이는 바로 하나님이시라는 결론에 이른다.

하나님은 구원받을 자의 공로나 열심을 보시고 구원하시는 것이 아니라 '긍휼히 여길 자를 긍휼히 여기고 불쌍히 여길 자를 불쌍히 여기시는' 절대 주권적 선택에 의해 무조건적이고 자의적인 판단과 결정에 따라서 인간을 구원하신다(롬9:15,21; 엡1:4-5; 2:10).

■**제한 속죄**(制限 贖罪, Limited Atonement) – 하나님께서 친히 선택하신 자들을 구속하시기 위해서 예수 그리스도로 하여금 육신을 입고 세상에 임하게 하셨으며, 죄의 희생물로서 자기 백성이 받을 형벌을 대신 받게 하셨다. 선택받은 자들은 믿음을 통해서 모든 죄와 형벌이 그리스도에게로 전가되며, 모든 죄와 정죄에서 자유를 얻는다. 예수의 순종과 고난을 통한 자비와 은총은 그를 믿는 모든 사람에게 율법의 마침이 되며, 그리스도의 의는 그들에게로 옮겨져 선택받은 자들은 믿음으로 의롭게 되며 하나님과 화평을 누리게 된다. 이 때의 믿음은 구원의 조건이 아니다.

한편, 그리스도는 하나님 아버지께서 자기에게 택하여 주신 자들만을 회개시키고 구원하시려고 오셨다(요17:16; 엡1:4). 즉, '이것은 죄 사함을 얻게 하려고 많은 사람을 위하여 흘리는바 나의 피 곧 언약의 피니라'(마26:28)고 예수께서 자기 피를 흘려주었다고 친히 말씀하셨던 자들을 위해 죽으신 것이다. 이는 예수께서 십자가에서 죽으시기 위해 이 세상에 오신 목적(택하신 자를 구원하시기 위해)을 정확히 설명해 준다(마1:21).

■**불가항력적 은혜**(不可抗力的 恩惠, Irresistible Grace) – 성부, 성자, 성령 삼위 하나님이 다 함께 구원에 참여하신다. 그중에서도 성령은 선택받고 부르신 자들이 구원받을 수 있도록 유효하게, 저항할 수 없도록 역사하신다. 복음을 통한 외적인 사역은 구원의 부름을 주는 것이다.

그러나 본질상 죄와 허물로 죽은 자가 스스로는 회개하거나 복음의 초청에 응할 수 없다. 성령 하나님께서 '내적 부르심'을 주셔야만 한다. 성령이 죄인의 마음에 은혜롭게 역사하심으로써 진리를 알게 되고 믿게 되며 하나님의 자녀가 된다. 성령께서 사람들을 그의 은혜로 부르실 때에, 그 부르심은 하나님의 저항할 수 없는 은혜의 표시인 것이다(요6:37-40; 롬8:18-39; 벧전5:10).

■**성도의 견인**(聖徒 – 堅忍, Perseverance of Saints) – 하나님으로부터 택함을 받아 예수 그리스도의 피뿌림으로 구속받고 성령에 의한 중생을 입은 사람은 끝날까지 하나님께서 그 믿음을 지켜주신다. 물론, 완전한 성화에 이르지 못한 그들은 때로 시험에 빠지며 죄를 범하기도 하지만, 그럼에도 그 어떤 세력도 그들을 예수 그리스도에게서 완전히 분리시키지는 못한다. 그리고 하나님의 은총의 역사로 인해 반드시 영원한 구원에 이른다(요6:39; 10:28; 빌1:6). → '성도의 견인'을 보라.

칼케돈 신조(– 信條, the definition of Chalcedon) 칼케돈 총회(451년)에서 채택된 신조. 니케아 신조와 콘스탄티노플 신조의 정통성을 인정하며, 유티케스(Eutyches, 378-453년)의 단성론(單性論, monophysitism)과 네스토리우스주의(Nestorianism)를 모두 배격하고 있다. 즉, 네스토리우스 파처럼 그리스도의 신성과 인성의 분리 가능성을 암시하며 단성론자들처럼 신성과 인성이 하나로 혼합되고 이러한 혼합에 의해 신성이 사라질 수 있다는 주장은 모두 배격하며 '혼합됨이 없이, 변함이 없이, 불가분하게, 나뉠 수 없이' 연합된 두 본성의 한 인격으로서의 그리스도를 주장했다. 이로써 단성론자들을 제외한 동·서방교회의 보편적 기독론이 확정되었다.

칼케돈 신조의 전문을 보면 다음과 같다. "우리는 교부들의 가르침을 본받아 다음의 사실을 고백해야 할 것을 만장일치로 가르치는 바이다. 우리 주 예수 그리스도는 아버지 하나님과 완전히 동일하신 하나님이시며, 이 동일하신 분(예수 그리스도)이 신성에 있어서 완전하시고 인성에 있어서 완전하시며, 참 하나님이시며 참 인간이시고, 이성적 영혼(a rational soul)과 몸으로 구성되셨다. 그는 신성에 있어서 아버지와 동일 본질이시고 인성에 있어서 우리와 동일 본질이시지만 죄를 제외하고는 우리와 똑같으시다. 그는 신성에 관한 한 시간 이전에 아버지로부터 태어나셨고, 그의 인성에 관하여는 이 동일하신 분이 마지막 날에 우리와 우리의 구원을 위해서 동정녀 마리아에게서 나셨으니, 이 마리아는 하나님의 어머니이시다. 이 동일하신 그리스도는 하나님의 아들이시요, 주님이시요, 독특하게 태어나신 분이신데, 우리에게 두 본성으로 되어 있으심이 알려진 바 이 두 본성은 혼돈이 없고, 변화도 없으며, 분리될 수도 없고, 동떨어질 수도 없는 연합체이다.

그런데 이 두 본성은 이 연합으로 인해 결코 없어질 수 없으며, 각 본성의 속성들은 한 위격(one Person〈prosopon〉)과 한 본체(one hypostasis) 안에서 둘 다 보존되고 함께 역사한다. 주 예수 그리스도는 두 위격(two prosopa)으로 나뉘시거나 분리되실 수 없다. 이분은 동일하신 아들이시요, 독특하게 태어나신 분이시요, 신적인 로고스이시다. 이에 관하여는 구약의 예언자들, 복음서의 예수 그리스도 자신이 가르치시는 바요, 교부들의 신조가 우리에게 전하는 바이다."

케노시스(kenosis) '케노시스'란 빌립보서 2:7에 언급된 자기를 비워' (ἑαυτὸν ἐκένωσεν, 헤아우톤 에케노센)라는 표현에서 유래한 것으로, 예수 그리스도의 자기를 낮추심을 지칭한 표현으로 쓰인다. 즉, 예수께서는 성육신(成肉身)을 통해, 신성(神性)을 감소시키신 것이 아니라(그때에 로고스는 어떤 의미에서도 그 존엄한 지위를 제한받으신 것이 아님) 낮은 모습의 인성(人性)을 취하신 것이다. 즉, 예수께서는 높은 영광의 위치에 있을 수 있음에도 스스로 낮은 곳을 택하셨던 것이다(고후 8:9).

이것은 초대교회의 공인된 견해였다. 종교개혁 당시에도 이 같은 그리스도의 겸손은, 그의 신성의 본질을 제거하거나 일부라도 버리거나 정지하신 것이 아니라 오직 예수 그리스도의 영광의 은폐(隱蔽, obscuratio)로 보았던 것이다. → '그리스도의 겸비'를 보라.

케리그마(kerygma) 자기에게 위탁된 메시지를 권위있게 선포하는 것. 여기에는 선포하는 행위(고전 2:4)와 선포된 내용(롬 16:25; 고전 1:21; 15:14)이 모두 포함된다. 헬라어로 '케뤼그마' (κήρυγμα, '전파, 전도'란 뜻)는 '전파하다'는 헬라어 동사 '케뤼세인'에서 파생된 말로, 전령관(傳令官)으로서 임무를 행하는 것을 말한다. 영어로 'preach'라고 번역되지만, 일반적인 설교와는 의미가 다르다. 이는, 공적인 사자(使者)가 특정한 소식을 가지고 공중 앞에서 외쳐 선포하는 일을 가리킨다.

기독교에서 '케리그마'란, 주로 예수 그리스도의 속죄에 관한 하나님의 말씀을 전하는 것 곧 복음을 선포하는 것을 말하며(예수 그리스도는 구주이신 자신을 전파했을 뿐 아니라 하나님 나라의 임함을 선포했다, 눅 4:16-21) 이를 통해 사람들을 회개하게 하고 믿음과 순종의 길로 들어서게 하는 행위를 말한다(마 12:41; 롬 16:25; 고전 2:4; 15:14; 딤후 4:17). 이것은 구원의 복음을 세상에 전달하고 하나님의 백성의 영적 생활을 강화하기 위하여 하나님이 정하신 수단이다.

신약성경의 모든 책들이 케리그마를 반영하고 있는데, 특히 바울서신(롬 1:2-5; 4:24-25; 10:8-

케리그마와 디다케
(kerygma and didache)

신약성경에 소개된 전도 활동은 '케리그마'(전도)와 '디다케'(교육)로 이루어진 것을 볼 수 있다. 전자는 이교(異敎) 세계에 복음을 전파하는 것이고, 후자는 믿는 성도에게 설교하고 윤리적 훈육과 지도를 하는 것으로 양자는 구별된다(마 4:23; 롬 12:6-8, 고전 12:28).

분명히 신약성경에서 양자는 서로 구별되었으나 (엡 4:11; 딤전 2:7; 딤후 1:11; 4:2-4) 동시에 양자는 상호 교환적이었다(막 1:14-15, 21, 38-39, 행 5:42; 28:31; 골 1:28). 양자는 근본적으로 동일한 사실에 근거하는 것으로, 케리그마는 복음을 받지 못한 이방인들에게 하나님의 구원의 도리를 전도(선포)하는 것이고, 디다케는 이미 구원받은 성도에게 그 도리의 의미를 설명하고 가르치고 명령하는 것이다. → '디다케'를 보라.

9; 고전15:3-58; 갈1:3-4; 살전1:9-10)과 사도행전에 나타난 사도들의 초기 연설(행2:14-39; 3:12-26; 4:8-12; 10:34-43) 및 베드로전서와 히브리서 일부에서도 그 유형을 찾아볼 수 있다.

코이노니아(koinonia) 헬라어로 '코이노니아'(κοινωνία)는 '공유하다', '남과 함께 나누다', '공통'(共通), '다같이'라는 뜻을 지닌다. 성경에서 이 말은 크게 두 가지 의미로 쓰이는데, ① 삼위일체 하나님과 인간과의 교제(요일1:3) ② 인간 서로간의(성도 사이의) 친교(요일1:7) 등이다.

하지만 이 둘은 별개의 것이 아니라 서로 밀접한 관계를 갖고 있다. 구약 시대에는 하나님과 그의 백성 사이의 교제(출19:5-6)나 어떤 특별한 개인과의 교제(출33:9-11)가 나타난다. 이때 희생제사는 그 교제의 매개가 되기도 한다. 신약 시대에는 예수 그리스도를 통하여 새로운 의미의 교제로 승화된다. 특히, 사도 바울이 관용어처럼 언급한 '그리스도 안에'(엡1:4)라는 구절은 그리스도인들이 갖는 교제의 경험의 핵심과 본질을 가장 잘 나타내 준다.

하나님께서는 우리를 그리스도와 교제케 하기 위하여 부르셨는데(고전1:9), 이 교제는 단순히 개인적 경험에 그치는 것이 아니라 그리스도의 몸 된 교회를 이루는 기초가 된다(엡4:16). 즉, 그리스도와의 교제는 그리스도의 몸 된 교회의 각 지체들(형제)과의 교제를 가능하게 한다(고전12장; 요일4:20-21). → '그리스도 안에서', [1. 교회 일상 용어] '교제'를 보라.

용어상식

'코이노니아'가 의미하는 것

'코이노니아'란 말에는 다음과 같은 의미가 함축되어 있다.

① 교통(communication) : 막힘없이 통하는 것, 곧 성도가 서로 교통한다는 말은 성도와 성도 사이에 막힘이 없다는 뜻이다.

② 함께 나눔(sharing in common) : 기쁨과 슬픔, 영광과 고난 등을 다 함께 나눔.

③ 교제, 사귐(fellowship) : 격이 없이 서로 친교하고 사귐.

④ 우정(friendship) : 강한 지체의식과 동료의식을 가짐.

⑤ 참여(participation) : 예수 그리스도의 몸된 교회에서 맡은 바 은사를 따라 직분과 사명에 따라 전도, 교육, 봉사, 구제 등에 자원하여 참여하는 것.

⑥ 주님의 성찬(Lord's Supper) : 신앙고백이 일치하는 성도가 한 교회에서 주님의 살과 피를 나타내는 떡과 포도주를 들면서 그리스도의 고난과 부활에 영으로 믿음으로 참여하는 것.

⑦ 하나님과의 우호(fellowship with God) : 인생이 얻을 수 있는 최고의 평안과 위로의 확실한 근거가 된다.

이외에도 고대 사회에서 '코이노니아'라는 말은 결혼(marriage), 동업(partnership), 공동체의 사회생활(social life of the community, 생각과 뜻을 같이하는 사람들의 집단적 삶), 혹은 정치적 코이노니아(political koinonia, 같은 사상 이념 철학을 가진 자들의 단체나 정당 국가 등), 종교적 코이노니아(religious koinonia, 동일한 신앙인들의 모임) 등에 아름답고 중요한 의미로 사용되었다.

쾌락주의(快樂主義, hedonism) ① 육체의 (성적) 쾌락만을 추구하는 일종의 '향락주의'로서, 정신적·영적 세계에 대해서는 관심이 없다. ② 쾌락을 가장 가치 있는 인생의 목표라 생각하고 모든 행동과 의무의 기준으로 보는 윤리학의 입장. 즉, 개인의 쾌락을 얻는 것이 인간 행위의 기본 동기요, 또한 최종 목표이고, 그것이 도덕상의 선(善)이요 가치의 기준이 된다는 윤리설.

소크라테스의 제자이자 고대 그리스의 퀴레네 학파(Cyrenaics)의 아리스티포스(Aristippos, B.C.435-355년)는 쾌(快), 불쾌(不快)의 감정에 기초한 개인의 행복을 그 윤리학의 출발점으로, 즐거움을 즐길 수 있는 것이 인간 최고의 행복이라 하여 쾌락주의를 제창하였다.

여기서 즐거움이라는 감정은 맹목적으로 추구하여 얻어지는 것이 아니고, 진정으로 지속적인 즐거움을 얻을 능력은 현자(賢者)에게만 주어진다고 했다. 그리고 '쾌락'이란 육체적 방종의 소산이 아니라 역으로 혼에 의한 육체적 욕망의 통제에서 발생한다고 생각했다.

이러한 태도는 후대에 금욕적인 생활을 추구한 에피쿠로스 학파에 이어진다. 에피쿠로스와 그 학파는 '혼의 평정'(아타락시아〈ataraxia〉)을 중시하여, 건강하며 소박한 공동생활을 통해서 얻어지는 정신적 쾌락을 중시하였다. 그의 학원에서는 항상 쾌활한 웃음과 편안한 기쁨이 끊이지 않았다고 한다.

18-19세기에 들어서 공리주의를 제창한 영국의 윤리학자 벤담(Jeremy Bentham, 1748-1832년)이나 밀(John Stuart Mill, 1806-1873년)은 '최대 다수의 최대 행복'(the greatest happiness of the greatest number)을 표어로 삼고, 행복이란 인간이 구하는 선이며, 그것은 쾌락을 구하고 고통을 피하는 합리적 행동에 의해서 달성할 수 있다고 생각했다. 개인의 합리적·이기적 행동만이 정치의 간섭만 받지 않으면, 오히려 사회의 자연스러운 조화를 낳고, 최고선(最高善), 최대 행복에 기여할 수 있다고 하였다.

탈굼역(- 譯, **Targums**) 문자적으로 '해석(주해)하다', '설명하다'는 뜻. 헬라어로 된 70인역(LXX)처럼 히브리 원문에서 직접 아람어로 번역한 성경을 일컫는다(사26:19 난외주). 탈굼 이라는 말의 뜻이 시사하듯이, 아람역성경은 엄격한 의미에서 구약성경을 문자 그대로 번역한 성경이라기보다, 구약을 설명(주해)한 일종의 해설 성경이다.

바벨론 포로 이후 유대인들은 아람어를 사용하게 되었고, 회당에서도 히브리어성경을 읽은 후에 아람어로 번역하고 있었다. 이런 세월이 계속되는 동안 '탈굼'이라는 아람어 구약성경이 번역되었는데, 대략 A.D.2세기경에 시작하여 7세기 이전에 완성된 것으로 추정된다. 그중에는 온켈로스(Onkelos)와 같이 문자적 번역에 충실한 번역도 있으나 대부분 자유로운 설명역(說明譯)이 많고, 때로는 주해적인 삽입구도 발견된다. 탈굼역은 히브리어 원전의 구분법에 따라 율법서, 선지서(예언서), 성문서로 나뉜다.

탈무드(**Talmud**) 문자적으로 '연구', '교훈', '학습'이란 뜻. 유대인 율법학자들의 구전(口傳)과 해설(구전을 보완하여 주석을 붙임)을 모은 것. 즉, 성경시대 이후의 유대교 랍비들이 약 8세기(B.C.300-A.D.500년) 동안에 걸쳐 구두로 전달 발전시켜온 자기 민족의 종교적, 도덕적, 시민적 생활 전반에 관한 구전율법의 집대성이라고 본다.

제1부는 본문(모세율법을 중심한 구전율법, 판례집, 유전(遺傳), 히브리어로 기록됨)으로 구성된 '미쉬나'('반복'이란 뜻), 제2부는 랍비들이 해석한 주석으로 구성된 '게마라'('보완'이란 뜻)로 이뤄졌다.

전해오는 탈무드는 그 생산된 장소에 따라 두 종류로 구별된다. ① 바벨로니아 탈무드 ② 예루살렘 탈무드로 알려진 팔레스타인 탈무드. 이중에 전자가 훨씬 후대의 것으로 더 권위가 있으며, 분량도 많다('학가다'〈교훈이야기〉가 많음).

토라(**Torah**) '토라'는 원래 '(나뭇조각의 제비를) 던지다', '(길을) 인도하다', '가르치다'는 뜻의 동사 '야라'에서 유래한 말로서 종종 '사람의 가르침'을 가리키기도 하지만 대체로 '율법'을 가리키는 히브리어의 음사(音寫)이다.

유대인들 사이에서 '토라'는 폭넓은 의미로 사용되었는데, ① 일반적인 의미에서의 '율법.' ② '모세오경', 즉 구약 경전의 3구분 중 제1부분에 해당하는 명칭(창, 출, 레, 민, 신; 마12:5; 요1:45). ③ 유대교 경전 전체 곧 '구약성경 전체'를 가리키는 명칭(요10:34; 12:34; 고전14:21). ④ 후대 유대교의 성경 주석 및 역사적 기술이나 윤리·교훈적 성격의 여러 문헌을 가리키는 말로도 쓰였다.

토세프타(**Tosefta**) 팔레스타인의 지배 계급들인 현인(賢人)들의 편찬물로, 탈무드의 미쉬나에 빠져 있거나 서로 유사한 것은 포함시키고 보충하여, 미쉬나의 6종류의 등급을 따라 분류 편찬하여 정돈한 문서. → '미쉬나'를 보라.

토착화(土着化, **indigenization**) 역사적으로 각 나라의 문화적 배경과 전통이 다르기 때문에 복음을 전달하는 과정에서 복음이 거부당하지 않고 순조롭게 수용되도록 그 문화와의 동일화 내지 교류를 모색하는 과정을 가리킨다. '상황화'(狀況化)라는 용어가 탄생하기 전에는 선교의 중요한 방법으로 '토착화'라는 용어가 사용되었다.

'토착화'란 '삼자원리'(三自原理) 혹은 '네비우스 방법'(Nevius Methods) 등으로 요약될 수 있는데 ① 자치제도(自治制度, self-government), ② 자급운영(自給運營, self-support), ③ 자력전

도(自力傳道, self-propagation) 하는 토착교회 형성을 주된 목표로 삼는 원리이다.

하나님께서 사람을 구원하시기 위하여 사람이 되셨듯이, 교회가 복음의 사명을 감당하기 위하여 그 지역의 문화에 적응해야 한다는 것은 필연적인 일이다. 복음은 그 지역의 문화권에서 그 문화의 수단을 통해서만 전해지기 마련이다. 사실 복음이 헬라어로 기록되었다는 것 자체가 이미 토착화의 한 과정을 밟은 것이라 할 수 있다. 그러나 토착화가 복음의 본질적 변화를 의미하는 것은 결코 아니다. 단지 복음 전달의 실효성과 방법론에 관한 문제일 뿐이다.

결국, 토착화란 모든 지역과 모든 시대의 교회의 유산을 보존하는 한편 그 해석과 표현에 있어서는 그 지역의 문화적 특징에 따라야 함을 의미한다. 상황화는 바로 이 토착화에 기본적인 근간을 두고 탄생했다. 물론, 상황화는 토착화와는 여러 가지 면에서 많은 차이점을 보이는 것이 사실이지만, 상황화가 토착화를 디딤돌로 삼고 탄생하였다는 것은 1970-1977년까지 세계교회협의회(WCC)의 신학교육기금(Theological Education Fund)의 이사였던 코(Shokie Coe)의 말 중에서 "상황화(contextualization)란 토착화란 용어가 의미하는 모든 것을 포함하지만 그 이상으로 넘어가기를 추구한다"라는 말 속에서 찾을 수 있다.

즉 상황화란 기본적으로 토착화의 개념을 포함하면서 토착화의 오류, 편견, 틈새 등을 교정하면서 새로운 시대 상황에 맞는 선교원리로 제시된 것이었다. → '상황화'를 보라.

토테미즘(totemism) 토템 신앙에 의해 형성되는 원시적 사회 체제 및 종교 형태를 가리킨다. 여기서 '토템'(totem)이란 미개 사회에서 씨족이나 부족 혹은 씨족적 집단의 성원(成員)과 특별한 혈연관계를 가진다고 생각하여 신성시하는 특정한 동·식물 또는 자연물을 가리킨다. 그런 맥락에서 씨족들의 이름이 동물과 식물의 이름에서 유래한 경우가 있었고(민26:17,23,26,35,39), 동물숭배(겔8:7-11)나 특정 음식물 금기(레11장; 신15장), 종족 고유의 상징물(민1:52; 2:2), 족외혼(族外婚, 삿12:9) 등의 특징을 나타내기도 했다.

통상섭리(通常攝理, ordinary providence) → '섭리'를 보라.

통치(統治, government) '섭리'의 한 종류인 '통치'는 우주의 주권자이신 하나님께서 모든 피조물이 그 존재 목적에 맞게 응할 수 있도록 그들을 다스리시는 하나님의 계속적인 활동을 말한다. 하나님은 시·공간을 초월하여 계시는 분이므로 통치의 영역은 우주 전체(시22:28)이며 과거, 현재, 미래를 포함한 영원적인 것이다(시103:17).

즉, 통치의 영역은 ① 물질적 가시적 모든 세계(마4:45; 행14:17) ② 이성적이거나 비이성적인 피조물(시104:21; 잠21:1) ③ 큰 일과 작은 일(시126:2-3; 마10:29) ④ 일반적인 일과 특별한 일(시127:2; 잠16:23) ⑤ 선행과 악행(행14:16; 빌2:13) ⑥ 이스라엘과 모든 열방(시47:9; 사33:22) 등 아무것도 그분의 통치에서 벗어나지 못한다.

하나님은 우주의 왕으로서(마2:25; 행17:24) 그 선하시고 기쁘신 뜻에 따라 그 어떤 세력의 방해도 받지 않으시고 자의지적으로 온 세상 만물을 다스리신다(롬11:36; 딤전1:17; 계19:6).

투쟁적 교회(鬪爭的 敎會, a militant church) → '전투적 교회'를 보라.

특별섭리(特別攝理, particular providence) → '섭리'를 보라.

특별계시(特別啓示, special revelation) 자연과 역사와 양심 속에서 나타난 '일반계시'를 통해 인간은 막연하나마 절대자가 있다는 것을 알 수 있었다. 하지만 죄가 세상에 들어온 이래 일반계시로는 그분이 누구신지, 어떤 분이신지를 아는 데는 불충분하게 되었다. 그래서 하나님은 자신을 분명하게 알 수 있도록 계시하셨는데 이것이 '특별계시' 혹은 '특수계시'이다.

구약 시대에는 하나님께서 직접 또는 천사나 선지자를 통해, 혹은 이적을 통해 자신을 드러내셨다. 이 계시는 하나님이 인간이 되신 예수 그리스도의 성육신(成肉身)으로 절정에 달했다(요1:18). 즉, 이전에 여러 방법으로 자신을 계시하신 하나님은 이 모든 날 마지막에 아들로 인간들에게 말씀하신 것이다(히1:1-2). 따라서 가장 완전하고 특별한 계시는 '예수 그리스도'이시다.

그리고 하나님께서는 이러한 자신의 뜻이 잘 보존되고 전파되도록 하기 위해 자신의 뜻을 기록하게 하셨는데(잠22:19-21; 사8:19-20), 그것이 바로 성경이다(딤후3:15; 벧후1:19). 그래서 특별계시라 하면 일반적으로 예수 그리스도와 성경을 가리킨다. 그러나 특별계시는 그 양에 있어서 성경에 기록된 것보다 더 많은 것을 포함하고 있다. 그렇다 하더라도, 성경에 포함된 계시만으로도 구원과 생활에 관한 모든 지식을 충분히 제공해 주고 있다고 믿는다. → '계시'를 보라.

■**특별계시의 방법** - 하나님은 대략 세 가지 방법으로 특별계시를 제시하셨다.

① 하나님의 현현(顯現) : 구약 시대에 하나님은 그룹 사이에(시80:1; 99:1), 불과 연기와 구름 속에(욥38:1; 40:6; 시18:10-16), 세미한 소리 가운데(왕상19:12) 자신의 영광의 얼마를 드러내셨다. 특히, 주의 사자(하나님과 동일시 되는) 곧 삼위 하나님 중 제2위로 자신을 계시하기도 하셨다(창16:13; 31:11; 32:28; 말3:1). 하나님의 임재 곧 현현은 그리스도의 성육신에서 정점에 달했고(마1:23; 요1:14) 그리스도 안에서 신격(神格)의 충만함이 육체로 임재하신 것이다(골1:19; 2:9).

② 직접적인 전달 : 하나님은 친히 음성으로(창2:16; 출19:9; 신5:4-5; 삼상3:3), 제비뽑기 및 우림과 둠밈으로(민27:21; 삼상10:20; 느11:1), 꿈으로(신13:1-6; 삿7:13; 욜2:28), 환상으로(사6:1-13; 겔1-3장; 암7-9장), 계시의 영(靈)을 통하거나 내적 조명(內的 照明)의 방법으로 자신의 뜻을 전하셨다(요15:26; 행6:10; 8:29).

③ 이적(표적, 권능) : 하나님의 특별 능력의 현현이요, 특별 임재의 상징이라 할 수 있는 이적은, 하나님의 위대한 구속 사업을 돕는 역할을 하는데, 종종 악인을 벌하며 하나님의 백성을 돕고 구원하는 데 사용된다. 또한, 예언의 말씀들을 확증하고 하나님께서 수립하고 계시는 새 질서를 강조한다. 그런데 이적 중에 가장 큰 이적이요 가장 중심적인 이적은 예수 그리스도의 성육신이라 할 수 있다. 그분으로 인하여 만물이 회복되는 것이다(행3:20-21).

■**특별계시의 특징** - 특별계시는 다음과 같은 특징을 지니고 있다.

① 목적성 : 단순히 우주와 인간에 대한 이론적 지식 전달을 위한 것이 아니라 하나님의 작정과 그리스도의 속죄, 하나님의 구속사역을 그 내용으로 하여 죄인을 변화시키고 종국적으로 구원받게 함을 목적으로 하는 특별한 계시이다.

② 말씀과 사실의 종합성 : 특별계시는 단순히 말씀과 교리로만 구성된 관념 체계가 아니라 구약 시대의 역사와 제사의식, 예수 그리스도의 구원사역과 부활, 승천, 교회와 성도를 위한 성령의 활동으로써 드러나는 살아 있는 구원 진리 체계이다.

③ 역사적 점진성 : 특별계시의 내용은 인류의 타락 직후의 원시복음에서부터 완성에 이르기까지 역사의 전개에 따라 점차적으로 계시되었다. 즉, 하나님은 구약 시대부터 현현(顯現), 신언(神言), 이적 등의 방법을 통해 자신의 뜻을 드러내셨는데, 그 계시는 그리스도의 성육신에서 최고점에 달했고 이어서 성령강림과 사도들의 사역으로 계속 진행되다가 마침내 성경의 완성으로 최종적으로 충족 완료되었다.

■**특별계시와 성경** - 특별계시는 하나님의 구속사(救贖史) 전개의 각 시점에서 주어진 특별한 계시 사건이고, 성경은 그것의 문자적 보존이다. 따라서 성경 전체는 특별계시라 할 수 있다. 그러나 특별계시 전체가 성경은 아니다.

특별계시와 성경의 차이점을 보면, ① 방법상 : 특별계시는 외적인 나타남, 내적인 암시, 이적 등을 통한 전달 사건이나 성경은 그 전달 사건의 내용 및 상황에 대한 기록이다. ② 시간상 : 특별계시는 그것의 기록인 성경보다 먼저 주어졌다. ③ 범위 : 특별계시의 일부만이 성경에 포함되어 있다(요21:25).

한편, 양자의 동일한 점을 보면, 성경은 특별계시의 종합적 방법으로서 특별계시 내용의 수집이며, 양자는 공히 인간의 심령을 새롭게 하는 역할을 하는 하나님의 뜻이 포함되어 있으므로 분리될 수 없다(요10:35; 롬3:2; 살전2:13; 히4:12).

파라독스(paradox) → '역설'을 보라.

파루시아(Parousia) → '재림'을 보라.

팔경(八經, Octateuch) 율법서인 구약 오경(창세기, 출애굽기, 레위기, 민수기, 신명기)에 여호수아, 사사기, 룻기를 더한 여덟 권의 책을 말한다. → '성경'을 보라.

페쉬타역(- 譯, Peshitta) 고대 수리아어로 번역된 성경. 대부분 A.D.2세기 후반에 작성된 것으로 여겨진다. '페쉬타'란 '단순하다'는 뜻으로, 수리아역이 성경원문의 뜻을 간단 명료하게 드러낸다는 데서 유래된 표현이다. 구약 오경이 제일 먼저 번역된 것으로 맛소라 원문과 조화가 잘 되며, 탈굼역과도 통하는 점이 많다.

펠라기우스주의(- 主義, Pelagianism) 영국의 금욕적 수도사요 신학자요 교사인 펠라기우스(Pelagius, 360?-420?년)로부터 유래한 신학적 견해. 그는 410년을 전후한 때에 로마에서 신앙생활 지도와 저술에 종사하다가 아프리카의 히포와 카르타고, 팔레스타인을 전전하며 금욕적 수도생활을 했다. 성경과 고전에 대한 교양이 풍부했던 그는 하나님이 남녀에게 자유의지를 주셨기 때문에 그들이 구원받든지 말든지를 선택할 수 있다고 주장했다. 그와 함께 은총론 및 예정설의 내용을 변질시키고 원죄(原罪)를 부정하는 이른바 펠라기우스설을 주장했다.

그는, 하나님께서 인간에게 불가능한 것 그 무엇 하나도 명령하지 않았고, 또 누구든지 그 사람이 원하기만 하면 죄를 범하지 않고 생활할 수 있다고 강조하면서, 육체의 연약성 등을 구실로 우유부단한 신앙생활을 하는 그리스도인들을 향해 도덕적 노력을 하도록 분발시키려 했다.

펠라기우스와 그의 추종자들은 인간의 성질은 하나님에 의해 만들어졌기 때문에 충분한 능력이 있다고 가르쳤다. 인간의 의지는 항상 선과 마찬가지로 악을 선택할 자유가 있다면서 인간의 성질은 악에 대한 편향을 조상에게서 물려받지 않았다고 했다. 즉, 이 세상에 태어나기 전 유아들은 타락 이전의 아담과 똑 같은 상태였다는 것이다.

또한, 펠라기우스주의자들은 하나님의 계명을 지키기 위한 내적 은혜의 필요성도, 속죄의 필요성도 모두 부정하였다. 인간의 성질은 선하게 만들어졌기 때문에 만일 원하기만 한다면 쉽게 바른 생활을 할 수 있는 힘을 창조자로부터 부여받았다고 한다. 이른바 '선택할 수 있는 힘'(possibilitas utriusque patris) 곧 형식적 자유(인간은 그의 자유의지에 의해 하나님에게서 해방되었다는)를 강조했다.

이러한 사상에 가장 강력히 반발한 사람은 어거스틴이었다. 어거스틴의 불만으로 논쟁이 일어났고 마침내 예루살렘 회의(415년), 디오폴리스 회의(415년)에서 펠라기우스주의가 이단시되었으며, 두 차례 카르타고 회의(417, 418년)에서 정죄 유효 선언이 내려졌고, 제2오랑주 회의(529년)에서 다시 정죄되었다.

편재(遍在, omnipresence) 하나님의 무한성(無限性) 곧 그분의 완전성을 나타내는 한 표현으로서, 하나님은 모든 공간을 초월하시며 동시에 그의 전존재(全存在)로서 공간의 모든 지점에 존재하심을 이르는 말(시139:7; 렘23:24; 롬10:6-7). 일명 '무소부재'(無所不在), 하나님의 '무변성'(無邊性)이라고도 한다. 이처럼 하나님은 모든 피조물과 전 창조세계 속에 내재하시지만, 그렇다고 그것에 조금도 구속되지는 않으신다(왕상8:27; 사66:1; 행7:48-49; 17:27-28). → '하나님'을 보라.

편집비평(編輯批評, redaction criticism) 성경비평학의 한 분야로, 교회를 통해 전승된 구전(口傳)과 문서자료를 성경 저자가 어떻게 자신의 신학에 따라 편집했는가를 비평하는 것을 말한다. 이는 '자료비평'(source criticism, 성경 저자가 사용한 문서나 구전형태의 집필자료들을 비평하는 것)과 '양식비평'(form criticism, 성경의 문학양식을 분석하는 것)의 결과를 전제로 하여 그 결과에 바탕을 둔다.

또한 '편집비평'은 성경 본문의 최종적인 형태를 중심으로 편집 단계와 편집자의 편집적인 활동의 의미와 신학을 파악하는 것이다. 즉, 고대의 구두(口頭) 혹은 문서자료가 수집되고, 편집되고, 재편집되어 성경의 한 단락이나 한 책 혹은 여러 책이 최종 형태를 이루기까지의 전체 과정에 대해 단계적으로 분석하며, 특히 최종단계의 편집자의 신학적인 의도를 파악하려고 하는 해석방법론이다.

이러한 맥락에서 편집비평은 양식비평과 자료비평 외에 전승사비평(tradition criticism, 성경에 나오는 이야기들이 성경에 수록되기 전까지, 문서와 구전 자료로 전승되어온 경로를 비평하는 것)과도 관련되어 있다.

편집비평이 성경비평학에 공헌한 바는, ① 편집비평을 통해 본문의 편집 단계마다 편집자의 의도를 이해하게 되므로 성경의 배경이 되어온 지역과 민족의 역사와 신학을 이해하는 데 도움을 준다. ② 성경 본문의 각 단계를 역사적인 배경에서 본문의 의도를 살펴봄으로써 가장 발전되고 효과적인 통시적 해석방법을 갖게 한다.

그러나 편집비평의 한계는, ① 자료비평, 양식비평, 전승사비평의 연구 결과를 활용하여 편집의 역사를 재구성하려 하기 때문에 역사적인 자료가 부족할 때 편집단계마다 신뢰할 수 있는 편집사를 구성하기가 어렵다. 이때의 위험요소는 가설적인 요소들이 포함되기 쉬워진다는 점이다. ② 최종본문의 어떤 특성들을 중요하게 과장하는 경향이 있다. 우연 또는 실수의 결과일 수 있다는 가능성은 고려하지 않으므로 본문의 의미는 믿을 수 없게 된다. ③ 편집자의 신학적 의도에 대해 학자마다 다른 견해를 보일 때에, 그 신학적 교훈을 규명하기가 어려워진다. → '성경비평' 을 보라.

포스트모더니즘(**post-modernism**) '근대 이후' 라는 뜻을 지닌 말로서, 근대주의(近代主義, modernism)의 토대 위에서 그 한계를 비판하며 성립된 것으로 일종의 '탈근대주의'(脫近代主義) 라 할 수 있다. 이 같은, 포스트모더니즘은 2차 세계대전 이후 1960년대 중반부터 모더니즘의 폐단을 해결하고자 생겨난 문화 운동이며, 정치, 경제, 사상 등 모든 영역에서 변혁의 물결을 몰고온 사회 운동이고, 새로운 시대의 이념으로서 자리매김 해왔다. 즉, 포스트모더니즘은 미국과 프랑스를 중심으로 한 학생운동, 여성운동, 흑인의 민권운동, 제3세계 운동 등의 사회 운동과 전위 예술 등 인간 정신의 모든 산물에 걸쳐 나타난 보편적인 현상이었다.

근대주의(모더니즘)는 이성주의를 바탕으로 한다. 그것은 사람들이 지금껏 진리의 기준으로 잡아왔던 것들이 전통과 권위, 또는 종교적인 믿음 등이었다면, 진리의 기준을 인간의 이성으로 정의하고 인간의 이성을 기반으로 모든 세계관을 정립하는 것이 모더니즘석 성향이라 하겠다.

이에 비해 포스트모더니즘은 우선 모더니즘의 이성주의적 입장에 반대한다. 모더니즘이 이성으로(합리적으로) 판단하면 옳은 것을 알아낼 수 있다고 믿었기에 진리는 하나라고 보았다. 그런데 포스트모더니즘은 그러한 이성에 대한 믿음은 허구에 불과하다고 주장하며 그러한 이성적인 합리

성도 하나의 주장에 불과하다고 본다. 그래서 포스트모더니즘의 성격에 반이성적인 성격이 있고, 하나의 진리만을 주장하지 않기 때문에 '다원주의' (多元主義)라고도 한다. 그런 측면에서 이성에 반대되는 감성과 의지 등을 강조하는 경우가 많다. 특히, 오늘날처럼 이성적인 판단보다 감성적인 느낌이나 이미지를 중요시하는 풍조는 포스트모던한 흐름에 맞는 것이라 하겠다.

포스트모더니즘의 특징을 살펴보면, ① '불확정성'(indeterminacy)이다. 불확정성이란 현대문화의 여러 특성들(애매모호성, 불연속성, 임의성, 반역, 곡해, 무작위, 해체, 변용)을 포괄하는 의미이다. 즉, 세계의 분열을 거부하지 않고 그대로 받아들이는 것이다. 왜냐하면, 포스트모더니즘적 세계관에서는 절대성이란 없으며, 삶의 다양성과 우연성을 모두 받아들여야 한다고 보기 때문이다.

② '단편화'(fragmentation) 현상이다. 모더니스트들이 어떤 질서나 통합에 대한 동경과 향수로 가득한 채 그것들의 회복을 위하여 단편화의 수법을 사용했다면, 포스트모더니즘은 단편화 그 자체를 보여주는 것으로 끝난다.

③ 탈 정전화(decanonization) 현상이다. '정전'(正典)이란 이제껏 고전으로 인정해왔고, 보편적 가치의 구현물처럼 여겨온 것들을 말한다. 포스트모더니즘에서는 이런 것들이 한낱 지배 이데올로기를 표방하거나 서구 중심주의, 엘리트주의, 남성 중심주의의 표상이라 비판한다. 이런 탈 정전화는 필연적으로 대중주의를 탄생시킨다. 포스트모더니즘은 소위 고급문화나 엘리트 주의를 거부하고 대중 속에 위치하는 예술을 지향한다.

이러한 특징을 갖는 포스트모더니즘은 우선 진보적이다. 기존의 가치관이나 세계관을 반성하고, 한 계층을 위해 존재하는 예술을 거부한다. 대중과 유리되는 예술을 지양하며, 대중에 친근하게 접근할 수 있는 주제를 선택한다. 또한, 포스트모더니즘은 대단히 현실적이다. 현대에서의 다양하고 복잡한, 그리고 파편화된 삶의 양상을 그대로 보여준다. → '다원주의' 를 보라.

포용주의(包容主義, **inclusivism**) 그리스도 중심의 구원의 도리라는 특별한 원리도 인정하지만, 이런 구원의 원리가 모든 종교에도 가능하다는 주장. 즉, 예수 그리스도만이 유일한 구원의 길

이라는 절대 신앙을 부인하고, 예수 그리스도 구원의 여러 길 가운데 한 종류이며, 다른 종교에서도 구원의 길이 있다고 주장하는 일종의 '다원주의'이자 '상대주의'를 말한다.

포용주의는 보편구원론, 만인구원론, 사후 전도(死後 傳道), 익명의 그리스도인 구원 등 개혁신학이 절대 용납할 수 없는 신학 원리들을 주장한다. → '다원주의', '상대주의'를 보라.

프뉴마(pneuma, soul, spirit) → [1. 교회 일상용어] '영'을 보라.

프래그머티즘(pragmatism) 프래그머티즘은 실질적인 결과에 대해 의미 또는 가치가 결정된다는 개념이다. 이 개념은 실용적인가 아닌가를 진리 여부의 표준으로 삼는 일종의 '결과지상주의', 및 '실용주의'와 밀접한 관련이 있다. 만약 어떤 기술 또는 과정이 바라는 결과를 가져다 준다면 프래그머티스트와 실용주의자에게 그것은 진리가 된다. 그런데 만약 기대한 효과가 없다면 그것은 잘못된 것 혹은 거짓으로 간주된다.

한편, 이 프래그머티즘은 그 뿌리를 다원주의와 세속적 인본주의에 두고 있다. 이 사상은 내재적으로 상대적 가치관을 가지고 절대 선과 거짓 그리고 선과 악, 진리와 거짓에 대한 개념을 거부한다. 프래그머티즘에게 있어서 '진리'란 ① 유용한 것을 말하며 ② 의미가 있으며 ③ 도움이 되는 것을 가리킨다. 반면에, ① 효과가 없고 ② 관련이 없는 것은 '거짓'으로 간주되어 거부된다.

하나님(God) 히브리어로 '엘로힘'(אֱלֹהִים), 헬라어로 '데오스'(θεός). 온 세상(만물과 역사)의 창조자(조물주)요(창1:1-2:4; 출20:11; 시24:1-2; 121:2; 계4:11), 섭리(경영, 통치)자이며(잠21:1; 단4:35; 엡1:11; 히11:10), 구속주(시130:8; 사43:14; 63:16)이고, 심판(완성)자(창18:25; 벧전4:5)로서 영원히 찬양과 경배를 받으실 유일한 분.

물론, 하나님은 스스로의 결정에 따라 무엇이든 하실 수 있는 지혜와 능력을 소유하고 계시지만(창18:14; 마19:26), 스스로 모순 되는 일 곧 거짓말(민23:19; 히6:18)이나 자신을 부인하는 일(딤후2:13)이나 뜻을 변경하는 일(삼상15:29; 히6:17)은 하시지 않는다.

한편, 피조물에 불과한 유한한 인간으로서 창조주요 무한하신 하나님에 대해 완전한 지식을 갖는 것은 불가능하다. 그러나 하나님은 성경이라는 특별계시와 자연이라는 일반계시를 통해 자신을 계시하셨다. 따라서 하나님이 계시하신 범위 안에서 우리는 부분적인 지식을 가질 수 있다. 하나님은 인간이 연구하고 추적해 찾아낼 수 있는 존재가 아니라 오직 계시를 통해서만 그 모습을 드러내시는 분이다.

성경에는 '하나님'에 대한 형식상의 정의가 내려져 있지 않다. 하지만, 성경이 보여 주는 계시 안에서 하나님에 관한 일반적 정의를 내릴 수 있다.

① 하나님은 영(靈)이시다. 즉, 하나님은 본질적으로 영이시므로 어떤 물질적 형태나 형상으로 나타나시지 않는다. 따라서 인간의 눈으로 볼 수 있는 분이 아니다(요4:24; 딤전6:16).

② 하나님은 인격체이시다. 즉, 하나님은 지적이고 도덕적이시므로 스스로 계획(판단)하고 결정하며 인간과 인격적 교제도 나누신다(요14:9).

③ 하나님은 완전하시다. 즉, 하나님은 영존하시며 완전하신 분으로서 어떤 한계 아래 놓이거나 더 발전해야 하거나 투쟁하거나 고난당하거나 실패하거나 죽는 존재가 아니다(출15:11; 시147:5).

④ 하나님은 단순성을 지니신 분이다. '단순하다' 함은 그 존재와 속성이 불순하거나 변경됨 이 영원히 동일함을 뜻한다. 즉, 하나님은 진리이시며 생명이시고 사랑이시며 의로우신 분으로, 그 같은 속성을 이질적 요소의 방해를 받지 않으신 채 영원히 보존하신다.

⑤ 하나님은 삼위일체이시다. 즉, 하나님은 존재양식에 있어 독립된 세 분의 실재적 개체(성부, 성자, 성령)이면서 본질에 있어서는 서로 완전 동일한 일체가 되신다(창1:26; 고전8:6; 고후13:13).

웨스트민스터 소요리문답(제4번)에는 하나님을 이렇게 요약ㆍ정의했다. 즉, '하나님은 영이신데 그 존재와 지혜와 능력과 거룩함과 의로움과 선함과 진리에 있어서 무한하고 영원하고 불변하시다.' 곧, 하나님은 자의식을 가진 비물질적 존재이며, 스스로 결정하는 인격적인 존재이며, 어느 곳에나 계시는 분이다(출3:14). 또, 하나님은 전지(全知)하시며 전능하시고, 모든 논리와 합리성의 기초가 되신다. 성경에서 하나님의 '영원하심'은 시간적인 시작과 끝이 없다는 말이며, 그분의 '불변하심'이란 하나님의 본질적 속성(거룩한 성품)에 대한 자기 지속성이 영원에 걸쳐 완전함을 지적한 표현이다.

하나님은 자신의 의지를 말씀으로 계시하시는데, 궁극적으로 그 아들을 통해 계시하신다(히1:1). 또, 보이지 않는 영원한 능력과 신성이 창조하신 만물을 통해 분명히 알려지고 보여지게 하신다(롬1:20). 그리하여 하늘은 하나님의 영광을 선포하고 궁창은 그 손으로 하신 일을 나타낸다(시19:1; 롬10:18). 또한, 하나님은 은혜의 도구인 믿음을 통해, 단순한 인식을 초월해 자기 백성과 교제하심으로써 알려지신다(시27편). → '여호와', [1. 교회 일상 용어에 '아도나이', '엘로힘', '주', '하나님'을 보라.

■**하나님의 공유적 속성** - 하나님이 인간과 더불어 공유하실 수 있는 성품(물론 인간의 것은 유한하고 피동적인 반면 하나님의 것은 무한하고 완전함)은 다음과 같다. ① 거룩하시다(레22:32; 시22:3; 요17:11). ② 의로우시다(사56:1; 빌3:9). ③ 공의로우시다(습3:5; 행17:31). ④ 선하시다(출33:19; 시119:68). ⑤ 진실하시다(출34:6; 시146:6). ⑥ 사랑이시다(삼하12:24; 요일3:1). ⑦ 노하기를 더디하신다(시86:15; 욜2:13). ⑧ 불의함이나 치우침이 없으시다(대하19:7).

■**하나님의 비공유적 속성** - 오직 하나님만이 소유하시는 본체적인 성품은 다음과 같다. ① 전지하시다(욥28:23-24; 시37:18; 요일3:20). ② 전능하시다(욥42:2; 눅18:27; 계21:22). ③ 어느 곳에서도 계신다(대하2:6; 행7:48-49). ④ 영원하시다(시93:2). ⑤ 자존하시다(출3:14). ⑥ 유일하시다(신6:4; 사37:16; 약4:12). ⑦ 온전하시다(마5:48). ⑧ 변함이 없으시다(삼상15:29; 시102:27; 약1:17). ⑨ 무한하시다(왕상8:27; 렘23:24). ⑩ 지혜로우시다(욥12:13,16). ⑪ 장래 일을 미리 아신다(렘1:5; 단10:14; 롬8:29). ⑫ 영이시다(요4:24).

■**하나님의 인격적 속성** - 성경은 하나님의 인격석 측면을 강조한다. 물론, 그중에서는 인간의 이해를 돕기 위한 의인법적 표현도 있다는 점을 염두에 두어야 한다. 그 대표적인 경우를 보면, ① 하나님은 웃으신다(시2:4; 37:13). ② 휴식하신다(창2:2-3; 출31:17; 히4:10). ③ 질투하신다(출34:14). ④ 노하신다(출22:24; 시18:7). ⑤ 기억하신다(창9:16). ⑥ 후회하신다(창6:7). ⑦ 이상히 여기신다(사63:5). ⑧ 염려하신다(신32:26-27). ⑨ 아신다(시139:2-4; 마6:32). ⑩ 근심하신다(창6:6). ⑪ 뜻을 돌이키신다(욘3:10).

■**하나님의 이름** - 하나님의 이름이 무엇이며 또 무슨 뜻을 갖고 있는가 하는 문제는 모든 사람들의 관심사다. 영어의 'God'은 'good'에서 인출되었다고도 하고 페르시아어로 '소유자'란 뜻인 'Choda'에서 유래했다고도 한다. 아무튼, 구약성경에 언급된 하나님을 지칭하는 여러 이름들에는 기본적으로 중요한 세 개의 단어들이 내재되어 있다. 그것은 '엘', '엘로힘', '여호와(야웨, 야훼)'이다.

① 엘(El) : 셈어에서 '강한 자', '하나님'을 나타내는 셈족 최고의 그리고 가장 널리 알려진 신명(神名). 복수형은 '엘로힘'으로, 하나님에 대한 히브리인들의 공식 명칭이었다. '엘'과 결합된 이름을 보면, 〈엘 로이〉('감찰하시는 하나님', 창16:13), 〈엘 샤다이〉('전능하신 하나님', 출6:3; 창17:1; 28:3), 〈엘 엘로헤 이스라엘〉('하나님, 이스라엘의 하나님', 창33:20), 〈엘 엘욘〉('지극히 높으신 하나님', 창14:17-22; 민24:16; 시78:35), 〈엘 올람〉('영생하시는 하나님', 창21:33).

② 엘로힘(Elohim) : '엘'의 복수형으로 셈어에서 '신'(神)을 가리키는 최고의 표현. 형태는 복수형이지만 단수로 취급되며, 온 우주와 세상과의 관계에서 탁월하고 절대적이며 참된 하나님을 지칭한다(창1:1; 출20:7). 이와 관련해 '신', '하나님'을 지칭하는 '엘로아흐'는 '엘'의 연장형으로서 구약에서는 시어에 주로 쓰인다(신32:15-17; 욥12:6; 사44:8; 합1:11).

③ 여호와(Jehovah) : '영원 자존자'(출3:14)를 의미하며 가장 신성하고 가장 탁월한 성호(聖號)로 인정되어 왔다. 히브리어로는 네 개의 자음(HWHY)으로 이뤄져 있으나 본래의 그 발음은 알려져 있지 않다. 유대인들은 3계명을 엄수하여 하나님의 거룩한 이름을 함부로 부르지 않기 위해 B.C. 300년경에 이것을 전혀 발음하지 않기로 했다. 만약 피치 못해 발음할 경우 '주님'(Lord)을 뜻하는 '아도나이'(Adonai, '전능하신 통치자'라는 뜻을 함축함)로 읽었다(포로기 이후). '여호와'와 결합된 이름을 보면, 〈여호와 닛시〉('여호와는 나의 깃발', 출17:15), 〈여호와 삼마〉('여호와께서 거기 계시다', 겔48:35), 〈여호와 샬롬〉('여호와는 평

강', 삿6:24), 〈여호와 이레〉('여호와께서 준비하심', 창22:8,14), 〈여호와 치드케누〉('여호와는 우리의 의', 렘23:6; 33:16), 〈여호와 체바오트〉('만군의 여호와', 삼상1:3; 시24:10), 〈여호와 엘로헤 이스라엘〉('여호와 이스라엘의 하나님', 삿5:3). 이 외에 〈네차흐 이스라엘〉('이스라엘의 지존자', 삼상15:29), 〈아비르 이스라엘〉('이스라엘의 전능자', 사1:24), 〈케도쉬 이스라엘〉('이스라엘의 거룩한 자', 사1:4).

한편, 신약성경에서 하나님의 이름은 ① 데오스(Theos, '하나님'이란 뜻) : 구약의 '엘', 엘로힘'을 대치하는 신약적 표현이다. ② 퀴리오스(Kurios, '주, 주인'이란 뜻) : '주님', '전능자' 또는 '통치자'의 뜻을 가지며, 예수 그리스도에게도 하나님이시자 신앙과 예배의 대상으로서 적용되었다(롬8:39; 16:18; 빌3:8). ③ 파테르(Pater, '아버지'란 뜻) : 성부 하나님을 가리키는 이름으로, 성자 예수 그리스도에 의해 소개되었다(마6:9).

하나님 나라(Kingdom of God) 하나님 나라'는 예수께서 전하신 복음의 핵심 메시지다(마21:31; 22:2). 동일한 표현으로 마태는 하나님의 이름을 직접 부르기를 두려워하는 유대인 독자를 염두에 두고 '천국' 곧 '하늘나라', '아버지의 나라'라는 용어를 즐겨 사용하였다(마3:2; 4:11; 13:11; 26:29). 여기서, '나라'를 뜻하는 헬라어 '바실레이아'는 여러 가지 의미가 내포되어 있다.

① 한 통치자가 다스리는 영역. 이 영역은 때로는 현재적이고 때로는 미래적이다. 이것은 세례 요한의 천국 선포 이후에 소개된 영역으로(눅16:16), 세례 요한은 새 영역 안에 들어선 것이 아니라 단지 그 문턱에 서 있었을 뿐이며, 그 나라의 가장 작은 자라도 요한보다 크다(마11:11).

② 그 통치자가 다스리는 백성. 구속받은 자들은 한 나라이다(계5:10). 이들은 하나님의 통치에 참여한 자들이다(계1:6).

③ 그 통치자의 다스림 그 자체. 따라서 하나님의 통치를 인정하고 받아들이는 사람에게 그 나라에 들어갈 복이 주어지는 것이다.

성경에서는 위의 세 가지 의미를 모두 포함한다. 따라서 '하나님 나라'는 하나님을 대적하는 악한 세력을 물리치기 위해 그리스도 안에서 역사하시는 하나님의 주권적인 통치요, 하나님이 다스리기 위해 친히 택하시고 불러 세우신 백성이며, 하나님께서 통치의 능력을 발휘하시는 모든 영역이라 할 수 있다.

한편, 하나님 나라는 시간적으로 ① 현재적이다. 예수 그리스도의 초림(初臨)으로 하나님 나라는 이미(already) 이 땅에 임하였다. 사탄에게 굴복하여 죄와 고통과 죽음으로 신음하던 지상 나라에, 하나님 나라의 주역이신 예수께서 오셔서 귀신들을 축출하심으로써 하나님 나라의 임함을 알리셨다(마12:28). ② 종말적이다. 하나님 나라는 아직(not yet) 완성되지 못한 상태로서 장차 완성의 날을 기다리고 있다. 즉, 그 나라는 사탄의 권세를 최종적으로 분쇄하기 위한 그리스도의 재림(再臨)과 더불어 권세와 영광으로 장차 임할 것이다. 이와 관련해, 공관복음서에는 예수 그리스도의 사역과 인격을 통해 미래적인 하나님의 나라가 현재화되고 있음을 알려준다(마10:32; 11:21; 25:41). 즉, 하나님 나라는 그리스도 안에서 시간 속으로 뚫고 들어온 영원한 것이다. → '천국'을 보라.

하나님의 선교(- 宣敎, Mission of God, Missio Dei) 선교의 주 내용과 관심사를 선교사들의 복음전파 활동에 국한시키지 않고, 역사 안에서 일하시는 삼위 하나님의 활동에 참여하는 모든 일을 참 선교로 보는 현대 선교신학의 견해. 여기서 선교의 주체는 인간이 아닌 하나님이시며, 선교 대상은 온 세상이고, 선교 목적은 샬롬을 건설하는 것이다.

교회는 하나님의 선교를 위한 도구요 응답하는 객체일 따름이다. 그런 맥락에서 교회는 기존의 목회나 복음전파 사업은 물론 사회사업, 인권운동, 혁명적 활동에도 관심을 가져야 하는데, 그 이유는 그것도 선교의 일환이요, 하나님의 활동은 구속사에만 국한되지 않고 일반역사에서도 전개되고 있기 때문이라는 것이다.

결국, 선교는 이 세상을 개도하고 해방하는, 세상을 위한 교회의 모든 활동으로서, 개개인의 회심이나 교회의 부흥보다 증거와 봉사와 인간성 회복에 그 목적을 둔다고 할 수 있다. 이러한 '하나님의 선교'는 1952년에 있었던 WCC(세계교회협의회) 윌링겐(Willingen) 대회에서 채택된 이후 더 구체화되었고, 그와 동시에 보수적인 교단들로부터 더 강한 비판과 도전에 직면해야 했다.

하나님의 의지(- 意志, will of God) 하나님의 의지는 성경에서 만물의 궁극적인 동인(動因)으로 표현되었다. 즉, 하나님의 의지는 창조와 보존(계4:11), 통치(잠21:1; 단4:35; 엡1:11), 그리스도의 고난(눅22:42; 행2:23), 선택과 유기(遺棄, 롬9:15-16), 중생(重生, 약1:18), 성화(聖化, 빌2:13), 성도의 고난(벧전3:17), 인간의 생명과 운명(행18:21; 롬15:32; 약4:15), 심지어 하찮은 미물(微物)에 이르기까지(마10:29) 그 모든 것들의 종국적인 동인이 되신다.

하나님의 의지는 ① 하나님 자신 이외에 그 어떤 것에서도 영향을 받거나 제한되지 않는다는 점에서 절대적이며 주권적이고, ② 그 의지하는 바가 어떤 경우에도 모순되지 않고(딤후2:13, 자신을 부인하실 수 없고, 죄를 미워하시는 분이 죄를 만들거나 조장하시지 않는 등), 또 반드시 성취된다는 점에서 완전하고 영원하다(히6:18).

하나님의 임재(- 臨在, presence of God) 영원하신 하나님께서 시간과 공간의 영역으로 들어오셔서 자신을 드러내시는 것을 말한다. 구약시대에는 특정한 장소(시내 산 등)나 회막(언약궤), 성전, 이스라엘 백성 등에 임재하셨고, 신약 시대에는 예수 그리스도의 성육신을 통해 자신의 임재를 확인시키셨으며(마1:23), 또 세상 끝날까지 성도와 함께 있을 것을 약속하셨다(마28:2; 고전3:16). 하나님은 임재의 역사를 통해 자기 백성을 돌보시며 그들을 영광의 나라로 인도하신다.

하나님의 현현(- 顯現, Theophany) 하나님이 자신을 인간의 눈으로 볼 수 있도록 스스로 나타내시는 것을 말한다. 이 같은 현현은 몇 가지 형태로 나타난다. ① 하나님의 직접적인 출현(출19:9-25). ② 꿈에 의한 신탁(神託, 창20:3-7; 28:12-17). ③ 환상에 의한 신탁(창15:1-21; 사6:1-13; 겔1:1-3; 8:1-4). ④ 천사에 의한 신탁(창16:7-13; 21:11-18; 삿2:1-5; 13:2-25). ⑤ 꿈을 통한 천사의 신탁(창31:11-13).

이 같은 하나님의 현현은 다음과 같은 특징을 지닌다. ① 하나님의 거룩한 뜻이 실현되는 중대한 시점에 이르렀음을 알린다(출3:1-12). ② 현현을 통하여 하나님께서 자신의 계획을 친히 계시하신다(창15:1-21; 28:12-17). ③ 계시의 전달자는 항상 초자연적인 존재로서 보여진다(출3:2-4; 수5:13-15). ④ 불안하고 상심한 영혼을 붙드시고 친히 보호하신다(출3:2-4:17; 삿6:11-24). ⑤ 대부분 하나님의 백성에게 한정되어 자신을 드러내신다(창20:3-7; 민22:20-35).

한편, 하나님의 현현의 도구로 쓰여지는 '하나님의 사자'는 때로 천사를 가리키기도 하고(삼하24:16; 왕상19:5-7; 마2:13,19; 눅1:11), 친히 경배를 받으시며 하나님의 절대 권위로 자신을 드러내신다는 점에서 하나님 자신을 가리키기도 하며(창16:7-8; 출3:5-12; 수5:14; 삿2:1-5; 호12:4-6), 또 때로는 메시야 예수를 가리키기도 한다(창48:16; 출23:20-21; 삿6:14-18; 사9:6; 63:9; 말3:1; 계9:11-16).

하데스(Hades) '하데스'(ᾅδης, '음부'란 뜻). 이는 죽은 자들의 영혼이 거처하는 곳, 혹은 죽음의 세계를 가리키는 히브리어 '스올'(Sheol)에 해당되는 말. 70인역(LXX)에서 '스올'을 '하데스'로 번역한 데서 유래한 명칭이다(사38:18). 스올은 대개 '무덤', '지옥'으로 번역되는데, 후기 유대교에서는 신앙이 깊은 자들의 영혼이 보상받으려고 기다리는 곳, 또는 죽은 모든 영혼이 심판을 받기 위해 잠시 머무르는 곳으로 인식되었다.

이에 비해, 신약성경에서는 이 단어가 주로 '지옥'으로 번역되는데, 그곳이 괴로움의 장소라는 뜻 외에 죽음의 두려움과 고독감, 암울함 등을 함축하고 있는 곳이요(행2:27; 계1:18; 6:8; 20:13-14), 또한 보응이라는 사상도 포함하고 있음을 보게 된다(눅6:23). → '스올', '음부'를 보라.

하이델베르크 교리문답(- 教理問答, Heidelberg Catechism) 1563년 독일의 개혁파 교회가 채택한 교리문답. 루터 파에 개종하지는 않았지만 루터의 열렬한 지지자였던 작센의 선거후(選擧侯) 프리드리히 3세(Friedrich III, 1463-1525년)가 뒷날 완고한 루터주의자들의 처신을 반대하여 개혁파 교회를 지지하게 되었고, 그 후 하이델베르크 대학의 신학자들에게 새로운 교리문답을 작성하게 함으로써 1563년 독일 개혁파 교회들의 표준 교리로 채용하게 만들었다. 이 작업은 하이델베르크 대학 교수 개혁파 신학자였던 우르시누스(Zacharias Ursinus, 1534-1583년)와 올

레비아누스(Olevianus Kaspar, 1536-1587년)가 중심이 되어 진행되었다.

이 교리문답서는 총 129문으로 되어 있고, 크게 세 부분으로 나뉜다. 제1부는 '인간의 비극에 대하여'로 여기서 율법에 의한 죄의식을 설명하고, 제2부는 '인간의 구속에 대하여'로 여기서는 사도신경(사도신조)에 따라서 성부·성자·성령 그리고 성례전 일반, 세례, 성찬 등을 다루고 있으며, 제3부는 '감사에 대하여'를 다루면서 십계명과 주기도문을 설명하고 있다.

또한, 이 교리문답을 1년 52주일로 나누어서 가르치도록 구분하고 있기도 하다. 문답 뒤에는, 신분을 초월하여 모든 이들이 들어야 할 성경성구가 집약되어 있고, 문답의 요약을 기록하고 있다.

하이델베르크 교리문답은, 개혁주의 교리문답 가운데 매우 탁월한 것으로, 유럽 전역은 물론 미국의 개혁교회들까지 그 이전 신조 문서를 대신하여 채용할 정도로 개혁파 교회 교리 중에 대표적인 위치를 차지하고 있다.

학가다(Haggadah) 문자적으로 '설화'(說話)라는 뜻. 학가다는 하나님의 백성의 내적 경건과 종교적 헌신 개발을 목적으로 전하는 설화적인 성경 해석 전반(이야기, 민담, 잠언, 격언, 주석, 전설, 비유 등)을 말한다. '할라카'가 선민(先民)의 의무를 가르친다면, 학가다는 각자의 마음속에 그 의무를 신실히 수행하고자 하는 열망을 불러일으키는 역할을 한다. 그런 점에서 학가다는 할라카의 보조 역할을 한다. → '할라카'를 보라.

한문성경(漢文聖經, Chinese Writing Bible) 중국 문자인 한자로만 씌여진 성경. 중국에서 성경이 번역되고 출판된 것은 19세기 개신교 선교의 결과였다. 1807년 영국의 선교사인 모리슨(Robert Morrison, 馬禮遜, 1782-1834년)이 중국 광동에 도착함으로 시작된 한문성경 번역은 다음과 같이 문체별로 세 종류로 구분할 수 있다(대한성서공회사 1-24쪽).

① 문리본 : 문리(文理, High or Classic Wenli) 체란 사서삼경 등과 같은 중국 고전의 문체로서 '경서체'라고도 하며, 아래 제시된 쉬운 문리와 구별하여 '심문리'(深文理)체라고도 한다. 18세기 천주교의 모든 교리서가 이 문체로 출판되었고, 개신교의 성경번역도 1860년대까지는 이 문리체만으로 이루어졌다. 한글성경 번역에 가장 많은 영향을 준 것이 바로 이 문리체로 된 '대표자역본'이었다.

② 쉬운 문리본 : 쉬운 문리(천문리〈淺文理〉, Easy Wenli)체는 문리체보다 약간 쉬운 통속문체이다. 일반인이 읽기에는 문리본이 어려웠으므로 1885년 그리피스조역본 신약전서가 처음으로 이 문체로 출판되었다. 우리나라에서도 일부에서 읽혔다.

③ 일반 대중들을 대상으로 하는 구어체로 된 관화본(官話本, Mandarin, 白話文) : 문리본과 천문리본이 주로 지식층을 대상으로 한 글말(문어)체였던 것과 대조된다고 할 수 있다. 75%가 넘는 중국인들이 이 관화(중국 표준말)를 사용하였으므로, 1870년대부터 이후 이 번역본이 널리 출판되었다.

할라카(Halachah) 유대인의 도덕법칙과 법률, 관습 등의 총체라 할 수 있는 '할라카'는 에스라 이후 유대 교사들이 세대를 이어 계속 전해 내려온 성경의 해석 및 재해석에서 나온 유대교의 권위있는 가르침과 생활방식을 일컫는다.

이는 소위 유대인들의 종교·사회적 의무 지침이라 할 수 있다. 즉, 할라카는 인간의 모든 일들이 하나님을 섬기는 일과 관계 있도록 가르치며, 인간 삶의 모든 영역에서 하나님의 뜻이 중심이 되도록 가르치고 있다. 참고로, '학가다'는 '할라카'의 주석 또는 보조 자료라 할 수 있다. → '학가다'를 보라.

합리주의(合理主義, rationalism) '이성'을 뜻하는 라틴어 '라티오'(ratio)에서 파생된 말로서, 일체 모든 경험의 영역에 있어서 인간 이성이 최고로 또는 충분한 권위를 가진다는 견해이다. 즉, 감각적 신체적인 차원을 넘은 순수한 이성으로 파악되는 질서를 원리로 하여 그에 따라 사고하고 행동하는 주의를 말한다. 이 견해는 인간의 본성과 운명에 관계되는 일체의 문제를 해결함에 있어서 인간 이성만으로 충분하다는 입장이다.

신학적으로는, 신앙과 진리를 가능한 한 자연 이성에 의해 인식하려는(인간의 자연적 능력만이 사용되어야 한다는) 사조로서, 계몽시대의 종교비판에서 그 대표적 사상을 찾을 수 있다. 계몽시대에서 합리주의는 주로 이신론(理神論), 불가지론, 자유주의, 휴머니즘과 같은 반자연주의 형식을 취했다. 이는, 인간 자신의 이성 이외에 그 어떤 것도 (어떤 권위나 계시조차도) 신뢰하지 않는 것이다. 인간 이성은 아무런 초자연적 원조나 신적 계시를 받지 않고서도 종교적 신념을 발견할 수 있다고 본 것이다.

합의론(合宜論, **congruism**) 하나님께서 인간을 위해 은총을 베푸시되, 인간의 상황에 가장 적합하다고 여겨지는 선한 사역과 은총을 인간에게 베푸신다는 교리. 이는, 하나님의 은총에 대한 인간의 자유의지와 도덕적 행위를 조화시키려는 노력의 일환으로 나타난 신학적 개념이다.

이 교리는 1580년경 예수회와 몰리나주의자들에 의해 주창되었고, 1613년 예수회 모든 학파들의 지지를 얻게 되었다.

항존주의(恒存主義, **perennialism**) 변화하지 않는 절대적인 가치의 영원성을 주장하는 20세기 미국의 교육 철학. 시대에 따라서 변하지 않는다는 뜻에서 '영원주의'(永遠主義)라고도 하며, 때로 '고전적 인문주의', '신스콜라주의'라고도 부른다. 항존주의는 진보주의에 반발하여 인간의 본성의 유일성을 주장했다. 진보주의나 본질주의가 과학적, 세속적, 물질적 가치를 담고 있는데 비해, 항존주의는 반과학적, 탈세속적, 정신주의적 가치를 반영하고 있다. 특히, 항존주의는 본질주의에 좀 더 심화된 형태 즉, 옛것에 대한 중요성의 강조를 가장 큰 특징으로 삼는다. → '본질주의', '진보주의'를 보라.

해방신학(解放神學, **theology of liberation**) 1960년대 후반에 라틴 아메리카 가톨릭 신학자들을 중심으로(이후 진보적 개신교 신학자들이 참여함으로써 초급진적인 운동이 됨) 발전한 그리스도교 신학 운동. 즉, 그리스도교의 가르침을 정의롭지 못한 정치, 경제, 사회적 조건으로부터의 해방이라는 측면에서 이해하고 실천을 강조했던 기독교 신학 운동이다. 가난하고 억압받는 자들의 입장에서 교리를 해석함으로써 교회가 사회적, 정치적, 경제적 불평등과 부조리로부터 이들을 해방시키는 사회참여에 적극 나서야 한다고 주장한다.

특히, 빈곤을 하나님의 뜻에 어긋나는 사회적 죄악으로 규정하고, 이를 타파해야 한다고 강조한 혁신적인 신학체계이다.

이처럼 교회의 사회참여를 강조한 해방신학적 관점은 제2차 바티칸 공의회(1962-1965년)와 콜롬비아 메델린에서 열린 제2차 라틴 아메리카 주교회의(1968년) 후 구체화 되었고, 이후 아프리카와 아시아 등 제3세계에 퍼져 서구 신학의 전통과는 다른 제3세계 신학으로 본격 대두되었다. 이후 해방신학은 1970년대와 1980년대에 걸쳐 지속적으로 발전하였다. 세계교회협의회(World Council of Churches, WCC)는 방콕대회(1972년)와 나이로비대회(1975년)에서 해방신학을 'WCC의 신학'으로 채택하기도 했다. 그러나 로마 교황청에서 1984년과 1986년 두 차례나 해방신학과 마르크스주의 이데올로기 사이의 연관성을 우려하는 경고문건을 발표한 이후, 영향력이 줄어들었다.

해방신학은 선진국에 대한 후진국의 탈종속, 빈부 격차의 해소, 인종과 성 차별의 철폐, 인간성을 억압하는 구조악에서의 해방 등에 깊은 관심을 둔다. 이에 따르는 방법으로, 적극적인 정치적 개입, 계급투쟁, 폭력과 혁명의 정당성 강조, 사회주의적인 이데올로기를 바탕으로 두는 실천적 강령, 하나님을 특정 인간의 편에 세우는 편견, 과격하고 일방적인 성경해석 등이 있는데, 이것들은 해방신학을 둘러싼 논의의 쟁점이 되고 있다. 물론, 해방신학은 서구 신학자와 교계지도자들이 제3세계의 문제들에 관심을 갖게 되는 계기가 되었다는 점에서 긍정적인 평가를 받기도 한다.

한편, 해방신학의 주체는 민중이지만, 지도적 성직자의 선구가 된 사람은 정복자 스페인의 가혹한 탄압 대상이던 인디오를 옹호한 라스 카사스 신부라 할 수 있다. 또한 실천적 해방신학의 상징적 존재인 카미로 트레스는 콜롬비아의 명문 출신의 신부로, 게릴라에 참가해서 1966년 전사했다. 페루의 G. 구티에레즈(G. Gutierrez) 신부는 정치적 성향의 해방신학을 강조했고 특히 '해방신학'의 호칭을 낳은 저서로 알려져 있다.

이와 대조적으로 기독교의 구원의 신학으로서 해방신학을 강조한 피로니오(E. Pironio), 그리고 브라질 주교회의를 설립한 헬더 카마라 대주교는 비폭력에 의한 평화운동가로서 가난한 북동부의 교회에서 군사정권의 반동성을 비판했다. 마찬가지로 브라질의 레오나르도 보프 신부는 아시시의 성 프란시스코를 모델로 민중에 의한 가난한 교회의 창조를 모색하고 저서 「교회 - 카리스마와 권력」(1982년)에서 교회의 권력구조를 지적했는데, 마르크스주의적 편향을 이유로 교황청의 조사를 받았다.

이외에도 중남미 혁명에서 가톨릭 세력의 역할이 컸었다. 엘살바도르에서 군사정권의 탄압에 저항하다 미사 중 테러의 흉탄에 쓰러진 오스카 로메로 대주교, 니카라과 호의 섬에 기초 공동체를 만들고 산디니스타 정권수립 후 문화상을 역임한 시인 에르네스토 카르데날 신부 등이 대표적이다.

해방신학의 특징

해방신학의 특징을 몇 가지로 요약하면 다음과 같다.
① 구조적인 가난 속에 고난당하는 사람들의 삶에서 형성된 신학이다.
② 사회변혁(해방)을 지향하는 신학이다. 즉, 교회의 우선적 과제를 사회 정의를 이루어 억눌리는 사람들을 해방시키는 데 둔다.
③ 열정적이고 예언자적이고 종말론적인 신학이다. 즉, 해방신학은 신학의 가치를 그것이 얼마나 사회를 변화시키고 평등과 자유를 가져오는가 하는 데서 찾는다.
④ 처음부터 분명하게 가난한 자들을 편드는 당파성의 신학을 전개한다. 해방신학자들에 의하면 남미의 상황에서 지배자들과 피지배자들의 중간에 중립적인 자세로 서 있을 수 없었고, 우선적으로 가난한 사람들의 편을 들어야 했다는 것이다.

해석학(解釋學, hermeneutics) 문헌(text)은 물론 인간 정신의 소산을 학문적으로 이해하는 방법과 이론을 다루는 학문. '해석학' 이란 용어는 원래 그리스 신화에 등장하는 신들의 사자(使者, 전령)인 '헤르메스'(Hermes)에서 유래했다. 그리스 사람들이 신화(神話)를 풀이하기 위한 기술을 개발하여 이를 '해석' 이라고 한 것이다. 즉, 신들의 말을 인간들이 이해하도록 돕는 기술을 '해석' 이라 했다.

이 '해석' 이 학(學)으로 체계화한 것은 19세기에 들어 뵈크(A. Boeckh)에 의해서다. 또한 뵈크의 영향을 받은 딜타이(Wilhelm Dilthey, 1833-1911년)는 해석학을 정신과학의 방법론으로 이용하여 구체적인 연구에 적용했고, 이것은 다시 인간의 생의 구조 자체를 그 근원으로부터 밝히려고 하는 하이데거(Martin Heidegger, 1889-1976년)의 해석학적 현상학에서 더욱 심화되어, 오늘날 인문학계 전반에 걸쳐 큰 영향을 주고 있다.

이처럼 그리스에서 시작된 '해석학'은 우화(寓話) 중심의 고대 알레고리적인 해석학에 이어서, 조직화된 중세의 교부신학적 해석학을 거쳐, 성경과 고전의 올바른 해석을 중시하는 근대의 신학적 인문주의적인 해석학을 지나서, 오늘날에는 딜타이, 슐레겔(Friedrich Schlegel), 쉴라이에르마허(Schleiermacher) 등에 의해 단순히 문헌이나 작품뿐 아니라 인간의 행위, 제도, 산물 등에 대한 이해와 해석의 보편적 이론으로 발전하였다.

행동윤리(行動倫理, act ethics) 최대 다수를 위한 최대의 선을 행하고자 하는 것으로, 보편적인 법칙에 의해서가 아니라 개개인의 결정과 행동에 의해서 그 의미와 가치가 부여된다.

기독교에서 행동윤리의 기저는 하나님의 사랑을 본받은 행동(actagapism)으로서, 그 기본원리는 사랑을 최대화시키는 방법으로 행동하는 것이며, 항상 하나님의 말씀에 의해 통제되어야 한다.

행위언약(行爲言約, the covenant of works) 하나님과 인간의 관계성과 관련하는 내용으로, 하나님께서 인간의 순종을 조건으로 하여 생명과 복을 주시기로 약속하셨다(창2:16-17). 이 상호적인 언약을 가리켜 행위언약이라 한다. 행위언약을 이루는 세 가지 요소가 있다.
① 언약 당사자 : 언약에는 반드시 둘 이상의 당사자가 있어야 한다. 에덴 동산에서 체결된 첫 번째 행위언약에서는 언약의 주체(제1당사자)이신 하나님과 언약의 객체(제2당사자)인 아담이 있다. 이때 아담은 자신의 허리를 통해 출생할 모든 후손을 대표해서 이 언약을 맺었다.
② 언약의 내용 : 불순종의 경우 사망, 순종의 경우 생명이라는 내용의 약속이 주어졌다.
③ 언약의 조건 : '선악을 알게 하는 나무의 열매

는 먹지 말라 (창2:17)는 명령은 선악과를 언약의 상징으로 하며, 그 열매를 먹지 말 것을 조건으로 한다. 즉, 하나님의 말씀에 대한 철저한 순종이 그 조건이다.

그러면, 이 행위언약은 오늘날 우리에게도 유효한가?

① 부분적으로는 유효함 : 순종하라는 요구는 아직도 유효하다. 또, 불순종자에게 주어진 저주와 형벌은 죄 가운데서 살고 있는 모든 사람에게 아직도 적용된다. 그리고 조건적 약속도 아직 유효하다. 하나님께서는 그것을 취소하실 수도 있었지만 그렇게 하지 않으셨다(레18:5; 롬6:23; 갈3:12). 물론, 타락 후 그 조건에 응할 수 있었던 사람은 한 사람도 없었다.

② 부분적으로는 유효하지 않음 : 행위언약에서 요구된 특수한 의무(절대 순종)는 은혜의 언약 속에 사는 사람들에게 더 이상 필요치 않게 되었다. 이는 그 의무가 단순히 제거되거나 무시되었다는 것을 뜻하지 않고, 한 중보자(예수 그리스도)가 자기 백성을 위하여 그 요구를 단번에 완전히, 그리고 영원히 완수하셨기 때문이다(히7:11-28). 따라서 행위언약은 영생을 얻기 위한 지정된 방법(수단)으로서는 폐기되었다.

허무주의(虛無主義, **nihilism**) 실재(實在)나 진리 등 기존의 모든 제도나 가치를 부정하고, 또 인생의 목표나 세상과 인간 행동의 의미 등을 인정하지 않는 주장이나 경향. 허무주의는 고대 그리스 소피스트(sophist, 궤변가)들에게서 이미 발견되는 사상이었으나 진정한 자각적인 니힐리즘, 즉 독립된 사상으로 대두된 것은 19세기 후반에 이르러서다.

특히, '니힐리즘'이라는 말은 정치적으로 폭력 혁명, 무정부주의, 러시아 혁명 전의 약 60년간의 폭력 혁명운동을 가리킨다. 이 낱말은 러시아의 작가 투르게네프(Turgenev, 1818-1883년)가 발표한 「아버지와 아들」에서 최초로 사용되었고, 도스토예프스키나 카프카의 소설에서도 나타난다. 주로, 무신론적(無神論的)이며, 무정부주의적(無政府主義的)이고, 파괴적인 사회 운동의 일파에 대하여 적용되었다.

이 니힐리즘은 독일의 철학자인 니체(Friedrich Wilhelm Nietzsche, 1844-1900년)에게서 철학 문제로서 깊게 규명된다. 그에 의하면 '신이 죽은' 현대의 정신상황은 허무주의 외에 아무것도 아니었다. 이 같은 허무주의는, 하나님의 실재를 부정하는 무신론(無神論), 그리고 도덕회의론 및 인생무상론 등의 형태로 표현되고 있다.

헤브라이즘(**Hebraism**) 고대의 유대인에게서 비롯되어 기독교가 계승하여 순화시킨 문화, 사상, 정신, 종교 등을 문화사적 관점에서 이르는 말. 헬레니즘과 함께 서구 문화의 2대 근간을 이룬다. → '헬레니즘'을 보라.

헬라어역본(- 譯本, **Greek version**) 헬라어로 번역된 고대 역문 곧 구약성경을 가리킨다. 대표적인 것이 70인역(the Septuagint, LXX) 또는 알렉산드리아역본(the Alexandrian version)이다. 이 헬라어역본은 구약의 고대 번역성경 중에서 가장 오래된 것이며, 세상에 알려진 그 어느 책의 번역문보다 오래된 것이라 할 수 있다. → '칠십인역'을 보라.

헬레니즘(**Hellenism**) 고대 그리스(헬라) 고유의 문화와 오리엔트 문화가 융합하여 질적인 변화를 일으키며 새롭게 일어난 세계성을 지닌 그리스의 문화, 사상, 정신 등을 문화사적 관점에서 이르는 말. 역사적으로는 알렉산더 대왕(Alexander, B.C.356-323년)의 제국 건설 이후 고대 그리스의 뒤를 이어 나타난 문명을 가리키며, 고전 고고학이나 미술사적으로는 알렉산더 대왕의 죽음에서부터 로마가 이집트를 병합하게 된 악티움 해전(B.C.31년)까지 약 300년간의 그리스의 문명과 사상을 일컫는다.

헤브라이즘과 함께 서구 문화의 2대 근간을 이룬다. 특히, 기독교 형성과 확산의 모체로서, 신약성경이 기록된 공용어인 코이네 헬라어, 헬레니즘 문화권의 중심지인 알렉산드리아에서의 70인역 완성, 초대 교부들(클레멘스, 오리겐, 어거스틴 등)의 사상적 배경이 되는 등 기독교 역사에 많은 영향을 미쳤다. → '헤브라이즘'을 보라.

현현(顯現, **advent**) 하나님께서 자신을 명확히 드러내시는 일. 하나님의 영화로운 강림과 임재를 가리킨다. → '강림'을 보라.

형식주의(形式主義, formalism) ① 사물의 형식을 특히 중요시하여 내용을 경시하거나 무시하는 태도나 생각. ② 내용보다 형식을 중요시하는 입장.

철학에서는 인식의 보편성을 선험적인 형식에서 찾는 칸트의 입장을 말하고, 윤리에서는 선악의 기준을 순전히 형식적인 법칙 곧 정언적 명령에 두는 칸트의 입장을 말한다.

교회사에서는 부패하고 타락하여 생명을 상실한 시대에 주로 등장하는 현상으로서, 특별히 중세 후기 로마 가톨릭교회의 타락과 그에 따르는 형식주의적 종교 행위를 들 수 있다. 이에 대한 반발로 종교개혁이 일어났다.

형이상학(形而上學, metaphysics) 사물의 본질이나 존재의 근본 원리 등을 사유(思惟)나 직관에 의해 연구하는 학문. 이에 대비되는 학문이 '형이하학'(形而下學, 형체가 있는 사물에 관한 학문, 주로 자연과학)이다.

한편 '형이상'이란, 형체가 없어 감각으로는 그 존재를 파악할 수 없는 것이나, 시간이나 공간을 초월한 관념적인 것을 말한다. 그런 점에서 형이상학이란, 과학적 연구나 경험적 관찰에 의해 파악하지 못하는 초자연적인 것에 대해 순전히 개념적인 사고나 직관에 의해 탐구하려는 철학을 가리킨다. 형이상학을 처음 학문적으로 확립한 사람이 그리스의 철학자인 아리스토텔레스(*Aristotle*, B.C.384-322년)이다.

호모우시오스(Homoousios) 문자적으로 '동일한 본질의'란 뜻. 성부 하나님과 로고스(아들)의 관계를 설명한 기독론의 전문용어로 '동일본질론'(同一本質論)이라고 풀이할 수 있다. 니케아 신조(325년)에서 영원하신 아들(로고스)에 대해 성부 하나님과의 동일한 본질로서의 관계성 곧 신성을 설명하기 위해 사용된 전문용어이다. 이 주장은 콘스탄티노플 제1차 공의회(381년)에서 재확인되었다.

호모이우시오스(Homoiousios) 문자적으로 '유사한 본질의'란 뜻. 이는 성부와 아들과는 동질이 아니며 유사한 것에 불과하다는 반(半)아리우스주의의 입장을 단적으로 표명한 용어이다. 그들은 아들의 선재(先在)나 영원하신 탄생을 인정하면서도 아버지와 아들은 동일한 본질이 아니고 유사본질이라고 하였다. 즉, 그들은 아들의 위격에

혼합주의
(syncretism)

'혼합주의'(混合主義)란, 서로 다른 원리 위에 서 있는 사상을 무비판적으로 혼합하거나 서로 대립되는 것들을 조화시키고 하나로 연합시키는 것을 뜻한다. 일종의 '절충주의'이다. 역사적으로는 헬레니즘 시대 또는 로마제국 말기에 발생한 여러 종교상의 관념이나 의식의 혼합을 말하는데, 플라톤주의자들이나 알렉산드리아 학파가 유명하다.

기독교 역사상 혼합주의적 시도가 종종 있어 왔는데, 로마 가톨릭과 그리스 정교(正敎), 루터파와 그 밖의 프로테스탄트 제교파, 중국에서의 예수회의 전례(典禮) 논쟁, 선교사들의 토착화 노력 등도 모두 이 혼합주의의 일종이다. 사실 종교적 측면에서 '혼합주의'란 어떤 한 종교가 다른 종교와 서로 혼합하여 하나를 이루는 과정을 말하는데, 그러한 과정을 통해 양 종교의 근본적인 본질의 변화를 가져오게 된다. 그런 점에서 하나님은 이런 혼합주의적 경향성에 대해 엄히 경고하셨고 유일 신앙과 절대 거룩(구별)을 요구하셨다(출20:3-5; 레11:45; 수24:14-27).

오늘날에도 순결한 기독교 진리와 신앙체계를 훼손하려는 혼합주의적 경향성이 도처에 나타나고 있다. 인본주의, 실용주의로 포장한 철학과 문화, 샤머니즘과 혼합한 기복주의, 불교의 고행주의와 로마 가톨릭의 수도원주의와 혼합한 명상운동, 감정과 직관주의와 타협한 신비주의, 이성과 합리주의와 혼합한 자유주의, 종교들끼리의 연합을 시도하는 종교다원주의 등이 있다.

이런 혼합주의에 직면하여 오직 하나님의 말씀을 절대적 표준으로 삼아야 하며, 성경이 말한바 오직 예수 그리스도 외에 구원의 다른 길이 없음을 굳게 붙잡아야 한다(행4:12, 14:6; 요일5:19-21). 이 같은 복음의 본질을 훼손하는 그 어떤 문화나 철학, 종교와의 혼합은 일절 삼가야 한다.

대한 신학적 논쟁을 그가 아버지와 유사하다는 주장에서 그치고자 했다.

화육(化肉, **incarnation**) → '성육신'을 보라.

화체설(化體說, **transubstantiation**) 성찬(聖餐)에 관한 해석으로, 성찬시 떡과 포도즙이 사제의 축복이나 혹은 다른 어떤 방도에 의해 그리스도의 몸과 피의 실체로 변한다는(떡과 포도즙의 형상은 그대로 존재하나 그 실존 양식이 변화된다는) 교리. 트렌트 공의회(1551년)에서 교의로 선포된 이래 로마 가톨릭의 공식적인 입장이 되고 있다. → '공체설', '상징설'을 보라.

회의론(懷疑論, **scepticism**) 객관적 진리의 인식 가능성을 믿지 않고 단정적인 판단을 원리적으로 제약하며, 인식의 주관성과 상대성을 중시하는 태도나 사상을 말한다. 즉, 인간의 인식은 주관적이고 상대적이어서 보편적인 진리를 확실히 인식하는 것은 불가능하다는 학설로, 이를 주장하는 자들은 지엽적인 신념이나 관습이 있다는 것은 찬성하지만 절대적인 지식은 거부한다.

역사적으로, 교회의 권위에 대해 회의적 사상을 피력한 근세의 몽테뉴, 모든 명제를 의심해 보는 방법론적 회의론을 주장한 데카르트, 철저한 경험론에서 회의론에 이른 흄 등이 회의론적 입장을 견지했다.

효과적 소명(效果的 召命, **effectual calling**) → [1. 교회 일상 용에] '소명'을 보라.

후기 선지서(後期 先知書, **the latter term Prophets**) '후기 예언서' 또는 '후선지서'라고도 한다. 유대인 정경의 구분 중(유대인 대학자 Ben Sira 시대에 배열 작업됨) 첫 번째(토라)에 이어 두 번째(네비임)에 속하는 부분. 특히 그중에서도 이사야, 예레미야, 에스겔, 12소선지서 등의 뒷부분을 '후기 선지서'(네비임 아하로니임)라고 한다. → '선지서'를 보라.

후천년설(後千年說, **Post-Millennialism**) 그리스도의 재림의 시기 및 천년왕국과 관련된 학설로(계20:1-6), 그리스도의 재림이 있기 전에 먼저 천년왕국이 임한다는 학설이다. 즉, 천년왕국 후에 예수 그리스도의 재림이 있다는 것이다.

여기서 '천년왕국'은 현세대(신약 시대)의 종말에 가서 복음이 크게 확장되고, 악이 감소되며, 교회가 크게 부흥함으로써 기독교적인 이상 사회가 실현되는 세계를 말한다. 바로 이 기간이 '1,000년'(대체로 문자적 의미의 1,000년)이라는 것이다. 그리고 그 후에 짧은 대환난의 시기가 있고, 마침내 그리스도가 재림하실 것이라고 보는 견해이다.

이 같은 학설을 지지하는 대표적인 학자로는 핫지(Charles Hodge, A.A. Hodge), 브라운(David Brown), 댑네(L. Dabney), 스트롱(A.H. Strong), 쉐드(Shedd), 헹스텐베르크(E.V. Henstenberg) 등이 있다. → '천년왕국설'을 보라.

후택설(後擇說, **infralapsarianism**) 하나님은 인간을 거룩하고 복되게 창조하시려고 작정하셨는데, 인간 스스로의 의지와 결정에 따른 타락을 허용하셨고 그중 일부는 구원받을 자로, 나머지는 스스로의 범죄로 인해 하나님과 적대적인 상태에 이르도록 내버려두셨다는 교리.

이는 전택설과 반대되는 이론으로, 전택설이 많은 성경 구절과 비교적 용이하게 연결되는 반면 후택설은 인과적(因果的) 순서에 충실하므로 역사적이라는 평가를 받는다. 왜냐하면, 타락 후 선택과 유기가 있다는 후택설은 하나님의 주권과 더불어 하나님의 공의의 엄정함을 보다 설득력 있게 보여주기 때문이다. 반면 이는 신적 작정의 통일성을 보여주지 못하고 유기의 원인을 설명하는 데 다소 어려움이 있다. 이처럼 후택설은 논리적인 약점이 있지만 전택설보다 역사적이라는 장점이 있다. → '전택설'을 보라.

휴거(携擧, **the rapture**) 하늘로 들림받음(성경에는 이 단어가 언급되지는 않는다). 곧 '앙천'(仰天). 그리스도의 공중 재림시 믿음 안에서 죽은 성도가 먼저 부활하고, 그때까지 살아 있는 성도는 육체의 변화를 받아 공중으로 들림받아 주를 만나게 되는 종말적인 사건을 가리킨다(살전4:17).

이렇게 휴거된 성도는 곧 이어 전개될 지상의 7년 대환난을 피하게 되는데(마24:40-42,44), 대환난이 끝난 후 그리스도와 함께 지상으로 재림하여 천년왕국 동안 주님과 더불어 왕 노릇하게 된다.

이는 전천년설을 주장하는 세대주의 학자들의 견해에 따른 것인데, 재림이 두 차례에 걸쳐 발생하는 등 견해에 무리가 많고 이견이 만만찮다.
이에 비해, 천년 기간을 문자적 천년이 아니라 주님의 초림부터 재림까지의 상징적 기간으로 보아, 중생한 성도는 이 세상에서 그리스도와 함께 영적으로 왕 노릇하며(천년왕국), 세상 마지막 날에 재림하시는 주님과 더불어 새 하늘과 새 땅(하나님 나라)에 들어가게 영원히 복된 삶을 살게 된다는 무천년설이 많은 지지를 받고 있다. → '천년왕국설'을 보라.

휴머니즘(humanism) 인간의 존엄성을 최고의 가치로 여기고 인종, 민족, 국가, 종교 등의 차이를 초월해 인류의 안녕과 복지를 꾀하는 것을 이상으로 하는 사상이나 태도. 라틴어 '후마니스타'(humanista, '인간성, 인간다움'), 또는 '보다 인간다운'이란 뜻의 '후마니오르'(humanior, '인간적'이라는 뜻의 humanus의 비교급)에서 유래한 말로 인문(人文)주의, 인도주의, 인본주의 등 다양한 의미로 번역된다.
역사적으로는 15-16세기 유럽에서 고대의 문예를 부흥시키려는 운동(중세 이래 신학 중심 학문 체계에 반기를 들고 새로운 시대의 학자들 간에 '보다 인간다운 학예(學藝)를!'이라는 외침을 통해 교회적 권위 아래 질식되어가는 자연스런 인간성을 회복하려고 함)에서 비롯되며, 이후 여러 사상 형태로 등장했으나 인간성 회복과 인간중시 사상에는 변함이 없다.
현대사회에서는 기계문명과 과학기술의 부작용, 상업주의, 기능주의 및 산업사회가 가져온 인간성 상실과의 관계에서 휴머니즘이 언급되고 있다.
신학적으로는 두 가지 측면에서 생각할 수 있는데, 부정적 의미에서 초월적(초자연적)인 것과 속박에서 인간을 해방하는 것으로서 '신의 죽음'을 전제하는 휴머니즘, 긍정적으로는 하나님의 형상대로 지음받은 인간끼리 서로 존중하며 평등한 관계성을 회복하는 것으로서의 휴머니즘이다. → '인도주의', '인문주의'를 보라.

흠정역(欽定譯, Authorized Version, the King James Version, KJV) 문자적으로 '황제가 친히 제정한(또는 명령하여 제정하게 된) 번역 성경' 곧 '권위역'(權威譯)을 가리킨다. 영국 왕 제임스 1세의 지시로 대성경과 제네바성경의 결점을 검토해 전면적으로 개정된 성경(1611년 발행). 영어역 성경의 금자탑이자, 영문학사에도 큰 영향을 미친 성경. 발행 후 300년간 최고의 성경으로 군림했다. → '영어본'을 보라.

희랍어성경(希臘語聖經, Greek versions) 헬라어성경. → '헬라어역본'을 보라.

희망의 신학(希望 - 神學, theology of hope) 독일 개신교 신학자 몰트만(J. Moltmann, 1926년 ~)이 「Theologie der Hoffnung」(희망의 신학, 1964년)이라는 책을 출간함으로써 제기된 기독교 신학(새로운 종말론)의 한 연구 방법을 일컫는다.
몰트만이 제시한 희망의 신학은 미래를 강조하는 것이 특징인데, 20세기 케리그마 신학의 조류를 거슬러 그 방향을 바꾸는 역할을 했다고 평가된다. 과거와 현재는 단지 미래와 관계될 때만 의미와 가치를 지니는 것으로 보았다. 따라서 일명 '미래의 신학'이라고도 불린다. 그런 맥락에서 희망의 신학은 종말론에 대한 새로운 이해를 제시했다. 희망이 모든 것을 추진하는 동력과 기초가 된다는 것이다.
종말론은, 당시까지만 해도 기독교 교의학의 뒷부분에 놓여 있었지만, 몰트만에게서 종말론은 신학의 출발점이요 신학 전체로 간주된다. 기독교는 전적으로 종말론이며 희망이며 앞을 향한 전망과 성취라고 여겼다. 그렇기 때문에 그것은 또한 현재의 혁신과 변화라고 했다.
한편, '희망의 신학'에서 '성경'은 하나님의 약속과 성취에 대한 기사로 보았다. 즉, 성경에는 시간과 역사의 마지막에 도래할 하나님 나라가 약속되어 있는데, 따라서 희망은 새것을 실현하기 위해 옛것을 버리며, 도래하고 있는 그 나라의 생명에 보다 더 일치하도록 현실을 창조적으로 변혁시켜야 한다고 강조했다. 그리고 교회의 사명은 과거를 고수하는 것이 아니라 미래에 되어야 할 어떤 것을 실현하는 것이며, 이것은 가난한 자, 멸시받는 자, 눌린 자, 심지어 세례받지 않은 자들 사이에서도 실현되어야 한다고 주장했다.
그렇지만 희망의 신학은 몇 가지 점에서 비판을

받고 있다. ① 하나님을 미래의 존재로 정의함으로써(미래에만 자신을 계시하는 분으로 봄) 모든 현재적 경험(과거를 포함한)을 부정한다고 비판받는다. ② 교회가 감당해야 할 새로운 사명은, 세계를 변화시키며 정치적 힘을 발휘하며 사회구조를 변혁시키는 것이라 봄으로써 기독교 종말론을 인간의 정치적 영역으로 축소시켰다고 비판받는다. ③ 하나님 나라가 미래적이라고 주장함으로써 이미 도래한 하나님 나라를 간과했다고 비판받는다. ④ 개인 영혼 구원보다 사회 개혁에 우위를 둔다고 비판받는다.

히브리어(- 語, **Hebrew**) 히브리 민족의 언어(계9:11; 16:16). 구약성경은 아람어로 기록된 일부분(스4:8-6:18; 7:12-26; 렘10:11; 단2:4-7:28)을 제외하고는 모두 히브리어로 기록되었다. 히브리어와 유사한 셈족 어군으로는 우가리트어, 베니게어, 모압어, 가나안 방언들이 있고, 아카드어, 아람어는 자매 언어다.

고대 히브리어는 단문과 단순한 등위접속사로써 사건들을 생생히 표현할 수 있었다. 히브리어는 이런 특징들과 대구법, 리듬, 특별한 의미와 구조 등으로 이루어졌다. 이런 특징들은 특별히 시편과 선지서에서 잘 나타나는데, 대개 수사적이고 회화적인 묘사를 하는 데 안성맞춤이다. '유다 방언'(왕하18:26,28; 느13:24), '가나안 방언'(사19:18)으로도 불린다.

한편, 히브리어는 바벨론 포로 생활을 거치면서 아람어로 점차 대치되어 신약 당시 유대인들은 대부분 아람어를 사용하였고, 신약성경에 부분적으로 나타나는 히브리어 표현은 실제로는 아람어식 표현이다. 아람어는 알파벳이나 문법 체계가 히브리어와 거의 비슷해 이스라엘 사회에서 거부감 없이 받아들여졌다.

3
행정 및 교육 용어
-조직·재판-

부 록
행정 및 권징 서식(예)

- 이명증서 ······ 507
- 교적부 ······ 508
- 개인기록카드 ······ 509
- 목사 (위임, 임시, 부) 청빙청원서 ······ 510
- 목사 임직 서약과 공포 ······ 511
- 담임목사 취임 서약과 공포 ······ 512
- 장로 임직 서약과 공포 ······ 513
- 고소(고발)장 (권징 책벌용) ······ 514
- 답변서 (권징 책벌 피고용) ······ 515
- 판결문 (권징 책벌용) ······ 516

가입(加入, joining) ~ 흠석사찰위원(欠席査察委員, attendance committee)

가입(加入, joining) 어떤 단체나 조직에 들어감. 교회법에서는 주로 다른 교파에 속한 목사가 특정 교단이나 노회에 들어오기 위한 절차에 관한 법을 규정할 때 사용된다. 반대말은 '탈퇴.' → '허입', '탈퇴', '편목'을 보라.

가정교회(家庭敎會, church in the house) 건물 중심의 교회가 아닌 개인의 가정에서 모이는 소그룹 교회. 초대교회는 모두 이런 가정교회에서 출발하였다. 예를 들면, 예루살렘 교회는 마가 요한의 다락방에서 시작되었고, 빌립보 교회는 루디아의 가정이 예배 처소로 사용되었다(롬16:5; 고전16:19; 골4:15; 몬1:2). 오늘날 현존하는 가정교회 형태로는 ① 중국이나 북한 등 사회주의 국가의 가정교회 ② 교회 개척 초기에 독립적인 교회 건물을 갖기 이전의 가정교회 ③ 현대 셀 목회에서 주중에 소그룹 형태로 모이는 가정교회 등이 있다.

한편, 최근 문제가 되고 있는 '가정교회'(house church)는 유형교회의 명칭과 일부 기능을 취하면서 독립적 조직 교회로 자리잡아가고 있다. '가정교회'는 특히, 장로교의 본질을 일부 부정하거나 왜곡함으로써 기존 교회를 혼란스럽게 하고 있다는 비판을 받고 있다.

가정교회를 주창하는 자들은 '가정교회'란 ① 기성 교회의 '구역'은 같은 지역 사람들로 구성되지만 '가정교회'는 회원의 선택으로 구성된다고 한다. 이는, 좋아하는 사람들끼리끼리의 모임으로 교회의 분파와 분열을 초래할 위험성이 높다. ② '구역'은 교회 부속이지만 '가정교회'는 독립적 개체라 한다. 즉, 독립적인 여러 가정교회가 모여 한 지역 교회를 형성한다는 것이다. 이때 평신도도 목사로서 독자적인 말씀사역을 한다고 한다. ③ '제자훈련'은 '성경공부'를 통해 제자를 만들지만 '가정교회'는 삶을 나눔으로 제자를 만든다고 한다. 말씀중심의 공동체이기보다 교제중심의 공동체를 지향한다. ④ '제자훈련'은 믿는 이가 참석하지만 '가정교회'는 안 믿는 이도 참석한다고 한다. 이는 주 예수를 구주로 고백하는 전통적인 교회 개념과 상당한 거리가 있다.

이상에서 보듯, '가정교회'를 주창하는 사람들의 가르침은 성경에서 제시하는 교회의 개념과 차이를 보이는 사상이며 특히 기존 교회의 교회 조직관을 거부·왜곡하는 교회 개념이라 할 수 있다.

가책(加責, scolding) 책망. 대한예수교장로회(합동) 헌법 권징조례 제93조에 사용된 옛 표현. 사전에서는 가책(呵責, 잘못을 꾸짖어 나무람), 가책(苛責, 매우 심하게 꾸짖음)으로 표기한다.

각하(却下, rejection) 소송 요건에 흠결이 있거나 적법하지 않아 본안심리를 거절함. ① 행정법상으로는 행정기관이 신청서·원서·신고서·심판청구서 등의 수리(受理)를 거절하는 행정처분. ② 민사 소송법에서는 형식이 법규에 맞지 않아 소장이나 신청을 물리치거나 그렇게 하는 처분. 한편, 이 '각하'는 본안심리 후 그 청구에 이유가 없다 하여 청구를 배척하는 '기각'(棄却)과는 구별된다.

간사(幹事, executive secretary) 어떤 단체나 부서에서 일을 주선하고 맡아 처리하는 중심적인 사람. 또는 그 직무. 주로 총무가 간사 직무를 수행하는 경우가 많다.

감계(鑑戒) 지난 잘못을 거울삼아 다시는 그런 잘못을 되풀이하지 않도록 하는 경계(警戒). 본받을 만한 훈계. 교회 헌법에서 시벌(施罰)하는 이유를 설명할 때 언급된다.

감독[1](監督, overseer, bishop) 교회를 다스리고 돌보며 대표하는 지도자(딛1:7). 초기에는 사도나 교회 지도자를 가리켰고, '장로'와 특별히 구분되지 않았다. 후에 교회가 조직화되고 교회의 기능이 강화되면서 감독과 장로의 직책이 구분되어 감독은 지역 교회를 지키고 돌보는 최고 지도자로서의 위치를 차지하게 되었다. → '장로'를 보라.

감독[2](監督, bishop) 감리교회의 최고직제. 감리교에서 연회를 대표하는 영적 지도자. 감리회의 정책에 따라 연회의 사업과 행정을 총괄한다. 임기는 2년이다. → '연회', [5. 교파 및 역사 용어] '감리교'를 보라.

감독정치(監督政治, the prelatical, episcopacy) 감독이 교회를 주관하는(다스리는) 교회정치 제도. 감독제도. 감독주의 정치. → [5. 교파 및 역사 용어] '감독제도'를 보라.

감독회장(監督會長) 감리교회의 최고 임원이며 영적 지도자. 감리교회의 행정 수반으로 감리회의 정책과 본부의 행정을 총괄한다. 2년에 한 번씩 개최되는 총회의 의장이기도 하다. 임기는 4년. 장로교회의 총회장에 해당한다. 초창기에는 '총리사'로도 불렸다.
■감독회장의 자격과 선출 – ① 정회원으로 25년 이상 무흠하게 시무하고 연령이 임기를 마칠 수 있어야 한다. 또 교회 재산을 유지재단에 편입한 자립교회 담임자여야 한다. ② 위 조건에 해당하는 자로서 감독 및 감독회장 선거법에 따라 감독회장으로 선출되고 총회에서 취임한 자.
■감독회장의 임기 – 4년. 감독회장은 원칙적으로 교회를 담임할 수 없다. 유고시 보선된 감독회장은 전임자 잔여 임기 동안만 직무를 수행한다.
■감독회장의 직무 – 그 직무는 다음과 같다. ① 감리교회를 대표하는 영적 지도자로서 행정 수반이 되며 본부의 행정을 총괄하고 총무, 원장, 실장 및 직원을 지휘 감독한다. ② 유지재단, 태화복지재단, 사회복지재단, 교역자은급재단, 장학재단의 당연직 이사장이 된다. ③ 입법의회에서 의결한 헌법 또는 법률의 시행을 공포한다. ④ 각 국 위원회(이사회)에서 선출한 총무를 비롯하여 각 국의 부총무, 부장, 연수원 원장, 직원 등을 임면(任免)한다. ⑤ 총회, 입법의회, 총회 실행부위원회, 감독회의의 당연직 의장이 된다. ⑥ 총회 중에 발생하는 모든 규칙상의 문제를 해석한다. ⑦ 월간 「기독교세계」, 주간 「기독교타임즈」 발행인이 된다.

감리교(監督敎, methodism) → [5. 교파 및 역사 용어] '감리교'를 보라.

감리사(監理師, superintendent) 감리교회에서 감독을 도와 감독이 위임한 지방회를 관리하고 소속 교회를 담임하며 많은 교역자들을 지도하는 목회자. 주로 지방을 순회 전도하고 지방의 사무와 교회의 영적·물질적 상태를 시찰한다. 또 연회시에 지방회의 제반 상황을 감독에게 보고한다. 참고로 감리교회는 총회 아래 연회, 연회 아래 지방회로 조직되어 있다.

감리회 본부(監理會 本部) 감리교회의 행정, 선교, 교육, 재단 관리 등 감리교회의 사업 전반을 총괄하는 기구. 행정 수반은 감독회장. 본부에는 선교국, 교육국, 사회평신도국, 사무국, 출판국, 연수원, 행정기획실의 7개 부서를 두고 있다. 각국의 조직과 운영, 임원의 임면과 임기 등에 관한 법은 「교리와 장정」 제3편 조직과 행정법에서 규정하고 있다. 장로교회의 '교단 본부'에 해당한다.

감사부(監査部) 총회(노회) 산하 각 기관이나 단체의 재정 집행을 감독하고, 총회(노회) 임원을 비롯한 기관, 단체장이나 부원의 직무에 관한 것을 감독하고 검사하는 부서.

감찰장(監察長) 성결교회에서 감찰회를 주관하는 책임자. 장로교회의 '시찰장'에 해당된다.

감찰회(監察會) 성결교회 치리회의 하나인 '지방회'의 하부조직. '당회'(堂會)의 상회(上會)이다. 각 교회에서 지방회에 대의원으로 보낸 목사와 장로로 구성되는 정치기관이다.
지방회가 필요에 따라 감찰구역을 정하며, 감찰위원들은 지방회가 위임한 사무를 처리하고, 이를 다시 지방회에 보고한다. 또한, 당회, 직원회, 교인대표 등에 대해 발언과 소집을 할 수 있으며, 제의된 청원을 지방회에 보고한다. 감리교회의 '구역회'나 장로교회의 '시찰회'와 같은 기능을 한다.
참고로, 성결교회의 헌법 제32조에 의하면 지교회를 설립하고자 할 때에는 기준에 따라 서류를 구비하고 감찰회를 통해 지방회에 제출하여 허락을 받아야 한다. → '구역회', '시찰회'를 보라.

강단(講壇, pulpit) 구원의 진리를 선포하고 강론하는 단상. 설교 때 올라서는 단상. 종종 '진리'와 동의어로 쓰이기도 하며, '주의 말씀의 권위'를

> **용어상식**
>
> ### 강단 10훈 (강도하는 자의 자세)
>
> 1. 자기 자랑을 하지 말라 (겸손하라).
> 2. 수다를 떨지 말라 (꼭 필요한 말만 하라).
> 3. 다른 사람을 악평하지 말라 (모든 사람을 좋게 이해하라).
> 4. 저속한 언사를 사용하지 말라 (고상한 말을 구사하라).
> 5. 성난 마음으로 말을 하지 말라 (따스한 마음으로 말을 하라).
> 6. 사실 무근한 말을 하지 말라 (정직하라).
> 7. 세속적인 말을 하지 말라 (항상 성경적인 말을 하라).
> 8. 저주의 말을 하지 말라 (용서와 희망의 말을 하라).
> 9. 육의 생각으로 말을 하지 말라 (성령으로 감화된 말을 하라).
> 10. 속단하지 말라 (깊은 사색에서 우러 나오는 말을 하라). - 신세원목사 「한국교회사이야기」 中에서-

상징하기도 한다. 참고로, 중세기에는 강단 위에 찬양대석이 있었고, 회중석과 강단 사이에는 휘장도 있었다. 오늘날은 기능성을 살려 회중석보다 강단의 위치를 낮게 하는 교회도 있으나 강단의 상징성과 영적 의미는 예나 지금이나 변함이 없다. →[4. 예배 및 예식 용어] '강단', '강대'를 보라.

강도(講道, preaching) 복음의 진리를 강론하여 설명함. 설교. → '강도사'를 보라.

강도사(講道師, licentiates, probationer) 강도(講道, 설교) 인허(認許)를 받은 목사후보생. 복음의 진리를 강론하여 설명하거나 교리(敎理)를 가르칠 수 있도록 허락받은 자. 과거에 설교를 '강도'라 말한 데서 유래한 칭호다. 당회의 추천에 의하여 총회의 고시로 노회에서 강도사 인허를 받고 그 지도대로 일하되 교회 치리권은 없다.

개인으로는 당회 관리 아래, 직무상으로는 노회 관리 아래 있다. 성례를 베풀지 못하며, 축도도 하지 못하고, 견습하기 위해 방청은 할 수 있으나 담임목사가 아니므로 당회에 참석지 못하며 공동의회 회장도 될 수 없다. 대한예수교장로교회(합동, 고신)의 직분 중 하나로, 감리교회나 한국기독교장로회에서는 '준목'이라 한다. → '준목'을 보라.

■ **강도사고시**(講道師考試, ordination exam) - 강도사 자격을 얻기 위한 시험. 시험 과목은 교단마다 차이가 있으나 대개 교단의 헌법과 교회사, 조직신학, 주해 시험 등을 통해 말씀을 선포하는 능력과 신학적 소양 등을 검증한다.

■ **강도사 인허식**(講道師 認許式) - 정규 신학교를 졸업하고 총회 고시부에서 시행하는 강도사 고시에 합격한 자를 노회에서 정식으로 승인하는 예식. 강도사 고시를 통과한 자에게 자격을 인정하는 예식. 인허식은 노회에서 행해지며, 이때 ① 신구약성경이 하나님의 정확무오한 말씀으로 믿으며 ② 교단의 신조와 신앙고백을 성실한 마음으로 받고 ③ 노회의 치리에 복종하기로 맹세하겠다는 등을 서약하게 된다.

개교회(個敎會) 하나하나의 지역교회. 일반적으로 각각의 독립된 교회를 가리킨다. 개체교회(個體敎會). 지교회(支敎會).

개교회주의(個敎會主義) 개교회가 모든 행정을 독자적으로 수행하며 어떤 기관으로부터도 행정적 간섭을 받지 않아야 한다는 주장. 곧 상급 기관이라 하더라도 개교회의 기본권을 침해할 수 없다는 의미다. 때론 대형교회들이 총회나 노회 등 상급 기관의 결정이나 지도를 거스르는 근거로 오용되는 경향도 있다.

개방적 목회(開放的 牧會, open ministry) 개방적 교회를 전제로 한 목회. 개방적 교회란 교회 존재 이유를 주님의 지상 대명령 곧 불신자 구원에 둔 교회를 말한다. 그래서 개방적 목회는 불신자 구원을 위해 교회의 조직과 시스템, 전통적 신앙관(예배관, 교회관)을 가진 교인들의 인식 변화에 초점을 맞춘다. 그러나 이런 목회 방식에서 대해서는 비성경적 측면이 많다는 반론도 만만찮다. →[4. 예배 및 예식 용어] '개방적 목회'를 보라.

개심(開審, opening a court) 사건의 심리를

시작함. 법정에서 재판을 시작함.

개인소유교회(個人所有敎會, **proprietary chapel**) 개인의 기부금으로 세워지고 운영되는 교회. 경치 좋은 곳에 교회를 세우고 임대하여 세를 받는 방식이다. 영국 성공회에서 많이 나타나는데, 이 경우 목회자는 성공회 출신 목사라야 한다. 영국 교회의 독특한 관습인데, 우리나라에서는 찾아보기 어렵다.

개척교회(開拓敎會) 전도하여 처음으로 설립한 교회. 혹은 목회 사역 초창기에 형성된 교회(신앙) 공동체.

개체교회(個體敎會) 일정한 예배 처소가 있고, 그곳에서 공동으로 예배가 드려지며, 제정된 교회 헌법에 복종하는 교회(행2:47). 장로교회에서 개체교회란 조직교회(당회가 구성된 교회)와 미조직교회(아직 당회가 구성되지 못한 교회)로 구분된다. '지교회'(支敎會)라고도 한다. 이에 비해, 감리교회에서는 당회가 구성된 조직교회만을 개체교회로 정의한다. → '지교회'를 보라.

개회 성수(開會 成數, **quorum of session**) 회의를 개최하는 데 요구되는 회원의 숫자. '성수', '정족수'라고도 한다. 참고로, 대한예수교장로회(고신)의 개회 성수는 ① 당회 개회 성수 : 장로 2인이 있으면 목사 1인 장로 1인 출석, 장로 3인 이상이면 목사 1인 장로 2인 출석. ② 노회 개회 성수 : 본 노회에 속한 시무처가 다른 목사와 장로 각 3인 이상 회집. ③ 총회 개회 성수 : 노회 과반수와 총대 목사·장로 각 과반수 출석. ④ 공동의회 : 예정된 시일과 장소에 모인 회원으로 회의가 가능하나 숫자가 너무 적으면 회장이 시일을 다시 정해 소집할 수 있다. ⑤ 제직회 : 예정된 시간에 출석한 자로 개회할 수 있다. → '성수'를 보라.

겨울성경학교(- 聖經學敎, **winter vacation bible school**) 겨울방학 동안 단기간에 걸쳐 교회학교에서 실시하는 교육 프로그램. 어린아이들에게 성경 교육을 더욱 심도 있게 실시하여 믿음의 확신을 갖게 하고 하나님 나라의 일꾼으로 성장하게 하는 데 목적이 있다. → [4. 예배 및 예식 용에] '수련회', '수양회'를 보라.

견습(見習) 감리교회에서 선교 초창기 때 '권사'를 일컫던 말. 일명 '권도사'(勸道師). 선교 초기에 교역자들의 요청에 의해서 평신도의 신앙 교육을 목적으로 신학회(神學會)라는 교육기관이 만들어져 4년간의 전도사 과정(Local Preacher's Course)과 2년의 견습 과정을 두었다. 견습(권사)은 이 과정을 통해 양육되었다. 「천로역정」(天路歷程)과 「장원양우상론」(張袁兩友相論)은 당시 견습에게 필독서였다. → '권사'를 보라.

견신례(堅信禮, **order of confirmation**) 한국기독교장로회에서 어린이 세례를 받은 사람이 자라서 스스로 예수 그리스도를 구주로 고백하는 것을 인정하는 교회 예식. 대한예수교장로회에서는 '입교 (예식)'라 한다. 한편, '견신례'는 로마 가톨릭의 '견진성사'를 일컫기도 한다. → '입교', '견진성사'를 보라.

견진성사(堅振聖事, **sacrament of confirmation**) 가톨릭이나 성공회의 7성사(聖事) 중 세례성사 다음에 받는 의식. 견진예식. 세례를 받은 신자가 성령(聖靈)의 은혜로 더욱 굳건한 믿음의 용사가 되게 하는 안수 의식. 교구를 감독하는 주교(主敎)나 주교로부터 권한을 위임받은 사제가 세례를 받은 7-12세의 어린이 머리 위에 안수하고 십자가 표식을 그으며, 성유(聖油)를 이마에 바르는 형식으로 치루어진다. 가톨릭교회에서는 세례를 받은 뒤 5주 동안 견진교리 공부를 시키고 견진교리 시험을 친 다음 견진 자격을 준다.

한편, 동방 정교회에서는 세례성사와 견진성사가 따로 집전되는 것이 아니라 세례 직후에 행해지는 도유(기름부음) 의식이 견진성사가 된다. → '칠성례'를 보라.

견책(譴責, **reprimand**) 범죄한 자를 공회 앞에서 꾸짖고 타일러 잘못을 뉘우치게 하는 징계 처분. 권계(勸誡)보다 엄한 벌이다. 견책보다 더 엄한 징계(시벌)로는 수찬정지(受餐停止), 제명(除名), 출교(黜敎)가 있다.

결격사유(缺格事由, **disqualification**) 법률

상 자격을 상실하게 되는 사유. '결격'은 '필요한 자격을 갖추고 있지 않는 것'을 뜻한다. 권징조례에서 증인의 결격사유에 해당하는 자로는 ① 원고나 피고의 친척 ② 소송 판결의 이해 당사자 ③ 연령이 어린 자 ④ 이해력이 부족한 자 ⑤ 품행이 악하거나 사나운 자 ⑥ 시벌 중에 있는 자 ⑦ 성질이 조급하고 판별력이 부족한 자 등이 있다.

경고(警告, admonition) 범법한 자에게 주어지는 순수한 도덕적 성격의 형벌. 양심과 인격에 호소한다는 특징을 가지고 있다(잠17:10). 가장 고상하고 차원 높은 형벌이긴 하지만 타락하고 강퍅한 사회에서는 한계가 있다.

경목(警牧) 경찰을 대상으로 복음을 전하는 목사. 1965년 당시 내무부 차관이었던 김득황(金得榥) 장로 등 경찰 고위 간부와 일부 교계 인사들이 '경찰위촉목사'(警察委囑牧師; 축약해서 '경목〈警牧〉') 제도의 필요성을 절감하고, 이듬해 5월 21일 조동역, 김창인 목사 등 18명이 당시 서울특별시 경찰국장으로부터 경목으로 위촉받아 경목 활동을 시작했다. 1966년 5월 26일 서울시경목위원회가 설립되었고, 1969년 6월 26일 경목실 직제가 제정되어 경목사업이 본격화되었다. 1972년 3월 21일 경찰중앙협의회(약칭 '교경협의회')가 조직되어 초대 회장에 이권찬 목사가 선출되었고 4월부터는 각 경찰서를 중심으로 교경협의회 지구회가 조직되었다.

경목의 중심 사역으로는 경찰관 교양교육, 경찰서 내 유치인 교화사업, 청소년과 윤락여성 선도사업, 경찰국장 조찬기도회 및 간담회, 경찰기동대 및 직할대 순례방문, 경찰 개인 상담, 경찰병원 방문, 불우이웃돕기, 성탄절 위문 사업, 기타 홍보 활동 등이 있다.

경목부(警牧部) 경목의 선교 활동을 돕고 경목 활동을 지원하는 총회나 노회의 상비부 중 하나.

경찰선교(警察宣敎, police mission) 경찰과 수감자를 대상으로 하는 선교. 우리나라에서는 해방 후에 홍상설, 조동역, 김덕진 등이 개인적으로 경찰서 유치장을 방문(訪問)하여 선교 활동을 편 것이 출발점이 되었다. → '경목'을 보라.

계단공과(階段工課, graded lessions) → '공과'를 보라.

계삭회(季朔會, quarterly conference) 감리교회 선교 초창기에 1년에 4차례 계절마다 모였던 구역회의 전신(前身). 오늘날은 여선교회의 지방의회를 가리킨다. 참고로, 감리교회의 여선교회는 월례회, 계삭회, 전국대회, 총회 순으로 조직되는데, 계삭회는 15개 이상의 교회가 지방별로 모이는 모임을 말한다. → '구역회'를 보라.

계책(戒責) 경고하고 꾸짖음(책임을 물음). 다시는 과오가 없도록 경계하여 각성하도록 함. 상회가 하회 회록을 검사할 때 착오되는 사건이 발견되면 계책하는 것을 본회 회록과 하회 회록에 기록하는 것이 통례(通例)이다.

고등부(高等部, high grade class) 성경공부를 비롯한 신앙 훈련의 효율성을 높이기 위해 17-19세의 고등학생들로 구성된 주일학교(교회학교)의 한 부서.

고발(告發, accusation, charging) 피해자 이외의 제3자가 범법자의 소속 치리회에 범죄 사실을 신고하여 조사 및 범인의 기소를 요구하는 일.

고발인(告發人, accuser) 범죄 사실을 고발하는 사람.

고소(告訴, complaint) 피해를 입었다고 주장하는 자(피해 당사자)가 가해자를 처벌해 달라고 가해자의 소속 치리회에 소송하는 것.

고소권자(告訴權者) 고소할 수 있는 권리를 가진 자. 범죄의 피해 당사자나 법정 대리인. 곧, 배우자나 직계가족 또는 형제자매.

고소인(告訴人, complaint, plaintiff) 고소한 사람. 또는 법정 대리인. 소송에서 원고가 된다.

고소장(告訴狀, bill of complaint) 고소인이 고소 내용을 적어 제출하는 서류. 고소장에는 범죄자의 주소, 성명, 범행 일시, 범행 장소, 범행 상황 등의 내용이 기록된다. 이때 범죄는 사건별로 기록하고, 사안이 여러 건일 경우 범죄 사건을 동시에 기록할 수 있다. '소장'(訴狀)이라고도 한다. 그러나 ① 평소 피고에 대해 혐의가 있는 자 ② 성격이 불량한 자 ③ 재판이나 시벌 중에 있는 자 ④ 피고의 처벌로 인해 이익을 얻을 수 있는 자 ⑤ 소송을 좋아하는 자 ⑥ 지각이 부족한 자의 고소장은 접수하지 않는 것이 좋다.

고시(考試, examination, test) 총회가 정한 어떤 특정한 자격을 얻기 위해 치르는 시험. 목사고시·장로고시·강도사고시(준목고시)·목사후보생고시가 있다. 교단에 따라서는 집사고시·권사고시를 보기도 한다.

참고로, 교단마다 차이는 있지만, 목사고시의 경우 논문·설교·주해 과목 등을 작성하여 사전에 제출하고, 시험 당일에는 신조·교회정치·권징조례·예배지침(예배모범)·목회학 등의 필답고사 및 면접을 치른다.

고시부(考試部, board of examinations) 각종 고시(시험)를 주관하는 총회(노회) 산하 상비부의 한 부서. 부원은 주로 목사로 구성되며 임기는 1년이다. → '고시위원회'를 보라.

고시부장(考試部長) 총회나 노회에서 실시하는 고시(시험) 전반을 주관하며 고시부의 모든 업무를 총괄하는 책임자.

고시위원회(考試委員會, the committee of the ordination exams) 성결교회(기성)에서 목사안수 후보자를 위한 고시를 관장하는 총회 산하의 항존부서. 위원은 목사 안수 25년 이상 된 목사로서 임기는 3년이다. 장로교회의 '고시부'에 해당한다.

고해성사(告解聖事, penance) 가톨릭의 일곱 성사 중 하나. 영세받은 자가 하나님의 대리인인 사제에게 지은 죄를 고백하고 용서받는 일. → '칠성례', [4. 예배 및 예식 용어] '고해성사'를 보라.

고해신부(告解神父, confessor) 로마 가톨릭에서 고해성사를 집행하는 신부. 고해자의 고백을 듣고 죄를 사해 주는 자인데, 고해성사의 성례를 능히 수행할 수 있는 자질을 갖춘 자라야 한다.

예를 들면, 고해신부는 신학적이며 심리적인 지식을 갖추고 있어야 할 뿐만 아니라 사려 깊고 분별력이 있어야 한다. 그래서 때로는 성경에 무지한 고해자를 가르치고 권면하며 위로하고, 때로는 진실되지 못한 고해자에게는 단호하게 징계할 수도 있어야 한다.

공과(工課, lession) 문자적으로 '공부하는 과정'이란 뜻. 교수와 학습 내용, 교수와 학습계획서, 성경학습지도서, 성경교육자료 등으로 구성되어 있다. 이는 '세계통일주일공과'(International Uniform Lesson)를 번역하는 과정에서 생겨난 표현으로서, 엄밀하게는 '교육과정'(curriculum)을 가리킨다. 교단별로 공과 내용에는 다소 차이가 있지만 대부분의 교회학교(주일학교)에서는 영아부에서부터 중·고등부에 이르기까지 매주일 공과를 가르치고 있으며, 청·장년층에게까지 공과를 가르치는 교회도 있다.

■**계단공과**(階段工課, graded lessons) 교회학교에서 성경을 단계별로 체계 있게 학습할 수 있도록 기획한 성경공부 과정, 혹은 그렇게 만든 성경공부 교재. 예장합동의 경우 재편된 새 계단공과는 유아부·유치부·유년부·초등부·중등부·고등부·청년1부·청년2부·장년부·소망부 등 모두 10단계로 구분되어 연령과 수준에 따라 반복해서 점진적으로 심도 있게 공부할 수 있게 구성되었다. 한편, 계단공과에는 학생들이 사용하는 '학년별 계단공과', 등급의 범위를 넓게 나눈 '포괄적 계단공과', 청년부를 위해 여러 과정을 두는 '순환 계단공과'가 있다.

■**통일공과**(統一工課, uniform lessions) 주일학교에서 사용하기 위해 성경 중심으로 엮은 공과 시리즈 중 하나. 미국 기독교교회협의회의 통일공과위원회가 마련한 기준에 의해 여러 교파들의 공동 노력으로 이루어진 공과다. 금세기 교계의 특징인 교회통합(ecumenicity) 운동의 대표적 사례로 꼽힌다. 통일공과는 19세기에 감리교 목사인 빈센트(B.H. Vincent)와 침례교 평신도 제이콥스(B.F. Jacobs)에게서 시작되었다.

1872년 전국주일학교협의회가 인디애나 폴리스에서 개최되었을 때 제이콥스는 5명의 목사와 5명의 평신도로 구성된 10명의 위원회를 선임하자고 결의안을 발의했고, 위원회는 6년을 주기로 하는 공과 대요를 마련했다. 1년은 4분기로 나누어져 있으며, 분기마다 보통 13개의 공과로 구성되어 있다. 각 공과는 전체 제목, 성경 구절, 해당 연령층을 위한 특별주제, 암기 구절(외울말씀) 등이 있다.

공동목회(共同牧會, cooperate ministry) 다음의 세 가지 내용을 담고 있다.

① 개교회에서 여러 교역자들이 함께 사역하는 목회 형태. 예를 들면 흔히 볼 수 있는 형태로, 전도사·부목사·교육목사 등이 담임목사와 더불어 함께 사역하는 형태를 말한다. 따라서 이 경우 정확하게 표현하면 '공동목회' 라기보다 '공동사역'이라 해야 한다.

② 매우 드문 형태지만 두 사람의 목회자가 함께 청빙되어 동시에 사역하는 목회 방식. 일반적으로는 이 경우를 '공동목회'라 한다.

③ 이외에도 외국에서 흔한 형태이지만 설교목사·심방목사·상담목사·음악목사·전도목사가 함께 목회하는 '팀목회'(team ministry)도 공동목회의 일종이다.

공동사역(共同使役, cooperate ministry) → '공동목회 ①'을 보라.

공동예식서(共同禮式書, Book of Common Order) 종교개혁 시대에 스코틀랜드 교회가 사용한 교회 정치서. 특히 제네바에 있던 영국 교회가 사용한 것으로, 예배 규칙과 권징 규칙을 담고 있었다. 당시에는 중요한 교회 정치서였지만 교인이 많은 교회에서 사용하기에 적절치 못했다.

공동의회(共同議會, congregational meeting) 장로교회에서 당회와 더불어 개교회의 최고 의결기구. 성경에서 집사들을 선정할 때 온 교회의 의견을 물었던 데서 유래한다(행6:5). 무흠입교인(세례교인)들로 구성되며, 당회의 결의로 당회장이 소집하되 일시·장소·안건 등을 1주일 전에 공고한다. 연말의 정기 공동의회와 특별한 사안에 따른 임시 공동의회로 구별된다.

공동의회 소집은 교단마다 다소 차이가 있으나 대개 ① 제직회의 청원 ② 무흠입교인 3분의 1 이상의 청원 ③ 상회의 명령이 있을 때 가능하다. 또 공동의회는 ① 당회의 경과 상황 청취 ② 제직회와 부속 각 회의 보고 청취 ③ 예산과 결산 심의 ④ 그 밖에 법대로 제출된 안건 의결 ⑤ 장로·집사·권사 등 직원 선거 ⑥ 목사 청빙을 위한 선거 ⑦ 교인의 총의(總意)를 모을 때 소집된다. 당회장과 당회 서기가 공동의회 의장과 서기를 겸한다.

공동회의(共同會議) 공동의회가 어떤 의제를 논의하기 위해 소집한 회의. '공동의회'가 기구적인 명칭 곧 조직의 명칭이라면, '공동회의'는 회의체나 기능상의 명칭이다. 예를 들면, "공동의회에서 '공동회의'를 개최했다"는 식으로 표현할 수 있다. → '공동의회'를 보라.

공동회의록(共同會議錄, minutes of the congregational meeting) 공동의회록. 공동의회의 회의 내용을 기록한 책. 교인의 각종 명부·당회록·제직회록 등과 함께 개교회가 반드시 비치(備置)해야 할 문서 가운데 하나다.

공례(公例, constitution) 공적 법식(法式, 법도와 양식). 곧, 치리회에서 사용하는 각종 법과 규칙, 그리고 결정되어 통용되는 사안들을 말한다.

공로목사(功勞牧師) → '목사의 신분상 칭호'를 보라.

공문(公文, official document) 총회나 노회, 당회 등 치리회를 비롯한 산하 기관이 직무상 작성한 문서. 공문서.

공소(公訴, arraignment, prosecution) 법원에 형사 사건의 재판을 요구하는 소송행위. 곧, 특정 범죄 사건에 대해 치리회에 재판을 요구하는 의사 표시나 행위. 기소(起訴).

공소시효(公訴時效, statute of limitations) 확정 판결 전에 시간의 경과에 의하여 형벌권이 소멸되는 제도. 죄를 범한 후 일정 기간이 지나면 공소권이 소멸되어 공소를 제기할 수 없게 된다.

교회법에서는 일반적으로 범죄 발각 후 1년, 범죄 발생 후 3년을 공소시효로 정하고 있다. 그러나 교회에 중대한 영향을 미치는 범죄에 대해서는 공소시효가 없다.

공소심(控訴審, appeal) '항소심'의 옛말. 하급치리회의 판결에 대해 상급치리회에 청구하는 상소. 교인에 대한 항소심은 노회에서, 목사에 대한 항소심은 대회에서 이루어진다. 대회를 시행하지 않을 경우에는 총회가 항소심 기관인 동시에 상고심 기관이 된다. → '항소'를 보라.

공술(供述, deposition) 형사소송에서 당사자와 증인, 감정인 관계 사항을 구술 또는 서면으로 알리는 일. 쉬운 표현으로 '진술'(陳述).

공의회[1](公議會, council) 선교 초창기 우리나라에서 총회나 노회가 조직되기 전에 교회 치리를 담당했던 정치조직을 말한다. 이전까지 교회의 치리 행사는 선교사 개인 재량으로 이루어졌으나 합의체의 필요성을 느껴 1893년 1월 28일 최초로 만들어진 기구가 '선교사 공의회'(The Council of Mission Holding the Prebyterian Form of Government)이다.

1901년 9월 20일에는 서경조(徐景祚)·김종섭(金宗燮)·방기창(邦基昌)·양전백(梁甸伯)·송순명·고찬익 등 한국인 장로와 조사(助事)가 처음 공의회에 참석하였으나 주도권은 여전히 선교사들에게 있었다. 그 후 1907년 공의회를 기반으로 하여 대한장로회 독노회가 조직되면서 공의회의 치리 기능은 정지되었고 공의회는 선교사들만의 협의기구로 남게 되었다. '선교사 공의회', '선교 공의회'로도 불린다. → [5. 교파 및 역사 용어] '선교사 공의회'를 보라.

공의회[2](公議會, ecumenical council) 교회의 교리와 규례 등을 결정할 목적으로 소집되는 감독과 교회 대표들의 회의. 여기서 결정된 사항은 최고의 권위를 지닌다. 성경에 나오는 최초의 공의회는 예루살렘 공의회다(행15장). 교회사에서는 325년 아리우스주의 문제를 다루기 위해 모인 '니케아 공의회'가 대표적이다.

로마 가톨릭의 경우 지금도 여전히 교황이 공의회를 소집하고 결정 사항은 교령으로 선포된다. 그러나 오늘날 로마 가톨릭교회를 제외한 세계 교회는 더 이상의 공의회를 인정하지 않고 있다.

공조목회(共助牧會, team ministry) → '공조사역'을 보라.

공조사역(共助使役, team ministry) 개교회에서 각기 다른 기능을 가진 여러 사역자가 함께 일하는 것. 예를 들면 ① 담임목사·부목사·전도사·교육목사가 함께 사역하는 경우, 혹은 ② 한 교회에서 두 사람 이상의 목사가 공동으로 청빙되어 같은 자격으로 사역하는 경우를 가리킨다. 이 경우 더러는 '공조목회'라 부르기도 하나 사역 구성원들이 목회자만 있는 것이 아니기 때문에 엄격하게 말하면 '공조사역'이 맞다.

공직자(公職者, public official) 국가나 지방 공공 단체 등에서 공적인 직무를 수행하는 자. 성경은 온 세상의 주와 왕이 되시는 하나님께서 자신의 영광과 선을 세우기 위해 국가 공직자를 임명하셨다고 가르친다(롬13:1-4; 벧전2:13-14).

공직자는 하나님이 주시는 권세로 선한 무리를 보호해야 한다. 또 신자가 이 공직에 부름받았을 때는 그것을 수락하고 집행하는 것이 성경적이다(잠8:15-16; 롬13:1,2,4). 그렇다고 국가 공직자가 하늘나라의 권세를 가진양 신앙상의 문제에 간섭해서는 안 되며(마16:19), 마땅히 주의 교회를 보호하는 것 역시 공직자의 의무다(사19:23; 롬13:1-6). 한편, 백성(시민)은 공직자를 위해 기도하고 존중하며 그들의 권위에 순종해야 할 의무가 있다(딤전2:1-2).

공천(公薦, public nomination) 여러 사람의 합의에 의해 천거함. 정당이나 단체에서 공적으로 후보자를 내세움. 총회나 노회에서 임원으로 출마한 후보자들을 법에 따라 자격 유무를 심사하여 본회에 추천하는 것을 말한다.

공천부, 공천위원회(公薦部, 公薦委員會, nominating committee) 공천 업무를 주관하는 상비(상설) 부서. 책임자는 공천부장 또는 공천위원장. ① 감리교의 경우 법규에 따라 총회 60일 전에 임원 선출을 공고하고 그 후보자를 심의하며 선거에 관한 업무까지 주관하여 위원장이 최종적으로 당선인을 확정 선포한다. 그러나 ② 장로교 등 기타 교단의 경우는 일반적으로 선거관리위원회가 있어 공천부는 후보를 본회에 추천하는 것까지만 하고 나머지 본회에서 선거에 관한 제반 업무는 선거관리위원회가 주관한다. → '공천' 을 보라.

관구(管區, **province**) 로마 가톨릭에서 대주교의 관할 아래 있는 행정 자치 구역 중 하나. 하나의 대주교구와 하나 또는 그 이상의 주교구들로 구성된다. 관구의 책임자는 대주교이다. 현재 우리나라에서는 세 관구(서울, 대구, 광주)로 나누어져 있다. 교회사 초기에는 교리적 문제를 다루기 위한 주교들의 지역공의회 성격이 강했다. 한편, 성공회에서는 교구 전체를 관할하는 상위 구역을 말하며, 책임자는 관구장이다.

관구장(管區長) 성공회에서 관구의 최고 책임자를 일컫는 말. 서울 교구, 대전 교구, 부산 교구의 3개 교구가 있는 한국 성공회 전체의 수장이다. 전국의회에서 성직자 대의원 과반수, 평신도 대의원 과반수의 표를 얻어 선출되며 임기는 2년이다. 연임(連任)이 가능하다. 일명 '의장주교' 라고도 한다. 우리나라 성공회의 초대 관구장은 김성수 주교이다.

관리집사(管理執事, **maintenance deacon**) 예배를 위해 교회 문을 여닫는 일을 비롯하여 예배처소 및 부속 건물과 비품 일체를 유지·보수·관리하는 교회 직원. 이외에도 전기·수도·음향시설(방송실)·차량 운행·주차 봉사·청소에 이르기까지 예배의 거룩함과 교회의 품위를 지키기 위해 교회의 제반 일을 도맡아 담당하는 직책이다. 구약 시대 때 제사장들의 성전 제사를 돕고, 성전을 관리하던 레위 지파의 사역에서 비롯되었다(민 18:1-7; 대상23:2-4; 대하29:12-36; 35:5). 하나님의 교회를 섬긴다는 신실한 믿음과 투철한 사명감이 요구된다. 과거에는 '사찰', '사찰집사' 로도 불렸으나 '관리집사' 란 표현이 좋다. → [7. 올바른 용어에 '사찰', '사정' 을 보라.

관리헌법(管理憲法) 한국기독교장로회에서 정치·권징조례·예배모범에 관해 규정한 법을 통틀어 일컫는 용어이다.

관면(寬免, **forgiving**) 죄나 허물을 너그럽게 용서함. 대한성공회 헌장 및 법규 제4장 제21조(미신자와의 혼배관면)에는 '신자가 미신자 또는 다른 교파 신자와 혼배하고자 할 때에는 주교의 관면을 받아야 한다' 고 규정하고 있다.

관할구역(管轄區域, **diocese**) 감리교회에서 감독이 관할하는 지역.

교구(敎區, **parish**) 세 가지 개념으로 이해할 수 있다.
① 로마 가톨릭교회를 지역적으로 구분하는 기본 단위. 가톨릭교회의 확장을 위해 지도나 감독의 편리를 도모할 목적으로 나눈 구역으로서 대교구와 교구로 구분된다. 교구의 최고 성직자는 주교(主敎)로서 교회의 수위권자인 교황이 임명한다. 설립 요건은 그 지역에 거주하는 적정수의 신자수와 재정적인 기반, 적정수의 교회와 주교좌를 이룰 대성당을 갖추면 가능하다. 이렇게 형성된 교구가 여럿 모여 관구(管區, dioceses)를 이룬다.
한편, 교구 아래에는 신자들의 작은 공동체인 본당들이 여럿 있어 주교의 대리자인 사제들이 신자들을 보살핀다.
② 성공회의 지역 구분 단위. '관구 〉 교구 〉 전도구 〉 교회' 로 구분된다. 대개 4개 이상의 교구(우리나라에서는 2개)가 있으면 한 관구를 형성한다.
③ 우리나라 개혁교회에서 전도나 행정, 관리를 효율적으로 하기 위해 편의상 구분해 놓은 단위. 대개 '교구 〉 지역 〉 구역' 등으로 조직되며 책임자인 교구장은 주로 권사(혹은 장로)가 맡는다.
그런데, 개혁교회의 '교구' 는 단순히 구역이 확장된 큰 단위의 구역 개념으로서, 성직자의 위계체제를 중심으로 한 수직 종속적 개념을 갖고 있는 로마 가톨릭의 교구 제도와는 엄연히 구분된다. 따라서 일각에서는 로마 가톨릭의 '교구' 를 연상시키는 명칭 대신 '지구' (地區)란 표현을 제시하기도 한다.

교단(敎團, **religious body**) 공통된 신앙과 교리를 가진 신도들로 조직된 종교 단체. 교파(종파)의 확장(선교)을 위해 동일한 교의(敎義)를 믿고 동일한 신앙 방편을 가진 사람들이 모여 조직한 단체. → '교단과 교파' 를 보라.

교단과 교파

우리나라에서는 복음이 처음 전래된 선교 초창기부터 줄곧 '교파'란 명칭을 사용하였다. 그러나 일본은 '일선 기독교 일체화(日鮮 基督教 一體化)'라 하여 1938년 5월 8일 부민관 대강당에서 일본식 기독교 창립을 목적으로 하는 '조선기독교연합회' 발회식을 가졌다. 이에 따라 1942년 3월에는 각 교파가 고유 명칭을 버리고 '조선혁신교단'으로 통합되었다. 그 후 일본은 1943년 5월 5일에 '조선예수교장로회'라는 명칭을 '일본기독교조선장로교단'으로 고쳐 일본의 한 부속기관으로 만들었다.

그리고 1945년 6월 25일, 조선부총독 엔도는 55명의 한국교회 지도자를 초청해서 새 교단 구성을 제안하였고 이에 따라 1945년 7월 19일과 20일에 이미 조직되었던 교파합동 준비위원회가 정동교회에서 모였다. 그리하여 장로교 대표 27명을 비롯하여 감리교, 구세군 등 59명의 각 파 대표가 참석하여 '일본기독교조선교단'을 설립하게 되었다. '교단' 이란 명칭은 여기서 유래되었다. 오늘날은 같은 신앙을 가진 단체란 뜻에서 오히려 '교단'이란 명칭이 '교파'보다 더 보편적으로 사용되고 있다.

교단기관목사(教團機關牧師) → '기관목사'를 보라.

교단장(教團長, the moderator of the general assembly) 교단의 최고 지도자. 교단 행정의 최고 책임자인 동시에 치리회의 최고 판결권자이기도 하다. 장로교회에서는 '총회장', 감리교회에서는 '감독회장'이라 부른다. → '감독회장', '총회장'을 보라.

교도소 선교(矯導所 宣教, prision ministry) 교도소의 재소자들에게 복음을 전하는 일. 일명 '교도소 전도'라고도 한다. 일제 시대 때 독립 운동하다 투옥된 기독교인들이 함께 수감된 재소자들에게 전도한 것을 기원으로 본다. 한국교회사에서는 1948년 김창덕 목사가 서울형무소 형목(刑牧)으로 위촉된 것을 시작으로 공식적인 교도소 선교가 전개되었으며, 1976년 초교파적으로 교도소 선교회가 조직되어 김은석 목사가 초대 회장에 추대되기도 했다. 그 후 각 교단별로 다양한 형태의 교도소 선교가 이루어지고 있다. 그리고 2010년 12월 1일 우리나라 최초의 민영교도소인 소망교도소(재단법인 아가페 설립, 경기도 여주군 북내면 외룡리 일대)가 개소되어 기독교 정신에 입각해 수용자들을 교화시키는 사역을 담당하고 있다. → '형목', [5. 교파 및 역사 용어] '소망교도소'를 보라.

■**교도소성서보급회**(矯導所聖書補給會) - 연세대학교 신과대학 교수였던 김찬국 목사가 옥중 경험을 바탕으로 교도소에 성경 보급의 필요성을 역설하면서 시작된 선교 단체. 교도소와 소년원에 성경 보급과 복음 전파를 목적으로 1976년 3월 25일 설립되었다. 기독교대한감리회의 도건일 목사가 초대 회장을 맡았고 감리교회에서 적극적으로 후원하여 초교파 단체로 성장하였다.

교도소 전도(矯導所 傳道) → '교도소 선교'를 보라.

교리(教理, doctrine) → [2. 교리 및 신앙 용어] '교리'를 보라.

교리 개정(教理 改正) 교리 즉, 사도신경 · 신조 · 요리문답 · 신앙고백 등을 개정하는 일. 교리는 신앙의 본질을 좌우하며 교단 정체성을 나타내는 중요한 사안이기 때문에 개정되는 일은 드물다. 다만 100여년 전에 마련된 교리가 근래의 표기나 맞춤법에 맞지 않거나 옛 표기(고어)를 모르는 세대들을 위해 쉬운 용어로 개정하는 작업 등이 교단별로 이루어지는 경우가 있다.

하지만, 이 일조차도 신앙의 근간을 훼손할 위험성이 있어 교단마다 엄선한 신학자들과 엄격한 개정법을 마련하여 매우 신중하게 교리 개정 작업을 진행하고 있다.

교리문답(教理問答, Catechisms) 기독교의 교리를 문답식으로 가르치는 형태나 책. 구약 시대에도 문답식 교육은 이루어졌으나(출24:7; 수24:14) 교리문답 형식이 발전된 것은 초대 교회 때 세례교인을 가르친 데서 비롯된 것 같다. 이후 종교개혁을 지나면서 교리문답은 급속도로 발전되었다. 이는 중세기에 일반 성도를 대상으로 한 신앙 교육이 거의 이루어지지 않았고, 따라서 종교개혁 이후 모든 성도에게 신앙의 본질에 대한 교리적 이해가 요구되었기 때문이다. 그래서 유명한 개혁자들은 대부분 교리문답을 썼다.

중요한 교리문답서로는 루터의 「대소요리문답」, 칼빈의 「대소요리문답」 그리고 「웨스트민스터 소요리문답」 등이 있다.

한편, 모든 교리문답의 기본 내용은 사도신경과 십계명과 주기도문을 중심으로 이루어져 있다. 여기에 성례와 성경에 대한 내용이 추가되기도 한다. 혹자는 교리문답 교육보다 성경교육이 더 중요하다고도 하나, 신앙 교육에서 이 두 가지는 상호 보완적이어야 한다. → [2. 교리 및 신앙 용어] '교리문답', '요리'를 보라.

교리사(敎理史, history of doctrine) 기독교 교리의 형성과 발전을 역사적으로 다루는 역사신학이나 교회사의 한 분야. 기독교 신앙이 역사적으로 어떻게 발전되어 왔는지를 연구하는 학문이다. 교리사가 체계화되어 학문의 꽃을 피운 것은 19세기 말에서 20세기 초로 본다.

교리와 장정(敎理 – 章程, Doctrine and Discipline) 기독교대한감리회의 신앙과 교회, 조직과 제도, 입법과 행정을 규정한 기본법. 역사와 전통적 교리를 밝히고 교회의 질서를 유지하여 감리교를 부흥·성장케 하는 데 목적이 있다.

교리와 장정은 다음과 같은 내용으로 구성되어 있다. ① 제1편 역사와 교리 ② 제2편 헌법 ③ 제3편 조직과 행정법 ④ 제4편 의회법 ⑤ 제5편 교회 경제법 ⑥ 제6편 교역자은급법 ⑦ 제7편 재판법 ⑧ 제8편 감독 및 감독회장 선거법 ⑨ 제9편 연회 및 지방 경계법 ⑩ 제10편 과정법 ⑪ 제11편 예문(예배서) ⑫ 제12편 각종 정관, 규정 및 규칙 ⑬ 제13편 문서서식.

교리헌법(敎理憲法) 한국기독교장로회에서 신조나 신앙요리문답 등의 교리에 관해 규정한 법을 일컫는 표현.

고목, 고목제도(校牧, school chaplain) 학교에 목사나 성경 지식이 풍부한 교사를 두어 학생들에게 성경을 효율적으로 가르치기 위해 마련한 제도. 종교개혁 후로 사회에 진출하게 된 기독교는 교육사업에 힘을 기울였는데, 이때 설립된 학교의 교장은 보통 목사가 겸직하였다. 그 후, 사무 부담이 늘자 학교장의 직분을 독립시키고 종교 교육과 종교 활동을 전담하는 목사를 별도로 배치하게 되었다.

이러한 제도는 18세기 유럽에서 시작되었으며, 그 후 미국에서 크게 발전하였다. 한국에서는 조선 후기에 선교사들이 복음 전파와 함께 교육 기관을 세우면서 교목제도가 시작되었다. 1909년까지 선교사들에 의해 세워진 기독교 계통의 학교는 장로교가 605개교에 학생수 14,708명, 감리교가 200개교에 학생수 6,423명이었다. 여기에 성공회나 천주교까지 합치면 학교수는 무려 905개교가 되었다(민경배, 「한국기독교회사」).

이들 학교에서는 신학문이나 기술 과목과 함께 성경 과목을 가르쳤다. 성경 과목은 초기에 학교 직원 중 성경 지식이 풍부한 교사가 가르쳤다. 그러다 해방 후 기독교 정신으로 창립된 학교들이 늘어나면서 신앙 교육을 담당하고, 종교 행사를 전담하는 교역자(敎役者)가 존속되었는데, 1962년부터 이들을 가리켜 '교목'이라 일컫게 되었다.

교사(敎師, clergy, minister) 일제시대 때 일본 기독교의 영향으로 목사를 일컫던 호칭. 해방 후 다시 '목사'라는 호칭으로 환원되었다. 당시 교회(주일)학교 교사는 '반사'(班師)라 불렀다. → [1. 교회 일상 용어] '교사'를 보라.

교세(敎勢, religious situation) 교단이나 종교 단체의 규모나 세력. 교단의 경우 보통은 노회수와 교회수, 그리고 교인의 숫자로 나타낸다. 참고로, 교세의 근간이 되는 노회는 조직당회와 미조직당회, 교회내의 시무목사와 시무장로, 세례교인 수 등으로 규모를 가늠해 볼 수 있다.

교역(敎役, religious work) 설교·전도·심방·행정·치리 등 교회 사역을 책임지고 맡아 하는 일. → '교역자'를 보라.

교역자(敎役者, religious worker) 교회로부터 급여를 받으며 교역에 종사하는 자. 곧, 어떤 부서를 책임지고 일하는 목사와 전도사를 통틀어 일컫는 말. 일반 성도(평신도)에 대비되는 표현이다. → '사역자', '목회자'를 보라.

교역자공제회(敎役者共濟會) 기독교대한성결교회에서 교역자들의 연금 관리와 은퇴교역자 복지사업을 위해 마련한 단체. 장로교회나 감리교단의 은급재단(혹은 은급재단이사회)에 해당한다.

교육관(敎育館, education center) 예배실에 대비되는 표현으로, 주일학교 학생을 비롯하여 청장년의 신앙 교육을 목적으로 마련된 교회 부속 건물. 학생들의 정기집회를 비롯하여 교회의 각종 모임이나 회의 등 다양한 용도로 사용된다.

교육목사(敎育牧師, education minister) 개교회의 청빙을 받아 주일학교 부서 등 교회가 경영하는 교육 기관에서 성경과 교리를 가르치는 목사. 교회 교육 프로그램 전반을 계획하고 실행하며 평가하는 일을 담당한다. 또 각 교육 기관을 담당하는 전도사나 교사 등을 지도하고 양성하는 조력자로서의 사역도 담당한다.

교육부(敎育部, board of education) 주일학교 학생들과 청장년의 신앙 교육을 지도하고 성장과 양육을 위한 프로그램 등을 담당하는 총회나 노회의 상비부 중 하나. 총회교육국과 협력하여 교회 절기나 수련회 등 교육 관련 행사와 성경고사나 찬양경연대회 등 각종 대회를 주관한다. 교단에 따라서는 산하에 주일학교연합회, 청장년면려회 등의 기관을 두기도 한다.

교육사(敎育師) 감리교회에서 교회의 기독교 교육 분야를 담당하는 교회 교육 전문가. 교육사는 입교인이 된 후 5년 이상 성실한 신앙 생활을 하고 기독교 교육에 대한 소명감이 투철한 자로서 감리교회 산하 신학대학에서 기독교교육과를 졸업하면 담임자의 제청으로 기획위원회의 협의를 거쳐 담임자가 임면(任免)한다. 타교파의 교육전도사가 파트 타임 사역자인 데 반해 교육사는 전임사역자라는 점에서 차이가 있다.

감리교회의 교회법인 권리장정 제3편(조직과 행정법) 제2장(교회법) 제6절(개체교회 사역자) 27조, 28조, 29조에는 교육사의 자격, 교육사의 임면, 교육사의 직무가 규정되어 있다.

교육전도사(敎育傳道師) 주일학교 각 부서에서 학생들의 신앙을 지도하고 교육하는 자. 각 교단이 세운 신학교에 재학 중이거나 이수한 자로 목사 안수를 받지 않은 자. 대개 당회 결의에 의해 담임목사가 청빙하며 임기는 1년이나 당회 결의로 계속 사역이 가능하다. → '전담 전도사', '전도사'를 보라.

교인(敎人, church member, membership, believer) 성부·성자·성령 삼위일체 하나님을 믿으며 예수 그리스도를 구주로 인정하고 본 교회에 등록한 모든 자. 교회 조직의 기초가 된다. 교단에 따라서는 '입교인'(세례교인)을 가리키는 경우도 있다. '신자', '교우', '그리스도인' 등으로 다양하게 불린다.

교단별로 교인은 다음과 같이 구분된다. ① 기독교대한감리회 : 원입인·세례아동·세례인·입교인. ② 대한예수교장로회고신 : 원입인·학습인·유아세례교인·입교인(세례교인). ③ 대한예수교

교인의 구분

1. 원입교인(원입인, 신입교인) : 예수를 믿기로 결심하고 공동예배에 참석하는 자. 일반적으로 원입교인이 된 후 6개월 뒤에 학습교인의 과정을 밟을 자격이 주어진다.
2. 학습인 : 원입인으로 6개월 이상 공예배에 참석하고 학습문답 과정을 통과한 자.
3. 유아세례교인(세례아동) : 세례교인(입교인)의 자녀로서 유아세례를 받은 자. 교단 헌법들은 주로 만 2세(3세) 미만자로 규정하고 있다. 이때 부모 중 어느 한 편만 입교인이라도 허용된다.
4. 세례교인(입교인) : 유아세례교인으로 입교한 자(만 14세, 곧 15세). 15세 이상 된 원입교인으로서 세례를 받은 자.
5. 세례인 : 세례를 받은 아동으로서 13세 이상 18세 미만 된 자. 원입인으로 1년 이상 교회에 출석하고 성경과 교리를 공부하며 세례를 받은 자. 감리교회만의 독특한 구분법이다.

장로회통합 : 원입교인 · 유아세례교인 · 세례교인 (입교인). ④ 기독교대한성결교회 : 신입교인 · 세례교인 · 유아세례교인. ⑤ 예수교대한성결교회 : 구도자 · 학습자 · 세례자 · 헌아자. 이처럼 교단별로 표현은 다소 다르나 내용은 유사하다. → [1. 교회 일상 용어] '교인'을 보라.

고인명부(敎人名簿, membership roll) 교인의 신상을 기록한 장부. 교인 관리와 교회 행정을 효율적으로 하기 위해 구역(지역 · 교구)별로 이름 · 나이 · 등록일 · 세례일 · 신급 · 가족 관계 등을 기록해둔 기록장을 말한다.

고인증명서(敎人證明書, certificate of church membership) 교회에 등록된 교인임을 증명하기 위한 서류나 문서. 1950년 6.25 전쟁 당시 당회장이 발행한 교인증명서가 있었다. 이 증명서는 전쟁 당시 사상적으로 혼란하던 시기에 신분 보장은 물론 어려울 때 교인 상호간에 편의를 제공하는 데도 일조하였다. 최근에는 2002년 독일 북부 하노버의 작센하겐에 있는 루터교의 조셉 칼쿠츠 목사가 방황하는 청소년들에게 소속감을 심어주기 위해 교인증명서를 발급했다는 언론보도가 있었지만 아주 특별한 경우로서 그리 보편적이지는 않다. 현대 교회에서는 거의 사용되지 않는다.

고인총회(敎人總會, congregational meeting) 교인들로 구성된 의결기구. 국가 법원이 소송에서 원고간의 요청이 있을 때 정당한 대표권자에게 권한을 주어 소집을 허락하는 회의체. 교회 헌법에는 없는 기구다. 주로 교회 재산 분배나 성직자 배척 등 교회 내부에 분쟁이 생겼을 때 치리회 스스로가 이 문제를 해결하지 못해 국가법에 의해 소집되는 총회다. 따라서 교인총회는 국가(법원)의 명령에 의한 것이지 결코 교회법이 정한 총회는 아니다. 교회법에는 엄연히 공동의회라는 의결기구가 있다. → '공동의회'를 보라.

고적(敎籍, parochial registers) '교적부'의 준말. → '교적부'를 보라.

고적부(敎籍簿, parochial registers) 교인들의 세례, 결혼, 사망 등에 관한 일신상의 내용을 기록한 문건. 원래는 국가 행정 체계가 미흡했던 중세기에 교회가 교인 관리와 함께 국가 차원의 통계 자료 확보를 위해 마련하였다. 주로 가족 단위로 이름 · 생년월일 · 가족관계 · 주소 · 연락처 · 등록일 · 신급 · 봉사부서 등을 기록하며 특별히 통일된 양식은 없고 개교회별로 형편에 맞게 사용하고 있다. 교회가 영구히 보존해야 할 중요한 자료 중 하나다.

교인의 권리와 의무

■**교인의 권리**
교인이 교회 헌법에 따라 청원 · 소원 · 상소할 수 있는 권리. 교인은 지교회에서 법규대로 선거 및 피선거권이 있다. 그러나 무고히 6개월 이상 본 교회 예배에 계속 출석하지 않을 경우에는 교인의 권리가 중지(제한)된다. 또 무흠 입교인은 성찬식과 공동의회에 참여하는 권한도 있다.

■**교인의 의무**
① 교회가 정한 예배회와 기도회와 모든 집회에 출석해야 할 의무.
② 노력과 협력과 거룩한 교제로 교회 발전에 진력(盡力)하며 사랑과 선행으로 하나님을 영화롭게 해야 할 의무.
③ 교회의 경비와 사업비에 대하여 성심 협조하며 자선과 전도 사업과 모든 선한 일에 노력과 금전을 아끼지 않아야 할 의무.
④ 성경의 도리를 힘써 배우며 전하고 성경 말씀대로 실행하기를 힘쓰며 예수 그리스도의 정신을 생활 가운데서 나타내야 할 의무.
⑤ 진리를 보수하고(살후2:15; 딤후3:14-17) 교회 법규를 잘 지키며 교회 헌법에 의지하여 치리에 복종해야 할 의무.
⑥ 성일을 범하거나 미신 행위 · 음주 · 흡연 · 구타 행위나 고의로 교회 의무금을 드리지 않는 자는 교인의 의무를 이행하지 않는 자로 간주된다.

교직자(敎職者, ministry) 교회에서 성도를 지도하고 관리하는 등의 사역을 감당하는 사람. 주로 목회나 설교 등을 담당하는 목사나 전도사와 같은 교역자를 가리키나 교단에 따라서는 장로·권사·안수집사 등의 중직자까지를 포함하기도 한다. → '교역자', '사역자', '목회자'를 보라.

교파(敎派, denomination) 교리나 신조, 예배, 의식, 신앙 생활의 특성 등을 함께 공유하는 종파(宗派). 칼빈(장로교)이나 웨슬리(감리교), 루터(루터교) 등 교파 창시자의 신앙관과 사상을 따른다는 측면에서 붙여진 명칭이다.
  크게는 로마 가톨릭, 동방 정교회, 성공회, 개혁교회(프로테스탄트)로 구분되며, 개혁교회 내에는 감리교, 루터교, 장로교, 성결교, 구세군, 침례교 등의 교파들이 있다. 오늘날은 '교단'이란 말과 구분 없이 사용된다. → '교단과 교파'를 보라.

교황정치(敎皇政治, the Papal) → [5. 교파 및 역사 용어] '교황정치'를 보라.

교회(敎會, church) 하나님의 부르심을 받아 그리스도를 믿는 택한 백성의 거룩한 공회. 그리스도를 믿는 사람들이 함께 하나님께 예배드리고 말씀을 선포(설교)하며 성례전을 집행하고, 세상에 그리스도를 증거하는 신앙 공동체. 교회는 일반적으로 눈에 보이는 교회(유형교회)와 눈에 보이지 않는 교회(무형교회)로 구분된다.
  여기서 보이는 교회는 예수 그리스도를 믿는 무리와 그 자녀들이 일정한 장소에서 성경의 교훈에 따라 하나님께 예배드리고 성결하게 생활하며 예수 그리스도를 구주로 고백하고 하나님 나라의 확장을 위해 활동하는 공간을 가리킨다. 이를 일반적으로 '지교회'(개체교회)라 한다(행2:47).
  지교회는 다시 둘로 구분되는데, 당회가 있는 교회(조직교회)와 당회가 구성되지 않은 교회(미조직교회)가 있다. 교단마다 다소 차이가 있지만 지교회는 세례교인(입교인) 15명 이상(한국기독교장로회나 기독교대한성결교회는 10명)이 모여 노회에 설립을 청원하여 허락받음으로써 세워진다. 또 교회는 그리스도와 한 몸을 이루기 위해 항존직(恒存職)과 임시직(臨時職)의 직원을 둔다. → '교회직원', [1. 교회 일상 용어] '교회'를 보라.

교회 경제법(敎會 經濟法) 기독교대한감리회에서 교인의 경제생활 방식과 감리회의 예산결산 회계제도, 고정자산 관리제도, 그밖의 교회경제에 관한 사항을 규정한 법. 교리와 장정 제5편에 있으며 모두 9개 장과 부칙, 그리고 이 법의 적용을 받는 산하 각 기관 단체의 정관과 규정으로 이루어져 있다.

교회법(敎會法, canon law) 교회에서 성도의 신앙·윤리·훈련 및 교회기구 운영 등에 관해 규정한 법규. 신자 개개인과 교회 산하 기관의 활동 및 치리에 관해 정해 놓은 규칙과 규범의 총칭. 교회법은 하나님의 법을 대전제로 삼고 그 아래 교회 입법 기관에서 협의하여 만든 인정법과 자연법을 근간으로 이루어져 있다.
  역사적으로 교회법은 동방교회와 서방교회의 분열 이전까지는 한 줄기로 이어져 내려왔다. 그러다 1054년 동·서 교회가 분열하면서 동방교회(그리스 정교회)는 독자적인 교회법을 마련하였다. 이에 비해, 서방교회(로마 가톨릭)는 여전히 초대교회로부터 지속되어 왔던 교회법의 근간을 유지했다. 그러던 것이 16세기 종교개혁이 일어나면서 프로테스탄트 교회(개혁교회)는 새로운 교회법을 제정하게 되었다. 이리하여 교회법은 로마 가톨릭과 성공회, 동방교회, 개혁교회가 각각 다양하고 독자적인 형태를 갖추게 되었다.
  ■**한국교회의 교회법** – 한국의 주요 교단들의 교회법을 정리해 보면 다음과 같다.
  ① 장로교회 : 1907년 9월 17일 대한장로회 독노회가 조직되면서 전문 12개조로 된「대한장로회신경」과 3개조 7세칙으로 된「대한장로회규칙」이 채택됨. 한국교회 최초의 교회법. → 1921년「조선예수교장로회 헌법」발행. → 그 후 여러 차례 헌법이 개정되나 기본 골격은 유지됨. → 교단 분열로 각 교파가 독자적인 헌법을 마련함.
  ② 감리교회 : 1908년에 미국 감리회 선교부에서「미국 감리회 강령과 규칙」(Introductions to Methodists) 발행. → 1910년「미국 감리회 강령과 규칙」번역 출판. → 1923년 남감리회 양주삼 목사가「남감리교회 도리와 장정」번역 출판. → 1930년 남북감리회가 합동되어 기독교조선감리회가 조직되면서「교리와 장정」이 통합 채택됨. → 그 이후 여러 차례 헌법이 개정되었으나 기본 골격

에는 큰 변화가 없음.
③ 성결교회 : 1921년 조선예수교 동양선교회 성결교회 총회가 조직됨. → 1933년 이명직 목사가 「조선예수교 동양선교회 임시약법」 편찬. 오늘날 성결교회 헌법의 기초가 됨.

교회 사무원(敎會 事務員, administrative assistant) 교회에서 행정적으로 사무를 처리하는 자.

교회사찰(敎會司察) → '사찰', '관리집사'를 보라.

교회소송사건(敎會訴訟事件, judicial process) 교회가 분쟁을 법률적으로 해결하고 조정하기 위해 이해 당사자를 불러 심판하는 절차. 재판건과 행정건으로 구분된다. 재판건은 시벌(施罰)을 구하는 형사소송이며, 행정건은 각 치리회의 행정 결정에 불복하여 취소·시정·변경을 구하는 행정소송이다. 어느 편이든 교회의 소송사건은 교회의 신성과 질서를 지키기 위한 최후의 방편이다. 따라서 소송 이전에 최선의 노력으로 문제를 해결하는 것이 신앙인으로 가져야 할 바른 자세이며 또한 교회소송의 근본 정신이다.

교회와 국가(敎會 – 國家, church and state) 교회와 국가의 상호 관계성을 나타내는 말. 역사적으로 네 가지 형태가 있다. ① 교회가 국가를 지배하는 형태. 구약의 신정정치와 중세의 교황 시대가 여기 해당된다. '교회국가'라고도 한다. ② 국가가 교회를 지배하는 형태. 기독교 박해가 끝나고 로마가 기독교를 국교로 받아들인 시기. '국가교회'라고도 한다. ③ 교회와 국가가 상호 배타적인 형태. 로마 제국하에서 기독교가 박해받던 시기. ④ 교회와 국가가 서로 간섭하지 않는 정교분리 형태. 엄밀하게는 불간섭이라기보다 교회나 국가가 서로의 기능을 인정하는 형태를 말한다. 오늘날 많은 나라가 여기 해당된다.

교회의 기능(敎會 – 機能, function of church) 예수 그리스도의 몸인 교회가 신령한 연합체요 유기체로 존재하며, 맡겨진 사명을 감당하기 위해 반드시 갖추어야 할 요소.
① '예배' : 하나님의 거룩한 임재를 깨닫고 사랑 안에서 하나님의 지도를 따르는 것을 말한다.
② '전도' : 인간을 구원하기 위해 세상에 오신 예수 그리스도의 복음을 전파하는 것을 말한다.
③ '교육' : 예수를 구원자로 알고 받아들이도록 사람들을 인도하며, 교인들이 교회의 기능을 이행하도록 가르치고 훈련하는 것, 교인들이 성숙한 그리스도인으로 성장하게 돕는 것을 말한다.
④ '봉사' : 하나님의 사랑을 사람들에게 나타내는 섬김의 행위를 말한다(요13:34-35; 요일4:7). 이는 사랑으로 사람의 필요에 응답하시는 하나님께 영광을 돌리는 일이다.
한편, 교회의 기능을 다음 세 가지 측면에서 보는 견해도 있다. ① '선교'(케리그마). 곧, 하나님의 말씀을 선포하는 사역. ② '봉사'(디아코니아). 곧, 세파에 시달린 사람들에게 섬김과 나눔을 통해 정신적·육체적 상처를 치유해 주는 사역. ③ '교제'(코이노니아). 곧, 성령 안에서 성도의 교제를 통해 진정한 그리스도의 사랑과 은혜로운 생활의 모습을 세상에 보여주는 사역.

초창기의 교회 명칭들

회당(會堂), 예배당(禮拜堂), 강수당(講修堂), 교당(敎堂), 강의소(講義所), 교회(敎會), 성전(聖殿), 복음당(福音堂), 교회당(敎會堂), 전도실(傳道室), 전도소(傳導所), 예배처소(禮拜處所), 예배회소(禮拜會所), 설교당(設敎堂), 유아교회(幼兒敎會).
이상은 한국, 중국, 일본이 교류하던 당시 세 나라에서 사용된 교회의 명칭들이다. 이런 교회의 다양한 명칭은 1940년대 이르러 노회 허락을 받은 교회의 경우, 'ㅇㅇ(지역이름) 교회'로, 그렇지 못한 교회의 경우 'ㅇㅇ교회 기도처소'로 바뀌었고 그 외의 명칭들은 점차 사라지게 되었다.

교회의 자유(敎會 – 自由) 장로교 정치의 제2원리다. ① 어느 교파든지 어떤 교회든지 교인의 입회 규칙과 세례교인(입교인), 직원의 자격, 교회의 정치 조직을 예수 그리스도께서 정하신 대로 설정할 수 있는 자유를 말한다. 또한 ② 교회의 자유란 국가가 교회의 영적인 영역을 침해해서는 안 되고 교회 역시 국가(정부)의 힘을 이용하지 않아야 하는 것을 말한다.

교회 재산(敎會 財産, church property) 교회가 조직체를 운영·유지하기 위하여 소유하고 있는 건물·토지·금전 등의 제반 자산을 말한다. 교회 재산은 대부분 성도의 헌금(헌물)으로 이루어지는데 이는 역사적으로 초대교회 때부터 있어 왔다(행2:44-45; 5:2).

이 교회재산은 중세시대에는 거의 사유화 되다시피 했으나 종교개혁을 거치면서 교회 재산이 하나님의 것이라는 생각이 점점 확산되었다. 오늘날에는 교회 재산이 주로 법인 단체 형태로 관리되고 있으나 내용상으로는 여전히 중세시대의 개인 소유 형태를 벗어나지 못하는 교회들도 있어 문제가 되고 있다.

■ 교회 재산의 구분과 관리 - 교회 재산은 크게 셋으로 구분할 수 있다. ① 총회 재산 : 총회가 조성한 재산과 지교회나 노회가 증여하는 재산, 그리고 직속 단체의 재산과 그밖에 개인이나 단체가 기부한 재산. 교단마다 다소 차이가 있지만 총회 재산은 총회유지재단에서 관리한다. ② 노회 재산 : 노회가 조성한 재산과 지교회가 증여한 부동산 및 개인이나 단체가 헌납한 재산. ③ 지교회 재산 : 지교회가 조성한 재산과 지교회 산하 기관과 단체의 재산, 그리고 기타 교회가 기증받은 재산. 이때 부동산은 당회가, 동산은 제직회가 관리하는 것이 일반적이다. 또 부동산의 매도·증여·담보·용도 변경 등의 건은 공동의회(때론 당회)에서 결의하는 것이 보통이다.

교회 재정(敎會 財政, church finance) 교회가 존속하며 유지할 수 있는 비용을 충당하고 관리하며 사용하는 모든 경제 상태를 일컫는 말.

교회 재정을 효과적으로 운영하기 위해서는 무엇보다 계획성 있는 예산 수립과 규모 있는 지출이 요구된다. 따라서 예산을 수립할 때는 예배, 교육, 전도, 기타 사업 관련 각 기관의 책임성 있는 다양한 사람들로 위원회를 구성하여 균형 있게 종합적으로 검토해야 한다.

그리고 수입원이 되는 성도의 헌금 상황을 면밀하게 검토하는 것도 중요하다. 무턱대고 믿음만 앞세워 지나치게 무리한 예산을 수립하는 것은 위험하다. 또 예산 집행도 엄격하게 공개적으로 이루어져야 한다. 특히, 교회 재정을 관리하는 자는 교회재산이 하나님의 것이라는 사실과 하나님 맡겨주신 것을 사용한다는 청지기 의식을 가지는 것이 무엇보다 중요하다.

교회 재판(敎會 裁判, the church courts) 헌법(교회법)을 수호하고 범죄를 방지하여 교회의 권위와 질서를 유지하며 범죄자의 회개를 촉구하여 영적 유익을 도모하기 위해 내리는 교회(치리회)의 판단 행위. 성경을 위반했거나 성경에 의해 제정된 교회 규칙이나 관례에 어긋난 사안을 다룬다. 주로 당회와 노회재판국과 총회재판국의 3심제로 이루어지나 국가법의 구속력은 없다.

교회 재판소(敎會 裁判所, judicial commission) 교직자(성직자)의 신학적 논쟁이나 교회 간의 재산 문제, 성도의 신앙 문제를 취급하기 위해 교회(교단 총회)에서 마련한 재판(치리) 기구.

교회 정체(敎會 政體, form of government) 교회정치. → [5. 교파 및 역사 용어] '교회정치'를 보라.

교회정치, 교회정치제도(敎會政治, form of government, the church government) '교회정체'라고도 한다. → [5. 교파 및 역사 용어] '교회정치'를 보라.

교회 정치문답 조례(敎會 政治問答 條例) 교회헌법과 정치 원리를 문답식으로 해설한 책. 교회 내의 정치적, 법적 문제를 현실에 맞게 표준적으로 해설하여 목회자들에게 많은 도움을 준다. 헌법을 해석하는 일종의 참고서라 할 수 있다.

교회 직원(敎會 職員, the officers of the church) 교회를 섬기는 모든 직분자. 교회의 직원을 두는 이유는 교회의 머리 되신 주 예수 그리스도의 지체 된 교회가 덕을 세우고, 복음을 전파하며, 성례를 시행하기 위함이다. 또한 신자가 진리와 본분을 준수하도록 관리하게 하는 데도 그 목적이 있다.

교회 직원은 크게 '항존직'(恒存職)과 '임시직'(臨時職)으로 구분된다. ① 항존직은 말씀(강도)과 치리를 겸한 목사(teaching elder)와 치리만 하는 교인의 대표 장로(ruling elder)와 집사(안수집사)

로 구분되며 임기는 대개 70세까지다. ② 임시직에는 남녀전도사·권사·남녀 서리집사가 있으며 임기는 1년이다. 그러나 권사(勸師)의 경우 70세까지 계속 시무가 가능하다(기독교대한감리회 및 대한예수교장로회 통합측과 한국기독교장로회는 권사를 항존직으로 봄). 또 교회는 강도사와 목사후보생 같은 준직원(準職員)을 두기도 한다. 이런 구분법이나 임기는 교단별로 다소 차이가 있다.

교회학교[1](敎會學校, sunday school) 주일학교. → '주일학교'를 보라.
- ■**교회학교 교사** → '주일학교 교사'를 보라.
- ■**교회학교 교장** → '주일학교 교장'을 보라.

교회학교[2](敎會學校, church school) 교회가 운영하는 학교. 선교 초창기 때 학교(당시 공립보통학교)에 가지 못하는 사람들을 위해 교회가 사람을 모아 주간(週間)에 일반학과와 성경을 가르쳤다. 교회학교는 사립(私立)의 성격이 짙었다. 요즘은 이런 형태의 교회학교는 많지 않고 '주일학교' 개념의 교회학교가 일반적이다.

교회행정(敎會行政, administration) 교회를 다스리고 의사를 결정하는 제반 행위를 일컫는 말. '교회정치'의 다른 표현. 장로교회는 교인의 대표인 장로로 구성된 당회와 노회, 총회에 의해, 그리고 감독교회나 감리교회는 감독에 의해, 회중교회나 독립교회는 교인 전체의 결의에 의해 각각 교회행정을 수립한다. → [5. 교파 및 역사 용어] '교회정치'를 보라.

교회헌법(敎會憲法, Book of Church Order) 교리(신조·성경·소요리문답·대요리문답), 교회정치, 헌법적규칙, 권징조례, 예배모범을 규정한 교회(교단)의 최고 상위법. 교회(교인)를 양육하고 치리하는 기준이 된다. → '교회법'을 보라.

교회회의(敎會會議, councils of the church) 교회의 정치나 교리 등의 문제를 해결하기 위한 모임. 개혁교회(프로테스탄트 교회)의 교회회의는 주로 하회(下會)에서 선출된 대표들이 상회(上會)를 구성하여 상회의 권위가 하회의 대표성에 근거하는 데 비해, 로마 가톨릭교회는 상회의 지휘와 감독에 의해 하회가 구성된다는 점에서 큰 차이가 있다.
- ■**한국교회**(韓國敎會)**의 회의** – ① 장로교회 : 당회(堂會)·노회·대회·총회. ② 감리교회 : 당회·구역회(Circuit)·지방회·연회(年會)·총회. ③ 성결교회 : 당회·지방회(District)·총회. 이외에 장로교회는 편의상 시찰회(視察會), 감리교회는 계삭회(季朔會)를 두고 있는데, 이는 지교회와 지역교회 모임(회의) 사이에 위치한다.
- ■**지교회**(支敎會)**의 회의** – ① 공동의회 : 무흠 입교인으로 구성된 의결기구. 당회가 제시한 사항, 예결산, 직원 선거, 상회가 지시한 사항 등을 결정한다. ② 제직회 : 시무목사, 장로, 집사, 권사, 전도사, 서리집사로 구성되며 교회에서 위임한 금전 처리, 구제와 경비에 관한 금전 출납, 공동의회에서 결정한 예산 집행, 재정에 관한 일반수지 예산 및 결산 등을 결의한다.
- ■**세계교회**(世界敎會)**의 회의** – 국제적으로 협의회 성격의 교회회의가 여럿 있으나 가톨릭만큼 결속력이 있지는 않다. 국제기독교연합회(International Council of Christian Churches, ICCC), 세계교회협의회(World Council of Churches, WCC), 개혁교회세계연맹(World Alliance of Reformed Churches, WARC) 등이 대표적이다.

구도자(求道者, seeker) 예수교대한성결교회에서 교회에 처음 등록하여 출석하는 교인을 일컫는 말. 기독교대한성결교회의 '신입교인', 장로교회나 감리교회의 '원입교인'(원입인)에 해당한다. → '신입교인', '원입교인', [1. 교회 일상 용어] '구도자'를 보라.

구역(區域, district, region) 교회 행정 조직의 최소 단위. 주거지가 가까운 교인들의 일정 지역을 구획(區劃)하여 관리하는 소단위 조직. 구역장과 권찰의 책임 아래 주 1회 정기적으로 예배와 교제를 나누며, 구역 담당 목사의 지도를 받는다. 중대형교회에서는 구역을 지역별로 묶어 '교구'를 조직하기도 한다.

구역은 '교회 안의 작은 교회'(ecclesiolae in ecclesia)로 불릴 만큼 교회 성장에서 큰 비중을 차지한다. 교단이나 교회별로 '다락방', '목장', '셀', '순' 등으로 불리며, 감리교회에서는 '속회라고도 한다. → [4. 예배 및 예식 용어] '구역 모임'을 보라.

구역과 교구(區域 – 敎區, district and parish) 전자는 주거지가 가까운 일정 지역을 구분하여 관리하는 교회의 단위 조직을, 후자는 몇 개의 구역을 묶은 큰 단위 조직을 말한다.

그런데 '교구'(parish)란 로마 가톨릭에서 교황이 임명한 주교가 중심이 되는 조직 개념으로서 가톨릭의 교계제도(敎階制度)가 반영된 표현이기 때문에 단순한 지역 공동체적 개념으로 사용하는 기독교의 '교구'와는 구분해서 사용해야 한다. 일각에서는 '교구' 대신 '지역'이란 말을 사용하여 '○○지역 제1구역(제2구역)' 등으로 표현하자는 주장도 제기되고 있다. → '교구'를 보라.

구역권찰(區域勸察) → '권찰'을 보라.

구역담임자(區域擔任者) 감리교회 교직 제도의 하나. 감독이 파송한 구역의 행정을 책임지며, 복음을 전파하고 각종 성례를 행하며 모든 예배 절차를 담당한다. 연회에 속한 목사나 전도사는 누구든 구역담임자로 파송될 수 있다. → '구역회[2]'를 보라.

구역목회(區域牧會) 구역을 교회 부흥의 가장 중요한 요소로 생각하고 구역 활동에 초점을 두는 목회 방식. 18세기 존 웨슬리(John Wesley)의 소그룹 목회 운동을 기원으로 본다. 단시간에 큰 부흥을 이룬 한국교회의 성장 동력 역시 구역목회에 있다고 보는 견해가 많다.

구역부담임자(區域副擔任者) 감리교 교직 제도의 하나. 구역담임자를 보좌하고 선교·교육·행정·음악 등 구역담임자가 위임한 목회 사역을 수행한다. 목사 안수를 받은 자라야 한다. → '구역회[2]'를 보라.

구역장(區域長) 구역을 담당하여 구역원을 관리하는 책임자. 신앙 공동체인 구역을 이끌어갈 수 있는 바른 신앙과 건전한 정신을 소유한 지도자. 구역장은 소명의식이 투철하고 구역원들에게 신앙의 모범을 보이며 겸손하고 온유한 마음으로 하나님과 사람을 섬길 줄 알아야 한다.

구역회[1](區域會) 장로교회나 성결교회의 예배 단위 가운데 하나. 한 교회에서 가까이 사는 몇몇 교인들의 가정을 일정한 구역 단위로 묶어 시간을 정해놓고 예배와 친교를 갖는 모임. 구역장과 권찰이 심방하며 구역원을 지도한다. 감리교회에서는 '속회'라 한다. → [4. 예배 및 예식 용어] '구역 모임'을 보라.

구역회[2](區域會, circuit quarterly meeting) 감리교의 다섯 의회(총회·연회·지방회·구역회·당회) 중 하나. 1개 이상의 개체교회 즉, 입교인 30명 이상으로서 담임자의 생활비를 부담할 수 있을 때 조직할 수 있다. 신도회의 재정 상황과 영적 활동, 구역에 상주하는 설교자들의 부양 문제 등을 조정하고 논의한다.

1년에 한 번 회집되며 대개 감리사가 회의를 주관하나 감리사와 협의하여 담임목사가 주관하기도 한다. 위의 '구역회[1]'와는 구분된다.

구연동화(口演童話, an orally narrated fairy tale) 주로 어린이들을 위해 성경말씀을 글에 의존하지 않고 이야기 형식으로(구두로) 들려주는 일. 과거 촌락공동체에서는 화롯불을 피워놓고 둘러앉아 어른이 아이들에게 옛날 이야기를 들려주는 일들이 흔했는데, 교회에서 이 형식을 빌어 어린이들에게 성경말씀을 재미 있게 가르치는 수단으로 이용하였다. 그러나 영상 매체가 발달한 오늘날은 교회 교육에서 그리 많이 활용되지 않고 있다.

구제부(救濟部, board of relief) 자연 재해나 재난 등의 위급한 일을 당한 자나, 사회·경제적으로 어려움 가운데 있는 사람들을 돕고 지원하는 일을 전담하는 부서. → [1. 교회 일상 용어] '구제'를 보라.

군목(軍牧, chaplain) 군대에 소속된 목사. '종군(從軍)목사', '군종목사'의 준말. 군인교회에서 목회(牧會)하면서 군인신자(사병, 장교)와 군인 가족들의 신앙 생활을 보살피고, 불신 군인들에게 전도하며, 나아가 군인들의 정신 전력 활동도 지

군목 제도

군목 제도(軍牧 制度)는 1948년 8월 15일 대한민국 정부 수립 후 당시 제1연대 부관이었던 강문봉(姜文奉)씨가 미국의 군사 제도를 도입하기 위해 궁리하던 중 군대에 교회의 필요성을 주장한 것이 시초다.

그 후 1950년 6.25전쟁이 치열할 당시, 미 제33사단 10공병대에 근무하던 무명의 카추사(Kathsa) 사병이 이승만 대통령에게 한 통의 진정서를 올렸는데 그 내용은 "성직자가 군에 들어와 전투에 임하는 장병들의 가슴에 신앙의 철판으로 무장시키고 기도로 죽음의 두려움을 없게 하여 주십시오."라는 요지의 글이었다. 이것이 계기가 되어 1950년 9월 12일에 장로교·감리교·성결교·구세군·천주교가 군종제도 창설을 위해 연합으로 모여 군종 제도 추진위원회를 조직했다. 추진위원회의 각 교단별 대표는 장로교의 한경직 목사, 감리교의 류형기 목사, 천주교의 캐롤 신부였다. 이들은 대통령을 방문하여 군종 제도를 청원하였다. 1950년 12월 21일 대통령 비서실은 '종군 목사가 각 군에 들어가서 일하도록 하라'는 지시(국방신 제29호)를 내렸다.

이에 따라 1951년 2월 7일 육군본부 일반명령 제31호로 육군본부 인사국에 군종과를 설치하고 당시 목사로서 일반장교로 복무하고 있던 대위 김득삼 목사가 초대 군종과장으로 임명받아 군종 임무가 시작되었다.

- 「한국기독교회사 총람」中에서 -

원한다. 일반 목사와 마찬가지로 교단 소속 신학교를 졸업한 후 목사안수를 받고 입대하여 소정의 군사교육을 마치고 장교로 복무한다. → '군목제도'를 보라.

군목부(軍牧部) 군 장병들에게 복음을 전하고 위문하며 진중 세례를 베푸는 등 군목을 도와 군선교를 지원하는 부서. 총회, 노회의 상비부 중 하나.

군종목사(軍宗牧師, chaplain) → '군목', '종군목사', '군종장교'를 보라.

군종장교(軍宗將校, chaplain) 군대에서 종교에 관한 업무를 맡아보는 장교. 기독교·불교·천주교 등 각 종교에서 파송한 성직자들을 가리키는데, 군 복무 기간 동안 군목(軍牧)·군승(軍僧)·군신부(軍神父)로 각각 활동한다.

권계(勸誡, admonition) 잘못을 지적하여 타이르고 훈계함. 교회 재판에서 당회가 내리는 책벌 가운데 가장 낮은 단계의 벌. 이보다 무거운 벌로는 견책(譴責), 정직, 면직, 수찬정지, 제명, 출교 등이 있다.

권고(勸告, exhortation) 타일러 권면함. 개인이나 단체가 의무나 지위를 벗어나 타인이나 다른 기관에 해를 끼칠 경우 이를 삼가도록 직접 호소하거나 촉구하는 행위를 말한다.

■**권고 사면**(勸告 辭免) – 권고해서 맡아보던 일자리를 그만두고 물러나게 하는 것. 예를 들면 대한예수교장로회(합동) 총회 헌법 정치 제17장 2조에는 "지교회가 목사를 환영하지 아니하여 해약하고자 할 때는 노회가 목사와 교회 대표자의 설명을 들은 후 처리한다"고 되어 있다. 이는 권고하여 사역지(교회)에서 물러나게 하는 것을 의미한다. '권고 사임', '시무 사임'이라고도 한다. → '자유 사면'을 보라.

■**권고 사임**(勸告 辭任) – 권고 사면. 예를 들면, 장로가 범죄한 것은 아니지만 교인의 태반(과반수)이 장로의 시무를 원치 아니하면 당회는 재판 없이 결의만으로 장로에게 사임을 권고할 수 있다. 이는 단순한 권고 차원이 아니라 강제권이 있는 조치이고, 만약 이때 당사자가 반대하면 노회에 소원할 수 있다. 그러나 기독교장로회 측에서는 말 그대로 단순한 권고일 뿐 강제성은 없다는 점에서 차이가 있다.

■**권고 사직**(勸告 辭職) – 스스로 사직하지 않을 때 재판 과정 없이 권고해서 직(직책)을 그만 두게 하는 제도. 교회에 덕을 세우지 못하거나 무능력으로 실수를 거듭하여 교회에 누를 끼치는 등 성직에 상당한 자격이 없을 경우 개인적으로 은밀히 불러 사직을 권고하는 것을 말한다. 이는 성직 자체를 그만 두게 하는 것이기 때문에(이 경우 목사는 평신도가 된다) 더욱 신중하게 이루어져야 한다. → '자유 사직'을 보라.

■**권고 휴직**(勸告 休職) – 권고하여 시무를 잠

권도사

시 쉬게 하는 행위. 예를 들면, 장로나 집사가 이단에 유혹되거나 악행을 범하지는 않았지만 교회에 덕을 세우지 못하여 교인 대부분이 시무를 원하지 않을 경우 당회가 협의 결정하여 휴직을 권고할 수 있다. 이는 본인이 원치 않더라도 당회가 협의 결정하면 가능하기 때문에 본인이 불복하면 상회에 소원할 수 있다.

권도사(勸道師) '권사'를 일컫는 선교 초창기의 직책. '견습'이라고도 했다. → '견습'을 보라.

권면위원회(勸勉委員會) 어떤 특정 사건에 대해 권면 정도만 하면 충분할 것으로 판단될 때 본회가 권면 내용을 정하거나 아니면 전적으로 맡겨서 권면하도록 권한을 부여한 일종의 특별위원. 권면 후 본회에 결과를 보고하는 것으로 위원회의 임무는 끝이 난다.

권병(權柄, authority and power) 권력으로 사람을 좌우할 수 있는 신분이나 그 힘. 대한예수교장로회(합동) 권징조례 제1조 2항 〈권징의 목적〉에는 '그리스도의 권병'이란 표현이 있는데, 이는 '그리스도의 절대 주권에 의한 권능'을 의미한다. 헌법에서는 '권병'(權炳)으로 한자가 잘못 기록되어 있다.

권사[1](勸師, exhorter) 권면하도록 허락을 받고 공식적인 절차를 거쳐 임명된 교회 직원. 대개 '시무권사'를 말한다. 장로교회나 성결교회의 권사는 여신도 중 만 45세(예장합동, 고신, 기성 / 예장통합은 30세) 이상 된 입교인으로 행위가 성경에 적합하고 교인의 모범이 되며 본 교회에서 충성되게 봉사하는 자로 공동의회에서 투표수 3분의 2 이상의 찬성을 얻어야 한다. 권사는 안수를 받지 않고 70세 정년(예장고신은 65세)까지 시무할 수 있으나 항존직은 아니다(예장통합과 기장은 항존직).

한편, 권사는 당회의 지도 아래 교인을 방문하고 환자와 환난당하는 자와 특히 믿음이 연약한 교인들을 돌보아 권면하는 역할을 수행하며, 제직회 회원이 된다. 권사의 나이와 투표 방식은 교단마다 다소 차이가 있다.

■**무임권사**(無賃勸師) - 타교회에서 이명 와서 아직 공동의회에서 투표하지 못해 취임하지 못한 권사. 그러나 만 70세(혹은 교단에 따라 65세) 미만으로서 공동의회에서 피선되어 취임하면 시무권사가 될 수 있다.

■**명예권사**(名譽勸師, exhorter emeritus) - 다년간 교회에 봉사한 여신도 중 60세 이상 된 입교인으로서, 행위가 성경에 적합하고 모범된 자 가운데 당회가 권사로 임명한 자. 봉사의 범위는 시무권사와 동일하다.

■**시무권사**(視務勸師) - 현직에서 시무하는 권사. 위의 '권사' 항목을 보라.

■**은퇴권사**(隱退勸師, retired exhorter) - 정년이 되거나 혹은 연로하여 퇴임한 권사.

■**초창기 권사에 관한 기록** - 장로교에서는 1910년 제4회 독노회시 여권사에 관한 보고가 있었다. 권사 선거는 1955년 제40회 총회 때 시행하기로 가결되었다. 1960년 제45회 총회에서 직제 개정안이 나와 익년 제46회 총회에서 권사 연령이 만 50세 이상으로 가결되었고, 그 후 다시 45세로 하향 조정되어 오늘에 이르고 있다.

권사[2](勸師, exhorter) 감리교회 권사. 입교인 15명에 1명의 비율로 선택하되, 수가 미달한 교회라도 권사가 없을 때는 1명을 택할 수 있다. 자격은 입교인이 된 지 5년 이상 된 자로서 연령은 35세 이상이어야 하며 신앙이 돈독하고 감리교회의 「교리와 장정」(감리교헌법)을 잘 아는 사람이어야 한다. 원래 미국 감리교에서 시작되어 한국 감리교에서 시행되고 있는 제도로서, 남녀가 다 임명받을 수 있으나 장로교회에서는 여자에게만 제한되어 있다. 현재 미국 연합감리교회에는 없다.

■**감리교회 권사의 임무** - ① 담임자의 지도 아래서 기도회를 인도한다. ② 신자를 방문하고 낙심된 이를 권면하며 불신자에게 전도한다. ③ 속회를 분담하여 지도 육성한다. ④ 자기의 직무상 행한 바를 당회와 구역회에 보고한다.

권서, 권서인(勸書人, colporteur, bookseller) 선교 초창기에 전도지나 쪽복음서 또는 성경을 배부하거나 팔면서 예수 그리스도의 복음을 전하는 임무를 수행한 자. 책 판매가 목적이 아니라 전도 사역이 주된 목적이었다. 권서인은 이런 방식으로 선교사들을 도와 선교 초창기에 전도와 복음 전파 사역을 감당하였다. 책을 팔았다고 해서 '매서인'(賣書人)이라고도 불렀다.
　의주 지방 출신의 권서인 백홍준(白鴻俊)은 무보수로 한문서적과 한글 복음서를 배포시켰다. 또 서상륜(徐相崙)은 1882년 10월 6일 한국 최초로 영국성서공회로부터 권서인으로 파송받았다. 또한 이성하(李成夏)는 의주지방에서, 류춘천은 평양에서, 하몬(Harmon)은 한만(韓滿) 국경 지역에서, 스가노는 부산에서, 세이노는 제물포에서 권서인으로 활동하였고, 다우쓰웨이트(Douthwait)는 청군(淸軍) 병사의 권서인으로 활동하였다. 권서제도는 1960년대까지 남아 있었으나 오늘날에는 찾아볼 수 없다(신세원 목사, 「한국교회사이야기」 中에서).

권징(勸懲, **discipline**) 장로교회에서 각 치리회가 헌법과 헌법이 위임한 제 규정 등을 위반하여 범죄한 교인과 직원 및 각 치리회를 권고하고 징계하는 행위. 권징조례에 의한 모든 재판건을 말한다. 이는 '예수 그리스도께서 교회에 주신 권리요 법도'이다(Church discipline is the church's exercise of authority given by Christ).
　권징의 목적은 '진리를 보호하며 그리스도의 권병과 존영을 견고하게 하고 악행을 제거하며 교회를 정결하게 하고 덕을 세우며 범죄한 자의 신령적 유익을 도모하는 것'이다. 이런 목적을 달성하기 위해 권징은 지혜롭고 신중하게 행해야 한다.
　■**권징의 사유가 되는 죄** – ① 성경상의 계명에 대한 중대한 위반 행위. ② 총회헌법이나 제 규정에 정해진 중대한 의무 위반 행위. ③ 예배를 방해한 행위. ④ 이단적 행위와 이에 적극적으로 동조한 행위. ⑤ 허위 사실을 유포하여 교인이나 직원의 명예를 훼손시킨 행위. ⑥ 직권을 남용하여 직무를 유기한 행위. ⑦ 파렴치한 행위로 국가 재판에 의해 금고 이상의 형이 확정된 범죄 행위. ⑧ 재판국 판결에 순응하지 않는 행위. ⑨ 타인을 범죄하게 한 행위. ⑩ 치리회 석상에서 폭언이나 폭행, 기물을 파괴한 행위. ⑪ 재판 사건 담당자(재판국원, 기소위원)가 사건과 관련하여 금품을 수수한 행위.

권징조례(勸懲條例, **Book of Discipline**) 권징(권고하고 징계함)에 관해 규정해 놓은 법. 권징조례는 대개 총론, 소송의 보통 규례, 소송의 특별 규례, 재판 규례, 소송 절차에 관한 규례, 재판국에 관한 규례, 치리회 간의 재판 규례 등으로 이루어져 있다. 단순히 '권징'(대한예수교장로회통합)이라고도 한다. → '권징'을 보라.

권찰(勸察) 장로교회에서 교우의 가정을 살피고 심방하는 직책. 목사나 당회가 제직이 아닌 자 가운데 신앙이 독실한 남자나 여자를 임명하며 임기는 1년이다. 때론 제직회원이 권찰이 되기도 한다. 권찰의 임무는 매주간 혹은 매월 교인의 가정을 방문하고, 믿지 않는 가정을 심방·전도하며, 구역기도회를 진행하고, 매월 정기 권찰회로 모여 구역 형편을 보고한다. 주로 구역 내에서 사역하기 때문에 '구역권찰'로 부르기도 한다.

궐석재판(闕席裁判, **judgment by default**) 원고나 피고 또는 대리인이나 증인이 불가항력의 사고 없이 출석하지 않았을 때 출석 당사자만으로 진행하는 재판. '결석재판'이라고도 한다.

궐위교회(闕位敎會) 시무목사가 없고 노회가 파송한 당회장만 있는 교회. '궐위'는 문자적으로 '(관직 등의) 자리가 빔. 또는 결원으로 되어 있는 자리'란 뜻이다.

규약(規約, **constitution**) 서로 협의하여 정한 규칙. 특히 단체 등의 내부 조직에 관한 규정.

규칙(規則, **rules**) 국어사전적으로는, ① 여러 사람이 다 같이 지키기로 작정한 법칙이나 제정된 질서, ② 사람의 행위나 업무를 다루는 표준이 되는 것을 말한다.
　교회법에서는 총회에서 사무를 처리하는 방법과 헌법을 이행하는 방법에 관한 규정을 말한다. 교회헌법의 원리는 성경에서 나오며, 그 원리에 맞추어 '장과 조문'이 나오고, 장과 조문에 맞추어 '규칙'이 나온다. 따라서 규칙은 장과 조문에 맞아야 하고, 장과 조문은 원리에 맞아야 하며, 원리는 성경에 맞아야 한다.

근신(謹愼, **discretion**) 잘못에 대하여 뉘우치고 몸가짐을 삼가라는 뜻에서 일정 기간 동안 모임이나 집회 등에 참석함을 금하거나 행동을 제약하는 처벌의 한 가지. 대한예수교장로회(통합)의 경우 "기간은 2개월 이상 6개월 이내로 하며 죄과를 반성(반성문 제출)하고, 행동을 삼가게" 한다. 기독교대한감리회의 경우에는 "교회의 각종 회의에 참석하거나 성례에 참석할 수 없음을 의미한다."고 규정하고 있다.

기각(棄却, dismissal) 소송을 수리한 재판국이 그 내용을 심리하여 이유가 없는 것으로, 또는 부적법한 것으로 판단하여 배척하는 판결이나 결정을 말한다.

기관목사(機關牧師, chaplain) 노회의 허락을 받아 총회나 노회 및 교회 관련 기관이나 학교, 군대, 병원, 교도소, 산업시설, 복지기관, 서적(도서)이나 언론 기관 등 특수한 분야에서 복음 사역에 종사하는 목사. → '목사'를 보라.

기관목회(機關牧會) 교회가 아닌 총회나 노회 관련 단체 및 특수 분야에 시무하며 복음 사역에 종사하는 일. → '기관목사'를 보라.

기관목회자(機關牧會者) 교회가 아닌 기관이나 단체 등에서 사역하는 목사. → '기관목사'를 보라.

기독교교육(基督教教育, christian education) 교회가 예배와 설교, 성경공부, 봉사활동 등을 통하여 교인에게 하나님과 예수 그리스도, 성령, 성경, 기독교 교리, 그리스도인으로서의 생활 태도 등을 가르치는 일. 곧, 교인이 그리스도인으로서 더욱 성숙하게 성장해 나가며, 이 세상에서 하나님의 나라를 세우도록 도와주는 교육(양육) 활동을 일컫는다.

기독면려회(基督勉勵會, The Society of Christian Endeavor) → '면려회'를 보라.

기소(起訴, prosecution) 형사 사건에서 검사가 법원에 공소를 제기함. 교회법에서는 기소위원회가 기소장을 관할 치리회 재판국에 제출하는 것을 말한다. 기소가 되면 즉시 재판국을 열어 재판해야 한다.

기소위원(起訴委員, committee of prosecution) 치리회가 원고가 되어 기소할 때 치리회에서 선정된 위원. 소송을 제기하는 원고가 없을 경우 재판을 열 수 없지만, 고소자가 없어도 반드시 재판할 필요가 있다고 인정될 때는 치리회가 직접 기소인(위원)을 선임한다.

이때 선임된 기소위원은 원심원고가 되어 본 사건이 종료될 때까지 본건에 관한 소송을 수행한다. 즉, 해당 사건이 상회로 상소될 때에는 상회에서 원심원고의 지위로 상소심이 완전 종결될 때까지 피고가 되어 기소위원을 선임한 치리회를 대리하여 소송에 임한다.

기소장(起訴狀, indictment) 검사가 특정한 범죄인을 기소할 때 관할 법원에 제출하는 문서. 공소장. 교회법에서는 기소위원회가 관할 재판국에 제출하는데, 기소장에는 다음과 같은 사항이 기재된다. ① 피고인의 성명, 나이, 성별, 직분, 주소. ② 죄명(罪名). ③ 기소사실(범죄 사실). ④ 적용 규정.

기속력(覊束力, effect of sentence) 법원이 한 번 내린 판결·결정·명령을 마음대로 취소하거나 철회할 수 없는 효력. 교회법에서 상급 재판국이 내린 판결이 당해 사건에 관하여 하급심을 기속(구속하고 제한함)하는 힘을 말한다.

남선교회(男宣教會, men's missionary union) '남전도회'라고도 한다. 대한예수교장로회(통합)에서 주로 사용하는 용어다.

남전도회(男傳道會, men's groups) → '전도회'를 보라.

납입유예(納入猶豫) 기독교대한감리회의 은급 제도 중에 하나. 미자립교회 등 교역자와 교역자가 속한 개체교회가 재정 상태가 어려워 감리연금의 '월 납입액'을 낼 수 없을 경우 교역자 및 해당 개체교회의 감리연금 납입을 최장 2년까지 유예 신청할 수 있는 제도.

내규(內規, bylaws) 한 기관이나 단체 안에서만 시행되는 규정.

내지 선교사(內地 宣敎師) 노회에 소속되지 않은 지역이나 교회가 없는 곳, 또는 연약한 교회에서 사역하는 국내선교부(the board of home missions)에 소속된 목사나 전도자.

노회(老會, presbytery) 장로교회에서 입법과 사법을 담당하는 핵심 기관. 감리교회의 '연회'(또는 지방회), 성결교회의 '지방회'에 해당한다. 노회의 성경적 근거는 사도 시대에서부터 찾을 수 있다(행2:41-47; 6:1-6; 9:31; 19:17-20; 20:28; 고전 16:19). 그런데 기록에 의하면, 교회사에서 최초의 노회는 1572년 영국 런던 근교의 원즈워스(Wandsworth)에서 조직된 것으로 알려지고 있다. → '독노회'를 보라.

■ **노회의 직무**(老會 - 職務) - ① 노회 구역 안에 있는 각 지교회와 소속 기관 및 단체를 지도 감독한다. ② 각 당회에서 제출한 헌의·문의·청원·진정에 관한 사항을 접수·처리한다. ③ 각 당회에서 제출한 행정쟁송·소송·상소 및 위탁재판에 관한 사항을 처리한다. ④ 각 당회록을 검사하며 교회 권징에 대한 문의를 해석하여 답변한다. ⑤ 신학생 및 신학 졸업생을 관리하며, 목사의 임직·위임·해임·전임(이임)·이명·권징에 관한 사항을 처리한다. ⑥ 지교회의 장로 선택과 임직을 허락하며 장로와 전도사의 자격을 고시한다. ⑦ 지교회를 설립·분립·합병·폐지하고 당회를 조직하며 목사 청빙, 전도, 교육, 재정 관리 등 일체 상황을 지도한다. ⑧ 본 노회에서 총회에 제출하는 청원·헌의·문의·진정·상소에 관한 사건을 상정하고 노회 상황을 보고하며, 총대를 선정·파송하여 총회의 지시를 실행한다. ⑨ 소속 지교회와 산하 기관의 부동산을 관리하고 재산 문제로 사건이 발생하면 이를 처리한다.

■ **노회의 조직**(老會 - 組織) - 노회는 일정한 지역 안에 시무목사 30인과 당회 30개처 이상과 입교인 3,000명 이상이 되어야 조직할 수 있다(대한예수교장로회통합). 노회 조직은 교단마다 다소 차이가 있다. 대한예수교장로회(고신) 교단은 5개 당회, 합동 교단은 21개 당회라야 한다. 또 장로총대를 파송하는 입교인의 기준도 교단마다 다르다. ① 합동 : 입교인 200명 미만은 1인, 200-500명 미만은 2인, 500-1,000명 미만은 3인, 1,000명 이상은 4인. ② 통합 : 100명까지 1인, 101-200명까지 2인, 201-500명까지 3인, 501-1,000명까지 4인, 1,001-2,000명까지 5인, 2000명 초과시는 1,000명까지 1인씩 증원 파송. ③ 기장 : 매당회에 1인, 입교인 200명 이상 교회는 2인, 200명 이상 교회로서 시무장로가 6인 이상 되는 교회는 3인까지 파송할 수 있다.

■ **노회의 회원 자격**(老會 - 會員 資格) → '노회원'을 보라.

■ **노회의 회집**(老會 - 會集) - 노회는 다음의 경우 노회장이 소집한다. ① 정기노회는 예정한 시일과 장소에서 회집하되 개회 1개월 전에 소집을 통지한다. ② 임시노회는 각각 시무처가 다른 목사·장로 각 3인 이상의 청원에 의해 소집된다. ③ 임시노회는 10일 전에 각 회원에게 소집을 서면(書面)으로 통지하고 통지한 안건만 처리한다. ④ 노회장이 유고하여 참석하지 못할 때는 부회장이나 직전회장 순서로 사회하여 개회하고 회무를 진행한다.

노회록(老會錄, minutes of the presbytery) 정기·임시노회 개회에서부터 폐회 때까지 이루어진 제반 회의 내용을 기록한 노회의 회의록. 노회는 개회예배, 성찬예식, 회원점명(호명), 개회선언, 임원선거, 임원교체, 각 부서 및 시찰회 보고, 안건토의 등의 기본적인 사항과 함께 강도사 및 전도사 인허와 목사 임직, 이명과 별세, 후보생 명부, 교회설립 및 분립과 합병, 지역 각 교회의 정황과 일반 사건 처리 등의 내용을 일일이 상세하게 기록하여 매년 상회에 보고해야 한다.

노회록검사부(老會錄檢査部) 노회록을 검사하는 총회 상비부 가운데 하나. 대개 총회가 열리는 기간 중에 노회가 제출한 노회록을 검사한다.

노회원(老會員, membership of presbytery) 노회의 회원. 모든 목사는 노회의 회원이 되나 총대 장로는 노회 서기가 천서를 접수하여 호명한 후부터 회원권이 발생한다. 노회원에는 정회원과 언권회원이 있다.

① 정회원 : 언권과 결의권 및 선거권과 피선거권 등 회원으로서의 모든 권리를 가진 회원. 위임목사, 임시목사, 부목사, 총회나 노회가 파송한 기관목사, 선교사 등이 있다.

② 언권회원 : 피선거권은 없고 발언권만 있는 목사. 따라서 언권회원은 결의권과 피선거권이 없기 때문에 임원도, 총회총대도 되지 못한다. 은퇴목사, 원로목사, 공로목사, 무임목사, 전임 노회장 등이 여기 해당한다.

노회 재판국(老會 裁判局) 노회가 위탁한 사건을 재판(심리)하기 위해 임시로 설치한 비상설 기관. 재판국원은 9인(목사 5인, 장로 4인 : 통합측), 혹은 7인(과반수는 목사 : 합동측)으로 구성된다. 재판국 서기는 재판 사건의 진행 전말과 판결을 상세히 기록하여 국장(회장)과 함께 등본에 날인(捺印)하고 결과는 노회(노회 서기)에 즉시 보고해야 한다.

■노회 재판국이 취급하는 사건 – ① 당회 재판국의 판결에 대한 항소사건. ② 목사에 관한 소송사건 및 장로의 노회원 또는 총회원으로서의 행위에 관련된 소송사건. ③ 헌법이 정하는 행정쟁송사건. ④ 당회장이 청원한 위탁재판사건. ⑤ 당회 기소위원회의 불기소결정에 대한 항고사건.

단기 사역(短期 使役, short-term ministry) 휴가나 방학 등 짧은 기간을 이용하여 해외 선교지나 국내의 농어촌, 산지, 낙도 등 외진 곳을 찾아 봉사하며 복음을 전파하는 일. 단기 선교를 위해서는 ① 현지에 대한 정보 수집과 함께 철저한 전략을 수립하고, ② 현지에 맞는 적응 훈련을 하며, ③ 무엇보다 여행이 아니라 선교와 봉사의 사역임을 알아 성령의 도우심을 기도로 준비해야 한다. 단기 선교도 단기 사역의 일종이다.

단기 선교(短期 宣敎, short-term mission) 짧은 기간 동안 선교 현장에 나가 선교 사역에 동참하는 일. 현장에서 선교사를 돕는다는 취지도 있지만 이보다는 선교 현장을 체험하여 선교에 관심을 갖고 돌아와서 국내에서 현지 선교사의 사역을 조력하게 한다는 목적이 더 강하다. 이는 단기 선교를 가리켜 '선교에 대한 비전을 갖게 하는 여행'이란 뜻의 '비전 트립'(vision trip)이라 부르는 데서도 그 특성이 잘 나타난다.

한편, 단기 선교에 대해서는 긍정적 측면과 함께 오히려 선교 기간 동안 선교사들의 사역이 방해를 받고, 지출에 비해 소득이 별로 없다는 부정적 견해가 상존한다. → [1. 교회 일상 용어] '비전 트립', '선교'를 보라.

담임교역자(擔任敎役者) 교회 내의 어떤 특정 부서를 책임지고 지도하는 목사나 전도사. 흔히 '담임목사'를 가리키는 말로 사용하는 경향이 있으나 엄격하게 따지면 교회를 담임하는 목사를 포함하여 각 교육 부서를 전담하여 지도하는 전도사도 여기에 해당된다는 점에서 다소 차이가 있다. → '교역자'를 보라.

담임목사(擔任牧師, senior pastor) 지교회의 목회를 전담하는 책임자. 목회 직무나 신분과 관련된 호칭이다. 예컨대 기도, 설교, 심방, 상담, 전도, 인도 등 목회 전반에 걸쳐 교인의 영적 생활을 지도하고 책임지는 사람을 말한다. → '당회장과 담임목사'를 보라.

담임자(擔任者, senior pastor) 기독교대한감리회에서 개체교회의 영적 지도자로서 예배와 성찬 등 예식을 주관하고 교인의 신앙 생활을 지도하며 행정 전반을 책임지는 자. 곧, '담임목사.'

담임전도사(擔任傳道師) 기독교대한성결교회에서 당회장이나 치리목사의 위임에 의해 예배를 주관하고 설교하며 성경을 가르치고 교인을 심방하는 자. 또 담임전도사는 결혼식, 장례식 및 추도식을 집행하고, 직원회를 소집하며 필요시 당회에서도 발언할 수 있다.

당석재판(當席裁判) 치리회가 재판회로 변격(變格)되어 진행되는 재판. 행정치리회가 재판 사건을 심의하기 위해서는 권징치리회로 바뀌어야 한다. 따라서 당회 재판은 항상 당석재판이 되며, 노회와 대회, 총회는 행정치리회가 권징치리회로 변격하여 재판할 때만 당석재판이 된다. 참고로, '당석'이란 사전적으로 '앉은 그 자리'란 뜻이다. → '치리회'를 보라.

당연직(當然職, position of the ex-officio) 현재나 직전의 직책으로 인해 투표 과정 없이 추가로 마땅히 가질 수 있는 직책. 예를 들면, 현직 총회장이 유지재단이사회 이사장이나, 직전총회장이 다음 회기 선거관리위원회 위원장 직책을 갖는 것 등을 말한다.

당회¹(堂會, session) 총회·노회·당회로 구분되는 장로교회의 하급 치리회. 지교회 교인을 통치하는 치리기관(회)이다. 그러므로 교인을 다스리는 원 치리권은 오직 당회에 있다. 따라서 노회나 총회는 상소나 상고로 인한 간접 치리권을 가질 뿐이다. 한편, 당회는 지교회에 시무하는 목사(통합은 부목사도 포함될 수 있음)와 장로로 구성되며 입교인 25인(합동 / 통합은 30인) 이상이 되어야 조직할 수 있다. 당회장은 지교회의 시무목사(담임목사)가 되며, 때론 소속노회 목사를 청하여 임시당회장이 당회를 주관할 수도 있다. 당회의 기능이나 조직은 교단별로 다소 차이가 있다.

당회의 직무

당회는 영적 제반사무를 처리하는 치리회다.
1. 신령상 모든 사무를 처리하며(히 13:17), 교인의 지식과 신앙상 행위를 총찰(總察)한다.
2. 학습과 세례받을 자를 문답하며, 부모를 권면하여 유아세례를 받게 하고, 유아세례 받은 자를 입교시켜 성찬에 참석하게 한다.
3. 예배모범에 따라 제반 예배를 주관하고 성례를 거행한다.
4. 장로와 집사와 권사를 선택하고 교회 직원을 임면(任免)한다.
5. 각종 헌금을 실시할 일시와 방법을 작정한다.
6. 범죄자와 증인을 소환하고 심문하며, 범죄 증거가 명백하면 시벌(施罰)하고, 회개하는 자를 해벌(解罰)한다.
7. 교회의 신령적 유익을 도모하며 교인을 심방하고, 성경 가르치는 일과 주일학교를 주관하며, 각 부속기관들을 지도하고 감독한다.
8. 노회에 파송할 총대 장로를 선정하며 청원을 제출하고 정황을 노회에 보고한다.

당회²(堂會) 감리교회에서 개체교회(개교회)에 등록한 모든 입교인으로 구성되는 회의. 예배 처소가 있어야 하며, 등록된 입교인 12인 이상의 교적을 보유하고 있어야 당회 구성이 가능하다. 장로교회의 '당회'(→ '치리회'를 보라.)와는 구별되며, 세례교인 이상으로 소집되는 의결 기구인 '공동의회'에 해당된다.

당회록(堂會錄, minutes of the session) 당회의 진행 사항과 결의를 적은 기록. 당회록에는 회집 일시, 장소, 회원, 결의 안건 등을 명백하게 기록하고 당회장과 서기가 날인을 해야 한다. 당회록은 1년에 1회 노회의 검사를 받도록 규정되어 있다. '당회 회록', '당회 회의록'이라고도 한다.

당회원(堂會員, member of the session) 당회를 구성하는 회원. 지교회 치리권은 지교회 교인들로부터 나오기 때문에 교인들로부터 투표와 서약(치리에 복종)을 통하여 장로로 장립, 또는 취임받은 자만이 지교회와 교인을 치리할 당회의 회원이 될 수 있다.
이런 과정을 통하여 치리권을 받은 자는 지교회 위임목사(한국기독교장로회에서는 '담임목사'로 호칭함)와 위임(장립)장로밖에는 없다. 따라서 장로회 정치 원리상 당회원은 위임목사와 위임(장립)장로로 구성된다.

당회 의장(堂會 議長) 당회를 소집하여 회의를 사회하며 의회법(교회법)에 따라 의사를 진행하는 자. 개체교회의 담임자(기독교대한감리회). 참고로, 감리교회에서 '당회'는 장로교회의 '당회'와는 구별된다. → '당회¹', '당회²'를 보라.

당회 임시회장(堂會 臨時會長, temporary moderator of the session) 목사가 없는 교회에서 목사를 청빙할 때까지 노회가 임시로 파송하는 당회장. '임시당회장'이라고도 한다. 노회 파송이 없는 경우에는 당회가 모일 때마다 임시당회장 될 사람을 노회에 청할 수도 있다. 그러나 부득이한 경우에는 당회장 될 목사가 없어도 재판 사건과 중대 사건 외에는 당회가 사무를 처리할 수 있다.

당회장(堂會長, moderator of the session) 교회의 치리(治理) 기구인 당회의 사회권을 가진 회장. 상회인 노회의 직권으로 임명받아 파송된 당연직이다. 해당 노회로부터 치리권을 위임받아
① 예배모범과 권징, 성례와 신령상 치리를 하고

② 원리와 규범에 따라 지교회의 신성(神聖)과 질서를 유지함으로써 거룩한 공회의 속성을 보존하는 치리적, 또는 정치적 직무와 신분을 나타내는 호칭이다. 따라서 당회장은 당회를 비롯한 각종 회의의 사회, 결재, 각 기관 조직과 임면(任免) 및 지도 감독, 권징 등에 관한 제반 사무를 수행한다.

한편, 당회장이 신병이나 출타 등의 특별한 사유가 있을 경우에는 당회 결의로 본교회 목사가 노회에 속한 목사 1인을 대리 회장으로 청할 수 있다. 이때 대리당회장은 임시당회장의 역할을 수행하나 치리권을 제외한 특정한 사안에 대해 단회적으로만 직권을 행사할 수 있다.

당회장과 담임목사

'당회장'은 정치적, 법적 행위자로서 직무를 수행할 때 사용되는 호칭이다. 이에 비해 '담임목사'는 기도, 설교, 심방, 상담, 전도, 인도 등 교회의 목회 전반을 책임진 목사를 가리킨다.

따라서 '당회장'이란 표현은 교회 행정과 관련된 경우에만 쓰는 것이 좋다. 그 외에는 '담임목사'로 부르는 것이 바람직하다. 또 굳이 부목사와 구분할 경우가 아니라면 그냥 '목사님'으로 호칭하는 것이 가장 무난하다.

당회 재판(堂會 裁判) 행정치리회인 당회를 권징치리회로 변격하여(바꾸어) 시행하는 재판. 교회 내에서 일반 성도를 비롯하여 장로, 안수집사, 권사, 서리집사, 전도사에 관한 소송 사건을 다룬다. 이때 당회는 장로 2~5인(당회장 포함)을 재판국원으로 선정하며, 필요시 당회 결의로 기소위원을 제외한 당회원 전원이 재판국원이 되기도 한다.

당회 회록, 당회 회의록(堂會 會議錄, minutes of the session) → '당회록'을 보라.

대리당회장(代理堂會長) 당회장이 직무를 수행할 수 없는 특별한 상황에서 당회장을 대신하여 당회장의 직무를 수행하는 목사. 예를 들면, 당회장이 신병이나 외유, 해외여행, 범죄로 인해 수감, 안식년 등으로 직무를 수행할 수 없을 때 당회가 결의하며 그 노회에 속한 목사 1인(교인의 청빙을 받아 교회를 담임하고 있는 목사)을 대리당회장으로 청할 수 있다.

따라서 대리당회장은 치리권을 배제한 단회적 사건에 한하여 임시당회장 직무(사회를 보는 일)만 수행할 수 있다. 또 개회성수에 포함되지도 않고 표결권도 가질 수 없다.

대리인(代理人, deputy) 남을 대신하여 스스로 의사 표현을 하거나 또는 제삼자로부터 의사 표시를 받을 권한을 가진 사람. 교회법에서는 원고나 피고를 대신하여 치리회에 출석하는 자를 가리킨다.

대소요리문답(大小要理問答, Larger and Shorter Catechism) 대요리문답과 소요리문답을 통칭하여 일컫는 표현. → '요리문답'을 보라.

대요리문답(大要理問答, Larger Catechism) 설교자들이 강단에서 기독교 교리의 요점을 조리 있게 선포할 수 있도록 만들어진 교리문답. 참고로, 어린이 신앙 교육을 위한 교리 문답은 '소요리문답'이다. → '웨스트민스터 요리문답'을 보라.

대의원(代議員) 기독교대한성결교회에서 지방회(장로교회의 노회)의 정회원을 일컫는 말. 지방회의 각 교회 목사 대표와 장로 대표 및 총회사무국 또는 총회가 인정하는 기관에서 근무하는 목사 대표 1인으로 구성되며, 목사와 장로는 동수(同數)로 한다. → '지방회'를 보라.

대질심문(對質審問, cross-examination) 소송 사건에서 증인의 증언이 엇갈릴 때 원고나 피고, 증인을 서로 대면시켜 따져 묻는 일. 교회법에서도 증인 심문 과정에서 그대로 적용된다.

대학부(大學部, college department) 대학생을 중심으로 구성된 주일학교(교회학교)의 부서.

대회(大會, synod) 장로교회에서 총회와 노회 사이에 있는 치리회 조직. 각 노회에서 파송하는 총대 목사와 장로로 조직하되 목사와 장로는 그 수를 서로 같게 한다. 총대는 매 5당회에 목사·장로

각 1인씩 파송하며 5당회가 못 되고 3당회 이상이면 목사·장로를 각 1인씩 더 택하고, 3당회가 못 되는 노회는 목사·장로 1인씩 언권회원으로 참석할 수 있다. 단, 1당회에 총대 목사와 총대 장로 각 1인을 초과할 수 없다.

그런데, 우리나라에서는 대한예수교장로회(합동)에서 1970년과 1971년에 단 2회만 대회제로 모였을 뿐 1972년 제57회 총회에서 중지되어 지금까지 시행되지 않고 있으며, 근래에 와서 다시 대회제 부활 논의가 활발하게 일고 있다.

독노회(獨老會, One Presbytery) 총회가 창립되기 전 단독으로 설립된 노회. 독노회는 1907년 9월 17일 오전 9시 평양 장대현교회에서 한국인 장로 36명, 미국 남·북장로회, 호주 장로회, 캐나다 장로회로부터 파송된 한국 주재 선교사 33명, 찬성회원 9명 등 모두 78명이 모여 개최되었다(대한예수교장로회 제1회 노회).

개회 직후 성찬예식이 거행되었고 이어서 우리나라 최초의 장로교 목사 7인에 대한 안수가 베풀어졌다. 이 독노회가 바탕이 되어 1912년 대한예수교장로회 총회가 창립되었다.

독신주의(獨身主義, celibacy) 평생 독신으로 지내도록 규정한 로마 가톨릭의 성직자 제도. 4세기 이전까지 성직자는 초대교회와 사도 시대의 전통을 좇아 결혼하는 것이 일반적이었다.

그러나 4세기 이후 10세기에 이르면서 로마 가톨릭은 마태복음 9장 12절과 고린도전서 7장 32-35절의 예외적인 독신 규정을 일반화하면서 점점 성직자의 독신 생활을 강조하였고, 마침내 교황 그레고리 7세는 사제의 완전한 독신 생활을 요구하는 개혁조치를 단행했다. 그 후 라테라노 총회(1215년)와 트리엔트 총회(1563년)에서 성직자의 독신 생활을 비준하게 되었다.

하지만 종교개혁 당시 루터는 성직자의 결혼 문제에서 사유를 신인하였고(1520년), 개혁교회들은 사도 시대로의 복귀를 선언하고 성직자의 강요된 독신을 전면 폐지하였다. 또 웨스트민스터 신앙고백도 모든 사람의 결혼을 합법으로 인정하였다.

동계(하계)수련회(冬季·夏季修練會, vacation bible school, summer camps and conferences) 겨울방학(여름방학)을 이용하여 어린이와 학생·청년·대학생들에게 성경 읽기와 기도하기 등 신앙 훈련을 쌓게 하는 주일학교 프로그램. 1960-1970년 대에는 통상 방학이 시작되는 다음 주간 월요일 저녁부터 토요일 아침까지 하루 네 차례(새벽, 오전, 오후, 저녁) 교회 내에서 프로그램을 운영하였다. 요즘은 수련회를 위해 상설 운영되는 교회 관련 전문 단체의 프로그램을 이용하는 경우도 많다. '겨울(여름)캠프'라고도 한다.
→ '여름성경학교'를 보라.

동사목사(同事牧師, co-pastor) 초기 장로교회 목사 명칭의 하나. 목사 2인 이상이 협력하여 한 교회나 혹 수(數) 교회에서 동등한 권리로 근무하는 자. 즉, 동등한 자격 및 권리를 갖춘 2인 이상의 목사가 같은 교회(1개 혹은 2개 이상)에서 함께 시무할 때 사용하는 명칭.

선교 초창기에는 선교사와 같이 시무한다 하여 이런 호칭을 사용하였다. ① 정식 위임을 받은 '위임 동사목사'와 ② 위임받지 않고 임시로 시무하는 '임시 동사목사'가 있었다. 오늘날은 부목사가 그 역할을 대신한다.

동역목사(同役牧師, co-pastor) 교회 합병으로 다른 목사와 협동하여 시무하는 목사(한국기독교장로회). 권리와 의무는 동일하고 순번으로 당회장직을 수행하며 일방이 시무를 사면할 경우 자연히 남은 자가 전권으로 시무한다.

동역자(同役者, fellow worker) 하나님의 복음 사역을 감당하기 위해 함께 수고하며 일하는 사람. 좁게는 모든 교역자에게, 넓게는 주의 증인으로 부름받은 모든 성도에게도 사용할 수 있다. 이는 사도 바울이 즐겨 사용한 표현이다(롬16:3,9,21; 고전3:9; 고후8:23; 빌2:25; 골4:10,11; 살전3:2).

매서인(賣書人, colporteur, bookseller) 선교 초창기 때 전도지나 성경(쪽복음)을 배부하거나 팔면서 예수 그리스도의 복음을 전했던 사람. →'권서, 권서인'을 보라.

면려회(勉勵會, Christian Endeavor Society, CE) 기독 청년들의 초교파 모임. 1881년 미

국 회중교회 목사 클라크가 창설하여 '국제기독면려회'라는 국제조직으로 발전하였다.

우리나라에는 1921는 2월 5일 선교사 앤더슨(Anderson, 한국명 : 安大善)이 안동읍교회에 처음 조직하였다. 그 뒤 '그리스도와 교회를 위하여'라는 표어로 한국교회에 급속히 퍼져 나갔으나 일본 총독부의 제지로 1938년 9월 19일 해체되었다. 그러다 6.25 전쟁 말미인 1953년 4월 23일 대구서문교회에서 열린 제4회 총회에서 '대한예수교장로회청년회 전국연합회'를 '기독청년면려회 전국연합회'로 명칭을 환원하기로 결의하였다. 오늘날은 '기독청년면려회 전국연합회'로 호칭하며 대한예수교장로회 합동, 고신, 개혁 교단 등에서 15,000여 교회가 참여하고 있다.

면직(免職, deposition from office) 직분을 박탈하여 평신도로 돌아가게 하는 중대한 형벌 중 하나. 범죄로 인해 권징법에 따라 재판을 통해 그 직에 부여된 모든 권한이나 혜택이 상실되는 것을 말한다. 따라서 사직이 행정치리권에 의한 결정, 곧 행정 조치인 데 비해, 면직은 권징치리권(재판)에 의한 판결로 결정된다. 면직에 불복할 경우 차상급회로 상소할 수 있다. 이에 비해 사직에 불복할 경우에는 차 상급회로 소원을 해야 한다.

■**목사의 면직**(牧師 - 免職) - 대한예수교장로회(합동) 권징조례 제6장 제42조에는 "목사가 이단을 주장하거나, 불법으로 교회를 분립하는 행동을 할 때 그 안건이 중대하면 면직할 것이다."고 규정한다. 다만, "그 행동이 교리를 방해하려 하여 전력으로 다른 사람을 권유했는지, 아니면 지식이 부족하여 발생한 일로 도리(진리)에 별로 해가 되지 아니한 것인지는 심사 후에 처단함이 옳다."고 하였다. 따라서 노회는 그가 해직되었음을 선언하고 그에게 평교인(평신도)의 이명서를 주어 원하는 지교회로 보내되 그 정황을 이명서에 상세히 기록해야 한다.

■**면직된 목사의 복직** - 면직된 목사를 복직시키고자 할 때에는 소속했던 노회가 공식적으로 자복하고 문답을 한 후 목사 임직 때와 같이 임직식을 하되(임직 서약을 하고) 안수는 하지 않는다. 일각에서는 면직된 목사는 이미 평신도가 되었으니 다시 안수를 해야 한다는 견해도 있다.

■**장로의 면직**(長老 - 免職) - 면직된 장로의 해벌권은 면직한 치리회에 있기 때문에 시벌하에 있는 장로는 해벌되기 전에는 이명하지 못한다. 만일 이명서를 준다면 면직되었다는 시벌 사항까지 상세히 기록해야 하고 이 사실을 기록하여 이명서를 발행했다면 이명간 교회에 해벌권도 위임함을 의미한다. 따라서 이명간 교회에서 합법적인 절차를 통해 해벌하고 임직 절차에 따라 재임직할 수는 있다.

■**재판 없는 면직**(裁判 - 免職) - 대한예수교장로회(합동) 권징조례 제6장 41조에는 정직당한 직원이 1년 안에 회개의 결과가 나타나지 않으면 다시 재판할 것 없이 면직할 수 있도록 규정하고 있다.

명부, 명부록(名簿錄, register of names) 성명을 기록하는 장부. 당회나 노회, 총회 등 각 치리회나 기관, 단체 등에서 구비해 두어야 할 각종 장부(명부록)를 말한다. 예를 들면, 당회가 비치해 두어야 할 명부로는 학습인 명부, 입교인 명부, 책벌 및 해벌인 명부, 별세인 명부, 이전인 명부(이명서 접수 및 발송 연월일 기입), 혼인 명부, 유아 세례 명부 등이 있다.

명예권사(名譽勸師, exhorter emeritus) 당회가 오랫동안 교회에 봉사한 여신도에게 명예를 보존하기 위해 임명하는 직분 중에 하나. 일반적으로 60세 이상된 입교인으로 행실이 성경에 적합하고 모범된 자에게 주어진다. 하지만 일각에서는 하나님 앞에서는 충성과 헌신만 있을 뿐 사람의 명예를 세우는 것이 성경적이지 않다는 견해도 있다. → '권사'을 보라.

명예목사[1](名譽牧師, pastor emeritus) 한 교회에서 20년 이상을 시무하고 사임한 목사의 공로와 명예를 보존하기 위해 추대한 목사(한국기독교장로회). 공동의회에서 결의하고 노회의 허락을 받아야 한다. 대우는 지교회 형편에 따른다. 대한예수교장로회에서는 '원로목사'로 호칭한다.

명예목사[2](名譽牧師, retired minister) 지교회에서 은퇴식을 거행하고 정년 퇴직한 목사(기독교대한성결교회). 지방회에서 발언권을 갖는다. 대한예수교장로회(합동, 통합, 고신)에서는 '은퇴목사 라고 부른다.

명예안수집사(名譽按手執事) 예수교대한성결교회에서 시무 안수집사가 정년(70세)이 되었을 때 공적을 인정하여 당회 결의로 추대한 안수집사. 타교단에는 없는 제도다.

명예장로(名譽長老, elder emeritus) 성결교회(기성, 예성)에서 정년 퇴임한 장로의 명예를 보존하기 위해 당회가 결의하여 추대한 장로. 당회의 발언권을 갖는다.

명예전도사(名譽傳道師) 기독교대한성결교회에서 지교회에 25년 이상 근속한 자의 명예를 보존하기 위해 지교회 당회 결의로 추대한 전도사. 공로를 인정하여 사례비를 지급하기도 한다.

목사(牧師, pastor, minister, reverend) 노회의 안수로 임직을 받아 그리스도의 복음을 전파하고, 성례를 거행하며, 교회를 치리하는 자. 교회의 가장 중요하고 유익한 직분이다(롬11:13).
■**목사의 자격**(牧師 - 資格) - 목사는 신앙이 진실하고 행위가 적합하며 가정을 잘 다스리고 타인의 존경을 받는 자(딤전3:1-7)로 다음의 외적 조건을 갖추어야 한다. ① 무흠 입교인으로 7년을 경과한 자. ② 교단 총회직영 신학교를 졸업한 30세

목사의 신분상 칭호

목사는 그 담임한 사무와 형편으로 인해 여러 가지 이름으로 불린다(교단별로 다소 차이가 있다).

- ■**위임목사**(委任牧師) - 지교회의 청빙으로 위임을 받은 목사.
- ■**담임목사**(擔任牧師) - 지교회의 청빙을 받아 노회의 허락으로 지교회의 행정과 목회사역 전반을 담당하는 목사.
- ■**임시목사**(臨時牧師) - 지교회의 청빙으로 노회의 허락을 받아 임시로 시무하는 목사. 사무 기간은 3년(통합)~1년(합동, 고신 등).
- ■**부목사**(副牧師) - 위임목사를 보좌하는 임시목사. 당회의 결의로 청빙하며 임기는 1년. 연임할 수 있으며, 계속 시무하려면 매년 당회장이 노회에 청원하여 허락을 받아야 한다.
- ■**전도목사**(傳道牧師) - 상회의 허락을 받아 교회가 없는 지역에 파송되어 전도하는 목사.
- ■**기관목사**(機關牧師) - 노회의 허락으로 총회나 노회, 교회 관련 기관, 예를 들면 신학교, 병원, 학교, 문서 사업 등에서 복음 사역에 종사하는 목사.
- ■**종군목사**(從軍牧師) - 노회에서 안수를 받고 배속된 군인교회에서 목회와 전도를 하며 성례를 집례하는 목사.
- ■**교육목사**(敎育牧師) - 노회의 허락을 받아 교육기관에서 성경과 기독교 교리를 가르치는 목사. 교단에 따라서는 기관목사로 분류하기도 한다.
- ■**선교목사**(宣敎師) - 다른 민족에게 복음을 전하기 위해 외국에 파송한 목사.
- ■**무임목사**(無任牧師) - 시무처가 없는 목사.
- ■**은퇴목사**(隱退牧師) - 정년(일반적으로 70세)이 되어 시무를 사면한 목사.
- ■**원로목사**(元老牧師) - 한 교회에서 20년 이상 계속 시무하던 목사가 사무를 사면할 때 교회가 그 명예를 보존하기 위해 원로로 추대한 목사.
- ■**공로목사**(功勞牧師) - 한 노회에서 20년 이상 시무하고 공이 있는 목사가 노회에 시무 사면 정원을 할 때 그 공로를 기념하기 위해 노회의 결의로 추대한 목사. 장로교회(합동, 통합 등)와 성결교회(예성) 등 일부 교단에서 시행되는 제도다.
- ■**명예목사**(名譽牧師) - ① 정년 퇴직한 목사로 해 교회에서 은퇴식을 거행한 목사(기성). '은퇴목사'(예장교단). ② 한 교회에서 20년 이상을 시무한 목사가 그 사무를 사임할 때 지교회가 공로와 명예를 보존하려고 공동의회 결의로 은봉을 정하고 노회의 허락으로 추대하는 목사(기장). '원로목사'(예장교단).
- ■**협동목사**(協同牧師) - 총회가 인정하는 각 기관에 종사하는 자로서 각 지교회에 소속하여 담임목사의 목회사역에 협력하는 목사.
- ■**동사목사**(同事牧師) - 목사 2인 이상이 합력하여 한 교회나 혹 수(數)교회에서 동등한 권리로 근무하는 자. → '동사목사'를 보라.
- ■**동역목사**(同役牧師) → '동역목사'를 보라.

이상으로 강도사 자격을 취득한 자(대한예수교장로회고신, 합동 / 통합측은 2년 이상 교역 경험을 가진 자). ③ 총회 목사고시에 합격한 자. → '목사고시'를 보라.

■**목사의 별칭**(牧師 – 別稱) – 목사는 수행하는 직무에 따라 다양한 이름으로 불린다. ① 목자 : 양의 무리를 감독하는 자이므로(렘3:15; 벧전5:2-4; 딤전3:1). ② 그리스도의 종, 그리스도의 사역자 : 교회 안에서 그리스도를 섬기는 자이므로(고전4:1; 고후3:6; 빌1:1). ③ 장로 : 엄숙하고 지혜롭게 하여 모든 사람의 모범이 되고, 그리스도의 집과 그 나라를 근실히 치리하는 자이므로(벧전5:1-3). ④ 교회의 사자 : 하나님이 보내신 사자이므로(계2:1). ⑤ 그리스도의 사신, 복음의 사신 : 하나님의 거룩한 뜻을 죄인들에게 전파하며 그리스도로 말미암아 하나님과 화목하라 권하는 자이므로(고후5:20; 엡6:20). ⑥ 교사 : 정직한 교훈으로 권면하며 거역하는 자를 책망하여 각성하게 하는 자이므로(딤전2:7; 딤후1:11; 딛1:9). ⑦ 전도인 : 죄로 침륜할 자에게 구원의 복된 소식을 전하는 자이므로(딤후4:5). ⑧ 청지기 : 하나님의 광대하신 은혜와 그리스도의 설립하신 율례를 시행하는 자이므로(눅12:42; 고전4:1-2).

■**목사의 직무**(牧師 – 職務, **functions of pastor**) – ① 지교회를 관리할 때는 양무리 된 교인을 위해 기도하며, 하나님의 말씀으로 교훈하고 강도하며, 찬송하는 일과 성례를 거행한다. 또 하나님께 위임받은 권위로 축복하고, 어린이와 청년을 교육하며, 교우를 심방하고, 궁핍한 자와 병자와 환난당한 자를 위로하며, 장로와 합력하여 치리권을 행사한다. ② 종교상 도리와 본분을 교훈하는 직무를 행할 때는 목자같이 돌아보며 구원하기 위하여 각 사람의 마음 가운데 성경의 씨를 뿌리고 결실하도록 힘쓴다. ③ 선교사로 외국에서 선교할 때에는 성례를 거행하며 교회를 설립하고 조직한다. ④ 목사가 기독교 신문이나 서적, 언론에 관한 사무를 시무하는 경우에는 교회에 덕을 세우고 복음을 전하는 데 유익하도록 힘써야 한다. ⑤ 기독교 교육 지도자로 지교회나 교회와 관계되는 기독교 교육 기관에 청빙을 받으면 교육하는 일로 시무할 수 있다(대한예수교장로회합동 헌법 제4장 정치 제3조).

■**우리나라 최초의 목사** – ① 감리교 : 김창식, 김기범(1901년. 미감리회에서 안수). ② 침례교 : 신명균(1906년). ③ 장로교 : 서경조, 한석진, 송인서, 양전백, 방기창, 길선주, 이기풍(1907년 제1회 독노회).

목사고시(牧師考試, **ordination exam**) 교단 총회에서 실시하는 목사 자격 시험. 하나님의 사자가 되기 위한 마지막 고시로서의 중요성을 갖는다. 고시 과목은 교단마다 다소 차이가 있으나 대개 성경 지식, 교단 신학(정체성)에 대한 이해, 설교 능력, 목회자로서의 소명과 신앙 인격(소양) 등을 검증하는 데 초점이 있다.
참고로, 다음은 대한예수교장로회(고신)의 목사고시 과목이다. ① 제출과목 : 논문, 주해, 설교. ② 필기고사 : 교회정치, 권징조례, 예배지침, 목회학, 설교. ③ 구두시험(면접) : 제출과목과 필기고사에 합격에 자에 한해 시행된다.

목사관(牧師館, **parsonage**) 목사와 그 가족을 위한 주거지. 일반적으로 교회의 소유이며, 무상 임대 형식으로 제공된다.

목사와 장로의 차이점

1. 임직 자격이 다르다. 즉, 목사는 반드시 신학교육을 받아야 하나 장로는 그렇지 않다.
2. 목사는 노회가 장립하고, 장로는 목사가 장립한다.
3. 목사는 노회 관할이요(노회 회원), 장로는 당회 관할(지교회 회원)이다.
4. 목사의 임직에는 장로들이 동참하지 못하지만, 장로의 임직은 목사가 한다.
5. 목사는 성례를 집례하나 장로는 성례를 집례하지 못하고 다만 배병과 배잔에 수종들 뿐이다.
6. 목사는 하나님의 사자 또는 그리스도의 사신이나 장로는 교인의 대표자다. 따라서 목사는 축도를 할 수 있으나 장로는 축도를 하지 못한다.
7. 장로는 설교권이 없으며 세례와 성찬을 베풀지 못한다.

목사후보생(牧師候補生, candidates, probationer) 목사직을 희망하거나 목사가 되기를 원하는 자. 수습 중에 있는 자라 하여 '목사수습생'(probationer)이라고도 한다. 노회의 자격 심사를 받고 그 지도 아래 신학대학원에 재학 중이거나 졸업한 전도사. 목사 장립 때까지 목사후보생으로 불린다. 개인적으로는 당회 아래, 직무상으로는 노회 아래 있다.

목양(牧羊, sheep-raising) 양을 기름. 주님이 맡기신 양(성도)을 먹이고 돌보며 양육하고 보호하는 목사의 목회 사역 전반을 일컫는 비유적 표현(요21:15-17). 일명 '목회.' → '목회'를 보라.

목장(牧場, pasture) 셀 교회에서 셀 목회의 최소 단위인 셀 그룹(소그룹)을 가리키는 말. 전통 교회의 '구역'에 해당한다.

목회(牧會, pastoral care) 목사가 교회를 담임하여 설교하며 성례전(聖禮典)을 베풀고, 교회를 행정적으로 관리하며, 성도 개개인의 영혼을 돌보아 신앙생활을 지도하는 일. 곧, 목사가 교회를 위해 수행하는 제반 사역.
프로테스탄트 교회에서 목회에 대한 견해는 크게 넷으로 나누어진다. ① 루터교회 : 교리를 가르치고 성도에게 신앙 지식을 체득하게 하는 데 주안점을 둔다. 곧 복음의 말씀을 자세하게 가르쳐 받아들이게 하는 일에 목회의 초점이 있다. ② 장로교회 : 성도를 교회의 일원으로 양육시켜 교회 안이나 밖에서 하나님의 자녀로 바르게 살게 하는 데 초점이 있다. ③ 감리교 : 영혼의 각성과 성화에 초점을 둔다. ④ 현대 미국 교회 : 정신의학 개념을 도입하여 치유에 초점을 둔다. → '교역', '사역'을 보라.

목회상담(牧會相談, pastoral counseling) 상담사인 목사가 성령의 인도하심을 좇아 복음과 성경 말씀으로 피상담자의 문제를 해결해주는 일. 상담의 목적은 피상담자의 문제를 해결하는 차원을 넘어 올바른 신앙관을 회복하게 하는 것이다. 이를 위해 상담자는 사전에 피상담자에 대한 기본 지식을 습득하고 피상담자를 미리 진단하여 상담 목표를 설정해 놓아야 한다.

그래서 상담시 피상담자가 스스로 자기를 정확히 통찰하여 분석할 수 있게 해주어야 한다. 그리고 스스로 결단하고 변화하여 적극적인 행동을 취할 수 있도록 해야 한다. 상담 후에 상담자는 상담에 관한 종합적 평가를 통해 상담시의 문제점과 보완점을 찾고 개선해 나감으로써 더 나은 상담자로 성장할 수 있도록 노력해야 한다.

목회자(牧會者, pastor) 목회를 하는 사람. 목사. → '목회'를 보라.

목회자, 교역자, 사역자

① 목회자 : 설교와 성례, 교회 관리, 교회 행정, 성도의 신앙 생활 지도 등 교회 전반에 대해 책임지며 사역하는 목사.
② 교역자 : 교회로부터 급여를 받고 교역에 종사하는 자. 곧, 어떤 부서에서 책임지고 일하는 목사와 전도사. 일반 성도(평신도)에 대비되는 표현.
③ 사역자 : 일꾼. 곧, 목사, 전도사, 장로, 권사, 집사 등 주님을 위해 일하는 모든 사람. 여기에는 일반 성도도 포함된다. '목사 사역', '전도사 사역', '평신도 사역' 등으로 표현할 수 있다.

무기 책벌(無期 責罰) 일정한 기간이 정해지지 않은 책벌. 대개 중대한 범죄에 내려지는 형벌인 만큼 신중한 태도로 행해져야 하며, 범죄자로 하여금 범죄의 심각성을 깨닫고 하나님께 용서를 구해 죄사함을 얻도록 해야 한다. → '책벌'을 보라.

무임권사(無任勸師) 다른 교회에서 전입(이명)하여 아직 취임하지 못한 권사. 단, 연령 제한에 적용받지 않는 자(통상적으로 만 70세 미만자)는 공동의회에서 권사로 피선되면 취임식을 행하고 시무권사가 될 수 있다. → '권사'을 보라.

무임목사(無任牧師, minister without charge, minister sine titulo) 노회가 맡긴 상임 시무처가 없는 목사. 또는 시무하던 직무를 사면하고 다른 교회의 직무를 받지 못한 목사. 노회에서 발언권은 있으나 가부권(결의권)은 없다. 정당한 사유 없이 5년(장로교 합동·고신 등 / 장로교

통합·기장은 3년) 이상 무임으로 있으면 목사직이 자동 해직된다. 예수교대한성결교회는 구체적으로 생업을 위해 성직 이외의 직업에 종사하는 자는 준회원권이 자동 상실된다고 규정하고 있다.

무임장로(無任長老, **inactive elder**) 시무하는 본 교회를 떠나 다른 교회로 이거하고 그 교회에서 취임하지 않은 장로. 이거한 교회에서 당회 결의로 노회 허락을 받아 공동의회에서 3분의 2의 찬성표를 얻어 취임하면 시무장로가 된다. 대한예수교장로회(합동)의 경우 당회결의로 제직회 회원이 되며 성찬예식 때 분병(떡을 분배하는 일)과 분잔(잔을 나누어주는 일)에도 참여할 수 있다.

■무임장로가 되는 경우 - ① 시무하는 본 교회를 떠나 다른 교회로 이거하고 그 교회에서 취임하지 못한 경우. ② 시무장로 투표에서 부결되어 시무를 중단한 경우. ③ 자의나 권고에 의해 사임한 경우. ④ 권징에 의해 정직 처분을 받았거나 해임된 경우. ⑤ 이명증서를 받은 후 다시 본 교회로 돌아왔으나 투표하여 재취임하지 않은 경우. ⑥ 아무 말 없이 일정 기간 교회를 떠났거나 타교회에 출석하여 교인의 의무를 이행하지 않다가 본 교회로 다시 돌아왔으나 당회 결의와 공동의회를 통해 취임을 받지 못한 경우.

무임집사(無任執事, **inactive deacon**) 타교회에서 이명 와서 취임하지 못한 안수집사. 만 70세 미만인 자는 투표나 당회 결의로 서리 집사직을 맡을 수 있고, 본 교회에 전입하여 만 2년이 경과하고 공동의회에서 집사로 피선되면 취임식만 하고 안수 없이 시무집사가 된다. 정년이 되면 자동으로 은퇴집사가 된다. 한편, 항존직인 안수집사에게 임시직인 서리집사 직분을 맡기는 것이 헌법 논리상 맞지 않다는 주장도 있다(한번 항존직은 영원한 항존직으로서, 비록 시무는 하지 않는다 하더라도 안수집사이기 때문에).

무지역노회(無地域老會) 6.25 전쟁 때 이북에서 옮겨온 노회. 6.25 전쟁이라는 비상 시국 상황에서 생겨난 제도다(1952년 제37회 총회). 속칭 '피난노회'라고도 부른다. 보통의 노회가 지역을 연고로 구성된다면 무지역노회는 피난 오기 이전부터 가진 고유한 노회 이름을 그대로 사용한다(예를 들면, 평양노회, 함남노회 등). 현재 이남 땅에 실재하면서도 지역 연고가 없기 때문에 '무지역노회'라 부른다.

대한예수교장로회(합동)에서는 총회시에 무지역노회를 철폐하자는 헌의가 몇 차례 있었으나(1967년 52회 총회, 1972년 57회 총회) 휴전선 문제가 해결될 때까지 재론하지 않기로 하고 가능하면 빠른 시일 안에 지역노회에 예속되는 것이 좋겠다는 결의를 한 바 있다(1983년 63회 총회). 실제로 지금은 이북노회 출신 목사보다 이남 출신 목사가 노회를 주도하면서 정치 수단으로 이용되는 사례도 있다.

무흠(無欠, **perfection**) 흠이 없음. 도덕적으로나 윤리적으로 전혀 결함이 없고 완벽한 상태를 말하는 것이 아니라, 교회법(헌법)을 위반하여 치리회(당회, 노회, 총회)로부터 책벌을 받지 않은 상태를 의미한다. 구체적으로는, 권징조례나 헌법적규칙에 의해 권리가 중지되지 않았고, 교리적으로 이단에 빠지지 않은 것을 가리킨다. 여기에는 국가로부터 민형사상 형벌을 받지 않은 것까지를 포함한다.

목사, 장로, 권사, 안수집사, 노회와 총회의 임원 등 직분자를 세울 때나 성찬식에 참여할 때 반드시 요구되는 조건(대개 '무흠 ~년' 등의 제한 조건이 주어짐)이다.

무흠교인(無欠敎人, **communicants**) 교회법에 의해 치리를 받지 않아 교인으로서 권리와 의무를 수행할 수 있는 자격을 갖춘 자를 가리킨다. 영어 표현 'communicants'는 '성찬을 받는 자'를 뜻한다.

문서선교(文書宣敎, **literature mission**) 신문 등 정기간행물 발행, 도서와 잡지 등 서적 출간, 성경 번역 및 보급 등을 통해 그리스도의 복음을 전파하는 일. 개화기 이전에는 중국에서 들어온 기독교 변증서 '천주실'와 가톨릭 선교사인 프랑스 주교 다블뤼에 의해 교리서가 번역되었다.

문서선교는 개화기가 시작되면서 본격적으로 이루어졌다. 스코틀랜드 선교사 매킨타이어의 전도로 신앙을 갖게 된 서상륜은 이성하, 이응찬, 백홍준과 함께 「예수성교 누가복음젼셔」(1882년)를 비롯한 쪽복음서들을 번역·배포하였고, 성공회 선교사 존 코프 주교와 5명의 사제들은 인쇄소를 통해서 문서선교를 했다. 또 선교사들이 대한기독교서회 등의 출판사들을 세우면서 문서선교는 더욱 탄력을 받게 되었다(1888년).

현재 우리나라에는 약 200여 기독교출판사와 500여 곳의 기독교 서점이 있으며, 많은 출판사들이 〈기독교출판협회〉(KCPA, Korea Christian Publication Association)와 〈복음주의 기독교출판협의회〉(ECPA, Evangelical Christian Publisher Association)에 가입하여 문서선교에 동참하고 있다. 한편, 성경 복음 사업에 주력하고 있는 대한성서공회는 외국 여러 나라의 성경 인쇄와 번역에 많은 도움을 주고 있다.

미자립교회(未自立敎會) 스스로 자립하지 못하는 교회. 미자립교회에 대해서는 교단마다 기준이 다르고 기준마저 그때그때 다르게 적용되기 때문에 정확하게 정의 내리기는 어렵다. 다만, 교인수나 재정 자립도, 목회자 생활비 수준, 교회 건물 유무, 목회자 유무, 개척 기간 등을 고려해 미자립교회로 지정된다. 많은 경우 농어촌이나 산간 마을, 도시 변두리 지역 교회들이 여기에 해당된다.

근래에는 교단마다 미자립교회를 후원하여 자립도를 높여주려는 시도가 많다. 예를 들면, 총회 차원에서 노회 단위로 도시 교회와 농촌 교회를 맺어주어 후원하게 한다든지, 신학교 졸업자를 의무적으로 목회자 없는 시골 교회에서 일정 기간 목회하게 한다든지 하는 등이 그것이다. 그런데 이 또한 대형 교단 중심으로 이뤄질 뿐 군소 교단에서는 개교회 차원에서 개인적으로 목회자 사례비 일부를 지원하는 것이 전부라 미자립교회의 자립은 요원하다 할 수 있다.

미조직교회(未組織敎會) 장로교회에서 당회가 구성되지 않은 교회. 시무목사는 있는데 시무장로가 없는 교회를 가리킨다. 따라서 노회가 사무행정을 처리한다. 미조직교회는 보통 장년 신자 15명이 합심하여 그리스도를 믿고 교회 신설을 원할 경우 시찰회를 통해 노회에 청원하여 인가를 받으면 설립할 수 있다.

이에 비해, 시무장로는 있는데 시무목사가 없으면 노회가 파송한 임시당회장에 의해 당회를 구성할 수 있다. 참고로, 당회가 구성된 교회를 가리켜 '조직교회'라 한다. → '조직교회'를 보라.

반사(班師, **teacher**) 주일학교에서 반(班)을 맡아 학생들을 가르치고 지도하는 '교사'를 가리키는 옛 표현.

발언권 회원(發言權 會員, **corresponding member**) 회의 등에서 발언할 수 있는 권리를 가진 회원. 정회원이 아닌 준회원 자격을 가진 자로서 발언권만 있을 뿐 투표권은 없다. '언권회원'이라고도 한다. → '언권회원'을 보라.

방문전도(訪問傳道) 불신 가정이나 이사온 미등록자 가정을 방문하여 복음을 전하거나 교회 출석을 권면하는 일. 대개 2인이 한 팀이 되는데, 예수께서 2인씩 짝을 지어 파송한 70인 전도대가 원형이다(눅10:1-20). 오늘날 이런 형태의 전도는 많이 시행되지 않고 있다. → [1. 교회 일상 용어] '전도'를 보라.

방조위원(傍助委員) 곁에서 도와주는 위원. 소송 진행의 전반을 도와 변호인 역할을 수행하는 상회의 회원. 즉, 하급치리회 사건이 상급치리회로 상소되었을 때 하급치리회를 대리한 자가 상급치리회 회원 중에 자기를 도와줄 사람을 지명하여 청구하면 상급치리회는 그 사람을 방조위원으로 선임하여 소송을 돕게 한다.

번다(煩多, **being multitudinous**) 번거로울 정도로 많음. 교회법은 성도의 혼상예식 때 번다한 허례는 피하고 정숙하고 간단하게 하여 하나님께 영광을 돌리고 불신자에게 전도가 될 수 있게 하도록 가르친다.

범죄(犯罪, **sin, crime, offense**) 교회법에서 규정하는 범죄 행위는 다음과 같다. ① 말과 행실, 마음가짐이 성경에 위반되는 것. ② 다른 사람으로 하여금 범죄하게 하는 행위. 즉, 다른 사람을 미혹하게 하거나 죄를 짓도록 유도 혹은 교사하는 것. ③ 다른 사람에게 모범을 보이지 않고 덕을 세우는 데 방해가 되는 행위.

한편, 사회법(국가법)이 범죄의 결과에 초점이

있다면 교회법은 범죄 결과를 낳게 하는 마음의 생각과 성경의 가르침을 잣대로 한다.

법(法, **law, rule**) 국가의 강제력이 수반된 사회규범. 교회에서는 일반적으로 '교회법' 곧 교단 총회가 제정한 헌법을 가리킨다. 교회법은 하나님의 법, 곧 하나님의 말씀을 근간으로 제정되었다. → '교회법'을 보라.

변경(變更, **change**) 부적절하게 판결된 하급치리회의 결정을 시정하여 내용을 수정하는 것.

변론(辯論, **debate**) 소송 당사자나 변호인이 법정에서 하는 주장이나 진술. 교회법에서 소송 당사자의 변론은 대개 각 치리회(당회, 노회, 총회)의 재판국에서 이루어진다.

변호인(辯護人, **counsel, advocate**) 피고인의 변호를 위해 선정된 변호사. 교회법에서 변호인의 자격으로는 법률과 교회법에 관한 식견을 갖춘 해당 교단의 무흠한 목사나 장로(혹은 세례교인)로 규정하고 있다. 또한 변호인은 실비(여비와 숙박비 정도)만으로 변호를 하도록 규정하고 있다.

별명부(別名簿, **reserved list**) 1년 이상 실종된 교인의 명부. 별명부에 이름이 올라 있는 자는 교인의 특권이 정지된 자이기 때문에 교회 투표에 참여할 수 없으며 행여 이런 자가 교회에 있다면 투표에 앞서 당회가 소환하여 품행에 관해 문답하고 교인 명부로 옮겨야 비로소 투표권을 가질 수 있다. 당회가 비치해야 할 명부록 가운데 하나다.

병원목회(病院牧會, **hospital ministry**) 가정이나 병원에서 환자들을 상대로 하는 목회. 주로 입원한 교우들을 대상으로 이루어지며 전문직종인 의사나 간호사들의 조력을 필요로 한다.

병원목회는 대상에 따라 각기 다른 접근이 요구된다. 예를 들면, 급성환자의 경우는 정신적으로, 영적으로 평안함과 안정감을 갖게 하는 것이 필요하며, 만성환자의 경우는 장기간 꾸준한 상담을 통해 자신감을 갖게 하는 것이 필요하다. 또 수술 전 환자에게는 삶에 대한 소망을 심어주고, 수술 후 회복기의 환자에게는 감사의 마음을 갖게 하는 것이 좋다. 그리고 죽음을 앞둔 자에게는 구원과 내세의 확신을 심어주는 것이 필요하다.

한편, 믿음의 교우들을 상대로 하는 '병원목회'는 불신자들을 상대로 하는 '병원전도'(의료선교)와는 구분된다.

병자성사(病者聖事, **sacrament anointing of the sick**) 로마 가톨릭의 7성사(7성례) 가운데 하나. 위급한 환자의 고통을 덜어 주고 회개를 통해 건강의 회복을 기원하며 주님께 구원을 맡기기 위해 드리는 성사.

원래 '종부성사'(終傅聖事)라 부르며 죽음 직전의 신자에게 행해졌으나, 제2차 바티칸 공의회 때 (1972년 11월 30일) 교황 바오로 6세에 의해 '병자들을 위한 거룩한 도유'(Sacram unctionem infirmorum)란 뜻의 '병자성사'로 변경되었다. 병자성사는 사제들이 안수를 하고, 믿음으로 구하는 기도를 드린 후 하느님의 강복으로 거룩해진 기름을 병자의 이마에 바르는 순서로 진행된다. → '칠 성례'를 보라.

보결(補缺, **supplementation**) 빈 자리를 채움. 일명 '보궐'(補闕). 교단 산하 기관이나 단체, 위원회 등에서 결원이 생겼을 때 그 자리에 적합한 사람을 보충하는 일.

보선(補選, **by-election**) 보충하여 뽑음. 결원을 보충하기 위한 선거. 보궐선거(補闕選擧).

보조목사(補助牧師, **curate**) 성공회에서 교구 목사를 돕거나 공석이 되었을 때 교구를 일시적으로 담임하는 목사. 원래는 교구를 담임하는 영국 국교회 사제를 가리켰다.

보좌주교(補佐主敎, **auxiliary bishop**) 성공회에서 교구장을 보좌하는 명의주교(名義主敎). 보좌주교는 교구장 주교의 제청으로 교구의회의 동의를 얻은 후 의장주교의 승인을 받아 임명된다. 교구장을 보좌하며 교구장의 자문에 응하고 교구장이 위임한 성사나 예식을 베푼다. 그러나 부교구장 주교와는 달리 교구장을 계승하지는 못하며 새 교구장이 취임할 때까지 교구장의 모든 권력과 특별 권한만을 갖는다.

보혈조력자(寶血助力者) 로마 가톨릭이나 성공회에서 성체성사(聖體聖事, 성찬예식) 때 집전자를 보좌하여 돕는 자를 일컫는 말.

복권(復權, **rehabilitation**) 법률상 일정한 자격이나 권리를 상실한 사람이 이를 다시 회복하는 일.

복기(服忌) 원래는 상복을 입는 기간. 그러나 통상 상장(喪章)을 다는 기간을 가리키는 말로 사용된다.

복직(復職, **reinstatement**) 물러났던 관직이나 성직에 복귀함. 사직한 장로는 더 이상 장로가 아니므로 복직할 때 안수를 제외한 모든 임직 절차를 다시 밟아야 한다. 즉, 공동의회에서 장로로 피선되고 노회의 장로고시에 합격하고 임직서약도 새로 해야 한다.
  ■**교단별 장로 복직 규정** - 장로교단별로 약간의 차이가 있다. ① 통합 : 당회 결의로 공동의회에서 시무 신임을 얻은 후 임직 때와 같은 서약을 한다. ② 고신 : 본인이 복직을 청원하면 당회는 사직 이유가 충분히 해소되었는지 살핀 후 당회 결의로 노회의 허락을 받아 공동의회 3분의 2 이상의 허락이 있으면 복직을 허락한다. 복직이 허락되면 임직 때와 같은 서약을 해야 한다. ③ 기장 : 1년이 경과한 후 본인이 청원하면 당회가 복직을 결의하고 공동의회 3분의 2 이상의 찬성이 있어야 한다.

본처목사(本處牧師) 출신 고향에서 사역하는 목사. 초창기 감리교회의 교직 제도 중 하나. 지방 감리사의 파송을 받아 6년 이상 일정한 구역을 담임한 서리 교역자로서 지방회 천거로 연회에서 목사 임직을 받았다. 일반 목사와는 달리 정규 신학을 전공하지 않았다. 이 교직 제도는 6.25 전쟁 이후 사라졌다.

부고역자(副敎役者) 교역자를 보조하는 자. 통상 담임목사의 목회 사역을 돕고 보필하는 부목사나 전도사를 가리킨다. 그러나 급여를 받고 교역에 종사하는 담임목사, 부목사, 전도사는 모두 '교역자'이기 때문에 부고역자란 말은 엄밀히 따지면 잘못된 표현이다. → '교역', '교역자'를 보라.

부담금(負擔金) 부담하는 돈. 기독교대한감리회에서 감리회 본부, 연회 및 지방회의 운영에 필요한 재원 조성과 교역자 은급법이 정한 은급기금 조성을 위해 개체교회에 의무적으로 납입하게 하는 분담금. 대한예수교장로회(합동)의 '세례교인 의무금'과 유사하다.

부담임자(副擔任者) 기독교대한감리회에서 개체교회의 담임자를 보좌하며 담임자가 위임하는 선교, 교육, 행정, 전도, 기획, 음악, 사회복지, 미디어 등의 담당목사로 직무를 수행하는 자. 타교단의 부목사에 해당한다.

부목사(副牧師, **pastor's assistant**) 담임목사(혹은 위임목사)를 보좌하여 목회를 돕는 임시목사. 맡은 사역에 따라 심방목사, 교육목사, 음악목사, 선교목사, 행정목사 등으로 불린다. 대개 임기는 1년이며 계속 시무하려면 매년 당회장이 노회에 청원하여 승낙을 받아야 한다.

당회원이나 제직회원의 자격이 없으며(합동 : 당회 허락으로 제직회원이 되기도 한다. 통합 : 당회원의 자격이 있다), 통상 위임목사를 바로 승계할 수도 없고 해교회 사임 후 일정 기간(2년)이 경과해야 해당 교회 위임목사로 시무할 수 있다(대한예수교장로회통합). 한국기독교장로회는 담임목사가 사임하면 부목사도 함께 사임히도록 규정하고 있다.
  ■**부목사와 당회장**(副牧師 - 堂會長) - ① '부목사'는 위임목사를 보좌하는 임시목사다. 따라서

> **용어상식**
> ## 부목사의 직무와 직분
> 안수를 받고 목사가 되면 그 직분 자체가 항존직으로서 그 이상 승급되지는 않는다. 안수를 받고 부목사가 되었다가 다시 안수를 받고 원목사가 되는 것이 아니라는 뜻이다.
> 다만, 부목사는 직능상 위임(담임)목사의 목회 사역을 보조하고 협력할 뿐이다. 따라서 마치 목사와 부목사 사이에 직분의 구분이 있어 단계(계급)의 차이가 있는 것처럼 호칭하는 것은 바람직하지 못하다. 직무(사역)에는 차이가 있어도 직분(직위)에는 아무런 차이가 없다.

부목사는 위임목사를 돕는 역할을 할 뿐, 위임목사가 없다고 해서 위임목사를 대신할 수는 없다. ② '당회장' 직은 강도권과 치리권을 가지는 직분으로서 이 권리는 노회로부터 위임을 받고 교인으로부터 치리에 복종하겠다는 서약을 받은 자라야 행사할 수 있다. 따라서, 교인의 서약이 없고 교회 위임과 허락이 없는 부목사가 교인을 다스리는 당회장이 될 수는 없다.

부임(赴任, proceeding to one's new post) 임명을 받아 근무할 곳으로 감. 신임 교역자가 청빙을 받아 새 사역지(임지)로 가는 것을 말한다.

부전(附箋, tag, label, slip) 서류에 문제점이나 간단한 의견을 적어 덧붙이는 쪽지. 일명 '부전지.' 행정 질서를 바르게 하기 위해 대개 문서(서류) 경유를 거부하는 사유를 적는다.

부제(副祭, deacon) 로마 가톨릭과 성공회에서 사제(司祭) 바로 아래에 있는 성직자. 사제로 서품(敍品)되기 전의 일정 기간 동안만 거치는 직제다. 한국을 비롯한 대부분 나라의 가톨릭과 성공회에서는 6-8년의 신학교 수업 연한 중 마지막 1-2년간을 부제로 지낸다. 가톨릭의 경우는 부제로 서품될 때 독신 생활을 서약한다.

부총대(副總代, alternate commissioners) 총대 가운데서 유고가 생길 경우에 대비하여 차점 순으로 미리 정해둔 몇 명의 예비총대. 원총대는 총회 중에 임의로 부총대와 교체될 수 없으며, 부득이 한 사정이 발생했을 경우 총회의 허락을 얻어 부총대와 교체할 수 있다.

부흥목사(復興牧師) 예수교대한성결교회에서 소속 지방회나 총회전도부 건의로 총회 승인을 받아 부흥운동에 전무(專務)하는 목사를 일컫는 말. 1년 이상 교회를 맡거나 그밖의 사유로 2년 이상 부흥운동에 전무하지 않을 경우 부흥목사 칭호는 자동 취소된다.

부흥사(復興師, revivalist, evangelist) 성령의 은혜에 힘입어 성경을 공부하고 기도에 힘쓰는 등 성도의 신앙을 일깨우고 불신자에게 복음을 전해 믿음을 갖게 하는 신앙 운동에 전념하는 목사. 부흥운동에 종사하는 목사들에 의해 자생적으로 생겨난 말로서 교회법이 정한 공식적인 목사 칭호는 아니다. 엄밀하게는 '부흥회 강사'라는 표현이 적절하다. 교회 부흥에 많은 역할을 했다는 긍정적 평가도 있는 반면 비성경적인 부작용도 만만치 않다는 비판적 시각도 공존한다. →[4. 예배 및 예식 용어] '부흥사경회', '부흥회', [7. 올바른 용어] '부흥사'를 보라.

본리, 본열(分離, 分裂, dissolution, separation) 한 교회나 교단 안에서 서로 의견이 다른 교인들이 같은 종교적 신앙을 가진 성도의 연합을 파괴하여 교회나 교단이 나누어지는 현상.

본파(分派, schism) 참된 교회로부터 정당한 이유 없이 분리되거나, 진실한 하나님의 자녀들로 구성된 공동체를 거부하는 것(Charles Hodge). →[1. 교회 일상 용어] '당파'를 보라.

불기소(不起訴, non-prosecution) 사건이 죄가 되지 않거나 범죄의 증명이 없거나 또는 공소의 요건을 갖추지 못했을 때 검사가 공소를 제기하지 않는 일. 교회법에서 이 일은 기소위원회가 한다. 기소위원회가 불기소처분 결정을 내릴 때 '주문'(注文)에는 네 가지가 있다(대한예수교장로회 통합). ① '기소유예': 피의 사실이 인정되지만 정상을 참작하여 소추(訴追)를 필요로 하지 않는 경우. ② '혐의 없음': 피의 사실이 범죄를 구성하지 않거나 인정되지 않는 경우. 또는 피의 사실을 인정할 만한 충분한 증거가 없는 경우. ③ '죄가 안 됨': 피의 사실이 범죄 구성요건에 해당하나 헌법과 규정 또는 법리상 범죄의 성립을 조각(阻却)하는 사유가 있어 범죄를 구성하지 아니하는 경우. ④ '기소권 없음': 피의자에 관해 재판권이 없는 경우. 동일사건에 관해 이미 기소가 제기된 경우. 고소·고발이 무효 또는 취하된 경우. 피해자가 처벌을 원치 않는 경우. 피의자가 사망한 경우.

비공개 재판(非公開 裁判) 방청을 허락하지 않는 재판. 이 경우 교회법에서는 재판위원 과반수(한국기독교장로회)나 치리회원 3분의 1 이상(대한예수교장로회합동, 고신)이 결의해야 한다.

사면(辭免, resignation) 맡아보던 일자리를 그만두고 물러남. 일명 '사임'(辭任). 교회법에서는 목사나 장로의 시무가 완전하게 해지되는 것을 말한다. 따라서 장로는 무임장로가 되고 목사는 시무가 해약된다.

사면에는 ① 자유사면(자의사임)과 ② 권고사면(권고사임) 두 종류가 있다. 전자는 목사가 부득이한 사유가 있어 자발적으로 시무사면을 원하는 경우이며, 후자는 목사가 교회에서 불미스런 행위를 한 경우이다. 후자의 경우 당회나 공동의회가 목사의 시무사면 권고를 노회에 건의하면 노회가 목사와 교회 대표자의 설명을 들은 후 처리한다.

사목(司牧, pastoral ministry) 로마 가톨릭과 성공회 교회에서 교직자가 신도를 다스리고 지도하는 일. 기독교의 '목회'(牧會)에 해당한다.

사무연회(事務年會) 예수교대한성결교회의 회의체. 장로교회의 공동의회에 해당한다. 만 19세 이상의 입회원(세례교인)으로 조직되며, 정기 사무연회와 임시 사무연회로 구분된다. 정기 사무연회는 매 해 연말이나 연초에 1회 소집되며, 임시 사무연회는 필요시 수시로 개최된다.

정기 사무연회에서 취급하는 것은 다음과 같다. ① 당회나 직원회 및 각 기관의 인사보고. ② 재정 결산 보고, 감사보고, 사업보고 등의 보고와 각종 경과보고. ③ 예산안 심의와 교회의 제반 일들 결의. ④ 교역자 청빙 투표 및 장로 후보자 선거.

사무총회¹(事務總會) 기독교대한성결교회의 결의 기관. 장로교회의 공동의회에 해당한다. 교회의 연간 경과보고를 받으며 신년도의 제반 인사, 재정, 사업계획안을 의결한다. 당회 결의로 소집 2주일 전에 일시, 장소, 의제를 공고한다.

사무총회²(事務總會) 기독교대한하나님의성회의 최고 의결 기관. 장로교회의 '총회'에 해당한다. 각 지방회(장로교회의 '노회')에서 투표로 선출된 목사와 장로가 총대가 되며, 총회임원과 증경총회장은 자동 총대가 된다. 매년 1회 5월 셋째 주 월요일에 소집된다.

사무총회에서 다루는 안건은 다음과 같다. ① 산하 단체 지방회에서 합법적으로 상신된 헌의, 청원, 상소, 소원, 위탁, 판결 등의 서류를 접수하여 심의한다. ② 각 지방회의 회의록을 검사한다. ③ 총회본부를 비롯한 총회 산하 각 기관과 단체의 보고를 받는다. ④ 결산을 보고하고 예산을 심의한다. ⑤ 총회임원을 선정하고 총회본부를 조직하며 사무를 집행한다. ⑥ 산하에 재단법인 이사회, 신학교 법인 이사회 등 각종 이사회를 둔다.

사역자(使役者, ministry) 일꾼. 히브리어로 '일하다'는 뜻의 '에베드'에서 파생된 말. '종', '노예', '신복', '신하' 등으로 번역된다. 헬라어로는 '디아코노스'인데 '하인', '종', 복음의 일꾼', '교회 집사'로 번역된다. 결국 '사역자'란 주님을 위해 일하는 모든 사람들을 가리킨다. 여기에는 목사, 전도사, 장로, 권사, 집사를 비롯한 모든 일반 성도도 포함된다. 예를 들면, '목사 사역', '전도사 사역', '평신도 사역' 등으로 말할 수 있다.

사임(辭任, resignation, retirement) 맡고 있던 일자리를 그만 두고 물러남. 일명 '사면'(辭免). → '사면'을 보라.

사제(司祭, priest) 로마 가톨릭 등에서 일정 품급의 자격을 구비하고 성사(聖事)와 미사를 집행하는 성직자. 주교와 함께 사제단을 구성하여 여러 직무를 수행한다. 주교의 권위 밑에서 소교구의 신자를 보살피는 사목 활동을 한다.

사직(辭職, resignation) 직무를 그만두고 물러남. 교회법에서는 성직(목사, 장로) 자체가 없어지는 것, 곧 임직을 받기 이전의 신분으로 돌아가는 것을 의미한다. 사직에는 ① 자유사직과 ② 권고사직이 있다. 전자는 목사가 시무하는 것이 교회에 유익이 되지 않는 줄 알아 스스로 사직원을 노회에 제출하는 것이며, 후자는 목사가 성직에 적합하지 않다고 판단되어 노회가 사직을 권고하는 것을 말한다

한편 '사직'이 행정치리권에 의한 결정, 곧 행정조치라면 '면직'(免職)은 권징치리권(재판)에 의한 권징(시벌)이다. 따라서 면직에 불복할 경우에는 차(次) 상급회로 상소하지만, 사직에 불복할 경우에는 차 상급회로 소원을 해야 한다. → '복직'을 보라.

사찰(司察, maintenance deacon) 오늘날 '관리집사'를 일컫는 옛 표현. 어원은 정확하지 않다. 혹자는 '절'을 가리키는 '사찰'(寺刹)지기에서 유래했다고 주장하기도 한다. 이외에도 과거에는 사찰을 일컬어, '교회지기', '고지기'(교회 창고를 지킨다는 뜻에서), '종지기'(새벽에 종을 쳤다고 해서) 등으로도 불렀다. 하지만 이 표현들은 어감이 좋지 않고, 오늘날 거의 전문직 수준에 해당하는 일의 성격상 적절하지 못하다. 따라서 대부분 교회가 사용하는 '관리집사'란 표현이 좋다. → '관리집사', [5. 올바른 용어에 '사찰, 사정'을 보라.

사찰위원(査察委員) 총회나 노회 등에서 회의 질서를 유지하고 장내를 정돈하는 사람. 단속이나 감독의 직분이 아니라 안내하고 봉사하는 섬김의 직분이다.

사찰집사(司察執事, maintenance deacon) → '사찰', '관리집사'를 보라.

사택(舍宅, parsonage, manse) 살림집. 관사(官舍). 교회에서 사역하는 목사, 전도사 등 교역자나 관리집사를 위해 교회가 마련하여 제공하는 숙소. 원래는 목사의 사택을 가리켰다. 대부분 교회 소유이며 주로 무상 임대 형식으로 제공된다.

사회복지부(社會福祉部) 기독교대한성결교회 총회의 의회 부서 가운데 하나. 교역자와 교인의 복지사업을 도모하고, 질병이나 노환 중에 있는 교역자나 가족에 대한 후생사업을 시행하며, 천재지변시 구호사업을 하는 기관. 타교단의 '구제부'나 '은급부'에 해당된다.

사회신경(社會信經, Social Creed) 감리교인들이 사회생활을 영위할 때 지켜야 할 신앙적인 약속. 모두 열 가지 항목으로 이루어져 있다. ① 하나님의 창조와 생태계의 보존. ② 가정과 성, 인구정책. ③ 개인의 인권과 민주주의. ④ 자유와 평등. ⑤ 노동과 분배 정의. ⑥ 복지사회 건설. ⑦ 인간화와 도덕성 회복. ⑧ 생명 공학과 의료 윤리. ⑨ 그리스도의 유일성과 정의 사회 실현. ⑩ 평화적 통일. ⑪ 전쟁 억제와 세계 평화. → [2. 교리 및 신앙용어]에 '사회신경'을 보라.

상고(上告, final appeal) 2심 판결에 대한 상소. 교회법에서는 2심 재판국 판결에 불복하여 3심(최상급 치리회)인 총회재판국에 상소하는 것을 말한다.

상비부(常備部, standing committee, the boards of the church) 총회 파회 후 다음 총회 때까지 총회의 결의 사항들을 수행해 나가는 총회 산하 기구. 교단마다 다소 차이가 있으나 주로 고시부, 감사부, 교육부, 군목부, 전도부, 구제부, 재판국 등 20여 개의 부서들을 두고 있다. 목사·장로 총대들 전원이 고르게 배치되어 있다. → '총회'를 보라.

상설재판국(常設裁判局) 소송이 있든 없든 항상 개설되어 언제든지 심리할 수 있는 재판국. 그 특징은 다음과 같다. ① 상고하고자 하는 자가 언제든지 상고할 수 있다. ② 상고 즉시 재판국이 서류를 접수한다. ③ 즉시 심의하고 판결한다. ④ 판결 효력이 즉시 발효된다.

상소(上訴, appeal) 하회 재판(하급치리회)에서 불이익을 당한 자가 판결에 불복하여 상회(상급치리회)에 재심을 요구하는 일. 소송 사건에 대하여 판결을 취소하거나 변경하고자 하면 상소하는 것 밖에는 다른 길이 없다. 상소에는 공소심(控訴審, 항소심)과 상고심(上告審) 두 종류가 있다. 일단 상소가 제출되면 피상소인은 이의, 항의, 의견서를 상회에 제출할 수 있다.
■**상소할 수 있는 경우** - ① 하회가 재판을 불법으로 했을 때. ② 하회가 상소하는 것을 불허할 때. ③ 하회가 어느 한 편에 대해 가혹한 심문을 했을 때. ④ 부당하게 허위 증거를 채용했을 때. ⑤ 합당하고 중요한 증거 채용을 거절했을 때. ⑥ 충분한 증거 조사 전에 급속히 판결했을 때. ⑦ 소송 취급상 편견이 나타났을 때. ⑧ 판결 중에 착오나 불공평한 결정을 했을 때. (대한예수교장로회고신)

상소인(上訴人, appellant) 원·피고를 불문하고 상소를 제기하는 자. 이때 상소 당한 자를 '피상소인'이라 한다. 상소인이 재판시 무단 결석할 경우 상소를 취하한 것으로 간주하여 하회 판결이 확증된다.

상송(上送) 원심치리회나 하급치리회에서 상급치리회에 서류(혹은 문서)를 발송하는 것을 말한다. 현대 사전에서는 사용되지 않는 표현이다.

상장(喪章, mourning badge) 거상(居喪)이나 조상(弔喪)의 뜻을 나타내기 위해 옷깃이나 소매 등에 다는 표. 흰색 헝겊이나 삼베 조각을 남자는 가슴 위에 붙이고, 여자는 머리에 꽂는다.

상정(上程, presentation of a bill) 의안을 회의에 내어놓음. 교회법에서는 ① 하회가 상회에 제출하는 청원, 건의, 문의, 진정, 소원, 상소, 위탁판결에 관한 사건을 올리는 일. ② 총회가 선임하여 연구한 결과를 다시 차기 총회에 내어놓는 일 등을 말한다.

상회(上會, upper council) 치리회(당회, 노회, 총회) 조직에서 질서상 위에 있는 상급 기관. '상급회'(上級會)라고도 한다. 상대되는 기관은 '하회'(lower council). 하회는 상회의 지도를 받는다.

상회비(上會費) 하회가 상회에 내는 회비. 교회가 노회에, 노회가 총회에 납부한다. 또, 한기총(한국기독교총연합회)과 같은 연합기관에 속한 교단 역시 상회비 의무가 있다. 상회비의 기준은 교세에 따라 결정된다. 상회비는 기관이나 단체를 운영하는 주요 재원이기 때문에 때론 납부 거부 운동 등을 통해 현 지도부를 압박하는 수단으로 이용되기도 한다.

서기(書記, secretary, clerk) 치리회에서 문서나 기록을 맡아보는 자. 서기의 임무는 다음과 같다. ① 회록을 정서(正書)하여 1년에 한 번씩 상회로 보내 검사받는다. ② 각종 명부와 이명서, 서신 등을 편찬·보관한다. ③ 청원이 있을 때 회록 등본을 발급한다. ④ 재판회의 회록과 소송 서류, 기타 요긴한 문서를 편찬·보존하며, 헌의서와 상회에 보낼 청원서를 준비한다. ⑤ 이명서, 소환장 등을 발송한다. ⑥ 각종 총계표를 작성한다.

서리담임자(署理擔任者) 감리교회에서 개체 교회의 담임자 직무를 대신하는 사람. 입교인이 된 지 7년이 경과하고 25세 이상 된 자로서 감리교단이 인정하는 대학과 대학원 과정을 이수해야 한다. 서리담임자는 감리사가 임면하며 감리사의 허락이 있을 경우 당회 의장의 직무를 대행할 수도 있다. 그러나 목사로 안수받지 못한 교역자는 세례식과 성찬식을 주관할 수 없다.

서리집사(署理執事) 목사(장로)를 도와 교회 일을 맡아보며 교인들을 보살피는 직분. 여기서 '서리'란 사전적으로 '직무를 대신하는 사람'을 가리키나 교회법에서는 엄밀히 말하면 '보조 역할을 하는 임시직'이라는 의미다.

무흠 입교인으로 교인의 의무를 성실하게 수행하고, 타인에게 모범이 되며 디모데전서 3:8-13에 해당하는 자 가운데서 당회의 결의로 당회장이 임명한 자라야 한다(당회가 없는 경우는 지교회를 시무하는 목사가 임명한다). 제직회의 회원이 되며 임기는 1년(임시직)이다. 따라서 안수집사가 한 번 장립받으면 평생 집사인 것과 달리 서리집사는 해마다 연초(연말)에 당회가 임명하고, 임명되지 않으면 집사로 불릴 수 없다.

그러나 특별한 결격 사유가 없는한 해마다 임명되는 것이 관례이며 근래 들어서는 그 사람의 행실이나 신앙, 인격보다는 형편이나 처지를 고려해서 직분을 남발하는 경향도 있다.

■**서리집사의 자격** - ① 대한예수교장로회(통합)는 25세 이상으로 무흠 입교인 1년을 경과하고 교회에 등록한 지 1년이 지난 자. ② 한국기독교장로회는 무흠 입교인으로 3년을 경과한 자. → '집사'를 보라.

서약(誓約, oath, vow, pledge) 맹세하고 약속함. 하나님 앞에서의 특별한 맹세. 입교서약, 임직서약, 복종서약 등이 대표적이다. ① '입교서약' : 부모의 신앙으로 유아세례받은 자가 자신의 입술로 신앙을 고백하는 행위. ② '임직서약' : 목사, 장로, 권사, 집사가 직분을 받을 때 충성을 다짐하는 행위. ③ '복종서약' : 목사 위임식 등에서 교인이 교회의 치리에 복종할 것을 다짐하는 행위. → [1. 교회 일상 용어] '서약'을 보라.

서품(敍品, ordination) 로마 가톨릭이나 성공회에서 안수하여 주교, 사제, 부제를 임명하는 일. 기독교의 '임직'에 해당한다. → '임직'을 보라.

선거관리위원회(選擧管理委員會) 교단 총회에서 헌법에 규정된 제반 선거를 관장하는 기구. 대개 총회 임원을 비롯한 산하 기관, 단체장, 상비부장 선출 등의 선거 일체를 관리한다. 업무의 중요성 때문에 교단에 따라서는 직전회장이 위원장이 되기도 한다. 감리교회의 경우는 각 연회 교역자, 평신도 각 2명과 감독회장이 지명한 2명으로 조직된다.

선고(宣告, sentence, verdict) 법원 또는 교회(당회, 노회, 총회) 재판회(재판국)에서 재판의 판결을 공포하는 일.

선교공의회, 선교사공의회(宣敎師公議會, The Council of Missions Holding the Presbyterian Form of Government) → '공의회'을 보라.

선교목사, 선교사(宣敎牧師, missionary) 장립받은 목사로서 교단에서 파송을 받고 해외에 나가 복음을 듣지 못한 자들에게 구원의 복음을 선포하는 전도자. 또는 외국에 있는 동포에게 전도하는 자(교포선교사). 총회가 인정하는 해외 선교 단체에서 본 총회로 파송받은 자(대한예수교장로회 합동은 '외국선교사', 대한예수교장로회 통합은 '선교동역자', 대한예수교장로회 고신은 '한국주재선교사'라 부른다)를 가리키기도 한다.
선교사는 일반적으로 해외에서 복음을 전하고 목회자를 양성하며 교회를 세우는 등의 사역을 수행한다. 이외에도 선교사는 그 나라의 교육 분야와 의료, 산업 등 선교 사역에서 자연스럽게 파생되는 문화 분야에도 큰 영향을 끼친다. 이런 사실은 초창기 한국에 파송된 선교사들이 우리나라 근대 역사에 미친 역할들에서도 잘 나타난다.
한편, 선교사 파송은 그가 속한 총회의 선교기관이나 노회 혹은 지교회에서 자원하는 자를 선정하여 파송하며, 봉급이나 선교 현지에서 소용되는 기타 비용은 파송하는 치리회가 담당한다. → [1. 교회 일상 용어] '선교'를 보라.

선교회(宣敎會, missionary union) 선교와 봉사와 친교를 목적으로 하는 감리교회나 대한예수교장로회(통합)의 소그룹 조직 가운데 하나. 남선교회와 여선교회, 청장년선교회로 구분된다. 대한예수교장로회(합동)에서는 '전도회'라고 한다. 대부분의 교회는 비슷한 연령별로 선교회를 조직하고 있으며, 신입교인은 선교회에 가입하여 교우들과 교제하며 교회 생활을 익히고 각 부서에서 봉사하게 된다. → '전도회'를 보라.

선임장로(先任長老, senior elder) 장로들 가운데 가장 선임자인 장로. 이는 계급이나 신분상의 서열이 아닌 먼저 임직된 자에 대한 예우적 차원에서 부르는 호칭일 뿐이다. 먼저 임직되고 연장자일수록 아무래도 교회 봉사의 연륜이 더 많을 수 있기 때문에 그의 경험치를 존중하는 것은 바람직하며 교회 일을 처리하는 데도 도움이 된다.
한편, 통상적으로 장로의 서열은 안수 일자 순(장립순)으로 정하며, 안수 일자가 같을 경우 연장자 순이나 공동의회 득표순으로 하는데, 일반적으로는 해당 교회의 관례에 따른다. 아무튼 다 같은 장로라도 선후배와 연령과 신덕(信德)에 따라 피차 존경하고 예의를 갖춤으로써 교회에 덕을 세우는 것이 중요하다. → '수석장로'를 보라.

섭양(攝養, care of health) 병에 걸리지 않고 오래 살기를 꾀함. 섭생(攝生). 양생(養生). 장로교회의 경우 일반적으로 목사가 목회 중 지친 몸을 섭양하려 할 때 오랜 기간(최소 2개월 이상)이 요구되면 교회와 협의하여 노회의 승락을 받아야 하고, 1년 이상의 기간이 요구되면 위임이 자동으로 해제된다.

성경경시대회(聖經競試大會, bible competition) 성경에 능숙한 자들이 한곳에 모여 실력을 겨루는 대회. 일명 '성경고사대회.' '경시대회'란 사전적으로 한 분야의 특기자들이 한곳에 모여 시험을 치르는 대회를 뜻한다. 대개 각 교단 총회에서 1년에 한 번 성경경시대회를 주관하며 참가자는 먼저 노회에서 주관하는 성경경시대회에서 상위권(1-3등, 혹은 1-5등)에 입상해야 참가 자격이 주어진다. 이외에도 교단 신학교에서 주관하는 성경경시대회가 있는데, 입상자에게는 대학 입학시 특전이 주어지기도 한다.

성경고사대회(聖經考査大會, bible competition) → '성경경시대회'를 보라.

성경문답(聖經問答) 성경의 교훈이나 교리를 잘 모르는 신자들을 가르치는 규례. 장로교회에서 이런 자들을 위해 사도신경, 웨스트민스터 신앙고백, 소요리문답 등을 주요 교재로 활용한다.

성경통신학교(聖經通信學校, bible correspondence school) 주일학교 교사들의 더 나은 교육을 위해 총회에서 운영하는 성경학교. 학과 대부분이 온라인을 통해 원거리 교육 시스템으로 운영되기 때문에 '통신학교'라는 이름이 붙었다.

성경학교(聖經學校, bible school) 겨울이나 여름에 방학을 이용하여 교회학교(주일학교)에서 갖는 교육 프로그램의 하나. → '여름성경학교', '겨울성경학교'를 보라.

성세성사(聖洗聖事) 가톨릭에서 거룩한 물로 정결케 하는 의식, 곧 '세례 의식'을 일컫는 말. 가톨릭의 일곱 성사 중 첫 번째 성사. 이마에 세 번 물을 붓는 형식으로 이루어진다(사목지침서 제63조 4항). 일반적으로 입교 후 6개월 동안 가톨릭 교리 공부를 이수해야 성세성사를 받을 수 있다. '세례성사'라고도 한다. → '세례', '칠 성례'를 보라.

성수(成數, forming a fixed number) 일정한 수효를 이룸. 회의를 소집하여 회무를 진행하고 의결하는 데 필요한 인원수. 일명 '개회성수.' 개회성수는 교단마다 차이가 있는데, 대한예수교장로회(통합)의 경우, 당회는 당회장을 포함한 당회원 과반수가 출석해야 개회성수가 되며, 노회는 노회원(시무목사와 시무장로) 각 과반수의 출석이, 총회는 전국 노회원 과반의 참석과 회원(목사총대 및 장로총대) 각 과반수의 출석이 개회성수가 된다. → '정족수'를 보라.

성유축성(聖油祝聖) 로마 가톨릭에서 전례나 의식 때 쓸 기름을 거룩히 구별하는 행위. 성유축성 미사는 성 목요일에 대성당에서만 이루어진다.

성체성사(聖體聖事, the sacrament, the holy communion, Eucharist) 로마 가톨릭에서 성찬 예식을 일컫는 말. → [4. 예배 및 예식 용어]'성만찬'을 보라.

성총회¹(聖總會, holy general assembly) 장로교회에서 총회를 다른 회와 특별히 구별해서 일컫는 말. '성(聖)'이란 글자는 거룩하다는 뜻이다. 그리고 '거룩'이란 구별한다는 의미를 내포하고 있다. 즉, 세상과 구별되고, 속된 것과 구별되고, 보통 것과 구별되었다는 것이다. 그러기에 총회는 반드시 예배로 시작하고 예배로 마친다.

뿐만 아니라 진행 도중 어려움이 있을 때마다 회의를 잠시 중지하고 기도를 한다. 하나님의 인도하심을 받기 위해서다. 그러니 회의 중에 무슨 폭언이나 인신공격, 폭행은 성총회에서는 상상조차 할 수 없는 사악하고 불경스런 행실이 된다.

성총회²(聖總會) 기독교대한하나님의성회에서 매년 9월 첫째 주 월요일에 교단 단합과 부흥, 성령충만을 위한 기도와 교제를 목적으로 갖는 모임. 여기에는 교단 산하의 전 교역자 부부와 장로 부부가 참석한다. 이와 유사한 모임으로 대한예수교장로회(합동)의 '전국목사장로기도회'가 있다.

세례(洗禮, baptism) 그리스도를 구주로 고백하는 사람들을 물에 담그거나 머리에 물을 뿌리는 예식. 그리스도와 함께 죄에 대하여 죽고(행2:38), 그리스도로 말미암아 새 생명으로 다시 태어나는(롬6:3-5) 그리스도와의 거룩한 연합을 상징한다(갈3:26-27). 자격은 학습을 받은 후 6개월 이상 교회에 잘 출석하고 예수 그리스도를 자신의 구주로 믿고 고백하는 자라야 한다.

세례 과정 자들이 공부하는 내용은 대략, ① 성경. ② 하나님의 사역과 속성. ③ 사탄의 시험과 인간의 범죄. ④ 예수님의 사역과 구원의 완성. ⑤ 성령의 사역과 성도의 구원. ⑥ 교회와 성도의 교회 생활. ⑦ 인류 역사의 종말과 그리스도의 재림. ⑧ 세례와 성찬 예식. ⑨ 성경 교육과 선교 사업.

■**세례문답**(洗禮問答) - 세례를 베풀 때에 수세자에게 묻는 질문으로서 그 내용은 대개 ① "여러분은 자신이 하나님 앞에 죄인인 줄 알며, 마땅히 그의 진노를 받아 죽음에서 오직 하나님의 은혜로만 구원받을 소망밖에 없는 사람인 줄 아십니까?" ② "여러분은 주 예수 그리스도께서 하나님의 아

들이심과 죄인의 구주이심을 믿으며, 말씀에 따라 구원하실 분은 오직 예수님뿐이신 줄 알고 그를 믿으며 그를 의지하십니까?" ③ "여러분은 지금 오직 성령의 은혜에 의지하여 그리스도를 좇아 모든 죄를 버리고 그의 가르침대로 살기로 작정하십니까?" ④ "여러분은 이 교회의 다스림과 치리에 복종하고 그 거룩함과 화평함을 이루도록 힘쓰기로 다짐하십니까?"

세례교인(洗禮敎人, **baptized member**) 원입교인(15세 이상)으로서 세례를 받은 자. 또는 유아세례교인으로서 입교한(15세 이상) 자. 일명 '입교인'이라고도 한다. 세례교인은 마땅히 교인의 의무를 다해야 하며, 성찬예식과 공동의회에 참여할 권리를 갖는다. → '입교인', '교인의 권리와 의무'를 보라.

세례아동(洗禮兒童, **baptized infant**) 기독교대한감리회에서 유아세례나 아동세례를 받은 12세까지의 아동을 일컫는 말. 대개 유아세례는 5세까지, 아동세례는 6-12세까지 부모나 후견인의 동의와 입회하에 문답을 필한 후 받는다. 다만, 입교인의 반열에 편입될 때에는 반드시 본인 자신의 문답을 필하여야 한다.

세례인¹(洗禮人, **baptized member**) 세례를 받고 세례교인 명부에 기록된 자. '세례교인'의 다른 말. → '세례교인'을 보라.

세례인²(洗禮人) 기독교대한감리회의 독특한 교인 구분법. ① 세례아동으로 13세 이상 된 자. ② 원입인으로 1년 이상 교회에 충실하게 출석하고 성경과 교리를 공부하여 교회의 규칙을 지키며 진실한 믿음과 경건한 생활에 힘쓰고 예수 그리스도를 구주로 고백하며 세례를 받은 자.

세례자(洗禮者, **baptized member**) 세례교인. 세례인. → '세례교인'을 보라.

셀(**cell**) 현대 목회에서 교회의 가장 작은 조직(소그룹)을 일컫는 신 개념. 생물학에서 독립적인 기능을 발휘하는 조직체의 최소단위인 '세포'를 가리키는 말에서 유래했다. 마치 세포 조직이 분열하듯이 셀(셀 그룹)도 성장하면 분열하여 재생산의 과정을 거치게 된다는 측면에서 이 용어를 사용하게 되었다.

대개 7-8명을 하나의 셀로 조직하며 12-15명으로 성장하면 두 개의 셀로 분화(구분)한다. 전통 교회 조직의 '구역'에 해당하나 구역보다는 훨씬 유기적이며 역동적이다. 그러나 아직은 보편적인 교회 조직으로 인정받지는 못하고 있다.

■**셀 교회**(**cell church**) - 교회 조직을 셀 형태로 구성하고 셀 목회 방식으로 운영하는 교회. 미국의 침례교회 목사인 랄프 네이버(Ralph W. Neighbour)에 의해 처음 시도되었다. 그의 저서 「교회는 어디로 가야 하는가, 1989년」(Where Do We Go from Here?)는 셀 교회의 전형적인 교과서로 알려져 있다. → '가정교회'를 보라.

■**셀 리더**(**cell leader**) - 셀을 책임지고 운영하는 지도자. 셀 목회에서 목사가 가장 심혈을 기울이는 부분이 바로 셀 리더를 선발하고 양육하는 일이다. 셀 목회의 승패는 얼마나 훌륭한 셀 리더를 양육하고 확보하느냐에 달려 있다.

좋은 셀 리더의 자격은 다음과 같다. ① 주님을 본받는 자. ② 훌륭한 안내자(민27:15-17; 벧전5:1-4). ③ 자기를 높이지 않는 자(마23:5-12). ④ 양육자(요21:15-17). ⑤ 보호자(행20:28-32). ⑥ 셀(구성원)의 필요를 공급하는 자(겔34:2-16). ⑦ 셀을 잘 훈련시키는 자(벧전2:2-5,9,12). ⑧ 예수님을 의지하는 자(눅10:3-9).

이렇게 본다면 셀 리더의 자격은 한 마디로 거의 한 교회를 담임하는 목회자 수준에 해당하는 것임을 알 수 있다. 그만큼 셀 목회에서 셀 리더는 중요한 위치를 차지한다.

■**셀 목회**(- 牧會) - 교회를 셀 형태로 조직하고 각 셀들을 하나의 교회처럼 경영하는 목회 형태. 셀 목회를 구성하는 3대 핵심 요소는 셀(cell, 목자 그룹), 회중(congregation), 축제 예배(celebration)이다. 이를 '3C'라고도 부른다.

이런 셀 목회의 정신은 다음의 두 가지 신학 사상을 전제로 한다. ① 교회론과 만인사제론의 원리를 신학적 논제로만 취급하지 않고 목회 현장에서 그대로 적용하려고 한다. ② 구성원(성도) 개개인의 책임과 상호 의존성을 강조하며, 이를 위해 성령의 능력을 강조하고 기도를 중시한다.

이를 통해 셀 목회는 첫째, 교회의 본질 회복, 둘

째, 전 교인의 제사장 사역, 셋째, 교회의 영성 회복을 목적으로 한다.

소그룹(小-, **small group**) 적은 인원으로 구성된 모임. 근래 제자훈련에서 성도 간의 교제를 겸한 성경공부 모임에 주로 활용되는 형태다. 개인적으로 친분이 있는 사이나 같은 지역에 사는 사람끼리 그룹을 이루어(대략 5-8명 정도) 친밀도를 높이면서 서로의 신앙 생활을 나누며 공유할 수 있다는 장점이 있다. 이를 통해 궁극적으로는 교회 봉사에 많은 사람들이 적극적으로 참여하고 신앙의 성숙도를 높여 나가는 데 소그룹의 목적이 있다. '소그룹 제자훈련' 이라고도 한다.

소그룹 제자훈련(小- 弟子訓練) → '소그룹' 을 보라.

소년부(少年部, **church school classes for children**) 초등학교 5-6학년 어린이로 구성된 주일학교(교회학교)의 부서. 일반적으로 1-2학년은 유년부, 3-4학년은 초등부로 구분한다. 그러나 교단(교회)에 따라서는 전통적 구분법을 따라 1-3학년은 유년부, 4-6학년은 초등부로 나누기도 한다.

소요리문답(小要理問答, **Shorter Catechism**) 어린이들에게 교리를 교육시키기 위해 대요리문답을 간략하게 정리하여 요약한 문답서. → '웨스트민스터 요리문답' 을 보라.

소원(訴願, **complaint**) 소속 치리회의 행정처분이나 결정에 대하여 취소·변경하여 달라고 상급회에 소송을 제기하거나, 의무 불이행시 이행할 것을 청구하는 행정소송. 곧, 하회(下會)가 행정 사건을 처리할 때 책임을 이행하지 않거나 위법하게 내린 결정에 대해 하회 치리하에 있는 자 중 1인 이상이 상회(上會)에 이의를 제기하여 서면으로 변경을 구하는 것을 말한다.
　소원을 제기하려면 통상 하회 결정 후 10일 이내(기장은 20일, 통합은 처분이 있은 날로부터 60일 또는 알게 된 날로부터 30일)에 소원통지서와 이유서를 치리회 서기에게 제출해야 한다. 소원을 제출한 자를 '소원자', 소원을 당한 자를 '피소원자' 라 하는데, 피소원자는 보통 하회가 된다.

■**소원의 종류** - ① '당사자 소원' : 시무해임, 시무정지, 권고사면, 권고사직 등의 행정처분을 받은 당사자가 불복하여 올리는 소원. ② '회원 소원' : 결의시 반대한 회원이 그 결정의 불법 부당성을 지적하여 무효, 취소, 변경, 의무이행 등을 명하여 달라고 상회에 올리는 소원. ③ '치리회 간의 소원' : 치리회 간의 소송이나 어느 치리회의 결정으로 피해를 입었다고 주장하는 다른 치리회가 상대 치리회의 불법 부당한 처사를 차상급 치리회에 취소, 변경, 시정해 줄 것을 청구하는 소원(소송).
■**소원할 수 있는 자** - ① 행정처분을 받은 당사자. ② 결의에 참석한 회원 중에 그 결정에 반대한 사람. 그 결정에 찬성하고 소원하는 것이나 불참(결의권 포기)하고 소원하는 것은 모순이다. ③ 어느 치리회의 불법 부당한 처사에 피해를 입었다고 주장하는 치리회.

소원서, 소원장(訴願書, 訴願狀, **complaint application**) 소원 취지를 기록한 서류(문서). 소원 취지란 하회 결의 또는 행정 처분의 취소 변경 등을 청원하고, 의무 불이행 사건이면 의무 이행을 명령하여 달라는 취지의 글을 말한다.

소원 성명(訴願 聲明) 치리회 결의의 위법, 부당성을 지적하여 상회로 소원할 뜻을 그 회에 밝히는 것.

소원 통지서(訴願 通知書) 소원하겠다는 의사를 작성하여 그 회 서기에게 제출하는 서류. '소원 성명' 이 구두(口頭)로 하는 것이라면 '소원 통지서' 는 문서로 하는 것이다. 이때 소원장과 소원 이유서를 첨부하여 함께 제출하기도 한다.

소장(訴狀, **complaint**) 청원할 일이 있을 때 치리회에 제출하는 문서. 소장에는 일반적으로 다음의 내용이 기재된다. ① 원고의 이름, 직분, 주소. ② 피고인 치리회장의 이름, 직분, 주소 ③ 행정소송의 대상이 되는 행정행위의 내용. ④ 행정행위가 있은 것을 안 날. ⑤ 청구 취지 및 원인.

소집 통지서(召集 通知書) 재판을 진행하기 위해 원고와 피고, 그리고 증인에게 출석을 요청하는 문서. 소집 통지서에는 치리회 명칭과 회장,

서기의 날인이 있어야 한다.

소환(召喚, **call**) 법원(재판국)이 피고인, 증인, 변호인 등에 대하여 출두를 명령하는 일. 이때 사용하는 문서를 '소환장'(summons)이라 한다.

속도(屬徒) 감리교회의 속회(장로교회의 '구역'에 해당함)에 속한 무리. 속회에 참여하는 성도. 속회 회원. 일명 '속회원.' 주로 개인을 칭할 때는 '속회원', 속회의 무리를 가리킬 때는 '속도'라고 표현한다. '속도'라는 말이 무리를 나타내기 때문에 '속도들'이란 표현은 어법에 맞지 않는다.

속도원(屬徒員) 속회원. 속도. 엄격하게 말하면 '속도'가 속회에 속한 무리를 가리키기 때문에 '속도'에 '회원'을 뜻하는 '원'을 붙여 사용하는 것은 중복된 표현으로 맞춤법상 옳지 못하다. → '속도'를 보라.

속장(屬長) 감리교회에서 속회를 책임지고 관리하는 자. 일반적으로 신앙이 돈독한 자 중에서 임명되며, 속회 인도자와 협력하여 속회를 운영한다. 임기는 1년이나 임무를 성실히 수행하는 자는 연임하는 경우가 많다(「교리와 장정」 제3편 제2장 47-49조). → '속회 인도자'를 보라.

속회¹(屬會, **class meeting**) 감리교회의 가장 기초적인 소그룹 조직. 일정한 지역에 살고 있는 교인 넷이나 다섯 가정(혹은 5-9가정)을 한 단위로 묶어, 일주일에 한 번씩 각 가정을 돌아가며 예배를 드리고 서로를 위해 기도하며, 친교를 나누고, 선교하는 '조금 큰 가정 혹은 작은 교회'라 할 수 있다. 속회가 발전하여 구성원이 늘어나면 더 세분해서 나누기도 한다.

속회는 예배를 인도하는 '인도자', 속회를 책임지고 돌보고 행정적으로 운영하는 '속장', 그리고 속회를 구성하는 몇몇 가정의 '속회원'으로 구성된다. 주로 매주 금요일마다 교인 가정을 순회하여 모임을 갖는데, 새신자 양육과 교회 성장의 원동력이 되는 모임이라 할 수 있다.

1742년 2월 15일 감리교의 창시자인 영국의 요한 웨슬리에 의해 처음 조직되었다. 「교리와 장정」 제3편(조직과 행정법) 제2장(교회) 46-50조에는 속회의 조직과 직무(제46조), 속장의 자격(제47조), 속장의 선출(제48조), 속장의 직무(제49조)가 규정되어 있다. 장로교회 등 타교파의 '구역회(모임)'에 해당된다. → '구역회', [4. 예배 및 예식 용어] '구역 모임'을 보라.

속회²(屬會) 교회의 치리회에 소속된 회. 당회·제직회·공동의회 등 공적인 조직 이외의 남전도회, 여전도회, 청년회, 경로회, 기타 소그룹 등 지교회가 전도나 구제 사업, 혹은 교리를 가르치거나 은혜 가운데 성장하기 위해 조직하는 각종 모임을 통칭한 표현.

어느 지교회든지 여러 속회를 조직할 수 있다. 모든 속회는 치리회에 속한 단체이므로 명칭과 규칙, 임원 선출, 재정 출납은 교회 헌법에 의해 치리회의 검사와 감독·지도를 받는다. 특히 교회의 경우, 속회는 당회의 철저한 지도와 감독 아래 있지만 그렇다고 해서 지나치게 자율성이 침해받지 않도록 조화와 질서를 유지해 나가야 한다.

속회원(屬會員) 감리교회에서 속회를 구성하는 교인. '속도'라고도 한다. → '속도'를 보라.

속회 인도자(屬會 引導者) 감리교회의 속회에서 성경을 가르치고 신앙을 지도하는 자. 교회의 규모에 따라 속장의 역할을 함께 감당하는 경우도 있으나 속장과 속장 인도자를 구분하여 전문성을 살리는 것이 오늘날의 추세다.

손유희(- 遊戲) 미취학 아동을 위한 표현활동(미술놀이, 음악 듣기 등)의 하나로 손을 이용해 즐겁게 노는 것을 말한다. 대개 어떤 활동을 시작하기에 앞서 유아들의 관심과 주의를 집중시키기 위한 방안으로 많이 활용되는데, 간단한 놀잇말과 동작으로 구성되어 있다. 교회에서는 주로 유아들에게 성경 말씀을 가르치거나 구절을 암송할 때, 율동할 때 많이 활용된다. 청각장애인들의 의사 소통 수단인 수화(sign language)와는 구분된다.

수련목회자(修練牧會者) 담임자의 지도하에 일반목회, 교회운영관리, 사무행정 등에 관한 것을 수련하는 감리교회의 교직자. 감리교단이 인정하는 대학과 대학원을 이수하고 선발고시를 합격해야 한다. 개체교회나 전문기관에서 1년 동안 서리로 사역하고 연회 과정이나 자격심사위원회의 심사를 거쳐 연회 준회원으로 허입되면 연회 감독의 파송을 받아 2년간의 준회원 과정을 이수해야 한다. 이 준회원 과정부터 '전도사' 로 불린다.

수석부목사(首席副牧師) 대개 부목사 가운데 선임 부목사를 가리키는데 이는 잘못된 표현이다. 부목사들은 각기 다른 은사를 가지고 서로 다른 사역을 수행할 뿐 서열이 매겨져 수석이나 차석이 있는 것이 아니다. 부목사들은 하나같이 담임목사를 돕고 그의 목회사역을 보조하는 역할을 한다. 따라서 '수석부목사' 보다는 '선임 부목사' 란 표현이 더 적절하다. → '부목사' 를 보라.

수석장로(首席長老, senior elder) 맨 윗자리에 있는 장로. 일반적으로 먼저 선임된 장로를 가리킨다. 수석장로란 명칭은 헌법에도 없고, 또 헌법에는 위계적인 의미의 서열도 없다. 그리고 '수석'이란 용어는 맨 윗자리, 수좌(首座)란 뜻으로 마치 장로를 서열로 자리매김하는 느낌을 준다.
장로교회는 천주교와 달리 교직의 계급이나 위계적 서열이 존재하지 않는다. 드물게 교회 안에서의 영향력이나 사회적 신분을 고려하여 임직 순서에 관계없이 수석장로를 세우는 경우도 있는데 이는 옳지 못하다. 따라서 먼저 임직된 선배에 대한 예우적 차원에서 '선임장로' 로 호칭하는 것이 바람직하다. → '선임장로' 를 보라.

수습위원(收拾委員) 개교회나 노회, 총회에서 발생한 어려운 문제들을 해결하도록 임무를 부여받은 자. 지도와 제안, 종용, 충고, 권면 수준에서 임무를 수행한다. 그 결과를 본 회의에 보고하여 본회로 하여금 처결하게 한다. 참고로, '수습' 이란 사전적으로 '어수선한 사태를 거두어 바로잡음' 이란 뜻이다. → '전권위원, 전권위원회' 를 보라.

수습전권위원회(收拾全權委員會) '수습' 과 '임시 처결권' 두 기능을 동시에 갖고 있는 기구. 수습이 안 되면 전권을 행사한다. → '수습위원' 을 보라.

수의(垂議) 중요한 총회 결의 사항을 노회에 내려 노회의 의견을 묻고 취합하는 것. 특히 헌법개정안 등이 노회 수의를 요하는데, 대한예수교장로회 고신의 경우 헌법은 전국 노회에 수의하여 노회 과반수와 전 노회의 투표수 3분의 2 이상의 찬성을 얻어야 하고, 헌법적규칙은 전국 노회에 수의하여 노회 과반수를 얻으면 총 투표수 여하에도 불구하고 가결 되도록 규정하고 있다.

수찬(受餐) 성찬식에서 떡과 잔을 받음. 곧 예수 그리스도의 몸을 상징하는 떡과 피를 상징하는 잔을 나누는 성찬예식에 참여함을 일컫는 완곡한 표현이다. 이는 그리스도의 십자가 죽음과 부활에 동참함을 뜻하며, 장차 천국 잔치에 들어가게 될 것을 보장하는 약속의 의미가 있다.

수찬자(受餐者, communicant) 성찬예식에 참여하는 자. 웨스트민스터 대요리문답 171항은 수찬자가 성찬예식에 참여하기 전에 자신을 살피며 돌아보아야 할 사항을 다음과 같이 가르친다.
"성찬의 성례를 받고자 하는 사람들은 성찬에 참여하기 전에 이에 대한 준비를 하여야 한다. 곧 자신들이 그리스도 안에 있는가를, 자신들의 죄와 부족을, 자신들의 지식, 믿음, 회개, 하나님과 형제들에게 대한 사랑, 모든 사람에게 대한 자선, 그들에게 해를 준 사람들에게 용서와 그들이 그리스도를 추구하는 욕망과, 그들의 새로운 순종을 검토함으로써, 그리고 신중한 명상과, 간절한 기도로 이 은혜들의 실행을 새롭게 함으로써 성찬 준비를 해야 한다."

수찬정지(受餐停止, suspension the communion service, suspension from the communion) 성찬예식을 주관할 수 없거나(목회자) 성찬예식에 참여할 수 없는(성도) 책벌. 시무정지 등 정직 이하의 벌이 자동으로 부과되며, 다른 종류의 벌에 병과(倂科)할 수도 있다. 그만큼 치리회가 내리는 궈짓 중 매우 무거운 형벌이다.
선교 초창기에는 당회가 결의하여 수찬정지를 내리는 일이 종종 있었다. 또 때로는 수찬정지 책벌을 받지 않았더라도 양심에 거리끼는 부정한 일을 저질렀거나 교회에 덕이 되지 못하는 죄를 범했을 때, 심지어 초상을 당했을 경우도 부정한 것으로 간주하여 스스로 성찬예식 참여를 자중하는 경향이 있었다. 그래서 장로나 안수집사 등 중직자는 스스로 직분을 내려놓기도 했다.
 그만큼 징계를 받은 자는 회개하며 자숙하여 잘못을 뉘우쳤고, 교회는 징계의 기간이 끝나면 이전의 권리를 회복시켜 교회의 일원으로 품어주었다. 요즘은 수찬정지를 시행하는 교회도 거의 없거니와 이를 달게 받고 자숙하며 회개하는 교인도 찾아 보기 드문 것이 한국교회의 현주소다. → '책벌'을 보라.

수탁 사건(受託 事件) 다른 사람으로부터 의뢰를 받거나 부탁받은 사건. 교회법에서는 하회(下會)가 상회(上會)에 청구한 위탁판결을 말한다.

수합(收合, **collection**) 거두어 모음. 거두어 합침. 교회법에서는 일반적으로 재판회에서 재판에 필요한 증거 자료를 모으는 행위를 가리킨다.

순(筍) 대학생선교회(C.C.C.)의 소그룹 조직을 일컫는 말. 여기서 유래되어 오늘날 소그룹 목회를 하는 교회들에서 구역이나 속회 조직을 대신하는 용어로 사용하고 있다. 원래는 나뭇가지나 풀줄기로 된 길게 돋은 싹을 가리키는데(bud, 민 17:8; 렘23:5; 33:15) 성경에서는 장차 오실 '메시야'에 대한 상징적 표현으로 사용되었다(사4:2; 11:1; 슥3:8; 6:12). 또 이사야 선지자는 장차 오실 메시야가 당할 고난을 가리켜 '연한 순'에 비유하기도 했다(shoot, 사53:2).
 ■**순원**(筍員) - 소그룹 조직인 '순'의 일원. 또는 소그룹 목회하는 교회의 '구역원' (구역 식구).
 ■**순장**(筍長, **leader**) - 대학생선교회에서 '순'을 관리하는 자를 가리켰으나 현대 목회에서 교회의 소그룹 조직인 '순'을 맡아 지도하는 책임자를 말한다. 전통적인 장로교회의 '구역장'이나 감리교회의 '속장'에 해당한다.

순행목사(巡行牧師) 정해진 사역지가 없고 순회하며 전도하고 교회를 돌보는 등 복음 사역을 수행한 목사. 우리나라 선교 초창기의 독특한 제도 중 하나다. 한편, 이들 중에는 전도지나 쪽복음을 전하거나 판매하는 자들도 있어 '권서인', '매서인'으로도 불렸다. 지금은 이런 형태의 목사는 존재하지 않는다. → '권서인'을 보라.

순회교구(巡廻敎區, **circuit**) 한 지역에 함께 속한 일단의 감리교회들. 지역별로 나뉘며 이들이 모여 감리교 교단을 형성한다.

순회선교사(巡廻宣敎師, **itinerant missionary**) 선교 초창기 때 연약한 교회를 돌아보기 위해 노회가 임시로 파송하여 순회 설교하게 한 목사.

시달(示達, **direction, official order**) 상회(上會)에서 지시사항이나 통지사항을 하회(下會)에 문서로 전달하는 일.

시무(視務, **attending to business**) 사무를 봄. ① 목사가 위임을 받거나 임시로 교회를 담임하여 사역하는 일. ② 장로나 권사, 안수집사가 임직하거나 취임하여 사역하는 일.

시무목사(視務牧師) 교회를 시무하거나, 총회나 노회가 파송한 기관에서 시무하는 모든 목사. 반면, 교회 담임을 하지 않거나 그외 다른 아무 일도 맡은 것이 없는 목사는 무임목사이다.
 시무목사는 일반적으로 언권과 결의권 등 회원권을 갖는다. 위임목사, 임시목사, 부목사, 전도목사, 교단기관목사, 종군목사, 교육목사, 선교사 및 정년 이전의 원로목사가 여기에 속한다.

시무장로(視務長老) 교회법이 정한 절차에 따라 장립을 받고 직무를 수행하는 장로. 교인의 대표자로서 주권자인 교인들의 투표와 서약에 의해 치리권을 위임받은 자이다. → '장로'를 보라.

시무정지(視務停止) 재판 결과 교회 직원에게 범죄가 있다고 확인되었을 때 일정 기간 동안(대략 3개월 이상 1년 미만) 제한적으로 시무를 중단시키는 책벌. 예를 들면, 목사의 경우 설교권을 제외한 모든 시무를 정지시키는 등의 책벌을 말한다. 예장 합동은 이를 책벌(권징)로 보지 않고 행정치리권에 의한 행정처분으로 보기도 한다. → '교회 직원', '책벌'을 보라.

시무집사(視務執事) 본 교회에서 임직 혹은 취임하여 시무하고 있는 집사. → '안수집사', '장립집사'를 보라.

시무투표(視務投票, a vote of confidence) '신임 투표'라고도 한다. 주권자인 교인들이 특정 장로의 치리를 원하지 않을 때 위임을 해지하기 위해 장로의 계속 시무 여부를 묻는 투표다. 시무장로는 시무투표를 통해 과반수의 지지를 얻지 못하면 위임이 해지되고 무임장로가 된다.

그런데, 장로 시무투표를 수시로 한다면 항존직의 존엄성이 없어지고 교회가 혼란스러워질 수 있기 때문에 시무투표할 수 있는 기간을 헌법으로 정해놓고 있다. 예를 들면, 예장 합동측은 7년에 1차씩 시무투표할 수 있게 하였고, 그 가결 정족수는 과반수로 정하고 있다.

■ **시무투표 절차** – ① 먼저 당회가 시무투표를 하기로 가결한다. 이때 신임을 물을 장로를 결정한다. ② 당회가 결의하여 공동의회를 소집한다. ③ 신임에 대한 가·부 투표를 하여 과반수의 찬성을 얻지 못하면 공포와 동시에 무임장로가 된다. ④ 단, 공동의회가 위법이라 생각되면 당사자는 소원(訴願)할 수 있다.

시무해임(視務解任) 재판 결과 교회 직원에게 범죄가 있다고 확인되었을 때 일정 기간 동안(대략 3개월 이상 1년 미만) 모든 시무를 완전히 중단시키는 책벌. 시무정지보다 더 무거운 벌이다. → '해임', '책벌'을 보라.

시문(試問, question) 시험하여 물음. 성직을 지원하는 자의 자격, 즉 신앙 정도나 종교상의 이력 등을 해당 기관(총회나 노회, 당회)이 철저하게 따지고 검증하는 것을 뜻한다.

시벌(施罰, punishment) 벌을 줌. 시벌은 범과(犯過)한 사람이 죄과에서 돌이키도록 권면하는 데 목적이 있다. 따라서 치리회는 시벌하되 온유하고 겸손한 자세로 하며, 행여 자신도 범죄에 유혹되지 않도록 도리어 경계로 삼아야 한다.

여기서 중요한 것은 시벌이 당회장이나 노회장의 이름으로 하는 것이 아니고, "주 예수 그리스도의 이름과 그 권병과 그의 명의로 …" 하는 것이라는 사실이다. 따라서 잘못된 시벌은 권징의 목적을 훼손할 뿐만 아니라 그리스도의 명의를 먹칠하는 행위이다. 반대말은 '해벌.'

■ **시벌의 정신** – 시벌은 권징의 목적을 이루기 위해 시행하는 것이므로 다음과 같은 자세로 해야 한다. ① 시벌하는 치리회는 범죄자를 괴롭게 하거나 증오해서는 안 된다. ② 사랑과 자비와 온유와 겸손한 마음으로 해야 한다. ③ 치리회 회원은 같은 죄에 유혹되거나 동화되지 않도록 살피며 경계해야 한다.

시찰(視察, inspection, observation) 돌아다니며 실제의 사정을 살핌. 교회법에서는 노회가 산하 교회와 당회를 돌아보고 교회의 형편을 살펴 지도하는 사역을 가리킨다. 마찬가지로 총회가 노회를 지도하는 것 역시 '시찰'이라 부른다. 시찰의 목적은 지교회의 거룩과 화평을 보존하는 데 있으며, 지교회가 요청하거나 요청이 없어도 폐해의 정도를 감지하여 상회에서 실시한다.

한편, 일각에서는 '시찰'이란 표현이 감시하고 감독하는 의미를 담고 있어 마치 총회와 노회, 노회와 당회가 계급상 수직적 종속 관계에 있는 것 같은 뉘앙스를 주며, 또 장로회 정치는 개교회의 공동의회에서 선출된 장로들이 교인의 대표로 당회원이 되고, 노회와 총회의 총대로 파송되는 민주 공화 대의체제로서 상하의 개념을 갖고 있지 않기 때문에 '업무 협의를 위한 방문' 정도의 표현이 더 적절하다는 견해도 있다.

시찰위원(視察委員) 시찰회를 구성하는 목사와 장로들. 시찰위원과 시찰 구역은 노회가 정한다. 시찰위원의 주요 임무는 다음과 같다. ① 지교회의 신령상 형편과 재정, 전도, 주일학교의 형편을 살핀다. ② 목사가 교회를 시무할 때 목사의 합법성과 정당성 여부를 살핀다. ③ 당회와 제직회와 교회 각 기관의 대표들이 문의·헌의·청원·진정하는 일들을 노회에 제출한다. → '시찰회'를 보라.

시찰위원회(視察委員會, committee of inspection) 시찰회. → '시찰회'를 보라.

시찰회(視察會, committee of inspection) 장로교회에서 노회 산하에 있는 비정규 조직(당회의 상회가 아니기 때문에 교회에 대해 명령할 권한도, 아무런 구속력도 없다는 뜻). 일명 '시찰위원회.' 당회와 지교회를 순찰하고 협의하여 노회의 치리권을 돕는 상설 기구. 그러나 치리회는 아니다. 노회가 선택한 시찰위원들(목사와 장로)로 구성된다.

■**시찰회의 임무** – ① 지정된 구역 내의 교회와 당회를 돌아보며 치리 상태를 지도하고, 노회를 위하여 교회 형편을 시찰한다. ② 교리적 정통성을 유지할 수 있도록 교회의 내면적 문제와 특히 목회자의 청빙과 이동, 노회 치리권의 협조 등 주로 교회 정치적 측면에서 많은 역할을 한다. ③ 그러나 치리회가 아니기 때문에 어디까지나 노회의 치리를 보조할 뿐 치리에 관여하거나 목사 청빙 청원을 받을 수 없다. ④ 드물게는 각 목사와 교회를 돌아보며 교회의 신령상 형편과 재정 형편과 전도 형편, 주일학교 및 교회 소속 각 회의 형편을 시찰한다. ⑤ 목사의 목회 성실 여부와 교회 장로와 당회와 제직회와 교회 대표자들이 제출하는 질의와 청원서를 노회에 제출한다.

시취(試取, selection of people by examination) 시험으로 인재를 뽑음. 교회법은 목사후보생이나 목사는 고시를 통해 시취하여 뽑도록 규정하고 있다.

식례집(式例集, protocol) 중세기 교회에서 예배와 성례, 절기 의식 등을 거행하기 위해 정리한 각종 예식서나 전례집.

신급(信級) 신앙 생활의 연수(年數)나 세례 및 직분의 정도를 나타내는 말. 그러나 이것이 곧 믿음의 깊이나 성숙도를 뜻하지는 않는다.

우리나라에서는 선교 초창기에 신앙을 고백하는 자들에게는 선교사들이 바로 세례를 베풀었다. 그러나 세례자들이 여전히 과거의 음주, 도박, 절도 습관에서 벗어나지 못하는 폐해가 발생하자 '입교 규칙'을 강화하여 학습교인반을 두게 되었다. 그래서 원입교인으로 일정 기간 동안 훈련을 받고 초시(初試)를 거쳐 자격이 검증될 경우 공개석상에서 허입(許入)하여 '학습교인반'에 가입시켰다. 그리고 이 과정을 잘 마친 자들에게는 다시 6개월간의 '세례교인반'을 거치게 하였고, 세례를 지원할 경우 재차 고시를 거쳐 입교, 보류, 탈락을 최종 결정하였다.

오늘날 대다수 장로교회의 신급 과정은 여기서 비롯되었다. 그러나 현재 대한예수교장로회 통합에서는 학습교인 제도를 시행하지 않고 있다.

신령적 관계(神靈的 關係) 교회와 예수 그리스도 사이의 거룩한 관계를 나타낸 표현. 이 관계에 의해 교회는 교회의 머리 되신 예수 그리스도의 권고와 은총으로 다스림을 받는다. 따라서 교회는 국가법에 의한 행정이나 재판의 통제를 받는 것이 아니라 그리스도와 교회 사이의 관계를 규정한 교회법의 적용을 받는다.

신복(信服, willing submission) 믿고 복종함. 대한예수교장로회 합동 헌법 정치 제1장 5조에는 '교회의 직원은 교회의 도리와 헌법에 완전히 신복해야 한다'고 규정하고 있다.

신앙규범(信仰規範, rule of faith) 진리의 원천. 곧, '신앙의 기준'을 뜻한다. 사도 시대에는 세례 준비자를 교육시키는 '요약된 교리'를 가리켰다(Tertullian). 그래서 로마 가톨릭에서는 지금도 여전히 교리(곧, 교회의 가르침)를 신앙의 중요한 규범으로 삼고 있다.

이에 비해, 기독교에서는 '성경'만을 신앙과 행위(실천)의 유일한 규범으로 삼고 있다. 참고로, 신비주의자들은 '내심의 빛'을 신앙규범으로, 이성주의자들은 '이성'을 진리의 척도로 삼는다.

신앙기준(信仰基準, rule of faith) 신앙규범. → '신앙규범'을 보라.

신임 투표(信任 投票, a vote of confidence) → '시무투표'를 보라.

신입교인(新入敎人) 죄악에서 구원을 얻고자 주님을 믿기로 결심하고 등록하여 공예배에 참석하는 자로서 신입교인 명부에 기입된 자(기독교대한성결교회). '신입인', '원입교인', '원입인'과 같은 의미다. → '원입교인', '원입인'을 보라.

신입인(新入人) → '신입교인'을 보라.

신천권사(新薦勸師) 신임 권사로 천거받은 자를 가리키는 감리교회의 독특한 표현. 당회에서 선출하고 소정의 과정을 거쳐 담임자가 증서를 준다. 「교리와 장정」에는 신천권사로 천거받은 자는 신약(복음서), 구약(율법서), 감리회 교리와 의회제도, 권사의 직무 등 네 과목의 과정고시에 합격해야 한다고 규정하고 있다.

신천집사(新薦執事) 신임 집사로 천거받은 자를 가리키는 감리교회의 독특한 표현. 이들은 신약개요, 구약개요, 감리교회의 역사, 집사의 직무 등 네 과목의 과정고시에 합격해야 자격을 인정받는다.

신품성사(神品聖事, holy orders) 로마 가톨릭의 일곱 성사 가운데 하나. 해당 교구의 주교가 부제에게 사제로서의 신권(神權)을 부여하여 사목(목회)을 맡기는 의식을 말한다. 개신교의 '목사 안수식'에 해당한다. 주교의 경우, 로마 가톨릭에서는 교황이, 정교회에서는 총대주교가 임명한다. 성공회에서는 '서품예식' 이라 부른다. → '칠 성례' 를 보라.

신학생(神學生, seminary student) 목사직을 희망하는 자로서 당회나 노회의 추천과 지도를 받아 신학을 수학하는 학생. 교인의 신분으로는 당회의 관할 아래, 직무상으로는 노회의 관할 아래 있다. 사정상 다른 노회로 전적하려면 노회에 이명을 청원해야 한다. '신학 지망생' 이라고도 한다.

실행위원회(實行委員會, executive committee) 총회가 파한 후 총회의 주요 결의안을 실행하는 기관. 이외에도 총회 파회 후 발생한 현안에 대해 의논하고 결정하기도 한다. 한편, 한국기독교총연합회(일명 '한기총')의 경우는 이곳에서 대표회장을 선출한다.

심문(審問, trial, inquiry) 재판국이 소송 당사자나 기타 관련 인사들에게 서면이나 구술로 진술의 기회를 주는 일.

심방(尋訪, call, visit) 목회적 관심을 갖고 찾아서 방문함. →[1. 교회 일상 용어] '심방' 을 보라.

심방전도사(尋訪傳道師) 교회에서 구역(교구) 식구들을 심방하고 보살피며 전도를 전담하는 전도사. 신학대학을 졸업했거나 총회가 인준한 신학원 과정을 수료하고 개교회에서 담임목사의 임명을 받은 자.

심술(心術, cross temper) 온당하지 않게 고집을 부리는 마음. 남을 골리기 좋아하거나 남이 잘 못되는 것을 좋아하는 마음보. 교회법에서 권징(勸懲)의 대상이 되는 범죄다.

심찰(審察) 자세히 살피어 조사함.

심판위원회(審判委員會) 기독교대한성결교회에서 교회의 거룩함을 지키기 위해 교인이 범죄했거나 치리회에 부정이 있을 때 교회법에 따라 이를 다스리고 바로잡는 기관.
　심판위원회는 ① 각 지방회의 심판에 불복하여 상소된 사건이나 총회에서 제소된 사건을 심사하여 판결하며, ② 임원과 대외 파송이사 및 위원이 공무상 과오로 제소된 것에 불복하여 상소한 사건과 위원 제소 사건을 최종 판결한다.
　장로교회에서는 '재판국(특별재판국)', 감리교회에서는 '재판위원회' 라고도 한다.

아기세례교인(- 洗禮敎人) 한국기독교장로회에서 부모나 양육자의 신앙고백으로 세례를 받은 아기를 일컫는 말. 대한예수교장로회(통합)와 기독교대한성결교회에서는 '유아세례교인' 이라 한다. → '유아세례교인' 을 보라.

아동세례(- 洗禮, infant baptism) 기독교대한감리회에서 6세부터 12세까지의 아동에게 베푸는 세례. 부모나 후견인의 동의와 입회하에 본인의 의사에 따라 문답 과정을 거친 후 받는다.

악수례(握手禮, giving the right hand of fellowship) 악수로써 임직을 축하하는 의식, 장립받은 집사나 장로, 목사가 돌아가면서 안수위원들과 악수하는 예식. ① 장립받은 당사자들이 담임목사를 비롯한 안수위원들과 돌아가면서 악수하며 인사하는 예식. ② 장로교회의 노회에서 목사 임직식 때 안수한 후 성역에 동사자(同事者)가 되었음을 치하하는 뜻에서 행하는 예식(행1:23; 갈

2:9, 대한예수교장로회(합동) 헌법 정치 제15장 10조 2항). 제1회 독노회 때는 '집수례' 라 하였으나 제3회 독노회 때 '접수례' 라 하였고, 그 후 언제인지는 알 수 없으나 '악수례' 로 바뀌어 오늘날까지 사용하고 있다.

한편, 악수례는 세 가지의 상징성을 갖는다. ① 동역자로 인정한다는 의미. ② 함께 사역할 동료가 되었음을 환영한다는 의미. ③ 힘을 합쳐 조력하겠다는 약속의 표시(갈2:9).

안수식(按手式, ordination) 노회에서 목사를 세우거나 교회에서 장로와 집사를 일꾼으로 임직할 때 머리에 손을 얹고 기도하는 예식. ① 안수받는 자가 하나님과 교회 앞에서 일꾼으로 세워졌음을 사람들에게 공개적으로 널리 선포하는 상징적 의미가 있다(행6:6; 13:3). 또한 ② 안수는 성령께서 은사를 베푸시는 중요한 통로가 된다는 점에서 임직자에게 능력과 권세를 부여한다는 의미도 있다. 그리고 무엇보다 ③ 하나님께서 지금도 여전히 교회를 통해 역사하고 계심을 확인하는 예식이기도 하다. → [1. 교회 일상 용어] '안수' 를 보라.

안수집사(按手執事) 안수하여 장립하는 집사. '장립집사' 가 맞는 호칭이다. 초대교회에서 교회 일꾼을 세울 때 안수를 행한 데서 유래한다(행6:1-6). 자격은 성경이 가르치는바, 성령과 지혜가 충만하고 무흠하며 디모데전서 3장 8-15절에 해당하는 자라야 한다.

이런 내적인 조건 외에 각 교단이 헌법으로 정하는 외적인 자격 조건에는 다소 차이가 있다. ① 무흠 입교인으로 5년을 경과한 자(한국기독교장로회). ② 35세 이상 된 교인으로 지교회 집사 5년을 경과한 자(기독교대한성결교회). ③ 30세 이상의 남자로 한 교회 근속 4년 이상 된 자(예수교대한성결교회). ④ 30세 이상 된 남자로 무흠 세례교인 4년을 경과한 자(대한예수교장로회통합). ⑤ 35세 이상 65세 이하의 남자 입교인으로 무흠하게 5년을 경과한 자(대한예수교장로회고신).

그리고 안수집사 선출은 대개 공동의회 출석 3분의 2 이상의 찬성표를 얻어야 하지만(합동, 고신) 교단에 따라서는 과반수로 정하기도 한다(통합, 기장, 기성, 예성).

한편, 안수집사는 제직회원이 되어 당회의 지도 아래 교회에 봉사하며, 헌금을 수납하고, 구제에 관한 일을 담당하며, 특별한 결격사유가 없는한 70세 정년까지 시무한다. → '장립집사' , '집사' 를 보라.

안수집사의 호칭 사용

안수집사에서 '안수' 라는 말은 직분을 수여하는 신령적 의식의 한 방편이다. 성경에서는 모세가 후계자를 임명할 때(민8:10; 27:18; 신34:9), 신약에서 봉사자를 세울 때(행6:6) 안수를 했다는 기록을 볼 수 있다. 따라서 '안수' 는 직분의 명칭이 아니고 임직되는 과정에서 베풀어지는 의식을 일컫는다. 또한 성경에서도 '안수집사' 란 호칭의 근거를 찾을 수 없다. 그러므로 목사가 임직할때 안수를 받았다고 해서 안수목사라고 호칭하지 않듯이, 집사란 호칭에 안수란 명칭을 붙여 사용하는 것은 성경적이지도 않고 자연스럽지도 못하다.

반면, 서리집사에서 '서리' 란 임시직이며, 보조직이란 의미다. 안수집사의 부족한 부분을 보완하여 교회를 섬기는 직책이란 뜻이다. 사실 서리집사나 안수집사나 섬기는 직무나 권한에는 하등의 차이가 없다. 따라서 안수집사나 서리집사를 호칭할 때는 그냥 '집사' 로 부르는 것이 좋다. 굳이 구분해야 한다면 안수집사는 '집사' 나 '장립집사' 로, 임시집사를 '서리집사' 로 호칭하는 것이 좋다.

안식년(安息年, sabbatical year) 연속 임기 7년을 한 주기로 하여 그 마지막 해인 제7년째 되는 해. 안식일 개념이 확대된 것으로서, 안식년은 휴식과 회복, 면제와 해방의 뜻이 담겨 있는 성경에 기초한 독특한 제도이다.

선교 초창기에는 외국 선교사들이 7년차 안식년에 본국으로 귀국하여 휴식하며 재충전의 기회를 가졌었는데, 오늘날 교회들이 시무 7년차 되는 담임목사에게 안식년 휴가를 제공하는 것은 이런 전통에서 유래되었다. 형편에 따라 3년 목회 후 6개월을 쉬기도 한다. → [1. 교회 일상 용어] '안식년' 을 보라.

양심의 자유(良心 - 自由, freedom of conscience) 외적인 압박에 굴복되지 않고 자기 양심

에 따라 사고하고 행동하는 자유. 이는 곧 누구든지 신앙 생활에 대해 속박을 받지 않고 양심대로 할 권리가 있으며, 또한 아무도 남의 양심의 자유를 침해할 수 없음을 의미한다. 장로교 정치의 제1원리다.

언권회원(言權會員, corresponding member) 회의에서 발언할 수 있는 권리를 가진 자. '언권'은 '발언권'의 준말이다. 노회나 총회에서 정회원이 아닌 준회원으로, 총대권은 없고 단순히 발언하고 의견을 개진할 수 있는 정도의 권한만 있다. 즉, 자문 역할을 할 뿐이다. 따라서 가부에도, 표결에도, 투표에도 참여할 수 없고, 동의와 재청도 할 수 없다.

교회 회의에는 결의권을 가진 회원(정회원)도 중요하지만, 노련한 경험을 가진 언권회원의 역할도 중요하다. 언권회원의 한 마디 발언이 잘못된 회의의 방향을 바로잡는 경우도 얼마든지 있다. 따라서 언권회원의 발언을 가볍게 여겨서는 안 된다. 그렇다고 회원권을 가진 회원의 발언 신청이 즐비한데, 이를 외면하고 언권회원이 집요하게 발언권을 요구하는 일 또한 삼가는 것이 좋다.

한편, 노회에서는 원로목사, 공로목사, 무임목사, 은퇴목사가, 총회에서는 총회가 파송한 선교사나 전직 총회장 등이 여기에 속한다. '발언권 회원'이라고도 하며, 선교 초창기에는 '별 총대'로도 불렀다(『장로교회사전휘집』 1918년, p.30).

여고역자, 여자고역자(女子教役者) 여자목사와 여자전도사를 통틀어 일컫는 말. → '교역자', '여목사, 여자목사'를 보라.

여름성경학교(- 聖經學校, vocation church school) 여름방학을 맞은 어린이들에게 단기간 동안 집중적으로 신앙 교육을 시키는 주일(교회)학교 프로그램. 선교 초창기에는 2주간 또는 3-4주간 동안 개설되기도 했다. 당시 어린이들은 여름방학 동안 아무것도 하지 않고 소일하는 것이 보통이었다. 또 어린이들에게는 보다 많은 성경 지식들이 요구되었다.

미국과 캐나다 등지의 교회 지도자들이 이 두 가지의 해결책으로 찾아낸 것이 바로 여름성경학교였다. 그래서 초창기에 보스톤제일교회(1866년), 몬트리올의 로얄아더(공립)학교(1877년), 일리노이주 호프데일감리교회(1894년), 뉴욕 주현(主顯)교회(1898년) 등이 여름성경학교를 실시하였다. 그러다 미국에서는 1901년에 여름성경학교가 본격적으로 시작되었고 한국에서는 1922년에 정동제일감리교회에서 최초로 여름성경학교가 실시되었다. 이와는 달리, 평북 선천에서 마펫 부인(S.A. Moffett)이 먼저 시작했다는 기록도 있다(기독신보 1932. 5. 18).

그리고 1923년에는 서울중앙YMCA에서 '아동성경학회'라는 이름으로 여름성경학교가 열렸고, 같은 해 서울 시내 8개소에서도 여름성경학교가 시행되었다. 한편 1924년 3월 31일에는 조선주일학교연합회 안에 '하기아동성경학교 위원회'가 조직되기도 했다. 그 후 전국 각지에서 여름성경학교가 활발하게 개최되어 어린이들이 복음을 접하는 중요한 계기가 되었다.

여목사, 여자목사(女子牧師, woman pastor) 우리나라에서 최초로 여자목사 제도를 인정한 교단은 감리교회다. 감리교회는 1931년 헌법「교리와 장정」에서 교직자의 남녀 구분이 없음을 명기했다. 이 헌법에 따라 같은 해 베어(Bair)를 비롯한 여러 명의 미국 여선교사들이 총리사 양주삼 목사에게 안수를 받았다. 그리고 해방이 되면서 전밀라(全密羅), 명화용(明和蓉) 등의 한국 여성이 목사 안수를 받으면서 본격적으로 여자목사 제도가 시행되었다. 한편, 한국기독교장로회는 1956년에 여자장로 제도를 먼저 시행했고, 1974년에 여자목사 제도를 채택한 후 1977년 경기노회에서 양정신(楊貞信)목사에게 처음으로 안수를 베풀었다. 그밖에 재건교회(일부는 반대 입장), 하나님의 성회, 오순절성결회 등이 모두 여자목사 제도를 시행하였고, 대한예수교장로회(통합)에서는 총회에서 여러 차례 진통을 겪은 끝에 1995년 5월 27일 헌법이 개정 공고됨으로써 여자목사 제도를 시행하게 되었다. 그러나 대한예수교장로회(합동)는 여자목사를 인정하지 않고 있다.

여선교회(女宣敎會, woman's missionary union) 감리교회와 대한예수교장로회(통합)에서 교회 내의 여성도로 구성된 소그룹 모임. 그리스도의 정신으로 회원들의 신앙 향상, 여성 지도력

개발, 교회 발전 등을 위해 노력하며 이 땅에 하나님 나라 실현을 위해 국내외 선교, 사회 선교, 농어촌 선교 및 복지 사회 구현을 위한 기본 정책을 연구, 수립, 실천하는 것을 목적으로 한다. '여전도회'(대한예수교장로회합동), '여신도회'(한국기독교장로회)와 유사한 조직이다.

여선교회전국연합회(女宣敎會全國聯合會) 감리교회 산하 '여선교회'의 전국 조직. 공식 명칭은 〈기독교대한감리회 여선교회전국연합회〉. 여선교회 각 연회 연합회와 연결하여 각 연회 연합회 활동을 지원, 육성함으로써 전국 각 교회 여선교회의 부흥 발전을 도모하는 조직체이다. 또 국내외 각 교파 평신도 연합회와도 연결하여 교회일치 운동과 평신도 연합 활동에 참여한다.

■**여선교회전국연합회 약사** – ① 1888년 미감리회 해외여선교회(WFMS)가 파송한 스크랜튼 부인을 중심으로 정동에서 설립됨. ② 1903년 평양 남산현교회에서 '보호여회' 조직됨. ③ 이후 지역별로 '여선교회'란 명칭이 사용되다 1916년 전국적인 공식 명칭이 됨. ④ 1931년 '기독교조선감리회여선교회' 조직됨. ⑤ 1941년 일제의 압력으로 '여선교회' 명칭이 '부인회'로 개칭됨. ⑥ 1947년 해방 후 첫 여선교대회(정동교회)에서 '여선교회'란 명칭이 복구됨. ⑦ 1948년 '기독교대한감리회 여선교회' 조직됨. ⑧ 1953년 여선교회 각 부서(전도부, 교육부, 사회사업부, 농촌부, 청소년지도부) 조직됨. ⑨ 1956년 세계감리교여성연합회에 정식 회원으로 가입. ⑩ 1989년 기금 모금한 지 3년 만에 서울 한남동에서 여선교회관 기공 예배드림. ⑪ 1994년 여선교회관 봉헌 예배드림. ⑫ 2006년 7월 11-17일에 제주도에서 72개국 850명이 참석한 가운데 제11회 세계감리교여성대회 개최함.

여신도회(女信徒會) 한국기독교장로회에서 전도와 봉사, 친교를 목적으로 만들어진 여자 신도들의 소그룹 모임. 대한예수교장로회(통합)와 기독교대한감리회에서는 '여선교회', 대한예수교장로회(합동)는 '여전도회'로 호칭하며, 그 활동과 사역은 거의 유사하다. → '전도회'를 보라.

여자장로(女子長老) 감리교회, 한국기독교장로회, 대한예수교장로회(통합) 등 교단에서 채택하고 있는 교회 직분 중의 하나. 감리교회는 1931년 5월 「교리와 장정」에서 교직자의 남녀 구분이 없음을 명시함으로써 여자의 목사 안수와 함께 장로 안수의 길을 열어놓았고, 한국기독교장로회에서는 여자목사 시행에 앞서 1956년 여자장로 제도를 먼저 시행하였다.

한편, 대한예수교장로회는 1933년 함남노회 여전도회에서 처음으로 여자장로 제도 시행을 요구하는 103명의 연명부를 노회에 제출하여 노회가 이를 총회에 헌의했으나 기각되었고, 1934년에도 총회에 헌의하였으나 기각되었다. 그 후 교단 분열을 거치면서 통합 총회에서는 1970년에 들어와 해마다 여성 안수 청원이 그치지 않았고, 1994년 총회에서 여성 안수 청원건이 통과되어 1996년 가을 노회에서 장로고시를 통과한 13명의 여성이 장로로 임직되었다. 그러나 합동 총회는 여자장로를 인정하지 않고 있다.

여자조사(女子助事, **woman helper**) 우리나라 선교 초창기 때 여자 전도사를 가리키는 말. 총회 헌법에 '여자조사'란 호칭은 없지만 1912년 장로교회 제1회 총회 회의록 44쪽에는 '남녀조사를 세워 전도에 더욱 힘쓰며'라는 기록이 있다. 이로 볼 때 공식적이지는 않지만 여자조사의 실체는 분명했음을 알 수 있다. → '조사'를 보라.

여전도사, 여자전도사(女子傳道師, **woman evangelist**) → '전도사'를 보라.

여전도회(女傳道會, **women's groups, woman's missionary union**) 교회 내에서 전도와 봉사, 구제를 목적으로 조직된 여성도 모임. 사역의 효율성을 위해 '여전도회전국연합회'(통합, 예성), '전국여전도회연합회'(합동), '여신도회전국연합회'(기장) 등 교단별로 전국적인 조직을 가지고 있다.

한편, 장로교 최초의 여전도회는 1898년 2월 20일(음력) 평양 널다리골교회(장대현교회)에 설립된 여전도회다. 초기 여전도회는 산간 벽지에 전도인을 파송하여 교회 설립에 큰 역할을 하였다.

초창기 지역별 전도회 명칭은 다음과 같다. 해삼위(연해주) – '부인면려회', 평안도와 경상도 – '부인전도회', 원산 지역 – '여선교회', 전남노회

- '부인조력회.' → '전도회'를 보라.

여집사(女執事, deaconess) 여성으로서 교회의 특정 직무를 담당하며, 신앙 훈련에 힘쓰는 일꾼. 봉사와 구제를 위해 당회가 임명한 여자 직분자. 디모데전서 3:11에 언급된 집사의 자격과 관련해, 교회 직분 중에 하나('여집사')로 보기도 하고, 단지 '집사의 부인'을 언급한 것으로 보기도 한다. 아무튼 '여집사'란 성경에 직접 언급된 표현은 아니나, 로마서에 언급된 겐그레아 교회의 일꾼 뵈뵈를 '여집사'의 기원으로 본다(롬16:1).

2세기 초 교회에서 성직 제도가 조직적으로 정비되기 시작하면서 이 호칭은 비투니아 총독 소(少) 플리니우스가 트라야누스 황제에게 보낸 편지 「그리스도인에 관한 조사 보고서」에 처음 언급된다(A.D.112년). 그 후 4-5세기의 교회 문헌들에는 여자 초신자를 비롯한 여성도가 교회 생활에 정착하는 데 여집사들이 특별한 역할을 한다는 점에서 매우 중요한 직책으로 소개하고 있다.

이런 여집사의 역할은 오늘날도 교회에서 매우 중요시 되고 있으나, 침례교회에서는 여전도회(여선교회)와 여집사의 조직과 역할이 겹치는 부분이 많다 하여 여집사를 두지 않는 경향도 있다. → '집사'를 보라.

연금(年金, annuity) 일정 기간이나 부정(不定)의 기간 동안 매월 정기적으로, 혹은 일시금으로 지급하는 금액. 중도에 은퇴하거나 정년 퇴임한 교역자나 유족의 생활을 보조하기 위해 총회(연회) 관련 기관에서 지급한다. 지급 기준은 재직 기간 중의 월 납입액과 재직 기간 등에 따라 교단별로 다소 차이가 있다. 기독교대한하나님의성회는 원로전도사에게, 예수교대한성결교회는 원로여전도사에게도 연금을 지급한다. 일명 '은급금'이라고도 한다.

연기명 투표(連記名 投票, cumulative voting) 한 개의 투표 용지에 정한 수대로 피선거인의 이름을 적어서 하는 투표. '연기명', '연기투표'라고도 한다. 이때 정원(定員) 이상의 수를 기록한 표는 무효가 된다.

연차대회(年次大會, an annual meeting) 해마다 정기적으로 한 번씩 개최하는 대회.

연합당회(聯合堂會, joint session) 한 도시에 있는 같은 교단의 여러 교회들이 공동의 목표나 공동 사업을 위해 조직하는 당회. 연합당회의 회원은 각 교회의 당회원이 되며 치리권은 없다.

주로, ① 상호 친목, 이단에 대한 공동 대처, 연약한 농어촌 교회 경조사 후원 등 피차 유익한 일을 도모하고 ② 개교회가 단독으로 할 수 없는 일을 협력할 목적으로 조직된 일종의 협의체로서 아무런 구속력도, 치리권도 없다.

연합제직회(聯合諸職會) 한 지역 내에 있는 같은 교단의 교회들이 상호 친목과 연합 사업을 목적으로 조직한 모임. 그 지방 내에 있는 목사나 전도사, 지교회 제직회에서 파송한 총대 1인 이상으로 조직된다. 통상적으로 큰 교회에서는 조금 많은 총대가 참여하며, 또 지역 연합체인 만큼 지역 사회에 영향을 미칠 만한 연로한 자가 다수 참여하는 경향이 있다.

연합회(聯合會, union) 동일한 목적 아래 둘 이상의 개별적인 조직체가 일정한 테두리 안에서 서로 어울려 하나로 이루어진 모임. 대한예수교장로회(합동, 통합)를 기준으로 볼 때, 연합회란 이름을 가진 교단 산하 기관으로는, '전국남전도회(선교회)연합회', '전국여전도회(선교회)연합회', '기독청장년면려회전국연합회', '전국주일학교연합회' 등이 있다. 이 명칭들은 1932년 9월 9일 평양 창동예배당에서 회집된 제21회 총회에서 채용된 이후 오늘날까지 사용되고 있다.

연회(年會, annual conference) 감리교회의 의회 조직. 매년 1회 모인 데서 붙여진 명칭이다. 연회는 현직 정회원과 각 지방에서 그와 동수로 선택된 평신도 대표들, 준회원과 협동회원으로 조직된다(다만, 법으로 정한 부담금을 완납하지 않은 구역 대표는 회원권이 제한된다). 연회를 대표하는 자를 '감독'이라 부르며 그 아래 연회가 닫힌 동안 일을 처리하는 실행부위원회와 15개의 분과위원회(장로교회의 총회 상비부에 해당한다)가 있다.

연회의 가장 큰 기능은 ① 소속 준회원 이상 성직자들의 품행을 심사하고 ② 심사에 통과된 성직자를 각 지방 구역회에 파송하여 목회하게 하는 것이다. 이외에도 연회는 ③ 선교 사업, 교육 사업, 사회 및 기관 사업의 형편을 조사하여 그 발전 방법을 연구하고 실천하게 한다. 또 ④ 감독과 연회 서기, 각 지방 감리사와 각 지방 평신도 대표로 연회 실행부위원회를 조직한다. 그리고 연회는 ⑤ 총회에 참석할 대표와 감리회본부 각국 위원들, 각 신학교 이사들을 선출한다. 1년에 한 차례 4-5월 중에 감독이 소집한다.

■**연회 실행부위원회**(年會 實行部委員會) - 연회가 닫힌 동안 발생하는 중요한 사건과 연회 위임 사건을 처리, 연회 각 분과위원 공천, 연회 예산 수립, 선교비 보조 및 모금에 관한 사항 등을 의결하여 총회 실행부위원회에 제출하는 일을 한다. 또 모든 사업의 정책과 계획을 수립하여 연회에 제출하며 각 기관에 파송하는 이사와 위원을 선정한다. 실행부위원회는 감독, 서기, 각 지방 감리사와 동수의 평신도 대표로 구성되며, 총무는 발언권만 갖는다.

연회록(年會錄, minutes of conference) 연회에서 결정된 주요 사항, 감리교회에 대한 세부 사항, 목사들의 주소 등을 기록한 감리교회의 연감(年鑑).

영수(領袖, leader) 우리나라 선교 초기 장로교회의 평신도 직분 중에 하나. 조사(助事)를 돕고 교회를 돌보기 위해 신설된 직분이다. 한국 교회 최초의 영수는 1894년 마포삼열 선교사가 임명한 평양 장대현교회의 이영언으로 추정된다(기독교대백과). 당시의 총회의회록에 의하면 "영수는 투표로 택하고 기한을 정해 당회가 임무를 부여한다."고 되어 있다. 초대 한국 교회 발전에 영수가 끼친 공헌은 지대하나 교회가 조직화되면서 점점 그 직분은 사라져 1950년대 후반에는 완전히 자취를 감추게 되었다.

영아부(嬰兒部, nursery department) 출생하여 3세까지의 어린이를 대상으로 하나님의 말씀을 가르치고 양육하는 교회학교(주일학교)의 한 부서. 대개 부모가 함께 하는 프로그램으로 운영되다 단계적으로 교사가 맡아 영아를 지도하게 된다. 주로 영상물 등 시청각 자료를 통해 놀이 중심으로 교육이 이루어지며 간식도 제공된다. 아직 자아가 완전히 형성되기 이전에 예수 그리스도를 심어준다는 측면에서 영아부의 중요성은 지대하다 할 수 있다.

예배규범(禮拜規範, Directory of Worship) 예배모범. → '예배모범'을 보라.

예배당(禮拜堂, church) 하나님의 백성이 거룩하신 하나님께 예배드리는 장소(건물). 흔히 '교회'라고 부르는 표현은 원래 영원히 멸망할 수밖에 없는 죄의 자리에서 불려나와 구원의 자리로 인도함을 받은 '거룩한 하나님의 백성의 모임'을 뜻한다. 결국 하나님께 예배드리는 거룩한 공동체(성도)가 바로 '교회'이다. 따라서 예배드리는 장소(건물)는 '교회'라기보다 '예배당'이요, 그곳에서 예배드리는 성도나 성도의 모임이 '교회'다. 그런 점에서 오늘날 건물을 중심한 'OO교회'는 'OO예배당'이라 해야 정확한 표현이다.

일부에서는 '예배당'을 '성전'으로도 표현하는데, 하나님의 임재 처소라는 영적 의미로 사용하는 것은 틀리지 않으나 역시 장소적인 의미로 사용되는 것은 적절하지 않다. → '교회', [1. 교회 일상용어] '예배 처소로서의 교회 명칭'을 보라.

예배모범(禮拜模範, Directory of Worship, The Book of Public Worship) ① 주일을 지키는 자세 ② 주일예배 순서 ③ 성경봉독·찬송·공식기도·강도(말씀선포)·헌금 등 각 순서의 의의와 방법 ④ 세례식·성찬식·혼례식·장례식 등 각종 예식 ⑤ 주일(교회)학교 등에 관해 규정한 법규(합동, 기장) 등을 담고 있다.

예배모범은 교회법에서 다른 어떤 법보다 우선하며 중요한 법이다. 각 교단별로 그 명칭이 다른데 '예배지침'(고신), '예배와 예식'(통합), '예배규범'(기성) 등으로 불리고 있으며 그 모두는 예배에 관한 모범을 상세하게 규정하고 있다.

예배 방해(禮拜 妨害) 예배의 신성과 질서를 어지럽히거나 훼방하는 모든 언행. 예를 들면, ① 목사를 반대하는 소수가 당회 허락 없이 별관에서 예배드리는 행위 ② 예배 시간에 '아멘'을 연발하거나 찬송을 계속 불러 예배를 드릴 수 없게 하는 행위 등이다.
　이때 예배가 교회법으로 보호받기 위해서는 다음과 같은 조건을 갖추어야 한다. ① 사적인 예배가 아니라 공예배라야 한다. ② 교회가 인정하는 합법적인 예배라야 한다. ③ 성경에 입각한 진정성이 객관적으로 인정되는 예배라야 한다.

예배지침(禮拜指針, Directory of Worship) 예배모범. → '예배모범'을 보라.

요람(要覽, assembly's digest) 중요한 것만 간추려서 볼 수 있게 엮은 책. 주로, 교회 교역자와 직분자, 교육부서 등의 조직표와 구역 구분 및 교인들의 명부와 연락처 등이 실려 있다.

요리문답(要理問答, Catechism) 기독교의 중요한 교리들을 체계 있게 교육시킬 목적으로 만든 문답 형식의 글. '교리문답'(敎理問答)이라고도 한다. → '웨스트민스터 요리문답'을 보라.

원고(原告, accuser, plaintiff) 소송을 제기하여 재판을 청구한 사람. 교회법에서 치리회는 원·피고간 소송을 시작하기에 앞서 먼저 마태복음 18장 15-17절 말씀으로, 원고에게 피고와 화목하게 하여 가급적 재판에 이르지 않도록 하는 것이 좋다. 한편, 권징이 필요한 경우에는 치리회가 원고가 된다.

원로목사¹(元老牧師, pastor emeritus) 한 교회에서 20년 이상(기독교대한성결교회는 30년)을 계속 시무하던 목사가 연로하여 시무를 사면할 때 교회가 그 명예를 보존하기 위해 추대한 목사(대한예수교장로회).
　일반적으로 공동의회에서 투표하여 노회의 허락을 받아야 하고, 예우는 지교회 형편에 따른다. 예수교대한성결교회에서는 원로목사에게 현 당회장 생활비의 60%를 매달 지급하도록 헌법으로 규정하고 있다. 한국기독교장로회에서는 '명예목사'라고 한다. → '목사의 신분상 칭호'를 보라.

원로목사²(元老牧師, retired minister) 한국기독교장로회에서 정년이 되어 은퇴한 목사를 일컫는 말. 타교단의 '은퇴목사'에 해당한다. → '목사의 신분상 칭호'를 보라.

원로여전도사(元老女傳道師) 예수교대한성결교회만의 독특한 교직 제도. 한 교회에서 30년 이상 근속한 자로서 65세가 넘은 여자전도사를 가리킨다. 지방회의 추천으로 총회가 추대하여 총회가 정한 교역자 연금법에 의해 생활비를 보조해 주며 종신토록 총회의 준회원이 된다.

원로장로(元老長老, elder emeritus) 동일한 교회에서 20년 이상 시무하고 연로하여 시무를 사임할 때 교회가 명예를 보존하기 위해 공동의회 결의로 추대한 장로. 당회의 언권회원이 된다.
　추대 절차를 보면 ① 당회가 결의하고 ② 당회가 공동의회를 소집하여 ③ 공동의회에서 과반수 이상의 찬성을 얻어야 한다. 이때 별도의 취임식은 필요 없고 공동의회에서 가결되었음을 선포하면 원로장로가 된다. 다만, 명예를 보존하기 위해 예우상 퇴임식(추대식)을 할 수도 있다.
　참고로, 한국기독교장로회(기장)는 정년이 되어 은퇴한 모든 장로를 원로장로라 하여 당회나 제직회의 언권회원 자격을 준다.

원로전도사(元老傳道師, emeritus evangelist) 한 교회에서 20년 이상, 교단 내에서 25년 이상 시무하고 60세 이상 된 전도사(기독교대한하나님의성회). 시무할 때 받던 사례비의 2분의 1을 은급으로 받는다.

원목(院牧) 병원에서 환자들을 대상으로 사역하는 목사. 병원 교회를 담임하면서 입원 환자와 가족, 주일에 근무하는 의사·간호사들을 위해 예배를 주관하고, 위로와 상담을 통한 신앙적 사역을 수행한다. 아울러 병실을 방문하여 불신자들에게 복음을 전하는 전도 사역도 겸하고 있다. → '병원목회'를 보라.

원심 재판국(原審 裁判局) 상소심(上訴審)에서 상소 이전에 소송을 심리한 재판국.

원입교인(願入敎人) 예수를 믿기로 결심하고 공동예배에 참석하는 자. 일반적으로 원입교인이 된 지 6개월이 지나고 만 14세 이상(15세) 된 자로서 신앙이 독실한 자는 학습(학습인 고시)을 받을 자격이 있다. '원입인', '신입교인'이라고도 한다.

원입인(願入人) 죄악에서 구원을 얻기 위해 회개한 후 예수 그리스도를 구주로 믿기로 결심하고 교회에 출석하는 자. 세례아동(유아세례를 받은 어린이)을 제외한 모든 어린이도 포함된다. '원입교인'으로도 불린다.

원총대(原總代, principal commissioners) 노회를 대표하는 총대로 임명된 자. 원총대가 부득이 자리를 비울 경우를 대비해 노회는 부총대를 임명한다. → '총대', '총회총대', '부총대'를 보라.

월례회(月例會, a monthly meeting) 주일학교 학생회나 남녀 전도회(선교회) 등 각 기관이나 부서에서 매월 정기적으로 가지는 모임.

웨스트민스터 신앙고백(- 信仰告白, Westminster Confession) 웨스트민스터 회의 중에 채택된 장로교회의 신앙고백서. 1643-1647년 영국, 스코틀랜드, 아일랜드 교회의 교리적 통일과 신앙 일치를 목적으로 영국의 의회에 의해 소집된 신학자 총회에서 마련되었다. 그 후 일부가 수정되고 성구(聖句)가 추가되어 1647년 스코틀랜드에서, 1648년 영국 의회에서 인준받았다.
세상 창조부터 최후 심판에 이르기까지 성경의 모든 교리를 총망라한 전문 33개조로 이루어져 있으며, 칼빈주의 입장에서 성경의 권위와 하나님의 절대 주권, 자유의지, 양심의 자유, 교회의 권징 등을 다루고 있다. 오늘날 전세계 장로교회 대부분은 이 신앙고백을 채택하여 신앙의 표준으로 삼고 있다. → [2. 교리 및 신앙 용어] '웨스트민스터 신앙고백', '신도게요서', [5. 교파 및 역사 용어] '웨스트민스터 신앙고백'을 보라.

웨스트민스터 요리문답(- 要理問答, Westminster Catechism) 1643-1647년 웨스트민스터 회의 기간 중에 작성된 장로교회의 신앙문답서. 내용은 십계명과 주기도문 해설, 칼빈주의 주요 교리로 구성되어 있고, 사도신경이 부록으로 들어 있는데, 대요리문답(Larger Catechism)과 소요리문답(Shorter Catechism)으로 구분된다.

여기서 대요리문답은 설교자들이 강단에서 교리를 체계 있게 선포할 수 있게 모두 196문답으로 마련되었다. 대요리문답의 초안을 작성하는 데 크게 공헌한 사람은 청교도 목사인 턱크니(Anthony Tuckney, 1599-1670년)이다.
이에 비해, 소요리문답은 어린이들에게 체계적으로 교리 교육을 시킬 목적으로 대요리문답을 요약하여 만든 것인데 모두 107문답으로 되어 있다. 소요리문답 역시 턱크니가 웰리스(John Wellis, 1616-1703년)의 도움을 받아 마련했는데, 오늘날까지도 간결한 용어로 청교도 정신을 잘 표현했다는 평을 받고 있다. 그래서 지금도 권위를 인정받고 있으며 전세계 장로교회에서 어린이 교리 교육용으로 많이 활용되고 있다. 우리나라에서도 1907년 독노회(제1회 독노회)에서 웨스트민스터 요리문답을 교회의 표준서로 채택했다.

위임(委任, installment, commission) 어느 한 편이 다른 한 편에게 어떤 일이나 사무 처리를 맡기는 일. 교회법에서는 ① 노회에서 목사에게 교회의 치리를 맡기는 행위, ② 교회에서는 공동의회에서 선출된 장로나 집사에게 교회를 다스리고 봉사하는 직무를 맡기는 행위를 말한다.
교인은 자신이 선출(선택)하여 치리권을 위임하고 복종을 서약한 치리권자(목사나 장로)에게 치리를 받을 의무와 권리가 있다.

위임목사(委任牧師, installed pastor) 지교회의 청빙으로 노회의 위임을 받은 목사. 이 경우 위임의 주체는 지교회가 아니고 노회이다. 노회는 행정 편의상 시찰회에 일임하고 시찰회는 위임국을 구성하여 위임예식을 주관한다. 이때 통상적으로 시찰장이 위임국장이 되고 시찰위원이 위원이 된다. 그러므로 지교회는 장소와 손님 접대 등에 관해 위임국과 협의할 뿐 위임식 자체에는 간여하지 못한다. 이렇게 위임식을 거쳐 지교회의 위임목사가 되면 특별한 사유가 없는한 담임한 교회를 만 70세까지 시무하게 된다.
그러나 위임을 받고 1년 안에 위임식을 하지 않으면 청빙은 무효가 된다. 또한, 위임을 받은 후 폐당회가 되면 위임목사는 자동으로 임시목사가 된다. 뿐만 아니라 위임목사가 본 교회를 떠나 1년 이상 결근하면 위임이 자동으로 해제된다. → '목사의 신분상 칭호'를 보라.

위임식(委任式, **ordination, installation**) 직무를 맡기는 예식. 또는 노회가 목사에게 그 교회를 맡기는 예식. 위임식의 본 정신은 '위탁' 한다는데 중요한 의미가 있다. → [4. 예배 및 예식 용어] '위임식'을 보라.

위증(僞證, **false evidence**) 거짓으로 증명함. 거짓 증거. 법정에서 법에 따라 선서한 증인이 허위 증언하는 일(출23:1; 신19:16).

위탁판결(委託判決) 하회 치리회가 어떤 사정에 의해 판결이 어려운 사건에 대해 사유를 붙여 상급(상회) 치리회에 보고하는 것(지도를 구하는 것)을 가리킨다.
위탁판결을 구하는 사건으로는 ① 하회에 전례가 없는 사건. ② 긴중한 사건이나 판결하기 어려운 사건. ③ 형평상 상관하기 어려운 사건. ④ 하회 결정이 공례나 판결례가 될 듯한 사건. ⑤ 하회 회원의 의견이 한결같지 않은 경우. ⑥ 어떤 사고로 인해 마땅히 상회에서 선결하는 것이 합당한 안건 등이다. 그런데, 할 수 있다면 각 회는 자체 판별력으로 각기 사건을 판단하는 것이 교회에 더 유익이 된다.

유기 책벌(有期 責罰) 기한이 있는 형벌. 치리회의 책벌 가운데 하나로 다른 사람에게 경계(警戒)로 삼을 만한 벌이다. 따라서 유기 책벌은 본 치리회에서 공개적으로 본인에게 언도하거나 교회에 공포하는 것이 보통이다. → '책벌'을 보라.

유년부(幼年部, **primary department**) 초등학교 1-2(혹은 1-3)학년에 해당하는 교회학교(주일학교)의 한 부서. 바른 예배와 성경공부, 그리고 기타 여러 활동을 통해 하나님과 예수님, 성령님에 대해 가르치며 일찍부터 기독교의 핵심 진리를 알게 하는 데 교육 목표가 있다.
학생들이 많은 경우는 분반하여 여러 반으로 구분하기도 한다. 근래에 대형교회에서는 학년별로 부서를 세분하는 경향도 있다.

유년주일학교(幼年主日學校, **elementary church school**) '주일학교'(교회학교)에서 1-6학년의 초등학교 어린이들로 구성된 부서를 특정하여 이르는 말. → '주일학교'를 보라.

유아교육(幼兒敎育, **education of nursery**) 출생해서 초등학교(혹은 초등학교 저학년)에 입학하기 전까지 어린이와 유아를 대상으로 한 교육 활동. 유아교육은 유아의 신체·정서·사회성·언어 및 인지 발달을 도모하는 교육 환경을 제공해 줌으로써 전인격적으로 성장하도록 도와주는 것을 목적으로 한다. 교육 프로그램으로는 영아 프로그램, 유아원·유치원 프로그램, 초등학교 저학년 프로그램, 그리고 탁아(child care) 프로그램 등 다양하다.
이들 프로그램은 크게 둘로 구분되는데, 하나는 유치원에서 실시하는 반일(半日) 프로그램이며, 다른 하나는 직장에 나가는 어머니와 유아를 위해 탁아소에서 실시하는 전일(全日) 프로그램이다. 전자는 주로 교육에 초점이 있고, 후자는 유아의 보호와 안전에 초점이 있다. 유아교육도 일반 교육과 마찬가지로 선교 초기에 선교사들을 통해 교회 교육 활동의 하나로 소개되었다.
1914년 이화학당 교장 프라이 여사(L. H. Fry)가 스크랜튼 부인(W. B. Scranton), 브라운 리와 함께 16명의 유아를 교육한 것이 우리나라 최초의 유아교육으로 본다.

■**유아교육의 역사** - 예로부터 유아나 어린이의 존재는 미미하여 소중한 인격체로 존중받지 못했다. 그러다 17세기 체코의 교육개혁요 성직자인 코메니우스(Johann Amos Comenius, 1592-1670년)는 유아기야말로 습관이 몸에 배고 인격이 형성되는 중요한 시기라는 이론을 주장하였다. 그 뒤 프랑스 철학자 루소(Jean Jacques Rousseau, 1712-1718년)는 인간은 성장 단계마다 각기 다른 특징과 욕구가 있기 때문에 그에 맞는 교육이 이루어져야 한다고 역설하였다. 이 이론을 실제로 교육에 적용한 사람은 스위스 유명한 교육학자 페스탈로찌(Johann Heinrich Pestalozzi, 1746-1827년)였다. 이를 토대로 독일 교육가 프뢰벨(Friedrich Wihelm August Fröbel, 1782-1852년)은 최초의 유아학교 카일하우 학원을 설립했는데, 이 학원은 '어린이의 정원'으로 불렸으며 후에 '유치원'의 효시가 되었다.

특히, 프뢰벨은 유아의 발달을, 놀이를 통해 자신을 표현하는 특별한 단계로 보아 놀이를 개발하고 장난감을 만들어 유아교육에 활용한 것으로 유명하다. 이렇듯 프뢰벨은 놀이와 모양, 즉 자기활동을 통하여 가장 훌륭한 학습을 할 수 있다고 믿었다. 이러한 프뢰벨의 교육사상은 광범위하게 받아들여져 독일뿐만 아니라 유럽 여러 나라와 일본, 미국 등 세계 각국의 유아교육 발전에 많은 영향을 주었다.

한편, 몬테소리(Maria Montessori, 1870-1952년)는 유아교육에 관심을 가지고 문화적으로 혜택 받지 못하는 아동이나 정신지체 아동의 교육적인 문제에 관심을 가졌다. 그는 교사 중심의 교수보다는 아동이 혼자서 할 수 있는 교구(敎具) 사용을 중시하였다.

유아부(幼兒部) 일반적으로 4-7세 어린이를 대상으로 성경을 가르치며 하나님의 말씀으로 신앙 인격을 지도하는 교회학교 교육 부서. '유치부' 라고도 한다. '영아부'(1-3세) 다음 단계이며, '유년부'(8-10세)의 바로 전 단계이다.

유아세례(幼兒洗禮) 어린 유아에게 베푸는 세례. 유아는 스스로 신앙을 고백할 수 없기 때문에 부모가 어린아이를 신앙으로 양육하겠다고 작정할 때 가능하다. 대개 만 2세 이하의 어린아이에게 베푼다. → [4. 예배 및 예식 용어] '유아세례', '어린이 세례', '헌아식' 을 보라.

유아세례교인(幼兒洗禮敎人) 세례교인의 자녀로서 유아세례를 받은 자. 유아세례를 원하는 부모는 자녀를 하나님의 말씀으로 교육하며 성경의 원리에 따라 양육하고 친히 신앙 생활에 모범을 보일 것을 하나님과 교회 앞에서 서약해야 한다. 한편, 유아세례교인은 입교 서약을 하기 이전까지는 교인의 권리를 행사할 수 없다.

유안건(留案件, **tabled matter**) 당장 처리하지 않고 잠시 보류해 놓은 안건. 유안건은 금번 회기에 상정된 안건, 즉 신 안건보다 우선 처리해야 한다. → [6. 교회 회의 용어] '유안건' 을 보라.

유지재단이사회(維持財團理事會, **Finance Committee**) 총회(노회) 산하 기관과 단체의 동산·부동산 등 재산을 관리하는 기구. 유지재단이 사회가 관리하는 재산으로는 ① 총회(노회)가 조성한 재산 ② 노회나 개체교회가 신탁한 재산 ③ 총회 산하 기관과 단체의 재산 ④ 기타 총회가 기증 받은 재산 등이 있다. 장로교회에서는 일반적으로 현직 총회장이 이사장을 맡는 경향이 있다.

유치부(幼稚部) '유아부' 의 다른 표현. 초등학교 취학 이전의 연령층에 해당하는 어린이들로 구성된 교회학교 교육 부서. 이 시기에는 어린이들이 부모의 간섭에서 벗어나 교사와 친밀감을 가지고 또래 아이들과 잘 어울릴 수 있도록 교육시키는 것이 바람직하다.

은급부(恩給部, **board of pension**) 은급(연금)에 관한 사무를 맡아보는 총회나 노회의 상비부서. → '은급, 은급금' 을 보라.

은급, 은급금(恩給金, **pension**) 교역자가 은퇴 또는 별세했을 때 일정한 조건을 갖춘 교역자나 유족의 생활 안정과 복리 향상을 위해 총회(연회, 혹은 관련 기관)가 제공하는 연금. 은급금과 기간, 지급 방식 등은 각 교단의 은급법이 정하고 있다. 참고로, 원래 '은급' 이란 일제 강점기 때 정부 기관에서 일정한 기간 동안 일하고 퇴직한 사람에게 주던 연금(年金)을 가리켰다. → '연금' 을 보라.

은퇴(隱退, **retirement**) 직임(職任)에서 물러남. 또는 물러나서 한가로이 삶. 교회법에서는 주로 은퇴한 목사나 장로, 권사, 집사 등의 직책과 관련하여 사용된다.

은퇴권사(隱退勸師, **retired exhorter**) ① 연로하여 더 이상 시무하지 않고 퇴임한 권사. ② 정년이 되어 퇴임한 권사. 때론 ③ 특별한 사정에 의해 정년 이전에 퇴임하는 경우도 있다. 대부분의 교단은 정년을 만 70세로 정하고 있다. 한편, 대한예수교장로회(고신)에서는 특수한 사정으로 정년 이전에 퇴임할 경우 60세 이상이 되어야 은퇴직을 부여한다.

은퇴목사(隱退牧師, **retired minister**) 연로

하여 시무를 사면한 목사. 일반적으로 만 70세에 정년 퇴임한 목사를 가리킨다. 지교회의 직무를 다시 맡을 수 없으나 여전히 노회 회원권을 가질 수는 있다. 은퇴목사는 평신도가 아니므로 장로나 집사가 될 수 없고, 다른 어떤 지교회의 무흠교인으로도 등록할 수 없다.

한편, 장로교회에서 은퇴목사와 원로목사, 공로목사는 모두 시무를 사면했다는 점에서는 같으나 원로목사는 한 교회에서 20년 이상 시무하여 공동의회에서 명예를 보존코자 추대한 목사이며, 공로목사는 한 노회에서 20년 이상 시무한 목사의 공로를 보존하기 위해 추대한 목사를 말한다. → '목사의 신분상 칭호'를 보라.

은퇴장로(隱退長老, retired elder) 연로하여 정년 퇴임하거나 특별한 사정으로 노후에 퇴임한 장로. 이에 비해, 시무 기간이 20년 이상으로 교회에 많은 공로를 세운 경우에는 '원로장로'로 추대된다.

은퇴집사(隱退執事, retired deacon) 정년이 되어 퇴임하거나 특별한 사정에 의하여 정년이 되기 전에 퇴임한 집사. 은퇴집사는 집사라는 명칭만 가졌을 뿐 사실상 무임집사와 동일하다.

음악목사(音樂牧師, minister of music) 음악 지도와 목회를 겸하는 목사. 음악적 영역을 통해 복음을 전하고 진리를 선포하는 목사를 가리키는데, 현대 미국의 복음주의 교회들에서 쉽게 볼 수 있다. 우리나라에서 음악목사란, 목회를 전담하는 담임목사를 교회 음악으로 보좌하는 목사를 가리킨다. 이 경우 음악목사는 찬양대는 물론, 기악부(합주단)를 통솔하며 각 부서 음악 담당자를 지도하고, 예배에 앞서 찬송을 인도하는 등의 사역을 담당한다.

음악전도사(音樂傳道師) 당회의 위임에 따라 담임목사를 보좌하며 교회음악에 대한 일을 담당하는 전도사. 기독교대한성결교회 헌법에서 정하고 있는 직책이다. 음악전도사가 되려면 ① 교회음악을 전공하고 ② 교역자 과정을 이수하며 ③ 한 교회에서 5년 이상 음악전도사로 시무하고 ④ 28세 이상이 되어야 한다.

의결 정족수(議決 定足數, quorum for resolution) 한 단체에서 의사를 결정하기 위해 요구되는 최소한의 출석수. 예를 들면, 공동의회 의결 정족수는 보통 출석 회원 과반수라야 한다.

의무금(義務金, stewardship) 교인으로서 의무적으로 드려야 할 헌금. 십일조를 비롯한 주일헌금, 감사헌금, 절기헌금, 목적 헌금 등을 말한다.

의수히(依數 -) 정한 수에 따라서. 교회 헌법은 목사 생활비를 청빙시 서약한 대로 의수히 드려 목회 활동에 지장이 없게 하라고 규정하고 있다.

의장주교(議長主敎, primate) 대한성공회를 대표하는 관구장. 전국의회에서 교구장 주교 가운데 선출되며 임기는 2년으로 연임할 수 있다.

의장주교의 직무와 권한은 다음과 같다. ① 전국의회와 관련된 모든 업무를 통괄한다. ② 피선 주교를 축성한다. ③ 대한성공회의 일치와 협력에 관한 사항을 권장하고 조정한다. ④ 교구간의 성직자 인사 교류를 조정한다. ⑤ 헌장 및 법규와 제규정을 공포한다. ⑥ 재단법인 대한성공회 유지재단의 대표가 된다. ⑦ 학교법인 성공회대학교를 제외한 기관의 장을 임명한다.

의회(議會, assembly) 법률에 의해 제정된 합의체 기관. 국가적으로는 국회나 시의회, 도의회 등이 여기 해당된다. 감리회는 당회, 구역회, 지방회, 연회, 총회의 다섯 의회로 조직되어 있으며 각 의회의 직무와 권한은 교회법으로 정하고 있다. 이에 비해, 장로교회의 경우 교회 안에 당회, 공동의회, 제직회가 있고, 상회(上會)로는 노회와 대회, 총회가 있다.

의회제도(議會制度, parliamentary institutions) 개체교회에서 시작하여 총회까지 올라가는 장로교회의 '민주적 상향식 제도.' 중앙집권적인 감리회의 '하향적 감독제도'를 보완하는 기능을 한다. 이 의회 제도는 하나님의 뜻을 바르게 실현하고 교인들의 민주적 의사를 수렴하여 교회 정치에 반영할 수 있는 제도이다.

따라서 각 의회는 교회 안에서의 평등, 일치, 질서, 협력의 방법으로 운용되어야 하며, 이를 위해서는 의회를 주관하는 의회 의장들의 책임 의식과 능력이 요구된다. 즉, 기초의회인 개체교회 당회의 의장인 담임목사나 담임전도사에서부터 감리사, 감독, 감독회장에 이르기까지 교회의 권위를 바로 세우면서 법과 질서를 따라 바르게 의회를 지도·운영해 나가야만 교회가 바로 성장하고 발전해 갈 수 있다.

이거(移去, removal) 옮겨서 감. 예를 들면, 목사가 교회나 노회를, 안수받은 장로나 집사가 교회를 옮겨서 가는 것을 말한다. 참고로, 장로가 시무하는 교회를 떠나 다른 교회로 이거하고 그 교회에서 취임을 받지 않으면 무임장로가 된다.

이단사이비대책위원회(異端似而非對策委員會) 이단이나 사이비 단체를 연구하여 총회에 보고하고 산하 교회가 피해를 입지 않도록 교육하고 계도하는 기구. → [1. 교회 일상 용어] '이단', [2. 교리 및 신앙 용어] '이단', [5. 교파 및 역사 용어] '사이비종교'를 보라.

이래(移來, moving in) 옮겨서 옴. 목사나 장로, 집사가 노회나 교회를 옮겨서 오는 것을 가리킨다.

이명(移名) 목사나 교인이 다른 지회 또는 지교회로 옮겨가거나(이거) 오는 것(이래)을 통틀어 일컫는 말. → '이명증서', '이명자'를 보라.

이명목사(移名牧師, minister 'in transitu') 한 노회를 시무 사면하고 이전하여 아직 다른 노회에 이명서를 접수시키지 않은 목사. 이명이 처리되는 동안 이전된 노회의 관할 아래 있으며 다른 노회에 소속되기까지 투표권을 행사하거나 총회 총대가 될 수 없다.

이명서, 이명증서(移名證書, letter of transfer) 교회를 옮기기 위해 당회에 이명 청원할 때 당회에서 발급해 주는 서류. 이명증서에는 ① 이명자의 이름과 주소, 신급, 직분 ② 이명 연월일 ③ 이명 이유 ④ 이명지 주소 ⑤ 특기사항, 즉 교회의 상벌 관계나 의무 이행 여부 ⑥ 교적부 사본(첨부) ⑦ 발행 교회명과 담임목사 이름 등이 기록된다.

또 추신으로 '본건 이명을 접수하신 후 권징조례 제12장 113조에(대한예수교장로회합동의 경우) 의거하여 즉시 회보해 주시기 바랍니다'는 등의 내용이 붙기도 한다. 이렇듯 교회법은 이명자에 대한 증서 지참을 명문화하고 있으나 평신도의 경우 이명증서를 발급하여 이명하는 사례는 거의 전무한 실정이다.

이명 시취(移名 試取) 과거에 목사가 이명할 때 노회 앞에서 하는 면접의 일종. 이는 이명자의 신앙 내력과 교회 전력 등을 살피기 위함이었다. 오늘날은 목사나 교인이나 이명서를 접수할 때 서류 전형으로 하고, 문의 사항이 있으면 노회 임원회나(혹은 정치부) 당회에서 간단히 물어보는 정도다. 이렇듯 초창기 한국 교회는 목사는 물론 교인의 이적까지도 면밀히 검토하던 전통이 있었다.

이명자(移名者) 출석(시무) 교회를 옮기는 자. 이명서를 받은 자. 이명자는 다른 교회에 이명서를 제출하기 이전까지는 여전히 본 교회 관할 교인이다. 하지만 이명서를 받은 후에는 시무하던 직분은 즉시 해지되고 본 교회 공동의회에서 언권과 투표권도 없어진다. 또한 받은 이명서를 1년 이내에 본 교회로 환부하면 당회는 이 사실을 회록에 기재할 것이나 이명자는 전날 시무하던 직분을 계속할 수 없다(대한예수교장로회합동 권징조례 제11장 이명자 관리 규례 제108조).

목사의 경우도 마찬가지다. 목사가 다른 회에 옮길 이명서를 발급받은 후 그 노회에 가입하기까지는 여전히 본 노회 관할에 속하고(이명서 수취일로부터 본 노회 안에서 언권과 투표권이 없음), 1년 내로 이명서를 본 노회에 환부하면 노회는 이 사건을 회록에 기입하고 그 회원권은 여전히 지속한다(동 규례 제109조).

이북노회(以北老會) 6.25 전쟁과 남북 분단으로 월남한 장로교회 교역자들이 남한 땅에 조직한 피난노회. 1952년 제37회 총회에서는 이북노회가 남한으로 피난온 사실을 인정하여 정식 노회로 받아들이고 총대권도 부여하였다. 여기 속하는 노회들로는 황동·안주·용천·평동·함북·황해·평양·황남·평북·평서노회 등이 있다. 한편, 감리교회에서도 1951년 11월 총회에서 월남한 서부

연회의 총대들을 정식 총대로 받아들였다.

이유서(理由書) 소송 등에서 소원(訴願)을 내는 까닭이나 내력을 적은 글.

이의(異意, different opinion) ① 의견이나 주장을 남과 달리함. 또는 그 의견이나 주장. ② 남의 어떤 행위가 법률상 효력을 갖지 못하도록 반대하여 그것을 따르지 않겠다는 뜻을 나타내는 일. 곧, 어떤 치리회에서 의안을 결정할 때 회원 중에 1인 이상 되는 소수가 다수의 결정에 동의하지 아니함을 표시하는 일.
　이의는 치리회 시에 그 치리회원이 제기할 수 있는 권리 행사이다. 따라서 그 치리회가 이의에 대해 답변하면 이의는 종결되는데, 이때 답변이란 정당하게 의법 처리하는 것을 말한다. → '항의'를 보라.

이의서(異意書) 이의를 주장하는 자가 정해진 법 절차에 따라 제출하는 서류. 대개 판결 10일 이내에 재판회 서기에게 제출한다.

인계, 인수(引繼, 引受, taking over, acceptance) 전자는 어떤 일이나 물건을 남에게 넘겨주거나 남으로부터 이어받는 것을, 후자는 물건이나 권리를 넘겨받는 일을 말한다. 수로 연말이나 연초, 또는 한 회기가 끝나는 시점에서 신구 임역원들이 업무나 장부 등 서류를 넘겨주고 받는 경우에 사용된다. 간혹 '인수'와 '인계'가 오용되는 사례도 있어 주의가 요구된다.

인정 신문(人定 訊問) 재판국장이 재판 현장에서 피고인이나 증인의 성명, 나이, 성별, 직분, 주소 등 인적 사항을 물어 본인 여부를 확인하는 일.

인허(認許, license, consent, recognition) 지격 등을 인정하여 허락함. 인가(認可). 강도사 자격 인정과 관련해서 언급된다. 그러나 강도사가 4년간 강도하는 데 덕을 세우지 못할 경우 노회가 결의하여 인허를 취소할 수도 있다.

인허식(認許式, appointing ceremony) 자격을 인정하는 예식. 강도사 인허식의 주요 절차로는 ① 인허할 자의 서약 ② 노회장의 기도 ③ 선포 등이 있다. 인허식에서 인허받는 자는 크게 네 가지 사실에 대해 서약한다(대한예수교장로회합동의 경우). ① 신구약 성경이 하나님의 말씀이며 신앙과 행위에 대해 정확 무오한 유일의 법칙임을 믿고 서약함. ② 장로회 신조와 웨스트민스터 신도게요, 대소요리문답이 신구약 성경이 교훈한 도리를 총괄한 것으로 알고 성실한 마음으로 받아 사용할 것을 서약함. ③ 교회의 화평과 연합과 성결함을 도모하기로 맹세하고 서약함. ④ 주 안에서 노회의 치리에 복종하고 다른 노회에 이거할 때 그 노회의 치리에 복종할 것을 맹세하고 서약함.

임시노회(臨時老會, special presbytery) 특별한 사안이나 안건이 있을 때 소집되는 노회. 이에 비해, 정기노회는 1년에 2회(봄과 가을) 개최된다. 임시노회는 ① 소집 청원자의 청원에 의해, ② 노회장이 필요하다고 인정할 때 두 경우에 한해 노회장이 소집한다. 임원회에서 임시노회 소집을 협의할 수는 있으나 반드시 임원회의 결의로 소집하는 것은 아니다. 다만, 회장이 소집하고자 할 때 임원과 상의하여 협의하거나 자문을 받을 수 있다. 만약 임원들이 소집하고자 한다면 임원도 다른 회원과 동일한 권한이 있으므로 임원회의 이름이 아니라 노회원의 자격으로 요건을 구비하여 청원할 수 있다.
　한편, 임시노회의 안건은 청원인들이 청원한 안건에 한해서만 다루어져야 한다. 단, 청원한 안건 이외에 새로운 안건을 취급하고 싶으면 소집 청원자의 동의를 얻어 추가할 수는 있다.

임시 당회장(臨時 堂會長) → '당회 임시회장'을 보라.

임시목사(臨時牧師, stated supply pastor) 노회 허락을 받아 지교회에서 몇 개월 혹은 몇 년 동안 임시로 시무하는 목사. 공동의회에서 출석 교인 3분의 2 이상의 가결로 청빙을 받으며, 시무 기간은 1년이다(대한예수교장로회〈통합〉은 3년. 합동 교단도 시무 기간 연장을 추진 중에 있다). 조직 교회에서는 위임목사를 청하는 것이 원칙이나 부득이한 경우 다시 공동의회에서 3분의 2의 가결로 계속 시무를 청원하면 1년 더 시무할 수 있다.

단, 미조직교회에서 임시목사 시무 연기를 청원할 때는 공동의회 3분의 2의 가결로 당회장이 노회에 청원한다. → '목사의 신분상 칭호'를 보라.

> **용어상식**
> ## 임시목사와 부목사(장로교)
>
> 〈차이점〉
> ① 임시목사는 지교회를 시무하는 목사이나 부목사는 위임목사를 보좌하는 목사이다.
> ② 임시목사는 공동의회의 투표를 통해 청빙받으나 부목사는 당회의 결의로 청빙을 받는다.
>
> 〈공통점〉
> ① 시무기간은 1년이다.
> ② 당회 결의로 계속 시무청원을 해야 시무가 연장된다.
> ③ 다같이 동등한 노회 회원이다.
> ④ 노회의 모든 선거에서 투표권을 가진다.

임시직원(臨時職員) 교회에서 안수 없이 임시로 세우는 직원. 장로(목사 포함)와 안수집사 등 항존직(恒存職)에 상대되는 표현이다. 항존 직원(종신 직원)은 성경이 그 자격을 자세히 가르쳐 항상 세워야 할 직원으로 규정하고 있기 때문에 항상 세워야 하지만 합당한 자가 없을 경우(혹은 항존 직원으로 양성받기 위해)에는 임시로 항존 직무를 대행할 직원을 두어야 한다. 이것이 바로 교회의 임시직원이다. 이는 고린도전서 12:28의 '돕는 직'을 근거로 한다. 임시직원에 해당하는 직분으로는 남녀 전도사, 권사, 남녀 서리집사가 있다. 이들은 해마다 당회가 임명하며, 정년은 만 70세이다. 한편, 권사는 임시직원이나 결격 사유가 없는 한 해마다 임명하지 않고 70세까지 정년이 보장된다(기독교대한감리회, 장로교 통합·기장은 항존직으로 본다). → '항존직, 항존 직원'을 보라.

임역원(任役員, staff) 어떤 단체의 일을 맡아서 처리하는 사람. 임원과 역원을 통틀어 일컫는 표현. 임원이 투표에 의해 선출된 자리면, 역원은 회장(혹은 회장단)에 의해 임명되어 일정한 일을 맡은 사람을 가리킨다. 일반적으로 임원은 회장·부회장·총무·서기·회계를, 역원은 각 실행부서의 부장을 말하나, 회칙에 따라 임원과 역원을 구분하지 않는 경우도 많다. 또 사전에 따라서는 임원과 역원을 같은 의미로 보기도 한다.

임직(任職, installation) 사전적으로는 '벼슬을 맡김'이란 뜻. 목사·장로·권사·집사에게 직분을 수행하도록 권한을 부여하는 일. 목사는 노회가 임직하나, 장로는 노회의 고시 승인 후에 교회가, 권사와 집사는 당회 결의로 교회가 임직한다. 이때 장로와 집사는 안수로 임직하나 권사는 안수 없이 임직하며(장로교 통합·기장은 안수함), 예식은 교단이 정한 법에 따라 이루어진다.

임직식(任職式, service of installation) 노회가 목사를, 교회가 피택자(장로·집사)를 세워 기도하고 안수하여 직분을 맡기는 경건한 예식. 장립식. 투표에서 당선되었다 하더라도 임직식을 하지 않으면 임직식을 거행할 때까지는 아무 권한(장로의 경우 치리권)이 없다. 한편, 임직식은 대개 각 교단에서 발행한 「표준예식서」에 준한다. 참고로, 권사의 경우는 '취임식'이라 한다. → [4. 예배 및 예식 용어] '임직식'을 보라.

임직원(任職式, officers and staff) 임원과 직원을 아울러 이르는 말. 흔히 교회에서 장로·권사·집사 등 임직받은 사람에게 사용하지만 맞춤법으로나 용례상으로 잘못된 표현이다. '임직'이란 '직분을 맡긴다'는 의미로서 임직원은 직분을 맡은 사람이 아니라 '맡기는 사람'이란 뜻이다. 따라서 직분자를 가리킬 때는 임원, 혹은 직원이란 표현이 적합하다. 또 교회 헌법에도 임직자를 가리켜 '직원'이라 정의하며, 모든 직분자들의 모임을 가리켜 '제직회'라고 부른다. '임직원'이란 말은 세상에서는 흔히 사용되지만 교회 헌법에서는 사용되지 않는 표현이다.

입교(入敎, entering a faith) 유아세례를 받은 자가 당회 문답에 합격하고 성찬에 참여하기 위해 정식으로 교회 앞에 자신의 신앙을 고백하는 신급 과정 중 하나. 입교는 유아세례를 받을 때 부모가 했던 신앙고백과 서약을 지키겠다고 자기 입술로 직접 고백한다는 데 의미가 있다. → [4. 예배 및 예식 용어에 '입교'를 보라.

입교인(入敎人, communicant) 개교회의 기본 구성원이 되는 교인의 공식 호칭. ① 장로교회에서는 유아세례교인, 입교식을 거친 자(15세 이상 된 자), 학습인으로 세례를 받은 자. ② 감리교회에서는 18세 이상 된 세례인으로 입교식을 거친 자. ③ 이단으로 규정되지 않은 다른 교단의 교회에서 세례를 받고 이명증서를 가지고 와서 이명이 허입된 자.
한편, 입교인은 마땅히 교인의 의무를 다해야 하며, 성찬예식과 공동의회에 참여할 권리를 갖는다. 일명 '세례교인' 이라고도 한다. → '세례교인'을 보라.

입교인 명부(入敎人 名簿, registers of baptisms) 세례교인 명단이 기록된 장부. 당회가 비치해서 보존해야 할 각종 장부 가운데 하나다. 이름, 등록일, 입교 연월일 등이 입교 순으로 기록되어 있다.

입당예배(入堂禮拜, dedication of a church building and furnishings) 교회나 교육관 등 교회 부속 건물을 새로 건축하고 제일 먼저 하나님께 드리는 예배. 신축 교회를 하나님께 드린다는 뜻에서 '봉헌예배' 라고도 부른다. → [4. 예배 및 예식 용어] '입당감사예배', '봉헌식' 을 보라.

입회(入會, admission into a society) 어떤 단체에 들어가 회원이 됨. 세례를 받고 교회의 일원이 되는 것을 말한다. 입회 자격은 교회법이 정하고 있으며 이를 관리하는 일은 당회의 주요 직무 가운데 하나다. 이렇게 자격을 얻어 입회한 자를 '입회교인' 이라 부른다.

입회교인(入會敎人) 일명 '세례교인.' 입회하여 교인의 자격을 얻은 자를 가리킨다. 입회교인의 자격은 다음과 같다. ① 개교회에서 세례받은 자. ② 본 교회가 인정하는 타교단 교회에서 이명증서를 가지고 온 세례교인으로서 당회가 인정한 자. ③ 이명증서를 가지고 오지는 않았지만 성실하게 예배에 출석하는 세례교인으로서 당회가 인정한 자. ④ 다른 교단에서 유아세례를 받고 본 교회의 세례문답을 거친 자.

자격정지(資格停止) 일정한 자격의 전부 또는 일부가 일정 기간 동안 정지되는 일. 형벌의 일종이다. 교회법에서는 교인이 이명서 없이 이거(移去)한 지 6개월이 지나 회원권이 정지되거나 1년이 지나 실종교인이 되는 경우를 말한다.

자급사제(自給司祭) 선교를 위해 교구장 주교가 임명하는 성공회 성직자. 이들은 자비량(自備糧)으로 선교한 사도 바울처럼 교회의 도움을 받지 않고 다른 직업으로 생계를 유지하면서 현지(선교지)의 교회를 지도한다.

자매교회(姉妹敎會, sister church) 신앙고백과 신학 사상이 같아 서로 강단을 교류하며 친선을 도모하는 국내외의 교회. 교단에 따라서는 자매교회 범위를 헌법으로 정하기도 한다. 예를 들면, 대한예수교장로회(고신)는 헌법적 규칙 제6장 3조에서 자매 관계를 가진 교회로 외국에서 고신 교단 출신이 조직한 총회(미주 총회, 일본 총회, 유럽 총회)와 화란자유개혁교회, 호주자유개혁교회, 아프리카개혁교회 등 외국 교단을 들고 있다.

자벽(自辟, appointment at one's own discretion) 회의에서 회장이 임의로 어떤 임원을 지명함. 역사적으로는 조선 시대 때 관리를 등용하던 방법 중에 하나인데, 각 관아의 장(長)이 자기 마음에 드는 사람을 관원으로 임명하던 일을 말한다. 특히, 중국에 가는 사신들이 역관(譯官)을 자의로 임명했던 데서 유래된 말이다. 총회 회무 도중에 위원회를 구성할 때 총대들이 위원들을 총회장이나 총회 임원회 자벽으로 하도록 허락하는 경우가 많다. → [6. 교회 회의 용어] '자벽' 을 보라.

자유 사면(自由 辭免, resignation) 자진해서 맡아 보던 일자리를 그만두고 물러남. 교회법에서는 목사가 부득이한 사유가 있어 노회의 권징 없이 자발적으로(자의에 의해) 시무를 그만두는 것을 말한다. 이때 목사는 노회에 사면서를 제출하고 노회는 교회 대표를 청하여 사면 이유를 조사하고 이유가 충분하면 사면을 승낙한다. 이 경우 교회는 허위교회가 된다. → '허위교회' 를 보라.

자유 사직(自由 辭職, dissolution) 자진해서 직무를 그만두고 물러남. 이는 목사나 장로의 성직 자체가 없어지는 것, 곧 임직을 받기 이전의 평신도 신분으로 돌아가는 것을 의미한다. 이때 목사가 사직원을 노회에 제출하면 노회가 이를 협의해서 결정한다. → '권고 사직'을 보라.

자유정치(自由政治, the independent) 장로교회나 감리교회와 같이 다른 회(상회)의 관할과 치리를 받지 않고, 각개 지교회가 자유로 행정하는 정치. 자유정치는 동등한 권리와 권위를 가진 교인들이 교회 문제를 스스로 결정하며, 교회는 지방회나 총회에 대표를 파견하지도 않는다. 설령, 교회가 대표를 파견한다 하더라도 이는 순전히 개인 자격일 뿐 대표성을 가지지는 않는다.

자유 휴직(自由 休職) 누가 권하거나 재판에 의해서가 아니라 자기 자신의 뜻에 의해 일정 기간 동안 장로나 집사의 직무를 잠시 쉼. 이 경우 신분은 유지된다. 예를 들면, 장로나 집사가 노혼(老昏, 늙어서 정신이 혼미함)하거나 신병으로 시무할 수 없는 경우, 또는 이단에 속했거나 악행(惡行)을 저지르지는 않았을지라도 교회원 태반이 그 시무를 원하지 않을 경우 본인이 치리회에 청원하고 치리회의 결정에 따라 시무를 쉬는 것을 말한다. 그러나 당회의 결의로 사직 처리될 수도 있다. → '휴직'을 보라.

자의 사임(自意 辭任) 자유 사면. → '자유 사면'을 보라.

자의 사직(自意 辭職) 자유 사직. → '자유 사직'을 보라.

장년 신자(壯年 信者) 단순히 성인(어른) 신자를 가리키는 것이 아니라 세례교인 즉, 입교인을 말한다. 여기에는 유아세례를 받고 입교문답(세례문답)을 거친 자도 포함된다. 대한예수교장로회(합동)은 헌법적규칙 제1조에서 미조직교회를 설립하려면 장년 신자 15인 이상이 회집해야 한다고 규정하고 있다.

장로(長老, elder, presbyter) 교회에서 택함을 받은 교인들의 대표. 목사와 함께 치리회원이 되어 교회의 행정과 권징을 관리하며 교회의 영적인 사항을 살피고, 교인들이 교리를 오해하거나 도덕적으로 부패하지 않도록 권면한다. 또 권면하였으나 회개하지 않는 자가 있으면 당회에 보고한다. 요약하면, 장로는 '연장자'(벧전5:1-5)이며, 무리의 '대표자'(삼상8:4)요, '다스리는 자'(창50:7)라 할 수 있다.

참고로, 조선교회에서 장로 선거는 1900년부터 시작되었는데, 평남도의 김종섭(金宗燮), 황해도의 서경조(徐景祚)씨가 선출되었고, 1904년에는 전국에 25명의 장로가 있었다(1918년 발간, 「장로교회사전휘집」 19쪽). 이렇듯 한국 교계에서 해방 전에 '장로'라는 직제를 사용한 교단은 장로교회가 유일하다. 다른 교단들은 모두 해방 이후 장로라는 직제를 사용하기 시작했다. 다만, 감리교회가 목사를 가리키는 호칭으로 '장로목사'란 직제를 사용한 적이 있으나 이는 오늘날 감리교회의 장로와는 구분된다.

■**교단별 장로의 연령과 자격** – ① 합동 : 만 35세 이상 된 남자 중 입교인으로 5년을 경과하고 상당한 식견과 통솔력을 가지며 디모데전서 3:1-7에 해당하는 자. ② 통합 : 입교인으로 7년을 경과하고 40세 이상 된 자로서 상당한 식견과 통솔력을 가진 자. ③ 고신 : 35세 이상 65세 이하의 남자 입교인으로 무흠하게 7년을 경과한 자. ④ 기감 : 40세 이상 67세 미만으로 5년 이상 권사로 연임하고 가족이 교회에 나오는 자. ⑤ 예성 : 안수집사로 2년 근속하고 35세 넘은 자로 자녀가 그 가르침에 복종하는 자. ⑥ 기성 : 35세 이상 된 자로서 집사 근속 7년, 안수집사 근속 2년 이상 된 자. ⑦ 기하성 : 40세 이상 65세 이하로 3년간 안수집사(여자는 권사 3년)로 봉사하며 성령세례 체험이 있고 이혼하지 않은 자. 디도서 1:5-9; 디모데전서 3:1-7에 거리낌이 없는 자.

■**장로 선출과 증원** – 장로는 당회의 결의로 노회의 허락을 받아 공동의회에서 총 투표수의 3분의 2 이상을 득표할 때 선출된다. 장로는 세례교인(입교인) 30명에 1명의 비율로 증원할 수 있다(통합, 기감, 기하성 / 합동, 기성은 25인). 단, 장로가 없을 때는 입교인 수가 정수에 미달되어도 장로 1명을 둘 수 있다.

■**장로의 직무** – 장로는 신분상 의무와 직무상

책임이 평신도보다 더욱 중하다. ① 목사와 협력하여 행정과 권징을 관리한다. ② 교회의 신령적 관계(예배, 성례)를 살피고 기타 행사를 집행한다. ③ 교인을 심방, 위로, 교훈하고 신앙을 지도한다. ④ 도리오해(道理誤解)나 도덕상 부패에 이르지 않도록 교인을 권면하고 회개하지 않는 자는 당회에 보고한다. ⑤ 교인의 신앙을 위해 기도하고 전도한다. ⑥ 목회에 필요한 제반 사항을 목사에게 알린다.

장로고시(長老考試) 지교회에서 장로로 피택된 자가 노회에서 치르는 시험. 피택된 자는 보통 5-6개월 정도 당회의 지도 아래 교육을 받고 당회장의 추천으로 노회의 장로고시에 응시하게 된다. 이 시험에 합격해야 장로 임직을 할 수 있다.

장로고시는 보통 필기고사와 구두시험으로 구분되며, 필기고사에서는 장로교회의 경우 대개 성경, 소요리문답, 교회정치, 기타 노회가 정한 과목 등을 치르게 된다. 또 필기고사에 합격할 때 구두시험을 보나, 교단에 따라 필기고사와 구두시험을 한꺼번에 보기도 한다.

장로교(長老敎, **presbyterian church**) 장로 즉, 강도하는 장로(목사)와 치리하는 장로에 의해 다스려지는 교회. 성경 해석과 믿는 신경, 규칙, 정치 제도 등에 의해 형성된 교리 체계를 가진 교파의 명칭이다. → [5. 교파 및 역사 용어] '장로교회, 장로회'를 보라.

장로목사(長老牧師, **presbyter**) 해방 전에 감리교회에서 목사를 일컫던 호칭 중 하나. 집사 목사로 4년 이상 시무한 자가 연회의 심사를 거쳐 감독이나 감리사의 안수로 장립되는 교역자를 말한다. 오늘의 감리교회 장로 제도는 해방 이후에 정립된 것이다(「교리와 장정」 제3편 제5절).

장로회(長老會, **presbyterian church**) 장로에 의해 치리되는 교회 조직. 즉, 교인이 선출한 교인의 대표자인 장로가 당회를 조직하고 그 당회로 치리권을 행사하게 하는 대의 민주 정치 체제를 가진 교회를 말한다. 따라서 엄밀하게 말하면 '장로교'는 교리 체계를 나타내는 교파의 명칭이며, 장로회는 정치 제도를 나타낸다. 그러나 대개는 별로 구분 없이 사용된다. → '장로회정치', [5. 교파 및 역사 용어] '장로교회, 장로회'를 보라.

장로회정치(長老會政治, **the presbyterian**) 지교회 교인들이 장로를 선택하여 당회를 조직하고 그 당회로 치리권을 행사하게 하는 정치. 주권이 교인들에게 있는 민주적 정치이다. 당회는 치리 장로와 목사인 강도 장로의 두 반으로 조직되어 지교회를 주관하고, 그 상회(上會)로는 노회, 대회 및 총회의 치리회가 있다.

한편, 장로회정치는 8개의 원리로 구성된다. ① 양심의 자유 ② 교회의 자유 ③ 교회의 직원과 그 책임 ④ 진리와 행위의 관계 ⑤ 직원의 자격 ⑥ 직원 선거권 ⑦ 치리권 ⑧ 권징.

장립(將立, **ordination**) 노회에서 목사에게 안수하여 목사로 세우거나, 교회에서 치리장로나 집사를 세우는 일. 안수(按手)는 장립하는 수단이며 방법이다. 장로교회 최초의 목사 장립은 1907년 9월 17일 오전 9시에 평양 장대재예배당에서 행해졌다. 그에 관한 기록을 보면 "회장 마삼열(마포삼열) 씨는 기도하시며 노회 회원들은 일제히 신학사 서경조, 한석진, 송인서, 양전백, 방기창, 길선주, 이기풍 7인에게 안수한 후, 우수로 집수례('악수례'의 다른 표현)를 행하야 목사로 장립하니라."(회의복 10쪽)고 되어 있다.

따라서 목사나 장로는 장립 후에 그대로 목사와 장로로 호칭하면 되고, 집사는 '안수집사'라는 호칭보다는 '장립집사'라 하는 것이 맞다.

장립식(將立式, **service of ordination**) 노회에서 목사에게, 목사가 공동의회에서 선출된 장로나 집사에게 기도와 안수로 성별하여 항존직이 되게 하는 예식. 참고로, 장립받은 항존직원에게 직무를 맡기는 예식은 '위임식'이라 한다. 이렇게 의미상으로는 두 예식이 구분되지만 장로나 집사의 경우 장립이나 위임이 한 식순에 따라 거행되기 때문에 장립식이나 위임식이 서로 다른 별개의 예식은 아니다.

장립집사(將立執事) 안수하여 세운 집사. 교회들에서는 대부분 '안수집사'란 표현을 사용하나 성경적으로나 어휘상으로 '장립집사'란 표현이 더 적절하다. → '안수집사', '안수집사의 호칭 사용', '장립'을 보라.

재무부(財務部, financial board) 재정에 관한 제반 일을 담당하는 부서. 재정부. → '재정부'를 보라.

재심(再審, reexamination) 확정된 판결에 대하여 일정한 사유가 있을 경우 그 판결의 옳고 그름을 다시 심리함. 재심을 청구할 수 있는 경우는 다음과 같다. ① 원심판결의 증거인 서류나 증거물이 위조 또는 변조된 것으로 드러난 경우. ② 원심판결의 증거인 증언, 감정 등이 허위로 드러난 경우. ③ 무고(誣告)로 인해 책벌의 선고를 받은 경우. ④ 재판에 관여한 국원이 그 사건과 관련하여 직권남용, 뇌물 수수 등 부정 행위를 한 사실이 드러난 경우.

재심청구(再審請求) 피고가 상소 기간이 끝난 후 자기의 무죄를 입증할 만한 새로운 증거를 제시하여 다시 재판해 줄 것을 청구하는 것. 재심청구자는 재심청구 취지와 재심청구 사유를 구체적으로 기재한 재심청구서에 원심판결의 등본, 증거자료, 증명서를 첨부하여 원심치리회에 제출한다.

재정부(財政部) 한 기관이나 단체의 존립이나 유지에 필요한 경비를 조달하고 관리하는 부서. 교회에서 재정부의 주된 업무는 다음과 같다. ① 모든 수입의 근간이 되는 각종 헌금의 개인 명세 작성 및 관리. ② 각 기관 행사비, 비품 구입비, 인건비, 건물 유지비, 은행 대출 내역과 이자 등 지출에 대한 기록. ③ 당회나 제직회에 수입과 지출 내역 보고. ④ 연 1회 정기감사나 필요시 특별감사 준비. ⑤ 교회 건축이 진행되는 경우에는 건축위원회가 구성되어 별도로 재정을 관리한다.

재판(裁判, judgment, justice) 재판국(또는 특별재판국)이 소송 사건에 대해 내리는 판단. 재판은 성경과 헌법 또는 헌법시행규정(헌법적규칙)에 의해 공정하게 행하여야 한다.

재판건(裁判件) 교인이나 직원, 치리회의 범죄에 대해 시벌을 구하는 형사 소송. 법을 위반하여 범법함으로 고소자가 소송을 제기하는 것을 말한다. 물론 교회 재판의 모든 근거는 교회법에 근거해서 처리된다. 그러나 할 수만 있다면 최선의 노력을 다해 해결책을 강구하고(화평을 추구하고) 재판을 피하는 것이 좋다. 그리고 교회의 신성과 질서 유지를 위한 최후의 방편으로서만 재판이 행해져야 한다.

재판건으로 취급되는 사건으로는 ① 성경을 위반한 것으로 보이는 일, ② 성경에 근거하여 제정된 교회 규칙이나 관례를 위반한 일, ③ 권징조례로 금지한 일 등이 있다. 한편, 재판건 이외의 사안에 관한 것은 '행정건'으로 취급된다.

재판관, 재판장(裁判官, 裁判長, judge) 분쟁을 조정하고 심판하는 권한을 가진 자. 구약 시대 초기에는 '가장'(家長, 창8:24)이나 '지파의 장(長)'(출18:15-16)이, 사사 시대에는 제사장이나 사사가 재판장 역할을 했다. 그 후 왕국 시대에는 성읍의 장로(왕상21:8-13)나 때론 '왕'이 직접 재판하기도 했다(삼하14:4-9; 15:2; 왕상3:9,28; 7:7; 잠20:8). 재판(관)장이란 고유한 직책이 생겨난 것도 이 시기다(대상23:4; 26:29; 대하19:5).

특히 재판관이란 직책이 제도적으로 정비된 것은 여호사밧 왕 때로 보인다(대하19:5-8). 포로기 때는 나라를 잃은 특수 상황에서 율법을 잘 아는 자가 재판관 역할을 했으며(스7:25), 신약 시대에는 산헤드린 공회가 재판을 수행했다.

오늘날 교회법에서는 재판국에서 재판 진행의 최고 책임을 맡은 재판국장을 가리킨다. 그러나 하나님이야말로 공의로우신 재판장이요(시7:11; 요5:30; 벧전2:23) 소외된 인생을 돌보시는 재판관이시며(시68:5) 인간의 행위를 따라 재판하시는(벧전1:17) 최고의 권위를 지니신 재판장이시다(욜3:12-14).

재판국(裁判局) 교회나 치리회의 분쟁이나 소송 사건을 취급하는 기관. 장로교회의 경우 1심에 해당하는 당회 재판국, 항소심인 노회 재판국, 최고 상급심인 총회재판국이 있다.

그중에 일반 교인이나 장로 · 집사 · 권사 · 서리집사 · 전도사에 관한 소송 사건은 당회 재판국에서 다루어지며, 목사에 관한 소송 사건이나 장로의 노회원 또는 총회원 회원으로서의 소송 사건은 노회 재판국에서 취급된다.

재판 안건(裁判 案件) 재판할 수 있는 사건. 성경과 교회 규칙, 교회 관례, 권징조례로 금지한 일이 발생했을 경우 재판 안건이 된다. 하지만 소송하는 자가 없으면 재판 안건이라도 재판하지 못한다. '재판건'이라고도 한다. → '재판건'을 보라.

재판 조서(裁判 調書, protocol) 취급한 사건 내용과 재판 관련 사항 전부를 기록한 문서. 재판 조서에는 재판국 서기나 참여한 담당 직원의 서명 날인이 있어야 한다. 또 재판 조서는 재판 기일 후 20일 이내에 정리해야 한다.

재판 조서에 들어갈 사항은 다음과 같다(대한예수교장로회통합 헌법 권징 제3장 39조). ① 재판 일시와 재판국. ② 재판국원, 기소위원, 피고인, 변호인 성명. ③ 기소사실의 진술. ④ 증거 조사를 했을 경우 증거 서류나 증거물. ⑤ 변론 요지. ⑥ 피고인 또는 변호인에게 최종 진술할 기회를 준 사실과 그 진술한 사실. ⑦ 판결, 기타의 재판을 선고 또는 고지한 사실.

재판회(裁判會, judicial capacity) 행정치리회가 직접 재판을 시행하기 위해 권징치리회로 형식을 바꾼 것.

재판회록(裁判會錄, docket, written evidence, record) 재판에 관한 전말을 적은 기록. 고소장, 설명서, 피고의 답변, 최후 결정, 모든 처리 조건, 명령한 내용과 이유 등을 기록해야 한다. 또 상소할 경우에는 상소한다는 예고와 그 이유도 상세히 기록해야 한다. '재판 조서'라고도 한다. → '재판 조서'를 보라.

재항고(再抗告) 민사소송 및 형사소송에서 항고법원이나 고등법원의 결정 또는 명령이 헌법·법률·명령 또는 규칙에 위반됨을 이유로 하는 항고. 교회법에는 항고를 기각하는 기소위원회의 결정에 불복하는 항고인이 총회재판국에 서면으로 하는 항고. 이때 재항고에 이유가 있다고 인정되면 노회 기소위원회는 그 결정을 시정해야 한다.

전권위원, 전권위원회(全權委員會, pleni-potentiary) 개교회나 노회, 총회의 어려운 문제를 해결하기 위해 치리회가 맡겨준 안건에 대하여 행정치리권을 행사하는 위원회. 원칙은 전권위원회가 재판을 할 수 없으나 사안에 따라서는 재판권까지 부여받기도 한다(상설재판국이 있는 총회에서는 재판권을 부여할 수 없고, 상설재판국이 없는 노회에서만 부여할 수 있다는 견해도 있다). 이 경우 전권위원회 겸 재판국이 된다. 결정 사항을 본회에 보고하여 채택함으로써 최종적으로 결정된다.

대한예수교장로회(고신)의 경우 노회 전권위원회는 당회장과 당회원의 권한도 일시 정지시키고 다른 목사나 임시 또는 대리 당회장을 임명할 수 있다. 또 총회 전권위원회는 노회장과 노회 임원들의 권한을 일시 정지시키고 전권으로 일을 수습할 수 있다. 그러나 전권위원회는 어디까지나 차기 정기회(노회의 경우 임시회까지 포함)를 기다리는 동안 사건이 확대될 수 있고, 당장 처결하면 수습되어 종결될 만한 경우에 구성되기 때문에 '우선 처결권' 혹은 '임시 처결권'을 가질 뿐, 전권위원회의 결정은 치리회(본회)가 채택하여야 최종적으로 확정된다.

전담(전임)전도사(專任傳道師) 어떤 특정 부서를 전적으로 맡아 책임지는 전도사. 예를 들면, 심방과 구역(교구) 관리를 전담한다든지 하는 등의 사역을 수행하는 전도사를 가리킨다.

전도목사(傳道牧師, evangelist) 전도목사라 할 때 다음의 내용을 담고 있다.

즉, ① 노회의 파송을 받아 국내외 연합기관과 개척지 또는 군대·병원·학원·교도소·산업기관 등에서 전도하는 목사. 임기는 파송하는 단체가 정한다(통합). ② 교회 없는 지방에 파견되어 교회를 설립하고 노회의 결의로 그 설립한 교회를 조직하며 성례(聖禮)를 행하고 교회의 부흥을 인도한다. 노회에서 언권은 있으나 결의권은 없다(합동). ③ 노회의 허락을 받고 교회 개척에 종사하거나 미조직교회에서 청빙을 받아 노회의 허락으로 시무하는 목사(기장). ④ 지방회의 건의로 총회의 승인을 받아 지방 교회를 순회하며 전도하는 목사와 특수 지역에 파송을 받아 전도하는 목사(예성). → '목사의 신분상 칭호'를 보라.

전도부(傳道部, the board of missions) 전도 사업과 교회 부흥책을 연구하고 실행하는 총회 상비부 가운데 하나. 특히, 전국남·녀전도회연합회를 지도한다(대한예수교장로회). 그리고 기독교대한성결교회의 경우는 교회 개척·통폐합·명칭 변경을 승인하고, 감찰구역을 분할 획정하며, 여교역자지방연합회를 지도한다.

전도사(傳道師, evangelist, preacher) 당회나 당회장이 관리하는 지교회에서 시무하는 유급 교역자. 성경에서는 복음을 전하는 모든 사람을 가리키나(엡4:11; 딤후4:5) 교회법상으로는 목사를 도와 사역하는 자로서 목사 안수를 받기 전의 교역자를 말한다.

당회 추천으로 교단 신학교를 졸업하거나 신학교 재학중인 자로 노회고시에 합격해야 자격이 주어진다. 임기는 1년이며 당회의 결의나 제직회의 찬성으로 시무를 계속할 수 있다. 한편, 미조직교회에서는 담임목사의 허락으로 제직회의 임시회장이 되며 예배 인도의 책임을 맡기도 한다.

전도사와 전도인

① 전도사는 노회의 고시로 인가되나, 전도인은 당회에서 채용한다.
② 전도사는 상당한 자격 기준이 있으나, 전도인은 자격 기준이 없다.
③ 전도사는 상당한 권한을 부여받으나, 전도인은 권한이 없다.
④ 전도사는 교회 안에서 목사를 돕는 직책이나, 전도인은 교회 밖에 있는 불신자에게 전도하는 직무를 가질 뿐이다.

전도사 고시(傳道師 考試) 신학생이나 신학 졸업자가 당회장의 추천을 받아 노회에서 치르는 자격 시험. 다른 노회에서 전도사 고시에 합격한 자나 신학대학원 졸업자는 노회 필답고시를 면제받고 면접만으로 노회의 인가를 받는다. 이렇게 자격을 얻은 전도사는 유급 교역자로 당회나 목사의 지교회 시무를 돕는다(대한예수교장로회합동).

전도인(傳道人) 불신자에게 전도하는 남녀 유급 사역자이다. 전도인은 파송한 기관에 전도사업 현황을 보고해야 한다. 또, 다른 지방에서 전도에 착수할 때는 그 구역 감독 기관에 협의하여 보고해야 한다. 대한예수교장로회(고신)는 전도인의 자격을 헌법적규칙 제3장 39조에서 "개체교회는 무흠히 3년을 경과한 25세 이상 65세 이하의 입교인 중에서 전도인을 선정하여 복음 전도에 사역하게 할 수 있다. 전도인의 신분은 시무하는 개체교회에 속한다."고 규정한다.

전도자(傳道者, evangelist) 평신도 가운데 교회에서 권한을 부여받거나 인정을 받은 자로서 교회의 감독권은 없으나 개인적인 의무로 전도인의 일을 감당하는 자를 말한다. 성경에서는 예수 그리스도의 복음을 전하는 모든 사람을 '전도자'로 불렀다. 특히 신약 시대에는 '전도자'라는 어떤 특정한 직분이 있었던 것으로 보이며(엡4:11), '사도'(행8:25)나 '집사'(행6:5; 21:8)도 전도자로서의 사역을 감당하고 전도자로 불렸다.

전도회(傳道會) 청년부 이상으로 서로 나이가 비슷한 결혼한 남녀 교인을 각각 한 단위로 묶은 소그룹 모임(대한예수교장로회합동). 전도와 봉사와 친교를 목적으로 하며, 남전도회와 여전도회로 구분된다. 전도회에서는 서로 친교를 나누면서 믿음을 북돋워주고 일정한 액수의 회비를 모아 교회와 사회를 위한 봉사 활동을 주로 한다. 대한기독교감리회나 대한예수교장로회(통합)는 '선교회'로 호칭한다. → '선교회'를 보라.

전문위원(專門委員, committee of special talent) 어떤 분야에 해박한 지식을 가진 사람. 예를 들면, 세상 법정에서는 모두 법을 전공하고 사법고시에 합격한 판사들로 재판부가 구성되나 교회 재판국에서는 그렇지 못하다. 따라서 재판국에서도 목사 가운데 법학을 전공한 위원이 요구된다. 이를 전문위원이라 한다. 대한예수교장로회(통합)는 총회재판국에 법학사 학위를 가진 목사 3인을 전문위원으로 위촉하여 자문받도록 규정하고 있다(권징 제2장 제15조).

전임(轉任, change of post) 다른 관직이나 딴 임무로 자리를 옮김. 일명 '이임'(移任). 교회법에서는 대개 '목사 전임'과 관련해 사용되는데, 이는 목사가 청빙을 받아 지교회를 사면하고 다른 교회로 자리를 옮기는 것을 말한다. 이때 목사는 반드시 노회의 승낙을 얻어야 하며 그렇지 못할 경우 다른 지교회로 이전하지 못한다(대한예수교장로회합동 정치 제16장 1조).

전입(轉入, moving in) 이곳에서 저곳으로 옮기어 들어옴. 교회법에서는 주로 장로가 타교회에서 옮겨 왔을 때의 지위를 설명할 때 사용된다. 예를 들면, 장로가 타교회에서 전입해 오면 그 장로는 무임장로가 되고 시무장로(치리장로)가 되려면 공동의회에서 3분의 2의 득표로 신임을 받아야 한다. 전입해 온 장로는 다만 당회의 협의로 성찬 나누는 일에 참여할 수 있다.

절차(節次, procedure) 일의 순서나 방법. 교회법에서는 '회의 순서'를 가리킨다.

정교분리(政敎分離, separation of church and state) 국가와 교회가 서로의 영역을 인정하는 상호 관계성을 나타내는 말. 역사적으로 교회와 국가의 관계에는 네 가지 형태가 존재해 왔다. ① 교회가 국가를 지배하는 형태. 구약의 신정정치나 중세기 때 교황 정치를 들 수 있다. ② 국가가 교회를 지배하는 형태. 기독교를 공인한 로마에서 행해진 국가교회주의가 좋은 예이다. ③ 교회와 국가가 상호 배타적인 형태. 로마가 기독교를 박해했던 초대교회 시대를 들 수 있다. ④ 교회와 국가가 분리된 형태. 이슬람 국가를 제외한 오늘날 많은 나라가 이런 형태를 취하는데, 이는 엄격하게 말하면 교회와 국가가 상호 간섭하지 않는 입장을 취한다기보다 하나님 앞에서 겸손하게 서로의 영역을 인정하는 형태라 할 수 있다. 따라서 교회와 국가는 이런 균형을 이루도록 피차 끊임없는 주의와 노력이 필요하다 하겠다.

정기노회(定期老會, regular presbytery) 1년에 두 차례 봄과 가을에 정기적으로 회집되는 노회. 정기노회는 각 교단이 기일을 법으로 정해 놓고 있기 때문에 회장이 정해진 일시에 소집해야 하고 회장의 소집이 없어도 법에 의해 자동으로 회집된다. 다만, 전 회기에 장소를 정하지 않고 임원회에 일임했다면 임원회가 장소를 정해서 통지하면 된다. → '노회'를 보라.

정년(停年, retirement age) 목사나 장로, 권사, 집사 등 교회 직원이나 총회·노회 등 치리회나 산하 기관의 임원이 일정한 나이가 되면 퇴직하도록 정해진 때. 대부분의 교단들은 정년을 만 70세로 정해 놓고 있다.

정족수(定足數, quorum) 의사(議事)를 진행하고 의결(議決)하는 데 필요한 구성원의 출석수. 구성원이 100명이면 100명이 모두 모여 회무를 진행함이 가장 이상적이나 그렇게는 될 수 없으므로 부득이 일정한 수의 회원이 출석하면 전원이 다 출석한 것으로 간주하고 개회하기로 약속한 수가 바로 '정족수'다. 교회법에서는 '성수'(成數)라는 표현을 많이 쓴다. → '개회 성수', '성수'를 보라.

정직(停職, suspension from office) 일정 기간 동안 직무가 정지되는 책벌의 하나. 이 기간 동안에 신분(직분, 목사·장로·안수집사·권사 등)은 유지되나 모든 권한이나 혜택은 상실된다. 대한예수교장로회(통합)는 6개월 이상 2년 이내로 기간을 못박고 있으며 이 기간 동안에는 수찬(受餐)까지 정지시키고 있다. 참고로, 유기 정직은 정직 기간이 끝나면 자연히 정직이 해제된다. 따라서 유기 정직을 받은 자는 정직 기간이 끝나면 별도의 해벌 결의 없이 자동으로 시무할 수 있다.

한편, 정직과 휴직이 일정 기간 직무에 종사하지 않는다는 점에서는 같으나, 정직은 권징이요 휴직은 행정처분이라는 점에서 차이가 있다.

정치(政治, government of church) 교회를 다스리는 일. 교회가 목적하는 바를 추구해 나가는 일. 장로교회의 정치 원리는 크게 8개 조로 표현된다. 교단(교회)의 특성은 이 정치 원리에서 가장 잘 나타난다. 그 내용을 요약하면 다음과 같다(대한예수교장로회합동 정치 제1장 1-8조).
① 양심의 자유 : 양심의 주재는 하나님이신바, 누구든지 신앙에 대해 속박을 받지 않고 자기 양심대로 할 권리가 있으며, 아무도 남의 양심의 자유를 침해하지 못한다.
② 교회의 자유 : 어떤 교파나 교회든지 교인의

입회 규칙, 세례교인, 직원의 자격, 교회 정치 조직을 예수께서 정하신 대로 설정할 자유가 있다.

③ 교회의 직원과 그 책임 : 교회의 머리이신 그리스도께서 그의 지체 되는 교회에 덕을 세우기 위해 직원을 두어 복음을 전하고 성례를 행하며 교인으로 진리와 본분을 준수하게 하셨으니, 교회의 직원은 성경 말씀을 믿고 따라야 하며 교우 중 행위가 악한 자는 직원과 치리회가 성경에 교훈한 법례대로 책망하거나 출교해야 한다.

④ 진리와 행위의 관계 : 진리는 믿음과 행위의 기초인바, 진리가 진리되는 증거는 사람을 성결하게 하는 데 있다. 따라서 진리와 행위는 일치되어야 한다.

⑤ 직원의 자격 : 교회는 교회의 도리를 완전히 신복하는 자를 직원으로 선택하도록 규칙을 제정해야 한다.

⑥ 직원 선거권 : 직원을 선정하는 권한은 그 회(치리회)에 있다.

⑦ 치리권 : 치리권 행사는 하나님의 명령을 받들어 섬기고 전달하는 것이기에 오직 하나님의 뜻에 따라 행할 것이며, 회원의 양심을 속박할 규칙을 자의로 제정할 권리는 없다.

⑧ 권징 : 교회의 질서 유지를 위해 권징을 행사한다. 권징은 신앙과 도덕에 관한 것이지 국법에 관한 것은 아니다.

이상의 정치 원리는 헌법의 '정치와 권징조례와 예배모범'에 잘 나타나 있다. 한편, 대한예수교장로회(통합)는 '교회의 직원'과 관련된 ③ ⑤ ⑥ 조를 하나로 하여 모두 6개 조로 규정하고 있다.

정회원(正會員, regular member) 정식 자격이 있어 그 회(會)가 제공하는 권리를 가지는 회원. 장로교회에서 노회 정회원인 목사 회원은 시무 형편에 따라 언권과 결의권 및 선거권과 피선거권 등을 갖는다. 위임목사, 임시목사, 부목사, 기관목사, 종군목사가 여기에 속한다. 대한예수교장로회(고신)는 전도목사와 선교사도 정회원으로 간주한다.

한편, 감리교회에서 정회원이란 연회의 준회원 과정을 마친 자를 가리키는데, 연회 정회원이 되어야 교직의 관리직인 감리사나 감독이 될 수 있고 총회 대표도 될 수 있다.

제명(除名, removing a name, dismiss from membership) 치리회 명부에서 이름을 삭제함. 제명에 준하는 사유로는 ① 교인이 이명서 없이 타교회나 타노회, 타교단으로 갔을 때 ② 목사가 그 직을 포기하거나 자유로 교회를 세웠거나, 이명서 없이 타교파에 가입했을 경우이다. 대한예수교장로회(합동)의 권징 제5장 35조에는 '수찬정지'와 '출교' 사이에 '제명'이란 책벌을 두고 있으나 예배모범 제16-17장에는 '제명'이란 책벌이 빠져 있다. 이에 비해, 통합과 고신의 최근 헌법에는 '제명'이 없고 '출교'로 대신하고 있다. 벌의 성격이나 내용으로 보아 '출교'로 보는 편이 좋다.

제자훈련(弟子訓練, disciple training) 훈련을 통해 한 사람의 평신도를 깨워 그리스도의 제자요 목회의 동역자로 세우기 위한 프로그램. 이를 통해 하나님의 교회가 건강하고 든든하게 서며, 하나님의 나라가 확장되게 하는 데 그 목적이 있다. 사실 평신도 역시 교역자와 함께 그리스도의 몸에 속한 지체들이다. 그러기에 모든 평신도들 각자는 머리 되신 주님으로부터 소명을 받고 있으며, 성령님은 각자에게 분수에 맞는 은사를 주셔서 몸의 지체로서 그 기능을 다하게 하신다. 따라서 평신도를 성경의 관점에서 재발견하고 그들을 훈련하는 것이 무엇보다 필요하다. 이런 제자훈련 프로그램은 1960년대 이후 한국교회와 선교단체에 소개되어 오늘날 거의 대부분 교회가 개교회 실정에 맞게 운영함으로써 교회 성장의 동력으로 삼고 있다. →[1. 교회 일상 용어] '제자'를 보라.

제직(諸職) 여러 직책. 여러 직원. 목사, 장로, 권사, 집사 등 교회의 항존직과 임시직 직원 전체를 통틀어 일컫는 말.

제직회(諸職會) 교회 각 부의 모든 구성원들이 참여하여 교회 전체의 의사를 대변하는 기관. 교회의 살림을 맡아 수행하는 당회의 관할 아래 있는 조직체. 지교회의 시무목사, 장로, 권사(예장 합동에서는 임시직), 안수집사 등 항존직을 중심으로 구성되며 당회의 허락으로 부목사, 강도사, 전도사, 전도인, 서리집사 등에게도 1년간 한시적인 임시회원 자격이 주어진다. 회장은 당회장(담임목사)이 되고 서기와 회계는 회에서 선정한다.

제직회는 회원 과반수의 출석으로 개회되나 통

상 출석하는 회원으로 회의를 진행하며, 과반수의 결의로 회무를 처리한다. 정기회는 매월 1회 또는 1년에 4회 이상 모이는 것이 일반적이다. 제직회는 당회(공동의회)에서 수립한 교회의 정책을 의결하고 실행하는데, 주로 ① 공동의회에서 결정한 예산 집행 ② 재정에 관한 일반수지 예산 및 결산 ③ 구제비의 수입·지출 및 특별 헌금 취급 ④ 당회가 요청한 사항 등을 취급한다.

제직회록(諸職會錄) 제직회의 회무 전반을 기록한 책. 제직회의 일시, 장소, 출석수, 사회자, 의제 및 결의 사항, 예배(기도, 찬송, 성경말씀) 등을 기록한다.

제척(除斥, rejection) 물리쳐 없앰. 재판관이나 법원 서기가 특정 사건에 관련되어 있어서 불공정한 재판이 진행될 우려가 있는 경우 그들을 집무 집행으로부터 제외하는 일. 교회법에서 재판국원의 제척 요건(사유)은 다음과 같다. ① 국원이 피해자(피고인)인 경우. ② 국원이 피고인 또는 피해자와 친족 관계에 있거나 있었던 경우. ③ 국원이 당해 사건에 관하여 증인, 감정인이 된 경우.

조병성사(- 聖事, sacrament anointing of the sick) 로마 가톨릭에서 몸이 아픈 환자에게 사제가 성유를 바르고 회복을 기원하는 성사. 병자성사(病者聖事). 성공회에서는 '조병예식', 정교회에서는 '성유성사'라고 한다. 성경 야고보서 5:14-15 말씀을 근거로 한다. 개혁교회(프로테스탄트)에는 없는 의식이다. → '병자성사'를 보라.

조사(助事, helper, assistant) 초기 한국 장로교회의 직분 중에 하나. 오늘날의 전도사(혹은 강도사)에 해당하는 선교 초기의 과도기적 교직. 한국인 목사가 양성되기 전 선교사를 도와 교역 일선에서 사역했다. 정식 신학 교육을 마치지는 않았지만 선교사의 전도, 치리, 순회심방 등의 모든 활동을 보좌하거나, 단독으로 조직·미조직교회에서 목회 활동을 수행하기도 했다.

한국 장로교회 최초의 조사로는 서상륜(徐相崙), 백홍준(白弘俊) 등을 들 수 있다. 이들은 스코틀랜드 장로교회 로스(J. Ross) 선교사와 협력하여 성경번역에 동참하고 매서인(賣書人)으로 활동하는 등 전도와 교회 설립에 공을 세웠다. 그밖에 장로교회 최초의 목사들인 서경조, 한석진, 송인서, 방기창 등도 모두 조사로 크게 활동하였다. 그러나 평양 장로회신학교에서 목사들이 점차 배출되면서 1930년대 이후로는 조사가 거의 사라지게 되었다.

조사처리 전권위원(調査處理 全權委員) 수습 차원이 아니라 조사를 해서 처리를 맡은 위원. 전권위원은 문제 처리에 있어서 그 사건의 관계자들이 불복할 경우 우선 어떤 임시 처결이라도 내릴 수 있는 권한을 가진 위원이다. 그런데 이것은 어디까지나 예비적이요 준비적인 임시 처결로서, 그 결과는 본회에 보고하여 본회가 결정한다. 권면위원이나 수습위원보다는 더 강한 권한을 갖는다. → '전권위원, 전권위원회'를 보라.

조제(調製, manufacture) 사전적 의미는 '주문하여 만듦', '조절하여 만듦'이란 뜻. '재판 사건의 진행 전말과 판결에 대해 상세한 기록을 조제하라'는 재판국 서기의 임무와 관련하여 사용된 표현(대한예수교장로회합동 헌법 권징조례 제13장 제122조). '작성'이란 의미로 이해할 수 있다.

조직교회(組織教會) 당회가 구성되어 있는 교회. 당회는 시무목사와 시무장로로 구성된다. 따라서 시무목사는 있는데 시무장로가 없으면 당회가 구성될 수 없는데, 이런 교회를 가리켜 '미조직교회'라 한다. 반면, 시무장로는 있는데 시무목사가 없는 경우 노회에서 파송한 임시당회장으로 당회를 구성할 수 있다. → '미조직교회'를 보라.

조합정치(組合政治, the congregational) 일명 '회중정치.' 교회의 모든 권한이 그 교회에 있거나 혹은 형제들의 연합된 지체 안에 있는 교회 정치 형태를 말한다. 자유정치와 유사하나 다만 각 지교회의 대표로서 조직된 연합회가 있어 서로 유익한 문제를 의논한다. 그러나 산하 교회에 명령하거나 주관하는 권한은 없고 모든 치리하는 일과 권징과 예식과 도리 해석을 각 교회가 자유로 하는 정치이다.

종교교육(宗教教育, religious education)

기독교를 비롯한 특정 종교를 기초로 한 영적·제의적·도덕적 교훈과 실천에 대한 가르침을 일컫는 말. 각 종교의 특성에 따라 교육 방법에는 차이가 있다. → '기독교교육'을 보라.

종국 결안(終局 結案) 최종심에서 사법 사건의 결의가 끝난 문서. 혹은 사형을 결정한 문서. 교회법에서는 '최종 판결'을 가리킨다(대한예수교장로회합동 헌법 권징조례 제8장 69조).

종군목사(從軍牧師, chaplain) '군종목사'라고도 하며, 줄여서 '군목'(軍牧)이라고도 한다. 노회에서 목사 안수를 받고 배속된 군인 교회에서 목회와 전도를 하며 성례를 베푼다. 임지는 군부대이지만 신분은 노회 관할하에 있다. 노회의 정회원이다. → '군목'을 보라.

종부성사(終傅聖事, extreme unction) 로마 가톨릭의 7성사 가운데 하나. 임박한 죽음을 앞두고 영혼을 하나님께 의탁하는 거룩한 의식. 생전에 마지막으로 치러지는 의식이라고 하여 '종부성사'라고 불렸다. 이때는 기름을 바르는 '마지막 도유식'이 행해졌기 때문에 'extreme unction'이라 한다. 제2차 바티칸 공의회(1972년 11월 30일) 이후 '병자성사'(病者聖事)로 불린다. → '병자성사', '칠 성례'를 보라.

종신부제(終身副祭, permanent deacon) 평생 동안 부제 성직에 봉사하는 성공회와 로마 가톨릭의 성직 중에 하나. 사목을 도와 교회의 핵심 전례에 조력하고, 교회의 주요 사명인 자선봉사와 선교를 주된 임무로 한다. 35세 이상 미혼 혹은 기혼 남자로서 가정을 돌볼 수 있는 안정된 직장과 모범적인 신앙을 가진 자라야 자격이 있다.
종신부제에 서품을 받으면 미혼자는 평생 독신으로, 기혼자가 사별(혹은 이혼)할 경우 재혼을 할 수 없다. 최초의 부제를 초대교회의 일곱 집사에게서 찾는다(행6:5-6). 이로 보면 종신부제는 개혁교회(프로테스탄트)의 안수집사나 장로 정도의 중직자로 이해할 수 있다.

종심(終審, the final trial) 최종심(最終審). 소송 사건의 최후 심리. 교회 재판에서는 총회가 종심이 된다. → '초심'을 보라.

죄증설명서(罪證說明書) 소장에 기록된 죄명(罪名)을 증명하는 설명서. 범죄의 날짜 및 처소와 정형(情形)과 각 조에 대한 증인의 성명 등을 육하원칙에 따라 상세하게 기록해야 한다. 이에 비해 고소장에는 범죄한 죄상을 기록한다. → '고소장'을 보라.

주교[1](主敎, bishop) 로마 가톨릭에서 교구(敎區)를 관할하는 성직자. 예수 그리스도의 12사도의 신적 사명을 계승한 자로 알려져 있다. 주교의 제일 머리는 교황이기 때문에 전세계 주교들은 교황을 포함하여 주교단을 형성하고 교회 사목(司牧)의 모든 책임을 담당한다. 주교에는 총대주교, 수도대주교, 대주교, 주교, 명예주교가 있다.
주교만 할 수 있는 견신례(견진성사, 영세받은 신자에게 성령의 은혜를 빌어주는 성사)와 서품식(신품성사, 사제가 되는 의식)을 집전하며, 주교구를 관할하고 교구 관내의 사제들을 감독한다.

주교[2](主敎, bishop) 동방정교회의 최고위 성직자. 로마 가톨릭의 주교와 사명이 유사하다. 다만, 가정을 꾸린 재속(在俗) 사제는 주교가 되지 못한다. 한편, 러시아정교회에서는 주교의 제일 머리를 '총대주교'라 부른다.

주교[3](主校, sunday school) '주일학교'(교회학교)의 준말. → '주일학교'를 보라.

주교교사(主校敎師, sunday school teacher) '주일학교 교사'의 준말. → '주일학교 교사'를 보라.

주교구(主敎區, diocese) 로마 가톨릭이나 성공회에서 주교가 감독하는 교구. 대개, 주교가 거주하는 도시의 이름을 따서 교구 이름을 명명한다. 단순히 교회의 행정 단위 차원을 넘어 그 지역에서 교회 전체를 대표하며 주교를 통해 교황이나 주교단과 긴밀한 관계를 형성한다.

주교좌 성당(主敎座 聖堂, cathedral) 주교의 공식적인 자리(주교좌)가 있는 성당. 곧, 대성당.

교회사 초기부터 주교좌는 주교들이 관할 구역의 교회들을 보살피며 지도하고 감독할 권한을 부여받았음을 의미했다. 그래서 주교는 이 자리에 앉아 예배를 드렸고, 성찬식을 집례하고, 주님의 말씀을 선포했다. 초기에 주교좌는 제단 뒤편 중앙에 있었으나 중세 후기 이후로는 제단 앞에 위치한 교회가 많이 있다.

주년(주, 돌, 회)(週年, anniversary) 한 해를 단위로 하여 돌아오는 그날을 세는 단위. 대개 주년이나 주(週)는 시작하는 해를 빼고 계산한다. 예를 들면 1964년 6월 23일에 설립한 교회는 2013년 6월 23일이 되면 50주년이 되는 것이 아니라 49주년이 된다. 이렇게 주년(주)에 해당하는 한글 표기가 '돌'이다. '돌'은 사전적으로 '어느 한 때로부터 만 1년이 되는 날'을 뜻한다. 즉, 태어난 지 2년째 되는 날이 '첫돌'이 된다. 따라서 '주년(주)'은 '돌'과 쓰임새가 같다.

이에 비해, '회'(回)는 사전에서 '몇 번임을 세는 말'을 뜻하는데, 설립한 날을 1회로 계산한다. 따라서 1964년 6월 23일에 교회를 설립했다면 그 날이 제1회 교회 설립일이 되며 2013년 6월 23일은 제50회 교회 설립 기념일이 된다.

주일공과(主日工課, sunday school lesson) 주일학교(교회학교) 학생들(어린이와 청소년)의 신앙 교육을 위해 각 교단의 총회 교육부에서 마련한 성경공부 책자. → '공과'를 보라.

주일학교(主日學校, sunday school) 교회에서 어린이와 청소년들을 대상으로 성경을 가르치고 하나님의 사람으로 길러내기 위해 조직된 학교. 주일에 교회에서 예배를 드리고 성경을 학습하였다. '교회학교'라고도 한다. 연령별 부서 편성과 부서 이름은 교단마다, 교회마다 다소 차이가 있지만 일반적으로 1-3세(영아부), 4-7세(유아부, 유치부), 8-10세(유년부), 11-13세(초등부), 14-16세(중등부), 17-19세(고등부), 대학부, 청년부, 장년부, 노년부 등으로 구분된다. 교장은 담임목사가, 부장은 대개 장로(혹은 장립집사)가 맡는다.

한편, '주일학교'란 표현은 우리나라 선교 초창기에 교회 교육이 대부분 주일에 이루어진 데서 유래한다. 근래에는 주일뿐만 아니라 평일에도 교회 교육이 이루어지는 추세이기 때문에 많은 교단들에서 주일학교를 '교회학교'로 부르고 있다.

■**주일학교 역사**(主日學校 歷史) – 최초의 주일학교는 1780년 7월에 영국의 신문 발행인인 로버트 레익스(Robert Raikes)가 글로세스터에 주일학교를 설립함으로써 시작되었다.

처음에는 남학생들로만 모임을 가졌으나 점차 여학생들에게로 확산되었고, 주일학교에서는 읽기, 쓰기, 요리(교리)문답을 학습하였다. 이런 운동은 영국 전역으로 퍼져나가 유럽과 북미 대륙에까지 널리 알려지게 되었다. 미국에서는 1790년 필라델피아에 주일학교협회가 생겨 본격적으로 주일학교 운동이 보급되었다.

■**우리나라 주일학교의 역사** – 우리나라에서는 1905년 선교사공의회에서 주일학교위원회가 설치되어 주일학교 공과가 만들어졌고, 1913년 덕수궁에서 제1회 조선주일학교대회가 개최되었다. 또 1921년 11월 1일에 열린 제1회 전국주일학교대회에서는 5천여 명이 모여 성황을 이루면서 본격적으로 교회마다 주일학교를 두게 되었다. 이후 주일학교는 복음 전도와 하나님 나라 확산에 가장 큰 부분을 차지하게 되었고, 한국교회 성장의 원동력이 되었다.

주일학교 교사(主日學校 敎師, sunday school teacher) 주일학교에서 성경을 가르치고 양육하는 선생. 주일학교 교사는 자신이 맡은 아이들에게 구원의 말씀을 바르게 가르치기 위하여 마땅히 성경을 연구하고 묵상하며 기도함으로 힘써 준비해야 한다. 또 문제 있는 아이들을 권면하고 심방하는 등 정성을 다해 보살펴야 한다. 무엇보다 교사는 아이들이 어려서부터 바른 예배를 드릴 수 있도록 먼저 예배의 모범을 보이고 또 그렇게 지도해야 한다.

이를 정리하면 주일학교 교사는 ① 신앙의 사람으로 거듭난 사람, ② 사명감에 불타는 사람, ③ 위로 하나님을 사랑하고 아래로 사람을 사랑할 줄 아는 사랑의 사람, ④ 맡은 일에 충성을 다하는 사람, ⑤ 인내의 사람, ⑥ 끊임없이 배우고 노력하는 겸손한 사람, ⑦ 늘 성경 읽고 기도하는 신실한 사람이어야 한다. '교회학교 교사'라고도 한다.

주일학교 교장(主日學校 校長, sunday

school superintendent) 주일학교 교육 전반을 지도하는 책임자. 주로 담임목사가 주일학교 교장이 된다. 주일학교 교장은 ① 주일학교 예배가 정해진 시간에 시작되는지, ② 각 반 교사와 학생이 질서를 유지하는지, ③ 학생들이 믿는 마음으로 성경공부에 열중하고 있는지, ④ 경건한 태도를 가지는지 살피며 쉼없이 지도해야 할 의무가 있다. 오늘날 이 일은 주일학교 교장이 임명한 각 부서의 지도 교역자(전도사 혹은 교육목사)와 부장에 의해 이루어진다. '교회학교 교장'이라고도 한다.

주임목사(主任牧師) 예수교대한성결교회에서 '위임목사'(담임목사)를 가리키는 말. 사무연회(장로교회의 공동의회)에서 출석회원 3분의 2 이상의 청빙 찬성 투표를 받아 지방회(장로교회의 노회)의 허락으로 위임식을 거행하고 취임한 목사. 교회의 목사직에 관한 모든 권한을 위임받은 목사다.

준목(準牧, pastor in trainee) 대한예수교장로회(합동)의 '강도사'에 해당하는 한국기독교장로회의 직분. 당회나 제직회의 결의로 청빙을 받아 시무하는 유급 교역자. 무흠 입교인으로 5년을 경과한 자로서 교단(한신대학교) 신학 전문대학원을 졸업하거나 동등한 과정을 이수하고 2년간 목사후보생 수련과정을 마쳐야 한다.

준직원(準職員) 정식 직원이 아니고 예비 직원에 준하는 자. 교회의 직원은 아니나 직원에 상응하는 직분. 강도사와 목사후보생이 여기 속한다. 준직원은 당회의 관리를 받지만 직무상으로는 노회 관리 아래 있다. 즉 개인적 신분은 당회에 소속된 교인으로서 교적이 당회에 있지만 소속은 노회에 있다는 말이다. 참고로, 교회 직원에는 항존직원과 임시직원이 있다. → '교회 직원'을 보라.

준회원(準會員) ① 감리교회에서 '연회 준회원'을 가리키는 말. 신학대학교를 졸업하고 일정 기간 본처전도사로 시무한 전도사들이 지방회의 추천을 받아 연회 준회원이 된다. 4년 과정을 마치면 연회 정회원이 되는데, 보통 준회원 2년 동안은 전도사로 시무하고 3년이 되면서 연회에서 목사안수를 받아 연회 정회원이 된다. 연회에 참석하고 발언권만 있다. ② 기독교대한성결교회에서는 2년 이상의 무임목사나 담임전도사, 28세 미만의 군목과 선교사를 가리킨다.

중등부(中等部, junior high department) 중학생을 대상으로 편성된 교회학교의 한 부서. 자아가 형성되고 신체 발육이 왕성한 시기이기 때문에 거기에 맞는 신앙 교육 프로그램을 마련하는 것이 필요하다. 따라서 성경 인물을 중심으로 한 설교나 레크레이션 활동을 통한 신앙 인격 교육도 중요하다. 또 기초적인 교리(소요리문답 등) 학습을 통해 신앙의 기본을 체계 있게 학습하는 것도 놓치지 말아야 할 필수 과제다.

중벌(重罰) 기독교대한성결교회의 독특한 책벌. 징계 기간이 경과했지만 회개의 증거가 없는 자에게 치리회가 재심 연장처리를 하고 재범하였을 때 내리는 형벌(징계법 제5조).

즉결처단(卽決處斷, summary conviction) 증거 조사 없이 범죄 사건의 사실 여부를 헤아려 유죄·무죄를 판단하는 재판 행위. 권징조례에 의한 일반적이고 통상적인 재판 절차 없이 약식으로 재판하는 규례.
대략 3가지 경우가 여기 해당된다. ① 재판석상에서 범죄하였을 경우 : 이는 재판관들이 범죄 사실을 직접 목격했으니 굳이 증거를 조사할 필요가 없다. ② 자기가 범죄한 사실을 스스로 자복하는 경우 : 이는 남을 해치기 위한 진술이 아니고 벌 받을 것을 각오하고 자기 범죄 사실을 자복하는 것이므로 사실로 믿기에 충분하다 할 수 있다. ③ 예배에 장기간 불참하거나 이명 없이 이주하는 등의 경우 : 이는 곧바로 처결하지 않는 것이 오히려 치리회의 직무유기라고 할 만큼 온 교회에 널리 알려진 범죄다. '즉결처리', '즉석 재판'이라고도 한다.

즉결처리(卽決處理, summary conviction) 대한예수교장로회(고신)에서 사용하는 표현이다. 일명 '즉결처단.' → '즉결처단'을 보라.

즉석 재판(卽席 裁判) '즉결처단'(합동)이나 '즉결처리'(고신)와 같은 뜻이다. 이 경우 즉석 재판에 회부된 자는 그 재판에 대해 2일 이상의 연기를 청구할 권리가 있다. 한국기독교장로회의 헌법

용어다. → '즉결처단'을 보라.

증거 재판주의(證據 裁判主義) 범죄 사실의 인정은 증거에 따라야 한다는 주의. 특히, 적법한 증거 조사의 절차를 거친, 증거 능력이 있는 증거에 따라 재판해야 한다는 주의다.

증거조 규례(證據調 規例) 증인의 자격에 대한 규정. 즉, 증인으로 받아들일 수 없는 자에 대한 규정. 증인으로 채택하지 말아야 할 자는 다음과 같다. ① 하나님의 존재를 믿지 않는 자. ② 종말에 있을 최후 심판에 의한 상벌을 믿지 않는 자. ③ 증인 선서의 책임성을 이해하지 못하는 자.

증거조사위원(證據調査委員, investigating committee) 재판회가 원고나 피고의 청원을 받아들여 증거를 조사하기 위해 선정한 위원. 소속 교단의 목사와 장로로 구성된다. 위원들은 정한 장소와 시일에 사건 관계자들을 소환하여 다양한 방법으로 조사하고 보고서를 작성한 뒤 위원 일동이 연서 날인한 후 재판회 서기에게 제출한다. 이 자료는 재판회가 참작하되 채용 여부는 전적으로 재판회 결정에 달려 있다.

증경(曾經) '일찍 증'(曾), '지낼 경'(經)이 결합된 말. 시간이 좀 오래 경과된 것을 나타낸다. 한자대사전에는 '일찍이', '이전에 겪은'으로 정의하고 있다. 이 말은 시간을 나타내는 부사로서, 중국어에서 동사 앞에만 사용될 뿐 우리나라에서 일반적으로는 사용되지 않는다.

그런데 한국 교계에서는 1910년 제4회 독노회 때 '증경회장'이란 명칭이 처음 사용되었고, 1921년 제10회 총회시 정식으로 가결되어 오늘날까지도 '증경 총회장', '증경 노회장' 등으로 사용하고 있는 실정이다. 하지만 문법적으로 '증경'은 명사 앞에서는 결코 쓸 수 없다. 그러므로 '증경'은 '전'(前), '전임'(前任) 등으로 고쳐 사용하는 것이 어법에도 맞고 의미도 분명하게 전달될 수 있을 것이다. →[1. 교회 일상 용어]에 '증경회장'을 보라.

증경 총회장(曾經 總會長) 과거에 총회장을 역임한 자. 특히 바로 한 회기 전에 총회장을 역임한 자는 따로 '직전'(直前) 총회장'으로 호칭하기도 한다. → '증경'을 보라.

지교회(支敎會) 교단에 속한 노회 산하의 각 교회. 지교회를 설립하려면 전용 예배처와, 일정한 수의 세례교인(장년 신자)과 전담 교역자가 있어야 한다. 이 요건이 갖추어지면 노회에 청원하여 허락을 받는다. 이렇듯 지교회의 설립권은 지교회에 있는 것이 아니라 노회에 있으며, 따라서 노회가 줄기라면 지교회는 가지와 같은 입장에 있기 때문에 '지교회'란 명칭이 붙었다.

한편, 지교회는 예수를 믿는다고 고백하는 자들과 그 자녀들이 일정한 장소에서 합심하여 하나님을 경배하며, 성결하게 생활하고, 예수 그리스도의 나라를 확장하기 위해 성경의 모범대로 연합하여 교회 헌법에 복종하며, 시간을 정하여 공동 예배로 회집한다는(행2:47) 특징이 있다. 일명 '개체교회', '개교회'라고도 한다.

지도원리(指導原理) 사회적 혼란기 때 총회가 교회와 성도의 신앙을 바르게 지도하기 위해 제정한 지침. 6.25 전쟁 후 종교계가 혼란한 틈을 타서 사교(邪敎)가 횡행하던 때인 1965년 9월 20일 서울 새문안교회에서 회집한 대한예수교장로회 제41회 총회에서 발표한 지도원리는 다음과 같다.

1) 정치 : 대한예수교장로회 교인으로 조직된 단체는 소속 치리회의 승인을 받지 아니하면 집회와 헌금을 할 수 없다.

2) 교리 : ① 신자 중에 직접 계시를 받았다고 하는 것은 탈선할 우려가 있으며 계시와 영감은 다르다. 현재 우리는 영감을 받을 수는 있으나 이것도 성경에 불합한 것은 인정할 수 없다. ② 은혜는 병 고치고, 방언하고, 떠드는 것이 아니다. 그보다 더 큰 은혜는 구원의 도리를 전하는 것인데 교회의 평화를 유지하고 사랑의 덕을 나타내고 겸손한 생활과 교회 질서를 유지할 것이다.

3) 예배모범 : ① 신도들이 모여서 찬송, 기도, 성경낭독, 설교의 순서를 가지는 것은 곧 예배니 부흥회도 여기에 준하여 예배모범에 지시한 대로 단정 엄숙 경건하게 할 것이요 성경에 위반되지 않게 하라. ② 부흥회에서 찬송, 기도하는 것도 예배모범에 준하여 하되 박수치는 것, 북치는 것, 공연히 안수하는 것을 삼가기 바란다. ③ 피 가름, 향취, 악취 등은 성경에 근거할 수 없다. 그러므로 교

인들은 여기에 현혹되지 말고 고린도 교회처럼 문란한 일이 생기지 않도록 주의하라.

　4) 신앙운동 : 신앙운동은 복음을 전파하며 생명을 구원하는 것이 그 목적이즉 선전과 헌금과 박수와 병 고치는 데 치중하는 것은 신앙운동의 건전성을 방해할 우려가 있으니 삼가기 바란다.

지방감리사(地方監理師, district superintendent) 감리교회 지방회의 행정 처리자며 영적 지도자. 임명된 지방을 순회하며 지방 내 교회의 신령상·행정상 정황을 시찰하고 지도하며 지방회의를 주재한다. 연회시 해당 지방 연회 정회원과 평신도 연회 대표들이 정회원 목사가 된 지 10년 이상 된 자 중에서 선출하며 감독이 임명한다.

지방회[1](地方會) 감리교회의 치리회 중 하나. 장로교회의 '노회'에 해당한다. 23개 이상의 구역과 10명 이상의 연회 정회원이 모여 한 지방회를 설립할 수 있다. 회원은 지방회에 속하는 연회 회원(정회원, 준회원, 협동회원), 서리담임자, 전도사(수련목회자, 군목 및 선교사 후보), 장로, 각 구역 평신도 대표 등으로 조직된다. 지방회의 의장은 '감리사.' 지방회에서는 주로 장로 심사 및 안수와 파송, 연회 준회원 추천, 고소 사건 심사, 각 교회별 부담금 배정, 교역자의 사역 보고, 지방분할 건의안 심의, 연회 대표 선출 등의 사무를 처리한다.

지방회[2](地方會, district) 기독교대한성결교회의 정치 기관 중 하나. 장로교회의 '노회'에 해당된다. 총회에서 정한 행정구역 내의 10개 이상 당회가 포함된 30개 이상의 지교회로 조직된다. 회원은 지방회에 등록된 모든 목사와 지교회 대표장로로 구성된다. 관내 전도 및 교회의 발전사업, 교회 신설 및 통폐합, 장로 시취(試取, '시험') 등의 사무를 처리한다.

지방회장(地方會長) 기독교대한성결교회에서 지방회를 대표하는 자. 지방회에서 결의된 사항을 집행한다. 장로교회의 '노회장'으로 볼 수 있다.

지시위원(指示委員) 총회나 노회 등에서 원활한 회의 진행과 사무 처리를 위해 공지 사항을 총대들에게 전달하는 자. 곧, '광고위원.'

지역노회(地域老會, regional presbytery) 장로교회에서 '무지역노회'에 상대되는 표현. 지역을 연고로 하여 구성된 노회를 말한다. → '노회', '무지역노회'를 보라.

직무정지(職務停止) 직분은 그대로 유지하면서 일정 기간 직무 수행을 정지하는 행정처분. 유기정지와 무기정지가 있다. 한편, 유기정지의 경우 그 기간이 지나면 자동으로 시무하나 무기정지는 시무정지를 한 치리회가 시무를 결의할 때 직무가 원상 회복된다.

직무해임(職務解任) 직분은 유지되지만 직무 수행을 할 수 없게 되는 것을 말한다. 따라서 장로가 해임되면 무임장로가 되며 위임목사가 해임되면 무임목사가 된다. 이 경우 다시 시무하려면 무임목사가 시무목사, 또는 무임장로가 시무장로가 되는 절차를 밟아야 한다.

직원회(職員會) 성결교회에서 목사, 장로, 전도사, 전도인, 안수집사, 권사, 집사, 권찰로 조직된 회의체. 장로교회의 '제직회'에 해당한다. 정기 직원회와 임시 직원회로 구분되며, 회원 과반수의 출석으로 개회하나 당회가 조직된 교회에서는 출석회원으로 개회할 수도 있다.

직할 심리(直轄 審理) 행정치리회가 권징치리회, 즉 재판회로 변격하여(바꾸어) 직접 재판권을 행사하는 것을 말한다.

진술서(陳述書, statement) 진술을 기재한 서류. 피해를 입은 자가 재판국에 고소하기 전에 상대방에게 마태복음 18장 15-17절의 교훈대로 권고했음을 진술하는 서류다. 고소하는 자는 고소장과 죄증설명서 외에 반드시 진술서를 함께 갖추어야 한다. 이는 할 수 있으면 송사(소송)를 피하고 화해를 추구하는 것이 기독교인의 참된 정신이기 때문이다.

집사(執事, deacon) 교회의 택함을 받아 제직회의 회원이 되며, 당회의 지도와 협력하에 교회에 봉사하고 헌금을 수납하고, 구제에 관한 일을 담당하는 자. 집사직은 목사와 장로직과 구별되는 직분으로서, 무흠한 남자 교인으로 그 지교회 교인들의 택함을 받고 목사에게 안수 임직을 받는 교회 항존직이다. 흔히 '집사'라고 할 때 서리집사를 가리키는 것이 일반적이나 이는 잘못된 용례이며, 엄격하게 말하면 '안수받은 집사'를 칭하는 것이 맞다.

■**집사의 원어적 의미**(執事- 原語的 意味) - 이에 해당하는 헬라어 '디아코노스'는 '디아'(~을 통하여, 가운데로)와 '코니스'(먼지)의 합성어인 '디아코니스'(먼지 속에서 일함)에서 파생된 말이다. 원래 '노예(종)', '하인'을 뜻했으나 초대교회 이후에는 교회의 봉사자(골1:7,23,25), 또는 사도들을 돕는 자로서 봉사와 구제 사역을 감당하는 직분을 가리켰다(행6:1-8; 빌1:1; 딤전3:8).

■**집사의 자격**(執事 - 資格) - 집사는 성령과 지혜와 믿음이 충만한 자로서(행6:3), 정중하고 일구이언하지 아니하며 술에 인박이지 않고 더러운 이익을 추구하지 않아야 한다(딤전3:8). 그리고 깨끗한 양심에 믿음의 비밀을 가진 자라야 하며(딤전3:9), 한 아내의 남편으로서 자기 집을 잘 다스려야 한다(딤전3:12). 이와 더불어 여자들은 정숙하고 모함하지 않으며 절제하고 모든 일에 충성되어야 한다(딤전3:11). 교회는 이상의 기준에 맞는가를 시험해 보고 집사를 세워야 하며 반드시 책망할 것이 없는 자로 세워야 한다(딤전3:10).

대한예수교장로회(합동) 헌법은 이를 요약하여 이렇게 말하고 있다. "집사는 선한 명예와 진실한 믿음과 지혜와 분별력이 있어 존숭을 받고 행위가 복음에 합당하며, 그 생활이 다른 사람의 모범이 될 만한 자 중에서 선택한다. 봉사의 의무는 일반 신자가 마땅히 해야 할 본분인바, 집사 된 자는 더욱 그렇게 해야 한다"(딤전3:8-13).

■**집사의 연령**(執事 - 年齡) → '안수집사'를 보라.

■**집사의 직무**(執事 - 職務) - 집사는 목사·장로와 협력하여 빈핍하고 곤궁한 자를 권고하며 환자와 갇힌 자와 과부와 고아와 모든 환난당한 자를 위문하되 당회 감독 아래서 행하며 교회가 수금한 구제비와 일반 재정을 수납 지출한다(행6:1-3).

■**집사의 칭호**(執事 - 稱號) - ① 시무집사 : 본 교회에서 임직 혹은 취임을 받아 시무하고 있는 집사. ② 휴직집사 : 본 교회에서 집사로 시무하다가 휴직 중에 있거나 혹은 사임한 자. ③ 은퇴집사 : 연로하여 은퇴한 집사. ④ 무임집사 : 타교회에서 이명와서 취임을 하지 못한 집사. 만 70세 미만인 자는 서리집사를 맡을 수 있고, 본 교회에 전입하여 만 2년이 경과하고 공동의회에서 집사로 피선되면 취임식만 하고 안수 없이 시무집사가 된다.

■**교회사에 나타난 집사** - 사도 시대 이후 교회 내의 주요 사역자 중 하나. 빌립보서 1:1에서도 감독과 함께 언급된다. A.D.250년경에는 집사 직분이 공식적인 성직의 하나로 간주되었다. 그러다 종교개혁 이후 칼빈은 집사를 병들고 가난한 자들에게 말씀을 전하며 봉사하는 중요한 평신도 사역자로 정의하였다. 그 후 1700년경 미국에서는 순회목사가 부득이한 사정이 생길 경우 집사가 교인들에게 영적 지도력을 발휘하였다. 그리고 근대로 오면서 집사는 교회의 재정과 재산 관리 등 교회의 행정과 사무직으로 점점 자리잡게 되었다.

■**한국교회 최초의 집사** - 역사적으로는 1902년 제2회 조선예수교장로회공의회에서 경성 집사 이준오(李俊五) 씨가 회원으로 참석하여 최초로

목사와 집사의 다른 점

① 목사직은 가르치는 직무이나, 집사직은 가르침을 받아 봉사하는 직무이다.
② 목사직은 장로직과 함께 교회를 다스리는 직책으로서 치리하는 직무이나, 집사직은 다스림을 받는 직무이다.
③ 목사는 교회에서 생활비를 받고 일하나, 집사는 보수없이 봉사하는 자이다.
④ 목사는 세상 직업을 가질 수 없으나, 집사는 직업을 가지면서 교회 직분을 가질 수 있다.
⑤ 목사는 전교인을 대상으로 일하나, 집사는 주로 가난하고 연약한 사람을 위해 일한다.
⑥ 목사는 장로와 함께 노회, 대회, 총회의 회원이 될 수 있으나, 집사는 상회 회원권을 가질 수 없다.

회의록에 등재되고 있다.

집사 윤번제도(執事 輪番制度) 침례교회에서 일정한 기간 동안만 시무집사로 봉사하게 하고 그 기간 이후에는 시무를 쉬게 하는 제도. 대부분의 교회가 3년 임기제를 채택하고 있다. 이 봉사 기간이 지나면 시무집사직에서 쉬게 되며, 그 후 만 1년이 지나야 재선될 자격을 갖게 된다.

이 제도의 장점은 다음과 같다. ① 보다 자격 있는 사람을 뽑아 교회를 섬기게 할 수 있다. ② 자격 있는 청장년에게 봉사의 기회를 줄 수 있다. ③ 인기나 연륜보다는 공적을 중시하게 된다. ④ 장기간 직분에 머물면서 일종의 '간부진' 같은 그룹이 형성되는 폐해를 막을 수 있다. ⑤ 열심히 섬기지 않는 사람들을 자연스레 대체할 수 있다.

그러나 ① 꼭 필요한 사람이 집사직을 수행하지 못할 수도 있으며, ② 연로한 자들이 불만을 느낄 수 있고, ③ 재선에서 탈락하지 않을까 하는 불안감도 가질 수 있다는 단점도 있다.

집수례(執手禮, giving the right hand of fellowship) 목사나 장로, 집사의 임직식에서 악수로 축하하는 의식. '치하'하는 의미가 있다(대한예수교장로회합동 헌법 정치 15장 제10조 2항). 한국 최초의 목사 7인을 장립하는 제1회 독노회에서 처음 사용된 표현으로, 오늘날은 '악수례'라 한다. 한편, 악수는 서로 손을 잡고 반가움과 친근감을 나타내는 인사법의 일종이다. → '악수례'를 보라.

징계(懲戒, disciplinary punishment) 부정, 부당한 행위에 대해 제재를 가함. 교회법에서 징계의 목적은 범죄를 방지하고, 거룩한 교회의 신성과 질서를 유지하며, 범죄자에게 회개를 촉구하여 바른 신앙 생활을 하게 하는 데 있다. 모든 징계는 교단 헌법이 정하는 징계법에 따라 이루어져야 한다. 무엇보다 징계의 근본 목적은 '벌'이 아닌 범죄자의 '회복'에 있음을 잊지 말아야 한다.

징계법(懲戒法, law of disciplinary punishment) 기독교대한성결교회에서 징계에 관한 제반 사항을 규정한 법. 장로교회의 '권징조례'에 해당한다. 제1장 총론, 제2장 고소자, 제3장 고소장, 제4장 심판에 관한 규정, 제5장 상소 및 재심, 제6장 해벌 및 복권, 부칙으로 구성되어 있다.

쪽당회(- 堂會) 담임목사는 있으나 시무장로가 없는 당회. 원래부터 장로가 없는 '폐당회'와는 달리 시무장로가 정년이 되어 은퇴하였든지, 어떤 연고로 시무할 수 없게 되어 장로가 없는 경우이다. 담임목사는 총회 총대권과 피선거권을 모두 갖는다. 예장 합동에서는 이 경우 장로를 선출하여 당회를 구성할 수 있도록 2년간의 유예 기간을 준다. → '허위교회', '허위당회'를 보라.

책벌(責罰, punishment) 잘못을 나무라고 벌함. 책벌은 반드시 재판 절차를 거쳐야 하며, 모든 교인이나 직원은 자기를 방어할 권리를 가진다. 장로교회의 경우 재판은 당회 재판, 노회 재판, 총회 재판의 3심제로 이루어진다. 한편, 책벌에는 기한이 정해진 '유기 책벌'과 기한이 정해지지 않은 '무기 책벌'이 있다.

■**책벌의 목적**(責罰 - 目的) - ① 범죄하는 형제들을 바로잡기 위해. ② 다른 사람들을 막아 같은 죄를 범하지 못하게 하기 위해. ③ 교회 전체에 퍼지는 누룩(죄악)을 제거하기 위해. ④ 그리스도의 영예와 복음의 거룩한 고백을 옹호하기 위해. ⑤ 범죄로 인해 교회에 임할 하나님의 진노를 막기 위해. 이상의 목적을 달성하기 위해 주 예수께서는 국가의 위정자와는 구별되게 교회의 직원들에게 교회를 바르게 다스릴 수 있는 권세를 주셨다.

■**책벌의 원칙**(責罰 - 原則) - ① 모든 교인(직원)은 재판을 받아 자기를 방어할 권리를 가진다. ② 재판을 받지 않고는 권징할 수 없다. ③ 재판은 3심제로 하며 제1심은 당회인 치리회에서, 제2심은 노회 재판국에서, 제3심은 총회 재판국에서 관장한다.

■**책벌의 종류**(責罰 - 種類) - ① 권계 : 주의를 촉구하고 충고하는 책벌. ② 견책 : 엄히 책망하고 회개하여 스스로 시정하도록 촉구하는 책벌. ③ 정직 : 신분은 유지하나 직무 수행을 정지시키는 책벌. ④ 면직 : 신분(직분)을 박탈하는 책벌. ⑤ 수찬정지 : 성찬식에 참여하지 못하게 하는 책벌. ⑥ 출교 : 교인명부에서 이름을 제거하고 교회 출석을 금지시키는 책벌. 이 가운데 가장 무거운 책벌인 출교는 끝내 회개하지 않는 자에게만 적용해야 한다.

책하다(責 -, blame, condemn) 남의 허물을 들추어 꾸짖다. '책망하다' 의 준말. 교회법의 권징 조례에 사용된 표현. 책망의 목적은 죄를 깨달아 회개하고 바른 신앙으로 돌아서게 하는 데 있다.

천서검사위원(薦書檢査委員, committee on commissions) 노회에서 올라온 총대들의 자격 유무를 검사하고 명부를 작성하여 총회에 보고하는 위원. 부적격자가 발견되면 본회에 보고하여 처결한다. 서기·부서기·회록서기로 구성된다.

청년부, 청년회(靑年部, youth groups) 20-30세의 결혼 전 청년들을 중심으로 구성된 교회학교의 한 부서. 청년부는 교회학교의 어린이나 청소년 부서(중고등부)와는 달리 역동성이 살아나도록 조직하고 활동하는 것이 중요하다. 따라서 청년부는 주일예배를 제외하고는 청년부 중심의 자율적인 예배가 가능하며, 사역도 교회 봉사나 대사회적 봉사 활동에 역점을 두는 경우가 많다.

또한 청년부 조직은 생성, 성장, 소멸하는 유기체적 성질을 가지고 있기 때문에 지도 교역자는 청년 조직이 무기력해지거나 효율성이 떨어지지 않도록 끊임없는 관찰과 세심한 배려를 통해 탄력적으로 조직을 운영하는 지혜가 필요하다.

그런데 때론 교회의 전통과 질서, 교육과 가치관에 배타적일 수 있고, 청년부 나름의 왜곡된 정서가 자리할 위험성도 배제할 수 없다. 따라서 이들에게 교회의 신앙 전통을 전수해 주고 바른 방향을 제시해 줄 수 있는 담임교사의 역할이 무엇보다 중요하다. 또 바른 성경공부, 곧 하나님의 말씀으로 무장하는 것이 중요함은 두말할 필요도 없다.

이외에도 청년부는 결혼 적령기의 연령층인 만큼 바른 결혼관을 정립하고 남녀간의 교제를 건전하게 지도하는 것 역시 청년부만의 특별한 사역임을 놓치지 말아야 한다.

청년운동(靑年運動, youth movement) 청년들의 조직이나 연대를 통해 자기 발전을 추구하고 사회에 봉사하는 총체적인 연합 활동. 특히 한국에서 청년운동은 기독교의 전래와 밀접한 관계가 있다. 한국 청년운동의 효시로 여겨지는 '협성회' 는 기독교 학교인 배제학당을 중심으로 태동했으며, 이후 대부분의 청년운동 역시 교회 안팎의 기독교 청년 단체와 관련이 깊다. 이 청년운동은 교단 내의 활동과 교단 밖 즉 초교파 청년운동으로 구분할 수 있다. 전자에 속한 청년운동으로는 장로교회의 '청년면려회', 감리교회의 '엡윗청년회'가 있고, 후자에 속한 것으로는 '기독청년회'(YMCA)와 '여자기독청년회'(YWCA)가 있다.

청목(請牧) 타 교단에서 안수받은 뒤 통합 교단 교회나 기관으로 청빙받은 목사. 합동은 '편목.'

청빙(請聘) 부탁하여 부름. 교회법에서 개교회나 총회 산하 기관이 목사를 구하는 행위. 위임목사의 청빙은 대개 당회의 결의와 공동의회 3분의 2 이상의 찬성으로 이루어진다. 그러나 소수라도 당사자의 청빙을 극렬히 반대할 때는 청빙을 연기하고 시간을 두어 권고하는 것이 바람직하다. 한편, 부목사의 청빙은 당회원 3분의 2의 찬성으로(대한예수교장로회고신), 또는 당회의 결의와 제직회의 동의로(대한예수교장로회통합) 이루어진다.

청빙서(請聘書) 목사를 청빙할 때 사용하는 서식. 서식에는 ○○○를 개교회 목사로 청빙하겠다는 내용과 함께 편의를 도모하고 주택과 생활비를 제공하겠다는 서약, 끝으로 날짜와 공동의회장의 서명 날인이 들어 있다.

이때 무흠 입교인 과반수의 서명 날인과 공동의회장의 의견서도 첨부되어야 하는데, 의견서에는 총투표, 찬성표, 반대표, 기권표 수를 상세히 기록하고, 특히 반대자의 형편도 상세히 기록해야 한다. 이렇게 작성된 청빙서는 관할 노회에 제출하여 노회가 청빙받은 목사에게 전달하며, 목사가 이를 접수하면 승낙하는 것이 된다.

청원(請願, memorials, petition, application) 청하고 원함. 국민이 법이 정한 절차에 따라 국가 기관이나 자치단체에 희망 사항을 진술하는 일. 교회법에서는 목사후보생 지원이나 목사 청빙 등을 노회에 요청하거나, 강도사 인허 등을 총회에 요청하는 등 하회(下會)가 상회에 요청하는 제반 행위를 말한다. 이때는 당회장이나 노회장이 함부로 하는 것이 아니라, 당회나 노회의 가결로 당회록 혹은 노회록에 기록된 대로 규칙에 정해진 보고서 양식에 따라 청원해야 한다.

청장년부, 청장년회(靑壯年部) 청년부와 장년부를 통틀어 일컫는 말. 기독교 정신에 입각한 친교·봉사·전도·연구 등 평신도 활동을 통한 복음 전파를 주된 목적으로 하는 교회의 중추적인 부서이다. 보통 20-60세 전후의 남녀로 구성된다.

초등부(初等部, junior department) 초등학교 4-6학년의 고학년으로 구성된 주일학교(교회학교)의 교육부서 중 하나. 과거에는 초등학교 부서를 이분하여 1-3학년(유년부)과 4-6학년(초등부)으로 구분하였다. 근래에는 학년간에 지적 정도와 발육의 차이가 커서 1-2학년(유년부), 3-4학년(초등부), 5-6학년(소년부)으로 더 세밀하게 구분하는 교회들이 많다.

아무튼 이 시기는 어린이들의 자아가 형성되는 때인 만큼 세속 문화로부터 기독 어린이요 하나님의 자녀로서 성경적 가치관을 형성할 수 있는 바른 초석을 놓는 교육 프로그램들을 개발하는 것이 필요하다. 특히 이 시기의 어린이들은 유치부나 유년부에 비해 말도 많아지고 활동도 왕성하며 흉내내기를 잘하는 경향이 있기 때문에 프로그램 편성시 이런 나이의 특성을 고려하는 것도 놓치지 말아야 할 부분이다.

초심(初審, the first trial) 소송 사건의 첫 번째 심리. 제일심(第一審). 장로교회의 경우 당회, 노회, 총회 재판의 3심으로 구성되어 있으며, 이 경우 초심은 당회 재판이 된다. 이에 비해, 제일 마지막 재판은 '종심'(終審)이라 하는데 총회 재판이 여기 해당된다.

총대(總代, principal commissioners) 전체의 대표. 즉 '대의원'이란 뜻. 노회총대와 총회총대가 있다.
① 노회총대 : 모든 장로는 당회 회원이지만 노회 회원은 아니다. 따라서 치리장로가 노회 회원이 되려면 당회에서 노회총대로 피선되고, 노회 서기가 호명해야 비로소 노회 회원권이 주어진다. 그리고 장로를 호명할 때에는 "장로총대를 호명하겠습니다."가 맞는 말이다. 그러나 이는 개회성수를 점검하기 위한 첫 호명 때에만 그렇고, 일단 이렇게 호명하여 장로총대가 노회 회원이 된 후에는 (첫 호명 이후로는) '장로회원'이라 해도 무방하다. 참고로, 지교회 시무목사와 기관 파송 목사는 노회의 회원이기 때문에 굳이 별도의 총대권이 요구되지 않는다. 이에 비해, 그밖의 목사는 언권회원이 되며 총대권이 없다.
② 총회총대 : 노회를 대표하여 총회에 파송되는 목사와 장로를 가리킨다. → '총회총대'를 보라.

총대권(總代權, representative) 총대가 갖는 권리. → '총대'를 보라.

총대 여비(總代 旅費, mileage) 총회나 노회에 대표로 참석하는 자들에게 지급되는 교통비. 거리에 비례하여(pro rata) 지급되었다. 총회총대의 여비는 해당 노회에서 지급한다.

총대장로(總代長老) 목사 회원과 함께 노회를 구성하는 장로. 당회에서 노회총대로 피선되고 노회에서 서기가 호명할 때 비로소 노회원으로서 총대의 자격이 발생한다. → '총대'를 보라.

총리사(總理師) 오늘날 기독교대한감리교회의 행정 수반인 감독회장에 해당하는 초창기의 직책. 초대 총리사는 양주삼 목사.

총리원(總理院) 1930년부터 1978년까지 기독교대한감리회 교단 본부를 일컫던 말. 1930년 미국 남감리회 한국연회와 미국 북감리회 한국연회가 합동하여 한국 감리회를 창립하고 교회 행정을 총괄하기 위해 세운 기관. 감리회의 신앙과 교리, 조직과 제도, 입법과 행정의 기본법을 제정하고 역사적인 감리회의 신앙과 전통을 보존하며 교회의 질서를 유지함으로 교회를 부흥 성장케 한다는 목적으로 설립되었다.
1978년 이후 '본부'라는 호칭으로 바뀌었다. 오늘날 감리교 본부는 감리회의 각종 정책 수립과 행정, 선교, 교육, 평신도 사업, 유지재단, 은급재단, 태화복지재단, 사회복지재단, 장학재단의 관리 및 출판 업무 등을 집행한다. →[5. 교파 및 역사 용어] '감리회'를 보라.

총무(總務, manager, director) 어떤 기관이나 단체에서 전체적이며 일반적인 사무, 또는 그 사무를 맡은 사람. 교회법에서 총무는 총회장의 지도하에 총회에서 위임한 업무를 관장하며 각 국을 책임지고 운영하는 사람을 가리킨다. 그러나 총무는 총회 임원은 아니며 사무직원으로, 규칙에 따라 임원회의 언권회원이 되는 것이 일반적이다. 또 총무는 교단 업무를 평가하여 총회에 제출하고 교단 발전을 위한 정책을 수립하기도 한다.

총무의 선출과 임기에 대해 기독교대한성결교회는 "소속 지방회에서 목사 안수 15년 이상 된 자를 추천하며 총회에서 재적 과반수의 찬성으로 선출하고 임기는 3년으로 하되 1차 중임할 수 있다. 다만 5년 이내에 정직 이상의 징계를 받지 않은 자라야 한다."고 규정하고 있다.

총무의 자격과 선출 방식, 임기에 관한 법은 교단마다 차이가 있으나 대체적으로 신앙과 연륜이 있고 책벌을 받지 않은 무흠한 목사를 총회 석상에서 선출하는 방식이 일반적이며, 임기는 보통 3-5년으로 중임을 허용하는 교단이 많다.

총사제(總司祭) 성공회에서 교무구를 관할하는 사제. 교무장이 임명하며 교구장의 지시에 따라 교무구 내의 사목에 관한 일을 보좌한다. 또 교무구 내의 관할 사제 가운데 신병이나 출장으로 주일 성체성사(성찬예식)를 집전하지 못할 경우 이를 대행한다. 사제가 된 지 5년을 경과해야 자격이 주어지며, 임기는 2년이다.

총유(總有) 하나의 물건을 여럿이 공동으로 소유하는 공동 소유의 한 형태. 재산의 관리·처분의 권능은 공동체에 속하고, 그 사용 수익 권능은 각 구성원에 속하는 소유 형태를 말한다. 특히, 교회의 재산은 교인들의 총유 재산으로 본다.

총재(總裁, **president, governor**) 사무를 총괄하여 결재하는 일. 또는 그렇게 하는 사람. 일반적으로 국가나 국제 사회의 공인된 공공 기관에서 직무상의 최고 결재권자를 가리킨다. 예를 들면, IMF(국제통화기금) 총재, WB(세계 은행) 총재 등이 있다.

그런데 교회나 교계 단체들은 상하 수직 구조를 가진 공기업체나 행정 관청이 아니라 예수 그리스도를 머리로 하는 수평 구조의 협의체적 성격이 강하다. 이런 교계 모임에서 세속적이며 권위적인 '총재'라는 호칭은 맞지 않다. 따라서 그 모임이 회의체이면 '회장', 위원회이면 '위원장'으로 부르는 것이 좋다.

총찰(總察, **superintendency**) 총괄하여 살피거나 보살핌. 교회법(헌법)에서는 노회가 교회를, 총회가 소속 치리회(노회) 및 산하기관을 방문하여 지도하고 살피는 사역을 가리킨다. '총찰'은 잘못된 표기다. → '시찰'을 보라.

총회(總會, **general assembly**) 교회(특히 장로교회)의 최고 치리기관이며 의결기관. 모든 지교회 및 치리회의 최고회.

① 장로교회 총회 : 각 노회에서 파송한 목사와 장로를 동수로 조직하고 총대는 각 노회 지방의 매 7당회에서 목사 1인, 장로 1인씩 파송하되 노회가 투표 선거하여 개회 2개월 전에 총회 서기에게 송달하고 차점순으로 부총대 몇 사람을 정해 둔다(총회의 조직은 교단마다 차이가 있다). 그리고 전국 노회수 과반의 참석과 회원(목사총대와 장로총대) 각 과반수의 출석으로 개회한다. 주로 9월 중순(셋째 주간)에 소집된다. → '총대'를 보라.

② 감리교회 총회 : 목사 대표들과 그와 같은 수의 평신도 대표들로 조직하되 1,500명 이내로 하며, 그 선택 방법은 총회가 정한다. 총회는 회장 1인(감독회장)과 총회가 닫힌 동안의 일을 처리할 실행부 위원회와 교회사업의 필요에 따라 '국'을 설치한다. 회의는 매 2년마다 9, 10월 중에 개최되고 '감리회장'이 의장이 된다.

③ 성결교회(기성) 총회 : 각 지방회에서 선출한 대의원 목사와 장로 동수로 조직하고 세례교인 800명 당 각각 1인씩 파송한다. 총회는 정기와 임시 둘로 구분되는 것이 타교단과 다르다. 정기총회는 매년 6월에 대의원 과반수의 출석으로 개회하며, 임시총회는 임원회의 필요시 또는 회원 3분의 1 이상의 연서 청원으로 총회장이 소집한다.

■총회의 **직무**(總會 – 職務) – 총회는 ① 소속 교회 및 치리회의 모든 사무와 그 연합 관계를 총찰하며, ② 하회에서 합법적으로 제출하는 헌의와 청원과 상고와 소원과 고소와 문의와 위탁 판결을 접수하여 처리하고, ③ 각 하회록을 검열하며, ④ 헌법의 제정, 개정 및 해석할 전권을 가진다. 또 ⑤ 교회의 분쟁을 수습하며, ⑥ 산하 각 교회 간에 서로 연락하고 친교를 도모한다.

총회 본부(總會 本部, office of the general assembly) 총회가 회집되었다 폐회된 후 교단의 상설 업무를 집행하기 위해 조직된 행정 기구. 따라서 엄격하게 말하면 '총회 본부'란 표현보다 '교단 본부'가 맞다. 실제로 총회는 치리회의 최상급 기구이며 그 자체가 회의체이기 때문에 총회장의 폐회 선언 이후에는 다음 회기 총회 개회 전까지 총회의 의결 기능이 사라진다. 그러므로 회의체 본부란 실체는 존재하지 않고 오직 총회 결의와 업무를 처리하기 위한 행정 기구로서의 조직만 요구된다. 많은 교단이 '총회 본부'란 표현을 쓰고 있으나 감리교회는 '감리회 본부'라 호칭한다.

한편, 각 교단별 교단(총회) 본부 조직을 보면 다음과 같다(아래 조직은 해마다 총회장에 따라 다소간의 변화가 있다). ① 기독교대한성결교회 : 선교국, 교육국, 사무국, 경리과, 평신도국. ② 기독교대한감리회 : 선교국, 교육국, 사회평신도국, 사무국, 출판국, 연수원, 행정기획실. ③ 대한예수교장로회(합동) : 기획조정실, 사무행정국, 교육진흥국, 출판사업국, 국내전도국, 법인복지국. ④ 대한예수교장로회(통합) : 행정지원본부, 재정부, 국내선교부, 세계선교부, 교육자원부, 사회봉사부, 군농어촌선교부, 훈련원, 남북한선교통일위원회.

총회상납금(總會上納金, apportionment) 교단에게 맡겨진 복음 전파와 각종 사업을 수행하기 위해 하회가 총회에 내는 일종의 의무금. 대개 노회의 규모에 따라 차등 분담된다.

총회유지재단(總會維持財團) 총회의 재산을 보존하고 관리하는 기구. 여기서 총회의 재산이란 총회가 조성하는 재산, 지교회나 노회가 증여하는 재산, 직속 단체의 재산, 그밖의 개인이나 단체가 기부하는 재산을 통틀어 일컫는다. → '유지재단이사회'를 보라.

총회인준(總會認准) 총회 산하 각 기관·단체에서 한 사업에 대해 총회가 승인하는 일. 국가법에서는 행정부에서 한 일에 대해 국회가 이를 승인하는 것을 말한다(approval of the National Assembly).

총회장(總會長) 총회의 의장. 그 회(총회)가 허락하여 준 권한 안에서 회원으로 하여금 회칙을 지키게 하고 회석의 질서를 정돈하며 개회·폐회를 주관하고 순서대로 회무를 지도하는 권한을 가진다. 따라서 총회장은 총회가 파회하기 전 회무 중에 권한을 행사할 수 있으며 파회한 후에는 총회장이란 상징적 이름만 가질 뿐 파회 후에 발생하는 사건에 대해서는 일절 취급할 권한이 없다. 다만, 총회가 파했을지라도 총회가 결의하여 맡긴 사항(총회 수임사항)은 처리할 권한이 있다.

최초의 한국인 총회장

1907년 평양 장대현교회에서 창설된 예수교장로회 대한노회(독노회)는 5회까지 지속되었는데 이 때 회장은 모두 선교사들이었다(1회 마포삼열, 2회 기일, 3회 원두우, 4회 기일, 5회 아눌서). 1912년 9월 평양신학교에서 창설된 총회에서도 3회까지는 선교사들이 총회장을 맡았다(1회 원두우, 2회 왕길지, 3회 배유지). 그 후 1915년 9월 전주 서문밖교회에서 회집된 제4회 총회 때 비로소 김필수(金弼秀, 1872-1948년) 목사가 한국인 최초로 총회장이 되었다.

김필수 목사는 1872년 7월 경기도 안성군 삼죽(三竹)면 죽산리의 부유한 가문에서 출생했다. 일찍이 청운의 꿈을 품고 서울로 올라 왔으나 때마침 일어난 갑신정변의 지도자인 박영효 등과의 교분으로 일본 고베로 망명을 갈 수밖에 없었다. 귀국한 뒤 언더우드 목사의 추천으로 선교사 레이놀즈(W. D. Reynolds) 목사의 어학선생이 되어 전주에 머물렀다. 이후 상경하여 1903년 황성기독교 청년회가 창립될 때 선교사들의 추천으로 12명의 창립이사 중 한 사람이 되었다. 다시 전주에 내려가 완산교회의 장로가 되고 1909년 평양장로회신학교를 졸업(제2회)했으며 진안, 무주, 장수 등지와 군산에 개척전도사로 파송된 후 군산 개복동교회 목사로 시무하였다.

1915년 장·감 두 교파가 연합하여 〈기독신보〉를 창간할 때 편집인이 되었고 1919년 3·1 운동 당시에는 〈기독신보〉의 주필로서 또한 YMCA의 지도자로서 언론 및 강연 등으로 계몽활동을 전개하였다. 일제 말기 완전히 은퇴 생활을 하다가 1948년 10월 30일 별세했다.

총회재판국(總會裁判局) 치리회와 교단 산하 기관에서 발생한 분쟁 등 재판 사건을 최종 판단하는 기구. 재판국의 개회 성수는 대개 부원 3분의 2 이상으로 하며, 의결은 재판국원 재적 3분의 2 이상의 출석과 출석 인원 과반수의 찬성으로 한다. 총회재판국 판결은 총회가 보고를 받을 때까지는 예비적 심의 판결로서 총회가 채용할 때 구속력을 가지고 확정되어 집행된다.

사건의 유무에 관계 없이 항시 구성되어 있기 때문에 '상설재판국'이라고도 한다. 이에 비해, 노회재판국은 위탁된 재판 사건이 종료되면 조직체도 소멸되기 때문에 '임시재판국'이라 한다.

■**총회재판국의 구성 및 임기** – 교단마다 차이가 있으나 일반적으로 목사 8인, 장로 7인으로 하여 15인으로 구성하며(합동, 통합, 기장 / 고신은 21명) 임기는 3년으로 하고, 매년 총회에서 3분의 1씩 개선한다. 또 재판국 임원인 국장과 서기, 회계는 국원의 호선(互選)으로 선임한다.

국장은 재판을 진행하고 재판 사무를 지휘·감독한다. 서기는 재판의 진행 사항을 회의록에 기록하여 보관하고 재판 사무를 관장한다. 회계는 재판국의 회계 업무를 주관한다.

■**총회재판국에서 취급하는 사건** – ① 노회재판국 판결에 대한 상소 사건 및 이의(불복) 신청 사건. ② 헌법이 정하는 행정 쟁송 사건. ③ 노회 기소위원회의 불기소 결정에 대한 재항고 사건. ④ 기타 총회재판국 권한에 속한 사항.

총회총대(總會總代, commissioner) 노회를 대표하여 총회에 파송되는 목사와 장로. 따라서 노회총대가 아닌 장로는 총회총대가 될 수 없고, 언권회원 역시 피선거권이 없기 때문에 총회총대가 될 수 없다. 총회총대는 교단 총회의 정책을 수립하는 입법 기능과 재판국의 보고를 받는 사법 기능까지를 수행한다. 또 교단 신학과 신앙, 곧 교단 정체성에 관한 결의도 총대에 의해 이루어지기 때문에 총회총대의 역할은 매우 중요하다.

한편, 총대의 임기는 총회가 개회하여 총회서기가 호명하면서부터 시작되어 총회장이 파회를 선언함으로써 끝난다. 따라서 총대 임기는 총회 회기에 국한된다. 그리고 총회총대는 원총대와 부총대로 구분된다. 원총대는 총회에 파송되는 정식 총대를, 부총대는 총대 중 유고가 생길 때를 대비하여 차점순으로 미리 정해둔 예비총대를 말한다.

■**총회총대의 선출** – ① 대한예수교장로회(합동)는 1907년 제6회 총회 이후 매 7당회에 목사·장로 각 1인을 파송하는데, 총회 개회 전 6개월 이내의 정기노회에서 선택한다. ② 대한예수교장로회(고신)는 5당회에 목사·장로 1인씩을 동수로 선정하거나 아니면 입교인 900명 당 목사·장로 1인씩을 파송하는 두 경우 중 하나를 택하여 총회총대를 투표로 선택하고 득표순으로 부총대 약간명을 선정한 후 총회 개최 2개월 전에 총회 서기에게 명단을 제출한다. ③ 대한예수교장로회(통합)는 각 노회 당 목사·장로 4인을 기본수로 배정하고 나머지는 무흠 입교인 비율에 따라 목사·장로 동수로 배정하되 회원 총수는 1,500명 이내로 한다.

총회 특별심판위원회(總會 特別審判委員會) 대한예수교장로회(통합)에서 총회재판국을 일컫는 표현. 총회의 상임 부장과 상임위원장으로 조직된다. 재적 3분의 2 이상의 출석과 출석인원 과반수의 찬성으로 의결한다. 회기가 끝나면 위원회는 자동 해체되고 총회 임원회는 새로 선임된 상임 부장과 상임 위원장으로 특별심판위원회를 다시 구성한다. → '총회재판국'을 보라.

총회 특별재판국(總會 特別裁判局) 총회 보고에서 부결된 총회재판국 사건을 맡아 심리·판결하는 특별 기구. 국원은 총회에서 선임하고 임기는 위임받은 사건이 처리·보고될 때까지로 한다. 따라서 총회재판국의 판결 없이 바로 특별재판국을 설치하는 것은 불법이다. 한편, 대한예수교장로회(통합)는 특별재판국을 구성할 때 반드시 법조인 1인 이상을 선임하도록 규정하고 있다.

총회 휘장(總會 徽章) → '휘장'을 보라.

촬요(撮要) 폐회 후 회의 중 결정된 주요 결의 내용을 발췌하여 모아 기록한 소책자.

추기경(樞機卿, cardinal) 로마 가톨릭에서 교황을 보좌하는 최측근 고위 성직자. 교황이 선임하며 교황청의 성성(聖省), 장관 등 요직을 맡아 교황의 교회 전체 치리를 분담한다. 붉은 의복을 입는다 하여 '홍의주교'(紅衣主教)로도 불린다.

교황을 의장으로 하는 추기경 회의(consistorium)를 구성하고, 공의회(公議會) 의결권과 교황 선출권을 갖는다. 추기경 회의는 교황이 소집하며 ① 추기경만 참석하는 비공개회의, ② 추기경과 주교가 참석하는 반 공개회의, ③ 평신도까지 참석하는 공개회의가 있다. 1971년 바오로 6세 때부터 80세 이상 된 추기경들은 교황 선거권 및 피선거권을 가지지 못하게 연령 제한을 두었다. 현재 전세계에는 188명의 추기경이 있으며 이 중 교황 선출권을 가진 추기경은 110명이다. 우리나라에서는 1969년 김수환 추기경이 아시아 최초로 추기경에 선임되었으며, 2006년 정진석, 2014년 염수정, 2022년에 유흥식 대주교가 추기경에 선임되었다.

추념(追念, lamentation, recollection) 죽은 이를 생각함. 지나간 일을 돌이켜 생각함. 교회법에는 고인의 성경과 찬송을 관에 넣거나 태우는 것은 세상 사람의 법도이므로 잘 보관하여 고인을 추념함이 옳다고 가르친다.

추대, 추대식(推戴式, having a person as head) 윗사람으로 떠받들어 어떤 직책을 부여하는 예식. 주로, 정년이 되어 일선에서 물러나는 목사나 장로의 공로를 인정하고 명예를 존중하여 원로목사나 원로장로로 모시는 행위를 가리킬 때 사용되는 표현이다. 이때 추대식과 같은 특별한 예식은 별도로 갖지 않는다. 왜냐하면 원로목사나 원로장로는 어떤 실무적인 직위에 취임하는 것이 아니기 때문이다. 단지 예우를 다해 퇴임식을 거행하는 정도로 족하다. 원로란 공동의회에서 가결하고 선포하면 그 자리에서 원로가 되는 것이지, 예식(추대식)을 통해서 되는 것은 아니다.

추징(追徵, supplementary charge) 세금 등을 나중에 추가로 물려서 거둠. 형법에서 몰수해야 할 물건을 몰수할 수 없게 되었을 때 그 몰수할 수 없는 부분의 가액(價額)을 물리어 거두는 일. 교회법에서는 범행으로 책벌을 받은 자가 그 범죄로 교회 재산(동산, 부동산)에 대한 부정을 저질렀을 때 병과(倂科)하여 부과하는 기독교대한성결교회의 독특한 책벌이다.

축성(祝聖, consecratio, consecration) 로마 가톨릭에서 사람이나 물건을 하나님께 봉헌하여 성스럽게 하는 행위. 이런 의식을 '축성식'이라고 한다. 준성사(準聖事)의 하나다. 축성은 ① 성찬에서 빵과 포도주를 그리스도의 몸과 피로 변하게 할 때(화체설) ② 사제를 주교로 성성할 때 ③ 성당, 미사용 제구, 종, 교회 묘지 등을 성스럽게 할 때 행한다. 축성되는 사람이나 물건은 성스러운 것이 되기 때문에 하나님을 위한 목적으로만 사용되어야 하고, 세속적으로 사용되어서는 안 된다.

이 의식은 주로 주교에 의해 이루어지며, 기름 붓는 의식이 따른다. 참고로, 로마 가톨릭에서는 축성된 성물을 지니고 있으면 그것을 통해 기도할 때 늘 하나님의 도움을 받을 수 있고 하나님께 대한 신앙을 간직하게 된다고 가르친다.

축조심의(逐條審議, discussing clause by clause) 한 조목 한 조목씩 차례로 심의함. 의안을 한 조항씩 낭독하면서 의결하는 의안 심의 방법 중에 하나. 조문들을 검토하는 데 많은 시간과 노력이 요구되지만 보다 세세한 부분까지 검토할 수 있다는 장점이 있다. 교회법에서 규칙 등을 수정하거나 제정할 때도 이 방법을 사용한다. 국회법상 법사위원회에서도 이러한 축조심의 방법을 채택하고 있다.

춘기 노회(春期 老會, spring presbytery) 봄(4-5월경)에 개최되는 정기노회. 일명 '봄 노회.' 주로 총회총대 선출 등이 이루어진다. 이에 비해, 추기(가을) 노회는 총회가 파한 후 보고 형식으로 이루어진다. 통상적으로 정기노회는 봄, 가을 두 차례 개최된다. 이외에 특별한 사안이 발생할 때 소집되는 임시노회가 있다. 한편, 미국장로교회(PCUSA)는 통상 1년에 4회 정기회로 모인다. → '임시노회'를 보라.

출교(黜敎, excommunication) 교인을 교적에서 삭제하고 교회에서 내어쫓음. 불신자처럼 여겨 제명하고 교회 출석을 금하는 것으로 끝까지 회개하지 않는 중범죄자나 이단에 가입하여 돌아오지 아니하는 자에게 과하는 시벌이다. 출교는 그리스도께서 명령하셨고(마18:15-18), 사도들도 시행하고(딤전1:20) 교훈하여(고전5:11; 딛3:10) 교회 내에서 합의된 형벌이다.

■**출교시의 절차**(黜敎時 - 節次) - ① 교회 앞에서 범죄자를 심리 판결한 전말을 공식적으로 발표한다. ② 범죄자를 교회 안에 둘 수 없는 사유를 마태복음 19장 15-18절, 고린도전서 5장 1-6절에 근거하여 설명한다. ③ 교인들에게 출교당한 자와 교제를 삼가도록 권면한다. ④ 출교자에 대해 선고한다. ⑤ 출교 선고 후 범죄자가 죄를 깨닫고 회개하도록 기도한다.

■**출교자에 대한 선고**(黜敎者 - 宣告) - 출교자에 대한 선고는 일반적으로 다음과 같은 형식으로 이루어진다. "지금 이 교회(노회)의 회원 ○○○씨는 (어떠어떠한) 죄를 범한 고로 여러 번 권면하고 기도하였으나 듣지 않고 회개하는 증거를 나타내지 않으므로 주 예수 그리스도의 이름과 그의 직권으로 본 당회(노회)는 그를 성찬에 참여하지 못하게 하며 성도 중에 교제가 단절된 것을 선고하노라 아멘."

출판부(出版部, **the board of publication**) 총회의 경우, 출판부는 제반 서적을 발간·유통·관리하는 기구다. 총회 산하 교회학교에서 사용하는 공과를 비롯한 교단의 주요 교리집, 신앙 서적 등을 취급한다. 출판부에 소속되어 문서선교를 감당하는 자를 일컬어 '출판부 선교사'(missionary of the board of publication)로 부르기도 한다.

출회(黜會, **excommunication**) 단체나 모임에서 내어쫓음. 헬라어로 '아포쉬나고고스'인데 '회당으로부터'라는 뜻으로, 예수를 믿는다는 이유로 유대인들의 회당에서 쫓겨나는 것을 가리켰다(요12:42). 출교(黜敎). → '출교'를 보라.

취소(取消, **cancellation**) 상급치리회(上級治理會)가 하급치리회의 판결 효력을 소멸시키는 일. 곧, 재판에서 판결의 일종이다.

취임, 취임식(就任式, **inauguration**) 임무를 보기 위해 맡은 자리에 처음으로 나감. 서리집사나 권사와 같은 임시직원에게 직책을 부여하고 직무를 맡기는 일(장로교 통합, 기장은 권사를 항존직원으로 봄). 그래서 권사의 경우 직무를 부여하여 임무를 개시하는 예식을 '취임식'이라 한다. 이에 비해 목사나 장로, 집사와 같이 장립된 항존직원에게 직무를 맡기는 것은 '위임'이라 한다.

취하(取下, **withdrawal**) 신청하거나 제출한 서류를 도로 거두어 들임. 재판에 제기한 소송을 자의로 철회하는 행위를 말한다. 참고로, '취소'는 이전 재판의 판결을 무효로 선언하는 판결이다.

치리권(治理權, **jurisdiction**) 교회를 다스리는 권리. 교회의 신성 유지권 내지는 질서 유지권. 행정치리권(헌법의 정치)과 권징치리권(재판권, 헌법의 권징조례)으로 구분된다.

치리권은 개인이 가지는 권리가 아니고 치리회, 곧 당회, 노회, 대회, 총회가 가지는 권리이다. 따라서 치리권은 합법적이며 성수된 치리회의 결의로만 행사가 가능하다. 그러므로 합법적이며 성수된 치리회의 처결에 의한 치리권 행사 이외의 치리권 행사(예를 들면, 회장의 직권을 빙자한 치리권 행사, 임원회의 치리권 행사, 전권위원회 혹은 조사처리위원회가 치리회 이름을 빙자한 일체의 치리권 행사)는 결국 권원(權原)이 없는 자들의 권리 행사이기 때문에 당연히 무효이다.

결국, 치리권은 치리회에만 있고, 치리회가 아닌 그 어떠한 개인이나 집단이나 기구라고 해도 치리권을 부여하지 않는 것이 장로회 정치의 큰 특징 중 하나다. 지교회 교인들은 자기가 뽑은 치리권자들의 회의에 의해서만 다스림 받을 뿐이다. 이러한 치리권의 성경적인 근거는 "내 양을 먹이라!"고 하신 예수님의 당부에 근거한다(요21:15-17).

치리권자(治理權者) 치리권을 가진 자. 치리권 행사자. 교회 내에서 치리권자는 오직 주님의 뜻을 받드는 종으로서 그분의 뜻을 선언하는 자일 뿐이다. 따라서 치리권자는 회원의 양심을 속박하거나 회원의 권리를 박탈하는 법을 제정한다든지, 이미 있는 법을 잘못 판단하거나 잘못 해석하는 오류를 범하지 않도록 주의해야 한다.

치리목사(治理牧師) 예수교대한성결교회에서 지방회로부터 당회 미조직교회에 파송받은 목사를 가리킨다. 이때 치리목사는 당회의 모든 권한을 가진다.

치리장로(治理長老, **ruling elders**) 목사와

협력하여 교회의 행정과 권징을 수행할 목적으로 교인이 선출하는 교인의 대표자. 단순히 '장로'로 부르기도 한다. 비록 설교와 교훈의 책임은 없지만 각 치리회에서는 목사와 동등한 권한으로 제반 사무를 처리할 권한이 있다(딤전5:17; 롬12:7-8). 이 치리장로는 구약 시대의 '장로'에서 기원한다.

치리장로는 교인이 투표로 선택한 교인의 대표로서, 역시 교인이 투표에 의해 선택한 목사와 더불어 동등한 자격으로 치리회를 구성한다. 다만, 치리장로가 기본교권의 대표자라면, 목사는 치리교권의 대표자라 할 수 있다.

치리회(治理會, judicatory) 예수님의 말씀(마18:15-20)을 좇아 교회(교인)를 다스리고 바르게 세우기 위한 장로교회의 정치 조직(고전14:40). 당회, 노회, 대회, 총회로 구분하며, 모든 치리회는 교회의 대표인 목사와 교인의 대표인 장로로 구성된다. 치리회 중에 당회와 노회는 매년 1차 이상, 총회는 1년 1차 회집하되, 개회와 폐회는 기도로 한다.

치리회 회장은 사무를 질서 있고 신속하게 처리하고 회의 규칙대로 회의를 소집하여 개회와 폐회를 주관한다. 또 치리회 서기는 회의 중 의사진행을 상세히 기록하고, 각종 서류를 보관하고, 합법적으로 회의록 일부의 등본을 청구하면 교부한다.

한편, 대한예수교장로회(합동)는 '대회'를 규정하면서도(정치 제11장) 헌법 사항인 '대회'를 정치적 이유로 설치하지 않고 있다. → '대회'를 보라.

■**치리회의 관할**(治理會 - 管轄) - ① 각 치리회는 교회의 질서와 행정에 대해 다툼이 있을 때 성경의 교훈대로 교회의 성결과 화평을 위해 순차대로 (당회〉노회〉총회) 상회에 상소한다. ② 각 치리회는 각 사건을 적법하게 처리하기 위해 관할 범위를 정한다. ③ 각 치리회는 고유한 특권이 있으나 순차대로 상회의 검사와 관할을 받는다. ④ 각 치리회는 독립된 개체가 아니므로 어느 회에서든지 법대로 결정된 사안은 전국 교회 결정이 된다.

■**치리회의 권한**(治理會 - 權限) - ① 치리회는 국법에 따라 교인을 처벌할 권한은 없다(눅12:2-14; 요18:36). 다만, 교인으로 하여금 도덕과 영적 사건에 대해 주의 법에 복종케 할 권한을 갖는다. ② 만일 불복하거나 불법한 자가 있으면 교인의 특권을 갖지 못하게 하며, 성경의 권위를 세우기 위해 증거를 수집하여 시벌할 권한을 갖는다. ③ 교회 정치와 규례를 범한 자를 소환하여 심사하며, 관할 아래 있는 교인을 소환하여 증거를 제출하게 할 권한을 갖는다. ④ 치리회는 교리를 거역하고 끝끝내 회개치 않는 패역한 자에게 출교를 명할 권한을 갖는다(마18:15-17; 고전5:4-5).

■**치리회의 변격**(治理會 - 變格) - '행정치리회'를 '권징치리회'로 변경하는 것을 말한다. 이때부터 치리회는 재판회가 된다. '치리회가 재판회로 회집한다'는 말은 이런 의미다. 사전에서 '변격'이란 '일정한 격식에서 벗어난 격식'을 뜻한다.

치리회장(治理會長) 치리회를 대표하여 회무 일체를 총괄하는 자. 당회장, 노회장, 대회장, 총회장이 여기에 해당한다. 당회장을 제외한 치리회장을 선거할 때는 각 치리회가 정한 규칙에 의한다. '회장', '의장'으로도 부른다.

치유목회(治癒牧會, healing pastoring) 성도를 영적, 정신적, 육체적으로 치유하여 하나님의 형상을 회복하는 데 초점을 두는 목회 방식. 현대 목회의 많은 부분이 이런 치유와 상담에 주안점을 두고 있다. 이는 공생애 당시 사람들의 영적, 정신적, 육체적 치유와 회복에 관심을 두셨던 예수님의 지상 사역을 배경으로 하고 있다(눅4:17-19). → '목회상담'을 보라.

칠 성례(七 聖禮, seven sacred ceremony) 로마 가톨릭에 시행하는 일곱 가지 거룩한 예식. '성세성사'(聖洗聖事, baptism), '견진성사'(堅振聖事, confirmation), '성체성사'(聖體聖事, eucharist), '고해성사'(告解聖事, penance), '병자성사'(病者聖事, anointing of the sick, 일명 '종부성사'), '신품성사'(神品聖事, ordination), '혼인성사'(婚姻聖事, matrimony)를 말한다. 성화(聖化) 과정을 구원의 필수 조건으로 여기는 로마 가톨릭에서 구원을 위해 꼭 있어야 할 은혜의 수단이 위의 일곱 가지 성례이다.

처음 다섯은 신자 개인의 영적 완전을 위해, 나머지 둘은 교회 전체의 통치와 성장을 위해 행해진다. 즉, ① 성세(영세)를 통하여 영적으로 중생하고, ② 견진을 통해 은혜 안에서 자라고 신앙이 강화된다고 본다. 그리고 ③ 중생하고 강해진 신자는 성만찬의 거룩한 음식에 의해 믿음이 지탱되며, ④ 죄로 인해 영혼이 병든 자는 고해성사로 영적 치유를 받고, ⑤ 병자(종부)성사를 통해 영육간에 건강을 얻으며, ⑥ 교회는 서품성사를 통해서 통치되고 영적으로 성장하며, ⑦ 혼례성사를 통해 물리적으로 성장한다고 본다.

캠프(camp) 교회학교에서 여름방학과 겨울방학 기간을 이용하여 어린이나 청소년 학생들을 위해 마련한 교육 프로그램을 일컫는 약어(略語). 과거의 여름성경학교나 겨울성경학교에 해당하는데, 근래에는 주로 '하계(동계) 수련회'라는 표현을 많이 사용한다. 특히, 여름에는 대형교회들에서 집단 숙박 시설을 마련하고 여러 교회 어린이들을 대상으로 야외에서 활동성 있는 행사들을 진행하여 '(여름) 캠프'로 불리기도 한다. → [1. 교회 일상 용어] '캠프'를 보라.

탈퇴(脫退, secession) 관계하고 있던 일이나 단체 등에서 관계를 끊고 물러남. 주로, 지교회가 노회나 교단과의 관계를 끊고 타교단으로 옮기는 행위를 가리킬 때 사용된다. 지교회는 크게는 교단 총회에 속해 있으나 교회법상으로는 노회에 속한 교회이므로 노회 탈퇴는 때로 교단 탈퇴와 같은 의미로도 이해된다.

통일공과(統一工課, uniform lessons) → '공과'를 보라.

퇴직(退職, retirement, resignation) 현직(現職)에서 물러남. 직장을 그만둠.

퇴회(退會) 회원이 속해 있는 회(會)에서 탈퇴함. 입회(入會)의 반대말. 교회법에서는 교인을 명부(名簿)에서 제명(除名)하는 것을 말한다. 이때는 반드시 당회의 가결로 해야 한다. 여기에 해당하는 경우는 다음과 같다. ① 사망시. ② 이명시. ③ 재판에 의한 제명 출교 확정시. ④ 교단 이탈시.

투표권(投票權, the right of voting) 투표할 수 있는 권리. 참고로, 회장의 투표권 행사에는 두 경우가 있다. 하나는 구두나 거수, 기립 등의 방법으로 표결할 경우 회장에게 투표권이 주어지지 않는다. 이는 공개된 장소에서 회장의 의중(찬반 행위)이 다른 회원들에게 영향을 미치기 때문이다. 다만 가부 동수일 경우 회장에게 결정권이 있다. 이를 흔히 회장의 '사후투표권'이라 한다.

무기명 비밀투표의 경우 회장도 일반 회원과 마찬가지로 투표권이 있다. 따라서 회장은 이미 투표권을 행사했기 때문에 가부 동수일 경우라도 회장에게는 결정권이 없다.

한편, 공동의회시 임시당회장(의장)의 경우 투표권이 없다. 직원 선택권은 그 회(교회)의 회원에게만 있기 때문에 임시당회장인 의장에게는 사회권만 있을 뿐이다.

특별위원, 특별위원회(特別委員會, special committee) 상비부 외에 총회에서 결의하여 위탁한 특정 사건에 대해 총회의 권한으로 일하는 특별한 부서. 특별위원회는 예비적이며 준비적인 심의를 거쳐 1년 뒤 새 총회가 회집되면 수임사항에 대한 결과를 총회에 보고하고 총회 본회의는 이를 처리한다.

따라서 특별위원회는 총회로부터 위탁받은 특정 사건만 다루어야 한다. 간혹, 위탁받지 않은 사건까지도 단독으로 처리하여 특정인을 시벌해 달라는 청원까지 하는 경우가 있는데, 이는 특별위원회의 범위를 넘어선 월권에 해당한다.

특수목회(特殊牧會, specialized ministry) 일반 성도를 대상으로 하는 일반목회가 아닌 특수한 환경에 있는 성도를 대상으로 하는 목회. 예를 들면, 학교, 병원, 군대, 교도소, 장애인, 외국인 근로자, 노숙인, 윤락여성 등을 위한 목회를 총체적으로 일컫는 말.

파기(破棄, reversal) 소송법상 원심 판결을 취소함. 하회의 판결과 상회의 판결이 다를 시 하회 판결은 자동적으로 파기되어 실효(失效)되기 때문에 해벌 절차는 필요하지 않다.

파면(罷免, dismissal) 직무를 면제시킴. 공인의 신분을 박탈하는 징계 처분의 일종이다. 일명 '파출'(罷黜)이라고도 한다.

파문(破門, excommunication) 성도의 자격

을 박탈하고 교회에서 내어쫓는 징계. 일명 '출교' (黜敎). → '출교'를 보라.

파송(派送, **dispatch**) 임무를 부여하여 임지로 내어보냄. ① 선교사를 선교지에(마28:19-20; 막 16:15) ② 당회에서 장로를 노회에 ③ 노회에서 총대목사와 총대장로를 총회에 ③ 총회나 노회에서 목사를 산하 기관에 ④ 노회에서 당회장을 목사가 없는 교회에 ⑤ 노회나 총회에서 수습위원이나 전권위원을 문제 발생 교회에 보내는 것을 말한다.

파직(罷職, **dismissal**) 관직에서 물러나게 함. 기독교대한성결교회의 독특한 책벌. 교역자와 교직자의 성찬 참여권 및 시무직과 권한 일체가 정지되며 칭호도 박탈되고 평교인이 된다.

파회(罷會, **closing of a meeting**) 회를 파함. 회를 마침. 대개 총회가 끝났을 때를 가리키는데, 이로 인해 총회는 다음 해 총회 때까지 1년 안에는 더 이상 모이지 않게 된다. 즉, 총회는 비상설체 조직으로서, 임시회가 불가능하기 때문에 회(會)가 아예 없는 상태가 된다.

이에 비해, 당회나 노회는 얼마든지 임시회가 가능하기 때문에 회의가 끝나면 '폐회'(閉會)라 한다. 따라서 이 경우는 '문을 닫은 경우에 해당되기 때문에' 언제든지 필요에 의해 문을 열 수 있다. 즉, 개회(開會)가 가능하다는 말이다.

한편, 파회 이후에는 총회의 각 상비부, 이사회, 특별위원회, 혹은 총회 임원회가 총회로부터 위탁받은 각 사안을 가지고 위 모든 기구가 총회의 권한을 가지고 일을 하게 된다. 말하자면, 총회의 독단(독재)을 막고 권력을 분권화하여 각 치리회가 특색을 살려 총회의 권한을 대신하는 것인데, 이것이 바로 장로회의 고유하고 독특한 정치 원리다. →[5. 교회 회의 용어] '파회'를 보라.

판결례(判決例, **a judicial precedent**) 재판국에서 소송 사건을 판결한 전례.

편람(便覽, **manual, handbook**) 보기에 편리하도록 간명하게 만든 책.

편목(片牧) 편입해 온 다른 교파의 목사. 일명 '청목.' 편목은 해당 교단의 신학교(신학대학원)에서 일정 기간(1-2년) 신학 수업을 하고 교단이 요구하는 자격 시험(예를 들면, 강도사고시나 목사고시 등)에 합격한 뒤 노회에서 서약해야 한다. 외국에서 임직한 목사도 위의 요건을 갖추어야 한다. '조각 편'(片)을 사용한 것이 독특하다.

편입(編入) ① 타 교파 목사가 기장 측 교단 교회나 기관에 가입함. ② 노회나 개체교회 또는 총회 산하 기관·단체가 유지재단에 재산을 신탁함.

평신도(平信徒, **layman, laity**) 직분을 가지지 않은 일반 성도. 성직자가 아닌 교인. 초대 교부인 클레멘스(Clement, 150-215년경)가 고린도 교회에 보낸 서신에서 최초로 '평신도'란 용어를 사용했다. 중세기까지 평신도는 성직자를 선출하거나 성찬식을 집례할 수 없었고, 4세기경에는 설교권도 박탈되었다.

그러다 종교개혁을 통해 루터(Martin Luther, 1483-1546년)는 만인제사장 주의를 주장하며 평신도 역시 성직자와 다를 바 없는 존귀한 신분임을 상기시켜 주었다. 그럼에도, 직책에 있어서 평신도는 여전히 종교 개혁 이전의 역할이나 위상을 벗어나지 못하고 있는 것이 현실이다.

평신도 사역자(平信徒 使役者, **lay workers**) 감리교 초창기에 월급을 받으며 순회집회를 돕던 평신도 전임사역자를 가리킨다. 일명 '평신도 목회협조자'로 불리기도 했다. 경우에 따라서는 개체교회의 목회를 담당하기도 했다.

평신도 선교사(平信徒 宣敎師, **lay missionary**) 평신도로서 선교 사역을 감당하는 자. 교단에서 파송된 전임 선교사가 아니고 평신도로서 직장을 가지고 해외에 근무하면서 복음 전하는 자를 가리킨다.

평신도 훈련(平信徒 訓練, **laity training**) 평신도를 그리스도의 제자로 변화시켜 성숙한 사역자로 헌신하게 하는 제자 훈련. 양적 성장에 미치지 못하는 교회의 질적 성장을 이루기 위한 대안으로 제시되었다는 점에서 높이 평가된다.

이 훈련은 성직자와 평신도 사이의 구분을 깨뜨

리고 목회자의 보조적 위치에 있던 평신도가 교회의 주체요, 그래서 목회자의 동역자가 되어야 교회가 질적 성장을 이룰 수 있다는 생각에서 출발하였다. → '제자훈련'을 보라.

폐당회(閉堂會) 당회의 구성 요건을 상실한 당회. 폐당회가 되는 경우는 다음 세 가지다. ① 기존의 장로가 사면, 면직, 이명, 사망, 불신임, 정년 등으로 인해 한 사람의 시무장로도 없는 경우. ② 당회를 구성하는 장로가 2인이 안 되는 상태에서 2년 이상 경과된 경우(통합측). ③ 당회를 조직(장로 선출)할 수 있는 세례교인의 숫자(통합의 경우 30명)가 충족되지 못한 상태에서 2년을 경과한 경우. 이렇게 폐당회가 되면 장로의 신분은 무임장로가 되고, 위임목사는 자동적으로 임시목사의 신분이 된다. 이상에서 보듯이 2년의 유예 기간(기장은 1년)을 주는 이유는 폐당회가 되는 데 따른 혼란을 방지하기 위해서이다.

포상(褒賞, prize, reward) 칭찬하고 권장하여 상을 줌. 성도는 세상 마지막 날 주님의 심판대 앞에서 자기의 행위대로 상급을 받는다. 그런데 하나님의 자녀들이 모이는 교회 역시 사회성을 가졌기 때문에 이 땅에서 피차에 선행을 권장하고 사람에게 모본을 삼기 위해서는 포상이 필요하다. 포상은 주로 전도사업이나 교회 발전에 현저한 공석이 있는 교역자나 교인들에게 주어진다.

풍자(諷刺, satire, sarcasm, irony) 잘못에 대해 비웃으며 빗대어 공격함. 교회법은 이의나 항의서가 모든 면에서 정당하면 회록에 기입하지만, 반대로 언사가 정당하지 못하고 다수에 대한 무리한 풍자가 있으면 접수하지 말도록 규정한다.

피고, 피고인(被告人, a defendant, the accused) 원고에 의해 소송을 당한 자. 반대말은 '원고(原告).

피빙목사(被聘牧師, pastor elect) 교회로부터 청빙을 받았으나 아직 위임식을 갖지 않은 목사. 목사는 교회의 청빙과 노회의 승낙으로 위임을 받을 때 비로소 지교회 담임자로서의 자격을 갖게 된다.

피상소인(被上訴人, appellee, defendant) 원고·피고를 불문하고 상소를 당한 자. 일명 '피항소인.' 하회 재판에서 불이익을 당한 자가 판결에 불복하여 상회에 재심을 요구할 경우 피상소인은 이의, 항의, 의견서를 상회에 제출할 수 있다.

피선(被選, being elected) 선거에서 뽑힘. 주로 공동의회에서 3분의 2를 득표하여 장로·집사·권사로 선출되는 것을 말한다.

피선자(被選者, an elected person) 선거에서 뽑힌 사람. 당선자(當選者).

피소[1](被召) 소명(召命)을 받음. 목사가 되기를 원하는 자는 반드시 그 마음 가운데 소명 의식을 자각해야 한다. 또한 당회는 목사후보생의 피소 여부가 성령의 능력과 이끄심에 의한 것인지 깊이 살펴야 한다.

피소[2](被訴, facing a lawsuit) 제소(提訴)를 당함.

피소원자(被訴願者) 소원을 당한 자. 피소원자는 보통 하회가 된다. 이때 하회는 회원 중 1인 이상을 대표로 정하고 대표자는 변호인의 도움을 청구할 수 있다. 소원자나 피소원자는 사건을 심의하는 동안 회원권이 중지된다. → '소원'을 보라.

피의자(被疑者, a suspected person) 범죄 혐의는 있으나 아직 기소되지 않은 사람. 교회법에서 치리회는 건덕을 위해 재판이 귀결될 때까지 피의자를 정직 또는 수찬정지시킬 수 있다. 하지만 이 경우 안건을 속히 판결해야 한다.

피택집사(被擇執事, chosen deacons) 선거에서 투표를 통해 집사로 선택받은 자. → '피택, 피택자'를 보라.

피택, 피택자(被擇, being elected) 선택을 받음(선택받은 자). 투표나 선거(공동의회)에서 장로나 집사, 권사로 뽑힌 것(자)을 말한다. 참고로, 장로나 집사로 피택된 자가 안수를 받고 서약을 한 뒤에 장로나 집사로 세움받는 것을 '장립'이라 한다. 그러나 장립 전에 범죄 사항이나 부적격한 사항이 발생하면 피택은 자동적으로 취소된다. → '장립'을 보라.

하기성경학교(夏期聖經學校, vocation church school) → '여름성경학교', '하기(하계)수련회'를 보라.

하기(하계)수련회(夏期修練會, Summer Conference) '하기성경학교' 혹은 '여름성경학교'를 다르게 일컫는 말. 원래는 1880-1900년경 유럽이나 미국 교회에서 6-10여 명의 어린이나 청소년이 한 조를 이루어 교사의 지도 아래 야영을 하며 수련하던 프로그램을 일컫는 말. 복음 전파와 함께 소개되어 우리나라에서는 주로 성경공부나 기도 훈련 등 신앙 수련을 중심으로 발전하였다. → '여름성경학교'를 보라.

하기아동성경학교(夏期兒童聖經學校) '여름성경학교'를 일컫던 옛 표현. → '여름성경학교'를 보라.

하(급)회(下級會, lower council) 상회의 아래에 있는 치리회. 치리회(당회, 노회, 총회) 조직에서 질서상 아래에 있는 하급 기관. '하급회'라고도 한다. 상반되는 치리회는 '상회'(上會). 하회는 상회의 지도를 받는다. 한편, 각급 치리회가 헌법이나 규칙에 대해 이견이 있을 때 하회는 상회의 유권 해석을 따라야 한다. 또 각 치리회는 고유한 특권이 있으나 순차대로 상급 치리회의 지도 감독을 받는다.

학생지도부(學生指導部) 유소년을 비롯한 중고등부, 대학부 등 학생들의 신앙을 지도하고 신앙적으로 양육하는 총회나 노회의 상비부서. 대한예수교장로회(합동)는 산하에 전국기독학생면려회연합회(C.E.)를 지도한다.

학습(學習, catechumenate) 세례를 받기 전 일정 기간 동안 교회 생활에 필요한 교육을 이수하고 예수 그리스도를 믿기로 작정했을 때 당회가 심사하여 학습문답을 하고 교회 앞에 공포하는 신급 과정 중에 하나.

학습 과정에 있는 자들이 공부하는 내용은 다음과 같다. ① 사람의 목적. ② 성경은 무슨 책인가? ③ 하나님은 누구인가? ④ 우주와 사람의 기원. ⑤ 죄란 무엇인가? ⑥ 예수 그리스도는 누구인가? ⑦ 예배란 무엇인가? ⑧ 공적 예배는 어떻게 드려야 하는가? ⑨ 성도는 어떻게 생활해야 하나? ⑩ 주기도문과 사도신경.

■**학습문답**(學習問答) - 학습에 따른 문답 내용은 다음과 같다. ① 천지 만물을 창조하시고 그것을 홀로 주장하시는 하나님을 진심으로 믿습니까? ② 예수님은 우리의 죄를 대신하여 십자가에 못 박혀 죽으신 구주이신 것을 믿습니까? ③ 하나님의 말씀인 성경을 힘써 배우며 그 말씀대로 살기 위해 힘쓰겠습니까? ④ 주일을 거룩히 지키며 예배를 드리고 힘써 기도하고 말씀 보며 선한 일을 행하기에 힘쓰도록 작정하십니까?

학습교인, 학습인(學習人, catechumen) 만 14세 이상(15세) 되고 믿은 지 6개월이 경과된 자

학습교인 제도

선교 초장기에는 선교사들이 세례문답을 거친 자들에게 모두 세례를 주었다. 이 당시에는 학습이란 제도가 없었다. 그러나 세례를 받고 지도자라 할 만한 사람 중에는 음행, 도박, 음주, 도둑질 등 여전히 타락하고 범죄하는 사례들이 끊이지 않아 교인들을 근심하게 했다(「한국개신교회사」, 백낙준, 1997년, 연세대학교 출판부). 이에 충격을 받은 선교사들은 '입교규칙'을 강화키로 했는데, 그것이 바로 '학습교인제도'이다.

그래서 기독교의 근본 원리를 가르쳐 시험에 통과되고 기독교인으로 인정받을 만한 자격을 갖출 때 학습교인으로 공개석상에서 선포하고 학습교인반에 들어가 공부할 수 있게 했다. 이 과정을 거친 후 세례를 원하는 자는 다시 시험을 쳐서 합격되면 세례과정을 공부하였다.

오늘날 대부분 교단이 운영하는 학습반, 세례반은 여기서부터 비롯되었다. 다만, 대한예수교장로회(통합)는 2007년판 헌법에서 학습반 제도를 폐지하고 일정한 자격을 갖추면 바로 세례를 주도록 규정하고 있다.

로서 학습 과정을 통과한 자. 이들은 학습 과정으로 요리문답을 공부했다.
■**학습인 명부**(學習人 名簿) - 학습받은 사람들의 명단을 기록한 장부.

합병(合倂, union) 두 개 이상의 지교회를 하나로 합침. 노회는 직권으로 지교회의 설립·분립·합병·폐쇄할 수 있는 권한이 있다. 그러나 지교회 교인들의 의사에 반하여 강제로 분립·합병·폐쇄하지는 못한다(대한예수교장로회고신은 교회의 청원이 없어도 노회가 그 교회의 폐쇄를 필요로 할 때 폐쇄할 수 있다). 지교회의 의사 표시란 당회, 공동의회 등 공적 기관의 회의를 통해 결의된 것을 말한다.

합식(合式) 격식에 부합함. 즉, 재판에서 이의서나 항의서 등 서식이 정해진 규정에 맞는 것을 말한다. 대한예수교장로회(합동) 권징조례 제10장 104조에 사용된 옛 표현이다.

항례(恒例, common practice, convention) 보통 있는 예. 흔히 있는 예. 상례(常例). 통례(通例).

항소(抗訴, appeal) 민사나 형사 소송에서 1심 판결에 대하여 상급 법원에 하는 상소. 교회법에서는 제1심 재판국의 판결에 대해 불복할 때 차상급 재판국에 하는 소송.
대한예수교장로회(통합)의 항소 절차를 보면, 항소는 판결을 송부받은 날로부터 20일 이내에 항소장을 원심 재판국에 제출함으로써 이루어진다. 이때 원심 재판국은 항소장을 받은 날로부터 10일 이내에 소송 기록과 증거물을 항소 재판국에 송부하고, 항소 재판국은 기록의 송부를 받으면 즉시 항소인과 상대방이나 변호인에게 소송 기록 접수 사실을 통지하도록 규정하고 있다. 한편, 항소할 수 있는 경우는 '항소이유서'에서 밝히고 있다. → '항소이유서', '상소'를 보라.

항소이유서(抗訴理由書) 항소하는 이유를 적은 서류. 원심 판결에 대한 항소 이유로 적절한 경우는 다음과 같다(대한예수교장로회통합). ① 판결에 영향을 미칠 헌법 또는 규칙 위반이 있을 때. ② 판결 재판국의 구성이 헌법 또는 규정에 위반했을 때. ③ 헌법 또는 규정상 재판에 관여할 수 없는 국원이 그 사건의 심판에 관여했을 때. ④ 판결에 이유를 붙이지 않았거나 이유에 모순이 있을 때. ⑤ 사실 오인으로 판결에 영향을 미쳤을 때. ⑥ 사실의 오인이 있어 판결에 영향을 미쳤을 때. ⑦ 책벌의 양정(量定)이 부당하다고 인정할 만한 사유가 있을 때. ⑧ 사건의 심리에 관여하지 아니한 자가 그 사건의 판결에 관여했을 때.

항의(抗議, protest) 반대의 뜻을 주장함. '이의' 보다 더 엄중히 하는 것으로서, 회원 중 1인 이상 되는 소수가 그 회(會)의 행사나 작정이나 판결에 대한 과실을 강력히 항변하는 것을 말한다. 이때 항의자는 치리회장에게 항의서와 이유서를 제출해야 한다.
항의할 수 있는 자(항의자)란 ① 본 치리회에 투표권이 있고, ② 판결시 부편 투표를 한 자라야 한다. 한편, 항의가 합법적이요 공회를 비방하는 것이 아니라면 서기는 항의서를 접수하여 회록에 기재한다. 그러나 항의가 오해에서 비롯된 것이라면 답변서를 작성하여 회록에 기재하고 항의자에게 전달한다.

항의서(抗議書, protest) 그 회(會)의 판결에 항의하는 자가 치리회장에게 제출하는 서류. 항의서는 예의를 갖추고 공손한 언어를 사용하며 잘못을 비난하는 투로 작성되지 않았으면 회의록에 기록해야 한다. ① 통상 판결 10일 이내로 재판국 서기에게 제출해야 하며, ② 재판국에서는 판결 후 20일 이내로 답변서를 작성하여 재판국 서기에게 송달하고 ③ 소속 치리회 서기는 회의록에 기록해야 한다.

항존직, 항존직원(恒存職, ordinary) 예수 그리스도의 교회가 이 땅에 있는 동안 항상 존재해야 할 직분(직원). 일단 안수하여 임직을 받으면 본인이 사직하거나 면직되지 않는 한(설령 시무를 사면하고 쉬고 있어 무임목사, 무임장로, 무임집사라 하더라도), 그 직분은 종신토록 없어지지 아니한다고 하여 '종신직'이라고 불리기도 한다.
항존직에는 '목사', '장로', '집사'의 세 직분이 있으며(행20:17,28; 딤전3:1-13; 딛1:5-9), 시무연한은 70세다(장로교 통합, 기장은 '권사'도 항존직으로 본다).

참고로, 항존직원이요, 종신 직원은 성경이 그 자격을 자세히 가르쳐 항상 세워야 할 직원으로 규정하고 있어 항상 세워야 하지만 합당한 자가 없을 경우(혹은 항존직원으로 양성받기 위해) 임시로 항존 직무를 대행할 직원을 둔 것이 교회의 임시직원이다. → '임시직원'을 보라.

항존직이 필요한 이유

① 말씀을 가르치고 교훈해야 하기 때문에. 교회에서 가장 중요한 직무는 말씀을 가르치고 교훈하는 일이다. 따라서 이 직무를 맡은 '목사'는 항상 존재해야 할 직원이다.

② 교회와 성도를 다스려야 하기 때문에. 지상교회에는 여러 부류의 많은 사람들이 있고, 쉼없이 사탄의 유혹과 노략질하는 이단의 위험이 도사리고 있다. 따라서 교회의 신성과 질서를 지키기 위해서는 항시 다스리는 직책(목사와 치리장로)이 요구된다.

③ 구제하며 봉사해야 하기 때문에. 사랑을 실천하며 어려운 자를 보살피는 것 또한 교회의 중요 사명 중 하나다(요12:8). 따라서 교회는 늘 섬기고 봉사하는 직책(집사)이 요구된다.

해노회(該老會) 해당 노회. 그 노회.

해명권(解明權) 피해 당사자가 재판국장에게 가해자의 설명(해명)을 요구할 수 있는 권리.

해벌(解罰) 시벌 중에 있는 자가 회개의 정이 뚜렷할 경우 치리회의 결의로 교회 앞에서 시벌에서 풀어 주는 것을 말한다. 물론, 유기 책벌의 경우 시벌 기간이 만료된 경우에 해벌 절차 없이 자동으로 해벌된다. 또 하회에서 유죄 판결을 받았으나 상소(항소)하여 무죄 판결을 받은 경우에도 하회 판결은 자동적으로 파기되어 실효(失效)되기 때문에 해벌 절차는 필요하지 않다.

한편, 해벌할 때는 시벌할 때와 마찬가지로 "주 예수 그리스도의 이름과 그 직권과 그 명의로" 한다(대한예수교장로회합동 예배모범 제16장, 제17장 참조).

■**정직이나 면직된 목사의 해벌** – 정직당한 목사를 복직하거나 면직된 자를 해벌할 때 노회는 매우 신중하게 해야 한다. 곧, 수찬정지를 명하였으면 수찬을 허락하고 일정 기간을 두고 회개의 진실 여부를 보아가며 임시 설교권을 허락한다. 그 후에 비로소 복직이나 임직을 할 수 있다. 따라서 복직이나 임직 이전까지는 완전한 해벌이 아니라 유예 기간에 해당된다.

■**면직된 장로(집사)의 해벌** – 만약 장로(집사)가 면직되었다면 해벌권은 면직한 치리회에 있기 때문에 해벌되기 전에는 이명하지 못한다. 즉, 해벌은 시벌한 원치리회의 권고와 허락이 없는 이상, 다른 치리회가 행할 수 없다.

그러나 이명해야 할 사정이 합당하다면 이명서에 시벌 사항을 상세하게 기록해야 한다. 또 시벌 사항을 기록해서 이명서를 발행했다면 이명간 교회에 해벌권을 위임했다는 의미이기 때문에 이명간 교회에서 합법적 절차를 따라 해벌할 수 있고 임직 절차에 따라 다시 임직할 수 있다. 이때 임직식은 거행하나 안수는 하지 않는다.

해임(解任, dismissal) 특정한 지위나 임무를 내놓게 함. 일명 '해직'(解職). 지교회가 목사의 시무를 원치 아니할 경우 노회에 목사 해임 청원을 할 수 있다. 이때 해임 청원은 개인이나 다수의 연명으로 할 수 없고 해교회가 해야 한다. 곧 당회 결의나 교인총회(공동의회)를 통해 할 수 있는데, 공동의회의 경우 재적 3분의 2 이상이 찬성해야 가능하다. 따라서 공동의회에서 목사 해임 청원이 가결되면 결과적으로 시무투표에서 부결된 결과와 같다. 그런데 목사는 노회가 결의하여 시무를 허락한 것(위임 또는 임시)이므로 그 해임도 노회의 결의로 해야 한다.

해직(解職, dismissal) 직무에서 물러남. 파면, 면직, 제명 등이 여기 해당한다.

행정건, 행정사건(行政事件, administrative litigation) 재판건으로 취급되지 않는 기타의 사건. 주로 치리회장이 헌법 또는 규정을 위반한 행정 결정에 불복하여 취소·시정·변경을 구하는 행정소송. '행정치리'라고도 한다. → '재판건', '행정소송'을 보라.

행정소송(行政訴訟, administrative litigation) 행정 관청의 위법 처분에 따라 권리를 침해당한 사람이 그 처분의 취소나 변경을 요구하는 소송. 교회법에서는 치리회장이 행한 행정 행위에 대해 제기하는 소송을 말한다.
 이때 행정소송은 둘로 구분된다. ① 취소소송 : 치리회장이 행한 헌법 또는 규정을 위반한 행정 행위의 취소나 변경을 구하는 소송. ② 무효 확인 소송 : 치리회장이 행한 행정 행위의 효력 유무나 존재 여부를 확인하는 소송.

행정쟁송(行政爭訟, administrative trial) 행정건으로 취급되는 제반 소송. 대한예수교장로회(통합)는 이를 넷으로 구분하고 있다.
 ① 행정소송 : 치리회장이 행한 헌법 또는 규정을 위반한 행정 행위에 대해 제기하는 소송.
 ② 결의 취소 소송 : 치리회 회의의 소집 절차나 의결 방법이 헌법 또는 규정에 위반되었을 때 또는 결의 내용이 헌법이나 규정에 위반되었을 때 제기하는 소송.
 ③ 치리회 간의 소송 : 치리회 상호간에 권한의 존재 및 부존재 또는 그 행사에 관한 다툼이 있을 때 제기하는 소송.
 ④ 선거 무효 소송 및 당선 무효 소송 : 총회총대 선거, 노회장 및 부노회장 기타 임원 선거, 총회장 및 부총회장 기타 임원 선거에서 선거의 효력 또는 당선 효력에 관하여 제기하는 소송.

허위교회(虛位敎會, vacant church) 일명 '무담임 교회.' 즉, 시무장로는 있으나 적법하게 위임한 담임목사가 없는 지교회를 가리킨다. 이 경우 노회는 담임목사가 정해질 때까지 직권으로 당회장을 파송한다. 그러나 노회의 파송이 없을 시는 해당회가 노회에 소속된 목사 중에서 임시당회장이 될 사람을 초청하여 당회장 일을 맡길 수 있다. 이때 임시당회장의 임기는 담임목사가 부임할 때까지이다.
 만일 노회가 당회장을 파송하지 아니하고 당회 역시 임시당회장 될 목사를 청할 수 없을 때는 장로 중에서 임시 사회자를 정하여 일상적인 당회 업무를 수행할 수 있다. 하지만 이 경우 재판건이나 기타 중요한 안건은 취급할 수 없다. 참고로, 담임목사는 있으나 시무장로가 없는 당회를 '쪽당회'라 한다. → '쪽당회'를 보라.

허위당회(虛位堂會, vacant session) 담임목사가 없고 시무장로만이 있는 당회. '허위교회'라고도 한다. → '허위교회'를 보라.

허입(許入) 들어오는 것을 허락함. 예를 들면, 신자가 타교회에서, 교회가 타노회에서 전입하는 것을 허락한다는 의미다. 또한 성찬 예식의 참여를 허락하는 것에도 '허입'이란 표현을 사용한다.

헌법(憲法, the Constitution) 교단 총회 제규정의 모법(母法)이 되는 최고법. 헌법은 그 교단의 골격이요 혈맥이라 할 수 있다. 헌법의 법원(法源)은 신앙과 본분에 대하여 정확 무오하고 유일한 법칙인 '신구약성경'이다. 이 성경에서 헌법의 원리가 나오고, 헌법의 원리에서 장(長)과 조문(條文)이 나왔으며, 장과 조문에서 규칙(規則)이 나왔다. 그리고 이 헌법의 통치 대상은 하나님의 자녀 된 교인과 교인들의 모임인 하나님의 교회(즉 유형교회)이다.
 따라서 교인이나 교회(유형교회)가 헌법의 원리나, 장·조문·규칙을 어기면 결국 본질적으로 성경을 어긴 것이나 다를 바 없다. 헌법의 중요성이 여기에 있다.
 ■**장로교회 헌법**(長老敎會 憲法) – 먼저 헌법의 연혁을 살펴보면 한국 장로교회는 1908년 12신조와 소요리문답과 교회정치를 채택하였고, 1919년부터 권징조례와 예배모범을 사용하였다. 그 후 1934년에 12신조, 소요리문답, 교회정치, 권징조례와 예배모범을 담은 헌법책이 출간되었는데, 이 헌법이 예수교장로교회의 분열 이전까지 장로교회에서 장기간 기본법으로 사용되었다.
 이후 헌법은 교단 분열과 상황 변화에 따라 각 교단별로 부분 또는 전면 개정을 거듭하여 오늘에 이르고 있다. 한국 장로교회의 헌법 구성을 교단별로 살펴보면 다음과 같다. ① 합동측 : 신조, 소요리문답, 대요리문답, 정치, 헌법적규칙, 권징조례, 예배모범, 신도게요서. ② 통합측 : 교리, 정치, 권징, 예배와 예식, 헌법시행규정, 서식편. ③ 고신측 : 교리 표준(신앙고백, 대교리문답, 소교리문답), 관리 표준(교회정치, 권징조례, 예배지침), 부록(헌법적규칙, 십이신조).

■**기독교대한감리회 헌법**(基督敎大韓監理會憲法) - 감리교회는 18세기 영국의 존 웨슬리(John Wesley)가 복음주의에 기초하여 설립한 후 1784년 미국 감리교 연회가 조직되었고, 미국 감리교회와 남감리교회 선교사들을 통해 우리나라에서 기독교대한감리회가 시작되었다.

그 뒤 1930년 미국 북감리회 선교부와 미국남감리회 선교부가 한국에서 하나가 되어 '기독교조선감리회'가 조직되었고, 그동안 감리회의 신앙과 교리, 조직과 제도, 입법과 행정의 표준을 토대로 하여 12월 2일 1차 총회에서 「교리와 장정」이 제정되었다. 그 후 수차에 걸친 개정을 통해 오늘에 이르고 있다. 감리교회의 헌법은 「교리와 장정」 제2편에 수록되어 있는데, 전문과 10장, 그리고 부칙으로 이루어져 있다.

참고로 「교리와 장정」은 모두 13편으로 구성되어 있는데 간략하게 소개하면 다음과 같다.

제1편 역사와 교리, 제2편 헌법, 제3편 조직과 행정법(교회, 교역자, 감리사와 지방회 부서, 감독과 연회 본부, 감독회장과 감리회 본부 등), 제4편 의회법(당회, 구역회, 지방회, 연회, 총회 등), 제5편 교회 경제법(건물 수익금, 부담금, 사회복지사업 등), 제6편 교역자은급법(은급재단이사회, 은급기금 운용 등), 제7편 재판법(일반 재판법, 행정 재판법), 제8편 감독 및 감독회장 선거법, 제9편 연회 및 지방 경계법, 제10편 과정법(집사과정, 권사과정, 장로고시 및 진급과정, 교역자 진급과정 등), 제11편 예문(예배서), 제12편 각종 정관, 규정 및 규칙, 제13편 문서서식.

■**기독교대한성결교회 헌법**(基督敎大韓聖潔敎會 憲法) - 성결교회는 미국인 카우만과 길보른 두 선교사와 일본 동양선교회 성서학원을 졸업한 김상준, 정빈 두 전도자가 경성 염곡(현 서울 종로 1가)에 전도관을 개설하여 복음을 전파함으로써 시작되었다.

그러다 교회가 성장하자 조직교회를 운영할 교회법이 요구되었으며 이 시기에 성결교회의 헌장(교회법)이 제정되었고, 이 헌장이 발전적인 변천을 거듭하면서 오늘에 이르렀다. 헌장(헌법)은 시대가 바뀌면서 제도상으로 변화하였으나 교리적 골격은 변함없이 그 전통을 계승해 오고 있다.

여기서 교회의 형성과 헌법 수·개정의 변천 과정을 살펴보면 다음과 같다. ① 1910년 OMS(동양선교회) 본부로부터 영국인 '토마스'가 조선 감독으로 파송됨. ② 1919년 7월 영국인 '헤슬럽'이, 1921년 3월 미국인 'E.A. 길보른' 선교사가 감독으로 경성에 주재함. ③ 1921년 9월 '복음전도관'을 '성결교회'라 개칭함. ④ 1929년 2월 27일부터 5일 동안 제1회 연회가 경성 성서학원에서 개최되어 '조선예수교 동양선교회 연회법'을 공포함. ⑤ 1941년부터 '조선예수교성결교회'라 개칭하고 정치제도가 바뀔 때마다 헌법, 연회법, 이사회법을 약간씩 수정함. ⑥ 1945년 광복을 맞아 제1회 재흥총회를 계기로 '동양선교회 성결교회'에서 '기독교조선성결교회'로 개칭하고 대의공화제로 헌법을 제정하여 새로운 교단으로 출발함.

한편, 성결교회 헌법은 1925년 3월 25일 '동양선교회 성결교회 교리 및 조례'에서 시작하여 지금까지 모두 열한 번 개정되었다. 이는 크게 헌법, 헌법시행세칙, 그리고 관련법 및 제규정으로 구분되는데, 헌법은 서문, 성결교회 기원과 연혁, 그리고 13장의 항목과 부칙으로, 헌법시행세칙은 3장의 항목과 부칙으로, 관련법 및 제규정은 7장의 항목으로 구성되어 있다.

헌법개정(憲法改正, an amendment of the Constitution) 헌법을 바르게 고치는 일. 대한예수교장로회 합동과 고신의 헌법개정에 관한 법을 소개하면 다음과 같다.

① 교회 정치나 권징조례, 예배모범을 개정하고자 할 때 총회는 노회에 수의(垂議)하여 노회 과반수와 모든 노회의 투표수 3분의 2 이상(통합은 과반수)의 가표를 받은 후 개정해야 한다. 이때 각 노회 서기는 투표의 가부를 총회 서기에게 보고하고 총회는 그 결과를 공포하여 실행한다.

② 신조나 대소요리문답을 개정하고자 할 때 총회는 의견을 제출하고 각 노회에 수의하여 노회 중 3분의 2와 모든 투표수 3분의 2의 가표를 얻어 그 다음 총회가 채택함으로써 개정된다. 그러나 개정안을 각 노회에 보내기 전에 총회는 먼저 개정위원 15인 이상(목사와 장로)으로 1년간 그 문제를 연구하여 다음 총회에 보고하게 한다. 이때 개정위원은 한 노회에서 2인을 초과해서는 안 된다.

한편, 소속 노회 3분의 1 이상이 총회에 헌법 개

정을 청원하면 총회는 그 의안을 각 노회에 보내며 그 결정은 위의 두 경우와 같이 한다.

헌법시행규정(憲法施行規程, Constitutional Rules) 헌법 정치와 권징에서 위임된 사항과 집행에 필요한 사항을 보완하여 타당한 법 해석(유권해석)과 법 시행(법의 구체적인 적용)에 도움을 주기 위해 마련된 규정(대한예수교장로회통합). 대한예수교장로회 합동과 고신은 '헌법적규칙', 기독교대한성결교회는 '헌법시행세칙'이라고 한다. → '헌법적규칙'을 보라.

헌법시행세칙(憲法施行細則, Constitutional Rules) 기독교대한성결교회에서 헌법에 명시된 규정 사항을 시행하기 위해 마련된 규칙을 일컫는 말. 헌법적규칙. 헌법시행규정. → '헌법적규칙'을 보라.

헌법위원회(憲法委員會) 헌법과 규칙 개정안을 작성하여 총회에 헌의하고 총회가 개정하기로 결정한 헌법과 제반 규칙 조문을 정리하는 위원회. 위원은 노회별 각 1인으로 하고 목사 위원이 과반수라야 한다(한국기독교장로회). 대한예수교장로회 통합은 '헌법개정위원회'라 하며 위원 15명 중 목사 위원 8명, 장로 위원 7명으로 정하고 있다.

헌법적규칙(憲法的規則, Constitutional Rules) 헌법에 준하는(버금가는) 규칙. 일단 제정한 후에는 총회가 임의로 변경할 수 없는 헌법에 부가하는 규칙. 헌법은 손쉽게 바꿀 수 없는 기본적인 모법(母法)이고, 헌법적규칙은 헌법보다는 필요를 좇아 수시로 변경이 가능하다. 곧, 헌법적규칙은 헌법의 정치, 권징조례, 예배모범(예배지침)의 각 조항 중 조문에 명시되지 않은 사항을 보충하고 시행상 필요한 규정들을 담고 있다.

따라서 헌법의 규정만으로는 그 법의(法意)를 판단하기 어렵거나 애매한 부분을 마치 헌법 해석서처럼 자세하게 설명하여 사용하기 편리하게 해준다. 그러나 이미 규정되어 익숙해진 헌법을 둘로 나누어 한 부분은 헌법에, 다른 한 부분은 헌법적규칙에 넣어 도리어 온전한 헌법 규정을 혼란하게 한다는 부정적 견해도 있다.

한편, 헌법적규칙은 총회가 가결하고 전국 노회에 수의(垂議)하여 노회 과반수의 찬동을 얻은 후 총회가 공포하여 시행한다.

헌아자(獻兒者) 서약 예식(헌아식)을 통해 하나님께 드려진 자를 말한다. 예수교대한성결교회와 구세군의 독특한 표현. 생후 24개월 이내의 유아로서 그 부모가 믿음을 가지고 있으며 헌아식을 통해 「헌아명부」에 기록된 자. 헌아자는 학습이 면제된다. 사무엘상 1:26-28과 마가복음 10:13-16을 근거로 하고 있다.

헌의(獻議, overtures) 사전적으로는 '윗사람께 의견을 아룀.' 노회에서 신학적 문제, 노회간에 발생한 분쟁, 교회법이나 규칙 등과 관련하여 상급회(총회)에 의견을 구하는 일.

헌장(憲章, the Constitution) 예수교대한성결교회의 기본법. 곧, 헌법. 모두 10장과 부칙으로 구성되어 있는데, 1962년에 제정되었다.

헌장의 내용을 간략하게 살펴보면 다음과 같다. 제1장 총강(교회, 성결교회), 제2장 신조(성경, 하나님, 사람, 중생, 성결, 신유, 재림, 교회, 부활, 천년왕국, 영생과 영벌), 제3장 공예배와 성례전(공예배, 성례전), 제4장 예식과 절기(예식, 절기), 제5장 생활규범(일반신자의 생활규범, 일반 직원과 교식자의 생활규범, 교역자와 교회의 각오), 제6장 정치(교인, 직원, 교역자의 전임 절차, 직원의 사임), 제7장 교회 사무 처리회(직원회, 사무년회), 제8장 정치회의(당회, 감찰회, 지방회, 총회), 제9장 포상 및 권징(포상, 권징), 제10장 헌장 개정, 부칙.

헌장전문(憲章前文, the preamble of Constitution) 예수교대한성결교회 헌장의 본문 앞에 두는 서문. 타교단의 '헌법서문'이나 '헌법서언'에 해당한다. 헌장전문에는 헌장의 지도 이념이 구체적으로 나타나 있는데 ① 예수교성결교회의 역사 ② 1961년 4월 14일에 있었던 교단 개혁의 당위성 ③ 1962년 4월에 개최된 제17회 총회시 신앙노선의 환원과 교단 명칭 변경, 그리고 헌법개정 과정 등이 소개되어 있다.

협동권사(協同勸師) 타교회, 타교단에서 권사로 임직하다 전입해 온 자를 가리키는 임의적(비공식적) 호칭. 오늘날 교회들에서 통상적으로 사용하고 있으나 헌법에는 없는 호칭이다. 권사는 안수를 받는 항존직이 아니기 때문에(통합측에서는 항존직으로 보기도 하지만) 타교회로 전출하면 직분이 소멸된다. 따라서 협동권사란 호칭은 적절치 못하다. 다만, 정년이 초과하지 않았다면 공동의회를 통해 전입한 교회에서 신임을 받고 취임하여 권사로 시무할 수 있다(시무권사).

협동목사(協同牧師, associate pastor) 담임목사의 목회 사역을 도와 협력하는 목사. 보통 교단 산하 기관이나 단체에서 사역하며 지교회 주일예배에 출석하거나 교육부서 등을 담당하는데, 헌법에는 존재하지 않는다. 이 경우 '협동목사' 라는 호칭보다는 '기관 시무목사' 로 부르는 것이 적절하다.
　더욱이 기관목사도 아니면서 예배만 출석할 경우는 엄격하게 말하면 '무임목사' 에 해당하기 때문에 협동목사란 칭호는 더더욱 어울리지 않는다. 그래서 혹자는 '무임'(無任)이란 어감이 좋지 않다면 차라리 '무(無)시무목사' 라 부르기를 제안하기도 한다.
　아무튼 어느 편이든 담임목사를 보조하고 협력한다는 뜻의 '협동' 이란 말은 적절치 않다. 이런 역할은 현재 부목사들에 의해 충실하게 이루어지고 있다. 그러나, 성결교회(예성, 기성)에서는 협동목사 제도를 헌법으로 인정하고 있다.

협동안수집사(協同按手執事) 타교회나 타교단에서 이명 온 안수집사로서 현재 시무하지 않는 집사를 가리킨다. 예수교대한성결교회의 경우, 당회의 결의로 협동안수집사가 되며 직원회의 회원이 된다. 또 당회 결의로 취임식을 하면 시무 안수집사가 될 수 있다.
　한편, 장로교회의 여러 교회에서도 이 호칭을 사용하고 있으나 장로교회 헌법에는 협동안수집사란 호칭이 없다. 장로교회의 경우 타교회나 교단에서 이명 온 안수집사는 무임집사가 되며 공동의회에서 신임을 받으면 안수 없이 취임식을 거쳐 안수집사로 시무할 수 있다.

협동장로(協同長老) 무임장로 중에서 당회의 결의로 선임된 장로. 당회와 제직회에서 발언권을 갖는다. 또 필요시 성찬예식을 도울 수도 있다. 참고로, 70세 미만인 자는 당회 결의로 노회 허락을 받아 공동의회에서 3분의 2 이상을 얻어 취임하면 시무장로가 된다. → '무임장로' 를 보라.

형목(刑牧, prison chaplain) 교도소에서 재소자를 대상으로 사역하는 목사. 주로 재소자와 가족, 교도관에게 전도와 예배, 상담과 위문 등의 일을 수행한다. 교단에 따라서는 기관목사로 분류하고 총회 차원에서 교도소 선교의 일환으로 형목을 세우기도 하나, 아직까지는 개교회 차원에서 교도소 선교를 감당하는 경우가 대부분이다. 기록상 최초의 형목은 1948년 서울형무소의 형목으로 위촉된 김창덕 목사다. → '교도소 선교' 를 보라.

형목제도(刑牧制度) → '교도소 선교' 를 보라.

형제회(兄弟會, Brotherhood) 선교를 연구하고 선교 활동에 참여하기 위해 조직된 침례교회의 주요 기관 중 하나. 대표자는 형제회 회장. 주요 사업은 ① 선교에 대해 공부하고 ② 선교에 참여하며 ③ 기도와 헌금으로 세계 선교를 후원하며 ④ 교회와 교단 사업에 대해 정보를 제공하는 것이다.

호명(呼名, calling by name) 이름을 부름. 모든 장로는 당회의 회원이지만 노회의 회원은 아니다. 따라서 치리장로가 노회 회원이 되는 길은 당회에서 노회총대로 피선되고, 노회 서기가 호명할 때 비로소 노회 회원권이 주어진다.
　한편, 총회총대의 임기는 총회가 소집되어 서기가 호명할 때 시작되어 총회장이 파회(罷會)를 선언하고 축도('축복' 이 올바른 표기)로 산회(散會)함으로써 종료된다.

호선(互選, mutual election, co-optation) 특정한 (회를 구성하는) 사람들이 모여서 서로를 선출함. 또는 그 선거. 총회 상비부나 재판국에서 부원(혹은 국원)들이 모여 부장(혹은 국장)이나 서기, 회계를 뽑고 부서를 조직할 때 주로 이런 방식이 사용된다.

호헌(護憲, a constitution protection) 헌법을 수호함. 헌법을 지킴.

혼배성사(婚配聖事, sacrament of matrimony) 로마 가톨릭의 일곱 성사(七聖事) 중에 하나인 결혼 예식을 일컫는 말. 일명 '혼인성사'라고도 한다. 정교회에서는 '결혼성사', 성공회에서는 '혼배예식'이라 부른다. → '칠 성례'를 보라.

혼인성사(婚姻聖事, sacrament of matrimony) → '혼배성사'를 보라.

홀사모(- 師母, widow) 남편과 사별하여 혼자 된 목사의 아내. 미국 장로교회의 경우는 이미 1755년 필라델피아 대회(synod) 때부터 홀사모에 대한 관심을 갖고 공동 기금을 조성하고, 홀사모의 노후 보장에 관한 법안도 마련하였다. 또 1759년에는 홀사모를 위한 기금 마련을 위한 연금회사도 설립했다는 기록이 있다.
우리나라에서도 근래에 들어 교단마다 목사 노후에 대한 연금법(은급법)들이 마련되어 시행되고 있으나 홀사모에 대한 제도적 장치는 여전히 미흡한 실정이다. 다만, 기독교대한감리회나 대한예수교장로회 통합, 합동 교단 등 대형교단에서 소천한 목사의 유가족에 대한 연금 제도를 마련하고 있는 정도이다.

확장주일학교(擴張主日學校) 교회 밖에 천막을 치거나 건물을 마련하고 별도로 모이는 주일학교. 선교 초창기에 교회에서 먼 곳에 있는 어린이들을 위해 마련된 시설로, 교육과정은 교회에서 하는 주일학교와 같았다. "대구 남산정교회에서는 신남산에 확장주일학교를 세워 유년주일예배와 공부를 하는 중 80여 명 아동이 모이게 되었다"(1927년 대한예수교장로회(합동) 제16회 총회회의록 105페이지)는 기록이 있다. 여러 곳에서 주일학교를 동시에 운영할 수 있다는 이점이 있어서 주일학교 발전에 한 몫을 하기도 했다.

환송(還送, sending back) 두루 돌려보냄. 상회가 재판이나 서류 등을 하회로 돌려보내는 것을 말한다.

환영위원회(歡迎委員會) 노회를 개최하는 교회나 총회를 개최하는 노회가 총대들을 영접하기 위하여 구성하는 임시 기구를 말한다. 회의 기간 동안 회의장 이용에 불편이 없도록 준비 전반을 책임진다. 이 위원회는 회의 기간 동안만 존속한다. 일명 '영접위원회'라고도 한다.

회계연도(會計年度, fiscal, financial year) 회계의 편의에 따라 정해 놓은 한 해의 기간.

회원(會員, member) 어떤 회(會)나 단체를 이루는 구성원.

회원권(會員權) 회원이 갖는 권리. 일반적으로 선거권과 피선거권, 발언권(의결권) 등을 말한다.

회원위원회(會員委員會, membership committee) 교회에서 새로운 교인을 영접하여 소개하고 일정 기간 동안 교육을 통해 양육하는 기관. 통상 '새신자반'에 해당한다.

회중정치(會衆政治, the congregational) 조합정치. → '조합정치'를 보라.

휘장(徽章, badge, insignia) 신분이나 지위, 명예를 나타내기 위해 모자나 의복에 붙이는 표장이나 마크(mark). 총회나 노회에서 임원으로 당선된 자들에게 축하의 뜻으로 가슴에 달아주는 꽃을 가리킨다. 1913년 9월 7일 예수교장로회 제2회 총회에서는 '회표'라 부르다 1916년 9월 2일 제5회 총회 때부터 '휘장'이라 불렀다. 1975년 9월 25일 제60회 총회에서는 '배지'라고 부른 적도 있다.

휘장 분배(徽章 分配) → [6. 교회 회의 용어] '휘장 분배'를 보라.

휴무장로(休務長老, inactive elder) 얼마 동안 시무(직무 수행)를 쉬는 장로. 휴무는 '휴직'과 같은 뜻이다. 대한예수교장로회(고신)에서는 당회가 정한 장로의 윤번 시무 규례에 따라 시무를 쉬는 장로와 시무를 사임한 장로를 통틀어 휴무장로라 칭하는데, 사임을 하면 무임장로가 되기 때문에 엄격히 따지면 휴무장로와 다소 차이가 있다.

휴무집사(休務執事, inactive deacon) 얼마 동안 시무를 쉬는 집사. 두 종류가 있는데, ① 하나는 일신상의 이유로 당회의 허락을 받아 자유롭게 휴무하는 경우이고, ② 다른 하나는 당회의 결의로 권고 휴무를 하는 경우이다. 휴무집사가 다시 시무를 개시하려면 통상 당회원 3분의 2 이상의 결의를 얻어야 한다.

휴직(休職, suspension from office) 일정한 기간 동안 직무를 쉼. 이때 그 신분은 여전히 유지된다. '휴무'와 같은 의미다. 휴직에는 유기휴직과 무기휴직이 있다. '유기휴직'은 기한이 지나면 자동으로 시무가 개시되고, '무기휴직'은 치리회의 휴직 해지 결의가 있어야 휴직이 종료되고 다시 시무를 개시할 수 있다.

참고로, 휴직과 정직이 일정 기간 직무에 종사하지 않는다는 점에서는 같으나, 정직은 '권징'이요 휴직은 '행정처분'이라는 점에서 차이가 있다.

휴직집사(休職執事) 본 교회에서 집사로 시무하다 휴직 중에 있는 집사. '휴무집사'와 같은 의미다. 유기휴직은 휴직 기간이 끝나면 당회의 선언으로 시무집사가 되나 무기휴직은 다시 시무를 하려면 당회의 결의가 있어야 시무할 수 있다.

한편, 대한예수교장로회(합동)는 사임된 집사까지 휴직집사에 포함시키는데, 엄격히 따지면 사임된 집사는 휴직집사라기보다는 무임집사에 더 가깝다. → '휴무집사'를 보라.

흠근(欠勤) 근무에 흠이 있음. 즉, 목사가 직무를 정상적으로 수행할 수 없는 경우를 가리킨다. 예를 들면, ① 과로하여 휴양이 필요할 때, ② 학문 정진을 위해 유학할 경우, ③ 사건이나 사고로 구속되었을 때 등이 여기에 해당된다.

흠석사찰(欠席査察) 회의 때 회원들의 결석 또는 이석(離席)이나 조퇴(早退) 여부를 살피고 조사하는 것. →[6. 교회 회의 용어] '흠석사찰'을 보라.

흠석사찰위원(欠席査察委員, attendance committee) 흠석사찰을 위해 임명된 자. → '흠석사찰'을 보라.

이 명 증 서 (발행원부)

성 명	성별	관계	생년월일	신 급		직 분	직 업	비 고
				세 례	입 교			

위 교인은 다음과 같이 이명하여 감.

이명 연월일   년   월   일

이명하여 간 교회명   연회   지방   교회

이 명 증 서

성 명	성별	관계	생년월일	신 급		직 분	직 업	비 고
				세례 연월일 주례자	입교 연월일 주례자			

위와 같이 이명하오니 선도하심 바라오며 접수 후 아래의 확인표를 회송하시기 바랍니다.

확 인 표

(성명)   (가족) 이명 접수를 필하였기로 이에 확인표를 회송하나이다.

※기독교대한감리회 문서서식

교 적 부

신앙세대주		본 적			전 화			휴 대 폰	
세 대 주		주 소 (가정)						우편번호	
회사/직업		주 소 (직장)						우편번호	
소속 부서		속 회	(20 년)		(20 년)			(20 년)	

	관계	성명	생년월일(음·양)	학력	직업	신 급				교회기관 소속상황	특기
						주 례	원입	영아세례	세례입교		
가						연월일					
						주례자					
족						연월일					
						주례자					
관						연월일					
						주례자					
계						연월일					
						주례자					

비 고		교회임직기록(1)		교회임직기록(2)	
		연월일		연월일	

(전면)

교육 훈련·봉사 활동 기록란

연월일	제 목	보 충 기 록 (이명, 결혼 기타)
비 고		

(후면)　　　　　　　　　　　　　　　　　　　※기독교대한감리회 문서서식

개 인 기 록 카 드

(전면)　　　　　　　　　　　　　　　　　　　　　　　(이 자료는 담임목사만 볼 수 있음)

성명	(한문)	성별	남·여	기혼/미혼	생년월일	년 월 일생	사진
직업		직책			출생지		
주소	(가정)				전화	(가정)	
	(직장)					(직장)	

예식		신급	원입	유아세례	세례	입교	교회직분	믿게 된 동기			
	연월일										
	교회명										
	목사명										

최종학력				전공분야			특기				
							취미				

학력	년 / 월 / 초등학교	경력	/	/	기독교 교육 수료	/	/	과정
	/ / 중학교		/	/		/	/	
	/ / 고등학교		/	/		/	/	
	/ / 전문대학		/	/		/	/	
	/ / 대학교		/	/		/	/	
	/ / 대학원		/	/		/	/	

수상경력	교회	/ /	사회	/ /
		/ /		/ /
		/ /		/ /

최초 기록임

교회기관 봉사여부	아동부 지도		전도		사회 활동 사항	
	중등부 지도		심방			
	고등부 지도		속회 인도			
	청년부 지도		교회 봉사			
	장년부 지도		사회 봉사			
	성경학교		성가대			

강습회 참가	/ /	에서 주최	사경회 참가	
	/ /	에서 주최	/ /	
	/ /	에서 주최	/ /	

재정란	연도	월수입	동산	부동산	기타	/ /
						/ /
						/ /
						/ /
						/ /

헌금란	연도	월정/십일조	감사헌금	추수감사	선탄감사	특별헌금	기타	총계

(후면)　　　　　　　　　　　　　　　　　　　　　※기독교대한감리회 문서서식

목사 (위임, 임시, 부) 청빙청원서

○○교회 제   호

본 교회는 다음의 사람을 본 교회 (위임, 임시, 부) 목사로 청빙하고자 첨부 서류를 구비하여 청원하오니 허락하여 주시기 바랍니다.

1. 성   명 :
2. 주민등록번호 :
3. 목 사 안 수 :   노회   안 수 일 :   년   월   일
4. 현 시 무 처 :

첨부 : 위임목사 ① 청빙서 사본(총 세례교인   명 중   명의 서명)
                ② 이력서   ③ 호적등본   ④ 주민등록등본
                ⑤ 당회록 사본 ⑥ 공동의회록 사본

임시, 부목사 ① 청빙서 사본 ② 이력서   ③ 호적등본
              ④ 주민등록등본 ⑤ 당회록 사본 ⑥ 제직회의록 사본
              ⑦ 연금가입증서   각 1부

목사 임직 시 추가 ① 목사고시 합격증 사본 또는 합격증명서
                  ② 신학대학교 졸업증명서
                  ③ 교역증명서 ④ 호적등본 ⑤ 주민등록등본

년   월   일

대한예수교장로회   ○○ 교회
임시(대리) 당회장 ○○○ (인)
경유 ○○ 시찰위원장 (인)

대한예수교장로회   ○○노회장 귀하

※대한예수교장로회(통합) 서식

목사 임직 서약과 공포

1. 서약

목사 임직 예식 시 다음 묻는 말에 손을 들고 서약한다.

1) 성부 성자 성령 삼위일체 하나님을 믿으며 그리스도를 당신의 주로 믿습니까?
2) 신구약성서가 하나님의 말씀임을 믿고 신앙생활의 규범으로 삼겠습니까?
3) 본 교단의 신조와 요리문답은 신구약성서가 교훈한 도리를 총괄한 것으로 믿고 따르겠습니까?
4) 본 교단 정치와 권징조례와 예배모범을 정당한 것으로 인정합니까?
5) 주 안에서 형제들과 한마음으로 협력하기로 다짐하겠습니까?
6) 하나님의 사랑으로 부름받아 그의 복음을 증거하며 그에게 영광을 돌리겠습니까?
7) 복음의 진리를 지켜 나가고 교회의 순결과 평화를 위해 힘쓰겠습니까?
8) 목사로서의 사명을 감당하고 복음의 증거자로서 하나님의 말씀을 전도와 생활로써 실천하는 일에 모범이 되겠습니까?

2. 공포

노회장은 서약을 마치면 안수 후 아래와 같이 선언한다.

"나는 교회의 머리 되신 주 예수 그리스도의 이름으로 ○○○씨가 ○년 ○월 ○일 ○○노회에서 목사가 되었음을 공포합니다."

※한국기독교장로회 예식서식

담임목사 취임 서약과 공포

1. 서약

목사와 교인들에게 각각 다음과 같이 묻고 손을 들어 서약하게 한다.

1) 목사에게

 (1) 노회에서 청빙서를 받을 때 승낙한 대로 ○○교회의 담임목사로 시무하겠습니까?

 (2) 하나님의 영광과 교회의 유익을 위해 일할 것을 진심으로 다짐합니까?

2) 교인들에게

 (1) ○○교회 교인 여러분은 담임목사로 청빙한 ○○○씨를 이 교회 목사로 모시겠습니까?

 (2) 교인 여러분은 겸손하고 사랑하는 마음으로 그의 교훈하는 진리를 받으며 치리에 순종하기로 서약합니까?

 (3) 목사가 수고할 때 위로하여 드리고, 여러분을 교육하며 신령한 덕을 세우기 위하여 진력할 때 도와 드리기로 결심합니까?

 (4) 교인 여러분은 그가 본 교회 목사로서 재임하는 동안 약속한 생활비를 드리고, 목사에게 안위가 되도록 모든 필요한 일에 협력하여 드리기로 서약합니까?

2. 공포

서약 후 노회장은 목사가 그 교회의 담임목사가 된 것을 회중 앞에 다음과 같이 선언한다.

"나는 한국기독교장로회 ○○노회의 권위로, ○○○목사가 ○○교회 담임목사로 취임한 것을 선언합니다."

※ 한국기독교장로회 예식서식

장로 임직 서약과 공포

1. 서약

임직 예정자와 교인들에게 다음과 같이 물어 서약한 후 안수하여 임직한다.

1) 임직 예정자에게

   (1) 성부 성자 성령이신 하나님을 믿고 또 예수 그리스도가 구주이시며 교회의 머리 이심을 믿습니까?

   (2) 신구약성서를 하나님의 말씀이며 신앙과 생활의 규범으로 믿습니까?

   (3) 본 교단 신조와 요리문답은 신구약성서에 교훈된 도리를 총괄한 것으로 믿고 따르겠습니까?

   (4) 본 교회 장로의 직분을 받고 하나님의 은혜를 의지하며 진심으로 본직에 관한 모든 일을 힘써 행하기로 서약합니까?

2) 교인들에게

○○교회 교인 여러분은 ○○○씨를 본 교회 장로로 받아들이고 성서와 교회 헌법에 가르친 바를 좇아서 주 안에서 존경하며 위로하고 순종하기로 서약합니까?

2. 공포

목사 및 당회원이 장로 될 자의 머리에 손을 얹어 기도하고 임직한 후 당회장은 아래와 같이 공포한다.

"나는 교회의 머리이신 주 예수 그리스도의 이름으로 ○○○씨가 장로직에 임직되어 ○○교회 시무장로가 되었음을 선언합니다."

※한국기독교장로회 예식서식

고소(고발)장
(권징 책벌용)

고 소 인(고발인) : (이름) ○○○　　　나이　　　성별　　　직분
　　　　　　　　　주소　　　　　　　전화번호

피고소인(피고발인) : (이름) ○○○　　나이　　　성별　　　직분
　　　　　　　　　주소　　　　　　　전화번호

죄과명 : 헌법 권징 제○조 제○항 ○○○○ 행위

피고소인(피고발인)의 죄과사실 : 1.
　　　　　　　　　　　　　　　2.
　　　　　　　　　　　　　　　3.

증거 : 1. 서증
　　　2. 물증
　　　3. 인증

첨부 : 재판비용 예납영수증 사본

위와 같이 고소(고발)를 하오니 처벌하여 주시기 바랍니다.

　　　　　　　　　　　　년　　월　　일

　　　　　　　　　　　　　　　　고소인(고발인)　　○○○　(인)

대한예수교장로회　○○ 치리회장 귀하

※대한예수교장로회(통합) 서식

답 변 서

(권징 책벌 피고인용)

사 건 번 호 :
사 건 명 :
고 소 인(고발인) : (이름) ○○○　　　나이　　　성별　　　직분
　　　　　　　　　주소　　　　　　전화번호
피 　 고 　 인 : (이름) ○○○　　　나이　　　성별　　　직분
　　　　　　　　　주소　　　　　　전화번호
기 소 위 원 회 : ○○기소위원회 기소위원장 ○○○　　　직분
　　　　　　　　　주소　　　　　　전화번호

죄과명 : 헌법 권징 제○조 제○항 ○○○○ 행위

　　　　　　　　　　답변 취지

　　　　　　　　　　답변 내용
　　　　　(기소사실·고소원인 사실에 대한 답변)

　　　　　　　　　　증거 방법

　　　　　　1. 서증
　　　　　　2. 물증
　　　　　　3. 인증

위 사건에 대하여 위와 같이 피고인은 답변합니다.

　　　　　　　　　　년　　월　　일

　　　　　　　　　　　　　　피고인　○○○ (인)

대한예수교장로회　○○ 재판국장 귀하

※대한예수교장로회(통합) 서식

판 결 문

(권징 책벌용)

사건번호:
사 건 명:
피 고 인: (이름) ○○○   나이   성별   직분
　　　　　주소   　　　　　전화번호
　　　　　변호인 (이름) ○○○   나이   성별   직분
　　　　　주소   　　　　　전화번호
기소위원회: ○○기소위원회 기소위원장 ○○○   직분
　　　　　주소   　　　　　전화번호

변론종결일: 년   월   일
판결선고일: 년   월   일

주 문

판결이유

1. 죄과될 사실
2. 증거의 요지
3. 헌법 또는 규정의 적용

위와 같이 판결한다.

년   월   일

대한예수교장로회 ○○ 재판국 국장 목사 ○○○ (인)
서 기 목사 ○○○ (인)
국 원 목사 ○○○ (인)
국 원 목사 ○○○ (인)

※대한예수교장로회(통합) 서식

4

예배 및 예식 용어

-예전 · 절기 · 기념 행사-

부 록
예식모범

- 결혼예식 ······ 595
- 입관예식 ······ 596
- 발인예식 ······ 596
- 하관예식 ······ 596

가정 기도회(家庭 祈禱會, a home prayer meeting) ~ 흑인 영가(黑人 靈歌, negro spiritual)

가정 기도회(家庭 祈禱會, a home prayer meeting) 각 가정에서 가지는 소규모의 기도 모임. 또는 당면한 문제를 놓고 그 가정의 식구 또는 교우들이 함께 모여 오직 기도에 집중하는 일종의 기도 집회(행1:14).

가정 예배(家庭 禮拜, a home worship) 교회 공동체와는 구분되는 장소 곧 교회의 각 지체가 거주하는 가정에서 독립적으로 하나님을 예배하는 일. 즉, 가정에서 경건한 생활을 위해 아침이나 저녁 시간에 말씀과 찬양과 기도로 하나님을 예배하는 일을 말한다. 대개, 부모가 신앙 리더로서 예배를 이끌며, 교회의 공적인 예배 형식 중에 많은 부분을 생략하고 진행한다.
　가정 예배는, 가정의 중심에 하나님을 모시고 하나님의 말씀을 좇아 살아가는 일로서, 아브라함을 위시한 믿음의 선조들과 신앙 선배들이 보여온 아름다운 모범이다(창12:7-8; 26:25; 욥1:5; 행10:2). 사실 '가정 같은 교회, 교회 같은 가정' 이야말로 가장 이상적인 예배와 삶의 모델이라 할 수 있다.
→ '예배'를 보라.

가정 주일(家庭 主日, Home's sunday) 가정의 달 이라고 일컬어지는 5월(5일은 어린이날, 8일은 어버이날, 11일은 입양의 날, 15일은 스승의 날, 17일은 성년의 날, 22일은 부부의 날)의 어느 한 주일(대개 첫째 주일이나 셋째 주일에 많이 지킴)을 선택하여 가정을 허락하신 하나님께 감사하며 주 안에서 믿음의 부부, 신앙의 부모, 신앙의 자녀가 되기를 다시 한 번 결심하는 주일을 말한다.
　이 날은 가정의 소중함을 생각해 보는 날인 동시에 입양가정, 다문화가정, 한부모가정, 조손(祖孫)가정, 위탁가정, 홈스쿨가정 등 특수한 가정이나 위기의 가정들을 돌아보는 시간이어야 한다. 그리고 이렇게 다양한 가정들이 믿음의 한 공동체를 이루고, 교회라는 울타리 안에서 신앙의 큰 가정을 이룰 수 있게 노력해야 한다.

간주곡(間奏曲, intermezzo, interlude) 간주곡 이란 원래 두 악곡 사이에 끼워 연주하는 짧은 기악곡이나 극(劇)에서 막간에 연주하는 짧은 악곡을 가리킨다. 교회 예배에서 간주곡이란 예배의식을 진행하는 중에 곁들여지는 짧은 연주곡(예배의 정신을 유지하는 주제)을 말한다. 주로 오르간(피아노)이 담당하는데, 훌륭한 오르간 연주자는 알맞은 간주곡을 연주함으로써 예배의식의 여러 순서를 통일시키는 데 크게 이바지할 수 있다.

간증(干證, testimony) 자신의 신앙이나 종교적 체험을 고백함으로써 하나님의 존재를 증언하고, 하나님께 영광을 돌리는 일. 때로, 자신의 지난 허물(죄)을 공개적으로 고백하고 참회하는 동시에 받은 은혜를 나누는 행위를 가리키기도 한다.
　■**간증집회**(干證集會) - 간증을 목적으로 많은 사람이 한곳에 모여 진행하는 모임. 공적인 예배와는 분명 성격이 다르다. 따라서 분위기는 자유롭고 주제와 형식은 다양할 수 있다. 하지만, 간증집회의 궁극적인 목표는 간증하는 자의 어떠함에 집중되기보다 그를 붙드시고 세우신 하나님의 어떠하심을 드러내는 것이어야 한다.

감사일(感謝日, Thanksgiving Day) 하나님이 주신 특별한 은혜에 감사드리는 날. '감사절.'

감사절(感謝節, Thanksgiving Day) '추수감사절'(a harvest thanksgiving day)의 준말.
→ '추수감사절', '맥추감사절'을 보라.

감사제(感謝祭, Thank Offering) 하나님의 은혜에 감사하여 드리는 특별한 예배나 예식. 구약성경에서는 화목제의 일종으로 특히 과거에 베풀어 주신 하나님의 은혜를 감사해서 드리는 제사를 가리킨다(레7:15; 대하33:16).

강단(講壇, chancel, pulpit) 로마 가톨릭에서

는 원래 예배당 안의 제단 바로 근처 곧 교회의 성상 안치소(성소로서의 제단, sanctuary)를 가리키는 말이었다. 그 후 성직자석이나 찬양대석의 필요에 따라 성소로부터 일반 신도석 쪽으로 강단이 확대되었다. 신교(개혁교회 혹은 개혁주의 교회)에서는 설교 때 올라서도록 약간 높게 만든 자리를 가리키는 말로 쓰이고 있다.

강대(講臺, ambo, pulpit, platform) 성경 말씀이나 기도문 등을 낭독하기 위해 만들어진 것. 일명 '강대상'(講臺上), '설교단'(說敎壇). 말씀이 선포되는 강대상은 모든 예배가 하나님의 말씀이 중심됨을 상징한다. 개혁교회 예배의 중심 부분은 설교이다. 그런 점에서 예배 중에 성례가 행해지지 않을 때는 있어도 설교가 없는 예배는 없다. 예배의식에 있어서 성경봉독은 '설교의 안내문'으로 끝나는 것이 아니라 성경 말씀 그 자체로 우리에게 말씀하시는 하나님의 역사를 깨닫게 해야 한다.

강대상과 성경 낭독대를 따로 두는 교회들이 있는데 이는 영국 교회의 영향을 받은 까닭이다. 개혁교회에서는 성경 낭독대(lectern)를 따로 두지 않고 강대상 하나만을 사용하는 것이 관례이다.

강대는 구약 시대에는 나무 및 놋 등으로 만들어졌고(느8:4; 대하6:12-13), 초대교회 때에는 강단 위의 대(ambo)로 장소적 의미가 강조되다가 6세기경에는 건물에 따르는 하나의 성구(聖具)로 여겨졌으며, 12세기 이후 지금과 같은 '강대상'(pulpit)으로 정착되었다.

참고로, 예배학적 측면에서 강대상을 가리키는 영어 'ambo'는 예전과 의식적 요소(성찬예식시 복음서 낭독 등)에 초점이 있는 데 비해, 'pulpit'은 말씀을 선포하는 대(臺)로서의 의미가 강하다.

강대상(講臺上, ambo, pulpit, platform) → 강대를 보라.

강도(講道, sermon, preaching) 복음의 진리를 강론하여 설명함. 기독교 교리를 가르치고 깨우침. 한국의 초기 신앙 선배들은 오늘의 설교를 '강도'라고 하였다(조선예수교장로회 제1회 독노회록 4쪽). → '설교'를 보라.

강림절(降臨節, Advent, Advent Sunday) 성탄절 4주 전 주일(主日)을 포함하는 주 예수의 탄생일(크리스마스)을 준비하는 기간을 가리킨다. 일명 '대강절'(待降節) 또는 '대림절'(待臨節)이라고 한다. 'Advent'(내려온다, 도래한다)가 뜻하는 것처럼 이 절기는 그리스도 예수의 강림을 기다리는 절기이다. 이 절기는 4세기 이후부터 지켜온 듯하다. → 대강절을 보라.

강설(講說, homily) 오늘날 설교(preaching)의 전신이라 할 수 있다. 종교개혁자들은 봉독한 성경 본문 가운데 일부를 택하여 주해하면서 훈계했는데 이를 '강설'이라 한다.

강해(講解, exposition) 성경 본문을 강론하여 해석함. 또는 그 해석. → '강해설교'를 보라.

강해설교(講解說敎, expository preaching) 성경의 한 책, 정해진 본문을 순서대로 설명해 가면서 그 본문을 통해 하나님께서 회중에게 주시는 메시지를 깨닫게 하는 설교이다. 이는, 성경의 메시지를 성도 각자의 삶에 적용시키는 데 효율적인 설교로서, 성경의 한 책을 처음부터 끝까지 연속해서 설교하는 경우가 대부분이다. 한 회의 설교 범위는 몇 구절에서 한 장 전체를 강해하기도 한다. 설교자와 듣는 청중이 함께 성경의 가르침에 몰입하며 연구할 수 있는 좋은 설교 형태이다.

개강 예배(開講 禮拜, beginning service) 미션 스쿨이나 신학교 및 학습 활동을 하는 교육기관에서 개강할 때마다 하나님께 드리는 예배.

■**개강 부흥회** – 신학교 등에서 개강할 때마다 각종 수업에 앞서 신학생들의 영성을 돕기 위해 마련하는 일종의 심령 부흥회.

개방적 목회(開放的 牧會, open ministry) 담임교역자(목사) 중심의 보수적이고 폐쇄적인 목회에 대한 반대 개념으로서, 교회의 개방성을 강조한 목회 활동을 가리킨다. 개방적 목회에서 추구하는 교회관(교회의 가치와 존재 이유)은, 구원받은 성도만을 목양하는 닫혀진 기관으로서가 아니라 그리스도를 통해서 땅끝까지 이르고자 하시는 하나님의 거룩한 선교 목적을 성취해가는 기관으로서의 교회를 말한다. 즉, 교회 본연의 목적인 선교의 사명을 각성하고 재인식하는 것이다.
 개방적 목회는, 기존의 교역자 중심으로 이뤄지는 목회라기보다 전교인이 목회에 동참하여 합력하여 선을 이루는 그야말로 열린 목회이다. 그리고 개방적 목회는 열린 교회, 열린 예배의 형태를 통해 세상 밖에 존재하는 구도자를 기꺼이 품고자 하는 뜨거운 사랑과 섬김의 모습으로 이뤄진다.

개업 예배(開業 禮拜, **the opening ceremony worship**) 가게를 처음 열거나 사업을 새로 시작할 때에 하나님께 감사를 드리고, 번영과 형통을 소망하며 드리는 일종의 감사 예배요 기념 예배이다. 따라서 단순히 '개업 예배'라고 하기보다 '개업 감사예배'로 부르는 것이 더 적절한 표현이다. "너의 행사를 여호와께 맡기라 그리하면 네가 경영하는 것이 이루어지리라"(잠16:3).

개인 기도(個人 祈禱, **private prayer**) 개인이 단독자로서 하나님께 드리는 기도. 공적인 기도와는 달리 시간과 장소에 구애됨 없이, 기도 내용과 형식에도 얽매이지 않고 하나님께 자신의 중심을 온전히 드러내놓고 간구할 수 있다(마26:39; 눅18:1-14). →[1. 교회 일상 용어] '기도'를 보라.

개편찬송가(改編讚頌歌, **Reorganization Hymn**) 기독교 4개 교단(예장통합, 기독교감리회, 기독교성결교, 기독교장로회) 및 한국기독교연합회로 구성된 한국찬송가위원회에서 각 교단이 사용하던 찬송가들을(특히 합동찬송가) 병합하거나 단일화하고, 또 한국인 작사·작곡가의 찬송들을 보강하는 등의 편집 원칙을 좇아 5년간의 편집과정을 거쳐 1967년 12월에 발행한 찬송가(기독교서회 발행). 수록 찬송가는 600곡(성결교단 부흥찬송 20곡, 한국인 창작 27곡이 포함), 교독문은 85편. 이 찬송가는 1983년 '통일찬송가'가 나오기 전까지 여러 교단들의 공식 찬송가로 사용되었다.

개회(開會, **the opening of a worship**) 일반적으로 회의나 회합 등을 시작하는 것을 '개회'라 한다. 교회 내에서는 '예배를 시작함'을 가리키는 말로도 쓰이고 있는데, 적절한 표현은 아니다. 아무튼, 주일 공예배의 순서상 예배를 시작하는 개회 부분(하나님께 나아가는 부분)에서 다음과 같은 요소들이 포함되어 있다. 전주(오르간 연주), 예배의 선언, 개회 찬송(경배의 찬송), 예배의 기원, 화답송(찬양대), 참회의 기도, 사죄의 선언(목회자), 신앙고백(사도신경), 화답송(찬양대), 성시교독, 찬송, 목회기도(목사나 장로), 화답송 등의 순서로 진행된다. →[7. 올바른 용어] '개회합니다'를 보라.

개회 예배(開會 禮拜, **the opening service**) 어떤 모임을 시작하기에 앞서 하나님께 그 모임의 모든 것을 맡기고 감사와 영광을 드리는 예배.

개회 찬송(開會 讚頌, **the opening hymn**) 예배를 시작하면서 존귀하신 하나님의 영광을 찬양하는 일종의 '경배송' 내지 '영광송'(doxology, gloria in excelsis). 개회 찬송은 반드시 하나님을 향하여 드리는 경배와 찬양의 뜻이 담긴 찬송이어야 한다. 칼빈(John Calvin)은 예배 가운데 사용된 찬송을 가리켜 "하나님을 우러러 찬양하고자 하는 뜨겁고 열렬한 열심과 인간의 가슴을 강렬하게 움직이는 힘을 가지고 있는 것"이라고 했다.

견신례(堅信禮, **confirmation**) 가톨릭에서, 영세(세례, 침례)를 받은 신자로 하여금 온전한 믿음과 경건한 생활을 유지하게 하기 위해 베푸는 공적인 의식. 여기서 '견신'이란 '믿음을 견고히 하다'는 뜻이다. 개신교에서는 이 예식을 인정하지 않으나, 가톨릭에서는 7성례 중에 하나로서 '신자 성숙의 성사(聖事)'라 하여 중요한 의식으로 실행하고 있다. 일명 '견진성사.' → '성례', [3. 행정 및 교육 용어] '견진성사', '칠 성례'를 보라.

결단과 헌신(決斷- 獻身, **decision and devotion**) 예배의 마지막 부분을 이루는 신앙 행위들로서 주님과 그 몸 된 교회를 위한 내용들로 구성된다. 즉, 헌금, 감사기도(목회자), 교회소식, 찬송(송영, 주기도문송 등), 축도, 후주(찬양대 혹은 오르간 연주) 등의 순서로 이뤄진다.

결례(潔禮, **purification**) 하나님의 법을 어겨 부정을 입은 사람이나 사물을 정결하게 하는 의식. 레위기 정결 규례에 따라(레14:23) 종교 의식상 부정을 제거하고 정결케 하는 의식(레11-15장). 일명 '정결례'(淨潔禮).

결례는, 출산 후(레12:6-8), 월경 후(레15:19-33), 부부관계 후(레15:16-18), 유출병에서 회복된 후(레15:4-15), 나병에서 회복된 후(레14:8-9), 사체에 접촉한 경우(레17:15), 전쟁에서 귀향한 후(적군을 죽였기 때문에, 민31:19-24), 제사장의 성직 수행을 위해(출29:4), 나실인 서원 후(행21:24,26) 행해졌다. 결례의 방법과 절차는 사람이나 사물이 어떤 부정에 노출됐느냐, 또 그 사람의 생활 형편이 어떠하냐에 따라 각기 다르게 적용되었다.

결혼(結婚, marriage) 시집가고 장가드는 일. 혼인(婚姻). 결혼은 하나님께서 천지창조 직후 제정하신 제도이자 우리 주 예수 그리스도께서 인정하신 신성한 제도이다(창2:20-25; 마19:4-6). 따라서 하나님 앞에서 서약함으로 시작된 결혼은 양자가 그 의무와 책임을 순결히 지켜나가야 하고, 하나님이 제시하신 일부일처(一夫一妻)의 결혼제도를 신실히 지켜야 한다(고전7:39; 고후6:14).

사도 바울은 부부간의 결혼 의무를 사랑과 순종의 원리에 두었으며, 그 모델을 교회에 대한 그리스도의 사랑과 그리스도를 향한 교회의 순종에 빗대어 설명했다(엡5:25,28; 골3:19). 그래서 남편은 아내를 사랑하되 교회의 머리 되신 그리스도께서 피흘리기까지 교회를 사랑하신 것처럼 해야 한다. 이에 비해 아내의 미덕은 남편에게 순종하는 데 있다(엡5:22; 골3:18; 벧전3:1).

성경은 사랑과 존경과 희생에 기초한 한 남자와 한 여자의 결혼을 적극 장려하는(룻4:13; 갈5:19; 살전4:3-7; 히13:4) 데 비하여 불신자, 우상 숭배자와의 결혼을 삼가라 하며(창24:3; 출34:16; 왕상16:31; 느13:25; 고전7:12-17), 친족과의 육체적 결합이나 중혼(重婚), 결혼의 의무를 어기는 외도(外道) 등을 금지한다(레18:6-18; 히13:4).

그리고 구약성경은 하나님과 이스라엘 백성과의 신실한 관계를 설명할 때 종종 결혼 비유를 사용한다(사54:5; 렘3:14; 31:32; 호2:19). 신약성경은 예수는 신랑에(마9:15), 영적 이스라엘인 성도(교회)는 신부에 비유한다(마22:2-14; 고후11:2; 엡5:23-32; 골3:18-19; 벧전3:1,7; 계19:7-9).

결혼예식(結婚禮式, wedding ceremony) 곧 혼인예식(혼례식)은 성례(聖禮)에 속한 것이 아니지만, 분명 하나님이 세우신 신성한 예법이다. 따라서 마땅히 주 안에서 결혼해야 하며, 혼례에 적절한 훈계와 기도를 행하기 위해서라도 목사나 그 밖의 교역자로 주례(主禮)하는 것이 좋다. 그리고 결혼은 오직 1남 1녀로 하고, 성경과 국법 등에 벗어난 결혼은 삼가며, 또 충분한 증인들 앞에서 행하여야 한다. 하나님 앞에서 부부가 되는 이 혼례는, 하나님의 은총과 사람들의 축복이 넘치는 기쁜 예식이다(창29:22; 삿14:10; 렘16:9; 요2:1-11).

이런 점에서, 보편적으로 신랑과 신부 두 명 모두는 개신교 신자여야만 한다. 이 예식은 단순히 남녀의 결합이라는 차원을 넘어 하나님의 거룩한 창조사역에 동참하는 복된 예식임을 잊지 말아야 한다. 로마 가톨릭에서는 7성사 중에 하나로 '혼배성사'(혼인성사, Nuptial Mass)를 강조하고 있다. → '예식'을 보라.

경건회(敬虔會, devotions, chapel) 학교나 기관 등에서 집단(공동체)의 신앙 정진과 경건 생활의 유익을 위해 정기적으로(매주, 매일) 드리는 예배. 찬양, 기도, 말씀 등으로 이루어지나 공적인 예배보다는 비교적 시간도 짧고 분위기도 다소 자유롭다. → '채플'을 보라.

경배(敬拜, worship) 공경하여 공손히 절함. 예배함. 경배는 그 대상의 주(主) 되심을 인정하는 행위로서, 경배 받으시는 그분만이 생사화복(生死禍福)을 주관하시는 이로서, 홀로 영광받으실 분이심을 고백하고 찬양하는 행위이다(창24:26-27; 느9:6; 시86:9). 그런 점에서 오직 하나님만이 우리 인생들의 경배를 받으시기에 합당하다(눅4:8; 행10:25-26; 계5:12-14; 19:10; 22:8-9). 하나님 이외의 존재에게 경배하는 것은 가장 큰 범죄가 된다(출23:24; 레26:1). → '예배'를 보라.

■**경배와 찬양**(敬拜-讚揚, worship and praise) - 공적인(전통적인) 예배와는 별개로 찬양을 중심하여 진행되는 집회를 말한다. '열린 예배'(contemporary worship) 또는 '워십'(worship music)과 맥을 같이 한다. 주로, 젊은 층을 중심하는 모임에서 현대적 최신 악기들(신디사이즈, 일렉트릭 기타, 어쿠스틱 기타, 드럼 등)이 동원되고, 율동과 소위 몸찬양이 함께하는 감성적이고(영감을 중요시하고) 즉흥성이 강한 찬양 집회이다. 이때 짧은 메시지나 간증(고백), 합심기도 등이 병행되기도 한다. → '열린 예배', '워십'을 보라.

계약 예배(契約 禮拜, **covenant service**) 감리교의 전통적 신년 예배로 볼 수 있다. 대개 매년 1월 초순에 드려졌으며, 감리교인들은 이 예배를 통해 새해에도 하나님께 자신을 드리기로 재차 헌신하였다.

고난주간(苦難週間, **Passion Week, Holy Week**) 예수 그리스도의 고난과 죽음을 기념하는 절기. 즉, 주님이 지신 십자가의 구속 역사를 선포하고 그 고초와 죽음을 통해 죄인들을 구원하신 그분의 사랑을 깊이 생각하면서(묵상하면서) 경건한 삶의 훈련을 쌓는 주간. 종려주일에 시작하여 부활절 하루 전까지 1주간을 경건히 지키는 시간. 일명 '수난주간', '성주간'(聖週間), '대주간'(大週間, Great Week)이라고도 한다.

고난주간 중에서도 특히 예수께서 잡히시기 전 최후의 만찬이 있었던 날을 기념하는 목요일과 주님의 십자가 죽음의 날을 기념하는 금요일에는 더욱 세상적 즐거움을 절제하고 금식하는 전통이 이어져오고 있다.

이 고난주간의 전통이 처음 소개된 것은 에게리아(*Egeria*)의 순례집 「*Peregrinatio Silvioe*」와 안디옥 출신으로 콘스탄티노플 주교였던 크리소스톰(*John Chrysostom*, 347?-407년)의 증언이었다. 종교개혁의 횃불을 들었던 루터는 고난주간에 행해지던 로마 가톨릭교회의 의식들을 폐지했으나, 그 이후 스위스의 종교개혁자 쯔빙글리(*Ulrich Zwingli*, 1484-1531년)의 노력으로 그 일부분이 회복되었다. 물론, 오늘날 각 교파마다 고난주간에 대한 생각과 접근방법에 차이가 있다. → '수난주간'을 보라.

고난주일(苦難主日, **Passion Sunday**) 부활주일의 직전 주일. 즉, 고난주간이 시작되는 주간의 첫날. 흔히 이 날을 예수님께서 예루살렘에 입성하실 때 그곳 사람들이 종려나무 가지를 길에 깔고 '호산나 찬송하리로다'를 환호했다고 해서 '종려주일'(Palm Sunday)이라고 부른다(요12:12-16). 일명 '수난주일.' 가톨릭에서는 '성지주일', 스페인과 독일 교회들에서는 '꽃의 주일'이라고도 한다. → '고난주간', '종려주일'을 보라.

고해성사(告解聖事, **penance, sacrament of penance**) 로마 가톨릭교회의 일곱 성사 가운데 하나. 영세받은 신자가 알게 모르게 지은 죄를 뉘우치고 하나님의 대리자인 사제에게 고백하여 용서받는 일. '성찰'(省察), '통회'(痛悔), '고백'(告白), '보속'(補贖)의 네 단계로 이루어진다.

① 성찰 : 하나님의 사랑을 기억하고 지은 죄를 자세히 생각해 내는 것. ② 통회 : 하나님 앞에서 지은 죄를 진심으로 뉘우치며 가슴 아파하는 것. ③ 고백 : 하나님의 대리자인 사제에게 자기의 마음을 열어 죄를 낱낱이 아뢰는 것. 물론 사제는 신자가 고백한 잘못을 비밀에 붙여야 한다. ④ 보속 : 죄를 보상하는 마음으로 기도, 사랑의 실천, 생활의 개선 등에 힘쓰는 것. 결론적으로, 죄를 짓는 것은 하나님과의 관계가 깨어지는 것을 의미하는데, 가톨릭 신자들은 고해성사를 통해 하나님과의 관계가 다시 회복된다고 믿는다. 하지만, 예수 그리스도의 이름으로 직접 하나님께 죄를 고백하는 기독교에서는 고해성사를 인정치 않는다.

한편, 고해성사를 시행하는 종교로는 로마 가톨릭, 성공회, 정교회가 있다. 한국 천주교회의 경우는 성탄절과 부활절 전에 의무적으로 시행하도록 되어 있는데, 이를 '판공성사'라 한다. 그리고 '고백성사'라고도 하나 가톨릭에서는 보편적으로 '고해성사'라는 표현을 쓴다.

공도문(公禱文, **Common Prayer**) 성공회의 기도서. 각 개인이 사적으로 드리는 기도문이 아니라 신자들이 공적인 예배의식에서 '공동으로' (in common) 사용하는 기도문을 가리킨다. 이는 신자들이 모여서 예배 드릴 때는 반드시 모든 사람들이 사전에 동의한 형식으로 기도를 드려야 한다는 생각에서 마련되었다.

공도문은 단순히 기도문(祈禱文)만 담고 있는 것이 아니라 신앙 교리와 전례의식 및 특별한 경우에 사용되는 형식을 모두 담고 있다. 대표적으로는 영국 국교회와 미국 성공회의 기도서가 있다.

공식기도(公式祈禱, **formal prayer**) 공예배 때에 드리는 기도로서, 일명 '공중기도'(public prayer), '공통기도'(common prayer)라고도 한다. 공식기도는 크게 두 가지로 나눌 수 있다. ① 공예배시 읽도록 마련된 공식화된 문구의(의식적) 기도. '성문기도'(成文祈禱), '예전적 기도'(禮典

的 祈禱, liturgical prayer)라고도 한다. 로마 가톨릭교회, 그리스 정교회, 영국 국교회, 루터교회 등에서 주로 이 형태를 취한다. ② 예배시 회중을 대표해서 자연 발생적으로(성령의 감동을 의뢰하고 성령의 은사를 통해) 또는 준비한 내용을 즉석에서 드리는 기도이다. '자유기도'(free prayer)라고도 한다. → '기도', '예전적 기도'를 보라.

■**공식기도의 순서** – 공식기도의 내용을 순서상으로 살피면, ① '영광을 돌림' 곧 '숭경'(崇敬, adoration) : 이는 지존자 앞에 나아가는 피조물이 취할 합당한 자세이다. ② 감사 : 하나님이 주신 각양 은혜에 감사하는 것은 구원받은 자의 마땅한 바이다. ③ '자복' 곧 '고백'(confession) : 원죄와 자범죄를 고백하되 함께 예배하는 모든 사람으로 하여금 죄를 깨닫게 하고 함께 참회의 자리에 서게 한다. ④ '간구' 곧 '탄원'(supplication) : 영적인 문제나 육체(물질)적인 문제를 막론하고 우리 자신에게 필요한 것을 하나님께서 허락해 주시기를 구하는 것이다. 여기에는 확고한 신뢰와 믿음이 바탕되어야 한다. ⑤ '타인을 위한 기도' 곧 '중재' (intercession) : 간구(탄원)에 비해 객관적 요소를 지니며 타인의 고통과 고난에 대해 하나님의 백성으로서 대신 아뢰는 기도이다. ⑥ '봉헌 기도' (oblation) : 성령의 능력을 통해 교회의 머리 되신 그리스도와 연합하여 아버지께 자신(교회 공동체)을 드리는 기도다. ⑦ '예수 그리스도의 이름으로 기도' : 기도의 끝말은 항상 우리의 유일한 중보자이신 예수 그리스도의 이름으로 마무리해야 한다 (요14:13-14; 15:16).

공예배(公禮拜, **formal service**) 교회 공동체가 하나님의 뜻을 좇아 합의에 의해 시간과 장소를 정해 놓고 드리는 정기적이고 전통적인 예배를 가리킨다. 일명 '공중예배.' 교인들이 주일마다(혹은 이외에 정한 시간에) 교회에 모여 하나님께 예배드리며 성경을 연구하는 것은 공예배의 모범적인 모습이다. 대부분의 교회에서는 매주 세 번의 공예배 즉, 주일 낮(오전) 예배, 주일 밤(오후)예배, 수요일 밤예배를 드린다. → '예배'를 보라.

공중예배(公衆禮拜, **public worship**) 일명 '공예배.' → '공예배'를 보라.

관상기도(觀想祈禱, **contemplation**) '관상'이란 '함께'라는 뜻의 'con'과 이교의 성소, 혹은 후대의 기독교 성소를 뜻하는 'templum'의 합성어로서 '사물의 내면을 바라볼 수 있는 장소인 성소에서 사물들의 근원인 하나님을 발견하고 바라보는 것'이라는 뜻을 지녔다. 그리스 교부들 중에 일부는 하나님과 하나 되는 직접적 경험을 '떼오로기야'(Theologia)라고 했다고 한다.

오늘날 관상기도를 강조하는 사람들은 "말로 하는 기도는 깊이 있는 기도가 아니다"(*Thomas Keating*)라면서 "우연적인 실체들 안에서 모든 실체의 근거이며, 참된 실체이신 하나님을 보는 것" (*Thomas Merton*)을 관상기도라 한다. 그래서 관상기도를 주장하는 사람들은 대개 관상기도는 언어나 심지어 마음속의 심상들(images)도 사용하지 않고 마음으로 하나님을 지향하는 기도라는 말을 한다. 즉, '관상기도'는 주 앞에서 이미지나 언어를 사용하지 않고, 마음으로 주님을 지향하는 기도이다. 곧, 침묵 가운데 주님을 사랑하는 마음으로 주님의 품안에서 쉬는 기도라고 할 수 있다.

[용어상식] 공식기도자의 자세

공식기도자는 다음과 같은 마음과 자세로 기도해야한다.
①하나님이 계신 것과 그분이 자기를 찾는 자들에게 상주시는 분이심을 믿어야한다(히11:6).
②성령의 도우심을 의지해야한다(롬8:26-27).
③기도자 자신의 개인 기도가 아니라 기도에 참여하는 모든 사람과 함께 드리는 기도임을 잊지 말아야한다.
④기도의 핵심을 바로 이해하고 그대로 기도하기를 집중해야한다.
⑤훌륭한 형식(상투적인 어투를 피하되 간단, 명확하고, 직접적이고, 상냥하고, 문학적인 구문)을 갖추어야한다.
⑥기도의 대상(하나님)을 향해 있어야 한다. 회중을 향해 설교하듯이 기도해서는 안 된다.
⑦미리 준비하여 기도가 늘어지거나 중언부언(重言復言)하지 말아야한다.
⑧발음이 정확하고, 맑고 진솔한 음성을 유지해야한다.

관상기도는 결국 아무 생각이 없는 상태를 지향하는 것이다. 심지어 의식 너머의 상태에 이르고 거기 머무르는 것을 지향한다.

이런 점에서 관상기도를 말하는 상당수 지도자들은 신비주의 및 천주교의 전통과 동양 종교들의 수행법들을 적극적으로 수용하곤 한다. 그들은 생각과 의식 자체를 넘어서야 한다고 생각한다. 따라서 어떤 종교적 명제를 중심으로 생각하는 것도 넘어서야 한다고(무념무상의 상태에 이르러야 한다고) 본다. 그들은 다음의 성경구절을 근거로 제시하곤 한다(시19:14; 46:10; 116:9; 145:5; 마5:8; 계1:7; 3:20 등).

그러나 위의 성경 내용들은 관상기도 주장자들이 말하는 하나님을 바라보는 '관상'에 대입시키기에는 부적합하다. 문맥과 원문 분석을 해 보면 성경 전체와 조화를 이루는 문맥해석이 아니고 아전인수식의 편협한 해석이다.

구약 시대 하나님의 임재 방식은 선지자가 원하여 음성을 듣는 것이 아니고 갑자기 하나님 편에서, 하나님의 주권적인 역사로 임하셨다. 즉, 하나님 주도적인 말씀이 임하신 것이지 사람이 분위기를 만들어놓고 기다려서 듣는 것이 아니었다.

결국, 고요와 침묵을 지향함으로써 이를 통해 하나님으로 충만하게 되고자 하는 관상기도는 인간의 노력과 하나님의 도움이 합하여 '정화', '주입', '합일'의 단계로 나아가려는 반펠라기우스적인 천주교적 사상을 토대로 하고 있다고 본다. 성경이 가르치는 참된 기도는 그리스도의 십자가 구속에만 의존하여 성령님의 감화 안에서 삼위일체 하나님과 교제하는 것이다.

결국, 관상기도는 종교혼합주의, 신비주의, 인본주의, 들숨과 날숨의 호흡기도로 개인 및 집단 최면술이 포함된 자기 확신일 뿐이며 하나님의 주권적 임재를 모독하는 것이다. 참고로, 관상기도 주장자들은 '관상'이라는 용어가 주는 거부감을 해소하기 위해 '관상'이라는 용어를 숨기고 '영성기도', '침묵기도', '묵상기도', '마음기도', '향심기도', '경청기도', '호흡(숨)기도' 등 다양한 말로 위장하고 있다(이승구 교수, 합동신학대학원대학교).

관수세례(灌水洗禮, aspersion) 세례 예식의 한 방법으로, 집례자가 수세자(受洗者)의 머리에 물방울을 뿌리면서 세례식을 거행하는 것을 가리킨다. 이는 '주수세례'의 변형된 형태로, 아주 특별한 경우에 한해 시행된다. → '세례', '주수세례'를 보라.

광고(廣告, announcement) 교회 공동체가 각 성도에게 전하는 소식이나 당부 및 신앙적 정보 등을 알리는 것을 말한다. 일명 '교회 소식.' 이는, 예배의 본질적 요소와는 거리가 있지만, 하나님 안에서 이뤄지는 성도의 교제라는 차원에서(각 교회마다 시각 차이를 보이고 있음) 예배의 보조적 기능으로 인정되기도 한다.

교독(交讀, responsive reading, responsorial reading) 예배, 특히 주일예배시에 예배 인도자와 성도 간에 성시(성경구절)의 한 대문(단락)씩을 번갈아 가며 읽는 일.

교독문(交讀文, responsive reading versicle) 예배시에 인도자와 성도 간에 성시(성구)를 서로 교독하거나 노래를 부르게 한 예식문(성시교독문). 한국 기독교에서는 1949년 합동찬송가(찬송가합동전권위원회) 권말에 성경 교독문을 첨부하여 출판한 이래 전통적으로 교독문을 찬송가의 뒷면에 수록하고 있다. 내용은 주로 시편과 이사야 등의 성경 여러 부분을 발췌한 것이며, 부활절이나 성탄절 같은 절기와 3.1절, 8.15광복절 등 국가적 기념일에 맞추어 사용할 수 있도록 편집했다. → '성시교독'을 보라.

교송(交誦, antiphon) A.D.4세기경에 도입된 가톨릭의 전례 음악. 시편 등을 테마로 교창법으로 부르는 방식인데, 앞선 찬양대가 시편 등을 찬송하는 사이에 다른 찬양대가 후렴을 부르는데, 그 후렴을 교송이라 한다. 그런데 요즈음에는 그 같은 원래의 의미에서 벗어나 응창(應唱) 형식 또는 독창자와 찬양대가 서로 화답하는 방식으로 불려지는 곡을 가리킨다. → '교창', '응창'을 보라.

교역자(敎役者, the church profession) → '교직자'를 보라.

교직자(敎職者, the church profession) 교회 일을 돌보는 전문적 소양과 자격을 갖춘 성직

자. 즉, 모든 영혼을 위하여 하나님으로부터 부르심을 받은 자로서 세상의 것을 버리고, 하나님께 헌신하는 하나님의 일꾼이요, 영혼의 목자요, 교회의 지도자를 가리킨다. 여기에는 목사는 물론, 강도사(준목사), 전도사, 기독교교육사 등도 포함된다. 일명 '교역자'(敎役者).

교직자는 성직(聖職)을 수행하는 자이므로 그 이외에 복음전도의 목적이 아닌 직업을 겸할 수 없고, 정규적으로 일정한 보수를 이중으로 받는 직업을 목회와 겸할 수 없다. 교직자는 그 언행(言行)이 성경의 교훈에 부합되어야 하며, 규칙적으로 기도하는 일과 성경연구하는 일, 전도하는 일에 힘써야 한다.

교창(交唱, antiphoarius, antiphonal singing) A.D.4세기경 시리아(Syria) 지방의 수도원에서 부르기 시작한 노래 방법으로, 각각 다른 찬양대나 두 명 이상의 독창자가 서로 번갈아 노래하는 창법. 초대 기독교회에서는 고대 히브리인들의 전통을 이어받아 시편을 교창 형식으로 즐겨 불렀다. 로마 가톨릭 미사 중에 봉헌송(offertorium)과 성체 배송가(聖體 拜頌歌, communium)가 그 좋은 실례다. → '교송'을 보라.

교회(敎會, church) 교회란, 예수 그리스도의 공로로 구원받은 신자들이 모여 하나님 앞에 예배드리는 공동체이다. 교회는 예수 그리스도의 몸으로서, 성령의 역사로 인해 계속적으로 하나님의 말씀이 정확하게 선포되어야 하며, 성례를 올바르게 집행하여야 하고, 권징이 정당하게 시행됨으로써 그 정통성이 유지되어야 한다. → [1. 교회 일상 용어] '교회', [2 교리 및 신앙 용어] '교회'를 보라.

교회당(敎會堂, a church, a chapel) 신자들이 하나님을 예배하거나 각종 신앙적 모임을 갖기 위해 마련된 공식적인 장소. 일명 '예배당'(禮拜堂). → '예배당', '예배 처소'를 보라.

교회력(敎會曆, church year, liturgical year, ecclesiastical calendar) 교회가 성도 개개인의 신앙생활과 공동체의 유익을 위해 작성한 전통적인 연력(年曆). 즉, 예수 그리스도의 탄생, 죽음, 부활, 승천 및 재림 등을 통해 완성된 구원의 역사를 1년 주기로 재현한 것을 말한다.

크게 두 부분으로 나눌 수 있는데, ① 상반기 6개월은 '강림절에서 승천일까지의 기간' 이다. ② 하반기 6개월은 '성령강림절에서 삼위일체 주일까지의 기간' 이다.

각 교파간에 교회력의 명칭이 차이가 있고, 또 지켜오는 절기도 차이가 있지만, 보편적으로 인정하는 절기는 다음과 같다(물론, 개혁교회 중에는 몇몇 절기 이외에 거의 인정치 않는 경우도 있다). 교회력의 시작점이라 할 수 있는 강림절(Advent)과 뒤이은 성탄절, 주현절(Epiphany), 재의 수요일, 사순절(Lent), 종려주일, 수난절, 세족목요일, 성금요일, 부활절, 승천축일(Ascension day), 성령강림절, 삼위일체 대축제일 등이다.

이처럼 교회력에 나타난 사건들은 역사적이고 실제적인 사건인 동시에 신학적인 해석이요 신앙고백적이고 예전적인 기념일이라 하겠다. 따라서 교회력을 준수한다는 것은 그 각각에 나타난 하나님의 구원 역사를 다시 한 번 되새겨보고, 그분의 구속의 은총을 감사하고 그 영광을 드높이는 일이다. 한편, 현재 사용되고 있는 교회력은 A.D.4세기 말에 거의 완성된 내용들이다.

■**교회력에 따른 전례색** - 교회력에 나타난 각 절기에는 상징성을 띤 고유한 전례 색깔이 있다.

① 흰색 : 순결과 기쁨, 진리와 완전, 위엄과 영광의 밝은 빛을 상징한다. 성탄절, 부활절 등에 사용된다.

② 보라색 : 엄숙과 애도, 참회와 금식 등을 상징한다. 강림절, 사순절 등에 사용된다.

③ 붉은색 : 피(그리스도의 보혈) 곧 순교와 희생, 기도와 열심, 성령 등을 상징한다. 오순절을 위시하여 교회의 각종 기념일(종교개혁주일, 교회 헌당 등)에 사용된다.

④ 녹색 : 희망과 생명, 자연과 성장, 번영 등을 상징한다. 성도의 성장을 강조하는 성령강림절 이후부터 강림절 전까지로 가장 많이 사용된다.

⑤ 검은색 : 슬픔과 애도, 죄와 죽음 등을 상징한다. 이 색은 예수께서 십자가상에서 돌아가신 성금요일에만 사용된다.

교회력의 색깔은 로마 가톨릭에서 그 기준을 삼은 경우가 많은데, 제복이나 제단을 장식할 때 해당 절기의 색깔이 사용되었다. 그런데, 16세기의 종교개혁으로 인해 개혁파 교회들은 예배의 부가 물로서 색깔 사용을 거부하였다. 특히, 칼빈주의자들과 청교도들은 제복과 유색의 직물을 모두 폐기하였고, 교역자들은 검은 양복에다 검은 가운을 설교할 때에만 입었다. 이에 비해 루터교회나 영국 국교회에서는 전통적인 제복과 스카프 등을 그대로 사용하거나 재조정하여 사용하고 있다.

교회 봉헌식(教會 奉獻式, **consecration of churches**) 하나님께 예배드리는 처소로서 교회 건물을 사용하기 위해 교회당(예배당)을 헌당(獻堂)하면서 하나님께 감사와 영광을 돌리고, 은총을 비는 복된 예식을 말한다. 여기에는 하나님의 주권과 하나님의 소유 됨을 인정하는 신앙고백적 내용도 담겨 있다. 거룩한 예식이라는 측면에서, 솔로몬의 성전 낙성식이 그 좋은 예이다(왕상 8:63). → '헌당식' 을 보라.

교회 예배의식(教會 禮拜儀式, **ceremonial of public worship**) 교회에서 '예배의식' 은 주로 예배의 순서를 뜻하는 말로 이해되고 있다. 하나님을 예배하는 일에는 경건하고 일정하며 준비된 순서(절차)와 그에 따른 형식미가 유지되어야 한다. 교회의 공예배시 시행되는 대표적인 의식(절차)에는 기도, 찬송, 성경 낭독, 성경해석과 강도, 세례, 성찬, 금식과 감사, 성경문답, 헌금, 권징, 축복 등을 들 수 있다. 혹자(Mowinckel)는 이 '예배의식' 곧 제의를 '신'(Deity)과 회중과의 만남과 교제가 성립되고 발전하여 그 궁극적인 목표에 도달되는, 사회적으로 수립되고 규정된, 거룩한 언행(言行) 이라고 규정하고 있다.

한편, '예배의식' 을 가리키는 영어 'liturgy' 는 '섬김' 또는 '봉사' 로 번역된 헬라어 '레이투르기아' 에서 유래했다. 이는 문자적으로 '(백성의) 행위' 를 뜻하고, 그리스도인들이 믿음과 순종으로 하나님께 바치는 '봉사' 를 가리킨다. 신약성경에서 이 단어는 옛 언약 아래서의 제사장의 직무(눅 1:23; 히9:21), 또는 그리스도의 직분(행8:6), 교회의 예배(행13:2) 등을 의미한다. 특히, 바울에게서 이 단어는 성령의 열매로 나타나는 '믿음의 생활'(롬12:1; 갈5:22)을 의미했다.

결국, 예배는 헌신의 행위와 의식(rites)과 예식(ceremony)에 국한되지 않는다. 예배는 그리스도인들에게 생활 전체를 의미한다. 즉, 가장 넓은 의미에서 예배는 사람이 하는 모든 것과 관계 있다고 할 것이다(롬12:1). 사람은 그의 생활 전체를 하나님께 바치기 위하여 언제나 하나님 앞에 서 있다(coram Deo). 생활의 모든 영역이 하나님의 나라에 속한다. 그런 맥락에서 예배는 생활의 모든 경험에 하나님의 임재를 실현하는 것이라 하겠다. → '레이투르기아', '예배' 를 보라.

■**종교개혁 시대의 예배의식** – 바람직한 예배 순서를 정하는 데는 신구약 성경을 배경으로 하는 예배 역사와 교회의 전통을 통해 내려온 예배에 관한 유산을 고찰할 필요가 있다. 특히, 철저히 성경에 입각한 예배의 갱신을 통해 종교개혁을 이룬 개혁주의 예배모범에 유의할 필요가 있다.

종교개혁 시대의 예배는 세 형태로 구분된다. ① 루터주의의 예배 : 개혁은 했지만 가장 보수적 성향을 띤 것으로, 로마 가톨릭 시대의 것을 상당히 축소했으나 많은 부분을 그대로 존속시킨 예배의식이다. ② 칼빈주의의 예배 : 급진적이거나 보수적이지 않은 온건한 예배 갱신을 이룬 것으로, 오늘날 장로교회 및 개혁교회 예배의식의 원형이다. ③ 쯔빙글리의 예배 : 가장 급진적 예배 갱신을 이룬 것으로, 재침례교, 퀘이크교와 같은 청교도적 전통의 독립교회 예배의식의 근간을 이룬다.

개혁교회 예배의식의 원형을 이룬 칼빈의 '제네바 예배의식'(Genevan Service Book)은 1537년 첫 초안이 나왔고, 1542년 「조대교회의 예전 내용을 연구한 예시서」를 통해 완성되었다. 이 '제네바 예배의식' 에 제시된 예배 순서는 다음의 원리에 의해 배열되었다. 첫째, 죄의 고백과 용서 부분(하나님께 나아가는 예배의 시작 부분). 둘째, 하나님의 말씀의 선포 부분(하나님께서 오시는 예배의 핵심 부분). 셋째, 삶 속의 헌신과 세상으로의 선교적 파송 부분(하나님을 위한 헌신과 다짐이 있는 예배의 마무리 부분) 등이다.

칼빈 당시에 이뤄졌던 구체적인 예배 순서를 보면, ① 예배의 말씀(개회선언) ② 참회기도(죄고백) ③ 용서를 구하는 기도 ④ 용서의 선포 ⑤ 시편 찬송(회중, 1545년부터 십계명 첫 부분 낭독이 추가됨) ⑥ 중보의 기도(성령의 임재를 위한 기도) ⑦ 시편 찬송(회중 1545년부터 십계명 둘째 부분 낭독이 추가됨) ⑧ 주기도문 ⑨ 설교 전 설교자의 기도 ⑩ 설교 ⑪ 설교 후 기도(목회적 기도) ⑫ 주기도문 해설 ⑬ 시편 찬송(회중) ⑭ 아론의 축복기도

(민6:24-26) 등이다. 칼빈은 "교회 안에서 의식이 증가하면 그리스도인의 자유가 감소되고 믿음이 예식으로 바뀐다"면서 예배의 단순성을 강조했다.

한편, 오늘날 각 교회에서 보편적으로 취하는 예배 순서는 ① 전주 ② 예배의 선언(예배에의 부름) ③ 찬송(경배와 영광의 찬송) ④ 예배의 기원 ⑤ 참회의 기도 ⑥ 사죄의 선언 ⑦ 신앙고백(사도신경) ⑧ 성시교독 ⑨ 찬송 ⑩ 목회기도 ⑪ 찬양대 찬양 ⑫ 말씀(설교, 강론) ⑬ 설교 후의 기도와 찬송 ⑭ 헌금 ⑮ 교회 소식(성도의 교제) ⑯ 축복 등이다.

또 다르게는, ① 기도(행6:4; 딤전2:1) ② 찬송(골3:16; 4:6; 시9:11; 엡5:19) ③ 성경 낭독(행15:21; 눅4:16-17) ④ 성경해석과 강도(딛1:9; 행9:20; 10:4; 눅24:47; 딤후4:2) ⑤ 세례(마28:19-20; 막16:15-16) ⑥ 성찬(고전11:23,28) ⑦ 금식과 기도(눅5:35; 빌4:6; 딤전2:1; 시50:14; 95:2) ⑧ 성경문답(히5:21; 딤후3:14,17) ⑨ 헌금(행11:27,30; 고전16:1-14; 갈2:10; 6:6) ⑩ 권징(勸懲, 히13:17; 살전5:12-13; 고전5:4-5; 딤전1:20; 5:12) ⑪ 축복(고후13:13; 엡1:2) 순이다.

교회 절기(敎會 節氣, church holiday) 교회력에 의해 교회가 전통적으로 지켜오는 기념일들을 말한다. 강림절, 성탄절, 주현절, 사순절, 부활절, 성령강림절, 맥추감사절, 추수감사절 등을 가리킨다. 이에 대해서는 해당 항목에서 참조하라. → '교회력'을 보라.

교회 축일(敎會 祝日, ecclesiastical feasts) 교회가 공식적으로 축하하고 기념하는 날들을 가리킨다. 축일은 특성상 세 종류로 나뉜다.

① 매주 첫째 날 곧 주일(主日)이다. 안식 후 첫날 부활하신 주님을 기념하는 날로서, 사도들이 이 날을 예배하는 날로 지켰고, 그 후 콘스탄티누스 황제의 승인(321년)으로 공식화되었다.

② 매년 지키되 날짜가 유동적인 기념일이다. 부활절(그에 따른 사순절)과 부활절 후 일곱 번째 주일에 해당하는 성령강림절 등이 이에 속한다.

③ 날짜가 지정된 정규적 기념일이다. 성탄절, 주현절 등이 이에 속하며, 로마 가톨릭에서 각 순교자들을 기념하는 날도 여기에 속한다.

구역 기도회(區域 祈禱會, a prayer meeting of district) 각 교회가 전도사업이나 자선사업 또는 말씀의 도리를 가르치는 것과 각 지체들로 하여금 은혜 중에서 자라게 하기 위해 조직한 구역들에서 기도를 목적으로 모이는 모임. → [3. 행정 및 교육 용어] '구역'을 보라.

구역 모임(區域 -, a meeting of district) 교회의 일정한 지역별 모임으로서, 각 구역에서 교회의 공적 예배 이외의 시간에 정기적으로 모여 예배와 성경연구 및 기도를 통해 각 구성원의 신앙성장과 친교 및 각 가정의 영적인 안위를 도모하는 모임. '구역 예배'라고도 한다. 이 구역 모임은 각 지역마다 처한 환경에 따라 삶과 봉사를 통해 그리스도를 증언하는 작은 선교공동체가 되도록 해야 한다. → [3. 행정 및 교육 용어] '구역'을 보라.

 용어상식

구도자 예배
(seeker's service)

'구도자 예배(求道者 禮拜)'란, 기독교 신앙에 완전히 입문하지 못한 사람, 즉 아직 구원을 얻지 못하고, 예수 그리스도를 구주로 고백하지 못한 자로서, 영적인 갈급함으로 생명의 도를 찾는 자들을 대상으로 한 예배를 말한다. 일명 '열린 예배'(contemporary worship, open worship), '구도자에게 민감하게 반응하는 예배'(seeker sensitive service)라 한다.

이는, 기존의 전통적 예배 형식에서 벗어나 철저히 구도자의 눈높이를 염두에 둔 그야말로 교회의 문턱을 낮춘 예배라 할 수 있다. 이를 위하여 강단을 없애거나 무대를 넓혀 세속의 락 음악(rock music), 멀티미디어, 춤, 드라마 등을 적극 수용함으로써 교회 밖의 비신앙인도 쉽게 접근할 수 있도록 한 감각적이고, 개방적이며, 인간중심의 젊은 예배라 할 수 있다(이런 점에서 '예배'라는 표현보다 '집회'라는 표현이 적합할 듯함).

이 같은 형식의 예배는 1990년대 초반 미국의 새들백교회, 윌로우크릭 교회 등에서 시작된 이래 오늘날 많은 한국 교회들에서 도입하고 있다. → '열린 예배', [7. 올바른 용어] '열린 예배'를 보라.

구역 예배(區域 禮拜, a service of district) → '구역 모임'을 보라.

구제헌금(救濟獻金, a relief collection) 목적성이 뚜렷한 헌금으로, 가난한 이웃이나 단체 또는 갑작스런 재난이나 어려움을 당한 자들을 돕기 위해 드리는 헌금(마6:2-4; 눅12:33; 롬15:25-27; 딤전5:10). → '헌금'을 보라.

국가조찬기도회(國家朝餐祈禱會, National prayer breakfast) 교파를 초월한 기독교계 지도자들을 중심으로 나라와 민족을 위해 기도하는 조찬 모임. 기독교가 전파된 나라들에서 매년 정기적으로 이 모임을 가진다. 우리나라는 제헌국회에서 이승만 임시의장의 제안으로 종교가 어떠하든지 모든 의원이 기립하여 먼저 나라를 위해 하나님께 기도한 것이 시초가 되어 매년 국가조찬기도회를 개최하고 있다.

권사 취임식(勸師 就任式, an inaugural of exhorter) 각 교회에서 교인들의 투표를 통해 찬성을 얻은 여신도를 종신직원으로 세우기 위해 마련한 공식적인 예식(감리교회는 남녀가 다 임명받고, 그 기능 역시 장로교의 안수집사 제도와 흡사함). 권사 제도는 외국에는 없는 한국 교회 고유의 직분으로서, 여신도 권사는 안수 없는 종신직원으로서 정년 때까지 시무할 수 있다. → [3. 행정 및 교육 용어] '권사', 권사'를 보라.

그레고리안 찬트(Gregorian Chant) 6세기 말 교황 그레고리우스 1세가 집대성한 시편 찬송들로서, 단조로우면서도 엄숙하고 경건한 시편곡들을 말한다. 그레고리안 찬트는 지금까지 로마 가톨릭의 전통적인 엄숙한 찬송 형태이다. 중세교회는 종교개혁 이전까지도 라틴어로 번역된 벌게잇(Vulgate) 시편을 찬송으로 불렀다. 따라서 평신도들 다수는 그 내용을 이해하지 못했다.

그레고리안 찬트는 예배 음악으로서 단순성가(단선율, 시를 읊듯 읊는 형식)이다. 단순성가의 특징은 단성으로 섬세하고 조용하며 은은하고, 소박하며 엄숙하고, 무게가 있으며 안정감이 있고, 웅장하며 경건하고 호소력이 있다. 또한, 절대 순결, 장엄, 엄숙, 경건미를 갖추고 있다. 그레고리안 찬트(성가)는 아름다움이나 즐거움, 쾌락 또는 감정적 만족 등을 목적으로 한 노래가 아니다. 이러한 맥락에서 그레고리안 찬트의 단성 제창은 지금까지 로마 가톨릭의 전통적 미사(예배) 음악으로 군림하고 있다.

금식연보(禁食捐補, a fast collection) 한두 끼를 금식하고 그 음식 값을 모아 헌금하는 일. 그렇게 드려진 헌금은 전도 사업과 교회당 건축에 소용되었다. 자발적인 금식과 공동체 전체가 작정하여 시행하는 금식이 있다. → '연보'를 보라.

금식일(禁食日, a fast day) 정한 기간 동안 음식물을 끊고 금식하기로 한 날. 음식으로 대표되는 육적이고 세속적인 일을 끊고 오직 하나님의 뜻을 구하기로 정한 날(렘36:6-9). 성경에서 대표적으로 금식하는 날은 대속죄일(유대 종교력으로 7월 10일)이었다. 이 날은 이스라엘 전체가 하나님께 회개하는 날이었다. 대제사장은 1년에 한 번 이 날에만 희생 짐승의 속죄 피를 가지고 지성소에 출입할 수 있었다(레23:27; 25:9).

바벨론 포로기 이후 유대인들은 공식적으로 1년에 네 차례 금식일을 지켰다(· 4월금식- 예루살렘 멸망 관련〈왕하25:3-4〉 ·5월금식- 예루살렘 성전 소실 관련〈왕하25:8〉 ·7월금식- 참혹한 학살 관련〈왕하25:25〉 ·10월금식- 예루살렘 포위 관련〈왕하25:1-2〉). 훗날 신약 시대에 와서 바리새인들은 그것도 부족해 주 2회 월요일과 목요일을 금식일로 정하고 금식했다(마6:16-18; 눅18:12).

금요예배(金曜禮拜, a friday service) 예수께서 십자가상에 달려 돌아가신 금요일에, 기도와 찬양을 통해 영적인 생명력을 회복하려는 취지에서 모이는 신앙 집회. 한때는 '철야기도회' 형식으로 다음날(토요일) 새벽까지 진행되는 것이 보편적이었으나, 요즈음은 오전, 오후, 저녁 시간 등 자유롭게 집회를 가지며, 또한 기도회 형식과 함께 찬양예배(경배와 찬양) 형식으로도 진행되는 경우가 많다. → '철야기도회'를 보라.

기념일(記念日, a memorial, a commemoration day, an anniversary) 어떤 일을 기념하기 위해 정한 날. 로마 가톨릭에서는 성 미가엘과

같은 여러 천사들이나 수호성인을 기념하는 날, 혹은 여러 순교자들의 죽음을 기념하는 날(11월 1일 등) 등을 기념일로 지키고 있다.

그러나 개혁교회에서는 종교개혁주일(매년 10월 31일 또는 그 전 주일) 이외에 공적인 기념일은 인정하지 않고 있다. 다만, 각 개인이나 가정 혹은 교회나 노회, 총회 등에서 특별히 지정하여 매년 기념하기로 한 날들이 있다. 이때에 공식예배를 중심으로 기념일을 지키되 시와 찬송을 부르며 하나님께 감사를 돌림으로써 그 같은 기념일을 가능케 하신 하나님의 은혜를 잊지 말아야 한다.

기도(祈禱, prayer) 하나님과 성도 사이에 이루어지는 거룩한 대화요 교제를 말한다. 즉, 성도 편에서 하나님께 영광과 경배와 찬양(시119:164; 단4:34), 감사(빌4:6), 죄와 허물의 고백과 참회(사6:5; 요일1:9), 도고와 간구(딤전2:1-3; 약5:15)를 주 예수 그리스도의 이름으로 드리며(요14:6,13-14), 그에 상응하여 하나님께서 성도의 간구를 들으시고 말씀하시며 응답하시고, 또 자신의 거룩한 뜻을 밝히 보여 주시는 신령한 교제이다. 이러한 기도는 성도의 영적인 호흡이요, 신앙 성장의 통로이며, 하나님의 자녀로서 가지는 고유한 특권이요 의무이다(삼상12:23).

한편, 예배시 드리는 기도에는 일정한 목적성을 띤다. 그 목적에 따라 다양한 형태의 기도가 있다. ① 묵도(默禱) : 예배의 시작점에 예배 인도자와 회중이 함께 하나님의 임재를 사모하며 소리 없이 마음으로 드리는 기도. 때로, 긴 내용의 목회기도에 앞서 묵상을 통해 자신을 돌아보게 하는 기도로 쓰이기도 한다. ② 기도에의 초청 : 기도자가 회중과 함께 기도를 시작하기에 앞서 '기도드립시다', '기도하겠습니다' 라고 말함으로써 모두를 기도에 집중시킬 수 있다. ③ 기원(祈願) : 하나님의 이름에 합당한 영광과 존귀와 찬양을 드리는 개회 기도이다. 이 기도의 목적은 회중으로 하여금 하나님의 임재를 깨닫게 하고, 하나님의 복을 받기 위해 마음을 열도록 하는 것이다. ④ 고백(참회)의 기도 : 회중이 하나님의 거룩한 존전에 서 있는 실존으로서 부끄러운 자신의 모습을 내어놓고 하나님의 용서를 구하는 예배 공동체의 기도이다. 이 기도 후에 회중이 사죄의 기쁨을 누리도록 목회자가 반드시 하나님의 말씀(요일1:9)에 근거하는 사죄의 선언을 해야 한다. ⑤ 목회기도 : 예배 인도자가 하나님 앞에 모여 예배하는 회중(전 교회와 모든 사람)을 위해 사제적(司祭的) 간구를 드리는 기도이다. ⑥ 연도(連禱) : 고정된 기도문에 의해 목회자가 짧은 기도를 드리면 이에 응답하여 회중이 기도를 드리는 형태이다. 회중의 예배 참여를 격려하는 효과적인 기도의 한 방법이다. ⑦ 봉헌 기도 : 성찬식에서 성별의 기도 끝이나 헌금 봉헌 때에 드려지는 기도이다. 봉헌 기도는 단순히 물질을 드리는 것 이상으로, 희생의 예물을 대신하는 것이며, 회중 각자의 몸과 마음을 드리는 것이고, 하나님이 주신 은혜에 응답하는 상징적 행위이다. ⑧ 축도(祝禱) : 하나님의 동행과 돌보심을 믿고, 하나님의 복을 회중에게 선포하는 기도이다. 이 기도의 목적은 하나님의 은혜를 받고 하나님의 뜻을 수행하기 위해 세상으로 나가는 성도에게 하나님의 자녀로서 그분의 영광을 위해 살고 세상의 빛이요 복음의 증인으로 살게 하기 위한 힘과 위로와 복을 선언하는 데 있다. 아론의 축도(민6:24-26)와 바울의 축도(고후13:13)가 모범이다. → '공식기도' 를 보라.

■**기도의 첫말과 끝말** – 기도의 첫머리에는 그 기도를 들으시는 대상을 지칭하는 호칭이 필요하다. 예를 들면, "전능하신 하나님", "사랑과 은혜가 충만하신 하나님 아버지" 등이다. 누구에게 기도함을 확인하는 대상을 먼저 부른 후에 감사와 간구와 도고를 하는 것이 바람직하다.

그런데 기도의 첫머리에 "사랑의 예수님"이라 부르는 것은 생각해볼 일이다. 물론 본체론적 삼위일체 하나님의 본질에서 보면 하나님의 호칭 안에 성자 예수님의 위격이 내재되어 있다고 본다. 그러나 성경에는 성부 하나님께 성자 예수님의 이름으로 아뢰라고 했다. 즉, 예수께서는 "하늘에 계신 너희 아버지께서 구하는 자에게 좋은 것으로 주시지 않겠느냐"(마7:11), "내 이름으로 아버지께 무엇을 구하든지 다 받게 하려 함이라"(요15:16)고 하셨다(마18:19; 요14:13; 16:23-26). 또 예수께서는 친히 성부 하나님께 기도하셨고(눅22:42), 주기도문을 통해서도 성부 하나님께 기도할 것을 가르치셨다(마6:9).

기도의 끝말은 우리의 영원한 중보자 되신 예수님의 이름을 의지하는 말, 곧 "예수님의 이름으로 기도합니다. 아멘"이라 해야 한다(요15:16). 특히,

모든 기도는 언제나 현재형으로 해야 한다. 논리적으로, 기도의 간구 내용은 현재적이고, 또 그 응답은 기도가 끝난 후에 이뤄질 일이기 때문에 과거적 표현("기도했습니다, 기도드렸습니다" 등)을 사용하는 것은 옳지 않다.

공예배시 기도자의 준비

공중예배 회중을 대표하여 하나님께 간구하는 기도자는 다음의 몇 가지에 유의해야 한다.

① 먼저 개인 기도로 준비하라. 스펄전(Charles Haddon Spurgeon, 1834-1892년)은 "개인 기도는 공적 기도를 위한 훈련의 기초"라고 했다.
② 개인의 기도가 아니라 공동체 전체의 기도임을 자각하라. 따라서 기도자는 회중의 고민과 요구에 귀기울여야 한다.
③ 성경에 소개된 기도(특히 주의 기도)와 다른 사람들의 기도를 연구하라. 기도의 폭과 깊이가 더욱 풍성해질 것이다.
④ 기도의 전체적인 윤곽을 잡으라. 두서없이 우왕좌왕하는 기도나 중언부언하는 기도에서 벗어나 구체적이며 정리되고 뚜렷한 목적성이 담긴 기도가 될 것이다. 이를 위해 기도의 큰 흐름을 기록해 보는 것도 좋은 방법이다.
⑤ 기도의 몇몇 문장은 암기하라. 잘 선택한 기도의 첫 몇 마디는 기도의 전체 내용에 힘을 실어 줄 것이다.
⑥ 성령 하나님을 의지하라. 기도를 하게 하시는 분은 내 속에 거하시는 성령 하나님이심을 잊지 말아야 한다(롬8:26-27; 고전14:15).

기도송(祈禱頌, prayer hymn, kyrie) 기도를 드린 후 찬양대 혹은 회중 전체가 기도의 유일한 대상이신 하나님께 기도를 들어주시기 기원하며 부르는 찬송(찬송가 630-632장). 때로 '키리에'(kyrie, '하나님이여 불쌍히 여기소서'란 뜻의 기도문이나 기도문에 곡을 붙인 것)를 가리키기도 한다. → '키리에'를 보라.

기도 시간(祈禱 時間, hours of prayer) 기도하기 위해 하루 중 따로 정해 놓은 시간. 경건한 히브리인들은 조상의 신앙 전통을 좇아 규칙적인 기도 생활에 힘썼다(단6:10). 어떤 상황에도 하루 세 번 기도하는 것은 오랜 전통이었다(시55:17). 세 번의 기도 시간은 아침 제사와 관련된 '이른 아침 기도'(오전 6시경, 시5:3; 88:13), 낮에 드리는 '제9시 기도'(오후 3시경, 행3:1), 황혼 무렵의 '저녁 기도'(오후 6시경, 단9:21) 등이다.

이런 전통은 신약 시대에도 계속 지켜졌다(행2:15; 10:9). 하루 세 번의 기도 외에도, '새벽 시간'(막1:35), '정오'(시55:17; 마20:5), '밤'(사26:9), '밤 시간 내내'(눅6:12) 기도하기도 했다.

기도응답송(祈禱應答頌, prayer response) 주로, 목회기도나 회중을 대표하여 드리는 기도가 끝나면서 연이어 찬양대가 교회 공동체 전체를 대신하여 부르는 응답의 찬양을 말한다. 일명 '기도송'이라고도 한다.

기도처(祈禱處, place of prayer) 문자적으로 '기도하는 장소'만이 아니라 기도하고 또 예배 드리는 '집회 처소'를 통칭한다(행16:13). 신약 시대 유대인들의 관점에서는 대개 회당을 가리켰으나 유대인들이 많지 않아 회당을 세울 규모가 못되는 지방에서의 '예배 처소'를 가리키기도 한다. 이런 모임은 주로 강이나 바닷가에서 이뤄졌다. 이는 기도하기 전 몸을 정결케 하기 용이했기 때문인 듯하다.

기도회(祈禱會, a prayer meeting, a devotional service) 오로지 기도할 목적으로 모이는 모임(집회). 또는, 주일의 공식예배를 제외한 일체의 모임을 가리키기도 한다.

■ **수요기도회** – 주일이 지난 뒤 제3일째 되는 날의 집회라는 점에서 일명 '삼일기도회'라고도 한다. 수요기도회는 한 주간을 세상 속에 살아가는 중에 범하기 쉬운 허물과 죄악을 회개하고 하나님과 영적 교제를 통해 새로운 힘을 얻을 수 있는 모임이므로 교회가 길이 계승해야 할 은혜로운 기도회라 할 수 있다.

■ **새벽기도회** – 성도 개개인 및 교회 공동체가 하루 일과를 시작하기 전에 하나님 앞에 모여 경배드리며 자신을 돌아보고, 기도하는 모임. 이는 그 날 하루를 하나님께 전적으로 의뢰하는 복된 집회이다. → '새벽기도회'를 보라.

■**구역 기도회** – 교회 공동체 안에서 조직된 각 지역별 모임인 구역 활동 중에 하나로서, 매주 한 번 정한 시간에 모여 교회 전체와 구역 공동체의 평안과 영적 성장을 위해 기도하고 말씀 안에서 성도끼리 친교를 나누는 모임이다.

■**가정 기도회** – 각 가정에서 가장(家長)을 중심으로 매일 정한 시간에 성경을 보고, 찬송하며, 기도하는 모임을 통해 가족 구성원 모두의 거룩과 경건 훈련에 힘을 쓰는 모임이다.

■**기타 기도회** – 교회는 필요에 따라 적절한 기도회(철야, 심야, 금식, 금요, 토요 등)로 모일 수 있다.

기원(祈願, prayer, invocation, supplication) 짧은 간구의 기도. 공예배시에 ① 하나님의 도우심을 바라며 드리는 기도 또는 ② 하나님께서 우리와 함께하시고 이 예배에 임재하시기를 간구하는 기도이자 ③ 하나님의 이름에 합당한 영광과 존귀와 찬양을 드리는 기도로서 주로, 예배 초반에 하나님께 드린다. 기원은 전통적으로 예배에의 부름 다음에 예배를 진행하는 교역자에 의해 드려진다. 이 기원을 효과적으로 인도하려면, 예배의 목적(주제)에 일치하는 내용이 중심을 이루어야 하고, 또 가급적 짧을수록 좋다. → '기도' 를 보라.

꽃주일(– 主日, flower sunday) 일명 '어린이주일' 이라고 한다. 한국에서 '꽃주일' 이 생겨나게 된 계기는, 1919년 3.1 독립만세 사건 이후 어린이들에게 민족의식을 고취시키기 위한 방안으로, 1922년 소파(小坡) 방정환(方定煥, 1899-1932년)과 김기전이 중심이 되어 5월 1일을 어린이날로 정했다. 그리고 1957년 색동회의 어린이 헌장 선포와 때를 같이하여 5월 첫째 주일을 모든 교파 교회가 어린이주일로 지키게 되었다.

그날은 교회마다 꽃으로 아름답게 장식했는데, 이런 이유로 초기에는 어린이주일을 가리켜 '꽃주일' (花主日)이라 하였다. 그날의 설교도 대부분 꽃에 대해 강론하였다고 한다. 한편, 당시 교회에서는 꽃을 특별히 관리하는 이가 있었는데 '화모' (花母)라고 불렀다. → '어린이주일' 을 보라.

날연보(– 捐補, a day offering, a day contribution) 전도를 위하여 날(하루)을 바치는 것을 말한다. 한국의 초대교회에 있었던 연보의 한 형태로, 교인들에게 전도사업을 위해 헌신하는 날을 갖도록 한 것이다. 당시 교회 사정으로 전도를 위한 충분한 인력과 재정이 없었던 관계로, 각 교인이 한 주일에 하루나 이틀 시간을 내어 다른 동네에 가서 전도하게 한 것이다. 이렇게 결심한 전도일(날)을 교회 앞에 헌금하는 식으로 보고하였는데 이를 '날연보' 라 하였다. → '연보' 를 보라.

노래(song) 인간의 정서나 뜻을 담아 지은 노랫말에 가락을 붙여 부르는 것. 운율이 있는 언어로 사상과 감정을 표현한다(창31:27; 출15:1; 삼하1:17; 대상25:1). 이스라엘의 제사와 생활에서 노래가 차지하는 비중이 매우 컸다.

① 개인이나(시28:7) 집단(국가)적으로(시98:4; 100:1-2) 종교적 체험을 기념하고 축하하기 위해 노래했고(출15:1; 신31:30), ② 하나님의 구원 은혜를 감사했으며(시27:6; 98:1; 106:1-48), ③ 하나님과 동행하는 삶에서 얻어진 기쁨과 감격 등의 감정을 노래했다(시104:33). 신약 시대 사도 바울도 '신령한 노래'를 권했고(엡5:19; 골3:16), 사도 요한은 하늘에서 부를 노래를 언급했다(계5:9; 14:3).

대표적인 노래로, 홍해 도하 후 승리의 노래(출15:1), 구원의 노래(시32:7), 결혼 축가(시78:63), 찬송과 감사의 노래(느12:46), 슬픈 노래(삼하1:17), 활 노래(삼하1:18), 시와 찬송과 신령한 노래(골3:16), 구속받은 자의 노래(계14:3), 어린 양의 노래(계15:3) 등이 있다.

다락방 예배(– 禮拜, worship of the upper room, liturgy of the upper room) 예수께서 잡히시기 전날 밤 제자들과 함께 최후의 만찬을 드셨던 예루살렘의 한 다락방을 배경으로 한 표현으로(막14:12-26), 성만찬의 예배를 가리킨다. → '성만찬', '성찬' 을 보라.

달연보(– 捐補, a month offering) 전도와 헌신을 위해 달(月)을 바치는 일. 즉, 한 달 내지 여러 달을 하나님의 사업을 위해 자신을 드리는 것을 말한다. → '날연보' 를 보라.

대강절(待降節, Advent) 성탄절 이전 4주간 동안의 기간을 말하는데, 예수 그리스도의 오심을 기다리는 절기를 가리킨다. 영어로는 'Advent'라 하는데 이는 '~을 향하여 접근한다'는 뜻의 라틴어 '어드벤투스'(adventus)에서 유래한 말이다. 결국, 대강절은 오실 주님을 간절히 기다리는 절기를 일컫는다. 일명 '대림절', '강림절'이라고도 한다.

대강절이 지닌 의미를 살펴보면, ① 예수께서 육신을 입으시고 이 땅에 오신 것을 밝히 전하는 기간이다. ② 성육신하신 예수를 기쁨과 간절함으로 우리 안에 모시고자 하는 일이다(메시야의 오심을 대망하던 그 옛날 이스라엘 백성의 심정으로). ③ 오실 예수를 온전히 맞기 위해 각자가 참회와 순종을 통해 자신을 돌아보는 기간이다. ④ 다시 오실 주님(재림주)을 기다리며 준비하는 기간이다. → '강림절'을 보라.

대도(代禱, substitution prayer) 대신 기도하심. 즉, 그리스도 예수께서 우리를 위해 성부 하나님께 중재의 사역(중보의 기도)을 하시는 일을 말한다. 예수 그리스도께서는 성부 앞에서, ① 지상에서 이루신 자신의 순종과 희생(제사)의 공로로 계속해서 나타나셔서 모든 신자들에게 자기의 공로를 적용하시려는 뜻을 선포하시며, ② 신자들에 대한 모든 비난과 고발에 답변하시며, ③ 그들의 매일 실수에도 불구하고 그들에게 양심의 평안을 주시며, ④ 은혜의 보좌에 담대히 나갈 수 있게 하시며, ⑤ 그들 자신과 그들의 봉사를 수납되게 하시는 등의 대도의 사역을 행하고 계신다(요17:9, 20,24; 롬8:33-34; 요일2:1-2; 히4:16; 9:12,24; 벧전2:5). → '기도'를 보라.

대림절(待臨節, Advent) → '대강절'을 보라.

대영광송(大榮光頌, Gloria in Excelsis) 일명 '대송영'으로 일컬어진다. 고백의 기도 즉 하나님의 용서가 선언된 다음 인간의 응답으로서 영광송을 부른다. 즉, 죄와 허물을 용서받은 기쁨 속에서 높으신 성부, 성자, 성령 하나님께 찬양하는 것으로, 이때 성삼위일체 하나님만을 높이는 내용을 가진 곡들로 찬양해야 한다.

대예배(大禮拜, Major Service) 주일 공식예배 가운데 가장 중심 되는 시간에 드리는 예배를 일컫는다. 그러나 이런 표현은 하나님께 드리는 예배에 '큰 것'(Major)과 '작은 것'(Minor)이 있을 수 없듯이, 대예배와 소예배가 있을 수 없을 것이다. 따라서 '대예배'란 표현보다 '주일 ○부 예배' 등으로 표현하는 것이 좋을 듯하다. → [7. 올바른 용어] '대예배'를 보라.

대표기도(代表祈禱, the representative prayer) 공식예배에서 모인 무리(회중) 중에 선별(지명)되어 하나님께 간구하는 자의 기도를 일컫는다. 대표 기도자는 드리는 기도가 자신의 기도인 동시에 공동체 전체의 기도임을 잊지 말고, 주제와 목적에 맞게 기도해야 한다. 즉, 기도자는 회중을 대표해서 기도하는 자로서, 예배자들의 심령을 하나로 묶어 하나님께 올려드리는 기도를 드린다는 의식을 가져야 한다. 그리고 그 기도의 목적은 예배 공동체가 하나님 앞에 나아가 그분의 왕 되심을 인정하고, 그분의 이름을 높이며, 공동체의 필요를 아뢰는 것이어야 한다.

한편, 하나님 앞에서 죄인 된 인간이 또 다른 죄인들을 대표할 수 없고 오직 예수 그리스도만이 죄인들을 대표하고 대신하실 수 있다. 그런 측면에서 '대표기도'라는 표현보다 '기도 인도(자)', 기도 담당(자)' 등으로 표현하는 것이 좋을 듯하다. → [7. 올바른 용어] '대표기도'를 보라.

도고(禱告, intercession) 다른 사람을 대신해서 하나님께 간구하고 청원하는 일(딤전2:1). 이 일은 항상 살아서 우리를 위해 간구하시는 그리스도의 은혜(히7:25)와 말할 수 없는 탄식으로 우리를 위해 간구하시는 성령의 도움(롬8:26)으로 가능하다. 성경은 자기를 위해서는 물론, 이웃과 교회를 위해 기도하는 것이 성도의 본분임을 가르친다(엡6:19; 골1:3,9; 4:2-4; 살전5:25; 살후1:11; 약5:16). 이때 기도자들은 하나님의 자비와 긍휼과 사랑을 간구하는 자세로 기도해야 한다. → '이웃을 위한 기도'를 보라.

동맹 기도(同盟 祈禱, a prayer of alliance) 한국 기독교 초창기 시절에 있었던 아름다운 전통으로, 동맹 기도는 몇 사람씩 조를 짜서 날과 장소를 정하고 모여서 특별히 기도하는 것을 의미한다. 예배당에서나 집에서, 산에서나 동굴, 초막에서 더러는 금식하며 기도하는 특별기도회였다. → '기도'를 보라.

등산기도(登山祈禱, **a prayer of mountain-climbing**) 한국 기독교 초창기 시절에 있었던 아름다운 전통으로, 기도에 전심하기 위해 날을 정하고 개인 혹은 뜻 맞는 동료 몇 사람씩 연합해서 성경과 찬송과 음식을 마련해 깊은 산으로 올라가 드리는 기도를 말한다.

하루 종일 기도할 때도 있고 어떤 때는 밤을 세우기도 한다. 이때, 낮에는 떨어져서 각각 기도하고 밤에는 가까이 모여서 등을 안으로 하고 얼굴을 밖으로 하여 원형으로 둘러 앉아 큰 소리로 기도했다고 한다. 혹 있을 지 모를 산짐승이나 외인의 위해(危害)를 방어하려는 자구 수단이었다. → '기도'를 보라.

떡을 뗌(**breaking of bread**) 초대교회 당시 일반 식사 외에 성찬예식을 '떡을 뗌'이라고도 했다(행2:42,46; 20:7,11; 고전10:16). 즉, 이 행위가 사도행전에서는 애찬과 평상시의 식사를 나타내고(행2:42; 20:7), 고린도전서에서는 교회 공동체가 그리스도의 몸에 참여하는 일로 보고 있다(고전11:17-24). → [1. 교회 일상 용어] '떡', '떡을 뗌'을 보라.

레이투르기아(**leitourgia, service**) '예배'로 번역되는 헬라어 '레이투르기아'(λειτουργία)는 실제로 '봉사'(service)를 뜻한다. 즉, 이 단어는 고대 그리스에서 아테네의 부유(富裕) 시민이 부담하던 공공 봉사의 의무, 즉 공적인 봉사를 가리킨다. 공적인 봉사에는 종교적 제전에 따르는 물심양면의 봉사가 들어 있다. 아무튼, 우리가 하나님께 드리는 예배는 하나님께 대한 봉사의 일부이고, 우리의 봉사는 하나님께 드리는 예배의 일부이다. → '교회 예배의식', '예배'를 보라.

렌트(**Lent**) 영어의 'Lent'는 '봄'(lencten)이란 말과 '길다'(lang)는 고대 영어에서 유래한 단어이며, 라틴어로 번역하면 '사순절'(四旬節)이라고 한다. 그리고 로마 가톨릭이나 성공회에서는 '대제절'(大祭節)이라고도 부른다. 부활주일을 앞둔 성회 수요일부터 시작되는 46일간의 기간(그 중에서 주일은 6일이고 평일은 40일임)을 특별한 절기로 정하고 '렌트'라 부른다. → '사순절'을 보라.

마당 전도(- 傳道, **a garden missions**) 한국 초대교회의 아름다운 전통 가운데 하나로, 봄이나 여름, 가을 그중에서도 특히 여름철에 마당에다 모깃불을 피워놓고 빨래줄이나 장대 끝에 초롱불을 매단 뒤 동네 사람을 초청해서 전도하는 풍습이었다. 보름달을 전후한 밝은 밤에는 초롱불 없이도 전도 강연을 하였다. 전도 강연이 끝난 뒤 삶은 고구마나 감자를 나눠먹거나 때로 부침개, 개떡 등을 해서 나눠먹기도 했다고 한다. 이를 '마당 전도'라고 한다. → [1. 교회 일상 용어] '전도'를 보라.

마리아 송가(- 頌歌, **Magnificat**) 마리아의 노래', 또는 '성모송가(聖母頌歌)라고도 일컬어지는 이 노래는, 누가복음의 예수 탄생 기사와 관련하여 소개된 세 편의 성시(聖詩)들(마리아 송가, 사가랴의 노래〈Benedictus〉, 시므온의 노래〈Nunc Dimittis〉) 가운데 첫 번째 시로서(눅1:46-55), 구조와 표현은 구약 사무엘서에서 소개된 한나의 노래(삼상2:1-10)를 모형으로 하고 있다. 그 내용은 성육신 곧 성자 예수의 탄생을 통해 구체적으로 실현된 하나님의 구원 행위를 확인하고 찬양하는 것이다.

만찬(晩餐, **Lord's Supper**) 여기서 '만찬'은 '주의 만찬'을 가리키는 말로, '성찬'(Communion), '성만찬'(Eucharist), '미사'(Mass)라고도 부른다. → '성찬', '성만찬', '주의 만찬'을 보라.

말씀 대언(- 代言, **a reading by proxy, a preaching by proxy**) 공예배시에 회중을 대표하여 지정된 성경 말씀을 낭독하거나, 그 말씀에 기초하여 강론(설교)하는 것을 가리킨다.

말씀응답송(- 應答頌, **a response of the Word**) 말씀 대언' 또는 '말씀의 선포' 이후에 찬양대 또는 회중 전체가 부르는 일종의 화답 찬송을 말한다.

말씀의 선포(- 宣布, **a proclamation of the Word**) 말씀의 선포'란 성경의 가르침을 오늘날

일어나고 있는 일에 관련시키는 과정을 말한다. '설교', '강설', '말씀 강론' 등으로 표현할 수 있다. 사실, 기독교는 본질상 하나님의 말씀의 종교이기 때문에 설교는 기독교 예배에서 절대적인 요소라 할 수 있다(John Stott). 따라서 기독교회는 설교에 의해 존립할 수도 있고 무너질 수도 있음을 잊지 말아야 한다. 설교의 참된 목표는 사람들을 즐겁게 하는 것이 아니라 그들을 구원(진리)으로 인도하고, 어떻게 하나님을 발견하며, 그분의 뜻을 추구할 수 있는가를 가르치는 것이다.

한 가지 간과하지 말아야 할 사실은, 성례전을 지나치게 강조하여 설교를 도외시하는 것이나 반대로 설교를 지나치게 강조하여 예배의 다른 요소들(기도, 찬송, 성례 등)을 설교의 부수적인 장식물로 생각하는 것 모두가 잘못이라는 점이다. 설교는 예배의 한 행위로서 예배의식의 다른 요소들과 항상 조화를 이루어야 한다. → '설교' 를 보라.

말씀증인(- 證人, a witness of the Word) 하나님의 말씀을 전파하는 복음의 증언자. 전도자나 설교자 등을 가리키기도 한다.

말씀축제(- 祝祭, a festival of the Word) 성경 말씀을 중심한 특별집회나 신앙강좌를 가리킨다. 그런데 여기서 '축제' 란 말은 이교적인 술어라는 점에서(자기네들의 조상신을 섬기는 제의 형식을 나타내는 일본식 신조어) 교회 내에서 사용하기에는 적절치 못하다. 따라서 '말씀축제' 라는 표현보다 '말씀잔치', '말씀의 향연(饗宴)' 등으로 쓰는 것이 좋을 듯하다.

매일 기도(毎日 祈禱, a daily prayer) 이스라엘 백성의 신앙생활에서부터 초대교회를 거쳐 오늘날까지 이어내려 온 교회의 기도 전통으로서, 주일예배 이외에 평일에 매일 시간을 정해놓고(아침과 한낮, 저녁 등) 드리는 기도이다(교회력에 따라 드리는 기도가 흔 방법이다). 매일 기도를 통해 주일예배와 그 외의 모든 신앙적 모임과의 조화를 이룰 수 있고, 주일과 평일의 조화를 이룰 수 있다. 매일 기도 시간에, 기도는 물론 시편과 성경, 찬송의 요소가 함께 곁들여질 수 있다.

맥추감사절(麥秋感謝節, Feast of Harvest, Thanksgiving Day of the barley harvest) '맥추감사주일' 이라고도 한다. 여기서 '맥추'(麥秋)란 보리를 추수하는 일을 가리키며, 이때는 대개 봄철이 끝나는 시점에 해당한다. 그런 점에서 맥추감사주일은 7월 첫째 주일에 지키고 있다. 이 맥추감사절은 보리와 모맥 추수가 이뤄진 직후 행해지던 히브리인들의 전통적인 절기인 맥추절(칠칠절, 오순절)과 연관이 있다. → '맥추절' 을 보라.

맥추절(麥秋節, Feast of Harvest) 밀이나 보리를 수확한 후 하나님께 첫 열매를 드리는 추수감사절(출23:16). '첫 열매의 날' (민28:26)로도 표현된다. 유월절이 지나고 7주째 지켰다고 해서 '칠칠절' (七七節, 출34:22; 신16:10)이라고도 한다. 신약 시대에는 유월절(무교절) 중 누룩 없는 떡을 먹는 둘째 날부터 계산해서 제50일째 지켰기 때문에 '오순절' (五旬節)이라고도 했다(행2:1). 양력으로는 5-6월경에 해당된다. 이 날은 히브리인의 3대 절기(유월절, 맥추절, 초막절) 중 하나다.

멀티미디어 예배
(Multi-media Worship Service)

'멀티미디어' 란 '많은, 여러 가지의' 란 뜻의 'multi' 와 '매스컴, 매스미디어, (컴퓨터) 매체' 란 뜻의 'media' 의 합성어로서, 여러 미디어를 사용한 커뮤니케이션을 말한다. 멀티미디어의 활용이 점점 대중화하고 다양해짐에 따라 교회에서도 이를 적극적으로 수용하여 멀티미디어 예배 즉 컴퓨터를 통해 필요로 하는 데이터를 편집하여(문자, 음성, 화상, 동영상 등) 다중 매체로서 드리는 예배가 유행처럼 번지고 있다.

멀티미디어 예배에 대해 일부에서는 아직도 비판적인 시각으로 거리를 두며, 우려의 눈길을 보내고 있다. 그럼에도, 멀티미디어 예배는 각종 미디어를 통한 커뮤니케이션에 익숙한 세대들을 겨냥하여 새롭게 부각되고 있는 새로운 예배의 패러다임임에는 분명하다.

모범 기도(模範 祈禱, the model prayer) 소위 기도의 정수(精髓) 라고 불리는 주님께서 가르쳐주신 기도, 즉 '주의 기도' (Lord's Prayer)를 가리킨다(마6:9-13). 주님께서 가르쳐주신 기도(존경, 복종, 고백, 간구, 의뢰와 헌신 등을 포함)가 모든 기도의 표준이요 모범이 되는 기도란 점에서 '모범 기도'라 불린다. → '주기도문'을 보라.

모임(meeting, assembly) 어떤 목적을 가지고 때와 장소를 정하여 모이는 일종의 '집회'를 가리킨다. 모이는 요일에 따라서 '화요모임'이니 '수요모임', '목요모임', '금요모임', '토요모임' 등으로 불리고 있다. 가장 보편적인 모임 형태는 기도 모임이나 '찬양 모임'이다. 특히 예수전도단의 '화요모임'이나 온네이션스의 '목요모임', 마커스의 '목요모임' 등이 대표적인 찬양 모임이다. 이런 모임들은 각종 CCM 등 기존의 찬양과 함께, 찬양 사역자들이 새로 작곡한 찬양들이 소개된다는 특징이 있다. 따라서 경배와 찬양 운동을 이끄는 선교 단체들이 주로 이런 모임을 진행하지만, 일반 지역 교회들에서도 청년 사역자들을 중심으로 진행하는 경우도 있다.

이 모임은 대부분 전통적인 예배 형식에서 벗어난 파격적인 형태의 집회로 진행한다. 주된 모임 장소는 교회이지만 간혹 별도의 목적으로(특히 대규모 기획일 경우) 대형 체육관 등을 빌려 진행되기도 한다. 이런 집회의 경우 뜨거운 열기 속에서 말씀 선포와 찬양이 지속적으로 이루어지며, 모임에서 이루어진 찬양은 음반으로 출시되기도 한다. → '경배와 찬양'을 보라.

모테트(Motet) 원래 종교 합창곡의 일종으로, 시편의 시(詩)나 기타 다른 성경 시에 곡을 붙인 다성 음악을 가리킨다. 이는 '말'이라는 뜻의 프랑스어 'mot'에서 유래했는데, 수세기에 걸쳐 변형된 성악곡 양식을 지칭한다. 즉, 모테트는 오르가눔(organum, 13세기 이전의 다성음악 양식)의 다선율 음악에서 발전하여 나온 것으로 원칙적으로는 로마 가톨릭교회 전례용으로 쓰인 라틴어 무반주 합창곡이었다. 그러던 것이 점차 교회의 울타리를 넘어 세속적인 요소가 내포된 음악적 표현, 즉 한 독립적 형식의 음악으로 자리매김하게 되었다.

목사위임식(牧師委任式, a commission of pastor) 목사의 자격을 구비한 자가 개체교회 또는 기타 기관의 청빙을 받고, 해당 노회의 허락으로 그 시무할 교회에서 거행하는 예식을 말한다. → '위임식', '취임식'을 보라.

목적 헌금(目的 獻金, a purpose collection) 명확한 목적을 두고 드려진 헌금. 즉, 구제나 교회 건축 등 그 사용처가 구체적으로 정해진 헌금을 가리킨다. 목적 헌금은 결코 전용(轉用)해서는 안 되며, 오직 그 목적에 맞게 사용되어야만 한다.

목회기도(牧會祈禱, pastoral prayer) 공예배 시에 개교회 공동체를 지도하고 양육하는 목회자(목사)가 예배를 드리는 무리(교회에 속한 모든 사람들)를 위하여 드리는 일종의 사제적 기도이다. 하나님의 백성을 위탁받아 섬기고 살피는 책임을 지닌 목자로서 그들의 삶의 정황을 두루 돌아보며 그 속에서 성도가 어떤 어려움을 겪고 있는지 확인하여 함께 기도한다.

이때 목회자 혼자만 기도할 것이 아니라 회중이 함께 그 기도에 동참하도록 이끄는 것이 중요하다. 특히 목회자는 개인으로서가 아니라 교인들의 대표로서 기도한다는 의식을 간과하지 말아야 한다. 목회기도를 위해서는 심방이나 여타 목회 활동 중에 기도의 필요성을 느낀 항목들을 적어둠으로써 공동체 전체가 공감하는 기도를 드릴 수 있다. 또한, 예배 도중에 교우들에게 기도 제목을 제시하도록 격려함으로써 기도 내용을 풍성히 할 수도 있다.

몸연보(- 捐補, a body offering) 전도와 봉사를 위하여 자신의 몸을 바치는 것이다. 1620년 신대륙에 정착한 청교도들의 아름다운 신앙 전통이자, 한국의 초대교회에 있었던 연보의 한 형태이다. 교회의 거룩한 사업을 위해 자신을 온전히 드려, 몸으로 헌신하는 것을 말한다. 이 몸연보는 비록 아무것도 소유한 것이 없다 하더라도 하나님께 헌신할 수 있음을 보여준 것으로, 마치 나실인의 헌신을 생각케 하는 신앙행위이다. → '연보'를 보라.

몸 찬양(- 讚揚, a body praise) 목소리로 하나님을 찬양하는 대신에 온 몸을 아름답게 움직여 하나님께 영광 돌리는 행위를 말한다(출15:20; 삼하6:14; 느8:6; 시134:2; 149:3). '율동'이나 '워십 댄스'(worship dance)로도 표현될 수 있다. → '워십 댄스'를 보라.

묵기도(默祈禱, a silent prayer, a tacit prayer) 말소리를 내지 않고 조용히 마음속으로 드리는 기도. 일명 '묵도', '묵상기도'라고 한다.

묵도(默禱, a silent prayer, a tacit prayer) 소리를 내지 않고 묵상하며 드리는 기도. 특히 예배를 시작할 때 거룩하신 하나님 앞에서 먼저 자신을 돌아보며 은밀하게 영으로 기도하는 것을 말한다. 그러나 일각에서는 '묵도'가 일제 강점기의 잔재(신도 예배)라 하여 '묵상'으로 표현하기를 주장하기도 한다. →[7. 올바른 용어] '묵도'를 보라.

묵상(默想, meditation) 소리를 내지 않고 마음속으로 기도하거나 깊이 명상하는(숙고하고 성찰하는) 행위를 말한다. 영어 'meditation'은 라틴어 '메디켈루스'라는 말에서 유래한 단어로, '약'(medicine)이란 말과 같은 어원을 지녔다. 즉, 약이 몸 안으로 들어와 온 몸에 퍼져 약효를 나타내듯이, 묵상이란 어떤 한 생각이나 주제가 사람의 내면(속마음)으로 들어가서 영향을 미치는 것을 말한다.

묵상의 방법 중에 하나는, 특정한 성경적 주제에 관해 영적 통찰력을 깊게 하고 그에 따라 자신의 전인격과 삶을 깊이 반성하고 성찰하는 것이다. 오늘날 많은 성도가 Q.T.(Quiet Time)를 통해 매일 묵상하곤 한다. 이러한 묵상은 영적인 갱신, 정신적인 재충전, 하나님과의 건강한 교제를 가능케 한다(욥15:4; 시77:3,6). →[1. 교회 일상 용어] '큐티'를 보라.

묵상기도(默想祈禱, a silent prayer, a tacit prayer) → '묵기도', '묵도'를 보라.

미사(mass, missa) 성찬의식에 대한 로마 가톨릭적 용어. 즉, 가톨릭의 제의 중에서 가장 중심이 되는 제식(祭式)이다. 미사는 성체(聖體)의 제의라 할 수 있는데, 예수 그리스도께서 십자가에 달리시기 전날 밤 제자들과 최후의 만찬을 나누셨을 때에 제정된 의식에서 그 기원을 찾을 수 있다(눅22:14-22; 고전11:23-29). 그 후 시간이 지나면서 주변 상황에서 전례되는 내용들과 제도들을 받아들여 장엄한 모습을 갖추게 되었다. 각 지역마다 다양한 집례방식이 전해오다가(대표적으로 로마, 비잔틴, 콥트 방식 등) 11세기경 교황 그레고리우스 7세가 로마식 미사를 권장한 이래 오늘에까지 로마 가톨릭에서는 로마식 미사 전통이 이어져 내려오고 있다.

미사는 신부와 주교만이 집전할 수 있다. 미사의 순서는 ① 개회, ② 말씀의 전례, ③ 성찬의 전례, ④ 폐회 순으로 이뤄진다. 지난날 미사의 유일한 공용어는 라틴어였지만, 1965년 제2차 바티칸 공의회의 결정에 따라 오늘날에는 각국에서 자국어로 미사를 행하고 있다.

미사는 신자들이 성찬 즉 그리스도의 몸과 피를 받는 의식인 영성체를 함으로써 그리스도와 일치되고 나아가 그리스도의 사랑과 희생과 봉사를 실천하도록 하는 데에 그 참된 의미가 있다고 하겠다. →[5. 교파 및 역사 용어] '미사'를 보라.

발인예배(發靷禮拜, the departure of a funeral service) 장례예식 가운데 한 부분으로, 고인의 시신이 집(장례식장)에서 떠나 장지(葬地)나 화장장(火葬場)으로 가기에 앞서 드리는 예배. 즉, 출상(出喪), 상여가 상가를 떠나는 일)하기에 앞서 행하는 모든 절차를 가리킨다. 대체로, 찬송, 기도, 성경봉독 및 설교(권면), 고인의 약력낭독, 광고, 축도, 헌화, 운구 등의 순으로 진행된다.

참고로, 발인 날짜는 가급적 사망 후 3일이 좋으며, 미신적으로 그 날과 시를 택하면 안 된다. 또한 주일에 장례식은 금하고, 영구가 장지로 떠나기 전 엄숙하고 정중하게 발인예배를 드린다.

배례(拜禮, salution, bow, worship) 머리를 숙여 절을 하는 일. 존경하고 숭모하는 대상 앞에 머리를 조아려 예를 갖추는 일. 한편, 오직 하나님만을 섬기고 숭배하는 기독교인들은 별세자의 무덤이나 관 앞에 촛불을 켜거나 향을 사르거나 배례하는 일을 삼가야 한다.

복기(服期, a period of dress) 상주(喪主)가 상복(간편상복)을 착용하는 기간을 말한다. 특별한 원칙은 없으나 대개, 부모상인 경우에 1개년으로 하고, 부상(夫喪)인 경우는 6개월간으로 한다.

복음가(福音歌, a Gospel Hymn) 기독교 초창기 시절, 성결교에서 1911년에 처음 「복음가」를 출간하였고, 1919년에 증보판으로 「신정복음가」를 출간하였다. 그러던 것을 1928년 이후 「복음가」를 「부흥성가」로 개편하여 사용하였다.

복음서(福音書, Gospels) 신약성경 앞부분을 이루는 마태, 마가, 누가, 요한복음을 가리키는 말. '사복음서'(四福音書)라고도 한다. → [2 교리 및 신앙 용어] '복음서'를 보라.

복음성가(福音聖歌, Gospel Song) → [1. 교회 일상 용어] '복음성가'를 보라.

복음찬송(福音讚頌, Gospel Hymns) 복음찬송이란, 부흥찬송과 같이 18세기 이후 미국 교회 안에서 일어났던 찬송들을 말한다. 특히, 당시 대부흥사였던 무디(D.L. Moody) 시대의 작곡가이자 가수인 블리스(P.P. Bliss)와 생키(Ira Sanket)의 곡들은 그 대표적인 찬송들로서 19세기 후반과 20세기 초에 미국 찬송을 지배했다.

그들의 복음찬송은 일반 성도의 대중가요와 같았다. 물론, 대부분의 복음찬송은 대중집회를 위한 찬송들이므로 예배를 위한 찬송으로는 빈약한 편이었다. 그 이전의 찬송 가사들은 시편송, 경배찬양, 기독교 교리들을 중심으로 하는 찬송들이 주류를 이루었다. 여하튼, 미국의 대부흥기를 지난 이후의 찬송들은 전도와 간증을 중심으로 하는 복음찬송이 주축을 이루고 있는 실정이다.

봉헌(奉獻, dedication, oblation, offertory) 존귀하신 하나님께 준비한 그 무엇을 드리는 일. 기독교에서 '봉헌'이라 할 때 ① 십자가상에서의 그리스도의 자기 봉헌 ② 최후 만찬에서 예시하셨던 그리스도의 봉헌을 기념하는 성찬예식 ③ 성찬예식 때 사용되는 떡과 포도주 ④ 종교의식 때 성도가 하나님께 드리는 헌금이나 헌물(건물) 등을 염두에 둔 표현이다.

봉헌기도(奉獻祈禱, contribution prayer, super oblata) ① 하나님께 헌금을 봉헌하면서 드리는 기도. 일명 '봉헌기도.' ② 로마 가톨릭에서, 주님께서 주신 몸과 마음을 찬송과 봉사(奉仕)의 제물로 드린다는 뜻의 기도문. 즉, 15세기 중반 이후로 로마 가톨릭에서 봉헌식을 끝맺는 전례 기도문을 가리킨다. → '헌금 기도'를 보라.

봉헌물(奉獻物, offering for the dedication) 하나님께 드리는 구별된 예물. 일명 '봉헌예물'(민7:11). 봉헌물로는 일상적으로 하나님께 드리는 예물(말1:13; 2:13), 평생 하나님의 전을 섬기며 봉사하도록 택함받은 '레위인'(출13:2; 민3:12), 전쟁에서 수확한 '전리품'(수6:19), 만민 구원을 위해 하나님께 드려진 '이스라엘'(출19:6), 그리고 감사한 마음으로 드리는 '헌금' 등이 있다.

봉헌식(奉獻式, offertory, dedication) ① 로마 가톨릭의 성찬식에서 봉헌물(떡과 포도주)을 봉헌에 적합하도록 하는 미사의 한 부분. 이때, 성찬식의 신비가 곧 완성될 순간에 있는 정황에서 제단 위의 제물을 하나님께서 열납하시도록 기도하게 된다. ② 하나님을 위해 사용되는 건물을 드리는 봉헌 예식. 성경에는 다양한 형태의 봉헌식이 소개된다. 성막 봉헌식(출40:34-38), 솔로몬 성전 봉헌식(왕상8:12-66), 스룹바벨 성전 봉헌식(스6:1-22), 예루살렘 성곽 봉헌식(느12:27) 등이다.

이 가운데 솔로몬이 지은 제1 예루살렘 성전 봉헌식이 유명한데, 역대기에서는 무려 세 장에 걸쳐 이 사실을 기록하고 있다(대하5-7장). 솔로몬 성전 봉헌식의 순서를 보면, a.언약궤를 운반하여 성전에 안치함(대하5장) b.성전 찬양대의 찬송(대하5:13) c.경과 보고(대하6:4-11) d.헌당 기도(대하6:12-42) e.감사제사와 찬양(대하7:4-6) 순으로 진행되었다. 오늘날 교회 헌당 예배 순서와 내용은 솔로몬 성전 봉헌식을 모델로 하여 구성되었다. → '헌당식'을 보라.

봉헌영가(奉獻榮歌, offertory) 예배 중에 헌금을 봉헌하면서(하나님께 드리면서) 부르는 찬송을 가리킨다.

봉헌예물(奉獻禮物, offering for the dedication) → '봉헌물'을 보라.

부모주일(父母主日, Parent's Sunday) → '어버이주일'을 보라.

부활절(復活節, Easter) 예수께서 부활하신 날을 기념하는 기독교 최대 절기 중에 하나. 즉, 죽음을 이기신 우리 주님의 권능과 부활의 승리가 우리에게 함께 있게 됨을 감사하고 부활의 신앙과 소망을 다짐하는 절기. 일명 '부활주일.' 고대에는 유월절 어린 양으로 오신 그리스도의 부활을 기념하는 절기라 하여 '빠스카'(유월절)라 불렀다.

동방교회에서는 예수 그리스도가 유월절의 어린 양이라는 점을 강조하여 유월절 기간인 니산 월(양력 3-4월경) 14일에, 서방교회는 니산 월 14일이 지난 주일에 부활절을 지켰다. 그 후 A.D.325년 니케아(Nicene) 종교회의에서 매년 춘분 후 첫 번째 만월(보름달)이 지난 첫 주일을 부활절(부활주일)로 정하여 오늘날까지 지키고 있다. 따라서 보통 매해 3월 22일부터 4월 26일 사이에 부활주일이 있게 된다.

예수 그리스도의 부활은 크게 세 가지 의미를 지닌다. ① 예수께서 사망 권세를 물리치시고 우리에게 영원한 생명의 길을 열어 주셨다. ② 죄에서 비롯된 인간의 모든 고통과 죽음의 세력을 완전히 정복하셨다. ③ 우리도 예수님과 같이 부활할 수 있다는 믿음과 소망을 가지게 되었다는 것이다. → '빠스카'를 보라.

■**부활절 풍습**(Easter customs) - 예수 그리스도의 부활은 온 인류에게 가장 기쁘고 소망찬 소식이었다. 그런 점에서 다양하고 풍성한 부활절 풍습이 전해 내려오고 있다.

① 흰옷과 새옷 착용 : 초대 기독교 사회에서는 새로 세례를 받은 사람들이 흰옷이나 새옷을 입었는데, 흰옷은 부활의 기쁨을 연상케 하고, 부활 전야에 세례를 받고 모든 죄에서 벗어나 순결하고 거룩한 사람으로 새로 태어남을 상징한다. 이미 세례받은 사람은 자신도 그리스도 안에서 새 생명을 얻어 부활했다는 사실을 나타내기 위해 새옷을 입었다.

② 축하 행렬 : 중세기 중부 유럽에서 꽃으로 장식한 십자가를 앞세우고 찬송을 부르면서 도시에서 시골로 행진하는 것은 부활의 축복과 기쁨을 공적으로 온 세상에 표현하는 것이다.

③ 부활절 달걀 : 달걀은 죽은 것같이 보이지만, 그 안에는 새로운 생명이 있어 밖으로 나온다. 이는 주님께서 돌무덤을 헤치고 영광스러운 부활을 하신 것과 결부시킨다.

④ 부활절 음식 : 유럽인들은 부활절에 빵과 케이크와 과자를 먹는다. 이는 평온과 감사를 즐기는 것이다. 인도와 유럽에서는 돼지가 언제나 행운과 성공을 가져온다고 생각했기 때문에 축제 때에 돼지고기(햄)를 먹는 관습이 전해오고 있다.

⑤ 부활 백합 : 1882년 화초 재배인인 해리슨(W. K. Harrison)이 백합을 미국에 퍼뜨렸는데 부활 시기에 그 꽃이 처음으로 피어 '부활 백합'으로 불렸다. 미국은 그 의미를 받아들여 부활의 상징으로 사용했다.

한편, 나라별 풍습을 보면, ① 독일 : 색칠한 달걀과 양모양의 케이크를 먹고 크리스마스 트리를 한곳에 모아 태운다. 이것은 겨울을 정리하고 새 봄을 준비하는 의미가 있다. ② 불가리아 : 집안의 여자 중 최고 연장자가 아이들의 얼굴에 붉은 달걀을 문지른다. 이것은 행복과 건강을 바라는 의식이다. ③ 미국 : 토착민이 아니고 주로 유럽에서 이주해 온 자들이기 때문에 출신 지방마다 풍속이 조금씩 다르다. ④ 폴란드 : 축복 바구니에 달걀과 빵, 소금, 훈소시지를 넣어 나눠 먹으며 복을 기원한다. ⑤ 핀란드 : 화분에 보리, 튤립, 백합, 수선화 등을 심으며 푸르른 새순은 봄을 상징한다. ⑥ 프랑스 : 수난 금요일부터 부활절까지 교회의 종이 울리지 않는다. 교회의 종이 로마로 날아간다는 전설이 있기 때문이다. ⑦ 이탈리아 : 저녁에 훈제된 어린 양고기를 먹는다. ⑧ 네덜란드 : 촛불 행렬을 갖고 노래하며 춤을 춘다. ⑨ 스웨덴 : 메시지를 담은 쪽지를 사람들의 등에 붙이는 오래된 풍속이 있다. 이 모든 풍습은 제각기 소중하고 아름다운 것으로 주님의 부활을 축하하는 마음에서는 모두가 하나라 할 수 있다.

부활절 연합예배(復活節 聯合禮拜, Easter union service) 예수 그리스도의 부활을 기뻐하고 기념하여 교파나 지역을 초월하여 모든 신자가 함께 연합하여 드리는 예배. 1947년 서울 남산의 조선신궁터에서 15,000여 명의 신자들이 모여 제1회 부활절 연합예배를 드렸다. 그 후 6.25 전쟁으로 부산 등지에서 명맥을 유지해오다가 1954년 서울 남산으로 복귀한 후 계속 연합예배를 드렸다. 그러던 것이 1962년 보수와 진보 계열로 나뉘어 부활절 예배를 드린 이래 여러 형태의 연합예배로 변경되어 실시해 오고 있다.

부활주일(復活主日, Easter) → '부활절'을 보라.

부흥사(復興師) → [3. 행정 및 교육 용어] '부흥사', [7. 올바른 용어] '부흥사'를 보라.

부흥사경회(復興査經會, Bible study for revival) 한국 초대교회의 경이로운 부흥의 원동력이 사경회에서 비롯되었다고 해도 과언이 아니다. 여기서 '사경회'란 수일간 시간을 정해놓고 집중적으로 성경을 배우고 살핌으로써 영적인 은혜를 나누고 새 힘을 얻는 신앙적인 집회를 말한다. 특히, 개인이나 교회 공동체의 영적인 성장과 양적인 부흥을 목적으로 모이는 사경회를 가리켜 '부흥사경회'라고 부른다. → '사경회'를 보라.

부흥성가(復興聖歌, Holy Revival Hymns) 성결교의 전신인 동양선교회에서 1930년 별도의 찬송가인 「신정복음가」에서 34곡을 증보해 출간한 책이다. 믿음의 싸움, 구속, 성결, 재림, 신유, 송가 등으로 내용이 구분되어 있고, 특히 부흥회를 위한 부흥가(復興歌)가 다수 추가되었다. 수록 찬송은 245곡이며 281쪽으로 이뤄져 있다.

부흥집회(復興集會, a revival assembly) 교회의 부흥(양적, 영적 성장)과 각 개인의 신앙적인 성장을 도모하기 위해 모이는 특별한 집회. 간략하게 '부흥회'라고도 한다. 대개, 외부에서 부흥집회 강사를 초청하여 며칠 동안 진행된다. 말씀과 간증, 참회와 결단, 그리고 찬양과 경배의 시간들로 채워진다. 그 내용과 목적에 따라 '전도 부흥회', '신유 부흥회', '심령 부흥회'(대부분의 부흥회가 취하는 형태) 등으로 나뉜다. → '부흥회'를 보라.

부흥찬송(復興讚頌, Revival Hymns) 1800년대 이후 미국 남부와 서부에서 대부흥집회 때부터 부르기 시작한 찬송들을 말한다. '복음찬송'이라고 할 수도 있다. 이 찬송은 멜로디가 단조롭고 가사도 직설적이어서 사람들이 쉽게 접근할 수 있고, 쉽게 배울 수 있으며, 쉽게 익힐 수 있어서 인기 있는 새로운 형태의 찬송이 되었다.

이 찬송들은 사람들의 회개와 구원을 촉구하는 체험적 신앙생활을 강조했다. 또한, 이 찬송들은 하나님께 영광을 돌리는, 그리고 교리적 진리들을 반영하기보다 덜 교리적이며, 곡조들도 덜 엄숙하고, 감정적이다. 미국의 개척자들을 위한 부흥집회들은 점점 더 인기가 상승하는 부흥찬송을 부르게 되었다. 특히, 무디(D.L. Moody)는 미국과 영국에서 많은 부흥집회를 인도할 때 부흥찬송을 불렀고(블리스와 생키에 의해) 집회 폐회 때도 부흥찬송을 불렀다. 그 결과, 지금까지의 하나님 중심, 하나님께만 영광을 돌리던 전통적 예배형식에서 예배드리는 자 중심의 예배로 전락되기 시작했다. → '복음찬송'을 보라.

부흥회(復興會, a revival service) 부흥회 강사('부흥사'라는 표현보다 '부흥회 강사'라는 표현이 적절함)를 초빙하여 심령의 부흥과 교회성장 등에 관한 주제로 성경을 공부하고 기도에 힘쓰며 은혜를 받는 특별집회를 말한다. 일명 '부흥집회.'

성경에서는 사무엘이 주도한 미스바의 부흥회(삼상7:3-14), 에스라의 부흥회(느7:73-9:38), 초대교회의 오순절 성령강림과 함께 있었던 대부흥(행2장) 등이 소개된다. 그리고 역사적으로 종교개혁 당시 개혁자들에 의해 말씀 중심의 부흥을 주도한 일, 1740년 미국의 에드워즈 중심의 신앙 부흥운동, 우리나라에서는 1907년의 평양대부흥회, 1974년의 엑스플로74 대성회, 1980년대에는 세계복음화대성회 등이 있다. → '부흥집회'를 보라.

분병(分餠, the distribution of bread) 성찬예식 때에 떡을 떼어 신자들에게 분배하는(나누어 주는) 일을 말한다(고전11:23-24). → [1. 교회 일상 용어] '떡을 뗌'을 보라.

분잔(分盞, the distribution of wine) 성찬예식 때에 십자가상에서 흘리신 예수 그리스도의 피를 기념하는(상징하는) 포도주를 나누어주는 일을 말한다(고전11:25).

빠스카(Pascha, Pasch) 로마 가톨릭에서 유월절과 부활절을 동시에 의미하는 말로 사용하는 용어. 헬라어로 '빠스카'는 '거르고 지나가다, 건너뛰다'는 의미로서, 출애굽 당시 죽음의 천사가 문설주에 어린 양의 피를 바른 이스라엘 백성의 집을 거르고 지나간 데서 비롯된 표현이며(출12장), 유월절(逾越節, Passover)을 가리킨다.

신약적 측면에서 빠스카는, 하나님의 어린 양이요(요1:29), 우리의 본(本)이신(요13:15; 벧전2:21) 예수 그리스도께서 인류 구원을 위한 희생양이 되시어 십자가상에서 죽으시고 또한 부활하심을 기념하는 부활절(復活節, Easter)을 가리키는 말이기도 하다. 결국 빠스카는 예수 그리스도의 빠스카 신비(수난, 죽음, 부활)를 기억하는 거룩한 시간이라 할 수 있다. → '부활절', '유월절'을 보라.

사경회(査經會, Bible study) ① 연례적으로 특별강사를 초빙하여 교인들에게 요청되는 기본적인 신앙 교육을 실시하고 수일간에 걸쳐 성경공부를 하며 은혜받는 집회. ② 교인들이 모여 성경을 함께 공부하면서 영적 각성과 생활의 쇄신을 도모하고 신앙심을 깊게 하여 교회의 질적 성장과 불신자 전도의 능력 배양을 위한 특별기도회를 말한다(요5:39; 행17:11; 신4:32; 사43:16). 교파에 따라 교회들이 연합하여 진행하기도 한다.

이 사경회는 한국의 초대교회에서 주로 행해진 성경공부 집회였다. 1890년 선교사 언더우드(H. G. Underwood)의 사랑채에서 열린 사경회가 최초의 것으로 기록되는데, 처음에는 신학반(神學班) 역할을 하여 각지에 조사(助事, Helper)를 파송하는 교육 과정이었다. 그 후 각 지역에서 열심을 다하는 사경회가 개최되어 중요한 평신도 교육 프로그램으로 정착하기 시작했다. 1891년 장로교 선교회 본부에서는 각 지역선교부에 선교회 제정의 성경공부 원칙 안을 보내 그 과정대로 진행하도록 했다. 이는 곧 한국 초기교회의 신앙열기를 촉발시키는 계기로 사용되었다.

사경회의 교육내용 중에는 ① 성경과 신앙교육 뿐 아니라 ② 간단한 과학지식, 계몽적인 근대화 교육도 병행되었다. 사경회 과정 중에는 개인전도 시간을 두어 참가자들로 하여금 인근지역에 노방·축호전도를 실시하게 하여 많은 결신자를 얻기도 했다. 1904년 선교회 보고에 의하면 당시 한국 기독교인 전체의 60%가 이 사경회에 참가한 것으로 되어 있다.

사경회 진행 중에 성령의 뜨거운 역사가 있어 1907년에는 한국의 오순절이라는 성령운동의 대역사가 일어나기도 했다. 그 후, 사경회를 개최하는 열기는 날로 더하여 1909년에 북장로교 선교구역 안에서만 약 800회의 사경회가 열렸고 연인원 5만 명이 참가한 것으로 나타났다. 사경회의 규모도 지방사경회, 도사경회, 제직사경회, 대사경회, 소사경회, 여사경회 등 다양했다. 사경회에 등급을 두어 진급하게 하고 사경회를 마치면 진급증(수료증)을 수여하기도 했다.

그 후 일제 치하의 한국교회는 점차 사경회운동이 위축되고 그 대신 부흥운동이 활발해지기 시작했다. 이는 일제에 의한 수난기에 있어서 내세주의적 신앙에 기인했다고 본다. 더욱이 해방 이후 자유주의 분위기와 한국전쟁으로 인한 위기의식으로 기복신앙과 신비주의적인 부흥운동이 활발하게 되었다. 그러나, 건전한 기독교신앙은 성경으로 돌아가는 것이며, 그러기 위해서는 사경회의 열심이 새롭게 일어나야 한다. → '부흥사경회'를 보라.

사도신경(使徒信經, Apostles' Creed) 교회에서 사용하는 가장 대표적인 신앙고백문. 일명 '사도신조.' 공예배시 신앙고백 시간에 회중이 다 함께 사도신경을 고백함으로써 자신의 신앙을 확인한다. 이 사도신경은 초대교회 세례문답의 기본 골격으로서, 하나님·예수 그리스도·성령 3부로 구분된다.

사도신경은 A.D.100년경에 대부분의 교회들이 신조로 채택하여 사용하였다. 중세 때는 세례 예식과 초신자 교육에 사용되다가 12세기에 서방교회의 공식 신조로 정착되었다. 신앙의 가장 기본적인 요소들로 구성되어 있어 기존 신자는 말할 것도 없고, 처음 신앙을 접하는 초신자나 개종자가 신앙의 핵심을 배우는 기준이 된다. → [2. 교리 및 신앙 용어] '사도신경'을 보라.

사순절(四旬節, Lent) 부활절 전까지 여섯 번의 주일을 제외한 40일 동안의 기간을 말한다. 이 40일간, 금식과 특별기도, 경건의 훈련 기간으로 삼는다. 성경에서 '40'이라는 숫자와 관련된 사건이 많이 등장하는데, 노아 홍수 때 밤낮 40일간 비가 내렸고(창7:4), 출애굽한 이스라엘 백성이 40년 동안 거친 광야에서 생활했으며(민14:33), 예수께서 광야에서 40일 금식 후 마귀의 시험을 받으셨다(마4:1). 여기서 보듯, '40'이란 고난과 시련과 인내를 상징하는 숫자임을 알 수 있다.

로마 가톨릭이나 영국 국교회에서는 '사순절'을 '대제절'이라고도 한다. 3세기 초까지는 기간을 정하지 않고 이틀이나 사흘 정도 지켰고, A.D.325년 니케아 공의회 때부터 40일간의 기간이 정해졌다. 로마 가톨릭이나 영국 국교회에서는 사순절 기간 동안 주님의 십자가를 생각하며, 회개와 기도, 절제와 금식, 깊은 명상과 경건의 생활을 통해 수난의 길을 걸어가신 주님을 기억하며 그 은혜를 감사해야 한다고 가르친다.

그러나 사순절의 기간은 동방교회와 서방교회가 서로 달리했다. 동방교회는 600년경부터 7주간으로 했고(토요일과 주일을 제외하고 부활주일만 포함하여 36일을 지킴), 서방교회는 6주간(주일을 제외하고 36일을 지킴)으로 했다. 예루살렘교회만 4세기 때처럼 40일을 지켰는데 그중 5일만 금식했다. 그러던 것이 교황 그레고리 때부터 40일을 지키게 되어 '재의 수요일'(Ash Wednesday)부터 사순절이 시작되었다.

초기 기독교에서는 이 사순절 기간 동안 '사순절 식사'(Lent Fare)라고 하는 고기를 제외한 채소 중심의 단순한 음식을 먹었다. 하루에 한끼 저녁만 먹되 채소와 생선과 달걀만 허용된 것이다.

9세기에 와서 이 제도가 약간 완화되었고, 13세기부터는 간단한 식사를 허용했다. 밀라노에서는 36일간 금식을 하였고, 9세기에서 14세기에 이르는 동안엔 교구 성직자는 칠순절부터 금식을 시작하였다. 그러나 현대에 이르러서는 금식은 완화되었고, 교회에 따라서 구제와 경건의 훈련으로 대치하여 지키고 있다. → '렌트'를 보라.

삼성창(三聖唱, **sanctus**) "거룩하다, 거룩하다, 거룩하도다" 하고 세 번 '거룩'(Holy)을 불러 하나님을 찬송하는 지극히 거룩한 노래. 삼위 하나님의 거룩하심과 전능하심을 찬양하며 오직 삼위 하나님께만 영광과 존귀를 돌리자는 내용을 담고 있는 전통적 예전음악(liturgical music)이다. 이사야 6:3과 요한계시록 4:8을 배경으로 하고 있다. 예배를 시작할 때나 성찬예식 때 주로 부른다. 일명 '삼성송'(三聖頌), '삼성경', '상투스.' → '상투스'를 보라.

삼위일체주일(三位一體主日, **Trinity Day**) 1년 가운데 성령강림절로 교회력의 전반이 끝나고, 그 다음 주일을 삼위일체주일로 지킨다. 이것은 남은 반 년은 성부·성자·성령 삼위일체 하나님의 이름 아래서 신앙생활을 해 나가게 되는 첫날임을 기억하기 위함이며, 그런 맥락에서 삼위일체 하나님께 영광을 돌리는 것을 의미한다.

삼위일체주일을 지키게 된 것은 A.D.10세기 전후부터로 여겨진다. 대강절까지 20여 주일이 있는데, 이것을 삼위일체 기간과 왕국절로 구분하는 경우도 있다.

삼일예배(三日禮拜, **the third-day service**) 한국의 초대교회는 십계명에 근거하여 주일성수가 매우 엄격히 지켜졌다. 그리하여 주일을 거룩히 지키기 위하여 주일 다음날인 월요일을 '예배 1일'(禮拜一日)로 작정하고 매일 표시를 해나갔다. 따라서 수요일은 주일 후 3일, 금요일은 주일 후 5일이 되었던 것이다. '삼일예배'와 '오일예배'라는 말은 여기서 기인했다.

한편, 예배시간이 주로 저녁(밤)에 드려진다는 점에서 '삼일저녁(밤)예배'라고도 하고(요즈음은 낮 시간에도 예배가 드려지고 있다), 주일예배와는 달리 기도에 주력하는 예배라고 하여 '삼일기도회', '수요기도회'라고도 한다.

용어상식

상투스(sanctus)

'상투스'란, 라틴어로 '거룩하다'는 뜻으로, 성만찬(미사) 때에 "거룩하시다, 거룩하시다, 거룩하시다"로 시작해 하나님의 거룩하심을 찬양하는 전례의 찬미. 이는 성경(사)6:1-3; 계4:8)에 근거하며, 유대교 예배에서 사용되었던 것을 A.D.3세기경부터 기독교에서도 사용하기 시작했다.

예전학(禮典學, liturlogy)에서는 하나님을 영화롭게 하며 왕이신 그리스도를 환영하는 찬미가로 이해한다. 오늘날 로마 가톨릭, 정교회, 루터교회, 영국국교회, 감리교회 등에서 예전적 예배를 드릴 때에 부른다. 일명 '삼성창', '삼성송', '삼성경.'

상황예식(狀況禮式, **a situation ceremony**) 주일예배와 매일기도 외에 여러 가지 교회 안팎의 예식을 가리키는 말로, 기독교장로회 헌법에 소개된 내용이다. 상황예식은 신자들의 믿음을 세우고 삶을 성별하여 하나님께 영광을 돌리며 선교의 기회가 되게 한다.

상황예식은 여러 예식으로 구분된다. ① 믿음예식 : 목사 안수, 임직, 취임, 전입, 교회 설립, 노회나 총회의 임원 취임 등. ② 희망예식 : 장례와 관련된 예식(임종, 입관, 장례, 하관예식, 유가족 위로, 화장, 이장, 첫 성묘, 탈상예식 추모 등). ③ 사랑예식 : 결혼예식, 은혼예식, 금혼예식 등. ④ 축복예식 : 돌, 생일, 회갑 등의 예식. ⑤ 목양예식 : 입원을 전후한 환자의 회복, 어려움 당한 가정을 위한 위로 등.

새벽기도회(- 祈禱會, a dawn devotional service, early morning prayer meeting) 하루의 첫 시간(새벽)을 하나님께 드리는 예배. 즉, 매일 새벽마다 드리는 기도 모임 형태의 예배. 기존 예배 형태로 드려지며, 특히 예배가 끝난 뒤에 개인적으로 혹은 공동체 안에서 많은 기도가 이뤄진다.

새벽기도회는 공예배를 위한 모임이기보다 기도를 위한 모임으로 볼 수 있다. 하루의 시작을 하나님과 시작한다는 경건한 취지로, 그날에 주어진 성경구절을 읽고 묵상하며, 그날의 할 일과 활동을 생각하며, 조용히 기도하는 시간이면 좋다.

한국에서는 130여 년 전 선교 초기부터 개인적으로 새벽기도가 있었지만, 교회적으로 공식 시작된 것은 1906년 평양 장대현교회(길선주, 박치록)에서다. '고요, 신비, 생기(생명력)'로 표현할 수 있는 새벽기도회는 외국 선교사들의 가르침이 아니었고, 순전히 한국 교회의 자생적 발아(發芽)였는데, 이는 1907년 평양 장대현교회를 중심으로 일어난 대부흥운동의 바탕이 되기도 했다.

이 새벽기도회는 한국 교회의 자랑이요 보배로운 전통으로서, 일제 치하와 6.25 한국전쟁 등의 숱한 어려운 상황에서도 교인들이 기도로 승리한 귀한 시간이었고, 세계사적으로도 유래없는 한국 교회의 부흥을 가져온 눈물의 밑거름이었다.

새벽 송(a dawn carol, Christmas carol) 예수 그리스도의 탄생을 축하하는 성탄절(12월 25일) 이른 새벽에 소규모의 팀이 교우들의 집을 두루 돌아다니면서 찬양하며 주님의 탄생을 함께 경축하는 교회 행사이다. 이때 방문을 받은 교우는 찬양으로 수고하는 이들에게 간단한 음식이나 선물을 준비하여 격려하기도 하고, 또 그렇게 거둬들인 선물들은 주위의 어려운 가정이나 기관에 고루 나눠주기도 한다. → '성탄절', '크리스마스 캐럴'을 보라.

새찬송가(- 讚頌歌, New Korean Hymnal) 1960년 12월 13일 대한예수교장로회(합동)와 고신(고려파)의 연합 사업의 하나로 고신측의 신편 찬송가와 유럽과 미국의 찬송들을 모은 찬송집으로 당시 보수교단의 공식 찬송가였다. 671곡 수록. 1, 2, 3부(예배, 성도의 생애, 일반성가와 합창곡)로 나누어 편집되었다.

1949년 발행된 '합동찬송가'에는 상당 부분 교리에 부적합한 가사가 수록되어 있다는 이유로 예장 합동측과 고신측에서 사용을 거부하여 새로운 찬송가를 편집하기로 하여 출판한 것이 '새찬송가' 이다. 그 당시는 보수진영 교회들과 자유진영 교회들이 부활절 연합예배도 따로 드렸다.

선교대회(宣敎大會, a mission convention) 해외에 나가 있는 선교사들과 그 선교사들을 후원·관리하고 있는 국내의 기관과 조직(교육, 훈련, 행정, 지원, 협력 등) 및 선교사들을 후원하고 있는 교회 그리고 선교에 관여하는 각 관계자들이 함께 모여 지금까지의 선교 사역을 점검하며, 더 나은 세계 선교를 도모하고 다짐하는 집회(대표자회의, 정기 총회, 세미나, 사례·연구발표회, 전략회의 등으로 진행됨)를 가리킨다.

선교주일(宣敎主日, Mission Sunday) 주님께서 부활·승천하시기 전에 제자들에게 명령하신 선교의 사명을 재차 확인하고(마28:19-20; 행1:8), 각 나라에 파송되어 어려움 중에서도 그리스도의 복음을 전하고 있는 선교사들을 위해 기도하며, 후원하는 주일을 가리킨다.

선도당(宣道堂, the house of mission) 한국 기독교 초창기 시절에 하나님을 예배하는 '예배당'을 가리키던 옛 명칭. '진리와 생명의 도(道)를 널리 전하는 곳'이라는 의미가 담겨 있다. → '예배당', '예배 처소'를 보라.

설교(說敎, sermon, preaching, lecture) 하나님의 말씀(성경)을 근거로 하나님의 뜻을 선포하고, 설명하며, 권고하는 일. 설교의 목적은, 하나님의 구속(救贖)하시는 은혜의 복음을 전하여 믿지 않는 사람들이 믿음으로 응답하고 믿는 사람들이 더욱 하나님의 은총을 감사하며 그들의 삶을 구주와 주님이신 하나님에게 맡기도록 하는 데 있다. 실로, 설교는 살아계셔서 역사하시는 하나님이 설교를 통해 사람들과 직접 만나는 가운데 하나님의 구속의 행위를 재현하는 생동적 사건의 한 부분이라 할 수 있다.

한국 기독교 초창기에는 오늘의 설교를 진리를 가르치고 전한다는 뜻에서 '강도'(講道)라 하였고, (하나님의 말씀을) 가르치고 해설한다는 뜻에서 '강해'(講解) 또는 '강설'(講說), '강론'(講論)이라고도 했으며, 주님의 말씀을 권하고 격려하여 힘쓰게 한다는 뜻으로 '권면'(勸勉)이라고도 했고, 아예 직설적으로 '말씀'이라는 표현을 쓰기도 했다.

그러다가 '성경의 뜻을 설명하는 것'이라는 의미에서 '설교'(說敎)라는 표현을 사용하게 되었다. 그런데 일각에서는 '설교'라는 말이 일본에서 건너온 일본식 술어라고 보아 배격해야 한다고 주장하는 이들도 있다.

■**설교의 분류** – ① 원리적 분류 : 설교의 원리에 따라서 a. 선교적 설교(preaching sermon)와 b. 교육적 설교(teaching sermon)가 있다. 먼저 '선교적 설교'란 일종의 케리그마(Kerygma)로서 이는 본질적으로 우리의 죄를 위해 죽으시고 우리를 의롭게 하시려고 부활하신 예수 그리스도를 선포하는 것이다. '교육적 설교'란 일종의 '디다케'(Didache)로서 성경에 담긴 교훈과 가르침을 다룸으로써 교인들에게 믿음과 행실의 문제에 대한 지침을 제공하고, 하나님의 구원 역사를 교인들 각자의 삶에서 현재적 실체로 받아들이게 하는 것이다.

② 내용적 분류 : a. 강해적 설교(expository sermon, 성경의 어느 책이나 장·절을 조직적으로 강해하는 설교) b. 교리적 설교(doctrinal sermon, 기독교 교리를 성경에 비추어 해석하는 설교) c. 윤리적 설교(ethical sermon, 성도의 행위에 관한 복음이 함축하는 윤리를 제시하는 설교) d. 변증적 설교(apologetic sermon, 설교자가 신앙의 옹호자로서 성도가 가진 소망의 어떤 근거를 천명하는 설교) e. 시사적 설교(topical sermon, 시대적 상황, 둘러싼 환경과 문화 등을 기독교 신앙의 빛 가운데서 평가하는 설교) f. 전도적 설교(evangelical sermon, 불신자를 대상으로 하여 기독교의 기본 진리를 전하는 설교).

③ 유형적 분류 : 설교의 유형에 따른 분류로서 a. 전기적 설교(biographical sketch, 성경 인물의 인생사를 통해 복음을 설명하는 것) b. 사건별 설교(exposition of a Biblical incident, 성경에 소개된 특별한 사건을 중심으로 강해하는 것) c. 주제별 설교(project method, 성경 내용 중에 어떤 주제를 중심해 연속으로 설명하는 것) 등이다.

■**설교의 전례** – 성경을 풀어 사람들에게 전하고 권면하는 설교의 가장 이상적인 형태는 예수 그리스도께서 행하신 각종 설교라 할 수 있다(마5-7,13,21,25장). 물론, 구약 시대의 선지자들과 제사장들이 하나님의 계시를 백성에게 전하고 율법을 가르친 것도 설교의 한 형태라 할 수 있다(출4:14-16; 느8:8).

초대교회 당시에 설교의 위력은 대단했다. 오순절 성령강림 때에 베드로가 설교함으로써 3천 명이 회개한 일이 있었고(행2:14-40), 사도 바울도 비시디아 안디옥의 한 회당에서 유대인들에게 설교하여 많은 개종자들을 얻었다(행13:16-43).

설교가 이론적으로 체계화되고 학문화되기(설교법의 저술 등) 시작한 것은 4, 5세기경이었고, 설교를 체계화한 것은 알렉산드리아의 성경학자요 신학자였던 오리게네스(Origen, A.D.185-253년)였다. 그리고 소위 '황금의 입'(mouth of gold)이라 불리던 위대한 설교가 크리소스토무스(John Chrysostom, 347-407년)와, 주석설교를 하며 성경을 강해한 어거스틴(Augustine, 354-430년)이 유명하다.

어거스틴 이후 종교개혁 때까지는 스콜라주의와 논리학의 영향으로 형식주의에 빠져 설교가 매우 복잡하고 세분화되기는 했으나 설교로서의 이론적 발전은 답보 상태였다. 그러던 것이 종교개혁을 통해 설교의 부활을 이루었다. 종교개혁은 일종의 성경과 설교의 재발견이었다. 종교개혁자들은 성경의 진리를 쉽게 풀이하여 신자들로 하여금 하나님의 거룩한 뜻(구원의 도리)을 바로 이해할 수 있도록 안내하였다.

용어상식

효과적인 설교 A, B, C, D

성경을 풀어 청중들에게 설명하며 교훈을 주는 설교가 효과적으로 이뤄지기 위해서는 다음의 사항에 유의할 필요가 있다.
① 청중을 주목시키는 설교(Arresting, 행2:14,4:11).
② 본문의 의미를 명확히 밝혀주는 설교(Biblical, 행2:14-36).
③ 예수 그리스도께 초점을 맞춘 설교(Christo-centric, 행2:36).
④ 청중으로 하여금 결단과 확신에 이르게 하는 설교(Demanding, 행2:37).

성가(聖歌, a sacred song, a hymn, cantus sacra) 기독교에서 부르는 종교 가곡을 위시한 경건한 노래를 가리킨다. 즉, 세상에서 부르는 세속적 노래에 대비되는 거룩한 노래라는 의미이다. 로마 가톨릭에서는 주로 교회의 전례음악(그레고리안 찬트, 폴리포니 등)을 가리키는 말로 쓰인다.

성가대(聖歌隊, choir) 교회에서 예배 시간에 성가를 부르기 위해 조직된 단체. 그런데 '성가'라는 말이 세상에서 부르는 세속적 노래에 대비되는 거룩한 노래라는 의미에서 붙여진 것이라고 한다면, 전적으로 하나님의 거룩하심과 위대하심, 전능하심과 광대하심을 노래하는 것을 '찬양'이라 해야지 단지 세속적 노래와 구분하는 수준에서 '성가' 정도로 표현하는 것은 바람직하지 않다. 음악적 재능이나 기술이 연마된 사람은 누구나 성가를 부를 수 있다.
그러나 찬양할 수는 없다. 찬양은 음악적 기술이 있는 사람이 하는 것이 아니라 신앙을 고백하는 사람만이 할 수 있기 때문이다. 그러므로 하나님께 찬양과 경배를 드리는 단체나 무리는 단지 '성가대'로 묘사하기보다 '찬양대'로 불러야 마땅하다.
우리나라에서 현대적 의미의 찬양대가 조직되기는 1910년경 평양 장대현교회의 '찬양대'가 그 효시이다. 1900년대 초 원산과 평양에서 일기 시작한 대부흥운동은 찬송가의 열의를 더욱 증가시켰고 예배 시 찬양에도 큰 발전을 가져왔다. 또 이 부흥운동 시기에 많은 교인들이 전도대를 조직, 거리에 나가서 북을 치며 찬송을 부르고 전도하였다. 이로써 화음이 조화된 합창은 아닐지라도 많은 이들이 입을 모아 제창하는 찬송소리가 교회와 거리마다 넘쳐 흘렀다. 본격적인 교회합창운동은 1909년 내한하여 평양숭실학교 교사로 시무하던 모우리(E. M. Mowry) 선교사에 의해서였다. 그는 장대현교회 찬양대를 조직하고 그 지휘자로 4부 합창훈련을 시켰다. 이것이 곧 한국 최초의 찬양대이다. 이어 1920년대에는 숭실대 학생들을 중심으로 교회합창운동이 일어났는데 이들은 음악전도대를 조직하여 북부지역의 도시를 순회하며 전도를 위한 합동공연을 펼쳤다. 또 모우리 선교사가 조직한 밴드부의 활약도 한국 기악 발전에 크게 공헌하였다. → '찬양대'를 보라.

성경 낭독(聖經 朗讀, a Bible reading) 성경의 한 부분을 소리 내어 읽는 일. 일명 '성경봉독'이라고도 한다. 성경은 하나님의 말씀이요 하나님의 구원 행위가 선포되어 있는 것이므로, 낭독자는 하나님을 대리하는 자신의 입장을 바르게 인식하고 엄숙하고 정성스러운 마음으로 낭독해야 한다. 그리고 예배가 하나님의 계시에 의존하고 있는 한 성경이 중심에 있어야 한다. 따라서 성경 낭독은 공적 예배에 없어서는 안 되는 아주 중요한 요소이다.
성경 낭독은 설교보다 더 하나님께서 직접적으로 그의 백성에게 말씀하는 것이 된다. 성경 낭독은 설교와 관련하여 예배의 통일성을 가지게 하는 데 유익하지만, 단순히 설교의 본문을 소개하는 것으로 그쳐서는 안 되고 성경 낭독 그 자체가 예배의 독립된 요소라고 생각하고 낭독에 임해야 한다. 참고로, 예배시에 예배 인도자 등이 성경을 낭독할 때에 회중은 일체의 잡념을 버리고 겸허한 마음과 진지한 자세와 함께 하나님의 말씀을 보고 경청해야 한다(느8:5-8; 눅4:16-30).

성경봉독(聖經奉讀, a Bible reading) 하나님의 말씀인 성경을 삼가 받들어 읽는 일. 설교자의 강해 본문을 설교자 자신 또는 타인이 읽는 일. '성경 낭독' 보다는 좀 더 격식을 갖춘 표현. → '성경 낭독'을 보라.

성경 암송(聖經 暗誦, a Bible recitation) 성

경 본문의 내용을 보지 않고 기억에 의존하여 입으로 외우는 일. 성경 암송이 주는 유익은, 성경책을 지니지 않은 상태에도 하나님의 거룩한 말씀을 되뇌이며 묵상할 수 있고, 상황마다 적절한 성경구절을 암송함으로써 영적인 기력과 위로를 얻을 수 있는 것이다. 그리고 말씀을 적재적소에 적용하고, 어려운 상황에 지혜롭게 대처할 수 있는 순발력을 지닐 수 있다.

성령강림절(聖靈降臨節, **Whitsunday**) 초대교회 성령강림을 기념하는 날(행2:1). 부활절 후 50일째 되는 날로서, 유대교의 3대 절기인 오순절과 같은 날이어서 '오순절'이라 부르기도 한다(레 23:9-11). 예수께서는 승천하시기 전 제자들에게 명령하시기를 "예루살렘을 떠나지 말고 아버지께서 약속하신 것을 기다리라"고 하셨는데(행1:4) 제자들은 이 명령에 순종하고 기다림으로 오순절에 마가의 다락방에 모인 120명의 성도가 성령의 충만함을 받았다. 이 날은 기독교에서 성탄절, 부활절과 함께 3대 절기로 꼽히는데, 특별히 이 날은 교회의 탄생일로 기념된다.

서방교회에서는 성령강림절 철야제를 성탄절, 부활절과 같이 성대하게 행했는데, 특히 성령강림절 철야제는 세례와 결합되어 행해진다. 이는 성령 세례의 의미를 지닌 것이기도 하다. 또한 이 날은 교회의 확장과 성장을 도모하는 날로서, 하나님께 영광을 돌리며 성령의 역사와 인도와 충만을 기도하는 날이어야 한다. 성령강림절 이후 강림절(Advent)까지의 주일들은 '오순절 후 주일들'로 불린다. → '오순절'을 보라.

성례(聖禮, **sacrament**) 예수 그리스도께서 그의 백성과 언약을 맺으시면서 제정하신 것으로서(고전11:23), 은혜언약에 대하여 인치는 표이자(창 17:7), 보이지 않는 은총을 보이는 것으로 전달하는 것이라 할 수 있다. 성례는 하나님의 말씀을 떠나서는 아무런 의미를 갖지 못한다.

성례에 관해 칼빈(John Calvin, 1509-1564년)은 '하나님의 약속에 대한 표시(signs)요, 보증(seals)이다'라고 했고, 어거스틴(Augustine, 354-430년)은 '보이는 (하나님의) 말씀'(Verba visibilia)이라고 했다. 또한, 로마 가톨릭에서는 성례를 '비적'이라 하고, 그리스 정교회에서는 '기말'이라고 하며, 영국 국교회에서는 '성전'이라고도 한다. 그리고 옥스퍼드 영어사전에서는 '참여자에게 영적 은혜를 분여하는 것으로 혹은 영적 유익을 가진 것으로 간주되는 종교의식이나 행위'라 정의했다.

'성례'라는 말은 '신비, 비밀'이란 뜻의 헬라어 '뮈스테리온'(μυστήριον)에서 그 어원을 찾을 수 있다. 이 말은 이방 종교에서 행하던, 신(神) 앞에서 목숨을 바쳐 충성을 맹세하는 서원의 의식을 의미하는데, 특히 로마 군인들의 맹세의식에서 사용되었다고 한다. 그런 맥락에서 성례를 가리키는 라틴어 '사크라멘토'(Sacramento)는 원래 군대 용어로서 군인이 군기를 들고 충성과 선전을 맹세하는 군기맹세에서 유래한 것이다.

교회 역사에서 '성례'란 말을 처음으로 사용한 사람은 3세기경에 로마 교회의 교부인 터툴리안(Tertullian, 150-220년)으로 알려져 있다. 그가 그리스도를 위해 목숨을 바치기로 약속한 후 세례를 받고 성만찬에 참여하는 예전을 가리켜 거룩한 예식, 곧 성례라고 일컬었는데 그 이래로 기독교 예전의 전문용어가 되었다는 것이다. 물론, 기독교에서는 이 같은 인간의 주체적 결단만이 아니라 하나님 편의 신비적인 힘, 하나님의 질서 속으로 참가하는 것을 포함한 말로 쓰인다.

한편, 개혁교회(프로테스탄트 교회)에서는 '세례와 성찬'이 두 가지만을 성례전으로 인정한다. 이는 주 예수 그리스도의 명령에 따른 것이다(마 28:19-20; 요3:5). 성례는 불가시적인 은총의 가시적 표시이다. 그런 맥락에서 칼빈은 성례와 관련하여 '보다 더욱 명료하게 그리스도를 우리에게 보여준다. 세례는 우리가 씻음을 받음과 깨끗하게 되었음을 증명하여 주고, 성만찬은 우리가 구속되었음을 증명하여 준다'고 했다. 실로, 설교가 '보이지 않는 하나님의 말씀'이라 한다면, 성례는 '보이는 하나님의 말씀'이라고 할 수 있다. 보이는 표시로써 성례를 통해 보이지 않는 하나님의 은혜를 체험할 수 있는 것이다.

■**성례의 목적** - 성례의 목적은 ① 그리스도 안에서 우리의 처지를 확고히 하고(고전10:8), ② 그리스도인은 세상과 다름을 나타내며(출12:48), ③ 하나님을 잘 섬기게 하는 데 있다(롬6:4). ④ 성례에 참여한 모든 사람이 그리스도 안에서 한 몸임을 확인하게 하는 성례전적 일치를 가능케 한다. ⑤

또한 믿는 자에게 죄 용서와 영생의 생명력을 주시겠다는 언약의 표이기도 하다.

■**성례의 종류** - 초대교회 당시에는 성례에 관한 규례가 명확히 확정되지 않은 상태였다. 그럼에도 당시 세례와 성만찬을 핵심적인 성례로 여기고 있었다. 12세기에 들어 30성사를 주장하는 이(위고)가 있었는가 하면, 7성사를 주장하는 이(그레고리우스, 롬바르두스)도 있었다. 그 후 토마스 아퀴나스가 7성사를 주장했고, 트렌트 공의회(1545-1563년)에서 7성사를 정식으로 인정한 이후 로마 가톨릭에서는 7성사를 채택하고 있다. 7성사(七聖事) 곧 7성례(七聖禮)란 성세성사(영세, baptism), 견진성사(견신례, confirmation), 성체성사(미사, communion), 고해성사(penance), 종부(병자)성사(종유, extreme unction), 혼배성사(결혼, matrimony), 신품성사(서품, orders)이다.

그러나 종교개혁 이후 개혁교회들은 '세례'와 '성만찬' 이 두 가지만을 성례로 인정하고 있다. 복음적 성례(Gospel Sacraments)의 조건으로는 ① 그리스도에 의해 시작된 것. ② 그리스도께서 친히 제자들에게 지키도록 명령하신 것. ③ 하나님의 거룩한 행위가 현현된 상징인 것 등을 제시하고 있다.

성례식(聖禮式, **Communion Service**) 세례와 성찬을 중심으로 하는 거룩한 예식을 말한다. 축약해서 '성례' 라고도 한다. → '성례' 를 보라.

성례전(聖禮典, **sacrament, the liturgy**) 세례를 받고 성만찬에 참여하는 거룩한 예전(禮典)을 가리켜 성례전이라 한다. 즉, 그리스도께서 제정하신 것으로서 보이지 않는 은총을 보이는 것으로 전달하는 것 곧 세례와 성찬예식을 일컫는다. 단순히 '성례' 라 부르기도 한다. → '성례' 를 보라.

성만찬(聖晩餐, **Eucharist, Sacraments**) 그리스도께서 친히 제정하신 것으로, 그리스도의 최후 만찬으로부터 유래되었다(마26:26-29; 막14:22-25; 눅22:15-20; 고전11:23-26). 일명 '성찬' (Communion), '주의 만찬' (Lord's Supper), '성찬식', '성찬예배(예식)' 라고도 한다. 교회 공동체 안에 있는 예배의 현장에서만 베풀어지는 성만찬은 세례와 함께 교회 공동체를 가장 기독교적으로 만드는 중요한 예식 가운데 하나이다. 세례를 받고 그리스도의 사람으로 인침받은 사람은 누구나 이 성만찬에 참여할 수 있는 특권과 의무를 지닌다.

성만찬의 제정에 관한 역사적 사실들을 요약하면 다음과 같다. ① 그 장소는 예루살렘의 한 다락방(마가 요한의 가정으로 추정)에서 이뤄졌다. ② 그 시간은 저녁 혹은 밤에 진행되었다. ③ 그 만찬은 옛 언약과 새 언약에 언급된 유월절과 관계가 있었다. ④ 예수님과 함께 참석한 자들은 그의 제자들이었다. ⑤ 사용된 기본요소는 떡(빵)과 포도주였다. ⑥ 그리스도는 예배하는 정신으로 아버지께 감사드렸다. ⑦ 그리스도는 떡을 떼어 제자들에게 나누어 주시고, 그 후에 잔을 가지사 그들에게 돌리셨다. ⑧ 그리스도는, 제자들이 참여하게 된 이유를 설명하시면서 그들이 떡과 포도주에 참여하도록 명하셨고, 또 그 같은 행위는 그리스도의 재림 때까지 반복되도록 명하셨다. ⑨ 만찬에 참여한 자들은 만찬 뒤에 찬송을 불렀다. ⑩ 그리스도와 제자들은 감람산으로 나아갔고, 그곳 동산에서 그리스도는 십자가상의 고통과 죽음을 준비하시는 가운데 기도드리셨다(마26:17-46).

그리고 최후의 만찬을 성례전으로 제정하신 과정은 다음과 같다. ① 먼저 주께서 떡을 취하셨다. ② 축복하셨다. ③ 그 떡을 떼셨다. ④ 뗀 떡을 제자들에게 나눠주시면서 "받아시 먹으라 이것은 내 몸이니라"고 하셨다. ⑤ 그 후에 잔을 드셨다. ⑥ 감사의 기도를 하셨다. ⑦ 그 잔을 제자들에게 주시면서 "너희가 다 이것을 마시라 이것은 죄 사함을 얻게 하려고 많은 사람을 위하여 흘리는 바 나의 피 곧 언약의 피니라"고 말씀하셨다(마26:26-28; 고전11:23-26). 이는 기독교 성례전의 최초 모델이며 가장 근원적 형태이다. 이 성례전을 주님께서 다시 오실 때까지 계속 행하는 것은 주님의 몸 된 교회에 속한 모든 성도의 거룩한 임무라 할 수 있다. → '성찬', '성례' 를 보라.

성미(聖米, **a contribution of rice**) 기독교회 내에서 여성 신자들이 기도하는 마음으로 정성껏 모아 교회에 바치는 쌀(곡물)을 가리킨다. 일명 '헌미' (獻米), '쌀 연보' 또는 '기도미' (祈禱米)라고도 한다.

한국교회에서 성미 형태의 헌금제도가 구체적으

로 언제부터 실시되었는지 정확한 기록은 없으나 선교 초기 교회에서부터 비롯된 것으로 추정된다. 부인들은 밥을 지을 때마다 먼저 식구 수대로 쌀을 한 수저씩 떠서 준비된 성미 단지나 성미 주머니에 모았다가 주일이면 교회에 바치는 정성어린 신앙으로 발전하였다. 이는 주로 교회 내 여전도회 주관으로 실시되며, 모아진 쌀은 주로 목회자의 식생활 보조에 사용되거나, 가난한 교인들의 구제에도 쓰였으며, 주일학교의 어린이 생일잔치나 추수감사절 등 교회행사에 사용되기도 했다.

이 제도는 재정 형편이 넉넉하지 못한 교회에서 목회자의 생활보조나 교회 재정의 한 방편으로 쓰였는데, 이를 통해 경제권이 없는 부인들이 교회 재정에 참여할 수 있는 계기를 마련하였으며, 궁극적으로는 여성도의 신앙훈련에 좋은 결과를 나타내었다. 그런데, 아쉽게도 오늘날 특히 도시 교회에서는 이 제도가 거의 폐지된 상태이다.

성삼위 영가(聖三位 榮歌, **a glory of Trinity**) 공예배시 예배의 부름 시간에 찬양대 또는 회중 전체가 부르는 성삼위 하나님(성부, 성자, 성령)의 영광을 찬양하는 노래를 말한다.

성서주일(聖書主日, **Bible Sunday**) 성경 연구와 보급을 위해 설정한 주일. 매년 12월 둘째 주일에 지킨다. 1804년 영국에서 성서공회가 처음으로 조직되면서 시작된 것으로 알려졌으며, 한국에서 처음으로 성서주일 예배를 드린 것은 1899년이었다. 그 해 5월 성령강림주일에 '성서공회주일'이라는 이름으로 처음 성서주일을 지켰다.

당시 영국성서공회 조선지부 총무인 켄뮤어 씨가 처음으로 성서주일을 주창하여, 모금을 통해 기독교의 아름다운 전통 즉 하나님의 말씀을 받은 것에 대한 감사와 감격으로 이웃에게 성서를 보급하고자 한 것이다. 특히, 1900년 「신약젼셔」가 발간되면서 '성서공회주일'은 더욱 설득력을 얻었고, 1954년부터는 세계 교회와 함께 12월 둘째 주일에 '성서주일'이라는 명칭으로 지켜오고 있다.

성서주일은 하나님께서 인간의 모습으로 이 땅에 오신 것을 준비하여 기다리는 절기인 대강절 기간에 있다. 이때 성서주일을 지키는 것은, 말씀이 육신이 되어 우리 가운데 오신 것에 대해 감사하며 더 많은 사람들에게 생명의 말씀이 반포되어 읽혀

질 수 있도록 기도와 모금을 하는 것이다(신30:8-20; 눅4:20-21; 롬15:4-13).

성세성사(聖洗聖事, **baptism**) 영국 국교회(성공회) 등에서 '세례'를 가리켜 이르는 말. → '세례'를 보라.

성시교독(聖詩交讀, **a response, a versicle**) 기독교 예배시에 예배 인도자(설교자)와 회중이 교대로(번갈아) 시편이나 특정 성경의 한 구절씩을 읽는 것을 말한다. 본래는 시편 교송(詩篇 交誦)을 가리킨다. 시편은 원래 교독하는 것이기보다 교송하는 것이었다.

그러던 것이 종교개혁 때 모든 성경을 모국어로 번역하여 사용하게 되자 종전에 사용하던 시편의 선율이 새번역에 맞지 않게 되었고, 이때부터 시편을 노래하는 대신에 교독하는 전통이 생겨났다. 시편을 노래하는 대신에 교독하게 됨으로써 시편은 노래하는 것이기보다 묵상하는 것으로 여기게 되었다.

그런 맥락에서 시편 이외에도 교화적이고 교육적인 성경구절을 선별하거나 각종 절기와 기념일에 적절한 성경구절들을 선택하여 교독문으로 만들었다. 그런 측면에서 '성시교독'이라 하기보다 '성경 교독'으로 표현하는 것이 적절하다. → '교독문', '교송'을 보라.

성찬(聖餐, **eucharist, Sacraments, the liturgy**) 성찬은 그리스도의 십자가 죽음을 기념하는 거룩한 예식으로, 주의 만찬(Lord's Supper)이 기초가 된다. 세례와 함께 중요한 기독교 의식의 하나이다. 성찬식에서 나누는 떡은 주님의 몸을, 포도주는 주님의 피를 상징한다. 주님께서는 이 예식을 직접 제정하시고 대대로 기념하도록 명령하셨다(마26:26-30; 고전11:23-26).

성찬은 '보이는 하나님의 말씀'이라고 말한다. 듣기만 하는 것이 아니라 보고 맛보는 것이다. 그러므로 누구든지 주의 떡이나 잔을 합당치 않게 먹고 마시는 자는 주의 몸과 피를 범하는 죄가 된다(고전 11:27). → '성만찬', '성례'를 보라.

■**성찬의 의미** - ① 성찬은 그리스도의 속죄의 죽으심을 기념(remembrance)하는 의식이다(눅22:19; 고전11:24-25). 즉, 성찬에는 주님의 마지

막 만찬과 갈보리를 향한 회고가 있다. ② 성찬은 그리스도와 연합(communion)하여 한 몸이 되는 의식이다(고전10:17). 즉, 성찬식은 죄에 대하여 죽고 새로운 생명으로 거듭나 그리스도와 연합하며 지속적으로 교제하는 것을 의미한다. ③ 성찬식은 그리스도의 거룩한 희생과 드림(offering)을 나타내는 의식이다(마26:28; 눅22:19; 히10:10-12). ④ 성찬은 믿음으로 그리스도를 받아들이는 것이다(마26:26-28). ⑤ 성찬은 감사의 의식이다. 즉, 구속주의 이름을 고백하므로 드리는 교회의 감사와 봉헌이 담겨 있는 의식이다. ⑥ 성찬은 완성된 하나님 나라 안에서 가질 어린 양의 혼인잔치에 대한 대망이 담겨 있다(고전11:26).

■**성찬 논쟁**(聖餐 論爭, eucharist controversy) - 중세에 들어서 성찬시 사용되는 떡과 포도주 자체를 숭배하거나 미신적인 사상들이 침투하여 성례를 오염시켰고, 이에 종교개혁을 전후한 때에 성찬의 해석 문제로 논쟁이 발생하였다. 대표적인 견해는 다음과 같다.

① 화체설(化體說, transubstantiation) : 로마 가톨릭의 견해로서, 성찬에서 성물 곧 떡과 포도주가 실제로 예수의 살과 피로 변한다고 믿는다.

② 공재설(共在說, co-existentialism) : 루터의 견해로서, 성찬에서 그리스도가 실제로 임재하신다는 사실을 믿으면서도 화체설은 부인한다. 즉, 떡과 포도주는 성별의 기도 후에도 주의 살과 피로 변화되지 않고 그대로 있지만 떡과 포도주 속에 그리스도의 신성과 인성이 함께 실제적으로 임재하신다고 믿는다.

③ 상징설(象徵說, symbolism) : 쯔빙글리의 견해로서, 성찬에서 그리스도께서 실제로 임재하시는 것이 아니라 성찬은 단지 그리스도의 죽음에 대한 기념이며 상징이라고 주장한다. 즉, 그리스도가 하나님 우편에 계실 뿐 성찬의 질료에는 임재하시지 않는다면서, 성찬은 단지 그리스도의 은총을 교인들이 함께 모여 기념하는 행위에 지나지 않는다고 주장했다.

④ 영적 임재설(靈的 臨在說, spiritual presence) : 칼빈의 견해로서, 성찬에 그리스도께서 영적으로 임재하신다고 믿는다. 그래서 그것들을 믿음으로 받을 때, 그 자체는 변하지 않지만 성령께서 그 떡과 잔을 통해 그리스도의 살과 피의 공로와 능력을 전달해 준다고 한다. 즉, 눈으로 보이는 실재와 형식의 깊이에 있어서 영적 실재를 보아야 한다고 주장한다. 그런 점에서 이를 '버추얼리즘'(virtualism)이라고도 한다. 이것은 쯔빙글리의 상징설과 루터의 공재설의 중간적 입장으로 간주되며 일명 '기념설'(記念說)이라고도 한다.

성찬에 참여하는 자세

예수 그리스도의 십자가 희생을 기념하는 거룩한 예식인 성찬에 참여하는 자들은 다음과 같은 자세로 성찬에 임해야 한다.

①세례는 일생에 단 한 번 받지만 성찬은 때마다 꼭 지켜야하는 성례임을 잊지 말아야 한다. 하나님께서는 이 성찬을 통해 영적인 은혜를 주신다.

② 그리스도의 속죄구원을 위한 수난과 희생을 눈앞에 되새기며 우리 자신의 생활을 반성하여 깊은 회개를 가지는 시간이어야 한다.

③ 동시에 그 사죄의 은총을 몸으로 체험하고 장차 올 주의 날을 준비하는 자세를 가져야 한다.

④ 성찬에 참여하는 마음, 정성, 믿음이 중요하며 부끄러운 생활로 은밀한 죄를 회개하지 않고 성찬에 참여하는 일은 더욱 가증한 죄를 짓게 되는 것임을 잊지 말아야 한다.

⑤ 성찬은 무흠 입교인 및 세례교인이 참여하는 거룩한 예식이어야 한다.

성찬대(聖餐臺, an altar of eucharist, the table of Sacraments) 성찬식 때에 떡과 포도주를 올려놓는 상(床). 이는 그리스도의 최후의 만찬에서 유래된 것으로, 초대교회에서는 식탁에 둘러서서 성찬을 거행했기 때문에 '성찬탁'(聖餐卓)이라고도 한다. 로마 가톨릭교회나 영국 국교회, 루터교회 등에서는 성찬대를 '제대'(祭臺)라고 한다. 이는, 구약 제사에서 사용되던 제단(祭壇)이라는 개념을 이어받은 것으로 보인다. 한편, 성찬대를 흰 보로 덮는 것은 그리스도의 백성과 그리스도가 하나 된다는 것을 의미한다. 즉, 흰 보는 그리스도의 피로 깨끗함을 입은 성도를 의미하며 떡과 포도주는 그리스도를 상징하기 때문이다.

성찬 배수자(聖餐 拜受者, communicant)

성찬예식에 참여할 수 있는 사람을 가리킨다. 일명 '수찬자'(受餐者)라고도 한다. 대개, 무흠한 입교인이나 세례교인들이 성찬에 참여할 수 있다. 주님의 살과 피에 무지한 자나 불경건한 자나 거룩한 예식에 거리끼는 자들은 성찬에 참여하기에 적당치 않다(고전11:27-29).

성찬식(聖餐式, eucharist, Sacraments, the liturgy, communion) 그리스도의 십자가 죽음을 기념하는 예식. 헬라어 '유카리스테인'이라는 말에서 유래한 용어로, 이는 '감사'를 의미한다. 성찬의 주역이신 예수 그리스도는 떡을 가지사 축복하신 후에 잔을 가지사 감사기도(사례)하셨다고 한다(막14:22-23; 고전11:24). 성찬식이 담고 있는 기본적인 정신은 하나님의 구속 은혜에 대한 감사임을 시사하는 대목이다. 일명 '성만찬', '성찬', '성찬예식', '주의 만찬'(Lord's Supper). 세례식과 함께 중요한 기독교 의식의 하나. → '성만찬', '성찬', '주의 만찬'을 보라.

성찬예식(聖餐禮式, eucharist, Sacraments, the liturgy, communion) 그리스도께서 친히 세우시고 명령하신 예식으로서, 그가 재림하시기까지 그의 죽으심을 기념하고 전하는 것을 목적으로 하는 거룩한 예전이다(고전11:25). → '성만찬', '성찬', '성찬예식', '주의 만찬'을 보라.

성체(聖體, Host) 로마 가톨릭에서 말하는 '미사의 빵' 곧 성찬시에 사용된 '거룩한 떡'(聖餠)을 가리킨다. 동방교회에서는 누룩 넣은 빵을 사용한 데 비해, 서방교회에서는 9세기부터 누룩없는 빵(무교병)을 사용하였다. '미사의 빵'에는 십자가 문양이나 알파와 오메가 등의 특정한 상징물이 새겨졌다. 초기에는 독실한 신앙인들이 성체를 정성껏 만들었으나 점차 수도승에게 위임되어 세심한 절차를 좇아 만들어지고 있다.

성탄절(聖誕節, Christmas, Christmas Day, X-mas) 예수 그리스도의 탄생과 성육신(成肉身)을 기념하는(하나님이 사람 되심을 증거하는) 명절. 평화의 왕으로 죄 많은 이 땅에 찾아오신 주 예수 그리스도 앞에 경배와 찬양으로 새로운 기쁨과 희망을 갖도록 하는 절기. 일명 '크리스마스.' 이는 '그리스도'(Christ)와 '미사'(mass)의 합성어로 '그리스도의 탄생을 기념하여 예배드림'을 뜻한다.

기독교와 로마 가톨릭은 매년 12월 25일에, 그리스 정교회는 1월 6일에, 아르메니아 교회는 1월 19일에 각각 지킨다. 물론 예수 그리스도의 탄생일을 정확하게 확정짓기는 어렵다. 다만, 4세기경 콘스탄티누스 시대에는 12월 25일을 예수 탄생 기념일로 지켰고, 5세기경에 어거스틴(Augustine)은 서방교회에 널리 알려진 전승을 토대로 12월 25일에 예수 그리스도가 탄생하셨다고 했다. 신약에는 두 곳에서 그리스도의 탄생 기사가 언급된다(마 2:11-11; 눅2:1-20).

예수 그리스도의 탄생일을 12월 25일로 정한 최초의 인물은 히폴리투스로 추정된다. 그는 수태고지(또는 수태)로부터 아홉 달을 계산하여 그리스도의 생일이 12월 25일이라는 결론에 이르게 되었다. 원래 12월 25일은 로마 시대 이교도들이 태양을 섬기는 날이자 농신제로 지키던 축제일이었는데, 이를 전향적 입장으로 수용하여(기독교가 이교도들을 정복했다는 의미에서) 인류의 유일한 빛이신 그리스도의 탄생일로 삼은 것으로 전해진다.

■**성탄 예배** - 죄와 허물로 영원한 죽음의 길에서 허덕이는 인류를 위해 생명의 근원이신 그리스도께서 이 땅에 오셔서 다시 생명의 불을 밝혀 주신 성탄절에는 여러 형태의 축하 행사가 있다. 하지만 그 무엇보다 하나님을 예배하는 일이 중심되어야 한다. 즉, 그리스도를 이 땅에 탄생케 하신 하나님의 사랑과 은혜를 높이고 찬양하는 것으로 성탄의 기쁨을 표현해야 한다.

성탄 예배에서 중요한 것은 성탄의 의미가 그 예배에 나타나야 한다는 사실이다.

① 아들을 주신 하나님의 사랑, 인간의 몸을 입으시고 이 땅에 오셔서 영원한 생명의 역사를 이루신 그리스도의 겸손과 순종 등 역사에 접촉하는 하나님의 진리가 예배를 통해 해석되어야 한다. ② 어둠이 광명을 얻고, 멸망에서 구원을 받은 인류의 무상한 감격과 기쁨의 표현이어야 한다. ③ 베들레헴 성 밖에서 천군 천사들이 "지극히 높은 곳에서는 하나님께 영광이요 땅에서는 기뻐하신 사람들 중에 평화로다"(눅2:14)고 한 그날의 선포가 오늘 이 세계를 향해 재현되어야 한다. ④ 성 밖에 머물던 목자들과 동방 박사들의 경배처럼 경배의

태도가 성탄 예배에 나타나야 한다. ⑤ 동방 박사들이 아기 예수께 황금과 유향과 몰약을 예물로 드린 것처럼(마2:11) 우리에게서 가장 좋은 것을 하나님께 봉헌하는 정신이 있어야 한다. ⑥ 우리에게 주신 하나님의 사랑에 감사하고 그 사랑을 이웃에게 나누어 주는 사랑의 실천이 필요하다.

성회(聖會, a holy assembly) 거룩한 모임(출12:16; 레23:2-3). 즉, 하나님께서 친히 지정하신 특별한 날(안식일, 유월절, 무교절, 칠칠절, 나팔절, 속죄일, 초막절 등)에 갖는 거룩한 모임(레23:22,24,27,35-36; 민28:8,25-26)을 가리킨다. 오늘날 주일(主日)에 모이는 교회 공동체의 모임도 성회라 할 수 있다.

이외에도 특정한 목적이나 주제를 가지고 기존의 교회건물이나 기도원, 수양관 혹은 공공시설을 빌려 사람들을 모아 진행하는 집회 형태의 예배를 '성회'라 일컫기도 한다. 이는, 부흥회와 비슷한 개념인 동시에 찬양예배와 비슷하게 말씀과 찬양의 비중이 높은 편이다. 따라서 은사주의 사역자들이 주로 이용하는 집회 형태이기도 하다.

세례(洗禮, baptism) 그리스도를 구주로 고백하고 죄사함을 받고 그리스도에게 접붙임을 받아 하나님의 자녀가 되었음을(새로운 피조물로 태어났음을) 선포하는 의식. 기독교에 입교하는(교회의 친교를 허락하는) 공식적인 인증 의식이기도 하다. 이는, 세례 요한의 세례로부터 시작되었으며(마3:1-17), 그 정신은 구약 시대의 할례(창17:10-11)와 결례(레11장)까지 올라간다. 세례는 안수를 통해 머리에 물을 적시거나 물에 온몸을 잠기게 하는 형식(침례)으로 행해졌다.

세례는 ① 물을 가지고 성부와 성자와 성령의 이름으로 씻는 성례인데, ② 우리가 그리스도와 함께 죄에 대해 죽고(행2:38), 그리스도를 통해 새 생명을 얻어(롬6:3-5) 그리스도와 연합하는 것을 의미한다(고전12:13; 갈3:26-27). 그리고 ③ 은혜의 언약이 지닌 모든 유익에 참여함과 주님의 사람이 되기를 약조함을 표시하여 인치는 것이다(성경 소요리문답 제94문). 세례는 하나이며, 물 세례는 사람을 내적으로 정결케 하는 성령 세례를 표상으로 하는 외적인 징표이다. 참고로, 로마 가톨릭에서는 '영세', 성공회에서는 '성세성사' 또는 '영세'라고도 부른다. → '침례'를 보라.

■**세례의 분류** – ① 부모의 신앙고백에 따른 세례 : 부모 중에 한 편이라도 세례교인이면(혹은 입교인이면) 그 부모의 신앙고백에 근거하여 베풀 수 있는 세례로서, 유아세례(젖세례, 영아세례, 아기세례, 어린이세례 등)가 있다.

② 신자세례(信者洗禮) : 세례를 받는 자 자신의 명확한 의식과 신앙적 결단에 따라서만 베푸는 세례. 유아세례와 대비되는 세례라 할 수 있다.

③ 옥중세례(獄中洗禮) : 교도소 내 재소자에게 베푸는 세례. 확실한 회개의 증거가 있고 신앙이 독실할 때는 복역 중에도 세례를 줄 수 있다. 사실 족장 요셉은 애굽의 옥에서(창39:19-23) 애굽의 총리가 되었고(창41:37-45), 사도 바울은 빌립보 옥에서(행16:24-34) 유럽 선교의 문을 열었다. 이승만, 신흥우, 이상재, 이원긍, 유성준, 이동녕, 이준, 홍재기 등은 감옥에서 성경을 접하고 개종했고(대한성서공회사 제2권 235,236) 결국 대한 독립운동의 지도자가 되었다.

④ 진중세례(陣中洗禮) : 군대에 복무중인 군인이나 경찰 등에게 베푸는 세례. 많은 수세자와 함께 많은 집례자가 동원되는 대규모 합동 세례식으로 진행된다.

⑤ 합동세례(合同洗禮) : 단지 소수의 수세자를 대상으로 하는 것이 아니라 대규모 수세자에게 한꺼번에 베푸는 세례를 말한다.

⑥ 휘장세례(揮帳洗禮) : 평양에 감리교 선교사인 스크랜튼(W.B. Scranton) 목사가 1895년 양반 부인 전삼덕의 집을 방문하여 베풀었던 세례를 가리킨다. 당시 남녀유별(男女有別)이란 풍속 때문에 특별한 방법을 마련했는데, 방 한 가운데 휘장을 치고 머리 하나 내놓을 만한 구멍을 내고, 전삼덕은 휘장 안에 앉은 채 머리만 구멍 밖으로 내밀고 스크랜튼 목사에게 세례를 받았다. 한국 초대 교회 때에만 볼 수 있었던 진풍경(珍風景)이다.

■**세례의 시행** – 그리스도 자신의 모범(마3:13)과 명령(마28:19)에 따라서 세례를 시행하며 그것은 삼위일체 하나님의 이름으로 집례된다(마28:19). 즉, 예수 그리스도의 복음을 믿고 회개하는 사람이면 누구에게나 성부, 성자, 성령의 이름으로 세례를 베풀 수 있다.

물론, 그리스도를 믿지 않는 불신자가 그리스도를 믿고 구주로 고백하여 그에게 복종하는 데까지 이르러야 세례를 베풀 수 있고, 또 입교한 자의 자녀에게도 베풀 수 있다(성경 소요리문답 제95문).

세례는 공연히 지체할 것도 아니요 어떠한 형편에서라도 평신도가 세례를 베풀 수 없다. 반드시 하나님의 사역자로 부르심을 받은 기독교의 목사가 베풀어야 한다.

세례는 교회 안 모든 회중 앞에서 베푸는 것이 통례이다. 그러나 성도가 불의의 사고나 질병, 노령이나 기타 사정으로 교회에 부득이 출석하지 못할 경우가 있다. 이같이 특별한 경우에는 사가(私家)에서도 행할 수 있으며, 전적으로 목사가 그 일에 대하여 결정한다.

로마 가톨릭교회는 세례(영세)를 구원과 결부시키나 개신교는 그렇지 않다. 연령이 미달되거나 세례 받을 기한 이전에 사망할지라도 예수 그리스도를 구주로 고백하고 영접하는 이에게는 구원을 인정한다(요3:16; 롬8:1).

■세례의 역사적 배경 – 세례는 성경적으로 여러 단계의 요인을 함축하고 있다. ① 할례(割禮, 창17:12; 레12:3) : 하나님의 소유된 백성으로서의 증표. ② 율법에 규정된 의식적인 씻는 행위(ritual washing, 레15:28-30). ③ 유대교에 입교시 요구되는 침수식(immersion) : 이방인으로서 유대교에 입교하려면 서기관에 의한 교육과 할례, 침수식, 짐승제사 등이 요구되었다. ④ 세례 요한이 베푼 회개의 세례(baptism of repentance, 막1:4).

■세례의 형식 – 전통적으로 세례의 형식은 세 가지로 구분할 수 있다.

① 살수례(撒水禮, the baptism by sprinkle) : 수세자에게 간단하게 물을 뿌려 세례를 베푸는 방식이다. 이는 물이 부족한 곳에서나 병약한 자에게 세례를 베풀 때 사용하는 형식이다.

② 관수례(灌水禮, the baptism by effusion) : 좀 더 많은 물을 사용해 수세자의 머리에 물을 붓거나 떨어뜨려 세례를 베푸는 방식.

③ 침수례(浸水禮, the baptism by immersion) : 일명 '침례'(浸禮). 수세자가 물 속에 완전히 잠기는 방식으로 베푸는 예식이다. 침수례가 본래의 의식이나 흔히 세례라 일컬어지는 살수례나 관수례도 초대교회부터 시작되었다. 중세까지는 주로 침수례가 시행되다가 종교개혁 이후에는 살수례나 관수례가 보편화되었다. → '침례', '침례탕'을 보라.

세례의 의의

그리스도를 구주로 고백한 자가 받는 세례에는 다음과 같은 의의가 있다.

① 죄악 세상에서 성장한 죄인 된 우리를, 영혼은 물론 육신까지 그리스도로 말미암아 하나님의 것으로 삼으시는 소유권 확인의 도장을 찍으시는 일로서(갈3:26-27), 몸 전체로 임하는 예식이다.

② 그리스도와 함께 옛사람이 죽고 그리스도의 부활과 함께 새사람으로 사는 일을(롬6:3-5) 믿음의 행위로 나타내는 예식이다.

③ 죄의 사람을 벗어버리고(엡2:38) 하나님을 받들며 주님께 충성하며 주님의 몸된 교회의 지체로서(고전12:13) 교회를 위한 삶을 살고자 굳게 다짐하는 예식이다.

세례교인(洗禮敎人, a member of a church the baptism) 교회에 출석하고 거듭난 증거가 확실한 자로서, 세례문답을 통과하고 세례를 받은 자나 유아세례 후 입교인으로서 세례교인 명부에 가입된 자를 말한다.

세례교인 헌금(洗禮敎人 獻金, a contribution of a member of a church the baptism) 세례교인이 자신이 속한 교회의 위치(대도시, 중소도시, 농어촌 등)와 사정에 따라 일정한 금액을 내는 일 또는 그 같은 헌금. 이는 대한예수교장로회 합동측 총회 등에서 실시하는 제도로서, 총회를 운영하는 중요한 재원이 된다.

세례식(洗禮式, baptism, a baptismal ceremony, baptismal service) 세례를 베푸는 예식. 이 예식은 하나님의 계시와 그 명령에 의해 이뤄지는 것으로, 예배로서의 거룩한 예식에 해당한다. 따라서 세례 행위는 정규 예배의식의 일부가 되어야 한다. → '세례'를 보라.

세례자(洗禮者, a baptist) 세례 예식에서 수세자에게 세례를 베푸는 사람. 대부분의 교회에서는, 목사가 세례를 베풀면서 수세자에게 교회의 신실한 일원이 되고 헌신과 복종을 통하여 주님의 몸 된 교회를 섬겨 나갈 것을 약속하도록 규정하고 있다. 한편, '세례자'란 말은 '세례 요한'(John the Baptist)을 가리키는 호칭으로 쓰기도 한다.

세족식(洗足式, **maundy, pedilavium**) 타인의 발을 씻어주는 예식. '세족'(洗足)은 원시시대부터 전해오는 정결문화의 하나다(창18:4; 24:32; 출30:19,21). 그것이 승화되어 육체의 정결뿐 아니라, 정신 세척, 영혼 정결까지 이어졌다. 예수께서도 12제자와 함께 최후의 만찬장에서 겉옷을 벗고 수건을 가져다가 허리에 두르시고 대야에 물을 담아 제자들의 발을 씻기셨다. 더욱이 배신자 가룟 유다의 발까지 씻겨 주셨다.

그리스도의 세족은 ① 섬김의 교훈(하나님으로서 사람을, 의인으로서 죄인을, 스승으로서 제자들을)과 ② 원수까지 사랑하는 박애의 모범이었다(요13:3-17). 초대교회에서는 그리스도의 세족을 기념하고, 겸손의 표시로서 신자들의 발을 씻긴 것을 볼 수 있다(딤전5:10).

한편, 로마 가톨릭에서는 이를 경건한 의식문화로 수용하여 성목요일 세족식을 행했다. 즉, A.D. 694년 톨레도 제17차 교회회의에서 인준되어 대성당과 수도원 등에서 주로 행하던 의식을 교황 파우스 12세의 서품전례서에 이 의식을 삽입하여 시행한 후 모든 교회들에게 지키도록 권장했다.

그 후 서방교회가 성목요일 밤에 행하던 것을 지금은 요일에 상관없이 시행하고 있다. 그러나 종교개혁 당시 이 세족식은 본질적인 중심사상을 중시함으로써, 예수님의 교훈은 지켜 실천하지만 형식과 의식으로서는 개혁교회에서 사실상 사라졌다고 할 것이다.

속일(贖日, **day of atonement**) 일명 '속죄일'이라고도 한다.

속죄일(贖罪日, **day of atonement**) 하나님께 속죄의 은총을 덧입는 날. 일명 '대속죄일'(레16장). 초막절 닷새 전인 종교력 7월 10일에 지키던 명절. 유대교에서는 지금도 이 날을 금식하며 참회일로 지킨다. 이날 대제사장은 ① 자신과 집안 ② 죄로 더럽혀진 성소와 성물 ③ 이스라엘 온 백성을 위한 포괄적인 속죄 제사를 드렸다. 또, 두 마리의 염소를 취해서 제비뽑아 한 마리는 지성소에서 하나님께 속죄제물로 드리고, 다른 한 마리(아사셀 염소)는 이스라엘 백성의 죄를 지워 광야로 내보냈다(레16장).

히브리서 기자는 지성소에서 피로써 거행하는 의식을 그리스도의 속죄 행위가 지니는 뜻을 나타내는 상징으로 이해한다. 즉, 그리스도께서 십자가에서 속죄의 희생제물로 죽으심으로써 인간의 모든 죄에 대한 포괄적이고 영구한 속죄가 단번에 이루어진 것이라 설명한다(히9:1-10:18).

이날 이스라엘 백성은 노동을 금하고 금식하며 (율법이 정하는 유일한 금식일) 철저하게 자신의 죄를 뉘우쳐야 했다(레16:29; 23:28-31).

속회(屬會, **class meeting**) 감리교에서, 교인들이 사는 곳에 따라 나눈 작은 구역의 모임(대부분 가정 모임들로 대체되기도 함). 감리교회 역사 초기부터 지금까지 교회 내의 여러 조직 중에서 가장 기초적인 것이었으며, 교인들의 신앙 성장과 교회 성장에 가장 중요하고도 지대한 영향을 끼친 모임으로서, 모든 감리교인들은 의무적으로 참석해야 한다. 교리와 장정에 의하면, 속회는 담임자가 관리하고 속장이 인도하도록 되어 있다.

속회 활동의 내용을 살펴보면, ① 속도의 신령한 생활을 향상시키기 위해 매주 한 번씩 모여 성경연구와 기도를 한다. ② 속도는 속회 부흥을 위해 심방과 전도에 힘쓴다. ③ 속도는 교회 사업을 위해 필요에 따라 헌금한다. ④ 속도의 친교와 생활 개선을 장려한다. → '구역'을 보라.

■**속도**(屬徒) - 속회에 소속된 회원. 일반 교인들을 가리킨다. 일명 '속도원'(屬徒員), '속원.'

■**속장**(屬長) - 속회를 인도하는 평신도 신앙 지도자. 속회 관리는 담임자(목회자)가 하게 되어 있으나 현실적으로는 많은 부분을 속장이 담당하고 있다. 따라서 속회 부흥은 속장의 자질에 달려 있다 해도 과언이 아니다. 속장은 속회가 제자화(discipleship) 교육의 도장이 될 수 있도록 운영에 노력을 기울여야 한다.

속장이 갖추어야 할 자질은 ① 확신과 체험적 신앙을 가져야 한다. ② 지적 능력을 갖고 조리있게 가르쳐야 한다. ③ 모든 속도를 사랑으로 가르쳐야 한다. ④ 언제나 성령께 의존하고 인도받아야 한다. ⑤ 모든 면에서 모범이 되어야 한다. ⑥ 기도를 많이 해야 한다. ⑦ 성실과 열심 그리고 약속을 잘 이행해야 한다.

■**속회 회원증**(屬會 會員證, **class ticket**) – 현재는 감리교인으로 책임과 의무를 다하라는 표시로 1년에 한 번 발급되나, 처음엔 감리교인이 되는 것을 의미하는 것으로 매 분기마다 발급되었다.

송구영신예배(送舊迎新禮拜, **New Year's Eve Service, the Old Year out and the New Year in Service**) 매년 마지막 날(12월 31일) 자정 무렵 즉, 묵은해를 보내고 새해를 맞이하는 시간에 드리는 예배. 이때에 지난 시간을 돌이켜 회개하고 하나님의 은혜를 감사하며, 또 새로운 한 해를 전적으로 하나님께 맡기며 도우심을 구하거나 신앙적 다짐을 하게 된다.

참고로, '송구영신'이란, 중국 고사성어에 나오는 표현으로 관가(官家)에서 구관을 보내고 신관을 맞이하는 '신구관 이취임'의 뜻을 담고 있는 '송고영신'(送古迎新)에서 유래했다. →[7. 올바른 용어] '송구영신예배'를 보라.

송년주일(送年主日, **day of the old year out**) 한 해의 마지막 주일(主日) 즉 12월 마지막 주일을 가리킨다. 이때에 지나간 한 해를 돌이켜보며 허물과 죄를 참회하고, 동시에 받은 바 하나님의 은혜와 사랑에 감사드리는 예배를 드린다.

송영(頌榮, 誦榮, **doxology**) 하나님의 영화로우심을 기리는 일. 하나님을 찬양하거나 하나님의 영광을 노래하는 것. 또는 그때 사용되는 간결한 성구(聖句)를 가리킨다. 유대교 예배에서는 이러한 송영을 찬송의 마지막에(대상16:36; 시41:13), 긴 기도의 마지막에, 하나님의 이름을 언급할 때마다 노래했다.

송영의 내용으로, ① 하나님의 존귀(딤전6:16), ② 하나님의 위엄(유1:24-25), ③ 하나님의 영광(롬16:27; 히13:20-21), ④ 하나님의 구원하시는 능력(계19:1) 등이 있다. 성경에 소개된 송영으로는, ① 예수님의 탄생(눅2:14) ② 예수님의 예루살렘 입성(눅19:37-38) ③ 주기도문 말미(마6:13) ④ 바울의 감사 기도 앞부분(고후1:3-4; 엡1:3; 벧전1:3) ⑤ 서신서의 마지막 권면(딤전6:15; 벧전5:11; 벧후3:18) ⑥ 시편(시41:13; 72:18-19; 106:48; 150:1-6) 등에 등장한다.

수난곡(受難曲, **passion**) 예수 그리스도의 수난을 제재로 한 종교가곡. 즉, 그리스도의 공생애 마지막 주간에 고난 당하신 일들을 사복음서에 기록된 내용을 좇아 작곡한 곡을 말한다.

수난일(受難日, **Good Friday**) 예수 그리스도가 십자가에 못 박혀 돌아가신 날(안식일 준비일) 곧 수난주간의 금요일을 가리킨다(요19:28-37).

수난절(受難節, **Passiontide**) → '수난주일'을 보라.

수난주간(受難週間, **Passion Week, Holy Week**) 예수께서 유대인들의 손에 잡혀 로마 총독에게 모진 고난을 받으신 후 골고다 언덕 십자가 위에서 돌아가신 그 주간. 부활절 전 한 주간을 가리키며, '고난주간', '성주간'(聖週間), '대주간'(大週間, Great Week)이라고도 한다.

수난주간의 일정을 살펴보면, ① 첫째 날(日) : 승리의 예루살렘 입성(마21:1-11). ② 둘째 날(月) : 무화과나무를 저주하심(마21:18-21), 두 번째 성전 정화(눅19:45-48). ③ 셋째 날(火) : 예루살렘을 보시고 슬퍼하심(눅13:34-35), 가룟 유다의 배신(마26:14-16). ④ 넷째 날(水) : 침묵-베다니에서 머무심. ⑤ 다섯째 날(木) : 제자들과 마지막 만찬을 나누심(마26:17-35), 겟세마네 동산에서 간절히 기도하심(마26:36-46), 체포당하심(마26:47-56). ⑥ 여섯째 날(金) : 공회와 총독 앞에서 재판받으심(마27:11-26), 십자가를 지심(마27:27-44), 죽으시고 장사되심(마27:45-61). ⑦ 일곱째 날(土) : 육신은 무덤에 영혼은 낙원에 계심(마27:62-66). → '고난주간'을 보라.

수난주일(受難主日, **Passion Sunday**) 사순절의 다섯째 주일로, 일명 '고난주일.' → 고난주일을 보라.

수련회(修練會, **a conference to training**) 교회에서 교회에 소속된 사람들을 성경의 가르침에 입각해 훈련함으로써 신앙 성숙을 꾀하며, 심신을 닦고 단련하기 위한 모임. '수양회'와 비슷한 성격을 띤다. 주로, 교회를 떠나(대부분 2박 3일 또는 3박 4일간) 자연 속에서 이뤄지는 수련회는, 새벽·아침·밤에 부흥회 스타일의 말씀과 집회가 이루어지며, 그 외의 시간에는 수련회의 성격에 따라 훈련(교육) 시간이나 휴식 시간을 가진다.

이때에 기독교인으로서 자기를 발견하고, 이 세상에서 승리하는 삶이 어떤 것인지를 배우고 훈련하는 기회로 삼는다. 이를 위해, 성경의 요구와 가르침에 자신을 철저히 복종시키는 신앙 훈련, 자신의 정체성 확인, 이웃과의 바른 관계를 이루고 나누는 훈련, 공동체 의식 훈련 등의 프로그램을 진행할 수도 있다. → '수양회'를 보라.

수세자(受洗者, accepter) 자신의 죄를 고백하고 예수 그리스도를 구주로 영접함으로써 세례를 받는 사람을 가리킨다. → '세례'를 보라.

수시(收屍, control of a corpse) 시신의 얼굴이나 팔다리 등을 바로잡는 일. 즉, 병원이나 집에서 임종 후에 의사의 사망진단을 받고 장의사나 유족이 맨 처음에 해야 하는 일로서, 다음과 같다.
① 입관에 지장이 없도록 죽은 이의 눈을 아래로 가볍게 쓰다듬어 감게 해주고 즉시 탈지면 등으로 코와 귀를 막고 입을 다물게 한다. ② 시신을 정중히 그리고 위생적으로 닦아 정결하게 하고 깨끗한 옷을 입혀서 턱을 받힌 다음 베개를 약간 높이 하고 손과 발을 정 위치에 고정시키며 몸을 똑바로 잠자듯 눕혀준다.

수양회(修養會, a conference to promote moral and spiritual living) 몸과 마음을 갈고 닦아 품성이나 의식, 도덕, 영성 등을 지금보다 한 차원 높은 경지로 끌어올리려고 모이는 집회. 계절적으로 여름 또는 겨울에 주로 실시된다.

교회에서 개최하는 수양회는 주로 신앙 집회로서, 말씀과 기도, 찬양, 교제 및 기타 행사들을 통해 지금껏 자신의 삶을 돌아보게 하고, 교회 공동체 안에서의 지체 의식을 더욱 돈독히 하며, 동시에 하나님의 은혜를 깊이 체험하며 그분을 더 깊이 알아가는 시간으로 진행한다. → '수련회'를 보라.

수요기도회(水曜祈禱會, Wednesday prayer service) 주로 수요일 저녁 시간에 모여 예배하며 자신과 교회를 위해 기도하는 모임. 일명 '수요 저녁기도모임'이라고도 한다. 수요기도회는 교회 역사에서 길이 전승된 유익한 기도회로서, 한 주간을 세상과 더불어 살아가는 중에 저지르기 쉬운 과오와 죄악을 회개하고 하나님으로부터 새로운 힘을 얻을 수 있는 기도 모임이다. 신자들의 신앙 훈련을 위한 좋은 기회이다. 일명 '수요예배', '삼일예배', '삼일기도회'라고도 한다. → '삼일예배'를 보라.

수요예배(水曜禮拜, Wednesday service) 교인들이 한 주간의 중간에 위치한 수요일마다 정한 시간에 교회에 모여 하나님께 예배드리고 성경을 연구하며 은혜받는 집회. → '수요기도회', '삼일예배'를 보라.

수요일 저녁예배(水曜日 - 禮拜, Wednesday evening service) 주일을 지낸 후 삼일째 되는 날 저녁 시간에 드리는 예배. 일명 '삼일저녁(밤)예배'라고도 한다. → '수요기도회', '수요예배', '삼일예배'를 보라.

수장절(收藏節, feast of ingathering) 곡식을 거둔 후(추수 후)에 지키는 절기(출23:16; 34:22). 가을걷이를 감사하는 절기. 유월절, 칠칠절과 함께 이스라엘 3대 절기 가운데 하나. 유대 종교력 7월 15일부터 1주일 동안 지켰다. 장막을 짓는다 하여 '장막절', 풀로 징막을 만든다 히여 '초막절'로도 불렸다.

수장절 절기를 지키는 방법을 살펴보면, ① 광야에 초막을 짓고 7일 동안 거기서 기거한다. ② 초막에서 생활하는 동안 매일 화제를 드리고 8일째는 절기를 마감하는 대성회를 갖는다. ③ 1년 동안 수고하여 거둔 곡식과 과일을 하나님께 드리고 이웃과 나눈다.

수전절(修殿節, feast of dedication) 더럽혀진 성전을 정화하고 봉헌한 날을 기념하는 절기. 수리아의 왕 안티오쿠스 에피파네스(Antiochus Epiphanes)가 성전 번제단 자리에 제우스 동상을 세워 성전을 더럽히자 B.C.164년경 유다 마카비(Judas Maccabeus)는 군사를 일으켜 수리아 군대를 물리치고 성전을 정결케 하였다(외경 마카베오상4:52~59; 마카베오하10:5). 수전절은 바로 이 날을 기념하는 날이다. '봉헌절' 혹은 '하누카'라고도 한다. 유대 종교력 9월(기슬르 월, 양력 11-12월) 25일부터 8일간 지켰다(요10:22).

수찬자(受餐者, communicant) 거룩한 성찬 예식에 참여하는 자 또는 참여할 수 있는 자. 일명 '성찬 배수자.' → '성찬 배수자'를 보라.

순회 헌신예배(巡廻 獻身禮拜, a tour devotion service) 특정 단체나 기관이 특별한 목적을 가지고 일정한 구역 내의 교회나 모임을 돌아다니며 드리는 헌신예배. → '헌신예배'를 보라.

스승의 주일(- 主日, Teacher's Sunday) 인생의 선배로서, 영육간에 가르치고 베푸는 자로서 인생행로에 든든한 안내자가 되어주는 스승의 은혜를 감사하여 지키는 주일. 한국에서 이 전통은, 강경여자중학교를 비롯한 강경 지역 청소년 적십자 단원들이 1년 중에 하루를 은사의 날로 정하고 그 은혜에 보답하는 행사를 한 데서 비롯되었다.

1982년에 정부에서 5월 15일을 스승의 날로 정한 이후, 교회에서도 이를 받아들여 매년 5월 셋째 주일을 스승의 주일로 지킨다.

승계송(昇階誦, gradual) 일명 '층계송'이라고도 하는데, '계단'이라는 단어에서 유래한 말이다. 즉, 성경을 낭독하는 층계에서 불렸기 때문에 유래한 단어로, 로마 가톨릭의 미사 중에 말씀의 전례를 진행하는 가운데 '알렐루야', '아멘' 등의 짧은 구로 부르는 전례 성가를 말한다.

신년 교례회(新年 交禮會, New Year's Greetings) 새해를 맞아 각 모임이나 단체, 연합회 등에서 그 구성원들이 서로 교제하며 인사를 나누는 신년 인사 모임. 일명 '신년 하례회'라고도 한다. → '신년 하례회'를 보라.

신년일(新年日, New Year's Day) 새해를 기뻐하고 기념하는 날. 지난 한 해를 은혜 중에 지나게 하시고 새로운 한 해를 시작하게 하신 하나님께 영광 돌리고, 또 새로운 한 해 동안 하나님께서 모든 일들을 간섭하시고 이끌어주시기를 소원하며 보낸다. 교회에서는 한 해의 첫날 각 교인들 가정에서 가족들이 함께 모여 예배할 수 있도록 예배 프로그램 순서를 마련하여 그 직전 주일에 배포하기도 한다.

한편, 이 날은 성탄절(12월 25일)로부터 8일째 되는 날이므로 율법대로라면 예수께서 할례받으시고 '예수'라는 이름을 공식적으로 붙이게 된 날에 해당한다. 물론, 이 날은 개혁교회 교회력으로 특별히 지정된 날은 아니다.

그런데, 초기 로마 가톨릭에서는 '옥타브'(8일째란 뜻)로 지켜진 듯하다. 즉, 6세기경 고올(Gaul) 지방의 교회에서 그 지방 이교도들이 신년제를 엄숙히 지키는 것에 맞서 예수께서 할례받으신 것을 기념하는 날로 지키게 된 것이 시초로 여겨진다. 이 날이 로마 가톨릭교회력에 편입된 것은 9세기경이다. 아무튼, 이 날은 '예수'라는 이름이 공식적으로 불려진 날이라는 점에서, 신년을 시작하는 성도의 바람과 결심을 예수의 이름과 결부시켜 보는 것도 뜻 깊은 일이라 하겠다.

신년절(新年節, New Year's Day) 일명 '나팔절'(喇叭節, a sacred assembly commemorated with trumpet blasts). 히브리어로 '욤 테루아', 곧 '나팔을 부는 날.' 이 날은 '나팔을 불어 기념할 날'(레23:24), '나팔을 불 날'(민29:1)로도 일컬어지는데, 유대력(성력) 7월(디스리 월, 태양력 9-10월) 1일의 절기이다. 이 달엔 대속죄일(10일), 초막절(15일부터 1주간) 등 다른 달에 비해 의미 있는 절기들이 많아 그 첫날을 중요하게 지킨 것으로 보인다.

유대력 7월은 민간력으로 1월에 해당되어 후대에는 나팔절이 새해 첫날 곧 '신년절'로 큰 의미를 갖게 되었다. 나팔절에는 숫양의 뿔로 된 나팔을 불어 절기의 시작과 한 해의 출발을 알렸다. 이날 하루 동안은 노동을 금하고 안식하며 성회를 갖고 하나님께 희생제사를 드렸다(민29:1-6; 레23:24-25).

신년주일(新年主日, New Year's Day) 새해를 시작하면서 맞는 첫 주일을 가리킨다. 교회력에 따른 공식적인 절기는 아니지만, 대부분의 교단이나 교회들에서 새해 첫 주일을 구별하여 예배하며 '신년주일'로 지킨다. 신년주일 예배시 예배당에 신년도 교회 표어를 내걸기도 하고, 담임교역자는 교인들에게 한 해의 목회 방향을 성경적·

신학적 근거를 제시하면서 설명하기도 한다. 또한, 신년주일 오후나 저녁 예배시간에는 신년도 새 임원 및 부서 책임자에게 임명장을 수여하고 권면하거나, 임원들의 헌신예배를 드리거나, 신임 임원 축하회를 갖기도 한다.

신년 하례예배(新年 賀禮禮拜, **New Year's Greetings and Service**) 새해를 맞아 하나님께 예배를 통해 영광을 돌리고 서로 축하하며 인사를 나누는 시간을 말한다. → '신년 하례회'를 보라.

신년 하례회(新年 賀禮會, **New Year's Greetings**) '신년 하례'는 원래 새해를 맞이하여 상대방을 직접 찾아가서 얼굴을 맞대고 인사를 나누며 축하의 예를 갖추는 것을 말한다. 그런데 요즈음은 일일이 시간을 쪼개가며 인사하는 것이 현실적으로 어렵기 때문에, 각 단체나 연합회 등에 소속된 구성원들이 한곳에 모일 장소와 시간을 정하여 서로 새해 인사를 나누고 축하하는 모임을 가지는데 이를 가리켜 '신년 하례회'라고 한다.
이때, 구성원들은 신년 덕담과 서로 근황을 물으며 친목을 다지게 된다. 그와 더불어 새해를 맞아 새 출발하는 의미에서 단체나 연합회가 추진하려는 사업과 그 방향을 설명하고 협조를 구하거나 결의를 다지는 자리로도 활용된다.

신령한 노래(神靈 -, **Spiritual Song**) 하나님의 은혜로 새로 거듭난 인격이 하나님을 높이고 그 영광을 찬양하는 노래(엡5:19; 골3:16). 즉, 변화된 영과 성령의 은총을 덧입은 마음으로 부르는 찬송을 가리킨다(고전14:15). 또한, 구원받은 성도가 전도와 간증을 위해 부르는 영적인 노래를 지칭하기도 한다.

신시기도(申時祈禱, **four o'clock prayer**) 한국의 초대교회 당시의 기도 전통에서 유래한 것으로, 매일 오후 4시 석양 무렵(신시)에 드리는 기도. 당시 신앙인들은 신시의 기도 외에 새벽기도, 정오기도, 저녁기도, 철야기도, 산상기도 등을 통해 하나님과 교제하는 시간을 귀하게 여겼다.

신앙강좌(信仰講座, **a course of faith**) 신앙과 관련된 주제를 가지고 강의 형식을 취하여 신앙 성숙에 도움이 되는 지식과 사상 등을 전하는 강습회나 방송강의 등을 가리킨다.

신자세례(信者洗禮, **believer's baptism**) 세례를 받는 사람 자신의 명확한 의식과 신앙적 결단에 따라서 베푸는 세례. 침례교에서는 이 신자세례를 근본으로 내세우기 때문에 부모의 신앙고백에 의해 진행되는 유아세례를 인정치 않는다. → '세례', '유아세례'를 보라.

신정찬송가(新定讚頌歌, **Hymnal**) 1931년 장·감 연합공의회가 간행한 314곡이 수록된 찬송가. → '예배찬송가'를 보라.

신편찬송가(新編讚頌歌, **Hymnal**) 1931년에 출간된 〈신정찬송가〉를 채택하는 대신, 장로교 단독으로 1935년 3월에 새롭게 출간한 400곡의 새로운 찬송가를 말한다. → '예배찬송가'를 보라.

심령대부흥회(心靈大復興會, **a spiritual revival assembly**) 하나님을 믿는 심령 곧 성도의 믿음과 신앙이 성장하고 그로 인해 교회가 생명력을 회복할 수 있는 계기가 되도록 마련된 부흥회를 가리킨다. → '부흥집회'를 보라.

심야기도회(深夜祈禱會, **Midnight prayer service**) 깊은 밤시간에 갖는 기도회. 특히 교회 공동체적으로 해결해야 할 절박한 문제가 있을 때에 집중적으로 기도하기 위해 모이는 집회이다. 금요일 저녁과 밤에 많이 이뤄지며, 때로는 기간(날짜)을 정해놓고 여러 날 동안 심야에 모여 기도하기도 한다. 한편, 잠을 자지 않고 밤을 새우면서 기도하는 '철야기도회'와는 달리 적절한 시간(혹은 약속된 시간)에 기도회를 마친다. → '철야기도회'를 보라.

십일조(十一條, **tithe**) 소득(수입) 중에서 하나님께 구별하여 드리는 십분의 일의 헌금(헌물). 아브라함이 멜기세덱에게 바친 십일조가 그 기원이다(창14:20). 하나님께 바쳐진 십일조는 여러 용도로 사용되었는데, 구약에서는 ① 구제(신14:28-29; 26:12-13), ② 성전 보수(신14:23-27), ③ 제사장의 몫(민18:21-24) 등으로 사용되었다.

십일조의 의미를 살펴보면, ① 십일조는 모든 것이 하나님으로부터 왔음을 인정하고, ② 만물이 하나님의 소유요, 그래서 모든 인생은 오로지 하나님의 은혜로만 살아갈 수밖에 없음을 고백하는 신앙고백의 한 부분이다(고후9:6-7). 그러나 바리새인들은 박하와 회향과 근채의 십일조까지 했지만 율법의 근본 정신(하나님 사랑, 이웃 사랑)을 외면함으로써 예수께 꾸지람을 들었다(마23:23). 십일조는 드리는 헌금 이상으로 하나님께 온 인격과 삶을 드릴 수 있어야 한다.

한편, 모든 입교인(세례교인)은 성경에서 가르친 대로 소득의 십일조를 성실히 이행하여야 하며, 또한 마땅히 소속한 본 교회에 드리는 것이 바른 자세라 본다.

아가페(Agape) 초대 교부들이 즐겨 사용했던 표현으로, 그리스도께서 베푸신 사랑과 희생을 기념하는 떡(빵)과 포도주를 나누는 성찬 의식과 가난한 사람들이 초대되는 친교의 식사를 모두 포함하는 말이자 사랑의 식사(Agape meal)라는 뜻으로 '애찬(愛餐)' 또는 '아가페'라 칭하였다. → '애찬', [1. 교회 일상 용어] '아가페'를 보라.

아론의 축도(- 祝禱, Benediction of Aaron) 예배가 끝나는 시간에 신자들에게 행하는 축복(축복기도) 가운데 하나. 민수기에 소개된 축도를 원형으로 한다. "여호와는 네게 복을 주시고 너를 지키시기를 원하며, 여호와는 그의 얼굴을 네게 비추사 은혜 베푸시기를 원하며, 여호와는 그 얼굴을 네게로 향하여 드사 평강 주시기를 원하노라"(민6:24-26). 마틴 루터가 이 축도를 공식화시킨 이래 루터교회의 예배에서 뿐 아니라 개혁교회들에서 아론의 축도가 사용되고 있다. → '축도'를 보라.

아멘(Amen) אָמֵן(아멘) ἀμήν(아멘) '의지하다, 믿다, 의뢰하다, 그렇다'는 뜻의 히브리어 '아만'에서 파생된 단어로(계1:6), '참되고 진실하다', '온전하다'는 의미이며, '그대로 이루어 주시기를 바란다'는 의미도 담겨 있다. 이 단어는 구약성경은 물론 유대인의 회당에서 하나님을 경배하는 예전적 용어로 자주 사용되었으며, 기독교에서도 이 전통을 이어받아 기도나 송영 등에 사용되었고, 또 설교자의 권면에 대한 적극적 반응으로서, '믿습니다', '그렇게 되기를 소원합니다'는 뜻의 간절함을 나타내는 말로 쓰인다(마6:13; 고전14:16; 고후1:20).

구약성경에서 '아멘'은 주로 '그렇게 될지어다'는 뜻의 감탄사로, 타인의 메시지나 명령에 동의할 때(신27:15-26; 왕상1:36; 렘28:6), 맹세(서약)할 때(왕상1:36; 느5:13) 사용되었다. 또한, 시편 낭독 후 그 말씀에 동의한다는 뜻으로, 찬양의 대미를 장식하는 말로, 신앙고백의 끝맺는 말로 각각 쓰였다(시41:13; 72:19; 89:52; 106:48).

유대 회당에서는, 예배 때 기도자가 소망을 말하거나 찬양대가 '하나님은 복되다'고 노래하면 회중이 '아멘'으로 화답했다(대상16:36; 느8:6).

신약성경에서도 대개 구약의 경우를 따랐다. 기도와 송영 끝에 '그렇게 될 줄 믿습니다'는 뜻으로(마6:13; 롬1:25; 9:5; 고전14:16), 편지 마무리의 축복 등에 사용되었다(갈6:18; 유1:25). 특히, 요한계시록 3:14에서는 '아멘이시요 충성되고 참된 증인'이란 말로 '아멘'을 '그리스도'의 한 호칭으로 사용했고, 예수께서도 '아멘'이란 말을 자주 사용하셨다. 예수님의 말씀 중에 '진실로 너희에게 이르노니'에서 '진실로'의 원문은 '아멘'에 해당한다(마5:18,26; 6:2; 요1:51). 이때에 '아멘'은 예수께서 율법을 해석하시고, 경고 또는 약속하실 때에(눅23:43) 그것이 하나님의 참된 뜻임을 선포하는 의미심장함을 담고 있다. → [1. 교회 일상 용어] '아멘'을 보라.

■**아멘송** - '아멘'이라는 가사로만 이뤄진 찬송을 말한다. 주로, 기도송이나 축도송 등에 불려진다. 찬송가 640-645장에 소개되고 있다.

악수례(握手禮, shaking hands) 친애, 축하, 환영의 뜻을 나타내기 위해 서로 손을 내밀어 마주잡는 예의를 가리킨다. 목사나 장로, 집사의 임직식 및 목사의 위임식 중에 한 순서로서, 성역(聖役)에 동참하게 된 것을 축하하기 위해 악수례를 나눈다. → [3. 행정 및 교육 용어] '악수례'를 보라.

안수(按手, the imposition of hands, laying one's hands on) 원뜻은 '손을 올려 놓다'이다. 즉, 손을 얹고 축복하거나, 허물이나 죄의 전가(轉嫁) 또는 은사나 권위가 주어지도록 기도하는 행위를 말한다. 특별한 일을 위탁할 때도 안수가 시행된다. 구약성경에서 안수는 ① 인간의 죄를 희생제물에게 전가할 때(창22:9-13; 출29:10; 레4:15) ② 상속권을 부여하거나(창48:14-20) ③ 임직할 때(민27:10,23) ④ 불경건한 자를 징벌하기에 앞서(레24:14) 시행되었다. 이에 비해 신약성경에서는 ① 복을 빌거나(마19:13,15) ② 병고침(건강회복)을 바라거나(마9:18; 행9:12,17) ③ 거룩한 직분을 수여하거나(행6:6; 딤전4:14) ④ 성령의 임재를 사모할 때(행8:17,19) ⑤ 성령의 은사를 전달하는 일과 관련하여(딤전4:14; 딤후1:6) 행해졌다.

■**안수례**(按手禮) - 일정한 훈련과 교육을 거쳐 자격을 갖춤으로써 목사로 적임하다고 판단된 사람들에게 기존 목사가 새로 임직하는 목사에게 안수하고 임명하는 예식을 가리킨다.

안식일(安息日, the Sabbath day) 한 주간의 마지막 날(제7일)인 토요일, 곧 히브리인의 시간 개념으로 금요일 해질 때부터 토요일 해질 때까지 시간(레23:3; 마12:9-10). '안식일'을 가리키는 히브리어 '솨바트'는 '일을 중지하다', '행동을 멈추다', '휴식하다'는 뜻을 지닌다. 즉 안식일은 '하던 일을 중지하고 쉬는 날'을 말한다. 태초에 하나님께서 6일간 천지를 창조하시고 제7일에 사역을 멈추고 쉬심으로써 창조 사역을 완성하셨고, 또 그 날을 거룩히 구별하고 복 주셨다(창2:1-3). 안식일은 이런 하나님의 뜻을 좇아 피조물인 인간도 모든 일을 멈추고 그 날을 구별해 거룩히 지키며 안식해야 했다.

율법이 주어지기 전 창조 때부터 지시된 안식일 준수 명령은 출애굽을 통해 구체적으로 명시되었고(출16:22-30; 20:8-11), 특히 하나님께서 애굽에서 종살이 하던 이스라엘을 구원해 내셨으므로 안식일을 지켜야 한다는 의무 조항까지 부여하셨다(신5:15). 따라서 안식일 준수는 ① 하나님의 창조 역사를 기념하는 행위이자, ② 피조물인 우리의 온 인격이 하나님의 안식에 참여하는 복된 일이며(출23:10-12; 막2:27), ③ 하나님의 은혜로 구원 받은 언약 백성의 정체성을 확인하는(출31:13,16-17) 동시에 ④ 하나님의 거룩한 명령에 순종하는 신앙 행위라 할 수 있다(레26:2).

■**안식일 준수 방법** - ① 엿새 동안 힘써 일해야 한다(출20:9; 신5:13). ② 하나님의 창조와 구원을 기념하면서 하나님께 예배하며 그날을 즐거워해야 한다(민28:9-10; 겔46:1-3). ③ 모든 노동과 상행위 등을 중단하고 쉬어야 한다(출35:3; 신5:14; 느13:15-20). ④ 육체 중심의 오락과 세상 사랑하는 일을 일절 금해야 한다(시58:13-14; 사58:13-14). 구약성경에는 안식일을 지키지 않는 자에게 가차 없는 죽음이 지시되었고(출31:14-15; 민15:32-36), 그 땅이 황폐하게 될 것임을 경고하고 있다(레26:35,43-44; 느13:18-23).

■**예수께서 가르치신 안식일** - ① 안식일의 주인은 예수님 자신이시다(마12:3-8; 눅6:5). ② 안식일 준수는 철저히 하나님 중심이어야 한다(요5:9-18; 롬14:5-6). ③ 사람이 안식일을 위해 존재하는 것이 아니라 안식일이 사람을 위해 존재하는 날이어야 한다(막2:27). ④ 생명을 살리며 매인 자를 구해 주는 날이어야 한다(마12:12; 막3:4; 눅13:16). 한편, 예수께서는 안식일(율법)을 무너뜨리러 오신 것이 아니라 그것을 완성하러 오셨다. 예수께서는 친히 안식일에 회당 예배에 참석하셨고(눅4:16), 적극적으로 그 날에 일하셨다(요5:17).

■**안식일에서 주일로** - ① 주일(主日)은 예수께서 십자가에서 돌아가신 후 사흘만에 부활하신 날로서 우리의 죄를 구속하시고 우리로 영생과 영원한 안식에 들어갈 것을 보장하신 날이다(눅24:13-49; 요20:1-25). ② 그리스도의 부활을 기념하며, 예배하는 날이다. ③ 구약 시대 안식일의 진정한 의미를 완성한 날로서 안식일을 대체하는 거룩한 날 곧 주일(Lord's Day)이다. ④ 예수께서 승천하신 후 교회는 매주일의 제7일과 제1일에 모였으나, 초대교회 당시 유대교의 영향이 줄어들면서 안식일 대신 주일을 성일로 지키며 집회(예배)와 헌금을 하는 경향이 두드러졌다(행20:7; 고전16:2; 계1:10). ⑤ 안식일은 법 아래 있는 데 비해 주일은 은혜 아래 있다(롬16:15). → 주일을 보라.

■**안식 후 첫날**(the first day of the week) - 안식일(토요일)이 지난 첫 번째 날 곧 새로운 한 주가 시작되는 날. 이 날은 예수께서 부활하신 날이다(마28:1; 막16:2; 눅24:1; 요20:1,19). 초대교회 성도(그 구성원이 주로 유대인)는 초기에 안식일을 성일(聖日)로 지켰으나, 예수께서 부활하신 이후부터 '안식 후 첫날' 곧 주님께서 부활하신 날을 복된 날로 여기며 모여서 예배드리고(행2:1), 성례전을 지키기도 하였다(행20:7). 훗날 그 날을 '주의

날'로 부르며(계1:10) 점차 안식일을 대신하는 성일로 지켰다.

안템(anthem) 성경 말씀들(Scriptures)을 가사로 작곡한 엄격하고도 장엄한 교회합창 음악을 가리킨다. '안템'은 영국 국교회(성공회)와 관계된다. 영국의 국교(國敎)인 성공회는 예배를 더욱 순수하게 한다는 취지로 음악에 있어서 일대 개혁을 단행했다. 즉, 영국 성공회는 1548년부터 라틴어 사용을 금지했고, 다성음악의 짧은 합창곡을 영어로 노래했다. 참고로, 영국 국교회를 본국에서는 'Anglican Church'라고 하며, 다른 나라에서는 '성공회'(Episcopal Church)라고 부른다.

애찬(愛餐, the Agape, love feasts) 초대교회 신자들이 주의 만찬(예배, 성찬식) 후에 깊은 사랑의 교제를 나누기 위해 가졌던 공동 식사를 가리킨다. 그리스도 안에서 형제애를 돈독히 나눈다는 점에서 '사랑의 잔치'라 불리기도 한다(유1:12).

이 식사는 원래 그리스도의 사랑에 기초한 거룩한 교제를 위해 특히 기독교 공동체의 가난한 사람들이나 과부들에게 자비를 베풀기 위해 교회 구성원들에 의해 제공되었다. 이는, 그리스도와 제자들의 공동 식사 혹은 군중을 먹이신 그리스도의 자애로운 사역에서 그 원형을 발견할 수 있다(막6:34-44; 8:1-9).

초대교회 당시 애찬과 성만찬 사이에 명백한 구분이 없었던 것으로 보이는데(행2:42,46; 6:1-2), 바로 이러한 이유와 함께 애찬에 사용된 음식을 개인이 각자 집에서 준비한 관계로 빈부의 차에 따른 부작용이 많아지자(고전11:18-22,33-34) A.D. 220년 카르타고 공의회에서 애찬을 성만찬(성례전적 의식)과 명확히 분리시켰다.

야외 예배(野外 禮拜, a field service) 공식적인 예배 처소인 교회당이나 그에 딸린 부속 교육기관 등에서 드리는 예배 이외에 옥외의 예배나 혹은 바깥 대자연 속에서 드리는 일종의 전원 예배.

야외 집회(野外 集會, Camp Meeting) ① 미국의 대부흥기라 할 수 있는 1800년대를 전후한 때에 넓은 야외에서 대규모 군중을 모아놓고 행해졌던 집회. 1807년 7월의 모우 컵(Mow Cop)에서의 집회가 가장 잘 알려진 집회이다. ② 한편, '야외 집회'란 위의 뜻 외에 17세기 옥외 설교와 어느 정도 맥을 같이 하는 옥외 부흥사들의 모임을 가리키는 표현으로도 볼 수 있다. 이는, 1807년에 시작된 초기 감리교 운동을 특징 짓는 것이라고 할 수 있다.

약혼예식(約婚禮式, an engagement ceremony) 약혼예식은 두 사람이 반드시 결혼식을 거행하겠다는 언약으로 하는 예식이다. 이때에 부모들과 당사자들이 합의한 마음으로 해야 할 것이다. 약혼 기간은 가급적 짧을수록 좋고, 약혼은 결혼이 아님을 명심하고 성경적인 남녀의 도리를 지켜야 한다.

양차 집회
(twice meeting)

'양차 집회(兩次 集會)란, 한국의 초기 기독교 시절에 있었던 예배 모습으로, ㄱ 자형 예배당이나 교회 내 휘장을 치고 남녀가 따로 앉아 예배드리던 것과 맥을 같이 하는 것으로서, 예배당이 협소하여 같은 시간대에 남녀가 함께 모이기 어려운 경우 남녀가 시간을 달리해서 양차(兩次, 두 번) 예배를 드리기도 하였다.

어른세례(-洗禮, an adult baptism) 어른이 되는 동안 세례받은 경험이 없는 사람이, 예수를 구주로 믿는 신앙을 스스로 고백하고 교인이 되려고 할 때에 받는 세례. 일종의 '신자세례'라고 할 수 있다. 어른세례를 받기 전에, 그 예배자는 기독교 신앙의 본질과 교인으로서의 권한과 책임에 대한 교육을 받아야 한다. 합당한 절차와 당회의 추천을 거쳐서 공중예배 중 말씀의 순서에 이어서 세례를 베푼다. → '세례', '신자세례'를 보라.

어린이세례(-洗禮, an infant baptism) 어린이세례에는 그 아이가 하나님을 알고 고백하기 오래 전부터 하나님께서 그 아이를 선택하셨다는 특별한 뜻이 담겨 있다(사49:1,5). 이 세례는 약속의 예식이다. 어린이의 부모는 앞으로 이 아이가 하나님을 믿고 섬기도록 양육하겠다는 약속을 한다. 회중도 이 아이가 장차 스스로 그리스도를 구주로 고백할 때까지 그리스도의 관심과 사랑으로 이 아이를 감싸줌으로써 함께 신앙적 양육의 책임을 지겠다는 약속을 하게 된다. 목사는 어린이세례를 베풀기 전 그 부모들을 불러서 이 세례의 뜻을 알려주고, 그에 따르는 책임을 교육한다.

세례를 받은 어린이는 교회의 세례교인 명부에 기록하고, 당회(교회 전체)가 책임져야 할 교인으로 인정한다. 일반적으로 이 어린이들이 스스로의 신앙을 고백하는 입교(견신례) 이전에 성찬 참여를 허용하지 않는다. 그러나 특별한 경우 입교 전이라도 당회의 허락을 받아 성찬에 참여할 수도 있다. → '세례', '유아세례'를 보라.

어린이주일(-主日, Children's Sunday) 매년 5월 첫째 주일에 지키는 기념 주일. 어린이주일이 언제 어떻게 시작되었는지에 대해서는 자세한 기록이 없다. 교회 근대사에서, 1856년 미국의 매사추세츠 주 첼시의 제일 유니버설 교회 목사였던 찰스 레나드가 6월 둘째 주일을 어린이주일로 정하고 부모들의 헌신을 강조하였다. 그리고 1868년 미국 감리교의 한 위원회에서 매년 6월 둘째 주일을 어린이주일로 지킬 것을 건의함으로써 비로소 세상에 널리 알려지게 되었다. 또한 1883년 미국 장로교 총회는 6월 둘째 주일을 어린이주일로 지정하였다.

한국 교회는 6월 첫 주일을 꽃주일로 기념했고, 1925년부터는 5월 첫 주일을 꽃주일, 즉 어린이주일로 지켜서 오늘에 이르고 있다. 한편, 한국의 어린이날은 1919년 3.1운동을 계기로 어린이들에게 민족정신을 고취하기 위해 1922년에 시작되었다. 어린이 운동의 선구자인 소파(小坡) 방정환(方定煥, 1899-1932년)이 일본 도요대학(東洋大學) 문학과에 재학중일 때 일본 유학생 모임인 '색동회'를 조직했으며 귀국해서는 우리나라에 처음으로 소년운동을 주창했다. 특히 「어린이」라는 잡지를 발간하여 '어린이'란 말을 처음으로 쓰기 시작했으며, 1922년에는 5월 1일을 '어린이날'로 제정하여 어린이를 아끼고 위해 주자는 운동을 일으켰다. 이후, 1927년 5월 첫 주일로 변경하였고, 1946년 이를 다시 5월 5일로 결정했으며, 정부는 1970년 6월 15일 대통령령(5037호)으로 5월 5일을 어린이날로 공포하여 현재에 이르고 있다.

어린이날은 '어린이의 인격을 존중하고 행복을 꾀하며 부모에게 감사하는 것'을 취지로 하고 있다. 한국의 각 교파에서는 어린이주일에 교회마다 꽃으로 아름답게 장식했다. 그래서 초기에는 '꽃주일'(花主日)로 호칭했고, 그 날짜는 6월 첫 주일 혹은 5월 첫 주일 등으로 지켰다. 어린이날을 5월이나 6월로 정한 이유는 그때가 꽃이 가장 많이 피기 때문이다. 당시 교회에서는 꽃을 특별히 관리하는 이가 있었는데 이를 '화모'(花母)라 불렀다. 이 '꽃주일' 명칭은 '아이주일'로 변경되었고, 그 날짜도 6월 둘째 주일로 다시 변경되었다. 한때는 '꽃주일'을 3월에 지키기도 했다. 그 후 5월 첫째 주일로 고쳐 오늘에 이르고 있다. 어린이날은 각 나라마다 꽃이 만개하는 때를 기준으로 하고 있다. → '꽃주일'을 보라.

■**어린이주일 준수 방법** – 어린이주일은 휴머니즘을 기초로 한 것이 아니라 성경 신앙을 기초로 하여 이뤄져야 한다. 이를 위해, ① 어린이로 하여금 자기가 하나님의 자녀 됨을 알게 하여야 한다. ② 하나님의 자녀들이 살아야 하는 삶의 방법을 가르치며 지도해야 한다(눅2:49). ③ 부모는 자기 자녀를 하나님의 자녀로 여겨야 한다. 즉, 하나님의 자녀를 맡아 양육한다는 청지기 의식을 가져야 하며, 하나님께 영광을 돌리는 기본적 삶의 의식을 지녀야 한다. ④ 교사들은 어린이를 성경의 교훈대로 가르치려는 노력이 있어야 한다(신6:7; 딤후3:16).

어머니주일(-主日, Mother's Sunday) 매년 5월 둘째 주일에 지키는 기념 주일. 어머니를 기념하는 날은 원래 미국 버지니아 주 웹스터 감리교회 여성도 자비스(Anna Jarvis)가 26년간 주일학교 교사로 봉사하다 세상을 떠난 후, 그 교회 주일학교에서 자비스 부인 추모예배를 드리게 되었고, 그 부인의 딸 안나 양을 초청하였다. 안나 양은 그 예배에 참석하여 참석자들에게 흰 카네이션을 선물한 것이 계기가 되었다. 이 일이 널리 알려지자 1908년 5월 둘째 주일에 미국인 실업가 워너메이커가 직원 수천 명을 모아 놓고 어머니를 위한 감사 모임을 가졌으며, 이것이 신문에 보도되자 1914년 미국 상원의 결의와 윌슨 대통령의 선언으로 어머니주일이 공식 공포되었다.

우리나라에서는 1930년 6월 15일에 구세군에서

처음으로 어머니주일을 지켰고, 1932년 감리교 연합회회에서 5월 둘째 주일을 '부모(님)주일'로 지킬 것을 정식 결의하였다. 그 후 다른 교파 교회에서도 5월 둘째 주일을 '부모주일' 혹은 '어버이주일' 또는 본래의 이름 그대로 '어머니주일'로 지키며 부모의 은혜를 기리는 행사를 실시했다. 전통적으로 이날 부모가 살아 계신 사람은 붉은 카네이션을, 작고한 사람은 흰 카네이션을 달고 예배를 드린다.

■**어머니주일 준수 방법** – ① 어머니(부모)의 사랑을 통해 우리를 보호하시고 인도하시는 하나님의 사랑을 깨닫게 해야 한다. ② 보이는 부모를 섬김으로써 보이지 않는 하나님을 섬기는 법을 배우게 한다. ③ 성경에서 가르치는 바, 자녀의 도리와 본분을 다 하도록 가르쳐야 한다(엡6:1-3). ④ 부모도 신앙의 모범이 되도록 힘쓰며 주의 교훈과 훈계로 자녀를 가르쳐야 한다(엡6:4). ⑤ 부모의 노고에 감사하는 생활의 훈련을 하여야 한다.

어버이주일(-主日, Parent's Sunday) → '어머니주일'을 보라.

연도(連禱, litany, Kyrie) 일련의 탄원 기도나 기원으로 되어 있는 기도 형식으로, 사제 또는 찬양대 등이 짧은 내용으로 간구하여 말하거나 선창하면, 신자들이 응답하는 형태를 가리킨다. 이때 신자들은 '주님, 자비를 베풀어주소서'(Kyrie eleison), '주님, 저희를 긍휼히 여기소서', '우리가 주님께 간구하오니 우리의 말을 들으소서' 등으로 응답한다(로마 가톨릭의 미사에서 흔히 찾아 볼 수 있다). 이 같은 연도는 회중의 예배 참여를 격려하는 효과적인 방법의 기도라 할 수 있다. 고정된 기도문으로 진행되며, 그것은 오늘날 사용하는 교독문 정도로 이해하면 된다.

연보(捐補, collection, contribution, almsgiving) 교인이 신앙적인 열심과 사랑 그리고 경건한 목적으로 혹은 종교적 의무로서 금전이나 동산 또는 부동산을 교회에 헌납하는 행위. 일명 '헌금(獻金), 구제헌금.' 이 연보는 교회를 유지하거나 교역자들의 생활비 또는 선교와 가난한 이웃을 위한 구제에 사용된다.

한국 교회에서 연보는 1884년 황해도 송천교회(소래교회)가 세워지면서부터 시작되었다. 기록상으로는 1901년 9월 20일 경성 정동예배당에서 회집한 제1회 조선예수교장로회 공의회에서 '연보금을 어떻게 사용하여야 합당한지에 대하여 방(邦) 장로가 설명함에 모(牟) 목사가 찬조하고 우(禹) 의사(醫士)는 제중원에 가긍(可矜)한 환자를 위하여 연보할 뜻으로 설명하다'(「장로교회사전휘집」 1918년 刊, 216쪽)라고 한 데서 처음 소개된다. 그리고 1907년 9월 17일 평양 장대재예배당에서 회집한 제1회 대한노회에서 제주에 선교사를 보내어 전도를 시작할 때에 '선교사의 월은과 전도 용비는 각 교회에게 감사한 마음으로 연보하게 부탁할 일'(동 회의록 16쪽)이라는 기록을 남기고 있다. → '헌금'을 보라.

■**구제연보**(救濟捐補) – 어려움을 당한 이웃이나 가난한 사람들을 돕기 위해 준비하는 헌금.

■**금식연보**(禁食捐補) – 금식함으로써 얻게 된 양식(혹은 식비)을 드리는 헌금. 1920년대 모두가 가난하고 배고팠을 시절, 한끼 두끼 금식하고 양식 값을 저축하여 그것으로 전도하고 교회를 세우기도 했다. 자발적으로 금식하거나 노회에서 작정하기도 했는데, 대개는 점심 한끼를 금식했으나 아침 저녁 두끼를 금식하기도 했다.

■**날연보**(- 捐補) – 이는 교인들에게 전도사업을 위하여 헌신하는 날을 갖도록 한 것인데, 한국의 기독교 초창기 시절에는 교회 사정으로 전도를 위한 충분한 인력과 재정이 없었던 관계로, 각 교인들이 한 주일에 하루나 이틀의 시간을 내어 다른 동네에 가서 전도하게 한 것이다. 이렇게 결심한 전도 일을 교회 앞에 헌금하는 식으로 보고하였는데 이를 '날연보'라 했다.

■**달연보**(- 捐補) – '날연보'의 연장선상으로, 전도를 위하여 한 달(30일)의 시간을 온전히 바치는 일. 자신의 생업을 뒤로 한 채 평신도로서 한 달을 온전히 전도에 바치는 일은 대단한 결단이 요구되는 일이었다.

■**몸연보**(- 捐補) – 한국 기독교 초창기 교회들에서 종종 볼 수 있었던 것으로서, 평생 혹은 일정 기간 몸으로 주님의 교회와 성도를 섬기는 일에 헌신하기로 작정하고 몸을 드리는 행위. 일종의 '나실인'과 같은 온전한 자기 헌신을 가리킨다(민 6:1-21).

■**삼일연보**(三日捐補) – 주일 후 셋째 날인 수요

일 예배시에 드리는 헌금.
- ■**성미연보**(聖米捐補) → '성미'를 보라.
- ■**십일조연보**(十一條捐補) → '십일조'를 보라.
- ■**쌀연보**(- 捐補) → '성미'를 보라.
- ■**작정연보**(作定捐補) - 한국 초대교회 때는 1년 예산안이 확정되면 교인들은 자기가 얼마를 연보해야 할지를 작정하고, 매주마다(주정으로), 혹은 매월마다(월정으로) 꼬박꼬박 연보했다. 이를 '작정연보'라 불렀으며, '주정연보'(主定捐補) 또는 '월정연보'(月定捐補)로 구분했다.

교회에서는 주정일 경우 52칸(1년 52주), 월정일 경우 12칸(1년 12달)으로 된 헌금봉투를 만들어 주고, 매주 또는 매월 납입자에게는 도장을 찍어 주었다. 어떤 교회에서는 벽에다 큰 종이로 된 명단을 붙여놓고 주정 또는 월정연보 납입현황을 날인하여 표시하기도 했다.

- ■**주일연보**(主日捐補) - 매 주일 공예배 때마다 준비한 예물을 하나님께 드리는 헌금.
- ■**추수곡연보**(秋收穀捐補) 한국 기독교 초창기 시절 교인들의 삶의 형편은 참으로 어렵고 고단했다. 그래서 매번 주일에 헌금할 돈을 갖고 있지 못했다. 대부분 농업에 종사했던 당시 상황에서, 교인들은 추수 때에 거둬들인 곡식으로 못다한 헌금을 드리는 풍속이 생겨나게 되었다. 이것이 추수곡연보이다.
- ■**기타 연보**(其他 捐補) - 한국 초대교회 시절 위에서 언급한 연보 외에도 다양한 형태의 연보들이 존재했다. 예를 들면, 예배드릴 장소 건립을 위한 '예배당건축연보', 기르던 소를 드리는 '소연보', 자신의 땅을 드리는 '토지연보', 자신이 소유한 가옥을 드리는 '집연보', 자신이 쓰던 안경을 헌납한 '안경연보', 여성도 중에는 여자의 머리털에 숱을 많이 보이게 하려고 덧 넣어 딴 머리털인 '다리'를 헌납한 '월자연보'(月子捐補), 개개인이 받은 은혜를 좇아 드린 '개인연보', 아무도 모르게 하나님께 드린 '은밀연보' 등이 있었다.

연보함(捐補函, an offertory box) 교인들이 드린 연보를 수금하여 모아두는 상자. → '헌금함'을 보라.

- ■**연보조리** - 긴 막대 끝에 대나무나 굵은 철사를 원형으로 심을 넣어 만든 주머니. 교인들에게 연보를 수금할 때에 사용됐던 도구다.

연합예배(聯合禮拜, united service) 소속이 다른 교회나 기관 및 단체들이 함께 모여 드리는 예배. 부활절과 같은 특별한 절기나 특별한 목적과 주제를 가지고 예배를 드리는 경우도 있지만, 단순히 그리스도 안에서의 거룩한 친교와 연합을 위해 서로의 소속은 다르지만 모두가 하나님의 친백성이요 한 형제임을 확인하며 예배를 드리기도 한다.

- ■**연합수련회** - 수련회의 형태와 비슷하나 여러 교회의 성도나 선교단체에 소속된 사람들이 함께 모여 말씀과 기도와 찬양을 통해 자신과 자신이 속한 단체를 돌아보며 또한 성장과 일치를 추구하는 모임이다. CCC의 경우는 연말에 금식 수련회를 개최하기도 하며, 선교한국과 같이 특정 목표를 위하여 선교단체들이 연합한 수련회를 개최하기도 한다. → '수련회'를 보라.

열린 예배(- 禮拜, contemporary worship, open worship) 기독교 문화에 낯선 불신자들, 복음을 알기 원하는 사람들을 교회로 초청하기 위하여 '세상 문화'를 예배에 접목시킨 것으로, 짧은 드라마(skit)나 음악(랩, 재즈 등), 무용, 미디어 등 다양한 문화적 언어를 통해 불신자들이 자신들과는 동떨어진 기존 교회에 대한 부정적인 생각을 일소하고 쉽게 찾아와 쉽게 복음을 받아들이게 하는 일종의 퓨전 형식의 예배이다.

이 같은 열린 예배는 미국 교회에서 시작된 '구도자 예배'(seeker's service)에서 비롯되었다. 구도자란 영적인 갈급함을 가진 사람을 뜻하고, 바로 그들을 위한 예배가 구도자 예배다.

열린 예배는 불신자들을 복음으로 초청하는 예배로서, 교회 문화에 문외한인 그들이 교회에 나오는 데 방해가 되는 장벽을 제거하는 데 많은 노력을 기울인다. 그러한 맥락에서, 세속 문화들을 십분 이용하여 예배를 진행하고, 또 기독교적인 용어들을 쉬운 말로 표현하며, 전하는 메시지가 비기독교인이 들어도 공감할 내용인 동시에 그리스도의 복음이 희석되지 않은 상태로 전해야 한다는 어려움을 갖고 있다.

구도자 예배가 한국에서는 주로 '열린 예배'로 불린다. 그 이유는, '구도자'란 용어가 생소하고 의미 전달이 쉽지 않기 때문이며, 또 흔히 열린 음악회, 열린 교육, 열린 정부 등에서 표현되듯이, 진부하고 딱딱한 형식을 탈피한다는 열린 개념이 구도자 예배의 개념과 흡사하기 때문이다. 아무튼, 구도자 예배이든, 열린 예배이든 이 예배의 원래 취지는, 믿지 않는 자들을 위한 예배로 사용되었다는 점을 간과해서는 안 된다. → '구도자 예배', [7. 올바른 용어] '열린 예배'를 보라.

영가(靈歌, spiritual) 미국의 종교 대부흥기인 18세기 말을 전후한 때에 미국에서 생겨난 민요조의 성가(聖歌)를 말한다. 이 영가는 미국 각 지역에서 진행된 대중 집회시에 즉흥적 형태의 찬송곡으로 불려졌다. 그중에는 17세기 중엽 유럽에서 유행했던 교창(交唱) 형식의 영가(리더가 선창하면 회중이 따라 부르는 형식의 성가)도 등장했었다. 당시의 대표적인 영가로는 '영광 할렐루야'(Glory Hallelujah)가 있다. → '흑인 영가'를 보라.

영광송(榮光頌, gloria patri) 시편송 또는 시편 이외의 성경 노래인 칸티클(Canticles) 끝에 성삼위 하나님을 찬양하여 부르는 노래를 말한다. 영광송의 메시지는 대개 '성부(아버지)와 성자(아들)와 성령께 영광이 있으라! 태초에도, 지금도, 그리고 영원무궁히 성삼위께 영광! 아멘.' 형태로 이뤄진다.

이 영광송은 찬양대만 부르는 경우도 있고, 회중이 다 함께 부를 수도 있다. 그 성격상(존귀하신 하나님의 영광을 찬양하는 점에서) 일어나서 진지하고 엄숙한 자세로 감사와 기쁨이 넘치는 가운데 부른다. → '칸티클'을 보라.

영상예배(映像禮拜, an image service) 같은 공간의 교회 건물 안에 예배실과는 별개의 공간 또는 지역적으로 멀리 떨어진 공간에서 영상 수상기(monitor)를 통해 예배 실황을 온라인(on-line) 등으로 전송받아 화상으로 드리는 예배를 말한다. 일명 '화상예배'(畵像禮拜, video service)라 부른다.

첨단 과학문명의 도움을 받아 사이버 공간에서 드리는 이런 예배 형태는 주로 대형 교회들에서 편법으로 진행하는 것으로, 바람직한 것이라 볼 수는 없다. 예배는 신자 각 개인이 하나님을 체험하는 것일 뿐만 아니라 주님의 몸 된 교회로서의 연합적 작용이 있어야 하며, 성도 각자가 그리스도의 지체됨을 확인하는 영적 교감 속에서 드리는 것이어야 한다.

영세(領洗, baptism) 로마 가톨릭의 칠성사(七聖事) 가운데 하나로, '세례를 받는 일' 또는 그 세례를 가리킨다. 영세를 받음으로써 가톨릭교회의 공식 신자가 된다. → '세례'를 보라.

영아세례(嬰兒洗禮, an infant baptism) → '세례', '어린이세례', '유아세례'를 보라.

영어예배(英語禮拜, an English service) 예배의 모든 순서(기도, 찬송, 말씀강론, 광고 등)를 영어로 진행하는 예배. 주로 영어권 외국인들을 위한 집회로 이뤄지며, 때로 주일학교 학생들의 영어 체험 기회를 확대하거나 선교 전략의 일환으로 이 예배가 개설되기도 한다.

 용어상식

영적 예배
(spiritual worship)

'영적 예배'(靈的 禮拜)란, 문자적으로는 '합당한 예배'(reasonable service)란 뜻으로, 하나님께 드릴 만하고 받으실 만한 합당하고 마땅한 예배를 가리킨다.

살아계셔서 인격적으로 인생들을 다스리시고 계신 하나님을 향해 마치 우상숭배처럼 미신적이고 비이성적이며, 형식적이고, 맹목적이며, 반인류적으로, 혹은 무질서하게 예배를 드려서는 안 된다.

하나님을 섬기며 예배하되 영으로 섬겨야 하며, 예배를 받으시는 하나님과 그분의 거룩한 뜻을 이해하며 진리 가운데 섬겨야 하고, 신중하며, 경건하고, 의지적이며, 깊은 죄 의식과 은혜 의식으로(상하고 통회하는 심령으로) 드려야 한다(시51:16-17). 특히, 중생한 영혼으로서 하나님을 신앙하는 자가 그 삶 전체로 드리는 거룩한 예배를 영적 예배라고 할 수 있다(롬12:1).

영창(榮唱, doxology, glory song) 하나님의 영화로우심을 기리고 찬양하거나 하나님의 영광을 노래하는 것. 찬송가 분류표에는 '영창과 기도송'란에 분류되어 있다.

예물(禮物, offering, gift) 감사와 속죄와 화목 등을 위해 하나님께 드리는 '희생제물'과 '봉헌물'을 말한다(출36:3). 오늘날의 표현으로는 '헌물', '헌금'이라 할 수 있다.

구약 시대 선지자들은 형식적 예물보다 하나님의 뜻에 순종하고 의를 추구할 것을 촉구했다(렘 7:21-23; 암5:21-24; 미6:6-8). 또, 예수께서는 제단에 예물을 바치는 행위 이전에 인간 상호간 화목이 더 시급하다고 가르치셨다(마5:23-24). 사도 바울은 하나님의 은혜에 감사해 자신을 온전히 드리는 삶 자체가 하나님이 기뻐하시는 귀한 예물임을 역설했다(롬12:1-2).

예배(禮拜, worship, service) '예배'를 의미하는 대표적인 히브리어 '아바드'(עָבַד)는 '봉사', '섬김'이란 뜻으로, 영어의 service와 유사한 개념이다. 또 '솨하'(שָׁחָה)는 '엎드리다, 굴복하다'는 뜻으로, '숭배', '순종', '섬김'의 뜻을 지닌다. 그리고 헬라어로 '프로스퀴네오'(προσκυνέω)는 '프로스'(~에게)와 '퀴네오'(입맞추다)의 합성어로, 원래는 종이 주인에게 문안할 때 존경의 표시로 머리를 조아리며 발에 입맞추는 것을 가리켰다. 또 '라트레이아'(λατρεία)는 '(종으로서) 섬기다'(마4:10)는 뜻을, '레이투르기아'(λειτουργία)는 예전으로서의 의식(ritual)을 뜻하는 단어이다(행13:2).

한편, 영어로 예배를 나타내는 'worship'은 원래 앵글로색슨어인 'weothscipe'에서 유래한 것으로 'weprth'(worth, '가치')와 'scipe'(ship, '신분')의 합성어인데, '존경과 존귀를 받을 만한 가치가 있는 존재'라는 뜻이며, 그런 맥락에서 하나님께 최상의 가치를 인정하며 그에 합당한 존경과 영광을 돌리는 것이 예배임을 알 수 있다. 즉, 예배는 하나님을 향한 존경과 경외심이 수반된 엄숙한 행위임을 보여 준다(요4:20).

결국 예배란, ① 유일한 예배 대상인 하나님을 의식하며 ② 전 인격에서 우러나오는 경외심을 가지고 경배하고, ③ 하나님의 높으심과 그 은총을 찬양하며, ④ 섬기는 거룩한 행위라 할 수 있다. 또한, ⑤ 예배는 '구속의 은혜를 받은 자가 그 은총에 대한 응답으로 감사하고 경배하며, 하나님의 말씀을 듣고 그의 임재를 경험하며, 그를 찬양하고 기쁘시게 하는 행위'이며, ⑥ '중생한 신자가 하나님께 기도와 찬양, 신앙고백, 뜻과 정성이 담긴 헌신과 감사의 예물을 통해 하나님께 존귀와 영광을 돌리는 행위'이며, ⑦ '하나님을 두렵고 떨림으로 경배하고 섬기며 봉사하는 행위'라 할 수 있다(요 4:20; 행16:14; 빌3:13). 또, ⑧ 성경은 '전 인격과 온 삶을 통한 산 예배'를 강조하고 있다(롬12:1).

이상에서 보듯이, 예배의 대상은 거룩하시고 영존하시며 오직 한 분이시고 인격적이시며 영이신 하나님만이 유일한 대상이시다(출20:3; 신4:35, 39; 사44:6-23; 고전8:4). 하나님은 시간과 공간을 초월하여 무소부재하신 분이므로 신자들은 언제 어디서든지 예배할 수 있으나 특별히 성별된 장소에서 주님이 부활하신 주의 날에 함께 모여 공동으로 드리는 것이 마땅하다.

한편, 개혁신학에서는 이 '예배'를 '찬송', '기도', '말씀', '헌상', '성례전'과 더불어 여섯 가지 은혜의 방도 중에 하나로 규정하고 있다. 또한, 가르치는 교회와 듣는 교회를 구분하는 로마 가톨릭과는 달리 개혁교회(개신교)에서 예배는, 신자가 하나님을 경배하고 찬양하는 매우 중요한 의식 중 하나로 간주한다.

예배는, 정기적으로 혹은 비정기적으로 행해지며, 가정 예배 또는 기도 모임과 같은 특별한 경우가 아니라면 보통 목사나 전도사와 같은 성직자들의 인도 아래 교회에서 시행된다. 평신도들이 예배를 이끄는 것이 금시되어 있지는 않지만, 교회의 질서유지를 위해 설교, 축도 등은 목사 등 공식적으로 설교와 축도의 권한이 주어진 성직자가 담당한다. → '예전'을 보라.

■**예배의 형태** - 최초의 예배 형태는 희생(제사)이었다(창4:3-5). 이는 히브리 예배의 가장 핵심적인 예배 양식이 되었고, A.D.70년 예루살렘 성전이 무너질 때까지 그 전통은 계속되었다. 하지만 제사 중심의 전통적 예배는 점차 의식화되고 형식화됨으로써 하나님의 분노와 심판을 초래하게 되었다(말1:6-10).

성경에 언급된 예배 형태를 정리해 보면, ① 에덴 동산에서 쫓겨난 후 족장 시대까지의 예배: 제단을 쌓고 여호와의 이름을 부르며 피흘린 제사 제물을 드렸다(창4:4,26; 12:7-8; 13:4). ② 성막과 성전 예배: 하나님이 친히 마련하신 제사제도를 중심으로 하나님이 지정하신 장소와 시간에 하나님께서 성별하신 제사장의 주도하에 드렸다(출

29:42-43; 33:10). 특히, 예물과 찬양이 준비되었다(신26:10; 대하5:13-14; 시138:1-2). ③ 성전이 무너진 후 회당에서의 예배 : 바벨론 포로 때부터 안식일에 회당에서 모여 율법을 낭독하고, 찬양과 기도를 드렸다. 포로 귀환 후 성전 제사가 회복된 뒤에도 이 회당 예배는 병행되었고, 예루살렘 멸망(A.D.70년) 이후에는 회당이 유대인들의 예배 중심지가 되었다. ④ 기독교 공동체의 예배 : 예수 그리스도의 십자가, 부활, 승천 이후 기독교 공동체는 오순절 성령강림을 통해 새로운 은혜를 경험하며 '교회'라는 새로운 신앙 공동체를 형성하게 된다. 교회는 큰 형태의 지역 교회와 소규모 가정 교회가 공존하면서(행5:42; 20:7-9; 롬16:5; 고전16:19; 몬1:2) 유대교 회당과는 다른 예배 형태를 갖추게 된다. 예배의 내용은, 가르침(행5:42; 20:7), 성경 낭독(약1:22), 기도(행12:12; 딤전2:8), 찬송(엡5:19), 고백(빌2:5-11), 세례와 성찬예식(행2:41; 고전10:16; 11:18-34), 헌금(고전16:1-2), 축도(고후13:13; 히13:20-21) 등으로 이루어졌다.

■예배와 예수 그리스도 - 기독교의 예배는 기독론적 입장에서 바라보아야 한다. 그리스도께서는 하나님과 인간 사이에 중보자로 서 계시며, 하나님을 인간에게 계시하시고, 인간은 또한 그리스도를 통해 하나님께 응답한다.

즉, 예배란 ① 예수 그리스도 안에 나타난 인격적인 하나님의 계시에 대한 성도의 인격적이며 순종적인 믿음의 반응이다. 더욱이, 본질적으로 예배는 ② 예수 그리스도 안에서 가지는 하나님과 사람과의 교제이다. 물론, 이런 교제와 인격적 관계는 예배자의 영 안에 거하시는 성령께서 이루시는 일이다. 예배의 중심 행위라 할 수 있는 '말씀'과 '성찬'은 그리스도께서 지난날 행하셨던 공생애 사역 및 십자가와 부활을 지금 여기에서 재현하는 것이라 할 수 있다. 따라서 예배는 그리스도의 신비(고난과 부활의 신비)에 참여하는 사건이라 할 수 있다. 이 같은 참여는 단순히 지적인 수긍으로 가능한 것이 아니라 오직 예배에 참여함으로써 경험되어야 할 것이다.

예수께서는 예배와 관련하여 외적이고 형식적인 요소보다는 내적인 요소를 강조하셨던(요4:24), 특히 십자가 희생을 통해 자신이 스스로 희생제물이 되시어 영원한 제사를 드리심으로써 모든 희생 제사를 마감, 완성하셨다(히10:12-18). 따라서 신약의 성도는 희생제물을 드리는 대신 대속 제물로 죽으신 그리스도의 속죄의 은총을 감사, 찬송하며 그를 보내신 하나님을 높이는 예배를 통해 하나님을 영화롭게 할 수 있다.

예배당(禮拜堂, a church, a chapel) 신자들이 모여 하나님을 예배하거나 신앙적인 활동과 모임을 위해 마련된 공식적인 집회 장소. 하나님께 대한 예배의식 등을 위해 구별된 건물. 일명 '교회당'(敎會堂). 예배당의 내부는 크게 강단(설교단), 성찬대, 회중석, 찬양대석 등으로 구성된다. → '예배 처소'를 보라.

예배모범(禮拜模範, directory for worship) 하나님께 드리는 예배와 관련된 사항들(예배, 주일 성수, 성례전, 각종 예식 등)에 올바른 방향과 방법을 가르쳐주는 일종의 '바른 예배 길잡이', '온전한 신앙생활 지침서'를 가리킨다. 일명 '예배 규범', '예배 지침', '예배 규칙(서)'이라고도 한다.

예배에의 부름(禮拜 -, call to worship) 하나님께서 예배자를 부르시는 것을 말한다. 예배에의 부름은 하나님을 예배하는 거룩한 의식을 시작하는 데 적합한 하나의 의식적 방법이다. 일명 '예배의 선언', '예배에로의 초대', '예배사' 혹은 '예배의 말씀', '성구(聖句) 명상' 등으로도 불린다. 예배자는 하나님의 말씀을 기다려야 하며, 이 말씀을 통하여 하나님의 오묘한 진리를 받아들여야 한다. 예배에의 부름이 적절하게 선포되면 그 예배는 더욱 은혜롭게 진행될 것이며, 예배자들이 예배의 깊은 의미를 깨닫게 될 것이다.

예배에의 부름이 주는 유익을 살펴보면, ① 예배자들의 마음을 하나님께로 향하게 한다. ② 예배자의 주의를 산만한 데서 벗어나게 한다. ③ 진행되는 예배의 모든 과정에 예배자를 참여케 한다. ④ 회집한 모든 예배자들의 통일성을 기하게 한다. ⑤ 예배에 적합한 태도와 분위기를 만든다.

예배와 예식(禮拜-禮式, service and ceremony) 하나님께 영과 진리로 드리는 예배는, 구원받기 위함이거나 은혜나 복을 얻기 위해 드리는 것이 아니라 이미 구원받고 은혜와 사랑과 복을 받은 신자가 그것들을 베푸신 하나님께 감사로 응답하는 신앙행위라 할 수 있다. 또한, 하나님의 요구와 계획과 명령으로 제시된 예배는 항상 하나님이 주제가 되어야 하며, 하나님의 기쁘신 뜻을 추구해야만 한다.

따라서 인간과 그와 관련된 일들이 예배의 주제나 목적이 될 수는 없다. 즉, 기념이나 축하, 임직(취임), 환송(환영), 생일, 학위취득 등의 명목들이 예배의 취지나 목적이 될 수는 없다. 이에 대한 해결책으로, 'ㅇㅇ예배'라고 직접적으로 표현하기보다 'ㅇㅇ감사예배'라든지, 'ㅇㅇ예식' 또는 'ㅇㅇ기념식' 등으로 명명함으로써 신앙 공동체 안에서 이뤄지는 각종 행사를 경건히 진행할 수 있을 것이다. → '예배', '예식'을 보라.

예배지침서(禮拜指針書, Directory of Worship) 영국 국교회(성공회) 기도서를 대신하는 것으로, 웨스트민스터에서 편찬한 「Directory for the Public Worship of God」을 가리킨다. 이는 장로교의 원칙에 기초하여 작업되었는데, 이 예배지침서 사용을 지시하는 법령이 1645년 1월 4일 영국의회 상·하원에서 통과되었다. 예배지침서는 예배의 형태(기도와 두 차례의 성경봉독과 설교 등이 중요한 요소로 제시됨)를 다루고 있는 동시에 예배와 관련된 일반적인 지침을 수록하고 있다.

예배찬송가(禮拜讚頌歌, Worship Hymnal) 예배시 하나님을 찬양하는 데 쓰이는 거룩한 노래를 수록한 책자. 대부분 성경의 메시지를 원용하거나 기독교 교리를 담거나 개인의 경건한 신앙생활을 통한 영감어린 내용을 노래 형태로 표현한 것이다. 찬송은 구약 예배에서 뿐만 아니라 초대교회 시대에서도 예배의 중요한 부분으로 인식되었다. 이 같은 찬송들을 가사 및 곡조를 붙여 수록한 것이 찬송가이다.

한국 최초의 찬송가는 1892년에 감리교에서 발간한 〈찬미가〉이다. 간행자는 미감리회 선교사 존스(G.H. Jones)와 로드와일러(L.C. Rothweiler)이다. 당시 중국어 찬송집으로 예배드리는 상황에서 위의 두 사람은 30장의 찬송가 가사를 번역하여, 곡조 없이 39매의 책으로 엮었고, 이어 중판을 거듭하여 찬송가 내용을 보강하였다.

한편, 최초로 악보가 붙은 찬송가는 1894년에 발행한 〈찬양가〉이다. 편자 및 발행자는 언더우드(H. G. Underwood)이며(발행처는 예수성교회당, 국판 128쪽), 수록 찬송곡은 117곡이다(7곡의 한국인 저작 가사가 실려 있음). 서양식 5선 악보가 처음으로 한국에 소개되었다.

그런데, 언더우드의 〈찬양가〉가 공인되지 못한 중에 사용되다가 장로교회의 공인 찬송가로 출간된 것이 1895년에 발간된 〈찬셩시〉이다. 이것은 평양 주재 장로교 선교사인 리(Graham Lee)와 기포드(Mrs. M.H. Gifford)의 공편으로 54편의 찬송시가 수록되어 있다. 악보가 첨가된 곡보 〈찬셩시〉는 1905년에 처음으로 출간된다.

한국 최초의 장·감 연합찬송가는 1908년에 발행한 〈찬숑가〉이다. 편집자는 '재한복음주의 선교부통합공의회 찬송가위원회'이며 발행처는 '재한복음주의 선교부통합공의회'(18년 이후는 조선예수교서회)이다. 국반판이며 수록 찬송은 262곡이었다. 요코하마복음인쇄소에서 인쇄를 했고 일명 '구합동찬송가'라고도 한다. 또한, 1909년 〈곡보부찬송가〉가 발행되었고, 1916년에는 수정판이 나왔다. 장·감 연합공의회는 이에 만족하지 않고 다시 새로운 찬송가의 간행을 계획하여 장로교측 대표로 공위량(William C. Kerr)과 김인식, 감리교측 대표로 아펜젤러(H.D. Appenzeller)와 변성욱을 편집위원으로 개정작업을 맡겨 1931년 314곡의 찬송가를 편집 간행했는데, 이것이 곧 〈신정찬송가〉이다.

이같이 장·감 연합용으로 〈신정찬송가〉를 만들었지만 장로교측에서는 여러 가지 이유로 이 찬송가 사용을 거부하고 새로운 찬송가 편집에 돌입하여 1935년 6월에 〈신편찬송가〉를 간행하게 된다. 〈신편찬송가〉는 미 북장로회 선교사 앤더슨(W. Anderson)이 주축이 되어 실무적인 일을 진행하였고, 여기에 한국인 음악가 현재명, 황재경 등이 참여하였다. 이 〈신편찬송가〉의 발행으로 1908년 이후 24여년간 한국 교회들이 공인해왔던 찬송가가 두 권의 찬송가로 분리되고, 교파 불화의 씨앗을 남기게 된다.

아무튼 장로교에서는 〈신편찬송가〉를, 감리교에서는 〈신정찬송가〉, 성결교에서는 〈부흥성가〉를 각각 사용하여 오다가 조국의 해방과 함께 위의 세 교파에서 하나 된 찬송가를 계획하여 각 교파에서 5인씩 편집위원을 선정·파견하여 1949년 〈찬송가〉(일명, '합동찬송가')를 발행하게 된다. 또한,

해방 이후 일제하에서 신사참배를 거부하여 옥고를 치렀던 고려파 장로회측과 WCC를 탈퇴하고 에큐메니칼 운동에 가담한 교단들과 단절을 꾀했던 예장 합동측 사이에 교파 합동이 이뤄졌고, 이를 기념하여 1962년 〈새찬송가〉(발행처, 생명의말씀사)를 출간하게 된다. 이에 맞서 합동측과 고신측을 제외한 감리교, 성결교, 예장 통합 등이 주축이 되어 찬송가위원회를 구성하고 1967년 〈개편찬송가〉(발행처, 대한기독교서회)를 출간하게 된다.

이처럼 하나의 찬송이라는 한국 교회의 전통이 깨지는 듯했으나 다시 하나의 찬송을 만들어야 한다는 한국 교회의 여망에 따라 1976년에 한국찬송가위원회와 한국찬송가합동추진위원회가 공동으로 찬송가통일위원회를 발족하였고 이를 발전적으로 계승하여 1981년에는 한국찬송가공회가 조직되어 1983년 12월 19일 성탄절을 앞둔 시기에 소위 〈통일찬송가〉가 출간되었다. 그리고 20세기를 마감하고 21세기를 시작하는 시점에 새로운 찬송가의 필요성에 따라 한국찬송가공회는 또 한 번의 역사를 이뤄낸다. 즉, 2006년 9월 각 교단 총회를 기해 645곡의 소위 〈21세기 찬송가〉를 출간하게 되어 한국 교회의 대표적인 예배찬송가로 불리고 있다.

예배 처소(禮拜 處所, **house of worship, place of worship**) 하나님을 예배하거나 신앙적 활동과 모임을 위해 마련된 공식 집회 장소. 〈교회역사록〉(敎會 歷史錄)을 보면, 예배 처소를 가리키는 용어가 무척 다양했다. 먼저, 전도를 위한 임시 처소를 가리키는 말로는 '강수당', '강의소', '예배 처소', '복음당', '전도실', '예배회소', '전도소', '선도당', '포교소', '처소회', '설교당' 등이다. 다음으로, 공식 예배 처소로는 '회당'(會堂), '예배당'(禮拜堂), '교당'(敎堂), '교회'(敎會), '성전'(聖殿), '교회당'(敎會堂) 등이다.

예비일(豫備日, **Preparation Day**) 안식일 전날(막15:42). 즉, 안식일을 준비하는 날(금요일, 마27:62). 예수 그리스도의 십자가형은 이 예비일에 집행되었다(요19:14-42). 일명 '준비일'(準備日).

예식(禮式, 例式, **ceremony**) 예법에 따른 각종 의식(儀式), 혹은 정례적인(관례에 따르는) 의식. ① 예배나 성찬 등과 관련하여 곁들여지는 각종 의전적인 요소들을 일컫기도 하고, ② 임직, 헌당, 결혼, 장례, 추모 등과 관련하여 하나님께 대한 경외와 인간 상호간의 친교가 어우러져 진행되는 예식을 가리키기도 한다. 이는, 분명 예배와 구별된다. → '예배와 예식'을 보라.

예식주의(禮式主義, **ceremonialism**) 예배나 성찬 등에 따르는 각종 의식과 의전적인 요소를 강조하는 경향성을 말한다. 교회 안에 의식이 증가하면 그리스도인의 자유가 감소되고, 신앙의 본질인 믿음이 예식으로 바뀌게 된다.

그런데 예식에 대한 종교개혁자들의 체감 온도는 조금씩 달랐다. 특히, 루터는 성경에서 금하지 않는 것은 받아들일 수 있다고 말한 데 비해, 칼빈은 성경에 가르친 바가 없는 것은 예배에 허용될 수 없다고 선언하였다. 칼빈의 원리는 중세 로마 가톨릭 예배의식의 많은 예식주의적인 요소들을 배격하는 데 있었다.

예전(禮典, **the Liturgy**) 어원적으로 '(사람들의) 작업'이란 뜻이다. 즉, 이 말은 '일'과 '사람'을 의미하는 두 헬라어에서 유래했는데, 고대 그리스인들은 공공사업이나 작업에 자신의 돈을 지출하거나 군대를 위해 장비들을 공급해야 했다. 그런 점에서 이 단어는 공적인 과업 수행을 위한 일반적인 임무라는 의미를 지닌다.

그런데, 세월이 흐르면서 이 단어가 교회 안으로 유입되어 성직자(사제)가 집전하는 공적예배에 국한되어 쓰이게 되었다. 즉, '공동기도서'(共同祈禱書, The Book of Common Prayer, 개인적으로 드리는 기도와 비교되는 기도서)를 사용하는 공적인 예배를 지칭하거나 성만찬 자체만을(그리스정교의 성체 예의) 의미하게 되었다.

오늘날 이 용어는 '공적인 예배' 즉, 교의 또는 관례에 따라 규정된 공적인 장소에서 드리는 예배의식을 가리킨다. 참고로, 모든 예전에는 '순서'(order)와 '의식'(ritual)과 '예식'(ceremonial)이라는 세 요소가 존재한다.

■**예전을 도입해야 하는 이유** - 모든 예배에는 예전적 요소가 담겨 있어야 한다. 그 이유는 ① 거룩하신 하나님께서 죄인된 인간을 부르심으로써 가능케 된 예배에는 어떤 형식 혹은 일정한 틀이

필요하기 때문이다. ② 질서와 일치 그리고 통일성을 위해 필요하다. ③ 역사적인 뿌리를 가진 것으로서 그 의미를 결코 무시할 수 없기 때문이다. ④ 사도신경에 고백하듯이 '공(교)회'(universal church)를 구성하고 있기 때문이다.

예전적 기도(禮典的 祈禱, liturgical prayer) 특정한 기도문에 따라서 기도하는 것으로, 일명 '성문기도'라고 한다. 로마 가톨릭교회나 그리스 정교회 및 영국 국교회, 루터교회 등에서 주로 사용된다. 이에 대응하는 기도가 '자유 기도'이다. → '공식기도', '자유 기도'를 보라.

오라토리오(Oratorio) 성경에 기록된 내용을 주제로 그 주제에 대한 성구들을 모아서 작곡한 대합창곡을 '오라토리오'라 한다. 오라토리오는 독창, 중창, 합창, 관현악, 오르간 등이 사용되며, 음악은 극적으로 표현되고, 동작이나 배경이나 의상은 사용하지 않는 교회음악 형식을 말한다. 오라토리오의 창시자는 이탈리아 출신의 필리포 네리 (*Filippo Neri*, 1515-1595년) 신부이다. 참고로, 교회 음악의 3대 오라토리오는, 헨델의 '메시야'(Messiah), 하이든의 '천지창조'(the Creation), 멘델스존의 '엘리야'(Elijah) 등이다.

오르가눔(Organum) 13세기 이전의 다성음악 양식. 즉, 중세에 그레고리오 성가를 바탕으로 만들어지기 시작한 다성음악. 복수는 'Organa'이다. 원래 악기를 가리키는 말로 쓰이다가, 후에 '다성음악'이라는 뜻 외에 당시 모든 악기의 기준이라 할 수 있는 '오르간'(Organ)을 뜻하게 되었다.

오순절(五旬節, Pentecost) '5'를 뜻하는 헬라어 '펜테'에서 파생된 말로 '50번째의 날(축제일)'이란 뜻. 구약의 3대 절기(유월절, 칠칠절, 수장절, 출23:14-17) 중 하나인 '칠칠절'에 대한 헬라식 표현으로, 누룩을 넣지 않은 무교병을 먹는 무교절 다음날부터 계산해 50일째 되는 날에 행해지는 추수감사절기를 말한다(레23:17). 초여름 밀 수확을 기뻐하며 지키는 절기로서 '맥추절'(출23:16), '칠칠절'(출34:22; 신16:9-11), '처음 익은 열매 드리는 날'(민28:26)이라고도 한다.
신약에서는 이날이 '성령강림절'로 기념되었다 (행2:1; 20:16; 고전16:8). 즉, 예수께서 부활하신 후 제자들에게 또 다른 보혜사(성령)를 기다릴 것을 말씀하시고 승천하였는데(행1:4-9), 몇 날이 못 되어(부활하신 지 50일째) 바로 이 오순절에 예수님이 약속하신 대로 성령이 강림하시어 사람들에게 성령의 은사를 부어주셨고, 그로 인해 사도들은 힘있게 복음을 전했으며, 수많은 사람들이 회심함으로 초대교회가 태동하게 되었다(행2:1-41). 즉, 이 날은 이 땅에 실제적으로 교회가 탄생한 날이기도 하다. → '성령강림절'을 보라.

옥중세례(獄中洗禮, the captivity baptism) → '세례'를 보라.

왕국절(王國節, Kingdomtide, Kingdom Season) 8월 마지막 주일부터 대림절(강림절) 전 주일까지 13주간 동안 지켜지는 절기의 이름. 예수 그리스도의 재림과 심판, 그리고 하나님 나라와 그 통치를 기원하는 기간. 특히, 이 기간은 그리스도의 재림 후 완성될 하나님 나라에 대한 소망을 고취시키며, 하나님 나라 백성의 사회적 책임을 다시 한 번 확인하는 계기를 마련해 준다. 미국 감리교회는 1937년부터 지켰으며, 일부 장로교회에서는 이 날을 '창조절'로 지키기도 한다.

용서의 선언(容恕의 宣言, word of forgiveness, declaration of pardon) 예배자들이 참회의 기도를 통해 죄를 고백했다면 하나님으로부터 죄 용서받았다는 확신이 필요하다. 물론 이 죄 용서의 권한은 목사나 그 어떤 인간이라도 가질 수 없다. 오직 하나님만이 용서하실 수 있다. 따라서 목사는 하나님 말씀의 권위로서 성경구절을 인용해서(시34:18; 51:17; 103:11-14; 145:8; 마11:28; 요6:37; 요일1:5,7; 2:12 등) 하나님의 용서를 확증하고 선언하는 대리자 역할을 할 수 있을 뿐이다.

운문 시편(韻文 詩篇, metrical Psalms) 종교개혁을 주도하던 칼빈(*John Calvin*)이 로마 가톨릭의 박해를 피해 스위스 제네바로 가서 그곳 시민들에게 장려한 시편 노래를 말한다. 즉, 시편을 음률로 만든 노래이다. 운문 시편은 프랑스 왕 프란시스 1세의 궁중시인이던 마로트(*Marot*)가 프랑스에서 제네바로 가져온 시편가이다. 그것을 로

워십 (worship music)

'워십'이란, 개신교 현대 음악의 한 부류로서 일명 '경배와 찬양' 또는 '찬양과 경배'라고도 한다. 경배, 예배, 존경 등으로 번역되는 '워십'이라는 단어는 원래 앵글로색슨어인 'weorthscipe'에서 나온 것으로 '가치'(weorth, worth)란 말과, '신분'(scipe, ship)이란 말의 합성어이다. 이는 곧 '존경과 숭배를 받을 가치가 있는 자'란 뜻이다.

이런 맥락에서 워십의 주 내용은 하나님을 경배하고 높이는 내용들로 이뤄져 있고, 하나님께 최상의 가치를 돌리는 것을 목적으로 하고 있다.

워십에서 사용되는 음악은 1990년대 중반까지는 팝(pop)류의 예배음악이 주를 이뤘고, 악기 편성에서도 키보드가 리드했다. 그러던 것이 1990년대 후반 이후로 일렉트릭 기타와 어쿠스틱 기타가 리드해나가는 일종의 모던락(modern rock) 스타일의 음악이 젊은 층을 중심으로 주류를 형성하여 오늘날에 이르고 있다. → '경배와 찬양'을 보라.

■**워십 댄스**(worship dance) - 최근에 생겨난 새로운 예배문화의 한 요소로, 단순한 율동 이상으로 흔히 '몸찬양'이라 불려지는 일종의 '예배춤'을 가리킨다. 이는 감각적이고 육체적인 젊은이들의 취향에 맞추면서 또한 회중들의 유희적 성향에 부합하려는 열린 예배에 편성하여 교회 문화로 유입된 프로그램이라 할 수 있다.

물론, 성경 역사를 보면 춤과 노래로 하나님을 찬양하는 장면들이 종종 등장한다(출15:20; 삼상18:6; 시149:3). 그러나 이것은 피흘린 제의가 중심이던 성전예배의 한 요소로 진행된 것은 아니었다. 따라서 워십 댄스는 구원받은 신자들의 감격을 종교 행사의 한 순서로 수용할 수는 있겠으나, 공적 예배에서 워십 댄스를 도입하는 것은 깊이 생각해볼 일이다.

이스 벌지오스(Loys Bourgeois)가 작곡했다.

운문 시편은 선율이 간단하여 부르기 쉽고 암송하기도 쉽다. 칼빈은 1514년판 시편가집에는 30편, 1539년에는 스트라스부르에서 목회하면서 19곡의 시편과 십계명, 사도신경, 시므온의 찬송 등을 포함한 작은 시편 찬송가집을 발간하여 개혁교회의 시편 찬송의 전통을 세웠다. 1542년판에는 35편, 1555년에는 49편, 1562년 제네바 시편가(the Genevan Psalters)에는 150편의 시편가를 완성하였다. 칼빈의 시편 찬송가는 제네바는 물론 유럽과 영국, 스코틀랜드 청교도들의 예배와 영적 갱신에 지대한 공을 세웠다.

월자연보(月子捐補) → '연보'를 보라.

월정연보(月定捐補) → '연보'를 보라.

위로예배(慰勞禮拜, the comfort service) 교인 중에 상(喪)을 당한 가정(빈소 등)을 방문하여 남겨진 유족을 위로하며, 하나님의 은혜를 사모하게 하는 예배.

한편, 상을 당한 가정에서는 고인의 빈소를 다음과 같이 마련하는 것이 바람직하다. ① 분향소는 고인의 사진을 중심으로 꽃으로 장식하고 위패(성도)를 세우는 외에 분향로나 촛대를 두거나 음식을 차리지 않는다. 다만, 악취제거 목적으로 향을 피울 수는 있다. ② 분향소 앞에 고인이 좋아하던 구절의 성경을 펴놓는 일은 좋으므로 권장하고 꽃을 헌화하는 것은 반드시 해야 하는 것이 아니다. ③ 상복은 따로 마련할 수도 있고, 검정색 또는 흰색 복장으로 하되 왼쪽 팔에 완장을 하거나 흉부에 상(喪) 표시를 단다. ④ 분향소나 영구 앞에 배례(절)하지 않으며, 다만 상주에게 인사와 위로말씀을 전한다. ⑤ 상가에서의 주류(酒類) 사용을 금하는 것이 그리스도인의 바른 자세이다. ⑥ 상가에서 밤을 새울 때에는 조용히 찬송 부르거나 기도하며, 부덕한 오락은 피해야 한다. ⑦ 상중(喪中)에 있는 유가족을 위해 교역자들과 구역원들은 위로는 물론 협력하고 봉사함으로써 그들의 짐을 들어주어야 한다.

위임식(委任式, Inauguration) 항존직원(목사, 장로, 안수집사 등)에게 직무를 맡기는 예식. 특히, 한 교회를 가르치고 다스리는 일을 위해 청빙한 목사에게 공식적으로 그 일을 담임하도록 맡기는 예식을 가리킨다. 노회 전체나 노회 위임위원이 그 예식을 주관하게 된다. 노회 위임위원은 청빙된 목사와 교인들에게 각각 서약을 받고, 주 예수 그리스도의 이름과 권위로 공포함으로써 위임을 허락하게 된다. → [3. 행정 및 교육 용어] '위임'을 보라.

유소년 세례교인(幼少年 洗禮敎人, **a member of a church the childhood baptism**) 유소년 중에 교회에 출석하고 거듭난 증거가 확실한 자로서 세례문답에 의하여 세례를 받은 자. 이는, 기독교 성결교회의 독특한 제도이다.

유아세례(乳兒洗禮, **an infant baptism**) 혹은 '유아세례'(幼兒洗禮). 교회의 일원으로 있는 부모(혹은 한 부모)의 신앙고백에 따라 젖먹이 아이(어린아이)에게 베푸는 세례. 유아세례를 베풀어 해당 아이가 기독교 교육을 통해 양육받게 하며 일생동안 그 일을 기념하게 한다. 이 유아세례는 유아를 교회의 공적인 보호 아래 두며, 구원의 가능성을 선포한다는 데 그 의미를 둔다.

교회는 유아세례식에 앞서 해당 부모에게 미리 교육시키고 문답으로 확실한 자세를 갖추도록 해야 한다. 성경에서는 유아세례에 대한 명확한 입장을 표명한 곳은 없다. 다만, 신약성경 여러 부분에서(고전7:14; 엡6:1; 골3:20 등) 유아세례에 대한 긍정적인 암시를 하고 있다.

한편, 유아세례가 사도시대부터 전통이었음을 주장하는 이(Origen)가 있는가 하면, 이를 전면 거부하는 이(Tertullian)도 있다. 아무튼, 3세기 중엽부터 종교개혁 시대까지 기독교회는 부모 모두가 기독교인인 경우 유아에게 세례를 주는 전통을 이어왔다(하지만 16세기 재침례파와 17세기 침례교에서는 유아세례를 인정하지 않았다).

오늘날 침례교와 일부 개신교(아주 특수한 경우에)에서는 '신자세례'를 근본으로 내세우는 까닭에 유아세례를 인정하지 않고 있다. 그러나 대부분의 개혁교회(개신교)와 로마 가톨릭에서는 유아세례를 베풀고 있다. 일명 '젖세례', '영아세례', '아기세례', '헌아식.' → '세례', '어린이세례', '헌아식', [2. 교리 및 신앙 용어] '유아구원설'을 보라.

유아세례교인(乳兒洗禮敎人, **a member of a church the infant baptism**) 세례교인의 자녀로서 부모의 신앙고백과 세례문답을 통해 유아세례를 받은 자.

유월절(逾越節, **Passover**) 히브리어로 '페사흐'(חסֶפֶ, '넘어가다〈pass over〉, 지나가다, ~을 뛰어넘다'는 뜻)로서, 출애굽 전날 밤 죽음의 사자가 애굽 장자들을 죽일 때 어린 양의 피를 문설주에 바른 이스라엘 백성의 집은 넘어감으로써 이스라엘 백성은 구원받은 데서 유래된 절기 이름(출12:11). 즉, 이스라엘이 애굽에서 구원된 해방의 날을 기념하는 절기이다. 헬라어 명칭인 '파스카'(πάσχα)는 히브리어 '페사흐'를 음사(音寫)한 것이다(눅2:41). 칠칠절, 초막절과 함께 이스라엘의 3대 절기. 매년 정월(니산 월, 아빕 월, 태양력으로는 3-4월경) 14일 저녁에 지켜졌다.

유월절을 준수하는 것은 하나님이 이스라엘에서 과연 어떤 분(해방자요, 구원과 은혜의 주)이심을 깨닫게 하고, 언약 백성으로서의 자기 존재를 확인하는 신앙적 행위라 할 수 있다(왕하23:21). → '빼스카'를 보라.

■**유월절 준수 방법** – ① 유대인들은 아빕 월 10일 유월절에 사용할 양을 준비하고(출12:3-4), ② 13일 저녁에 등불을 켜서 집안의 모든 누룩을 제거한다. ③ 다음날인 14일 저녁에 준비한 양을 잡아(출12:6), 우슬초 묶음에 양의 피를 적셔서 집 좌우 문설주와 인방에 바른다(출12:7). ④ 그런 후 유월절 식사를 하게 된다.

이때 예식 순서는 다음과 같다. ① 모든 사람들에게 포도주를 채운 잔을 돌리고 만찬 집례자(주로 그 집의 가장)가 축복한 후 포도주를 마신다. ② 손을 씻고 기도한 후 차로셋(charoseth)과 무교병, 쓴 나물, 어린 양 고기의 의미들을 설명한다('차로셋'은 포도주에 수초, 무화과, 아몬드, 대추, 건포도 열매와 향신료를 섞어 만든 일종의 크림으로, 이스라엘 백성이 애굽에서 진흙을 반죽하던 고통을 상기하는 상징적 음식) ③ 만찬 음식을 분배하고 다시 잔을 채운 후 두 번째 포도주를 마시며 감사한다. ④ 할렐(하나님을 찬양하는 시편) 113편과 114편을 부르고 나서 유월절 음식을 나눠 먹는다. ⑤ 세 번째 포도주를 나눠 마신다. 식사 때에는 식사용 침상에 비스듬히 기대어 먹는데, 이런 습관은 더 이상 노예가 아니라 자유인임을 나타내기 위해서 시작되었다는 주장도 있다. ⑥ 네 번째 포도주를 마신 후 할렐(시115-118편)을 찬양하며 유월절 만찬을 끝맺는다.

■**유월절과 예수 그리스도** – ① 예수께서도 유월절을 지키셨고(마26:17-19), 유월절 기간에 거룩한 주의 만찬을 제정하셨으며(마26:26-28), 그 날 십자가에 달려 돌아가셨다(막14:1). 신약성경은 철저히 유월절을 예수님의 메시야적 사역과 연관시켜 설명한다. ② 특히, 마태복음에는 구약의 유월절이 신약의 십자가 사건과 거룩한 성만찬으로 연결되고 또 히브리인들과 하나님과의 옛 언약은 그리스도를 통한 새 언약으로 이어진다는 사실을 설명해 준다(마26:26-29). ③ 마가복음은 어린 양 예수의 희생으로 이뤄진 유월절을 새로운 출애굽 사건으로 재해석하고자 했다(막14:12-25). ④ 요한복음은 예수님의 십자가 죽음은 유월절에 일어났다고 보고했고(요18:28; 19:14), 유월절 어린 양은 세상 죄를 지신 어린 양 예수로 소개한다(요1:29). ⑤ 사도 바울은 그리스도를 유월절 양에 비유했고(고전5:7), ⑥ 베드로의 첫 번째 서신은 유월절에 대한 많은 관심으로 인해 유월절 전례문으로 여겨지기도 한다(벧전1:2-3,19; 2:18-25; 3:18-22; 4:12-5:10). ⑦ 히브리서 기자는 유월절 양이신 예수께서 십자가 대속의 피로 세운 새 언약을 설명하면서 그 새 언약은 구약의 옛 언약보다 낫다고 역설한다(히4:14-10:18). 즉, 유월절 양이신 예수께서 십자가 대속의 죽음을 통해 한 번에 영원한 제사를 드림으로써 더 이상 대속의 양이 필요 없게 되었다. 이제 모든 죄인은 오직 예수 그리스도의 십자가 보혈을 믿음으로써 영원한 속죄와 구원의 은총을 받게 된 것이다. →[1. 교회 일상 용어] '유월절 양'을 보라.

육순절(六旬節, **Sexagesima**) 사순절이 오기 전 두 번째 주일(主日). 6세기경에 오순절이나 칠순절과 같은 형식으로 지어진 이름이며, 동방교회에서는 지금도 육순절을 지키고 있으나 로마 가톨릭은 1969년에 이를 폐지하였다.

은퇴식(隱退式, **superannuation**) 일정한 시기(정년)를 넘긴 항존직 직분자인 목사 등의 교역자나 장로·집사 혹은 권사가 적절한 연령을 넘어 퇴임하게 되었을 때에 치르는 예식. '은퇴감사예배'라고도 부른다. 은퇴예식 후에는 공식 명칭이 '은퇴목사', '은퇴장로'가 된다.

음악예배(音樂禮拜, **musikandakt, hymn worship**) ① 음악 곧 찬양을 통해서 메시지를 전달하도록 계획된 예배. ② 음악과 예배를 조화롭게 엮어서 발표하는 경건한 의식. 이 음악예배에는 찬송 이외에 성경봉독, 기도 등의 기본적인 예배 요소들이 포함되기는 하지만, 그 주된 내용은 특정한 주제에 맞춰진 찬양이며, 전체 1시간 이내의 준비된 내용으로 구성된다.

응답송(應答頌, **response**) 목사의 목회기도 또는 장로의 공중기도 뒤에 찬양대가 예배 공동체를 대표하여 화답하는 것으로 그 기도를 확인하는 것이다. 이때 부르는 곡은 '아멘송'이 주를 이루고, 또 단음 멜로디로 짧게 불린다.

응창(應唱, **cantus responsory**) 시편 낭송법 가운데 한 가지로, 멜로디의 특성을 살린 독창과 시를 낭송하는 것 같은 합창으로 이루어진다. 합창에 의한 시편 구절이 독창에 의한 응답송(responsorium)으로 중단되면서 나아간다. 로마 가톨릭교회의 미사 중 승계송(층계송)이 이것에서 유래했다. → '승계송'을 보라.

의식기도(儀式祈禱, **liturgical prayer**) 예배 의식상 정해진 기도문에 따라 낭독하는 형태의 기도를 말한다. 그리스 정교회, 로마 가톨릭교회, 루터교회, 영국 국교회 등에서 주로 사용하는 기도 형태이다.

의식적 교회(儀式的 敎會, **the liturgical churches**) 기독교 예배에서 설교보다는 성례전(聖禮典, sacrament) 곧 의식(ordinance) 중심의 예배를 강조하는 교회를 말한다. 여기서 의식은 구속적(救贖的) 진리에 대한 하나님의 계시의 일부로 본다.

이십일세기 새찬송가(二十一世紀 -讚頌歌, **the Twenty-first century New Hymnal**) 1983년 12월 〈통일찬송가〉 발행 이후 23년만인 2006년 9월 30일에 한국찬송가공회에서 새롭게 출간한 찬송가. 수록곡은 645곡으로, 신곡 164곡이 추가되었고 이중 128곡은 한국인들이 작사·작곡한 것이다.

이웃을 위한 기도(- 祈禱, the prayer for neighborhood) 자기 이외에 형제(이웃)를 위해 드리는 이타적인 기도. 다른 사람을 대신해서 하나님께 드리는 간구를 말한다(딤전2:1). 일명 '도고'(禱告, 딤전2:1; 약5:13-18). 참고로, 우리가 드리는 기도는 '중보기도'가 아니라 '이웃을 위한 기도'라 하는 것이 옳다. → '도고', '중보기도', [7. 올바른 용어] '중보기도'를 보라.

이전 감사예배(移轉 感謝禮拜) 삶의 터전을 옮기는 가정의 이사나 기관 단체 또는 사업체의 이전 이후에 드리는 예배.

일요일(日曜日, sun day) → '주일'을 보라.

임재의 기원(臨在- 祈願, invocation, epiklesis) ① 예배를 시작하면서 하나님께 드리는 기도. ② 성찬 등의 거룩한 예식에서 하나님의 임재를 요구하는 종교적인 행위. 즉, 예배(성찬) 속에 성령이 임재하셔서 예배를 통하여 교인들로 하여금 하나님의 권능과 현존을 깨닫게 해달라는 요지의 짧은 기도를 말한다. 이는 일반적인 기도나 성경 말씀을 봉독하는 것이 아니다. 따라서 '임재의 기원'은 회중의 느낌이나 소망을 간구하기보다 철저히 하나님 중심의 기도여야 한다.

임종예배(臨終禮拜) 죽음을 앞둔 사람과 더불어 인생의 운명을 주관하시는 하나님께 드리는 예배. 임종예배는 죽음에 다다른 사람에게는 천국을 소망케 하고, 남은 가족에게는 신앙적 용기를 북돋워주는 역할을 한다. 한편, 병원 또는 집에서 환자가 위독한 상태에 빠지면 가족들은 의사와 교역자에게 연락하여 의논하고 의사의 처방을 받으며, 침착한 태도로 교역자와 임종예배를 드린다.

그 순서를 대강 정리해 보면, ① 죽음이 임박할 때에는 가족끼리 모여 함께 임종예배를 드릴 수 있다. ② 죽음이 가까워지면 성경 말씀(요11:17-27; 14:1-6; 딤후4:6-8 등)을 읽어주거나 조용히 찬송(찬송가 471, 501, 502, 508장 등)을 들려주면 좋다. ③ 임종시 기도로 소망을 일깨워 주며, 환자가 하는 말을 자세히 들어주어야 한다. ④ 임종하는 분께 물어볼 일이 있으면 내용을 간추려서 대답하기 쉽게 물을 것이며, 대답한 내용과 하는 말을 여러 사람 앞에서 기록한다. ⑤ 녹음을 하면 정확한 유언을 남길 수 있고 생애 최후의 육성을 보존할 수 있다.

임직식(任職式, ordination) 노회가 목사를, 교회가 직분자(장로, 집사, 권사)를 세우는 예식(감리교의 연회에서 교회들을 통솔하는 자〈감독〉를 세우는 경우도 있음). 로마 가톨릭에서는 서품(敍品) 또는 신품성사(神品聖事)라고 한다.

목사 임직식의 순서는 다음과 같다.
(1) 목사가 노회 앞에서 서약함. 이때 목사는 ① 성경을 하나님의 말씀이요, 유일한 법칙으로 믿고, ② 교단의 신조와 정치, 권징, 예배모범을 승낙하며, ③ 하나님을 사랑하는 마음으로 성직을 수행하며, ④ 어떤 핍박이나 반대에도 인내하며 교회의 성결과 화평을 추구하고, ⑤ 목사의 의무와 직무를 성실히 수행할 것을 서약한다. (2) 서약 후 적당한 곳에 꿇어 앉게 하고 사도의 규례에 따라 노회 대표자가 안수하고 기도함. (3) 악수례로 치하함. (4) 공포함. (5) 노회장이나 다른 목사가 신임 목사에게 권면함.

다음으로, 각 교회 직분자(장로, 집사, 권사) 임직식의 순서는 다음과 같다. (1) 당회가 정한 날짜와 시간에 모여 진행함. (2) 목사가 말씀을 선포함. (3) 직분의 근원과 성질, 임직자의 품행과 책임에 대해 가르침. (4) 교회 앞에서 임직자를 세워 서약하게 함. (5) 교인들을 일으켜 세워 임직자를 존경하고 복종하도록 서약하게 함. (6) 임직자에게 안수하고 기도함. (7) 직분을 맡기고 악수함. (8) 공포함. (9) 임직자와 교인들에게 권면함.

입관예배(入棺禮拜) 입관예배는 고인의 시신을 관 속에 넣은 후 드리는 것이 일반적이나 때로는 관에 넣기 전에 드리는 경우도 있다.

입관예배의 절차를 보면, ① 염과 입관은 보통 장의사나 염사가 하지만 상주나 친척 혹은 교역자가 할 수도 있다. ② 세상에서 마지막 보는 순간이므로 염하고 위생 수의로 갈아입힌 후 적당한 시간에 가족이 지켜보는 가운데 정중하게 입관한다. ③ 집에서 장례예배 시는 시신을 깨끗이 하여 수의

입교

를 입히고 염과 입관을 시행하며, 집이나 방 구조에 따라 깨끗하고 적합한 곳에 안치하고 병풍으로 가린다. ④ 입관이 끝나면 이어 그곳에서 또는 예배실이나 분향소에서 입관예배를 드린다. ⑤ 입관 시 특히 상주는 시신의 옆쪽에 자리하여 쉽게 떠나지 않는다. ⑥ 입관 시에 미신적인 행위는 일절 삼간다. ⑦ 병원에서 진행될 경우, 입관의 모든 절차는 병원 장의사의 안내에 따르고(이때에도 미신적인 요소를 거부할 수 있다), 영안실에서는 안치 후 열쇠를 상주에게 건네준다.

입교(入敎, entring the church, entring a faith, confirmation) ① 기독교 신앙을 갖기 시작함. ② 기독교 공동체의 일원으로 등록함. ③ 세례를 받고 정식으로 교인이 됨. ④ 유아세례를 받은 사람이 장성해서 스스로 예수 그리스도를 구주로 고백하고 하나님을 경외하며 하나님의 은총에 대해 개인적인 응답을 하도록 하는 예식을 거친 후에 정식으로 신자가 되고 교회의 한 구성원으로 역할하게 된다.

입교인이 되면, 공동예배 출석과 헌금과 교회치리에 순종하는 의무를 지니는 동시에 성찬예식에 참여하는 권한과 공동의회 회원권이 되는 권한이 주어진다. 참고로, 로마 가톨릭에서는 '견진'에 해당한다.

입당감사예배(入堂感謝禮拜, church dedication) 교회의 예배실이나 부속 교육관 등을 신축 혹은 증·개축한 후에 하나님께 그 은혜를 감사하여 드리는 예배. 통상적으로, 예배당 건축을 완료하고 교회 건축으로 인한 부채를 모두 청산한 직후에 드리는 것이 일반적이다. → '봉헌식', '헌당식'을 보라.

입당송(入堂頌, introit) 일명 '입례송.'

입례송(入禮頌, introit) 예배의 시작과 함께 드리는 찬양대의 찬양. 예배 인도자 일행이 행진하여 예배 처소에 입장하는 경우에는 찬양대원들이 그 뒤에서 입례송을 부르며 따르고, 그렇지 않는 경우에는 찬양대석에서 노래를 부른다.

입회(入會, entring the church, entring a faith) 예수교대한성결교회에서 사용하는 용어로서, '입교'와 비슷한 개념이다. 개교회에서 세례를 받은 자나 타 교파나 타 교회에서 세례를 받고 이명 온 자로서 담임교역자가 인정한 이가 교회의 회원으로 등재되는 일을 가리킨다. 이 일을 위해 '입회식'이 거행되며, 입회식 후 공식적으로 '입회교인'이 된다. → '입교'를 보라.

> **용어상식**
>
> ### 자국어 찬송
> (the vernacular hymn)
>
> 자국어 찬송(自國語 讚頌)은 종교개혁을 이룬 루터(Martin Luther, 1484-1546년)에 의해 시작된 찬송 개혁의 산물로서, 종교개혁 당시까지 라틴어로 불려온 찬송을 루터 자신의 모국어인 독일어로 부르게 된 것을 필두로 모든 신자가 자신의 언어로 하나님을 찬송하게 된 것을 말한다. 일명 '회중 찬송.' 종교개혁으로 인한 찬송의 보급은 신앙생활에 놀라운 활력소가 되었다.
>
> 종교개혁 당시(1517년대)에는 찬송가 책이 없었다. 이에 루터는 1523년 그의 친구인 멜란히톤(Melanchthon, 1497-1560년)과 함께 노래하려고 만든 「독일어 찬송가」집을 발표했다. 그것이 독일 개신교 최초의 찬송가집이다.
>
> 특히, 1529년 로마 가톨릭과의 신앙 전투가 절정에 이르렀을 때 즉, 루터와 그를 따르는 사람들이 탄압과 정쟁에 지쳐서 실의에 빠져 있을 때에, 루터는 '내 주는 강한 성이요 방패와 병기되시니'라고 시편 46편 말씀을 바탕으로 찬송을 작사·작곡했다. 이 찬송은 회중 찬송의 모델로서 뿐만 아니라 독일 국민의 애국가로서 불리고 있다.

자유 기도(自由 祈禱, free prayer) 특정한 형식이나 어떤 모범에 따라 기도하는 것이 아니라 성령의 감동과 은사를 통해 자유스럽게 하나님께 기도하는 것을 말한다(롬8:26-27). 이에 대응하는 기도가 '예전적 기도' 혹은 '성문 기도'이다. → '공식기도', '예전적 기도'를 보라.

작정 헌금(作定 獻金, determination collection) 교회의 1년 예산안이 확정되거나 교회에서 특별한 명목의 헌금이 요청되는 때에, 교인들이 각자가 얼마를 드릴 것인지를 결심하고 바치는 헌금. 때로 매주마다, 또는 매월마다 헌금하기로 결심하고 드리는데 이를 '주정헌금'(主定獻金), '월정헌금'(月定獻金)이라고 한다. 한편, 감리교회에서는 새해 둘째 주일에 의무금 작정주일로 지키면서 교인으로서 의무금(십일조)을 작정하게 한다. → '연보', '세례교인 헌금'을 보라.

장례식(葬禮式, a funeral service) 장사(葬事)를 지내는 예식. '장례예식', '장례예배'라고도 한다. 영원히 이별한다는 뜻의 '영결식'(永訣式)이나 작별을 고한다는 '고별식'(告別式)보다는 '장례식'이라고 함이 좋다.

한편, 날씨가 더운 팔레스타인에서는 시신의 부패를 우려해 사망 당일에 장사를 지냈다(요11:6,17). 유대인들의 장례 절차는, ① 먼저 눈을 감기고(창46:4), ② 시신을 씻긴 후(행9:37), ③ 향유(향품)와 몰약 등을 바르고(요12:7; 19:40), ④ 세마포로 온몸을 쌌다(마27:59). ⑤ 그런 후, 시신을 들것에 실어 매장지로 옮겼다(삼하3:31).

장례 행렬 선두에는 고인의 부인이나 모친 등 여자가 서서 길을 인도하였다(눅7:12-13). 이때 친척이나 친구, 전문적으로 곡하는 여자들(삼하3:32; 전12:3; 렘9:17; 암5:16), 피리 부는 자들이 동행했다(마9:23). 또 슬픔의 표시로 옷을 찢거나(삼하3:31; 왕하2:12), 거친 베옷을 입었다(암8:10). 장지(葬地)에 도착해서는 시신을 무덤에 매장하거나, 동굴에 안치한 뒤 훼손을 방지하기 위해 입구를 돌로 막았다(요11:38-39). 일반인의 장례는 7일간, 국가 차원의 중요 인물은 30일간의 애도 기간을 두었다(신34:8).

오늘날의 장례식은 대체로 다음과 같은 몇 가지를 통틀어 일컫는다. 먼저, 가족 또는 병원에서 주관하는 '임종'(臨終)과 '수시'(收屍, 시신의 얼굴이나 팔다리 등을 바로잡는 일)이 있고, 교회가 주관하는 '위로예배', '입관예배', '발인예배'(좁은 의미에서 이를 '장례식'으로 일컫기도 한다)와 '하관예배' 등을 들 수 있다.

시신을 안치하는 방법으로는 ① 시신을 훼손하지 않은 채 땅에 묻는 '매장'(埋葬), ② 시신을 완전히 소각하는 '화장'(火葬), ③ 화장한 뼈가루를 자연으로 돌려보내는 자연장(수목장) 등이 있다.

이 같은 장례식 이후에는 고인을 추모할 수 있다. 물론, 장례예배는 고인에 대한 예배가 아니라 고인에게 내리신 하나님의 은혜와 섭리를 생각하며 유족들에게 위로가 되고 하나님께 영광을 돌릴 수 있도록 진행해야 한다.

장례예배 후에 묘소를 찾는 일에 대해서는 ① 장례 후 3일 만에 묘소를 찾아보는 일은 봉분한 것과 묘비 및 묘역 등을 살펴보는 것이므로 어느 때든 가족이 모이기 쉬운 날로 정하여 묘소를 확인하고 예배 또는 기도를 할 수 있다. ② 별세 후에 49재 탈상 등은 이교(불교)의 행습이요 우상숭배이므로 금해야 하며, 집안에 빈소를 두는 것도 유교적인 제사 관습이므로 일절 삼가야 한다.

장립(將立, consecration) 교회의 직분을 맡겨 세운다는 뜻. 특히, 안수를 통하여 성직(목사, 장로, 집사)을 부여하는 일을 가리킨다. 안수를 통한 장립은 그 맡겨진 소임을 감당할 수 있도록 능력과 권위를 부여하는 것을 뜻한다(대하13:9; 행6:6; 13:3; 딤전4:14; 딤후1:6).

장막절(帳幕節, Feast of Tabernacles) → '초막절'을 보라.

재의 수요일(- 水曜日, Ash Wednesday) 부활절 전에 40일간 금식하는 사순절(四旬節, Lent)의 첫째 날을 '재〈灰〉의 수요일'이라고 한다. 이 날은 고대 교회에서 시작되어 로마 가톨릭까지 계속돼 온 관습으로, 사제가 축복한 재를 예배자들의 이마에 바르는 것으로 시작하였다.

'재의 수요일'을 사순절의 첫날로 정한 것은 7세기경이었으며, 재를 예배자에게 바른 것은 8세기경으로 추정된다. 이 같은 의식은 구약성경에 근거하는데, 회개와 슬픔의 표시로 자신의 몸에 재를 바르거나 뿌린 것에서 유래한다고 볼 수 있다(삼하13:19; 에4:1; 사58:5; 렘6:26).

전도집회(傳道集會, evangelistic meeting) 기독교 복음을 믿지 않는 불신자에게 생명의 도(道)를 전하기 위한 모임. 참고로, 천막 안이나 야외에서 모이는 전도집회를 'camp meeting'이라고 한다. → [1. 교회 일상 용어] '전도'를 보라.

전주(前奏, prelude) 예배를 시작하기 전에 실행되는 조용한 피아노(오르간) 연주, 혹은 예배 순서상의 조용한 주악. 전주는 예배자로 하여금 하나님께 명상과 기도를 드리도록 도와주는 역할을 한다. 따라서 이 전주는 예배자에게 성령의 임재를 증거해주는 것이므로 전주가 연주되는 동안 예배자들은 주님의 임재와 부르심에 대하여 감사하는 마음으로 조용히 기도(묵도)하거나 자신을 살필 수(명상) 있어야 한다. 대개 전주는 예배 10분 전쯤에 시작하여 정시각에 입례와 연결된다.

절기(節期, festival, feast) 하나님의 역사와 그 은혜를 기념하고 감사하기 위해 지키는 경축일. 기념일(출32:5). 성경에 언급된 절기에는, 주 1회 모이는 '안식일'(출20:8)에서 매년 지키는 '유월절'(무교절, 레23:5-8), '칠칠절'(맥추절, 오순절, 출23:16), '나팔절'(신년절, 신23:24-25), '속죄일'(레23:26-32), '초막절'(수장절, 장막절, 출23:16) 등이 있다. 이외에도 7년에 한 번씩 '안식년'(레25:5)과 50년에 한 번씩 지키는 '희년'(레25:8), 후대에 생겨난 '부림일'(에9:24-29)과 '수전절'(요10:22)도 있다.

오늘날 교회들에서 지키는 절기들을 보면, 성탄절, 수난(고난)절, 부활절, 성령강림절, 감사절(맥추, 추수) 등이 있고, 특별한 날로 기억하여 기념주일로 지키는 날로는, 신년주일, 장애인주일, 어린이주일, 어버이주일, 총회주일, 해방기념주일, 선교주일, 종교개혁주일, 성서주일, 송년주일 등이 있다. → '교회력'을 보라.

정기 집회(定期 集會, periodical meeting) 교회를 중심으로 일정한 기간, 정해진 시간에 회집하기로 한 모임. 특히, 교회의 공예배(주일낮예배, 주일저녁〈오후〉예배, 수요예배 등), 기도회(새벽기도회, 금요철야기도회 등), 모임(구역〈속회〉모임, 각종 소그룹 성경공부 모임 등)과 같은 공식적이고 정례적인 집회를 가리킨다.

이에 비해 교회 안에서 이뤄지는 비정기적인 집회가 있는데, 그것은 사경회(査經會), 부흥회, 특별수련회 등이다.

정액 헌금(定額 獻金, envelope scheme) 교회의 미래 수입을 예측하기 위한 주일헌금의 한 방법. 매 주간 교인들은 특정한 날짜가 적힌 봉투에 헌금하고 교회 집사들은 드려진 금액에 대해 비밀을 지키면서 기록으로 남긴다. → '연보'를 보라.

정초식(定礎式, the laying of the cornerstone) 석조(石造) 또는 콘크리트 등 서양식 건축에서 초석을 놓는 의식. 즉, 건축공사에 있어서 공사 착수를 기념하기 위하여 계획하고 있는 건축물에 연월일을 기록한 돌(정초, 머릿돌, 주춧돌)을 설치하여 기념하는 행사. 규모가 큰 경우는 공사의 연혁이나 관계문서, 당일 신문 등을 항아리에 넣어 매설하기도 한다.

이 같은 행사는 처음, 중세 종교 건축물을 지을 때에 성직자가 미사를 집전하고 최초의 연월일을 석재에 새긴 데서 비롯되었다고 한다. 오늘날 각 교회들에서도 이와 유사한 행사를 통해 건축하고자 하는 건물의 주권과 소유권이 근본적으로 하나님께 있음을 확인한다.

제대(祭臺, an altar of eucharist, the table of Sacraments) 일명 '성찬대.' 16세기 종교개혁을 통해 생겨난 프로테스탄트 교회들은 '제단'이라는 용어보다 '제대'라는 명칭으로 많이 사용해 왔다. → '성찬대'를 보라.

제마식(除魔式, the ceremony of demon control) 마귀를 물리치고 그 악한 영향권에서 벗어나게 하는 예식. 이는, 세례예식과 관련된 초기 교회의 전례 중 하나였다.

초대교회 당시 세례식에 앞서 수세자(受洗者)는 교리문답의 긴 시험을 치러야 했고, 2-3년 동안 도덕적인 것과 교리적인 교육을 받아야 했다. 특히, '신앙의 규칙'에 해당하는 '사도신경'(使徒信經)을 통해 자신의 신앙을 점검해야 했다.

이 같은 교육을 통과하면 2차 시험을 치르게 된다. 이때 수세자의 도덕을 입증할 수 있는 증인들이 그의 도덕성을 증언해 주어야 했다. 그리고 사순절 내내 참회의 시간을 갖고 수난주간 수요일에 감독 앞에 나아가 마지막 시험을 치르고, 목요일에 목욕을 하고, 금요일에 금식하고, 토요일에 '제마식'을 거행했다. 이때 로마에서는 기름으로, 아프리카에서는 수세자 머리에 손을 얹어서 숨을 불고 십자가를 그렸다고 한다. 그리고 주일에는 철야(徹夜)를 하다가 새벽에 닭이 울면 세례 장소로

제야기도회(除夜祈禱會, the watch night prayer meeting) 한 해를 마치는 날인 섣달 그믐날 밤 교인들이 예배당에 함께 모여 예배(기도회)를 통해 지나온 시간 곧 묵은 한 해를 보내고 새해를 맞이하는 오랜 전통과 풍습을 가리킨다. 일종의 '송구영신예배'라고 할 수 있다. → '송구영신예배'를 보라.

조(組, bands) 감리교회 조직체계 중에 하나로서, '속회'와 비슷한 개념이지만 속회보다 더 작은 규모이고, 믿음이 더 큰 사람들로 구성된다. 조의 편성은 성별, 연령별, 결혼 유무로 나뉘어진다.

조찬기도회(朝餐祈禱會, breakfast prayer meeting) 아침 식사 시간에 함께 모여 갖는 기도회. 즉, 기도회와 교제를 동시에 이룰 목적으로 가지는 아침 식사 기도 모임을 말한다. 대통령을 위시한 나라의 지도자들과 함께하는 '국가조찬기도회'(the National Prayer Breakfast) 등이 유명하다. → '국가조찬기도회'를 보라.

종교개혁주일(宗敎改革主日, Religious Reformation Sunday) 독일의 종교개혁자 루터(Martin Luther, 1484-1546년)가 1517년 10월 31일 독일 비텐베르크 대학 교회의 정문에 95개 조항의 반박문을 붙인 것을 기념하는 날. 당시 부패하고 타락한 로마 교회의 갱신을 목적으로 한 것으로, 이 사건은 16세기 종교개혁의 출발점으로 간주되고 있다.
이 날을 기념하면서 교회들은 '오직 은혜', '오직 믿음', '오직 말씀'으로 교회가 새로워지기를 다짐하게 된다. 독일의 루터 파 교회나 연합지역 교회들은 10월 31일 또는 그 다음(혹은 그 전) 주일을 기념일로 지켰고, 오늘날 대개 10월 마지막 주일을 종교개혁주일로 지키고 있다.

종려주일(棕櫚主日, Palm Sunday) 예수께서 십자가 죽음을 위해 예루살렘에 입성하신 날을 기념하는 절기(찬송가 교독문 129번). 예수께서 나귀를 타시고 예루살렘에 입성하실 때에 많은 사람들이 종려나무 가지를 흔들며 호산나를 부르며 환영한 데서 붙여진 이름(요12:13). 이 날은 부활주일 전 주일로서(사순절 다섯 번째 주일), 다음날부터 고난주간이 시작된다.

주기도문(主祈禱文, Lord's Prayer) 예수께서 제자들에게 기도에 대한 교훈을 주시면서 소위 '모범 기도'(the Model Prayer)라 일컬어지는 '주의 기도'를 가르쳐 주셨다(마6:9-13; 눅11:2-4). 이는, 기도가 무엇이며 어떤 내용으로 기도해야 할 것인지를 가장 이상적으로 제시하신 기도로서, 기도를 들으시는 하나님과 기도자의 바른 관계성을 확인시켜 주고 있다.
기도의 내용을 요약하면, ① 하나님의 이름("하늘에 계신 우리 아버지여 이름이 거룩히 여김을 받으시오며") : 기도의 대상 및 기도자와 기도를 들으시는 분과의 관계. ② 하나님의 나라("나라가 임하시오며") : 하나님의 통치의 영역. ③ 하나님의 뜻("뜻이 하늘에서 이루어진 것같이 땅에서도 이루어지이다") : 하나님의 주권과 거룩한 성취. ④ 기도자의 소원("오늘 우리에게 일용할 양식을 주시옵고") : 이 땅에 살아가는 자로서의 필요를 간구함. ⑤ 죄의 청산("우리가 우리에게 죄 지은 자를 사하여 준 것같이 우리 죄를 사하여 주시옵고") : 하나님과의 관계를 가로막는 죄를 제거함. ⑥ 보호의 요청("우리를 시험에 들게 하지 마시옵고 다만 악에서 구하옵소서") : 하나님의 절대적인 도움 요청. ⑦ 송영("나라와 권세와 영광이 아버지께 영원히 있사옵나이다 아멘") : 하나님의 영광과 통치를 인정함.
이처럼 주의 기도의 앞부분은 하나님과 그 나라에 대하여 언급하고, 뒷부분은 하나님의 사람으로서의 온전하고 건강한 삶과 관련되어 있다. 그리고 기도의 초두는 하나님의 이름이 거룩히 여김을 받으시도록 간구하고 있고, 말미는 모든 것이 하나님의 목적과 영광에 속하도록 송영으로 끝을 맺는다. 결국, 기도의 초점은 철저히 '하나님' 께 맞춰져 있음을 확인할 수 있다. 한편, 오늘날 우리가 예배 중에 사용하는 주기도문은 마태복음에 소개된 기도문(마6:9-13)이다.

주님의 만찬(主- 晚餐, **Lord's Supper**) → '성만찬', '성찬', '성례', '주의 만찬'을 보라.

주례(主禮, **officiating at a wedding ceremony, an officiator**) 결혼식 따위의 예식을 주장하여 진행하는 일, 또는 그 일을 주장하는 사람.

주례목사(主禮牧師, **an officiating minister**) 결혼식 등의 예식을 주관하고 진행하는 목사. 기독교식 혼례에서는 통상적으로 주례목사에 의해 예식이 진행된다.

주례자(主禮者, **celebrant**) 성찬식을 집례하고 주관하는 성직자. 초기 기독교 예배에서는 이 주례자에 의해 전체 예배가 진행되었다.

주보(週報, **weekly news**) 교회에서 매주 발행하는 예배 순서 및 안내서이자, 교회가 공식적으로 전하는 각종 광고사항을 싣고 있는 인쇄물.

주수세례(注水洗禮, **affusion**) 세례 예식의 한 방법으로, 집례자가 물을 수세자(受洗者)에게 들어붓는 세례 방식을 말한다. → '세례'를 보라.

주의 만찬(主- 晚餐, **Lord's Supper**) 예수께서 정하신 성찬예식(고전11:20). 예수께서 십자가에 달려 돌아가시기 전날 밤 예루살렘의 한 다락방에서 제자들과 나누신 최후의 유월절 만찬(마26:17-30; 막14:22-24; 눅22:19-20; 요13:1-35). 교회는 만찬에서 보이신 그리스도의 모범과 가르침을 좇아 성찬을 행함으로써 그리스도의 죽음과 부활을 기념해야 한다(고전10:16-17; 11:23-28). '주의 몸과 (언약의) 피'(마26:26-28), '주의 몸과 피에 참예하는 것'(고전10:16), '주의 떡과 잔'(고전11:27), '떡을 떼는 것'(행2:42; 20:7) 등으로도 표현된다. → '성만찬', '성찬', '성례'를 보라.

주일(主日, **Lord's Day**) 구주 예수께서 사망 권세를 이기시고 부활하신 날. '주의 날'이라 일컬어진다(계1:10). 그리스도의 승천과 성령강림 후 생겨난 초대교회는 안식 후 첫날인 이 날을 기념하여 매 주일마다 모여 예배 드리며 성찬예식을 거행하였다. 이 날이 곧 '그 주간의 첫날'이 시작되는 날이다(행20:7; 고전16:2).

주일이 지닌 의미는 ① 구원받은 은혜를 기억하고 감사하는 날이다(신5:15). ② 안식일의 주인이시요 율법의 완성이신 예수께서 십자가 죽음과 부활로 인류 구원의 길을 완성하신 후부터 그 부활하신 날을 기념하여 안식일(토) 대신 주의 날 곧 주일(일)을 성일로 지키게 된 것이다(계1:10). ③ 신약의 주일은 영원한 천국의 안식을 예표하는 날이다(히4:1).

■**안식일과 주일** - 천지를 창조하신 하나님께서 일곱째 되는 날을 특별히 구별하여 복 주시고 그 날에 안식하시므로(창2:1-3), 또 애굽에서 종살이 하던 이스라엘을 출애굽 역사를 통해 구원하시고 언약을 맺으시면서 안식일 준수를 친히 명하심으로써(출16:22-30; 20:8-11), 선민 이스라엘은 일주일 중 제7일(토요일)을 안식일로 거룩히 지키게 되었다. 그러던 것이 언약의 완성이신 예수 그리스도의 부활 사건 이후 부활이 있었던 안식일 다음 날(일요일)을 '주의 날'로 선포하고 그날을 거룩히 지키게 되었다.

그 이유는 안식일의 주인이신 예수께서 부활의 첫 열매가 되시어(마12:8; 고전15:20), 창조와 구속의 사역을 완성하시고 모든 인류에게 부활의 참 소망과 안식을 주셨기 때문이다. 더욱이 성령이 강림하신 날도 안식일 이튿날인 주일이었다. 결국 주일에 예루살렘 교회가 탄생한 것이다. 사도 바울도 안식 후 첫날인 주일에 함께 모인 성도와 예배드리고 말씀을 전했다(행20:7).

초대교회 당시는 유대인으로서 기독교로 개종한 이들 사이에서 안식일과 주일을 모두 준수했던 것 같다. 하지만 기독교가 유대교로부터 완전한 단절을 이룬 때부터 기독교인은 오직 주일만을 지키게 되었다. 특히 2세기 초에 기록된 기독교 예배와 교육과 목회의 지침서인 〈디다케〉(Didache)에 따르면, 매 주일마다 모여 함께 예배 드리며 성찬예식을 거행했다고 전한다. 그리고 17세기 영국의 청교도들은 주일을 제4계명의 안식일과 동일시했으며, 율법시대의 안식일처럼 매우 엄격하게 주일을 지켰다고 한다. → '안식일'을 보라.

주일 대예배(主日 大禮拜, **Lord's Day main worship**) 주의 날에 드리는 공예배 가운데 각 교회에서 가장 중심 시간에 드리는 예배. 그러나 이 표현은, 예배에 큰 예배가 있고 작은 예배가 있다는 그릇된 생각을 갖게 만들 수 있다. 따라서 '대예배' 라는 표현보다 통상적으로 쓰는 시간 순서상의 표현인 '1부예배', '2부예배' 등으로 표시하는 것이 좋을 듯하다.

주일성수(主日聖守, holy Sabbath, keep the Sabbath) 주일을 다른 날들과 구별하여 거룩히 지키는 일로서, 이는 기독교회의 교리적 실천 의무 가운데 하나다. 이 주일성수는 성경의 안식일 준수 개념에 근거를 둔다. 즉, 하나님께서 엿새 동안 천지를 창조하신 후 일곱째 되는 날을 거룩히 구별하여 복 주시고 안식하신 것(창2:1-3)과 선민 이스라엘에게 명하신 안식일 준수 명령(출20:8-10)에 근거한다.

■**주일을 거룩히 지키는 일** - ① 주일을 기억하는 것은 하나님의 백성의 당연한 의무다(행20:7; 고전16:2; 계1:10). 엿새 동안 육신의 모든 사업을 계획성 있게 경영함으로 성경에서 가르친 바 주일을 거룩히 함(하나님께 예배함)에 구애가 없게 해야 한다(출20:8-11). ② 주일에 사용될 식품과 기타 필요로 하는 것도 그 전에 미리 준비하고, 이 날에는 가족이나 고용인으로 하여금 공동예배에 참석하는 일과 주일을 거룩히 함에 구애가 되지 않도록 배려해야 한다. ③ 주일 아침에는 개인으로나 가정적으로 자기와 다른 사람을 위해 기도하되 특히 자신이 속한 교회 목사의 말씀 사역이 은혜로운 봉사가 되기 위하여 기도하고(엡6:19), 공동예배 행사에 하나님과 교통하는 은혜가 임하기 위해 기도해야 한다. ④ 경건한 태도로 공동예배를 마친 후에 이날 남은 시간은 신령한 일과 사랑을 행하는 데 사용할 수 있다. 곧, 기도와 묵상, 성경읽기와 성경문답, 신앙문제의 상담과 찬송, 병자 방문과 구제, 전도 등이다. ⑤ 이 날에는 종일토록 거룩히 안식하고 다만 부득이한 일이나 자비를 베푸는 일은 할 수 있다. 그러나 영리를 위한 일이나 육신의 쾌락은 삼가야 한다(출20:10; 사58:13). ⑥ 모든 예배에 정성을 다하여 참석하며 하나님께 영광과 감사를 드려야 한다. ⑦ 예배를 위한 모임에 신자들은 단정한 옷차림과 경건한 태도로 참여해야 한다.

주일예배(主日禮拜, Lord's Day worship) 주님의 날(주일)에 드리는 예배. 예배란, 하나님의 현존을 인지한 인간의 응답을 표현하는 마음가짐과 행위를 가리킨다. 따라서 예배는 드리는 자의 전 존재를 하나님께 굴복시키는 일이다. 또한 예배는 하나님의 거룩하심으로 우리의 양심을 깨우는 것이요 그분의 진리로 우리의 마음을 살찌우는 것이다.

한편, 예배 중에도 주님의 날에 드리는 주일예배는 부활절의 기쁨을 되풀이하는 것이다. 즉, 주일의 모든 공예배에 참석하는 성도는 죽음의 권세를 이기시고 부활하신 주 예수 그리스도의 승리를 축하하고 찬미하며, 오늘 주시는 주님의 말씀을 선포하는 것이다. 특히, 주님의 죽으심과 부활하심에 동참하는 표시로 성찬예식에 참예하는 것은 의미있고 귀한 일이다.

용어상식

주일예배에 임하는 자세

① 주의 날에 드리는 예배는 정한 시간 전에 참석하여 끝까지 참여함이 옳다.
② 하나님을 의식하고 그 앞에서 잠잠히 예배해야 한다(합2:20).
③ 영이신 하나님을 예배할 때에 영과 진리로 예배해야 한다(요4:24).
④ 기쁨과 감사와 찬송으로 온 마음을 다해 하나님을 높여야 한다(시100:2; 엡5:19).
⑤ 하나님의 무한하신 엄위를 의식하면서 자신의 무가치를 느껴야 한다. 그럼으로써 하나님의 용서와 도우심과 받아주심을 간구해야 한다(눅18:13).
⑥ 예배인도자의 읽는 말씀 외에 다른 것에 주목하지 말아야 한다.
⑦ 예배 중에 서로 귓속말이나 상담이나 인사도 삼가야 한다.
⑧ 강단 외에 다른 것을 주시한다든지, 졸든지, 그 밖에 경건치 않은 행위를 자제해야 한다.
⑨ 예배석에 들어온 뒤에는 사적으로 어떤 예배 행위를 따로 취하는 것도 자제해야 한다.

주일 저녁(오후)예배(主日 -禮拜, Lord's Day evening worship) 주일 저녁 혹은 오후 시

간에 드리는 예배. 이 예배는 교회 공동체의 친교와 훈련을 위한 중요한 모임이 된다. 따라서 이 예배는 단순히 주일예배를 반복하는 것이 아니라 그 교회에 속한 신자들의 신앙적 삶을 위해 훈련하는 시간이 되도록 한다. 이때 교회의 각 기관이 주최하는 찬양예배나 헌신예배, 또는 교회의 선교활동을 위한 프로그램을 마련할 수 있다. 그리고, 이 시간을 그리스도와 이 세계, 및 세상 속에서의 그리스도인의 올바른 삶을 공부하는 신앙교육 시간으로 삼아도 좋다.

주일헌금(主日獻金, Lord's Day collection) 주의 날 예배에 참석하면서 준비하여 하나님께 드리는 예물(연보)을 가리킨다. → '헌금', '연보' 를 보라.

주정연보(週定捐補, weekly collection) 일종의 '작정연보' 로, 매 주일마다 일정하게 드리기로 약속한 연보를 말한다. → '연보' 를 보라.

주현절(主顯節, Epiphany) 예수 그리스도께서 이 땅에 오셔서 처음으로 사람들 앞에 모습을 나타내신 날. 즉, 하나님께서 그리스도를 통하여 자신을 스스로 보여주신 은총을 인식하면서 교회의 선교적 사명을 강조하는 절기이다. 일명 '현현절', '공현절' (성공회)이라 한다.

이 주현절은 ① 로마 가톨릭이나 감독교회에서는 예수께서 30세에 세례를 받으시고 처음 공생애를 개시하신 1월 6일로, ② 영국 등 서방교회에서는 탄생 후 동방 박사들의 방문을 받은 날, 곧 탄생 12일 후로 정해 지키고 있다(12일째 라고도 함). 그러나 이 모두 신학적 근거는 다소 미흡하다. 찬송가 부록에는 이때 묵상할 세 편의 교독문이 소개된다(교독문 121, 122, 123). → '교회력' 을 보라.

죽은 자를 위한 기도(- 祈禱, prayer for dead) 유대인들의 신앙관을 반영한 기도로서, 유대인들은 죽은 자들을 위한 기도는 물론 희생제물도 드렸다고 한다. 로마 가톨릭의 연옥설(煉獄說)의 발전은 이 풍습을 더욱 확고하게 만들었고(벧전 3:19-20; 4:6), 이에 따라 죽은 자를 위한 미사로 발전하기까지 했다. 종교개혁 이후 프로테스탄트 교회는 이 같은 전통과 풍습을 철저히 배격했다.

준비 찬송(準備 讚頌, preparation hymn) 찬송은 그 자체로서 하나님께 대한 경배와 찬양이어야 한다. 그런 점에서 '준비' 찬송이라는 표현은 부적절하다. 즉, 준비 찬송이란 표현은 마치 찬송이 무엇을 준비하는 도구이거나 앞으로 닥칠 중요한 시간을 메우기 위한 일종의 액세서리 정도로 전락시켜 버리는 것이 된다. 예배 시작 전에 혹은 찬송을 부르고자 할 때에 단순히 "찬송하겠습니다" 라고 말하는 것이 좋다.

중보기도(中保祈禱, intercession, bidding prayer) 자기 자신을 위한 기도가 아니라 타인을 위한 중재의 기도. 여기서 '중보' (中保)는 일반적으로 적대적인 둘 사이에서 화목의 일을 주선하는 것을 말한다(갈3:20). 성경에서는 하나님과 죄인된 인간 사이의 관계를 회복하는 것을 '중보' 라고 한다.

구약적 표현으로는 '판결자' (사38:14)요, 신약적 표현으로는 하나님과 인간의 깨어진 관계를 회복시켜 주신 '예수 그리스도' 를 가리키는 데 쓰였다(갈3:19-20; 딤전2:5; 히8:6; 9:15; 12:24). 예수께서는 죄인 된 인간과 성부 하나님 사이에 막힌 담을 허시고, 하나님과 인간 사이에 유일한 중보자가 되셨다(엡2:11-22).

그러므로 중보자는 예수 그리스도를 가리키는 호칭으로 성육신과 십자가의 대속의 죽음으로 이루신 그의 구속사역과 화해의 행위를 시사한다(엡1:7; 골1:20; 요일2:12; 4:9). 이처럼 예수께서 유일한 중보자가 되신 것은 신성으로는 성부 하나님과 동일 본질이시고 인성으로는 인간과 같으시되 죄가 없으신 하나님의 독생자이시기 때문이다.

인간은 절대로 중보자가 되지 못한다. 그럼에도 종종 교회 안에서, 심지어는 강단에서까지 '중보 기도' 라는 말을 쓰고 있다. 이는 잘못이다. '중보 기도' 라는 말 대신에 '이웃을 위한 기도', 혹은 '도고' (禱告)라는 표현을 쓰는 것이 바람직하다. → '도고', '이웃을 위한 기도', [1. 교회 일상 용어] '중보', [2 교리 및 신앙 용어] '중보자' 를 보라.

즉석 기도(卽席 祈禱, free or extemporary prayer, spontaneous prayer) 기도문에 얽매이지 않고 기도할 때에 자유롭게(내부에서 자연히 일어나는) 그때그때 즉석에서(물론, 사전에 약간 준비하고 구상할 수는 있지만) 하는 기도를 말한다. 일명 '즉흥(적인) 기도.' 이는 성령 하나님의 인도에 따라 하는 기도로서(롬8:26), 이처럼 즉석에서 자유롭게 기도할 수 있는 능력은 하나님이 주신 은사이다.

즉석 설교(卽席 說敎, **free or extemporary sermon**) 사전에 치밀한 설교 준비나 또 현장에서 노트의 도움 없이 즉석에서 행하는 설교.

직영적 시편창(直詠的 詩篇唱, **Psalmus in directum**) 시편 낭송법 중에서 가장 기본이 되는 창법으로서, 어떤 의미의 부가나 첨언(添言) 등의 변화도 주지 않고 시편 원문을 그대로 노래하는 방법이다.

진중세례(陣中洗禮, **baptism in camp**) 복무 중인 군인이나 경찰 등에게 집단적으로 시행되는 세례식을 가리킨다. → '세례'를 보라.

집례(執禮, **officiation**) 성직자가 예배나 성찬예식 등을 집전하는 일. 특별한 예식을 주관하고 실행함을 뜻한다.
■**집례자**(執禮者, **officiator**) - 예배나 성찬 등을 집전하는 사람(성직자). 결혼(장례)예식 등을 주관하여 일을 진행시키는 사람.

집전(執典, **officiation**) (의식이나 전례 등을) 맡아서 집행하는 일. 특히, 성직자가 예배(미사)를 주관하며 그 일을 진행함을 가리킨다.

차임벨(**chime bell**) 7음계 또는 12음계 음악을 연주할 수 있도록 조율을 한 한 벌의 종들(대개 10-20개)로 이루어진 악기. 초창기에는 봉으로 종을 때리거나 줄을 잡아당겨 연주했었다. 12세기에 들어 건반악기에 연결되어 오르간 연주형태로 연주하기 시작했고, 18세기 말에는 나무 건반을 통해 연주되는 악기로도 개발되었다.

찬미(讚美, **praise, hymns**) 기리어 칭송한다'는 뜻으로, 하나님을 지극히 높이고 찬양하는 노래나 하나님께 영광을 돌리는 행위를 말한다. 일명 '찬양'(눅18:43), '찬송'(엡1:6; 골3:16; 히 13:15). 찬미의 내용은 주로 기독교의 근본 교리들을 중심한 것으로, 하나님의 성호, 거룩한 성품, 삼위일체, 작정과 예정, 창조, 섭리, 보존, 그리스도의 명칭들, 그리스도의 처녀 탄생, 및 대리적 속죄를 위한 고난과 죽음, 육체적 부활, 승천, 재림, 그리고 이신득구(이신칭의), 성도의 중생, 신앙, 회개, 성화, 영화, 헌신, 부활, 최후심판, 영생 복락 등을 소재로 하고 있다. → '찬송'을 보라.

찬미가[1](讚美歌, **hymnal**) 1892년 미국 감리교 선교사들인 존스(G.H. Jones)와 로드와일러(L.C. Rothweiler)에 의해 우리나라 최초로 간행된 찬송가집. 발행처는 미감리회. 그 내용은 번역 찬송으로, 최초에는 30곡의 찬송가 가사를 번역하여 곡조 없는 책(39쪽)으로 엮었다. 그 후 증판을 거듭하여 1895년 3판에서는 81곡, 1899년 5판에서는 176곡, 1902년 6판에서는 205곡으로 증보하였다. → '예배찬송가'를 보라.

찬미가[2](讚美歌, **hymnal**) 한국인이 편집한 최초의 찬송가. 1905년 발행. 편집자는 윤치호(尹致昊), 발행인은 김상만(金相萬). 4×6판 16면에 수록찬송은 15곡. 3년 뒤인 1908년 재판되었다. 1장에 '황제폐하송', 14장에 '애국가'가 실려 있는 것이 특징적이다. 이는, 민속 신앙이 응축된 잔송집이라 할 수 있다.

찬미가[3](讚美歌, **hymnal**) 제7일안식일예수재림교회의 교단 전용 찬송가로 1911년에 발행됐다. 편자는 왕거린(Mrs Theodora S. Wanqerin), 발행자는 오버그(H.A. Oberg). 발행처는 시조사.

찬송(讚頌, **praise, hymns**) 하나님께 감사와 기쁨의 감정을 표현하는 행위(시118:14). 하나님을 높이고 사모하고 기리는 마음 자세의 표현. 혹은 하나님을 예배하거나 그분께 영광을 돌리기 위해 부르는 거룩한 노래나 연주. '찬양'(讚揚), '찬미'(讚美)로도 표현된다.
633년 톨레도 종교회의(the Council of Toledo)에서는 '찬송은 노래로 하나님을 찬양하는 것'(Praising God in song)이라 정의했다. 히포의 주교였던 어거스틴(Augustine, 354-430년) 역시 '찬송이란 하나님을 찬양하는 노래이다. 만일 노래하고 하나님을 찬양하지 아니하면 그것은 찬송이 아니다. 그러므로 찬송은 다음의 세 가지 요소를 포함한다. 첫째는 노래하는 것과 둘째는 찬양하는 것과 셋째는 하나님을 노래하며 찬양하는 것이다'고 했다.

어거스틴은 그의 주석 시편 148편 14절에서 찬송(찬미)의 본질을 세 가지로 언급했다. ① 찬송은 하나님께 노래로 불러야 한다. ② 찬송은 하나님을 찬양해야 한다. ③ 찬송은 하나님께 드려야 한다. 영국의 설교가요 시인이며 언어학자인 트렌치(Trench)는 찬송은 종교적인 노래 특히 그리스도인들이 부르는 노래'라고 했다. 웹스터(Webster) 사전에는 찬송에 대하여 정의하기를 '찬송은 하나님을 찬양 또는 존경하는 노래'(Hymn is a song in praise or honor of God)라고 했다. 결국, 찬송이야말로 하나님께 영광을 돌리는 최상의 방법이요, 길임을 알 수 있다.

■**찬송의 주제** - 구약 시대에는 하나님의 창조 사역이나 탁월한 권능, 이스라엘을 번영케 하시고 선민을 구원하시는 하나님의 거룩한 사역 등을 주제로 했으며(출15장), 신약 시대에는 그리스도의 십자가 구원 사역이나 부활의 능력, 개인과 교회를 통해 역동적으로 전개, 완성되어 가는 하나님 나라의 영광 등을 주제로 하고 있다(엡5:14; 딤전3:16). 성경은 우주에 있는 만물과 호흡이 있는 모든 자들에게 하나님을 찬양하라고 권면한다(시30:4; 66:4; 67:3; 103:20-21; 113:1; 148:3; 150:6; 계4:8; 5:13).

한편, 찬송은 시, 찬미, 신령한 노래를 다 포함한다(엡5:19; 골3:16). 여기서 시는 시편을, 찬미는 기독교 교리(doctrines, 즉 창조, 섭리, 심판, 그리스도의 탄생, 십자가, 보혈 속죄, 승천, 재림, 구원, 영생 등의 교리)를 중심한 찬송을, 신령한 노래는 주로 개인의 신앙 간증과 전도를 중심한 노래를 말한다. 이런 측면에서 시와 찬미는 지적인 면을 더 강조하고, 신령한 노래는 감정적인 면을 더 강조한다고 볼 수 있다.

■**찬송의 이유** - 인간은 왜 하나님을 찬양해야 하는지 또는 왜 유일한 찬송의 대상이 하나님이신지에 대해 성경은 여러 가지로 그 답을 주고 있다. ① 하나님은 거룩하시기 때문이다(출15:11). ② 하나님은 영광이 크시기 때문이다(시138:5). ③ 하나님은 위엄이 넘치시기 때문이다(사2:14). ④ 하나님은 자비로우시기 때문이다(대하20:21). ⑤ 하나님은 선하시기 때문이다(시107:8,21). ⑥ 하나님은 인자하시고 성실하시기 때문이다(시138:2). ⑦ 하나님은 진실하시기 때문이다(사25:1). ⑧ 하나님은 능력과 권능이시기 때문이다(시21:13). ⑨ 하나님은 탁월하시기 때문이다(시148:13). ⑩ 하나님은 광대하시기 때문이다(시145:3). ⑪ 하나님은 놀라운 일들을 행하시기 때문이다(시150:2). ⑫ 하나님은 지혜와 권능이 있으시기 때문이다(단2:20). ⑬ 하나님은 우리를 구원하시기 때문이다(눅1:68-69). ⑭ 하나님은 은혜가 충만하시기 때문이다(엡1:6). ⑮ 하나님은 역사의 주관자이시기 때문이다(롬11:36).

■**찬송의 방법** - 성경에는 다양한 방법으로 하나님을 찬양하는 내용들이 소개되고 있다.

① 입술로(시63:3) ② 영으로(시103:1) ③ 온 마음을 다하여(시9:1) ④ 감사로(시147:7) ⑤ 기쁨으로(시63:5) ⑥ 즐거움으로(대하29:30) ⑦ 지혜의 시로(시47:7) ⑧ 날마다(대하30:21) ⑨ 평생토록(시104:33) ⑩ 항상(시71:6) 하나님을 찬양하라고 권면하고 있다.

찬송가(讚頌歌, praise, hymnal) 성삼위 하나님과 그 행하신 일을 찬양하는 노래. 찬송가의 원형은 '시편'에서 찾을 수 있다. 이 노래들은 초대교회 당시 교회력에 따라 불려지다가 중세 때 교회 음악이 발달하면서 점점 찬양대를 위한 합창곡으로 발전하게 되었다. 그 후 종교개혁을 거치면서 라틴어 풍의 찬송가는 자국어로 번역되었고, 영감을 받은 신실한 신앙인들이 신앙 체험을 시(詩)로 표현한 일반 찬송들이 더하여져 오늘과 같은 형태를 갖추게 되었다. 이외에도 성경에는 시 형식의 많은 찬송들이 나온다. → '예배찬송가'를 보라.

찬송곡(讚頌曲, hymn tune) 찬송 가사의 운율적 시구에 맞추어 붙인 음률로서, 대체로 4성부로 꾸며져 있다. 찬송곡에는 특정 가사에만 적용되는 '고유곡조'가 있고, 다양하고 보편적인 가사에 적용할 수 있는 '공동곡조'가 있다. 중세 시대까지만 해도 단선율의 단조로운 음율로 이뤄졌던 것이, 종교개혁 및 미국과 영국의 부흥기를 거치면서 회중용 찬송으로서의 다양하고 세련된 음율들이 붙여지게 되었다. 20세기에 들어서는 각 나라 각 민족의 고유한 음률까지도 적극 수용하는 활발한 창작 찬송곡들이 등장하게 되었다.

찬송시(讚頌詩, hymn) 초대교회 당시 공적 예배 때에 부르던 찬송. 주로, 시편이 여기에 해당하는데, 특히 시편 113-118편이 많이 불렸다(고전14:26). 이외에 중요한 찬송시를 살펴보면, '모세의 노래'(출15:1-18; 신32:1-43), '드보라의 노래 (삿5장), '한나의 노래'(삼상2:1-10), '다윗의 승전가'(삼하22장), '이사야의 찬송'(사12, 25, 26장), '히스기야의 찬송'(사38:9-20), '마리아 찬가'(눅1:46-55), '엘리사벳의 찬송'(눅1:42-45), '사가랴의 찬가'(눅1:68-79), '시므온의 찬송'(눅2:28-32) 등이 있다.

찬송 인도자(讚頌 引導者, praise leader) 예배 음악을 주관하는 자로서, 예배에서 사용되는 모든 음악에 책임을 맡는다. 찬송 인도자는 전문적인 훈련을 받은 음악가면 좋고 그렇지 못하다 할지라도 음악 일반에 대한 지식(찬송 작가에 대한 이해와 찬송 곡조에 대한 지식 등)과 예배 일반에 대한 지식(특히 찬송가에 내재된 신학적 메시지에 대한 이해 등) 및 경험이 풍부한 자이어야 한다.

찬송 인도자에게 기본적으로 요구되는 바는, ① 경건하고 신령한 영적 생활을 유지해야 한다. ② 교회 지도자와 예배에 대한 비전을 공유해야 한다. ③ 예배 음악에 참여하는 사람들(악기 연주자, 찬양대원, 음향기기 관련자 등)과 깊은 결속력을 가져야 한다. ④ 예배의 내용과 흐름을 잘 이해하고 늘 파악하고 있어야 한다. ⑤ 음악에 대해 끊임없이 공부하고 준비해야 한다. ⑥ 예배에 참여하는 일반 회중에게도 음악적 훈련을 시킬 수 있어야 한다. ⑦ 늘 기도하며 하나님을 섬기는 자세를 잃지 말아야 한다.

찬송책(讚頌冊, hymnal) 찬송가를 수록한 책자. → '예배찬송가'를 보라.

찬송가(讚頌歌, hymnal) 한국 최초의 장로교 감리교 연합찬송가로서 1908년 발행되었다. 편집자는 '재한 복음주의 선교부 통합공의회 찬송가 위원회'이며, 발행처 역시 '재한 복음주의 선교부 통합공의회'였으나 1918년 이후부터 '조선예수교서회'가 발행처가 된다. 그리고 인쇄처는 일본 요코하마 복음인쇄소. → '예배찬송가'를 보라.

찬양(讚揚, praise, hymns) 하나님을 높이고 그 행적을 기리는 말이나 노래 혹은 그 모든 행위(출15:11; 시150:5). 일명 '찬송', '찬미.' → '찬송', '찬미'를 보라.

찬양가(讚揚歌, hymnal) 1894년에 발행된 최초로 악보가 붙은 찬송가. 편자 및 발행자는 언더우드(H.G. Underwood)이며(발행처는 예수성교회당, 국판 128쪽), 117곡의 찬송이 수록되었다(7곡의 한국인 저작 가사가 실려 있음). 서양식 5선 악보가 처음 한국에 소개되었다. 이 찬양가〈찬양가〉는 공인되지 못한 중에 사용되었다. → '예배찬송가'를 보라.

찬양대(讚揚隊, choir) 교회의 예배의식 가운데 연습한 찬송 또는 성곡을 부르는 조직체. 구약시대의 성전 예배에서 레위인으로 구성된 전문적인 음악 봉사자 집단에서 그 근원을 찾을 수 있다(대상9:33). 찬양대는 말씀(preaching)과 성례(sacraments)와 같이 동등하게 하나님의 은혜를 사람들에게 전하지는 못한다. 다만, 하나님의 은혜의 응답이라는 측면에서 노래로써 하나님을 찬미하는 것이다.

찬양대의 주목적은 하나님을 높이고 그분의 역사를 찬양하며 그 이름을 영화롭게 하는 데 있으며, 그 일환으로 하나님을 향한 회중의 찬송을 돕고 조장하기 위하여 회중과 함께 노래하며 회중의 찬송을 인도하고 강화함으로써 예배의식을 더 한층 아름답게 한다. 참고로, 찬양대원은 수도원의 경우와 달리 일반 교회에서는 성직자가 아니라 회중(잘 훈련되고 엄선된)으로 구성된다. → '성가대'를 보라.

찬양예배(讚揚禮拜, hymn service) 통상적인 공예배의 형식에서 벗어나 찬송(노래) 중심으로 진행되는 예배. 찬양대나 찬양팀이 처음부터 마지막까지 주관하여 진행되는 경우도 있고, 찬양대(찬양팀)와 회중이 함께 거룩한 노래를 부르는 형식으로 진행되는 경우도 있다. 음악적 역량이 축적된 교회들에서 여러 형태의 찬양예배를 진행하는 것

찬양율동(讚揚律動, hymn rhythm) 찬양의 리듬에 맞추어 손을 위시한 신체의 일부분을 움직여 추는 단순한 춤. 이에 비해 '워십 댄스'는 좀 더 큰 움직임의 찬양 춤이라 할 수 있다. → '워십 댄스', [1. 교회 일상 용어] '율동'을 보라.

찬양집회(讚揚集會, hymn meeting) 주일의 공예배와는 구별되는 찬양 중심의 모임. 주로, 젊은층을 대상으로 하는 열린 집회 형식을 취하며, 흔히 '경배와 찬양'이라고도 일컬어진다. → '경배와 찬양'을 보라.

찬양팀(讚揚-, music team) 찬양팀은 교회 내의 공예배 이외에 각종 찬양예배를 주관하고 그 진행을 담당한다(노래와 악기 연주). 찬양팀이 하는 일은 주로, 주말(주중) 열린 예배나 특별예배, 각종 집회 등을 계획하고 주관하며, 교회의 다른 영역에 음악과 관련된 예배 자료들을 공급한다.

찬트(chants) 시편이나 송영 성구(誦詠 聖句, canticles) 등의 산문을 낭송하듯이 부르는 짧은 곡. 이는 단순한 곡조(규칙적인 리듬)의 흐름보다 언어의 불규칙적 강세들을 반영함으로 독특한 운율을 형성하며 진행된다. 찬트는 때로 높은 난이도의 기술적 창법을 요하는 부분이 있어 회중이 부르기에는 어렵다. 이를 위해 칼빈은 일반 회중을 위한 운율 시편을 따로 만들기도 했다.
찬트는 각 소절의 중간 또는 마지막에 단성으로 긴 가사를 낭송하는 것이 특징인데, 이런 찬트는 ① 그레고리안 찬트(Gregorian chant)와 ② 성공회 찬트(Anglican chant)로 나뉜다. 그레고리안 찬트는 도입부, 1부 낭송, 중간부, 2부 낭송, 종결부로 꾸며졌고, 성공회 찬트는 도입부 없이 바로 낭송부로 들어가는 것이 특징이다. → '그레고리안 찬트'를 보라.

참회의 기도(懺悔- 祈禱, prayer of confession) 공예배시 '회개의 권면'에 뒤이어 이뤄지는 '참회의 기도'는, 하나님의 거룩한 존전에 서 있는 실존으로서 부끄러운 자신의 모습을 내놓고 하나님의 용서와 회복의 은총을 간구하는 예배 공동체의 고백의 필요성 때문에 실행되는 순서이다. 효과적인 참회의 기도를 위해서는, 정선된 공동 기도문이나 교회력에 맞는 기도문을 참고로 기도하거나, 조용한 중에 예배자들이 합심하여 기도하면 된다.

채플(chapel) ① 큰 교회나 학교, 병원, 개인 저택 내에 부속된 예배당이나 영국 비국교도의 교회당을 일컫는다. ② 대학 등에서 실시되는 예배나 예배의 출석을 말한다. 즉, 미션스쿨이나 신학교에서 학생들의 경건을 위해 의무적으로 드리게 하는 예배를 가리킨다. 기존의 공예배 형태와 찬양 예배의 형태가 섞여 있다.

철야기도회(徹夜祈禱會, vigil, watch night prayer meeting) 잠을 자지 않고 밤을 새우면서 기도하는 모임. 기도에만 전념할 수 있고, 기도와 찬송, 말씀 묵상 등을 포함하여 진행할 수도 있다. 그리고 교회 내에서 정기적으로(금요일 밤 등) 가질 수 있고, 야외(산상) 등에서 비정기적으로 이 같은 기도회를 가질 수도 있다. → '심야기도회'를 보라.

철야예배(徹夜禮拜, watch night service, vigil) 초기 기독교에서 일반적으로 실행되던 한밤중에 드리는 예배로서, 대부분 성찬예식으로 마무리 된다. 철야예배가 초대교회에 등장하게 된 이유는, 주 예수 그리스도의 재림이 밤에 임할 것이라는 믿음(살전5:2) 때문인 것으로 추정된다. 오늘날 '철야예배'라 불려지는 모임 중에는 온 밤을 새우는 경우도 있지만, 많은 경우 교통편 등 신자들의 편의를 좇아서 밤을 새우기보다 늦은 저녁시간에 모였다가 헤어지는 형태로 진행된다.

초대교회 예배(初代敎會 禮拜, Early Church Service) 교회 공동체가 처음 생겨난 A.D.30년경부터 4세기초 기독교가 로마의 국교로 인정받기까지의 기간 동안을 초대교회 시대라고 한다. 이때는 기독교의 경전인 성경이 완성되었고, 교회의 신학과 체제가 확립된 기간으로 기독교 역사상 매우 중요한 시기이다. 그런데 그 당시는 로마 제국의 핍박으로 인해 교회들이 지하로 들어가 신자들이 비밀리에 예배를 드리는 박해의 시기였기에 예배와 관련된 문헌들을 찾기가 쉽지 않다.

그런 와중에 기독교 예배와 관련된 정보를 제공하는 몇 가지 문헌들이 전해져 온다.

① 로마의 주교 클레멘트(Clement of Rome)가 고린도교회에 보낸 편지(A.D.96년경)에서 - 교인들을 권하여 말씀을 읽고, 죄를 회개하고, 그들 중에 계시된 성령을 인정하고, 말씀을 성실히 전파하고, 봉사하는 사람들을 위해 예물을 바쳤다.

② 소아시아 버지니아 총독이었던 플리니(Pliny, 61-114년)가 로마의 트라야누스 황제에게 보낸 편지(A.D.112년경)에서 - 주일 모임은 새벽에 있었고, 여기에 하나님과 그리스도에 대한 찬송이 불려지고, 악을 삼가기 위해 성례전으로써 자신들을 결속한 후 '공동, 무해한' 음식을 먹었다. 이때에 일주일의 제1일인 일요일은 '주의 날'로 불려졌고, 이 날은 기쁨의 날이므로 기도할 때도 꿇어 엎드리지 않고 일어나서 기도했으며 금식도 하지 않았다. 그리고 안식일(토요일)은 점차 주일로 지키도록 장려하였다.

③ 12사도 교훈집(A.D.130년경), 일명 '디다케'(Didache)에서 - 세례는 침례 방식을 취했으나 형편에 따라 물을 적시는 약식도 행해졌다. 세례는 주로 축일에 행했는데 세례자와 수세자는 하루나 이틀 금식을 하면서 준비했다. 또 주의 만찬은 세례받은 자만 참석할 수 있었고, 식후에는 감사기도가 있었다.

④ 저스틴(Justine)이 로마 황제 안토니누스 피우스(Antoninus Pius)에게 보낸 변증문에서 - 저스틴의 자료를 중심으로 초대교회 예배 순서를 재구성하면 다음과 같다. ·〈말씀의 예전〉: 찬송 부름(시편이나 성경의 가사), 성경 낭독(사도들의 언행록과 예언서), 설교(훈계와 권고), 회중의 기도(서서 힘에 지나도록). ·〈다락방의 예전〉: 성찬식(평화의 입맞춤, 떡과 포도주와 물을 인도자에게 가져옴, 성찬식 기도, 아멘으로 응답함, 분배), 헌금(가난한 자와 과부를 도움) 등의 순서이다.

초막절(草幕節, Feast of Tabernacles) 초막을 짓고 거기에 거주하며 지키는 절기. 출애굽 당시 광야 생활 40년 동안 지켜 주신 하나님의 은혜를 기념하기 위해 히브리 종교력으로 7월 15일부터 1주간 지켰다(민29:12-40; 신16:13). 일명 '장막절'(요7:2). 초막절은 농사철이 끝나고 곡식을 저장하는 시기에 지켜졌으므로 추수감사절의 성격도 지녔다. 그래서 '수장절'로도 불렸다(출23:16). 이날에는 노동이 금지되었고, 첫날과 마지막 날에는 성회가 열렸으며, 매일 화제(火祭)를 드렸다(레23:34-43). '유월절', '칠칠절'(오순절)과 더불어 이스라엘 3대 절기 중 하나다(출34:22).

촛불예배(- 禮拜, candlelight service) 촛불을 켜 놓고 엄숙한 분위기 속에서 드리는 특별예배를 가리킨다. 기독교에서 공식적으로 인정하는 예전은 아니지만 오래 전부터 전해내려오는 전통으로서, 특히 성탄절 전날 밤의 촛불예배와 고난주간의 세족식을 겸한 목요일 저녁의 촛불예배, 부활절의 촛불예배 등을 들 수 있다. 여기서 촛불은 세상의 빛으로 오신 예수 그리스도를 상징하는 상징물로 쓰여진다(요1:9-11).

총동원주일
(full mobilization day)

'총동원주일'(總動員主日)은 '총동원전도주일'이 정식 명칭이다. 총동원주일은, 교회에 다니지 않는 사람이나 오래 동안 교회를 떠나 있는 형제·자매들을 불러 모아 그리스도의 사랑과 생명(구원)의 도를 전하는 기회로 삼는 날이다. 총동원주일에 앞서 교회는 치밀한 계획을 수립하고, 성도 개개인에게 적절한 동기를 부여하며, 특별기도회를 통해 확신을 갖게 하고, 또한 교역자들의 열심있는 독려 심방과 그날을 위해 알맞은 설교 내용을 준비하는 일이 필요하다. 물론, 개인적으로는 전도대상자에 대한 관심과 기도가 더욱 요청된다.

총동원주일을 통해 얻는 유익은, ① 교인들의 귀속감이 고취되며, ② 성도 각자의 전도에 대한 자신감이 충만해지고, ③ 그와 더불어 교회에 대한 주변 인식이 변화하고, ④ 다수 결신자들을 얻음으로써 교인 증가의 기쁨을 얻게 된다. 총동원주일 후 교회는 수확한 새로운 영혼의 관리 문제(결신 및 양육)와 다른 교회 성도 영입에 따른 목회 윤리적 문제 등을 해소하는 일이 뒤따르게 된다.

최초의 공식예배(最初- 公式禮拜, the first

formal service) 1882년 한미조약 체결로 이 땅에 선교사들의 입국이 허용되었고, 그 결과 1884년 미국 북장로교회 파송 선교사이자 의사인 알렌(Horace Newton Allen, 1858-1932년, 한국명, 곽안련)의 입국을 시작으로 그 이듬해부터 여러 선교사들이 들어왔다. 그들은 주로 의료사업과 교육사업을 통해 한국민으로부터 신임과 환영을 받았다. 그러나 기독교 포교는 금지된 상태였다.

그럼에도 선교사들은 합법적으로 포교할 날을 기다리면서 기도로 준비하고 있었다. 그리하여 결국, 한미조약에 의해 한정적이나마 종교적 자유를 얻게 되었다. 즉, 서양인들을 위한 외인(外人) 예배를 드릴 수 있으되, 지정된 거주지에서만 허용되었던 것이다. 그리하여 1885년 6월 25일 주한 선교사들은 알렌의 집에서 최초로 주일 집회를 가졌다. 외국 선교사에 의한 것이기는 하나 한국 땅에서 최초로 드린 공식 주일예배였다.

알렌은 그날을 이렇게 기록했다. "오늘 저녁 식사 후 오후 8시에 우리는 최초의 공식 예배를 한국 땅에서 드렸다. 여기에는 헤론 부부, 스크랜튼 의사의 어머니, 또 나와 나의 아내가 참석하였다."

최초의 성찬예식(最初- 聖餐禮式, the first communion service) 한미조약 이후 선교사들이 합법적으로 입국하여 합법적으로 전도하였다. 그리고 1885년 6월 25일 주한 선교사들은 알렌 의사의 집에서 최초의 주일 집회를 가졌고, 그해 10월 11일에는 최초의 성찬예식이 거행되었다.

그 자리에는 재일본 미국성서공회 총무인 루미스(Henry Loomis) 목사도 참석하였다. 1886년 4월 25일 예배 시에는 스크랜튼 의사와 아펜젤러 목사의 어린 딸들이 한국에서 최초의 개신교 유아세례를 받았다.

그해 7월 23일에는 선교사와 같이 일반 외국인들도 주일예배에 참석하기 시작했으며, 미국 공사인 파커(William H. Parker)의 호의로 미국 공사관 건물을 예배처로 사용하게 되었다.

추도예배(追悼禮拜, memorial service) 일명 '추모예배.' → '추모예배'를 보라.

추모예배(追慕禮拜, memorial service) 죽은 사람을 생각하며 하나님께 드리는 예배. 추모예배에 대한 생각을 정리하면 다음과 같다.

① 추모예배는 가족과 친척들이 고인(故人)을 사모하며 베푸신 하나님의 은혜를 생각하고 예배하는 것이므로 좋은 일이다.

② 추모예배는 고인이 별세한 날, 생일이나 기념일에 저녁 등 적당한 시간에 찬송, 기도, 성경읽고 말씀 전하며, 주기도문 순서로 예배드리면 된다.

③ 가족끼리 모여 예배함이 좋으나 교역자나 장로를 초청하여 집례할 수도 있다.

④ 추모예배에 음식상을 차리지 않으며, 예배가 끝난 후 준비한 음식을 나누거나 식사하며 교제할 수 있다. 이때에 하늘나라에 대한 소망을 품고 살 것을 서로 격려하며 친교의 시간을 가진다.

추수감사절(秋收感謝節, Thanksgiving Day) 한 해의 수확을 끝내고 지금까지 베풀어 주신 하나님의 은혜에 감사드리는 절기. 미국으로 이주한 청교도들이 1621년 가을 플리머드에서 행한 것이 기원이다. 한국교회에서는 1904년에 처음으로 추수감사절이 지켜졌고, 1914년에 와서 11월 셋째 주일로 정해져 오늘에 이르고 있다. 추수감사주일에는 주로 587-594장의 찬송이 많이 불리며, 교독문 105-107편도 묵상하기 적합하다.

축도(祝禱, benediction) 라틴어 '베네디시테' (benedicite)에서 유래한 말로서 '베네디케레' (benedicere)의 2인칭 복수 명령형 '베네' (bene, 'well'이란 뜻)와 '데케레' (decere, 'say'란 뜻)의 합성어로 '행복을 빌다' (wish well to), '축복하다' (bless)는 뜻을 지닌다.

그리스도께서 세우신 공회에서 장립받은 목사가 예배 끝 순서에 두 손을 높이 들어 하나님을 대표하여 성부와 성자와 성령의 이름으로 회중을 향해 하나님의 은총과 복을 선포하는 기도이다. 축도는 축복기도(祝福祈禱, 축복하는 기도)의 준말로서 '축복'이라고 표현할 수 있다. 일각에서는 '축도'는 잘못이고 '축복'이라 표현해야 한다는 주장이 있다(→ [7. 올바른 용어] '축도'를 보라).

통상적으로 공식 예배 때마다 행해지는 축도는 사도 바울의 축도문 즉, "주 예수 그리스도의 은혜와 하나님의 사랑과 성령의 교통하심이 너희 무리와 함께 있을지어다"(고후13:13)의 문안을 사용하고 있다. 이 선언은 살렘 왕 멜기세덱의 모범(창

14:19)과 구약 민수기에 등장하는 아론의 축복 즉, "여호와는 네게 복을 주시고 너를 지키시기를 원하며, 여호와는 그의 얼굴을 네게 비추사 은혜 베푸시기를 원하며, 여호와는 그 얼굴을 네게로 향하여 드사 평강 주시기를 원하노라"(민6:24-26)에서 유래한 것이다.

한국 교회에서는 전통적으로 바울의 축복선언을 인용하고 있으나, 루터교회 등 서구 교회들에서는 아론의 축복을 많이 사용하고 있다.

축도송(祝禱頌, **Benedictus**) 목사가 축도 후에 부르는 응답의 찬송. 즉, 신적인 권위에 의한 목사의 축도 뒤에 하나님의 은총과 복을 받은 성도가 하나님께 감사하는 것으로서, 찬양대가 대표해서 부르게 된다. 이때 부르는 노래의 주제는 '대 아멘'(Great Amen)이다.

축복[1](祝福, **benediction**) → '축도'를 보라.

축복[2](祝福, **blessing**) → [1. 교회 일상 용어] '축복'을 보라.

축복기도(祝福祈禱, **benediction**) 하나님께 세움받은 목회자가 성삼위 하나님의 이름으로 복을 선포하는 행위. 일명 '축도.' 아론의 기도(민6:23-26)와 고린도 교인을 향한 사도 바울의 기도(고후13:13)에 근거한 것으로서 '강복'(降福) 혹은 '축복'이라고도 한다. 엄격히 말하면 기도라기보다는 선포요 명령이라 할 수 있다(기도는 반드시 중보자이신 예수님의 이름으로 해야만 한다). → '축도'를 보라.

축사(祝謝, **eucharist**) '감사'라는 뜻의 헬라어 '유카리스티아'에서 유래한 말. 예수께서 최후 만찬 때에 떡과 잔을 나누기 전에 하나님께 감사하신 일을 가리킨다(마26:26-27; 고전11:24).

축일(祝日, **a feast day, a festival day**) 공식적인 예배의 기회가 되는 유대교의 신성한 축제일. 일명 '절기.' 대표적인 축일로, 유월절(무교절), 칠칠절(오순절), 나팔절(신년절), 속죄일, 장막절, 수전절, 부림절 등이다. 참고로, 로마 가톨릭에서는 하나님과 구세주, 성인(聖人)들에게 특별한 공경을 드리기 위해 교회에서 정한 날을 '축일'이라 부른다.

취임식(就任式, **inauguration day**) 항존직원이 아닌 임시직원(서리집사, 권사 등)에게 직책을 부여하고 직무를 맡기는 예식. 즉, 각 직책에 직무를 부여하여 임무를 개시하는 예식을 말한다. → [3. 행정 및 교육 용어] '취임, 취임식'을 보라.

칠순절(七旬節, **septuagesima**) 부활절 전 70일째 되는 날. 로마 가톨릭의 교회력에서 사용하는 절기로서, 사순절 금식의 연장선상에서 지키는 절기. 이 날부터 전례상 자주색 제의를 입고 성주간(聖週間)까지 계속 착용하며, 특히 성무나 미사에서 '할렐루야'라는 말을 사순절 끝까지 사용하지 않는다.

침례(浸禮, **baptism**) 물에 몸을 잠그는 의식. 그리스도를 구주로 고백하는 사람의 몸을 물 속에 완전히 잠그는 기독교 입교의 한 형태(마3:1 난외주). 기독교에 입교하는 공식적인 인증 의식에는 ① 머리에 물을 붓거나 떨어뜨리는 '세례'와 ② 온몸을 물에 잠그는 '침례'의 두 형식이 있다.

'침례'는 로마서 6:3-11을 근거로 한 초대교회의 일반적인 의식으로서 중세 시대까지 주류를 이루었다(행2:41). 이 역시 세례와 마찬가지로 그리스도와 함께 죄에 대하여 죽고(행2:38), 예수 그리스도로 말미암아 새 생명으로 다시 태어나는(롬6:3-5) 그리스도와의 연합을 상징하는 의식이다(갈3:26-27). 오늘날 침례교회 및 오순절 계통의 교회 등에서 실행된다. 한편, '세례' 역시 초대교회로부터 시작되었으며 종교개혁 이후 기독교에서 보편화된 의식이다. → '세례', [5. 교파 및 역사 용어] '침례교'를 보라.

침례탕(浸禮湯, **baptistery**) 침례를 위해 약 1m 깊이의 물(보통 체온에 무리가 되지 않는 적절한 온도)을 담은 물통으로, 예배당의 전면(前面), 강대상의 후면에 위치한다. 이 침례탕은 예수 그리스도의 죽음과 장사 및 부활을 끊임없이 생각나게 하는 것으로서, 예수를 주님으로 믿는 사람이 하는 서약(commitment)의 한 가시적 상징물이다. 침례탕에 입수할 때는 침례를 베푸는 주례자나 침례를 받는 자 모두가 침례복을 착용해야 하는데, 침례복을 입고 물 속에 잠김으로써 그리스도를 통한 완전한 속죄와 거듭난 새 사람으로서의 탄생을 믿고 고백하게 된다.

칸타타(Cantata) 오라토리오의 일부분의 내용들을 작곡하여 합창과 솔로가 같이 부르는 합창곡을 말한다. 칸타타는 17세기 초 이탈리아에서 생겨난 성악곡의 한 양식으로 관현악을 연주하며 부르는 합창곡이다. 합창과 함께 독창, 이중창, 삼중창, 또는 그 이상의 많은 단원으로 구성된 중창들이 함께 진행된다. 독일의 오르간 반주자이자 위대한 작곡가 바하(Bach)는 200곡 이상의 칸타타를 작곡했는데, 그중에서도 '미사 B단조'(Mass in B Minor)와 '마태 수난곡'(St. Matthew Passion)이 가장 훌륭한 작품으로 인정받고 있다.

칸티클(Canticles) 성경 내용을 소재로 한 소곡(小曲) 형식의 찬가를 가리킨다. 이는 라틴어 '칸티쿨룸'(canticulum, '작은 노래' 란 뜻)에서 유래한 것으로, 시편 이외의 신구약 성경구절로 만든 노래를 통칭하는 말이다. 특히, 그리스도 공생애와 초대교회 시대에 형성된 신약성경에서 인용된 노래를 'Greater Canticles', 기존 구약성경에서 인용된 노래를 'Lesser Canticles' 라 부른다.

크리스마스(Christmas) 예수 그리스도의 탄생 기념일(12월 25일). 기름 부음 받은 자' 곧 '하나님께서 구별하신 자', '구주'(救主)라는 뜻의 '그리스도' 와 예배를 가리키는 '미사'(Mass)가 결합된 단어로서, '구주를 위한 예배', '그리스도를 (그리스도의 오심을) 축하하는 예배' 라는 뜻이다. 일명 '성탄절', '탄일'(誕日), '구주 탄신일'(救主誕辰日). → '성탄절' 을 보라.

크리스마스 씰(Christmas Seal) 결핵 환자를 지원하고 결핵 퇴치 사업의 재원을 마련하기 위한 모금 운동의 일환으로 고안된 우표 모양의 증표.

이것을 처음 시작한 사람은 덴마크의 한 우체국 서기 아이나르 홀보엘(Einar Holboell)이다. 1903년 코펜하겐 우체국에서 크리스마스 카드에 스탬프를 찍으면서 폐결핵을 앓고 있는 어린이들을 생각하였다. 크리스마스 때에 수많은 카드를 보내고 있으니 그 때 보통 우표를 붙인 옆에 폐결핵을 앓는 어린이들을 위해 한 푼 짜리 크리스마스 우표를 사서 함께 붙인다면 상당한 금액을 모을 수 있지 않을까, 그렇게 해서 얻은 돈으로 폐결핵을 앓는 어린이들을 위해 병원을 지으면 좋겠다고 생각하였다.

그는 이런 뜻을 코펜하겐 우체국장에게 말하였고, 우체국장은 다시 덴마크 국왕에게 그 계획을 설명하여 쾌히 승락을 얻었다. 이리하여 1904년 덴마크에서 처음으로 크리스마스 씰을 만들어 보통우표와 함께 편지나 카드에 붙이게 되었다.

한국에서 크리스마스 씰을 처음 고안하여 발행한 사람은 미국 감리교회 소속 의료선교사인 셔우드 홀(Sherwood Hall) 박사였다.

그는 1928년 10월 27일 황해도 해주에 결핵요양원을 설립하고 한국 최초의 현대식 전문 결핵병원을 운영하였다. 1931년 그가 안식년 차 미국에 머물고 있을 때, 1907년 미국에서 결핵 크리스마스 씰을 창안한 바 있는 미국 결핵협회의 바셀을 만나 그 방법을 배웠다.

한국에 돌아온 셔우드 홀 박사는 1932년 우리나라 국보 1호인 남대문을 소재로 한 크리스마스 씰을 발행하였다. 이후 1940년에 일제에 의해 추방될 때까지 9차례에 걸쳐 크리스마스 씰이 발행되었다. 1953년 대한결핵협회가 창립되면서 색동 저고리를 입은 소녀를 소재로 한 크리스마스 씰이 다시 발행되었고, 현재까지 매년 크리스마스 씰을 통한 모금 운동이 전개되고 있다.

크리스마스 촛불(Christmas candlelight) 기독교에서 촛불을 사용하는 것은 '예수 그리스도는 세상의 빛' 이라는 상징성을 담고 있다. 시몬은 아기 예수를 가리켜 '이방을 비추는 빛' 이라고 했다(눅2:32). 중세기 유럽에서는 크리스마스 촛불이라는 굉장히 큰 초를 만들어서 축하식에 켜고 1월 6일까지 매일 밤 켰다.

독일에서는 루터(Martin Luther)가 처음으로 크리스마스 때 성탄목에 밀초를 달아 놓고 불을 켰었다. 아일랜드 사람들은 촛불을 켜서 유리창 가까이 놓아두고 성탄 밤에 예수께서 가만히 들어오시기를 바라는 마음으로 문을 열어 놓고 자는 일이 있다. 스칸디나비아 반도에 있는 나라들에서는 크리스마스 저녁 때 각 가정의 어머니가 촛불을 켜고 자녀들은 크리스마스 트리를 둘러 서서 성탄노래를 부른다. 노르웨이 사람들은 성탄 촛불에는 특별히 하나님의 복이 함께하는 줄로 믿는다. 덴마크에서는 아내와 남편을 상징하여 두 개의 촛불을 식탁에 켜놓는다. 스웨덴 사람들은 언제나 크리스마스 때에 촛불을 많이 켠다. 불가리아 농부들은 적은 초에 불을 켜들고 외양간으로 가서 "아기 예수께서 나셨으니 너희들도 복 받아라"고 구주께서 탄생하신 것을 전해준다. 미국에서는 촛불예배가 널리 행해지고 있고 특히 촛불찬양대는 널리 유행되고 있다.

크리스마스 캐럴(Christmas carol) 크리스마스 때에 부르는 노래를 '캐럴'(carol)이라고 한다. 그 뜻은 옥스퍼드 캐럴 책에 정의하기를 '단순하고 유쾌하고 유행되는 현대적이며 종교적인 노래'라고 했다. 찬송가와 비교해 보면 찬송가는 좀 더 경건하고 신학적인 요소를 지닌 데 비해, 캐럴은 보다 평민적이며 보편적인 성격을 지닌 성가라고 할 수 있다.

크리스마스 캐럴을 부르기 시작한 것은 129년 로마 감독 텔레스 포러스가 교인들에게 크리스마스 때 교회에 모여서 부르게 한 '존귀하신 하나님께 영광 돌리세'라는 노래에 기원한다. 이것이 교회에서 크리스마스 때 부른 캐럴의 시작으로 알려지고 있다. 그 후 계속해서 교회에서 크리스마스 캐럴을 불렀으며 8세기에는 '아기 예수 나셨으니 그의 이름을 널리 전하세'라는 노래를 많이 불렀다. 캐럴 작가 중 가장 유명한 이는 '성 프란시스'다. 그는 1224년 그가 끄레치아에 꾸며놓은 예수 탄생 광경을 둘러싸고 제자들과 함께 아기 예수를 찬양하는 노래를 불렀다고 한다. 14세기에 이르러는 당시 흔히 유행되던 성극 막간에 캐럴을 불렀다.

캐럴이 제대로 성격을 갖추어 일반에게 불리기 시작한 것은 15세기 때였다. 이 시기는 휴머니즘 시대이며 빌라드가 출현하는 시기이다. 이때에 캐럴 작가는 음악에 조예가 있고 학식 있는 성직자들이 많았으므로 캐럴은 예술적으로나 신앙적으로 한 단계 올라서는 시대라고 할 수 있다. 현대에 이르러 크리스마스 캐럴 합창은 교회나 학교나 가정에서 없어서는 안 될 중요한 크리스마스 행사 중 하나가 되었고 크리스마스를 더욱 즐겁게 만들어 주고 있다.

키리에(Kyrie) '키리에'('오! 주님'이라는 뜻)는 로마 가톨릭교회와 성공회에서 미사 집례시에 드리는 짧은 기도인 '키리에 엘레이손'(Kyrie Eleison, '주님! 우리를 불쌍히 여기소서'라는 뜻의 기도문)을 말한다. 4세기 후반에 미사에 사용되기 시작했고, 529년 베종교회회의 때 이 기도문을 이탈리아는 물론 프랑스에서도 사용하도록 결정했다. 그리고 6세기 말에는 '키리에 엘레이손'과 함께 '크리스테 엘레이손'(Christe Eleison, '그리스도여! 우리를 불쌍히 여기소서'라는 뜻)도 병행하여 사용하도록 했다.

그리스 정교회나 로마 가톨릭에서는 미사의 첫 머리에 이를 외우며, 성공회에서는 십계명에 대한 응창(應唱)에 쓰인다. 20세기 들어 미사 용어가 자국어로 변환되는 상황에 발맞추어 우리나라에서도 '주여, 우리를 불쌍히 여기소서'라고 번역해 사용하고 있다.

통성기도(洞聲祈禱, concerted prayer) 여럿이 공동의 기도 제목을 두고 목소리를 합하여 함께 하는 기도. → [1. 교회 일상 용어] '기도', '통성기도'를 보라.

통일찬송가(統一讚頌歌, unity Hymnal) 1976년 한국찬송가위원회와 한국찬송가합동추진위원회가 찬송가통일위원회를 구성하여('한국찬송가공회'로 발족시킴) 1983년 11월 20일에 발간한 찬송가를 말한다. 수록곡은 558곡. 이 찬송가는 합동찬송가(1949년), 새찬송가(1960년), 개편찬송가(1967년)를 합친 그야말로 통일찬송가이다. 여기에는 약 80% 이상이 영국과 미국 찬송이 번역 수록되었고, 19세기에서 20세기 사이에 만들어진 복음찬송이 260여 곡, 한국인에 의한 찬송이 17곡 포함되어 있다.

파송예배(派送禮拜, dispatch service) 교회나 특정 단체가 교회 밖으로 선교사나 교역자를 특별한 사명을 맡겨 특정한 지역으로 파송할 때에 드리는 예식.

폐회(閉會, the closing) 집회 또는 회의를 마

침. 공식 예배의 모든 순서를 마치는 일. 이때에 목사가 하나님을 대신하여 축복(축도)하고 폐회하게 된다(고후13:13; 엡3:20-21; 살후2:16-17; 히 13:20-21; 민6:24-26). 참고로, 회의가 아닌 예배라는 측면에서는 '폐회' 라는 말보다 '예배를 마치다' 는 표현이 적절하다. →[7. 올바른 용어] '기도로 폐회합니다' 를 보라.

하관예배(下棺禮拜, funeral service, a coffin into the grave service) 장례예식의 일환으로, 시신을 묻을 때 관을 무덤의 구덩이에 내려놓거나 화장(火葬) 후의 유골을 땅 속에 묻을 때 드리는 예배.
하관예배와 관련한 유의사항은 ① 묘역을 하관 시간 이전에 미리 준비해 놓도록 하고 영구차가 도착하면 바로 하관하도록 한다. ② 관을 바르게 하관하여 안치해 놓고 예배를 드린다. ③ 하관예배 후 취토(取土)는 집례 교역자, 상주와 유족, 조문객 등의 순서로 진행한다. ④ 하관예배와 취토 후 유족 중 한 명은 분묘작업을 확인한다. ⑤ 하관예배와 취토가 끝나면 조문객들은 식사를 하고 귀가한다. ⑥ 화장 시에는 부득이한 경우 외에는 시신이 화장로에 입고되기 이전에 예배실이나 차에서 하관예배를 드리고 입고 시에 유족을 위로하고 돌아온다. → '장례식' 을 보라.

학습(學習, catechumenate, baptism class) 신앙의 입문자로서 세례를 받기 전에 신앙의 기본도리를 교육받도록 하는 의식. 즉, 원입인(신입교인)이 예수를 믿기로 작정하고 세례를 받기 전 일정한 기간 교회생활에 필요한 교육을 이수한 때에 당회가 그를 심사하여 학습문답(그의 신앙정도를 심사하는 기독교 신앙의 기본적인 문답)을 하는 일. 이 절차를 거친 후 교회 앞에 이를 공포함으로써 그 교회의 정식 학습교인(학습인, 학습자)이 된다. →[3. 행정 및 교육 용어] '신급' 을 보라.

합동세례(合同洗禮, a joint baptism) 다수의 세례자와 수세자(受洗者)가 참여하는 집단 세례예식을 가리킨다. 주로, 군대나 학교, 교도소 등 대규모의 인원으로 구성된 집단에서 행해진다. '합동세례식' 이라는 집단적 형태의 세례식이 생겨난 것은 1970년 초부터 시작된 전군신자화운동(全軍信者化運動)의 일환으로, 대한예수교장로회 합동측 소속 군목이었던 이상강 목사에 의해 군복무 중인 장병들을 대상으로 세례식을 베풂으로써 처음 실시되었다. → '세례' 를 보라.

합동찬송가(合同讚頌歌, Hymnal) 1949년 장로교·감리교·성결교의 찬송가 합동위원회가 신정찬송가(1931년), 신편찬송가(1935년), 부흥성가(1930년)를 통합한 찬송가. 부록에 성경 교독문을 첨부하여 〈찬송가〉라는 이름으로 1949년 발행. 이 찬송가는 한국 기독교 사상 처음으로 한국인의 손으로 편집하여 통일된 찬송가를 발행했다는 데 그 의의가 있다. 특히, 한국인에 의한 작품(1곡의 작곡, 5편의 작사)이 실렸다는 데 그 의미하는 바가 크다. 이 찬송가는 1962년 〈새찬송가〉와 1967년 〈개편찬송가〉가 나올 때까지 무려 20만부나 출판되었다.

합심기도(合心祈禱, unity prayer) → [1. 교회 일상 용어] '기도', '합심기도' 를 보라.

행렬성가(行列聖歌, processional Hymn, choral Introit) 예배 집례자(찬양대가 함께할 수도 있음)의 예배 처소 입장에 맞추어 부르는 '입장찬송' 을 가리킨다. 일명 '행렬송' (行列頌).

향심기도(向心祈禱, contemplation prayer) 주로 천주교에서 가르치는 기도로서, '초월 명상에 기독교의 옷을 입혀놓은 것' (Fr. Finbarr Flanagan)이라 할 수 있다. 일명 'CP', '관상기도.' → '관상기도' 를 보라.

헌금(獻金, offering, collection, contribution) 하나님께 예물(돈)을 바치는 일. 헌금은 우리 인간의 삶 전체가 하나님의 풍성한 은혜로 말미암아 지배되고 있는데 이 은혜를 감사하는 표현으로 드리는 것이다. 헌금은 받은 바 은혜에 대한 감사일 뿐 아니라 바친 헌금이 성별되어 하나님 사업을 위해 쓰이는 것에 대한 감사이기도 하다. 즉, 하나님의 은총에 대한 감사와 사랑이 넘쳐 자발적으로 하나님이 하시는 일에 동참하는 기쁨의 표시가 곧 헌금이다.
1940년대까지는 '연보' 라는 말을 주로 사용하였

으나 그 뒤로는 '헌금'(혹자는 현금이라고 하는데 잘못된 것임)이란 표현이 많이 사용된다(때로 '헌납'이라고 표현하기도 한다). 이 헌금 드리는 일을 '봉헌', '봉헌물', '예물 봉헌'이라고 표현하기도 한다.

헌금에 대한 역사를 살펴보면, 초대교회 때는 성찬에 쓸 떡과 구제를 목적으로 물질을 바치는 일이 있었다. 그러다가 4세기에 들어와서 교회의 운영을 위하여 자발적으로 헌금이나 헌물을 하게 되었다. 오늘날과 같이 예배의 예전(禮典)으로 예배 순서에 헌금이 들어가기는 11세기에 들어와서다. 헌금의 용도는 교역자의 생활이나 교회의 유지 및 구제와 선교 등을 위하여 쓰였다. → '연보', '봉헌', '봉헌예물'을 보라.

헌금의 종류

교회 안에서 하나님께 드려지는 헌금에는 다양한 종류가 있다.
① 매주일 예배시에 드리는 '주일헌금'.
② 소득의 1/10을 드리는 '십일조헌금'.
③ 하나님께 드릴 것을 먼저 약속하고 정기적으로 드리는 '약정헌금'(주정헌금, 월정헌금).
④ 하나님의 시광과 돌보심에 대한 감사의 표시로 드리는 각종 '감사헌금'(생일감사헌금, 심방감사헌금, 부흥회감사헌금, 특별감사헌금, 일반감사헌금 등).
⑤ 각 절기나 특별주일마다 드리는 '절기감사헌금'(부활절헌금, 맥추감사헌금, 추수감사헌금, 성탄절헌금 등).
⑥ '특별주일헌금'(성서주일헌금, 평신도주일헌금, 신학교주일헌금 등).
⑦ 각종 '의무헌금'(총회주일헌금, 세례교인헌금 등).
⑧ 이외에도 '부서별헌금', '속회(구역)헌금', '은급헌금', '선교헌금', '헌신예배헌금', '건축헌금' 등이 있나.

헌금기도(獻金祈禱, contribution prayer) 하나님께 헌금을 봉헌하면서 드리는 기도. 일명 '봉헌기도'라고도 한다(하나님께 드린다는 의미에 무게를 두고자 한다면 '헌금'보다는 '봉헌'이라는 용어가 더 적절하다). 예배 순서에 따라 하나님께 헌금을 하고 감사와 드린 헌금의 모든 주권을 하나님께 의탁하는 기도.

즉, 이 기도는 우리에게 주신 하나님의 선물들에 대한 감사의 말과 우리가 받은 선물들을 사용하는 데 대한 언급, 일반적인 청지기 직분에 관한 내용들(물질뿐 아니라 시간, 재능 등)을 포함하는 것이 좋다. 주로, 예배 인도자인 목사가 기도한다.

헌금위원(獻金委員, contribution committee) 주일예배시에 하나님께 드린 헌금을 관리하거나 봉헌의 의식적인 면을 강조하기 위해 봉헌 시간에 헌금을 들고 예배 인도자인 목사에게 그 헌금을 전달하는 일까지 감당하는 사람을 말한다. 주로, 교회의 집사들이 이 일을 맡아 수행한다.

헌금응답송(獻金應答頌, contribution response) 헌금위원이 회중을 대표하여 하나님께 헌금을 드린 후에 찬양대가 예배 공동체를 대표하여 화답하는 것으로, 드린 예물(헌금)을 하나님께서 기쁘게 받으시기를 바라는 내용의 찬송을 주로 부른다. 대표적인 찬송이 찬송가 633, 634장이다.

헌금함(獻金函, treasury) 예루살렘 헤롯 성전 내 여인의 뜰 벽쪽에 마련되어 있던 성전 헌금궤. 일명 '연보궤'(막12:41-43; 눅21:1). 성전에 가져온 기부금이나 세금 등을 수집하는 모금함(또는 그것을 보관하는 저장소).

유대인의 구전 율법인 '미쉬나'(Mishnah)에는, 헌금함이 열세 개 있었는데, 그 중 여섯 개는 자원예물, 다른 일곱 개는 각각 성전에 필요한 것과 빈민 구제 등의 헌금 목적이 씌어져 있었다고 한다. 오늘날은, 예배당 입구에 놓여 있는 헌금을 넣는 상자를 가리킨다. → '연보함'을 보라.

헌납(獻納, collection, contribution, offering) 예배시에 드리는 예물의 봉헌을 '헌납'이라고 표현하기도 한다. '헌금'으로 통일하는 것이 좋을 듯하다. → '헌금'을 보라.

헌당식(獻堂式, church dedication) 교회 건축이 끝났을 때에 드리는 감사와 다짐의 예배. 즉, 교회당(예배당)의 헌당식은 신축된 건물이 완공되고 일체의 부채(빚)를 정리한 다음 온 교회가 함께 예배드리고 함께 충성을 다짐하는 것을 말한다. 일명 '헌당예배'라고도 한다.

헌당식의 주례는 그 교회의 담임목사가 담당하는 것을 원칙으로 한다. 헌당식의 절차는, 그 교회 당회에서 교회 실정에 맞게 하되, 건축위원회 경과보고와 열쇠봉헌 등의 순서를 삽입할 수 있다. 이 같은 헌당식은 주례자의 공포(公布)로 그 효력을 발생한다. → '교회 봉헌식', '봉헌식', '입당감사예배'를 보라.

헌신예배(獻身禮拜, devotion service) 교회 내 어느 부서나 단체에서 하나님과 주님의 몸 된 교회를 위한 헌신과 충성을 다시 한 번 다짐하는 마음으로 드리는 예배. 헌신예배에 임하는 부서(단체)는 그 예배에 대한 전반적인 부분에 봉사하게 되는데, 예를 들면 설교는 담당교역자가, 사회나 대표기도, 헌금, 헌금송, 찬양 등 모든 부분에서 그 부서가 맡아서 헌신하게 된다.

참고로, 초기 한국 교회에서는 헌신예배를 드릴 때 서기가 회원을 호명하면 일어나서 성경구절을 암송하였다. 제일 많이 암송한 구절은 요한복음 3장 16절이었다(장로교 선교부에서는 600 요절을 정하고 암송하게도 함).

오늘날에도 헌신예배 때 성경구절을 암송하면 신앙에 큰 도움이 될 것이다. 회원이 많아 시간이 소요되면 호명은 생략하고 성경구절을 미리 공고하였다가 순서에 따라 다함께 일어나서 한 음성으로 암송하는 것도 좋은 방법이다.

헌아식(獻兒式, devotion, dedication ceremony) 아이를 선물로 주신 것에 대한 감사의 뜻과 하나님께 이 아이를 바친다는 헌신의 뜻이 담겨 있는 예식이요, 하나님께서 허락하신 어린 자녀를 하나님의 뜻을 좇아 잘 키우겠다고 서약하는 예식이다. 일종의 '유아세례식'으로, 아직 신앙을 고백할 수 없는 아기가 부모의 신앙(고백)을 근거로 세례를 받고 하나님의 사람으로 공식 선언받는 예식을 가리킨다(유아세례를 반대하는 교회에서도 때로 실시하곤 한다).

이때 부모는 자녀를 하나님의 뜻 안에서 신앙으로 양육하겠다는 것과 날마다 그 자녀를 위해 기도하겠다는 등의 서약을 하게 된다. 성결교나 침례교에서 이 같은 호칭을 사용한다. → '유아세례'를 보라.

현현절(顯現節, Epiphany) '나타낸다', '밝혀진다'는 뜻으로, 예수 그리스도께서 이 세상에 나타나신 것을 기념하는 날. 일명 '주현절.' → '주현절'을 보라.

혼례식(婚禮式, wedding ceremony) 성인 남녀가 부모를 떠나 한 몸을 이루기 위해 거치는 공식적인 예식. 일명 '결혼예식.' 혼례는 성례(聖禮)도 아니요 그리스도 교회에만 있는 것도 아니다. 하지만 혼례가 하나님께서 친히 세우신 제도라는 점에서 혼례는 신성한 예법으로 경건히 시행되어야 한다. → '결혼', '예식'을 보라.

혼상례(婚喪禮, wedding and funeral ceremony) 혼사(婚事)와 상사(喪事)와 관련된 예식. 즉, 결혼예식과 장례식을 통틀어 이르는 말. → '결혼', '장례식'을 보라.

혼인성사(婚姻聖事, Nuptial Mass) 로마 가톨릭교회의 7성사(七聖事) 가운데 하나로, 혼인예식 및 결혼 축복기도가 포함되는 결혼 미사. 일명 '혼배성사.' 혼인성사는 주일 및 축일에도 거행되고 있다. → '성례'를 보라.

혼인예배(婚姻禮拜, wedding service) 결혼 예식을 가리킨다. → '혼례식', '결혼'을 보라.

회개의 권면(悔改 - 勸勉, call to confession) 예배자들이 함께 드리는 참회의 기도에 앞서서 예배 공동체에게 회개를 촉구하는 간단한 부름의 말씀. 요한일서 1:9 말씀("만일 우리 죄를 자백하면 그는 미쁘시고 의로우사 우리 죄를 사하시며 우리를 모든 불의에서 깨끗하게 하실 것이요") 등을 통해 회개의 권면을 할 수 있다.

회당(會堂, synagogue) 구약성경을 가르치고 강해하기 위한 유대인들의 집회소(마4:23; 막1:39; 행9:20). 바벨론 포로 기간 중 디아스포라 유대인들에 의해 시작된 것으로 보이며(스8:15), 주로 안식일에 예배를 드리고(막1:21; 눅4:16; 행13:43; 약

2:2), 자녀 교육과 재판(눅12:11; 행9:2) 등이 행해졌다. 소아시아 등지와 지중해 연안 전역에 걸쳐 유대인들이 머무는 곳이면 거의 회당이 세워졌다. 회당 내부는 강대상이 있는 강단, 성경 보관함, 회중석, 등불과 나팔, 예배를 주관하는 회당장석 등이 있었다.

회당 예배는 기도, 성경 낭독(특히 민15:37-41; 신6:4-9; 11:13-21 등이 많이 낭독됨), 설교, 축도 등으로 이루어졌고(마4:23), 이런 형식은 기독교 교회에서도 채택되었다.

신약 시대에 팔레스타인 주변의 이방 지역뿐 아니라 이스라엘의 각 성과 촌(마9:35; 눅4:44), 심지어 예루살렘(행6:9)에도 회당이 있었다. 예수께서도 공생애 기간 중 이곳에서 예배드리고(눅4:16-21), 가르치시며(요18:20), 무리의 병을 고쳐주셨다(마12:9-13; 막1:23-28). 또 사도들의 복음 전파 장소로도 활용되었다(행13:5; 18:19).

■ **회당예배**(會堂禮拜) - 회당예배에는 네 가지 중심되는 요소들이 있었고, 이 요소들은 기독교 예배에도 그대로 전승된 것을 볼 수 있다.

① 기원(invocation) : 모든 예배는 '송축받으실 여호와를 송축할지니라'는 기원에서 출발한다. ② 쉐마 : 일종의 신앙고백이라 할 수 있다(신6:4). ③ 테필리 : 기도를 말하는데, 네 가지 송축과 여덟 가지 축원으로 이뤄져 있다. ④ 성경봉독 : 예배의 중심 요소로서 회당장 또는 특별히 지명된 자가 두루마리를 펼쳐 율법서와 선지서를 낭독하게 된다.

■ **회당장**(會堂長, ruler of synagogue) - 회당의 책임자. 공공 예배를 주관하는데, 성경을 낭독하거나 기도하고 설교할 사람을 지명하며(눅4:16-17; 행13:15) 회당 건물, 가구, 두루마리 성경을 관리하는 자들을 감독했다(눅4:20). 신약 당시 회당에는 10명의 회당 관리자들이 있었고 그 가운데 3명의 원로 장로들이 회당장 역할을 하면서 7명의 회당 관리자들을 지도하고 감독했다. 대표적인 회당장으로, 야이로(막5:22), 비시디아 안디옥의 회당장(행13:15), 고린도 회당장 그리스보(행18:8; 고전1:14)와 소스데네(행18:17) 등이 있다.

회중찬송(會衆讚頌, congregation Hymn, congregational singing) 종교개혁을 이룬 루터에 의해 교회 안에서 본격적으로 시행된 찬송 개혁의 산물로서, 회중 한 사람 한 사람이 자유롭게 직접 찬송을 부르게 된 것을 말한다. 또한 예배 중에 성도 각자가 자국어로 부르는 찬송을 가리키기도 한다. 이와는 별개로, 찬양대를 폐지하고 회중 전체가 주일예배 시작 20-30분 전에 모여 함께 연습을 한 뒤 예배 시간에 부르는 찬양을 가리키기도 한다.

한편, 이 회중찬송을 처음으로 교회에 도입한 사람은 밀라노 주교였던 암브로시우스(Ambrosius of Milan, A.D.340-397년)였다. 그는 탁월한 설교가인 동시에 교회사적으로는 '교회 음악의 시조', '라틴 찬송가의 아버지'로 불린다. 특히, 그는 찬송이라는 단어를 처음으로 헬라어 '휨노스'에서 이끌어내어 사용한 인물이다.

암브로시우스는 찬송 작사뿐만 아니라 작곡에도 뛰어난 종교음악가였다. 그는 최초로 4선법을 제정하고 종전에 부르던 찬송가의 창법을 개선하여 회중을 2개의 파트로 나누어서 교대로 노래하게 하였다. 이 교창(交唱, antiphonal singing)은 획기적인 일로 평가를 받으며, 현대 교회의 예배 때에 성시교독하는 것도 이 교창에서 유래했다. → '자국어찬송', '교창'을 보라.

후렴(後斂, burden, refrain) 둘 이상의 절(節)로 이루어진 찬송가사에서 반복되어 나타나는 각 절의 마지막 부분. 즉, 찬송가 각 연의 끝부분에서 반복적으로 나오는 동일한 행(行). 이것은 후렴의 의미가 본문에 종속되어 있다는 점에서 코러스와는 다르다.

후주(後奏, postlude) 교회 예배 순서상 예배 마지막 부분에서 연주되는 오르간(피아노) 독주. 이 후주는 전주와 마찬가지로 바깥 세상(일상)과 거룩한 예배 공간 사이의 커튼 역할을 한다. 그런 점에서, 후주는 믿음의 확신을 주는 것이어야 하며, 회중 모두가 그리스도 안에서 얻은 능력과 소망을 가지고 일상으로 돌아갈 수 있도록 힘을 주는 것이어야 한다.

휘장 세례(揮帳 洗禮, curtain baptism) 한국의 초대교회 당시 남녀가 유별하던 시절에 세례자(남자)가 수세자(여자)에게 세례를 베풀 때에 취한 방식을 가리킨다. 즉, 방 한 가운데 휘장을 치고 머리 하나 내놓을 만한 구멍을 낸 후 수세자가 머

흑인 영가

리만 그 구멍 밖으로 내밀고 세례를 받던 상황을 일컫는 세례예식을 말한다. → '세례'를 보라.

흑인 영가(黑人 靈歌, **Negro spirituals**) 아프리카에서 노예로 끌려온 미국의 흑인들이 만들어 부르기 시작한 성가(聖歌) 또는 종교적 민요. 흑인 특유의 감성과 리듬감에 미국과 유럽 프로테스탄트 교회의 종교음악적 영향이 곁들여져 독특한 음악이 성립되었다.

흑인 영가의 소재는 구약성경을 배경으로 한 내용이 많으며, 대개 고통스런 현실로부터의 탈출과 성경이 약속한 신앙에 의한 내세에서의 자유와 해방, 위로와 희망 등 암울한 현실에서는 취할 수 없는 행복을 신앙으로 성취하고자 하는 내용을 노래하고 있다. 즉, 흑인 영가는 백인들에 의해 자행된 비인간적이고 잔혹한 생활 가운데서 나온 것으로 그 호소력이 절절하다. 대부분이 흑인 특유의 싱코페이션(syncopation, 당김음)으로 된 리듬감, 단순한 형태의 5음계 진행, 그리고 탁월한 성량(聲量)과 다성적(多聲的)인 경향을 띠고 있어 백인 영가와는 다른 형태의 영가가 형성되었다. 이후 재즈 탄생에 영향을 주었고, 현대 R&B(리듬 앤 블루스) 음악의 뿌리를 이루고 있다.

한편, 흑인 영가는 18세기 초와 19세기 초 미국의 대부흥기와 때를 같이 하여 발생하여 처음에는 주로 흑인들 사이에서만 불리었으나, 흑인 종교단체나 뜻있는 대학 합창단의 활발한 순회 공연으로 미국 전역과 유럽 각지에까지 널리 퍼지게 되었다. 특히, 테네시 주 네시빌의 흑인대학인 피스크 대학교의 '피스크 주빌리 싱어즈'의 활약은 흑인 영가 보급에 큰 역할을 하였다. 대표적인 노래로는 '깊은 강, '그 누가 나의 괴롬 알며', '예리코(여리고)의 전투', '거기 너 있었는가' 등이 있다. → '영가'를 보라.

예식 모범 / 부록

결혼예식

신랑 : ○○○군　　　　　　　　　　　주례 : ○○○ 목사
신부 : ○○○양　　　　　　　　　　　(○○교회 담임목사)

개　식　사	……………………………………………	주　례　자
입　　　장	……………………………………………	신 랑 / 신 부
찬　　　송	………… 605장 …………	다　같　이
기　　　도	……………………………………………	주　례　자
성 경 봉 독	………… 시편 128:1-6 …………	주　례　자
말　　　씀	………… 복되고 형통한 가정 …………	주　례　자
서　　　약	……………………………………………	신 랑 / 신 부
축 복 기 도	……………………………………………	주　례　자
예 물 교 환	……………………………………………	신 랑 / 신 부
성 혼 공 포	……………………………………………	주　례　자
축 하 찬 양	……………………………………………	○○교회중창단
인 사 및 알림	……………………………………………	양 가 대 표
찬　　　송	………… 604장 …………	다　같　이
축　　　도	……………………………………………	주　례　자
인　　　사	……………………………………………	신 랑 / 신 부
신랑·신부행진	……………………………………………	일 어 서 서

※ 위 순서는 결혼예식의 한 사례임.
　결혼예식은 예배는 아니지만 거룩하신 하나님 앞에서 혼인을 서약하는 엄숙한 자리임을 인식하는 것이 중요하다. 축하 순서(축가 등)는 이런 예식 전체의 분위기에 맞게 준비하는 것이 바람직하다. 또 예식 전 촛불을 점화하는 등의 순서는 불필요하다.

입관예식

묵 도	………………………………………	다 같 이
찬 송	480장	다 같 이
기 도	………………………………………	○○○ 장로
성 경	고린도후서 5:1-8	진 행 자
설 교	영원한 본향으로의 이사	진 행 자
광 고	………………………………………	진 행 자
축 도	………………………………………	○○○ 목사

발인예식

묵 도	………………………………………	다 같 이
찬 송	222장	다 같 이
기 도	………………………………………	○○○ 장로
성 경	히브리서 11:13-16	진 행 자
설 교	더 좋은 고향	진 행 자
광 고	………………………………………	진 행 자
축 도	………………………………………	○○○ 목사

하관예식

묵 도	………………………………………	다 같 이
찬 송	492장	다 같 이
기 도	………………………………………	○○○ 장로
성 경	요한복음 11:25-26	진 행 자
설 교	부활의 소망	진 행 자
광 고	………………………………………	진 행 자
축 도	………………………………………	○○○ 목사

※ 1. 위의 순서는 장례예식(입관, 발인, 하관)의 한 사례임.
2. 입관, 발인, 하관예식은 큰 차이가 없다. 다만, 하관예식시 설교 후 '약력', '조사'(조가), '헌화' 순서를, 축도 후 '취토' 순서를 넣기도 한다.
3. 화장시에는 화장이 진행되는 동안 하관예식을 간략하게 거행한다.

5

교파 및 역사 용어

-제도 · 기관 · 유사 기독교 등-

가나안 농군학교(- 農軍學校, Canaan Farmhand School) ~ 힌두교(-敎, Hinduism)

가나안 농군학교(- 農軍學校, Canaan Farmhand School) 1962년 2월 1일 김용기 장로가 기독교 정신에 입각하여 경기도 광주군 동부면 풍산리(현재 하남시 풍산동)에 세운 사회교육기관. 민족 주체성, 국민윤리 규범, 민주적 지도인력, 올바른 국가관 사회관 가정관 확립, 근검 절약, 농촌개발과 복음화운동 등을 목표로 하는 일종의 기독교 농촌 지도자 양성을 목적으로 세워졌다. 1973년 강원도 원성군 신림면 용암리에 제2가나안 농군학교가 설립되었다.

가나안 농군학교의 역사를 살펴본다. ① 1952년 김용기 장로가 사회운동가 강태국(康泰國) 박사와 함께 용인 농민학교 설립에 헌신함. ② 1954년 기독교 신앙에 입각하여 한국 농촌생활 개선을 주창하며 경기도 광주군 동부면 풍산리에 황무지 1만여 평을 구입함. ③ 1만여 평의 불모지를 5년간 개간하여 2000평의 유효 경작지와 2000평의 수목(樹木) 유원지를 마련함. ④ 1962년 2월 1일 수목 유원지에 가나안 농군학교를 설립함. ⑤ 10일 단기교육 제도를 실시하여 농군학교의 체계를 세움. 이때 개설된 과목으로는 지역사회 주민을 중심으로 종교학, 농촌 체조, 농촌 음악, 농촌 음식 만드는 법, 아동교육, 의복 개량, 주택 개량, 황무지 개간법, 축산, 협동조합, 지역사회개발, 생활개선, 과수의 농약, 토양과 비료 등 농촌생활 개선을 위한 과목이 있다. ⑥ 또 가나안교회를 세워 신앙생활 훈련도 병행 실시하여 많은 수료자들이 기독교에 입교했다. 초창기에는 김용기 장로(교장), 장남 김종일(교감), 차남 김범일(훈육주임)을 중심으로 8식구가 모두 교수로서 교육을 담당하였다. 이들은 가르칠 뿐 아니라 기르치는 바를 몸소 실천에 옮김으로써 수료자들의 모범이 되었다(기독교백과).

가톨릭교회(- 敎會, Catholic Church) → '로마 가톨릭교회'를 보라.

가톨릭교회 교리서(- 敎會 敎理書, Catechism of the Catholic Church) 1986년 교황청이 12명의 추기경과 감독들로 '교리서 위원회'(Commission of Cardinals and Bishops)를 구성하고 7년 만에 발간한 가톨릭의 신앙 규범. 전문 4부(제1부 신앙고백, 제2부 그리스도 신비의 기념, 제3부 그리스도인의 삶, 제4부 그리스도인의 기도) 등 총 2,865조항으로 되어 있다. 교황 요한 바오로 2세는 1992년 10월 11일 제2차 바티칸 공의회 30년 개회식 때 이것을 신앙의 유산(Fidei Depositum)으로 반포했다. 당시 위원장은 교리장관 라찡거(Joseph Ratzinger) 추기경. 그는 교황 요한 바오로 2세 선종 후 2005년 4월 24일 교황 베네딕토 16세(Benedict XVI, 265대)로 옹립됐다.

가톨릭 성경(- 聖經, Catholic Bible) 구약성경 39권에 외경(Apocrypha) 7권(전체 46권), 그리고 신약 27권을 합쳐 모두 73권으로 이루어져 있다(가톨릭교회 교리서 120조). 외경 7권은 토비트(Tobit), 유딧(Judith), 마카베오상(I Maccabees), 마카베오하(II Maccabees), 지혜서(Wisdom), 집회서, 바룩(Baruch)이다.

감독교회(監督敎會, Episcopalian, the Episcopal Church) 감독제도를 교회 정치 형태로 하는 교회. 감독이 다스리는 교회. 우리나라의 감리교회, 성공회, 루터교회를 비롯한 영국 국교회(성공회), 미국 성공회, 일본 성공회 등이 여기 속한다. '감독제교회'라고도 한다.

감독정치(監督政治, the prelatical, episcopacy) 감독이 다스리는 교회 정치 제도. 감독제도, → '감독제도'를 보라.

감독제교회(監督制敎會, Episcopalian) → '감독교회'를 보라.

감독제도(監督制度, episcopacy) 감독이 교

회를 주관하는 정치 제도. 교회 정치 제도 가운데 하나. '감독주의 정치'(監督主義 政治), '감독정체'라고도 하는데, 감독직 혹은 3단계의 직제(주교, 사제, 부제)로 구성된 교회 통치 체제를 일컫는다. 감독교회와 감리교회를 비롯한 로마 가톨릭, 동방정교회, 성공회 등에서 사용하는 정치 형태다. 참고로 교회 정치 제도에는 감독제도, 장로제도, 회중제도, 국교제도, 무교회주의 등이 있다.

감독주의 정치(監督主義 政治, episcopacy) 감독이 중심이 되는 교회의 정치 제도. 감리교회의 정치 제도가 여기 속한다. '감독제도'라고도 한다. → '감독제도'를 보라.

감리교, 감리교회, 감리회(監理敎會, Methodism) 영국 목사 존 웨슬리(John Wesley, 1703-1791년)의 신앙과 신학을 기반으로 하여 형성된 프로테스탄트 교회(개혁교회).

■감리교의 기원 – 감리회의 모체는 1729년 영국 옥스퍼드 대학교의 몇 명 학생들 곧 존 웨슬리와 그의 동생이자 찬송 작사자인 찰스 웨슬리(Charles Wesley), 훗날 당대 최고의 설교가로 성장한 죠지 휫필드(J. Whitefield) 등의 청년이 중심이 되어 일어난 신앙 부흥 운동 곧 '신성클럽'(Holy Club)과 1736년 존 웨슬리를 비롯한 10여 명의 청년이 런던에서 조직한 '신도회'에서 시작되었다. 하지만 실제 기원은 1738년 5월 24일 올더스게잇 집회 때 있었던 웨슬리의 성령 체험(저녁 9시 15분경)을 출발점으로 삼을 수 있다.

■감리회 운동(監理會 運動) – 옥스퍼드 대학교 시절 웨슬리와 그의 신앙 동지들은 학생이었던 만큼, 지적 성장을 추구하는 동시에 영적인 생활에 깊은 관심을 가지고 서로가 더욱 좋은 크리스천이 되도록 도와주며 살아가기 위해 '신성클럽'을 결성하고 종교적인 의무를 다하기 위해 규칙적이며 열성적이고 조직적으로 활동하였다.

하지만 종교에 무관심하고 자유 분방했던 동료 학생들은 웨슬리를 중심으로 한 그들의 신앙 생활을 놀리고 조롱하였다. 그런 이유로 해서 이들에게 생긴 별명이 '메도디스트'(Methodist, '규칙쟁이, 규칙주의자'란 뜻)이다. 이 말은 오늘날 '감리교회'의 어원이 되었다.

이 메도디스트 운동은 처음부터 새로운 교파를 조직하고 교회를 재건하겠다고 시작된 선교운동은 아니었다. 그러나 그 젊은이들의 열심과 성실로 메도디스트 운동은 일대 종교부흥 운동으로 번지게 되었다. 이들은 신념과 용기를 가지고 모든 믿는 자에게 구원을 베푸시는 하나님의 복음, 곧 예수를 세상에 전할 것을 결심하고 세상으로 나갔다. 전도와 봉사를 향한 열성과 실천 운동은 당시 부패한 영국 국교회(성공회)에 경종을 울렸다. 결국 이 부흥운동은 종교적 특권과 부도덕한 향락을 즐기던 당시 영국 국교회(성공회) 지도자들로부터 배척당했다. 이들 지도자들은 웨슬리와 젊은이들을 향해 '열광주의자', '전도광', '죄인과 노동자의 친구', '교회 질서를 문란케 하는 자'라는 비난

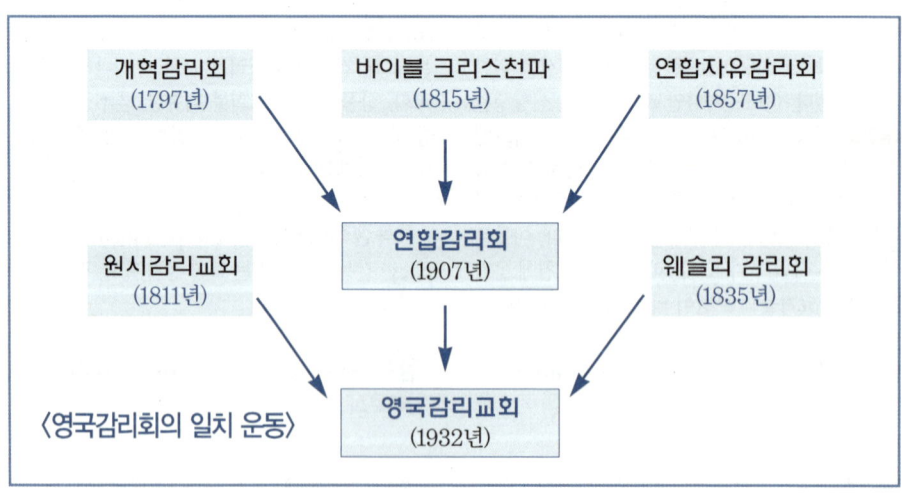

〈영국감리회의 일치 운동〉

을 쏟아냈다. 그리고 런던, 옥스퍼드, 브리스톨 등 많은 교구에서는 웨슬리에게 설교할 강단조차 허락하지 않았다. 그래서 웨슬리는 1739년 4월 2일부터 "온 세계가 나의 교구다"라고 외치며 옥외집회를 시작하게 되었고 소외 계층이 운집한 탄광촌과 공장 지대에서 큰 호응을 얻게 되었다.

■**초기의 감리회**(初期-監理會) - 감리회가 공식적인 교파로 자리매김하게 된 것은 1784년이다. 당시 웨슬리는 '신도회'를 중심한 100인 회원으로 '메도디스트라 불리는 사람들의 연회'(Yearly Conference of the People called Methodists)를 조직했다. 1791년 웨슬리가 사망한 후 감리회는 연회와 지역 교회들 간의 관계 그리고 영국 국교회(성공회)와의 관계로 어려움에 직면했으나 1795년에 마련된 '평화안'(Plan of Pacification)을 통해 영국 국교회(성공회)에서 독립된 교회로 자리잡게 되었다.

■**영국감리회의 분열**(英國監理會-分裂) - 감리회는 교리적 문제와 교회 내 제도 문제로 몇 차례의 분열이 있었다. 1797년에 '개혁 감리회'(Methodist New Connexion), 1801년 '독립 감리회'(Independent Methodist), 1810년 '원시 감리교회'(Primitive Methodist Church), 1815년 '바이블 크리스천 파'(Bible Christians), 1835년 '웨슬리 감리회'(Wesleyan Methodist Association), 1849년 '웨슬리 개혁파'(Wesleyan Reformers) 등이 생겨났다.

■**영국감리회의 일치 운동**(英國監理會--致運動) - 19세기 말부터 각 교파들 사이에 일치운동이 일어났다. 그 결과 1907년에 개혁 감리회, 바이블 크리스천 파, 연합자유감리회(1857년 웨슬리 감리회와 웨슬리 개혁파가 합쳐 이뤄진 교회)가 연합감리회(United Methodist Church)를 형성하였고, 1932년에 이 연합감리회와 기존의 웨슬리 감리회, 원시 감리교회가 합쳐서 '영국감리회'(Methodist Church in Great Britain)를 형성하였다(600페이지 하단 도표 참조).

■**미국감리회**(美國監理會) - 우리나라 감리회에 영향을 준 미국감리회는 1784년 존 웨슬리가 코크(T. Coke)를 선교사로 파송함으로써 시작되었다. 코크가 감리사로 임명한 에즈베리(F. Asbury)에 의해 미국감리회는 영국보다 더 급속한 성장을 이루었다. 특히 미국 독립전쟁 때 영국 국교회(성공회) 성직자들은 영국으로 돌아갔으나 감리회 선교사들은 계속 남아 활동하면서 영국감리회와는 다른 미국감리회(Methodist Episcopal Church) 나름대로의 전통을 수립하였다. 그러다 1844년 노예문제에 대한 이견으로 남북 감리회로 분열되는 아픔도 있었으나, 1939년에 다시 합동하게 되었고, 1968년 '연합복음형제파'(Evangelical United Brethren)와도 합동하여 '연합감리회'(United Methodist Church)를 이루게 되었다.

■**한국감리회**(韓國監理會) - ① 우리나라 감리회는 1884년 6월 24일 미국 북감리회의 일본 주재 선교사인 맥클레이(R.S. Macley)가 내한하여 고종 황제에게 선교를 허락받은 날을 기점으로 삼고 있다. 그 후 1885년 4월 미국감리회 해외선교부는 아펜젤러(H.G. Apenzeller) 목사 부부와 윌리엄 스크랜튼(W.B. Scranton) 의사 부부를 선교사로 파송했다. 이들은 1885년 내한하여 학교와 병원 사업부터 시작했다.

② 한편 미국남감리회는 개화파 인사인 윤치호의 노력으로 1895년에 선교 활동을 시작했다. 중국에서 활약하던 리드와 콜리어 등이 내한하여 서울과 개성을 중심으로 활동하였다. 이처럼 별도의 선교부 배경을 갖고 선교를 추진했던 미국의 남북 감리회 선교부는 1930년 12월 2일에 합동하여 기독교조선감리회(현, 기독교대한감리회)를 조직했고, 제1대 총리사로 양주삼 목사가 취임하게 되었다. 이것은 미국 감리교회가 합동하기 9년 전의 일이었다. 이후 한국 감리교회는 광복과 함께 그동안 분리되어 있던 교회들을 통합하여 1949년 3월에 '기독교대한감리회'로 헌법을 개정하고 김유순 목사를 감독으로 선출했다. 그 이후 1950년 전쟁을 겪고, 1954년 교단 분열과 1959년 3월에 열린 연회에서 교단 합동을 거쳐 오늘에 이르고 있다.

③ 이외에 미국의 자유감리교회와 연관을 맺고 있는 '예수교대한감리회'가 있으나 교세는 약한 편이다.

■**감리교회의 신앙과 교리**(監理敎會-信仰-敎理) - 처음에 웨슬리는 영국 국교회로부터 많은 오해와 박해를 받았다. 그래서 웨슬리는 불필요한 오해를 사지 않기 위해 가능하면 교리상 다른 신조를 만들지 않고 영국 국교회의 교리를 수용했다. 그러다 1785년 미국감리회가 조직된 후 '39강령'을 기초로 하여 25조의 '종교강령'을 공포했다. 이

것이 오늘날 감리교회 교리의 기초가 된다.

감리교회의 교리적 특징은 다음과 같이 정리할 수 있다(「교리와 장정」). ① 선행적 은혜 – 모든 인간 속에 이미 선행(先行)하는 하나님의 은혜가 있어서 하나님의 구원이 모든 사람에게 열려 있는 것을 믿는 신앙. ② 칭의와 확증 – 예수 그리스도의 십자가 공로를 믿고 회개하는 자들을 의롭게 여기시는 은혜. 이 칭의의 은혜는 회심을 통해 성령의 확증을 얻게 된다. 이것은 지속적인 성화의 과정으로 나가게 된다. ③ 성화와 완전 – 회개와 칭의를 통해 죄사함 받은 자는 계속해서 성화와 그리스도인의 온전함을 목표로 성장하게 된다는 신앙. ④ 믿음과 선행 – 믿음은 구원의 출발이요 하나님의 선물이며, 선행은 하나님의 은혜에 응답하여 성령의 능력을 통해 맺는 열매라는 가르침. ⑤ 은혜의 수단과 교회 – 복음적인 신앙 생활은 하나님의 은혜에 응답하여 성령의 열매를 맺는 교회 공동체적인 삶을 사는 것이라는 가르침. ⑥ 선교와 봉사 – 구원은 개인뿐 아니라 역사와 사회를 성화시키는 데까지 나가야 한다는 가르침. ⑦ 세상의 종말과 하나님 나라 – 하나님의 은혜의 역사는 창조의 완성을 목표로 성령 안에서 이루어지며, 궁극적으로는 만물의 회복과 갱신을 통해 완성될 것이라는 가르침.

감리교신학대학교(監理敎神學大學校, **Methodist Theological Seminary**) 서울 서대문구 독립문로 56 (냉천동)에 위치한 기독교대한감리회의 목회자 양성기관. 학술지로는 1900년에 '신학월보'가, 1916년에 '신학세계'(神學世界)가 각각 창간되었다. 대학의 역사를 살펴보면 다음과 같다.

① 1896년 한국 감리교회 최초의 신학교육 제도인 '신학회' 설립됨. '신학회'는 일종의 방문 신학교로서 초기 선교사들은 서울, 평양, 인천 등지에서 사람을 모아 교회 지도자를 교육시켰다. 여기서 한국 최초의 목사인 김기범, 김창식 등이 1901년 5월 14일 목사 안수를 받았다. ② 1905년 6월 21일 '미감리회신학당' (General Theological School – '일반신학당'이라고도 함)이라는 정식 신학교로 발전함. 여기서는 신학개론, 조직신학, 성경해석학, 교회사, 변증학, 목회학, 설교학, 윤리학 등의 강의가 이뤄짐. ③ 1907년 미국 남감리회 선교부와 연합하여 협성신학당(協成神學堂)으로 발전함. 초대 교장은 미국감리회 존스(G. H. Jones) 선교사(한국명 조원시). ④ 1910년 협성신학당이 현재 위치에 교사를 마련하고 1911년 '협성신학교'로 개명함. ⑤ 1920년 '협성여자신학교'를 세움. ⑥ 1932년 4월 남녀 신학교를 통합하여 '감리교회 신학교'로 개명하고 명실상부한 신학 고등 교육기관으로 자리매김함. ⑦ 1942년 일제의 탄압으로 폐교함. 대신 경성기독교 교사수련소가 설치됨. ⑧ 1945년 9월 신학교가 재건됨. ⑨ 1959년 3월 신학대학으로 인준받아 본격적인 대학 체제를 갖춤. 산하에 여러 연구소가 설치됨. ⑩ 1971년 대학원, 1977년 목회학 박사과정 등이 설치됨.

감리교운동(監理敎運動, **Methodist Revival**) 영국 목사 존 웨슬리(John Wesley)가 창시한 감리회 부흥 운동. → '감리교, 감리교회, 감리회'를 보라.

감리교회(監理敎會, **Methodism**) → '감리교, 감리교회, 감리회'를 보라.

감리교회 계통 학교(監理敎會 系統 學校) 기독교대한감리회에 속한 학교. '기독교대한감리회 교회 계통학교'라고도 부르는데 세 부류가 있다. ① 과거 미국연합감리교회 세계선교부에서 창설하고 선교부 보조를 받아온 학교. ② 초교파적으로 설립한 각급 학교. ③ 기독교대한감리회의 교역자나 평신도가 설립한 학교로 교목을 채용하고 기독교교육을 실시하는 학교. 감리교회는 이 학교들의 이사 구성이나 교장 인준, 이사회 정관, 학교 법인 정관 등 학교 운영에 관한 일체를 '감리교회 계통학교 관리 기본규칙'으로 정해 놓고 있다.

감리회(監理會, **Methodism**) → '감리교, 감리교회, 감리회'를 보라.

개신교(改新敎, **Protestant**) 로마 가톨릭교회(천주교회)와 정교회(동방교회)를 제외한 모든 기독교회를 가리키는 말. 즉, 16세기 종교개혁의 결과 로마 가톨릭에서 갈라져 나와 유럽 각국에서 새로 일어난 기독교 여러 파 교회를 통틀어 이르는 말. 일명 '신교' (新敎). 로마 가톨릭 입장에서 자신들로부터 찢겨져 나간 분파 곧 '열교'(裂敎)라고 낮잡아 보아 이르는 표현이다.

하지만, 로마 가톨릭의 타락한 교권과 교회지상주의로 인해 망실된 예수 그리스도의 몸 된 교회를 바로 세우고 가톨릭의 오류로 인해 왜곡되고 굴절된 성경말씀의 원형적인 모습을 바로잡아 회복한다는 취지에서 '개신교'가 아니라 '개혁교회' 혹은 '기독교'로 부르는 것이 타당하다. 기독교회는 로마 가톨릭교회의 병폐와 타락한 교권에 저항(Protest)하여 세워진 교회(Protestant)일 뿐, 분열되어 나간 신생 집단이나 분파적인 교회 또는 로마 가톨릭의 아류는 아니다.

개혁감리회(改革監理會, Methodist New Connexion) 1797년 존 웨슬리의 감리회에서 분리되었다가 1907년 바이블(성서) 크리스천 파, 연합자유감리회와 함께 연합감리회에 흡수된 감리교회의 일파. 알렉산더 킬함(Alexander Kilham)에 의해 시작되었다. 킬함은 1785년 웨슬리를 대신하여 설교자가 되었고, 1792년 임명을 받았다. 그러나 1795년 평신도 참여의 범위를 제한하는 '평화안'(Plan of Pacification)에 반대하여 「자유의 진보」(The Progress of Liberty)라는 소책자를 발간하고 세력을 규합하다 1796년 7월 감리회에서 파문을 당했다. 이에 반발하여 생겨난 교파가 '개혁감리회'다. 그 후 1797년에 킬함이 죽자 1798년 윌리엄 톰(William Thom)이 후계자가 되어 교파를 이끌었다. 19세기 말에는 25만 명의 신도를 이루고 있었으며 1907년 연합감리회에 흡수되었다. 개혁감리회는 웨슬리가 세운 감리교회와 교리나 예배 의식에서 큰 차이가 없었으며 다만 교회 제도에서 다소의 차이가 있었다. 19세기 말에는 중국에 선교사를 보내기도 했다.

개혁주의 교회, 개혁파 교회(改革主義 敎會) 종교개혁의 신학 사상을 따르는 교회. → '개혁교회'를 보라.

게일 목사(- 牧師, Gale) 캐나다의 청년 선교사로 본명은 제임스 게일(James Scarth Gale). 한국명은 '기일'(奇一). 1888년 12월 15일 25세의 나이로 일본을 거쳐 부산에 도착했고, 다시 인천 제물포 항으로 입항하여 서울의 언더우드(H.G. Underwood) 집에 머물렀다. 선교 여행 도중 해주(海州)에서는 귀신으로 여겨져 해주 목사(牧使) 앞에서 차려진 밥을 먹고서야 사람 대접을 받았다고 한다. 또 대구 감영(監營)에서도 괴물로 취급받자, 지필묵으로 글을 써 보여 양반 대접을 받았다. 게일 목사는 한문에 능통하고 한국인의 족보에도 조예가 깊었다. 1928년 은퇴하기까지 40년 동안 한

개혁교회 (改革敎會, Reformed Church)

처음에는 가톨릭에 대한 프로테스탄트 교회 전체를 가리켰으나, 후에 루터 파에 대한 칼빈주의 신학을 따르는 교파를 이르는 말이 되었다. 유럽에서는 주로 프랑스, 네덜란드, 스위스, 독일, 헝가리 등에 퍼져 있으나 네덜란드와 스위스를 제외한 나머지 나라들은 소수에 불과하다. 반면 영국에서는 개혁교회 가운데 장로교회의 세력이 강하며, 특히 스코틀랜드는 칼빈의 영향을 받은 존 낙스의 활동으로 대다수 교회(장로교회)가 개혁교회에 속한다. 그래서 때로는 장로교회와 개혁교회를 동의어처럼 사용하는 경향도 있다.

미국에서는 17세기 이민을 통해 네덜란드에서 전달된 개혁교회와 영국에서 전해진 장로교회가 상당한 세력을 형성하고 있다. 이외에도 웨일즈의 장로교회, 벨기에의 선교교회, 이탈리아의 왈도 파 교회, 동프리스란드의 개혁교회, 스페인의 복음주의 교회, 네덜란드와 러시아의 보헤미아와 모라비아 개혁교회가 여기 속한다. 한국 내 개혁교회는 칼빈주의 전통을 따르는 장로교회가 주축을 이루고 있다. 이는 한국의 첫 복음 선교사인 언더우드가 네덜란드 개혁교회 소속으로 미국 북장로회의 파송을 받았기 때문이다. '개혁주의교회', '개혁파 교회'라고도 한다.

한편, 개혁교회의 연합운동체로는 1875년 영국에서 조직된 개혁교회세계연맹(World Alliance of Reformed Churches)과 1949년 네덜란드, 남아프리카, 미국 개혁교회 대표들이 네덜란드에서 조직한 개혁주의 에큐메니칼대회(Reformed Ecumenical Synod) 등이 있다.

국에 머무는 동안 연동교회에서 27년간 목회하며 연동여학교('정신여학교'의 전신)와 예수교중학교('경신중학교'의 전신)를 세웠다. 또 한국 최초의 사역(私譯)인「신구약전서」와「천로역정」을 번역하고「한영대사전」을 편찬했다. 또한 한국어 문법책인「사과지남」(辭課指南)을 저술하였고, 한국 고전에도 관심이 남달라 춘향전, 심청전, 구운몽 등을 번역·출간하기도 했다.

게자씨(Mustard Seed) 김진홍, 윤병식, 방지일을 중심으로 1931년 6월에 창간된 신앙잡지. 발행인은 김진홍. 발행처는 평양 신양리 게자씨사. 국한문 혼용으로 된 30여 페이지의 등사물이다. 이들은 종적회(縱跡會)라는 기도 모임을 갖고 시골 교회 교역자에게 설교 자료를 제공하고 교회 소식을 전하며 신앙 간증을 함께 나눌 목적으로 이 잡지를 창간했다. 그러다 일본 경찰의 수색을 당했으나 신앙 간증문이란 이유로 처벌은 면하였다.

그 후 독자가 점점 불어났고, 이즈음 박윤선도 참가하여 1933년 12월부터 활판 인쇄를 시작하게 되었다. 당시 이 잡지의 필자는 남궁혁, 박형룡, 이성휘, 채필근, 방효정, 박윤선, 이유택, 김진홍, 방지일, 박손혁, 김예진 등이었다. 그러다 김진홍이 미국으로, 방지일이 1937년 산동에 선교사로, 박윤선은 미국 웨스트민스터로 유학을 떠났고,「게자씨」는 안요한(후에 '안광국'으로 개명)의 책임하에 출간되었다. 그러나 그도 목사 안수를 받고 만주로 가면서 김화식 목사가 이 일을 이어받았다. 1939년 12월에 폐간되었다.

경교(景敎, Nestorianism) 7세기경에 네스토리우스 파가 중국에 전파한 기독교의 일파. 네스토리안(Nestorian, 네스토리우스 파 신도들)은 에베소 공의회(431년)에서 이단으로 정죄된 후 페르시아를 거쳐 인도, 중국에 이르러 경교라는 독특한 형태의 토착종교를 형성하였다. 즉, 635년 페르시아에서 알로펜(Alopen, 阿羅本)을 단장으로 한 선교단이 당나라 수도를 방문하여 당태종을 예방하고 복음을 전했다. 이때 당태종은 이들을 위해 장안에 대진사(大秦寺)를 건립하고 승려 21명을 배속시켜 주었다. 이후 경교는 이슬람교(回敎), 조로아스터교(拜火敎)와 더불어 삼이사(三夷寺)의 하나로 당나라 시대 중국에서 크게 번성했다. 그러나 당나라 말기 '황소의 난'(878년)을 기점으로 박해를 받으면서 지하로 잠적하였다. 그러다 원나라(1279-1367년) 때 다시 페르시아에서 선교사들이 오자 변방으로 피신했던 경교도(景敎徒)들이 '아리가온'이라는 이름으로 재흥하게 되었다. 그리하여 한때는 경교사원인 십자사가 72개소나 세워질 정도로 왕성하게 되었다. 그러나 원의 멸망과 함께 경교는 다시 쇠퇴했다.

경교는 중국에 들어와 토착화하여 예배를 드릴 때 목탁을 치거나 사제(승려)들이 삭발하는 등 불교적 요소를 띠게 되었다. 경교는 파사교(波斯敎), 파사경교, 대진사(大秦寺, '대진'은 '로마'를 가리킨다), 대진경교(大秦景敎)로 다양하게 불렸으며, 교회당(경교사원)은 파사사(波斯寺), 경사(景寺)로, 경교 신도는 경중(景衆) 혹은 경사(景士)로 불렸다. 또 경교가 사회에 미친 영향력을 가리켜 경풍(景風), 경력(景力), 경복(景福)이라 하였다. 한편, 학자들 가운데는 1956년 경주에서 발굴된 돌십자가 등을 근거로 하여 경교가 당시 당나라와 교류가 잦았던 통일신라에도 영향을 미쳤을 것으로 추정하기도 하나 정설로 인정받지는 못하고 있다.

경신학교(儆新學校) 미국 북장로회 선교사 언더우드(Underwood)가 세운 장로교 계통의 학교. 언더우드는 1886년 서울 정동에 있는 자신의 집에 고아원을 겸한 남자기술학교를 세워 신학문과 기독교 진리를 가르치고, 공동 생활을 통한 인격 지도에 주력했다. 1890년 마펫(S.A. Moffett) 선교사가 교장이 되어 '예수교학당'(Jesus Doctrine School)이라 불렸고, 밀러(F.S. Miller, 1893년) 교장 때 '민노아학당', 게일(J.S. Gale, 1901년) 교장 때 '구세학당'으로 불리다 밀러(E.H. Miller, 1905년)가 교장에 취임하면서 '경신학교'가 되었다. 1915년 대학부가 설치되면서 연희전문학교의 모체가 되었고, 신사참배의 수난을 겪다 해방 후 경신중·고등학교로 발전하였다.

계명대학교(啓明大學校, **Keimyung University**) 미국 북장로회 주한 선교부 대표 아담스(J.E. Adams, 한국명 '안의화') 선교사가 설립한 장로교 계통의 종합대학교. 1954년 3월 〈계명기독학교〉란 이름으로 개교하였고, 1956년 〈계명기독대학〉으로 인가를 받아 캠벨(A. Campbell, 한국명 '감부열')이 초대학장으로 취임하여 1956년 제1회 졸업생 30명을 배출했다. 1978년 3월 종합대학교로 승격하였다. 현재 〈대명캠퍼스〉는 대구광역시 남구 명덕로 104에, 〈성서캠퍼스〉는 대구광역시 달서구 달구벌대로 1095에 소재한다.

계성학교(啓聖學校, Keisung School) 1906년 5월 1일 대구제일교회 자리에 설립된 장로교 계통의 학교. 영남 지방 최초의 중등 교육기관. 현재 대구광역시 중구 달성로 35(대신동 277)에 소재한 계성중·고등학교의 전신이다. 미국 북장로회 선교사 베어드(W.M. Baird, 한국명 '배위량') 선교사가 1896년 대구에서 복음을 전하다 평양으로 사역지를 옮기면서 그의 처남인 아담스(James. E. Adams) 선교사 부부가 복음 사역을 이어받았다. 그러던 중 교육의 필요성을 절감하고 자택으로 마련한 기와집 3동을 교사(校舍)로 하여 27명의 학생에게 신학문을 가르친 것이 계성학교의 시작이다. 계성학교는 '여호와를 경외함이 지식의 근본이니라'(잠1:7)는 말씀을 설립 목표로 삼고 청년 남녀를 학교나 교회나 일반사회에 기독교 선교의 역군이 될 인재로 양성하는 일에 주력하였다. 그리하여 1911년 6월 13일에 처음으로 13명의 졸업생을 배출하고 이 지역 명문 교육기관으로 꾸준히 발전해왔다. 이를 기반으로 하여 해방 후 계명대학교가 설립되었다.

계연회(戒煙會) '담배를 경계하는 모임'이란 뜻. 1912년 금연(禁煙)을 목적으로 평양과 황해도 황주 등지에서 전국적으로 조직되었다. 계연회는 금연으로 얻어진 자금을 모아 각지에 전도인을 파송하는 전도운동으로까지 발전했다. 이와 관련하여 총회적으로는 1917년부터 주일학교 장년부, 유년부 통일공과에 연 4분기 3개월마다 한 번씩 '절제공과'를 편입하여 철저하게 절제교육을 시켰다. 또 1919년 10월 평양에서 회집된 제8회 조선예수교장로회 총회에서는 기독교인이 담배를 먹거나 재배하거나 매매하는 일이 있으면 당회에서 치리하기로 결의하고 산하 전국교회에 시달하기도 했다. → '금주운동', '절제운동'을 보라.

고대 근동(古代 近東, Ancient Near East) 약 1만 년 전 농경문화가 출현한 때부터 B.C.4세기 경 알렉산더 대제가 다스리던 당시의 북아프리카, 에게 해, 페르시아, 팔레스타인, 시리아, 메소포타미아 지역을 일컫는다. 이 지역에 위치한 나라들은 성경 역사에서 '열방들'로 언급되며, 그중 메소포타미아와 시리아, 팔레스타인 등지를 가리켜 '비옥한 초승달 지역'이라 일컫는다.

고딕미술(- 美術, Gothic Art) 13세기 초에서 15세기 말에 걸쳐 서부 유럽 기독교 국가의 건축, 조각, 회화, 채색유리, 무늬장식, 세공 등 미술 전반에 영향력을 미친 미술사조. 고딕미술은 로마네스크 양식을 뛰어넘어 새로운 종교적 분위기와 상징성 및 실용성까지 조화시킨 독특한 양식을 창출하였으며, 특히 건축 부문에서 뚜렷한 족적을 남겼다. 참고로, '고딕'이란 이탈리아 사람들이 고트(Goths, 게르만 족의 일파로 5세기 말경 이탈리아를 정복하고 동고트 왕국을 세움) 사람의 영향을 받은 중세 건축을 천하게 일컫는 말로서, 19세기 이래 미술사에서 널리 사용된 표현이다.

고려파 운동(高麗派 運動) 신사참배에 반대하다 투옥된 교인들이 출옥하여 벌인 회개·경건 운동. 그 결과 이들을 중심으로 새로운 장로교단인 〈예장 고려파〉가 형성되었다 하여 '고려파 운동'이라 부른다.

 1. 고려파의 시작 – 해방과 더불어 감옥에서 나온 교인들은 평양 산정현교회당에 모여 한국교회 재건을 위한 5원칙을 발표했다. 이 5개 원칙은 신사 참배에 참여한 교회 지도자들의 회개와 정화를 골자로 하는 것으로서, 기성교회 목사들에게 심한 반발을 불러 일으켰다. 이에 출옥한 교인들은 기성교회를 떠나 남북한 도처에서 재건 운동을 벌여 재건교회를 설립하였고, 한상동, 주남선 목사 등 일부는 출신지 경남노회로 내려와 회개와 경건 운동을 전개해 나갔다. 또 이들은 별도 신학교를 세워 보수 근본주의에 입각한 교역자 양성을 꾀하였는데, 그 결과 〈고려신학교〉가 설립되었다.

 2. 고려파의 분열 – 일제 말기에 교회를 유지해 왔던 교역자들에 대한 징계 문제, 고려신학교의 총회 내 위상 문제, 메첸 파 선교사들과의 문제는 장로교 총회에 큰 분란을 야기했다. 결국 고려신학교를 설립했던 한상동 목사측은 총회가 고려파를 인정하지 않자 1952년 9월 11일 별도의 총회 설

립을 위해 '경남총노회'를 조직하였다. 이리하여 고려파 운동은 교단 분열로 이어지게 되었다. 그 후 1960년 연동측(후에 '통합측')과 승동측(후에 '합동측')의 분열 이후 승동측과 잠시 합치기도 했으나('합동'이란 이름은 여기서 비롯되었다) 결국 입장 차이를 극복하지 못하고 3년 후인 1963년에 다시 환원하게 되었다. 그 결과 오늘날의 〈고신〉 교단을 형성하기에 이르렀다. 그러나 1970년대에 들어서 재단 분규가 일어나 〈반고소고려파〉가 분리해 나가는 아픔을 겪어야 했다.

고백교회(告白敎會, **Confessing Church, Bekennende Kirche**) 2차 세계대전 당시 독일 나치 체제에 반대하여 결성된 복음주의 그리스도인들의 모임.
 1. 결성 배경 – 1933년 11월 27일 제국교회 감독이 된 뮐러(Ludwig Müller)의 독일제국주의 교회(친나치 성향의 게르만 기독교 운동)에 반대하여 니묄러(Martin Niemöer)를 중심으로 '목사비상동맹회'를 조직함으로써 시작되었다.
 2. 신학 사상 – 저항적 성향을 가진 고백교회 운동의 중심 사상은 1934년 5월 29–30일에 열린 바르멘 회의에서 발표된 바르멘 선언에 잘 나타나 있다. 즉 독일제국주의 교회가 국가(나치당)에 대한 교회의 무조건인 순종을 주장하는 반면, 고백교회는 바르멘 선언에서 밝힌 대로 순수한 교리를 지키자는 선언에 더하여 그리스도를 고백하는 데 있어 교회의 행동(실천)하는 측면을 강조하였다. 그리하여 교회는 행동을 통해 그리스도의 교회로 새롭게 구현된다고 주장하였다.
 3. 대표적 인물 – 고백교회 운동을 주도한 대표적 인물로는 바르트와 본회퍼를 들 수 있다.
 4. 이후의 고백교회 – 2차 세계대전이 끝난 후 '독일복음교회'에 흡수되어 오늘날까지 급진적 보수주의 운동으로 기저를 유지해 오고 있다.

고신대학교(高神大學校, **Kosin University, Korea Theological Seminary**) 신사참배를 반대하던 교인들이 해방 후 출옥하여 회개와 정화 운동을 전개하면서 설립한 신학교. 기독교 교육기관. 1946년 6월 13일부터 8월 23일까지 3개월 동안 전 만주 동북신학교 교수 박윤선 박사를 강사로 하여 하기신학 강좌를 개최한 것이 고려신학교의 초석이 되었다. 강좌 기간 중인 1946년 7월 9일 진해읍교회당에서 개최된 경남노회 제47회 임시노회에서는 신학교 설립을 결의하고 평양신학교의 신앙 정신을 계승한다는 뜻에서 만주에 있던 박형룡 박사를 초대 교장으로 추대키로 하였다.

그런데 박형룡 박사의 귀국이 늦어지자 박윤선 박사를 교장 대리로 하여 1946년 9월 20일 개교하게 되었다. 설립 취지는 복음 진리의 선포, 회개와 신앙, 신학의 정통, 생활의 순결을 사명으로 하였다. 그 후 10월 14일 귀국한 박형룡 박사가 교장에 취임하였다.

그러나 한상동 목사와의 사이에 신학교 운영(위상) 문제 등으로 갈등이 있었고, 고려신학교의 배경이 되는 경남노회가 제39회 총회(속회)에서 축출됨으로써 고려신학교는 고려파 교단의 유일한 신학교가 되었다. 그리하여 박윤선 목사가 교장으로 학교를 정비하게 되었고, 1960년 합동측과의 결합으로 서울총회신학교(현 총신대학교)와의 신학교 단일화 문제가 논의되기도 했으나 2년 뒤 다시 분열됨으로써 원래 고려신학교로 복귀하였다.

그 후 1968년 2월 28일 대학에 준하는 각종학교 인가, 1969년 9월 6일 대학동등 학력인정 지정학교 인가, 1971년 고려신학대학으로 개명, 1978년 대학원 인가 등을 받고 오늘에 이르고 있다.

현재 대학본부가 있는 〈영도캠퍼스〉는 부산광역시 영도구 외치로 194(동삼동)에, 의과대학이 있는 〈송도캠퍼스〉는 부산광역시 서구 암남동 34번지, 고려신학대학원이 있는 〈천안캠퍼스〉는 충남 천안시 삼용동 40번지에 위치하고 있다.

고함 지르는 자(高喊 – 者, **Ranters**) 벨퍼(Belper) 거리에서 열정적으로 찬양했던 영국의 초창기 감리교도(the Primitive Methodists)를 가리키는 별명.

고해성사(告解聖事, **sacrament of penance, confession**) '고백성사'의 옛 표현. 가톨릭의 7성사 가운데 하나. 영세 받은 신자가 지은 죄를 뉘우치고 하느님의 대리자인 신부에게 고백하여 죄를 용서받는 일. 가톨릭에서는 원죄(Original Sin)는 영세(세례)를 통해, 가벼운 죄(소죄)는 회개함으로, 큰 죄(대죄)는 고해성사를 통해 용서받는다고 말한다. 그래서 고해성사를 통해 신부가 죄 용서를 선언하는 순간 천국에서 하느님이 죄를 용서하신다고 말한다(가톨릭교회 교리서 1422조).

광성학교(光成學校, Kwangsung School) 1894년 4월에 설립된 관서지방 최초의 서구식 학교. 미국 북감리회 선교사이자 의사인 윌리엄 제임스 홀 박사(*Rev. William James Hall*, 한국명 '허을')가 기독교 선교와 신교육을 목적으로 평양에서 사숙(私塾, 글방)으로 설립하였다. 홀은 소년 13명을 모집하여 한글·한문·성경 등을 가르쳤으나, 설립한 지 6개월 만인 11월에 장티푸스로 별세하여 사숙은 유명무실하게 되었다. 그 뒤 1903년 5월 미감리회에 무어(*Dr. John Z. Moore*, 한국명 '문요한') 선교사가 홀의 유지를 이어 2대 책임자로 내한하였다. 그는 평양에 2층 양옥 건물을 짓고, 초등과와 고등과를 두어 수업하는 등 학교 발전에 크게 공헌하였다.

1910년 7월 대한제국 학부로부터 사립학교 인가를 받아 근대식 학교로서의 면모를 갖추게 되었다. 1918년 4월 광성고등보통학교로 교명을 변경하였고, 1938년 5년제 광성중학교로 개편되었다. 1943년 4월 일제 당국이 교명 〈광성〉이 민족정신을 고취하는 뜻을 지녔다고 하여 교명을 〈경창중학교〉(暻昌中學校)로 변경하였다. 그 후 광복과 함께 광성중학교로 교명을 되찾았으나 1946년 6월 학교 재산과 운영권을 북한 정권에 빼앗기고 교명도 〈평양제일중학교〉로 변경되었다. 이에 월남한 동문들에 의해 1952년 6월 부산에서 〈광성중학교〉와 〈광성고등학교〉가 개교하게 되었다. 그 뒤, 1953년 9월 서울시 종로구 충신동 → 1957년 11월 용산구 동자동 → 1961년 4월 마포구 신수동의 현재 위치로 교사를 신축해 이전했다. 1964년 학교법인 광성학원으로 인가받아 오늘에 이르고 있다.

광혜원(廣惠院, Widespread Relief House, The House of Extended Grace) 미국 북장로교 의료 선교사 알렌(*H.G. Allen*, 한국명 '안련')에 의해 세워진 우리나라 최초의 근대식 병원. 갑신정변의 주역인 홍영식의 집에서 1885년 4월 10일에 개원했다. 이 병원은 알렌이 갑신정변 첫날 밤, 개화당의 공격을 받아 전신에 치명상을 입은 민영익(閔泳翊)을 치료하여 고종의 총애를 받고 설립하게 되었다. 그 후 13일 만인 4월 23일 고종은 이 병원에 '제중원'(濟衆院, Universal Helpfulness House)이란 이름을 하사했는데, 이는 '백성을 구제한다'는 뜻이다. 이듬해인 1886년 3월에는 제중원 부설 국립의학교가 설립되었는데, 지원자가 없어 각 관아에서 차출된 기녀들이 첫 번째 입학생이 되었다고 한다. 1887년 제중원은 동현(銅峴, 현재 을지로 1가 외환은행 근처)으로, 1904년 9월 23일에는 복숭아골(桃洞, 현 세브란스 빌딩 소재지)로 이전했다. → '알렌', '세브란스'를 보라.

교계신문(敎界新聞, Christian Newspaper) 교역자와 성도를 대상으로 교회와 교단의 소식을 전하고 교회를 건전하고 바르게 세우기 위해 발행되는 기독교 계열의 신문을 통틀어 일컫는 말.

■**교회연합신문**(敎會聯合新聞, THE ECUMENICAL PRESS) – 1991년 7월 3일에 설립된 초교파지. 발행인 겸 편집인은 강춘오목사. 1991년 11월 16일 서울 종로구 효동에서 창간호를 발행한 이후 2002년 10월 6일에 500호를 발간했다. 2003년 2월 10일 서울 종로구 연건동 195-19에 사옥을 마련하였고, 2006년 11월 17일 서울 기독교연합회관에서 창간 15주년 기념예배를 드렸다. 사시는 "옳은 것은 옳다 하고 아닌 것은 아니라 하라." www.ecumenicalpress.or.kr

■**기독교개혁신보**(基督教改革新報, The Christian Reformed Press) – "바른 신학, 바른 교회, 바른 생활"이란 3대 기치를 내걸고 한국 교회의 개혁을 주도하기 위해 창간된 대한예수교장로회 합신의 교단지. 서울시 종로구 김상옥로 30 (연지동) 한국기독교연합회관 502호에 소재한다. 홈페이지는 www.rpress.or.kr

■**기독교보**(基督教報) – 1955년 6월 8일 창간된 대한예수교장로회고신 교단 기관지. 창간 후 34년간 휴간되었다가 1989년 9월 16일 복간되었다. 이후 2000년 12월 9일에 500호, 2010년 10월 15일에 1000호를 발행했다. 사시는 "개혁신학의 전통수호, 교단 화합의 초석, 순수복음의 확산." 서울특별시 서초구 고무래로 10-5 (반포동)에 소재한다. 홈페이지는 www.knews.or.kr

■**기독교신문**(基督教新聞, THE CHRISTIAN NEWSPAPER) – 1965년 12월 김선목(金善穆)이 '연합기독신보'라는 제호로 발행한 초교파지. "평신도 운동의 지원, 복지사회 건설, 교

회 현대화" 등을 사시(社是)로 내걸고 평신도들이 중심이 되어 12호까지 발간하였다. 그러나 운영상의 문제로 당시 대한일보 사장 김연준(金連俊)에게 경영권이 넘어가 〈교회연합신보〉라는 이름으로 속간되었고, 1986년 11월에 다시 〈기독교신문〉으로 제호를 바꾸어 현재까지 발행되고 있다. 기독교신문은 그리스도교의 진리를 사회에 선포하고 대변하는 선교지로서의 구실을 하고, 그리스도교의 현실을 바르게 판단하고 직시하여 비판과 격려로써 올바른 그리스도교 역사 창조에 기여하며, 모든 교파를 하나로 뭉치게 하는 교회연합운동을 지침으로 하고 있다. 서울시 성동구 고산자로 202 (행당동)에 소재한다. www.gidoknews.kr

■ **기독교연합신문**(基督敎聯合新聞, **The United Christian Newspaper**) - 1988년 2월 1일 창간된 대한예수교장로회 합동정통 교단의 기관지. 기독교연합신문은 "진리가 너희를 자유케 하리라"는 사시를 내걸고 초교파 정론지로 출발하여 새로운 시대에 앞서가는 소식지로, 하나님의 사랑과 복음을 전하는 선교지로, 언론 문화의 창달을 도모하는 정론지로서의 역할을 감당하기 위해 창간되었다. 설립자는 장종현목사(전 백석대 총장). 서울시 서초구 효령로 118 (방배동)에 소재한다. www.igoodnews.net

■ **기독교타임즈**(基督敎 -, **The Christian Times**) - 1995년 감리교회의 신앙과 전통을 바탕으로 "사랑·선교·일치"를 사시로 하여 창간된 기독교대한감리회 교단지. 두 번이나 정간 위기를 맞았으나 위기를 잘 극복하고 2000년 2월 26일 재창간되었다. 2003년 8월 23일 300호를 발간했고, 2004년 6월 18일 홈페이지(www.kmctimes.com)를 개설하였다. 서울시 중구 태평로 1가에 소재한다. 현재 도메인은 www.kmctimes.co.kr

■ **기독신문**(基督新聞) - "개혁신앙의 보수, 교회의 단결, 성도의 교제"를 사시로 1965년 1월 4일에 창간된 대한예수교장로회합동 교단의 기관지. 1972년 9월 〈기독신보〉로 제호를 변경하였고, 1987년 통권 1000호 발행, 1993년 복간 지령 1000호를 발행했다. 1997년 다시 〈기독신문〉으로 제호를 환원했으며 2004년 복간 지령 1500호를 발행했다. 서울시 강남구 영동대로 330 (대치동) 총회회관 1층에 소재한다. www.kidok.com

■ **기독신보**(基督新報, **THE CHRISTIAN TIMES**) - "개혁신앙지향, 교회의 수호, 성도의 교제"를 사시로 1997년 8월 15일에 창간된 신문. 발행인은 김만규 목사. 창간 당시 「정론기독신보」(正論基督新報)라는 제호를 사용하다 2010년 8월 15일 「기독신보」로 제호를 변경했다. 합동 교단 목회자와 성도를 대상으로 발간되며, 개혁주의 보수 신학의 깨어 있는 정론지를 표방한다. 남양주시 사릉로 20 (금곡동)에 소재한다. www.ikidok.org

■ **들소리신문**(- 新聞, **The Deulsoritimes**) - 1977년 4월 3일에 창간된 초교파지. "제1세기의 이상을 펴가는 신문"을 사시로 하여 설립 때부터 지금까지 교회 안에서 뿐 아니라 교회 밖에서 신앙인의 책임과 역할을 강조하면서 이를 위한 언론의 사명을 최우선 과제로 하고 있다. 발행인은 조효근 목사. 서울시 종로구 창경궁로 16길 73-6 (연건동)에 소재한다. www.ingn.net

■ **목회자신문**(牧會者新聞) - 목회자에게 목회자료 제공을 목표로 설립되어 현재는 교회 소식 등 보도 기능도 아울러 하고 있다. 서울시 종로구 대학로 19 (연지동) 기독교회관 305호에 소재한다. www.mokhoeja.com

■ **성결신문**(聖潔新聞, **Seungkyul News**) - 성경과 교단의 신앙적 지표인 사중복음을 근간으로 1907년에 발간된 예수교대한성결교회의 교단지. "신뢰받는 신문, 구원 사역과 미래를 여는 신문, 신앙 성장에 앞장서는 신문, 교회와 교단의 선진화 추구 정책에 협력하는 신문"을 사시로 하며, "독자 중심의 신문, 계속적인 혁신 추구의 신문, 교회와 교단에 공헌하는 신문, 교단 각 기관이 상호 협력하는 신문, 훌륭한 신앙인으로 발전하는 신문"을 추구한다. 소재지는 서울시 종로구 인왕산로 1가길 11 (행촌동) 교단본부. www.sknews.org

■ **침례신문**(浸禮新聞, **The Baptist Press**) - 1955년 8월 19일 〈침례회보〉라는 이름으로 발간된 기독교한국침례회의 교단지. 1970년 7월 1일 운영난을 겪으면서 제169호 발간을 끝으로 자진 폐간하였다. 그 뒤 1977년 5월 7일 복간 제1호를 발행하였으며 1999년 9월 27일 〈침례신문〉으로 제호를 변경했다. 서울시 구로구 경인로 75 (오류동)에 소재한다. www.bpnews.co.kr

■ **크리스챤신문**(- 新聞, **The Christian Press**) - 1960년 7월 새문안교회 장로 김대보(金大輔)와 몇몇 기독교인들이 "교회의 혁신과 통일, 보도의

중립" 등을 사시(社是)로 내걸고 〈크리스챤〉이란 제호로 창간한 초교파 신문. 1964년 6월 운영체를 주식회사로 법인화하고, 〈크리스챤신문〉으로 제호를 변경하였다. 1969년 9월 세계문서선교회 (World Literature Crusade, WLC)의 국내 조직인 한국가정문서선교회로 경영권이 넘어갔고, 1982년 5월 다시 경영진이 바뀌면서 종전의 교회 내부적 관심에서 국가와 사회에 기여하는 신문으로서의 사명을 강조했다. 현재는 교계 중심의 소식을 주로 다루며, 목회자를 대상으로 하여 순수한 종교지로 발간되고 있다. www.cpress.net

■**한국교회신보**(韓國敎會新報) – 1991년 3월 1일 〈한국교회공보〉로 창간된 대한예수교장로회 대신 교단 기관지. 2000년 11월 〈한국교회신보〉로 제호를 변경했다. 사시는 "복음전파, 정의실현." 경기도 안양시 동안구 평촌대로 119 (호계동) 원평비전프라자 3층. www.chknews.co.kr

■**한국기독공보**(韓國基督公報) – 1947년 1월 17일 〈기독교공보〉로 창간된 대한예수교장로회 통합의 교단지. 1948년 운영권이 김응락(金應洛), 토머스기념사업회 등으로 넘어가면서 〈기독공보〉로 제호를 변경하고 개인 신문 형태로 발행되었다. 그러다 총회 교육부가 인수하여 발행되었고 1954년 9월부터는 교단 총회의 기관지가 된 후 1966년 9월 총회에서 폐간되기까지 총 848호를 발간했다. 그 뒤 1970년 7월 1일 〈한국기독공보〉로 복간되어 오늘에 이르고 있다. 서울시 종로구 김상옥로 30 (연지동) 한국기독교연합회관 1402호에 소재한다. www.pckworld.com

■**한국성결신문**(韓國聖潔新聞, **The Seonggyeol Sinmun**) – 1990년 7월 2일 "세계에 성결의 빛으로, 민족에 화해의 소금으로"라는 사시로 창간된 기독교대한성결교회의 기관지. 서울시 강남구 테헤란로 64길 17 (대치동) 성결회관 별관 2층에 소재한다. www.kehcnews.co.kr

■**기타 교계 신문 및 인터넷 신문**

① 교회와신앙 : 2005년 7월 1일 창간된 인터넷 신문. 월간잡지 100호, 주간신문 116호를 만들다 "제3의 길을 간다 하나님에 의하여 하나님을 위하여"라는 취지로 인터넷 전자신문을 발행하게 되었다. www.amennews.com

② 국민일보 미션라이프 : 국민일보의 크리스챤 뉴스 섹션. www.kukinews.com/mission2/

③ 뉴스엔조이 : 2001년 3월 오프라인 신문으로 창간하여 현재는 인터넷 신문만 제공하고 있다. www.newsnjoy.or.kr

④ 뉴스파워 : 뉴스의 영향력으로 세상을 아름답게 만든다는 취지로 2003년 3월 7일 창간된 인터넷 종합신문. 서울시 종로구 김상옥로 17 (연지동) 107호. www.newspower.co.kr

⑤ 당당뉴스 : 감리교 교회와 성도를 대상으로 제공되는 인터넷 신문. 서울시 서대문구 충정로 11길 20 (충정로 2가) CI빌딩(기사연) 404호. 홈페이지 주소는 www.dangdangnews.com

⑥ 리폼드뉴스(The Reformed News) : 대한예수교장로회(합동) 교단 교역자와 교회를 대상으로 하여 2008년 7월 17일에 창간된 인터넷 신문. 경기도 의정부시 경의로 190 (신곡동). 홈페이지 주소는 www.reformednews.co.kr

⑦ 목회자사모신문(SAMONEWS) : 사모가 행복해야 목회자와 목회자 가정이 행복하고, 나아가 교회가 부흥·성장할 수 있다는 취지에서 설립된 신문. www.yejung.co.kr

⑧ 에큐메니안 : 에큐메니칼 운동을 실천하는 사람들이 에큐메니칼 정신을 구현하기 위해 만든 인터넷 신문. "소통을 지향하고, 낮은 곳을 지향하며, 한국 교회 정론을 선도한다."는 편집 방향을 갖고 있다. 서울시 서대문구 충정로 11길 20 (충정로 2가) 기사연 204호. www.ecumenian.com

⑨ 열방선교신문 : 국제오지선교협력기구 (MOLE)에서 발행하는 선교 전문 인터넷신문. www.nationsreport.org

⑩ 영동크리스챤신문 : 강릉에서 발행되는 지역 중심의 기독교 신문. 강원도 강릉시 왕산로 23-11. http://ydcn.onman.com

⑪ 온누리신문 : 온누리교회의 비전을 공유하기 위해 제작된 온누리교회 인터넷 신문. 서울시 용산구 이촌로 347-11 (용산동 6가)에 소재한다. http://onnuri.or.kr/news/

⑫ 제주기독신문 : 교계 및 지방을 통해 복음 선교에 기여할 목적으로 1992년 11월 21일 창간됐다. 2000년 11월 11일부터 인터넷 전자신문도 제공하고 있다. 발행인은 김정서 목사(예장통합 증경총회장, 제주영락교회 담임목사). 주소는 제주특별자치도 제주시 신광로 15 (연동) 제주기독선교회관 2층. www.iejejugidok.com

⑬ 장로신문사 : 대한예수교장로회(합동) 교단에서 장로들을 대상으로 설립된 신문. cafe.daum.net/eldersnewsweek

⑭ 크리스찬투데이 : 교회와 성도의 영적 건강을 살피고, 세계 교계의 흐름을 전할 목적으로 1997년 5월 20일 격주간지로 발간된 해외 한인 기독 언론. 사시는 "내가 측량할 수 없는 주의 의와 구원을 내 입으로 종일 전하리이다"(시71:15). 창간 2주년을 기해 주간지로 발행되었고, 창간 3주년째 인터넷신문을 시작했다. 해외 한인 교회 주소록(CD 포함)을 제작하는 등 해외에 거주하는 한인과 한인교회의 소식지로도 널리 알려져 있다. 주소는 1128 S. Crenshaw Blvd., Los Angeles, CA 90019. http://christiantoday.us/

⑮ 크리스찬연합신문(Christian United Press) : 약자를 따서 CU Press(큐프레스)라고도 한다. "주님의 나라를 확장하는 일에 달려가는 신문"이 되겠다는 취지로 창간되었다. 경기도 고양시 일산서구 대산로 99. www.cupress.com

⑯ 크리스천투데이 : 미디어를 통한 선교를 기치로 2000년 7월 7일 온·오프라인으로 동시에 창간된 기독언론. 한국 사회와 교계의 주요 사안들을 복음주의적 입장에서 보도한다. 사시는 "예 할 때 예 하고 아니오 할 때 아니오 하라." 홈페이지 주소는 www.christiantoday.co.kr

⑰ 한국교회신문(The Korea Church Times) : 1996년 5월 3일 창간. 발행인 려용덕 목사.

⑱ 한국기독신문(The Korea Christian Newspaper) : 1995년 4월 11일 창간된 부산·영남 지방의 기독교 신문.

⑲ Korea Church News : 한국컴퓨터선교회(KCM)에서 제공하는 기독교 소식 페이지. 선교 정보, 선교 소식, 선교 전략 등을 한국 교회에 제공할 목적으로 설립되었다. http://kcm.co.kr/ns/ns.html. → '기독교 연합단체(한국컴퓨터선교회)'를 보라.

교단(敎團, **Religious body**) 공통된 신앙과 교리를 가진 신도로 조직된 종교 단체. 한국 교회의 주요 교단들을 소개하면 아래와 같다(무순, 한국기독교총연합회, 한국교회연합 자료 등). → [3. 행정 및 교육 용어] '교단'을 보라.

교단	주소	전화번호
1 대한예수교장로회총회(합동)	서울시 강남구 영동대로 330 (대치동)	559-5600, 568-7456
2 대한예수교장로회총회(통합)	서울시 종로구 대학로3길 29 (연지동) 한국교회100주년 기념관 309호	741-4350~2, 743-7982
3 기독교대한감리회	서울시 종로구 세종대로 49 감리회관 (광화문빌딩) 16층	399-4308, 4300~2
4 기독교대한성결교회총회	서울시 강남구 테헤란로 64길 17 (대치동)	3459-1071, 3459-1090
5 기독교한국침례회총회	서울시 구로구 경인로 75 (오류동)	2683-6693, 3666-7007
6 대한예수교장로회총회(고신)	서울시 서초구 고무래로 10-5 (반포동) 고신총회	592-0433~4
7 한국기독교장로회총회	서울시 강북구 4.19로 135 기장총회회관	3499-7600
8 한국구세군	서울 서대문구 충정로 7 (충정로3가) 구세군빌딩 5층	6364-4000
9 대한성공회	서울시 중구 정동 3번지 서울주교좌성당	730-6611
10 대한예수교장로회총회(개혁)	서울시 종로구 대학로 3길 10 (효제동)	2062-2700, 2062-0330
11 대한예수교장로회총회(합동보수A)	서울시 광진구 자양로 73 (자양동) 동원빌딩 501호	420-1225, 6944-8244

교 단	주 소	전화번호
12 대한예수교장로회총회 (합동보수 망원측)	서울시 마포구 월드컵로 87 (망원동) 로얄프라쟈 801호	323-8201~2, 323-8203
13 대한예수교장로회총회 (합동보수보수)	서울시 서초구 청두곳 10길 17 (방배동) 방배동교회	581-7763
14 대한예수교장로회총회 (합보)	서울 성동구 아차산로 7길 45 (성수동 2가) 4층	465-0698 465-0696
15 대한예수교장로회총회(대신)	경기도 안양시 만안구 덕천로 74 (안양동)	031) 382-6386
16 예수교대한성결교회총회	서울시 종로구 인왕산로 1가길 11 (행촌동)	725-7071~4, 725-7079
17 기독교대한하나님의성회 총회	서울시 종로구 통일로 134 (평동) 총회회관 301호	720-6832 737-4396
18 기독교대한하나님의성회 (통합)총회	서울시 영등포구 양평로 22나길 8 (양평동 5가) 총회본부	2675-5181 2675-9839
19 기독교대한하나님의성회 (여의도순복음)총회	서울시 영등포구 국회대로 68길 7 (여의도동) 장덕빌딩 904호	782-4868 782-4869
20 대한예수교장로회총회 (호헌A)	서울시 영등포구 대림로 29나길 18 (대림동) 2층	835-9170~1 835-9172
21 대한예수교장로회총회 (호헌B)	경기도 의정부시 태평로 46번길 27-3 (의정부동)	765-8084 031-875-3023
22 대한예수교장로회총회 (합신)	서울시 종로구 김상옥로 30 (연지동) 한국기독교연합회관 1601호	708-4458 708-4464
23 대한예수교장로회 (국제합동)총회	서울시 마포구 상수동 271-401	070-7755-0580 031-916-8004
24 대한예수교장로총회 (보수개혁)	서울시 종로구 창성궁로 16길 70 (효제동) 반도보라아이비 211호	764-3560~1 764-3565
25 대한기독교나사렛성결회 총회	서울시 양천구 목동중앙북로 57 (목동) 3층	2643-8591~2 2653-3223
26 대한예수교장로회총회 (개혁국제)	서울시 서대문구 충정로 20 (충정로 3가) 3층	747-7877 364-4146
27 예수교대한감리회총회	서울시 영등포구 경인로 96길 4-3 (문래동 1가, 감리신학교)	2637-4783~5
28 대한예수교장로회총회 (고려)	서울시 강서구 화곡로 375 (등촌동)	3664-0199 3664-0198
29 대한예수교장로회총회 (개혁합동)	서울시 관악구 봉천로 446-1 (봉천동) 삼진빌딩 지하	886-4192 882-6601
30 대한예수교장로회총회 (합동중앙)	경기도 고양시 덕양구 마상로 107번길 60 (주교동) 2층	031-964-2782 031-969-2785
31 대한예수교장로회총회(중앙)	서울시 노원구 광운로 17길 34 (월계동)	943-3124~5, 943-2946
32 대한예수교장로회총회 (총회측)	경기도 광명시 오리로 984번 안길 4 (광명동) 3층	2683-1184 2617-0460
33 대한예수교장로회총회 (성합측)	서울시 관악구 은천로 33길 24 (봉천동) 샬롬빌딩 2층	873-8165, 883-0992

교 단	주 소	전화번호
34 대한예수장로회총회 (합동복구)	서울시 동작구 성대로 12길 71 (상도동)	821-0387, 822-1038 824-7517
35 대한예수교장로회총회 (보수)	경기도 안산시 영화 6길 19 (사동)	031-418-8387
36 대한예수교복음교회총회	대전시 서구 계룡로 509번길 6 (탄방동, 주안에쉐르) 204호	042-221-0774~5
37 대한예수교장로회총회 (근본)	서울시 동대문구 장한로 27길 43 (장안동) 리버빌딩 4층	2246-0691 496-5809
38 기독교한국루터회	서울시 용산구 소월로 2길 21-11 (후암동)	3789-7430, 3789-7457
39 한국정교회대교구	서울시 마포구 아현1동 421-1	365-3744
40 대한예수교장로회총회 (연합)	전북 전주시 완산구 양지 2길 23 (평화동 2가)	063-226-5625 063-224-5625
41 대한예수교장로회총회 (백석)	서울시 서초구 방배로 39 (방배동) 미주플라자 1층	584-6885,9845 521-2729
42 대한예수교장로회총회 (개혁선교)	서울시 종로구 대학로 36-13 (효제동) 정화빌딩 3층	745-2213 762-0191
43 대한예수교장로회총회 (합동진리)	경기도 부천시 소사구 송내대로 42번길	032-654-2569 032-612-4297
44 대한예수교장로회총회 (개혁총연)	서울시 종로구 대학로 19 (연지동) 기독교회관 608호	745-5161~3
45 대한예수교장로회총회 (개혁정통)	서울시 관악구 봉천로 365 (봉천동) 2~3층	743-8474~6
46 대한예수교장로회총회 (합동개신)	서울시 중구 동호로 8라길 23 (신당동) 성신은혜교회	766-1077 2254-1077
47 기독교대한감리회총회 (연합)	서울시 중구 다산로 61 (신당동) 상가 3층	364-7061, 364-7060
48 대한예수교장로회총회 (보수합동)	충남 천안시 동남구 원거리 12길 2 (원성동)	041-522-0567 041-523-0727
49 대한예수교장로회총회 (합동보수B)	서울시 강북구 한천리 20길 3 (번동)	997-2866, 900-7719
50 대한예수교장로회총회 (예장)	서울시 양천구 화곡로 100 (신월동) 성은빌딩 3층	2604-2651 2604-2652
51 그리스도의교회협의회 총회	서울시 종로구 창경궁로 16길 29 (연지동) 환원빌딩 6층	3676-9995~6, 9998
52 대한예수교장로회총회 (합동연합)	경기도 오산시 성호대로 38-1 (오산동) 2층	031-378-4168 031-683-4168
53 대한예수교장로회총회 (선교)	서울시 광진구 뚝섬로 741 (구의동) 우림빌딩 301호	2201-5878 2201-5872
54 대한예수교장로회총회	서울시 강남구 역삼로 449 (대치동) 301호	557-9222, 0807
55 대한예수교장로회총회(브니엘)	부산시 연제구 연산2동 1641-16	051-755-4710
56 기독교대한복음교회	서울 종로구 율곡로 264 (종로6가)	762-7529

교단	주소	전화번호
57 대한예수교장로회총회(한영)	서울시 구로구 개봉동 한영대길 20	2616-9858, 2616-9664
58 대한예수교장로회총회 (합동동신)	인천시 서구 심곡로 72-4 (심곡동, 서해파크빌) 401호	032-574-9756
59 대한예수교장로회총회 (합동개혁A)	서울시 관악구 승방6길 34 (남현동)	3486-5500 3486-5551
60 대한예수교장로회 개혁총회	서울시 동대문구 왕산로 236 (전농동) 삼원빌딩 2층	959-8777 965-3777
61 대한예수교장로회총회 (합동총신측)	인천시 남구 한나루로 604 (도화동) 롯데월드타워 901호	032-861-0142 032-861-0138
62 대한예수교장로회총회 (고려개혁)	서울시 종로구 송월1길 73-18 (사직동) 양의문교회 7층	738-9911, 725-4074 723-0568
63 대한예수교장로회총회 (합동한신)	서울시 관악구 남부순환로 1694 (봉천동)	886-1654 886-1676
64 기독교대한하나님의성회 총회(순복음)	서울시 동작구 동작대로 7길 44 (사당동)	587-0990 587-0999
65 대한예수교장로회총회 (개혁진리)	서울시 송파구 가락로 116 (석촌동) 3층	425-0675 031-501-7136
66 대한예수교장로회총회 (합동보수C)	서울시 성북구 동소문로 225-13 (길음동)	941-0262~4 941-0267
67 대한예수교장로회총회 (합동선목)	서울시 동대문구 망우로 114 (휘경동)	2244-2142 2244-2143
68 대한예수교장로회총회 (합동개혁B)	서울시 관악구 남부순환로 1689 (봉천동) 3층	874-0131~2 886-4852, 4853-5
69 대한예수교장로회총회 (웨신)	서울 영등포구 대방천로 150 (신길동) 201호	835-2607, 2608

교부(敎父, Father of the church) 예수 그리스도의 가르침을 좇아 신앙 전통을 이어오는 복음의 증인을 일컫는 말. 4세기 이전까지는 대개 주교들에게, 이후로는 교리적으로 특별히 중요한 인물로 규정된 저술가들에게 제한적으로 사용되었다. 그러다 5세기경에 이르러서는 라틴어성경을 번역한 '제롬'과 같이 교회의 영향력 있는 학자들에게로 확대되었다. 이들 교부들은 ① 정통 교리를 가르치고 ② 생활이나 행실이 거룩하며 ③ 교회에서 인정받는 자들이었다. 터툴리안(Tertullian), 오리겐(Origen), 이레니우스(Irenaeus) 등이 대표적 교부이다. 중세기 사람들은 이들 교부들의 가르침에 오류가 없다고 생각하였으나 오늘날에는 이들도 오류가 있을 수 있다고 인정하는 분위기다. 아무튼 교부란 호칭은 엄격한 잣대로 제단하여 공식적으로 붙여진 칭호는 아니며 당시 시대 상황에 따라 대중이 인정할 만한 인물들에게 사용되었다.

교부문학(敎父文學, Patristic Literature) 엄격하게는 정통 그리스도교 교회의 교부들이 저술한 문헌. 포괄적으로는 1-8세기에 정통이나 비정통을 불문하고 교부들이 남긴 기독교 문학 전반을 가리키기도 한다. 대부분의 학자들은 후자의 입장에서 교부문학을 이해하는 경향이 강하다. 왜냐하면 어느 한 교부의 사상이 100% 정통 가르침과 일치하지는 않으며, 교부의 주장 중 어떤 부분은 정통 가르침과 다소 차이가 나는 부분도 있기 때문이다. 따라서 그 일부의 사상이 정통 가르침과 차이가 있다 해서 교부문학에서 제외시킨다면 결국 교부문학이란 존재하기 어렵기 때문이다.

한편, 교부문학의 시대적 구분도 학자마다 차이가 있지만 크게 니케아 종교회의(325년) 이전과 이후 둘로 구분된다. ① 니케아 종교회의 이전의 교부문학은 사도 교부들, 영지주의 저자들, 변증론자들, 2세기 말에서 4세기 초기 교부문학 넷으로 나누어진다. ② 니케아 종교회의 이후 교부문학은 니케아 교부들, 카파도기아 교부들, 수도원 문학, 안디옥 학파, 에뎃사 학파와 나시비스 학파, 칼케돈 교부들, 비 칼케돈 교부들, 니케아 이후 라틴 교부들, 후기 헬라 교부문학으로 구분할 수 있다.

교파(敎派, denomination) 같은 신학과 신앙관을 공유하는 자들의 공동체를 일컫는 말. 기독교 내에는 여러 교파들이 있는데, 대표적으로 감리교, 장로교, 루터교, 침례교, 성결교 등이 대표적이다. 이들 교파는 교리나 교직, 예전 등에서 다소 간의 차이가 있지만 가톨릭과는 달리 기독교 교파는 상호간에 그리 배타적이지 않아 성도 간의 교회 이전 등 교류가 다소 자유로운 편이다. → [3. 행정 및 교육 용어] '교파', '교파와 교단'을 보라.

교황(敎皇, Pope, Papa) '아버지'를 뜻하는 헬라어 '팝파스'에서 유래된 표현. 원래는 존경과 사랑의 뜻을 가진 교직자를 부르던 명칭이다. 3-5세기에는 대부분 주교를 부르는 호칭으로 사용되었으나 때론 일반 평사제들에게도 적용되었다. 동방정교회에서는 아직도 총대주교를 비롯한 모든 정교회 사제에게 사용된다. 로마 가톨릭은 9세기부터 로마 주교(교황)에게만 사용하고 있다.

한편, 교황청 공식 인명록(Annuario Pontificio)에서 밝히고 있는 교황의 직무는 다음과 같다. 로마의 주교, 예수 그리스도의 대리자, 그리스도의 수제자 베드로의 사도 계승자, 서방교회의 최고위 성직자, 서방 총대주교, 이탈리아 수석대주교, 로마관구의 대주교 및 수도주교, 바티칸공화국 최고 통치자. 여기서 보면 '교황'이란 호칭은 주로 권세와 위엄을 갖춘 의전적인 이름이 아니라 행정적이고 사무적인 호칭으로 사용되고 있음을 알 수 있다. 이에 비해, 대칙서와 같이 비중 있는 공식 문서에서는 '하나님의 종들의 종'(servus servorum Dei)이란 의전상의 호칭을 사용한다.

교황정치(敎皇政治, the papal, papalism) 로마 가톨릭의 정치 체제. 특히 로마 가톨릭교회의 중앙통치 제도를 말한다. 이것은 로마 가톨릭 신자들이 '아버지'(pope)로 인정하고 예수 그리스도의 제자들 중 수제자인 베드로의 계승자라고 떠받드는 로마 주교가 전 세계의 로마 가톨릭교회를 통치하는 체제를 말한다. 이 외에도 교회의 정치에는 ① 감독 정치 ② 자유 정치 ③ 회중 정치 ④ 장로회 정치가 있다. → '교회정치'를 보라.

교황청(敎皇廳, Roman Curia) 교황이 전 세계 가톨릭교회와 교인을 다스리기 위한 바티칸의 모든 기관에 대한 총칭. 오늘날과 같은 형태의 교황청 조직은 16세기 말 교황 식스투스 5세(Sixtus V) 때 마련되었고, 20세기 초 교황 피우스 10세(Pius X) 때 〈교회법전〉을 통해 정비되었다.

① 행정 부서 – 교황 아래 교황을 돕는 성직자회인 추기경회가 있는데 이들이 각 부서의 행정 업무를 관장한다. 이들 각 부서 업무를 긴밀하게 연결시켜 주는 추기경이 국무원 장관이다.

② 의회 – 신앙교리의회, 동방교회의회, 주교의회, 성사규율의회, 전례의회, 성직자의회 등이 있다. 특히 신앙교리의회는 정통신앙과 윤리를 바르게 일을 한다.

③ 사법 – 교황청 서명원 재판소(the apostolic Signatura), 교황청 대심원(Rota), 교황청 내사원(the Sacred Apostoic Penitentiary)의 3개 재판소에서 재판 업무를 담당한다.

④ 그외에 여러 개의 사무처와 사무국이 있다.

교회국가(敎會國家, Kirchenstaat) 교회의 권위 아래 국가 권력을 종속시키는 국가 형태. 중세 시대에 로마 가톨릭교회 전성기 때의 국가 형태가 여기 해당된다. 13세기 초 교황 인노센트 3세(Innocent III) 때 절정기를 이루었다. 반대로 국가교회(Staatskirchentum)가 있는데, 로마가 기독교를 국교로 받아들여 국가가 교회를 지배했던 바로 그 형태를 말한다. → '국가교회', [3. 행정 및 교회 용어] '교회와 국가'를 보라.

교회력(敎會曆, church year) 예수 그리스도의 탄생, 생애, 고난, 죽으심과 부활 등 예수와 관련된 주요 내용을 매주, 또는 매년 주기로 기념하고 경축하기 위해 교회에서 지켜온 교회의 달력.

일반 달력과는 달리 절기를 역법으로 환산하여 지킨다는 특징이 있다. 그래서 교회력은 해마다 날짜가 조금씩 달라진다.

■**교회력의 역사**(敎會曆 - 歷史) - 초대교회 시기부터 지키던 절기는 시간이 흐르면서 세분화되어 3세기경에는 주요한 형태를 갖추게 되었고 4세기 말에는 오늘날과 유사한 형태의 교회력이 생겨나게 되었다. 그러다 종교개혁을 거치면서 마틴 루터(Martin Luther)는 성인축일 등 사람을 경축하는 절기를 교회력에서 제외시키고 주일과 주님의 축일에 대한 절기만을 기념하게 하였다.

반면, 영국 교회는 성경 인물과 관련된 성인축일은 그대로 보존하였다. 한편, 16세기 스코틀랜드 교회들은 사도, 순교자, 마리아를 비롯한 동정녀의 축일, 심지어 성탄절조차도 교회력에서 제외하는 급진적 성향을 보였다. 이렇게 교회력은 시대에 따라, 교단에 따라 변화를 거듭하였다.

용어상식
한국교회 교회력
(韓國敎會 敎會曆)

오늘날 한국교회에서 보편적으로 사용하는 대표적인 교회력(교단에 따라 다소 차이는 있지만)은 미국 감리교회, 장로교회, 루터교회, 성공회 등이 사용하고 있는 형태를 채용하고 있다.

그 특징은 성탄절을 주기로 한 교회력과 부활절을 주기로 한 교회력 둘로 구분된다. 현재 한국 교회가 지키는 대표적 교회력은 다음과 같다.

① 성탄절을 주기로 하는 교회력 - 대림절, 성탄절, 주현절. ② 부활절을 주기로 하는 교회력 - 사순절, 부활절, 성령강림절. ③ 그외 종려주일, 고난주일, 맥추감사절, 종교개혁주일, 추수감사절 등이 있다. 교회력은 일년 내내 예수님의 생애를 기억하고 기념하며 그리스도의 사역에 참여하게 하여 그분의 은혜 가운데 살아가게 하는데 도움을 준다.

교회사(敎會史, church history) 좁은 의미에서는 그리스도의 오심과 성령강림을 통한 교회의 탄생, 그리고 그 이후 교회의 역사, 곧 유대교와는 구분되는 교회의 역사를 말한다. 그런데 넓은 의미에서는 세상 창조로부터 현재까지, 나아가서 세상 마지막 날 주님 오실 때까지의 거룩한 구속 역사를 교회사라 할 수 있다. 교회사는 시대적으로 크게 다섯 단계로 구분할 수 있다.

1. 고대교회사 - 복음 전파에서부터 서방교회와 동방교회가 분열된 6세기까지의 교회 역사를 기록하고 있다. 여기에는 바울의 세계 선교, 로마의 기독교 박해, 수많은 이교 사상과의 논쟁, 콘스탄티누스 황제의 기독교 공인과 교회의 발전, 이로 인한 교회의 대분열이 중심 내용이다.

2. 중세교회사 - 로마 가톨릭의 조직과 기반 마련, 게르만 민족의 복음화, 교회 제도 정비, 서구사회의 기독교화, 교회와 세속 국가의 갈등, 교회의 정신적 타락, 르네상스 운동으로 인한 교회의 세속화 등이 중심 내용이다.

3. 종교개혁 시대의 교회사 - 루터의 개혁 운동과 프로테스탄트 교회의 형성, 루터 파 교회ㆍ칼빈 파 개혁교회ㆍ영국 국교회ㆍ회중교회 등 교파의 분열 등이 중심 내용이다.

4. 근세교회사 - 프로테스탄트 교파의 분리에서부터 제1차 세계대전 사이에 일어난 교회 역사를 말한다. 16세기의 인문주의 운동과 18세기의 계몽사상으로 인한 교회의 세속화, 아프리카와 아시아에 대한 선교 시작, 가톨릭교회의 조직 정비와 독자적인 선교 활동 등이 중심 내용이다.

5. 현대교회사 - 제1차 세계대전 이후부터 오늘날까지 교회 역사에 대한 기록. 에큐메니칼 운동과 로마 가톨릭ㆍ그리스 정교회의 동참, 세상 속에서의 기독교 역할 재조명 등이 중심 내용이다.

교회연합운동(敎會聯合運動, ecumenical movement) '교회일치운동', '에큐메니칼 운동'이라고도 한다. 서로 다른 신앙고백을 가진 교파나 교회, 신앙 공동체들이 예수 그리스도의 교회가 하나라는 사실에 근거하여 교회를 '하나의 거룩하고 보편적이며, 사도적인 것'(니케아 신조)으로 선언하고 교회의 일치와 하나 됨을 실현하고자 하는 운동이다. 에큐메니칼의 어원인 헬라어 '오이쿠메네'는 '세상에 사는 모든 사람들', 또는 '사람이 사는 모든 세상'을 뜻하는데, 여기서 '일치', '연합' 이란 개념이 나왔다.

1. 교회연합운동의 시작 - 교회연합운동은 선교 현장에서 나타난 과열 경쟁, 교단적 분파성, 산업사회 이후 빈부 격차와 사회 계층간의 갈등 등 사회 문제를 해결하기 위해 시작되었다. 1878-88년

런던 선교회의, 1900년 뉴욕 선교회의, 1910년 에든버러 세계선교대회(Edinburgh, World Mission Conference)에서 교회연합운동의 기틀이 마련되었고, 1961년 교회연합운동의 모델인 세계교회협의회(WCC)는 인도 뉴델리(New Delhi) 총회에서 교회연합운동의 성격을 다시 한 번 분명하게 규정하였다.

2. 교회연합운동의 정신 - 인도 뉴델리 총회(1961년)에서 선언한 교회연합운동의 정신을 소개하면 아래와 같다. "우리는 일치(교회연합)가 하나님의 뜻이며, 동시에 교회에 주시는 그의 선물임을 믿으며, 이것은 예수 그리스도로 말미암아 세례를 받고, 그를 구원자로 고백하는 각처의 모든 사람들이 하나의 사도적 신앙을 갖고, 하나의 복음을 선포하고, 하나의 떡을 떼고, 공동으로 기도를 드리고, 모든 이들을 위한 증언과 봉사에 함께 동참해 나가는 가운데, 성령으로 말미암아 완전한 친교 속으로 들어갈 때 생긴다고 믿는다. 동시에 장소와 시대를 막론하고 모든 사람들에 의하여 교역과 그 회원이 서로 받아들여지고, 모든 사람이 하나님께서 주시는 과제를 위해 함께 행동하고 말할 수 있음으로써 전체 그리스도인의 친교 속에 합일될 때, 일치는 일어난다고 믿는다."

■우리나라의 교회연합운동(- 敎會聯合運動) - 우리나라에서는 1905년 장로교와 감리교 선교사의 통합 공의회가 교회연합운동의 첫 사례라 할 수 있다. 그러다 해방을 맞으면서 본격적으로 에큐메니칼 신학이 도입되었다. 그러나 이로 인해 장로교회 합동측과 통합측이 분열되기도 했다. 우리나라 교회연합운동의 대표 사례로는 1970-80년대의 부활절연합예배, 빌리 그레이엄 전도집회, 민족복음화대성회 등 대규모 집회가 있다. 또 1977년에 신·구교 학자들이 함께 번역한 「공동번역성서」역시 교회연합운동의 산물이라 할 수 있다. 현재 우리나라에서 세계교회협의회(WCC)의 교회연합운동에 참가한 교단으로는 대한예수교장로회통합, 한국기독교장로회, 기독교대한감리회, 기독교대한하나님의성회, 기독교대한복음교회, 구세군대한본영, 대한성공회, 정교회한국대교구 등 8개 교단이 있다. → '세계교회협의회'를 보라.

교회일치운동(敎會一致運動, **ecumenical movement**) → '교회연합운동'을 보라.

교회재건운동(敎會再建運動) 광복 후 출옥한 성도를 주축으로 교회를 재건하자는 취지에서 행해진 교회 운동. 출옥한 성도와 교역자들은 평양을 중심으로 재건 5원칙을 발표하며 신사참배에 참여한 기성교회를 권징하고 교회의 성결을 회복하자는 운동을 벌여나갔다. 자연히 출옥 성도와 기성교회 성도 사이에 갈등이 심화되고, 재건운동을 주도하는 성도 사이에도 별도의 재건교회를 설립하자는 극단파와 기성교회 안에서 재건운동을 추진하자는 온건파가 대립하는 등 교회재건 운동은 난항을 거듭했다. 그 와중에 국토 분단과 함께 남북교회는 분단에 이르렀고, 북한에 있던 교회는 신사참배 문제를 해결할 겨를도 없이 공산 정권을 상대해야 하는 어려운 지경에 처하게 되었다.

한편, 남한에서는 장로교회, 감리교회, 성결교회 등 교단별로 재건운동이 전개되었다. 그러나 장로교회는 남부총회가 무산되어 재건운동이 지지 부진했고, 감리교회는 완전한 정화를 주장하는 '재건파'와 진정한 재건은 심령의 부흥이라는 '부흥파'가 대립각을 세워 어려움을 겪어야 했다. 또 일제 때 신사참배를 반대하다 교단이 해체되었던 성결교 역시 3년 동안 폐쇄된 교회 문을 열면서 어려운 여건에서 교회재건을 시작해야 했다.

교회정치(敎會政治, **church government**) 교회를 다스리는 일. 교회의 신성함을 지키고 질서를 유지하기 위한 교회의 제반 활동. '교회정체', '교회정치제도'라고도 한다. 교회정치 형태는 크게 넷으로 구분될 수 있다.

1. 감독정치(감독제도, 감독정체, Episcopal polity) - 감독이 교회를 주관하는 정치로서 감독교회나 감리교회에서 행해지는 정치 체제.

2. 장로정치(장로제도, 장로정체, Presbyterian polity) - 지교회 교인들이 장로를 선택하여 당회를 조직하고 당회로 하여금 치리권을 행사하게 하는 정치로 장로교회에서 행해진다.

3. 회중정치(회중제도, 회중정체, Congregational polity) - 개개의 교인들이 성령의 인도 아래 동등한 권위를 가지고 결정권을 행사하는 정치. 침례교회에서 행해진다.

4. 교황정치(교황제도, 군주제도, 군주정체, Monarchial polity) - 교황의 전제(專制)로 산하 교회를 관리하는 정치 형태. 로마 가톨릭과 그리

스 정교회에서 행해지며 모든 결정권은 교황을 위시한 주교회에 있으며 결정된 내용이 신부를 통해 신자에게 전달되는 하향식 구조다. 감독정치보다 더 큰 절대 권위를 가진다.

교회 휘장(敎會 揮帳, **curtain**) 선교 초창기 독노회 시대(1907-1911년) 때 예배당의 남녀 좌석을 구분하기 위해 가운데 쳐 둔 커튼의 일종. 교회 휘장은 1913년 9월 7일 경성 안동예배당에서 개최된 제2회 총회 때 경성 승동교회 로기중 집사의 휘장 철폐 헌의에 대해 총회가 '조심스럽게 각 교회의 형편대로 하기로' 가결함으로써 점차 사라지게 되었다. 한편, 독노회 시대 이전에는 예배당을 'ㄱ 자' 형태로 하여 남녀 자리를 구분하는 고패집 예배당이 있었는데, 우리나라에서 처음 세워진 황해도 장연군 대구면 송천리의 소래교회가 대표적이다(1884년).

구 가톨릭교회(舊-, **Old Catholic Church**) 1871년 교황 무오설 등 제1차 바티칸 공의회(1869-1870년) 결정에 반대하여 로마 가톨릭에서 독립한 교회들. '복고 가톨릭교회'라고도 한다.

구세군(救世軍, **Salvation Army**) 기독교의 한 교파. 1865년 7월 2일 영국 감리교 목사였던 윌리엄 부스(William Booth)와 부인 캐더린 부스(Catherine Booth)가 런던 동부 이스트엔드에서 ① 복음 전파 ② 신앙 공동체 형성 ③ 빈곤과 악을 타파하고 사회를 개혁하자는 취지에서 설립했다.

1. 조직 – 부스는 복음을 전하면서 영혼을 구원하는 일에는 거룩한 하나님의 군대와 같은 정신력과 조직이 필요함을 실감하게 되었다. 그래서 전도 활동을 시작한 지 10-12년이 지날 즈음 그는 자신들의 전도회를 '세상을 구원하는 군대'라는 의미의 '구세군'이라 부르게 되었다. 그리고 영국에 두 개의 주요 조직을 두었다. 하나는 '만국본영'(International Headquarters)이고 또 하나는 '군국사령부'(Territorial Commands)다. 전자는 주로 전 세계 구세군의 지휘를 담당하는 기관이며, 후자는 각 지역(나라) 구세군의 사업에 관여하여 지원하는 기관이다. 구세군은 군영·여단·군국·지구로 편성되어 있다. 가장 큰 조직으로 '군국'(軍國)과 '지구'(地區)가 있는데, 여러 나라가 한 군국을 이루거나 또는 넓은 나라의 경우 한 나라 안에 여러 군국을 두기도 한다. 군국의 책임자는 사령관이다. 우리나라와 일본은 한 군국을 이루는 데 비해 미국의 구세군은 4개의 군국으로 이루어져 있다. 그 아래에 '여단'(旅團), '군영', 그리고 교회를 가리키는 '영문'이 있다.

2. 계급 – 구세군은 교단 이름에 걸맞게 대부분 용어를 군사 용어로 사용하고 있다.

1) 영문 (Corps) : 교회. 군대의 주둔지라는 개념으로, 지역을 기반으로 한 지역 사회의 선교·봉사를 목적으로 한다.

2) 사관 : 구세군의 목회자를 가리킨다. 이는 일사불란한 지휘 체계와 효율성을 갖추기 위함이다.

(1) 위관사관 – ① 부위 : 사관학교 졸업 후 처음 임관될 때 계급. ② 정위 : 임관 5년 후 계급.

(2) 영관사관 – ③ 참령 : 정위 진급 후 15년 경과한 자가 받는 계급. 곧, 사관학교 임관 후 만 20년이 지나야 달 수 있다. 참령까지가 일반적인 구세군 사관의 계급이다. 이 이상은 특별한 직책이 있어야 부여받는 계급이다. ④ 부정령 : 참령 진급 후 특별한 직책이 부여 되었을 때 받게 된다. ⑤ 정령 : 부정령 진급 후 맡게 되는 직책이다. 대개 한 군국의 사령관으로 임명될 때 부여되는 영광스런 계급이다.

(3) 장성사관 – ⑥ 부장 : 전 세계 구세군의 주요 사항들을 결정하는 의결권을 가지며 대장을 선출하는 투표권을 갖는 등 특별한 권한을 갖는다. ⑦ 대장 : 구세군의 최고 지휘자.

3) 일반 병사의 계급 : 구세군에서는 일반 교인을 '군우'라 하고 세례 교인을 '병사'라 부른다. 사관과 마찬가지로 일반 병사도 직분에 따라 계급이 있다. ① 부교(副校) : 집사. ② 정교(正校) : 장로. ③ 하사관 : 부교 이상으로 특별한 직책을 맡은 교인을 통칭하는 표현. ④ 특무정교 : 전도사.

3. 구세군의 입대식 – 믿음을 갖고 영문(교회)에 출석하여 6개월이 지나면 학습 과정을 거치게 된다. 이렇게 학습 과정에서 훈련받는 자를 가리켜 구세군에서는 '예비병'이라 부른다. 학습을 받은 후 계속해서 세례반 공부를 하게 되는데 신앙을 고백하고 세례받는 자를 '병사'라 부르며, 이때 세례식을 가리켜 '입대식'이라 부른다.

■**한국의 구세군**(韓國 - 救世軍) – 부스 대장은 1907년 4월 여러 수행원과 함께 일본에 와서 6주

간 머물면서 일본 왕을 위시하여 각계 지도자들과 접촉하며 일본 선교를 시작하였다. 동시에 중국과 한국에도 선교하기를 희망했다. 마침 동경에 있던 800여 명의 한국 유학생 중 기독 학생이 수십 명에 이르렀는데 그 중 대표 세 명이 부스를 만나 한국 선교를 요청하였다. 이에 부스는 레일톤, 로울레이 두 사관을 파송하였고, 그들이 한국의 사정을 부스에게 보고해 한국 개전(開戰, 선교 시작)이 확정되었다.

이듬해인 1908년 10월 1일 구세군은 선교사 호가드(Colonel R. Hoggard, 許嘉斗) 사령관, 번윅(M. Bonwick) 참령, 밀톤(E. Milton) 기관 등 내외와 독신 여사관 워드(E. Words)를 한국에 파송하였고, 이들은 서울의 서대문 밖 평동 76번지에 정착함으로써 본격적으로 한국 선교를 시작하였다. 2012년 11월 1일 현재 우리나라에는 256개 영문(교회)을 포함하여 649개의 시설과 기관이 있으며, 구령 사업 외에도 교회연합 사업, 사회사업에 적극 참여하고 있다. 교단본부에 해당하는 〈구세군대한본영〉(The Salvation Army Korea Territory)은 서울시 서대문구 충정로 7 (충정로 3가) 구세군빌딩에 위치하고 있다.

구세군사관학교(救世軍士官學校, **The Salvation Army Officer Training College**) 구세군 사관(교역자)을 양성하기 위해 구세군대한본영에서 설립한 학교. 설립자 윌리엄 부스(William Booth)의 정신과 전통을 계승하여 인간을 구원하는 전도자를 양성하는 데 그 목적이 있다. 교육을 받은 구세군 사관은 국제 본영에 준하는 교과 과정을 이수하기 때문에 구세군 사관으로서 전 세계 어느 나라에서도 사역할 수 있는 자격이 주어진다. 구세군사관학교는 구세군 정신에 입각한 유능한 사관 양성을 목적으로 하고 있기 때문에 전 과정이 매우 엄격하게 짜여져 있다는 특징이 있다. 또한 사관학교 훈련 기간 중에는 군대와 마찬가지로 명령과 조직에 의해서 움직이게 된다는 것도 구세군사관학교만의 특징이라 할 수 있다.

■**한국의 구세군사관학교**(韓國 - 救世軍士官學校) - 1910년 2월 15일 서울특별시 서대문구 평동에서 〈성경대학〉으로 개교하여 1912년 8월 12일 〈사관학교〉로 개칭하였다. 1928년에는 미국 구세군의 헌금으로 현대식 건물의 교사(校舍)를 중구 정동에 신축하여 이전했는데, 당시 덕수궁 석조전과 더불어 장안의 명소로 알려졌고, 현재까지 잘 보전되어 있다. 1961년부터 2년제 전문교육 과정으로 바뀌었으며, 1985년에 경기도 과천시 중앙동 83-2(관악산길 216)에 현대식 교사(校舍)를 지어 오늘에 이르고 있다.

한편, 학제는 입학 전 1년간의 후보생 훈련과정을 거친 후, 2년간의 사관학교 기숙 훈련(대학 과정)을 받고, 사관으로 성직 안수를 받은 후 2년간의 보습연장교육을 받는 5년 과정의 교육제도를 채택하고 있다. 2009년까지 1,862명의 사관을 배출했다. 학생들은 기숙사에서 함께 생활하며 등록금, 기숙사비, 실습 활동비 등 교육에 필요한 모든 비용을 학교에서 지원받는다. 구세군 사관은 부부가 함께 사관으로 활동하기 때문에, 결혼한 후보생은 부부가 함께 사관학교에 입학하며, 독신자는 졸업 후 사관들과만 결혼할 수 있다. 자녀들은 함께 사관학교에 입학할 수 있으며, 학교 내 별도의 유아원 및 유치원에서 교육받는다.

구세군 자선냄비(救世軍 慈善 -, **Salvation Army pot, charity pot**) 구세군의 대표적인 자선 모금 운동. 1896년 샌프란시스코의 구세군 참령 조세프 맥피(Joseph McFee)에 의해 시작되었다. 당시 추운 겨울 날 샌프란시스코 근교 해안에서 배가 좌초되어 난민들이 생겨났다. 그래서 맥피는 난민들과 도시 빈민 등 1,000여 명을 위해 모금을 궁리하던 중 자선냄비를 고안하게 되었다. 그는 삼각대 모양의 다리 위에 쇠솥을 걸고 '이 냄비를 끓게 해 주시오'라고 써 붙여 동정금을 넣게 했다. 이것이 자선냄비의 기원이 되었다. 현재는 100여개 국에서 매년 성탄이 가까워지면 구세군 자선냄비의 모금 활동이 벌어지고 있다.

■**우리나라의 자선냄비** - 우리나라에서는 1928년 12월 15일 당시 한국구세군 사령관이었던 박준섭 사관이 서울 도심에 자선냄비를 설치하고 불우이웃돕기를 하면서 처음 시작되었다. 그는 종로 화신 앞, 광화문, 충무로 입구, 한국은행 앞 등 6, 7곳에서 아침 10시부터 밤 10시까지 자선냄비를 걸고 그믐까지 모금 활동을 전개했다. 이때 모인 의연금은 모두 848원 67전이었다고 기록되어 있다. 그 후 이 운동은 전국으로 퍼졌고, 1978년에는 총 수입액 3,269만여 원이었는데 서울이 1,757만여

원이었고 나머지는 인천, 대전, 부산 등 24개 도시에서 모금되었다. 모금된 성금은 영세민 구호, 사회사업시설에 대한 원조, 각종 이재민 구호, 신체장애자 구호 등에 쓰였다. 그러다 1982년부터는 자연재해와 복지시설, 군병원, 근로자 합숙소 위문 등도 자선 사업에 포함되었다.

구십오개조 논제(九十五個條 論題, Ninety-five Theses, Anschlag der 95Thesen, Disputatio pro declaratione virtutis indulgentiarum) 구십오개조 제안. 1517년 10월 31일에 면죄부에 관한 의문점을 제기하기 위해 루터가 비텐베르크(Wittenberg) 대학 교회 정문에 게시한 95개 조항의 논제. 당시 로마 교황은 그리스도의 지상 대리자로서 특별한 공로가 있는 신도의 죄를 사면하는 특권이 있었다. 교황은 이 권한을 이용하여 당시 베드로 대성당의 부족한 건축비를 충당할 목적으로 면죄부를 발매하고 판매하였다. 그러나 이런 관행은 죄를 용서하는 권한이 하나님께만 있고, 구원은 선행이 아닌 하나님의 은혜로만 가능하다는 신앙과 정면으로 배치되었다. 이에 루터는 95개 조항으로 된 논제를 통해 면죄부에 대한 공개 토론을 제기하였다. 한편 이 논제에는 이미 요소요소에 종교개혁의 근본 정신이 속속 배어 있었다. 그리하여 라틴어로 작성된 95개조 논제는 독일어로 번역되었고, 인쇄술이 발달한 독일 전역에 자연스럽게 배포됨으로써 교회사의 역사를 바꾸는 종교개혁을 촉발하게 되었다. → '면죄부'를 보라.

구원파(救援派) 구원론에 대해 독자적인 성경 해석을 한다고 하여 붙여진 신흥 기독교의 한 분파이다. 이들은 독자적인 경전(經典)도 없고, 교주(敎主)를 신격화하는 사상도 없다. 오직 독자적인 성경 해석을 통해서 자신들의 입장을 주장한다. 그래서 구원파는 이단성을 분별하기 힘들다는 특징이 있다.
대한예수교장로회(통합)에서는 1993년, 2012년(제97회 총회)에서, 대한예수교장로회(합동)에서도 "2007 이단·사이비 연구자료"에서 구원파를 이단으로 규정하였다. 그러나 2004년 대한예수장로회연합회(예장연)에서는 구원파의 이단성 혐의를 부정하여 지금은 이단성 여부가 혼란한 상태이다.
대한예수교장로회통합 제77회 총회보고서에 의하면 구원파는 ① 유병언(권신찬) 측 ② 이요한 측 ③ 박옥수 측 3계파로 구분된다. 그러나 이요한 측은 유병언 측에서 분파한 후 구원파와 무관한 독립교단이라 주장하며, 박옥수 측 역시도 자신들은 구원파와 무관한 단체라고 주장한다.
1. 구원파의 시작과 분열 - 우리나라 구원파의 원조로 알려진 권신찬은 1961년경 네덜란드 선교사 길기수(Kays Glass)로부터, 또 그의 사위 유병언도 비슷한 시기에 미국인 선교사 딕 요크(Dick York)로부터 복음을 듣고 구원의 도리를 깨달았다고 전해진다. 그 후 1963년 이들은 선교사들과 결별하고 독자적인 활동을 개시했다.
1964년부터 권신찬은 극동방송의 전신인 국제복음주의 방송에서 설교목사로, 유병언은 방송부국장으로 '은혜의 아침'이라는 프로를 진행하면서 '구원의 복음'을 전파했다. 훗날 이들이 구원파로 불린 데는 이런 배경도 있다.
이들이 본격적으로 교단 형태를 갖춘 것은 1981년 11월 21일 서울시 용산구 삼각지 서울교회당에서 '기독교복음침례회'라는 명칭으로 설립 총회를 열고 문공부에 등록하면서부터다. 유병언은 목사이자 유능한 사업가로 변신하여 삼우트레이딩과 주식회사 세모를 운영하기도 했다. 그러나 교회와 사업을 병행하면서 재정을 불투명하게 운영하는 등의 파행으로 잡음이 끊이지 않자, 결국 1983년 이요한이 기독교복음침례회에서 이탈하여 대한예수교침례회를 만들어 경기도 안양시 인덕원역 4거리에 '서울중앙교회'를 세워 독립하였다. 현재 산하에는 전국 141개 교회, 해외에 80여 개 교회, 45,000여 명의 신도가 있는 것으로 추정된다.
한편, 박옥수는 1960년대에 네덜란드 선교사 길기수(Kays Glass)를 통해 신앙 지도를 받았으며, 1971년 미국인 선교사 딕 요크(Dick York)에게 목사 안수를 받고 1981년부터 '대한예수교침례회'라는 교단 명칭으로 활동하고 있다. 현재는 〈기쁜소식선교회〉라는 명칭을 사용하고 있다.
2. 구원파의 사상 - 구원파의 중심 교리를 살펴본다(대한예수장로회 합동 2008년 제93회 총회 보고서 내용을 요약 정리한다).
① 회개론(悔改論) : 구원받은 자는 회개할 필요가 없다고 주장한다. 즉, 회개란 오직 구원을 위해

돌이키는 행위로서 세상에서 하나님께로 한 번 돌이킨 성도는 더 이상 돌이킬 필요가 없다고 말한다. 따라서 회개하는 것은 사죄의 확신이 없는 증거라고 주장한다.

② 인죄론(人罪論) : 구원파는 사람들에게 "당신은 죄인입니까? 의인입니까?"를 물어 '죄인'이라고 답하면 천국은 의인만 가는 곳이요, 지옥은 죄인이 가는 곳이니 지옥에 간다고 말한다. 또 구원받은 자는 모두 의인이라고 주장한다. 물론 성도는 신분상으로 의인임에 틀림없지만 이 땅에서는 여전히 죄 가운데서 살아간다. 그래서 끊임없이 성화의 과정을 거쳐야 하는 것이다. 그런데 구원파는 이런 사실을 인정하지 않는다.

③ 구원론(救援論) : 이들은 '깨달음'을 통해 구원받기 때문에 구원받은(깨달음을 얻은) 날짜를 알 수 있다고 주장한다. 실례로, 초창기 구원파 선교사들을 통해 구원의 확신을 얻었다고 주장하는 구원파 지도자들은 대부분 '죄사함을 깨달고', '복음을 깨닫고', '중생을 경험하고', '거듭난 체험을 하여 구원받은 시각(영적 생일)을 안다는 것이다. 그리고 이 부분을 구원파의 핵심 교리로 강조한다. 하지만 구원받은 날짜와 시간을 모른다 해도 구원의 확신을 가질 수 있다. 사람이 자기 생년, 월, 일, 시, 출생 장소를 모른다고 해서 그 부모로부터의 출생을 부정할 수 없는 것과 마찬가지다. 구원의 확신에 관한 문제도 그렇다. 구원받은 날짜와 시간, 장소를 알 수도 있고 모를 수도 있다.

④ 율법폐기론(律法廢棄論) : 구원파는 율법은 십자가에서 끝난 것이기 때문에 구원받은 사람은 더 이상 율법의 규범에 묶여 가책을 받을 필요가 없다고 주장한다. 주일성수, 십일조, 금식, 새벽기도, 기도 생활까지 율법이라 하여 부인한다. 구원받을 때 율법에서 완전히 해방되었기 때문에 이런 규범에 매일 필요가 없다는 것이 이들 주장이다. 그래서 구원파는 죄를 지어도 회개할 필요가 없다고 가르친다. 이는 방종으로 이어지게 되고 성화(聖化)의 삶도 이룰 수 없게 된다. 하지만 율법이 없이는 죄를 깨달을 수 없다. 더욱이 예수께서는 율법의 폐기자가 아니라 율법의 완성자가 되신다. → '기쁜소식선교회', '대한예수교침례회'를 보라.

국가교회(國家敎會, Staatskirche) 군주가 수장이 되어 교회를 다스리는 형태. 군주권의 신적 기원을 주장한 루터 파(派)의 영향으로 1555년 9월 아우구스부르크 종교회의(Religious Peace of Augsburg)에 의해 독일에서 제일 먼저 시행되었다. 하지만 오늘날은 정교분리 원칙에 의해 이런 극단적 형태의 국가교회는 존재하지 않는다. 이는 중세기에 교황이 나라를 다스리던 '교회국가'(敎會國家)의 반대 형태다. → '교회국가'를 보라.

국교(國敎, state religion) 국가가 공식적으로 인정하여 보호하고 후원하는 종교. 이 경우 모든 국민은 국가가 공인한 종교, 즉 국교를 의무적으로 신봉해야 하며 국가는 이 특정 종교의 교리 변경이나 규칙 제정 등에 관여한다. 영국의 성공회, 북유럽 국가들의 루터교, 이탈리아나 스페인의 가톨릭, 이스라엘의 유대교, 중동 국가들의 이슬람교, 태국의 불교, 공산혁명 이전 러시아의 정교회, 2차 세계대전 당시 일본의 신도, 조선 시대 때 우리나라의 유교 등이 국교라 할 수 있다. 오늘날 이런 형태의 국교는 점점 사라져 가고 있다.

국민일보(國民日報, Kukminilbo) 민족복음화와 세계선교를 목적으로 1988년 12월 10일 여의도순복음교회에 의해 창간된 종합일간지. 창간 당시 발행인은 조용우(趙鏞祐) 장로. 사시는 '사랑·진실·인간.' 창간 당시 술과 담배, 유흥업소 등 건전하지 못한 광고는 싣지 않는다는 방침도 마련하였다. 선교면을 특화하여 국내외 교계 소식을 통해 기독교계의 이익과 권익 대변에 힘쓰고 있으며, 이외에도 다양한 신앙 정보와 신학이야기를 통해 신앙 생활에 유익한 자료를 제공한다.

1993년부터는 교회성장 전문상담 및 연구기관인 '교회성장연구소'를 설립해 목회자들에게 교회 성장에 필요한 정보와 세미나, 또 교회성장의 장애 요소를 치료하는 클리닉을 주기적으로 실시하고 있다. 2005년 6월 1일부터는 인터넷 방송인 쿠키방송을 운영하고 있으며, 기독교 소식은 '미션라이프'에서 제공하고 있다. 사옥은 서울시 영등포구 은행공원로 101에 소재한다.

국제기독교협의회(國際基督敎聯合會, International Council of Christian Churches, I.C.C.C.) 1948년 칼 맥킨타이어 박사(Dr. Carl McIntire)가 설립한 보수 우익 국제 기독교 단체.

권학회(勸學會) 학문에 힘쓰도록 권장하는 모임. 대한예수교장로회 제6회 총회 회의록 53페이지 황해노회 보고서에는 "청년들이 성경을 공부하도록 권학회를 조직하였다"는 기록이 있다. 교회 안에서는 성경연구회나 사경회가 대표적이라 할 수 있다. 그런데 권학회는 오히려 교회가 중심이 되어 사회에서 더욱 활성화되었다. 무엇보다 선교사들은 복음 전도 사역과 함께 학교를 세워 어린이와 청소년들에게 배움을 권장하였고, 낮에 시간을 낼 수 없는 청년이나 부인 등 어른들은 야학당에서 학문에 몰두하였다. 심지어는 바쁜 농번기를 피해 동기야학이란 모임도 생겨났다. 이 모두가 넓은 의미의 권학회라 할 수 있다.

귀츨라프(Gützlaff, Karl Friedrich August) 우리나라에 입국한 첫 기독교 선교사(1803-1851년). 중국 이름은 곽실렵(郭實獵). 유태계 폴란드 사람으로 독일 포메라니아에서 출생하여 베를린의 야니케 신학교를 졸업하고 네덜란드 선교회 소속으로 자바에 파송되었다가 런던 선교회로 옮겨 중국 선교사로 파송되었다. 1832년 2월 중국에 시장 개척을 목적으로 항해하는 영국 동인도 회사 용선 로드 암허스트(Lord Amherst) 호의 의사 겸 통역으로 승선했으나 원래 목적은 '선교'였다. 암허스트 호는 1832년 2월 26일 마카오를 출발하여 7월 17일 황해도 백령도 부근에 정박(상륙)하였고, 다음날 충청 해역으로 떠나 7월 25일 보령 고대도(원산도란 주장도 있음)에 정박하고 8월 12일 떠날 때까지 고대도에서 전도하였다. 이리하여 그는 가톨릭 최초의 선교사보다 4년 앞서 조선에 들어왔다. 그래서 귀츨라프에게는 '최초'에 해당하는 기록들이 많다. ① 한국 최초의 개신교 선교사. ② 한문성경을 (관리를 통해) 국왕에게 예물로 드린 최초의 전도자. ③ 최초로 일본성경 요한복음 역간자. ④ 최초로 주기도문의 한글 번역을 시도한 자. 이외에도 귀츨라프 목사는 감자 종자를 심어주고 재배법을 써 주어 충청도 일대에 감자를 보급한 자로도 알려져 있다. 홍콩에서 사망했다.

그레고리 력(- 曆, Gregorian Calendar) 교황 그레고리 13세(Gregory XIII, 1502-1585년)에 의해 개정된 달력. B.C.46년 율리우스 시이저가 채택한 율리우스력은 지구가 1년에 365 1/4일 공전하기 때문에 4년에 한 번씩 윤년을 두어 2월 24일을 2일로 계산함으로써 오차를 해결하는 방식을 채택했었다(오늘날은 4년에 한 번씩 2월에 29일을 둔다). 그런데 그레고리 13세는 공전 주기가 1년에 365일 6시간(1/4일)이 아닌 365일 5시간 49분 46초로서, 율리우스력이 11분 14초씩 앞서 나간다는 사실을 발견하고 이로 인해 누적된 오차 10일을 바로잡기 위해 칙서를 내려 1582년 10월 5일을 기점으로 10일을 빼고 다음날을 15일이 되도록 개정하게 했다.

또 앞으로 예상되는 오차에 대비해 100년 단위의 해들 중 400으로 나누어지는 해 즉, 1600년, 2000년 등의 해에는 윤년을 두고, 400으로 나누어지지 않는 해에는 윤년을 두지 않기로 했다. 이렇게 수정된 그레고리 달력은 앞으로 만 년 동안 큰 오차 없이 사용할 수 있게 되었다. 이 달력은 1752년 영국에서 채택되어 영국 식민국가에 보급되었고, 1924년에 러시아 등 정교회를 믿는 국가에서도 채택되었다. 오늘날 기독교 국가를 비롯한 대부분의 국가는 이 달력을 사용하고 있다.

그레고리 성가(- 聖歌, Gregorian Chant) 가톨릭교회에서 가장 보편적으로 사용되는 예배 성가(Chant, 가톨릭과 성공회에서 널리 사용되는 단선율 성가)의 한 유형. 6세기 말 교황 그레고리 1세(Gregory I, 재임 590. 9. 3. - 604. 3. 12.) 때 확고한 형식을 갖추게 되었다. 가장 오래된 형태로는 8세기 말에서 9세기경의 것이 있는데, 네우마(neuma, 음악 속기법의 일종으로 멜로디의 방향, 속도, 음량을 지시해 준다)로 표기되어 있다. 그레고리 성가는 독창이나 중창 또는 전체 회중을 위해 쓰여진 단선율 성가인데, 음계는 8도 8음정의 전통적인 전 음계를 사용했다. 이후 찬트는 수세기 동안 유럽 전역에 보급되었으나 10세기 이후에는 훈련된 성가대만 부를 수 있을 정도로 매우 복잡하고 화려해져 11-19세기에는 예배에서 점점 외면당해 쇠퇴하였다. 그러다 20세기에 예배 의식이 새롭게 재조명되면서 교황 피우스 10세(Pius X)는 그레고리 성가가 교회 음악의 가장 우수한 형태요 예배 음악의 표준이라 평가하면서 바티칸에서 편집을 허락하여 찬트의 부활을 알렸고, 계속해서 피우스 11세, 12세도 제2차 바티칸 공의회에서 찬트의 우수성을 재확인해 주었다.

그리스도 재림교회(- 再臨敎會, **Advent Christian Church**) 미국인 윌리엄 밀러(*William Miller*, 1782-1849년)의 교리를 좇아 형성된 재림교회의 한 이단 분파. 뉴욕 주(州) 로우 햄튼에 사는 침례교 평신도였던 밀러는 예수의 재림을 대망하며 다니엘서와 요한계시록을 연구한 결과 1844년 10월 22일 예수가 재림한다고 예언하였다. 그러나 예언이 불발로 그치자 다시 1853년 예수 재림설을 예언했으나 이 역시 빗나가자 추종자들은 여러 파로 분열되었다. 그 가운데 대표적인 두 교파가 '그리스도 재림교회'와 '제칠일안식일예수재림교'이다. 이 두 교파는 그리스도의 재림과 악인의 최후 심판을 강조한다는 공통점이 있으나 전자는 주일에, 후자는 토요일에 예배 모임을 갖는다. '그리스도 재림교회'는 1860년 7월 로드 아일랜드 주 프로비던스에서 공식적인 교단으로 출범했다. → '제칠일안식일예수재림교회'를 보라.

그리스 정교회(- 正敎會, **Greek Orthodox**) 동방정교회의 독립 교회 중 하나. 그리스를 중심으로 분포된 교회로 아테네 대주교를 수장으로 한다. 오늘날 그리스 국민의 95% 이상이 그리스 정교회에 속해 있다. 한편, 사도 바울은 이미 2차 선교 여행 때 이 지역에 복음을 전하고 많은 교회들(빌립보, 데살로니가, 아테네, 고린도 등)을 설립했다. → '동방정교회'를 보라.

극동방송(極東放送, **Far East Broadcasting Co., Korea**) 선교사 파송이 불가능한 러시아(옛 소련), 중국, 몽고, 북한 등 사회주의 국가와 한국 국민에게 "방송으로 그리스도를 전 세계에!"라는 취지하에 복음 전파를 목적으로 1956년 12월 23일 설립된 특수방송국. 〈한국복음주의방송협회〉(韓國福音主義放送協會)라는 이름으로 설립된 이 방송국은 미국 캘리포니아 극동방송의 분국(分局)으로 시작되었는데, 1955년 한국어, 영어, 중국어 방송을 필두로 1957년 러시아어, 1962년 일본어, 1968년 몽골어 등 모두 6개국 선교 방송을 하면서 1979년 이름을 〈극동방송〉으로 바꾸었다. 그 후 1989년 대전 극동방송국 개국, 1995년 러시아 하바로프스크 극동방송국 준공, 1996년 창원 극동방송국을 개국했다. 또 2000년 6월 인터넷 방송을 시작하여 한국, 영국, 호주, 캐나다, 일본, 미국, 뉴질랜드, 필리핀, 타이, 러시아, 몽고 등에 약 31억 명의 가청 인구를 대상으로 방송하고 있다. 또한 12월에는 극동방송 서울 표준FM을 개국하였다(주파수 FM 106.9MHz). 현재 FM에서는 국내 기독교인을 위한 방송을, AM(주파수 1188KHz)에서는 북한이나 중국, 일본, 러시아를 대상으로 한 방송을 진행한다. 일본과 러시아에 송출되는 방송은 일본 극동방송, 러시아 극동방송에서 자체 제작하고 있다. 국내에는 서울, 대전, 창원, 목포, 영동, 포항, 울산, 제주, 부산, 대구 등 모두 10개의 방송 네트워크를 가지고 있다. 본사는 서울시 영등포구 영중로 61 (영등포동 6가)에 소재한다.

근대식 학교(近代式 學校) 한문이 아닌 신학문(서양학문)을 가르친 학교.
 1. 원산학사(元山學舍) - 1883년 세워진 우리나라 최초의 근대식 학교. 순수하게 우리 민족의 자금과 인력으로 건립되었다. 문예반(50명)과 무예반(200명) 두 반이 있었다. 교과목은 문무 공통으로 산수, 격치(格致, 과학), 기기(機器), 농업 등이고, 전공 과목으로 문예반은 영환지략, 만국공법, 농정신편, 기기도설(機器圖說)을, 무예반은 병서를 가르쳤다.
 2. 육영공원(育英公院) - 1883년 민영익이 설립한 관립학교. 교사는 헐버트(*H.B. Hulbert*), 길모어(*G.W. Gilmore*), 번커(*D.A. Bunker*) 등 미국인 선교사였다. 주로 영어를 가르쳤으며, 그외 산학(算學), 지리, 만물격치(萬物格致) 등의 과목이 있었다.
 3. 배재학당(培材學堂) - 1885년 선교사 아펜젤러(*H.G. Apenzeller*)와 의료 선교사 윌리엄 스크랜튼(*W.B. Scranton*)이 설립했다. 교과목은 만국지리, 사민필지(士民必知), 위생, 창가, 도화, 체조 등으로 서양지식 습득에 초점이 맞춰져 있었다. → '배재학당, 배재학교'를 보라.
 4. 이화학당(梨花學堂) - 1866년 미국인 선교사 스크랜튼이 세운 최초의 여학교. 단 한 명의 학생으로 시작되었다. 설립 당시 붉은 다홍색 치마저고리로 제복을 입어 행인들이 담 너머로 신기한 듯 넘겨다보기도 했다는 기록이 있다. → '이화여자대학교'를 보라.

근본주의(根本主義, **Fundamentalism**) 20

세기 초 미국 전역에서 신학적 자유주의가 범람할 때 자유주의에 대항하여 기독교 근본 교리(fundamental doctrines)를 보수하기 위해 일어난 교회 내의 신앙 보수 운동. 성경의 무오(無誤)와 권위, 하나님의 삼위일체, 예수 그리스도의 양성(兩性, 신성과 인성), 그리스도의 처녀 탄생과 그리스도의 육체적 부활, 승천, 재림, 이신칭의(以信稱義), 최후심판, 내세의 영생과 형벌 등에 관한 성경의 가르침을 문자적으로(축자영감, 逐字靈感) 믿는다. 근본주의 운동은 성별적, 전투적 반(反) 자유주의(fundamentalism is separated militant anti-liberalism) 운동이다. 넓게는 '보수주의'(Conservatism)의 한 범주로 본다.

금강산수양관(金剛山修養館) 대한예수교장로회에서 강원도 금강산 온정리에 건립한 수양관. 정식 명칭은 〈금강산기독교수양관〉. 1924년 제13회 총회시에 함남노회로부터 수양관 건립안이 제출되어 14회 총회 때 건축위원회를 구성하고 조선총독부에 교섭하여 10년 기한으로 금강산 온정리 소재 국유임야 8,000평 대지를 대부받았다.

이어 제15회 총회에서 공식적으로 수양관 건립을 결의했고, 제16회 총회(1927년)에서 건축기금 마련을 위한 기성회를 조직하여 1930년 9월, 착공한 지 1년 만에 마침내 232평 화강암 2층 건물의 수양관을 완공했다. 그리고 이곳에서 1931년 9월 11일 오후 8시 제20회 총회를 개최하면서 역사적인 봉헌식을 거행하기에 이르렀다. 그러나 10년 기한이 만료된 1941년에 수양관은 철거되고 말았다. 오늘날 대한예수교장로회 총회에서 가끔 금강산수양관 복원에 관한 헌의안이 올라오기는 하나 이렇다 할 만한 복원 계획은 수립되지 않고 있다.

금주가(禁酒歌) 술을 금지하고 절제와 성결한 생활을 가르치기 위해 교회에서 부른 노래. 1949년에 발행된 합동찬송가 486장에 소개되어 있다. 이 금주 찬송은 면려회나 헌신예배, 부흥회 등 각종 집회에서 뿐만 아니라 주일예배 등 공예배 시간에도 불려졌다. 이외에도 선교 초창기 한국교회에서는 술이나 담배를 금지하는 각종 계몽 행사들이 많이 펼쳐졌다. 금주회(禁酒會) 조직, 금주 강연, 금주 전도지 발행, 금주 웅변대회 등이 그것이다. →[4. 예배 및 예식 용어] '합동찬송가'를 보라.

금주가

1949년에 발행된 합동찬송가 486장의 금주가 찬송을 소개하면 다음과 같다.
1. 금수강산 내 동포여 술을 입에 대지마라. 건강 지력 손상하니 천치 될까를 두렵다.
  〈후렴〉 아! 마시지 말라 그 술, 아! 보지도 말라 그 술 우리나라 복 받기는 금주함에 있나니라.
2. 패가망신 될 독주는 빚도 내서 마시면서 자녀 교육 위하여는 일전 한 푼 안 쓰려네.
3. 전국 술값 다 합하여 곳곳마다 학교 세워 자녀 수양늘 시키면 동서 문명 잘 빛내리.
4. 천부 주신 네 재능과 부모님께 받은 귀체 술의 독기 받지 말고 국가 위해 일할지라.

금주운동(禁酒運動) 술을 금하고 절제를 생활화하기 위해 펼친 운동. 이 운동은 1834년 미국에서 절제연합회가 조직된 것이 계기가 되어 아일랜드, 대영제국 그리고 유럽 대륙 전역에까지 급속도로 전파되었다. 우리나라에서도 선교 초기에 금주를 비롯한 절제 운동이 교회를 중심으로 전개되었다.

① 술, 담배, 도박, 축첩 금지. ② 주일 성경공부 시간에 술, 담배, 아편의 해독에 관한 절제 교육하기. ③ 금주회 조직(→ '금주회'를 보라), 금주 강연, 금주 전도지 배포, 금주 웅변대회 개최, 금주 찬송가(→ '금주가'를 보라) 보급. ④ YMCA를 중심으로 한 '금주 동맹회' 설립. ⑤ 금주, 금연 등 강연회나 계몽 운동을 위한 '금주선전일' 제정(감리교에서 1926년부터 매년 12월 셋째 주일에, 장로교 청년면려회에서는 1930년부터 매년 단오일인 5월 4-5일에 지켰다). ⑥ 계몽지 〈금주신문〉 발행(구세군). ⑦ '금주협회' 조직(알콜 중독자들이 자신의 체험을 통해 술 중독자들을 도와주는 모임). ⑧ 〈금주미담〉 발간(1923년 미국인 크리스틴 딘링(Christine I. Tinling)의 저작을 조선예수교서회에서 발행한 책. 음주의 해악을 경고하고 있다).

금주회(禁酒會) 1920년을 전후하여 기독청년회를 중심으로 금주와 금연, 순결 등 절제 생활을 위해 조직된 모임. 당시 금주를 위한 각종 사업들을 앞장서서 보급하였다. → '금주운동'을 보라.

기도원(祈禱院, **prayer house**) 기도나 신앙 수련을 목적으로 마련된 시설. 종교 탄압이 극심하던 일제 시대 때 시작되어, 해방이 되면서 본격화되었다. 기록상 공식적인 최초의 기도원은 1945년 8월에 강원도 철원군 갈말면 군탄리에 설립된 〈대한기독교수도원〉이다. 그해 10월 나운몽의 〈용문산기도원〉이 설립되었다.

그 후 6.25전쟁과 4.19, 5.16 등 사회적 급변기를 거치면서 기도원은 기하급수적으로 늘어났고, 1970년대에 와서 기도원은 신비주의 운동 등 비신앙적인 방향으로 흐르게 되었고, 급기야 이단 등 신흥종교의 은신처로 전락하게 되었다. 그러면서 이에 대한 정화 운동이 일어나 대형교회를 중심으로 건전한 기도원 운동이 시작되었는데, 이때 설립된 기도원들로는 〈영락기도원〉, 〈순복음금식기도원〉, 〈루터교기도원〉 등이 있다. 오늘날은 대규모 부흥 집회처로서의 기도원보다는 교회나 기관·단체의 수련회나 개인 혹은 가족 단위의 영성 회복을 위한 처소로 그 성격이 바뀌어가고 있다.

기독교(基督敎, **Christianity**) 예수 그리스도의 성육신 및 죽음과 부활, 승천에서 시작되어 1세기 사도들에 의해 형성된 종교. 예수 그리스도를 하나님의 아들이며 인류의 유일한 구원자로 믿는 것이 기독교의 가장 핵심적인 믿음이다.

1. 기독교의 역사 – 기독교는 시대적으로 크게 셋으로 구분될 수 있다.

1) 형성기(形成期) : 1세기에서 3세기까지가 여기 해당된다. 이 시기는 기독교가 이스라엘(예루살렘)에서 시작되어 사도들(특히 바울)의 선교를 통해 소아시아와 지중해 연안의 유럽과 아프리카 북부 지방에 전파되는 시기이다. 그래서 1세기 말경에는 당시 중근동을 지배하던 로마 제국의 수도 로마에까지 복음이 전파되고 교회가 설립되었다. 그러나 이때는 로마의 수많은 박해로 순교자가 속출했던 시기이기도 하다.

2) 성장기(成長期) : 엄청난 박해를 받던 기독교는 4세기에 로마가 기독교를 국교로 공인하면서 발전에 발전을 거듭했다. 8세기에는 게르만 민족을 비롯한 유럽 여러 민족들에게도 복음이 전파되었다. 하지만 11세기에 이르러는 교권 다툼으로 동서교회가 분열되어, 동쪽은 그리스를 중심으로 한 비잔틴 제국의 동방정교회가 형성되었고, 서쪽은 로마 제국을 중심으로 서방교회(가톨릭교회)가 조직되었다.

3) 개혁기(改革期) : 16세기에 이르러 가톨릭교회는 다시 한 번 분열되었다. 타락과 부패로 점철되었던 교회는 루터의 종교개혁을 필두로 각 나라에 개혁교회들이 생겨나게 되었다. 이를 프로테스탄트 교회(개혁교회)라고 부른다. 이로 인해 기독교는 로마 가톨릭, 동방정교회, 프로테스탄트 교회로 크게 삼분되었다. 그러나 '기독교'라 하면 대개는 '프로테스탄트 교회'를 일컫는다.

2. 기독교 신앙의 핵심 – 기독교는 여러 교파가 있고, 교파마다 신앙관의 차이는 다소 있지만 근본 입장에는 큰 차이가 없다. 기독교의 핵심 신앙관을 살펴본다.

① 구원관 : 예수 그리스도가 하나님의 아들이며 예수 그리스도만이 세상을 구원하실 유일한 구주이심을 믿는 신앙이다. 이 사실을 믿음으로 구원을 얻는 것이 기독교 신앙이다.

② 삼위일체 신앙 : 성부 하나님과 성자 예수와 성령이 한 분이시라는 신앙이다. 이를 근거로 하나님께서는 독생자 그리스도를 대속 제물로 삼으셨고, 이를 믿음으로 죄사함을 받게 되고 영생을 얻게 되는 것이다. 또한 성령께서는 이렇게 구원 받은 자를 세상 마지막 날까지 끝까지 보살펴 구원을 이루어 주시는 것이다.

③ 계시 종교 : 이상의 사실들은 하나님께서 사람의 양심과 자연 만물을 통해(일반계시), 특별히 그리스도를 통해(특별계시) 계시해 주셨다. 이 계시를 통해 하나님을 알 수 있게 된다고 믿는 것이 기독교의 또 다른 특징 가운데 하나이다.

④ 역사적 종교 : 이렇듯 기독교는 계시 종교이지만 그러나 이 계시는 인간의 역사를 통해 이루어지고 성취된다. 그래서 기독교를 역사적 종교라 한다. 하지만 하나님의 구원 역사는 세상 역사 속에서 면면히 흐르기 때문에 세상 역사가 하나님의 섭리를 거스를 때, 기독교는 때로 세상과 비타협적이 되기도 하고 때론 배타적이 되기도 한다.

⑤ 성경과 교회 : 이런 하나님의 뜻은 성경에 온전하게 계시되어 있고 이 계시는 역사 가운데 주님이 친히 세우신 교회를 통해 이루어져 나간다.

⑥ 종말관 : 세상은 반드시 시작과 끝이 있으며,

세상 마지막 날에는 그리스도의 재림이 있고, 신자의 영원한 구원과 불신자의 영원한 형벌이 있으며, 천국과 지옥이 있다는 가르침이다.

기독교가정사역연구소(基督教家庭使役研究所) 우리나라 최초의 전문 가정사역 단체. '가정을 교회처럼, 교회를 가정처럼'이란 모토로 1992년 9월 부산 해운대에서 시작되었다. 산하에 가정문화 세우기 사역을 주도하는 '하이패밀리'(Hi Family)와 가정 사역을 위한 인재양성, 교육훈련, 서포터즈와 상담센터를 운영하는 '행복발전소' 두 기관이 있다. 본부는 서울시 서초구 양재천로 7길 22(양재동)에 있다. 대표는 송길원 목사.

기독교강요(基督教綱要, The Christian Institute, Christianae Religionis Institutio) 중세 로마 가톨릭교회의 부패를 개혁하고 참된 교회를 세우기 위해 기독교의 핵심 교리를 조직적이고 체계 있게 정리한 장 칼뱅(Jean Calvin, 1509-1564년, 영어명 '존 칼빈')의 저술. 칼뱅은 교회 개혁에 동참하는 신자들에게 기독교 진리를 바르게 알려 경건한 하나님의 사람들이 성경을 바로 이해할 수 있도록 돕고, 동시에 프랑스에서 박해받고 있던 프로테스탄트 교인들의 신앙을 변증할 목적으로 이 책을 저술하였다. 종교개혁의 신학을 대표하는 최고의 명저(名著)로 손꼽힌다. 여기서 '강요'로 번역된 라틴어 'institutio'는 '교육', '교정'이란 뜻이다.

1. 기독교강요의 발간 – 기독교강요는 1536년에 스위스 바젤에서 6장으로 구성된 라틴어 초판을 시작으로, 1539년에 17장으로 늘어난 라틴어 증보판이, 1541년에는 칼뱅의 모국어인 프랑스어 번역본이, 1543년에는 21장으로 늘어난 증보판이 출간되었다. 계속해서 1550년에는 약간의 내용을 보충한 증보판이, 그리고 1559년에는 라틴어 판과 1560년 프랑스 어 판이 각각 최종본으로 출간되었다.

2. 기독교강요의 중심 내용 – 초판에는 신앙의 가장 핵심적인 부분을 다루고 있다. ① 신앙 생활의 표준인 십계명. ② 신앙의 핵심이며 초신자들이 세례를 받을 때 반드시 알아야 할 사도신경. ③ 하나님께 드리는 기도의 표준인 주기도문. ④ 교회의 대표적 성례인 세례와 성찬. ⑤ 믿음으로 구원을 받은 그리스도인의 자유에 대하여. ⑥ 그리스도인의 자유가 교회와 국가에서 어떻게 행사되어야 하는지에 대하여 설명하고 있다.

한편, 최종본은 4권 80장으로 구성되어 있다.

① 제1권 창조주 하나님을 아는 지식(18장) : 창조주 하나님에 대한 지식을 설명한다. 즉, 하나님은 자연 계시를 통해 알 수 없고, 오직 성령의 내적 조명을 통해 성경으로서만 하나님을 인식할 수 있다고 가르친다. ② 제2권 율법 아래에서 조상들에게 나타나셨고, 복음 안에서 우리에게 나타나신 구속주 하나님, 곧 그리스도를 아는 지식(17장) : 구속주(救贖主)이신 예수 그리스도의 구원 사역에 관해 설명한다. 칼뱅은 여기서 인간은 전적으로 타락하여 자유 의지를 완전히 상실하지만 성육신하신 그리스도께서 구속 사역을 완성하셨음을 가르친다. ③ 제3권 그리스도의 은혜를 받는 길(25장) : 구속 사역에서 성령의 역할에 대해 설명한다. 곧 그리스도께서 완성하신 구속 사역을 성령께서 거듭나게 하시고, 회개하게 하시고, 성화되게 하심으로써 우리 가운데서 이루어 나가신다는 사실을 가르친다. ④ 제4권 하나님께서 우리를 그리스도의 회에 들이셔서 그 속에서 지키시는 외적인 수단 혹은 목표(8장) : 주님께서 우리의 연약한 신앙을 돕기 위해 세우신 기관이 교회를 설명한 후 마지막 장에서 국가에 대해 가르친다.

기독교 구호 및 기부 단체(基督教 救護 – 寄附 團體) 구제와 기부 등의 사회 사업으로 예수 그리스도의 사랑을 실천하는 단체.

■**국제기아대책기구**(國際飢餓對策機構) – 기독교 정신을 바탕으로 1971년에 설립된 국제 NGO단체. 지구촌 기아 상황을 전 세계에 알리고, 떡과 복음으로 굶주린 이들에게 식량과 사랑을 전하며 그들의 생존과 자립을 돕는 것을 목적으로 한다. 유엔경제사회이사회(UN ECOSOC)에 등록되어 빈곤한 국가와 지역에 '기아봉사단'을 보내 각종 개발사업과 긴급 구호 활동을 펼친다. 또 결손가정, 독거노인, 장애인을 위한 복지 사업과 수자원개발 사업, 급식 사업, 북한 사업을 지원한다. 주소는 서울 강서구 공항대로 59 다길 109 (염창동).

■**다일공동체**(多一共同體, DAIL Community) – '다일'은 다양성 안에서 일치를 추구한다는 뜻. 다양한 사람들이 교파와 교리와 이념을 초

월하여 나사렛 예수의 영성생활과 봉사생활을 추구함으로써 예수 그리스도 안에서 한 몸을 이루고자 설립된 구호 단체. 1988년 11월 최일도 목사가 청량리 역에서 라면을 끓여주는 '밥상공동체'로 시작하였다. '청량리 밥퍼 나눔 운동'이 대표적인 사역이다. 중국, 베트남, 미주, 캄보디아, 필리핀, 네팔에도 다일공동체가 설립되어 있다. 서울시 동대문구 서울시립대로 57 (전농동)에 위치한다.

■**사랑의장기기증운동본부**(- 臟器寄贈運動本部) - 장기 기증을 통해 환자들에게 건강한 삶을 제공하기 위해 1991년에 설립된 생명 나눔 운동 단체. 초대회장은 김준곤 목사. 장기 기증 이식, 사후 각막 기증, 뇌사시 장기 기증, 생존시 신장 기증, 장기 기증 서약 등의 사업을 펼치며, 전 국민의 20%가 사후 장기 기증 등록에 참여하게 하는 것을 목표로 한다. 또 빛의 전화(1588-1589)도 운영하고 있다. 현재 김해철 목사(루터대학교 총장)가 이사장으로 있다. 서울시 서대문구 서소문로 21 (충정로 3가) 충정타워 7층에 있다.

기독교 대사회 단체(基督敎 對社會 團體) 사회 문제에 대해 기독교적 입장에서 대안을 제시하고 사회 속에서 기독교 정신을 실현하여 궁극적으로 하나님 나라를 실현하기 위해 노력하는 기독교 단체.

■**기독교윤리실천운동**(基督敎倫理實踐運動) - 손봉호 교수를 비롯한 37명의 기독 지식인들이 1987년 12월에 설립한 기독교 사회 단체. 성경과 기독교 신앙을 기본 이념으로 복음에 합당한 윤리적 삶을 통해 그리스도인과 교회가 신뢰받고 정의롭고 평화로운 사회를 만들기 위한 목적으로 설립되었다. 서울시 용산구 한강대로 54길 30 (한강로 1가) 세대빌딩 401호.

■**한국교회인권센터**(韓國敎會人權 -, **KNCC Human Rights**) - 인간 존엄에 관해 성서적 신앙에 입각하여 인간의 보편적 가치인 자유 평등 세상을 실현하기 위해 설립된 단체. 한국기독교교회협의회(KNCC) 인권위원회의 인권선교 30년을 토대로 한국교회와 대 사회적 인권운동을 확산하고 활성화하는 사업을 펼친다. 핵심 사업으로는 ① 인권과 평화에 대한 교육. ② 인권에 대한 성서적 연구. ③ 인권 상담과 대책. ④ 국내외 인권 관련 정보 교류. ⑤ 한반도 평화와 인권에 대한 활동. ⑥ 국내외 인권 단체 연대 등이 있다. 사무실은 서울특별시 종로구 대학로 19 (연지동) 기독교회관 706호에 있다.

기독교대한감리회(基督敎大韓監理會, **The Korean Mothodist Church**) 장로교회, 성결교회와 더불어 우리나라를 대표하는 교단 중 하나.

1. 전래와 역사 - 감리교는 1884년 6월 24일 일본에 주재하던 미국 감리교 선교사 맥클레이(R.S. Maclay)가 공식적으로 내한하여 고종 황제의 윤허를 얻고 교육과 의료 사역을 시작함으로써 시작되었다.

1) 미감리회 선교시대 - ① 1885년 4월 5일 선교사 아펜젤러(H.G. Apenzeller) 부부가 인천에 상륙. 5월에는 의료 선교사 윌리엄 스크랜튼(W.B. Scranton) 가족이 입국함. ② 1887년 7월 24일 아펜젤러 목사가 배재 학생 박중상에게 한국인 최초로 세례를 베품. ③ 1893년 감리회와 장로회가 협의하여 전국의 선교 구역 분할 설정함. ④ 1895년 미국 남감리교회 리드 선교사 내한. ⑤ 1907년 6월 남감리교와 협동하여 협성신학당으로 개명함. ⑥ 1908년, 1914년, 1918년 남감리회와 북감리회가 각각 독자적으로 한국 연회를 조직함. ⑦ 1919년 3.1운동에 참여함.

2) 자치시대 - ① 1925년 남북 감리회가 연합하여 협성신학교(協成神學校) 건립함. ② 1928년 남북 감리교회 통합청원서 미국 북감리회 총회에서 통과됨. ③ 1930년 12월 2일 남북 감리교회 합동 성명 내고 〈기독교조선감리회〉 조직함. 제1회 총회 때 서울 냉천동 협성신학교에서 100인이 모여 '헌법과 규칙'을 제정함. 8일 양주삼 총리사 피선되어 10일 정동교회에서 총리사로 취임함. ④ 1931년 제1회 동부·서부·중부 연합연회, 제1회 만주 선교연회 조직함. 세계감리교회 최초로 여목사 제도 및 여자 평신도 총회 대표 제도를 시작하고 여선교사들에게 목사 안수함. ⑤ 1933년 1월 감리교회 기관지 〈감리회보〉 창간함. ⑥ 황민화 정책으로 일본 탄압이 가중됨. 1940년 10월 2일 일본에 의해 감리교신학교 폐교되고 11월에 선교사 전원 출국 조치됨. ⑦ 1941년 3월 3부 연회(동부, 서부, 중부) 해산됨. ⑧ 1942년 기관지 〈감리회보〉 폐간됨. 〈기독교조선감리교단〉 제2회 정기총회 때 일제에 항거하던 목사 다수 불신임안 가결되어 구속됨. ⑨

1945년 7월 29일 일제에 의해 장로교 · 감리교 · 성결교 교단이 강제 통합되어 〈일본기독교조선교단〉이 발족됨.
　3) 자립시대 - ① 1945년 10월 〈기독교조선감리회 재건위원회〉 조직됨. ② 1949년 4월 재건파와 부흥파가 합동을 결의하고 〈기독교대한감리회〉로 개명함. ③ 1955년 3월 전밀라와 명화용이 한국인 최초로 여성 목사 안수받음. ④ 1966년 9월 21일 정동제일교회에서 감리회 36주년 기념예배 드림. ⑤ 1984년 6월 정동제일교회에서 교단 설립 100주년 기념 국제대회 가짐. ⑥ 1995년 9월 2일 감리교 주간신문 〈기독교타임즈〉 창간함. ⑦ 1999년 9월 10일 감리회 본부, 광화문 감리회관으로 이전함. ⑧ 2002년 6월 9일 정동제일교회에서 아펜젤러 순교 100주년 추모예배 드림. ⑨ 2006년 7월 20-24일 금란교회에서 132개국 대표가 모인 가운데 세계감리교협의회(WMC) 대회 개최됨.
　2. 교리(敎理) - 감리교회는 8개항으로 된 〈교리적 선언〉을 갖고 있다. 이것은 미국감리회보다 9년 앞선 1930년 제2회 총회에서 제정 · 공포된 것으로서 감리교의 교리를 가장 간단 명료하게 소개한 것이라 할 수 있다. 이 〈교리적 선언〉은 모든 기독교인들이 일반적으로 믿는 복음주의에 바탕을 둔 중요 교의(敎義)를 요약한 것이라 할 수 있다.
　이 〈교리적 선언〉은 웨슬리의 종동강연과 설교집 및 성서주석에서 엿볼 수 있는 복음적 신앙, 그리고 신학적 경직성을 배제한 자유로운 입장을 표현한 에큐메니칼 정신을 담고 있다.
　내용은 하나님 · 예수님 · 성신 · 은혜 · 성서 · 교회 · 천국 · 영생 등에 관한 것이다. 이를 소개하면 다음과 같다(「교리와장정」에서 인용).
　① 우리는 만물의 창조자시요 섭리자이시며 온 인류의 아버지시요 모든 선과 미와 애와 진의 근원이 되시는 오직 하나이신 하나님을 믿으며 ② 우리는 하나님이 육신으로 나타나사 우리의 스승이 되시고 모범이 되시며 대속자가 되시고 구세주가 되시는 예수 그리스도를 믿으며 ③ 우리는 하나님이 우리와 같이 계시사 우리의 지도와 위안과 힘이 되시는 성신을 믿으며 ④ 우리는 사랑과 기도의 생활을 믿으며 죄를 용서하심과 모든 요구에 넉넉하신 은혜를 믿으며 ⑤ 우리는 구약과 신약에 있는 하나님의 말씀이 신앙과 실행의 충분한 표준이 됨을 믿으며 ⑥ 우리는 살아 계신 주 안에서 하나가 되는 모든 사람들이 예배와 봉사를 목적하여 단결한 교회를 믿으며 ⑦ 우리는 하나님의 뜻이 실현된 인류사회가 천국임을 믿으며 하나님 아버지 앞에 모든 사람이 형제됨을 믿으며 ⑧ 우리는 의의 최후 승리와 영생을 믿노라. 아멘.
　3. 조직과 본부 - 감리교는 제일 위에 최고 의결기관인 총회가 있고 총회 산하에 총회실행부위원회와 각국 소속의 위원회가 있다. 또 총회 아래 13개의 연회가 있다. 각 연회는 임기 2년의 감독이 지도하며, 그 아래 지방회와 그 아래 개별교회가 있다. 총회는 입법총회와 행정총회로 구분되며, 각각 2년에 1회씩 격년제로 개최된다. 입법총회에서는 감리교단의 주요 정책과 행정사항을 심의 · 의결하며, 행정총회에서는 감독 및 감독회장을 선출한다. 또 연회는 연 1회 개최하여 연회의 주요 행정 사항과 선교정책 등을 심의하고, 목사 안수식을 거행한다.
　한편, 감리회 본부는 감리회의 각종 정책 수립과 행정, 선교, 교육, 평신도 사업, 유지재단, 은급재단 등을 관리하고 출판 업무를 집행하며, 선교국, 교육국, 사회평신도국, 사무국, 출판국, 연수원, 행정기획실로 조직되어 있다. 현재 본부는 서울시 중구 태평로 1가 64-8번지 감리회관 16층에 있다.
　4. 기관지 - 교단기관지로는 〈기독교세계〉가 월간으로 발간되며, 목회자를 위한 계간지 〈강단과 목회〉와 교회교육을 위한 월간 〈신앙과 교육〉이 함께 발간되고 있다.
　5. 교육기관 - 감리교는 감리교신학대학을 비롯하여 목원대학교, 배재대학교 등 6개의 대학교와 배재중 · 고등학교, 이화여자고등학교 등 54개의 중 · 고등학교를 운영한다. 이밖에 태화기독교회관 등 많은 사회사업기관도 운영하고 있다.
　6. 교세 - 2011년 현재 교회는 6,136개, 교인은 158만 6,063명, 교역자는 9,880명이다.

기독교대한성결교회(基督敎大韓聖潔敎會, Korea Evangelical Holiness Church) 장로교회, 감리교회와 함께 우리나라를 대표하는 3대 교단 가운데 하나. 교세로는 다섯 번째 규모다.
　1. 전래와 역사 - 일본 동경에 있던 동양선교회(東洋宣敎會, The Oriental Missionary Society) 성서학원을 졸업한 김상준(金相濬)과 정빈(鄭彬) 두 사람이 1907년 동양선교회 선교사 카우

기독교대한성결교회

만(C.E. Cowman) 부부와 킬보른(E.A. Kilbourne)의 도움으로 서울 종로 염곡(鹽谷, 현재의 무교동)에 동양선교회 복음전도관(福音傳道館)을 설립한 것이 시초이다. 성결교회의 주요 역사를 살펴보면 다음과 같다.

① 1911년 3월 전도관 안에 성서학원('서울신학대학교' 전신) 설립. ② 1921년 9월 〈조선야소교 동양선교회 성결교회〉로 명칭 변경. ③ 1914년 4월 이병직·이명헌(李明憲)·강태은·김상준(金相濬)·이장하 등 성결교회 최초로 5인의 한국인 목사 탄생함. ④ 1922년 11월 25일 기관지 〈활천〉 창간호 발간. ⑤ 1933년 4월 제1회 설립 총회 개최. ⑥ 1940년 10월 미국과 일본의 관계 악화로 선교사 강제 철수, 자립 자치를 선언함. ⑦ 1943년 12월 29일 조선총독부령으로 성결교회의 사중복음, 특히 재림교리가 일본 천황의 존엄성을 훼손하여 일본 국체에 위배된다는 이유로 교단 강제 해산됨. 많은 교역자와 교인들이 순교당하고 옥고를 치름. ⑧ 1945년 9월 2일 교단재건준비위원회 조직. ⑨ 1945년 11월 9일 〈기독교조선성결교회〉 제1회 총회를 개최하여 헌법을 대의정체(代議政體)로 개정하고 교단을 정비함. ⑩ 1949년 4월 국호가 대한민국으로 확정되자 〈기독교대한성결교회〉로 명칭을 변경함. ⑪ 1957년 5월 50주년(희년) 기념사업으로 기념관 건립하고 기념선교집 발행. ⑫ 1961년 4월 14일 연합기관(N.C.C. 및 N.A.E.) 탈퇴 문제로 교단이 분열되어 〈예수교대한성결교회〉가 별도 총회를 가짐. ⑬ 1965년, 1973년 두 차례의 교단 합동을 시도했으나 성사되지 못함. ⑭ 1974년 5월 7일 헌법 전면 개정 공포. ⑮ 1977년 10월 11-13일 교단 설립 70주년 기념 중앙·선교·교육·아동대회 개최. ⑯ 1987년 10월 12일 교단 설립 80주년 기념 전국대회 개최. ⑰ 1990년 7월 2일 〈한국성결신문〉 창간. ⑱ 1993년 9월 모스크바 성결신학대학교 개교. ⑲ 1995년 4월 25일 기독교미주성결교회와 통합함. 또 성결교회 세계화추진위원회를 조직하여 러시아·필리핀·네팔·케냐·카메룬·멕시코 총회를 결성함. ⑳ 1996년 2월 5일 헌법 전면 개정 공포, 지역총회 조직. ㉑ 1997년 5월 30-31일 교단 설립 90주년 기념대회 개최. ㉒ 2000년 5월 12일 〈예수교대한성결교회〉와 교류협력위원회 조직. ㉓ 2001년 4월 12일 한국성결교회연합회 설립 총회. ㉔ 2002년 5월 22일 2002성결교회 세계선교대회(잠실학생체육관). ㉕ 2004년 3월 31일 지역총회 종료(폐지). ㉖ 2007년 5월 27일 교단 설립 100주년 기념대회(잠실종합운동장, 10만여 명 성결가족 참석).

2. 교리 - 대체적으로 감리교회와 같고, 의식도 거의 유사하다. 성결교회 교리의 핵심은 데살로니가전서 5장 23절을 근간으로 한 〈사중교리〉(四重敎理, 사중복음, Fourfold Gospel)에 잘 나타나 있다.

① 중생(重生) : 신앙으로 거듭남. 곧, 새로 태어남을 말한다. 이는 신앙의 출발이며 천국 시민의 자격을 갖추는 유일한 도리다(요3:3). ② 성결(聖潔) : 교인이 받을 '성령의 세례'를 말한다. 성결교는 중생이 옛 사람이 죽기 시작하는 것이라면 성결은 옛 사람이 온전히 죽는 것이라고 가르친다. 즉, 중생을 했지만 여전히 인간 속에 내재해 있는 죄성을 정결케 하기 위해서는 보다 온전한 성령의 역사가 필요한데 이것이 바로 '성결'이며, 이것은 '제2의 은혜'라고 한다. ③ 신유(神癒) : 기도로 병고침 받는 것을 말한다. 그리스도는 사람의 영혼만을 구원하신 것이 아니라 육체도 구원하셨기 때문에 당연히 인간의 질병도 담당하신다는 가르침이다. ④ 재림(再臨) : 그리스도의 공중 재림과 지상 재림을 믿는 신앙을 말한다.

이 네 가지 복음은 가장 대중적인 물음에 해답을 제시한다 할 수 있다. 즉, "어떻게 하여야 영생을 얻을까?"에 대한 해답이 '중생의 복음'이요, "어떻게 하여야 참된 신자가 될 수 있을까?"에 대한 해답이 '성결의 복음'이며, 인간을 괴롭히는 질병 문제에 대한 해답이 '신유 복음'이요, 마지막으로 영원한 미래에 대한 질문에는 이 '재림 복음'이 해답을 제시한다는 것이 성결교의 '사중복음'이요, 성결교 교리의 핵심이다.

3. 조직과 본부 - 〈기성〉은 총회 아래 지방회·감찰회·지교회가 있고, 총회장 아래 총무가 있어 실질적으로 교단 사무를 총괄한다. 교단(총회) 본부는 선교국·교육국·사무국·평신도국·기획실·경리과 등의 부서와 그밖에 총회장 자문위원회·임원회·실행위원회·유지재단이사회 등이 조직되어 있고, 협의기구로 국제성결연맹, OMS 주한선교회, 활천사, 한국성결신문사 등이 있다. 교단본부는 현재 서울시 강남구 테헤란로 64길 17(대치동)에 소재하고 있다.

4. 교육기관 – 서울신학대학을 비롯해 여러 곳에 중·고교와 성서학원이 있다. 또 사회복지관 등도 운영하고 있다.

5. 교세 – 2008년 5월 30일 현재 60개 지방회에 3,500여 교회와 70만 명이 넘는 성도가 대교단을 이루고 있다. 또 49개국에 557명의 선교사를 파송하고 있다.

기독교대한하나님의성회(基督教大韓 – 聖會, **The Assembly of God of Korea**) 오순절(五旬節) 계열의 교파. 보통 〈순복음교회〉(純福音教會)라 한다. 약어는 〈기하성〉.

1. 전래와 역사 – 1928년 3월 선교사 M. C. 럼시가 개인 자격으로 오순절교회의 복음을 가지고 일본을 거쳐 입국, 당시 구세군(救世軍) 본영에 근무하던 충청남도 보령 출신 허홍을 만나 선교를 개시한 것이 그 시작이다. 순복음교회의 주요 역사를 간략하게 살펴본다.

1) 일제시대 – ① 1928년 3월 럼시 선교사 내한. 구세군 본영에서 근무하는 허홍에게 오순절 복음을 전함. ② 1930년 4월 팔선 선교사 입국. ③ 1931년 6월 영국 오순절교회 메르테드, 벳시 두 여선교사 내한. ④ 1932년 4월 럼시 선교사, 허홍과 함께 서빙고교회(현재 부광동 성광교회 전신) 설립. ⑤ 1932년 10월 일본에서 신학을 전공한 박성산 귀국하여 서빙고교회 담임함. ⑥ 1933년 5월 배부근 목사 귀국하여 메르테드, 벳시와 함께 수창동교회 설립. 팔선 선교사 출국함. 〈조선오순절교회〉 설립. ⑦ 1938년 10월 영국 오순절교회 카타, 셈무라 목사가 입국하여 박성산, 배부근, 허홍 3인에게 목사 안수. ⑧ 1939년 10월 럼시, 벳시, 메르테드 선교사 일제 탄압으로 강제 출국당함. ⑨ 1942년 일제 종교 탄압으로 〈조선오순절교회〉 해산.

2) 해방 후 – ① 1949년 대한오순절교회 재건. ② 1952년 체스넛 선교사가 한국에 〈하나님의 성회〉 결성하기 위해 입국.

3) 교단 설립 – ① 1953년 4월 8일 남부교회에서 〈기독교대한하나님의성회〉 설립. ② 1953년 5월 순복음신학교 개교. ③ 1957년 11월 허홍 목사 중심으로 〈대한오순절교회〉 분립. ④ 1960년 대조동에 순복음신학교 건축. ⑤ 1961년 10월 순복음부흥회관(현, 총회회관) 건립완공. ⑥ 1966년 정기총회에서 조용기 목사를 총회장으로 선임함. ⑦ 1968년 서울경기, 충청, 전라, 경상 지방회 넷으로 나눔. ⑧ 1972년 10월에는 분리된 대한오순절교회와 15년 만에 통합. ⑨ 1973년 8월 세계오순절대회(P.W.C.) 제10차 대회가 세계 39개국 1,500명이 참석한 가운데 여의도교회와 효창운동장에서 열림. ⑩ 1974년 제23차 정기총회에서 세 번째로 교단 명칭 변경안 부결. 이후로 〈기독교대한하나님의 성회〉 명칭 사용. ⑪ 1977년 12월 군포에 순복음신학교 건물 1동(766평) 신축 완공. ⑫ 1981년 5월 교단 30주년 기념대회. 9월에 조용기 목사가 이단 시비로 교단을 떠났고 추종세력 일부가 탈퇴하여 새로운 교단 총회를 구성·분립하여 〈기독교대한하나님의성회 순복음측〉을 설립함. ⑬ 1982년 12월 순복음신학교 4년제 각종학교 인가. ⑭ 1984년 4월 순복음측 교단 일부를 제외하고 대다수가 〈기독교대한하나님의성회〉로 복귀함. 그해 9월 개헌총회에서 여(女) 목사 제도를 인정함. ⑮ 1985년 1월 여의도순복음교회가 〈예수교대한하나님의성회〉 교단을 설립함. 100여 개의 미자립교회들이 동조하여 분열이 가속화됨. 그 결과 〈기독교대한하나님의성회 반포측〉이 와해됨. ⑯ 1991년 12월 19일 올림픽주경기장에서 〈기독교대한하나님의성회〉와 〈예수교대한하나님의성회〉가 교단 통합을 선언함. ⑰ 1996년 5월 정기총회에서 한국기독교교회협의회(KNCC) 가입 결정. ⑱ 1999년 5월 제48차 총회에서 〈기독교대한하나님의성회 수호측〉과 교단 재통합을 이룸. ⑲ 2012년 6월 현재 여의도측과 서대문측이 통합을 결의하고 추진중에 있다.

2. 주요 교리 – 〈기독교대한하나님의성회, 약어 '기하성'〉의 핵심 교리는 한 마디로 '오중복음'과 '삼중축복'으로 정리될 수 있다.

1) 오중복음 – ① 중생의 복음 ② 성령충만의 복음 ③ 신유의 복음 ④ 축복의 복음 ⑤ 재림의 복음을 말한다. 〈기하성〉은 이것이 특별히 새로운 내용이 아니라 성경의 중요한 다섯 가지 주제를 집약한 것이라 말한다. 즉, 이 다섯 주제는 기독교 신앙의 시작과 과정과 결과에 대해 다루고 있으며, 결국 신앙 생활의 전과정을 설명해 주는 핵심 주제라는 것이다. '오중복음'의 내용은 다음과 같다.

① 구원(중생)의 복음 : 오중복음의 기초이다. 중생이란 구원의 전제조건이다. 그러므로 중생의 복음은 곧 구원의 복음이라 할 수 있다. 이는 예수님

을 구주로 영접함으로써 죄사함을 받고 구원을 얻어 하나님의 자녀가 된 후 성령의 인치심과 인도함으로 성결의 생활을 시작하게 되는 것을 말한다.

② 성령충만의 복음 : 물과 성령으로 거듭난 성도가(요3:6,7) 하나님께서 말세에 만민에게 주시겠다고 약속하신(율2:28,29) 성령을 받고(행2:4) 권능을 얻어 예수님의 증인이 되며(행1:8) 성령충만을 통해 성령의 은사와 열매를 생활 가운데 나타내고 하나님께 영광 돌리며 사는 삶을 말한다.

③ 신유의 복음 : 예수께서 우리 연약함을 담당하시고 병을 짊어지셨기 때문에(마8:17) 구원받은 성도 역시 병고침을 받는 복과 신유를 위해 기도해 줄 특권과 의무가 있다는 가르침이다(마16:17,18).

④ 축복의 복음 : 십자가의 은혜로 율법의 저주에서 속량되어(갈3:13,14) 구원받은 성도가 세상을 살면서 누리는 복, 곧 하나님으로부터 먹을 것과 입을 것을 받고, 가난과 저주에서 놓여나며, 생활의 복을 받아 누리고, 나아가 이웃에게까지 나누어주어 함께 풍성하게 살아가는 복을 말한다(고후9:8). 이를 위해 성도는 먼저 주님의 나라와 의를 구하며, 하나님 중심으로 정직, 공의, 성실, 근면, 충성으로 생활해야 한다.

⑤ 재림의 축복 : 예수님의 지상재림과 공중재림을 믿음으로써 그리스도 안에서 죽은 자들과 살아 있는 자들이 주님께서 재림하실 때 함께 공중에서 주를 영접하며(살전4:16,17), 7년 혼인 잔치와 천년왕국에서 왕노릇하다가 백보좌 심판 후 새 하늘과 새 땅에서 하나님과 영원히 영화로운 삶을 영위하는 복을 말한다(계20~21장).

2) 삼중축복 - 오중복음의 실천적인 측면을 다루고 있다. 그 내용은 "사랑하는 자여 네 영혼이 잘됨 같이 네가 범사에 잘되고 강건하기를 내가 간구하노라"는 요한삼서 1장 2절 말씀에 잘 나타난다. 내용을 살펴보면 다음과 같다. ① 영혼이 잘됨 : 예수 그리스도를 믿고 구원을 받아 영적으로 풍성한 삶을 사는 것을 말한다. ② 범사에 잘됨 : 그리스도 안에서 모든 일이 합력하여 선을 이루는 삶과 그것을 통해 받는 복을 의미한다. ③ 강건함 : 구원받은 성도가 질병의 고통에서 놓여나는 복을 말한다. 이상의 삼중축복은 마태복음 6장 33절에 근거하여 '먼저 그 나라와 그 의'를 구하는 일에 인생 목표를 둘 때 모든 성도가 누릴 수 있는 복이다.

3. 조직과 본부 - 총회의 대표자는 총회장. 그 아래 두 명의 목사 부총회장과 한 명의 장로부총회장, 총무, 부총무, 서기(부서기), 재무(부재무), 회계(부회계)로 임원을 구성하며, 총회 아래 10개 지방회와 그 아래 지교회로 이루어져 있다. 또 교단본부에는 행정부총무의 책임 아래 교육국, 전도국, 출판국, 사회국, 교회성장국, 교회개척국, 농어촌국, 청년국, 평신도국, 부흥국, 신학국, 교계홍보국, 체육국의 13국으로 조직되어 있다. 본부는 서울특별시 종로구 통일로 134 (평동)에 소재한다.

4. 교육기관 - ① 신학대학원 : 순복음대학원대학교, 총회목회대학원, 총회신학대학원(부설 박사원), 한세대학교 대학원, 영산신학대학원. ② 신학대학교 : 순복음신학교, 순복음영산신학원, 순복음총회신학교. ③ 지방신학교 : 순복음강원신학교, 순복음대전신학교, 순복음청주신학교, 순복음부산신학교, 순복음호남신학교, 순복음전북신학교, 순복음대구신학교, 순복음제주신학교, 순복음충남신학교. ④ 일반대학교 : 한세대학교.

기독교도연맹(基督敎徒聯盟) 해방 후인 1946년 10월 북한 공산주의 정권에 의해 세워진 어용 기독교 단체. 1946년 11월 3일에 계획된 공산 정권의 총선거가 주일이라는 이유로 북한오도연합노회가 강하게 반발하자 여기에 대항하기 위해 김일성의 비서격인 전직목사 강양욱이 몇몇 목사들을 포섭하여 급조한 단체다. 이에 북한 정권은 오도연합노회 목사들을 투옥하고 노회를 해체하기에 이르렀다.

그 후 1948년에는 목회자를 비롯한 모든 성도를 기독교도연맹에 가입하게 하고, 1949년에는 총연맹을 조직하여 총회장에 김익두, 부총회장에 김응순, 서기에 조택수 등을 세웠다. 이어 1950년에는 북한에 있던 각 교단 신학교들을 통폐합하여 기독교도연맹 산하 신학교로 부속시켰다. 이런 일련의 과정을 통해 기독교도연맹에 반대하는 진실한 목회자나 성도는 모두 교회와 강단에서 추방되어 북한 교회는 사실상 어용 단체인 기독교도연맹의 수하에 놓이고 순수한 복음은 사라지게 되었다.

기독교방송[1](基督敎放送, Christian Broadcasting System, CBS) 기독교방송 설립을 목적으로 내한한 미국인 선교사 디캠프(Otto E. Decamp) 목사가 1948년 12월 17일에 세운 한국 최초

의 종교 방송이자 민간 방송국. 1949년 6월 15일에 호출부호 HLKY, 주파수 700KHz, 출력 5KW로 방송국 설립 허가를 받았으나 6.25전쟁 발발로 1954년 4월 2일 서울시 종로구 2가 91번지 기독교 서회 건물에 방송국을 개국하였고, 설립 총회를 거쳐 같은 해 12월 15일에 첫 전파를 발사하기에 이르렀다.

한편, 초기에는 각종 예배 프로그램과 선교 프로그램으로 선교 의욕을 고취시켜 주었고, 어린이 동화, 외국어 강의로 교육의 길잡이 역할을 했으며, 동시에 명곡 감상 등의 프로그램으로 전쟁에 지친 국민들에게 큰 위안을 주어 종교를 불문하고 많은 국민의 사랑을 받았다.

그러나 모든 재정을 미국의 매스컴뮤니케이션 위원회(RAVEMCO)에 의존하던 터라 운영에는 큰 어려움이 있었다. 그 후 1959년 기독교 대구방송국을 시작으로 부산, 광주, 이리, 청주, 춘천 등 전국 대도시에 지방 방송국이 개설되었고, 특히 뉴스를 제공하여 정치적으로 혼란할 때 양심의 소리를 대변하는 감시자로서의 기능도 수행하였다. 1980년 군부의 언론 통폐합 조치로 광고 방송이 중단되었다가 1987년 7년 만에 다시 뉴스 방송을 재개하면서 보도기능을 되찾았고 1992년 12월 15일에 현재의 서울시 양천구 목동 시사옥으로 이전함으로써 CBS의 목동시대를 열었다. 이후 1993년 7월 CATV 기독교채널 프로그램 공급업 허가신청서를 유선TV종합위원회에 제출하는 등 TV 방송국 개국에 노력을 기울여 2002년 3월 7일 한국디지털위성방송의 기독교채널 사업자로서 CBS-TV가 개국되었다. 또한 기독교방송은 1995년 12월 15일 CBS 음악FM(93.9 MHz), 1998년 12월 15일 기독교방송 표준FM(98.1 MHz)을 개국하기도 하였다.

기독교방송[2](基督敎放送) 복음 전파와 선교, 기독교 문화 창달을 목적으로 설립된 기독교 계통의 모든 **방송** 매체를 통틀어 일컫는 말.

■극동방송(極東放送, **FEBC**) → '극동방송'을 보라.

■기독교방송(基督敎放送, **CBS**) → '기독교방송'을 보라.

■기독교복음방송(基督敎福音放送, **C3TV**) - 열린방송, 좋은방송을 모토로 1997년에 개국한 순수 복음방송. Good TV 채널을 통해 IPTV의 실시간(KT QOOK TV Ch. 551번, SK Broad & TV Ch. 602번) 및 CUG(Ch. 888) 방송과 디지털 케이블 TV 등의 매체를 통해 송출하고 있다. 또 C3TV 채널은 인터넷방송, 모바일 방송(구글 안드로이드폰 애플리케이션, 스마트폰 서비스) 등의 다양한 매체로도 서비스 되고 있다. 서울특별시 영등포구 양평로 21길 26 (양평동 5가)에 소재한다.

■기독교TV(基督敎 -, **CTS TV**) - 복음을 전파하고, 기독교 신앙을 생활화하며, 기독교 가치관을 널리 보급하기 위해 설립된 방송. 선교와 교육, 문화와 예술, 생활과 정보 등의 프로그램을 편성 제작하는 종합 복음 영상 매체로, 1995년에 설립되었다. ① 그리스도의 문화를 이 사회에 심는 프로그램 편성, ② 창조 질서를 회복시키는 프로그램 편성, ③ 한국교회의 성장과 연합 및 교제를 위한 프로그램 편성 등 3대 방송 지침을 가지고 운영하고 있다. 서울시 동작구 노량진로 100 (노량진동)에 위치한다.

■씨지엔TV(**CGN TV**) - 2000년 10월에 개국한 선교교육 전문방송. 설립 취지는 크게 네 가지다. ① 해외 한인 선교사들과 한인 동포를 위한 선교 전문방송. ② 목회자와 선교사 및 평신도 리더십을 위한 교육 전문방송. ③ 깨끗한 사회, 건강한 세상을 만들어가는 문화 선교방송. ④ 각 언어, 나라, 민족의 복음화를 꿈꾸는 맞춤 선교방송. 이를 위해 선교, 교육, 문화 등 분야별 각종 프로그램을 세계 8개 권역 174개국에 24시간 제공한다.

연혁을 보면 2000년 10월 인터넷 방송을 시작하여 2005년 위성방송으로 전환하였고, 2005년 8월 27일 미국 LA에 미주 CGN TV를 개국했다. 2006년 10월 30-31일에 일본 동경과 오사카에서 일본어로 24시간 방송되는 일본 CGN TV를 개국하였고, 2008년 1월 1일에는 CGN TV 중문방송을 시작했다. 현재는 한국 채널(다국어)을 비롯해 미주, 일본, 중문 채널이 각 지역(미국 LA, 일본, 대만) 현지 시간에 맞춰 별도 편성되어 24시간 방송된다. 국내에서는 케이블과 IPTV를 통해 시청할 수 있다. 또한 차세대 매체인 모바일 서비스를 통해 주제별 QT프로그램들을 제공한다. 서울시 용산구 서빙고로 269 (서빙고동) CGN 빌딩에 위치한다.

■아세아방송(亞細亞放送, **Far East Broadcasting Company, FEBC**) - 미국 FEBC로부

터 재정 지원을 받아 1971년 3월 21일 설립된 기독교 복음 선교 방송국. 주요 사업은 중국, 러시아, 일본, 북한을 포함하여 국내에 기독교 복음을 전파하는 것이다. 1969년 FEBC 오키나와의 일본 반환에 따라 1970년 3월 제주도 이전이 결정되었다. 1973년 5월에 송신소를 설치하고 시험 방송을 송출했다. 1973년 6월에 호출부호 HLDA, 주파수 1570KHz, 출력 250KW로 방송을 시작했고, 1998년 1월 서귀포 지역 FM방송중계소를 개설했다.

그 후 2001년 10월 효율적인 선교사역을 위하여 극동방송과 합병하고 회사명을 '제주극동방송'으로 변경했고 2003년 5월 AM/FM 24시간 방송을 허가받았다. 본사는 제주자치도 제주시 북제주군 하귀리에 소재한다. 호출부호 HLAZ, 주파수 AM 1566KHz, FM 101.1MHz, 출력 250KW이다. → '극동방송'을 보라.

기독교복음침례회(基督敎福音浸禮會) 세칭 〈구원파〉의 한 분파. 미국인 독립선교사 딕 요크(Dick York)의 영향을 받은 권신찬과 네덜란드 선교사 길기수(Case Glass)에 의해 입교한 유병언(권신찬의 사위)이 1961년에 대구에서 시작한 종파. 이들은 1963년 선교사들과 결별하고 대구를 거점으로 하여 전국을 무대로 독자적인 활동을 개시하였다.

한편, 1964년에 이르러 권신찬은 국제복음주의 방송('극동방송'의 전신)에서 설교목사로, 유병언은 방송부 국장으로 '은혜의 아침'이란 프로그램을 진행하면서 '구원파'로 알려지게 되었다. 이로 인해 권신찬을 따르는 청취자들을 중심으로 〈평신도복음선교회〉가 조직되었고, 이를 근간으로 1981년 11월 21일 서울시 용산구 삼각지 서울교회당에서 〈기독교복음침례회〉라는 교단이 형성되었다. → '구원파'를 보라.

기독교 연구 및 학술 단체(基督敎 硏究 - 學術 團體)

■**교회성장연구소**(敎會成長硏究所, Institute for Church Growth) - 교회의 부흥 발전과 목회자들의 사역을 지원하기 위해 1993년 1월 국민일보 부설로 설립된 단체. 목회전문 월간지 「교회성장」을 발간하고 있다. 대표는 이영훈 목사(여의도순복음교회). 서울시 영등포구 은행공원로 101 CCMM 빌딩 901A호에 위치한다.

■**크리스챤아카데미**(Christian Academy) - 1959년 〈한국기독교 사회문제연구소〉로 출발했다. 1962년 취리히에서 독일 아카데미와 유대를 맺고 강원용 목사를 중심으로 1965년에 발족한 기독교 사회운동 단체.

■**프리셉트성경연구원**(- 聖經硏究院, Precept Ministries International) - 1984년 한국에 소개된 초교파 국제 복음주의 기독교 단체. 국제 본부는 미국에 있다. 사람들을 하나님의 말씀으로 무장시키며 삶의 전 영역에서 하나님을 섬기도록 돕기 위해 설립되었다. 귀납적 성경연구 세미나와 강해설교학교를 운영한다. 대표 김경섭 목사. 서울시 동작구 사당로 2가길 91에 위치한다.

■**한국기독교학술원**(韓國基督敎學術院, Academia Christiana of Korea) - 인간 구원의 유일한 복음을 학술적으로 연구하고 교회나 사회가 안고 있는 문제를 성경적·신학적으로 해결하기 위해 1988년에 설립된 단체. 원장은 이종윤 목사. 서울시 종로구 김상옥로 30 (연지동) 한국기독교연합회관 819호에 있다.

■**한국창조과학회**(韓國創造科學會, Korea Association for Creation Research) - 인간, 생물체, 우주 등에 내재된 질서와 조화가 우연이 아닌 지적 설계에 의한 창조물임을 과학적으로 증거하고 만물의 기원에 대한 바른 시각으로 하나님을 창조주로 고백하게 하는 데 설립 목적이 있다. 1981년에 설립되었으며, 서울시 강남구 개포로 668 (일원동) 강남빌딩 5층에 위치한다.

기독교 연합단체(基督敎 聯合團體)

■**교회갱신을위한목회자협의회**(敎會更新 - 牧會者協議會, Council of Pastors for Church Renewal) - 철저한 자기 반성과 교회 갱신을 목표로 1996년 3월 7일 사랑의교회 옥한흠목사가 중심이 되어 설립된 목회자 단체. ① 교회의 일치 ② 목회자들의 의식과 교단 총회 구조의 갱신 ③ 사회를 향한 온전한 섬김 사역을 주요 사업으로 한다. 본부는 서울특별시 서초구 효령로 68길 98 (서초동) DMI 5층에 있다.

■**세계개혁교회연맹**(世界改革敎會聯盟, The World Alliance of Reformed Churches, WARC) - 종교개혁자 존 칼빈의 사상을 근간으

로 한 세계 107개국 215여 개의 개신교 최대 개혁교회 연합기구. 스위스 제네바에 본부가 있다. 우리나라는 통합, 대신, 백석, 기장 4개 교단이 가입돼 있다. 1875년에 설립되어 135년의 역사를 자랑한다.

■ **전국목회자정의평화실천협의회**(全國牧會者正義平和實踐協議會) - 교회 갱신과 사회 변혁을 위해 1984년에 설립된 단체. ① 교회갱신 ② 사회의 민주화 ③ 민족의 자주와 통일 ④ 소외되고 억눌린 이웃의 권리 회복 등을 주된 사업으로 한다. 사무실은 서울시 종로구 대학로 19 (연지동) 한국기독교회관 508호에 있다.

■ **전국신학대학협의회**(全國神學大學協議會, The Korea Association Accredited Theological Schools, KAATS) - 신학 교육의 정체성과 방향성을 제시하기 위해 1965년 5월 9개 신학 교육기관(감리교신학대학, 대전감리교신학대학, 서울신학대학, 삼육신학대학, 연세대학교신과대학, 연세대학교연합신학대학원, 성미가엘신학원, 장로회신학대학, 한국신학대학)이 참여하여 설립한 단체. 신학교재 출판, 신학강연, 신학연구, 외국학자 초청 특강, 우수 석사논문 시상 등을 주된 사역으로 한다. 현재는 40여 개 대학이 참여하고 있다. 서울시 서대문구 독립문로 56 (냉천동)에 위치한다.

■ **한국교회순교자기념사업회**(韓國敎會殉敎者記念事業會, Korea Church Martyrs Missionary Association) - 순교자의 역사를 돌아보며 순교 신앙을 회복하여 순교자 정신으로 민족과 동포를 사랑하며 복음을 전하기 위한 목적으로 설립된 단체. 서울시 종로구 대학로 19 (연지동) 기독교회관 404호.

■ **한국교회평신도단체협의회**(韓國敎會平信徒團體協議會) - 한국의 건전한 개신교 32개 교단 평신도 대표들로 구성된 단체. 한국교회에서 평신도를 대표하는 가장 큰 단체로서 1980년에 설립되었다. 서울시 종로구 대학로 19 (연지동) 기독교회관 809호.

■ **한국기독교서점협의회**(韓國基督敎書店協議會) - 문서를 통해 복음 전파 사명을 수행하고, 기독교 서적계의 건전한 발전을 도모하며 회원 상호 간의 친목과 복리를 도모하기 위해 설립된 단체. ① 성경, 찬송, 일반 기독교서적, 잡지, 기타 출판물의 수급 조정 및 보급 계획 수립 ② 출판물 판매 및 계획 보급에 관한 연구, 개선, 지도, 조사, 정보교환 등의 일을 하며, 이를 위해 한국기독교출판협회와 상호 협력한다. 전국에 346개 회원사가 있다. 사무실은 서울시 종로구 김상옥로 30 (연지동) 기독교연합회관 1313호.

■ **한국기독교선교단체협의회**(韓國基督敎宣敎團體協議會, Korea Council of Christian Mission Organization) - 1977년 5월 16-17일 서울 새문안교회에서 설립된 기독교 선교 단체들의 협의체. 교파를 초월하여 각 선교 단체 간에 친교를 나누고 신령한 연합을 이루어 한국 교계의 건전한 부흥과 국제선교 기구와의 유대를 강화하며 상호 협조하는 것을 목적으로 한다. 처음에 강신명 목사가 주도하는 '한국기독교선교회'를 비롯한 10여 개 단체로 시작되었으나 현재 112개 선교 단체가 참여하고 있다. 세계선교사 훈련 과정을 개설하고, 선교에 관한 연구 세미나를 개최하며, 회원단체의 서류, 세무 등에 관한 행정 업무를 보조해 준다.

■ **한국기독교의료선교협회**(韓國基督敎醫療宣敎協會) - 의료 선교로 복음을 땅끝까지 전파할 목적으로 1966년 1월 1일 설립된 단체. 의료선교사 양성, 의료 선교지 발행, 선교 지원 사역, 안식년 은퇴선교사 복지 등을 주요 사업으로 한다. 산하에 52개 선교 단체와 27개 교회 단체, 3개의 MOU 단체가 있다. 서울시 중구 퇴계로 47 (황학동) 황학아크로타워 C동 323호.

■ **한국기독교지도자협의회**(韓國基督敎指導者協議會, Korea Christian Leaders Association) - 분열된 한국교회의 연합과 부흥을 위한 한국 기독교 지도자들의 모임. 1975년 7월 1일 18개 교단 지도자들로 시작되어 현재는 50개 교단 지도자들이 참여한다. 주로 사랑의 헌혈 운동, 노숙인 돕기, 알콜 및 마약 중독자 구제 캠페인 등을 벌인다. 대표회장은 신신묵 목사(한강중앙교회 원로목사), 서울시 용산구 소월로 2길 21-11 (후암동) 루터회관센타 1층.

■ **한국기독교출판협회**(韓國基督敎出版協會, Korea Christian Publication Association, KCPA) - 대한민국 기독교 출판인들의 협의체. 1975년 설립되었으며, 현재 약 160여 개 기독교 출판사들이 회원사로 가입해 있다. 사무실은 서울시

서초구 서운로 19 (서초동) 서초월드오피스텔 909호에 있다.

■**한국복음주의신학대학협의회**(韓國福音主義神學大學協議會) – 복음주의적 입장에서 신학 연구를 증진시키고 각 신학 교육기관 상호간의 교류와 신학교육의 질적 향상을 목적으로 설립된 단체. 총신대학교, 합동신학대학원대학교, 서울장신대학교 등 27개 신학대학이 가입해 있다.

■**한국세계선교협의회**(韓國世界宣教協議會, **The Korea World Missions Association, KWMA**) – 세계 선교를 위한 협력과 연합을 목적으로 1990년 6월 25일 소망교회에서 설립된 단체(회장 곽선희 목사, 총무 전호진 목사). 선교행정학교, 연합선교훈련원, 사이버선교교육, 선교사계속교육을 시행하고 있으며, 1년에 4회 선교잡지와 선교소식지를 발간한다. 2012년 현재 이사장 박종순 목사, 부이사장 김삼환 목사, 회장 강승삼 목사로 조직되어 있다. 본부는 서울시 금천구 가마산로 76 (가산동).

■**한국어린이전도협회**(韓國 – 傳道協會, **Child Evangelism Fellowship of Korea, CFK**) – 1937년 5월 미국 일리노이 주에서 시작된 어린이 선교 단체의 한국지부. 세계 178개국에 지부가 설립되어 있다. 한국에서는 1957년 런시포드 여사에 의해 소개되어 1959년 구요한 목사 내외(Rev. John Cook and Lois Cook)가 선교함으로써 시작되었다. 현재 전국 46개 지회에서 활발하게 어린이 선교 사역을 수행하며, 24개국에 36가정 62명의 선교사를 파송하고 있다. 서울시 송파구 충민로 81-11 (문정동).

■**한국SIM국제선교회**(韓國 – 國際宣教會, **Serving In Mission Korea**) – SIM은 1893년 '수단내지선교회'(Sudan Interior Mission)로 출발하여 아시아(ICF), 남미(AEM), 중남 아프리카(AEF)에서 100년 이상 사역하던 복음주의 신앙을 가진 단체들이 연합하여 만든 국제적인 초교파 선교단체다. 한국본부는 1997년 11월 27일 발족되었다. 주요 사역은 ① MTI(선교사 훈련원)을 통한 선교사 훈련 ② 선교사 발굴을 위한 SIM TI(영어선교훈련 프로그램) 운영 ③ 선교사 발굴, 파송 및 선교사 후원(Member Care) 등을 수행하고 있다. 성남시 분당구 돌마로 47 이코노샤르망빌딩 6층 602호에 있다.

■**한국오엠에프**(韓國 –, **OMF Korea**) – OMF (Overseas Missionary Fellowship)는 허드슨 테일러에 의해 1865년 설립된 〈중국내륙선교회〉(China Inland Mission, CIM)가 1951년 중국 공산화로 철수하면서 바꾼 이름이다. 동아시아 지역의 복음화를 목표로 1964년에 설립된 OMF는 싱가포르에 본부를 두고 있다. 한국 OMF는 1980년에 소개되어 동아시아 18개국에서 활동 중이며 세계에 1,300명의 선교사를 파송하고 있다.

■**한국컴퓨터선교회**(韓國 – 宣教會, **Korea Computer Mission, KCM**) – 1987년 1월 17일 설립된 초교파 선교단체. ① 기독교 정보 제공 ② 문서 선교 ③ 해외선교 ④ 인터넷 방송을 통한 복음 전파 등을 핵심 사업으로 하고 있다. 현재 한국세계선교협의회(KWMA, 회장 박종순목사)에 가입되어 있다. 경기도 군포시 번영로 494 (금정동) 제일프라자 4층에 위치한다.

기독교 이단 · 사이비 예방 단체 (基督教 異端 似而非 豫防 團體)

■**국제종교문제연구소**(國際宗教問題研究所) – 국내외 신흥종교와 이단 사이비 종교를 연구하는 민간단체. 1970년 1월 종교연구가 탁명환에 의해 설립되었다. 「현대종교」를 발행하고 있다. 서울특별시 중랑구 중랑천로 77 상봉오피스텔 125호에 소재한다.

■**대한예수교장로회이단사이비상담소**(大韓 – 教長老會異端似而非相談所) – 대한예수교장로회(통합) 교단에서 설립한 단체.

■**총회이단사이비피해대책조사위원회**(總會異端似而非被害對策調查委員會) – 이단을 예방하기 위한 세미나, 치유를 위한 상담, 바른 신앙 지식을 위한 서적 발행, 이단 상담 지도자 양성을 목적으로 설립된 단체. 2006년 9월 대한예수교장로회(합동) 총회 산하에 상설기구로 설립되었다.

기독교 잡지 (基督教 雜誌, **Christian Magazine**)

문서 선교를 목적으로 발행되는 잡지를 통틀어 일컫는 말. 우리나라에서 발행되는 대표적인 기독교 잡지들을 소개한다.

■**가이드포스트**(**Guideposts**) – 1945년 「적극적인 사고방식」의 저자 노먼 빈센트 필 박사(Dr. Norman Vincent Peale)에 의해 미국 뉴욕에서

창간된 크리스천 교양잡지. 하나님에 대한 믿음을 통해 용기와 힘과 적극적 태도를 심어주기 위해 창간된 비영리 초교파 잡지. 한국판은 1965년에 우리나라 최초 영한대역 계간지로 소개되어 1977년 1월부터 월간지로 보급되고 있다.

■**교사의 벗**(敎師 -) - 주일학교 교사의 자질 향상과 교육 자료 제공을 목적으로 1962년에 창간된 월간지. 대한예수교장로회(합동) 교단 산하 전국주일학교연합회 기관지로 8페이지 짜리 팜플렛 형식으로 발행되었다. 그러나 재정 문제로 발행이 원활하지 못했다.

이후 총회신학교 명신홍, 차남진, 김득룡 교수가 중심이 되어「주일학교교사」로 제호를 변경하고 타블로이드판에 총 8페이지의 월간지로 발행했으나 4호에 그치고 말았다. 그 후 1964년 6월 22일 공보부에「주일학교 교사의벗」으로 등록하고 4×6배판 16페이지 잡지로 발행되었다. 그러나 의욕에 비해 잡지는 여전히 재정 적자로 발행이 중단되기 일쑤였고, 결국 폐간되는 사태에 이르렀다.

그 후 1966년 12월 다시 잡지가 발행되었지만 만성적인 적자는 여전하였다. 그러기를 15년, 최승국 장로가 잡지를 인수하여 74페이지 잡지를 200페이지의 본격적인 주일학교 교사 잡지로 만드는 혁신을 단행했다. 그뒤 1997년 11월 평서노회를 중심으로 한 목회자들이 '교사의 벗 후원회'를 결성하여 재정 지원에 나섰고 같은 해 12월호부터「주일학교 교사의 벗」이라는 제호를「교사의 벗」으로 변경했다. 그리하여 2004년 6월 창간 40주년 기념호를 발행하였고, 2010년 9월에는 지령 500호를 발행하기에 이르렀다.

■**기독교교육**(基督敎敎育, **Christian Education**) - ① 조선기독교서회에서 1950년 4월 1일 발간한 기독교 계간지. 1년에 4회 발행하였다. ② 기독교교육협회에서 1961년 3월에 발간한 계간지. 출판도서목록, 세계기독교교육협회 소식과 논설, 교회학교 교사를 위한 자료 등을 다룬 비매품.

■**기독교사상**(基督敎思想, **The Christian Thought**) - 1957년 8월에 창간된 기독교 월간지. 발행처는 대한기독교서회. 초교파 잡지로 다소 진보적 입장에서 사회 비판적인 논조로 되어 있다. 초대 발행인은 김춘배. 국판 108페이지로 창간되었다. 복음을 현대 생활에 맞게 해석하여 실존적인 신앙 과제를 밝히고, 불신자에게 복음을 선포할 목적으로 창간되었다. 특히 한국 기독교와 한국 사회를 연결짓는 기능을 충실히 수행해 왔다. 내용으로는 신학 및 관련분야의 연구논문, 설교, 성경연구, 특집 기고, 좌담, 시론, 서평, 문학 등 제 장르에 걸쳐 다양하게 구성되어 있다.

「기독교사상」은 변화하는 사회·문화적 상황 속에서 한국 기독교계에 신학적 논의를 일으키고, 나아가 기독교의 다양한 신학 사상들을 현대인들에게 입체적으로 제공하고 있다는 평가를 받고 있다. 2000년 8월에 지령 500호, 2008년 12월에 지령 600호가 발간되었다.

■**낮은울타리** - 가정 회복과 N세대(Next, New Generation)의 부흥을 목적으로 1989년 신상언 문화선교사에 의해 창간된 잡지. 동시에 문화선교단체이기도 하다. 이 잡지는 부모와 자녀에게 문화 리더십을 갖게 하고, 육체의 자극이 아닌 영혼의 감동을 얻게 하며, 모든 상처를 치유하는 '문화·감동·치유'를 핵심 사역으로 추구한다.

■**다락방**(**The Upper Room**) - 미국 연합감리회 전도국에서 발행하는 신앙 지침서. 전 세계에서 가장 많이 읽히는 매일 기도서이기도 하다. 당시 미국 신자들이 매일 사용할 만한 가정용 기도서가 없어 기도하고 있던 중 1934년 미국 남감리회 선교국에서 출간을 결정하여 에몬스(G. C. Emmons)가 발간하였다. 짧은 본문, 해설, 단상, 기도, 결단으로 구성되어 있다. 우리나라에서는 1939년 감리교에서 한국어로 번역하여 발간하다 1960년 대한기독교서회에서 발행하게 되었고 1975년부터 한글판과 함께 한영대조판도 발행되고 있다.

■**매일성경**(- 聖經) - 어린이와 청소년, 그리고 가정이 날마다 말씀과 기도로 하나님을 만날 수 있도록 집필된 성경 묵상 자료집. 1867년 영국 선교단체인 성서유니온에서 시작되어 현재 전 세계 130여 개국의 크리스천들이 애독한다. 현재 한국 성서유니온선교회에서 독자적으로 발간하고 있으며, 8개국어(몽골, 영어, 중국어, 베트남어, 터키어, 캄보디아어, 러시아어, 키르끼즈스탄어)로 공급하고 있다.

■**빛과소금** - 1985년 4월 1일 창간된 기독교 월간 종합교양지. 창간 당시 발행인은 최순영 장로. 편집인은 하용조 목사. 발행처 두란노서원. 기독교와 관련된 모든 내용을 포괄적으로 다루고 있는

기독교 종합 잡지다.

■**새가정**(- 家庭) - 한국기독교가정생활협회에서 1954년 1월에 창간한 기독교 생활 잡지. 생명을 살리고 평화를 이루는 기독교 가정을 만들어 나가기 위한 취지로 창간되었다. 군부대, 병원, 교도소에서 널리 읽혀 문서선교지로서의 사명도 감당한다. 내용은 5부로 구성되는데, 주변의 감동적인 이야기를 발굴해서 메마른 영혼을 풍요롭게 하고 사회를 따스하게 하는 미담들로 이루어져 있다.

1부 '기독교 가정의 생각'에서는 특집에 맞는 세 편의 글이, 2부 '하나님의 뜻을 따라'에서는 기도와 성경 묵상, 3부 '주 안에서 마음과 마음을 모아'에서는 교회, 학교, 인물, 지역 소개 등 취재 글이, 4부 '가정에서 가정으로'에서는 만화, 영화, 책 등이, 5부 '새가정과 더불어'에서는 독자 편지 등이 소개된다. 서울시 종로구 대학로 19 (연지동) 한국기독교회관 807호에 주소를 두고 있다.

■**새벗** - 1952년 1월 1일 대한기독교서회가 피난지 부산에서 창간한 국판 70페이지의 어린이 교양 잡지. 1959년에는 150페이지까지 지면을 늘였다. 처참한 전쟁으로 고생하는 어린이들에게 무엇인가 소망을 주려는 동기에서 창간되었다고 한다. 이런 창간 정신에 맞게 「새벗」은 사랑과 희망을 전해주고 용기있는 삶을 살 수 있도록 하는 데 기본 취지를 두고 있다. 주로 어린이들이 읽을 만한 책이 전무한 상황에서 동요·동시·동화 등 문예작품과 교양·오락·학습 등 읽을거리를 제공하여 어린이의 정서 순화에 크게 기여하고 있다.

초기에는 아동문학가 등 문인들이 집필진으로 많이 참여하였다. 1967년에는 4×6배판으로 판형을 바꾸고 면수도 220페이지로 늘였다. 그러다 1968년 11월호부터 한국 잡지사상 최초로 3×6배판으로 바꾸고, 오락 위주에서 벗어나 순수한 글과 기독교 정신에 입각하여 글을 실었다. 그러나 1971년 재정 적자로 휴간하였고, 1978년 12월 '꿈과 슬기를 키워주는 어린이 교양지'라는 표어를 내걸고 속간했으나 만화와 흥미 본위에 길들여진 어린이들에게 좋은 반응을 얻지 못했다. 그러다 1981년 12월 성서교재간행사(성서원)에서 인수하여 2000년 9월호로 지령 500호를 내고 현재에 이르고 있다. 1990년 이후 컴퓨터의 등장으로 국내 유수의 어린이 잡지들이 모두 폐간되는 현실 속에서도 명맥을 유지하며 '선교'와 '어린이 사랑'이라는 간행 취지를 이어 나가고 있다.

■**생명의삶**(生命 -) - 1985년 4월 두란노출판사에서 「빛과소금」의 부록으로 발간한 성경 묵상 자료집(QT). 말씀 묵상을 통한 개인의 경건 훈련과 소그룹 모임에 도움을 주려는 취지에서 창간되었다. 창간 당시 「생명의양식」이란 제호로 발행되었으나 1987년 11월에 현재의 「생명의삶」으로 바뀌었다.

■**신앙계**(信仰界) - 1967년 2월 5일 전도용으로 교회 소식지 수준에서 창간된 월간지(정가 30원). 당시 발행인은 조용기 목사(여의도순복음교회). 상식으로는 믿을 수 없는 영육의 치유 이적, 주님을 영접하기까지 겪었던 간증들, 불모지에서 복음을 전하는 선교사 이야기, 고단한 삶을 이겨내고 믿음으로 승리한 신앙 경험담, 예수님을 닮고 싶은 사람들의 진솔한 이야기 등 주로 신앙 체험(간증) 중심의 수기들을 많이 다루고 있다. 2012년 2월 창간 45주년을 맞이했다. 현재 서울시 영등포구 국회대로 76길 25 (여의도동)에 주소를 두고 있다.

■**CCC편지**(- 便紙) - 한국대학생선교회(C.C.C.)가 발행하는 50-60페이지 분량의 월간 매거진. 청년·대학생에게 예수에 대한 비전을 갖게 하여 그들을 민족과 세계의 지도자로 키워낸다는 취지에서 창간된 청년·대학생 중심의 전문 잡지다. 1997년부터는 전국의 학원과 군대, 교도소 등 젊은이에게 그리스도를 소개하기 위해 「C.C.C.편지」 보내기 운동을 활발하게 펼치고 있으며, 대학생, 군인, 재소자, 직장인, 화가, 전문인, 주부 등 각계 각층의 사람들에게 큰 호평을 받고 있다.

■**오늘의 양식**(Our Daily Bread) - 1990년 7월에 창간된 소책자 월간지. 하루 7분으로 23시간 53분을 주님과 더불어 풍성하게 살자는 취지에서 김상복 목사가 한국에 소개했다. 한 마디로 '큐티 중심·예수 중심·생활 중심으로 짜여진 믿음의 글 모음'이라 할 수 있다. 미국 RBC(Radio Bible Class) 사역에서 출발하여 현재는 전 세계 20개 국에서 30개 언어로 연간 120만 권이 발행되고 있다. 이메일 서비스, ARS영어방송, 청각장애인을 위한 음성 서비스도 제공하고 있다.

■**월간목회**(月刊牧會) - 1976년 9월 1일 창간된 목회 전문 종합지. 목회 정보를 상호 교환하고 효율적인 목회 자료를 제공하려는 취지에서 발행되었다. 좌담, 세미나 등의 특집과 함께 목회와 신학

에 관한 논설, 설교, 국내외 명설교가 순례, 목회 성공과 실패담 등 실제적인 목회 자료들을 제공하고 있다. 발행처는 신망애출판사이며 서울시 서초구 반포대로 39길 36-15 (반포동)에 소재한다. 발행인은 박종구목사.

■ **크리스챤라이프**(Christian Life) – 1965년 12월에 「크리스챤그라프」란 제호로 창간된 기독교 월간지. 발행인은 이봉구. 발행 이듬해 황성수 박사가 이사장에 취임하였고 70년에 주식회사가 되면서 「크리스챤라이프」로 제호를 변경하였다. 매년 한국교회 전화번호부를 발간하고 있다.

■ **현대종교**(現代宗教) – 1971년 3월 〈대한예수교협의회〉(K.C.C.C)가 「성별」이란 제호로 발행한 기관지. 1981년 〈국제종교문제연구소〉 탁명환 소장이 「성별」 사장 겸 발행인으로 취임하면서 현재의 「현대종교」로 제호를 변경하였다. 현장 중심의 이단 연구, 이단 관련 정보 제공과 이단 문제 네트워크 구성 등 이단 척결을 통해 올바른 삶과 건전한 신앙 정착을 위해 설립된 이단 전문 잡지다.

1994년 2월 탁명환 소장의 죽음으로 아들 탁지원 소장(한국종교문제연구소)이 편집인 겸 발행인으로 취임했다. 2008년 3월 지령 400호를 발간했고, 2010년 탁지일 목사가 고문 겸 편집장에 취임했다. 서울시 중랑구 중랑천로 77 상봉오피스텔 125호에 주소를 두고 있다.

기독고조선감리회(基督教朝鮮監理會) 미감리회와 남감리회가 연합하여 세운 한국 감리교회를 일컫는 말. 1930년 12월 2일 서울 협성신학교 강당에서 소집되어 설립 총회를 개최하였다. 그러나 일제의 탄압은 갈수록 가중되어 1943년 10월에는 〈일본기독교조선감리교단〉으로 명칭을 바꾸고 일본 기독교단에 편입되었다. 이 시기에 많은 교회들은 문을 닫아야 했고 그나마 문을 연 교회도 설교 본문은 사복음서만 사용해야 했으며, 찬송가도 지정된 몇몇 곡을 제외하고는 금지되었다. 그후 1945년 7월 하순에 각 교단을 통폐합하는 조치를 단행하던 중 해방을 맞았고, 해방 후 1949년 4월 29일 총회에서 〈기독교대한감리회〉로 교단 명칭을 변경하였다. → '기독교대한감리회'를 보라.

기독교타임즈(基督教 –, The Christian Times) 1995년에 창간된 기독교대한감리회의 교단지(기관지). → '교계신문'을 보라.

기독교한국루터회(基督教韓國 –, Lutheran Church in Korea) 루터교회는 16세기 마틴 루터(Martin Luther)의 종교개혁에 의해 시작된 교파로서 미주와 유럽에 큰 교세를 형성하고 있다.

1. 전래와 역사 – 1958년 1월 13일 미국 루터교 미주리 의회에서 파송된 미국의 바틀링(L. P. Bartling), 도로우(M. Dorow), 보스(K. Voss) 세 선교사가 입국하여 복음을 전한 것이 한국루터교회의 시작이다. 그해 9월 지원용(池元溶) 박사 부부가 미국에서 귀국하여 세 선교사와 함께 전도 활동을 개시했다. 그러나 초창기에는 교회 설립보다는 초교파적 입장에서 문서 전도와 방송 선교에 주력했다. 그리하여 1959년 11월 6일 국제복음방송 루터란 아워(Lutheran Hour) 첫 방송을 시작하여 큰 반향을 불러 일으켰다.

이듬해 기독교통신강좌와 컨콜디아 출판사를 설립하여 문서선교 사역을 시작했고, 1962년 12월 신학원을 설립했다. 그래서 1965년 3월 첫 목사 안수식을 거행하였고, 여러 곳에서 교회들이 세워지기 시작했다.

이렇게 문서, 방송, 학교를 통해 목회자들이 양성되자 루터교는 교단의 기틀을 마련하고 1971년 2월 한국루터교선교회 제1회 총회를 개최하여 헌법을 제정하고 임원과 실행위원들을 선출하여 교단을 형성하기에 이르렀다. 초대 회장에는 지원용 목사, 부회장에는 바트링이 선출되었다. 그리고 1973년 총회에서 〈한국루터교회〉로 교단 명칭을 개명하였다. 1975년 12월에는 서울시 용산구 도동 2가 86번지에 루터교 센터를 건립하였고, 1979년 〈기독교한국루터교〉로 교단명을 바꾸어 오늘에 이르고 있다. 2011년에는 서울시 송파구 올림픽로 35다길 42 (신천동)에 루터교 회관을 건축했다.

2. 교리 – 루터교는 개혁자 마틴 루터의 개혁 정신에 따라 예수 그리스도를 머리로 하고 신구약 성경을 신앙과 생활의 절대 진리와 규범으로 믿는 교회이다. 또 세계적 보편 신조인 아타나시우스신조·사도신조·니케아신조를 제2의 규범으로 삼고 있다. 루터교회의 신앙 특징은 루터교회의 신앙고백이라 할 수 있는 아우구스부르크 신앙고백서, 쉬말칼덴신조, 소교리문답서·대교리문답서 등에 잘 나타나고 있다.

3. 조직 – 총회는 의회제를 채택하고 있으며, 임원으로는 총회장과 부총회장, 서기, 회계가 있다.
4. 산하 기관 – 루터란 아워·컨콜디아 출판사·기독교 통신강좌·사회사업부·베델성서연구원 등이 있다. 교육기관은 루터신학대학교(경기도 용인시 기흥구 금화로 82번길, 1981년 개교).
5. 교세 – 2009년 현재 42개 교회와 5,000여 명의 교인, 36명의 교역자가 있다.

기독교한국침례회(基督敎韓國浸禮會, **The Korea Baptist Convention**) 침례를 주장하는 침례파(浸禮派)의 대표적 교단. 약자는 '기침.'
1. 전래와 역사 – 1889년 12월 8일 캐나다에서 온 독립 선교사 말콤 펜윅(Malcom C. Fenwick)의 전도로 시작되었다. 이 즈음 미국 클러랜던(Clarendon) 침례교회의 엘라 싱(Ella Thing) 기념선교회로부터 폴링(E.C. Pouling) 목사, F.W. 스테드먼 교사 부부, 매킬 여사 등 4명이 파송되어 공주, 칠산, 강경에 최초의 침례교회를 세웠다.
1901년 원산을 중심으로 활동하던 펜윅 선교사는 엘라 싱 선교회의 선교 지역인 충청도와 전라북도를 인수받아 충청도와 전라도 북부, 경상도 북부 지역에 31개의 침례교회를 설립하였다.
펜윅은 효과적인 선교 사역을 위하여 1906년 10월 6일 강경교회에 전 사역자를 소집하여 제1회 대화회(大和會, 총회)를 열고 46개 조로 된 교구를 만들고 〈대한기독교〉를 조직했다. 이때 원산, 강경, 공주, 영동 등 구역을 설정하고 지도자를 세워 교세를 확장했다. 아울러 그 해 한태영 외 4인을 함경도와 간도로 파송하여 선교에 박차를 가했다.
1921년 일제가 '대한'이란 호칭을 금하자 16회 대화회에서 〈동아기독교회〉로 교단명을 바꾸고 북방 선교로 방향을 선회해 만주, 시베리아, 간도 등에 많은 선교사와 순회 전도자를 파송했다. 그러나 이 시기에 일제의 탄압으로 학교가 폐교되고 신사참배 반대 등으로 많은 순교자가 속출하였다.
특이하게도 침례 교단은 만주 선교 중에 몽고 토족들과 조선 독립군들에게 일제 정탐꾼으로 오해받거나 공산당들의 습격에 의해 순교한 전도자가 많았는데, 1925년에는 10여 명이 순교했다는 기록이 있다. 1941년에는 이종근 감목 등 32명의 교역자가 투옥되고 교단의 모든 성경과 재산이 압류되는 '원산 32인 사건'이 일어났다. 그러다 1944년 5월 10일 일제가 교단을 해체되는 비운을 맞았다. 당시 한반도와 만주, 간도에 26개 구역(현 지방회), 400여 개 침례교회가 있었던 것으로 전해진다.
그 후 해방과 더불어 교단 재건에 나서 남한에 6개 구역 42개 교회가 설립되었고, 1949년에 다시 〈대한기독교침례회〉라는 이름을 되찾았다. 1950년에는 미국 남침례회 선교사 J.A. 애버내티 부부가 내한해 활기를 띠기 시작했다. 1952년에는 〈대한기독교침례회연맹총회〉로 명칭을 변경했다. 그러나 1959년 제49회 대화회에서 총회 전도부장이던 안대벽 목사와 부인회장이던 이순도 부부 불신임사건이 확대되어 〈대한기독교침례회연맹총회〉와 〈기독교대한침례회연맹총회〉로 분립되었다.
그 후 1964년 분열된 두 교단이 재통합하여 〈한국침례회연맹〉을 발족시켰고, 1976년 제66회 총회에서 현재의 〈기독교한국침례회〉로 개칭하였다. 1982년에는 서울시 동자동의 침례회 본부를 반세기 만에 서울시 구로구 경인로 75 (오류동)로 이전했다. 2000년 1월 호주에서 개최된 침례교세계대회에서 김장환 목사(수원중앙침례교회 원로목사)가 침례교세계연맹(BWA) 총재로 선출된 바 있다.
2. 교리 – ① 교회는 예수 그리스도께서 창설하였고 친히 머리가 되시며 그 입법자이시다. ② 교회의 의식은 '침례'와 '성찬' 두 가지인데, 그것은 상징적 기념일 뿐 구원의 조건은 아니다. ③ 교회의 직분은 목사와 집사로 이들은 교회를 섬기는 이들이다. ④ 교회의 정치는 민주정치로서 행정만 할 뿐 입법은 하지 않는다. ⑤ 교회 회원의 의무는 신앙고백으로 침례를 받고 성서의 모든 명령에 순종하는 것이다. ⑥ 교회와 국가는 상호분리되어 있다(정교 분리 원칙). ⑦ 신앙의 자유는 절대적이다.
3. 교단 조직 – 총회·지방회·개교회로 구분되며, 총회 임원으로는 총회장, 제1부총회장, 제2부총회장, 총무가 있고, 전국에 122개 지방회가 있다.
4. 산하 기관 – 침례병원, 교회진흥원(침례회출판사), 침례신학대학교, 침례신문(교단 기관지)을 비롯하여 국내선교회, 해외선교회, 군경특수선교회, 교역자복지회, 전국남선교연합회, 전국여선교연합회, 미국남침례교한국선교회 등이 있다.
5. 교세 – 2,833개 교회에 5,533명(목사 3,872명, 전도사 1661)의 교역자들이 사역하고 있다.

기독교환경운동연대(基督敎環境運動連帶)

1981년 한국교회사회선교협의회가 공해 문제에 대처하기 위해 〈한국공해문제연구소〉를 설립한 것이 시작이다. 환경교육, 생태기행, 창조보존 캠페인, 녹색살림터 가꾸기, 환경주일지키기, 생명밥상운동 등을 주요 사업으로 한다. 1984년부터 6월 첫 주일을 환경주일로 지킨다. 주로 목사와 장로, 신학교 교수 등이 회원으로 있다. 서울시 종로구 통일로 176 (교남동) 2층에 소재한다.

기독여성단체(基督女性團體)

■기독여민회(基督女民會, **Korea Association of Christian Women for Women Minjung**) - 예수를 따르는 기독여성들이 연합하여 여성을 비롯한 소외받는 자들의 해방과 대안적인 삶을 모색하고 여성주의적 문화창출을 목적으로 1986년에 결성된 단체. 서울 영등포구 국회대로 55길 6 (영등포동 7가) 여성미래센터 404호.

■대한기독교여자절제회(大韓基督敎女子節制會, **Woman's Christian Temperance Union**) - 복음 전도를 통해 술과 담배, 마약의 해독을 일깨우고, 여성과 어린이 인권 향상과 교육에 힘쓸 목적으로 1923년에 설립된 단체. 일제 시대에는 금주·금연 운동과 여성 교육에, 해방 후 20여 년간은 축첩 반대 운동, 출소자 여성 재활에 힘썼다. 그 후 20여 년간 무작정 상경하는 처녀들을 계도하여 직업 교육을 실시했다. 이후로는 결손가정 청소년 장학사업, 맞벌이 부부를 위한 탁아 사업, 대학생을 상대로 금주·금연 계몽운동을 벌이고 있다. 1883년 프랜시스 윌라드(*Miss Francis Willard*)에 의해 설립된 국제기구로서 3년마다 세계대회를 갖는다. 사무실은 서울시 용산구 후암로 57길 57 (동자동)에 소재한다.

■대한YWCA연합회(大韓 - 聯合會, **Young Women's Christian Association of Korea**) - 예수의 사랑과 실천, 정의·평화·창조 질서의 확산을 목적으로 설립된 기독교 여성 단체. 1922년 4월 20일 김활란(金活蘭), 김필례(金弼禮), 유각경(俞珏卿) 등이 조직한 〈조선여자기독교청년회〉(조선YWCA)가 시초다. 1924년 8월 25일 세계 YWCA에 가입했다. 계몽운동, 여성운동, 환경운동, 복지운동, 평화 운동 등을 주요 사업으로 펼치며, 2011년 기준 56개 지역YWCA에서 9만여 회원이 활동한다. 2009년에 〈대한YWCA연합회〉로 명칭을 변경했다. 사무실은 서울시 중구 명동길 73 (명동 1가)에 소재한다.

■장미회(薔薇會, **Rose Club Korea**) - 박애 정신에 기반을 두고 뇌전증인의 치료 및 복지 활동을 목적으로 설립된 단체. 가시를 가진 장미도 아름다운 꽃을 피우듯이 육체의 가시를 가진 뇌전증인도 건강한 사회인으로 복귀할 수 있다는 의미에서 지어진 이름이다. 1965년 미국 로빈슨 선교사와 유재춘 목사가 시작하여 1974년 사단법인 설립허가를 받았다. 사무실은 서울시 종로구 자하문로 276 (부암동) 부원빌딩 301-303호에 소재한다.

■한국교회여성연합회(韓國敎會女性聯合會, **Korea Church Women United**) - 에큐메니칼 정신을 구현하는 교회 여성들이 화해와 일치의 연합 정신을 구현하고, 민족의 아픔을 치유하는 사회적 선교 활동과 교회갱신 운동 그리고 국제적 연대 활동을 하는 초교파 연합체. 회원 교단으로는 기독교대한감리회여선교회전국연합회, 대한성공회전국어머니회연합회, 기독교한국루터회여선교회연합회, 대한예수교장로회여전도회전국연합회(통합), 기독교대한복음교회여선교회전국연합회, 한국기독교장로회여신도회전국연합회가 있다. 서울시 종로구 대학로 19 (연지동) 한국기독교연합회관 1110호에 위치한다.

■한국여신학자협의회(韓國女神學者協議會, **Korea Association of Women Theologians**) - 여성신학을 소개하고, 여목회자를 지원하며, 교회 여성 지도자 육성을 통해 성차별적인 교회 제도를 개혁하고 남녀가 평등한 공동체 구현을 위해 1980년에 설립되었다. 사무실은 서울 영등포구 국회대로 55길 6 (영등포동 7가) 여성미래센터 301호에 소재한다.

기쁜소식선교회(- 宣敎會)

대표자는 박옥수. 1981년 이후 '대한예수교침례회'로 활동한다. 현재는 〈기쁜소식선교회〉를 공식 명칭으로 사용하며 서울 서초구 양재동 소재 〈기쁜소식강남교회〉에 주소지를 두고 있다. 기독교 주요 교단에서는 '구원파'로 알려져 있다(대한예수교장로회통합, 대한예수교장로회합동). 박옥수는 1944년 경북 선산에서 출생해 1960년대에 네덜란드 선교사 길기수(*Gase Glass*)를 통해 구원의 확신을 얻었다. 그는 거듭난 사람은 그 날(구원받은 날, 영적 생일)을 알 수 있다고 하여 이것을 중생의 증거로 중요하게 여겼고, 이는 구원파의 중심 교리로 자리잡았다.

2004년 기준 국내 225개(300여 명의 교역자) 지교회와 해외 70개의 지교회(100여 명의 선교사)를 두고 있는 것으로 알려져 있다. 산하에 국제청소년연합(International Youth Federation, IYF)이라는 단체를 설립하여 80여 개 대학에서 무료로 영어를 가르치며 포교 활동을 하고 있다(대한예수교장로회 2008년 제93회 총회보고서 인용). → '구원파'를 보라.

기역(ㄱ)자 예배당

건물이 'ㄱ'자(字) 형태를 이루고 있는 예배당. 남녀가 유별했던 유교적 인습을 반영한 한국 초기 교회의 건축 양식으로 지어진 교회다. 남녀가 얼굴을 마주 대할 수 없었던 당시 사회 풍습에 따라 ㄱ자 형태의 교회 건물을 건축하여 꺾이는 중간 부분에 강대상을 두고 출입문을 따로 하여 남녀 예배실을 별도로 마련하였다. 평양의 장대현교회, 서울 새문안교회, 전주 서문교회, 춘천 중앙교회가 대표적이다. ㄱ자 예배당 이전에는 예배당 가운데 아예 휘장을 쳐 남녀 자리를 구분하기도 했다. 교회 형태가 한국 재래의 고패집(일자로 된 집채에 부엌이나 외양간 따위를 직각으로 이어붙인 집)을 닮았다 하여 '고패집 예배당'이라고도 불렀다. → [3. 행정 및 교육 용어] '예배당'을 보라.

길선주(吉善宙) 우리나라 장로교 최초의 7인 목사 가운데 한 사람. 3.1운동 민족 대표 33인 중 한 사람. 평안남도 안주 출생(1869-1935년 11월). 호는 영계(靈溪).

1. 약력 – ① 4세 때부터 한문학을 배워 한시에 능숙하였고, 25세까지 선도(仙道)를 배웠으나 실망하였다. 1896년에 중생을 체험하고 1897년 29세 때 세례를 받고, 1898년에 교회의 영수(領袖)가 되었다. 1900년에 2천 명을 수용할 수 있는 평양 장대현교회를 설립하여 다음해 장대현교회 장로가 되었고, 1902년 조사가 되어 평안도와 황해도에서 전도 활동을 벌였다. 1903년 평양신학교에 입학하여 1907년 6명의 동료와 함께 1회로 졸업하여 장대현교회 목사가 되었다.

2. 회심 – 길선주 목사는 19세 때 병을 고치려 용악산에 입산한 뒤 관성교(關聖敎)에 심취하여 주문을 만독하였으나 만족을 얻지 못했다. 다시 선도에 정진했으나 영적 갈증을 해소하지 못했다. 그때 마펫 선교사와 사귀던 친구 김종섭이 길선주에게 기독교 교리 서적을 건네주어 읽던 중 호기심을 가지게 되었고, 갈급함을 느껴 기도하던 중 놀라운 영적 체험을 했다.

아들 길진경 목사(전 NCC총무)가 전하는 길선주 목사의 회심 체험을 소개하면 다음과 같다. "길선주는 '예수가 참 구주인지 알려 주옵소서' 하며 기도했다. 그 말이 채 끝나기도 전에 방 안에 옥피리 소리가 가득하더니 요란한 총소리가 천지를 진동했다. 깜짝 놀라는 순간 공중에서 '길선주야 길선주야 길선주야' 세 번 부르는 소리를 듣고 너무 무섭고 떨려 감히 머리를 들지 못하고 엎드린 자세로 '나를 사랑하시는 아버지여, 내 죄를 사하여 주시고 저를 살려 주소서'라고 기도했다. 그때 비로소 마음이 열리면서 하나님을 아버지라 부르게 되었고 방성대곡이 터져나왔다." 그의 나이 28세인 1896년의 일이었다.

3. 사역 – 길선주 목사는 한국 기독교 사상 최초로 가장 큰 영력을 가진 목회자요 부흥사로서 많은 사람을 개종시키며 많은 교회를 설립하였다. 3년 동안 계속된 그의 부흥운동은 전국으로 번져나갔다. 또 남녀 차별과 불평등을 타파하기 위해 교회당에 설치된 남녀 좌석 사이의 휘장을 철거하였다. 1910년 제4회 독노회에서는 1백만 구령운동을 전개하였고, 1912년 105인 사건 때는 많은 애국지사와 함께 수난을 당하여 장남을 잃는 고통을 겪었다. 그 후 성서연구에 몰두하여 많은 주석서를 남기기도 했다. 한편, 교육 사업에도 힘써 숭실학교(崇實學校)와 숭덕학교(崇德學校)를 설립하였고, 3.1운동 때에는 기독교를 대표하여 33인의 한 사람으로 독립선언서를 공포하여 2년의 옥고를 치르기도 했다. 석방된 뒤로는 전국을 순회하며 부흥집회를 인도했다. 1934년 이후로는 함경도를 비롯한 북간도 등지를 순회하며 복음을 전했다.

4. 말년 – 1935년 8월 평안북도 선천 월곡동교회에서 사경회 도중 뇌일혈로 쓰러져 다소 건강이 회복되었으나 그해 11월 26일 평남 강서군 잉차면 고창교회에서 집회 마지막 날 폐회 축도를 마치고 다시 쓰러져 67세의 나이로 숨을 거두었다.

5. 업적 – 길선주 목사는 40년 목회 동안 2만여 회에 걸쳐 설교했고, 연 380만여 명에게 복음을 전해 7만여 명의 개종자를 얻었으며, 60여 곳에 교회를 설립하고, 3천여 명에게 세례를 베푼 것으로 추정된다. 설교집 「강대보감」(1926년), 「영계 길선주 목사 저작집」(1970년) 등의 저작 다수가 있다.

김익두(金益斗) 장로교 부흥사. 황해도 안악 출생(1874-1950년).

1. 약력 – 1874년 1월 3일 황해도 안악군 대원면 평촌리(坪村里)에서 출생했다. 어려서는 한학을 수학하고 13세에 부친을 여의고 상업에 종사하다가 20세 이후 술에 빠져 방탕한 생활을 하였다. 그러다 27세 되던 1900년 1월에 안악교회에서 서양 선교사 스왈론(W.L. Swallon, 蘇安論)의 '영생'이란 설교에 큰 은혜를 받아 입교하고 같은 해 7월 스왈론에게 세례를 받았다.

2. 사역 – 김익두는 1901년 재령읍교회 전도사로 교역에 첫발을 들여 놓았다. 그해 10월 신천(信川)으로 옮겨 장터와 길거리에서 수모를 겪고 핍박을 받으면서도 전도하여 마침내 세 사람의 구도자를 얻어 교회의 기초를 다졌다. 이 시기에 어느 부호의 800원 헌금으로 예배당을 마련하여 교회를 시작했다. 이것이 신천교회의 시작이다.

그는 교역과 함께 1906년 평양장로회신학교에 입학하였고, 4년 후 3회로 졸업했다. 1920년 예수교장로회 제9회 총회에서 총회장에 피선되었다. 이 즈음에 김익두는 사람을 낫게 하는 신유의 역사를 행하여 많은 교인들이 몰려들었다. 1920년 6월 31일 평양 근교 일곱 교회 연합 집회에서는 6천여 명이 참석하였고, 10월 승동교회에서는 쌀쌀한 날씨에도 불구하고 1만여 명이 마당에 자리를 깔고 앉아 그의 설교를 경청했다.

하지만 이런 이유들로 인해 그는 일본 경찰이나 좌익 계열 모두로부터 고등 무당이라는 비평과 함께 심한 박해와 훼방을 받았다. 그래서 1930년대에 와서 그는 거의 집회를 갖지 않았고, 1940년에는 일본 경찰에 의해 교인들과 함께 강제로 신사참배를 하는 수모를 당해야 했다.

3. 말년 – 그 후 해방과 함께 북한 공산당의 강요와 김일성의 외조부 강양욱 목사의 꾀임에 빠져 기독교도연맹의 총회장이 되는 등 말년에 여러 실책들을 범했다. 1950년 10월 14일 후퇴하는 공산당의 총탄으로 사망했다.

4. 업적 – 김익두 목사는 병을 고치는 은사로 유명했다. 그의 집회에는 늘 수많은 신자들이 운집하였다. 그는 우리나라를 비롯한 만주와 시베리아 지역에서 776회의 부흥회를 인도했고, 2만8천여 회의 설교를 했으며, 150여 개의 교회를 개척했다. 그의 집회에서 병 나음을 얻은 자가 1만여 명에 이르렀고, 그의 설교를 듣고 회개하여 목사가 된 사람이 무려 2백여 명이나 되었다고 한다.

김치선(金致善) 복음주의 설교가. 대한신학교 설립자. 함경남도 흥남 출생(1899-1968년).

1. 약력 – 1922년 함흥 영생중학교, 1927년 연희전문학교 문과를 졸업하였다. 1931년 고배 중앙신학교를 수료하고 그 해 목사 안수를 받았다. 또 1933년에 웨스트민스터신학교에서 석사 학위를, 1936년에는 달라스신학교에서 신학박사 학위를 취득했다.

2. 사역 – 1938년 동경 신주쿠중앙교회를 시무하였고 일제의 교회 탄압 당시 검속되어 옥고를 치르기도 했다. 1944년에 귀국하여 서울 남대문교회에 부임했다. 1948년 남대문교회 안에 야간신학교를 개설했는데 이것이 대한신학교의 모체가 되었다. 1952년에는 창동교회로 부임하면서 장로교 총회신학교 교수로 취임하였다. 1960년 〈대한예수교 성경장로회〉 총회를 조직하고 초대 총회장으로 피선되었다. 1962년 서울중앙교회 목사로 시무하고 1965년에는 대한신학교 명예교장이 되었다.

한편, 김치선 박사는 열렬한 복음주의자로 수많은 금식기도회를 인도하였고 설교 시 우리 겨레를 언급할 때는 늘 눈물을 흘렸다고 한다. 이로 인해 그는 '한국의 예레미야'로 불리기도 했다. 그는 강단에서 설교할 때나 신학교에서 강의할 때나 정오 사이렌이 울리면 하던 것을 멈추고 꼭 기도를 하였다. 그러나 1954년 이후 남대문교회 시절 박태선 장로(전도관 설립. 당시는 집사)와 전도 집회를 가지며 전도관의 모체인 한국예수교신앙부흥협회에 가입하여 교계에 물의를 일으키기도 했다. 그 후 1956년에 박태선을 제명처분하고 대한신학교를 중심으로 후학 양성과 부흥운동에 전념하였다.

김활란(金活蘭) 여성 교육가. 감리교 장로. 인천 태생(1888-1984년). 8세에 이화학당에 입학하

나사렛교회

여 1908년 이화학당 중등과에 진학했고, 재학 중 일본에 유학했다. 귀국 후 1910년 이화학당에 설치된 대학과에 입학하여 1915년 2회로 졸업했다. 그 후 이화학당에서 수학 교수로 재직하며 우리나라 최초의 오르간 연주자로 정동제일교회 오르간을 반주했다. 1913년 최병헌 목사의 아들 최재학과 결혼하여 이때부터 최활란으로 불렸다. 이후 YMCA와 미감리회 여선교회를 중심으로 여성운동과 여성교육에 심혈을 기울였다. 1923년에는 유각경, 홍에스더와 더불어 〈조선기독교여자절제회〉를 창설했다. 1933년 정동제일교회 장로가 되어 교회를 섬기다 1963년 미국으로 이주하여 1984년 플로리다 주에서 별세했다.

나사렛교회(- 敎會, **Church of the Nazarene**) 미국에 본부를 둔 성결교회 계통의 보수주의적 개혁교단.
1. 역사 - 성결교회의 보수주의 운동을 바탕으로 1895년 캔자스시티에서 설립되어 1907년 미국 〈오순절연합교회〉(Association of Pentecostal Church in America)와 연합하였고, 1908년 〈그리스도성결교회〉(Holiness Church of Christ)와 연합하여 세력을 확장했다.
2. 신학 - 성결교회와 마찬가지로 감리교회의 신학 전통을 고수하며, 특히 18세기 웨슬리 신학의 성화 교리를 강조하였다. 즉, 은총에 의한 중생을 첫째 사역으로 보고 성화를 둘째 사역으로 보았다. 그렇기 때문에 나사렛교회는 모든 목회자들이 성화를 체험하도록 요구한다. 그 외에 성경의 영감, 만인 구원, 그리스도의 재림, 죽은 자의 부활, 최후의 심판 등을 믿는다. 한편, 교회 조직은 감리교회의 것을 모델로 하고 있다.
■**한국의 나사렛교회**(韓國 - 敎會) - 한국에는 두 경로를 통해 들어왔다. 하나는, 1936년 성결교회 목사 장승옥(張承玉)이 일본에서 나사렛 교단의 신학을 배워 평양에 첫 나사렛교회를 세운 것이 그것이다. 그런데 이 교단은 일제 말기 일본이 조선의 모든 교파들을 하나로 통합시키면서 자연스레 소멸되었다. 다른 하나는 해방 후인 1948년 성결교회 정남수(鄭南洙) 목사가 미국 나사렛교회 감독 오발니스와 함께 귀국하여 한국 선교를 시작한 것이 그것이다. 이 교단은 1949년에 같은 오순절 계통인 〈하나님의 교회〉와 합동하였으나 1953년에 다시 분리되었다. 그 후 1954년 5월 미국 나사렛교회 선교사 오언즈(Donald D. Owens, 한국명 오은수)가 내한하여 크게 활약했다. 그는 나사렛 대학을 설립하여 교역자를 양성하였다. 현재 〈대한기독교나사렛성결회〉(Korea National District Church of the Nazarene)로 교단이 구성되어 있다.

나사렛파(- 派, **Nazaraei**) 유대교의 한 종파. 같은 이름의 기독교 종파도 있다. 에피파니우스에 의하면 유대교의 나사렛파는 〈나사라이오이〉로, 기독교 나사렛파는 〈나조라이오이〉로 불린다.
① 유대교의 나사렛파 - 유대교의 절기와 안식일, 할례 등은 지켰지만, 모세오경을 위조문서로 취급했고 고기를 먹는 것과 희생제사를 거부했다. 그래서 정통 유대교로부터 이단으로 취급받았다.
② 기독교 나사렛파 - 율법을 지키면서 예수 그리스도를 믿는 초대 유대 기독교인들을 추종하는 집단이다. 이들은 히브리어 구약성경을 사용하며 안식일을 지키고 할례를 행했다. 그들이 예수의 신성과 인성에 대해 어떤 견해를 가졌는지는 분명하지 않으나 지금도 일부가 '붓소'나 남부 바벨론(이라크 남부) 지역에 살고 있다고 전해진다.

낙스(**John Knox**) → '존 낙스'를 보라.

남감리회(南監理會, **South Methodist Episcopal Church**) 1884년 미국 감리교회 분열 때 생긴 교파. 1939년 합동 전까지 미국에서 두 번째 큰 교단이었다.
1. 교단 형성 배경 - 분열의 제일 원인은 노예 문제 때문이었다. 그 당시 교회법에는 노예를 소유하지 못하게 규정하고 있었으나 조지아 주 앤드류 감독이 노예를 소유한 부인과 결혼한 것이 발단이 되었다. 이에 1844년 미국감리회 총회에서 북부 교회들은 이를 문제 삼았고, 반대로 남부 교회들은 노예 제도 폐지는 남부 교회에 타격이 된다 하여 반론을 폈다. 이로 인해 총회는 '남북 분리안'(Plan of Separation)을 가결하였고, 1846년 남부 교회들은 버지니아 주 피터스버그에서 남감리회 총회를 개최함으로써 미국 남감리회가 설립되었다.
2. 경과 - 1808년 감리회 헌법을 기초한 북부 메

인 주의 감독 소울(Joshua Soule)은 남감리회에 가담함으로써 남감리회에 큰 힘을 실어 주었다. 북부 교회는 남감리회의 친선 대표를 받아들이지 않았고, 재산 분할을 거부하는 등 남부 교회에 대한 적대감을 드러냈다. 게다가 남북 전쟁(1861-1865년)에서 양측은 각각 군목을 파송하고 경쟁적으로 교세를 확장하는 등 갈수록 반목이 깊어갔다. 특히 남감리회는 남부 지역에서 서해안과 북서부 지역에까지 교세를 넓혀 나갔다. 그 후 1939년 두 교단이 합동될 때까지 남감리회는 34개 연회와 6,500여 구역, 3백만 명의 교인을 확보하였다.

3. 교단 합동 – 분열로 치닫던 두 교단은 1876년 양측 대표들이 케이프 메이 특별위원회(Cape May Commission)를 구성하고 만장일치로 두 교단이 모두 적법하다는 선언을 함으로써 화해 무드가 조성되었다. 그 후 1939년 4월 26일 캔자스시티에서 합동 총회를 통해 두 교단은 다시 하나로 결합되었다.

4. 한국 선교 – 남감리회는 초창기 한국 선교와도 밀접한 관련이 있다. 당시 개화파이던 윤치호는 이미 중국에서 남감리회 교인이 되었고, 1888년 미국 유학 도중 남감리회 회관에서 한국 선교를 촉구하였다. 이에 화답하여 남감리회는 1895년 중국 주재 선교사 리드(C.F. Reid)를 한국에 파송했다. 그리고 서울과 개성, 춘천과 강원 북부, 원산과 함경남도 남부 지방을 중심으로 선교 활동을 전개하였다. 그리하여 개성에는 송도학교와 남성병원을 설립하고, 원산에서는 의료선교사 하디(R.A. Hardie)가 크게 활약하였다.

또 1897년 조선선교연회를 조직하고 협성신학교 운영에도 큰 도움을 주었다. 1921년에는 만주와 시베리아에 이르기까지 선교 영역을 넓혀 나갔다. 이런 남감리회의 선교에는 이미 한국에 들어온 미국 북감리회 선교부의 협조도 있었다. 이에 남북 감리회의 갈등이 선교에 도움이 되지 않는다는 판단하에 한국에서는 미국 남북 감리회가 통합하여 1930년 〈기독교조선감리회〉(오늘날의 '기독교대한감리회')를 설립하기에 이르렀다. 미국에서 남북 감리회 교단이 합동하기 이전의 일이었다.

남침례회, 남침례회연맹 (南浸禮會聯盟, Southern Baptist Convention)

미국의 초보수적 교단.

1. 설립 배경 – 미국에서는 17세기에 침례회가 전파된 이래 북동부 뉴잉글랜드 지방을 중심으로 지역 협의체 형식을 이루고 있었다. 그러다 뉴잉글랜드에서 일어난 대각성운동의 영향을 받은 스턴즈(Shubal Stearns)의 뛰어난 지도 아래 남부 지방에 수많은 침례교회들이 생겨나게 되었다. 그 결과 1814년 남부의 침례교회들이 선교·교육·청년 사역을 목적으로 총회를 구성하게 되었다. 이것이 최초의 남침례교 총회라 할 수 있다.

하지만 남침례교는 남북 전쟁의 원인이 되었던 노예 문제로 처음부터 어려움을 겪었다. 이 문제를 해결하기 위해 1845년 5월 조지아 주의 오거스타에서 모임을 갖게 되었는데, 여기서 새로운 남침례회가 구성되었다. 하지만 얼마 되지 않아 터진 남북전쟁으로 흑인 침례교회들이 탈퇴하면서 남침례회는 다시 큰 타격을 받게 되었다. 이런 와중에도 남침례회는 철저하게 복음주의와 선교를 고수하면서 복음 사역에 전념한 결과 다시 교세를 회복하였고, 오늘날 미국에서 뿐 아니라 전 세계적으로 가장 영향력 있는 교파로 성장하였다.

2. 교세 – 2011년 현재 42,000개 교회 1,600만 명 이상의 신도를 거느린 미국 최대 교단으로 성장하였고, 단일 교단으로는 로마 가톨릭에 이어 두 번째 큰 교단이다. 세계 153개 국에 5,000명 이상의 선교사를 파송하고 있다.

3. 신앙관 – 처음부터 매우 보수적이었지만 20세기에 와서 더욱 보수화되고 있다. 남침례회는 성경의 무오성을 철저하게 믿으며, 복음주의적 설교와 선교를 중시한다. 또 여성을 목사나 안수집사로 세우지 않으며, 인종에 대한 배타적 성향도 있어 자주 충돌을 야기하기도 한다. 2004년에는 세계침례교연맹(the Baptist World Alliance)이 진보적 성향을 보이자 탈퇴하여 독자 노선을 걷고 있다. 정치적으로 미국 공화당 강경파들을 후원한다.

4. 한국 선교 – 미국 남침례회는 1950년에 중국 주재 선교사 애버나티(John. A. Abernaty, 한국명 '나요한') 부부를 한국에 파송했고, 1954년 남침례회 한국선교(Korea Baptist Mission)를 정식으로 발족했다. 처음에는 전후 구호 사업과 물자 원조 등 사회 선교를 중심으로 활동하다 차츰 순수 전도 사역으로 방향을 전환하였다.

네비게이토선교회(- 宣敎會, **The Navigators**) 국제적인 초교파 선교 단체. 1934년 미국 캘리포니아 주에서 도슨 트로트만(Dawson Trotman)이 미국 해군과 선원 선교를 목적으로 설립하여 '네비게이토'('항해자'란 뜻)란 이름이 붙여졌다. 모토는 "그리스도를 알고 그를 알게 하라"이다. 세계 모든 국가에서 그리스도의 일꾼들을 배가시켜 '땅끝까지 이르러 증인이 되라'는 주님의 지상 명령을 수행하는 것을 근본 목표로 한다. 체계적인 성경 암기와 성경 연구를 통해 1대 1 방식으로 신앙 훈련하는 것을 원칙으로 한다.

2011년 현재 세계 120여 개국에서 그리스도의 일꾼들을 훈련시키고, 모든 족속으로 예수의 제자 삼는 일을 하고 있다. 한국에서는 1966년 9월에 시작되어 1970년대에는 대학 캠퍼스와 직장을 중심으로 확장되었다. 또 1980년대부터 세계 각국으로 선교사를 파송하기 시작했다. 1990년대부터는 전문화된 사역을 펼치고 있다.

네비우스(**Nevius**) 미국의 장로교회 선교사(1829-1893년). 중국명은 예유사(倪維思). 프린스턴 신학교를 졸업하고 미국 장로교 선교부를 통해 1854년 중국 상해에 파송되어 영파, 항주 등지에서 선교하였다. 1860년에 1년간 일본에서 선교한 후 다시 중국 산동을 중심으로 선교하다 지푸에서 사망했다. 그가 제시한 '네비우스 선교 정책'은 초창기 한국 선교의 주요 방법론으로 유명하다. → '네비우스 선교 정책'을 보라.

네비우스 선교 정책(- 宣敎 政策, **Nevius Mission Plan**) 선교 초창기 미국 북장로교회가 한국에서 채택한 선교 정책. 한국 장로교회의 보편적 선교 정책이 되었으며, 타 교파 선교부도 이 정책의 영향을 받아 훗날 한국의 대표적인 선교 정책으로 자리잡았다.

1. 배경 - 선교 초창기 한국에 파송된 10여 명의 미국 북장로회 선교사들은 대부분 해외 선교 경험이 없던 자들이었다. 이들이 한국 선교에 어려움을 겪자 미국 북장로회 선교부는 1890년 6월에 중국 지푸에서 활동하던 네비우스(John L. Nevius)를 서울로 보냈다. 그는 중국에서 활동한 경험을 바탕으로 이미 1855년에 「선교」(Methods of Mission Work)라는 논문을 발표한 바 있어 선교부로부터 인정을 받던 인물이었다. 그리하여 네비우스가 서울에서 2주간 머물며 선교 길잡이로 제시한 내용이 바로 네비우스의 선교 정책이다.

2. 정책 - 네비우스는 선교 정책의 기본을 "자진 전도, 자력 운영, 자주 치리(治理)", 곧 '3자(三自) 이념'에 두었다. 이를 통해 "독립적이고 자립적이며 진취적인 토착 교회를 형성하는 것"이 네비우스 선교의 궁극적 목표였다. 1893년 1월 28일 장로교 선교사 공의회에서는 이 이론을 바탕으로 한국 상황에 맞는 방법론을 '10개 정책'으로 제시했다.

> **용어상식**
>
> ### 네비우스의 10개 선교 정책
>
> ① 노동자 계급에 우선 전도할 것. ② 가정 주부의 개종을 중요시할 것. ③ 지방에 소학교를 세워 기독교 교육을 실시할 것. ④ 한국인 교역자 양성에 힘쓸 것. ⑤ 성경 번역에 힘쓸 것. ⑥ 모든 종교서적은 한글로 출판할 것. ⑦ 자급 자치의 교회를 만들 것. ⑧ 신자는 누구나 전도자가 되게 할 것. ⑨ 의료 선교사는 사랑으로 환자를 감화시킬 것. ⑩ 지방 환자는 고향까지 심방할 것. 이상의 선교 정책은 오늘날에도 꼭 필요한 방법으로 평가받고 있다.

다락방(**the Upper Room**) 미국 연합감리교회에서 발행하는 매일 기도서. → '기독교 잡지'를 보라.

다락방전도협회(- 傳道協會, **the Upper Room Evangelical Association**) 1960년 4월 19일 김활란에 의해 〈금란선교협회〉란 이름으로 설립된 선교 기관. 1964년 〈다락방전도협회〉로 개칭하였다. ① 복음 전도를 통한 한국 구원과 변화 ② 소외된 자 전도 ③ 기독교 지도자 훈련 ④ 한국의 기독교 문화 형성과 복음의 토착화를 목적으로 설립되었다. 주된 사역으로는 ① 농촌전도 ② 특수전도(근로청소년, 불우여성, 공장, 군대, 학원, 해변 전도) ③ 청년 및 대학생 선교 ④ 교육전도(문서전도, 지도자 훈련) ⑤ 의료전도 등이 있다.

대각성운동(大覺醒運動, **The Great Awakening Movement**) 1725-1760년에 미국 동부

13개 식민주에서 일어난 신앙 운동. 1726년 뉴저지의 네덜란드 개혁교회를 중심으로 시작되어 스코틀랜드와 아일랜드 장로교회로 점화되었고, 1740년대에는 뉴잉글랜드 전역으로 확산되었다. 회개의 외적 증거와 내적인 은총 체험을 강조하고, 성경연구와 전도에 주력하였다. 이런 지역적 각성 운동을 하나로 연결시킨 인물이 바로 영국인 복음 전도자 휫필드(George Whitefield)였다. 이 각성 운동의 결과 프린스턴, 펜실베니아, 럿거즈(Rutgers), 브라운, 다트머스(Dartmouth) 대학 등이 설립되어 교육의 발전을 가져오기도 했다.

1740년대 후반에는 미국 남부 지역까지 확대되었으나 이 운동이 너무 감정적으로 흘러 장로교회와 회중교회 사이에 신학적 해석을 달리하게 되고, 성공회와 영국 복음주의 교회들로부터 교회를 분열시킨다는 비판을 받으면서 쇠퇴하였다. 하지만 에드워즈는 저서 「Some Thoughts Concerning the Present Revival」과 논문 「Religious Affection」에서 대각성운동의 유익과 위험성을 분명 구분하고 지적하여 대각성운동의 본질을 잘 정립해 주었다.

■**2차 대각성운동**(二次 大覺醒運動, Second Great Awakening Movement) – 미국에서 1787-1825년에 일어난 국가적 신앙 부흥운동. 뉴잉글랜드의 회중교회에서 시작되어 장로교회, 감리교회, 침례교회 등 미국 전역으로 확산되었다. 미국 동부 지역에서는 대학이 있는 도시들을 중심으로 1차 때와 달리 자제력 있고 질서 있게 전개되었으나, 서부에서는 1차 때와 유사한 감정적 기운이 여전하였다. 2차 대각성운동은 주로 정통 신앙의 확립, 도덕생활 확립, 국가 사랑, 노예 폐지, 선교 등을 강조하였다. 참고로 이 운동에 이어 1875-1914년에 일어난 운동을 '3차 대각성운동'이라 부른다. 아무튼 이런 신앙 부흥운동의 결과 많은 성도와 목회자들이 헌신하게 되었고, 이 여파로 많은 사람들이 해외 선교를 자원하게 되었다. 한국에 온 미국 선교사들 중에도 이 운동의 영향을 받은 자들이 많이 있었다.

대부흥운동(大復興運動, The Great Awakening) 1907년 1월 6일부터 10일간 평양 장대현교회를 중심으로 일어난 신앙 부흥운동. 한국교회의 오순절로 평가된다. 일명 '평양 대부흥운동.'

1. 배경 – ① 성경 번역. 1882년 만주에서 로스 목사의 성경 번역, 일본에서 이수정의 성경 번역, 뒤따라 입국한 선교사들의 성경 번역이 부흥운동의 토대가 되었다. ② 1905년 평양 장대현교회에서 길선주와 박치록 장로에 의해서 시작된 새벽기도회가 신앙 부흥을 준비하는 계기가 되었다. ③ 1890년 서울에서 언더우드 선교사가 시작한 사경회와 1906년 원산에서 하디 선교사의 사경회가 1907년 평양 대부흥회의 도화선이 되었다.

2. 영향 – 이 부흥회가 한국교회에 미친 영향은 다음과 같다. ① 회개 운동. 인간으로 범할 수 있는 모든 죄가 다 고백되었다. ② 선교사와 한국의 교인들 사이에 장벽이 허물어졌다. ③ 전도 운동이 활발해져 100만인 구령 운동으로 이어졌다.

3. 결과 – 한국교회와 성도는 대부흥운동을 통해 배가된 믿음의 힘으로 일제하에서 모진 박해와 수난을 잘 견디고 전진할 수 있었다. 이렇게 본다면 이 모든 것은 한국 교회의 장래를 예견하시는 하나님의 세밀하고도 비상한 섭리였다 할 수 있다.

대성당(大聖堂, Cathedral) 가톨릭교회의 주교좌가 있는 성당. 주교가 거주하는 성당으로 한 교구의 수위 교회. 주교좌는 성당 안 제단의 우편, 찬양대나 복음서를 읽는 독서대 쪽의 돌출된 부분에 있는데, 교구 주교나 고위성직자에게만 허락된다. 참고로, 영어 'cathedral'은 '자리'를 뜻하는 라틴어 'cathedra'에서 유래되었다.

대신대학(大神大學, Tea-Shin College) 대한예수교장로회(대신)의 교단 신학교. 〈대한신학교〉라고도 한다. → '안양대학교'를 보라.

대신대학교(大神大學校, Daeshin University) → '신학교'를 보라.

대주교(大主敎, Archbishop) 로마 가톨릭이나 성공회에서 한 개나 그 이상의 교구(敎區)를 감독하는 주교. 주교보다는 더 고위직이며 권한도 크지만 성직품은 주교와 동일하다. 우리나라에서는 1968년에 김수환(서울대교구), 1973년에 윤공희(광주대교구)가 각각 대주교가 되었다.

대한기독교교육협회(大韓基督敎敎育協會,

Korea Council of Christian Education) 1905년 선교연합공의회에서 주일학교위원회로 발족된 것이 시작이다. 1907년 세계주일학교대회(로마)에 윤치호 선생이 참여했고, 1921년 한국 최초로 전국주일학교 대회도 개최했다. 이 대회의 구체적인 결과로 1922년 11월 1일 '조선주일학교연합회'가 탄생했고 해방 후 1948년 지금의 〈대한기독교교육협회〉로 재출범했다. 현재 11개 가맹교단과 6개 교단의 협력으로 교육연합 사업을 선도하고 있다. 서울특별시 종로구 김상옥로 30 (연지동) 한국기독교연합회관 1603호에 소재한다.

대한기독교나사렛성결회(大韓基督敎 – 聖潔會, Korean Church of the Nazarene) 1948년 정남수(鄭南洙) 목사가 미국에서 귀국하여 미국 나사렛교회 선교부의 협조로 세운 교단. 1949년에 같은 오순절 계통의 〈하나님의 교회〉와 합동했으나 1953년 다시 분리되었다. 1954년 5월 미국 나사렛교회 선교사 오언즈(Donald D. Owens, 한국명 오은수)가 내한하여 서울시 종로구 사직동에 나사렛신학교와 재단법인을 설립하고 본격적으로 교역자들을 양성하는 등 크게 활약했다. 그 후 1955년 8월 30일 서울 영천교회에서 제1회 한국지방회 총회가 개최되어 박기서 목사가 초대 지방회장에 선출되었다.

1970년대에 와서는 지방회장이란 호칭이 '감독'으로 변경되었다. 교리는 웨슬리 신학을 근거하여 15조를 신조로 삼고 있다. 교단본부는 서울시 양천구 목동중앙북로 57 (목동)에 소재하며, 총회 직영 신학교로 충남 천안시 서북구 월봉로 456번지에 나사렛대학교가, 기관지로 〈나사렛신문〉이 있다. 2006년 기준으로 280여 교회가 있다.

대한기독교서회(大韓基督敎書會, Christian Literature Society of Korea) 기독교 문서 선교를 목적으로 설립된 초교파 연합기관. 장로교회와 감리교회 두 교단이 헤론(J. W. Heron), 언더우드(H. G. Underwood), 올링거(F. Ohlinger) 등 선교사들의 도움으로 1890년 6월 25일 〈조선성교서회〉(朝鮮聖敎書會, The Korean Religious Tract Society)란 이름으로 설립하였다. 이어 1892년 한국 최초의 노래집이자 찬송가인 「찬미가」, 1895년 존 번역의 「텬로력뎡」(천로역정)을 발행하였다. 1897년 한국 최초의 한영·영한사전인 「한영자뎐」을 발행하고 〈대한성교서회〉로 이름을 바꾸었다. 1905년에는 계단공과를 발행했고, 1907년 서울시 종로 2가 84-8에 사옥을 마련하고 〈조선예수교서회〉로 개칭하면서 본격적인 문서 사역에 들어갔다. 또 1908년에는 장로교회와 감리교회 공용 「찬송가」를 발간했다. 이리하여 1911년부터 1931년까지는 일반도서 321만 부, 잡지 322만 7천 부, 전도지 2,358만 부를 발행하는 등 왕성하게 활동했으나 1942년 세계대전이 발발하면서 선교사들이 추방되고 서회 재산은 적의 재산으로 간주되어 일본인이 강압적으로 경영하는 등의 간섭으로 문서 발행이 중단되었다. 그뒤 해방과 6.25 전쟁을 거치면서 성경, 찬송, 신학 교재를 발행하며 전문 기독교 출판사로 자리매김하였고, 1987년 서울시 강남구 테헤란로 103길 14 (삼성동)에 제2사옥을 마련하며 현대화된 경영으로 문서 선교에 박차를 가하고 있다. 현재 기독교대한감리회, 대한예수교장로회(통합), 기독교대한성결교회, 한국기독교장로회, 대한성공회, 구세군대한본영, 기독교대한복음교회의 7개 교단으로 재단이 구성되어 있다.

대한성공회(大韓聖公會, The Anglican Church in Korea) 1890년 한국에 파송된 영국 해군 군종 신부 코프(Charles John Corfe, 한국명 '고요한')의 선교로 시작된 교파. 물론 1885년에 이미 영국 성공회 중국 선교사 울프(J. R. Wolf) 신부가 부산 등지에서 2년간 활동한 바 있었다. 이를 계기로 영국의 켄터베리 대주교는 조선 교구 설립을 목적으로 1889년 11월 1일 코프 신부를 주교로 서품하였고, 코프 신부는 1890년 9월 29일 인천항에 도착하여 서울과 경기도, 충청도를 중심으로 선교를 개시하였다.

그 후 영국에서 정식으로 한국선교회(Society of Sacred Mission)를 조직했는데, 처음에는 〈종고선교회〉(宗古宣敎會, Apostolic Holy Church)로 불리다 후에 〈성공회〉(Holy Catholic Church)로 불리게 되었다. 1914년에는 성직자 양성을 위해 강화에 성미가엘신학원(현, 성공회대학교)이 설립되었고, 1915년에는 첫 한국인 신부 김희준이 서품을 받았다. 또 1925년에는 수도자를 위한 성가(聖架)수녀회가 설립되어 오늘에 이르고 있다. 1965년에는 이천환(李天煥) 바오로 신부가 한국인으로는 처음으로 주교 서품을 받았다.
   1. 교리 – 성공회의 특징이자 신앙의 기준은 1888년 전 세계 성공회 주교들이 모인 람베스 회의에서 결의된 4개 조항에 잘 나타나 있다. 그 내용은 다음과 같다. ① 구약과 신약 66권을 하나님의 계시된 말씀으로 받아들인다. ② 초대교회의 신앙고백인 사도신경과 니케아 신경을 통해 신앙을 고백한다. ③ 세례와 성찬례를 그리스도께서 제정하신 성사로 받아들인다. ④ 교회의 직제로 초대교회로부터 내려오는 주교, 사제, 부제의 세 성직을 받아들인다.
   2. 조직과 기관 – 서울교구, 대전교구, 부산교구의 3개 교구 체제로 조직되며, 3개 교구는 각각 교구장 주교를 중심으로 교회발전과 사회복음화를 위하여 노력하고 있다. 또 전국의회는 2년에 한 번씩 열리는 대한성공회의 최고 의결기구이다. 산하에 성공회대학교, 기관지로 〈성공회보〉가 있다.
   3. 교세 – 2009년 기준으로 전국에 100여 개 교회, 약 5만 명의 신자가 있으며 선교교육원을 통한 선교교육과 나눔의 집을 통한 사회선교, 샬롬의집을 통한 이주노동자 사역 등에 열정을 쏟고 있다.
→ '성공회'를 보라.

대한성서공회(大韓聖書公會, **Korea Bible Society**) 성경 출판과 보급을 목적으로 1895년(고종 32년) 영국성서공회의 한국지부로 설립된 연합기관.
   1. 역사 – ① 1882년 스코틀랜드 선교사 로스(J. Ross)와 매킨타이어(J. McIntyre)가 만주 우장(牛莊)에서 청년학자 이응찬(李應贊), 서상륜(徐相崙) 등의 협조로 「누가복음」을 한글로 번역하여 3,000부 인쇄함. ② 1895년(고종 32년) 영국성서공회가 서울에 한국지부를 공식 개설함. ③ 1900년 7월 「신약성서」, 1911년 3월 「구약성서」 번역 출간함. ④ 1937년 「신구약개역성서」 발행. ⑤ 1938년 〈대영성서공회〉가 〈조선성서공회〉로 변경됨. ⑥ 1940년 일제의 탄압으로 활동 중단. ⑦ 1947년 재단법인로 재출발. ⑧ 1949년 6월 21일 〈세계성서공회연합회〉(United Bible Societies, UBS)에 가입. ⑨ 1960년부터 연간 100만 권 출판. ⑩ 1977년 가톨릭과 「공동번역」 발행. ⑪ 1985년 서울특별시 서초구 강남대로 37길 59 (서초동)로 성서회관 이전. ⑫ 1993년 「표준 새번역 성경전서」 간행. ⑬ 1998년 「개역개정판 성경전서」 간행.
   2. 사업 – ① 성서 인쇄와 반포. 국외 수출. ② 국내 미자립교회 및 군, 교도소, 복지시설, 학교, 병원 등에 성서 기증. 2011년 한 해 동안 4,189개의 교회를 포함해 총 4,572개 단체에 9,335,041부의 성서를 기증했다. 그 중 성경전서가 11,841부, 신약전서가 2,763부, 단편성서가 11,407부, 전도지가 9,309,030부이다.
   3. 참여기관 – 대한성서공회는 기독교대한감리회 · 기독교대한성결교회 · 기독교한국침례회 · 대한구세군 · 대한성공회 · 대한예수교장로회(통합, 합동, 고신, 개혁, 대신) · 한국기독교장로회 · 한국루터교 등 12개 교단에서 파송한 재단이사회로 구성되어 있다.

대한예수교장로회(大韓 – 敎長老會) 장로교파의 하나. 성경을 하나님의 절대적인 말씀으로 믿고, 이를 신앙과 행위의 유일한 법칙으로 삼으며, 칼빈주의에 입각한 장로교 교리를 고수하고, 웨스트민스터 신앙고백에 의한 장로회 헌법과 12신조, 대소요리문답 등을 기본 교리로 삼는다.
   장로교단의 시작과 역사를 간략하게 살펴본다. ① 1883년 만주에서 로스 목사에게 복음을 듣고 선교사 매킨타이어에게 세례를 받은 서상륜의 영향으로 〈소래교회〉가 설립됨. 〈의주교회〉가 자생적으로 설립됨. ② 1884년 9월 20일 미국 북장로교 의료선교사 알렌(H. Allen)이 기독교 선교사로는 처음으로 입국하여 전도함. ③ 1887년 〈새문안교회〉, 〈남대문교회〉 설립됨. ④ 1889년 헨리 데이비스와 여동생 메리 데이비스가 내한함으로써 호주 장로교의 선교 시작됨. ⑤ 1892년 언더우드 선교사의 노력으로 미국 남장로교 선교사 레이놀즈, 전킨, 테이트가 파송되어 남장로교의 한국 선교가 시작됨. ⑥ 1893년 선교사들이 〈장로회선교공의회〉를 조직함. 〈숭동교회〉, 〈초량교회〉, 〈부산진교회〉 설립됨. ⑦ 1894년 〈연못골교회〉(연동교회의 전신), 〈행주교회〉, 〈김포읍교회〉, 〈대구남성정교회〉('대구제일교회' 전신) 설립됨. ⑧ 1898년 캐나다 장로회가 공식적으로 한국 선교 시작함. ⑨ 1901년 5월 15일 평양신학교 설립됨. 한국 대표들이 참여하는 〈조선예수교장로회공의회〉가 형성됨. ⑩ 1903년 8월 24-30일 하디 선교사에 의해 원산 부흥운동 일어남. ⑪ 1907년 1월 2-15일 평양 장대

대한예수교장로회

현교회에서 대부흥운동 일어남. 9월 17일 〈조선예수교장로회 대한노회(獨老會)〉 조직됨. 평양신학교 제1회 졸업생 7명이 한국 장로교 최초로 목사 안수 받음. ⑫ 1909년 100만인 구령(救靈) 운동 일어남. ⑬ 1912년 9월 1일 7개 노회가 〈조선예수교장로회〉 총회 조직함. ⑭ 1922년 헌법 제정하여 장로교 신앙 노선과 교리 체계 확립함. ⑮ 1938년 9월 10일 제27회 총회에서 신사참배 결의함. 반대하는 50여 명의 목사들이 순교당하고 평양신학교 폐쇄됨. ⑯ 1943년 일제 강압에 의해 〈일본기독교조선장로교단〉으로 개편되고, 1945년 7월 18일 우리나라 모든 교단이 〈일본기독교조선교단〉으로 통합됨(해방 전까지 장로교 세례교인은 100,002명). ⑰ 광복 후 1947년 총회 재건하고 1949년 4월 22일 〈대한예수교장로회〉로 교단 명칭바꿈. ⑱ 1952년 9월 11일 〈고려신학교〉측이 신사참배 문제로 〈대한예수교장로회 총노회〉를 조직해 분립됨(분립 전까지 세례교인은 250,000명). ⑲ 1953년 6월 10일 신학적 문제로 〈조선신학교〉측이 〈대한기독교장로회(기장)〉를 조직해 분립됨(기장측 세례교인은 16,944명). ⑳ 1959년 9월 28일 〈대한예수교장로회(통합)〉이 WCC(세계교회협의회) 참여와 에큐메니칼에 대한 신학적 이견으로 분립됨. ㉑ 이후 50개가 넘는 교단으로 분열되나 신학적 차이는 거의 없다. 장로교회에 속한 대표적 교단을 살펴본다. → '한국장로교회 계보도(650p)'를 보라.

■계신(啓神, Korean Presbyterian Assembly) – 1958년 마산 문창교회 법정 소송 사건을 계기로 〈고신〉에서 분리되어 이병규 목사를 중심으로 설립된 교단. 1960년 개혁신앙파(전칠홍 목사)와 무의파(無議派, 이병규, 백영희 목사)로 독자적 활동을 벌이다 무의파는 다시 이병규 목사측과 백영희 목사측으로 나누어졌다.

이병규 목사는 1960년 12월 10일 서울 명륜교회에서 공의회를 조직하여 정식 교단으로 출범했다. 1967년 계약고등성경학교, 1969년 계약신학교를 설립하고, 1975년 대한예수교장로회 총노회를 구성했다. 1980년 9월 교단 명칭을 〈대한예수교장로회(계신)〉으로 변경하여 오늘에 이르고 있다. 직영 신학교로 경기도 광주시 초월읍 진새골길 151-30에 〈계약신학대학원대학교〉가 있다.

■고려(The Korea Presbyterian General Assembly) – 정식 교단명은 〈반고소고려〉. 〈고신〉에서 분리되어 1984년 5월에 설립된 교단. 1974년 제24회 고신 총회에서 신자 간에 일반 법정 고소가 가능하다는 결의에 반발한 것이 교단 분열의 직접 원인이다. 이에 고려파는 신자 간의 고소에 반대하여 성경의 진리를 회복하고 옛 고려파의 신앙 정신을 계승한다는 뜻에서 교단명을 〈반고소고려〉라 하고 1976년 3월 9일 경기도 파주시 파평면 파산서원길 66-68에 〈고려신학교〉(교장 석원태목사, 경향교회)를 복교했다. 현재 6개 노회 180여 교회가 있다.

■고신(高神, The General Assembly of Presbyterian Church in Korea) – 1946년 9월 개교한 〈고려신학교〉(현, 고신대학교)를 모체로 하여 형성된 교단. 1907년의 장로교 독노회와 1912년 대한예수교장로회 제1회 총회에 뿌리를 두고 있다. 해방 후 신사참배를 반대한 교회 지도자들을 중심으로 경남노회에서 회개 운동이 벌어졌고, 기성교회 지도자들과 갈등이 표출되어 1951년 제36회 총회에서 분열, 1952년 9월에 교단이 설립되었다. 그 후 1960년 〈합동〉과 통합되었으나 1963년에 원래 교단으로 돌아가면서 교세가 다소 약화되었다. 부산시 영도구 와치로 194 (동삼동) 영도 캠퍼스에 대학본부, 부산시 서구 감천로 262 (암남동) 송도캠퍼스에 의과대학이 있다. 또 중부권으로 교세를 확장하기 위해 충남 천안시 동남구 충절로 535-31 (삼룡동) 천안캠퍼스에 〈고려신학대학원〉을 두고 있다. 2011년 현재 37개 노회 1,741개 교회에서 3,021명의 목사가 사역하고 있으며 50여만 명의 교인이 있다. 기관지는 〈기독교보〉. → '고려파 운동', '고신대학교'를 보라.

■대신(大神, The General Assembly of Presbyterian Church of Korea Daeshin) – 김치선 목사가 설립한 〈대한신학교〉 운영을 위해 1960년 미국 독립장로교 선교부의 지원을 받아 설립된 교단. 1961년 6월 21일 설립 총회를 가졌고, 1969년 제4회 총회에서 〈성경장로회〉 곧 〈성장〉으로, 1972년 4월 〈대신〉으로 교단명을 바꾸었다. 1980년 〈한국장로교협의회〉(한장협), 1989년 〈한국기독교총연합회〉(한기총) 설립 회원교단이 되었다. 산하에 〈대한신학대학원대학교〉(1998년 3월 개교)와 〈안양대학교〉가 있다. 현재 국내 41개 노회·해외 5개 노회와 산하에 2,239개 교회가 있다. 또 55개국에 241가정 469명의 선교사를 파송

하고 있다. 총회 사무실은 경기도 안양시 만안구 삼덕로 37번길 22 (안양동)에 소재하며, 기관지는 〈한국교회공보〉다. → '안양대학교'를 보라.

■백석(白石) - 1978년 9월 장종현 목사에 의해 〈복음총회〉란 이름으로 설립된 교단. 이듬해 1979년 〈합동〉 제64회 총회시 이탈한 비주류 다수가 가입했다. 1980년 5월 16일 서울특별시 동자동의 〈대한복음신학교〉와 교단본부를 방배동으로 이전하고 9월에 〈합동진리〉로 교단명을 변경했다. 1981년 12월 29일에 1년 전 〈은혜〉측과 합동한 〈연합〉과 교단을 합동하고 1982년 12월 27일 〈합동정통〉으로 교단 명칭을 다시 변경했다. 2009년 9월에 〈백석〉으로 교단명을 변경하여 오늘에 이르고 있다. 천안시 동남구 문암로 76 (안서동)에 〈백석대학〉과 〈백석대학원〉이, 서울특별시 서초구 방배로 9길 23에 〈백석대학원〉 서울캠퍼스가 있다. 현재 62개 노회 3,118개 교회에서 5,321명의 교역자들이 사역하며 870,583명의 교인이 있다. 또 46개국에 268가정 373명의 선교사를 파송하고 있다. 교단본부는 서울시 서초구 방배로 28 (방배동)에 소재하며, 기관지는 〈기독교연합신문〉이다.

■통합(統合, The Presbyterian Church of Korea) - 1959년 제44회 총회에서 합동과 분열하여 1960년 2월 새문안교회에서 설립된 교단 에큐메니칼을 지지하고 세계교회협의회(World Council of Churches, WCC)와 유대 강화를 주장한 것이 분열 원인이다. 2011년 12월 현재 64개 노회 8,305개 교회에서 16,257명의 목회자(전체 교역자는 23,632명)가 사역하며, 2,852,125명의 교인이 있다(유아세례 포함). 직영신학교로는 서울시 광진구 광장로 5길 25-1에 〈장로회신학대학교〉와 6개 지방신학교가 있다. 또 80개 국가에 686가정 1,306명의 선교사를 파송하고 있다. 본부는 서울시 종로구 대학로 3길 29 (연지동) 한국교회100주년기념관에 있으며, 기관지는 〈한국기독공보〉다.

■합동(合同, The General Assembly of Presbyterian Church in Korea) - 1901년 시작된 〈조선예수교장로회공의회〉를 모체로 1912년 설립되어 한국을 대표하는 최대 교단. 1959년 제44회 총회에서 에큐메니칼 반대와 세계교회협의회와 결별을 주장하며 〈통합〉과 분열되었다. 1960년 고려파와 합쳤다고 하여 〈합동〉이라 불린다. 그러나 1962년 호헌파와, 1963년 다시 고려파와 분열했다. 2011년 12월 현재 136개 노회 11,456교회에서 19,268명의 목회자(전체 교역자는 29,424명)가 사역하며 2,953,116명의 교인이 있다. 또 100개국에 1,181가정 2,151명의 선교사를 파송하고 있다. 교단본부는 서울특별시 강남구 영동대로 330 (대치동). 직영신학교는 서울시 동작구 사당로 143에 〈총신대학교〉, 경기도 용인시 처인구 양지면 학촌로 110에 〈총신신학대학원〉, 11개 인준신학교가 있다. 기관지는 〈기독신문〉.

■합신(合神, The Korean Presbyterian Church) - 1981년 예장합동에서 분리되어 9월 22일 남서울교회에서 제66회 총회로 설립된 교단. "바른 신학, 바른 교회, 바른 생활"을 주요 모토로 한다. 초기에는 〈개혁〉으로 호칭했으나 유사한 교단이 많아 1998년 9월 이후 〈대한예수장로회(합신)〉이란 교단명을 사용한다. 직영신학교는 〈합동신학대학원대학교〉(경기도 수원시 영통구 광교중앙로 50), 기관지는 〈기독교개혁신보〉. 2011년 현재 21개 노회 872교회에서 1,842명의 목사를 포함한 2,478명의 교역자가 사역하며 153,361명의 교인이 있다. 또 32개국에 106가정 207명의 선교사를 파송하고 있다. 본부는 서울시 종로구 김상옥로 30 (연지동) 기독교연합회관 1601호.

대한예수교침례회(大韓 - 敎浸禮會) 대표자는 이요한(본명 이복칠). 기독교 주요 교단에서는 '구원파'의 일파로 본다. 〈기쁜소식선교회〉도 같은 교단 명칭을 사용한다.

이요한은 구원파 초창기인 1960년대 중반부터 〈기독교복음침례회〉 창시자인 권신찬과 합류하여 활동하다 1971년 권신찬에게 목사 안수를 받고 목포에서 〈평신도 복음 전도회〉라는 간판을 걸고 활동했다. 그러다 1974년 말, 구원파는 부도 위기에 놓인 삼우트레이딩사를 매입하였고, 권신찬의 사위인 유병언 주도하에 헌금으로 기업 확장을 꾀했다. 이로 인해 1983년에 교회 헌금을 사업에 전용하는 것을 문제삼아 기독교복음침례회(서울시 용산구 삼각지 소재 서울교회당)를 이탈하여 서울특별시 서초구 방배동 239-1 삼원빌딩 4층에 〈대한예수교침례회〉를 설립했다. 그뒤 1995년 경기도 안양시 동안구 관양동 1509번지 1천여 평 대지에 서울중앙교회를 건축하였다. 지난 1997년경에는 이요한 파에 속해 있던 12개 교회가 〈대한그리스

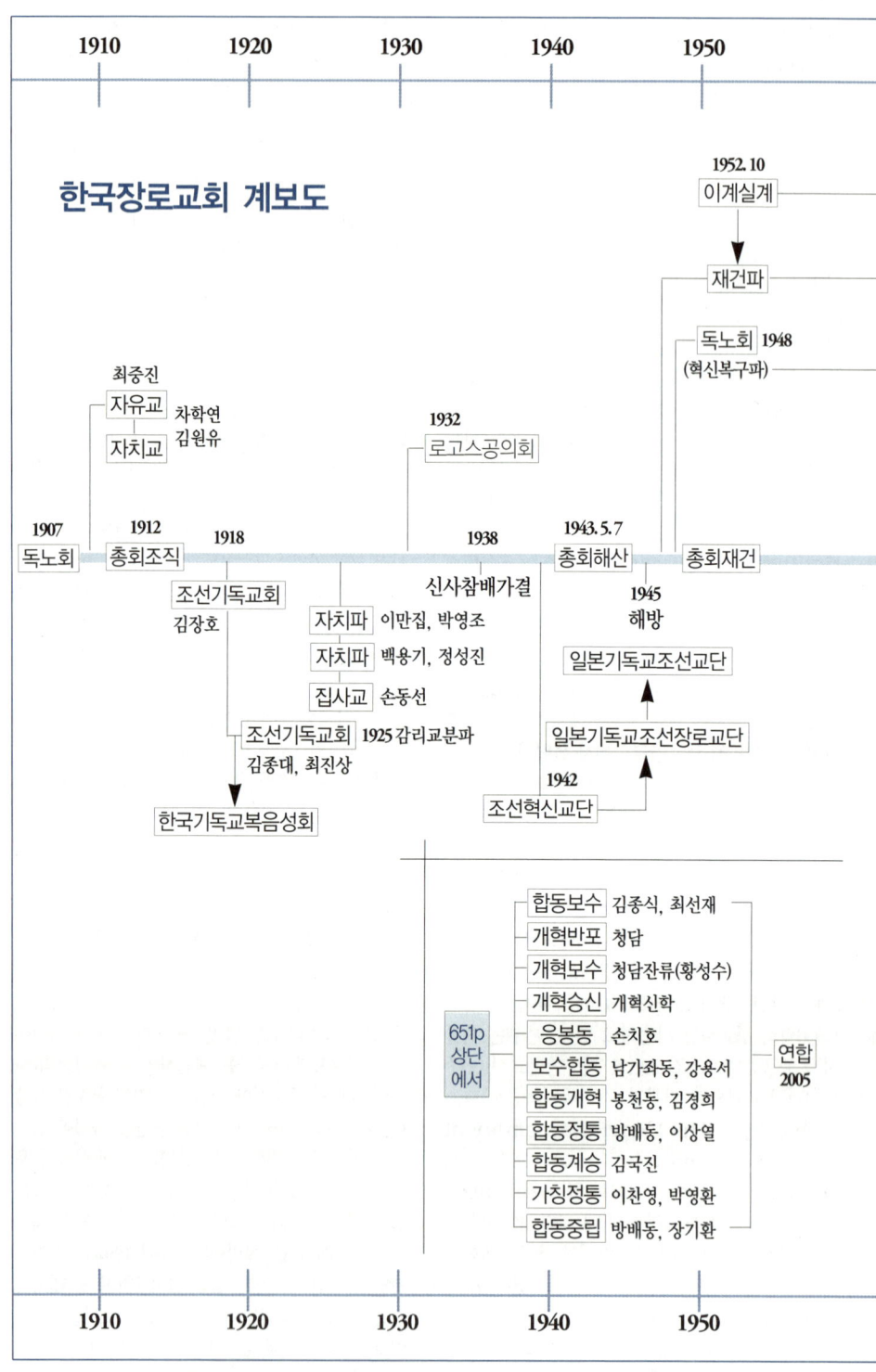

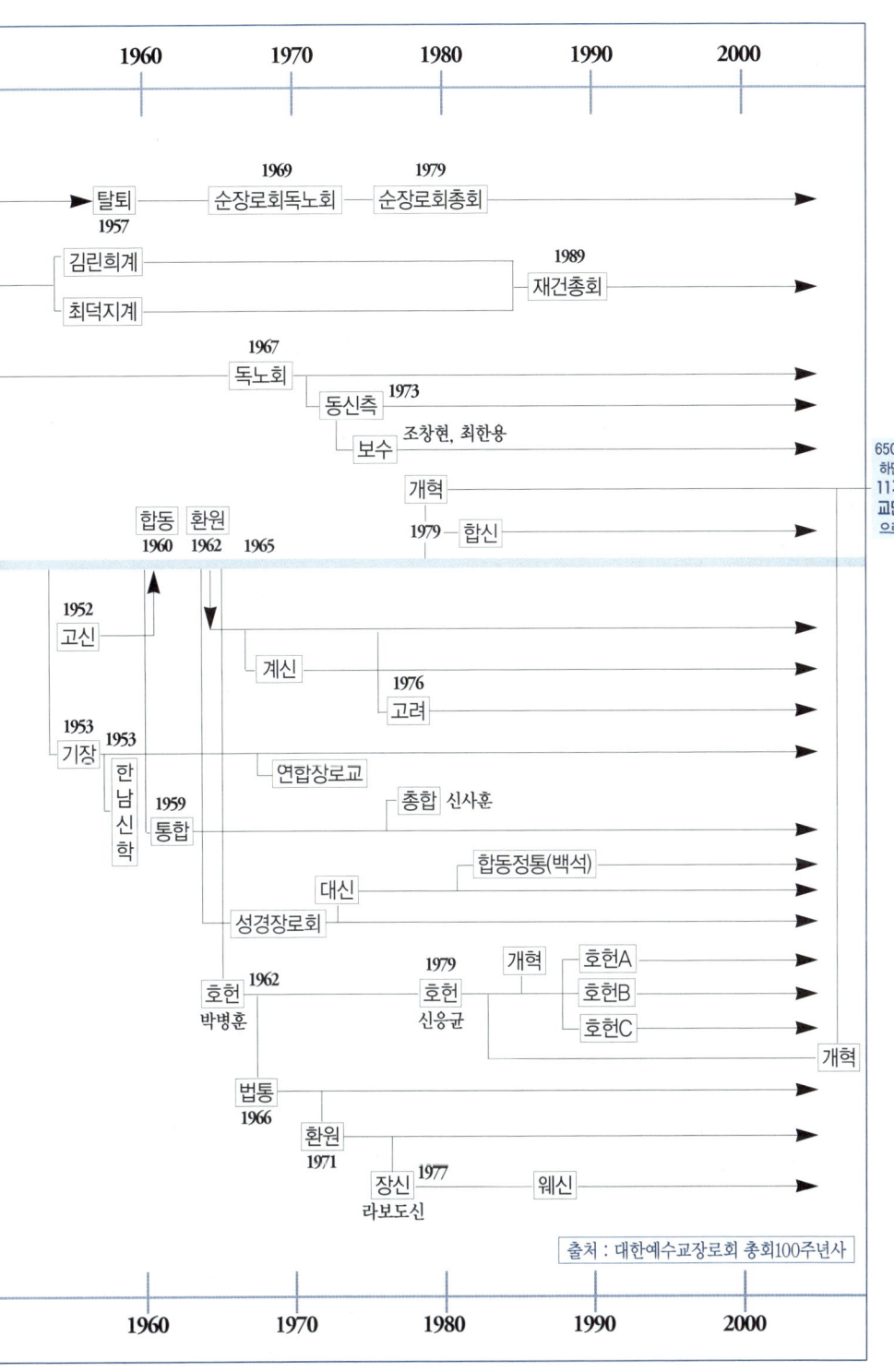

도복음교회)로 분리돼 나왔다. 2007년 기준 141개 교회, 해외 80여 교회, 45,000여 명의 신도가 있는 것으로 추정된다(자료 출처 : 대한예수교장로회합동 제93회 총회연구보고서). → '구원파'를 보라.

도덕재무장운동(道德再武裝運動, **Moral Rearmament, MRA**) 기독교 정신에 바탕을 둔 윤리적 평화운동. 1차 세계대전 후 미국 루터교 목사 프랭크 부크먼(Frank N. D. Buchman, 1878-1961년)이 제창했다. 1926년 〈옥스퍼드 그룹 운동〉(Oxford Movement)이라는 학생 전도 운동에서 출발하여 1938년 〈도덕재무장운동〉으로 명칭을 변경하면서 점차 사회 변화 운동으로 발전하였다. 주로 생활의 변화를 통한 세계의 변화를 지향하며 4대 도덕 표준인 '순결', '무사'(無私), '진실', '사랑'으로 도덕적 재생을 실천하는 데 목적이 있다. 우리나라에는 1940년경에 책자로 소개되다 1947년 변홍규 목사가 스위스 코(Caux)에서 개최된 MRA세계대회에 참가하면서부터 본격적으로 전개되었다. 또 1965년과 1966년에 서울에서 MRA 세계대회와 아시아대회를 가지면서 기독교와 상관없이 많은 사람이 참여하고 있다. 특히 중·고·대학교에서 MRA를 조직하여 청소년 문제에 많은 관심을 기울이며, 교도소·소년원·고아원·양로원 방문 등의 사업을 펼치고 있다. 한국 본부는 서울특별시 동작구 신대방동에 있다.

도르트 교회회의(- 敎會會議, **Synod of Dort**) 1618-1619년 네덜란드 도르트(도르트레히트)에서 개최된 종교회의. 여기서 네덜란드 개혁교회 표준교리 중 하나인 '도르트 신조'가 작성됐다. 즉, 1610년 네덜란드 신학교수 알미니우스(Jacob Arminius, 1516-1609년)의 제자들은 무조건적 예정론(불가항력적 은총)에 반대하는 항변서(Remonstrance)를 발표했다. 이에 철저한 칼빈주의자 고마루스(Gomarus)는 반항변서(Counter Remonstrance)를 발표하면서 양측간에 논쟁이 벌어졌다. 이때 네덜란드는 내란까지 발생했고 전세는 정통파에게 유리하게 전개되었다. 이 와중에 1618년 11월 13일 도르트 교회회의가 소집되었다. 이 역사적인 회의에는 84명의 총대 회원들과 18명의 행정원들, 독일·스위스·영국 등지에서 온 27명의 대표 등 모두 129명이 참여하여 1619년 5월 9일까지 약 7개월 동안 진행되면서 정식 회의만 154차례나 소집되었다. 여기서 정통파는 알미니우스파가 제기한 5개 조항이 성경과 맞지 않음을 발견하고 이를 모두 거부하였다. 그리고 5개 조항에 대한 정통파(칼빈주의)의 입장을 정리하였다. 이것이 오늘날 우리에게 튜립(TULIP, 5대 교리의 첫 글자를 딴 말)이란 약자(略字)로 알려진 칼빈주의 5대 교리'다. →[2. 교리 및 신앙 용어] '칼빈주의 5대 교리'를 보라.

> **용어상식**
>
> **칼빈주의 5대 교리(TULIP)**
>
> ① 인간의 전적 부패(Total depravity)
> ② 무조건적 선택(Unconditional election)
> ③ 제한 속죄(Limited atonement)
> ④ 불가항력적 은혜(Irresistible grace)
> ⑤ 성도의 궁극적 구원(Perseverance of the Saints)

도르트 신조(- 信條, **Canon of Dort**) '도르트레히트 신조'(Dordrecht Confession of Faith)라고도 한다. →[2. 교리 및 신앙 용어] '도르트 신조'를 보라.

도마교(- 敎, **Christians of Saint Thomas**) 인도 서남 해안 케랄라 주에 거주하는 4개 주요 기독교 집단을 일컫는 말. 예수님의 제자인 사도 도마가 전파한 것으로 알려지는데, 시리아-말라바르, 시리아-말랑카라, 시리아정교회, 성도마교회가 여기 속한다. '말라바르'(Malabar) 기독교인이라고도 불린다.

6세기 전에 인도 남부에 존재했으며, 9세기에 갈대아 전례를 사용하는 시리아 교인들이 대거 유입되어 바빌로니아(바그다드) 총대주교와 우호 관계를 유지했다. 16세기에는 포르투갈의 가톨릭 선교사들이 들어와 17세기 이후로는 116개의 도마교 공동체 중 84개 교회가 가톨릭교회에 흡수되었고, 나머지가 야코부스파 시리아정교회에 남아 있다.

도시산업선교(都市産業宣敎, **Industrial Mission**) 현대 산업사회 구조에 맞게 인간의 평등·자유·분배 정의를 목적으로 한 목회 형태를 일컫는 말. 개인 구원(영혼 구원)과 함께 사회 구원(육의 구원)을 기치로 내거는데, 방법에 있어 두 가지 형태가 있다. 하나는 사회주의 이론에 입각한 목회 형태이고, 다른 하나는 정반대로 모든 교권, 계급, 단체를 거부하고 무교회·무정부를 지향하는 형태가 있다.

19세기 말에 시작된 초기 산업선교의 형태를 보면 독일에서는 목사가 5년간 해마다 6개월씩 직접 시멘트 공장에 들어가 노동자로 일하며 산업에 종사하는 노동자들을 훈련시켰고, 1939년 프랑스 신부들은 신분을 감추고 노동자로 일하는 방식을 택했다. 반면 영국의 목사들은 목사의 신분으로 공장에서 노동자들을 가르쳤다. 이런 다양한 과정을 거치면서 '산업선교'는 1948년 암스테르담에서 개최된 제1회 세계교회협의회(WCC)와 미국기독교회협의회(NCCC)에서 명문화되었다.

■**한국의 도시산업선교**(韓國 - 都市産業宣敎) - 우리나라에서는 1960-70년대에 산업화의 물결과 함께 도시산업선교가 대두되었다. 그러나 도시산업선교는 용공(容共) 시비를 낳았고 YH사건에서 나타났듯이 많은 물의를 빚기도 했다. 하지만 도시산업선교는 선교의 대상이 누구인지, 이들에게 어떻게 선교해야 하는지 논의하는 기회가 되었고, 여기에 맞는 바른 목회 형태와 신학을 정립하는 계기를 마련해 주었다는 점에서 의미가 있다.

독립교회(獨立敎會, Independent Churches) 개체교회가 정치 및 제도상 노회·연회·지방회·총회 등 상회의 간섭을 받지 않는 독립된 형태의 교회 체제. 17세기 크롬웰의 혁명 기간 동안 영국에서 국교회의 지시를 받지 않는 회중교회를 가리키면서 시작되었다. 그 후 19세기에는 거의 나타나지 않다가 1945년 영국에서 〈복음주의 독립교회협의〉가 조직되면서 다시 거론되기 시작하였다. 우리나라에서는 1950년 이후 교단 분열 과정에서 어느 교단이나 교파에도 속하지 않는 교회를 가리키는데, 근래에는 이들 역시 연합체를 구성하거나 점차 조직화되어 교단을 형성하는 추세에 있다.

동방교회(東方敎會, Eastern Church, Greek Church) → '동방정교회'를 보라.

동방정교회(東方正敎會, **Eastern Orthodox**) 로마 가톨릭, 프로테스탄트(개혁교회)와 함께 기독교의 3대 분파 중 하나. 주로 러시아, 발칸반도, 서아시아 지역에 분포되어 있다. 단순히 '정교회'(The Orthodox Church)라고도 한다.

1. 이름의 뜻 - '정'(正, Orthodox)이란 사도의 전통, 곧 '올바른 가르침', '올바른 믿음', '올바른 예배'를 뜻한다. 한 마디로 바른 믿음을 가지고 바른 예배를 드리는 교회라고 해서 '정교회'라 호칭한다. 또한 '동방'이란 호칭은 정교회의 중심인 콘스탄티노플(이스탄불)이 위치상 서방(라틴, 로마) 교회의 동편에 있고, 성경에서도 동방이 신성한 장소로 여겨져 정교회의 이름으로 사용되었다.

2. 분류 - 동방정교회의 각 교회는 독립을 유지하면서도 콘스탄티노플 총대주교에게 수위권을 부여하며 서로 밀접하게 유대 관계를 가진다. 현재 동방정교회는 크게 셋으로 구분된다. ① 콘스탄티노플, 알렉산드리아, 안디옥 및 예루살렘의 네 총대주교구. 이 지역은 최초의 동방교회 전통을 가지고 있으며 가장 역사가 오래 되었다. ② 러시아, 세르비아, 루마니아, 불가리아, 게오르기아 정교회. 이 교회들은 앞의 교회들보다 다소 늦게

 용어상식

동방요배 (東方遙拜)

일본 신도(神道)에서 현인신(現人神)으로 섬기는 일본 천황이 살고 있는 동쪽을 향해 절하는 의식. 조선총독부는 1938년 2월에 이 의식을 한국교회에 권고하였다. 이에 대해 1938년 9월 9일 평양 서문밖예배당에서 개최된 제27회 총회(총회장 홍택기 목사)에서 총대들은 신사참배가 종교 행위가 아니기 때문에 기독교 교리에도 위반되지 않으며 단순한 애국적 국가 의식이므로 솔선하여 이행하기로 결의하였다. 그래서 교회에서도 예배 시작 전에 천황 사진을 앞에 놓고 동방요배를 해야 했다. 그 후 해방을 맞아 1946년 6월 11일 서울 승동예배당에서 모인 남부총회(32회 총회)에서는 신사참배를 회개하였고, 1954년 4월 23일 안동중앙교회에서 모인 제39회 총회에서는 신사참배 취소 성명서를 발표하였다. → '신사참배'를 보라.

형성된 교회들이다. ③ 키프러스, 그리스, 체코, 슬로바키아, 폴란드, 알바니아 정교회. 한편, 핀란드, 중국, 일본, 미국 등지의 정교회가 있으나 역사나 조직에 있어 위의 세 교회들에 비하면 미약하다.

3. 역사 - 동방정교회는 동로마(비잔틴) 제국의 교회에서 유래되었다. 2-3세기의 교회는 안디옥, 알렉산드리아를 중심으로 형성되어 그 주도권이 동방에 있었으나 4-5세기경 단성론(單性論, Monophicism)과 네스토리우스 논쟁을 거치면서 주도권이 점차 서방교회로 넘어가 동방교회의 영향력은 소아시아 지역으로 축소되었다. 게다가 9세기에는 로마 교황의 권한 문제와 성상 숭배 문제로 로마 교구와 콘스탄티노플 교구 사이에 긴장이 고조되다 결국 1054년에 동·서 교회가 분열되기에 이르렀다. 그 후 리용 공의회(1274년), 플로렌스 공의회(1438-39년) 등을 통해 화해 시도가 있었으나 성공하지 못했다.

이후 동방정교회는 북방 선교에 주력하였다. 그러나 이에 앞서 동방정교회는 이미 9세기경부터 동유럽 선교에 나서 슬라브 민족인 불가리아, 세르비아, 러시아에 정교회를 설립했다. 이 교회들의 주도권은 러시아 정교회에 있었다. 1453년 5월 29일 콘스탄티노플이 터키의 이슬람 교도에 의해 함락되자 콘스탄티노플 총대주교는 러시아로 피신하였고, 이때부터 러시아 정교회가 동방정교회를 주도하게 되었다. 그러나 총대주교의 수위권은 여전히 콘스탄티노플의 총대주교에게 있었다. 그 후 동방정교회는 오스만 터키 제국의 압박 아래 놓이게 되었으며, 20세기에 들어와서는 러시아가 공산화되면서 그 세력이 현저히 약화되었다.

4. 동방정교회의 신학 - ① 동방정교회는 공의회(종교회의)에 최고의 권위를 둔다. 그 중에서도 제1차 니케아 공의회(325년)에서부터 제2차 콘스탄티노플 공의회(381년), 제3차 에베소 공의회(431년), 제4차 칼케돈 공의회(451년), 제5차 콘스탄티노플 공의회(553년), 제6차 콘스탄티노플 공의회(680년), 제7차 니케아 공의회(787년)에 이르는 7개 공의회의 결정을 교리와 신학의 근거로 삼고 있다. ② 정교회의 가르침은 성경과 교회의 전통(전승)에 기초한다. 성경은 구약 49권(로마 가톨릭은 46권, 기독교는 39권)과 신약 27권이다. 또 1월 7일을 성탄절로 지킨다. ③ 로마 가톨릭과 마찬가지로 7성사를 중요하게 여기지만 로마 가톨릭이 성사와 준(準) 성사를 엄격하게 구분하는 것과는 달리 준(準) 성사 의식(수도 서원, 성수 축복, 사체 매장 등)도 7성사처럼 비중 있게 다룬다는 점에서 차이가 있다. ④ 로마 교황을 수석 주교로는 인정하나 교황의 절대 우위권을 인정하지는 않는다. ⑤ 평신도에게도 설교권과 영적 지도권을 부여한다. 그래서 정교회에서는 평신도 신학자들이 많이 배출된다는 특징이 있다.

5. 현재의 동방정교회 - 오늘날 동방정교회는 콘스탄티노플, 안티오키아, 알렉산드리아, 예루살렘, 불가리아, 러시아, 그루지아, 세르비아, 루마니아, 그리스, 키프러스, 알바니아, 폴란드, 체코, 슬로바키아, 일본 등 15개 자립교회로 되어 있다. 전 세계에 약 3억 명의 신도가 있는데, 이들은 동방정교회야말로 초대교회의 전통을 가장 잘 이어가는 교회라는 자부심을 갖고 있다.

■**한국의 동방정교회**(韓國 - 東方正敎會) - ① 우리나라의 러시아 정교회 : 1900년에 러시아 정교회에서 파송된 흐리산프 쉐트코프스키 신부가 입국하여 1903년 서울에 니콜라스 성당을 세우고 선교 사업을 펼침으로써 전래되었다. 그러나 청일전쟁, 러일전쟁, 러시아의 공산주의 혁명, 제1·2차 세계대전, 6.25전쟁을 겪는 동안 한국의 러시아 정교회는 침체를 벗어나지 못했다. 특히 1917년 러시아 혁명으로 선교부가 폐쇄되면서 러시아 정교회와 관계는 일찍부터 단절된 상태였다.

1958년에 한국 러시아 정교회의 신도 공동체가 그리스 정교회 관할로 들어가 한국 땅에서 러시아 정교회 선교 사업은 사실상 막을 내리게 되었다. 그 후 1994년 봄, 부활절에 러시아 정교회 시노드(해외, 총수 미트로뽈릿 비탈리)는 유스틴 강태용에게 한국 러시아 정교회 책임 신부로 한국 러시아 정교회를 주관하도록 하였다. 이렇게 하여 한국에서 러시아 정교회 선교가 재개되었다. 1997년 강원도 삼척시 근덕면 용화리 451-1에 본부를 마련하였다. → '한국 러시아 정교회'를 보라.

② 우리나라의 그리스 정교회 : 1954년 주한 그리스 종군 사제 안드레아스 칼키오풀로스 신부가 보리스 문이춘을 사제로 추천하여 일본 정교회에서 사제 서품을 받게 함으로써 시작되었다. 1956년에 콘스탄티노플 관할인 미국의 그리스 정교회 대관구에 소속되었다가 1970년 이후 뉴질랜드 대관구 소속이 되었다. 그 후 1975년 말 그리스 정교

회 소티리우스 트람바스(Sotirious Trambas) 신부가 내한해 그리스 정교회 선교 활동을 주도했고. 1995년 4월 8일 콘스탄티노플 총대주교 바르톨로메오스 1세(이스탄불 주재)가 한국을 방문하기도 했다. 2004년 6월 20일에 한국 교구는 관구로 승격되었다. 초대 주교는 소티리우스 대주교.
→ '한국 러시아 정교회', '한국정교회'를 보라.

동아기독교(東亞基督敎) 기독교한국침례교회의 전신. → '기독교한국침례회'를 보라.

동아전도회(東亞傳道會) 식민지 국가에서 조직적으로 전도하기 위해 설립된 일본 기독교회 선교 단체. 그러나 실상은 기독교를 앞세워 식민지 국가에서 일본 정책을 무리 없이 시행하고 일본 군부에 대한 적대감을 무마시키기 위한 목적이 강했다. 1933년 6월 일본 도쿄에 있는 후시미쇼교회 장로인 퇴역 장성 닛비키를 중심으로 창설되었다.

처음에는 〈만주전도회〉라 부르다 1938년 지나(支那)사변 1년 후에 〈동아전도회〉로 개칭했다. 중국 천진에 기독교청년회와 만주 대련(大蓮)에 일본 교회를 개척하였다. 그러다 1943년 6월에 일본 기독교단 국외전도국과 합병되어 1945년 패전까지 존속되었다. 당시 동아전도회는 80개 교회와 85명의 전도자, 3,500명의 신도를 관장하였다. 이런 유사한 성격의 전도회로 조선에 세워진 〈조선조합(組合)교회〉, 남양(南洋) 군도의 여러 섬에 설립된 〈남양전도단〉(南洋傳道團) 등이 있었다.

동양선교회(東洋宣敎會, **Oriental Missionary Society, OMS**) 성결교회의 모체가 된 선교 단체. 미국 선교사 카우만(C.E. Cowman)에 의해 1901년 일본에서 조직되었다. 카우만은 원래 전신기술자였으나 시카고 그레이스 감리교회에서 복음을 듣고 선교사로 헌신하게 되었다. 그는 동료 킬보른(E.A. Kilbourne)에게 전도하여 두 사람은 함께 무디신학교에서 선교사의 역량을 키웠다(1897년). 1901년 카우만 부부는 일본 도쿄에서 나카다의 도움으로 길거리 전도를 하며 〈복음전도관〉(福音傳道館)을 세웠고, 이어 1902년 동료 킬보른이 일본에서 합류하여 복음전도관에 성서학원을 개설하면서 전도의 불을 붙였다. 그리하여 일본 곳곳에 복음전도관이 세워지자 이를 통괄할 기구가 필요하게 되었는데, 그것이 바로 〈동양선교회〉이다. 하지만 동양선교회는 교단 조직이라기보다 처음에는 순수한 전도기관의 성격이 강했다. 그 후 〈동양선교회 복음전도관〉이란 이름으로 일본과 한국에 독자적인 교세가 형성되자 교세를 관리할 조직이 필요하게 되었다. 이에 나카다가 1917년 〈일본성결교회〉를 설립하게 되었다.

이후 〈동양선교회〉는 일본성결교회를 후원하면서 한국, 중국(1925년), 인도(1943년) 등지에서 선교 활동을 지속하였고, 이후로 콜롬비아(1943년), 그리스(1947년), 브라질(1950년), 대만(1950년), 에콰도르(1952년), 홍콩(1954년), 아이티(1958년), 인도네시아(1971년), 스페인(1972년) 등 세계를 향해 왕성한 선교 활동을 펼쳤다. 1973년 〈OMS, Internation, Inc〉(OMS선교회)로 이름을 바꾸었다. 미국 인디애나에 본부를 두고 있다.

■**한국의 동양선교회**(韓國 - 東洋宣敎會) - 동양선교회의 한국 선교는 일본 도쿄에 있는 동양선교회 성서학원을 졸업한 유학생 김상준(金相濬)과 정빈(鄭彬) 두 사람에 의해 이루어졌다. 이들은 1907년 5월 30일 서울 종로 염곡(현재 종로2가)에 세를 얻어 〈동양선교회 복음전도관〉을 세우고 복음을 전했는데 이것이 우리나라 〈동양선교회〉와 〈성결교회〉의 시작이다. 이 두 사람의 열정적인 복음 전도로 많은 사람이 복음에 헌신하게 되었고, 이들 중 일본 동양선교회 성서학원에서 공부하고 한국에서 지도자의 길을 걸은 사람이 많이 있다.

1911년 성서학원을 개설하였고, 1912년 졸업생을 배출했으며, 1914년에는 4인을 목사로 세웠다. 또 1920년에는 동양선교회를 서울, 대전, 경북, 경남의 4개 지방회(교구)로 구분하였고, 1921년 9월에 이름을 〈성결교회〉로 공식 호칭하게 되었다.

그 후 1924년 연회 설립, 1933년에 성결교회 총회를 설립하기에 이르렀다. 그 후 1961년 성결교회가 한국기독교연합회(NCC)와 한국복음주의동지회(NAE)를 탈퇴한 〈기독교대한성결교회(기성)〉와 국제기독교연합회(ICCC)에 가입한 〈예수교대한성결교회(예성)〉로 분열될 때 동양선교회는 기독교대한성결교회와 협력 관계를 구축하여 현재에 이르고 있다.

두란노서원(- 書院, **Hall of Tyrannus**) 사도 바울이 에베소 전도 당시 2년 동안 사용했던 강연장(행19:9). '두란노'란 인물에 대해서는 별로 알려진 바가 없다. 학자들은 그가 에베소 출신의 유명한 철학자로서 서원을 세운 인물 정도로 추측할 뿐이다(Bruce, Lumby). 처음에 바울은 에베소에서 3개월 정도 회당을 이용해 복음을 전했다. 그러나 유대인들의 훼방이 지속되자 장소를 옮겨 두란노서원을 복음 전도 장소로 이용했다.

한편, 베자 사본(Codex Bezae, D)에 의하면 바울은 이곳에서 '5시부터 10시까지'(오늘날 오전 11시에서 오후 4시) 강연장을 사용한 것으로 보인다. 아마도 이 시간은 점심을 겸한 한낮의 휴식 시간으로서 장소 사용에는 무리가 없었던 것으로 보인다 (Juvenal VII. 222 ff; Martial IX. 68).

드와이트 무디(Dwight L. Moody) → '무디'를 보라.

디다케(Didache)
신약성경 외경(外經) 가운데 하나. 작자 미상. 시리아나 팔레스타인에서 사도 시대 직후인 100-150년경에 기록된 것으로 보인다. 원제목은 「12사도를 통해 이방인들에게 준 교훈」인데, 줄여서 「12사도의 교훈」(Teaching of 12 Disciples), 또는 헬라어로 '교훈(가르침)'이란 뜻의 「디다케」로 칭하기도 한다.

「디다케」는 일찍부터 교부들(알렉산드리아의 클레멘스 등)의 글에 즐겨 인용되고 있는데, 1873년 예루살렘 총대주교의 도서실에서 1056년경의 것으로 보이는 필사본이 발견되어 고대 교회 연구에 좋은 자료가 되고 있다. 이 자료는 교회 규율(規律)을 가르치는 지도서인데, 모두 16장으로 구성되어 있다.

그 내용은 ① 1-6장이 '생명의 길'과 '죽음의 길', ② 7-10장이 세례 성찬 등 전례(典禮)에 관한 규정, ③ 11-13장이 예언·복음 등을 받아들이는 자세, ④ 14-16장이 종말론적인 경고 등으로 이루어져 있다. 이 책은 고대 교회에서 높은 평가를 받았는데, 유세비우스나 아타나시우스는 거의 정경(正經)에 버금가는 책으로 보고 있다.

디사이플교회(- 敎會, Disciples)
1811년 미국 서부에서 일어난 프로테스탄트의 일파. 매주 성만찬을 실시하고 침례를 고수하는 등 신약 시대 초창기의 교회 형태로 복귀하려는 운동을 시도했다. 또 신자의 만인 제사장직을 강조하여 교직자와 일반 신도의 구별을 두지 않았고 교육을 중시하였다. 그러나 이들은 미국의 개척 당시 지나치게 부흥 운동을 강조한 나머지 개심의 경험이나 황홀한 체험을 나누는 것으로 예배를 대신하고 정작 기도, 찬송, 성경 읽기 등 예배의 주요 요소들을 소홀히 했다는 평을 받고 있다.

디아스포라(Diaspora) διασπορά(디아스포라).
팔레스타인 밖으로 흩어진 유대인들(요7:35; 약1:1; 벧전1:1). 즉 이방 지역에 사는 유대인들로서 유대의 종교적 관습과 규범을 지키는 자들을 일컫는다. 단어의 뜻은 '흩어짐', '씨앗을 뿌림', '흩어져 사는 자'란 의미다.

1. 디아스포라의 원인 - 유대인들이 이방 지역으로 흩어진 이유는 전쟁에 패하여 포로로 이방 나라에 끌려갔거나, 지진 등 천재지변으로 인해 다른 나라로 거처를 옮겼거나, 정치적 이유로 추방 내지 망명한 것이 주된 요인이다. 특히 구약 당시 북이스라엘이 앗수르에 패망하면서 포로로 끌려간 것을 시점으로 남유다 백성이 바벨론에 포로로 끌려가면서 디아스포라의 역사는 본격화되었다(렘 52:28-30). 그 후 예루살렘과 유다에 있던 자들은 바벨론이 세운 총독 그다랴의 암살 사건을 계기로 애굽의 엘레판틴 지역으로 피신했는데(렘43:6-7) 이 모두는 디아스포라의 일부로 볼 수 있다.

2. 디아스포라 지역과 인구 분포 - 70년간의 바벨론 포로기가 끝나면서 일부 유다 백성은 본토로 귀환했다. 하지만 상당수 유대인들은 경제적, 상업적 이유로 현지에 남아 있거나 오히려 더 적극적으로 다른 이방 지역으로 이주하여 중근동을 비롯한 소아시아, 아프리카, 유럽 남부 지중해 연안의 헬라 지역에 흩어지게 되었다.

신약에서 오순절 성령 강림 사건이 일어날 즈음에 예루살렘을 찾은 디아스포라 유대인들이 속한 나라들을 보면, 메소보다미아 지역의 바대, 메대, 엘람, 소아시아 지역의 갑바도기아, 본도, 아시아, 브루기아, 밤빌리아, 애굽의 구레네, 로마, 지중해 상의 그레데(크레타), 아라비아 등이다(행2:9-11).

당시 디아스포라 분포를 보면 로마 제국 내에 약 410만 명(로마시 4만을 포함하여, 이탈리아 반도와 마게도냐, 아가야 지방에 100만, 소아시아 100만, 구레네 10만, 그외에 애굽과 알렉산드리아 지역에 100만, 바벨론 지역에 100만) 정도되었고, 팔레스타인 본토에는 약 300만의 유대인이 거주한 것으로 추산된다(Strabo, B.C.64-27년). 참고로, 사도 바울의 세 차례 선교여행 대상국과 도시들도 처음에는 디아스포라가 사는 지역들이었다.

디트리히 본회퍼(Dietrich Bonhoeffer) 독일 고백교회 목사(1906-1945년). 2차 세계대전 때 독일 나치에 대항해 교회의 대사회적 역할을 온몸으로 설득력 있게 호소한 프로테스탄트의 영향력 있는 신학자. 1906년 2월 4일 독일 브레슬라우에서 태어나 튀빙겐 대학과 베를린 대학에서 신학을 공부했다(1923-1927년). 이때 아돌프 하르낙, 라인홀드 제베르크, 칼 홀 등의 역사신학자와 칼 바르트의 영향을 받았다. 그 후 스페인 바르셀로나에서 독일어를 사용하는 회중교회 부목사(1928-1929년), 뉴욕 유니온 신학교 교환 학생(1930년), 베를린 대학 조직신학 강사(1931년)를 지냈다.

1933년 나치가 정권을 잡자 본회퍼는 정권 반대, 반유대주의 반대 운동에 적극 가담하면서 나치에 반대하는 고백교회의 중심 인물로 활동하였다. 또한 갈수록 민족주의로 변해가는 독일에 항거하는 독일교회의 실상을 알리기 위해 미국, 영국 등지에서 에큐메니칼 활동에도 적극 참여했다.

1938년 독일의 히틀러 정권 전복 음모에 가담하였고, 미국 망명도 권유받았지만 독일에 남아 저항 운동을 계속하다 1943년 4월 5일 체포되어 베를린에 수감되었다. 그리고 1944년 7월 20일 히틀러 암살 음모에 가담한 문서들이 발견되어 1945년 4월 9일 플뢰센베르크(바이에른)에서 처형당했다.

저서로는 「Nachfolge Mich(나를 따르라)」(1937년), 「Ethik(윤리학)」(1949년), 「Widerstand und Ergebung(옥중서간)」(1951년) 등이 대표적이다.

라틴어(- 語, Latin) 라티움(Latium)이라 불렸던 테베레 강 유역 주민의 언어. 주전 5세기경에 로마의 언어로 부각되었고, 로마가 지중해를 정복하면서 점차 지중해 주변 국가로 퍼져나갔다. 그 후 4세기 초 로마 제국이 기독교를 공인하면서 라틴어는 자연스럽게 교회 언어로 자리잡게 되었다. 그래서 가톨릭에서는 예배나 예전이 라틴어로 행해졌고, 교황의 조서(papal bull)나 칙령 등도 모두 라틴어로 기록되었다. 뿐만 아니라 라틴어는 근세기 초까지도 정치, 경제, 문화, 학문 등 여러 분야에서 중세 유럽의 공용어처럼 사용되었다. 비록 라틴어의 영향력이 많이 줄어들긴 했지만 오늘날까지도 가톨릭교회에서는 여전히 라틴어를 사용하고 있다. 지금도 유럽 등지의 각급 학교에서는 고전 라틴어를 가르치며, 고전어 연구에 많은 관심을 기울이고 있다. 이탈리아, 프랑스, 스페인, 포르투갈 어 등 유럽 대부분의 언어는 모두 라틴어에서 파생되었다.

라틴어성경(- 語 聖經, Latin versions) 라틴어로 번역된 성경. 최초의 라틴어역본은 대략 2세기 말경 북아프리카에서 번역된 것으로 추정된다. 이때 라틴어 번역자들은 주로 그리스어로 된 70인역(LXX)을 원본으로 하여 번역하였다. 뿐만 아니라 일반 대중들에게 쉽게 성경을 읽게 할 목적으로 번역하다 보니 구어체가 많이 사용되었고, 또 내용이 다소 통속적이었다. 이후 3세기경에는 이탈리아, 프랑스, 스페인 등지에서도 라틴어 번역들이 시도되었는데, 이때까지 번역된 라틴어역본이 무려 50여 종류가 될 정도였다.

라틴어성경이 양산되고, 원문에서 벗어나 순수성을 잃게 되자, 라틴 교회들에서 성경의 순수성을 되찾아야 한다는 자성의 소리가 높아졌다. 그리하여 개정된 라틴어역본이 우리에게 잘 알려진 「불가타역본」이다. 한편, 불가타성경 이전의 라틴어역본들은 통상 「고대 라틴어역본」으로 분류된다. 이 가운데서 본문이 우수하여 당시 교회에서 널리 사용된 성경은 「이탈라성경(Itala vetus)」이다. 히에로니무스도 「불가타」를 번역할 때 이 본문을 참고한 것으로 전해진다. → '불가타', [2. 교리 및 신앙 용어] '벌게잇역' 을 보라.

랍비(Rabbi) 'Ραββί(랍비). '위대한 자', '주인'이란 뜻. 율법 교사나 서기관 등 종교 지도자를 비롯해 학식이 많은 스승이나 존경받는 분을 일컫는 경칭. 때로 종이 주인을 부르는 호칭으로도 사용되었다. 신약에서는 '예수님' (요1:49), '세례 요한' (요3:26), '바리새파 교사' (마23:7) 등에게 사용되었다. 한편, 신약 시대 유대 사회에서 랍비를 가리키는 말에는 세 종류가 있었다. ① '랍' - '교사', '선생님' 을 일컫는 가장 단순한 형태. ② '랍비' - '나의 선생님', '나의 큰 자' 란 뜻으로 라브'보다는 애정과 존경이 더 담긴 표현(마26:25; 막9:5). ③ '랍오니' - '큰 선생님'이란 의미로서 '랍비'보다는 훨씬 높은 극존칭이다('라브'의 강조형인 히브리어 '랍반'도 극존칭에 속한다). 이 호칭은 유대의 최고 학자인 힐렐이나 산헤드린 공회 의장 등에게 사용되었다(막10:51; 요20:16). 예수께서는 공생애 동안 '랍비'(마26:25; 막9:5; 요3:2)나 '랍오니'(막10:51; 요20:16)로 불렸다.

랍비문학(- 文學, rabbinic literature) 랍비들이 저술한 저작을 통틀어 일컫는 말. 랍비문학에 속하는 최초의 작품은 구전(口傳)으로 전해오던 율법을 성문화한 2세기경의 「미쉬나」다. 이후 약 500년에 걸쳐 집대성된 미드라쉬(율법 해설서), 탈무드(토라와 율법 주석), 게오님(탈무드의 속편과 안내서) 등이 있다. 그 외에 여러 랍비들이 기록한 성경 주석과 설교집 등도 넓은 의미에서 랍비문학으로 볼 수 있다.

러시아 정교회(- 正敎會, Russian Orthodox Church) 동방정교회에서 최대 교세를 가진 정교회. 현재 그루지아 정교회를 제외한 러시아 연방의 거의 대다수 정교도가 여기 속한다. 러시아 정교회의 역사를 살펴보면 다음과 같다.

① 988년(989년) 키예프 러시아의 블라디미르 대공 때 비잔틴(동로마) 제국의 교회(동방정교회)를 통해 전파되었다. 따라서 러시아 정교회의 문화는 동방정교회의 문화가 근간을 이루고 있다.

② 그러나 13세기 초 몽고의 침입으로 남부 러시아는 황폐하게 되었고, 14세기에 러시아의 중심지는 북방 모스크바로 옮겨졌다. 다행히 몽고가 기독교에 다소 관대하여 러시아 정교회는 수도원 중심으로 명맥을 이어갈 수 있었다.

③ 그 후 러시아 정교회는 1453년 비잔틴 제국의 멸망과 함께 독자적인 독립 교회를 형성하였다.

④ 17세기 초 로마노프 왕조 시대에는 총주교인 니콘이 다른 동방정교회와 달라 문제가 되었던 전례문과 전례 방식을 바로 잡는 개혁을 단행했다.

⑤ 18세기에 표트르 1세는 러시아의 근대화를 추진하면서 동시에 교회 제도를 개혁한다는 명분 아래 총주교의 선출을 금지하고, 총주교제를 폐지하는 대신 시노드(종무원)를 설치했다. 그리하여 종무총감이라고 하는 황제의 관리가 의장이 됨으로써 교회는 국가의 한 기관으로 전락하였다.

⑥ 1917년 공산주의 혁명으로 제정 러시아가 붕괴하자 정교회는 약 2세기만에 총주교제를 부활시켰다. 그러나 소비에트 정권의 철저한 탄압으로 교회는 존망의 위기로 내몰리게 되었다.

⑦ 그 후 제2차 세계대전을 계기로 정부와 교회의 타협이 이루어져 교회는 외교 정책 등 정부 정책에 협조한다는 조건으로 사회주의 체제하에서 나름대로 활동의 자유를 보장받게 되었다.

⑧ 오늘날 러시아 정교회는 제정 러시아 시대와는 비교할 수 없을 만큼 세력이 쇠퇴했지만, 그래도 외적으로는 동방정교회 중에서 최대의 교세를 유지하고 있다.

로마 가톨릭교회(- 敎會, Roman Catholicism) '가톨릭'이란 '보편적'이란 뜻의 헬라어 '카돌리코스'에서 유래했다. 교황을 정점으로 한 기독교 신앙 및 조직 체계를 일컫는 말로서, 프로테스탄트, 동방정교회와 더불어 기독교의 한 축을 이루며 최대 교세를 자랑한다. 일명 '천주교회.'

1. 역사 - 주후 1세기 사도단에 기원을 둔다.

① 초대교회(그리스도의 부활-313년): 이 시기의 특징은 크게 둘로 구분된다. 하나는 오순절 역사로 교회가 시작되고 지중해를 중심으로 복음이 전파되면서 동시에 신약성경이 기록되어 집대성되었다는 사실이다. 또 하나는 로마 제국에 의한 기독교의 대대적인 박해이다. 이 시기의 교회는 대부분 지하 교회였다.

② 중세 시대(313-1517년): 313년에 밀라노 칙령으로 교회가 합법화되었고, 392년에는 로마의 국교가 되었다. 그래서 이 시기의 교회를 가리켜 기독교를 공인한 황제의 이름을 따 '콘스탄티누스 교회'라고 부를 정도였다. 이 시기의 주요 사건으로는 3세기에 수도원이 소개되어 5세기경에는 수도원 운동이 체계화되었다. 또 1054년에는 동방교회와 분열이 일어났고, 7세기에 형성된 이슬람으로 인해 11세기에는 십자군 운동이 일어났다.

③ 종교개혁에서 제1차 바티칸 공의회까지 (1517-1870년): 이 시기는 1517년 마틴 루터에 의한 종교개혁이 시작되어 로마 가톨릭교회의 제도와 권위가 무너지던 시기였다. 가톨릭교회는 지도력을 상실하였고, 유럽 나라들은 많은 갈등과 희생이 따랐지만 가톨릭의 영향력에서 벗어나 독자

적으로 개혁교회를 선택하기에 이르렀다. 이런 쇠퇴기에 가톨릭교회는 제1차 바티칸 공의회를 개최하고 교황의 무오성(無誤性)을 발표하였다.

④ 제1차 바티칸 공의회에서 현재까지 : 19세기에 들어오면서 가톨릭교회는 현대 사회에 적응하기 위한 많은 시도들을 하였다. 예를 들면 제2차 바티칸 공의회(1962-1965년)에서 예전의 현대화, 타종교와의 대화 등이 그것이다. 이는 가톨릭 내부에서는 프로테스탄트의 종교개혁만큼이나 혁명적인 사건으로 받아들여진다.

2. 구조와 체제 - 가톨릭은 예수께서 사도 베드로에게 교회의 수위권(首位權)을 맡기셨기 때문에 교황은 베드로의 계승자라고 생각한다(마16:18; 눅22:32; 요20:23; 21:15-17). 그래서 가톨릭은 절대 우위권을 가진 교황을 정점으로 하여 주교와 사제, 그리고 그 아래 평신도로 이루어진 하향식 구조를 가지고 있다. 그래서 하부의 신자층과 상부의 성직자층 두 위계가 합쳐져 하나님의 백성, 곧 교회를 구성하고 있다. 이런 구조는 신적 권위를 가지기 때문에 교인들은 이에 의무적으로 복종해야 하는 것이 가톨릭의 가르침이다. 그러나 이는 조직상 위계 질서의 문제요, 하나님 앞에서는 모든 계층이 동등한 하나님의 백성이다.

또 교회 조직을 살펴보면, 교회는 교구로 나누어지고, 교구는 다시 본당으로 구분된다. 교구는 교구장, 즉 주교가 관장하며, 본당은 주임신부가 관장한다. 로마 교구의 교구장인 로마 주교는 교황이다. 한편, 교회의 교리와 규율을 정하기 위한 '공의회'가 있는데, 이는 가톨릭교회에서 교황과 더불어 또 다른 최고의 권위를 갖는다. 또 수도 공동체(수도원)들이 있는데, 공동 생활을 하면서 청빈, 정결, 순종을 서약하는 남녀의 집단이다.

3. 교리 - 가톨릭의 대표적 교리는 다음과 같다.
① 성경 : 가톨릭은 구약 39권, 신약 27권에 외경 7권(토빗서, 유딧, 에스델, 마카베오상하, 지혜서, 시락서, 바룩서)을 포함시켜 모두 73권을 성경으로 인정한다.
② 전승 교리 : 가톨릭은 교회의 결정이나 전승을 성경과 구분하면서도 중요하게 여기며 때로는 동등하게 여긴다. 트렌트 공의회(The Council of Trent, 1545-1563년)에서는 전승을 성경과 더불어 교리로 규정하였다.
③ 마리아 교리 : 가톨릭은 마리아가 하나님의 어머니(성모설)로서 무죄한 상태에서 예수를 잉태했고(무죄 잉태설), 평생 죄를 짓지 않고 살았으며(평생 무죄설), 부활하고 승천하여 하늘의 여왕이 되었다고(성모 승천설) 주장한다. 그래서 가톨릭은 마리아를 예수와 같은 반열에 올려놓고 있다.
④ 교황의 무오성(無誤性) : 가톨릭은 제1차 바티칸 공의회(Vatican I, 1869-1870년)에서 교황은 베드로의 수제자로서 천국 열쇠를 맡은 교회의 수장이기 때문에 절대적 권위(수위권)를 지닌다고 하였다. 그래서 이들은 교황의 무오성을 주장한다.
⑤ 사죄권(赦罪權) : 가톨릭은 그리스도의 사죄권이 사도들을 통해 사제들에게 전승되어 내려오고 있다고 주장한다. 이를 근거로 하여 가톨릭에서는 고해성사(Penance)를 시행한다.
⑥ 연옥설(煉獄說, Pugatory) : 가톨릭은 천당과 지옥 이외에 또 다른 제3의 장소, 곧 연옥을 주장한다. 연옥이란 세상에서 온전히 정결하게 살지 못한 자가 형벌의 대가를 치르고 완전히 정화되어 천국에 들어가기 전까지 대기하는 장소라고 주장한다. 그래서 생존한 가족들이 자선, 보속, 고해성사를 해야 이들이 연옥에서 빨리 천국으로 들어갈 수 있다고 권한다.
⑦ 세례관(Baptism) : 가톨릭은 세례를 받으면 원죄와 본죄(자범죄), 죄로 인한 형벌까지 모두 사함받고 구원을 얻는다고 주장한다. 이는 예수를 믿고 물과 성령으로 거듭나야 구원을 받는다는 성경의 가르침과 차이가 있다(요3:3; 5:24).
⑧ 성찬(Eucharist) : 가톨릭은 성찬을 '성체성사'(The Sacrament of the Eucharist)라고 부르며 '화체설'(化體說)을 주장한다. 곧 성찬 예식 때 먹고 마시는 떡과 포도즙이 신부의 축성 기도로 예수 그리스도의 실제 살과 피로 변한다는 내용이다. 이는 개혁교회의 영적 임재설과 엄연한 차이가 있다.
⑨ 성례 : 가톨릭은 7성사(七聖事), 곧 세례, 견진, 성체, 고해, 병자, 신품, 혼인성사를 주장한다. 그러나 기독교에서는 성찬과 세례만을 성례로 인정한다.

4. 교세 - 가톨릭은 유럽을 비롯한 미국 등지에 9억 5천만 명의 신자를 가진 세계 최대의 종파이다.

■**한국의 가톨릭**(韓國 -) - 임진왜란 때 일본에 진출한 예수회 신부 세스페데스가 일본군을 따

라 조선에서 활동했다는 기록이 있으나 결실은 전무했다. 그 후 17세기에 중국을 방문한 조선의 사신들이 중국 주재 예수회 신부들을 통해 서양의 문물과 복음을 전달받았지만 역시 결실을 맺지는 못했다. 이어 18세기 초 실학자들(이수광, 이익, 정약전, 이벽 등)을 중심으로 천주교가 학문적 관점에서 연구되다 차차 신앙으로 발전하게 되었다. 그리하여 1784년 정조 8년에 이승훈이 북경에서 최초로 영세를 받고 돌아와 정약전, 이벽 등과 함께 신앙 공동체를 결성하게 되었다.

1794년 주문모 신부가 조선에 파견되어 제한적으로 선교를 했으나 18세기 말에는 1만여 명으로 신자가 늘어날 정도로 성장하였다. 그러나 19세기 벽두부터 일어난 신유박해(1801년), 을해박해(순조 15년, 1815년), 정해박해(1827년), 기해박해(1839년), 병오박해(1846년), 경신박해(1860년), 병인박해(고종 3년, 1866년)로 1세기 동안 선교사를 비롯한 수많은 신자들이 순교를 당해 조선의 천주교는 외형적으로는 거의 멸절 위기에 놓이기도 했다.

이렇듯 초창기 한국 천주교가 박해를 받은 것은 제사를 금하는 등 유교적 관습에 배치되고, 당시의 학문적 가르침과도 다르고 낯설었으며, 또한 외세 배격과 같은 당시 정치적 구도와도 맞물려 있었기 때문이다. 하지만 이런 박해와 순교를 거치면서 천주교는 내적으로 더욱 깊이 신앙의 뿌리를 내리면서 성장의 때를 준비하고 있었다. 이와 동시에 천주교는 일제 강점기에 교육과 계몽 운동을 통해 안중근, 서상돈(국채보상운동) 등 여러 애국지사들을 배출하기도 했다.

그 후 1911년 대구 교구를 출발로 원산, 평양, 연길, 전주, 광주, 춘천 등지에 교구가 분리되었고, 해방과 전쟁을 거치면서 본격적으로 도약의 발걸음을 내딛게 되었다. 그리하여 휴전 당시 16만여 명이던 신자가 1962년 53만으로 성장했고, 1984년 교회 창설 200주년을 기념하고 순교자 103인에 대한 시성식(諡聖式)을 갖기에 이르렀다. 2010년 현재 우리나라 천주교는 1,609개 교회, 813개 공소와 4,404명의 성직자, 5,205,589명의 신자가 있다. 또 대한민국 서울, 대구, 광주 3개 대교구 산하에 16개 교구와 북한에 2개 교구(평양, 함흥), 1개 자치수도원(덕원)이 있다.

로이드 존스(Lloyd Jones) → '마틴 로이드 존스'를 보라.

루돌프 불트만(Rudolf Karl Bultmann) 20세기 신약성서학자(1884-1976년). 〈불트만 학파〉의 창시자. 1884년 8월 20일 독일 비펠스테데에서 루터교 목사의 아들로 태어났다. 어려서부터 신학자가 되기를 원했던 불트만은 19세 때 튀빙겐 대학교에서 신학을 공부하였고, 1912년 말부르크 대학, 1916년 브레슬라우 대학, 1920년 기센 대학에서 강사로 학생들을 가르쳤다. 그 후 1921년부터 1951년 은퇴할 때까지 30년간 말부르크 대학에서 교수로 재직했다. 특히 히틀러가 독일을 통치하던 시기에 그는 나치에 저항하는 독일 프로테스탄트 교회 운동인 고백교회에 참가했고, 나치 이데올로기에 맞도록 신학을 수정하라는 지시를 거부했다.

그러나 무엇보다 불트만의 대표적 사상은 '비신화화'에 있었다. 그는 동정녀 탄생, 성육신, 부활 등과 같이 신약성경의 많은 부분이 신화적인 요소들로 가득차 있어 이를 20세기 현대인들에게 맞게 실존주의적 입장에서 재해석해야 한다고 주장했다. 또한 그는 예수는 교회의 선포(케리그마)를 통해 재해석되었기 때문에 역사적 예수가 아니라 초월적인 예수에 대해 관심을 가져야 한다고 하여 '예수의 역사성'을 부인하였다.

불트만의 이런 신학적 주장은 당시 학계에 엄청난 파문을 일으켰고, 독일과 미국 등지에서 모든 신학 전개의 출발점이 되었다. 이리하여 그를 따르는 제자들에 의해 〈불트만 학파〉가 생겨나게 되었다. 그는 1976년 7월 30일 노환으로 숨을 거둘 때까지도 말부르크를 떠나지 않고 제자들과 신학적 토론에 참여하기를 주저하지 않았다. 대표적 저서로는 「Geschichte der synoptischen Tradition(공관복음서 전승사)」(1921년), 「Jesus(예수)」(1926년), 「Kerygma und Mythos(케리그마와 신화)」 등이 있다.

루이스 벌코프(Louis Berkhof) 네덜란드 태생의 미국 칼빈주의 신학자(1873-1957년). 어릴 적 미국으로 이주하여 기독교 개혁교회를 다녔다. 자라서 칼빈신학교와 프린스턴 대학원을 졸업하고 목회자가 되었다. 그 후 1906년 칼빈신학교 교수가 되었고, 그 후 30년 동안 조직신학을 가르쳤는데, 당시 개혁주의 설교가들 중 그의 가르침을 받지 않은 사람이 없을 정도였다. 그는 당시 찰스 하지나 워필드(B.B. Warfield)와 같은 미국 내 칼빈주의 신학자와도 교류가 있었으나 이보다는 네덜란드 칼빈주의자인 아브라함 카이퍼나 헤르만 바빙크(H. Bavinck)의 영향을 많이 받았다.

대표적 저서로는 「Reformed Dogmatics」(전3권, 1932년)가 있다. 이 책은 「Manual of Reformed Doctrine, 기독교 신학개론」(1933년)이라는 요약본으로도 발행되어 오늘날까지 개혁주의 신학교 교재로 많이 사용되고 있다.

루터(Luther) → '마틴 루터'를 보라.

루터교(- 敎, Lutheran Churches) 마틴 루터의 종교개혁에서 시작된 교파. '오직 믿음으로' (Sola Fide), '오직 은총으로'(Sola Gratia) '오직 성경으로'(Sola Scriptura)라는 3대 기치를 내걸고 바른 교회로 돌아가기 위해 시작된 순수 복음 운동에서 출발하였다. 로마 가톨릭과 그리스 정교회를 제외한 기독교 계파 중 가장 교세가 크고 역사가 오래된 교파다.

1. 명칭 – 루터의 종교개혁 후 1530년 아우구스부르크 제국의회에서 아우구스부르크 신앙고백이 확정되면서 루터교의 신조가 형성되었다. 처음에는 '루터란'(Lutheran)으로 불렸는데, 이는 개혁을 반대하는 가톨릭 교도 사이에 '루터를 따르는 놈들'이란 경멸적 의미로 사용되었다. 대신 루터교에서는 〈보편적 복음주의 교회〉혹은 〈사도적 보편교회〉란 명칭을 사용했다. 그러다 17세기 이후 루터교 신자 사이에서 '루터 파'(Lutheran)란 명칭이 자랑스럽게 사용되기 시작했다.

2. 전파 – 루터의 개혁 운동은 16세기 북유럽, 즉 스웨덴(1527년), 덴마크와 노르웨이(1536년), 아이슬란드(1539년)를 비롯하여 프로이센(1525년), 발틱의 여러 지방(1523-39년), 동유럽의 헝가리(1543년), 트랜실베니아(1545년)에 큰 영향을 주었다. 반면, 이탈리아, 스페인, 프랑스에는 별다른 영향을 미치지 못했다. 미국과 오세아니아 주의 루터교는 주로 이민자들에 의해 전파되었다. 그리하여 1748년 미국에서는 최초로 루터교 대회가 열리게 되었다. 또 1세기 후에 독일 작센 주에서 750여명의 종교 이민자들이 미국 미주리 주로 이주하였고 1847년에 미주리 시노드(Luthern Church Missouri Synod, LCMS)를 개최하였다. 〈기독교한국루터회〉는 이 루터 파의 선교를 통해 이루어졌다. 한편, 아시아와 아프리카의 루터교회는 주로 유럽과 미주 지역에서 파송된 선교사를 통해 세워졌다.

3. 교리 – 루터교는 모두 9개의 신앙고백문으로 이루어져 있는데 이 고백문을 '협서'(Book of Concord, 1580년)라 부른다. 이 중 모든 루터교가 공통적으로 받아들이는 교리는 초대교회의 신조인 사도신조, 서방교회의 '니케아 신조'와 '아타나시우스 신조', 그리고 루터가 자신의 신앙고백을 정리한 아우구스부르크 신앙고백(Augsburg Confession)이다. 이들과 더불어 루터의 대(大) 교리문답과 소(小) 교리문답은 교리적 측면에서 루터교의 정체성을 가장 잘 대변하고 있다.

4. 교세 – 루터교는 세계에 약 7,600만 명의 신자를 가지고 있다. 주요 국가별로는 독일 3,760만, 미국 890만, 스웨덴 700만, 핀란드 460만, 덴마크 450만, 노르웨이 350만, 인도네시아 126만 명 등이다. 이를 대륙별로 보면 유럽이 6,040만, 북아메리카 920만, 남아메리카 180만, 아시아 220만, 아프리카 180만, 오스트레일리아 50만 등이다.

이상의 통계를 보면, 루터교는 지리적으로 북유럽과 서유럽에 많이 분포되어 있으며, 독일과 스칸디나비아인 이주민이 세운 신생국에도 많다. 스위스, 베네룩스 3국, 스코틀랜드처럼 개혁주의 신앙이 우세한 곳에서는 루터교가 약하나, 영국과 영연방 국가들처럼 성공회가 우세한 곳에서는 성공회 다음으로 영향력이 강하다.

■**루터교 세계연맹**(Lutheran World Federation, LWF) – 선교와 교회 사명을 수행하고, 교회의 연합과 일치 운동을 위해 세계의 여러 루터교회와 그룹을 지원하고 협력할 목적으로 설립된 단체. 본부는 스위스 제네바에 있으며 124개국 루터교회가 가입하고 있는데 이는 전 세계 루터란의 94%에 해당한다. 한국 루터교회는 1972년에 가입하였다.

루터란아워(Lutheran Hour) 복음 전도를 위해 1930년 루터교 평신도연맹에 의해 설립된 국제 전도 방송 프로그램. 1935년 두 개의 방송국을 통해 복음 프로그램을 시작했고, 1940년에 국외방송을 내보내 171개 방송국들이 이 프로그램을 방송하게 되었다. 그 후 1950년 '그리스도를 모든 나라에' 라는 방송이 36개 언어로 52개 국 1,200여 개의 방송국에 의해 방송되었다. 오늘날 종교 방송, 상업 방송, 일반 방송을 통틀어 전 세계에서 가장 널리 방송되는 정규 라디오 프로그램이다.

■한국 루터란아워(韓國 -) - 1959년 11월 6일 첫 방송이 시작되어 남한을 비롯한 북한, 중국에까지 방송되었다. 이때 방송된 '이것이 인생이다' 라는 프로그램 중 〈세파의 물결 속에서〉는 무려 400회 넘게 매주 방송되었다. 그 후 1966년 지원용 목사의 단상 '자유의 중요성' 이 15년 동안 방송되었다. 이외에도 KBS 라디오와 동양 TV방송을 통해 루터에 관한 특집극이나 크리스마스 특집, 어린이 영화 등이 방송되기도 했다. 본사는 서울시 용산구 소월로 2길 21-11 (후암동)에 소재한다.

루터대학교(- 大學校, **Luther University**) 루터교 목회자를 양성하는 교육기관. 1962년 처음 신학 교육을 실시하여 1966년 3월 서울시 용산구에 〈루터교신학원〉이 설립되었다. 1980년 〈루터신학교〉, 1997년 〈루터신학대학교〉로, 2003년 6월 현재 교명인 〈루터대학교〉로 개명하였다.

'기도의 사람, 학문의 사람, 실천의 사람'을 교훈으로 삼으며, 특히 루터교 신학의 형식적 원리인 〈성서만으로〉와 실질적 원리인 〈신앙 의인〉을 학문 연구의 목표로 삼는다. 미국의 컨콜디아대학교, 일본의 루터학원대학, 독일의 미시온베르크 등 외국 대학 및 기관과 학술교류협정을 맺고 있다. 매년 5월의 장미축제와 10월의 종교개혁제는 유명하다. 현재 경기도 용인시 기흥구 금화로 82번길 20 (상갈동)에 있다.

르네상스(**Renaissance**) 프랑스 말로 '재생' 이란 뜻. 우리말로는 주로 '문예 부흥'으로 번역된다. 14-16세기에 이탈리아를 중심으로 발생한 문화 갱신 운동이다. 중세기 신(神) 중심의 문화에서 탈피하여 그리스·로마 시대의 인간 중심 가치관으로 돌아가자는 운동이다. 그래서 르네상스 운동은 '현실적, 합리적, 과학적 사고'를 중시하였으며, 그 목표는 휴머니즘, 즉 인간성을 회복하는 데 있었다. 이런 르네상스 운동은 문학·정치·과학과 기술·예술과 건축·철학 등 모든 분야에 걸쳐 다양하게 나타났고, 영국·독일·프랑스·스페인 등 유럽 여러 나라에 급속하게 파급되었다. 그 결과 르네상스 운동은 사회적으로는 근대 자본주의, 정치적으로는 민주주의, 학술적으로는 휴머니즘, 문학예술 분야에서는 리얼리즘의 토대를 놓게 되었다. 그러나 무엇보다 르네상스 운동은 신학을 학문의 대상으로 여겨 성경 연구의 지평을 열어 주었고 이는 훗날 종교개혁의 기반이 되었다.

림보(**Limbo**) 라틴어로 '변방'(edge), '경계'(border)란 뜻. 가톨릭에서 천국도 아니고, 지옥도 아니며, 연옥도 아닌, 죽은 자들이 가는 변방의 어떤 영계(靈界)를 가리킨다. 중세 가톨릭의 스콜라 신학자 피터 롬바드(Peter Lombard, 1095-1164년), 토마스 아퀴나스(Thomas Aquinas, 1225-1274년) 등에 의해 주장되었고, 제4차 라테란 공의회(The Fourth Lateran Council, 1215년), 리옹 공의회(The Council of Lyons, 1274년), 프로렌스 공의회(The Council of Florence, 1439년) 등에서 결의되었다.

림보는 '선조 림보'와 '유아 림보'로 구분된다. 전자는 예수께서 오시기 전의 의인들이 죽어 머물던 장소이며, 후자는 사산된 영아나 영세를 받지 못하고 죽은 영아들이 머무는 장소를 말한다. 가톨릭은 이런 아이들이 원죄는 있지만 자범죄가 없기 때문에 지옥 형벌은 가당치 않다고 주장한다. 하지만 성경은 최후 심판 후에는 천국과 지옥 이외의 다른 세계는 없음을 분명하게 가르친다.

마녀(魔女, **witch**) 악마와 어울리며 마력으로 악을 행하고 이단 사설을 퍼뜨린다는 여자. 고대 이집트나 인도에 있었고, 중세기에 유럽에 많았다. 주문이나 주술로 사람들을 현혹시켜 사회에서도 지탄을 받았고, 성경도 이를 엄히 금한다(출 22:18; 레19:31). 그러나 중세기에는 정치적, 사회적 이유로 무고한 자를 마녀로 몰아 잔인하게 죽이는 사례도 많았다. 오늘날 '마녀 사냥' 이란 용어는 이런 배경에서 나온 표현이다.

마니교(- 敎, **Manichaeism**) 3세기에 페르시아에서 발생한 이원론적 종교. 페르시아의 조로아스트교에서 파생되었으며, 불교와 기독교를 가미한 일종의 혼합 종교다. 창시자는 마니(Manes). 마니교는 선신(善神)과 악신(惡神)의 두 신을 숭배

용어상식

마리아 숭배(- 崇拜, Mariolatry)

예수의 어머니 마리아를 흠 없는 성모(聖母)로 공경하고 예배하는 가톨릭 교리.

마리아 숭배와 관련된 가톨릭 교리를 살펴본다.

1. 하느님의 어머니 마리아(Mary, mother of God) - 가톨릭은 예수가 성자 하느님이기 때문에 예수를 낳은 마리아를 하느님의 어머니(Mother of God)로 부른다(가톨릭 교회 교리서 495, 509조). 에베소 공의회(Council of Ephesus, 434년)에서 처음 결의되어 칼케돈 공의회(Council of Chalcedon, 451년)에서 재확인되었다.

2. 원죄 오염 없는 잉태설(Conception without Original Sin) - 마리아에게 불멸의 영혼이 주입되어 예수를 잉태할 때 원죄로부터 자유로운 존재가 되었다는 주장(가톨릭 교회 교리서 411, 491, 492, 508, 966조). 중세 대표적 가톨릭 신학자 토마스 아퀴나스(Thomas Aquinas, 1225-1274년)에 의해 처음 주장되었고, 거의 600년 후인 1854년 12월 8일 교황 비오 9세(Pius IX)가 재확인하였다.

3. 평생 무죄설(No any personal sin) - 마리아가 하느님의 특별한 은혜를 입어 지상 생애 동안 어떤 죄도 범하지 않았다는 주장(가톨릭 교회 교리서 411, 508조).

4. 평생 처녀설(Perpetual Virginity) - 마리아가 평생 처녀로 지냈다는 주장(가톨릭교회 교리서 499, 500, 501, 501조). 칼케돈 공의회(451년)에서 인준되었고, 제2차 바티칸 회의(1960년)에서도 결의되었다.

5. 마리아 승천설(Assumption of Mary to Heaven) - 마리아가 죽은 후 아들 예수께서 육체와 영혼을 천국으로 데려갔다는 주장(가톨릭교회 교리서 966조). 248대 교황 베네딕트 14세(Benedict XV, 1740-1758년 재위)가 처음 제의했고, 1950년 11월 1일 교황 비오 12세(Pius XII, 1876-1958년 재위)가 선포했다. 가톨릭에서는 8월 15일을 마리아가 승천한 날로 지킨다.

6. 하늘의 여왕(Queen of Heaven) - 마리아가 승천하여 하늘의 여왕으로 추대되었다는 주장(가톨릭교회 교리서 966조).

7. 마리아 보호설(Mary's Protection of Believers) - 마리아가 신자를 지키고 보호한다는 주장. 교황 요한 바오로 2세는 피격 후 성모 마리아가 자신을 지켰다고 고백했다.

8. 마리아 숭배(Mariolatry) - 마리아를 신격화하여 예배하는 행위. 칼케돈 공의회(451년)에서 처음 제정되었다. '성모송'은 마리아를 숭배하는 대표적 찬양이다

하며, 현세는 선과 악의 두 세계가 공존하나 종말에는 선신이 승리하고 선한 세상이 온다는 사상을 믿었다. 경전으로는 마니가 죽기 전에 유언한 것을 기록으로 남긴 일곱 권의 책이 있는데, 육식과 음주, 육체를 더럽히는 욕정을 금하는 등 계율이 엄격했다. 한때는 중앙아시아를 비롯하여 로마 제국에까지 영향을 끼치는 등 교세가 막강했으나 1209년 유럽(남프랑스)에서 일어난 이단 박멸 운동으로 서서히 쇠퇴하기 시작하여 1244년에는 거의 소멸되었다. 그러니 이탈리아에서는 15세기까지도 지속되었다.

마카베오, 마카비(Maccabees) 주전 2세기경 수리아의 지배 때 유대 민족 지도자. 제사장 맛다디아의 아들로 본명은 '유다.' 이름은 '망치를 든 자' (혹은 '여호와여 신 중에 주와 같은 자 누구니이까')란 뜻인데 하스모네가 붙여준 별명이다. B.C. 171년 수리아 왕 안티오쿠스 에피파네스 4세는 이집트를 물리치고 이스라엘을 지배한 뒤 예루살렘 성전 마당에 제우스 신상을 세우며 돼지 피로 제사를 드리게 하고 할례를 금하는 등 온갖 이방 제도를 법제화했다. 이에 많은 순교자들이 나오자 B.C. 168년 맛다디아와 그의 아들들은 혁명을 일으켜 20년간 수리아에 저항하며 백성을 구원하였다.

마침내 B.C. 165년에 수리아를 물리치고 더럽혀진 성전을 정화하여 하나님께 봉헌하게 되었는데, 이를 '수전절'(修殿節, 하누카, Feast of Dedication)이라 한다(요10:22; 마카비상4:52-59; 마카비하10:5). 이 신앙 운동은 맛다디아의 아들 유다(마카베오), 요나단, 시몬으로 이어졌고, 이스라엘이 로마 제국에 정복되기까지 거의 백년 동안 마카베오 가문의 유다 통치가 계속되었다. 「마카베

오상·하는 그의 활약을 기록한 외경(外經)이다.

마틴 로이드 존스(David Martyn Lloyd Jones) 영국 복음주의 설교가. 저술가. 웨일즈 학파의 대표적인 회중교회 목회자(1899. 12. 20.-1981. 3. 1.). 원래 외과의사였으나 40세에 목사가 되어 1968년 은퇴하기까지 30년 동안 런던 웨스트민스터 채플에서 캠벨 몰간의 뒤를 이어 목회자요 설교가로 활동하였다.

그의 설교는 인간 감정에 호소하는 감성적인 설교가 아니라 거룩하신 하나님을 만나는 경험을 통해 하나님에게 집중하고 하나님을 알게 하는 데 초점이 맞춰져 있었다. 그래서 그는 유명 인사의 간증 행위를 '종교 오락', 신자들의 구미에 맞는 설교를 '종교 서비스'라 하여 철저히 배격했다. 또한 틈틈이 미국과 유럽을 다니며 강해설교를 하였다. 특히 미국 필라델피아에 있는 웨스트민스터 신학교에서 강연한 내용을 출판한 「목사와 설교」는 명저로 알려져 있다. 뿐만 아니라 그는 경건 서적과 주석을 통해 큰 영향을 끼쳤는데, 그의 저서는 평범하면서도 반복되는 것이 특징이다.

그는 복음의 영광이 흐려지고 복음의 필연성이 왜곡되며 복음의 능력이 무시되는 이 시대에 복음의 진수를 말하는 진실된 복음 전도자였다. 저서로는 「목사와 설교」, 「은혜와 기적」, 「하나님 나라」, 「로마서강해」, 「사도행전 강해시리즈」, 「설교와 설교자」, 「내가 자랑하는 복음」, 「십자가」, 「예수 그리스도」 등이 있다.

마틴 루터(Martin Luther) 독일 종교개혁자. 신학자(1483-1546년). 기독교 합창음악의 시조.

1. 출생 - 1483년 11월 10일 독일 아인스레벤에서 광부인 한스 루터와 마가레트 루터 사이에 태어났다. 루터의 부모는 독실한 신앙인으로서 가정은 가난했으나 교육열은 대단했다.

2. 학창 시절 - 루터는 18세 때 당시 유럽에서 가장 유명한 에르푸르트(Erfurt) 대학 문학부에 입학하여 철학과 헬라어를 배우고 1502년 졸업했다. 1505년 1월에는 2등으로 석사 학위를 받았다.

3. 신부 서품 - 루터는 1505년 7월 2일 죽음의 문제에 대한 체험 등이 계기가 되어 수사가 되기로 서원하였다. 이 서원으로 루터는 법학을 포기하고 1506년 에르푸르트 수도원에 들어가 수도사가 되었다. 그 후 신학을 공부하고 1507년 4월 3일 가톨릭 신부로 서품되었다.

4. 교수 루터 - 1508년 루터는 신앙과 사상의 선배로 에르푸르트 대학 학장을 지낸 존경하는 요한네스 폰 쉬타우피처의 추천에 의해 비텐베르크(Wittenberg) 대학 문학부에서 철학을 강의하면서 지속적으로 신학을 연구했다. 1512년 10월 19일에는 신학박사 학위를 받고 동 대학 신학부 교수가 되었다.

5. 종교개혁 - 이후 루터는 오랜 성경 연구 끝에 이신득구(以信得救, Salvation by Faith only)의 진리를 깨닫고 1517년 10월 31일 교황이 발행한 면죄부를 반박하는 〈95개 신조(Theses)〉를 비텐베르크 성의 교회 정문에 게시하였다. 그 반박문은 2주도 지나지 않아 독일 전역에 배포되었고, 이듬해 가을에는 〈95개 신조〉 해명서가 전 유럽으로 불길같이 퍼져나갔다.

6. 파문 - 이에 1520년 교황은 교서를 내리고 루터를 소환하려 했으나 오히려 루터는 교황의 교서를 불태웠다. 결국 1521년 1월에 교황청은 공식적으로 파문 칙서를 발표하기에 이르렀다. 그해 4월 독일 황제는 보름스 제국회의에서 루터를 공권상실자로 규정하고 그의 저서들을 열람하지 못하도록 칙령을 내렸다. 이에 루터가 생명의 위협을 받게 되자 작센 주의 선제후 프레데릭은 루터를 몰래 납치하여 바르트부르크 성에 피신시켰다.

7. 성경 번역과 찬송 작시 - 1523년 1년여 기간 동안 루터는 바르트부르크 성에 머물며 독일어 성경을 번역하였다. 이 어간에 루터는 틈틈이 주옥같은 아름다운 찬송시들을 작시, 작곡하였다. 또한 동료들을 격려하여 찬송시들을 쓰게 하였다. 그리하여 1524년 첫 번째 프로테스탄트 찬송가집이 탄생했다. 거기에는 우리에게 잘 알려진 '내가 깊은 곳에서'(363장), '내 주는 강한 성이요'(585장) 등이 있다.

8. 결혼 - 1526년 6월 13일 루터는 가톨릭 수녀인 카테리나 폰 보라와 결혼하여 가정을 이루었다. 그는 가정 생활을 정치 생활, 교회 생활과 함께 기독교인이 세상을 살아가는 데 가장 중요한 3개 조직으로 생각하였다.

9. 신학 논쟁과 신학 정립 - 1529년 루터는 마르부르크 회의에서 성만찬의 견해가 일치하지 않자 개혁주의자 쯔빙글리와 결별하였다. 그리고 1530

년에는 여전히 공권상실자로 행동이 자유롭지 못해 멜란히톤을 시켜 아우구스부르크 제국회의에서 〈아우구스부르크 신앙고백〉을 탄생시켰다. 이 신앙고백은 루터주의의 규범을 대표하는 것이며 종교개혁을 신학적으로 정리한 중요한 문서였다.

10. 말년 – 1546년 루터는 두 영주의 분쟁을 조정하러 가던 중 과로가 겹쳐 자신이 태어난 아인스레벤에서 2월 18일 63세를 일기로 숨져 비텐베르크 교회에 안장되었다.

마틴 부처(Martin Bucer) 16세기 종교개혁자(1491-1551년). 종교개혁자들 사이의 신학적 갈등을 해결하는 일에 앞장선 인물로 유명하다. 1491년 11월 11일 프랑스 알사스의 셀르스타에서 출생했다. 15세 때인 1506년 도미니크 수도회를 거쳐 1507년 독일 하이델베르크 대학교에 들어갔다. 여기서 독일 인문주의자 에라스무스(Erasmus)와 종교개혁자 루터의 사상에 정통하게 되었다.

1521년 도미니크 수도회를 탈퇴했고, 같은 해에 수녀인 엘리자베스 지베라이젠과 혼인했다. 1522년 팔라틴에 속한 란드슈툴의 목사가 되었다. 1523년 교회에서 파문을 당하자 스트라스부르로 가서 교회 개혁에 힘을 쏟으며 지적 재능과 열정을 인정받아 프로테스탄트 개혁가의 길을 가게 되었다.

1524년 성찬 문제로 루터와 쯔빙글리가 논쟁을 벌일 때 중재를 시도하였으며, 1531년 쯔빙글리가 죽자 스위스와 남부 독일의 종교개혁 지도자로 부상하였다. 1539년 칼빈이 제네바에서 추방되어 스트라스부르로 오자 그곳에서 3년간 칼빈으로부터 목회에 관해 배웠다. 1548년 신성로마제국 황제 카를로스 5세와 대립하던 부처는 때마침 영국 캔터베리 대주교 토마스 크랜머(T. Cranmer)의 초청으로 1549년 아우구스부르크를 떠나 영국에 머물며 종교개혁에 많은 영향을 주었다. 또 케임브리지에서 신학생들을 가르치기도 했으나 1551년 병을 얻어 죽음을 맞고 케임브리지 대학교 교회 묘지에 묻혔다. 유작으로 「그리스도의 치리」가 있다.

만주봉천신학교(滿洲奉天神學校) 1940년 만주국 포교 관리자인 정상인 목사가 만주 봉천시 대화구 서탑교회에 설립한 신학교. 1942년 4월 봉천시 황구룬구 대원가에 본관과 기숙사를 신축하여 신입생을 받았다. 이때 일본 동경에 있던 박형룡 박사가 합류했고, 박윤선 박사를 비롯한 여러 학자들이 전임교수로 학생들을 가르침으로써 학교의 틀을 갖추게 되었다. 그러다 해방과 더불어 신학교는 〈동북신학교〉로 교명을 바꾸게 되었다.

말일성도 예수 그리스도 교회(末日聖徒 – 敎會, Church of Jesus Christ of Later Day Saints) → '모르몬교'를 보라.

메노나이트(Mennonite) 네덜란드 종교개혁자 메노 시몬스(Menno Simons, 1496-1561년)의 평화신학을 따르는 제자들이 그의 이름을 따서 만든 재세례파 운동의 최대 교파. 시몬스는 온건한 가톨릭 사제로, 뮌스터 농민혁명으로 재세례파가 어려울 때 북유럽에 흩어진 재세례파 교도를 규합해 교회를 세웠는데, 이것이 메노나이트란 재세례파가 되었다. 메노나이트 교회는 네덜란드를 중심으로 북유럽에 흩어져 있다가 1663년부터 신앙의 자유를 찾아 미국과 캐나다로 떠났다. 폴란드 북부 비수아 강 유역의 메노나이트 공동체는 1788년에 신앙의 자유를 인정하는 제정 러시아(오늘날 우크라이나)로 이주하여 일부가 미국에 정착하였다.

이들은 국가와 교회의 분리를 주장하며 외부와는 단절하고 엄격한 규율로 집단 생활하는 특징이 있다. 그래서 미국 독립전쟁과 제1차 세계대전 때는 종교적 비폭력주의(평화주의)를 주장하면서 병역을 거부하여 박해를 받기도 했다. 오늘날 네덜란드와 미국, 캐나다, 남미 등지의 여러 곳에 큰 공동체를 이루고 있으며, 특히 양심적 병역 거부가 법적으로 인정받아 대체 복무를 하는 등 종교의 자유를 인정받고 있다. 이들은 아미시, 후터라이트, 브레드런, 퀘이커 등과 함께 재세례운동의 교파이며, 전세계에 180만 명의 메노나이트가 있다. 한국에는 한국메노나이트교회연합(MCSK)이 있다.

■**한국의 메노나이트**(韓國 –) – 우리나라에서는 6.25 전쟁 중이던 1951년 메노나이트중앙재단(Mennonite Central Committee)에서 데일 네블(Dale Neble)을 비롯한 메노나이트 선교사들이 대구와 부산에 파송되어 구호 활동을 펼치고 무료 직업학교를 운영하였다. 특히 1953년 2월 설립한 직업학교를 통해 고아들에게 일반 지식과 다양한 직업 기술을 가르쳤다. 이들은 MCC의 정신에 따라 교회 개척을 하지 않았으며, 1971년에 모든 자산과

활동을 한국인에게 이양하고 20년만에 한국에서 철수했다. MCC는 현재 춘천에 동북아시아지부를 두고 있다. 한국메노나이트교회연합은 2016년 2월 제주에서 창립총회를 가졌고, 전국에 4개 교회가 있다. 도서출판 대장간에서 메노나이트 아나뱁티스트 관련 도서를 출판하고 있다. 2012년 CTS 방송사는 미국 메노나이트 선교사 40명을 초청해 서울시 소공동 롯데호텔 크리스탈 볼룸에서 환영 감사예배를 드리기도 했다. → '재세례파'를 보라.

면죄부(免罪符, indulgence) 가톨릭교회에서 죄가 사면되었음을 증명하기 위해 교황의 이름으로 발행한 증명서. '면벌부'(免罰符), '속죄부'(贖罪符)라고도 한다(가톨릭에서는 'indulgence'가 '관대한 용서'란 뜻의 라틴어 indulgentia에서 온 말로서, '대사'〈大赦〉로 해석한다. '대사'는 벌을 사면해 주지만 죄 자체를 사면할 효력은 없어 '면벌부'가 옳다고 주장한다). 가톨릭에서는 고해성사에서 죄를 참회하면 사제의 기도를 통해 죄를 용서받지만 죄의 벌은 여전히 남아 있으므로 기도나 선한 행실을 통해 갚아야 한다고 가르쳐 왔다.

그러나 중세 말기 교황청 재정이 부실하고 무엇보다 베드로 대성당을 건축하면서 건축비 충당이 어려워지자 교황청에서는 벌을 면제받기 위해서는 기도나 선행과 더불어 헌금의 중요성을 강조하게 되었다. 그리고 죄가 사면되었음을 증명하는 면죄부까지 발매하게 되었다.

이 면죄부는 11세기 남부 프랑스에서 처음 사용되었는데, 교황 식스투스 4세는 이미 죽어 연옥에 있는 자들에게까지 면죄부가 유효하다고 선포함으로써 면죄부 판매를 부채질하였다.

특히 독일에서는 마인츠의 대주교이며 선제후인 알베르트(Albert)가 고위 성직 임명을 받기 위해 교황에게 뇌물을 상납하려고 푸거(Fugger) 가문에 빚을 지자 그 빚을 갚으려고 면죄부 판매에 열을 올려 물의를 빚고 있었다(그는 면죄부 판매 수익금의 절반을 전용할 수 있는 권한이 있었다).

또한 독일에서 면죄부를 판매하던 도미니쿠스회 수도승인 테첼(Johann Tetzel)도 면죄부 판매(가톨릭에서는 독일 주교들의 '현금 대사 남용'이라 부른다)를 위해 온갖 비신학적 주장으로 민심을 혼란하게 하였다. 독일에서 제일 먼저 면죄부 판매에 대한 이의 제기(루터의 95개 조항)와 종교개혁이 촉발된 데는 이런 배경이 있었다. 이후 트리엔트 공의회(Council of Trient, 1545-1563년)에서 면죄부의 폐단과 규제가 제기되면서 면죄부 발행과 판매는 점점 사라지게 되었다.

명지대학교(明知大學校, Myongji University) 1948년 7월 21일 서울 북창동에 설립된 기독교 대학. 〈서울고등가정학교〉로 설립되어 김재준 목사가 초대 교장에 취임했다. 1955년 〈서울여자초급대학〉으로 학제를 개편하였고, 1963년 9월 법인 명칭을 〈명지학원〉으로 변경했다. 1967년 5월 서울시 홍은동에 캠퍼스를 신축하여 이전하였고, 1968년 서울시 남가좌동에 명지종합캠퍼스가 조성되어 1983년 명지대학교로 승격하였다. 1989년에는 이과·공과·예체능대학을 중심으로 자연대학 캠퍼스가 경기도 용인시 처인구 명지로 116에 조성되었다. 서울 캠퍼스는 서울시 서대문구 거북골로 34(남가좌동 5-269번지)에 위치해 있다.

모라비아 교회(- 敎會, Moravian Church) 1457년 보헤미아 쿤발트(Kunvald)에서 형성된 기독교 일파. 50여년 전 보헤미아 출신으로 개혁 운동을 하다 화형당한 얀 후스(Jan Huss, 1370-1415년)를 추종하여 결성된 단체다. '보헤미아 형제단'(Bohemian Brethren)이라고도 한다.

이들은 '산상수훈'을 바탕으로 사도 시대(使徒時代)의 소박하고 순수한 신앙 생활을 재건하기 위해 교단을 설립했다. 또 군 복무와 도시 생활을 거부하며 시골에서 청교도적인 삶을 살았고, 교리는 명확 간결했다. 당시 가톨릭과는 다른 감독(목사)·장로·집사 직분을 제도화하여 장로 제도를 채택했고, 최고 의결 기구로 대회제를 실시했다.

뿐만 아니라 가정 예배를 중시하였고, 유아 세례를 베풀었다. 또 청소년 교육에 힘쓰면서 1501년 최초의 〈신약 찬송가집〉을 냈고, 1593년에는 최초의 〈체코어 성경〉도 출간하였다. 그래서 이들은 종교 개혁 이전의 프로테스탄트로 불렸으며, 이런 개혁의 불씨는 훗날 루터나 칼빈의 종교개혁에도 큰 영향을 미쳤다. 16세기 중반까지 체코 일대에 200개 교회 10만 신도의 교세를 형성했는데, 이는 체코 주민 90%에 해당되는 숫자였다. 그러다 17세기 중엽 30년 전쟁 때 지도자 코메니우스가 죽자 보헤미아에서 피난 온 형제단은 작센에서 경건주의자 진젠도르프(Nikolas Ludwig Zinzendorf) 백작을 만나면서 새롭게 금욕적 신앙 공동체를 형성하게 되었다. 여기에 독일에서 이주해 온 루터파 형제들도 가세하였는데, 이들을 가리켜 '모라비아 형제단'(Moravian Brethren)이라 부른다. 이후 형제단은 아프리카, 인도, 서인도 제도, 알래스카 등지에 많은 선교사들을 파송하였다. 현재까지도 신도의 과반수는 북아메리카에 살고 있다. 감리교회의 창시자 존 웨슬리(John Wesley)가 이들에게 감화를 받고 회심한 것은 유명하다. → '진젠도르프'를 보라.

모르몬교(- 敎, **Mormonism**) 1830년 4월 6일 미국 뉴욕에서 조셉 스미스 2세(Joseph Smith Jr.)가 세운 이단 종파. 초대교회 사도 시대의 권위와 조직을 회복하겠다는 취지에서 설립되었다. 우리나라에서는 〈말일성도(末日聖徒) 예수 그리스도 교회〉(Church of Jesus Christ of Later Day Saints, LDS Church)라 불렸는데, 2005년 7월부터 〈예수 그리스도 후기성도교회〉로 부른다.

1. 역사 – 1823년 9월 21일 미국 북동부 뉴잉글랜드 지방 버몬트 출신인 조셉 스미스는 숲에서 기도하던 중 천사 모로나이(Moroni)의 지시로 땅에서 금판을 발굴하고 예언자로 부름받았다. 그 후 1830년 그는 이 금판을 번역하면서 본격적으로 전도 활동에 나섰다. 이렇게 번역된 책이 모르몬교의 경전인 〈모르몬경〉(Book of Mormon)이다.

이 경전은 그들에게 성경과 동등한 권위를 갖고 있다. 모르몬교는 종교 공동체를 이루면서 독자적인 신정정치(神政政治)를 실시했는데, 이는 자연히 이웃들과 갈등을 초래했다. 그래서 이들은 여러 차례 공동체를 옮겨 다녔으나 1844년 조셉 스미스는 형 하이럼 스미스(Hyrum Smith)와 함께 주민들로 구성된 민병대에게 살해당했다. 그 후 후계자 브리엄 영(Brigham Young)이 1847년 공동체를 유타 주 솔트 레이크 시티(Salt Lake City)로 옮겨 정착했고, 거기서 교세를 크게 확장하게 되었다. 오늘날에도 유타 주 주민의 60% 정도가 모르몬교 교인이다.

2. 경전 – 모르몬경. '예수 그리스도의 또 하나의 성약'이란 부제가 붙어 있다. 이 책은 조셉 스미스가 하나님이 보낸 천사 모로나이의 지시로 땅에서 발굴한 금판 원본을 번역한 것이다.

3. 교리 – 이들은 성경과 함께 조셉 스미스가 계시받은 「모르몬경」, 「교리와 성약」(Doctrine and Covenants), 「값진 진주」(Pearl of Great Price)를 4대 경전으로 여긴다. 모르몬교는 기독교 교리는 오류 투성이며 기성 교회는 전통적 관습에 얽매여 잘못된 교리의 지배하에 있다고 주장한다. 그래서 초대교회의 권능과 조직을 회복하기 위해 하나님이 자신을 선지자로 보냈다고 말한다.

이들은 그리스도를 구세주로 여긴다는 점에서는 기독교와 같지만 사도 시대 이후의 모든 기독교 역사는 부정한다는 점에서 가톨릭이나 기독교와는 큰 차이를 보인다. 그래서 삼위일체를 부인하고, 생전의 도덕적 생활 여부로 천국과 지옥이 결정된다고 주장한다. 또한 구원받은 자녀를 많이 출산하는 것이 하나님이 뜻이라 하여 일부다처제를 주장했으나 미국 국법에 배치되어 결국 1890년에 폐지되었다.

4. 조직 – 모르몬교는 보수를 받는 직업 성직자는 없고 경제력 있고 자원하는 평신도가 중심이 되어 교회를 운영한다. 가정을 교회의 기초 단위로 여기며, 200-400명 정도의 회중(會衆)이 한 교회를 조직한다. 이를 '와드'(Ward)라고 부른다. 이보다 규모가 작은 회중은 '지부'라 부른다. 12세 이상의 남성은 신권(priesthood)을 갖고 교회를 운영한다. 신권은 '아론 신권'(Aaronic priesthood)과 '멜기세덱 신권'(Melchizedek priesthood)이 있다. 전자는 교회의 재정과 행정에 참여하는 권한으로, 나이에 따라 집사·교사·제사·감독의 직분이 있고, 직분에 따라 성찬이나 침례를 베풀 수 있다. 후자는 교회의 영적인 일을 맡는 권한으로서, 장로나 대제사 직분이 여기 해당하는데, 교회의 성사를 담당한다.

5. 교세 – 모르몬교는 해외 선교에 적극적인데, 현재 세계 170여 개 나라에 선교사를 파송하며 교인 수는 대략 1,400만 명에 이른다. 2011년 기준으로 미국에는 600만 명의 모르몬교 신자가 있다.

■**한국의 모르몬교**(韓國 - 敎) – 1927년 하와이에서 침례받은 김재한이 우리나라 최초의 모르몬교 신자로 알려져 있다. 그러나 1951년 미국 유학 중 침례받은 한국인 김호직이 귀국하여 전도 활동한 것이 모르몬교의 시작으로 본다. 그 후 1956년 모르몬교 선교사들이 한국에서 선교 활동을 개시하여 1957년 재단이 설립되었고, 1967년에는 모

르몬경이 한국어로 번역되었다. 현재 우리나라에 10만 명의 신자와 4백여 명의 선교사가 활동한다. 1995년부터는 북한에 곡물, 의약품 등 인도적 사업도 펼친다. 본부는 서울시 종로구 청운동 7가.

모세의 자리(Moses' seat) 랍비들이 회당에서 율법을 가르칠 때 앉는 자리(마23:2). 마치 자신들만 모세의 권위를 독점적으로 계승한 것처럼 오만하게 처신하는 바리새인과 서기관을 꾸짖을 때 예수께서 사용하신 풍자적 표현이다.

목원대학교(牧園大學校, Mokwon University) 미국 선교사 찰스 스톡스(Charles D. Stokes, 한국명 도익서(都益瑞))가 1954년 5월에 설립한 감리교 계열의 대학교. 처음에는 농촌교회 목회자 양성을 위해 기독교대한감리회와 미국연합감리회 세계선교부가 협력하여 〈감리교대전신학원〉(監理敎大田神學園)이란 이름으로 개원했다. 1957년 〈감리교대전신학교〉로 개편되었다가 1965년 〈감리교대전신학대학〉으로 승격되었다. 1972년 일반대학 학과를 신설하면서 〈목원대학〉으로 교명을 변경했고, 1993년 종합대학으로 승격되었다. 현재 신학대학과 신학대학원에서 기독교대한감리회 목회자를 양성한다. 1999년 대전광역시 서구 목원길 21(도안동 800번지)로 이전했다.

몰몬교(- 敎, Mormonism) → '모르몬교'를 보라.

무디(Dwight Lyman Moody) 미국의 복음 전도자. 부흥 설교가(1837. 2. 5.-1899. 12. 22.). 매사추세츠 주 노드필드에서 에드윈 무디와 벤시 무디의 9남매 중 여섯 째로 출생했다. 4살에 부친을 여의고 경제적 어려움을 겪으면서 무디는 동네의 유니테리언 교회에 출석하였고, 이 시기에 최초로 신앙적 감동을 체험했다. 이때 무디는 자신이 출석하는 주일학교에 많은 친구들을 전도했다고 한다. 하지만 생활의 어려움으로 무디는 초등학교를 끝으로 더 이상 교육을 받지 못했다. 1854년 보스턴에서 구두방을 경영하는 외삼촌에게 가서 점원으로 일하게 되었다. 그 후 시카고로 거처를 옮겨 본격적으로 구두 외판으로 일하면서 큰 성공을 거두었다. 그러는 중에도 주일학교 교사로, 주일학교 교장으로 어린이 선교 사역에 헌신했다. 일리노이 주에서 훌륭한 주일학교 운동가로 명성을 떨친 무디는 시카고에서 〈기독청년연합회〉에 적극적으로 참여했고, 1861년 구두 판매업을 중단하고 본격적으로 도시 선교사의 길을 나서게 되었다. 1867년 아내의 건강 문제로 영국을 방문한 것이 계기가 되어 그곳에서 전도 활동을 벌였고 탁월성을 인정받아 1872년 다시 영국으로 가서 전도 활동을 벌였다. 이듬해 무디는 이라 데이비드 생키를 대동하고 영국을 찾았는데, 이때부터 무디와 생키의 관계가 시작되었다.

무디의 단순하고 간결하면서도 힘 있는 메시지와 생키의 영혼을 울리는 듯한 찬송은 많은 사람들에게 큰 감동을 주어 이들이 가는 곳마다 놀라운 부흥의 물결이 일어났다. 1873년 이후 1892년까지 세 차례에 걸쳐 영국을 더 방문하고 복음을 전했다. 그러나 1892년 성지 순례를 마치고 영국으로 귀국하던 중 심장에 이상을 느꼈다. 이후 무디는 무리한 대중 집회보다는 예배를 통해 신자들의 영적 생활을 보살피며 조용하게 사역하다 1899년 11월 16일 미주리 주 캔자스 시에서 예배를 인도하던 중 쓰러져 얼마 후 사망했다.

무디는 교육도 많이 받지 못했으며, 성격이 퉁명스럽고 무뚝뚝하며, 스타일도 그리 세련되지 못했다. 하지만 그는 칼빈주의 신조를 근간으로 성경을 문자적으로 이해하며 예화를 적절하게 잘 사용하였다. 무엇보다 성경 인물 예화를 생동감 있게 잘 전한 것으로도 유명하다. 무디는 자신에게 몰려드는 청중들로부터 영광을 얻으려 하지 않았고, 건전하며 신령하게 전도한 위대한 부흥회 강사요, 최고의 설교가로 평가받고 있다. 1886년에 무디가 선교와 선교사 훈련을 위해 세운 〈무디성서학원〉은 지금도 전액 무료로 운영되며, 전도자와 성경 교사들을 양성하는 기관으로 유명하다. 우리나라에 성결교회 선교사로 온 동양선교회 창시자 '카우만' 과 '킬보른' 역시 이 학원 출신이다.

무속신앙(巫俗信仰, Shamanism) 무당이 초자연적 존재와의 교류를 통해 길흉화복을 예언하거나 질병을 치료하는 우리나라의 원시종교.

무슬림(Muslim) 이슬람교를 믿는 신자. → '이슬람교'를 보라.

묵주, 묵주기도(默珠, bead, Rosary) 로사리오(rosario). 열 개씩 다섯 마디로 둥글게 엮은 염주 형식의 나무알이나 유리 구슬. 묵주를 사용하여 마리아에게 드리는 기도를 '묵주기도'라 한다. 천주교에서 묵주기도를 드릴 때 사용하는 성물로 끝에 십자가가 달려 있다. 라틴어로 '장미화관', '장미 꽃다발'이란 뜻의 '로사리오'(rosary, rosarium)라고도 한다.

1. 형태 – 묵주(로사리오)는 5세트로 되어 있으며 한 세트는 10개의 묵주알로 되어 있다. 또 10개의 묵주알 사이에 큰 묵주알이 하나 있어 5세트로 구분된다. 이는 기도할 때 회수를 세기 위한 것이다.
2. 기원 – 1214년 도미니쿠스회의 창시자 도미니쿠스가 이단자 알비파와 싸울 때 성모 마리아가 나타나 묵주기도를 하라고 계시하여 이때부터 묵주기도가 시작되었다고 한다.
3. 묵주기도 – 여러 형태가 있는데 오늘날과 같은 기도문은 1569년 교황 비오 6세의 칙령으로 이루어졌다. 그 내용은 크게 둘로 구분된다. 하나는 소리기도(염경기도)인데, ① 주님의 기도 1회 암송 ② 성모송 10회 암송 ③ 영광송 1회 암송을 반복하는 기도다. 다른 하나는 마음기도(묵상기도)인데, 예수 그리스도와 그의 어머니 마리아의 행적을 묵상하는 것이다. 이 행적은 크게 '환희의 신비', '고통의 신비', '영광의 신비' 등 세 부분으로 나누어져 있고, 각각의 신비는 5개의 단계별 묵상 주제로 이뤄져 있다. 천주교에서 신앙심 고취를 위해 많이 권장하는 기도다.

물산장려운동(物産獎勵運動) 1920년대 조만식(曺晩植) 등 평양 지역 남녀 기독교 지도자들이 중심이 된 경제적 민족운동. 일제의 식민지 정책이 극에 달한 민족경제 피폐기에 추진된 경제적 각성운동. 이들은 '조선물산장려회'(朝鮮物産獎勵會)를 조직해 국산품 애용, 민족기업 육성, 조선인 실업자 구제, 민족자본의 수용, 근검절약의 결행 등으로 요약되는 경제적 독립을 꾀했다. 1907년경 기독교 민족지도자들 사이에 일어났던 '국채보상운동'과 맥을 같이한다. 1922년 1월 20일 서울에서 물산장려회가 설립되면서 전국운동으로 확산되었다. 물산장려가(物産獎勵歌)도 애창되었다.

밀러(George Müller) → '조지 밀러'를 보라.

미감리회, 미국감리회(美國監理會, Methodist Church in America) 1760년 아일랜드 평신도 전도자 로버트 스트로 브리지와 영국군 장교 토머스 웹(T. Webb)이 개인 자격으로 미국에 처음 소개했다.

1. 교단 설립 – 감리교 창시자 요한 웨슬리(John Wesley)가 1768년 조셉 필무어(Joseph Pilmore)와 리처드 보드먼(Richard Boardman)을 선교사로 공식 파송한 것이 미국 감리교회의 시작이라 할 수 있다. 이어 1771년 미국 감리교회의 가장 큰 지도자로 활약하게 될 프랜시스 애즈베리(Francis Asbury)와 리처드 라이트가 왔다. 그러다 1777년 미국 독립전쟁이 터지면서 애즈베리를 제외한 대다수 영국 감리교 선교사는 본국으로 귀국했다.

전쟁 후 미국에서는 영국과 무관한 독자적인 감리교회를 세우려 했고, 이때 애즈베리는 미국 감리교회와 함께하기로 결심했다. 1784년 볼티모어에서 크리스마스 연회(12월 24일)가 설립되어 독자적인 감리회의 면모를 갖추게 되었고, 1792년에 총회가 조직되어 4년에 한 번씩 소집키로 하였다.

한편, 애즈베리는 순행 전도를 실시하여 많은 전도자들이 서부 개척자들을 따라 서부 지역에까지 전도하면서 미국 감리교회는 큰 부흥이 일어났다. 때마침 일어난 제2차 대각성운동은 이런 감리교 부흥에 더욱 불을 붙였다.

2. 교단 분열 – 성장 후에 분열이 따랐다. 전도자 파송 문제로 교회 정치에 불화가 생기고, 노예 제도 등 사회 문제로 갈등이 격화되었다. 결국 교파 분열이 일어났는데, 〈아프리카인 감리교회〉(1816년), 〈아프리카인 감리교 시온교회〉(1821년), 〈감리교 프로테스탄트교회〉(1830년), 〈웨슬리 감리교회〉(1845년)가 그것이다. 게다가 노예 문제로 남북교회가 분열되어 1844년 〈남감리회〉가 탈퇴했다.

3. 교단 통합 – 남북 전쟁 후 노예 문제가 법적으로 해결되면서 1876년 남부와 북부에서 교단을 통합하려는 시도들이 나타났다. 그러다 1939년에 이르러서야 〈(북)감리회〉, 〈남감리회〉, 〈감리교 프로테스탄트 교회〉가 〈연합감리교〉로 통합되었다. 1946년에는 〈그리스도연합형제교회〉와 〈복음교회〉가 합하여 〈복음연합형제교회〉가 되었다. 그러다 1968년 4월 28일 달라스에서 〈복음연합형제교회〉와 〈연합감리교〉가 또 통합하여 〈미국연합감리교회, United Methodist Church〉를 형성하게

되었는데, 이는 미국 남침례회 다음으로 두 번째 큰 교단이다. 지금도 미국 〈연합감리교회〉는 미국 각계 분야에서 큰 영향을 미치고 있다.

4. 한국과의 관계 - 1885년 미국감리회(북감리회)가 아펜젤러·스크랜튼 부부를, 1896년 미국 남감리회가 리드(Reid) 선교사를 각각 우리나라에 파송했다. 그 후 1930년에는 두 교단 선교부가 연합하여 〈기독교조선감리회〉('기독교대한감리회'의 전신)를 창설하였다. 미국연합감리회는 지금도 〈기독교대한감리회〉와 밀접한 관계를 유지하고 있다. → '남감리회'를 보라.

미국복음주의 루터교회(美國福音主義 - 敎會, American Evangelical Lutheran Church) 1874년 미국으로 이민온 덴마크 사람들에 의해 설립된 교단. 처음에는 〈미국 덴마크인 복음주의 루터교〉라 부르다, 1878년 위스콘신 주 닌나에서 공식적으로 조직을 결성했다. 그 후 1893-1894년에 신학적 문제로 〈미국 연합 덴마크인 복음주의 루터교회〉(후에 연합복음주의 루터교회)와 〈그룬트비파〉로 분열되었다. 1962년에 다른 여러 루터교파들과 함께 미국 루터교회에 통합되었다.

미국성공회(美國聖公會, Episcopal Church in America) 미국에서 가장 오랜 역사를 가진 교단. 1607년 영국성공회 신도들이 미국 동부 버지니아 주 제임스타운(Jamestown)에 정착하여 초대 목사 로버트 헌트(Robert Hunt)와 함께 교회를 설립함으로써 시작되었다.

1784년 코네티컷 주의 사무엘 씨베리(Saumel Seabury) 신부가 미국성공회 초대 감독이 되었고, 미국 독립 전쟁 이후 1789년 미국성공회는 영국성공회로부터 독립하게 되었다. 현재 신도는 대략 250만 명에 불과하나 전 세계 성공회에 미치는 영향력은 상당하다.

미국연합감리교회(美國聯合監理敎會, United Methodist Church, U. M. C.) → '미감리회'를 보라.

미국연합그리스도교회(美國聯合 - 敎會, United Church of Christ) 1975년 6월 25일 오하이오 주 클리블랜드(Cleveland)에서 〈회중 기독교회〉(Congregational Christian Church, 영국과 뉴잉글랜드 청교도들이 17세기에 세운 칼빈주의 교파)와 〈복음주의 개혁교회〉(Evangelical Reformed Church, 19세기 초 미국 동부 펜실베니아 주로 이민 온 독일 신자들이 세운 교파. 루터·칼빈·쯔빙글리 신앙 노선을 따르는 선교회)가 통합하여 이루어진 교단이다.

미국연합장로교회(美國聯合長老敎會, The United Presbyterian Church in USA) 1958년 미합중국장로회(Presbyterian Church in the USA, 1706년 설립. 남북전쟁 이후 '북장로회'로 불린 교단)와 북미연합장로회(United Presbyterian Church of North America, 1858년 설립된 스코틀랜드 계열의 장로회)가 합동하여 이루어진 교파.

남북전쟁 후 분열된 미국 내 장로회의 합동에 대한 필요성이 제기되어 1934년 북장로회, 북미연합장로회, 남장로회(남북전쟁 중 '미국장로교회' 〈The Presbyterian Church in USA〉를 결성했다) 3개 교단의 연합이 시도되었으나 남장로회가 소극적인 태도를 취하자 남장로회를 제외한 두 교단이 합동을 이루게 되었다.

그리하여 1958년 5월 28일부터 6월 3일까지 펜실베니아 주 피츠버그에서 연합총회가 이루어졌고, 웨스트민스터 신앙고백과 대소요리문답을 교리적 표준으로 삼았다.

그 후 미국연합장로교회는 합동을 이루지 못한 남장로회와 1969년부터 지속적으로 통합을 시도하여 마침내 1983년 6월 10일 조지아 주 아틀란타(Atlanta)에서 분열 122년 만에 통합을 이루었다.

한편, 미국연합장로교회는 통합 이전 북장로회 때 언더우드(Horace Grant Underwood)와 마펫(Samuel Austin Moffett, 한국명 '마포삼열')을 한국에 선교사로 파송하였고, 연합장로교회가 된 이후로도 대한예수교장로회(통합)와 긴밀한 교류를 계속하고 있다.

미국의 신학교(美國 - 神學校, Theological Seminary in USA) 현존하는 미국 신학교를 보수와 진보 계열로 구분하였다. 이하 671-678p 도표 안의 신학교와 신학 사상 성향은 조영엽 박사(칼빈주의적 개혁주의 신학자)의 분류법을 따랐다.

미국의 자유주의 신학교들 (Liberal Theological Schools)

● Presbyterian Churches in the USA (PCUSA) 미국장로교

1) Austin Presbyterian Theological Seminary
   100 East 27th Street, Austin, TX 78705
   Tel (512) 472-6736 Fax (512) 479-0738
   www.austinseminary.edu
2) Columbia Theological Seminary
   PO Box 520, Decatur, GA 30031
   Tex. (404) 378-8821 Fax (404) 377-9696
   www.ctsnet.edu
3) University of Dubuque Theological Seminary
   2000 University Avenue, Dubuque, IA 52001 / Tel (563) 589-3112 Fax (563) 589-3110 / http://udts.dbq.edu
4) Louisville Presbyterian Theological Seminary
   1044 Alta Vista Road, Louisville, KY 40205 / Tel (502) 895-3411 Fax (502) 895-1096 / www.lpts.edu
5) McCormick Theological Seminary
   5460 S. University Avenue, Chicago, IL 60637 / Tel (773) 947-6300 Fax (773) 288-2612 / www.mccormick.edu
6) Pittsburgh Theological Seminary
   616 N. Highland Avenue, Pittsburgh, PA 15206 / Tel (412) 362-5610 Fax (412) 363-3260 / www.pts.edu
7) Union Theological Seminary & Presbyterian School of Christian Education
   3401 Brook Road, Richmond, VA 23227
   Tel (800) 229-2990 Fax (804) 355-3919
   www.union-psce.edu
8) Princeton Theological Seminary
   64 Mercer Street, Princeton, NJ 08542-0803
   Tel (609) 921-8300 Fax (609) 924-2973
   www.ptsem.edu
9) San Francisco Theological Seminary
   105 Seminary Road, San Anselmo, CA 94960 / Tel. (415) 451-2800 Fax (415) 451-2811 / www.sfts.edu
10) Johnson C. Smith Theological Seminary
    700 Martin Luther King, Jr. Drive, Atlanta, GA 30314 / Tel (404) 527-7700
    www.itc.edu

● Cumberland Presbyterian Church (CPC) 컴버랜드 장로교

1) Memphis Theological Seminary
   168 E. Parkway S. at Union, Memphis, TN 38104-4395 / Tel (901) 458-8232 Fax (901) 452-4051 / www.memphisseminary.edu

● United Methodist Church (UMC) 미국연합감리교

1) Boston University School of Theology
   745 Commonwealth Ave., Boston, MA 02215 / Tel (617) 353-3050 Fax (617) 353-3061 / http://sthweb.bu.edu
2) Candler School of Theology, Emory University
   1531 Dickey Drive, Atlanta, GA 30322
   Tel (404) 727-6322 Fax (404) 727-2494
   http://candler.emory.edu
3) Claremont School of Theology
   1325 N. College Ave., Claremont, CA 91711-3199 / Tel (909) 447-2500 Fax (909) 626-7062 / www.cst.edu
4) The Theological School, Drew University
   36 Madison Ave., Madison, NJ 07940
   Tel (973) 408-3000 Fax (973) 408-3534
   www.drew.edu/theo
5) Duke University Divinity School
   Box 90968 Durham, NC 27708-0968
   Tel (919) 660-3400 Fax (919) 660-3473
   www.divinity.duke.edu
6) Gammon Theological Seminary
   653 Beckwith St., SW Atlanta, GA 30314
   Tel (404) 581-0300 Fax (404) 521-0005

http://gammonseminary.org

7) Garrett-Evangelical Theological Seminary
2121 Sheridan Rd., Evanston, IL 60201
Tel (847) 866-3900 Fax (847) 467-0689
www.garrett.edu

8) Iliff School of Theology
2201 South University Blvd., Denver, CO 80210-4798 / Tel. (303) 744-1287 Fax (303) 777-0164 / www.iliff.edu

9) Methodist Theological School in Ohio
3081 Columbus Pike, Delaware, OH 43015-8004 / Tel (614) 363-1146 Fax (614) 362-3135 / www.mtso.edu

10) Perkins School of Theology, Southern Methodist University
PO Box 750133, Dallas, TX 75275-0133
Tel. (214) 768-8436 / www.smu.edu/perkins

11) Saint Paul School of Theology
5123 Truman Rd., Kansas City, MO 64127
Tel (816) 483-9600 Fax (816) 483-9605
www.spst.edu

12) United Theological Seminary
4501 Denlinger Rd., Dayton, OH 45426
Tel (800) 322-5817 Fax (937) 278-1218
www.united.edu

13) Wesley Theological Seminary
4500 Massachusetts Ave., NW Washington, DC 20016 / Tel (202) 885-8600 Fax (202) 885-8605 / www.wesleyseminary.edu

●American Baptist Churches in the USA (ABC in USA) 미국 침례교

1) American Baptist Seminary of the West
2606 Dwight Way, Berkeley, CA 94704-3029 / Tel (510) 841-1905 Fax (510) 841-2446 / http://absw.edu

2) Andover Newton Theological School
210 Herrick Rd., Newton Centre, MA 01259 / Tel (617) 964-1100 Fax (617) 965-9756 / www.ants.edu

3) Palmer Seminary-Eastern Baptist Theological Seminary
6 Lancaster Ave., Wynnewood, PA 19096
Tel (800) 220-3287 Fax (610) 649-3834
www.palmerseminary.edu

4) Northern Baptist Theological Seminary
660 E. Butterfield Rd., Lombard, IL 60148
Tel. (630) 620-2180 / www.seminary.edu

5) Virginia Union University — The Samuel DeWitt Proctor School of Theology
1500 N. Lombardy St., Richmond, VA 23220 / Tel. (804) 257-5715 Fax (804) 257-5785 / www.vuu.edu/theology

●National Baptist Convention, USA, Inc. (NBC, USA) 전국 침례교

1) American Baptist College
1800 Baptist World Center Dr., Nashville, TN 37207 / Tel (615) 256-1463 Fax (615) 226-7855 / www.abcnash.edu

2) Central Baptist Theological Seminary in Indiana
1535 Dr. Brown Ave. N., Indianapolis, IN 46202 / Tel. (317) 636-6622

●Evangelical Lutheran Churches in America (ELCA) 미국 복음주의 루터교

1) Luther Seminary
2481 Como Ave., St. Paul, MN 55108
Tel (651) 641-3456 Fax (651) 641-3425
www.luthersem.edu

2) Lutheran School of Theology at Chicago
1100 E. 55th St., Chicago, IL 60615
Tel (773) 256-0700 Fax (773) 256-0782
www.lstc.edu

3) Lutheran Theological Seminary at Gettysburg
61 Seminary Ridge, Gettysburg, PA 17325-1795 / Tel (717) 334-6286 Fax (717) 334-3469 / www.ltsg.edu

4) Lutheran Theological Seminary at Philadelphia

7301 Germantown Ave., Philadelphia, PA 19119-1794 / Tel (215) 248-4616 Fax (215) 248-4577 / www.ltsp.edu

5) **Lutheran Theological Southern Seminary**
4201 N. Main St., Columbia, SC 29203
Tel (803) 786-5150 Fax (803) 786-6499
www.ltss.edu

6) **Pacific Lutheran Theological Seminary**
2770 Marin Ave., Berkeley, CA 94708
Tel (510) 524-5264 Fax (510) 524-2408
www.plts.edu

7) **Trinity Lutheran Seminary**
2199 E. Main St., Columbus, OH 43209-2334 / Tel (614) 235-4136 Fax (614) 238-0263 / www.trinitylutheranseminary.edu

8) **Wartburg Theological Seminary**
333 Wartburg Pl., PO Box 5004, Dubuque, IA 52004-5004 / Tel (563) 589-0200
Fax (563) 589-0333
www.wartburgseminary.edu

9) **The Lutheran Seminary Program of the Southwest**
607 Rathervue, Austin, TX 78705
PO Box 4790, Austin, TX 78765
Tel (512) 477-2666 Fax (512) 477-6693
www.lsps.edu

●**United Church of Christ (UCC)**
그리스도교 연합교회

1) **Bangor Theological Seminary**
Two College Circle, PO Box 411, Bangor, ME 04402-0411 / Tel (800) 287-6781
www.bts.edu

2) **Chicago Theological Seminary**
5757 South University Ave., Chicago, IL 60637 / Tel (773) 752-5757 Fax (773) 752-5925 / www.ctschicago.edu

3) **Eden Theological Seminary**
475 E. Lockwood Ave., St. Louis, MO 63119 / Tel (314) 961-3627 Fax (314) 918-2626 / www.eden.edu

4) **Lancaster Theological Seminary**
555 W. James St., Lancaster, PA 17603-2897
Tel (717) 393-0654 Fax (717) 393-4254
www.lancasterseminary.edu

5) **Pacific School of Religion**
1798 Scenic Ave., Berkley, CA 94709
Tel (510) 848-0528 Fax (510) 845-8948
www.psr.edu

6) **United Theological Seminary of the Twin Cities**
3000 Fifth St. NW, New Brighton, MN 55112 / Tel (651) 633-4311 Fax (651) 633-4315 / www.unitedseminary.edu

●**Episcopal Church** 성공회(감독교회)

1) **Church Divinity School of the Pacific**
2451 Ridge Rd., Berkeley, CA 94709
Tel (510) 204-0700 Fax (510) 644-0712
www.cdsp.edu

2) **Episcopal Divinity School**
99 Brattle St., Cambridge, MA 02138
Tel (617) 868-3450 Fax (617) 864-5385
www.eds.edu

3) **Episcopal Theological Seminary of the Southwest**
606 Rathervue Pl., Austin, TX 78705
Tel (512) 472-4133 Fax (512) 472-3098
www.etss.edu

4) **George Mercer, Jr. Memorial School of Theology**
65 Fourth St., Garden City, NY 11530
Tel (516) 248-4800 Fax (516) 248-4883
www.mercerschool.org

5) **Nashotah House Theological Seminary**
2777 Mission Rd., Nashotah, WI 53058
Tel (262) 646-6500 Fax (262) 646-6500
www.nashotah.edu

6) **Protestant Episcopal Theological Seminary in Virginia**
3737 Seminary Rd., Alexandria, VA 22304
Tel (703) 370-6600 Fax (703) 370-6234

www.vts.edu
7) Seabury-Western Theological Seminary
2122 Sheridan Rd., Evanston, IL 60201
Tel (847) 328-9300 Fax (847) 328-9624
www.seabury.edu
8) Trinity Episcopal School for Ministry
311 Eleventh St., Ambridge, PA 15003
Tel (724) 266-3838 Fax (724) 328-9624
www.tsm.edu
9) University of the South School of Theology
734 University Ave., Sewanee, TN 37383
Tel (931) 598-1578
http://theology.sewanee.edu

●Christian Church (Disciples of Christ)
그리스도의 제자교회
1) Phillips Theological Seminary
901 N Mingo Rd., Tulsa, OK 74116
Tel (918) 610-8303 Fax (918) 610-8404
www.ptstulsa.edu

●Brethren Church 형제교회
1) Ashland Theological Seminary
910 Center St., Ashland, OH 44805
Tel. (419) 289-5161 Fax (419) 289-5969
http://seminary.ashland.edu
2) Bethany Theological Seminary
615 National Rd. W, Richmond, IN 47374
Tel. (800) 287-8822 Fax (765) 983-1840
www.bethanyseminary.edu

●Non-Denominational Liberal Theological Schools 초교파 자유주의 신학교
1) Berkeley Divinity School
(Episcopal Church)
409 Prospect Street, New Haven, CT 06511
Tel (203) 432-9285 Fax (203) 432-9353
http://berkeleydivinity.research.yale.edu
2) Harvard Divinity School(1816)
45 Francis Ave., Cambridge, MA 02138
Tel (617) 495-5761 Fax (617) 496-8026
www.hds.harvard.edu
3) Yale University Divinity School
(Jonathan Edwards)
409 Prospect St, New Haven, CT 06511
Tel (203) 432-5303 Fax (203) 432-5356
www.yale.edu/divinity
4) Union Theological Seminary
(Presbyterian)
3041 Broadway Ave., New York, NY 10027 / Tel (212) 662-7100 Fax (212) 280-1440 / www.utsnyc.edu

신오순절주의 신학교들
(Charismatic Theological Schools)

●Assemblies of God 하나님의 성회
1) Bethany College
800 Bethany Dr., Scotts Valley, CA 95066
Tel (831) 438-3800 / www.bethany.edu
2) Central Baptist College
3000 N. Grant Ave., Springfield, MO 65803
Tel (800) 831-4222 Fax (417) 833-5478
http://netcom.cbcag.edu
3) North Central Bible College
(Assembly of God)
910 Elliot Ave. S, Minneapolis, MN 55404
Tel (800) 289-6222 / www.northcentral.edu
4) Northwest College (Assembly of God)
5520 108th Ave. NE PO Box 579 Kirkland, WA 98083-0579 / Tel (425) 822-8266 Fax (425) 889-5224 / www.northwestu.edu
5) Southeastern University
1000 Longfellow Blvd., Lakeland, FL 33801 / Tel (863) 667-5000
www.seuniversity.edu
6) Southwestern Assemblies of God University
1200 Sycamore St., Waxahachie, TX 75165
Tel (888) 937-7248 / http://sagu.edu
7) Trinity Bible College (Assembly of God)

50 6th Ave. S, Ellendale, ND 58436
Tel (800) 523-1603
www.trinitybiblecollege.edu

8) **Valley Forge Christian College (Assembly of God)**
1401 Charlestown Rd., Phoenixville, PA 19460 / Tel (610) 935-0450 Fax (610) 917-2069 / www.vfcc.edu

● **Church of God, Cleveland, Tennessee**
하나님의 교회

1) **Church of God Theological Seminary**
900 Walker St. NE, Cleveland, TN 37311
Tel (423) 478-1131 Fax (423) 478-7711
www.cogts.edu

2) **East Coast Bible College**
6900 Wilkinson Blvd., Charlotte, NC 28214
Tel (704) 394-2307

● **Church of God in Christ** 하나님의 교회

1) **New York City Full Gospel Theological Seminary**
7077 Lon Oak Blvd., Naples, FL 34109
Tel (239) 596-8681 / www.nycfgts.org

2) **Beulah Heights Bible College**
892 Berne St. SE PO Box 18145, Atlanta, GA 30316 / Tel (404) 627-6281 Fax (404) 627-0702 / www.beulah.org

● **Non-Denominational Charismatic Theological Schools** 초교파 은사주의 신학교

1) **Oral Roberts University School of Theology and Missions**
7777 South Lewis Ave., Tulsa, OK 74171
Tel (918) 495-6161 / www.oru.edu

신복음주의 신학교들
(Neo-Evangelical Theological Schools)

● **Christian Reformed Church**
기독교 개혁교회

1) **New Brunswick Theological Seminary**
17 Seminary Pl., New Brunswick, NJ 08901
Tel (732) 247-5241 Fax (732) 249-5412
www.nbts.edu

2) **Calvin Theological Seminary**
3233 Burton St. SE, Grand Rapids, MI 49546
Tel (800) 388-6034 Fax (616) 957-8621
www.calvinseminary.edu

● **Associate Reformed Presbyterian Church**
연합개혁장로교회

1) **Erskine Theological Seminary**
PO Box 668, Due West, SC 29639
Tel (800) 770-6935
www.erskineseminary.org

● **Non-Denominational Neo(New) Evangelical Schools** 초교파 신복음주의 학교

1) **Asbury Theological Seminary(Methodist)**
204 N Lexington Ave., Wilmore, KY 40390 / Tel (859) 858-3581
www.asburyseminary.edu

2) **Fuller Theological Seminary(Presbyterian)**
135 N. Oakland Ave, Pasadena, CA 91182
Tel (626) 584-5200 / www.fuller.edu

3) **Gordon-Conwell Theological Seminary**
130 Essex St., South Hamilton, MA 01982
Tel (978) 468-7111 Fax (978) 468-6691
www.gcts.edu

4) **King's College (Catholic)**
133 N River St., Wilkes-Barre, PA 18711
Tel (570) 208-5858 Fax (570) 208-5971
www.kings.edu

5) **Moody Bible Institute**
820 N. LaSalle Blvd., Chicago, IL 60610
Tel (800) 967-4624 / www.moody.edu

6) **Wheaton College (Orthodox)**
501 College Ave., Wheaton, IL 60187
Tel (630) 752-5000 / www.wheaton.edu

7) **Trinity Evangelical Divinity School**
2065 Half Day Rd., Deerfield, IL 60015

Tel (800) 345-8337 / www.tiu.edu/divinity
8) **Nyack College**
   (Christian and Missionary Alliance)
   1 South Blvd., Nyack, NY 10960 / Tel (845) 358-1710 / www.nyackcollege.edu
9) **Seattle Pacific University**
   (Free Methodist Foundation)
   3307 3rd Ave. W, Seattle, WA 98119
   Tel (206) 281-2000 / www.spu.edu

복음주의 신학교들
(Evangelical Theological Schools)

●**Presbyterian Church in America(PCA)**
미국장로교
1) **Biblical Theological Seminary**
   200 N. Main St., Hatfield, PA 19440
   Tel (800) 235-4021 Fax (215) 368-7002
   www.biblical.edu
2) **Covenant Theological Seminary**
   12330 Coway Rd., St. Louis, MO 63141
   Tel (314) 434-4044 Fax (314) 434-4819
   www.covenantseminary.edu
3) **Reformed Theological Seminary**
   5422 Clinton Blvd., Jackson, MS 39209
   Tel (601) 923-1600 Fax (601) 923-1654
   www.rts.edu

●**Baptist Church in America**
  (Conservative Baptist Church) 미국 침례교
1) **Denver Conservative Baptist Seminary**
   6399 S Santa Fe Dr., Littleton, CO 80120
   Tel (303) 761-2482 Fax (303) 761-8060
   www.denverseminary.edu
2) **Bethel University**
   3900 Bethel Dr., St. Paul, MN 55112
   Tel (651) 638-6400 / www.bethel.edu
3) **Southwestern College**
   2625 E. Cactus Rd., Phoenix, AZ 85032
   Tel (602) 489-5300 Fax (602) 404-2159
   www.swcaz.edu

4) **Western Seminary**
   5511 SE Hawthorne Blvd., Portland, OR 97215 / Tel (503) 517-1800 Fax (503) 517-1801 / www.westernseminary.edu

●**The Christian and Missionary Alliance**
기독 선교 연맹
1) **Alliance Theological Seminary**
   350 N. Highland Ave., Nyack, NY 10960-1416
   Tel. (914) 353-2020 / Fax (914) 358-2651
2) **Crown College**
   8700 College View Dr., St. Bonifacius, MN 55375 / Tel. (952) 446-4100
   www.crown.edu
3) **Simpson College**
   2211 College View Dr., Redding, CA 96003 / Tel (530) 224-5600
   www.simpsonuniversity.edu
4) **Toccoa Falls College**
   325 Chapel Dr., Toccoa Falls, GA 30598
   Tel (706) 886-6831 Fax (706) 886-0210
   www.tfc.edu

●**Grace Brethren Church** 그레이스 형제교회
1) **Grace Theological Seminary**
   200 Seminary Dr., Winona Lake, IN 46590
   Tel (800) 544-7223 Fax (219) 372-5265
   www.grace.edu

●**The Lutheran Church-Missouri Synod**
루터교 미주리 대회
1) **Concordia Seminary**
   801 Seminary Pl., St. Louis, MO 63105
   Tel (314) 505-7000 Fax (314) 505-7001
   www.csl.edu
2) **Concordia Theological Seminary**
   6600 N. Clinton St., Ft. Wayne, IN 46825
   Tel (260) 452-2100 / www.ctsfw.edu

●**Southern Baptist Convention(SBC)**

남침례교

1) **Criswell College**
   4010 Gaston Ave., Dallas, TX 75246
   Tel (214) 821- 5433 Fax (214) 818-1320
   www.criswell.edu

2) **Golden Gate Baptist Seminary**
   201 Seminary Dr., Mill Valley, CA 94941-3197 / Tel (415) 380-1300 Fax (415) 380-1302 / www.ggbts.edu

3) **Mid-Western Baptist Seminary**
   5001 N. Oak St. Trfy., Kansas City, MO 64118 / Tel (816) 414-4700 Fax (816) 414-3724 / www.mbts.edu

4) **New Orleans Baptist Seminary**
   3939 Gentilly Blvd., New Orleans, LA 70126
   Tel (504) 282-4455 Fax (504) 286-3623
   www.nobts.edu

5) **Southeastern Baptist Seminary**
   PO Box 1889, Wake Forrest, NC 27588
   Tel (919) 761-2100 / www.sebts.edu

6) **Southern Baptist Theological Seminary**
   2825 Lexington Rd., Louisville, KY 40280
   Tel (800) 626-5525 Fax (502) 899-1770
   www.sbts.edu

7) **Southwestern Baptist Theological Seminary**
   PO Box 22000, Fort Worth, TX 76122
   Tel (817) 923-1921 Fax (817) 923-0610
   www.swbts.edu

●**Non-denominational Evangelical Theological Schools** 초교파 복음주의 신학교들

1) **Dallas Theological Seminary**
   3909 Swiss Ave., Dallas, TX 75204
   Tel (214) 824-3094 Fax (214) 841 3664
   www.dts.edu

2) **Talbot School of Theology**
   13800 Biola Ave., La Miranda, CA 90639
   Tel (562) 903-6000 / www.talbot.edu

3) **Westminster Theological Seminary** (Orthodox Presbyterian Church)
   PO Box 27009, Philadelphia, PA 19118
   Tel (215) 887-5511 Fax (215) 887-5404
   www.wts.edu

4) **Westminster Theological Seminary in California (Orthodox Presbyterian Church)**
   1725 Bear Valley Pkwy., Escondido, CA 92027 / Tel (760) 480-8474 Fax (760) 735-2665 / www.wscal.edu

보수주의(근본주의) 신학교들 (Conservative/Fundamental Theological Schools)

1) **Bob Jones University**
   1700 Wade Hampton Blvd., Greenville, SC 29614 / Tel (864) 242-5100 / www.bju.edu

2) **Clearwater Christian College**
   3400 Gulf-to-Bay Blvd., Clearwater, FL 33759 / Tel (727) 726-1153
   www.clearwater.edu

3) **Faith Theological Seminary**
   529 Walker Ave., Baltimore, MA 21212
   Tel (410) 323-6211 Fax (410) 323-6331
   www.faiththeological.org

4) **Foundations Bible College**
   PO Box 1166, Dunn, NC 28335
   Tel (910) 892-8761 Fax (910) 892-9322
   www.foundations.edu

5) **International Baptist College**
   2211 W Germann Rd., Chandler AZ 85286
   Tel (480) 838-7070 Fax (480) 505-3299
   www.tricityministries.org

6) **Maranatha Baptist Bible College**
   754 West Main St., Watertown, WI
   Tel (920) 261-9300 Fax (920) 261-9109
   www.mbbc.edu

7) **Northland Baptist Bible College**
   W10085 Pike Plains Rd., Dunbar, WI
   Tel (715) 324-6900 / www.nie.edu

8) **Pensacola Christian College**

미국침례교회

PO Box 18000 Pensacola, FL 23523-9160
Tel (850) 478-8496 Fax (850) 479-8496
www.pcci.edu
9) Phillsbury Baptist College
315 S. Grove Ave., Owatana, MN
Tel (507) 451-3710 / MARANATHA BAPTIST BIBLE COLLEGE
10) Santa Rosa Christian College
Milton, FL
11) Bible Baptist Fellowship
628 E. Kearney, Springfield, MO 65803
Tel (417) 268-6060 Fax (417) 268-6694
12) Faith Baptist Bible College & Seminary (GARB)
1900 NW 4th St., Ankeny, IA 50023
Tel (515) 964-0601 / www.faith.edu
13) Baptist Bible College
538 Venard Rd., Clark Summit, PA 18411
Tel (570) 586-2400 Fax (570) 586-1753
www.bbc.edu
14) Tennessee Temple University
1815 Union Ave., Chattanooga, TN 37404
Tel (800) 553- 4050 / www.tntemple.edu
15) Crown College
PO Box 2000, Powell, TN 37849
Tel (865) 938-8186 Fax (865) 938-8188
www.thecrowncollege.com
16) Calvary Baptist Theological Seminary
1380 S. Valley Forge Rd., Lansdale, PA 19446 / Tel (215) 368-7538 Fax (215) 368-1003 / www.cbs.edu
17) Detroit Baptist Theological Seminary
4801 Allen Rd., Allen Park, MI 48101
Tel (313) 381-0111 Fax (313) 381-0798
www.dbts.edu
18) Central Baptist Seminary
Tel (612) 417-8250
19) Philadelphia Biblical University
200 Manner Ave., Langhorne, PA 19047
Tel (215) 752-5800 / www.pbu.edu
20) Puritan and Reformed Theological Seminary
2965 Leonard St. NE, Grand Rapids, MI 49525 / Tel (616) 977-0599 Fax (616) 977-0889 / www.puritanseminary.org
21) Western Reformed Seminary
5 South G Street Tacoma, WA98405
Tel (253) 272-0417 Fax (253) 627-4882
www.wrs.edu
22) Greenville Presbyterian Theological Seminary
PO Box 690, Taylors, SC 29687
Tel (864) 322-2717 Fax (864) 322-2719
www.gpt.edu
23) Geneva Reformed Seminary
1207 Haywood Road Greenville, SC 29615
Tel (864) 268-7071 / www.grsonline.org

미국침례교회(美國浸禮敎會, American Baptist Church in the USA) 미국 남북전쟁 이전에는 남북 침례교회(Southern and Northern Baptist Church) 전체를, 1845년 침례교가 남북으로 분열된 후에는 '북침례교'를 가리키는 명칭. 북침례교는 1950년에 〈미국침례교〉로 개칭했다. 미국교회협의회(NCCC in USA)와 세계교회협의회(WCC)에 가입해 있는 진보적 교단이다. 반면, 미국남침례교는 아주 보수적인 성향의 교단이다.

미사(彌撒, mass) 가톨릭의 제의(祭儀) 중 영성체(領聖體, 기독교의 성만찬)를 수반한 가장 주요한 제식(祭式). 라틴어의 '보내다'는 말에서 파생된 것으로 파송 의식을 가리킨다고 보는 견해가 일반적이다. 곧, "미사가 끝났으니 이제 가서 복음을 전하시오."라는 의미로 본다. 이는 예수께서 십자가에 달리시기 전날 밤 제자들과 행한 최후의 만찬에서 유래되었다(눅22:14-22; 고전11:23-29). 미사의 집례 방식이나 제복(祭服) 등은 시대와 국가에 따라 다양한데, 오늘날 로마 가톨릭교회에서 행해지는 방식은 11세기 당시 교황 그레고리 7세(Gregory VII) 때 정해진 것이다. 미사 제식은 크게 ① 개회 ② 말씀 ③ 성찬 ④ 폐회로 구분된다.

① 개회 : 입당송 – 집전 주례자의 인사 – 주님의 용서를 비는 참회 – 기도. ② 말씀의 전례 : 성경 봉독 – 시편 노래 – 알렐루야(Alleluia) 찬송 – 복음서 낭독과 강론 – 사도신경 – 신자들의 자유기도. ③ 성찬의 전례 : 헌금 – 성찬 기도 – 영성체. ④ 폐회 : 감사 기도 – 축복과 인사 – 파견.

한편, 미사는 최근까지 라틴어로 진행되었으나 1965년 제2차 바틴칸공의회에서 모국어 사용을 허락하여 지금은 자국어로 이루어지고 있다. 또한 미사를 집전하는 자의 복장이나 성체를 만들 때 재료 등 여러 까다로운 규정도 나라의 전통과 풍습을 존중하여 다소 완화되었다. 이에 따라 한국에서는 필요시 성당 이외의 가정에서, 형편에 따라 오전이 아닌 저녁 시간에도 미사가 가능해졌다. 또 주일에 금지된 혼인미사를 주일에 집전하는 것도 완화된 조치 중 하나라 할 수 있다.

■**미사보**(彌撒褓, dominicale) – 원어는 '주님'을 뜻하는 'dominus'에서 파생한 말. 곧, '미사보'는 성체(聖體)를 모신 제단에 가까이 갈 때 사용하는 베일을 가리킨다. 머리에 쓰거나 손으로 끝을 잡고 성체를 받을 때 사용된다. 그런데 처음에는 성체를 받을 때 두 손을 덮는(가리는) 용도로 사용되었다고 한다.

미전도종족(未傳道種族, Unreached People) 타문화권의 도움 없이 스스로 복음화할 수 있는 그리스도인 공동체가 없는 종족 집단. 여기서 '미전도'란 '아직 복음의 손길이 닿지 못한 상태'를 말한다. 선교학에서는 각 종족당 기독교인이 2–5% 이하인 종족을 미전도종족의 범위에 포함시킨다. 세계의 모든 종족을 17,000여 종족으로 볼 때 현재 약 6,500여 종족이 미전도종족에 해당된다고 본다. 이들 가운데 상당수가 중동 지역에 위치하고 있다. 미전도종족의 특징은 다음과 같다. ① 복음을 들어본 적이 없다. ② 복음에 응답한 적이 없다. ③ 예수 그리스도가 유일한 구원의 길이며 성경이 하나님의 말씀(진리)임을 믿지 않는다. ④ 교회가 없다. ⑤ 정기적인 예배가 없다. ⑥ 모국어로 번역된 성경을 갖고 있지 않다. ⑦ 제도적·법적 제한으로 성경을 쉽게 접하지 못한다.

미전도종족 입양(未傳道種族 入養, Adopt a people) 교회나 선교 단체가 미전도종족을 맡아 그 종족 가운데 자립 교회가 세워질 때까지 책임지고 보살피는 것을 말한다. 이는 교회나 단체, 개인이 하나의 미전도종족에게 복음을 전하기 위해 할 수 있는 모든 것을 다하고, 복음이 들어간 후에도 현지인에 의해 현지교회가 자생할 때까지 후원하는 것을 말한다.

미접촉 부족(未接觸 部族, Unconnected Tribe) 문명 세계와 교류한 바도, 접촉한 바도 없는 부족. 전 세계에 100여 개 부족이 있는 것으로 추정된다. 이 가운데 절반은 남아메리카의 브라질과 페루 지역에 살고 있다.

민간신앙(民間信仰, folk beliefs) 민족의 관습에서 유래되어 구전되는 자연 신앙. 민속신앙(民俗信仰, ethic beliefs). 이는 어떤 시조가 종교를 창시한 것이 아니라 종족 가운데서 자연스럽게 이루어져 의식적으로나 무의식적으로 모방되면서 다음 세대로 이어져 내려간다는 특징이 있다.

또한 민간신앙은 대중이 새로운 문화나 종교를 만나 그것을 수용해도 저변에는 여전히 새로운 것에 적응하거나 변화하기보다는 과거의 신앙(관습)에 안주하려는 심리 때문에 쉽게 소멸되지 않고 새 문화나 종교 속에서도 명백을 유지해 나가는 성격이 있다. 이 민속신앙은 주로 전설이나 신화, 설화에 바탕을 두면서 숭배 대상과의 영적 교류를 갖는 형태를 띤다. 이러한 숭배 대상에 따라 민간신앙은 크게 주물(呪物) 숭배, 자연 숭배, 정령 숭배, 신령 숭배 등으로 구분된다.

결국 어느 사회든 문화든지 그 내면의 정신 세계를 보면, 가장 중심에는 그 민족 고유의 민간신앙이 있고, 그 주변에 민간신앙이 외래 종교를 만나 형성된 부수적인 잡신앙이 에워싸고 있으며, 제일 바깥에는 민속신앙과 도무지 융합되지 못하는 기성종교가 둘러싸고 있음을 알 수 있다.

밀라노 칙령(– 勅令, Edict of Milano) 두 로마 황제 콘스탄티누스 1세와 리키니우스가 313년 1월 밀라노에서 기독교에 관해 내린 정책. 여기에는 지난 2세기 동안 로마 정부가 취한 기독교 박해 금지, 예배의 자유, 몰수한 기독교인의 재산 반환, 피해 보상 등의 내용이 담겨 있다. 하지만 로마 정

바르트(Karl Barth) → '칼 바르트'를 보라.

바벨론 포로(- 捕虜, Babylonian Exile) 바벨론 유수. 남유다 백성들이 바벨론 왕 느부갓네살에 의해 나라를 잃고 포로로 끌려간 사건을 일컫는 말. 일명 '바벨론 포수.' 역사적으로 모두 세 차례에 걸쳐 진행되었다.

① 남유다 18대 왕 여호야김(B.C.609-598년) 제3년(B.C.605년). 이때 다니엘과 많은 귀족이 끌려갔다(단1:1-6). ② 19대 왕 여호야긴 때(B.C.597년), 왕을 비롯한 지도자와 기술자들이 끌려갔다(왕하24:14). ③ 마지막 왕 시드기야 때(B.C.598-586년). 이때 예루살렘 성이 완전히 파괴되고 성전 성물도 약탈당했다. 또 왕족, 귀족, 학자 등 식자층은 모두 포로로 끌려가 예루살렘에는 미친 사람들만 남게 되었다(왕하24:10-16; 렘25:9-11).

바울(Paul) '작은 자'란 뜻. 아브라함의 자손이며 베냐민 지파 출신의 순수 히브리인. 난 지 8일 만에 할례를 받고 유대교와 유대 전통에 정통했던 자(롬11:1; 고후11:22; 갈1:14; 빌3:5-6). 길리기아의 다소 태생으로(행21:39; 22:3), 출생시부터 로마 시민권자였다(행22:25-28). 히브리 본명은 '사울'이고 '바울'은 로마명이다(행7:58; 9:11; 13:9). 그는 평생 결혼하지 않았거나 홀아비였을 것으로 추정된다(고전9:5). 또 유대 공회의 공회원이었던 것으로 여겨진다(행26:10, Meyer, Alford). 선교 사역 중에는 천막 만드는 일을 생업으로 하여 자비량 선교에 힘썼다(행18:1-3; 고전9:6-15).

1. 회심 전후 행적 - ① 회심 전에는 모세의 율법에 열심이었던 자로서(행26:4-5), 당대 최고 유대 학자인 랍반 가말리엘 문하에서 수학함(행22:3). ② 매우 엄격하게 교육받은 철저한 바리새인이요(행23:6), 유대교를 신봉한 광적인 신자(갈1:14; 빌3:6). ③ 스데반 집사의 재판에도 입회하여 증인 역할을 했고 스데반의 처형을 옳게 여김(행7:58; 8:1, 3). ④ 기독교인(교회)을 박해하는 데 앞장 섬(행8:3). ⑤ 성도를 체포하기 위해 다메섹으로 가던 중 밝은 대낮, 정오에 노상에서 부활하신 주님을 만나 회심함(행9:1-9; 22:6-16; 26:12-18). ⑥ 다메섹 시내에서 주의 제자 아나니아를 만나 세례를 받고 성령의 충만함을 받아 시력을 회복함(행9:6-19). ⑦ 다메섹에서 그리스도를 전파하다(행9:19-22) 유대인들의 핍박으로 탈출함(행9:23-25). ⑧ 그 후 아라비아로 가서 3년 동안 신앙 훈련을 받음(갈1:17-18).

2. 선교 행적 - ① 3년 후 예루살렘으로 올라가서 베드로와 주의 형제 야고보만을 만남(갈1:18-19). ② 예루살렘을 떠나 수리아와 길리기아 지역(바울의 고향)에서 약 10여 년의 시간을 보냄. ③ 바나바의 부름을 받아 안디옥 교회에서 공동으로 사역함(행11:25-26). ④ 바나바의 신원 보증으로 예루살렘 교회 사도들에게 인정받음(갈2:1-21). ⑤ 바나바, 마가와 더불어 안디옥 교회로부터 선교사로 파송받아 1차 선교여행 떠남(행13:1-14:28). 구브로 섬의 도시들, 소아시아의 버가, 이고니온, 루스드라, 더베 등지에서 선교함. ⑥ 마가의 문제로 바나바와 결별하고 실라와 함께 2차 선교여행 떠남(행15:36-18:22). 소아시아를 거쳐 헬라, 마게도냐 지방의 빌립보, 데살로니가, 베뢰아, 아가야 지방의 아덴, 고린도 등지에서 선교함. ⑦ 3차 선교여행 떠남. 1, 2차 선교여행 때 세운 교회들을 돌아보며 에베소에서 3년간 목회하고 전도함(행18:23-21:14). ⑧ 예루살렘으로 귀환하여 유대인들에게 체포됨(행21:27-23:22). 가이사랴 빌립보에 이송되었다가(행23:23-27) 황제에게 재판받기 위해 로마로 향함(행25:1-26:32; 27:1-28:16). ⑨ 1차로 2년간의 로마 옥중 생활을 마치고(행28:30-31) 잠시 석방됨(A.D.63년경). 이때 서바나(스페인)에 가서 선교한 것으로 전해짐(Clement). ⑩ A.D. 64년경 네로의 기독교 박해가 극에 달한 때에 재차 체포되어 A.D.67-68년경 로마 인근의 오스티안 가도에서 순교당한 것으로 전해짐(Eusebius, Hieronymus).

바티칸(Vatican City State) 공식 명칭은 '바티칸시국'이며 '로마 교황청'이라고도 한다. 로마 북서부에 위치한 가톨릭 교황국. 로마 가톨릭의 본산지다. 티베르 강(Tiber River) 옆 바티칸 언덕(Mons Vaticanus)에 자리잡고 있는 세계에서 가장 작은 독립 국가로서 성 베드로 대성당, 성 베드로 광장, 교황청(Pontifical Palace) 등으로 이루어져 있다. 바티칸 은 이곳 지명에서 왔다.

1. 역사 – 바티칸 궁전은 6세기경 교황 심마쿠스 때 건립된 것으로 전해진다. 1870년 이탈리아 왕 빅토르 엠마누엘(Victor Emanuel)의 지배를 받다 1929년 2월 11일 무솔리니(Mussolini) 정부와 교황청 사이에 라테란 조약이 체결되어 독립된 주권 국가 지위를 인정받았다. 바티칸에서는 이 날을 건국일로 삼고 있다. 면적은 0.44㎢이며 인구는 1,000여 명에 지나지 않는다.

2. 정치 – 교황이 직접 다스리며 그 아래 수상격인 국무장관 추기경이 있다.

3. 재정 – 이탈리아 정부 보조금, 바티칸 소유 부동산, 바티칸은행의 투자 수익, 세계 각국 카톨릭 협회의 기부금으로 충당된다.

4. 치안 – 스위스 근위대(약 150-200여 명)가 교황청 치안을 담당하며, 외곽 치안은 이탈리아 경찰이 담당한다.

5. 우리나라와의 관계 – 1963년 12월 11일 공식적으로 외교 관계를 수립하였고 우리나라에서는 1974년 4월 바티칸 주재 상주 대사관을 개설했다. 그뒤 1984년 5월 3일, 1989년 10월 두 차례에 걸쳐 교황 요한 바오로 2세가 공식 방한했다.

바티칸 공의회(- 公議會, Vatican Council) 바티칸에서 개최된 가톨릭교회 회의. 교의(敎義)나 율법(律法) 등 중요 사안을 토의하기 위해 교황이 주교들을 소집하는 회의다. 이 자리에서 가톨릭교회의 중요한 교리가 결정된다. 19세기 말과 20세기 초 두 차례에 걸쳐 개최되었다.

■제1차 바티칸 공의회(第一次 - 公議會) – 1869년 12월 8일 교황 비오 9세(Pius IX)가 소집하여 다음해까지 지속된 교회 회의다. 이는 트리엔트 공의회 이후 300년 만의 일로 교회 역사상 21번째 회의이기도 하다. 이 회의에서는 ① 교황 수위권(敎皇 首位權)과 ② 교황 무오설(敎皇 無誤說) 등 신앙상의 주요한 결정이 이루어졌다.

먼저, 교황 수위권은 교황이 전 세계 가톨릭교회에 대해 가지는 절대적 권리를 말하는데, 신앙이나 사목 영역에서 교황에 대한 절대적 순종을 교리적으로 강조하는 것이다. 다음으로 교황 무오설(infallibilitas)은 신앙과 도덕에 관해서 내리는 교황의 선언에는 오류가 없다는 주장이다. 또 이 회의에서는 합리주의·유물론·무신론 등 반(反) 그리스도교적인 근대 사상과 교회에 대한 국가 우위설 등을 배격하는 가톨릭의 입장 선언이 있었다.

■제2차 바티칸 공의회(第二次 - 公議會) – 교황 요한 23세(1958-1963년 재위) 때인 1962년 10월 11일에 개최되어 교황 바오로 6세(1963년 6월-1978년 재위) 때인 1965년 12월 8일 폐회된 21번째 회의.

여기서는 교황청 개혁 및 교회의 현대화, 신앙의 자유, 세계 평화, 교회 연합과 일치 등이 논의되었다. 그 결과, 그동안 라틴어로만 봉헌되던 미사를 자국어로 사용하게 했고, 1517년 종교개혁 이후 분리된 개신교를 형제로 인정했으며, 1054년에 결별했던 동방정교회의 파문을 해제하여 근 10세기 동안 등져온 동서 교회의 화해를 모색하기도 했다. 또 각국 주교단이나 신도의 역할을 강조하여 제1차 바티칸 공의회의 중앙집권적이고 배타적인 제도를 완화했다. 또한 타교파나 타종파 교회의 선교 활동에 대해서도 긍정적으로 평가하였다.

그리하여 제1차 바티칸 공의회가 근대적 사상과의 대결을 제시한 데 반해 2차 공의회는 '시대에의 적응'을 내세워 교회의 보수적인 면을 탈피하고 교회 제도를 과감하게 개혁하며 성경을 재해석하여 교회에 새 바람을 일으켰다는 평가를 받고 있다. 이를 증명이라도 하듯 이 자리에는 이례적으로 프로테스탄트 교파에서 60여 명이 참관하여 공의회 사상 유례 없는 열기를 보였다. 한국에서 신구교회가 연합하여 「공동번역 성서」를 발행한 것도 2차 바티칸 공의회의 영향이라 할 수 있다.

바티칸 사본(- 寫本, Codex Vaticanus, B) 대문자 그리스어로 기록된 4세기경의 성경 사본. 양피지(羊皮紙)에 기록된 사본 중에서는 가장 오래된 사본으로, 바티칸 도서관에 소장되어 있다. 창세기 1:1-46:28, 시편 106-148편, 히브리서 9:14 이하, 목회서신과 빌레몬서, 요한계시록이 결여되어 있긴 하지만 「70인역」과 신약성경 원전을 연구하는 데 아주 귀중한 자료로 평가받고 있다. →[2 교리 및 신앙 용어] '사본'을 보라.

박윤선(朴允善) 호는 정암(正岩). 주경신학자. 신학교육자(1905. 12. 11.-1988. 6. 30.). 평안북도 철산군 백량면 장평동에서 출생했다.

1. 학력 - 1927년 신성중학교 졸업. 1931년 숭실전문학교 졸업. 1934년 평양 장로회신학교 졸업. 1936년 5월 웨스트민스터 신학교 졸업(Th.M.). 1938년 웨스트민스터에서 언어학과 변증학 연구. 1952-1953년 자유대학에서 신약학 연구. 1953년 훼이스신학교에서 명예신학박사 취득. 1974년 9월 웨스트민스터 신학교에서 명예박사학위 취득.
2. 경력 - 1936년 8월 평양 장로회신학교 성경언어 강사. 1940년 만주 봉천신학교 교수. 1946년 부산 고려신학교 교수. 1963-1974년 서울 총회신학교 교수. 1979-1980년 총신대학 대학원 원장. 1980년 수원 합동신학교 원장 역임.
3. 대표 저서 - 1974년 신구약 성경주석 완간.
4. 사상 - 미국 웨스트민스터 신학교에서 메첸(J. Machen), 반틸(C. Ban Til), 영(E.J. Young) 박사로부터 개혁주의 신학 사상을 배웠다. 특히 주석 저술시 워필드(B.B. Warfield), 카이퍼(A. Kuyper), 바빙크(H. Bavinck) 등 칼빈주의 신학자들의 견해를 많이 인용하였다.

박춘권(朴春權) 조선 말기의 기골이 장대한 관군. 1866년(고종 3년) 7월 미국 상선 제너럴 셔먼호 화공 작전 때 공을 세워 높은 벼슬에 올랐다. 훗날 미국 마펫 목사가 평양에 널다리교회(후일 장대현교회)를 세웠을 때 예순의 나이에 마펫에게 세례를 받았다. 그는 옛날 셔먼 호를 불태울 때 체포하여 처형시킨 토마스(R.J. Thomas) 선교사가 건네준 성경을 읽고 감동을 받아 독실한 기독교인이 되었다고 전해진다. 그 후 박춘권은 마펫 목사로부터 영수(領袖 - 조사를 돕고 교회를 돌본 선교 초기 평신도 직분)의 직분을 받아 교회를 섬기며 여생을 마쳤다.

박형룡(朴亨龍) 호는 죽산. 정통 보수주의 교리를 정립한 조직신학자(1897. 3. 28.-1978. 10. 25.). 1897년(고종 34년) 3월 28일 평북 벽동군 운서면 운아동에서 출생. 어려서부터 신학문을 배움.
1. 학력 - 1916년 신성중학교 졸업. 1920년 평양 숭실대학교 우등생으로 졸업. 1923년 중국 남경 금릉(金陵) 대학 졸업. 1926년 5월 미국 프린스턴 신학교에서 신학사와 신학석사 취득. 남침례교신학교 대학원에서 기독교 변증학 전공(철학박사).
2. 경력 - 귀국 후 1927년 목사 안수. 평양 장로회신학교, 봉천신학교, 고려신학교, 장로회 총회신학교에서 교수(1931년)와 교장 역임. 1942-1947년 7월 만주 봉천 동북신학교 교수와 교장 역임. 1947년 10월 부산 고려신학교 교장. 서울 장로회 총회신학교 교장. 이후 1972년 은퇴할 때까지 총회신학교에서 20여 년간 후학들을 가르치며 교역자를 양성함.
3. 저서 - 그동안 틈틈이 집필한 저작들을 정리하여 1977년에 「박형룡저작전집」(전 14권) 발간함. 50여 년의 교수 생활 동안 모두 12권의 저서와 100편에 가까운 논문을 발표함.
4. 사상 - 한국이 낳은 첫 신학자로서 정통 보수주의 교리를 집대성한 위대한 조직신학자다. 그는 평생 칼빈주의 개혁파 정통신학을 배우고 그것을 질서 있게 정리하여 전수하는 일에 혼신의 힘을 기울였다. 또한 성경의 영감(靈感)을 강조하면서도 기계적(機械的) 영감설에서 탈피하여 유기적(有機的) 영감설을 주장하였다. 그리하여 박형룡은 성경의 '유기적 완전 축자영감설'을 주장했다. 뿐만 아니라 그는 당시 자유주의 신학 사조에 대항하여 일어난 근본주의(Fundamentalism) 편에 섰다. 한편, 그는 '세대주의 신학'을 배격했고, 청교도적 개혁주의 정통신학을 고수했다.

배재학당, 배재학교(培材學堂) 미국 북감리교 선교사 아펜젤러(H.G. Appenzeller)가 서울 정동(貞洞)에 설립한 최초의 기독교 학교. 오늘날 배재중학교·고등학교·대학교의 전신. 한국 최초의 근대식 중등학교이기도 하다. 1885년 8월 3일 개교하여 1886년 6월 8일 정부로부터 공식 허락을 받았다. 당시 고종 황제는 인재를 배양하라는 뜻에서 '배재'(培栽)라는 교명을 하사하였다. 아펜젤러는 조선에 예수를 전하는 기회가 되기를 기도하며 이 학교를 설립하였다. 그래서 당훈(堂訓)도 '욕위대자 당위인역'(欲爲大者 當爲人役, 크게 되고자 하는 사람은 남을 섬겨야 한다, 마20:26-27)로 삼았다.

당시 배재학당에서는 영어, 한문, 천문, 지리, 생리, 수학, 성경 등을 가르쳤다. 또 체육 활동을 통해 새로운 서양 스포츠들도 소개하였다. 이런 정규 과정 외에도 배재학당에서는 1889년 활판소(活版所)를 만들어 성경을 인쇄하였고, 1896년 〈독립신문〉, 1898년에는 학생 기관지인 〈협성회보〉를 발행하였다. 배재학당은 우리나라 암흑기 때 신교육의 문을 열고 신문화를 소개하여 이 땅에 개화의 빛을 비춘 이래 오늘에 이르기까지 한국 교육사와 문화사의 산 증인이라 할 수 있다. 오늘날 배재 중·고등학교는 서울시 강동구 고덕로 227 (고덕동)에, 배재대학은 대전시 서구 배재로 155-40(도마동)에 위치한다.

배화여학교(培花女學校) 1898년 10월 2일 미국 남감리회 여선교부의 조세핀 캠벨(Josephine P. Campbell) 선교사가 설립한 초·중등과정의 사립학교. 서울 인달방 고간동(오늘날 서울시 종로구 내자동 75번지)에서 2명의 여학생과 3명의 남학생으로 시작되었다. 사우스 캐롤라이나 어린이들의 선교기금으로 교사(校舍)를 마련하였다 하여 처음에는 〈캐롤라이나 학당〉으로 부르다, 1910년 4월 2일 〈배화학당〉으로 교명을 변경하고 4년제 중학과와 4년제 소학과를 병설했다. 이때 애국지사 남궁 억이 8년 동안 교사로 재직하면서 민족 의식과 독립 사상을 고취시키고 교가를 작사하였다. 3.1운동 당시 배화학당의 활약이 컸던 것도 이런 영향 때문이었다.

1916년 1월 16일 서울 누하동(지금의 서울 종로구 필운동)으로 교사를 이전했고, 1938년 3월 〈배화여자고등학교〉와 〈배화여자소학교〉로 분리·개편되었다. 1940년 일제 탄압으로 선교사들이 철수하자 이들 학교 역시 심각한 경영난을 겪었으나 민족 독지가들의 자산 기부로 폐교 위기를 넘겼다.

1945년 해방 후 〈배화여자소학교〉는 폐교되고, 〈배화여자고등학교〉는 1946년 4월 〈배화여자중학교〉로 개편되었다가 1951년 5월 〈배화여자중학교〉와 〈배화여자고등학교〉로 분리되어 지금에 이르고 있다. 1978년 3월 2일에는 〈배화여자실업전문학교〉(현, 배화여자대학교)를 병설하였다.

오늘날 〈배화여자중학교〉는 서울시 종로구 필운대로 1길 13에, 〈배화여자고등학교〉, 〈배화여자대학교〉는 서울시 종로구 필운대로 1길 34에 각각 위치한다.

번연(John Bunyan) → '존 번연'을 보라.

벌게잇(Vulgate) 라틴어성경「불가타」의 영어식 표현. → '불가타'를 보라.

벌코프(Berkhof) → '루이스 벌코프'를 보라.

베네딕투스(Benedictus) 이탈리아 중부 누르시아(Nurcia) 태생의 수도사(480?-543?년). 성인(聖人). 베네딕트 수도회 창시자. 수도회의 아버지. 20세 때인 500년경에 3년간 로마 근교의 수미아코 동굴에서 참회와 기도의 생활을 보낸 뒤 티볼리 근처에서 수도사들을 지도했다. 그러나 주변 성직자들의 반목이 심하자 529년에 제자들과 함께 몬테 카지노(Monte Cassino)에 수도원을 세우고 엄격한 수도 생활을 시작하였다. 그리고 여러 수사들의 수도원 건립에도 도움을 주었다.

뿐만 아니라 기도 생활을 비롯하여 수도원장 선출 등에 이르기까지 수도 생활에 필요한 제반 법규를 정하여 수도원 제도를 마련하였다. 이때 만들어진 규율을 보면, ① 평생 수도원 안에서만 살 것 ② 절대 복종·순결·근신할 것 ③ 운동 경기를 삼갈 것 ④ 하루 7시간씩 노동할 것 등이다. 하지만 주일(일요일)이나 제일(祭日)에는 놀이나 소풍, 향연 등을 베풀기도 했다. 이는 훗날 베네딕트 수도회의 모범 회칙이 되었다.

그는 성경에 나오는 기적을 많이 행했다고 알려지는데, 그의 생애는 교황 그레고리 1세가 쓴「성 베네딕투스의 생애와 기적」에 잘 소개되어 있다.

베드로 세습령(- 世襲領, Patrimony of St. Peter) 교황의 종교적·세속적인 지배권이 미치는 영토. '교황령(敎皇領, Status Pontificius)이라고도 한다. 313년 콘스탄티누스 황제의 밀라노 칙령 후 로마 교회가 박해 기간 동안 약탈당한 재산을 회복하면서부터 1870년 이탈리아 왕국에 합병될 때까지 무려 1,500여 년 동안 소유하고 있던 영토를 말한다.

초기에는 주로 칙령과 함께 로마 황실에서 기부한 토지들이 많았는데, 여기에는 로마가 이웃 국가들을 정복하면서 얻은 땅들도 상당수 있었다. 그래서 교회 소유 영토에는 로마뿐 아니라 주변의 유럽 여러 나라 땅들과 심지어는 지중해 건너 아프리카의 여러 국가 영토도 상당수 있었다.

로마 교회는 여기서 나오는 수입으로 종교적 목적, 예를 들면 구제 사업 등에 사용하였고, 또 영토를 보존하는 데 필요한 경비로도 충당하였다. 그러다 교회 영토가 차차 침략을 받자 급기야 영토를 보존하는 일에 대부분의 비용을 지출하게 된다. 그 후 1870년에 로마 교회(바티칸 교황령)가 빅토르 엠마누엘(Victor Emanuel) 국왕 때 이탈리아에 합병되면서 교회 영토는 거의 소멸되었고, 1929년 2월 11일 뭇솔리니 정권과 라테란 조약을 체결하면서 바티칸 시국을 인정받아 다시 교황의 영토 주권이 어느 정도 회복되어 오늘에 이른다.

베뢰아 파(- 派) 1987년 9월 성락교회(聖樂教會) 김기동(金箕東) 목사가 〈기독교한국침례회〉를 탈퇴하고 〈기독교남침례회〉라는 이름으로 설립한 기독교 이단. 대표적 교리를 살펴보면 다음과 같다(참고, 기독교한국침례회 총회보고서).

1. 성서론 - ① 성서적 근거보다는 자신의 축사 경험과 귀신들의 실토하는 말들을 종합하여 '마귀론' 신학을 내세운다. ② 예수님이 오신 목적을 사탄 박멸이라는 소극적 측면에 국한시켜 구원, 교회, 하나님 나라라는 적극적 측면을 소홀히 한다. ③ 성경을 자의적으로 해석하여 '성경이라는 좁은 테두리를 벗어나야 한다'고 가르쳐 성경의 완전성에 이의를 제기한다(참조, 계22:18). ④ 성령의 활동은 성경의 테두리를 초월하기 때문에 성령으로 성경을 초월하는 하나님의 역사를 경험하게 된다고 가르친다.

2. 성령론 - 삼위일체 중 한 분이신 성령과 피조물인 천사를 혼돈한다. 그래서 마가 다락방에 성령이 임할 때 불이나 바람 같은 소리는 성령이 아니라 성령을 수행하는 천사들이라 말한다. 또 구약 당시 하나님의 신도 모두 천사라고 말한다. 이는 창조주 하나님과 피조물 천사를 혼돈하는 것이며 성경의 가르침을 정면으로 부인하는 행위다.

3. 창조론 - 하나님의 천지 창조를 부인한다. 실례로 아담을 땅에 충만한 수 가운데 뽑힌 굉장한 사람이라 하여 이미 창조 이전에 땅 위에 인류가 있었다고 주장한다. 또 인간 창조의 목적은 타락한 마귀를 멸망시키기 위한 방편이라 주장한다.

4. 악령론 - 귀신은 불신자의 사후 존재라 하여 무속 신앙을 주장한다. 이는 전통적인 정령 숭배 사상에서 나온 미신이다. 그러나 성경은 신자건 불신자건 사람이 죽으면 영혼은 즉시 육체를 떠나 신자는 낙원으로, 불신자는 음부로 들어가서 다가올 심판의 날을 기다린다고 가르친다(눅16:19-26; 23:43). 또 성경은 마귀가 타락한 천사의 일부라고 가르친다(벧후2:4; 유1:6).

5. 천사론 - 천사는 지금까지도 타락하는 과정에 있다는 비성서적 주장을 한다. 그들은 신자를 도우라고 보낸 천사도 신자가 잘못을 저지르면 가변되어 미혹의 영이 된다고 말한다. 따라서 이를 막기 위해서는 더 많은 천사를 얻어야 한다고 주장한다. 결론적으로, 베뢰아의 교리는 수많은 과오로 얼룩져 있으며, 신앙도 매우 불건전하다.

주요 간행물로는 잡지 〈기독침례회보〉, 〈베뢰아 사람〉, 신문 〈예수 내구주〉 등이 있고, 교단 산하에 〈베뢰아국제대학원대학교〉가 있다.

벨직 신앙고백(- 信仰告白, Belgic Confession, Confessio Belgica) '벨기에 고백'(Confessio Belgica), '월룬 고백'(Walloon Confession), '네덜란드 고백'(Netherlands Confession)으로도 불린다. 벨기에(Belgica)는 당시 벨기에 서부, 프랑스 북부, 네덜란드 남서부 지역(오늘날 베네룩스 3국)을 일컫는 말로서 통치자는 스페인 왕 필립 2세였다. 그는 아버지 찰스 5세의 정책을 이어받아 종교재판소를 설치하고 개혁교회를 무자비하게 탄압한 자였다. 그리하여 여기서 수많은 순교자가 나왔다. 이 시기에 개혁교회가 믿는 신앙이 무엇인지를 진술한 신앙고백이 바로 '벨직 신앙고백'이다.

이 신앙고백은 벨지움의 베르겐 출신 귀도 드 브레(Guido de bres, 1522-1567년)에 의해 작성되었다. 그는 어려서부터 개혁교회 신앙과 교육을 받았고 24세 때 기독교로 개종했다. 이로 인해 그는 추방당하는 신세가 되어 영국으로 건너가 에드워드 6세의 도움을 받았다. 1년 후 1562년 그는 프로테스탄트들이 결코 국가에 반역자가 아니며 오직 성경에 근거하여 바른 기독교 신앙을 고백할 뿐임을 입증하기 위해 신앙고백문을 작성하였다. 이것이 '벨직 신앙고백'이다. 그는 이것을 스페인 왕 필립 2세에게 헌정했다. 그러나 이 일로 많은 개혁교회 신자들이 박해를 받고 순교했으며, 그도 1567년 5월 31일 순교자의 길을 가게 되었다.

이 신앙고백은 이후 네덜란드어로 번역되어 배포되었고, 엔트윕 회의(1566년), 베셀 회의(1568년) 등 여러 회의에서 약간의 개정 작업을 거쳐 1517년 엠덴(Emden)의 개혁주의 대회(The Reformed Synod)에서 공식적인 신앙고백서로 채택되었다.

이후 도르트 총회(The Synod of Dort, 1618-19년)에서 권위를 인정받고 17세기 마지막 30년 동안 하이델베르크 요리문답과 더불어 네덜란드 교회와 대륙 개혁교회들의 신앙고백으로 사용되었다. 또 현재까지도 개혁파 교회의 중요한 신앙고백 중 하나로 인정받고 있다.

벨직 신앙고백의 특징은 고대로부터 전승되어 오는 에큐메니칼한 신조와 전통적인 교의(사도신조, 니케아 신조, 아타나시우스 신조 등)를 충실히 따르고 있다는 점이다. 3-7장의 성경관, 8-11장의 삼위일체론, 19장의 그리스도의 두 본성의 연합과 구별, 22장의 이신칭의는 개혁교회의 핵심적 교리다. 또 벨직 신앙고백은 전통적인 개혁파 신학의 질서를 따르는 특징을 가지고 있다. 즉, 1-11장 하나님에 관한 교리, 12-15장 인간론, 16-21장 그리스도론, 22-26장 구원론, 27-35장 교회론, 37장 종말론 등이다. 또한 31장에 교회의 직분자로서 '목자, 장로, 집사'를 명확하게 언급하고 있는 것도 큰 특징 가운데 하나다.

보구녀관(保救女館, **Caring for and Saving Woman's Hospital**) 1887년 10월 감리교의 의료 선교사 스크랜튼(W.B. Scranton)이 정동교회 안에 세운 우리나라 최초의 여성 전용병원. 이름은 명성황후가 지었다. 이때 하워드(Mrs. Meta Howard)와 셔우드(Mrs. Rosetta Sherwood) 두 명의 여의사가 미국에서 왔는데, 이 중 셔우드는 홀(Dr. W.J. Hall)의 부인으로서, 1935년까지 서울의 보구녀관과 동대문여자병원 그리고 평양부인병원에서 일하였다. 그는 또 우리나라 최초로 여자의과대학과 간호학교, 맹아학교도 설립하여 한국 의료계에 큰 역할을 하였다.

보호여회(保護女會, **The Ladies Aid Society**) 1900년 11월 8일 미국감리회 여선교사이며 당시 이화학당 교사로 있던 프라이(L.E. Frey)에 의해 감리교 정동교회에 설립된 여성 단체. 가난한 자들을 돕고 불우한 자를 위로하기 위한 목적으로 설립되었다. 1916년 마커 선교사가 보호여회를 지도하면서 '여선교회'로 이름을 바꾸고 미국 여선교회 활동을 도입하면서 조직을 확대했으나 여전히 개교회 수준을 벗어나지는 못했다. 그러다 1924년에 와서야 비로소 전국적인 여선교회 조직으로 발돋움하게 되었다. 오늘날 기독교대한감리회 여선교회의 전신이다.

복음주의(福音主義, **Evangelism**) 예수 그리스도의 복음을 중시하고 성경으로 돌아가자는 기독교 개혁(부흥)운동을 대표하는 신학 용어. 성경의 계시·영감·무오·권위·표준·최종성·하나님의 삼위일체·예수 그리스도의 1위 2성(신성과 인성)·처녀 탄생·대리적 속죄의 죽음·육체적 부활·승천·재림·최후심판·이신득구·이신칭의·내세의 영생 등을 믿는 신학 사상을 말한다. 16세기 종교개혁 시기에 가톨릭교회의 교황주의와 성례주의에 대항하여 기독교의 근본 교리를 믿는 프로테스탄트 교회에서 처음 사용되었다.

지금도 독일이나 프랑스 등 유럽에서는 이런 명칭을 사용하는 교단들이 있다. 독일 개신교 연합인 〈독일 복음주의 교회〉(Evangelische Kirche in Deutchland)나 프랑스 〈복음주의 교회〉(Églises évangeliques)가 좋은 실례다.

그 후 20세기에 와서는 미국 등지에서 진보적 기독교 사상(자유주의 신학)에 대항하는 보수적 기독교 사상을 '복음주의'라 부르는 신복음주의 사상이 나타나 용어에 혼란을 가져왔다. 이런 혼란은 우리나라에서도 나타나 복음주의라는 말이 철저하게 성경의 권위를 중시하는 보수주의와 구분 없이 사용되었다.

하지만 신복음주의자들이 말하는 복음주의란 온전한 복음주의 사상을 가리키는 것이 아니라 아주 좁은 의미의 복음주의에 국한되어 있다. 또한 신복음주의 신학 가운데는 비성경적 요소들도 많이 섞여 있다. 그럼에도 신복음주의자들은 '복음주의'란 말을 자신들의 전유물처럼 사용하고 있다. 그래서 철저한(건전한) 보수주의에서는 이 용어를 잘 사용하지 않는다. 대신에 '개혁주의'란 표현을 사용하는데, '복음주의'란 말이 원래 종교개혁에서 시작되었음을 감안한다면 이는 오히려 원래 취지를 잘 살린 표현이라 할 수 있다.

본디오 빌라도(**Pontius Pilate**) 창을 가진 자'란 뜻. 예수 그리스도에게 반역죄를 씌워 사형을 언도한(막15:15; 눅23:23; 행3:13; 13:28) 유대 주재 로마 제5대 총독(A.D.26-36년경, 눅3:1). 티베리우스 황제 때 발레리우스 그라투스(Valerius

Gratus) 후임으로 파견되어 유대 · 사마리아 · 이두매를 다스렸으며, 수리아 총독 비텔리우스(Vitellius) 지휘 아래 있었다.

1. 총독의 권한 - 당시 유대 총독은 유대인의 사형 집행권과 지방 법원(산헤드린 공회 등)의 결정을 변경할 수 있는 권한, 그리고 대제사장의 임면권을 가지는 등 군사 · 사법 · 종교를 두루 관장하는 절대 권력을 가지고 있었다. 예수님 당시, 빌라도의 로마 군영은 가이사랴에 본부를 두고 있었고, 민란 등을 염려하여 예루살렘 성전 내 안토니아 요새에 분견대를 파견하고 있었다. 빌라도는 주로 본부 가이사랴에 머물렀고 유월절 등 특별한 시기에만 예루살렘에 주둔하면서 군 병력을 강화하였다.

2. 고대 문헌 - 기록에 의하면 빌라도는 '예수 그리스도를 처형한 자'(Tacitus, A.D.55-120년경), '뇌물을 좋아하고 신을 모독하며 사람에게 공평하지 않은 재판을 하고 근거에도 없는 중형을 내리기로 유명한 자'(Philo)로 소개된다. 또 빌라도는 부임 직후 황제의 흉상이 그려진 로마 군기를 앞세우고 예루살렘으로 진군했으며, 이를 5일간 밤낮으로 저지하는 유대인들에게 창검을 겨누고 학살을 명령하는 등 만행을 저질렀으나 결사 저지하는 유대인들의 기세에 눌려 가이사랴로 퇴각했다 한다(Josephus).

또한 예루살렘 식수난을 해결하기 위한 수도 공사에 성전세를 유용하고 항의하는 유대인들을 몽둥이로 때려 수많은 사람들을 살상했다고 한다(눅 13:1). 또 A.D.35년에 모세가 그리심 산에 성물을 묻어 두었다는 말에 현혹된 사마리아 사람들이 무장하고 그리심 산으로 모여들자 반란으로 오해하여 군대를 동원, 무자비하게 진압하였다고 한다.

3. 최후 - 결국 빌라도는 로마로 소환되었는데, 유세비우스(Eusebius)는 그가 소환 도중 자살했다 하고, 위경(僞經)에는 빌라도의 시신이 프랑스로 옮겨져 비엔나 인근에 매장되었다고도 한다. 그러나 이와 정반대되는 내용도 전해지는데, 교부 터툴리안(Tertullian)은 그가 크리스찬이 되었다고 한다. 이에 근거하여 애굽의 콥트 교회와 에티오피아 교회에서는 빌라도와 그의 아내 '프로쿨라'(Procula)를 성인(聖人)으로 추앙하기도 한다.

본회퍼(Bonhoeffer) → '디트리히 본회퍼'를 보라.

부처(Bucer) → '마틴 부처'를 보라.

분파(分派, schism)

영어 'schism'은 '교회에서 떨어져 나가는 것', 또는 '떨어져 나간 단체'를 말한다. 성경에서는 의견의 불일치로 교회와 평화를 깨뜨리는 것을 가리켰다(고전1:10; 11:18; 12:25). 그래서 교회사 초기에는 주로 교회 지도자의 가르침에 다른 의견을 제기하거나 불복종하는 행위에 사용되었다.

그러다가 교회가 점차 조직화 되고 중앙집권화 되면서 '분파'는 오늘날과 같이 '(주장이나 견해를 달리하여 분열된) 교파나 교단'을 가리키는 의미로 자리잡게 되었다.

불가타(Vulgata) '대중적'이란 뜻. 히에로니무스(제롬)가 교황 다마수스 1세의 명에 의해 번역한 라틴어성경. 고대 라틴어본들이 원문에서 벗어나고 순수성과 통일성을 잃자 문제의 심각성을 느껴 모든 사람이 사용할 수 있는 바른 성경을 편찬하자는 취지에서 번역되었다. 384년 4복음서가 번역되었고, 386년경에 신약성경이 모두 번역되었다(Chapman의 견해).

이어 391-405년경에 구약성경이 번역되었다(혹자는 404년으로 보기도 한다). 중요한 것은 그 이전의 라틴어성경이 모두 그리스어로 된 70인역(LXX)을 원본으로 하여 번역되었다면, 불가타성경은 원전인 히브리어성경을 원문으로 하여 구약이 번역되었다는 사실이다. 또한 고대 라틴어 번역이 통속적인 내용을 구어체로 번역했다면, 불가타는 원문에 가깝게 내용을 정화했다는 점이다. 이 작업은 무려 15년에 걸쳐 이루어졌다. 당시에는 이 개정 작업이 다소 과소평가되었지만 그 후 불가타는 70인역을 계승하여 중세기를 대표할 만한 표준성경으로 자리매김하게 되었고, 트리엔트 공의회에서 칙령을 통해 교회의 공식 성경으로 인정받았다.

그 후 1456년에 「마자랭 성서」(Mazarin Bible)라는 최초의 인쇄본이 나왔고, 1590년 교황 식스투스 5세의 주관하에 「시스틴 개정판」이, 1592년

클레멘스 8세에 의해 다시 개정본이 나오면서 로마 가톨릭교회의 표준성서로 공인되었다. → '라틴어성경'을 보라.

불교(佛敎, **Buddism**) 인도의 석가모니가 설파한 교법(敎法)을 근간으로 형성된 종교. '불'(佛)이란 '깨달은 자'(覺者)를 뜻하는데 곧 '석가'를 일컫는다. B.C.5세기경 크샤트리아 계급으로 태어난 석가모니는 35세에 보리수 아래서 진리를 깨닫고 불타(佛陀, *Buddha*)가 된 후 80세인 B.C.543년에 입적할 때까지 여러 지방, 여러 계층의 사람들을 가르쳤다. 그가 입적하자 마하가섭(*Mahakasyapaa*) 등이 중심이 되어 부처가 제정한 교법(敎法)을 정리하여 성전(聖典)으로 편찬하였다. 이를 근간으로 불교는 마가다 국과 주변 여러 도시의 귀족과 서민에게로 퍼져나가게 되었다.

무엇보다 B.C.317년경 찬드라 굽다(*Chandra Gupta*)에 의해 설립된 인도 최대의 통일왕국 마우리아 왕조의 3대 왕 아쇼카(*Asoka*) 때 불교는 비약적으로 발전하여 캐시미르·간다라를 비롯한 인도 각 지역과 그리스 식민지인 박트리아 왕국, 스리랑카·미얀마 등 주변 나라로 전파되었다. 하지만 10세기 말 아프가니스탄 지방의 터어키 계통인 가즈니 왕조에 의해 17차례나 정복당하면서 인도의 불교는 철저하게 파괴되었고, 계속해서 이슬람교도의 침략으로 사원의 약탈과 파괴가 이어져 13세기에는 인도에서 거의 자취를 감추게 되었다. 그러나 태국·캄보디아·라오스 등 동남아시아를 비롯한 티벳·몽골·중국·한국·일본 등지에서는 여전히 불교의 세력이 왕성하여 오늘날 기독교·이슬람교와 함께 세계 3대 종교의 한 축을 이루고 있다.

불트만(**Bultmann**) → '루돌프 불트만'을 보라.

비국교, 비국교도(非國敎, **nonconformity**) 국가의 종교적 관습에 참여하기를 거절하는 집단이나 교파. 교회사적으로 영국에서 〈교식통일령〉(敎式統一令, Act of Uniformity)을 따르지 않는 자들에게 사용된 표현이다. 처음에는 영국 국교인 성공회의 기도서를 사용하기만 하면 신앙이 달라도 용인될 정도로 관대했다. 그러나 강제성이 없어 별로 효력이 없자 1662년에는 '성공회 기도서' 안에 있는 모든 내용에 동의한다는 서약을 하지 않는 성직자나 신자를 현직에서 추방시키는 강력한 교식통일령이 반포되었다. 그리고 이를 어기고 강단에 설 경우 체포되어 구금되었다. 또 일반 국교도의 경우 가족 이외에 다른 사람이 함께 모여 예배 드리다 발각될 경우 처음에는 벌금을, 다음에는 구금되는 조례들이 통과되었다.

이때 교회에서 쫓겨난 성직자가 2,000여 명이나 되었고, 국교도는 도시에서 멀리 떨어진 가옥이나 헛간 등에서 숨어 예배를 드려야 했다. 이런 가혹한 탄압 조치는 1689년 5월 24일 제임스 2세가 과거 비국교도에게 가해진 형벌을 면제해 주는 '관용령'(Toleration)이 내려지면서 완화되기는 했으나, 앤 여왕이 등극하여 〈특별국교보호조치법〉이 통과되면서 다시금 가중되었다.

그러다 18세기 초에 이르러 비국교도의 신앙 자유와 권리를 옹호하기 위한 〈비국교파 대표단〉이 장로교회, 회중교회, 침례교회를 중심으로 형성되었고, 이 와중에 감리교회의 부흥 운동이 일어나면서 웨일즈 지방을 중심으로 독자적인 성직자 안수와 신학 교육을 위한 움직임을 벌여 나가기 시작했다. 때를 맞춰 1811년에는 〈신앙 자유의 보호를 위한 프로테스탄트협회〉가, 1892년에는 〈자유교회협의체〉가 구성되는 등 비국교도의 신앙 자유 운동이 세력화 되기에 이르렀다. 마침내 1914년에 교식통일령이 폐지되는 의회 법령이 통과되면서 비로소 각 종파 간의 평등을 인정하는 사실상의 종교 자유 시대가 도래하게 되었다. 오늘날 영국에서는 장로교회, 회중교회, 감리교회, 퀘이커교, 침례교회 등이 모두 비국교회로 분류된다.

비아 돌로로사(**Via Dolorosa**) '슬픔의 길', '고난의 길'이란 뜻. 예수께서 빌라도 관정에서부터 골고다까지 십자가를 지고 걸어가신 길을 일컫는 별칭이다. 이 길에는 예수께서 사형 선고를 받으신 곳·예수께서 십자가를 지신 곳·예수께서 처음 쓰러지신 곳 … 구레네 시몬이 예수님을 대신하여 십자가를 진 곳 … 예수께서 두 번째 넘어진 곳 … 예수께서 십자가에 못 박힌 곳·예수의 무덤 등 모두 14곳에 당시의 사건을 재현해 주는 기념물들이 있다. 그 가운데는 성경과 무관하게 전승에 근거하여 만들어진 장소도 있긴 하지만 오늘날 많은 순례자들이 이곳을 찾아 주님이 가신 고난의 길을 따라가며 십자가의 의미를 되새기고 있다.

비잔틴 교회(- 敎會, **Byzantine Church**)
→ '동방정교회'를 보라.

비잔틴 사본(- 寫本, **Byzantine text, Codex Byzantine**) 안디옥 사본(Codex Antioch), 시리아 사본(Codex Syrian)과 더불어 비잔틴 계열의 소문자 사본. 비잔틴 시대와 그 이후에 저작된 대다수 사본들을 기초로 형성된 신약성경 헬라어 사본. 동로마 지역에서 오랫동안 사용되었으며, 공인본문(Textus Receptus)의 토대를 이루고 있다. 따라서 비잔틴 사본은 초기 영어 성경들의 기초가 되기도 한다. 다른 계통의 어떤 사본보다도 시리아어 계통의 사본에 가깝다. 초기 사본의 짧은 본문을 더 확장시키고, 문체를 더 유연하게 하려는 시도를 하여 다른 계통의 사본들에 비해 신뢰도가 좀 떨어진다는 평가를 받고 있다.

비잔틴 성가(- 聖歌, **Byzantine chant**) 비잔틴 시대(328-1453년)에 사용된 헬라어로 된 단선율의 전례 성가(chant). 시리아식 전례 및 알렉산드리아식 전례와 함께 동방 전례(東方典禮, liturgia orientalis)의 대표적 전례로 꼽는다. 학자에 따라서는 1453년 비잔틴 제국 멸망과 함께 이슬람의 지배로 비잔틴 성가의 전통이 사라졌다고 보는 견해(E. Wellesz)와 발칸 지역 여러 나라 정교회(이들 나라는 자국어로 성가를 부른다)를 포함한 그리스 정교회의 음악을 전부 비잔틴 성가로 볼 수 있다는 견해가 있다. 본래 그리스 정교회의 선율은 단선율이지만 오늘날은 드로운(drone, 둔탁한 저음) 풍의 단순한 성부(聲部)를 추가해서 부르는 경우가 많다.

빈야드 운동(- 運動, **Vinyard**) 직역하면 '포도원을 세우는 운동'이다. 표적과 기사와 치유 등을 통해 능력 있는 복음 전도를 강조하는 오순절 운동이나 은사 운동을 말한다. 주창자 존 윔버(John Wimber)는 자신의 이런 신학을 바탕으로 1977년 요르바 린다 갈보리 채플을 설립하여 크게 성장하였으며, 애너하임 빈야드 교회는 6,000명이 넘는 대형 교회로 성장하였다. 빈야드 운동은 현재 국제 빈야드 교회(협의회)를 중심으로 세력을 확장해 나가고 있다. 그러나 존 윔버를 비롯한 빈야드 주의자들은 내적으로 들려오는 음성이나 투사, 직관을 하나님의 음성으로 간주하여 신앙을 주관화하고 진동이나 넘어짐, 낄낄대며 하루 종일 웃어대는 웃음, 몸부림치는 것과 같은 육체에 가시적으로 나타나는 현상을 영적인 체험으로 간주하여 체험만이 신앙의 기초인 것처럼 주장하고 있다. 이와 같이 신앙을 주관화하거나 체험주의화하고, 객관적인 하나님의 말씀 대신 체험이 신앙의 온전한 판단 기준이 된다면 기독교가 계시종교가 될 수 없고 모든 판단 기준이 결국 인간 자신이 된다. 결국 체험을 강조하는 신앙 운동은 부패한 죄성의 영향을 받는 자율주의로 나가게 되고 자율주의는 극단적으로 변질될 수밖에 없다. 이런 점에서 빈야드 운동은 많은 한계와 문제점을 안고 있다(대한예수교장로회합동 제82회 총회보고서, 1997년).

빌리 그레이엄(**Billy Graham**) 스코틀랜드계 미국인. 남침례교 목사이며 세계적인 부흥사(1918년 -). 미국 아이젠하워 대통령 이후 역대 대통령들의 영적 조언자.
1. 출생과 학업 - 1918년 9월 7일 미국 노스 캐롤라이나의 샬롯 인근에서 출생하여 16세 때 성령의 은혜를 체험하고 고교 시절부터 전도에 힘썼다. 1940년 플로리다 성서신학교(Florida Bible Institute)를 졸업하고 같은 해 남침례교에서 목사 안수를 받았다.
2. 사역 - 1943년 일리노이 주 웨스턴 스프링제일침례교회에서 목사로 시무했으며, 1947년 노스웨스턴 성서학교 교장과 대학장을 역임했다. 그는 로스앤젤레스 전도대회를 통해 미국 전역에 알려졌으며 이후 1950년 미네소타 주 미니애폴리스에 빌리 그레이엄 복음전도협회를 설립하고 세계 전도 활동에 나섰다. 1954년 런던 집회를 성공적으로 마치면서 빌리 그레이엄은 무디와 생키의 뒤를 잇는 세계적 부흥집회 강사로 인정받게 되었다. 이후 성가 지도자와 성악가를 대동하고 전도팀과 함께 여러 나라를 순회하며 복음을 전했다. 이와 함께 라디오 방송, 선교 영화, 월간 잡지, TV 방송 등 다양한 언론 매체와 간행물을 통해 전방위로 전도 사역을 감당했다.

3. 신학 사상 - 빌리 그레이엄은 예수 그리스도를 통해서만 구원을 얻을 수 있으며, 성경은 하나님의 말씀으로 오류가 없음을 주장하는 등 예수 그리스도와 성경의 권위를 강조한 복음주의자이다. 또 기독교 근본주의를 신복음주의 운동을 통해 개혁하고자 하였으며, 로마 가톨릭교회 및 진보적 그리스도인들과의 대화에도 앞장섰다.

4. 업적 - 측근에 따르면 빌리 그레이엄의 설교를 듣고 예수를 영접하는 자들이 한 해 평균 250만 명에 이르며, 그의 생애 동안 라디오와 TV를 통해 설교를 들은 청중이 22억 명에 달한다고 한다. 최근 저서로 2011년 발간한 30번째 저서 「Nearing Home(부제 : 삶과 믿음, 멋진 마무리)」가 있다.

5. 우리나라와의 관계 - 빌리 그레이엄은 한국 교계에 아주 잘 알려진 인물이다. 1952년 전쟁 당시 부산·서울 집회에서 피난민들을 위로했으며, 1956년 2월 25일에는 서울운동장에서 8만여 명이 모여 집회를 가졌다. 세 번째 방문인 1973년에는 5월 16일부터 27일까지 전국 여러 도시를 순회하며 예비 집회를 가졌고 5월 30일부터 6월 3일까지 여의도 광장에서 매일 집회를 가졌다(일명 '여의도 집회'). 마지막 날인 6월 3일 낮에는 115만이 모였고, 이 기간 동안 연인원 334만 명이 모여 4만 4천 명의 결신자를 내는 등 세계 전도 사상 괄목할 만한 기록을 세우기도 했다. 또 1980년 8월에도 민족복음화 집회를 가졌으며, 1992년과 1994년 1월에는 북한에서 선교 집회를 갖고, 김일성종합대학에서 강의하였다.

사교(邪敎, heretical religion, paganism) 근본이 옳지 못하고 사회에 해독을 끼치는 종교. 또는 그 나라의 도덕관이나 사회 제도에 어긋나는 종교. 일반적으로 종교의 개념을 기준으로 하여 불합리하고 해로운 작용을 하고 있는 종교를 가리킨다. 그러나 특정한 사회 안에서 지배적인 세력을 갖고 있는 종교가 그 체제에 저항하는 종교를 사교로 규정하고 매타시하는 경우도 있다.

사도교부(使徒敎父, Apostolic Fathers) '사도 후 교부', '속사도' 등으로도 불린다. 이들은 사도 시대에 이어 1세기에서 2세기 중엽에 활약한 교부들로서 사도의 직계 제자나 이들과 교분이 있는 자들이다. 로마의 클레멘스, 안디옥의 이그나티우스, 이즈미르의 폴리캅, 히에라볼리의 파피아스 등이 대표적 인물이다. 1672년 코텔리에(J. B. Cotelier)의 「사도 시대의 교부」라는 저서에서 처음 언급되었다.

한편, '사도교부'는 때로 이들이 쓴 문서를 가리키기도 하는데, 「바나바서」, 「클레멘스 전서」, 「클레멘스 후서」, 「헤르마스의 목자」, 「폴리캅의 순교」, 「디다케」, 「이그나티우스의 서한」 등이 여기 해당된다. 이 문서들은 신약성경과는 달리 경전으로는 인정받지 못했지만 신약 시대에 근접해 있기 때문에 신약성경을 연구하는 데 없어서는 안 될 소중한 자료로 평가받고 있다.

사도교회(使徒敎會, Apostolic Church) 사도 시대의 교회. 곧, 사도들이 다스리던 교회. 사도 교회는 예수님의 부활·승천 후 수십 년 동안 팔레스타인에 존재했는데, 학자들에 따라서는 A.D. 70년까지로 기한을 정하기도 한다. 혹자는 이를 '원시기독교 공동체'로 표현하기도 한다. 사도행전이나 여러 서신서에는 당시 사도 시대 교회의 생활 모습이 잘 나타나고 있다.

그 특징을 살펴보면 다음과 같다. ① 사도들은 예수 그리스도를 직접 목격하고 체험한 증인들이었다. ② 교회에는 가르치고 다스리는 사도 외에 봉사하고 섬기는 또 다른 직분(집사)이 있었다. ③ 카리스마(은사)가 많이 나타났다. ④ 성경(신약)이 완성되지 않았고, 사도들의 가르침(구두 전승)이 곧 규범이 되었다. ⑤ 유대 기독교와 이방 기독교가 공존하고 있었다. 이후 1세기가 끝나면서 사도 교회는 대부분 이방 교회 중심으로 바뀌었다.

사도권 계승(使徒權 繼承, apostolic succession) 교회의 성직(특히 가톨릭의 주교)이 주님이 세우신(임명하신) 사도들로부터 이어져 내려왔다는 교리. 가톨릭에서는 이를 근거로 하여 주교들이 사도들로부터 전수된 몇 가지 특별한 권한을 갖는다고 주장한다. 예를 들면 교인들의 입교를 승인하고, 사제를 임명하며, 다른 주교들을 축성하고, 자기가 맡은 교구의 성직자들과 교인들을 감독하는 것 등의 권한이 주교에게 있다고 말한다. 이런 이론은 로마의 클레멘스가 「클레멘스 제1서한」에서 처음 제기하였다(A.D. 95년). 그는 하나님 나라의 일을 수행하도록 그리스도께서 사도들을 성별하여 권세를 위임해 주셨다고 하였다(마 28:19-20). 그래서 로마 가톨릭을 비롯한 영국 국교회, 그리스 정교회에서는 성직의 권위를 확보하기 위한 사도권 계승을 인정하고 있다.

재미 있는 것은 그러면서도 상대방 교파의 사도권 계승에 대해서는 인정하지 않으려 한다. 예를 들면 로마 가톨릭교회는 동방정교회의 성직은 인정하면서도 성공회의 성직은 인정하지 않는다. 반면 성공회는 사도권 계승을 인정하지 않는 기독교 교파들의 교직 제도에 대해 긍정적이다. 또 성공회는 주교 제도가 교회의 존재를 위해 필요한 것이 아니라 '복지'(well-being)를 위해 필요하고 말한다. 이는 결국 사도권 계승을 주장하는 자들 사이에도 의견이 일치하지 않으며 사도권 계승의 성경적 근거가 미약함을 스스로 말해주는 것이다.

오늘날 대부분의 프로테스탄트 교회들은 사도권 계승과 주교들에 바탕을 둔 성직의 권위를 인정하지 않고 있다.

사도 시대(使徒 時代, **apostolic age**) 그리스도께서 승천하신 이후부터 1세기 말까지의 시기. 대체적으로 12사도 중 마지막으로 사도 요한이 세상을 떠난 1세기 말을 기준으로 삼는 경향이 있다. 학자에 따라서는 예루살렘 멸망 때까지, 바울 순교 때까지, 심지어는 2세기 때까지로 보는 견해도 있으나 제일 처음 견해가 일반적이다. 이를 연대로 표기한다면 A.D.30-100년경이 된다. 이 시기는 크게 셋으로 구분되는데, ① 바울 이전 시대 ② 바울 시대 ③ 바울 이후 시대로 나눌 수 있다.

먼저 바울 이전 시대는 예루살렘 교회를 중심으로 유대인 전도가 핵심 사역이었다. 이후 바울 시대의 가장 큰 특징은 무엇보다 바울의 회심과 세계 선교 사역이라 할 수 있다. 이때는 이미 복음이 예루살렘을 넘어 지중해 주변 이방 지역으로 향하고 있었다. 마지막으로 바울 이후 시대는 기독교의 박해와 그 가운데서도 영적 성장과 교회 조직이 다듬어져 가는 시기로 특징지을 수 있다.

결론적으로 사도 시대는 기독교가 시작된 시기이다. 따라서 교회가 오늘날의 형태로 갖추어지기까지의 모든 초석들이 전부 사도 시대에 놓여졌다 해도 과언이 아니다. 예수 그리스도에 대한 지식, 복음의 핵심 내용, 종말에 대한 올바른 신앙 자세, 교회의 조직 등이 모두 사도 시대 때부터 시작되었다. 결국 현대 교회의 모든 문제에 대한 해답이 사도 시대에 고스란히 담겨 있다는 것이 바로 사도 시대의 큰 의의라 하겠다.

용어상식

사육제
(謝肉祭, carnival)

문자적으로는 '고기여 안녕'(came vale), 또는 '고기를 버림(camem levare)이란 뜻. 로마 가톨릭에서 부활절을 준비하는 금식 기간을 앞두고 갖는 관습과 자유의 축제 행사. 나라와 지방에 따라 여러 형태로 이루어지는데 가장무도회·익살극 등을 포함한 온갖 환락을 동반한 행사가 치루어지며 때론 지나치게 과격한 나머지 폭동으로 돌변하여 수많은 사상자를 낳기도 한다.

원래는 고대 그리스와 로마의 이교 축제에 젖어 있던 이방인들에게 기독교를 전할 목적으로 그들의 풍습을 허용하면서 비롯되었으며 순수한 기독교 행사는 아니다. 사순절이 시작되기 전 3-7일 동안 행해지는데, 지금도 미국의 뉴 올리언스와 브라질의 리오데 자네이로 사육제는 유명하다. 프로테스탄트 국가들에서는 행해지지 않는다.

사이비 종교(似而非 宗敎, **false religion**) 문자적으로는 '거짓', '가짜'란 뜻. 거짓 종교. 겉으로는 종교로 위장하고 있으나 종교의 기본 요건(교조·교리·신도)을 구성하지 못하고 비(非) 종교적인 목적을 추구하는 단체나 집단을 가리킨다. 신흥종교·유사종교·사교(邪敎)가 여기에 속한다. '신흥종교'란 전통적인 종교, 곧 기독교, 불교, 천주교, 이슬람교 이외에 새롭게 일어난 종교를, '유사종교'란 미신을 믿는 토속 종교를, '사교'는 범죄 행위에 가담한 종교집단을 말한다.

사이비 종교의 특징은 다음과 같다. ① 겉과 속이 다른 이중 교리를 가지고 있다. ② 교주를 신격화한다. ③ 시한부 종말적인 성격을 띤다. ④ 반 사회적이고 비윤리적이다. ⑤ 기성종교에 대한 적개심을 갖게 한다. ⑥ 요행수를 바라고 운명에 기대게 한다. 결국 사이비 종교는 어리석은 자를 미혹시키는 사악한 집단일 뿐만 아니라 사회적으로나 국가적으로도 암적 존재다. 이런 사이비 종교가 부패한 기성종교의 토양에서 자란다는 사실은 기성종교의 책임이 얼마나 중요한지를 말해준다.

사중복음(四重福音, Fourfold Gospel) 성결교회의 4대 전도 표제. 곧 '중생'(重生), '성결'(聖潔), '신유'(神癒), '재림'(再臨)을 말한다. 복음적 성결 운동을 배경으로 형성된 성결교회의 핵심 교리로서 1880년 미국 기독교선교연맹을 창설한 앨버트 심프슨(Albert, B. Simpson) 박사가 기독론적으로 정리했다. 즉, 그는 이 사중복음을 '구원자 그리스도', '거룩케 하시는 그리스도', '치유자 그리스도', '다시 오시는 왕이신 그리스도'로 정리하였다. 이는 그리스도의 구원 사역 전반에 관한 내용이라 할 수 있다. 그래서 성결교회에서는 이 사중복음을 가장 대중적인 복음으로 이해한다.

곧, 중생은 '어떻게 하여야 영생을 얻을까'에 관한 대답이며, 성결은 '어떻게 하여야 참된 신자가 될 수 있는가?'의 대답이요, 신유는 '인간을 괴롭히는 질병으로부터의 해방'에 관한 대답이며, 재림은 '영원한 미래'에 대한 대답인 것이다. 이렇게 본다면, 사중복음은 특정한 신학자의 사변적인 이론이 아니라 보통 사람이 가장 실존적으로 제기하는 질문에 대한 성경적인 답변이라 할 수 있다.

사회신경(社會信經) 감리교인이 사회 생활을 영위할 때 정의로운 사회 구현을 위해 반드시 지켜야 할 신앙적인 약속. 1930년 제1회 총회에서 채택되었는데, 모두 11가지다. ① 하나님의 창조와 생태계의 보존 ② 가정과 성, 인구 정책 ③ 개인의 인권과 민주주의 ④ 자유와 평등 ⑤ 노동과 분배 정의 ⑥ 복지 사회 건설 ⑦ 인간화와 도덕성 회복 ⑧ 생명 공학과 의료 윤리 ⑨ 그리스도의 유일성과 정의 사회 실현 ⑩ 평화적 통일 ⑪ 전쟁 억제와 세계 평화. →[2. 교리 및 신앙 용어] '사회신경'을 보라.

산업선교(産業宣敎, Industrial Mission) → '도시산업선교'를 보라.

산정현교회(山亭峴敎會) 1905년 평양 계동(닭골)에 설립된 장로교회. 장대현교회로부터 분립되어 장대현교회의 구 예배당을 사용하다 1년 만에 300여 명으로 교세가 확장되자 산정현에 교회를 신축하고 이전하여 '산정현교회'로 불리게 되었다. 1908년 당회를 조직했고, 1913년 교인이 500명으로 불어났다. 3.1운동 때 평양 여러 교회와 만세 운동을 주도했고, 1928년에는 미국에서 돌아온 박형룡 박사가 부목사로 부임했다. 1936년 자유주의 사상을 가진 송창근 목사가 사임하면서 신사참배 거부로 유명한 주기철 목사가 부임했다.

1938년 제27회 총회에서 신사참배를 결의하자 주기철 목사를 중심으로 본격적인 신사참배 반대 운동을 전개해 나갔고, 이때 주기철 목사가 구속되었다. 해방 후 신사참배에 반대했던 목사들이 출옥하면서 신사참배 반대 운동의 성지였던 산정현교회로 몰려들어 이곳에서 신사참배 회개와 교회 재건 운동이 시작되었다.

그 후 6.25전쟁 이전까지 기독교연맹의 회유와 공산 정권의 박해를 받았는데, 이 어간에 산정현교회 장로였던 민족지도자 조만식이 처형되기도 했다. 전쟁과 함께 많은 성도들이 남한으로 피난하여 서울 후암동·이태원, 부산 부평동·해운대 등 남한 곳곳에 산정현교회를 세워 오늘에 이르고 있다. 산정현교회는 신사참배로부터, 공산 정권으로부터 신앙을 지켜낸 교회요, 수난 시대에 끝까지 믿음을 지킨 모범된 교회로 기억되고 있다.

산타 클로스(Santa Claus) 270년 소아시아 리키아 지방 파타라에서 출생한 성 니콜라스(St. Nicholas)의 별칭. 미라 지방의 대주교로서 남몰래 자선과 선행, 구제에 힘썼다. 가톨릭에서는 그를 '상투스 니콜라우스'로 부르며 성인으로 숭배한다. 오랜 훗날 그는 미국에서 오늘날과 같은 '산타 클로스'라는 이름으로 불리게 되었는데, 이는 신대륙으로 이주한 네덜란드 사람들이 부르던 '산테 클라스'의 영어식 이름이다.

아무튼 19세기 이후 산타 클로스는 크리스마스 전날 밤에 몰래 굴뚝을 타고 착한 어린이 집으로 들어와 선물을 놓고 가는 자로 알려지게 되었다. 우리에게 익숙한 산타 클로스의 빨간색 복장은 1931년 미국 사람 해돈 선드블롬이 코카콜라 광고를 위해 그린 그림에서 유래되었다. 근래에 들어 산타 클로스는 크리스마스의 대표적 캐릭터로 자리잡으면서 오히려 성탄절의 본질을 훼손한다는 지적도 나오고 있다. 일각에서는 바른 성탄 문화 정착을 위해 산타 추방 운동도 벌이고 있다.

산헤드린(Sanhedrin) '함께 둘러 앉는다'는 뜻. 유대인들의 최고 의결(통치) 기관인 산헤드린 공회를 말한다.

1. 기원 – 모세가 임명한 70인의 장로회(민11:6)에 기원을 둔다. B.C.3세기경 장로 중심의 귀족 회의에서 출발하였다.

2. 직제 – 대제사장이 의장이며 공회원은 바리새인, 사두개인(제사장 계급을 독점), 서기관, 장로 등 백성의 대표들로 구성되었고, 율법에 따라 70명을 정수로 하였다(의장 포함 71명).

3. 권한 – 로마 통치하에서도 정치 문제(사형권은 로마 당국에만 있었음)를 제외한 이스라엘의 입법과 사법을 총괄하는 최고 정책 의결 기구였으며, 모든 안건은 만장일치로 의결했다. 주로 율법을 해석하고 종교 재판을 주관하며, 성전의 치안을 유지하는 문제들을 다루었다.

4. 소집과 재판 – 산헤드린은 안식일과 절기를 제외하고는 매일 열렸는데, 일출에서 일몰까지만 개정되었고, 야간에는 소집되지 않는 것이 관례였다. 재판시에는 두 명의 증인이 배석하였고, 사형에 해당되는 죄는 다음날 다시 한 번 심의를 거친 뒤 판결하여 억울한 사형수가 생기지 않도록 조심하였다. 또한 사형이 확정된 죄수에게는 죄를 고백할 수 있는 회개의 기회도 제공되었다. 이렇게 본다면 밤중에 재판을 열어 예수님에게 사형을 언도하고 재심도 없이 곧 바로 최종 결정권자인 총독 빌라도에게 예수님을 데려간 산헤드린의 재판은 불법 중의 불법임을 알 수 있다.

5. 지방 법원 – 지방에는 하급 법원에 해당하는 공회(민회)가 있었는데, 성인 120명의 동네에는 3-7명의 장로들이 있어 그들이 재판을 주관했다.

삼육재단(三育財團) 제칠일안식일예수재림교(안식교)에서 설립한 재단. 삼육은 '체육'(體育), '지육'(智育), '덕육'(德育) 곧 신체적, 정신적, 영적 성숙을 통해 하나님의 형상을 회복한다는 의미를 갖는다. 이런 측면에서 재림교인들은 전인적 건강과 행복 모두를 중요하게 여긴다.

이 재단에 속한 기관들을 보면 ① 신체적 건강을 위해 삼육의료원, 삼육식품, 요양병원 등이 있고, ② 정신적 행복을 위해 삼육대학교를 비롯하여 초등학교부터 대학원까지의 전국 각지에 삼육학교와 전국 41개 직영점을 가진 삼육외국어학원을 운영하고 있다. ③ 또 가장 중요시하는 영적 성장을 위해 전국에 900여 교회가 있는데, 신도수는 2009년 기준으로 대략 21만 명으로 추정된다.

삼중축복(三重祝福) 전인(全人) 구원의 결과 성도가 누리는 축복. 오중복음(五重福音)과 더불어 〈기독교대한하나님의성회〉를 대표하는 교리. 내용은 "사랑하는 자여 네 영혼이 잘됨같이 네가 범사에 잘되고 강건하기를 내가 간구하노라"는 요한삼서 1장 2절 말씀에 잘 나타난다. ① 영혼이 잘됨 : 예수님을 믿고 구원을 받아 영적으로 풍성한 삶을 사는 것을 말한다. ② 범사에 잘됨 : 그리스도 안에서 모든 일이 합력하여 선을 이루는 삶과 그것을 통해 받는 복을 의미한다. ③ 강건함 : 구원받는 성도가 질병의 고통에서 놓여나는 복을 말한다. 이상의 삼중축복은 마태복음 6장 33절에 근거하여 먼저 그 나라와 그 의를 구하는 일에 인생 목표를 둘 때 모든 성도가 누릴 수 있는 복이다.

상동교회(尙洞敎會) 감리교 선교사 스크랜튼이 서울 중구 남창동 1-2에 세운 교회. 처음에는 이곳에 상동약국(병원)이 세워졌으나(1889년) 병원과 더불어 복음이 전파되면서 이 자리에 상동교회가 설립되었다(1893년). 2년 후 붐비는 환자와 교인들로 인산인해를 이루자 건너편 한옥으로 교회 처소를 옮기게 되었고, 1900년 현재의 상동교회 자리에 교회를 신축하여 입당하게 되었다. 그 후 복음 전파와 함께 상동교회는 민족지도자들을 양성하는 교육기관의 역할도 감당하였다.

1905년 을사보호조약을 거치면서 많은 지도자들을 배출하였고, 이들 중 많은 지도자들이 3.1운동의 중심 역할을 감당하였다. 그러나 1944년 상동교회는 일제의 혹독한 탄압으로 폐쇄되었다. 그 후 해방과 6.25 전쟁을 거치면서 상동교회는 다시 교회의 기능을 되찾게 되었고, 1976년 12월 현대식 건물을 지어 입당하게 되었다. 또 1977년에는 우리나라 최초로 기업선교의 일환으로 〈새로나백화점〉을 세워 그 이윤으로 개척 교회 등 선교 활동을 지원하였다. 또 수원에 있는 〈삼일중·실업고등학교〉를 인수하였고 현재 〈협성대학교〉의 모체가 되는 〈서울감리교신학교〉를 설립하는 등 교육선교에도 관심을 기울였다. 2008년 10월 5일 교회 설립 120주년 기념 사업을 벌였다. 현재 서울시 중구 남대문로 30 (남창동)에 소재한다.

새문안교회(- 敎會) 1887년 9월 27일 한국 최초 장로교 선교사 언더우드(H. G. Underwood)에 의해 서울 중구 정동 31번지 한옥에 설립된 우리나라 최초의 장로교회. 이 자리가 광화문 서편 돈의문(敦義門) 곧 새문(新門) 안에 위치해 있었기 때문에 〈새문안〉이란 이름이 붙었다. 감리교회의 정동교회보다 12일 정도 앞선다.

처음에는 매서인(賣書人) 서상륜을 비롯한 한국인 14명이 모였으나 사경회와 교육 사업을 활발하게 전개하면서 부흥하기 시작했다. 특히 1890년에 시작한 사경회는 장로교 최초의 사경회라 할 수 있다. 이 모임은 전국 모임으로 성장하여 전국 각지에서 신자들이 참석하였다. 또 1894년에 언더우드는 예배를 위해 〈찬양가〉라는 찬송가도 편찬했는데, 이 역시 우리나라 최초의 찬송가라 할 수 있다.

그 후 1895년 새문안교회는 교인들의 노동과 헌금으로 1차 예배당을 건립하였다. 하지만 1년 뒤 다시 교회가 협소하자 1896년에 2차로 예배당 건축을 계획하였고 1907년 현재 위치인 신문로 자리에서 기공식을 갖고 1910년 5월 22일 새 교회당을 건립하였다. 그리하여 5월 29일에 가진 봉헌예배에는 무려 1,800명이나 되는 교인들이 참여하였다. 그리고 9월 21일 서상륜의 친동생 서경조 목사가 독노회의 파송을 받아 부임하였다.

하지만 1932년 경기노회를 분립하여 경성노회를 설립하라는 총회와 갈등을 겪었고, 1938년에는 총회의 신사참배 결의에 따라 일본 신궁 건립에도 참여하는 등 내외적인 어려움을 겪어 1942년에는 출석 장년이 97명으로 줄어들 정도로 교세가 약화되기도 했다. 그 후 해방을 맞고 6.25 전쟁을 겪으면서 남북이 분단된 상황에서 다시금 남부 교회의 구심점 역할을 감당했고, 오늘날까지 연세대학교, 성경번역사업, 문서선교, 에큐메니칼 운동 등지에서 '어머니 교회'로서의 소임을 수행하고 있다. 현재 대한예수교장로회(통합)에 속해 있으며, 서울시 종로구 새문안로 79 (신문로 1가)에 위치한다.

서기관(書記官, **secretary**) 율법을 복사(필사)하거나 연구하여 가르치는 전문 율법학자. 서기관은 주로 레위 지파에서 나왔으며, 세습직이었다.

1. 왕정 시대 – 국가 중요 문서를 기록하고 정리하며 보관하는 일(왕하22:3), 왕의 비서(삼하8:15,17; 왕하12:10; 대상18:14), 공증인(렘32:8-12), 성전 창고지기(왕하12:10; 대하24:11), 징병관(왕하25:19; 대하26:11) 등의 임무를 수행했다.

2. 포로기 이후 – 율법을 기록하거나 율법을 가르치는 교사 역할에 전념했다. 이는 포로기를 거치면서 서기관의 업무가 율법 중심으로 전문화되었기 때문이다. 그래서 서기관은 어려서부터 집중적으로 양육되기에 이르렀다. 이렇게 양육받은 자들 중에는 14세 때 이미 율법 해석에 통달한 자들도 있었다고 한다.

3. 서기관이 되는 과정 – 서기관은 가정에서 부모나, 전문 교사를 통해 율법을 배웠는데, 율법을 비롯한 각종 전승 사료를 해석하는 법, 종교 수칙, 재판 관련 법규 등 학습 과목도 다양했다. 그 후 자격을 인정받으면 '탈미드 하캄'(보조교사)이란 칭호를 받았고, 계속해서 수련을 쌓아 40세가 되면 안수를 받고 '하캄'(정교사)으로 불리며 정식 서기관 반열에 오르게 되었다. 이렇게 정식 서기관이 된 자는 전승을 해석하고 새로운 전승을 창출하며, 종교적인 규약을 만들고 재판관의 일원으로 민형사상의 재판에도 참여하는 등 명실상부하게 유대의 최고 지위를 누렸다. 또한 이들이 만든 전승은 율법 이상의 권위를 가지는 등 서기관의 권한

서방교회
(西方敎會, Western Church, Latin Church)

라틴 전례를 사용하는 로마 가톨릭교회를 말한다. 위치상 비잔틴 전례를 사용하는 동방정교회의 서쪽에 있었기 때문에 붙여진 이름이다. 서방교회의 라틴 전례는 디오클레티아누스 황제(284-305년) 때 라틴 신학자들에 의해 형성되었다. 4·5세기 대표적 라틴 학자로는 암브로시우스(Ambrosius of Milan), 어거스틴(Augustine), 베네딕투스(Benedictus), 키프리아누스(Cyprian) 등이 있다.

한편, 이 시기는 정치적으로 로마가 북방 야만족들에 의해 침략을 받으면서 쇠퇴하는 때였지만 반대로 교회는 이들을 교화시켜 개종시키면서 위상이 높아지는 시기였다. 그러나 이는 오히려 교회의 부패와 타락을 불러 결국 훗날 종교개혁을 부르는 결과를 낳게 되었다. → '로마 가톨릭교회', '동방정교회'를 보라.

은 실로 막강하였다.

4. 신약 시대의 서기관 - 서기관은 신약 시대에 와서 율법교사로도 불렸으며, 대부분 바리새파에 속하였고 산헤드린 공회의 핵심 인물이 되었다(마 22:35; 23:8; 눅5:17). 서기관들은 막강한 권한을 배경으로 외식을 일삼으며(마23:13,23,25) 백성을 그릇되게 지도하여(마23:2-3,15) 주님으로부터 꾸지람을 받았고, 이에 반발하여 서기관들은 항시 주님을 시험하고(요8:3), 송사할 근거를 찾기에 혈안이 되었으며(눅6:7) 마침내 주님을 십자가에 못 박는 죄까지 서슴없이 자행하였다(마20:18).

서상륜(徐相崙) 최초의 성경 번역자. 매서인(권서인). 우리나라 기독교의 개척자(1848-1926년).

1. 생애 - 1848년 7월 26일 평북 의주에서 출생하여 13세 때 부모를 잃고 1873년부터 친지들과 함께 만주로 홍삼 장사를 다니기 시작했다. 장사를 다니던 중 31세 때(1878년) 장티푸스에 걸려 사경을 헤매다 만주에서 선교하던 스코틀랜드 연합장로교회 매킨타이어(J. McIntyre) 목사의 도움을 받아 완쾌되었다.

2. 영접 - 이것이 기회가 되어 서상륜은 매킨타이어 목사에게 복음을 듣고 신자가 되었다. 몇 달 후 매킨타이어 목사의 친척인 로스(J. Ross, 羅約翰) 목사를 만나 그의 어학선생이 되었고 1879년 그에게 세례를 받았다.

3. 성경 번역자 - 서상륜은 고향 친구 이응찬(李應贊), 이성하(李成夏) 등과 함께 로스 목사를 도와 성경 번역에 전력을 다했다. 그리하여 1882년 한글로 된 최초의 복음서 〈누가복음〉, 1883년 〈요한복음〉, 〈사도행전〉, 1884년 〈마태복음〉, 〈마가복음〉을 번역하여 발간했고, 마침내 1887년 〈예수셩교젼셔〉라는 이름의 신약성경을 완역하여 간행하였다.

4. 매서인(賣書人) - 서상륜은 자신이 번역한 성경을 가지고 중국과 만주 지역을 다니면서 판매와 함께 복음을 전했다. 이로 인해 그는 중국 관리에게 체포되어 한국 국경 검문소 감옥에 갇혔지만 평소 알고 지내던 한국인 관리가 풀어주어 무사히 고향 의주로 돌아올 수 있었다. 그러나 고향에서도 관리들의 의심을 받자 서상륜은 황해도 장연군 솔내(松川)로 이주했다.

5. 개척자 - 그는 솔내에서 복음을 전하여 1884년 솔내교회를 세웠다. 이 교회는 훗날 우리나라 교회사에서 기독교의 요람이 되었다. 그 후 1887년 언더우드가 세운 새문안교회에서 백홍준(白鴻俊)과 함께 한국 최초로 장로가 되었고, 그가 전도한 동생 서경조는 장로교 최초의 7인 목사 중 한 사람이 되었다. 그 후 게일, 마펫 선교사를 도와 평안도, 함경도 전도의 길잡이가 되었다. 다시 서울로 돌아온 서상륜은 언더우드를 도우며 서울, 경기를 비롯한 중부권 일대, 심지어는 부산에까지 복음을 전했다.

6. 말년 - 서상륜은 말년에 그가 세웠던 솔내교회로 돌아와 지역 전도에 헌신하다 1926년 1월 별세하여 장로교 총회장으로 엄수되었다. 총회에서는 1938년 8월 24일 그의 묘지에 화강암 기념비를 세우고 공적을 치하해 주었다.

서울신학대학교(- 神學大學校, Seoul Theological Seminary) 기독교대한성결교회 산하의 신학 교육기관. 1911년 동양선교회 대한성결교회에서 전도자 양성을 위해 서울 무교동에 〈성서신학원〉이란 이름으로 설립하였다. 1921년 4월 충정로로 교사(校舍)를 이전하였고, 1940년 5월 4년제 〈경성신학교〉(京城神學校)로 개편하였다. 그러나 1943년 12월 29일 신사참배 거부와 재림 교리로 교단은 일제에 의해 강제 해산되고 학교는 폐교되었다. 해방과 함께 1945년 11월에 다시 개교하여 〈서울신학교〉로 개칭하였고, 1959년 2월 26일 〈서울신학대학〉으로 승격하였다. 1974년 9월 25일 현 위치로 교사를 신축·이전하였으며, 1992년 4월 1일 〈서울신학대학교〉로 교명을 변경하였다. 2011년 3월 15일 개교 100주년을 맞이했다. 현재 경기도 부천시 소사구 호현로 489번길 52 (소사본동)에 위치한다.

서재필(徐載弼) 기독교 독립운동가이며 정치가 (1866-1951년). 교육가. 의사. 호는 송재(松齋). 미국명은 필립 제이슨(Philip Jaishon). 1866년 10월 28일 전남 보성군 문덕면 가내리에서 태어났다. 외숙에게 한학을 배우고 13세 때 장원급제했다. 아저씨 뻘되는 서광범, 김옥균, 이동인 등 개화파 지도자들과 교류하면서 이들의 주선으로 1881년 일본에 유학하여 토오쿄오 토야마(戶山)학원, 육군소년학교 등에서 수학했다. 귀국 후 1884년 12월 4

일 갑신정변의 주역으로 참여했으나 3일 천하로 막을 내리자 가문은 몰락했고 자신도 겨우 목숨만 건져 1885년 4월 미국으로 망명했다. 이때 서재필은 샌프란시스코 YMCA 야학반에서 영어를 배우며 기독교 신앙을 가지게 되었고, 워싱턴의과대학을 마치고 의사가 되었다. 1895년 귀국하여 〈독립협회〉를 조직하고 〈독립신문〉을 창간했다. 또 배재학당에서 청년 운동에도 진력했다. 그러나 독립협회의 해산 등 혁신 정치계의 몰락으로 1898년 다시 미국으로 가서 민족 운동을 전개하였다. 해방 후 귀국하여 과도정부 최고의정관 등을 지냈으며 1948년 다시 도미하여 1951년 1월 5일 필라델피아에서 별세했다.

선교구역분할(宣敎區域分割, **Comity Arrangement in Korea**) 지역 간의 중복을 피하고 복음 전파를 효율적으로 하기 위해 선교국에서 피선교지의 구역을 일정하게 분할하여 선교하는 조치. 그러기 위해서는 무엇보다 교파 간에 이해와 협조가 요구되었기 때문에 이를 '교계예양(敎界禮讓)'이라고도 부른다. 우리나라에서 선교 초창기에 이루어진 최초의 사례로는 1893년 1월 28일에 있었던 '선교사 공의회'가 있다. 이 자리에서 미국 남장로회는 충청도와 전라도, 북장로회 선교부는 황해도와 평안도, 그리고 낙동강 이북의 경상도 지역, 오스트레일리아 장로회 선교부는 경상도 남부 지역을 맡기로 합의하였다.

그 후 1905년 9월 15일 장로교와 감리교 사이에, 1906년 남감리회와 북장로회 사이에, 1908년 남감리회와 캐나다 장로회 선교부 사이에 선교구역분할 문제가 다루어졌다. 그러나 1930년 이후부터 선교구역분할 문제는 효율성보다는 오히려 부작용이 있어 무시되어 오다 1956년 9월 서울 새문안교회에서 모인 제41회 총회에서 철폐되었다.

선교단체(宣敎團體) 그리스도의 복음 전파를 위해 직접 선교에 헌신하는 자들과 이들을 후원하는 자들로 구성된 비영리단체. 대표적인 선교단체들은 다음과 같다.

■ **그루터기선교회**(- 宣敎會) - 1976년 조성범 목사에 의해 '한국직업청소년선교회'로 발족된 단체. 기독교 정신으로 근로 청소년에게 올바른 가치관, 국가관, 직업관을 심어 선량한 문화시민으로 육성하고 이들을 보호 선도할 목적으로 설립되었다. 또한 세계 9개국에 60여 명의 자비량 선교사를 파송하고 있다. '한국근로청소년능력개발원'으로도 불린다. 회보로 〈그루터기〉를 발간한다.

■ **기독교문서선교회**(基督敎文書宣敎會, **Christian Literature Crusade, CLC**) - 청교도적 복음주의 신학과 신앙을 선포하는 국제적, 초교파적, 비영리 문서선교기관. 1941년 영국 콜체스터에서 켄 아담스에 의해 시작되어 현재 52개국의 지부에서 130개 나라에 152개 서점과 47대의 이동도서 차를 운영하고 있다. 또 6백여 명의 선교사들이 75개의 언어로 문서사역을 수행하고 있다. 국제 본부는 영국의 세필드에, 아시아 지역 본부는 일본 동경에 있다. 한국에는 1955년 8월 31일 소개되었다. 서울시 서초구 방배로 68 (방배동)에 소재한다.

■ **기독교북한선교회**(基督敎北韓宣敎會) - 북한선교를 목적으로 설립된 단체 중 가장 오래된 초교파 선교단체. 1971년 김창인 목사, 정석홍 목사, 백인빈 장로 등이 북한선교에 헌신을 다짐하고 활동하던 중 1974년 '씨앗선교회'를 발족하여 북한선교의 첫발을 내디뎠다. 그 후 1977년 4월 29일 충현교회에서 북한선교 설립기념대회를 개최하고 '북녘 땅에 잃은 형제 복음으로 다시 찾자'는 슬로건을 앞세우고 오늘날까지 북한선교에 앞장서고 있다. 사무실은 서울시 관악구 신림로 56길 16-4 (신림동).

■ **기독교선교횃불재단**(基督敎宣敎 - 財團, **Torch Center for World Mission**) - 세계 만방에 복음 전파의 횃불을 높이 들겠다는 비전으로 1977년에 설립된 초교파 선교단체. 해외선교 사역을 비롯하여 사회사업, 문화사역, 장학사업 등 폭넓게 사역하고 있다. 대표는 이형자 원장. 서울시 서초구 바우뫼로 31길 70 (양재동)에 위치한다.

■ **기독교한국침례회교회진흥원**(基督敎韓國浸禮會敎會振興院, **Korea Baptist Church Development Board**) - 침례교 목회자를 위한 교육 시스템 개발, 교재 보급과 평신도를 위한 출판 사역 등을 감당하는 선교단체. 1953년 미국 남침례교에서 문서선교를 목적으로 설립되었다. 서울시 양천구 공항대로 538 (목동)에 소재한다.

■ **네비게이토선교회**(- 宣敎會, **Navigators**) 원뜻은 '항해자.' 예수 그리스도를 목표로 인생을

선교단체

항해하는 사람들의 모임이다. 1933년 미국 캘리포니아 주에서 미국 해군과 선원 신앙 교육을 목적으로 도슨 트로트만(Dawson Trotman)이 설립한 초교파 선교단체. 세계 모든 국가에서 예수 그리스도의 일꾼들을 배가시켜 지상 사명을 감당하는 것이 목표다. 현재 세계 120여 개국에서 활동하고 있으며 훈련받은 회원들은 아시아 지역과 유럽으로 파송되어 전도 활동을 벌인다. 조직적인 성경 암기와 연구를 통해 1대 1 방식으로 신앙 훈련을 실시하는 것이 특징이다.

한국에서는 1966년 9월에 시작되어 1970년 이후 전국 주요 도시에서 대학생, 직장인, 군인들을 중심으로 활동하였고, 1980년에 들어오면서 해외에 선교사를 파송하고 있다. 한국 본부는 서울시 마포구 성미산로 54 (성산동)에 소재한다.

■**대학생성경읽기선교회**(大學生聖經 - 宣敎會, University Bible Fellowship, UBF) 대학생 복음 전도를 목적으로 설립된 복음주의 초교파 선교단체. 1961년 장로교 대인교회의 이창우(이사무엘, Samuel Chang-woo Lee) 목사와 미국의 남장로회 소속 선교사 사라 배리(Sarah Barry)에 의해 광주시에 설립되었다. 그 후 대도시를 중심으로 여러 개의 지부가 설립되었고, 1969년 최초로 해외 선교사를 파송했다. 1970년대 초반에는 독일에 파견된 간호사 선교사들을 중심으로 활동하였고, 1974년에는 스위스에서 169명이 참석한 가운데 제1회 세계선교대회를 열기도 했다. 이후로 미국과 남미 등지에도 선교사를 파송하고 있다. 미국 시카고와 서울에 본부가 있다. 주소는 서울시 종로구 대학로 3길 20 (호제동).

■**민족복음화운동본부**(民族福音化運動本部, Nation gospel Headquarters) - 1977년 '77 민족복음화대성회'를 치르고 신현균 목사를 중심으로 17개 교단 300여 명의 목회자들이 모여 발족한 초교파 단체. 국내 7천만 민족의 복음화와 세계 복음화를 위해 설립되었다. 연합 부흥성회를 통한 성령부흥운동을 주요 사업으로 한다. 사무실은 서울시 동대문구 장안벚꽃로 139 (장안동)에 있다.

■**부스러기사랑나눔회**(- 會, Leftovers Love Sharing Community) - 1986년 어려운 생활 현장에서 보살핌이 필요한 아동과 가족들의 권리를 보장하기 위해 '부스러기선교회'로 시작되었다. '빈곤 결식아동'이 한 명도 없는 나라를 꿈꾸며 '아동 중심, 현장 중심, 후원 가족 중심'의 원칙을 가지고 사역을 수행한다. 단체 이름은 마태복음 15:21-27 말씀에서 나왔다. 주소는 서울시 용산구 청파로 46 (한강로 3가) 한통빌딩 10층.

■**세계난민선교협의회**(世界難民宣敎協議會) - 가난과 기근으로 어려움에 처한 전 세계 난민들과 국내외 소외된 이들을 돕기 위해 1997년에 설립된 단체. 주로 제3세계 난민 지원 및 선교사 파송, 군복음화 지원 등 다각적인 활동을 펼치고 있다. '세계나눔복지재단'으로도 불린다.

■**세계성경번역선교회**(世界聖經飜譯宣敎會, Global Bible Translators, GBT) - 1942년 윌리암 카메론 다운센드에 의해 시작되어 현재 50개국에 지부를 두고 있는 비영리기구이며 선교단체. 국제본부의 공식 이름은 '위클리프 성경번역 선교회'(Wycliffe Bible Translators). 성경을 세계 각국 언어로 번역하는 것을 주된 사명으로 한다. 특히 복음이 들어가지 않았거나 기독교 세력이 약한 국가나 민족의 언어에 치중한다. 중세 영어로 성서를 번역한 14세기 영국의 종교개혁자 존 위클리프의 이름을 선교회 명칭으로 사용하고 있다. 국제본부는 미국 텍사스 주 달라스에 있으며, 우리나라에서는 '성경번역 선교회'란 명칭을 쓴다.

■**예수전도단**(- 傳道團, Youth with a mission, YWAM) 1960년 로렌 커닝햄이 청년들로 상징되는 파도가 점점 커져서 온 땅을 덮는 환상을 보고 설립한 초교파 국제 선교단체. 수많은 젊은 이들이 일어나 전 세계 각 나라로 복음을 들고 들어갈 것을 기대하며 만들었다. 세계에서 가장 큰 선교단체로 평가된다. 모토는 '그를 알고 그를 알리자'(To Know God and Make Him Known). 전 세계 135개국 900여 지부에서 16,000명의 전임 사역자가, 대한민국에서는 19개 지부에 800여 명의 전임간사와 400여 명의 선교사, 350여 명의 협동간사가 사역하고 있다.

우리나라에는 1961년 오대원 목사(David E. Ross)가 미국 남장로교 선교사로 파송되면서 소개되었다. 그 후 1972년 예수전도단의 출발이 되는 화요기도모임이 시작되었고, 1973년 오대원 선교사가 국제 YWAM과 상관 없이 독자적으로 '예수전도단'을 발족했다가 1980년에 YWAM와 다시 연합하여 한국 대표를 맡았다. 한국 본부(YWAM Korea)는 서울시 관악구 신림로 74길 14 (신림동).

■**오네시모선교회**(- 宣教會) - 1982년 영등포 구치소에서 근무하는 교도관들이 수형자들의 예배를 돕기 위해 설립된 단체. 전국 50여 개 교도소를 순회하며 예배를 지원하고 있다.

■**오엠국제선교회**(- 國際宣敎會, Operation Mobilization) - '복음의 기동대'란 뜻에서 붙여진 이름. 세계 복음화를 위해 사람들을 동원하고 훈련시켜 선교사로 파송하는 세계적인 초교파 국제 선교단체. 지역 교회와 협력하여 세계 선교에 관심을 가진 목회자·교사·청년·대학생 등을 장단기 선교 사역에 동참하게 하고, 현장 실습(On the job training)을 통해 선교 사역을 감당하도록 돕는다. 영국에 본부를 두며, 1957년 멕시코 사역을 시작으로 현재 110여 개 국의 선교지에서 5,000여 명의 선교사들이 사역한다.

한편, 국제오엠 한국지부는 1975년, 1978년, 1980년 국제복음선교선 〈로고스〉의 한국 방문을 계기로 1989년 8월에 설립되어 매해 300여 명의 장단기 선교사가 40여 개 국에서 사역한다. 한국 본부는 경기도 성남시 분당구 느티로 73 (정자동) 현대빌딩 5층에 있으며, 대도시에 선교훈련원이 조직되어 있다.

■**외국인근로자선교회**(外國人勤勞者宣教會, Korea Kwangju Association For Foreign Workers & Women, KAFW) - 이주노동자, 국제결혼 가정, 유학생, 난민에게 복음을 전하고 인권 보호와 복지를 위해 설립된 초교파 단체. 1995년 2월, '광주기독교윤리실천운동'과 '광주전남누가회'가 공동으로 준비해 7월 9일 이주 노동자를 위한 첫 무료 진료를 함으로 시작되었다.

■**인터콥**(INTERCOOP, International Cooperation) 최전방 미전도종족 개척선교를 목적으로 1983년 설립된 초교파 해외선교기관. 평신도 전문 선교단체로 한국세계선교협의회(KWMA), 세계한인기독교총연합회 정회원 단체. 사회교육, 의료, 지역개발, 연구사업 등 사회봉사와 교회 개척을 수반 사역으로 한다. 2019년 현재 소아시아, 카프카스, 중앙아시아, 아랍, 몽골, 시베리아, 북인도, 중국 변방, 볼가, 우랄, 인도차이나, 마그렙 지역 등 40여 개 종족에 1,300여 명의 전문인 선교사를 파송하고 있다. 또 국내 약 65개, 해외 60여 개 지부에서 1,000여 명의 스텝과 국내 6,000여 명, 해외 2,000명의 훈련생을 대상으로 선교 교육 및 현지 적응 훈련을 실시하고 있다.

■**죠이선교회**(- 宣敎會, Joy Youth Club) 1958년 5월, 7명의 대학생이 기독청년 지도력 개발, 지도자로서의 영어 능력 향상, 협력 공동체 형성이라는 목적으로 설립한 순수한 초교파 청년 신앙 단체. 'JOY YOUTH CLUB'이란 이름으로 시작되었다. 학원 사역을 중심으로 주로 평신도 제자훈련, 선교, 출판 분야에서 사역한다. 'Jesus first Others second You third'를 근본 정신으로 하고 있다. 서울시 동대문구 왕산로 19 바길 33 (제기동).

■**총회세계선교회**(總會世界宣教會, Global Mission Society, GMS) 대한예수교장로회(합동) 교단의 세계 선교 기구. 1907년 독노회가 구성되어 이기풍 목사를 제주도에 파송하면서부터 해외선교를 시작하여 2021년 4월 현재 세계 101개 국가에 1,418가정 2,563명의 선교사를 파송하는 국내 최대 선교 기관. 본부는 경기도 화성시 팔탄면 월문길 11-10에 있다.

■**파이디온선교회**(- 宣敎會, Paidion) - 마가복음 10:14을 모토로 어린이를 말씀으로 양육하여 다음 세대를 준비한다는 취지에서 설립된 어린이 선교 단체. 어린이 사역, 청소년 사역, 사역자 훈련, 문화 사역, 출판 사역의 5대 사역을 주요 사업으로 한다. 서울시 강남구 논현로 2길 54 (개포동)에 소재한다.

■**학생신앙운동**(學生信仰運動, Student For Christ, SFC) 대한예수교장로회(고신) 교단 청년들을 중심으로 구성된 선교단체. 해방과 6.25 전쟁 후 한국교회 회개 운동의 영향으로 부산 제1영도교회(당시 한명동 목사 시무)에서 모였던 당시 중·고등학교 학생들의 '모닥불 기도회'가 출발이다. 1947년 〈학생신앙협조회〉란 이름으로 조직되었고, 1948년에 〈학생신앙운동〉으로 고쳐 불렀다. 그 후 1952년 7월 〈중앙학생신앙운동〉이란 전국대회를 결성했고, 1953년 1월 〈전국학생신앙운동〉으로 개칭하였다.

이에 더하여 한부선 선교사가 이끄는 〈청년신앙운동〉과 진리 운동을 계승한 〈고려신학교〉가 주관하는 수양회는 SFC의 신앙적 열정을 유지시키는 데 큰 힘이 되었다. 현재는 국내뿐 아니라 아시아 지역에 10여 개의 지부를 두고 있다. 본부는 서울시 서초구 고무래로 10-8 (반포동).

■**한국기독학생총연맹**(韓國基督學生總聯盟, **Korea Student Christian Federation, KSCF**) - 한국교회 6개 교단(통합, 기장, 기감, 성공회, 구세군, 복음교회)에서 학원 선교를 위임받은 에큐메니칼 기독학생 동아리. 서울시 종로구 대학로 19 (연지동) 한국기독교회관 508호.

■**한국기독학생회**(韓國基督學生會, **Inter-Varsity Christian Fellowship, IVF**) 국제복음주의 학생회(International Fellowship of Evangelical Students, IFES)의 회원 단체. '복음주의 정신', '사람을 키우는 사역', '동역하는 공동체', '기독교적 지성', '현장 중심의 자발성', '총체적 복음 사역'을 6대 핵심 가치로 삼고 있다. 〈국제기독교출판사〉(IVP)를 운영하는데, 존 스토트, 앨리스터 맥그래스 성공회 신부, 톰 라이트 성공회 주교, 송인규 목사, 존 하워드 요더(메노나이트 신학자) 등이 쓴 대중적인 신학 서적들을 발행한다. 서울시 마포구 동교로 156-10 (서교동)에 위치한다.

■**한국대학생선교회**(韓國大學生宣敎會, **Campus Crusade for Christ in Korea, CCC**) 영어 이름은 '그리스도를 위한 캠퍼스의 십자군'이란 뜻. 1950년대 미국 신복음주의자 빌 브라이트가 창시한 선교단체다. 세계 196개 국에서 전임 캠퍼스 선교사 25,000여 명이 캠퍼스 및 커뮤니티 복음 사역을 수행하고 있다. 우리나라에는 1958년에 김준곤 목사가 소개하였다.

한국대학생선교회는 보다 효과적인 사역을 위해 4영리를 통한 개인 전도와 제자화 사역, 음악, 스포츠, 매스컴을 통한 선교, 의료 봉사 및 선교, 직장인 선교, 어머니 성경공부, 새생명훈련원(NLTC), 사랑의 무료급식, 사랑의 내복 나누기, 문서 출판, 사랑의 헌혈, 호스피스, 노인복지관, 북한 젖염소 보내기 운동 등을 통해 학원과 나라와 민족에 복음을 전하며 교회부흥과 성장에 기여하고 있다. 무엇보다 1974년 EXPLO 74, '80 세계 복음화 대성회, '95 세계선교대회 등을 통해 한국교회의 제자화 운동과 영적 부흥에 기여해 왔다. 또한 이를 계기로 세계 15개국에 1,000여 명의 간사를 파송하고 있다. 본부는 서울시 종로구 백석동 1가길 2-8 (부암동)에 있다.

■**한국밀알선교단**(韓國 - 宣敎團) - 장애인 전도, 봉사, 계몽을 3대 목표로 1979년 10월 이재서 목사가 창설한 장애인 선교단체. 장애인이 자신의 장애를 재발견함으로써 얻는 자유와 기쁨을 바탕으로 이 땅에서도 하나님 나라를 살게 하는 것을 목표로 한다. 서울시 강남구 밤고개로 1길 38 (수서동) 그린빌 A-101.

■**한국섬선교회**(韓國 - 宣敎會) - 섬 선교를 목적으로 1987년 1월 5일 설립된 비영리 법인 선교단체. 156개의 교회 없는 섬 전도를 위해 방주호를 건조하여 현재 7척이 활동하고 있다. 무교회 섬에 성도가 증가하면 예배당을 건축하고 교역자를 파송한다. 현재 11개 교회에 예배당을 건축했다. 또 섬 교회 교역자 생활비를 지원하고 자녀 장학금 지급, 섬 어린이 도시 견학과 교역자 수련회를 추진하고 있다. 서울시 송파구 백제고분로 67 (잠실동) 워너스빌딩 B동 801호.

■**한국성서유니온선교회**(韓國聖書 - 宣敎會, **Scripture Union Korea**) - 1867년 영국에서 어린이 전도를 위해 설립된 '성서유니온'의 한국지부. 현재 전 세계 130여 개 국에서 어린이와 청소년 그리고 그 가정에 복음을 알게 하며, 매일성경(성경묵상 교재)을 보급해 말씀과 기도로 하나님을 만나도록 돕는 사역을 감당하고 있다. 우리나라에서는 1962년 대구에서 시작되어 1992년 전국으로, 그리고 2003년에는 청소년 사역으로 확장되었다. 한국 본부는 서울시 송파구 오금로 22길 13 (송파동)에 있다.

■**한국어린이교육선교회**(韓國 - 敎育宣敎會, **Korea Children Education Mission, KCEM**) - 사악한 온갖 문화 매체에 오염된 어린이들을 성령으로 구원받게 하자는 취지에서 꽃동산교회 김준준 목사가 1981년에 설립한 어린이 선교단체. '오늘의 어린이 복음화는 내일의 세계복음화'라는 슬로건으로 교사 교육과 어린이 전도 사역을 벌이고 있다. 꽃동산성령캠프를 중심으로 사역한다. 서울시 노원구 공릉로 257 (공릉동).

■**한국오엠에프**(韓國 -, **OMF Korea**) - 허드슨 테일러에 의해 1865년 설립된 '중국내륙선교회'(China Inland Mission)가 1951년 중국 공산화로 철수하면서 변경한 이름이다. 동아시아 지역의 복음화를 목표로 설립된 OMF는 싱가포르에 본부를 두고 있고, 1980년부터 한국에서도 활동하게 되었다.

■**한국외방선교회**(韓國外邦宣敎會) - 외국, 특

히 아시아 지역에 파견되어 봉사하고 복음 전할 선교사 양성을 목적으로 1975년 2월에 설립된 가톨릭 선교기관. 초대 총재는 최재선 주교. 1976년 3월 신학생을 선발하여 1981년 11월 한국 가톨릭교회 사상 첫 한국인 선교사를 파푸아 뉴기니아에 파송했고, 1990년 3월에 대만, 1997년 2월에 홍콩, 1998년 1월에는 중국 북경에 선교사를 파견했다.

■ **한국외항선교회**(韓國外港宣敎會, The Incorporation of Korea Harbor Evangelism) - '복음을 역수출하자'는 취지로 타문화권 선교를 위해 1974년 7월 4일 인천에서 설립된 초교파 선교단체.

선교사 공의회(宣敎師 公議會, The Council of Missions Holding the Presbyterian Form of Government) 선교 초창기에 선교부끼리의 지나친 경쟁을 막기 위해 조직된 장로교회의 정치조직. 1893년 1월 28일에 조직되었다. 처음에는 캐나다 장로교 선교부를 제외한 미국 북장로교 선교부, 미국 남장로교 선교부, 호주 장로교 선교부 등 세 선교부가 참여하였으나 후에 캐나다 장로교 선교부도 합류하였다. 이들 선교부는 공의회를 통해 선교 지역을 조정하고 한국교회의 선교 과제를 토론하여 선교정책을 채택하였다. 이런 선교사들의 상호 협력으로 한국에서는 단일 장로교회가 설립되었다. → [3. 행정 및 교육 용어] '공의회'를 보라.

선교 정책(宣敎 政策, policy of mission) 역사·문화·풍습 등 선교 현지의 토양을 바탕으로 선교 방법을 수립하는 제반 선교 전략을 이르는 말. → '네비우스 10개 선교 정책'을 보라.

성결교, 성결교회(聖潔敎會, Holiness Church) 감리교 창시자인 존 웨슬리의 복음적 성결 교리를 중심으로 19세기 말 미국에서 형성된 프로테스탄트 교단 중 하나. '중생·성결·신유·재림'의 4중복음을 교리의 중심으로 내세우며, 그중 성결을 가장 강조한다.

1. 역사 - 우리나라에는 20세기 초 일제 시대 때 전래되었으나 1936년 〈하나님의교회〉(안상홍증인회와 다름)란 이름으로 교단 분열이 발생했다(이때 분열된 교단은 후에 미국에서 들어온 '나사렛교회'와 연합하여 1948년 '대한기독교나사렛성결회'를 설립했다). 그리고 1943년 일제에 의해 교단이 강제 해산되었고 해방 후인 1949년 4월 〈기독교대한성결교회〉로 교단명을 변경했다.

1955년 16회 총회 때 에큐메니칼(교회연합운동) 지지와 반대를 놓고 반대파와 중립파가 NCCK(한국기독교교회협의회)와 NAEK(한국복음동지회, 한기총의 전신)에 가입한 총회에게 각성을 요구하며 독립하여 〈예수교대한성결교회(예성)〉를 설립함으로써 성결교회는 다시 분열의 아픔을 맛보아야 했다. 그러다 〈기독교대한성결교회(기성)〉가 NCCK와 NAEK 두 단체에서 탈퇴하자 1965년 기성과 예성 일부가 1차 통합을 이루었고, 이후 1973년 2차 통합을 이루었으나 완전한 통합을 이루지 못한 채 지금에 이르고 있다.

한편, 1972년에는 예성측에서 혁신파와 총회가 분열했다가 1988년, 1990년 두 차례에 걸쳐 재통합을 이루었고, 1990년에 학교와 총회가 분열하는 사태가 일어났으나 얼마 지나지 않아 재통합했다.

2. 교리 - 〈기성〉은 알미니안주의와 웨슬리의 예지예정, 사중복음(순복음)에 신정통주의적인 진보적 성향의 신학이 가미되어 있다. 5천여 명의 목사와 3천여 개의 교회가 있다. 이에 비해 〈예성〉은 정통 성결교 신학인 웨슬리와 알미니안의 예지예정, 사중복음만을 고수하며 신정통주의나 자유주의를 배격한다. 보수적인 ICCC(국제기독교연합회)의 회원 교단이기도 하다. 1,800명의 목회자와 천여 개의 교회가 있다. 현재 기성, 예성, 나성(나사렛성결회) 등 세 교단이 모두 한국기독교총연합회(한기총)에 가입되어 있다.

성결대학교(聖潔大學校, Sungkyul University) 예수교대한성결교회(예성)의 교단 직영 신학교이며 종합대학교. 1962년 9월 20일 김응조(金應祚) 목사에 의해 서울시 서대문구 충정로에 설립되었고 1975년 지금의 위치로 이전하여 신학을 비롯한 기독교 교육, 유아교육 등 인문 사회학과를 개설했다. 1992년 4월 〈성결교신학대학교〉로, 1995년 3월 〈성결대학교〉로 교명을 변경하여 오늘에 이른다.

2011년 기준으로 7개 대학원, 6개 단과대학을 비롯한 여러 부설 기관들이 설치되어 있다. 경기도 안양시 만안구 성결대학로 53에 위치한다.

성경구락부(聖經俱樂部) 교육을 받지 못한 불우 청소년에게 예수 그리스도를 가르칠 목적으로 설립된 사회 선교기관. 1929년 북장로교 선교사 킨슬러(F. Kinsler, 권세열) 목사가 평양에서 거지 소년 6명을 광문서림 2층에 모아 가르친 것이 출발점이 되었다. 그 후 1931년 평양에 7개 구락부가 개설되었고, 1934년에는 13개 구락부로 확장되어 1,500명의 청소년이 교육을 받게 되었다. 당시 교사는 주로 숭실전문학교 학생들이 맡았다.

이후 1938년에는 신사참배 문제로 성경구락부 운동은 중단되었고, 해방 후에 서울에서 재개되었다. 그 후 40여 개 구락부가 정식 기독교 학교로 발전하였으나 점차 경제가 성장하고 사회가 안정되어 정규 교육의 기회가 확대되면서 자연스레 소멸되었다.

성공회(聖公會, Anglican Church, Anglican Communion) 가톨릭, 프로테스탄트(개혁교회)와 함께 세계 3대 기독교 교파의 하나. 1534년 로마 가톨릭에서 분리되어 영국 국교회의 전통과 교리를 따르는 교회. 좁게는 영국 국교회(Anglican Church), 넓게는 전 세계 성공회(Anglican Communion)를 가리킨다.

1. 기원 – 영국 교회는 3세기경 아일랜드의 켈트계 선교사에 의해서 세워졌다. 그 후 597년 아우구스티누스와 40명의 수사가 로마 교황 그레고리 1세(540-604년)의 지시로 영국에 파견되어 캔터베리 대교구를 설립하면서 가톨릭 신앙이 전파되었다. 이후 정치와 신앙 양면에서 로마 교황의 지배 아래 있던 영국 교회는 1534년 헨리 8세(1491-1547년)가 이혼 문제로 교황과 대립하면서 국왕지상법(國王至上法, 1534년)과 로마 감독권을 폐지하는 법령을 발표하고(1536년) 스스로 영국 국교회의 최고 수장이 됨으로써 로마와의 관계를 단절했다.

2. 발전 – 당시 국교회는 유럽 대륙에서 일어난 종교개혁의 영향을 크게 받았다. 1559년 로마 가톨릭과 프로테스탄트를 포용하는 기도서를 제정하고 1563년 중용 노선을 추구하는 39개 신조를 발표하여 가톨릭적이며 개혁적인 성공회의 전통을 형성하게 되었다. 그 후 1559년 엘리자베스 1세(1558-1603년)의 신교 통일령으로 영국 국교로 자리잡게 되었다.

3. 교세 확장 – 성공회의 해외 선교는 영국 국민의 해외 진출과 함께 시작되었다. 이 일은 〈복음선교협회(Society for the Propagation of the Gospel in foreign parts, SPG)〉와 〈교회선교협회(Church Missionary Society, CMS)〉에 의해서 추진되었다. 한국에는 1889년 코프 신부에 의해, 일본에는 1859년 미국 성공회의 윌리엄스와 리긴즈(John Liggins)에 의해 전파되었다.

이후 각국 성공회는 독립관구를 형성하지 못한 소수의 성공회를 제외하고는 모두 나라마다 독립된 관구나 관구군을 갖고 독립적인 헌장과 교회법 체계를 갖추어 독자적으로 운영하고 있다. 오늘날 세계 성공회는 전 세계 170여 개 국에 38개의 독립적이고 자치적인 지역 관구 교회로 이루어져 있으며 신자는 약 1억 명 정도이다.

4. 신앙과 교리 – 성공회는 최초의 교회 분열인 동서교회(로마교회와 정교회) 분열 이전의 초대교회 신앙을 지킨다. 그래서 사도신경과 니케아 신경을 고백하며, 초대교회의 예배 형태인 말씀과 성만찬이 하나로 어우러진 성찬례를 통하여 하느님을 예배한다. 이러한 특징을 지닌 성공회는 성서에 근거하고, 전통을 존중하며 학문과 이성에 의해 재해석되는 가톨릭적이고(공번되고) 사도적인 신앙을 지켜왔으며 지금도 이를 선포하고 있다. 성경은 구약과 신약 66권 외에 외경(外經) 14권을 준정경(準正經)으로 삼고 있다. 신앙의 판단은 성서와 이성, 전통에 의거하며, 세례 · 역사적 주교제의 순수를 주장한 란베스 강령(란베스 회의)을 신앙적 기준으로 삼는다.

5. 조직 – 영국 성공회의 수장인 캔터베리 대주

용어상식

성공회
(聖公會, Anglican Church)

성공회의 '성공'(聖公)은 하나요, 거룩(聖)하고, 공번(公-, 한쪽으로 치우치거나 사사로움이 없고 공평하다'는 뜻의 옛말. 공번)되고, 사도적인 교회라는 신앙고백에서 유래된 이름이다. '영국 국교회', '영국교회', '영국 성공회', '잉글랜드 교회', '앵글리컨 처치' 등으로 다양하게 불린다. 이에 비해, 미국 성공회는 주로 감독제교회라는 의미에서 〈에피스코팔교회〉(Episcopal Church)로 불린다.

교를 명목상 지도자로 하며 주교·사제·부제의 세 계급이 있다. 네 개 이상의 교구가 있으면 관구를 형성할 수 있고, 교구는 많은 전도구로 이루어져 있으며, 전도구에는 하나 또는 여러 개의 교회가 속해 있다.

6. 특징 - 가톨릭과는 달리 성직자의 결혼이 용인된다. 또 교회 간의 화합을 위해 가톨릭과 프로테스탄트 간의 교량적 역할을 수행한다. 현재 영국 국민 중 절반 가량만 성공회에 소속되어 있다. → '대한성공회'를 보라.

성공회대학교(聖公會大學校, **Sungkonghoe University**) 성공회 신부를 양성하는 교육 기관으로 출발. 1914년 4월 조마가 주교가 〈성미가엘신학원〉이란 이름으로 강화에 설립하였다. 1940년에는 신사 참배를 반대하다 강제로 폐교 조치 되기도 했다. 1956년 현재 위치로 교사(校舍)를 이전했다. 1981년 〈천신신학교〉란 이름의 4년제 대학이 되었고, 1994년 9월 〈성공회대학교〉로 교명을 변경하고 종합대학교로 승격했다. 1995년 세계성공회대학협의회(Colleges and Universities of Anglican Communion)에 가입했다. 서울시 구로구 연동로 320 (항동)에 소재한다.

성모 승천(聖母 昇天, **Assumption of Mary to Heaven**) 예수 그리스도가 죽은 성모 마리아의 육체와 영혼을 천국으로 데려갔다고 믿는 가톨릭의 학설(가톨릭교회교리서 966조, 제2차 바티칸 공의회 교회헌장 제59항, 묵주기도서 영광의 신비 4단). 248대 교황 베네딕투스 14세(*Benedictus XIV*, 1740-1758년)가 제안하여 1950년 11월 1일 교황 비오 12세(*Pius XII*, 1876-1958년)가 선언했다. 이에 따라 가톨릭에서는 매년 8월 15일을 마리아 승천 기념일(昇天 記念日)로 지킨다. 그러나 이는 로마 가톨릭에서 만든 학설로서, 성경에서는 마리아의 승천에 관한 어떤 기록이나 근거도 찾아 볼 수 없다.

성무일과(聖務日課, **divine office**) → '성무일도'를 보라.

성무일도(聖務日禱, **divine office**) 중세 가톨릭에서 신부와 교회가 매일 해야 할 거룩한 의무를 일컫는 말. 곧, 하루 여덟 번 드리는 기도와 아침 저녁으로 2회씩 드리는 예배를 가리킨다. 이 의식은 낮과 밤의 정해진 시간에 기도 드렸던 유대의 관습에서 비롯되었는데, 위의 매일 2회 예배와 8회 기도는 5세기 이후 정착되었다. 그 후 7세기에 영국, 8세기에 프랑크 왕국, 11세기에 스페인에 소개되어 대부분 가톨릭 국가에서 시행되고 있다. 이때 암송되는 시편, 찬미가, 독서, 기도 등은 성무일도서(聖務日禱書)에 수록되어 있다.

성물(聖物, **sacred things, res sacrae**) 전례와 신심(信心)의 실천에 사용하는 모든 물건. 전례가 거행되는 장소나 복장, 시설물, 성화상과 상징물, 신심 행위나 기도 때 사용되는 여러 가지 물품을 통틀어 일컫는 말.

성서공회(聖書公會, **Bible Societies**) 성경을 편찬하여 발행하고 성경을 갖지 못한 자들에게 성경을 배포하기 위해 설립된 단체. 처음에는 무상 공급 형식으로 이루어졌으며 자선 사업가들의 기부를 통해 재원을 마련하였다. 최초의 성서공회는 1698년 런던에 설립된 〈기독교지식 보급협회〉다.

성인
(聖人, Saint)

가톨릭에서 신앙의 모범을 보인 사람에게 붙여주는 칭호. 로마 박해 시대에는 순교자들에게 성인 칭호가 붙여졌다. 그러나 3세기 이후 로마 박해가 사라지면서 수도원 등지에서 은둔과 금욕 생활로 신앙의 모범을 보인 자들이 성인으로 불렸다. 특히 동방정교회에서는 성인이 되기 위해 이런 관상(觀想) 생활이 요구되었다. 그러다 13세기에 와서는 반대로 수도원을 벗어나 세상에서 고행하며 덕을 쌓은 자들이 성인으로 추앙받았다. 성 프란시스나 도미니쿠스가 대표적이다. 가톨릭에서는 성인심사위원회를 두어 성인들을 심사하는데, 순교자가 아닌 경우 특별한 예언이나 이적 현상이 수반되어야 성인의 반열에 오를 수 있었다. 우리나라에서 1984년 교황 요한 바오로 2세에 의해 103명의 순교자가 성인으로 공포되었다. 그러나 루터는 성인 숭배를 우상 숭배로 여겨 철저하게 배격하였다.

세계의 성서공회

1. 스코틀랜드 성서공회(National Bible Society of Scotland) - 1809년 〈에든버러 성서공회〉, 1812년 〈글래스고우 성서공회〉, 1859년 〈국립성서공회〉가 세워졌고, 1861년 이 모든 것을 통합하여 〈스코틀랜드 성서공회〉가 설립되었다.

2. 아일랜드 성서공회(Hibernian Bible Society) - 1806년 〈영국성서공회〉 보조기구로 설립되어 아일랜드 성서 보급을 전담했다.

3. 독일성서공회 - 1701년 칸쉬타인의 남작 칼 힐데브란트가 할레에 세운 〈칸쉬타인 성서협회〉가 최초다. 그후 〈뉘른베르크 성서공회〉(1804년), 〈베를린 성서공회〉(1806년), 〈뷔르템베르크 성서공회〉(1813년), 〈베르크 성서공회〉(1814년), 〈색슨 성서공회〉(1814년), 〈바이에른 프로테스탄트 성서공회〉(1823년) 등이 설립되었다.

4. 프랑스 성서공회 - 최초의 성서공회는 영국 런던에 세워진 〈프랑스어 성서협회〉다. 그러나 프랑스 영토 안에 세워진 최초의 성서공회는 〈파리 프로테스탄트 성서공회〉(1818년)이다. 그 후 미국 성서공회의 도움으로 〈프랑스 성서공회〉(1864년)가 설립되었다.

5. 네덜란드 성서공회 - 〈네덜란드 성서공회〉는 1814년에 설립되었다.

6. 북유럽 - 1812년 〈핀란드 성서공회〉, 1814년에 〈덴마크 성서공회〉, 〈스웨덴 성서공회〉, 1816년 〈노르웨이 성서공회〉가 각각 설립되었다.

7. 러시아 성서공회 - 1863년 세워진 〈러시아 성서공회〉는 왕실에서 설립하여 러시아 정교회의 감독을 받았다. 그후 1831년 루터교인에게 성서를 보급할 목적으로 〈러시아 복음성서공회〉가 설립되었다.

8. 스위스 - 1806년 독일의 〈뉘른 성서공회〉가 바젤로 이사하여 〈바젤 성서공회〉를 조직하였다.

9. 미국 성서공회 - 1808년 필라델피아에 최초의 성서공회가 설립된 후 1816년까지 무려 128개의 성서공회가 조직되었다. 그 후 1816년 하나의 조직으로 연합하기 위한 시도가 시작되었고 1841년에 비로소 전국 조직의 성서공회로 자리잡게 되었다.
한편, 1836년에는 그리스어 '침례'를 번역하는 문제로 〈미국침례회 성서공회〉가 별도로 조직되었다. 또 1830년에는 〈퀘이커교 성서연맹〉이 따로 조직되기도 했다.

10. 대한성서공회 - 1895년 영국성서공회의 한국지부로 설립되었다. → '대한성서공회'를 보라.

이곳에서는 아시아, 아프리카, 태평양 군도 여러 나라의 언어로 된 성경을 번역하여 보급하였다. → '세계의 성서공회'를 보라.

성직매매(聖職賣買, simony) 성직을 돈으로 거래하는 행위. 사마리아에서 베드로의 능력을 돈으로 사려다 저주받은 마술사 시몬(Simon Magus)의 이름에서 파생된 표현(행8:18-24). 칼케돈 공의회(451년)에서 돈을 받고 안수하는 행위나, 라테란 공의회(1179년)에서 사례를 받고 성례 베푸는 것을 금지시킨 것만 보아도 초대 교회 이후 중세기를 거치면서 오랜 세월 광범위하게 성직매매 행위가 이루어졌음을 알 수 있다.

성호(聖號, sign of the cross) 거룩한 표시란 뜻으로, 신자가 손으로 가슴에 긋는 십자가를 가리킨다. '십자성호'(sign of the cross)라고도 한다. → '십자성호'를 보라.

세계교회협의회(世界敎會協議會, World Council Churches, WCC) 세계 자유주의 교회들의 연합 단체. 교회 일치(연합) 운동, 곧 에큐메니칼(Ecumenical) 운동의 대표적 기구이다. 1910년 스코틀랜드의 에딘버러(Edinburgh)에서 159개 선교회 1,196명의 대표들이 모임을 가진 것이 시작이다. 그 후 몇 차례의 세계 모임을 거쳐 1948년 8월 22일부터 9월 4일까지 네덜란드 암스테르담에서 제1회 〈세계교회협의회〉 설립 총회가 개최되었다.

1. 설립 목적 - ① WCC는 그리스도 안에서 예배와 공동생활에서 표시된 한 신앙과 한 성찬의 교제로 유형적 연합(통일)의 목적을 달성한다. ② 교회들이 각처에서 그리고 모든 장소에서 교회의 공통된 증거를 촉진한다. ③ 교회들의 전 세계적 선교와 복음화 사역을 지원한다. ④ 인간 필요에 대한 봉사, 민족 간의 장벽 철폐, 정의와 평화 속에서 인간(가정)의 증진을 도모한다. ⑤ 연합 · 예배 · 선

교·봉사 등에서 교회들의 갱신을 촉진한다. ⑥ 전국교회협의회, 지역교회협의회, 세계적 기구 기타 연합기구들과의 관계를 수립한다. ⑦ 신앙과 질서 운동, 생활과 봉사 운동, 국제 선교회 그리고 WCC 기독교 교육의 사역들을 수행한다.

2. 조직 – 이상의 목적을 위해 WCC는 의장단, 중앙위원회, 실행위원회, 5개 위원회 등의 직제를 둔다. 본부는 스위스 제네바에 위치하며, 1948년 8월 암스테르담에서 설립 총회를 가진 이후 7-8년에 한 번씩 세계대회를 가지며 그 중간에 각 부서별로 회의를 개최한다.

3. 반 에큐메니칼 운동 – 에큐메니칼 운동에 반대하는 자들은 이 운동의 목적은 이해할 수 있으나 목적 달성에 많은 문제를 안고 있다고 말한다. 그리고 신앙 정체성도 매우 모호하다고 주장한다. 반대자들의 신학적 주장은 다음과 같다.

① 성경은 축자적으로 영감을 받았다. ② 하나님은 성부·성자·성령 삼위가 한 분이시다(삼위일체). ③ 예수님은 동정녀의 몸에서 탄생하셨다. ④ 중생하지 않고는 구원이 없다. ⑤ 예수 그리스도의 대속 죽음으로써만 구원이 가능하다. ⑥ 믿음으로써만 의롭게 된다. ⑦ 최후에는 영생과 영벌뿐이다. ⑧ 교회는 구원받은 사람으로 구성되는 영체다. 이런 기존의 전통적 신앙고백이 일치하지 않으면 연합 운동은 무의미하다는 것이 반대론자들의 주장이다. 이를 주장하는 대표적 교단은 미국의 남침례교회와 루터교파 중 미주리 시노드이다. 이외에도 WCC에 반대하는 교파 및 단체로는 미국에서 조직된 초교파 해외선교협회(The Interdenominational Foreign Mission Association, IFMA), 미국기독교연합회(The American Council of Christian Churches), 국제기독교연합회(ICCC), 네덜란드의 재개혁파교회, 스코틀랜드 자유장로교회, 미국개혁교회(The Christian Reformed Church, CRC), 미국장로교회(American Presbyterian Church), 한국의 대한예수교장로회(합동, 고신) 등이 있다.

4. 교세 – 현재 WCC 회원 교단은 세계 110여 개 나라에 349개 교단이며 산하에 5억 5천만 명의 신도가 있다. 이를 지역별로 보면, 북미 31개 교단 7,200만, 아시아 75개 교단 6,260만, 유럽 81개 교단 2억 8,700만, 아프리카 92개 교단 1억 3,139만 5천, 중동 12개 교단 970만, 라틴 아메리카 28개 교단 450만, 카리비안 13개 교단 260만 명 등이다.

5. 우리나라의 WCC 가입 교단 – 대한예수교장로회(통합), 대한기독교감리회, 대한기독교장로회, 정교회한국대교구 등 4개 교단이 정회원으로 가입되어 있다.

세계기독교통일신령협회(世界基督敎統一神靈協會, Unification Church) 약칭은 '통일교회.' 세계에 흩어진 교회를 신령과 진리로 통일

세계교회협의회 총회

회	개최도시	나라	일시	주제	회원교단	총대수
1	암스테르담	네덜란드	1948. 8. 22 - 9. 4.	인간의 무질서와 하나님의 계획	145	351
2	에반스톤	미국	1954. 8. 15-31.	예수 그리스도 - 세상의 희망	161	502
3	뉴델리	인도	1961. 11. 19-12. 5.	예수 그리스도 - 세상의 빛	197	557
4	웁살라	스웨덴	1968. 7. 4-19.	보라! 내가 만물을 새롭게 하노라	235	704
5	케냐	나이로비	1975. 11. 23-12. 10.	자유하게하시며 하나되게하시는 예수 그리스도	285	676
6	밴쿠버	캐나다	1983. 7. 24-8. 10.	예수 그리스도 - 세상의 생명	301	847
7	캔버라	호주	1991. 2. 7- 20.	오소서 성령이여 - 만물을 새롭게하소서	317	842
8	하라레	짐바브웨	1998. 12. 3-14.	하나님께 돌아가라. 희망 중에 기뻐하라	336	966
9	포르토 알레그레	브라질	2006. 2. 14-23.	하나님 당신의 은총으로 세상을 변화시키소서	347	728
10	부산(예정)	대한민국	2013. 10. 30-11. 8.	생명의 하나님, 우리를 정의와 평화로 이끄소서		

하여 하나님의 창조 이상을 세상에 실현하겠다는 취지로 세워진 신흥 종교(이단). 미국 중심의 세계 조직이 더 활발하며, 종교보다 기업 활동에 더 치중한다. 2013년부터 〈세계평화통일가정연합〉, 2020년부터 〈하늘부모님성회〉로 부르고 있다.

1. 설립 - 문선명(文鮮明, 1920-2012년, 평북 정주)이 1954년 5월 1일 서울에서 설립했다.

2. 교리 - 1957년에 작성된 교리서 「원리강론」(原理講論)에 나타난다. 그 내용은 창조론·타락론·종말론·메시아론·부활론·예정론·기독론·재림론으로 구성되어 있다.

주요 교리는 다음과 같다. ① 유일신(唯一神)인 창조주 하느님을 인간의 아버지로 믿는다. ② 하느님의 독생자인 예수님을 인간의 구주인 동시에 복귀된 선(善)의 조상으로 믿는다. ③ 예수께서 한국에 재림할 것을 믿는다. ④ 인류 세계는 재림하는 예수를 중심으로 하나의 대가족사회가 될 것을 믿는다. ⑤ 하느님의 구원 섭리의 최종 목표는 지상과 천상에서 악과 지옥을 없애고 선과 천국을 세우는 데 있는 것으로 믿는다. ⑥ 장차 문선명이 재림 예수로 인간을 구원할 것을 믿는다.

3. 선교 활동 - 국내 뿐 아니라 국제적으로 선교 활동을 강화하여 1959년 일본을 시작으로 미국(1960년), 독일(1964년) 오스트리아, 이탈리아(1966년), 스위스(1968년), 프랑스(1969년) 등 유럽과 레바논(1969년) 등 중근동 일대 교회를 세웠다. 세계 선교를 위해 1972년 미국에 세계선교 본부를 두었다. 또한 1961년 36쌍 합동결혼식을 시작으로 1982년 잠실 종합운동장 실내체육관에서 거행한 6,000쌍의 합동결혼식 등을 치렀다.

4. 기관 단체 - ① 육영 단체 : 학교법인 선화학원 안에 선화예술중·고등학교와 경복초등학교가 있다. 1975년에는 미국에 통일신학대학원, 1985년에는 국내에 선문대학교, 2000년에는 청심국제중고등학교를 세웠다. ② 언론 기관 : 국내에 〈주간종교〉, 〈세계일보〉, 미국에 〈뉴욕 트리뷴〉, 〈워싱턴 타임스〉, 에스파냐어판 〈노티시아스 델 문도〉, 우루과이의 〈울타메테 노티시아스〉 등 일간신문이 있다. ③ 학술 단체 : 〈초교파기독교협회〉, 〈국제크리스찬교수협의회〉, 〈국제기독학생회〉, 〈세계평화교수협의회〉를 통해 국내외 기성교회를 공략하고 통일교를 홍보하고 있다. ④ 예술 분야 : 〈리틀 엔젤스〉 외에 미국에 25개 국 청년 남녀로 구성된 〈새소망합창단〉, 〈선버스트 경음악단〉, 〈고월드 브라스밴드〉 등이 있다. 1975년에는 〈뉴욕 심포니오케스트라〉 인수, 1976년에는 뉴욕의 〈맨해튼 오페라하우스〉 매입, 1979년에는 영화사 〈원웨이 프로덕션〉을 설립했다. ⑤ 경제 분야 : (주)통일, (주)일화, (주)일신석재, (주)동양기계공업, 홍영수산(주), (주)일성종합건설 등을 운용한다.

5. 교세 - 한국에 약 600개 교회와 50만여 명의 신도가 있으며, 전 세계에는 한국 신자를 포함하여 약 400만 명의 신도가 있다. 본부는 경기도 가평군 설악면에 있다.

세계평화통일가정연합(世平和統一家庭聯合) 통일교. → '세계기독교통일신령협회'를 보라.

세례명(洗禮名, christian name, nomen baptismatis) 가톨릭에서 세례를 베풀 때 세례받는 사람(수세자)에게 부여하는 이름. 먼저 세례받는 사람이 원하는 세례명을 물어 합당하면 그것을 사용하고, 그렇지 않은 경우 성인이나 복자 등 보호성인의 이름을 신부가 붙여 준다. 교회에서는 대개 성(姓) 아래 세례명을 붙여서 부른다.

세례 요한(洗禮 -, John the Baptist) 구약의 마지막 선지자며 나실인(마3:4; 11:13; 눅1:15-16).

1. 가족 관계 - 부친은 아비야 계열의 제사장인 사가랴, 모친은 아론 가문의 엘리사벳. 모두 흠 없고 의로우며 경건한 자였다(눅1:5). 엘리사벳은 주의 모친 마리아와 친척간이었다(눅1:36).

2. 출생 예고 - 천사 가브리엘이 사가랴에게 나타나 요한의 출생을 예고했다. 이때 '요한'이라는 이름이 계시되었고, 나실인으로 살 것과 엘리야의 심령과 능력으로 주의 길을 예비할 것이라 했다(눅1:11-18). 선지자 이사야(사40:3-5; 마3:3)와 말라기(말4:5-6)가 요한의 사역을 예언한 바 있다. 공적인 사역을 시작하기까지 빈 들에서 경건하고 청빈한 나실인으로 생활했다(눅1:80; 마3:4).

3. 사역 - 요한은 로마의 디베료 가이사 통치 제15년경에 요단 강 부근에서 회개의 세례를 전파하면서 사역을 시작했다(눅3:1-14). 그는 철저히 자기를 낮춘 채 백성들이 메시야 예수를 영접할 수 있도록 예비시키는 선구자로서의 역할에 충실했다(마3:1-11; 눅1:17; 요1:31). 비록 요한은 예수께

세례를 베풀기는 했지만(마3:13-17; 막1:9-10; 눅3:21; 요1:32), 자신은 그리스도가 아니며(눅3:15; 요1:20), 예수님이야말로 메시야로서(요1:29,35-36), 그분은 반드시 흥하고 자신은 쇠해야만 한다고 강조했다(요3:29-30).

4. 평가 – 요한은 '광야에 외치는 자의 소리'(마3:3)라는 별명을 지녔으며, 예수로부터는 '선지자보다 더 나은 자', '여자가 낳은 자 중 가장 큰 자'라는 칭찬을 들었다(마11:7-14).

5. 최후 – 요한은 당시 갈릴리와 베레아의 분봉왕이었던 헤롯 안디바가 자기 동생의 아내와 결혼하는 것을 꾸짖은 일로 옥에 갇혔다가 참혹하게 목베임을 당했다(마14:6-12; 막6:17-28). 그의 사후에 그를 좇던 제자들 중 일부가 요한의 세례를 계속 전하였고, 그 가르침이 소아시아에까지 전파된 것으로 추정된다(행18:25; 19:1-3).

세브란스(**Louis H. Severance**) 기독교 실업가, 자선사업가, 세브란스 병원 설립자(?-1913년). 미국 오하이오 주 클리블랜드에서 출생했다. 1889년 한국에서 사역하던 캐나다 출신 미국 북장로교 의료선교사 에비슨(O. R. Avison, 魚丕信)이 휴가차 뉴욕에서 행한 '국제선교사대회'에 참석한 후 한국 의료 선교의 꿈을 갖게 되었다. 그 후 한국 의료 기관의 현대화에 참여코자 병원 설립비로 15,000불, 선교부에 1만불을 기증하였다.

미국 북장로교 선교부는 이 비용으로 당시 한국 정부로부터 인수받아 운영하던 남대문 밖 복숭아골(현 서울역 건너편)에 있던 제중원을 재건축하였다. 1902년 시작된 병원 공사는 1904년 9월 3일 완공되었고, 기증자의 이름을 따서 '세브란스 병원'이라 불렸다. 1907년 세브란스는 주치의 러들로우(A. I. Ludlow)를 동반하고 내한하여 다시 3만 달러를 기부하였다. 이 비용은 세브란스 병원 운영과 의학교 교사(校舍) 건립에 사용되었다. 1913년 6월 세브란스는 세상을 떠났지만 그의 자녀들은 계속해서 세브란스 병원을 후원하였고, 이 일은 1939년 일제에 의해 선교사 입국 금지령이 내려지기까지 지속되었다. → '광혜원'을 보라.

세브란스 병원(– 病院, **Severance Hospital**) 미국인 사업가 세브란스의 후원으로 지어진 한국 최초의 현대식 병원. 기독교 계열의 의료 기관. 오늘날 연세대학교 부속 병원. 2013년 5월 4일 개원 128주년을 맞았다. → '세브란스'를 보라.

소래교회(– 敎會) 서상륜·서경조 형제가 세운 한국 최초의 자생(自生) 교회. 황해도 장연군 대구면 송천리에 설립되었다. 송천리(松川里)는 소나무가 무성하고 샘이 솟는 마을로서, 우리말로 '솔내'인데 여기서 '소래'란 이름이 유래되었다.

서상륜은 평북 의주 사람으로 만주에서 장사를 다니다 로스 선교사를 만나 1879년 세례를 받고 한글성경 번역자로, 매서인으로 활동했다. 국경을 넘나들며 만주와 중국에서 매서인으로 활동하던 서상륜은 중국 관리에게 붙잡혀 한국 국경 검문소로 넘겨졌으나 겨우 빠져나올 수 있었다. 그 일로 그는 고향에 안착하지 못하고 친척이 모여 살던 황해도 송천리로 오게 되었다. 이때가 1884년경이었다. 그는 여기서 친척에게 성경을 소개하며 복음을 전했고, 사랑채에서 예배를 드리기 시작했다. 다음해 1885년 동생 서경조가 합류하여 교인들과 함께 기왓집 여덟 간 짜리 예배당을 건축했다. 이것이 우리나라 최초의 교회인 소래교회다.

그해 7월 3일 언더우드 목사 집례로 헌당식을 거행하였고 그때 서경조는 초대 장로로 장립을 받아 소래교회는 명실상부하게 당회를 가진 조직교회로 성장하게 되었다. 그 후 한국 기독교 100주년을 기념하여 대한예수교장로회(합동) 황해노회에서 총신대학교 신학대학원 양지캠퍼스에 소래교회를 복원하였다. 참고로, 소래교회 설립 연도에 대해서는 1883년, 1884년, 1885년, 1887년 등 여러 다양한 견해가 있다. → '서상륜'을 보라.

소록도교회(小鹿島敎會) 전남 고흥군 도양읍 소록리(소록도)에 설립된 교회. 소록도는 1915년 일본 총독부에 의해 나병환자 집단 시설이 만들어졌고, 1916년 자혜의원이 설립되어 병원 업무도 개시되었다. 그 후 1922년 제2대 자혜의원 원장 일본인 하나이(花井善吉)가 교회설립 청원을 허락하여 일본인 목사 다나까(田中眞郎)가 교회를 개척하였다. 이것이 소록도교회의 시작이다.

그 후 해방이 될 때까지 소록도교회는 일본인 목사들에 의해 운영되었다. 1946년 감옥에서 나온 김정복 목사가 순천노회의 파송을 받아 한국인 최초로 시무하다 6.25전쟁 때 순교하였고, 이어 고대작 목사, 지익풍 목사, 이덕길 목사, 여운원 목사, 김두영 목사, 박창훈 목사 등이 담임했다. 1997년 부임한 김명환 목사에 이어 현재 김선호 목사(소록도중앙교회)가 담임하며 봉사하고 있다. 소록도에는 600여 명의 성도가 소록도중앙교회를 비롯한 8개 교회에 분산해 예배를 드리고 있으며 교역자는 세 사람이 순회하며 예배를 인도하고 있다.

소망교도소(所望矯導所) 2010년 12월 1일 개소. 경기도 여주군 북내면 아가페길 140 (외룡리 16-1)에 소재한다. 우리나라 최초 민영교도소이자 기독교 정신에 입각해 재소자를 교화하는 사역을 감당하고 있다. 현재 350여 명의 재소자가 있으며, 70%의 강력범(공안, 마약, 조직폭력범 제외) 중 재범률 4% 미만을 목표로 할 정도로 성공적인 교화 사례로 꼽힌다. 재단법인 아가페가 설립하였다.

속사도(續使徒, **Apostolic Father**) 로마 박해기 때 12사도의 뒤를 이어 성도를 보살피며 교회를 지킨 영적 아버지(교부)를 일컫는 말. 이들은 교회가 내적 분쟁으로 혼란할 때 바른 가르침으로 통일성과 질서를 세우고, 외적으로 박해가 임할 땐 깨끗하고 경건한 삶으로 순교의 모범을 보였다. 그리하여 사도들의 생생한 신앙을 다음 세대에 전해주는 역할을 하였다. 로마의 클레멘트, 안디옥의 이그나티우스, 서머나의 폴리캅, 알렉산드리아의 바나바, 로마의 헤르메스, 소아시아 히에라폴리스의 감독 파피아스 등이 속사도 시대의 대표적 인물이다. 이 가운데 이그나티우스와 폴리캅은 사도요한의 제자로 알려졌으며, 헤르메스는 바울과 친분이 깊은 '허메'(롬16:14)로 여겨진다(*Eusebius*).

손양원(孫良源) 장로교회 목사이며 순교자 (1902-1950년). 1908년 기독교에 입교하였고, 1913년 칠원공립보통학교를 거쳐 1919년 서울 중동중학교에 입학했다. 1921년 일본 스가모 중학교에 입학하여 1923년 졸업했다. 이때 일본에서 동양선교회의 노방 전도에 감화를 받고 귀국 후 경남 성경학원에서 성경을 공부했다(1925년). 그 후 주기철 목사와 친분을 나누면서 1934년까지 부산, 양산 일대에서 교회를 개척했다. 목사가 되기로 결심한 손양원은 1935년 평양신학교에 입학하여 1938년 졸업했고 곧장 전남 여수의 나환자 병원인 애향원교회에서 전도사로 사역했다. 이때 그는 일제의 우상 숭배를 비판했는데 이로 인해 1940년 9월 25일 투옥되어 해방과 함께 출옥하였다.

그 후 전도사 생활 20년 만인 1946년 3월 경남노회에서 비로소 목사 안수를 받았다. 그러나 1948년 10월 21일 여순반란으로 공산주의자 안재선에게 두 아들 동인과 동신을 잃게 되었다. 하지만 그는 사형 직전에 있던 안재선을 찾아내어 구명 운동을 펼쳤고 결국 그를 손재선이라 부르며 양아들로 삼아 세상을 놀라게 했다. 후에 손재선은 신학을 공부했고, 그의 친부모도 주님을 영접했다. 그 후 손양원 목사는 6.25전쟁 중 퇴각하던 공산군에 체포되어 1950년 9월 28일 여수 인근 과수원에서 총살당했다. 그의 생애는 안용준 목사에 의해 「사랑의 원자탄」이란 책으로 발행되었으며 영어로도 번역되어 세계의 많은 사람들에게 큰 감명을 주었고, 1966년에는 영화로도 제작되었다.

송죽회(松竹會) 1913년 9월 평양의 여성 기독교인들로 조직된 항일 비밀결사 단체. 숭의여학교 교사와 재학생·졸업생으로 구성되었다. 자금을 마련하여 독립운동가의 국내외 활동비를 지원하는 한편 교회에서는 여성 계몽 운동을 펼쳤다. 7년이란 짧은 기간 동안 활약하였고 후에 '대한민국애국부인회'로 흡수되었다.

수녀(修女, **Sisters, Sorores**) 가톨릭에서 수도회나 수녀원 등에 소속되어 청빈·정결·복종을 서약하고 독신으로 수도하는 여자. 대개 가정과 재산을 포기하고 집단으로 모여 공동 생활을 하며 기도와 봉사로 하나님과 이웃을 섬기며 살아간다. 기간을 정하는 경우와 종신(終身)의 두 경우가 있다. 생활 양식과 목적에 따라 오로지 기도와 말씀 묵상, 그리고 자급자족을 위한 노동에만 전념하는 수녀와 선교(복음 전도)·봉사(의료, 구제 등)·교육(학교 운영 등)·문화(출판 등) 사역을 주로 하는 수녀로 구분되기도 한다.

수녀의 자격은 수녀회마다 다소 차이가 있으나 미혼 여성으로 영세를 받은 지 일정 기간이 지나고 신앙의 기본이 갖추어진 자라야 한다는 공통 조건이 있다. 일단 수녀회에 입회하면 1년 혹은 수년간 수련 기간을 가지는데, 이 기간 동안에는 기도 생활을 비롯한 금욕 생활, 집단 생활의 훈련이 집중

된다. 이때는 비록 수녀로 입회를 하였으나 정식 수녀로 인정되지는 않는다. 이 단계를 통과해야 비로소 선서(서원)를 하고 사도적 사역자로서, 혹은 선교나 교육·봉사에 필요한 전문 사역자로서 훈련을 받게 된다. 종신 서원은 이 모든 과정을 거친 후 7-10여 년이 지나야 가능하다.

■**수녀회**(修女會) - 초대 교회 당시는 별도의 수녀회가 존재하지 않았다. 예수를 진실되게 섬기기를 원하는 여자들은 부모 아래서 독신으로 절제된 삶을 살면서 주님을 섬겼다(고전7장). 그러다 6세기경에 이르러 오늘날과 같이 외부와 단절된 형태의 수녀회가 시작되었다. 하지만 이는 관상수녀회(觀想修道會)에 해당되었고, 선교나 병원 봉사·교육 등에 종사하는 수녀의 경우는 여전히 수녀회 출입과 활동이 자유로웠고 심지어 그들 나름의 독립된 생활을 하기도 했다(活動修道會). 이는 자칫 방종의 폐습으로 이어져 '봉쇄 수녀원'을 의무화하는 교황청의 조치들이 내려지기도 했다.

그 후 소녀들의 교육을 수행하기 위해 별도의 수녀회가 조직되기도 했다. 17세기 영국의 메리 워드가 세운 〈로레토 수녀회〉, 성 프란시스가 세운 〈방문수도회〉, 성 뱅싸드 폴이 세운 〈인애회〉가 대표적이다. 이후 '봉쇄 수녀회'와 구분되는 병자 간호, 가난한 자 구제 등을 위한 수녀회가 늘어나게 되었는데 〈지혜회〉, 〈성 요셉 수녀회〉, 〈성 알렉시스 수녀회〉 등이 그것이다.

■**한국의 수녀회**(韓國 - 修女會) - ① 성 바오로회 : 1888년 7월 19일에 소개된 우리나라 최초의 수녀회. 본원은 프랑스 샤르트르에 있다. 처음에는 자선과 사회 사업에 관심을 가졌고, 1900년 이후 교육과 본당 사목에도 종사하였다. ② 메리놀 수녀회 : 동방 선교를 위해 미국에서 창설된 수녀회로 1924년 우리나라에 소개되었다. ③ 성 베네딕토 수녀회 : 1925년에 소개되었고, 본원은 독일에 있다. ④ 영원한 도움의 성모회 : 한국인 최초의 수녀회. 1932년 창설되었다. 메리놀회 수녀인 장정온(張貞溫)이 초대 원장을 맡았다. ⑤ 그 후 여러 나라에서 많은 수녀회가 소개되었고, 한국인 수녀회도 많이 설립되었다.

수도원, 수도회(修道院, 修道會, **monastery, religious congregation**) 수도원은 가톨릭 수도사들이 거처하는 처소를, 수도회는 가톨릭교회에서 인가한 수도사(수사, 수녀) 공동체를 가리킨다.

1. 수도원의 구성 요건 – 수도원은 최소 6명의 서원 수도사가 있어야 교황령에 의해 합법적으로 인가된다. 또 수도사가 되려면 입회할 때 예수 그리스도의 삶을 본받아 청빈하고 정결하며 순종적인 삶을 살겠다고 공식적으로 서원해야 비로소 수사(修士)나 수녀(修女)가 될 수 있다.

2. 최초의 수도원 – 3세기 말 동방정교회에 속한 이집트의 수사 성 안토니우스(250-355년, 그는 '수도사의 아버지'로 불린다)는 사막이나 광야의 동굴, 초막, 암자, 오두막에 은거하며 수도하던 자(은수사)들이 함께 지내도록 거처를 마련하고 수도복을 입혔는데, 이것을 수도원의 효시로 본다.

3. 수도원의 발달 – 그 후 4세기 중엽 알렉산드리아의 주교 아타나시우스는 수도원 규칙을 제정하였다. 이렇게 하여 규칙과 규모를 갖춘 수도원은 5세기에 오면서 이집트, 메소포타미아, 팔레스타인, 시리아로 퍼져나갔고, 아타나시우스의 영향으로 수도원은 서방교회에까지 알려지게 되었다.

4. 대표적 수도원 – 서방교회에서 수도원 운동을 체계화한 인물은 성 베네딕투스(480-547년경)다. 그가 설립한 〈성 베네딕투스 수도원〉은 8세기 이후 13세기까지 대부분 서방교회(가톨릭교회) 수도원의 모델이 되었는데, 기도와 노동, 규범을 중시하며, 수도원장에 대한 복종을 강조했다.

5. 사목을 위한 수도회 – 수도원 운동 초창기에는 신품(神品, 주교가 부제에게 사제로서의 신권을 부여하여 사목을 맡기는 의식. 기독교의 목사 안수식에 해당한다)을 받으면 기도 생활에 전념할 수 없고, 겸손의 덕을 유지하기 어렵다고 생각하는 경향이 있었다. 그리고 수도사는 은사의 일종이지 성직이 아니라 생각하였다. 따라서 수도사들은 대부분 평신도들이었다. 성 베네딕투스 역시 사제가 아니라 평신도였다. 하지만 이렇게 훈련된 수도사들은 교회 입장에서 볼 때는 지도자로서 뛰어난 자격이 있다고 판단했다. 그리하여 13세기 이후 주교들은 수도사들에게 신품을 주어 성직의 길을 가게 했다. 그 결과 사목을 목적으로 〈아우구스티노 수도회〉가, 대중 설교를 목적으로 〈노르베르토회〉, 〈도미니쿠스회〉 등의 수도회가 생겨났다.

6. 탁발 수도회(琢鉢 修道會) – 그러나 제도화된 수도원 운동을 거부하고 형식 없이 대중 속에서 수도 생활을 한 인물도 있다. 유명한 성 프란시스

가 그렇다. 그를 따르는 제자들은 예수와 사도를 본받아 세상을 떠돌면서 말씀을 가르쳤다. 그리고 구걸로 먹는 문제를 해결했다. 여기서 〈탁발 수도회〉란 별명이 붙었다.

7. 예수회(Jesuits, Society of Jesus) - 종교개혁을 거치면서 가톨릭에 대한 반대가 높자 선교 사역을 목적으로 설립된 수도회. 1534년 파리에서 이그나티우스 로욜라(Ignatius Loyola), 자비에르(F. Xavier) 등 6인이 설립한 예수회는 단단한 조직력과 철저한 복종, 그리고 성경 연구를 통해 복음 선포에 앞장섰다. 특히 학교를 설립해 많은 학자를 배출했다. 우리나라에는 1955년 독일 출신 게페르트(T. Gepert) 신부가 소개했다. 서강대학교는 예수회가 설립한 대표적 학교다.

8. 기타 - 특수 목적으로 세워진 수도원으로는, 병자를 위해 설립된 〈성 요한 수도회〉, 청소년 교육을 위해 설립된 성 요한 돈 보스코의 〈살레시오회〉, 출판과 언론 사역을 위해 설립된 이탈리아 돈 알베리오네의 〈성 바오로 수도회〉가 있다. 이밖에 〈파리 외방 전교회〉(1663년)는 회원들이 수도 서원을 하지 않고 설립된 대표적 수도회(재속회)다.

9. 수도원 운동의 주요 지도자 - 수도원의 아버지로 불리는 성 베네딕투스(480-543년), 성 버나드(1091-1130년), 성 프란시스(1182-1226년), 훗날 종교개혁자 루터에게 영향을 미친 마이스터 에크하르트(1260-1327년) 등이 있다.

■**한국의 수도회**(韓國 - 修道會) - 한국 최초의 여자 수도회는 프랑스의 조선교구장인 블랑(Blanc)이 1888년에 소개한 〈성 바오로 수녀회〉이고, 최초의 남자 수도회는 1909년 독일에서 들어온 〈성 베네딕투스회〉이다. 100여 년이 지난 오늘날에는 80여 개의 여자 수도회와 30여 개의 남자 수도회가 있다.

수피아여학교(- 女學校) 1908년 4월 1일 미국 남장로교 선교사 유진 벨(Dr. Eugene Bell, 한국명 배유지')이 전남 광주에 설립한 여학교. 초대 교장은 선교사 그레이엄(Miss Ella Graham, 한국명 '엄언라'). 1911년 미국의 스틴스 여사(M.L. Stearns)가 세상을 떠난 동생 제니 수피아(Jennie Speer)를 기념하기 위하여 5,000불을 희사하여 3층으로 된 회색 벽돌 건물(Speer Hall)을 준공했다. 〈수피아여학교〉(Jennie Speer Memorial School for Girls)란 교명은 여기서 유래되었다.

이후 1919년 3.1독립운동에 전교생이 참가했고, 1929년 11월 30일 미국 남장로교 여전도회에서 희사한 5만 불로 현 중학교 본관 건물인 윈스브로우홀(Winsborough Hall)을 준공했다. 1929년 11월 1일 광주 학생운동에 참가했고, 1937년 9월 6일 신사참배를 거부하여 폐교되었다가 1945년 복교되었다. 1951년 중학교 6년제 학제가 중학교 3년, 고등학교 3년제로 개편되었고, 1972년 12월 6일 수피아 여자중학교와 고등학교 교장이 각각 취임하여 학사 행정이 독립되었다. 현재 두 학교는 광주광역시 남구 백서로 13(양림동 256)에 소재한다.

순복음(純福音, **Full Gospel Church**) 성령의 감동으로 쓰여진 하나님의 말씀을 '그대로'(fully), '다'(totally) 믿고 받아들이는 '충만한 복음'이란 뜻. 순복음은 다음의 7가지를 신앙의 기초로 삼는다. ① 갈보리 십자가 신앙. ② 오순절 성령 충만 신앙. ③ 땅 끝까지 전하는 신앙. ④ 좋으신 하나님 신앙. ⑤ 병을 짊어지신 예수님 신앙. ⑥ 다시 오실 예수님 신앙. ⑦ 나누어 주는 신앙(「오중복음과 삼중축복」 中에서).

순복음중앙교회(純福音中央敎會, **Full Gospel Central Church**) → '여의도순복음교회'를 보라.

순회제도(巡廻制度, **itinerancy**) 목회자를 한 교회에서 다른 교회로 이동시키는 감리교회의 독특한 치리 제도. 모든 목회자가 하나의 교회를 담임하며 모든 교회에 하나의 목회자가 시무하도록 하기 위해 마련된 제도이다. 목회자가 개교회에 의해 초빙되어 성도와 목회자 사이에 뜻이 맞으면 오랫동안(혹은 은퇴할 때까지) 한 교회에 머무는 장로교회나 다른 교단의 치리 제도와 구별된다.

한편, 웨슬리 생존에는 성직자들이 2년마다 한 번씩 임지를 순회하여 이동하였고, 사후에는 3년마다 순회하였다. 그러다 1932년 감리교 연합 이후에는 3-4년에 한 번씩 구역을 교환하였다. 이때 임지 결정은 구역과 성직자 사이에 직접 이루어지나 연회는 이 협의를 변경시킬 권한을 갖고 있다.

숭실대학교(崇實大學校, **Soongsil Uni-**

versity) 서울시 동작구 상도동에 위치한 기독교 대학. 1897년 10월 10일 미국 북장로교 선교사 베어드(W.M. Baird, 한국명 '배위량')가 평양 신양리 자택에 세운 학당이 모체다. 1901년 선교사 소안론(蘇安論)이 상속받은 유산을 기증하여 한국식으로 2층 교사(校舍)를 짓고 〈숭실학당〉(崇實學堂)이라 불렀다.

1905년 9월 중학부와 대학부로 분리되어 중학부는 〈숭실중학교〉, 대학부는 〈숭실대학〉이 되었고, 1912년 조선총독부의 승인을 얻어 우리나라 최초의 대학으로 등록되었다. 1938년 3월 신사참배를 거부하다 폐교되었고, 해방 후 1954년 5월 서울 영락교회 부속 건물에서 폐교 16년 만에 개교하였다. 1957년 현재 위치인 서울시 동작구 상도로 369에 교사를 신축하여 이전했다.

그뒤 1971년 미국 남장로교가 세운 〈대전대학〉과 통합하여 교명을 〈숭전대학교〉(崇田大學校)로 변경하였고, 1983년 9월 대전 캠퍼스는 〈한남대학교〉(漢南大學校)로 독립하였다. 1987년 3월 현재의 교명인 〈숭실대학교〉로 교명을 환원했다. 한편, 1975년 10월 개관한 숭실대학교 내 〈한국기독교박물관〉은 한국 기독교 관련 유물은 말할 것도 없고 국가 지정 문화재 다수(국보 제141호, 231호, 보물 883호 등)를 포함한 7천여 점의 소중한 민족 문화유산이 가득한 것으로 유명하다.

숭실학교(崇實學校) 1897년 미국 북장로교 선교사 베어드(W.M. Baird, 한국명 '배위량')가 평양에 설립한 기독교 학당. 오늘날 〈숭실대학교〉의 모체다. → '숭실대학교'를 보라.

숭의여학교(崇義女學校) 1903년 10월 31일 미국 북장로교 선교사 모펫(Samuel A. Moffett, 한국명 '마포삼열')이 평양에 세운 기독교 중등 교육 기관. 서북 지방 여성에게 복음 전파와 신학문 교육을 통한 인재 양성을 목적으로 설립되었다. 일제 시대 때는 숭실전문학교, 숭실중학교와 더불어 소위 평양의 '3숭'으로 불리며, 독립 운동에 주도적으로 참여하는 등 민족 주체 의식이 강한 학교였다. 특히 숭의여학교 교사와 졸업생·재학생을 중심으로 구성된 비밀 결사 조직 '송죽회'(松竹會)는 유명하다(→ '송죽회'를 보라).

그러나 1938년 3월 31일 신사참배 반대로 자진 폐교했다. 해방 후 1950년 4월 22일 졸업생 박현숙이 서울 중구 남산동에 재단법인 숭의학원(숭의여자중·고등학교)을 재건했고, 이후 1954년 서울 중구 예장동으로, 2003년 현재의 서울시 동작구 여의대방로 36길 79(대방동 20-114)로 이전하였다. 한편, 1963년에는 보육과가 보육초급대학으로 독립하였고, 1970년 12월 〈숭의여자전문학교〉로 개편, 1978년 12월 〈숭의여자전문대학〉으로 승격, 1998년 〈숭의여자대학〉으로 교명을 변경했다. 현재 서울 중구 소파로 2길 10(예장동)에 위치한다.

쉐퍼(Schaeffer) → '프랜시스 쉐퍼'를 보라.

쉴라이에르마허(Schleiermacher) → '프리드리히 쉴라이에르마허'를 보라.

스웨덴교회(- 敎會, Church of Sweden) 스웨덴은 인구 약 900만 명 중 87%인 760만여 명이 루터교인이다. 그 외에 천주교인이 약 155,000명, 동방정교회 교인이 약 97,000명, 회교도가 약 200,000명, 유대교도가 약 16,000명, 불교도가 약 3,000명, 힌두교도가 약 3,000명이다. 따라서 '스웨덴교회'란 표현은 통상 국교인 루터교를 가리킨다. 스웨덴은 다른 종교를 선택하지 않으면 태어나면서부터 자동으로 루터교인으로 등록된다. 하지만 거의 95%가 교회에 출석하지는 않는다.

한편, 마틴 루터가 독일에서 종교개혁을 일으킨 10년 뒤인 1527년, 스웨덴에서는 거스타바스 바사(Gustarvas Vasa) 왕 때 종교개혁이 일어났다. 그 후 1531년 제1대 웁살라(Uppsala) 대주교가 임명되었고, 1593년 웁살라 성직자 회의에서 루터교를 국교로 받아들이면서 아우구스부르크 신앙고백(Augsburg Confession of Faith)을 표준 교리로 채택했다. → '루터교'를 보라.

스위스 형제회(- 兄弟會, Swiss Brethren) 최초의 재침례교회. 취리히의 개혁자 콘라드 그레벨(Conrad Grebel, 1448-1526년)과 조지 블라우록(George Blaurock)을 중심으로 형성되었다. → '재세례파'를 보라.

스코필드(Scofield) 캐나다 연합장로교회 소속의 의료 선교사. → '프랭크 스코필드'를 보라.

스퍼전, 스펄전(Spurgeon) 영국 침례교 목사이며 뛰어난 설교가. → '찰스 스펄전'을 보라.

승동교회(勝洞敎會) 대한예수교장로회(합동) 경기노회에 속한 교회. 1893년 미국 북장로회 선교사인 사무엘 포맨 무어(Samuel Foreman Moore, 1860-1906년, 한국명 '모삼율')가 지금의 롯데호텔 부근 곤당골에 설립하였다(곤당골교회). 무어 목사는 처음에 백정을 중심으로 포교 활동을 하여 〈백정교회〉라는 별칭이 붙었고, 이로 인해 양반 신자들이 교회를 떠나는 등의 갈등을 겪기도 했다. 1894년 〈홍문섯골교회〉와 분립되었다가 1898년 다시 홍문섯골교회와 합쳤다. 그 후 1905년 현재 자리로 이전하여 〈중앙교회〉로 불렸고, 1906년 2대 담임으로 알렌 클라크 목사(Charles Allen Clark, 한국명 '곽안련')가 부임하였다. 1909년 안동교회를 개척하여 1911년 독립시킴으로써 승동교회는 서울·경기 지방의 중심 교회로 자리매김하였다.
이뿐 아니라 승동교회는 국가적으로도 민족 운동의 구심점 역할을 했다. 1919년 3.1독립운동 때에는 만세 운동에 참여하는 학생들의 집결지가 되었고, 1922년에는 〈조선여자기독교청년회〉(조선 YWCA)가 이곳에서 설립되어 여성 사회운동의 출발점이 되기도 했다. 그 후 1934년 교회 이름을 지금의 〈승동교회〉로 변경했고, 해방 후 1955년 12대 이대영 목사가 위임목사로 부임하여 제41회 총회장에 취임하면서(1956년) 큰 성장을 가져왔다.
1959년 장로교단 분열시에는 제44회 총회 속회 장소로 사용되어 반대측(오늘날 '통합')으로부터 〈승동파〉로 불렸고, 이듬해 1960년 제45회 총회시 고신측과 합동·재분열을 겪으면서 〈합동측〉이란 교단명의 배경이 되는 등 한국 교회사에서 교단 분열의 소용돌이에 휘말리게 되었다. 이후 법정 소송에 있던 교회 건물과 대지 문제가 1969년에 해결되면서 비로소 정상을 되찾게 되었고, 1991년 박상훈 목사가 14대 위임목사로 부임하여 현재에 이르고 있다. 2001년 4월 6일 서울시 유형문화재 제130호로 지정되었다.

시비에스(CBS) → '기독교방송'을 보라.

시오니즘, 시온주의(- 主義, Zionism) 팔레스타인 땅에 고국을 건설하기 위한 유대의 민족주의 운동. 19세기 말 동유럽, 특히 러시아에서의 유대인 학살을 비롯한 반(反) 유대적 정서에 맞서 부다페스트 태생의 오스트리아 저널리스트 테오도르 헤르츨(Theodor Herzl, 1860-1904년)이 「유대인 국가」(Der Judenstaat, 1896)라는 책에서 시온주의를 촉구하면서 시작되었다. 그는 이 책에서 유대인은 현재 살고 있는 땅을 떠나 유대의 복지를 건설해야 한다며 구체적인 플랜을 제시했다.
그 후 헤르츨은 1897년 8월 29-31일에 스위스 바젤에서 제1차 시오니스트 회의를 소집해 〈시온주의자 기구〉를 창설하고 바젤 계획안을 작성했다. 이 회의는 1901년까지 5회나 개최되었다. 1905년 러시아 혁명 와중에 많은 유대인이 억압과 희생을 피해 팔레스타인으로 이주하여 1914년 제1차 세계대전 이전까지 9만여 명에 이르게 되었다.
그 후 영국에서 웅변과 정치 역량이 뛰어난 지도자 바이츠만(Chaim Weizhmann)과 조오코로우브는 1917년 11월 2일 유대인이 영국군을 도와 팔레스타인에 주둔하는 터키 군을 물리치면 팔레스타인에서 유대인의 독립 국가 건설을 국제적으로 인정하겠다는 영국 국무장관 밸포어(Arthur J. Balfour)로부터 협약을 얻어내기에 이르렀다(밸포어 선언). 이리하여 1925년 3월에는 팔레스타인 거주 유대인이 10만 8,000명, 1933년에는 23만 8,000명으로 증가했다. 마침내 1947년 10월 27일 국제연합(UN)은 팔레스타인을 아랍 국가와 유대 국가로 분할하고 예루살렘을 국제화하도록 제안했고, 1948년 5월 14일 이스라엘은 팔레스타인 땅에서 독립 국가를 건설하기에 이르렀다.

시티에스(CTS) 기독교TV. → '기독교방송'을 보라.

신구약 중간기(新舊約 中間期, inter testamental period) 바벨론 포로기 이후, 즉 말라기 기록 이후 예수께서 오시기까지 400여 년의 기간. 말라기 선지자의 예언 활동 이후 성경 기록상 구약 시대는 사실상 막을 내렸다. 이후 성경 역사는 세례 요한의 출현 때까지 400여 년간 긴 침묵기에 들어간다(마3:1). 이처럼 구약성경 말라기로부터 신약성경 복음서에 이르기까지 약 400년간의 성경 침묵기를 '신·구약 중간기'라 부른다.

하지만 성경 기록이 없다고 해서 하나님의 구속 역사가 중단된 것은 아니었다. 하나님은 이 400여 년의 침묵 기간 동안 구약 성도가 고대하던 메시야의 강림을 준비하고 계셨다. 이 침묵 기간 동안에도 수많은 하나님의 섭리와 간섭이 유대와 세계 역사에 수없이 실현되었고, 또한 후기 유대주의 사상을 대표하는 독특한 이념들이 형성되었다. 그와 더불어 구약성경의 헬라어역인 70인역(LXX)이 번역되어 온 땅에 복음이 전파되는 기틀이 마련되었고, 메시야의 오심과 그분의 구속 사역을 위한 예비적인 사건들이 나타났다. 이를 시대별로 구분해서 살펴보면 다음과 같다.

1. 바사 시대(B.C.404-331년) - 말라기 이후 1세기 동안 바사 제국에서 임명한 대제사장이 간접 통치하던 시기. 그 후 헬라의 알렉산더에게 함락당함으로써 헬라의 영향 아래 들어가게 되었다.

2. 헬라 시대 - ① 알렉산더(B.C.336-323년) : 알렉산더에 의해 헬라 대제국(소아시아, 애굽, 인도 등)이 형성되었고, 알렉산더 사후 톨레미, 셀류쿠스, 카산드, 리시마쿠스 네 장군이 제국을 분할 통치하던 시기. ② 톨레미 왕조(B.C.323-145년) : 애굽의 톨레미 1세가 유대인들에게 우호적인 정책을 펼친 결과 유대인들이 알렉산드리아로 대거 이주하던 시기. 톨레미 2세 때 70인역이 번역되었다. ③ 셀류쿠스 왕조(B.C.312-163년) : 수리아의 셀류쿠스 3세가 애굽의 톨레미 왕조를 물리치고 팔레스타인을 장악한 시기(B.C.201년). 이때 안티오쿠스 4세가 등장해 예루살렘 성전을 모독하고 약탈하며 유대인들에게 대대적인 박해를 가했다.

3. 독립 유대 시대 - ① 마카비 혁명(B.C.166-143년) : 유대인 맛다디아가 다섯 아들과 더불어 수리아에 반기를 들고 혁명을 일으킨 시기. 그리하여 맛다디아 3남 유다 마카비가 예루살렘 성전을 탈환했다(B.C.164년). ② 하스몬 왕조(B.C.142-67년) : 마카비의 동생 시몬이 수리아 군대를 물리치고 유대의 완전한 독립(B.C.142년)을 쟁취한 후 하스몬 왕조를 창건한 시기.

4. 로마 시대(B.C.63-4년) - 사두개파와 바리새파의 알력으로 유대 내부가 혼란할 때 로마 장군 폼페이우스가 유대를 점령하고(B.C.63년) 이두매 출신 헤롯(헤롯대왕)을 왕으로 세워 유대를 지배하던 시기. 이때 예수께서 탄생하셨다(B.C.4년경). 그 후 로마는 예루살렘을 함락하고(A.D.70년) 유대인을 강제 추방시킨 후(A.D.130년경) 제국이 망할 때까지 팔레스타인을 지배했다.

신복음주의(新福音主義, New Evangelicalism) 19세기 말에서 20세기 초 신신학적 자유주의의 바람이 불 때 근본주의(보수주의)와 자유주의 사이에 발생한 새로운 신학 사조. 신(新) 중립주의(new neutralism), 타협주의, 포용주의, 반 성별주의적 특성을 띤다. 당시 근본주의와 자유주의가 신앙적·교리적·행위적 문제로 충돌이 심할 때 근본주의자들 중에는 자유주의에 대해 구별과 전투적 입장을 취하는 사람과 차별하기보다 관용하며 협동과 연합을 주장하는 사람으로 양분되었다. 후자는 근본주의 노선과 운동에 불만을 품고 근본주의자들과 구별되기를 원하였고 드디어 근본주의에서 이탈하여 관용과 타협의 중립 노선을 취하면서 스스로를 '복음주의자들'(Evangelicals)이라 불렀다. 그래서 이들을 순수한 복음주의와 구별해서 '신복음주의' 라고 부른다.

초창기 신복음주의자 다수는 근본주의에서 나왔으므로 교리나 신앙이 보수적이었으며, 기본적으로는 근본주의 신앙을 소유하고 있었다. 그래서 이들은 종교개혁자나 옛 복음주의자들과 동일성을 가지고 있다고 주장했다. 그리고 자신들은 복음주의 보수운동의 참된 계승자들이라고 생각하였다. 그러나 신복음주의는 배교와 불신앙에 대하여 성별과 전투적 입장을 취하지 않음으로써 점차 변질되었고, 그 결과 신복음주의 안에는 다양한 교회들의 혼합된 신학적 산물들이 가득차게 되었다. →[2. 교리 및 신앙 용어] '신복음주의' 를 보라.

신사참배(神社參拜) 신사의 종교 의식에 참여하여 절하고 예를 올리는 행위. '신사' 는 일본 고유 종교인 신도(神道)의 신령을 모시고 제사를 지내는 장소를 말한다. 일본은 우리나라에 침략 야욕을 드러내기 시작하면서 부산 용두산에, 그리고 한일합방이 되던 1910년에 대구, 평양 등지에 11개의 신사를 세웠고, 1919년 말에는 36개의 신사(神社)와 46개의 신사(神祠)를 세웠다. 그리고 1918년 서울 남산에 '조선신궁' 이라 부르는 거대한 신사를 착공하여 8년 만인 1925년 6월에 완공하였다.

이를 기화로 조선 총독부는 헌법으로 "모든 종교는 최고의 신(神)인 천황 아래서만 자유롭게 활동할 수 있다'고 선언하고 신사 참배를 요구하였다. 그러나 기독교를 비롯한 전문학교 학생들이 반대하자 다소 자유롭게 하도록 규정을 완화하였다. 그러다 1931년 만주사변 이후 일본은 관공서를 비롯한 학교 학생들에게 의무적으로 신사참배를 강요하였다. 이로 인해 미국 북장로교회와 남장로교회 선교부가 세운 학교들은 신사참배를 거부하다 폐교되거나 자진 폐교하는 일들이 속출했다.

1937년 9월 중일전쟁을 앞둔 일본은 모든 조선 사람들에게 전승(戰勝)을 기원하는 신사참배를 강요했고 결국 모든 종교 단체도 결단을 내려야만 했다. 이에 안식교회나 성결교회, 감리교회, 천주교회 등은 신사참배를 수용하였다. 그러나 장로교회는 끝까지 신사참배를 반대하며 많은 고초를 겪고 있었다. 이에 일본은 강하게 반발하던 주기철, 이기선, 김선두 목사 등을 사전에 구속시키고 신사참배에 협조적인 목사들을 선동하여 1938년 9월 9일 평양 서문밖교회에서 열린 장로교 제27회 총회에서 신사참배를 결의하게 하였다.

당시 일본은 경찰을 동원하여 교회 밖을 에워싸고 97명의 경관들이 교회 안 강단 위와 193명의 목사들 사이사이에 앉아 신사참배를 강제로 결의하게 하였다. 결국 총회 이틀째 되는 날 오전 10시 40분 평양노회장 박용률씨가 신사참배를 제안하였고, 평서노회장 박임현씨의 동의와 안주노회장 길인섭씨의 재청에 총회장 홍택기 목사가 가(可)만 묻고 부(否)는 묻지도 않은 상태에서 전격적으로 통과시킴으로써 공식적으로 신사참배를 결의하기에 이르렀다.

이에 블레어(Blair), 헌트(Hunt, 한국명 '한부선')를 비롯한 30여 명의 선교사가 강력히 항의하며 단상으로 향했으나 모두 일본 무술 경관의 제지에 막혀 교회 밖으로 끌려나와야 했다. 이에 총회장 홍택기 목사는 '신사는 종교가 아니며 기독교 교리에도 어긋나지 않는 애국적 국가 의식이기에 솔선해서 국민정신 총동원에 적극 참가하여 황국신민으로서 정성을 다해 달라'는 취지의 선언문을 채택하였다. 그해 12월 12일에는 신사참배에 주도적 역할을 한 장로교 목사들을 비롯한 감리교, 성결교 등 각 교단 목사들이 일본으로 건너가 일본 신궁들을 참배하고 돌아왔다.

1939년 9월 8일 신의주 제2예배당에서 회집한 제28회 총회 예배에서는 '궁성요배(동방요배, 일본 천황이 있는 동쪽을 향해 90도로 허리를 숙여 절하는 의식), 국가봉창, 황국신민서사 제창, 찬송가(32), 기도, 성서봉독(막13:1-7), 취지, 규약, 선언, 내빈축사, 축전피로, 묵도(황군 장병과 동양 평화를 위하여), 찬송가(1), 축도' 등이 행해졌다(제28회 총회회의록 16-17쪽). 또 이 자리에서는 국방 헌금 및 황군 위문금 모금을 결의했다. 뿐만 아니라 제29회 총회에서는 10월 20일을 황실 기념 애국주일로 정하고, 1942년 제31회 총회에서는 애국기(愛國機) 헌납을 결의하였다. 이후 일본은 기독교인을 설득하기 위해 각 지역별로 연사를 내려보내 강연회를 갖는 등 신사참배 정당화에 열을 올렸고, 기독교 지도자들은 황도 정신연성소(精神鍊成所)에서 정기적으로 정신 교육을 받아야 했다.

신사참배 반대운동(神社參拜 反對運動) 신사참배 결의에 반대하여 일어난 일련의 저항 운동. 1938년 27회 총회 직후 선교사들은 신사참배 결의에 반대하는 항의서를 제출하려다 일본 경찰의 제지로 무위에 그쳤다. 이 일로 선교부와 노회 사이에 갈등이 생겨 이후 선교사들은 독자적으로 선교 사업을 수행하였다. 특히 미국 북장로교회와 남장로교회 선교부의 반대가 심했다. 또 이 소식이 전해지자 평양신학교에서는 학생들이 노회별로 신사에 참배하지 않기로 결의하고 적극적으로 반대 운동을 전개했다. 그러나 이 일이 일본 경찰에 알려지자 학교측은 학교를 자진 폐쇄하였다.

평북 영변 출신의 박관준 장로는 합법적인 절차로 일본 관청과 총독부에 신사참배의 부당성을 수차례 진정했으나 소득이 없자 일본으로 건너가 국회 방청석에서 신사참배 반대를 외쳤다. 이로 인해 감옥에서 6년간 고초를 겪고 출옥했으나 곧 병사했다. 신사참배를 반대했던 김선두 목사는 일본에서 정계와 군부, 교계 인사들을 만났으나 뜻을 이루지 못했다. 마산문창교회 한상동목사는 자신이 속한 경남노회에서 신사참배를 부결시켰고, 신사참배에 가담한 노회를 해체하고 반대하는 교회들로 새 노회를 구성키로 하고 세력을 결속시켜 나가는 등 조직적인 활동을 했다. 주기철 목사는 1940년 평양에서 신사참배 반대를 위한 전국 조직을 논의하다 투옥되어 1944년 옥에서 별세했다.

이외에도 감리교회나 성결교회가 총회적으로 신사참배를 수용하였지만 개교회적으로는 반대 대열에 가담한 교회들이 많이 있었다. 드문 일이지만 1938년에 일본인 목사 오다나라찌(한국명 전영복) 목사는 평양숭실전문학교 강당에서 신사참배가 우상숭배임을 역설하며 규탄하다 일본으로 강제 추방되는 일도 있었다. 이로 인해 200여 교회가 문을 닫았으며, 2,000여 명의 신도가 투옥되고, 50여 명의 교역자들이 순교의 길을 가야만 했다.

신수비(薪水費) '땔나무 신'(薪), '물 수'(水), '쓸 비'(費)가 결합된 말로 '연료와 식수를 구입하는 데 드는 비용'을 뜻한다. 우리나라 선교 초기에 교회가 목회자에게 주던 일종의 사례비를 말한다.

신오순절주의, 신오순절파(新五旬節主義, Neo-Pentecostalism) → '오순절주의'를 보라.

신정통주의(新正統主義, Neo-Orthodoxy) 두 차례 세계대전의 참상을 겪으면서 기독교 세계와 인류 문명의 위기를 느껴 일어난 20세기 신학 사조. 스위스 신학자 칼 바르트가 주창했다. 성서, 신조, 신학에서 전통 용어를 사용하며 신학적 모티브가 종교개혁 원리에서 나왔다 하여 '신정통주의'로 불린다. 하지만 이들의 신학은 성경 비평을 받아들이고 과학적 탐구와 가설을 정당시하여 정통주의 신학과는 엄연히 구분된다. 비록 자유주의 신학의 내재성을 비판하고 하나님의 계시와 초월성을 강조하여 자유주의를 비판하는 듯하지만 실제로는 정통주의보다 자유주의적 성향이 강하다. 에밀 브루너(Emil Brunner), 루돌프 불트만(Rudolf Bultmann), 폴 틸리히(Paul Tillich), 몰트만(Jurgen Moltmann) 등이 대표적 신학자이다. 라인홀트 니버(Karl Paul Reinhold Niebuhr)와 리차드 니버(H. Richard Niebuhr) 형제에 의해 미국에 소개되었다. 한국에는 1930년 초기에 소개되었다. '위기신학' 또는 '변증법적 신학'(Dialektische Theologie)이라고도 한다. → [2. 교리 및 신앙 용어] '신정통주의'를 보라.

신천지(新天地, Shinchonji) 원명은 '신천지 예수교 증거장막성전.' 1984년 3월 14일 이만희에 의해 시작된 신흥종교. 본부는 경기도 과천 소재. 신천지는 반사회적, 반윤리적 행위를 하는 유사기독교(사이비 이단)로서 국내외 건전한 교회들에 소위 '추수꾼'이라는 비밀요원과 정보원을 침투시켜 성도를 미혹하여 빼내거나, 목사의 비리 등을 조작하거나 이간질시켜 목사를 추방한 후 교회를 통째로 먹어버리는 소위 '산옮기기'라는 작전까지 자행하는 집단이다('CBS 신천지 OUT' 참조). 이 만희는 ① 성경 대부분이 비유와 상징으로 되어 있다면서 ② 자신을 직통계시자 ③ 보혜사라 주장한다. 또 ④ 자신을 믿어야 구원받으며 ⑤ 자신을 믿지 않는 것이 곧 심판이라 주장한다(자료 출처 : 대한예수교장로회합동 제92회 총회연구보고).

이에 기독교 주요 교단 이단대책위원회, 즉 대한예수교장로회 합동(1995년 80회 총회에서 신학적 비판 가치없는 집단으로 규정, 2007년 92회 총회에서 이단으로 재규정)을 비롯하여 통합(1995년 80회 총회), 기성(1999년 54회 총회), 고신(2005년 55회 총회), 합신(2003년 88회 총회), 대신(2008년 43회 총회) 등은 신천지를 이단으로 규정했다.

신천지는 신천지교회뿐만 아니라 시온기독교신학원(시온기독교선교센터), 무료성경신학교, 신천지신문, 신천지방송 등을 통해 건전한 기성 교회와 성도를 공략하는 등 세력을 펼쳐나가고 있다.

신학교(神學校, Theological Seminary) 넓게는 신학을 가르치는 교육 기관. 좁은 의미에서는 목회자와 교회 봉사자를 양성하는 교육 기관. 중세기 대학의 대부분은 신학을 가르쳤기 때문에 신학교의 역사는 곧 대학의 역사와 맞먹는다 할 수 있다. 그러다 종교개혁 이후 여러 교파가 형성되면서 교파 실정에 맞는 신학 교육의 필요성이 절실해졌고, 독자적인 신학교들이 많이 생겨나게 되었다. 이후 청교도의 신대륙 이주와 함께 미국에서도 대학 설립과 더불어 신학 관련 학과들이 생겨났다. 그러다 1784년 네덜란드 개혁교회가 뉴욕에 최초로 독립된 신학교를 세웠고, 이후 장로교(1812년), 루터교(1815년), 침례교(1820년), 감리교(1841년) 등의 교단 신학교들이 생겨났다.

이렇게 신학교가 급속하게 많이 설립된 이면에는 미국의 대각성운동이 큰 자극이 되었다. 대각성운동으로 세계 도처에 선교사로 헌신할 자들을 양성할 기관이 부족했던 것이 미국 신학교 설립의 배경이 된 것이다. 결국 이들 신학교에서 훈련된 많은 선교사들이 아시아로 파송되면서 한국을 비롯한 일본, 중국, 인도 등지에도 복음이 전파되고 많은 신학교가 설립되었다. 이 시기에 중국에서는 만주, 북경, 남경, 상해, 후창, 후난, 광동에, 일본에서는 도시샤 대학을 비롯한 여러 학원에 신학부가 생겼고, 한국에서는 1890년경 선교사 언더우드의 자택에서 신학 교육이 이루어지다 1901년 평양에 장로교 신학교(평양신학교)가 설립되었다. 우리나라의 대표적 신학교를 살펴본다.

■**감리교신학대학교**(監理敎神學大學校, **Methodist Theological Seminary**) – 기독교대한감리교회의 신학 교육기관. → '감리교신학대학교'를 보라.

■**강남대학교**(江南大學校, **Kangnam University**) – 1946년 이호빈(李浩彬) 목사가 주축이 되어 설립한 〈중앙신학원〉에서 출발하여, 1976년 〈강남사회복지학교〉로 교명을 변경했고, 1980년 현재 위치로 이전했다. 1990년 〈강남대학〉으로 개편한 뒤, 1992년 종합대학으로 승격하여 오늘에 이르고 있다. 인문대학 내에 신학과가 개설되어 초교파적으로 교회 지도자와 평신도 지도자를 양성하고 있다. 경기도 용인시 기흥구 강남로 40 (구 갈동)에 소재한다.

■**고려개혁신학연구원**(高麗改革神學硏究院, **Korea Reformed Theological Seminary**) – 대한예수교장로회(고려개혁) 교단의 목회자 양성 교육기관. 1989년 서울성경대학 및 신학교로 설립, 1992년 〈서울고려신학교〉로, 1993년 현재의 〈고려개혁신학연구원〉으로 교명을 변경했다. 현재 신학대학원 과정으로 운영된다. 1946년 신사참배 거부로 투옥된 한상동 목사가 설립한 고려신학교의 설립이념을 계승하며 청교도적 개혁주의 신학을 근간으로 한다. 서울시 종로구 송월1길 73-18 (사직동)에 소재한다.

■**고신대학교**(高神大學校, **Kosin University, Korea Theological Seminary**) – 대한예수교장로회(고신)의 신학 교육기관. → '고신대학교'를 보라.

■**광신대학교**(光神大學校, **Kwangshin University**) 칼빈주의 신학의 보수와 선포, 성령충만으로 세계 복음화, 경건한 신앙의 생활화'를 교훈으로 1954년 10월 21일에 설립된 신학대학. 1993년 4년제 학력 인정, 1996년 4년제 정규대학으로 승격된 뒤 〈광신대학교〉로 교명을 변경했다. 2005년 9월 27일 대한예수교장로회(합동)와 교단 통합 후 총회 산하 신학교로 지정되었다. 광주광역시 북구 양산택지 소로 36(북구 본촌동 산 70번지)에 위치한다.

■**구세군사관학교**(救世軍士官學校, **The Salvation Army Officer Training College**) – 구세군대한본영에서 설립한 신학 교육기관. → '구세군사관학교'를 보라.

■**그리스도대학교**(– 大學校, **Korea Christian University**) – 최수열(L. Haskell Chessir) 선교사가 1958년에 서울시 용산구 효창동에 〈한국기독학원〉이란 이름으로 설립하였다. 1966년 4년제 정규 신학교로 인가받고, 1973년 4년제 정규대학으로 승격되어 〈그리스도신학대학〉으로 개칭했다. 1994년 신학대학원 설치, 1997년 4년제 종합대학교로 개편했고, 2004년 11월 〈그리스도대학교〉로 교명을 변경했다. 서울시 강서구 까치산로 24길 47에 위치한다.

■**나사렛대학교**(– 大學校, **Korea Nazarene University**) – 〈대한기독교나사렛성결회〉에서 1954년 서울특별시 종로구 사직동에 설립한 목회자 양성 기관. 초대원장에는 설립자인 미국 나사렛교회 선교사 오언즈(Donald D. Owens, 한국명 '오은수')가 취임했다. 1958년 서울특별시 양천구 목동으로 이전했고, 1980년 지금의 위치에 교사를 신축하여 현재에 이른다. 1981년 정규 4년제 각종학교 인가, 1985년 4년제 대학 학력인정학교, 1992년 정규 4년제 대학인 〈나사렛신학대학〉으로 개편되었고, 1996년 학교명을 〈나사렛대학교〉로 변경했다. 충청남도 천안시 서북구 월봉로 48에 위치한다.

■**대신대학교**(大神大學校, **Daeshin University**) – 대한예수교장로회(합동) 교단 인준 신학대학. 1954년 대한예수교장로회 대구신학교(야간)에서 출발했다. 1956년 〈대구장로회신학교〉로, 1959년 〈대한장로회신학교〉로 교명이 바뀌었다. 1979년 대구광역시 남구 대명동으로, 1985년 현재의 경북 경산시로 교사(校舍)를 옮겼다. 1996년 4년제 종합대학교로 인가를 받으면서 〈대구신학대학〉으로 교명을 사용하다, 1997년 현재의 〈대신대학교〉로 교명을 변경했다. 경상북도 경산시 경천로 222길 33 (백천동)에 위치한다.

■**대전신학교**(大田神學校, **Daejeon Theological Seminary**) – 대한예수교장로회(합동)

교단 인준신학교. 1963년 〈대전성경고등학교〉로 출발하여 1965년 〈대전성경전문학교〉, 1967년 〈대전신학교〉로 교명을 변경했다. 1984년 중부사회산업대학교 부설 신학연구원으로 되었다가 1987년 〈대전신학교〉로 환원하여 대전중앙장로교회 교육관을 임시 교사(校舍)로 사용했다. 1995년 대전광역시 동구 옥천로 351번길 45 (삼정동)에 교사를 마련하고 이전하여 오늘에 이른다.

■**대전신학대학교**(大田神學大學校, **Daejeon Theological Seminary & College**) - 대한예수교장로회(통합) 직영신학교. 1954년 8월 20일 〈대전신학교〉(야간)로 개교한 뒤, 1956년 9월 교단 지방신학교 인준을 받았다. 1967년 〈대전성서학원〉을 병합하여 주간 4년제로 개편했다. 1974년 〈장로회신학대학〉 부설 인준을 거쳐, 1992년 〈대전신학원〉 인가를 받았다. 1997년 〈대전신학교〉, 2008년 〈대전신학대학교〉로 교명을 변경했다. 대전광역시 대덕구 한남로 41 (오정동)에 있다.

■**루터대학교**(- 大學校, **Luther University**) 루터교 목회자를 양성하는 교육기관. → '루터대학교'를 보라.

■**목원대학교**(牧園大學校, **Mokwon University**) 기독교대한감리회 소속의 대학교. 신학대학과 신학대학원 과정에서 목회자를 양성하고 있다. → '목원대학교'를 보라.

■**백석대학교**(白石大學校, **Baekseok University**) - 대한예수교장로회(백석) 교단의 목회자 및 기독교 지도자 양성 기관. 1994년 3월 1일 〈기독신학교〉에서 출발하여 12월 정규대학인 〈기독신학대학〉으로 승격, 1995년 12월 〈기독대학교〉로 개편했다. 1996년 〈천안대학교〉, 2006년 3월 지금의 〈백석대학교〉로 교명을 변경했다. 충남 천안시 동남구 수련원길 73 (안서동)에 위치한다.

■**부산신학교**(釜山神學校) - 대한예수교장로회(합동) 교단의 인준신학교. 1969년에 개교한 이래 부산, 중부산, 남부산, 동부산, 울산, 진주, 경상의 7개 노회가 운영 이사를 파송하여 경영한다. 부산광역시 서구 꽃마을로 80 (서대신동 3가)에 있다.

■**서울기독대학교**(- 基督大學校, **Seoul Christian University**) - 미국 〈그리스도의 교회〉 존 체이스(John Chase)가 '성서로 돌아가자'는 운동의 일환으로 1937년 4월 서울시 서대문구 송월동에 설립한 〈그리스도의 교회 신학교〉가 모체이다.

1963년 4월 〈성서신학교〉로 개칭했다. 1965년 3월 서울특별시 용산구 원효로 2가에 〈대한기독교신학교〉를 설립했고, 1972년 2월 4년제 학교로 인가를 받았다. 1982년 3월 31일 〈서울성서신학교〉와 통합했으며, 1997년 12월 5일 대한기독교신학교를 〈대한기독교대학교〉로, 1999년 12월 〈서울기독대학교〉로 교명을 변경했다.

■**서울성경신학대학원대학교**(- 聖經神學大學院大學校, **Seoul Bible Graduate School of Theology**) - 대한예수교장로회(순장) 교단이 세운 목회자 양성 기관. 서울시 동작구 신대방 14가길 45-1 (신대방동)에 위치한다.

■**서울신학교**(- 神學校, **Seoul Theological Seminary**) - 대한예수교장로회(합동) 교단 인준 신학교. 1961년 5월 대한예수교장로회(합동) 제76회 경기노회에서 설립한 〈서울고등성경학교〉가 모체다. 1968년 9월 〈서울신학교〉로 개교하였으며, 1970년 9월 서울지구 5개 노회(경기, 수도, 서울, 남서울, 동서울)가 직영하는 총회 인준 신학교로 승격되었고, 1997년 5월에는 서울동노회와 중서울노회가 추가 영입되어 현재 7개 노회가 직영하고 있다.

■**서울신학대학교**(- 神學大學校, **Seoul Theological Seminary**) 기독교대한성결교회 산하의 신학 교육기관. → '서울신학대학교'를 보라.

■**성결대학교**(聖潔大學校, **Sungkyul University**) 예수교대한성결교회(예성)의 교단 직영 신학교이며 종합대학교. → '성결대학교'를 보라.

■**성공회대학교**(聖公會大學校, **Sungkonghoe University**) - 성공회 신부를 양성하는 교육기관. → '성공회대학교'를 보라.

■**수도침례신학교**(首都浸禮神學校, **Capital Baptist Theological**) - 기독교한국침례회 교단의 목회자 양성 기관. 1980년 10월 제10차 연차 총회 결의에 따라 교단 산하 11개 신학교를 통합하여 이루어졌다. 1984년 경기도 안성군 공도면 용두리에 교사를 신축했고, 1986년 정규 4년제 대학 학력 인가를 받았다. 2006년 〈침례신학대학교〉와 통합하여 교단 유일의 신학 교육기관으로 자리잡게 되었다. 대전광역시 유성구 북유성대로 190 (하기동)에 있다. → '침례신학대학교'를 보라.

■**수원신학교**(水原神學校, **Suwon Theological Seminary**) - 대한예수교장로회(합동) 교단

인준 신학교. 1976년 4월 〈수원신학교〉로 개교하였다. 1985년 1월 대학부를 신설하고 총신대학원 입학자격을 부여받았다.

■**아신대학교**(亞神學大學校, **Asian Center for Theological Studies and Mission**) - 아시아 복음화를 목적으로 1981년에 설립된 대학이다. 1968년 싱가포르에서 개최된 아시아·태평양지구 전도대회에서 신학대학원 설립을 결정하고, 1971년 한국이 선정되어 1974년 서울시 서대문구 충정로에 〈국제신학대학원〉이 설립되었다. 그 후 1981년에 교육부로부터 〈아세아연합신학대학〉으로 정식대학 인가를 받았고, 1993년 〈아세아연합신학대학교〉, 2021년 〈아신대학교〉로 교명을 변경했다. 경기도 양평군 옥천면 경강로 1276에 위치.

■**안양대학교**(安養大學校, **Anyang University**) - 대한예수교장로회(대신) 교단의 목회자 양성 기관. → '안양대학교'를 보라.

■**연세대학교**(延世大學校, **Yonsei University**) → '연세대학교'를 보라.

■**웨스트민스터신학대학원대학교**(- 神學大學院大學校, **Westminster Graduate School of Theology**) - 미국 웨스트민스터 비브리칼 선교부에서 한국지부에 파견된 라보도 선교사가 1967년에 세운 초교파 복음주의 신학전문 대학원. 1979년 대학원 과정을 신설했고, 1989년 〈웨스트민스터신학원〉으로, 1998년 〈웨스트민스터신학대학원대학교〉로 인가받아 교명을 변경했다. 2007년 현재의 경기도 용인시 기흥구 동백죽전대로 201-11(중동)로 교사를 이전했다.

■**이화여자대학교**(梨花女子大學校, **Ewha Womans University**) → '이화여자대학교'를 보라.

■**장로회신학대학교**(長老會神學大學校, **Presbyterian College and Theological Seminary**) → '장로회신학대학교'를 보라.

■**전북신학교**(全北神學校) - 대한예수교장로회(합동) 교단의 총회 인준 신학교. 1971년 3월 25일 전주북문교회에서 개교하여 1972년 제57회 총회에서 인준받았다. 전라북도 전주시 완산구 삼산길 29(삼천동 3가)에 위치한다.

■**총신대학교**(總神大學校, **Chongshin University**) → '총신대학교'를 보라.

■**침례신학대학교**(浸禮神學大學校, **Korea Baptist Theological University**) - 기독교한국침례회의 목회자 양성 기관. 1953년 6월 〈침례회성경학원〉에서 출발했다. 초대 원장은 나요한(John A. Abernathy) 선교사. 1973년 12월 4년제 정규대학으로 인가받고 〈한국침례신학대학〉으로 교명을 바꾸었다. 1976년 〈서울침례교신학교〉를 병합했다. 1980년 10월 〈침례신학대학〉으로 교명을 바꾸고 대학원과 신학대학원 설립 인가를 받았다.

1992년 서울특별시 목동 캠퍼스에서 현재의 대전광역시 유성구 캠퍼스로 이전했고, 2006년 3월 〈수도침례신학교〉와 통합하여 현재 침례교 교단 유일의 신학 교육기관으로 자리매김하고 있다. 대전광역시 유성구 북유성대로 190(하기동 산 14번지)에 위치한다.

■**칼빈대학교**(- 大學校, **Calvin University**) - 대한예수교장로회(합동) 교단의 총회 인준신학교. 종교개혁가 요한 칼빈(John Calvin)의 신학에 입각해 지도자를 양성하기 위해 1954년 설립되었다. 서울시 용산구 동자동 동성교회에서 〈총회야간신학교〉로 출발하여 1962년 〈칼빈신학교〉로 교명을 변경했다. 1976년 서울시 용산구 청파동 3가 134번지로 이전하였고, 1987년 6월 신갈에 제2캠퍼스를 준공했다. 1997년 3월 〈칼빈대학교〉로 승격하여 오늘에 이르고 있다. 경기도 용인시 기흥구 마북로 184(마북동)에 위치한다.

■**평택대학교**(平澤大學校, **Pyeongtaek University**) - 1912년 10월 조선예수교장로회에서 서울 종로구 신문로에 피어슨(Arthur T. Pierson) 목사를 기념하여 초교파 성경학원인 〈피어선기념성경학원〉을 설립한 것이 모체이다. 1968년 〈피어선기념성서신학교〉로 부르다, 1981년 현재 위치로 교사(校舍)를 신축 이전하면서 〈피어선성서신학교〉로 개교하였다. 1984년 〈피어선신학교〉로, 1990년 〈피어선대학〉, 1992년 〈피어선대학교〉로 승인을 받았고, 1996년 〈평택대학교〉로 교명을 변경했다. 경기도 평택시 서동대로 3825(용이동 111번지)에 위치한다.

■**한국성서대학교**(韓國聖書大學校, **Korean Bible University**) - 1952년 5월 초교파 지도자 양성을 목적으로 강태국 박사에 의해 설립된 〈한국성서학원〉이 모체다. 1955년 4년제 학교로 인가를 받으면서 〈한국성서학교〉로 교명을 바꾸었다.

1977년 12월 현재의 서울시 노원구 상계동으로 교사를 이전하였다. 1983년 〈한국성서신학교〉로, 1996년 12월 지금의 〈한국성서대학교〉로 교명을 변경하였다. 서울시 노원구 동일로 214길 32에 위치한다.

■**한남대학교**(韓南大學校, **Hannam University**) - 1956년 미국 남장로교가 설립한 4년제 〈대전기독학관〉이 모체다. 1959년 4년제 〈대전대학〉으로 인가받았다. 1970년 9월 북장로교 계통의 숭실대학(崇實大學)과 통합해 1971년 〈숭전대학〉으로 이름하며 서울과 대전 두 곳에서 나누어 운영하다, 1982년 숭전대학교로부터 분리되어 〈한남대학〉이 되었다. 1985년 11월 종합대학으로 승격했다.

■**한세대학교**(韓世大學校, **Hansei University**) - 1953년 5월 〈하나님의성회〉 교단이 설립한 〈순복음신학교〉가 모체다. 1981년 4년제 신학교 인가, 1985년 대학학력 인정을 받고, 1990년 정규 신학대학으로 승격되었다. 1992년 〈순신대학교〉, 1997년 〈한세대학교〉로 교명을 변경했다. 경기도 군포시 한세로 30에 위치한다.

■**한신대학교**(-大學校, **Hanshin University**) - 한국기독교장로회에서 설립한 기독교 지도자 및 목회자 양성 기관. 1939년 김대현(金大賢) 장로가 서울시 종로구 인사동 승동교회에 〈조선신학원〉(朝鮮神學院)을 설립한 것이 모체다. 1945년 〈조선신학교〉, 1947년 〈조선신학대학〉으로 개편하였고, 1951년 〈한국신학대학〉으로 교명을 변경하면서 김재준(金在俊) 박사가 학장 서리로 취임했다. 1957년 서울시 강북구 수유동으로 교사를 이전했고, 1979년 오산에도 캠퍼스를 마련하면서 교명을 〈한신대학〉으로 변경했다. 1992년 〈한신대학교〉로 승격했다. 경기도 오산시 한신대길 137(오산캠퍼스), 서울시 강북구 인수봉로 159(서울캠퍼스)에 위치한다.

■**한영신학대학교**(韓榮神學大學校, **Hanyoung Theological University**) - 1970년 3월 〈하나님의 교회〉 한영철 박사가 세운 교단 직영신학교. 1996년 5월 〈한영신학교〉, 12월 〈한영신학대학교〉로 승격되었다. 2007년 9월 대한예수교장로회(한영) 교단 인준 신학대학교로 변경되었다. 서울시 구로구 한영대길 20(개봉1동 산22-1)에 위치한다.

■**합동신학대학원대학교**(合同神學大學院大學校, **Hapdong Theological Seminary**) - 1980년 11월 서울시 강남구 반포동 소재 남서울교회에 설립된 〈합동신학원〉이 모체다. 초대원장으로 박윤선 박사. 1982년 교육부로부터 신학교 설립을 승인받고, 경기도 수원시 원천동에 부지를 매입했다. 1984년 목회신학연구원 개원, 1987년 목회학과 신설, 1996년 〈합동신학대학원대학〉, 1997년 현재의 〈합동신학대학원대학교〉로 승격되었다. 경기도 수원시 영통구 광교중앙로 50 (원천동)에 위치한다.

■**협성대학교**(協成大學校, **Hyupsung University**) 1977년 4월 기독교대한감리회 총리원에서 설립한 〈서울신학교〉가 모체다. 그 뒤 1982년 4월 〈협성신학교〉, 1993년 2월 〈협성신학대학교〉, 1994년 9월 지금의 〈협성대학교〉가 되었다. 경기도 화성시 봉담읍 최루백로 72에 위치한다.

■**횃불트리니티대학원대학교**(- 大學院大學校, **Torch Trinity Graduate University**) - 1997년 미국 일리노이 주 디어필드에 위치한 〈트리니티 복음주의 신학대학원〉의 자매 학교로 설립되었다. 전 과정을 영어로 교육하는 한국 최초의 신학대학원이다. 초대 총장에 취임한 김상복 박사가 현재 4대 총장으로 있다. 서울시 서초구 바우뫼로 31길 70 (양재동)에 위치한다.

신학 교육(神學 敎育, **theological education**) 초대교회에서 별도의 신학 교육은 존재하지 않았다. 2세기 말에 오면서 기독교 학교가 세워지기 시작했는데, 이는 이교(異敎)나 불신 세력을 상대로 교리를 체계 있게 변호할 필요가 생겼기 때문이다. 따라서 이 시기의 기독교 학교에서는 오늘과 같은 신학 교육이 아니라 교리를 문답형식으로 가르치는 수준에서 교육이 이루어졌다.

그 후 성직자 계급이 조직화되던 3세기에는 성직자를 가르쳐 진급시키는 수단으로서 신학 교육이 이루어졌다. 그래서 일정 기간 공부를 하고 시험에 합격하면 상위 계급의 성직자로 진급하는 그런 방식이 당시 신학 교육 형태였다. 그러다 4세기 중엽 수도원 제도가 발달하면서 교회를 위해 봉사할 인재들이 필요하게 되었다. 그래서 주님을 위해 헌신하고 봉사할 사람들을 가르치는 수도원 학교들이 생겨나기 시작했는데, 주로 소년들을 위한 학교들이 많았다. 여기서는 시편, 사도신경, 주기

신학교 학위(神學校 學位, Degree of Seminary)

B. A.	Bachelor of Arts.	문학사
B. D.	Bachelor of Divinity	신학사
B. R. E.	Bachelor of Religious Education	종교교육학사
D. D.	Doctor of Divinity	명예신학박사
D. E. A.	Diplome d'études approfondies	석사학위 취득 후 이수하는 1년제 교육과정. 박사논문 제출 자격증.
D. en. Th.	Docteur en Theologie	신학박사
D. Min.	The Doctor of Ministry	목회학박사
D. Miss.	Doctor of Mission	선교학 박사
D. Phil.	Doctor of Philosophy	철학박사
Dr.Theol.	Doktor der Theologie	신학박사
Drs. Th.	Doctorandus	독투란두스 (네덜란드에서 신학석사 후 신학박사 전에 밟는 중간 과정)
Ed. D.	Doctor of Education	교육학박사
Ev. Theol.	Evangelisch Theologie	신학박사
Lit. D.	Doctor of Literature	문학박사
M.A.	Master of Arts	문학석사
M. A. R.	Master of Arts in Religion	종교학석사
M. Div.	Master of Divinity	목회학석사
M. Div. Equiv.	~ Equivalence	목회학석사동등
M. Ed.	Master of Education	교육학석사
M. Phil.	Master of Philosophy	철학석사
M. R. E.	Master of Religious Education	종교교육학석사
Ph. D.	Doctor of Philosophy	철학(신학)박사
Ph. D. Cand.	~ Candidate	상담학 박사과정(상담심리학박사)
S. T. D.	Doctor of Sacred Theology S.T.M. 다음 과정	신학박사과정
S. T. M.	Master of Sacred Theology 박사학위 전 1년 과정	신학석사과정
Th. B.	Bachelor of Theology	신학사
Th. M.	Master of Theology	신학석사
Th. D.	Doctor of Theology	신학박사

도문 암송과 복음서 독서, 명사들의 설교집, 신조 해설 등과 함께 작문, 교회력 계산, 라틴어 문법 등의 교육이 이루어졌다. 그러다 문법, 수사학, 논리학, 산수, 기하학, 음악 및 천문 등 7개의 학문으로 체계가 잡히게 되었다.

한편, 12-13세기의 중세기에는 대학이 설립되면서 정규 신학 과정이 개설되어 신학 교육이 전문화 되었다. 그래서 최고 성직자가 되기 위해서는 반드시 정규 신학 과정을 거쳐야 했다. 이런 생각은 종교개혁 이후 더욱 굳어졌다. 그러나 처음에는 이런 정규 과정을 통해 성직자가 되려는 사람이 많지 않았다. 기껏해야 복음적인 교리만을 전하겠다는 다짐을 받고 성직자가 되는 경우가 많았다. 그러나 개혁자들은 성직자를 자원하는 자들에게 반드시 정규 과정의 신학을 공부하게 했고, 이런 노력으로 많은 사람들이 신학 공부의 필요성을 느끼게 되었다. 그래서 1532년 취리히에서 처음으로 신학 교육에 필요한 엄격한 규칙이 제정되었다.

18세기에 오면서 성직자에게는 목회 실제에 대한 교육이 요구되었다. 그래서 성직자를 지원하는 사람은 신학 교육과 동시에 성직자 아래서 실제 교회 활동에 참여하며 목회 실무를 배워야 했다. 이후 신학 교육은 국가에서 세운 왕립 신학교를 비롯한 여러 신학교에서 조직적으로 이루지게 되었고, 처음 복음이 전파되는 곳에서도 이런 유형의 신학교들이 어렵지 않게 세워져 점차 체계 있는 신학 교육이 이루어지게 되었다.

신학지남(神學指南) 1918년 3월 20일에 창간된 평양 장로회신학교의 학술잡지. 칼빈주의 보수주의 신학을 대변하는 대표적 잡지다. 창간호에서 "장로교회 목사와 학생들에게 신학(神學)의 광해(廣海)에 향방(向方)을 지남(指南, 가리켜 지시함' 이란 뜻)하려는 목적으로 창간하였다"고 밝히고 있다. '신학지남' 이란 제호는 여기서 나온 말이다. 그런데 1938년 평양신학교가 신사참배를 거부하고 휴교하여 1940년 10월에 제22권 5호를 끝으로 폐간되었다. 그 후 1954년 2월 23일 박형룡 박사(1954-60년, 64-67년)가 편집인이 되어 속권 1호를 시작하여 현재까지 이어져 오고 있다. 해방 전까지 역대 편집인으로는 엥겔(G. Engel, 한국명 '왕길지', 1918-21년), 베어드(W.M. Baird, 한국명 '배위량', 1922-27년), 남궁혁(1928년, 32-40년), 로버츠(S.L. Robert, 한국명 '나부열', 1929년), 클라크(C.A. Clark, 한국명 '곽안련', 1930-31년) 교수가 있다.

신흥종교(新興宗敎, a newly risen religion) 기성종교의 반대 개념으로, 새롭게 발생한 모든 종교에 대한 총칭. 여기에는 기성종교에서 새롭게 분파된 신흥종교도 포함된다. 교리, 교주, 조직 등 종교로서의 면모를 갖추고 있다는 점에서 사이비(似而非) 종교와는 구분된다. 하지만 때론 신흥종교가 사회적 물의를 일으켜 흔히 사교(邪敎)나 사이비와 동일시되기도 한다.

신흥종교는 보통 정치·사회·문화적 격변기 때마다 발생하는데 우리나라에서는 한일합방, 3.1운동, 8.15해방, 6.25전쟁, 4.19혁명을 전후로 나타났다. 조선총독부 자료에는 해방 전까지 우리나라에 발생한 신흥종교가 67개로 집계되어 있다. 이외에도 기성종교가 타락하고 권위주의에 사로잡혀 현실을 외면하거나, 급변하는 사회에 바른 신앙관을 제시하지 못할 때 신흥종교가 발생한다.

기독교에 나타난 신흥종교를 살펴보면 다음과 같다. ① 외국에서 유입된 신흥종교 : 제7일예수재림교(안식교), 여호와의 증인, 모르몬교, 크리스찬 사이언스, 유니테리언 기독교회 등이 있다. ② 국내에서 자생한 신흥종교 : 주로 6.25전쟁 전후로 발생했다. 기독교통일신령협회(통일교, 1951년), 한국예수교전도관부흥협회(전도관, 천부교, 1954년), 밀알복음전도선교회(동방교, 1955년), 한국기독교에덴성회, 실로등대중앙교회, 영생교, 애천교회(낙성대교회), 엘리야 복음선교원, 기독교복음침례회(구원파) 등이 있다.

십대선교회(十代宣敎會, Youth for Christ, YFC) 10대 청소년 선교를 목적으로 조직된 초교파 국제 기독교 기관. 1930-1940년대 미국·캐나다·영국에서 〈그리스도를 위한 젊은이〉(Youth for Christ, YFC)란 표어로 활발하게 일어난 청년전도집회에서 시작되었다. 1944년 11월 미국 디트로이트에서 국제 YFC가 창설되었고, 1945년 시카고 출신의 존슨(Torrey Johnson) 목사가 초대회장에 선출되었다. 국제 YFC는 7개항의 신조와 신앙고백을 채택하고, 전임 순회전도자로 빌리 그레이엄(Billy Graham) 목사를 임명하면서 세계적으로 알려졌다. 한국에는 해방 직후에 소개되었으나 본격적으로 활동한 것은 1960년경 김장환(金章煥) 목사와 복음주의연맹선교회(TEAM) 크리스토플러스(Christopulos, 한국명 '길치수') 선교사가 미국에서 들어와 서울(1961년)과 수원(1962년)에 YFC를 조직하면서부터였다. 현재 세계 127개국 879개 도시(국내 19개)에서 활동하고 있다. 한국본부는 서울특별시 종로구 창경궁로 251 (명륜2가) 국제빌딩 4층에 위치한다.

십자군(十字軍, Crusader) 11-13세기 회교도에게 점령된 예루살렘과 성지 탈환을 목적으로 조직된 기독교 군대. 가슴과 어깨에 십자가 표시를 했기 때문에 붙여진 이름이다.

1. 발단 – 11세기 셀주크 투르크가 성지를 점령하여 기독교인들의 성지 순례가 저지되고 동로마제국의 영토가 위협받자 동로마 황제가 교황 우르반 2세(Urban II, 재위 1088-1099년)에게 원군을 요청하게 되었다. 이에 1095년 프랑스의 클레르몽(Clermont) 종교회의에서 교황이 십자군 원정을 호소하면서 십자군 전쟁이 시작되었다.

2. 경과 – 십자군 전쟁은 200여 년간 8차례(1096-1270년)에 걸쳐 수행되었다. 이 전쟁은 이교도로부터 성지를 회복한다는 처음의 순수한 종교적 목적과 달리 이면에는 영토에 대한 욕심, 경제적 이익, 새로운 세계에 대한 호기심과 동경 등 복잡한 요인들이 자리하고 있었다. 1096-1099년에 일어난 1차 원정에서 농민군과 봉건 제후군은 육로와 해로를 이용해 콘스탄티노플에 도착, 소아시아를 거쳐 예루살렘을 탈환하는 데 성공했다.

그러나 얼마지 않아 이슬람 교도의 역습으로 다시 성지를 빼앗겼고, 이후 계속된 2-4차 원정에서는 유럽 군주와 제후들이 대거 참전하여 화려한 면모를 갖췄지만 모두 실패로 끝나고 말았다. 이어 1212년 수천 명의 프랑스와 독일 소년들로 구성된 '소년 십자군' 원정대는 배가 파선되고 무수한 어린이가 노예로 팔리거나 사망함으로써 전쟁에 대한 환멸을 느끼게 하였다. 계속해서 5-8차 원정이 있었지만 이렇다 할 만한 성과를 얻지 못하고 1270년 프랑스 루이 9세의 원정을 마지막으로 성지 탈환의 꿈은 사라지고 말았다.

3. 결과 – 십자군 전쟁은 실패로 끝났다. 하지만 십자군 전쟁은 서유럽 봉건 사회에 큰 변화를 가져다 주었다. ① 교황의 권위가 실추되었고, ② 교회에 대한 대중의 신뢰도가 떨어졌으며, ③ 원정에 참가한 제후와 기사 계급이 몰락하고 왕권이 강화되는 결과를 가져왔다. ④ 또 경제적으로는 동방무역이 재개되면서 북이탈리아를 비롯한 여러 도시의 발달을 가져왔고, ⑤ 문화적으로는 비잔틴, 사라센 두 문화의 영향으로 르네상스 시대가 도래하는 계기가 되었다.

십자군 전쟁(十字軍 戰爭, **Crusades**) 십자군에 의해 수행된 8차례의 전쟁. → '십자군'을 보라.

십자성호(十字聖號, **sign of the cross**) 손으로 가슴에 긋는 십자가. 시련과 박해 중에 스스로를 격려하고 유혹에서 자신을 성결하게 할 목적으로 행해졌는데, 터툴리안 시대부터 시작된 것으로 알려지고 있다. 특히, 로마 박해 시대에는 신자의 신분을 나타내는 암호로도 쓰였다. 또 세례와 견신례, 사람이나 사물을 축복할 때도 사용되었다. 초기에는 오른쪽 엄지손가락을 이마에 대고 십자가를 긋는 방식이 행해졌으나 점차 지금과 같이 한 편 가슴에서 다른 편 가슴으로, 이마에서 가슴으로 그었다 다시 가슴 중앙으로 가져가는 방식으로 정착되었다. 다만 가톨릭에서는 가슴 왼쪽에서 오른쪽으로, 정교회에서는 오른쪽에서 왼쪽으로 긋는 순서에 차이가 있다.

아나밥티스트(**Anabaptist**) '다시', '재'(再)란 뜻의 접두사 'ana'와 '침례교도'(침례파)를 가리키는 'baptist'의 결합형. 교회사에서 '재세례파'를 일컫는다. → '재세례파'를 보라.

아리우스주의(– 主義, **Arianism**) 예수 그리스도의 신성(神性)을 부인하는 아리우스(*Arius*)의 신학 사상. 알렉산드리아 교회 장로인 아리우스의 주장은 다음과 같다.
① 그리스도는 하나님도 아니고 인간도 아니며 하나님과 인간 사이의 어떤 존재다. ② 성자는 성부에게 종속되었다. ③ 성자는 모든 피조물 가운데 최초로 성부에 의해 무(無)로부터 창조되었다. ④ 성자가 창조된 시간은 알 수 없으나 성자도 존재하지 않던 어떤 시간이 있었다. 결국 아리우스 주장의 핵심은 "성자가 성부와 본질은 비슷하나 (Homoiousios, like substance) 동일(Homoousios, one substance)하지는 않다"는 것으로 요약될 수 있는데, 이는 삼위일체(三位一體)를 부인하는 것이었다.

이로 인해 최초의 종교회의인 니케아(Nicaea) 공의회가 325년에 소집되었고 여기서 아리우스의 주장은 이단으로 규정되었다. 하지만 이 논쟁은 당시 교회 정치와 맞물려 무려 55년 이상 지속되었고, 아리우스를 비롯한 추종자들은 유럽으로 건너온 고트 족(게르만 족)에게 자신들의 사상을 전파하기도 했다.

아멘(**Amen**) '믿다', '그렇다'는 뜻의 히브리어 '아만'에서 파생된 말(계1:6), '진실로', '참으로', '온전하게'란 의미다. 구약성경에서는 물론 유대인 회당에서 하나님을 경배하는 예전적 용어로 사용하였다. 이후 초대교회에서도 이 전통을 이어받아, '믿습니다', '그렇게 되기를 소원합니다'는 뜻으로 기도나 송영 등에 사용하였다(고전14:16). 용례를 살펴본다.

1. 구약성경 – '아멘'은 주로 '그렇게 될지어다'는 뜻의 감탄사로, 다른 사람의 메시지나 명령에

용어상식

아멘(Amen)

'아멘'은 신중하게 사용해야 한다. '아멘'을 고백할 때는 겉으로 표현하든지 마음속으로 다짐하든지 다음 사항에 유의해야 한다.
① 성급하거나 별 생각없이 가볍게 하지 말아야 한다. 그것은, 맹세나 서약의 의미가 담겨 있기 때문이다.
② 무게 있고 확신 있는 소리로 해야 한다. 이유는, 자기 신앙을 고백하거나 자신의 결단을 나타내는 것이기 때문이다.
③ 무엇보다 하나님을 의식하며 믿음으로 해야 한다. 왜냐하면, 하나님 앞에서 이뤄지는 행위이기 때문이다.

동의할 때(신27:15-26; 왕상1:36; 렘28:6), 맹세나 서약할 때(왕상1:36; 느5:13) 사용되었다. 또 시편 낭독 후 그 말씀에 동의한다는 뜻으로나 찬양의 대미를 장식하는 말, 혹은 자신의 신앙고백으로 쓰였다(시41:13; 72:19; 89:52; 106:48). 유대인 회당에서는 예배 때 기도 인도자가 소망을 말하거나 찬양대가 '하나님은 복되다'고 노래하면 회중이 '아멘'으로 화답하였다(대상16:36; 느8:6).

2. 신약성경 - 대개는 구약의 경우를 따르고 있는데, 기도와 송영 끝에 '그렇게 될 줄로 믿는다'는 뜻으로(마6:13; 롬1:25; 9:5; 고전14:16), 편지 마무리의 축복 등에 사용되었다(갈6:18; 유1:25). 특별히 요한계시록 3:14에서는 '아멘이시요 충성되고 참된 증인'이라는 말로 '아멘'을 '그리스도'의 한 호칭으로 사용했고, 예수께서도 '아멘'이라는 말을 자주 사용하셨다. 예수님의 말씀 중 자주 언급된 '진실로 너희에게 이르노니'에서 '진실로'의 헬라어 원문은 '아멘'이다(마5:18,26; 6:2; 요1:51). 이 '아멘'은 예수께서 율법을 해석하시고, 경고하시거나 약속하실 때(눅23:43) 그것들이 하나님 아버지의 참된 뜻임을 선포하는 의미를 담고 있다.

아버지학교(- 學校) 남성 회복을 모토로 하는 가정 사역 기관. 현대 사회의 문제는 주로 가정 문제요, 가정 문제는 결국 가장(家長)의 문제라는 전제하에, 가정에서 올바른 아버지상을 추구하며 왜곡되고 실추된 아버지의 권위를 바로 잡고 회복시켜 사회를 바꾸고 세상을 변화시키자는 취지에서 시작되었다. 1995년 10월 두란노서원에서 처음 개설되었다. 초기에는 교회에서 기독교 아버지들을 중심으로 이루어졌으나 점차 아버지학교가 세상에 알려지면서 비기독교인의 참석도 늘어나 2004년부터는 불신 아버지를 위한 〈열린아버지학교〉가 확대되었다. 우리나라의 대표적 아버지학교를 개설하고 있는 두란노서원의 커리큘럼을 통해 교육 과정과 수료 후의 활동 상황을 살펴본다.

세미나에서는 '아버지의 영향력, 아버지의 남성, 아버지의 사명, 아버지의 영성'을 주제로 한 강의와 각 조별로 조원들과 나눔의 시간을 갖는다. 또 매주 아버지에게, 아내에게, 자녀에게 편지 쓰기 숙제가 있으며, 수료식 때는 아내도 함께 참여하게 한다. 수료 후에는 개인 의사에 따라 QT모임이나 금요 중보기도 모임 등 정규 프로그램에 참여할 수 있고, 아버지학교 스텝으로 지원하여 관리, 찬양, 조장 등으로 봉사할 수도 있다. 서울시 서초구 바우뫼로 27길 7-11 6층(양재동 70-2 대송빌딩 6층)에 위치한다.

아베 마리아(Ave Maria, hail Mary) 문자적으로는 '안녕하십니까? 마리아여!'란 뜻이다. 수태한 마리아를 방문한 천사의 문안 인사(눅1:28)와 수태한 마리아의 방문을 받은 세례 요한의 어머니 엘리사벳이 마리아에게 한 인사(눅1:42)에서 유래된 표현이다. 원래 6-7세기 가톨릭교회의 기도문 가운데 하나였는데, 10세기경에 곡을 붙여 성모 마리아를 기념하고 찬미하는 성가곡으로 사용되었다. '성모송'이라고도 한다.

참고로, 그 내용을 살펴보면 아래와 같다.

"은혜가 충만한 성모 마리아여! 주께서 그대와 함께 계시나이다. 그대는 여인들 중에 복이 있으며 그대의 태의 열매 예수도 복이 있나이다. 거룩하신 마리아여! 하느님의 어머니인 성모 마리아여! 이제와 우리가 죽을 때까지 우리 죄인들을 위하여 기도해 주소서(빌어주소서). 아멘."

하지만 성모를 신앙 대상으로 인정하지 않는 개혁(프로테스탄트) 교회에서는 사용하지 않는다.

아세아방송(亞細亞放送, Far East Broadcasting Company, FEBC) → '기독교방송'를 보라.

아시아기독교연합회(The Christian Conference of Asia, C.C.A.) 1959년 말레이지아의 쿠알라룸푸르에서 아시아 지역 자유주의 성향을 가진 교단들이 모여 조직한 아시아 지역 자유주의 교회 연합 단체. 17개국에 15개 협의회와 95개 교단들로 구성되어 있다. 우리나라에서는 대한예수교장로회(통합), 대한기독교감리회, 한국기독교장로회가 정회원으로 가입되어 있다.

아우구스투스(Augustus) '존엄자', '신성(神聖)'이란 뜻. 로마 제국의 초대 황제(B.C.63-A.D.14년). 로마의 원로원이 부여한 영예로운 호칭이다. 원래 이름은 '가이우스 옥타비우스.' 황제가 된 후 '가이우스 율리우스 카이사르 옥타비아누스'(*Gaius Julius Caesar Octavianus*, B.C.31

- A.D.14년 재위)로 불렸다.

B.C. 63년 9월 23일 로마에서 출생했으며, 조부 카이사르(시저)의 양자요 후계자가 되었다(어머니 아티아는 카이사르의 조카였다). 안토니우스와 그 동맹자 레피두스와 함께 제2회 삼두(三頭) 체제를 형성하였다. B.C.44년 3월 15일 카이사르가 브루투스에게 암살되자 B.C.42년 필립피(빌립보) 전투에서 브루투스를 격파했고, B.C.31년 9월 2일 그리스 서부에 위치한 악티움 해전에서 안토니우스와 클레오파트라 연합군을 물리침으로써 로마의 패권자가 되었다. 그리하여 100년에 걸친 로마 공화정 말기의 내란을 수습하고 B.C.27년 1월 16일 로마의 원로원으로부터 '아우구스투스'(성경에서는 '가이사 아구스도'라고 함, 눅2:1)라는 칭호를 수여받았다.

황제 아우구스투스는 군인으로서 뿐 아니라 정치가로서도 탁월한 업적을 남겨 41년의 통치 기간 동안 소위 '로마의 평화'(Pax Romana)라는 전무후무한 번영의 시대를 열었다. 성경에서 그는 예수께서 탄생할 당시 세금 징수를 위해 로마 제국 전역에 호적을 명령했던 인물로 나타난다(눅2:1).

한편, '아우구스투스'란 칭호는 후에 그의 후계자 디베료(티베리우스), 칼리굴라, 글라우디오, 네로, 갈바, 오토, 비텔리우스, 베스파시아누스, 디도, 도미티아누스, 네르바 등 11명의 로마 황제들에게 계승되어 결국 '아우구스투스'라는 말은 오늘날까지도 막강한 권력을 상징하는 대명사로 남게 되었다.

아우구스티누스(Augustinus, Augustine of Hippo) 어거스틴. 히포의 주교. 서방교회 교부이며 대표적 신학자(354-430년). 교회사에서 '신약 시대 이후 가장 탁월한 기독교인이며 위대한 인물'로 평가된다(A. Souter).

1. 생애 - 북아프리카 누미디아(Numidia) 주 타가스테(Tagaste)에서 이교도인 아버지 파트리시우스(Patricius)와 기독교인인 어머니 모니카(Monica) 사이에 태어났다. 16세 때 카르타고에서 수사학을 배웠고, 20세 이후 문법학과 수사학을 가르쳤다. 이 시기에 9년간 마니교(Mani)에 심취하였고, 낯선 여자와 14년간 동거하며 372년에는 아들(Adeodarus)을 낳기도 하는 등 회심하기 전까지 방탕한 생활을 했다. 그러나 마니교에 실망하고 384년 밀라노에 가서 주교 암브로시우스(Ambrosius)를 통해 깊은 감명을 받았다. 이런 전환의 시기에 그의 정신적 갈등과 결단은 「고백록」(Confessions) 7, 8권에 잘 나타난다. 이 책에 의하면 그는 "책을 들고 읽어라"는 신비로운 소리를 듣고 성경을 펼쳤는데, 이때 로마서 13장 13-14절을 읽고 회심하게 되었다고 한다. 386년, 32세 때의 일이다. 그리고 387년 부활 주일에 암브로시우스에게 세례를 받고, 388년 고향 타가스테로 돌아가 수도원을 세웠다. 그는 수도원 생활을 통해 지도자로서의 훈련을 받고 396년 히포의 주교가 되어 죽기까지 이곳에 머물렀다. 410년 로마의 함락 소식을 접하고 13년간에 걸쳐 대작 「신의 도성」(신국, City of God)을 집필했다. 430년 히포가 반달족에 포위되던 시기에 별세하였다.

2. 사상 - 그는 사도 시대 이후 희미해져 가던 구속 은혜의 교리를 바울 이후 가장 분명하게 확립시킨 인물로 평가된다. 특히 반(反) 펠라기우스 논문인 「영과 율법에 관하여」(On the Spirit and Letter), 「자연과 은혜에 관하여」(On Nature and Grace)에서 그는 인간의 원죄와 전적 부패, 예정론에 관한 정통 교리를 확립하였다. 또 배타적 교회론을 주장하는 도나투스주의자들(Donatist)과의 논쟁에서는 보편적 교회론과 성례전, 섭리론을 명쾌하게 정리하였다. 대표적 작품으로는 「고백록」(400년)과 「신국」(410-423년)을 비롯한 수많은 논문·주해서·강해집 등이 있다. 그는 바울 사상을 후세의 종교개혁자들에게 이어주는 가교(架橋)로서, 가톨릭을 비롯한 루터교, 개혁교회, 성공회의 신학적 기반을 마련해 준 인물로 평가된다.

아이작 왓츠(Isaac Watts) 영국 회중교회 목사(1674-1748년). 평생 독신으로 지내며 찬송가 작시에 일생을 바쳐 '근대 찬송의 아버지'로 불린다. 1707년에 「찬송과 신령한 노래」, 1715년에는 「아이들을 위한 신성한 도덕적 노래들」, 1719년에는 「다윗의 찬송과 시편」 등의 찬송집을 발표했다. 그의 찬송시는 칼빈의 신학 사상을 바탕으로 하고 있는데, 단순하고 감각적이며 다정다감한 것이 특징이다. 특히 「다윗의 찬송과 시편」은 18세기에 미국에도 널리 보급되어 미국 교회에 큰 영향을 끼쳤다. 우리나라 찬송가에도 12편이 소개되어 있다 (6, 20, 46, 71, 115, 138, 143, 149, 151, 249, 349, 353장).

아타나시우스(Athanasius) 알렉산드리아 출신의 그리스 교부(敎父, 295-373년). 319년 부제(副祭)가 되었고, 325년 알렉산드리아 주교 알렉산더를 따라 니케아 공의회(公議會)에 참석하여 아리우스의 이단설(異端說)을 단호하게 물리침으로써 명성을 얻어 이듬해 알렉산더 주교가 죽자 알렉산드리아 주교가 되어 46년간 섬겼다. 그러나 당시 콘스탄티누스 대제의 보호를 받던 아리우스 파에 밀려 335년 라인랜드(Rhineland)에 있는 트리에르(Trier)로 유배되었다(1차). 336년 콘스탄티누스 대제가 죽고 콘스탄티우스가 즉위하자 귀환하였으나 339년 사순절에 다시 로마로 추방되었다가(2차) 346년 알렉산드리아로 복귀하였다. 그리하여 10년 동안 교회를 돌보며 삼위일체에 대한 자신의 신앙을 펼칠 수 있었다.

그러나 356년 제국 전체를 평정한 황제는 다시 아타나시우스를 타도하려 하였다. 이에 아타나시우스는 군대에 쫓겨 이집트 여러 곳을 유랑해야 했다(3차). 그리고 알렉산드리아 교구는 많은 교인들의 반대에도 불구하고 아리우스 파의 주교에 의해 장악되었다. 그 후 361년 이교도(비기독교인) 율리아누스 황제 때 알렉산드리아로 돌아올 수 있으나, 이듬해 다시 추방되었다(4차).

363년 율리아누스가 죽자 복귀하였고, 365-6년 잠시 추방당한 것(5차)을 제외하고는 373년 숨을 거두기까지 니케아 공회의 결의를 확고히 하는 일에 주력하였다. 결국 그는 다섯 번이나 교구에서 추방되고, 17년간 유배 생활을 해야 했다. 그러나 그는 삼위일체에 대한 신앙을 굽히지 않았고, 마침내 그가 죽은 지 8년 뒤인 381년 콘스탄티노플 공의회에서 니케아 공의회의 결정이 유일하고 합법적인 신앙고백으로 인정됨으로써 아리우스 파에 대한 완전한 승리를 거두게 되었다.

그는 아리우스 파의 종속주의적 그리스도론에 대항하고, 그리스도를 성육신한 하나님의 로고스로 보아 아버지인 하나님과 아들인 그리스도는 '호모우시오스'(Homoousios, one substance, 동질)라고 주장했다. 또 성령과 하나님과도 동질을 주장함으로써 삼위일체 신관을 완성시켰는데 이 입장은 기독교 신학의 정통 교리로 자리잡게 되었다. 그리하여 그는 오늘날까지 서방교회의 정통 교리를 확립한 인물로 높이 평가되고 있다. 혹자는 아타나시우스를 가리켜 '혼자서 기독교를 이교적 합리주의의 혼란에서 구했다'고 평가하기도 한다. → '아리우스주의'를 보라.

아펜젤러(Henry Gerhard Appenzeller) 미국 감리교에서 파송된 선교사(1858-1902년). 한국 선교회를 창설했고 배재학당(培材學堂)을 설립했으며 성경 번역에 큰 공을 세웠다. 펜실베니아 주(州) 서더튼에서 출생했다. 원래는 장로교에서 세례를 받았으나, 신앙적 결단에 의해 1879년 4월 21일 감리교로 옮겼다. 그 후 1882년 프랭클린 마샬 대학(Franklin and Marshall College)을 졸업했고, 드류 대학(Drew Theological Seminary)에서 신학을 공부하였다. 1884년 청고도 출신의 엘라(Dodge Ella)와 결혼하고 이듬해 1885년(고종 22년) 미국 감리교 선교회의 파송을 받아 일본을 거쳐 4월 5일 부활절 아침 제물포 항에 도착했다.

그러나 갑신정변(甲申政變)이 일어난 지 채 3개월이 되지 않아 정국이 불안하고 여자의 입국도 허용되지 않아 일본으로 돌아갔다가 7월 19일 서울로 돌아왔다. 8월부터 두 청년에게 영어를 가르치기 시작했는데, 이것이 〈배재학당〉(培材學堂)의 출발이었다. 배재학당이란 이름은 고종 황제가 지어 친히 간판까지 써 준 것이었다.

그 후 1886년 감리교 교리서를 한글로 번역하여 출간하였고, 성경 번역 사업에도 참여해 매서인을 통한 전도 활동도 개시했다. 1887년에는 학교, 병원, 복음 전도 등 제반 선교 사역을 확대하였다. 이를 위해 정동에 1층 한옥을 지어 학교, 예배당, 선교본부로 사용했는데, 이것이 오늘날 〈정동제일교회〉의 모체가 되었다. 또한 같은 해에 여성과 어린이 전용병원인 정동부인병원(현, 이화여대부속병원)을 개원하기도 했다. 1888년 이후 사역을 전국으로 확대하여 순회 전도에 나섰으며, 1890년까지 3년 동안 6개 도에 걸쳐 무려 3천여 km를 다녔다고 한다.

1890년에는 여러 선교사들과 연합하여 오늘날 '대한기독교서회'의 전신인 〈한국성교회〉를 설립하였다. 그는 또 청년 운동에도 관심을 갖고 독립협회를 적극 후원하면서 언더우드와 함께 YMCA운동도 주도하였다. 그 후 1902년(광무 6년) 8월 목포에서 열리는 성경 번역자 회의 참석차 배를 타고 가다 군산 앞바다에서 충돌 사고가 발생하여 조난자를 구조하다 익사하였다. 그의 묘지는 서울시 마포구 양화진 외인묘지에 있다.

안상홍 증인회(安商洪 證人會, World Mission Society Church of God) → '하나님의 교회'를 보라.

안식교(安息教, Seventh Day Adventist Church, SDA) 〈제칠일안식일예수재림교회〉의 약칭. → '제칠일안식일예수재림교회'를 보라.

안양대학교(安養大學校, Anyang University) 경기도 안양시에 있는 사립 종합대학. 대한예수교장로회(대신) 교단 산하의 학교다. 1948년 김치선 목사가 장로교 신학교인 〈대한신학교〉란 이름으로 설립하여 1990년 대신대학, 1993년 대신대학교, 1995년 3월 안양대학교로 개편했고, 2000년에는 일반대학원을 개원하였다. 2011년을 기준으로 4개 대학원(일반대학원, 교육대학원, 경영행정대학원, 신학대학원), 6개 단과대학(신학대학, 인문대학, 사회과학대학, 이공대학, 음악대학, 문리과학대학), 1개의 학부(교양학부)로 구성되어 있다. 경기도 안양시 만안구 삼덕로 37번길 22 (안양동)에 안양캠퍼스가, 인천광역시 강화도 불은면 중앙로 602-14에 강화캠퍼스가 있다. 이외에도 예장 대신 직영 신학교로 1998년 3월에 개교한 〈대한신학대학원대학교〉가 있다.

용어상식

알라(Allah)

이슬람교의 절대·유일·전능의 신. 아랍어로 신(神)을 뜻하는 '일라흐'에, 정관사 알 (al)이 붙은 '알알라흐'에서 유래된 말이다.

알라는 원래 메카의 여러 신들 가운데 하나였는데, 이슬람교의 창시자 마호메트가 이슬람의 단일신으로 받들어 섬기게 하였다. 아랍 무슬림들은 '알라'와 기독교나 유대교의 하나님이 서로 같다고 생각한다. 그래서 이들은 기독교의 하나님도 '알라'로 부른다.

즉, 알라가 보낸 예언자 예수에 의해 기독교가 형성되었고, 마호메트에 의해 이슬람교가 생겼다고 믿고 있다. 그러나 알라는 기독교의 유일신 삼위일체 여호와 하나님과는 전혀 다른 신 개념이다.

알렉산드리아 학파(- 學派, Alexadria School) 이집트의 알렉산드리아에서 교리문답학교를 중심으로 형성된 2-3세기의 기독교 신학 학파. 플라톤(Platon)의 이원론적 입장에서 영적 세계의 실체를 강조했다. 그래서 이들은 비록 그리스도의 인성(人性)이 다소 가려지거나 약화되더라도 신성(神性)을 강조하는 경향을 띠었다. 그러다 보니 학자들 가운데는 성부 하나님이 그리스도 안에서 수난을 당했다는 '성부 수난설'을 주장하는 극단적 성향을 나타내는 자들도 있었다. 후에는 그리스도에게는 오직 신성밖에 없다는 이단 학설인 단성론(單性論, monophy- sitism)이 알렉산드리아 학파를 지배하기도 했다(이 학설은 451년 칼케돈 공의회에서 이단 사설로 배척되었다). 이는 그리스도의 인성을 강조하는 안디옥 학파의 분위기와는 상반되었다. 또 성경 해석에서도 알렉산드리아 학파는 역사적이며 문자적인 방법을 택한 안디옥 학파와는 달리 비유적·신비적 해석 방법을 사용하며 구약을 신약의 예표로 보는 특징이 있었다. 대표적 학자로는 클레멘스와 오리게네스(오리겐), 아타나시우스, 키릴 등이 있다.

알렌(Horace Newton Allen) 고종 당시 미국 선교사이며 외교관이요 의사(1858-1932년). 한국명은 안연(安連). 미국 오하이오 주 델라웨어에서 출생했다. 1881년 웨슬리언 대학 신학과, 1883년 마이애미 의과대학을 졸업하고 미국 북장로교에서 의료선교사로 중국 상하이(上海)에 파송되었다. 1884년(고종 21년) 한국 최초 의료 선교사로 내한하여 미국 공사관에서 의사로 근무하던 중 갑신정변(甲申政變) 때 부상당한 고종 황제의 처남 민영익(閔泳翊)을 치료하였다. 이로 인해 1885년 왕립병원 광혜원(廣惠院, 濟衆院)을 설립하게 되었고 의료 사역에 매진한 공로로 1886년에는 대한제국으로부터 정2품에 해당하는 벼슬을 받았다. 1887년 미국 워싱턴 주재 한국공사관 고문으로 청국(淸國)의 간섭을 견제하는 데 많은 애를 썼다.

그 후 1890년 7월 9일 북장로교 선교부의 위촉을 받고 다시 한국에 돌아와 미국 공사관 서기관이 되었고 총영사 대리 공사 등을 역임했다. 이후 본격적인 외교 행보를 보여 경인철도 부설, 전력회사 설립 등에 관여하였고, 1890년 미국 전권공사가 되었다(그는 금광 채굴권, 철도 부설권 등을 통해 개인의 이익과 미국 국익에 앞장선 인물로도 평가된다). 1905년 을사조약 체결 때 일본을 규탄하고 한국 입장을 옹호하다 중립 노선을 취하는 루즈벨트에게 파면되었다. 그 후 미국으로 귀환하여 의사로 지내다가 여생을 마감했다. 그의 저서로는 「KOREAN Tales」, 「THINGS Korean」 등이 있다. → '광혜원'을 보라.

알마니안주의, 알미니아니즘(- 主義, Arminianism) → '알미니우스주의'를 보라.

알미니우스(Jacobus Arminius) 네덜란드 개혁교회 출신의 명성 있는 신학자. 뛰어난 설교가며 목회자(1560-1609년). 네덜란드 이름은 '야콥 헤르멘센.' 야코부스 알미니우스는 라틴식 이름이다. 1559년 개혁교회가 급성장하던 시기에 아우드바터에서 태어났다. 위트레히트에서 학교를 마치고 독일 마르부르크 대학교에 진학했다. 1575-1581년 라이덴 대학교에서 신학을 공부했다. 이때 그는 칼빈주의에서 하나님의 절대 주권에 대해 비판적 시각을 가진 요한 콜만 교수의 영향을 받은 것으로 알려졌다.

1582-1587년 알미니우스는 암스테르담 상인조합 장학금으로 제네바와 바젤에서 공부했다. 제네바에서는 칼빈의 후계자 테오도르 베자(Theodore Beza) 수하에서 공부하기도 했다. 이때 사귄 요한네스 브렌보가르트는 훗날 칼빈주의 학자들과 논쟁할 때 그의 큰 지지자가 되어 주었다.

공부를 마치고 네덜란드로 돌아온 알미니우스는 1588년 8월 암스테르담에서 목사 안수를 받고 탁월한 설교가로서 명성을 떨쳤다. 그는 장래가 촉망되는 신학자가 되었다. 게다가 1590년 레이스벨레엘과 결혼했는데, 그녀는 훗날 네덜란드령 동인도 총독이 된 라우렌스 레엘 박사의 누나였다. 하지만 이때부터 알미니우스는 은총과 예정, 자유의지 등에서 정통 칼빈주의 신학과는 다른 견해들을 주장하여 의혹을 받기 시작했다. 특히 알미니우스는 하나님의 예정이 창세 이전(선정론, 先定論, supralapsarian)에 작정된 것이 아니라 인간의 타락 이후(후정론, 後定論, infralapsarian)에 작정되었다는 생각을 가지고 있었다. 1603년 7월, 알미니우스는 박사학위를 취득하고 라이든 대학교에서 신학교수가 되었다. 이 시기에 알미니우스는 동료 교수인 철저한 칼빈주의자 고마루스(Franz Gomarus, 1563-1641년)와 예정론에 관해 논쟁을 벌였으며, 알미니우스의 신학적 입장은 사람들로부터 많은 의혹을 받았다. 결국 그의 교리를 검증하기 위해 교회 당국의 조사가 진행되었다. 이때 알미니우스는 자신의 신앙을 간추린 '선언서'에서 자신의 주장은 지나친 칼빈주의에서 교회를 보호하기 위한 노력의 일환이었음을 밝혔다. 그러나 이 문제가 온전히 해결되기도 전에 그는 1609년 병으로 숨을 거두었다.

알미니우스주의(- 主義, Arminianism) 17세기 초 네덜란드 신학자인 알미니우스의 사상. 하나님의 절대 주권을 강조하는 칼빈주의 예정론(predestination)에 대해 인간의 자유의지(free will)를 강조한 것이 가장 대표적이다. 그는 하나님의 선택 여부는 사람의 믿음 유무에 달려 있다고 주장했다. 이는 믿음을 갖는 자체가 하나님의 선물이며, 선택이 믿음에 앞서지 않으면 믿음은 하나님의 선물이 될 수 없다는 칼빈주의 입장(롬 8:30; 행13:48)과는 배치된다. 이런 주장은 알미니우스 사후인 1610년에 그의 신학적 견해를 추종하는 45명의 목사가 네덜란드 의회에 제출한 항변서(Remonstrance)에서 잘 나타난다. 네덜란드 의회는 이 항변서를 심의하기 위해서 1618-1619년 도르트 교회회의(Synod of Dort)를 소집했는데, 5개조로 된 항변서 내용은 다음과 같다.

① 하나님은 개인의 신앙과 불신앙의 예지에 근거해 선택과 유기를 결정한다(조건적 선택). ② 구원은 그리스도를 믿는 자들이 받지만 그러나 그리스도는 모든 사람을 위해 죽으셨다(보편적 속죄). ③ 인간은 하나님을 믿지 못할 만큼 타락한 것은 아니며 자유의지로 하나님을 믿기로 작정하고 선택할 수 있다(부분적 타락). ④ 하나님의 은총은 거부할 수 있다(저항할 수 있는 은혜). ⑤ 신자들은 죄를 거부할 수 있으나 은총에서 멀어질 가능성도 있다(성도의 견인의 불확실성). 이상의 항변서에서 알미니우스주의자들은 인간의 존엄성과 완전한 자유의지를 주장하면서 하나님의 은혜에 대한 인간의 응답이 최종적으로 구원을 결정하게 된다고 하였다. 이는 결국 믿음에 의한 칭의 교리를 무력화시키는 결과를 가져와 도르트 교회회의에서 단죄되었다. 그러나 1630년 알미니우스주의자들은

다시 회복되었고 후에 감리교를 비롯한 성결교, 구세군, 오순절 계통의 교단들에도 지대한 영향을 미쳤다. → '도르트 교회회의', [2. 교리 및 신앙 용어] '알미니안주의'를 보라.

항변서의 5대 신학사상
(Remonstrance)

① 조건적 선택
② 보편적 속죄(대속)
③ 전적 부패(인간의 무능력)
④ 저항할 수 있는 은혜(항력적 은혜)
⑤ 성도의 견인의 불확실성

암브로시우스(Ambrosius) 4세기에 활동한 서방 4대 교부(크리소스톰, 제롬, 어거스틴) 중 한 사람(340-397년). 찬미가의 아버지. 갈리아 지방(독일)의 트레베에서 로마 집정관의 아들로 출생했다. 352년 아버지가 죽자 가족은 로마로 이주했고, 여기서 법률과 수사학을 배웠다. 368년 변호사가 되었고, 370년에 밀라노 집정관이 되었다.

374년 주교직을 놓고 벌어진 아리우스 파와 아타나시우스 파의 다툼을 잘 수습하고 양쪽 모두로부터 지지를 받아 세례를 받기도 전에 밀라노 주교가 되었다. 이후 니케아 종교회의에서 정설로 인정한 아타나시우스 파의 입장에서 교회의 정통 교리를 세우는 데 큰 공을 세웠다. 그는 오리겐과 알렉산드리아 학파의 우의적(알레고리) 성경 해석 방법을 서방교회에 소개하였고, 라틴어로 된 찬송가집 「암브로시우스 성가」를 통해 4가지 선법(旋法)을 제정하여 '찬미가의 아버지'로도 불린다. 어거스틴(아우구스티누스)이 그를 통해 개종하고 위대한 교부가 된 것은 잘 알려진 사실이다.

한편, 그는 세속 권세(황제권)에 대항하여 교회의 정의와 질서를 세우는 데도 몸을 아끼지 않고 행동한 사람으로 유명하다. 한 예로, 390년에 데살로니가 주민들이 반란을 일으켜 총독을 살해하고 황제와 황후의 초상화를 흙탕물 속에 집어넣고 모욕을 가하자 격분한 황제 테오도시우스 1세가 군대를 보내 무자비하게 학살한 사건이 있었다. 이때 그는 황제에게 서한을 보내 공개적으로 참회하고 교회 출입을 금하도록 요청했다. 그러나 황제가 이 요구를 묵살하고 부활절에 교회 출입을 감행하자 황제 앞을 가로 막고 교회 출입을 제지하였다. 결국 황제는 발걸음을 돌려야 했고, 그해 성탄절에 죄를 뉘우치고서야 교회에 출입할 수 있었다. 그는 394년 4월 4일 부활절 전날 숨을 거두었다. 가톨릭에서는 밀라노의 수호성인으로 추앙하고 있다.

앤더슨(Wallace Jay Anderson) 미국 북장로교 선교사, 청년 운동가(1890-1960년). 한국명은 안대선(安大善). 1917년 부인(Lillian Elizabeth Beede)과 함께 안동선교부 선교사로 부임했다. 그는 안동을 중심으로 순회 전도를 하였고, 1921년 안동에 한국 최초로 〈기독청년면려회〉(Christian Endeavor Society)를 설립했다.

1922년 서울 선교부로 전임하여 선교부 사무를 전담하였고, 1924년 서울 정동 피어선성경학원에서 개최된 기독청년면려회 조선연합회 설립 총회에서 총무로 피선되었다. 1936년에는 독일 베를린에서 개최된 기독청년면려회 세계대회에 한국 대표로 참가했다. 그 후 1942년 은퇴하고 본국으로 돌아가 1960년 12월 미국 캘리포니아 주 듀아트에서 별세했다. 한편, 그의 부인은 앤더슨이 가는 곳마다 여자성경반을 운영하였고, 서울에서는 정신여학교에서 학생을 가르치는 등 여성 전도와 교육 사업, 계몽 운동 등에 헌신하다 1934년 11월 추수감사절에 서울에서 별세했다.

야훼 문서(- 文書, Yahweh Document) 문서가설을 이루는 네 개의 문서 즉 J문서, E문서, D문서, P문서 가운데 한 문서. 이 문서에 나오는 하나님의 신명(神名)이 히브리어 야훼(Yahweh)로 언급되기 때문에 붙여진 이름인데, 독일학자들이 'Jahweh'로 표기하여 'J문서'로도 불린다. 문서가설을 주장하는 학자들에 의하면 야훼 문서는 네 문서 가운데 가장 오래된 문서로서 창세기의 창조기사에서 시작하여 구약 족장의 역사를 모두 다루고 있는데, 솔로몬 사후 대략 850여 년경 남유다 왕국에서 편집된 것으로 본다.

양피지(羊皮紙, parchment) 양이나 염소, 송아지의 가죽으로 만든 필사 재료. B.C. 190년경 페르가몬(버가모, 오늘날 터키의 베르가마) 왕 에우메네스 2세(B.C. 197-158년) 때 발명되었다. 이는 이집트가 파피루스 수출을 금지한 데 따른 부득이한 조치였다. 양피지는 짐승의 가죽을 벗겨 털을 말끔히 제거하고 깨끗이 씻은 후 경석(輕石)으로 얇고 부드럽게 무두질해 만들었다. 이렇게 만든 양피지는 파피루스보다 견고하고 장기간 보존이 가능하여 8세기가 지나면서 파피루스의 사용량을 초과하게 되었다. 그러나 무겁고 값이 비싼 단점 때문에 종이가 발명된 14세기 이후로는 별로 사용되지 않았고, 17세기까지 초상화 등 그림에 드물게 사용되는 정도였다.

양화진(楊花津, **Yanghwajin**) 서울특별시 마포구 합정동 한강 북안(北岸)에 있던 나루터. 일명 양화도(楊花渡). 고려 시대와 조선 시대에는 한양과 강화, 한양과 삼남(三南) 지방을 잇는 교통의 요지이며 전략 요충지로서 진대(鎭臺)가 있었다. 조선 말기에는 천주교의 박해 현장으로서 1866년 10월 22일 최초의 순교자가 나면서부터 병인교난(丙寅敎難, 병인년에 일어난 천주교 박해) 6년 동안 이곳 양화진에서 참수당한 자의 수가 수천 명(천주교 집계로는 약 1만 명)에 이를 정도였다. 이곳이 '절두산'(切頭山)으로 불린 이면에는 이런 배경이 있었다.

1966년 천주교에서는 병인교난 100주년을 기념하여 순교자 기념관을 지어 현재에 이르고 있다. 한편, 양화진은 갑신정변의 주역 김옥균이 상해에서 살해된 후 이곳으로 시신이 옮겨져 효수(梟首)된 곳으로도 유명하다. 현재 이곳에는 양화진외국인선교사묘원이 조성되어 있다. → '양화진외국인선교사묘원'을 보라.

양화진외국인선교사묘원(楊花津外國人宣教師墓園, **Yanghwajin Foreign Missionary Cemetery**) 일명 '서울외국인묘지공원.' 구한말 조선을 위해 공을 세운 외국인들을 위해 양화진에 1만 3,224㎡ 규모로 조성된 묘지. 1890년 7월 28일 미국 북장로교 의료 선교사로 제중원 원장을 지낸 헤론(J.W. Heron)이 이질로 죽자 언더우드를 비롯한 선교사들이 이곳을 매장지로 삼은 것이 시작이다. 그러나 처음에는 한양 15리 안에 묘지를 만들지 못하는 법 때문에 뜻을 이루지 못했다. 그 후 선교사들의 지속적인 간청으로 특례법이 마련되었고 마침내 1893년 외국인 묘지가 조성되어 헤론의 시신이 이곳에 이장되었다. 이후 일제 시대에는 '경성구미인묘지'(京城歐美人墓地)로 불리다 해방 후 '서울외국인묘지'로 등록되었고, 1986년 10월 '서울외국인묘지공원'으로 변경되었다가 2006년 5월 지금의 명칭으로 자리잡았다. 1985년 6월 '한국기독교선교100주년기념사업협의회'가 묘지 소유권자로 등기되어 한국기독교선교100주년기념교회가 관리하고 있으나 관련된 여러 단체들의 소유권 논쟁이 진행되고 있다.

이곳은 현재 415명의 유해가 안장되어 있다. 대표적 인사들은 다음과 같다.

연세대학교 설립자 '호러스 그랜트 언더우드' 부부, 그의 아들 '호러스 호턴 언더우드' 부부, 세브란스 의대 설립자 '더글러스 에비슨', 배재학당 설립자 '헨리 아펜젤러', 그의 딸로 이화여전 초대 교장을 지낸 '앨리스 아펜젤러', 이화학당 설립자 '메리 스크랜턴', 평양 선교의 개척자 '윌리엄 홀', 그의 부인으로 한국 최초 맹인학교와 경성여자의학전문학교를 세운 '로제타 홀', 숭실대학 설립자 '윌리엄 베어드', 〈대한매일신보〉 창설자 '어니스트 베델', 외교적으로 한국 독립을 도운 '호머 헐버트.' 1992년에는 윌리엄 홀의 아들로 한국 최초 결핵요양원을 세운 '셔우드 홀'이 안장되었다. 서울시 마포구 양화진길 46 (합정동)에 위치한다.

어거스틴(**Augustine**) → '아우구스티누스'를 보라.

언더우드(**Horace Grant Underwood**) 미국 북장로교 선교사(1859 –1916년). 한국명 원두우(元杜尤). 1859년 7월 19일 영국 런던에서 출생하여 1872년 미국으로 이주했다. 1881년 뉴욕대학교, 1884년 뉴 브런즈위크(New Brounswick) 신학교를 졸업하고 목사 안수를 받았다. 원래 인도 선교사를 자원하여 많은 준비를 했으나 한국에 선교사가 절실하다는 선교부의 요청으로 1885년 미국 북장로교의 파송을 받고 4월 5일 감리교 선교사 아펜젤러(Appenzeller)와 함께 인천에 도착했다.

내한 3일 만에 의료선교사 알렌을 도와 광혜원(廣惠院)에서 물리와 화학을 가르쳤다. 1886년에는 고아학교를 세웠는데 이 학교는 경신학교를 거쳐, 1915년에 연세대학교의 전신인 연희전문학교로 발전하였다. 그는 연희전문학교에서 초대 교장을 지내기도 했다. 또 한국어에 능통할 정도로 어학에도 뛰어난 재능을 발휘하여 1887년 황해도 소래를 비롯한 평양, 의주 일대를 순회하며 전도하였고 이때 〈새문안교회〉를 설립하기도 했다. 1889년에는 후배 선교사들을 위한 「한국어문법」, 1890년 우리나라 최초의 「영한사전」을 간행하면서 동시에 기독교 문서선교를 위해 오늘날 〈기독교서회〉의 전신인 〈조선성교서회〉를 설립했다. 또 성서 번역위원회를 조직하여 성서 번역 사업도 주관하였다. 이뿐 아니라 1900년 기독청년회(YMCA)를 조직하는 등 청년 사회 운동에도 헌신했다.

그러나 1906년부터 건강이 악화되어 미국과 한국을 오가며 사역하다 선교 31년째 되던 1916년에 애틀랜틱시티에서 별세하였다. 그는 우리나라 종교·사회·언어·정치·문화 등 여러 분야에 큰 공적을 남겼다.

한편, 그는 1889년 북장로교 의료선교사 호튼(Lillias Horton)과 결혼하여 외아들(Horace Horton Underwood, 한국명 '원한경')을 두었다. 그의 사역은 이 외아들을 통해 4대(손자 원일한, 원요한, 원득한, 증손자 원한광)에 걸쳐 한국에서 계속되었다. 저서로는 「한국어 소사전」(A Concise Dictionary of the Korean Language), 「한국선교 23년」(For Twenty-three Years, a Missionary in Korea, 1908) 등이 있다.

에라스무스(Desiderius Erasmus) 르네상스 시대의 대표적 인문주의자(1466-1536년). 근대 자유주의의 선구자. '데시데리우스'는 라틴명, '에라스무스'는 세례명이다. 네덜란드 로테르담에서 신부의 사생아로 태어나 14세 때 수도원에 보내져 20세에 아우구스티누스 수도원에서 수도사가 되었다. 26세에 사제가 되었고, 29-33세에 파리 대학에서 라틴 문학 등 고전을 공부했다. 그 후 38세(1504년)에 유럽 각지를 여행하며 견문을 넓혔는데, 이 시기에 이탈리아 토리노 대학을 졸업하였다(1506년). 1509년 영국을 방문하여 토마스 모어를 비롯한 많은 휴머니스트들과 교류하며 학문적 실력을 쌓아나갔다. 이를 계기로 그리스 고전에 담긴 자유로운 인간적 이상과 기독교 사상을 조화시키는 작업들을 통해 당시 유럽에서 손꼽히는 학자로 자리매김하게 되었다. 이때 그는 토마스 모어의 집에 머물면서 우리에게 잘 알려진 「우신예찬」(愚神禮讚, Encomium Moriae, 1511-1513년)을 집필하여 가톨릭교회의 부패상과 성직자의 위선, 신학자의 허구성 등을 비판했다. 그리고 1516년에는 헬라어와 라틴어를 대역한 신약성서를 출간하였다.

한편, 1517년 종교개혁 당시 루터가 사회적으로 명성이 높았던 에라스무스에게 지지 서한을 보냈을 때 에라스무스는 공개적으로 루터를 지지하기보다는 조용히 중립을 지키겠다고 선언했다. 이는 교회에 대한 루터의 비판을 옳게 보긴 했지만 은총, 자유의지, 예정설 등의 중요 교리에 대해서는 루터와 견해를 달리했기 때문이었다.

결국 그는 교회의 현상을 비판하긴 했지만 사회 전반을 지배하던 당시 가톨릭교회의 체제까지 흔들 의지는 없었던 것이다. 이런 중립적인 태도로 인해 그는 말년에 당대의 두 큰 집단, 곧 가톨릭과 프로테스탄트 양편으로부터 모두 배척을 당하였다. 스위스 바젤에서 사망했다. 저서로는 「격언집」(Adagia, 1500), 「우신예찬」(1511), 「대화집」(Colloquia, 1518) 등이 있다.

에베소 공의회(- 公議會, Council of Ephesus) 431년 비잔티움의 황제 데오도시우스 2세(Theodosius II)가 에베소에 소집한 제3차 종교회의. 알렉산드리아 대주교 시릴(Cyril)과 콘스탄티노플 대주교 네스토리우스(Nestorius) 사이에 벌어진 그리스도론, 즉 성모 마리아를 '하나님의 어머니'(Theotokos, Mother of God, 데오토코스)로 호칭할 수 있느냐에 관한 논쟁을 해결하기 위해 개최되었다. 네스토리우스는 안디옥 학파의 지지를 받고 있었는데, 당시 안디옥 학파는 그리스도의 인성을 중시하는 견해를 취하고 있었다. 따라서 마리아는 그리스도의 육신의 어머니이기는 하나 하나님의 어머니로 불리는 것은 옳지 않다는 견해를 보였다.

반면, 시릴은 그리스도의 신성을 강조하여 성모 마리아를 '하나님의 어머니'로 호칭하는 데 찬성하였다. 하지만 시릴은 이런 신학적 문제보다는 이 논쟁을 자신의 정치적 입지를 넓히기 위한 방편으로 이용했다. 6월 22일에 개최된 이 회의에서 시릴파는 에베소 주교 멤논(Memnon)의 지원을 받아 네스토리우스를 이단으로 규정하고 파면을 결의했다. 반면 네스토리우스를 지지하는 안디옥 주교 요하네스 일파는 6월 27일 회의장에 도착하여 별도의 회의를 열고 시릴과 멤논의 파면을 결의했다. 결국, 두 세력을 화해시키려던 황제의 시도는 실패로 돌아가 네스토리우스는 파문을 당하고 황제에 의해 아라비아의 페트로(혹은 상 애굽)로 추방되어 451년 수도원에서 최후를 맞이한 것으로 전해진다. 이로써 네스토리우스는 이단으로 정죄를 받게 되었다.

하지만 네스토리우스를 지지하는 수리아의 대부분 기독교는 페르시아, 우루미아 호, 중앙아시아를 거쳐 인도로 선교지를 넓혀 나갔고, 그뒤 '경교'(景敎)라는 이름으로 중국 당나라에까지 복음을 전파하였다.

에베소 총회(- 總會, Council of Ephesus)
→ '에베소 공의회'를 보라.

에비온파(- 派, Ebionites) 교회사 초창기에 유대적 성향을 가진 기독교의 한 일파. A.D. 70년 로마에 의해 예루살렘이 함락될 때 요단 동편으로 탈출하여 수세기 동안 독자적으로 형성된 종파. '에비온'은 '가난', '빈민'이란 뜻으로서 금욕·고행을 강조하며 기독교 주류층과는 동떨어져 있었다. 이들은 예수의 동정녀 탄생을 부인한다. 대신 예수는 마리아와 요셉의 아들로서 세례를 받을 때 성령이 임했고 그 후 율법을 완전히 성취하여 신으로부터 메시야로 세움을 받았다고 주장한다. 그러기에 예수는 유대인을 위한 메시야 왕국을 세우기 위해 재림할 것으로 믿는다. 이외에도 에비온파는 모세오경을 강조하며, 마태복음만 사용하고 바울 서신은 부인한다. 이들 가운데 일파는 후에 영지주의에 합류하였다.

에세네파, 에센파(- 派, Essenes) 1세기 때 팔레스타인에서 형성된 유대 종파 가운데 하나. '경건한 자들'이란 뜻의 히브리어에서 유래했다.
1. 기원 - 비리새파와 마찬가지로 기원을 '하시딤'에 두지만 이들은 엄격한 규율에 따라 금욕과 극단주의적 신비주의 종교 생활에 주력하였다.
2. 특징 - 엄격한 절차와 서약에 의해 가입할 수 있었으며, 가입자들은 수도원과 같은 공동 생활을 했다. 결혼이나 사유 재산은 제한되었고 일상 생활은 주로 기도, 예배, 독서, 율법 연구, 농공 작업,

제의적인 목욕과 공동 식사 등으로 이루어져 있었다. 약 4,000명 정도의 회원이 있었던 것으로 전해지며(Philo, Josephus) 1세기 말경에 소멸된 것으로 보인다. 이들은 사해 연안의 쿰란(Qumran) 동굴을 중심으로 생활했는데, 1945년에는 여기서 현존하는 구약 사본 중 최고(最古) 사본인 사해사본과 신구약 중간 시대의 역사 연구에 소중한 자료가 되는 각종 문서들이 발견되었다.
3. 신학 - 바리새파와 신학적 성향은 비슷하나 모세오경과 선지서를 더 중시하고 당시 오염된 제사 제도를 배척하였다.
4. 평가 - 철저한 금욕 생활, 공동 생활, 은둔 생활, 성경 연구, 종말 신앙을 특징으로 하며 사해사본 등 소중한 사료를 남겼다.

용어상식

에큐메니즘
(Ecumenism)

'집'(οἶκος, 오이코스)과 '거주하다'(μένη, 메네)라는 뜻의 헬라어 합성어 '오이쿠메네'(οἰκυμένη)에서 유래된 표현. '세계를 하나의 집으로 삼는다'는 모토로 각 종파와 교단 간의 다양성을 존중하고 교회의 연합과 일치를 목표로 하는 진보적 기독교 신학 운동이다. 1910년 스코틀랜드의 에든버러에서 미국 감리교 평신도 존 모트(J.R. Mott)의 주도 아래 159개의 선교회에서 1,196명의 대표들이 모여 세계선교대회를 개최한 것이 시작이라 할 수 있다. 이후 여러 차례의 모임을 통해 1948년 8월 22일 네덜란드의 암스테르담에서 에큐메니칼 운동의 중심 기구인 W.C.C.(세계교회협의회)가 조직되었다. → '교회연합운동', '세계교회협의회'를 보라.

에큐메니칼 운동(- 運動, Ecumenical Movement) → '교회연합운동', '세계교회협의회'를 보라.

에피쿠로스 학파(- 學派, Epicureans) 사모스 섬 출신 그리스 철학자 에피쿠로스(Epicuros, B.C. 342-270년경)에 의해 창설된 철학 학파. 에피쿠로스는 처음에 플라톤 철학을 배웠으나 만족하지 못하고 그리스 철학자 데모크리토스(Demo-

krithos)의 물질적 원자론을 접한 이후 큰 자극을 받아 독자적인 사상을 형성하게 되었다. 활동 초기에는 소아시아에서 가르쳤지만 B.C.306년경 아테네로 무대를 옮겨 한 동산에서 학교를 개설하고 많은 제자들을 교육시켰다. 에피쿠로스가 지향하는 것은, 대화와 사색을 통해 '행복'을 구하는 것이었다. 따라서 윤리학이 그 철학의 중심을 이뤘고, 논리학과 자연학이 이를 뒷받침하였다. 논리학에서는 인식의 근본적인 기준이 감각적 지각에 있다고 믿었는데, 이 감각적 지각이야말로 모든 진리의 유일한 판단 기준이라 여겼다.

또 우주의 기원이 원자라고 여기는 물질적 원자론에 기초한 자연학을 통해서는, 미신적인 신 개념이나 죽음의 공포에서 벗어날 수 있다고 생각했다. 이를 통해 얻어진 현실적인 마음의 평안(아타락시아)과 분별력이 바로 에피쿠로스가 추구하는 행복 곧 쾌락의 내용이었다. 즉 그가 말하는 인간의 쾌락은 심신(心.身)의 내적인 평안을 말하며 이것이 최고의 선(善)이라 믿었다. 따라서 당시 금욕주의를 주장하던 스토아 학파(Stoa)와는 사상적으로 대립될 수밖에 없었다.

에피쿠로스의 사상은 몇 세기를 지나는 동안 당시 철학 체계들이 그러했듯이(도시 국가들의 몰락으로 인한 혼란과 정신적 지주를 잃어버린 사상적 공허함 등을 대체하기라도 하려는듯) 종교적 성향(특히 구원론적인)을 띠면서 통속 철학으로 자리매김하였다. 사도 바울은 아덴(아테네)에서 철학자들을 만났을 때 통속화된 에피쿠로스 학파 사람들과 논쟁하였는데(행17:16-33), 이들은 바울의 가르침(창조, 심판, 부활 등)을 냉담하게 거부하였다. → [2. 교리 및 신앙 용어] '에피쿠로스주의'를 보라.

엑스플로 대회(- 大會, Explo Movement) 대학생선교회(C.C.C.)가 주도한 대(大) 전도집회. 1972년 6월 12일부터 16일까지 미국 텍사스 주 달라스에서 〈EXPLO '72〉가, 1974년 8월 13일부터 18일까지 서울에서 〈EXPLO '74〉가 각각 개최되었다. 전자의 대회는 세계 63개국 대표 10만여 명이 참석하였으며, 세계적인 부흥집회 강사 빌리 그레이엄 목사가 복음을 전했다. 또 후자의 대회는 여의도 광장에서 '이 땅에 그리스도의 계절이 오게 하소서'란 주제로 연인원 655만 명이 참석하여 27만 2천 명이 결신하는 등 민족 복음화의 일대 전기를 마련하기도 했다.

엘로힘 문서(- 文書, Elohim Document) 구약 오경이 네 개의 문서, 즉 J문서, E문서, D문서, P문서로 편집되었다고 하는 문서설의 한 문서. 'E문서'라고도 하는데, 이는 엘로힘 문서에 나오는 하나님의 이름, 곧 히브리어 신명(神名)이 '엘로힘'으로 나타나기 때문에 붙여진 이름이다. 문서설을 주장하는 학자들에 의하면 엘로힘 문서는 '야훼 문서'의 기사와 병행하면서 보완적인 2차 자료들로 이루어져 있는데, B.C.8세기경 북왕국에서 기록된 것으로 본다. 하지만 오늘날은 문서설 자체가 성경 비평학의 방법론으로 그렇게 인정받지 못하고 있다.

여의도순복음교회(汝矣島純福音敎會, Yoido Full Gospel Church) 조용기·최자실 전도사가 1958년 서울 서대문구(현재 은평구) 대조동에 세운 오순절 계통의 교회. 단일 교회로는 세계 최대 교세를 자랑한다. 1961년 서대문에 〈순복음부흥회관〉을 지었고, 1962년 〈순복음중앙교회〉로 이름을 바꾸었다. 그 뒤 1964년 성도가 3천 명으로 불어나자 교회 설립을 작정하고 1969년 현재 위치인 서울 여의도에 공사를 시작하여 1973년 8월 19일 18,000명이 모인 가운데 첫 예배를 드렸다.

그 후 1977년 미국 LA와 독일 베를린, 1978년 미국 뉴욕, 일본 고베에 신학교를 설립했다. 1984년 교회 이름을 현재의 〈여의도순복음교회〉로 변경했고, 탄탄한 구역 조직과 남녀 전도회의 헌신적 활동으로 1984년 40만 명, 1986년 51만 명, 2000년 70만 명으로 폭발적 성장을 이루어 현재 78만 명에 이르는 세계적인 신도수와 규모를 갖추게 되었다. 또 서울 경기 일원에 19개 지성전과 전국에 169개 기도처가 있고, 미국을 비롯한 전 세계 30여 개 국에 200여 개의 교회를 설립했다. 경기도 파주시 오산리에 〈최자실기념금식기도원〉이 있다.

한편, 여의도순복음교회는 문서 선교를 위해 1967년 월간지 〈신앙계〉, 1976년 주간지 〈순복음소식〉(현재 '행복으로의 초대')을 발간하였고, 1988년 일간지 〈국민일보〉를 창간했다. 이외에도 1988년 동양 최대의 시설을 자랑하는 〈엘림복지타운〉을 건립하여 5백여 명의 불우 청소년들에게 다양한 분야의 직업 교육을 시키고, 2백여 명의 무의탁 노인들을 보살핀다. 또 소년소녀돕기 운동, 아프리카난민 돕기, 사랑의 헌혈운동, 범국민 친절운동, 심장병 무료 시술을 통해 사랑을 실천하고 있다. 산하 교육 기관으로는 한세대학교, 순복음영산신학교가 있으며, 64개 국에 718명의 선교사를 파송하고 있다. 현재 서울특별시 영등포구 국회대로 76길 15 (여의도동)에 위치하며, 목사 271명, 전도사 354명 등 525명의 교역자와 장로 1,596명, 안수집사 4,769명, 권사 13,000명의 중직자가 교회를 섬기고 있다.

여호와의 증인(- 證人, Jehovah's Witnesses) 19세기 미국에서 시작된 이단 종파. 1872년 찰스 테이즈 러셀(Charles Taze Russel)이 20세 때 펜실베이니아 주 피츠버그에 설립한 〈국제성서연구자협회〉(International Bible Students Association)가 그 기원이다. 현재는 〈워치타워성서책자협회〉(Watch Tower Bible and Tract Society)라는 명칭을 사용한다.

〈여호와의 증인〉이란 이름은 1931년 요셉 프랭클린 러더퍼드(Joseph Franklin Rutherford, 1869-1942년)가 러셀의 후임자가 되면서 사용하기 시작했다. 이어 러더퍼드 후임으로 나단 호멜 노어(Nathen Homer Knorr, 1942-1977년) → 프레데릭 프란츠(Fretherik W. Franz, 1977-1992년) → 밀턴 헨쉘(Milton G. Henschel, 1992년)이 지도자 자리를 승계하였다.

〈여호와의 증인〉은 가까운 장래에 세상 종말이 올 것을 믿으며, 따라서 자신들은 여호와 왕국의 내용을 알려주고 증거할 사명을 부여받은 자들로 생각한다. 그래서 자신들의 모임처를 〈왕국회관〉, 스스로를 '여호와의 증인'(사43:10-12)으로 부른다. 그리고 호별 방문을 통해 전도지(파수대)를 전하며 여호와를 증거하는 것을 사명으로 여긴다.

현재 이 전도 사역에 참여하는 자는 세계적으로 70만여 명에 이르고 있다고 한다. 성경은 원어에서 번역한 「신세계역 성경」을 사용하는데, 2009년을 기준으로 72개 언어로 1억 5천만 권이 배포되었다. 또 32면의 월간지 「파수대」(The Watchtower)와 「깨어라」(Awake)가 있는데, 그 중 파수대는 2011년 기준으로 188개 언어 42,162,000부가 발행되고 있다. 본부는 미국 뉴욕 브루클린에 있으며, 2010년 현재 236개 국가에 750만 명의 신도가 있다.

이들의 특징과 중심 교리는 다음과 같다. ① 신관 : 삼위일체 하나님을 부정한다. ② 그리스도관 : 예수를 하나님이 창조한 최고의 피조물로 본다(아리우스주의적인 견해를 표방한다). ③ 성경관 : 성경을 하나님의 말씀으로 인정하나 자의적으로 해석한다. ④ 인간관 : 인간의 영혼 불멸을 부정한다. ⑤ 구원관 : 믿음과 인간 편의 행실을 동시에 강조한다. ⑥ 교회관 : 유형교회를 부정하고 왕국회관만이 참된 교회라고 주장한다. ⑦ 종말관 : 임박한 종말관으로 시한부 종말론을 주장한다.

이 외에 〈여호와의 증인〉의 주장과 특징을 살펴보면 다음과 같다. ① 14만 4천 명과 '선한 의지를 가진 자들' 만 구원을 받는다고 주장한다. ② 집회는 예배나 설교보다는 주로 성경공부와 전도 훈련으로 이루어진다. 특히 〈파수대〉를 중심으로 성서 연구가 집중적으로 이루어진다. ③ 성탄절과 부활절을 이교 풍습으로 보고 1년에 한 번 유월절에 예수의 죽음을 기념하는 주의 만찬을 지킨다. 성찬식은 이때 이루어진다. ④ 정부의 권위는 인정하나 국가에 대한 충성이나 국기에 대한 경례 등 정치 참여적 행사에는 중립적 입장을 취한다. 또 병역 의무나 전쟁 참전 등을 거부한다. ⑤ 수혈을 금하고 수혈하지 않는 치료만 인정한다. ⑥ 엄격한 도덕성을 요구하며 간음 이외의 이혼을 허락하지 않는다.

■**우리나라의 〈여호와의 증인〉** - 1912년 홀리스트 선교사의 문서전도 사역으로 시작되었다. 1914년에는 우체국 사서함을 통해 만국성서연구회(萬國聖書研究會)란 이름으로 문서전도 활동을 하였고, 1915년 홀리스트를 대신하여 멕킨리가 내한했다. 1923년 인쇄 공장을 설립하여 한국어, 일본어, 중국어로 문서를 공급했으나 국가 정책에 중립을 취하는 교리 때문에 총독부로부터 출판을 금지당하기도 했다. 그러다 1939년 신사참배를 거부하여 일제로부터 박해를 받고 교세가 쇠퇴했다.

그 후 해방을 맞으면서 1949년 선교사 스틸(D.L. Steele) 부부가 내한하여 2인 1조 방식의 가정 전도 사역을 재개하였다. 그러나 병역 및 집총 거부, 수혈 거부, 시한부 종말론 등은 여전히 국가·사회 문제가 되고 있다. 조직을 보면, 목사, 전도사와 같은 기성교회의 교직은 없고, 순회감독을 중심으로 아래에 '주임감독'(일종의 '담임'), 그 아래 '부 회중의 종'이 있고, 그 아래 성서 연구, 잡지, 서적 (전도지 등), 회계, 파수대 연구, 전도학교, 회중 서적 연구 등을 담당하는 7개 부서 책임자들이 있는데 이들은 '종'이라 불린다. 현재 1,408개 회중(왕국회관)에 10만여 명의 신자들이 있다.

연동교회(蓮洞敎會, Youndong Church) 대한예수교장로회(통합)에 소속된 교회. 서울특별시 종로구 연지동에 위치한다. 미국 북장로회에서 파송된 선교사 사무엘 무어(S.F. Moore, 한국명 '모삼열')가 1893년부터 전도하여 몇 명의 신자를 얻고 1894년 연지동에 초가 예배당을 매입하여 교회로 삼은 것이 시작이다. 이 후 3년간 선교사 그레함 리(Graham Lee, 한국명 '이길함'), 밀러(F.S. Miller, 한국명 '민노아'), 기퍼드(D.L. Gifford, 한국명 '기보')와 조사 서상륜, 김흥경 등의 전도로 1897년 2월에는 세례교인이 16명이나 되었다.

그리고 1898년에는 <연동남소학교>와 1899년에는 <연동여소학교>를 설립했다. 이 중 <연동여소학교>는 오늘날 '정신여자고등학교'로 성장했는데, 당시 김마리아, 신의경, 유각경, 김필례 등 많은 여성 지도자들을 배출했다. 1900년 5월에는 선교사 게일(James Scarth Gale, 한국명 '기일')이 담임목사로 부임하였고, 1904년에는 조사로서 가죽신 만드는 일을 업으로 하던 고찬익을 장로로 선출하여 당회를 구성했다.

기록에 따르면 그 해 어느 한 주일예배 출석자가 163명이었고 이 중 35명이 세례교인이었다고 한다. 여기에는 출옥한 독립협회 회원 박승봉, 유성준, 이상설을 비롯하여 헤이그 밀사 사건의 주역 이준 등 양반 출신 개화파 청년도 여럿 있었다. 1907년에는 매주일 평균 1,200여 명의 교인이 출석하는 교회로 성장하여 우리나라 최초의 주일학교인 '소아회'(小兒會)를 시작하기도 했다.

그러나 1909년 천민 출신 장로(고찬익) 선출에 반대하여 양반들을 중심으로 묘동교회(종묘 옆 봉익동)가 분립되는 아픔을 겪었다. 또 일제 말기에는 3대 담임목사 전필순(1941-1961년)이 혁신교단을 조직하여 친일 활동에서 앞장서는 등 많은 문제를 야기하기도 했다. 이로 인해 해방 후에는 당회장을 비롯한 당회원 전원이 사직서를 제출하는 사태도 벌어졌다. 그 후 1959년 대한예수교장로회가 분열될 때는 통합측에 소속하였으며, 오늘에 이르기까지 통합측 중심 교회로 교단을 섬기고 있다.

연세대학교(延世大學校, Yonsei University) 1957년 세브란스 의과대학과 연희대학교가 통합하여 이루어진 기독교 종합대학. 세브란스 의과대학은 1885년 미국 북장로교 의료선교사 알렌(H.N. Allen)이 설립한 광혜원(제중원)에 설치된 의학부가 그 전신이다. 1893년 캐나다 출신 미국 북장로교 의료선교사 에비슨(Oliver R. Avison)이 제중원의 4대 원장으로 취임하면서 재정이 어려운 상태의 운영권을 인계받고 1899년 4월 국내 최초의 의학교인 <제중원의학교>를 설립했다.

이후 1902년 미국인 사업가 루이스 세브란스(Louis H. Severance)의 후원으로 남대문 밖 복숭아 골에 병원을 신축해 <세브란스 병원>이라 불렀다. 또 학교는 1909년 교육령에 의해 <세브란스 의학교>로 불리다 1913년 <세브란스연합의학교>라 하였고, 1917년 전문학교 설립인가를 얻어 1922년 <세브란스연합의학전문학교>로 개칭되었다. 그 후 1942년 <아사히의학전문학교>로 불리다 1947년 6년제 세브란스 의과대학으로 개편되었다.

<연희대학교>는 미국인 선교사 언더우드(H.G. Underwood)가 1886년에 세운 고아학교에서 출발했는데, 1915년 미국 북장로교, 남장로교, 캐나다 장로교 선교부가 연합으로 세운 <경신학교> 대학부를 거쳐 1917년 <연희전문학교>로 발전했고, 1946년 종합대학으로 승격하였다. 이 두 학교가 1957년 통합하여 연세대학교로 새롭게 발족하였고, 초대총장에는 백낙준(白樂濬)이 취임하였다. 학교 당국은 과거에 제중원(광혜원'의 나중 이름)에서 시험을 거쳐 16명의 신입생을 선발하고 의학부를 설치한 1886년 3월 29일을 개교 기념일로 삼고 있다.

한편, 연세대학교에는 세 개의 주요 건물이 문화재로 지정되어 있다. ① 스팀슨 관 : 1920년에 완공된 고딕 풍의 석조 2층 건물. 신촌 캠퍼스에 최초로 세워졌다. 로스앤젤스의 스팀슨(Charles M. Stimson)의 기부금으로 지어졌으며, 문화재 사적 275호로 지정되어 있다. ② 아펜젤러 관 : 미국 매사츄세츠 주 피츠월드 시의 제일감리교회 기부금으로 1924년에 준공된 석조 3층 건물. 문화재 사적 277호로 지정되어 있다. ③ 언더우드 관 : 언더우

드의 형제 존 언더우드의 기부금으로 지어진 4층 석조 건물. 1925년 준공되었으며 문화재 사적 276호로 지정되어 있다.

서울시 서대문구 연세로 50 (신촌동)에 서울 캠퍼스가, 강원도 원주시 흥업면 매지리 234번지에 원주 캠퍼스가 있다. 또 인천광역시 연수구 송도과학로 85 (송도동)에 국제 캠퍼스가 조성 중에 있다. → '광혜원', '세브란스', '언더우드'를 보라.

연옥(煉獄, purgatory) 가톨릭에서 죽은 영혼이 천국에 가기 전, 생전에 지은 가벼운 죄(小罪, Venial Sin)들을 씻기 위해 일시적으로 머문다는 중간 단계의 처소. 천국으로 가기에는 자격이 부족하고, 그렇다고 지옥에 갈 정도로 큰 죄를 짓지 않은 영혼을 위해 마련되었다고 한다(가톨릭교회 교리서 1030-1032조, 제2차 바티칸 공의회 교회 헌장 49항). 이곳에 머무는 영혼들은 세상에 사는 동안 회개하지 못한 가벼운 죄들을 씻고 정화하는 시간을 보낸다. 그래서 이곳은 심판이 아니라 정화의 공간으로 이해되며, 여기 머무는 영혼은 지옥으로 떨어지지는 않는다고 한다.

알렉산드리아의 클레멘스, 예루살렘의 시릴, 크리소스톰, 암브로시우스, 그레고리 1세 등이 연옥 교리를 지지한다. 예를 들면, 크리소스톰(St. John Chrysostom)은 "죽은 이들을 위한 우리의 헌금이 그들에게 위로를 준다는 것을 왜 의심하는가? 주저하지 말고 세상을 떠난 이들에게 도움을 주고 그들을 위하여 기도를 드리자"(Hom. 고전4:15 강론)고 하였다. 토마스 아퀴나스(Thomas Aquinas)도 "지옥에서 버림받은 자들을 괴롭히는 불과 연옥에서 의인들을 괴롭히는 불은 동일한 불이다. 연옥에서의 가장 작은 고통도 금생에서 당하는 가장 큰 고통을 능가한다"고 하여 연옥의 실체를 인정하였다.

한편, 이런 중간 지대에 대한 개념은 12-13세기에 형성되어 단테의 「신곡」 등에서 볼 수 있듯이 르네상스 시대의 예술, 문학, 학문 등에 다양하게 영향을 끼치고 있다. 그러나 기독교에서는 연옥이 성경에 근거하지 않고, 구원에 개인의 공덕이 개입된다는 이유로 연옥의 실체를 인정하지 않는다. 마틴 루터는 그의 〈95개 논제〉(95 Theses) 제10, 11, 22, 27, 35항에서 가톨릭 연옥 교리의 비성경적인 요소를 비판하고 있다.

영국 국고회(英國 國敎會, Church of England, Anglican Church) → '영국 성공회', '성공회'를 보라.

영국 성공회(英國 聖公會, Church of England, Anglican Church) 1534년 로마 가톨릭으로부터 분리해 나간 영국 교회의 전통과 교리를 따르는 교회의 총칭. 영국 국교회. → '성공회'를 보라.

영성체(領聖體, communion) 가톨릭에서 성체성사를 받는 일. 곧, 기독교의 성찬식을 일컫는 말. 이때 가톨릭에서는 빵과 포도주가 실제로 그리스도의 살과 피로 변화되며(화체설, 化體說) 이를 먹고 마실 때 그리스도와 한몸이 되는 은총(恩寵)을 받게 된다고 가르친다. 작은 성체(밀떡)를 넣어 두는 그릇을 성합(聖盒), 포도주(聖血)를 담아 두는 그릇을 성작(聖爵)이라 부른다. →[4. 예배 및 예식 용어] '성만찬'을 보라.

영아학살(嬰兒虐殺, slaughter of the innocents) 예수님 탄생 당시 헤롯 대왕이 2세 미만의 유아들을 대학살한 사건. 헤롯이 아기 예수를 죽이려 하자 동방 박사들이 예수의 탄생지를 알려주지 않은 데 따른 대응 조치였다(마2:16-18).

예루살렘 공의회(- 公議會, Council of Jerusalem) 기독교 역사상 최초로 소집된 종교회의(A.D.49년). '예루살렘 총회', '예루살렘 회의'라고도 한다. 이 모임은 예루살렘 교회를 대표하는 야고보와 사도들과 장로들이 안디옥 교회를 대표한 바울과 바나바를 맞이하여 개최하는 형식으로 이루어졌다(행15:4; 갈2:2).

1. 소집 이유 - 사도 바울의 전도 사역으로 이방인 개종자가 늘어나자 유대 지도자들이 이방인도 구원을 얻으려면 모세의 법대로 할례를 받아야 한다는 유대주의적 신앙관을 가르치면서 교회 내에 혼란이 빚어지게 된 것이 이유이다(행15:1). 그래서 교회 안에 이방인의 위치와 이방인 개종자의 율법 준수 문제(할례 문제를 포함한 각종 의식들, 갈2:12), 그리고 민족적 편견과 갈등이 시급히 해결되지 않으면 안 되었다(행15:1-29; 갈2:1-10).

2. 회의 내용 - 바리새파 지도자 중에는 이방인

개종자에게도 할례를 비롯한 유대주의적 관습을 지키게 해야 한다고 주장하는 자들이 있었다(행 15:5; 갈2:4). 이에 사도 베드로는 유대인도 능히 감당하지 못하는 율법의 멍에를 이방인 개종자에게 부담시키는 것은 옳지 않다고 했다(행15:7-11). 또 바울과 바나바도 하나님께서 율법을 모르는 이 방인들을 용납하셨다고 증언했고(행15:12; 갈2:5), 예루살렘 교회 지도자 야고보는 선지자 아모스의 글(암9:11-12)을 인용해 바울의 주장에 힘을 실어주었다(행15:15-18). 그리하여 이방인 개종자에게 할례를 금하는 등 몇 가지 사항을 결의하였다(행 15:20,29; 레17:10-14; 신12:16,23-25).

3. 결의 사항 - ① 이방인 개종자에게 할례와 같은 유대인의 율법을 강요하지 말 것(행15:19). ② 우상의 더러운 제물을 멀리 할 것(행15:20,29). ③ 우상의 제물과 피와 목매어 죽인 것과 음행을 피할 것(행15:20,29). ④ 공회의 결정을 기록으로 남겨 안디옥, 수리아, 길리기아 등지의 교회들에게 보낼 것(행15:20,22-23). 이외에도 예루살렘 공의회에서는 당시 예루살렘의 어려운 형편을 감안하여 이방 성도에게 예루살렘의 가난한 자들을 위해 헌금할 것과(갈2:10), 바울과 바나바는 이방인을 향한 하나님의 특사요, 야고보와 베드로, 요한은 유대인을 향한 하나님의 특사임을 재확인하는 결의를 하였다(행15:25-26; 갈2:7-9).

그 후 325년 니케아 공의회가 열리기까지 이와 같은 회의가 다시 소집되지 않은 것으로 보아 예루살렘 공의회의 결의가 이방 교회에 상당한 영향력을 미쳤음을 알 수 있다.

예수교(- 敎) 하나님을 창조주로, 예수 그리스도를 유일한 구주로 믿는 종교. 기독교. 넓게는 정교회와 가톨릭도 포함된다. → '기독교'를 보라.

예수교대한성결교회(- 敎大韓聖潔敎會, Jesus Korea Holiness Church) 1961년 〈기독교대한성결교회〉에서 분리된 보수 교단. 따라서 그 이전의 교단 역사는 〈기독교대한성결교회〉의 역사와 일치한다.

〈예수교대한성결교회〉의 분립 과정을 살펴보면, 1961년 기독교대한성결교회 총회 때 국제복음주의협회(NAE)와 한국기독교교회협의회(KNCC)에서 즉시 탈퇴할 것을 주장하는 인사들이 총회에서 퇴장하여 같은 해 5월 30일 서울 서대문구 소재 독립문교회당에서 보수 총회를 결성한 것이 교단의 시작이다. 그리고 이듬해 1962년 교단 명칭을 〈예수교대한성결교회〉로 정하고, 독립적인 신학교 운영을 결의하였는데, 그것이 오늘날 교단 신학교인 〈성결대학교〉이다. 그 후 1972년 신학 노선의 갈등으로 혁신측이 분리를 선언하여 1973년 6월 혁신 총회를 구성함으로써 〈예수교대한성결교회〉는 다시 분열의 아픔을 맛보아야 했다.

그러다 분열 15년 만인 1988년 12월 제67회 총회에서 예수교대한성결교회 총회(총회장 강용조)와 혁신 총회(총회장 손택구)가 조건 없이 재결합하였다. 그 후 2007년 4월 광주광역시에서 목회자와 평신도 2천여 명이 모인 가운데 '100주년 연차대회 및 86회 총회'를 개최했고, 같은 해 5월 20일에는 성결대학교 대운동장에서 목회자와 성도 2만여 명이 모여 100주년 기념행사를 갖기도 했다.

교단의 중심 사상은 중생, 성결, 신유, 재림이라는 '사중복음'에 담겨 있다. 산하 교육기관으로는 경기도 안양시 만안구 성결대학로 53에 〈성결대학교〉가 있고, 기관지로 〈성결신문〉을 발간한다. 본부는 서울시 종로구 인왕산로 1가길 11 (행촌동)에 소재한다. → '기독교대한성결교회'를 보라.

예수회(Jesuits, Society of Jesus) 청빈·순결·복종을 서약하고 성직자의 직분에 충실하기로 다짐하는 가톨릭 성직자들로 구성된 수도회. 1534년 파리에서 군인 출신인 이그나티우스 로욜라(Ignatius Loyola)를 중심으로 프란시스 자비에르, 피에르 파브르, 디에고 라이네스, 알폰세 살메론, 시몬 로드리게스, 니콜라스 보다딜라 등이 설립하였다. 이 수도회는 종교개혁으로 인한 프로테스탄트 교회의 급격한 성장에 반발하여 반 종교개혁에 동참하고 가톨릭 신앙의 순수성을 회복는 데 목적이 있었다. 나아가서 예수회는 당시 새롭게 발견된 대륙(신대륙)의 이방인 선교를 주요 사업 목적으로 삼았다.

이를 위해 예수회는 지역마다 학교를 설립하여 학자를 배출하고 선교사들을 양육했는데, 이때 동양으로 진출한 선교사들은 복음과 함께 유럽의 과학을 소개하여 동양의 문명 발전에도 기여하였다. 하지만 프로테스탄트가 자리를 잡은 유럽 여러 나라에서는 추방되거나 순교자들을 배출하는 등 이들의 활동은 어려움에 직면하기도 했다. 그후 17세기에 미국에 예수회가 전파되었고, 우리나라에는 1955년 독일 사람 게페르 신부를 필두로 여러 예수회 신부들이 내한하여 선교가 본격 진행되었다.

오리게네스(Origenes) 알렉산드리아 학파를 대표하는 신학자. 성경주석 학자(185?-253?년). 일명 '오리겐.' 교리학교에서 클레멘트에게 배웠다. 부친은 알렉산드리아 대학에서 헬라 문학을 가르치다 202년 순교했다. 오리게네스는 어머니가 그의 옷을 감추는 바람에 아버지를 따라 순교하지 못했다고 전해진다.

그는 세베루스 황제(Severus, 222-235년) 박해 때 클레멘트가 추방되자 203년 18세의 나이에 교리학교에서 문법과 철학을 가르쳤고, 여학생 교육에 거리낌이 없도록 스스로 거세하며 금욕, 고행, 철야, 청빈에 힘썼다(Eusebius). 211년 카르칼라 황제(Carcalla, 211-217년)가 기독교인들을 추방시킬 때 알렉산드리아에서 추방되어 로마로 갔다. 이때 그는 히폴리투스의 설교를 들었다고 한다.

213년 아라비아를 거쳐 215년 가이사랴로 갔다. 이때 그는 설교와 전도를 위해 가이사랴에서 감독에게 장로 안수를 받았다. 그러나 이것이 빌미가 되어 231년 알렉산드리아 감독 데메트리우스(Demetrius)로부터 추방당했다. 결국 그는 가이사랴로 망명하여 교리학교를 설립하고 거기서 강의하고 연구하며 사람들로부터 많은 존경을 받았다. 250년 데시우스 황제(Decius, 249-251년) 박해 때 가이사랴에서 갖은 악형을 당하고 풀려나 2년 뒤 두로에서 죽은 것으로 전해진다. 그의 묘지는 십자군 원정 때까지 순례객들의 발길이 끊이지 않았다고 한다.

후세 역사가들은 그보다 순수하고 고상한 자도 없었다고 평가한다. 그는 다방면에 걸쳐 석학이었으며 구약 본문 비평과 주석에도 뛰어났다. 특히 명저 「헥사플라」(Hexapla, 즉, 6개어 대역성경. ① 히브리어 맛소라 본문, ② 4가지 헬라어성경 본문 즉, (ㄱ) 헬라어로 쓴 히브리어 음역, (ㄴ) Aquila역, (ㄷ) Symmachus역, (ㄹ) Theodocion역, ③ LXX역 교정역)는 당대 최고의 저서로 손꼽힌다. 또 「De Principiis」(기독교원리)는 최초의 조직신학 저서로서 모든 교리학의 바탕이 된다. 이뿐 아니라 유명한 「켈수스에 대한 반론」(Contra Celsus)은 고대 기독교 변증학을 대표할 만하다.

한편, 그의 신학은 기독교와 그리스 철학을 조화·융합시킨 것인데 이를 위해 그는 성서의 비유적 해석(알레고리)을 사용했다. 그리하여 그는 니케아 공의회 이전까지 당대의 최고 신학자로 추앙받았으며 그의 신학은 동방교회에 지대한 영향을 미쳤고, 후대에 기독론 논쟁 때 그의 글을 인용하지 않은 학자가 없었다고 한다. 그러나 영혼 선재설이나 기독론에서 '그리스도의 신성(神性)은 아버지이신 하나님의 아래에 위치한다.'고 하는 등 몇 가지 점에서 교회의 전통적 해석에서 벗어난 주장을 했다. 그로 인해 그는 4세기 후반 살라미스 주교 에피파노이스(Epiphanois)에 의해 이단으로 규정되기도 했다. 그래서 그의 저서(대부분 헬라어로 된) 중 금서가 많고 기껏해야 라틴어로 된 단편 저작들이 남아 있을 뿐이다.

오리겐(Origen) → '오리게네스'를 보라.

오산학교(五山學校) 오산중·고등학교의 전신. 1907년 평북 정주군에 남강 이승훈(李昇薰)이 민족 정신을 고취하고 인재를 양성할 목적으로 세운 기독교 학교. 1919년 학생과 교직원 전원이 3.1운동에 참여하여 이승훈이 주모자로 체포되었고, 일제는 오산학교를 독립운동의 본거지라 하여 불태워 버렸다. 그 후 1923년 출옥한 이승훈이 애국지사들의 도움으로 다시 오산학교를 재건하였으나 1930년 급사하면서 학교는 어려움을 겪었다. 또 1942년 혈맹단(血盟團) 사건을 조작하여 수백 명의 학생과 교사가 투옥되고 교장도 일본인으로 교체되면서 오산학교는 민족 학교로서 기력을 상실한 채 해방을 맞게 되었다.

이후 6.25 전쟁 중 부산으로 교사를 옮겨 1953년 5월에 중학교와 고등학교로 각각 설립 인가를 받았고 1956년 현재의 서울시 용산구 보광로 7길 17(보광동)으로 이전하여 오늘에 이른다. 김소월, 함석헌, 이중섭 등 한국 문학과 종교, 미술사에 일익을 담당한 훌륭한 인물들을 많이 배출했다. 한때 조만식이 제5대와 9대 교장을 지내기도 했다.

오순절교회(五旬節敎會, **Pentecostal Church**) 방언이나 병고침 등 성령의 초자연적 역사를 강조하는 기독교 종파. 이들은 초대 오순절의 역사가 지금도 일어나고 있다고 믿는다. 1932년에 설립된 〈서빙고교회〉가 최초의 오순절교회라 할 수 있다. 오순절교회에 속한 교단으로는 〈기독교대한하나님의성회〉(The Assembly of God of Korea)가 있는데, 우리나라에서는 〈순복음교회〉로 통한다. 오순절교회는 성령의 역사를 강조해 전도에 많이 공헌했다는 평가도 받지만 신앙을 너무 주관적으로 해석한다는 비판도 받고 있다.

오순절주의(五旬節主義, **Pentecostalism**) 초대 오순절(행2장)에 예언, 방언, 병고침 등 성령의 역사가 일어난 것처럼, 오늘날 이 시대에도 동일한 성령의 역사가 일어난다고 주장하는 신학 사상. '오순절파'라고도 한다. 참고로, 오늘날 복음주의자들이 자신을 '신복음주의자'로 부르는 것처럼 이들 역시 엄격하게 말하면 '신오순절주의'(Neo-Pentecostalism)로 정의하는 것이 맞다.

오스트레일리아연합교회(- 聯合敎會, **Uniting Church in Australia**) 1977년 6월 회중교회, 장로교회, 감리교회가 통합하여 이루어진 교단. 오스트레일리아에서 성공회와 가톨릭 다음으로 큰 교단으로 동성애자의 성직을 허용하는 진보 성향을 가지고 있다.

오중복음(五重福音, **Five-fold Gospel**) 〈기독교대한하나님의성회〉의 핵심 교리. ① 중생의 복음 ② 성령충만의 복음 ③ 신유의 복음 ④ 축복의 복음 ⑤ 재림의 복음을 말한다. → '기독교대한하나님의성회'를 보라.

옥스퍼드 운동(- 運動, **Oxford Movement**) 1833-1845년에 옥스퍼드 대학을 중심으로 일어난 영국 국교회 개혁(재건, 부흥) 운동. 당시 국교회는 감리교회의 급성장에 따른 신앙적 상실감, 비국교도의 의회 진출로 인한 교회의 자주성 위협 등으로 위기를 맞고 있었다. 이런 상황에서 17세기의 교회 전통을 되찾아 사도적 전승을 가진 국교회의 권위를 회복하자는 운동이 일어나기 시작했다. 이 운동은 키블(John Keble), 뉴먼(John Henry Newman), 퓨지(Edward B. Pusey)를 중심으로 펼쳐졌는데, 이들이 모두 옥스퍼드 대학 출신이라 하여 〈옥스퍼드 운동〉으로 불렸다. 또한 이 운동은 〈시국 소책자〉(時局 小冊子, Tracts for the Times)로 전개되었다 하여 〈소책자 운동〉(Tractarian Movement)으로도 불렸다. 그 후 중심 인물인 뉴먼이 1845년 가톨릭으로 개종하여 이 운동은 퓨지에 의해 계승되었다. 이 운동은 국교회에 참신한 기풍을 불어넣었다는 평가를 받고 있다.

와이엠씨에이(**YMCA, Young Men's Christian Association**) 〈기독교청년회〉의 약자. 1844년 6월 6일 영국 런던에서 당시 22세인 양복점 점원 윌리엄스(George Williams)가 12명의 청년과 함께 설립한 세계적인 기독교 평신도 운동 단체. 직조업과 다른 산업에 종사하는 젊은이들에게 예배와 봉사의 기회를 제공하고, 산업혁명 직후 젊은이들의 흐트러진 영적·정신적 혼란을 기독교 신앙으로 개선할 목적으로 설립되었다(헌장 1조). 처음에는 청소년의 인격과 지도력 훈련, 청소년 문화 사업 등을 주로 하였으나 점차 폭넓은 사회 교육과 봉사 활동을 전개하였다. 1851년에는 미국 보스턴에서 북미 YMCA가 창설되었고, 이 운동은 유럽 여러 나라로 퍼져나가 1855년 8월 20-24일에 프랑스 파리에서 YMCA세계연맹(The World Alliance of YMCAs)이 발족됨으로써 세계화의 기틀을 마련했다.

그 후 1955년 파리에서 YMCA설립 100주년 기념대회를 통해 YMCA 정신을 확인하였고, 1973년 캄팔라 대회에서 파리 대회의 정신을 재확인하였다. 1998년 독일 프레헨에서 개최된 YMCA 세계 대회에서는 선교적·에큐메니칼 운동체로서의 YMCA 사명 선포식을 가졌다. 여기서 YMCA 세계연맹은 가난·억압·소외된 각 계층의 권익 보호에 관심을 갖기로 하였다. 160여 년이 지난 오늘날 YMCA는 세계 122개 국에 1만4천여 조직과 4,500만 명이 넘는 회원 및 100만여 명의 자원지도자와 3만여 명의 전문 사역자를 가진 세계 최대 청년 운동으로 발전하였다.

■**우리나라의 YMCA** - 우리나라에서는 1903년 10월 28일 〈황성기독교청년회〉(서울YMCA의 전신)로 창설되었다. 같은 해 11월 11일 인사동에 임시처소를 마련하고 1908년 회관을 준공했다.

초기에는 구한말 개화파 청년들과 미국 선교사들을 중심으로 하여 정회원 28명, 준회원 9명 등 대부분 지식층들이 참여하였으나 점점 상민층이 참여함으로써 모임은 역동성을 띠게 되었고, 후에는 민족 지도자들을 비롯한 기독교인들이 대거 참여함으로 민족 독립 운동체 성격을 갖게 되었다.

그리하여 YMCA는 직업교육·농촌 운동·기독교 민권 운동 등 사회개혁 운동과 더불어 1919년 2.8 독립선언과 1919년 3.1운동에서도 볼 수 있듯이 독립 운동에도 적극 가담하게 되었다. 해방 후 1967년 7월에는 서울 중앙 YMCA 회관 낙성식을 가졌고, 1970년대에는 불우 청소년을 위한 직업학교를 운영하기도 했다. 1980년에 들어서는 활발하게 국제 교류를 가져 1984년 7월 뉴욕 YMCA를 필두로 타이페이(1985년), 나고야(1986년), 호놀룰루(1988년), 토론토 YMCA(1990년) 등과 자매결연을 맺었다.

또 1990년에 들어서는 환경 문제 등 시민운동에 적극 참여하여 한강물 살리기(1993년), 녹색청소년단 운동(1997년)을 벌였고, 1998년 IMF 구제금융으로 국가 경제 위기 상황에서는 금 모으기 운동을 적극 주도하였다. 2003년 10월 28일에는 설립 100주년을 맞아 설립 2세기 비전 선포식을 가졌다. 현재 우리나라는 전국 YMCA 산하에 60여 개의 지방 YMCA가 있으며 본부는 서울시 중구 남대문로 5길 39 (소공동)에 있다. 또 서울 YMCA는 서울 종로구 종로 2가 9번지에 위치한다.

왈도 파(- 派, **Waldenses**) 왈도(*Valdez, Peter Waldo*)에 의해 시작된 교회 개혁 운동. 일명, 발도 파. 1176년 리용의 부자 상인 왈도는 '하나님께로 가는 최선의 길'을 찾던 중 '소유를 팔아 가난한 자들에게 주고 재물을 하늘에 쌓으라'(마 19:21)는 답을 얻고 그리스도를 따르는 삶을 살기로 작정하고 아내와 딸에게 필요한 것만 남기고는 모든 재물을 팔아 가난한 자들을 구제했다. 그 후 왈도는 간소한 복장으로 순회하며 복음을 전했는데, 많은 무리들이 뜻을 같이하려고 모여들었다. 1179년 제3차 라테란 회의(Lateran)에서 왈도 파는 무시한 평신도 집단으로 규정되었으나 왈도 파는 아랑곳하지 않고 청빈과 구제, 복음 전파(설교)를 지속하였다. 결국 1184년 루시우스 3세(*Lucius III*, 1181-1185년 재위)는 이들을 이단으로 규정하고 파문하였다. 그러나 왈도 파는 라인 강변을 따라 독일, 네덜란드, 보헤미아 지역으로 이동하며 자신들의 사역을 멈추지 않았고, 그 여파는 남부의 스페인, 이탈리아에까지 확산되었다.

이들은 ① 자국어로 된 성경을 사용하며, ② 조악(粗惡)한 옷을 걸치고 2인 1조로 복음을 전하였고, ③ 월, 수, 금에 금식하며 기도하기 ④ 맹세를 금하고, 참회하며 성만찬에 참여하였다. ⑤ 또 가톨릭의 미사와 연옥의 존재를 비성경적이라 하여 부정하였다. 이렇듯 왈도 파는 로마 교회에 속해 있으면서도 사도 시대의 순수한 교회상을 실천하기 위해 노력하여 교회사에는 최초의 프로테스탄트로 평가하기도 한다. 그 후 이들은 인노센트 3세(*Innocent III*, 1198-1216년)가 일으킨 군대와 종교 재판에 의해 크게 위축되었으나 현재까지도 알프스 계곡을 중심으로 유럽 남부 지역에서 명맥을 유지하고 있어 중세기에 일어난 개혁 세력 중 가장 오랜 역사를 가진 집단으로 평가받고 있다.

왓츠(**Watts**) → '아이작 왓츠'를 보라.

요세푸스(**Flavius Josephus**) 유대의 역사가 (37?-100? 혹은 95년). 예루살렘의 대제사장 가문 출신. 본명은 '요셉 벤 마티아스'(*Joseph ben Matthias*). A.D.64년 로마 총독 벨릭스 때 폭동을 일으켜 로마에 끌려간 유대 제사장들을 석방하기 위해 사절단의 일원으로 로마를 방문하였다.

그 후 66년 제1차 유대 전쟁 때 갈릴리의 요타파타 지휘관으로 로마와 싸우다 67년 7월 베스파시아누스와 티투스 부자(父子)가 이끄는 로마 군에 패하여 투항했다. 그러나 베스파시아누스가 황제가 될 것이란 예언이 적중하여 석방되었고, 티투스 장군의 통역관으로 기용되어 70년 예루살렘 진압 작전에 투입, 유대 군과 협상 선봉에 나섰다. 그 후 로마 군이 예루살렘을 함락하고 맛사다 요새를 파괴한 뒤 그는 티투스와 함께 로마에 입성하여 황제 베스파시아누스에게 로마 시민권과 연금을 받고, 황제의 옛 저택과 유대 땅 일부도 하사받았다.

이때 그는 베스파시아누스 황제 가문에서 사용하는 '플라비우스'라는 이름을 얻어 '플라비우스 요세푸스'로 개명하여 황제가 후견인이 되는 영광을 누리게 되었다. 그리고 70년경 첫 아내와 이혼하고 알렉산드리아 출신의 유대 여성과 결혼하여 두 아이를 얻었다. 또 75년에는 이 여성과 이혼하고 세 번째 결혼을 통해 두 아들을 얻었다.

그 후 75-79년에 전 7권으로 된 「유대전쟁사」

(History of the Jewish War)를 집필했는데, 이는 B.C.2세기 중반 이후의 유대 역사를 담고 있다. 거기에는 자신이 친히 목격한 예루살렘 함락에 관한 생생한 내용도 소상하게 기술되어 있다. 뿐만 아니라 이 책에는 로마 군대의 전략과 병법도 잘 나타나 있다.

또 95년경에는 전 20권으로 된 「유대고대사」(Antiquities)를 완성했는데, 성경을 토대로 천지창조부터 유대 반란 이전까지의 이스라엘 역사 전부를 자유로운 필치로 기술하고 있다. 이 책에서 요세푸스는 유대교의 율법과 제도의 합리성을 강조하고 있다. 이 가운데 「플라비우스 증언」이라 불리는 예수에 관한 부분은 진위(眞僞) 논란이 분분하다. 그는 97년경 마지막으로 두 권의 「아피온 반박문」(Against Apion)을 남겼다. 제1권은 유대 입장에서 그리스 저자들의 비난을 반박한 것이고, 제2권은 헬레니즘에 대한 유대교의 도덕적 우월성을 기술하고 있다. 그 후 100년경 그는 로마에서 사망한 것으로 전해진다.

우찌무라 간조(內村鑑三) 일본의 기독교 사상가. 무교회주의 창시자(1861-1930년). 에도 다카자키 제후 가문 출생. 미국 농학자 클라크가 세운 삿포로 농과대학을 다니던 중 친구를 통해 복음을 듣고 기도 모임에 참여하면서 신앙을 갖게 되었다. 대학 졸업 후 1882년 친구와 함께 삿포로 독립교회를 설립하였다. 1884년 미국 애머스트(Amherst) 대학과 하드포드 신학교를 졸업했으나 성직자가 되지는 않았다. 그 후 일본으로 돌아와 1888년 도쿄 제일고등중학교 교사가 되었으나 1891년 〈교육칙어〉(敎育勅語) 봉독식 때 예의를 표하지 않아 직장을 잃었다. 그 후 1897년 〈요로츠 보로지〉(만조보) 영문판 주필을 지냈고, 1900년 월간 〈성서연구지〉를 간행하여 선교에 몰두했다.

그는 철저한 십자가 신앙을 강조하면서 참된 신앙은 성경에 근거해야 하며, 교회는 기독교를 담는 껍데기에 불과하다고 하여 무교회주의를 주장하였다. 우리나라의 김교신, 함석헌, 송두용, 최태용 등을 제자로 두어 무교회주의를 가르쳤다.

위치만 니(Watchman Nee, Henry Nee) 중국 이름은 '니토쉥.' 20세기 초 중국 출신의 영적 지도자(1903-1972년). 지방교회의 실질적인 창시자. → '윗트니스 리'를 보라.

원시 기독교(原始 基督敎, primitive Christianity) → '초기 기독교'를 보라.

원시종교(原始宗敎, primitive religion) 문화적 요소가 없는 미개한 종교. 교리나 성직 제도, 교단 조직이 없고 신관(神觀)도 미흡하다. 또 씨족이나 부족을 중심으로 사회와 종교의 영역이 구분되지 않고 족장이 사제(司祭) 역할을 동시에 수행한다. 주로 아프리카와 아시아에 많이 존재했으나 근대화 과정을 겪으면서 기독교를 비롯한 고등 종교의 활동으로 많이 사라졌다. 하지만 정치적 위기나 사회적 갈등기에는 과거의 원시종교가 신흥 종교 형태로 나타나기도 한다.

월드비전(World Vision) 1950년 9월 한국전쟁 때 미국인 선교사 밥 피얼스 목사가 소개하여 한경직 목사 등과 함께 고아와 미망인을 돕기 위해 '선명회'란 이름으로 출발한 국제 구호 단체의 한국 지부. 그 후 1960년 '선명회어린이합창단'(오늘날 '월드비전 어린이합창단')을 설립했고, 1979년부터 공단·교도소·버스회사 등 미전도 그룹에 선교사업을, 1981년부터는 농어촌 지역개발 사업을 시작했다. 1991년부터 외국 원조를 받지 않고 경제적으로 자립했고, 1995년 북한에 중국산 옥수수 500톤을 지원했다. 지역사회 복지·장애인 복지·사랑의 도시락·긴급 구호·위기가족 지킴이·청소년 사역·정의 구현 사역 등의 사업을 펼치고 있다. 본부는 서울시 영등포구 국제금융로 20(여의도동)에 있다.

한편, 세계 월드비전은 전 세계 100여 개 국에서 1억 명을 대상으로 긴급 구호사업, 지역개발사업 등을 하는 세계 최대의 국제 구호 단체다.

웨스트민스터 교리문답(- 敎理問答, Westminster Catechism) → '웨스트민스터 요리문답'을 보라.

웨스트민스터 대성당(- 大聖堂, Westminster Cathedral) 영국 런던의 웨스트민스터에 있는 로마 가톨릭교회의 주교좌 성당. 1895년 착공하여 1910년 헌당한 비잔틴 양식의 건물이다.

영국 잉글랜드와 웨일스 지역 로마 가톨릭교회의 중심지이다. 인근의 성공회 교회인 웨스트민스터 사원과는 구분된다.

웨스트민스터 사원(- 寺院, Westminster Abbey) 영국 런던에 있는 고딕 양식의 성공회 교회당. 앵글로 색슨계 마지막 왕 에드워드(1002-1066년)가 노르만 양식으로 세운 세인트 페트로 성당(Collegiate Church of St. Peter in Westminster)이 원형이다. 그 후 헨리 3세(Henry Ⅲ, 1216-72년 재위)가 프랑스 건축가를 시켜 현존하는 고딕 양식의 건물로 재건축했고, 헨리 7세(1485-1509년 재위)가 동쪽 부속 예배당을 신축했다. 또 서쪽 정면의 쌍둥이 탑은 1739년에, 현재의 성가대석은 1867년에 건축되었다.

웨스트민스터 사원은 1066년 윌리엄 1세 대관식 이래 영국 왕 40여 명이 대관식을 치렀고, 대다수 왕과 여왕의 무덤으로 사용될 만큼 영국 왕실과 밀접한 관계를 맺고 있다. 현재는 절반이 국가 교회로, 절반이 박물관으로 사용되고 있다. 박물관에는 왕실 유물을 비롯하여 영국을 대표하는 문학·예술가의 기념비가 있다. 1643년 7월 1일부터 1649년 2월 22일에 개최된 웨스트민스터 회의에서 장로교의 신앙고백(웨스트민스터 신앙고백)과 대소요리문답, 장로교 헌법 등이 마련된 장소로 유명하다. 인근의 웨스트민스터 대성당은 로마 가톨릭 성당으로 웨스트민스터 사원과 구분된다.

웨스트민스터 신도게요(- 信徒揭要, Westminster Confession of Faith) '웨스트민스터 신앙고백'을 가리키는 우리말 옛 표기. → [2. 교리 및 신앙 용어] '신도게요서'를 보라.

웨스트민스터 신앙고백(- 信仰告白, Westminster Confession of Faith) 1643-1647년 웨스트민스터 회의 기간 중에 제정된 전문 33장의 칼빈주의 장로교 신앙고백서. 성경의 권위, 하나님의 주권, 양심의 자유 등의 내용을 담고 있다.

당시 회의에는 121명의 목사와 상원의원 10명, 하원의원 20명 등 평신도 대표 30명이 참석했다. 또한 이 회의에서는 스코틀랜드 국교회에서 4명의 성직자와 2명의 장로들도 위원으로 임명되었다. 그 결과 웨스트민스터 신앙고백은 1647년 스코틀랜드에서, 1648년 영국 의회에서 인준을 받았다. 이 신앙고백은 오늘날까지 한국을 비롯한 전 세계 대부분의 장로교회에서 사용되고 있다. 〈신도게요〉(信徒揭要)라고도 한다. → [2. 교리 및 신앙 용어] '웨스트민스터 신앙고백', [3. 행정 및 교육 용어] '웨스트민스터 신앙고백'을 보라.

웨스트민스터 요리문답(- 要理問答, Westminster Catechism) → [3. 행정 및 교육 용어] '웨스트민스터 요리문답'을 보라.

웨스트민스터 헌법(- 憲法, Westminster Constitutions) 장로교회 헌법. 영국 정부 주관으로 목사 121명, 평신도 대표 30명이 1643년 런던 웨스트민스터 예배당에 모여 초안하고 영국 각 노회와 대회에 수의 가결한 후 총회가 완전하게 채택하여 공포한 장로교회 헌법. 우리나라 대다수 장로교회 헌법인 신조, 대소요리문답, 신앙고백(신도게요), 교회 정치, 권징 등을 통틀어 일컫는다.

웨스트민스터 회의(- 會議, Westminster Assembly) 1643년 7월 1일부터 1649년 2월 22일까지 영국 의회가 소집하여 웨스트민스터 사원 예루살렘실(Jerusalem Chamber)에서 개최된 회의(1,163회 이상의 정기 모임). 이 기간 동안 목사 121명, 평신도 대표 30명이 참석했다. 이때 개회식에 참석한 목사는 69명이었는데, 대부분은 장로교회에 속했고, 자유교회 소속이 10명, 에라스투스주의(Erastianism, 교회가 국가에 종속되어야 한다는 국가 권력 지상주의)에 속한 자가 6명이었다. 회의에서는 1644년에 예배모범안(The Book of Public Worship), 1646년에 신앙고백서(The Confession of Faith), 1647년에 대요리문답(The Larger Catechism)과 소요리문답(The Shorter Catechism)이 마련되었고, 스코틀랜드 총회는 이를 즉시 채택했고(1647년), 영국 의회도 예배모범과 신앙고백서를 비준하여(1648년) 영국과 아일랜드 장로교회의 표준으로 삼았다. 그러나 영국에서는 스튜어트 왕정이 복고되면서 다시 감독제도가 확립되었다. → '웨스트민스터 신앙고백'을 보라.

웨슬리(Wesley) 감리교회 창시자. → '존 웨슬리'를 보라.

위그노(Huguenots) 프랑스의 칼빈주의 신교도를 경멸적으로 일컫는 말. 어원적으로는 맹약자(盟約者)를 뜻하는 독일어 'Eidgenosse'의 스위스 계열 프랑스어로 본다. 오늘날 프랑스에서는 신교도(위그노)를 가리켜 주로 〈개혁파〉(reforme)라고 부른다.

종교개혁 후 1559년 파리에서 칼빈주의 신앙고백인 〈개혁파신조〉가 작성되면서 많은 신교도가 생겨났다. 이때 교인 수가 약 40여 만 명이었으며 이는 당시 프랑스 인구의 6분의 1에 해당하는 숫자였다. 그 구성원들은 주로 경제적으로 압박을 받던 중산 계층의 사람들이었다. 그러나 1562년 왕위 계승을 둘러싼 복잡한 정치적 이유로 위그노 집회를 허락하는 칙령이 내려지자 집권당인 가톨릭 성향의 기즈 당(Guises)이 이에 반발하여 예배 중이던 위그노를 습격함으로써 내란이 발생하게 되었다.

이른바 '위그노 전쟁'(1562-1598년)이 시작된 것이다. 신구 양파의 대립에 제후들의 정권 투쟁이 가미된 이 전쟁은 로마 가톨릭을 대변하는 기즈 당과 신교도와의 싸움에 스페인 왕 빌립 2세가 간섭함으로써 혼란에 혼란을 더하였다. 세 차례의 혈전과 휴전을 반복하던 신구교도 간의 대립은 1572년 8월 24일 성 바르톨로메오(St. Bartholomeu) 축제일 밤에 신교도(위그노) 2,000여 명을 대학살한 사건에서 절정에 달했다. 그 후 부르봉 왕가(Bourbons)의 시조인 앙리 4세가 가톨릭으로 개종하고 1598년 낭트 칙령(Edit of Nantes)을 통해 신교도의 신앙의 자유를 선포함으로써 위그노 전쟁은 끝이 났다. 낭트 칙령은 신구교도 양편의 법률상 동등권과 관직 평등권을 인정하는 칙령이었다.

아무튼 이 30여 년의 기간 동안 3만여 명의 위그노가 가톨릭의 박해로 살해되었다. 그러나 이런 박해 가운데서도 위그노의 숫자는 신앙의 자유가 선포될 당시 거의 125만 명으로 크게 늘어났다.

그 후 절대 군주인 루이 14세가 1685년 〈낭트 칙령〉을 폐지함으로써 30만여 명의 위그노가 영국, 프러시아, 미국 등 해외로 망명하고 프랑스 혁명 이전까지 위그노는 다시 순교와 박해의 긴 터널을 지나야 했다. 1802년에 가서야 위그노는 정치적 권리를 회복하였고, 1907년에 프랑스 개혁교회로 발전하여 오늘에 이르고 있다.

위클리프(John Wycliffe) 영국 신학자며 종교개혁의 선구자(1320-1384년). 옥스퍼드 대학을 졸업하고 모교 교수를 거쳐 국왕 에드워드 3세의 궁정 사제로 임명되었다. 1368년 이후 퀸즈칼리지에서 교수를 지내며 1373년 「명제집」과 1376년 「속권론」 등의 책을 집필했다. 이들 책에서 그는 교황에 대한 납세 반대, 교회 재산 몰수와 국가 귀속, 영국 왕실 재정의 자주권, 정부 권력에 반대하는 성직자 비난, 교회에 대한 국가의 기득권 등 반(反) 교황 정책과 교황으로부터의 정치적 독립을 주장하여 가톨릭교회의 반발을 샀다.

또 그는 성찬과 관련하여 가톨릭 교리인 화체설(化體說)을 부인하고 축성된 빵과 포도주의 성질은 그것을 받는 자의 신앙 상태에 따라 결정된다고 주장함으로써 가톨릭교회의 신앙 근간을 뒤흔드는 성찬 논쟁에 불을 붙였다. 이런 그의 주장은 훗날 루터의 사상과도 흡사하였다.

또 위클리프는 신앙 생활에서 성경이 유일한 기준임을 천명하면서 성경의 영어 번역을 주장했다. 이 역시 훗날 종교개혁자들의 생각과 일치했다.

1377년 교황 그레고리 11세는 위클리프에게 19가지 죄목을 씌워 체포를 명했으나 영국 국왕 리차드 2세의 보호로 위기를 모면했고, 캔터베리 대주교의 공격으로부터도 신체적 위해(危害)를 피할 수 있었다. 그 후 1381년 대학에서 은퇴한 위클리프는 라틴어성경을 영어로 번역하는 중에도 설교를 멈추지 않았고, 설교자들을 훈련시키는 일에 전념하다 1384년 12월 31일 생애를 마감했다.

그의 개혁적인 사상은 보헤미아의 개혁자 후스(Hus)와 독일의 종교개혁자 루터(Luther)에게 지대한 영향을 미쳐 훗날 가톨릭을 대체하는 프로테스탄트 교회를 탄생시키는 토양을 마련해 주었다.

그러나 위클리프는 사후에도 가톨릭교회의 공격을 받아 1414년 콘스탄츠 공의회에서 이단으로 정죄되었고 1428년 그의 유해는 자신의 저작들과 함께 불에 태워져 템즈 강에 뿌려지는 수모를 당해야 했다. 그 후 1559년 영국에서 종교개혁이 마무리되면서 그는 복권되어 영국민들로부터 개혁자로 추앙받게 되었다. →[2. 교리 및 신앙 용어] '위클리프 성경'을 보라.

윌리엄 캐리(William Carey) 인도에서 사역한 영국 침례교 선교사(1761-1834년). 근대 선교의 아버지. 영국 노스햄프턴에서 출생하여 고등학교를 졸업하고 16세에 구두수선 기술을 배웠다. 19세에 기도 모임에서 그리스도를 영접하였고, 복음을 전해야 한다는 불타는 사명감으로 23세가 되던 1783년 10월 5일에 침례교 목사가 되었다. 목회에 전념하던 어느날 「쿡 선장의 항해기」(Captain Cook's Voyages)를 읽고 세계 선교의 비전을 갖게 되었다. 당시 어느 누구도 세계 선교에 관심을 갖지 못하던 시기였다.

그는 지도를 집에 걸어두고 선교적 관점에서 성경을 공부하기 시작하였다. 1792년 22세 되던 해 캐리는 87쪽 짜리 선교 책자를 발행하였다. 그는 이 책에서 세계 선교의 필요성을 역설하였다. 그리고 '침례교 선교회'(Baptist Missionary Society)를 창설하였고, 노팅검에서 개최된 선교 대회에서 "하나님으로부터 위대한 일들을 기대하라. 하나님을 위해 위대한 일들을 성취하라"(Expect great things from God, attempt great things for God)는 유명한 메시지를 선포했다. 이 말은 지금도 침례교 선교 모토로 사용되고 있다.

이듬해인 1793년 23세 되던 해 주변의 완강한 반대를 무릅쓰고 인도행 배를 타고 5개월여 만에 인도 벵골에 도착했다. 그는 마드라스의 농장에서 일하며 인도 말을 배웠고 자비량 선교에 혼신의 힘을 기울였다. 그러던 중 1794년 5살 난 아들이 질병으로 죽는 등 캐리는 말할 수 없는 난관에 직면했다. 하지만 그는 전도를 멈추지 않았고, 인도 말로 성경을 번역했으며, 학교도 설립하였다.

그는 1799년 세람포(Serampore)로 선교지를 옮겨 죠수아 마쉬맨, 윌리암 워드 가정과 공동 생활을 하며 전도와 성경 번역 사역을 계속했다. 그리하여 중국어, 미얀마어, 말레이어 등 44개의 언어로 성경을 번역 출간하였다. 특히 그는 인도를 대표하는 산스크리트어, 벵갈어, 마라디어로 성경을 번역했으며 1809년 벵갈어로 신구약성경을 완간하였다. 1819년에는 세람포 대학을 설립했다.

그는 1834년 세람포로 사역지를 옮기 지 34년 만에 73세의 일기로 인도 땅에 묻혔다. 캐리 이후 세계 교회는 선교에 큰 관심을 갖게 되었고 스코틀랜드, 네덜란드, 영국 등 각 나라에서 선교회가 조직되어 19세기 선교의 황금 시대를 열게 되었다. 윌리암 캐리는 그칠 줄 모르는 뜨거운 열정과 끈질긴 도전으로 영적으로 잠자는 나태한 영국을 제사장의 나라로 만들었다.

윗트니스 리(李常受, **Witness Lee**) 중국 목사(1905-1997년). 지방교회 운동의 주창자. 복음서원(Living Stream Ministry, LSM) 설립자. 1905년 중국 산둥성 얀타이 시의 남부 침례교 가정에서 태어났다. 동역자 워치만 니가 시작한 '작은 무리 운동'(The Little Flock Movement)을 조직화하여 〈주의 회복〉 혹은 〈지방교회〉라 하는 기독교 일파를 만들었다. 중국에서는 이 모임을 '후한파이'(呼喊派, 호함파)라 부른다.

이 모임은 초대교회의 가르침을 회복하자는 뜻에서 조직되었는데, 각 도시에 집회소를 하나만 두는 것을 원칙으로 하고 대도시의 경우 집회소를 분리하는 방식으로 운영된다. 또 〈지방교회〉는 목회자가 없고 전 시간(full time) 자원 봉사하는 사람에 의해 유지·관리된다. 그는 1962년 미국 캘리포니아에 정착하여 35년 동안 주중 집회와 주말 특별집회에서 8천여 회에 걸쳐 설교하였다.

유관순(柳寬順) 여성 독립운동가. 순국 열사 (1902-1920년). 충남 천안군 목천(木川)면 용두리 지령 마을 태생. 동네에서 가장 먼저 개화 사상을 받아들인 기독교 가정에서 태어났다. 1915년 공주에 파송된 감리교 여선교사 샤프(Alice Hammond Sharp)의 소개로 이화학당 보통과 2학년에 편입했고, 1918년 고등과에 입학했다. 1919년 3.1 운동을 맞아 동료와 함께 만세 운동에 참여했다. 그 후 학교가 휴교되자 사촌언니 예다(禮多)와 고향으로 내려가 천안·연기·진천·청주 지역 학교와 교회 등을 돌며 만세 운동을 준비했다.

같은 해 4월 2일(음력 3월 1일) 아우내 장터에서 독립 연설을 하고 3천여 군중에게 태극기를 나누어 주는 등 만세운동을 주도하다 일본 헌병대에 체포되어 공주 검사국에서 3년형을 선고받았다. 또 만세 운동 때 부모는 현장에서 살해되고, 오빠 관옥(寬玉)도 투옥되었다. 게다가 겸성복심법원에서 법정 모욕죄까지 추가되어 7년형을 선고받고 서대문 형무소에서 복역 중 고문으로 방광이 파열되어 옥사했다. 시신은 이화학당 교장 프라이와 월터 선생의 강한 항의로 인도되었는데, 토막 난 상태였다고 한다. 1962년 건국훈장 독립장이, 2019년 3.1절에 건국훈장 대한민국장이 추서되었다. 이화여자고등학교는 1966년 고향 지령리에 유관순 기념교회와 1974년 유관순 기념관을 설립했고, 1996년 5월에는 명예졸업장을 수여했다.

유교(儒敎, Confucianism) 노(魯) 나라의 공자가 세운 중국의 대표적 사상. 일명, 공교(孔敎), 공자교(孔子敎). 종교라기보다 통상 '유가 사상', 혹은 '유학' 등 학문의 일종으로 본다. 인(仁)을 최고의 도덕 이념으로 삼는다. 곧 공자는 인을 가정에서의 '효'(孝)와 가족 간의 '예'(禮)로 보았다. 그리고 이를 통해 인간 사회의 질서와 조화를 이루며 이를 정치에도 반영하려 하였다. 이런 공자의 가르침은 한 마디로 수신(修身), 제가(齊家), 치국(治國), 평천하(平天下)로 집약된다. 이런 사상은 과거 수천 년 동안 중국과 한국, 일본에 큰 영향을 미쳤다.

하지만 공자는 생전에 고국에서 이 사상을 펼치지 못했다. 그는 15년간 여러 나라를 떠돌다 말년에 고향으로 돌아와 사학(私學)을 열고 후학들을 가르쳤다. 그의 사상은 사후에 제자들이 집대성한 「논어」(論語)에 잘 나타난다.

그 후 유교는 맹자에게 와서 내면적으로 심화되고 정치론으로 정비되었으며, 북송(北宋) 시대에는 형이상학적으로 크게 부흥하였고, 남송(南宋)의 주자는 학설을 집대성하여 주자학(朱子學)을 확립하였다. 그러나 19세기 아편전쟁과 중국 공산화 과정을 겪으면서 중국에서 유교는 쇠퇴하였다. 한편, 우리나라에는 삼국 시대 때 유교가 전래된 것으로 보이며, 조선 시대 때 크게 성행하였다.

유구노 신교도(- 新敎徒) 16-18세기 프랑스의 칼빈주의 신교도인 위그노(Huguenot)를 가리키는 일본어. → '위그노'를 보라.

유니테리언(Unitarian) 삼위일체(三位一體) 교리를 거부하고 예수 그리스도의 신성(神性)을 부인하는 기독교 교파. 오직 하나님 한 분만 신이라고 하여 유일신론(Unitheolism)을 주장하기 때문에 이런 이름이 붙여졌다. 이 사상은 교회사 초기 아리우스(Arius)에게서 이미 나타났는데, 종교개혁 당시 스페인 신학자인 미구엘 세르베투스(Miguel Servetus, 1511-1553년)가 「삼위 오류」(1531년)에서 유일신론을 주장하다 제네바에서 칼빈에게 화형당했다. 또 이탈리아 태생의 인문주의 신학자 파우스투스 소시너스(Faustus Socinus, 1539-1604년) 역시 「요한복음」(1562년)과 「구주 예수 그리스도」(1578년)에서 예수의 신성을 부인하고 삼위일체를 거부했다. 그는 트랜실바니아를 거쳐 폴란드에서 유일신론을 전하다 죽었다. 그러나 폴란드에서 소시너스파를 이룰 정도로 상당한 세력을 형성하였다.

그 후 유일신론은 유럽 대륙에서 영국으로 전파되어 비국교도들 사이에 상당한 영향력을 끼쳤다. 영국 최초의 유일신론자는 옥스퍼드 출신의 비들(John Biddle, 1615-62년)이다. 그외에도 프리스틀리(Joseph Priestly, 1733-1804년)와 하즐릿(William Hazlitt, 1737-1820년)은 유일신론을 미국 교회에 전했다.

그리하여 1785년 미국 뉴잉글랜드에서 제일 오래된 감독교회인 킹스 채플(King's Chapel)이 맨 먼저 유일교회가 되면서 많은 회중교회들이 유일교회로 넘어갔다. 또 웨어(Henry Ware, 1764-1845년)는 하버드 대학 신학교수가 되면서 유일교회의 중심축을 형성했다. 당시 유일교회의 지도자는 보스턴의 채닝(William Ellery Channing, 1780-1842년)이었다. 그는 1819년에 볼티모어에서 가진 스팍스 목사(Jared Sparks, 1789-1866년) 안수식 설교에서 유일교회 선언을 함으로써 유일교회의 대표 주자가 되었고 1825년 미국유니테리언연합(American Unitarian Association)을 결성하였다. 그러나 1826년 미국 정통교회 목사인 라이만 비쳐가 보스톤으로 전입와 부흥 운동을 강화하면서 유일교회의 이런 행진은 중지되어 더 이상 뉴잉글랜드 지역을 넘지 못하였다. 현재 미국에서 유일교회의 세력은 아주 미미하다.

유대교적 기독교(-敎的 基督敎, Jewish Christianity) 유대 출신 기독교인들의 주장을 일컫는 말. 이들은 이방인 기독교 개종자들도 할례를 받고 음식물에 대한 정결 규례 등 유대의 율법을 준수해야 한다고 주장하였다(행11:1-3; 15:5; 갈2:4,12). 이런 주장은 당시 이방인 선교에 큰 장애가 되었다. 그리하여 예루살렘 공의회가 개최되었고, 여기서 율법 준수를 강요하지 말도록 결정함으로써 기독교가 유대를 넘어 세계로 뻗어나가는 큰 전기를 마련하게 되었다(행15장).

용어상식

유대교(- 敎, Judaism)

바벨론 포로 이후 율법과 전승을 근간으로 형성된 유대인들의 민족 종교. 율법과 할례를 중시하는 유일신교(갈1:13-14). 〈유대 백과사전〉(Jewish Encyclopedia)에 의하면, 하나님을 아버지로 믿고 그의 계시를 믿는 신앙에 근거한 생활 양식'으로 정의하고 있다. 유대인들의 종교인 동시에 국교(國敎)인 셈이다. 구약성경을 경전으로 사용하지만 좀 더 정확하게 말하면, 유대교의 생활 규범은 오랜 세월을 지내는 동안 형성된 전통과 유전(遺傳)에 기인한다. 이 규범은 주로 바벨론 포로에서 귀환한 후, 곧 에스라 시대부터 서기관들이 모세 오경을 법규화하면서 본격적으로 시작되어 신약 시대에까지 이어져 내려온다. 따라서 유대교는 장로들의 전통과 규범을 철저하게 준수함으로써 종교적 의(義)를 이루는 데 주된 관심을 가지고 있고, 결국 성경 말씀보다 전통과 유전을 더 중시하는 데까지 나아가 예수님으로부터 심한 꾸지람을 듣기도 했다(막7:3-13). 메시야 대망 사상을 가지고 있었지만, 정작 신약성경의 예수님을 부인했다.

유대 전쟁(- 戰爭, Jewish War) 유대가 로마를 상대로 벌인 두 차례의 전쟁. 제1차 유대-로마 전쟁은 A.D.66-73년경에, 제2차 유대-로마 전쟁은 A.D.132-135년경에 일어났다. 두 전쟁 모두 '유대 독립전쟁'으로도 불린다.

1. 제1차 유대 전쟁 - 헤롯 대왕 사후 유대는 친로마 성향을 가진 헤롯의 아들들에 의해 분할 통치되었다. 하지만 실제로는 수리아에 파견된 로마 총독의 지배를 받았다. 로마는 유대에서 많은 세금을 수탈하고, 제사장 가문이 아닌 자들을 임명하여 대제사장을 세우며, 성전에 황제 신상을 세우는 등 정치적·종교적으로 유대를 압박했다.

그러던 중 A.D.66년 가이사랴 회당 앞에서 그리스 이방인과 유대인 사이에 종교적 분쟁이 발생하여 유대인들이 예루살렘 주둔 로마 부대를 급습하는 일이 발생했다. 이에 주둔군이 강경 진입하자 폭동은 걷잡을 수 없이 과격해졌고, 유대인들은 로마 군대를 제압하고 항복하는 자들까지 무참하게 학살하며 유대의 서부와 남부 지역을 장악하기에 이르렀다.

이에 로마 총독 갈루스가 안디옥에 주둔하던 로마 군과 유대 왕 아그립바 2세의 지원군을 보내 반란을 진압했다. 또 67년 5월 갈루스의 후임으로 임명된 베스파시아누스가 3개 군단 6만 명외 군사를 투입하여 유대 북쪽 해안가에서부터 남쪽 예루살렘을 향해 진격하여 47일간의 공방 끝에 7월 20일 갈릴리 지역을 접수했다. 그리하여 68년까지 유대 북부 지방이 로마의 손아귀에 들어갔다. 그러나 네로 황제의 죽음으로 전쟁은 1년 반 이상 지연되었고, 이 기간 동안 유대는 착실하게 시설을 보강하며 식량을 비축하여 다가올 전쟁에 대비했다. 그 후 전장에 있던 베스파시아누스가 네로의 뒤를 이어 황제로 추대되자 그의 아들 티투스(Titus)가 전선 사령관 자리를 물려받아 계속 전투를 수행하였다.

69년 7월 다시 로마의 공격이 재개되어 70년 8월 10일 난공불락의 예루살렘이 함락되고 9월 20일에는 예루살렘 시가지가 모두 로마 군의 손에 장악되었다. 유대사가 요세푸스(Josephus)는 이때 110만여 명이 사망했다고 전한다. 비록 예루살렘 남서쪽 30km 지점의 헤로디온, 사해 동쪽 마카이로스, 서쪽의 마사다 세 요새에서는 열심당원들이 끝까지 항전했으나 대세를 반전시키지는 못하고 73년 마사다가 함락되면서 1차 유대 전쟁은 막을 내렸다.

2. 제2차 유대 전쟁 - A.D.132-135년 시몬 바르 코크바가 로마를 상대로 일으킨 유대 독립전쟁. 당시 유대의 최고 랍비였던 아키바는 그를 민수기 24:17에 나오는 메시야로 선언했다('바르 코크바'는 '별의 아들'이란 뜻으로 메시야를 의미한다). 그러나 135년 바르 코크바는 베들레헴 근교의 바티르 마을 전투에서 전사했고, 아키바는 유대인들을 선동한 죄로 체포되어 처형당함으로써 전쟁은 실패로 끝이 났다.

유세비우스(Eusebius of Caesarea) 팔레스타인 가이사랴 태생의 신학자(263-339년). 가이사랴 감독. 교회사의 아버지. 가이사랴에서 스승 팜필루스에게 배웠다. 두 사람은 가이사랴의 학교와 도서관에서 함께 연구하며 우정을 나누어 '유세비우스 팜필리'로도 불렸다. 307년 팜필루스가 로마의 기독교 박해로 인해 순교당하자 애굽으로 피신했다가 314년 가이사랴로 돌아와 감독이 되었다.

변증·역사·해석 등에 관한 많은 저술을 남겼는데, 특히 「교회사」가 유명하다. 이 책은 전 10권으로 된 최초의 교회사로서, 전반부 7권에는 303년까지의 교회 역사가, 후반부 3권에는 323년까지의 역사가 기록되어 있다. 여기에는 서방교회보다 동방교회의 사료가 더 많이 나타나는데, 주로 변증적 입장에서 기술되어 있다. 이외에도 유세비우스는 「기독교 변증론」(20권), 「유대인 변호사」(15권), 「콘스탄틴전」, 「세계사」 등의 작품을 남겼다.

한편, 유세비우스는 아리우스 논쟁에서 온건한 중도파의 입장을 견지했으나 후에 아타나시우스파에 가담하여 정통 교리 확립에 공헌하였다. 또한 그는 스승 팜필루스와 함께 오리겐을 변호하는 옹호문을 쓰기도 했다. → '아리우스주의', '아타나시우스'를 보라.

유진 벨(Eugene Bell) 미국 남장로교회 선교사(1868-1925년). 한국명 배유진. 1895년 4월 8일 한국에 파송되어 광주·목포 지역에서 복음을 전하고 20여 개의 교회를 개척했다. 또 광주에 수피아여학교와 숭일학교를 비롯하여 목포에 정명학교와 영흥학교를 세우고, 광주기독병원도 설립했다. 뿐만 아니라 그의 사위 윌리엄 린튼 선교사는 1912년 군산에 도착하여 전주 기전여고와 신흥고 교장을 지내면서 교육사업에 헌신했다. 그는 신사참배를 반대하다 출국당했지만 광복 후 다시 한국에 돌아왔다.

한편, 1926년 군산에서 태어난 윌리엄 린튼 선교사의 셋째 아들 휴 린튼(한국명 인휴)과 부인 베티 린튼(한국명 인애자)은 평생 전라도 농촌과 섬에서 지내며 결핵 퇴치 운동에 앞장섰다. 우리에게 잘 알려진 세브란스병원 국제진료센터 소장 존 린튼(한국명 인요한)이 바로 이들 부부의 막내아들로서 1959년 순천에서 태어났다. 그는 한국인과 결혼하여 한나 린튼, 에스더 린튼 두 자녀를 두고 있다. 이렇게 유진 벨에서부터 시작된 린튼 가문의 한국 사랑은 5대째 이어지고 있다. 한국 땅에 복음의 씨앗을 뿌린 유진 벨은 광주광역시 양림동 호남신학대학 구내 선교사 묘역에 안치되어 있다.

유태교(- 敎, Judaism) → '유대교'를 보라.

윤동주(尹東柱) 민족 저항 시인(1917-1945년). 중국 간도성 명동촌에서 출생했다. 1931년 명동소학교를 졸업하고 용정의 은진중학교를 다니다 1935년 평양 숭실학교로 전학했다. 그러나 학교가 신사참배 문제로 폐교되자 다시 용정의 광명중학교로 편입하여 졸업했다. 1938년 연희전문학교 영문과에 입학하여 1942년 졸업과 동시에 도쿄의 릿쿄(入敎) 대학 영문학과에 입학했다가 교토의 도시샤(同志社) 대학으로 적을 옮겼다. 이듬해 민족운동 비밀결사 모의죄로 체포되어 옥고를 치르다가 1945년 2월 16일 규슈(九州) 후쿠오카(福岡) 형무소에서 28세의 젊은 나이로 옥사했다.

그는 옥에 있을 때 생체 실험으로 의심되는 정체불명의 주사를 정기적으로 맞았는데, 이것을 사인으로 보기도 한다. 연희전문학교 시절부터 민족 고난을 기독교 정신으로 승화시키는 많은 시를 썼다. 그의 사후 1948년에 유고시집 「하늘과 바람과 별과 시」가 출판되었고, 1968년에 그의 시비가 연세대학교 교정에 세워졌다.

음부강하설(陰府降下說, A Theory on Descended into Hell) 예수께서 십자가에 죽으시고 부활하실 때까지 3일 동안 그의 영혼이 음부(지옥)에 내려가 거기에 있는 영혼에게 복음을 전파하셨다는 가톨릭의 학설. 390년경 아킬리안 형(Aquilian Form)의 사도신조에서 처음 발견되었다. 그 후 404년에는 루피누스(Rufinus)가 헬라어로 된 말셀루스 신조(Creed of Marcellus, 340년)를 라틴어로 번역하면서 첨가하였다. 또 알리스의 감독 가이사리우스(Caesarius, Bishop of Arles, 503-543년)는 루피누스가 번역한 신조를 갈리칸 신경(Galican Creed)에 인용하였으며, 구 로마 신경(The Old Roman Creed)이나 가톨릭에서 공인된 사도신경(small case Receptus, 700년)에도 이 내용이 첨부되어 있다. 그러나 기독교는 '그가 지옥에 내려가셨다'는 이 표현을 십자가에 죽으심으로 인한 그리스도의 낮아지심(비하, humiliation)의 반복된 표현으로 해석한다(웨스트민스터 신앙고백서 대요리문답 제50번).

이고주의(異敎主義, paganism) 기독교적 입

장에서 성경이 가르치는 하나님 이외의 다른 신관이나 가치관을 나타내는 말.

크게 셋로 구분할 수 있다. ① 복음 시대 이전 사람들이 가졌던 일반적인 신관(神觀)을 가리킨다. 특히 소크라테스나 플라톤, 아리스토텔레스와 같은 그리스나 로마 철학자들의 사상 가운데 나타난 신에 관한 관념이나 종교관을 말한다. ② 성경의 가르침을 거부하고 대신 종교적·철학적 체계를 세계관으로 받아들이는 것을 가리킨다. 예를 들면, 물질주의, 인본주의, 쾌락주의, 실존주의 사상 등이 여기 해당한다. ③ 복음을 듣지 못한 자들이 출생시부터 생활 풍습이나 전통으로 배우고 익힌 토속적 가치관을 가리킨다. 주로 미신이나 우상 숭배, 다신(多神) 사상 등 문명국이나 비문명국 사람들의 종교적·도덕적 상태를 말한다.

이그나티우스 로욜라(Ignatius de Loyola) 가톨릭 수도회인 예수회(Jesuits) 창설자(1491-1556년). 스페인 바스크 성주 로욜라의 아들로 태어났다. 팜플로나(Pamplona) 전투에서 프랑스 군에게 부상을 입고 병상에서 요양 중 1521년 예수와 교회 성인에 관한 전기를 읽고 회심하여 그리스도의 병사가 되기로 결심했다. 그 후 몬세라트 산(Monserrat)에서 성모 마리아에게 헌신을 맹세하고, 만레사 동굴에서 1년 동안 기도와 고행에 몰두하면서 내적으로 신비로운 체험을 했다. 그는 이를 바탕으로 영적 수련 방법을 기술한 「심령수련」(心靈修練, Exercitia spiritualia)이란 책을 저술했다.

그 후 로마와 예루살렘을 순례하고 학문에 힘쓰며 실력을 쌓았다. 특히 파리대학교에서 공부할 때 사비에르, 파베르 등의 친구를 만나게 되는데, 이들 6인은 1534년 몽마르트 언덕에서 '예수회' 설립의 핵심 동역자가 되었다. 1540년 9월 27일 그는 예수회 초대 총장이 되어 엄격한 군대식 규율을 만드는 등 수도회의 기반을 쌓았다. 또 1551년에는 로마와 독일에 가톨릭 교리교육 학원을 설립하기도 하였다. 그가 세운 예수회는 당시 종교개혁에 대항하여 가톨릭의 규율을 세우고 가톨릭에 활력을 불어넣는 큰 버팀목이 되어 주었다.

이기풍(李基豊) 우리나라 최초의 7인 목사 중 한 사람(1865-1942년). 최초의 제주도 선교사며 순교자. 평양 출생. 1883년까지 한학을 수학했다. 1894년 세례를 받고 1898년부터 1901년까지 함경도에서 매서인으로 활동했다. 또 1902년부터 1907년까지는 황해도 일대를 돌며 선교사 업무를 도왔다. 이때 마펫 목사의 권고로 1903년 신학교에 입학하였다. 1907년 평양 장로회신학교를 제1회로 졸업한 후 목사 안수를 받고 1908년 독노회(獨老會)에서 최초로 제주도 선교사로 파송되었다. 거기서 주민들의 많은 반발에도 불구하고 성안교회를 비롯하여, 금성, 삼양, 성읍, 조천, 모슬포, 한림, 용수, 세화 등 여러 교회를 개척했다.

1912년 〈조선예수교장로회총회록〉에 의하면, 당시 제주도의 교인은 410명, 예배당 3개, 기도회 처소가 5곳, 매주 모이는 남녀가 3백여 명에 이른다고 보고되어 있다. 이는 모두가 이기풍 목사의 헌신적인 사역의 결과였다. 그 후 1918년 광주 북문안교회(北門內教會) 초대목사로 부임했고, 1920년 전라 노회장, 장로회총회 부회장, 그 다음해 총회장에 피선되었다. 2년간의 병고로 휴양한 다음 1923년 전라남도 순천교회, 1924년 고흥교회, 1927년 다시 제주도 성내교회에서, 1934년에는 일흔의 나이에 여수의 남면 우학리교회에서 목회하였다.

그의 말년에는 신사참배를 거부하다 체포되어 (1938년) 심한 고문을 당하고 보석되었으나 후유증으로 1942년 6월 20일 우학리교회에서 별세했다. 1994년에는 제주 성안교회에 이기풍 목사 선교기념비가, 1998년 5월에는 제주특별자치도 제주시 조천읍 남조로 2125에 이기풍 목사 선교기념관이 세워졌다.

이레나이우스, 이레니우스(Irenaeus of Lyons) 리옹의 이레나이우스'로도 불린다. 초대교회 교부. 신학자이며 변증가(130-200년). 소아시아 서머나(Smyrna, 오늘날 터키의 이즈미르) 출생. 사도 요한의 제자인 폴리캅에게서 배웠다. 그 후 로마에서 공부했으며, 프랑스 리옹의 박해 때 순교한 포티노 주교의 뒤를 이어 178년경 감독이 되었다. 이단 그노시스파(派)와 논쟁하여 그리스도의 구원 사역을 역설했고, 초창기 기독교 신학 발전에도 매우 중요한 역할을 했다. 동 갈리아(오늘날 프랑스) 지방에 기독교를 전하다 순교한 것으로 추정된다. 대표적 저서로는 영지주의를 비판한

「이단 반박」(Adversus haereses, 5권)이 있다.

이성봉(李聖鳳) 성결교회의 대 부흥사(1900-1965년). 평남 강동군 출생. 6세에 기독교에 입문하고 어머니로부터 엄격한 신앙 교육을 받았다. 중화 경의학교를 거쳐 14세에 신천 경신소학교를 졸업했다. 이후 경제적 이유로 학업을 중단하여 오랜 기간 실의에 빠져 방황했다. 그러다 21세 되던 해 원인 불명의 병으로 6개월간 평양 기홀병원에 입원하면서 비로소 인생에 대해 깊은 사색을 하며 철저하게 하나님만 믿고 의지하는 신앙 역전의 대변화를 맞이하게 되었다. 그리하여 1929년 동양선교회 경안성서학원을 졸업했고 1936년에는 일본에 유학을 다녀왔다.

해방 후 조국의 무너진 교회를 회복하라는 주님의 음성을 듣고 이북에서 성결교회 재건 운동에 앞장섰다. 1950년 6.25 전쟁 때는 목포에서 피난을 거부하고 집회를 인도하다 인민군에게 붙잡혀 온갖 고초를 겪기도 했다. 전쟁이 끝나고 1954년부터 2년 동안 '임마누엘 특공대'를 조직하여 무너진 교회 복구를 위해 순회 집회를 인도했다. 이때부터 그는 전국을 돌며 천막을 치고 대중 집회를 열었다. 그가 가는 곳마다 수 많은 인파가 모여 대성황을 이루었다. 1957년에는 8개월 동안 미국에서, 1961년부터 1963년까지는 전국 408개 교회에서 순회 집회를 가졌다.

이성봉 목사는 세상을 떠나기 10일 전까지 강단을 지켰으며 1965년 7월 성결교 합동 총회에서 마지막 설교를 하고 그 해 8월 2일 별세했다. 유해는 청주 교회 묘지에 안치되어 있다.

이수정(李樹廷) 최초의 한글성경 번역자(1842-1886년). 전남 곡성 출신. 고종 황제 때 민영익(閔泳翊), 개화파 김옥균 등과 친분을 가졌다. 1882년 임오군란(壬午軍亂) 때는 명성황후를 충주까지 피신시킨 공로로 높은 벼슬에까지 올랐다.

1882년 제물포조약(濟物浦條約) 후 수신사 박영효(朴泳孝)의 수행원 자격으로 일본에 다녀왔다. 이때 일본의 대표적 농학자이자 기독교인이었던 츠다센(律田仙)의 영향으로 기독교를 접하고 1883년 4월 29일 동경 노게스초(露月町)교회에서 미국 장로교회 선교사 낙스(G.W. Knox)의 입회하에 야스가와(安川亭) 목사에게 세례를 받았다. 이로써 일본에서 세례를 받은 최초의 한국인 신자가 되었다.

그리고 일본주재 미국 성서공회 총무였던 루미스(Henry Loomis)의 권유로 성경 번역에 착수하여 한문성경에 토를 단 「현토한한신약전서」(懸吐韓漢新約全書)를 간행했다. 이어서 국한문성경인 「신약마가젼복음셔언해」를 번역했다. 이 성경은 1885년 2월 요코하마에서 6,000부가 인쇄되어 출판되었다.

한편, 이 시기에 언더우드와 아펜젤러는 일본에 머물면서 이수정을 통해 한글성경을 입수하고 한글도 배운 것으로 알려지고 있다. 또한 이수정은 윤치호를 비롯하여 일본에 유학 중이던 개화파 학생들에게도 복음을 전하고 예배 모임도 주도하였다. 이처럼 이수정은 한국 선교에 큰 역할을 감당하였으나 1886년 귀국 후 갑신정변의 주역인 개화파의 반대 세력인 수구파(守舊派)에게 살해된 것으로 전해진다.

이슬람교(- 敎, Islam) '이슬람'은 '복종', '순종'이란 뜻. 예언자인 무함마드('찬양받는'이란 뜻)가 가브리엘 천사를 통해 알라의 계시를 전수받아 세운 종교. 하지만 이슬람은 단순히 종교에만 국한되지 않고 이슬람교 신앙을 가진 자들의 정치, 경제, 사회, 문화 전반을 포괄적으로 가리킨다.

중국에서는 처음에 회족이 이슬람교를 받아들였다 하여 '회회교'(回回敎), '회교'라고도 부르나 점차 이슬람이란 말로 바뀌어 가는 추세다. 또 이슬람교를 믿는 신자를 가리켜 '무슬림'(Muslim)이라 하는데, 이는 '알라에게 복종하는 자'란 뜻이다. '모슬렘'(Moslem)은 무슬림의 영어식 표기다. 현재 세계 인구의 20%인 약 9억 정도의 신도가 있으며, 43개 국이 이슬람 국가이다.

한편, 이슬람의 중요 특징을 살펴보면, 이슬람교는 절대신이며 창조주인 알라를 유일신으로 섬기며 경전은 코란(Koran)이다. 이슬람의 기본 신앙은 "알라 외에 다른 신은 없으며, 무함마드는 그의 예언자"라는 신앙고백에서 출발한다. 또 무슬림이 반드시 믿고 따라야 할 것이 있는데 이를 '육신오행'(六信五行)이라 한다.

1. 육신(六信) - 무슬림으로서 반드시 믿어야 할 여섯 가지. ① 알라에 대한 믿음 : 알라에게는 99가지의 아름다운 믿음이 있는데 이를 암송하면 낙

원에 들어간다는 믿음. ② 천사에 대한 믿음 : 천사는 자유의지가 없고 알라의 명령에만 순종하는데 이슬람은 이 천사에 대한 믿음을 강조한다. ③ 선지자에 대한 믿음 : 이슬람에는 12만 4천 명의 선지자가 있으며 이 중 무함마드가 최고며 최종 선지자임을 믿는 믿음. ④ 경전에 대한 믿음 : 네 개의 경전(모세의 율법, 다윗의 시편, 예수의 복음서, 무함마드의 코란)이 있는데 그중 무함마드가 가브리엘을 통해 받은 코란이 최후의 온전한 경전임을 믿는 믿음. ⑤ 부활의 날과 심판에 대한 믿음 : 심판 때 육체와 영혼이 결합하여 부활하게 된다는 믿음. ⑥ 알라에 의한 숙명에 대한 믿음 : 알라만이 인간 행위와 운명에 대한 유일한 결정권을 갖는 절대 신이라는 믿음.

2. 오행(五行) - ① 신앙고백 : "나는 알라 이외에 신이 없음을 증언합니다. 또 나는 무함마드가 알라의 사자임을 증명합니다"는 말을 외워야 한다. ② 기도 : 하루 다섯 차례씩 메카를 향해 기도해야 한다. ③ 자선 : 소득의 일부 곧 40분의 1 (2.5%)로 구제해야 한다. 이는 선교의 중요 기반이며 국가 재정의 근간을 이룬다. ④ 단식 : 라마단 기간(이슬람력으로 9월 한 달) 일출에서 일몰까지 음식과 과격한 말을 삼가며 '코란'을 독송해야 한다. ⑤ 순례 : 모든 무슬림은 평생에 한 번 이상 이슬람력 12월에 메카를 순례해야 한다. 그러나 경제적 여유가 없는 자는 면제된다.

 우리나라의 이슬람교

우리나라에는 6.25전쟁 때 참전한 터키 군에 의해 소개되었다. 1955년 10월 〈한국이슬람협회〉 (Korea Islamic Society)가 결성되었고 1965년 1월에 〈한국이슬람교중앙연합회〉(Korea Muslim Federation)로 명칭을 바꾸고 본격적인 활동을 개시했다. 1976년 5월 서울에 〈중앙성원〉이, 1980년 초에는 경기도 광주와 부산, 1986년에는 안양과 전주에도 성원이 건립되었나. 또 1980년 한국이슬람 사상 치음으로 132명이라는 대규모 성지순례단이 메카를 순례했다. 2009년 현재 한국에는 3만5천여 명의 한국인 신자를 포함하여 대략 20만 명의 신자가 있다. 본부인 〈한국이슬람교중앙연합회〉는 서울특별시 용산구 한남동에 소재한다.

이승만(李承晚) 호는 우남. 독립운동가. 대한민국 초대 대통령(1875-1965년). 황해도 평산 출생. 20세인 1894년 배재학당에 입학하여 영어와 신학문을 배웠다. 1895년 조선독립협회에 가입했고 1898년 고종을 퇴위시키고 박영효를 영입하여 내각 중심의 정부 구성을 모의하다 체포되어 무기징역을 언도받았다.

복역 중 1904년 러일 전쟁으로 민영환 등 개혁파가 정권을 잡자 특사로 석방되었다. 같은 해 미국 조지 워싱턴대학에 입학하였고 그곳에서 세례를 받았다. 1908년에는 하버드대학에서 석사 학위를, 1910년 7월에는 프린스턴대학에서 철학박사 학위를 받고 귀국했다. 1912년 세계감리교총회 한국대표로 임명되어 미국을 방문하였다.

1919년 3.1만세운동이 일어나자 4월 상해 임시정부에서 대통령으로 추대되었다. 1921년 5월에는 워싱턴 군축회의에서, 1933년 제네바 국제연맹회의에서 일본의 침략성과 야만성을 폭로하였다.

1934년 오스트리아 여성 프란체스카 마리아와 결혼했다. 그 후 해방을 맞아 미 군정의 지지를 받고 대한민국 건국을 주도하여 1948년 제헌국회의원에 당선되었다. 또 국회의장에 선출되어 대통령 중심제 헌법을 제정하고 대통령에 당선되어 그해 광복절에 대한민국 초대 대통령에 취임했다.

6.25전쟁 중 반공 포로를 석방해 국제사회에 큰 파란을 일으켰다. 1954년 4사5입 개헌으로 대통령 연임 제한을 철폐하고 1956년 제3대 대통령에 당선되었다. 그 후 1960년 3월 15일 제4대 대통령 선거 때 3.15부정선거로 4.19혁명이 일어나자 하와이로 망명하여 1965년 7월 19일 하와이에서 별세했다. 유해는 유언대로 국립묘지에 안장되었다.

이자익(李自益) 대한예수교장로회(합동) 3선 총회장(1882-1961년). 경남 남해의 가난한 농가에서 출생했다. 어려서 부모를 여의고 17세에 행상을 하던 중 전북 김제의 제일가는 부자 조덕삼의 집에서 머슴(마부)을 살게 되었다. 이때 그는 테이트(L. B. Tate, 최의덕) 선교사를 만나 주인 조덕삼과 더불어 예수를 믿고 그의 조사가 되어 매서(賣書) 일을 하면서 법과 원칙에 의해 교회 조직을 다스리는 행정과 정치를 배웠다.

그 후 이자익은 주인에 앞서 장로로 장립되어 주일에는 예배를 인도하고 설교를 담당하게 되었다.

당시로서는 참으로 파격적인 일이 아닐 수 없었다. 1910년 평양신학교에 입학하여 1915년 졸업하고 전라노회에서 목사 안수를 받아 그의 주인이 세운 금산교회 2대 목사로 부임했다. 그리고 1924년 제13회 총회에서는 임원도 거치지 않고 바로 총회장으로 피선되었다. 총회장을 마친 후에는 호주 선교부의 요청으로 거창으로 이사하여 순회 목사로서 경상도 일대의 교회를 돌아보며 교회의 분쟁들을 해결하는 사역을 감당했다.

그 후 1936년 9월에 전북노회로 원대 복귀를 하여 금산교회와 원평교회 등에서 목회하였다. 해방 후 1947년에 대구제일교회에서 개최된 제33회 총회와 1948년 서울 새문안교회에서 개최된 제34회 총회에서 다시 총회장으로 피선되었다. 이리하여 총회 100년 역사를 통해 유일하게 '삼선(三選) 총회장'이 되었다. 그는 노회에서나 총회에서 법통으로도 불렸다. 6.25 전쟁 후 1954년에는 70을 넘긴 고령에도 불구하고 목회자 양성을 위해 대전신학교를 설립하여 후학들을 가르쳤다.

이화여자대학교(梨花女子大學校, **Ewha Womans University**) 우리나라 최초의 여자대학교. 1886년 5월 31일 미국 북감리교 여선교사 메리 스크랜튼(Mary F. Scranton) 여사가 서울 정동 자택에서 한 명의 여학생으로 시작했다. 학생 모집 1년 만에 겨우 한 명의 학생이 학교를 찾았고, 1887년 1월에는 7명의 학생으로 늘어났다. 이에 명성황후가 수고를 치하하여 〈이화학당〉이란 명칭을 하사했다. '이화(梨花)'라는 명칭은 학당 근처에 흐드러지게 피었던 배꽃에서 유래되었다는 견해와 배꽃이 황실을 상징하기 때문에 붙여졌다는 견해도 있다.

그 후 1888년에 학생 수가 18명으로, 다시 1893년에는 30명으로 늘어났다. 1890년에 가서는 개화파 자녀와 부인 등 상류층 학생들이 입학하기 시작했다. 1912년 대학부 설치를 인가받고, 1925년 〈이화여자전문학교〉로 개칭했다. 1935년에는 정동에서 신촌으로 교사(校舍)를 신축하여 이전했다.

1945년에는 '이화'라는 이름이 민족적 색채가 강하다는 이유로 〈경성여자전문학교〉로 강제 변경되었다. 해방 후 1946년 8월 현재 교명인 〈이화여자대학교〉로 변경하고 김활란(金活蘭) 박사가 초대 총장에 취임했다. 2011년 현재 11개 대학과 15개 대학원에 2만 3,130명의 학생과 901명의 전임 교원이 있다. 서울시 서대문구 이화여대길 52 (대현동 11-1)에 위치한다.

이화학당(梨花學堂) → '이화여자대학교'를 보라.

자유교회(自由敎會, **free churches**) 국가나 정부의 지원을 받는 교회가 아니라 독립적으로 운영되는 교회나 교파. 예를 들면, 장로교가 국교인 스코틀랜드에서 침례교회, 성공회가 국교인 영국에서 장로교회와 같은 교회들을 말한다.

한편, 교회의 유형에는 세 부류가 있다. ① 중세기까지의 가톨릭교회처럼 국가 권력이 교회 권력에 협력하는 교회 형태이다. ② 독일의 루터교회처럼 종교개혁 이후 지역 중심의 민족 교회 형태이다. ③ 자유교회처럼 신자의 자발적인 참여로 세워진 교회 형태이다. 이런 유형의 교회는 첫째나 둘째 유형의 교회로부터 탄압과 차별을 감수해야 했다. 이런 자유교회는 성직 계급보다는 성령의 통치를 강조하고, 평신도들의 사도직(제사장직)을 주장하며, 개교회의 자율성을 존중한다는 특징이 있다.

장감연합사업(長監聯合事業) 우리나라 선교 초기 장로교와 감리교가 연합하여 펼친 복음 사역을 일컫는 말. 이 사업은 장로교와 감리교 선교사들에 의해 추진되었는데, 이들 선교사들은 교파를 초월하여 〈한국기독교회〉 결성을 추진하였으나 이루어지지는 않았다. 대신 1905년 〈재한복음주의선교공의회〉를 결성하여 협력하며 선교하였다. 그 대표적 결실이 1908년 장로교·감리교가 연합하여 발간한 〈찬송가〉이다. 그러나 본국 선교부간의 이해 관계와 선교 과정에서 발생된 차이점 등으로 오히려 시간이 흐르면서 점점 교파 간의 색채가 뚜렷하게 나타나게 되었다.

장대현교회(章臺峴敎會) 1893년 평양에 설립된 장로교회. '널다리골교회', '판동교회'('장대재교회')라고도 한다. 1893년 미국북장로교에서 파송된 마펫(S.A. Moffett, 마포삼열) 선교사가 평양 널다리골(板洞)에 기와집을 구입하고 〈널다리골교회〉를 세운 것이 시작이다. 1894년에는 22명이

용어상식

자유주의 신학(自由主義 神學, Liberal Theology)

기독교의 전통이나 정통(근본) 교리들 곧 성경의 권위(초자연적 계시, 영감, 무오)와 예수 그리스도의 처녀 탄생, 그리스도의 대속 죽음, 육체적 부활, 재림 등 하나님의 초자연적 역사들을 부인하고, 인간의 이성과 경험을 중요시하는 신학 사상. '현대신학'으로도 불린다.

자유주의 신학은 정치적으로 프랑스 혁명을 통한 민주주의의 출현, 경제적으로는 자본주의의 등장, 사회적으로는 산업혁명으로 인한 과학 기술의 발달로 나타난 계몽주의적(인간의 이성과 능력을 존중하고 신뢰하는 사상) 관점에서 기독교를 재해석한 신학 사조이다.

여기에 더하여 19세기의 경건주의(교리와 형식이 아닌 내면의 신앙을 강조하는 부흥운동)와 낭만주의(형식적이고 인위적인 것을 배척하고 인간의 경험과 감정을 중시하는 사상)도 자유주의 신학에 적지 않은 영향을 끼쳤다. 이런 자유주의 신학 사조는 현대 신학의 아버지로 불리는 슐라이에르마허의「종교론」(On Religion: Speeches to its Cultured Despisers, 1799년)이 출간되면서부터 제1차 세계 대전에 사이에 나타났다. 이 책은 현대 자유주의의 서언서로 불릴 정도로 자유주의 신학의 특징을 잘 나타내고 있다.

이 신학이 '자유주의'로 불리는 것은 어느 특정한 신앙고백이나 신조를 절대시하거나 거기에 종속되지 않고 그 시대 사조에 맞게 적절하고 자유롭게 생각하고 수용하는 태도를 취했기 때문이다. 그러나 이런 태도는 신학의 중심을 하나님의 말씀에 두지 않고 인간의 이성이나 경험, 정황(context)에 둠으로써 결국 인간 중심의 신학으로 전락시키는 오류를 범하게 되었다. 그리하여 자유주의 신학은 제1,2차 세계대전을 통해 인간의 야만성을 철저하게 경험하고 인간 이성의 능력이나 낙관주의, 역사적 진보주의에 대한 환상이 무참하게 깨어지면서 스스로 한계와 모순을 드러내었고, 칼 바르트, 불트만 등이 주도하는 신정통주의와 미국의 근본주의 신학의 등장으로 붕괴되고 말았다. 다만 오늘날 인간의 경험을 중시하는 해방신학, 여성신학, 흑인신학, 민중신학 등 급진 신학이 자유주의 신학의 맥을 잇고 있다.

■**우리나라의 자유주의 신학**(- 自由主義 神學) - 우리나라의 자유주의 신학은 미국 프린스턴 신학교의 좌경화, 일본과 캐나다 자유주의 신학의 영향이라 할 수 있다. 그 시작은 일본과 캐나다에서 자유주의 영향을 받은 김재준 교수가 1933년 평양신학교 학술지〈신학지남〉에〈이사야의 임마누엘 예언〉을 발표하면서 촉발되었다. 이어 감리교의 유형기 교수가 자유주의 입장에서 주석한 어빙돈(Abingdon)의〈단권성경주석〉을 번역하여 소개하면서 자유주의 논쟁에 불을 붙였다. 이 주석은 성경을 고등비평 원리에 입각하여 종교진화론적 관점에서 해석한 것이었다.

이에 대해 1934년 장로교 총회에서는〈단권성경주석〉번역에 참여한 장로교 목사들에게 공개사과 성명서를 내게 하고 교인들이 구입하지 못하도록 금지하기로 결의하였다. 또 다음해인 1935년 총회에서는 자유주의 사상으로 목회하는 교역자들을 장로교에서 제외시키기로 가결하였다.

그러나 1938년 신사참배 결의 문제로 총회와 온 교회가 요란한 와중에 이 문제는 흐지부지되었고, 같은 해 서울에서는 조선신학교(현재 '한신대학교' 전신)가 설립되었다. 이후 조선신학교를 통해 자유주의 신학 사상을 가진 목회자들과 학자들이 배출되면서 자유주의 사상은 한국교회의 교단과 강단을 통해 크게 영향력을 넓혀 나가게 되었다. → [2. 교리 및 신앙 용어] '자유주의 신학'을 보라.

학습을, 7명이 세례를 받았다. 1898년에는 한국 교회 최초의 부인전도회(여전도회)가 조직되었다. 1899년에는 병인양요 때 토마스 선교사를 참수했던 박춘곤이 마펫 선교사에게 세례를 받으면서 교회에 큰 부흥이 일어났다. 이 시기에 신도는 이미 천여 명에 달한 것으로 전해진다. 그리하여 장대현에 교회를 건축키로 하고 1903년 완공하여 이후로〈장대현교회〉라 부르게 되었다.

이 교회는 특별히 ㄱ자 교회로도 유명하다. 그 후 1904년 길선주가 조사로 시무하면서 새벽기도회가 시작되었고, 1907년 길선주가 목사가 되면서 우리나라 기독교사에 길이 남을 평양 대부흥회가 개최되었다. 그러나 1910년 105인 사건과 1919년 3.1만세운동을 겪으면서 장대현교회는 일본 경찰로부터 큰 탄압을 받았고, 1926년 교회 분규까지 일어나 1934년에는 길선주 목사가 신도 500명과 함께 교회를 떠나는 지경에까지 이르렀다. 그 후 해방과 민족 분단을 맞아 공산주의 치하에서 장대현교회는 반공 투쟁의 중심지가 되었고, 장대현교회를 중심으로 기독교 정당을 준비하다 지도자들이 체포되는 등 숱한 고초를 겪으면서 점점 역사에서 사라지게 되었다.

장로교회, 장로회(長老敎會, **Presbyterian Church**) 교인들이 선출한 장로가 치리(治理)하는 정치 형태를 가진 교회. 칼빈의 신학과 신앙고백을 중심으로 형성된 교파다. 장로교회는 신학적으로 개혁주의를 따르며 성경을 정확무오한 유일의 법칙으로 인정한다. 또 정치에 있어서는 목사와 장로가 교회를 다스리고, 대의정치의 원칙에 따라 당회·노회·대회·총회로 이어지는 상향식(上向式) 교회 질서를 가지고 있다. 이는 장로교회가 시작될 당시 교황이 직접 통치하던 가톨릭교회의 하향식 치리 구조와 확연하게 구분된다.

장로교회는 16세기 중엽 칼빈(*John Calvin*)에 의해 스위스의 제네바에서 시작되어 16세기 말에는 프랑스와 네덜란드의 많은 교회가 장로제도를 채택했다. 또 스코틀랜드는 장로교를 국교로 지정하여 주변 여러 나라에 장로교를 확산시키는 데 크게 일조하였다. 여기에는 칼빈의 제자인 존 낙스(*John Knox*)의 종교개혁이 큰 역할을 하였다. 또한 영국에서는 장로교의 규범인 웨스트민스터 신앙고백과 웨스트민스터 대소요리문답, 헌법과 예배모범 등을 마련하여(1643-1649년) 장로교의 체계가 확립되었다.

한편, 미국에서는 1628년 화란 개혁교회가 뉴욕에 최초의 장로교회를 세웠고, 1672년경 영국인들이 롱아일랜드에 자메이카(*Jamaica*) 장로교회를 세웠다. 그러나 학자에 따라서는 1684년 매케미 목사(*Rev. Francis Makemie*)가 메릴랜드 주의 스노우 힐(Snow Hill)에 세운 교회가 미국 최초의 장로교회라 주장하기도 한다. 또 1687년에는 매사추세츠 주 보스턴(Boston)에 위그노들이 세운 프랑스 장로교회가 있었고, 1691년에는 메릴랜드 주에 적어도 3개의 교회가, 1692년에는 필라델피아에 처음으로 장로교회가 세워졌다.

또한 역사는 정확히 알 수 없으나 델라웨어 주의 뉴캐슬(New Castle), 사우스 캐롤라이나 주의 찰스턴(Charleston) 지역 교회, 청교도들이 세운 뉴잉글랜의 장로교회들도 역사가 오래 되었다.

그 후 1706년(혹은 1704년) 매케미를 비롯한 7명의 성직자들이 모여 필라델피아에서 처음으로 노회를 조직하였고, 1789년에는 13개 노회가 모여 최초로 미국 장로교 총회(총회장 로저스, *Rev. John Rogers*)가 개최되었다. 이 총회는 스코틀랜드의 교회 노선을 따라 조직되었다. 이 시기에 미국 장로교회는 4개 대회(뉴욕과 뉴저지, 필라델피아, 버지니아, 캐롤라이나 대회)와 13개 노회에 186명의 성직자와 419개의 교회가 있었다.

18세기 이후 미국 장로교회는 아시아 지역에 많은 선교사를 파송함으로써 장로교의 세계화에 공헌하였다. 현재 세계적인 장로교 연합단체로는 세계개혁교회연맹(World Alliance of Reformed Churches, WARC)이 있고, 전 세계에 장로교인은 약 5,000만 명 정도로 추정된다.

■**우리나라의 장로교**(- 長老敎) - 한국에서는 1866년 스코틀랜드 출신 장로교 선교사 로버트 토마스(*Robert Thomas*)가 평양 대동강에서 순교함으로 첫 번째 장로교 순교자로 기록되었다. 이어 1875년에는 스코틀랜드 연합장로교회 선교사 로스와 매킨타이어가 한글성경을 번역하였다. 그리고 성경 번역에 참여했던 서상륜, 이응찬, 백홍준, 김진기는 이들 선교사로부터 세례를 받고 최초의 장로교인이 되었다.

1885년에는 미국 북장로회에 속한 의사 알렌(*H.N. Allen*)이 내한하였다. 같은 해에는 미국 북장로교회에서 정식으로 파송된 선교사 언더우드 목사가 내한하여 전도 활동을 시작하였다.

1889년에는 오스트레일리아 장로회가 정식으로 한국에 선교사를 파송했다. 그 첫 번째 선교사가 데이비스(*J.H. Davis*) 목사 남매이다.

같은 해 캐나다 장로교회 선교부에서도 의사 그리어슨(*R. Grierson*), 푸트(*W.R. Foote*), 맥레(*D. McRae*) 목사를 파송하였다. 이들은 주로 함경도와 간도 지역을 중심으로 전도하였다.

1892년에는 미국 남장로회에서 본격적으로 한국 선교 활동을 개시하였다. 이때 내한한 선교사들로는 테이트(*L.B. Tate*), 레이놀즈(*W.D. Reynolds*)

등이 있다. 이들은 주로 호남 지역을 중심으로 선교하였다. 이들 4개 장로교 선교부(미국 북장로회, 호주 장로회, 캐나다 장로회, 미국 남장로회)는 한국에서 장로교 공의회를 조직하여 연합 사업을 펼쳐나갔고, 그 일환으로 1901년 평양에 신학교(평양신학교)를 설립하여 본격적으로 목회자 양성에 들어갔다. 그리하여 1907년 9월에 각 파 장로교 선교사 33인과 36명의 한국인 장로가 모여 대한예수교장로회 독노회가 조직되었고, 7인의 졸업생에게 목사 안수식을 거행했다. 그리고 1912년 9월에는 한국 최초의 장로교 총회가 구성되면서 보수적이고 경건한 신앙을 기초로 발전하였다.

그러나 1919년 3.1만세운동으로 탄압을 받으면서 시련기에 들어갔고 1938년에는 신사참배 반대로 교단이 일본의 무력 앞에 짓밟히는 등 겨우 명맥만 유지하는 수준에까지 이르렀다. 그러다 해방을 맞았으나 이때부터 새로운 문제가 대두되었다.

신사참배를 반대하다 투옥된 사람들을 중심으로 대한예수교장로회(고신) 교단이 분립되었다. 또 1953년에는 자유주의 신학을 주장하던 한국기독교장로회(기장)가 분열되었다. 1960년에는 세계교회협의회(WCC) 참여를 주장하던 통합측과 반대하던 합동측이 서로 나누어졌다.

현재 기독교 170여 개 교단 중 장로교회에 속한 교단은 대략 120여 개에 이른다. 이들은 〈한국장로교총연합회〉를 구성하여 연합 활동을 펼치고 있다. 2009년에는 존 칼빈 탄생 500주년 기념사업회가 7월 10일 장로교회의 날을 맞아 기념대회를 열었고, 2012년에는 합동교단에서 장로교 총회 100주년 기념대회를 치렀다. 대표적 교단으로는 대한예수교장로회(합동), 대한예수교장로회(통합), 대한예수교장로회(고신), 한국기독교장로회(기장) 등이 있다.

장로회신학교(長老會神學校, **Presbyterian Theological Seminary**) 1901년 평양에 설립된 장로교 목회자 양성기관. 정식 명칭은 〈대한예수교장로회신학교〉. 통상 '평양신학교'로 불린다. → '평양신학교'를 보라.

장로회신학대학교(長老會神學大學校, **Presbyterian College and Theological Seminary**) 1959년 대한예수교장로회 합동과 통합이 분리되었을 때 통합측에서 설립한 신학 교육 기관. 약칭으로 〈장신대〉라 부르기도 한다. 1901년 미국 북장로교회 선교사 사무엘 마펫(Samuel Austin Moffet, 한국명 '마포삼열')이 평양 대동문 곁 자택에 세운 〈대한예수교장로회신학교〉에서 출발하였다. 방기창, 김종섭 2명의 학생으로 시작하여 1907년 길선주, 방기창, 서경조, 송린서, 양전백, 이기풍, 한석진 등 7명의 졸업생을 처음으로 배출했다. 1938년에는 신사참배 거부로 폐교되었으나 신학 교육을 중단할 수 없다는 29회 총회 방침에 따라 1940년 채필근 목사를 교장으로 하여 다시 개교하였다.

해방 후 1948년 6월 서울 남산에 평양신학교의 정신을 계승하는 〈장로회신학교〉를 설립했고, 다음해 1949년 9월 총회로부터 인준을 받았다. 1951년 〈총회신학교〉로 교명을 변경했고 1952년 〈대한예수교장로회신학교〉로 설립인가를 받았다.

1959년 제44회 총회시 합동측과 분리되어 1960년 미국 연합장로회 선교부의 지원으로 현재 자리에 교사를 신축하고 1961년 문교부(현재의 '교육부')로부터 〈대한예수교장로회신학대학〉으로 인가를 받았다. 1973년에는 〈장로회신학대학〉으로, 1993년에는 현재의 〈장로회신학대학교〉로 교명을 변경하여 오늘에 이르고 있다. 서울시 광진구 광장로 5길 25-1에 있다. → '총신대학교'를 보라.

장정(章程, **Discipline**) 여러 가지 조목으로 나누어 정한 규정. 감리교회의 헌법과 규칙을 일컫는 용어. → [3. 행정 및 교육 용어] '교리와 장정'을 보라.

재건교회운동(再建敎會運動) 일제 때 신사참배를 반대하다 투옥된 교인들이 해방과 함께 출옥하여 신사참배를 결의한 한국교회의 자성과 갱신을 촉구하며 벌인 회개와 교회 복구 운동.

1. 재건운동의 배경 – 신사참배 반대는 타 교단에 비해 장로교회가 가장 극렬하게 일어났기 때문에 재건운동 역시 장로교회에서 치열하게 전개되었다. 재건운동을 주장하는 자들 중에는 ① 기성 교회에서 재건 운동을 해야 된다고 주장하는 자들과 ② 기성교회는 철저하게 타락했기 때문에 독자적으로 교회 재건을 해야 한다고 주장하는 부류가 있었다.

하지만 첫째 부류도 기성교회에서 재건 운동이 여의치 않자 독자 노선을 걸으며 재건교회 운동을 하게 되었다. 재건교회 운동의 대표적 인사로는 이기선, 주기철, 한상동, 손양원 목사 등이 있다.

2. 재건운동의 전개 - 해방 전 신사참배를 반대하다 평양형무소에 수감되었던 이들은 출옥 후 평양 산정현교회에 모여 처음으로 회개와 교회 재건에 관한 논의를 가졌다. 그리하여 1945년 9월 20일 다섯 가지 방안이 발표되었다.

① 신사에 참배한 목사·장로들을 권징하여 정화 과정을 거쳐 목회한다. ② 권징은 자책하거나 자숙하는 방법으로 하고 목사의 경우 최소 2개월간 휴직하며 통회 자복한다. ③ 목사·장로가 휴직 중인 교회는 집사나 평신도가 예배를 인도한다. ④ 교회 재건에 관한 결정 사항을 모든 노회와 교회에 전달하여 시행케 한다. ⑤ 이 원칙은 신학교에도 동일하게 적용한다.

하지만 이 재건 원칙으로 교회는 둘로 분열되었다. 재건 원칙대로 시행하는 교회도 있었지만 회개는 하나님과 신자 개인의 문제라고 하며 교회 차원의 조직적 회개와 재건에는 반대하는 자들도 있었다. 그리하여 산정현교회를 비롯한 재건 원칙에 따르는 평안도, 황해도 등지의 교회들이 모여 연합회를 구성했는데, 이것이 소위 혁신복구파이다. 이들은 훗날 이남으로 월남하여 1956년 〈대한예수교장로회 독노회〉를 구성하게 되었다.

한편, 이남에서는 한상동, 이기선 목사를 중심으로 재건운동이 일어났다. 이들은 소속 노회인 경남노회를 중심으로 재건운동을 벌여나갔으나 기성교회의 반발에 부딪쳐 결국 1953년에 〈고려파〉를 설립하게 되었다. 이렇듯 혁신복구파나 고려파는 교회 밖에서 재건운동을 벌여 나갔지만 반대로 기성교회 내부에서 재건운동도 이루어졌다.

그러나 1946년 김인희 전도사를 중심으로 이북에서 일어난 교회 내부의 재건운동은 공산주의라는 더 큰 벽에 부딪쳐 또다시 시련과 박해, 순교를 감내하지 않으면 안 되었다. 통계에 의하면 1951년까지 이북에서는 4개 구역에서 66개의 재건교회가 설립되었다.

이때 이남에서는 서울을 중심으로 한 재건운동과 부산·경남을 중심으로 한 재건운동이 일어났다. 전자는 이북에서 재건운동을 하다 월남한 자들이 중심이 되어 〈대한예수교장로회 재건교회〉라는 간판을 걸고 재건운동을 벌였다. 후자는 최덕지 전도사 등이 중심이 되었는데, 1946년도에는 부산·경남에 50여 개의 재건교회가 설립되었다.

한편 이런 재건운동들은 6.25 전쟁과 함께 큰 변화를 겪었다. 이북 출신과 서울 지역에서 재건운동을 하던 많은 지도자들이 부산으로 집결하였고, 지도자에 따라 각기 다른 신앙 노선과 재건운동 방향의 충돌로 분열과 연합을 반복하게 되었다.

이북에서 재건운동을 통해 형성된 〈대한예수교장로회 재건교회〉와 〈대한예수교재건교회〉는 1974년 7월 2일 합동하여 〈대한예수교장로회 재건교회〉를 구성하게 되었다. 또 일찍부터 이남에서 재건운동의 결과 형성된 〈고려파〉는 1960년 대한예수교장로회 합동측과 결합하였으나 1963년에 다시 환원하여 오늘날의 〈고신〉 교단을 형성하게 되었다.

3. 재건운동의 과제 - 40여 년에 걸쳐 진행된 재건운동은 회개와 교회 정화를 위해 꼭 필요한 조치였다. 하지만 지나치게 배타적이고 율법적으로 흘러 고립을 자초했다는 지적도 나오고 있다. 오늘날 종교다원주의의 범람으로 교회의 타락과 부패가 과거 신사참배 수준을 넘어서는 이 시점에서 시대를 초월하여 재건교회운동의 근본 정신은 간과되어서는 안 될 것이다. → '고려파 운동'을 보라.

재세례파(再洗禮派, **Anabaptist**) 유아세례를 인정하지 않고 다시 세례를 베풀었다 하여 이름 붙여진 교파. 재세례파를 반대하던 당시 종교개혁자들에 의해 붙여진 이름. '재침례파'라고도 한다. 실제로 재세례파는 유아세례를 인정하지 않기 때문에 그들의 세례가 '재세례'는 아니라고 주장한다. 지역적으로는 '스위스 형제단'(Grebel, Mantz), 네덜란드 및 프리시안 재침례파(Menno Simons, Dirk Philips), 그리고 남부 독일 재침례파(Hübmaier, Marpeck)로 구분할 수 있다.

그중 최초의 재세례파는 종교개혁 당시 스위스에서 일어났다. 대표적 인물은 스위스 형제단 출신의 콘라드 그레벨(Conrad Grebel), 조지 블라우록(George Blaurock)과 펠릭스 만츠(Felix Mantz) 세 사람이다. 이들은 스위스 개혁자 쯔빙글리와 더불어 성경을 연구했으나 쯔빙글리보다 더 철저한 개혁을 원하여 별도로 스위스 형제단(Swis Brethren)을 만들었다. 재세례파는 이 스위스 형제단을 중심으로 형성되었다.

1521년 1월 21일 취리히의 한 모임에서 블라우록은 그레벨에게 세례를 요청하여 받았고, 이어 블라우록이 거기에 모인 사람들에게 다시 세례를 베풂으로써 최초의 재세례파 운동이 시작되었다. 이어 이들은 가까운 지역을 다니며 부흥회를 인도하고 중생 경험을 고백하는 자들에게 물을 뿌리는 세례 의식을 거행했다(재세례파 중에는 침례를 하는 자들도 있었다. 그러나 이들에게 형식은 그리 중요하지 않았다).

이들은 당시 교회에 적을 둔 부모에게서 태어난 모든 아이에게 유아세례를 주거나 국가가 교회 회원권을 발행하던 제도를 폐지하고 스스로 중생을 체험한 자들에게만 세례를 베풀고 이들로 구성된 교회가 참된 교회라고 주장했다(→ '재세례파의 핵심 사상'을 보라).

그리고 공동체(이들은 '교회'를 이렇게 불렀다)의 일원이 되기 위해서는 죄를 회개하고, 그리스도에 대한 확신을 가지며 거듭난 생활의 모범을 보여야 한다고 주장했다.

이로 인해 재세례파는 가톨릭교회나 루터교회, 그리고 스위스의 개혁교회들로부터 박해를 받게 되었다. 그리하여 취리히 시 당국은 1525년 유아세례에 대한 공개 토론회를 열어 ① 출생 후 8일 안에 세례 실시 ② 무자격자에 의한 설교, 예배 인도 금지를 결정했다. 그리고 재세례파를 국가 질서를 어지럽히고 사회 기강을 무너지게 하는 자로 규정했다.

결국 그레벨은 체포되어 재판을 받던 중 1526년 흑사병으로 사망했고, 만츠는 이듬해 1월 취리히 시 당국에 의해 호수에 던져져 익사당했다. 또 블라우록은 1529년 9월 6일 티롤(Tyrol)에서 화형을 당했다. 그리하여 재세례파 신자들은 스위스를 피해 남부 독일, 모라비아로 피난했고 이들 사상 역시 농민을 비롯한 평민을 중심으로 급속히 퍼져 나갔으나 그럴수록 박해도 점점 가중되었다.

이 과정에서 티롤 출신 후터(Jakob Huter, ?-1536년)가 창시한 후터 파(오늘날도 북미에 후터 파 형제단이 있다)와 스트라스부르를 중심으로 멜히오르 호프만(Melchior Hoffmann, 1500?-1543년)이 일으킨 멜히오르 파가 형성되었다. 특히 호프만은 독일 뮌스터에서 발생한 과격한 재세례파 혁명(1534-1535년)에 큰 영향을 주었다. 재세례파는 뮌스터를 점령하고 그들만의 왕국을 세우는 등 혁명을 시도했으나 군대에 의해 철저하게 진압되었고, 재세례파란 이름은 유럽에서 비웃음과 조롱거리가 되었다. 이렇게 뮌스터가 진압될 당시 네덜란드 사람 메노 시몬스(Menno Simons, 1492-1559년)는 생존자와 온건한 재세례파를 규합했다(1536년). 이들은 후에 메노 파(Mennonite)로 불렸는데, 네덜란드를 중심으로 세력을 형성하였고 17세기 중반 신앙의 자유를 찾아 미국과 캐나다로 이주하여 현재 여러 곳에서 큰 집단을 이루며 신앙 생활하고 있다. 오늘날 세계적으로 180만여 명의 재세례파 신자가 있는 것으로 추산된다. → '메노나이트'를 보라.

재세례파의 핵심 사상

① 유아세례 거부.
② 회개하지 않는 자의 교회 추방과 교회의 순수성 보존.
③ 예배와 신학과 교회 행정은 초대교회 형태로 되돌리기.
④ 성경적 근거가 없는 찬송가 반대.
⑤ 교회와 세속 국가(정부)의 분리.
⑥ 신자의 정치 참여와 군 입대 거부.

저교회파(低敎會派, Low Church) 성직의 특권, 교회의 정치 조직 및 성찬설 등 가톨릭적 요소들에 대해 개혁주의적 성향을 지닌 영국 국교회의 한 분파. 영국 국교회의 고교회파에 대칭되는 표현. 이들은 프로테스탄트의 영향을 받았지만 존 웨슬리와 같이 국교회를 떠나지 않고 그대로 국교회 안에 머물며 저교회파를 형성했다. 비교적 의식을 경시하고 복음을 강조한다는 특성을 가지고 있다.

전도관(傳道館) 〈한국예수교전도관부흥협회〉의 약칭. 박태선이 1955년에 만든 신흥 종교. 후에 〈한국천부교회〉라 불렀다. → '천부교'를 보라.

전도부인(傳道婦人, Bible Woman) 오늘날 '여교역자'의 전신이다. 한국 선교 초창기에 문화적인 차이로 외국인 남자 선교사들이 여성에게 전도하는 것이 어려웠을 때 남성을 대신하여 복음 전도 사역을 수행한 부인들을 가리킨다. 이들은 개인 전도 차원을 넘어 매서(賣書) 활동에도 적극 참여함으로써 당시 선교사들의 사역에 큰 도움이 되었다.

전례(典禮, liturgy) 그리스 원어로는 '레이투르기아'(λειτουργία). 거룩한 장소에서 규정에 따라 공적(公的)으로 수행되는 모든 일을 말한다. 초대교회 당시에는 성직자들의 신성한 직무를 가리켰으나 4세기에 들어오면서 주로 예배(미사) 의식이나 성만찬, 교회 절기 의식 등을 가리켰다.

전례는 그 대상이 거룩하신 하나님을 향한 의식이기 때문에 각 교파마다 엄격하게 규정하고 있는데, 로마 가톨릭이나 동방정교회, 영국 국교회, 루터 파 교회, 개혁파 교회 등 교파마다 많은 차이가 있다. 이 가운데서도 의식(형식)을 중시하는 가톨릭이나 정교회의 전례는 개혁파 교회나 루터 파 교회에 비해 매우 복잡하고 까다롭다. 그래서 가톨릭의 경우 제2차 바티칸 공의회(1963-1965년)에서 각 나라의 국민적 독창성을 존중하여 〈전례헌장〉(典禮憲章)을 대폭 개정하기도 하였다.

전례색(典禮色, liturgical colors) 교회력에 따라 예배 의식이나 절기의 의미를 나타내는 특정한 색깔. 주후 1000년까지는 특별하게 지정된 전례색이 없었고 주로 흰색을 사용했다. 그러다 교황 인노센트 3세(Innocent III, 1198-1216년) 때 절기와 색깔을 맞추어 입는 법규를 마련했다. 그래서 축일에는 흰색, 순교와 관련된 절기에는 붉은 색, 회개 기간에는 검정 색, 이외의 절기에는 녹색을 사용하기로 하였다. 그 후 시대마다 전례색에는 약간의 변화가 있었고, 또 한 절기에 2-3가지 색을 두어 선택의 여지도 있었다.

하지만 종교개혁 시기를 지나면서 개혁교회는 이런 전례색을 폐지하고 짙은 색깔의 평상복(정장) 위에 검정색 가운을 입었다. 이런 전통은 오늘날까지도 일반적으로 유지되고 있다.

반면, 가톨릭에서는 1969년 제2차 바티칸 공의회에서 정한 전례색을 현재까지 사용하고 있다. 이에 따르면 부활절, 성탄절을 비롯한 성인들의 축일에는 흰색, 수난절에는 붉은 색, 그리스도의 강림과 사순절, 장례 미사 등에는 보라색, 이외의 절기에는 녹색을 사용하도록 규정하고 있다. 이는 과거에 가톨릭에서 전통적으로 사용하던 전례색을 재확인한 것인데, 의식을 더욱 엄숙하게 할 수 있다면 특정 전례색을 굳이 강요하지 않는다는 점에서 과거와는 다소 차이가 있다.

전승(傳承, tradition) 문화, 풍속, 제도 따위를 이어받아 계승함. 또는 그것을 물려주어 잇게 함. 그리스 원어로는 '파라도시스'(παράδοσις)인데, 이는 '건네줌', '넘겨줌'이란 뜻으로서, 한 시대에서 다음 시대로 또 그 다음 시대로 계속해서 전해주는 것(a handing down or over, transfer)을 가리킨다.

전승은 장로의 유전(遺傳)을 근간으로 한다(마 15:2; 막7:3; 고전11:2; 갈1:14; 골2:8; 살후2:15; 3:6). 이것은 '구전 율법'을 말하는데, 에스라 이후 서기관들에 의해 613개의 조문으로 성문화되었고, A.D.2세기 중엽에 집대성되어 유대교 제2의 경전인 미쉬나(Mishnah)가 되었다. 예수님께서는 복음보다 율법의 전승을 중시하는 당시 지도자들을 꾸짖으셨다.

이 전승은 후에 가톨릭의 전승에 영향을 주었다. 가톨릭은 전승을 성경과 조심스럽게 구분하면서도 중요시하며 성경과 동일시하는 경향이 있다. 그래서 트렌트 공의회(The Council of Trent, 1545-1563년)에서는 전승을 성경과 더불어 교리로 규정하였다(가톨릭교회교리서 78, 80, 81, 82, 95조). 이는 전승을 기록되지 않은 하나님의 말씀(unwritten Word of God)으로 보기 때문이다.

하지만 전승의 내용 중 문헌상 신빙성이 있고(때론 신화적인 요소들도 있다) 또 성도의 신앙과 행위에 유익이 되는 부분이 있다 하더라도 전승은 성경과 같은 샘에서 흘러나온 것이 아니고 성령의 영감으로 기록된 하나님의 말씀도 아니다. 따라서 성도의 신앙과 행위의 표준이 될 수 없으며, 결론적으로 성경과 동일시 될 수도 없다(웨스트민스터 신앙고백 제1장 6절). → [2. 교리 및 신앙 용어] '전승사 비평'을 보라.

절제운동(節制運動, temperance movement) 1834년 미국에서 시작된 금주운동. 이 운동은 아일랜드와 영국을 거쳐 유럽 전역에 확산되었다. 우리나라에서는 선교 초기부터 선교사들에 의해 금주, 금연 등의 절제운동이 시작되었다. → '금주운동', '금주가'를 보라.

정교회(正敎會, **The Orthodox Church**) 정식 명칭은 〈동방정교회〉. → '동방정교회'를 보라.

정동감리교회, 정동교회(貞洞監理敎會) 우리나라 최초의 감리교회. → '정동제일교회'를 보라.

정동제일교회(貞洞第一敎會, **Chungdong First Methodist Church**) 선교사가 세운 한국 최초의 감리교회. 〈정동교회〉, 〈정동감리교회〉로도 불린다. 1887년 10월 9일 미국 북감리교 선교사 헨리 아펜젤러가 서울시 중구 정동(貞洞)의 한옥집을 개조하여 예배당을 마련하고 4명의 한국인에게 성례식을 거행함으로 시작되었다.

그 후 정동제일교회는 교회와 접해 있던 배재학당(培材學堂)과 이화학당(梨花學堂) 등의 학생들이 출석하면서 1894년에는 200여 명으로 신자가 불어났다. 그래서 1895년 9월 신축 예배당을 착공하여 1897년 10월에 고딕 양식의 붉은 벽돌 예배당을 완공했다. 그 모양이 당시로서는 매우 독특해 많은 사람의 주목을 받았고, 해방 후 1977년에는 서울시가 사적 256호로 지정하기도 했다.

한편, 1918년에는 우리나라 최초로 파이프오르간이 설치되었다. 당시 장안의 학생과 교사, 그리고 음악 전공자들이 출석한 관계로 이 교회는 제대로 된 성가대를 갖추고 예배 시간에는 온전한 4부 찬양을 드렸다고 한다. 1919년에는 담임목사 이필주와 전도사 박동완이 민족대표 33인으로 참여하면서 대부분의 교인들이 3.1운동에 적극 동참했다. 우리에게 잘 알려진 애국 열사 유관순(柳寬順)은 정동교회 신자였고, 개화 운동을 주도한 윤치호(尹致昊)는 이 교회 장로였다.

1922년에는 한국 교회사에서 처음으로 '여름성경학교'가 개설되기도 하였다. 그러나 6.25전쟁으로 교회가 파손되었다가 1953년에 원래의 모습으로 복구되었고, 1977년 교회 건물이 서울시로부터 문화재로 지정되자 그 곁에 선교 100주년 기념 예배당을 건축하였다(1977-1979년). 2005년 10월에는 교회 설립 120주년을 맞아 기념 주일을 지켰다. 현재 서울시 중구 정동길 44(34-3번지)에 위치한다. → '아펜젤러', '배재학당'을 보라.

정신여학교(貞信女學校) 정신여자중·고등학교의 전신. 미국 북장로교 선교사며 여의사인 엘러스(Annie. J. Ellers)가 정동(貞洞)에 설립한 기독교 여자학교. 그는 여자 환자 치료를 위해 한국 정부의 요청을 받은 의료선교사 알렌(Allen)이 미국 선교부에 부탁하여 정식으로 내한한 인물이었다. 엘러스는 1886년 7월에 대한하여 우리나라 최초의 병원이었던 제중원에서 여자 환자를 돌보았다. 그리고 다음해인 1887년 6월 제중원 사택에서 여자 어린이 세 명을 가르치기 시작한 것이 정신여학교의 시작이다. 처음에는 성경과 산술 두 과목을 가르쳤다.

그러다 1895년 연지동으로 교사를 옮기면서 〈연동학교〉(蓮洞學校)로 교명을 바꾸고 10월 20일 첫 수업을 시작하여 이 날이 개교기념일이 되었다. 이때 학생은 10여 명으로서, 과목은 성경, 역사, 한문, 지리, 산술, 습자, 가사, 체육, 위생 등이었다. 그리고 1903년부터 여자중학교의 학제를 채택하여 1907년에 제1회 졸업생 11명을 배출했다. 1909년에는 〈정신여자중학교〉로 정식 인가를 받았으며, 학생수는 40여 명으로 늘어났다.

1910년 4회 졸업식에는 김마리아를 비롯한 22명의 학생들이 배출되었는데, 후에 이들은 3.1운동에 큰 역할을 담당했고, 1926년 6.10만세운동에도 적극 가담하였다.

그러나 1939년 일제의 국어 말살 정책과 신사참배에 반대하다 재단이 해체 직전 친일파의 손에 넘어갔고 1945년 3월 22일 학교가 폐교되었다. 그 후 해방을 맞아 1947년에 재인가를 받았고, 1951년 교육법 개정으로 중·고등학교가 별도 인가를 받았다. 그리고 1969년에 정신여자중학교와 정신여자고등학교로 분리되었다. 그 후 1978년 12월에 정신여자중·고등학교는 현재 위치인 서울시 송파구 잠실동 올림픽로 4길 16으로 교사(校舍)를 이전하여 오늘에 이르고 있다.

제네바 교리문답(- 敎理問答, **Genevan Catechism**) 1541년 칼빈이 프랑스어로 작성하여 라틴어로 번역한 문답 형식의 기독교 교리서. 1537년 칼빈이 작성한 교리문답을 암송하기 쉽게 간략하게 정리한 것으로 프랑스 개혁교회에 의해 채택되었다. 1648년 스코틀랜드에서 웨스트민스터 교리문답을 제정할 때까지 개혁교회의 대표적 교리문답이었다.

제롬(Jerome) 라틴 교부(敎父) 중 한 사람인 히에로니무스(Hieronymus)의 영어식 이름. → '히에로니무스'를 보라.

제암리교회(堤岩里敎會) 1905년 8월 5일 경기도 화성군 향남면 제암리에 세워진 감리교회. 아펜젤러의 전도를 받은 안종후가 자기 집 사랑방에서 예배를 드린 것이 시작이다. 그 후 1911년 정식으로 교회가 설립되었다.

당시 제암리교회에는 독립운동가 홍원식이 권사로 있으면서 비밀조직을 결성하여 항일 운동을 전개하고 있었다. 그러던 중 1919년 3월 1일 발안 장날을 이용하여 수원 화성에서 1천여 명이 독립만세운동을 벌이고 발안 주재소를 습격했다. 이어 4월 1일에도 같은 사건이 더욱 격렬하게 일어났다.

이에 일본 경찰은 검거반을 파견하여 시위의 진원지로 보이는 마을들을 습격하여 방화하였고, 주동자 검거를 위해 육군 79보병 연대까지 지원에 나서게 되었다. 이리하여 대부분의 주동자는 검거되었으나 제암리 주민은 여전히 검거되지 않았다. 이를 불안 요인으로 생각한 지휘자 아리타 중위는 조선인 순사보 조희창을 내세워 주민을 제암리 교회에 모이게 하고 교회를 포위하여 일제 사격을 가하였다. 그것도 모자라 증거를 인멸하려고 교회와 30여 호가 있던 마을에까지 석유를 끼얹고 불을 질러 교회 안에서 23명, 마당에서 6명이나 되는 인명을 살상하였다.

이 사건은 외교부를 비롯한 각계에 알려져 선교사들이 현장을 방문하고 그 참상을 본국에 보고하였고, 선교사 스코필드는 현장 사진을 미국에 보내 일제의 만행을 고발하였다. 이로 인해 제암리는 마을 주민이 거의 전멸하다시피 했고, 살아남은 사람들도 마을을 떠나 전동례를 비롯한 교인 3-4명 만이 마을을 지킬 뿐이었다.

다행히 미감리교 선교부에서 초가 교회당을 마련해 주어 1920년부터는 다시 전임 목회자가 파송되었다. 그 후 1938년에는 벽돌 교회당이 세워졌으나 이곳은 기피 지역으로 인식되어 해방 이후까지 전임 목회자가 없었다. 그러다 1959년 이승만 대통령이 친필을 내려 교회 마당에 기념비가 세워졌고, 1969년에는 일본 목사 단체가 방문하여 사죄하고 모금한 비용으로 새 교회당을 마련하기도 했다.

그 후 사건 63년이 지난 1982년 9월 25일에는 전동례 할머니의 증언으로 23구의 시체를 발굴하여 제암리 16-2번지에 합동묘지를 조성하고 전시관을 건립하였다. 현재 사적 제299호로 지정되어 있다.

제자훈련(弟子訓練, **disciple training**) 한 사람의 그리스도인이 예수 그리스도의 성숙한 제자로 자라나도록 양육하는 훈련. 그리스도인을 영적 재생산이 가능한 제자로 양육하는 제자 배가 훈련을 기본 원리로 하고 있다. 예수 그리스도의 제자 훈련이나 초대교회 사도들의 사역을 모델로 이루어지고 있는데, 이는 모두 성경에 기초하고 있다. 1960년대 이후 한국교회에 소개되어 교회나 선교단체에서 행해지고 있다.

제중원(濟衆院, **Universal Helpfulness House**) '백성을 구제한다'는 뜻. 1885년(고종 22년) 미국 북장로교회 의료 선교사 알렌(H. N. Allen, 안련)이 세운 우리 나라 최초의 서양 의료기관. 4월 23일 고종이 하사한 이름. 원래 이름은 광혜원. → '광혜원'을 보라.

제칠일안식일예수재림교회(第七日安息日 - 再臨敎會, **Seventh Day Adventist Church, SDA**) 그리스도의 재림을 강조하고 안식일 엄수를 주장하는 이단 교파. 1844년 10월 22일에 예수님이 재림한다는 윌리암 밀러(William Miller)의 소위 시한부 종말론에 뿌리를 두고 있다. 이렇게 불발로 끝난 윌리암 밀러의 시한부 종말론을 추종했던 사람 중 한 사람인 엘렌 화이트(Ellen G. White)가 계시를 받아 밀러의 시한부 종말론을 나름대로 재해석함으로 생겨난 종파가 〈제칠일안식일예수재림교회〉다. 일명, '안식교.'

이 모임에는 당시 200여 교회의 목사와 5만여 명의 성도가 초교파적으로 참여했다. 그리하여 그 동안 외면당한 네 번째 계명의 '안식일'을 토요일로 회복하기로 하는 등 새로운 교리들을 확정하고 1860년 〈제칠일안식일예수재림교회〉라는 교단을 설립하기에 이르렀다.

엘렌 화이트를 추종한 대표적 인물로는 제임스 화이트, 조세프 베이트, J. N. 앤드류스 등이다. 오늘날은 보통 '안식교', '안식일교회', '재림교', '재림교회'라고도 부른다. 현재는 미국 워싱턴에 본부를 두고 세계 190여 개 국에서 13개 지회를 통해 567개 방언으로 전도사업, 의료사업, 구호사업 등을 활발하게 전개하고 있다. 그런데 한국 교회와는 달리 미국 기독교계에서는 이단으로 규정되지 않고 보수교단을 받아들여지고 있다. 이들의 주요 교리를 살펴보면 다음과 같다.

1. 율법적인 구원관 - 안식교는 말로는 믿음으로 구원을 얻는다고 하면서도 실제로는 율법의 행위를 구원의 조건으로 삼고, 현세의 완전한 성화를 주장한다(믿음으로 얻는 작은 구원과 행위로 얻는 큰 구원이 있어 행위 여부에 따라 작은 구원은 취소될 수 있다고 주장한다). 또 품성의 변화를 위해 부정한 음식과 육식을 금하고 채식을 강조한다.

2. 안식일 문제 - 안식교는 토요일 안식일을 지키지 않고 일요일에 예배하는 것은 하나님의 계명이 아닌 인간의 계명을 따르는 것으로 거짓 예배이며 하나님은 이 예배를 받지 않는다고 주장한다.

3. 계시론 - 안식교에서는 성경과 더불어 안식교의 창시자 엘렌 화이트가 보았다는 환상이 책을 특별계시로 믿는다. 특히 이들은 선지자로 부르는 엘렌 화이트의 계시를 말세에 하나님의 백성을 향한 하나님의 지시라고 주장한다.

4. 영혼 멸절 문제 - 영원한 지옥과 사후 영혼의 존재를 부정하는 '영혼 멸절설'을 주장한다. 즉 의인은 부활하여 영생하지만, 악인은 부활하여 불태워 소멸되기 때문에 지옥도 존재하지 않는다고 주장한다.

■**한국의 안식교**(韓國 - 安息敎) - 1904년 5월 이응현은 이민을 가려고 일본 고베에서 하와이행(行) 배를 기다리던 중 동료 손흥조와 함께 고베 제칠일안식일예수재림교 전도사 쿠니야 히데(國谷秀)로부터 복음을 듣고 침례를 받아 최초의 한국인 재림교인이 되었다. 그러나 서류 미비로 이민 허락을 받지 못한 손흥조는 귀국하던 중 배에서 임기반을 만나 전도하였고 국내로 돌아와 포교 활동을 벌였는데, 이것이 한국 안식교의 시작이다.

그 후 1905년 스미스 목사가 첫 선교사로 내한하여 교리를 전했고, 1915년 이근억(李根億)·정문국(鄭文國)이 한국인 최초로 목사 안수를 받았다. 일제 침략기에 재림교회는 복음 전파와 함께 독립운동에도 적극 참여했다. 독립선언서를 낭독한 정재용은 후에 재림교회 신자가 되었고, 김구의 대한민국 임시정부 의정원 의장을 지낸 김붕준, 독립유공자 이병훈 박사 등이 안식교 출신이다.

한편 안식교는 우리나라에서 제일 먼저 문제가 된 이단이기도 하다. 1915년 장로교 제4회 총회에서는 안식교에 대한 헌의가 올라와 총회는 "일차로 당회가 권면하고, 듣지 않으면 면직시키고, 그 교회로 가는 자는 당회에서 제명하기로" 결의했다. 안식교는 현재 서울시 동대문구 회기동에 있는 한국연합회 산하에 5개 지방 대회와 900여 교회, 21만여 명의 신도를 두고 있다.

기관으로는 삼육대학교(三育大學校)를 비롯한 27개의 초·중·고·대학교와 영어학원(SDA), 서울과 부산의 위생병원, 80여 년의 역사를 가진 선교 잡지 〈시조〉(時兆)와 각종 출판물을 발간하는 '시조사', '삼육식품' 등이 있다.

조나단 에드워즈(Jonathan Edwards) 미국 최고의 칼빈주의 신학자며 철학자요 탁월한 설교자(1703-1758년). 미국 코네티컷 주 이스트윈저에서 출생하여 예일대학을 졸업하고 매사추세츠 주 노댐턴의 회중교회(會衆敎會) 목사가 되었다. 1734-35년에 조지 휫필드(George Whitefield)와 함께 엄격한 칼빈주의에 입각하여 제1차 영적 대각성(부흥)운동을 주도했다. 무엇보다 시간을 아끼며 의식주에까지 철저하게 절제된 그의 삶은 오늘날까지 많은 그리스도인들에게 큰 귀감이 된다.

특히 1741년 코네티컷 주 앤필드에서 행한 '하나님의 진노의 손 아래 있는 죄인'이란 설교는 유명하다. 1750년에는 매사추세츠 스톡브릿지로 가서 인디언에게 복음을 전했다. 1758년 1월 뉴저지 대학(오늘날 프린스턴 대학) 총장에 취임했으나, 천연두 시술 부작용으로 3월 22일 사망했다. 미국 3대 부통령 에런 버(Aaron Burr, Jr, 1756-1836년)의 외할아버지이기도 하다. 저서로는 「참 신앙의 본질」, 「의지의 자유」, 「원죄」 등이 있다.

조로아스터교(- 敎, Zoroastrianism) 예언자 조로아스터(Zoroaster)가 창시한 고대 페르시아 종교. 아후라 마즈다(Ahura Mazda, '지혜의 주'란 뜻)를 섬긴다 하여 '마즈다 교', 불을 신성시하여 '배화교'(拜火敎)라고도 한다. 세계를 선신과 악신(아흐리만)의 다툼의 장소라는 이론으로 설명하면서 아후라 마즈다를 유일신으로 믿는 이원론적 일신교다. 그래서 인간은 자유 의지에 따라 선을 택하여 완전함에 이르도록 노력해야 한다고 가르친다. 또한 종말에는 생전의 행실에 따라 천국과 지옥으로 가게 되며, 중간 지대에 머무는 영혼도 있다고 말한다. 또 역사를 3천년씩 4기로 구분하여 마지막 4기가 지나면 구세주가 나타나는데, 이때 모든 영혼들은 부활하여 선한 세상을 이루고 악은 소멸하게 된다고 주장한다.

조로아스터교는 초기에 토착 종교와 다신(多神)을 숭배했으나 파르티아 시대(B.C.247-A.D.226년) 때 유일신 신앙이 확립되었으며, 3세기경에 페르시아 사산 왕조의 국교가 되었다. 경전 아베스타(Avesta, 아후라 마즈다가 조로아스터에게 계시한 지식)는 이 시기에 집대성되었다.

이후 이슬람 세력이 확장되면서 10세기 때 페르시아(이란)에서 인도 구자라트로 이주한 자들의 후손(파르시스, Parsis)에 의해 '파르시 교'로 발전했다. 현재 인도 뭄바이, 이란 야즈드, 아제르바이잔에 15만여 명의 신자가 있다. 미트라 교(Mitra)나 마니 교(Mani)는 조로아스터 교의 분파다.

한편, 조로아스터의 본명은 '스피타마 자라투스트라'(Spitama Zarathustra)이며, '조로아스터'는 '자라투스트라'의 그리스 발음이다. 그의 출생 시기나 출생지는 분명치 않으며 주전 7세기경 페르시아(오늘날 아제르바이잔)로 보기도 한다.

조만식(曺晩植) 민족운동가. 정치가. 교육자. 장로교회 장로(1883-1950?년). 호는 고당(古堂). 평양 강서군 반석면에서 출생했다. 1904년 사업동료 한정교의 권유로 기독교에 입문했다. 1905년 평양 숭실중학교 입학하였고, 1908년 졸업과 함께 일본 세이소쿠 영어학교에 유학하여 공부하던 중 간디의 무저항주의와 민족주의에 깊은 감명을 받았다. 1913년 메이지대학 법학부를 졸업하고 오산학교 교사를 거쳐 1915년 오산학교 교장이 되었다. 그 후 1922년에는 산정현교회 3대 장로가 되었고, 같은 해 〈조선물산장려회〉를 조직하여 국산품 장려운동을 펼쳤다. 1945년 11월 3일 〈조선민주당〉을 창당하여 반탁운동을 전개하다 소련 군정청이 지원하는 김일성 세력의 방해로 감금되어 고초를 당했다. 최후에 대해서는 분명치 않으나 6.25전쟁 때 후퇴하는 공산군에게 피살된 것으로 전해진다. 1976년 〈고당 조만식선생 기념사업회〉가 조직되어 서울 을지로에 기념관을 건축하였다. '한국의 간디'로 존경과 사랑을 받고 있다.

조선성고서회(朝鮮聖敎書會, the Korean Religious Tract Society) 1890년 6월 25일에 설립된 장로교와 감리교의 초교파 연합 문서선교 기관. '대한기독교서회'(大韓基督敎書會)의 모체가 되었다. → '대한기독교서회'를 보라.

조지 휘트필드(George Whitefield) → '조지 휫필드'를 보라.

조지 휫필드(George Whitefield) 영국 목사이며 신학자요, 선교사며, 설교자(1714- 1770년). 존 웨슬리와 함께 감리교 운동을 주도하였고, 18세기 미국의 1차 대각성운동에 큰 감화를 끼친 인물이기도 하다. 휫필드는 영국 글로스터(Gloucester)의 가난한 여인숙 집 아들로 출생하여 1733년 옥스퍼드 대학에 입학했다. 재학 중이던 1735년 웨슬리와 감리교 운동의 모태라 할 수 있는 거룩한 공동체(Holy Club)에서 활동하였고, 이 시기에 중병에서 회복되는 신비한 종교적 체험을 통해 회심하였다.

1736년 졸업과 함께 안수를 받고 22세에 설교자로서 두각을 나타내었다. 당시 그는 감성적이며 호소력 있는 설교로 많은 사람들을 그리스도께로 인도했는데, 당대에 그의 설교를 따를 자가 없었다고 할 만큼 그의 설교는 청중의 마음을 사로잡았다고 한다. 또한 휫필드는 전도할 기회가 생기면 교파를 가리지 않고 복음을 전파했다.

특히 그는 영국보다 미국에서 많은 활동을 펼쳤는데, 1740년에는 2년을 머물며 미국의 영국 식민 도시에서 설교하며 복음을 전해 뉴 잉글랜드에서 일어난 제1차 대각성운동에 크게 기여하였다. 또한 이 시기에 그는 조지아에 보육원을 설립하여 고아 구제 사업에도 헌신하였다. 1742년 웨일스 지방에서 엘리사벳과 혼인하여 가정을 이룬 후 스코틀랜드(1742년), 영국 웨일스(1742-1744년)를 순회 방문하고, 다시 1765년까지 무려 5회에 걸쳐 미국을 방문하고 순회 설교하였다. 그 후 1769년 도미하여 전도하다 1770년 9월 30일 매사추세츠 주의 뉴베리포트(Newburyport)에서 과로로 객사하였다. 윌리엄 쿠퍼는 휫필드를 가리켜 '그는 사도적인 자비심과 복음의 열정에 있어 제2의 바울과 같은 사람'이라 칭찬하였다.

조합교회(組合敎會) 1886년 설립된 일본 개신교회 교파 중 하나. 회중교회. 일제 시대에는 일본의 종교정책에 협력하였다. → '회중교회'를 보라.

존 낙스(John Knox) 스코틀랜드 종교개혁자. 스코틀랜드 장로교 창시자(1514?-1572년). 이스트 로디언(East Lothian) 주 해딩턴에서 출생했다.

1. 약력 – 부친은 윌리엄, 모친은 싱클레어. 이외에 그의 어린 시절에 대해서는 알려진 것이 없다. 세인트 앤드류 대학의 존 메이저(John Major) 교수로부터 로마 가톨릭 사제 교육을 받고 교회 공증인으로 일했던 것으로 보인다.

2. 사역 – 1545년 12월 종교개혁자 위샤르트(G. Wishart)와 친분을 가지면서 개종하였고, 위샤르트의 처형을 계기로 박해를 피해 유랑하게 되었다. 1547년 세인트 앤드류 성에서 3개월 머물며 설교가로 봉사한 것이 그의 인생을 종교개혁자의 길로 가게 하는 결정적 계기가 되었다. 그러나 그해 6월 세인트 앤드류를 침공한 프랑스 군에 포로가 되어 19개월간 갤리선 노예로 배를 저으며 많은 고초를 겪다 풀려났다. 낙스는 이때 몸이 상해 평생 건강 문제로 어려움을 겪기도 했다.

1551년에는 영국 잉글랜드 국왕 에드워드 6세의 지원으로 종교개혁을 추진했으나 1553년 가톨릭 신자인 메리 여왕이 즉위하여 박해가 극심하자 대륙으로 피신하였다. 이때 칼빈, 베자, 불링거 등 여러 종교개혁자들과 친분을 쌓게 되었다.

1555년에 스코틀랜드로 귀환했으나 이듬해 제네바로 가서 칼빈의 권유로 영국인 피난민들을 돌보며 목회하였다. 다시 1559년 스코틀랜드로 돌아와 종교개혁을 추진하며 영국의 지원을 받아 기즈의 메리 여왕(Mary of Guise)과 군사적 충돌까지 감행하게 되었다. 그 후 기즈의 메리 여왕이 죽자 스코틀랜드는 종교개혁파가 장악하는 듯했으나 1561년 다시 가톨릭 신자인 메리 스튜어트(Mary Stuart)가 집권하자 종교개혁파가 강하게 저항하여 결국 1567년 메리 여왕을 퇴위시키고 낙스의 강력한 후원자인 제임스(James) 백작이 섭정하게 되었다. 하지만 얼마 지나지 않아 제임스가 피살되자 스코틀랜드는 메리 여왕을 지지하는 파와 제임스를 지지하는 파 사이에 에딘버러를 놓고 큰 격돌이 일어났다. 이 와중에 낙스는 중풍으로 고생하다 1572년 11월 24일 에딘버러에서 사망했다.

3. 업적 – 낙스는 이성과 감정에 호소하는 열정적인 설교자로서 유명하다. 또한 낙스는 자신이 외치는 엄격한 교리나 신조에 한치 어긋남 없이 도덕적인 삶을 산 인물로 알려져 있다. 그의 이런 열정과 변치 않는 신념이 결국 스코틀랜드의 개혁교회(장로교회)를 탄생시키는 원동력이 되었다.

한편, 그는 많은 책을 저술한 것으로도 유명하다. 저서로는 제네바에서 영국 여왕의 통치를 비판한 「The First Blast of the Trumpet against the Monstrous Regiment of Women」(1558년), 개혁교회의 교리와 전례에 관한 「Scottish Confession」, 「First Book of Discipline」, 「Treatise on Predestination」, 「Book of Common Order」(1560년), 대표작 「History of the Reformation in Scotland」(1587년) 등이 있다.

존 번연(John Bunyan) 영국의 설교자. 작가(1628-1688년). 영국 베드퍼드 근처 엘스토우에서 대장장이의 아들로 태어나 가업을 이어받았다. 학력은 초등학교 교육이 전부이다. 당시 내란, 공화정, 왕정 복고로 이어지는 혼란기 때 번연은 16세의 나이로 자신의 의지와 상관없이 청교도 혁명에 가담하여 의회파에 들어갔다(1645년).

1647년 전쟁이 끝나자 가정으로 돌아온 번연은 청교도 출신의 아내 메리와 혼인하고 이때부터 아내의 영향으로 독실한 신앙심을 갖게 되었다. 이때 1653년 그는 비국교도파 회중 목사요 베드퍼드의 위대한 설교자인 기퍼드를 만났는데 이를 기화로 점점 신앙의 깊이를 더하게 되었다.

1655년 기퍼드가 죽자 번연은 회중들의 간청으로 평신도로서 설교를 하게 되는데, 이때 대단한 감동을 주어 많은 사람들이 그의 설교를 들으려 몰려 들었다. 그러나 찰스 2세 당시 왕정이 복고된 상황에서 국교회(성공회)를 제외한 교회의 집회는 금지되어 있었다. 1660년 결국 번연은 비밀집회 금지령 위반으로 체포되어 12년 동안 감옥 생활을 하게 되었다. 이 기간 중 번연은 「넘치는 은총」(Grace Abounding)을 비롯한 여러 권의 책을 저술하였다.

그러던 중에 1678년 번연은 다시 두 번째로 투옥되는데, 이때 우리에게 잘 알려진 「천로역정」(天路歷程, The Pilgrim's Progress) 전편(前篇)을 저술하였다. 이 책은 1684년 2부가 나오면서 완성되었는데, 간결하면서도 소박한 문투로 천성을 향해 가는 성도의 삶을 잘 그리고 있었다.

이 책은 삽시간에 웨일즈 어, 네덜란드 어, 독일어, 불어로 번역되어 주변 국가로 퍼져나갔고, 그 후 세월이 흐르면서 120개 국어로 번역되어 전 세계인의 사랑을 받고 있다. 우리나라에서는 1895년 캐나다 선교사이자 장로교 목사인 게일(Gale)에 의해 소개되었다. 이외에도 번연의 「거룩한 전쟁」(The Holy War, 1682년)은 「천로역정」에 버금가는 대표적인 저작이다.

존 웨슬리(John Wesley) 감리교회 창시자. 영국의 종교개혁자(1703-1791년). 영국 링컨션 주 엡워드(Epworth)의 목사관에서 성공회 주교인 아버지 사무엘 웨슬리(Samuel Wesley)와 경건한 어머니 수산나 웨슬리의 19남매 중 열다섯 번째 아이로 태어났다. 어려서는 아버지로부터 엄격하고 철저한 신앙 훈련을, 어머니로부터는 헬라어, 라틴어, 프랑스어를 배웠다. 옥스퍼드 대학 처치칼리지를 졸업하고 1726년 링컨칼리지 연구원을 지내면서 아버지 교회에서 부제로 일했다.

1728년 9월 사제 서품을 받은 존 웨슬리는 1729년 옥스퍼드대학교에 돌아와 동생 찰스 웨슬리를 비롯한 몇 명의 학우와 홀리 클럽(Holy Club)을 만들어 혼탁하고 퇴폐적인 사회에서 엄격하게 규율을 지키며 사회 봉사 활동에 힘을 썼다. 그래서 웨슬리는 이때부터 메소디스트(Methodist, '엄격한 규율 준수자들'이란 뜻)라 불리게 되었다.

1735년 동생 찰스 웨슬리와 영국 해외전도회 파송을 받아 미국 조지아 주로 선교 여행을 떠났으나 실패하고 2년 뒤 귀국했다.

그러던 어느날 런던 시내 올더스게잇 거리에서 모라비안 집회에 참석했다가 '이상하게 마음이 뜨거워지는 경험'을 하였다. 그 순간 오랜 기간 고민하고 번뇌하던 회의와 불안은 일시에 사라졌고, 죄와 사망의 법에서 구원받았다는 확신을 갖게 되었다. 1738년 5월 24일 저녁 8시 45분의 일이었다. 이때부터 웨슬리는 자기에게 큰 일을 행하시고 자신을 변화시키신 하나님에 대해 설교하기 시작했다.

그러나 그의 복음주의 운동은 영국교회(국교회)의 방해를 받았다. 영국교회는 그에게 설교 자리(강단)를 허락하지 않았다. 그래서 웨슬리는 1739년 4월 2일 거리로 나가 '세계는 나의 교구'를 외치며 대중에게 설교하기 시작했다. 웨슬리는 이런 거리 설교를 하루에 4-5차례씩, 평생 4만 2천 회나 하였다. 1747년에는 아일랜드, 1751년에는 스코틀랜드를 방문하여 설교하였고, 1760년에는 북미에 선교사를 파송했다. 그는 이를 위해 매년 12,800km, 평생 40만km의 거리를 여행했다.

그 결과 1784년에 감리교회가 조직되었고, 말년에는 영국에서 감리교회 설교자가 294명, 교인이 71,668명, 미국에서 설교자가 198명, 교인이 42,265명이나 될 정도로 교세가 확장되는 역사가 일어났다. 그는 88세의 긴 세월을 주님과 동거하다 1791년 3월 2일 친지들에게 "평안히 계십시오."라는 유언을 남기고 88세를 일기로 생애를 마감했다.

존 칼빈(John Calvin) 프랑스의 종교개혁가. 장로교회 창시자(1509-1564년). 프랑스명은 '장 코뱅' (Jean Cauvin). 독일명은 '요한 칼빈.' 라틴어 이름 '칼비누스' (Ioanis Calvinus)를 사용하면서 '장 깔뱅' (Jean Calvin)으로 불리기도 했다. '존 칼빈'은 영어식 이름이다.

1509년 7월 10일 파리 북동부 노용(Noyon) 시에서 출생했다. 아버지 제라드 칼빈은 원래 하층민이었으나 시민권을 획득하여 노용 시의 상류층 인사들와 교류하게 되었다. 이런 배경 때문에 칼빈은 노용 지방의 교회 장학금으로 1523년 파리 대학에 입학하여 철학, 변론학을 공부했다.

그 후 아버지의 뜻을 좇아 오르레앙(Orleans) 대학과 부르즈(Bourges) 대학에서 법학을 공부했다. 또 1530년에는 파리 대학에서 헬라어와 히브리어 등 인문학을 공부하기도 했다. 칼빈은 법률과 고전어 등 인문학에 관심이 많았고, 신학을 공부할 계획은 없었지만 아버지의 죽음을 맞이한 1531년부터 1534년 사이의 어느 시점에 갑작스럽게 회심(sudden conversion)하였다. 후에 칼빈은 시편

주석에서 이때를 회상하며 하나님께서 갑작스럽게 나의 마음을 돌리셨다고 고백했다.

그 후 1534년 5월 4일 노용에서 가톨릭교회가 주는 연금을 거부하고 투옥되었다가 그해 10월 미사 반박문을 내고 신변의 위협을 느껴 1535년 스위스 바젤로 피신했다. 그의 미사 반박문 때문에 프랑스에서 신교도가 박해받자 1536년 3월 프랑스 왕 프랑수아 1세(1494-1547년)에게 보내는 서문을 붙여 「기독교강요」(Institutes of Christian Religion)를 출간했다. 그의 나이 26세 때였다.

서문에서 그는 기독교가 결코 위험하지도 부도덕하지도 않음을 강변했다. 또 칼빈은 이 책에서 기독교 교리와 신자의 생활을 논리적이며 조직적으로 서술하였다. 그는 이 책에서 무엇보다 하나님에 대한 지식과 아울러 하나님 앞에 선 인간에 대한 지식의 중요성을 강조했다. 그리고 하나님은 신자의 올바른 신앙 생활을 영위하기 위해 교회와 정부라는 기관을 두셨다고 가르쳤다.

1537년 칼빈은 기욤 파렐(Guillaume Farel, 1489-1565년)의 성화에 못 이겨 제네바에 정착하여 성 바울교회에서 성경을 가르쳤고, 다시 1년 후에 설교자가 되었다. 그는 파렐을 도와 제네바를 경건한 모범 공동체로 만들려고 시도했으나 시의회의 빈대로 실패하고 1538년 4월 23일 추방되어 프랑스의 스트라스부르(독일 지명, 스트라스부르크)로 피신했다. 거기서 3년 동안 목회 생활을 하며 개혁자들과 교제하고 신학을 가르치는 등 순탄한 시간을 보냈다.

또 1540년에는 이들레트 드 뷔르라는 여자와 결혼하여 사별할 때까지 9년 동안 결혼 생활하며 여러 자녀를 낳았다. 또 이때 기독교강요 증보판과 로마서 주석을 집필했다. 이 와중에 1541년 9월 칼빈을 추방시킨 반대파가 쫓겨났다. 칼빈은 여러 차례의 요청으로 할 수 없이 환영을 받으며 제네바로 가게 되었다. 여기서 칼빈은 과거 자신이 제네바 시에 제안한 것보다 더 분명한 새로운 교회헌법을 통과시켜 상소법원을 만들고 평신도들을 훈련시켰다. 그리하여 제네바는 거의 20여 년 동안 신정정치가 행해졌다. 그는 제네바에서 불성실한 신도를 파문하고, 죄질이 나쁜 자는 시의회에 고발해 처벌받게 하는 등 철저한 경건주의에 기초한 법률로 모든 시민의 생활을 통제했다.

예를 들면, 세례식 때 하품을 하거나 예배 시간에 졸면 구속을 시켰고, 모든 술집은 철거하고, 축제는 폐지하였다. 또 대중 식당에서도 기도하고 성경을 읽은 후에 음식을 주문해야 했다.

이 여세를 몰아 1559년에는 제네바에 개혁주의 대학, 곧 제네바 대학을 설립했다. 이 대학은 당시 유럽에서 개혁주의를 가르치는 가장 대표적인 학교로서 온 유럽의 목사들이 유학하여 훌륭한 교직자 양성소로 자리매김하였다. 그리하여 칼빈의 사상은 프랑스, 네덜란드, 스코틀랜드, 영국을 비롯하여 폴란드, 헝가리에 이르기까지 전 유럽으로 확산되었다.

그는 늘 건강이 좋지 못했고, 음식도 가려야 했으며 게다가 끊임없는 연구로 잠이 부족하였다. 그리하여 1564년 2월 16일의 설교를 끝으로 더 이상 설교를 할 수 없었으며, 그를 방문한 파렐의 품에서 5월 27일 55세를 일기로 제네바에서 숨을 거두었다. 그는 170달러를 유산으로 남길 만큼 평소의 검소함을 잃지 않았고, 묘지에 비석을 세우지 말도록 유언할 정도로 하나님 앞에서 철저한 개혁자의 자세로 살았다.

용어상식

종교개혁
(宗敎改革, Reformation)

중세기에 로마 가톨릭의 타락과 부패를 비판하고 쇄신을 요구하며 일어난 기독교 개혁운동. 이는 부패한 가톨릭 교회를 갱신하여 교회의 본질을 회복하고 성경으로 돌아가기 위한 운동이었다. 멀리는 14세기 말 영국의 위클리프와 보헤미아의 후스에게서 시작되어 16세기 독일의 마틴 루터에게 와서 절정에 이르렀고, 스위스의 쯔빙글리, 칼빈 등의 개혁자들에게로 이어져 전 유럽으로 확산되었다. 이를 통해 프로테스탄트(Protestant) 교회가 형성되었다. 17-18세기 영국에서 일어난 퓨리턴(청교도) 운동도 종교개혁의 일환이었다.

종고그교회(琮橋敎會) 기독교대한감리회 종로지방 소속의 교회. 미국 남감리회 소속으로 중국에서 사역하다 한국에 파송된 여선교사 캠벨(J.P. Campbell)이 세운 배화학당 기도실에서 1900년 4월 15일 부활주일에 설립되었다. 처음에 18명의 세례 교인으로 시작하였으나 학교(배화학당)를 중심으로 학생을 비롯한 교인들이 늘어나자 1901년 9

월 루이스(Louis)와 워커(Walker) 두 여신도의 기부금으로 2층 벽돌 예배당을 건축하였다.

그 후 1910년 현재 위치에 붉은 벽돌로 2층 높이의 T자형 고딕 양식의 예배당을 건축하였다. 1919-1921년에는 양주삼 목사가 종교교회를 담임하였다. 그러다 일제 강점기와 6.25전쟁을 거친 후 1959년 554평 규모의 석조 예배당을 건축하였고, 1970년 설립 70주년을 기념하는 「종교교회 70년사」를 편찬했다. 2003년 3월 최이우 목사가 제22대 담임으로 취임하여 현재까지 교회를 섬기고 있으며 2010년 4월 18일 설립 110주년 기념 감사예배를 드렸다. 서울시 종로구 사직로 8길 (도렴동)에 위치한다.

종교사학파(宗敎史學派, History of Religion School, Religionsgeschichtliche Schule) 기독교를 비교 종교학 차원에서 설명하려고 시도한 독일 신학자들의 학술 그룹을 말한다. 이들 학파는 종교의 자료(예를 들면, 성경의 내용 등)를 저자 개인의 영적 체험으로 받아들이지 않고 한 부족이나 공동체의 복합적이고 발전적인 과정의 산물로 이해함으로써 종교에 관한 역사적 연구를 일반화하였다. 예를 들면 종교사학파는 기독교를 히브리인들의 고대 신화에 바벨론과 이집트의 신화와 헬레니즘 사상이 가미된 산물로 설명했다. 또한 성경의 세례나 성만찬도 이방 풍습에서 유래된 것이라 주장했다. 독일의 신학자 헤르만 궁켈(H. Gunkel)이나 그레스만(G. Gressmann), 부셋(W. Bousset), 아이히호른(A. Eichhorn), 하이트뮐러(W. Heitmüller) 등이 대표적이다. 종교사학파는 1880년에 나타나 1920년까지 활동하다 단명했으나 불트만(R. Bultmann) 등의 신학자들에게 큰 영향을 미쳤다.

종교재판소(宗敎裁判所, Inquisition) 교회의 거룩함을 지키기 위해, 다른 교리를 전파하는 자들을 회개시키고 처벌하기 위해 마련된 재판소. 주로 이단자 색출을 목적으로 마련되었다. 하지만 성경이 가르치는 이단자에 대한 대응(한두 번 훈계한 후 듣지 않으면 내어보냄, 딛3:10)과는 달리 종교재판소는 대부분의 경우 이단자나 이단자로 의심되는 자들을 변호인이나 증인조차 없이 고문 등의 무자비하고 처절한 방식으로 다루어 두고두고 역사의 오점으로 남아 있다.

교회사에서는 ① 12-13세기의 카타리 파(派)와 왈도 파를 재판했던 종교재판소, ② 14세기의 프란시스코 파를 재판했던 종교재판소, ③ 1478년 유대인과 무르 인, 모리스코 인을 재판한 스페인

종교다원주의(宗敎多元主義, Religious Pluralism)

19-20세기 초 서구 기독교와 문화에 반발하여 나온 자유주의적 신학 운동. 서구 기독교가 식민 국가의 여러 종교들과 만나면서 타 종교를 인정하며 종교간의 대화를 모색하는 과정에서 자연스레 형성되었다(다원주의 란 서로 다른 사상이나 가치들의 장점을 모두 수용하고 인정하는 '혼합주의' 를 말한다). 그러나 이 사상은 로고스에 대한 헬라 철학, 알렉산드리아 영지주의자들의 기독론 등에서 볼 수 있듯이 기독교 역사 초기부터 존재해 왔다. 근대에 와서는 트뢸취의 종교사학파, 폴 틸리히의 문화신학, 비평주의, 비교 종교학 등 후기 계몽주의 독일 신학자들에 의해 태동하였다. 그 특징은 기독교의 절대주의를 부정하고 상대주의를 인정하는 것인데, 네 가지로 살펴볼 수 있다.

① 종교의 궁극적 목표는 구원이기 때문에 모든 종교는 궁극적으로 하나의 정점에서 만난다고 주장한다. ② 모든 종교에는 궁극적으로 신의 실재가 존재하며 이 신들이 역사적 상황과 문화적 형태 속에서 하나님, 알라, 브라만, 한울님, 로고스 등으로 각기 다르게 나타났다고 주장한다. ③ 각 종교는 다른 종교의 독특성을 인정하고 서로 수용할 수 있어야 한다고 주장한다. ④ 예수 그리스도를 유일한 구주로 인정하는 기독교를 배타주의로 배척하거나 혹은 종교적 포용주의로 여러 종교 가운데 한 종교라 주장한다.

하지만 이런 종교다원주의는 단순히 종교 문화의 다양성을 주장하는 차원을 넘어 종교 혼합주의에 도달함으로써 성경적 신관, 기독론, 성령론, 구원론을 상대화시켜 기독교 핵심 진리를 왜곡시키고, 결국에는 기독교의 근간을 무너뜨리는 반기독교 운동이라 할 수 있다. → '종교혼합주의' , [2. 교리 및 신앙 용어] '종교다원주의' , '포스트 모더니즘' 을 보라.

의 종교재판소, ④ 1542년 7월 21일 교황 파울루스 3세에 의해 설치된 로마 종교재판소 등이 있다.

특히 ④의 로마 종교재판소 경우는 이탈리아에서 프로테스탄트 세력을 저지하기 위한 수단으로 활용되었다. 1633년 지구가 태양 주변을 회전한다는 코페르니쿠스의 지동설(地動說)을 지지한 천문학자 갈릴레오 갈릴레이를 재판한 곳으로도 잘 알려져 있다.

그 후 이탈리아 내에서 프로테스탄트 세력이 미약해지자 로마 교황청은 가톨릭 교도의 신앙 지도와 교회 질서를 유지하는 차원에서 종교재판소를 운영하다 1908년 피우스 10세 때 신앙의 순수성을 지키기 위한 종교재판소 본래 목적에 따라 '성무회의' 라 개칭하였고, 1965년 파울루스 4세 때는 '신앙교리회' 로 변경하여 민주적인 절차로 운영하고 있다.

종고철학(宗敎哲學, Philosophy of Religion) 종교를 철학의 대상으로 삼아 논증하는 철학의 한 분야. 즉, 종교의 핵심 요소인 초월자(신)의 본질이나 초자연적 요소를 신화적·민족적·예전적(禮典的)·문화적 차원에서 발생·발전·소멸 과정과 더불어 종합적으로 사고하는 학문이다. 또 한편으로 종교철학은 어떤 특정 종교의 밖에서 객관적인 태도로 특정한 종교를 관찰하고 타 종교와 비교하는 방법을 사용한다. 그러나 어떤 유형이 되었든지 종교철학의 주요 관심사는 신 존재를 증명하는 데 있다.

한편, 교회사 초기부터 중세에 이르기까지 유럽의 종교철학은 오히려 타 종교의 철학을 이용하여 기독교를 설명하고 증명하는 방식으로 이루어졌다. 그러다 18-19세기에 오면서 종교철학은 비로소 특정 신앙의 입장에서가 아니라 객관적 학문의 대상으로 다루어지게 되었다.

근대에 처음으로 이런 시도를 한 사람은 독일 철학자 칸트(I. Kant)이다. 그 후 쉴라이에르마허(F. Schleiermacher)는 종교철학의 독자적 영역을 형성하였고, 헤겔(Hegel)이 사변적·변증적 방법으로 종교철학을 체계화했다.

한편, 20세기에 와서 종교철학은 신과 인간의 실존적 관계에서의 종교 체험을 바탕으로 한 독특한 영역을 구축하고 있으며, 특히 미국에서는 종교사회학, 종교 심리학적인 요소와도 밀접한 관계를 형성하고 있다.

종고학(宗敎學, Science of Religion) 종교 현상을 과학적 연구 대상으로 삼는 학문. 즉, 종교 현상을 보편적이며 객관적으로 관찰하고 공통점과 차이점을 논리적으로 분석하여 종교 일반의 본질을 규명하는 학문이다. 넓은 의미에서는 종교철학도 종교학에 포함된다.

18세기까지 유럽에서 종교(기독교)는 주관적이며 규범적인 특성 때문에 객관적 연구가 어려웠다. 그러나 계몽주의 시대가 도래하면서 기독교 외에도 중근동과 동양의 타 종교를 인정하고 기독교만 유일한 종교로 인정할 수 없다는 분위기가 유럽 학계에 팽배하기 시작했다.

이 시기에 막스 뮐러는 「종교학 개론」(1873년)을 출간하여 처음으로 종교학에 대한 연구를 시도하였다. 그는 고대 종교의 문헌을 연구하여 여러 종교를 비교하는 소위 비교 종교학 방식으로 종교학을 연구하였다. 얼마 후 로버트슨 스미스는 「셈족의 연구」(1889년)란 저서에서 미개인의 인류학적·사회적 연구를 통해 '인간 과학'의 한 분야로서 종교학을 연구하였다.

이렇게 종교학에 인접한 여러 학문 방법을 도입한 결과 종교학은 종교의 여러 현상을 객관적이며 실증적으로 밝히는 데 공헌했다. 그러나 이런 방식은 한편으론 종교를 언어나 사회, 심리학적 방식으로 접근하여 종교의 본질을 도리어 훼손시키는 측면도 있다는 반론도 만만치 않다. 오늘날 종교학은 종교를 종교 현상 그 자체로 이해하자는 방향(종교 현상학)으로 모아지고 있다.

종고혼합주의(宗敎混合主義, Syncretism) 원어적 의미는 '결합하다'는 뜻이다. 모든 이방 종교의 좋은 요소들을 연구하고 종합하여 혼합하자는 이론이다. 즉 모든 종교를 상대적이고, 포용적이며, 실용적 측면에서 구별없이 수용하는 자세를 일컫는다. 15세기에는 사라센 제국의 침공에 대비해 동서교회의 연합을 끌어내는 데 사용되는 등 긍정적으로 쓰였으나, 현대에는 신앙이나 신조에 상관없이 기독교 각 교파, 심지어 이교도와 기독교의 연합을 나타내는 부정적 용례로 사용된다. 세계교회협의회(WCC)의 에큐메니칼 운동의 근간을 이루고 있는데, 그 이면에는 종교다원주의 사상이 짙게 깔려 있다. → '종교다원주의'를 보라.

종파(宗派, sect) 헬라어 '하이레시스'(αἵρεσις)는 학파나 당파, 정파 등 선택에 의해 본류에서 갈라져 나온 집단을 일컫는다(행5:15,17; 24:5; 28:22; 고전1:10-17; 11:19; 벧후2:1). 교회사적으로는 로마 교회가 프로테스탄트(개혁주의 교회)를 비롯하여 교황청에 속해 있지 않은 모든 종교 단체(비 가톨릭적인)를 지칭하여 사용되었다. 그러나 근래에 와서는 프로테스탄트에 속하지 않은 종교 집단들에게 사용되기도 한다.

주기철(朱基徹) 장로교회 목사. 순교자(1897-1944년). 경남 창원군 웅천면 북부리에서 태어나 어려서 신학문을 배웠고 1910년 웅천교회에 출석했다. 1913년 형과 함께 정주 오산중학교에 입학하여 민족 정신을 자각하게 되었고, 1915년 11월 세례를 받았다. 1916년 오산중학교를 졸업하고 연희전문학교에 입학했으나 안질과 가정 형편으로 고향에 돌아와 웅천교회에서 집사로 봉사했다. 1920년 안갑수(安甲守)와 결혼했고, 그해 김익두 목사의 부흥회에 참석해 회심을 체험했다.

이듬해 경남노회 추천으로 평양 장로회신학교에 입학하여 졸업반인 1925년 경남노회에서 목사 안수를 받았다. 1926년 초량교회 위임목사를 시작으로 1931년 마산 문창교회를 담임했고, 1932년 경남노회 노회장에 피선되었다. 1936년 평양 산정현교회에 담임으로 부임하여 자유주의 신학 사조로 혼란한 교회를 수습하고 1938년 454평의 2층 벽돌 교회를 건축했다.

같은 해 평양에서 신사참배 바람이 거세게 불 때 일사각오 정신으로 신사참배를 반대하다 헌당 예배 직전(2월 8일)에 체포되어 5개월간 구속되었다. 석방된 지 두 달 뒤 9월 평양 서문밖교회에서 열린 제28회 총회 직전 다시 체포되었다 풀려났고, 그 후 1939년 7월 경북 의성에서 체포되어 7개월간 옥살이를 했다.

1940년 2월 평양으로 돌아온 주기철 목사는 순교적 자세로 신사참배 반대의 결연한 의지를 다졌고, 같은 해 4월, 그리고 7월에 구속되었다. 이렇게 다섯 차례의 구속과 석방을 거듭하는 동안 평양노회는 일제 강압에 못이겨 주기철 목사를 면직시켰고, 산정현교회는 폐쇄되었다. 또 주기철 목사는 불경죄, 치안유지법 위반 등의 혐의로 10년 형을 선고받고 평양 형무소에 수감되었으나 고문 후유증과 건강 악화로 1944년 4월 13일 보석되었다가 1주일 만인 4월 21일 숨을 거두었다. 1963년 대한민국 정부로부터 건국공로 국민장을 받았고, 1968년 국립묘지에 묘지가 조성되었으며, 1983년 장로회신학대학 교정에 기념비가 세워졌다.

중세(中世, Middle Ages) 서로마 제국의 멸망에서부터(476년) 동로마 제국이 멸망하기까지의(1453년) 기간. 대략 5세기에서 15세기에 이르는 1,000여 년의 시기를 가리킨다. 서로마 제국의 멸망은 게르만 민족의 대이동으로 촉발되었으며, 그 후 게르만 민족이 세운 프랑크 왕국이 서로마 제국을 대신하게 되었다. 이로 인해 지중해 연안을 중심으로 형성된 유럽 세계의 정치적 중심은 알프스 산맥 북쪽으로 이동하게 되었다.

이렇게 형성된 중세는 910년 프랑스에 세워진 클루니(Caluny) 수도원에서 교회의 부패와 세속화를 개혁하는 운동이 전 유럽으로 확산되면서 새로운 전기를 마련하게 되었다.

300여 개로 불어난 클루니 분원 수도원은 세속 군주권에 대항하는 일대 세력을 형성하고 10-11세기에는 교회의 개혁운동을 이끌어내었다. 11세기 말 교황 그레고리 7세(Gregory VII, 1073-1085년 재위)는 이 운동을 유럽 전역으로 확대하여 성직매매와 성직자 결혼 등의 금지를 선포하고 그동안 세속 군주가 장악하던 성직자 임면권(任免權)을 박탈하는 충격적인 선언을 하였다.

이에 대한 반발로 신성 로마제국 황제 하인리히 4세(Heinrich IV, 1056-1106년 재위)와의 사이에 벌어진 카놋사(Canossa) 굴욕 사건'은 유명하다. 이와 더불어 이 시기에 나타난 또 하나의 사건이 십자군 원정(Crusades)이다.

1095년 클레르몽(Clermont) 종교회의에서 결정된 십자군 원정은 이후 7차에 걸쳐 200여 년간 지속되었고 이것은 중세 유럽의 정치·사회·문화·종교 전반에 큰 변화를 가져다 주었다. 그래서 학자들은 십자군 원정을 기준으로 중세를 전반기와 후반기로 구분하기도 한다.

한편, 십자군 원정이 실패로 돌아가면서 동로마 제국은 변방의 도시처럼 몰락하다 오스만 투르크(Osman Turks) 제국에 의해 콘스탄티노플이 함락되면서 멸망하였고(1453년), 이는 유럽 세계에 큰 지각 변동을 가져왔다.

십자군 원정으로 제후들의 배경이 되었던 봉건 제도(封建制度)와 봉건 제도의 근간이 되었던 장원제도(莊園制度)의 붕괴는 사회적·경제적으로, 나아가 교회와 신앙에 대한 사람들의 정신 세계에 큰 영향을 주었다. 그리하여 중세 후반기는 신(교회)보다는 인간이, 봉건 제도하에서의 결속보다는 개인이, 내세보다는 현세가 중시되었다. 이는 이탈리아에서 인문주의 운동, 곧 문예 부흥(르네상스, Renaissance)을 가져오면서 중세는 몰락하고 근세의 도래를 촉진하게 되었다.

중세 암흑시대(中世 暗黑時代, **Dark Ages**) 로마 가톨릭의 부패로 1천 년 동안 교회가 영적으로 타락한 시대(A.D.500-1500년). 사실상 A.D. 590년(그레고리1세, 교황권 확립)부터 1517년(루터의 종교개혁)까지를 중세 암흑시대라 할 수 있다. 영의 세계는 빛을 잃고 로마 가톨릭의 교권과 부패가 만연했던 시대를 말한다.

지하묘지(地下墓地, **Catacomb**) → '카타콤'을 보라.

진젠도르프(**Nicolaus Ludwig Graf von Zinzendorf**) 독일 헤른후터 파(혹은, 연합 형제단) 창시자(1700-1760년). 독일 드레스덴(Dresden)의 작센(Saxon) 선제후 고관 집에서 출생했다. 어려서 아버지를 잃고 경건한 외할머니 손에서 경건 훈련을 받으며 자랐다. 엄격한 경건주의 학교인 할레의 페다고기움(Pedagogium)에서 중등 교육을 받은 그는 1716-1719년에 비텐베르크에서 법률을 공부하고 1721년 드레스덴 선제후의 사법 자문위원이 되었다.

1722년 외할머니로부터 베르텔스도르프(Bertelsdorf)의 넓은 땅을 상속받았는데, 그는 피난길에 나선 모라비안 교도들에게 정착지로 허락해 주었다. 이곳은 1726년에 이르러서는 300여 명의 모라비안 교도들이 정착하는 '헤른후트'(Herrnhut, '주님의 보호'란 뜻. 후에 독일 지명이 됨)라 불리는 정착촌으로 변모하였다. 진젠도르프는 이들을 통해 하나님의 일을 감당하는 것이 자신의 사명임을 자각하고 이들의 지도자가 되었다. 그래서 헤른후트를 국내외에 선교할 그리스도의 군병을 양성하는 훈련소로 삼았다. 진젠도르프는 청년 남녀를 분리하여 수도사와 같이 엄격하고 철저하게 훈련시켰다.

그 후 1731년 덴마크 왕 크리스천 6세(Christian VI, 1730-1740년) 대관식에 참석했다가 덴마크 령인 서인도와 그린랜드 주민을 만난 진젠도르프는 귀국 후 선교열에 불타는 헤른후트의 모라비안 교도 중 레온하르트 도버와 다비드 니쉬만을 서인도 제도 선교사로(1732년), 크리스찬 다비드를 그린랜드에 파송했다(1733년). 이 일은 세계 선교에 무지하던 당시에 이루어진 일로서, 이들은 훗날 최초의 프로테스탄트 선교사들로 불렸다. 현대 선교의 아버지라 불리는 윌리엄 캐리보다 60년이나 앞선 때의 일이었다.

2년 후인 1735년 미국 조지아에 고트리브 슈팡겐베르그(Gottlieb Spangenberg, 1704-1792년)를 선교사로 파송했다. 모라비아 교도들은 누구라도 구두 한 켤레만 준비되면 당장이라도 선교를 떠나겠다고 헌신하는 자들로 가득차 있었다. 그러나 작센 정부와 사이가 좋지 못했던 진젠도르프는 작센에서 추방되어 서부 독일로 갔고, 다시 베를린으로 갔다. 그는 이를 선교의 좋은 기회로 삼고 서인도, 런던, 미국 등 여러 선교지들을 둘러보았다.

1741년 12월부터 1743년 사이에는 미국 조지아, 펜실베니아 등지에서 원주민 선교를 위해 8개의 학교를 세우고 모라비아 운동 본부도 설립했다. 이런 일련의 활동을 통해 모라비아 교회는 프로이센(1742년), 영국(1749년) 등에서 훌륭한 교회로 인정받게 되었고, 작센 정부도 진젠도르프의 추방령을 취소하고 귀환을 종용했다.

모든 재산을 선교에 사용하여 거의 파산 상태에서 육신마저 쇠잔해진 진젠도르프는 말년에 영국에 거주하다 1760년 5월 9일 60세를 2주 앞두고 하나님의 부르심을 받았다.

그는 28년간의 활동을 통해 226명의 선교사를 파송했고, 19세기에는 유럽에 15개의 선교 기관이 설립되었다. 모라비아 교회는 20세기 초반까지 세계 14개 나라에 3,000여 명의 선교사들을 파송했다고 한다. → '모라비아 교회'를 보라.

쯔빙글리(**Ulrich Zwingli**) 스위스(취리히)의 종교개혁자(1484-1531년). 스위스의 빌트하우스

(Wildhaus)에서 행정관의 아들로 태어났다. 1500-1502년 비엔나 대학에서 고전학을, 1502년 바젤 대학에서 문학을 공부하며 인문학에 대한 지식을 쌓았다. 1506년 9월 사제 서품을 받고 글라루스 (Glarus)에서 교황의 용병 부대 종군 신부로 일했으나 용병 제도의 폐해를 지적하고 물러났다. 하지만 용병을 생업으로 하던 주민들의 반발로 그는 1516년 아인지델른(Einsiedeln)으로 목회지를 옮겨야 했다. 그는 면죄부의 폐해와 교황청의 비리를 지적하면서 유명한 설교자로 알려져 1519년 취리히 대성당의 설교자가 되었다.

그는 성경 외에는 다른 어떤 것도 신자를 속박해서는 안 된다는 생각으로 늘 성경을 새롭게 해석하였다. 특히 1522년에는 사순절 단식(Lenten fast)을 어겨 취리히 교구 감독의 경고를 받았지만 단식령이 성서에 근거하지 않는다는 이유로 주장을 거두지 않았다. 이를 계기로 그는 1523년 1월 취리히 주 정부의 공개 변론에서 미사의 희생적 성격, 선행의 구속적 효과, 연옥의 실재 등을 모두 부인하고, 성직자의 결혼을 주장하여 주 정부의 승인을 얻었다.

그해 10월에는 가톨릭교회의 성화상(聖畵像) 사용을 공격했다. 1524년 4월에는 2년간 동거하던 과부 안나 라인하르트(Anna Reinhard)와 결혼했고, 1525년 수난주간에 미사를 폐지시켰다. 또 교회 감독관 제도를 폐지하고, 예배에서는 독일어를 사용하며 대부분의 예전과 예식도 폐지했다.

그는 성경에 합치되는 것이면 무엇이든 망설임 없이 과감하게 시도해 나갔다. 이런 그의 개혁 조치들은 바젤과 대도시 베른, 나아가서 인근의 독일 여러 군소 도시들과 대도시 슈트라스부르크에도 큰 영향을 미쳤다. 동시에 가톨릭을 고수하는 도시의 반발도 만만치 않았다. 따라서 그는 독일 루터 파(派)와 제휴의 필요성을 느꼈다. 많은 교리에서 루터와 협력적이었으나 그는 성찬 문제에서 결정적으로 루터와 견해를 달리했다.

1529년 10월 1일부터 11월 5일에 개최된 말부르크 회의에서 그는 14개 조항의 합의는 보았으나 성찬(聖餐)의 빵과 포도주는 그리스도의 몸과 피를 상징한다는 '상징설'(symbolism)을 주장함으로써 '공존설'(consubstantialism)을 주장하는 루터와 결별하게 되었다. 결국 1529년 가톨릭 연맹(Christian Union)과 쯔빙글리의 개혁에 찬동하는 신자 시민 연맹(Christian Civil Alliance) 사이에 전쟁이 벌어져 초기에는 다소 유리한 상태에서 6월 25일 휴전이 성립되었다.

그러나 1531년 10월 11일 카펠(Kappel)에서 대패하고 쯔빙글리 마저 47세의 나이에 전사함으로써 그의 종교개혁은 중지되고 말았다. 이후 쯔빙글리의 개혁은 불링거(Heinrich Bullinger)를 거쳐 칼빈(John Calvin)에게 와서 꽃을 피우게 되었다.

찰스 스펄전(Charles Haddon Spurgeon)
영국 침례교 목사(1834-1892년). 별명은 '설교자의 왕자.' 스펄전은 영국 에섹스에 있는 켈비돈(Kelvedon)에서 태어났다. 그의 할아버지는 프랑스 위그노의 후손으로서 45년 이상 목회한 비국교도 목사였고, 아버지는 경건한 독립교단 목사였다.

스펄전은 2살 때 할아버지 집에 보내져 어려서부터 할아버지가 소장하고 있던 청교도적인 경건 서적들을 읽으며 자라났다. 15세가 되던 1850년 12월 6일 스펄전은 프리미티브 메소디스트 교회(Primitive Methodist Church) 평신도 설교자의 설교를 통해 회심을 체험했다. 그 후 성경을 공부하던 중 1851년 5월 3일 침례교파에 입문하여 침례를 받고 1852년 침례교회 목사가 되어 워터비치의 작은 교회를 담임하게 되었다. 이 기간 동안 스펄전은 말씀과 기도로 하나님의 교회를 섬기며 위대한 설교가로서의 자질을 갖추게 되었다.

그 후 1854년 20세에 런던 남부 뉴 파크 스트리트 교회(New Park Street Church) 담임목사로 초빙되어 교회를 크게 부흥시켰고, 1857년 23,654명의 청중 앞에서 설교할 정도로 명성 있는 설교가가 되었다. 그래서 많은 인원을 수용하기 위해 인근의 음악당으로 자리를 옮겨야 할 정도가 되었다. 이 숫자는 런던 집회 사상 최대의 숫자였다. 결국 1861년 메트로폴리탄 태버내클(Metropolitan Tabernacle)을 건축하기에 이르렀고, 그는 매주 1만여 명의 청중에게 복음을 전파하였다. 그리하여 그가 부임한 1854년 232명이던 신자는 1891년 5,311명으로 늘어났고, 그 동안 세례를 받은 사람만도 14,460명이나 되었다.

그의 설교는 철저하게 청교도 신학에 뿌리를 두었고, 그는 전통적인 교리를 생동감 있고 호소력 있게 전달하는 뛰어난 감각을 가지고 있었다. 이로 인해 그는 설교 시간마다 수많은 사람들에게 바른 복음을 감동적으로 전파할 수 있었다.

혹자는 이런 스펄전을 가리켜 '사도 시대 이후 가장 영향력 있고, 가장 유능한 설교자'로 평가하였다(Blackwood). 아울러 스펄전은 탁아 사업과 성경 보급 등에도 많은 관심을 가졌다. 그는 1887년 은퇴했지만 마지막 순간까지 성실하게 말씀을 연구하며 복음과 구원 문제에 철저하였고, 또 사회사업에도 많은 관심을 가지고 있었다.

찰스 웨슬리(Charles Wesley) 존 웨슬리의 남동생. 훌륭한 찬송 작시자이며, 형 존 웨슬리와 함께 감리교 창설자이며 부흥집회 강사다(1707-1788년). 그는 옥스퍼드 대학을 다닐 때 이미 거룩한 모임(Holy Club)이라는 모임을 조직하고 경건 생활과 성경공부와 감옥 전도에 힘썼다.

1738년에는 조지 휫필드(George Whitefield)와 옥스퍼드 대학생들의 도움으로 왓츠 박사의 35개 찬송가와 다른 곡들을 삽입한 찬송가집 「시편과 찬송 모음집」(A Collection of Psalms and Hymns)을 찰스턴에서 인쇄했다. 이 찬송집은 그의 형 존 웨슬리와 진젠도르프의 곡들을 모은 것으로 영국교회가 즐겨 애창한 첫 번째 찬송가들이었다.

천도교(天道敎) 1860년 수운 최제우(崔濟愚)가 창건한 종교. 원래 이름은 동학(東學). 3대 교조 손병희(孫秉熙)가 천도교로 개칭했다. 최제우는 21세 때인 1860년 4월 5일 울산에서 도를 깨닫고 인류를 구제하라는 큰 사명을 부여받았다. 그는 유불선(儒佛仙) 세 종교의 합치점인 '인내천'(人乃天)을 중심 사상으로 삼았다. 그리고 포교에 나서 수많은 무리가 따르자 1862년 서학(천주교)을 배척하고 '동학'을 세웠다.

또 교도들을 효율적으로 지도하기 위해 '접'(接)이란 신앙 공동체를 조직했다. 이 조직을 통해 동학의 교세가 급격하게 불어나자 정부의 견제를 받게 되었고, 조선 정부는 1863년 12월 10일 최제우를 체포하여 이듬해 3월 10일 대구에서 사형에 처했다. 이로 인해 교세가 급격히 쇠락하였고 2대 교조가 된 최시형은 교단 재건에 매진했다. 하지만 그도 수배를 받던 몸이라 피난 생활을 하면서 비밀리에 교세의 부흥을 꾀해야 했다.

그러던 중 1894년 전라도 고부에서 군수 조병갑의 폭정을 견디다 못한 교도 전봉준(全琫準)이 민란을 일으켰다(동학혁명).

동학군은 당시 관군의 힘으로는 제압할 수 없을 만큼 막강하여 조선은 청군에 도움을 요청했고 천진조약에 따라 일본군 역시 조선에 상륙하여 국제전 양상을 띠게 되었다. 그러나 일본군과의 전투에서 동학군은 처절하게 패하여 20만여 명이 희생당했고, 전봉준도 체포되어 죽임당했다.

1898년 최시형은 체포당해 죽기 한 해 전 손병희를 도통(道統)에 지명했다. 3대 교조가 된 손병희는 1905년 12월 1일에 동학을 〈천도교〉로 개칭하고, 이듬해 교회재건에 착수하여 천도교 중앙총부를 서울에 설치했다.

1910년 한일합방으로 나라를 잃자 민족 해방운동을 추진했고, 1919년 3.1운동에서 여러 종파와 함께 만세 운동에 참여했다. 그러나 해방 후에는 많은 동학계 신흥종교가 나타나 교세 확장에 어려움을 겪었다. 1971년에는 종단 직영 천도교 수운회관을 건립해 포교와 사회 봉사에 주력하고 있다.

천로역정(天路歷程, The Pilgrim's Progress) 영국 설교가요 작가인 존 번연(John Bunyan)이 1678년에 출간한 책. 원제목은 「The Pilgrim's Progress from this world to that which is to come」(이 세상에서 장차 올 세상에 이르는 나그네의 길). 내용은 주인공인 크리스천(기독도)이 '멸망의 성'(장망성)에서 출발하여 '낙담의 늪', '사망의 골짜기', '허영의 거리'를 지나 마침내 '천성'(天城)에 이르는 과정을 그리고 있다. 이는 원제목에서도 나타나듯이 신앙인이 이 세상에서 장차 올 세상에 이르기까지의 구원 과정을 비유적으로 묘사한 것이다.

2부는 6년 뒤인 1684년에 완성되었는데, 주인공 크리스천의 처자(妻子)가 크리스천(주인공)의 뒤를 따라가는 여정이 간결하고 소박한 문체로 그려져 있다. 이 책은 영국 근대 문학의 선구자로서 영국 문학에 크게 기여했다는 평을 받고 있다.

우리나라에서는 1895년에 캐나다 선교사 게일(James Scarth Gale)이 번역하여 소개했는데 한복을 입고 갓을 쓴 한국 삽화가 곁들여진 것이 특징이다. 그 후 1918년에는 미국인 밀의두 선교사가 번역하여 삽화 없이 출간한 것이 있다.

천부교(天父敎) 1955년에 박태선 장로가 창시한 이단 종파. 초기에는 〈한국예수교전도관부흥협회〉('전도관')라 했다. 박태선은 창동교회(김치선 목사)에서 장로 안수를 받고 1955년 3월 하순 남산에서 김치선 목사와 미국의 스완스 부흥사를 초청하여 대대적인 부흥회를 개최했다.

여기서 그는 자신을 신구약성경의 '감람나무'라 하며 열광적인 박수와 몸 흔들기, 통성기도 등 광란에 가까운 집회를 인도하면서 '죄 타는 냄새가 사라지고 백합화 향기가 나며 하늘에서 이슬이 내리고(이슬성신) 광채가 비쳤다'고 하여 전쟁 후 삶에 지친 곤고한 사람들의 가슴을 파고 들었다.

또 신유 은사로 많은 사람의 환영을 받자 박태선은 감람나무가 나타나면 종말이 오는데 자신이 감람나무라고 하면서 천년성(千年城)에 들어오면 구원을 받는다고 하여 경기도 소사(부천, 1957년 11월 1일), 덕소(1962년 7월 21일), 부산 기장(1970년 2월 28일)에 정착촌(신앙촌)을 건설했다. 전도관은 신앙촌 상품 판매로 유지되었으며 생수는 질병 치료 외에도 죄를 치유하는 수단으로 사용되었다.

그러나 1970년 기성교회의 심한 반대에 직면하면서 언론의 주목을 받았고, 장남 박동명의 윤리적 스캔들까지 겹쳐 이미지가 악화되자 1980년 교리를 대폭 수정하고 〈한국천부교회〉로 개칭했다.

그 후 1990년 2월 박태선이 사망하자 3남 박윤명이 뒤를 이어 교회를 다스리며 시온그룹 회장을 맡고 있다. 현재는 기장 신앙촌만 유지되며 다른 두 신앙촌은 유명무실하다. 교회당 종탑에는 십자가 대신 감람나무 잎을 물고 있는 비둘기 상이 있다.

천주교회(天主敎會, Roman Catholicism)
→ '로마 가톨릭교회'를 보라.

청교도(淸敎徒, Puritan) 영국에서 칼빈주의를 신봉하는 프로테스탄트 개혁파. 퓨리턴. 엘리자베스 1세(Elizabeth I, 1558-1603년)가 1559년 통일령(統一令)과 수장령(首長令)을 통해 확립한 영국 국교회에 반대하여 국교회의 가톨릭 제도를 배척하고 칼빈주의에 입각한 철저한 개혁을 주장하였다. 이들은 ① 교회의 해석이나 전승보다 성경의 권위를 존중하고, ② 예배에서 가톨릭의 미신적 요소를 배격하며, ③ 특권 계급을 암시하는 사제들의 제복 폐지, 성만찬의 비성경적 의식을 반대하였다. 이렇게 교회의 개혁과 정화를 요청했다 하여 이들은 '퓨리턴'(Puritan)으로 불렸다.

그러나 이런 개혁 안은 영국 교회의 입법 기관이라 할 수 있는 켄터베리 교직회의에서 부결되었고, 수용을 거부하던 청교도 목사들은 면직되고 투옥되기도 했다. 이런 분위기는 엘리자베스 1세의 긴 치세 기간 내내 지속되었다.

그 후 제임스 1세(James I, 1603-1625년 재위)가 즉위하자 청교도는 천 명의 서명을 받아 교회 개혁을 청원했다. 이를 '천 명 청원서'(Millenary Petition)라 한다. 그러나 이 청원은 1604년 '햄프턴 어전회의'(Hampton Court)에서 성경 번역(흠정역, 欽定譯, Authorized Version, 1611년) 하나를 제외하고는 모두 거부되었다. 그 결과 청교도에게는 영국 국교를 신봉하라는 결정이 내려졌고 거부하는 자들에게는 가혹한 박해가 따랐다. 청교도는 박해를 피해 네덜란드와 주변국으로 피난했다. 1620년 9월 6일 영국 플리머드(Plymouth) 항에서 메이플라워 호(Mayflower)를 타고 신대륙을 찾아나선 102명의 청교도는 유명하다.

이들은 12월 21일 미국 동북쪽 매사추세츠의 플리머드(Plymouth Colony, 고향을 생각하며 같은 이름을 지어 불렀다)에 도착했다. 그리고 그 해 겨울을 넘기면서 절반이 추위와 굶주림, 질병으로 신대륙에서 죽었다. 이후 1640년까지 대서양을 건넌 청교도는 무려 2만여 명에 달했다.

한편, 1640년 스코틀랜드 장로파의 반발로 찰스 1세(Charles I, 1625-49년)는 진압에 필요한 비용 마련을 위해 의회를 소집하는 데 실패하자 군대를 동원했다. 이에 왕당파와 의회파 사이에 8년간 전쟁이 발발했는데, 이것이 청교도 혁명이다.

이 전쟁에서 크롬웰(Oliver Cromwell, 1599-1658년)이 이끄는 의회파가 승리하여 찰스 1세가 사형됨으로써 공화정이 시작되었다. 이 시기에 청교도는 신앙의 자유를 얻었다. 하지만 크롬웰 사후 다시 왕정이 복고되고 가톨릭 성향을 가진 찰스 2세(Charles II, 1660-1685년)와 그의 동생 제임스 2세(James II, 1685-1688년)가 즉위하면서 청교도는 다시 혹독한 박해에 직면하게 되었다.

초기 기독교(初期 基督敎, early Christianity) 예수님 사후 예루살렘에서 최초의 교회가 설립된 때로부터 1세기 말까지의 기독교. 학자에 따라서는 예수님 공생애 기간까지, 때론 멀리 2세기 중반까지, 또는 제1차 니케아 공의회가 열린 325년까지로 보는 견해도 있다. 이 가운데 사도들이 활동하던 사도 시기(사도 시대, apostolic age)와 사도 이후 시기(속사도 시대, post-apostolic age)를 '원시교회'(원시 기독교)라 부른다.

이 시기는 성령께서 강하게 역사하시던 시기요, 베드로나 바울 같은 위대한 사도들이 왕성하게 복음을 전하던 시기이다. 또한 사도들의 서신을 통해 신학의 기초가 놓이는 시기이기도 했다.

이 시기에 교회의 형성 과정을 살펴보면, 먼저 예루살렘에 최초의 교회가 세워졌다. 그것은 예루살렘 교회였다. 예루살렘 교회는 예수님의 부활을 목격한 제자들 가운데 성령께서 역사하심으로써 설립되었다. 이 시기 예루살렘 교회 신자들은 예수님의 재림을 사모하며 신앙 생활하였으나 여전히 성전 제사와 유대의 율법을 준수하고 있었다.

반면 헬라 파 신자들은 성전 제사와 율법에 대해서는 유대 파 신자들과 의견이 달랐다. 이 즈음 스데반의 순교로 유대인과 교회 사이에 갈등이 폭발하게 되었고, 교회는 큰 핍박에 직면하여 주변 지역으로 흩어지기 시작했다. 이리하여 수리아의 안디옥에 흩어진 신자들의 손으로 또 다른 교회가 세워졌고, 예루살렘 교회는 바나바와 바울을 보내 이방에 세워진 교회를 지도하기에 이르렀다.

물론, 결정적으로 이방에 교회가 세워진 것은 바울의 전도 사역 결과였다. 바울의 활동으로 소아시아를 비롯한 지중해 연안 유럽 일대에 수많은 이방 교회들이 세워졌고, 이 일은 바울이 네로에 의해 순교하기까지 계속되었다.

이후 로마 제국 곳곳에 세워진 교회와 로마 정부 간의 황제 숭배와 이질적인 기독교 문화로 갈등이 벌어졌고, A.D. 70년 유다가 로마에 함락되면서 초기 기독교는 본격적으로 박해를 받게 되었다. 이 때에 생존한 사도들은 서신을 통해 흩어진 교회들을 격려하며 바른 신앙을 가르치려고 노력했다.

이 시기에 교회는 또 다른 세력과 힘겨운 싸움을 벌여야 했는데 바로 이단 사상과의 싸움이었다. 초기 기독교 시대에 나타난 대표적 이단 사상이 영지주의였다. 이렇게 이단과 로마를 상대로 힘겨운 싸움을 벌이면서 교회는 점점 결속력 강한 조직체로 변모하였다. 감독과 장로에게 강한 지도력이 요구된 것도 이 시기이다. 이그나티우스가 안디옥 교회에 감독이 된 것도 이런 배경 때문이다. 동시에 성경 정경화 작업과 사도 신조와 같은 교리들도 체계화 되기 시작하였다. 이런 과정을 거치면서 초기 기독교는 다음 시대로 진입하게 되었다.

초교파(超敎派, **Non-denominational**) 에큐메니칼 운동과 같이 여러 교파가 연합하여 활동하거나 독립교회와 같이 특정 교파에 속하지 않는 단체를 일컫는 말. → '에큐메니칼 운동'을 보라.

초대교회(初代敎會, **early Church**) → '초기 기독교'를 보라.

초승달 지역(- 地域, **Fertile Crescent**) 티그리스 · 유프라테스 강 유역의 메소포타미아에서 시작하여 시리아 · 팔레스타인의 동지중해 연안 지역을 거쳐 애굽의 나일 강 유역에 이르는 초승달 모양의 땅. 주변 지역은 황폐하나 이 지역은 비옥하여 일찍부터 인류 문명이 발생하였고, 헬라 시대에 이르기까지 문명의 중심 역할을 했다. 성경의 중심 무대이기도 한 이스라엘은 이런 메소포타미아 문명과 이집트 문명 사이에서 하나님의 구속 역사를 수행하기 위해 일찍부터 하나님의 부르심을 받았다. '비옥한 초승달 지역'으로도 불린다.

총신대학교(總神大學校, **Chongshin University**) 우리나라 최대 교단인 대한예수교장로회(합동) 산하의 교육 기관. 1901년 대한예수교장로회 공의회의 결의에 의해 평양 대한예수교장로회 신학교로 문을 열었다. 초대교장으로 사무엘 마펫(Samuel Austin Moffet, 마포삼열) 박사가 취임했다. 1938년 신사참배를 거부하다 폐교당했다.

해방 후 1951년 대구에서 〈총회신학교〉로 다시 문을 열었으며, 1953년 교사를 서울로 이전했다. 그 후 1959년 통합측과 분리되어 1960년 3월 남산동 소재 대한신학교 건물을 임시로 사용하다 같은 해 8월 서울시 용산구 한강로 2가 319번지에 새 교사를 마련했다. 그 후 1965년 백남조 장로(초대 이사장)의 헌납으로 서울시 사당동 현재 위치로 교사(校舍)를 이전했으며, 1969년 4년제 정규대학인 〈총회신학대학〉으로 설립인가를 받았다. 1970년 〈총신대학〉, 1995년 〈총신대학교〉로 교명을 변경했고, 2001년 개교 100주년을 맞이했다. 서울시 동작구 사당로 143 (사당동)과 경기도 용인시 처인구 양지면 학촌로 110에 캠퍼스가 있다. → '장로회신학대학교'를 보라.

최권능, 최봉석(崔權能, 崔鳳奭) 장로교회 목사며 전도인(1869-1944년). 본명은 최봉석. 별명은 최권능. 평양 출생. 서당에서 한학을 공부했으며, 16살 때 평양 감사 민병석의 수행원으로 일하다 평양 감찰직을 맡았다. 그러나 관직을 이용해 공금을 횡령했다는 누명을 쓰고 평북 삭주로 유배되어 술로 울분을 달래며 세월을 보내던 중 백유계란 유명한 한의사를 통해 예수를 믿게 되었다.
성경을 읽으며 은혜를 받은 최봉석은 33세에 삭주 교회에 등록했다. 1903년 34세 되던 해, 하늘에서 떨어지는 불벼락을 맞고 죽는 꿈을 꾼 후 복음을 전해야 되겠다는 불 같은 열정이 치솟았다고 한다. 이후 그는 가는 곳마다 '예수 천당'을 외치며 복음을 전했다.
그리고 1907년 평양 장로회신학교에 입학하여 신학을 공부하며 벽동교회 조사로 일했다. 그러나 그는 공부보다는 기도와 전도에 더 열정적이었다. 그래서 시험은 늘 그에게 큰 고민거리였다. 아무리 예수님 이름으로 기도하고 시험을 쳐도 결과가 신통치 않자 '성령님도 시험 앞에서는 어쩔 수 없구나.' 하고 탄식했다는 에피소드도 있다.
1911년에 신학교를 졸업해야 했지만 낙제하는 바람에 3년 후에야 겨우 졸업할 수 있었다고 한다. 1913년 8월 목사 안수를 받고 벽동교회에서 1년 목회하다 1914년부터 노회 파송으로 만주에서 전도하였다. 그곳에서 12년 전도하여 28개의 교회를 세웠다. 그동안 그는 수많은 매질과 몽둥이, 돌맹이 세례를 받고 쓰러졌고, 여러 차례 정신을 잃었으나 그때마다 주님의 음성을 듣고 깨어나는 체험을 하였다. 허기를 면하기 위해 올챙이, 소똥에 섞인 콩알을 먹으며 전도하기도 했다.
1926년 만주 전도를 마치고 평양으로 돌아온 최봉석은 새벽 4시면 어김없이 첫 닭이 울듯이 '예수 천당'을 외침으로 평양 사람들의 잠자는 영혼을 깨웠다고 한다. 길선주 목사는 "최봉석 목사의 '예수 천당' 소리가 멈추는 날 한국의 예루살렘인 평양이 망한다"고 말하며 격려하였다. 그의 이런 외침에 수많은 사람이 주님께로 돌아오는 역사가 일어났다. 그래서 그는 최봉석이란 이름보다는 '최권능'이란 이름으로 더 잘 알려져 있다.
1939년 그는 신사참배에 반대하다 평양 경찰서에 끌려가 6년간 투옥 생활하며 수많은 고문을 당했지만 감옥에서도 '예수 천당'을 멈추지 않았다. 1944년 3월 1일 40일 금식 기도를 시작했고, 금식 기도가 끝난 다음날 4월 11일 병 보석으로 풀려나 평양 기홀 병원에 입원했다. 그리고 15일 동안 믿음의 동역자들을 모두 만나보고는 "날 오라는 하늘 전보가 왔다"는 말을 남기고 '고생과 수고 다 지나간 후'를 부르며 75세의 나이로 세상을 떠났다. 주기철 목사가 순교한 지 5일 후의 일이었다.

최용신(崔容信) 감리교 여전도사(1909-1935년). 농촌 계몽운동가. 함경남도 원산 출생. 심훈의 소설 〈상록수〉의 주인공 '채영신'으로도 잘 알려져 있다. 어려서 천연두를 심하게 앓아 얼굴과 몸 여러 곳에 마마 자국을 가지고 있었다. 8세 때인 1916년 사립학교에 입학하여 1918년 원산의 〈루씨여자보통학교〉로 전학했고, 졸업 후 〈루씨여자고등보통학교〉로 진학하여 1928년 19세에 수석으로 졸업했다.
이후 서울에 있는 〈협성신학교〉에 진학하여 황에스더(黃愛德) 교수를 통해 농촌 계몽운동을 배웠다. 1929년 여름방학 때 황해도 수안군 용현리에서 첫 봉사 활동을 시작으로 이듬해 경북 포항군 옥마동에서 농촌 계몽운동을 하면서 가난하고 무지한 농촌의 현실을 절감하고 본격적인 농촌 계몽운동을 위해 학업을 중단했다.
1931년부터 1934년까지 2년 반 동안 경기도 화성군 반월면 천곡(泉谷, 일명 샘골)에 YWCA 농촌지도원 자격으로 계몽운동을 전개했다. 천곡학원(샘골학원)을 인가내고 교사를 신축하여 야학을 하며 문맹 퇴치에 심혈을 기울였다. 생활개선과 농가부업을 장려하기 위해 부녀회, 청년회를 조직하여 주민 상호간에 신뢰감을 조성하는 데 앞장섰다. 처음에는 냉담하던 주민들도 점점 최용신의 노력과 열정에 감동하여 자발적으로 호응하게 되었다.
1934년 3월 최용신은 일본 유학을 결심하고 고베여자신학교 사회사업학과에 진학했으나 건강을 잃어 같은 해 9월 다시 샘골로 돌아와야 했다. 이런 와중에도 샘골을 살리려 백방으로 노력하다 이듬해 1월 23일 수원도립병원에서 장이 중첩되는 질병으로 짧은 생애를 마감하게 되었다. 1995년 건국훈장 애족장을 받았다.

최활란(崔活蘭) 본명은 김활란(1888-1984년). 1913년 최병헌 목사의 아들 최재학과 결혼하여 이때부터 '최활란'이라 불렸다. → '김활란'을 보라.

침공회(針工會) 1918년 경남노회 산하 부산진교회에서 새 예배당 건축비를 마련하기 위해 부녀신자들로 조직된 삯바느질 모임.

침례병원(浸禮病院) 1951년 11월 22일 미국 침례교 한국선교회에서 부산시 남포동에 설립한 병원. 1935-1950년 중국에 파송되어 헌신하다 공산당에게 순교당한 미국인 의료선교사 왈레스(V. Wallace)를 기념하고, 전쟁 중에 있던 한국 국민을 돕기 위해 설립되었다. 부산광역시 중구 남포동에서 영도구 영선동, 동구 초량 3동을 거쳐 부산시 금정구 금단로 200 (남산동 374-75)에 있다 2017년 7월 경영난으로 폐원하였다.

침례신학대학교(浸禮神學大學校, **Korea Baptist Theological University**) 1953년 미국 남침례교에서 목회자 양성을 위해 설립한 교육 기관. 설립자요 초대 교장은 나요한 선교사(J.A. Abernathy). 성경학원에서 출발하여 1973년 4년제 〈한국침례교신학대학〉으로 승격했고, 1980년 〈침례신학대학〉, 1994년 〈침례신학대학교〉로 교명을 변경했다. 2006년 3월 수도침례신학교와 통합하여 침례교 교단 유일의 신학 교육 기관으로 자리매김하고 있다. 대전광역시 유성구 북유성대로 190 (하기동 산 14번지)에 소재해 있다.

카르타고 교회회의(- 敎會會議, **Councils of Carthage**) 3세기에서 6세기까지 북아프리카의 카르타고에서 개최된 교회회의들. 크게 네 시대로 구분된다.

① 220년부터 256년까지 키프리아누스(Cyprianus Thascius Caecilus) 때 열린 8차례의 회의. 로마 황제 데시우스(Decius Gaius Messius Quintus Trajanus) 박해로 인한 배교자의 교회 재가입 문제와 회개한 이단의 재세례 문제를 다루었다. ② 312년부터 418년까지 도나투스 파(派, Donatus) 문제를 다룬 20차례의 회의. 특히 397년에 신구약성경 목차를 오늘날과 같은 순서로 결정한 회의로 유명한다. ③ 411년부터 418년까지 펠라기우스(Pelagius) 문제를 다룬 회의. ④ 419년 교회법 법전화를 위해 모인 두 차례 회의. 484년,

---

침례교(浸禮敎, Baptists)

프로테스탄트 교파 가운데 하나. 세례 방식으로 ① 물을 뿌리거나 ② 물을 붓거나 ③ 물에 잠기게 하는 형태를 사용한 데서 유래된 이름이다.

침례교의 기원에 대해서는 세례(침례) 요한 때로 보는 견해와 중세기 종교개혁 당시 재세례파에서 시작된 것으로 보는 두 견해가 있다. 자기 입으로 신앙을 고백하는 자들에게 침례를 베풀어야 한다는 것이 침례교의 가장 중요한 요소이다. 따라서 침례교는 유아세례를 인정하지 않는다.

침례교회는 1609년 영국의 박해를 피해 네덜란드 암스테르담으로 망명한 영국 국교회 목사 존 스미스(John Smith, 1554?-1612년)가 자신에게 스스로 침례를 행함으로써 시작되었다. 이리하여 그는 침례교의 아버지로 불리게 되었는데, 그의 사후 1612년 토마스 헬위스(Thomas Helwys), 존 머튼(John Murton) 등 동료들이 영국으로 돌아가 영국 침례교회를 세웠다.

그 후 침례교는 청교도들과 함께 신대륙에 이주하여 미국에서 대각성운동을 거치면서 미국 건국과 함께 꽃을 피우게 되었다. '천로역정'의 저자 존 번연, 대설교가 스펄전 목사, 해외 선교의 아버지 윌리엄 캐리, 하버드 대학교 초대 총장 헨리 듄스터, 미국 헌법을 기초한 토마스 제퍼슨, 지미 카터 대통령, 빌리 그레이엄 목사 등이 대표적이다.

현재 미국 남침례회는 단일 교파로는 개신교 중 세계에서 제일 큰 교파이며, 해외선교사를 가장 많이 파송하고 있다. 침례교세계연맹(BWA)에 가입한 교회는 132개 국가에 158,384개이며, 침례(세례)교인 5,600만 명에 등록 교인은 1억 5천만 명을 넘는다. → '기독교한국침례회', '남침례회, 남침례회연맹', [4. 예배 및 예식 용어] '침례'를 보라.

525년 아리안 족의 침입과 박해로 소집된 회의. 535년 레파라투스 주교에 의해 아리안 족 개종 문제로 소집된 회의 등이 있다.

카타콤(Catacomb) 헬라어 '카타콤베'('낮은 지대의 모퉁이'란 뜻)에서 유래한 말. 지하 동굴에 마련된 기독교 초창기 성도들의 피난요, 예배처인 동시에 지하 묘실을 뜻한다. 깊이 10-15m, 폭 1m, 높이 2m 정도의 지하 통로를 종과 횡으로 뚫고 계단을 이용해 여러 층으로 이동할 수 있게 만들어졌다. 직분별로 묘실이 구분되어 있기도 하며, 벽면에는 물고기 그림 등 많은 벽화가 새겨져 있다. 나폴리, 소아시아, 아프리카 등지에 많은 유적지가 발견되고 있는데, 특히 로마 아피아 가도 주변의 카타콤이 유명하다.

카톨릭(Catholic) → '가톨릭교회', '로마 가톨릭교회'를 보라.

칼 바르트(Karl Barth) 스위스 개혁교회 목사. 신정통주의 신학자(1886-1968년). 바젤에서 베른 신학대학의 신약학 교수인 프리츠 바르트(Fritz Barth)의 아들로 태어났다. 베른, 베를린, 튀빙겐, 말부르크 대학에서 하르낙, 헤르만 등으로부터 자유주의 신학을 배웠다.

1909년부터 3년간 제네바에서, 그 후 1921년까지 작은 공단 지역인 자펜빌에서 목회했다. 이때 그는 억압받는 노동자들의 삶을 보면서 현실 참여적인 목회자로 변모하였다. 그래서 1913년에는 스위스 사회민주노동당에 입당하여 사회주의 운동에도 적극 참여하였다. 그 후 1921년 괴팅겐 대학, 1925년 뮌스터 대학, 1930년 본 대학에서 개혁주의 신학을 가르쳤다.

그의 신학 사상은 1차 세계대전을 겪으면서 크게 변화되었다. 그는 참혹한 전쟁의 절망적인 상황에서도 침묵하는 자유주의 신학에 큰 실망을 느끼고 하나님의 거룩함과 정의를 선포하기 시작했다.

이런 그의 사상은 1919년에 저술된 「로마서 주석」(Der Römerbrief)에 잘 나타난다. 여기서 그는 자유주의 신학을 버리고 철저히 하나님의 말씀을 높이고 존중하는 계시신학 사상을 갖게 되었다.

그 후 1933년 히틀러가 등장하자 나치즘 운동에 반대하는 '바르멘 선언'(Barmen Declaration, 1934년)을 통해 고백교회(告白敎會, Bekennende Kirche, Confessing Church)의 중심 인물로 활동하였다. 결국 1935년 바르트는 독일에서 영구 추방되어 스위스의 바젤 대학교로 이직해야 했다.

그 후 독일이 패망하자 바르트는 독일 본 대학에서 잠시 가르쳤으나 다시 스위스로 돌아가 1962년 은퇴할 때까지 바젤 대학교에서 개혁주의 신학을 가르쳤다. 1948년 에큐메니칼 운동을 위해 세계교회협의회(WCC)에도 참여했다.

무엇보다 그는 1932-1967년에 현 세기 최고의 고전으로 인정받는 「교회교의학」(Kirchliche Dogmatik, 13권)을 저술하여 '신정통주의' 신학을 확립함으로써 우리나라를 비롯한 전 세계 신학계에도 큰 영향을 끼쳤다.

칼빈(Calvin) 종교개혁가. 장로교 창시자. → '존 칼빈'을 보라.

> **용어상식**
>
> **칼빈주의(Calvinism)**
>
> 하나님의 절대 주권을 강조하는 개혁주의 신학 사조. 종교 개혁자 존 칼빈이 집대성한 신학 사상을 말한다. 핵심 사상은 주로 다섯 가지로 요약된다. ① 오직 성경(Sola Scriptura) : 진리 유무를 판별하는 유일한 권위는 성경 말씀뿐이라는 사상. ② 오직 그리스도(Solus Christus) : 구원은 다른 어떤 수단이 아닌 오직 예수 그리스도의 십자가 공로로만 가능하다는 사상. ③ 오직 은혜(Sola Gratia) : 구원은 인간의 어떤 조건과 상관없이 오직 하나님의 전적은혜로만 이루어진다는 사상. ④ 오직 믿음(Sola Fide) : 오직 믿음을 통해서만 구원에 이른다는 사상. ⑤ 오직 주께만 영광(Soli Deo Gloria) : 구원받은 자는 무엇을 하든지 오로지 하나님의 영광만을 구해야 한다는 사상. 개혁교회의 근간을 이루는 칼빈주의 사상은 「기독교강요」에 잘 나타나 있다. → '기독교강요'를 보라.

칼빈주의 5대 교리(-主義 五代 敎理, Five Points of Calvinism) 알미니우스주의를 반박하기 위해 확정된 도르트 총회의 결의문. ① 전적 타락(全的 墮落, Total Depravity) : 모든 인간은 태어나면서부터 전적으로 타락하고 부패하여 스스로의 힘으로는 절대 구원에 이를 수 없다는 사상. ② 무조건적 선택(無條件的 選擇, Unconditional Election) : 믿음을 주어 구원에 이르게 하시는 하나님의 선택에는 아무런 조건이 없다는 사상. ③ 제한적 속죄(制限的 贖罪, Limited Atonement) : 예수 그리스도의 구속 사역은 오직 택한 자들을 구원하기 위한 것이라는 사상. ④ 불가항력적 은총(不可抗的 恩寵, Irresistable Grace) : 하나님의 은총은 누구도 거부할 수 없으며 하나님의 은총을 입은 자가 구원에 이르는 데에는 결코 실패가 없다는 사상. ⑤ 성도의 궁극적 구원(窮極的 救援, Perseverance of Saints) : 하나님은 구원의 은총을 입은 성도를 끝까지 견인(堅忍)하셔서 결국에는 구원에 도달하게 하신다는 사상. 이상의 다섯 교리는 서로 분리되지 않고 논리적으로 긴밀하게 연계되어 있는데, 영문 첫 글자를 따서 'TULIP'이라고도 한다. → [2. 교리 및 신앙 용어] '칼빈주의 5대 교리'를 보라.

칼빈주의적 감리회(- 主義的 監理會, Calvinistic Methodists) 칼빈주의 신학 사상을 채택한 감리교회. 인간의 자유의지에 대해 존 웨슬리와 견해를 달리하고 칼빈주의 신학과 교회 제도를 수용하여 독립한 교단이다. 휫필드(G. Whitefield)에 의해 시작되어 영국 웨즐 지방을 중심으로 성장하였다. 1823년 신앙고백을, 1826년 교회강령을 마련하였다. 세계장로교연맹과 세계개혁교회연맹에 가입해 있다.

칼케돈 공의회, 칼케돈 총회(- 公議會, Council of Chalcedon) 451년 10월 8일부터 11월 1일까지 소아시아(현재의 터키) 칼케돈에서 로마 황제 마르키아누스의 요청으로 개최된 종교회의. 초대교회사에서 네 번째 모인 교회회의다. 448년 콘스탄티노플 공의회에서 정죄되었다가 449년 에베소 공의회에서 복직된 단성론(單性論, monophysitism, 예수 그리스도에게는 오직 하나의 성밖에는 없다는 사상)의 창시자 유티케스(Eutyches, 콘스탄티노플 대수도원장으로서 성육신한 예수 그리스도에게는 인간이 된 신성밖에 없다고 주장했다) 문제를 다루기 위해 소집되었다. 약 600여 명의 동방교회 감독이 모인 이 회의에서는 "예수 그리스도는 완전한 인성과 완전한 신성을 갖춘 완전한 인간이요 완전한 하나님이시며, 신성과 인성은 서로 '섞이지 않고, 변하지 않고, 분리되지 않고, 떨어지지 않는다'"고 결정하였다. 또 "예수 그리스도는 만세 전에 아버지 하나님에게서 나서 훗날 우리와 우리 구원을 위해 신모(神母, Theotokos) 동정녀 마리아에게서 사람으로 나셨다"고 하여 예수 그리스도의 신성을 강조하였다. 이상의 결의로 단성론은 이단으로 정죄되었고, 네스토리우스 파에게 내려졌던 과거의 정죄도 그대로 인정되었다. 이 결정은 이후 동방교회와 서방교회의 기독론으로 확정되었으나 동방교회 일부에서는 여전히 단성론이 여러 가지 형태로 발전하였다.

칼케돈 신조(- 信條, The Definition of Chalcedon, Chalcedon Creed) 451년 칼케돈 공의회에서 채택된 신조. 단성론과 네스토리우스 파를 모두 정죄하고 니케아 신조와 콘스탄티노플 신조의 정통성을 인정하였다. → '칼케돈 공의회'를 보라.

캐나다성공회(- 聖公會, The Anglican Church of Canada) 영국 선교회(British Missionary Societies) 선교사들에 의해 1893년에 조직된 교단. 캐나다에서 가톨릭, 캐나다연합교회 다음으로 큰 교세를 가지고 있다.

캐나다연합교회(- 聯合敎會, United Church of Canada) 1925년 6월 10일 회중교회, 감리교회, 장로교회(71%)가 연합하여 이루어진 교단. 여기에 1968년 〈복음주의 연합형제교회〉가 가입하였다. 현재 캐나다에서 가톨릭 다음으로 가장 큰 교세를 가지고 있다.

캐리(Carey) → '윌리엄 캐리'를 보라.

케노시스 주의(- 主義, Kenosis) 그노시스주의. 영지주의. → [2. 교리 및 신앙 용어] '영지주의'를 보라.

케직 사경회(- 査經會, Keswick Convention) 영국 케직에서 해마다 하절기에 1주간 열리는 집회. 기도와 토론과 교제를 통해 성령 충만을 받고 선교에 헌신할 목적으로 1875년에 시작되었다. 주로 옥외에서 대형 천막을 치고 진행되며 세계 각지에 파송된 선교사들이 대거 참여하는 복음주의 집회다.

우리나라에서는 1985년부터 한국복음주의협의회(KEF) 주관으로 영국 케직 사경회의 주강사를 초청하여 개최한 바 있다.

코란(Koran) 원뜻은 '읽을거리.' 무슬림의 경전. 모두 114장 6,200여 절로 되어 있으며 '쿠란'(꾸란), '알키탑', '알푸르깐', '알디크르' 등으로도 불린다. 예언자 무함마드가 610년 아라비아 반도 메카 부근 히라(Hira) 산 동굴에서 23년 동안 지브리일(가브리엘) 천사를 통해 받은 알라의 계시를 세 번째 후계자(칼리프) 우트만(Uthman, 644-656년 재위)이 수집·정리했다.

우리나라에서는 6.25전쟁 중 터키 군인에 의해 전달되어 「성 꾸란」(1983년), 「꾸란 해설」(1988년), 「코란의 이해」(1990년) 등으로 번역되었다.

용어상식

콘스탄티노플
(Constantinople)

터키 서쪽 보스포러스 해협 입구에 위치한 도시. 게르만 민족의 이동으로 로마가 위협받자 콘스탄티누스 1세가 330년에 그리스의 식민 도시인 비잔티움(Byzantium)을 제2의 수도로 삼고 '콘스탄티노플'이라 불렀다. 이후 1453년 술탄 메흐메트 2세는 이곳을 점령하여 오스만 제국의 수도로 삼고 '이스탄불(Istanbul)이라 불렀으며, 1923년 터키가 수도를 앙카라로 옮길 때까지 이슬람 제국 최고 도시로서의 영화를 누렸다. 오늘날 터키 최대의 공업, 군사 도시로서 교통, 상업, 무역, 금융업이 발달하였고, 정치·문화·종교의 중심지이기도 하다.

한편, 콘스탄티노플은 381년 제1차 콘스탄티노플 공의회를 통해 로마 다음가는 지위를 얻었으며, 알렉산드리아와 수위권을 놓고 경쟁하기도 했다. 6세기에는 총대주교의 지위를 얻게 되어 로마와 갈등을 빚다 1054년 동서교회 분열 때 동방교회의 중심지가 되었다. 그 후 1453년 이슬람 제국에게 정복됨으로써 지위가 약화되었고, 1923년 터키 정부와 로잔 조약을 통해 정교회 보호를 약속받았으나 여전히 불편한 관계를 지속하고 있다.

코랄 찬송(- 讚頌, Choral) 독일 복음주의 교회 회중이 부르는 찬송. 종교개혁자 루터가 음악을 모르는 일반 성도도 쉽게 부를 수 있게 만든 찬송이다. 주로 독일식 억양을 살린 단순한 언어, 부르기 쉬운 음율, 여러 절의 단선율로 구성된 것이 원형이다. 루터에 의해 공중 예배에서 무반주로 불렸다. 독일 복음주의 교회 음악의 초석이 된다. 여기서 다양한 유형의 편곡들이 생겨났다. 오늘날 독일에서는 394편이 수록된 EKG(Evangelisches Kirchengesangbuch)라는 코랄이 사용된다.

콘스탄티노폴리스 총회 → '콘스탄티노플 공의회'를 보라.

콘스탄티노플 공의회(- 公議會, Councils of Constantinople) 콘스탄티노플에서 4회에 걸쳐 개최된 종교회의.

① 제1차 회의 : 381년 테오도시우스 1세(Theodosius I)가 아리우스 이단 논쟁을 종결짓기 위해 소집했다. 이 회의에서는 아버지인 하나님과 아들인 그리스도는 동일실체(Homoousios, one substance, 호모우시오스)라는 니케아 종교회의 결정이 재확인되어 니케아-콘스탄티노플 신조가 확립됐다. 또 예수는 완전한 하나님이지만 사람은 아니라는 아폴리나리우스 주의(Apollinarianism)가 정죄되었다. 이는 성육신의 진정성을 부인하는 것으로서 결국 가현설 이단과 맥을 같이하는 것으로 판단되었다. 또한 콘스탄티노플은 로마 다음가는 제2교구로서의 권위를 인정받았다.

② 제2차 회의 : 553년 동로마 제국 황제 유스티니아누스 1세가 「3장」(Three Chapter) 논의를 추인하기 위해 소집했다. 「3장」은 네스토리우스 파에 속한 안디옥 학파 지도자 데오도레(Theodore of Mpsuestia, 그는 죽은 지 100년이나 지났었다), 데오도렛(Theodoret of Cyrus), 에뎃사의 이바스(Ibas of Edessa) 세 신학자들의 글(저서)로서 유스티니아누스 1세는 551년에 단성론파(單性論派)와 화해하기 위해 반(反) 단성론자인 네스토리우스 파의 학자와 주장(저서)을 정죄하였다. 주로 동방교회 주교들이 모인 회의에서는 황제의 요구가 추인되었고, 교황 비길리우스(Vigilius, 537-555년)도 황제의 압력에 굴복하여 이를 수용할 수밖에 없었다.

③ 제3차 회의 : 680년에 동로마 제국 황제 콘스탄티누스 4세(Constantinus IV, 668-685년)가 소집했다. 이 회의에서는 콘스탄티노플 총대주교인 세르기우스가 단성론자들과 기존 교회를 화해시키기 위해 제안한 단의론(單意論, monotheletism, 그리스도에게 인성과 신성의 두 본성이 있지만 단 하나의 의지만 작용한다는 이단설)이 정죄되었다. 또 이를 비호한 교황 호노리우스, 이를 추종한 안디옥 대주교 마카리우스도 정죄당했다.

④ 제4차 회의 : 869년 황제 하드리아누스 2세와 교황 바실리우스가 콘스탄티노플 주교직 임명 문제를 논의하기 위해 소집했다. 여기서 이전 황제 미카엘 3세가 해임시킨 주교 이그나티우스가 복직되고 미카엘이 임명한 주교 포티우스가 해임되었다. 또 이 자리에서는 성상(聖像)에 대한 엄격한 숭배를 재확인하였다.

콘스탄티노플 신조(- 信條, **Constantinopolitan Creed**) 381년 콘스탄티노플 공의회에서 채택된 신앙고백. 예루살렘 세례 신조를 기초로 한 것으로서, 니케아 신조와 기본 구조는 같으나 그리스도의 인격에 대한 두 번째 부분이 길고 성령에 관한 부분이 빠진 대신 교회, 세례, 죽은 자의 부활 및 영생에 관한 조항이 삽입된 것이 다르다. 보통 '니케아-콘스탄티노플 신조'라고도 한다. → [2. 교리 및 신앙 용어] '니케아-콘스탄티노플 신조', '니케아 신조'를 보라.

콘스탄티누스 대제(- 大帝, **Constantinus, the Great**) → '콘스탄티누스 1세'를 보라.

콘스탄티누스 1세(**Constantinus I**) 본명은 플라비우스 발레리우스 콘스탄티누스(Flavius Valerius Constantinus, 274-337년). 황실 가문의 콘스탄티우스 클로루스와 하녀 출신의 기독교인 헬레나 사이에서 태어났다.

당시 황제 디오클레티아누스는 혼란한 로마 제국을 네 영역으로 나누고 왕들을 임명하여 나라를 다스리게 했다. 이 네 영토는 동부에 리키니우스, 막시미누스, 서부에 막센티우스, 콘스탄티우스가 각각 다스렸다. 이는 당시로선 상당한 효과가 있었으나 왕들 사이에 분쟁이 생긴다면 해결할 방도가 없었다. 그래서 디오클레티아누스는 왕들의 자식을 볼모로 삼았다. 콘스탄티누스의 아버지 콘스탄티우스도 역시 제국의 네 영토 중 하나를 다스리는 통치자였기에 콘스탄티누스는 디오클레티아누스 황제에게 볼모로 와 있었다.

그 후 306년 아버지가 병사하자 콘스탄티누스는 왕으로 추대되어 아버지의 영토를 다스렸다. 308년 막시미누스가 정계를 은퇴하였다. 콘스탄티누스는 312년에 밀비안 다리(Milvian Bridge)에서 정적 막센티우스(Maxentius)를 제압하여 서부 제국을 통일시켰다.

교회사가 유세비우스(Eusebius)에 의하면 이때 콘스탄티누스는 꿈에 하나님의 계시를 받아 십자가를 군기로 삼고 방패에 그리스도(Χρίστος)를 나타내는 앞의 두 개 헬라 철자 X, P를 새겨 넣어 승리했다고 한다.

또 323년에는 동부 지역을 다스리던 리키니우스(Licinius)를 2차례의 지상전(아드리아노플과 스쿠타리)과 다르다넬레스(Dardanelles) 해전에서 격파하여 324년에 마침내 로마 제국을 통일하였다. 그리하여 콘스탄티누스는 이후 13년 동안 유일의 황제요 '최고의 아우구스투스'로서 로마 제국을 다스렸다. 그는 태양신 숭배자였으나 기독교를 믿고 313년 밀라노 칙령을 통해 기독교를 공인하였다.

또 319년에는 불법적인 노예 저벌 금지법, 320년에는 죄수 학대 금지법을 제정하고, 321년에는 처음으로 일요일을 휴일로 지정했다. 또 325년에는 니케아 종교회의(Council of Nicaea)를 개최하여 교회 내의 아리우스 파 신학 논쟁을 해결했다.

또 330년에는 그리스 도시 비잔티움(훗날 이스탄불)으로 수도를 옮기고 콘스탄티노폴리스(콘스탄티노플)라고 명명하였다. 그리고 337년 5월 22일 죽음 직전 세례를 받고 콘스탄티노플의 '사도 성당' 열두 사도의 관(유물로 채워진 관) 곁에 안치되었다.

그는 선왕 디오클레티아누스와 함께 로마 제국의 재건자로 높이 평가되고 있다. 나아가 그는 유럽에서 1000여 년간 지속된 기독교 문화의 초석을 놓았다. 이렇게 본다면 아마 그보다 서구 역사와 교회사에 큰 영향을 끼친 인물도 많지 않을 것이다. 그래서 그는 '콘스탄티누스 대제'로도 불린다.

콜로세움(**Colosseum**) 로마에 있는 둘레

527m, 높이 48m의 4층으로 된 타원형 경기장. 긴 쪽이 512m, 짧은 쪽이 188m로 된 대리석 건물이다. 플라비우스 왕조 때 베스파시아누스 황제가 착공하여 그의 아들 티투스 황제 때에 완성했다. 공식 명칭은 '플라비우스 원형경기장'(Amphitheatrum Flavium).

'콜로세움'은 '거대하다'는 뜻의 이탈리아 어 콜로살레(Colossale)에서 유래된 것으로 본다. 약 7만여 명을 수용할 수 있는 콜로세움은 원래 검투사들의 시합과 맹수들의 싸움을 즐기는 대중 오락 시설이었으나 박해 시대에는 기독교인들의 학살 장소로도 이용되었다.

콥트 교회(- 敎會, Coptic Church) 단성론(單性論)을 믿는 이집트 기독교. 알렉산드리아 총주교 관할로서 451년 칼케돈 공의회에서 디오스코로스 총주교가 이단으로 정죄되어 파면되자 로마 교구, 콘스탄티노플 교구와 단절하고 457년 독자적인 교구를 형성하였다. 그 후 에티오피아로 교세를 확장했으나 642년 이슬람 교도의 지배로 박해를 받고 급격히 쇠퇴하였다. 11세기에는 총주교좌를 알렉산드리아에서 카이로로 옮겨 부흥을 꾀했으나 약세를 면치 못했다. 현재 이집트 국민의 10%인 800만여 명 정도가 콥트 교회에 속해 있으며, 예전(禮典)에서는 여전히 콥트 어가 사용된다.

쿠란(Quran) 코란. → '코란'을 보라.

쿰란(Qumran) 이스라엘의 사해 북서쪽에 있는 건조한 평원. 이스라엘 남북 왕조 시대인 주전 8세기경부터 사람이 성을 쌓고 거주하기 시작하여 주전 2세기경 요한 힐카누스 시대에는 유대교의 한 종파인 에세네 파(Essenes)가 공동 생활을 한 것으로 전해지고 있다.

이곳에서는 소중한 유물들이 많이 발굴되었다. 1947년 두 명의 베드윈 목동이 쿰란 골짜기의 가파른 절벽에 있는 한 동굴에서 우연히 발견한 사해 문서는 유명하다. 처음에는 이사야서가 기록된 7

퀘이커 교(- 敎, Quarkers)

1647년 영국인 조지 팍스(George Fox, 1624-91년)가 창설한 프로테스탄트의 한 교파. 영국과 식민 아메리카 등지에서 일어난 급진적 청교도 운동의 한 부류다.

조지 팍스는 11세에 구두방, 목축업자 집에서 일하며 가난하게 지내 학식이 별로 없었다. 하지만 어려서부터 진실하고 경건하며 성실하여 19세에 진리의 빛을 찾아 집을 나서 22세인 1646년에 진리를 깨달았다. 그는 성직자나 기존 교회가 지닌 형식이 없어도 내면의 빛을 통해 구원을 얻는다고 주장하며 성령의 감동을 중시하였다.

1647년 팍스는 자신이 깨달은 진리의 빛을 전파하기 시작하였다. 그는 성경보다는 내적 계시를 중시하고 별도의 교리도 만들지 않았다. 예배 시간에도 인도자 없이 정해진 시간에 정해진 처소에서 침묵과 명상을 하였다. 그는 진리는 변화된 성스러운 생활 가운데 나타나는 것이라 하여 노예, 전쟁, 사형 제도를 반대하는 사회 개혁에 주력했고, 금주(禁酒)와 검소한 생활을 강조했다. 모든 형식주의를 배격하고 내적이며 정신적인 경험을 중시했다.

그의 이런 가르침과 방식은 많은 반발을 불러와 그는 여러 차례 투옥되었지만 그의 순수한 열정과 진실한 면모는 당시 많은 청교도들에게 큰 감동을 주었다. 그래서 1652년 '친구들의 모임(Society of friends)'이라는 퀘이커 공동체가 생겼다. 팍스는 진리의 말씀을 듣거던 '떨라'고 가르쳤다. 그래서 퀘이커 파는 사람들 사이에 '떠는 자'(Quaker)로 조롱받았고, 훗날 이것이 교파의 이름이 되었다.

1654년 그는 첫 개종자며 미망인인 마가렛 펠(Margaret Fell, 1614-1702년)과 결혼하여 그의 집을 퀘이커 본부로 사용하였다. 1658년에는 영국 도처에 '친구들의 모임'이 생겨났다. 그러나 각지에서 많은 반대에 부딪혀 1661년까지 거의 3,000여 명이 투옥되었다. 하지만 아들의 선교열은 대단하여 예루살렘을 비롯한 서인도 제도, 독일, 오스트리아, 홀랜드 등지에 수많은 선교사를 파송하였고, 1656년에는 펜실페니아 주를 창설한 윌리엄 펜(William Penn, 1644-1718년)에 의해 미국에 퀘이커교가 전파되었다.

현재 미국과 캐나다에 약 13만여 명의 교도가 있으며 우리나라에는 1955년 2월에 전파되었는데, 함석헌(咸錫憲)이 대표적 인물이다.

개의 성경 필사본 두루마리가 발견되었으나 그 후 10여 년 동안 이곳에서는 무려 900여 개의 두루마리가 더 발견되었다. 또한 발굴 작업을 통해 집단 거주 시설이 대규모로 발견되었는데, 이는 쿰란 공동체의 집단 거주지로 추정된다. 오늘날 쿰란 남쪽 약 4.5km 지점의 샘물 지대에는 관광객을 위한 숙박 시설이 갖춰져 있다.

쿰란 공동체(- 共同體, Qumran community) 쿰란을 중심으로 형성된 유대의 한 종교 집단. 유대교의 한 종파인 에세네 파(Essenes)에 속한 공동체다. 2세기 당시 소위 '의(義)의 교사'로 불리는 자가 예루살렘 성전 제사에 반대하여 이곳에 공동체를 설립했다고 한다. 이들은 스스로를 '선택된 자'로 자처하며 독자적으로 율법을 해석하고 엄격한 계율에 따라 수도 생활을 했다. 예를 들면 매일 정결하게 목욕하고 성경을 연구하거나 필사하며 기도와 예배, 노동으로 시간을 보냈다. 또 '메시야의 향연'이라 불리는 공동 식사를 하며 유대와는 다른 달력을 사용하였다.
공동체 조직은 3명의 제사장을 포함한 12명의 신도회가 최고 의결 기구를 구성하여 성경 말씀을 해석하고, 공동체의 입회(入會)를 관장하며, 계율을 기스르는 자에 대한 형벌을 결정했다. 쿰란 공동체는 70년의 제1차 유대 전쟁 때 와해되었으며, 제2차 유대 전쟁 때는 유대 반군이 이 지역을 중심으로 유격전을 벌인 것으로 추정된다. 쿰란 공동체의 실체와 생활상은 1947년 쿰란에서 사해 사본을 비롯한 유물들이 발견되면서 세상에 알려졌다.

크로스비(Fanny Jane Crosby) 미국 뉴욕 출신의 여류시인이며 찬송 작가(1820-1915년). 생후 6개월 만에 시력을 잃고 맹아학교를 졸업하여 모교에서 23년간 근무하였다. 1858년 맹인 음악가 알렉산더 반 알스타인과 결혼했으며, 활발한 찬송시를 써 2,000여 곡 이상을 남겼다. 찬송가에는 31장을 비롯하여 40, 176, 240, 255, 279, 288, 361, 380, 384, 391, 417, 435, 439, 454, 498, 531, 532, 540, 608, 615장 등 21곡이 소개되고 있다.

크롬웰(Oliver Cromwell) 청교도 혁명으로 공화정을 수립한 영국의 군인이며 정치가(1599-1658년). 영국 헌팅던(Huntingdon)에서 하원의원이며 독실한 청교도인 로버트 크롬웰의 아들로 태어났다. 케임브리지의 시드니 서섹스 칼리지(Sidney Sussex College)를 나와 런던의 링컨즈 인(Lincoln's Inn)에서 법률을 공부했다.
1620년 엘리자베스 부처(Elizabeth Bourchier, 1598-1665년)와 결혼해 5남 4녀를 낳았다. 1628년 헌팅던에서 하원의원이 되었으나, 이듬해 찰스 1세(Charles I, 재위 1625-1649년)가 의회를 해산하여 11년간 의회는 모이지 못했다. 1639년 스코틀랜드 장로교도가 반란을 일으키자 1640년 찰스 1세가 전비(戰費) 마련을 위해 의회를 소집할 때 크롬웰은 단기의회(3주간), 장기의회(1640-1653년)에서 의원으로 활동했다.
1642년 의회파와 왕당파 사이에 영국 내전(內戰, English Civil Wars)이 일어났다. 전세는 처음에는 잘 훈련된 말을 가진 왕당파에게 유리하게 진행되었다. 이에 크롬웰은 고향에서 기병대를 조직했다. 그리하여 그해 10월 에지힐(Edgehill) 전투, 1643년 게인즈버러(Gainsborough) 전투, 1644년 마스턴 무어(Marston Moor) 전투에서 승리하여 그의 기병대는 '철기대'(鐵騎隊, Ironsides)라는 명성을 얻었다. 그는 1645년 철기대를 모델로 전군을 개혁하여 새로운 모범군(New Model Army)을 편성하고 부사령관이 되어 네이즈비(Naseby)와 랭포트(Langport) 전투에서 의회파로 하여금 대승을 거두게 함으로써 군사 지도자로서의 두각을 나타냈다.
특히 그는 군사들에게 기도서를 휴대하게 하여 전쟁이 신의 명령임을 강조함으로써 정신 전력을 최대한 끌어올렸다. 마침내 1647년 찰스 1세를 사로잡았다. 그러나 1648년 의회파가 강경파와 온건파로 분열되어 대립이 격화되자 12월 크롬웰은 쿠데타를 일으켜 온건파 의원 2백여 명을 가두고 1649년 찰스 1세의 목을 쳤다. 그 여세를 몰아 왕당파의 중심지인 스코틀랜드와 아일랜드를 점령하고 공화국을 세웠다.
결국 1651년 10월 찰스 2세가 프랑스로 탈출하면서 10년간 계속된 영국 내전(English Civil Wars)은 끝이 났다. 크롬웰은 1651년 항해조례(Navigation Acts)를 제정해 네덜란드와 전쟁을 벌였고, 1653년에는 의회를 해산하고 새로운 사람들을 지명해 의회를 구성했다. 그러나 지명의회가 너무 급진적인 경향을 나타내자 해산시키고, 1653년 12

월 호국경(Protectorate) 지위에 올라 통치장전(Instrument of Government)을 제정하고 철권통치를 시작했다. 1655년 다시 왕당파의 반란이 일어나자 전국을 10군구(軍區)로 개편하고 각 군에 군정장관을 배치해 군정(軍政)을 시행했다.

크롬웰은 59세인 1658년 9월 3일 런던에서 말라리아로 죽어 웨스트민스터 대수도원에 묻혔다. 그 후 아들 리처드 크롬웰(Richard Cromwell, 1626-1712년)이 호국경이 되었으나, 1660년 프랑스에 망명해 있던 찰스 1세의 아들 찰스 2세가 즉위함으로 왕정이 복고되었다. 왕정 복고 후 크롬웰의 무덤은 파헤쳐지고 그의 시신은 토막이 났다.

크롬웰에 대해서는 내전 후 정치적 안정을 회복하고 통치장전으로 정치 발전에도 기여했다는 평이 있는가 하면, 시민혁명의 가치를 훼손한 독재자라는 상반된 견해가 있다.

크리소스토무스(Johannes Chrisostomus)
4세기의 대표적 그리스 교부(敎父). 37대 콘스탄티노플의 총대주교(347?-407년). 본명은 '요한.' 설교가 명쾌하고 호소력 있어 '황금의 입'이란 뜻의 '크리소스토무스'로 불렸다. 안디옥에서 로마군 장교의 아들로 태어나 일찍 아버지를 여의고 어머니 손에서 자라 법학과 수사학, 신학을 공부하고 수사가 되었다. 386년 사제가 되어 398년까지 12년 동안 안디옥 교회에서 목회했다.

387년 황제 테오도시우스 1세 즉위 10주년에 군 사원조비 거부 운동으로 일어난 안디옥 폭동이 진압되고 안디옥 전체가 대학살의 위기에 처했을 때 크리소스토무스는 뛰어난 설교로 사람들을 위로하여 평정심을 유지하게 했다. 또한 그는 안디옥 목회 기간 동안 창세기, 마태복음, 요한복음, 로마서, 갈라디아서, 고린도서, 에베소서, 디모데서, 디도서를 강해했는데, 그의 영적 해석과 실천적 적용은 유명하다.

그는 성경을 비유적으로 해석한 알렉산드리아 학파와는 달리 문자적으로 주석했다. 398년 크리소스토무스는 황제의 추천으로 공석이던 콘스탄티노플 대주교에 추대되었다. 그는 하나님의 말씀을 선포하는 성직자로서의 강직한 열정은 있었지만 교회 정치에는 어두웠다. 지위 고하를 막론하고 늘 청빈하고 검소한 삶을 강조한 그는 동로마 황제 테오도시우스의 아내(황후)에게 미움을 샀고 알렉산드리아 대주교 데오필루스와도 갈등을 빚었다.

결국 그는 403년 칼케돈의 '떡갈나무(oak) 회의'에서 불경죄와 이단으로 몰려 비두니아로 유배되었다. 이에 시민들이 '감독을 돌려달라'고 시위하자 귀향 조치되었으나 407년에 다시 한서(寒暑)가 심한 흑해 지방 폰투스에 유배되어 죽음을 맞이하였다. 그의 유해는 438년 콘스탄티노플로 돌아와 테오도시우스 2세에 의해 명예가 회복되었다.

이후 1204년 제4차 십자군 원정 때 십자군들이 콘스탄티노플에서 그의 유해를 로마로 가져갔고, 800년 후인 2004년 11월 27일 교황 요한 바오로 2세가 그의 유해를 다시 콘스탄티노플로 이장했다. 로마 가톨릭과 동방정교회, 성공회에서 모두 성인으로 추앙받고 있다.

크리소스톰(John Chrysostom) → '크리소스토무스'를 보라.

크리스찬 사이언스(Christian Science)
1866년 미국 종교가 메리 베이크 애디 부인이 창설한 이단 종교. 성경에서 예수의 치유 사역을 실생활에 과학적으로 적용하여 건강하고 도덕적인 삶을 영위하기 위한 목적으로 설립되었다.

그녀는 누구든지 올바른 지식만 있으면 그리스도의 치유를 실제로 체험할 수 있다고 주장하였다. 그래서 이 지식을 「Science and Health, with Key to the Scriptures」(성경의 열쇠로 푸는 과학과 건강)라는 책으로 발간했는데, 이 책이 하나님의 계시로 만들어졌다 하여 성경과 같은 권위를 지닌다. 일종의 심리요법과도 같은 이 치유 방법에 공감하는 자들이 많아 미국과 영국 등지에 추종자들이 많다.

1879년 보스턴에 모교회를 설립하였고, 1883년 기관지를 창간하여 1908년 「크리스찬 사이언스 모니터지」로 발전하였다. 1892년 국제적인 조직으로 발전하였고 1939년에 교리가 만들어졌는데 끊임없이 논란을 야기하고 있다.

우리나라에는 해방 후 1945년 10월 중앙청 앞 광장, 경기여고 등에서 20여 차례 교리 강연과 전도 집회가 있었고, 1965년 4월 서울시 서대문구 냉천동에서 〈크리스찬 사이언스 소사이어티〉(Christian Science Society)로 정식 출범하였다.

클레멘스[1](**Clemens Alexandrianus**) 그에 대해서는 알려진 것이 많지 않다. 그는 150-160여 년경에 출생하여 대략 215년경에 사망한 것으로 추정된다. 알렉산드리아에서 출생했으며 일찍부터 알렉산드리아 교리학교에서 판타에누스(*Pantaenus*)에게 성경과 철학을 배웠다. 스승이 죽자 190년 그의 뒤를 이어 교리학교 교장이 되었다. 그는 철학을 기독교 진리를 설명하는 데 사용한 것으로 알려져 있다.

그는 로고스인 그리스도가 삼위(三位) 중 두 번째 위격(位格)을 가진 분으로서 인간 이성의 근원이며 사람들에게 하나님을 이해시켜 주는 분이라고 했다. 또 그리스도는 최고 계시를 주기 위해 사람이 되었고 영생을 가르치기 위해 세상에 왔다고 했다. 그는 당시 유행하던 '영지주의' 방법론을 수용하면서도 참된 '영지'는 하나님의 계시를 수용하는 것이라고 하여 교회의 전통을 고수하였다.

202년 세베루스 황제(146-211년) 박해 때 알렉산드리아에서 추방되었고, 211년 아스클레피아데스가 안디옥 주교가 되었을 때 축하 서신을 쓴 것으로 알려진다. 그 후 언제 어디에서 죽었는지 알려지지 않고 있다. 그는 완전한 신학 체계를 완성하지 못하였고, 그의 사상은 교리학교 후임 교장이 된 오리겐(*Origen*)이 이어받아 집대성한 것으로 전해진다.

대표적 저서로 「Protrepticos」(그리스인에 대한 연설), 「Paedagogus」(가정교사), 「Stromateis」(잡록, 잡동사니) 등이 있다.

클레멘스[2](**Clemens Romanus**) 클레멘스 1세. 베드로와 리노, 아나클레토에 이은 4대 교황이자 교부(30?-101?년). '로마의 클레멘스'(*Clemens of Rome*)로도 불린다. 빌립보서 4:3의 '클레멘스'와 동일인으로 추정되기도 한다. 사도 베드로에게 안수를 받은 것으로 전해진다. 그의 이름으로 된 두 편의 서신이 있다.

① 클레멘스 1서(The Epistle of Clemens) : 95년경에 쓴 65장으로 된 서신. 분열 위기에 놓인 고린도 교회의 화해를 촉구하고 교회 질서를 가르치고 있다. 이 서신은 초대교회 최초의 교부 문헌으로 평가되며 170년까지 성경과 함께 묵상되었다.

② 클레멘스 2서(The Second Epistle of Clemens) : 지역 교회 중 한 곳에 보낸 설교. 현존하는 최고(最古)의 설교다. 그의 죽음에 대해서는, 도미티아누스 황제 때 카타콤에서 비밀 미사를 집전하며 박해받는 신자들을 위로하고 격려하다 순교당했다는 견해와 트라야누스 황제 때 크리미아 광산지로 유배되어 복음을 전하다 닻에 묶여 흑해에 던져졌다는 견해가 있다.

클레멘트(**Clement**) '클레멘스'의 영어식 표기. → '클레멘스'[1], '클레멘스'[2]를 보라.

탁발수도회(托鉢修道會, **mendicant orders, Ordines mendicantium**) 13세기에 청빈과 엄격한 규율을 바탕으로 노동과 구걸로 수도 생활하던 단체. 탁발수도회는 중세 수도회가 세상과 격리되어 희사받은 헌금으로 부유하게 지내며 타락하는 것에 반발하여 온 세상을 수도원으로 여기며 세상에서 선교하고 영혼을 돌볼 목적으로 시작되었다. 대표적인 탁발수도회로는 ① 1210년경 프란체스코가 창설한 프란체스코 수도회와 ② 1216년 도미니쿠스가 창설한 도미니쿠스 수도회가 있다.

그 후 13세기 중엽에 카르멜 수도회, 삼위일체 수도회, 튜튼 기사단 등 수많은 탁발수도회가 생겨나고 대도시 각 대학에는 탁발수도사들이 교수로 가르치면서 토마스 아퀴나스와 같은 훌륭한 학자도 배출했지만, 반면에 권위 집단을 형성하여 신세력으로 등장하는 등 문제를 야기해 반대 운동이 벌어지기도 했다.

> **용어상식**
>
> **탈굼**(Targum)
>
> '번역', '해석'이란 뜻. 구약성경의 아람어 번역을 가리키는 명칭. 바벨론 포로 후 유대인들은 아람어를 사용하였다. 하지만 회당에서는 히브리어성경이 낭독되었기 때문에 자연이 통역이 필요하게 되었다. 즉 회당에서 히브리어성경 한 절을 읽으면 통역자(메투르게만)가 이를 아람어로 번역해서 읽었다. 이 통역은 직역(直譯)보다는 의역(意譯)에 가까웠다. 이렇게 아람어로 의역된 내용이 문서로 기록되어 성문화(成文化)한 것이 탈굼이다.

태화기독교사회복지관(泰和基督敎社會福

社館, Seoul Social Evangelical Center) 1921년 4월 5일 미국 감리교 여선교사 마이어스(Mary D. Myers, 馬義是)에 의해 '태화여자관'이란 이름으로 시작되었다. 기독교 정신에 입각한 사회복지 사업을 경영함으로써 복지사회를 건설할 목적으로 설립된 우리나라 최초의 사회복지관이다. 사회복지법인 감리회 태화복지재단에서 직영한다. 서울특별시 종로구 인사동 5길 29에 사무실이 있다.

통일교(統一敎, Unification Church) 공식 명칭은 '세계기독교 통일신령협회.' 1954년에 교주 문선명(文鮮明)이 만든 신흥 종교(이단). 2013년부터 〈세계평화통일가정연합〉으로 부르고 있다. → '세계기독교통일신령협회'를 보라.

트레스 디아스(Tres Dias, TD) 스페인 어로 '3일'이란 뜻. 3박 4일간 알파코스와 제자훈련 등의 프로그램을 배우는 신자 훈련 코스의 하나. 신학적으로 많은 문제를 안고 있어 여러 장로교 교단들이 위험성을 지적하고 있다.

1949년 1월 7일 스페인의 마요르카(Mallorca)에서 시작된 천주교 평신도 훈련인 꾸르시요(Cursillo)를 미국에서 기독교적으로 변형시켜 1972년 11월 2일 미국 뉴버그에서 평신도 훈련을 실시하면서 '트레스 디아스'라는 이름을 붙였다. 이후로 '트레스 디아스'는 기독교 신자들을 훈련시키는 특별 프로그램이라는 특수한 용어로 사용되고 있다. 우리나라에서는 '신자들을 위한 영성훈련 프로그램'으로 더 잘 알려져 있다.

이 운동은 기독교인이 다른 사람들에게 그리스도에 관해 얘기하도록 자극하고 기독교인 각자에게 주어진 주님의 사랑을 강조하며, 기독교인들이 그들의 가정 모임에서 일하며 복음을 전하도록 자극하는 것을 목표로 한다. 훈련은 완전히 격리된 곳에서 참가자와 도우미가 함께하는 5개 정도의 명상과 15개의 강의, 묵상, 관상, 침묵, 자기성찰, 토론, 기도, 찬양, 세족식, 성찬식 등으로 진행된다. 이들 장소에는 특이한 소품이나 장식들이 준비되어 있다.

1986년 미국 은혜한인교회가 미국에서 한인들을 대상으로 처음 실시하였고, 1992년 4월 우리나라에 처음 소개된 후 2007년에 한국본부가 개설되어 7개의 트레스 디아스(아가피아, 서울, 지저스, 호남, 라이프, 새로남, 동광)가 공식 운영되고 있다.

이 운동의 위험 요소는 다음과 같다.

① 성경과 성령에 의지해서 살아가야 할 신자의 삶을 훈련 중에 경험했던 가시적 분위기나 장소에 의존하게 할 위험성이 있다.

② 영적 감화력을 끼치기 위해 사용하는 묵상, 관상, 촛불, 시청각 자료, 그림이나 상징물이 은혜를 끼치기 위한 도구라고는 하나 여전히 개혁자들이 애써 피하려 했던 가톨릭의 잔재가 남아 있다.

③ 이들 자료를 비밀스레 관리하고 보존함으로써 기독교를 천주교에 의존하게 할 위험이 있다.

④ 하나님의 은혜를 갈구하기보다 도구와 수단을 사용해 인위적으로 자신만의 체계를 만듦으로써 개혁 신앙과 신학에 치명적 해를 끼칠 수 있다.

⑤ 훈련에 참가한 자들이 자기들끼리 '재회' 모임을 통해 별도의 영적 공동체를 형성함으로써 교회 내 성도 사이에 갈등과 차별을 조장할 수 있다.

이상의 이유로 인해 대한예수교장로회 고신, 통합, 합동에서는 이단성이 있다고 판단하여 이 운동에 참여하지 못하도록 결의한 바 있다.

특수 침례교(特殊 浸禮敎, Particular Baptists) 알미니우스주의에 기초한 보통의 일반 침례교(General Baptists)에 대해 칼빈주의 영향을 받은 침례교를 일컫는 말. 예를 들면, 일반 침례교회는 그리스도께서 모든 인류를 위해 죽으셨다고 하는 알미니우스주의적 성향을 보이는 반면, 특수 침례교는 그리스도께서 오직 택함을 받은 자, 즉 하나님께서 세상을 창조하시기 이전에 예정하신 자들을 위해 죽으셨다고 하는 칼빈주의의 제한 속죄설을 믿는다. 따라서 이들은 침례를 시행하는 것을 제외하면 대부분 신앙이 칼빈주의에 기초하고 있다.

특수 침례교는 1633년 영국에서 칼빈 파 분리주의자 가운데 침례를 용인하는 무리에게서 시작되었다. 그 후 1660년까지 영국에는 131개의 특수 침례교회가 생겼고, 1664년에는 신앙고백문도 채택하였다. 근대 세계 선교 운동을 시작한 '침례교 선교회'(Baptist Missionary Society) 역시 윌리엄 캐리의 요청으로 특수 침례교에서 설립한 단체이다. 존 번연이나 찰스 스펄전도 이 교단에 속해 있다.

티(T)자형 교회(- 字形 敎會) 교회 건물이 'T'자(字) 형태를 띤다 하여 붙여진 이름. 평양 대동군 남곶면 조왕리에 설립된 조왕리교회의 별칭. 1927년 5월 7일 토마스 목사 순교기념 전도회에서 우리나라 최초의 기독교 순교자 토마스 선교사를 기념하기 위해 토마스 선교사의 묘지 인근에 있던 조왕리교회를 기념교회로 선정하고 토마스 선교사의 영문 이름 첫 글자를 본떠 1932년에 'T' 자 형태로 신축한 교회다.

파사교(波斯敎, Nestorianism) 7세기경 중국 당나라에 전래되어 토착화된 네스토리우스교. '경교'라고도 한다. → '경교'를 보라.

평양 대부흥운동(平壤 大復興運動) 1907년 평양을 중심으로 일어나 전국 교회로 확산된 한국교회의 대표적 부흥운동. 이 부흥운동은 1월 6일 (주일) 평양 장대현교회에서 평양 시내 네 교회의 연합 집회 형태로 시작되었다. 교회 장소가 협소하여 여자 교인은 자기 교회에, 남녀 중학생과 소학생들은 자기 학교 강당에 모였고, 남자 교인들만 2천여 명이 장대현교회당에 모였다.

이때만 해도 한국인 목사가 없어 부흥회는 선교사들 주관으로 진행되었다. 한 주간 동안 김선주 장로(당시에는 목사 안수를 받지 않은 때였다)는 한국 최초의 새벽기도회를 통해 큰 은혜를 끼쳤다. 무엇보다 그는 자신이 '아간'과 같은 죄인임을 고백하며 회개했고, 이를 계기로 수많은 교인들의 회개가 터져나왔다. 1주일 내내 회개가 계속되자 소문을 들은 방은덕(方恩德)이라는 순포(경찰)가 흉악범을 잡으러 집회에 참석했다 자신도 회개하고 예수를 믿게 된 일화도 있다.

이렇게 무르익은 집회는 계속해서 1월 14일 월요일 저녁 미국 북장로교회 선교사 블레어(W.N. Blair)의 설교로 절정에 달했다. 고린도전서 12장 27절 말씀으로 '너희는 그리스도의 몸이요 그리스도의 지체들이라'는 블레어 선교사의 '설교'가 끝나고 수백 명의 성도가 통성으로 기도할 때 성령의 큰 역사가 임하였다.

많은 사람들이 자신의 죄를 대중 앞에서 구체적으로 자복하며 눈물로 회개했다. 반목과 질시하던 자들이 껴안고 화해하는 모습도 나타났다. 이런 감동적인 회개 역사는 새벽 2시까지 지속되었다.

이를 목격한 한 여자 선교사는 "입으로 고백하기 어려운 상상할 수 없는 무섭고 추한 죄악들이 쏟아져 나왔다. 마치 지옥의 지붕이 젖혀진 것 같은 착각이 들 정도였다"고 이때를 술회했다.

또 당시 런던타임즈는 '마치 밖으로부터 뭔가 물밀듯이 밀려들어오는 강력한 힘의 임재에 압도당한 듯했다'고 보도했다.

이런 역사는 화요일 아침 숭의여학교에서, 수요일 아침에는 숭덕학교에서도 일어났다. 김찬성 조사가 설교할 때 어린 학생들이 큰 은혜를 받고 수업을 중지한 채 오후 1시까지 통회 자복의 기도회가 지속되었다. 각 곳의 여자중학교와 부녀자들의 모임에서도 이런 역사는 계속되었다.

선교사들만 모이는 정오 기도회에도 성령의 역사가 나타나 기도회를 30분간 연장하여 오후 2시까지 할 정도였다. 이 놀라운 평양 대부흥회는 그 해 봄 길선주 장로의 서울 집회에서도 나타났고, 이런 부흥의 불길은 전국으로 번져나갔다.

평양 대부흥운동은 1903년 원산 부흥운동, 1909년 백만인 구령운동과 더불어 경건하고 건전한 부흥운동의 모델을 제시해 주었을 뿐만 아니라 한국교회를 질적으로 한 단계 도약시키는 계기를 마련해 주었다. → '대부흥운동'을 보라.

평양신학교(平壤神學校) 1901년 합동공의회 결의에 의해 설립된 장로교 신학교. 평양 대동문 옆 술막골에 있던 마포삼열(馬布三悅, Samuel Austin Moffet) 선교사의 집에서 시작되었다. 공식 학교명은 〈대한야소교장로회신학교〉(大韓耶蘇敎長老會神學校). 1910년 한일합방 후에는 일제의 강요로 '대한' 대신에 '조선'이란 교명을 사용하였다. 방기창(邦基昌)과 김종섭(金宗燮)은 성경문답 시험을 통과하고 입학한 한국 장로교 최초의 신학생이었다. 이어 1902년 양전백, 길선주 장로와 이기풍, 송인서 조사가 공의회 추천으로 입학하였다.

수업은 처음에 마포삼열, 이길함 선교사가 담당하다 그 후 배위량, 편하설 선교사가 참여했으며, 5년 학제로 1년에 3개월 수업, 9개월 교회 봉사 방식으로 진행되었다. 특히 마포삼열 선교사는 학교 설립시부터 1924까지 마치 아버지와 같이 자상하고 성실하게 교장 직무를 수행하였다.

1908년 미국 시카고 맥코믹 부인의 기증금 1만

4000원으로 반양옥 기와 2층 80여 간을 건축하여 교사를 마련했다. 1915년에는 신학교 동창회가 조직되어 제1회 졸업생인 양전백 목사를 회장으로 선출하였다. 이때 동창회원의 수는 140여 명이나 되었다. 1922년 봄에는 또다시 맥코믹 부인이 기증한 7만 5000원으로 교사(校舍)를 임시 이전하고 그 자리에 양옥 3층 274간을 건축하였다. 오늘날 총신대학교 신학대학원 및 장신대학교 신학대학원의 전신이다.

평양신학교 제1회 졸업식

1907년 6월 20일 평양장로회신학교 제1회 졸업식에서는 5년간의 과정을 마친 한석진(韓錫晉), 이기풍(李基豊), 길선주(吉善宙), 송인서(宋麟瑞), 방기창(邦基昌), 서경조(徐景祚), 양전백(梁甸伯) 등 7인이 배출되었다. 이들은 모두가 가죽신에 버선을 신고 흰 두루마기를 입고 있었다. 또 졸업증서(卒業證書) 상단에는 손에 든 횃불로 십자가를 비추는 한반도 그림이, 오른쪽에는 데살로니가전서 2:4, 왼쪽에는 요한복음 8:12이 기록되어 있었다. 이들 졸업생들은 그해 9월 평양에서 열린 장로회 제1회 독노회에서 목사로 장립을 받았다.

평양여자신학교(平壤女子神學校, **Pyengyang Women's Biblical Seminary**) 1923년 3월 28일 평양 경창리에 설립된 장로교 신학 교육기관. 여교역자 양성을 위해 1922년 미국 북장로회 선교부 허가를 얻어 〈평양여자고등성경학교〉란 교명으로 개교했다. 베스트(M. Best, 裵貴禮)가 초대 교장으로 부임하였으며, 버츠(Butts), 사무엘(Samuel), 베어드(Baird) 부인, 마펫(Moffett) 부인, 윈(Winn) 부인 등 주로 평양 주재 북장로회 여선교사들이 교사로 가르쳤다. 초등학교 졸업 이상의 학력을 가진 11명이 처음으로 입학하여 교회사, 설교학, 윤리, 심리학, 영어, 음악 등을 공부했으며, 1년에 3학기 3년 과정의 학제를 이수했다. 1926년 2월에 제1회 졸업생 4명이 배출되었고, 1928년에는 재학생이 60명으로 증가하였다.

프랜시스 쉐퍼(**Francis A. Schaeffer**) 미국 장로교회 목사이며 복음주의 운동가(1912-1984년). 금세기 최고의 기독교 지성인이며, 강연가요, 저술가이기도 하다.

1912년 미국 펜실베니아 주 필라델피아에서 루터교를 신봉하는 독일계 이주민의 아들로 태어났다. 웨스트민스터 신학교와 페이스 신학교에서 공부하고 1938년 장로교에서 목사 안수를 받았다.

1948년 스위스로 이주하여 젊은이들의 사회 문제에 관심을 갖던 중 진리를 절대시 하지 않는 사회 병리적 현상을 보고 1955년 기독교 배움 공동체인 라브리(L' Abri)를 설립하여 진리를 상대적인 것으로 여기는 그릇된 사상을 타파하고 오직 성경만이 유일하고 절대적인 진리임을 역설하는 운동을 펼쳤다. 그의 이런 사상은 22권으로 된 저서에서 잘 나타나고 있다. 그 내용은 다음과 같다.

1) 제1집 기독교 철학 및 문화관 : ① 1권 거기 계시는 하나님 ② 2권 이성에서의 도피 ③ 3권 거기 계시며 말씀하시는 하나님 ④ 4권 다시 자유와 존엄으로.

2) 제2집 기독교 성경관 : ① 5권 창세기의 시공간성 ② 6권 궁극적 모순은 없다 ③ 7권 여호수아서와 성경 역사의 흐름 ④ 8권 기초 성경 공부 ⑤ 9권 예술과 성경.

3) 제3집 기독교 영성관 : ① 10권 쉐퍼의 명설교 ② 11권 진정한 영적 생활 ③ 12권 초영성주의에 맞서는 그리스도인의 자세 ④ 13권 시대의 요구에 부응하는 기독교.

4) 제4집 기독교 교회관 : ① 14권 20세기 말의 교회 ② 15권 오늘날의 교회의 사명 ③ 16권 그리스도인의 표지 ④ 17권 개혁과 부흥 ⑤ 18권 위기에 처한 복음주의.

5) 제5집 기독교 사회관 : ① 19권 환경오염과 인간의 죽음 ② 20권 그러면 우리는 어떻게 살 것인가? ③ 21권 낙태, 영아살해, 안락사에 대한 그리스도인의 자세 ④ 22권 기독교 선언.

프랭크 스코필드(**Frank W. Scofield**) 한국명 '석호필'(石虎弼). 캐나다 연합장로교 소속 의료 선교사(1889-1970년). 영국 워리크 주에서 태어나 어려서 어머니를 여의고 1907년 홀로 캐나다로 이주했다. 1910년 고학으로 토론토 대학 수의과를 졸업하고 1911년 동(同) 대학에서 박사 학위를 받아 모교에서 세균학 및 병리학 교수가 되었다.

1916년 선교사 애비슨(O.R. Avison, 한국명 '어비신')의 권유로 한국 선교사로 내한하여 세브란스 의과대학 교수로 부임했다.

그 후 1919년 3.1독립운동에 직접 참여하고 현장을 촬영하여 세상에 알렸으며, 그해 4월 18일에는 수원 제암리 학살 사건을 미국과 캐나다 신문에 폭로해 세계적으로 큰 파문을 일으켰다. 이로 인해 스코필드는 1920년 강제 추방되어 토론토 대학에서 1955년까지 교수 생활을 했다.

그 후 1958년 다시 내한하여 서울대 수의학대학에서 교수로 봉직하였고, 1960년 대한민국문화훈장, 1968년 대한민국 건국공로 표창을 받았다. 1970년 4월 12일 80세의 나이로 별세하여 사회장으로 국립묘지에 안장되었다. 그는 민족 대표 34인으로 불릴 정도로 한국 사랑이 극진하였다.

프로테스탄트 (Protestant)

16세기 종교개혁 이래 로마 가톨릭교회의 병폐와 타락한 교권에 저항(protest)하여 세워진 교회(Protestant), 혹은 그 교회에 속한 신교도. 1529년 4월 독일의 제국의회(帝國議會)에서 루터 계 종교개혁파 제후(諸侯)들이 가톨릭을 믿는 황제 카알 5세 등 로마 가톨릭 세력에 대항해 자신들을 소개할 때 처음 사용된 표현이다. 여기 속한 대표적 교파로는 루터교, 장로교, 감리교, 침례교, 성결교, 퀘이커교, 회중파, 성공회 등이 있다.

프로테스탄트는 의전과 전승을 중시하는 가톨릭과 달리 성경을 중심으로 개인의 신앙을 중시하며 의식도 간단하다. 또 루터의 만인사제설에서 볼 수 있듯이 영적 측면에서 성직자와 신도 간의 신분 차이를 인정하지 않는다. 독일을 비롯한 네덜란드, 영국, 스코틀랜드, 북유럽을 비롯한 아메리카에 널리 분포되어 있다. → '개혁교회', '개신교'를 보라.

프리드리히 쉴라이에르마허(Friedrich Ernst Daniel Schleiermacher) 독일 신학자이며 철학자(1768-1834년). 성서 비평학에 큰 영향을 끼쳐 '근대 신학의 아버지' 혹은 '자유주의 신학의 시조'로 불린다.

1768년 11월 21일 슐레지엔 브레슬라우에서 개혁파(칼빈주의) 교회 군목의 아들로 태어났다. 어린 시절 헤른푸트 형제단(兄弟團) 학교에 입학하여 경건주의적(敬虔主義的) 분위기에서 성장했다. 그러나 경건주의에 염증을 느끼고 1787년 할레 대학교에 입학하여 2년간 신학과 철학을 공부했다. 이때 신약성경의 역사 비평에 많은 관심을 가지게 되었다.

1796년 베를린에서 목사가 되었고 당시 낭만주의 사상을 가진 철학자들과 교류했다. 1804년 할레 대학교에서 잠시 교수로 지냈으며, 베를린 대학 설립 멤버가 되어 평생 베를린 대학 신학부 교수로 지냈다.

그는 교수로 지내면서 설교가로도 활동했는데, 특히 나폴레옹 전쟁 때 민족주의적 색채의 설교를 즐겨 하여 '애국 설교가'로 불리기도 했다. 또 루터 파와 개혁파의 통합 운동에도 힘썼고, 철학·미학 분야에도 주목할 만한 업적을 남겼다. 주요 저서로는 「독백록」(獨白錄, 1800년)이 있다.

피어선 신학대학(皮漁善 神學大學, The Pierson Theological College) 1912년 피어선(Auther T. Pierson) 박사의 유지에 따라 설립된 초교파 평신도 신학 교육기관. 평택대학교 전신.

'피어선'은 미국 해밀턴 대학과 유니언 신학교를 졸업한 장로교 목사로 1837년 3월 6일 출생하여 1911년 6월 3일에 별세했다. 잡지 「Missionary Review of the World」(세계 선교 논편)에서 20년간 편집인으로 지냈다. 그는 미국의 디트로이트, 필라델피아 등지에서 목회하며, 금세기 안에 세계를 선교하자는 구호 아래 미국 청년들에게 외지 선교를 주장하여 많은 감동을 주었다. 그러나 세례 문제로 장로교와 마찰이 생겼고, 그후 침례교회, 회중교회 등 초교파적으로 사역하였다. 또 1910-11년에 한국을 방문하고 선교사들에게 성경을 강의하였는데, 이때 한국 성도들의 신앙 열정에 큰 감동을 받아 한국 땅에 성경학교 설립을 약속하였다. 하지만 질병으로 뜻을 이루지 못하고 귀국하여 이듬해 하나님의 부름을 받았다. 그후 유족과 후원자들이 그의 유언에 따라 1912년 서울 신문로에 설립한 초교파 신학교가 '피어선기념성경학원'이다. → '신학교'를 보라.

하나님의 교회(- 敎會, World Mission Society Church of God) 원명은 '하나님의 교회 세계복음선교협회.' 일명 '안상홍 증인회', '하나님의 교회'라고도 한다. 본부는 경기도 성남시 분당구 방아로 46번길 7 (이매동)에 소재한다.

안식교 계열에서 나온 교회. 안상홍을 교주로 하며, 새 예루살렘 어머니(장길자)를 믿고, 새 언약 유월절을 지키고, 예배시 머리 수건을 쓴다는 신흥 종교이다.

교주는 안상홍. 전북 장수 출신으로 안식일 교회의 교인으로 있다가(30세에 안식교 목사 이명덕에게 침례받고 1962년까지 안식교에서 활동) 23명의 신자들과 함께 1964년에 부산에서 〈하나님의교회 예수증인회〉를 설립하였고, 1985년에 세상을 떠났다.

안상홍은 생전에 장길자를 하나님의 신부, 하늘에서 내려온 새 예루살렘, 위에 있는 어머니로 알려주어, 〈하나님의 교회〉는 장길자를 어머니 하나님으로 신앙하고 있다. 최근에는 〈안상홍 증인회〉라는 이름 대신에 〈하나님의 교회〉, 또는 〈하나님의 교회 세계복음선교협회〉라는 이름으로 활동하고 있다.

한국기독교총연합회 2000년 〈안상홍 증인회에 대한 연구보고서〉, 대한예수교장로회 합동 제93회 〈총회 연구보고서〉와 총회이단(사이비)피해대책조사위원회의 자료(〈안상홍 증인회 무엇이 문제인가?〉 2007년)를 보면 〈하나님의 교회〉는 다음과 같이 요약될 수 있다.

① 교주 안상홍을 육신을 입고 온 하나님으로 믿는다. 교주 안상홍을 육신을 입고 세상에 온 하나님이며 성경에 예언된 재림주라 주장한다. 따라서 안상홍의 이름으로 기도하고, 추종자들은 죽은 안상홍이 다시 강림할 것을 믿고 기다린다.

② 안상홍 외에 여교주 장길자를 하나님의 아내요 신부로 믿는다. 여교주 장길자가 하늘로부터 내려온 어머니, 신부가 된 것은 그들이 하나님으로 믿는 안상홍이 그렇게 신부로 지명했기 때문이라고 한다. 하나님을 한 분이 아니라 '아버지, 어머니' 두 분이라고 주장한다. 그래서 히브리어 성경은 하나님을 복수명사인 '엘로힘'으로 표현했다고 주장한다.

③ 교주 안상홍을 재림주라고 주장한다. 구름을 타고 재림한 예수는 안상홍인데 많은 사람들이 알 수 없게 마지막 암행어사로 왔다고 한다.

④ 역사를 삼위 하나님에 맞추어 성부 시대, 성자 시대, 성령 시대로 구분하면서 여기서 성부는 여호와, 성자는 예수 그리스도, 성령은 안상홍을 의미한다고 한다. 현세가 성령 시대이므로 안상홍의 이름으로 기도해야 한다고 가르친다.

⑤ 토요일 안식일과 유월절을 지켜야 한다고 주장한다. 안상홍이 안식교 출신이기 때문에 안식일 교리를 주장하는 방법이나 그 증거로 제시하는 성경 구절이 안식교와 동일하다. 또 유월절 및 절기를 지켜야 한다고 주장하는데 특히 유월절은 영생의 길이며, 유월절을 통하여 구속과 죄사함을 받는다고 주장한다.

⑥ 예배 시 여자들이 수건을 써야 하나님께서 예배를 받으신다고 주장한다. 이들은 고린도전서 11장 2-15절 말씀을 문자대로 좇아 예배 시에 여자들은 머리에 수건을 쓰고 예배를 드려야만 하나님이 예배를 받으신다고 한다.

⑦ 자기들의 교적부(敎籍簿)를 생명책이라고 주장한다.

⑧ 십자가를 우상이라고 한다.

⑨ 성경의 동방을 한국이라고 주장하며, 동방의 독수리가 안상홍이라 한다.

하디(Robert A. Hardie) 미국 남감리회의 의료 선교사(1865-1949년). 1865년 캐나다 온타리오 주에서 출생하여 토론토 대학에서 의학을 공부했다. 1890년 가족과 함께 부산에 도착하여 게일(J. S. Gale)과 선교 활동을 시작하였다.

그 후에 제중원에서 에비슨(O.R. Avison)을 도와 의료 활동을 했다. 1892년 선교지를 원산으로 옮겨 의료 선교를 하며 강원도를 중심으로 세례를 베풀고 교회를 세웠다.

1903년 8월, 원산에서 남감리회 화이트 선교사(M.C. White)를 강사로 기도와 사경회를 열 때 큰 은혜를 받았는데, 이것이 유명한 '원산 부흥운동'의 시작이었다. 이 원산 부흥운동은 1907년 평양 부흥운동의 도화선이 되었다. 후에 협성신학교 교수로, 조선예수교서회('대한기독교서회'의 전신) 총무로도 활동했다.

한국교회연합(韓國敎會聯合, The Communion of Churches in Korea) 세속화 되어가는 교회 연합 운동의 갱신을 주장하며 한기총에서 탈퇴한 교회들의 연합체. 2012년 3월 28일 설립 총회를 가졌다. 대한예수교장로회 대신, 백석, 기독교대한성결교회, 예수교대한성결교회 등 46개 교단과 기독시민운동중앙협의회 등 18개 회원 단체가 참여하고 있다. 서울시 종로구 김상옥로 30(연지동 136-56) 한국기독교교회연합 508호에 사무실이 있다.

한국기독고교회협의회(韓國基督敎敎會協議會, The National Council of Churches in Korea, NCCK) 한국 기독교 연합 운동(에큐메니칼 운동)의 일환으로 1946년에 설립된 기독교 진보 단체. 1924년 9월 장로교와 감리교가 효율적인 선교를 위해 연합 전선을 구축할 목적으로 창설된 것이 시작이다. 현재 대한예수교장로회(통합), 기독교대한감리회(기감), 한국기독교장로회(기장), 구세군대한본영, 대한성공회, 기독교대한복음교회, 한국정교회, 기독교대한하나님의성회 8개 교단이 가입되어 있다.

교회 일치 운동과 기독교 대 사회운동(남북문제, 노동문제, 인권문제, 양심문제, 여성문제 등)을 주도하며 세계 교회와 상호 협력하고 공동 사업을 추진하기 위해 세계교회협의회(WCC), 아시아기독교협의회(CCA) 등 세계의 기독교 단체나 기구들과 긴밀한 관계를 맺고 있다. 조직은 총무가 관장하며 실행위원회와 특별위원회 산하에 15개 분과위원회를 두고 있다. 사무실은 서울특별시 종로구 대학로 19 (연지동) 한국기독교교회관 706호.

한국기독교장로회(韓國基督敎長老會, The Presbyterian Church in the Republic of Korea) 1953년 대한예수교장로회에서 분립된 한국의 대표적 진보주의 교단. 1940년 김재준(金在俊), 윤인구 목사 등 성서비평학을 주장하는 자유주의 신학자들이 〈조선신학교〉(오늘날 '한신대학교'의 전신)를 세우고 목회자를 배출하자 1952년 4월 제37회 총회에서는 이들 목회지의 지격을 박탈하고 김재준 목사 등을 파면시켰다.

이에 대한 반발로 김재준 목사 등은 1953년 6월 10일 교단을 탈퇴하여 별도 총회를 개최하고, 하나님의 정의와 평화 실현, 신앙 양심의 자유 실현 등을 목적으로 1954년 6월 〈대한기독교장로회〉를 설립하였다.

1957년 한국기독교교회협의회(NCCK), 1960년 세계교회협의회(WCC)에 가입하였고, 1961년에는 교단명을 〈한국기독교장로회〉로 개칭하였다. 1969년에는 총회유지재단을 설립하였고, 1974년에는 여목사 제도를 채택하였다.

한국기독교장로회는 사회 개혁, 에큐메니칼 운동, 민주화 운동, 인권 운동, 통일 운동 등에 헌신한 김재준 목사, 문익환 목사, 서남동 목사, 안병무 박사 등 진보적 지식인들을 다수 배출했다. 2020년 현재 총회 산하에 28개 노회, 124개 시찰위원회, 1,600여 개 교회, 30만여 명의 교인이 소속되어 있다. 교육기관으로는 한신대학교, 한신대학교 신학대학원, 영생고등학교 등이 있다. 본부는 서울시 종로구 김상옥로 30(연지동) 4층에 소재한다.

한국기독교직장선교연합회(韓國基督敎職場宣敎聯合會) '모든 직장에 직장 선교회를!' '모든 직장인을 그리스도에게로!' 란 구호 아래 1981년 12월 서울지역 '기독교직장선교협의회'가 발족된 것이 시작이다. 직장 선교를 통한 민족 복음화, 직장 복음화를 통한 기독교 사회 문화 창조, 초교파 평신도 연합운동을 통한 교회 일치를 목표로 한다. 사무실은 서울시 강남구 봉은사로 129 (논현동) 거평타운 14층 1405호.

한국기독교총연합회(韓國基督敎總聯合會, The Christian Council of Korea) 1989년 12월 28일에 설립된 우리나라에서 가장 큰 기독교 연합 기관. 일명 '한기총.' 신구약 성경을 정경으로 믿으며 복음주의적 신앙고백을 같이하는 한국의 기독교 교단과 단체의 연합기관이다. 각 교단과 단체가 독자적 정체성을 유지하면서 교회의 사명 감당을 위해 연합하며 정책과 사업을 개발, 시행을 목적으로 한다.

주요 사업으로는 ① 한국교회의 부흥과 갱신 및 연합과 일치 ② 국가·사회 대응 및 봉사와 환경 보전 ③ 평화통일과 북한 복음화 사업 ④ 세계선교와 국제 협력 ⑤ 평신도와 여성 운동 및 청소년 지도자 육성 ⑥ 문화·예술·체육 및 언론·출판 등이다. 69개 교단 18개 기관 단체가 가입되어 있었으나 2012년에 〈한국교회연합〉과 분리되었다. 서울시 종로구 김상옥로 30 (연지동) 한국기독교연합회관 1501호에 소재한다.

한국기독실업인회(韓國基督實業人會, Connecting Business and Marketing place to Christ, CBMC) 1930년대 세계 경제 대공황기에 미국 시카고에서 탄생된 국제적인 초교파 복음 단체의 한국지부. 1951년 한국 전쟁 중 소개되었다. 주요 사업은 다음과 같다. ① 실업인과 전문인을 전도·양육하여 영적 재생산자로 키운다. ② 성경적 리더십을 개발하여 영적 비즈니스 리더로 육성한다. ③ 산업 현장에서 성경적 경영을 적용하여 세상에 선한 영향력을 끼친다. 사무실은 서울 마포구 큰우물로 75 (도화동) 성지빌딩 406호.

한국 러시아 정교회(韓國 - 正敎會, Russian Orthodox Church in Korea) 1900년 초 수사사제 흐리산프 쉐트코프스키 신부와 요나 레브쉔코가 러시아 황제 니콜라이 11세의 허락으로 한국에 입국하여 서울 정동 러시아 공사관 구내에서 성찬 예식을 거행함으로써 본격적인 선교가 시작되었다. 그러나 1904-1905년 러일전쟁의 패배로 주한 러시아 선교사들이 모두 철수하였다.

1906년에 러시아 정교회가 다시 한국 선교를 시작했으나 1917년 러시아에서 공산주의 혁명이 일어나 정교회를 후원하던 황제가 시해되고 러시아 정교회는 많은 순교자를 내었다. 그 결과 한국에서는 러시아 국적의 한국인 루가 김희춘 부제 신부가 홀로 남아 사역을 수행하게 되었다.

그 후 1922년 한국 러시아 정교회는 일본 정교회에 속하게 되었고, 일제 시대 동안 김희춘 신부를 비롯한 많은 신도들이 순교를 당했다.

일본이 패망하고 1950년 한국전쟁을 겪으면서 한국의 러시아 정교회는 1956년까지 교구 소속도, 성직자도 없는 상태가 되었다. 그러다 6.25전쟁에 참전한 그리스와의 인연으로 신도 공동체가 그리스 정교회 관할에 들어감으로써 한국에서 러시아 정교회의 선교 사업은 막을 내리게 되었다.

그 후 한국의 그리스 정교회(한국정교회)는 한국 러시아 정교회의 성 니콜라스 정교회 성당(서울 정동 22번지. 현 경향신문사 자리)을 매각하고 서울시 마포구 마포대로 18길 43 (아현동)에 비잔틴 양식의 성당을 세웠다.

한편, 1994년 봄, 부활절에 러시아 정교회는 유스틴 강태용을 한국 러시아 정교회 책임자로 지명함으로써 한국 선교를 재개하였다. 현재 본부는 1997년에 마련한 강원도 삼척시 근덕면 용화안길 542-25 성 바울로촌에 소재한다. → '한국 정교회'를 보라.

한국 생명의 전화(韓國 生命 - 電話, Life Line Korea) 1963년 호주의 알렌 워커(Sir Alan Worker)가 설립한 국제기구의 한국지부. 생명존중과 생명사랑이란 인류의 보편적 가치를 추구할 목적으로 설립되었다. 한국에서는 1976년에 소개되었다. 각종 위기를 365일 24시간 끊임없이 전화로 상담하고, 자살 예방을 위한 프로그램 등을 운영한다. 서울시 종로구 율곡로 17길 7-30 (이화동)에 위치한다.

한국어린이재단(韓國 - 財團, Child Fund Korea) 어린이 복지 증진을 위해 설립된 사회복지 전문기관. 1948년 10월 미국 '기독교아동복리회'(Christian Children's Fund, CCF)의 지원을 받는 CCF 한국지부로 출발했다. 아동의 권리 증진과 폭력 예방, 유해약물·매체로부터 어린이 보호, 해외 빈곤아동 후원, 북한 아동의 급식 및 보건 의료 지원 등을 주요 사업으로 한다. 1979년 2월 CCF의 지원으로부터 독립해 법인 명칭을 〈한국어린이재단〉으로 바꾸었고, 1986년 6월 CCF의 지원이 종결되어 국내 순수 민간기관으로서 독자적인 사업을 시작했다. 서울시 중구 무교로 20 (무교동) 어린이재단빌딩 11층에 있다.

한국장로교총연합회(韓國長老敎總聯合會, The Council of Presbyterian Church in Korea) 1981년 장로교 정체성 회복운동, 연합과 일치를 위해 5개 교단으로 출발한 장로교 연합체.

주요 사업으로는 ① 한국 장로교 총회 설립100주년 기념사업의 일환으로 2012년 9월 1일 연합예배 ② 한국 장로교 역사 박물관 건립 추진 ③ 한국 장로교 300대 교회 분야별로 선정하여 백서 발간 ④ 신학대학 및 신학대학원 연합찬양제 개최 ⑤ 이단으로부터 교회 보호, 가난한 이웃, 다문화가족, 소외된 자들에 대한 섬김 사역 등이 있다.

현재 31개 교단 39,000여 교회가 가입되어 한국 기독교의 75%이상이 회원으로 있다. 서울시 종로구 대학로 19 (연지동) 기독교회관 804호에 위치한다.

한국정교회(韓國正敎會, St. Nicholas Korea Orthodox Church; Orthodox) 니케아 신조(the Nicene Creed)를 고백하는 동방정교회의 한 교파. 러시아 정교회의 선교로 우리나라에 전래되었으나 러일전쟁과 러시아 혁명, 6.25전쟁을 거치면서 러시아와의 관계가 단절되었다.

그 후 6.25전쟁 중 그리스 군인들에 의해 다시 정교회가 시작되었고, 1954년 보리스 문이춘 신부가 사제로 서품을 받았다. 그리하여 과거 서울 정동에 있던 니콜라스 성당의 소유권을 인정받아 서울 아현동에 성당을 마련하고 니콜라스 성당이라 불렀다.

1956년에 정교회 신도들은 총회에서 만장일치로 그리스 정교회의 콘스탄티노폴리스 총대주교청 산하로 들어갈 것을 결의하여 한국정교회는 콘스탄티노폴리스 총대주교청의 산하 뉴질랜드 관구에 속하게 되었고, 2004년 6월 20일 한국 교구가 관구로 승격되어 자치권을 갖게 되었다.

2004년 소티리우스 트람바스(Sotirious Trambas)가 관구장으로 부임하였고, 2008년 7월 20일에는 그리스 출신 암브로시오스 아리스토텔리스 조그라포스 관구장이 부임했다. → '동방정교회', '한국 러시아 정교회'를 보라.

한신대학교(- 大學校, Hanshin University) 한국기독교장로회에서 설립한 진보주의 성향의 교육 기관. 1939년 교역자 양성을 위해 서울 인사동 승동교회에서 〈조선신학원〉(朝鮮神學院)이란 이름으로 시작되었다. 1945년 조선신학교, 1947년 조선신학대학으로 개편했고, 다시 1951년 4월 28일 〈한국신학대학〉으로 개칭하면서 김재준(金在俊)이 학장 서리로 취임했다. 1957년 4월 19일 서울시 강북구 수유동으로 교사(校舍)를 옮겼으며, 1965년 신학대학원이 설립되었다.

1979년 현재의 위치에 오산 캠퍼스가 조성되고 1980년 〈한신대〉, 1992년 종합대학으로 승격하면서 현재의 〈한신대학교〉가 되었다. 초대 총장에 주재용(朱在鏞) 박사가 취임했다. 2010년 개교 70주년을 맞이했다. 서울캠퍼스는 서울시 강북구 인수봉로 159, 오산캠퍼스는 경기도 오산시 한신대길 137 (양산동 411번지)에 소재한다.

헐버트(Hulbert) → '호머 헐버트'를 보라.

협성대학교(協成大學校, Hyupsung University) 기독교대한감리회에서 1977년에 설립한 교육 기관. 처음에 〈서울신학교〉란 이름으로 개교

한국찬송가공회(韓國讚頌歌公會, Korean Hymnal Society)

「통일찬송가」 발간을 위해 설립된 한국 기독교의 초교파 연합기구. 해방 후에 사용하던 「새찬송가」, 「개편찬송가」, 「합동찬송가」 세 개의 찬송가를 하나의 찬송가로 만들자는 취지에서 조직되었다.

하나의 통일된 찬송가를 가지고 싶어하는 온 한국 교회 성도의 염원을 수용하여 1976년 7월 21일 '찬송가 합동 추진위원회'가 결성되었고, 교파간 위원 수 조정 문제로 어려움을 겪다가 1981년 4월 9일 정식으로 발족하였다. 그 결과 1983년 12월 19일 성탄절을 앞두고 「통일찬송가」가 발행되었다.

그 후 한국찬송가공회는 통일찬송가의 미흡한 부분을 보완하고 새로운 시대의 흐름과 요청에 부응하기 위해 1997년 '21세기 찬송가 개발위원회'를 결성하고 10년 동안 각계의 전문 인력을 동원하여 연구·검토하고 6차례 공청회 등을 거쳐 2006년 11월 「21세기 찬송가」(가칭)를 개발하였다. 그리고 2007년부터 대한예수교장로회(통합), 대한예수교장로회(합동), 기독교대한감리회, 기독교대한성결교회, 기독교한국장로회, 대한예수교장로회(고신), 기독교한국침례회 등에서 21세기 찬송가를 공식적으로 채택하여 사용하고 있으나 여전히 통일찬송가를 사용하는 교단과 교회들도 많이 있다.

한편, 한국찬송가공회는 「21세기 찬송가」 판권을 기독교서회와 예장출판사 두 곳에만 제시하여 아가페, 두란노, 생명의말씀사 등 사설 기독교 출판사들의 반발을 샀다. 또 2008년에는 교단과 무관하게 충남 보령시에 법인 설립을 등록하여 각 교단의 반대에 부딪쳐 결국 2012년 법인 무효 선고를 받고 가처분신청을 내는 등 내홍을 겪고 있어 한국교회와 성도들의 비난과 안타까움을 사고 있다.

하여 1985년 4년제 대학 인가를 얻고 1988년에 현재 소재지에 캠퍼스를 조성했다. 1993년 〈협성신학대학교〉를 거쳐, 1994년 종합대학으로 승격되어 오늘의 〈협성대학교〉로 명칭을 변경하였다. 경기도 화성시 최루백로 72 (봉담읍 상리)에 있다.

호머 헐버트(Homer Bezaleel Hulbert) 구한말에 한국 독립을 위해 힘쓴 미국 감리교 선교사이며 언론인, 사학자, 교육자(1863-1949년). 한국명은 활보(轄甫). 미국 버몬트 주(Vermont) 뉴헤이븐에서 출생하여 다트먼트 대학과 유니언 신학교를 졸업했다.

1886년 소학교 교사로 초청되어 육영공원에서 외국어를 가르쳤다. 1905년 을사조약 후 고종의 밀서를 지니고 미국 대통령 면담을 시도했으나 실패했다. 다시 한국에 돌아온 그는 같은 해에 「한국사」(The History of Korea)를 발간하여 한국 역사와 문화 전반을 소개했다. 또 대한제국의 쇠퇴 과정을 기술한 「대한제국 멸망사」는 오늘날까지도 미국과 유럽에서 한국 근대사를 연구하는 중요한 사료로 활용되고 있다.

1906년 네덜란드 헤이그에서 개최되는 만국평화회의에 밀사 파견을 고종에게 건의하고 자신이 밀사보다 먼저 가서 '회의시보'에 대표단의 호소문을 소개하고 한일합병의 부당성과 일본의 만행을 폭로했다. 이후 미국에서 한국 관련 서적들을 여럿 발간하였다.

1949년 대한민국 정부 수립 후 정부의 초청으로 86세의 노구를 이끌고 내한했으나 여독을 이기지 못해 1주일 만에 병사했다. 양화진 외국인 묘역에 그의 묘가 조성되어 있다. 그의 묘비에는 "한국인보다 한국을 더 사랑했고, 자신의 조국보다 한국을 위해 헌신했던 빅토리아풍의 신사 이곳에 잠들다"고 기록되어 있다. 저서로는 「한국사」(The History of Korea, 2권), 「대동기년」(大東紀年, 5권), 「대한제국 멸망사」(The Passing of Korea) 등이 있다.

호수돈여학교(好壽敦女學校) 1904년에 설립된 여자 교육기관. 미국 남감리회 여선교사 와그너(E. Wagner)와 캐롤(A. Carrol)이 개성에서 한옥 한 채를 마련하여 여자 어린이 12명을 데리고 주일학교(Sunday School)로 시작했다. 처음에는 '개성여학교'라고 하였으나 1906년 후원자의 이름을 사용하여 '두을라 학당'(杜乙羅 學堂, The Tallulah Institute)이라 불렸다. 1908년 새로 교사를 신축했고, 1909년 스탤리(Dr. T.F. Staley) 박사가 후원한 것을 기념하여 그의 주소지 홀스톤(Holston)을 딴 '호수돈'이란 교명을 사용하게 되었다.

일제 시대에는 지역에서 3.1운동을 주도하여 박해를 받았고 선교사들이 추방되면서 '명덕(明德)여학교'로 불렸다. 해방과 한국전쟁기를 거치면서 개성에 있던 학교가 대전에서 재건되어 1954년 호수돈여자중학교와 호수돈여자고등학교로 분리되었다. 대전광역시 중구 선화로 50 (선화동)에 있다.

호주 장로교의 한국 선교(濠洲 長老敎 - 韓國 宣敎) 1889년 호주 빅토리아 주 출신 데이비스(J.H. Davis) 목사와 그의 누이에 의해 시작되었다. 그런데 호주 장로교의 선교 사역은 이듬해 데이비스 목사가 질병으로 별세하면서 시작하자마자 어려움에 봉착했다.

하지만 이 일이 전화위복이 되어 호주 장로회 선교부는 한국에 더 큰 관심과 선교 열정을 갖게 되었고, 1891년 매케이(Mackay) 목사 부부와 여선교사 멘지스, 포세트, 페리 등을 파송했다. 이들 선교사는 부산, 마산, 통영, 거창 등지에 선교부를 설치하는 등 본격적인 선교 사역을 수행했다.

이들은 전도와 교회 설립에 매진하면서 부산에 일신여학교, 마산의 창신학교, 의신여학교 등 교육사업에도 주력했다. 또 진주에서는 의료 분야에서 큰 성과를 거두었다. 동시에 호주 장로교는 미국 남장로회, 미국 북장로회, 캐나다 장로회와 더불어 한국장로회를 조직하였고, 엥겔 선교사는 평양신학교에서 교역자 양성에 일익을 담당했다. 한편, 호주 장로교는 강한 보수적 신학 성향을 가지고 있어 신사참배 때 일제와 강경하게 대립하다 모두 강제 퇴거당했다.

홀트아동복지회(- 兒童福祉會, Holt Children's Services Inc.) 고아들에게 새로운 가정을 찾아주어 새 가정에서 사회 구성원으로 밝게 자라도록 건전한 입양문화 정착을 위해 설립된 기관. 1955년 10월 홀트 씨 부부가 전쟁 고아 12명의 미국 입양을 알선하면서 시작되었다(이 가운데 8명은 홀트 씨가 직접 입양했다). 주요 사업으로는 국내 입양, 가정위탁, 미혼부모지원, 장애인 복지, 북한아동 돕기, 외국인 이주노동자와 다문화 가정 지원 등이 있다. 서울시 마포구 독막로 20 (합정동)에 소재한다.

화란개혁교회[1] (- 改革敎會, **Netherlands Reformed Church**) 16세기 종교개혁 때 로마가톨릭에서 분리된 프로테스탄트 교단. 존 칼빈, 존 낙스, 쯔빙글리의 개혁주의 신앙 노선을 추구하나 근래에는 동성애 등 자유주의 신앙 노선을 허용하고 있다. 주소는 Postbus 405, Overgoo 11 NL-2260 AK Leidschendam, Neherlands.

화란개혁교회[2] (- 改革敎會, **Reformed Church in the Netherlands**) 1886년 화란개혁교회(Netherlands Reformed Church)에서 분리된 교단. 칼빈주의에 뿌리를 두고 있는 벨직 신앙고백, 하이델베르크 신앙고백, 도르트 신경 등을 신앙고백으로 받아들인다. 1892년 아브라함 카이퍼(Abraham Kuyper)의 지도 아래 급성장하였다. 여기 속한 많은 성도들은 미국, 캐나다, 오스트레일리아, 뉴질랜드 등지에 개혁교회들을 세우고 화란의 본 교단과 긴밀한 유대 관계를 맺고 있다. 주소는 Postbus 202 NL-3830 AE Leusden, Netherlands.

활천(活泉) 기독교대한성결교회에서 1922년에 창간한 우리나라에서 가장 오래된 기독교 월간 잡지. 초기에는 성경 연구와 이단 경계 등 순수한 종교지로서 성결교회의 기관지 성격이 강했다. 일제의 탄압으로 갈수록 지면을 줄이다 천황 찬양의 글을 거부하고 결국 1942년 폐간되었다. 해방 후 복간되었고 1992년 교단 기관지에서 「활천사」로 독립하여 오늘에 이른다.

회교(回敎, **Islam**) → '이슬람교'를 보라.

후스(**Jan Huss**) 보헤미아(오늘날 체코) 출신의 종교개혁가 얀 후스(1370-1415년). 프라하 대학에서 신학을 공부하고 사제가 되었다. 훗날 총장까지 역임했다(1402년). 영국의 종교개혁가 위클리프의 영향을 받아 개혁적인 설교로 주목을 받았으며, 구령예정설을 주장하고 성경의 절대 권위를 인정했다. 나아가 교회의 머리는 베드로가 아니라 그리스도라고 하여 교황의 권위를 부정했고, 면죄

회중교회
(會衆敎會, Congregational Church)

회중정치로 운영되는 프로테스탄트 교회. '독립교회'(獨立敎會), '조합교회'(組合敎會)라고도 한다. 교회의 의사 결정을 높은 어떤 권위 집단에 맡기지 않고 회중이 하나님 앞에서 양심의 자유에 따라 스스로 판단하고 결정하는 특징이 있다. 또 회중에 의한 교역자 선출, 감독의 교회 지배 반대, 영국국교회 예배 반대 등을 주장했다. 이런 사상들은 하나같이 하나님의 절대 주권과 신자의 만인 제사장직에 대한 확고한 신앙에서 나온 것이었다.

16세기 영국 엘리자베스 1세 때 시작되어 17세기 찰스 1세가 의회와 분쟁을 겪으면서 그들의 존재가 알려졌다. 이들은 당시 분리주의자들이며 비국교도로서 많은 박해를 받고 순교당했다. 그 후 1620년에 일부가 청교도와 함께 신앙의 자유를 찾아 미국으로 이주하여 미국에서 신앙의 꽃을 피웠다. 그리하여 1648년 회중교회는 미국으로 이주한 청교도와 신앙고백의 동질성을 확인하고 웨스트민스터 신앙고백을 수용한다는 '케임브리지 신앙선언'을 하고 연합하여 미국에서 큰 교세를 확보하게 되었다.

그 후 영토가 서부로 확장되면서 종종 장로교회와도 연합하였다. 1810년에는 '해외선교 아메리카 위원회'를 두어 중국과 극동아시아에서 폭넓은 선교 활동을 펼치기도 했다. 1957년 복음주의 개혁교회와 연합하여 〈미국그리스도연합교회〉를 설립하였다.

■**한국의 회중교회**(韓國 - 會衆敎會) - 우리나라 회중교회는, 1910년 한일합방 후 일본 회중교회가 서울과 평양 등에 설립되면서 시작되었다. 그런 이유로 일본 총독부의 지원을 받으며 일본 황국신민화 정책에 앞장섰고, 1941년에는 일본 기독교단에 흡수되었다. 그 후 일본이 패망하면서 해체되어 현재 우리나라에는 공식적으로 존재하지 않는다.

부 판매를 비판하다 파문을 당했다(1411년). 1415년 콘스탄츠 공의회에 소환되었으나 그의 주장을 굽히지 않자 이단으로 정죄되어 화형당했고 그의 저서들도 모두 불태워졌다. 이로 인해 그의 추종자들(후스 파)이 황제와 교회를 상대로 반란을 일으킨 것이 '후스 파 전쟁'이다.

히에로니무스(Eusebius Sophronius Hieronymus) 이름의 뜻은 '신성한 사람.' 영어식 이름은 '제롬'(*Jerome*). 암브로시우스·그레고리우스·아우구스티누스(어거스틴)와 함께 라틴의 4대 교부(Church Father)로 불리는 성인(347-420년). 헬라어역본인 70인역(LXX)을 히브리어 원문과 직접 대조하여 라틴어역본인 「불가타성경」(Vulgata)을 번역한 인물로 유명하다.

342년 크로아티아 남서부 달마티아(오늘날 '유고')의 스트리돈에서 출생했다. 354년 수사학과 문법, 고전문학을 공부했다. 처음에는 기독교를 믿지 않았으나 중병을 앓으면서 회개하고 주님을 영접한 후에 360년 교황 리베리오에게 세례를 받았다.

373년 라오디게아의 아폴리나리우스 주교에게 헬라어와 성경 주석 방법을 배웠고, 374-380년 안디옥에 머무는 동안 유대 랍비에게 히브리어를 배웠다. 379년 성직자로 서품을 받고 382년 교황 다마수스 1세의 비서로 임명되어 교황의 지시로 라틴어성경 번역에 착수하여 405년(혹자는 404년) 완역했다. 그뒤 420년 9월 30일 80세를 일기로 베들레헴 수도원에서 죽음을 맞았다.

그의 최대 업적은 통속적으로 번역되어 산재해 있던 여러 고대 라틴어성경 번역본들을 원전에 맞게 정확하게 개정하여 교회의 표준성경으로 자리매김하도록 성경의 권위를 바로 세웠다는 점에서 두고두고 높이 평가된다.

힌두교(- 敎, **Hinduism**) 인도의 민족 종교. '인도교'(印度敎)라고도 한다. '힌두'는 인더스 강의 산스크리트 어 '신두'(大河)에서 유래한 말로 '인도'와 어원이 같다. 4세기경 굽타 왕조의 찬드라 굽타 2세 때 브라만 교가 인도의 민간 신앙을 흡수하고 불교의 영향을 받아 형성되었다. 겉으로는 다신교의 형태를 띠나 배후에서 여러 신들을 통일하는 유일한 최고신이 있다는 점에서 일신교적 성향을 띠기도 한다.

힌두교는 여러 형태로 구분된다.

① 베다 교 : B.C.1000년경 인도에 정착한 인도-유럽 민족의 종교. 이들의 경전인 '베다'를 따서 붙여진 이름이다. ② 브라만 교 : 베다 교가 발전한 형태. 최고의 신이며 또한 사제를 가리키는 '브라만'의 이름에서 유래했다. ③ 비쉬누 교 : 비쉬누를 현현(顯現)한 최고의 신으로 여기는 종파. ④ 시바 교 : 시바를 최고의 신으로 숭배하는 종파. ⑤ 탄트라 교, 샤크타 교 : 초월적인 힘을 얻는 신비한 주술, 즉 요가 등을 수행 방법으로 하는 종파.

여기서 비쉬누 교는 힌두교에서 대종파를 이루며 주로 상층부에 많이 분포되어 있고 학문적 성격이 강하다. 이에 비해 시바 교는 하층민에 많은데 주술, 고행, 제의 등을 강조한다. 힌두교의 특징은 윤회(輪廻), 업(業), 해탈(解脫), 도덕성, 경건한 신앙으로 요약된다.

6
교회 회의 용어

부 록
회의 규칙 일람표

- 원동의, 잡동의, 우선동의 ·· 826
- 부수동의, 보조동의 ·· 827

가결(可決, approval) ~ 흠석사찰위원(欠席査察委員, attendance committee)

가결(可決, approval) 제출된 의안(議案)을 좋다고 인정하여 결정함. 가결의 종류에는 ① 전원일치(만장일치) 가결 ② 절대 다수 가결 ③ 2/3 이상 가결 ④ 과반수(過半數) 가결 ⑤ 종다수(從多數) 가결이 있다. 한편, 가부(可否)가 동수(同數)일 때 회장은 결정권을 행사할 수 있다. 그러나 회장이 어느 편에도 가담하기를 싫어하는 경우 추첨으로 결정하는 경우도 있다. 반대 개념은 '부결'(否決). → '부결'을 보라.

용어상식
출석회원 2/3 이상 찬성으로 가결되는 동의

① 회칙개정. ② 토론 시간 제한 또는 연장. ③ 토론의 종결. ④ 질문 시간 제한 또는 연장. ⑤ 회의 시간 변경과 촉진. ⑥ 규칙의 일시정지. ⑦ 번안(재심의). ⑧ 추천의 중지. ⑨ 보류된 의안의 재상정. ⑩ 긴급동의. ⑪ 회원의 징계 등이 있다.

가결의(假決議, temporary decision, provisional resolution) 회의에서 결의 성립 요건이 갖추어지지 않은 경우, 뒤에 승인을 받기로 하고 우선 임시로 하는 결의.

가부 동수(可否 同數, a tie, in case of a tie) 표결에서 찬성과 반대의 숫자가 같음. 이럴 때 상정된 의안을 결정하는 데는 세 가지 방법이 있다. ① 의장은 표결권이 없고 가부 동수일 경우에만 결정권을 갖는 방법. ② 의장이 표결권을 가지되 가부 동수일 경우 부결로 하는 방법. ③ 의장이 표결권을 가지면서 가부 동수일 경우 결정권을 갖는 방법. 이때 의장은 통상적으로 현상 유지의 원칙에 따라 부편을 선택한다.

가부 양론(可否 兩論, pros and cons) 찬성과 반대로 서로 대립되는 두 의론. 일명 '찬반 양론'(贊反 兩論).

각하(却下, rejection, turndown, dismissal) 관청이나 공공단체 등에서 청원이나 신청 등을 받지 않고 물리치는 일. '배척', '제척', '거부'(거절)라고도 한다. → [3. 행정 및 교육 용어에 '제척'을 보라.

간명(簡明, conciseness) 간단하고 분명함. '간단명료'(簡單明瞭)의 준말. 회장(의장)은 표결 전 표결할 안건을 간명하게 설명할 의무가 있다.

감표위원(監票委員, supervision of the votes) 공정성을 위해 투표를 감시하고 개표 상황을 감독하는 사람. 감표원. 개표위원(開票委員). → '개표위원'을 보라.

개의[1](改議, motion to amendment) 회의에서 발의(發議)된 의안(議案)이나 동의(動議)를 수정함. 즉, 다른 사람의 동의를 고쳐 제의하는 일, 또는 그 제의. 그러나 그 의안이나 동의, 원동의(原動議)에 정반대되는 내용은 개의가 성립되지 않는다. 곧, 원동의의 골격을 건드리지 않고 조건만 달리하는 안을 말한다. 그래서 개의는 '보조동의'(補助動議)라고도 한다.

개의는 원동의가 성안(成案)되고 회장이 이의(異議)를 물을 때에 할 수 있다. 따라서 개의에도 재청(再請)이 있어야 하고, 개의가 성안이 되면 회장은 개의부터 물어야 한다.

개의[2](開議, holding a meeting) 안(의제)이나 안건의 토의를 시작함. 회의를 엶. 특히, 회의가 여러 날 계속될 경우 매일매일 회의에서 시작을 가리키는 말.

개인 투표(個人 投票, individual vote) 각 회원이 서기석(書記席)의 호명을 받고 회원 명부에 서명을 하고 용지를 받아 투표한 뒤 투표함에 넣는 방식.

개정[1](改定, alteration) 한 번 정한 것을 고쳐

서 다시 정함. 회의법에서 원동의(원안)를 수정하는 것을 말한다. → '원동의'를 보라.

개정²(改正, revision) 잘못된 법을 바르게 고치는 일.

개정³(開廷, opening a court) '법정을 연다'는 의미. 곧 재판을 시작함.

개표(開票, ballot counting) 투표함을 열고 투표의 결과를 점검하는 일.
■**개표위원**(開票委員) - 투표시 투표 용지 배부에서부터 집계, 검표에 이르기까지 투표 전반을 관장하는 사람. 개표위원은 투표 용지를 계수하여 분배하고, 투표 종료 후 회수한 뒤에도 용지 수를 확인하여 회장에게 보고한다.
이때 투표 용지의 수가 출석자보다 적으면 회장은 모자라는 표를 "기권으로 인정한다."고 선포하고, 많을 경우 "당락에 영향을 미치지 않으면 유효한 것으로 인정한다."고 선포하여 투표 후에 발생할 문제의 소지를 미연에 방지해야 한다. 그러나 투표한 용지의 수가 출석자 수보다 지나치게 많으면 투표 자체를 무효로 선언한다. 일명 '감표원'(監票員), '감표위원', '투개표위원'이라고도 한다. → '감표위원'을 보라.

개회(開會, opening of a meeting, call to order) 회의나 회합 따위를 시작함. 국회와 같이 회기가 여러 날 계속될 경우에는 처음 소집되어 열리는 회의를 '개회'라 한다.
■**개회사**(開會辭, opening address) - 개회를 할 때 그 모임의 취지·성격·목적 따위를 곁들여 하는 인사말.
■**개회 선언**(開會 宣言, announce the meeting open) - 회의나 회합이 시작됨을 알리는 말. 예를 들면, "○○교회 남전도회 제3회 월례회 개회를 선언합니다."는 방식으로 선언한다. 이를 위해 서기는 회원 점명(點名)을 통해 정족수를 확인하고 회장에게 알려 주어야 한다. 개회 선언은 미리 정해진 시간에 해야 한다. 단, 회의 연기, 휴회, 다음 회의 소집에 관한 사항, 불참 회원의 소집에 관한 사항, 단체의 존망에 관계되는 긴급 사항(추인받아야 한다) 등은 정족수가 되지 않아도 처리될 수 있다.
한편, 개회 선언에 앞서 회장은 회의를 시작하기 전에 의사봉으로 단상(탁자)을 가볍게 쳐서 주의를 환기시키고 시간이 되어 이제 회의를 시작하니 자리를 정돈해 달라고 당부한다.
■**개회 성수**(開會 成數) - 회의를 시작하는 데 필요한 정족수(定足數). 예를 들면, 당회(堂會)의 개회 성수는 통상 장로의 반 또는 과반수가 출석해야 한다.
■**개회식**(開會式, opening ceremony) - 개회할 때에 거행하는 의식. 총회 등에서는 개회예배(opening service)로 진행한다.

거수(擧手, raising one's hand) 회의에서 어떤 의안에 대한 찬성의 표시로 손을 위로 듦.
■**거수 표결**(擧手 表決) - 회의에서 회원들이 자리에 앉아서 손을 들어 가부를 결정짓는 표결 방식. 거수는 통상 오른손을 드는 것이 일반적이다.

건의안(建議案, motion) 어떤 문제에 대한 의견이나 희망 사항을 적은 서면(書面) 제안. 건의안은 보통 회장의 요청으로 제안자(혹은 서기)가 읽고 설명한다.

결격(缺格, disqualification, incapacity) 필요한 자격이 모자라거나 빠져 있음.

결의권(決議權, a voting right) 회의에 참석하여 의사를 밝히고 의결에 참여할 수 있는 권리. 의결 기관이 어떤 사항을 의논하여 결정할 수 있는 권리. 일명 '의결권.' 회의에서 안건과 더불어 회원이 가지는 권리 중 하나이다. → '의결'을 보라.

결의 사항(決議 事項, resolutions) 회의에서 안건으로 결의할 수 있는 내용. '결의안' (決議案)이라고도 한다. 어느 회의든지 회장은 결의 사항을 집행할 수는 있어도 결의하지 아니한 일을 회장이 홀로 집행할 수는 없다.
참고로, 통상 공동의회의 결의 사항은 다음과 같다. ① 당회가 제시한 사항 ② 예산 및 결산 ③ 직원 선거 ④ 상회가 지시한 사항 등.

결의안(決議案, resolutions) 결의에 부칠 또

는 부친 의안. 개인이나 몇 사람이 동의하여 본회의에 의안으로 내어 놓는 것.

경과 보고(經過 報告, report on proceeding) 일정한 때나 일정한 기간 중에 이루어진 활동 상황이나 사업 내용을 서면(書面) 또는 구두(口頭)로 해당 기관에 알리는 일.

계표(計票, counting votes) 투표에서 표를 정리하여 수를 헤아림.

고퇴(叩槌, gavel) '두드리는 망치'란 뜻. 한자는 '두드릴 고'(叩), '나무 망치 퇴'(槌). 장로교 총회나 노회에서 사용하는 '의사봉'(議事棒) 혹은 '사회봉'을 가리키는 고유한 호칭.
한편, 총신대학교 박물관에 있는 고퇴는 2010년 5월 18일 황해노회가 노회에서 전해 내려오던 고퇴와 직인을 기증한 것인데, 1911년 12월 8일 봉산 모동 예배당에서 황해노회가 조직될 때 제작한 것으로 현존하는 고퇴 중에 가장 오래된 것이다.

용어상식
고퇴의 역사

1907년 장로회 제1회 독노회에서 선교사 번하이슬(C.F. Bernheisel, 片夏薛) 목사가 "은으로 십자를 면에 삭이고 청홍으로 태극을 머리에 그리고 광채 있는 은으로 띠를 띠운 견고한 맛치"를 사회자 마펫(S.A. Moffet)에게 바쳐 정식 사회봉으로 채택하게 했다(제1회 독노회 회의록 6, 7, 16쪽).
1912년 제1회 총회 때 새로 제작하여 1942년 제31회 총회 때까지 사용하다가 해방 이후 분실되었다. 그후 1946년 남부교단 총회에서 새로 만들어 사용하다가 1956년 예장 분열 때 승동측(합동측)이 소유하게 되었다.

공개회의(公開會議, open session, popular meeting) 누구에게나 방청을 허용하는 회의. 반대말은 '비공개회의.'

공동의회(共同議會) 장로교회에서 당회와 더불어 개교회의 의사를 결정하는 최고 의결기구. 회원 자격은 본 교회 무흠 입교인으로 하며, 당회가 필요로 인정할 때, 제직회의 청원이나 무흠 입교인 3분의 1 이상 청원 혹은 상회 명령이 있을 때 당회의 결의로 소집된다(교단마다 차이가 있다).

■**공동의회장**(共同議會長) - 공동의회의 회장. 대개 지교회의 당회장이 공동의회 회장을 맡는다. 그러나 당회장이 없는 경우 당회가 본 노회 회원 중에서 임시 회장을 청하여 세운다.

■**공동의회록**(共同議會錄) - 공동의회의 회무를 기록한 장부. 통상 당회 서기가 관리한다. 공동회의록.

공동 투표(共同 投票, common vote) 회원 전원이 제자리에서 투표 용지를 받고 회장의 투표 개시 선언과 함께 동시에 기표하는 방식. 투표가 끝나면 위원들이 자리를 돌면서 투표 용지를 수거해 간다.

공소[1](公訴, appeal) 의장의 부당한 처사와 진행에 대해 공개적으로 소(訴)를 제기함. 즉, 회의 시 의장의 잘못된 진행이나 결정에 대해 회원이 이의를 제기하는 일. 이때 회원은 "규칙이오", "법이오"라는 말과 함께 손을 들고 그 내용을 말한다.
공소 제기는 다른 어떤 사안보다 우선되며 공소가 제기되면 의장은 다른 회원에게 재청을 물어야 한다. 공소가 재청되면 의장은 자신의 결정 내용이나 이유를 설명하고 표결에 부친다. 표결이 가부 동수일 경우에는 의장이 승소한다. 즉, 공소가 부결된다.

공소[2](公訴, appeal) 검사가 법원에 대하여 재판을 청구하는 일. → [3. 행정 및 교육 용어] '공소'를 보라.

공천위원(公薦委員, nomination member) 본회의 위임을 받아 위원이나 임원, 또는 대표를 추천하는 자. 이때 추천받은 자는 본회에 보고하여 승인을 받아야 한다.

과반수(過半數, majority, the greater part) 절반을 지난(넘는) 수. 즉, 절반보다 1 이상이 더 많은 수. 참고로, '반수'란 '절반'(2분의 1)을 말한다. 따라서 과반수는 절반을 포함하지 않는 반수 초과를 가리킨다. 예를 들면, 재적 20명에서 과반수는

11명 이상이고, 2분의 1은 10명이다. 따라서 과반수를 요구할 경우 10명이 찬성하면 부결된다.

■**과반수 가결**(過半數 可決) - 일반적으로 출석자의 과반수 찬성으로 가결하는 것을 말한다. 이를 '과반수 원칙'이라고도 한다. 그런데 매우 중요한 사안은 2/3 이상의 찬성을 요구하기도 한다.

과반수 원칙(過半數 原則, majority rule) 통상적으로 출석 회원 과반수 이상으로 의사를 결정하는 원칙.

고회회의[1](敎會會議, assembly, session) 교회의 행정·교리 등의 문제를 해결하기 위한 모임. 개체교회 단위로는 '당회'(堂會, session), 교회의 지역 모임으로는 '지방회'(地方會, district)·'노회'(老會, presbytery)가, 그 위로 '연회'(年會, annual conference), '대회'(大會, synod), 그리고 최상위 기관으로 '총회'(總會, general assembly)가 있다.

용어상식

장로교회 회의 규칙의 기원

장로교회의 회의 규칙은 1791년 미국 북장로회 총회가 제정하여 1885년 개정한 45개 조항의 규칙이 있는데, 우리나라에서는 1917년 제6회 총회에서 임시 준용해 사용하다 1918년 제7회 총회에서 본 총회규칙으로 정식 채용하여 사용하고 있다.

고회회의[2](敎會會議, council, synod) 초대교회 이래 교회의 당면한 문제들(바른 신앙고백과 이단 배척 등)을 해결하기 위해 함께 모여 토론하고 결정하던 일종의 종교회의. →[2. 교리 및 신앙용어]'시노드'를 보라.

구두 보고(口頭 報告, oral report) 말로 하는 보고. 주로 짧은 보고는 구두 보고로 한다. → '서면 보고'를 보라.

구두 표결(口頭 表決, oral vote) 말로 '예', '아니오'를 묻는 표결 방식. 이때 회장은 '가'(可)편이나 '부'(否)편 중 소리가 큰 편을 따라서 가결이나 부결을 선포한다. 때론 박수 소리로 '가', '부'를 묻기도 하는데, 대다수 회원이 '가' 편에 박수할 것이 예상될 때 주로 사용한다. 왜냐하면 '부' 편에 큰 박수가 나오는 것은 정서상 그리 바람직하지 않기 때문이다.

구두 호천(口頭 呼薦, oral recommendation) 피선거인이 후보자를 입으로 불러 추천하는 방법. 회원 각자가 자신이 지지하는 인물을 의장에게 발언권을 얻어서 직접 추천하는 방법. 구두 호천이 들어오면 회장은 "~씨가 추천되었습니다."라고 공포한다. 구두 호천은 원칙적으로 제한이 없으며, 그만하려면 어느 회원이 "추천을 그만하기로" 동의하면 재청이 있은 후 토론 없이 표결하여 추천을 마감한다.

이때 투표에 앞서 추천받은 자는 회중 앞에 소견을 간단히 발표한다. 이어 표결할 때는 천거가 들어온 순서대로 무기명 투표로 찬성과 반대를 표시한다. 만약, 한 사람만 추천되었다면 거수나 기립으로 가부를 표시할 수도 있다. 참고로, 구두 호천에는 재청이 없다. 한편, 후보자가 사정상 임직원을 감당하기 어려울 때 투표 전에 사퇴해야 한다.

구 사건(舊 事件, a former matter) → '구 안건'을 보라.

구 사건 우선의 원칙(舊 事件 優先 - 原則) 지난 번 회의에서 의안으로 상정되었으나 결론을 얻지 못하고 미루어 놓은 사건은 다음 회기에 상정된 신 안건보다 우선하여 처리해야 하는 원칙. 흔히 다음 회기로 보류한 안건을 '유안건'이라 하는데, 이런 안건은 다음에 회기가 시작되어 안건 처리 순서가 되면 서기가 먼저 구 사건을 상정(보고)하여 먼저 처리하여야 한다. → '유안건'을 보라.

구 안건(舊 案件, a former matter) 전 회의에 상정되었으나 종결되지 못한 안건. 혹은 전 회의에서 종결되지 않고 보류, 연기되었거나 폐회 또는 휴회로 인하여 미결된 안건. 구 안건은 대개 시간이 부족하여 생기는 경우가 많은데, 이런 안건은 신 안건보다 먼저 취급해야 한다. 이를 '구 안건 우선의 원칙'이라고 한다. '유안건', '구 사건'이라고도 한다. → '유안건'을 보라.

규약(規約, contact) 서로 협의하여 정한 규칙. 특히, 단체 등의 내부 조직에 관한 규정. '회칙(會則)', '헌장(憲章)', '정관(定款)'이라고도 한다.

규칙(規則, rule) ① 사무 처리 및 내부 규율 등에 관하여 제정한 규범. ② 어떤 일을 할 때, 여럿이 다 같이 따라 지키기로 약정한 질서나 표준.
■**규칙 발언**(規則 發言) - 안건 처리가 의사 진행 규칙에 위반될 때 회원이 요청하는 규칙에 관한 발언. 회장이나 회원이 회의 진행법을 어길 경우 규칙을 따져 묻는 발언.
회원이 규칙 발언을 요구하면 의장은 이 발언에 대해 우선권을 주어야 한다. 예를 들면, "규칙이오", "진행 발언이오." 하고 회원이 손을 들어 발언권을 신청하면 의장은 먼저 그 회원에게 발언권을 주어야 한다. '특수언권', '규칙상 질문' 등으로 표현되기도 한다.
■**규칙보류 동의**(規則保留 動議) - 규칙 중에 어떤 조항을 일시 정지하자는 동의. 규칙대로 하면 의안이 성립될 수 없거나, 특정 안건 처리에 규칙이 방해가 될 경우 부득이 사용하는 비상 조치이다. 재청도, 개의도 하지 않고 곧장 표결에 부친다. 그러나 회원 중에 한 사람이라도 반대(규칙대로 하지)가 있으면 부결된다. 이 동의는 반드시 만장일치로 가결되어야만 가능하다. '규칙 일시정지 동의'라고도 한다.
■**규칙상 질문**(規則上 質問) - 일명 '규칙 발언', '특수언권'이라고도 한다. → '규칙 발언', '언권'을 보라.
■**규칙위원**(規則委員) - 규칙 해석과 제정 등 규칙에 관한 임무를 맡고 있는 위원. 대개는 회장이 규칙을 판단하나, 회원이 회장의 규칙 위반을 문제시할 때나 회장이 규칙에 관한 사항을 문의할 때 회장을 대신해 규칙을 해석하고 판단한다.

기(期, session, stage, term) 일 년 중 몇 주(週) 난위의 소요 기간을 이수 기한으로 하는 학제 단위를 가리키는 말. 주로, 군대나 교육 기관에서 몇 주 정도의 짧은 기간에 함께 배우거나 훈련받은 동기생들의 기수를 나타낼 때 사용된다.

기권(棄權, renunciation of one's right) 자기의 권리를 버리고 사용하지 않음. 특히, 표결시 출석은 하였으나 표결에 참여하지 않는 것. 즉, 표결권을 포기하는 것을 말한다. 예를 들면, 거수로 표결할 때에 어느 편에도 손을 들지 않는 행위를 들 수 있다. 기권은 일종의 의사 표시인 동시에 권리 포기이다.

기립(起立, rising) 일어섬. 회의 시에 일어서서 의사를 표현하는 표결 방법 중 하나. 이 외에도 표결 방법으로는 구두, 거수, 호명, 투표 등이 있다.
■**기립 표결**(起立 表決, a rising vote) - 자리에서 일어서서 가부를 표시하는 표결 방식. 거수 표결보다는 의사 표현이 분명하다. 일명 '기립 투표'라고도 한다.

기명 투표(記名 投票, an open vote) 투표할 때 투표하는 사람의 이름을 밝혀 적는 투표. 오늘날 민주 국가에서는 거의 사용하지 않는 방법이다. 이와 대조되는 방법은 '무기명 투표'이다.

기한부 연기 동의(期限附 延期 動議) 원동의를 충분히 연구할 수 있는 기간을 얻기 위하여 제기하는 동의.

긴급동의
(緊急動議, urgent motion)

긴급한 의안을 제출하여 우선적으로 처리하기를 요구하는 동의. ① 사안이 시급하거나 중대하여 회의 순서를 변경해야 하거나(순서 변경 긴급동의) ② 방문한 손님에게 우선 발언 기회를 줄 필요가 있을 때 ③ 규칙상 질문이 필요할 때(특수동의, 우선동의) ④ 천재지변이나 사건, 사고 발생시 긴급동의를 사용한다. 이 경우 다른 회원이 재청하면 토론 없이 3분의 2의 찬성으로 가결된다.

낙선(落選, defeat in election) ① 선거에서 떨어짐. ② 작품의 심사나 선발 대회 등에서 뽑히지 않음. 반대말은 '당선(當選)'.

내빈석(來賓席, the visitors' seats, the seats for invited guests) 회의나 모임 등에서 초대(초청)를 받고 찾아온 손님들을 위해 마련된 자리.

다수결 원칙(多數決 原則, a majoritarian rule) 회의에서 다수의 찬성으로 결정된 사항은 모든 회원이 인정하고 따라야 한다는 원칙. 그런데 여기서 중요한 점은, 다수의 횡포로 소수의 피해나 창의적 의견이 묵살되지 않도록 신중하게 판단해야 한다는 것이다(출23:2).

단기식 투표(單記式 投票, a vote with single entry) 투표 용지에 한 후보자의 이름만 쓰는 투표 방식. 여러 명을 뽑을 때도 한 사람의 이름만 쓰기 때문에 소수파에서도 당선될 수 있어 소수의견의 반영에 적합한 투표이다.

당선(當選, election) 선거에서 뽑힘. 당선에는 여러 종류가 있다. ① 무투표 당선 : 모든 후보자가 사퇴하고 혼자 남는 경우. ② 최고 득점 당선 : 여러 사람의 후보자 가운데서 한 사람을 뽑을 경우. ③ 득점 순위 당선 : 한 투표에서 여러 사람을 뽑는 경우. ④ 과반수 당선 : 절반을 넘는 수의 찬성을 얻어야 당선되는 경우(→ '과반수'를 보라). ⑤ 종다수 당선 : 가장 많은 표를 얻은 자를 당선자로 할 경우. 과반수가 되지 않아도 당선될 수 있다. ⑥ 결선 투표 당선 : 여러 번 투표해도 당선자가 나오지 않는 경우. 최종 투표를 통해 당선인을 뽑음. ⑦ 추첨 당선 : 투표 결과 동점자가 나왔을 경우.

대리 투표(代理 投票, voting by proxy) 타인의 투표권 행사를 대신해서 처리하는 일. 이때는 타인에게서 투표의 권한을 위임받아 투표에 참여하게 된다.

대안(代案, counter-proposal) 어떤 안(案)을 대신하는 다른 안. 예를 들면, 회의에서 원동의에 대한 개의가 대안에 해당된다. 수정동의의 일종이다. → '수정동의'를 보라.

독회(讀會, reading) 법률안을 신중히 다루기 위해 단계적으로 심의하는 제도. 즉, 법안 내용이 여러 조항으로 되어 있어 분할하여 심의할 수 없는 복잡한 의안을 심의할 때 쓰는 방법. 제1독회, 제2독회, 제3독회의 세 단계로 나누어 진행한다. 교회 및 기관 단체 등의 회에서 회칙안이나 예산안을 심의할 때 주로 사용된다.

① 제1독회는 제안자 설명을 듣고 질문과 토론을 하여 그 안의 대체적인 내용을 파악하여 제2독회에 넘기거나 폐기 여부를 결정한다. ② 제2독회에서는 제1독회에서 넘어온 것을 축조 심의하고 수정하여 전 조항을 제3독회에 넘긴다. ③ 제3독회는 제2독회에서 넘어온 안 전체를 통과시키느냐 않느냐를 마지막으로 결정한다. 이때는 제안 내용 수정은 하지 못하고 오기(誤記)된 자구 수정과 문맥상 모순된 부분만 고칠 수 있다.

동의¹(動議, motion) 어떤 의안을 일정한 형식을 갖추어 제안하는 것. 동의는 반드시 재청이 있어야 성안(成案)이 되며, 재청이 없으면 하나의 의견으로 끝난다. 동의는 보통 다섯으로 구분된다.

① 원동의(原動議) : 의사에 중심이 되는 제안. '기본동의', '의안', '주요동의'라고도 한다.

② 보조동의(補助動議) : 원동의를 변경·심의·처리하기 위한 동의. 원동의에 대해 보조적이며 종속적이다.

③ 임시동의(臨時動議) : 동의와 직접 관련되지 않는 호소와 요구 또는 원동의에 덧달아 일어나는 제안이다. '부수동의'(附隨動議), '부대동의'(附帶動議)라고도 한다.

④ 특수동의(特殊動議) : 회의 전체나 회원권에 관한 동의. 동의 중 가장 우선권이 있으므로 '우선동의'라고도 한다. 특수동의에는 규칙상 질문(규칙 발언), 특청(特請), 긴급동의, 정회나 폐회동의, 다음 회의 장소나 시간 작정을 위한 동의가 있다.

⑤ 번안동의(飜案動議) : 한 번 결정된 의안을 다시 심의해서 뒤집을 때 내는 동의. '잡동의', '재론동의', '재심의'라고도 한다.

■**동의의 분할**(動議 - 分轄) - 한 동의안을 토의하기 쉽게 둘 이상으로 독립시켜 처리하는 것.

■**동의의 순서**(動議 - 順序) - 동의안을 결정하는 순서. 원동의는 동시에 두 개가 제시될 수 없다. 그러나 원동의와 상관없는 다른 동의안들은 함께 제출될 수 있다. 이 경우 동의안을 처리하는 순서는 다음과 같다. ① 특수동의 ② 임시동의 ③ 보조동의 ④ 원동의.

참고로, 번안동의는 이미 결정된 동의안을 뒤집는 것이기 때문에 이 경우에는 해당되지 않는다.

■**동의의 철회**(動議 - 撤回) - 동의자가 자기의 동의안을 취소하는 일. 이 경우 동의가 변론(의론)

에 들어가기 전이라야 한다. 이때 동의자는 재청자의 동의를 얻어 동의안을 철회할 수 있다. 그러나 변론이 시작되었으면 본회의 허락을 받아야 철회할 수 있다.

동의²(同議, agreement, same argument) 의견이나 주의가 같은 의론. 반의어는 '이의'(異議). → '이의'를 보라.

로버트 회의법(- 會議法, Robert's rule of order) 1876년 미국의 공병장교(혹은 미육군사관학교 교수)였던 헨리 로버트(Henry. M. Robert)가 만든 회의 진행에 대한 지침서. 교회에서 사회를 보다 체계적인 의사 진행 방식의 필요성을 절감하여 이 규칙을 만들었다고 한다.
로버트 회의법은 여러 사람의 의견을 하나로 수렴하여 그 회의 목적 달성과 효율적인 운영을 위해 만들어진 가장 모범적인 규칙으로서, 오늘날까지도 국제적으로나 우리나라의 공공기관 및 사회단체와 교회 등에서 널리 사용되고 있다. 흔히 만국통상법(萬國通常法)이라고도 부른다.
로버트 회의법의 가장 기본적인 원칙으로는 ① 다수결의 원칙 ② 한 번에 한 가지 ③ 토론의 자유 ④ 구성원 평등 ⑤ 소수자의 권리 존중 ⑥ 공정성 ⑦ 신의 ⑧ 질서 ⑨ 예의 등을 들 수 있다.

만국통상법(萬國通常法) 만국통상회의법'이라 할 수 있다. 민주주의 국가 대부분에서 통상적으로 사용하는 회의 규칙. '로버트 회의법'이 그 모체(母體)가 된다. 흔히, 회의 등에서 미미한 점이나 예매한 사항에 대해서는 "만국통상법에 의한다."고 함으로써 결론을 맺는다.

만장일치(滿場一致, one consent, unanimity) 회의나 모임에서 구성원들의 의견이 하나로 모아짐. '전원 일치'라고도 한다.
■**만장일치 가결**(滿場一致 可決) - 100%의 찬성으로 가결되는 것을 말한다. 그런데 때론 몇몇 사람이 기권하더라도 사회자가 "만장일치로 가결되었습니다." 하고 선언하는 경우가 있다. 이는 기권이 '부'(반대)에 대한 의사 표현이 아니고, '가'든 '부'든 아무래도 좋다는 의사 표현일 수 있기 때문이다. 이 경우 이의가 없으면 '만장일치 가결'

을 선포해도 무방하다.

명예회원(名譽會員, an honorary member) 지명도가 높은 권위 있는 회원들을 회(會)에서 추대하여 회원의 이름만 가지게 하는 특수회원이다. 참고로, '찬성회원'(찬조회원)이 후원금을 내는 회원이라면 '명예회원'은 이름을 내는 회원이다. → '찬성회원'을 보라.

무기명 투표(無記名 投票, secret vote, un-open vote, unsigned vote) 투표 용지에 투표자(기표자)의 이름을 쓰지 않고 하는 비밀 투표 방식. 즉, 심의 투표에서는 투표 용지에 '가', '부' 혹은 '찬성', '반대'만 쓰면 되고, 선거 투표에서는 당선을 원하는 자의 이름만 쓰면 된다. 기표자가 이름을 쓰지 않아 신분이 노출되지 않기 때문에 '무기명 비밀 투표'라고도 한다.

무기연기 동의(無期延期 動議, an extension of unlimited motion) 원동의를 무기한 연기하자는 동의. 원동의를 당장에 처리하기 어렵거나 원동의를 실질적으로 부결시키는 방편으로 한다. 보조동의의 한 종류다. 이렇게 하려면 재청이 있어야 한다. 무기연기 동의가 보류동의와 다른 점은 토론을 할 수 있다는 점이다. 그러나 개의는 하지 못한다. 그리고 과반수 찬성으로 의결되면 원동의는 그 회기중에 다시 제출할 수 없다. 다만, 번안동의로 재심의는 할 수 있다. → '동의', '원동의', '보조동의'를 보라.

무효 투표(無效 投票, an invalid vote, a spoilt vote, a null and void vote) 규정을 어겨 유효 투표수에 계산되지 않는 표. ① 투표 용지가 지정 용지가 아니거나 ② 후보자의 성명이나 찬성, 반대의 글자(심의 투표시)를 잘못 쓴 경우 무효표가 된다. 무효 표는 총 투표수에 계산한다. 이에 비해 백표(白票)는 무효 표이지만 총 투표수에는 계산하는 경우도 있고, 포함시키지 않는 경우도 있다. → '백표'를 보라.

미결(未決, unsettled case) 아직 결정되지 않은 안건. 출석회원(혹은 재적회원) 과반수로 의결할 때 가부가 모두 과반수가 안 되는 경우를 말한다. 이를 처리하는 세 가지 방법으로는 ① 회기 중에 재토론하거나 재심의하는 경우(미결 제도), ② 다음 회의로 넘기는 경우, ③ 완전히 폐기시키는 경우가 있다. 통상적으로는 부결된 것으로 처리하는 것이 일반적이다.

미참통지서(未參通知書, a notice of nonattendance) 모임에 참석하지 못함을 알리는 통지서. 요즘은 사용되지 않는 표현이다. 초창기 한국 교회 총대들은 총회에 참석하지 못할 때 미참통지서에 사유를 적어 서기에게 발송했다. 대한예수교장로회 제2회 총회 회의록에는 '유서백 목사와 황홀리 공위량 두 목사의 미참한 통지서를 서기가 회중에 낭독하다'는 기록이 있다. 또 제3회 총회 회의록에도 '맹호은 목사와 원두우 목사와 유서백 목사와 김종삼 장로의 미참한 편지에는 용서할 일로 보고함'이라 기록되어 있다.

발기인회(發起人會, a meeting of promoters) 어떤 일을 시작하거나 회(會)를 조직하기 위해 구성된 사람들의 모임. 창립 총회를 준비하는 모임으로서 일명 '결성준비회'(結成準備會)라고도 한다.

발기인회가 할 일은 다음과 같다. ① 창립 총회 시간과 장소 결정. ② 총회에 출석할 사람들의 이름과 통지서 발부. ③ 총회 사회자와 경과 보고자 선정. ④ 총회 임시 의장과 임시 서기 내정. ⑤ 회칙 초안 작성.

한편, 통지서는 총회 1주일 전까지 참석자에게 도달할 수 있게 배송하고, 이때 회칙 초안(草案)도 함께 넣어 참석자들이 사전에 회칙을 연구하도록 하는 것이 좋다. 또, 창립 총회 전까지의 비용은 통상 발기인회에서 부담하나 사정이 여의치 않아 회(會)에 부담시키려면 총회의 승인을 얻어야 한다.

발언권(發言權, voice, the right to speak) 발언할 수 있는 권리. 단순히 '언권'(言權)이라고도 한다. 발언권을 얻은 자는 발언할 때 일어서서 간단하고, 조리 있고, 온전한 자세로 논점을 밝혀야 한다. → '언권'을 보라.

■**발언상의 원칙**(發言上 - 原則) - 발언자는 반드시 회장(사회자)으로부터 언권을 얻어 발언하되 규정 시간을 준수해야 한다는 원칙.

방청석(傍聽席, gallery) 방청하는 사람들이 앉는 자리. 방청객 역시 회의에 영향을 줄 수 있는 요인이므로 회의 장소를 정할 때 점검해야 할 요소 중에 하나다.

백표(白票, a blank vote) 투표할 때 기권의 뜻으로 아무것도 적지(표시하지) 않은 투표 용지. '백지투표'(白紙投票). 백표는 교단에 따라 총 투표 수에 가산하기도 하고(대한예수교장로회고신) 하지 않기도 한다(대한예수교장로회합동). 후자의 경우 백표는 의사표시를 하지 않았기 때문에 사실상 투표에 참여하지 않은 것으로 본다.

번안(飜案, reverse a former plan) 안건을 뒤집음. 결의된 안건이지만 교회에 해롭거나 모순이 되거나 개인의 명예를 현저히 손상시킬 수 있는 사안에 대해 결의 내용을 다시 심의하는 것.

번안동의(飜案動議, reversal of a motion) 한 번 의결된 의안을 다시 토의해서 결정을 뒤집는 동의. 이는 가결된 것이나 부결된 것이 분명히 잘못되었다고 절대 다수 회원이 인정할 때에 제출해야 한다. 일명 '재론동의', '잡동의', '재심의.'

번안동의를 낼 때는 다음 사항을 유의해야 한다. ① 결의하고 나서 금방 다시 재론할 수 없다. 일정 기간(보통 48시간, 최소 24시간) 경과 후 같은 회기에서 제출할 수 있다. ② 반드시 이긴 편(다수편)에 가담한 회원이라야 제출할 수 있다(즉, 가결시 소수 편에 가담한 자는 안 된다). ③ 전체 2/3 이상의 찬성을 얻어야 하며, 개의는 없다.

이와 같이 번안동의의 조건을 까다롭게 하는 이유는 첫째, 번안동의가 일사부재의 원칙에 위배되고 둘째, 한 번 내려진 결정을 반복해서 취급하면 회의 진행에 방해가 되기 때문이다. 따라서 어떤 결정을 내리든지 심사숙고해서 판단해야 한다. → '동의'를 보라.

■**번안동의 순서**(飜案動議 順序) - ① 동의 → ② 재청 → ③ 토론 → ④ 표결 → ⑤ 부결 → ⑥ 번안동의(재심의) → ⑦ 재청 → ⑧ 표결(재심의 하자는 표결) → ⑨ 가결(1/2 이상 찬성) → ⑩ 원동의 재상정 → ⑪ 재토론 → ⑫ 재표결 → ⑬ 가결(2/3 이상 찬성시).

■**번안동의를 할 수 없는 것** - 폐회동의, 규칙

일시정지의 동의, 재심의 동의에 대한 재심의 요구, 임원 선거표결에 대한 재심의는 번안동의를 할 수 없다.

보고(報告, report, account) 결과나 내용을 말이나 글로 알림. 각종 보고는 회의 초에 하는 것이 일반적이다. ① 회장 보고 : 이전 회의 후 생긴 특별한 사항이나 회장이 긴급하게 처리한 사무 등에 대한 보고. 회원의 추후 승인이 요구된다. ② 회계 보고 : 회의 때마다, 감사보고는 년 1회 주로 결산 시에 이뤄진다. ③ 서기 보고 : 단체의 활동, 운영, 경과 및 중요 사건 등을 다룬다.
한편, 각종 보고서는 서면으로 제출하는 것이 좋으며, 미리 유인물로 제작하여 회원에게 배부한다. 이 경우 보고서 전문을 낭독하지 않아도 된다. 보고는 질문, 답변 등으로 수정하여 채택한다.

보류(保留, reservation) 일이나 안건의 결정을 뒤로 미루어서 머물러 둠.
■**보류동의**(保留動議, reservation motion) - 원동의 심의를 하기 편리할 때까지 연기하고자 한다든가 긴급한 사항을 처리할 시간을 마련하기 위해서 하는 동의. 보조동의의 일종이다. 보류동의가 들어오면 모든 토론을 일절 중지하고 표결에 부쳐야 한다. 이때 표결은 종다수로 결정한다. 만약 부결되면 원동의가 살아 있어 원동의를 표결에 부치고, 보류동의가 가결되면 원동의는 자연히 소멸되어 안건은 종결된다.
한편, 보류동의에는 ① 유기한 보류동의와 ② 무기한 보류동의가 있다. 일반적으로 "보류하기로 동의합니다."라고 하여 그것이 가결되면 이때는 무기한 보류동의가 된다.
■**보류동의의 재상정**(保留動議 - 再上程) - 보류되었던 동의를 부활시켜 다시 안건으로 취급하는 것으로서, 출석 회원 3분의 2가 찬성해야 한다. 토의 순위는 재심의 요령과 같다.

보조동의(補助動議, supplement motion) 원동의를 변경, 심의, 처리하기 위한 동의. 원동의에 대해 보조적이며 종속적이다. 보조동의에는 ① 수정(재수정)동의, ② 위원회 회부 동의, ③ 보류동의, ④ 무기연기 동의, ⑤ 유기연기 동의, ⑥ 토론시간 제한 동의, ⑦ 토론시간 연장 동의, ⑧ 토론종결 동의, ⑨ 질문시간 제한 동의, ⑩ 질문시간 연장 동의가 있다. → '동의'를 보라.

보조서기(補助書記, assistant clerk) 서기의 일을 돕는 사람. 부서기(副書記). 치리회에서는 회록서기(會錄書記).

보조회계(補助會計, assistant treasurer) 회계의 일을 돕는 사람. 부회계.

본회의(本會議, plenary session, plenary meeting, regular debate) 회원 전원이 참석하는 정식 회의. 보통 '분과 회의'나 '위원회' 등에 대비해 쓰는 표현이다.

부(部, department, section, bureau) 본회의 산하에 있는 각 부서를 일컫는 말. 특히, 일정한 기간을 두고 회칙에 규정된 회무를 진행하는 부를 '상비부'라고 한다.

부결(否決, rejection, voting down, negation) 의논하는 안건에 대해 옳지 않다고 하는 결정. 혹은 회원 다수가 반대하여 내리는 결정. 가결되지 못한 것. 부결된 의안은 당일 회의에 다시 제출될 수 없는데, 이를 '일사부재의' 원칙이라 한다. 반대말은 '가결'(可決). → '가결'을 보라.

부대동의(附帶動議, incidental motion) 일명 '부수동의.' 일종의 '임시동의'에 해당한다.

부수동의(附隨動議, incidental motion) 동의와 직접 관련되지 않은 호소나 요구. 또는 원동의에 덩달아 일어나는 제안. '임시동의', '부대동의'라고도 한다. → '임시동의'를 보라.

부원(部員, staff, member) 각 기관이나 부서에 맡겨 있는 사람. 혹은 정식 회원.

부의(附議, presentation for discussion) 토의에 부침. 안건을 본회의에 내놓음. 적합하게 성립된 동의를 회의에 부치는 일. 일명 '상정'(上程). 동의와 재청이 있으면 의장은 이를 기각하지 않는 한 회의에 상정해야 한다. → '상정'을 보라.

부의장(副議長, vice-president) 의장을 돕고 의장의 유고시에 그 직무를 대리하는 사람. 참고로, 부의장이 없는 경우 회에서 임시의장을 선출하여 의장을 대신하게 한다.

한편, 부의장이나 임시의장이 사회하던 도중 의장이 출석하면 사회권을 의장에게 맡기는 것이 원칙이나 의장의 허락으로 사회를 계속하기도 한다.

부칙(附則, bylaw, additional rules) 법률이나 규칙을 보충하기 위해 그 끝에 덧붙이는 규정이나 규칙. 회칙의 시행과 개정에 관한 규정.

부회(部會, part, section, region) ① 부(部) 단위의 모임. ② 큰 모임 가운데 각 부문별로 나누어서 모이는 모임. 회(會)의 목적을 달성하기 위해 산하에 둔 여러 부서들의 모임을 말한다. 부회는 본회의에서 위촉받은 일들을 연구하고 결정하며, 이를 다시 본회의에 보고하고 승인을 받아 시행하는 기관이다. 이때 부장(部長)은 부회의에서 결정된 사항을 본회의에 보고한다.

한편, 부원은 부회에서 제안하는 결의안을 본회에서 반대 발언할 수 없다. 왜냐하면 부회에서 제안하는 것은 부(部)가 제안자가 되기 때문이다.

분할동의(分轄動議, partition motion) 한 동의를 토의하기 쉽게 둘 이상의 부분으로 독립하여 분할하자는 동의.

불신임 투표(不信任 投票, a vote of non-confidence) 대표자나 임원 등을 신임하지 아니함을 물을 때 행하는 투표.

비공개회의(非公開會議, a closed meeting, a conclave) 회원(관계자) 이외의 방청객 참관을 허용하지 않는 회의. 약식회의의 일종인데, 사안의 중대성이나 보안 문제 등으로 비공개가 유익하다고 판단되거나, 특정 회원의 신분 노출 위험성이 있어 비밀이 요구될 때 비공개회의를 갖는다.

참고로, 로마 가톨릭에서 교황을 선출하는 추기경들의 비밀회의를 '콘클라베'(concalve)라 한다.

비상정회(非常停會, emergency adjournment) '비정상 정회'의 준말. "정회하자."는 동의와 재청도 없고, 가부를 물어 가결하지도 않은 채 사회하는 회장이 회의 질서를 유지할 수 없다고 판단될 때 회장의 독자적인 선언으로 성립되는 정회. 그래서 때로는 회장이 정략적으로 회의를 마비시키는 수단으로 악용하는 경우도 있다.

이 경우 회의는 이미 정회되었기 때문에 당석에서 항의해도 소용이 없다. 따라서 전체 회원들이 현장에서 부회장이나 증경회장을 세워 어떤 결의를 해도 아무 효력이 없다. 다만, 행정심판제도를 통해 짧은 기간 안에 이를 바로잡는 것이 하나의 방법이라 할 수 있다.

결론적으로, 회장이 될 수 있으면 상식적이지 않은 비상정회 선포를 삼가야 하며, 회원들도 회장에게 이런 빌미를 제공하지 않는 것이 지혜롭다.

사업보고(事業報告, undertaking report) 각 부서의 사업 진행 및 결과에 대한 보고. 이때 보고 도중 건의안이 있으면 신 사건(新 事件)으로 돌려 심의한다. 전 회의록 낭독 후나 회계 보고 후에 총무가 보고한다.

사찰, 사찰위원(査察委員, inspection, inspector) 어떤 일이 규정에 따라 준수되고 있는지를 조사하고 확인하는 일. 또는 그렇게 하는 사람. 사회에서는 주로 어떤 사람의 사상이나 행적을 조사하고 처리하는 일을, 국제적으로는 핵물질의 수량을 확인하고 원자력 시설을 검사하는 일 등을 가리킨다.

총회나 노회에서는 회의 질서를 유지하고 장내를 정돈하는 일이나 그 일을 수행하는 사람을 말한다. '정리위원' 혹은 '안내위원' 정도로 이해하는 편이 좋다. 일부에서는 이를 '흠석사찰위원'이라고도 부른다. → '흠석사찰위원'을 보라.

사회 망치(司會 -, gavel) 사회자가 회무 진행에 사용하는 의사봉(議事棒). → '의사봉'을 보라.

사회봉(司會棒, gavel) 사회 망치. 일명 '의사봉.' → '의사봉'을 보라.

사회자(司會者, chairman, president) 모임이나 회의 등에서 진행을 맡아보는 자. '의장'(議長)이라고도 한다.

1. 사회자의 자격 조건 – 사회자는 다음과 같은 자질을 갖추어야 한다. ① 인격적인 면 : a. 공평하고 편견이 없어야 한다. b. 침착하고 자제력이 있어야 한다. c. 인내심과 끈기가 있어야 한다. d. 사교적이고 적응력이 뛰어나야 한다. e. 쾌활하고 친절해야 한다. f. 겸손해야 한다. ② 능력적인 면 : a. 두뇌가 명석하여 분석력이 종합적인 사고력을 갖추어야 한다. b. 신속 정확한 판단력을 가져야 한다. c. 표현력과 설득력이 있어야 한다. d. 리더쉽을 소유해야 한다. e. 합리적인 사고를 해야 한다. f. 효율성을 따질 수 있어야 한다. g. 유머를 구사할 줄 알아야 한다.

2. 사회자의 역할 – ① 회의 진행법에 관한 정확한 지식과 많은 경험으로 회의 주도권을 가져야 한다. ② 회의를 소집하고 안건을 선포한다. ③ 회원의 요청에 따라 발언권을 준다. 발언권은 발언을 적게 한 회원부터, 그리고 찬성 또는 반대편에 골고루 주어야 한다. ④ 동의를 재선언하고 표결에 부치며 그 결과를 선포한다. ⑤ 회의 질서와 예의를 유지한다. ⑥ 동의에 대하여 그 우선순위, 위원회 회부, 수정 등의 합법성 여부를 결정한다. ⑦ 의사록의 정확성과 바른 기재를 확인한다.

■**사회자의 휴임** – ① 동의하고자 할 때, ② 자신에 관계되는 안건의 상정, ③ 외례적 연설을 행할 때, ④ 큰 회의에서 동의에 관한 찬반 토론을 할 때, ⑤ 질병이나 불편, ⑥ 피로 그리고 기타 불가피한 사정이 있을 때 사회자는 휴임할 수 있다. → '휴임'을 보라.

산회(散會, adjournment) 회의를 마치고 흩어짐. 회기가 여러 날이면 그날그날 회의를 끝마치는 것을 가리킨다.

2/3 이상 가결(三分 - 二 以上 可決, two-thirds or more decision) 재적 또는 출석회원의 2/3 이상으로 가결되는 것을 말한다. 이것은 찬성하는 사람이 반대자의 2배 이상 되어야 하는 것을 의미하는데, 매우 중요한 안건에는 대부분 출석회원 2/3 이상의 가결이 요구된다.

예를 들면, 번안동의, 토론 시간 제한 및 연장 동의, 규칙(회칙) 개정 동의안, 규칙의 일시 정지, 회의 시간의 변경, 보류된 의안의 재상정, 회원 징계 등이 여기에 해당된다. 국가에서도 기본적인 헌법 개정은 국회의원 재적 2/3 찬성을 법으로 규정하고 있다. 그래서 이를 '특별다수'로 부르기도 한다. 참고로, 프랑스 헌법에서 중요 조항의 개정은 4분의 3이상을 요구하는 것도 있다.

상임위원회(常任委員會, a standing committee, a permanent committee) 항상 일정한 임무를 담당하는 위원회. 이들은 일정한 기간을 두고 회칙에 규정된 회무를 수행한다. 이를 '분과

사회자(의장)의 활동 규칙

① 의장이 회무 진행 중 일어서는 경우 : 동의를 선언할 때, 동의를 표결에 붙일 때, 표결 결과를 발표할 때, 회의 규칙을 정할 때. 참고로, 발언권을 줄 때는 일어설 필요가 없다.

② 의장은 스스로 동의나 재정을 구하지 않는다. 다만, 이를 재촉할 수는 있다.

③ 의상은 정식 회의에서는 동의의 찬반에 관한 토론에 참여하지 않는다. 다만, 동의, 질문, 이의, 긴급발언 등에 대해 간단하게 설명할 수 있다.

④ 만약 의장이 동의나 토론에 참여하려면 의장석을 떠나 회원 자격으로 할 수 있다.

⑤ 약식 회의에서 의장은 이의가 없으면 토론에 참여할 수 있다. 하지만 의장이 자기 견해를 적극 피력할 필요가 있으면 임시의장을 지명하여 세우고 의장석을 떠나 토론에 참여할 수 있다.

⑥ 의장은 특별 규정이 없는한 투표권 행사를 삼가는 것이 좋다. 이때 구두 표결은 자제하나 투표 표결에는 참여할 수 있다.

⑦ 의상이 발언과 관련해 사리를 너널 내는 임시장을 지명한다. 통상적으로는 부회장, 총무, 서기 순으로 한다. 그리고 자리를 떠나 발언에 참여하면 그 안건이 종료될 때까지 임시의장이 회의를 진행한다.

위원회 혹은 단순히 '부'(部), 때론 '상비부'(常備部)라고도 한다. 상임위원회는 단체의 성격에 맞게 여러 부서로 구분된다. → '위원회'를 보라.

상정(上程, presentation of a bill, laying before the council) 구체적인 의안(議案)을 회의(모임)에 내놓는 일. 일명 '부의'(附議)라고도 한다. → '부의'를 보라.

서기(書記, clerk) 단체나 모임에서 문서의 기록을 맡아보는 사람. 사무 전반에 걸친 문부(文簿, 문서나 장부) 일체를 관장하는 직책. 서기는 회장 다음으로 중요한 직책으로서 회의 진행을 돕는 역할을 수행하기 때문에 회의 진행법에도 능통해야 한다.

서기의 임무는 다음과 같다. ① 항시 회원 명부를 잘 정리해 둔다. ② 회의록을 작성하여 보관한다. 단, 토론이 되고 결의되지 않은 것은 기록하지 않는다. ③ 회의시에는 회원을 점명한다. ④ 문서를 발송하고 보관한다. ⑤ 회의시 회의록을 낭독한다. ⑥ 회의 역사적 자료를 보존한다.

서기단(書記團, a clerk party) 치리회(당회, 노회, 대회, 총회)에서 서기들로 구성된 집단(모임). 서기(원서기), 부서기, 회록서기, 부회록서기로 구성된다.

서면 보고(書面 報告, written report, documentary account) 일반적으로 서류나 문서로 하는 보고. 주로 긴 보고는 서면 보고로 한다. 보고자의 긴 설명 없이 서면만으로 충분히 이해할 수 있다면 회원이 "회장, 서면으로 받기로 동의합니다."라고 말한다. 이때 동의와 재청이 있고, 이의가 없으면 회장이 가부를 물어 서면만으로 보고를 받고 끝낸다.

참고로, 이렇게 서면 보고가 끝나면 회원들은 그 보고 사항에 대해 질문할 수 있다. 이때 보고자는 끝까지 성실하게 답변해야 한다. → '구두 보고'를 보라.

선거(選擧, election) 일정한 조직이나 집단에서 그 대표자나 임원을 투표 등의 방법으로 뽑음. 여러 사람 가운데서 적합한 인물을 투표 등에 의해 뽑는 일. 모든 회원에게는 누구든지 선거권과 피선거권이 있다.

우선 후보자를 선정하는 방법에는 ① 구두로 호천(呼薦)하는 방법, ② 전형위원(銓衡委員)이 추천하는 방법, ③ 회장이 지명하는 방법, ④ 스스로 후보자 되기를 자원하는 방법 등이 있다. 이렇게 추천된 후보자들은 법이 정한 투표 절차를 거쳐 회의 장(長)이나 임원 등으로 선출된다. → '투표'를 보라.

선 결의 우선의 원칙(先 決議 優先 – 原則) 앞의 결의가 나중 결의와 상충될 때에 일사부재의 원칙에 의해 먼저 한 결의가 우선한다는 원칙. 이는 동일 회기 내에서 적용된다. 이에 비해, 다른 회기에서는 후 결의가 우선한다. → '후 결의 우선의 원칙'을 보라.

성수(成數, forming a fixed number) 일정한 수효를 이룸. → '성원, 성원수'를 보라.

■**성수 미달**(成數 未達) – 성원수에 이르지 못함. 개회 정족수나 표결 정족수가 되지 못하는 것을 말한다. → '정족수'를 보라.

성안(成案, definite plan, concrete program) 어떤 일에 대한 안(계획, 추진 방법 등)을 작성함(마련함). 또는 그 안(案).

성원, 성원수(成員數, member, quorum) 단체를 조직하는 사람. 회의를 할 수 있는 최소한의 회원수. 일명 '성수', '정족수', '정원수'라고도 한다. 성원수는 소수의 회원이 대다수의 회원을 무시하고 전횡을 휘두르는 것을 방지하기 위한 목적으로 만들어졌다. 그래서 성원수는 미리 회칙으로 정해 두는 것이 보통인데, 회원의 과반수로 하는 것이 일반적이다. 그러나 회의 성격에 따라 3분의 2, 또는 3분의 1로 정하기도 한다.

성원수가 차지 않으면 개회를 할 수 없고, 성원이 되어 개회를 했어도 도중에 성원이 미달되면 통상적으로 그냥 회의를 진행한다(원칙대로 하면 성원 미달 시점에 회의를 중단해야 한다). 하지만 투표할 때 만큼은 성수가 안 되면 진행이 불가하며 이 경우 투표는 무효가 된다. 다만, 위임장을 가지고 미참한 회원을 대신하는 자가 있어 회칙이 이를 인정하고 있으면 가능하다.

■**성원 미달**(成員 未達, **lack of a quorum**) – 어떤 회의나 결의 등을 성립시키는 데 필요한 인원이 참석하지(구성되지) 못함.

■**성원수가 안 되어도 결의할 수 있는 경우** – ① 유회시 다음 회의 시간과 장소를 정할 때. ② 회의 도중 성원수가 차지 않아 폐회나 정회를 결의할 때. ③ 불참한 회원의 소집에 관한 사항을 결정할 때. ④ 단체의 존망에 관한 긴급 사항을 결의할 때. 물론, 이 건은 후에 추인을 받아야 한다.

세칙(細則, **detailed rules**) 자세한 규칙. 으뜸이 되는 규칙을 다시 나누어 상세하게 만든 규칙. 세칙에는 일반적으로 회의 순서, 성원수, 투표 방식, 보고 양식, 금전 출납 규정 등의 의사 규정이 있다. 세칙에 없는 것은 일반 회의법을 따른다.

소위원회(小委員會, **subcommittee**) 상임위원회가 할 수 없는 사무를 맡은 위원회. 대개 특별한 목적을 가지고 한시적으로 운영된다. 따라서 목적이 달성되거나 기간이 경과하면 소위원회는 해체된다. '특별위원회'라 부르기도 한다.

속개(續開, **resumption**) 회의를 다시 시작함. 일명 '속회.' → '속회²'를 보라.

속회¹(屬會, **class meeting**) 감리교회에서 구역을 나누어 모이는 가장 기초적인 소그룹 모임. 장로교회의 '구역회'에 해당한다. →[3. 행정 및 교육 용어]'속회'을 보라.

속회²(續會, **resumption, adjourned meeting**) 회의를 다시 계속함. 즉, 정회(停會)가 끝나고 다시 회의를 시작할 때 사용하는 표현이다. 이때 회장은 개회 때와 마찬가지로 회의가 계속됨을 선포해야 한다. 일명 '속개.'

수정(修正, **amendment**) (회의 등에서) 이미 이루어진 것의 잘못된 점을 바로 잡거나 내용을 변경함. 수정은 원동의가 처리되기 전이면 어떤 원동의도 가능하며, 원동의자의 승락 없이도 할 수 있다. 이때는 "원동의 중에 ~ 부분을 ~으로 수정할 것을 동의합니다."라고 말하는 것이 보통이다.

■**수정동의**(修正動議, **amendment motion**) – 원동의의 수정을 요구하는 동의. 원동의에 원칙적으로는 찬성하면서 조건만 일부 수정하는 것이다. 따라서 원동의에 정반대되는 수정동의는 성립되지 않는다.

이때 수정에는 크게 네 가지 방식이 있다. ① 삭제 : 원동의의 내용의 일부를 빼는 것. ② 삽입 : 원동의에 어떤 의견을 보충하는 것. ③ 대치 : 동의의 일부 내용을 유사한 다른 내용으로 바꾸는 것. ④ 추가 : 원동의에 내용을 추가하는 것. 참고로, 수정동의에는 '개의'(改議)와 '재개의'(再改議), '대안'(代案)이 있다.

■**수정동의의 범위** – ① 모든 원동의 ② 폐회 및 휴회의 시간을 정하는 동의 ③ 다음 회의의 시간을 정하는 동의 ④ 무효동의 ⑤ 유기연기 동의 ⑥ 위원회 회부 동의. → '개의'를 보라.

수정안(修正案, **amendment, an revised bill**) 원안(초안)의 잘못된(미진한) 곳을 고친 의안.

승인(承認, **agreement, admission, recognition**) 안이 가결됨을 인정함. 동의(同意)함.

신 사건(新 事件, **a new bill**) 일명 '신 안건.'

신상발언(身上發言, **personal reflections**) 개인(당사자)의 형편이나 사정을 구두(口頭)로 해명하거나 진술하는 일.

신 안건(新 案件, **a new bill**) 회의에 처음 제출되는 안건. 전 회의에서 완전히 종결된 안건으로서 다시 상정된 안건 역시 신 안건에 속한다.

신임 투표(信任 投票, **a vote of confidence**) 대표자나 임원 등의 신임을 물을 때 행하는 투표.

실행위원회(實行委員會, **executive committee**) 모임이나 단체의 사무 전반을 처리하는 본회의 대행 기구. 각 위원회의 위원장들로 구성되며 실행위원장은 본회의 회장이 겸임한다. 일명 '집행위원회'라고도 한다.

본회의를 자주 열기 어렵고 또 사무적인 일 처리만 할 경우 굳이 본 회의를 여는 것이 번거롭기 때문에 실행위원회를 두어 회의 전반적인 사무를 총괄한다. 본회의의 기능은 사실상 실행위원회의 효율적인 운영에 달려 있다 해도 과언이 아니다.

심의 반대 동의(審議 反對 動議) 원동의를 표결에 부치지 않고 폐기할 목적으로 하는 임시동의의 일종이다. 즉, 의안은 심의하는 것이 원칙이나 토의하여 결의되면 곤란하게 되는 경우 토론에 들어가기 전에 심의 반대 동의를 제기한다.

이는 회장의 직권으로 하는 것인데 재청과 토론, 가부가 필요하지 않다. 심의 반대는 다수의 횡포를 막기 위한 조치이지만, 회장이 횡포를 부리는 측에 가담하고 있으면 이 심의 반대 동의는 받아들여지지 않는다.

안건(案件, item, matter, case, bill) 토의해야 할 사항. 회의에서 심의할 내용을 말한다. '안', '의안'이라고도 한다. 참고로, 일단 회의에 상정되어 심의 중에 있는 안건은 '의제'라고 한다. → '의안', '의제'를 보라.

약식 표결(略式 表決, a summary voting) 회원 전체가 찬성하는 분위기일 때 회장이 가부(可否)를 묻지 않고 가결을 선포하는 방식. 예를 들면, 회장이 "이의 있습니까?" 하고 물었을 때 대다수 회원들이 "없습니다."라고 답하며 더 이상의 가부를 요청하지 않는 경우 회장이 "그럼 전원일치 가결로 인정합니다."라고 하며 가결을 선포하는 방식을 말한다. 이때 누구라도 "안 됩니다. 가부를 물으십시오."라고 요청하면 정식으로 가부를 물어야 한다.

약식회의(略式 會議, a summary meeting, a informality meeting) 정식 절차를 무시하고 소집되는 다소 비형식적인 성격의 회의. 예를 들면, 임원회와 같이 의견 취합이 손쉬운 회의에 주로 사용된다. 그렇다고 해서 모든 절차와 규칙을 무시해도 된다는 말이 아니라 일 처리에 있어서 시간을 낭비하는 불필요한 규칙 등을 배제하는 데 의미가 있다.

언권(言權, voice, the right to speak) 발언할 수 있는 권리. '발언권(發言權)'이라고도 한다. 누구든지 발언하고자 하는 회원은 회장으로부터 발언권을 얻어야 한다. 즉, "회장." 하고 불러서 "말씀하세요." 하면 그때 발언해야 한다.

이때 발언권을 얻은 회원은 현재 취급되는 안건에서 벗어나지 않게 사실을 간단 명료하며 조리 있게 의견을 개진하되 인신 공격성 발언을 해서는 안 된다. 그렇지 못한 경우 발언권 남용이 되어 회장은 직권으로 언권에 제한을 두거나 다른 회원이 발언 중지를 요청할 수 있다.

■**특수언권**(特殊言權) - 회장이나 회원이 회의 진행법을 어길 경우 규칙을 따져 질문하는 것. 예를 들면, 회원이 일어서서 "회장, 규칙이오." 또는 "규칙상 질문이오.", "규칙 발언이오."라고 하면 회장은 그 회원에게 발언의 우선권을 주어야 한다. 간혹 자기 의견과 맞지 않는다고 하여 회의를 방해할 목적으로 이런 특수언권을 사용하는 경우도 있는데, 이는 회장이나 회원들로부터 마땅히 제지되어야 한다.

언권회원(言權會員, a voice member, observer) 회의에 배석을 하여 발언은 할 수 있으나 투표권이 없는 회원. 투표권이나 동의·재청권, 가부 표결권은 없고 발언권만 있는 회원.

참고로, 대한예수교장로회(합동) 총회의 언권 회원을 보면 ① 총회에서 해외로 파송된 선교사, ② 총회 산하에서 선교에 종사하는 외국 선교사, ③ 증경(전임) 총회장, ④ 3당회 이하 되는 노회의 목사 장로 각 1인 등이다. → [3. 행정 및 교육 용어] '언권회원'을 보라.

연기(延期, postponement) 원동의를 당장에 취급하기 어려울 경우 의제를 나중으로 미루는 보조동의의 일종. 연기에는 두 종류가 있다. ① 기간을 정하고 연기하는 '유기연기.' 이 연기는 정해진 시간이 있어서 심의에 우선권을 갖는다. ② 기간을 정하지 않고 무기한 연기하는 '무기연기.' 하지만 무기연기는 연기라기보다 사실상 안건의 폐기에 가깝다. → '무기연기 동의', '유기연기 동의'를 보라.

연기명 투표(連記名 投票, cumulative voting) 한 번의 투표에서 둘 이상의 피선거인을 적는 방식의 투표. → '연기식 투표'를 보라.

연기식 투표(連記式 投票, **cumulative voting, a vote with plural entry**) 후보자 여러 사람의 이름을 한꺼번에 한 투표 용지에 기록하는 방식. 대다수 교회나 치리회에서 장로, 권사, 집사를 뽑을 때 채택하는 투표 방식이다. '연기명 투표'(連記名 投票)라고도 한다.

연회[1](延會, **prolong the conference**) 회의를 연장하는 것. 즉, 회무는 남아 있는데 폐회 예정 시간이 되었을 때 회장이 회원들에게 동의와 재청을 묻고 표결하여 가결되면 회의를 계속하는 것을 말한다.

연회[2](年會, **annual conference**) 1년에 한 번씩 모이는 감리교회의 의회 조직. → [3. 행정 및 교육 용어] '연회'를 보라.

영접위원(迎接委員, **a reception committeeman**) 회의나 모임에 참석한 내빈(손님)을 영접하고 안내하는 역할을 맡은 위원. 일명 '환영위원.' → '환영위원'을 보라.

예산(豫算, **estimate, an estimated cost, budget**) 무엇을 미리 헤아려 어림잡음. 어떤 일을 위하여 미리 필요한 비용을 어림잡음. 또는 그 비용. 공공기관이나 기업 또는 각종 단체 등의 한 회계 연도에 있어서의 세입(歲入)과 세출(歲出)에 관한 계획.

■**예산 심의**(豫算 審議, **deliberation on the budget bill**) - 각 기관에서 제출한 예산안을 확정하기 위한 일로서, 제출된 예산안을 상세히 검토하고 그 허락 여부를 논의하는 것.

■**예산안**(豫算案, **draft budget, budget bill**) - 각 기관에서 예산 심의 기관에 제출하여 아직 의결을 거치지 않은 예산의 원안. 또는 예산 집행 기관이 작성하여 의회나 총회 등의 승인을 얻지 않은 예산의 원안을 가리킨다.

우선동의(優先動議, **priority motion**) 동의 가운데 가장 우선권이 있는 동의. 이는, 회원의 권한이나 회의 전체와 관련되는 동의이다. '특수동의'라고도 한다. 아무 동의가 없을 때는 물론이요, 회원이 발언 중이거나 다른 동의를 심의 중일 때라도 우선동의를 제안하여 토론 없이 곧장 처리할 수 있다.

우선동의에는 다음과 같은 것이 있다. ① 규칙상 질문 ② 특청 ③ 긴급동의 ④ 정회·폐회동의 ⑤ 다음 회의 장소와 시간 결정.

원동의(原動議, **original motion**) 의사의 중심이 되는 제안(提案). '원안', '의안,' '기본동의', '주요동의'라고도 한다. 원동의는 재청이 필요하며, 토론도 할 수 있고, 수정도 할 수 있다.

그러나 하나의 의제가 표결되기 전에 다른 의제를 제시하지 못한다. 즉, 원동의를 토론하고 있을 때는 또 다른 원동의를 제안할 수 없다. 원동의는 보통 출석 회원 과반수의 찬성으로 가결된다.

원안(原案, **original bill, draft amendment**) 회의에 부친 원래의 안. 처음 발의된 안. 본안(本案), 초안(草案), 일명 '원동의', '주동의'라고도 한다. → '원동의'를 보라.

원탁회의(圓卓會議, **round-table conference**) 여러 사람이 둥근 테이블에 둘러앉아 간담회 형식으로 진행하는 회의. 서로 얼굴을 대면하고 상석(上席)과 말석(末席)이 없기 때문에 좋은 분위기에서 회무를 진행할 수 있다는 장점이 있다. 그러나 대규모 회의에는 적절하지 못하다.

월례회(月例會, **monthly meeting**) 달마다 정해 놓고 정기적으로 모이는 모임. 월례회 개최를 등한히 하면 회원들의 참여 의식이 결여될 수 있다. 따라서 어떤 기관이나 단체든 목적하는 사업을 원활히 수행하기 위해서는 매월 한 번씩 회의를 갖는 것이 좋다.

월례회는 '정기 월례회'와 '임시 월례회'로 나눌 수 있다. ① 정기 월례회는 회칙에 정해진 대로 정한 시기에 소집되는 것으로 일상적인 사업 운영 전반을 처리한다(임원 선거, 회칙 개정, 예산 편성 등 제외). ② 임시 월례회는 긴급한 사안이 있을 때 회장이 소집하는데, 대개는 임원회에서 처리한 후 승인받는 형식을 취하고 있다.

위원장(委員長, **the chairman of a committee**) 위원회의 책임자. 위원장은 본회의에서 선출

하나 위원들이 처음 모인 위원회에서 뽑아 본회의 허락을 받기도 한다. 위원장은 위원회의 결의 사항을 본회의에 보고하는데, 이때 위원회 결의가 만장일치가 아니라 다수결이라면 본회의 보고시에 반대 의견도 소개하는 것이 좋다.

한편, 위원장이 보고하는 내용은 위원장 개인의 의견이 아니라 위원회 전체의 결의 사항이기 때문에 위원 중에서 자기 의견과 다르다고 하여 본회의에서 그 안을 반대해서는 안 된다.

위원회(委員會, committee, board) 특정한 목적 아래 위원들로 구성된 합의체. 주로, 본회의에서 위임받은 일을 연구하고 결정하여 다시 본회의에 보고하고 본회의의 승인을 받아 이를 시행하는 기관이다. 이렇게 하는 이유는 본회의에서 어떤 특별한 사안을 토론할 경우 전문성이 부족하여 회의가 공전될 수 있으므로, 전문성 있는 위원을 선정하여 연구하고 이를 보고하게 하는 것이 합리적이기 때문이다.

위원 구성은 본회의에서 직접 선거하는 것이 원칙이나 본회의 결의로 회장에게 일임하여 회장이 지명(자벽)하는 경우도 많다. 위원은 대개 회원 중에서 선정되나 전문가를 초빙하여 의안을 심사하고 결정하는 데 도움을 받을 수도 있다.

한편, 위원회는 '상임위원회', '실행위원회', '특별위원회' 등으로 구분할 수 있다.

■**분과위원회**(分科委員會, sectional committee meeting) - 대규모 회의 등에서 채택된 의제의 내용에 따라 각각 전문 분야별로 나누어 이루어지는 회의. 일명 '분과회' 또는 '상임위원회' 라고도 한다. → '상임위원회' 를 보라.

■**소위원회**(小委員會, subcommittee, small committee) - 위원회 위원들 가운데 몇 사람만을 다시 뽑아 특정한 일을 맡긴 위원회.

■**운영위원회**(運營委員會, steering committee meeting) - 어떤 일이나 조직 등을 운용하며 경영하기 위해 마련된 위원회.

■**위원회 회부 동의**(委員會 回附 動議) - 본회의에서 결정하기 어렵거나 본 회의에서 결정하는 것보다 안건의 성질상 위원회에 맡기는 것이 더 유익할 때 하는 동의. ① 전권을 위원회에 위임하는 방법과 ② 위원회에 맡겨 본회의에 보고하여 승인을 받게 하는 두 가지 방법이 있다. 이를 위해서는 재청이 있어야 하고, 원동의보다 우선한다.

■**조사위원회**(調査委員會, investigation committee) - 어떤 특정한 사건이나 사항 등을 조사하기 위하여 구성된 위원회. 이 위원회는 위임받은 내용 안에서만 활동할 수 있다.

■**준비위원회**(準備委員會, arrangement committee) - 회의(모임)나 행사 등에 앞서 필요한 사항들을 미리 점검하고 준비하기 위해 설치된 위원회.

위임장(委任狀, a warrant of attorney, a letter of proxy) 어떤 사람에게 일정한 사항을 위임한다는 뜻을 적은 서장(書狀). 회의에 대리 출석하거나 대신하여 권한을 행사할 경우에는 위임장이 요구된다.

유기연기 동의(有期延期 動議, an extension of limited motion) 원동의를 당장에 처리하기 곤란할 경우 기한(期限)을 정하고 연기시키자는 동의. '유기연기 동의'는 토론도 하고 개의도 할 수 있으며 다수결로 결정된다. 그리고 기한이 되면 원동의는 저절로 살아난다.

유안건(留案件, a reservation bill) 일의 처리를 한동안 보류해 놓은 안건. 전번(지난 번) 회의에서 의안으로 상정되었으나 결정을 내리지 못하고 미루어 놓은 안건.

유안건은 금번 회기에 상정된 안건, 즉 신 안건보다 우선하여 처리해야 한다. 따라서 개회되어 안건을 처리할 순서가 되면 서기가 먼저 유안건을 상정(보고)하여 처리해야 한다. '구 안건', '구 사건' 이라고도 한다. → '구 안건' 을 보라.

유회(流會, adjournment of a meeting) 예정된 모임이 어떤 사정으로 이루어지지 않거나 중도에 그만두게 됨. 원칙적으로 개회되지 못함. 예를 들면, 일정한 시간이 경과해도 성원이 차지 못해 정족수가 미달될 때 회장은 회원들에게 어떻게 할지 의견을 묻고 유회를 선포한다. 이때 반드시 다음 회의 시간과 장소를 회장이 정하든지 아니면 회에서 결정해야 한다.

의결(議決, decision, resolution) 의론하여

결정함. 혹은 결정된 그 일. 합의에 의하여 어떤 의안(議案)에 대한 의사를 결정하는 일. 모든 회원은 의결에 반드시 복종해야 한다. 반대한 회원이나 기권한 회원도 결코 예외가 아니다. 그리고 한 번 부결된 사안은 같은 회기 중에 다시 제출할 수 없다(일사부재의 원칙).

■**의결권**(議決權, **a voting right, the right of voting**) – 회의에 참석하여 의사를 밝히고 의결에 참여할 수 있는 권리. 의결 기관이 어떤 사항을 의논하여 결정할 수 있는 권리. 일명 '결의권.'

■**의결 기관**(議決 機關, **a legislative organ, a deliberative organ**) – 국가나 공공단체 또는 주식회사 등 법인의 의사를 결정하는 합의제의 기관. 일명 '결의 기관.'

의사(議事, **deliberation, conference, consultation**) 회의에서 어떤 안건을 토의(의론)함. 또는 그 토의.

■**의사록**(議事錄, **a minute book, a report, minutes, proceedings**) – 회의의 내용, 토의의 경과, 의결 사항 등을 기록한 문서.

■**의사 진행**(議事 進行, **progress of proceedings**) – 회의에서 발언, 토의, 동의, 의결 등 회의를 진행시키고 운영하는 절차와 방법. '의사 일정'이라는 의미도 포함되어 있다. 의사 진행의 가장 전형적이고 기본적인 모델은 국회의 의사 진행이다. 이것은 헌법, 국회법 등으로 엄격하게 규정하고 있다. 여타의 모든 일반 회의에는 이 기준이 적용된다.

한편, 의사 진행에서 가장 중요한 요건들로는 ① 개회의 성원 정족수 ② 의결 정족수 ③ 표결 방법 등이 있다. 이외에도 국회에서는 발언의 순서, 발언자의 인원 제한, 발언 시간 제한, 발언 내용의 타당성 여부 등이 매우 중요한 의사 진행 요건으로 간주된다.

■**의사 진행 방해**(議事 進行 妨害, **filibustering, filibusterism, obstruct proceedings, stone-wall**) – 국회에서 소수파 의원들이 다수파의 독주를 막거나 기타 필요에 따라 합법적인 방법과 수단을 이용하여 의사 진행을 고의로 방해하는 행위. 의회 운영 절차의 한 형태. 입법부나 여타 입법 기관에서 구성원 한 사람이 어떤 안건에 대해 타협을 포기하고 표결을 지연하거나 저지하려 하

용어상식

의사 진행 방해자, 필리버스터
(filibuster)

'의사 진행을 방해하는 사람'이란 뜻. 이 말은 1851년 처음 사용되었는데, 에스파냐어로 '필리부스테로'(filibustero), 프랑스어로는 '플리뷔스티에르'(filibustier), 네덜란드어로는 '브리부이터'(vribuiter)이며 '도적'(해적), 또는 '혁명'(폭동) 선동자'라는 의미를 갖는다.

처음에 미국에서 중앙 정부를 전복하고자 했던 남부 주 정치가들을 이르는 말로 사용되었으나, 이후 토론을 진행하는 방식이 이들과 흡사하다 해서 의사 진행 방해자를 가리키게 되었다.

는 행위를 가리킨다.

의사 진행 방해의 사례들을 보면 다음과 같다. ① 질문 또는 의견 진술이라는 명목으로 장시간 연설하는 행위. ② 각종 동의안과 수정안을 연속적으로 제안하고 이를 설명하기 위해 장시간 연설하는 행위. ③ 안건 처리의 전제 조건으로 징계 동의안을 제출하고 표결을 요구하는 행위. ④ 지속적인 규칙 발언. ⑤ 신상발언을 남발하는 행위. ⑥ 출석 거부 또는 의석 이탈 등으로 의결 정족수를 채우지 않는 행위. ⑦ 수시로 의장에게 의결 정족수나 개회 정족수 확인을 요구하는 행위.

의사법(議事法, **standing rules, parliamentary rules**) 의회에서 제정한 원내의 절차 및 진행 따위에 관한 법. 즉, 회의를 원만하고 유효하게 진행하기 위해 마련된 규칙이다. 일명 '의사 규칙.' 미국 육군사관학교 교수(혹은 공병장교)인 헨리 로버트(Henry. M. Robert)가 체계화했다. 이 의사법은 한 마디로 '다수가 결정짓는 권리'이나 '소수가 존중되며 이에 따르는 권리', 또는 '개인이나 혹은 부재자기 보호되는 권리'라고 할 수 있다.

이 기본 원칙은 크게 네 가지로 정리될 수 있다. ① 다수자(多數者)의 권리 : 다수결의 원칙과 같이 다수의 의견이 존중되는 것을 말한다. 이는 의회 민주주의의 근본 이념이다. ② 소수자(少數者)의 권리 : 다수자의 의견이 존중되지만 동시에 소수자의 의견도 무시되어서는 안 되는 것을 말한다.

③ 개인의 권리 : 공개 석상에서 개인이 타인의 비방으로부터 보호받을 수 있는 권리를 말한다. ④ 부재자(不在者)의 권리 : 부득이하게 회의에 참석하지 못한 자라도 그 권리가 상실되어서는 안 되는 것을 말한다. → '로버트 회의법'을 보라.

의사봉(議事棒, gavel) 의장이 회의를 진행할 때 사용하는 사회 망치. 일명 '사회봉'(司會棒). 국회 등 의결 기관의 의장이 개회, 개의, 산회, 정회, 속개, 폐회, 법률안 상정, 안건 가결(의안 결정), 통과 등을 선언할 때 탁자를 두드려 종결을 알리는 용도로 사용된다. 또 회의장이 소란하여 회원들에게 주의를 환기시킬 때도 사용된다.
한편, 의사봉 타봉은 전통적으로 3회로 한다. 그 이유는 각 사안을 결정할 때마다 회원들의 주의를 환기시키고 또 그 결정사항에 대해 명확성을 가하기 위해서이다. 이 3회 타봉은 의회의 관습에서 비롯된 것으로 알려져 있다. → '고퇴'를 보라.

의사 일정(議事 日程, an order of a day, an agenda) 그날(혹은 회의 기간)의 회의할 안건을 미리 정해 놓은 차례. 회의에서 정한 개회 일시, 회의 시간, 회의의 항목과 순서 등을 포괄적으로 가리키는 말. '의사진행'이라고도 한다. → '일정', '의사'를 보라.

의사 통칙(議事 通則, parliamentary rules) 회의의 필요에 따라 마련한 회의 운영에 관한 규칙을 말한다.

의안(議案, bill, measure) 회의에서 토의할 안건. 특히, 개인이나 몇몇 사람이 합의하여 서면으로 제안한 안건을 말한다. 이 경우 회의 전에 미리 제출하여 회의 중에 회원들의 허락을 받아 배포해야 한다.
■**의안 보고**(議案 報告) - 안을 회중(회원들)에게 보고함.
■**의안 상정**(議案 上程) - 의안을 회의에 내놓는 일.
■**의안 심의**(議案 審議) - 안을 함께 심의하고 의론함.
■**의안 채택**(議案 採擇) - 안을 공식적으로 다루기로 하고 받아들임.

의장(議長, chairman) 회의를 주재하는 사람. 회장(會長). 의장은 회의 진행법에 능통하여 절차에 따라 질서를 지키며 예의를 갖추어야 한다.
1. 의장의 임무 - ① 회의 전에 의사 일정을 게시하거나 통고해야 한다. ② 정해진 시간에 개회와 폐회를 선언한다. ③ 의사 진행에 관한 사항만 다루고 제안이나 토론에 참가해서는 안 된다. 다만, 필요시에는 부의장에게 사회석을 잠시 인계하고 회원 자격으로 참여해야 한다. ④ 회의를 공정하게 진행시켜야 한다. 또 의제(議題) 이외의 발언은 중지시킨다. ⑤ 표결시 정족수를 확인하고 표결이 절차에 따라 이루어지도록 지도한다. ⑥ 원활한 회의 진행을 위해 회의장의 질서를 책임진다.
2. 의장의 회의 진행 - ① 회의 내용을 사전에 충분히 숙지해야 한다. ② 회의 순서에 따라 회의를 진행해야 한다. ③ 정해진 시간에 개회 선언을 해야 한다. ④ 성원이 되지 않으면 회원에게 의견을 물어 유회를 선언한다. ⑤ 회의 진행시 발언권을 공평하게 준다. ⑥ 같은 문제에 대해 한 회원에게 두 번 이상 발언권을 주지 않는 것이 좋다. ⑦ 동의가 나오면 재청을 물어야 한다. 재청 없이 토의해서는 안 된다. ⑧ 토의시에는 가부 양편에 골고루 발언권을 주고 발언을 원하는 회원에게 가능하면 한 번씩의 기회를 주는 편이 좋다. ⑨ 의장은 동의를 낼 수도, 토론에 참여해서도 안 된다. 꼭 필요하면 부의장에게 사회를 맡기고 회원 자격으로 발언해야 한다. ⑩ 발언권 없는 자의 발언을 금하며 질서를 어지럽히는 발언자의 발언은 중지시켜야 한다. ⑪ 표결을 신중하고 정확하게 해야 한다. ⑫ 표결 결과가 가부 동수(可否 同數)이면 표결권을 행사한다. ⑬ 내빈 방문시에는 회의에 방해가 되지 않는 시간에 소개한다. ⑭ 폐회 시간이나 회의 종료시에 폐회를 선언한다. → '사회자'를 보라.

의제(議題, subjection for discussion) 의론할 문제. 안건(案件). 회의에 부칠 문제. 특히, 회의에 상정되어 현재 심의 중에 있는 안건을 가리킨다. 의제에는 구 안건과 신 안건이 있다.
■**의제 분할 동의**(議題 分割 動議) - 복잡한 안건을 이해하기 쉽게 항목별로 분할하여 처리하게 하는 동의.

이의(異議, objection) 의론이나 주장을 달리함. 또는 다른 주장. 반의어는 '동의'(同議). → '동의²'를 보라.

일문일답 금지 원칙(一問一答 禁止 原則) 토론시 찬성과 반대가 일문일답 형식으로 대화하듯이 진행하는 회의 형식을 금하는 원칙. A가 말하면 B가 나와서 답하고, 또 B가 말하면 A가 나와서 대답하는 방식으로 공방전(언쟁)을 벌이는 회의는 올바른 진행이 아니다. 질문이 있으면 회장에게 하고 A나 B 모두 자기 의견만 발표해야 한다.

일사부재리(一事不再理, double jeopardy) 어떤 사건에 대해 일단 판결이 내리고 확정되면 그 사건을 다시 소송하여 심리하지 않는다는 원칙.

일사부재의(一事不再議, the principle of not deliberating the same measure twice during the same session) 한 가지 의제를 동일 회기 내에 두 번 논의하지 않는다는 원칙. 즉, 이미 심의한 안건을 동일 회기에 다시 심의하지 못한다는 말이다. 만일 이 원칙이 지켜지지 않을 경우 그 의안 결정에 불만을 품은 회원이 또 그 의안을 제출하여 회의는 지지부진하고 혼미를 거듭하게 되어 다른 안건을 신속하게 취급할 수 없게 된다.
따라서 ① 모든 안건은 충분히 토의하여 신중하게 결정하고, ② 한 번 결의된 것은 그대로 실천하며, ③ 회의는 신속하게 효율적으로 진행해야 한다. 참고로, 이 원칙에 배치되는 것이 '번안동의'(재론동의)다. → '번안동의'를 보라.

일의제 원칙(一議題 原則) 어떤 회의에서든지 한 의제가 정식으로 상정되면 다른 의제를 상정시킬 수 없다는 원칙. 이는 반드시 한 의제에는 한 가지 의안만 토의해야 하는 것을 말한다. 한 의제를 다루는 과정에서 다른 내용의 의제가 나오면 의장은 발언을 중지시켜 한 의제를 다룬 후 다음 의제를 취급해야 한다. 또한 회원도 의사진행 발언을 얻어 본래 토의하던 안건 이외에는 발언권을 주지 말 것을 의장에게 요구해야 한다.
다만, 예외적 경우로서 긴급한 사안이 발생하면 순서를 변경하는 동의 곧 번안동의를 구하여 재청이 있으면 토론 없이 표결하여 출석회원 2/3의 찬성을 얻고 긴급한 사안을 취급할 수 있다. 물론 이 경우에도 일의제 원칙은 지켜져야 한다.

일정(日程, agenda) 의사 일정. 의회 등에서 그날그날 심의할 의사(議事)의 순서. 의사 일정은 의장과 서기가 협의하여 미리 정하고, 주요 일정은 소집 통지문에 명시해 회원에게 알려 준다. 또 예정되지 않은 안건은 마지막 기타 안건으로 처리한다. 한편, 일정을 변경할 필요가 있을 경우, 의장은 이의(異議)가 없으면 이유를 설명하고 일정을 변경할 수 있다. 하지만 이의가 있으면 변경동의나 규칙 보류동의에 의해 절차대로 변경해야 한다.
■ **일정 변경 동의**(日程 變更 動議, a change of agenda motion) – 어떤 의안을 먼저 상정시켜 심의하거나 일정에 들어 있지 않은 긴급한 의안을 새로 제출하여 상정 심의하는 등 회의 순서에 관련된 동의. 회의 순서를 재촉하는 동의다.
■ **일정 촉진 동의**(日程 促進 動議) – 의사 일정이 정한 시간보다 지연되었을 때 촉진을 요구하는 동의. 재청이 있어야 하고 토론은 하지 않는다.

임부장회(任部將會, an officers and department chiefs' meeting) 임원과 각 부장 및 차장들이 참석하는 회의. 임부장회에서는 ① 각 부에서 내놓은 사업계획서 조정 수립, ② 기본 사업계획 수정 및 변경, ③ 주요 사업 집행을 위한 세부 계획 심의 등을 논의한다. 일명 '임원 임사회'라고도 한다.

임시동의(臨時動議, provisional motion) 안건 처리 도중에 동의 내용과 직접 관계되지 않은 호소나 요구, 또는 원동의에 부수적으로 일어나는 제안을 일컫는 말.
여기에는 '철회 동의', '심의 반대 동의', '규칙 일시정지 요구 동의', '재표결 요구에 관한 동의', '모든 요구와 호소·청원서 제출에 관한 동의', '보고의 접수와 승인에 관한 동의', '서류 제출 요구와 보충에 관한 동의', '선거 방법에 관한 동의', '표결 방법에 관한 동의', '추천 중지의 동의', '심의 방법에 관한 동의' 등이 있다. 일명 '부수(附隨) 동의' 또는 '부대(附帶)동의'라고도 한다.

임시총회(臨時總會, extraordinary general meeting) 필요에 따라 임시로 소집되는 총회. 임

원의 보선, 추경예산안 편성 등 정기총회와 동일한 기능을 가지고 주요 문제를 심의 처리한다. 이는, 정기총회나 통상총회에 대립되는 개념이다. 그러나 교회법에서는 총회가 파회하면 임무는 상비부가 담당하기 때문에 임시총회란 개념이 없다.

임원(任員, board, officer) 어떤 단체의 일을 맡아 처리하는 사람. '역원'(役員)이라고도 한다. 회장(의장), 서기, 회계는 회(會)에서 반드시 있어야 할 임원이며, 부회장과 총무까지 임원으로 두는 것이 일반적이다.

① 회장(의장) : 회장은 회를 대표하는 책임자이기 때문에 회의 진행법에 능통해야 한다. ② 부회장 : 회장을 도와 회의 건전한 발전과 유익을 도모하며, 회장의 보좌 역할을 하고, 회장 유고시 직무를 대리 수행한다. 또 회장이 위임한 사항들을 처리한다. ③ 서기 : 회의에 필요한 모든 문서를 관리하며 회장을 도와 회의를 진행한다. ④ 회계(會計) : 회의 자금을 보관하고 금전의 수입 지출을 맡아보며 그 처리 사항을 기록한다. ⑤ 총무 : 각 부 사업을 통괄하며, 회의시 지난 사업 실적과 앞으로 시행할 사업 계획을 회원에게 알리고 임원과 각 부서의 가교 역할을 한다. → '의장', '서기', '회계', '총무'를 보라.

자벽
(自辟, appointment at one's own discretion)

한자로는 '스스로 자(自)', '부를 벽(辟)'. 회장이 자기 뜻대로 어떤 위원을 지명하는 것을 말한다. 조선 시대에 관리 등용 방법 중 하나로 각 관청의 장(長)이 자기 마음에 맞는 관원을 임명했던 것을 이르는 말이다. 특히, 중국에 가는 사신이 역관(譯官)을 자벽하여(자의로 임명하여) 데려가는 경우가 많았다.
교회나 노회, 총회의 각종 회의에서는 어떤 임원이나 위원을 뽑을 때에 복잡한 선출 과정을 거치지 않고 회장이 자의로 선임하도록 회장에게 맡기는 것을 말한다. 이 경우 '회장 자벽'이라 표현한다. 요즘은 별로 사용되지 않는 표현으로 '지명', '임명', '선임' 등으로 고쳐 표현하는 것이 훨씬 이해하기 쉽다.

임원회(任員會, board, an officers' meeting) 임원들로 구성된 모임. 회칙에 따라 회장, 부회장, 서기, 회계, 총무 등으로 구성된다. 임원회가 하는 일은 다음과 같다. ① 각종 회의 소집 결정. ② 각 부장 및 차장 추천. ③ 임부장 회의에서 제출된 각 부 사업 계획 검토 및 확정. ④ 각 부서의 세부 집행 계획서 심의 처리. ⑤ 기본 사업 계획 수정. ⑥ 기타 임부장회의와 월례회에서 위임된 사항 처리 등.

잡동의(雜動議) '번안동의', '재론동의', '재심의'라고도 한다. → '번안동의'를 보라.

재개의(再改議, third motion) 회의에서 개의를 다시 한 번 수정하는 것. 만일 재개의에 재청이 있으면 표결로 들어가 제일 먼저 '재개의', 그 다음에 '개의', 마지막으로 '동의'를 표결한다. 재개의에는 개의가 없다. → '수정동의'를 보라.

재검표 동의(再檢票 動議, recount motion) 표결 결과가 의심스러워 다시 검표해 달라는 요구. 반드시 재청이 있어야 하며 토론 없이 출석 회원 과반수의 찬성으로 재검표할 수 있다. 이렇게 하는 것은 때로 재검표 동의가 회의를 방해하는 수단으로 악용되는 것을 막기 위해서이다.
재검표가 결정되면 이전의 검표위원(투개표위원)이 그대로 할 수도 있고, 별도의 검표위원을 회장이 선임할 수도 있다.

재론(再論, review, reargument) 다시 논의함. 가결된 의안을 다시 심의에 부치는 것. '재심의', '재론동의', '번안동의'라고도 한다. → '번안동의'를 보라.

재수정(再修正, remodification) 다시 변경함. 일명 '재개의.' → '재개의'를 보라.

재심의(再審議, retrial) 한 번 심의한 것을 다시 심의함. 일명 '재론.' → '번안동의'를 보라.

재청(再請, seconding, second request) 회의에서 다른 사람의 동의에 대하여 찬성하는 뜻으로 거듭 청함. 원동의에 대해 제안자 이외의 다른 회원이 찬성하고 지지하는 것을 말한다. 이 경우 동의는 의안으로 성립된다. 그렇다고 해서 이는 동의안을 의론하자는 데 찬성하는 것이지 동의 내용을 지지하거나 찬성한다는 의미는 아닐 수도 있다. 더러는 재청한 회원이 그 동의에 반대할 수도 있는데, 이는 반대자가 그 동의를 공식적으로 물리치기 위함이다.

대부분의 동의나 후보 선정, 결의안에 대한 토론, 심의 표결에는 재청이 요구된다. 따라서 동의안에 재청이 없으면 그 동의안은 의제로서 자격을 잃고 자동적으로 폐기된다. 참고로, 회의시에 '제청'이나 '재창'으로 잘못 사용하는 경우가 많은데 이는 틀린 표현이며 '재청'이 맞다.

■**재청이 필요 없는 경우** - ① 특청(特請), ② 규칙상 질문, ③ 심의의 반대, ④ 동의의 철회, ⑤ 동의의 분할, ⑥ 재표결 요구, ⑦ 서류의 제출 요구와 보충, ⑧ 회의 순서의 촉진 또는 변경, ⑨ 구두 호천 등은 재청이 필요하지 않다.

재표결(再表決, revoting, recount) 표결의 결과가 의심스럽거나 집계가 잘못된 것으로 판단될 때 다시 표결 또는 검표를 요청하는 행위. 임시동의의 일종으로 원동의나 보조동의보다 먼저 취급되어야 할 시안이므로 회장은 재청이나 토론, 표결 없이 바로 응해야 한다.

전원 일치(全員 一致, unanimousness) 이의가 전혀 없이 모든 회원이 합의(동의)하는 것을 말한다. → '만장일치'를 보라.

전포(傳布, proclamation) 널리 전하여 선포함. 회의를 진행하면서 회장이 회원의 재청을 접수하고 선포하는 것. 곧, 동의에 대한 재청이 있을 때 회장이 "재청이 있습니다."라고 선포하는 것을 말한다. 또 하나는 동의가 무엇인지 설명하여 회원에게 동의의 내용을 알게 하는 것을 말한다. 이렇게 회장이 재청을 선포하시 않으면 그 재청은 효력이 없어진다.

전형(銓衡, choice, selection) 사람의 됨됨이나 재능을 시험하여 뽑음. 회의에서 임원이나 위원을 선택하여 뽑는 행위를 말한다.
■**전형위원**(銓衡委員, screening committee, nomination committee) - 후보자를 추천하는 임무를 맡은 사람. 전형위원 선출은 회원이 선거를 통해 뽑거나 회장이 지명하는 두 가지 방식이 있다. 전형위원은 대개 5명, 7명 등 홀수로 두며, 이들이 회에서 맡긴 대로 후보를 추천하면 회에서 최종 결정한다.

위와 같은 방식은 주로 대규모 회의에서 많이 행해지며, 소규모 회의에서는 구두 호천하여 전형위원을 뽑기도 한다. → '구두 호천'을 보라.

절대다수 가결(絕對多數 可決, pass by an absolute majority) 주로, 거수로 가결할 때에 표수를 세어볼 것도 없이 극소수를 제외하고 거의 전부가 거수로 찬성하여 가결되는 경우를 말한다.

절차(節次, procedure) 일을 해나가는 차례. 원만하고 신속한 회무와 사무처리를 위해 무엇을 먼저 하고 무엇을 나중에 할지를 정해 놓는 회의 순서. 모든 회의는 반드시 '예의'와 '질서'와 '절차' 이렇게 삼박자가 갖추어져야 한다.

점명(點名, call the roll) 명부에 따라 차례로 점을 찍어 가며 이름을 부른다는 뜻. 회원 하나하나를 호명하여 그 출석 여부를 확인하는 일을 말한다. 회의시 서기부에서 이 일을 담당한다.

점호 표결(點呼 表決, roll call voting) 서기가 한 사람씩 호명하면서 가부나 찬반을 묻는 표결. 보통 회의에서는 잘 사용하지 않으며 주로 '특별위원회'나 '재판회의' 등에서 사용된다. 이는 사안의 중대성을 감안하여 개개인에게 자신의 표결에 대한 책임을 묻는 데 입법 취지가 있다.

정관(定款, articles of association) 단체의 목적, 조직, 업무 집행 등에 관한 근본 규칙이나 그것을 기재한 문서. 좁은 의미에서는 회의 규칙 곧 '회칙'으로도 볼 수 있다. → '회칙'을 보라.

정기총회(定期總會, regular general meeting) 일정하게 정해진 시기에 개최하는 총회. 정기총회는 그 회에서 가장 중요한 회의로서 이때 임원 개선, 회칙 개정, 1년 사업계획, 예산 편성 등이 이루어진다. 임시총회와 상대되는 개념이다.

정기회(定期會, regular meeting) 어떤 단체에서 정기적으로 개최하는 모임. 정기총회, 월례회, 정기임원회, 정기위원회 등이 있다. 이와 대조적으로, 사안이 발생할 때마다 수시로(부정기적으로) 모이는 모임을 '임시회' 라 한다.

정리위원(整理委員, adjustment committee) 원활한 회의 진행을 위해 회의장을 정돈하고 회원의 질서 유지를 위해 선출된 특별위원. 총회나 노회에서는 주로 총회장이나 노회장이 추천한다. 전통적으로 '흠석(사찰)위원' 이란 옛 표현을 쓰는 경우가 있다. → '흠석사찰위원' 을 보라.

정보전달회의(情報傳達會議) 정보 전달 등 일정한 의안을 알려줄 목적으로 개최되는 회의. 예를 들면, 기자회견이나 강연회, 보고회, 발표회, 설명회 등이 있다.

정식 회의(正式 會議, formal meeting) 적법한 절차와 규칙에 따라 짜임새 있게 운영되는 회의. 주로, 정기총회와 같은 규모 있는 큰 회의를 가리킨다.

정원수(定員數, fixed number, quorum) ① 일정한 규정에 따라 정해져 있는 인원수. 예를 들면, 국회와 같이 법으로 정해 놓은 인원수를 가리킨다. ② '성원수'와 같은 의미로 회의 성립에 필요한 인원. → '성원, 성원수'를 보라.

정족수(定足數, quorum) 회의에서 의안 처리에 필요한 최소한의 회원수. 별도 규정이 없으면 다수를 정족수로 한다. 회원은 언제나 회원 점명을 통해 정족수 확인을 요청할 수 있다. 정족수가 차지 않아도 처리될 수 있는 안건으로는 '회의 연기', '휴회', '다음 회의 일정 결의', '긴급한 사항' 등이 있다. → '성원, 성원수'를 보라.

정회(停會, adjournment) 회의를 일시 중지함. 잠시 회의를 중지하는 것. 정회는 3가지 경우에 가능하다. ① 회의 순서에 나와 있을 때. ② 회원이 정회동의를 하여 가결되었을 때. ③ 회의 장소가 너무 소란하여 회장이 여러 번 경고해도 진정되지 않을 때. 이 세 경우 회장이 정회를 선포하면 정회가 성립한다.

■**정회 동의**(停會 動議, adjournment motion) - 정회를 하자는 동의. 어느 회원이 언제든지 내어놓을 수 있으나 재청이 있어야 한다. 또 개의도 있을 수 있다. 그러나 의사 진행을 방해하기 위한 목적으로 하는 정회 동의는 회장이 받지 않을 수 있다.

다음의 네 경우에는 정회가 불가하다. ① 규칙발언 중. ② 회원이 언권을 얻어 발언 중에 있을 때. ③ 표결 또는 투표 중에 있을 때. ④ 속회를 선언한 후 아무 안건도 처리하지 않았을 때.

정회원(正會員, regular member, full member) 회(會)의 중심이 되는 일반 회원을 가리킨다. 정회원은 회원의 자격을 구비하고 모든 권력을 행사하는 동시에 책임을 지고 의무를 이행해야 한다. 이외에도 회원에는 '준회원', '찬성회원', '언권회원', '명예회원' 등이 있다.

제안(提案, proposal) 회의에서 어떤 안을 내어놓음. 또는 내어놓는 안(案). 회의에서 단순히 의견만 나와서는 회의가 진행될 수 없다. 제안이 이루어질 때 비로소 논의와 결정이 가능해진다.

1. 제안 방법 - 제안은 구두(口頭)와 서면(書面) 두 가지 방식으로 이루어진다. ① 구두 제안은 의장에게 발언권을 얻어 제안하는 것을 말하며, ② 서면 제안은 회의가 시작되기 전 미리 서류를 작성하여 제출하는 것을 말한다.

2. 제안 성립 요건 - 제안이 이루어지기 위해서는 세 가지 조건이 갖추어져야 한다. ① 행동으로 옮길 수 있는 것이어야 한다. ② 처리할 수 있는 것이어야 한다. ③ 반드시 긍정적이어야 한다.

3. 제안 이유 설명 - '제안 설명.' 동의가 의제로 선포되었을 때 제안자가 동의를 내게 된 동기 등을 회원들에게 설명하는 것을 말한다. 회원은 제안자에게 제안에 대한 설명을 요구할 수 있다.

제의(提議, proposal) 어떤 의안을 회의에 내놓는 것을 말한다. 국회나 국무회의(정부)에서는 '제안 발의' 또는 '제출' 이라고 하는 데 비해, 교회 회의에서는 '제의' 라 한다.

제직회(諸職會) 교회에서 여러 직책을 가진 사

람들의 모임. 특히, 장로교회에서 교회의 직책을 맡은 사람들이 교회 업무를 결정·수행하기 위해서 여는 회의. → [3. 행정 및 교육 용어] '제직회'를 보라.

제직회록(諸職會錄) 제직회의 회무 전반을 기록한 책. 제직회 일시, 장소, 출석수, 사회자, 결의 사항, 예배(기도, 찬송, 성경말씀) 등을 기록한다.

종다수 가결(從多數 可決, decision by majority) 많은 사람들이 편드는 의견을 좇음. 즉, 재적수나 출석수를 따지지 않고 단순히 반대수보다 찬성수가 많으면 가결되는 것을 말한다. 이를 '단순 다수결의 원칙'이라 한다. 대개, 일반 의안은 종다수 가결로 결정한다. '종다수결', '종다수 취결'(從多數 取決)이라고도 한다.

주요동의(主要動議, main motion, major motion) 의사의 중심이 되는 제안. 보통 '원동의'라고 한다. → '원동의'를 보라.

준회원(準會員, an associate member) 회의에는 참석하되 정회원과 같은 완전한 자격이 없고 권리가 제한되는 회원. 즉, 발인권은 있지만 표결권(의결권), 선거권, 피선거권은 없다. 일명 '보조회원' 또는 '언권회원'이라고도 한다.

증경회장(曾經會長, former president) 과거에 회장을 역임한 사람. '전 회장', '전임회장.' → [3. 행정 및 교육 용어] '증경'을 보라.

지명(指命, nomination, designation) 지정해서 명령함. 여러 사람 가운데 누구의 이름을 꼭 집어 가리킴. 회(會)에서 회장이 자기 뜻에 맞는 사람을 불러 위원으로 선임(임명)하는 행위.
지명에는 세 가지 경우가 있다. ① 회칙에 따라. 예를 들면 회칙에서 '부회장은 회장이 지명한다'고 정해진 경우 회장이 지명할 수 있다. ② 회장이 회원의 승인을 얻어. 예를 들면, 정리위원(흠석사찰위원)을 선정할 때 회장이 회원들에게 승인을 얻어 그 자리에서 회장이 지명한다. ③ 회원이 동의하여. 예를 들면, 회원들이 "환영위원 선정은 회장에게 맡기기로 동의합니다."고 하면 회장이 환영

위원을 지명할 수 있다. → '자벽'을 보라.

지명 투표(指名 投票, a roll-call vote) 결선투표에 앞서 우선 자신들의 후보자를 결정하기 위해 하는 투표.

지시위원(指示委員, direction committee) 회의에서 정회하기 전 식사에 대한 안내나 작은 부서 모임의 시간과 장소 등을 알려주는 광고위원. 하는 역할로 보아 '지시위원'이란 말보다는 '광고위원'이 더 적합해 보인다.

직접 투표(直接 投票, a direct vote) 선거인이 직접 피선거인을 뽑기 위해 행하는 투표.

질문(質問, question) ① 어떤 안이나 규칙 등에 대하여 소견을 묻는 행위. ② 회의가 경직되어 있거나 토론이 잘 진행되지 않을 때 사회자가 주의를 환기시키거나 동기 유발을 목적으로 사용하는 원활한 회의 진행 방법의 일종이다. 예를 들면, "여러분은 어떻게 생각하십니까?"라든지 "누구 좋은 의견 없습니까?"라는 식이다.
이렇게 질문할 때 사회자는 회원들이 당황하지 않게 부드러운 어투를 사용하고 도전적인 인상을 주지 말아야 한다. 또 질문에 대답하는 회원에게는 고개를 끄덕이거나 무언(無言)의 눈짓으로 격려해 주어야 한다.
1. 질문시 유의할 점 - ① 한 번에 한 가지만 질문할 것. ② 답변할 시간을 줄 것. ③ 답변자에게는 감사할 것. ④ 회원에게 고르게 질문할 것. ⑤ 주제에서 벗어난 질문을 삼갈 것. ⑥ 회원 간에 논란을 일으킬 수 있는 질문을 하지 말 것. ⑦ 발전적인 생각을 유도하는 질문을 할 것.
2. 질문의 유형 - ① 전체 질문 : 전 회원을 상대로 한 질문. 대개 토론 시작이나 끝에 사용한다. 예를 들면, "다른 의견 없습니까?" 등. ② 직접 질문 : 다소 소극적이고 참여도가 낮은 특정 회원을 지목하여 묻는 질문. 또는 전문성을 가진 회원에게 자문을 얻을 목적으로 하는 질문. ③ 반대 질문 : 질문자에게 질문 형식으로 대답하는 것을 말한다. 예를 들면, 사회자에게 도전적으로 질문하는 자에게 직접 답을 하기보다는 "그러면 회원님은 어떻게 생각하십니까?"라는 식이다. ④ 중간 질문 : 회

의 참여도가 떨어질 때 분위기 쇄신을 위해 던지는 질문. ⑤ 유도 질문 : 토론이 주제에서 벗어날 때 의제를 상기시킬 목적으로 하는 질문. ⑥ 계주 질문 : 질문을 사회자가 직접 답하지 않고 회원들에게 던져 계속 토론을 이어가게 하는 방식의 질문.

질의(質疑, question, inquiry, interpellation) 의심나는 점을 물어서 밝힘. 의제가 된 안건에 있는 의문사항을 묻는 행위.

집계(集計, totalization, aggregation) 한데 모아 계산함. 표결이나 투표에서 찬반(가부)이나 다점자의 숫자를 계산하는 것을 말한다. '총계'(總計)라고도 한다. 거수나 기립 표결시에는 주로 서기단이, 선거 투표에서는 선거관리위원회의 투개표위원이 집계한다.

집행위원회(執行委員會, executive committee) 본 회를 대신(대표)하여 사무 전반을 처리하는 기구. → '실행위원회'를 보라.

차(次, time) 한 회기 중 부정기적으로 여러 번 모이는 회(會)의 번수(番數)를 가리키는 말. 즉, 한 회기 안에서 단회적이 아닌 연속적인 모임의 누적된 횟수를 앞의 모임에 이어서 지칭할 때 주로 사용된다. 예를 들면, '제○차 회의' 등이다. '회'(回)와는 구분된다. → '회'를 보라.

찬성회원(贊成會員, supporting member) 후원금을 내는 특별회원. 월례회, 총회, 임원회 등의 추대와 승인으로 회원 자격을 얻으며, 회(會)의 자격이나 권리, 책임, 의무를 지지 않는다. 찬조회원' 이라고도 한다. → '명예회원'을 보라.

찬조회원(贊助會員, supporting member) → '찬성회원'을 보라.

창립총회(創立總會, inaugural general meeting) 기관이나 단체를 새로 만들기 위한 사무를 보고하고 전체 의사를 결정하기 위해 여는 모임. 창립총회에서 사회는 대개 발기인회를 대표하는 사람이 한다. 총회는 사회자의 개회 선언과 개회사, 경과 보고, 임시의장과 임시서기 선출 순서로 진행한다. 이때 개회사나 경과 보고시에는 현재 참석한 자들이 모두 회원 자격이 있음을 고지시켜 주는 것이 중요하다. 그래야 이들을 통해 임시의장과 임시서기 선출이 가능하기 때문이다.

한편, 임시의장이 선출되면 사회자는 임시의장에게 사회를 넘긴다(그런데 사회자가 임시의장으로 선출되는 경우가 많다). 그 후 임시의장의 사회로 임원 선거에 들어가게 되며, 회장을 비롯한 임원이 선출되면 회장은 취임 인사를 하고 회무를 처리하게 된다.

천거(薦擧, recommendation) 인재를 어떤 자리에 쓰도록 추천하는 일.

청원서(請願書, petition, application) 청원을 요구하는 서류. 청원은 국민이 국가 기관이나 지방 자치 단체에 문서로 희망 사항을 진술하는 일, 또는 어떤 단체에 속한 회원이 그 단체에 요구 사항을 제출하는 것을 말한다.

청원서는 임시동의 형식으로 회(會)에 제출되며 서기가 낭독하고 회장이 회원에게 동의와 재청을 물어 접수하거나 각하시킨다. 가부는 대개 종다수로 결정된다.

총무(總務, general affairs, manager, director) 어떤 기관이나 단체의 전체적이며 일반적인 사무 또는 회(會)의 사업을 담당하는 실무책임자. 총무는 주로 다음과 같은 일을 한다. ① 총회나 회의에서 결정된 사항을 회장의 위임 아래 실행한다. ② 각 부서를 총괄 지휘하여 사업 목표를 달성한다. ③ 각 부서의 회의를 주관하고 사업 계획을 작성하여 보고한다. ④ 사업 진행 사항과 결과를 보고한다. ⑤ 부서 간의 상호 협조와 활동을 지원한다. → [3. 행정 및 교육 용어]에 '총무'를 보라.

총회(總會, general meeting) ① 기관이나 단체 전원의 모임. ② 사단 법인에서, 구성원 전원으로 조직되고 사단 법인의 의사를 결정하는 기관. 정기총회와 임시총회로 나눌 수 있다.

정기총회는 회칙 개정안의 심의, 임원 선거, 전년도 사업결산 및 결산보고, 신년도 예산안 및 사업계획서 승인 등 주요 사항을 심의 처리한다. 이에 비해, 임시총회는 임원의 보선, 추경예산안 편성 등 정기총회와 동일한 기능을 가지고 주요 문제를 심의 처리한다. → [3. 행정 및 교육 용어] '총회'를 보라.

촬요(撮要, summary)
 문자적으로 '요점을 골라 취함'이란 뜻으로, 폐회후 회의 때에 결정된 주요 결의내용을 발췌·요약하여 모아 기록한 것(또는 그러한 내용을 엮어 만든 소책자)을 말한다.

추천 중지 동의(推薦 中止 動議) 추천을 받다 이제 그만 두기로 할 때 내는 동의. "회장, 이제 추천을 그만 받기로 동의합니다." 이런 식으로 한다. 그러면 재청을 받아 토론 없이 표결하여 3분의 2 이상이 찬성하면 추천은 마감된다.

축조심의(逐條審議, discussion article by article, go through a proposal item by item, review a document clause by clause) 한 조목 한 조목씩 차례대로 따져서 조문을 심의함. 이때 수정안이 나오면 원조항과 대조하면서 꼼꼼하게 따져야 한다. 수정안이 없는 조항은 그대로 통과시킨다. → [3. 행정 및 교육 용어] '축조심의'를 보라.

침묵 표결(沈默 表決, silence voting) 이의를 달지 않고 침묵으로 가부(可否)를 암시하는 표결 방식. → '표결'을 보라.

토론(討論, debate, discussion) 어떤 제안(동의)에 대해 좋은 결론을 얻기 위해 각자의 의견을 말하여 논의함. 발언자 각자가 자기 의견을 구두로 발표함으로 자기 주장에 동조하게 하려는 데 목적이 있다. 토론은 한 회원이 한 제안에 대해 한 번밖에 못하는 것이 원칙이다. 그러나 빌인힐 회원이 없으면 한 회원이 두 번도 할 수 있다.

토론시에는 다음 사항들을 유의해야 한다. ① 서로 의견이 다르다는 것을 인정해야 한다. 그래서 토론이 필요하다. ② 논쟁을 벌이지 말고 논리적 주장으로 반론을 펼쳐야 한다. ③ 지나치게 대립하지 말며 객관적이며 논리적으로 조화를 이루어야 한다. ④ 반대자에 대해 감정을 품지 않도록 주의해야 한다. ⑤ 다수결 원칙으로 하되 소수 의견도 무시하지 말아야 한다.

■**토론 순서**(討論 順序) - 토론은 신청자 순서로 발언권을 주는 것이 보통이다. 그렇더라도 토론할 때는 대체로 ① 제안자의 제안 설명, ② 반대자의 반대 설명, ③ 찬성자의 찬성 발언, ④ 두 번째 반대자의 발언, ⑤ 두 번째 찬성자의 발언 순으로 찬성자와 반대자를 서로 번갈아가면서 발언권을 주는 것이 좋다. 이렇게 하면 편파적이지 않다. 만약 토론 요청자가 중복될 경우에는 처음으로 발언하는 자나 현안에 대해 전문성을 가진 자에게 발언권을 주는 것이 바람직하다.

■**토론 연장**(討論 延長) - 회의 중에 제한된 토론 시간을 연장할 필요가 생기면 동의와 재청으로 3분의 2 찬성을 얻어야 한다. 이는 이미 시간을 제한하기로 결의한 내용을 뒤집는 것이기 때문이다.

■**토론 제한**(討論 制限) - 전체 토론 시간 제한은 토론 시간 자유의 원칙에 위배된다. 따라서 토론 시간을 제한하려면 토론 전에 미리 동의와 재청으로 3분의 2 찬성을 얻어야 한다.

또한, 토론 도중 한 회원의 발언이 지나치게 길면 "개인당 발언 시간을 ○분 이내로 제한하자."는 동의와 재청을 얻고 역시 3분의 2 찬성으로 제한할 수 있다. 이를 '토론 시간 제한 동의'라 한다. 이때 개의는 할 수 있으나 토론은 할 수 없다.

■**토론의 종결** - ① 더 이상 토론할 회원이 없거나 토론 시간이 완료되었을 때. 이때는 표결에 들어가야 한다. ② 충분한 토론이 이루어졌고 새로운 내용 없이 계속 같은 토의가 반복될 때. 이때는 회원이 토론 종결과 표결(결의)을 요구하면 동의와 재청을 받아 3분의 2가 될 때 토론이 종결된다. 그러면 곧장 표결에 들어가게 된다.

한편, 토론 종결 동의는 충분한 토론이 이루어져 같은 토론이 되풀이 되고 회의가 지지부진하게 진행되는 것을 막자는 취지에서 입법된 것이다. 참고로, 토론 종결 동의는 토론에 참가한 회원은 낼 수 없다. 자신은 실컷 토론하고 종결을 요구하는 것은 사리에 맞지 않기 때문이다. 만약 동의안이 부결되면 그 의안을 토론하는 중에는 다시 토론 종결 동의를 낼 수 없다.

■**토론할 수 없는 동의** - 폐회, 휴회, 토론 종결, 후보선정 마감, 비공개회의 요구, 보류, 보류

안건 재상정, 규칙 보류, 정족수 계산, 심의 반대, 동의 철회 요구, 긴급 문의, 재심 등이다.

토론시간 제한동의(討論時間 制限動議) 한 사람의 발언 시간을 제한하자는 동의. → '토론'을 보라.

토론 자유의 원칙(討議 自由 - 原則, free discussion rule) 회장에게 발언권을 얻어 말할 때는 결코 다른 어떤 방해도 받아서는 안 된다는 원칙. 하지만, 이 원칙이 남용되어 때론 혼자서 마이크와 시간을 독점하여 장시간 발언함으로써 도리어 회의 진행을 방해하고 다른 사람의 토론 기회를 빼앗는 부작용도 생겨나고 있어 회장의 회의 진행 기술이 요구된다.

토의(討議, discussion, deliberation) 어떤 문제에 대하여 각자의 의견을 내놓고 검토하고 의론함. → '토론'을 보라.

투개표위원(投開票委員, supervision of the votes) 단순히 '개표위원'이라고도 한다. → '개표위원'을 보라.

투표(投票, vote) 선거 또는 어떤 일을 의결할 때, 투표 용지에 자기가 뽑고 싶은 사람의 이름이나 찬반의 의견 따위를 기입하여 지정된 함에 넣는 일. 선거관리위원회에서는 사전에 인(印)이 찍힌 투표 용지, 투표 용지를 회수할 주머니, 득표 상황을 기록할 전자칠판, 개표위원 등 투개표에 관한 사항들을 점검해 두어야 한다. → [3. 행정 및 교육용어] '투표권'을 보라.

■**결선 투표**(決選 投票, a final ballot) – 재투표의 한 가지로, 처음의 투표에서 피선거인들이 당선에 필요한 표를 얻지 못했을 경우, 통상 두 사람의 상위(上位) 득표자를 대상으로 하여 다시 한 번 마지막으로 하는 투표.

■**투표권**(投票權, a voting right) – 투표할 수 있는 권리.

■**투표 기일**(投票 期日, a voting day) – 투표하는 날. 투표일.

■**투표소**(投票所, a polling station) – 투표를 하는 일정한 장소. 투표장(投票場).

■**투표수**(投票數, the number of votes) – 투표의 수효. 투표에 참여한 숫자.

■**투표용지**(投票用紙, a ballot paper) – 투표에 쓰는 일정한 양식의 종이. 투표지(投票紙).

■**투표율**(投票率, a voting rate, a turnout of voters) – 유권자 전체에 대한 실제로 투표한 사람 수의 비율.

■**투표자**(投票者, a voter) – 투표하는 사람. 투표인(投票人).

■**투표 참관인**(投票 參觀人, a referee of voting, a voting witness) – 투표하는 데에 입회하여 감시하는 사람.

■**투표함**(投票函, a ballot box) – 투표자가 기입한 투표용지를 넣는 상자.

■**투표의 절차** – ① 투표에 참여할 출석 회원수를 확인한다. ② 투표 용지를 배부한다. ③ 회장의 투표 개시 선언에 따라 투표를 실시한다. ④ 투표 용지를 회수한다. ⑤ 개표한다. ⑥ 후보자별 득표수를 집계한다. ⑦ 최종적으로 투표와 집계 등에 문제가 없는지 검토한다. ⑧ 개표 결과를 회원들에게 보고한다. 이때 회장은 총 투표수, 후보자별 득표수, 무효 투표수, 당선자 등을 회원들에게 고지해야 한다.

■**투표의 종류** – ① 무기명(無記名) 투표 : 투표 용지에 찬성, 반대 등 가부만 쓰고 기표자의 이름을 쓰지 않는 방식. 비밀을 지킬 수 있다는 장점이 있다. ② 유기명(有記名) 투표 : 투표지에 가부와 함께 기표자의 이름을 쓰는 방식. 기표자의 이름이 기록에 남기 때문에 책임성을 명백히 할 필요가 있을 때 사용된다. ③ 단기식(單記式) 투표 : 투표지에 한 후보자의 이름만 쓰는 방식. ④ 연기식(連記式) 투표 : 후보자 여러 사람의 이름을 한꺼번에 한 투표 용지에 기록하는 방식. ⑤ 공동(共同) 투표 : 회원 전원이 제자리에서 투표 용지를 받고 회장의 투표 개시 선언과 함께 동시에 기표하는 방식. 투표가 끝나면 위원들이 자리를 돌면서 그 용지를 수거해 간다. ⑥ 개인 투표 : 회원이 서기석의 호명을 받고 회원 명부에 서명하고 용지를 받아 투표 후 투표함에 넣는 방식. ⑦ 유효(有效) 투표 : 법적 요건을 제대로 갖춘 투표. ⑧ 무효(無效) 투표 : 법적으로 하자가 있는 투표. 예를 들면, 지정되지 않은 투표 용지를 사용했거나 후보자의 이름을 틀리게 쓴 경우 등이다.

특별위원회(特別委員會, special committee) 상임위원회가 할 수 없는 특정한 사항을 심의하기 위해 필요에 따라 설치되는 위원회. 보통 특별한 목적을 갖고 한시적으로 설치된다. 따라서 그 목적이 달성되면 위원회는 해체된다. 일명 '소위원회'라고도 한다.

특별위원회 중에는 다음과 같은 위원들이 있다. ① 공천위원. ② 전형위원. ③ 개표위원. ④ 규칙위원. ⑤ 환영위원(영접위원). ⑥ 정리위원(흠석사찰위원) 등. → '위원회'를 보라.

특수동의(特殊動議, special motion) → '우선동의'를 보라.

특수언권(特殊言權, special voice) → '언권'을 보라.

특청(特請, special request) 특별히 요청함. 또는 그 요청. 회의에서 긴급한 사안을 요청하는 우선동의의 일종이다. 예를 들면 ① 발언자의 소리가 작아 잘 들리지 않거나 ② 회의장이 너무 소란하거나 ③ 회의장이 너무 덥거나 추워 회장에게 시정을 요구하는 것 등이 이에 해당한다. 특청에는 재청도 없고 토론도 없다. 회장이 재량껏 결정하면 되고 회의록에도 기록하지 않는다. 때론, 폐회동의도 특청에 포함된다.

파회(罷會, closing of a meeting) '그만 둘 파(罷)', '모일 회(會)' 곧 회의를 모두 마침. 특히, 1년 안에(동일 회기 내에) 다른 회가 없이 끝마친다는 의미가 담겨 있다. 예를 들면, 총회는 당회나 노회와 달리 제○회 임시회가 없다. 따라서 한 번 모여 회의가 끝나면 1년 안에는 또 다른 총회가 없기 때문에 '파회'라고 한다.

폐기(廢棄, abrogation) 약속, 법령, 조약 등을 당사자의 의사에 따라서 효력을 잃게 함. 조약, 법령 등을 무효로 함.

폐회(閉會, closing of a meeting) 집회 또는 회의를 마침. 회의가 완전히 끝남. 당회나 노회는 정기회가 있고 필요하면 임시회로 모인다. 따라서 정기회나 임시회가 끝났어도 필요하면 또 소집할 수 있기 때문에 회무가 끝나면 폐회가 된다. 폐회시에는 차기 회의 일시와 장소를 결정해야 한다. 치리회의 경우 대개는 차기 회의 일시가 규칙적으로 정해져 있기 때문에 장소만 결정하면 되는데, 이런 경우 장소는 대개 임원회에 맡겨 처리하기도 한다.

■**폐회 동의**(閉會 動議) - 회의를 끝마치자는 동의. 재청이 있어야 하며, 토론 없이 가부를 물어야 한다. 과반수의 찬성으로 가결된다. 그러나 다음 네 경우에는 폐회동의가 불가하다. ① 규칙 발언 중 ② 회원이 언권을 얻어 발언 중일 때 ③ 표결, 투표 중일 때 ④ 속회를 선언한 후 아무런 사무처리도 이루어지지 않았을 때.

■**폐회 선언**(閉會 宣言) - 회의를 끝마친다는 회장의 선언. 회장은 ① 회의 종료 예정시간이 되었거나 ② 아니면 회의 순서가 다 끝났거나 ③ 폐회 동의가 가결되면 폐회를 선포한다. 그러나 폐회를 선포하기 전에 회장은 반드시 회원에게 동의를 구해야 한다.

폐회 호명(閉會 呼名)

회의를 마칠 때 회원의 이름을 불러 참석 여부를 확인하는 일. 지금은 그렇지 않으나 우리나라 선교 초창기 총회 때는 개회뿐만 아니라 폐회할 때도 회원을 호명하였다. 대한예수교장로회 제13회 총회(1924년)에서는 총회가 폐회하기 전에 허락을 받지 않고 돌아가는 자에게는 여비를 지불치 말고 해당 노회에서는 차기 총대로 파송하지 말도록 결의하기도 했다.

물론 다음해 제14회 총회에서 이 결의는 완화되어 여비 부분만 남기고 삭제되었고 15회 총회에서도 폐회시 서기가 호명한 것으로 기록에 남아 있다. 당시에는 회의 참석을 매우 중시하였다.

표결(表決, voting) 투표로써 결정함. 즉, 찬성과 반대를 표시하여 선거에서는 당선과 낙선을, 심의에서는 가결과 부결을 결정짓는 일. 회원은 표결에 참가함이 마땅하고 표결을 거부하는 것은 회원의 권리를 스스로 포기하는 것이다. 표결할 때 회장은 반드시 "표결하겠습니다." 하고 표결을 선언해야 한다. 그리고 표결이나 투개표시에는 투표(표결) 관련 규칙 발언 이외에는 모든 발언이 중지된다.

한편, 표결에는 선거 표결과 심의 표결이 있다. ① 선거 표결 : 사람을 선출하는(투표로 당락을 결정하는) 표결. ② 심의 표결 : 의안(동의안)을 가부로 묻는 표결.

■**표결의 권리**(表決 - 權利) - 모든 회원이 투표할 수 있는 권리. 이때 한 번 표결하거나 투표하면 다시 수정하지 못한다. 이에 비해, 투표에 불참하거나 결석하면 표결권을 갖지 못한다.

■**표결의 발표**(表決 - 發表) - 표결의 결과를 회장이 공포하는 것. 이렇게 회장은 표결 후에 득표 내용을 밝혀 '가결, 부결, 미결' 중에 하나를 선포해야 한다.

■**표결의 방법**(表決 - 方法) - ① 약식 표결 : 회원 전체가 찬성하는 분위기일 때 회장이 가부를 묻지 않고 가결을 선포하는 방식. ② 구두 표결 : 말로 '예', '아니오'를 묻는 방식. 예를 들면, 회장이 "이 동의에 찬성하시는 분은 '예'라고 대답해 주세요."라든지 "반대하시는 분은 '아니오'라고 해주세요."라고 묻는 식이다. 이때 회장은 소리가 큰 편을 따라서 가결이나 부결을 선포한다. ③ 침묵 표결 : 회의록 채택 등과 같이 지극히 당연한 일에 관한 동의가 있을 경우 이의(異議)가 없고 전원이 침묵하면 전원일치 찬성으로 간주하는 방식. '묵락 표결'(默諾 票決)이라고도 한다. 그러나 한 사람이라도 이의가 있으면 일반적인 절차를 밟아 정식으로 표결해야 한다. ④ 거수 표결 : 회원들이 자리에 앉아서 손을 들어 가부를 표시하는 방식. ⑤ 기립 표결 : 자리에서 일어서서 가부를 표시하는 방식. 거수 표결보다는 의사 표현이 분명하다. ⑥ 점호 표결 : 서기가 한 사람씩 이름을 호명하여 가부(찬반)를 묻는 표결. ⑦ 투표 : 투표 용지에 찬성과 반대를 기록하는 표결 방식.

■**표결의 선포**(表決 - 宣布) - 표결하기 전 표결의 시작을 알리는 회장의 선언. 회장은 표결하기 전에 반드시 "이제부터 표결하겠습니다."는 선언을 해야 한다. 그리고 표결에 필요한 성원이 되는지를 확인해야 한다. 일단 표결을 선포하면 그 후로 모든 발언권은 중지되며 오직 표결만 있을 뿐이다. 이때 회장은 표결할 안건(내용)에 대해 회원들에게 정확하게 설명해야 한다. 때로 회장은 동의자에게 표결할 안건에 대해 설명하도록 부탁할 수도 있다.

■**표결의 순서**(表決 - 順序) - ① 제일 나중에 나온 수정안부터 표결한다. 예를 들면, 동의와 개의, 재개의가 있을 경우 재개의, 개의, 동의 순서로 표결한다. ② 최후의 수정안을 위원회의 수정안보다 먼저 표결한다. ③ 원안과 차이가 많은 것부터 표결한다. ④ 공통된 부분부터 표결한다. ⑤ 여러 조항에 각각 수정안이 있을 때는 축조하여 표결하고 수정 부분이 다를 때는 원안을 분할하여 표결한다. ⑥ 1개의 수정안이 가결되면 동일한 문제에 대한 다른 수정안과 원안은 표결하지 않는다. ⑦ 수정안이 전부 부결되면 원안을 표결한다. ⑧ 원안을 부결시키자는 동의는 성립될 수 없으며 원안을 표결한다.

헌장(憲章, constitution, charter) ① 어떤 사실에 대해 약속을 이행하기 위한 규범. ② 헌법의 전장(典章).

호명(呼名, calling) 이름을 부름. → '회원 점명'을 보라.

호소(呼訴, appeal, petition) (특히 법적으로) 억울하거나 원통한 사정을 (상급 기관 등에) 하소연함.

호천(呼薦, recommendation) 구두(口頭)로 사람의 이름을 불러(지명하여) 그를 천거(추천)함.

환영위원(歡迎委員, a reception committeeman) 회의장을 찾은 내빈(손님)을 영접하고 회장에게 알려 회원에게 소개하도록 안내하는 위원. '영접위원'이라고도 한다. 총회의 경우, 총회를 개최하는 교회의 당회원과 해당 노회원이 환영위원이 된다.

회[1](會, meeting, society, association) ① 무슨 일을 위해 여럿이 모이는 일. 또는 그 모임. ② 여러 사람이 모여 함께 의론함. 회의(會議).

회[2](回, a time, a round) 1년 혹은 일정 기간을 주기로 순환하는 모임의 횟수를 세는 말. 즉, '제○○회 정기총회' 등과 같이 각 교단의 총회나 노회의 회기 횟수나 당해 회기 단위로 주로 사용된다. 이는 한 회기 중에 부정기적으로 여러 번 모이는 회(會)의 번수(番數)를 가리키는 '차'(次)와는 구분된다. → '차'를 보라.

회계(會計, accounting, treasurer) ① 재산과 수입 및 지출의 관리와 운용에 관한 계산 제도. ② 회(會)의 자금 보관과 금전의 수입 지출을 맡아 보며 그 처리 사항을 기록하는 일. 또는 그 일의 담당자. 회계는 무엇보다 금전에 신용이 있어야 하며 회(會)가 요구하면 언제든지 보고할 준비를 갖추고 있어야 한다. 또 금전 출납은 회장의 승인(장부에 회장 결재)을 얻어 두어야 한다.
■회계의 업무(會計 - 業務) - ① 재산 목록을 정리 보관한다. ② 회계장부와 서류를 잘 정리 보관한다. ③ 매월 월중 보고를 잘 정리한다. ④ 연말에는 연도 회계 보고를 만들어 둔다. ⑤ 총회시 감사가 감사한 결과 보고와 예산위원회가 작성한 안을 제출한다. ⑥ 회비의 재촉이나 금전에 대한 모든 통지는 회계가 준비하되 서기의 명의로 발송해야 한다.

회기(會期, session, sitting, term) ① 집회나 회의가 열리는 짧은 시간. ② 국회나 지방 의회가 개회되어서 폐회할 때까지 수일간 계속되는 기간.
■회기 불계속 원칙(會期 不繼續 原則) - 회기 중에 결의된 것이라도 시행하지 아니하고 회기를 넘기면 결의안은 무의미하여 결의가 자동 폐기된다는 원칙. 한 회 중에 의결되지 않는 것은 보류동의가 없으면 자연 소멸되고 다음 회기까지 계속되지 않는다는 원칙이다. 회기가 바뀌면 의안은 무의미하고 불필요한 것이 된다.

회록(會錄, minutes, minute book, council records) 회의록(會議錄). 회의의 전말을 적은 기록. 회의에서 의결된 사항 등 진행 과정과 내용 일체를 짚은 기록. 의사(議事)의 기록(의사록). 서기가 기록하며 다음 회의 초두에 낭독하여 회록을 채택한다. 이때 이의가 있는 회원은 수정동의를 하여 표결로 채택하고 확정된 회록은 서기와 의장이 서명한다.
회록을 기록하는 요령은 다음과 같다. ① 일시, 장소, 출석 회원수, 회의의 정식 명칭과 회의의 종류(정기총회, 임시총회 등)를 적는다. ② 회의 순서에 따라 행한 보고 내용은 회의록에 기록하지 않고 별지로 하여 첨부한다. ③ 결의시 동의 내용과 동의자의 이름, 표결 방식과 찬반 표수를 적는다. → '회의록'을 보라.
■회록 낭독(會錄 朗讀) - 회록 기록의 정확성을 확인하기 위한 회무 중에 하나. 회의가 끝나기 전 회장은 서기에게 회록을 낭독하게 하고 회원들은 이를 듣고 정정할 내용이 있으면 지적하여 수정한다. 이때 회원은 동의와 재청을 통해 회록 정정을 요구하고 회장은 이의가 없으면 가부를 물어 회록을 수정한다.
이 외에도, 회록을 임시 채택하고 다음 회의 개회 직후에 회록 낭독을 할 수도 있다. 간혹, 회록을 복사하여 회원에게 배부하고 일정 기간 안에 이의가 없으면 수리하는 방식도 있다.

회록서기(會錄書記, the minutes clerk) 원서기를 보조하며 회록을 작성하여 원서기에게 교부하는 일종의 보조서기.

회순(會順, meeting procedure) 회의 순서. → '회의'를 보라.

회원(會員, a member, member of society) 회(會)를 구성하는 사람. 회(會)를 조직하는 구성원. 회원은 회칙과 회의 진행법을 충분히 숙지하고 있어야 한다. 또 누구든지 발언권을 청구할 수 있으며, 의문 사항에 대해서는 언제든지 질의할 수 있다. 뿐만 아니라 회장이나 다른 회원이 규칙을 어기면 규칙 발언으로 항의할 수 있다.
한편, 회원은 ① 정회원 ② 준회원 ③ 찬성(찬조)회원 ④ 명예회원으로 구분된다.
■회원이 할 일 - ① 회의 시간을 꼭 지켜야 한다. ② 상호간에 예의를 갖추고 회의 중에 질서를 지켜야 한다. ③ 회장의 판단을 따라야 한다. ④ 정리위원(흠석사찰위원)의 안내를 따라야 한다. ⑤ 결의된 사항에 대해서는 인격적이고 윤리적인 책임을 져야 한다. ⑥ 야유나 기권, 인신공격은 삼가야 한다. ⑦ 타인의 발언은 인내심을 가지고 경청해야 한다. ⑧ 발언 시간을 지키고, 의제(議題)에 맞는 발언을 해야 한다. ⑨ 회의장을 특정인의 선전 무대로 삼아서는 안 된다. ⑩ 회의 규칙을 준수

해야 한다. ⑪ 발전적인 결론을 내도록 피차 노력해야 한다.

■**회원 점명**(會員 點名) - 회원의 이름 곁에 점을 찍어가며 이름을 부르는 일. 회의에서 참석자 숫자를 파악하기 위한 회순 가운데 하나. 곧, 회의 출석 여부를 점검하는 것을 말한다. 소수가 참석하는 회의에서는 가능하나 대규모 회의에서는 비효율적이다. 근래에는 개회 전에 '등록처'나 '접수처'에서 회원 출석을 파악하거나 아니면 교단에 따라서는 국회에서 하듯이 전자 장치로 출석을 점검하기도 한다.

초창기 회원 점명

초창기 한국교회에서는 점명이란 표현 대신 '조명', '호명', '점검', '출석 검사' 등의 표현을 쓰기도 했다. 만약 회원이 급한 사유로 총회에 참석하지 못할 경우 결석계를 제출하였고, 흠석사찰위원은 일일이 이름을 불러가며 총회 앞에 그 결석 사유를 상세히 보고하였다(대한예수교장로회 제3회 총회의록 27, 33-34쪽).

또 급한 용무로 조퇴할 경우에도 흠석사찰위원에게 허락을 받고 갔으며 흠석사찰위원은 총회 앞에 사유를 상세히 보고하였다(대한예수교장로회 제13총회회의록 47쪽).

회의(會議, meeting, conference, council, convention) 공통된 의제를 해결하기 위해 여러 사람이 모여 의견이나 정보를 교환하고 해답을 얻기 위해 논의하는 일. 이를 통해 일치된 결론에 도달하고 이를 행동으로 옮겨 목적하는 바를 성취할 때 비로소 회의의 의미가 있다.

■**회의 규칙**(會議 規則) - 단체나 모임 등에서 정한 회의(의사 진행) 규칙. 일명 '회의 원칙.' → '회의 원칙'을 보라.

■**회의의 가치**(會議 - 價値) - ① 조직을 관리할 수 있는 대화의 장(場)이 된다. ② 의사를 결정하는 협력의 장이 된다. ③ 능력을 개발하는 발전의 장이 된다. ④ 회원 상호간에 관계를 개선하는 만남의 장이 된다. ⑤ 경험을 공유하는 배움의 장이 된다.

■**회의 요건**(會議 要件) - 회의가 정상적으로 진행되기 위해서는 다음과 같은 요건을 갖추어야 한다.

1. 내적인 요건 : ① 회원 상호간에 평등한 인간 관계가 유지되어야 한다. ② 합리적이고 개방적인 사고를 해야 한다. ③ 문제 의식을 공유해야 한다. ④ 운영(회의 진행)의 기술이 있어야 한다.

2. 외적인 요건 : ① 참석자가 적은 회의에서는 원탁형의 좌석 배치가 좋다. ② 참석자가 많은 대형 회의에서는 회장석을 중심으로 반원형의 좌석 배치가 좋다. ③ 회의장을 부드럽게 하는 실내 분위기를 조성하고 다과를 마련하는 등 편안한 마음으로 회의에 임하게 하는 것이 중요하다.

■**회의의 분류**(會議 - 分類) - 여러 모양으로 분류될 수 있으나 이 분류들이 엄격하게 구분되지 않고 성격에 따라 약간씩 중복되기도 한다. ① 시기에 따른 분류 : 정기회, 임시회. ② 성격에 따른 분류 : 총회, 월례회, 임원회, 위원회, 독회. ③ 규칙에 따른 분류 : 정식회의, 약식회의. ④ 형태에 따른 분류 : 공개회의, 비공개회의.

■**회의 장소와 자리**(會議 場所 -) - 회의 진행에 큰 영향을 주는 요소 중에 하나가 회의 자리다. 먼저 회의장에는 의장석, 서기석, 임원석, 회원석, 방청석, 내빈석을 구분해서 마련해야 한다. 다음으로, 정리위원은 회의장 입구와 각 출입문에서 회원들을 잘 안내하고 회의장 질서를 유지해야 한다.

마지막으로, 회원석 자리 배치 문제다. 회원석 앞자리는 발언이 용이하지만 뒷자리는 발언이 쉽지 않다. 또 앞자리는 상석, 뒷자리는 말석(末席)이라는 의식이 강해서 종종 자리 배치 문제로 다툼이 일어나기도 한다. 통상 자리 배치는 '가나다' 순서로 정한다. 그러나 인원이 많지 않은 회의에서는 앞뒤 구분 없는 원탁을 활용하기도 한다.

회의록(會議錄, council records, minutes, proceedings) 회의의 진행 과정과 내용 등을 적은 기록.

■**회의록 작성**(會議錄 作成) - 회의록 작성 요령은 다음과 같다. ① 일시, 장소, 출석자 수, 회장 이름, 회의 순서에 따라 행한 보고, 결의 사항을 객관적으로 쓴다. ② 토론 내용이나 시시비비는 기록하지 않는다. ③ 표결 결과는 그 찬반 표수를 적

는다. ④ 간단·명료하게 쓰는 방법과 세밀하게 쓰는 방식이 있다. ⑤ 이의는 수정동의를 하고 표결에 의해 수정한다. ⑥ 확정된 회의록은 회장(의장) 및 서기가 서명한다.

■**회의록 낭독**(會議錄 朗讀) - 서기는 회의 내용을 회의록에 기록하여 회원들에게 낭독해야 한다. 낭독은 회의가 끝날 때나 또는 차기 회의 개회 직후에 한다. 이때 회원들은 틀렸거나 빠진 내용이 있으면 이의를 제기하여 내용을 정정한다. → '회록 낭독'을 보라.

■**회의록 접수**(會議錄 接收) - 회의록 채택.

■**회의록 채택**(會議錄 採擇) - 회의가 끝나기 전 서기가 작성하여 낭독한 회의록에 빠진 것이나 착오가 있는지를 회원들에게 물어 빠진 것은 삽입하고 틀린 것은 수정하여 접수하는 회의 순서의 하나이다.

회의법(會議法, standing rules, parliamentary rules) 원만하게 회의 목적을 달성하고 효율적으로 회의를 진행하기 위해 제정된 법. 즉, '회의 진행법'(會議進行法). 국회법이나 교회법 등 우리나라 공공 기관이나 교회의 모든 회의법은 '만국통상법'(萬國通商法)으로 불리는 '로버트 회의법'(Robert's rule of order)을 토대로 만들어졌다. 이 회의법은 다수의 결정권, 소수의 발언권, 결석자의 안전권을 보장하는 데 기초를 두고 있으며, 예의·질서·절차를 대전제로 하고 있다.

회의법을 준수할 때 회의 목적을 가장 효과 있게 성취할 수 있다. 회장에 따라 회의법 준수 여부가 달라진다면 이런 회의는 정당하지도 못하고 회원의 권리도 온전히 누리지 못하게 된다. → '의사법', '로버트 회의법', '만국통상법'을 보라.

회의 순서(會議 順序, meeting procedure) → '회의'를 보라.

회의 원칙(會議 原則) ① 일의제(一議題) 원칙 : 한 의제에는 한 가지 의안만 토의해야 한다는 원칙. ② 일사부재의(一事不再議) 원칙 : 동일 회기 내에는 한 가지 의제를 두 번 논의하지 않는 원칙. ③ 구 사건 우선(舊 事件 優先)의 원칙 : 전번 회기에 결정짓지 못한 유안건은 이번 회기에 신안건보다 우선 처리해야 한다는 원칙. ④ 회기 불계속(會期 不繼續) 원칙 : 회기 중에 취급되지 않았거나 부결된 안건은 소멸된다는 원칙. ⑤ 후 결의 우선 원칙(신법 우선 원칙)과 선 결의 우선 원칙 : 선 결의와 후 결의가 모순될 때는 후 결의가 우선한다는 원칙(후 결의 우선 원칙). 그러나 이는 동일 회

회의 순서(會議 順序, meeting procedure)

회의를 시작할 때는 회순(회의 순서)을 채택해야 한다. 회순은 대개 회장이나 임원들이 미리 준비해서 회원들에게 제시하는데, 회원들이 이를 수용하여 채택하면 회장은 채택된 회의 순서에 따라 회의를 진행하게 된다. 그러나 상황이 바뀌어 먼저 다루어야 할 사안이 생기면 순서 변경동의를 긴급동의로 내어 동의와 재청을 얻고 표결하여 3분의 2를 넘으면 긴급동의가 가결되어 회순을 변경할 수 있다.

한편, 회의는 사안에 따라 몇 시간에서 몇 일, 심지어 몇 달이 걸리기도 한다. 이런 회의 기간에 따라 회의 순서에는 차이가 있다. 그러나 일반적인 회의 순서는 다음과 같다(예시적인 내용임).

1. 정기총회 - ① 개회 예배 : 찬송, 기도, 성경봉독, 설교, 찬송, 축도 순. ② 회무처리(본회) : 회원 점명(호명), 개회 선언, 전 회의록 낭독, 경과 보고, 연간 사업 보고(활동 보고), 회계 보고, 기타 보고, 회칙수정, 선거위원 선출, 임원 개선, 신구 임역원 인사, 연간 사업토의(사업 계획), 예산 편성, 기타 토의, 회의록 채택, 광고. ③ 폐회 : 폐회 선언, 찬송, 기도(주기도) 순.

2. 월례회 - ① 개회 예배와 폐회는 위의 정기총회와 같다. ② 회무처리 : 회원 점명, 개회 선언, 전 회의록 낭독, 회계 보고, 각 부 사업보고 및 사업계획, 안건 토의(구 인건 처리 후 신 안건 처리), 회의록 채택, 광고.

참고로, 요즘은 대체적으로 회원 점명을 회의 순서에 넣지 않는 경향이 있다. 이는 시간을 절약하기 위함인데, 서기는 사전에 참석자 숫자를 파악하고 있다가 회의가 시작되면 회장에게 이를 알려주고, 정족수가 되면 회장이 개회를 선언한다.

기가 아닌 경우를 말한다. 만약 동일 회기일 경우는 일사부재의 원칙에 따라 선 결의가 우선한다(선결의 우선 원칙). ⑥ 일문일답 금지(一問一答 禁止) 원칙 : 찬성과 반대자가 서로 일문일답 형식으로 논쟁하듯 하는 대화식 토론을 금지하는 원칙. ⑦ 토론 자유(討論 自由)의 원칙 : 회장에게 언권을 받아 발언할 때 어떤 방해나 제약을 받지 않아야 한다는 원칙.

회의 절차(會議 節次) 의사 일정. 의사 진행. → '의사'를 보라.

회의 종류(會議 種類) ① 정회(停會) : 회의를 일시 중지하는 것. ② 휴회(休會) : 회의를 쉰다는 뜻. ③ 속회(續會) : 정회를 마치고 다시 회의를 시작하는 것. ④ 연회(延會) : 회의의 시간을 연장하는 것. ⑤ 산회(散會) : 회기가 여러 날이면 그날그날의 폐회를 뜻함. ⑥ 폐회(閉會) : 여러 날 진행되던 회의가 아주 끝나는 것. ⑦ 파회(罷會) : 한 회기에 정기회 한 번만 있을 경우 회의를 끝마치는 것. → '회의'를 보라.

회장(會長, **president, chairman**) ① 회무를 총괄하고 회를 대표하는 사람. 회무 처리를 위해 회의를 사회하는 자. 치리회를 대표하여 모든 회무 일체를 총괄한다. 일명 '의장.' ② 주식회사 등에서 이사회의 장을 맡고 있는 사람. → '의장'을 보라.

■**회장 통고**(會長 通告) – 회장의 자격으로 회원에게 말할 수 있는 권리. 예를 들면, 회장이 단독으로 긴급히 일을 처리하고 처리 사항을 사후 보고하여 승인을 얻는 권리를 말한다. 한편, 회장은 사회시 공정한 회의 진행을 위해 동의를 제출할 수도, 토론에 참여할 수도 없다. 동의나 토론을 하고자 할 때는 회장의 자리에서 내려와(적법한 자에게 위임한 후) 일반 회원의 위치에서 참여할 수 있다.

회집(會集, **gathering**) 여러 사람을 한 곳에 모음. 혹은 여러 사람이 한 곳에 모임.

회칙(會則, **rules of society, regulations**) 회의 규칙. 회규(會規). 회의 목적에 따라 제정되는 회칙은 일반적으로 장(章), 조(條), 항(項)으로 이루어져 있으나 조(條)로만 구성된 경우도 있다. 회칙은 주로 이름과 위치, 사업과 목적, 회원, 임원, 회의, 부칙, 세칙 등의 순서로 이루어져 있다.

이를 간략하게 살펴보면 다음과 같다. ① 이름과 위치 : 회의 이름은 간단하고 회를 가장 잘 표현할 수 있는 것이 좋다. 만약 이름이 길면 약칭도 함께 붙여둔다. 또 위치는 단체의 주소나 단체의 소속, 즉 단체가 어떤 기구에 속한 단체인지를 밝히는 것이 좋다. ② 사업과 목적 : 회를 조직하는 이유이다. 이 역시 회칙에서 간단하고 명료하게 밝혀야 한다. ③ 회원 : 회원 항목에서는 회원의 자격, 권리, 책임, 의무, 상벌 규정을 밝히고, 입회와 탈퇴 절차, 회비를 언급하는 것이 좋다. ④ 임원 : 그 회에서 있어야 할 임원을 밝히고 그 임무까지 소개한다. ⑤ 회의 : 회의를 구분하고 그 회가 할 일을 밝힌다. ⑥ 부칙 : 회칙의 시행과 개정에 관한 규정. 참고로, 회칙 개정은 출석 회원 3분의 2가 찬성해야 한다. ⑦ 세칙 : 회의 순서, 성원수, 투표 방식, 보고 양식, 금전 출납 규정 등 의사 규정을 말한다. 세칙에 없는 것은 일반 회의법에 따른다.

후 결의 우선의 원칙(後 決議 優先 – 原則) 선 결의와 후 결의가 서로 모순될 때는 후 결의가 우선한다는 원칙이다. 그러나 이 원칙은 동일 회기가 아닌 경우에 적용된다. 즉, 직전 총회와 금번 총회에서 결의 내용이 서로 상충될 때는 금번 총회 결의가 우선되는 것을 말한다. 그러나 동일 회기 내에서는 '선 결의 우선의 원칙'이 적용된다. → '선 결의 우선의 원칙'을 보라.

휘장(徽章, **mark, sign, signal**) 지위나 신분을 나타내기 위해 옷이나 모자에 붙이는 마크. 표

휘장 분배

휘장 분배(徽章 分配)란 휘장을 고르게 나누어 주는 일을 말한다. 이는 총회나 노회에서 임원으로 당선된 자들의 가슴에 축하의 뜻에서 꽃을 달아주는 의식을 말한다. 전통적으로 많이 사용하는 말이기는 하지만 표현이 어렵고 의미도 잘 전달되지 않는다. '꽃증정' 또는 '꽃 달아드리기'라는 순수 우리말을 사용하자는 견해도 있다.

지(標識). →[3. 행정 및 교육 용어] '휘장'을 보라.

휴게(休憩, recess) 회를 잠시 쉼(휴식함). 의회 등의 휴회(休會).

휴식동의(休息動議) 식사, 투표 계수 시간을 요할 때 등 잠시 휴식을 목적으로 회의를 일시 중지하자는 동의. 재청과 과반수 찬성으로 가결된다. 휴식동의는 정족수가 되지 않아도 제출할 수 있다.

휴임(休任, layoff) 회의 의장(사회자)이나 임원 등이 그 신분을 유지하면서 (질병, 사고 등의 불가피한 사정으로 인해) 일정한 기간 동안 맡은 바 임무를 쉬는 일.

휴회(休會, adjournment) 회의를 쉰다는 뜻. 곧, 회기가 여러 날 지속될 때 휴식, 피로 회복, 식사, 특별위원회 소집 등을 위해 회의를 하지 않는 날을 가리킨다.

흠석(欠席, default, nonappearance, leave of absence) 나가야 할 자리에 나가지 않음. '빠질 흠(欠)'과 '자리 석(席)'이 결합된 단어로, '빈 자리' 곧 '결석'이나 '궐석(闕席)'을 뜻한다. 노회나 총회에서 개회 후 파회 때까지 자리를 지키지 않고 도중에 자리를 떠나는(이탈하는) 행위를 가리킨다. 노회나 총회에서 흔히 있는 일인데, 선교 초창기 때인 장로교회 독노회 때는 속회 때마다 출석을 불러도 그 숫자가 '여전하였다'고 기록하고 있다(1907-1912년 회의록).

흠석사찰(欠席査察) 출석이나 궐석(闕席, 결석) 여부를 규정에 따라 준수하고 있는지 조사하고 확인하는 일. 곧, 회의장(노회나 총회)에서 회원들의 출입을 엄격히 관리하는 제도다.

1914년 9월 6일 황해도 재령군 남산현 예배당에서 개최된 장로교회 제3회 총회록에는 "회원들이 부득이한 사정으로 폐회 전에 갈 때는 청원하여 인허를 받은 후에 가기로 동의 가결하다"는 기록이 있다. 또 흠석사찰위원장 이기풍목사가 도중에 자리를 떠난 회원들의 사정을 일일이 총회 석상에서 보고했다는 기록도 있다.

그리고 1924년 9월 13일 함흥 신창리 예배당에서 소집된 제13회 총회에서는 총회총대 주의사항이 가결되었는데, 그 내용을 요약하면 다음과 같다. "금후로는 총회총대가 폐회 전에 특별한 일이 있으면 허락을 받고 갈 것이요, 만일 거취를 자의로 하는 이가 있으면 여비를 지불치 아니할 것이요, 금년 총회에 무고히 조퇴한 총대는 다시 총회 총대로 택하지 말라고 해노회에 총회가 통지하기로 가결하다. 부득이한 사정이라도 무고로 간주함"(제13총회록, 47쪽). 오늘날과 달리 과거에는 이렇게 회의장 출입이 엄격하게 관리되었다. → '흠석사찰위원'을 보라.

흠석사찰위원(欠席査察委員, attendance committee, committee of leave of absence) 흠석사찰 임무를 수행하는 위원. ① 회의시 자리를 뜨는 회원을 관리하고 ② 회의장의 질서를 유지하며 ③ 회의와 직접 연관되지 않은 문제가 발생할 때 이를 맡아 처리한다. 위원은 회의 초두에 의장이 지명하거나 의논하여 즉석에서 선정한다. '흠석사찰지시위원'이라고도 한다. 한 마디로 '질서유지위원'인데, 근래에는 '정리위원'이라 부르기도 한다.

회의 규칙 일람표

원동의

○있음 ×없음

	재청	토론	수정	번안	과반수	2/3	1/3	성수미달	발언중지
동의	○	○	○	○	○				

잡동의

	재청	토론	수정	번안	과반수	2/3	1/3	성수미달	발언중지
구두 호천	×	×	×	×					
구두 호천 중지	○	×	×	×		○			
회의 비공개 진행	○	○	×				○		
회의록 삭제	○	○	○	○	○				

우선동의

	재청	토론	수정	번안	과반수	2/3	1/3	성수미달	발언중지
일정 변경	○	×	×	×		○			
일정 촉진	×	×	×	×		○			
특권 문제	×	×	×		○				
휴회(정회)	○	×	○	×	×				
폐회	○	×	×	×	○				
차기 회의 장소 결정	○	○	○	○	○				

1. 휴회 동의는 부결된 후라도 그 직후가 아니면 언제라도 다시 제출할 수 있다.
2. 차기 회의 장소 결정은 폐회 동의 가결 후라도 폐회 선언 이전이면 제출할 수 있다.

※「총회 주요결의 및 교회회의」, 대한예수교장로회총회(합동)

부수동의

	재청	토론	수정	번안	과반수	2/3	공소	성수미달	言中言不	加, 必
규칙 일시정지	O	×	×	×		O				
동의 철회	×	×	×	O	O					
심의 반대	×	×	×			O				
서류 낭독 요구	×	×	×	O	O					
문제 분할	×	×	O	×	O					
표결 방법	O	×	O	O	O					
축조심의 동의	O	×	O	×	O					
의사 진행의 이의	×	×	×	×					O	
의장 결정의 공소	O	O	×		O				O	
번안	O	O	×	O		O				
폐기(취소)	O	O	×			O				

1. 심의 반대 동의는 심의 개시 이전에만 제출할 수 있다.
2. 번안동의는 소수파에서는 제출할 수 없다.

보조동의

	재청	토론	수정	번안	과반수	2/3	공소	성수미달	言中言不	加, 必
무기연기	O	O	×	O(3/4)	O					
수정	O	O	×	O	O					
위원회 회부	O	O	O	O	O					
위원회 재회부	O	O	O	O	O					
유기연기	O	O	O	O	O					
토론의 제한(연장)	O	×	O	O		O				
토론 종결	O	×	×			O				
보류(유안)	O	×	×	×	O					
유안건 상정	O	×	×		O					

1. 무기연기 동의 ▶ 무기연기 동의가 나온 후에 수정동의를 낼 수 없다.
　　　　　　　▶ 무기연기가 가결된 후 그 회기 중에는 상정이 불가하나 번안동의로 상정할 수 있다.
2. 수정동의 ▶ 정반대 내용으로 수정할 수 없다.
　　　　　 ▶ 회원의 수정안은 위원회의 수정안보다 우선한다.
3. 토론 종결 동의 ▶ 토론 시간 작정 후의 토론은 10분으로 제한한다.
　　　　　　　　▶ 본 동의가 처결(處決)되었으면 원안 변경이 없는 한 가부간 재제출할 수 없다.

7
올바른 용어

… 가지고 ~ 흠향하여 주시고

● … 가지고 → '… 하고', '… 해서.'

방송 출연자들 중에서 '가지고'란 표현을 잘못 사용하는 경우들이 더러 있다. 예를 들면, "밤새 철야 기도를 해가지고 몹시 피곤하다.", "목사님은 에베소서를 가지고 새벽마다 설교를 하신다." 등이다. 여기서 '가지고'는 영어의 'have'를 오용하는 사례들이다. 물론 한글에도 '가지다'가 '…을 써서'란 의미의 타동사로 사용되기도 한다. 그러나 이 경우 '… 해서', '… 하여' 등으로 표현하는 것이 훨씬 부드럽고 자연스럽다. 즉, "밤새 철야 기도를 해서 몹시 피곤하다.", "목사님은 에베소서로 새벽마다 설교를 하신다."로 표현하는 편이 좋다.

● 감사하신 하나님 → (기도시) 고마우신 하나님.

기도 초두에 흔히 잘못 사용하는 경우로, '감사하시는 하나님' 즉, '하나님이 사람에게 감사하신다'는 의미이다. 이는 기도하는 사람의 의도와는 완전히 다르게 언급된 그릇된 표현이다. 따라서 사람이 하나님께 감사한다는 의미로 쓰려면 '고마우신 하나님'이라 표현해야 맞다. 그렇지 않으면 아예 "하나님 감사합니다."라고 표현해야 한다.

● … 같습니다(seem, likely) → '…ㅂ니다', '…라고 생각합니다.'

국어사전에서 '같다'는 말이 의미하는 내용 중에는 '조사가 붙지 않은 체언에 바로 이어지거나, -ㄴ(은·는) 것 또는 -ㄹ(을·를) 것에 이어져 추측이나 불확실한 단정을 나타냄'이라고 정의한 대목이 있다.

그런데 우리들의 언어 습관 중에 무의식적으로 명확한 사실(예를 들면, 지금 비가 내리고 있음에도)조차도 추측이나 불확실한 단정의 말로 표현하는 경우(예를 들면, "비가 오는 것 같습니다.")를 볼 수 있다.

특히, 진리를 전하는 설교자의 입에서 성경의 사실적 내용을 선포하면서도 추측이나 불확실한 단정의 말로 "… 는 것 같습니다."라고 한다면 그 메시지의 힘은 분명 약해지고 말 것이다. 비가 오면 "지금 비가 옵니다.", 자신이 믿고 확신한 내용이면 "그렇게 생각합니다."라고 당당하고 단정적으로 표현할 필요가 있다.

● 개신교(改新敎, Protestantism) → '개혁교회', '기독교.'

마틴 루터의 종교개혁 이후 개혁 신앙의 원리를 받아들이는 종파. 로마 가톨릭과 그리스 정교를 제외한 모든 프로테스탄트 교회(루터 파, 칼빈 파, 쯔빙글리 파, 재세례 파 등)를 가리키는 말이다.

이 말은 1592년 독일에서 열린 신성로마제국 의회인 '쉐파이어'에 참석한 기독교 정파들을 통틀어 가리키는 말인데, 로마 가톨릭교회가 개혁교회를 비하하여 '갈라져(찢겨) 나간 교회'(裂敎, 열교)란 의미로 사용하기 시작하였다.

우리나라에서는 19세기 말 처음 기독교가 한국에 들어올 당시, 이미 1세기 전에 우리나라에 전파된 로마 가톨릭교회가 자신들의 '천주교'와 구분하기 위해 '신교'(新敎)라고 불렀다. 그러니 천주교는 기독교에 의해 상대적으로 '구교'(舊敎)로 불리게 되었다. 그러다 1960년 제2공화국 당시 독실한 천주교인인 장면(張勉) 씨가 정부의 공식 칭호로 천주교를 '가톨릭', 기독교를 '개신교'라 정하면서 지금까지 기독교가 개신교로 불렸고, 심지어 기독교 내에서도 아무 여과없이 이 용어를 사용하고 있다. 결국 '개신교'(신교)는 종교개혁을 통해 형성된 교회를 가리키는바, '개혁교회'로 표현하는 것이 바람직하다.

● 개회(開會)합니다(open a meeting) → (예배 시) '예배 시작합니다'(open a worship).

간혹 예배 시간에 "성부 성자 성령의 이름으로 개회합니다."라든지 "주님의 이름으로 개회를 선언합니다."라고 표현하는 경우가 있다. 또 취임 감사예배 같은 데서는 "개최하겠습니다."라는 표현들도 종종 사용되는 것을 볼 수 있다.

하지만 '개회'는 '모임이나 회의를 시작함'이란 뜻이다. 또 '개최'는 주로 세미나나 올림픽과 같은 국제대회, 정상회담 등에 사용되는 표현이다. 거룩하신 삼위일체 하나님께 드리는 예배는 회의나 운동경기, 회담이 아니기 때문에 '개회'(개최)란 표현은 적합하지 않다.

　단순히 "예배를 드리겠습니다."라든지 "예배를 시작하겠습니다."라고 표현하는 것이 좋다. 물론 요즘은 예배 진행자의 언급 없이 전주(前奏)로 곧장 예배를 시작하는 경우도 많아 굳이 "예배 드리겠습니다."는 표현조차 사용하지 않는 교회도 많이 있다.

● **… 것입니다** → (설교시) '… 이다.'

　흔히 설교할 때 종결 부분을 '것입니다'로 마무리하는 습관을 가진 목회자들이 있다. 예를 들면, "하나님은 애굽에 10가지 재앙을 내리셔서 이스라엘 백성을 구원하신 것입니다." "하나님은 지금도 우리를 눈동자와 같이 지켜 주시는 것입니다."

　이상에서 보듯이 '것입니다'란 표현은 우회적이고 완곡한 느낌을 주어 설교의 능력을 약화시키는 경향이 있다. 이 경우 "하나님은 … 이스라엘 백성을 구원하셨습니다." "하나님은 … 지켜주십니다."로 고쳐서 표현하는 것이 훨씬 간결하며 강력한 느낌을 준다. '것입니다'란 표현이 특별히 틀린 말은 아니나 '… 입니다'가 좋은 설교 형태로 권장할 만하다.

● **계실지어다** → (축복시) '있을지어다.'

　예배 말미에 축도('축복'의 그릇된 표현)하면서 종종 '… 계실지어다'로 표현하는 경우가 있다. 하지만 이는 잘못된 표현이다. '… 있을지어다'가 맞는 표현이다. → '축원하옵나이다'를 보라.

● **고인(故人)의 관에 성경·찬송을 넣는 행위** → (장례시) '삼가야 한다.'

　흔히 장례식에서 관에 고인이 평소 사용하던 유품이나 성경·찬송 등을 넣는 경우를 보게 된다. 이처럼 관 속에 고인의 유품을 넣거나, 고인의 유류품을 소각하는 행위는 유교적 관습으로 바람직하지 않다. 오히려 유족이 고인의 유품(성경책·찬송가 등)을 소장하여 보관하면서 평소 고인의 믿음 생활을 기억하고 그 신앙 행위를 본받는 것이 바람직하고 의미가 있다. 이교(異敎) 풍습을 모방한 장례 문화는 기독교인으로서 삼가는 것이 옳다.

● **고인(故人)의 명복(冥福)을 빕니다** → (장례시)

'하나님의 위로를 받으시기 바랍니다', '부활의 소망을 가지시기 바랍니다', '무엇으로 위로의 말씀을 드려야 할지 모르겠습니다.'

　'명복'(冥福)이란 '명부(冥府)' 곧 사후 세계(저승)에서 좋은 심판을 받는 복(happiness in the other world)을 가리키는 이교(불교, 도교) 용어다. 이곳 '명부'에는 사후의 암흑 세계를 다스리는 왕(염마⟨염라⟩대왕)이 살고 있다는데, 불교(도교)에서는 죽은 사람들이 모두 이 사후의 왕 앞에 가서 심판을 받는다고 한다.

　결국 '명복을 빈다'는 말은 고인이 사후 세계에 가서 암흑의 왕으로부터 심판을 잘 받고 복을 누리기를 비는 것을 말한다. 따라서 하나님의 부르심을 받고 천국에 간 교인에게는 결코 적절하지 못한 표현이다. 그러므로 성도는 죽은 사람을 위로하는 어떤 표현보다는 그 유족들을 위해 하나님의 위로를 빌고 주님 오시는 날 부활하여 함께 만나기를 기원하는 것이 신앙적으로 바람직하고 신학적으로도 맞다.

● **고퇴(叩槌, gavel)** → '의사봉', '사회봉.'

　회의시 사회자가 원활한 의사 진행을 위해 사용하는 나무 망치. 오늘날 교회 밖(사회)에서는 전혀 사용되지 않는 표현이긴 하지만 한국교회의 역사성을 감안하여 총회에서 사용하는 '고퇴'라는 표현 만큼은 그대로 사용하자는 의견도 있다. → [6. 교회 회의 용어] '고퇴'를 보라.

● **골몰(汨沒)하나(be absorbed in one's work)** → (찬송가) '부지런하나', '수고하나.'

　통일찬송가 370장 2절에 나오는 가사('낮에는 골몰하나')의 일부다. 여기서 '골몰'은 '다른 생각을 할 겨를도 없이 한 가지 일에만 파묻히는 것'을 뜻한다. 따라서 '낮에는 한 가지 일에 파묻혀 몰두하나', '낮에는 부지런히 일하나'란 의미이다. 표현이 다소 어려워 새찬송가 330장 2절에서는 '낮에는 수고하나'로 고쳤다.

● **공염불(空念佛, empty prayers)** → '사용하지 않는 것이 바람직하다.'

　'공염불'이란 '신심(信心) 없이 입 끝으로만 외는 염불'이란 뜻이다. 이는 불교 용어로 교회에서나 설교시에 삼가는 것이 바람직하다.

● 교회, 교회당(教會堂, church) → '상황에 따라 가려서 사용해야 한다.'

종종 '교회'와 '교회당'을 구분없이 사용하는 경우를 볼 수 있다. '교회'는 '주님의 백성의 모임', '교인의 무리'를 가리킨다. 신학적으로는 이를 '무형교회'(無形教會)라고도 한다. 이 말은 헬라어 '에클레시아'(εκκλησια)에서 나왔는데, 직역하면 '불러서 모았다'는 뜻이다. 즉, 하나님께서 세상에서 부르셔서 하나님의 거룩한 백성으로 모으셨다는 의미이다. 이것이 바로 '교회'의 본래적인 의미이다.

이에 비해, '교회당'은 이렇게 부름받은 성도가 모여 예배를 드리는 처소(공간)를 가리킨다. 그러므로 모임 장소를 가리킬 때나 예배 처소를 나타낼 때는 '교회당'(예배당)이라 표현해야 정확하다. 대다수 교회가 건물의 정문에 'ㅇㅇ교회'라는 팻말을 사용하고 있는데, 엄격하게 말하면 'ㅇㅇ교회당' 또는 'ㅇㅇ예배당'이라 해야 맞는 표현이다.

● 교회 마당에 공덕비를 세워 기념하는 일 → '삼가야 한다.'

드물지만 간혹 교회 설립에 큰 공을 세워 두고두고 기념할 만한 인물의 공덕비(功德碑), 혹은 동상이나 흉상(胸像)을 교회 마당에 세우는 일이 있다. 하지만 이것은 참으로 합당치 않다.

교회는 예수 그리스도의 십자가 보혈 위에 세워진 구원의 방주이다. 어느 누가 아무리 교회에 큰 공을 세웠다 하더라도 주님의 보혈의 공로보다 더 우선할 수는 없다. 주님 앞에서 사람을 내세우고 그 공적을 치하하는 행위는 결코 바람직하지 않다. 같은 맥락에서, 예배 시간에 특정인을 지목하여 교인들 앞에서 치하하거나 박수하거나 영예롭게 하는 행위 역시 하나님 앞에서 외람된 일이요 절대 해서는 안 될 일임을 명심해야 한다.

● 교회 직분자를 '내가 세웠다'는 표현 → '하나님이 세우셨다', '교회가 세웠다.'

목회자 가운데 종종 교회 중직자들을 가리켜 '내가 … 를 세웠다'는 표현을 쓰는 경우가 있다. 그러나 직분은 하나님께서 부여하신다. 모세, 사무엘, 다윗, 솔로몬 등 성경에 나오는 위대한 일꾼들은 모두 하나님께서 사람을 통해 세우셨다. 그렇다고 해서 하나님의 도구로 쓰임받은 자가 스스로 '내가 세웠다'고 말하는 경우는 없다.

'내가 세웠다'는 것은 곧 공적으로 위임한 것이 아니라 사사로이 직분을 주었다는 의미일 수밖에 없는데, 이는 직분을 수여하고 일꾼을 세우시는 하나님의 절대 주권을 인정하지 않는 신성 모독적인 언사이다. 교회 직분자를 세우는 일은 지상 교회를 통해 이 땅에서 거룩하신 뜻을 이루어 나가기 위한 하나님의 경륜에 속하는 신적(神的) 행위임을 망각해서는 안 된다. 따라서 '내가 세운 것'이 아니라 '하나님이 세우셨다', '교회가 세웠다'고 해야 맞다.

● 교회 출석 → (예배시) '예배 참여.'

'교회 출석'이란 매우 포괄적인 표현이다. 이 말은 예배 참석을 비롯하여 교회의 각종 모임 출석까지를 포함한다. 흔히 교회의 규모와 교세(教勢)를 과시할 때 "교회 출석 인원이 몇 명"이라 표현하기도 한다.

하지만 엄격하게 말하면, 교회 출석자가 모두 예배 참석자는 아니요, 심지어 예배 참석자 중에는 진실된 예배 참여자가 아닌 경우도 있을 수 있다. 따라서 형식상의 '교회 출석'과 내용상·신령상의 '예배 참여'란 표현은 구분되어야 한다. 그리고 이를 구분해서 사용할 정도로 교회인 수준이 높아져야 한다.

● 구주를 생각만 해도 → (찬송시) '예수를(예수님) 생각만 해도.'

찬송가 85장 1절에 '구주를 생각만 해도 이렇게 좋거든'이란 가사가 나온다. 이 말의 원래 가사는 'Jesus, the very thought of Thee with sweetness fills my breast'이다. 여기 'Jesus'를 우리말에서 '구주'로 번역해서 부르고 있다.

예수님께서 우리 구주이시니 구주는 곧 예수님을 나타낸다. 의미상으로는 큰 차이가 없으나 원문은 'Savior'가 아니라 'Jesus'이며, 이 찬송의 핵심 역시 '예수 그리스도'의 사역에 초점이 있음을 알고 부르는 것도 좋겠다.

● 귀머거리(the deaf) → '못 듣는 사람', '듣지 못하는 자', '청각장애인.'

귀가 어두워 듣지 못하는 사람을 가리키는 개역한글판에 사용된 표현이다(출4:11; 사35:5; 막

7:37). 그리 좋은 표현이 아니라 하여 개역개정판에서는 '못 듣는 사람(자)'으로 개정되었다.

● **귀의(歸依)하다(be converted)** → '(기독교로) 개종하다', '(기독교에) 입교하다.'

'귀의'는 '돌아가 몸을 의지함'이란 뜻으로, 특별히 불교에서 부처를 믿고 그 가르침에 따르는 것을 의미하는 불교 용어이다. 따라서 교회에서 성도가 사용하기에는 적절하지 못하다. 이 경우 '기독교로 개종하다'고 하거나 '기독교에 입교하다'로 표현하는 것이 바람직하다.

● **그 솜씨 깊도다(His hand the wonders wrought)** → (찬송시) '그 솜씨 좋도다.'

찬송가 478장 '참 아름다워라'의 1절 가사 끝 부분. 천지를 창조하신 하나님의 놀라우신 능력과 그곳에 깃든 하나님의 영화로우심, 그리고 지음받은 우주 만물의 아름다움을 노래한 찬송가사다.

끝 부분에 '내 아버지의 지으신 그 솜씨 깊도다'는 가사가 나오는데 '내 아버지께서 지으신 그 솜씨 좋도다'가 어휘상 맞는 표현이다. 솜씨는 '깊다', '얕다'로 표현하는 것이 아니라 '좋다', '훌륭하다'등의 표현이 적절하다. 비록 그 동안 즐겨 부르고 입에 익숙한 표현이긴 하나 바로잡는 것이 후대를 위해 바람직하다.

● **기도나 해주세요** → '기도 부탁합니다', '기도해 주세요.'

성도 간의 대화 중에 종종 사용되는 표현이다. 예를 들어 "병원에 입원하셨다고 들었는데 문병도 가보지 못하고 …." "괜찮아요. 바쁘신데 … 기도나 해주세요."라는 식이다.

여기서 '… (이)나'는 마음에 차지 않는 선택이나 최소한 허용되어야 할 선택'을 뜻하는 보조사이다. "심심한데 영화나 보자.", "밥이 없으면 라면이나 끓여 주세요." 등으로 사용된다. 이상에서 알 수 있듯이 '기도나 …'라고 하는 표현은 그저 차선책으로 기도해 달라는 의미이다.

하지만, 기도는 차선책으로 마지못해 하는 것이 아니라 어떤 경우를 막론하고도 최우선적으로 해야 하는 성도의 의무이다. 따라서 "기도나 해주세요."라는 표현보다 "기도 부탁드립니다."라든지 "기도해 주세요."라고 하는 것이 바람직하다.

● **기도로 폐회합니다** → (예배시) '기도로 예배를 마칩니다.'

간혹 예배를 마치면서 "기도로 폐회하겠습니다."라고 말하는 경우를 보게 된다. 여기서 '폐회'란 집회나 회의를 마치는 것을 가리킨다. 하지만 예배는 회의나 집회가 아니다.

따라서 예배 이외의 각종 회의나 모임에서는 "기도로 폐회하겠습니다."라는 표현을 쓸 수 있겠으나 예배에서 이런 표현은 예배의 본질이나 정신에 어긋나므로 삼가야 한다. 대신 "기도로 예배를 마치겠습니다."라고 하는 것이 적합하다.

● **기도받는다** → '기도 부탁', '기도 의뢰', '중재기도', '도고'.

교인들 가운데 능력 있는 목사(부흥회 강사)에게 "기도를 받으러 간다."고 말하는 경우가 있다. 이 표현은 기도가 어떤 능력자의 전유물로서, 그가 나누어주는 신령한 선물로 오해받을 소지가 다분하다. 이는 어법이 맞지 않을 뿐만 아니라 기도에 대한 잘못된 신앙관이 반영된 표현이다.

행여 어려운 일 때문에 더불어 합심해서 기도할 문제가 있다면, 그래서 기도를 당부한다는 의미라면, "기도를 부탁한다." "기도를 의뢰한다."는 등의 표현이 적합하다. 간혹 불신자들이 점쟁이에게 '점괘를 받으러 가는'식으로 "기도받으러 간다."는 말을 사용한다면 이 말은 어법도 틀렸지만 그 믿음이 완전히 잘못되었다. 어법을 고치기에 앞서 그릇된 믿음을 바로잡아야 한다.

● **기도 서두에 '할렐루야'나 '성구'(성경구절 암송)로 시작하는 것** → '삼가야 한다.'

'할렐루야(הַלְלוּיָהּ)'는 '여호와를 찬양하라'는 뜻으로서, 시(詩)나 찬양에서 환호할 때 쓰이는 표현이다. 즉, 이 말은 예배나 절기에서 여호와를 찬양하자고 권면할 때에 사용되는 말이다. 기도는 하나님과의 인격적인 대화인데 그런 기도의 첫 머리에 하나님을 향해 '여호와를 찬양하라'는 환호의 말을 사용하는 것은 적절하지 못하다. 찬양의 대상이신 하나님께 '여호와를 찬양하라'고 권면하는 꼴이니 부적합하다.

또한, 기도 첫 머리에 교훈이 될 만한 성경 구절을 낭송하고 기도를 시작하는 경우도 있다. 이는 다분히 성도를 의식한 기도요, 기도의 대상이 하나님이심을 망각한 처사이다. 성경 말씀은 우리 성도가 구원에 이르는 지혜를 얻도록 하나님께서 우리에게 주신 것이다. 그것을 다시 기도의 첫 머리에 하나님께 되돌려 적용하는 것은 적절하지 못하다.

심지어 하나님을 향한 기도임에도 마치 설교하듯이 하는 기도, 자기의 성경 지식을 성도에게 과시하려는 듯한 기도도 있다. 이 모두가 기도의 본질에서 벗어난 것으로서 주의가 필요하다. 참으로 하나님의 자녀로서의 올바른 기도 훈련이 요구된다 하겠다.

● **기도하였습니다** → (기도 마무리 때) '기도합니다', '기도드립니다.'

기도를 마감하는 말로 "예수님의 이름으로 기도하였습니다."와 같이 과거형을 사용하는 경우가 종종 있다. 조금 전에 기도를 시작했으니 간구한 모든 말들은 문법적으로 이미 과거나 현재완료가 되므로 '기도하다'의 과거형이 맞다고 생각할지 모른다.

하지만 기도는 하나님과 성도 사이의 교제이며 대화요, 호흡이다. 따라서 항상 살아 계시며 역사하시는 하나님께 드리는 기도는 현재형(현재진행형)이어야 한다. 또한 마음의 소원을 아뢰는 기도는 미래의 기원을 담고 있으며 언제나 그렇게 되기를 바라는 영원한 현재성을 가지기 때문에 과거시제로는 적절하지 않다.

뿐만 아니라 기도를 들으시는 하나님의 응답 역시 현재(지금 당장)나 미래의 시점에서 이루어진다. 그런데 하나님께 드리는 기도가 '과거'(과거시제)에 머문다면 이는 모순이다. 따라서 우리의 기도는 항시 '현재형'으로 이루어져야 한다. "예수님의 이름으로 기도드립니다(하옵나이다, 합니다)." 기도의 마감은 이렇게 이루어져야 한다.

● **기독교를 믿는다** → '하나님을 믿는다', '예수 그리스도를 믿는다.'

종종 "어떤 종교를 믿느냐?"는 질문을 받을 때가 있다. 그러면 많은 경우에 "기독교를 믿는다."고 대답한다. 그러나 이는 질문도, 답변도 모두 틀린 말이다. 국어사전에는 종교를 가리켜 '어떤 신이나 절대자를 인정하여 일정한 양식 아래 그를 믿고 숭배하고 받듦으로써 그 신으로부터 마음의 평안과 행복을 얻어 누리고자 하는 문화의 한 체계'라고 정의하고 있다. 따라서 종교는 믿음의 대상이 될 수 없다.

그러기에 어떤 "종교를 믿느냐?"는 말은 틀린 말이다. "당신의 종교는 무엇입니까?"라고 묻는 것이 바른 표현이다. 그럴 때 "기독교입니다."라고 하는 것이 바른 대답이다. 기독교나 교회 자체가 신앙의 대상인 것처럼 표현하는 것은 잘못이다.

● **꽃 상여**(- 喪輿, bier) → '사용하지 않는 것이 바람직하다.'

'상여'는 시체를 묘지까지 나르는 제구(諸具)이다. 이 상여를 꽃으로 장식했다 해서 '꽃 상여'라고도 부른다. 무속(巫俗)에서는 저승을 꽃동산으로 이해하는 경향이 있다. 그래서 꽃 상여를 타야만 저승으로 갈 수 있다는 생각에서 꽃 상여가 만들어진 것으로 보인다.

물론 지금은 상여로 시신을 운구하는 시대는 지났고, 상여를 사용하는 장례식도 거의 보기 드물다. 하지만 상여를 사용한다면 꽃 장식보다는 십자가가 선명히 보이는 관보(관을 덮는 보자기)를 사용하는 편이 기독교 예식으로 적합하다.

● **나라이**(kingdom) → '나라가.'

개역한글판 성경 마태복음 6:9-13에는 주님께서 가르쳐 주신 기도(주기도문)가 소개되어 있다. 여기 보면 '나라이 임하옵시며'(마6:9)라는 구절이 나온다. 이 구절에 근거하여 성도 중에는 기도의 모범인 주기도문을 암송할 때에 '나라이 임하옵시며'로 기도하는 분들이 많다.

하지만 여기 '나라'는 '하나님 나라'를 가리키는 말로서 문장에서는 주어 역할을 한다. 문제는 그 뒤에 주격조사 '이'가 붙는다는 것이다. 이는 '이'를 주격조사로 사용한 고어(古語)의 영향 때문에 생겨난 표현이다. 그래서 지금까지 교회에서는 '나라이'의 의미도 정확하게 이해하지 못한 채 주기도문을 암송히였고, 심지어 너러는 '나라에'로 발음하는 경우까지 있었다.

그런데 근래에 개역개정판 성경이 번역되면서 옛 표현들이 사라지고 주기도문도 현대 어법에 맞게 수정·보완되었다. 개정된 성경 본문에 따라 '나라이'는 '나라가'로 표현하는 것이 어법에도 맞고 의미도 알기 쉽다.

●나의 죄 위하여(for my sins) → 〈찬송시〉 '내 죄 사하려고.'

　찬송가 144장 후렴에 '나의 죄 위하여' 란 가사가 있다. 여기서 '위하여' 란 사전적으로 ① 이롭게 하다 ② 잘 되도록 하다 ③ 소중하게 알다' 는 뜻이다. 이 표현은 '죄' 라는 말과 서로 어울릴 수 없는 단어이다. 따라서 '나의 죄 위하여' 는 '내 죄 사하려고' 로 고쳐 부르는 것이 적절하다고 본다.

●내 맘을 감동해(convincing men of sin) → 〈찬송시〉 '내 맘이 감동해.'

　통일찬송 410장 3절 가사의 일부다. 여기서 '감동하다' 는 자동사로서 목적어와 함께 사용할 수 없다. 제대로 한다면 '내 맘이 감동해' 가 맞다. 그래서 새로운 찬송가에서는 310장 3절에서 '내 마음 감동해' 로 고쳐 부르고 있다.

●너무(too, so, overly, extremely, awfully, very, greatly, excessively) → '매우', '무척', '정말', '아주', '진짜'.

　일상 용어 중에 '너무' 라는 단어를 남용하는 경향이 있다. "너무 아름답다", "너무 기뻐 미칠 것 같다", "너무 고맙습니다." 등등. 여기서 '너무' 는 '정도에 지나치게', '도를 넘거나 한계를 지나치게' 라는 뜻을 지닌 부사로서 '몹시' 라는 단어와 함께 부정적인 의미와 호응을 이루어 사용해야 한다. 물론 부정적인 의미란, 뒤에 반드시 '… 이 아니다', '… 할 수 없다' 와 같은 부정문이 와야 한다는 것이 아니라 화자(話者)가 문장의 뉘앙스를 부정적으로 표현하고자 할 때 '너무' (몹시)라는 표현을 쓴다는 뜻이다. 그리고 기준이나 한도와 상관없는 낱말에 '너무' 를 붙이는 것은 부적절하다.

　수사법에서 부사의 기본적인 기능은 서술어를 수식하면서 의미상 뒷 서술어의 의미 강도를 강하게 해주는 성질을 지닌다. 그런데 문제는 '너무' 라는 낱말이 다른 부사어들(예를 들면, 매우, 무척, 정말, 아주, 진짜' 등)을 대치하여 독보적일 만큼 지나치게 사용되고 있다는 점이다. 따라서 각 부사의 특성을 잘 살펴 문장 중에 적절한 부사를 활용하는 것이 세련되고 고급한 언어 생활을 가능케 하는 길이라 생각한다. 자주 사용되는 부사어들을 살펴보면 다음과 같다.

　① 매우 : '보통 정도보다 훨씬 더' 의 뜻을 지닌 부사로 '무척' 등과 같이 긍정에도 부정에도 모두 쓰일 수 있지만 주로 긍정적인 표현에 사용된다. 즉, 화자가 그 정도에 문제가 있다는 뉘앙스로 표현을 할 때는 '너무' 를, 그렇지 않고 바람직하거나 좋은 결과를 기대하는 뉘앙스를 표현하고자 할 때는 '매우' 를 사용한다.

　② 무척 : '다른 것과 견줄 수 없이' 라는 뜻을 지닌 부사로, 긍정과 부정에 함께 쓰일 수 있지만, 대개 긍정에 쓰이는 것이 자연스럽다.

　③ 정말 : "정말 아름답구나."와 같이 주로 긍정적인 서술어와 함께 쓰이며, 부정적인 서술어와 함께 쓰지 않는 것이 옳다.

　④ 아주 : 긍정적 의미로 '보통보다 훨씬 뛰어나다', '보통 정도보다 훨씬 더 넘어선 상태다' 는 뜻으로, '매우' 와 비슷하게 쓰인다.

　⑤ 진짜 : 수식하는 문장의 의미가 긍정이든 부정이든 상관 없이 '수식된 서술어의 진정성을 더한다' 는 의미로 이해할 수 있다.

●넋두리(a grumble, a tale of woe) → '비기독교인적인 용어로 사용을 삼가야 한다.'

　'넋두리' 는 보통 '불평이 있을 때 투덜거리는 말소리' 를 가리킨다. 그러나 원래는 죽은 이의 넋이 저승에 잘 가기를 비는 굿을 할 때에 무당이 죽은 사람의 넋을 대신하여 하는 말을 가리킨다. 무속적인 배경을 담고 있는 용어이기 때문에 가능하면 사용하지 말아야 한다. → '푸념' 을 보라.

●님(sir) → 〈기도시〉 '상황에 따라 가려서 사용해야 한다.'

　① 예배나 기도 시간에 직분자들의 호칭 아래 존칭을 나타내는 접미사 '님' 을 사용하는 것은 맞지 않다. 기도의 대상은 지극히 높고 존귀하신 절대자 하나님이시다. 따라서 그 앞에서 인간의 직분은 지극히 하찮고 보잘것없다. 따라서 목사님, 장로님, 권사님 등의 호칭은 기도의 대상이신 하나님 앞에 옳지 못하다.

　우리말에도 나보다 높은 어른을 더 높은 어른 앞에서 지칭할 때는 존칭을 사용하지 않는 것이 예의다. 예를 들면 시아버지 앞에서 남편을 가리킬 때는 '아범' 이나 '애비' 라고 지칭하는 것과 같은 원리다. 그렇다고 해서 단순히 '목사', '장로', '권사' 로만 부르는 것도 우리의 정서가 아니다. 그러므로 목사를 칭할 때는 '주님의 사자', 말씀을 맡은 사역자' 등으로, 직분자들에게는 '장로로, 권사로, 집사로 충성하는 봉사자들'로 호칭하는 것이 자연스럽고 예법에도 맞다.

② 한편, 반대의 경우도 있다. 기도 때나 교회에서 일상적으로 설교할 때에 성령을 가리키는 말로 '님'을 붙이지 않는 경우가 흔하다. 어쩌면 성령은 하나님에게 부속된 보조적 위치로 그릇 생각한 데서 기인했을 수도 있다. 하지만 성령 역시도 삼위일체 하나님 가운데 한 분으로서 위격이 하나님과 동등하시다. 따라서 우리가 '하나님', '예수님'이라 부르듯이 성령께도 '성령님'이라는 호칭이 바람직하다고 본다.

●님 귀하(- 貴下, Mr., Mrs., Miss) → (서류 및 서신 발송시) '귀하', '님.'

교회에서 발송하는 서신이나 행정 서식, 공문서에서 'ㅇㅇㅇ 목사님 귀하'란 표현을 쉽게 볼 수 있다. 하지만 '님'은 존칭을 나타내는 접미사이며, '귀하'는 상대방의 이름 뒤에 붙이는 경어(敬語)이다. 결국 '님'이나 '귀하'는 같은 의미이며, 이를 함께 사용하는 것은 지나치고 불필요한 중복이다. 따라서 'ㅇㅇㅇ 목사 귀하'라든지 아니면 단순하게 'ㅇㅇㅇ 목사님'으로 쓰는 것이 좋다.

●다 찾으신 줄 믿고 → '다 찾으신 줄 알고.'

'믿다'는 말은 ① '그렇게 여겨 의심하지 않다'는 뜻이요 ② '받들고 따르다' 즉 신앙의 유일한 대상인 하나님에 대한 인간의 의지를 나타내는 표현이다. ①의 의미로 사용할 수도 있으나, ②의 경우로 오해할 수도 있다. 사실 예배 시간에는 주로 ②의 경우로 사용한다. 즉, 예수님께서 하나님의 아들이라는 사실, 예수님께서 구주라는 사실, 하나님이 창조주라는 사실 등에 대한 믿음을 나타낼 때에 '믿는다'고 표현한다. 이에 비해 '안다'는 말은 어떤 사물이나 사건에 대한 지식을 가지게 되는 것을 말한다.

예배 도중에 교인들이 성경 본문을 다 찾았는지의 여부는 예배 진행자 입장에서는 모두 알 수 없을 뿐 아니라 설사 안다고 해도 그 사실 자체가 믿음의 대상은 아니라고 생각한다. 그러므로 이 경우 "다 찾으신 줄 알고."라고 표현하는 것이 적절하다. 이처럼 아주 작은 부분이긴 하나 오해하거나 잘못 이해될 수 있는 표현은 지양하고, 상대방에게 그 뜻하는 바를 정확하게 전달하는 언어 습관이 신앙상 유익하다.

●당신(you) → (기도시) '하나님', '주님', '하나님 아버지.'

'당신'이란 말에는 두 가지 용례가 있다. ① 2인칭으로, 현장에 있는 상대방에게 예사 높임말(예를 들면, '보오', '있소', '합시다' 등)로 사용되는 경우다. 이 말은 간혹 길거리에서 시비가 붙었을 때 낯선 상대방을 향해 자주 사용되어 또 다른 시비의 발단이 되기도 한다. ② 3인칭으로, 현장에 없는 제3자를 아주 높여 극존칭으로 사용하는 경우다. 예를 들면, 그 자리에 계시지 않는 부모님을 지칭하여 "당신께서 평소 아끼시던 물건 …" 등으로 표현할 수 있다.

그렇다면 우리가 기도할 때 하나님을 가리켜 '당신'이라 부르는 것은 어떤가? 이 경우 하나님은 그 자리에서 우리의 기도를 들으시는 기도의 직접적인 상대가 되시는 분으로 3인칭이 아니라 2인칭에 해당된다. 이 경우 하나님을 향해 '당신'이라 하는 것은 이는 마치 우리가 아버지 면전에서 아버지에게 '당신'이라 호칭하는 것과 같다. 이 경우는 '하나님'이라 하든지 '아버지' 또는 '하나님 아버지'라고 표현하는 것이 옳다. 지존하신 하나님을 향해 예사 높임말인 '당신'이란 표현은 적절치 못할 뿐더러 불경스럽기까지 하다.

●당회장(堂會長)과 담임목사(擔任牧師) → '상황에 따라 가려서 사용해야 한다.'

'당회장'은 행정·사무와 관련한 목사의 직무적 호칭인데 비해 '담임목사'는 목회(목양) 전반과 관련하여 부르는 호칭이다. 따라서 당회장과 담임목사란 호칭은 직무에 따라 구분되어야 한다. → [3. 행정 및 교육 용어] '담임목사', '당회장', '당회장과 담임목사'를 보라.

●대승적(大乘的)으로 → '폭넓게', '마음을 열고', '전향적으로.'

불교용어로 교회 내에서 사용하기에 부적절하다. 참고로, '대승'(大乘)이란 이타주의에 의하여 널리 인간 전체의 구제를 주장하는 적극적인 불법(佛法)을 가리킨다. 특히, '승'(乘)은 피안으로 타고 가는 수레라는 뜻으로, 곧 '교리' 나 '진리' 를 가리킨다. 주전 1-2세기경, 북부 인도에서 일어난 진보적 불교 세력이 스스로의 교리(교설)를 이르던 말이다. 종래의 출가자(出家者) 위주의 교의를 반대하고, 재가(在家)의 대중(大衆)을 두루 교화할 교리를 주장하였는데 그것이 바로 '대승' 이었다.

● 대심방(大尋訪) → '전체 교우 (가정) 방문', '정기 심방'.

'심방 (尋訪)은 어려움 당한 성도의 가정을 방문하여 하나님의 말씀으로 위로·권면하며 교제하고 도와주는 목양 활동 중에 하나다. 그런데 이런 특별한 심방 외에도 봄과 가을에 정기적으로 하는 심방이 있다. 이를 가리켜 보통 '대심방' 이라 부른다.

그런데 이 표현은 적절하지 못하다. '대'(大)는 일반적으로 '크다', '대단하다', '뛰어나다' 란 뜻으로 심방과 어울리지 않고 맞지도 않다. 그러면 '소심방' 도 있다는 말인데 '소심방은 무엇인가? 하는 궁금도도 생긴다. 아마 구역별로 하는 심방에 비해 교회 차원에서 날짜를 정해놓고 여러 사람의 심방 대원이 조직되어 시행되기 때문에 이런 호칭이 붙었는지 모른다.

그러나 성격상 매년 봄, 가을에 정기적으로 하는 심방이기에 '정기 심방' 이요, 전체 교인을 대상으로 하는 것이기에 '전체 심방' 이란 표현이 더 적절하다.

한편, '심방' 이라는 표현에는 무속적인 의미가 담겨 있어서 교회 내에서는 '교우 방문' 이라 하는 것이 적절하다고 본다. → '심방' 을 보라.

● 대예배(大禮拜) → '주일 예배', '주일 낮 예배', '1부 예배, 2부 예배'.

예배는 하나님의 구속의 은혜를 깨달은 자들이 하나님 앞에 나와 감사함으로 응답하는 행위이다. 그러므로 성도가 하나님 앞에 나와 예배드리는 데 큰 예배가 있고 작은 예배가 있을 수 없다. 그런데 한국교회에서는 언제부터인지 주일 낮에 드리는 예배를 '대예배' 라 부르고 있다. 아마 일주일 가운데 주일 낮에 드리는 예배 때 가장 많은 교인들이 모이기 때문에 생긴 표현인 것 같다.

그러나 대예배라는 표현은 분명히 잘못되었다. 왜냐하면, 대예배가 있다면 소예배도 있어야 하는

데, 하나님 앞에서 소예배는 없기 때문이다. 하나님 앞에 영과 진리로 드리는 예배라면 어떤 예배든 소예배일 수 없으며, 오직 '예배' 만 있을 뿐이다. 그러므로 대예배는 '주일 예배' 혹은 시간을 기준으로 하여 '1부 예배', '2부 예배' 라고 부르는 것이 적합하다.

● 대표기도(代表祈禱) → (기도시) '기도하다', '기도 인도'.

종종 "우리를 대표(대신)해서 ○○○가 기도하겠습니다."는 표현을 하는 경우가 있다. 그러나 이 경우 기도하는 사람은 우리를 대표(대신)해서 기도하는 것이 아니다. 그는 우리의 대표로 자신의 생각을 하나님께 아뢰는 것이 아니라 회중의 생각과 소원을 정리하여 하나님의 뜻에 맞게 기도를 인도하는 자일 뿐이다. 그러기에 기도 순서를 맡은 자가 기도할 때에 회중은 그 기도의 방관자가 되어서는 안 된다.

하나님 앞에서 인간을 대표하여 기도할 수 있는 사람은 아무도 없다. 오직 우리 죄를 대신하여 죽으심으로 우리를 구원하신 예수 그리스도 한 분만이 우리를 대표(대신)해서 하나님께 친히 간구할 수 있다. 그리고 우리는 예수님의 이름으로 기도할 뿐이다. 그러므로 '대표기도' 는 '기도 인도' 또는 단순히 '기도하다' 로 바꾸는 것이 바람직하다. 즉, "○○○가 기도해(기도 인도해) 주시겠습니다."가 적절한 표현이다.

● 도로 아미타불(- 阿彌陀佛, vain effort) → '비기독교적인 용어로 삼가야 한다.'

보다 낫게 하려고 애썼으나 아무 효력 없이 처음과 같이 되었음을 이르는 말. 이는 불교에서 유래한 용어로서(참고로 '아미타' 는 서방 정토의 극락세계에 있다는 부처의 이름이라고 함), 기독교인이 사용하기에는 적절하지 못하다.

● 동방박사 세 사람(three kings of Orient) → (찬송시) '동방박사들'.

통일찬송가 116장 1절 가사에 언급된 표현이다. 전통적으로는 예수께서 탄생하셨을 때 동방에서 예물을 가지고 방문한 박사들이 세 사람인 것으로 알려져 있다. 그래서 통일찬송가에도 '세 사람' 으로 표현하고 있다.

이런 전통은 초대교부 중 하나인 알렉산드리아 신학자 오리겐(Origen)에게서 출발한다. 또 이 세 사람이 '카스파르', '발타사르', '멜키오르' 라고도 알려져 있다. 하지만 이는 모두 전승일 뿐 아무런 성경적 근거가 없다. 그저 동박박사가 예수님께 드린 예물이 '황금', '유향' '몰약' 세 가지라고 밝히고 있을 뿐이다.

그래서 새찬송가 116장 1절 가사에는 '동방에서 박사들' 로 수정되어 있다. '동방박사 세 사람' 은 '동방에서 박사들' 혹은 '동방박사들' 로 표현하는 것이 적절하다.

● **되어지다(become)** → '되다.'

설교 시간에 가장 많이 틀리고 오용되는 표현 중에 하나가 '되어지다' 는 말이다. 마치 강단의 전유물처럼 된 이 말은 그러나 맞춤법상 잘못된 표현이다. '되어지다' 는 피동접사를 중복하여 쓴 경우로서 문법적으로 그릇된 표현이다. 단순히 '되다' 로 해야 문장도 간결하고 또 정확하다. 마찬가지로 '보여지다' 역시 '보이다' 로 해야 맞는 표현이다.

● **룻기서, 욥기서, 잠언서, 아가서** → (예배시) '룻기, 욥기, 잠언, 아가.'

예배나 예식에서 성경을 읽을 때 종종 '룻기서', '욥기서' '잠언서' '아가서' 등으로 표현하는 것을 볼 수 있다. 하지만 룻기나 욥기는 이미 책의 제목에 기록을 뜻하는 '기' (記)가 사용되고 있다. 또 잠언(箴言)은 문자적으로 '경계의 글' 이란 뜻으로 '말씀 언(言)' 이, '아가' (雅歌)에는 '노래' 라는 뜻의 '가' (歌)가 제목에서 사용되고 있다.

따라서 이런 제목에 '책' 을 뜻하는 '서' (書)를 넣으면 같은 표현을 중복하는 것이 되어 적절하지 못하다. 책의 제목이라 해서 무턱대고 '서' (書)를 넣어 부르는 것은 옳지 못하다. 책의 제목을 잘 구분해서 바르게 호칭하는 습관을 가져야 한다.

● **말구유(manger)** → '구유.'

누가복음 2:7에 예수께서 탄생하신 장소를 가리켜 '구유' 란 단어가 언급된다. 그런데 흔히 이를 '말구유' 로 표현하는 경우가 많다. '구유' 란 '마소의 먹이를 담아 주는 나무 그릇' 을 가리킨다.

그런데 성경은 말인지 소인지 분명하게 구분하지 않고 있다. 성경 본문은 마소의 구분이 핵심이 아니라 예수께서 보잘것없는 장소에서 출생하셨음을 보여주는 데 목적이 있다. 이를 굳이 '말구유' 로 표현하여 성경의 진의를 흐리게 하는 것은 바람직하지 않다.

● **명당(明堂) 자리(propitious site for a grave)** → '비기독교적인 용어로 삼가야 한다.'

'명당' 은 풍수지리에서 말하는 좋은 묏자리나 집터를 가리킨다. 풍수지리에서는 이런 자리에 묘를 쓰면 후손이 부귀 영화를 누린다고 한다. 조상의 묏자리가 자손에게 복을 준다는 이런 사상은 하나님이 복의 근원이시라는 기독교 신앙과는 철저히 배치된다.

● **명복(冥福)을 빕니다** → '고인의 명복을 빕니다' 를 보라.

● **명정(銘旌)** → '반드시 필요하지는 않다.'

'명정' 은 붉은 천에 흰 글씨로 죽은 사람의 관직이나 성명 등을 써서 상여 앞에 들고가는 조기(弔旗)를 말한다. 오늘날은 상여를 사용하는 경우가 흔치 않기 때문에 명정을 사용하는 예가 많지는 않다. 사용해도 무방하나 꼭 필요한 것은 아니다.

● **목사님의 말씀** → (예배, 기도회의 사회시) '하나님의 말씀.'

기도회나 예배를 진행하면서 종종 설교 순서를 소개하면서 '목사님의 말씀' 으로 표현하는 경우를 보게 된다. 하지만 설교는 목사의 말이 아니라 하나님께서 목사를 통해 주시는 거룩한 말씀이다.

따라서 이런 표현은 하나님의 말씀의 권위를 약화시키고 도리어 사람(목사)의 권위를 높이는 결과를 가져온다. 목사는 하나님의 말씀을 대언하기 위해 사용되는 도구에 불과하다. 그러므로 '목사님의 귀한 말씀' 이란 표현보다는 '오늘 주시는 하나님의 귀한 말씀' 등으로 표현하는 것이 바람직하다.

● **몸 된 교회** → (기도, 설교시) '예수님(주님)의 몸 된 교회.'

종종 교회(무형교회)를 단도직입적으로 '몸 된 교회' 로 표현하는 경향이 있다. 물론 무슨 뜻인지 충분히 이해할 수 있는 표현이지만 문법적으로 좀 더

묵도

정확하게 언급하면 '주님의 몸이신 교회'이다.

교회는 그리스도의 몸이요, 성도는 그 몸의 지체들이다. 또한, 그리스도는 교회의 머리가 되신다(고전12:27). 물론 '몸 된 교회'를 틀렸다 할 수는 없지만 정확하게 '주님(그리스도)의 몸 된 교회'라 표현할 때에 교회의 거룩한 본성을 알게 되고 성도 상호간의 지체 의식을 가질 수 있게 된다.

●**묵도(默禱, silent prayer)** → (예배시) '묵상(默想)', '조용한 기도'.

예배를 시작하면서 진행자가 "묵도하심으로써 예배를 드리겠습니다." 하고 말하는 것을 종종 볼 수 있다.

원래 선교 초창기에는 '묵도'라는 말이 예배 순서에 없었다. 그러나 일제 강점기를 거치면서 일본은 예배 시간에 '묵도' 순서를 넣게 강요하였다. 여기 '묵도'란 신사 참배 때나 일본 사람들이 가정에서 자기 신들에게 예배할 때 마음으로 신들을 생각하면서 묵념하는 것을 가리킨다. 그래서 일본은 하나님께 예배 드리기에 앞서 자신들의 신들을 먼저 숭배하도록 예배 순서에 '묵도'를 넣게 하였다. 이는 결코 예배 요소가 될 수 없으며 이방 신을 인정하는 불경스런 행위이다.

근래에 교회들마다 찬송가나 오르간 연주로 예배를 시작하면서 이 표현이 자연스레 사라지기는 했으나 여전히 전통적 방식을 따라 '묵도'로 예배를 시작하는 교회들이 있다. 따라서 굳이 한다면 '묵도'가 아니라 '묵상'(시1:2), 아니면 '조용한 기도'로 표현을 고치는 것이 좋겠다. 간혹 '묵상 기도'란 말을 사용하기도 하는데, '묵상'(默想)이 말을 하지 않고 마음속으로 드리는 기도'라는 의미도 포함하고 있으므로 이는 이중적 표현이 되어 그리 좋지 못하다.

●**문둥병자(- 病者, leper)** → '한센병자', '나병환자'.

나균(癩菌)의 침입으로 생기는 만성 전염병(문둥병)에 걸린 사람. 개역한글판 여러 곳에서 자주 언급된다(레13:2; 눅17:2). 성경 시대에는 하나님이 내리신 형벌로 간주되어 동족들로부터 천대받고 격리 수용되어 비참한 삶을 살아야 했다.

하지만 이 말은 당사자들에게 혐오감과 수치심을 주는 것으로 썩 좋은 표현이 못 된다. 그래서 개역개정판에서는 '나병환자'로 개정하였다. 사회에서도 문둥병을 가리켜 나균을 처음 발견한 한센의 이름을 따서 '한센병'(Hansen's disease)으로 부르는 것을 감안한다면 문둥병자를 '한센병자'로 고쳐 부르는 것도 좋을 듯하다.

●**미망인(未亡人, widow, dowager)** → (장례시) '고인의 부인', '고인의 유족', '유가족', '남은 가족'.

장례식 때 흔히 쓰는 말 가운데 '미망인'이란 표현이 있다. 이 말은 문자적으로 '아직 죽지 않고 살아 있는 사람'을 뜻하는데, 사전적으로 '남편이 죽고 홀로 사는 여자'를 말한다. 즉, 아직도 '망자'(망인)가 되지 않은 사람을 가리키는데, 여기 '망자'란 유교나 불교에서 '죽은 자'를 지칭한다. 곧, 망자는 하나님과 무관하여 내세에 아무 소망이 없는 '죽은 자'이다.

그러나 성도는 죽었어도 '망자'가 아니요, 살아 있는 유족들도 장차 아무런 소망 없는 '망자'가 될 수는 없는 법이다. 이런 이교적(異敎的)이며 비신앙적인 말은 죽은 성도나 살아 남은 유족에게는 맞지 않는다. 따라서 하나님의 자녀로서 장차 천국의 소망을 안고 살아가는 사람에게 미망인이란 말은 결코 적절치 못하다. 굳이 쓴다면 '고인의 부인' 정도가 좋겠다.

●**미칠 것 같다** → '큰 감동을 받았다'.

흔히 부흥 집회나 설교를 통해 큰 은혜를 체험한 사람이나 삶을 간증하는 사람 중에 받은 은혜를 주체할 수 없어 "미칠 것 같다."고 극단적으로 표현하는 경우를 볼 수 있다. 이런 충만한 은혜와 감동은 성령의 역사에 따른 것이다. 성경을 통해 나타나는 성령의 역사나 하나님의 임재는 항시 인간과 인격적인 관계에서 나타난다. 하나님의 은혜도 마찬가지다. 이교에서 말하는 황홀하고 불건전한 몰입의 경지에서 은혜가 주어지는 것이 아니다.

따라서 인격적인 성령의 역사로 주어지는 은혜의 충만한 상태를 '미치겠다'는 말로 표현하는 것은 아주 저속하며 성령의 인격성을 훼손하는 것이다. '미치다'는 '정신에 이상이 생겨 보통 사람과는 언행을 다르게 하는 것'을 의미하기 때문이다. 그러므로 "큰 감동(은혜)을 받았다."로 표현하는 것이 하나님(성령)의 인격적이고 거룩하신 속성에 비춰 볼 때 바람직하다.

● **믿음이 좋은 사람** → '믿음이 큰 사람', '믿음이 담대한 사람.'

흔히 교인들 사이에 "○○는 믿음이 좋은 사람이다."라고 표현하는 경우가 있다. 결론부터 말하면 이것은 틀린 표현이다. 우리가 흔히 수식어를 사용할 때 그 수식어의 반대되는 표현이 의미상 자연스럽지 못하다면 그 말은 수식어로 적절하지 못하다. 예를 들면, '좋은 믿음'이라 말할 때 그렇다면 반대로 '나쁜 믿음'도 성립이 되어야 '좋은'이란 수식어를 사용할 수 있는데, '나쁜 믿음'이란 말은 맞지 않는 표현이다. 왜냐하면 하나님을 믿는 '믿음' 그 자체는 본질적으로 선하며 좋지 않음이 없어 '좋고 나쁘다'는 형용사로 꾸밀 수 없는 성경 용어이기 때문이다.

다만, 믿음이 크고 적은 차이, 믿음이 굳건하고 연약한 차이가 있을 뿐이다. 그래서 성경을 보더라도 믿음은 분량(부피)으로 표현하는 경우는 있어도 감성적으로, 또 심미적으로 나타내는 경우는 없다. 즉, 성경에서 믿음은 '있다·없다'(요20:27), '강하다·약하다'(행16:5), '크다·작다'(마6:30) 등으로 표현되고 있다. 그러므로 '믿음이 좋은 사람'은 적합하지 않다. 대신 '믿음이 큰 사람', '믿음이 강한(담대한) 사람' 등으로 표현하는 것이 좋다.

● **박수**(拍手, clapping of hands) → (예배시) '삼가야 한다.'

종종 예배 시간에 새신자를 위해 환영과 축하의 박수를 보내는 일이 있다. 또 찬양대가 찬양을 마치면 박수로 답례하고 심한 경우 환호를 하는 교회도 있다. 이는 한 마디로 예배의 본질을 모르는 무지의 소치이며 아주 잘못된 행위이다.

'박수'란 손뼉을 쳐서 환영이나 축하, 찬성의 뜻을 나타내는 행위이다. 그런데 예배 시간은 하나님의 백성이 찬양과 경배로 거룩하신 하나님께 영광을 돌리고 송축하는 시간이다. 그러므로 여기에는 신성(神性)이 보존되어야 하고 영성(靈性)이 유지되어야 한다.

물론, 새로운 사람을 환영하고 교제하는 친교 역시 중요한 것임에는 틀림없다. 그러나 친교는 예배의 요소가 아니요 친교 시간에 할 일이지, 극도의 영적 긴장감이 성령님의 인도로 유지되어야 할 예배 시간에 할 일이 못 된다. 예배의 본질은 고요와 엄숙이다(합2:20; 요4:24). 따라서 예배 시간에는 어느 누구를 향한 박수든 결코 용납되어서는 안 된다. → '하나님께 영광의 박수?', '예배 때 박수치며 찬송하는 것'을 보라.

● **받들어 봉독**(奉讀)**하다** → '봉독하다.'

성경을 읽을 때 "받들어 봉독하겠습니다."라는 표현을 사용하는 경우가 있다. 국어사전에서 '봉독'은 '남의 글을 받들어 읽음'이라 정의하고 있다. 이처럼 '봉독하다'는 말에는 이미 '받들다'는 의미가 함축되어 있음을 알 수 있다. 따라서 '받들어'는 불필요하다. 말하자면 '역전 앞', '처갓집'과 같은 논리다. 그러므로 단순히 "이제 말씀을 봉독하겠습니다."로 표현하는 것이 맞다.

한편, 혹자는 읽는 행위에 공경의 의미를 담아 존대하는 것은 지나치다면서, 이럴 경우 찬송도 '봉창'(奉唱)이라 해야 하는데 이는 불필요하다고 말한다. 그래서 성경에 있는 표현대로 '낭독'(reading aloud, 느8:8; 9:3)으로 하는 것이 자연스럽다고 주장하기도 한다.

● **밝히 들리네** → '똑똑히 들리네.'

찬송가 78장 3절 가사 중 일부. '밝히 들리네'(영어찬송에서는, utter forth a glorious voice)에서 '밝히'는 빛의 밝은 정도를 나타내는 부사어이다. 따라서 이 단어는 '듣다'라는 동사와는 어울리지 않는다. '밝히'란 표현보다는 '분명하게', 혹은 '똑똑하게', '잘' 등의 표현이 더 정확하고 잘 어울린다.

● **방편**(方便, expedient, shift, means) → '비기독교적인 용어로 삼가야 한다.'

'방편'은 '어떤 목적을 위해 이용하는 일시적인 수단이나 편리한 방법'이라는 의미로 사용하는 단어이다. 그러나 이는 불교에서 널리 쓰이는 용어로, ① 보살이 진실의 가르침으로 이끌기 위해 임시로 세운 법문(法文) ② 그때그때의 형편에 따라서 편하고 쉽게 이용하는 수단이란 뜻이다. 따라서 교회 안에서는 가능하면 이 단어를 사용하는 대신에 '수단', '방법' 등의 말로 대치하는 것이 좋을 듯하다. 그리고 '임시방편'은 '임시변통'이나 '일시적인 방법' 등으로 고쳐 쓸 수 있을 것이다.

● **벙어리(dumb person)** → '말 못하는 자', '언어 장애인.'

언어 장애로 말을 하지 못하는 사람을 가리킨다. 개역한글판에 나오는 표현이다(잠31:8; 눅11:14). 하지만 당사자들에게는 혐오스럽고 수치스런 느낌을 주어 그리 듣기 좋은 표현은 되지 못한다. 그래서 개역개정판에서는 '말 못하는 자'로 개정하였다.

● **베데스다 연못(Bethesda)** → '베데스다 못.'

설교시 성경 본문을 소개할 때 잘못 인용하는 사례들이 더러 있다. 의미를 더 생생하게 할 목적으로 이런 잘못을 소홀히 여기는 경향이 있는데, 이는 자칫 성경 말씀을 훼손하고 그릇된 지식을 전달할 위험이 있다.

'베데스다 연못'도 한 경우이다. 성경에는 '베데스다라 하는 못'(요5:2)이라 기록하고 있다. 여기 '베데스다'는 못의 이름이다. 그런데 이것을 '연못'이라 부른다. '연못'은 연을 심은 못 또는 뜰 안의 작은 못을 말한다. 또 '연'(蓮)은 수련과의 다년초다. 잎은 둥근 방패 모양으로 물 위에 뜨며 여름에는 희거나 붉은 꽃이 핀다.

성경에 대한 기본적인 지식 없이 연에 대한 초보적 상식만 가진 성도라면 '베데스다'를 당연히 이런 분위기의 연못으로 오해할 수 있다. 그리고 베데스다에 얽힌 역사적 사실과 연못을 관련시켜 연상하게 된다.

사소한 실수가 이런 왜곡된 사실로 이끌 수도 있다. 하나님의 감동으로 기록된 성경 말씀은 문자 한 자 한 자라도 소홀하게 해서는 안 된다.

● **병마(病魔, the demon of ill health)** → '병', '병환', '질병.'

'병마'란 '병이 들게하는 마귀'라는 뜻으로, "병마로 고생한다."는 말은 귀신의 장난으로 병이 들어 고생한다는 뜻이다. 이는 모든 병의 근원이 마귀에게서 오는 것이라는 의미를 담고 있어 신학적으로 맞지 않는다.

물론, 마귀가 주는 병도 있다. 그러나 모든 병이 다 마귀 때문에 발병하는 것은 아니다. 병의 원인은 죄, 마귀의 역사, 전염, 사고, 잘못된 습관, 유전, 환경 등 다양하다. 때로 하나님의 영광을 드러내기 위한 수단으로도 주어진다. 그러므로 '병마'란 표현은 '병' 혹은 웃어른일 경우 병의 높임말인 '병환'(病患)이라 하는 것이 합당하다.

● **보살(菩薩) 같다** → '비기독교적인 용어로 삼가야 한다.'

'보살'은 불교에서 부처에 버금가는 성인으로, 위로 부처를 따르고 아래로는 중생(衆生)을 계도하는 '보리살타'(Bodhisattva)를 가리킨다. 이 가운데 가장 잘 알려진 대표적 보살로는 중생을 어려움 가운데서 건져준다는 '관세음보살', 지옥 입구에 서서 중생을 교화하여 지옥에서 벗어나게 해준다는 '지장보살'이 있다. 따라서 불교 문화권에서 '보살 같다'는 말은 '성인과 같다', '인격적으로 훌륭하다'는 뜻의 관용어처럼 사용되고 있다. 이처럼 불교에서 사용되는 용어인만큼 성도의 입에서 삼가는 것이 좋다.

● **부처님 가운데 토막 같다** → '비기독교적인 용어로 삼가야 한다.'

이는 '가운데 토막'을 ① 성기(性器)로 보아 어떤 미색이나 유혹에도 흔들림 없는 마음 자세로 해석하는 견해와 ② '마음'으로 보아 한없이 넓고 자비로운 마음 자세로 해석하는 견해가 있다. 어느 편이든지 교회 내에서 사용하기에 적합하지 않은 용어이다. 따라서 설교 시간 등에 사용하지 않도록 주의해야 한다.

● **부활(復活, resurrection)** → '다시 삶.'

신약성경에는 죽었다가 다시 살아난 여러 사례들이 소개된다. '회당장 야이로의 딸'(마9:18-26), '나인 성 과부의 아들'(눅7:12-15), '나사로'(요11:38-44), '욥바의 다비다'(행9:36), '드로아의 청년 유두고'(행20:9-11)가 그 예다. 이 사건은 장차 세상 마지막 날 성도의 부활을 예시하는 좋은 사례라 할 수 있다.

그러나 이 사건을 가리켜 '부활'이라 표현하는 것은 문제가 있다. '부활'이란 죽은 몸이 다시 살 뿐만 아니라 그 후로 죽지 않고 영화로운 몸으로 영원히 사는 것을 의미한다. 따라서 그리스도의 재림 전까지 부활이란 오직 예수 그리스도 한 분에게만 사용할 수 있다. 위에 열거한 사건들의 경우

이들 주인공들은 일시적으로 다시 살아났으나 그 후 다시금 죽음을 맞았다. 따라서 이 사건의 경우는 '부활'이란 표현보다 '다시 살아남'이란 표현으로 '부활'과 구분하는 것이 적절하다고 본다.

●부흥사(復興師) → '부흥회(부흥집회) 강사.'
흔히 교회 부흥을 위해 초청되어 집회를 이끄는 목사를 가리켜 '부흥사'라 부른다. 여기서 '사'(師)라는 접미사는 일부 명사 뒤에 붙어 '그 방면에 전문적인 기능을 가지고 그 업에 종사하는 사람'을 가리킨다. 예를 들면 의사, 간호사, 교사 등과 같은 경우이다. 그런 맥락에서 '부흥사'는 교회를 부흥시키는 전문가란 의미가 된다. 하지만 이 표현은 적절하지 못하다.

교회의 머리는 그리스도시며, 교회의 부흥은 전적으로 주님의 손에 달려 있다. 그런데 교회 부흥이 마치 한 사람의 전문가 손에 의해 좌우되는 것처럼 '부흥사'란 표현을 사용하는 것은 언어도단이다. 교회를 부흥시키는 전문가란 존재할 수 없다. 만약 스스로를 '부흥사'라 자처한다면 누가 교회의 머리인지 자문해 봐야 한다. 그러므로 부흥사 대신 '부흥을 돕는 강사', '부흥회 강사', '부흥집회 강사' 정도로 표현하는 것이 합당하다. 또 '부흥사회'라는 말도 '부흥회 강사 모임' 등으로 바꾸어 사용하는 것이 바람직하다.

●뷔페를 먹다 → '뷔페식 음식을 먹다.'
교회 모임과 관련하여 종종 "뷔페를 먹었다." "뷔페로 합시다."는 등의 표현을 듣게 된다. 여기 '뷔페'(buffet)는 원래 열차 안이나 정거장에 서서 간단하게 먹을 수 있게 마련된 식당을 가리키는 프랑스 말에서 유래했다. 그래서 일반적으로 '뷔페'는 '간이식당'이나 '서서 먹는 식사 방법' 등을 말하는 것이지 음식 종류가 아니다.

따라서 "뷔페를 먹다."는 표현은 잘못되었다. "뷔페식으로 식사하다."라든지 "뷔페식 음식을 먹다."라고 하는 것이 맞다.

●빈소(殯所)에 촛불과 분향로를 설치하는 행위 → (장례시) '삼가야 한다.'
종종 빈소에 촛불과 분향로를 설치하고 향을 피우는 경우들이 있다. 이런 풍습은 이교적이고 무속적인 장례 풍습에서 나온 것이다. 물론 종교적인 의미가 아니라 시신의 냄새를 제거하기 위해 향을 피우고, 또 향불을 붙이기 위해 촛불을 켜두는 장의소품 차원에서 향로와 촛불을 둘 수는 있다. 하지만 아무리 그렇다 하더라도 이런 의식은 기독교인으로서 그리 좋은 예식은 아닌 듯하다.

그래서 요즘은 같은 목적으로 분향 대신 국화와 같은 꽃을 헌화(獻花)하는 경우가 많다. 그렇더라도 헌화는 가급적이면 지양하는 것이 좋다. 이미 육신이 죽어 하나님 곁으로 간 고인에게는 헌화가 아무 의미가 없다. 더욱이 시신조차 없는 빈소의 영정(사진) 앞에 장식 모양으로 꽃을 열거해 놓는 것은 그리 좋은 모양새는 아니다. 정중하고 진실되게 유족을 위로하는 것이 빈소에서 가장 훌륭한 예의일 것이다.

●사도신경을 외우겠습니다 → '사도신경으로 신앙을 고백하겠습니다.' → '주기도문, 사도신경을 외우겠습니다'를 보라.

●사랑의 예수님 → (기도시) '사랑의 하나님.'
기도 서두에 '하나님'을 부르는 대신에 '사랑의 예수님', '고마우신 예수님' 등으로 하나님 아버지가 아닌 예수님을 호칭하는 경우를 종종 볼 수 있다. 그러나 이것은 바람직하지 못하다.

기도는 일차적으로 성부 하나님께 성자 예수님의 이름으로 아뢰는 것이다. 이는 예수님이 '내 이름으로 아버지께 무엇을 구하든지 다 받게 하려 함이니라'(요15:16)고 하신 말씀에 근거를 둔다. 또 예수님이 우리에게 가르쳐 주신 기도(주기도문)도 그 서두에 '하늘에 계신 우리 아버지'로 되어 있다. 따라서 기도는 하나님께 예수 그리스도의 이름으로 드리는 것이다.

그런데 예수님의 이름으로 기도를 시작하여 예수님께 우리의 소원을 아뢴 후 다시 '예수님 이름으로' 기도를 마치는 것은 논리적으로 맞지 않는다. 그러므로 기도는 우리 기도의 대상이시요 우리 기도를 듣고 응답하시는 '하나님'을 부름으로 시작해야 한다.

●사랑하는 하나님, 사랑하시는 하나님 → (기도시) '상황에 따라 가려서 사용해야 한다.'
전자는 기도하는 사람의 입장에서 자신이 하나님을 사랑한다는 의미를 갖는다. 이에 비해 후자는 기도를 들으시는 하나님의 입장에서 하나님이 (성도를) 사랑하신다는 의미이다. 따라서 두 경우는 주체와 객체가 서로 상반된다.

특히 조심해야 하는 것은 후자의 경우 하나님이 성도를 사랑하신다는 뜻이기 때문에 존칭보조어간인 '시'를 반드시 넣어야 한다는 점이다. 두 경우가 표현은 비슷하나 의미는 서로 상반되기 때문에 혼돈하지 말아야 한다.

●**사랑하시는 성도 여러분** → (설교시) '사랑하는 성도 여러분'.

종종 설교자가 강단에서 성도를 향해 '사랑하시는 성도 여러분'이라 말하는 것을 볼 수 있다. 아마 이 말은 의미상 설교자가 성도를 사랑한다는 뜻을 담고 있는 것 같다. 그렇다면 여기에는 1인칭 주어 '나'가 생략되어 있기 때문에 '(내가) 사랑하는 성도 여러분'이라고 해야 어법상 맞다. 그렇지 않다면 자칫 '하나님께서 사랑하시는 성도 여러분'의 의미로 이해될 수 있다.

따라서 '사랑하시는 성도 여러분'은 의미가 분명하지 않으며, 만약 설교자가 주어라면 '사랑하는 성도 여러분'으로, 하나님이 주어라면 '하나님께서 사랑하시는 성도 여러분'으로 표현하는 것이 정확하리라 본다.

●**사모(님)** (師母-, teacher's wife) → '상황에 따라 잘 분별해서 사용해야 한다.'

'사모'란 '스승의 부인'이란 뜻이다. 교회에서는 이 호칭이 목사의 부인에게 사용된다. 왜냐하면, 목사는 영적으로 교인들의 지도요 말씀으로 양육하는 스승의 자리에 있으므로 당연히 그 아내 된 자를 '사모'로 호칭할 수 있기 때문이다.

따라서 교인들이 목사의 부인을 부를 때에 '우리 교회 사모님', '교회 사모님' 정도로 호칭하는 것이 좋다. 그러나 '목사님 사모님'이란 표현은 논리에 맞지 않다. 이유는 '목사님 사모님'이란 목사님의 스승의 부인이란 뜻이 되기 때문이다.

한편, 목사가 자기 아내를 '우리 사모'라 부르는 경우도 종종 볼 수 있는데 이 역시 잘못된 표현이다. 이 경우 '저의 내자', '저의 내조자'로, 혹은 사석이라면 '제 집사람', '제 안 사람', '제 처', '제 아내' 정도가 적당하다. 이 참에 생각해 볼 것은 '사모'란 말이 회사의 사장이나 기업의 회장, 심지어 선배의 부인에게까지 무차별적으로 사용되고 있다는 점이다. 그러나 이는 모두 적절치 못하다. '사장님의 부인께서', '선배님의 부인께서' 정도가 예의를 갖춘 표현으로 적합하다.

●**사십구일재, 사십구재, 49재(四十九日齋)** → '이교적 풍습으로 성도 가정에서는 삼가야 한다.'

사람이 죽은 지 49일 되는 날에 지내는 재를 일컫는 불교 용어. 일명 '칠칠재(七七齋). 여기서 '재'(齋)는 '재계'(齋戒)의 준말로 명복을 비는 불공을 가리킨다. 불교에서는 사람이 죽은 뒤 7일마다 제의(祭儀)를 행하여 49일이 되면 망인의 극락왕생(極樂往生, 죽어서 극락 정토에 가서 태어난다는 뜻)이 결정된다고 믿고 재를 올린다. 이는 기독교와는 무관한 이교적 풍습이다. 따라서 천국의 백성 된 성도가 본받지 말아야 할 패습이다.

●**사주팔자(四柱八字, one's fate)** → '비기독교적인 용어로 삼가야 한다.'

사주의 간지(干支)가 되는 여덟 글자를 가리킨다. 여기서 '사주'는 사람이 태어난 연·월·일·시의 네 간지를 말하는데, 사람을 집으로 보고 생년·생월·생일·생시를 그 집의 기둥으로 보아 붙인 표현이다. 이것은 각각 두 글자씩 모두 여덟 글자로 구성되어 있어 '팔자'로 불린다. 결국 '사주팔자'는 피하지 못할 타고난 운수(運數)를 나타내는데, 이는 비기독교적인 내용을 담고 있는 술어로서 절대 삼가야 한다. → '운, 운수'를 보라.

●**사찰(司察), 사정(使丁)** → '관리집사', '교회 관리집사', '교회 관리 봉사자'.

'사찰'은 예배당 청소를 비롯하여 교회의 모든 허드렛일을 책임지고 담당하는 직분을 말한다. 선교 초창기에는 교회를 지킨다고 하여 '교회지기', 창고를 관리한다 하여 '고지기'(창고지기), 새벽기도 시간에 맞추어 종을 친다 하여 '종지기' 등으로 부르기도 했다. 또 일제 시대에는 '사정'(使丁)이란 말을 사용하기도 했는데, 이는 관청이나 기관에서 잔심부름하는 남자 하인이나 소사(小使), 남자 심부름꾼을 가리키는 말이었다.

하지만 지금은 단순히 교회 청소를 하고 건물만 관리하는 것이 아니라 예배를 위한 준비, 건물의 유지 보수, 차량 관리 및 운전, 음향 기기 운영, 수도, 전기 등 교회 모든 시설물을 관리하고 보존하는 전문 영역을 담당하고 있다.

따라서 이런 다양한 전문 영역의 사역을 감당하는 자를 과거와 같이 단순히 '사찰'이라 부르는 것은 시대적으로도 맞지 않고 일의 성격상 정확한 호칭이 되지 못한다. 또한 '사찰'(査察)이란 '남의 행동을 조사하여 살피는 일'을 가리키는 말로서 어감도 좋지 못하다(물론 한자는 다르지만).

그래서 요즘 교회들에서는 주로 '관리집사', '교회 관리집사'라고 호칭한다. 또 큰 교회에서는 여러 사람이 각각의 영역에서 관리 일을 맡아 하고 있기 때문에 이들을 하나로 통틀어 '교회 관리 봉사자'로 호칭하기도 한다.

●**사회자**(司會者) → (예배시) '예배 진행자', '예배 진행을 맡은 자.'

'사회'는 회의나 의식을 진행하는 일을 뜻한다. 또 '사회자'는 회의나 모임의 진행자를 가리킨다. 따라서 예배를 진행하는 자에게 이 말을 사용하는 것은 적절하지 못하다. 그래서 많은 교회들이 '인도자' 또는 '예배 인도자'로 호칭하는 경향이 있다. 이를 반영하여 대한예수교장로회 통합 총회에서는 1998년 표준예식서를 발간하고 모든 예배의 진행자는 '인도자'로, 성례전과 같은 예전의 경우는 '집례자'로 표기하였다.

하지만 '인도'(引導)라는 말은 '길을 안내함', '가르쳐 일깨움'이란 뜻으로서 예배를 진행해간다는 의미와 완전히 부합되지 않는다. 예배 진행자는 단순히 순서를 진행하는 자이지 무엇을 가르치거나 일깨우는 역할을 하는 것은 아니기 때문이다. 더욱이 '인도'란 말은 불교에서는 '죽은 사람의 넋을 정토(淨土), 부처나 보살이 사는 번뇌에서 벗어난 깨끗한 세상)로 이끌기 위해 장례 때 중이 관 앞에서 경을 외우는 일'을 가리키기도 한다.

그래서 혹자는 '인도자'란 말조차도 예배 시간에 사용하는 것을 적절치 않게 여기는 경향이 있다. 이런 맥락에서 바른 예배 용어를 연구하는 학자들은 '예배 순서를 진행하는 자' 혹은 줄여서 '예배 진행자'로 표현하기를 추천한다.

●**살**(煞) → '비기독교적인 용어로 삼가야 한다.'

'살'은 사람이나 물건 따위를 해치는 독하고 모진 기운, 곧 악한 귀신의 짓을 가리킨다.

우리말에는 이 단어와 관련된 관용어들이 많이 있다. ① '살을 맞다' : (초상집이나 잔칫집에 갔다가) 어떤 불길한 힘이 작용하여 갑자기 탈이 나다. ② '살이 가다' : 대수롭지 않은 일로 다치거나 하는 경우 '귀신의 짓'으로 여겨 이르는 말. ③ '살이 끼다' : 어떤 불길한 힘이 작용하다. ④ '살이 내리다' : 달라붙었던 악귀가 떨어져 나가다. ⑤ '살이 오르다' : 궂은 악귀의 짓이 들러붙다.

이상에서 보면 한국민의 일상 생활에 '살'이란 말이 얼마나 다양하게 사용되고 있는지 알 수 있다. 뿐만 아니라 이는 사람들의 일상 생활이 얼마나 무속적인 힘의 영향을 많이 받고 있는지를 잘 보여준다. 이런 무속적인 묘사들은 성경 진리와는 무관한 비신앙적인 표현으로서 마땅히 자제되어야 한다.

●**살아계신 하나님** → (기도시) '사용을 삼가야.'

기도 서두에 하나님을 부르면서 '살아계신 하나님 아버지'라고 하는 경우를 자주 보게 된다. '살아계신 하나님.' 이 말은 신학적으로 아무런 문제가 없다. 또한 이것은 우리의 신앙 고백이며 우리 신앙의 대전제이다. 하나님이 살아계심을 믿지 않으면서 어떻게 하나님의 천지 창조와 구원 역사를 믿을 수 있겠는가?

따라서 '살아계신 하나님'이란 표현 그 자체는 아무 문제도 되지 않는다. 또한 성경에서도 이런 표현들이 자주 나타난다(마26:63; 롬9:26; 고후3:3; 6:16; 딤전3:15; 4:10; 히3:12; 9:14; 계7:2).

하지만 여기서 놓치지 말아야 할 중요한 사실은 이 표현들이 하나같이 하나님을 3인칭으로 하여 하나님의 속성을 묘사할 때 언급되고 있다는 점이다. 다시 말하면, 하나님을 2인칭으로 하여 하나님을 직접 부를 때는 사용하지 않는다는 점이다.

그러므로 우리가 기도할 때 기도의 대상이신(우리의 대화 상대이신) 하나님을 향해(2인칭) '살아계신 하나님'이라 부르는 것은 잘못되었다. 하나님께서 엄연히 살아계신다는 사실은 맞는 말이나 하나님을 향해 면전에서 '살아계신 하나님'으로 호칭하는 것은 마치 자식이 아버지를 부를 때 '살아계신 아버지'라고 부르는 것과도 같다. 이것은 망언이요 불경이다.

따라서 기도의 대상으로 하나님을 부를 때 '살아계신 하나님'이란 표현은 적절하지 못하다. 다른 하나님의 속성, 예를 들면 '거룩하신 하나님', '전능하신 하나님', '하늘에 계신 하나님', 만물을 창조하신 하나님', '자비로우신 하나님' 등의 표현이 적절하다.

한편, 여기서 한 걸음 더 나가 기도할 때 '지금도 살아계시는 하나님'은 더더구나 적절하지 못하다. 지금까지는 살아계셨지만 장차 언젠가는 죽을 수 있다는 뉘앙스를 깔고 있는 이 표현은 더욱 삼가야 한다. 대한예수교장로회 통합 교단 87회 총회에서는 이 표현을 사용하지 말도록 결정한 바 있다. → '지금도 살아계신 하나님'을 보라.

●삼우제(三虞祭) → (장례시) '장례 후 첫 성묘', '첫 성묘.'

장례 후 3일째 되는 날 묘지를 찾아가 지내는 제사. '석 삼(三)', '우제 지낼 우(虞)', '제사 제(祭)'가 결합된 단어로 '세 번째 지내는 우제'를 말하는데, 단순히 '우제'라고도 한다. 장례 당일에 지내는 제사를 '초우(初虞)', 그 다음날 지내는 제사를 '재우(再虞)', 그리고 셋째 날 지내는 제사를 '삼우(三虞)'라고 한다.

여기서 '우제'란 유교에서 시신을 매장한 뒤 죽은 자의 혼이 방황할 것을 염려하여 편안히 모신다는 의미에서 지내는 제사를 가리킨다.

따라서 '삼우제'는 그 자체가 부활과 내세를 믿는 기독교의 신앙(교리)과는 맞지 않는다.

그러므로 성도는 분묘가 잘 조성되었는지를 살펴보고, 고인이 남긴 신앙 유산을 되새겨 본다는 측면에서 산소를 찾아보는 것이 좋다. 그리고 굳이 장례 후 3일이 아니라도 유족이 함께할 수 있는 편리한 시간을 택하는 것이 좋다.

이와 함께 '삼우제'란 말도 '장례 후 첫 성묘' 또는 단순히 '첫 성묘'로 구분하여 부르는 것이 취지에 맞다. 참고로, '삼오제'로 부르는 경우도 있는데 이는 틀린 표현이다.

●삼일예배(三日禮拜) → '수요예배.'

흔히 수요일 저녁 예배를 가리켜 '삼일예배'로 부르는 경향이 있다. 하지만 주일을 한 주간의 첫 날로 본다면 수요일은 그 주간의 셋째 날이 아니라 넷째 날이 된다. 따라서 수요일 저녁에 드리는 예배를 '삼일저녁예배'라고 하는 것은 맞지 않다. 그래서 혹자는 '수요예배'로 표현하는 것이 적절하다고 주장하기도 한다. 그러나, 삼일예배를 '주일 후 셋째 날에 드리는 예배'란 의미로 보는 견해도 있다. →[4. 예배 및 예식 용어] '삼일예배'를 보라.

●상량 예배(上梁 禮拜) → '이교적인 풍습으로 삼가야 한다.'

'상량'은 집을 지을 때 기둥에 보를 얹고 그 위에 마룻대를 올리는 것을 말한다. 민간에서는 이때 '상량식'(framing completion ceremony)을 거행한다. 상량식은 집주인과 목수, 토역꾼들이 새 건물에 재난이 없도록 떡과 술, 돼지머리, 북어, 백지 등을 마련하여 지신(地神)과 택신(宅神)에게 지내는 고사를 말한다.

또 이때는 성주를 모시는 의식을 거행한다. 성주는 집(주택)을 지키는 신을 가리키는데, 백지에 입주 연월일을 적고 위에는 용(龍), 아래는 구(龜)를, 그리고 가운데는 응천상지삼광(應天上之三光), 비인간지오복(備人間之五福)이란 글을 써서 안방을 향하도록 붙여 성주를 모시는 의식을 거행한다. 그리고 고사 음식을 함께 나누어 먹는다. 때로는 입주 후 성주를 모시는 의식(굿)을 따로 거행하기도 하는데, 이를 '성주받이(맞이)굿'이라고 한다.

이런 의식들은 순전히 풍수 신앙을 배경으로 하고 있다. 결국 상량식은 근본적으로 성주(민간의 주택 수호신)를 모셔 들이는 의식임을 알 수 있다. 오늘날 이를 본떠 기독교에서는 교회를 신축하고 들보를 올릴 때 '상량 예배'라는 것을 거행하기도 한다. 하지만 예배란 이름만 빌었을 뿐 실상 그 정신은 민간에서 유행하는 무속 신앙과 풍수지리를 배경으로 하고 있는 것이기에, 이는 교회가 하지 말아야 할 아주 잘못된 예식이다. 모양만 갖춘다고 예배가 되는 것은 아니다.

●서기(西紀, the Christian Era), 단기(檀紀, from the year *Dangun* founded Korea) → '주전, 주후.'

'서기'는 '서력기원'(西曆紀元)의 약자로서 예수께서 탄생하신 해를 원년으로 삼는 연호이다. 또 '단기'는 '단군기원'(檀君紀元)의 약자로서, 단군이 고조선을 세운 해(B.C.2333년)를 원년으로 삼는 우리나라의 연호이다. 전자는 세계사에서 보통 사용하는 원년이나 일본식 표현이며, 후자는 근자에 우리나라에서 거의 사용하지 않고 있다.

따라서 이런 연호들보다는 예수님의 탄생 원년을 명쾌하게 보여주는 '주전'(主前, B.C., Before Christ), '주후'(主後, A.D., Anno Domini - in the year our Lord, '주님의 해')를 생활화하는 것이 더 바람직하리라 본다.

이 구분법은 주후 550년경 로마의 수도사였던 디오니시우스 엑시구스에 의해 처음 사용되었다. 그러나 일각에서는 '주전, 주후'도 정확한 표현이 아니라 하여 '주기'란 용어를 주장하기도 한다.

한편, 우리나라에서 지금까지 전통적으로 사용해오고 있는 '십간'(十干)과 '십이지'(十二支)를 활용한 '육갑'(六甲, '육십갑자'의 준말, the sexagenary cycle) 연호는 무속적이며 이교적인 풍습이므로 당연히 삼가야 한다.

● 선지동산(先知 −), 선지생도(先知生徒, the company of prophets) → '신학교', '신학생'.

'신학교'를 '선지학교', '선지동산', '신학생'을 '선지생도' 등으로 부르는 경우가 종종 있다.

여기서 '선지자'는 구약 시대에 하나님이 자신의 뜻을 선포하고 수행하기 위해 세우신 직분이다. 그래서 선지자는 환상과 계시를 통해 하나님의 뜻을 보고 그것을 백성에게 선포하였다. 이를 위해 벧엘과 여리고에는 '선지학교'와 '선지생도'가 있었다(왕하2:3; 5:22; 6:1).

하지만 신약 시대에는 이런 선지자의 기능이 사라진 것으로 보는 것이 일반적이다. 대신 하나님은 목사(교회)를 통해 복음을 선포하고 주의 백성의 신앙을 지도하며 양육하고 위로하신다. 따라서 선지자를 배출할 학교도 요구되지 않고 선지자를 세우지도 않는데, '선지학교', '선지동산', '선지생도' 등으로 표현하는 것은 하나님의 시대적 경륜에 어울리지 않는다. 단순히 '신학교', '신학생'으로 부르는 것이 억지스럽지 않고 자연스럽다.

● 설교를 간증으로 대신하는 일 → (예배시) '삼가야 한다.'

간혹 주일예배 시간에 외부 강사를 초빙하여 설교를 간증으로 대신하는 교회들을 볼 수 있다. 그러나 '설교'란 사람을 구원하는 하나님의 방법을 선포하는 예배의 중요한 요소 가운데 하나이다. 이에 비해, '간증'(干證, confession)은 지은 죄를 자백하고 믿음을 고백하는 신앙 행위이다.

따라서 간증은 개인의 주관적 체험이 지나치게 강조될 수 있고, 성경적 근거가 미약할 수 있다. 또한 신학적 검증이 부실하며 자칫 하나님과의 직접적인 교감을 강조하여 영적 권위를 과시하는 실수를 범할 우려가 크다.

결국 공예배의 설교 시간에 유명 연예인이나 저명한 인사들을 초청하여 간증으로 대신하는 것은 예배를 그르칠 위험이 있다. 예배 시간에는 계시의 표준인 설교를 대신하는 어떤 간증도 삼가야 한다. 다만, 개인의 신앙 체험인 간증이 하나님의 능력과 존재를 확인시켜 주어 믿음 생활에 활력을 주는 긍정적 면도 있기 때문에, 굳이 필요하다면 특별 집회 등을 통해 자리를 마련하는 것이 바른 처사일 것이다.

● 설교 말씀이 계시겠습니다 → (예배시) '설교하시겠습니다', '설교 말씀이 있겠습니다.'

예배 진행자가 설교자를 소개하면서 "설교 말씀이 계시겠습니다."라고 표현하는 경우가 간혹 있다. 여기서 '계시다'는 말은 '있다'의 높임말로서, 대개는 웃어른이나 어떤 인격체를 존대할 때 사용하는 표현이다. 예를 들면, "할머니가 방에 계신다", "아버지가 책을 읽고 계신다." 등으로 말할 수 있다.

그런데 비인격체인 '말'을 가리켜 '계신다'고 하는 것은 사물을 분별없이 의인화하는 것으로 바른 표현이 아니다. 단순하게 "설교 말씀이 있겠습니다."로 하든지 굳이 설교자를 존대하려면 "설교 말씀을 하시겠습니다."로 표현하는 것이 올바르다.

반면에, 설교가 아니라 어떤 모임이나 회합에서 권면이나 당부, 인사, 부탁 등과 관련하여 '있으시겠습니다'로 표현하는 정도는 허용되는 경우도 있다. 예를 들면 "오늘 선출된 총회장님의 인사 말씀이 있으시겠습니다."라든지 "원로 목사님의 권면 말씀이 있으시겠습니다."는 정도는 허용될 수 있다. 물론 이 경우 역시 '있다'의 주어는 무생물인 '말씀'이다. 하지만 말씀하시는 주체가 존대를 받아야 할 대상일 경우에는 존대 의식이 '말씀'에까지 영향을 주기 때문에 서술어인 '있다'가 '있으시다'로 표현될 수 있다.

예를 들면, '할아버지는 몸이 허약하다'라는 표현보다 '할아버지는 몸이 허약하시다'로 표현하는 것이 예다. 이때도 '허약하다'의 주어는 비인격체인 '몸'이지만 이 '몸'은 할아버지의 신체 일부이기에 '허약하시다'로 표현해도 무리가 없다. 하지만 어떤 경우든 '계시다', '안 계시다'는 인격체에만 허용되기 때문에 신중하게 사용해야 한다.

● 성가대(聖歌隊, choir) → '찬양대.'

많은 교회들이 찬양대를 '성가대'로 호칭하는 경향이 있다. 그러나 1960년대 이전만 해도 한국 교회에는 '성가대'란 말이 없었고 '찬양대'란 말을 사용했다. 그러다 1960년대에 들어와 출판사들이 흑인영가와 복음송을 소개하면서 일본의 '세이카다이'(성가대)라는 말을 사용하기 시작했다. 그래서 '성가대', '성가곡집', '성가대원' 등 찬양대와 관련된 표현들이 대부분 '성가대'란 말로 일대 어휘 전환이 일어나게 되었다.

그런데 '성가'(聖歌)란 기독교뿐만 아니라 모든 종교들에서 부르는 거룩한 노래를 통칭하는 표현이며, 성경에도 없는 말이기에 기독교 예배 용어로는 적절치 못하다. 또 성경에는 여러 곳에서 하나님께 예배 드릴 때 부르는 노래를 '찬양'이라고 분명히 언급하고 있다. 그러므로 원래대로, 그리고 성경대로 '찬양', '찬양대', '찬양대원', '찬양곡집'으로 환원해야 한다.

● 성도(聖徒, saint) → (처음 교회에 등록한 신자에게) '교우.'

흔히 처음 교회에 등록한 신자나 갓 교회 예배에 출석한 자를 가리켜 'OOO 성도님'이라고 부르는 경우가 있다. 물론, 아직 아무 직분도 받지 못했고, 그렇다고 그냥 'OOO씨'로 하자니 직장이나 사회 같은 느낌이 들어 편의상 그렇게 부른다.

그런데, 사전에서는 '성도'를 가리켜 '신도를 높여 부르는 말'이라 정의하고 있다. 로마 가톨릭에서는 '성자(聖者)의 반열에 오른 자'를 가리키는 말로도 쓴다. 영어에서는 'saint'(성인), 'apostle'(사도), 'disciple of Christ'(예수님의 제자)로 표현한다.

결국 '성도'란 그리스도를 믿고 하나님의 자녀가 되어 속된 세상에서 거룩한 하나님의 공동체 일원으로 부름받은 자를 가리킨다는 것을 알 수 있다(시106:16; 벧전2:5).

따라서 갓 교회 등록하여 예배에 참여하고, 이제 막 신앙을 배워 나가는 자들에게 '성도'란 호칭은 적절하지 않다. 이 경우 같은 신앙을 가진 형제란 뜻의 '교우'(敎友)란 표현이 무난하다.

● 성도들(聖徒 -), 신도들(信徒 -) → '성도', '신도.'

성도나 신도에서 '도'(徒)는 '무리'를 뜻하는 말이다. 즉, '성도'는 '거룩한 무리', '신도'는 '믿는 사람들'이란 의미이다. 따라서 '성도'나 '신도'는 그 자체가 복수명사이다. 그러므로 복수명사 뒤에 굳이 복수어미 '들'을 붙이는 것은 어법상 맞지 않다. 단순히, '성도', '신도'만으로도 의미를 나타내기에는 충분하다.

마찬가지로, '평신도' 역시 그 뒤에 복수어미 '들'은 불필요하다. 같은 맥락에서 '모든'이란 관형사를 사용할 경우 이 역시 뒤에는 복수어미 '들'을 붙이지 않는다. 예를 들면, '모든 교우', '모든 사람', '모든 백성'이라 하는 것이 바른 표현이다.

● 성령(聖靈, Holy Spirit) → '성령님.'

많은 성도가 성령님을 호칭할 때 높임을 나타내는 접미사 '님'을 생략한 채 '성령'으로 평범하게 부르는 습관이 있다. 예를 들면, '성령 충만', '성령을 받다', '성령이 임재하다', '성령 대폭발' 등으로 성령의 거룩한 호칭을 남발하곤 한다. 이는 무례한 일이다. 아마도 성령님을 하나님과 예수님의 보조적 위격 정도로 인식하거나, 하나님에게 고용된 존재 정도로 생각하여 성령님의 본질을 오해한 데서 기인한 것으로 보인다.

그러나 성령님은 하나님, 예수님과 더불어 삼위(三位)의 한 분이시다. 소요리문답 6번에는 "삼위는 하나님이시며 본체는 하나요 권능과 영광은 동등하시다"라고 명시하고 있다. 그러므로 성령은 '성령님'으로 호칭하는 것이 적절하다. 특히, 기도나 찬양 시간에 성령을 직접 부를 때는 분명하게 '성령님'이란 인격적인 호칭을 사용해야 한다.

● 성령 축제(聖靈 祝祭) → '이런 표현은 삼가야 한다.'

'축제'란 말은 국어사전에서 ① 축하하여 제사를 지냄, ② 경축하여 벌이는 큰 잔치나 행사를 말한다. 이는 개인이나 공동체가 어떤 제의로써 결속을 다지는 행위이다. 여기에는 춤이나 노래 등 예술적 요소와 민족(공동체)의 고유하고 집단적인 의식이 수반된다. 자연히 무속적이고 이교적이며 미신적 요소로 가득 찰 수밖에 없다.

그런데 종종 교회에서 '성령 축제'란 타이틀로 행사하는 것을 볼 수 있다. 한 마디로 '성령'과 '축제'란 말은 서로 어울릴 수도 없고 함께 사용할 수도 없는 표현이다. 그 이유는 다음과 같다.

① 축제는 비성경적이다. 성경에는 축제란 말이 사용되지 않는다. ② 축제는 오락과 여흥을 즐기는 행사인데, 이 말을 성령께 붙여 마치 성령님을 오락과 여흥의 수단으로 남발하는 느낌을 준다. ③ 성령님을 마치 연예인 초청 행사의 주인공처럼 오해하게 한다. ④ 성령님은 사물이나 비인격적 존재가 아니라 삼위 하나님의 한 분으로 거룩히 섬김받아야 하는데, 함부로 '성령'이라 호칭하고 있어 적절하지 못하다. 이런 이유 때문에 '성령 축제'란 말은 사용해서 안 된다.

또 하나는 '성령 축제'의 실체가 무엇인가 하는 점이다. 아마 성령님을 주제로 강연회를 한다든지, 아니면 불신자 초청 행사를 하려는 것인지도 모른다. 그렇다 하더라도 타이틀에 '성령'이란 호칭을 사용하는 것은 신중해야 한다. 하나님이신 '성령님'의 거룩하신 이름을 구호처럼 남발하는 것은 바람직하지 못하다.

● 성서(聖書, Holy book) → '성경'(聖經, Holy Bible).

'성경'과 '성서'는 어떤 차이가 있는지, 어떤 표현이 맞는지 궁금해 하는 교인들이 많다. 먼저, 성서에서 '서'(書)는 일반적인 모든 책(book)을 가리키는 표현이다. 즉, 책은 책인데 하나님의 말씀이 기록된 거룩한 책이라 하여 '성서'라고 부른다.

이에 비해, '경'(經)은 종교의 교리 등이 기록된 경전을 의미한다. 중국에서는 '성서'라는 표현보다 '성경'이란 표현을 줄곧 사용해 오고 있다.

영어에서도 '성서'란 뜻의 Holy book이란 표현을 쓰지 않고, '성경'을 뜻하는 Holy Bible을 쓴다. 책을 나타내는 book이란 단어가 있지만 굳이 'Bible'이란 단어를 사용하는 것은 이것이 단순한 책이 아니라 인류 구원의 도리를 담고 있는 신적 권위를 지닌 하나님의 말씀이기 때문이다(딤후 3:16).

한편, 일본에서는 옛날부터 지금까지 줄곧 '성서'란 말을 사용해 오고 있다. 우리나라에서도 1880년대에 나온 쪽복음들은 주로 '성서'란 이름으로 소개되었다. 그러다 1938년 개역성경이 발간되면서부터 지금까지 줄곧 '성경'이란 표현을 사용하고 있다(성경전서, 표준새번역 성경전서, 현대인의성경, 현대어성경, 쉬운성경 등). 다만, 기독교와 가톨릭이 공동으로 번역한 '공동번역 성서'만 가톨릭의 입장을 고려하여 '성서'로 표기하고 있을 뿐이다. 따라서 '성서'란 표현보다는 '성경'이란 표현이 바람직하다. 아울러 성경에서도 무려 54곳에서 '성서'가 아닌 '성경'이란 표현을 사용하고 있다(마21:42; 막12:10; 눅4:16; 요5:39). → [2. 교리 및 신앙 용어］ '성경'을 보라.

● 성전(聖殿, sanctuary) → '예배당', '교회당'.

'성전'은 하나님께서 임재하시는 거룩한 처소로서 하나님의 영광이 나타나는 곳을 가리킨다. 구약 시대의 '성막'이나 '예루살렘 성전'이 여기에 해당한다. 이곳은 모두 하나님께 제사와 예배를 드리는 장소라는 공통점이 있다. 이후 신약 시대에 와서 '성전'은 '성령께서 내주하시는 성도의 몸'(고전3:16; 고후6:16), '성도의 공동체'(엡2:21-22)를 가리키는 영적 의미로도 사용되고 있다.

따라서 신약 시대에는 더 이상 예배 드리는 처소로서의 '성전' 개념은 찾아보기 어렵다. 오히려 영적 측면에서 주의 거룩한 백성의 모임이나 성도 자신을 가리킨다. 종종 예배 드리는 처소를 가리켜 '성전'으로 일컫는 경우들이 있으나 엄격하게 말하면 '예배당' 또는 '교회당'이라 하는 것이 더 적절하다. → '교회, 교회당'을 보라.

● 소경, 맹인, 장님, 봉사(the blind) → '앞 못 보는 자', '시각장애인'.

하나같이 '눈이 먼 사람'을 가리키는 표현들이다. 하지만 이런 표현들은 모두 어감이 좋지 못할 뿐만 아니라 당사자들에게는 다소 수치심을 줄 수 있는 말들이다.

개역한글판에는 '소경'(출4:11; 레19:14; 요11:37)이란 표현만 사용될 뿐 장님, 봉사란 표현은 언급되지 않는다. 그리고 개역개정판에서는 '소경'을 모두 '맹인'으로 개정하였다.

그러나 '맹인' 역시 썩 좋은 표현은 아니다. 따라서 일각에서는 '앞 못 보는 자'로 완곡하게 표현하는 것이 어떻겠느냐는 의견을 제시하기도 한다. 물론, 설교에서나 교회 생활에서 이런 표현들은 마땅히 삼가고 조심해야 할 부분들이다.

● 소천하다(召天-, die, pass away) → (장례시) '별세하다', '하나님의 부르심을 받다', '숨을 거두다.'

'소천'은 국어사전에는 나오지 않는 단어로서 선교 초창기에 한국교회가 조성한 단어이다. 이 말을 문자적으로 직역하면 '하늘을 부르다'란 뜻이 된다.

그런데 한국교회는 지금까지 '하늘로 부르다'로 해석하여 '○○○를 하늘로 부르다', 곧 '○○○가 하늘(하나님)의 부르심을 받다'는 의미로 해석하여 사용해 오고 있다. 그것도 부족해서 대개는 '○○○씨가 소천하셨다'라고 표현한다. 이는 엄밀히 해석하면 '○○○씨가 (어떤 사람을) 하늘로 불렀다'는 의미가 되어 어휘상 맞지 않는다. 그래서 굳이 '소천'이란 표현을 억지스럽게라도 사용하려면 '○○○씨가 소천되었다'로 해야 맞다. 즉, '소천되었다', '소천받았다'는 표현이 그나마 무난하다.

하지만 방금도 밝혔듯이 '소천'이란 말은 사회에서는 일반적으로 사용하지 않고 사전에서도 취급하지 않는 말이다. 그래서 대한예수교장로회 통합 제86회 총회 기독교용어연구위원회에서는 굳이 맞춤법도 맞지 않게 억지스런 표현을 사용하기보다는 '하나님의 부르심을 받았다', '별세(別世)하셨다', '숨을 거두었다'로 쉽고 정확하게 표현할 것을 권하고 있다.

● 손 없는 날 → '비기독교적 용어로 삼가야.'

이사할 때 '손 없는 날'을 선택하는 경우가 종종 있다. 이런 날은 많은 사람들이 선호하기 때문에 이사 비용도 비싸게 든다.

여기서 '손'이란 날수를 따라 동·서·남·북 네 방위(方位)로 돌아다니며 사람의 활동을 방해하는 귀신을 가리킨다. '손'은 초하루와 이튿날에는 동쪽, 사흗날과 나흗날에는 남쪽, 닷샛날과 엿샛날에는 서쪽, 이렛날과 여드렛날에는 북쪽으로 가고, 9, 10, 19, 20, 29, 30일에는 하늘로 올라가서 손이 없다고 한다. 그래서 우리나라 민간 신앙에서는 이사를 하거나 먼 길을 떠날 때는 손 없는 날과 방향을 택하는 풍습이 있다.

그런데, 오늘날 예수님을 믿고 하나님의 자녀가 된 교인 가운데도 여전히 이런 그릇된 민간 신앙에 빠져 있는 자들이 있는 것은 안타까운 일이 아닐 수 없다. 성도의 운명은 그를 부르신 하나님의 손에 달려 있음을 믿어야 한다.

● 송구영신예배(送舊迎新禮拜, a New Year's Eve Worship) → '새해맞이 감사예배.'

해마다 대부분의 교회가 12월 31일 자정에 새해를 맞이하는 예배를 드린다. 이를 이름하여 '송구영신예배'라 부르곤 한다. 여기 '송구영신'이란 말은 문자적으로 '묵은 해를 보내고 새해를 맞음'이란 뜻이다. 이 말은 중국의 '송고영신'(送故迎新)에서 유래했는데, 중국 관가(官家)에서 구관(舊官)을 보내고 신관(新官)을 맞이하는 '신구관 이취임식'에 사용했던 말이라고 한다. 이 말이 우리나라에 들어와서는 음력 섣달그믐 밤에 묵은 해를 보내고 신년의 운수대통을 기원하던 무속적인 민속 행사에 사용되었다.

그런데 '송구영신예배'가 한국교회에서 처음 사용된 것은 기록에 의하면 1887년 12월 31일 새문안교회와 정동감리교회가 연합예배를 드린 것이 최초로 알려지고 있다. 당시에는 '언약갱신예배' 혹은 '언약예배'로 불렸다고 한다. 또 장로교회에서는 언더우드와 아펜젤러에 의해 '송구영신예배'가 시작되었다고 한다.

선교 초창기의 교인들은 이 예배를 통해 지나간 한 해를 돌아보며 회개하고 하나님이 베풀어 주신 은혜에 감사하며, 새해를 맞아 새로운 신앙을 다짐하는 시간을 가졌다. 이런 소중한 의미가 담긴 예배라면 굳이 기독교적 배경과 무관한 이교적이고 무속적인 '송구영신'이란 표현을 사용할 이유는 없다. 또 현재 송구영신예배가 기복적인 절기 행사로서의 성격이 강한 것도 부인할 수 없다.

그러므로 무분별하게 습관적으로 사용하던 '송구영신예배'란 표현보다 지난 한 해 동안 베풀어 주신 하나님의 은혜에 감사하고 새해에도 하나님을 찬양하고 살겠다는 다짐을 담은 '새해맞이 감사예배'란 표현이 더 좋으리라 생각된다.

● 송영(頌詠, doxology) → '경배송'(찬미송), '영광송.'

'송영'은 헬라어 '독사'(δόξα, '영광'이란 뜻)에서 나온 표현으로, 영어로는 'doxology'라고 한다. 곧, '송영'은 하나님의 영광을 찬양하는 노래를 가리키는데, 보통 예배의 처음과 마지막에 불리는 기도 형식의 송가(頌歌)이다. 성경에서는 주로 시편 66:1; 89:5; 100:1; 113:2; 요한계시록 1:6장 등이 송영에 해당하며, 찬송가에서는 1-7장이 '송영'으로 분류되어 있다.

그런데 이 표현은, 오래 신앙 생활을 해온 세대들에게는 친숙하지만 신세대들에게는 생소하고 어렵게 느껴질 수도 있다. 그래서 예배 시작 때 부르는 송영은 '경배송'(찬미송)으로, 예배 마칠 때 부르는 송영은 '영광송'으로 표현하는 것도 좋을 듯하다.

● 수석부목사(首席副牧師), 수석장로(首席長老) → '선임부목사', '선임장로'.

'수석(首席)'이란 '맨 윗자리'라는 뜻이다. 반대말은 '말석(末席)'이다. 그런데 교회들에서 부목사 가운데 제일 먼저 부임한 부목사를 '수석부목사', 장로 가운데 가장 먼저 장립된 장로를 '수석장로'로 표현하는 경향이 있다.

하지만 개혁교회 특히 장로교회는 직분의 계급과 서열 개념이 없다. 따라서 '수석'이란 말은 비성경적이므로 수석부목사, 수석장로 등의 표현은 삼가는 것이 좋을 듯하다. 굳이 직무에 따라 호칭을 구분할 필요가 있다면 서열이나 계급 의식과 무관한 '선임'이란 단어를 사용하여 '선임(先任)부목사', '선임장로' 정도로 부르는 것이 낫다. 즉 임무를 먼저 맡았다는 뜻이다.

더러는 교회 안에서 영향력 있고 사회적으로 지위와 명망 있는 장로를 임직의 선후에 관계없이 '수석장로'로 지명하는 사례도 있는데, 이는 질서상으로도 부당할 뿐만 아니라 신학적으로도 개혁교회의 본질에서 위배된다.

● 수석장로(首席長老) → '선임장로' → '수석부목사, 수석장로'를 보라.

● 시간 되십시오 → '… 하시기 바랍니다', '받으십시오'.

설교 시간에 종종 "은혜받는 시간 되십시오."라는 말을 들을 수 있다. 그러나 '시간이 되다'는 말은 앞뒤가 맞지 않는 틀린 표현이다. 여기서 '되다'는 말은 '그것으로 변하거나 이루어지다'는 뜻이다. 어떻게 사람이 시간이 될 수 있겠는가? 그러므로 "여러분, 이 시간 은혜 받으시기 바랍니다."로 말하는 것이 맞고 또 자연스럽다. 예를 들면, "복받는 시간 되십시오."는 "복 많이 받으세요."라고 하는 것이 맞다.

● 시찰(視察, inspection), 총찰(總察) → '방문지도'.

'시찰'은 '두루 돌아다니며 실제의 사정을 살핌'이란 뜻이다. 또 '총찰'은 '총괄하여 살핌'이란 뜻이다. 교회법에서는 노회가 개교회의 당회를, 총회가 노회를 지도하는 행위를 가리킨다.

이 두 단어는 주로 상급 기관에서 하급 기관을 감찰하거나 감독할 때 사용하는 표현으로, 민주적 정치 체계를 갖춘 장로교 정치의 기본 정신에는 어울리지 않는다. 따라서 시찰이나 총찰은 '방문 지도' 정도로 표현하는 것이 적합하다. → [3. 행정 및 교육 용어] '시찰'을 보라.

● … 시키다 → (설교시) '… 하다'.

설교 시간이나 교회 회의에서 '시키다'란 표현을 잘못 사용하는 경우들이 종종 있다. '시키다'는 '누구에게 무엇을 하게 하다'는 뜻의 타동사이다. 예를 들면, '전쟁에 나갈 만한 사람들을 부상시키다', '아모리 사람의 손에 넘겨 멸망시키다' 등으로 표현할 수 있다.

그런데 이를 잘못 사용하는 경우들이 있다. 예를 들면, '그는 시간을 연장시켜 회무를 진행했다'에서 볼 수 있듯이 여기서는 누구에게 무엇을 시키는 것이 아니라 자신이 스스로 무엇을 하는 경우에 해당한다. 이 경우는 '… 시키다'가 아니라 '… 하다'로 표현하여, '그는 시간을 연장해서 회무를 진행했다'고 표기해야 맞다. '… 시키다'와 '… 하다'를 구분해서 사용할 줄 알아야 한다.

● 시편(詩篇, Psalms) → '장'이 아닌 '편'.

성경 본문을 소개할 때 보통은 '창세기 ○장 ○절' 하는 식으로 표현한다. 그렇다면 시편 본문을 소개할 때는 어떤 표현이 적합하겠는가? 많은 경우 산문으로 된 성경 본문과 마찬가지로 시편도 '시편 ○장 ○절'로 표현한다. 하지만 시편은 보통 성경 본문을 소개하는 방식과는 다르다. '장'(章)

은 연속적인 글의 내용을 체계적으로 구분하는 분류법의 하나이다.

그래서 창세기나 출애굽기 등의 산문으로 된 성경 본문은 'O장'으로 표현하는 것이 맞다. 그러나 시편은 150편이 일관성 있게 하나의 줄거리로 이어지지 않는다. 150편의 하나하나가 각기 다른 배경과 환경에서 독립된 시들로 구성되어 있다. 이런 경우 시편은 'O편'으로 표현하는 것이 맞다. 즉, 시편 10편은 150편의 시 가운데 열 번째의 독립된 개별적 시(詩)라는 말이다. 그래서 영어성경에서도 일반 성경 본문은 'Chapter'로, 시편은 'Psalm'으로 표기한다. 시편은 '시편 제OO편 OO절'로 표현하는 것이 좋다.

● 신(이) 나다, 신명(이) 나다, 신바람(이) 나다 (get in high spirit) → '흥겹고 기쁘다', '기운이 나다', '생동감이 일다.'

'신'이란 어떤 일에 정신이 쏠리거나 흥이 나게 되거나 하여 일어나는 흥겨운 기분(interest)을, '신명'이란 흥겨운 신과 멋을 가리킨다. 그리고 '신바람'이란 어깻바람 곧 신이 나서 몸을 활발하게 움직이는 기운을 가리킨다.

그런데 일각에서는 '신'이나 '신명' 혹은 '신바람'의 어원은 무속 세계에서 관이 임하는 상태나 신(귀신)이 들려 황홀경(엑스타시)에 이른 상태에서 유래한 표현이라 보기도 한다. 즉, 특정 개인에게 신내림 곧 신령이 신을 내려 자기 의지와 상관없이 들뜬(전율하거나 발작함) 정신·신체적 정황(신이 내려 자의식을 잃거나 의식이 변하거나 주변 상황에 맞추어 자신을 통제하는 반의식 상태)을 의미한다. 이런 어원적 결함을 지닌 말이라면 적어도 교회에서 다른 표현을 사용해야 옳을 것이다.

● 신랑(新郞, bridegroom), 신부(新婦, bride) → (결혼예식에서) 성혼 공포 후에는 '부부'.

'신랑'의 사전적 의미는 '곧 결혼할 남자나 갓 결혼한 남자'를 가리킨다. 또 '신부'는 '곧 결혼할 여자나 갓 결혼한 여자'를 말한다. 그래서 결혼 예식에서는 주례자가 예식 처음부터 두 사람이 부부 되었음을 선포한 성혼 공포 이후, 예식이 마칠 때까지 '신랑', '신부'란 표현을 사용한다.

물론 신랑이나 신부의 사전적 의미를 보면 틀렸다고는 할 수 없다. 그러나 두 사람이 하나님 앞에서 정식 부부가 되었음을 선언한 이후라면 이제는 신랑과 신부가 부부가 되었으니 호칭도 바꾸는 것이 좋다. 예를 들면, 시어른에게는 신부를 '며느리'로, 장인·장모에게는 신랑을 '사위'로, 축하객들에게는 '부부'란 호칭으로 소개하는 것이 훨씬 의미가 있을 것이다.

● 신선(神仙) 놀음 → '비기독교적인 용어로 사용을 삼가야 한다.'

'신선'은 선도(仙道)를 닦아 신통력을 얻는 사람으로, 현실 세계를 떠나 자연과 벗하며 살아가는 상상 속의 인물이다. 그래서 신선처럼 아무 걱정이나 근심 없이 즐겁고 평안하게 사는 것이나 또는 해야 할 일을 다 잊고 어떤 놀이에 열중하는 것을 가리켜 '신선 놀음'이라 한다. 그러나 이는 비기독교적인 표현으로 가려서 사용해야 한다.

● 신앙(信仰, faith, belief) → '신앙을 가지다'가 아니라 '신앙이 생기다'가 맞다.

'신앙'은 사전적으로 '믿음의 대상을 굳게 믿고 가르침을 지키며 이를 따르는 일'을 말한다. 즉, 하나님을 믿고 하나님의 가르침을 지키며 그 말씀에 순종하는 것을 신앙이라 할 수 있다.

이것은 사람의 의지와 노력으로 가능한 것이 아니라 하나님께서 주시는 힘과 능력을 덧입을 때가 능하다. 따라서 신앙은 내 스스로의 힘으로 '가지는' 것이 아니라 위로부터 하나님이 주시는 은혜로 '생기는' 것이다. 더욱이 신앙은 사람이 주체가 되는 것이 아니라 하나님이 주체가 되시는 것이다. 그러기에 사람의 입장에서는 마음 가운데 이런 신앙심이 생기도록 하나님께 간절히 간구하는 것이다. 따라서 '(내가 스스로) 신앙을 가진다'는 표현보다 '(하나님의 은혜로) 신앙심이 생기다'로 표현하는 것이 신학적으로 맞다.

● 신주(神主) 모시듯 한다 → '비기독교적인 용어로 사용을 삼가야 한다.'

'신주'(mortuary tablet, ancestral tablet)는 죽은 사람의 위패를 가리킨다. 「오경이의」(五經異義)에서는 '신상'(神像)이라고도 하는데, 상주가 장사를 지낸 뒤 마음을 의탁하기 위해 우제(虞祭) 때에 세웠다고 기록하고 있다. 주로 높이 1.2척, 너비 3촌, 두께 1.2촌 크기로서 밤나무로 만드는데, 4

대가 죽을 때까지 모시다 그 후 산소에 묻는다.

따라서 '신주 모시듯 한다'는 말은 '몹시 귀하게 여겨 조심스럽고 정성스럽게 다룬다'는 관용적 의미를 갖는다. 이는 이교적인 배경을 담고 있는 표현이기 때문에 예배나 설교시에 삼가야 한다.

● 심령 기도(영혼 기도, 방언 기도) → '비성경적인 표현으로 삼가야 한다.'

'심령 기도'란 말이 있다. 이웃이나 다른 성도를 위해 드리는 방언 기도를 가리켜 흔히 일컫는 표현이다. 따라서 심령 기도는 일종의 중재 기도에 속한다. 중재 기도란 이웃을 위해 하나님께 대신 간구하는 기도를 말한다.

그런데 이 중재 기도인 심령 기도를 방언으로 기도하는 것은 상식적으로도 맞지 않고 성경적으로도 잘못되었다. '방언'은 주님과 기도자 자신의 영혼만이 알 수 있는 언어로 하나님께 드리는 기도이다. 그래서 사도 바울은 고린도 교회를 향해 공적인 자리에서는 자기와 하나님만 아는 방언 기도는 아무 유익이 없기 때문에 하지 말도록 가르쳤다(고전14:5,12,13,26).

만약 그렇게 하면 방언 기도를 듣는 사람들이 아멘으로 화답할 수 없어 상대방을 위한 중재 기도가 될 수도 없으며, 단지 자신의 영적 은사를 과시하는 교만스런 행위가 될 수밖에 없는 것이다.

따라서 다른 사람의 심령을 위한 중재 기도는 방언으로 해서는 안 되며, 반드시 상대방이 알아 들을 수 있는 언어를 사용해야 한다. 뿐만 아니라 '심령 기도'란 말은 성경에도 없는 표현이므로 삼가는 것이 좋다.

● 심방(尋訪, pastoral visitation) → '교우 (가정) 방문.'

'심방'(尋訪)의 원어적 의미는 '보살피다'(히브리어로 '파카트'), '돌보다'(헬라어로 '에피스켑토스')는 뜻이다. 국어사전에서는 '심방'을 가리켜 '방문해서 찾아봄'이라 설명하고 있다. 기독교회에서는, 심방을 목회자가 '신자의 가정을 방문하는 것', '신자의 가정을 방문하여 대화하며 집안 형편을 살펴보고 신앙적 상담과 위로를 주는 행위', 또는 '어려움 당한 성도의 가정을 방문하여 하나님의 말씀으로 위로·권면하며 교제하고 도와주는 목양 활동 중에 하나'로 본다.

대체로, 교역자와 구역장(속장) 등이 신자의 가정을 방문하여 신자의 삶을 돌아보고 함께 가정예배를 드리는 형태로 이뤄진다. 그리고 심방은 ① 신자가 어려운 일을 만났을 때 이뤄지는 비정기적인 심방과 ② 매년 봄, 가을 등 교회에서 정해진 기간 동안 실시하는 정기적인 심방이 있다.

그런데 일각에서는 이 '심방'이라는 표현을 무속(巫俗)과 관련된 용어로 보기도 한다. 특히, 제주도에서는 무속적인 사제 곧 '무당'이라는 말 대신에 '심방'(신방, 神房)이라고 부르는데, 여기서 '심방'은 '신령을 만나는 이', '신령을 찾는 이'라는 복합적인 의미가 담겨 있다.

결국 '심방'이란 무속인(무당, 무녀)을 가리키는 동시에 무속인이 사람들의 집을 돌아다니며 굿을 통해 그 집안의 문제를 해결하려는 무속 행위를 가리킨다고 볼 수 있다. 이런 맥락에서, 교회 내에서 구태여 무속적인 언어인 '심방'을 고집할 것이 아니라 '교우 (가정) 방문' 등으로 순화하여 고쳐 쓰는 것이 바람직하다고 본다. → '대심방'을 보라.

● 십자가 형벌(十字架 刑罰) → '십자가 고난.'

기도할 때나 설교시에 예수 그리스도의 십자가 죽음을 '형벌'로 표현하는 것을 종종 볼 수 있다. 물론, 십자가는 예수님 당시에 죄수에게 가해지는 최악의 사형 도구였다. 또한 예수님은 사칭 하나님의 아들로 신성 모독죄를 범했다는 이유로 재판에 넘겨져 사형을 선고받기도 했다. 그리고 예수님은 우리 죄인들이 받을 형벌을 대신 지시기 위해 십자가를 감당하셨다.

그렇다 하더라도 실상 예수님의 십자가 죽음은 예수님에게는 '형벌'이 아닌 '고난'으로 이해해야 신학적으로 맞다. 그 이유는 다음과 같다.

① 예수께서는 삼위 하나님의 한 분으로서 거룩하고 의로우시며 무죄하시다. ② 예수님은 공생애 기간 동안에도 윤리적으로, 도덕적으로 아무 흠과 티가 없으셨다(벧전1:19). ③ 예수님은 아무 죄가 없지만 인간들의 죄를 대신해서 십자가를 지셨다(사53:5). ④ 현장에서 예수님께 사형을 언도한 빌라도도, 그의 아내도 예수님이 아무 죄가 없음을 고백했다(마27:19,23-24).

따라서 예수님의 십자가는 죄과로 인한 형벌 차원의 수난을 넘어 하나님의 경륜에 순종하는 차원에서 이루어진 대속적 희생이라 할 수 있다. 그러므로 우리는 기도할 때나 설교할 때에 예수님의 십자가를 '형벌' 이라고 하기보다 '고난' 으로 표현하는 것이 적절하다고 본다.

●아멘(Amen) → (예배, 설교시) '강요하거나 유도하지 말아야 한다.'

'아멘' (אָמֵן; ἀμήν)은 '믿다', '그렇다' 는 뜻의 히브리어 '아만' 에서 파생된 단어로 '진실로', '참으로' 란 의미다. 구약에서는 주로 '그렇게 될지어다' 는 감탄사로서 시편 낭독 후 그 말씀에 동의한다는 뜻으로 사용되었다. 또 찬양의 대미를 장식하거나, 자기 신앙을 고백할 때 끝맺는 말로도 쓰였다(시41:13; 72:19; 89:52).

유대인들은 회당 예배에서 기도자가 기도할 때, 찬양대가 '하나님은 복 되시도다' 라고 노래할 때 '아멘' 으로 화답하였다. 신약에서의 용례도 구약과 비슷한데, 기도와 찬송 뒤에 '그렇게 될 줄로 믿습니다' 는 신앙 고백적 표현으로 사용하였다(마6:13; 롬1:25; 고전14:16). 결국 '아멘' 은 예배에서, 찬양시에 하나님의 성호를 기릴 때 이에 동의한다는 일종의 자기 신앙 고백이다.

그런데 오늘날 예배 시간에 '아멘' 을 강요하는 일들이 허다하다. 목사가 설교를 하면서 중간중간에 교인들의 반응을 유도할 때 인위적으로 '아멘' 을 강요하기 일쑤다. 그것도 '할렐루야' 를 연발하여 억지로 '아멘' 을 이끌어낸다.

그러나 '아멘' 은 설교에 감화된 성도가 믿음으로 그 말씀을 시인하고 말씀에 순종하겠다는 신앙 고백적 표현이어야 한다. 심령에서 자연스레 우러나와 고백해야 할 이 표현을 억지스럽게 강요하는 것은 바르지 못하다. 그것도 예배 시간에 하나님의 성호를 기릴 때 사용하는 '할렐루야' 란 경건한 표현으로 유도하는 것은 불경스럽기까지 하다.

한편, 교회 회의에서 출석을 확인할 때도 '아멘' 으로 대답하는 경우가 있는데 이 역시 '예' 로 답하는 것이 적절하다고 본다.

●아버지 하나님 → (기도시) '하나님 아버지.'

기도할 때 '아버지 하나님' 이 맞는 표현이겠는가? 아니면 '하나님 아버지' 가 맞는 표현이겠는가? 딱히 어느 편이 맞다고 할 수는 없다.

그러나 '하나님' 이란 호칭은 유일신 창조주를 존재론적으로 가리키는 말이다. 이에 비해, '아버지' 는 하나님과 나의 관계성을 나타내는 말로, 하나님의 자녀 된 성도가 하나님을 부르는 특수한 호칭이다. 또 하나님께서 우리 아버지가 되는 것이지 우리 아버지가 하나님이 되는 것은 아니다.

이런 논리적 측면에서 본다면 하나님을 호칭할 때는 '아버지' 를 앞세우기보다 '하나님' 이란 호칭을 앞세워 '하나님 아버지' 라고 부르는 것이 훨씬 자연스럽다. 아울러, 하나님은 우리 기도를 들으시는 기도의 대상자이시기 때문에 기도할 때는 반드시 기도를 받으시는 '하나님 아버지' 를 우선적으로 호칭하는 것이 바람직하다. 그래서 예수님도 기도를 가르쳐 주실 때 제일 먼저 '하늘에 계신 우리 아버지여' 라고 하셨다(마6:9).

●아베 마리아(Ave Maria) → '개혁교회에서는 용납될 수 없는 용어.'

기독교방송 등에서 간혹 음악감상 시간에 슈베르트 또는 구노의 '아베 마리아' 곡을 들려주곤 한다. 방송 관계자가 단순히 고전음악이라는 차원에서 들으라고 선곡한 것으로 추정되는데, 그렇더라도 개혁교회 정신에 입각한 방송사에서 들려주는 곡으로는 부적절한 것이 아닌가 생각한다.

'아베 마리아' 란 로마 가톨릭이나 성공회, 루터교에서 성모 마리아를 축복하고 찬미하여 '마리아에게 영광이 있기를' 하고 기도하는 말인 동시에, 성모 마리아를 숭모하고 찬미하는 노래를 가리킨다. 아름다운 멜로디도 좋지만, 마리아를 높이고 마리아에게 소원을 기도하는 등의 가사 내용이 담겨 있어 일반 가곡으로 수용하기에는 부담이 된다. 특히, 찬송을 들려주는 이른 아침 시간에 개혁교회 입장에서 용납될 수 없는 내용의 '아베 마리아' 를 들려주는 것은 엄히 삼가야 할 것으로 본다.

●안식일(安息日, sabbath) → '주일' (主日, the Lord's Day).

목회자나 성도 가운데 예배 시간이나 교회에서 생활할 때 '안식일' 과 '주일' 이란 말을 구분 없이 사용하는 경우를 종종 본다. 심지어 기도 시간에 '주일' 을 '안식일' 이라 말하는 자들도 있다.

결론부터 말하면 예수님 이후 신약 시대 성도는 '안식일' 이 아니라 '주일' 을 지킨다. 그러므로 '주일' 이란 표현을 사용하는 것이 적절하다.

'안식일' 은 하나님께서 6일 동안 천지를 창조하

시고 제7일째에 안식하신 것을 기억하고 기념하는 날이다(창2:2; 출20:11). 이 안식일은 종말론적으로 장차 마지막 날 하나님이 허락하신 영원한 천국에서 주님과 더불어 영원토록 안식할 영화롭고 복된 그날을 지금 현재 이 땅에서 누리는 날이다.

그래서 구약 시대에는 금요일 저녁부터 토요일 저녁까지를 안식일로 정하고 이날을 구별하여 거룩하게 지켰다. 그리고 이 날이 하나님과 택한 백성 사이의 영원한 표징이 되었다(출31:13).

그러나 신약에서는 안식일의 주인 되신 예수님이(마12:8; 막2:28; 눅6:5) 안식일 다음날 새벽 미명에 부활하심으로써 안식일의 의미를 온전하게 완성하셨다. 이렇게 하심으로써 예수님은 새롭게 구원 역사를 이루시고 친히 새 안식일 곧 주일을 제정하셨다. 그래서 신약의 사도들은 안식일 다음 날 '주님이 부활하신 날'을 '주의 날'(계1:10)로 정하고 모여 예배하고 하나님을 경배하였다.

그러므로 이제는 '안식일'이 아니고 '주님의 날', 곧 '주일'로 표현해야 맞다. 뿐만 아니라 안식일은 폐지된 것이 아니라 '주일'로 완성되었기 때문에 더욱 진실되고 경건한 자세로 '주일'을 거룩하게 지키는 열심도 회복해나가야 한다. → [4. 예배 및 예식 용에] '주일'을 보라.

●안집 → (직분 호칭시) '안수집사.'

집사는 교우의 신임을 받고 진실한 신앙과 분별력이 있는 무흠 세례교인으로 5년을 경과하고 30세 이상된 남자로서 디모데전서 3:8-10에 해당하는 자라야 한다(대한예수교장로회 통합 헌법 정치 제8장 제51조, 54조). 당회는 이런 자격에 해당하는 자를 공천해 공동의회에서 과반수(합동측은 3분의 2) 이상의 득표로 선출한다. 이렇게 선출된 집사는 당회에 의해 교육받고 안수를 통해 임직하게 되는데 이를 '안수집사'라 부른다.

물론, 성경에도 교회 헌법에도 '안수집사'란 호칭은 없으나 안수로 장립받았다 하여 그렇지 않은 집사와 구분하기 위해 이런 호칭을 사용한다. 엄격하게 따지면 안수집사는 그냥 '집사'로 부르고, 현재 그냥 호칭하고 있는 '집사'를 '서리집사'로 구분하여 부르는 편이 성경적이다.

아무튼 하나님 앞에서 거룩하게 구분되어 하나님의 교회에서 봉사하는 안수집사의 직분은 하나님께서 허락하신 존귀한 직분이다. 그런데 교회들에서, 또는 언론에서 '안수집사'를 '안집'으로 줄여서 부르거나 활자화하는 것을 볼 수 있다.

약어를 즐겨 사용하는 현대 사회의 보편적 성향들이 교회 직분에까지 그대로 적용되고 있는 것이다. 경망스럽기 짝이 없는 일이다. 거룩한 직분을 약어로 사용하는 것은 직분의 존경심과 무게감을 떨어뜨리고 교회 분위기를 희화화시킨다.

가뜩이나 현대 교회가 간결하고 합리적인 것을 추구하여 진리보다는 편리를 좇는 이때에 바른 호칭은 작은 데서부터 교회를 바로 세우는 첫 걸음이 된다는 것을 잊지 말아야 하겠다.

●앉은뱅이(the cripple) → '못 걷는 사람', '지체부자유자.'

일어나 앉기는 하여도 서지 못하는 불구자. 개역 한글판에 나오는 표현으로 어감이 좋지 못하고 당사자에게 수치심을 줄 수 있는 표현이라 하여 개정개정판에서는 '못 걷는 사람', '못 걷게 된 이'로 완곡하게 번역되었다(마11:5; 눅7:22; 행3:2; 8:7).

●액(厄, misfortune, disaster), 액땜(厄 -) → '비기독교적인 용어로 삼가야 한다.'

전자는 '모질고 사나운 운수'를, 후자는 앞으로 당할 큰 액운을 대신하여 미리 다른 가벼운 고난을 겪어 때우는 것을 말한다. 주로 '액을 막다', '액을 물리치다', '액이 닥치다' 등의 표현으로 사용되는데, 하나같이 무속적인 의식과 관련되어 있다. 우리나라의 전통적인 민간 신앙에서 비롯된 비기독교적인 용어로 쓰지 말아야 한다.

●양해(諒解) 말씀드립니다 → '양해하십시오', '사과 말씀 드립니다.'

흔히 설교나 광고 중에 "양해 말씀 드리겠습니다."란 표현을 쓰는 경우를 종종 볼 수 있다. 여기서 양해(consent, understanding, agreement)란 '사정을 잘 알아서 너그럽게 이해함'이란 뜻이다. 따라서 만약 내가 상대방에게 양해를 구할 것이 있다면 "양해하십시오."라고 표현하는 것이 어법에 맞다. 그리고 이보다는 "사과 말씀을 드립니다."로 표현하는 것이 훨씬 자연스럽다.

그런데 보통 내가 양해를 구하면서도 "양해 말씀 드립니다."라고 표현하는 경우를 자주 보는데, 이는 '(내가) 양해한다는 말씀을 드린다'는 의미가 된다. 양해를 구해야 될 사람이 반대로 양해를 하겠다고 하니 도저히 앞뒤가 맞지 않는다. 양해를 구할 때는 "양해하십시오", "사과 말씀을 드립니다."로 표현해야 맞다.

● 열린 예배(Seeker's Service, contemporary worship, open worship) → '열린 집회', '찬양 집회'.

열린 예배란 용어는 1990년대 이후 한국교회에 사용되기 시작했다. 이 예배는 한국교회에 '구도자 예배'(Seeker's Service)라는 이름으로 소개되었다. 그러나 '구도자'라는 말이 낯설고 부자연스러워 당시 유행하던 '열린'이란 단어를 사용하게 된 것이 오늘날 '열린 예배'의 기원이다.

구도자 예배는 1973년 미국 시카고 교외에 위치한 윌로우 크릭 커뮤니티 교회(Willow Creek Community Church)를 담임하는 빌 하이벨즈(Bill Hybels) 목사에 의해 시도되었다. 그 후 릭 워렌 목사가 시무하는 새들백 교회와 북미의 빈야드 교회 등이 이 예배 형태를 도입해 시행하였다.

취지는 현대의 대중 문화와 음악을 통해 신세대 중심의 불신자들이 교회에 쉽게 접근하게 한다는 데 있었다. 즉, 열린 예배는 복음 전파를 위한 선교의 방편으로 시도된 것이다. 이 과정에서 열린 예배는 찬양식 안무와 율동을 겸한 교회음악, 전통 가락(멜로디)의 수용, 드라마나 대중 매체를 이용한 예배에 대한 총칭이 되었다.

이렇게 열린 예배는 전통 예배의 궤도에서 벗어나 자유 분방한 모습으로 아무나 쉽게 참석하여 동화될 수 있는 예배 형식으로 바뀌면서 인간 흥미 위주의 감각적인 예배 형태를 도모하게 되었다. 목적은 구도자를 교인되게 하자는 데 있었지만 그 예배는 인간이 중심이고 형식은 오락적이며 내용은 흥겨움이 주류를 이룬다. 그러기에 열린 예배는 하나님께 대한 바른 예배라고 볼 수 없다. 왜냐하면 예배는 구속 사건 안에 나타난 하나님의 사랑과 은혜에 대한 응답이기 때문이다.

불신자들, 혹은 구도자들은 아직 하나님과 온전한 관계를 맺지 않은 사람들이요, 하나님께서 자신을 위해 무엇을 하셨는지도 모르는 사람들이다. 따라서 그들은 아직 예배드릴 자격도, 바른 예배를 드릴 마음 자세도 갖추지 못한 자들이다. 그들이 예배드리기 위해서는 무엇보다 먼저 복음을 듣고 예수 그리스도를 구주로 영접해야 한다. 그래야 그들은 영과 진리로 하나님의 구원의 은혜와 사랑에 응답하는 예배를 드릴 수 있게 된다(요4:24).

또 예배의 기본 정신은 하나님의 크신 사랑과 은혜에 감사로 응답하는 드림에 있지 예배를 통해 무엇을 받거나 추구하는 데 있지 않다. 이런 면에서 볼 때 열린 예배는 하나님을 향한 것이라기보다 인간을 향하고 있다는 점에서 문제가 있다.

예배는 하나님을 향한 응답의 행위여야지, 인간을 위한 것이 되어서는 안 된다. 만약에 예배가 회중지향적이며, 예배의 근본 목적이 하나님께 드림에 있지 않고 예배를 통해서 인간적인 무엇을 얻어내는 데 있다면, 비록 그것이 영혼 구원을 목적한다 하더라도 인간을 위한 집회이지 하나님을 향한 예배는 아니라고 본다. 따라서 '열린 예배'라는 용어는 근본 취지에 맞지 않는다. 차라리 '열린 집회'로 부르는 것이 더 나을 것이다.

더 큰 문제는 1990년대 후반 이후 많은 교회에서는 불신자들을 하나님께로 인도하기 위한 '구도자의 집회'와는 별개로, 신자 중심의 '열린 예배'를 드리고 있다는 점이다. 즉, 구도자를 중심으로 하는 전도 집회로서의 열린 예배 개념보다는 기존 신자들에게 생동감을 주는 예배로서의 열린 예배가 젊은이들을 중심으로 이루어지고 있다.

이런 예배는 주로 젊은이들을 중심으로 기존의 형식적이고 딱딱한 전통적 예배를 벗어나 잔치와 같이 시각적이고 회중들의 능동적인 참여를 격려하는 생동감 넘치는 예배로 진행되는데, 이를 '열린 예배'라 부르고 있다.

이는 원래 취지의 구도자 예배, 즉 열린 예배는 아니다. 따라서 굳이 젊은이들을 중심으로 활기 있는 예배를 드리고자 한다면 '열린'이라는 용어보다 '젊은이 예배' 혹은 '찬양 예배' 등으로 사용하는 것이 바람직하다.

한편, '열린 예배'가 있다면 '닫힌 예배'도 연상하게 되는데, 무엇이 열려 있고, 또 무엇에 대해서 닫혀 있다는 말인가? 결론적으로 '열린'이란 말은 예배와는 결코 어울리지 않는 단어이다. 그래서 대한예수교장로회 통합 교단에서는 제86회 총회에서 '열린 예배'란 용어를 사용하지 않기로 결의했다. →[4. 예배 및 예식 용어] '열린 예배'를 보라.

● 영결식(永訣式, a funeral service), 고별식

(告別式, a farewell ceremony) → '장례예식', '발인식', '출관식'.

'영결식'에서 '결'은 '이별할 결(訣)'로서 '영원히 이별하는 의식'이란 뜻이다. 이는 '장사지내기 전에 죽은 사람을 영원히 떠나보낸다는 뜻으로 행하는 의식'을 말한다. 또 '고별식'에서 '별'은 '이별할 별(別)'로서, '이별을 고하는 의식'을 가리킨다. 이는 '친척이나 친족들에게 죽은 사람과 마지막으로 결별을 알리는 의식'을 말한다.

그러나 부활 신앙을 가진 성도에게 죽음은 영원한 이별도, 마지막 순간도 아니다. 즉, 죽음은 새로운 삶의 시작이며, 영원한 천국의 안식에 들어가는 관문이다. 따라서 '영결식'이나 '고별식'이란 말은 기독교 교리나 신앙과 맞지 않는다.

그래서 대한예수교장로회 통합 교단은 제86회 총회에서 '장례예식'이라 하기로 결의했다. 물론 장례예식은 사람이 죽어서부터 땅에 묻히는 순간까지 치르는 모든 예식을 통틀어 지칭한다는 점에서 다소 광범위한 느낌도 없지 않으나 고인의 시신을 관에 넣는 '입관', 땅에 묻는 '하관' 예식이 별도로 있다는 점에서 고인의 시신을 장지로 옮기는 예식에 한정적으로 사용할 수 있기도 하다.

한편, 이를 전통에 따라 '발인식'(發靷式)으로 그대로 사용하자는 견해도 있다. 발인식은 사전적으로 '상여가 집에서 묘지를 향해 떠나감'이란 뜻이다. 그러나 요즘은 집에서 장례를 치르는 경우가 많지 않기 때문에 '발인'이란 표현이 현대 장례 분위기와는 맞지 않다는 주장도 있다.

그래서 일각에서는 '입관', '하관'이란 표현처럼 '출관'(出棺)이란 단어를 사용하여 '출관식'으로 제안하기도 한다. '발인식', '출관식', '장례예식' 어느 것이든 약간의 불완전한 점은 있지만 '영결식'이나 '고별식'처럼 신학적인 문제점은 없어 무난하게 사용할 수 있을 것 같다.

● 영광 돌리세(be glory) → (찬송시) '영광 드리세'.

찬송가 2, 3장 송영에 '성부 성자 성령께 영광무궁하기까지 영광과 찬송을 돌려보내세(돌리세)'라는 내용의 가사가 있다. 여기서 '돌리세', '돌려보내세'가 의미상 적절하지 않다는 지적이 있다. 즉, '돌리다', '돌려보내다'는 사전에서 '가져온 것을 도로 보내다'는 의미다. 이 단어는 사람 사이에 사용하는 표현으로 하나님과는 적절하지 않다.

무엇보다 이 말이 앞에 있는 '찬송과 영광'이란 말과 연결되면 '나에게 있는 찬송과 영광을 하나님께 돌려보낸다'는 뜻이 된다. 찬송과 영광은 하나님만이 받으시는데, 마치 나에게 주어진 찬송과 영광을 하나님께로 돌려보낸다는 의미로 이해되기 쉽다. 말이 안 되는 표현이다.

그래서 '돌려드리세(돌리세)'란 표현보다는 '드리세'로 고치는 것이 무리가 없을 것이다. 우리는 온 마음을 다해 성부 성자 성령을 찬양할 뿐이요, 또한 모든 영광은 오직 하나님께만 있다.

● 영면(永眠, eternal sleep), 영서(永逝) → (장례시) '하나님의 부르심을 받다', '별세하다'.

'영면'은 '영원히 잠을 잠'이란 뜻이다. 또 '영서'는 문자적으로 '영원히 감'이란 뜻으로 이 역시 '영면'과 같은 의미다. 이 두 단어는 하나같이 영원한 죽음의 세계, 곧 부활 없는 죽음을 배경으로 하고 있어 기독교 신앙과는 맞지 않다.

성경은 신·불신을 떠나 죽음이 마지막이 아니라 영원히 사라지지 않는 새로운 세계로 들어가는 출발점이라 가르친다. 즉, 주님 재림 때에 신자는 부활하여 영원한 생명으로 들어가고, 불신자 역시 부활하여 영원한 형벌의 세계로 들어가게 된다. 어느 편이든지 죽음의 상태에 영원히 머무르지는 않는다. 따라서 '영면', '영서'란 표현보다 '하나님의 부름을 받았다', '별세했다'는 말이 신앙적으로 더 맞는 표현이다. → '소천하다'를 보라.

● 영발, 기도발(이 세다, 있다) → '부적절하고 저속한 표현으로, 삼가야 한다'.

흔히 ○○기도원이 기도 응답이 빠르다(효과 있다)는 의미로 '영발이 세다', 또 ○○○부흥사의 기도가 능력이 있다는 뜻으로 '기도발이 잘 먹힌다'는 속어를 무분별하게 사용하는 경우가 있다.

여기서 '… 발'이란 접미사는 일부 명사 뒤에 붙어서 두 가지 의미를 갖는다. ① 죽죽 내뻗는 '기운'이나 '힘'을 나타낸다. 예를 들면 '끗발', '말발' 등의 용례로 쓰인다. ② '효과'의 뜻을 나타낸다. 예를 들면, '글발', '약발', '화장발' 등의 용례로 사용된다. 앞의 예에서 '끗발'은 '노름에서 좋은 끗수가 연이어 나오는 기세'를 뜻한다. '말발'은 '말이 먹혀 들어가는 정도', 곧 말의 권위를 뜻한다. 또 '글발'은 '문장력'을, '약발'은 '겉으로 드러나는 약의 효험'을, '화장발'은 '화장으로 나타나는 효과'를 뜻한다. 그외에도 '핏발', '눈발', '서릿발' 등이 있다. 여기서 보듯이 '… 발'이란 말은 하나같이 비인격적 사물의 속성을 나타내거나 때론 속되고 부정적인 의미로 사용된다.

이 말을 '영'(성령)이나 '기도' 등 영성을 가진 말과 연결시켜 사용하는 것은 바람직하지 못하다. 더욱이 인격을 가진 하나님의 영 곧 성령과 성령의 능력이나 하나님과 성도의 대화인 기도에 빗대어 언급하는 것은 외람되고 모독적이다.

더욱이 '영발이 세다', '기도발이 세다'는 말은 마치 ○○기도원이 대단한 효험(능력)이 있는 처소인양, 또 ○○○부흥사가 능력 있는 기도의 소유자인양 부각되는 듯하다.

이에 비해, 정작 기도를 받으시고 응답하시며 기도를 이루어주시는 하나님의 능력과 역사는 숨겨져 주객이 전도되는 양상을 보여준다. 그래서 사람들은 특정 기도원을 찾고 특정 부흥회 강사를 찾는 경향이 있는데, 이는 바른 신앙을 왜곡시킨다.

결국 '영발'이니 '기도발'이니 하는 말은 건전한 신앙과 계시 의존적 신앙을 훼손하며, 성령의 임재와 역사를 경홀히 여기게 한다. 그러므로 '영발'은 '성령의 역사'로, '기도발'은 '기도의 능력'으로 표현하는 것이 바람직하다.

● **영시예배**(零時禮拜), **자정예배**(子正禮拜) → '송구영신예배'를 보라.

● **영안실**(靈安室) → '병원 장례실'.
'영안실'이란 병원 등에서 시신(屍身)을 임시로 안치해 두는 방을 가리킨다. 이 말은 원래 불교나 유교에서 '죽은 사람의 영혼을 모시는 방'이란 의미로 사용하였다. 따라서 이 말은 기독교 내세관과는 맞지 않는다. 성도는 죽음과 동시에 그 영혼이 시신과는 상관 없이 하늘나라로 간다.

그러므로 발인 때까지 관을 놓아두는 영안실은 엄격하게 말하면 '시신 보호실'이나 '시신 안치실', 아니면 평범하게 '병원 장례실'이나 '장례식장' 정도로 표현하는 것이 적절하다. 이것이 기독교 신앙에 배치되지 않을 것이다.

● **영원토록 그를 즐거워하다**(to enjoy him forever) → '올바른 표현이다.'

웨스트민스터 소요리문답 1번 문항 "사람의 제일 되는 목적이 무엇입니까?"에 대한 답변에 나오는 표현이다. 그 답변은 이렇다. "사람의 제일 되는 목적은 하나님을 영화롭게 하고 영원토록 그를 즐거워하는 것입니다." 이 내용은 교회에서 학습이나 세례 문답을 준비하면서 자주 암송하고 공부하는 구절이지만 잘못 이해되는 경우가 허다하다. 많은 교인들이 '그를 즐거워하다'는 말을 '그를 즐겁게 하다'로 이해하고 있다.

그러나 영어 표현은 이렇다. "Q1) What is the chief end of man? A) Man's chief end is to glorify God and to enjoy him forever." 여기 보면 'to enjoy him'이란 말은 '그를 즐겁게 하는' 것이 아니라 '그를 즐거워하는' 것이다.

그를 즐겁게 하는 것은 '내가 하나님을 즐겁게 해드리는 것'을 말하는 데 비해, 그를 즐거워하는 것은 '하나님으로 말미암아 내가 즐거워하는 것'을 의미한다. 의미가 전혀 다르다. 내가 하나님을 섬기고 사랑함으로 하나님을 영화롭게 하고 이것으로 내 인생의 즐거움으로 삼는 것, 이것이 소요리문답이 가르치는 '사람의 제일 되는 목적'이다.

● **영의 아버지**(靈 -, father of spirit) → '영적 은인', '신앙의 후견인'.
목회자 가운데 자신을 일컬어 스스로 '영의 아버지'로 호칭하는 경우가 있다. 또 교인들 중에도 자기에게 복음을 전해 주었거나, 신앙 생활에 도움을 주는 사람을 가리켜 '영의 아버지' 또는 '영의 어머니'로 부르는 자도 있다. 이에 대한 성경적 근거로 사도 바울이 오네시모를 향해 '갇힌 중에 낳은 아들 오네시모'(빌1:10)라든지 바울이 고린도 교회를 향해 '복음으로써 내가 너희를 낳았다'(고전4:15) 등의 구절을 예로 들곤 한다.

그러나 이 구절들은 성도에 대한 바울의 부성적 사랑을 나타낸 수사적 표현으로 보아야 한다. 또 로마 가톨릭에서 '견진성사'(堅振聖事 → [3. 행정 및 교육 용어] '견진성사'를 보라.)를 받은 사람이 자신의 신앙 생활을 도와 줄 대부나 대모를 지정하는 제도가 있는데 '영의 아버지(어머니)'란 표현은 마치 이런 제도를 본뜬 것 같은 오해를 불러일으킨다. 그리고 무엇보다 성경에서 '영의 아버지'는 하나님 한 분뿐이시라고 가르친다. 왜냐하면 우리를 거듭나게 하셔서(요3:3-6) 자녀로 삼으시고 하나님의 후사가 되게 하시며(롬8:17; 엡3:6) 장차 천국의 기업을 상속받게(마19:29; 25:34) 하시는 분은 하나님이시기 때문이다.

따라서 하나님 한 분 외에 육신 가운데 있는 자를 '영의 아버지'라 호칭하는 것은 하나님 위치에 사람을 올려놓는 아주 위험스런 행위가 된다. 흔히 이단들 가운데 교주를 신성화하여 '영의 아버지(어머니)'로 호칭하는 경우가 많다. 선한 의도로 사용한 호칭으로 인해 이런 오해가 생겨서는 안 된다. 그저 '영적 은인'이나 '신앙의 후견인' 정도의 표현이 적당하리라 본다.

●**예배 개회(禮拜 開會)** → (예배시) '예배 시작'.

흔히 주보나 예식 순서지에 '예배 개회'라고 쓰여 있는 것을 볼 수 있다. 여기서 '개회'란 '회의나 회합을 시작함'이란 뜻이다. 즉, 어떤 주제를 놓고 토론할 목적으로 회의를 시작할 때 통상적으로 '개회'라 표현한다. 이에 비해, 예배는 거룩하신 하나님께 찬양과 경배를 목적으로 드리는 신앙 행위이다. 어떤 주제로 토론하기 위해 모이는 모임과는 성격이 다르다. 따라서 '예배'라는 말과 '개회'란 말은 서로 어울리지도 않고 성격이 완전히 다르나. 그러므로 "예배를 개회하겠습니다."는 말은 사용하지 말아야 한다. 대신 "예배를 시작하겠습니다."로 표현하는 것이 바람직하다.

●**예배 드리다(worship, adore)** → (예배시) '분별해서 사용해야 한다.'

'예배하다', 또는 '예배 드리다'는 표현에 대해서는 상반되는 두 견해가 있다. 여기서는 두 견해를 모두 소개한다.

① 예배를 '드리다'가 아니라 '하다'로 표현해야 한다는 견해. 예배는 하나님이 고안하고 명령하신 것에 순응하여 인간이 존경과 경외심을 가지고 엄숙하고 거룩하게 섬기는 신앙 행위이다. 따라서 예배는 이교(유교, 불교, 도교, 무속 신앙 등)에서처럼 인간 편에서 신에게 무엇을 바치고 치성(致誠)을 드리며 공적을 쌓음으로써 비로소 신(하나님)과의 만남이 이루어지는 종교적 제의가 아니다. 물론 구약 시대에 제사 제도하에서는 속죄 제물을 제단에 드림으로 죄를 용서받고 하나님과의 교제가 회복되는 예배가 이루어졌다.

하지만 이는 자기 몸을 단번에 대속제물로 드리신 예수 그리스도의 십자가 구속 행위로 인해 이미 완성되었다(히10:10-18). 따라서 신약의 성도가 하나님께 예배하기 위해서는 더 이상 무엇을 드리는 행위는 요구되지 않는다.

이런 신학적 배경에서 지금까지 제정된 교리와 신조도 모두 '예배하다'로 표기한다. 또 대한성서공회에서 번역한 개역한글판과 개역개정판 성경에서도 예배 행위를 예외없이 '예배하다'로 표기한다(창22:5; 출32:8; 삼상1:3; 왕하17:36; 욥1:20; 요4:20,23 등). 행여 윤리적 차원에서 '드리다'는 말이 예법에 맞다는 주장도 있으나 예배는 인간 윤리를 초월하는 신령한 행위이기 때문에 윤리보다는 진리에 부합해야 한다. 이런 근거에서 '예배'는 '드리다'가 아니라 '하다'로 표현해야 한다.

② '예배하다'를 '예배 드리다'로 표현해야 한다는 견해. 상대방이 손위일 경우에는 '하다'보다 '드리다'가 예법에 맞다. 예를 들면 '세배하다'는 '세배 드리다', '부탁하다'는 '부탁 드리다'로 하는 것이 공손한 표현이다. 따라서 만유의 주재가 되시며 모든 피조물로부터 세세 무궁토록 영광을 받으시는 지존하신 하나님께는 '예배하다'는 표현보다 '예배 드리다'는 표현이 더 적절하다.

뿐만 아니라 '기도하다'도 '기도 드리다', '간구하다'도 '간구 드리다' 등으로 표현하는 것이 한층 더 존대의 뜻을 담고 있다. 근래에 번역된 「표준새번역」이나 「현대인의 성경」은 '예배하다'와 '예배 드리다'가 함께 사용되었고, 「현대어성경」은 '예배 드리다'로 모두 통일되어 있다. 이런 사회적 변화 추세에서도 '예배 드리다'가 더 적절하다.

●**예배 때 교회 행사를 병행하는 일** → (예배시) '삼가고 예배에 집중해야 한다.'

종종 주일 예배 시간에 임직식이나 기념 행사를 병행하는 경우가 있다. 그러나 예배 시간에는 의식과 순서가 하나님께만 집중되어야 한다. 하나님께 최고, 최대, 최선의 수단으로 영광과 찬미를 드리며, 그것이 예배의 목적이 되어야 한다.

그런데 이 경건한 시간에 임직식을 한다든지 기타 교회 행사를 곁들여 다른 잡다한 순서들로 예배의 목적을 흐트러뜨린다면 이는 예배의 본뜻을 훼손하는 것이 되며 참된 예배가 될 수 없다. 뿐만 아니라 행사 역시도 제대로 이루어질 수 없다.

그래서 대한예수교장로회 합동 교단은 헌법적 규칙 제4조 2항에서 '주일 예배 시간에는 예배와 성례 외에 다른 예식은 다른 날에 행하되 가급적 간단히 행함이 좋다'고 규정하고 있다.

●예배 때 박수 치며 찬송하는 것 → (예배시) '적절하지 못하다.'

공예배 시간에 박수 치면서 찬송하는 것은 옳지 못하다. '박수'는 예배의 요소가 아니며, 예배 시간에 박수를 치도록 성경이 가르치지도 않는다. 물론 '박수'는 기쁨의 외적 표현이다. 따라서 하나님의 구원의 은혜에 대해 마음속의 주체할 수 없는 감격으로 자연스레 박수를 치는 경우가 있을 수는 있다. 찬송도 음악이 갖는 보편적 특성이 있기 때문에 때로는 신체적 반응(예를 들면, 박수와 같은)이 수반될 수도 있다. 그러나 이 같은 경우라 하더라도 경건한 예배를 위해서는 절제가 필요하다.

문제는 현대 교회들이 예배 시간에 치는 박수는 그 성격이 다르다는 점이다. 예배 진행자가 박수를 유도하고, 교인들은 습관적으로 박수를 친다. 이런 인위적인 박수는 예배의 신령한 분위기를 훼손한다. 나아가서 박수가 유흥적이고 유희적인 분위기로 흘러 예배 분위기를 산만하게 하고 심지어 예배를 오락으로 전락시키기까지 한다.

박수를 쳐서 감성을 자극하고 그것이 마치 은혜의 밀도를 높이고 성령의 임재를 촉발하는 수단인 것처럼 연출하는 행위는 위선이며 성령을 모독하는 것이다. 이것은 결코 바른 예배가 될 수 없다. 예배 시간에 드리는 찬송은 경건하고 엄숙하며 고요하고 정중해야 한다. 박수는 예배의 요소가 아니다. → '박수', '하나님께 영광의 박수?'를 보라.

●예배로의 부름(call to worship) → (예배시) '예배로 부르심.'

주보의 예배 순서에 '예배로의 부름'이란 말이 종종 사용되는 것을 볼 수 있다. 별로 대수롭지 않게 사용하는 표현이지만 무슨 의미인지 정확하게 아는 사람은 많지 않다. 이 표현이 밝히고자 하는 원뜻은 아마도 '주님께서 성도를 예배로 부르셨다'는 초청의 의미일 것이다.

하지만 이 말의 의미를 정확하게 알 수 없는 것은 어법이 우리말 표기에 맞지 않기 때문이다. 여기서 '…의'는 일본어식 표현으로 이를 그대로 사용하면 표현도 이상하고 뜻도 모호해진다. 따라서 '…의'는 그 내용에 따라 적당하게 풀어 사용해야 이해도 쉽고 어법에도 맞다. 따라서 '예배로의 부름'은 '예배로 부르심'으로 표현하는 것이 좋다.

●예배를 개최하다 → '예배를 시작하다.' → '개회합니다'를 보라.

●예배를 거행하다 → (예배시) '예배를 시작하다.'

'거행(擧行)'은 '행사나 의식(예식)을 차리어 치름'이란 뜻이다. 이 말은 주로 결혼식이나 입학식, 졸업식, 기념식 등에 사용되는 표현이다. 따라서 '예배'에는 적합하지 않다. 왜냐하면, 예배는 종교 의식을 거행하는 것이 아니기 때문이다. 따라서 "예배를 거행하겠습니다."보다 "예배를 시작하겠습니다."라고 표현하는 것이 바람직하다.

●예배를 돕는 성가대 → (예배시) '사용하지 말아야 할 표현이다.'

흔히 예배 기도 끝에 "예배를 돕는 성가대 위에 은혜 내려 주시고 …"라는 식의 기도를 들을 수 있다. 그러나 예배에 참석하는 모든 사람은 예배를 드리는 당사자이지 예배를 돕는 사람은 아니다.

왜냐하면 예배의 모든 순서는 하나하나가 독립적으로 예배를 구성하는 요소이지, 어느 순서가 또 다른 순서를 보완하는 상호 의존적이며 보조적인 기능을 하는 것은 없기 때문이다. 이런 관점에서 예배 진행자나 기도자, 설교자, 찬양대, 헌금 봉헌 위원, 심지어 예배에 참석한 성도 각 개인에 이르기까지 모든 사람은 예배를 드리는 당사자이다.

따라서 찬양대를 가리켜 '예배를 돕는 자'란 표현은 옳지 않다. 굳이 말한다면, 예배의 요소가 아닌 비본질적인 일에 참여하는 자, 즉 차량 봉사자, 자리 안내자, 주보를 나누어 주는 자 등은 예배를 돕는 자로 볼 수 있다. 따라서 이런 예배 봉사자들은 적극적인 입장에서 예배를 드리는 것이 아니기 때문에 봉사하기 전 다른 시간에 먼저 예배를 드린 후에 다른 성도의 예배를 돕는 것이 바람직하다.

●예배를 주최하다 → '예배를 주관하다.'

'주최하다'는 '주장하여 개최하다'는 뜻이다. 이 단어는 어떤 행사나 모임(회합)에 적절한 표현이다. 예를 들면, '여전도회에서 주최하는 바자회'라든지 '남전도회가 주최하는 전교인 체육대회' 등에 잘 어울린다. 그러나 '청년부가 주최하는 헌신예배'에서 볼 수 있듯이 이 단어를 '예배'에 사용하기에는 적절하지 못하다. 예배는 회합이나 행사, 모임이 아니기 때문이다. 이런 경우에는 '어떤 일을 책임지고 관리한다'는 뜻을 가진 '주관'이란 말이 적합하다. '청년부 주관으로 드리는 헌신예배.' 용어 하나하나의 사용도 신중해야 한다.

●예배보다(worship) → '예배하다(드리다).'
예배자를 관객으로 만드는 듯하므로 잘못된 표현이다. 이 말은 선교 초창기부터 사용되었다. 당시 조선 사람들에게 교회나 예배 광경은 낯설고 희한한 모습이었다. 더욱이 생전 처음 보는 외국인 선교사의 모습도 볼거리 가운데 하나였다. 그래서 신앙이 없는 조선 사람의 눈에는 이런 외국인 선교사가 진행하는 예배는 큰 구경거리였다.

이런 배경에서 당시 전도인들은 불신자들에게 '예배 보러가자'는 말을 부담없이 사용하였다. 이 말이 굳어져 오늘날까지 자주 사용되고 있다. 하지만 예배는 인격적인 하나님을 만나고, 하나님께서 주신 은혜를 직접 체험하고 감격하며 내 삶을 온전히 드리는 신앙 행위이기 때문에 결코 방관자나 관람자가 될 수 없다.

이제 '예배본다'는 말은 사라져야 한다. '예배본다'는 '예배한다' 또는 '예배 드린다'는 말로 고쳐야 한다. → '예배하다'를 보라.

●예배 봐준다 → '사용하지 말아야 할 표현이다.'
종종 새 집을 장만한 성도 가정에 '이사예배 봐주러 간다'는 식의 말을 하는 경우가 있다. 그러나 '예배를 봐준다'는 말은 잘못된 표현이다. '예배'란 만물을 창조하신 왕이신 하나님을 찬양하고 구속의 은혜에 감사하는 신앙 행위를 말한다.

그렇다면 '예배'란 말과 '봐준다'는 말이 어울릴 수 있는가? '봐준다'에서 '주다'는 말은 '남을 위해서 움직이다'는 뜻의 보조동사이다. 예를 들면, '책을 읽어 준다'라든지 '물건을 팔아 준다' 등이 있다. 그렇다면 '예배 봐준다'는 말은 다른 사람을 위해 예배를 대신 드려 준다는 뜻이 되어 예배가 마치 나와는 아무 상관 없는 일이 되어 버린다.

게다가 '봐준다'는 말은 마치 무속에서 무당이 '점을 봐준다', '신수를 봐준다'는 말을 연상케 한다. 또 살펴야 할 것은, '보다'는 말은 '즐기거나 감상하다'는 뜻이다. 이는 예배를 구경삼아 본다는 뜻이 되는데, 그런 점에서 예배와는 어울릴 수 없는 단어이다. '예배 봐주다'는 말은 사용해서는 안 될 말로서 삼가야 한다. → '예배하다'를 보라.

●예배 사회자(禮拜 司會者) → '예배 진행을 맡은 사람', '예배 진행자.' → '사회자'를 보라.

●예배의 시종을 의탁(依託)하옵고 → '(성령께서) 예배를 주장하시고.'
예배 시간 기도 말미에 흔히 '예배의 시종을 의탁하옵고'라는 식의 기도를 하는 것을 볼 수 있다. 여기서 '의탁'은 '어떤 것에 몸이나 마음을 의지하여 맡김'이란 의미이다.

예를 들면, 먹고 살 길이 막막하고 의지할 곳이 없어 겨우 누구에게 붙어(얹혀) 사는 것을 가리킬 때 '의탁'이란 단어를 사용한다. 따라서 이 단어는 일단 예배와 관련해서 사용하기는 적절치 않다.

또, 이 말은 신학적으로도 맞지 않는다. 즉, 예배는 구원의 은총을 입은 성도가 은혜에 감격하여 몸과 마음과 정성을 다해 영과 진리로 하나님께 드리는 것이다. 따라서 성도는 예배를 드리는 행위자요 주체가 된다.

그러기에 예배 드리는 성도는 예배 순서를 따라 마땅히 감당해야 할 몫들이 있다. 이렇게 정성껏 드려야 할 예배를 마치 방관자와 같이 하나님께 맡겨 하나님에게 대신하게 한다는 것은 논리적으로나 성경적으로 맞지 않는다.

물론, 이 말이 포괄적으로 하나님의 섭리와 주권에 전적으로 의지한다는 뜻으로 사용되었다면 하나님이 기쁘게 받으시는 예배가 되도록 성령님께 도와 달라고 간구함이 마땅하다. 따라서 "(성령께서) 예배를 주장하시고"로 표현하는 것이 옳다.

●예배 인도자(禮拜 引導者, worship leader) → '예배 진행을 맡은 사람', '예배 진행자.' → '사회자'를 보라.

●예배 처음 시간이오니 → (기도시) '예배를 진행 중에 있사오니.'
예배 기도 시간에 "지금은 예배를 시작하는 시간이오니 마치는 시간까지 …"라는 표현을 종종 들을 수 있다. 예배는 보통 전주, 예배 시작을 알리는 선언, 묵상기도, 입례송, 찬송, 성시교독, 신앙고백, 찬송, 기도, 성경 읽기, 설교 등의 순서로 진행된다. 따라서 기도자가 기도하는 시간은 예배를 시작하고 이미 많은 순서가 지난 뒤에 해당한다.

그런데 이 시점에 와서 "예배를 시작하는 시간이 오니 …"라고 기도하는 것은 순서상, 시간상으로 맞지 않는다. 한 마디로 사실에 맞지 않는 틀린 기도를 하고 있는 것이다.

이렇게 관행적이고 습관적으로 이루어지는 기도는 예배의 영적 긴장감을 깨뜨린다. 따라서 "예배를 진행 중에 있사오니"라는 정도로 표현하는 것이 바람직하다.

●예수, 성령(聖靈) → (예배, 기도시) '예수님', '성령님'.

하나님은 인격적인 신(神)으로서 삼위 모두 높임과 찬양을 받으시기에 합당한 분이다. 그런데 예배 시간에 '성부 하나님'은 높이고 '예수'와 '성령'은 평대(平待)하여 부르는 것은 잘못이다.

삼위일체이신 하나님께는 동일하게 존대하여 '하나님', '예수님', '성령님'으로 혹은 '예수(님)께서', '성령(님)께서'로 호칭하는 것이 타당하다.

●용납(容納)하여 주옵소서 → (기도시) '용서하여 주옵소서(주십시오).'

기도 시간에 간혹 "우리 죄를 용납하여 주옵소서."라고 표현하는 경우가 있다. 물론 용서해 달라는 말과 같은 의미로 알고 사용하지만 이는 분명하게 잘못된 말이다.

용납과 용서는 서로 의미가 다르다. 즉, '용납'은 '남의 언행을 너그러운 마음으로 받아들임'이란 뜻이다. 언행에 과실이 있어서 마땅하지 않지만 그냥 받아들이는 것이 '용납'이다. 여기에는 '부족하고 부정하지만 허용한다'는 의미가 깔려 있다.

이에 비해, '용서'는 '잘못이나 죄를 꾸짖거나 벌하지 않고 끝냄'이란 뜻이다. 신학적으로는 죄의 책임을 면제해 주고 하나님과의 관계를 회복시켜 주는 행위를 일컫는다.

이 말들이 죄와 관련해서 어떤 의미를 가지고 있는지 보자. 먼저, '죄를 용납해 주옵소서'라고 하면 죄가 있는 상태 그대로 묵인해 달라는 의미가 된다. 하지만 죄는 용납될 성질이 아니라 반드시 사함받고 해결되어야 할 중요한 문제이다. 이것은 예수 그리스도의 보혈의 공로로만 가능하다.

그래서 성경에서는 '죄'와 관련해서는 '용납'이란 표현을 사용하지 않고 반드시 '용서'라는 단어를 사용한다. 죄는 용납될 성질이 아니라 '용서' 받아야 할 중대하고 무서운 악이다.

●우리 성도들이 → (기도시) '저희들이', '교회의 권속들이.'

국어 존대법에서는 청자(聽者, 듣는 자)가 최상위자일 경우 다른 어떤 인물에게도 존대를 쓸 수 없다. 이를 '압존법'(壓尊法)이라 한다. 즉, 높임말에서, 말하는 이보다는 윗사람이지만 말을 듣는 이보다는 아랫사람인 주체에 대해 높임의 정도를 낮추는 표현법이다.

예를 들면, 할아버지 앞에서 "할아버지, 아버님께서 방금 오셨습니다."가 아니라 "할아버지, 아버지가 방금 왔습니다."라고 하는 것이다.

이를 공중 기도에 적용시켜 보자. 기도자는 회중과 동일한 입장, 동일한 위치에 있다. 즉, 기도자는 회중과 동격(同格)이다. 따라서 지존하신 하나님께 기도할 때는 '우리 성도들', '우리 목사님'이라 존대해서는 안 된다. 대신에 '저희들', 말씀을 선포하는 사자' 등으로 표현해야 바람직하다.

●운(運), 운수(運數, misfortune, fortune) → '비기독교적인 용어로 삼가야 한다.'

이미 정해져 있어서 인간의 힘으로는 어쩔 수 없는 천운(天運)이나 기수(氣數). '운'은 '운수'의 준말이다. '운수소관'(運數所關, 운에 맡긴다), '운수불길'(運數不吉, 운수가 사납다), '운수대통'(運數大通, 운이 좋다) 등으로 사용된다.

이 말들은 원래 고대 중국의 기(氣) 철학이나 자연철학에서 비롯되었다. 이들 철학에 의하면 사물은 우주를 형성하는 시간과 공간 안에서 시작도 끝도 없이 끊임없이 생성, 변화, 소멸의 과정을 반복하는데, 이것이 개인이나 집단의 길흉화복에 영향을 미친다는 것이다. 역리(易理)나, 오행(五行), 간지(干支, 60간지)는 모두 여기에 대처하기 위한 방안으로 나온 것이다.

결국, '운', '운수' 등의 표현은 우주 만물과 자연의 운행 질서가 인간을 주관한다고 하는 고대의 왜곡된 신앙관에서 비롯된 것으로 비기독교적이다.

●**웨스트민스터 사원**(- 寺院, Westminster Abbey)→ '웨스트민스터 교회당.'

웨스트민스터는 영국 런던에 있는 고딕 양식의 성공회(영국 국교회) 교회당이다. 이곳은 1643-1647년에 157명의 목사, 상원의원, 하원의원, 스코틀랜드 교회 대표들이 모여 장로교 신앙고백서를 제정한 유서 깊은 장소로 유명하다.

그런데 이 교회가 소개될 당시 일본 사전들에서는 'abbey'를 '사원'(寺院)이란 말로 번역하였다. 이를 한국 출판사에서 그대로 원용하여 지금까지 사용하고 있다. 그러나 우리말에서 '사원'이란 불교의 사찰 또는 회교의 모스크를 가리키는 것이 일반적이다. 그리고 실제로 웨스트민스터 사원은 교회당이다. 따라서 이제부터라도 〈웨스트민스터 교회당〉으로 고쳐 부르는 것이 좋다. →[5. 교파 및 역사 용어]'웨스트민스터 사원'을 보라.

●**유명(幽明)을 달리하다**→(장례시) '별세하다', '주님의 부르심을 받다.'

여기서 '유'는 '저승'을, '명'은 '이승'을 가리키는 말로서, '유명을 달리하다'는 이승의 밝은 세상을 떠나 저승의 어두운 곳으로 갔다는 의미다.

흔히 '죽음'에 대한 완곡한 표현으로 이런 말들을 쉽게 사용하고 있으나 이는 기독교적인 표현은 아니다. 성도는 죽어서 천국으로 가는 것이지 '저승'으로 가는 것이 아니다.

따라서 '별세하다', '주님의 부르심을 받다'로 표현하는 것이 맞다. → '영면', '영서'를 보라.

●**의하여(by)**→(설교시) '우리말 어법에 맞게 사용해야 한다.'

영어 'by'를 번역한 표현으로 우리말 어법과 맞지 않는다. 또 의미도 구체적이지 않다. 따라서 이런 경우에는 우리말로 직접 표현하는 것이 좋다. 예를 들면, "로마서는 사도 바울에 의하여 쓰여졌다"는 "로마서는 사도 바울이 썼다.", "많은 어린이들이 헤롯의 박해에 의하여 죽임을 당했다."는 "많은 어린이들이 헤롯의 박해로 죽었다."로 표현하는 것이 바람직하다.

●**이 세상이 즐기는**→(찬송시) '이 세상에서 즐기는.'

찬송가 179장 '주 예수의 강림이' 3절에 나오는 가사의 일부다. '이 세상이 즐기는 재물로는 네 근심과 고초를 못 면하리 …'라는 가사에서 '이 세상이'는 의미상 '이 세상에서'가 맞다. 즉, 세상이 재물을 즐기는 것이 아니라 사람들이 세상에서 즐기는 재물이란 뜻이다. 따라서 '이 세상이'는 '이 세상에서'로 고치는 것이 의미에 부합한다.

●**이판사판**→ '비기독교적 용어로 삼가야 한다.'

불교에서 유래한 용어. 조선 시대 때 숭유억불(崇儒抑佛) 정책으로 불교의 승려들은 말할 수 없는 탄압을 받았다. 사찰을 유지하기도 힘들었고, 심지어 생계도 막막했다. 그래서 승려 가운데는 산성을 쌓는 일이나 성을 지키는 잡역에 종사하거나 아니면 사찰에서 종이나 신발을 만들어 파는 방식으로 명맥을 유지했다. 이런 중을 가리켜 '사판승'(事判僧)이라 불렀다.

이와는 달리 또 한 부류는 산속에 은둔하며 참선을 통해 불법(佛法)의 명맥을 잇는 일에 종사하였다. 이런 중을 가리켜 '이판승'(理判僧)이라 했다. 이러다 보니 당시 승려가 되는 것은 가장 극단적인 선택(이것 아니면 저것)이라 할 수 있었다. 여기서 '이판사판'이란 말이 유래했다. 오늘날 뾰족한 대안이 없을 때나 막다른 궁지에 몰려 더 이상 어찌할 수 없는 상황을 가리킬 때 이 표현을 사용한다. 그러나 교회 안에서는 삼가는 것이 마땅하다.

●**인도(引導)**→ '사회자'를 보라.

●**일진(日辰)이 사납다(have the worst day)**→ '비기독교적인 용어로 삼가야 한다.'

흔히 예기치 않은 흉한 일을 만나면 "일진이 사납더니만 …." 하는 식의 말을 하는 경우가 있다. 여기 '일진'은 갑자일, 을축일 등과 같은 날의 육십갑자(六十甲子)를 말한다. 즉, 매일매일의 날짜에 60간지(干支)를 붙인 것이 일진이다.

하지만 성경적 입장에서 보면 일진에 따른 '운'이 날짜와 인생을 주관하는 것은 아니다. 우리 인생의 생사화복(生死禍福)을 주관하시는 분은 여호와 하나님이시다. 따라서 이런 비기독교적인 용어는 자제하는 것이 마땅하다.

●**임직원(任職員, an officer)**→ '임원', '직원.' →[3. 행정 및 교육 용어]'임직원'을 보라.

●입추의 여지 없이 가득 차다 → '가득 차 상황을 이루다.'

흔히 집회나 모임에 많은 사람이 모였을 때 '입추의 여지 없이 꽉 들어차다'는 표현을 사용한다. 여기서 '입추'(立錐)란 '송곳을 세운다'는 뜻이다. 그래서 송곳을 세울 틈도 없을 만큼 많은 사람이나 물건이 가득 들어차 있는 상황을 가리켜 관용적으로 '입추의 여지가 없다'고 한다.

따라서 '입추의 여지도 없이 가득 차다'는 말은 불필요한 말이 중복된 것으로서 적절하지 못하다. 단순히 '입추의 여지가 없다'라고 하든지 아니면 좀 더 쉽게 '가득 차 상황을 이루다'로 표현하는 것이 좋다.

●자벽(自辟) → '지명', '임명', '선임.'

'스스로 자'(自)와 '부를 벽(辟)'의 합성어로, 관리가 자신이 원하는 인물을 추천하여 벼슬을 맡기는 것을 말한다. 이는 교회 회의석상에서 회의 진행을 원활하게 하기 위해 회장이 어떤 인물을 자기 뜻대로 지명하여 자리를 맡기는 것을 뜻한다.

실제로 조선 시대, 특히 철종 때에 각 관아의 우두머리가 아무런 기준도 없이 자기 사람을 추천(자벽)하여 특정한 자리에 앉혀 놓음으로써 심각한 폐단을 낳았었다.

아무튼 '자벽'이라는 용어가 어렵고 모호하다 보니 회의석상에서는 심지어 '자백'(自白, '스스로 죄를 고백함'이란 뜻)이란 말로 잘못 표현되는 일까지 생기는 웃지 못할 상황이 심심찮게 일어난다. 그러므로 '자벽'이라는 말은 오늘날 통용하는 '지명', '임명', '선임'이라고 표현함이 좋다.

할 수 있다면 회장이 임원이나 위원을 마음대로 임명하는 이런 제도 역시 개정되는 것이 바람직하다. →[6. 교회 회의 용어] '자벽'을 보라.

●장례예배(葬禮禮拜, funeral service), 영결식예배(永訣式禮拜) → '장례예식', '장례식예배', '발인식.'

장례 절차나 의식과 관련하여, 한국교회는 선교 초창기부터 유교 전통을 어느 정도 용납하면서 동시에 기독교적 요소를 다소 가미한 아주 어정쩡한 형태를 지금까지 이어 내려오고 있다. 그래서 교회에 따라, 목회자에 따라 장례 용어도, 장례 의식도 천차만별이다.

예를 들면, 별세한 성도의 장례와 관련해서 '장례예배', '영결식예배', '발인예배' 등 여러 가지 명칭을 사용하고 있다. 이를 바르게 정리하기 위해서는 먼저 용어의 의미를 알 필요가 있다.

'장례'는 사람이 임종하면서부터 입관, 발인, 하관, 봉분에 이르기까지의 장사(葬事) 전반에 관한 예식을 가리킨다. 따라서 '장례예배'는 임종예배, 입관예배, 발인예배, 하관예배 등 장사에 관한 모든 예배를 통틀어 부르는 호칭이다.

그런데 관례상 임종이나 입관, 하관 등은 별도의 예배를 드리기 때문에 교회에서 통상적으로 장례예배라고 할 때는 '발인예배'를 가리킨다. '발인'은 병원의 시신 안치실에 있던 고인의 관을 내어 장지로 옮기는 절차이기 때문에 대부분의 교회에서 발인예배를 장례예배라 부르며 이때 많은 교인들이 찾아가 유족들을 위로한다.

문제는 '발인예배'나 '장례예배'란 표현이 성경적으로 맞는가 하는 점이다. '예배'는 예배 그 자체가 고유한 의미를 가지고 있다. 즉, 구원의 은혜를 베풀어 주신 하나님께 감사와 영광과 경배를 돌리는 것이 예배다. 따라서 예배는 다른 어떤 목적성을 띠어서도 안 된다.

이렇게 본다면 발인(입관, 하관, 심지어 결혼식조차도)은 하나님께 영광을 돌리는 예배 요소는 아니다. 다만 발인 절차를 예배 의식으로 행하는 것이다. 그러기에 발인은 하나의 예식이 된다.

이런 신학적 관점에서 '발인'은 '발인식' 아니면 '발인예식', '발인식예배', 장례는 '장례예식', '장례식예배'로 부르는 것이 맞다.

대한예수교장로회 통합에서는 86회 총회에서 '장례예식'으로 통일해서 부르기로 결의하였다.

참고로, '영결식'은 '영원히 이별하는 의식', '고별식'은 '이별을 알리는 의식'이란 뜻으로서 장차 세상 마지막 날 주님 앞에서 만나게 될 성도에게 사용하기는 적합하지 않다. 그러므로 이 말에 '예배'를 붙여 '영결식예배', '고별식예배'로 부르는 것은 틀린 표현이다. → '영결식, 고별식'을 보라.

●재수(財數, lucky, fortune) → '비기독교적인 용어로 삼가야 한다.'

'재수'는 '재물에 관한 운수'나 '좋은 일이 생길 운수'를 뜻한다. 대개 '재수가 좋다'(be lucky), '재수가 나쁘다' 등의 용례로 사용되는데, 비기독교적인 표현으로서 사용을 삼가야 한다. → '운, 운수'를 보라.

● **저희 하나님, 저희 교회** → '우리 하나님', '우리 교회.'

'저희'란 '우리'를 낮추어 부르는 말로서 상대방에게 우리 자신을 낮추어 말할 때 사용된다. 하지만 교인들끼리 '하나님' 앞에 '저희'를 붙여 말하는 것은 옳지 못하다. 왜냐하면 하나님은 인생의 유일한 경배 대상이시요, 성도 역시 한 분 하나님의 동등한 자녀(형제·자매)이기 때문이다.

따라서 '저희 하나님'이라 말하는 것은 동생이 형 앞에서 아버지를 지칭하면서 '저희 아버지'라 부르는 것과 같다. 이는 아주 우스운 모양새다.

성도끼리 하나님을 낮추어 '저희 하나님'이라 부르는 것은 바람직하지 않다. 같은 원리로 '교회'를 가리킬 때도 '저희 교회'가 아니라 '우리 교회'라 해야 맞다.

차제에 대한민국을 가리킬 때도 같은 민족끼리는 '우리나라'라고 해야지 '저희 나라'라고 해서는 안 된다. 모든 나라는 독립된 주권 국가요, 모든 국가는 대등한 지위를 지니기 때문이다. 행여 다른 나라로부터 식민 지배를 받는 상황이라면 강압에 의해 '저희 나라'로 말할 수 있을지 모르겠다.

● **전도특공대, 전도폭발, 성령폭발** → '전도대', '전도 운동'(전도 실천).

요즘 들어 교회 앞이나 길거리에 걸려 있는 플래카드에서 '전도특공대', '전도폭발', '성령폭발' 등의 구호를 쉽게 볼 수 있다. 교회의 부흥과 성장을 위한 집회를 안내하면서 좀 더 효과 있게 홍보하기 위해 아마 자극적인 문구들을 사용한 것으로 보인다. 그러나 이 말들을 가만히 살펴보면 참으로 서로 어울리기 어려운 단어들을 결합하여 나열해 놓은 것을 알 수 있다.

먼저, '특공대'는 사전적으로 '적을 기습 공격하기 위해 특별히 훈련된 부대'를 뜻한다. 그리고 '폭발'이란 '급속한 화학 반응에 의해 다량의 가스와 열량이 발생해 급격히 용적을 증대하며 화염 및 파괴 작용을 일으키는 현상'을 말한다.

물론 복음을 전하는 일에 목숨도 아까워 하지 않았던 바울의 심정으로 '전도특공대'란 표현을 사용한 것으로 보인다. 또 마가의 다락방에서 나타난 것과 같은 성령님의 초월적이고 초자연적인 능력과 역사가 강하게 임하기를 사모하는 심령으로 '성령폭발'이란 말을 썼을 것이다.

그러나 '특공대'니 '폭발'이니 하는 이런 자극적이고 파괴적인 말은 생명을 살리는 구원의 방주인 교회와, 또 세밀하게 말씀하시는 인격적이고 거룩하신 성령님의 속성과 전혀 어울리지 않는다.

뿐만 아니라 이런 표현들은 전도 대상인 불신자들에게 오히려 교회에 대한 좋지 못한 이미지와 거부감을 안겨줄 수도 있다.

또 '전도폭발'이나 '성령폭발'은 의미도 제대로 통하지 않는다. 표현이 자극적이라고 해서 열정이 생기고 결의가 다져지는 것은 아니다.

따라서 이런 과격한 표현들은 여과되어야 할 필요가 있다. 그러므로 '전도특공대'는 단순히 '전도대'로, '전도폭발'은 '전도운동'이나 '전도실천' 정도가 좋겠다. 그리고 거룩한 인격체이신 성령님의 존엄한 호칭에 '폭발물'을 연상시키는 비인격적 단어를 붙이는 것은 아주 불경스럽다. 이런 말은 삼가는 것이 좋다.

● **전생(前生, a former life)** → '비기독교적인 용어로 삼가야 한다.'

'전생'은 이 세상에 태어나기 이전의 세상을 말한다. 불교에서 말하는 삼생(三生)의 하나로서, 윤회(輪廻) 사상을 배경으로 하는 표현이다.

불교에서는 지옥, 아귀(餓鬼), 축생(畜生), 아수라(阿修羅), 인간, 천상의 육도(六道)가 있어 인간 자신의 행위와 그 결과에 따라 선업(先業)을 쌓으면 내세에 선한 세상에서, 악업(惡業)을 쌓으면 내세에 악한 세상에서 태어난다고 가르친다.

종종 "내가 전생에 무슨 죄를 지었다고 …." 하는 식의 말들을 하는 경우가 있는데, 이는 기독교인으로서 바람직하지 못한 언어 습관이다.

기독교는 윤회 사상을 가르치는 불교와는 달리 시작(창조)이 있고 끝(종말의 구원과 심판)이 있는 직선적 역사관을 가지고 있다.

● **절뚝발이(the lame)** → '다리 저는 자.'

절뚝거리며 걷는 사람. 개역한글판에 사용되는 표현이다(레21:18; 마15:30). 그러나 어감이 좋지 못하고 신체장애인을 폄하하는 듯한 느낌을 주기 때문에 그리 좋은 표현은 못 된다. 그래서 개역개정판에서는 '다리 저는 자'로 통일하였다.

● 제단(祭壇, altar) → '강단'(講壇).
설교 시간이나 기도 시간에 "주의 종을 제단에 세우셨사오니 …."라는 식의 표현을 하는 경우가 종종 있다. 즉, 말씀 선포를 위해 하나님께서 목회자를 강단에 세우셨다는 의미인데, 이런 표현은 신약 시대에 맞지 않는다.

'제단'이란 구약 당시 성전 뜰에 위치하여 희생 짐승을 제물로 드리던 곳, 즉 번제단을 말한다. 이는 구약 시대 제사 제도하에서나 가능한 말이다. 하지만 예수께서는 세상에 오셔서 십자가에 죽으심으로 단번에 영원한 대속 제물이 되셨다(히 10:10,12). 이제는 더 이상 구약 시대와 같은 희생 제물도, 제단도 필요 없게 되었다.

따라서 '제단'은 하나님의 말씀을 선포하는 '강단'으로 바꾸어 표현해야 한다(느8:4).

● 제단을 쌓는다 → '예배한다', '예배 드린다.'
구약 시대의 예배는 제사였다. 솔로몬이 예루살렘에 성전을 지은 이후 제사는 예루살렘 성전에서 이루어졌다. 그러나 성전 시대 이전, 특히 출애굽 시대에는 모세가 하나님의 지시를 따라 광야에서 성막을 만들어 그곳을 하나님 섬기는 장소로 사용하였다. 성막의 마당에는 번제단이 있어 그곳에서 희생 제사를 드렸다.

그리고 모세 이전 시대 즉, 믿음의 족장인 아브라함, 이삭, 야곱 등은 정형화된 제단이 따로 없었다. 그들은 삶의 거처를 옮기면 그곳에서 제일 먼저 돌로 된 제단을 쌓고 하나님께 제사를 드렸다. 따라서 '제단을 쌓는다'는 말은 곧 하나님께 예배하는 것을 의미했다.

이 제단 제사는 예수께서 하나님의 어린양으로 세상에 오셔서 영원한 대속 제물이 되시기까지 이를 준비하는 예표적 행위였다. 따라서 예수께서 이 땅에 오셔서 십자가를 지고 대속 제물이 되신 이후로는 더 이상 제단이 필요치 않게 되었다. 그래서 신약의 교회에는 제단이 없고, 신약의 성도는 여기서 제사를 지내지도 않았다. 이는 제단을 쌓지 않고도 예수 그리스도의 이름으로 하나님께 나아가서 예배할 수 있기 때문이다(히4:14-16).

그러므로 '제단을 쌓는다'는 표현은 신약의 성도에게는 적절하지 않는 말이다. 평범하지만 '예배하다'는 말이 정확한 표현이다.

차제에 예배실이나 기도원 이름, 혹은 특별한 절기에 모이는 기도 모임에 흔히 사용하는 '가정제단', '새벽제단', '구국제단', '민족제단', '○○제단' 등의 표현도 자제하는 것이 바람직하다. 대한예수교장로회 통합 교단에서는 제87회 총회(2002년)에서 '제사'는 '예배', '제단'은 '성단', '제물'은 '예물'로 바꾸어 사용하기로 결의한 바 있다.

● 제사(祭祀, sacrifice), 제단(祭壇, altar), 제물(祭物, offering) → '예배', '성단'(강단), '예물.'
'제사'란 구약 시대에 하나님께 예배하는 방법이다. 하나님께서는 구약 시대에 모세를 통해 제사 제도를 마련해 주셨다. 이 율법에 따라 이스라엘 백성은 피흘린 제물로써 하나님께 제사를 드렸다. 이들은 제단을 쌓고, 그 위에 희생 제물을 올려 번제로 드렸다. 이를 통해 죄를 용서받고, 하나님과 화목하게 되는 은혜를 입었다. 하지만 이는 모두 신약의 그리스도가 오시기까지의 예표(그림자)이다.

예수께서는 세상에 오셔서 대속 제물이 되사 십자가를 지고 죽으심으로써 영원한 제물이 되셨다(히10:12). 따라서 이후로 하나님께 나갈 때는 제물이 필요 없게 되었다. 제물이 필요 없으니, 제단도 필요 없고, 따라서 제사는 폐지되었다.

하지만 아직도 한국교회에서는 예배를 제사, 예물을 제물, 강단을 제단으로 부르고 있다. 예수께서 오신지 2천년이 지났지만 우리의 신앙 언어는 여전히 구약 시대에 머물러 있다.

이제 '제사'는 '예배'로, '제단'은 '강단'으로, '제물'은 '예물'로 표현해야 한다.

신약 시대에는 제사가 아니라 예배를 하며, 제단을 쌓는 것이 아니라 강단에서 말씀을 선포하며, 제물을 드리는 것이 아니라 받은 은혜에 감사하여 예물을 드린다. 이것 신약 교회의 특징이다. → '제단을 쌓는다'를 보라.

● 제사장(祭司長, priest) → '목사', '사역자', '목회자.'
제사장은 하나님께 제사 드리기 위해 특별히 구별된 사람이다. 구약 시대에는 레위 지파만이 제사장이 될 수 있었다. 이들은 이스라엘 백성이 가져온 희생 제물을 제단에서 불에 태워 번제로 드림으로써 백성을 대신해 죄를 용서받고 죄인이 하나님으로부터 화평을 얻게 하는 사역을 수행했다.

그런데 신약 시대에는 제사도 없고, 제단도 없고, 제물도 없다(히10:18). 예수께서 단번에 영원한 대속제물이 되셨기 때문이다(히10:14). 그런데 아직도 교회에서는 목사를 가리켜 제사장이라 부르는 경향이 있다. '목사'는 율법의 제사장이 아니다. 목사는 말씀을 선포하는 하나님의 '사역자'요, 양 떼(성도)를 먹이고 양육하는 '목회자'이다.

●… 져야 한다 → (설교시) '우리말 어법에 맞게 사용해야 한다.'

설교자 중에 언어 습관이 잘못되어 좋은 설교 내용임에도 불구하고 좋지 못한 인상을 제공하는 경우가 있다. 그중에 하나가 피동형 용언을 지나치게 사용하거나 이중 피동형을 남발하는 경우를 들 수 있다. 즉, "고쳐져야 한다."라거나 "되어져야 한다."는 등이 그 한 예이다. 이는 "고쳐야 한다." "되어야 한다."로 바르게 사용함이 마땅하다.

●종님께서 → (예배, 기도시) '목사께서.'

성경에서 흔히 하나님의 일꾼으로 부름받아 백성을 다스리고 지도하는 인물을 가리켜 '하나님의 종'이라 부른다. 모세, 다윗 등이 대표적이다.

이렇게 성경에서 '종'은 하나님으로부터 지도자로 부름받은 일꾼이란 측면에서 참으로 영예로운 말이다. 그래서 목사가 스스로를 낮추어 '주의 종'이라 하는 것은 아름답다. 그러나 다른 사람이, 즉 예배 시간에 예배 진행자가 목사를 가리켜 '종'이라 호칭하는 것은 적절하지 못하다.

'종'은 노비를 가리키기 때문에 아무리 선한 의도라도 남에게 사용하기에는 바람직하지 않다.

그래서 뭔가 좀 찜찜하여 그냥 '종'이라 하지 않고 그 아래 '… 님'을 붙여 '종님'이라 부르는 경우도 허다하다. '종'이면 '종'이지 '종님'은 또 무슨 말인가? 도저히 말이 되지 않는다.

그러므로 예배 시간에 진행자가 목사를 호칭할 때는 '목사께서' 정도로 표현하여 "○○○목사께서 설교하시겠습니다."라고 하는 것이 좋다.

참고로, 이때 "설교해 주시겠습니다."라고 하는 경우도 많은데, 단순하게 "설교하시겠습니다."로 하는 것이 좋다. 한 번 설교했는데, 또 무엇을 '준다'는 말인가? 지나친 것은 부족함만 못하다.

●좋은 믿음 → '큰 믿음', '깊은(굳은) 믿음.' → '믿음이 좋은 사람'을 보라.

●주기도문(主祈禱文, the Lord's Prayer) → (예배시) '주님께서 가르쳐 주신 기도.'

교회에 따라 다소 차이가 있지만 주일 낮예배 이외에 주일 저녁예배나 수요예배 시간에는 '주기도문'으로 예배를 마치는 교회들이 많다. 이때 순서지에 보면 보통은 '주기도문'이라 하고 그 옆에 '다같이'로 표기하는 경우가 일반적이다.

물론 '주기도문'이 틀린 표현은 아니다.

그러나 성경에는 예수님께서 제자들에게 '너희는 이렇게 기도하라'(마6:9) 하시면서 '기도'를 가르쳐 주셨다(마6:9-13). 이것이 오늘날 우리가 기도의 모범으로 삼는 '주기도문'이다.

따라서 '주기도문'이란 말보다는 '주님께서 가르쳐 주신 기도'로 표현하는 것이 훨씬 알기도 쉽고, 또 성경의 의미에도 부합된다.

더욱이 초신자나 주일학교 어린이, 청소년들 중에는 '주기도문'이 어떻게 만들어졌는지 모른 채 그저 주문 외우듯이 외우고 끝나는 경우가 종종 있다. '주님께서 가르쳐 주신 기도'라고 한다면 다시 한 번 '주기도문'의 의미를 되새겨 보지 않겠는가? → [4. 예배 및 예식 용어] '주기도문'을 보라.

●주기도문, 사도신경을 외우겠습니다 → '주님 가르쳐 주신 기도를 하겠습니다', '사도신경으로 신앙고백 하겠습니다.'

예배 초두에 예배 진행자가 "사도신경을 외우므로 신앙을 고백하겠습니다."라고 말하는 경우를 종종 볼 수 있다. 또 "주기도문을 외우므로 예배를 마치겠습니다."라고 말하는 경우도 종종 있다.

그런데 사도신경은 우리 신자들이 믿는 신앙의 근본적 핵심 원리가 무엇인지를 정리한 신앙 고백문이다. 또 주기도문은 우리 주님께서 어떻게 기도해야 할지를 가르쳐 주신 기도의 모본이다.

따라서 주기도문이나 사도신경은 단순히 외우는 차원이 아니라 그것을 마음에 담고 고백하며 그 정신을 신앙화(생활화) 해야 한다. 이런 소중한 신앙의 자산을 마치 이교도들이 경전이나 주문을 외듯이 '외운다'고 표현하면 본질을 놓칠 수 있다.

그러므로 주기도문이나 사도신경을 할 때 '외우겠습니다'라고 표현하는 것은 바람직하지 않다.

"주님께서 가르쳐 주신 기도를 하겠습니다."라든지 "사도신경으로 신앙을 고백하겠습니다."로 표현하는 것이 좋다.

●주님(그리스도)의 이름으로(공로로) → (기도시) '예수님 이름으로', '예수 그리스도의 이름으로'

공중 기도를 마감할 때의 형태에는 여러 가지가 있다. 예를 들면, "예수 그리스도 이름으로 기도하옵나이다", "예수님 이름으로 기도하옵나이다", "예수 이름 받들어 기도하옵나이다", "예수 공로 받들어 기도합니다." 등으로 흔히 기도를 마감한다. 그렇다면 어떤 형태가 제일 성경적이며 권장할 만한가?

결론부터 말하면 "예수님 이름으로 기도합니다(하옵나이다)."가 제일 바람직한 형태다. 그 이유는 다음과 같다. ① '그리스도'(메시야)는 예수님의 이름이 아니라 예수님의 사역과 관련된 직책명이며, '주님'은 예수님만 아니라 '하나님'을 가리키는 경우도 허다하다(렘2:19; 딤전1:14). ② 주님의 실제 이름은 '예수'이다(마1:21). ③ 성경은 '예수님의 이름으로 구하라'고 가르친다(요14:13,14; 16:24). ④ '예수님'이란 이름 대신 '공로'란 표현은 예수님의 구속 은혜에 대한 간접적인 표현이며, '의지하여'는 우리가 하나님께 기도하는 방편을 완곡하게 일컫는 말이다. 또 '받들어'는 기도하는 자의 겸손한 마음을 윤리적 측면에서 표현한 것일뿐 이것이 '예수님의 이름'을 대신할 수는 없다. 따라서 기도를 마무리할 때는 성경이 가르치는 표현대로 불필요하고 지나친 꾸밈 없이 "예수님 이름으로 기도합니다(기도하옵나이다)."로 하는 편이 제일 바람직하다. 물론, "예수 그리스도 이름으로 기도하옵나이다."도 무난한 표현이다.

한편, 여기서 '기도하다'를 과거형으로 하여 '기도하였습니다'로 할 것인가, 현재형으로 하여 '기도합니다'로 할 것인가에 대해서는 현재형을 사용하는 것이 올바르다. → '기도하였습니다'를 보라.

●주님의 이름으로 축원합니다 → (설교시) '믿으시기 바랍니다.'

설교 시간에 종종 사용되는 표현이다. 이 말은 인간이 특정한 개인이나 단체를 위해 어떤 사실이나 바람을 주님의 이름으로 빌고 기원하는 뜻을 담고 있다. 또한 '축원(祝願)은 사전적으로 '신에게 자기의 소원이 이루어지게 해 주기를 빎'(prayer, 잠11:11)이란 뜻이다. 따라서 이 말은 분명하게 기도 형식을 담고 있음을 알 수 있다.

이 표현이 바람직한가에 대해 대한예수교장로회 통합 교단에서 연구하여 1981년 제65회 총회에 결과를 발표한 적이 있다. 그 내용은 다음과 같다.

"먼저, 설교는 하나님의 말씀이어야 하기에 설교에 인간의 기도식 기원이나 기도 등의 형식을 개입하는 것은 바람직하지 않다.

둘째, 설교는 설교대로, 기도는 기도대로, 축복(축도)은 축복(축도)대로 하는 것이 좋다.

셋째, '주님의 이름으로 축원합니다'를 사용하면 회중을 자극하고 흥분시켜 '아멘'으로 응답하지 않고는 안 되게 만들어 설교의 질서를 문란하게 하고 미신적 기복사상을 키워 줄 우려가 있다.

넷째, 설교의 근본 목적이 흐려지고 설교의 내용과는 관계없이 '아멘' 하도록 유혹하기 쉽다."

이런 이유로 대한예수교장로회 통합 총회에서는 "주님의 이름으로 축원합니다."를 사용하지 않기로 결의하였다.

설교 시간에 설교의 본질을 훼손하는 이런 적절치 못한 축원은 삼가는 것이 바람직하다. 굳이 한다면, "깨달으시기 바랍니다."라든지 "믿으시기 바랍니다." 정도가 무난하다.

●주악에 맞추어 → (예배시) '주악과 함께'

종종 예배 진행자가 "주악(奏樂)에 맞추어 묵도하심으로 예배를 시작하겠습니다."라고 표현하는 것을 볼 수 있다. 여기서 '주악'이란 '음악을 연주함'(musical performance)이란 뜻이다.

또 '기도'는 마음에 소원하는 바를 하나님께 비는 행위이자 동시에 하나님과의 거룩하고 신령한 교제이며, 영혼의 호흡과도 같다. 따라서 기도는 기도 나름대로의 영역이 있다. 이것을 주악에 맞춘다는 것은 기도를 음악의 일부로 종속시키는 것인데, 이것은 예배학적으로나 신학적으로 잘못되었고, 성경적으로도 아무 근거가 없다. 또한 주악에 맞추어 기도하다 보면 기도가 자칫 감성적인 방향으로 흘러 본래의 기도를 그르칠 수도 있다.

따라서 굳이 이 표현을 쓴다면 '주악과 함께' 정도로 사용할 수는 있으나 '주악에 맞추어'라는 표현을 사용하지 않는 것이 차라리 낫다.

한편 '묵도'란 말은 '묵상', '묵상기도'로 표현하

는 것이 맞다. → '묵도'를 보라.

● **주여 3창(三唱)** → '성경적·신학적인 근거가 없는 표현으로 삼가야 한다.'

기도할 때 예배 진행자의 제안으로 "주여, 주여, 주여." 하며 고성(高聲)으로 '주여!'를 '3창' 하는 경우를 종종 볼 수 있다. 왜 기도를 시작할 때 이렇게 3회 연속으로 소리 지르고 하나님을 불러야 하는 것일까? 아마 기도하는 사람의 종교적 열심을 나타내기 위함일런지도 모른다. 아니면 다함께 합심해서 한 목소리로 소리를 지름으로 기도에 서툰 성도도 기도에 담력을 얻게 하기 위함일런지 모른다. 어쩌면 이를 통해 집회의 감성적 분위기를 조성하려는 의도가 깔려 있는지도 모른다.

1) 보수적인 견해 : '창'(唱)이란 인격적 존재를 부르는 호칭이 아니라 노래나 구호, 외치는 함성을 말한다. 따라서 인격체이신 하나님을 향한 간구는 '창'이란 표현과는 어울리지 않는다. 또 '주여 3창'은 기도하는 사람의 열심을 드러내고 기도를 들으시는 하나님을 각성시키기 위한 무력 시위 같은 느낌을 지울 수 없다(열왕기상 18:29).

2) 진보적인 견해 : 기도할 때 주님을 세 번 외쳐 부르는 성경적 근거로 단 9:19(주여 들으소서, 주여 용서하소서, 주여 귀를 기울이소서 …)을 들기도 한다. 이런 간절한 마음을 담아 '주여, 주여, 주여'를 외쳐 부른다고 한다.

기도는 우리의 소원을 하나님께 아룀과 동시에 하나님의 뜻이 무엇인지 가만히 귀기울이며 듣는 하나님과 성도 상호간의 영적 교제요 신령한 호흡이다. 답답한 마음에 소리쳐 외치며 하나님을 부를 간절한 마음이 있다면 별도 장소에서 개인 기도 시간을 이용하는 것이 타인의 기도를 방해하지 않는 바른 태도일 것이다.

● **주의 종(a servant of the Lord)** → (기도시) '주님의 사자', '주님의 일꾼', '하나님의 사역자.'

하나님의 '종'이나 '사자'나 다같이 하나님의 사역을 수행하는 하나님의 일꾼을 가리킨다. 여기서 '사자'가 신분을 나타내는 일반적인 표현이라면 '종'은 신분을 낮추어 자신을 최대한 겸손하게 지칭하는 표현이다(삼상3:10; 롬1:1; 약1:1; 벧후1:1).

따라서 목사나 장로가 자신을 가리킬 때는 스스로를 낮추어 '주의 종'으로 표현함이 좋고, 이에 비해 기도 시간에 성도가 목사를 지칭할 때는 '주님의 사자'(계1:20; 2:1)로 표현하는 것이 예법에도 맞고 듣기도 좋다. → '종님께서'를 보라.

● **준비 찬송(準備 讚頌)** → '찬송.'

예배를 시작하기 전에 "준비 찬송 ○장을 부르시겠습니다." 하면서 찬송을 부르는 교회들이 많다. 세상에서 묻은 마음의 때를 씻고 정결한 마음으로 예배를 준비하는 뜻에서 아마 '준비 찬송'이란 표현을 사용하는 것 같다.

그런데 '찬송'은 구속하신 하나님의 은혜에 감사하며 하나님의 주권과 섭리를 찬양하는 노래이다. 더욱이 찬송의 대상은 하나님이시다. 찬송가의 어떤 곡도 사람의 마음을 정돈시킬 목적으로 작곡된 것은 없다. 물론 찬송을 통해 하나님께 영광을 돌리면서 사람의 마음 가운데 큰 기쁨과 감동이 임하는 것은 틀림없는 사실이다.

그렇다고 해서 찬양의 목적을 예배 준비용으로 한정시키는 것은 찬양의 본질을 훼손하는 것이며 인본주의적인 사고이다.

찬양은 예배 전에나 예배 중에나 예배 후에도 하나님을 향한 것이 되어야 한다. 따라서 '준비 찬송'이란 표현은 잘못되었다. 굳이 표현한다면 그냥 '찬송'이라 하는 것이 맞다. 대한예수교장로회 통합 교단에서도 제86회 총회에서 '준비 찬송'이란 용어를 사용하지 않기로 결의하였다.

● **중보기도(仲保祈禱)** → (기도시) '도고', '이웃을 위한 기도', '중재기도', '중보적 기도.'

흔히 교회에서 이웃을 위해 기도할 때 '중보기도'란 표현을 쉽게 사용한다. 여기서 '중보'란 적대적 관계나 시시비비가 있는 양자 사이에서 화해와 일치를 도모하는 일을 말하는데(사38:14), 성경에서는 하나님과 인간 사이를 화목케 하고 화평을 가져다 주신 예수 그리스도에게 사용되었다.

예수 그리스도의 중보 행위가 가장 분명하게 드러난 곳은 바로 십자가 구속 사역이다. 이렇게 그리스도의 십자가 구속 사역이 '중보'의 중심이 된다면 모든 '중보적 사역'은 오직 예수님에게만 적용된다. 실제로 성경은 예수 그리스도 한 분만이 하나님과 인간 사이의 유일한 중보자시라고 가르친다(딤전2:5).

그래서 예수님은 '언약의 중보자'(히8:6; 9:15;

12:24)로도 불린다. 예수 그리스도의 중보 사역은 십자가 사역으로 종료된 것이 아니다. 부활·승천하신 예수님은 지금도 하나님의 보좌 우편에 계시면서 성도의 기도를 도우시고 세상 마지막 날까지 성도를 위해 중보기도 하신다(롬8:34; 히7:25).

중보자의 사역이 이러하다면 감히 어떤 사람에게 '중보'란 말을 사용할 수 있겠는가? 그러므로 '중보기도' 란 말을 사람에게 함부로 사용하는 것은 성경적으로도 맞지 않으며 이는 자칫 유일한 중보자이신 예수 그리스도의 영광을 훼손하는 행위가 될 수 있다. 따라서 사람에게 사용할 경우에는 '도고'(禱告, intercession) 즉 '이웃을 위한 기도'(Prayer to God for Neighbor)라 하든지 아니면 '중재기도'(intercessory prayer)나 혹은 최소한 '중보적 기도' 라고 표현하는 것이 적절하다. → [4. 예배 및 예식 용어] '중보기도' 를 보라.

● 증경(曾經, former, ex-) → (회의시) '전임'(前任), '전'(前).
'증경' 이란 과거에 회장을 역임한 자를 가리키는 옛말이다. 요즘교회 밖에서는 거의 쓰이지 않는 표현으로서 '전임' 으로 고쳐 사용하는 것이 좋을 듯하다. → [3. 행정 및 교육 용어] '증경' 을 보라.

● 지금도 살아계신 하나님 → (기도시) '사용 불가.'
기도하는 중에 "지금도 살아계신 하나님", "지금도 살아계셔서 역사하시는 하나님"이라 표현하는 경우가 있다. 하지만 이 말은 바람직하지 않다.

물론 '살아계신 하나님' 이란 표현은 신구약을 통틀어 여러 곳에서 자주 나온다(삼상25:26; 시18:46; 마16:16; 고후3:3; 히9:14; 계10:6).

하지만 그 앞에 '지금도' 란 표현을 넣으면 내용과 어감은 완전히 달라진다. 즉, '아직도 (죽지 않고) 살아계시는 하나님' 아니면 '현재에는 살아계시지만 언젠가는 살지 못할 수도 있다', 아니면 '지금까지 살아계셔서 다행스럽다' 는 등의 부정적인 어감을 준다. 또 하나님은 시작도 없고 끝도 없으신, 시간을 초월하신 영원한 자존자(自存者)이신데, 시간의 어느 한 시점을 나타내는 '지금' 이란 단어를 써서 시간의 한계 안에 하나님을 제한하는 것은 어울리지 않는다.

성경에서도 '살아계신 하나님' 이란 표현은 여러 곳에서 등장하지만, '지금도 살아계신 하나님' 이란 표현은 한 군데도 없다.

결국 하나님의 영원하심에 대한 신앙고백이 자칫 무한하신 하나님의 존재와 능력을 극히 제한하는 결과를 가져오게 된다. 따라서 '지금도 살아계신 하나님' 이란 표현은 사용하지 않는 것이 좋다. → '살아계신 하나님' 을 보라.

● 지금으로부터(from now) → '지금부터.'
예배(회의)할 때 진행자(사회자)가 "지금으로부터 예배(회의)를 시작하겠습니다."라고 말하는 경우를 보게 된다. 여기서 '… 으로부터' 란 'ㄹ' 이외의 자음으로 끝나는 체언에 붙어, 거쳐 온 출발 지점이나 대상을 나타내는 부사격 조사이다.

그러니 '지금으로부터' 란 지금부터 과거로 소급하여 어느 한 시점까지를 나타낼 때에 사용하는 표현이다. 예를 들면, '지금으로부터 30년 전' 하는 식으로 사용된다. 따라서 지금 회의나 예배를 시작한다면 '지금으로부터' 라고 표현하면 안 된다.

그러므로 지금 이 시각에서 시작하여 미래의 시간으로 향하는 출발점을 선언할 때는 '지금부터' 라고 해야 한다. "지금부터 예배(회의)를 시작하겠습니다."가 맞는 표현이다.

● 집례자(執禮者) → (예배시) '예배 진행자.'
간혹 '예배 진행자'를 가리켜 '예배 집례자' 로 표현하는 경우가 있다. 여기서 '집례' 란 유교에서 제향 때 홀기(笏記, 혼례나 제례 때 의식의 순서를 적은 글)를 맡아 읽는 임시 벼슬을 가리킨다. 물론 '예식을 집행함' 이란 또 다른 의미가 있지만 이 말의 어원은 유교에서 나왔다. 따라서 유교적 표현을 예배와 연관시켜 '집례자' 라 하는 것은 썩 좋은 표현은 아니다. 일상적인 용어로서는 사용할 수 있겠으나 예배와 관련된다면 '예배 진행자' 로 표현하는 것이 바람직하다. → '사회자' 를 보라.

● 찬송 드리다 → '분별해서 사용해야 한다.'
'찬송하다' 와 '찬송 드리다' 는 표현 중 어느 것이 맞는 표현인가? '찬송 드리다' 는 말이 더 경건하게 느껴질 수도 있다. 왜냐하면 하나님이 대상이니 '하다' 는 동사보다는 '드리다' 는 말이 더 존대의 의미를 담고 있다고 생각하기 때문이다.

국어사전에도 보면 '드리다' 를 ① '주다' 의 높임

말, ② '신이나 부처에게 정성을 바친다'는 의미로 해석하고 있다. 그렇다면 성경의 용례를 보자.

① 성경은 어느 한 곳에서도 '찬송'(계19:5), '찬미'(마26:30; 행2:47), '찬양'(시61:8)과 관련하여 '드리다'로 번역된 곳이 없다.

② '드리다'는 구약의 제사에서 '제물'이나 '예물'과 관련하여 사용되고 있다(레1:2; 민6:11).

③ 찬양은 피차 물건을 주고받는 차원이 아니기 때문에 '주다'의 높임말인 '드리다'를 사용해야 하는 경우에 해당되지 않는다.

④ 사전에서 찬양을 '신께 정성을 바치다'로 해석하고 있지만, 이는 이방 종교나 무속에서 그들의 신에게 하는 행위이지 기독교에서 하나님께 나아가는 방식은 아니다. 예배나 찬송, 기도 등 성도가 하나님께 나가는 것은 우리의 정성을 담아 드리는 인간의 어떤 수단이나 행위가 아니라 그리스도의 보혈의 공로로 나갈 뿐이다. 여기에는 인간의 어떤 공로도 무익하다. 만약 인간의 공로가 개입된다면 이는 타종교에서 말하는 대로 자력 종교, 곧 자신의 힘으로 신에게 도달하는 종교 행위에 지나지 않는다. 따라서 '드리다'는 말은 자칫 인간의 공로와 자력을 강조하는 오해의 소지를 불러 일으킬 수 있기 때문에 자제해야 한다. 그런 점에서 '찬송을 올리다'는 말은 너더욱 부적절하다.

⑤ 또한 '찬양'은 이미 '찬양하다'는 한 단어로 굳어진 표현인데, 여기에 윤리적 표현을 사용하여 더욱 하나님을 공경하는 것으로 여기는 것은 지나친 공대법(恭待法)이다.

따라서 '찬송'은 성경의 표현대로 군더더기 없이 '찬송하다'로 표현하는 것이 제일 바람직하며 신학적 혼도도 없다. 물론 일각에서는 '찬송 드리다'를 선호하기도 한다. → '예배 드리다'를 보라.

● 찬송 … 장(hymn) → '찬송가 … 장.'

종종 예배 시간에 진행자가 아무 생각 없이 습관적으로 "찬송 ○장 부르겠습니다."라고 말하는 것을 보게 된다. 여기서 '찬송'은 하나님께 감사와 기쁨의 감정을 표현하는 신앙 고백적 행위를 통틀어 일컫는다. '찬송'을 가리키는 원어를 보면 그 의미가 더욱 분명해 진다.

① 바라크(בָּרַךְ) : 무릎 꿇고 경배와 영광을 돌리다(출18:10; 룻4:14; 삼하18:28). ② 테힐라(תְּהִלָּה) : 드러나게 하다, 영광을 돌리다. ③ 야다(יָדָה) : 고백하다, 감사하다, 하나님께 허물을 자복하다(시32:5). ④ 율로기아(εὐλογία) : 좋은 말, 축복(히12:17; 계5:12). ⑤ 메갈뤼노(μεγαλύνω) : 널리 알리고 높이 드러내다(눅1:46). ⑥ 팔모스(φαλμός) : 악기 반주에 맞추어 부르다(눅20:42). ⑦ 독사조(δοξάζω) : 영화롭게 하다(롬1:21; 고전6:20). ⑧ 휨노스(ὕμνος) : 신을 칭송하는 노래(엡5:19; 골3:16). 이상에서 보면 '찬송'은 우리가 흔히 알고 있는 찬송가(노래)라는 개념보다는 오히려 하나님을 영화롭게 하는 신앙 고백적 행위를 뜻하는 용례가 훨씬 더 많다.

그러므로 노래와 연주로서 하나님께 영광을 돌리려 한다면 정확하게 찬송가집 어디에 있는 몇 장을 부르자고 적시하는 것이 맞는 표현이다.

따라서 "찬송 ○장 하겠습니다."라고 해도 분위기상 대충 의미는 통하겠지만 예배 시간에 거룩하고 전능하신 하나님을 찬양하면서 이런 애매하고 불완전한 표현보다는 "찬송가 ○장을 하겠습니다(혹은 부르겠습니다)."라고 하는 것이 정확하며 예배의 경건미를 훼손하지 않을 것이다.

● 참 좋으신 하나님 → (기도시) '거룩하신', '은혜로우신', '전능하신', '진실하신', '자비로우신 하나님.'

기도 서두에 하나님을 부르면서 그 앞에 하나님의 속성을 나타내는 수식어를 붙이는 경우가 많다. 그 가운데서도 '참 좋으신'과 같은 말이 사용되는 것을 종종 볼 수 있다.

결론부터 말하면 이 표현은 적절하지 않다. 성경에는 하나님의 속성을 나타내는 말로, '거룩하신, 만유의, 생명의, 신실하신, 의로우신, 자비하신, 영원하신, 위에 계신, 능력이신, 진실하신, 구원하시는, 하늘에 계신, 사유하시는, 은혜로우신, 보수하시는, 지극히 높으신, 홀로 하나이신, 천지를 지으신' 등이 있다. 이 말은 대부분 객관적으로 하나님의 속성과 그 위대하심을 나타내는 말이다.

이에 비추어 '참 좋으신'은 나의 주관적인 감정과 정서가 묻어나는 표현이다. 우리가 하나님의 속성을 사람의 얄팍한 주관적 감정으로 판단하여 호칭하는 것은 잘못이다. 이렇게 사람의 감정으로 하나님을 표현한다면 '야속한, 서운한'과 같은 수식도 나오지 말라는 법이 없지 않겠는가?

그러므로 변화무쌍한 인간의 감정이 묻어나는

'참 좋으신' 등의 수식어를 절대 불변하신 하나님의 호칭 앞에 붙이는 것은 적절치 못하다.

성경이 가르치는 대로 '거룩하신 하나님', '자비로우신 하나님' '천지를 창조하신 전능하신 하나님' 등과 같은 표현을 사용해야 한다. → '믿음이 좋은 사람'을 보라.

●창검이 겁없네 → '창검이 겁날 것 없네.'

찬송가 88장 3절에 '창검이 겁없네'란 구절이 있다. 영어찬송에서는 'I've nothing now to fear'인데, '이제 나는 아무 두려움 없네'란 의미다. '창검이 겁없네'는 맞춤법에 맞지 않다. '내가 창검을 두려워하지 않는다'는 말로 바꾸어야 한다.

●창립 기념(創立 記念) → '설립 기념.'

종종 주변에서 플래카드에 '교회 창립 ○○주년 기념 감사예배'란 광고를 볼 수 있다. 여기서 '창립'(創立)이란 사전적으로 '처음으로 설립함'이란 뜻이다. 이것은 최초로 세우는 것을 의미한다.

예를 들면 예수님께서는 베드로의 신앙 고백 위에 교회를 세우시겠다고 약속하셨는데(마16:18) 이 때는 교회 설립이 아니고 '창립'이 된다.

이에 비해, '설립'(設立)은 '학교나 회사 따위의 단체나 기관을 새로 세움'이란 뜻이다. 즉, 교회를 예로 들면, 각 지역마다 유형교회들을 세울 때 이것은 창립이 아니라 설립이라 한다.

결국 교회의 창립자는 예수님이시지만, 예수님이 세우신 무형교회를 확장하여 이 땅 여러 지역에 유형교회를 세우고 그 세운 날을 기념하는 것은 '설립 기념일'이라 한다. 결국 설립을 기념하는 예배는 '설립 기념 감사예배'가 된다.

●천당(天堂, the palace of Heaven) → '하나님의 나라', '천국', '하늘나라.'

천당은 문자적으로 '하늘에 있는 신들의 궁전'이란 뜻이다. 불교에서 파생된 용어로, 궁극적으로 죽어서 가는 복된 세계를 말한다.

그러나 기독교에서 말하는 천국은 단순히 미래적이며 내세적인 개념뿐만 아니라 하나님의 주권이 미치는 모든 영역을 일컫는 바, 현세적인 성격도 매우 강하다(눅17:20-21).

따라서 '천당'이라는 좁고 이교적인 용어로는 성경에서 말하는 천국을 바르게 표현할 수 없다.

그러므로 '하나님 나라', '하늘나라' 또는 이 말의 한자식 표현인 '천국'(天國)으로 나타내는 것이 정확하다.

●초혼(招魂, Invocation of the spirits of the dead) → (장례시) '임종예배.'

초혼이란 발상(發喪)하기 전에 죽은 이의 혼을 부르는 것을 말한다. 즉, 사람이 죽으면 생시에 입던 저고리를 왼손에 들고 오른손은 허리를 짚은 채 지붕이나 마당에서 북쪽을 바라보며 '아무 동네 아무개 복(復)'을 세 번 외치는 풍습을 말한다. 이렇게 하면 죽은 이의 혼이 돌아온다고 믿었는데, 그래도 살아나지 않으면 장례를 준비하게 된다.

이런 풍습은 기독교의 풍습이 아니다. 따라서 기독교 가정에서는 죽음이 임박하면 가족이 임종예배로 모여 찬송을 부르면서 믿음을 격려해주고, 성경 말씀을 들려주면서 용기를 주고, 기도로 내세에 대한 소망을 갖게 하는 것이 바람직하다.

●총회 본부(總會 本部) → '교단 본부.'

총회의 상설 사무를 담당하는 교단의 행정 기관. 총회는 회의체로서 1년에 한 차례 회무를 가지며 회무가 파하면 차기 소집 때까지는 비회의체가 된다. 따라서 총회가 끝나면 교단 상설 업무(사무)를 수행하기 위한 조직과 행정 기능만 남게 된다. 그러므로 교단 업무를 수행하는 기관은 '총회 본부'가 아니라 '교단 본부'로 부르는 것이 적합하다.

●추도예배(追悼禮拜, memorial service) → '추모 예식', '추모일 예배.'

추도예배는 성경적인 근거도 부족하고 신학적으로도 검증받지 못한 한국교회의 임의적인 산물이다. '추도'(追悼)란 '죽은 이를 생각하며 슬퍼함'이라는 의미다. 그렇다면 예수 그리스도를 믿고 천국 간 고인을 놓고 해마다 슬퍼만 하고 있을 수는 없지 않는가?

그러나 '추모'는 다르다. '추모'(追慕)라고 하는 것은 죽은 이를 생각하고 그리워하고 사모하는 것을 말한다. 따라서 고인의 기일(忌日)을 추모일로 하여 고인이 생존시에 남긴 신앙의 자취와 교훈을 되새기며 자손들이 한 혈통으로서 소속감을 가지고 서로를 위로·격려할 기회로 삼는 것은 나름대로 의미가 있다고 본다.

다만, 용어 사용에 있어 '추모예배'는 적절하지 못하다. 왜냐하면 예배는 그 자체가 하나님께 영광을 돌리고 감사하는 것인데, 고인을 그리워하는 예배를 드리는 것은 예배의 본질에 어긋나기 때문이다. 따라서 '추모 예식'이라 하든지, 아니면 굳이 '예배'란 표현을 쓴다면 '추모일 예배'(추모일을 맞아 하나님께 드리는 예배)로 하는 것이 좋다.

●축도(祝禱, benediction, blessing) → (예배시) '축복'.

오늘날 대부분의 교회들이 주보에서 예배 끝날 때 목사가 손을 들고 하는 기도를 가리켜 '축도'나 '축복기도'로 표현하고 있다. 하지만 결론부터 말하면 '축도'나 '축복기도'는 모두 잘못된 표현이다. 그 이유는 다음과 같다.

① 사전에는 '축도'를 '축복기도'의 준말로 설명하고 있으나, 글자만 줄인다고 준말이 아니다. 이럴 경우 '축도'는 한자로 '빌 축(祝)'과 '빌 도(禱)'의 두 동사가 합쳐 '빌고 빈다'는 의미가 된다. 일단 어법상 말이 되지 않는다. 그래서 중국 교회 주보에서도 '축도'란 말을 사용하지 않는다. 대신 '축복'으로 표기한다.

② 사전에서는 '축복기도'를 가리켜 '개신교에서 예배를 마칠 때 목사가 하나님의 은혜가 신도들에게 내리기를 비는 기도'라고 설명한다. 이 '축복기도'는 한자로 풀이하면 '빌고 비는 기도'란 뜻이다. 이는 우리가 지금 사용하고 있는 '축복기도'라는 원래 의미와는 도저히 맞지 않는다. 오히려 두 손을 싹싹 빌면서 복을 구하는 무속적인 느낌마저 풍겨난다.

반면, 성경에는 멜기세덱이 아브라함을 위해 하나님께 복을 빌며 기도한 것을 일컬어 '축복'이라 표현하고 있다(창14:19). 여기 보면 '축도'라든지 '축복기도'란 표현은 사용되지 않는다. '축복'은 문자 그대로 '복을 빎'이란 뜻이다.

또 (소위) 축도의 성경적 근거가 되는 고린도후서 13:13의 표제어를 중국 성경에서는 '축복'으로 번역하고 있다. 이뿐 아니라 하나님께 복을 비는 기도를 가리켜 성경은 여러 곳에서 '축복'이라 표현하고 있다. 그러나 '축도'나 '축복기도'란 표현은 성경 어디에서도 나오지 않는다.

결론적으로 '축도', '축복기도'는 잘못된 표현이다. '축복'으로 고쳐 표현하는 것이 맞다. 그래서 혹자는 이를 '복의 선언'으로 표현하기도 한다.

●축복(祝福, blessing) → (기도시) '복 내려 주십시오'.

기도할 때 "하나님 축복해 주옵소서."란 표현을 자주 사용하는 것을 볼 수 있다. 여기서 '축복'은 한자로 '빌 축(祝)', '복 복(福)'이다. 이를 국어사전에서는 '행복을 빎', '신의 은혜를 구하여 빎'으로 설명하고 있다(창27:41; 시129:8; 롬12:14; 고전4:12). 즉, '복을 빌어 준다'는 의미다. 따라서 기도하면서 "하나님 축복해 주옵소서."라고 말하면 이는 곧, 하나님 어디 가서 (누구누구에게) 복을 빌어와서 우리에게 내려주옵소서라고 말하는 것과 같다. 이는 결국 하나님 이외에 하나님보다 더 높은 어떤 신의 존재를 인정하는 결과가 된다. 참으로 가당치 않는 말이다.

이런 그릇된 표현은 일제 강점기 때 일본어의 영향 때문이다. 일본어에서 축복은 ① '신으로부터 은혜를 받는 것' ② '사람이 누구를 위해 복을 빎'이란 두 가지 의미를 갖고 있다. 그러나 하나님은 복의 근원으로서 우리에게 복을 직접 주시는 분이지 누구에게 복을 빌어와서 우리에게 내려주시는 분은 아니시다. 그러므로 "하나님 축복해 주옵소서."라는 말은 틀린 말이다. "하나님 복을 주옵소서(주십시오)."로 고쳐서 말해야 한다. 최근에 번역된 개역개정판 성경은 '축복'과 '복'을 아주 명쾌하게 잘 구분하고 있다(창12:3).

●축복과 복 → '엄격히 구별해서 사용해야 한다.'

한국교회에서는 '축복'과 '복'이 매우 혼란스럽게 잘못 사용되고 있다. '축복'은 '좋은 것을 받도록 기원하는 것'을 뜻한다. 이 말은 사람이 또 다른 사람에게 복을 빌어줄 때 사용하는 표현이다.

예를 들면, 성경에서 멜기세덱이 아브라함을 축복한 것(창14:19), 아론이 자기 자손과 이스라엘 백성을 위해 축복한 것(레9:22; 민6:22-27) 등이 좋은 사례이다.

이에 비해, '복'은 '행복', 또는 '그것으로 인해 얻는 즐거움과 기쁨'이란 뜻이다. 이 복은 복의 근원이신 하나님께서 인간에게 베푸시는 것이다. 따라서 하나님은 사람에게 '복'은 내려주시지만 '축복'을 할 수는 없다. 반면, 사람은 '복'을 베풀 수는 없어도 '축복'을 할 수는 있다.

그러므로 하나님에게 '축복해 주소서' 라고 해서는 안 되며 '복을 내려 주소서' 라고 해야 맞다.
하나님은 복을 내리시는 분이시며, 인간은 그저 3자적(중재적) 입장에서 이웃을 위해 하나님께 복을 빌어줄 뿐이다. 두 단어에 혼동이 없어야 한다.

●축복기도(祝福祈禱) → '축복.' → '축도' 를 보라.

●축복하옵소서 → '복을 내려 주옵소서.' → '축복', '축복과 복' 을 보라.

●축 수연(祝 壽宴, an old man's birthday feast) → '축수.'
'수연' 은 '장수를 축하하는 잔치' 인데, 보통 '환갑잔치' 를 가리킨다. 따라서 '잔치' 라는 말 앞에 '축' (祝)이란 말이 들어가면 어색하다. 이는 우리가 결혼을 축하할 때도 '축 결혼' 이라 하지 '축 결혼식' 이라고 하지 않는 것과 같은 이치다.
따라서 장수(長壽)하는 것을 축하할 때는 '축 수연' 이 아니라 '축수' (祝壽)라고 하는 것이 맞다.
흔히 수연에 갈 때에 부조금 겉봉에 '축 수연' 이라 쓰는 경우가 있는데, '축수' 라고 해야 한다. 그렇지 않으면 쉬운 말로 '오래오래 사십시오' 라고 하는 것도 자연스럽다.

●축원하옵나이다 → (축복시) '있을지어다.'
예배 마지막 축복('축도' 로 잘못 사용됨) 시간에 많은 목사들이 "예수님의 이름으로) 축원하옵나이다." 란 표현을 즐겨 사용한다. 성경에서 축도의 근거는 민수기 6:24-26과 고린도후서 13:13이다.
전자는 아론이 대제사장으로서 이스라엘 백성을 위해 복을 비는 내용이다. 또 후자는 교회와 성도를 위해 사도 바울이 성삼위 하나님의 은총(복)을 선언하는 내용이다. 이 두 내용은 하나같이 하나님의 복을 백성(성도)에게 전하는 것이기에 '선포' 형식으로 나타나고 있다.
하나님이 주시는 권위로써 주의 백성이나 자녀를 위해 복을 선언하는 것이 축복('축도' 로 잘못 사용됨)이다. 따라서 축도는 마땅히 '선언' (선포) 형식을 취해야 한다. 그러므로 '축원하옵나이다' (하나님에게 자기의 소원이 이루어지기를 빈다는 뜻)란 말보다는 '있을지어다' 가 좋다.

한편, 종종 '계실지어다' 로 존대하는 경우도 있는데, ① '복' 은 비인격체요 복의 대상은 인격체이기 때문에 비인격체를 인격체보다 존대하는 것은 어법상 맞지 않고 ② 축복(축도)은 성삼위 하나님의 권위로 하나님의 자녀에게 복을 선포하는 것이기 때문에 하나님 앞에서 하나님의 자녀를 높이는 것은 신학적으로 맞지 않다. 따라서 이런 표현은 사용하지 말아야 한다.

●축제(祝祭, festival, feast) → '잔치', '절기행사', '축하행사.'
'축제' 라는 말은 사전에서 '축하의 제전', '축하와 제사' 란 뜻이다. 이는 이방 종교의 제사나 제의적인 의미를 담고 있다. 실제로 고대 로마의 '농신제' 나 잉카의 '태양 축제', 오늘날 브라질과 유럽의 '삼바 축제', 볼리비아의 '오르로' 등은 축제의 좋은 예로서 이교적이고 미신적이며 무속적이다.
따라서 교회의 큰 행사나 경축 행사 타이틀에 '축제' 란 말을 사용하는 것은 적절하지 못하다.
그 대표적인 사례로 '성령 축제' 란 말이 있다. 이는 잘못된 표현을 넘어 성령님에 대한 신성 모독이다. 축제라는 말 대신에 '잔치', '대회', '축하행사', '축전' (祝典) 등으로 표현하는 것이 바람직하다. → '성령 축제' 를 보라.

●축하예배(祝賀禮拜) → '감사예배.'
'축하' 는 사전적으로 '기쁘고 즐겁다는 뜻으로 인사함' 이란 의미다. 예를 들면 생일 축하, 개업 축하, 회갑 축하, 졸업 축하, 결혼 축하 등에 잘 어울린다. 이에 비해, '예배' 란 '하나님의 백성이 하나님이 주신 창조의 은총과 예수 그리스도를 통하여 주신 구원의 은총을 깨닫고 감격하여 드리는 하나님의 백성의 응답 행위' (대한예수교장로회 통합 「표준예식서」)이다. 따라서 '축하' 의 대상은 사람이지만 '예배' 의 대상은 하나님이시다.
그러므로 '축하' 와 '예배' 란 말은 함께 사용할 수 없다. '축하' 할 일이 있다면 하나님께 감사하는 것이 성도의 바른 도리이다. '축하예배' 는 '감사예배' 로 표현하는 것이 성경적이다. 다만, '성탄 축하예배' 는 그 대상이 예수님이기 때문에 큰 무리가 없다.

●칠성판(七星板) → (장례식에서) '시정판', '고

정판.'
시체 밑 바다에 깔아 시체를 고정시키는 관 속의 얇은 판. 시체를 관에 넣기 전에 임시로 시체를 얹어 놓는 널. 여기에 북두칠성을 상징하는 일곱 개의 구멍이 뚫려 있다고 해서 '칠성판'이라 불린다.

이렇게 널판지에 북두칠성을 상징하는 일곱 개의 구멍을 뚫어 사용하는 풍습은 별이 인간의 수명이나 길흉화복을 주관한다고 믿는 도교 신앙에서 비롯되었다.

이는 하나님께서 인간의 생사화복을 주관하신다고 믿는 기독교 신앙과는 완전히 배치된다. 그래서 대한예수교장로회 통합 제86회 총회에서는 '칠성판'을, 시체를 고정시키는 판, 즉 '시정판'(屍定板) 또는 단순히 '고정판'(固定板)으로 부르기로 결의하였다.

● **타계**(他界, the other world)**하다** → '고인이 되다'. '작고하다'. '돌아가다.'

'타계'는 문자적으로는 '다른 세계', 곧 '저승'을 뜻하는 말로서, 통상적으로는 어른이나 지체 높은 사람의 죽음을 상징적으로 일컫는 표현이다. 이 말은 불교의 '십계'(十界) 가운데 '인간계' 이외의 다른 세계를 이르는 말에서 유래했다.

참고로, 불교에서는 지옥계(地獄界), 아귀계(餓鬼界), 축생계(畜生界), 수라계(修羅界), 인간계(人間界), 천상계(天上界), 성문계(聲聞界), 연각계(緣覺界), 보살계(菩薩界), 불계(佛界) 등 십계가 있다고 한다. 이 중 앞의 육계(六界, 여섯 세계)를 '미계'(迷界, 중생계), 뒤의 사계(四界, 네 세계)를 '오계'(悟界, 깨달은 이의 세계)라고 부른다.

따라서 죽어 영원한 생명의 세계인 하늘나라로 가는 성도에게 '타계'란 표현은 어울리지 않는다. 따라서 '작고하다', '고인이 되다', '(생명의 주인이신 하나님께로) 돌아가다'는 표현이 적절하다. → '소천하다'를 보라.

● **태신자**(胎信者) → '전도 대상자.'

태신자란 전도 대상자를 일컫는 조어(造語)이다. 마치 임산부가 잉태한 아이를 '태아'라고 하듯이 전도 대상자를 마음에 품고 위해서 기도하여 교회로 인도할 대상으로 삼는 것을 가리킨다.

하지만 이 사람은 아직 그리스도를 믿지 않는 불신자이다. 즉, 장차는 교회로 인도하여 예수를 믿게 할 사람이지만 현주소는 불신자'이다. 그런데 불신자를 가리켜 '신자'로 지칭하는 것은 맞지 않다. 아무리 앞에 '태'자를 붙였다고는 하나 결국 신자라는 의미인바, 이 표현은 잘못되었다.

전도란 먼저 믿는 자가 아직 믿지 않고 있는 자를 주님께 인도하는 과정이기 때문에 전도 대상자는 어디까지나 전도 대상자일 뿐이다. → [1. 교회 일상 용어] '태신자'를 보라.

● **터줏대감**(- 主大監, the spirit of house site) → '비기독교적인 용어로 삼가야 한다.'

'터주'의 별칭. '터주'란 민속에서 집터를 지킨다는 지신(地神)으로, 가정을 수호하는 오방지신(五方之神) 중 사방신(四方神)인 성주, 제석, 삼신, 문신을 주관하는 중앙신(최고신)을 말한다.

또한, 민간 신앙에서 명절이나 절기에 고사를 지내거나 큰 굿을 할 때 상을 차려 섬긴다. 이때 차리는 상을 '터줏상'이라 한다. 자그마한 항아리 속에 쌀이나 벼를 넣어 짚으로 덮고 장독간 모퉁이나 뒤뜰에 안치해 두는데 이 항아리를 '터주항아리'라고 부른다.

민간 신앙을 배경으로 하는 이 같은 표현들은 분명 성경의 진리와는 동떨어져 있어 그 용어 사용에 유의해야 한다.

'터줏대감'이란 관용석으로, '힌 동네나 한 지역 혹은 어떤 모임에서 가장 오래되고 실력 있는 대표자 격인 사람'(the highest seniority in group)을 가리킨다. 그렇더라도 가능한 이 표현을 삼가는 것이 좋다. → '상량 예배'를 보라.

● **특송을 들으며 헌금하다** → '적절치 못한 표현으로 사용하지 말아야 한다.'

헌신예배나 절기 행사시 예물 봉헌할 때 순서 진행자가 "특송을 들으면서 헌금하시겠습니다."라고 말하는 경우를 보게 된다. 찬양대의 찬양과 마찬가지로 특송 역시 찬양의 대상은 하나님이시다. 사람의 귀를 즐겁게 하려고, 헌금 시간이 지루하지 말라고 특송을 부르는 것이 아니다. 예물 봉헌과 함께 물질도, 마음도 온전하게 하나님께 드린다는 취지에서 찬양을 부르는 것이다.

찬양은 특송 순서를 맡은 사람만이 아니라 회중 모두가 한 마음으로 하나님께 드리는 것이다.

그러므로 "특송을 들으면서 헌금한다."는 말은

틀리다

잘못된 표현이다. 더군다나 가수가 청중을 위해 노래한 것이 아닐진대 특송한 자들에게 박수를 보내는 것은 더욱 모순이다.

● **틀리다**(err, mistake, different, unlike, dissimilar) → '다르다.'

일상 용어 중에 그 의미를 달리하면서도 구별하지 않고 혼용하는 표현들이 많다. 그중에 '틀리다'와 '다르다'는 말이 있다.

먼저, '틀리다'는 '계산이나 일 따위가 어긋나거나 맞지 않다'는 뜻인데 비해, '다르다'는 '같지 않다, 예사롭지 않은 점이 있다'는 의미이다.

따라서 "나하고 너는 성격이 틀리다."가 아니라 "나하고 너는 성격이 다르다."고 해야 하고, "역시 전문가라 보는 눈이 틀리다."가 아니라 "역시 전문가라 보는 눈이 다르다."고 해야 한다. 그에 비해 "합산한 금액이 다르다."가 아니라 "합산한 금액이 틀리다."고 해야 하고, "답이 다르다."가 아니라 "답이 틀리다."고 해야 옳은 표현이다.

● **평신도**(平信徒, layman, laity) → '성도.'

'평신도'란 교직을 가지지 않은 일반 신자라는 뜻으로 쓰인다. 이 말은 주후 2세기경 클레멘스가 처음 사용했다고 한다. 그는 고린도에 보내는 편지에서 처음으로 장로, 집사, 평신도라는 용어를 사용함으로써 성직자와 평교인을 갈라놓았는데 로마 가톨릭과 동방정교회에서는 지금도 성직자와 평신도를 엄히 구분하고 있다.

교회에서 평신도의 위치를 되찾으려는 노력이 1954년 WCC 에반스턴 회의에서 제기되었으며 1958년 헨드릭 크래머가 「A theology of Laity」라는 책을 출판하면서 '평신도 신학'이라는 전문 용어가 사용되기 시작했다.

평신도 신학은 성직자의 개념을 없앨 뿐 아니라 성직자를 평신도의 위치로 끌어내리려고 시도하였다는 데 주목할 필요가 있다.

기독교에서는 만인제사장설에 근거해 기능상 직분자와 평교인을 구분하고 있을 뿐 계급상의 구분을 두지 않는다. 그러므로 굳이 평신도 신학을 도입할 이유가 없다. 평신도란 말 자체가 성직자라는 개념과 구분을 지으려는 의도에서 생긴 말이기 때문에 바람직한 표현이 아니라 하겠다.

평신도 대신 성도라고 표현하는 것이 좋다. 혹 '일반 성도'로 쓰자는 의견도 있으나 일반 성도는 '특별 성도'를 전제로 한 말이어서 합당해 보이지 않는다. → '성도'를 보라.

● **평신도들, 성도들, 신도들** → '평신도', '성도', '신도.'

흔히 교회에서 '평신도'(平信徒)나 '성도'(聖徒) '신도'(信徒)라는 말 뒤에 복수어미 '들'을 붙여 사용하는 언어 습관이 있다. 그러나 '성도'나 '신도'에서 '도'(徒)는 '무리'란 뜻으로 '성도'나 '신도'는 그 말 자체가 복수명사이다. 복수명사 뒤에는 굳이 복수를 나타내는 접미사가 필요없다.

따라서 '성도', '신도'로 사용하는 것이 적절하다. 같은 논리로 여럿을 나타내는 관형사 '모든', '많은' 다음에 명사가 올 때도 마찬가지로 접미사 '들'을 사용하지 않는다. 예를 들면, '모든 교인들'은 '모든 교인'으로, '많은 사람들'은 '많은 사람'으로 표현하는 것이 적절하다.

● **푸념**(a grumble, an idle complaint, the raving of a shaman) → '비기독교적인 용어로 삼가야 한다.'

'푸념'은 보통 '마음에 품은 불만을 드러내어 말하는 일', 곧 '넋두리'를 가리킨다. 그러나 원래는 무속 신앙에서 온 말로 무당이 굿을 할 때에 귀신의 뜻을 받아 그 굿을 청한(정성을 들이는) 사람을 꾸짖는 일을 가리킨다.

푸념의 내용을 보면 대개 죽은 자의 혼령이 그의 억울함이나 맺힌 한을 늘어놓고 그것을 풀어달라는 일종의 '넋두리'로 이뤄진다.

이처럼 무속적인 배경을 담고 있는 용어이기 때문에 성도의 언어생활에서 가능하면 '푸념' 대신에 '불평'(불만), '투덜거림' 등으로 고쳐 사용하는 것이 좋을 듯하다. → '넋두리'를 보라.

● **피택 장로, 장립 장로** → '구별해서 사용해야 한다.'

교회에서 흔히 '피택 장로', '장립 장로' 등의 호칭을 사용하는 경우가 있다. 그러나 교회 헌법이 정하는 장로 호칭에는 '원로 장로', '은퇴 장로', '시무 장로'가 있을 뿐, '피택 장로'나 '장립 장로'란 호칭은 없다. 따라서 이 용어들은 정식 호칭은 아니다.

그럼에도 교회에서 흔하게 사용되는 이유는 무엇인가? 먼저, '장로'는 만 35세 이상 된 남자 중 입교인으로 흠 없이 5년을 경과하고 상당한 식견과 통솔력이 있으며 디모데전서 3:1-7에 해당하는 자"(대한예수교장로회 합동 헌법 정치 제5장 3조)로 규정되어 있다. 이들 가운데 당회 추천을 받아 공동의회에서 3분의 2 이상의 찬성표를 받을 때 비로소 장로로 선출된다(위 헌법 정치 제13장 1조). 이렇게 하여 선출된 자를 가리켜 '피택(被擇)'이라 한다. 즉, '선택(택함)을 받았다'는 말이다.

이렇게 '장로'로 선택을 받았다 하여 '피택 장로'라 부른다. 그 후 장로로 피택된 자는 "5개월 이상 당회 아래서 교양을 받고 노회고시에 합격하면"(대한예수교장로회 통합 헌법 정치 제42조) 당회가 정한 날짜에 임직식을 갖고 장로로 안수를 받게 된다. 이를 가리켜 '장립(將立)'이라 한다.

따라서 피택과 장립은 구분된다. 비록 '피택 장로'니 '장립 장로'니 하는 표현이 헌법의 공식 호칭은 아니나 안수받고 장로가 되기까지의 절차상 구분이 요구되기 때문에 교회에서 자주 사용한다. 이런 용어의 구분은 '피택 집사'에게도 적용된다.

●하나님께 영광의 박수? → '적절치 못한 표현으로 사용하지 말아야 한다.'

간혹 설교 시간에, 절기 행사 때, 찬양대의 찬양이 끝난 뒤 '하나님께 영광의 박수'를 유도하는 경우가 있다. 성경에 보면 '물이 박수하며'라고 하여 '박수'가 의인법으로 사용된 적이 있고(시98:8), 또 사람(왕)을 향해 '박수'한 사례가 제한적으로 있기는 하다(왕하11:12). 또 시 47:1에 '만민들아 손바닥을 치고 … 하나님께 외치라'는 말이 있지만 이는 세상 모든 사람을 향해 하나님을 찬양하라는 선포이지 예배 행위는 아니다.

'신앙'이란 보이지 않는 하나님을 인격적으로 믿고 내면의 신앙으로 승화시켜 나가는 것이다. 하나님을 물리적 대상으로 인식하여 형상화하며 가시적으로, 감각적으로 박수와 같은 수단을 사용해 영광 돌리는 것은 비성경적이며 건전하지 못하다. 박수는 예배 요소가 될 수 없다. → '박수', '예배 때 박수 치며 찬송하는 것'을 보라.

●하나님 노릇, 아버지 노릇 → '적절치 못한 표현으로 사용하지 말아야 한다.'

간혹 강단에서 설교할 때나 기도할 때 하나님께 '하나님 노릇' 또는 '아버지 노릇'을 강요하는 듯한 말투를 사용하는 경우를 볼 수 있다.

마치 자식이 부모에게 투정하고 떼를 쓰는 듯한 느낌을 주어 한편으로는 친근하고 소박하게 보일 수도 있다. 다소 격의없고 꾸밈없는 것처럼 보이는 이 말투는 하지만 공예배나 기도 시간에 하나님께 사용하기에는 적절하지 못하다.

그 이유는 다음과 같다. 첫째, '노릇'이란 말은 '종 노릇', '자식 노릇' 등에서 볼 수 있듯이 직업이나 직책을 속되게 일컫는 표현이다. 따라서 이 말은 예의에 어긋나는 말투로서 거룩하고 전능하신 하나님께 사용하기에는 무례할 뿐만 아니라 불경스럽고 신성 모독적인 표현이 될 수 있다.

둘째, 이 말은 마치 하나님께 신적 본분을 강요하고 책임을 지게 하는 듯한 느낌을 준다. 절대 주권을 가지고 모든 것을 스스로 결정하시는 하나님에게 '이래라 저래라'하는 식의 표현은 하나님의 자녀 된 인간의 신분으로 적절하지 못하다.

사람 사이에도 가려서 해야 할 말이 있듯이, 지존하신 하나님 앞에서는 언행심사를 더욱 조심하는 경건한 자세가 필요하다.

●하나님의 말씀 → (설교시) '성경 기록자의 말이 아닌 하나님의 말씀이라 해야 한다.'

설교 중에 성경을 인용할 때 "사도 바울이 말하기를", "이사야 선지자가 이렇게 말했다."는 식으로 인용하는 경우들이 종종 있다. 이 경우 자칫하면 성경 말씀을 하나님에 관한 인간 저자의 말씀인 것으로 오해하기 쉽다.

하지만 엄격하게 말하면 비록 인간 저자가 성경을 기록했다 하더라도 이는 하나님께서 인간을 통해 계시하신 정확무오한 하나님의 말씀이다(딤후 3:16). 따라서 성경 말씀을 언급하거나 소개할 때는 인간 저자의 이름을 들어 '누구가 말했다'는 식의 언급은 삼가야 한다. 분명하게 '하나님의 말씀'이라 밝히는 것이 바람직하다.

●하나님의 몸 된 교회 → '예수님(주님)의 몸 된 교회.'

종종 '주님(예수님)의 몸 된 교회'를 가리켜 '하나님의 몸 된 교회'로 그릇 표현하는 경우를 볼 수 있다. 결론부터 말하면, 이 말은 비성경적이다.

하나님의 축복

'몸 된 교회'란 그리스도의 성육신 사건을 배경으로 형성된 표현이다. 교회는 육신을 입고 이 땅에 오셔서 구원 사역을 완성하신 예수 그리스도로 말미암아 구원받은 백성의 모임이다.

이렇게 교회의 기초가 되시며 교회를 세우신 분이 그리스도이시다. 따라서 그리스도는 교회의 머리가 되시며, 교회는 그리스도의 몸이요, 성도는 각 지체들이다. 그러기에 교회는 '주님의 몸'이다.

하나님은 이 놀라운 구원 사역을 경륜하시고 이 일을 그리스도를 통해 이루셨으며 나아가 구원받은 백성을 통해 영원토록 찬양과 경배를 받으시는 분이다. 그러므로 교회는 '주님의 몸'이라 해야지 '하나님의 몸'이라 하는 것은 적절하지 못하다(엡 1:23; 4:12; 골1:24). → '몸 된 교회'를 보라.

●하나님의 축복 → (예배시) '하나님이 주신 복.' → '축복', '축복과 복'을 보라.

●하나님이여 축복하여 주시옵소서 → (예배, 기도시) '하나님! 복 주시옵소서.' → '축복', '축복과 복'을 보라.

●하느님 → '하나님.'

성경 원문에서 '엘로힘'(구약)과 '데오스'(신약)로 나타나는 신명(神名)을 한국 기독교에서는 대부분 '하나님'으로 호칭하고 있으나 일부 교단과 신학자들 혹은 비기독교인들 중에는 '하느님'이라 불러야 한다고 주장하는 자들도 있다. 기독교의 신(神) 명칭이 이렇게 이분화된 데에는 선교 초기부터 사용된 신명인 '하ᄂ님'이라는 명칭을 계승하면서 〈하늘〉(Heaven, '하늘님'에서 'ㄹ' 탈락 후 '하느님')의 개념과 〈하나〉(One, 수사 '하나'와 존칭접미사 '님'이 결합하여 '하나님')의 개념이 상충해서 생겨난 것이라고 보는 이들이 많다.

그러나 기독교인들이 신앙하는 신(神)은 '하늘 높은 곳에 계실'(존귀하고 영화로우실) 뿐만 아니라 '유일하고 오직 하나이신'(거룩하고 절대적인) 분이라는 점에서 위의 두 개념을 모두 포함하고 있다고 할 것이다.

혹자는 훈민정음 맞춤법의 변천 과정을 보아서 '하나'가 수사이므로 존칭접미사인 '님'을 붙일 수가 없기 때문에 '하나님'은 불가능하다고 주장하기도 하지만, 실제로 한국어 사전의 어휘를 살펴보면 이희승, 양주동, 이승녕, 최현배 등 국어학자들의 모든 사전에는 '하나님'과 '하느님'을 모두 담고 있는 것을 볼 수 있다. 따라서 '하ᄂ님'의 계승은 '하나님'과 '하느님' 양쪽을 다 사용하고 있음을 알 수 있다. 그러므로 '하느님'만이 옳다는 주장은 합당하지 않다.

실제로 1887년 로스역인 예수성교전서는 '하나님'을 즐겨 썼고, 1904년의 성경 번역본(대한성서공회)에 '하ᄂ님'이었던 것이 1924년 번역본 이후부터는 '하ᄂ님'과 '하나님'을 혼용하다가 그 이후부터(1952, 1953, 1956년 개역한글판 이후 계속해서) 공동번역성서를 제외하고는 '하나님'이란 신명으로 확정 사용해 오고 있다. 그런 점에서 기독교 신앙 전통상 '하ᄂ님'이 '하나님'으로 전수되었다고 보는 것이 더 설득력 있다고 할 것이다.

특히, 국어학자 이희승의 국어대사전에서 〈하나님〉을 '기독교에서 신봉하는 유일신. 전지 전능하고 우주 만물을 창조, 섭리, 지배하는 유일 절대자의 주재자. 의와 사랑이 충만한 인격적 존재로 무소 부재하며 삼위일체의 제1위임.'이라고 설명했고, 〈하느님〉을 '(하늘님) 종교적 신앙의 대상. 인간을 초월한 절대자로서 우주를 창조하고 주재하며 불가사의한 능력으로서 선악을 판단하고 화복을 내린다고 하는 범신론적인 신'(「국어대사전」 24판 3101쪽)이라고 설명해 두고 있다. 이상과 같이 국어학자도 삼위일체의 유일신 하나님과 범신론적인 신을 구별하고 있음을 볼 수 있다.

일각에서는 한국의 토속 신앙(샤머니즘)에서 최고신으로 일컬어지는 '하느님'이라는 신 개념에도 유일하고도 최고한 신인 하나님 개념이 담겨 있다고 주장하면서 기독교가 한민족에 토착화되기 위해서는 '하느님'을 채용해서 그 신명으로 기독교의 유일신관을 강조하는 것이 바람직하다고 주장하기도 한다. 이것은 매우 위험한 발상이다.

기독교 유일신관이 비록 배타성을 지녔다고 해서 범신론, 자연종교의 다신론적 사상(신관)으로 후퇴하는 것은 스스로 기독교를 포기하는 것이나 다름 없는 일이다. 성경에 계시되어 있는 언약의 하나님 여호와, 그리고 사도신경으로 고백하는 유일신 하나님을 가리켜 '하나님'으로 칭하는 것은 바람직한 일이다.

●할렐루야(hallelujah) → '인사 대용어 또는

구호로 사용하지 말아야 한다.'

할렐루야(הַלְלוּיָהּ)는 '찬양하다' 는 뜻의 히브리어 '할랄'(halal)과 여호와를 가리키는 히브리어 '예호와'(יהוה)의 단축형인 '야'(Yah)가 합성된 말로, '여호와를 찬양하다'(Praise the Lord)는 뜻이다. 이 말은 구약에 23회(시113,115,116,117; 135:3; 147:1 등), 신약에 4회(계19:1,3-4,6) 언급되는데, 대부분 유월절, 오순절, 초막절과 같은 절기와 예배에서 여호와를 찬양하자고 권면할 때 사용되었다. 이렇게 본다면, '할렐루야'라는 표현은 존엄하신 하나님을 향해 그분의 백성 된 성도가 표현할 수 있는 최고의 존귀하고 가치 있는 신령한 언어라고 할 수 있다.

그런데 요즘 교회나 성도 가운데 '할렐루야'를 쓰는 용례들을 보면 참으로 기가 막힌다. ① 교회 공문서나 행정 서식, 안내장 등의 머리에 인사말로 ② 교인(교역자) 사이의 인사말로 ③ 강단에서 설교자 등 초청 인사를 환영할 때 ④ 설교 시간에 설교자가 성도의 반응을 '아멘'으로 유도하기 위해 ⑤ 기도말 초두 등에 '할렐루야'를 남발하는 경우를 보게 된다.

결국, 오늘날 할렐루야는 격식 차린 인사말이나, 충동적 구호, 윤리적 차원의 고상한 언어 정도로 사용될 뿐 어디에서도 하나님을 향한 진실된 경배와 찬미의 모습은 찾아보기 어렵다. 심지어 설교 시간에 청중이 '아멘'을 큰소리로 외칠 때까지 '할렐루야'를 몇 차례 연발하는 설교자도 있다. 할렐루야는 하나님 앞에서 하나님을 향한 참된 고백이 되어야 한다.

●**할렐루야 반갑습니다** → '잘 오셨습니다', '반갑습니다', '환영합니다.'

반가운 사람이나 새신자를 환영할 때 즐겨 사용하는 표현이다. 하지만 사람끼리의 인사말에 '할렐루야'를 끼워 사용하는 것은 적절치 못한 그릇된 표현이다. → '할렐루야'를 보라.

●**합독**(合讀)**합시다** → '한 목소리로 읽읍시다', '같은 소리로 읽읍시다.'

예배 시간에 설교에 앞서 성경 말씀을 교독하는 경우가 있다. 이때 제일 마지막에는 예배 진행자와 성도가 성경을 함께 읽을 때가 있는데 이때 "합독하겠습니다."는 표현을 자주 사용한다.

그런데 '합독'(合讀)이란 말의 뜻이 분명치 않다. 즉, 마음을 하나로 합쳐서 읽자는 것인지, 목소리를 하나로 해서 읽자는 것인지, 아니면 전부 다 같이 읽자는 것인지 다양하게 해석될 수 있다.

이렇게 분명하지도, 일상적으로 사용되지도 않는 말을 억지로 조성하여 사용하는 것은 바람직하지 않다. 교회에서 통상적으로 쓰는 표현이고 적당히 의미가 통한다고 모두 맞는 말은 아니다. 이 경우 "다 같이 한 목소리로 읽읍시다." 정도로 표현하는 것이 의미도 분명하고 더 자연스럽다.

●**헌금**(獻金, offerings) → '봉헌'(奉獻), '예물 봉헌'.

국어사전에서는 '헌금'을 '돈을 바침', '주일이나 어떤 축일을 맞이하여 교회에 바치는 돈'으로 정의하고 있다. 물론 이 표현은 개역개정판 성경에서도 여러 곳에서 사용되고 있다(민31:50; 대하34:9; 막12:41; 눅21:1; 요8:20). 따라서 현재처럼 '헌금'이란 표현을 사용한다 해도 큰 무리는 없어 보인다.

하지만, 일각에서는 '돈을 바침'이란 '헌금'의 뜻이 예배 용어로서 신학적으로 별다른 의미도 담고 있지 않기 때문에 '예물 봉헌'(禮物 奉獻)이란 예배 용어로 대체할 필요성을 제기하기도 한다. 실제로 '헌금'은 단순히 '돈' 이상의 총체적 헌신을 담고 있는 것이 사실이기는 하다. 대한예수교장로회 통합 교단에서는 제86회 총회(2001년)에서 '봉헌'으로 하기로 결의하였다. → [4. 예배 및 예식 용어] '연보'를 보라.

●**화두**(話頭, topic, talking point) → '비기독교적인 용어로 삼아야 한다.'

화두란 원래 '이야기의 말 머리'라는 의미이다. 불교에서는 참선하는 자에게 도를 깨치게 하기 위해 내는 문제를 가리키며, 불교의 근본 진리를 얻기 위한 수행 방법 중에 하나다.

일반적으로는 이야기가 시작되는 처음 주제나 화제가 되는 유명한 이야기(issue)를 가리킨다. '화두를 던지다', '화두로 떠오르다', '화두를 바꾸다' 등의 용례로 사용된다.

흔히, 교계 신문이나 언론, 설교를 시작할 때에 "요즘 …이 화두다."는 식으로 많이 언급하고 있다. 그러나 이는 비기독교적 용어이므로 가려서 사용해야 한다.

● 환갑(還甲), 회갑(回甲, the sixtieth anniversary of one's birth) → '60회 생신.'

문자적으로는 '육십갑자의 갑(甲)으로 돌아온다' 는 뜻으로 우리나라 나이로 '예순한 살' 을 일컫는 말이다. 이 말은 우리나라에서 전통적으로 사용하여 오늘날까지도 쓰는 십간(十干)과 십이지(十二支)를 활용한 육갑(六甲, '육십갑자' 의 준말, the sexagenary cycle) 연호로서, 무속적이며 이교적인 풍습에서 비롯되었다.

따라서 이는 교인들의 언어 생활로는 적절하지 못하다. 이런 측면에서 '회갑' 이니 '환갑' 은 '60회 생신' 으로 표현하는 것이 바람직하다.

● 황무지가 꽃피니 → (찬송시) '황무지에 꽃피니.'

통일찬송가 304장 '어머니의 넓은 사랑' 중 3절 가사 셋째 단 후반부에 '황무지가 꽃피니' 라는 구절이 있다. 영어로는 'In the desert flowers grow' 이다. 이는 번역하면 '황무지에서 꽃이 핀다' 는 뜻이다. 그래서 새찬송가 579장에서는 '황무지에 꽃피니' 로 수정되었다. 이렇게 고쳐 부르는 것이 맞춤법상으로 맞다.

● 후주(後奏) 마감 전 자리를 떠나는 일 → (예배시) '삼가야 한다.'

간혹 예배 말미에 목사의 축복(한국 교회에서는 '축도' 로 잘못 사용하고 있다, benediction)이 끝나고 후주(後奏)가 계속되는 상황에서 자리를 떠나는 교인들이 있다. 심지어 예배 진행자나 설교자도 교인을 배웅하기 위해 자리를 떠나기도 한다. 그러나 이것은 잘못되었다. 후주는 설교 말씀을 되새기며 예배 전체를 정리하는 예배의 마지막 순서이다. 따라서 이 시간에는 기도나 혹은 묵상으로 예배를 마무리하고, 예배 마감 선언이 있을 때에 자리를 떠나는 것이 바람직하다.

● 휘장 분배(徽章 分配) → '꽃 달아드리기', '꽃 증정.'

'휘장' 은 신분이나 지위를 나타내기 위해 모자나 의복에 붙이는 표(뱃지, badge)를 가리킨다. 그리고 '분배' 는 '고르게 나누어 줌' 이란 뜻이다. 따라서 '휘장 분배' 는 총회나 노회에서 새로 당선된 임원들에게 '꽃' 을 달아주는 축하 의식을 말한다.

그러나 '꽃' 을 '휘장' (뱃지)이라 하는 것도 적절치 않고, 꽃을 가슴에 달아 드리는 행위를 '분배' 라 표현하는 것도 어법상 맞지 않는다.

뿐만 아니라 이 말은 교회 밖에서는 사용되지 않아 용어의 의미를 알기도 어렵다. 그러므로 '꽃 달아드리기', '꽃 증정' 이란 알기 쉽고 순수한 우리 말을 쓰는 것이 좋겠다. → [3. 행정 및 교육 용어] '휘장', [6. 교회 회의 용어] '휘장 분배' 를 보라.

● 흠석사찰위원(欠席査察委員) → (회의시) '질서(유지)위원', '정리위원.'

'흠석사찰위원' 이란 회의시 회원의 출석과 출입을 관리하고 질서를 유지하는 위원을 가리키는 옛 표현이다. 오늘날 회의장에서 질서를 유지하거나 정리하는 위원을 가리킨다. → [6. 교회 회의 용어] '흠석사찰위원' 을 보라.

● 흠향하여 주시고 → (기도시) '우리의 예배를 기쁘게 받아주시고.'

기도 시간에 간혹 "우리의 예배를 흠향하여 주시고"라고 말하는 것을 볼 수 있다. 여기 '흠향(歆饗)'이란 사전에서 '신명(神明, 천지의 신령)이 제물을 받음' 이라 정의하고 있다. 구약에서는 번제단에 태워 드리는 희생 제물을 하나님께서 받으시는 것을 의미했다(창8:21; 레26:31).

이 단어는 구약 제사에 사용되는 표현으로서 하나님이 제사를 기쁘게 받으시는 것을 상징한다.

따라서 예수 그리스도께서 자신을 대속 제물로 십자가에 단번에 영원히 드리심으로써 제사를 폐하시고 이제는 예배를 통해 하나님을 찬양하는 신약 시대에는 이런 표현이 적절하지 않다(히9:11-28; 10:8-18).

그러므로 "흠향하여 주시고"란 표현보다는 "우리의 예배를 기쁘게 받아주시고"로 표현하는 것이 성경적이다. 같은 맥락에서 예배를 '제사', 강단을 '제단', '봉헌 예물' (헌금)을 '제물' 로 표현하는 것 역시 신약 시대의 예배에서는 적절치 못하다.

색인

색인

ㄱ

가견적 교회	245
가결	793
가결의	793
가경	245
가나안(땅)	13
가나안 농군학교	599
가난한 자	13
가라지	13
가룟 유다	13
가르치는 교회	245
가부 동수	793
가부 양론	793
가상칠언	13
가스펠	13
가스펠 송	13
가시	13
가시관	13
가시면류관	13
가이드포스트	634
가인	14
가입	409
가정교회	409
가정 기도회	519, 532
가정 예배	519
가정 주일	519
가증하다	14
가지	14
… 가지고	831
가책	409
가톨리시즘	245
가톨릭	245
가톨릭교회	599
가톨릭교회 교리서	599
가톨릭 성경	599
가현설	245
각성	14, 246
각하	409, 793
간명	793
간사	409
간섭	14
간음	14
간주곡	519
간증	14, 519
간증집회	519
갈대	14
갈대 상자	14
갈리아 신앙고백	246
갈보리	14
감계	409
감독^1	409
감독^2	409
감독교회	599
감독정치	410, 599
감독제교회	599
감독제도	599
감독주의 정치	600
감독회장	410
감독회장의 임기	410
감독회장의 자격과 선출	410
감독회장의 직무	410
감동	14
감람(나무)	15
감람산	15
감리교	410
감리교, 감리교회, 감리회	600
감리교신학대학교	602, 714
감리교운동	602
감리교의 기원	600
감리교회	602
감리교회 계통 학교	602
감리교회 권사의 임무	428
감리교회의 신앙과 교리	601
감리사	410
감리회	602
감리회 본부	410
감리회 운동	600
감사	15
감사부	410
감사일	519
감사절	519
감사제	519
감사하신 하나님	831
감찰	15
감찰장	410
감찰회	410
감표위원	793
감화	15
값없이	15
강권하다	15
강남대학교	714
강단	410, 519
강단 10훈 (강도하는 자의 자세)	411
강대	520
강대상	520
강도	411, 520
강도사	411
강도사고시	411
강도사 인허식	411
강림	246
강림절	520
강생	15
강생 구속	15
강설	520
강청	15
강퍅하다	16
강팍하다	16
강한 성	16
강해	520
강해설교	520
… 같습니다	831
개가	16
개강 부흥회	520
개강 예배	520
개교회	411
개교회주의	411
개방적 목회	411, 520
개선가	16
개신교	602, 831

개심(改心)	16	갱신	16	겨울	19
개심(開審)	411	거듭난 자	17	겨울성경학교	412
개업 예배	521	거듭남	247	겨자씨	19
개역개정판	246	거룩	17, 247	견고한 진	19
개역판	246	거룩한 길	17	견습	412
개역한글판	246	거룩한 땅	17	견신례	412, 521
개의¹	793	거룩한 백성	17	견유학파	248
개의²	793	거룩한 산	17	견인	248
개인 기도	521	거룩한 성	17	견진성사	412
개인구원과 사회구원	246	거룩한 옷	17	견책	19, 412
개인기록카드	509	거룩한 이름	17	결격	794
개인소유교회	412	거룩한 자	17	결격사유	412
개인주의	246	거룩한 전쟁	17	결단	19
개인 투표	793	거수	794	결단과 헌신	521
개정¹	793	거수 표결	794	결례	521
개정²	794	거짓	17	결선 투표	818
개정³	794	거짓 그리스도	18	결실	19
개종	16	거짓말	18	결의권	794
개종자	16	거짓 맹세	18	결의 사항	794
개종주의	246	거짓 사도	18	결의안	794
개척	16	거짓 선생	18	결정론	248
개척교회	16, 412	거짓 선지자	18	결혼	522
개척선교	16	거짓 증거	18	결혼예식순서	595
개체교회	412	거짓 증인	18	겸비	19
개편찬송가	521	거짓 형제	18	겸손	19
개표	794	거침돌	18	경건	20
개표위원	794	건의안	794	경건 생활의 비결	20
개혁	16	걸림돌	18	경건의 시간	20
개혁감리회	603	걸음	18	경건주의	248
개혁교회	603	검	18	경건회	522
개혁신학	247	검불	18	경고	413
개혁주의	247	검은 구름	19	경과 보고	795
개혁주의 교회,		검은 머리	19	경교	604
개혁파 교회	603	… 것입니다	832	경륜	20, 249
개회	521, 794	겉 사람	19	경목	413
개회사	794	게마라	247	경목부	413
개회 선언	794	게일 목사	603	경배	522
개회 성수	412, 794	게일번역성경	247	경배와 찬양	522
개회식	794	게자씨	604	경성	20
개회 예배	521	게헨나	248	경신	20
개회 찬송	521	겟세마네(동산)	19	경신학교	604
개회합니다	831	겨	19	경외	20

경전	20, 249
경찰선교	413
경험신학	249
계교	20
계단공과	413, 414
계명	20, 249
계명대학교	604
계명성	21
계몽주의	249
계삭회	413
계성학교	605
계시	21, 250
계시록	250
계시문학	250
계시신학	250
계시종교	250
계신	648
계실지어다	832
계약	21, 250
계약신학	250
계약 예배	523
계연회	605
계책	413
계표	795
고난	21
고난의 길	21
고난의 바다	21
고난의 잔	21
고난의 종	21
고난주간	523
고난주일	523
고대 근동	605
고등부	413
고등비평	251
고딕미술	605
고락간	21
고려	648
고려개혁신학연구원	714
고려파 운동	605
고르반	22
고발	413
고발인	413
고백	22, 251
고백교회	606
고범죄	22, 251
고소	413
고소권자	413
고소인	413
고소(고발)장	413, 514
고시	414
고시부	414
고시부장	414
고시위원회	414
고신	648
고신대학교	606, 714
고인의 관에 성경, 찬송을 넣는 행위	832
고인의 명복을 빕니다	832
고자	22
고통	22
고퇴	795, 832
고퇴의 역사	795
고함 지르는 자	606
고해성사	414, 523, 606
고해신부	414
고행	22
고향집	22
곡과 마곡	22
곤고한 자	22
골고다(언덕)	22
골몰하나	832
골방	23
곳간	23
공개회의	795
공과	414
공관복음서	251
공교회	251
공궤	23
공도문	523
공동목회	415
공동번역성서	252
공동사역	415
공동서신	252
공동선	23
공동예식서	415
공동의회	415, 795
공동의회록	795
공동의회장	795
공동체	23
공동 투표	795
공동회의	415
공동회의록	415
공례	415
공로	23
공로목사	415
공문	415
공소[1]	795
공소[2]	415, 795
공소시효	415
공소심	416
공술	416
공식기도	523
공식기도의 순서	524
공식기도자의 자세	524
공염불	832
공예배	524
공예배시 기도자의 준비	531
공의	23
공의회[1]	416
공의회[2]	416
공인영역성경	252
공재설	252
공적	23
공조목회	416
공조사역	416
공중	24, 252
공중 권세 잡은 자	24
공중에서 주를 영접함	252
공중예배	524
공중의 권세	252
공중 재림	253
공직자	416
공천	416
공천부, 공천위원회	416
공천위원	795
공체설	253

공평	24	
공회¹	24	
공회²	24	
공회(의)원	24	
과반수	795	
과반수 가결	796	
과반수 원칙	796	
과정신학	253	
관	24	
관계신학	253	
관구	417	
관구장	417	
관리집사	417	
관리헌법	417	
관면	417	
관상기도	24, 524	
관수세례	525	
관용	24	
관주성경	253	
관할구역	417	
광고	525	
광명	24	
광명한 새벽별	25	
광명한 천국	25	
광성학교	607	
광신대학교	714	
광신주의	254	
광야	25	
광야교회	25	
광음	25	
광채	25	
광풍	25	
광혜원	607	
괴수	25	
교계신문	607	
교구	417	
교권주의	254	
교단	417, 610	
교단과 교파	418	
교단기관목사	418	
교단별 장로 복직 규정	443	
교단별 장로의 연령과		
자격	472	
교단장	418	
교도	25	
교도소 선교	418	
교도소성서보급회	418	
교도소 전도	418	
교독	525	
교독문	525	
교리	254, 418	
교리 개정	418	
교리문답	254, 418	
교리사	419	
교리신학	254	
교리와 장정	254, 419	
교리헌법	419	
교만	25	
교목, 교목제도	419	
교부	613	
교부문학	613	
교부철학	254	
교부학	254	
교사(teacher)	25	
교사(clergy, minister)	419	
교사의 벗	635	
교세	419	
교송	525	
교역	419	
교역자	419, 525	
교역자공제회	420	
교우	25	
교육	25	
교육관	420	
교육목사	420	
교육부	420	
교육사	420	
교육전도사	420	
교의	255	
교의학	255	
교인	26, 420	
교인명부	421	
교인의 구분	420	
교인의 권리와 의무	421	
교인증명서	421	
교인총회	421	
교적	421	
교적부	421, 508	
교제	26	
교조	255	
교조주의	255	
교직자	422, 525	
교창	526	
교통	26	
교파	422, 614	
교파주의	255	
교화	26	
교황	614	
교황정치	422, 614	
교황청	614	
교회	26, 255, 422, 526	
교회갱신	17	
교회갱신을위한 목회자 협의회	632	
교회 경제법	422	
교회, 교회당	833	
교회국가	614	
교회당	526	
교회력	526, 614	
교회력에 따른 전례색	526	
교회력의 역사	615	
교회 마당에 공덕비를 세워 기념하는 일	833	
교회만능주의	255	
교회법	422	
교회 봉헌식	527	
교회사	615	
교회 사무원	423	
교회사에 나타난 집사	485	
교회사찰	423	
교회사회복지	27	
교회성장연구소	632	
교회 세습	27	
교회소송사건	423	
교회연합신문	607	
교회연합운동	615	

색인

교회 예배의식	527	구두 표결	796	구원의 확신	258
교회와 국가	423	구두 호천	796	구원자	258
교회의 기능	423	구령	27	구원파	619
교회의 머리	61, 255	구령 사업	27	구절	28
교회의 별명	27	구름	27	구제	28
교회의 사명	27	구름 기둥	28	구제부	426
교회의 속성	255	구름이 비유하는 것	27	구제비	28
교회의 자유	423	구 사건	796	구제연보	562
교회의 표지	256	구 사건 우선의 원칙	796	구제헌금	529
교회일치운동	616	구세군	617	구주	28
교회재건운동	616	구세군사관학교	618, 714	구주를 생각만 해도	833
교회 재산	424	구세군 자선냄비	618	국가교회	620
교회 재산의 구분과 관리	424	구세주	28	국가조찬기도회	529
교회 재정	424	구속	28, 256	국교	620
교회 재판	424	구속사	256	국민일보	620
교회 재판소	424	구속의 질서	256	국제기독교협의회	620
교회 절기	528	구속자	256	국제기아대책기구	625
교회 정체	424	구습	28	국제종교문제연구소	634
교회정치	616	구십오개조 논제	619	국한문성경	258
교회정치, 교회정치제도	424	구 안건	796	군목	426
교회 정치문답 조례	424	구약	257	군목부	427
교회 직분자를 '내가 세웠다'는 표현	833	구약과 신약	304	군목 제도	427
교회 직원	424	구약 시대	28	군종목사	427
교회 축일	528	구약신학	257	군종장교	427
교회 출석	833	구약학	257	굴레	28
교회학	256	구역	425	굵은 베	28
교회학교¹	425	구역과 교구	426	궁창	29
교회학교²	425	구역권찰	426	권계	427
교회학교 교사	425	구역 기도회	528, 532	권고	29, 427
교회학교 교장	425	구역담임자	426	권고 사면	427
교회행정	425	구역 모임	528	권고 사임	427
교회헌법	425	구역목회	426	권고 사직	427
교회회의¹	425, 796	구역부담임자	426	권고 휴직	427
교회회의²	796	구역 예배	529	권능	29
교회 휘장	617	구역장	426	권능자	29
구 가톨릭교회	617	구역회¹	426	권도	29
구도자	27, 425	구역회²	426	권도사	428
구도자 예배	528	구연동화	426	권면	29
구두 보고	796	구원	28, 257	권면위원회	428
		구원론	258	권병	29, 428
		구원의 바위	70	권사¹	428
		구원의 서정	257	권사²	428

권사 취임식	529	그레고리 성가	621	글	32
권서, 권서인	428	그레고리안 찬트	529	금	32
권세	29	그루터기	31	금강산수양관	623
권속	29	그루터기선교회	695	금광석	33
권위¹	29	그룹	31	금 그릇	33
권위²	30	그른 자	31	금면류관	33
권위 의식	30	그릇¹	31	금생	33
권위자	30	그릇²	31	금송아지	33
권위주의	30	그리스도	31, 258	금수	33
권징	30, 429	그리스도교	261	금식	33
권징의 사유가 되는 죄	429	그리스도 단성론	261	금식기도	33
권징조례	429	그리스도 단의론	261	금식연보	529, 562
권찰	429	그리스도대학교	714	금식일	33, 529
권학회	620	그리스도론	261	금요예배	529
궐석재판	429	그리스도 안에서	31, 258	금요일	34
궐위교회	429	그리스도 양성론	261	금욕	34
궤사	30	그리스도 양의론	261	금욕주의	261
궤술	30	그리스도와의 연합	258	금주가	623
궤휼	30	그리스도의 겸비	259	금주운동	623
궤휼자	30	그리스도의 대명령	259	금주회	623
귀머거리	833	그리스도의 몸	259	금향로	33
귀순	30	그리스도의 선재	259	긍휼	34
귀신	30	그리스도의 승귀	259	기	797
귀신들린 자	30	그리스도의 승천의 의미	315	기각	430
귀신 축출	30	그리스도의 신성	260	기갈	34
귀의하다	834	그리스도의 영광	137	기경	34
귀츨라프	621	그리스도의 인성	260	기관목사	430
규례	31	그리스도의 직무	260	기관목회	430
규모	31	그리스도인	32	기관목회자	430
규모 없다	31	그리스도 재림교회	622	기권	797
규범	31	그리스 정교회	622	기념	34
규약	429, 797	그림자	32	기념물	34
규율	31	그 솜씨 깊도다	834	기념일	529
규정	31	극동방송(FEBC)	622, 631	기념책	34, 262
규칙	429, 797	극락	32	기념표	34
규칙 발언	797	근대식 학교	622	기도	34, 530
규칙보류 동의	797	근본	32	기도니 해주세요	834
규칙상 질문	797	근본주의	261, 622	기도로 폐회합니다	834
규칙위원	797	근신	32, 429	기도받는다	834
그노시스주의	258	근원	32	기도 서두에 '할렐루야' 나 '성구' (성경구절암송)로 시작하는 것	834
그늘	31	근친상간	32		
그레고리 력	621				

기도송	531	단체	632	기역(ㄱ)자 예배당	640
기도 시간	531	기독교 연합단체	632	기원	532
기도와 응답	35	기독교연합신문	608	기적	38
기도원	624	기독교윤리실천운동	626	기적의 목적	38
기도응답송	531	기독교 이단·사이비		기초신학	263
기도의 유익	35	예방 단체	634	기타 교계 신문 및	
기도의 자세	35	기독교인	36	인터넷 신문	609
기도의 정의	35	기독교 잡지	634	① 교회와신앙	
기도의 첫말과 끝말	530	기독교조선감리회	637	② 국민일보 미션라이프	
기도처	531	기독교타임즈	608, 637	③ 뉴스엔조이	
기도하였습니다	835	기독교TV(CTS TV)	631	④ 뉴스파워	
기도회	531	기독교한국루터회	637	⑤ 당당뉴스	
기독	36	기독교한국침례회	638	⑥ 리폼드뉴스	
기독교	262, 624	기독교한국침례회교회		⑦ 목회자사모신문	
기독교가정사역연구소	625	진흥원	695	⑧ 에큐메니안	
기독교강요	625	기독교환경운동연대	638	⑨ 열방선교신문	
기독교개혁신보	607	기독론	262	⑩ 영동크리스챤신문	
기독교교육	430, 635	기독면려회	430	⑪ 온누리신문	
기독교 구호 및 기부		기독신문	608	⑫ 제주기독신문	
단체	625	기독신보	608	⑬ 장로신문사	
기독교 대사회 단체	626	기독여민회	639	⑭ 크리스찬투데이	
기독교대한감리회	626	기독여성단체	639	⑮ 크리스찬연합신문	
기독교대한감리회 헌법		기둥	36	⑯ 크리스천투데이	
	502	기름	37	⑰ 한국교회신문	
기독교대한성결교회	627	기름 부음	37	⑱ 한국기독신문	
기독교대한성결교회		기름 준비	37	⑲ Korea Church News	
헌법	502	기립	797	기타 기도회	532
기독교대한하나님의성회		기립기도	35	기타 연보	563
	629	기립 표결	797	기한부 연기 동의	797
기독교도연맹	630	기명 투표	797	긴급동의	797
기독교를 믿는다	835	기묘자	37	긴하다	38
기독교문서선교회	695	기복 신앙	37	길	38
기독교방송¹(CBS)	630, 631	기쁜 소식	37	길선주	640
기독교방송²	631	기쁜소식선교회	639	김익두	641
기독교보	607	기쁨	37	김치선	641
기독교복음방송(C3TV)	631	기사	38	김활란	641
기독교복음침례회	632	기소	430	깊음	38
기독교북한선교회	695	기소위원	430	깨끗하다	39
기독교사상	635	기소장	430	깨끗한 자	39
기독교선교횃불재단	695	기속력	430	깨다	39
기독교신문	607	기신자	38	깨어 있음	39
기독교 연구 및 학술		기업	38	꽃 상여	835

꽃주일	532	남선교회	430	노인	43
꿀	39	남은 자	41	노회	431
꿈	39	남자답다	42	노회록	431
꿈결	39	남전도회	430	노회록검사부	431
꿈꾸는 자	39	남침례회, 남침례회연맹		노회원	431
끝	39		643	노회의 조직	431
끝날	39	남편	42	노회의 직무	431
		납입유예	430	노회의 회원 자격	431
		낮	42	노회의 회집	431
ㄴ		낮은울타리	635	노회 재판국	432
		낮은 자	42	노회 재판국이 취급하는	
		낯	42	사건	432
		낯빛	42	높은 마음	44
나그네	39	낱장 복음	264	높은 이름	44
나그네 길	39	내규	430	높은 자	44
나라	40	내림	42, 264	높은 자리	44
나라이	835	내 맘을 감동해	836	누룩	44
나무	40	내빈석	797	눈¹	44
나무 우상	40	내생	42	눈²	44
나무 토막	40	내세	42, 264	눈가림	44
나사렛교회	642	내일	42	눈동자	44
나사렛대학교	714	내재	264	눈물	45
나사렛 사람	40	내적 소명	265	눈물 골짜기	45
나사렛 예수	40	내적 자유	42	눈물 없는 곳	45
나사렛 이단	40	내주	43	뉴에이지	45
나사렛파	642	내지 선교사	431	능력	45
나실인	40	너무	836	늦은 비	46
나의 죄 위하여	836	넋두리	836	니케아 신조	265
나중 된 자	40	넓은 문, 넓은 길	43	니케아 콘스탄티노플	
나팔	40	네비게이토선교회		신조	266
낙선	797		644, 695	님	836
낙스	642	네비우스	644	님 귀하	837
낙심	41	네비우스 선교 정책	644		
낙엽	41	네비우스의 10개 선교			
낙원	41	정책	644		
낙토	41	네스토리우스주의	265	ㄷ	
난외주	264	네오 오도독시	265		
날	41	네트워크	43		
날개	41	노래	532	다락방(upper room)	46
날연보	532, 562	노방 전도	43	다락방(The Upper	
남감리회	642	노엘	43	Room)	635, 644
남색	41	노을	43	다락방 예배	532

다락방전도협회	644	
다른 교훈	46	
다른 신	46	
다림줄	46	
다문화 사회	46	
다섯 두루마리서	266	
다성음악	46	
다수결 원칙	798	
다원론	266	
다원주의	266	
다윗	46	
다윗의 길	47	
다윗의 동네	47	
다윗의 뿌리	47	
다윗의 열쇠	47	
다윗의 자손	47	
다윗의 장막	47	
다윗의 혈통	47	
다일공동체	625	
다 찾으신 줄 믿고	837	
단기 사역	432	
단기 선교	99, 432	
단기식 투표	798	
단 마음	47	
단비	47	
단성론	267	
단식	47	
단의론	267	
단일신교	267	
단일신론	267	
단죄	48	
달란트	48	
달연보	532, 562	
닭	48	
담	48	
담당	48	
담임교역자	432	
담임목사	432	
담임목사 취임 서약과 공포	512	
담임자	432	
담임전도사	432	
답변서(권징 책벌 피고인용)	515	
당석재판	432	
당선	798	
당신	837	
당연직	432	
당파	48	
당회¹	433	
당회²	433	
당회록	433	
당회원	433	
당회 의장	433	
당회의 직무	433	
당회 임시회장	433	
당회장	433	
당회장과 담임목사	434, 837	
당회 재판	434	
당회 회록, 당회 회의록	434	
닻	48	
닻줄	48	
대각성운동	644	
대강절	532	
대개	48	
대교리문답	267	
대도	533	
대리당회장	434	
대리인	434	
대리 투표	798	
대림절	533	
대망적 교회	267	
대면	48	
대부흥운동	645	
대선지서	267	
대성경	267	
대성당	645	
대소요리문답	434	
대속	48	
대속물	49	
대속자	49	
대승적으로	837	
대신	648	
대신대학	645	
대신대학교	645, 714	
대심방	838	
대안	798	
대언자	49	
대영광송	533	
대예배	533, 838	
대예언서	267	
대요리문답	267, 434	
대의원	434	
대전신학교	714	
대전신학대학교	715	
대제사장	49	
대주교	645	
대주재	49	
대질심문	434	
대표기도	35, 533, 838	
대표설	267	
대학부	434	
대학생성경읽기선교회	696	
대한기독교교육협회	645	
대한기독교나사렛성결회	646	
대한기독교서회	646	
대한기독교여자절제회	639	
대한성공회	646	
대한성서공회	647	
대한예수교장로회	647	
대한예수교장로회 이단사이비상담소	634	
대한예수교침례회	649	
대한YWCA연합회	639	
대형 교회	49	
대환난	49	
대회	434	
더러운 것	50	
더러운 땅	50	
더러운 영	50	
더럽다	50	
덕	50	
데스칸트	50	
데오도티안역	268	
도	50	

도가니	50	동방박사 세 사람	838	들소리신문	608
도고	50, 533	동방신학	269	들짐승	54
도고기도	35	동방요배	653	들포도	54
도그마	268	동방정교회	653	들풀	54
도그마티즘	268	동사목사	435	등	54
도덕률	268	동성애	52	등불	54
도덕재무장운동(MRA)	652	동성애자의 축복	52	등불빛	54
도덕폐기론	268	동아기독교	655	등산기도	534
도로 아미타불	838	동아전도회	655	디다케	270, 656
도르트 교회회의	652	동양선교회	655	디사이플교회	656
도르트 신조	268, 652	동역목사	435	디아스포라	656
도마교	652	동역자	52, 435	디아코니아	54
도성인신	50	동의¹	798	디트리히 본회퍼	657
도시산업선교	99, 652	동의²	799	땅	54
도움	50	동의의 분할	798	땅 끝	54
도유	51	동의의 순서	798	땅 밑	55
도전	51	동의의 철회	798	때	55
도피성	51	동정녀	52	때가 참	55
독경대	51	동정녀 탄생	269	떡	55
독노회	435	동터오다	52	떡을 뗌	55, 534
독립교회	653	동해보복법	52	똥	55
독생성자	51	동행	53	뜬구름	55
독생자	51, 268	돼지	53		
독선	51	돼지고기	53		
독수리	51	되어지다	839		
독신	51	두 마음	53, 57		
독신주의	268, 435	두란노서원	655	라가	55
독실하다	51	두루마리	269	라틴어	657
독회	798	두루마리서	270	라틴어성경	270, 657
돈	51	두루마리 책	270	라합	55
돌	52	둘째 사람	270	랍비	657
돌단	52	둘째 사망	270	랍비문학	658
돌밭	52	둘째 아담	270	러시아 정교회	658
돌베개	52	드와이트 무디	656	레노바레	56
돌이키다	52	득죄	53	레바논 백향목	55
돕는 배필	52	들(판)	53	레위인	56
돕는 자	52	들가시	53	레이투르기아	534
돕다	52	들감람나무	53	렌트	534
동계(하계)수련회	435	들나귀	53	로고스	271
동맹 기도	533	들려올리움	270	로마 가톨릭교회	658
동방교회	653	들보	53		
동방박사	52	들사람	53		

색인

로버트 회의법	799	
로이드 존스	660	
루돌프 불트만	660	
루시퍼	56	
루이스 벌코프	660	
루터	661	
루터교	661	
루터교 세계연맹	661	
루터대학교	662, 715	
루터란아워	661	
루터주의	271	
룻기서, 욥기서, 잠언서, 아가서	839	
르네상스	662	
리더십	56	
리빙 바이블	272	
리워야단	56	
릴레이기도	35	
림보	272, 662	

ㅁ

마귀	56
마녀	56, 662
마니교	662
마당 전도	534
마돈나	57
마라나타	57
마르키온주의	272
마리아 송가	534
마리아 숭배	663
마술	57
마음	57
마음대로	57
마음 먹다	57
마음 문	57
마음을 다하다	58
마음에 두다	57
마음에 맞다	57
마음에 합하다	57
마음을 같이하다	57
마음을 높이다	57
마음을 두다	58
마음을 쓰다	58
마음을 찢다	58
마음을 품다	58
마음의 할례	58
마음이 타다	58
마음판	58
마지막 날	58
마지막 때	58
마카베오, 마카비	663
마틴 로이드 존스	664
마틴 루터	664
마틴 부처	665
막대기	58
만경창파	58
만고	58
만국	58
만국 백성	58
만국통상법	799
만군	58
만군의 여호와	58
만나	59
만대	59
만물	59
만물의 머리	59
만물의 찌꺼기	59
만민	59
만방	59
만복	59
만사	59
만사형통	59
만세[1]	59
만세[2]	59
만세 반석	59
만세 전	59
만왕의 왕	59
만유	59
만유의 주	60
만유의 주재	60
만인구원론	272
만인제사장설	272
만장일치	799
만장일치 가결	799
만족설	273
만주봉천신학교	665
만주의 주	60
만찬	534
만홀히 여기다	60
맏아들	60
말구유	839
말세	60
말씀	60
말씀 대언	534
말씀을 가리키는 표현들	60
말씀응답송	534
말씀의 선포	534
말씀증인	535
말씀축제	535
말일	61
말일성도 예수 그리스도 교회	665
맘몬	61
맛소라 사본	273
망령되다	61
망령된 일(행실)	61
매서인	435
매인 자	61
매일 기도	535
매일성경	635
맥추감사절	535
맥추절	535
맹세	61
머리	61
머리와 관련된 관용적 표현	61
머릿돌	61
먼저 나신 이	61
먼저 된 자	62
먼지	62
멀티미디어 예배	535

멍에	62	모라비아 교회	666	목회신학	275		
멍에를 같이한 자	62	모략	64	목회자	65, 439		
멍에를 벗다, 멍에를 꺾다	62	모르몬교	667	목회자, 교역자, 사역자	439		
멍에의 빗장	62	모범 기도	535	목회자신문	608		
메노나이트	665	모사	64	목회학	276		
메마른 땅	63	모세오경	274	몬타누스주의	276		
메시야	273	모세오경의 문서설	274	몰몬교	668		
메시야니즘	273	모세의 자리	668	몸	65		
멘토링	62	모임	536	몸 된 교회	839		
멜기세덱	63	모태 신앙	64	몸연보	536, 562		
멜기세덱의 반차	63	모테트	536	몸의 용례	65		
면려회	435	모퉁잇돌	64	몸 찬양	536		
면류관	63	모형론	275	몽학선생	65		
면죄	274	목	64	무거운 짐	65		
면죄부	666	목격자	64	무교회주의	276		
면직	436	목마르다	64	무궁하다	65		
면직된 목사의 복직	436	목사	64, 437	무기명 투표	799		
면직된 장로(집사)의 해벌	500	목사고시	438	무기연기 동의	799		
		목사관	438	무기 책벌	439		
면책	63	목사님의 말씀	839	무디	668		
멸망	63	목사와 장로의 차이점	438	무릎	65		
멸망의 구덩이	63	목사와 집사의 다른 점	485	무변성	276		
멸망의 빗자루	63	목사위임식	536	무소부재	66		
멸망의 자식	63	목사의 면직	436	무소불능	66		
멸망자	63	목사의 별칭	438	무속신앙	668		
멸하는 자	63	목사의 신분상 칭호	437	무슬림	668		
명담	63	목사의 자격	437	무신론	276		
명당 자리	839	목사의 직무	438	무오성	277		
명복을 빕니다	839	목사 임직 서약과 공포	511	무율법주의	277		
명부, 명부록	436	목사(위임, 임시, 부) 청빙청원서	510	무임권사	428, 439		
명예권사	428, 436			무임목사	439		
명예목사[1]	436	목사후보생	439	무임장로	440		
명예목사[2]	436	목양	439	무임장로가 되는 경우	440		
명예안수집사	437	목원대학교	668, 715	무임집사	440		
명예징로	437	목자	64	무저갱	277		
명예전도사	437	목자장	65	무조건적 선택	386		
명예회원	799	목장	65, 439	무지개	66		
명정	839	목적 헌금	536	무지역노회	440		
명지대학교	666	목회	65, 439	무질서	66		
명철	63	목회기도	35, 536	무천년설	277		
모독	64	목회상담	439	무할례자	66		
		목회서신	275	무형교회	277		

무화과나무	66	미국감리회	601	**ㅂ**	
무효 투표	799	미국개역표준판성경	279		
무흠	66, 440	미국복음주의 루터교회			
무흠교인	440		670		
묵기도	537	미국성공회	670	바다	69
묵도	537, 840	미국연합감리교회	670	바람	69
묵상	66, 537	미국연합그리스도교회	670	바람 날개	69
묵상기도	35, 537	미국연합장로교회	670	바르다	69
묵시	277	미국의 신학교	670	바르트	680
묵시록	278	미국침례교회	678	바른 길	69
묵시문학	278	미국표준신판성경	279	바른 전도법	176
묵시사상	278	미덥다	68	바리새인	70
묵은 땅	66	미드라쉬	279	바벨론	70
묵은 땅을 기경하다	66	미디어 금식	34	바벨론 포로	680
묵주, 묵주기도	669	미련	68	바벨탑	70
묵허	66	미련한 자	68	바알	70
문	67	미말	68	바알세불	70
문과 관련된 비유적 표현		미망인	840	바울	680
	67	미쁘다	68	바울서신	280
문둥병자	840	미사	537, 678	바위	70
문빗장	67	미사보	679	바티칸	680
문서가설	278	미쉬나	279	바티칸 공의회	681
문서선교	67, 440	미자립교회	441	바티칸 사본	681
문설주	67	미전도종족	68, 679	박수	841
문안	67	미전도종족 입양	679	박애	70
문안의 방법	67	미접촉 부족	679	박윤선	681
문안할 때의 인삿말	68	미조직교회	441	박춘권	682
문학비평	279	미지근하다	68	박해	71
문화 금식	33	미참통지서	800	박형룡	682
문화신학	279	미칠 것 같다	840	반구	71
문화충격	67	미혹하다	68	반사	441
물	68	민간신앙	679	반석	71
물가	68	민족복음화운동본부	696	반율법주의	280
물 댄 동산	68	민중신학	280	반펠라기우스주의	280
물산장려운동	669	믿음	69	받들어 봉독하다	841
물질	68	믿음의 내용	69	발	71
물질(만능)주의	68	믿음의 때	69	발걸음	71
물활론	279	믿음의 분량	69	발기인회	800
뮐러	669	믿음의 조상	69	발등상	71
미감리회, 미국감리회	669	믿음이 작은 자	69	발생	281
미결	799	믿음이 좋은 사람	841	발언권	800
미구아	68	밀라노 칙령	679	발언권 회원	441

발언상의 원칙	800	백향목	73	변증학	283		
발을 금하다	71	뱀	73	변찮다	75		
발의 먼지를 떨다	62	버림받음	282	변호인	442		
발인예배	537	번개	74	별	75		
발인예식	596	번다	441	별명부	442		
발출	281	번안	800	별세	75		
밝히 들리네	841	번안동의	800	별이 상징하는 것	75		
밤	71	번안동의를 할 수 없는 것	800	병	75		
밥	71	번안동의 순서	800	병 낫기를 위한 노력	76		
밥상	71	번연	683	병마	76, 842		
방문전도	441	번제	74	병원목회	442		
방송선교	71, 99	벌	74	병자성사	442		
방언	72	벌게잇	683	보결	442		
방언의 은사를 주시는 이유	72	벌게잇역	282	보고	801		
방언하는 자가 유의할 점	72	벌레	74	보구녀관	685		
		벌을 주는 목적	74	보금자리	76		
방조위원	441	벌코프	683	보류	801		
방주	72	범과	74	보류동의	801		
방주와 신약교회	72	범사	74	보류동의의 재상정	801		
방청석	800	범신론	282	보물	76		
방초동산	72	범심론	282	보배	76		
방탕	72	범죄	74, 441	보배롭다	76		
방패	72	법	74, 442	보배 피	76		
방편	841	법규	74	보복	76		
밭	72	법도	74	보살 같다	842		
배교	73	법령	74	보석	76		
배교자	73	법률	75	보선	442		
배도	73	법칙	75	보수주의	283		
배례	537	벙어리	842	보은	76		
배설물	73	베네딕투스	683	보응	76		
배신의 수요일	73	베데스다 연못	842	보조동의	801		
배역	73	베드로 세습령	683	보조목사	442		
배재학당, 배재학교	682	베드로 위임설	282	보조서기	801		
배타주의	281	베뢰아 파	684	보조회계	801		
배화어학교	683	베옷	75	보좌	77		
백보좌 심판	281	벨기에 신앙고백	282	보좌주교	442		
백석	649	벨리알	75	보증	77		
백석대학교	715	벨직 신앙고백	684	보편구원론	284		
백성	73	변경	442	보편적	284		
백표	800	변론	75, 442	보편적 교회	284		
백합화	73	변증	75	보혈	77		
				보혈조력자	443		

보혜사	284	봉직	79	부처	686
보혜사의 사역	284	봉헌	79, 538	부처님 가운데 토막	
보호여회	685	봉헌기도	538	같다	842
복	77	봉헌물	538	부총대	444
복권	443	봉헌식	538	부칙	802
복귀	77	봉헌영가	538	부패	81
복기	443, 537	봉헌예물	538	부활	287, 842
복락	77	부(富)	80	부활절	539
복락원	77	부(部)	801	부활절 연합예배	539
복수	77	부결	801	부활절 풍습	539
복술자	78	부교역자	443	부활주일	540
복음	78	부귀영화	80	부활한 몸의 특징	287
복음가	538	부끄러운 말	80	부회	802
복음 사역자	78	부끄러운 일	80	부흥	81
복음서	285, 538	부끄럽다	80	부흥목사	444
복음성가	78, 538	부담금	443	부흥사	444, 540, 843
복음송	78	부담임자	443	부흥사경회	540
복음주의	285, 685	부대동의	801	부흥성가	540
복음찬송	538	부드러운 마음	80	부흥 운동	81
복음화운동	78	부드러운 말	80	부흥집회	540
복종	78	부드러운 혀	80	부흥찬송	540
복지	79	부드럽다	80	부흥회	540
복직	443	부딪히는 돌	80	분과위원회	808
본디오 빌라도	685	부르심	80, 286	분깃	81
본문	286	부모	80	분노	81
본문비평	286	부모주일	538	분노의 잔	82
본보기	79	부목사	443	분리, 분열	444
본분	79	부목사와 당회장	443	분리주의	287
본성	79	부목사의 직무와 직분	443	분병	540
본죄	286	부비	81	분수	82
본질	79, 286	부산신학교	715	분열	82, 288
본질주의	286	부수동의	801	분잔	540
본처목사	443	부스러기사랑나눔회	696	분토	82
본체	79, 286	부원	801	분파	444, 686
본토	79	부의	801	분할동의	802
본토인	79	부의장	802	불	82
본향	79	부인	81	불가견적 교회	288
본향집	79	부임	444	불가지론	288
본회의	801	부전	444	불가타	686
본회퍼	686	부정	81	불가타성경	288
봄비	79	부정신학	286	불가항력적 은혜	386
봉사	79	부제	444	불결	82

불결기	82	
불경건	82	
불과 구름 기둥	82	
불교	687	
불기소	444	
불량배	82	
불멸	82	
불못	83	
불법	83	
불법의 사람	83	
불변	83	
불변성	288	
불 세례	83	
불 시험	83	
불신 가정	83	
불신임 투표	802	
불신자	83	
불쌍히 여김	83	
불의	83	
불트만	687	
붉은 용	83	
뷔페를 먹다	843	
블루 오션	84	
비	84	
비공개 재판	444	
비공개회의	802	
비국교, 비국교도	687	
비둘기	84	
비몽사몽	84	
비밀	84	
비바람	84	
비상 섭리	288	
비상정회	802	
비신화화	288	
비아 돌로로사	687	
비유	84	
비유를 사용하는 이유	85	
비유의 종류	85	
비잔틴 교회	688	
비잔틴 사본	688	
비잔틴 성가	688	
비전	85	
비전 센터	85
비전 트립	85
빈 들	85
빈 무덤	85
빈소에 촛불과 분향로를 설치하는 행위	843
빈손	85
빈야드 운동	688
빌리 그레이엄	688
빛	85
빛과 소금(light and salt)	85
빛과소금	635
빛난 옷	85
빛의 아들	86
빛이 상징하는 것들	86
빠스카	540
뼈	86
뼈가 상징하는 것	86
뼈 중의 뼈	86
뿌리	86
뿔	86

ㅅ

사경회	541
사교	689
사귀	86
사귐	86
사단	87
사도	87
사도교부	689
사도교회	689
사도권 계승	689
사도성	289
사도 시대	690
사도신경	289, 541
사도신경을 외우겠습니다	843
사도신조	290
사두개파	87
사람	87
사랑	87
사랑방 전도	88
사랑의 예수님	843
사랑의장기기증운동본부	626
사랑하는 하나님, 사랑하시는 하나님	843
사랑하시는 성도 여러분	844
사례(비)	88
사론	88
사론의 수선화	88
사마리아역	290
사마리아 오경	290
사마리아인	88
사막	88
사망	88
사망의 그늘	89
사망의 장자	89
사면	445
사명	89
사명선언문	89
사모[1]	89
사모[2]	89
사모(님)	844
사목	445
사무연회	445
사무총회[1]	445
사무총회[2]	445
사본	290
사사	89
사순절	541
사술	89
사신[1]	89
사신[2]	89
사신신학	290
사십	90
사십구일재, 사십구재, 49재	844

사악	90	
사업보고	802	
사역	90	
사역자	90, 445	
사유	90	
사육제	690	
사이비	90	
사이비 종교	690	
사임	445	
사자	90	
사제	90, 445	
사죄[1]	90	
사죄[2]	90	
사죄권	291	
사주팔자	844	
사중복음	291, 691	
사직	445	
사찰	446	
사찰, 사정	844	
사찰, 사찰위원	802	
사찰위원	446	
사찰집사	446	
사탄	90, 291	
사탄 숭배	292	
사탄의 별칭	91, 292	
사탄의 한계	292	
사탄이 하는 일	91, 292	
사택	446	
사특	91	
사하다	91	
사하심을 받지 못하는 죄	292	
사해사본	292	
사형	91	
사형 방법	91	
사화	91	
사회 망치	802	
사회복음	92, 293	
사회복지부	446	
사회봉	802	
사회신경	293, 446, 691	
사회자	802, 845	

사회자(의장)의 활동 규칙	803	
사회자의 휴임	803	
사회참여	92	
사후멸절설	293	
삯꾼	92	
산	92	
산고	92	
산상기도	36	
산상보훈	294	
산성	92	
산업선교	691	
산정현교회	691	
산 제사(제물)	92	
산타 클로스	691	
산헤드린	92, 691	
산회	803	
살[1]	92	
살[2]	93	
살(煞)	845	
살아계신 하나님	845	
살인	93	
삶의 수레바퀴	93	
삼분설	294	
2/3 이상 가결	803	
삼성창	542	
삼신론	294	
삼신론과 삼위일체 교리	295	
삼우제	846	
삼위	295	
삼위일체	295	
삼위일체주일	542	
삼육재단	692	
삼일연보	562	
삼일예배	542, 846	
삼중축복	692	
상	93	
상고	446	
상고하다	93	
상급	93	
상대주의	296	

상동교회	692	
상량 예배	846	
상벌	93	
상비부	446	
상설재판국	446	
상소	446	
상소인	446	
상소할 수 있는 경우	446	
상속	93	
상송	447	
상심	93	
상임위원회	803	
상장	447	
상정	447, 804	
상징	94	
상징설	296	
상징주의	296	
상천하지	94	
상투스	542	
상하다	94	
상한 갈대	94	
상한 심령	94	
상호내재설	297	
상황예식	542	
상황윤리	297	
상황화	297	
상회	447	
상회비	447	
새가정	636	
새 계명	94	
새국제성경	298	
새 노래	94	
새 땅	94	
새로운 피조물	94	
새 마음	94	
새문안교회	693	
새벗	636	
새벽	94	
새벽기도	36	
새벽기도회	531, 543	
새벽별	95	
새벽 송	95, 543	

새 부대	95	생수	97	선교 전략	99
새 사람	87, 95	샤론의 꽃	98	선교 정책	699
새 생명	95	샤머니즘	299	선교 정탐	99
새 소망	95	서광	98	선교주일	543
새 술	95	서기	447, 804	선교학	300
새 신	95	서기관	693	선교회	448
새신자	95	서기단	804	선교 후원	99
새 언약	95	서기, 단기	846	선도당	543
새 영	95	서리담임자	447	선물	99
새 예루살렘	95	서리집사	447	선민	99
새 옷	96	서리집사의 자격	447	선생	100
새 이름	96	서면 보고	804	선악	100
새 일	96	서방교회	693	선악과	100
새 집	96	서방신학	299	선악을 알게 하는 나무	100
새찬송가	543	서상륜	694	선임장로	448
새 창조	96	서약	98, 447	선재	300
새 포도주	96	서울기독대학교	715	선재적 은총	300
새 하늘과 새 땅	96	서울성경신학대학원		선종하다	100
새 힘	96	대학교	715	선지동산, 선지생도	847
샘물	96	서울신학교	715	선지생도	100
샛별	96	서울신학대학교	694, 715	선지서	300
생각	96	서원	98	선지자	100
색기	96	서재필	694	선지자의 글	100
생령	96	서품	447	신댁	101, 301
생명	96	석양	98	선한 말	101
생명길	97	석의	98, 300	선한 목자	101
생명나무	97	선	98	선한 사마리아인	101
생명록	97	선거	804	선한 싸움	101
생명문	97	선거관리위원회	448	선한 양심	101
생명선	97	선견자	98	선한 일	101
생명수	97	선 결의 우선의 원칙	804	선한 일꾼	101
생명수의 강	97	선고	448	선한 청지기	101
생명 싸개	97	선교	98	선행	101
생명 양식	97	선교공의회, 선교사		선행 은총	301
생명의 도	97	공의회	448	선험적 타락	301
생명의 떡	97	선교구역분할	695	설교	544
생명의 면류관	97	선교단체	695	설교를 간증으로	
생명의삶	636	선교대회	543	대신하는 일	847
생명의 양식	130	선교목사, 선교사	448	설교 말씀이	
생명의 주	97	선교사 공의회	699	계시겠습니다	847
생명줄	97	선교신학	300	설교의 분류	544
생명책	97	선교 여행	99	설교의 전례	544

설복	101	성경통신학교	449	성부	104, 310
섬김	102	성경학교	449	성삼위	310
섭리	301	성공회	700	성삼위 영가	548
섭리의 성질	302	성공회대학교	701, 715	성삼위일체	310
섭리의 요소	302	성구	102	성서	310, 849
섭리의 종류	302	성구집	307	성서공회	701
섭양	448	성극	102	성서비평	310
성가	545	성도	102, 848	성서주일	548
성가대	545, 848	성도들, 신도들	848	성세성사	449, 548
성결	102, 302	성도의 견인	307, 386	성소	104
성결교, 성결교회	699	성도의 교제	103, 307	성수	449, 804
성결대학교	699, 715	성도의 궁극적인 구원	308	성수 미달	804
성결신문	608	성도의 다른 이름	103	성숙	104
성경	102, 303	성령	103, 308, 848	성시교독	548
성경경시대회	448	성령 강림	103	성신	105, 310
성경고사대회	448	성령 세례	103	성실	105
성경과 성서	304	성령 축제	848	성심	105
성경구락부	700	성령 충만	103, 309	성안	804
성경 낭독	545	성령 훼방죄	104	성역	105
성경문답	449	성령강림절	546	성원 미달	805
성경봉독	545	성령의 검	103	성원, 성원수	804
성경비평	305	성령의 발출	309	성원수가 안 되어도	
성경사본	305	성령의 사역	308	결의할 수 있는 경우	805
성경신학	305	성령의 열매	103	성유축성	449
성경신학의 전제와		성령의 은사	103	성육신	310
기본원리	305	성령의 전	103	성육신하신 예수	
성경 암송	545	성령의 특성	308	그리스도	341
성경역본	305	성례	546	성은	105
성경영감설	305	성례식	547	성의(가운)	105
성경은 하나님의 말씀	303	성례의 목적	546	성인	701
성경의 무오	306	성례의 종류	547	성일	105
성경의 언어	304	성례전	547	성자	105, 310
성경의 완전성	303	성만찬	547	성자 하나님이신 예수	
성경의 원본, 사본, 역본		성모 승천	701	그리스도	340
	304	성무일과	701	성전[1]	105, 849
성경의 장절	306	성무일도	701	성전[2]	105
성경의 정경성	303	성문서	309	성정	105
성경의 특성과 별칭	102	성물	104, 701	성지	106
성경적 문자주의	307	성미	104, 547	성지 순례	106
성경전서 개역한글판	307	성미연보	563	성직	106
성경주의	307	성민	104	성직권주의	311
성경주해	307	성별	104	성직매매	702

성직자	106	세례식	552	소경, 맹인, 장님, 봉사	849		
성직주의	311	세례아동	450	소그룹	451		
성찬	548	세례 요한	704	소그룹 제자훈련	451		
성찬 논쟁	549	세례의 분류	551	소금	108		
성찬대	549	세례의 시행	551	소금 구덩이	108		
성찬 배수자	549	세례의 역사적 배경	552	소금 기둥	108		
성찬식	550	세례의 의의	552	소금 땅	108		
성찬에 참여하는 자세	549	세례의 형식	552	소금 언약	108		
성찬예식	550	세례인¹	450	소나기	108		
성찬의 의미	548	세례인²	450	소년부	451		
성체	550	세례자	450, 552	소도마이트	108		
성체공재설	311	세리	106	소돔	108		
성체성사	449	세마포	107	소래교회	705		
성총회¹	449	세말	107	소록도교회	705		
성총회²	449	세브란스	705	소망	108		
성탄 예배	550	세브란스 병원	705	소망교도소	706		
성탄절	550	세상	107	소망의 나라	108		
성품¹	106	세상 길	107	소망의 닻	109		
성품²	106	세상 끝날	107	소멸하는 불	109		
성호(holy name)	106	세상 떠나가는 날	107	소명	109, 312		
성호(sign of the cross)	702	세상 백성	107	소선지서	312		
성화	311	세상의 영광	138	소수 민족	109		
성회	106, 551	세상 장막	107	소아시아	109		
성흔	106	세상 주관자	107	소예언서	312		
세계개혁교회연맹(WARC)	632	세상 줄	107	소외자 선교	109		
세계교회의 회의	425	세상 풍속	107	소요리문답	312, 451		
세계교회협의회(WCC)	702	세상 풍파	107	소욕	109		
세계교회협의회 총회	703	세세	107	소원	451		
세계기독교통일신령협회	703	세세 무궁	107	소원서, 소원장	451		
세계난민선교협의회	696	세속	107	소원 성명	451		
세계성경번역선교회	696	세속주의	311	소원의 종류	451		
세계의 성서공회	702	세속화	108	소원 통지서	451		
세계평화통일가정연합	704	세월	108	소원할 수 있는 자	451		
세대	106	세족식	553	소위	109		
세대주의	311	세초	108	소위원회	805, 808		
세력	106	세칙	805	소임	109		
세례	449, 551	세파	108	소자	109		
세례교인	450, 552	셀	450	소장	451		
세례교인 헌금	552	셀 교회	450	소집 통지서	451		
세례명	704	셀 리더	450	소천	110		
세례문답	449	셀 목회	450	소천하다	850		
		셋째 하늘	108	소향	110		

소환	452	수도원, 수도회	707	순	112, 454
속개	805	수도침례신학교	715	순결	112
속담거리	110	수령	112	순교	112
속도	452, 553	수련목회자	452	순교자	112
속도원	452	수련회	554	순금	112
속되다	110	수리아역	312	순례	113
속량	110	수메리아어	312	순례자	113
속사도	706	수모	112	순리	113
속 사람	110	수석부목사	453	순복	113
속성의 교류	312	수석부목사, 수석장로	851	순복음	708
속일	553	수석장로	453, 851	순복음중앙교회	708
속장	452, 553	수세자	555	순원	454
속죄	110, 312	수습위원	453	순장	454
속죄일	553	수습전권위원회	453	순적하다	113
속죄주	111	수시	555	순전	113
속회¹	452, 553, 805	수양	312	순종	113
속회²	452, 805	수양회	555	순풍	113
속회원	452	수요기도회	531, 555	순행목사	454
속회 인도자	452	수요예배	555	순회교구	454
속회 회원증	554	수요일 저녁예배	555	순회선교사	454
손뼉	111	수욕	112	순회제도	708
손양원	706	수원신학교	715	순회 헌신예배	556
손 없는 날	850	수육	313	술	113
손유희	111, 452	수의	453	술이 주는 해악	113
솔라피데	111	수장절	555	숭경	113
송구영신예배	554, 850	수전절	555	숭배	114
송년주일	554	수정	805	숭배자	114
송사	111	수정동의	805	숭상	114
송영	554, 850	수정동의의 범위	805	숭실대학교	708
송죽회	706	수정안	805	숭실학교	709
송축	111	수종	112	숭의여학교	709
쇠풀무	111	수진 성도	112	쉐마	313
수	111	수찬	453	쉐키나	313
수고	111	수찬자	453, 556	쉐퍼	709
수고의 떡	111	수찬정지	453	쉴라이에르마허	709
수난곡	554	수탁 사건	454	쉼	114
수난일	554	수태고지	112	쉼터, 쉴 곳	114
수난절	554	수피아여학교	708	스스로 있는 자	313
수난주간	554	수한	112	스승	114
수난주일	554	수합	454	스승의 주일	556
수녀	706	수혼	112	스올	114, 313
수녀회	707	숙명론	313	스웨덴교회	709

스위스 형제회	709	시은좌	116	신령하다	117
스코필드	709	시종	116	신령한 노래	557
스콜라주의	313	시찰	455	신령한 몸	117
스토아	114	시찰위원	455	신령한 복	117
스토아주의	314	시찰위원회	455	신령한 음료	117
스티그마	114	시찰, 총찰	851	신론	316
스퍼전, 스펄전	710	시찰회	455	신뢰	117
슬픔	114	시찰회의 임무	456	신망애	117
승계송	556	시취	456	신묘막측	117
승귀	314	… 시키다	851	신복	456
승동교회	710	시티에스(CTS)	710	신복음주의	316, 711
승리	115	시편	851	신본주의	317
승리적 교회	314	시프라	316	신부	117
승인	805	시험	116	신비	117
승전가	115	시후	116	신비주의	317
승전고	115	식례집	456	신사	117
승천	115, 315	식물	116	신 사건	805
시가서	315	신	116	신사참배	117, 711
시간 되십시오	851	신격	316	신사참배 반대운동	712
시기	115	신격화	116	신상	118
시노드	315	신경	316	신상발언	805
시달	454	신고	116	신선 놀음	852
시대	115	신교	116	신성^1	118, 318
시련	115	신교노	116	신성^2	118
시무	454	신구약	316	신성모독	118
시무권사	428	신구약 중간기	710	신성불가침	118
시무목사	454	신급	456	신수비	713
시무장로	454	신(이) 나다, 신명(이) 나다		신스콜라주의	318
시무정지	454	신바람(이) 나다	852	신시기도	557
시무집사	454	신년 교례회	556	신신학	318
시무투표	455	신년일	556	신실	118
시무투표 절차	455	신년절	556	신심	118
시무해임	455	신년주일	556	신 안건	805
시문	455	신년 하례예배	557	신앙	118, 318, 852
시벌	455	신년 하례회	557	신앙강좌	557
시벌의 정신	455	신당	116	신앙계	636
시비에스(CBS)	710	신덕	116	신앙고백	118
시오니즘	315	신도	116	신앙공동체	118
시오니즘, 시온주의	710	신도게요서	316	신앙규범	318, 456
시온	115	신랑	116	신앙기준	456
시온 성	115	신랑, 신부	852	신앙생활	118
시온의 딸들	115	신령적 관계	456	신앙심	118

신앙요리문답	318	신품성사	457	심판	121, 325
신앙인	118	신학	322	심판 날	121
신앙주의	319	신학교	713	심판대	121
신앙 치료	119	신학 교육	717	심판위원회	457
신약	319	신학교 학위	718	심판자	121
신약 시대	119	신학생	457	심판장	121
신약신학	319	신학지남	718	심판주	121
신약학	319	신현	323	심포지엄	121
신오순절주의,		신혼	119	십계	325
신오순절파	713	신화	119, 323	십계명	325
신우회	119	신후사	119	십대선교회(YFC)	719
신원하다	119	신흥종교	719	십사만 사천	121
신유	119	실락원	119	십이 사도	121
신은	119	실로	119	십이신조	325
신의	119	실록	119	십일조	557
신의론	319	실재	120	십일조연보	563
신의 죽음의 신학	319	실족	120	십자가	121
신의 현현	319	실존	323	십자가 군병	121
신인동형동성론	319	실존주의	324	십자가 그늘	121
신인식	320	실증신학	324	십자가의 도	121
신인협동설	320	실천신학	324	십자가 형벌	852
신임 투표	456, 805	실체	324	십자군	719
신입교인	456	실행위원회	457, 805	십자군 전쟁	720
신입인	456	심령	120	십자성호	720
신자	119	심령 기도(영혼 기도,		싸움터	121
신자세례	557	방언 기도)	852	쌀연보	563
신자유주의	320	심령대부흥회	557	쑥	122
신적	119	심령술	120	쓴 뿌리	122
신전	119	심문	457	씨	122
신접자	119	심방	120, 457, 853	CCC편지	636
신정론	320	심방대원	120	씨씨엠	122
신정찬송가	557	심방 때에 주의사항	120	씨지엔TV(CGN TV)	631
신정통주의	321, 713	심방의 종류	120	씻음	122
신조	321	심방의 중요성	120		
신종	119	심방전도사	457		
신주 모시듯 한다	852	심비	120	◆ ㅇ	
신지학	322	심술	457		
신천권사	456	심야기도회	557		
신천지	713	심의 반대 동의	806	아가페	122, 558
신천집사	457	심장¹	120	아골 골짜기	122
신탁	322	심장²	121	아그라파	326
신편찬송가	557	심찰	457		

아기세례교인	457	아펜젤러	723	앉은뱅이	855
아나밥티스트	720	악	125	알곡	128
아내	122	악과 죄	125	알라	724
아담	123	악귀	126	알레고리	328
아도나이	123	악독	126	알렉산드리아 학파	724
아동세례	457	악령	126	알렌	724
아들	123	악마	126	알렐루야	128
아디아포라	327	악마주의	126	알미니안주의	328
아람어	326	악성 종양	126	알마니안주의,	
아론의 축도	558	악수례	457, 558	알미니아니즘	725
아르미니우스주의	327	악심	126	알미니우스	725
아름다운 땅	123	악어	126	알미니우스주의	725
아름다운 소식	123	악의	126	알파벳 시	128
아리우스주의	327, 720	악인	126	알파와 오메가	128
아마겟돈	123	악한 날	127	암브로시우스	726
아멘	124, 558, 720, 854	악한 영	127	암초	128
아멘송	558	악한 자	127	암흑	128
아버지	124	안건	806	앙망	128
아버지라는 용어의		안락사	127	앙모	128
쓰임새	124	안보	127	앙화	128
아버지의 집	124	안상홍 증인회	724	앞서 가신 자	128
아버지 하나님	854	안수	558	애가	128
아버지학교	721	안수기도	36	애니미즘	329
아베 마리아	721, 854	안수례	559	애친	560
아브라함의 품	124	안수식	458	애타주의	329
아빠	124	안수집사	458	액, 액땜	855
아빠 아버지	125	안수집사의 호칭 사용	458	앤더슨	726
아사셀	125	안식	127	야외 예배	560
아세아방송(FEBC)	631, 721	안식 후 첫날	559	야외 집회	560
아시아기독교연합회	721	안식교(SDA)	724	야훼 문서	726
아신대학교	716	안식년	458	약속	129
아우구스투스	721	안식일	559, 854	약식 표결	806
아우구스티누스	722	안식일과 주일	578	약식회의	806
아웃도어	125	안식일에서 주일로	559	약전	129
아웃리치	125	안식일 준수 방법	559	약혼예식	560
아이삭 왓츠	722	안식처	127	양	129
아침	125	안양대학교	716, 724	양과 목자	129
아침의 아들	125	안위	127	양극화	130
아카드어	327	안전한 포구	127	양선	130
아타나시우스	723	안집	855	양성론	329
아타나시우스 신조	328	안찰	127	양성애	130
아타락시아	125	안템	560	양식	130

색인　906

양식론	329	얼굴	132	여자장로	460
양식비평	329	엄숙주의	330	여자조사	460
양심	131	엄위	132	여전도사, 여자전도사	460
양심의 역할	131	에덴 동산	132	여전도회	460
양심의 자유	458	에라스무스	728	여집사	461
양심이 작용해야 할 때	131	에반젤리즘	331	여호와	135, 331
양약	131	에베소 공의회	728	여호와 닛시	332
양 우리	130	에베소 총회	729	여호와 삼마	332
양육	131	에비온파	729	여호와 샬롬	332
양의론	329	에세네파, 에센파	729	'여호와'와 결합된 여러
양의 무리	130	에이즈	132	표현들	332
양의 문	130	에큐메니즘	331, 729	여호와의 날	332
양자	329	에큐메니칼 운동	729	여호와의 사자	332
양차 집회	560	에클레시아	132	여호와의 손	332
양태론	330	에클레시아스티시즘	331	여호와의 신	333
양피지	726	에피쿠로스	133	여호와의 은혜의 해	333
양해 말씀드립니다	855	에피쿠로스주의	331	여호와의 이름	333
양화진	727	에피쿠로스 학파	729	여호와의 종	333
양화진외국인선교사묘원		엑스타시	133	여호와의 증인	731
	727	엑스플로 대회	730	여호와 이레	332
어거스틴	727	엘	133	역대사가	135
어두움	131	엘로힘	133	역본	333
어두움이 나타내는 것	131	엘로힘 문서	730	역사	135
어둔 밤	131	엘 샤다이	133	역사비평	334
어둠의 권세	131	여교역자, 여자교역자	459	역사신학	334
어른세례	560	여덟째 날	133	역사적 예수	334
어리석은 자	131	여로보암의 길	134	역설	334
어린 양	132	여름성경학교	459	연금	461
어린 양의 혼인잔치	132	여목사, 여자목사	459	연기	806
어린이세례	560	여선교회	459	연기도	36
어린이주일	561	여선교회전국연합회	460	연기명 투표	461, 806
어린이주일 준수 방법	561	여선교회전국연합회		연기식 투표	807
어머니	132	약사	460	연단	135
어머니주일	561	여선지자	134	연도	562
어머니주일 준수 방법	562	여성도, 여신도, 여신자	134	연동교회	732
어버이주일	562	여신	134	연락	135
언권	806	여신도회	460	연보	135, 562
언권회원	459, 806	여우	134	연보조리	563
언더우드	727	여의도순복음교회	730	연보함	563
언약	330	여인에게서 태어난 사람	134	연세대학교	716, 732
언약신학	330	여인, 여자	134	연옥	733
언행심사	132	여자의 후손	134	연조	135

연차대회		461	영면, 영서	857	영적 예배		564
연합		135	영물	138	영적 임재설		337
연합당회		461	영발, 기도발(이 세다,		영적 자선행위		140
연합수련회		563	있다)	857	영적 재충전		140
연합예배		563	영벌	138	영적 전쟁		141
연합제직회		461	영 분별	137	영적 조명		141
연합회		461	영상예배	564	영접		141
연회[1]		807	영생	138	영접위원		807
연회[2]	461,	807	영생 길	139	영존		141
연회록		462	영생복락	139	영지주의		337
연회 실행부위원회		462	영생수	139	영창		564
연휼		135	영성	139	영해		338
열광주의		335	영성체	733	영혼	141,	338
열납		135	영세(永世)	139	영혼가면설		338
열두 보좌		135	영세(領洗)	564	영혼멸절설		338
열두 사도		135	영세 전	139	영혼불멸설		338
열두 제자		136	영수	462	영혼삼분설		338
열두 지파		136	영시예배, 자정예배	858	영혼선재설		338
열린 예배	563,	856	영아부	462	영혼유전설		339
열매		136	영아세례	564	영혼윤회설		339
열방		136	영아학살	733	영혼의 기능		141
열쇠		136	영안실	858	영혼전달설		339
열심		136	영어예배	564	영혼전이론		339
염려		136	영역본	336	영춘절멸설		339
염세주의		335	영영 상벌	139	영혼창조설		339
영		137	영원	139	영화(榮華)		141
영가		564	영원무궁	140	영화(榮化)		339
영감	137,	335	영원 복락	140	영화롭다		141
영감의 범위		306	영원토록 그를		예루살렘		142
영감의 성질		306	즐거워하다	858	예루살렘 공의회		733
영결식, 고별식		856	영원한 반석	140	예루살렘의 별칭		142
영광		137	영원한 생명	140	예물	142,	565
영광길		138	영원한 심판	140	예배	143,	565
영광 돌리세		857	영원한 집	140	예배 개회		859
영광송		564	영원한 출생	337	예배규범		462
영구		138	영원한 형벌	140	예배당	462,	566
영국감리회의 분열		601	영의 아버지	858	예배 드리다		859
영국감리회의 일치 운동			영장[1]	140	예배 때 교회 행사를		
		601	영장[2]	140	병행하는 일		859
영국 국교회		733	영적	140	예배 때 박수 치며		
영국 성공회		733	영적 각성	140	찬송하는 것		860
영매		138	영적 봉헌	140	예배로의 부름		860

색인

예배를 개최하다	860	
예배를 거행하다	860	
예배를 돕는 성가대	860	
예배를 주최하다	860	
예배모범	462, 566	
예배 방해	462	
예배보다	861	
예배 봐준다	861	
예배 사회자	861	
예배에의 부름	566	
예배와 예수 그리스도	566	
예배와 예식	566	
예배의 시종을 의탁하옵고	861	
예배의 형태	565	
예배 인도자	861	
예배지침	463	
예배지침서	567	
예배찬송가	567	
예배 처소	568	
예배 처소로서의 교회 명칭	27	
예배 처음 시간이오니	861	
예배학	339	
예복	143	
예비일	568	
예산	807	
예산 심의	807	
예산안	807	
예수교	734	
예수교대한성결교회	734	
예수 그리스도	143, 340	
예수 그리스도와 성도의 관계	341	
예수 그리스도의 공생애 사역	341	
예수 그리스도의 별칭	341	
예수께서 가르치신 안식일	559	
예수님의 부활	287	
예수님의 부활과 종말	287	
예수, 성령	862	
예수성교문답, 예수성교요령	342	
예수의 이름으로	342	
예수전도단	696	
예수회	734	
예식	568	
예식주의	568	
예언	143	
예언서	143, 342	
예언자	143	
예전	568	
예전을 도입해야 하는 이유	568	
예전적 기도	569	
예전학	342	
예정론	342	
예지	343	
예표	143	
예표론	343	
옛것	143	
옛 계명	143	
옛길	143	
옛 사람	87, 143	
오경	344	
오네시모선교회	697	
오는 세대	143	
오늘의 양식	636	
오라토리오	569	
오락	143	
오래 참음	144	
오르가눔	569	
오른손	144	
오른팔	144	
오른편	144	
오리게네스	735	
오리겐	735	
오만	144	
오메가	144	
오모	144	
오물	144	
오병이어	144	
오산학교	735	
오순절	569	
오순절교회	735	
오순절주의	736	
오스트레일리아연합교회	736	
오엠국제선교회	697	
오이코스	145	
오중복음	736	
옥	145	
옥스퍼드 운동	736	
옥중서신	344	
옥중세례	569	
옥토	145	
온누리	145	
온유	145	
온전	145	
올무	145	
옳은 길	145	
옷	145	
옷과 관련된 비유와 상징	146	
와이엠씨에이(YMCA)	736	
완고하다	146	
완악하다	146	
완전	146	
왈도 파	737	
왓츠	737	
왕	146	
왕 같은 제사장	147	
왕국절	569	
왕 노릇	147	
왕성	147	
왕의 역할	146	
왕의 왕, 만왕의 왕	147	
외경	344	
외국인	147	
외국인 근로자 선교	147	
외국인근로자선교회	697	
외식	147	
외식하는 이유	147	
외아들	147	
외적 소명	345	

외적 소명과 내적 소명	109	우상 숭배	150	원시종교	738
외전	345	우상 숭배자	150	원심 재판국	463
왼편	147	우상의 특징	150	원안	807
요단 강	148	우선동의	807	원욕	152
요단 강의 영적 의미	148	우슬초	150	원의	346
요람	463	우애	151	원입교인	463
요리문답	345, 463	우유	151	원입인	464
요새	148	우주 만물	151	원죄	346
요세푸스	737	우주발생론	346	원천	152
요한서신	345	우찌무라 간조	738	원총대	464
욕	148	우택	151	원탁회의	807
욕되다	148	우화	151	월간목회	636
욕심	148	운, 운수	862	월드비전	738
용	148	운명¹	151	월례회	464, 807
용광로	148	운명²	151	월자연보	570
용납	148	운명론	151, 346	월정연보	570
용납하여 주옵소서	862	운문 시편	569	웨스트민스터 교리문답	
용서	149	운영위원회	808		738
용서의 선언	569	울음	151	웨스트민스터 대성당	738
우가리트어	346	울화	151	웨스트민스터 사원	
우거	149	움켜쥐다	151		739, 863
우레	149	웃음	151	웨스트민스터 신도게요	739
우렛소리	149	웃음거리	152	웨스트민스터 신앙고백	
우로	149	워십	570		346, 464, 739
우로나 좌로나	149	워십 댄스	152	웨스트민스터신학대학원	
우리나라의 교회연합		워치만 니	738	대학교	716
운동	616	원가지	152	웨스트민스터 요리문답	
우리나라의 〈여호와의		원감람나무	152		347, 464, 739
증인〉	731	원고	463	웨스트민스터 헌법	739
우리나라의 YMCA	736	원기 왕성	152	웨스트민스터 회의	739
우리나라의 이슬람교	747	원년	152	웨슬리	739
우리나라의 자선냄비	618	원동의	807	웨슬리주의	347
우리나라의 장로교	750	원로목사¹	463	위격	347
우리나라 주일학교의		원로목사²	463	위경	152, 347
역사	481	원로여전도사	463	위광	152
우리나라 최초의 목사	438	원로장로	463	위그노	740
우리 성도들이	862	원로전도사	463	위기	152
우림과 둠밈	149	원목	463	위기신학	348
우매	150	원부패	346	위대하다	152
우물	150	원수	152	위로	153
우박	150	원수 갚는 날	152	위로예배	570
우상	150	원시 기독교	738	위로자	153

위선	153	유리 바다	154	유혹	156
위안	153	유명	154	유화	351
위엄	153	유명을 달리하다	863	유황	156
위원장	807	유목 생활	155	유회	808
위원회	808	유물론	349	유효 소명	352
위원회 회부 동의	808	유비	349	육	156
위임	153, 464	유사	349	육경	352
위임목사	464	유산	155	육백육십육	156
위임식	465, 570	유세비우스	743	육순절	572
위임장	808	유소년 세례교인	571	육신	157
위정자	153	유순하다	155	육신의 장막	157
위증	153, 465	유신논증	349	육에 속한 사람	156
위클리프	740	유신론	350	육욕	157
위클리프성경	348	유신적 진화론	350	육의 마음판	156
위탁판결	465	유심론	350	육정	157
윌리엄 캐리	740	유아교육	465	육체	157
윗트니스 리	741	유아교육의 역사	465	육체에 가시	157
유관순	741	유아구원설	350	육체의 소욕	157
유교	742	유아부	466	육축	157
유구노 신교도	742	유아세례	466, 571	윤동주	744
유기	348	유아세례교인	466, 571	윤리신학	352
유기연기 동의	808	유안건	466, 808	율동	157
유기 책벌	465	유언	155	율례	157
유기체로서의 교회	348	유업	155	율법	157, 352
유년부	465	유업을 이을 자	155	율법과 그리스도	353
유년주일학교	465	유월절	571	율법과 새 언약(복음)	353
유념	153	유월절과 예수 그리스도	572	율법에 대한 올바른 태도	353
유니테리언	742				
유다	153	유월절 양	155	율법의 구분	353
유다인	153	유월절 준수 방법	571	율법의 명칭과 성격	352
유다 지파	153	유일	155	율법의 목적	353
유대	154	유일성	351	율법의 한계	353
유대교	348, 743	유일신	156	율법주의	353
유대교적 기독교	742	유일신론	351	은	157
유대인	154	유전	351	은금	158
유대인의 왕	154	유지재단이사회	466	은급부	466
유대 전쟁	743	유진 벨	744	은급, 은급금	466
유대주의	349	유출	351	은밀기도	36
유력	154	유치부	466	은비한 일	158
유령	154	유태교	744	은사	158
유리[1]	154	유토피아	156	은사로서의 방언	72
유리[2]	154	유형교회	351	은사를 주신 목적	158

은사 배치	158		의사록	809		이단의 판단 기준	356	
은사주의	354		의사법	809		이래	468	
은총	158		의사봉	810		이레나이우스, 이레니우스		
은택	158		의사 일정	810			745	
은퇴	466		의사 진행	809		이른 비와 늦은 비	161	
은퇴권사	428, 466		의사 진행 방해	809		이름	162	
은퇴목사	466		의사 진행 방해자,			이름이 지닌 의미	162	
은퇴식	572		필리버스터	809		이머징 처치	162	
은퇴장로	467		의사 통칙	810		이명	468	
은퇴집사	467		의수히	467		이명목사	468	
은행	158		의식기도	572		이명서, 이명증서	468	
은혜	158		의식적 교회	572		이명 시취	468	
은혜롭다	159		의식주의	356		이명자	468	
은혜언약	354		의심	161		이명증서	507	
은혜의 보좌	159		의안	810		이방	162	
음녀	159		의안 보고	810		이방신	162	
음란	159		의안 상정	810		이방인	163	
음부	159, 354		의안 심의	810		이북노회	468	
음부 강하	355		의안 채택	810		이분설	357	
음부강하설	744		의의 길	160		이삭	163	
음심	159		의의 면류관	161		이상	163	
음악	159		의인(義人)	161		이상주의	357	
음악목사	467		의인(義認)	356		이새의 뿌리	163	
음악 선교	159		의장	810		이새의 줄기	163	
음악예배	572		의장주교	467		이생	163	
음악전도사	467		의제	810		이생의 자랑	163	
음욕	159		의제 분할 동의	810		이생의 풍파	163	
음행	160		의탁	161		이설	358	
응답송	572		의하여(by)	863		이성봉	746	
응보	160		의회	467		이 세상이 즐기는	863	
응창	572		의회제도	467		이수정	746	
의	160		이거	468		이스라엘	163	
의결	808		이교	161		이스라엘의 거룩한 자	163	
의결권	809		이교주의	356, 744		이스라엘의 아들	163	
의결 기관	809		이그나티우스 로욜라	745		이스라엘의 하나님	164	
의결 정족수	467		이기주의	161		이스라엘 집	164	
의로운 자	160		이기풍	745		이슬	164	
의롭다함을 얻음	355		이단	161, 356		이슬람교	746	
의뢰	161		이단사이비대책위원회	468		이승만	747	
의료 선교	161		이단성	357		이신득구	358	
의무금	467		이단의 정의	357		이신득의	358	
의사	809		이단의 특징	356		이신론	358	

이신칭의	358	인도주의	360	일정 변경 동의	811
21세기 대한예수교장로회		인류	167	일정 촉진 동의	811
신앙고백서	358	인류일원론	360	일진이 사납다	863
이십일세기 새찬송가	572	인문주의	360	일치	169
이야기	164	인본주의	361	일향	169
이야깃거리	164	인봉	165	잃은 양	169
이웃	164	인생	167	임마누엘	169
이웃을 위한 기도	36, 573	인생길	167	임박하다	169
이원론	358	인생의 채찍	167	임부장회	811
이위일체론	359	인식론	361	임시노회	469
이유서	469	인애	167	임시 당회장	469
이율배반	359	인을 치다	165	임시동의	811
이의(異意)	469	인자¹	167	임시목사	469
이의(異議)	810	인자²	167	임시목사와	
이의서	469	인장 반지	165	부목사(장로교)	470
이자익	747	인정 신문	469	임시직원	470
이적	164	인지학	362	임시총회	811
이적, 표적, 기사	164	인침을 받은 자	166	임역원	470
이전 감사예배	573	인터콥(INTERCOOP)	697	임원	812
이주민 선교	165	인허	469	임원회	812
이중발출론	359	인허식	469	임의로	169
이중예정론	359	일	168	임재	169
2차 대각성운동	645	일곱	168	임재의 기원	573
이타주의	165, 359	일구이언	168	임종예배	573
이판사판	863	일꾼	168	임직	470
이혼	165	일대일 제자훈련	168	임직식	470, 573
이화여자대학교	716, 748	일문일답 금지 원칙	811	임직원	470, 863
이화학당	748	일반계시	362	입	169
인	165	일반계시와 특별계시	21	입관예배	573
인간	166	일반서신	362	입관예식	596
인간론	359	일반은혜	362	입교	470, 574
인간을 택하신 목적	213	일사부재리	811	입교인	471
인간의 전적 부패	385	일사부재의	811	입교인 명부	471
인격	166	일신교	362	입 기운	170
인격장애	166	일요일	573	입당감사예배	574
인격주의	359	일용할 양식	168	입당송	574
인계, 인수	469	일원론	362	입당예배	471
인과율	167	일월성신	168	입례송	574
인권	167	1위 2성	363	입맞춤	170
인내	167	일의제 원칙	811	입술	170
인도	863	일점일획	168	입술의 막대기	170
인도어	167	일정	811	입술의 말	170

입술의 열매		170
입술의 자원제물		170
입술의 재난		170
입신		170
입추의 여지 없이 가득 차다		864
입회		471, 574
입회교인		471
잉태		170
잊음의 땅		170
잎		170

ㅈ

자격정지	471
자고	171
자국어 찬송	574
자급사제	471
자긍	171
자기 부인	81, 171
자녀	171
자랑	171
자력 전도	171
자료비평	363
자만	171
자매교회	471
자백	171
자범죄	363
자벽	471, 812, 864
자복	171
자비	171
자비량	172
자살	172
자성	172
자애¹	172
자애²	172
자연계시	363
자연숭배	363
자연신학	363
자연인	172
자연주의	363
자원	172
자원봉사	172
자유	172
자유교회	748
자유 기도	574
자유복음주의	364
자유 사면	471
자유 사직	472
자유의지	364
자유인	172
자유정치	472
자유주의¹	364
자유주의²	364
자유주의 신학	364, 749
자유 휴직	472
자의 사임	472
자의 사직	472
자제	173
자족	173
자존자	365
자책	173
작성	173, 365
작정 교리에 대한 반론	366
작정연보	563
작정의 특성	366
작정 헌금	574
잔	173
잠	173
잠언	173
잡동의	812
장감연합사업	748
장년 신자	472
장대현교회	748
장래	173
장래 일	173
장례식	575
장례예배, 영결식예배	864
장로	472
장로고시	473
장로교	473
장로교 12개 신조	367
장로교회, 장로회	750
장로교회 헌법	501
장로교회 회의 규칙의 기원	796
장로목사	473
장로 선출과 증원	472
장로의 면직	436
장로의 직무	472
장로 임직 서약과 공포	513
장로회	473
장로회신학교	751
장로회신학대학교	716, 751
장로회정치	473
장립	473, 575
장립식	473
장립집사	473
장막	173
장막절	575
장망성	173
장미회	639
장수	174
장자	174
장자의 명분	174
장정	751
재	174
재개의	812
재건교회운동	751
재건주의	367
재검표 동의	812
재론	812
재림	174, 367
재림에 수반되는 현상	367
재림을 준비하는 자세	368
재림의 방법	367
재림의 시기	367
재림주	174
재무부	474
재물	174
재세례파	752
재세례파의 핵심 사상	753
재수	864

색인　914

재수정	812	전국신학대학협의회	633	전임	476
재심	474	전권위원, 전권위원회	475	전입	477
재심의	812	전기 선지서	369	전쟁	178
재심청구	474	전능	176	전적 무능	369
재앙	174	전능왕	176	전적 부패	369
재앙의 날	174	전능자	176	전적 타락	369
재의 수요일	575	전담(전임)전도사	475	전주	575
재정부	474	전도	176	전지	369
재창조	368	전도관	753	전천년설	369
재청	812	전도목사	475	전택설	370
재청이 필요 없는 경우	813	전도부	476	전통	178
재판	175, 474	전도부인	753	전통주의	370
재판건	474	전도사	476	전투적 교회	370
재판관, 재판장	474	전도사 고시	476	전파	178
재판국	474	전도사와 전도인	476	전포	813
재판 안건	475	전도여행	176	전형	813
재판 없는 면직	436	전도운동	176	전형위원	813
재판장	175	전도의 종류	177	절	179
재판 조서	475	전도인	476	절기	576
재판회	475	전도자	476	절대다수 가결	813
재판회록	475	전도자, 전도인	176	절대자	370
재표결	813	전도지	176	절대주의	370
재항고	475	전도집회	177, 575	절뚝발이	865
잿더미	174	전도책자	177	절제	179
잿물	174	전도특공대, 전도폭발, 성령폭발	865	절제운동	754
저교회파	753	전도폭발	177	절차	477, 813
저녁	175	전도학교	177	점	179
저속하다	175	전도회	476	점명	813
저울	175	전례	754	점성가	179
저울질	175	전례색	754	점성술	179
저울추	175	전문위원	476	점술	179
저자	175	전문인 선교	178	점술가	179
저주	175	전북신학교	716	점쟁이	179
저희 하나님, 저희 교회	865	전생	865	점호 표결	813
적	175	전승	754	접붙임	179
적그리스도	175, 368	전승사비평	369	접시 저울	179
적신	176	전신갑주	178	접신하는 자	179
전가	368	전심	178	정결	180
전갈	176	전염병	178	정경	370
전국목회자정의평화 실천협의회	633	전원교회	178	정관	813
		전원 일치	813	정교분리	477
				정교회	755

정금	180	
정기노회	477	
정기 집회	576	
정기총회	813	
정기회	814	
정년	477	
정동감리교회, 정동교회		755
정동제일교회	755	
정령숭배	370	
정리위원	814	
정보전달회의	814	
정사	180	
정사 잡은 이	180	
정성	180	
정수리	180	
정숙¹	180	
정숙²	180	
정숙주의	371	
정식 회의	814	
정신	180	
정신병	180	
정신여학교	755	
성액 헌금	576	
정오	180	
정욕	180	
정원수	814	
정의	180	
정절	180	
정조	181	
정족수	477, 814	
정죄	181	
정직(正直)	181	
정직(停職)	477	
정직이나 면직된 목사의 해벌		500
정초식	576	
정치	477	
정치신학	371	
정통주의	371	
정회	814	
정회 동의	814	
정회원	478, 814
젖	181
젖과 꿀이 흐르는 땅	181
제네바 교리문답	755
제네바성경	372
제단	181, 866
제단을 쌓는다	866
제대	576
제롬	756
제마식	576
제명	478
제물	181
제비	181
제사	182
제사장	182, 866
제사장 나라	182
제사, 제단, 제물	866
제삼일	182
제식	182
제안	814
제암리교회	756
제야기도회	577
제의(祭儀)	182
제의(提議)	814
제1차 바티칸 공의회	681
제2차 바티칸 공의회	681
제자	182
제자도	182
제자화 선교	182
제자훈련	183, 478, 756
제중원	756
제직	478
제직회	478, 814
제직회록	479, 815
제척	479
제칠일안식일 예수재림교회	756
제한 속죄	386
… 져야 한다	867
조	577
조나단 에드워즈	757
조로아스터교	757
조만식	758
조물주	183
조병성사	479
조사	479
조사위원회	808
조사처리 전권위원	479
조상	183
조상 숭배	183
조선성교서회	758
조언자	183
조제	479
조지 휘트필드	758
조지 횟필드	758
조직교회	479
조직신학	372
조찬기도회	577
조합교회	759
조합정치	479
족보	183
족장	183
존귀	183
존귀한 자	183
존 낙스	759
존 번연	759
존엄사	184
존영	184
존 웨슬리	760
존재	184
존 칼빈	760
좀	184
좁다	184
좁은 문	184
종	184
종교	184
종교가	184
종교개혁	184, 761
종교개혁 시대의 예배의식	527
종교개혁주일	577
종교경험	372
종교계	185
종교교육	185, 479

종교교회		761	죄	186, 374	주일		578	
종교극		185	죄 고백	186	주일공과		481	
종교다원주의		372, 762	죄 문제를 해결하는 방법		주일 대예배		578	
종교단체		185		375	주일성수		579	
종교문학		185	죄 사함	186	주일연보		563	
종교부지		185	죄 속함	186	주일예배		579	
종교사학파		762	죄 없으심	375	주일예배에 임하는 자세		
종교성		185	죄의 결과	375			579	
종교심		185	죄의 본질과 특성	374	주일을 거룩히 지키는 일		
종교음악		185	죄의 종류	375			579	
종교의 자유		185	죄의 행태	375	주일 저녁(오후)예배		579	
종교인		185	죄증설명서	480	주일학교		481	
종교재판		185	죠이선교회	697	주일학교 교사		481	
종교재판소		762	주관주의	375	주일학교 교장		481	
종교전쟁		185	주교¹	480	주일학교 역사		481	
종교철학		185, 763	주교²	480	주일헌금		580	
종교탄압		185	주교³	480	주임목사		482	
종교학		185, 763	주교교사	480	주정연보		580	
종교학교		185	주교구	480	주정주의		376	
종교혼합주의		373, 763	주교좌 성당	480	주지주의		376	
종교회의		185	주기도문	577, 867	주해		376	
종국 결안		480	주기도문, 사도신경을		주현절		580	
종군목사		480	외우겠습니다	867	죽은 자를 위한 기도		580	
종님께서		867	주기철	764	죽음의 신학		376	
종다수 가결		815	주년(주, 돌, 회)	481	준목		482	
종단		185	주님의 만찬	578	준비위원회		808	
종려주일		577	주님(그리스도)의		준비 찬송		580, 869	
종말		185, 373	이름으로(공로로)	868	준직원		482	
종말론		374	주님의 이름으로		준회원		482, 815	
종말을 가리키는 표현		373	축원합니다	868	중간 상태		376	
종말의 진행과정		373	주례	578	중등부		482	
종말의 징조		373	주례목사	578	중벌		482	
종부성사		480	주례자	578	중보기도		580, 869	
종속설		374	주보	578	중보자		376	
종신부제		480	주석	375	중생		376	
종심		480	주수세례	578	중세		764	
종파		764	주악에 맞추어	868	중세 암흑시대		765	
좇다		185	주여 3창	869	즉결처단		482	
좋다		185	주요동의	815	즉결처리		482	
좋은 땅		185	주의 만찬	578	즉석 기도		580	
좋은 믿음		867	주의 종	869	즉석 설교		581	
좌우에 날선 검		186	주의주의	375	즉석 재판		482	

증거 재판주의	483
증거조 규례	483
증거조사위원	483
증경	483, 870
증경 총회장	483
증경회장	815
지교회	483
지교회의 회의	425
지금도 살아계신 하나님	870
지금으로부터	870
지도원리	483
지명	815
지명 투표	815
지방감리사	484
지방회[1]	484
지방회[2]	484
지방회장	484
지시위원	484, 815
지역노회	484
지옥 강하	377
지하묘지	765
직무정지	484
직무해임	484
직영적 시편창	581
직원회	484
직접 투표	815
직할 심리	484
진보주의	377
진술서	484
진젠도르프	765
진중세례	581
진화론	377
질문	815
질의	816
집계	816
집례	581
집례자	581, 870
집사	484
집사 윤번제도	486
집사의 연령	485
집사의 원어적 의미	485

집사의 자격	485
집사의 직무	485
집사의 칭호	485
집수례	486
집전	581
집행위원회	816
징계	486
징계법	486
쪽당회	486
쪽복음서	377
쯔빙글리	765

ㅊ

차	816
차꼬	196
차량 봉사	196
차별	196
차선	197
차임벨	581
차착	197
착념하다	197
착취	197
착하다	197
찬미	197, 581
찬미가[1]	581
찬미가[2]	581
찬미가[3]	581
찬성회원	816
찬송	197, 581
찬송가	582
찬송곡	582
찬송 드리다	870
찬송시	583
찬송의 방법	582
찬송의 이유	582
찬송의 주제	582
찬송 인도자	583
찬송 … 장	871

찬송책	583
찬송가	583
찬양	197, 583
찬양가	583
찬양대	583
찬양예배	583
찬양율동	584
찬양집회	584
찬양팀	584
찬조회원	816
찬트	584
찰스 스펄전	766
찰스 웨슬리	767
참감람나무	197
참다	197
참되다	197
참람하다	197
참 빛	197
참소	197
참소하는 자	197
참 신	197
참 신과 참 사람	198
참여	198
참 좋으신 하나님	871
참회	198
참회의 기도	584
창검이 겁없네	872
창대하다	198
창립 기념	872
창립총회	816
창세	198
창세 전	198
창수	198
창시자	198
창애	198
창의적 접근지역	198
창자	198
창조	198
창조론	378
창조물	199
창조자	199
창조주	199

창초	199	천부	201	청년부, 청년회	487
창파	199	천부교	768	청년운동	487
채찍	199	천부인권설	380	청목	487
채찍질	199	천사	201, 380	청빈	203
채플	199, 584	천사의 명칭	381	청빙	487
채플린	199	천사의 사역	380	청빙서	487
책망	199	천사의 특징	380	청아하다	203
책벌	199, 486	천사장	201	청원	487
책벌의 목적	486	천서검사위원	487	청원기도	36
책벌의 원칙	486	천성	201	청원서	816
책벌의 종류	486	천성 길	201	청장년부, 청장년회	488
책하다	487	천성문	201	청지기	203
처녀	199	천주교회	768	체질	203
처녀 탄생	378	천지	201	체휼하다	203
처소	199	천지만물	201	초개	203
처음	200	천지의 주재	201	초교파	769
처음과 나중	200	천하	201	초기 기독교	768
처음 난 자	200	천하만국	201	초기의 감리회	601
처음 사랑	200	천하만민	202	초대교회	203, 769
처음 익은 열매	200	철	202	초대교회 예배	584
천	200	철벽	202	초등부	488
천거	200, 816	철야기도	36, 202	초등학문	204
천거서	200	철야기도회	584	초림	204, 381
천국	200, 378	철야예배	584	초막	204
천국 길	200	철장	202	초막절	585
천국 문	200	철퇴	202	초보	204
천국의 명칭	379	철필	202	초승달 지역	204, 769
천국의 특징	379	철학	202	초신자	204
천국 인	166	첫	202	초심	488
천국 창고	200	첫 계명	202	초월	381
천군	200	첫날	202	초월명상	204
천 년	200	첫 사람	202	초자아	381
천년만년	200	첫 사람 아담과 마지막		초자연	381
천년왕국설	379	아담	123	초자연 계시	381
천당	200, 872	첫 성전	202	초자연주의	381
천도교	767	첫 언약	202	초창기 권사에 관한 기록	
천둥	201	첫 열매	202		428
천로	201	첫째	202	초창기의 교회 명칭들	423
천로역정	767	첫째 부활	202	초창기 회원 점명	822
천막	201	청결	203	초혼	872
천만	201	청교도	768	촛불예배	585
천만인	201	청년	203	총대	488

총대권	488	최후	205	출교시의 절차	493
총대 여비	488	최후 승리	205	출교자에 대한 선고	493
총대장로	488	최후 심판	381	출석회원 2/3 이상 찬성	
총독	204	최후의 만찬	205	으로 가결되는 동의	793
총동원주일	585	추계 대심방	205	출애굽	206
총리사	488	추기경	491	출입	207
총리원	488	추념	492	출판부	493
총명	204	추대, 추대식	492	출회	493
총무	488, 816	추도예배	586, 872	충만	207
총사제	489	추모	205	충성	207
총신대학교	716, 769	추모예배	586	충심	207
총유	489	추수	205	충족설	382
총재	489	추수감사절	586	취소	493
총찰	489	추수곡연보	563	취임식	587
총회	205, 489, 816	추수꾼	205	취임, 취임식	493
총회 본부	490, 872	추종자	205	취하	493
총회상납금	490	추징	492	취하다[1]	207
총회세계선교회(GMS)	697	추천서	205	취하다[2]	207
총회유지재단	490	추천 중지 동의	817	측량줄	207
총회의 직무	489	축귀	205	치료	207
총회이단사이비피해		축도	586, 873	치료하는 광선	207
대책조사위원회	634	축도송	587	치리	207
총회인준	490	축복(blessing)	206, 873	치리권	493
총회상	490	축복[1]	587	치리권지	493
총회재판국	491	축복[2]	587	치리목사	493
총회재판국에서 취급하는		축복과 복	873	치리장로	493
사건	491	축복기도 36, 206, 587, 874		치리회	494
총회재판국의 구성 및		축복하옵소서	874	치리회의 관할	494
임기	491	축사	206, 587	치리회의 권한	494
총회총대	491	축성	492	치리회의 변격	494
총회총대의 선출	491	축 수연	874	치리회장	494
총회 특별심판위원회	491	축원	206	치소	207
총회 특별재판국	491	축원하옵나이다	874	치욕	208
총회 휘장	491	축일	587	치우치다	208
촬요	491, 817	축자영감설	382	치유	208
최고서	205	축제	206, 874	치유목회	208, 494
최권능, 최봉석	770	축조심의	492, 817	치유전도	177
최용신	770	축하예배	874	친교	208
최초의 공식예배	585	축호전도	206	친교실	208
최초의 성찬예식	586	춘계 대심방	206	친구	208
최초의 한국인 총회장	490	춘기 노회	492	칠	208
최활란	771	출교	206, 492	칠년대환난	382

칠 성례	494
칠성판	874
칠순절	587
칠십문도	208
칠십이레	208
칠십인역	382
침	208
침공회	771
침노하다	208
침례	587
침례교	771
침례병원	771
침례신문	608
침례신학대학교	716, 771
침례탕	587
침륜하다	208
침묵 표결	817
침소	208
침향	209
칭송	209
칭의	383
칭의의 성질	383
칭찬	209
칭호	209

ㅋ

카르타고 교회회의	771
카리스마	383
카타콤	772
카톨릭	772
칸타타	588
칸티클	588
칼	209
칼 바르트	772
칼빈	772
칼빈대학교	716
칼빈주의	384, 772
칼빈주의 성찬론	385

칼빈주의 예정론	385
칼빈주의 5대 교리(TULIP)	385, 652, 772
칼빈주의 5대 교리의 배경	385
칼빈주의적 감리회	773
칼케돈 공의회, 칼케돈 총회	773
칼케돈 신조	386, 773
캄캄하다	209
캐나다성공회	773
캐나다연합교회	773
캐리	773
캠프	209, 495
커리큘럼	209
커뮤니케이션	209
커뮤니티	210
케노시스	387
케노시스 주의	773
케리그마	387
케리그마와 디다케	387
케직 사경회	773
코란	774
코랄 찬송	774
코이노니아	210, 388
'코이노니아'가 의미하는 것	388
코칭	210
콘스탄티노폴리스 총회	774
콘스탄티노플	774
콘스탄티노플 공의회	774
콘스탄티노플 신조	775
콘스탄티누스 대제	775
콘스탄티누스 1세	775
콜로세움	775
콥트 교회	776
쾌락	210
쾌락주의	388
쿠란	776
쿰란	776
쿰란 공동체	777
퀘이커 교	776

큐티	210
크로스비	777
크롬웰	777
크리소스토무스	778
크리소스톰	778
크리스마스	588
크리스마스 씰	588
크리스마스 촛불	588
크리스마스 캐럴	589
크리스챤 사이언스	778
크리스챤라이프	637
크리스챤신문	608
크리스챤아카데미	632
크리스천	210
큰 날	210
큰 선지자	211
큰 자	211
클레멘스[1]	779
클레멘스[2]	779
클레멘트	779
키리에	589
키질	211

ㅌ

타계하다	875
타락	211
타문화권	211
타작	211
타작마당	211
탁발수도회	779
탄생	211
탄식	211
탄원	211
탄일	212
탈굼	779
탈굼역	389
탈무드	389
탈선	212

탈퇴	495	통성기도	36, 589	특송	215
탐심	212	통역	214	특송을 들으며 헌금하다	
탐욕	212	통용	214		875
탓	212	통일	214	특수동의	819
탓하다	212	통일공과	414, 495	특수목회	495
탕자	212	통일교	780	특수언권	806, 819
태	212	통일왕국	214	특수 침례교	780
태신자	212, 875	통일찬송가	589	특심	215
태양	212	통찰	214	특청	819
태음	212	통책	214	틀리다	876
태초	212	통촉하다	215	틈	215
태화기독교사회복지관	779	통치	215, 390	티	215
택정	212	통치자	215	티끌	216
택하다	213	통한	215	티와 들보	215
택하신 기업	213	통합	649	티(T)자형 교회	781
택하신 족속	213	통회	215	팀 사역	216
터	213	퇴보	215	팀워크	216
터부	213	퇴직	495		
터줏대감	875	퇴회	495		
텐포티 윈도우	213	투개표위원	818	◆ ㅍ ◆	
토기장이	213	투기	215		
토라	389	투쟁적 교회	390		
토론	817	투표	818	파	216
토론 순서	817	투표권	495, 818	파기	216, 495
토론시간 제한동의	818	투표 기일	818	파도	216
토론 연장	817	투표소	818	파라독스	391
토론의 종결	817	투표수	818	파루시아	391
토론 자유의 원칙	818	투표용지	818	파면	495
토론 제한	817	투표율	818	파문	495
토론할 수 없는 동의	817	투표의 절차	818	파사교	781
토색	213	투표의 종류	818	파선	216
토설	213	투표자	818	파송	216, 496
토세프타	389	투표 참관인	818	파송예배	589
토의	818	투표함	818	파수	216
토지	213	트레스 디아스(TD)	780	파수꾼	216
토착화	214, 389	특별계시	390	파이디온선교회	697
토테미즘	390	특별계시와 성경	391	파직	496
토하다	214	특별계시의 방법	391	파피루스	216
통곡	214	특별계시의 특징	391	파회	496, 819
통달하다	214	특별섭리	390	판결	217
통독	214	특별위원, 특별위원회	495	판결례	496
통상섭리	390	특별위원회	819		

판결문(권징 책벌용)	516	평화	219	풍부	222
판단	217	평화의 사신	219	풍부한 곳	222
팔¹	217	평화의 왕	219	풍비	222
팔²	217	폐기	819	풍설	222
팔경	391	폐당회	497	풍성	222
팔레스타인	217	폐회	589, 819	풍속	222
패역	217	폐회 동의	819	풍요	222
패역자	218	폐회 선언	819	풍요를 사랑하는 자	222
페쉬타역	392	폐회 호명	819	풍우	222
펠라기우스주의	392	포구	219	풍자	497
편견	218	포도	220	풍조	222
편당	218	포도나무	220	풍족	222
편당심	218	포도를 거두는 자	220	풍파	222
편람	496	포도 밟는 자	220	프뉴마	394
편만하다	218	포도원	220	프래그머티즘	394
편목	496	포도원 주인	220	프랜시스 쉐퍼	782
편벽	218	포도주	220	프랭크 스코필드	782
편입	496	포상	497	프로테스탄트	783
편재	392	포스트모더니즘	393	프리드리히	
편집비평	392	포용주의	393	쉴라이에르마허	783
편 팔	217	포화전도	177	프리셉트성경연구원	632
폄론하다	218	표	220	피	222
평강	218	표결	819	피고, 피고인	497
평강의 왕	218	표결의 권리	820	피곤	223
평교인	218	표결의 발표	820	피 권세	223
평신도	218, 496, 876	표결의 방법	820	피 근원	223
평신도들, 성도들, 신도들	876	표결의 선포	820	피난처	223
		표결의 순서	820	피땀	223
평신도 사도직	218	표상	221	피로 사다	223
평신도 사역자	219, 496	표적	221	피를 흘린 자	223
평신도 선교사	219, 496	표징	221	피빙목사	497
평신도 훈련	219, 496	푯대	221	피상소인	497
평안	219	푸념	876	피선	497
평안에 들어가다	219	푸르다	221	피선자	497
평안한 복지	219	풀	221	피소¹	497
평양 대부흥운동	781	풀다	221	피소²	497
평양신학교	781	풀무	221	피소원자	497
평양신학교 제1회 졸업식	782	풀밭	221	피어선 신학대학	783
		품	221	피와 물	223
평양여자신학교	782	품위	221	피와 불과 연기 기둥	223
평온	219	품하다	221	피의 보복자	223
평택대학교	716	풍랑	222	피의 어머니	223

피의자	497	하나님의 비공유적 속성	395	학생신앙운동(SFC)	697
피의 전제	223			학생지도부	498
피조물	224	하나님의 사람	225	학습	498, 590
피차	224	하나님의 사랑	225	학습교인 제도	498
피택 장로, 장립 장로	876	하나님의 사자	225	학습교인, 학습인	498
피택집사	497	하나님의 선교	396	학습문답	498
피택, 피택자	497	하나님의 성령	225	학습인 명부	499
피투성이	223	하나님의 아들	225	학원전도	178
핍박	224	하나님의 아들들	225	학자	227
핏값	223	하나님의 어린 양	225	학자의 혀	227
핏빛	223	하나님의 영감으로		한국감리회	601
핏소리	223	이뤄진 성경	137	한국교회 교회력	615
		하나님의 영광	137	한국교회순교자기념	
		하나님의 의	225	사업회	633
ㅎ		하나님의 의지	397	한국교회신보	609
		하나님의 이름	395	한국교회여성연합회	639
		하나님의 이름과		한국교회연합	784
		관련해서	162	한국교회의 교회법	422
하감하다	224	하나님의 인격적 속성	395	한국교회의 회의	425
하관예배	590	하나님의 임재	397	한국교회인권센터	626
하관예식	596	하나님의 자녀	226	한국교회 최초의 집사	485
하기성경학교	498	하나님의 전	226	한국교회평신도단체	
하기(하계)수련회	498	하나님의 종	226	협의회	633
하기아동성경학교	498	하나님의 집	226	한고기독공보	609
하나	224	하나님의 축복	878	한국기독교교회협의회	
하나님	224, 394	하나님의 현현	397	(NCCK)	785
하나님과의 교제	224	하나님의 형상	226	한국기독교서점협의회	633
하나님께서 자기		하나님이여 축복하여		한국기독교선교단체	
백성에게 약속하신 것	129	주시옵소서	878	협의회	633
하나님께 영광의 박수?	877	하나되다	226	한국기독교의료선교협회	
하나님 나라	396	하느님	878		633
하나님 노릇, 아버지 노릇		하늘	226	한국기독교장로회	785
	877	하늘나라	227	한국기독교지도자협의회	
하나님 아버지	124, 224	하늘 양식	226		633
하나님에게 속한 비밀들	84	하늘 위로	227	한국기독교직장선교	
하나님 우편	225	하늘의 새 예루살렘	142	연합회	785
하나님의 공유적 속성	395	하데스	397	한국기독교총연합회	785
하나님의 교회	783	하디	784	한국기독교출판협회	633
하나님의 뜻	225	하룻길	227	한국기독교학술원	632
하나님의 말씀	225, 877	하이델베르크 교리문답	397	한국기독실업인회(CBMC)	
하나님의 몸 된 교회	877	하(급)회	498		786
하나님의 백성	225	학가다	398	한국기독학생총연맹	

(KSCF)	698	한남대학교	717	해석학	400		
한국기독학생회(IVF)	698	한량없다	227	해외 선교	229		
한국대학생선교회(CCC)	698	한마음	227	해임	500		
한국 러시아 정교회	786	한문성경	398	해직	500		
한국 루터란아워	662	한세대학교	717	행동윤리	400		
한국밀알선교단	698	한신대학교	717, 787	행렬성가	590		
한국복음주의신학대학 협의회	634	한영신학대학교	717	행복	229		
한국 생명의 전화	786	할라카	398	행사	229		
한국섬선교회	698	할렐	227	행위	229		
한국성결신문	609	할렐루야	227, 878	행위언약	229, 400		
한국성서대학교	716	할렐루야 반갑습니다	879	행음	229		
한국성서유니온선교회	698	할례	228	행정건, 행정사건	500		
한국세계선교협의회	634	함께	228	행정소송	501		
한국어린이교육선교회	698	함부로	228	행정쟁송	501		
한국어린이재단	786	합독합시다	879	향	229		
한국어린이전도협회	634	합동	649	향기	230		
한국SIM국제선교회	634	합동세례	590	향심기도	590		
한국여신학자협의회	639	합동신학대학원대학	717	허랑방탕하다	230		
한국오엠에프	634, 698	합동찬송가	590	허리	230		
한국외방선교	698	합력	228	허리띠	230		
한국외항선교회	699	합리주의	398	허망하다	230		
한국의 가톨릭	659	합병	499	허무	230		
한국의 구세군	617	합식	499	허무주의	401		
한국의 구세군사관학교	618	합신	649	허물	230		
한국의 나사렛교회	642	합심	228	허물하다	231		
한국의 도시산업선교	653	합심기도	36, 590	허사	231		
한국의 동방정교회	654	합의론	399	허영	231		
한국의 동양선교회	655	합창	228	허위교회	501		
한국의 메노나이트	665	항례	499	허위당회	501		
한국의 모르몬교	667	항변서의 5대 신학사상	726	허입	501		
한국의 수녀회	707	항소	499	허탄	231		
한국의 수도회	708	항소이유서	499	허탄한 이야기	231		
한국의 안식교	756	항의	499	헌금	231, 590, 879		
한국장로교총연합회	786	항의서	499	헌금기도	591		
한국장로교회 계보도	650	항존주의	399	헌금위원	591		
한국정교회	787	항존직이 필요한 이유	500	헌금응답송	591		
한국찬송가공회	787	항존직, 항존직원	499	헌금의 종류	591		
한국창조과학회	632	해노회	500	헌금함	591		
한국컴퓨터선교회(KCM)	634	해명권	500	헌납	591		
		해방신학	399	헌당식	591		
		해방신학의 특징	400	헌물	231		
		해벌	500	헌법	501		

헌법개정	502	
헌법시행규정	503	
헌법시행세칙	503	
헌법위원회	503	
헌법적규칙	503	
헌신	231	
헌신예배	592	
헌아식	592	
헌아자	503	
헌의	503	
헌장	503, 820	
헌장전문	503	
헐버트	787	
헛것	231	
헛됨	231	
헛 맹세	232	
헤브라이즘	401	
헬라어역본	401	
헬레니즘	401	
헬퍼십	232	
혀	232	
현대종교	637	
현몽	232	
현세	232	
현숙	232	
현실참여	232	
현현	401	
현현절	592	
혈	232	
혈기	233	
혈육	233	
혐오	233	
협동권사	503	
협동목사	504	
협동안수집사	504	
협동장로	504	
협성대학교	717, 787	
형극	233	
형목	504	
형목제도	504	
형벌	233	
형상	233	
형식주의	402	
형이상학	402	
형제	233	
형제 사랑	233	
형제회	504	
형질	233	
형체	233	
형통	233	
호리	234	
호머 헐버트	788	
호명	504, 820	
호모우시오스	402	
호모이우시오스	402	
호산나	234	
호색	234	
호선	504	
호소	820	
호수돈여학교	788	
호스피스	234	
호신부	234	
호심경	234	
호주 장로교의 한국 선교	788	
호천	820	
호헌	504	
호흡	234	
혼	234	
혼돈	235	
혼례식	592	
혼미	235	
혼배성사	505	
혼상례	592	
혼인	235	
혼인 명부	235	
혼인성사	505, 592	
혼인예배	592	
혼합주의	402	
홀사모	505	
홀트아동복지회	788	
홍수	235	
홍포	235	
화	235	
화두	879	
화란개혁교회[1]	789	
화란개혁교회[2]	789	
화목	235	
화육	236, 403	
화인	236	
화체설	403	
화평	236	
화평왕	236	
화평케 하는 자	236	
화해	236	
확신	236	
확장주일학교	505	
확증	237	
환갑, 회갑	880	
환난	237	
환난날	237	
환난에 처했을 때	237	
환난풍파	237	
환상	237	
환송	505	
환영위원	820	
환영위원회	505	
활천	790	
황금	237	
황금길	237	
황금률	237	
황금문	237	
황금 물결	237	
황금 빛	238	
황금종	238	
황무지	238	
황무지가 꽃피니	880	
황홀경	238	
햇불트리니티대학원대학교	717	
회[1]	820	
회[2]	820	
회개	238	
회개의 권면	592	
회계	821	
회계연도	505	

색인

회계의 업무	821
회교	789
회기	821
회기 불계속 원칙	821
회당	238, 592
회당예배	593
회당장	593
회록	821
회록 낭독	821
회록서기	821
회복	238
회순	821
회심	238
회원	505, 821
회원권	505
회원위원회	505
회원이 할 일	821
회원 점명	822
회의	822
회의 규칙	822
회의 규칙 일람표	826
회의록	822
회의록 낭독	823
회의록 작성	822
회의록 접수	823
회의록 채택	823
회의론	403
회의법	823
회의 순서	823
회의 요건	822
회의 원칙	823
회의의 가치	822
회의의 분류	822
회의 장소와 자리	822
회의 절차	824
회의 종류	824
회장	824
회장 통고	824
회중	239
회중교회	789
회중정치	505
회중찬송	593
회직	239
회집	824
회칙	824
회칠	239
회칠한 담	239
회칠한 무덤	239
효과적 소명	403
효과적인 설교 A,B,C,D	545
후견인	239
후 결의 우선의 원칙	824
후광	239
후기 선지서	403
후렴	593
후사	239
후세	239
후손	239
후스	789
후주	593
후주 마감 전 자리를 떠나는 일	880
후천년설	403
후택설	403
후패하다	239
후회	239
훈계	240
훈련	240
휘장¹	240
휘장²	240, 505, 824
휘장 분배	505, 824, 880
휘장 세례	593
휴거	403
휴게	825
휴머니즘	404
휴무장로	505
휴무집사	505
휴식동의	825
휴임	825
휴직	506
휴직집사	506
휴회	825
흉계	240
흉년	240
흉배	240
흉흉하다	240
흑암	240
흑인 영가	594
흙	240
흙에 속한 자	241
흙집에 살다	241
흠	241
흠근	506
흠모	241
흠석	825
흠석사찰	506, 825
흠석사찰위원	506, 825, 880
흠 없다	241
흠정역	404
흠향하다	241
흠향하여 주시고	880
흥왕하다	241
희년	241
희다	241
희락	242
희랍어성경	404
희망	242
희망의 신학	404
희생	242
흰 눈	241
흰 돌	241
흰 머리	241
흰 보좌	241
흰 옷	241
히브리어	405
히에로니무스	790
힉가욘	242
힌두교	790
힐링	242
힘	242

사명선언문

너희가 흠이 없고 순전하여……세상에서 그들 가운데 빛들로
나타내며 생명의 말씀을 밝혀 _ 빌 2:15-16

1. 생명을 담겠습니다
만드는 책에 주님 주신 생명을 담겠습니다.
그 책으로 복음을 선포하겠습니다.

2. 말씀을 밝히겠습니다
생명의 근본은 말씀입니다.
말씀을 밝혀 성도와 교회의 성장을 돕겠습니다.

3. 빛이 되겠습니다
시대와 영혼의 어두움을 밝혀 주님 앞으로 이끄는
빛이 되는 책을 만들겠습니다.

4. 순전히 행하겠습니다
책을 만들고 전하는 일과 경영하는 일에 부끄러움이 없는
정직함으로 행하겠습니다.

5. 끝까지 전파하겠습니다
모든 사람에게, 땅 끝까지, 주님 오시는 그날까지
복음을 전하는 사명을 다하겠습니다.

서점 안내

광화문점	서울시 종로구 새문안로 69 구세군회관 1층 02)737-2288 / 02)737-4623(F)
강남점	서울시 서초구 신반포로 177 반포쇼핑타운 3동 2층 02)595-1211 / 02)595-3549(F)
구로점	서울시 동작구 시흥대로 602, 3층 302호 02)858-8744 / 02)838-0653(F)
노원점	서울시 노원구 동일로 1366 삼봉빌딩 지하 1층 02)938-7979 / 02)3391-6169(F)
일산점	경기도 고양시 일산서구 중앙로 1391 레이크타운 지하 1층 031)916-8787 / 031)916-8788(F)
의정부점	경기도 의정부시 청사로47번길 12 성산타워 3층 031)845-0600 / 031)852-6930(F)
인터넷서점	www.lifebook.co.kr